WANDER GAR... OMPIERI
COORDENADORES

2025

NONA EDIÇÃO

COMO PASSAR

CONCURSOS JURÍDICOS

3.800
QUESTÕES COMENTADAS

DISCIPLINAS IMPRESSAS
Civil • Processo **Civil** • **Penal** • Processo **Penal**
Empresarial • **Agrário** • Execução **Penal**
Medicina **Legal** • **Constitucional** • **Administrativo**
Econômico • **Previdenciário** • **Eleitoral**
Urbanístico • Recursos **Hídricos**
Processo **Coletivo** • **Consumidor** • **Ambiental**
Eca • **Idoso** • **Deficiência** • **Sanitário**
Educacional • **Filosofia** • **Sociologia**
Trabalho • Processo **Trabalho**
Tributário • **Financeiro**

DISCIPLINAS ON-LINE
Internacional • **Humanos**
Legislação Institucional **do Ministério Público**
Princípios e Atribuições Institucionais **da Defensoria Pública**
Criminologia
Língua **Portuguesa**

COMENTÁRIOS CONTENDO DOUTRINA, LEGISLAÇÃO E JURISPRUDÊNCIA

- GABARITO AO FINAL DE CADA QUESTÃO, FACILITANDO O MANUSEIO DO LIVRO
- QUESTÕES COMENTADAS E ALTAMENTE CLASSIFICADAS POR AUTORES ESPECIALISTAS EM APROVAÇÃO

EDITORA FOCO

Dados Internacionais de Catalogação na Publicação (CIP) de acordo com ISBD

C735

    Como passar concursos jurídicos / Wander Garcia ... [et al.] ; coordenado por Wander Garcia, Ana Paula Garcia. - 9. ed. - Indaiatuba, SP : Editora Foco, 2025.

    992 p. ; 17cm x 24cm.

    Inclui índice e bibliografia.

    ISBN: 978-65-6120-554-2

    1. Metodologia de estudo. 2. Concursos jurídicos. I. Garcia, Wander. II. Nishiyama, Adolfo Mamoru. III. Barbieri, André. IV. Nascimento, André. V. Wady, Ariane. VI. Trigueiros, Arthur. VII. Vieira, Bruna. VIII. Dompieri, Eduardo. IX. Melo, Fabiano. X. Passos, Felipe Pelegrini Bertelli. XI. Penteado, Fernanda Camargo. XII. Signorelli, Filipe Venturini. XIII. Campos, Flávia. XIV. Egido, Flávia. XV. Rodrigues, Gabriela. XVI. Nicolau, Gustavo. XVII. Subi, Henrique. XVIII. Cramacon, Hermes. XIX. Apparecido Junior, José Antonio. XX. Faleiros Júnior, José Luiz de Moura. XXI. Soares, Leni Mouzinho. XXII. Rossi, Licínia. XXIII. Santos, Luciana Batista. XXIV. Dellore, Luiz. XXV. Bittar, Neusa. XXVI. Bergamasco, Patricia. XXVII. Morishita, Paula. XXIX. Turra, Pedro. XXX. Carvalho, Renan. XXXI. Quartim, Ricardo. XXXII. Densa, Roberta. XXXIII. Barreirinhas, Robinson. XXXIV. Bordalo, Rodrigo. XXXV. Chalita, Savio. XXXVI. Melo, Teresa. XXXVII. Calderoni, Vivian. XXXVIII. Garcia, Ana Paula. XXXIX. Título.

2025-2707   CDD 001.4   CDU 001.8

Elaborado por Vagner Rodolfo da Silva - CRB-8/9410
Índices para Catálogo Sistemático:
1. Metodologia de estudo 001.4   2. Metodologia de estudo 001.8

WANDER **GARCIA** E ANA PAULA **DOMPIERI**
COORDENADORES

NONA EDIÇÃO

COMO PASSAR

CONCURSOS JURÍDICOS

3.800
QUESTÕES COMENTADAS

DISCIPLINAS IMPRESSAS

Civil • Processo **Civil** • **Penal** • Processo **Penal**
Empresarial • **Agrário** • Execução **Penal**
Medicina **Legal** • **Constitucional** • **Administrativo**
Econômico • **Previdenciário** • **Eleitoral**
Urbanístico • Recursos **Hídricos**
Processo **Coletivo** • **Consumidor** • **Ambiental**
Eca • **Idoso** • **Deficiência** • **Sanitário**
Educacional • **Filosofia** • **Sociologia**
Trabalho • Processo **Trabalho**
Tributário • **Financeiro**

DISCIPLINAS *ON-LINE*

Internacional • **Humanos**
Legislação Institucional **do Ministério Público**
Princípios e Atribuições Institucionais **da Defensoria Pública**
Criminologia
Língua **Portuguesa**

COMENTÁRIOS CONTENDO DOUTRINA, LEGISLAÇÃO E JURISPRUDÊNCIA

- GABARITO AO FINAL DE CADA QUESTÃO, FACILITANDO O MANUSEIO DO LIVRO

- QUESTÕES COMENTADAS E ALTAMENTE CLASSIFICADAS POR AUTORES ESPECIALISTAS EM APROVAÇÃO

2025 © Editora Foco

Coordenadores: Wander Garcia e Ana Paula Dompieri
Organizadora: Paula Morishita
Autores: Wander Garcia, Adolfo Mamoru Nishiyama, André Barbieri, André Nascimento, Ariane Wady, Arthur Trigueiros, Bruna Vieira, Eduardo Dompieri, Fabiano Melo, Felipe Pelegrini Bertelli Passos, Fernanda Camargo Penteado, Filipe Venturini Signorelli, Flávia Campos, Flávia Egido, Gabriela Rodrigues, Gustavo Nicolau, Henrique Subi, Hermes Cramacon, José Antonio Apparecido Junior, José Luiz de Moura Faleiros Júnior, Leni Mouzinho Soares, Licínia Rossi, Luciana Batista Santos, Luiz Dellore, Neusa Bittar, Patricia Bergamasco, Paula Morishita, Pedro Turra, Renan Carvalho, Ricardo Quartim, Roberta Densa, Robinson Barreirinhas, Rodrigo Bordalo, Savio Chalita, Teresa Melo e Vivian Calderoni

Diretor Acadêmico: Leonardo Pereira
Editor: Roberta Densa
Coordenadora Editorial: Paula Morishita
Revisora Sênior: Georgia Renata Dias
Revisora Júnior: Adriana Souza Lima
Capa Criação: Leonardo Hermano
Diagramação: Ladislau Lima
Impressão miolo e capa: META BRASIL

DIREITOS AUTORAIS: É proibida a reprodução parcial ou total desta publicação, por qualquer forma ou meio, sem a prévia autorização da Editora FOCO, com exceção do teor das questões de concursos públicos que, por serem atos oficiais, não são protegidas como Direitos Autorais, na forma do Artigo 8º, IV, da Lei 9.610/1998. Referida vedação se estende às características gráficas da obra e sua editoração. A punição para a violação dos Direitos Autorais é crime previsto no Artigo 184 do Código Penal e as sanções civis às violações dos Direitos Autorais estão previstas nos Artigos 101 a 110 da Lei 9.610/1998. Os comentários das questões são de responsabilidade dos autores.

NOTAS DA EDITORA:

Atualizações e erratas: A presente obra é vendida como está, atualizada até a data do seu fechamento, informação que consta na página II do livro. Havendo a publicação de legislação de suma relevância, a editora, de forma discricionária, se empenhará em disponibilizar atualização futura.

Bônus ou Capítulo On-line: Excepcionalmente, algumas obras da editora trazem conteúdo no on-line, que é parte integrante do livro, cujo acesso será disponibilizado durante a vigência da edição da obra.

Erratas: A Editora se compromete a disponibilizar no site www.editorafoco.com.br, na seção Atualizações, eventuais erratas por razões de erros técnicos ou de conteúdo. Solicitamos, outrossim, que o leitor faça a gentileza de colaborar com a perfeição da obra, comunicando eventual erro encontrado por meio de mensagem para contato@editorafoco.com.br. O acesso será disponibilizado durante a vigência da edição da obra.

Impresso no Brasil (6.2025) – Data de Fechamento (6.2025)

2025
Todos os direitos reservados à
Editora Foco Jurídico Ltda.
Rua Antonio Brunetti, 593 – Jd. Morada do Sol
CEP 13348-533 – Indaiatuba – SP

E-mail: contato@editorafoco.com.br
www.editorafoco.com.br

Acesse JÁ os conteúdos ON-LINE

ATUALIZAÇÃO em PDF e VÍDEO para complementar seus estudos*

Acesse o link:
www.editorafoco.com.br/atualizacao

CAPÍTULOS ON-LINE

Acesse o link:
www.editorafoco.com.br/atualizacao

* As atualizações em PDF e Vídeo serão disponibilizadas sempre que houver necessidade, em caso de nova lei ou decisão jurisprudencial relevante.
* Acesso disponível durante a vigência desta edição.

Sobre os Autores

Wander Garcia – @wander_garcia

Doutor (PhD) e Mestre em Direito pela PUC/SP. Mestre em Direito (LLM) pela USC – University of Southern California. Visiting Research Fellow na UCLA (pós-doutorado). É Professor Universitário, de Cursos Preparatórios para OAB e Concursos, de Inglês Jurídico e de Legislação Americana. Foi Diretor do Complexo Jurídico Damásio. É um dos fundadores da Editora Foco. É autor best seller com mais de 50 livros publicados na área jurídica e de concursos. Já vendeu mais de 1,5 milhão de livros, dentre os quais se destacam "Como Passar na OAB", "Exame de Ordem Mapamentalizado" e "Concursos: O Guia Definitivo". É advogado há mais de 20 anos e foi procurador do município de São Paulo por mais de 15 anos.

Adolfo Mamoru Nishiyama

Advogado. Possui graduaçãoem Ciências Jurídicas pela Universidade Presbiteriana Mackenzie (1991) e mestrado em Direito do Estado pela Pontifícia Universidade Católica de São Paulo (1997). Doutorado em Direito do Estado pela Pontifícia Universidade Católica de São Paulo (2016). Atualmente é professor titular da Universidade Paulista

André Barbieri

Mestre em Direito. Professor de Direito Público com mais de dez anos de experiência. Professor em diversos cursos pelo País. Advogado.

André Nascimento

Advogado e Especialista em Regulação na Agência Nacional do Petróleo, Gás Natural e Biocombustíveis. Coautor de diversas obras voltadas à preparação para Exames Oficiais e Concursos Públicos. Coautor do livro Estudos de Direito da Concorrência, da Editora Mackenzie, e de artigos científicos. Graduado em Direito pela Universidade Presbiteriana Mackenzie/SP. Graduando em Geografia pela Universidade de São Paulo. Frequentou diversos cursos de extensão nas áreas de Direito, Regulação, Petróleo e Gás Natural e Administração Pública. Instrutor de cursos na ANP, tendo recebido elogio por merecimento pela destacada participação e dedicação.

Ariane Wady

Especialista em Direito Processual Civil (PUC-SP). Graduada em Direito pela PUC-SP (2000). Professora de pós-graduação e curso preparatório para concursos - PROORDEM - UNITÁ Educacional e Professora/Tutora de Direito Administrativo e Constitucional - Rede LFG e IOB. Advogada.

Arthur Trigueiros – @proftrigueiros

Procurador do Estado de São Paulo. Professor da Rede LFG e do IEDI. Autor de diversas obras de preparação para Concursos Públicos e Exame de Ordem. Pós-graduado em Direito.

Bruna Vieira – @profa_bruna

Advogada. Professora do IEDI, PROORDEM, LEGALE, ROBORTELLA e ÊXITO. Palestrante e professora de Pós-Graduação em Instituições de Ensino Superior. Autora de diversas obras de preparação para Concursos Públicos e Exame de Ordem. Pós-graduada em Direito.

Eduardo Dompieri – @eduardodompieri

Professor do IEDI. Autor de diversas obras de preparação para Concursos Públicos e Exame de Ordem. Pós-graduado em Direito.

Fabiano Melo

Professor dos cursos de graduação e pós-graduação em Direito e Administração da Pontifícia Universidade Católica de Minas Gerais (PUC/Minas). Professor da Rede LFG.

Felipe Pelegrini Bertelli Passos

Advogado. Autor de Obras Jurídicas e Consultor. É Especialista em Direito Público e Bacharel em Direito pela Faculdade de Direito Professor Damásio de Jesus. Participou do curso de extensão em Direito Internacional Comparado – Itália – Università degli Studi di Camerino. Professor de Direito e Prática Tributária em Cursos Preparatórios para a OAB, Carreiras Fiscais, Carreiras Jurídicas e de Pós-Graduação em Direito. Sócio na MMAB Business Consulting e na Pelegrini & Alves Advogados Associados.

Fernanda Camargo Penteado
Professora de Direito Ambiental da Faculdade de Direito do Instituto Machadense de Ensino Superior Machado-MG (FUMESC). Mestre em Desenvolvimento Sustentável e Qualidade de Vida (Unifae)

Filipe Venturini Signorelli
Mestrado em Direito Administrativo pela Pontifícia Universidade Católica de São Paulo. Pós-graduado em Governança, Gestão Pública e Direito Administrativo. Pós-graduado em Direito Público. Pós-graduado em Ciências criminais e docência superior. Linha de pesquisa na área de Autorregulação e Controle na administração pública. Conselheiro no IPMA Brasil – International Project Management Associate. Gestor Jurídico e Acadêmico. Professor. Advogado e Consultor Jurídico no Bordalo Densa & Venturini Advogados.

Flávia Campos
Consultora Legislativa da Assembleia Legislativa de Minas Gerais, na área de Participação e Interlocução Social. Especialista em Direito Público pela Universidade Cândido Mendes. Graduada em Direito Pela Pontifícia Universidade Católica de Minas Gerais. Professora de Direito Administrativo e de Prática Cível e Administrativa. Professora do SupremoTV.

Flávia Egido
Procuradora do Município de São Paulo. Doutora em Direito do Estado pela Universidade de São Paulo. Mestre em Direito Administrativo pela PUC-SP. Especialista em Direito Administrativo pela PUC-SP/COGEAE. Especialista em Direitos Difusos e Coletivos pela ESMPSP. Coach de Alta Performance pela FEBRACIS. Practioneer e Master em Programação Neurolinguística - PNL. Analista de Perfil Comportamental - DISC Assessment. Professora de Direito Administrativo.

Gabriela Rodrigues
Advogada. Pós-Graduada em Direito Civil e Processual Civil pela Escola Paulista de Direito. Professora Universitária e do IEDI Cursos On-line e preparatórios para concursos públicos exame de ordem. Autora de diversas obras jurídicas para concursos públicos e exame de ordem.

Gustavo Nicolau – @gustavo_nicolau
Advogado. Mestre e Doutor pela Faculdade de Direito da USP. Professor de Direito Civil da Rede LFG/Praetorium.

Henrique Subi – @henriquesubi
Agente da Fiscalização Financeira do Tribunal de Contas do Estado de São Paulo. Mestrando em Direito Político e Econômico pela Universidade Presbiteriana Mackenzie. Especialista em Direito Empresarial pela Fundação Getúlio Vargas e em Direito Tributário pela UNISUL. Professor de cursos preparatórios para concursos desde 2006. Coautor de mais de 20 obras voltadas para concursos, todas pela Editora Foco.

Hermes Cramacon – @hermescramacon
Possui graduação em Direito pela Universidade Cidade de São Paulo (2000). Mestrando em Direito da Saúde pela Universidade Santa Cecília. Docente da UNIVERSIDADE MUNICIPAL DE SÃO CAETANO DO SUL e professor da FACULDADE TIJUCUSSU. Professor de Direito do Trabalho e Direito Processual do Trabalho do IEDI CURSOS ONLINE e ESCOLHA CERTA CURSOS nos cursos preparatórios para Exame de Ordem. Tem experiência na área de Direito, com ênfase em Direito do Trabalho, Direito Processual do Trabalho, Direito Processual Civil e Prática Jurídica.

José Antonio Apparecido Junior
Procurador do Município de São Paulo. Consultor em Direito Urbanístico. Especialista em Direito Público pela Escola Superior do Ministério Público do Estado de São Paulo. Mestre em Direito Urbanístico pela PUC/SP. Doutorando em Direito do Estado pela USP.

José Luiz de Moura Faleiros Júnior
Advogado. Doutorando em Direito Civil pela Faculdade de Direito da Universidade de São Paulo - Usp/Largo de São Francisco. Doutorando em Direito, na área de estudo Direito, Tecnologia

e Inovação, pela Universidade Federal de Minas Gerais - UFMG. Mestre e Bacharel em Direito pela Universidade Federal de Uberlândia - UFU. Especialista em Direito Processual Civil, Direito Civil e Empresarial, Direito Digital e Compliance. Professor dos Cursos de Graduação em Direito da Faculdade Milton Campos (Belo Horizonte, Brasil) e da Skema Law School (Belo Horizonte, Brasil). Supervisor Acadêmico do curso de Pós-Graduação em Direito Privado, Tecnologia e Inovação da Escola Brasileira de Direito - Ebradi. Professor convidado de cursos de pós-graduação "lato sensu" e LLMs em Direito Digital na Escola Brasileira de Direito - Ebradi, na Universidade do Vale do Rio dos Sinos - Unisinos, na Fundação Escola Superior do Ministério Público do Rio Grande do Sul - FMP/RS, na Pontifícia Universidade Católica do Paraná - PUC/PR e no Instituto de Tecnologia e Sociedade do Rio de Janeiro - ITS-Rio. Associado do Instituto Brasileiro de Estudos de Responsabilidade Civil - Iberc e do Instituto Avançado de Proteção de Dados - IAPD. Membro e Pesquisador do Centro de Pesquisa em Direito, Tecnologia e Inovação - Centro DTIBR. Pesquisador do "Grupo de Estudos em Direito e Tecnologia - DTec" (UFMG, Brasil), do Grupo de Pesquisa "Direito Civil na Sociedade em Rede" (Usp, Brasil) e da "Comunidade Internacional de Estudos em Direito Digital" (UFU, Brasil). Editor da Brazilian Journal of Law, Technology and Innovation (ISSN 2965-1549). Membro da Comissão Executiva da Revista IBERC (ISSN 2595-976X). E-mail: contato@josefaleirosjr.com

Leni Mouzinho Soares

Assistente Jurídico do Tribunal de Justiça do Estado de São Paulo.

Licínia Rossi - @liciniarossi

Advogada. Mestre em Direito Constitucional pela PUC/SP. Especialista em Direito Constitucional pela Escola Superior de Direito Constitucional. Professora exclusiva de Direito Administrativo e Constitucional na Rede Luiz Flávio Gomes de Ensino. Professora de Direito na UNICAMP.

Luciana Batista Santos

Graduada em Direito pela Universidade Federal de Minas Gerais. Mestre em Direito Tributário pela Universidade Federal de Minas Gerais. Professora de Direito Tributário. Autora de livros e artigos na área do Direito Tributário. Advogada.

Luiz Dellore - @dellore

Doutor e Mestre em Direito Processual pela USP. Mestre em Direito Constitucional pela PUC/SP. Visiting Scholar na Syracuse Univesity e Cornell University. Professor do Mackenzie, da FADISP, da Escola Paulista do Direito (EPD), do CPJur e do Saraiva Aprova. Ex-assessor de Ministro do STJ. Membro do IBDP (Instituto Brasileiro de Direito Processual) e do Ceapro (Centro de Estudos Avançados de Processo). Advogado concursado da Caixa Econômica Federal.

Neusa Bittar

Médica, formada em 1973 pela Faculdade de Ciências Médicas de Santos - UNILUS - CRM 20291. Advogada, formada em 2001 pela Faculdade de Direito da Universidade Católica de Santos - UNISANTOS - OAB/SP 196.522. Mestre em Medicina pela Pós-Graduação stricto sensu em Cirurgia de Cabeça e Pescoço do HOSPHEL - Hospital Heliópolis/SP. Especialista em Cirurgia Geral, Coloproctologia e Medicina do Trabalho. Foi professora de Medicina Legal da Faculdade de Direito da Universidade Católica de Santos - UNISANTOS. Foi coordenadora e Professora da Pós-graduação lato sensu em Direito Penal, Direito Processual Penal e Criminologia da Universidade Católica de Santos - UNISANTOS. Professora de Medicina Legal e de Criminologia da Faculdade de Direito da Universidade Metropolitana de Santos - UNIMES - desde 2014. Professora de Medicina Legal e/ou de Criminologia em cursos preparatórios para carreiras jurídicas desde 2007. Preceptora da Liga de Medicina Legal da Faculdade de Medicina da UNIMES.

Patricia Bergamasco

É advogada e revisora das obras Manual de Direito Penal volumes 1, 2 e 3, Execução Penal e Código Penal Interpretado de Julio Fabbrini Mirabete e Renato Nascimento Fabbrini.

Paula Morishita

Editorial jurídico, autora e organizadora de diversas obras na Editora Foco. Bacharel em Direito pela Pontifícia Universidade Católica de Campinas. Especialista em Direito Previdenciário. MBA em Neurociência, Consumo e Marketing. Advogada.

Pedro Turra

Mestre pela PUC-Campinas, Advogado e Professor em cursos de Graduação e Pós-Graduação na Unitá, PUC-Campinas, Mackenzie, Esalq/USP, Proordem Campinas, FACAMP e ESA (Escola Superior da Advocacia - OAB). Cursou extensão em Compliance e Governança Corporativa no Insper. Pós-Graduado (MBA) em Gestão Empresarial e Graduado em Direito (com ênfase em Direito Empresarial) pela FACAMP. Idealizador do grupo de pesquisa sobre Direito Corporativo, iniciativa online que visa transmitir conhecimento presente em artigos acadêmicos para profissionais de todo o país.

Renan Carvalho

Mestre em Filosofia do Direito pela Universidad de Alicante. Cursou a Session Annuelle D'enseignement do Institut International des Droits de L'Homme, a Escola de Governo da USP e a Escola de Formação da Sociedade Brasileira de Direito Público. Autor e coordenador de diversas obras de preparação para Concursos Públicos e o Exame de Ordem. Advogado.

Ricardo Quartim

Graduado em direito pela Universidade de São Paulo (USP). Procurador Federal em São Paulo/SP e autor de artigos jurídicos.

Roberta Densa

Doutora em Direitos Difusos e Coletivos. Professora universitária e em cursos preparatórios para concursos públicos e OAB. Autora da obra "Direito do Consumidor", 9ª edição publicada pela Editora Atlas.

Robinson S. Barreirinhas – robinson.barreirinhas@gmail.com

Professor e autor de diversos livros de Direito Tributário e Financeiro. Procurador do Município de São Paulo. Ex-Secretário de Negócios Jurídicos do Município de São Paulo. Ex-Procurador Geral do Município de São Paulo. Ex-Assessor de Ministro do Superior Tribunal de Justiça

Rodrigo Bordalo

Doutor e Mestre em Direito do Estado pela Pontifícia Universidade Católica de São Paulo (PUC-SP). Professor de Direito Público da Uni-versidade Presbiteriana Mackenzie (pós-graduação). Professor de Direito Administrativo e Ambiental do Centro Preparatório Jurídico (CPJUR) e da Escola Brasileira de Direito (EBRADI), entre outros. Procurador do Município de São Paulo, atualmente lotado na Coordenado-ria Geral do Consultivo da Procuradoria Geral do Município. Advogado. Palestrante.

Savio Chalita

Advogado. Mestre em Direitos Sociais, Difusos e Coletivos. Professor do CPJUR (Centro Preparatório Jurídico), Autor de obras para Exame de Ordem e Concursos Públicos. Professor Universitário. Editor do blog www.comopassarnaoab.com.

Teresa Melo

Procuradora Federal. Mestranda em Direito Público pela UERJ. Assessora de Ministro do Supremo Tribunal Federal. Ex-assessora de Ministro do STJ.

Vivian Calderoni

Mestre em Direito Penal e Criminologia pela USP. Autora de artigos e livros. Palestrante e professora de cursos preparatórios para concursos jurídicos. Atualmente, trabalha como advogada na ONG "Conectas Direitos Humanos", onde atua em temas relacionados ao sistema prisional e ao sistema de justiça.

Apresentação

A experiência diz que aquele que quer ser aprovado deve fazer três coisas: a) entender a teoria; b) ler a letra da lei, e c) treinar. A teoria é vista em cursos e livros à disposição no mercado. O problema é que ela, sozinha, não é suficiente. É fundamental "ler a letra da lei" e "treinar". E a presente obra possibilita que você faça esses dois tipos de estudo. Aliás, você sabia que mais de 90% das questões de Concursos Jurídicos são resolvidas apenas com o conhecimento da lei, e que as questões das provas se repetem muito?

Cada questão deste livro vem comentada com o dispositivo legal em que você encontrará a resposta.

E isso é feito não só em relação à alternativa correta. Todas as alternativas são comentadas, sempre que necessário. Com isso você terá acesso aos principais dispositivos legais que aparecem nas provas e também às orientações doutrinárias e jurisprudenciais.

Estudando pelo livro você começará a perceber as técnicas dos examinadores e as "pegadinhas" típicas de prova, e ganhará bastante segurança para o momento decisivo, que é o dia do seu exame.

É por isso que podemos afirmar, com uma exclamação, que esta obra vai lhe demonstrar COMO PASSAR EM CONCURSOS JURÍDICOS!

SUMÁRIO

SOBRE OS AUTORES	VII
APRESENTAÇÃO	XI
COMO USAR O LIVRO?	XXV

1. DIREITO CIVIL

1. LINDB 1
2. GERAL 2
3. OBRIGAÇÕES 21
4. CONTRATOS 31
5. RESPONSABILIDADE CIVIL 42
6. COISAS 48
7. FAMÍLIA 60
8. SUCESSÕES 69
9. REGISTROS PÚBLICOS 75
10. QUESTÕES COMBINADAS 76
11. LEIS ESPARSAS 83

2. DIREITO PROCESSUAL CIVIL

1. PRINCÍPIOS DO PROCESSO CIVIL 89
2. PARTES, PROCURADORES, MINISTÉRIO PÚBLICO E JUIZ 90
3. PRAZOS PROCESSUAIS. ATOS PROCESSUAIS 94
4. LITISCONSÓRCIO E INTERVENÇÃO DE TERCEIROS 96
5. JURISDIÇÃO E COMPETÊNCIA 100
6. PRESSUPOSTOS PROCESSUAIS E CONDIÇÕES DA AÇÃO 105
7. FORMAÇÃO, SUSPENSÃO E EXTINÇÃO DO PROCESSO. NULIDADES 106
8. TUTELA PROVISÓRIA 107
9. PROCESSO DE CONHECIMENTO 111
10. SENTENÇA. COISA JULGADA. AÇÃO RESCISÓRIA 118
11. TEMAS COMBINADOS DE PROCESSO DE CONHECIMENTO 122

www. Acesse o conteúdo on-line. Siga as orientações disponíveis na página III.

12.	TEORIA GERAL DOS RECURSOS	122
13.	EXECUÇÃO E CUMPRIMENTO DE SENTENÇA	135
14.	PROCEDIMENTOS ESPECIAIS NO CPC	144
15.	TEMAS COMBINADOS	149

3. LEGISLAÇÃO PROCESSUAL CIVIL EXTRAVAGANTE www. 155

1.	JUIZADO ESPECIAL CÍVEL, FEDERAL E DA FAZENDA PÚBLICA	155
2.	PROCESSO COLETIVO: AÇÃO CIVIL PÚBLICA, AÇÃO POPULAR E AÇÃO DE IMPROBIDADE	157
3.	MANDADO DE SEGURANÇA E *HABEAS DATA*	158
4.	OUTROS PROCEDIMENTOS DE LEGISLAÇÃO EXTRAVAGANTE	160

4. DIREITO EMPRESARIAL www. 165

1.	TEORIA GERAL	165
2.	DIREITO SOCIETÁRIO	172
3.	DIREITO CAMBIÁRIO	179
4.	DIREITO CONCURSAL – FALÊNCIA E RECUPERAÇÃO	181
5.	CONTRATOS EMPRESARIAIS	186
6.	PROPRIEDADE INDUSTRIAL	188
7.	TEMAS COMBINADOS E OUTROS TEMAS	191

5. DIREITO PENAL www. 195

1.	CONCEITO, FONTES E PRINCÍPIOS	195
2.	APLICAÇÃO DA LEI NO TEMPO	201
3.	APLICAÇÃO DA LEI NO ESPAÇO	203
4.	CONCEITO E CLASSIFICAÇÃO DOS CRIMES	203
5.	FATO TÍPICO E TIPO PENAL	206
6.	CRIMES DOLOSOS, CULPOSOS E PRETERDOLOSOS	209
7.	ERRO DE TIPO, DE PROIBIÇÃO E DEMAIS ERROS	209
8.	TENTATIVA, CONSUMAÇÃO, DESISTÊNCIA, ARREPENDIMENTO E CRIME IMPOSSÍVEL	210
9.	ANTIJURIDICIDADE E CAUSAS EXCLUDENTES	212
10.	CONCURSO DE PESSOAS	214
11.	CULPABILIDADE E CAUSAS EXCLUDENTES	215
12.	PENAS E SEUS EFEITOS	216
13.	APLICAÇÃO DA PENA	225
14.	*SURSIS*, LIVRAMENTO CONDICIONAL, REABILITAÇÃO E MEDIDAS DE SEGURANÇA	229
15.	AÇÃO PENAL	231
16.	EXTINÇÃO DA PUNIBILIDADE EM GERAL	233
17.	PRESCRIÇÃO	234

18.	CRIMES CONTRA A PESSOA	236
19.	CRIMES CONTRA O PATRIMÔNIO	244
20.	CRIMES CONTRA A DIGNIDADE SEXUAL	255
21.	CRIMES CONTRA A FÉ PÚBLICA	260
22.	CRIMES CONTRA A ADMINISTRAÇÃO PÚBLICA	263
23.	OUTROS CRIMES E CRIMES COMBINADOS DO CÓDIGO PENAL	269
24.	TEMAS COMBINADOS DE DIREITO PENAL	269

6. DIREITO PROCESSUAL PENAL — 273

1.	FONTES, PRINCÍPIOS GERAIS, EFICÁCIA DA LEI PROCESSUAL NO TEMPO E NO ESPAÇO	273
2.	INQUÉRITO POLICIAL E OUTRAS FORMAS DE INVESTIGAÇÃO CRIMINAL	274
3.	AÇÃO PENAL	282
4.	SUSPENSÃO CONDICIONAL DO PROCESSO	290
5.	JURISDIÇÃO E COMPETÊNCIA. CONEXÃO E CONTINÊNCIA	291
6.	QUESTÕES E PROCESSOS INCIDENTES	298
7.	PROVAS	300
8.	SUJEITOS PROCESSUAIS	311
9.	CITAÇÃO, INTIMAÇÃO E PRAZOS	313
10.	PRISÃO, MEDIDAS CAUTELARES E LIBERDADE PROVISÓRIA	314
11.	PROCESSO E PROCEDIMENTOS	327
12.	PROCESSO DE COMPETÊNCIA DO JÚRI	332
13.	JUIZADOS ESPECIAIS	336
14.	SENTENÇA, PRECLUSÃO E COISA JULGADA	339
15.	NULIDADES	342
16.	RECURSOS	344
17.	*HABEAS CORPUS*, MANDADO DE SEGURANÇA E REVISÃO CRIMINAL	347
18.	LEGISLAÇÃO EXTRAVAGANTE	349
19.	TEMAS COMBINADOS E OUTROS TEMAS	360

7. LEGISLAÇÃO PENAL EXTRAVAGANTE — 367

1.	CRIMES DA LEI ANTIDROGAS	367
2.	CRIMES CONTRA O MEIO AMBIENTE	371
3.	CRIMES CONTRA A ORDEM TRIBUTÁRIA	372
4.	CRIMES DE TRÂNSITO	373
5.	ESTATUTO DO DESARMAMENTO	374
6.	CRIME ORGANIZADO	374
7.	CRIME DE TORTURA	375
8.	CRIMES DO ESTATUTO DA CRIANÇA E DO ADOLESCENTE	375

9.	CRIMES DE ABUSO DE AUTORIDADE 375
10.	VIOLÊNCIA DOMÉSTICA...376
11.	ESTATUTO DA PESSOA IDOSA 379
12.	CRIMES HEDIONDOS 379
13.	CRIMES RELATIVOS À LICITAÇÃO 379
14.	TEMAS COMBINADOS DA LEGISLAÇÃO EXTRAVAGANTE 380

8. EXECUÇÃO PENAL — 391

1.	TRABALHO DO PRESO..391
2.	DEVERES, DIREITOS E DISCIPLINA DO CONDENADO 391
3.	EXECUÇÃO DA PENA PRIVATIVA DE LIBERDADE 392
4.	EXECUÇÃO DAS MEDIDAS DE SEGURANÇA 396
5.	INCIDENTES DE EXECUÇÃO 396
6.	PROCEDIMENTO JUDICIAL 397
7.	TEMAS COMBINADOS..398

9. DIREITO CONSTITUCIONAL — 401

1.	PODER CONSTITUINTE 401
2.	TEORIA DA CONSTITUIÇÃO E PRINCÍPIOS FUNDAMENTAIS..404
3.	HERMENÊUTICA CONSTITUCIONAL E EFICÁCIA DAS NORMAS CONSTITUCIONAIS 409
4.	DO CONTROLE DE CONSTITUCIONALIDADE 415
5.	DOS DIREITOS E GARANTIAS FUNDAMENTAIS...429
6.	DIREITOS SOCIAIS 450
7.	NACIONALIDADE..454
8.	DIREITOS POLÍTICOS 455
9.	ORGANIZAÇÃO DO ESTADO..460
10.	ORGANIZAÇÃO DO PODER EXECUTIVO 481
11.	ORGANIZAÇÃO DO PODER LEGISLATIVO. PROCESSO LEGISLATIVO...482
12.	DA ORGANIZAÇÃO DO PODER JUDICIÁRIO 492
13.	DAS FUNÇÕES ESSENCIAIS À JUSTIÇA 504
14.	DEFESA DO ESTADO...506
15.	TRIBUTAÇÃO E ORÇAMENTO 507
16.	ORDEM ECONÔMICA E FINANCEIRA..511
17.	ORDEM SOCIAL 514
18.	TEMAS COMBINADOS..523

10. DIREITO ADMINISTRATIVO — 545

1.	REGIME JURÍDICO ADMINISTRATIVO E PRINCÍPIOS DO DIREITO ADMINISTRATIVO...........545

2.	PODERES DA ADMINISTRAÇÃO PÚBLICA	550
3.	ATOS ADMINISTRATIVOS	558
4.	ORGANIZAÇÃO ADMINISTRATIVA	569
5.	SERVIDORES PÚBLICOS	586
6.	BENS PÚBLICOS	616
7.	INTERVENÇÃO DO ESTADO NA PROPRIEDADE	620
8.	RESPONSABILIDADE DO ESTADO	629
9.	LICITAÇÃO	637
10.	CONTRATOS ADMINISTRATIVOS	646
11.	SERVIÇOS PÚBLICOS	648
12.	PROCESSO ADMINISTRATIVO	656
13.	CONTROLE DA ADMINISTRAÇÃO PÚBLICA	659
14.	LEI DE ACESSO À INFORMAÇÃO – TRANSPARÊNCIA	667
15.	LEI ANTICORRUPÇÃO	669
16.	OUTROS TEMAS E TEMAS COMBINADOS DE DIREITO ADMINISTRATIVO	671

11. DIREITO ECONÔMICO — 681

1.	ORDEM ECONÔMICA NA CONSTITUIÇÃO. MODELOS ECONÔMICOS	681
2.	SISTEMA BRASILEIRO DE DEFESA DA CONCORRÊNCIA – SBDC. LEI ANTITRUSTE	682
3.	DIREITO ECONÔMICO INTERNACIONAL	685
4.	INTERVENÇÃO DO ESTADO NO DOMÍNIO ECONÔMICO	686
5.	QUESTÕES COMBINADAS E OUTROS TEMAS	686

12. DIREITO PREVIDENCIÁRIO — 689

1.	PRINCÍPIOS E NORMAS GERAIS	689
2.	CUSTEIO	691
3.	SEGURADOS DA PREVIDÊNCIA E DEPENDENTES	693
4.	BENEFÍCIOS PREVIDENCIÁRIOS	694
5.	PREVIDÊNCIA DOS SERVIDORES PÚBLICOS	704
6.	PREVIDÊNCIA PRIVADA COMPLEMENTAR	713
7.	AÇÕES PREVIDENCIÁRIAS	713
8.	TEMAS COMBINADOS	713

13. DIREITO ELEITORAL — 717

1.	PRINCÍPIOS, DIREITOS POLÍTICOS, ELEGIBILIDADE E ALISTAMENTO ELEITORAL	717
2.	PARTIDOS POLÍTICOS, CANDIDATOS	723
3.	PROPAGANDA ELEITORAL E RESTRIÇÕES NO PERÍODO ELEITORAL	727
4.	PRESTAÇÃO DE CONTAS, DESPESAS, ARRECADAÇÃO, FINANCIAMENTO DE CAMPANHA	728

5. COMPETÊNCIA E ORGANIZAÇÃO DA JUSTIÇA ELEITORAL 729
6. AÇÕES, RECURSOS, IMPUGNAÇÕES 730
7. DAS CONDUTAS VEDADAS AOS AGENTES PÚBLICOS 734
8. CRIMES ELEITORAIS 735
9. COMBINADAS E OUTRAS MATÉRIAS 735

14. PROCESSO COLETIVO — 737

1. INTERESSES DIFUSOS, COLETIVOS E INDIVIDUAIS HOMOGÊNEOS E PRINCÍPIOS 737
2. LEGITIMAÇÃO, LEGITIMADOS, MINISTÉRIO PÚBLICO E LITISCONSÓRCIO 738
3. OBJETO 740
4. COMPROMISSO DE AJUSTAMENTO 740
5. AÇÃO, PROCEDIMENTO, TUTELA ANTECIPADA, MULTA, SENTENÇA, COISA JULGADA, RECURSOS, CUSTAS E QUESTÕES MISTAS 742
6. AÇÃO POPULAR E IMPROBIDADE ADMINISTRATIVA 743
7. OUTROS TEMAS E TEMAS COMBINADOS 745

15. DIREITO DO CONSUMIDOR www. — 751

1. CONCEITO DE CONSUMIDOR E RELAÇÃO DE CONSUMO 751
2. PRINCÍPIOS E DIREITOS BÁSICOS 751
3. RESPONSABILIDADE PELO FATO DO PRODUTO OU DO SERVIÇO E PRESCRIÇÃO 753
4. RESPONSABILIDADE POR VÍCIO DO PRODUTO OU DO SERVIÇO E DECADÊNCIA 755
5. DESCONSIDERAÇÃO DA PERSONALIDADE JURÍDICA. RESPONSABILIDADE EM CASO DE GRUPO DE EMPRESAS 756
6. PRESCRIÇÃO E DECADÊNCIA 757
7. PRÁTICAS COMERCIAIS 758
8. PROTEÇÃO CONTRATUAL 762
9. SUPERENDIVIDAMENTO DO CONSUMIDOR 766
10. RESPONSABILIDADE ADMINISTRATIVA 767
11. RESPONSABILIDADE CRIMINAL 767
12. DEFESA DO CONSUMIDOR EM JUÍZO 767
13. SNDC E CONVENÇÃO COLETIVA 770
14. TEMAS COMBINADOS 770
15. OUTROS TEMAS 772

16. DIREITO AMBIENTAL www. — 777

1. HISTÓRICO E CONCEITOS BÁSICOS 777
2. DIREITO AMBIENTAL CONSTITUCIONAL 777
3. PRINCÍPIOS DO DIREITO AMBIENTAL 778
4. COMPETÊNCIA EM MATÉRIA AMBIENTAL 781

5. LEI DE POLÍTICA NACIONAL DO MEIO AMBIENTE 785
6. INSTRUMENTOS DE PROTEÇÃO DO MEIO AMBIENTE 786
7. PROTEÇÃO DA FLORA. CÓDIGO FLORESTAL 794
8. BIOMA MATA ATLÂNTICA 797
9. RESPONSABILIDADE CIVIL AMBIENTAL E PROTEÇÃO JUDICIAL DO MEIO AMBIENTE 798
10. RESPONSABILIDADE ADMINISTRATIVA AMBIENTAL 803
11. RESPONSABILIDADE PENAL AMBIENTAL 805
12. BIOSSEGURANÇA E PROTEÇÃO DA SAÚDE HUMANA 807
13. RECURSOS MINERAIS 808
14. RESÍDUOS SÓLIDOS 808
15. RECURSOS HÍDRICOS 809
16. DIREITO AMBIENTAL INTERNACIONAL 810
17. MEIO AMBIENTE URBANO 811
18. TEMAS COMBINADOS E OUTROS TEMAS 811

17. DIREITO DA CRIANÇA E DO ADOLESCENTE — 821

1. CONCEITOS BÁSICOS E PRINCÍPIOS 821
2. DIREITOS FUNDAMENTAIS 821
3. MEDIDAS DE PROTEÇÃO 830
4. MEDIDAS SOCIOEDUCATIVAS E ATO INFRACIONAL – DIREITO MATERIAL 832
5. ATO INFRACIONAL – DIREITO PROCESSUAL 838
6. CONSELHO TUTELAR 839
7. MINISTÉRIO PÚBLICO 839
8. ACESSO À JUSTIÇA 839
9. INFRAÇÕES ADMINISTRATIVAS 844
10. DECLARAÇÕES E CONVENÇÕES 844
11. TEMAS COMBINADOS E OUTROS TEMAS 845

18. DIREITO DA PESSOA IDOSA — 857

1. DIREITOS FUNDAMENTAIS 857
2. MEDIDAS DE PROTEÇÃO 859
3. POLÍTICA DE ATENDIMENTO À PESSOA IDOSA 860
4. ACESSO À JUSTIÇA 860
5. TEMAS VARIADOS 860

19. DIREITO DA PESSOA COM DEFICIÊNCIA — 863

1. ESTATUTO DA PESSOA COM DEFICIÊNCIA 863

20. DIREITO DO TRABALHO 867

1. INTRODUÇÃO, FONTES E PRINCÍPIOS 867
2. CONTRATO INDIVIDUAL DE TRABALHO E ESPÉCIES DE EMPREGADOS E TRABALHADORES 868
3. CONTRATO DE TRABALHO COM PRAZO DETERMINADO 869
4. TRABALHO DA MULHER, DO MENOR E NOTURNO 870
5. ALTERAÇÃO, INTERRUPÇÃO E SUSPENSÃO DO CONTRATO DE TRABALHO 870
6. REMUNERAÇÃO E SALÁRIO 871
7. JORNADA DE TRABALHO 872
8. EXTINÇÃO DO CONTRATO DE TRABALHO 872
9. ESTABILIDADE 873
10. FGTS 874
11. SEGURANÇA E MEDICINA DO TRABALHO 874
12. DIREITO COLETIVO DO TRABALHO 875
13. PRESCRIÇÃO 877
14. TEMAS COMBINADOS 877

21. DIREITO PROCESSUAL DO TRABALHO 881

1. TEORIA GERAL E PRINCÍPIOS DO PROCESSO DO TRABALHO 881
2. COMPETÊNCIA 883
3. NULIDADES 883
4. PROVAS 883
5. PROCEDIMENTO (INCLUSIVE, ATOS PROCESSUAIS) 884
6. EXECUÇÃO 885
7. RECURSOS 886
8. CUSTAS, EMOLUMENTOS E HONORÁRIOS 889
9. DEMANDAS COLETIVAS (DISSÍDIO COLETIVO, AÇÃO CIVIL PÚBLICA, AÇÃO DE CUMPRIMENTO) 890
10. QUESTÕES COMBINADAS 890

22. DIREITO TRIBUTÁRIO 893

1. COMPETÊNCIA TRIBUTÁRIA 893
2. PRINCÍPIOS 895
3. IMUNIDADES 901
4. DEFINIÇÃO DE TRIBUTO E ESPÉCIES TRIBUTÁRIAS 906
5. LEGISLAÇÃO TRIBUTÁRIA – FONTES 909
6. VIGÊNCIA, APLICAÇÃO, INTERPRETAÇÃO E INTEGRAÇÃO 910
7. FATO GERADOR E OBRIGAÇÃO TRIBUTÁRIA 912
8. LANÇAMENTO E CRÉDITO TRIBUTÁRIO 913

9.	SUJEIÇÃO PASSIVA, CAPACIDADE E DOMICÍLIO 914
10.	SUSPENSÃO, EXTINÇÃO E EXCLUSÃO DO CRÉDITO 919
11.	IMPOSTOS E CONTRIBUIÇÕES EM ESPÉCIE 927
12.	TEMAS COMBINADOS DE IMPOSTOS E CONTRIBUIÇÕES 939
13.	GARANTIAS E PRIVILÉGIOS DO CRÉDITO 941
14.	ADMINISTRAÇÃO TRIBUTÁRIA, FISCALIZAÇÃO 943
15.	DÍVIDA ATIVA, INSCRIÇÃO, CERTIDÕES 945
16.	REPARTIÇÃO DE RECEITAS 946
17.	AÇÕES TRIBUTÁRIAS 947
18.	MICROEMPRESAS – ME E EMPRESAS DE PEQUENO PORTE – EPP 949
19.	TEMAS COMBINADOS E OUTRAS MATÉRIAS 950

23. LEI GERAL DE PROTEÇÃO DE DADOS PESSOAIS — 957

Sumário Capítulos on-line

24. FILOSOFIA JURÍDICA, TEORIA GERAL DO DIREITO E HERMENÊUTICA — 297

25. SOCIOLOGIA JURÍDICA — 303

26. DIREITO FINANCEIRO — 307

1.	PRINCÍPIOS E NORMAS GERAIS 307
2.	LEI DE DIRETRIZES ORÇAMENTÁRIAS – LDO E PLANO PLURIANUAL – PPA 310
3.	LEI DE RESPONSABILIDADE FISCAL – LRF 310
4.	RECEITAS 311
5.	DESPESAS 312
6.	DESPESAS COM PESSOAL 314
7.	EXECUÇÃO ORÇAMENTÁRIA, CRÉDITOS ADICIONAIS 315
8.	PRECATÓRIOS 316
9.	OUTROS TEMAS E COMBINADOS 316

27. DIREITO AGRÁRIO — 319

1.	CONTRATOS AGRÁRIOS 319
2.	USUCAPIÃO ESPECIAL RURAL 319
3.	AQUISIÇÃO E USO DA PROPRIEDADE E DA POSSE RURAL 320
4.	DESAPROPRIAÇÃO PARA A REFORMA AGRÁRIA 321
5.	TERRAS DEVOLUTAS 323

6. TERRAS INDÍGENAS E QUILOMBOLAS 323
7. OUTROS TEMAS E TEMAS COMBINADOS..326

28. MEDICINA LEGAL — 329

1. TANATOLOGIA..329
2. SEXOLOGIA...331
3. TRAUMATOLOGIA..332
4. PSICOPATOLOGIA FORENSE 334
5. ANTROPOLOGIA..335
6. PERÍCIAS MÉDICO-LEGAIS E PROCEDIMENTO NO INQUÉRITO POLICIAL.................335
7. ASFIXIAS 337
8. CRIMINALÍSTICA (LOCAL DE CRIME)...337
9. TOXICOLOGIA..338
10. DOCUMENTOS MÉDICO LEGAIS..339

29. DIREITO URBANÍSTICO — 341

1. PARCELAMENTO DO SOLO URBANO...341
2. ESTATUTO DAS CIDADES E INSTRUMENTOS DA POLÍTICA URBANA 341
3. TEMAS COMBINADOS..344
4. OUTROS TEMAS 348

30. DIREITO EDUCACIONAL — 351

1. LEI DE DIRETRIZES E BASES DA EDUCAÇÃO 351
2. NORMAS CONSTITUCIONAIS...351

31. DIREITO INTERNACIONAL PÚBLICO E PRIVADO — 353

1. DIREITO INTERNACIONAL PÚBLICO 353
2. DIREITO INTERNACIONAL PRIVADO 357

32. DIREITOS HUMANOS — 361

1. TEORIA GERAL E DOCUMENTOS HISTÓRICOS..361
2. CARACTERÍSTICAS DOS DIREITOS HUMANOS..362
3. SISTEMA GLOBAL DE PROTEÇÃO DOS DIREITOS HUMANOS 363
4. SISTEMA GLOBAL DE PROTEÇÃO ESPECÍFICA DOS DIREITOS HUMANOS 367
5. SISTEMA REGIONAL DE PROTEÇÃO DOS DIREITOS HUMANOS 368
6. SISTEMA AMERICANO DE PROTEÇÃO ESPECÍFICA DOS DIREITOS HUMANOS........377
7. DIREITOS HUMANOS NO BRASIL..377
8. DIREITO DOS REFUGIADOS 383
9. COMBINADAS E OUTROS TEMAS DE DIREITOS HUMANOS 383

34. CRIMINOLOGIA — 387

1. CONCEITO, MÉTODO, FUNÇÕES E OBJETOS DA CRIMINOLOGIA 387
2. TEORIAS DA PENA 395
3. TEORIAS CRIMINOLÓGICAS 396
4. VITIMOLOGIA 396
5. POLÍTICA CRIMINAL 397

37. LÍNGUA PORTUGUESA — 399

1. INTERPRETAÇÃO DE TEXTOS 399
2. VERBO 411
3. PONTUAÇÃO 416
4. REDAÇÃO, COESÃO E COERÊNCIA 417
5. CONCORDÂNCIA 421
6. CONJUNÇÃO 423
7. PRONOMES 425
8. CRASE 427
9. MORFOLOGIA E SEMÂNTICA 429
10. VOZES VERBAIS 434
11. ORTOGRAFIA 437
12. REGÊNCIAS VERBAL E NOMINAL 437
13. ANÁLISE SINTÁTICA 438
14. QUESTÕES COMBINADAS E OUTROS TEMAS 441

Como usar o livro?

Para que você consiga um ótimo aproveitamento deste livro, atente para as seguintes orientações:

1º Tenha em mãos um **vademecum** ou **um computador** no qual você possa acessar os textos de lei citados.

2º Se você estiver estudando a teoria (fazendo um curso preparatório ou lendo resumos, livros ou apostilas), faça as questões correspondentes deste livro na medida em que for avançando no estudo da parte teórica.

3º Se você já avançou bem no estudo da teoria, leia cada capítulo deste livro até o final, e só passe para o novo capítulo quando acabar o anterior; vai mais uma dica: alterne capítulos de acordo com suas preferências; leia um capítulo de uma disciplina que você gosta e, depois, de uma que você não gosta ou não sabe muito, e assim sucessivamente.

4º Iniciada a resolução das questões, tome o cuidado de ler cada uma delas **sem olhar para o gabarito e para os comentários**; se a curiosidade for muito grande e você não conseguir controlar os olhos, tampe os comentários e os gabaritos com uma régua ou um papel; na primeira tentativa, é fundamental que resolva a questão sozinho; só assim você vai identificar suas deficiências e "pegar o jeito" de resolver as questões; marque com um lápis a resposta que entender correta, e só depois olhe o gabarito e os comentários.

5º **Leia com muita atenção o enunciado das questões.** Ele deve ser lido, no mínimo, duas vezes. Da segunda leitura em diante, começam a aparecer os detalhes, os pontos que não percebemos na primeira leitura.

6º **Grife as palavras-chave, as afirmações e a pergunta formulada.** Ao grifar as palavras importantes e as afirmações você fixará mais os pontos-chave e não se perderá no enunciado como um todo. Tenha atenção especial com as palavras "correto", "incorreto", "certo", "errado", "prescindível" e "imprescindível".

7º Leia os comentários e também **leia também cada dispositivo legal** neles mencionados; não tenha preguiça; abra o *vademecum* e leia os textos de leis citados, tanto os que explicam as alternativas corretas, como os que explicam o porquê de ser incorreta dada alternativa; você tem que conhecer bem a letra da lei, já que mais de 90% das respostas estão nela; mesmo que você já tenha entendido determinada questão, reforce sua memória e leia o texto legal indicado nos comentários.

8º Leia também os **textos legais que estão em volta** do dispositivo; por exemplo, se aparecer, em Direito Penal, uma questão cujo comentário remete ao dispositivo que trata da falsidade ideológica, aproveite para ler também os dispositivos que tratam dos outros crimes de falsidade; outro exemplo: se aparecer uma questão, em Direito Constitucional, que trate da composição do Conselho Nacional de Justiça, leia também as outras regras que regulamentam esse conselho.

9º Depois de resolver sozinho a questão e de ler cada comentário, você deve fazer uma **anotação ao lado da questão**, deixando claro o motivo de eventual erro que você tenha cometido; conheça os motivos mais comuns de erros na resolução das questões:

DL – "desconhecimento da lei"; quando a questão puder ser resolvida apenas com o conhecimento do texto de lei;

DD – "desconhecimento da doutrina"; quando a questão só puder ser resolvida com o conhecimento da doutrina;

DJ – "desconhecimento da jurisprudência"; quando a questão só puder ser resolvida com o conhecimento da jurisprudência;

FA – "falta de atenção"; quando você tiver errado a questão por não ter lido com cuidado o enunciado e as alternativas;

NUT - "não uso das técnicas"; quando você tiver se esquecido de usar as técnicas de resolução de questões objetivas, tais como as da **repetição de elementos** ("quanto mais elementos repetidos existirem, maior a chance de a alternativa ser correta"), das **afirmações generalizantes** ("afirmações generalizantes tendem a ser incorretas" - reconhece-se afirmações generalizantes pelas palavras *sempre, nunca, qualquer, absolutamente, apenas, só, somente exclusivamente* etc.), dos **conceitos compridos** ("os conceitos de maior extensão tendem a ser corretos"), entre outras.

10º Confie no **bom-senso**. Normalmente, a resposta correta é a que tem mais a ver com o bom-senso e com a ética. Não ache que todas as perguntas contêm uma pegadinha. Se aparecer um instituto que você não conhece, repare bem no seu nome e tente imaginar o seu significado.

11º Faça um levantamento do **percentual de acertos de cada disciplina** e dos **principais motivos que levaram aos erros cometidos**; de posse da primeira informação, verifique quais disciplinas merecem um reforço no estudo; e de posse da segunda informação, fique atento aos erros que você mais comete, para que eles não se repitam.

12º Uma semana antes da prova, faça uma **leitura dinâmica** de todas as anotações que você fez e leia de novo os dispositivos legais (e seu entorno) das questões em que você marcar "DL", ou seja, desconhecimento da lei.

13º Para que você consiga ler o livro inteiro, faça um bom **planejamento**. Por exemplo, se você tiver 90 dias para ler a obra, divida o número de páginas do livro pelo número de dias que você tem, e cumpra, diariamente, o número de páginas necessárias para chegar até o fim. Se tiver sono ou preguiça, levante um pouco, beba água, masque chiclete ou leia em voz alta por algum tempo.

14º Desejo a você, também, muita **energia, disposição, foco, organização, disciplina, perseverança, amor** e **ética**!

Wander Garcia

Coordenador

1. DIREITO CIVIL

Gabriela Rodrigues e Gustavo Nicolau*

1. LINDB

(Procurador Federal – AGU – 2023 – CEBRASPE) Quando o juiz, por permissão legal, julga um processo conforme seus ditames, ocorre o chamado julgamento por

(A) analogia.
(B) equidade.
(C) integração.
(D) costumes.
(E) princípios gerais do direito.

A: incorreta, pois a analogia é técnica de integração de lacuna legal, com a aplicação de um dispositivo legal previsto para uma situação para resolver outra que tenha algum ponto de semelhança. O art. 4º da Lei de Introdução às Normas do Direito traz que a analogia será aplicada para suprir lacuna legal; nestes termos: "Quando a lei for omissa, o juiz decidirá o caso de acordo com a analogia, os costumes e os princípios gerais de direito". Logo, não se refere à fonte descrita no enunciado; **B**: correta, pois no julgamento por equidade é permitido ao juiz utilizar de seu "senso de justiça" para julgamento de causas nos casos expressamente autorizados pela lei, conforme o que expressamente prevê o art. 140, parágrafo único, do CPC: "O juiz só decidirá por equidade nos casos previstos em lei"; **C**: incorreta, pois integração não é fonte do direito, mas técnica de preenchimento de lacunas com o uso de fontes secundárias, tais como a jurisprudência. Logo, não se refere à fonte descrita no enunciado; **D**: incorreta, pois os costumes são regras de conduta criadas espontaneamente pela consciência comum do povo, que a observa por modo constante e uniforme e sob a convicção de corresponder a uma necessidade jurídica. Os costumes são fonte supletiva do direito, conforme art. 4º, da LINDB, e fonte interpretativa; **E**: incorreta, pois os princípios gerais do direito são normas gerais, com alto grau de abstração, extraídas diretamente do texto de lei (como o princípio do contraditório, expressamente previsto no art. 5º, LV, da CF/88), ou inferidos a partir de sua interpretação (como, por exemplo, o princípio do duplo grau de jurisdição, extraído do princípio da ampla defesa e da competência recursal dos tribunais). GR

Gabarito "B".

1.1. EFICÁCIA DA LEI NO TEMPO

(Defensor Público Federal – DPU – 2017 – CESPE) De acordo com a legislação de regência e o entendimento dos tribunais superiores, julgue os próximos itens.

(1) O condômino B deve taxas condominiais extraordinárias, estabelecidas em instrumento particular, ao condomínio edilício A. Assertiva: Nessa situação, o condomínio A goza do prazo de cinco anos, a contar do dia seguinte ao do vencimento da prestação, para exercer o direito de cobrança das referidas taxas.
(2) Uma lei nova, ao revogar lei anterior que regulamentava determinada relação jurídica, não poderá atingir o ato jurídico perfeito, o direito adquirido nem a coisa julgada, salvo se houver determinação expressa para tanto.
(3) Se o indivíduo A publicar, com fins econômicos ou comerciais, imagens do indivíduo B, sem autorização deste, será devida indenização independentemente de comprovação de prejuízo, entendimento que não será aplicável caso a publicação seja relativa a propaganda político-eleitoral.
(4) Situação hipotética: B é sócio cotista da sociedade empresária A Ltda., que está encerrando suas atividades e, consequentemente, dissolvendo a sociedade. Assertiva: Nessa situação, em eventual demanda judicial envolvendo B e a figura jurídica A Ltda., esta poderá requerer a desconsideração da personalidade jurídica da sociedade empresária, tendo como fundamento único o seu término.

1: Correta, de acordo com a tese fixada em julgamento de Recurso Representativo REsp 1.483.930/DF, publicado no dia 01/02/2017, o STJ entendeu pela aplicação do artigo 206, § 5º, I, do Codigo Civl, "Na vigência do Código Civil de 2002, é quinquenal o prazo prescricional para que o condomínio geral ou edifício (horizontal ou vertical) exercite a pretensão de cobrança da taxa condominial ordinária ou extraordinária constante em instrumento público ou particular, a contar do dia seguinte ao vencimento da prestação". **2**: Errada, pois vai de encontro ao artigo 5º, XXXVI, da Constituição Federal que prevê: "A lei não prejudicará o direito adquirido, o ato jurídico perfeito e a coisa julgada", bem como ao artigo 6º, da LINDB: "A lei em vigor terá efeito imediato e geral, respeitados o ato jurídico perfeito, o direito adquirido e a coisa julgada". **3**: Errada. O Superior Tribunal de Justiça, Súmula 403, em consonância com o artigo 20 do Código Civil, reconheceu que o direito a reparação da divulgação da imagem não autorizada, independe da comprovação do dano, o que se configura o Dano *in re ipsa*, se aplica também à propaganda político-eleitoral. **4**: Errada, pois, de acordo com o artigo 50 do Codigo Civil, adotou-se a teoria maior da desconsideração da personalidade jurídica. Dessa forma, o instituto da desconsideração só poderá ocorrer nos casos de abuso da personalidade jurídica, quando constatando (i) desvio de finalidade; ou (ii) confusão patrimonial. GN

Gabarito: 1C, 2E, 3E, 4E

1.2. EFICÁCIA DA LEI NO ESPAÇO

(Procurador do Município – Valinhos/SP – 2019 – VUNESP) José da Silva morreu em Valinhos, mas era domiciliado em Londres, Inglaterra. Deixou 10 imóveis na Inglaterra e uma propriedade rural em Valinhos, assim como dois filhos morando no Brasil e um em Portugal.

É competente para regular a sucessão dos bens que José deixou:

(A) a lei do domicílio de cada herdeiro.
(B) a lei da Inglaterra, qualquer que seja a situação dos bens.
(C) a lei brasileira.
(D) a lei que os herdeiros escolherem.
(E) se houver testamento, a lei do país onde se lavrou.

---

* GN Gustavo Nicolau
  GR Gabriela Rodrigues

A: incorreta, pois a lei do domicílio de herdeiro é relevante para determinar a capacidade que cada um tem para suceder (art. 10, § 2º da LINDB), porém não é competente para regular a sucessão dos bens que José deixou; **B:** correta, pois a sucessão por morte obedece à lei do país em que domiciliado o defunto qualquer que seja a natureza e a situação dos bens (art. 10, *caput* da LINDB). Logo, aplica-se a lei da Inglaterra; **C:** incorreta, pois como José morava na Inglaterra e há dispositivo expresso no sentido de que aplica-se a lei do domicílio do defunto e o defunto morava no exterior, logo não se aplica a lei brasileira (art. 10, *caput* da LINDB); **D:** incorreta, pois não há prerrogativa dos herdeiros escolherem a lei aplicável, haja vista haver determinação legal expressa diversa sobre o aplicável assunto (art. 10, *caput* da LINDB); **E:** incorreta, pois neste caso o local onde foi lavrado o testamento não é relevante, pois aplica-se a lei do país em que era domiciliado o defunto (art. 10, *caput* da LINDB). GR

Gabarito "B".

1.3. INTERPRETAÇÃO DA LEI

(Procurador do Estado/SP - 2018 - VUNESP) A ausência de norma justa, caracterizada pela existência de um preceito normativo, que, se aplicado, resultará solução insatisfatória ou injusta, caracteriza lacuna

(A) ontológica ou *iure condendo*.
(B) axiológica ou *iure condendo*.
(C) axiológica ou *iure condito*.
(D) ideológica ou *iure condito*.
(E) ontológica ou *iure condito*.

A tradicional noção de lacuna do Direito envolve a ausência de norma para solucionar uma situação fática, o que é comum tendo em vista que as relações sociais são mais ágeis do que o processo de criação de leis. Sob as luzes da doutrina de Norberto Bobbio e Maria Helena Diniz, a lacuna axiológica não é rigorosamente uma lacuna nesse sentido. A lacuna axiológica envolve a ideia de que existe uma norma, mas a sua aplicação ao caso concreto levaria a uma solução insatisfatória ou injusta. Ainda sob a mesma doutrina, a lacuna ontológica envolve a ideia da existência de uma norma, mas que já se encontra obsoleta em vista do dinâmico progresso das relações sociais e avanço tecnológico. A lacuna ideológica consiste na falta de uma norma justa, que enseje uma solução satisfatória ao caso concreto. O "iure condito" é o Direito já constituído, já em vigor numa sociedade, significando que a solução do caso se daria com o Direito em vigor. Já a expressão "iure condendo" refere-se ao Direito ainda a ser construído. GN

Gabarito "B".

2. GERAL

2.1. PRINCÍPIOS DO CÓDIGO CIVIL, CLÁUSULAS GERAIS E CONCEITOS JURÍDICOS INDETERMINADOS

(Defensor Público – DPE/PR – 2017 – FCC) Sobre dano moral, é correto afirmar:

(A) A natureza de reparação dos danos morais, e não de ressarcimento, é o que justifica a não incidência de imposto de renda sobre o valor recebido a título de compensação por tal espécie de dano.
(B) Como indenização por dano moral, não é possível, por exemplo, que uma vítima obtenha direito de resposta em caso de atentado contra honra praticado por veículo de comunicação, sendo possível apenas o recebimento de quantia em dinheiro.
(C) O descumprimento de um contrato não gera dano moral, ainda que envolvido valor fundamental protegido pela Constituição Federal de 1988.
(D) O dano moral indenizável pressupõe necessariamente a verificação de sentimentos humanos desagradáveis, como dor ou sofrimento, por isso não se pode falar em dano moral da pessoa jurídica.
(E) A quantificação por danos morais está sujeita a tabelamento e a valores fixos.

A: Correta. Primeiro é preciso diferenciar reparação de ressarcimento. O primeiro compreende o restabelecimento de uma situação econômica àquela comprometida pelo dano. Já o ressarcimento compreende indenizações de caráter material, tais como lucro cessante e danos emergentes. Para alguns, a reparação e ressarcimento são espécies do gênero indenizações. Diante disso, o STJ entendeu que a reparação pelo dano estritamente moral não incide imposto de renda, uma vez que "se limita a recompor o patrimônio imaterial da vítima, atingido pelo ato ilícito praticado" – AgRg no REsp 869.287/RS. **B:** Errada, pois o direito de resposta é garantia fundamental, previsto na Constituição Federal, artigo 5º inciso V. Dessa forma, mesmo após concedido o direito de resposta à vítima, o autor da ofensa não ficará isento da indenização por danos morais e materiais. **C:** Errada, conforme entendimento do STJ, o descumprimento de um contrato envolvendo direitos fundamentais, gera o dever de indenizar, conforme segue: "Agravo interno no recurso especial. Plano de saúde. Negativa de cobertura. Dever de indenizar. Cláusula contratual controvertida. Exame de *pet scan* oncológico. Dúvida razoável. Súmula 83 do STJ. Revisão. Súmula 7 do STJ. 1. O mero descumprimento de cláusula contratual controvertida não enseja a condenação por dano moral. 2. Não cabe, em recurso especial, reexaminar matéria fático-probatória (Súmula 7/STJ). 3. Agravo interno a que se nega provimento. (AgInt no REsp 1630712 / SP, Ministra Maria Isabel Gallotti, Quarta Turma, DJe 18/10/2017); **D:** Errada, conforme Súmula 227 do STJ a pessoa jurídica pode sofrer dano moral. **E:** Errada, nos moldes da Súmula 281 do STJ que diz: A indenização por dano moral não está sujeita à tarifação prevista na Lei de Imprensa. GN

Gabarito "A".

2.2. PESSOAS NATURAIS

(Delegado/RJ – 2022 – CESPE/CEBRASPE) Acerca dos direitos fundamentais, à luz do direito civilista, assinale a opção correta.

(A) De acordo com Código Civil Brasileiro, seja qual for a circunstância, cada pessoa tem a liberdade para dispor do próprio corpo do modo que bem desejar, tanto por meio de mutilações quanto por qualquer forma de diminuição permanente da integridade física.
(B) Com exceção dos casos previstos em lei, os direitos da personalidade são irrenunciáveis e poderão ser transmitidos, caso o seu exercício sofra limitação voluntária.
(C) Os direitos da personalidade são direitos essenciais à dignidade e integridade e dependem da capacidade civil da pessoa, podendo ser citados os direitos a vida, liberdade, privacidade e intimidade.
(D) Abstratamente, os direitos fundamentais, entre os quais o direito da personalidade, sempre terão grau de importância entre si, independentemente da análise do caso em concreto.
(E) Ao tratar da proteção à integridade física e do direito ao próprio corpo, o Código Civil Brasileiro traz a possibilidade de recusa em submeter-se a tratamento

ou intervenção médica em situações em que o procedimento demonstre risco à vida da pessoa.

A: incorreta, pois salvo por exigência médica, é defeso o ato de disposição do próprio corpo, quando importar diminuição permanente da integridade física, ou contrariar os bons costumes (art. 13, *caput* do CC); **B:** incorreta, pois com exceção dos casos previstos em lei, os direitos da personalidade são intransmissíveis e irrenunciáveis, não podendo o seu exercício sofrer limitação voluntária (art. 11 do CC); **C:** incorreta, pois o os direitos da personalidade não dependem da capacidade civil da pessoa, pois os incapazes por exemplo possuem direitos da personalidade (arts. 3º e 4º do CC), assim como o nascituro (art. 2º do CC). Neste sentido coleciona-se posicionamento do STJ que entendeu que o nascituro pode sofrer dano moral: nascituro também pode sofrer dano moral: "Primeiramente, ressalte-se o inequívoco avanço, na doutrina, assim como na jurisprudência, acerca da proteção dos direitos do nascituro. A par das teorias que objetivam definir, com precisão, o momento em que o indivíduo adquire personalidade jurídica, assim compreendida como a capacidade de titularizar direitos e obrigações (em destaque, as teorias natalista, da personalidade condicional e a concepcionista), é certo que o nascituro, ainda que considerado como realidade jurídica distinta da pessoa natural, é, igualmente, titular de direitos da personalidade (ao menos, reflexamente). Os direitos da personalidade, por sua vez, abrangem todas as situações jurídicas existenciais que se relacionam, de forma indissociável, aos atributos essenciais do ser humano. Segundo a doutrina mais moderna sobre o tema, não há um rol, uma delimitação de tais direitos. Tem-se, na verdade, uma cláusula geral de tutela da pessoa humana, que encontra fundamento no princípio da dignidade da pessoa humana, norteador do Estado democrático de direito". (REsp 1.170.239); **D:** incorreta, pois o grau de importância dos direitos fundamentais depende da análise do caso em concreto, é o que entende o STJ: "Assim, a retrocitada cláusula geral permite ao magistrado, com esteio no princípio da dignidade da pessoa humana, conferir, em cada caso concreto, proteção aos bens da personalidade, consistentes na composição da integridade física, moral e psíquica do indivíduo, compatível com o contexto cultural e social de seu tempo". (REsp 1.170.239); **E:** correta (art. 15 do CC). **GR**
Gabarito "E".

(Juiz de Direito – TJ/AL – 2019 – FCC) Alessandra, atualmente com 17 anos de idade, nasceu com deficiência mental que a impede, de forma permanente, de exprimir sua vontade. Para o Código Civil, ela

(A) é absolutamente incapaz de exercer pessoalmente os atos da vida civil, e permanecerá nessa condição mesmo depois de completar 18 anos.

(B) não é incapaz, absoluta ou relativamente, de exercer pessoalmente os atos da vida civil.

(C) é incapaz, relativamente a certos atos ou à maneira de os exercer, e permanecerá nessa condição mesmo depois de completar 18 anos.

(D) é absolutamente incapaz de exercer pessoalmente os atos da vida civil, mas deixará de sê-lo ao completar 18 anos.

(E) é incapaz, relativamente a certos atos ou à maneira de os exercer, mas deixará de sê-lo ao completar 18 anos.

A: incorreta, pois ela é relativamente incapaz de exercer pessoalmente os atos da vida civil, e permanecerá nessa condição mesmo depois de completar 18 anos (art. 4º, III CC); **B:** incorreta, pois ela é considerada relativamente incapaz, uma vez que não possui condição de expressar sua própria vontade por deficiência mental (art. 4º, III CC); **C:** correta, nos termos do art. art. 4º, III CC; **D:** incorreta, pois ela é considerada relativamente incapaz e continuará assim mesmo depois de completar 18 anos, uma vez que a incapacidade não é por idade, mas for falta de discernimento (art. 4º, III CC); **E:** incorreta, pois ela é incapaz de realizar pessoalmente todos os atos da vida civil, pois possui desenvolvimento mental incompleto o que lhe confere incapacidade permanente, que perdura mesmo após os 18 anos (art. 4º, III CC). **GN**
Gabarito "C".

(Juiz de Direito - TJ/RS - 2018 - VUNESP) Joaquina nasceu com o diagnóstico de síndrome de Down; aos 18 anos, conheceu Raimundo e decidiu casar. Os pais de Joaquina declararam que somente autorizam o casamento se o mesmo for celebrado sob o regime da separação convencional de bens, tendo em vista que a família é possuidora de uma grande fortuna e Raimundo é de origem humilde. Joaquina, que tem plena capacidade de comunicação, não aceitou a sugestão dos pais e deseja casar sob o regime legal (comunhão parcial de bens). Assinale a alternativa correta.

(A) Para que possa casar sob o regime da comunhão parcial de bens, deverá Joaquina ser submetida, mesmo contra sua vontade, ao procedimento de tomada de decisão apoiada.

(B) Joaquina poderá casar sob o regime de bens que melhor entender, tendo em vista que é dotada de plena capacidade civil.

(C) O juiz deverá nomear um curador para que possa analisar as pretensões do noivo em relação a Joaquina e decidir acerca do melhor regime patrimonial para o casal.

(D) Joaquina é relativamente incapaz e deve ser assistida no ato do casamento que somente pode ser celebrado sob o regime da separação legal.

(E) Joaquina somente poderá casar se obtiver autorização dos pais que poderá ser suprida pelo juiz, ouvido o Ministério Público.

A questão trata da capacidade das pessoas com deficiência, assunto que sofreu verdadeira revolução legislativa com o advento da Lei 13.146/2015. Referido diploma revogou o art. 3º, II do Código Civil, que determinava a incapacidade absoluta para os que, "por enfermidade ou deficiência mental", não tivessem o necessário discernimento para a prática dos atos da vida civil. Com isso, as pessoas com algum tipo de deficiência passaram a ser consideradas capazes, inclusive com o direito de casar, constituir união estável e exercer direitos sexuais e reprodutivos, exercendo também o direito à família e à convivência familiar e comunitária. Para manter o sistema coeso, a referida Lei revogou o art. 1.548, I do Código Civil, que tornava nulo o casamento contraído pelo enfermo mental sem o necessário discernimento para os atos da vida civil. Logo, Joaquina poderá casar sob o regime de bens que escolher. **GN**
Gabarito "B".

2.2.1. INÍCIO DA PERSONALIDADE E NASCITURO

(Procurador da República – 26º) Quanto ao nascituro, é correto dizer que:

I. Pode ser objeto de reconhecimento voluntário de filiação;
II. A proteção legal atinge ao próprio embrião:
III. Os pais podem efetuar doação em seu benefício;
IV. Já detêm os requisitos legais da personalidade.

Das proposições acima:
(A) I e III estão corretas;
(B) II e IV estão corretas;
(C) II e III estão corretas;
(D) I e IV estão corretas.

I: correta, pois o reconhecimento de filiação pode ocorrer desde a concepção; II: incorreta, pois há diferença técnica entra o nascituro e o embrião, cada qual merecendo tratamento legal próprio e com regras específicas; III: correta, pois admite-se a doação em favor do nascituro (CC, art. 542); IV: incorreta, pois o Código Civil adotou a teoria natalista, segundo a qual: "A personalidade civil da pessoa começa do nascimento com vida" (CC, art. 2º). GN
Gabarito "A".

2.2.2. CAPACIDADE

(ENAM – 2024.1) Felipe, brasileiro nato, casado, estudante, 16 anos de idade; Renata, brasileira nata, solteira, servidora pública efetiva, 17 anos de idade; e Valter, brasileiro naturalizado, viúvo, aposentado, 83 anos de idade, resolveram constituir uma associação.

Entre os três, a capacidade para exercer pessoalmente os atos da vida civil encontra-se em

(A) Valter, apenas.
(B) Felipe e Valter, apenas.
(C) Renata e Valter, apenas.
(D) Felipe e Renata, apenas.
(E) Felipe, Renata e Valter.

Felipe, Renata e Valter possuem capacidade plena para exercer os atos da vida civil. No que diz respeito a Felipe, embora tenha 16 anos, sua incapacidade cessou pelo casamento (art. 5º, parágrafo único, II CC). Quanto a Renata, embora tenha 17 anos, sua incapacidade cessou, pois ela está no exercício de emprego público efetivo (art. 5º, parágrafo único, III CC). E por fim quanto a Valter ele está no pleno gozo de sua capacidade civil (art. 5º, *caput* CC). Logo, a alternativa correta é a letra E. GR
Gabarito "E".

(Promotor de Justiça/PR – 2019 – MPE/PR) Em relação à incapacidade para a prática de atos da vida civil, assinale a alternativa **incorreta**

(A) Os pródigos são relativamente incapazes.
(B) Os ébrios habituais são relativamente incapazes.
(C) Os menores de dezesseis anos são absolutamente incapazes.
(D) Aqueles que, por causa transitória ou permanente, não puderem exprimir sua vontade são absolutamente incapazes.
(E) Os maiores de dezesseis e menores de dezoito anos são relativamente incapazes.

A: A alternativa está certa, não devendo ser assinalada (art. 4º, IV CC); B: A alternativa está certa, não devendo ser assinalada (art. 4º, II CC); C: A alternativa está certa, não devendo ser assinalada (art. 3º CC); D: A alternativa está errada, devendo ser assinalada, pois são considerados relativamente incapazes aqueles que, por causa transitória ou permanente, não puderem exprimir sua vontade (art. 4º, III CC); E: A alternativa está certa, não devendo ser assinalada (art. 4º, I CC). GR
Gabarito "D".

2.2.3. FIM DA PERSONALIDADE. COMORIÊNCIA

Considere as afirmações a seguir.

I. Os direitos da personalidade são extrapatrimoniais, imprescritíveis e vitalícios.
II. Comoriência é o estudo de como funciona a Ciência do Direito.
III. Os direitos da personalidade são absolutos porque não podem sofrer nenhum tipo de limitação.
IV. A incapacidade relativa pode ser suprida com mera assistência, desde que haja autorização judicial, dispensando a representação.

(Promotor de Justiça/SP – 2019 – MPE/SP) Dessas afirmações,

(A) três são corretas.
(B) duas são corretas.
(C) todas são corretas.
(D) apenas uma é correta.
(E) nenhuma é correta.

I: certa, nos termos do art. 11 CC e vale citar a doutrina de Carlos Alberto Bittar na obra Os Direitos da Personalidade: "Os direitos da personalidade são dotados de caracteres especiais, na medida que destinados à proteção eficaz da pessoa humana em todos os seus atributos de forma a proteger e assegurar sua dignidade como valor fundamental. Constituem, segundo Bittar, "direitos inatos (originários), absolutos, extrapatrimoniais, intransmissíveis, imprescritíveis, impenhoráveis, vitalícios, necessários e oponíveis *erga omnes*" (1995, p. 11, 2.ª ed. Rio de Janeiro: Forense Universitária); II: errada, pois comoriência é, a presunção de morte simultânea, de uma ou mais pessoas, na mesma ocasião (tempo), em razão do mesmo evento ou não, sendo essas pessoas reciprocamente herdeiras (art. 8º CC); III: errada, pois quando se diz que os diretos da personalidade são absolutos significa dizer que são oponíveis contra todos (*erga omnes*), impondo à coletividade o dever de respeitá-los (art. 11 CC); IV: errada, pois a incapacidade relativa pode ser suprida com mera assistência independentemente de autorização judicial por meio da representação (art. 4º e art. 115 CC). GR
Gabarito "D".

2.3. PESSOAS JURÍDICAS

(Procurador – AL/PR – 2024 – FGV) O Restaurante Le Candle Ltda., famoso na cidade de Canasvieiras, é de propriedade de dois sócios unidos somente pelo empreendimento comum: Sérgio e André. Liderado por um chef francês, os clientes chegavam a esperar dias para ter a chance de jantar nesse renomado espaço. Mas tudo começou a dar errado quando o sócio majoritário, Sérgio, começou a ter várias condutas que, ao final, impossibilitaram o pagamento dos credores.

Entre elas, Sérgio:

I. empregou o dinheiro reservado para o pagamento de impostos do restaurante para pagar a festa de quinze anos de sua filha, Natália.
II. pagou repetidamente as contas de luz e água de sua residência com valores retirados da conta-corrente da pessoa jurídica;
III. utilizou os recursos financeiros do restaurante para patrocinar uma viagem ao Caribe para si e para André, sócio minoritário do Le Candle, sem que houvesse qualquer tipo de contraprestação à pessoa jurídica.

Examinadas as medidas tomadas por Sérgio, configura ato que pode gerar eventual decisão judicial de desconsideração da personalidade jurídica requerida pelos credores, de forma a atingir o patrimônio pessoal de ambos os sócios o que está descrito em

(A) I, apenas.
(B) II, apenas.
(C) III, apenas.
(D) I e II, apenas.
(E) I, II e III.

I: errada, pois embora com essa conduta tenha havido abuso de personalidade na modalidade confusão patrimonial (art. 50, § 2º, III CC), a desconsideração da personalidade não atingirá o patrimônio de ambos os sócios, mas apenas de Sergio, pois somente ele se beneficiou da conduta; **II:** errada (idem item I com fundamento no art. 50, §2º, I CC; III). **III:** certa, pois foram transferidos ativos de grande monta da pessoa jurídica para a pessoa física sem contraprestação e ambos os sócios foram beneficiados (art. 50, § 2º, II CC). Logo, a alternativa correta é a letra C. GR

Gabarito "C".

(Procurador Federal – AGU – 2023 – CEBRASPE) As decisões tomadas pela pessoa jurídica que tiver administração coletiva, por maioria de votos, poderão ser anuladas se decorrerem de

I. violação do estatuto da pessoa jurídica.
II. erro.
III. dolo.
IV. simulação.
V. fraude.

Assinale a opção correta.

(A) Apenas os itens I e II estão certos.
(B) Apenas os itens II e IV estão certos.
(C) Apenas os itens III e V estão certos.
(D) Apenas os itens I, III, IV e V estão certos.
(E) Todos os itens estão certos.

Nos termos do art. 48 CC: "Se a pessoa jurídica tiver administração coletiva, as decisões se tomarão pela maioria de votos dos presentes, salvo se o ato constitutivo dispuser de modo diverso. Parágrafo único. Decai em três anos o direito de anular as decisões a que se refere este artigo, quando violarem a lei ou estatuto, ou forem eivadas de erro, dolo, simulação ou fraude". Logo as alternativas **A**, **B**, **C**, **D** estão incorretas e a alternativa **E** está certa GR

Gabarito "E".

(Procurador Município – Teresina/PI – FCC – 2022) Quanto às pessoas jurídicas:

(A) Começa a existência legal daquelas de direito privado com o início efetivo de suas atividades associativas ou empresariais, independentemente de inscrição formal de seus atos constitutivos.
(B) Se tiverem a administração coletiva, as decisões se tomarão pela unanimidade de votos dos presentes, salvo estipulação diversa nos atos constitutivos.
(C) São livres a criação, organização, estrutura interna e funcionamento das organizações religiosas, podendo porém o Poder Público negar-lhes reconhecimento ou registro dos atos constitutivos se contrários à moral, aos bons costumes e ao consenso social.
(D) São de direito privado, entre outras, as associações, as sociedades, as fundações e as autarquias, excluídas as associações públicas.
(E) As pessoas jurídicas de direito público interno são civilmente responsáveis por atos dos seus agentes que nessa qualidade causem danos a terceiros, ressalvado direito regressivo contra os causadores do dano, se houver, por parte destes, culpa ou dolo.

A: incorreta, pois começa a existência legal das pessoas jurídicas de direito privado com a inscrição do ato constitutivo no respectivo registro, precedida, quando necessário, de autorização ou aprovação do Poder Executivo, averbando-se no registro todas as alterações por que passar o ato constitutivo (art. 45, *caput* CC); **B:** incorreta. Se tiverem a administração coletiva, as decisões se tomarão pela maioria de votos dos presentes e não por unanimidade (art. 48, *caput* CC); **C:** incorreta, pois são livres a criação, a organização, a estruturação interna e o funcionamento das organizações religiosas, sendo vedado ao poder público negar-lhes reconhecimento ou registro dos atos constitutivos e necessários ao seu funcionamento (art. 44, § 1º CC); **D:** incorreta, pois as autarquias, inclusive as associações públicas são pessoas jurídicas de direito público interno (art. 41, IV CC); **E:** correta (art. 43 CC). GR

Gabarito "E".

2.3.1. DESCONSIDERAÇÃO DA PERSONALIDADE JURÍDICA

(Procurador/PA – CESPE – 2022) A respeito da desconsideração da personalidade jurídica no direito civil, julgue os itens que se seguem.

I. A Lei da Liberdade Econômica (Lei n.º 13.874/2019) promoveu alterações substanciais na disciplina da desconsideração da personalidade jurídica no Código Civil, tendo, entre outras alterações, conferido legitimidade ao Ministério Público para requerer a desconsideração nos casos em que lhe couber intervir no processo.
II. Atualmente, a desconsideração da personalidade jurídica é possível apenas quanto ao sócio ou administrador que, de forma direta ou indireta, houver sido beneficiado pelo abuso da personalidade.
III. O Código Civil vigente prevê, de forma taxativa, as hipóteses de confusão patrimonial, consistentes em cumprimento repetitivo, pela sociedade, de obrigações do sócio ou do administrador, ou vice-versa, e na transferência de ativos ou de passivos sem efetivas contraprestações, exceto os de valor proporcionalmente insignificante.
IV. A chamada desconsideração inversa da personalidade jurídica já era aceita pela doutrina e pela jurisprudência do Superior Tribunal de Justiça antes mesmo da inclusão do § 3.º ao art. 50 do Código Civil pela Lei da Liberdade Econômica.

Estão certos apenas os itens

(A) I e II.
(B) II e IV.
(C) III e IV.
(D) I, II e III.
(E) I, III e IV.

I: incorreta, pois a Lei 13.874/2019 foi sancionada com o principal objetivo de viabilizar o livre exercício da atividade econômica e a livre-iniciativa, deixando evidente a intenção do legislador em garantir autonomia do particular para empreender. Ele definiu os conceitos de confusão patrimonial de desvio de finalidade acrescidos no art. 50 CC. Porém não alterou a legitimidade para requer a desconsideração da personalidade jurídica, que já era conferida ao Ministério

Público quando lhe coubesse intervir no processo; **II: correta** (art. 50 parte final CC); **III: incorreta**, pois esse rol é exemplificativo, uma vez que ela considera como confusão patrimonial outros atos de descumprimento da autonomia patrimonial (art. 50, § 2º, III CC); **IV: correta**. A inclusão foi feita em 2019. Mas já em 2016 há uma série de recursos especiais onde já era aplicada a desconsideração da personalidade jurídica inversa (REsp 1493071, AREsp 792920, REsp 1236916, REsp 1493071, REsp 948117). Logo, a alternativa correta é a letra B.

Gabarito "B".

(Juiz de Direito/AP – 2022 – FGV) A empresa XYWZ, com sede no Estado do Amapá, há alguns anos enfrentava dificuldades financeiras e passou a não realizar o pagamento de dívidas que já acumulavam um passivo maior do que o seu ativo. Com a pandemia, a situação se agravou ainda mais e a empresa encerrou suas atividades às pressas, sem comunicar aos órgãos competentes. Diante da inadimplência da empresa, seus credores, incluindo o fisco, entraram em juízo e solicitaram a desconsideração da personalidade jurídica.

Atento à jurisprudência do Superior Tribunal de Justiça, o magistrado deve considerar, no caso, que:

(A) para a desconsideração da personalidade jurídica basta a caracterização do estado de insolvência da empresa;

(B) caso a empresa participasse de grupo econômico, haveria a desconsideração da personalidade jurídica;

(C) a dissolução irregular é suficiente, por si só, para o implemento da desconsideração da personalidade jurídica, com base no Art. 50 do Código Civil;

(D) presume-se dissolvida irregularmente a empresa que deixar de funcionar no seu domicílio fiscal, sem comunicação aos órgãos competentes;

(E) tratando-se de regra que importa na ampliação do princípio da autonomia patrimonial da pessoa jurídica, a interpretação que melhor se coaduna com o Art. 50 do Código Civil é a de que, diante do encerramento irregular das atividades, a pessoa jurídica tenha sido instrumento para fins fraudulentos.

Comentário: A: incorreta, pois para a desconsideração da personalidade jurídica não basta o estado de insolvência. É necessário que haja abuso de personalidade caracterizado pelo desvio de finalidade ou pela confusão patrimonial (art. 50 *caput* CC); **B: incorreta**, pois a mera existência de grupo econômico sem a presença do abuso de personalidade não autoriza a desconsideração da personalidade da pessoa jurídica (art. 50, § 4º CC); **C: incorreta**, pois: "O encerramento irregular das atividades da pessoa jurídica, por si só, não basta para caracterizar abuso de personalidade jurídica" (Enunciado 282 CJF); **D: correta**, nos termos da Sumula 435 do STJ, **E: incorreta**, pois o Enunciado 146 CJF prevê que "Nas relações civis, interpretam-se restritivamente os parâmetros de desconsideração da personalidade jurídica previstos no art. 50" (desvio de finalidade social ou confusão patrimonial). Logo, não é possível fazer essa interpretação ampla.

Gabarito "D".

(Procurador do Município – S.J. Rio Preto/SP – 2019 – VUNESP) A Medida Provisória 881, de 30 de abril de 2019, instituiu a Declaração de Direitos de Liberdade Econômica, estabelece garantias de livre mercado, análise de impacto regulatório, e dá outras providências. Dentre as alterações promovidas pela Medida Provisória, houve alteração do art. 50 do Código Civil.

No que diz respeito ao tema, é correto afirmar:

(A) confusão patrimonial é caracterizada, dentre outros fatores, por cumprimento repetitivo pela sociedade de obrigações do sócio ou do administrador ou vice-versa.

(B) na desconsideração da personalidade jurídica, os efeitos de determinadas relações obrigacionais podem ser estendidos aos bens particulares de sócios da pessoa jurídica, desde que beneficiados diretamente pelo abuso da personalidade.

(C) o desvio de finalidade é a utilização dolosa ou culposa da pessoa jurídica com o propósito de lesar credores e para a prática de atos ilícitos de qualquer natureza.

(D) a existência de grupo econômico ainda sem a presença dos requisitos de desvio de finalidade e confusão patrimonial autoriza a desconsideração da personalidade da pessoa jurídica.

(E) constitui desvio de finalidade a mera expansão ou a alteração da finalidade original da atividade econômica específica da pessoa jurídica.

A: correta (art. 50, § 2º, I CC); **B: incorreta**, pois a desconsideração da personalidade jurídica pode incidir nos bens particulares dos sócios desde que beneficiados diretamente ou *indiretamente* pelo abuso da personalidade (art. 50, *caput* CC); **C: incorreta**, pois o desvio de finalidade é a utilização da pessoa jurídica com o propósito de lesar credores e para a prática de atos ilícitos de qualquer natureza (art. 50, § 1º CC); **D: incorreta**, pois a mera existência de grupo econômico sem a presença dos requisitos de que se trata o *caput* deste artigo *não* autoriza a desconsideração da personalidade da pessoa jurídica (art. 50, § 4º CC); **E: incorreta**, pois *não* constitui desvio de finalidade a mera expansão ou a alteração da finalidade original da atividade econômica específica da pessoa jurídica (art. 50, § 5º CC).

Gabarito "A".

2.3.2. FUNDAÇÕES

(Procurador do Município – S.J. Rio Preto/SP – 2019 – VUNESP) Fundações são Pessoas Jurídicas de Direito Privado. Em relação a esse tema, assinale a alternativa correta.

(A) A fundação somente poderá se constituir para fins religiosos, morais, culturais ou de assistência.

(B) As fundações não podem sofrer danos morais.

(C) Faz jus ao benefício da justiça gratuita a fundação que demonstre a impossibilidade de arcar com os encargos processuais.

(D) A criação de fundação se fará por escritura pública ou contrato particular, especificando o fim a que se destina, e declarando, se quiser, a maneira de administrá-la.

(E) Tornando-se inútil a finalidade a que visa a fundação, apenas o interessado poderá promover a sua extinção, incorporando-se o seu patrimônio a outra fundação que se proponha a fim igual ou semelhante.

A: incorreta, pois as fundações podem se constituir ainda para fins de defesa e conservação do patrimônio histórico e artístico (art. 62, parágrafo único, II CC); educação (art. 62, parágrafo único, III CC); saúde (art. 62, parágrafo único, IV CC); segurança alimentar e nutricional (art. 62, parágrafo único, V CC); defesa, preservação e conservação do meio ambiente e promoção do desenvolvimento sustentável (art. 62, parágrafo único, VI CC); pesquisa científica, desenvolvimento de tecnologias alternativas, modernização de sistemas de gestão, produção e divulgação de informações e conhecimentos técnicos e científicos (art. 62, parágrafo único, VII CC) e promoção da ética, da cidadania, da democracia e dos direitos humanos (art. 62, parágrafo único, VIII CC); **B**: incorreta, pois a pessoa jurídica apesar de não possuir honra subjetiva possui honra objetiva, logo, pode sofrer dano moral por calúnia ou difamação. Prevê a Súmula 227 do STJ que "A pessoa jurídica pode sofrer dano moral". Entretanto, é necessário que a fundação comprove efetiva lesão ao seu nome, credibilidade ou imagem a ponto de prejudicar sua atividade; **C**: correta, nos termos da Súmula 481 do STJ "Faz jus ao benefício da justiça gratuita a pessoa jurídica com ou sem fins lucrativos que demonstrar sua impossibilidade de arcar com os encargos processuais; **D**: incorreta, pois a criação de fundação se fará por escritura pública ou *testamento*, especificando o fim a que se destina, e declarando, se quiser, a maneira de administrá-la (art. 62, *caput* CC); **E**: incorreta, pois para tal ato possui legitimidade também o Ministério Público ou qualquer interessado (art. 69 CC). GR

Gabarito "C".

(Juiz de Direito – TJ/RJ – 2019 – VUNESP) Pedro é sócio, juntamente com sua esposa Maria, da pessoa jurídica "PM LTDA". Maria, sem o conhecimento de Pedro, começou a desviar valores dos cofres da empresa, mediante a emissão de notas fiscais frias, para Ricardo, seu concubino. Em razão dos desvios realizados por Maria, a empresa "PM LTDA" parou de pagar seus fornecedores, que ajuizaram demanda visando receber os valores devidos. Pedro descobriu a traição e divorciou-se de Maria, que foi viver com seu concubino com todos os valores desviados da "PM LTDA". Os fornecedores requereram a desconsideração da personalidade jurídica, para que pudessem satisfazer seus créditos com o patrimônio pessoal de Maria e de Pedro.

Assinale a alternativa correta.

(A) Pode haver a desconsideração da personalidade jurídica e os bens de Pedro e Maria irão responder pelas dívidas da empresa, em razão do desvio de finalidade.

(B) Os bens pessoais de Pedro não podem responder pelas dívidas da empresa, tendo em vista que não houve ato doloso de sua parte, bem como ele não se beneficiou direta ou indiretamente dos desvios.

(C) Apenas os bens de Ricardo podem ser alcançados pela desconsideração da personalidade jurídica, pois, apesar de não ser sócio, praticou atos dolosos de confusão patrimonial.

(D) Apenas se for comprovada a culpa grave de Pedro na administração da pessoa jurídica é que poderá ser realizada a desconsideração da personalidade jurídica e seus bens pessoais responderem pelas dívidas da "PM LTDA".

(E) A desconsideração da personalidade jurídica apenas pode ocorrer em caso de confusão patrimonial e, como não houve a transferência de valores para os sócios e sim para um terceiro, não podem os bens pessoais de Pedro e Maria responderem pelas obrigações da sociedade.

A: incorreta, pois embora o art. 50 CC preveja que no caso de abuso da personalidade jurídica, caracterizado pelo desvio de finalidade ou pela confusão patrimonial pode o juiz desconsiderá-la para que os efeitos de certas e determinadas relações de obrigações sejam estendidos aos bens particulares de administradores ou de sócios da pessoa jurídica beneficiados direta ou indiretamente pelo abuso, a interpretação mais recente do STJ é que "A desconsideração da personalidade jurídica, em regra, deve atingir somente os sócios administradores ou que comprovadamente contribuíram para a prática dos atos caracterizadores do abuso da personalidade jurídica" (REsp 1861306 – DECISÃO 25/02/2021). Logo, o patrimônio de Pedro não deve ser atingido; **B**: correta, nos termos da justificativa da letra A; **C**: incorreta, pois Ricardo não faz parte do quadro social, logo não há que se falar em desconsideração de personalidade jurídica frente a ele. A desconsideração apenas atingirá os sócios e no caso em específico alcançará Maria, pois apenas ela foi a diretamente beneficiada (art. 50 CC); **D**: incorreta, pois a lei não exige a comprovação de culpa grave de um dos sócios para que haja a desconsideração. Basta ficar provado o abuso da personalidade jurídica, caracterizado pelo desvio de finalidade ou pela confusão patrimonial com vantagem direta ou indireta para um dos sócios (art. 50 CC); **E**: incorreta, pois a desconsideração não se restringe a confusão patrimonial, mas também pode ocorrer quando há desvio de finalidade e ainda que haja desvio de bens para terceiros a personalidade pode ser desconsiderada, afinal houve benefício direto para a sócia Maria. GR

Gabarito "B".

(Promotor de Justiça/SP – 2019 – MPE/SP) No que diz respeito às fundações, é correto afirmar:

(A) Para que uma fundação seja regularmente constituída, deve ser realizado o registro do seu estatuto, mediante prévia aprovação do Ministério Público, ratificado em Assembleia com a especificação fundacional e a forma que ela será administrada.

(B) São entidades de direito privado criadas por vontade de uma pessoa natural capaz de dotar bens livres no ato da sua constituição, administradas segundo as determinações de seus fundamentos e com especificação precisa de sua finalidade.

(C) Eventual alteração do seu estatuto deve ser deliberada por três quartos dos competentes para gerir e representar a fundação mediante aprovação do Ministério Público, e tal alteração não pode contrariar ou desvirtuar seu fim.

(D) Para criar uma fundação, o seu instituidor fará, por escritura pública ou testamento, dotação especial de bens livres, especificando o fim a que se destina.

(E) Eventual alteração de seu estatuto deve ser deliberada em Assembleia por dois terços dos dirigentes presentes, dependendo de prévia aprovação do Ministério Público, e tal alteração não pode contrariar ou desvirtuar seu fim.

A: incorreta, pois para que uma fundação seja regularmente constituída o seu instituidor fará, por escritura pública ou testamento, dotação especial de bens livres, especificando o fim a que se destina, e declarando, se quiser, a maneira de administrá-la (art. 62, *caput* CC). Constituída formalmente a fundação, o instituidor designará a pessoa competente para elaborar o estatuto. E caso o responsável não o faça caberá ao Ministério Público fazê-lo (art. 65 CC); **B**: incorreta, pois o instituidor expressará, se quiser, a maneira de administrar a fundação (art. 62, *caput* CC); **C**: incorreta, pois eventual alteração do seu estatuto deve ser deliberada por *dois terços* dos competentes para gerir e representar a fundação mediante aprovação do Ministério Público, e tal alteração não pode contrariar ou desvirtuar seu fim (art. 67 CC); **D**: correta (art. 62, *caput* CC); **E**: incorreta, pois não há que se falar em deliberação em Assembleia, mas sim que a aprovação seja deliberada por dois terços dos competentes para gerir e representar a fundação (art. 67, I CC). GR

Gabarito "D".

2.3.3. TEMAS COMBINADOS DE PESSOA JURÍDICA

(Juiz Federal – TRF/1 – 2023 – FGV) A desconsideração positiva da personalidade jurídica é:

(A) requerida pelo próprio devedor para conservar seu patrimônio mínimo, notadamente o bem de família que esteja em nome da pessoa jurídica;

(B) requerida exclusivamente pelos credores, com base na teoria maior, nos casos em que a inexistência de pessoa jurídica formal (por falta de registro, por exemplo) seja utilizada pelo devedor para ocultar seu patrimônio;

(C) requerida exclusivamente pelos credores, com base na teoria menor, nos casos em que a inexistência de pessoa jurídica formal (por falta de registro, por exemplo) seja utilizada pelo devedor para ocultar seu patrimônio;

(D) sinônima da desconsideração expansiva da personalidade jurídica, com base na teoria maior, em que o sócio oculto é chamado a responder pelo débito;

(E) sinônima da desconsideração expansiva da personalidade jurídica, com base na teoria menor, em que o sócio oculto é chamado a responder pelo débito.

A: correta. A desconsideração positiva da personalidade jurídica visa suspender a personalidade jurídica da sociedade empresarial para conferir proteção como bem de família ao bem da pessoa jurídica que é utilizado como moradia pelo sócio. Neste passo, a autonomia patrimonial entre empresa e sócios é rompida não para alcançar, mas para proteger um bem, no caso a residência da família. Portanto, trata-se de uma medica requerida pelo próprio devedor para conservar seu patrimônio mínimo, notadamente o bem de família que esteja em nome da pessoa jurídica. Neste sentido segue julgado do STJ: CIVIL. PENHORA DAS QUOTAS DE SOCIEDADE LIMITADA. EMPRESA FAMILIAR. IMÓVEL PERTENCENTE À PESSOA JURÍDICA ONDE SE ALEGA RESIDIREM OS ÚNICOS SÓCIOS. PRINCÍPIOS DA AUTONOMIA PATRIMONIAL E DA INTEGRIDADE DO CAPITAL SOCIAL. ART. 789 DO CPC. ARTS. 49-A, 1.024, 1055 E 1059 DO CÓDIGO CIVIL. CONFUSÃO PATRIMONIAL. DESCONSIDERAÇÃO POSITIVA DA PERSONALIDADE JURÍDICA PARA PROTEÇÃO DE BEM DE FAMÍLIA. LEI N. 8.009/90. 1. A autonomia patrimonial da sociedade, princípio basilar do direito societário, configura via de mão dupla, de modo a proteger, nos termos da legislação de regência, o patrimônio dos sócios e da própria pessoa jurídica (e seus eventuais credores). 2. "A impenhorabilidade da Lei nº 8.009/90, ainda que tenha como destinatários as pessoas físicas, merece ser aplicada a certas pessoas jurídicas, às firmas individuais, às pequenas empresas com conotação familiar, por exemplo, por haver identidade de patrimônios." (FACHIN, Luiz Edson. "Estatuto Jurídico do Patrimônio Mínimo", Rio de Janeiro, Renovar, 2001, p. 154). 3. A desconsideração parcial da personalidade da empresa proprietária para a subtração do imóvel de moradia do sócio do patrimônio social apto a responder pelas obrigações sociais deve ocorrer em situações particulares, quando evidenciada confusão entre o patrimônio da empresa familiar e o patrimônio pessoal dos sócios. 4. Impõe-se também a demonstração da boa-fé do sócio morador, que se infere de circunstâncias a serem aferidas caso a caso, como ser o imóvel de residência habitual da família, desde antes do vencimento da dívida. 5. Havendo desconsideração da personalidade no proveito de sócio morador de imóvel de titularidade da sociedade, haverá, na prática, desfalque do patrimônio social garantidor do cumprimento das obrigações da pessoa jurídica e, portanto, sendo a desconsideração via de mão dupla, poderão ser executados bens pessoais dos sócios até o limite do valor de mercado do bem subtraído à execução, independentemente do preenchimento de requisitos como má-fé e desvio de finalidade previstos no *caput* do art. 50 do Código Civil. A confusão patrimonial entre a sociedade familiar e o sócio morador, base para o benefício, será igualmente o fundamento para a eventual excussão de bens particulares dos sócios. 6. Recurso especial provido para o retorno dos autos à origem, onde deve ser apreciada a prova dos autos a respeito da alegação de residência dos sócios da empresa devedora no imóvel. (REsp n. 1.514.567/SP, relatora Ministra Maria Isabel Gallotti, Quarta Turma, julgado em 14/3/2023, DJe de 24/4/2023.); **B e C: estão incorretas,** pois como mencionado na alternativa A a medida é requerida pelo devedor; **D e E: incorretas,** pois a desconsideração expansiva da personalidade jurídica ocorre quando uma empresa controladora comete fraudes por meio de empresa controlada ou coligada em prejuízo de terceiro, logo, atinge-se o patrimônio da empresa controladora. Logo, não é sinônimo de desconsideração positiva da personalidade jurídica. **Gabarito "A".**

(Juiz de Direito – TJ/RJ – 2019 – VUNESP) Pedro é sócio, juntamente com sua esposa Maria, da pessoa jurídica "PM LTDA". Maria, sem o conhecimento de Pedro, começou a desviar valores dos cofres da empresa, mediante a emissão de notas fiscais frias, para Ricardo, seu concubino. Em razão dos desvios realizados por Maria, a empresa "PM LTDA" parou de pagar seus fornecedores, que ajuizaram demanda visando receber os valores devidos. Pedro descobriu a traição e divorciou-se de Maria, que foi viver com seu concubino levando com todos os valores desviados da "PM LTDA". Os fornecedores requereram a desconsideração da personalidade jurídica, para que pudessem satisfazer seus créditos com o patrimônio pessoal de Maria e de Pedro.

Assinale a alternativa correta.

(A) Pode haver a desconsideração da personalidade jurídica e os bens de Pedro e Maria irão responder pelas dívidas da empresa, em razão do desvio de finalidade.

(B) Os bens pessoais de Pedro não podem responder pelas dívidas da empresa, tendo em vista que não houve ato doloso de sua parte, bem como ele não se beneficiou direta ou indiretamente dos desvios.

(C) Apenas os bens de Ricardo podem ser alcançados pela desconsideração da personalidade jurídica, pois, apesar de não ser sócio, praticou atos dolosos de confusão patrimonial.

(D) Apenas se for comprovada a culpa grave de Pedro na administração da pessoa jurídica é que poderá ser realizada a desconsideração da personalidade jurídica e seus bens pessoais responderem pelas dívidas da "PM LTDA".

(E) A desconsideração da personalidade jurídica apenas pode ocorrer em caso de confusão patrimonial e, como não houve a transferência de valores para os sócios e sim para um terceiro, não podem os bens pessoais de Pedro e Maria responderem pelas obrigações da sociedade.

A: incorreta, pois embora o art. 50 CC preveja que no caso de abuso da personalidade jurídica, caracterizado pelo desvio de finalidade ou pela confusão patrimonial pode o juiz desconsiderá-la para que os efeitos de certas e determinadas relações de obrigações sejam estendidos aos bens particulares de administradores ou de sócios da pessoa jurídica beneficiados direta ou indiretamente pelo abuso, a interpretação mais recente do STJ é que "A desconsideração da personalidade jurídica, em regra, deve atingir somente os sócios administradores ou que comprovadamente contribuíram para a prática dos atos caracterizadores do abuso da personalidade jurídica" (REsp

1861306 – DECISÃO 25/02/2021). Logo, o patrimônio de Pedro não deve ser atingido; **B**: correta, nos termos da justificativa da letra A; **C**: incorreta, pois Ricardo não faz parte do quadro social, logo não há que se falar em desconsideração de personalidade jurídica frente a ele. A desconsideração apenas atingirá os sócios e no caso em específico alcançará Maria, pois apenas ela foi a diretamente beneficiada (art. 50 CC); **D**: incorreta, pois a lei não exige a comprovação de culpa grave de um dos sócios para que haja a desconsideração. Basta ficar provado o abuso da personalidade jurídica, caracterizado pelo desvio de finalidade ou pela confusão patrimonial com vantagem direta ou indireta para um dos sócios (art. 50 CC); **E**: incorreta, pois a desconsideração não se restringe a confusão patrimonial, mas também pode ocorrer quando há desvio de finalidade e ainda que haja desvio de bens para terceiros a personalidade pode ser desconsiderada, afinal houve benefício direto para a sócia Maria. GR

Gabarito "B".

2.4. DIREITOS DA PERSONALIDADE E NOME

(Juiz de Direito/AP – 2022 – FGV) Justina, casada há 25 anos, substituiu, por ocasião do casamento civil com Eduardo, um dos seus patronímicos pelo do marido. Ocorre que o sobrenome adotado passou a ser o protagonista de seu nome civil, em prejuízo do patronímico de solteira, o que passou a lhe causar intenso sofrimento, uma vez que sempre fora conhecida pelo sobrenome de seu pai. Tal fato lhe trouxe danos psicológicos, especialmente agora que os últimos familiares que ainda usam o seu sobrenome familiar encontram-se gravemente doentes. Por essas razões, Justina requereu a modificação do seu patronímico, ainda durante a constância da sociedade conjugal, de forma a voltar a utilizar o sobrenome da sua família.

O pedido deve ser julgado:

(A) improcedente, em virtude do princípio da inalterabilidade do nome ser considerado absoluto na constância da sociedade conjugal;

(B) procedente, pois a autonomia privada é uma das exceções à inalterabilidade do nome previstas na Lei de Registros Públicos;

(C) procedente, pela interpretação histórico-evolutiva da inalterabilidade, da preservação da herança familiar, da autonomia privada e da ausência de prejuízo a terceiros;

(D) improcedente, em razão da modificação do nome civil ser qualificada como excepcional, tendo em vista a consideração à segurança de terceiros;

(E) improcedente, em virtude da proteção à estabilidade do vínculo conjugal e aos interesses do outro cônjuge, ao menos durante a constância da sociedade conjugal.

Comentário: Referente ao caso em comento, o STJ no Recurso Especial 1.873/SP, de relatoria da Min. Nancy Andrighi (j. 02/03/2021), decidiu-se que mesmo sem a dissolução do vínculo conjugal, ainda na constância do casamento é possível o retorno ao nome de solteiro. O caso concreto é exatamente o mesmo do enunciado dessa questão. Colaciona-se alguns trechos do julgado: Conquanto a modificação do nome civil seja qualificada como excepcional e as hipóteses em que se admite a alteração sejam restritivas, esta Corte tem reiteradamente flexibilizado essas regras, interpretando-as de modo histórico-evolutivo para que se amoldem à atual realidade social em que o tema se encontra mais no âmbito da autonomia privada, permitindo-se a modificação se não houver risco à segurança jurídica e a terceiros. (...) Dado que as justificativas apresentadas pela parte não são frívolas, mas, ao revés,

demonstram a irresignação de quem vê no horizonte a iminente perda dos seus entes próximos sem que lhe sobre uma das mais palpáveis e significativas recordações - o sobrenome -, deve ser preservada a intimidade, a autonomia da vontade, a vida privada, os valores e as crenças das pessoas, bem como a manutenção e perpetuação da herança familiar, especialmente na hipótese em que a sentença reconheceu a viabilidade, segurança e idoneidade da pretensão mediante exame de fatos e provas não infirmados pelo acórdão recorrido.

Logo, as alternativas **A**, **D** e **E** estão incorretas, pois afirmam que a ação deverá ser julgada improcedente. A alternativa B também está incorreta, pois não basta apenas utilizar-se da autonomia privada para servir de justificativa para alteração do nome. São necessários outros elementos em conjunto. A alternativa **C** é a correta, vez que de acordo com a justificativa do julgado. GR

Gabarito "C".

(Juiz de Direito – TJ/MS – 2020 – FCC) Luiz Antônio, sentindo-se perto da morte, por meio de testamento, dispõe gratuitamente do próprio corpo em prol da Universidade Federal de Mato Grosso do Sul, para estudos em curso médico. Excepciona porém o coração, em relação ao qual pleiteia seja enterrado no túmulo de sua família. Esse ato

(A) não é válido, porque a disposição do próprio corpo após a morte não se encontra na discricionariedade do indivíduo, tratando-se de direito indisponível.

(B) não é válido, porque a disposição gratuita do próprio corpo só pode ter objetivo altruístico e não científico.

(C) não é válido, pois a disposição gratuita do próprio corpo, embora seja possível para fins científicos, não pode ocorrer de forma parcial, mas apenas no todo.

(D) é válido porque a disposição do próprio corpo após a morte é ato discricionário do indivíduo, para qualquer finalidade ou objetivo, gratuitamente ou não.

(E) é válido, por ter objetivo científico, ser gratuito e por não ser defesa a disposição parcial do corpo após a morte.

A: incorreta, pois é válida a disposição do próprio corpo após a morte atendidos os requisitos previstos em lei, tratando-se de ato discricionário do indivíduo (art. 14, *caput* CC); **B**: incorreta, pois a disposição pode ter ambos os objetivos, altruísticos ou científicos (art. 14, *caput* CC); **C**: incorreta, pois a disposição pode ser no todo ou em parte (art. 14, *caput* CC); **D**: incorreta, pois não é para qualquer objetivo, mas apenas para fins altruístico e científico e sempre de forma gratuita; **E**: correta (art. 14, *caput* CC). GR

Gabarito "E".

2.5. AUSÊNCIA

(Juiz de Direito – TJ/AL – 2019 – FCC) Luciano, proprietário de duas casas, desapareceu do seu domicílio sem deixar testamento, representante ou procurador para administrar-lhe os bens. À falta de notícia de Luciano, o Juiz, a requerimento do Ministério Público, declarou sua ausência e nomeou-lhe curador, que arrecadou seus bens. Decorrido um ano da arrecadação dos bens, deferiu-se, a pedido dos filhos de Luciano, seus únicos herdeiros, a abertura da sucessão provisória. Nesse caso,

(A) os imóveis de Luciano deverão ser vendidos, independentemente do estado de conservação, permanecendo o produto da venda depositado judicialmente até a conclusão da sucessão definitiva.

(B) para se imitirem na posse das casas, os filhos de Luciano precisarão dar garantia da sua restituição, no equivalente aos seus respectivos quinhões.

(C) os imóveis de Luciano não poderão ser alienados em nenhuma hipótese, sendo passíveis, no entanto, de desapropriação.

(D) os filhos de Luciano serão obrigados a capitalizar todos os frutos dos bens dele nos quais forem empossados, cabendo-lhes prestar contas anualmente ao Ministério Público.

(E) uma vez empossados nos seus bens, os filhos de Luciano ficarão o representando ativa e passivamente, de modo que contra eles correrão as ações pendentes e futuras movidas em face do ausente.

A: incorreta, pois os imóveis de Luciano só se poderão alienar, não sendo por desapropriação, ou hipotecar, quando o ordene o juiz, para lhes evitar a ruína (art. 31 CC); **B:** incorreta, pois os herdeiros, para se imitirem na posse dos bens do ausente, darão garantias da restituição deles, mediante *penhores ou hipotecas* equivalentes aos quinhões respectivos (art. 30 *caput* CC); **C:** incorreta, pois os imóveis podem ser alienados sob ordem judicial para se evitar a ruína (art. 31 CC); **D:** incorreta, pois os filhos de Luciano farão seus todos os frutos e rendimentos dos bens que a eles couberem. Não terão obrigação de capitalizar todos os frutos dos bens nem prestar contas ao Ministério Público ou ao juiz competente (art. 33, *caput* CC); **E:** correta, nos termos do art. 32 CC.

2.6. BENS

(Procurador Município – Teresina/PI – FCC – 2022) Em relação aos bens:

(A) Consideram-se imóveis para os efeitos legais os direitos pessoais de caráter patrimonial e respectivas ações.

(B) Aqueles naturalmente divisíveis podem tornar-se indivisíveis por determinação da lei mas não pela vontade das partes, por impossibilidade física.

(C) São móveis aqueles suscetíveis de movimento próprio, ou de remoção por força alheia, ainda que com alteração da substância ou da destinação econômico-social.

(D) São consumíveis os bens móveis cujo uso importa destruição imediata da própria substância, sendo também considerados tais os destinados à alienação.

(E) Perdem o caráter de imóveis aquelas edificações que, separadas do solo, mas conservando a sua unidade, forem removidas para outro local.

A: incorreta, pois esses bens são considerados bens móveis (art. 83, III CC); **B:** incorreta, pois os bens naturalmente divisíveis podem tornar-se indivisíveis por determinação da lei ou por vontade das partes (art. 88 CC); **C:** incorreta, pois se houver alteração da substância ou da destinação econômica não serão mais considerados bens móveis (art. 82 CC); **D:** correta (art. 86 CC); **E:** incorreta, pois esses bens não perdem a característica de imóveis (art. 81, I CC).

(Juiz de Direito – TJ/RJ – 2019 – VUNESP) Foi registrado um loteamento que, entretanto, nunca foi implantado. Judas e sua família construíram e começaram a morar numa área que seria destinada a ser um logradouro público. Após 10 anos de ocupação mansa e pacífica, mediante moradia com sua família, Judas ajuizou uma ação de usucapião. É correto afirmar que a usucapião

(A) não poderá ser reconhecida, tendo em vista que não decorreu o prazo de 15 anos da usucapião extraordinária, quando então poderá ser reconhecida.

(B) poderá ser reconhecida, independentemente da dimensão da área ocupada, tendo em vista que se presume o justo título e boa-fé, em razão da longevidade da posse e da sua função social.

(C) poderá ser reconhecida, desde que o imóvel tenha dimensão inferior a 250 m2 e Judas não seja proprietário de outro imóvel urbano ou rural.

(D) somente poderá ser reconhecida a usucapião se houver a citação de todos os confrontantes e ausência de oposição do loteador e da Municipalidade.

(E) não poderá ser reconhecida, pois os bens públicos são imprescritíveis.

A: incorreta, pois ainda que o loteamento não tenha sido implantado a área já estava destinada a ser logradouro público, logo se trata de área pública. Assim, nos termos da Súmula 340 do STF os bens dominicais, como os demais bens públicos, não podem ser adquiridos por usucapião (art. 102 CC). Logo a ação será julgada improcedente por esse motivo; **B:** incorreta, pois trata-se de bem público que não pode ser adquirido por usucapião (Súmula 340 STF e art. 102 CC); **C:** incorreta, pois neste caso não se aplica as regras da usucapião urbana, uma vez que o bem não pode ser adquirido por usucapião, afinal é bem público (Súmula 340 STF e art. 102 CC); **D:** incorreta, pois a citação dos confrontantes não é relevante neste caso, pois se trata de bem público que não pode ser usucapido (Súmula 340 STF e art. 102 CC); **E:** correta (Súmula 340 STF e art. 102 CC).

(Juiz de Direito - TJ/BA - 2019 - CESPE/CEBRASPE) De acordo com o Código Civil, são bens móveis

(A) os direitos à sucessão aberta.

(B) os materiais que estejam separados provisoriamente de um prédio, para nele serem reempregados.

(C) os materiais provenientes da demolição de um prédio.

(D) as edificações que, estando separadas do solo, puderem ser movimentadas para outro local, conservando sua unidade.

(E) os materiais empregados em alguma construção.

A: incorreta, pois o direito a sucessão aberta é considerado bem imóvel (art. 80, II CC); **B:** incorreta, pois não perdem o caráter de imóveis os materiais que estejam separados provisoriamente de um prédio, para nele serem reempregados (art. 81, II CC); **C:** correta, nos termos do art. 84 CC; **D:** incorreta, pois não perdem o caráter de imóveis as edificações que, separadas do solo, mas conservando a sua unidade, forem removidas para outro local (art. 81, I CC); **E:** incorreta, pois quando empregados na construção são considerados bens móveis (interpretação *contrario sensu* do art. 84, 1ª parte CC).

(Procurador da República – 26º) Relativamente aos bens ou coisas, é correto afirmar que:

(A) As *Res Divini Iuris* do Direito Romano eram as coisas consagradas aos deuses superiores.

(B) O termo bem, no nosso direito atual, refere-se a uma espécie de coisa, embora, usualmente, possa designar toda e qualquer coisa.

(C) As pertenças, tanto no Código Civil de 1916 como no atual, foram definidas no capítulo que trata dos bens principais e acessórios.

(D) A denominação coisa fungível e infungível surgiu apenas na Idade Moderna.

A: incorreta, pois a *Res Divini Iuris* é o gênero e o conceito dado pela assertiva refere-se a uma de suas três espécies (*Res sacrae*); **B:** correta, pois esta é a posição dominante a respeito da expressão *bem*. Frise-se, todavia, que boa parte da doutrina civilista entende justamente o contrário, defendendo a tese de que bem é gênero e coisa é espécie; **C:** incorreta, pois as pertenças não foram definidas no Código Civil de 1916, apenas no atual (CC, art. 93); **D:** incorreta, pois a noção de bens fungíveis e infungíveis é muito anterior à Idade Moderna (1453 – 1789). Gabarito "B".

2.7. FATOS JURÍDICOS

2.7.1. ESPÉCIES, FORMAÇÃO E DISPOSIÇÕES GERAIS

(Procurador – AL/PR – 2024 – FGV) Leandro celebrou contrato com Márcia, para que ela, representando-o, vendesse seu apartamento localizado em Taubaté, repassando-lhe o dinheiro e prestando-lhe contas após a venda. Para a venda, Leandro fixou um preço mínimo, que deveria ser pago em no máximo dez prestações.

Durante a divulgação do imóvel em várias plataformas de compra e venda, diversas pessoas procuraram Márcia interessadas em adquirir o imóvel pelo preço anunciado. Dentre elas, algumas chegaram até a oferecer valor superior ao qual Leandro exigia pelo imóvel. A despeito disso, Márcia aproveitou a chance para ela própria comprar o imóvel, que sempre a interessou.

Nesse caso, a compra e venda é

(A) válida, pois Márcia adquiriu o imóvel pelo preço autorizado.

(B) anulável, porque não havia autorização da lei ou de Leandro para a compra do imóvel por Márcia.

(C) nula, porque o negócio foi concluído pelo representante em conflito de interesses com o representado.

(D) válida, pois ao outorgar o mandato à Márcia, por si só, Leandro tacitamente a autorizou a adquiri-lo.

(E) inexistente, pois a aquisição do imóvel por Márcia não era e não tinha como ser do conhecimento de Leandro quando foi celebrada.

A: incorreta, pois salvo se o permitir a lei ou o representado, é anulável o negócio jurídico que o representante, no seu interesse ou por conta de outrem, celebrar consigo mesmo (art. 117, *caput* CC). Ainda que Márcia tenha adquirido o imóvel pelo valor autorizado, ela tinha um vínculo regido por contrato de representação com Leandro, logo, deverá se submeter às regras previstas nos arts. 115 a 120 CC; **B:** correta, pois para a aquisição do imóvel de fato seria necessário autorização de Lei ou de Leandro (art. 117 CC), o que não aconteceu. Portanto, o contrato é anulável; **C:** incorreta, pois é anulável o negócio concluído pelo representante em conflito de interesses com o representado, se tal fato era ou devia ser do conhecimento de quem com aquele tratou (art. 119 CC); **D:** incorreta, pois não existe autorização tácita de Leandro apenas pelo fato de ter outorgado o mandato à Marcia. A autorização deveria ser expressa (art. 117 CC); **E:** incorreta, pois os requisitos de existência (agente, objeto e forma) estão presentes no negócio jurídico. O problema está no âmbito da validade. Por isso o negócio é anulável, nos termos do art. 117 CC. Gabarito "B".

(Procurador Fazenda Nacional – AGU – 2023 – CEBRASPE) O negócio concluído pelo representante em conflito de interesses com o representado, quando o fato deveria ser conhecido por quem tratou com o representante, será

(A) válido.

(B) nulo.

(C) inexistente.

(D) ineficaz.

(E) anulável.

Trata-se de hipótese literal prevista no art. 119 CC: "É anulável o negócio concluído pelo representante em conflito de interesses com o representado, se tal fato era ou devia ser do conhecimento de quem com aquele tratou". Logo, a alternativa correta é a letra E. Gabarito "E".

(Procurador do Município – Valinhos/SP – 2019 – VUNESP) O negócio jurídico se dá por meio de forma livre ou especial. A forma especial se subdivide em complexa, escritura pública e instrumento particular. Havendo um negócio jurídico livre, que exige forma solene, este se prova substancialmente por

(A) confissão.

(B) documento.

(C) testemunha.

(D) presunção.

(E) perícia.

O negócio jurídico pode ser formal/especial (solene) ou informal/livre (não solene). O primeiro é aquele que tem forma predeterminada em lei para a sua validade. Se divide em complexa, escritura pública e instrumento particular. Mas veja, é perfeitamente possível que um negócio jurídico informal seja feito de forma especial, em sendo o desejo das partes. Ex: a doação de um óculos. As partes podem fazer oralmente, mas se quiserem podem fazer por escritura pública ou instrumento particular. Isto não o torna um negócio formal, ou solene. Somente seria caso se exija a forma especial, sob pena de invalidade (art. 107 CC). Dependendo do tipo de formalidade exigida, a forma é a própria prova. O meio solene se materializa substancialmente pela prova documental. Exemplo disso é o art. 108 CC que define que a escritura pública é forma obrigatória à validade dos negócios jurídicos que visem à constituição, transferência, modificação ou renúncia de direitos reais sobre imóveis de valor superior a trinta vezes o maior salário mínimo vigente no País. Outro artigo interessante que exalta a prova documental é o art. 226, parágrafo único que prevê que a prova resultante dos livros e fichas não é bastante nos casos em que a lei exige escritura pública, ou escrito particular revestido de requisitos especiais, e pode ser ilidida pela comprovação da falsidade ou inexatidão dos lançamentos. Vê-se, pois, que o negócio sem comprova substancialmente por meio de documento. Gabarito "B".

2.7.2. CONDIÇÃO, TERMO E ENCARGO

(Procurador – AL/PR – 2024 – FGV) Sociedade Divino Ltda. celebrou contrato com André e Bernardo, sócios de Gala Restaurante Ltda. pelo qual se comprometeu a, dali a um ano, adquirir todas as cotas sociais daquele restaurante, desde que nenhum restaurante do mesmo gênero alimentício fosse inaugurado no complexo empresarial onde o Gala funciona nesse período.

Dali a dois meses, contudo, os sócios da Sociedade Divino se arrependeram do negócio celebrado, não desejando mais adquirir o Gala Restaurante, por terem encontrado oportunidade muito mais lucrativa. Por isso, pouco antes do final do prazo, os sócios da Sociedade Divino abriram um pequeno restaurante do mesmo gênero alimentício, no próprio complexo empresarial do Gala, inviabilizando, assim, a compra do restaurante.

Diante disso, é possível afirmar que a condição presente no caso deve ser considerada

(A) anulável.
(B) inexistente.
(C) nula.
(D) verificada.
(E) pendente.

A e C: incorretas, pois os casos de invalidades das condições estão previstos nos artigos 122, segunda parte e 123 CC e não as hipóteses do caso em tela; **B:** incorreta, pois no caso de condição suspensiva tem-se por inexistente as condições impossíveis (art. 124, 1ª parte CC), o que não é a hipótese em questão; **D:** correta, pois reputa-se verificada, quanto aos efeitos jurídicos, a condição cujo implemento for maliciosamente obstado pela parte a quem desfavorecer (art. 129, 1ª parte CC); **E:** incorreta, pois de condição pendente ela passou a ser verificada a partir do momento que a Sociedade Divino agiu maliciosamente para se eximir do negócio e prejudicar André e Bernardo (art. 129, 1ª parte CC). Gabarito "D".

(Procurador – PGE/SP – 2024 – VUNESP) A cláusula "se constituíres sociedade empresarial com João, dar-te-ei a quantia de R$ 1.000.000,00 (um milhão de reais)" pode ser classificada como uma condição

(A) puramente potestativa.
(B) promíscua.
(C) mista.
(D) simplesmente potestativa.
(E) perplexa.

A: incorreta, pois condição puramente potestativa é aquela que depende de uma vontade unilateral, sujeitando-se ao puro arbítrio de uma das partes (art. 122 do CC, parte final). É uma condição ilícita. Ex: "Dou-lhe a fazenda se eu quiser"; **B:** incorreta. Maria Helena Diniz conceitua a condição promíscua como aquela "que se caracteriza no momento inicial como potestativa, vindo a perder tal característica por fato superveniente, alheio à vontade do agente, que venha a dificultar sua realização. Por exemplo, 'dar-lhe-ei um carro se você, campeão de futebol, jogar no próximo torneio'. Essa condição potestativa passará a ser promíscua se o jogador vier a se machucar"; **C:** correta, pois na condição mista, conjuga-se a vontade de um dos agentes (dar-te-ei a quantia de R$ 1.000.000,00) e outra circunstância externa (se constituíres sociedade); **D:** incorreta, pois condição simplesmente potestativa é aquela que depende das vontades intercaladas de duas pessoas, sendo totalmente lícitas. Exemplo: alguém institui uma liberalidade a favor de outrem, dependente de um desempenho artístico (cantar em um espetáculo – art. 122 parte final CC); **E:** incorreta, pois condições perplexas ocorrem quando "a própria condição inserida no negócio jurídico é incompreensível ou contraditória de tal forma que priva todo o efeito do negócio jurídico". Gabarito "C".

(Juiz de Direito/AP – 2022 – FGV) A Lig Suprimentos Ltda. firmou uma confissão de dívida perante a SMA Informática S/A, tendo por objeto a quantia de R$ 150.000,00. Uma das cláusulas da confissão de dívida estabelece que o pagamento da dívida se daria em data a ser definida por credor e devedor. Com o passar do tempo, a SMA Informática S/A tentou por diversas vezes fixar a data para pagamento, mas a Lig Suprimentos Ltda. nunca concordava.

A mencionada cláusula contém uma condição:

(A) suspensiva simplesmente potestativa;
(B) resolutiva puramente potestativa;
(C) suspensiva contraditória;
(D) resolutiva simplesmente potestativa;
(E) suspensiva puramente potestativa.

Comentário: A: incorreta, pois condição suspensiva simplesmente potestativa são aquelas que dependem das vontades intercaladas de duas pessoas, sendo lícitas (arts. 121 e 122 parte inicial CC). No caso em tela temos uma condição que está ao arbítrio de apenas uma parte; **B:** incorreta, pois a condição resolutiva é aquela que quando implementada resolve os efeitos do negócio jurídico (art. 127 CC). No caso em tela o negócio ainda não está gerando efeitos, pois há uma condição suspensiva; **C:** incorreta, pois as condições contraditórias, também chamadas de perplexas ou incompreensíveis, são aquelas que privam de todo o efeito o negócio jurídico celebrado. São condições ilícitas (art. 123, III CC). Ex: contrato de locação onde há a condição de o inquilino não morar no imóvel. No caso em questão não é o que se verifica; **D:** incorreta, pois não se trata de condição resolutiva, como apontado no item B; **E:** correta, pois as condições puramente potestativas são aquelas que dependem de uma vontade unilateral, sujeitando-se ao puro arbítrio de uma das partes, conforme art. 122, parte final CC. São consideradas ilícitas. Gabarito "E".

2.7.3. DEFEITOS DO NEGÓCIO JURÍDICO

(Juiz de Direito – TJ/SP – 2023 – VUNESP) O Banco do Brasil S/A emprestou R$ 494.000,00 para Caio comprar um imóvel no litoral de São Paulo, com garantia hipotecária. Além dessa dívida com o Banco do Brasil, Caio deve R$ 206.000,00 para Tício, R$ 320.000,00 para a empresa fornecedora de gêneros alimentícios e R$ 55.000,00 para Mirtes. Caio, em razão da pandemia do Covid-19, não conseguiu pagar as dívidas. O Banco do Brasil já ingressou com ação de execução hipotecária. Os outros credores já avisaram que ingressarão com ações para cobrar os seus créditos. Diante dessa situação, Caio resolveu doar ao seu único filho Benites o terreno que adquiriu em São Paulo quando sua situação financeira era equilibrada, ou seja, bem antes das dívidas e logo após a morte da sua esposa Brenda. A escritura pública de doação foi lavrada em 10 de janeiro de 2023. O terreno doado foi avaliado em R$ 1.300.000,00. Um dos credores quer discutir a doação em juízo, pois Caio não tem outros bens para a satisfação dos créditos. Considerando as informações, assinale a alternativa correta.

(A) Os negócios de transmissão gratuita de bens ou remissão de dívida, se os praticar o devedor já insolvente, ou por eles reduzido à insolvência, ainda quando o ignore, poderão ser anulados pelos credores, como lesivos dos seus direitos. O Código Civil autoriza a utilização da ação pauliana por credor quirografário e por credor cujo crédito esteja munido de garantia real, ainda que esta seja suficiente para o cumprimento da obrigação.

(B) Os negócios de transmissão gratuita de bens ou remissão de dívida, se os praticar o devedor já insolvente, ou por eles reduzido à insolvência, ainda quando o ignore, poderão ser anulados pelos credores quirografários, como lesivos dos seus direitos. Nesses casos, não se exige a intenção de fraudar (o *consilium fraudis*). A causa do reconhecimento da fraude contra credores deixa de ser subjetiva (manifestação de vontade com o intuito de fraudar), para ser objetiva (redução do devedor à insolvência).

(C) A ação para anular negócio jurídico praticado em fraude contra credores, segundo o regime jurídico estabelecido no Código Civil de 2002, é desconstitutiva (constitutiva negativa), sujeitando-se a prazo decadencial de 4 (quatro) anos para o seu ajuizamento. O prazo decadencial deve ser contado do dia em que o credor lesado tomou conhecimento do negócio jurídico, independentemente de eventual presunção decorrente do registro de imóveis.

(D) Parcela significativa da doutrina tem sustentado que o negócio jurídico em fraude contra credores é apenas ineficaz para o credor. No entanto, mesmo adotado esse entendimento doutrinário, o reconhecimento da fraude promoverá o retorno do bem ao acervo do devedor, permitindo que outros credores possam também obter a satisfação dos seus créditos.

A: incorreta, pois a ação pauliana é reservada para os credores quirografários (art. 158 CC); **B:** correta, pois a fraude contra credores ou fraude pauliana consiste na hipótese em que o devedor insolvente ou próximo a essa situação realiza negócios gratuitos ou onerosos, causando prejuízo aos seus credores. São requisitos para a fraude contra credores: (1) objetivo, que consiste no evento danoso (*eventus damni*), isto é, na hipótese de efetivo prejuízo aos credores; e (2) subjetivo, que consiste no conluio entre as partes do negócio jurídico (*consilium fraudis*). A necessidade de prova dos requisitos dependerá da hipótese de fraude. No caso da transmissão gratuita de bens e remissão de dívidas (art. 158, *caput* CC), bastará a presença do requisito objetivo, não importando a análise do requisito subjetivo, vale dizer, pouco importa se o beneficiado pelo ato tinha ciência ou não da situação de insolvência ou da vontade de prejudicar terceiros; **C:** incorreta, pois o prazo decadencial de 4 anos será contado do dia em que se realizou o negócio jurídico (art. 178, II CC); **D:** incorreta, pois o negócio jurídico em fraude contra credores é anulável, e não ineficaz. Neste passo, anulados os negócios fraudulentos, a vantagem resultante reverterá em proveito do acervo sobre que se tenha de efetuar o concurso de credores (art. 165 *caput* CC). Gabarito "B".

(Procurador Federal – AGU – 2023 – CEBRASPE) De acordo com o que dispõe o Código Civil acerca dos defeitos do negócio jurídico, se o devedor, ao perdoar uma dívida, for reduzido à insolvência, o ato de perdão da dívida poderá ser anulado sob a alegação de

(A) erro.
(B) dolo.
(C) abuso de direito.
(D) lesão.
(E) fraude contra credores.

A: incorreta, pois o erro é o vício de consentimento que se forma sem induzimento intencional de pessoa interessada. É o próprio declarante quem interpreta equivocadamente uma situação fática ou a lei e, fundado em sua cognição falsa, manifesta a vontade, criando, modificando ou extinguindo vínculos jurídicos (arts. 138 a 144 CC); **B:** incorreta, pois o dolo é a conduta maliciosa praticada por um dos negociantes ou por terceiro com o objetivo de levar o outro negociante a erro sobre as circunstâncias reais do negócio, de modo a manifestar vontade que lhe seja desfavorável, e que ele não manifestaria, não fosse o comportamento ilícito de que foi vítima (arts. 145 a 150 CC); **C:** incorreta, pois o abuso de direito é o ato ilícito que o titular de um direito, ao exercê-lo, excede manifestamente os limites impostos pelo seu fim econômico ou social, pela boa-fé ou pelos bons costumes (art. 187 CC); **D:** incorreta, pois ocorre a lesão quando uma pessoa, sob premente necessidade, ou por inexperiência, se obriga a prestação manifestamente desproporcional ao valor da prestação oposta (art. 157 CC); **E:** correta, nos termos do art. 158 CC: "Os negócios de transmissão gratuita de bens ou remissão de dívida, se os praticar o devedor já insolvente, ou por eles reduzido à insolvência, ainda quando o ignore, poderão ser anulados pelos credores quirografários, como lesivos dos seus direitos". Gabarito "E".

(Juiz de Direito – TJ/MS – 2020 – FCC) Verificando a condição culturalmente baixa de José Roberto, lavrador em Ribas do Rio Pardo, Glauco Silva adquire sua propriedade agrícola por R$ 500.000,00, quando o valor de mercado era o de R$ 2.000.000,00. A venda se deu por premente necessidade financeira de José Roberto. Essa situação caracteriza

(A) erro por parte de José Roberto, em função de sua inexperiência e premente necessidade, anulando-se o negócio jurídico, sem convalidação por se tratar de erro substancial.

(B) estado de perigo, pela premente necessidade de José Roberto, que o fez assumir prejuízo excessivamente oneroso, anulando-se o negócio jurídico, sem possibilidade de convalidação.

(C) dolo de oportunidade de Glauco Silva, anulando-se o negócio jurídico por ter sido a conduta dolosa a causa da celebração do negócio jurídico, podendo este ser convalidado somente se for pago o valor correto, de mercado, pelo imóvel.

(D) lesão, pela manifesta desproporção entre o valor do bem e o que foi pago por ele, em princípio anulando-se o negócio jurídico, salvo se for oferecido suplemento suficiente por Glauco Silva, ou se este concordar com a redução do proveito.

(E) tanto lesão como estado de perigo, nulificando-se o negócio jurídico pela gravidade da conduta, sem possibilidade de ratificação ou convalidação pela excessiva onerosidade a José Roberto.

A: incorreta, pois o erro é um engano fático, uma falsa noção da realidade, ou seja, em relação a uma pessoa, negócio, objeto ou direito, que acomete a vontade de uma das partes que celebrou o negócio jurídico. A pessoa se engana sem a indução de outra (art. 138 a 144 CC). Ex: comprei um anel folheado a ouro pensando que era de ouro. O erro substancial torna o negócio jurídico anulável, podendo ser convalidado quando a pessoa, a quem a manifestação de vontade se dirige, se oferecer para executá-la na conformidade da vontade real do manifestante (art. 144 CC); **B:** incorreta, pois configura-se o estado de perigo quando alguém, premido da necessidade de salvar-se, ou a pessoa de sua família, de grave dano conhecido pela outra parte, assume obrigação excessivamente onerosa. No caso em tela não foi dito que havia grave dano conhecido pela outra parte nem que José Roberto ou alguém de sua família estavam em situação de perigo (art. 156, *caput* CC); **C:** incorreta, pois dolo é o artifício ou expediente astucioso, empregado para induzir alguém à prática de um ato jurídico, que o prejudica, aproveitando ao autor do dolo ou a terceiro. Pode-se dizer, então, que dolo é qualquer meio utilizado intencionalmente para induzir ou manter alguém em erro na prática de um ato jurídico. Está previsto entre os arts. 145 e 150 CC. No caso em tela não houve dolo, pois Glauco não induziu José Roberto a vender o bem por este valor. O vendedor apenas colocou o preço baixo porque estava desesperado para vender o bem; **D:** correta, pois ocorre a lesão quando uma pessoa, sob premente necessidade, ou por inexperiência, se obriga a prestação manifestamente desproporcional ao valor da prestação oposta (art. 157, *caput*, CC). Na hipótese em questão foi exatamente o que aconteceu.

José Roberto vendeu o bem por preço abaixo do valor de mercado por premente necessidade e Glauco aproveitou; **E:** incorreta, pois na hipótese em tela não há estado de perigo (vide justificativa da alternativa B), mas apenas de lesão, nos termos da justificativa da alternativa D. É possível que haja convalidação se for oferecido suplemento suficiente, ou se a parte favorecida concordar com a redução do provoito (art. 157, § 2º CC). **Gabarito "D".**

(Juiz de Direito – TJ/SC – 2019 – CESPE/CEBRASPE) A declaração enganosa de vontade que vise à produção, no negócio jurídico, de efeito diverso do apontado como pretendido consiste em defeito denominado

(A) simulação.
(B) erro.
(C) dolo.
(D) lesão.
(E) reserva mental.

A: Correta, pois essa é a definição de negócio jurídico simulado. Ex: a pessoa simula uma compra venda, quando na realidade o que faz na prática é uma doação. O vício está previsto no art. 167 CC e torna nulo o negócio jurídico simulado, porém subsiste o negócio que se dissimulou se válido for na substância e na forma; **B:** incorreta, pois o erro ocorre quando a pessoa se engana, há uma falsa percepção da realidade em relação a uma pessoa, negócio, objeto ou direito. É o vício de consentimento que se forma sem induzimento intencional de pessoa interessada (art. 138 a 144 CC); **C:** incorreta, pois o dolo é o erro induzido de maneira artificiosa, ou seja, a intenção ardilosa de viciar a vontade de determinada pessoa em uma dada situação concreta (art. 145 a 150 CC); **D:** incorreta, pois a lesão ocorre quando uma pessoa, sob premente necessidade, ou por inexperiência, se obriga a prestação manifestamente desproporcional ao valor da prestação oposta (art. 157 CC); **E:** incorreta, pois a reserva mental ocorre quando a declaração expressa não corresponde com a vontade real do agente. Há uma declaração não querida em seu conteúdo com a intenção de enganar o destinatário ou terceiro (art. 110 CC). **Gabarito "A".**

(Delegado - PC/BA - 2018 - VUNESP) De acordo com a disciplina constante do Código Civil acerca dos vícios de vontade dos negócios jurídicos, assinale a alternativa correta.

(A) O erro de indicação da pessoa ou da coisa a que se referir a declaração de vontade viciará o negócio, mesmo se, por seu contexto e pelas circunstâncias, for possível identificar a coisa ou pessoa cogitada.
(B) O silêncio intencional de uma das partes a respeito de fato ou qualidade que a outra parte haja ignorado, nos negócios jurídicos bilaterais, constitui omissão culposa, provando-se que, sem ela, o negócio não teria sido celebrado, ou o seria de outro modo.
(C) A coação, para viciar o negócio jurídico, deve incutir ao paciente temor de dano iminente à sua pessoa, à sua família, aos seus bens ou a terceiros, devendo ser levados em conta o sexo, a idade, a condição, a saúde e, no temor referencial, o grau de parentesco.
(D) Configura-se o estado de perigo quando alguém, premido da necessidade de salvar-se, ou a pessoa pertencente ou não à sua família, de grave dano conhecido ou não pela outra parte, assume obrigação excessivamente onerosa.
(E) Se for oferecido suplemento suficiente, ou se a parte favorecida concordar com a redução do proveito, segundo os valores vigentes ao tempo em que foi celebrado o negócio jurídico, não se decretará a anulação do negócio, nos casos de lesão.

A: incorreta, pois tal erro de indicação da pessoa ou da coisa não viciará o negócio jurídico quando "por seu contexto e pelas circunstâncias, se puder identificar a coisa ou pessoa cogitada" (CC, art. 142); **B:** incorreta, pois tal silêncio intencional constitui omissão dolosa, configurando o dolo negativo (CC, art. 147); **C:** incorreta, pois o temor reverencial não vicia o negócio jurídico (CC, art. 153). Considera-se temor reverencial o exagerado respeito que se tem em relação a uma determinada pessoa e que conduz uma pessoa a praticar ato que não praticaria em condições normais. Ex: empregado em relação ao patrão, aluno em relação ao professor; **D:** incorreta, pois a lei exige que a outra parte tenha conhecimento da situação aflitiva pela qual passa a vítima (CC, art. 156); **E:** correta, pois – adotando o princípio da conservação do negócio jurídico – o § 2º do art. 157 estabelece que o negócio poderá ser mantido se "*a parte favorecida concordar com a redução do proveito*". Essa regra – da manutenção do negócio pela redução do proveito – também deve ser aplicada aos casos de Estado de Perigo, conforme o Enunciado 148 do Conselho da Justiça Federal. **Gabarito "E".**

(Procurador do Estado/SP - 2018 - VUNESP) O ato de assumir obrigação excessivamente onerosa, premido pela necessidade de salvar-se ou a pessoa de sua família, de grave dano conhecido pela outra parte, caracteriza:

(A) lesão, sujeita ao prazo prescricional de 4 anos para declaração da sua nulidade, contado da cessação do risco.
(B) lesão, sujeita ao prazo decadencial de 4 anos para sua desconstituição, contado da data da celebração do negócio jurídico.
(C) lesão, que torna o negócio jurídico ineficaz enquanto não promovido o reequilíbrio econômico do contrato em sede judicial.
(D) estado de perigo, sujeito ao prazo decadencial de 4 anos para declaração da sua nulidade, contado da cessação do risco.
(E) estado de perigo, sujeito ao prazo decadencial de 4 anos para sua desconstituição, contado da data da celebração do negócio jurídico.

O enunciado da questão repete o disposto no art. 156 do Código Civil, que prevê o vício do consentimento denominado Estado de Perigo. O vício da lesão, por outro lado, ocorre quando "*uma pessoa, sob premente necessidade, ou por inexperiência, se obriga a prestação manifestamente desproporcional ao valor da prestação oposta*" (CC, art. 157). No que se refere ao prazo, sua natureza é decadencial (para todos os vícios do consentimento). O termo inicial do prazo decadencial para se pleitear a anulação do negócio nos casos de vícios do consentimento é a "*data da celebração do negócio jurídico*" (salvo na coação, quando o prazo só se inicia com a cessação da ameaça). CC, art. 178, I e II. **Gabarito "E".**

(Juiz de Direito - TJ/RS - 2018 - VUNESP) Egídio descobre que sua esposa Joana está com um câncer. Ao iniciar o tratamento, o plano de saúde de Joana se recusa a cobrir as despesas, em razão da doença ser preexistente à contratação. Em razão disso, o casal coloca à venda um imóvel de propriedade do casal com valor de mercado de R$ 1.000.000,00 (um milhão de reais) por R$ 150.000,00 (cento e cinquenta mil reais), visando obter, de forma rápida, valores necessários para o pagamento do tratamento de saúde de Joana. Raimundo, tomando ciência da oferta da venda do imóvel de Egídio e Joana, não tendo qualquer intenção de auferir um ganho exagerado na compra e nem causar prejuízo aos vendedores, apenas aproveitando o que considera um excelente negócio, compra o imóvel em 01.01.2015. Em 02.01.2018, Egídio e Joana ajuízam uma ação judicial contra Raimundo, na qual questionam a validade do negócio jurídico.

Assinale a alternativa correta.

(A) O negócio jurídico é anulável. Em razão da doença de Joana, o casal estava numa situação que os levou à conclusão de um negócio jurídico eivado pelo vício da lesão que poderia ser decretada para restituir as partes à situação anterior, mas que não poderá ser realizada em razão do decurso do prazo decadencial de 3 (três) anos.

(B) O negócio jurídico é anulável. Em razão da doença de Joana, o casal estava numa situação que os levou à conclusão de um negócio jurídico eivado pelo vício do estado de perigo que, entretanto, não pode ser reconhecido em razão do decurso do prazo decadencial de 2 (dois) anos.

(C) O negócio jurídico é válido e eficaz. Não há qualquer norma que impeça um vendedor, por livre e espontânea vontade, de alienar um bem por valores abaixo dos praticados no mercado, em razão do princípio da autonomia da vontade que prevalece, principalmente no presente caso, onde não se verifica que uma das partes seja hipossuficiente em relação à outra.

(D) O negócio jurídico é nulo de pleno direito por ilicitude do objeto. Não existe uma contraprestação válida, tendo em vista o valor da prestação, comparada ao preço real do bem adquirido, bem como pela ausência de vontade válida, podendo a nulidade ser declarada a qualquer tempo.

(E) O negócio jurídico é anulável. Em razão da doença de Joana, o casal estava numa situação que os levou à conclusão de um negócio jurídico eivado pelo vício da lesão que pode ser desconstituído; caso Raimundo concorde em suplementar o valor anteriormente pago, o negócio pode ser mantido.

A questão envolve claramente situação de lesão, vício do consentimento previsto no art. 157 do Código Civil, segundo o qual: "*Ocorre a lesão quando uma pessoa, sob premente necessidade, ou por inexperiência, se obriga a prestação manifestamente desproporcional ao valor da prestação oposta*". Para sua configuração, a lei não exige que a outra parte (a que se beneficiou com a desproporção) soubesse da situação de necessidade alheia. Ademais, em consonância com o princípio da conservação do contrato, o parágrafo único do art. 157 estabelece que o negócio poderá ser mantido se "*a parte favorecida concordar com a redução do proveito*". Essa regra (da manutenção do negócio pela redução do proveito) também deve ser aplicada aos casos de Estado de Perigo, conforme o Enunciado 148 do Conselho da Justiça Federal. GN

Gabarito "E".

2.7.4. INVALIDADE DO NEGÓCIO JURÍDICO

(Juiz de Direito/AP – 2022 – FGV) O Banco BPF S/A ajuizou execução por título extrajudicial em face de João Pedro para satisfação de sua dívida. No momento da penhora de um automóvel que cobriria o valor devido, o executado informou que este fora vendido para seu filho, Bernardo. O automóvel se encontra efetivamente na posse de Bernardo, que dele vem se utilizando, e a transferência da propriedade foi registrada administrativamente junto ao Detran. No entanto, o executado não obteve êxito em comprovar o valor supostamente pago pela venda do carro, ficando claro que o negócio jurídico efetivamente celebrado fora uma doação.

Diante disso, deve ser reconhecida a:

(A) nulidade do contrato de compra e venda do carro por simulação relativa objetiva;

(B) anulabilidade do contrato de compra e venda do carro por simulação absoluta;

(C) inexistência do contrato de compra e venda do carro por simulação relativa subjetiva;

(D) nulidade do contrato de compra e venda do carro por simulação absoluta;

(E) anulabilidade do contrato de compra e venda do carro por simulação relativa objetiva.

Comentário: **A**: correta, pois trata-se de caso de contrato simulado, isto, é João Pedro fingiu que vendeu para o filho, quando na verdade doou. O contrato é nulo (art. 167 *caput* e § 1º, II CC); **B**: incorreta, pois trata-se de contrato nulo, e não anulável (art. 167 *caput* e § 1º, II CC); **C**: incorreta, pois o vício está no plano da validade e não da existência, pois contém todos os elementos de existência regular (partes, objeto, vontade, forma). Assim, está eivado de nulidade por simulação relativa objetiva (art. 167 caput e §1º, II CC); **D**: incorreta, pois não se trata de simulação absoluta, mas relativa, pois ainda é possível se aproveitar o contrato que se dissimulou (no caso, a doação) pois válido na substância e na forma (art. 167 *caput* CC); E: incorreta, pois não se trata de contrato anulável, mas sim nulo (art. 167 *caput* CC). GR

Gabarito "A".

(Procurador Município – Santos/SP – VUNESP – 2021) Tendo em vista as disposições relativas à validade dos negócios jurídicos, assinale a alternativa correta.

(A) É anulável, no prazo prescricional de 4 anos, o negócio jurídico quando a declaração de vontade emanar de erro substancial quanto à identidade da pessoa, desde que esse aspecto seja decisivo para a declaração.

(B) É anulável o negócio jurídico, no prazo decadencial de 4 anos, quando uma das partes silencia intencionalmente sobre fato ou qualidade ignorada pela outra parte, desde que o conhecimento de tal fato ou qualidade seja determinante para a realização do negócio.

(C) É nulo de pleno direito o negócio realizado sob coação, devendo a declaração de nulidade ser postulada no prazo decadencial de 4 anos.

(D) O negócio jurídico é anulável com base na lesão, no prazo decadencial de 4 anos, quando alguém assume obrigação excessivamente onerosa, a fim de salvar a si próprio ou alguém de sua família de grave dano conhecido pela outra parte.

(E) É anulável com base na simulação, no prazo prescricional de 4 anos, o negócio jurídico que aparentar conferir ou transmitir direitos a pessoa diversa daquela a quem realmente confere ou transfere.

A: incorreta, pois o prazo é decadencial e não prescricional (art. 178, *caput* CC); **B**: correta (art. 147 c.c art. 178 *caput* CC); **C**: incorreta, pois é anulável o negócio jurídico realizado mediante coação (art. 178, I CC); **D**: incorreta, pois esta é a definição de estado de perigo (art. 156 CC) e não de lesão. Configura-se lesão quando uma pessoa, sob premente necessidade, ou por inexperiência, se obriga a prestação manifestamente desproporcional ao valor da prestação oposta (art. 157, *caput* CC); **E:** incorreta, pois o negócio simulado é nulo, e não anulável (art. 167 *caput* CC). **GR**

Gabarito "B".

(Juiz de Direito – TJ/MS – 2020 – FCC) Em relação à invalidade do negócio jurídico, considere os enunciados seguintes:

I. É nulo o negócio jurídico simulado, mas subsistirá o que se dissimulou, se válido for na substância e na forma.
II. O negócio jurídico nulo não é suscetível de confirmação, embora convalesça pelo decurso do tempo.
III. A anulabilidade não tem efeito antes de julgada por sentença, nem se pronuncia de ofício; só os interessados a podem alegar, e aproveita exclusivamente aos que a alegarem, salvo o caso de solidariedade ou indivisibilidade.
IV. Quando a lei dispuser que determinado ato é anulável, sem estabelecer prazo para pleitear-se a anulação, será este de quatro anos, a contar da data da conclusão do ato.
V. Respeitada a intenção das partes, a invalidade parcial de um negócio jurídico não o prejudicará na parte válida, se esta for separável; a invalidade da obrigação principal implica a das obrigações acessórias, mas a destas não induz a da obrigação principal.

Está correto o que se afirma APENAS em

(A) I, III e V.
(B) I, III, IV e V.
(C) II, IV e V.
(D) I, II e III.
(E) II, III e IV.

I: correta (art. 167, *caput* CC); **II:** incorreta, pois o negócio jurídico nulo não convalesce pelo decurso do tempo (art. 169 CC); **III:** correta (art. 177 CC); **IV:** incorreta, pois neste caso o prazo é de dois anos (art. 179 CC); **V:** correta (art. 184 CC). Logo, a alternativa correta é a letra A. **GR**

Gabarito "A".

Dino, pai de três filhos e atualmente em seu segundo casamento, resolveu adquirir um imóvel, em área nobre de Salvador, para com ele presentear o caçula, único filho da sua atual união conjugal. A fim de evitar eventuais problemas com os outros dois filhos, tidos em casamento anterior, Dino decidiu fazer a seguinte operação negocial:

• vendeu um dos seus cinco imóveis e, com o dinheiro obtido, adquiriu o imóvel para o filho caçula; e
• colocou na escritura pública de venda e compra, de comum acordo com os vendedores do referido imóvel, o filho caçula como comprador do bem.

Alguns meses depois, os outros dois filhos tomaram conhecimento das transações realizadas e resolveram ajuizar ação judicial contra Dino, alegando que haviam sofrido prejuízos.

(Juiz de Direito – TJ/BA – 2019 – CESPE/CEBRASPE) Nessa situação hipotética, conforme a sistemática legal dos defeitos e das invalidades dos negócios jurídicos, os dois filhos prejudicados deverão alegar, como fundamento jurídico do pedido, a ocorrência de

(A) reserva mental, também conhecida como simulação unilateral, que deve ensejar uma declaração de inexistência do negócio jurídico de venda e compra e o retorno das partes ao *status quo ante*.
(B) causa de anulabilidade por dolo, vício de vontade consistente em artifício, artimanha, astúcia tendente a viciar a vontade do destinatário ou de terceiros.
(C) simulação relativa, devendo ser reconhecida a invalidade da venda e compra e declarada a validade da doação, que importará adiantamento da legítima.
(D) simulação absoluta, devendo ser reconhecida a invalidade da venda e compra e da doação, com retorno ao *status quo ante*.
(E) simulação relativa, devendo ser reconhecida a invalidade da compra e venda e declarada a validade da doação, o que, contudo, não implicará adiantamento da legítima.

A: incorreta, pois não se trata de hipótese de reserva mental. A reserva mental é uma forma de simulação (lato senso) e consiste na divergência entre a vontade real do declarante e da qual a outra parte não tem conhecimento (art. 110 CC). Por ser considerada uma simulação unilateral produz negócio jurídico nulo e não inexistente (art. 167 *caput* CC); **B:** incorreta, pois no caso em tela não temos a configuração de dolo essencial passível de anulação do negócio jurídico, uma vez que este ocorre quando o negócio é realizado somente porque houve induzimento malicioso de uma das partes. Não fosse o convencimento astucioso e a manobra insidiosa, a avença não se teria concretizado. No caso em tela não houve esse induzimento por parte do vendedor ao comprador, logo não há que se falar em anulabilidade (art. 145 CC); **C:** correta, pois na simulação relativa, as partes realizam um negócio, mas é diferente daquele que verdadeiramente pretendem realizar. Neste caso, há dois negócios: o simulado, que as partes consolidaram na aparência, e não é verdadeiro (no caso a compra e venda), e o dissimulado, cujos efeitos as partes realmente almejavam (no caso a doação). A doação será válida (art. 167, 2ª parte) e será considerada adiantamento da legítima (art. 544 CC); **D:** incorreta, pois na simulação absoluta as partes não desejam efetivamente realizar determinado ato, mas apenas fazer com que outros pensem que o ato foi concretizado. Só se observa o negócio jurídico simulado. Na hipótese em tela, temos um negócio desejado que era a doação, logo não há que se falar nesse tipo de simulação (art. 167 CC); **E:** incorreta, pois implica em adiantamento da legítima, nos termos do art. 544 CC. **GR**

Gabarito "C".

(Juiz de Direito – TJ/AL – 2019 – FCC) De acordo com o Código Civil, o negócio cujo objeto, ao tempo da celebração, é impossível

(A) é nulo de pleno de direito, ainda que se trate de impossibilidade relativa.
(B) terá validade se a impossibilidade inicial do objeto cessar antes de realizada a condição a que ele estiver subordinado.
(C) é válido, ainda que se trate de impossibilidade absoluta, desde que ela não tenha sido criada por nenhuma das partes.
(D) é válido, porém ineficaz, ainda que se trate de impossibilidade absoluta.
(E) é nulo de pleno direito, porém eficaz, desde que se trate de impossibilidade relativa.

A: incorreta, pois a impossibilidade relativa não invalida o negócio jurídico (art. 106 CC); **B:** correta, nos termos do art. 106, parte final CC; **C:** incorreta, pois a impossibilidade absoluta torna o negócio jurídico nulo (art. 166, II CC); **D:** incorreta, pois a impossibilidade absoluta do objeto o torna nulo de pleno direito (art. 166, II CC). Não há que se analisar o plano da eficácia neste caso; **E:** incorreta, pois se é nulo de pleno direito, significa que a nulidade é absoluta, por consequência, não há que se analisar eficácia (art. 166, II CC). **Gabarito "B".**

2.7.5. INVALIDADE DO NEGÓCIO JURÍDICO

(Analista – TRT/18 – 2023 – FCC) De acordo com o Código Civil, a anuência das partes à celebração dos negócios jurídicos em geral

(A) depende, necessariamente, de declaração de vontade expressa, que deverá ser sempre formalizada por escrito, sob pena de não valer.

(B) depende, necessariamente, de declaração de vontade expressa, que tanto poderá ser formalizada por escrito quanto manifestada oralmente.

(C) só depende de declaração de vontade expressa nos casos em que a lei exigir instrumento público para a validade do negócio.

(D) pode ocorrer pelo silêncio, quando as circunstâncias ou os usos o autorizarem, e não for necessária a declaração de vontade expressa.

(E) pode ocorrer pelo silêncio, mas somente nos casos em que a lei expressamente assim autorizar.

A: incorreta, pois a anuência pode ser tácita. Neste sentido, o silêncio importa anuência, quando as circunstâncias ou os usos o autorizarem, e não for necessária a declaração de vontade expressa (art. 111 CC); **B:** incorreta, pois a anuência não depende de declaração de vontade expressa. O silêncio importa anuência quando a declaração expressa não for obrigatória e as circunstâncias ou os usos o autorizarem (art. 111 CC). E quando a lei exigir declaração expressa, ela elucidará se será aceita a forma escrita ou oral. Neste sentido, a validade da declaração de vontade não dependerá de forma especial, senão quando a lei expressamente a exigir (art. 107 CC); **C:** incorreta, pois é possível que a lei exija declaração expressa, mas não necessariamente por instrumento público (art. 107 CC). Os casos em que o legislador exige instrumento público estão previstos em Lei. Um exemplo é a escritura pública para negócios jurídicos de disposição de bens imóveis (art. 108 CC); **D:** correta (art. 111 CC); **E:** incorreta, pois pode ocorrer pelo silêncio quando as circunstâncias ou os usos o autorizarem (art. 111 CC). Não é necessário autorização legal. **Gabarito "D".**

2.8. PRESCRIÇÃO E DECADÊNCIA

(ENAM – 2024.1) Jorge e Ana são locadores de um apartamento e Carlos, o locatário. No contrato, foi estipulado que o prazo para eventual pretensão de cobrança do valor do aluguel seria de cinco anos. Carlos e Ana, seis meses antes do término da locação, iniciaram relacionamento afetivo. Terminada a locação, Carlos deixou o imóvel, contraiu matrimônio com Ana sob o regime da separação total de bens e passou a morar com ela em outro endereço.

Carlos entregou as chaves do apartamento para Jorge, mas deixou de pagar o último mês de aluguel. De forma a não criar embaraços familiares, Jorge e Ana não cobraram o débito de Carlos. Passados seis anos do casamento, o casal se divorciou e Jorge pretende reaver o valor devido por Carlos.

Sobre a pretensão de Jorge, assinale a afirmativa correta.

(A) Encontra-se prescrita, pois o prazo de três anos, além de não poder ser alterado, já se esgotou.

(B) É exigível, uma vez que o prazo decadencial de cinco anos ainda não expirou.

(C) não é mais exigível, pois o prazo de cinco anos previsto no contrato já se esgotou.

(D) Decaiu, pois o prazo de cinco anos previsto no contrato já se esgotou.

(E) Permanece exigível, pois o casamento de Ana é motivo de suspensão da prescrição.

A: correta. O prazo para a pretensão de cobrança de aluguéis é prescricional de 3 anos (art. 206, § 3º CC). Por ser prazo prescricional, não pode ser alterado pela vontade das partes. Logo, a pretensão está prescrita; **B:** incorreta, pois a obrigação é inexigível, pois o prazo não poderia ter sido alterado por se tratar de prazo prescricional previsto em lei (art. 206, § 3º CC). O prazo era de 3 anos e já expirou; **C:** incorreta, pois o prazo de 5 anos não é aplicável (art. 206, § 3º CC); **D:** incorreta, pois trata-se de prazo de prazo prescricional (art. 206, § 3º CC); **E:** incorreta, pois não permanece exigível, pois o prazo era prescricional de três anos então nem poderia ter sido mudado. E ainda que pudesse já teria se esgotado (art. 206, § 3º CC). **Gabarito "A".**

(Procurador – PGE/SP – 2024 – VUNESP) Assinale a alternativa correta sobre prazos prescricionais, tendo em vista o entendimento do Superior Tribunal de Justiça.

(A) Aplica-se o prazo prescricional trienal — previsto no Código Civil de 2002 — às ações indenizatórias ajuizadas contra a Fazenda Pública, em detrimento do prazo quinquenal contido no Decreto nº 20.910/32.

(B) É trienal o prazo prescricional para que o condomínio geral ou edilício (vertical ou horizontal) exerça a pretensão de cobrança de taxa condominial ordinária ou extraordinária, constante em instrumento público ou particular, a contar do dia seguinte ao vencimento da prestação.

(C) É ânuo o prazo prescricional para exercício de qualquer pretensão do segurado em face do segurador — e vice-versa — baseada em suposto inadimplemento de deveres.

(D) A pretensão de reparação civil lastreada na responsabilidade contratual submete-se ao prazo quinquenal.

(E) A pretensão de repetição de indébito de contrato de cédula de crédito rural prescreve no prazo de cinco anos.

A: incorreta, pois aplica-se o prazo quinquenal (Decreto 20.910/32) às ações indenizatórias ajuizadas contra a Fazenda Pública. De acordo com a tese firmada pelo STJ no Tema Repetitivo 553: "Aplica-se o prazo prescricional quinquenal – previsto do Decreto 20.910/32 – nas ações indenizatórias ajuizadas contra a Fazenda Pública, em detrimento do prazo trienal contido do Código Civil de 2002"; **B:** incorreta, pois o prazo é quinquenal. De acordo com a tese firmada pelo STJ no Tema Repetitivo 949: "Na vigência do Código Civil de 2002, é quinquenal o prazo prescricional para que o condomínio geral ou edifício (horizontal ou vertical) exerça a pretensão de cobrança da taxa condominial ordinária ou extraordinária constante em instrumento público ou particular, a contar do dia seguinte ao vencimento da prestação"; **C:** correta, nos termos da tese fixada pelo STJ no Tema/IAC 2: "É ânuo o prazo prescricional para exercício de qualquer pretensão do segurado em face do segurador – e vice- versa – baseada em suposto inadimplemento de deveres (principais, secundários ou anexos) derivados do contrato de seguro, ex vi do disposto no artigo 206, § 1º, II, "b", do Código Civil de 2002 (artigo 178, § 6º, II, do Código Civil de 1916); **D:** incorreta, pois a pretensão de reparação civil lastreada na responsabilidade contratual submete-se ao prazo de 10 (dez) anos, nos termos do art. 205 do Código

Civil. A Corte Especial do STJ definiu que, nas pretensões relacionadas à responsabilidade contratual, aplica-se a regra geral (art. 205 do CC/02), que prevê 10 anos de prazo prescricional e, nas demandas que versarem sobre responsabilidade extracontratual, aplica-se o disposto no art. 206, § 3º, V, do mesmo diploma, com prazo prescricional de 3 anos. Nesse sentido, destaca-se trecho do seguinte julgado proferido no EREsp n. 1.280.825/RJ: "4. O instituto da prescrição tem por finalidade conferir certeza às relações jurídicas, na busca de estabilidade, porquanto não seria possível suportar uma perpétua situação de insegurança. 5. Nas controvérsias relacionadas à responsabilidade contratual, aplica-se a regra geral (art. 205 CC/02) que prevê dez anos de prazo prescricional e, quando se tratar de responsabilidade extracontratual, aplica-se o disposto no art. 206, § 3º, V, do CC/02, com prazo de três anos; **E**: incorreta, de acordo com a tese firmada pelo STJ no Tema Repetitivo 919: "I – A pretensão de repetição de indébito de contrato de cédula de crédito rural prescreve no prazo de vinte anos, sob a égide do art. 177 do Código Civil de 1916, e de três anos, sob o amparo do art. 206, § 3º, IV, do Código Civil de 2002, observada a norma de transição do art. 2.028 desse último Diploma Legal; II – O termo inicial da prescrição da pretensão de repetição de indébito de contrato de cédula de crédito rural é a data da efetiva lesão, ou seja, do pagamento. GR
Gabarito "C".

(Juiz de Direito – TJ/DFT – 2023 – CEBRASPE) A repetição de indébito por cobrança indevida de valores contratuais sujeita-se à prescrição

(A) bienal.
(B) trienal.
(C) decenal.
(D) quinquenal.
(E) anual.

De acordo com o atual entendimento do STJ, o prazo é decenal. A discussão sobre a cobrança indevida de valores constantes de relação contratual e eventual repetição de indébito não se enquadra na hipótese do artigo 206, parágrafo 3º, IV, do Código Civil/2002, seja porque a causa jurídica, em princípio, existe (relação contratual prévia em que se debate a legitimidade da cobrança), seja porque a ação de repetição de indébito é ação específica". No mesmo julgado, o STJ definiu que o prazo é decenal, seguindo a norma geral prevista no artigo 205 do CC (EAREsp 738.991/RS, Rel. Ministro OG FERNANDES, CORTE ESPECIAL, julgado em 20/02/2019, DJe 11/06/2019). Logo, a alternativa correta é a letra C. GR
Gabarito "C".

(Procurador/PA – CESPE – 2022) Em conformidade com a atual jurisprudência dominante do Superior Tribunal de Justiça, em contrato de compra e venda de imóvel em que ficar constatado que a área do bem é inferior àquela indicada no negócio, o prazo para a restituição do valor pago a mais

(A) pode ser interrompido em razão de qualquer ato inequívoco extrajudicial que importe em reconhecimento do direito pelo devedor.
(B) é decadencial de um ano.
(C) é decadencial, e, na inexistência de prazo específico, aplica-se, por analogia, o prazo geral de decadência de cinco anos referido no Código Civil.
(D) é prescricional de cinco anos.
(E) é prescricional, e, na inexistência de prazo específico, aplica-se o prazo geral de prescrição de dez anos referido no Código Civil.

A: incorreta, pois o prazo decadencial não pode ser interrompido (art. 207 CC); **B**: correta, pois para a Terceira Turma do STJ, em casos de venda *ad mensuram* em que as dimensões do imóvel adquirido não correspondem às noticiadas pelo vendedor, deve-se aplicar o prazo decadencial de um ano previsto no art. 501 do CC (REsp 1.890.327/SP); **C**: incorreta, pois há prazo específico previsto no art. 501 CC, logo não se aplica o prazo geral. E se fosse aplicado o prazo ele seria de dez e não de cinco anos; **D**: Incorreta, pois é decadencial de um ano (art. 501 CC); **E**: incorreta, pois há prazo específico previsto no art. 501 CC, logo não se aplica o prazo geral de anos. GR
Gabarito "B".

(Procurador/PA – CESPE – 2022) O Superior Tribunal de Justiça tem admitido, em alguns julgados, a aplicação do chamado viés subjetivo da teoria da *actio nata*, para identificar o termo inicial da prescrição da pretensão de reparação civil por danos materiais e morais. Acerca desse tema, julgue os itens seguintes.

I. São critérios que indicam a tendência de adoção excepcional do viés subjetivo da teoria da *actio nata*: a) a submissão da pretensão a prazo prescricional curto; b) a constatação, na hipótese concreta, de que o credor tinha ou deveria ter ciência do nascimento da pretensão, o que deve ser apurado a partir da boa-fé objetiva e de *standards* de atuação do homem médio; c) o fato de se estar diante de responsabilidade civil por ato ilícito absoluto; e d) a expressa previsão legal que impõe a aplicação do sistema subjetivo.
II. Pela vertente objetiva da teoria da *actio nata*, o termo inicial do prazo prescricional é o momento do surgimento da pretensão.
III. Ao sumular que o termo inicial do prazo prescricional, na ação de indenização, é a data em que o segurado teve ciência inequívoca da incapacidade laboral, o Superior Tribunal de Justiça rechaçou o viés subjetivo da teoria da *actio nata*, o que confirma que a sua aplicação é excepcional.
IV. As vertentes objetiva e subjetiva da teoria da *actio nata* são igualmente aplicadas pelo Superior Tribunal de Justiça, conforme o caso sob julgamento, sendo a regra a aplicação da vertente subjetiva e, excepcionalmente, a da vertente objetiva, em razão da necessidade de corrigir injustiças que podem decorrer da utilização da data do surgimento da pretensão como termo inicial para contagem do prazo prescricional para reparação de danos materiais e morais.

Estão certos apenas os itens

(A) I e II.
(B) II e III.
(C) III e IV.
(D) I, II e IV.
(E) I, III e IV.

I: correta (REsp 1.836.016/PR, 10/05/2022); **II**: correta. Art. 189 CC e REsp 1.836.016-PR, 10/05/2022); **III**: incorreta, pois na verdade essa súmula criou uma exceção à teoria objetiva. Logo, ela criou uma hipótese de viés subjetivo à teoria da *actio nata*; **IV**: incorreta, pois a regra é a aplicação da teoria objetiva, isto é, os prazos prescricionais se iniciariam no exato momento do surgimento da pretensão e a exceção ocorrem em determinadas hipóteses em que o início dos prazos prescricionais deve ocorrer a partir da ciência do nascimento da pretensão por seu titular (teoria subjetiva) (REsp 1.836.016-PR, 10/05/2022). GR
Gabarito "A".

(Delegado/RJ – 2022 – CESPE/CEBRASPE) Carlos abalroou o veículo de Lúcia no dia 15 de maio de 2018. Durante as tratativas para o pagamento dos prejuízos, eles apaixonaram-se e casaram-se após dois meses do evento danoso. Após três anos de casamento e o nascimento de um filho, a relação desgastou-se e eles resolveram se divorciar consensualmente. Inconformada com o término da relação conjugal, Lúcia ajuizou ação condenatória contra Carlos no dia 16 de setembro de 2021, para se ressarcir dos prejuízos decorrentes do acidente, que a deixaram sem ter como se locomover para o trabalho. Em contestação, o demandado se defendeu alegando a ocorrência de prescrição.

Nessa situação hipotética, à luz do Código Civil, na data de ajuizamento da ação por Lúcia,

(A) a pretensão autoral condenatória encontrava-se fulminada pela prescrição.
(B) a pretensão autoral condenatória encontrava-se alcançada pela decadência.
(C) a ocorrência de prescrição ou decadência estaria sujeita a decisão homologatória proferida perante a vara de família.
(D) não haveria que se falar em prescrição ou decadência, por se tratar de relação conjugal em que houve o nascimento de prole.
(E) a pretensão autoral condenatória deduzida contra o demandado não se encontrava prescrita.

A: incorreta, pois considerando que Lúcia e Carlos se casaram ocorreu a suspensão do prazo prescricional, nos termos do art. 197, I do CC. O prazo prescricional para se requerer a reparação civil é de três anos (art. 206, § 3º, V do CC). Sendo assim, o prazo parou de correr dois meses após o dano, data em que eles se casaram (15 de julho de 2018). Ficou suspenso por três anos, tempo que durou o casamento. Voltou a correr da data do divórcio, supostamente 15 de julho de 2021. Como a ação foi ajuizada em 16 de setembro de 2021, não há que se falar em prescrição, pois está dentro do prazo prescricional de três anos previsto no art. 206, § 3º, V do CC; **B:** incorreta, pois a decadência é a perda do direito potestativo e neste caso Lúcia não perdeu o direito potestativo de acionar Carlos judicialmente. Os casos de decadência serão previstos por lei ou por convenção entre as partes (art. 210, parte final do CC e art. 211 parte inicial do CC). E na hipótese em tela não se configura nenhum dos dois, razão pela qual não há que se falar em decadência; **C:** incorreta, pois tanto a prescrição como a decadência não dependem de homologação da vara da família para ser reconhecida. Consumado o prazo, cabe a parte alegá-las em qualquer grau de jurisdição (art. 193 do CC referente à prescrição; art. 211 parte inicial do CC referente à decadência convencional) ou ao juiz reconhecê-la de ofício (art. 332, § 1º do CPC para a prescrição e art. 210 do CC referente à decadência legal); **D:** incorreta, pois o nascimento da prole não influencia em nada na prescrição e na decadência. O que influencia é o casamento das partes, que suspende a prescrição (art. 197, I do CC); **E:** correta, pois não há que se falar em prescrição, pois o casamento de Carlos e Lúcia suspendeu o prazo prescricional (art. 197, I do CC) que é de três anos (art. 206, § 3º, V do CC). Logo, Lúcia ainda está no prazo para ajuizar a demanda. GR
„Gabarito "E".

(Advogado – Pref. São Roque/SP – 2020 – VUNESP) Foi celebrado um negócio (jurídico bilateral no qual uma das partes, intencionalmente, silenciou a respeito de fato que a outra parte ignorou e que, se fosse conhecido, não se teria celebrado o negócio jurídico. Constou no instrumento contratual que as partes renunciam ao prazo para pleitear a anulação do negócio por vício do consentimento.

Pode-se corretamente afirmar que

(A) em regra, aplicam-se à decadência as normas que impedem, suspendem ou interrompem a prescrição.
(B) é nula a renúncia ao prazo decadencial previsto em lei.
(C) não pode o juiz, em eventual litígio, conhecer de ofício da decadência, em razão da renúncia realizada no negócio jurídico.
(D) a decadência prevista em lei deve ser alegada na primeira oportunidade que falar nos autos, sob pena de preclusão.
(E) o prazo decadencial para se pleitear a anulação do negócio jurídico por vícios do consentimento é de 3 anos.

A: incorreta, pois salvo disposição legal em contrário, não se aplicam à decadência as normas que impedem, suspendem ou interrompem a prescrição (art. 207 CC); **B:** correta (art. 209 CC); **C:** incorreta, pois o negócio está eivado de dolo (art. 147 CC) e a lei prevê prazo legal de decadência de 4 anos para que o negócio seja anulado (art. 178, II CC). Por se tratar de prazo legal não está sujeito a renúncia pela vontade das partes (art. 209 CC) e juiz pode reconhecer de ofício (art. 210 CC); **D:** incorreta, pois pelo fato da decadência ser matéria de ordem pública não está sujeita a preclusão (art. 210 CC); **E:** incorreta, pois o prazo é de 4 anos (art. 178, *caput* CC). GR
„Gabarito "B".

(Juiz de Direito – TJ/AL – 2019 – FCC) Luciana e Roberto casaram-se no ano de 2004 sob o regime da separação de bens, divorciando-se em 2018, quando desfizeram a sociedade conjugal. Em 2013, Luciana, culposamente, colidiu seu automóvel com o de Roberto, causando-lhe danos. Nesse caso, a pretensão de Roberto obter a correspondente reparação civil de Luciana, segundo o Código Civil,

(A) é imprescritível.
(B) prescreveu em 2016.
(C) prescreverá em 2021.
(D) prescreveu em 2018.
(E) prescreverá em 2028.

A: incorreta, pois a Lei fixa o prazo de 3 anos para o interessado obter a reparação civil (art. 206, § 3º, V CC); **B:** incorreta, pois na constância da sociedade conjugal, o prazo de prescrição fica suspenso (art. 197, I CC). Ocorrendo o divórcio, o prazo começa a correr. Considerando que o casamento acabou em 2018, Roberto terá 3 anos para exercer sua pretensão de reparação civil, prazo este que se findará em 2021 (art. 206, § 3º, V CC); **C:** correta (art. 197, I c/c art. 206, § 3º, V CC); **D:** incorreta, nos termos da alternativa B; **E:** incorreta, nos termos da alternativa B. GN
„Gabarito "C".

(Procurador do Município – Valinhos/SP – 2019 – VUNESP) Quanto ao direito de renunciar à prescrição, indique a alternativa correta.

(A) Qualquer postura do devedor pode levar a ser considerada como uma renúncia tácita.
(B) A postura irrefutável, explícita do credor é passível de ser acatada como renúncia tácita.
(C) Os prazos de prescrição podem ser alterados por acordo das partes, assim como os de renúncia.
(D) Tácita é a renúncia quando se presume de fatos do interessado, incompatíveis com a prescrição.
(E) A renúncia tácita não é reconhecida pelo ordenamento brasileiro, mas apenas para decadência.

A: incorreta, pois nem toda postura do devedor pode levar a ser considerada como uma renúncia tácita. Tácita é a renúncia quando se presume de fatos do interessado, incompatíveis com a prescrição (art. 191 CC, parte final); **B:** incorreta, pois nesse caso a renúncia será expressa (art. 191 CC, 1ª parte); **C:** incorreta, pois os prazos de prescrição não podem ser alterados por acordo das parte (art. 192 CC); **D:** correta (art. 191 CC, parte final); **E:** incorreta, pois a renúncia tácita à prescrição é reconhecida pela ordenamento jurídico (art. 191 CC). GR
Gabarito "D".

(Procurador do Município – S.J. Rio Preto/SP – 2019 – VUNESP) Fátima e Nanci celebraram um contrato de depósito, no qual Fátima receberia o valor de R$ 5.000,00 (cinco mil reais) para guardar, pelo prazo de 1 (um) ano, os móveis pertencentes ao apartamento de Nanci, que seria locado para fins comerciais. Ao final do prazo, Fátima se recusou a devolver os bens, alegando que os bens não pertenciam a Nanci. Passaram-se 4 (quatro) anos da recusa em devolver os móveis objeto do contrato.

Diante da situação hipotética, considerando a possibilidade de obter a reparação pelo inadimplemento contratual, assinale a alternativa correta.

(A) A ação está prescrita, considerando que o prazo estabelecido pelo Código Civil é de 3 (três) anos.

(B) A ação está prescrita, considerando que o prazo estabelecido pelo Código Civil é de 3 (três) anos, mas Fátima responde caso o prejuízo seja resultante de caso fortuito ou força maior.

(C) A ação não está prescrita, considerando que o prazo estabelecido pelo Código Civil é de 5 (cinco) anos, e respondem pelo inadimplemento todos os bens de Fátima.

(D) A ação não está prescrita, considerando que o prazo estabelecido pelo Código Civil é de 5 (cinco) anos, e Fátima responde pelas perdas e danos, mais juros e atualização monetária.

(E) A ação não está prescrita, considerando que o prazo estabelecido pelo Código Civil é de 10 (dez) anos para os casos de inadimplemento contratual.

A: incorreta, pois trata-se de caso de inadimplemento contratual. Todas as hipóteses que prescrevem em 3 anos estão expressamente previstas no art. 206, § 3º CC e esta hipótese não consta naquele rol; **B:** a primeira parte da alternativa está incorreta, nos termos da alternativa A (art. 206, §3º CC); **C:** incorreta, pois todas as hipóteses que prescrevem em 5 anos estão expressamente previstas no art. 206, §5º CC e esta hipótese não consta naquele rol; **D:** incorreta, pois embora a ação não esteja prescrita, o prazo não é de 5 anos, pois apenas prescreve nesse período a pretensão de cobrança de dívidas líquidas constantes de instrumento público ou particular; a pretensão dos profissionais liberais em geral, procuradores judiciais, curadores e professores pelos seus honorários, contado o prazo da conclusão dos serviços, da cessação dos respectivos contratos ou mandato e a pretensão do vencedor para haver do vencido o que despendeu em juízo; **E:** correta, pois trata-se de caso de inadimplemento contratual e como a lei não define prazo específico, aplica-se a regra geral de 10 anos (art. 205 CC). GR
Gabarito "E".

(Delegado - PC/BA - 2018 - VUNESP) A respeito da prescrição e decadência, assinale a alternativa correta.

(A) Violado o direito, nasce para o titular a pretensão, a qual se extingue pela prescrição; a exceção prescreve nos prazos processuais previstos em lei especial, não havendo coincidência com os prazos da pretensão, em razão da sua disciplina própria.

(B) A renúncia à prescrição pode ser expressa ou tácita, e só valerá, sendo feita, sem prejuízo de terceiro, antes de a prescrição se consumar; tácita é a renúncia quando se presume de fatos do interessado, incompatíveis com a prescrição.

(C) Os prazos de prescrição podem ser alterados por acordo das partes; a prescrição pode ser alegada em qualquer grau de jurisdição pela parte a quem aproveita e, iniciada contra uma pessoa, continua a correr contra o seu sucessor.

(D) A interrupção da prescrição pode se dar por qualquer interessado, somente poderá ocorrer uma vez e, após interrompida, recomeça a correr da data do ato que a interrompeu, ou do último ato do processo para a interromper.

(E) Não corre a prescrição entre os cônjuges e/ou companheiros, na constância da sociedade conjugal, entre ascendentes e descendentes, durante o poder familiar, bem como contra os relativamente incapazes.

A: incorreta, pois de acordo com o art. 190, a exceção (o direito de se defender com base num crédito alegando, por exemplo, compensação) prescreve junto com a pretensão. Ou seja, no momento em que prescreve o prazo, o credor não só perde a pretensão (o ataque), como também a exceção (a defesa). Aquele crédito prescrito não vale nem para cobrar, nem para se defender (alegando compensação, por exemplo); **B:** incorreta, pois a renúncia da prescrição (seja expressa ou tácita) só poderá ser feita após a consumação da prescrição (CC, art. 191). Caso fosse permitida a renúncia da prescrição antes de sua consumação, isso se tornaria uma cláusula de estilo, contida em todos os contratos de mútuo, por exemplo, eliminando a segurança jurídica, que é justamente o objetivo maior do instituto da prescrição; **C:** incorreta, pois os prazos de prescrição não podem ser alterados por acordo entre as partes. Nem para aumentar, nem para diminuir. Trata-se de norma de ordem pública visando a segurança jurídica. Permitir a alteração geraria imensa insegurança jurídica nas relações privadas; **D:** correta, pois de pleno acordo com as regras estabelecidas pelo art. 202 e seu parágrafo único; **E:** incorreta, pois a proteção legal que impede ou suspende a prescrição beneficia apenas o absolutamente incapaz (CC, art. 198, I). GN
Gabarito "D".

(Juiz de Direito - TJ/RS - 2018 - VUNESP) Sobre a prescrição e a decadência, é correto afirmar:

(A) contra os ébrios habituais, os viciados em tóxico e aqueles que, por causa transitória ou permanente, não puderem exprimir sua vontade, a prescrição e a decadência correm normalmente.

(B) antes de sua consumação, a interrupção da prescrição pode ocorrer mais de uma vez; aplicam-se à decadência as normas que impedem, suspendem ou interrompem a prescrição, salvo disposição legal em contrário.

(C) a prescrição e a decadência legal e convencional podem ser alegadas em qualquer grau de jurisdição, podendo o juiz conhecê-las de ofício, não havendo necessidade de pedido das partes.

(D) é válida a renúncia à prescrição e à decadência fixada em lei, desde que não versem sobre direitos indisponíveis ou sobre questões de ordem pública ou interesse social.

(E) os relativamente incapazes e as pessoas jurídicas têm ação contra os seus assistentes ou representantes legais que derem causa à prescrição ou não a alegarem oportunamente; no que se refere à decadência, a lei não prevê a referida ação regressiva.

A: correta, pois os ébrios habituais, os viciados em tóxico e aqueles que – por causa transitória ou permanente –não puderem exprimir sua vontadesão considerados relativamente incapazes (CC, art. 4º, II). A proteção legal que impede ou suspende a prescrição beneficia apenas o absolutamente incapaz (CC, art. 198, I); B: incorreta, pois – ao menos pela letra fria da lei – a interrupção da prescrição, somente poderá ocorrer uma vez (CC, art. 202). Ademais, salvo disposição em contrário, as normas que impedem, suspendem ou interrompem a prescrição não se aplicam à decadência (CC, art. 207); C: incorreta, pois o juiz – de ofício – só pode conhecer da decadência legal (CC, art. 210). Ademais, "*Se a decadência for convencional, a parte a quem aproveita pode alegá-la em qualquer grau de jurisdição, mas o juiz não pode suprir a alegação*" (CC, art. 211); D: incorreta, pois "*É nula a renúncia à decadência fixada em lei*" (CC, art. 209); E: incorreta, pois referido mandamento, previsto no art. 195, tem sua aplicação estendida para os casos de decadência (CC, art. 208).

Gabarito "A".

3. OBRIGAÇÕES

3.1. INTRODUÇÃO, CLASSIFICAÇÃO E MODALIDADES DAS OBRIGAÇÕES

(Procurador – PGE/SP – 2024 – VUNESP) José, em razão de contrato oneroso, era devedor da obrigação alternativa de dar a João o veículo modelo Mustang Fastback 1967 ou o veículo modelo Landau V8 1970. Não foi previsto no instrumento de contrato a quem caberia a escolha da prestação. Antes da data prevista para a entrega, em razão de um incêndio na garagem de José, causado por uma instalação elétrica inadequada por ele feita, o veículo modelo Mustang Fastback 1967 foi totalmente destruído. Uma semana depois, ainda antes da data prevista para a entrega, em razão de um acidente provocado por inadequada manutenção do sistema de freios realizada por José, o modelo Landau V8 1970 também foi totalmente destruído.

Tendo em vista o caso hipotético narrado, assinale a alternativa correta.

(A) A prerrogativa da escolha da prestação era de José, estando ele obrigado a pagar a João indenização equivalente ao valor do Landau V8 1970, mais as perdas e os danos que o caso determinar.

(B) Independentemente de quem tinha a prerrogativa da escolha da prestação, José deverá pagar o valor do veículo mais valioso, acrescido de perdas e danos que o caso determinar.

(C) Independentemente de quem tinha a prerrogativa da escolha da prestação, José deverá pagar o valor do veículo menos valioso, acrescido de perdas e danos que o caso determinar.

(D) A prerrogativa da escolha da prestação era de João, podendo este escolher o valor de quaisquer dos veículos que se perderam, mais as perdas e os danos que o caso determinar.

(E) Não tendo ocorrido dolo na perda dos veículos, mas apenas culpa indireta, independentemente de quem tinha a prerrogativa da escolha da prestação, a obrigação estará extinta, devendo José pagar a João o equivalente à metade do valor do veículo que por último se perdeu.

A: correta, nos termos dos arts. 252 e 254 CC. *In verbis*: "Nas obrigações alternativas, a escolha cabe ao devedor, se outra coisa não se estipulou". "Se, por culpa do devedor, não se puder cumprir nenhuma das prestações, não competindo ao credor a escolha, ficará aquele obrigado a pagar o valor da que por último se impossibilitou, mais as perdas e danos que o caso determinar"; B e C: incorretas, pois como a prerrogativa de escolha ficou por conta do devedor (art. 252 CC), se por culpa dele não se puder cumprir nenhuma das prestações ele ficará obrigado a pagar o valor da que por último se impossibilitou, mais as perdas e danos que o caso determinar (art. 254 CC); D: incorreta, pois como não foi previsto no instrumento de contrato a quem caberia a escolha da prestação, a Lei define que a escolha cabe ao devedor (art. 252 CC), e neste caso ele deverá indenizar o valor do veículo que se perdeu por último (art. 254 CC); E: incorreta, pois a impossibilidade de cumprimento das prestações decorreu de culpa de José, pois o veículo modelo Mustang foi totalmente destruído em razão de um incêndio na garagem de José, causado por uma instalação elétrica inadequada por ele feita, além disso o modelo Landau V8 1970 também foi totalmente destruído em razão de um acidente provocado por inadequada manutenção do sistema de freios realizada por José. Nesse contexto, considerando que a escolha cabia ao devedor (José), este ficará obrigado a pagar o valor da prestação que por último se impossibilitou (art. 254 CC).

Gabarito "A".

(Procurador – AL/PR – 2024 – FGV) Juliana doou, a Thiago, um livro de Direito Civil, e, a Lucas, um livro de Direito Penal. Ocorre que, por coincidência, na véspera da data combinada para a entrega, Juliana esqueceu o livro de Direito Civil em um carro de aplicativo, e vendeu o livro de Direito Penal para Luísa, entregando-o de imediato.

Nesse caso, é correto afirmar que

(A) podem tanto Thiago quanto Lucas cobrar de Juliana o equivalente de cada um dos livros, mais perdas e danos.

(B) apenas Lucas pode cobrar de Juliana o equivalente do livro de Direito Penal, mais perdas e danos.

(C) apenas Thiago pode cobrar de Juliana o equivalente do livro de Direito Civil, mais perdas e danos.

(D) nem Thiago nem Lucas podem cobrar de Juliana o que quer que seja em razão do inadimplemento das obrigações.

(E) podem tanto Thiago quanto Lucas cobrar de Juliana o equivalente de cada um dos livros; porém, apenas Lucas pode cobrar perdas e danos.

A: incorreta, pois no caso de Thiago a coisa se perdeu antes da tradição sem culpa do devedor. Nesta situação fica resolvida a obrigação para ambas as partes (art. 234, 1ª parte CC); B: correta, pois no caso de Lucas a coisa se perdeu antes da tradição por culpa do devedor. Neste caso Juliana deverá pagar o equivalente mais perdas e danos (art. 234, 2ª parte CC); C: incorreta, pois Thiago não poderá cobrá-la nos termos da justificativa da alternativa "A" e Lucas poderá cobrá-la nos termos da justificativa da alternativa "B"; D: incorreta, pois Lucas poderá cobrar, nos termos do art. 234, 2º parte CC; E: incorreta, pois Thiago não poderá cobrar nada de Juliana, uma vez que em seu caso a obrigação ficará resolvida para ambas as partes e no caso de Lucas ele poderá cobrar o equivalente mais perdas e danos (art. 234 CC).

Gabarito "B".

(Juiz de Direito – TJ/SC – 2024 – FGV) Cristina, Danilo e Eduardo comprometeram-se solidariamente a dar determinado automóvel a Felício até o final do mês. Ocorre que a entrega oportuna do bem foi impossibilitada por culpa exclusiva de Eduardo.

Diante disso, é correto afirmar que:

(A) perante Felício, somente Eduardo pode ser responsabilizado pelos juros da mora;
(B) Felício pode optar entre exigir a cláusula penal integralmente de Eduardo, ou então exigir somente proporcionalmente de cada um dos devedores;
(C) pelas perdas e danos sofridos por Felício, somente Eduardo responde, mas todos continuam solidariamente responsáveis pelo equivalente;
(D) eventual cláusula ou condição adicional celebrada somente entre Cristina e Felício pode agravar também a situação dos demais devedores em virtude da solidariedade;
(E) se Daniel for exonerado por Felício da solidariedade, não poderá ser chamado a participar de eventual rateio da cota de Cristina se ela vier a se revelar insolvente.

A: incorreta, pois todos os devedores respondem pelos juros da mora, ainda que a ação tenha sido proposta somente contra um (art. 280, 1ª parte CC); **B:** incorreta, pois o credor tem direito a exigir e receber de um ou de alguns dos devedores, parcial ou totalmente, a dívida comum. Logo, não apenas Eduardo por ser cobrado pela dívida toda, mas Felício pode optar por cobrar a dívida toda de outro credor. Se o pagamento, porém tiver sido parcial, todos os demais devedores continuam obrigados solidariamente pelo resto (arts. 275 CC e 414 CC); **C:** correta, pois impossibilitando-se a prestação por culpa de um dos devedores solidários, subsiste para todos o encargo de pagar o equivalente; mas pelas perdas e danos só responde o culpado (art. 279 CC); **D:** Qualquer cláusula, condição ou obrigação adicional, estipulada entre um dos devedores solidários e o credor, não poderá agravar a posição dos outros sem consentimento destes (art. 278 CC). **E:** incorreta, pois no caso de rateio entre os codevedores, contribuirão também os exonerados da solidariedade pelo credor, pela parte que na obrigação incumbia ao insolvente. Gabarito "C".

(Juiz de Direito – TJ/SC – 2024 – FGV) Eduardo, André e Pedro são praticantes de hipismo e compraram de Marcos, criador, um cavalo de raça chamado Rocky. Em dia previamente estabelecido, Marcos foi à hípica entregar o cavalo. Quando chegou, apenas André estava lá para recebê-lo. Marcos entregou o cavalo e não recebeu qualquer quitação. Mais tarde, Eduardo e Pedro cobraram de Marcos a entrega do cavalo.

Nesse caso, segundo o CC/2002, Marcos:

(A) nada deve a Eduardo e Pedro, tendo em vista a indivisibilidade da prestação;
(B) deveria ter exigido uma caução de ratificação;
(C) somente poderia entregar o cavalo aos três cavaleiros;
(D) nada deve a Eduardo e Pedro, tendo em vista a ausência de solidariedade subjetiva entre eles;
(E) nada deve a Eduardo e Pedro, tendo em vista a ausência de solidariedade objetiva entre eles.

A: incorreta, pois ele apenas se exoneraria da dívida se tivesse exigido de André caução de ratificação dos outros credores, isto é, de Eduardo e Pedro (art. 260, II CC); **B:** correta (art. art. 260, II CC); **C:** incorreta, pois ele poderia ter entregue a apenas um credor, desde que exigisse deste caução de ratificação referente aos outros (art. 260, II CC); **D:** incorreta, pois trata-se de obrigação indivisível. Sendo assim, Marcos deve a Pedro e a Eduardo, pois na hora da entrega não exigiu caução de ratificação (art. 258 e art. 260, II CC); **E:** incorreta, nos termos da alternativa D. Gabarito "B".

(Juiz de Direito – TJ/DFT – 2023 – CEBRASPE) Em caso de atraso na entrega do imóvel por culpa da construtora, o prejuízo do promitente comprador

(A) excluirá os lucros cessantes.
(B) deverá ser comprovado.
(C) compreenderá o dano material e o moral, que é presumido.
(D) será presumido e deverá corresponder à média do aluguel que o comprador deixaria de pagar.
(E) compreenderá somente o dano moral.

A: incorreta, pois os lucros cessantes são presumidos e deverão ser ressarcidos (REsp 1723050/RJ); **B:** incorreta, pois o prejuízo é presumido (REsp n. 1.729.593/SP). Tema Repetitivo 996); **C:** incorreta, pois o dano moral não é presumido. Consoante a jurisprudência do STJ, o simples inadimplemento contratual em razão do atraso na entrega do imóvel não é capaz, por si só, de gerar dano moral indenizável, sendo necessária a comprovação de circunstâncias específicas que possam configurar a lesão extrapatrimonial. É necessário que se observe o fato concreto e suas circunstâncias, afastando o caráter absoluto da presunção de existência de danos morais indenizáveis. A compensação por dano moral por atraso em entrega de unidade imobiliária só será possível em excepcionais circunstâncias que sejam comprovadas de plano nos autos (Resp 1.641.037 - SP (2016/0253093-5. RELATORA: MINISTRA NANCY ANDRIGHI – 13/12/2016); **D:** correta. A jurisprudência do STJ firmou-se no sentido de que, reconhecida a culpa do promitente vendedor no atraso da entrega de imóvel, os lucros cessantes são presumidos e devem corresponder à média do aluguel que o comprador deixaria de pagar (REsp 1723050/RJ). No caso de descumprimento do prazo para a entrega do imóvel, incluído o período de tolerância, o prejuízo do comprador é presumido, consistente na injusta privação do uso do bem, a ensejar o pagamento de indenização, na forma de aluguel mensal, com base no valor locatício de imóvel assemelhado, com termo final na data da disponibilização da posse direta ao adquirente da unidade autônoma" (REsp n. 1.729.593/SP). Tema Repetitivo 996; **E:** incorreta, pois o dano moral inicialmente precisa ser comprovado, nos termos da justificativa da alternativa C. Gabarito "D".

(Juiz Federal – TRF/1 – 2023 – FGV) Maria e João realizaram um contrato em 20/10/2020, em que João prestaria serviço na casa de Maria e, em contrapartida, Maria entregaria a João seu carro, cujo fabricante é AUTOM, modelo CABIN, ano 2021, cor vermelha, placa ABC1234 e com Código Renavan: 123456. João prestou o serviço a contento e a data prevista para entrega do carro seria 01/01/2021 às 6h da manhã e o local combinado foi a casa de João. Tudo caminhava bem, até que, em 31/12/2020, Maria, voltando de seu trabalho, dirigindo tal carro, foi abalroada por outro veículo, que avançou o sinal vermelho e acabou por amassar a porta do lado contrário àquele do motorista. Feito o registro de ocorrência, restou claro que Maria não teve culpa no acidente e que somente a porta do carro foi danificada, não precisando de guincho. Maria foi para casa dirigindo e desolada, pois sabia que não daria tempo de consertar, já que a data de entrega do carro a João seria no dia seguinte pela manhã.

Com base nos fatos e no Código Civil, é correto afirmar que:
(A) Maria deverá responder perante João, pela deterioração da coisa mais perdas e danos;
(B) até a entrega da coisa, o carro ainda era de propriedade de Maria, apesar de o contrato ter sido assinado antes;
(C) com a deterioração do bem, houve, automaticamente, a total impossibilidade de entrega da coisa, resolvendo a obrigação;
(D) desde a assinatura do contrato, o risco sobre o bem já pertencia a João, razão pela qual Maria não tinha com o que se preocupar;
(E) com a deterioração do bem, nasce para João um direito subjetivo de escolher o bem no estado em que se encontra, com abatimento no preço, ou resolver a obrigação.

A: incorreta, pois considerando que a deterioração da coisa se deu antes da entrega sem culpa do devedor, podendo o credor resolver a obrigação, ou aceitar a coisa, abatido de seu preço o valor que perdeu (art. 235 CC). Logo, Maria não responderá pela deterioração nem pelas perdas e danos; **B:** correta, art. 237, 1ª parte CC (Até a tradição pertence ao devedor a coisa, com os seus melhoramentos e acrescidos, pelos quais poderá exigir aumento no preço) e art. 1.267 do CC: "A propriedade das coisas não se transfere pelos negócios jurídicos antes da tradição"; **C:** incorreta, pois a deterioração é diferente do perecimento. A simples deterioração ainda permite a entrega do bem, ainda que avariado. Neste caso a coisa pode ser entregue e o credor pode resolver a obrigação, ou aceitar a coisa, abatido de seu preço o valor que perdeu (art. 235 CC); **D:** incorreta, pois até a entrega do bem ele ainda pertencia à Maria. Logo, se a deterioração ou perecimento do bem tivesse ocorrido por sua culpa ela teria responsabilidade sobre isso (arts. 234, 236 e 237 CC); **E:** incorreta, pois trata-se de um direito potestativo, e não subjetivo (art. 235 CC). Gabarito "B".

(Juiz de Direito/AP – 2022 – FGV) A empreiteira Cosme Ltda. contratou a Flet Ltda. para que ela lhe desse a perfuratriz modelo SKS que tinha no seu galpão em Santana. Entretanto, outra cláusula do contrato previa a possibilidade acessória de a Flet Ltda. se desincumbir de sua obrigação, se quisesse, entregando à Cosme Ltda. a perfuratriz modelo 1190 que está em seu armazém nos arredores de Macapá. Ocorre que, antes da data marcada para a entrega, uma tempestade atinge Santana e destrói o galpão, inviabilizando a entrega da perfuratriz modelo SKS. Diante disso, a Cosme Ltda. pode exigir:
(A) somente a entrega da perfuratriz modelo 1190, sem direito a perdas e danos;
(B) a entrega da perfuratriz modelo 1190, com direito a perdas e danos;
(C) o equivalente pecuniário da perfuratriz modelo SKS ou a entrega da perfuratriz modelo 1190;
(D) o equivalente pecuniário da perfuratriz modelo SKS ou a entrega da perfuratriz modelo 1190, com direito a perdas e danos;
(E) somente a resolução do contrato, com devolução de valores eventualmente pagos.

Comentário: A: incorreta, pois a empreiteira Cosme Ltda não pode exigir a entrega da perfuratriz 1190, uma vez que essa faculdade de escolha, conforme previsto no contrato era da Flet Ltda. Como a coisa pereceu sem culpa do devedor antes da tradição o contrato simplesmente se resolve com devolução de valores eventualmente pagos (art. 234 CC); **B:** incorreta, nos termos na alternativa A e não há que se falar em perdas e danos, pois a coisa pereceu sem culpa do devedor (art. 234 CC); **C:** incorreta, pois como a coisa pereceu sem culpa do devedor, a Cosme Ltda não pode exigir o equivalente pecuniário da perfuratriz modelo SKS, pois o contrato se resolve e deverá apenas haver a devolução de valores eventualmente pagos (art. 234 CC). Lembrando que ela não pode exigir a entrega da perfuratriz modelo 1190, pois esta faculdade de escolha é da Flet Ltda; **E:** correta (art. 234 CC). Gabarito "E".

(Procurador Município – Santos/SP – VUNESP – 2021) A respeito das obrigações solidárias, assinale a alternativa correta.
(A) No silêncio do contrato e na ausência de disposição legal, presume-se a solidariedade dos devedores, podendo o credor exigir o pagamento integral do débito contra todos e cada um dos devedores.
(B) Falecendo um dos credores solidários e sendo a obrigação divisível, qualquer um dos herdeiros pode exigir o pagamento integral da cota pertencente ao credor falecido, procedendo em seguida ao rateio entre os demais herdeiros, se houver.
(C) Falecendo um dos devedores solidários e sendo a obrigação divisível, qualquer um de seus herdeiros pode ser chamado a responder pela cota do devedor falecido, ressalvado o direito de regresso contra os demais herdeiros, se houver.
(D) A propositura de ação pelo credor contra um ou alguns dos devedores implica renúncia à solidariedade quanto aos demais.
(E) O devedor solidário que pagar a dívida por inteiro tem direito de exigir a cota de cada um dos codevedores, individualmente.

A: incorreta, pois a solidariedade não se presume; resulta da lei ou da vontade das parte (art. 265 CC); **B:** incorreta, pois se a obrigação for divisível cada um dos herdeiros só terá direito a exigir e receber a quota do crédito que corresponder ao seu quinhão hereditário (art. 270 CC); **C:** incorreta, pois neste caso o herdeiro apenas estará obrigado a pagar a quota que corresponder ao seu quinhão hereditário (art. 276 CC); **D:** incorreta, pois não importará renúncia da solidariedade a propositura de ação pelo credor contra um ou alguns dos devedores (art. 275, parágrafo único CC); **E:** correta (art. 283 CC). Gabarito "E".

(Juiz de Direito – TJ/RJ – 2019 – VUNESP) Uma dívida prescrita, o penhor oferecido por terceiro, uma dívida de jogo e a fiança representam, respectivamente, obrigação:
(A) com *Schuld* sem *Haftung*, com *Haftung* sem *Schuld* próprio, com *Schuld* sem *Haftung* e com *Haftung* sem *Schuld* atual.
(B) sem *Schuld* e sem *Haftung*, com *Haftung* sem *Schuld* próprio, com *Schuld* sem *Haftung* e com *Haftung* sem *Schuld* atual.
(C) com *Schuld* sem *Haftung*, com *Haftung* sem *Schuld* próprio, sem *Schuld* e sem *Haftung* e com *Haftung* sem *Schuld* atual.
(D) com *Haftung* sem *Schuld*, com *Haftung* sem *Schuld* atual, com *Schuld* sem *Haftung* e com *Haftung* sem *Schuld* próprio.
(E) com *Haftung* sem *Schuld*, com *Schuld* sem *Haftung*, com *Haftung* sem *Schuld* atual, e com *Haftung* sem *Schuld* próprio.

Primeiramente é importante definir os conceitos de Schuld e Haftung. O Schuld é o débito em si, a dívida. O Haftung é a responsabilização, a consequência pelo não cumprimento do Schuld.

A: correta, pois na dívida prescrita o débito (Schuld) ainda existe, mas não há obrigação de pagar (Haftung) – art. 882 CC; no penhor oferecido por terceiro existe a obrigação de pagar (Haftung), mas o débito (Schuld) não é do terceiro – art. 305 CC; na dívida de jogo existe o débito (Schuld), mas não há obrigação de pagar (Haftung) – art. 814 CC e na fiança há a obrigação de pagar (Haftung), mas sem débito (Schuld) atual – arts. 818 seguintes CC; **B:** incorreta, pois na dívida prescrita existe o Schuld (o débito); **C:** incorreta, pois na dívida de jogo existe o Schuld (débito); **D:** incorreta, no caso da dívida prescrita existe o débito (Schuld), mas não há obrigação de pagar (Haftung); no penhor oferecido por terceiro existe a obrigação de pagar (Haftung) e existe o débito (Schuld), porém ele não é do terceiro e sim do devedor original e no caso da fiança o débito (Schuld) ele não é atual; **E:** incorreta, pois no caso de dívida prescrita não há obrigação de pagar (Haftung), mas o débito ainda existe (Schuld); no penhor oferecido por terceiro há obrigação de pagar (Haftung) e há débito (Schuld), mas ele não é próprio; na dívida de jogo há o débito (Schuld), mas não há a obrigação de pagar (Haftung), nem atual nem futura e na fiança há a obrigação de pagar (Haftung), há o débito (Haftung), mas ele não é atual. **Gabarito "A".**

(Juiz de Direito - TJ/RS - 2018 - VUNESP) João emprestou a José, Joaquim e Manuel o valor de R$ 300.000,00 (trezentos mil reais); foi previsto no instrumento contratual a solidariedade passiva. Manuel faleceu, deixando dois herdeiros, Paulo e André. É possível afirmar que João poderá

(A) cobrar de Paulo e André, reunidos, somente até o valor da parte relativa a Manuel, ou seja, R$ 100.000,00 (cem mil reais), tendo em vista que o falecimento de um dos devedores extingue a solidariedade em relação aos herdeiros do falecido.

(B) cobrar a totalidade da dívida somente se acionar conjuntamente todos os devedores, tendo em vista que o falecimento de um dos devedores solidários ocasiona a extinção da solidariedade em relação a toda a obrigação.

(C) cobrar de Paulo e André a totalidade da dívida, tendo em vista que ambos, reunidos, são considerados como um devedor solidário em relação aos demais devedores; porém, isoladamente, somente podem ser demandados pelo valor correspondente ao seu quinhão hereditário.

(D) cobrar o valor da totalidade da dívida de José, Joaquim, Paulo ou André, isolada ou conjuntamente, tendo em vista que, após o falecimento de Manuel, resultou numa obrigação solidária passiva com 4 (quatro) devedores.

(E) cobrar de Paulo ou André, isoladamente, a importância de R$ 100.000,00 (cem mil reais) tendo em vista que o quinhão hereditário de Manuel é uma prestação indivisível em relação aos herdeiros.

A questão aborda um dos temas mais difíceis dentro da solidariedade passiva e que é solucionado pelo art. 276 do CC. Iniciemos com a regra básica e fundamental da solidariedade passiva, que é a possibilidade de o credor cobrar qualquer um dos vários devedores pela dívida toda, ainda que cada um deles seja devedor de apenas uma fração. Em outras palavras, o devedor pode dever 1/3 da dívida, mas ele é responsável pelo todo perante o credor. No caso apresentado, um dos devedores faleceu deixando herdeiros. Se o credor quiser cobrar os herdeiros isoladamente, ele deverá se limitar não somente à quota devida pelo finado devedor, mas também ao quinhão hereditário daquele específico herdeiro cobrado. Assim, por exemplo, imagine uma dívida cujo valor total da dívida seja de R$ 600, com três devedores solidários e um deles faleça deixando apenas dois filhos. Se o credor pretender cobrar um filho do falecido devedor, ele só poderá cobrar R$ 100 (pois a dívida do pai era R$ 200 e o quinhão do filho é metade disso) Se, contudo, o credor optar por cobrar conjuntamente de todos os herdeiros do falecido devedor, ele pode cobrar o valor integral da dívida, ou seja, R$ 600. Isso porque a lei entende que esses herdeiros cobrados conjuntamente são considerados como um devedor solidário em relação aos demais. **Gabarito "C".**

3.2. TRANSMISSÃO, ADIMPLEMENTO E EXTINÇÃO DAS OBRIGAÇÕES

(Juiz de Direito – TJ/SC – 2024 – FGV) Guilhermina tomou emprestado de Vicentino R$ 100.000,00. Para garantir o pagamento, emitiu-se uma nota promissória no valor de R$ 200.000,00, devidamente assinada pela devedora. Sobreveio o inadimplemento e Vicentino ajuizou demanda executiva. Em embargos, Guilhermina aduziu e comprovou que Vicentino, em outro negócio jurídico, tinha avalizado cheque da qual era credora pela quantia de R$ 300.000,00, daí ela ter postulado a compensação.

Vicentino, a seu turno, impugnou essa pretensão, no que demonstra que o título avalizado embutia juros onzenários em patamar muito superior ao permitido pela Lei de Usura. Aduziu, ainda, que o cheque estava pós-datado para dali a um ano.

Nesse caso, é correto afirmar que:

(A) a inclusão de juros usurários é causa de nulidade do título, diante da gravidade da prática (que, inclusive, tem tipificação criminal), o que impede a compensação pretendida;

(B) a prática de agiotagem leva à declaração de nulidade apenas das disposições usurárias, mas a compensação se mostra inviável diante da diversidade de suas causas (contrato de mútuo e aval em título de crédito) e do tipo de responsabilidade do devedor;

(C) a prática de agiotagem leva à declaração de nulidade apenas das disposições usurárias, mas a compensação se mostra inviável porque o crédito de Guilhermina decorre de ato ilícito;

(D) a prática de agiotagem leva à declaração de nulidade apenas das disposições usurárias, mas a compensação não pode ser realizada enquanto não se concluir o prazo de favor concedido pela pós-datação do cheque;

(E) a prática de agiotagem leva à declaração de nulidade apenas das disposições usurárias e nada impede a compensação do cheque no limite do valor expurgado dos juros ilícitos.

A: incorreta, pois havendo prática de agiotagem, devem ser declaradas nulas apenas as estipulações usurárias, conservando-se o negócio jurídico de empréstimo pessoal entre pessoas físicas mediante redução dos juros aos limites legais" (REsp n. 1.560.576/ES, Rel. Ministro JOÃO OTÁVIO DE NORONHA, TERCEIRA TURMA, julgado em 02/08/2016, DJe 23/08/2016); **B:** incorreta, pois em regra a diferença de causa nas dívidas não impede a compensação (art. 373 CC). O Código Civil prevê exceções a esta regra, mas não se encaixam no caso em tela; **C:** incorreta, pois a compensação é viável, uma vez que não se encaixa nas exceções do art. 373 CC; **D:** incorreta, pois os prazos de favor, embora consagrados pelo uso geral não obstam a compensação (art. 372 CC); **E:** correta (arts. 372 e 373 CC).

Gabarito "E".

(ENAM – 2024.1) A Farmácia A Ltda. e a Drogaria B Ltda. mantêm, entre si, conta-corrente oriunda da venda de medicamentos de uma para a outra. Quando o cliente não encontra um remédio em uma, a outra fornece e vice-versa. Pactuam que, no último dia útil de cada mês, o saldo devedor deve ser quitado em espécie, sob pena de juros de mora de 0,5% no primeiro mês de atraso e de 1% nos meses subsequentes. Acordaram, por fim, que cada saldo devedor não pago seria independente em relação a eventuais outros.

Nos últimos dois meses, a Drogaria B. Ltda. teve problemas de caixa e não conseguiu quitar os dois débitos que se acumularam. No entanto, mesmo após o vencimento da segunda dívida, conseguiu entregar certo valor à Farmácia A Ltda., cujo montante foi suficiente para um dos débitos e, parcialmente, para o outro.

Ante a ausência de oposição da Farmácia A Ltda., é correto dizer que o valor entregue

(A) quitou o débito mais antigo.

(B) nada quitou, ante a ausência de recibo.

(C) quitou o débito mais oneroso.

(D) quitou ambos os débitos.

(E) nada quitou, pois o valor não foi integral.

A: correta (art. 355 CC); **B:** incorreta, pois não há necessidade de recibo para que se considere o pagamento como feito. Porém, como não foi indicado a qual dívida o pagamento se refere, ele será imputado à dívida mais antiga (art. 355 CC); **C:** incorreta, pois apenas quitaria o débito mais oneroso se as obrigações fossem vencidas ao mesmo tempo, o que não é o caso (art. 355 CC); **D:** incorreta, pois o pagamento será imputado à dívida mais antiga conforme orientação do art. 355 CC; **E:** incorreta, pois a quitação deverá sim ser considerada, porém para a dívida mais antiga (art. 355 CC).

Gabarito "A".

(Procurador – AL/PR – 2024 – FGV) Em julho de 2021, René Kant celebrou contrato de mútuo com o Banco Königsberg S.A. no valor de dez mil reais, que deveria ser pago em 60 (sessenta) prestações de R$ 350,00 (trezentos e cinquenta reais). A cláusula terceira do contrato prevê que na hipótese de 03 (três) meses de inadimplência, o MUTUANTE fica autorizado a promover a cobrança judicial da totalidade dos valores concedidos a título de mútuo, como também a incluir o nome do MUTUÁRIO nos órgãos de proteção ao crédito.

Em setembro de 2023, o Banco Königsberg S.A. transferiu onerosamente o crédito do contrato com René para o Fundo de Investimento de Direitos Creditórios Metafísica, sendo silente a respeito da responsabilidade do cedente em caso de inadimplemento da obrigação cedida. Por força do desemprego, no ano de 2024, o mutuário tornou-se inadimplente de três parcelas consecutivas do empréstimo, levando o Fundo a incluir o nome de René nos órgãos de proteção ao crédito.

Diante da situação hipotética, com base no tema transmissão das obrigações, assinale a afirmativa correta.

(A) A cessão do crédito do Banco Königsberg para o Fundo de Investimento é válida e eficaz, desde que haja o consentimento expresso de René.

(B) A jurisprudência consolidada do Superior Tribunal de Justiça compreende que a ausência de notificação do devedor torna inexequível e ineficaz a cessão de crédito.

(C) Salvo se tiver procedido de má-fé, o Banco Königsberg S.A. não fica responsável perante o Fundo de Investimento pela existência do crédito ao tempo em que lhe cedeu.

(D) Na situação hipotética narrada, o Banco Königsberg S.A. não responde perante o Fundo de Investimento pela insolvência de René Kant.

(E) De acordo com o entendimento consolidado do Superior Tribunal de Justiça, para que o cessionário pratique os atos necessários à preservação do crédito é necessária a ciência do devedor.

A: incorreta, pois não há necessidade do consentimento do devedor para a cessão ser válida e eficaz. A lei autoriza a cessão se a isso não se opuser a natureza da obrigação, a lei, ou a convenção com o devedor (art. 286 CC). No caso, não havia convenção com o devedor que proibisse a cessão, não havia proibição legal e a natureza da obrigação permitia a cessão; **B:** incorreta, pois de acordo com a jurisprudência do STJ a citação na ação de cobrança é suficiente para cumprir a exigência – fixada no **artigo 290 do Código Civil** – de dar ciência ao devedor sobre a cessão do crédito, não havendo necessidade de que o credor cessionário o notifique formalmente antes de acionar o Judiciário para receber a dívida. A finalidade do artigo 290 do Código Civil é informar ao devedor quem é seu novo credor. De acordo com o dispositivo, "a cessão do crédito não tem eficácia em relação ao devedor, senão quando a este notificada; mas por notificado se tem o devedor que, em escrito público ou particular, se declarou ciente da cessão feita". A falta de notificação do devedor sobre a cessão do crédito não torna a dívida inexigível. Se a ausência de comunicação da cessão de crédito não afasta a exigibilidade da dívida, o correto é considerar suficiente, para atender o artigo 290 do CC/2002, a citação do devedor na ação de cobrança ajuizada pelo credor cessionário. A partir da citação, o devedor toma ciência inequívoca sobre a cessão de crédito e, por conseguinte, a quem deve pagar. Assim, a citação revela-se suficiente para cumprir a exigência de cientificar o devedor da transferência do crédito (EAREsp 1125139); **C:** incorreta, pois como a cessão foi a título oneroso, o Banco Königsberg S.A fica responsável pela existência do crédito, ainda que não tenha agido de má-fé (art. 295 CC); **D:** correta, pois como se trata de cessão onerosa, o banco não responde pela solvência do devedor, mas apenas pela existência do crédito (art. 295 CC); **E:** incorreta, pois independentemente do conhecimento da cessão pelo devedor, pode o cessionário exercer os atos conservatórios do direito cedido (art. 293 CC). De acordo com jurisprudência do STJ são desnecessários os avisos de recebimento do devedor em casos de cessão de créditos. Seja em uma relação de direito civil puramente considerada, seja em uma relação consumerista, a ausência da notificação do cedido não impede o cessionário de cobrar a dívida ou de promover os atos necessários à conservação dessa mesma dívida, como a inscrição do devedor inadimplente nos cadastros de proteção ao crédito. O aviso de recebimento não tem nenhuma repercussão prática relevante. Se a cobrança da dívida e a prática dos atos necessários a sua conservação não estão condicionadas nem mesmo à existência de notificação prévia, despiciendo acrescentar o fato de essa notificação carecer de formalismo ou pessoalidade tampouco cerceia a liberdade do credor em promover a cobrança da dívida ou os atos que repute necessários à satisfação do seu crédito (REsp 1.604.899).

Gabarito "D".

(Delegado/RJ – 2022 – CESPE/CEBRASPE) Acerca de adimplemento e extinção das obrigações, assinale a opção correta.

(A) O credor não é obrigado a receber prestação diversa da que lhe é devida, salvo se mais valiosa.

(B) O pagamento deve ser efetuado no domicílio do credor, salvo se as partes convencionarem diversamente, ou se o contrário resultar da lei, da natureza da obrigação ou das circunstâncias.
(C) A entrega do título ao devedor firma a presunção do pagamento.
(D) Nos termos do Código Civil, a remissão de dívida pelo credor extingue a obrigação independentemente de aceitação do devedor.
(E) A obrigação se extingue por compensação quando na mesma pessoa se confundem as qualidades de credor e devedor.

A: incorreta, pois o credor não é obrigado a receber prestação diversa da que lhe é devida, ainda que mais valiosa (art. 313 do CC); **B:** incorreta, pois efetuar-se-á o pagamento no domicílio do devedor, salvo se as partes convencionarem diversamente, ou se o contrário resultar da lei, da natureza da obrigação ou das circunstâncias (art. 327, *caput* do CC); **C:** correta (art. 324, *caput* do CC); **D:** incorreta, pois é necessário a aceitação do devedor para que haja a extinção da obrigação e não poderá haver prejuízo de terceiro (art. 385 do CC); **E:** incorreta, pois esse é o conceito de extinção da obrigação por confusão, e não por compensação (art. 381 do CC). GR
Gabarito "C".

(Delegado/RJ – 2022 – CESPE/CEBRASPE) Acerca da transmissão das obrigações, prevista no Código Civil Brasileiro, assinale a opção correta.
(A) A cessão de contrato, também chamada cessão de posição contratual, é vedada no direito brasileiro, mesmo se ambos os contratantes estiverem de acordo com a cessão.
(B) Salvo disposição em contrário, na cessão de um crédito abrangem-se todos os seus acessórios.
(C) Na cessão de crédito, salvo estipulação em contrário, o cedente responde pela solvência do devedor.
(D) Na cessão de crédito *pro solvendo*, o cedente responde apenas pela existência e validade do crédito cedido.
(E) Na assunção de dívida, o novo devedor pode opor ao credor todas as exceções pessoais que competiam ao devedor primitivo.

A: incorreta, pois é permitida a cessão da posição contratual no direito brasileiro se as partes estiverem de acordo. Neste sentido, é facultado a terceiro assumir a obrigação do devedor, com o consentimento expresso do credor, ficando exonerado o devedor primitivo, salvo se aquele, ao tempo da assunção, era insolvente e o credor o ignorava (art. 299 do CC); **B:** correta (art. 287 do CC); **C:** incorreta, pois salvo estipulação em contrário, o cedente não responde pela solvência do devedor (art. 296 do CC); **D:** incorreta, pois na cessão *pro solvendo* o cedente responde pela existência e validade do crédito e pela solvência do devedor (art. 297 do CC); **E:** incorreta, pois na assunção de dívida o novo devedor não pode opor ao credor as exceções pessoais que competiam ao devedor primitivo (art. 302 do CC). GR
Gabarito "B".

(Juiz de Direito – TJ/MS – 2020 – FCC) O pagamento
(A) feito de boa-fé ao credor putativo é válido, salvo se provado depois que ele não era credor.
(B) deve ser feito ao credor ou a quem de direito o represente, sob pena de só valer depois de por ele ratificado, ou tanto quanto reverter em seu proveito.
(C) não vale quando cientemente feito ao credor incapaz de quitar, em nenhuma hipótese.
(D) autoriza-se a recebê-lo o portador da quitação, fato que origina presunção absoluta.
(E) feito pelo devedor ao credor, apesar de intimado da penhora feita sobre o crédito, ou da impugnação a ele oposta por terceiros, não valerá contra estes, que poderão constranger o devedor a pagar de novo, prejudicado o direito de regresso contra o credor.

A: incorreta, pois o pagamento feito de boa-fé ao credor putativo é válido, *ainda* provado depois que não era credor (art. 309 CC); **B:** correta (art. 308 CC); **C:** incorreta, pois não vale se o devedor não provar que em benefício dele efetivamente reverteu (art. 310 CC); **D:** incorreta, pois considera-se autorizado a receber o pagamento o portador da quitação, salvo se as circunstâncias contrariarem a presunção daí resultante. Logo, a presunção é relativa (art. 311 CC); **E:** incorreta, pois fica ressalvado, isto é, não fica prejudicado o direito de regresso contra o credor (art. 312 CC). GR
Gabarito "B".

(Advogado – Pref. São Roque/SP – 2020 – VUNESP) Acerca do pagamento das obrigações, assinale a alternativa correta.
(A) O terceiro não interessado pode pagar a dívida se o fizer em nome e à conta do devedor, salvo oposição deste, e se pagar a dívida em seu próprio nome, tem direito a reembolsar-se do que pagar, mas não se sub-roga nos direitos do credor.
(B) O pagamento feito de boa-fé ao credor putativo é válido, salvo se provado depois que não era credor; se o devedor pagar ao credor, apesar de intimado da penhora feita sobre o crédito, ou da impugnação a ele oposta por terceiros, o pagamento não valerá contra estes, que poderão constranger o devedor a pagar de novo, ficando-lhe ressalvado o regresso contra o credor.
(C) É ilícito convencionar o aumento progressivo de prestações sucessivas e são nulas as convenções de pagamento em ouro ou em moeda estrangeira, bem como para compensar a diferença entre o valor desta e o da moeda nacional, excetuados os casos previstos na legislação especial.
(D) Efetuar-se-á o pagamento no domicílio do devedor, salvo se as partes convencionarem diversamente, ou se o contrário resultar da lei, da natureza da obrigação ou das circunstâncias, e, se designados dois ou mais lugares, cabe ao devedor escolher entre eles.
(E) Ao credor assistirá o direito de cobrar a dívida antes de vencido o prazo estipulado no contrato, no caso de falência do devedor, recuperação judicial ou estado notório de insolvência.

A: correta (arts. 304, parágrafo único e art. 305 *caput* CC); **B:** incorreta, pois o pagamento feito de boa-fé ao credor putativo é válido, *ainda* provado depois que não era credor (art. 309 CC); **C:** incorreta, pois é lícito convencionar o aumento progressivo de prestações sucessivas (art. 316 CC); **D:** incorreta, pois se designados dois ou mais lugares cabe ao credor escolher entre eles (art. 327 parágrafo único CC); **E:** incorreta, pois a lei não autoriza a cobrança da dívida antes do prazo no caso de recuperação judicial do devedor ou notória insolvência. Ela autoriza apenas no caso de falência e em outras hipóteses previstas no art. 333 CC. GR
Gabarito "A".

(Promotor de Justiça/PR – 2019 – MPE/PR) Sobre pagamento, assinale a alternativa **correta:**

(A) O terceiro não interessado que paga a dívida em seu próprio nome se sub-roga nos direitos do credor.
(B) O pagamento feito de boa-fé ao credor putativo é sempre inválido.
(C) A entrega do título ao devedor firma a presunção do pagamento.
(D) O credor é obrigado a receber prestação diversa da que lhe é devida, se ela for mais valiosa.
(E) É ilícito convencionar o aumento progressivo de prestações sucessivas.

A: incorreta, pois o terceiro não interessado, que paga a dívida em seu próprio nome, tem direito a reembolsar-se do que pagar; mas *não* se sub-roga nos direitos do credor (art. 305, *caput* CC); **B:** incorreta, pois pagamento feito de boa-fé ao credor putativo é *válido*, ainda provado depois que não era credor (art. 309 CC); **C:** correta (art. 324 CC); **D:** incorreta, pois o credor *não* é obrigado a receber prestação diversa da que lhe é devida, ainda que mais valiosa (art. 313 CC); **E:** incorreta, pois é *lícito* convencionar o aumento progressivo de prestações sucessivas (art. 316 CC). GR

Gabarito "C".

(Promotor de Justiça/SP – 2019 – MPE/SP) Gabriel Vieira, Paulo Martins, Carlos Andrade e Marcelo Pereira emprestaram de Jorge Manuel a quantia de R$ 400.000,00 (quatrocentos mil reais) para a compra de um carro esportivo. As partes estabeleceram que o referido valor seria dividido em quatro parcelas iguais e sucessivas bem como que todos os devedores ficariam obrigados pelo valor integral da dívida.

Diante dessa situação, assinale a alternativa correta.

(A) O pagamento parcial feito por Carlos e a remissão dele obtida pelo credor Jorge Manuel não aproveitam aos outros devedores, senão até a concorrência da quantia paga ou relevada.
(B) Se houver atraso injustificado no cumprimento da obrigação por culpa de Paulo, somente este responderá perante Jorge Manuel pelos juros da mora decorrentes do atraso.
(C) Se Gabriel falecer deixando herdeiros, o credor Jorge Manuel poderá cobrar de qualquer um dos herdeiros a integralidade da dívida.
(D) A propositura de ação pelo credor Jorge Manuel contra Paulo e Carlos importará na renúncia da solidariedade em relação a Gabriel e Marcelo.
(E) Sendo Paulo demandado judicialmente pelo total da dívida, pode ele opor ao credor Jorge Manuel as exceções que lhe forem pessoais, as comuns a todos, além das exceções pessoais dos demais codevedores, por se tratar de obrigação solidária.

A: correta (art. 277 CC); **B:** incorreta, pois todos os devedores respondem pelos juros da mora, ainda que a ação tenha sido proposta somente contra um; mas o culpado responde aos outros pela obrigação acrescida (art. 280 CC); **C:** incorreta, pois se um dos devedores solidários falecer deixando herdeiros, nenhum destes será obrigado a pagar senão a quota que corresponder ao seu quinhão hereditário, salvo se a obrigação for indivisível. No caso a obrigação é divisível, pois trata-se de empréstimo de dinheiro, então só pode cobrar a cota correspondente ao falecido (art. 276 CC); **D:** incorreta, pois não importará renúncia da solidariedade a propositura de ação pelo credor contra um ou alguns dos devedores (art. 275, parágrafo único CC); **E:** incorreta, pois o devedor demandado pode opor ao credor as exceções que lhe forem pessoais e as comuns a todos; não lhe aproveitando as exceções pessoais a outro codevedor (art. 281 CC). GR

Gabarito "A".

(Juiz de Direito – TJ/AL – 2019 – FCC) Por conta de mútuo oneroso, João devia a Teresa a importância de cem mil reais. No intuito de ajudar o amigo em dificuldade, Leopoldo assumiu para si a obrigação de João, para o que houve expressa anuência de Teresa. Nesse caso,

(A) João ficará exonerado da dívida, salvo se Leopoldo, ao tempo da assunção, fosse insolvente e Teresa ignorasse essa sua condição.
(B) Leopoldo poderá opor a Teresa as exceções pessoais que competiam a João.
(C) se a substituição do devedor vier a ser anulada, restaura-se o débito de João, sem nenhuma garantia, independentemente de quem a tenha prestado.
(D) preservam-se as garantias especiais originariamente dadas a Teresa por João, independentemente do assentimento dele.
(E) João responderá apenas pela metade da dívida, ainda que Leopoldo não cumpra a obrigação assumida perante Teresa.

A: correta, nos termos do art. 299, *caput* CC; **B:** incorreta, pois Leopoldo não poderá opor a Teresa as exceções pessoais que competiam a João (art. 302 CC); **C:** incorreta, pois se a substituição do devedor vier a ser anulada, restaura-se o débito, com todas as suas garantias, salvo as garantias prestadas por terceiros, exceto se este conhecia o vício que inquinava a obrigação (art. 301 CC); **D:** incorreta, pois salvo assentimento expresso de João, consideram-se extintas, a partir da assunção da dívida, as garantias especiais por ele originariamente dadas a Teresa (art. 300 CC); **E:** incorreta, pois estando em termos a assunção de dívida, João ficará completamente exonerado da dívida (art. 299 *caput* CC). GN

Gabarito "A".

(Juiz de Direito - TJ/RS - 2018 - VUNESP) André devia a quantia de R$ 50.000,00 (cinquenta mil reais) em dinheiro a Mateus. Maria era fiadora de André. Mateus aceitou receber em pagamento pela dívida um imóvel urbano de propriedade de André, avaliado em R$ 60.000,00 (sessenta mil reais) com área de 200 m² e deu regular quitação. Entretanto, o imóvel estava ocupado por Pedro, que o habitava há mais de cinco anos, nele estabelecendo sua moradia. Pedro ajuizou ação de usucapião para obter a declaração de propriedade do imóvel que foi julgada procedente. Na época em que se evenceu, o imóvel foi avaliado em R$ 65.000,00 (sessenta e cinco mil reais). A respeito dos efeitos da evicção sobre a obrigação originária, é possível afirmar que a obrigação originária

(A) foi extinta com a dação em pagamento. André será responsável perante Mateus pelo valor correspondente ao bem imóvel perdido, na época em que se evenceu. Maria está liberada da fiança anteriormente prestada.
(B) foi extinta com a dação em pagamento. André será responsável perante Mateus pelo valor correspondente ao bem imóvel perdido, na época em que houve a dação em pagamento. Maria está liberada da fiança anteriormente prestada.
(C) é restabelecida, mas não contará mais com a garantia pessoal prestada por Maria. Em razão da evicção, a

obrigação repristinada terá por objeto o valor equivalente ao bem na época em que se evenceu.

(D) é restabelecida, pelo seu valor original, em razão da evicção da coisa dada em pagamento, mas sem a garantia pessoal prestada por Maria, tendo em vista que o credor aceitou receber objeto diverso do constante na obrigação originária.

(E) é restabelecida, em razão da evicção da coisa dada em pagamento, inclusive com a garantia pessoal prestada por Maria. Contudo, em razão da evicção, a obrigação repristinada terá por objeto o valor equivalente ao bem na época em que se evenceu.

A questão envolve a extinção de uma obrigação pela dação em pagamento. Visando adimplir uma obrigação, o credor aceita coisa diversa da que foi combinada. No caso apresentado, contudo, a coisa dada em pagamento se perdeu pela evicção. Em termos simples, quem *deu em pagamento não tinha condições jurídicas para tanto*, pois o imóvel dado já pertencia a terceiro (no caso Pedro, que a adquiriu pela usucapião). Com isso, a obrigação original ressurge ficando sem efeito a quitação dada (CC, art. 359). Contudo, nesse caso, o fiador não "ressurge", ou seja, ele continuará desobrigado, por força do art. 838, III, do Código Civil. **GN**

Gabarito "D".

3.3. INADIMPLEMENTO DAS OBRIGAÇÕES

(Juiz de Direito – TJ/SC – 2024 – FGV) João era bilionário e tinha uma coleção de mais de cem carros potentes em sua garagem. Seu motorista, Pedro, secretamente, utilizava-os para participar de corridas organizadas pelo clube automobilístico local.

No dia 12/12/2020, Pedro se sagra vencedor do torneio anual, logrando um prêmio de R$ 150.000,00.

Em 13/12/2023, João descobre que seu carro havia sido subtraído para a participação em corridas, inclusive rendendo aquele substancial prêmio.

Nesse caso, João poderá pedir judicialmente:

(A) apenas os aluguéis devidos pela retirada dos veículos sem sua autorização, a título de lucros cessantes;

(B) apenas os aluguéis devidos pela retirada dos veículos sem sua autorização, a título de danos emergentes;

(C) os aluguéis devidos pela retirada dos veículos, a título de lucros cessantes, e a reversão do prêmio recebido por Pedro, pela teoria da perda de uma chance;

(D) os aluguéis devidos pela retirada dos veículos, a título de lucros cessantes, e a reversão do prêmio recebido por Pedro, para evitar o enriquecimento sem causa dele;

(E) apenas a restituição do prêmio recebido por Pedro, pela teoria da perda de uma chance.

A: incorreta, pois além de pagar os aluguéis, a título de lucros cessantes, também João poderá pedir judicialmente a reversão do prêmio, para evitar o enriquecimento sem causa (arts. 402 e 884 CC); **B:** incorreta, pois não se trata de danos emergentes. O conceito de dano emergente significa o prejuízo direto. No caso não houve um prejuízo, pois a questão não relata que houve dano no carro. Portanto, o que é devido são os aluguéis e a reversão do prêmio para evitar enriquecimento sem causa (arts. 402 e 884 CC); **C:** incorreta, pois os aluguéis não são devidos a título de lucros cessantes, uma vez que João não usava o carro para auferir renda (como no caso de um taxista, por exemplo). Os aluguéis são devidos, pois seu bem foi usado sem sua autorização (arts. 402 e 884 CC); **D:** correta (arts. 402, 884 e 944 CC); **E:** incorreta, pois são devidos aluguéis, uma vez que o bem foi usado sem autorização e o prêmio deverá ser revertido para evitar o enriquecimento sem causa (arts. 402 e 884 CC). **GR**

Gabarito "D".

(Juiz de Direito – TJ/SC – 2024 – FGV) Altair foi contratado como arquiteto para elaborar a planta de construção de uma casa pelo valor total de R$ 50.000,00. Pelo contrato, celebrado em 01/02/2023, ficou avençado que os clientes deveriam pagar os honorários do arquiteto até 01/06/2023. Tendo cumprido fielmente suas obrigações, Altair não recebeu o pagamento dos honorários. Enviou notificação extrajudicial em 15/07/2023, cobrando o pagamento, mas não recebeu qualquer resposta. Diante disso, ajuizou ação para execução de título extrajudicial em 01/09/2023, pretendendo o recebimento dos honorários devidos com os consectários da mora. A citação ocorreu em 30/09/2023.

Julgado procedente o pedido, o valor devido deve ser acrescido de:

(A) atualização monetária desde 01/06/2023 e juros desde 30/09/2023;

(B) atualização monetária desde 01/06/2023 e juros desde 01/06/2023;

(C) atualização monetária desde 01/02/2023 e juros desde 15/07/2023;

(D) atualização monetária desde 01/09/2023 e juros desde 01/06/2023;

(E) atualização monetária desde 01/09/2023 e juros desde 30/09/2023.

A alternativa correta é a letra B. Trata-se de relação jurídica de direito material de natureza contratual. Via de regra, os juros de mora, em relações contratuais, devem ser contados a partir da citação (art. 405 do CC). Contudo, conforme posicionamento do STJ "se a obrigação for positiva e líquida e com vencimento certo, devem os juros de mora fluir a partir da data do inadimplemento – a do respectivo vencimento –, nos termos em que definido na relação de direito material" (AgInt no AREsp 2275344 / SP, Rel. Ministro MARCO BUZZI, QUARTA TURMA, DJe 15/12/2023). A hipótese se aplica por completo ao caso em tela, já que há cláusula contratual expressa no sentido de que os honorários deveriam ter sido pagos em 01/06/2023. No que diz respeito à correção monetária, consoante Súmula 43 do STJ "incide correção monetária sobre dívida por ato ilícito a partir da data do efetivo prejuízo". No caso apresentado, a data do prejuízo consiste na data em que o valor foi inadimplido, sendo este o termo inicial para a incidência da correção monetária. É o que se colhe, também, da jurisprudência do STJ: "A jurisprudência desta Corte firmou-se no sentido de que, "nas obrigações positivas e líquidas, com vencimento certo, os juros de mora e a correção monetária fluem a partir da data do vencimento" (REsp 1651957/MG, Rel. Ministra Nancy Andrighi, Terceira Turma, julgado em 16/03/2017, DJe 30/03/2017). **GR**

Gabarito "B".

(ENAM – 2024.1) A ARKT S.A. celebrou contrato com a CLNG Ltda., com prazo de vigência de cinco anos, pelo qual a segunda prestaria serviços de limpeza e conservação do edifício em que funciona a sede da primeira. O contrato previa particularmente a obrigação de que as vidraças externas fossem limpas ao menos uma vez por semana e continha cláusula que previa a possibilidade de resolução em caso de descumprimento dessa obrigação. Ocorre que, no início do terceiro ano, a CLNG deixou de fazer a limpeza das vidraças por três semanas consecutivas, alegando que a sociedade que lhe aluga os andaimes necessários à atividade externa interrompeu os serviços, de modo que, enquanto não conseguisse outra fornecedora, estava impedida de cumprir com sua obrigação.

Diante do exposto, se a ARKT quiser pôr fim ao contrato,

(A) deverá ajuizar ação judicial de rescisão do contrato, para desconstituir o negócio jurídico firmado entre as partes, sem efeitos retroativos.

(B) não poderá fazê-lo, visto que a exigibilidade da obrigação de limpar as vidraças externas está suspensa por força maior, que causa impossibilidade temporária.

(C) bastará notificar extrajudicialmente a CLNG de sua decisão, fundada na cláusula resolutiva expressa do contrato que inclui o inadimplemento da obrigação de limpar as vidraças externas.

(D) deverá ajuizar ação judicial declaratória, que reconhecerá a extinção automática do negócio desde a primeira semana de não cumprimento, em razão da condição resolutiva expressa constante do contrato.

(E) não precisará adotar qualquer providência, pois o contrato foi extinto de pleno direito quando a CLNG descumpriu a obrigação de que as vidraças fossem limpas ao menos uma vez por semana, ante a previsão contratual nesse sentido.

A: incorreta, pois não há a necessidade de ajuizamento de ação judicial para a resolução do contrato, pois com descumprimento da obrigação ele já foi extinto de pleno direito (arts. 474 CC e 397 CC); **B:** incorreta, pois poderá colocar fim ao contrato. Neste passo, não pode ser alegada a força maior de uma terceira empresa que não tem conexão com o contrato entre ARKT S.A. e CLNG Ltda, uma vez que não há previsão contratual para isso. Logo, o contrato poderá ser extinto com base nos arts. 474 CC e 397 CC. **C:** correta: embora haja cláusula resolutiva expressa (art. 474, 1ª parte) que prevê a possibilidade de resolução do contrato em caso do descumprimento da obrigação (se opera de pleno direito, por força do próprio contrato, ou seja, não depende de manifestação (interpelação) judicial), ainda assim é necessário que o devedor seja construído em mora por meio de notificação judicial ou extrajudicial, uma vez que o contrato não tem termo certo (a obrigação era para ser cumprida uma vez por semana, sem dia exato). A mora é "ex persona", dependendo, portanto, de interpelação (aqui, no sentido de notificação extrajudicial ou judicial do devedor) para sua constituição, na forma do p. único, do art. 397, CC. Com a constituição em mora (pela notificação do devedor), tem-se operada a cláusula resolutiva de pleno direito, ou seja, dispensa-se o ajuizamento de ação (interpelação judicial) para a extinção do contrato, por decorrer da própria eficácia da cláusula contratual expressa. Se não houvesse cláusula resolutiva expressa, a extinção do contrato dependeria tanto da constituição em mora do devedor (pela notificação) quanto do ajuizamento de ação judicial (o que o Código Civil denominou de "interpelação judicial"); **D:** incorreta, pois de acordo com o artigo 474 do Código Civil, a resolução é automática, não depende de aprovação judicial; **E:** incorreta, pois será necessário a constituição em mora do devedor, uma vez que a obrigação não possuía termo (art. 397, parágrafo único CC). Gabarito "C".

(Procurador/PA – CESPE – 2022) Julgue os próximos itens, relativos à cláusula penal no direito civil.

I. Segundo a doutrina, a cláusula penal exerce a tríplice função de pena convencional, compensação ou prefixação de indenização, e reforço ou garantia da obrigação.

II. Conforme a jurisprudência atual do Superior Tribunal de Justiça, é facultado ao órgão julgador, de ofício, reduzir o valor da cláusula penal, caso evidenciado o seu manifesto excesso, inclusive em sede de cumprimento de sentença, desde que o título executivo não se tenha pronunciado sobre o tema.

III. Dada a função de pena convencional, é permitido que o valor da cláusula penal exceda o valor da obrigação principal, de modo a desestimular o inadimplemento.

IV. A cláusula penal tem natureza de pena civil, de caráter convencional ou legal, acessória e de eficácia incondicional.

Estão certos apenas os itens

(A) I e II.
(B) II e III.
(C) III e IV.
(D) I, II e IV.
(E) I, III e IV.

I: correta. Segundo doutrina de Christiano Cassetari, próxima à teoria eclética: "(...) *entende-se que a cláusula penal possui tríplice função, de reforço, de prefixação a forfait das perdas e danos e de pena*". (CASSETARI, Christiano. Multa contratual: teoria e prática da cláusula penal. São Paulo: RT, 2013.) e arts. 408 a 416 CC; **II:** correta. Segundo magistrada Nancy Andrighi, diferentemente do Código Civil de 1916 – que previa a redução da cláusula penal como faculdade do magistrado –, o Código de 2002 trata essa diminuição como norma de ordem pública, obrigatória: é dever do juiz e direito do devedor, com base nos princípios da boa-fé contratual e da função social do contrato. A aplicação do art. 413 CC é matéria de ordem pública (REsp 1898738); **III:** incorreta, pois o valor da cominação imposta na cláusula penal não pode exceder o da obrigação principal (art. 412 CC); **IV:** incorreta, pois a eficácia não é incondicional. É necessário que haja o descumprimento culposo da obrigação ou o devedor se constitua em mora (art. 408 CC). A alternativa correta é a letra A. Gabarito "A".

(Juiz de Direito – TJ/MS – 2020 – FCC) Quanto à mora e às perdas e danos, é correto afirmar:

(A) A mora do credor subtrai o devedor isento de dolo à responsabilidade pela conservação da coisa, obriga o credor a ressarcir as despesas empregadas em conservá-la e sujeita-o a recebê-la pela estimação mais favorável ao devedor, se o seu valor oscilar entre o dia estabelecido para o pagamento e o da sua efetivação.

(B) Havendo fato ou omissão imputável ao devedor, este não incorre em mora.

(C) Nas obrigações provenientes de ato ilícito, considera-se o devedor em mora a partir do ajuizamento da ação indenizatória correspondente.

(D) O devedor em mora responde pela impossibilidade da prestação, salvo, em qualquer caso, se essa impossibilidade resultar de caso fortuito ou força maior.

(E) Salvo se a inexecução resultar de dolo do devedor, as perdas e danos só incluem os prejuízos efetivos e os lucros cessantes por efeito dela direto e imediato, sem prejuízo do disposto na lei processual.

A: correta (art. 400 CC); **B:** incorreta, pois havendo fato ou omissão imputável ao devedor ele incorre em mora (art. 396 CC); **C:** incorreta, pois nas obrigações provenientes de ato ilícito, considera-se o devedor em mora, *desde que o praticou* (art. 398 CC); **D:** incorreta, pois o devedor em mora responde pela impossibilidade da prestação, *embora* essa impossibilidade resulte de caso fortuito ou de força maior, se estes ocorrerem durante o atraso. Apenas não responde se provar isenção de culpa, ou que o dano sobreviria ainda quando a obrigação fosse oportunamente desempenhada (art. 399 CC); **E:** incorreta, pois *ainda que* a inexecução resulte de dolo do devedor, as perdas e danos só incluem os prejuízos efetivos e os lucros cessantes por efeito dela direto e imediato, sem prejuízo do disposto na lei processual (art. 403 CC).

Gabarito "A".

(Procurador do Município – Valinhos/SP – 2019 – VUNESP) Não terá direito à repetição aquele que deu alguma coisa para obter fim ilícito, imoral, ou proibido por lei. Neste caso, o que se deu

(A) reverterá em favor de estabelecimento local de beneficência, a critério do juiz.

(B) terá que ser restituído com a atualização dos valores monetários a quem for devido.

(C) se a coisa não mais subsistir, se fará pelo valor do bem na época em que foi exigido a quem de direito.

(D) será restituído em dobro, com atualização monetária e juros de mora, se o caso.

(E) não caberá a ninguém a restituição por enriquecimento, se a lei permitir outro meio.

A: correta (art. 883, parágrafo único CC); **B:** incorreta, pois como o fim era ilícito, imoral, ou proibido por lei ele não tem o direito de ser restituído dos valores monetários, uma vez que o a coisa será destinada a local de beneficência (art. 883, parágrafo único CC). A hipótese de restituição com a atualização dos valores monetários a quem for devido aplica-se no caso de enriquecimento sem causa (art. 884, *caput* CC); **C:** incorreta, pois se a coisa não mais subsistir não há que se falar em restituição de nenhuma espécie, afinal, se a coisa existisse iria para associação local de beneficência, a critério do juiz (art. 883, parágrafo único CC). Logo, de qualquer forma, aquele que deu já não receberia nada. Essa hipótese da letra "c" se aplica apenas nos casos de enriquecimento sem causa (art. 884, parágrafo único CC); **D:** incorreta, pois a Lei não prevê restituição em dobro para esse caso. A restituição em dobro com atualização monetária,juros de mora e honorários de advogado, se aplica, por exemplo, no caso da parte que deu as arras e sofreu inexecução do contrato (art. 418 CC). ; **E:** incorreta, pois aquele que, sem justa causa, se enriquecer à custa de outrem, será obrigado a restituir o indevidamente auferido à pessoa lesada, feita a atualização dos valores monetários (art. 884, *caput* CC).

Gabarito "A".

(Juiz de Direito – TJ/SC – 2019 – CESPE/CEBRASPE) A multa estipulada em contrato que tenha por objeto evitar o inadimplemento da obrigação principal é denominada

(A) multa penitencial.

(B) cláusula penal.

(C) perdas e danos.

(D) arras penitenciais.

(E) multa pura e simples.

A: incorreta, pois a multa penitencial não tem relação com a inexecução do contrato. Consiste no preço definido pelas partes para o exercício do direito potestativo de arrependimento, cujo valor deve ser fixado pela liberdade contratual segundo a boa-fé objetiva e a função social do contrato. Esses limites da boa-fé objetiva e da função social do contrato são disciplinados de modo expresso no art. 473, parágrafo único, do CC, o qual versa sobre o direito de resilição unilateral decorrente de expressa ou implícita permissão legal, relacionado, via de regra, aos contratos de execução continuada firmados por tempo indeterminado; **B:** correta, pois a cláusula penal está diretamente ligada a inexecução do contrato e é aplicada desde que, culposamente, deixe de cumprir a obrigação ou se constitua em mora (art. 408 CC); **C:** incorreta, pois as perdas e danos têm caráter indenizatório e abrangem, além do que o credor efetivamente perdeu, o que razoavelmente deixou de lucrar (art. 402 CC); **D:** incorreta, pois as arras penitenciais possuem a finalidade de garantir o direito de arrependimento entre as partes, vedando indenização suplementar por perdas e danos aos contraentes. Têm condão puramente indenizatório (art. 420 CC); **E:** incorreta, pois a multa pura e simples não tem relação com inadimplemento contratual, sendo estipulada para casos de infração de certos deveres, como a imposta ao infrator de trânsito. Ex: art. 183 do Código de Trânsito Brasileiro: *Parar o veículo sobre a faixa de pedestres na mudança de sinal luminoso (Infração – média): Penalidade – multa.*

Gabarito "B".

(Procurador do Estado/SP - 2018 -VUNESP) Quanto à proteção aos direitos do consumidor em contratos bancários, assinale a alternativa correta.

(A) A estipulação de juros remuneratórios superiores a 12% ao ano, por si só, não indica exigência de vantagem econômica excessiva pela instituição financeira.

(B) Os juros moratórios nos contratos bancários não regulados por legislação especial poderão ser pactuados livremente pelas partes, não caracterizando exigência de vantagem econômica excessiva.

(C) Propositura de ação revisional de contrato bancário, a pretexto de conter cláusulas contratuais abusivas, suspende os efeitos da mora do devedor, por revelar exercício regular do direito básico do consumidor à facilitação da defesa dos seus direitos em juízo, inclusive com inversão do ônus da prova.

(D) Pode o magistrado, de ofício, reconhecer a nulidade de cláusulas contratuais abusivas inseridas em contrato de mútuo bancário submetido ao seu exame.

(E) Exigência de pagamento de comissão de permanência, calculada pela taxa média do mercado apurada pelo Banco Central do Brasil, limitada à taxa do contrato, caracteriza exigência de vantagem econômica excessiva.

A: correta, pois de acordo com o entendimento pacífico do Superior Tribunal de Justiça, segundo o qual: "*A estipulação de juros remuneratórios superiores a 12% ao ano por si só, não indica abusividade*" (Súmula 382 do STJ; tese julgada sob o rito do artigo 543-C do CPC — tema 25); **B:** incorreta, pois a Súmula 379 do STJ estabelece um limite para tais juros, ao preceituar que: "*Nos contratos bancários não regidos por legislação específica, os juros moratórios poderão ser convencionados até o limite de 1% ao mês*";**C:** incorreta, pois o STJ entende que: "*Não descaracteriza a mora o ajuizamento isolado de ação revisional, nem mesmo quando o reconhecimento de abusividade incidir sobre os encargos inerentes ao período de inadimplência contratual*" (REsp 1061530 / RS RECURSO ESPECIAL 2008/0119992-4); **D:** incorreta, pois contrária ao enunciado da Súmula 381 do STJ que dispõe: "*Nos contratos bancários, é vedado ao julgador conhecer, de ofício, da abusividade das cláusulas*";**E:** incorreta, pois o STJ entende que: "*É possível a cobrança de comissão de permanência durante o período de inadimplemento contratual, à taxa média dos juros de mercado, limitada ao percentual fixado no contrato (Súmula 294/STJ), desde que não cumulada com a correção monetária (Súmula 30/STJ), com os juros remuneratórios (Súmula 296/STJ) e moratórios e multa contratual*" (REsp n. 1.058.114/RS, recurso representativo de controvérsia, Relator p/ Acórdão Ministro João Otávio de Noronha, Segunda Seção, julgado em 12/8/2009, DJe 16/11/2010).

Gabarito "A".

4. CONTRATOS

4.1. CONCEITO, PRESSUPOSTOS, FORMAÇÃO E PRINCÍPIOS DOS CONTRATOS

(Juiz de Direito – TJ/SP – 2023 – VUNESP) Assinale a alternativa correta sobre os contratos bilaterais.

(A) As perdas e danos não dependem da imputabilidade da causa da resolução por inadimplemento.

(B) Se a prestação de uma das partes se tornar excessivamente onerosa, na hipótese de execução continuada ou diferida, com extrema vantagem para a outra, em razão de acontecimentos extraordinários e imprevisíveis, poderá o devedor pedir a resolução do contrato. A onerosidade excessiva, no Código Civil, enseja apenas a resolução, não se autorizando que se peça a revisão do contrato.

(C) Nenhum dos contratantes, antes de cumprida a sua obrigação, pode exigir o implemento da do outro. Não se admite, porém, que o devedor exerça a exceção de contrato não cumprido por antecipação, ou seja, antes do termo da prestação. Vale dizer, não existe, em hipótese alguma, exceção por antecipação.

(D) A parte lesada pelo inadimplemento pode pedir a resolução do contrato, se não preferir exigir-lhe o cumprimento, cabendo, em qualquer dos casos, indenização por perdas e danos. Apesar da literalidade do Código Civil de 2002, em harmonia com a função social do contrato e em atendimento ao princípio da boa-fé objetiva, a teoria do substancial adimplemento do contrato, quando aplicável, visa a impedir o uso potestativo do direito de resolução por parte do credor.

A: incorreta, de acordo com o enunciado 31 do CJF: As perdas e danos mencionados no art. 475 do novo Código Civil dependem da imputabilidade da causa da possível resolução; **B:** incorreta, pois embora o art. 478 CC preveja apenas a hipótese de resolução do contrato, o Enunciado 365 do CJF amplia a interpretação para a possibilidade de revisão: "A extrema vantagem do art. 478 deve ser interpretada como elemento acidental da alteração das circunstâncias, que comporta a incidência da resolução ou revisão do negócio por onerosidade excessiva, independentemente de sua demonstração plena". Neste sentido é também o artigo 479 CC; **C:** incorreta, pois é possível a exceção do contrato não cumprido por antecipação se sobrevier a uma das partes contratantes diminuição em seu patrimônio capaz de comprometer ou tornar duvidosa a prestação pela qual se obrigou (art. 477 CC); **D:** correta (art. 475 CC c/c Enunciado 361 CJF). **Gabarito "D".**

(Procurador do Município – Valinhos/SP – 2019 – VUNESP) Sobre as condições gerais dos contratos, indique a alternativa correta.

(A) Nos contratos de adesão, são anuláveis as cláusulas que estipulem a renúncia antecipada do aderente a direito resultante da natureza do negócio.

(B) O estipulante pode reservar-se o direito de substituir o terceiro designado no contrato, independentemente da sua anuência e da do outro contratante.

(C) O contrato preliminar, e também quanto à forma, não necessita conter todos os requisitos essenciais ao contrato a ser celebrado.

(D) As cláusulas resolutivas expressa e tácita operam de pleno direito, independentemente de interpelação judicial.

(E) Pode o adquirente demandar pela evicção, mesmo sabendo que a coisa era alheia ou litigiosa.

A: incorreta, pois nos contratos de adesão, são *nulas* as cláusulas que estipulem a renúncia antecipada do aderente a direito resultante da natureza do negócio (art. 424 CC); **B:** correta (art. 438, *caput* CC); **C:** incorreta, pois o contrato preliminar, *exceto* quanto à forma, deve conter todos os requisitos essenciais ao contrato a ser celebrado (art. 462 CC); **D:** incorreta, pois a cláusula resolutiva expressa opera de pleno direito; a tácita depende de interpelação judicial (art. 474 CC); **E:** incorreta, pois não pode o adquirente demandar pela evicção, se sabia que a coisa era alheia ou litigiosa (art. 457 CC). **Gabarito "B".**

(Juiz de Direito - TJ/RS - 2018 - VUNESP) Sobre os vícios redibitórios, assinale a alternativa correta.

(A) O adquirente que já estava na posse do bem decai do direito de obter a redibição ou abatimento no preço no prazo de trinta dias se a coisa for móvel, e de um ano se for imóvel.

(B) No caso de bens móveis, quando o vício, por sua natureza, só puder ser conhecido mais tarde, se ele aparecer em até 180 dias, terá o comprador mais 30 dias para requerer a redibição ou abatimento no preço.

(C) Somente existe o direito de obter a redibição se a coisa foi adquirida em razão de contrato comutativo, não se aplicando aos casos em que a aquisição decorreu de doação, mesmo onerosa.

(D) O prazo para postular a redibição ou abatimento no preço, quando o vício, por sua natureza, só puder ser conhecido mais tarde, somente começa a correr a partir do aparecimento do vício, o que pode ocorrer a qualquer tempo.

(E) No caso de bens imóveis, quando o vício, por sua natureza, só puder ser conhecido mais tarde, o prazo é de um ano para que o vício apareça, tendo o comprador, a partir disso, mais 180 dias para postular a redibição ou abatimento no preço.

A: incorreta, pois – quando o adquirente já está na posse do bem – o prazo mencionado na assertiva é reduzido à metade (CC, art. 445) e conta-se a partir da alienação. Vale adicionar que a hipótese é de *traditio brevi manus*, que se verifica quando a pessoa possuía em nome alheio e passa então a possuir em nome próprio (comodatário comprou o bem, por exemplo); **B:** correta, pois de pleno acordo com o disposto no art. 445, § 1º, do Código Civil; **C:** incorreta, pois as regras dos vícios redibitórios aplicam-se também às doações onerosas (CC, art. 441, parágrafo único); **D e E:** incorretas, pois – para os casos de vício que só se pode conhecer mais tarde – "*o prazo contar-se-á do momento em que dele tiver ciência, até o prazo máximo de cento e oitenta dias, em se tratando de bens móveis; e de um ano, para os imóveis*" (CC, art. 445, § 1º). **Gabarito "B".**

4.2. CLASSIFICAÇÃO DOS CONTRATOS

(Procurador Federal – AGU – 2023 – CEBRASPE) Consoante a jurisprudência do STJ acerca do direito das obrigações, no que se refere aos atos unilaterais, caracteriza enriquecimento sem causa

(A) a exploração ilícita de parte do patrimônio público imaterial.
(B) a estipulação contratual de multa cominatória com valor elevado.
(C) a rescisão de promessa de compra e venda por iniciativa do promitente-comprador no caso de terreno não edificado.
(D) a existência de causas jurídicas distintas para a resolução contratual e para a indenização por lucros cessantes.
(E) o aumento, determinado pelo juiz, da multa coercitiva destinada ao cumprimento de decisão judicial.

A: correta, conforme jurisprudência do Superior Tribunal de Justiça que fixou o seguinte entendimento: "[...] 3. Nos termos do art. 884 do Código Civil, caracteriza enriquecimento sem causa ocupar, usar, fruir ou explorar ilicitamente a totalidade ou parte do patrimônio público, material e imaterial. À luz do princípio da indisponibilidade do interesse público, eventual omissão do Estado no exercício do seu poder de polícia – ao deixar de fiscalizar e adotar medidas cabíveis para se opor ou reagir à apropriação irregular de bem público – não transforma o errado em certo, irrelevante ademais que a injuricidade ocorra às vistas do Administrador ou com a sua inércia, convivência ou mesmo (inconcebível) aceitação tácita. Tolerância administrativa não converte em boa-fé aquilo que a lei qualifica como má-fé, pois admitir-se o contrário seria o mesmo que reconhecer a servidores públicos a possibilidade de, por meio de um simples fechar de olhos, rasgarem a norma e a vontade do legislador. 4. Recurso Especial provido. (REsp n. 1.986.143/DF, relator Ministro Herman Benjamin, Segunda Turma, julgado em 6/12/2022, DJe de 19/12/2022.); **B**, **C**, **D**, **E**: todas estão incorretas, com fundamento da alternativa A. GR

Gabarito "A".

4.3. VÍCIOS REDIBITÓRIOS

(Procurador Município – Teresina/PI – FCC – 2022) Pedro Paulo adquire um Fiat Uno usado, ano 2015, com 60 mil quilômetros rodados, fundindo o motor 120 dias depois da tradição do bem, sem que houvesse qualquer indício prévio de que isso iria acontecer. O alienante, João Dirceu, conhecia o mau estado do motor, o que omitiu por ocasião da venda. Nessas circunstâncias, prevê o Código Civil:

(A) Pode-se pedir ou a redibição do contrato ou perdas e danos, pois não ocorreu a decadência, mas a cumulação dos pedidos é incompatível juridicamente.
(B) É possível pedir a redibição ou o abatimento no preço do veículo, correspondente ao valor do conserto do motor, sem prejuízo de eventuais perdas e danos, pela omissão dolosa, pois, por sua natureza, o vício só poderia ter sido conhecido mais tarde e, nessa hipótese, o prazo de decadência é de 180 dias para percebimento do vício, mais 30 dias para ajuizamento da ação a partir da verificação.
(C) Não é possível qualquer pedido, redibitório, indenizatório ou de abatimento de preço por se tratar de bem usado, em relação ao qual o prazo máximo de garantia é o de noventa dias da tradição, já transcorrido.
(D) Não é possível pedir seja a redibição, seja o abatimento do preço, pois o prazo decadencial é o de 30 dias para bens móveis, contado da entrega efetiva do veículo, já transcorrido de há muito.
(E) Não é possível pedir a redibição, pela ocorrência da decadência no prazo de 30 dias, contado da tradição, mas sim o abatimento ou perdas e danos, porque nesse caso o prazo é prescricional de cinco anos, por defeito do produto.

A: incorreta, pois Pedro pode pedir a redibição do contrato ou o abatimento do preço (art. 442 CC). Se ele pedir a redibição é possível cumular com perdas e danos, pois o alienante sabia do vício no momento da venda (art. 443 CC); **B**: correta (arts. 442, 443 e art. 445, § 1º CC); **C**: incorreta, pois é perfeitamente possível o pedido redibitório, indenizatório ou de abatimento do preço (art. 442 CC), ainda que se trate de bem usado. O prazo máximo de garantia neste caso é de cento e oitenta dias, pois o vício só poderia ter sido conhecido mais tarde (art. 445, §1º CC); **D**: incorreta, pois quando o vício, por sua natureza, só puder ser conhecido mais tarde, o prazo contar-se-á do momento em que dele tiver ciência, até o prazo máximo de cento e oitenta dias, em se tratando de bens móveis (art. 445, § 1º CC); **E**: incorreta, pois cabe a Pedro escolher se deseja a redibição, perdas e danos ou abatimento do preço (art. 442 e 443 CC), pois ainda está no prazo legal de 180 dias (art. 445, §1º CC). GR

Gabarito "B".

(Juiz de Direito/AP – 2022 – FGV) Renato, professor universitário, adquiriu um automóvel usado de seu vizinho, Adalberto, corretor de imóveis. Este lhe concedeu dois meses de garantia, iniciada a partir da entrega do bem. Entretanto, três dias depois de expirada a garantia, o veículo pifou na estrada, exigindo de Renato gastos com reboque e conserto.

Diante disso, é correto afirmar que:

(A) Renato nada mais pode pretender em face de Adalberto, pois, tendo em vista a natureza da relação, a garantia contratual afasta a garantia legal;
(B) para pretender a resolução do contrato ou o abatimento do preço, Renato deve provar que o defeito era preexistente ao término do prazo de garantia;
(C) ante a possibilidade de conserto do bem, não pode Renato resolver o contrato por falta do requisito da gravidade do vício, mas pode pleitear abatimento no preço pago;
(D) Renato somente pode pretender indenização dos gastos com reboque e conserto se comprovar que Adalberto agiu de má-fé, pois já sabia do defeito do veículo;
(E) Renato pode optar entre a substituição por outro automóvel, a restituição do preço pago, atualizado monetariamente, ou seu abatimento proporcional.

Comentário: **A**: incorreta, pois se Renato conseguir provar que o carro trazia vício oculto na data anterior a compra, poderá enjeitar a coisa ou pedir abatimento do preço (art. 441 e 442 CC). Ademais, a garantia contratual não afasta a legal, pois elas são complementares (por analogia art. 50 CDC); **B**: incorreta, pois para pretender a resolução do contrato ou o abatimento do preço Renato deverá provar que o vício era preexistente à compra, afinal ele tem que provar o fato constitutivo de seu direito (art. 373, I NCPC) e eliminar a possibilidade de que o vício tenha nascido em momento posterior. Se ficar comprovado que o vício era preexistente à compra e se Renato provar que Adalberto tinha conhecimento dele, este último deverá restituir o que recebeu com perdas e danos; se não ficar provado que Adalberto sabia deverá restituir tão somente o valor recebido, mais as despesas do contrato (art. 443 CC); **C**: incorreta, pois cabe a Renato escolher se quer resolver o contrato ou pedir abatimento do preço (art. 441 e 442). Não é porque a coisa tem conserto que necessariamente o adquirente tem que optar por consertá-la. A lei lhe faculta o direito de resolver o contrato. **D**: correta, pois esse gasto com reboque e conserto configura perdas e danos e Adalberto apenas terá de pagar se ficar comprovada sua má-fé (art. 443 CC); **E:** incorreta, pois a lei não prevê a substituição por outro automóvel. O que ela prevê é que a coisa pode ser enjeitada, portanto haverá a resolução do contrato ou poderá haver abatimento do preço (art. 441 e 442 CC). **Gabarito "D".**

(Juiz de Direito – TJ/AL – 2019 – FCC) Renato emprestou seu automóvel a Paulo. Quinze dias depois, ainda na posse do veículo, Paulo o comprou de Renato, que realizou a venda sem revelar que o automóvel possuía grave defeito mecânico, vício oculto que só foi constatado por Paulo na própria data da alienação. Nesse caso, de acordo com o Código Civil, Paulo tem direito de obter a redibição do contrato de compra e venda, que se sujeita a prazo

(A) prescricional, de trinta dias, contado da data em que recebeu o automóvel.

(B) prescricional, de quinze dias, contado da data da alienação.

(C) decadencial, de trinta dias, contado da data em que recebeu o automóvel.

(D) decadencial, de quinze dias, contado da data da alienação.

(E) decadencial, de noventa dias, contado da data em que recebeu o automóvel.

A: incorreta, pois trata-se de prazo decadencial de 15 dias contados da data da alienação, uma vez que Paulo já estava na posse do bem (art. 445, *caput* CC); **B:** incorreta, pois trata-se de prazo decadencial (art. 445, *caput* CC); **C:** incorreta, pois o prazo é pela metade, uma vez que Paulo já estava na posse do bem. O prazo passará a contar da data da alienação (art. 445, *caput* CC); **D:** correta, nos termos do art. art. 445, *caput* CC; **E:** incorreta, pois não há que se falar em prazo de 90 dias. O prazo é de 15 dias a contar da data da alienação (art. 445, *caput* CC). **Gabarito "D".**

4.4. COMPRA E VENDA E TROCA

(Juiz de Direito – TJ/SP – 2023 – VUNESP) Assinale a alternativa correta sobre os contratos de com- pra e venda.

(A) Da mesma forma que o Código Civil de 1916, o Código Civil de 2002 considera nula a venda de ascendente a descendente, salvo se os outros descendentes e o cônjuge do alienante expressamente houverem consentido. Em ambos os casos, dispensa-se o consentimento do cônjuge se o regime de bens for o da separação obrigatória.

(B) Sob pena de anulação, não podem ser comprados, ainda que em hasta pública, pelos juízes, secretários de tribunais, arbitradores, peritos e outros serventuários ou auxiliares da justiça, os bens ou direitos que estejam sob a sua esfera administrativa imediata.

(C) Anula-se a venda de ascendente a descendente, salvo se os outros descendentes e o cônjuge do alienante expressamente consentirem. Engloba-se nessa regra qualquer relação na linha reta. A anuência de netos e bisnetos será exigível apenas quando tiverem interesse sucessório direto. Desse modo, os netos devem consentir com a venda de um imóvel pelo avô ao seu tio se o pai já faleceu. Se os filhos estiverem vivos, os netos não serão chamados.

(D) As despesas de escritura e registro ficarão sempre a cargo do comprador; e a cargo do vendedor, as da tradição.

A: incorreta, neste caso a compra e venda é anulável, e não nula (art. 496 CC); **B:** incorreta, pois essa compra e venda é nula, e não anulável (art. 497, III CC); **C:** correta (art. 496 CC); **D:** incorreta, pois essa regra admite convenção diversa entre as partes (art. 490 CC). Portanto a palavra "sempre" está inadequada nesse contexto. **Gabarito "C".**

(Procurador Município – Santos/SP – VUNESP – 2021) Considerando as disposições do Código Civil acerca do contrato de compra e venda, é correto afirmar:

(A) No caso de venda *ad corpus*, havendo diferença de área superior a 5%, o comprador pode exigir a complementação da área e, não sendo possível, a resolução do contrato ou o abatimento do preço.

(B) No caso de venda *ad mensuram*, havendo diferença de área superior a 5%, o comprador pode exigir a complementação da área e, não sendo possível, a resolução do contrato ou o abatimento do preço.

(C) No caso de venda por amostra, havendo divergência entre a amostra e a descrição contida no contrato, tem-se como válida a entrega da coisa conforme descrita no contrato.

(D) No caso de venda a contento, o negócio só se aperfeiçoa com a entrega integral da coisa pelo vendedor ao comprador.

(E) No caso da venda com reserva de domínio, a coisa é entregue desde logo ao comprador, mas o vendedor se reserva o direito de propriedade, correndo por sua conta o risco de perecimento da coisa.

A: incorreta, pois essa regra se aplica no caso de venda *ad mensuram* (art. 500, *caput* e § 1º CC); **B:** correta (art. 500, *caput* CC); **C:** incorreta, pois prevalece a amostra, o protótipo ou o modelo, se houver contradição ou diferença com a maneira pela qual se descreveu a coisa no contrato (art. 484, parágrafo único CC); **D:** incorreta, pois a venda apenas se reputará perfeita quando o adquirente manifestar seu agrado (art. 509 CC). Não basta a entrega integral; **E:** incorreta, pois neste caso o risco de perecimento da coisa recai sobre o comprador (art. 524 CC). **Gabarito "B".**

(Juiz de Direito – TJ/MS – 2020 – FCC) A compra e venda

(A) transfere o domínio da coisa pelo só fato da celebração do contrato.

(B) pode ter por objeto coisa atual ou futura; neste caso, ficará sem efeito o contrato se esta não vier a existir, salvo se a intenção das partes era a de concluir contrato aleatório.

(C) deve ter a fixação do preço efetuada somente pelas partes, vedada a fixação por terceiros por sua potestividade.

(D) não pode ter o preço fixado por taxa de mercado ou de bolsa, por sua aleatoriedade e incerteza.

(E) é defesa entre cônjuges, em relação a bens excluídos da comunhão.

A: incorreta, pois a compra e venda é um contrato onde uma das partes *apenas se obriga a transferir* o domínio e a outra a pagar o preço (art. 481 CC). O domínio propriamente só é transferido no caso de bens imóveis pelo registro no cartório de registro de imóveis e no caso de bens móveis pela tradição; **B:** correta (art. 483 CC); **C:** incorreta, pois a fixação do preço pode ser deixada ao arbítrio de terceiro, que os contratantes logo designarem ou prometerem designar (art. 485, 1ª parte CC); **D:** incorreta, pois as partes poderão deixar a fixação do preço à taxa de mercado ou de bolsa, em certo e determinado dia e lugar (art. 486 CC); **F:** incorreta, pois é lícita a compra e venda entre cônjuges, com relação a bens excluídos da comunhão (art. 499 CC). Gabarito "B".

O pacto de retrovenda é uma das modalidades de compra e venda mercantis previstas no Código Civil e tem como principal característica a reserva ao vendedor do direito de, em determinado prazo, recobrar o imóvel que tenha vendido.

(Juiz de Direito - TJ/BA - 2019 - CESPE/CEBRASPE) A respeito dessa modalidade contratual, a legislação vigente dispõe que

(A) não existe a possibilidade de cessão do direito de retrovenda.
(B) a cláusula somente será válida, sendo dois ou mais os beneficiários da retrovenda, se todos exercerem conjuntamente o pedido de retrato.
(C) somente as benfeitorias necessárias serão restituídas, além do valor integral recebido pela venda.
(D) o vendedor, em caso de recusa do comprador em receber a quantia a que faz jus, depositará o valor judicialmente para exercer o direito de resgate.
(E) o prazo máximo para o exercício do direito da retrovenda é de cinco anos.

A: incorreta, pois o direito de retrovenda é cessível e transmissível a herdeiros e legatários (art. 507 CC); **B:** incorreta, pois é possível que só um exerça o direito de retrato. Neste caso poderá o comprador intimar as outras partes para entrarem num acordo, prevalecendo o pacto em favor de quem haja efetuado o depósito, contanto que seja integral (art. 508 CC); **C:** incorreta, pois também serão restituídas as despesas que se efetuarem com autorização escrita do vendedor (art. 505 CC); **D:** correta, nos termos do art. 506 *caput* CC; **E:** incorreta, pois o prazo máximo é de 3 anos (art. 505 CC). Gabarito "D".

4.5. DOAÇÃO

(Procurador – AL/PR – 2024 – FGV) Rodrigo doou a seu neto Carlos um de seus imóveis, mas, como estratégia de planejamento patrimonial, por ser Carlos, casado, estipulou cláusulas de reversão, uma em benefício próprio, e outra em benefício de sua neta, Vitória. Ocorre que Rodrigo faleceu poucos dias antes de Carlos.

Nesse caso, é correto afirmar que

(A) é válida a cláusula estipulada em favor de Vitória na doação de Rodrigo a Carlos, razão pela qual o imóvel doado passa a Vitória.
(B) a viúva de Carlos tem prazo decadencial para pleitear a anulação da cláusula de reversão em favor de Vitória na doação de Rodrigo a Carlos.
(C) é válida a cláusula de reversão em favor de Rodrigo estipulada na doação dele a Carlos, mas nula a cláusula estipulada em favor de Vitória.
(D) são nulas ambas as cláusulas de reversão estipuladas na doação de Rodrigo a Carlos.
(E) a viúva de Carlos tem prazo prescricional para pleitear a anulação da cláusula de reversão em favor de Vitória na doação de Rodrigo a Carlos.

A: incorreta, pois não prevalece cláusula de reversão em favor de terceiro (art. 547, parágrafo único CC). Logo, o imóvel doado não passará a Vitória; **B:** incorreta, pois a cláusula é nula e não anulável (art. 547, parágrafo único CC). Daí não há que se falar em prazo decadencial para anulação; **C:** correta (art. 547 CC); **D:** incorreta, pois é válida a cláusula de reversão em favor de Rodrigo estipulada na doação dele a Carlos, pois o doador pode estipular que os bens doados voltem ao seu patrimônio, se sobreviver ao donatário (art. 547 *caput* CC). É nula, porém a cláusula de reversão em favor de Vitória, pois não prevalece cláusula de reversão em favor de terceiro (art. 547, parágrafo único CC); **E:** incorreta, pois a cláusula é nula e não anulável. Então não há que se falar em prazo prescricional para anulação (art. 547, parágrafo único CC). Gabarito "C".

(Juiz de Direito – TJ/SC – 2024 – FGV) Adamastor, que não teve filhos, sempre teve um carinho especial por seu afilhado Euclides. Por isso, quando este completou 18 anos, doou a ele um automóvel. Após a doação, veio a saber que quem vinha divulgando nas redes sociais graves acusações quanto à lisura e honestidade de Lucrécia, sua companheira, era o próprio Euclides. Diante das ofensas à mulher com quem mantinha união estável há muitos anos, Adamastor pretende a revogação da doação por ingratidão de Euclides.

Sobre o caso, é correto afirmar que:

(A) o prazo de um ano para pretender a revogação da doação por ingratidão conta-se da data em que Adamastor veio a ter conhecimento da autoria das ofensas, mesmo ele já sabendo da existência delas antes disso;
(B) se Adamastor vier a falecer, seus herdeiros poderão pretender a revogação da doação por ingratidão de Euclides, se o fizerem dentro do prazo legal, que não se interrompe pela morte do doador;
(C) a revogação da doação por ingratidão não é possível nesse caso, pois o rol de hipóteses que a ensejam é reputado taxativo e não inclui injúria grave à companheira, somente ao cônjuge;
(D) Adamastor pode realizar a revogação por notificação extrajudicial, cumprindo recorrer ao Judiciário somente se Euclides se recusar a devolver o bem e, nesse caso, a decisão será meramente declaratória da revogação;
(E) os efeitos da revogação retroagirão à data em que foi realizada a doação, cabendo a Euclides devolver eventuais frutos percebidos e, em caso de deterioração ou perda do bem, indenizar o doador pelo seu atual valor de mercado.

A: correta, pois a lei permite a revogação da doação por ingratidão do donatário caso este tenha injuriado ou caluniado gravemente o cônjuge do doador (arts. 557 e 558 CC). A revogação deverá ser pleiteada dentro de um ano, a contar de quando chegue ao conhecimento do doador o fato que a autorizar, e de ter sido o donatário o seu auto (art. 559 CC); **B:** incorreta, pois o direito de revogar a doação não se transmite aos herdeiros do doador, nem prejudica os do donatário. Mas aqueles podem prosseguir na ação iniciada pelo doador, continuando-a contra os herdeiros do donatário, se este falecer depois de ajuizada a lide (art. 560 CC). Os herdeiros apenas podem pretender a revogação do caso de homicídio doloso do doador, desde que o doador não tenha

perdoado o donatário (art. 561 CC); **C:** incorreta, pois embora o art. 558 CC apenas mencione a palavra cônjuge, atualmente já é pacificado no ordenamento que os direitos do cônjuge casado se estendem à companheira; **D:** incorreta, pois a revogação deve ser pleiteada judicialmente no prazo de um ano a contar do conhecimento da autoria e do fato que justifique a revogação (art. 559 CC); **E:** incorreta, pois a revogação por ingratidão não prejudica os direitos adquiridos por terceiros, nem obriga o donatário a restituir os frutos percebidos antes da citação válida; mas sujeita-o a pagar os posteriores, e, quando não possa restituir em espécie as coisas doadas, a indenizá-la pelo meio termo do seu valor (art. 563 CC).
Gabarito "A".

(Juiz Federal – TRF/1 – 2023 – FGV) Quanto ao contrato de doação, segundo as diretivas do Código Civil, é correto afirmar que:

(A) a doação de descendente a ascendente, ou de um cônjuge a outro, importa adiantamento do que lhes cabe por herança;

(B) a doação de bens móveis, a depender do valor, pode ser verbal, caso acompanhada da tradição;

(C) a cláusula de reversão não é personalíssima em favor do doador;

(D) a doação feita àquele não nascido é possível, desde que aceita pelo representante legal. Caso o nascituro não chegue a adquirir personalidade, será considerada nula;

(E) o doador, como qualquer contratante, está sujeito às consequências da evicção, mas não se sujeita às consequências do vício redibitório.

A: incorreta, pois a doação de ascendentes a descendentes, ou de um cônjuge a outro, importa adiantamento do que lhes cabe por herança (art. 544 CC); **B:** correta (art. 541, parágrafo único CC); **C:** incorreta, pois a cláusula de reversão é personalíssima em favor do doador (art. 547, parágrafo único CC); **D:** incorreta, pois, se o indivíduo não chegar a adquirir personalidade, a doação se considera inexistente. É importante ressaltar que de acordo com o art. 542 CC, a doação feita ao nascituro valerá, sendo aceita pelo seu representante legal. Porém, esse direito de receber doação é considerado uma expectativa, necessitando do nascimento com vida para ser concretizado; **E:** incorreta, pois o doador não está sujeito às consequências da evicção ou do vício redibitório (art. 552, 1ª parte CC).
Gabarito "B".

(Promotor de Justiça/PR – 2019 – MPE/PR) Assinale a alternativa *incorreta*:

(A) A doação de um cônjuge a outro importa adiantamento do que lhe cabe por herança.

(B) O doador pode estipular que os bens doados voltem ao seu patrimônio, se sobreviver ao donatário.

(C) É anulável a doação de todos os bens sem reserva de parte, ou renda suficiente para a subsistência do doador.

(D) É nula é a doação quanto à parte que exceder à de que o doador, no momento da liberalidade, poderia dispor em testamento.

(E) A doação em comum a mais de uma pessoa entende-se distribuída entre elas por igual, salvo declaração em contrário.

A: a alternativa está certa, não devendo ser assinalada (art. 544 CC); **B:** a alternativa está certa, não devendo ser assinalada (art. 547, *caput* CC); **C:** a alternativa está errada, devendo ser assinalada, pois é *nula* a doação de todos os bens sem reserva de parte, ou renda suficiente para a subsistência do doador (art. 548 CC); **D:** a alternativa está certa, não devendo ser assinalada (art. 549 CC); **E:** a alternativa está certa, não devendo ser assinalada (art. 551, *caput* CC).
Gabarito "C".

(Juiz de Direito – TJ/SC – 2019 – CESPE/CEBRASPE) A doação de determinado bem a mais de uma pessoa é denominada

(A) contemplativa.

(B) mista.

(C) conjuntiva.

(D) divisível.

(E) híbrida.

A: incorreta, pois a doação contemplativa é aquela que é feita levando em consideração o merecimento do donatário. Também é chamada de meritória (art. 540, 1ª parte CC); **B:** incorreta, pois a doação mista é aquela em que se procura beneficiar por meio de um contrato de caráter oneroso. Decorre da inserção de liberalidade em alguma modalidade diversa de contrato. Embora haja a intenção de doar, há também um preço, um valor fixado, que caracteriza a venda (art. 540, 2ª parte CC); **C:** correta (art. 551 CC); **D:** incorreta, pois por tratar-se de um bem único a mais de uma pessoa entende-se que o bem não pode ser dividido . Na verdade, quanto a doação, entende-se distribuída entre os donatários por igual (art. 551, parte final CC); **E:** incorreta, pois a doação híbrida trata-se de uma doação mista (*negotium mixtum cum donatione*) com matiz de contrato oneroso. Ex: um sujeito paga, livremente, 500 reais por um bem que vale apenas 100 (art. 540, 2ª parte CC).
Gabarito "C".

4.6. MÚTUO, COMODATO E DEPÓSITO

(Procurador Município – Teresina/PI – FCC – 2022) O comodato

(A) só pode ser exercido por um comodatário por vez, não sendo possível o comodato por duas ou mais pessoas simultaneamente, dado seu caráter de empréstimo gratuito.

(B) necessita sempre ter prazo convencional; não o tendo, o uso ou gozo da coisa emprestada poderá ser suspenso de imediato pelo comodante.

(C) pressupõe que o comodatário, se constituído em mora, além de por ela responder, pague, até restituir a coisa emprestada, o aluguel da coisa que for arbitrado pelo comodante.

(D) é o empréstimo gratuito de coisas fungíveis, perfazendo-se com a tradição do objeto.

(E) implica a possibilidade de o comodatário recobrar do comodante as despesas feitas com o uso e gozo da coisa emprestada.

A: incorreta, pois é possível que duas ou mais pessoas seja comodatárias simultaneamente (art. 585 CC). **B:** incorreta, pois não necessita sempre ter prazo convencional. E caso não tenha presumir-se-lhe-á o necessário para o uso concedido. Ademais, não podendo o comodante, salvo necessidade imprevista e urgente, reconhecida pelo juiz, suspender o uso e gozo da coisa emprestada, antes de findo o prazo convencional, ou o que se determine pelo uso outorgado (art. 581 CC); **C:** correta (art. 582 CC); **D:** incorreta, pois comodato é o empréstimo gratuito de coisas não fungíveis (art. 579 CC); **E:** incorreta, pois o comodatário não poderá jamais recobrar do comodante as despesas feitas com o uso e gozo da coisa emprestada (art. 584 CC).
Gabarito "C".

4.7. LOCAÇÃO

(Juiz de Direito – TJ/SP – 2023 – VUNESP) João alugou ao amigo Marcelo o imóvel residencial situado no Município de Santos, no Estado de São Paulo. O contrato escrito foi firmado em 8 de janeiro de 2019, com prazo de duração de 24 (vinte e quatro) meses. Ao término do prazo, o contrato foi prorrogado por tempo indeterminado, mantidas as mesmas condições e cláusulas do contrato findo. Após 4 (quatro) anos da celebração da locação, não havendo mais interesse na manutenção do contrato, sem qualquer motivo específico, João telefonou para o locatário Marcelo. O locatário, informalmente, deixou claro que não iria desocupar o imóvel, pois não estava com tempo para fazer sua mudança. Diante da recusa verbal do locatário, o que deverá fazer João para compelir Marcelo a desocupar o imóvel?

(A) Denunciar a locação somente depois de 5 (cinco) anos da celebração do contrato. Após, caso o imóvel não seja desocupado, deverá ingressar com ação de despejo (denúncia vazia).

(B) Denunciar a locação, encaminhando notificação com concessão de prazo de 30 (trinta) dias para a desocupação do imóvel. Após, caso o imóvel não seja desocupado, deverá ingressar com ação de despejo (denúncia vazia).

(C) Denunciar a locação, encaminhando notificação para desocupação imediata do imóvel. Não havendo desocupação, deverá ingressar com ação de despejo (denúncia vazia).

(D) Considerar denunciada a locação em razão do contato telefônico e, imediatamente, ingressar com ação de despejo.

A: correta (art. 47, V da Lei 8.245/91). Nestes termos a Lei prevê que quando ajustada verbalmente ou por escrito e como prazo inferior a trinta meses, findo o prazo estabelecido, a locação prorroga – se automaticamente, por prazo indeterminado, somente podendo ser retomado o imóvel nos casos especificados em Lei, sendo que um deles é a vigência ininterrupta da locação ultrapassar cinco anos. Segundo o STJ, o termo inicial de contagem do prazo para a denúncia vazia, nas hipóteses de que trata o inciso V do artigo 47 da Lei de Locações (Lei 8.245/1991), coincide com a formação do vínculo contratual (REsp 1511978); **B: incorreta**, pois a locação apenas pode ser denunciada após 5 anos de vigência ininterrupta do contrato (art. 47, V da Lei 8,245/91); **C: incorreta**, pois o prazo para denúncia vazia apenas ocorrerá após 5 anos de contrato ininterrupto (art. 47, V da Lei 8.245/91). Os contratos firmados com prazo inferior a 30 meses, só podem ser desfeitos por denúncia cheia, nos casos previstos nos incisos do art. 47 da Lei de Locações. No caso, João não deu nenhum motivo específico para o término; **D: incorreta**, pois não é possível considerar denunciada a locação, pois não se preencheram os requisitos nem para denúncia cheia (art. 47, I, II, III, IV da Lei 8.245/91) nem para denúncia vazia (art. 47, V da Lei 8,245/91). Gabarito "A".

(Juiz de Direito/AP – 2022 – FGV) Marcelo firmou com Reinaldo contrato de locação de imóvel urbano para fins residenciais pelo prazo de dois anos.

Na condição de locador, Marcelo poderá reaver o imóvel antes do término do prazo:

(A) se o pedir para uso próprio, de seu cônjuge ou companheiro, ou para uso residencial de ascendente ou descendente que não disponha, assim como seu cônjuge ou companheiro, de imóvel residencial próprio;

(B) em decorrência de extinção do contrato de trabalho, se a ocupação do imóvel pelo locatário estava relacionada com o seu emprego;

(C) se for pedido para demolição e edificação licenciada ou para a realização de obras aprovadas pelo poder público, que aumentem a área construída em, no mínimo, 20%;

(D) por mútuo acordo, em decorrência da prática de infração legal ou contratual, ou ainda em decorrência da falta de pagamento do aluguel e demais encargos;

(E) para a realização de reparações urgentes determinadas pelo poder público, ainda que possam ser executadas com a permanência do locatário no imóvel.

Comentário: **A: incorreta**, pois esta possibilidade apenas seria possível se os dois anos de prazo contratual fixado já tivessem se findado (art. 47, III da Lei 8.245/91), pois aí o contrato se prorrogaria por prazo indeterminado; **B: incorreta**, pela mesma razão da alternativa A, porém com fundamento legal no art. 47, II da Lei 8.245/91; **C: incorreta**, pela mesma razão da alternativa A, porém com fundamento legal no art. 47, IV da Lei 8.245/91; **D: correta** (art. 9º, I, II e III da Lei 8.245/91); **E: incorreta**, pois se as reparações puderem ser executadas com a permanência do locatário no imóvel e ele não se opor a isso, o locador não pode tirá-lo (art. 9º, IV da Lei 8.245/91). Gabarito "D".

(Juiz de Direito – TJ/AL – 2019 – FCC) Em contrato de locação não residencial de imóvel urbano, no qual nada foi disposto acerca das benfeitorias,

(A) as benfeitorias necessárias e úteis introduzidas pelo locatário, ainda que não autorizadas pelo locador, serão indenizáveis.

(B) as benfeitorias introduzidas pelo locatário, sejam elas necessárias, úteis ou voluptuárias, ainda que autorizadas pelo locador, serão indenizáveis até o limite máximo de três alugueres.

(C) as benfeitorias voluptuárias só serão indenizáveis se não puderem ser levantadas pelo locatário, finda a locação, sem afetar a estrutura e substância do imóvel.

(D) as benfeitorias úteis introduzidas pelo locatário, desde que autorizadas pelo locador, serão indenizáveis e também permitem o exercício do direito de retenção.

(E) as benfeitorias necessárias introduzidas pelo locatário, se não autorizadas pelo locador, serão indenizáveis, mas não permitem o exercício do direito de retenção.

A: incorreta, pois as benfeitorias úteis apenas serão indenizáveis se forem autorizadas pelo locador (art. 35 da Lei 8.245/91); **B: incorreta**, pois as benfeitorias necessárias serão indenizáveis, ainda que não autorizadas pelo locador e a lei não estipula limite de valor. As benfeitorias úteis apenas serão indenizáveis com autorização do locador e as benfeitorias voluptuárias não são indenizáveis (art. 35 e 36 da Lei 8.245/91); **C: incorreta**, pois as benfeitorias voluptuárias não serão indenizáveis. O que a lei faculta é a sua retirada pelo locatário desde que não afete a estrutura e a substância do imóvel. Mas se afetar, o locatário não poderá retirá-las (art. 36 da Lei 8.245/91); **D: correta**, nos termos do art. 35 da Lei 8.245/91. O direito de retenção é permitido como uma forma de compensação, caso não haja o ressarcimento; **E: incorreta**, pois o não ressarcimento do valor das benfeitorias necessárias também permite o exercício do direito de retenção pelo locatário (art. 35 da Lei 8.245/91). Gabarito "D".

(Procurador do Estado/SP - 2018 - VUNESP) O Estado de São Paulo celebrou contrato de locação de bem imóvel de propriedade de Marcos, casado sob o regime da comunhão universal de bens com Luiza, pelo prazo de 5 anos e com o escopo de ali instalar uma unidade policial. O contrato contém cláusula de vigência e foi averbado junto à matrícula do imóvel. A minuta do contrato indica como locador apenas Marcos, com menção ao fato de ser casado com Luiza, que não subscreveu o instrumento e vem a falecer doze meses após sua celebração, deixando dois filhos maiores e capazes. Nesse caso,

(A) por serem adquirentes *causa mortis*, os herdeiros de Luiza poderão denunciar o contrato no prazo de 90 dias, contados da abertura da sucessão.

(B) tratando-se de negócio jurídico que recai sobre patrimônio do casal, o prosseguimento válido da locação dependerá da inserção, via aditamento contratual, dos herdeiros de Luiza como locadores.

(C) o contrato deve ser declarado nulo por falta de legitimação originária, pois tratando-se de ato de alienação do uso e gozo de bem de propriedade do casal, imprescindível era a prévia autorização de Luiza.

(D) o contrato é válido, mas dependerá da ratificação expressa dos herdeiros de Luiza para conservar sua eficácia.

(E) é desnecessário, sob o prisma da validade, o aditamento do contrato para inserção dos herdeiros de Luiza como locadores.

A questão envolve dois conceitos do contrato de locação de imóvel urbano. O primeiro refere-se à necessidade de vênia conjugal. O art. 3º da Lei 8.245/1991 estabelece que: "*O contrato de locação pode ser ajustado por qualquer prazo, dependendo de vênia conjugal, se igual ou superior a dez anos*". Ausente a vênia conjugal, "*o cônjuge não estará obrigado a observar o prazo excedente*". Assim, em sua origem, o contrato de locação é válido. Ademais, não há necessidade de aditamento do contrato para inserir os herdeiros de Luiz como locadores. O referido bem será inventariado normalmente e – após a atribuição da meação para cada cônjuge – os direitos hereditários serão transferidos e assegurados. O art. 10 da Lei 8.245/91 ainda salienta que: "*Morrendo o locador, a locação transmite-se aos herdeiros*". Gabarito "E".

4.8. SEGURO

(Juiz de Direito – TJ/SP – 2023 – VUNESP) Sobre o contrato de seguro, segundo a jurisprudência dominante e atual do Superior Tribunal de Justiça, é correto afirmar:

(A) a embriaguez do segurado exime a seguradora do pagamento da indenização prevista em contrato de seguro, inclusive em se tratando de seguro de vida.

(B) a seguradora, não havendo prova da premeditação da morte, está obrigada a indenizar o suicídio mesmo antes dos 2 (dois) anos do contrato.

(C) a cobertura, no seguro de vida, deve abranger os casos de sinistros ou acidentes decorrentes de atos praticados pelo segurado em estado de insanidade mental, de alcoolismo ou sob efeito de substâncias tóxicas, salvo em se tratando de suicídio ocorrido dentro dos 2 (dois) primeiros anos do contrato.

(D) a correção monetária sobre a indenização securitária, nos contratos regidos pelo Código Civil, incide a partir do sinistro até o efetivo pagamento.

A: incorreta, pois a Súmula 620 do STJ prevê que: "A embriaguez do segurado não exime a seguradora do pagamento da indenização prevista em contrato de seguro de vida". Nestes termos junta-se o seguinte julgado: RECURSO ESPECIAL. SEGURO DE VIDA ACIDENTE DE TRÂNSITO. MORTE DO CONDUTOR SEGURADO. EMBRIAGUEZ. NEGATIVA DE COBERTURA PELA SEGURADORA. ALEGAÇÃO DE AGRAVAMENTO DE RISCO. INGESTÃO DE BEBIDA ALCOÓLICA. SÚMULA 620/STJ. CONFIRMAÇÃO. NEGADO PROVIMENTO AO RECURSO ESPECIAL. 1. A jurisprudência desta Corte e a do egrégio Supremo Tribunal Federal, firmada ainda sob a vigência do Código Civil de 1916 e mantida sob a vigência do novo Código Civil, é consolidada no sentido de que o seguro de vida cobre até mesmo os casos de suicídio, desde que não tenha havido premeditação (Súmulas 61/STJ e 105/STF). 2. Já em consonância com o novo Código Civil, a Segunda Seção desta Corte consolidou seu entendimento para preconizar que "o legislador estabeleceu critério objetivo para regular a matéria, tornando irrelevante a discussão a respeito da premeditação da morte" e que a seguradora não está obrigada a indenizar apenas o suicídio ocorrido dentro dos dois primeiros anos do contrato" (AgRg nos EDcl nos EREsp 1.076.942/PR, Segunda Seção, Rel. p/ acórdão Ministro JOÃO OTÁVIO DE NORONHA). 3. Na mesma esteira, a jurisprudência da eg. Segunda Seção, inclusive arrimada em significativo precedente da eg. Terceira Turma (REsp 1.665.701/RS, Rel. Ministro RICARDO VILLAS BÔAS CUEVA), assentou que, "com mais razão, a cobertura do contrato de seguro de vida deve abranger os casos de sinistros ou acidentes decorrentes de atos praticados pelo segurado em estado de insanidade mental, e alcoolismo ou sob efeito de substâncias tóxicas, ressalvado o suicídio ocorrido dentro dos dois primeiros anos do contrato" (EREsp 973.725/SP, Relator Ministro LÁZARO GUIMARÃES). 4. Em função do julgamento dos EREsp 973.725/SP, a eg. Segunda Seção editou a Súmula 620/STJ com a seguinte redação: "A embriaguez do segurado não exime a seguradora do pagamento da indenização prevista em contrato de seguro de vida." 5. Recurso especial desprovido; **B:** incorreta, nos termos do julgado colacionado na alternativa "A" e Súmula 610 do STJ que prevê que: "O suicídio não é coberto nos dois primeiros anos de vigência do contrato de seguro de vida, ressalvado o direito do beneficiário à devolução do montante da reserva técnica formada"; **C:** correta (vide julgado da alternativa "A" e Súmulas 620 e 610 do STJ); **D:** incorreta, pois de acordo com a Súmula 632 do STJ: "Nos contratos de seguro regidos pelo Código Civil, a correção monetária sobre a indenização securitária incide a partir da contratação até o efetivo pagamento". Gabarito "C".

(Juiz de Direito – TJ/DFT – 2023 – CEBRASPE) De acordo com o disposto no Código Civil e o entendimento jurisprudencial do STJ acerca dos contratos de seguro, assinale a opção correta.

(A) No seguro de vida, é permitida a exclusão de cobertura na hipótese de sinistros ou acidentes decorrentes de atos praticados pelo segurado em estado de insanidade mental ou sob efeito de bebida alcoólica ou substâncias tóxicas.

(B) Em regra, a embriaguez do segurado não pode eximir a seguradora do pagamento da indenização prevista em contrato de seguro de vida.

(C) Como a legislação estabelece critério objetivo para regular os seguros de vida, o segurador está obrigado ao pagamento de indenização em caso de suicídio do segurado dentro dos dois primeiros anos do contrato.

(D) No seguro de vida ou de acidentes pessoais para o caso de morte, o capital estipulado é considerado herança para todos os efeitos de direito e está sujeito às dívidas do segurado.

(E) Na falta de indicação do beneficiário do seguro de vida, ou, se por qualquer motivo, não prevalecer a indicação feita, metade do capital segurado será pago ao cônjuge sobrevivente, e o restante, às pessoas que provarem que a morte do segurado os privou dos meios necessários à subsistência.

A: incorreta, pois no seguro de vida é vedada a exclusão de cobertura na hipótese de sinistros ou acidentes decorrentes de atos praticados pelo segurado em estado de insanidade mental, de alcoolismo ou sob efeito de substâncias tóxicas" (REsp 1665701/RS, julgado em 09/05/2017, DJe 31/05/2017); **B:** correta, de acordo com a Súmula 620/STJ: "A embriaguez do segurado não exime a seguradora do pagamento da indenização prevista em contrato de seguro de vida"; **C:** incorreta, pois o legislador estabeleceu critério objetivo para regular a matéria, tornando irrelevante a discussão a respeito da premeditação da morte e que, assim, a seguradora não está obrigada a indenizar apenas o suicídio ocorrido dentro dos dois primeiros anos do contrato (AgRg nos EDcl nos EREsp 1.076.942/PR); **D:** incorreta, pois no seguro de vida ou de acidentes pessoais para o caso de morte, o capital estipulado não está sujeito às dívidas do segurado, nem se considera herança para todos os efeitos de direito (art. 794 CC); **E:** incorreta, pois na falta de indicação da pessoa ou beneficiário, ou se por qualquer motivo não prevalecer a que for feita, o capital segurado será pago por metade ao cônjuge não separado judicialmente, e o restante aos herdeiros do segurado, obedecida a ordem da vocação hereditária (art. 792 CC). GR

Gabarito "B".

(Juiz de Direito/AP – 2022 – FGV) Sobre o contrato de seguro de vida, a jurisprudência do Superior Tribunal de Justiça permite afirmar que:

(A) a constituição em mora, de que trata o Art. 763 do Código Civil, exige prévia interpelação e, portanto, a mora no contrato de seguro de vida é *ex persona*;

(B) o pagamento de indenização prevista em contrato de seguro de vida é dispensado no caso de embriaguez do segurado;

(C) os contratos de seguro de vida cobrem a hipótese de suicídio desde o início da contratação;

(D) o atraso no pagamento do prêmio pelo segurado, independentemente da sua constituição em mora pela seguradora, implica a suspensão automática do contrato de seguro de vida;

(E) nos contratos de seguro regidos pelo Código Civil, a correção monetária sobre indenização securitária incide desde a ocorrência do sinistro até o efetivo pagamento.

Comentário: **A:** correta, nos termos no Enunciado 376 CJF "Para efeito de aplicação do art. 763 do Código Civil, a resolução do contrato depende de prévia interpelação" e Súmula 616 STJ que prevê: "A indenização securitária é devida quando ausente a comunicação prévia do segurado acerca do atraso no pagamento do prêmio, por constituir requisito essencial para a suspensão ou resolução do contrato de seguro." Logo, a mora é ex persona, pois exige a caracterização formal de sua ocorrência. Assim, tem o segurado de ser notificado pelo segurador, sob pena de não se configurar o estado de inadimplemento; **B:** incorreta, prevê a Súmula 620 do STJ: "A embriaguez do segurado não exime a seguradora do pagamento da indenização prevista em contrato de seguro de vida"; **C:** incorreta, pois a Súmula 61 do STJ que previa que "O seguro de vida cobre o suicídio não premeditado" foi cancelada em sessão ordinária de 25 de abril de 2018 (Diário de Justiça Eletrônico Edição nº 2427 - Brasília, Disponibilização: Sexta-feira, 04 de Maio de 2018 Publicação: Segunda-feira, 07 de Maio de 2018). Em seu lugar temos a Súmula 610: "O suicídio não é coberto nos dois primeiros anos de vigência do contrato de seguro de vida, ressalvado o direito do beneficiário à devolução do montante da reserva técnica formada"; **D:** incorreta, pois não obstante a previsão do art. 763 CC, não há suspensão automática do contrato de seguro de vida em decorrência do inadimplemento do segurado nos termos da Súmula 616 STJ e Enunciado 376 CJF. Neste sentido colaciona-se o seguinte julgado: Civil e processual. Seguro. Automóvel. Atraso no pagamento de prestação. Ausência de prévia constituição em mora. Impossibilidade de automático cancelamento da avença pela seguradora. Dissídio jurisprudencial configurado. Cobertura devida. I. O mero atraso no pagamento de prestação do prêmio do seguro não importa em desfazimento automático do contrato, para o que se exige, ao menos, a prévia constituição em mora do contratante pela seguradora, mediante interpelação. II. Recurso *especial conhecido e provido (STJ, 2ª. S. RESP 316.552, Rel Min. Aldir Passarinho Junior, julg. 09.10.2002, publ. 12.04.2004);* E: incorreta, nos termos da Súmula 632 STJ *"Nos contratos de seguro regidos pelo Código Civil, a correção monetária sobre indenização securitária incide a partir da contratação até o efetivo pagamento".* GR

Gabarito "A".

(Advogado – Pref. São Roque/SP – 2020 – VUNESP) Considerando o entendimento da Jurisprudência sumulada do Superior Tribunal de Justiça sobre o contrato de seguro, pode-se corretamente afirmar:

(A) A embriaguez do segurado exime a seguradora do pagamento da indenização prevista em contrato de seguro de vida.

(B) O suicídio não é coberto nos dois primeiros anos de vigência do contrato de seguro de vida, não havendo o direito do beneficiário à devolução do montante da reserva técnica formada.

(C) Ressalvada a hipótese de efetivo agravamento do risco, a seguradora não se exime do dever de indenizar em razão da transferência do veículo sem a sua prévia comunicação.

(D) No seguro de responsabilidade civil facultativo, cabe o ajuizamento de ação pelo terceiro prejudicado direta e exclusivamente em face da seguradora do apontado causador do dano.

(E) Nas ações de indenização decorrente de seguro DPVAT, a ciência inequívoca do caráter permanente da invalidez, para fins de contagem do prazo prescricional, depende de laudo médico, mesmo nos casos em que o conhecimento anterior resulte comprovado na fase de instrução.

A: incorreta, pois a embriaguez do segurado *não* exime a seguradora do pagamento da indenização prevista em contrato de seguro de vida (Súmula 620 STJ); **B:** incorreta, pois o suicídio não é coberto nos dois primeiros anos de vigência do contrato de seguro de vida, *ressalvado* o direito do beneficiário à devolução do montante da reserva técnica formada (Súmula 610 STJ); **C:** correta (Súmula 465 STJ); **D:** incorreta, pois no seguro de responsabilidade civil facultativo, *não* cabe o ajuizamento de ação pelo terceiro prejudicado direta e exclusivamente em face da seguradora do apontado causador do dano (Súmula 529 STJ); **E:** incorreta, pois nas ações de indenização decorrente de seguro DPVAT, a ciência inequívoca do caráter permanente da invalidez, para fins de contagem do prazo prescricional, depende de laudo médico, *exceto* nos casos de invalidez permanente notória ou naqueles em que o conhecimento anterior resulte comprovado na fase de instrução (Súmula 573 STJ). GR

Gabarito "C".

4.9. FIANÇA

(Advogado – Pref. São Roque/SP – 2020 –VUNESP) Judas alugou uma casa de Pedro. José, casado sob o regime da comunhão universal de bens, foi o fiador do contrato de locação, sem a participação de sua esposa. Em razão de ter sido despedido de seu emprego, Judas deixou de pagar o aluguel. Após 12 meses sem pagamento, Judas e Pedro assinaram um aditamento do contrato, sem a participação de José, por meio do qual foram os valores em atraso perdoados e o aluguel aumentado em 50%. Judas continuou a não pagar o aluguel, e Pedro ajuizou uma ação de despejo contra Judas, cumulada com cobrança dos valores devidos. A ação foi julgada procedente e foi iniciado o cumprimento de sentença contra Judas e contra José, tendo sido penhorada a única casa deste, onde residia com sua família.

Pode-se corretamente afirmar que

(A) a fiança prestada sem autorização de um dos cônjuges implica a ineficácia total da garantia, mesmo no regime da comunhão universal de bens.
(B) o fiador que não integrou a relação processual na ação de despejo responde pela execução do julgado, visto que sua responsabilidade decorre do contrato.
(C) o fiador, na locação, responde por obrigações resultantes de aditamento ao qual não anuiu, visto que o dever de pagar decorre do contrato aditado.
(D) a interrupção da prescrição para a cobrança dos aluguéis e acessórios atinge o fiador, que não participou da ação de despejo.
(E) não é válida a penhora de bem de família pertencente a fiador de contrato de locação.

A: correta, pois para que a fiança tenha efeito no caso do regime da comunhão universal de bens é indispensável a anuência do cônjuge (art. 1.647, III CC); **B:** incorreta, pois o fiador que não integrou a relação processual na ação de despejo por falta de pagamento não responde pela execução do julgado (Súmula 268 STJ); **C:** incorreta, pois o fiador na locação não responde por obrigações resultantes de aditamento ao qual não anuiu (Súmula 214 STJ); **D:** incorreta, pois se o fiador não participou da ação de despejo, a interrupção da prescrição para a cobrança dos aluguéis e acessórios não o atinge (edição 104 da Jurisprudência em Teses do STJ); **E:** incorreta, pois é válida a penhora de bem de família pertencente a fiador de contrato de locação (Súmula 549 STJ). GR

Gabarito "A".

4.10. OUTROS CONTRATOS E TEMAS COMBINADOS

(Procurador – AL/PR – 2024 – FGV) A sociedade empresária Kitchara, especializada na produção de itens para casa, celebrou com a varejista Casa Bela, contrato pelo qual a Kitchara disponibilizou um conjunto de itens de sua nova coleção para a Casa Bela. Foi acertado que após três meses, a Casa Bela poderia vender os itens para terceiros pelo preço que entendesse aplicável e que findo o prazo, deveria pagar a Kitchara o valor estabelecido no contrato entre elas celebrado ou devolver as mercadorias em perfeito estado.

Na vigência do contrato, após a entrega dos itens pela Kitchara à Casa Bela, o depósito de propriedade da Casa Bela, no qual os bens haviam sido guardados, é destruído por um incêndio provocado por um curto-circuito na via pública e que alcançou o depósito. Diante do fato, da Casa Bela notifica Kitchara, informando o ocorrido, bem como que não poderia efetuar o pagamento e nem devolver as mercadorias.

Diante da situação hipotética, assinale a análise coerente com o Código Civil.

(A) Kitchara nada poderá exigir de Casa Bela, pois as mercadorias se perderam sem culpa da devedora, resolvendo a obrigação para ambas as partes.
(B) Pelo contrato celebrado entre as partes, estimatório, os riscos da perda ou deterioração da coisa, são do consignatário, razão pela qual a Casa Bela deverá pagar a integralidade do valor previsto no contrato.
(C) No caso, aplica-se a regra *res perit domino*, razão pela qual, inexistindo culpa da Casa Bela, a Kitchara suportará a perda das mercadorias, mas terá direito a receber os valores proporcionais aos itens que já haviam sido comercializados.
(D) Pelo contrato de agência celebrado, Casa Bela só seria obrigada a pagar o valor integral das mercadorias se restasse demonstrada a sua culpa pela perda da coisa.
(E) No contrato celebrado entre as partes, a propriedade das mercadorias foi transferida para a Casa Bela que suportará a perda dos itens e deverá o pagar integral para Kitchara.

A: incorreta, pois ainda que as mercadorias tenham se perdido sem culpa da devedora, Kitchara poderá exigir reparação de Casa Bela, pois a responsabilidade pela perda da coisa ainda existe neste caso para o consignatário (art. 535 CC); **B:** correta (art. 535 CC); **C:** incorreta, pois neste caso não se aplica a regra do *res perit domino*, pois há previsão legal expressa diferente: o consignatário não se exonera da obrigação de pagar o preço, se a restituição da coisa, em sua integridade, se tornar impossível, ainda que por fato a ele não imputável (art. 535 CC); **D:** incorreta, pois não se trata de contrato de agência (art. 710 a 721 CC), mas sim contrato estimatório (art. 534 a 537 CC). Por ser contrato estimatório, Casa Bela é responsável pela perda da coisa mesmo que não reste demonstrada sua culpa; **E:** incorreta, pois a propriedade não foi transferida para Casa Bela. No contrato estimatório ocorre apenas a entrega da coisa do consignante para o consignatário para que este possa vendê-la em determinado prazo (art. 534 CC). Tanto é verdade que não ocorre transferência da propriedade, que essas coisas em poder do consignatário não podem ser objeto de penhora ou sequestro pelos credores do consignatário, enquanto não pago integralmente o preço (art. 536 CC), afinal, as coisas não são suas. GR

Gabarito "B".

(Juiz de Direito – TJ/SC – 2024 – FGV) Flávio contrata os serviços de Reinaldo, que atuava informalmente como corretor de imóveis, para vender um terreno que tinha em frente à praia. Reinaldo consegue achar um interessado para permutar o terreno por dois outros menores no interior do Estado de Santa Catarina, o que é aceito por Flávio. Logo depois de lavrada a escritura pública para conclusão do negócio, mas antes de seu registro, sobrevém a notícia de evicção de um dos imóveis que seriam negociados.

Nesse caso, à luz do Código Civil, a comissão de Reinaldo:

(A) será devida integralmente;
(B) não será devida, porque ele não tem inscrição no Conselho Profissional;

(C) deverá ser arbitrada judicialmente em valor inferior ao que receberia profissional inscrito no Conselho Profissional;

(D) não será devida, porque a conclusão do negócio e a obtenção do resultado útil foram inviabilizados pela evicção de um dos imóveis;

(E) não será devida, porque o resultado útil não foi obtido, considerando que Reinaldo não conseguiu achar interessado no negócio proposto por Flávio (compra e venda), mas apenas em uma permuta.

A: correta, pois a remuneração é devida ao corretor uma vez que tenha conseguido o resultado previsto no contrato de mediação, ou ainda que este não se efetive em virtude de arrependimento das partes (art. 725 CC). Trata-se de obrigação de resultado, em que o dever o corretor é o de aproximar e viabilizar o negócio entre o comitente e o terceiro; B: incorreta, pois a Lei não exige inscrição no Conselho Profissional para que haja direito a remuneração (arts. 724 e 725 CC); C: incorreta, pois a remuneração se não estiver fixada em lei, nem ajustada entre as partes, será arbitrada segundo a natureza do negócio e os usos locais (art. 724 CC); D: resposta questionável. O examinador deu como incorreta, seguindo a lógica de que a alternativa A é a correta. Porém, há posicionamento jurisprudencial que serviria de base para justificar essa alternativa D como correta (e a alternativa A como errada). O STJ entende que se houver justificava idônea para a não realização do negócio, a comissão de corretagem não é devida. Neste sentido: "Nos termos do que preceituam os arts. 722 e 725 do Código Civil, pode-se afirmar que a atuação do corretor, por constituir obrigação de resultado, limita-se à aproximação das partes e à consecução do negócio almejado entre o comitente e o terceiro, que com ele contrata, sendo que o arrependimento posterior de uma das partes, por motivo alheio ao contrato de corretagem, embora acarrete o desfazimento da avença, não é hábil a influir no direito à remuneração resultante da intermediação. 3. Entretanto, quando a desistência do acordo é motivada, isto é, quando há justificativa idônea para o desfazimento do negócio de compra e venda de imóvel, revela-se indevida a comissão de corretagem. 4. Na hipótese, conquanto o contrato de promessa de compra e venda tenha sido assinado pelas partes, **o resultado útil da mediação não se concretizou, na medida em que a escritura de compra e venda não chegou a ser lavrada, em decorrência de gravame judicial averbado na matrícula do imóvel, razão pela qual não há que se falar em pagamento da comissão de corretagem no caso em apreço.** 5. Recurso especial provido". (REsp n. 1.786.726/TO, relator Ministro Marco Aurélio Bellizze, Terceira Turma, julgado em 9/2/2021, DJe de 17/2/2021.). No caso em tela a Escritura foi lavrada, porém não foi registrado, porém de qualquer forma o negócio inicialmente idealizado não se concretizou; E: incorreta, pois ainda que inicialmente Reinaldo tenha sido procurado para ajudar a vender o terreno, o fato de havido uma permuta não faz diferença. O corretor fez a aproximação entre o comitente a o terceiro, tendo o negócio se realizado (art. 723 caput CC). **Gabarito "A".**

(Juiz de Direito – TJ/SP – 2023 – VUNESP) Basílio emprestou R$ 30.000,00 para Marcela. Exigiu garantia fidejussória. O contrato foi assinado por Marcela e pelo fiador Joaquim. Marcela não pagou a dívida. Basílio ingressou com ação em face da devedora principal e do fiador. Considerando que Joaquim, no momento da contratação, omitiu que era casado com Maria, assinale a alternativa correta sobre o contrato de fiança, segundo a jurisprudência dominante e atual do Superior Tribunal de Justiça.

(A) A fiança sem autorização do companheiro em união estável implica a ineficácia parcial da garantia. Não há, nesse caso, diferença de tratamento entre casamento e união estável.

(B) A responsabilidade do fiador pode exceder a dívida principal atribuída ao afiançado e ser contraída em condições mais onerosas. E, não sendo limitada, compreenderá todos os acessórios da dívida principal, inclusive as despesas judiciais, desde a citação do devedor.

(C) O fiador pode exonerar-se da fiança que tiver assinado sem limitação de tempo, sempre que lhe convier, ficando obrigado por todos os efeitos da sentença, durante 60 (sessenta) dias após a notificação do credor. Assim, dispensa-se o processo judicial, exigindo-se apenas a notificação. Essa regra do Código Civil se aplica igualmente às locações residenciais e não residenciais de imóveis urbanos, inclusive no que tange ao prazo para a exoneração da fiança.

(D) A fiança prestada sem autorização de um dos cônjuges implica a ineficácia total da garantia, salvo se o fiador emitir declaração falsa para ocultar seu estado civil de casado.

A: incorreta, pois em se tratando de união estável não se exige o consentimento do companheiro para a prática dos atos previstos no art. 1.647 do CC. O STJ considera que a fiança prestada sem autorização do companheiro é válida porque é impossível ao credor saber se o fiador vive ou não em união estável com alguém. Como para a caracterização da união estável não se exige um ato formal, solene e público, como no casamento, fica difícil ao credor se proteger de eventuais prejuízos porque ele nunca terá plena certeza se o fiador possui ou não um companheiro (Resp 1299894/DF); B: incorreta, pois quando a fiança exceder o valor da dívida, ou for mais onerosa que ela, não valerá senão até ao limite da obrigação afiançada (art. 823 CC); C: incorreta, pois fiador poderá exonerar-se da fiança que tiver assinado sem limitação de tempo, sempre que lhe convier, ficando obrigado por todos os efeitos da *fiança (e não da sentença)*, durante sessenta dias após a notificação do credor (art. 835 CC). Ademais, referente às locações residenciais e não residenciais de imóveis urbanos, de acordo com o art. 12, § 2º da Lei 8.245/9, o fiador poderá exonerar-se das suas responsabilidades no prazo de 30 (trinta) dias contado do recebimento da comunicação oferecida pelo sub-rogado, ficando responsável pelos efeitos da fiança durante 120 (cento e vinte) dias após a notificação ao locador; D: correta, nos termos da Súmula 332 do STJ: "A fiança prestada sem autorização de um dos cônjuges implica a ineficácia total da garantia". **Gabarito "D".**

(Juiz Federal – TRF/1 – 2023 – FGV) Como garantia do financiamento de uma motocicleta, Márcio realizou seu arrendamento mercantil ao Banco Dinheiro na Mão S/A. O contrato previa a obrigação de o arrendatário assegurar o bem.

Ocorre que Márcio foi assaltado um mês depois, justamente quando se dirigia à seguradora Viúva Alegre S/A para, somente então, contratar o seguro.

Nesse caso, é correto afirmar que:

(A) Márcio continua obrigado ao pagamento das prestações do financiamento e também do valor residual garantido (VRG), diante da mora em contratar o seguro;

(B) constatada a perda do bem por força maior/caso fortuito, aplica-se a regra de *res perit domino*, segundo a qual o proprietário deve suportar a perda da coisa (no caso, a instituição financeira), de modo que Márcio fica exonerado tanto das prestações quanto do valor residual garantido (VRG);

(C) constatada a perda do bem por força maior/caso fortuito, aplica-se a regra de *res perit domino*, segundo a qual o proprietário deve suportar a perda da coisa (no caso, a instituição financeira), de modo que Márcio fica exonerado apenas do valor residual garantido (VRG), mas não das prestações do financiamento;

(D) constatada a perda do bem por força maior/caso fortuito, aplica-se a regra de *res perit domino*, segundo a qual o proprietário deve suportar a perda da coisa (no caso, a instituição financeira), de modo que Márcio fica exonerado apenas das prestações do financiamento, mas não do valor residual garantido (VRG);

(E) constatada a perda do bem por força maior/caso fortuito, aplica-se a regra de *res perit domino*, segundo a qual o proprietário deve suportar a perda da coisa (no caso, a instituição financeira), de modo que Márcio só será obrigado a pagar a diferença da integralidade do valor residual garantido (VRG) em relação à soma da importância antecipada a esse título (VRG) com o valor do bem caso estivesse assegurado (pela tabela Fipe).

De acordo com a jurisprudência do Superior Tribunal de Justiça, "A resolução por inexecução contratual involuntária em função de caso fortuito ou força maior enseja ao arrendatário o dever de pagar ao arrendante o valor correspondente ao bem recebido (descontado, por óbvio, o valor das parcelas vencidas e quitadas), de modo a restabelecer a situação pretérita ao contrato, especialmente na hipótese em que o possuidor direto deixa de proceder à contratação de seguro do bem arrendado" (REsp n. 1.089.579/MG, relator Ministro Marco Buzzi, Quarta Turma, julgado em 20/6/2013, DJe de 4/9/2013). Logo, a alternativa correta é a letra A.

Gabarito "A".

(Juiz de Direito/AP – 2022 – FGV) Pedro (comodante) celebrou contrato de comodato com Maria (comodatária), tendo por objeto um imóvel de sua propriedade para que ela residisse com sua família pelo prazo de 12 meses. Findo esse prazo, Maria permaneceu no imóvel alegando não ter condições de realizar a sua mudança, que somente veio a se concretizar 6 meses depois.

Considerando o caso hipotético, é correto afirmar que:

(A) a negativa de Maria de sair do imóvel não gera automaticamente a mora *ex re* e depende de interpelação judicial ou extrajudicial por Pedro;

(B) a justificativa apresentada por Maria para permanecer no imóvel após o termo final do contrato de comodato descaracteriza a posse injusta e o esbulho possessório;

(C) Maria deverá pagar aluguel a Pedro após o termo final do contrato de comodato pelo prazo de 6 meses;

(D) o contrato de comodato passou a vigorar por prazo indeterminado, já que Pedro não realizou a interpelação judicial ou extrajudicial de Maria;

(E) após o termo final do contrato de comodato, como Maria permaneceu no imóvel, o contrato será considerado de locação e Pedro deverá ingressar com ação de despejo.

Comentário: **A:** incorreta, pois em se tratando de contrato de comodato com prazo determinado a mora é *ex re* e não precisa de interpelação extrajudicial ou judicial para notificar o comodatário (art. 397 CC); **B:** incorreta, pois a justificativa não torna a posse justa, visto que foi previamente acordado que o contrato se findaria após 12 meses. Assim, a partir do momento que ela permanece no imóvel se torna possuidora de má-fé (art. 1.202 cc) e a posse se torna injusta pela precariedade (art. 1200 CC); **C:** correta (art. 582 CC); **D:** incorreta, pois como o contrato já tinha prazo determinado a mora é *ex re*, então automaticamente Maria já deve ser considerada notificada (art. 397 CC), não havendo que se falar em prorrogação do contrato por prazo indeterminado; **E:** incorreta, pois Pedro, como possuidor indireto, deverá entrar com ação de reintegração de posse em face de Maria, uma vez que a posse se tornou precária (art. 1.196, 1.200 e 1.210 *caput* CC). Não há que se falar em ação de despejo.

Gabarito "C".

(Procurador do Município – Valinhos/SP – 2019 – VUNESP) Uma empresa de transporte aéreo teve problemas em uma de suas aeronaves e, por esse motivo, deslocou seus passageiros utilizando-se da locação de um ônibus, com uma alteração substancial e unilateral do contrato de transporte. No trajeto terrestre, os passageiros foram roubados e ameaçados com armas de fogo.

A título de responsabilidade civil, o contrato de transporte previsto no Código Civil e o tipo de transporte escolhido pelos passageiros, é correto dizer que

(A) não há indenização, pela existência de cláusula excludente.

(B) não há indenização, pela excludente de caso fortuito externo.

(C) há responsabilidade apenas da empresa de transporte rodoviário.

(D) há responsabilidade apenas da empresa de transporte aéreo.

(E) há responsabilidade concorrente entre as duas transportadoras.

A: incorreta, pois neste caso é nula qualquer cláusula excludente de responsabilidade (art. 734, *caput* CC); **B:** incorreta, pois o caso fortuito externo não exclui a responsabilidade. Apenas o que exclui a responsabilidade é a força maior (art. 734, *caput* CC); **C:** incorreta, pois não há responsabilidade da empresa de transporte rodoviário, uma vez que não houve contrato fechado entre ela e os passageiros. O contrato foi estabelecido entre as pessoas e a empresa de transporte aéreo, logo, tudo o que se passar durante a viagem é de responsabilidade desta última. É importante ressaltar que neste caso não há contrato cumulativo de transporte (art. 733 CC), por isso a responsabilidade será apenas da empresa aérea (art. 734, *caput* CC); **D:** correta, pois o contrato de transporte foi travado diretamente com ela, logo, ela responde pela boa prestação do serviço e também por todos os percalços que ocorrerem durante a prestação, salvo motivo de força maior (art. 734, *caput* CC); **E:** incorreta, pois não se trata de contrato cumulativo de transporte, logo, apenas a empresa aérea responde (art. 734, *caput* CC).

Gabarito "D".

(Juiz de Direito – TJ/AL – 2019 – FCC) Por força de contrato estimatório, Laura entregou certa quantidade de peças de vestuário a Isabela, que ficou autorizada a vender esses produtos a terceiros, pagando àquela o preço ajustado. Nesse caso, de acordo com o Código Civil,

(A) Isabela, se preferir, poderá restituir os produtos a Laura, no prazo estabelecido, caso em que ficará dispensada de pagar-lhe o preço ajustado.

(B) os produtos não poderão ser objeto de penhora ou sequestro pelos credores de Isabela, nem mesmo depois de pago integralmente o preço a Laura.

(C) Isabela se exonerará da obrigação de pagar o preço, se a restituição dos produtos, em sua integridade, se tornar impossível por fato não imputável a ela.

(D) Antes da concretização da venda por Isabela, Laura poderá dispor dos produtos, mesmo antes de lhe serem restituídos ou de lhe ser comunicada a restituição.

(E) Isabela atuará como mandatária de Laura, dado que ao contrato estimatório se aplicam, no que couber, as regras concernentes ao mandato.

A: correta, pois é facultado à consignatária vender os produtos, pagando à consignante o preço ajustado, ou se preferir, no prazo estabelecido, restituir-lhe a coisa consignada (art. 534 CC); **B:** incorreta, pois os produtos podem ser objeto de penhora ou sequestro pelos credores de Isabela depois de pago integralmente o preço a Laura (art. 536 CC); **C:** incorreta, pois ainda que a restituição se torne impossível por fato não imputável a ela, Isabela terá a obrigação de restituir o valor (art. 535 CC); **D:** incorreta, pois Laura não poderá dispor da coisa antes de lhe ser restituída ou de lhe ser comunicada a restituição (art. 537 CC); **E:** incorreta, pois não existe previsão legal neste sentido. Apenas aplicam-se as regras concernentes ao mandato aos contratos de agência e distribuição, no que couber (art. 721 CC).

5. RESPONSABILIDADE CIVIL

(Analista – TRT/18 – 2023 – FCC) João e Paulo, maiores e capazes, agindo em conjunto, praticaram ato ilícito do qual resultaram danos a Letícia. De acordo com o Código Civil, a responsabilidade civil de João e Paulo pelos danos causados a Letícia

(A) é solidária, mas um tem direito de regresso em face do outro, caso venha a arcar sozinho com a reparação.

(B) é solidária, inexistindo direito de regresso entre eles, ainda que um venha a arcar sozinho com a reparação.

(C) não é solidária, respondendo cada um deles limitada e proporcionalmente à importância da sua respectiva participação para a consumação dos danos.

(D) não é solidária, respondendo cada um deles limitada e proporcionalmente à importância do seu respectivo patrimônio.

(E) não é solidária, respondendo cada um deles pela metade dos danos causados, independentemente da importância das suas respectivas participações para a consumação dos danos ou dos seus patrimônios.

A: correta, pois se a ofensa tiver mais de um autor, todos responderão solidariamente pela reparação (art. 942, 2ª parte CC) e aquele que ressarcir o dano causado por outrem pode reaver o que houver pago daquele por quem pagou (art. 934, 1ª parte CC). Portanto, a responsabilidade é solidária e há o direito de regresso; **B:** incorreta, pois há o direito de regresso (art. 934, 1ª parte CC); **C:** incorreta, pois a responsabilidade é solidária (art. 942, 2ª parte CC), podendo inclusive apenas um deles ser acionado pela dívida toda (art. 264 CC), garantido o direito de regresso da parte correspondente ao autor que não foi demandado (art. 934, 1ª parte CC); **D:** incorreta, pois a responsabilidade é solidária (art. 942, 2ª parte CC), podendo inclusive apenas um deles ser acionado pela dívida toda (art. 264 CC), garantido o direito de regresso da parte correspondente ao autor que não foi demandado (art. 934, 1ª parte CC). Responderão com seu patrimônio no limite do valor da dívida (art. 942, 1ª parte CC); **E:** incorreta, pois a responsabilidade é solidária (art. 942, 2ª parte CC). É possível que um deles seja acionado pela dívida toda, garantido o direito de regresso e o patrimônio dos devedores é que responderá pela dívida, nos termos das justificativas anteriores.

(Delegado/RJ – 2022 – CESPE/CEBRASPE) Lauro abalroou o veículo de Túlio, causando-lhe lesões corporais, pelas quais foi absolvido na esfera criminal por não ter concorrido para a infração penal. Todavia, inconformado, Túlio deduziu pretensão condenatória contra o causador do dano na esfera civil, para se ressarcir dos danos materiais e morais decorrentes do acidente.

Nessa situação hipotética,

(A) Lauro não poderá ser condenado a ressarcir Túlio na esfera civil.

(B) Túlio poderá obter sentença favorável ao pagamento de danos morais.

(C) Lauro poderá ser condenado ao ressarcimento dos danos materiais causados ao veículo.

(D) Túlio poderá obter sentença favorável ao pagamento das despesas médico-hospitalares.

(E) Lauro poderá ser condenado ao pagamento dos lucros cessantes decorrentes do acidente.

A: correta, pois considerando que no juízo criminal ficou provado que Lauro não foi o autor causador das lesões, sendo portanto absolvido, Túlio não terá direito a indenização na esfera civil (art. 935 do CC); **B:** incorreta, pois ainda que a responsabilidade civil seja independente da criminal, quando restar provado na esfera criminal que o fato não existiu ou que o acusado não foi o seu autor, não há que se discutir direito à indenização de nenhuma natureza na esfera cível, seja dano moral seja dano material (art. 935 do CC); **C:** incorreta, nos termos da justificativa da alternativa B (art. 935 do CC); **D:** incorreta, não há que se falar em condenação ao pagamento de despesas-médico hospitalares, , nos termos da justificativa da alternativa B (art. 935 do CC); **E:** incorreta, pois Lauro não poderá ser condenado a pagar lucros cessantes, nos termos da justificativa da alternativa B (art. 935 do CC).

5.1. OBRIGAÇÃO DE INDENIZAR

(Procurador – AL/PR – 2024 – FGV) Anne Silva moveu ação em face de Ubirajara Pereira, requerendo indenização por danos morais no montante de R$150.000,00, em decorrência do homicídio praticado pelo réu contra seu pai, Getúlio Silva. Conforme sentença criminal transitada em julgado, juntada aos autos, Ubirajara Pereira, aos dias 15/01/2021, desferiu 2 tiros com arma de fogo contra o pai da Autora, causando-lhe a morte.

Em contestação, Ubirajara Pereira alega que atuou em legítima defesa de sua honra, razão pela qual não tem o dever de indenizar. Informa que Getúlio Silva, abusando de sua confiança, se aproximou da sua esposa e com ela manteve uma relação amorosa, tendo sido essa traição a causa dos tiros.

Considerando a situação hipotética narrada, a legislação vigente e o entendimento do STJ, analise as afirmativas a seguir.

I. A responsabilidade civil é independente da criminal, razão pela qual, o juízo cível não está vinculado à sentença criminal, podendo decidir pela inexistência do dever de indenizar, no caso hipotético narrado.

II. Entre os juízos cível e criminal há independência relativa, de sorte que, no caso hipotético narrado, há incontornável dever de indenizar

III. A alegação de legítima defesa da honra é razão justificadora para diminuição ou exclusão do dever de indenizar.

IV. No caso hipotético, a conduta da vítima configura causa concorrente, ainda que não preponderante, para o dano, influindo no *quantum* indenizatório.

Está correto o que se afirma em

(A) I, apenas.
(B) II, apenas.
(C) III, apenas.
(D) I e III, apenas.
(E) III e IV, apenas.

I: errada, pois apesar da responsabilidade civil ser independente da criminal, uma vez que que o juízo criminal reconheceu a existência do fato e de seu autor essas questões não podem mais ser discutidas no juízo cível. Logo, essa independência é relativa (art. 935 CC); II: certa, nos termos do art. 935 CC e REsp 1829682 que prevê que " o artigo 935 do Código Civil adotou o sistema da independência entre as esferas cível e criminal, mas que tal independência é relativa, pois, uma vez reconhecida a existência do fato e da autoria no juízo criminal, essas questões não poderão mais ser analisadas pelo juízo cível. No caso de sentença condenatória com trânsito em julgado, o dever de indenizar é incontornável; no caso de sentença absolutória em virtude do reconhecimento de inexistência do fato ou de negativa de autoria, não há o dever de indenizar"; III: errada, pois a alegação de legítima defesa da honra no juízo cível não é razão justificadora para diminuição ou exclusão do dever de indenizar, pois essa excludente de ilicitude precisa ser reconhecida anteriormente no juízo criminal, esfera que, em regra, analisa de forma mais aprofundada as circunstâncias que envolveram a prática do delito. Porém, mesmo o eventual reconhecimento da legítima defesa na sentença penal não impediria o juízo cível de avaliar a culpabilidade do réu (REsp 1829682); IV: errada, pois no caso hipotético a reação de Ubirajara foi completamente desproporcional à conduta da vítima, não se podendo alegar que houve causa concorrente da vítima que justificaria a diminuição do *quantum* indenizatório. Neste passo, o STJ autoriza a diminuição do *quantum* indenizatório quando evidenciada agressão da vítima, luta corporal , conforme se extrai do REsp 1829682: "Após seu filho ser vítima de homicídio, uma mulher ajuizou ação de danos morais contra o acusado, e o juízo cível fixou a indenização em R$ 100 mil (...).Não se pode negar a existência do dano sofrido pela mãe nem a acentuada reprovabilidade da conduta do réu. Mesmo que a vítima tenha demonstrado comportamento agressivo e tenha havido luta corporal, conforme sustentado pela defesa esses elementos não afastam a obrigação de indenizar, especialmente quando todas as circunstâncias relacionadas ao crime foram minuciosamente examinadas no tribunal criminal, resultando em sua condenação. No entanto, levando em conta a agressividade da vítima, especialmente nos atos praticados contra a filha e outros familiares do réu determina-se que a indenização seja reduzida para R$ 50 mil". Logo, a alternativa correta é a letra B.

Gabarito "B".

(Juiz de Direito – TJ/SC – 2024 – FGV) Os alimentos compensatórios e indenizatórios:

(A) designam o mesmo instituto, isto é, a pensão paga em decorrência de ato ilícito que resulte em redução da capacidade laboral;
(B) prescindem da prova de atividade laboral anterior pelo alimentando e podem ser cumulados com pensão previdenciária;
(C) são informados pelo trinômio necessidade, possibilidade e razoabilidade;
(D) têm por finalidade atender a necessidade de subsistência do credor;
(E) podem ser prestados em parcelas ou em pagamento único, mesmo quando os alimentos indenizatórios decorrerem de falecimento (dano-morte).

A: incorreta, pois os conceitos são diversos. De acordo com o STJ: "Os chamados alimentos compensatórios, ou prestação compensatória, não têm por finalidade suprir as necessidades de subsistência do credor, tal como ocorre com a pensão alimentícia regulada pelo art. 1.694 do CC/2002, senão corrigir ou atenuar grave desequilíbrio econômico-financeiro ou abrupta alteração do padrão de vida do cônjuge desprovido de bens e de meação"(REsp 1.290.313/AL, Rel. Ministro ANTONIO CARLOS FERREIRA, QUARTA TURMA, julgado em 12/11/2013, DJe de 07/11/2014). Por outro lado, no âmbito da responsabilidade civil, destacam-se os alimentos indenizatórios pagos em decorrência de ato ilícito que resulte em redução da capacidade laboral. Para Cristiano Chaves: "a indenização por ato ilícito é autônoma em relação a qualquer benefício que a vítima receba de ente previdenciário. O benefício previdenciário é diverso e independente da indenização por danos emergentes ou lucros cessantes. Este, pelo direito comum; aquele, assegurado pela Previdência, que resulta da contribuição compulsória feita pelo segurado. Daí inexistir *bis in idem* quando a vítima pleiteia pensão decorrente de acidente de trabalho ou doença ocupacional, que possui natureza cível (art. 950, CC), cumulativamente à aposentadoria pelo regime geral da previdência"; **B:** correta, pois conforme mencionado anteriormente para Cristiano Chaves: ""a indenização por ato ilícito é autônoma em relação a qualquer benefício que a vítima receba de ente previdenciário. O benefício previdenciário é diverso e independente da indenização por danos emergentes ou lucros cessantes. Este, pelo direito comum; aquele, assegurado pela Previdência, que resulta da contribuição compulsória feita pelo segurado. Daí inexistir *bis in idem* quando a vítima pleiteia pensão decorrente de acidente de trabalho ou doença ocupacional, que possui natureza cível (art. 950, CC), cumulativamente à aposentadoria pelo regime geral da previdência"; **C:** incorreta, pois por serem conceitos diversos estão pautados em premissas diversas. Em especial, os alimentos compensatórios, de natureza indenizatória e excepcional, destinam-se a mitigar uma queda repentina do padrão de vida do ex-cônjuge ou ex-companheiro que, com o fim do relacionamento, possuirá patrimônio irrisório se comparado ao do outro consorte, sem, contudo, pretender a igualdade econômica do ex-casal, apenas reduzindo os efeitos deletérios oriundos da carência social. São fruto de construção doutrinária e jurisprudencial, fundada na dignidade da pessoa humana, na solidariedade familiar e na vedação ao abuso de direito. (REsp n. 1.954.452/SP, relator Ministro Marco Aurélio Bellizze, Terceira Turma, julgado em 13/6/2023, DJe de 22/6/2023.); **D:** incorreta, pois os alimentos compensatórios não têm por objetivo atender a necessidade de subsistência do credor, mas sim corrigir ou atenuar grave desequilíbrio econômico-financeiro ou abrupta alteração do padrão de vida do cônjuge desprovido de bens e de meação, como já mencionado anteriormente; **E:** incorreta, pois no caso de morte a interpretação é de que não há previsão de pagamento em parcela única. Neste sentido: "A exegese que se extrai do art. 950, parágrafo único do Código Civil é de que o pagamento de indenização em parcela única é devido apenas nas hipóteses em que o ofendido tenha sobrevivido ao infortúnio sofrido, o que não ocorre na hipótese dos autos, em que houve morte da trabalhadora. Com efeito, o Código Civil disciplina de modo específico a indenização em caso de morte, em seu art. 948, não prevendo o pagamento em parcela única em tal hipótese. Assim, é indevido o pagamento em parcela única da pensão mensal arbitrada, por ausência de previsão legal nesse sentido. Precedentes. Recurso de revista conhecido e provido (TST – RECURSO DE REVISTA RRXXXXX20205120020 - https://www.jusbrasil.com.br/jurisprudencia/busca?q=pagamento+da+pens%C3%A3o+mensal+em+parcela+%C3%BAnica+aos+dependentes&unlock-feature-code=unlock_case_law_information&unlock-from-component=serp-juris-snippet--publication-date-link – acesso em 21/01/24).

Gabarito "B".

(Juiz de Direito – TJ/SP – 2023 – VUNESP) Sobre a responsabilidade civil, segundo o entendimento dominante e atual do Superior Tribunal de Justiça, assinale a alternativa correta.

(A) A vítima, ainda que se trate de família de baixa renda, deve provar a dependência econômica para ter direito à pensão por ato ilícito. Não há que se falar nesse caso em presunção relativa de necessidade.

(B) A indenização é medida pela extensão do dano, mas havendo excessiva desproporção entre a gravidade da culpa e o prejuízo causado, pode haver a redução equitativa do montante Indenizatório. Em outras palavras, a redução equitativa da indenização prevista no Código Civil tem caráter excepcional e somente será realizada quando a amplitude do dano extrapolar os efeitos razoavelmente imputáveis à conduta do agente.

(C) A prisão civil decretada por descumprimento de obrigação alimentar decorrente de ato ilícito é legal, pois a exceção prevista na Constituição Federal sobre o tema não exige obrigação de pagar alimentos decorrente do Direito de Família.

(D) A responsabilidade civil do dono ou detentor de animal é objetiva, não se admitindo a excludente do fato exclusivo de terceiro.

A: incorreta, pois a jurisprudência do Superior Tribunal de Justiça é no sentido de que, "em se tratando de famílias de baixa renda, existe presunção relativa de dependência econômica entre os membros, sendo devido, a título de dano material, o pensionamento mensal aos genitores da vítima." EDcl no AgInt no REsp 1880254/MT, Rel. Ministro Ricardo Villas Bôas Cueva, Terceira Turma, julgado em 20/09/2021, DJe; **B:** correta (art. 944 CC e Enunciado 457 CJF); **C:** incorreta, pois não é cabível prisão civil fundada no descumprimento de ação de alimentos de caráter indenizatório. Segundo posicionamento do STJ "a prisão civil, autorizada de forma excepcional pelo inciso LXVII do artigo 5º da Constituição Federal e pelo artigo 7º da Convenção Americana de Direitos Humanos, é restrita tão somente ao inadimplemento voluntário e inescusável da obrigação alimentar decorrente de relação familiar (HC 708634); **D:** incorreta, pois o dono ou detentor do animal ressarcirá o dano por este causado, se não provar culpa da vítima ou força maior (art. 936 CC). Logo, é cabível excludente de fato exclusivo de terceiro. Gabarito "B".

(Juiz de Direito/AP – 2022 – FGV) Jurema, ao conduzir o seu veículo por uma estrada de mão dupla, é surpreendida com um carro na contramão e em alta velocidade dirigido por Maurício. Para se esquivar de uma possível colisão, Jurema realiza manobra vindo a atropelar Bento, que estava na calçada e sofreu um corte no rosto, o que o impediu de realizar um ensaio fotográfico como modelo profissional.

Considerando a situação hipotética, é correto afirmar que Jurema:

(A) praticou ato ilícito e deverá indenizar Bento;
(B) agiu em estado de necessidade e não deverá indenizar Bento, pois o ato é lícito;
(C) agiu em estado de necessidade e deverá indenizar Bento, apesar do ato ser lícito;
(D) e Maurício devem indenizar Bento, pois praticaram atos ilícitos;
(E) praticou ato ilícito e deve indenizar Bento, mas não poderá ingressar com ação de regresso em face de Maurício.

Comentário: A: incorreta, pois na realidade o ato ilícito foi realizado por um terceiro, Maurício (art. 930 *caput* CC). Jurema agiu em estado de necessidade para salvar sua vida e acabou prejudicando Bento, mas o real causador de todo o dano foi Maurício; **B:** incorreta, pois apesar de Jurema não ser a causadora primária do dano, foi ela que atropelou Bento. Neste caso ela deverá de indenizá-lo e depois terá direito de ação regressiva contra Maurício (art. 930 *caput* CC); **C:** correta (art. 930 *caput* CC); **D:** incorreta, pois Jurema que deverá indenizá-lo e depois cobrar o valor de Maurício (art. 930 *caput* CC); **E:** incorreta, pois poderá entrar com ação de regresso contra Maurício (art. 930 *caput* CC). Gabarito "C".

(Juiz de Direito/AP – 2022 – FGV) Adalberto está sendo acusado de, ao conduzir seu veículo embriagado, ter atropelado e causado danos a Lucélia. Ele está sendo acionado na esfera criminal por conta das lesões que teria causado a ela.

Sobre sua obrigação de indenizá-la na esfera cível pelos danos sofridos, é correto afirmar que:

(A) ainda que condenado na esfera criminal, a quantificação do dever de indenizar depende de procedimento cível, tendo em vista a diversidade de requisitos entre o ilícito penal e o civil;
(B) a absolvição no âmbito penal impede que ele seja condenado no âmbito cível, se a sentença for fundada na inexistência do fato ou da autoria;
(C) a sentença penal absolutória fundada em excludente de ilicitude vincula o juízo cível, inviabilizando qualquer pretensão da vítima à indenização em face dele;
(D) absolvido na seara criminal por falta de provas do fato, da culpa ou da autoria, fica Adalberto liberado de responsabilidade civil;
(E) a sentença penal absolutória fundada em atipicidade do fato afasta a obrigação de indenizar na esfera cível, inviabilizando a investigação sobre ato ilícito nessa seara.

Comentário: A: incorreta, pois a Lei nº 11.719 de 20 de Junho de 2008 fez alteração no Código de Processo Penal, no tocante ao acréscimo do parágrafo único, do artigo 63 e o inciso IV, do artigo 387, que trata que o juiz criminal, ao pronunciar uma sentença penal condenatória, poderá, também, de imediato, determinar um o valor mínimo para que haja a reparação dos danos causados pelo ato ilícito, mas o ofendido tem a possibilidade de aumentar este valor (valor mínimo) no juízo cível, através de uma liquidação de sentença, sendo onde será determinado o real valor do dano.; **B:** correta (art. 935 CC); **C:** incorreta, pois a sentença penal absolutória fundada em excludente de ilicitude não impede a restauração no juízo cível, uma vez que o fato ocorreu e se sabe quem é o seu autor. Logo, o dano deve ser reparado (art. 935 CC); **D:** incorreta, pois Adalberto apenas ficará liberado do juízo cível se ficar provado que ele não foi o autor ou que o fato não existiu. Em todos os outros casos ele ainda pode ser acionado no juízo cível (art. 935 CC); **E:** incorreta, pois a atipicidade apenas mostra que o fato não era crime, mas se ficar provado que ele existiu e que Adalberto foi o seu autor, ele terá de indenizar (art. 935 CC). Gabarito "B".

(Procurador/PA – CESPE – 2022) Julgue os itens que se seguem, acerca da responsabilidade civil.

I. Após um longo período de insegurança decorrente das teorias pautadas na chamada sociedade de risco, a responsabilidade civil, plasmada nos modelos clássicos oitocentistas de codificação civil, com foco central na culpa do agente causador do dano, tem sido resgatada pela doutrina e jurisprudência do Superior Tribunal de Justiça, que cada vez mais se afasta do modelo objetivo de responsabilidade e se apoia, para caracterizar o dever de indenizar, nos elementos dano certo, conduta culposa e nexo de causalidade.

II. A jurisprudência do Superior Tribunal de Justiça firmou-se no sentido de considerar objetiva a responsabilidade das instituições bancárias por danos causados por terceiro que abrir conta-corrente ou receber empréstimo mediante fraude, dado que tais práticas caracterizam-se como fortuito interno.

III. A jurisprudência do Superior Tribunal de Justiça consolidou o entendimento de que é indevido o pensionamento no caso de morte de filho menor. No caso de morte de filho maior, desde que comprovada a dependência econômica dos pais, estes têm direito a pensão, que deve ser fixada em 1/3 do salário percebido pelo falecido filho até o ano em que ele completaria 65 anos de idade.

IV. Em conformidade com a jurisprudência sumulada do Superior Tribunal de Justiça, o termo inicial da correção monetária incidente sobre a indenização por danos morais é a data do arbitramento, e os juros moratórios, em se tratando de responsabilidade extracontratual, incidem desde a data do evento danoso.

Estão certos apenas os itens

(A) I e II.
(B) II e IV.
(C) III e IV.
(D) I, II e III.
(E) I, III e IV.

I: incorreta, pois segundo a doutrina, a responsabilidade civil vem se fixando na objetiva, afastando-se da subjetiva, característica do CC/1916. II: correta (Súmula 479 STJ e Precedentes qualificados/Tema repetitivo 466 STJ); III: incorreta, pois "A jurisprudência do STJ consolidou-se no sentido de ser devido o pensionamento, mesmo no caso de morte de filho(a) menor. E, ainda, de que a pensão a que tem direito os pais deve ser fixada em 2/3 do salário percebido pela vítima (ou o salário mínimo caso não exerça trabalho remunerado) até 25 (vinte e cinco) anos e, a partir daí, reduzida para 1/3 do salário até a idade em que a vítima completaria 65 (sessenta e cinco) anos. (AgInt no REsp 1287225/SC, Rel. Ministro Marco Buzzi, Quarta Turma, julgado em 16/03/2017, DJe 22/03/2017)AgInt no AREsp 1867343/SP, Rel. Ministro Luis Felipe Salomão, Quarta Turma, julgado em 14/12/2021, DJe 01/02/2022; IV: correta (súmulas 362 e 54 STJ). Gabarito "B".

(Procurador Município – Santos/SP – VUNESP – 2021) Ricardo, motorista da Prefeitura de Santos, perdeu o controle do veículo e atropelou Maurício, que se encontrava sobre a calçada, levando-o a óbito. Maurício era solteiro, desempregado, morador de rua, mas deixou dois filhos maiores e independentes, que moram em outra região do País e com os quais não mantinha contato desde a infância. Ricardo foi absolvido da acusação de homicídio porque não restou comprovada a alegação de embriaguez e apurou-se que o acidente se deu por defeito mecânico no veículo. No entanto, os filhos de Maurício pretendem receber indenização por danos morais decorrentes da morte do pai.

Assinale a alternativa correta.

(A) A sentença absolutória criminal faz coisa julgada no cível, de modo que, embora tenham direito a indenização, os filhos de Maurício não podem mais propor nenhuma ação.
(B) A sentença absolutória criminal faz coisa julgada no cível, mas os filhos de Maurício podem propor ação de indenização contra a Prefeitura, que tem responsabilidade objetiva.
(C) A sentença absolutória criminal faz coisa julgada no cível, de modo que os filhos de Maurício não têm direito a nenhuma indenização porque não restou comprovada a embriaguez do motorista da Prefeitura.
(D) A sentença absolutória criminal faz coisa julgada no cível, mas os filhos de Maurício podem propor ação de indenização contra a Prefeitura, que tem ação de regresso contra o motorista.
(E) A sentença absolutória criminal faz coisa julgada no cível, mas os filhos de Maurício podem propor ação de indenização contra a Prefeitura e o motorista, porque este tem responsabilidade subjetiva e aquela tem responsabilidade objetiva.

A: incorreta, pois a sentença absolutória criminal faz coisa julgada no cível apenas se no juízo criminal restar comprovada a inexistência do fato ou de que a pessoa acusada não era a autora. Sob outras justificativas não há coisa julgada no juízo cível. Logo, os filhos de Maurício podem propor nova ação para indenização (art. 935 CC); B: correta (art. 935 c.c 927 parágrafo único CC e art. 37, § 6º CF); C: incorreta, pois os filhos de Maurício podem pleitear indenização, pois não houve coisa julgada no juízo cível, uma vez que a sentença absolutória criminal faz coisa julgada no cível apenas se no juízo criminal restar comprovada a inexistência do fato ou de que a pessoa acusada não era a autora. Não é necessário que seja comprovada a embriaguez de Ricardo, pois a responsabilidade da prefeitura é objetiva (art. 927, parágrafo único cc. Art. 37, § 6º CF); D: incorreta, pois novamente neste caso a sentença absolutória não faz coisa julgada no cível (art. 935 CC) e a Prefeitura apenas terá direito de regresso contra Ricardo se ficar comprovado seu dolo ou culpa (art. 37, § 6º CF). No caso, porém, já ficou provado que o acidente se deu por falha mecânica no veículo, logo a Prefeitura não terá êxito no direito de regresso; E: incorreta, pois novamente neste caso a sentença absolutória não faz coisa julgada no cível (art. 935 CC) e os filhos de Maurício devem acionar judicialmente apenas a Prefeitura, pois o motorista trabalhava em nome desta, portanto ela que tem a responsabilidade (art. 932, III CC). Gabarito "B".

(Advogado – Pref. São Roque/SP – 2020 – VUNESP) De acordo com a Jurisprudência sumulada, acerca do dano moral, pode-se corretamente afirmar que

(A) a simples devolução indevida de cheque caracteriza dano moral, mas não a apresentação antecipada de cheque pré-datado.
(B) são civilmente responsáveis pelo ressarcimento de dano, decorrente de publicação pela imprensa, o autor do escrito e subsidiariamente o proprietário do veículo de divulgação, caso demonstrada a existência de dolo ou culpa deste.
(C) a pessoa jurídica não pode sofrer dano moral.
(D) é lícita a cumulação das indenizações de dano estético e dano moral, mas não são cumuláveis as indenizações por dano moral e material oriundos do mesmo fato.
(E) da anotação irregular em cadastro de proteção ao crédito não cabe indenização por dano moral quando preexistente legítima inscrição, ressalvado o direito ao cancelamento.

A: incorreta, pois caracteriza dano moral a apresentação antecipada de cheque pré-datado (Súmula 370 STJ); B: incorreta, pois são civilmente responsáveis pelo ressarcimento de dano, decorrente de publicação pela imprensa, tanto o autor do escrito quanto o proprietário do veículo de divulgação (Súmula 221 STJ); **C:** incorreta, pois a pessoa jurídica pode sofrer dano moral (Súmula 227 STJ); **D:** incorreta, pois são cumuláveis as indenizações por dano material e dano moral oriundos do mesmo fato (Súmula 37 STJ); **E:** correta (Súmula 385 STJ).

Gabarito "E".

(Procurador do Município – Valinhos/SP – 2019 – VUNESP) Ocorrendo manifestações contra o aumento do valor da passagem de ônibus, grupo identificado danifica o prédio da prefeitura, quebrando seus vidros e um portal histórico e tombado por seu valor artístico. Diante desses fatos, é possível dizer que os responsáveis poderão responder por dano

(A) estético e moral.
(B) material e estético.
(C) coletivo e moral.
(D) material e social.
(E) cultural e moral coletivo.

A: incorreta, pois o dano estético é uma alteração corporal morfológica interna ou externa que cause desagrado e repulsa não só para a pessoa ofendida, como também para quem a observa (art. 949 CC). O dano moral é aquele que afeta a personalidade e, de alguma forma, ofende a moral e a dignidade da pessoa (arts. 186 e 927, caput CC). No caso em tela temos um prédio danificado e um portal histórico quebrado, logo, nenhum dos dois se enquadra nessas definições; **B:** incorreta, pois apesar de os vidros quebrados na prefeitura consistirem dano material, o portal histórico danificado não configura dano estético. A título de informação, os danos materiais constituem prejuízos ou perdas que atingem o patrimônio corpóreo de alguém. Nos termos do artigo 402 do Código Civil, os danos materiais podem ser subclassificados em danos emergentes (o que efetivamente se perdeu) ou lucros cessantes (o que razoavelmente se deixou de lucrar); **C:** incorreta, pois o dano coletivo (chamado na verdade de "dano moral coletivo") é a injusta lesão da esfera moral de uma dada comunidade, ou seja, é a violação antijurídica de um determinado círculo de valores coletivos. Já o dano moral é aquele que afeta a personalidade e, de alguma forma, ofende a moral e a dignidade da pessoa (art. 186 e 927 caput CC). Nenhuma das duas definições se encaixa na hipótese do enunciado; **D:** correta, pois o apedrejamento ao prédio da prefeitura que causou a quebra dos vidros configura dano material, pois houve um prejuízo ao patrimônio corpóreo (art. 402 CC). De outra parte, temos que dano social são lesões a sociedade, no seu nível de vida, tanto por rebaixamento de seu patrimônio moral – principalmente a respeito da segurança – quanto por diminuição de sua qualidade de vida. Dessa maneira, para que ocorra o dano social, o ato deve ser lesivo não só ao patrimônio material e moral da vítima, mas também à coletividade. Trata-se de uma nova categoria de dano no âmbito da responsabilidade civil do Direto Brasileiro. A danificação do portal histórico configura dano social, uma vez que tratava-se de patrimônio tombado, fruto de grande apreço por aquela comunidade. O dano precisará ser reparado nos termos dos arts. 186 e 927, caput CC; **E:** incorreta, pois dano cultural é toda lesão causada por atividade humana positiva ou negativa, culposa ou não, que implique em perda, diminuição ou detrimento significativo, com repercussão negativa aos atributos de bens integrantes do patrimônio cultural brasileiro. A quebra dos vidros da prefeitura não se encaixa nessa categoria. Já o dano moral coletivo é a injusta lesão da esfera moral de uma dada comunidade, ou seja, é a violação antijurídica de um determinado círculo de valores coletivos. A quebra do portal tombado não se enquadra nesta definição.

Gabarito "D".

(Promotor de Justiça/PR – 2019 – MPE/PR) São responsáveis pela reparação civil:

I. Os pais, pelos filhos menores que estiverem sob sua autoridade e em sua companhia.

II. O empregador ou comitente, por seus empregados, serviçais e prepostos, no exercício do trabalho que lhes competir, ou em razão dele.

III. Os que, gratuita ou onerosamente, houverem participado nos produtos do crime, até a concorrente quantia.

(A) Apenas a I está correta.
(B) Apenas a II está correta.
(C) Apenas III está correta.
(D) Apenas I e II estão corretas.
(E) Apenas II e III estão corretas.

I: certa (art. 932, I CC); **II:** certa (art. 932, III CC); **III:** errada, pois são também responsáveis pela reparação civil apenas os que *gratuitamente* houverem participado nos produtos do crime, até a concorrente quantia (art. 932, V CC). Logo a alternativa correta é a letra D.

Gabarito "D".

João foi gravemente agredido por Pedro, de quinze anos de idade. Em razão do ocorrido, João pretende ajuizar ação de indenização por danos materiais e morais contra Pedro e os pais deste, Carlos e Maria. No momento da agressão, Carlos e Maria estavam divorciados e a guarda de Pedro era exclusiva de Maria.

(Promotor de Justiça/CE – 2020 – CESPE/CEBRASPE) Acerca dessa situação hipotética, assinale a opção correta, de acordo com o entendimento do STJ.

(A) A ação deve ser ajuizada exclusivamente em desfavor dos pais de Pedro, porque, conforme a legislação, ele, por ser menor, não possui responsabilidade civil por seus atos.
(B) A responsabilidade civil de Pedro pela reparação dos danos é subsidiária, em relação a seus pais/responsáveis, e mitigada.
(C) Há litisconsórcio necessário entre Pedro e seus pais, em razão da responsabilidade solidária entre o incapaz e seus genitores.
(D) A ação poderá ser ajuizada contra os pais de Pedro somente se for demonstrado que ele não possui patrimônio para reparar o dano.
(E) A condição de guardião do filho menor é requisito essencial para a responsabilização por ato praticado por incapaz, motivo pelo qual Carlos não possui legitimidade para figurar na ação de responsabilidade civil.

A: incorreta, pois a legislação atribuiu a responsabilidade ao menor quando os seus pais não tiverem condições de arcar com a indenização (art. 928, caput CC); **B:** correta, pois a responsabilidade civil do incapaz pela reparação dos danos é subsidiária e mitigada (art. 928, caput CC). É subsidiária porque apenas ocorrerá quando os seus genitores não tiverem meios para ressarcir as vítimas; é condicional e mitigada porque não poderá ultrapassar o limite humanitário do patrimônio mínimo do infante (art. 928, parágrafo único CC e Enunciado 39 CJF); e deve ser equitativa tendo em vista que a indenização deverá ser equânime sem a privação do mínimo necessário para a sobrevivência digna do casal (art. 928, parágrafo único CC e Enunciado 449 CJF) – Resp. 1436401-MG; **C:** incorreta, pois não há litisconsórcio passivo necessário, pois não há obrigação – nem legal, nem por força da relação jurídica (unitária) - da vítima lesada em litigar contra o responsável e o incapaz. É possível, no entanto, que o autor, por sua opção e liberalidade, tendo em conta que os direitos ou obrigações derivem do mesmo fundamento de fato ou de direito (CPC/73, art. 46, II) intente ação contra ambos – pai e filho –, formando-se um litisconsórcio facultativo e simples (Resp. 1436401-MG); **D:** incorreta, pois a ação num primeiro momento deve ser ajuizada contra os pais de Pedro. E só se os pais não tiverem condições de reparar o prejuízo é que Pedro poderá ser acionado e responderá com seu patrimônio. Porém, apenas arcará com o valor que não o prive do necessário para sobreviver nem às pessoas que dele dependam (art. 928 CC e Em. 39 e 449 CJF); **E:** essa alternativa é polêmica. Há informativo do STJ que diz que apenas o guardião tem responsabilidade. Neste passo, segue texto na íntegra que justifica que essa alternativa estaria correta e não incorreta:

DIREITO CIVIL. HIPÓTESE DE INEXISTÊNCIA DE RESPONSABILIDADE CIVIL DA MÃE DE MENOR DE IDADE CAUSADOR DE ACIDENTE. **A mãe que, à época de acidente provocado por seu filho menor de idade, residia permanentemente em local distinto daquele no qual morava o menor – sobre quem apenas o pai exerce autoridade de fato – não pode ser responsabilizada pela reparação civil advinda do ato ilícito, mesmo considerando que ela não deixou de deter o poder familiar sobre o filho.** A partir do advento do CC/2002, a responsabilidade dos pais por filho menor (responsabilidade por ato ou fato de terceiro) passou a embasar-se na teoria do risco, para efeitos de indenização. Dessa forma, as pessoas elencadas no art. 932 do CC/2002 respondem objetivamente (independentemente de culpa), devendo-se, para tanto, comprovar apenas a culpa na prática do ato ilícito daquele pelo qual os pais são legalmente responsáveis. Contudo, nos termos do inciso I do art. 932, são responsáveis pela reparação civil "os pais, pelos filhos menores que estiverem sob sua autoridade e em sua companhia". A melhor interpretação da norma se dá nos termos em que foi enunciada, caso contrário, bastaria ao legislador registrar que os pais são responsáveis pelos filhos menores no tocante à reparação civil, não havendo razão para acrescentar a expressão "que estiverem sob sua autoridade e em sua companhia". Frise-se que "autoridade" não é sinônimo de "poder familiar". Esse poder é um instrumento para que se desenvolva, no seio familiar, a educação dos filhos, podendo os pais, titulares desse poder, tomar decisões às quais se submetem os filhos nesse desiderato. "Autoridade" é expressão mais restrita que "poder familiar" e pressupõe uma ordenação. Assim, pressupondo que aquele que é titular do poder familiar tem autoridade, do inverso não se cogita, visto que a autoridade também pode ser exercida por terceiros, tal como a escola. No momento em que o menor está na escola, os danos que vier a causar a outrem serão de responsabilidade dela, e não dos pais. Portanto, o legislador, ao traçar que a responsabilidade dos pais é objetiva, restringiu a obrigação de indenizar àqueles que efetivamente exerçam autoridade e tenham o menor em sua companhia. Nessa medida, conclui-se que a mãe que não exerce autoridade de fato sobre o filho, embora ainda detenha o poder familiar, não deve responder pelos danos que ele causar. REsp 1.232.011-SC, **Rel. Min. João Otávio de Noronha, julgado em 17/12/2015, DJe 4/2/2016."** [grifo do autor]

(Ver https://jus.com.br/artigos/53012/responsabilidade-civil-do--genitor-que-nao-detem-a-guarda-pelos-atos-cometidos-por-menor--nao-emancipado/3). Logo, diante desse entendimento Carlos não teria mesmo responsabilidade. Porém também há posição que entende que no caso de genitor separado ou divorciado, o genitor só ficará isento de responsabilidade se estiver impedido de dirigir sua autoridade sobre o filho, pode ser que este ainda esteja submetido à autoridade do pai/mãe, mesmo que ele (a) não possua a guarda, vai depender muito do caso em tela. Constata-se esse fato no teor do artigo 1.583, § 3º, do Código Civil de 2002: "A guarda unilateral obriga o pai ou a mãe que não a detenha a supervisionar os interesses dos filhos". Mesmo separados, os antigos cônjuges continuam sendo pai e mãe, acima de qualquer outra coisa, devendo zelar pelo bem-estar dos filhos e garantir a continuidade do poder familiar. (https://ferrazbar.jusbrasil.com.br/artigos/325854683/responsabilidade-civil-dos-pais-por-atos--praticados-pelos-filhos-menores. **GR**

(Delegado - PC/BA - 2018 - VUNESP) A respeito da responsabilidade civil, assinale a alternativa correta.

(A) A indenização mede-se pela extensão do dano, não podendo ser reduzida pelo juiz, mesmo na existência de excessiva desproporção entre a gravidade da culpa e o dano; se a vítima tiver concorrido culposamente para o evento danoso, a sua indenização será fixada tendo-se em conta a gravidade de sua culpa em confronto com a do autor do dano.

(B) A indenização por ofensa à liberdade pessoal consistirá no pagamento das perdas e danos que sobrevierem ao ofendido; se o ofendido não puder provar prejuízo material, caberá ao juiz fixar, equitativamente, o valor da indenização, na conformidade das circunstâncias do caso; considera-se ofensiva da liberdade pessoal a denúncia falsa e de má-fé.

(C) No caso de homicídio, a indenização consiste, sem excluir outras reparações, no pagamento das despesas com o tratamento da vítima, seu funeral e o luto da família e na prestação de alimentos às pessoas a quem o morto os devia, levando-se em conta a duração provável da vida do alimentado.

(D) No caso de lesão ou outra ofensa à saúde, o ofensor indenizará o ofendido das despesas do tratamento e dos danos emergentes, além de algum outro prejuízo que o ofendido prove haver sofrido, não sendo devidos lucros cessantes.

(E) Se da ofensa resultar defeito pelo qual o ofendido não possa exercer o seu ofício ou profissão, a indenização, além das despesas do tratamento e lucros cessantes até ao fim da convalescença, incluirá pensão correspondente à importância do trabalho para que se inabilitou, não podendo a indenização ser arbitrada e paga de uma só vez.

A: incorreta, pois o Código Civil admite a redução da indenização em virtude da "desproporção entre a gravidade da culpa e o dano" (art. 944, parágrafo único); **B:** correta, pois de pleno acordo com o disposto nos arts. 953, parágrafo único e 954 do Código Civil; **C:** incorreta, pois a prestação de alimentos às pessoas a quem o morto os devia levará em conta a duração provável da vida da vítima e não do alimentado (CC, art. 948, II); **D:** incorreta, pois a indenização pelos lucros cessantes está expressamente estabelecida no art. 949 do Código Civil; **E:** incorreta. Apesar de o cálculo da indenização estar correto, o parágrafo único do art. 950 permite que o prejudicado, se preferir, exija *"que a indenização seja arbitrada e paga de uma só vez"*. **GN**
Gabarito "B".

(Procurador do Estado/SP - 2018 - VUNESP) Assinale a alternativa correta.

(A) Decisão criminal absolutória por insuficiência de provas impede rediscussão, em âmbito civil, de pretensão de reparação de danos.

(B) O incapaz responderá pelos danos que causar, se as pessoas por ele responsáveis não tiverem a obrigação de fazê-lo ou não dispuserem de meios suficientes.

(C) O magistrado, em caso de excessiva desproporção entre a gravidade da culpa e o dano, poderá reduzir o valor da indenização em até 2/3 do valor originalmente fixado.

(D) Pai que ressarce o dano causado por filho relativamente capaz pode buscar reembolso no prazo de 3 anos, contados da cessação da menoridade.

(E) Em caso de concurso de agentes causadores de dano, cada qual responde na medida da sua culpabilidade.

A: incorreta, pois a discussão no âmbito civil apenas é obstada quando a decisão criminal versar sobre existência do fato ou autoria (CC, art. 935). Assim, a decisão absolutória por falta de provas não impede a rediscussão no âmbito civil; **B:** correta, pois o enunciado repete a previsão do art. 928 do Código Civil, que estabelece a responsabilidade civil direta do incapaz; **C:** incorreta, pois – apesar de o Código Civil permitir a redução da indenização nesse caso – não existe a limitação de 2/3 na referida diminuição do valor indenizatório; **D:** incorreta, pois – na hipótese de responsabilização dos pais por atos ilícitos praticados pelos filhos incapazes – não haverá direito de regresso (CC, art. 934); **E:** incorreta, pois "*se a ofensa tiver mais de um autor, todos responderão solidariamente pela reparação*" (CC, art. 942).
Gabarito "B".

6. COISAS

(Juiz Federal – TRF/1 – 2023 – FGV) Quanto ao Direito das Coisas, é correto afirmar, segundo o Código Civil, que

(A) acessão natural é uma forma de aquisição derivada da propriedade;
(B) aquele que restituir coisa achada terá direito a recompensa em valor não inferior a 5% do valor do bem;
(C) o imóvel que o proprietário abandonar, com a intenção de não mais o conservar em seu patrimônio, poderá ser arrecadado, cinco anos depois, à propriedade da União;
(D) aquele que possuir coisa móvel como sua, contínua e incontestadamente durante, no mínimo, dez anos, com justo título e boa-fé, adquirir-lhe-á a propriedade;
(E) aquele que, por quinze anos ininterruptos e sem oposição, possuir como seu um imóvel, adquirir-lhe-á a propriedade, desde que sua posse seja de boa-fé.

A: incorreta, pois a acessão natural é uma forma de aquisição originária da propriedade. Esse tipo de acessão ocorre quando a modificação ao bem advém de acontecimento natural. São as hipóteses previstas nos arts. 1.249 a 1.252 CC; **B:** correta (art. 1.234 CC); **C:** incorreta, pois o imóvel urbano que o proprietário abandonar, com a intenção de não mais o conservar em seu patrimônio, e que se não encontrar na posse de outrem, poderá ser arrecadado, como bem vago, e passar, três anos depois, à propriedade do Município ou à do Distrito Federal, se se achar nas respectivas circunscrições (art. 1.276 "caput" CC); **D:** incorreta, pois para a usucapião de bem móvel o prazo é de 3 anos (art. 1.260 CC); **E:** incorreta, para a usucapião extraordinária não é necessário que a posse seja de boa-fé (art. 1.238 *caput* CC).
Gabarito "B".

(Analista – TRT/18 – 2023 – FCC) De acordo com o Código Civil, é possível perder a propriedade, entre outras causas, por

(A) renúncia e abandono, mas não por perecimento da coisa.
(B) renúncia e perecimento da coisa, mas não por abandono.
(C) abandono e perecimento da coisa, mas não por renúncia.
(D) renúncia, mas não por abandono ou perecimento da coisa.
(E) abandono, renúncia e perecimento da coisa.

A: incorreta, pois o perecimento da coisa é uma hipótese de perda da propriedade (art. 1.275, IV CC); **B:** incorreta, pois o abandono é uma hipótese de perda da propriedade (art. 1.275, III CC); **C:** incorreta, pois a renúncia é uma hipótese de perda da propriedade (art. 1.275, II CC); **D:** incorreta, pois o abandono e o perecimento da coisa são hipóteses de perda da propriedade (art. 1.275 III e IV CC); **E:** correta (art. 1.275, III, II e IV CC).
Gabarito "E".

6.1. POSSE

(Procurador Município – Teresina/PI – FCC – 2022) O administrador de uma fazenda, o locatário de uma residência e o proprietário de uma área arrendada para fins empresariais são, em relação à posse, respectivamente,

(A) detentor, detentor e possuidor indireto.
(B) detentor, possuidor direto e proprietário detentor indireto.
(C) possuidor indireto, possuidor direto e possuidor indireto.
(D) possuidor direto, possuidor direto e possuidor indireto.
(E) detentor, possuidor direto e possuidor indireto.

A resposta correta é a alternativa E. Considera-se detentor aquele que, achando-se em relação de dependência para com outro, conserva a posse em nome deste e em cumprimento de ordens ou instruções suas (art. 1.198, *caput* CC). Este conceito se aplica perfeitamente ao administrador da fazenda. Referente ao locatário, possui este a posse direta do bem, pois ele o ocupa imediatamente. Sobre o proprietário da área arrendada, possui este a posse indireta, pois embora seja o real proprietário do bem, ele não está em contato físico e direto com ele.
Gabarito "E".

(Procurador Município – Santos/SP – VUNESP – 2021) Considerando as disposições do Código Civil relativas à posse, assinale a alternativa correta.

(A) O detentor conserva a posse da coisa em cumprimento de ordens ou instruções de outra pessoa, com quem mantém relação de dependência.
(B) Posse direta é aquela exercida em nome próprio, enquanto a posse indireta é exercida em nome alheio.
(C) O possuidor tem direito de ser mantido ou reintegrado na posse, valendo-se, inclusive, de desforço próprio, salvo se a parte contrária comprovar que é a legítima proprietária do bem.
(D) O possuidor de boa-fé tem direito aos frutos percebidos, aos pendentes e aos colhidos por antecipação, até a data em que cessar a boa-fé.
(E) O possuidor de boa-fé tem direito de retenção pelas benfeitorias necessárias, úteis e voluptuárias; o possuidor de má-fé tem direito de retenção apenas pelas benfeitorias necessárias.

A: correta (art. 1.198, *caput* CC); **B:** incorreta, pois a posse direta ocorre com relação aquele que está no imediato uso da coisa. Na posse indireta o possuidor tem o direito de gozo, disposição e reivindicação da coisa, mas não de uso. O exemplo típico é o do locatário (posse direta) e do locador (posse indireta). Nestes casos A posse direta, de pessoa que tem a coisa em seu poder, temporariamente, em virtude de direito pessoal, ou real, não anula a indireta, de quem aquela foi havida, podendo o possuidor direto defender a sua posse contra o indireto (art. 1.197 CC); **C:** incorreta, pois ainda que a parte contrária prove que é legítima proprietária do bem, se a posse for justa, o possuidor pode defendê-la caso seja molestado pelo possuidor indireto, no caso o proprietário (art. 1.197 e 1.210, § 2º CC); **D:** incorreta, pois o possuidor de boa-fé tem direito, enquanto ela durar, aos frutos percebidos. Os frutos pendentes ao tempo em que cessar a boa-fé devem ser restituídos, depois de deduzidas as despesas da produção e custeio; devem ser também restituídos os frutos colhidos com antecipação (art. 1.214 CC); **E**: incorreta, pois o possuidor de boa-fé não tem o direito de retenção pelas benfeitorias voluptuárias, mas apenas pelas necessárias e úteis (art. 1.219 CC). O possuidor de má-fé não tem o direito de retenção pelas benfeitorias necessárias, mas somente tem o direito de ser ressarcido por elas (art. 1.220 CC). GR

Gabarito "A".

(Delegado - PC/BA - 2018 - VUNESP) Com relação à posse, assinale a alternativa correta.

(A) A posse direta, de pessoa que tem a coisa em seu poder, temporariamente, em virtude de direito pessoal, ou real, não anula a indireta, de quem aquela foi havida, podendo o possuidor direto defender a sua posse contra o possuidor indireto.

(B) Tendo em vista que a posse somente é defendida por ser um indício de propriedade, obsta à manutenção ou reintegração na posse a alegação de propriedade, ou de outro direito sobre a coisa.

(C) Não autorizam a aquisição da posse justa os atos violentos, senão depois de cessar a violência; entretanto, se a coisa obtida por violência for transferida, o adquirente terá posse justa e de boa-fé, mesmo ciente da violência anteriormente praticada.

(D) É de boa-fé a posse, se o possuidor ignora o vício, ou o obstáculo que impede a aquisição da coisa. O possuidor com justo título tem por si a presunção de boa-fé, mesmo após a ciência inequívoca que possui indevidamente.

(E) O possuidor turbado, ou esbulhado, poderá manter-se ou restituir-se por sua própria força, a qualquer tempo; os atos de defesa, ou de desforço, não podem ir além do indispensável à manutenção, ou restituição da posse.

A: correta, pois a alternativa reproduz o disposto no art. 1.197 do Código Civil. Esse desmembramento é muito comum e útil para o comércio jurídico. Assim, por exemplo, na locação, o locador mantém a posse indireta do bem, enquanto o locatário tem a posse direta, o mesmo ocorrendo respectivamente com o comodante e o comodatário. O desmembramento também ocorre nos direitos reais sobre coisa alheia. Assim, por exemplo, o nu-proprietário mantém a posse indireta do bem, enquanto o usufrutuário tem a posse direta. Vale lembrar que a proteção possessória (incluindo as ações possessórias) é conferida a ambos, tanto em face de terceiros, como um em relação ao outro; **B**: incorreta. A ação possessória foi concebida exatamente para ser uma ação rápida, dinâmica e de simples solução. Se fosse permitida a discussão sobre quem é o dono, as ações possessórias perderiam todo esse dinamismo. É por conta disso que o art. 557, parágrafo único, do Código de Processo Civil diz que: *"Não obsta à manutenção ou à reintegração de posse a alegação de propriedade ou de outro direito sobre a coisa"*. O art. 1.210, § 1º, do CC repete o enunciado; **C**: incorreta, pois se o adquirente souber da violência com a qual a coisa foi obtida, ele é considerado um possuidor de má-fé, pois tem ciência do vício que macula a posse (CC, art. 1.201); **D**: incorreta, pois a presunção de boa-fé que o justo título cria é relativa, admitindo prova em contrário. É por isso que o parágrafo único do art. 1.201 preceitua: *"O possuidor com justo título tem por si a presunção de boa-fé, salvo prova em contrário, ou quando a lei expressamente não admite esta presunção"*; **E**: incorreta, pois a vítima pode se defender desde que *"o faça logo"* (art. 1.210, § 1º). A ideia é que a defesa ocorra no *"calor dos acontecimentos"*. GN

Gabarito "A".

6.1.1. POSSE E SUA CLASSIFICAÇÃO

(Juiz de Direito - TJ/MS - 2020 - FCC) É característica da posse:

(A) que a coisa sobre a qual se exerce seja divisível e passível de aquisição do domínio por meio de usucapião.

(B) a detenção da coisa, por si ou em relação de dependência para com outro, em nome deste e em cumprimento de ordens ou instruções suas.

(C) o exercício, pelo possuidor, de modo pleno ou não, de algum dos poderes inerentes à propriedade, direta ou indiretamente.

(D) que seu exercício seja necessariamente justo e de boa-fé, não violento, clandestino ou precário.

(E) sua aquisição exclusivamente por quem a pretender, em nome próprio, por meio da apropriação física sobre a coisa.

A: incorreta, pois é possível exercício da posse sobre coisa indivisível. Ex: posse sobre uma máquina fotográfica. O art. 1.199 CC em sua primeira parte traz redação que admite a posse de coisa indivisível, *in verbis*: *"Se duas ou mais pessoas possuírem coisa indivisa (...)"*; **B**: incorreta, pois a detenção ocorre quando o detentor achando-se em relação de dependência para com outro, conserva a posse em nome deste e em cumprimento de ordens ou instruções suas (art. 1.198, *caput* CC). Logo, a detenção é uma forma de exercício da posse onde outra pessoa "toma conta" do bem do possuidor. O exemplo mais comum é o do caseiro em um sítio. O detentor não exerce a posse por si; **C**: correta (art. 1.196 CC); **D**: incorreta, pois o art. 1.208, segunda parte CC menciona que *não autorizam a aquisição da posse os atos violentos, ou clandestinos, senão depois de cessar a violência ou a clandestinidade*. Logo, cessada a violência ou clandestinidade a posse passará a ser exercida, porém de forma injusta e de má-fé. Isso traz algumas repercussões, tais como consequências na percepção de frutos, direito de indenização por benfeitorias, tempo de aquisição por usucapião; **E**: incorreta, pois a posse pode ser adquirida pela própria pessoa que a pretende ou por seu representante e também por terceiro sem mandato, dependendo de ratificação (art. 1.205, I e II CC). GR

Gabarito "C".

(Juiz de Direito - TJ/AL - 2019 - FCC) De acordo com o Código Civil, a posse

(A) adquire-se no momento da celebração do contrato, mesmo que não seja possível o exercício, em nome próprio, de quaisquer dos poderes inerentes à propriedade.

(B) justa é aquela adquirida de boa-fé.

(C) pode ser adquirida por terceiro sem mandato, dependendo, nesse caso, de ratificação.

(D) transmite-se aos herdeiros do possuidor com os mesmos caracteres, mas não aos seus legatários.

(E) do imóvel gera presunção absoluta da posse das coisas que nele estiverem.

A: incorreta, pois adquire-se a posse desde o momento em que se torna possível o exercício, em nome próprio, de qualquer dos poderes inerentes à propriedade (art. 1.204 CC); **B**: incorreta, pois posse justa é aquela que não for violenta, clandestina ou precária (art. 1.200 CC). A posse de boa-fé se dá quando o possuidor ignora o vício, ou o obstáculo que impede a aquisição da coisa (art. 1.201 CC). **C**: correta, nos termos do art. 1.205, II CC; **D**: incorreta, pois a posse transmite-se aos herdeiros ou legatários do possuidor com os mesmos caracteres (art. 1.206 CC); **E**: incorreta, pois a posse do imóvel gera presunção relativa da posse das coisas que nele estiverem (art. 1.209 CC). GN

Gabarito "C".

(Juiz de Direito – TJ/SC – 2019 – CESPE/CEBRASPE) Para que seja caracterizada a posse de boa-fé, o Código Civil determina que o possuidor

(A) apresente documento escrito de compra e venda.
(B) tenha a posse por mais de um ano e um dia sem conhecimento de vício.
(C) aja com ânimo de dono e sem oposição.
(D) tenha adquirido a posse de quem se encontrava na posse de fato.
(E) ignore o vício impedidor da aquisição do bem.

A: incorreta, pois para caracterizar a posse de boa-fé a lei não exige documento escrito de compra e venda. Caso ele exista presume-se a boa-fé (art. 1.201, 1ª parte CC), porém ele não é indispensável. A posse apenas perde o caráter de boa-fé no caso e desde o momento em que as circunstâncias façam presumir que o possuidor não ignora que possui indevidamente (art. 1.202 CC); **B:** incorreta, pois não é relevante o tanto de tempo que a pessoa fique sem conhecer o vício. Basta que ela simplesmente ignore o vício (art. 1.202 CC); **C:** incorreta, pois esses requisitos também se aplicam na posse de má-fé. O que importa saber é se o possuidor ignora o vício ou não (art. 1.202 CC); **D:** incorreta, pois não é relevante para fins de determinar a boa-fé se o possuidor recebeu a posse de alguém que possuía de fato a coisa ou exercia a posse indireta. O que importa saber é se ele tinha ciência do vício ou não (art. 1.202 CC); **E:** correta (art. 1.202 CC). GR

Gabarito "E."

6.1.2. EFEITOS DA POSSE

(Promotor de Justiça/PR – 2019 – MPE/PR) Assinale a alternativa *incorreta*:

(A) A posse pode ser adquirida por terceiro sem mandato, dependendo de ratificação.
(B) O sucessor universal continua de direito a posse do seu antecessor; e ao sucessor singular é facultado unir sua posse à do antecessor, para os efeitos legais.
(C) Não induzem posse os atos de mera permissão ou tolerância.
(D) A posse do imóvel gera presunção *jure et de jure* da posse das coisas móveis que nele estiverem.
(E) Não obsta à manutenção ou reintegração na posse a alegação de propriedade, ou de outro direito sobre a coisa.

A: a alternativa está certa, não devendo ser assinalada (art. 1.205, II CC); **B:** a alternativa está certa, não devendo ser assinalada (art. 1.207 CC); **C:** a alternativa está certa, não devendo ser assinalada (art. 1.208 CC); **D:** a alternativa está errada, devendo assinalada, pois a posse do imóvel faz presumir, *até prova contrária*, a das coisas móveis que nele estiverem (art. 1.209 CC); **E:** a alternativa está certa, não devendo ser assinalada (art. 1.210, §2º CC). GR

Gabarito "D."

6.2. DIREITOS REAIS E PESSOAIS

(Juiz de Direito – TJ/SC – 2019 – CESPE/CEBRASPE) Se, mediante escritura pública, o proprietário de um terreno conceder a terceiro, por tempo determinado, o direito de plantar em seu terreno, então, nesse caso, estará configurado o

(A) direito de superfície.
(B) direito de uso.
(C) usufruto resolutivo.
(D) usufruto impróprio.
(E) comodato impróprio.

A: correta (art. 1.369, *caput* CC); **B:** incorreta, pois no direito de uso o usuário usará da coisa e perceberá os seus frutos, quanto o exigirem as necessidades suas e de sua família (art. 1.412, CC). Esse direito não está relacionado a ceder a terra por tempo determinado para plantar; **C:** incorreta, pois o usufruto é um direito real que recai sobre coisa alheia, de caráter temporário, inalienável e impenhorável, concedido a outrem para que este possa usar e fruir coisa alheia como se fosse própria, sem alterar sua substância e zelando pela sua integridade e conservação. O usufrutuário poderá utilizar e perceber os frutos naturais, industriais e civis da coisa, enquanto o nu-proprietário possui a faculdade de dispor da mesma (art. 1.390 seguintes CC). É possível que se imponha uma condição resolutiva ao usufruto. Enquanto esta não realizar, vigorará o negócio jurídico (usufruto, no caso), podendo exercer-se desde a conclusão deste o direito por ele estabelecido (art. 127 CC); **D:** incorreta, pois o usufruto impróprio, chamado de quase usufruto, recai sobre bens fungíveis e/ou consumíveis. Assim dispõe o artigo 1.392 CC. Nessa situação, o usufrutuário adquire a propriedade e ao término do usufruto vai devolver bens do mesmo gênero quantidade e qualidade; **E:** incorreta, pois prevê o art. 579 CC que o comodato é o empréstimo gratuito de coisas não fungíveis. Perfaz-se com a tradição do objeto. O chamado comodato irregular ou impróprio tem como característica a infungibilidade limitada ao gênero, vale dizer, uma fungibilidade na espécie. Logo, o comodato irregular ou impróprio nada mais é do que um contrato de mútuo. GR

Gabarito "A."

6.3. PROPRIEDADE IMÓVEL

(ENAM – 2024.1) Acerca dos modos de aquisição de bens imóveis, analise as afirmativas a seguir.

I. O negócio jurídico de alienação do bem não possui eficácia real, portanto não transfere a propriedade do imóvel. Nada obstante, o negócio é existente, válido e eficaz pelo simples acordo de vontade, produzindo, assim, eficácia obrigacional, a vincular as partes ao ajustado.
II. A transferência da coisa imóvel somente ocorre com o seu registro no Registro de Imóveis competente, cuja validade prescinde do negócio jurídico celebrado. Assim, no Direito brasileiro, o registro firma presunção *iuris et de iure* da propriedade.
III. A usucapião configura aquisição originária típica, pela qual a propriedade é adquirida sem o concurso do proprietário anterior, embora o adquirente por usucapião suceda juridicamente ao proprietário, adquirindo dele a propriedade em aquisição dita indireta.

Está correto o que se afirma em

(A) I, apenas.
(B) I e II, apenas.
(C) I e III, apenas.
(D) II e III, apenas.
(E) I, II e III.

I: certa, pois até a transferência o negócio jurídico é existente, válido e eficaz produzindo, assim, eficácia obrigacional, a vincular as partes ao ajustado. A transferência a propriedade (portanto, o direito real) apenas se concretizará com o registro da escritura pública do imóvel (art. 108 CC); **II:** errada, pois a propriedade imóvel pode ser transferida por outros meios e o registro tem presunção relativa, e não absoluta (art. 1.245 a 1.247 CC); **III:** errada, pois na aquisição originária da propriedade, de acordo com Carlos Roberto Gonçalves "não há transmissão de um sujeito para outro, como ocorre na acessão natural e na usucapião. O indivíduo, em dado momento, torna-se dono de uma coisa por fazê-

-la sua, sem que lhe tenha sido transmitida por alguém, ou porque jamais esteve sob o domínio de outrem. Não há relação causal entre a propriedade adquirida e o estado jurídico anterior da própria coisa. (...) Portanto, não há a transmissão da propriedade de um sujeito para outro" (Direito Civil Brasileiro – Direito Das Coisas – Volume 5 – 19ª Edição 2024). Logo, a alternativa correta é a letra A.

Gabarito "A".

(ENAM – 2024.1) Artur adquiriu o lote 5, da quadra 3, do loteamento Jardim Esperança. Logo depois de construir sua casa, Artur recebeu uma notificação de Raquel, proprietária do lote 6 (vizinho), reivindicando o imóvel em que foi feita a construção. Surpreso, Artur descobriu que, por um equívoco escusável de localização, terminou por, de fato, construir no lote vizinho.

Como o investimento realizado na construção era três vezes superior ao valor de cada lote envolvido, Artur propôs a aquisição do lote 6, o que foi rejeitado por Raquel que pediu, como indenização da construção, 1/3 do valor gasto.

Ante a ausência de acordo e de forma a não perder o investimento realizado, Artur

(A) fará jus à aquisição do lote 6 pelo valor de aquisição pago por Raquel.

(B) deverá devolver o imóvel e receber a indenização fixada judicialmente.

(C) perderá o que construiu em proveito de Raquel.

(D) fará jus à aquisição do lote 6, devendo a indenização ser fixada judicialmente.

(E) deverá devolver o imóvel e receber metade do valor gasto na construção.

A: incorreta, pois embora ele faça jus à aquisição do lote 6 porque estava de boa-fé, isso acontecerá mediante pagamento da indenização fixada judicialmente, se não houver acordo (art. 1.255, parágrafo único CC). Logo, o valor da aquisição não será o valor pago por Raquel; **B:** incorreta, pois ele não precisará devolver o imóvel. Ele adquirirá a propriedade e terá de indenizar Raquel nos termos da indenização do art. 1.255, parágrafo único CC; **C:** incorreta, pois não perderá o que construiu em favor de Raquel nos termos art. 1.255 CC; **D:** correta (art. 1.255, parágrafo único CC); **E:** incorreta, pois ele não precisará devolver o imóvel nem nenhum valor. Ele adquire a propriedade, pois estava de boa-fé, porém terá de pagar indenização fixada judicialmente para Raquel (art. 1.255, parágrafo único CC).

Gabarito "D".

(Procurador – PGE/SP – 2024 – VUNESP) Um terreno onde cada um dos proprietários tem a propriedade exclusiva sobre o seu lote, havendo partes de propriedade comuns dos condôminos, bem como outras partes onde foram instituídos direitos reais sobre coisa alheia em benefício do poder público, da população em geral e da proteção da paisagem urbana, denomina-se condomínio

(A) de lotes.

(B) de acesso controlado.

(C) misto.

(D) em multipropriedade.

(E) urbano simples.

A: correta, nos termos do art. 1.358-A CC: "Pode haver, em terrenos, partes designadas de lotes que são propriedade exclusiva e partes que são propriedade comum dos condôminos"; **B:** incorreta, pois dispõe o art. 2º, §§ 1º e 8º, da Lei nº 6.766/79: "Art. 2º. O parcelamento do solo urbano poderá ser feito mediante loteamento ou desmembramento, observadas as disposições desta Lei e as das legislações estaduais e municipais pertinentes. § 1º Considera-se loteamento a subdivisão de gleba em lotes destinados a edificação, com abertura de novas vias de circulação, de logradouros públicos ou prolongamento, modificação ou ampliação das vias existentes. § 8º Constitui loteamento de acesso controlado a modalidade de loteamento, definida nos termos do § 1º deste artigo, cujo controle de acesso será regulamentado por ato do poder público Municipal, sendo vedado o impedimento de acesso a pedestres ou a condutores de veículos, não residentes, devidamente identificados ou cadastrados; **C:** incorreta, pois condomínios mistos são empreendimentos imobiliários que combinam diferentes tipos de uso dentro de um mesmo complexo ou área. Geralmente, esses condomínios incluem apartamentos residenciais na parte superior da torre, enquanto o térreo se destina para fins comerciais diversos. Tudo dentro de um mesmo espaço físico. Logo, não se configuram no conceito do enunciado na questão (art. 1.358-A CC); **D:** incorreta, pois segundo o art. 1.358-C CC: "Multipropriedade é o regime de condomínio em que cada um dos proprietários de um mesmo imóvel é titular de uma fração de tempo, à qual corresponde a faculdade de uso e gozo, com exclusividade, da totalidade do imóvel, a ser exercida pelos proprietários de forma alternada"; **E:** incorreta, pois o condomínio urbano simples está previsto no art. 61 da Lei nº 13.465/17, segundo a qual: "art. 61. Quando um mesmo imóvel contiver construções de casas ou cômodos, poderá ser instituído, inclusive para fins de Reurb, condomínio urbano simples, respeitados os parâmetros urbanísticos locais, e serão discriminadas, na matrícula, a parte do terreno ocupada pelas edificações, as partes de utilização exclusiva e as áreas que constituem passagem para as vias públicas ou para as unidades entre si. Parágrafo único. O condomínio urbano simples será regido por esta Lei, aplicando-se, no que couber, o disposto na legislação civil, tal como os arts. 1.331 a 1.358 da Lei nº 10.406, de 10 de janeiro de 2002 (Código Civil)".

Gabarito "A".

(Procurador Município – Teresina/PI – FCC – 2022) Em relação à aquisição e perda da propriedade imóvel:

(A) O álveo abandonado de corrente pertence aos proprietários ribeirinhos das duas margens em igual proporção, indenizando-se os donos dos terrenos por onde as águas abrirem novo curso.

(B) Os acréscimos formados, sucessiva e imperceptivelmente, por depósitos e aterros naturais ao longo das margens das correntes, ou pelo desvio das águas destas, pertencem aos donos dos terrenos marginais, sem indenização.

(C) Perde-se a propriedade do imóvel situado em zona rural se o proprietário o abandonar, com a intenção de não mais conservar em seu patrimônio por cinco anos, caso em que poderá passar à propriedade do Estado ou do Município, dependendo de sua localização.

(D) A usucapião é meio de aquisição da propriedade, reconhecida por sentença constitutiva que servirá de título para o registro no Cartório de Registro de Imóveis.

(E) Transfere-se entre vivos a propriedade mediante o registro do título translativo no Registro de Imóveis, cuja eficácia retroagirá à data da lavratura da escritura definitiva de compra e venda do imóvel.

A: incorreta, pois não há que se falar em indenização aos donos dos terrenos por onde as águas abrirem novo curso (art. 1.252 CC); **B:** correta (art. 1.250, *caput* CC); **C:** incorreta, pois o prazo estipulado por Lei é de três anos e não de cinco anos e a propriedade passará para a União, independentemente do local em que o imóvel esteja localizado (art. 1.275, III e 1.276, §1º CC"; **D:** incorreta, pois a sentença tem natureza declaratória, e não constitutiva (art. 1.241 CC); **E:** incorreta, pois enquanto não se registrar o título translativo, o alienante continua a ser havido como dono do imóvel (art. 1.245, § 1º CC). Logo, a eficácia não retroage à data da lavratura da escritura definitiva. **GR**

Gabarito "B".

(Procurador/PA – CESPE – 2022) Determinado imóvel urbano de 270 m² está sob posse mansa, pacífica, contínua, sem oposição e com *animus domini*, há cerca de vinte anos, em loteamento não regularizado. A área do imóvel, no entanto, é inferior ao módulo urbano descrito na legislação municipal.

Com relação a essa situação hipotética, assinale a opção correta, conforme precedente do Superior Tribunal de Justiça firmado em julgamento de recurso especial repetitivo.

(A) Como o imóvel está situado em loteamento não regularizado, a usucapião apenas pode ocorrer pela via ordinária, devendo o interessado comprovar a boa-fé ou a existência de justo título.

(B) O imóvel não poderá ser usucapido, pois a área é superior ao limite de 250 m² definido no Código Civil.

(C) O fato de o imóvel estar situado em loteamento não regularizado obsta a aquisição da propriedade por usucapião.

(D) Para a usucapião extraordinária, deve ser considerada apenas a posse do atual ocupante do imóvel, devendo ser descartada a posse do antecessor.

(E) O imóvel poderá ser usucapido, a despeito de a área ser inferior ao módulo urbano definido na legislação municipal.

A: incorreta, pois é possível a usucapião extraordinária em imóvel situado em loteamento não regularizado. O fato de um imóvel estar inserido em um loteamento irregular não justifica a negativa do direito à usucapião. Isso porque o direito de propriedade declarado pela sentença é diferente da certificação e publicidade decorrente do registro, ou da regularidade urbanística da ocupação (REsp. 1.818.564); **B:** incorreta, pois essa limitação é apenas para a usucapião especial urbana. Em se tratando de usucapião extraordinária essa limitação não se aplica (art. 1.240 CC e 1.238 CC); **C:** incorreta, nos termos do REsp. 1.818.564; **D:** incorreta, pois é considerada a posse do antecessor (art. 1.243 CC); **E:** correta, pois a Segunda Seção do Superior Tribunal de Justiça (STJ), em julgamento sob o rito dos recursos especiais repetitivos (Tema 985), estabeleceu a tese de que o reconhecimento da usucapião extraordinária, mediante o preenchimento de seus requisitos específicos, não pode ser impedido em razão de a área discutida ser inferior ao módulo estabelecido em lei municipal. Além disso, o colegiado levou em consideração precedente do Supremo Tribunal Federal no RE 422.349, segundo o qual, preenchidos os requisitos do artigo 183 da Constituição, o reconhecimento do direito à usucapião especial urbana não pode ser impedido por legislação infraconstitucional que estabeleça módulos urbanos na área em que o imóvel está situado. **GR**

Gabarito "E".

(Delegado/RJ – 2022 – CESPE/CEBRASPE) Em se tratando da regra geral das construções e plantações estabelecidas no nosso Código Civil Brasileiro, aquele que semeia, planta ou edifica em terreno alheio

(A) ganha, em desfavor do proprietário, as sementes, plantas e construções.

(B) deverá pagar ao proprietário pelas benfeitorias realizadas no imóvel sem autorização.

(C) perde, em proveito do proprietário, as sementes, plantas e construções, mas tem direito à indenização, caso tenha procedido de boa-fé.

(D) perde, em proveito do proprietário, as sementes, plantas e construções, sem possibilidade de indenização.

(E) ganha, em desfavor do proprietário, somente as sementes e plantas.

A: incorreta, pois ele perde, em proveito do proprietário, as sementes, plantas e construções (art. 1.255, *caput*, 1ª parte do CC); **B:** incorreta, pois não há que se falar em indenização por benfeitorias. Haverá a perda em desfavor do proprietário, as sementes, plantas e construções (art. 1.255 do CC); **C:** correta (art. 1.255 do CC); **D:** incorreta, pois há o direito de indenização se procedeu de boa-fé (art. 1.255 do CC); **E:** incorreta, pois ele perde em desfavor do proprietário, as sementes, plantas e construções (art. 1.255 do CC). **GR**

Gabarito "C".

(Procurador Município – Santos/SP – VUNESP – 2021) Considerando as disposições do Código Civil relativas ao direito de vizinhança, assinale a alternativa correta.

(A) O proprietário ou possuidor tem direito de fazer cessar as interferências prejudiciais provocadas pela utilização da propriedade vizinha, mas é obrigado a indenizar o vizinho pelo prejuízo decorrente da cessação da atividade.

(B) O proprietário ou possuidor tem direito de recolher para si os frutos pendentes e os frutos caídos de árvore do terreno vizinho.

(C) O dono de prédio que não tiver passagem para via pública, nascente ou porto tem direito de constranger o vizinho a lhe dar passagem, mediante pagamento de indenização.

(D) O proprietário tem direito de cercar ou murar seu prédio, bem como pode obrigar o vizinho à demarcação entre os dois prédios, aviventando os rumos apagados e renovando os marcos destruídos, desde que suporte as despesas.

(E) O proprietário pode, a qualquer tempo, exigir que o vizinho desfaça obra que despeje goteira sobre seu prédio.

A: incorreta, pois não são obrigados a indenizar o vizinho pelo prejuízo decorrente da cessação da atividade (art. 1.277, *caput* CC); **B:** incorreta, pois os frutos caídos de árvore do terreno vizinho pertencem ao dono do solo onde caíram, se este for de propriedade particular (art. 1.284 CC). Logo, o proprietário ou possuidor pode recolher os frutos caídos, mas não os pendentes; **C:** correta (art. 1.285, *caput* CC); **D:** incorreta, pois neste caso deve-se repartir proporcionalmente entre os interessados as respectivas despesas (art. 1.297, *caput* CC); **E:** incorreta, pois essa exigência não pode se dar a qualquer tempo, mas no prazo de um ano e dia após a conclusão da obra (art. 1.302, *caput* CC). **GR**

Gabarito "C".

(Procurador Município – Santos/SP – VUNESP – 2021) Em relação ao direito de laje, assinale a alternativa correta.

(A) O direito real de laje constitui unidade imobiliária autônoma que não se confunde com as demais áreas edificadas pertencentes ou não ao proprietário da construção-base.

(B) A instituição do direito real de laje implica a atribuição ao seu titular de uma fração ideal do terreno, em proporção às áreas edificadas.

(C) Cabe ao titular do direito real de laje suportar os encargos relativos à sua unidade imobiliária autônoma, devendo o proprietário da construção-base suportar as despesas relativas à conservação das partes que servem ao prédio todo, como alicerces, colunas, pilares, paredes e telhados.

(D) Ao titular do direito real de laje é assegurado o direito de ceder a superfície de sua construção para a instituição de um sucessivo direito de laje, desde que respeitadas as posturas edilícias e urbanísticas.

(E) É nula de pleno direito a alienação do direito real de laje, se não for dada oportunidade ao proprietário da construção-base para exercer seu direito de preferência.

A: correta (art. 1.510-A, § 1º CC); B: incorreta, pois a instituição do direito real de laje não implica a atribuição de fração ideal de terreno ao titular da laje ou a participação proporcional em áreas já edificadas (art. 1.510-A, § 4º CC); C: incorreta, pois sem prejuízo, no que couber, das normas aplicáveis aos condomínios edilícios, para fins do direito real de laje, as despesas necessárias à conservação e fruição das partes que sirvam a todo o edifício e ao pagamento de serviços de interesse comum serão partilhadas entre o proprietário da construção-base e o titular da laje, na proporção que venha a ser estipulada em contrato (art. 1.510-C CC); D: incorreta, pois o titular da laje poderá ceder a superfície de sua construção para a instituição de um sucessivo direito real de laje, desde que haja autorização expressa dos titulares da construção-base e das demais lajes, respeitadas as posturas edilícias e urbanísticas vigentes (art. 1.510-A, § 6º CC); E: incorreta, pois a Lei admite que as partes convencionem de modo contrário (art. 1.510-D parte final CC). Caso não seja convencionado de modo contrário, ao titular da construção-base ou da laje a quem não se der conhecimento da alienação poderá, mediante depósito do respectivo preço, haver para si a parte alienada a terceiros, se o requerer no prazo decadencial de cento e oitenta dias, contado da data de alienação (art. 1.510-D, § 1º CC). Gabarito "A".

(Juiz de Direito – TJ/MS – 2020 – FCC) Examine o seguinte enunciado legal: *Aquele que, trabalhando em matéria-prima em parte alheia, obtiver espécie nova, desta será proprietário, se não se puder restituir à forma anterior.* Esta disposição refere-se à

(A) adjunção.
(B) ocupação.
(C) extinção.
(D) confusão.
(E) especificação.

A: incorreta, pois a adjunção é uma forma de aquisição da propriedade móvel quando ocorre a justaposição de coisa móvel à outra. Aplicam-se as regras dos arts. 1.272 a 1.274 do CC; B: incorreta, pois a ocupação é uma forma de aquisição da propriedade móvel quando uma pessoa se assenhora de uma coisa sem dono (art. 1.263 CC); C: incorreta, pois não existe o instituto da extinção no Direito Brasileiro; D: incorreta, pois a confusão é uma forma de aquisição da propriedade móvel pela mistura de coisas líquidas. Aplicam-se as regras dos arts. 1.272 a 1.274 do CC E: correta (art. 1.269 CC). Gabarito "E".

(Juiz de Direito – TJ/MS – 2020 – FCC) *O proprietário pode conceder a outrem o direito de construir ou de plantar em seu terreno, por tempo determinado, mediante escritura pública devidamente registrada no Cartório de Registro de Imóveis.* Este enunciado refere-se

(A) ao direito de superfície.
(B) à servidão.
(C) ao arrendamento.
(D) ao usufruto.
(E) à anticrese.

A: correta (art. 1.369, caput CC); B: incorreta, pois a servidão proporciona utilidade para o prédio dominante, e grava o prédio serviente, que pertence a diverso dono, e constitui-se mediante declaração expressa dos proprietários, ou por testamento, e subsequente registro no Cartório de Registro de Imóveis (art. 1.378 CC); C: incorreta, pois o arrendamento é o contrato que visa à obtenção de uma renda, por meio do qual uma pessoa (denominada arrendatário) cede a outra (arrendador), por determinado período de tempo e paga, o direito de uso e gozo de uma propriedade. O art. 1.399 CC traz um exemplo de como o arrendamento pode se dar; D: incorreta, pois usufruto é o desmembramento da propriedade, de caráter temporário, em que o titular tem o direito de usar e perceber os frutos da coisa, sem afetar-lhe a substância. Está previsto entre os arts. 1.390 a 1.411 CC; E: incorreta, pois a anticrese é um direito real de garantia estabelecido em favor do credor e com a finalidade de compensar a dívida do devedor, por meio do qual este entrega os frutos e rendimentos provenientes do imóvel. Está prevista entre os arts. 1.506 a 1.510 CC. Gabarito "A".

(Promotor de Justiça/SP – 2019 – MPE/SP) Em relação à aquisição da propriedade imóvel, assinale a alternativa correta.

(A) Adquire-se propriedade por avulsão em decorrência de acréscimos formados, sucessiva e imperceptivelmente, por depósitos e aterros naturais ao longo das margens das correntes, ou pelo desvio das águas desta.

(B) Adquire a propriedade de área de terra em zona rural não superior a 50 hectares aquele que a possua como sua, por cinco anos ininterruptos, sem oposição, tornando-a produtiva por seu trabalho ou de sua família, tendo nela sua moradia, desde que não seja proprietário de imóvel rural ou urbano.

(C) Aquele que, por dez anos, sem interrupção nem oposição, possuir como seu um imóvel urbano adquire-lhe a propriedade, desde que tenha boa-fé, mesmo sem justo título.

(D) O aumento que o rio acresce às terras de modo vagaroso recebe o nome de aluvião, e estes acréscimos pertencem aos donos dos terrenos marginais, mediante indenização.

(E) Adquire-se a propriedade por abandono de álveo quando houver acréscimo de terras às margens de um rio, provocado pelo desvio de águas por força natural violenta, desde que sejam indenizados os donos dos terrenos por onde as águas abrirem novo curso.

A: incorreta, pois a avulsão é a forma de aquisição da propriedade imóvel que se dá quando, por força natural violenta, uma porção de terra se destacar de um prédio e se juntar a outro. Neste caso, o dono deste adquirirá a propriedade do acréscimo, se indenizar o dono do primeiro ou, sem indenização, se, em um ano, ninguém houver reclamado (art. 1.251, caput CC); B: correta, pois trata-se de usucapião rural (art. 1.239 CC); C: incorreta, pois para que esta modalidade de usucapião se concretize é necessário justo título (art. 1.242, caput CC); D: incorreta, pois esse acréscimo pertencerá aos donos das terras marginais mediante indenização (art. 1.250, caput CC); E: incorreta, pois a aquisição da propriedade ocorrerá sem que tenham indenização os donos dos terrenos por onde as águas abrirem novo curso (art. 1.252 CC). Gabarito "B".

(Procurador do Estado/SP - 2018 - VUNESP) Desde novembro de 2007, Tício exerce posse mansa, pacífica, ininterrupta e com fim de moradia sobre imóvel urbano com área de 260 m², baseado em compromisso de compra e venda quitado, mas não registrado, celebrado com Caio.

Mévio, de boa-fé, adquiriu o mesmo imóvel de Caio em fevereiro de 2018, mediante pagamento à vista, seguido de posterior registro da escritura pública de compra e venda no Cartório de Imóveis.

Em seguida, Mévio move ação de imissão na posse em face de Tício. Nesse caso,

(A) mesmo ausentes os requisitos da usucapião ordinária, Tício poderá alegar a usucapião especial urbana como matéria de defesa, para impedir a procedência do pedido.

(B) se acolhida a usucapião como matéria de defesa, Tício deverá indenizar Mévio, pois este não teria adquirido o imóvel de Caio caso o compromisso de compra e venda tivesse sido levado a prévio registro.

(C) Tício não poderá invocar a usucapião como matéria de defesa, ante a vedação à *exceptio proprietatis* prescrita no art. 1.210, parágrafo 2º do Código Civil e o fato de Mévio ser adquirente de boa-fé.

(D) Tício poderá alegar a usucapião ordinária como matéria de defesa para impedir a procedência do pedido, mediante prova da existência de compromisso de compra e venda quitado, ainda que não registrado, e da posse prolongada exercida com boa-fé.

(E) a alegação de usucapião ordinária formulada por Tício, como matéria de defesa, não impedirá a procedência do pedido, por falta de prévio registro do compromisso de compra e venda, condição indispensável para torná-lo oponível *erga omnes*, em especial a Mévio, adquirente de boa-fé.

A questão trata da usucapião ordinária, prevista no art. 1.242 do Código Civil. Tício exerceu a posse sobre o imóvel de forma contínua, inconteste e de boa-fé. O prazo para a consumação de tal usucapião é de dez anos e o compromisso de compra e venda caracteriza a existência do justo título. O STJ já firmou entendimento segundo o qual: "*reconhece como justo título, hábil a demonstrar a posse, o instrumento particular de compromisso de compra e venda, ainda que desprovido de registro*" (AgInt no AREsp 202871/MS Agravo Interno no Agravo em Recurso Especial 2012/0144045-5). Desta forma, ele tornou-se legítimo proprietário do bem em novembro de 2017, quando o prazo se consumou e o direito real de propriedade pode ser utilizado em sede de defesa (STF, súmula 237). No que se refere a Mévio, ele poderá se voltar contra Caio, que vendeu coisa que já não era sua. Para tanto, ele utilizará as regras legais da garantia contra a evicção (CC, arts. 447 e seguintes). Gabarito "D".

(Juiz de Direito - TJ/RS - 2018 - VUNESP) José era proprietário de uma extensa área urbana não edificada, com mais de 50.000 m². Essa área não era vigiada e nem utilizada para qualquer finalidade. O imóvel foi ocupado, no mês de janeiro de 2010, por um considerável número de pessoas, que construíram suas moradias. Os ocupantes, por sua própria conta, em mutirão, além de construírem suas casas, realizaram a abertura de viários posteriormente reconhecidos pelo poder público municipal, bem como construíram espaços destinados a escolas e creches que estão em pleno funcionamento. Cada moradia tem área superior a 350 m². Em março de 2016, José ajuizou uma ação reivindicatória que deverá ser julgada

(A) improcedente, tendo em vista que o juiz deverá declarar que o proprietário perdeu o imóvel reivindicado, em razão das obras de interesse social realizadas pelos moradores, fixando a justa indenização devida ao proprietário; pago o preço, valerá a sentença como título para o registro do imóvel em nome dos possuidores.

(B) procedente, tendo em vista que ainda não houve o prazo para a aquisição mediante usucapião. Dessa forma, os moradores deverão ser retirados, sem qualquer direito a indenizações por benfeitorias e acessões, tendo em vista a posse de má-fé.

(C) procedente, tendo em vista que ainda não houve o prazo para a aquisição mediante usucapião constitucional. Dessa forma, os moradores deverão ser retirados, mas terão direito à retenção do imóvel até serem indenizados pelas benfeitorias e acessões, tendo em vista a posse de boa-fé.

(D) improcedente, tendo em vista que o imóvel foi adquirido por usucapião especial coletivo; José, assim, foi penalizado pelo não cumprimento da função social da propriedade, bem como em razão da preponderância do direito social à moradia sobre o direito de propriedade.

(E) improcedente, tendo em vista que o juiz deverá declarar que o proprietário perdeu o imóvel reivindicado, em razão das obras de interesse social realizadas pelos moradores, não havendo qualquer direito à indenização, tendo em vista o não cumprimento da função social da propriedade e a preponderância do direito social à moradia sobre o direito de propriedade.

A questão versa sobre o art. 1.228, §§ 4º e 5º, que trouxe para o ordenamento jurídico brasileiro uma modalidade específica de perda da propriedade, totalmente alicerçada na função social da propriedade. A ideia é que a utilização prolongada do bem (durante cinco anos) por um "*considerável número de pessoas*" que ali realizaram "obras e serviços [...] de interesse social e econômico relevante" se sobrepõe ao direito individual de propriedade do terreno. Nesse caso, a lei permite que o juiz prive o proprietário do direito de propriedade, fixando o pagamento de "*justa indenização*". Gabarito "A".

6.4. USUCAPIÃO

Considere as situações a seguir.

I. Joana Dantas é possuidora de um terreno na cidade de Nova Horizontina por quinze anos, sem interrupção nem oposição, não possuindo título nem boa-fé.

II. Jaciara Ferreira exerce, por três anos ininterruptamente e sem oposição, posse direta, com exclusividade, sobre um apartamento de cento e cinquenta metros quadrados na cidade de Porto Feliz, o qual utiliza como sua moradia e cuja propriedade dividia com seu ex-cônjuge, Lindomar Silva, que abandonou o lar, não sendo ela proprietária de outro imóvel urbano ou rural.

III. Jandira é possuidora de área de terra em zona rural com cem hectares, por cinco anos ininterruptos, sem oposição, tornando-a produtiva pelo seu trabalho e tendo nela sua moradia, não sendo proprietária de imóvel rural ou urbano.

(Promotor de Justiça/SP – 2019 – MPE/SP) De acordo com o Código Civil brasileiro, em regra, o domínio integral do respectivo imóvel será adquirido apenas

(A) nas situações II e III.
(B) nas situações I e II.
(C) nas situações I e III.
(D) na situação I.
(E) na situação III.

I: correta, pois trata-se de usucapião extraordinário (art. 1.238, *caput* CC); II: correta, pois trata-se de usucapião familiar (art. 1;240-A); III: incorreta, pois Jandira não se tornará proprietária do imóvel, pois para que se concretize a modalidade de usucapião rural o limite do tamanho da terra é de até 50 hectares (art. 1.239 CC). Logo, a alternativa a ser assinalada é a letra B. GR

6.5. LEI DE REGISTROS PÚBLICOS

(Advogado – Pref. São Roque/SP – 2020 – VUNESP) O Município ocupa um imóvel de propriedade particular, onde funciona, há mais de 50 anos, um posto de saúde municipal. Foi apresentado pelo Município um pedido de usucapião extrajudicial para que fosse reconhecida a aquisição da propriedade pela prescrição aquisitiva.

A respeito do caso hipotético que trata da usucapião extrajudicial, é possível afirmar que

(A) o pedido será processado diretamente no Tabelião de Notas da Comarca em que estiver situado o imóvel usucapiendo.
(B) se a planta do imóvel não contiver a assinatura de qualquer um dos titulares de direitos registrados ou averbados na matrícula do imóvel usucapiendo, o titular será notificado pelo registrador competente e seu silêncio será interpretado como discordância.
(C) em caso de impugnação do pedido, o oficial de registro de imóveis remeterá os autos ao juízo competente da comarca da situação do imóvel, cabendo ao Município emendar a petição inicial para adequá-la ao procedimento comum.
(D) a rejeição do pedido extrajudicial impede o ajuizamento de ação de usucapião se for expressamente reconhecida a inexistência dos requisitos para a aquisição da propriedade pela prescrição aquisitiva.
(E) o oficial de registro de imóveis promoverá a publicação de edital em jornal de grande circulação, onde houver, para a ciência de terceiros eventualmente interessa- dos, que poderão se manifestar em 30 (trinta) dias.

A: incorreta, pois o pedido será processado diretamente no cartório de Registro de Imóveis em que estiver situado o imóvel usucapiendo (art. 216-A *caput* da Lei 6.015/73); B: incorreta, pois o silêncio será interpretado como concordância (art. 216-A, § 2º da Lei 6.015/73); C: correta (art. 216-A, § 10 da Lei 6.015/73); D: incorreta, pois a rejeição do pedido extrajudicial não impede o ajuizamento de ação de usucapião (art. 216-A, § 9º da Lei 6.015/73); E: incorreta, pois o prazo de manifestação é de 15 dias (art. 216-A, § 4º da Lei 6.015/73). GR

(Juiz de Direito - TJ/BA - 2019 - CESPE/CEBRASPE) À luz da legislação pertinente, da jurisprudência e da doutrina, julgue os itens a seguir, a respeito de registro de imóveis.

I. De acordo com o STJ, o procedimento de dúvida registral previsto na Lei de Registros Públicos tem natureza administrativa, não constituindo prestação jurisdicional.

II. Para garantir o princípio da legalidade registral, o registrador deve fazer um prévio controle dos títulos apresentados para registro, via procedimento de qualificação registral, verificando a obediência aos requisitos legais e concluindo pela aptidão ou inaptidão dos títulos para registro.

III. O princípio da especialidade ou especialização registral é consagrado na Lei de Registros Públicos: caso o imóvel não esteja matriculado ou registrado em nome do outorgante, o oficial deverá exigir a prévia matrícula e o registro do título anterior.

Assinale a opção correta.

(A) Nenhum item está certo.
(B) Apenas os itens I e II estão certos.
(C) Apenas os itens I e III estão certos.
(D) Apenas os itens II e III estão certos.
(E) Todos os itens estão certos.

I: correta. Segue ementa de decisão com este entendimento: RECURSO ESPECIAL. DIREITO ADMINISTRATIVO. CIVIL. PROCESSUAL CIVIL. PROCEDIMENTO DE DÚVIDA REGISTRAL. NATUREZA ADMINISTRATIVA. IMPUGNAÇÃO POR TERCEIRO INTERESSADO. IRRELEVÂNCIA. CAUSA. AUSÊNCIA. ENTENDIMENTO CONSOLIDADO NA SEGUNDA SEÇÃO DO STJ. NÃO CABIMENTO DE RECURSO ESPECIAL. "O procedimento de dúvida registral, previsto no art. 198 e seguintes da Lei de Registros Públicos, tem, por força de expressa previsão legal (LRP, art. 204), natureza administrativa, não qualificando prestação jurisdicional." "Não cabe recurso especial contra decisão proferida em procedimento administrativo, afigurando-se irrelevantes a existência de litigiosidade ou o fato de o julgamento emanar de órgão do Poder Judiciário, em função atípica". (REsp 1570655/GO, Rel. Ministro ANTONIO CARLOS FERREIRA, SEGUNDA SEÇÃO, julgado em 23/11/2016, DJe 09/12/2016) 2. Recurso especial não conhecido RECURSO ESPECIAL Nº 1.396.421 - SC (2013/0252025-4) - (Ministro LUIS FELIPE SALOMÃO, 03/04/2018); II: correta, pois o procedimento de qualificação registral dá maior segurança e credibilidade para que o registrador afira a aptidão ou inaptidão para registro. Neste sentido, colaciona-se entendimento do Desembargador José Renato Nalini do TJ/SP na apelação (Ap. Cível nº 31881-0/1): É certo que os títulos judiciais submetem-se à qualificação registrária, conforme pacífico entendimento do E. Conselho Superior da Magistratura: Apesar de se tratar de título judicial, está ele sujeito à qualificação registrária. O fato de tratar-se de título de mandado judicial não o torna imune à qualificação registrária, sob o estrito ângulo da regularidade formal. O exame da legalidade não promove incursão sobre o mérito da decisão judicial, mas à apreciação das formalidades extrínsecas da ordem e à conexão de seus dados com o registro e a sua formalização instrumental". Ora, se os título judiciais estão sujeitos a esse procedimento, muito mais os extrajudiciais também estarão, haja vista que há maior possibilidade de fraude em sua elaboração; III: incorreta, pois o princípio da especialidade registral significa que tanto o objeto do negócio (o imóvel), como os contratantes devem estar perfeitamente determinados, identificados e particularizados, para que o registro reflita com exatidão o fato jurídico que o originou. A especialidade registral objetiva diz respeito ao imóvel. O artigo 176, § 1º, II, 3 da Lei 6.015/73 aponta como requisitos da matrícula, sua identificação, feita mediante a indicação de suas características e confrontações, localização, área e denominação, se rural, ou logradouro e número, se urbano, e sua designação cadastral, se houver. Já a especialidade subjetiva, diz respeito a importância de constar a qualificação completa do proprietário, número de identidade (RG), cadastro de contribuinte (CPF), e sendo casado, também do cônjuge. Igualmente necessário, dados do casamento, do regime de bens, e referência a ser ocorrido antes ou depois da Lei 6.515/77. Em havendo pacto antenupcial, deverá ser mencionado o número de seu registro junto ao Registro de Imóveis. Logo, a alternativa correta é a letra B. GR

Gabarito "B".

(Juiz de Direito – TJ/SC – 2019 – CESPE/CEBRASPE) O oficial de registro imobiliário, antes de registrar o título, deverá verificar se a pessoa que nele figura como alienante é a mesma cujo nome consta no registro como proprietária. Esse procedimento deve-se ao cumprimento do princípio da

(A) legalidade.
(B) especialidade.
(C) continuidade.
(D) força probante.
(E) territorialidade.

A: incorreta, pois pelo princípio da legalidade compete ao oficial do cartório avaliar a legalidade, validade e eficácia do título apresentado para registro (art. 198 da Lei 6.015/73); **B:** incorreta, pois o princípio da especialidade rege os dois pilares do registro imobiliário que são o objeto e as partes contratantes. O objeto do contrato deve ser perfeitamente identificado, descrito e indicar o título anterior; sendo especializado de tal forma que o torne heterogêneo, único e destacado. As partes contratantes devem ser identificadas e particularizadas, para que caso a situação jurídica de uma delas tenha se modificado, haja uma adequação do registro com a nova situação, para só então haver uma similaridade entre o título e o que consta no registro (arts. 176, § 1º, II, itens 3 e 4, 222 e 225 da Lei 6015/73); **C:** correta, pois o princípio da continuidade é aquele através do qual se garante a segurança dos registros imobiliários, devendo cada registro se apoiar no anterior, formando um encadeamento histórico de titularidade, o que caracteriza o imóvel (arts. 195 e 196 da Lei 6015/73); **D:** incorreta, pois pelo princípio da força probante também conhecido como princípio da fé pública, presume-se pertencer o direito real à pessoa em cujo nome se encontra registrado o imóvel. Induz a presunção de propriedade produzindo todos os efeitos legais enquanto existir e a partir do momento que se descobre que o documento não produz a verdade pode ele ser retificado ou anulado como elencado no art. 1.247 CC; **E:** incorreta, pois prevê o princípio da territorialidade que o imóvel deve ser localizado dentro do território previsto em lei para que determinada serventia torne o ato de registro válido, ou seja, exige-se que o registro seja feito na circunscrição imobiliária da situação do imóvel (art. 169 da Lei 6015/73). GR

Gabarito "C".

(Juiz de Direito – TJ/RJ – 2019 – VUNESP) O município tem um projeto de implantação de um conjunto habitacional popular que irá ocupar três áreas distintas e contíguas: i) matrícula X, de propriedade do Município; ii) matrícula Y, de propriedade particular, mas com imissão provisória na posse deferida em processo de desapropriação ajuizada pelo município e registrada a imissão na posse no Cartório de Registro de Imóveis; iii) área Z, destinada a edifícios públicos de um loteamento urbano. O município requereu a abertura de uma matrícula abrangendo as três áreas (X, Y e Z). Houve negativa do Cartório de Registro de Imóveis. Foi suscitada dúvida pelo Registrador de Imóveis que deverá ser julgada:

(A) procedente, pois poderia haver a unificação das glebas X e Y, mas não com a Gleba Z que deveria ser previamente discriminada, por não estar ainda registrada.
(B) improcedente, tendo em vista que não é possível a fusão de matrículas que não estão registradas em nome do mesmo proprietário, mesmo com o registro da imissão provisória na posse em nome do Município.
(C) improcedente, pois poderia haver a unificação das glebas Y e Z, mas não com a Gleba X, que somente poderia ser unificada àquelas após o registro da carta de adjudicação expedida na desapropriação referente à Gleba X.
(D) improcedente, tendo em vista que a unificação das matrículas poderá abranger um ou mais imóveis de domínio público que sejam contíguos à área objeto da imissão provisória na posse.
(E) procedente, tendo em vista que somente seria possível a abertura de uma matrícula única das três áreas após a finalização da desapropriação e o registro das áreas Y e Z no nome do Município.

A: incorreta, pois as três glebas podem ser unificadas (art. 235, III e §§ 2º e 3º da Lei 6.015/73); **B:** incorreta, pois a Lei apenas exige que os imóveis sejam de domínio público, mas não necessariamente da mesma pessoa (art. 235, III da Lei 6.015/73); **C:** incorreta, pois pode haver a unificação de um ou mais imóveis de domínio público que sejam contíguos a área de imissão na posse (art. 235, III e §§ 2º e 3º da Lei 6.015/73); **D:** correta (art. 235, § 3º da Lei 6.015/73); **E:** incorreta, não é necessária a finalização da desapropriação e o registro das áreas no nome do Município para a unificação (art. 235, III e §§ 2º e 3º da Lei 6.015/73). GR

Gabarito "D".

(Juiz de Direito - TJ/RS - 2018 - VUNESP) Sobre o registro de imóveis, assinale a alternativa correta.

(A) Apresentado título de segunda hipoteca, com referência expressa à existência de outra anterior, o oficial, depois deprenotá-lo, aguardará durante 15 (quinze) dias que os interessados na primeira promovam a inscrição.
(B) Se forem apresentadas no mesmo dia para registro duas escrituras públicas realizadas no mesmo dia, em que conste a hora da sua lavratura, prevalecerá, para efeito de prioridade, a que foi apresentada ao registro em primeiro lugar.
(C) Se o imóvel não estiver matriculado ou registrado em nome do outorgante, o oficial exigirá a prévia matrícula e o registro do título anterior, qualquer que seja a sua natureza, para manter a continuidade do registro.
(D) São admitidos a registro escritos particulares autorizados em lei, assinados pelas partes e testemunhas, tais como os atos praticados por entidades vinculadas ao Sistema Financeiro da Habitação, desde que com as firmas reconhecidas.
(E) Para o desmembramento, parcelamento ou remembramento de imóveis rurais, bem como para qualquer ato de transferência, o georreferenciamento do imóvel rural é facultativo.

A: incorreta, pois – para essa hipótese - o art. 189 da Lei de Registros Públicos (Lei 6.015/1973) estabelece o prazo de 30 dias; **B:** incorreta, pois nessa situação, a lei proíbe o registro (art. 190 da Lei 6.015/1973); **C:** correta, pois o enunciado da alternativa repete o disposto no art. 195 da referida Lei; **D:** incorreta, pois – no caso das entidades vinculadas ao Sistema Financeiro da Habitação – o reconhecimento de firma é dispensado (art. 221, II, da Lei 6.015/1973); **E:** incorreta, pois nesses casos, o art. 176, § 3º, da Lei 6.015/1973 apenas garante: "*isenção de custos financeiros aos proprietários de imóveis rurais cuja somatória da área não exceda a quatro módulos fiscais*". Não há dispensa de georreferenciamento. GN

Gabarito "C".

6.6. CONDOMÍNIO

(Juiz de Direito/AP – 2022 – FGV) Roberval tornou-se síndico do condomínio do edifício Castanheira. Buscando valorizar o imóvel e remediar alguns problemas inconvenientes do edifício, ele precisa realizar certas obras.

Quanto a elas, é correto afirmar que:

(A) as obras necessárias e urgentes que importem em despesas excessivas podem ser realizadas imediatamente pelo síndico, dispensada comunicação à assembleia;
(B) as obras que importarem em despesas excessivas dependem de aprovação em assembleia especial, cuja convocação compete exclusivamente ao síndico;
(C) o condômino que realizar obras não necessárias, mas de interesse comum, será reembolsado das despesas que efetuar;
(D) a realização de obras voluptuárias dependerá de autorização prévia da assembleia, mediante aprovação da maioria dos condôminos;
(E) não são permitidas construções, nas partes comuns, suscetíveis de prejudicar a utilização, por qualquer dos condôminos, das partes próprias ou comuns.

Comentário: A: incorreta, pois se as obras ou reparos necessários forem urgentes e importarem em despesas excessivas, determinada sua realização, o síndico ou o condômino que tomou a iniciativa delas dará ciência à assembleia, que deverá ser convocada imediatamente (art. 1.341, §2º CC); **B:** incorreta, pois se o síndico for omisso ou houver algum impedimento, a assembleia especial pode ser convocada por qualquer dos condôminos (art. 1.341, §3º CC); **C:** incorreta, pois neste caso não terá o direito de ser reembolsado (art. 1.341, § 4º CC); **D:** incorreta, pois a realização de obra voluptuária depende do voto de dois terços dos condôminos (art. 1.341, I CC); **E:** correta (art. 1.342 CC). Gabarito "E".

(Juiz de Direito – TJ/RJ – 2019 – VUNESP) Assinale a alternativa correta, tendo em vista o entendimento sumulado vigente do Tribunal de Justiça do Rio de Janeiro sobre condomínios edilícios e incorporação imobiliária.

(A) O desconto por pagamento antecipado da cota condominial embute multa, que não admite aplicação de outra, e, muito menos, de percentual acima de 20% como previsto na Lei 4.591/64.
(B) Nas dívidas relativas a cotas condominiais, deliberadas em assembleia, incide o condômino em mora a partir da sua efetiva notificação, independentemente da utilização de meios de cobrança.
(C) O pagamento de despesas com decoração das áreas comuns, em incorporações imobiliárias, é de responsabilidade do incorporador, salvo se pactuada a transferência ao adquirente.
(D) Nos contratos de promessa de compra e venda decorrentes de incorporação imobiliária, é nula a cláusula de tolerância de prorrogação de 180 dias para a entrega do imóvel.
(E) A despesa pelo serviço de transporte coletivo prestado a condomínio pode ser objeto de rateio obrigatório entre os condôminos, desde que aprovado em assembleia, na forma da convenção.

A: incorreta, pois embora essa fosse a redação da Súmula 36 do TJRJ, ela foi cancelada em 15/04/2019 em acórdão do processo 0061605-49.2017.8.19.0000; **B:** incorreta, pois incide o condômino em mora a partir do seu *vencimento* (Súmula 372 TJRJ); **C:** incorreta, pois a responsabilidade é do incorporador sendo *vedada* sua transferência ao adquirente (Súmula 351 TJRJ); **D:** incorreta, pois nos contratos de promessa de compra e venda decorrentes de incorporação imobiliária, é *válida* a cláusula de tolerância de prorrogação de 180 dias para a entrega do imóvel (Súmula 350 TJRJ); **E:** correta (Súmula 346 TJRJ). Gabarito "E".

6.7. DIREITOS REAIS NA COISA ALHEIA – FRUIÇÃO

(Juiz de Direito – TJ/SC – 2024 – FGV) Claudio vendeu uma casa hipotecada para Carlos. Carlos desconhecia o gravame e foi surpreendido pela carta do banco informando da necessidade de pagamento.

Baseado no enunciado e no Código Civil, assinale a alternativa correta quanto à extinção da hipoteca:

(A) a alienação do imóvel hipotecado extingue a hipoteca;
(B) a alienação do imóvel, por escritura pública, extingue a hipoteca;
(C) o perecimento do imóvel extingue a hipoteca;
(D) a constituição de nova hipoteca sobre o mesmo bem extingue a hipoteca;
(E) há vedação de alienação de bem hipotecado.

A: incorreta, pois a alienação do imóvel hipotecado não extingue a hipoteca (art. 1.475 CC); **B:** incorreta, pois a alienação do imóvel, ainda que seja por escritura pública não extingue a hipoteca (art. 1.475 CC); **C:** correta (art. 1.499, II CC); **D:** incorreta, pois a constituição de uma nova hipoteca sobre o mesmo bem não extingue a hipoteca anterior (art. 1.476 CC); **E:** incorreta, pois o bem hipotecado pode ser alienado (art. 1.475 CC). Gabarito "C".

(Juiz de Direito – TJ/SP – 2023 – VUNESP) Assinale a alternativa correta sobre a hipoteca.

(A) A hipoteca convencional, que decorre do ajuste das partes, terá duração máxima de 30 (trinta) anos. Decorrido esse prazo, a hipoteca é extinta, independentemente do vencimento da dívida que ela assegura. A constituição de nova hipoteca depende de novo título e de novo registro. Essa sistemática prevista na lei civil também se aplica para a hipoteca legal.
(B) A arrematação ou adjudicação do imóvel hipotecado é causa extintiva da hipoteca, devidamente registrada, desde que o credor hipotecário tenha sido previamente intimado nos autos da execução.
(C) A hipoteca judiciária está prevista no Código Civil e no Código de Processo Civil. Pode-se dizer que se trata de um efeito anexo da sentença que condena o réu ao pagamento de prestações em dinheiro e a que determina a conversão da prestação de fazer, de não fazer ou de dar coisa em prestação pecuniária. A sentença valerá como título constitutivo da hipoteca judiciária, independentemente do requerimento da parte no processo judicial, ainda que exista recurso recebido com efeito suspensivo.
(D) A hipoteca pode ser constituída para garantia de dívida futura ou condicionada, desde que determinado o valor máximo do crédito a ser garantido. Nesse caso, a execução da hipoteca não dependerá de prévia e expressa concordância do devedor quanto à verificação da condição ou ao montante da dívida.

A: incorreta, pois a quanto à hipoteca legal ela será válida enquanto a obrigação perdurar. Apesar de ser ilimitada no tempo, deve ser renovada após 20 anos de eficácia (art. 1.498 CC); **B:** correta, além das causas extintivas da hipoteca estão listadas no art. 1.499 CC, a arrematação ou adjudicação do imóvel hipotecado extinguirão a hipoteca desde que tenham sido notificados judicialmente os respectivos credores hipotecários, que não forem de qualquer modo parte na execução (art. 1.501 CC); **C:** incorreta, pois a hipoteca judiciária está prevista no Código de Processo Civil (art. 495 CPC), e não no Código Civil. Trata-se de uma ferramenta hábil para assegurar futura execução de sentença condenatória, denominado pela doutrina de "efeito condenatório da sentença", pois decorre automaticamente da própria lei processual. Por meio da hipoteca judiciária, é gravado bem imóvel de propriedade da parte condenada ao pagamento de dinheiro ou entrega de coisa, estabelecendo-se, em prol do juízo e do vencedor, um instrumento que ajuda a tornar eficaz a sentença; **D:** incorreta, pois neste caso a execução da hipoteca dependerá de prévia e expressa concordância do devedor quanto à verificação da condição, ou ao montante da dívida (art. 1.487, § 1º CC).

Gabarito "B".

(Juiz Federal – TRF/1 – 2023 – FGV) Paulo obteve empréstimo do Banco Dinheiro na Mão S/A. Em garantia, empenhou joias de família cuja avaliação alçava a 50% do valor da dívida.

Após ter quitado 45% do saldo devedor, é comunicado de que, em um assalto ao banco, as joias foram roubadas.

Nesse caso, à luz exclusivamente do Direito Civil, é correto afirmar que:

(A) com o perecimento da coisa empenhada, resolve-se o contrato entre as partes, retornando ambas ao *status quo ante*, de modo que Paulo ficará exonerado da dívida;

(B) a instituição financeira deverá indenizar Paulo pelo valor dos bens perdidos, sendo certo que, enquanto não proceder a esse pagamento, será lícito ao devedor suspender o das parcelas do empréstimo, invocando a exceção de contrato não cumprido (*exceptio non adimpleti contractus*);

(C) embora a instituição financeira deva indenizar Paulo pelo valor das joias roubadas, não é possível a compensação entre o valor do empréstimo e o das joias, por expressa vedação legal na hipótese de penhor e pela diferença de origem dos débitos;

(D) a instituição financeira deve indenizar Paulo pelo valor das joias roubadas, sendo certo que é possível a compensação entre o valor do empréstimo e o das joias; assim, considerando a quitação de 95% do saldo devedor (45% pelo pagamento das parcelas e 50% pela compensação), Paulo poderá invocar a teoria do adimplemento substancial para dar por cumprida sua obrigação;

(E) a instituição financeira não responde pelo caso fortuito/força maior, uma vez que não pode ser responsabilizada por danos decorrentes de atividades criminosas, notadamente roubo à mão armada.

A: incorreta, pois o perecimento da coisa empenhada permitirá que Paulo suspenda o pagamento das parcelas que ainda faltam até que o banco satisfaça a obrigação que lhe compete ou dê garantia bastante de satisfazê-la (art. 477 CC). Ademais, Paulo terá direito a pedir indenização pelos bens perdidos; **B:** correta, pois de acordo com a jurisprudência do STJ, é possível a Paulo invocar a exceção de contrato não cumprido até que o valor das joias lhe sejam indenizados. Nesse sentido: CIVIL. PENHOR. JOIAS. ASSALTO À AGÊNCIA BANCÁRIA. PERDA DO BEM. RESOLUÇÃO DO CONTRATO. RESSARCIMENTO DO PROPRIETÁRIO DO BEM. PAGAMENTO DO CREDOR. COMPENSAÇÃO. POSSIBILIDADE. EXCEÇÃO DE CONTRATO NÃO CUMPRIDO. ART. 1.092 DO CÓDIGO CIVIL/1916 E ART. 476, DO CÓDIGO CIVIL/2002. – O perecimento por completo da coisa empenhada não induz à extinção da obrigação principal, pois o penhor é apenas acessório desta, perdurando, por conseguinte, a obrigação do devedor, embora com caráter pessoal e não mais real. – Segundo o disposto no inciso IV do art. 774, do Código Civil/1916, o credor pignoratício é obrigado, como depositário, a ressarcir ao dono a perda ou deterioração, de que for culpado. – Havendo furto ou roubo do bem empenhado, o contrato de penhor fica resolvido, devolvendo-se ao devedor o valor do bem empenhado, cabendo ao credor pignoratício o recebimento do valor do mútuo, com a possibilidade de compensação entre ambos, de acordo com o art. 775, do Código Civil/1916. – Na hipótese de roubo ou furto de joias que se encontravam depositadas em agência bancária, por força de contrato de penhor, o credor pignoratício, vale dizer, o banco, deve pagar ao proprietário das joias subtraídas a quantia equivalente ao valor de mercado das mesmas, descontando-se os valores dos mútuos referentes ao contrato de penhor. Trata-se de aplicação, por via reflexa, do art. 1.092 do Código Civil/1916 (art. 476, do Código Civil atual). Recurso especial não conhecido. (REsp n. 730.925/RJ, relatora Ministra Nancy Andrighi, Terceira Turma, julgado em 20/4/2006, DJ de 15/5/2006, p. 207; **C:** incorreta, pois nos termos da justificativa da alternativa B a compensação é perfeitamente possível; **D:** incorreta, pois teoria do adimplemento substancial não vem para legitimar o não cumprimento do contrato, mas sim para trazer maior proporcionalidade nos escolhidos para exigir a obrigação. A aplicação da referida teoria deve, realmente, ser feita com bastante cautela, não podendo, por exemplo, desnaturar a própria natureza do contrato, a Segunda Seção do STJ decidiu, no julgamento do REsp 1.622.555-MG, que "a tese do adimplemento substancial não pode ser aplicada nos casos de alienação fiduciária, (...) ou seja, mesmo que o comprador de um bem tenha pago a maior parte das parcelas previstas em contrato, ele tem de honrar o compromisso até o final, com sua total quitação. Sem isso, o credor pode ajuizar ação de busca e apreensão do bem alienado para satisfazer seu crédito". Ainda: "Não se está a afirmar que a dívida não paga desaparece, o que seria um convite a toda sorte de fraudes. Apenas se afirma que o meio de realização do crédito por que optou a instituição financeira não se mostra consentâneo com a extensão do inadimplemento e, de resto, com os ventos do Código Civil de 2002. Pode, certamente, o credor valer-se de meios menos gravosos e proporcionalmente mais adequados à persecução do crédito remanescente, como, por exemplo, a execução do título (REsp 1.051.270/RS, Rel. Min. Luis Felipe Salomão, 4.ª Turma, j. 04.08.2011, DJe 05.09.2011); **E:** incorreta, pois a instituição financeira responde pelo furto/roubo, pois no contrato de penhor está embutida a sua responsabilidade de guarda do bem. Qualquer disposição em sentido contrário constitui cláusula abusiva. Neste sentido Súmula 638 do STJ: É abusiva a cláusula contratual que restringe a responsabilidade de instituição financeira pelos danos decorrentes de roubo, furto ou extravio de bem entregue em garantia no âmbito de contrato de penhor civil.

Gabarito "B".

(Procurador Federal – AGU – 2023 – CEBRASPE) Fernanda concedeu a Marcos, mediante escritura pública registrada em cartório de imóveis, o direito de ele plantar em terreno de propriedade dela, durante dez anos.

Nessa situação hipotética, Marcos adquiriu

(A) concessão por avulsão.
(B) direito de uso e usufruto de propriedade alheia.
(C) direito de superfície.
(D) concessão de uso especial.
(E) direito de usufruto limitado.

A: incorreta, pois a avulsão tem conceito diverso previsto no art. 1.251 CC: "Quando, por força natural violenta, uma porção de terra se destacar de um prédio e se juntar a outro, o dono deste adquirirá a propriedade do acréscimo, se indenizar o dono do primeiro ou, sem indenização, se, em um ano, ninguém houver reclamado"; **B:** incorreta, pois quanto ao direito de uso prevê o art. 1.412 CC "O usuário usará da coisa e perceberá os seus frutos, quanto o exigirem as necessidades suas e de sua família." Já o usufruto está previsto no art. 1.390 e seguintes do CC e também não é hipótese do caso em tela; **C:** correta, pois dispõe o Art. 1.369, do Código Civil quanto ao direito de superfície: "O proprietário pode conceder a outrem o direito de construir ou de plantar em seu terreno, por tempo determinado, mediante escritura pública devidamente registrada no Cartório de Registro de Imóveis"; **D:** incorreta, pois o instituto da concessão de uso especial, previsto no art. 1º da Medida Provisória no 2.220/01 não reflete o comando da questão; **E:** incorreta, pois o conceito não é de usufruto limitado, pois não se encaixa em nenhuma das hipóteses dos arts. 1.390 e seguintes CC, mas se configura direito de superfície como mencionado na alternativa C. Gabarito "C".

(Procurador Município – Santos/SP – VUNESP – 2021) Considerando as disposições relativas aos direitos reais de gozo ou fruição, é correto afirmar:

(A) Salvo disposição expressa em sentido contrário, em caso de extinção do direito de superfície por decurso de seu prazo, o proprietário assume a propriedade plena do imóvel mediante indenização das construções e/ou plantações introduzidas pelo superficiário.
(B) O usufrutuário tem direito aos frutos pendentes no início do usufruto, devendo, porém, pagar as despesas de produção desses frutos.
(C) No contrato de penhor, é nula a cláusula que autoriza o credor a ficar com o objeto empenhado, em caso de não pagamento da dívida.
(D) Salvo disposição expressa em sentido contrário, o dono de uma servidão predial pode realizar todas as obras de conservação, devendo as despesas ser rateadas entre os proprietários do prédio serviente e do prédio dominante.
(E) Havendo renúncia tácita do proprietário do prédio dominante, tem-se por extinta de pleno direito a servidão, podendo o proprietário do prédio serviente providenciar seu cancelamento junto ao Cartório do Registro de Imóveis.

A: incorreta, pois havendo extinção do direito de superfície por decurso do prazo o proprietário passará a ter a propriedade plena do imóvel independentemente de indenização, se as partes não houverem estipulado o contrário (art. 1.375 CC); **B:** incorreta, pois ele não precisa pagar as despesas de produção (art. 1.396, *caput* CC); **C:** correta (art. 1.428, *caput* CC); **D:** incorreta, pois o art. 1.380 CC define que o dono de uma servidão pode fazer todas as obras necessárias à sua conservação e uso, e, se a servidão pertencer a mais de um prédio, serão as despesas rateadas entre os respectivos donos. No texto não há a possibilidade de se colocar cláusula em sentido contrário; **E:** incorreta, pois para que isso ocorra a renúncia precisa ser expressa (art. 1.388, I CC). Gabarito "C".

(Procurador do Município – Valinhos/SP – 2019 – VUNESP) João da Silva deixou joias em um banco como garantia de contrato de penhor, tendo estas sido roubadas. João não cumpriu com sua obrigação contratual, deixando de pagar o empréstimo. Diante desses fatos, assinale a alternativa correta.

(A) O perecimento por completo da coisa empenhada induz à extinção da obrigação principal.
(B) Nas dívidas garantidas por penhor, o perecimento do bem, desnatura e impossibilita o cumprimento da obrigação.
(C) O contrato de penhor perdeu a eficácia e não há que se falar em substituição da garantia.
(D) O credor deve ser constrangido a devolver a coisa empenhada, ou uma parte dela, antes de ser integralmente pago.
(E) O credor pignoratício deve pagar ao proprietário o valor das joias, descontando-se o valor do contrato de penhor.

A: incorreta, pois o perecimento por completo da coisa empenhada *não* induz à extinção da obrigação principal. O que é extinto na verdade é o penhor em si (art. 1.436, II CC); **B:** incorreta, pois o perecimento do bem não desnatura nem impossibilita o cumprimento da obrigação. Nestes casos, o devedor será intimado a reforçar a garantia ou a substituir. Caso não o faça, a dívida se considerará vencida (art. 1.425, IV CC); **C:** incorreta, pois perecido o bem dado em garantia o contrato não perde a eficácia (quando falamos em eficácia nos referimos a termo, condição e encargo – arts. 121 e seguintes CC. E esses institutos não se aplicam neste caso). O que acontece é que caso o bem não seja substituído haverá o vencimento antecipado da dívida (art. 1.425, IV CC); **D:** incorreta, pois o credor não pode ser constrangido a devolver a coisa empenhada, ou uma parte dela, antes de ser integralmente pago (art. 1.434 CC, 1ª parte); **E:** correta, pois o banco na figura de credor pignoratício era obrigado a custodiar as joias como depositário, e considerando que a coisa se perdeu por sua culpa, será obrigado a ressarcir ao dono, podendo ser compensada na dívida, até a concorrente quantia, a importância da responsabilidade (art. 1.435, I CC). Gabarito "E".

(Procurador do Município – Boa Vista/RR – 2019 – CESPE/CEBRASPE) Em cada um dos itens a seguir é apresentada uma situação hipotética seguida de uma assertiva a ser julgada a respeito de direitos reais de garantia e da responsabilidade civil.

(1) João e Marcelo são coproprietários de um apartamento. João pretende obter um empréstimo e, para atender a uma exigência bancária, deseja dar o referido apartamento como garantia da dívida que será contraída. Nessa situação, mesmo sendo o apartamento um bem indivisível, João poderá, sem o consentimento de Marcelo, dar em garantia hipotecária a parte que lhe pertence no referido imóvel.

(2) Atendendo a um pedido de seu amigo Flávio, Gustavo lhe deu carona no percurso compreendido entre o local de trabalho e a faculdade onde ambos estudavam. Em determinado momento do percurso, Gustavo reduziu a velocidade do veículo por ter avistado um transeunte em uma faixa de pedestres, recebendo uma colisão violenta do carro que estava atrás com o seu veículo. Em decorrência desse acidente, Flávio ficou paraplégico. Nessa situação, de acordo com a jurisprudência do STJ, Gustavo poderá ser responsabilizado civilmente pelos danos materiais e morais suportados por Flávio.

1: Certa, pois referente à parte que lhe pertence João pode hipotecá-la sem a anuência de Marcelo. Neste sentido prevê o art. 1.420, § 2º CC que a coisa comum a dois ou mais proprietários não pode ser dada em garantia real, na sua totalidade, sem o consentimento de todos; *mas cada um pode individualmente dar em garantia real a parte que tiver*. **2:** Errada, pois nos termos da Súmula 145 STJ "No transporte desinteressado, de simples cortesia, o transportador só será civilmente

responsável por danos causados ao transportado quando incorrer em dolo ou culpa grave." No caso em tela Gustavo não agiu nem com dolo nem com culpa, logo, não poderá ser responsabilizado por danos materiais nem morais. **GR**
Gabarito 1C, 2E

(Procurador do Estado/SP - 2018 - VUNESP) Sobre o direito real de laje, é correto afirmar:

(A) pressupõe a coexistência de unidades imobiliárias, autônomas ou não, de titularidades distintas e situadas na mesma área, de modo a permitir que o proprietário ceda a superfície de sua construção a outrem para que ali construa unidade distinta daquela originalmente construída sobre o solo.

(B) a ruína da construção-base não implica extinção do direito real de laje se houver sua reconstrução no prazo de 10 anos.

(C) as unidades autônomas constituídas em matrícula própria poderão ser alienadas por seu titular sem necessidade de prévia anuência do proprietário da construção-base.

(D) confere ao seu titular o direito de sobrelevações sucessivas, mediante autorização expressa ou tácita do proprietário da construção-base, desde que observadas as posturas edilícias e urbanísticas vigentes.

(E) contempla espaço aéreo e subsolo, tomados em projeção vertical, atribuindo ao seu titular fração ideal de terreno que comporte construção.

A: incorreta, pois a unidade deve ser autônoma (CC, art. 1.510-A, §1º); **B:** incorreta, pois – nesse caso – a ruína da construção base somente não implicará extinção do direito real de laje se houver sua reconstrução no prazo de 5 anos (CC, art. 1.510-E); **C:** correta, pois o Código Civil não exige anuência, mas apenas confere direito de preferênciaao titular da construção base e, na sequência, ao titular de outra laje. A consequência da não concessão de tal preferência é a possibilidade de o preterido depositar o respectivo preço e haver para si a parte alienada, desde que o requeira no prazo decadencial de cento e oitenta dias, contado da data de alienação (CC, art. 1.510-D); **D:** incorreta, pois o Código exige "autorização expressa dos titulares da construção-base e das demais lajes" (CC, art. 1.510-A § 6º); **E:** incorreta, pois não se atribui ao titular de direito real de laje fração ideal do terreno (CC, art. 1.510-A, § 4º). **GN**
Gabarito "C".

6.8. DIREITOS REAIS NA COISA ALHEIA – GARANTIA

(Promotor de Justiça/PR – 2019 – MPE/PR) Podem ser objeto de hipoteca:

(A) Veículos empregados em qualquer espécie de transporte ou condução.
(B) Aeronaves.
(C) Colheitas pendentes, ou em via de formação.
(D) Animais do serviço ordinário de estabelecimento agrícola.
(E) Animais que integram a atividade pastoril, agrícola ou de lacticínios.

A: incorreta, pois os veículos empregados em qualquer espécie de transporte ou condução podem ser objeto de penhor, e não de hipoteca (art. 1.461 CC); **B:** correta (art. 1.473 VII CC); **C:** incorreta, pois as colheitas pendentes, ou em via de formação podem ser objeto de penhor e não de hipoteca (art. 1.442, II CC); **D:** incorreta, pois os animais do serviço ordinário de estabelecimento agrícola são objeto de penhor e não de hipoteca (art. 1.442, V CC); **E:** incorreta, pois esses animais estão sujeitos ao penhor pecuário (art. 1.444 CC). **GR**
Gabarito "B".

7. FAMÍLIA

7.1. CASAMENTO

7.1.1. DISPOSIÇÕES GERAIS, CAPACIDADE, IMPEDIMENTOS, CAUSAS SUSPENSIVAS, HABILITAÇÃO, CELEBRAÇÃO E PROVA DO CASAMENTO

(Juiz de Direito – TJ/SC – 2024 – FGV) Ano passado, Lauro e Sara casaram-se civilmente. Por ocasião da habilitação para o casamento, Sara tinha 16 anos. Sua mãe autorizou o casamento, mas seu pai, não. Foi necessário suprimento judicial de consentimento para o casamento. Sara, atualmente com 17 anos, deseja pôr fim ao casamento, embora não seja essa a vontade de Lauro.

Nesse caso:

(A) a eficácia da habilitação para o casamento de Lauro e Sara foi de três meses, a contar da data em que foi extraído o certificado;

(B) o regime de bens que rege o casamento civil entre os cônjuges é o da separação convencional de bens, em virtude da idade de Sara quando da habilitação;

(C) se o divórcio for decretado enquanto Sara ainda tiver 17 anos, ela retorna à condição de relativamente incapaz, cessando a emancipação;

(D) se for provado que o casamento de Sara foi celebrado mediante o defeito da coação moral, o casamento deve ser declarado nulo;

(E) ocorrendo o divórcio, Lauro poderá se casar novamente, inclusive com a irmã de Sara, pois o parentesco por afinidade é extinto na linha colateral com o divórcio.

A: incorreta, pois a eficácia da habilitação será de noventa dias, a contar da data em que foi extraído o certificado (art. 1.532 CC); **B:** incorreta, pois o regime é o da separação obrigatória de bens, pois Sara dependeu de suprimento judicial para casar (art. 1.641, III CC); **C:** incorreta, pois o casamento é causa de cessação da incapacidade para menores (art. 5º, parágrafo único, II CC). E Ainda que haja divórcio os efeitos da emancipação não são revogados; **D:** incorreta, pois a coação moral é causa de anulabilidade do casamento, e não de nulidade (art. 1.558 CC); **E:** correta, pois o impedimento legal que existe para novo casamento seria apenas para o parentesco por afinidade me linha reta (arts. 1.521, II c/c art. 1.595, § 2º CC). **GR**
Gabarito "E".

(Analista – TRT/18 – 2023 – FCC) De acordo com o Código Civil, o casamento contraído por infringência de impedimento é

(A) anulável, assim como o casamento do menor em idade núbil quando não autorizado por seu representante legal.

(B) anulável, diferentemente do casamento decorrente de vício da vontade, que é nulo de pleno direito.

(C) anulável, diferentemente do casamento do menor em idade núbil quando não autorizado por seu representante legal, que é nulo de pleno direito.

(D) nulo de pleno direito, diferentemente do casamento decorrente de vício da vontade, que é meramente anulável.

(E) nulo de pleno direito, assim como o casamento do menor em idade núbil quando não autorizado por seu representante legal.

A: incorreta, pois o casamento é nulo (art. 1.548, II CC); **B:** incorreta, pois o casamento contraído por infringência de impedimento é nulo (art. 1.548, II CC) e o casamento decorrente de vício da vontade é anulável (art. 1.550, III CC); **C:** incorreta, pois o casamento contraído por infringência de impedimento é nulo (art. 1.548, II CC) e o casamento do menor em idade núbil quando não autorizado por seu representante legal é anulável (art. 1.550, II CC); **D:** correta (art. 1.548, II CC c/c art. 1.550, III CC); **E:** incorreta, pois o casamento do menor em idade núbil quando não autorizado por seu representante legal é anulável (art. 1.550, II CC). Gabarito "D".

(Promotor de Justiça/PR – 2019 – MPE/PR) Não incide causa suspensiva no casamento entre:

(A) O cônjuge sobrevivente e o condenado por homicídio ou tentativa de homicídio contra o seu consorte.
(B) O viúvo ou a viúva que tiver filho do cônjuge falecido, enquanto não fizer inventário dos bens do casal e der partilha aos herdeiros.
(C) A viúva, ou a mulher cujo casamento se desfez por ser nulo ou ter sido anulado, até dez meses depois do começo da viuvez, ou da dissolução da sociedade conjugal.
(D) O divorciado, enquanto não houver sido homologada ou decidida a partilha dos bens do casal.
(E) O tutor e os seus descendentes, ascendentes, irmãos, cunhados ou sobrinhos, com a pessoa tutelada, enquanto não cessar a tutela, e não estiverem saldadas as respectivas contas.

A: correta, pois neste caso não incide causa suspensiva, mas impeditiva do casamento (art. 1.521, VII CC); **B:** incorreta, pois neste caso incide a causa suspensiva prevista do art. 1.523, I CC; **C:** incorreta, pois neste caso incide a causa suspensiva prevista do art. 1.523, II CC; **D:** incorreta, pois neste caso incide a causa suspensiva prevista do art. 1.523, III CC; **E:** incorreta, pois neste caso incide a causa suspensiva prevista do art. 1.523, IV CC. Gabarito "A".

(Juiz de Direito – TJ/AL – 2019 – FCC) De acordo com o Código Civil, o casamento

(A) dispensa habilitação se ambos os cônjuges forem maiores e capazes.
(B) é civil e sua celebração gratuita.
(C) religioso não produz efeitos civis, em nenhuma hipótese.
(D) pode ser contraído entre colaterais, a partir do terceiro grau.
(E) pode ser celebrado mediante procuração, por instrumento público ou particular.

A: incorreta, pois a Lei prevê um processo formal de habilitação (art. 1.525 a 1.532 CC) e não a dispensa se os cônjuges forem maiores e capazes (art. 1.525 CC); **B:** correta (art. 1.512 *caput* CC); **C:** incorreta, pois o casamento religioso, celebrado sem as formalidades exigidas no Código Civil, terá efeitos civis se, a requerimento do casal, for registrado, a qualquer tempo, no registro civil, mediante prévia habilitação perante a autoridade competente e observado o prazo do art. 1.532 CC (art. 1.516, § 2º CC); **D:** incorreta, pois não podem casar os irmãos, unilaterais ou bilaterais, e demais colaterais, até o terceiro grau inclusive (art. 1.521, IV CC); **E:** incorreta, pois o casamento pode celebrar-se mediante procuração, por instrumento público, com poderes especiais (art. 1.542 *caput* CC). Gabarito "B".

7.1.2. INVALIDADE

(Juiz de Direito – TJ/SC – 2024 – FGV) Abel, menor de idade, casou-se com Marieta. Seu pai já era falecido ao tempo da celebração, mas sua mãe ainda era viva. Não obstante ela ter comparecido tanto à celebração quanto à cerimônia, não houve sua autorização formal para a realização desta.

Com base no Código Civil e no enunciado formulado, é correto afirmar que o casamento é:

(A) nulo de pleno direito, pois sem outorga formal da mãe;
(B) anulável, e a mãe possui 180 dias para questioná-lo judicialmente, contados da data que cessar a incapacidade de Abel;
(C) válido, já que a mãe compareceu, demonstrando, assim, conhecer e autorizar o casamento;
(D) válido, já que Abel alcança a capacidade plena com ele, dispensando outorga materna;
(E) nulo de pleno direito, já que necessitava de autorização judicial para sua realização.

A: incorreta, pois o casamento é anulável (art. 1.555 *caput* CC); **B:** incorreta, pois a mãe não poderá pedir a anulação do casamento uma vez que participou de sua celebração (art. 1.555, § 2º CC); **C:** correta (art. 1.555, § 2º CC); **D:** incorreta, pois casamento é passível de anulação uma vez que não contou com outorga materna expressa (art. 1.555 *caput* CC); **E:** incorreta, pois o casamento é anulável, pois precisava de outorga formal da mãe (art. 1.555 *caput* CC). Neste caso a autorização judicial não é necessária. Gabarito "C".

(Promotor de Justiça/CE – 2020 – CESPE/CEBRASPE) De acordo com o Código Civil, o casamento de quem ainda não atingiu dezesseis anos de idade é

(A) proibido, em qualquer hipótese.
(B) permitido, de forma excepcional, somente para a finalidade de evitar imposição ou cumprimento de pena criminal.
(C) permitido, de forma excepcional, somente na hipótese de gravidez.
(D) autorizado apenas na hipótese de gravidez ou na situação que tenha a finalidade de evitar imposição ou cumprimento de pena criminal, desde que haja expressa concordância de ambos os pais ou representantes legais do(a) menor.
(E) autorizado em qualquer hipótese em que haja expressa concordância de ambos os pais ou representantes legais do(a) menor.

A: correta, pois não será permitido, em qualquer caso, o casamento de quem não atingiu a idade núbil (dezesseis anos), nos termos do art. 1.520 CC; **B:** incorreta, pois essa permissão foi revogada pela Lei 13.811/2019, que deu nova redação ao art. 1.520 CC; **C:** incorreta, nos termos da justificativa da alternativa B; **D:** incorreta, pois ainda que haja autorização dos pais a Lei proíbe (art. 1.520 CC); **E:** incorreta, pois existe proibição legal expressa no art. 1.520 CC. Gabarito "A".

7.1.3. REGIME DE BENS

(ENAM – 2024.1) Cecília, 30 anos, e Edgar, 35 anos, celebraram pacto antenupcial para adotar o regime da participação final nos aquestos. No entanto, antes mesmo da chegada do mês da celebração do casamento, houve uma briga entre o casal, que decidiu romper por diferenças irreconciliáveis.

Nesse caso, o pacto antenupcial deve ser considerado

(A) nulo.
(B) ineficaz.
(C) anulável.
(D) revogado.
(E) Inexistente.

Consoante previsão expressa do art. 1.653, 2ª parte CC: "(...) é ineficaz o pacto antenupcial se não lhe seguir o casamento". Logo, as alternativas A, C D e E estão incorretas. A alternativa correta é a letra B. **GR**
„Gabarito „B".

(Juiz de Direito – TJ/MS – 2020 – FCC) Em relação ao direito patrimonial entre os cônjuges:

(A) é obrigatório o regime da separação de bens no casamento da pessoa maior de sessenta anos.
(B) é admissível a livre alteração do regime de bens, independentemente de autorização judicial, ressalvados porém os direitos de terceiros.
(C) podem os cônjuges, independentemente de autorização um do outro, comprar, mesmo que a crédito, as coisas necessárias à economia doméstica, bem como obter, por empréstimo, as quantias que a aquisição dessas coisas exigir, situações que os obrigarão solidariamente.
(D) em nenhuma hipótese pode o cônjuge, sem autorização do outro, alienar ou gravar de ônus real os bens imóveis.
(E) é anulável o pacto antenupcial se não for feito por escritura pública, e nulo se não lhe seguir o casamento.

A: incorreta, pois a idade para ser obrigatório o regime de separação de bens é de setenta anos (art. 1.641, II CC); **B:** incorreta, pois é admissível alteração do regime de bens, *mediante autorização* judicial em pedido motivado de ambos os cônjuges, apurada a procedência das razões invocadas e ressalvados os direitos de terceiros (art. 1.639, § 2º CC); **C:** correta (arts. 1.643 e 1.644 CC); **D:** incorreta, pois caso haja recusa injustificada do cônjuge ou ele por alguma razão não possa expressar seu consentimento, o juiz pode suprir essa manifestação e assim o cônjuge interessado poderá alienar ou gravar de ônus real os bens imóveis (art. 1.647 CC); **E:** incorreta, pois é *nulo* o pacto antenupcial se não for feito por escritura pública, e *ineficaz* se não lhe seguir o casamento (art. 1.653 CC). **GR**
„Gabarito „C".

7.1.4. TEMAS COMBINADOS DE CASAMENTO

(Defensor Público – DPE/SC – 2017 – FCC) Considere as assertivas abaixo a respeito dos requisitos para a usucapião familiar, inserida no Código Civil pela Lei n. 12.424/2011.

I. boa-fé e justo título.
II. posse ininterrupta e sem oposição pelo prazo de dois anos.
III. posse direta e com exclusividade sobre imóvel urbano de até 250 m² (duzentos e cinquenta metros quadrados).
IV. usucapiente não seja proprietário de outro imóvel urbano ou rural.
V. o usucapiente seja proprietário de parte do imóvel juntamente com ex-cônjuge ou ex-companheiro que abandonou o lar.

Está correto o que se afirma APENAS em:

(A) II, IV e V.
(B) II, III e IV.
(C) II, III, IV e V.
(D) I, II, IV e V.
(E) I, II, III e IV.

A letra C está correta, nos termos do artigo 1240-A do Código Civil, dispõe que: "Aquele que exercer, por 2 (dois) anos ininterruptamente e sem oposição, posse direta, com exclusividade, sobre imóvel urbano de até 250m² (duzentos e cinquenta metros quadrados) cuja propriedade divida com ex-cônjuge ou ex-companheiro que abandonou o lar, utilizando-o para sua moradia ou de sua família, adquirir-lhe-á o domínio integral, desde que não seja proprietário de outro imóvel urbano ou rural. § 1º O direito previsto no *caput* não será reconhecido ao mesmo possuidor mais de uma vez". **GN**
„Gabarito „C".

7.2. UNIÃO ESTÁVEL

(Procurador – PGE/SP – 2024 – VUNESP) João vivia em união estável com Maria, tendo com ela uma relação pública, contínua e duradoura, formalizada por meio de escritura pública, com o objetivo de constituir família. Entretanto, João conheceu Pedro e, após alguns meses de amizade, iniciaram uma relação amorosa homoafetiva. A relação entre João e Maria manteve o caráter de continuidade. Por vários anos, João manteve-se em união estável com Maria e, concomitantemente, em relação amorosa homoafetiva com Pedro. João faleceu e, na data da sua morte, permanecia em união estável com Maria e em relação amorosa homoafetiva com Pedro. Este pretende ingressar com uma ação judicial visando ao reconhecimento da sua relação amorosa homoafetiva com João como união estável, para fins sucessórios e previdenciários.

Acerca do caso hipotético, tendo em vista o entendimento do Supremo Tribunal Federal, assinale a alternativa correta.

(A) É possível o reconhecimento da relação amorosa homoafetiva como união estável apenas para fins previdenciários, devendo o valor do benefício ser dividido igualmente entre Maria e Pedro.
(B) É possível o reconhecimento da relação amorosa homoafetiva como união estável, não sendo óbice a existência de relação heteroafetiva anterior, por se configurar relação de gênero diverso da que se busca reconhecer.
(C) É possível o reconhecimento da relação amorosa homoafetiva como união estável, para fins sucessórios, desde que seja provado que Pedro contribuiu para a aquisição onerosa de bens durante a relação amorosa.
(D) Deve ser reconhecida como união estável apenas a relação que melhor representava, na data da morte de João, o desejo deste de constituir família, tendo

em vista o princípio da dignidade da pessoa humana e da autonomia privada.

(E) A preexistência da união estável com Maria impede o reconhecimento de novo vínculo com Pedro, inclusive para fins previdenciários, em virtude da consagração do dever de fidelidade e da monogamia pelo ordenamento jurídico-constitucional brasileiro.

De acordo com a tese fixada pelo Supremo Tribunal Federal no julgamento do processo paradigma do Tema nº 529 sob a sistemática da repercussão geral, *in verbis*: "A preexistência de casamento ou de união estável de um dos conviventes, ressalvada a exceção do artigo 1.723, § 1º, do Código Civil, impede o reconhecimento de novo vínculo referente ao mesmo período, inclusive para fins previdenciários, em virtude da consagração do dever de fidelidade e da monogamia pelo ordenamento jurídico-constitucional brasileiro". Neste passo, cumpre destacar a seguinte tese de repercussão geral fixada pelo STF no RE 883168: "É incompatível com a Constituição Federal o reconhecimento de direitos previdenciários (pensão por morte) à pessoa que manteve, durante longo período e com aparência familiar, união com outra casada, porquanto o concubinato não se equipara, para fins de proteção estatal, às uniões afetivas resultantes do casamento e da união estável". Logo: **A**: incorreta, pois é não é possível o reconhecimento da relação amorosa homoafetiva como união estável e o benefício previdenciário não será dividido; **B**: incorreta, pois não é possível o reconhecimento da relação amorosa homoafetiva como união estável, uma vez que a união estável com Maria configura óbice; **C**: incorreta, pois não é possível o reconhecimento da relação amorosa homoafetiva como união estável, logo, Pedro não terá nenhum direito sucessório; **D**: incorreta, pois apenas a união estável com Maria deve ser reconhecida, porque a relação era pública, contínua e duradoura, formalizada por meio de escritura pública, com o objetivo de constituir família. Gabarito "E".

7.3. PARENTESCO E FILIAÇÃO

(Juiz de Direito – TJ/DFT – 2023 – CEBRASPE) Pedro ajuizou ação requerendo o reconhecimento de sua paternidade biológica de Rafael, com quatorze anos de idade, em cuja certidão de nascimento já constava o nome do padrasto como pai.

Nessa situação hipotética,

(A) não há impedimento quanto à procedência da ação apenas se a paternidade socioafetiva não tiver sido declarada em registro público de notas e títulos.

(B) há impedimento quanto à procedência da ação, em razão dos efeitos jurídicos que esta causaria.

(C) há impedimento quanto à procedência da ação, porquanto só se admite um pai, biológico ou não.

(D) não há impedimento quanto à procedência da ação, porquanto podem ser reconhecidos os dois vínculos.

(E) não há impedimento quanto à procedência da ação, porquanto Rafael ainda é menor de idade.

A: incorreta, pois não há impedimento quanto à procedência da ação mesmo se paternidade socioafetiva tiver sido declarada em registro público de notas e títulos (Supremo Tribunal Federal – repercussão geral ao Tema n. 622 – leading case do RE 898060/SC); **B**: incorreta, pois não há impedimento quanto à procedência da ação, em razão dos efeitos jurídicos que esta causaria. O Supremo Tribunal Federal, ao conceder repercussão geral ao Tema n. 622, no *leading case* do RE 898060/SC, entendeu que a paternidade socioafetiva, declarada ou não em registro público, não impede o reconhecimento do vínculo de filiação concomitante baseado na origem biológica, com efeitos jurídicos próprios; **C**: incorreta nos termos da alternativa B; **D**: correta. O Supremo Tribunal Federal, ao conceder repercussão geral ao Tema n. 622, no *leading case* do RE 898060/SC, entendeu que a paternidade socioafetiva, declarada ou não em registro público, não impede o reconhecimento do vínculo de filiação concomitante baseado na origem biológica, com efeitos jurídicos próprios. Note que ocorreu uma mudança no entendimento sobre o tema da multiparentalidade, em virtude da constante evolução do conceito de família, que reclama a reformulação do tratamento jurídico dos vínculos parentais à luz do sobreprincípio da dignidade humana (art. 1º, III, da CRFB) e da busca da felicidade. Entendeu-se que pela necessidade de ampliar a tutela normativa, de modo a atender o melhor interesse da criança e o direito de declaração do genitor/genitora da sua paternidade/maternidade, ainda que os arranjos familiares estejam alheios à regulamentação estatal. Não sem razão, concluiu-se que as situações de pluriparentalidade não podem ficar sem proteção, e, ainda que haja vínculo biológico reconhecido, a filiação socioafetiva também deve ser tutelada juridicamente, admitindo-se a possibilidade de coexistência simultânea entre os dois vínculos, biológico e socioafetivo, para todos os fins de direito, a fim de prover a mais completa e adequada tutela aos sujeitos envolvidos, ante os princípios constitucionais da dignidade da pessoa humana (art. 1º, III) e da paternidade responsável (art. 226, § 7º); **E**: incorreta, a justificativa para a procedência da ação não está ligada ao fato de Rafael ser menor de idade, conforme justificativa da alternativa D. Gabarito "D".

(Juiz de Direito – TJ/DFT – 2023 – CEBRASPE) Cada um dos itens a seguir apresenta uma situação hipotética seguida de uma assertiva a ser julgada conforme as disposições do Código Civil e da jurisprudência do STJ em relação à proteção da pessoa dos filhos em situações de multiparentalidade.

I. O pai biológico de Maria faleceu quando ela tinha apenas doze anos de idade. Dois anos depois, a mãe de Maria passou a viver em união estável com João. Desde então, João tomou para si o exercício da função paterna na vida de Maria, situação plenamente aceita por ela. Por essa razão, João e Maria decidiram tornar jurídica a situação fática então existente, para ser reconhecida a paternidade socioafetiva dele mediante sua inclusão no registro civil dela, sem exclusão do pai biológico falecido. Nessa situação hipotética, reconhecida a multiparentalidade em razão da ligação afetiva entre enteada e padrasto, Maria terá direitos patrimoniais e sucessórios em relação tanto ao pai falecido quanto ao João.

II. Regina namorava publicamente Adão e outros rapazes quando engravidou. Dois meses depois do nascimento de Felipe, fruto dessa gravidez, Adão o registrou e passou a tratá-lo publicamente como filho. Todavia, com dúvidas acerca da paternidade, Adão fez, extrajudicialmente, um exame de DNA e constatou que Felipe não era seu filho biológico. Nessa situação hipotética, a divergência entre a paternidade biológica e a declarada no registro de nascimento é suficiente para que Adão possa pleitear judicialmente a anulação do ato registral, mesmo configurada a paternidade socioafetiva.

III. Daniel e Jonas convivem em união estável homoafetiva e resolveram ter um filho. Procuraram, então, uma clínica de fertilização na companhia de Marta, irmã de Jonas, para um programa de inseminação artificial. Daniel e Marta se submeteram ao ciclo de reprodução assistida, dando origem a Letícia. Marta foi somente a chamada barriga solidária. Nessa situação hipotética, o registro civil de Letícia deverá ser realizado pelo cartório, independentemente de prévia autorização judicial.

IV. Quando Eva se casou com Ivo, já era mãe de Elias, fruto de um relacionamento anterior. Embora Elias seja filho biológico e registral de outro homem, perante a sociedade, o trabalho, os amigos e a escola, Ivo sempre o apresenta como seu filho, sem qualquer distinção. Nessa situação hipotética, depois do falecimento de Ivo, Elias poderá obter judicialmente o reconhecimento de Ivo como seu pai socioafetivo, incluindo-o no seu registro civil, sem a exclusão do pai biológico.

Estão certos apenas os itens

(A) I e II.
(B) I e III.
(C) II e IV.
(D) I, III, e IV.
(E) II, III e IV.

I: certa (Enunciado 632 do CJF: Nos casos de reconhecimento de multiparentalidade paterna ou materna, o filho terá direito à participação na herança de todos os ascendentes reconhecidos); II: errada, pois o STJ consolidou orientação no sentido de que para ser possível a anulação do registro de nascimento, é imprescindível a presença de dois requisitos, a saber: (i) prova robusta no sentido de que o pai foi de fato induzido a erro, ou ainda, que tenha sido coagido a tanto e (ii) inexistência de relação socioafetiva entre pai e filho. Assim, a divergência entre a paternidade biológica e a declarada no registro de nascimento não é apta, por si só, para anular o registro. REsp 1829093/PR. Precedentes; III: certa, pois de acordo com o Provimento nº 63/2017 do Conselho Nacional de Justiça, o registro de nascimento de crianças geradas por meio da técnica de reprodução assistida de gestação por substituição poderá ser solicitado no Cartório de Registro Civil, não sendo necessária qualquer intervenção judicial; IV: certa, pois o STF possui firme entendimento no sentido de que a paternidade socioafetiva, declarada ou não em registro público, não impede o reconhecimento do vínculo de filiação concomitante baseado na origem biológica, com todas as suas consequências jurídicas. (RE 898060). Logo, a alternativa a ser assinalada é a letra D. Gabarito "D".

(Procurador Município – Teresina/PI – FCC – 2022) Em relação ao parentesco em geral e à filiação:

(A) Entre outras situações previstas legalmente, presumem-se concebidos na constância do casamento os filhos havidos, a qualquer tempo, quando se tratar de embriões excedentários, decorrentes de concepção artificial homóloga.
(B) A prova da impotência do cônjuge para gerar, à época da concepção, não ilide a presunção da paternidade na constância do casamento.
(C) Os filhos, havidos ou não da relação de casamento, terão os mesmos direitos e qualificações, proibidas quaisquer designações discriminatórias relativas à filiação, salvo as concernentes à adoção.
(D) Na linha reta ou colateral, o parentesco por afinidade não se extingue com a dissolução do casamento ou da união estável.
(E) Cabe ao marido o direito de contestar a paternidade dos filhos nascidos de sua mulher, sendo tal ação prescritível em dez anos.

A: correta (art. 1.597, IV CC); B: incorreta, pois a prova da impotência do cônjuge para gerar, à época da concepção, ilide a presunção da paternidade (art. 1.599 CC); C: incorreta, pois os filhos, havidos ou não da relação de casamento, ou por adoção, terão os mesmos direitos e qualificações, proibidas quaisquer designações discriminatórias relativas à filiação, inclusive referente à adoção, porque a Lei não traz exceção (art. 1.596 CC); D: incorreta, pois apenas na linha reta, a afinidade não se extingue com a dissolução do casamento ou da união estável (art. 1.595, § 2º CC); E: incorreta, pois essa ação é imprescritível (art. 1.601, *caput* CC). Gabarito "A".

(Juiz de Direito - TJ/BA - 2019 - CESPE/CEBRASPE) Com relação ao reconhecimento voluntário de filhos tidos fora do casamento, julgue os seguintes itens.

I. O Código Civil admite o reconhecimento voluntário de paternidade por declaração direta e expressa perante o juiz, desde que manifestada em ação própria, denominada ação declaratória de paternidade. Nesse caso, o ato jurídico é irrevogável.
II. De acordo com o Código Civil, o reconhecimento voluntário de paternidade por meio do testamento é revogável pelo testador, por constituir ato de última vontade, mutável a qualquer tempo antes do falecimento do testador.
III. O reconhecimento de filiação pode preceder o nascimento do filho e, até mesmo, ser posterior ao falecimento deste. Nesse último caso, admite-se o reconhecimento *post mortem* se o filho deixar descendentes.

Assinale a opção correta.

(A) Apenas o item II está certo.
(B) Apenas o item III está certo.
(C) Apenas os itens I e II estão certos.
(D) Apenas os itens I e III estão certos.
(E) Todos os itens estão certos.

I: incorreta, pois não precisa ser em ação própria (art. 1.609, *caput*, e inciso IV, CC); II: incorreta, pois o reconhecimento da paternidade por testamento também é irrevogável (art. 1609, III, CC); III: correta, nos termos do art. 1.609, parágrafo único CC. Logo, a alternativa correta é a letra B. Gabarito "B".

7.4. PODER FAMILIAR, ADOÇÃO, TUTELA E GUARDA

(Juiz de Direito – TJ/DFT – 2023 – CEBRASPE) Quanto às relações de parentesco e à competência para julgar as ações a esse respeito, assinale a opção correta à luz do Código Civil e da Lei de Organização Judiciária do Distrito Federal e dos Territórios.

(A) No Código Civil, há previsão de adoção de pessoa maior de dezoito anos de idade, o que depende da assistência efetiva do poder público e de sentença constitutiva de competência do juiz da vara da infância e da juventude.
(B) No Código Civil, há previsão de adoção de pessoa maior de dezoito anos de idade, o que depende da assistência efetiva do poder público e de sentença constitutiva de competência do juiz da vara de família.
(C) Nos termos do Código Civil, as regras gerais do Estatuto da Criança e do Adolescente não são aplicáveis à adoção de pessoa maior de dezoito anos de idade.
(D) Embora haja previsão de adoção de pessoa maior de dezoito anos de idade no Código Civil, a Lei de Organização Judiciária do Distrito Federal e dos Territórios

não estabelece regra de competência para julgamento desse tipo de demanda.

(E) Embora haja regra expressa de competência para o julgamento da ação de pessoa maior de dezoito anos de idade na Lei de Organização Judiciária do Distrito Federal e dos Territórios, não há previsão do instituto no Código Civil, devendo ser usado por analogia, no que couber, o Estatuto da Criança e do Adolescente.

A: incorreta, pois a competência é do Juiz da Vara de Família (art. 27 da Lei de Organização Judiciária do Distrito Federal e dos Territórios); **B:** correta (art. 1.619 CC e art. 27 da Lei de Organização Judiciária do Distrito Federal e dos Territórios); **C:** incorreta, pois o art. 1.619 CC prevê que "A adoção de maiores de 18 (dezoito) anos dependerá da assistência efetiva do poder público e de sentença constitutiva, aplicando-se, no que couber, as regras gerais da Lei n. 8.069, de 13 de julho de 1990 – Estatuto da Criança e do Adolescente"; **D:** incorreta, pois a Lei de Organização Judiciária do Distrito Federal e dos Territórios estabelece regra de competência para julgamento desse tipo de demanda (art. 27 da Lei de Organização Judiciária do Distrito Federal e dos Territórios); **E:** incorreta, pois há previsão expressa sobre o assunto no CC no art. 1619.

Gabarito "B".

(Juiz de Direito – TJ/RJ – 2019 – VUNESP) Pedro, criança de 4 anos, com pais desconhecidos, vive em uma instituição de menores abandonados. Em razão de sua aparência física (branco e de olhos claros) despertou o interesse na adoção por um casal alemão. Entretanto, outro casal brasileiro, regularmente cadastrado para adoção na forma da lei, também manifestou interesse em adotar Pedro. Acerca do caso hipotético, assinale a alternativa correta.

(A) Deverá ser dada preferência ao casal estrangeiro, tendo em vista que a adoção irá representar a Pedro a possibilidade de ser cidadão da comunidade europeia, o que significa uma manifesta vantagem em seu interesse.

(B) Deverá ser deferida a adoção ao casal que melhor apresentar condições de satisfazer os interesses da criança.

(C) Deverá ser dada preferência ao casal brasileiro, se este apresentar perfil compatível com a criança.

(D) Pedro deverá previamente ser inserido no programa de apadrinhamento e, apenas no caso de insucesso deste, poderá ser deferida a adoção, com preferência ao casal brasileiro.

(E) Caso seja deferida a adoção ao casal alemão, a saída de Pedro do território nacional somente poderá ocorrer a partir da publicação da decisão proferida pelo juiz em primeira instância, mesmo sem o trânsito em julgado, vedada a concessão de tutela provisória.

A: incorreta, pois a preferência é de casais brasileiros (art. Art. 51, § 1º, II da Lei 8.069/90), independentemente deste tipo de vantagem; **B:** incorreta, pois o casal brasileiro terá preferência ao casal estrangeiro, sendo autorizada a adoção por este último apenas quando não houver possibilidade de colocar a criança ou adolescente em família adotiva brasileira. Portanto a adoção por estrangeiro é sempre em último caso (art. Art. 51, § 1º, II da Lei 8.069/90); **C:** correta, pois para colocar em família estrangeira devem ter sido esgotadas todas as possibilidades de colocação da criança ou adolescente em família adotiva brasileira (art. Art. 51, § 1º, II da Lei 8.069/90); **D:** incorreta, pois o apadrinhamento consiste em programa para estabelecer vínculos fora da instituição onde a criança está, mas não é permanente, não interferindo na adoção (art. 19-B, § 1º da Lei 8.069/90); **E:** incorreta, pois a adoção só produz efeito a partir do trânsito em julgado da sentença constitutiva (art. 47, § 7º da Lei 8.069/90). Ademais é necessário que o casal tenha passado pelo estágio de convivência, que para casais estrangeiros é de 30 a 45 dias no máximo (art. 46, § 3º da Lei 8.069/90).

Gabarito "C".

A respeito da guarda dos filhos após a separação do casal, julgue os itens a seguir.

I. De acordo com o STJ, o estabelecimento da guarda compartilhada não se sujeita à transigência dos genitores.

II. Na audiência de conciliação, o juiz deverá instar o Ministério Público a informar os pais do significado da guarda compartilhada, da sua importância, da similitude de deveres e dos direitos atribuídos aos genitores bem como das sanções pelo descumprimento de suas cláusulas.

III. O descumprimento imotivado de cláusula de guarda compartilhada acarretará a redução do número de horas de convivência com o filho.

IV. O pai ou a mãe, em cuja guarda não esteja o filho, poderá visitá-lo e tê-lo em sua companhia, segundo o que acordar com o outro cônjuge, bem como fiscalizar a sua manutenção e educação.

(Juiz de Direito – TJ/SC – 2019 – CESPE/CEBRASPE) Estão certos apenas os itens

(A) I e III.
(B) I e IV.
(C) II e IV.
(D) I, II e III.
(E) II, III e IV.

I: Certa: Recurso Especial. Civil e processual civil. Família. Guarda compartilhada. Consenso. Desnecessidade. Limites geográficos. Implementação. Impossibilidade. Melhor interesse dos menores. Súmula 7/STJ. 1. A implementação da guarda compartilhada não se sujeita à transigência dos genitores. 2. As peculiaridades do caso concreto inviabilizam a implementação da guarda compartilhada, tais como a dificuldade geográfica e a realização do princípio do melhor interesse dos menores, que obstaculizam, a princípio, sua efetivação. 3. Às partes é concedida a possibilidade de demonstrar a existência de impedimento insuperável ao exercício da guarda compartilhada, como por exemplo, limites geográficos. Precedentes. 4. A verificação da procedência dos argumentos expendidos no recurso especial exigiria, por parte desta Corte, o reexame de matéria fática, o que é vedado pela Súmula 7 deste Tribunal. 5. Recurso especial não provido. Recurso Especial 1.605.477 – RS (2016/0061190-9); **II:** errada, pois esse dever é do juiz, não do Ministério Público. O próprio juiz é que deve informar os pais (art. 1.584, § 1º CC); **III:** errada, pois o descumprimento imotivado de cláusula de guarda compartilhada acarretará a redução de prerrogativas atribuídas ao seu detentor (art. 1.584, § 4º CC); **IV:** certa (art. 1.589 *caput* CC). Portanto, a alternativa correta é a letra B.

Gabarito "B".

(Promotor de Justiça/PR – 2019 – MPE/PR) Perderá por ato judicial o poder familiar aquele que:

I. castigar imoderadamente o filho.

II. entregar de forma irregular o filho a terceiros para fins de adoção.

III. praticar contra outrem igualmente titular do mesmo poder familiar estupro ou outro crime contra a dignidade sexual sujeito à pena de reclusão.

IV. praticar contra filho, filha ou outro descendente, homicídio, feminicídio ou lesão corporal de natureza grave ou seguida de morte, quando se tratar de crime doloso envolvendo violência doméstica e familiar.

(A) Estão corretas apenas I e II.
(B) Estão corretas apenas III e IV.
(C) Estão corretas apenas I, II e IV.
(D) Estão corretas apenas II, III e IV.
(E) Todas estão corretas.

I: certa (art. 1.638, I CC); **II:** certa (art. 1.638, V CC); **III:** certa (art. 1.638, parágrafo único, I, alínea *b* CC); **IV:** certa (art. 1.638, parágrafo único, I, alínea *a* CC). Logo a alternativa correta é letra E.
"Gabarito "E"."

7.5. ALIMENTOS

(Juiz de Direito – TJ/SP – 2023 – VUNESP) Sobre os alimentos, nos termos da jurisprudência dominante e atual do Superior Tribunal de Justiça, é correto afirmar:

(A) o Código Civil prevê o dever de solidariedade alimentar decorrente do parentesco, facultando-se ao alimentando a possibilidade de formular novo pedido de alimentos direcionado a seus familiares, caso necessário.
(B) os alimentos gravídicos visam a auxiliar a mulher gestante nas despesas decorrentes da gravidez, da concepção ao parto. A gestante é a beneficiária direta dos alimentos gravídicos, resguardando-se, assim, ainda que indiretamente, os direitos do próprio nascituro. Contudo, com o nascimento com vida da criança, esses alimentos são extintos ou perdem seu objeto, isto é, não podem ser convertidos automaticamente em pensão alimentícia.
(C) a obrigação alimentar do pai em relação aos filhos cessa automaticamente com o advento da maioridade.
(D) é irrenunciável o direito aos alimentos presentes e futuros, mas pode o credor renunciar aos alimentos pretéritos devidos e não prestados. A irrenunciabilidade atinge o direito e o seu exercício.

A: correta (arts. 1.694 e 1.695 CC). Neste passo, "o ordenamento pátrio prevê o dever de solidariedade alimentos decorrentes do parentesco, facultando-se à alimentanda a possibilidade de formular novo pedido de alimentos direcionado a seus familiares caso necessário. Resp nº 1.688.619 – MG". Ressalte-se que apesar de se falar em solidariedade, isso não se confunde com obrigação solidária, mas em dever de solidariedade; **B:** incorreta, pois com o nascimento com vida os alimentos gravídicos ficam convertidos em pensão alimentícia em favor do menor até que uma das partes solicite a sua revisão (art. 6º, parágrafo único da Lei 11.804/08); **C:** incorreta, nos termos da Súmula 358 do STJ: "O cancelamento de pensão alimentícia de filho que atingiu a maioridade está sujeito à decisão judicial, mediante contraditório, ainda que nos próprios autos"; **D:** incorreta, pois é irrenunciável o direito aos alimentos presentes e futuros (art. 1.707 do Código Civil), mas pode o credor renunciar aos alimentos pretéritos devidos e não prestados, isso porque a *irrenunciabilidade atinge o direito, e não o seu exercício*. Resp nº 1.529.532 – DF.
"Gabarito "A"."

(Delegado/RJ – 2022 – CESPE/CEBRASPE) Jorge foi condenado por sentença transitada em julgado ao pagamento de dez salários-mínimos mensais a título de pensão alimentícia a seu filho Mauro.

Nessa situação hipotética,

(A) em razão do trânsito em julgado da sentença condenatória, pai e filho não poderão pedir majoração, redução ou exoneração do encargo.
(B) Jorge ou Mauro poderão pedir, conforme as circunstâncias, exoneração, redução ou majoração da pensão, se sobrevier mudança na situação financeira de quem a supre ou na de quem a recebe.
(C) apenas a alteração simultânea na situação financeira de Jorge e Mauro autorizará a revisão do valor da prestação alimentícia.
(D) a alteração do valor da pensão alimentícia só será possível se houver ação rescisória.
(E) apenas se ficar desempregado Jorge poderá pedir exoneração ou redução do encargo da pensão alimentícia.

A: incorreta, pois se fixados os alimentos, sobrevier mudança na situação financeira de quem os supre, ou na de quem os recebe, poderá o interessado reclamar ao juiz, conforme as circunstâncias, exoneração, redução ou majoração do encargo (art. 1.699 do CC); **B:** correta (art. 1.699 do CC); **C:** incorreta, pois não há necessidade da alteração simultânea da situação financeira de ambos (art. 1.699 do CC). Apenas a alteração da situação financeira de uma das partes já é suficiente para pedir a revisão; **D:** incorreta, pois a alteração não depende de ação rescisória. Basta pedir a revisão dos alimentos (art. 1.699 do CC); **E:** incorreta, pois o desemprego não é condição para Jorge pedir a redução ou exoneração do encargo. Basta que tenha alteração de sua situação financeira (art. 1.699 do CC).
"Gabarito "B"."

7.6. BEM DE FAMÍLIA

(Procurador Federal – AGU – 2023 – CEBRASPE) Acerca do bem de família, assinale a opção correta, considerando o entendimento jurisprudencial do Superior Tribunal de Justiça (STJ).

(A) É penhorável o bem de família oferecido por pessoa física como garantia em contrato de mútuo em benefício de pessoa jurídica.
(B) É impenhorável o bem de família quando os únicos sócios da empresa devedora são os titulares do imóvel hipotecado.
(C) Vaga de garagem que possua matrícula própria no registro de imóveis constitui bem de família para efeito de penhora.
(D) A impenhorabilidade legal tem o objetivo de proteger o devedor contra suas dívidas.
(E) O benefício da impenhorabilidade não alcança o casal que tenha mais de um bem imóvel.

A: correta, nos termos da ementa: "[...]. Nos termos da orientação firmada nos autos do REsp. 1.559.348/DF, com o propósito de vedar a ocorrência de comportamento contraditório, prestigiando o princípio da boa-fé contratual, este Superior Tribunal de Justiça passou a reconhecer a possibilidade de penhora incidente sobre bem de família oferecido por pessoa física como garantia em contrato de mútuo em benefício de pessoa jurídica. 2. Agravo interno desprovido. (AgInt nos EDcl no AREsp n. 1.507.594/MG, relator Ministro Marco Buzzi, Quarta Turma, julgado em 30/3/2020, DJe de 1/4/2020.)"; **B:** incorreta, pois a jurisprudência fixada pelo STJ é no sentido de que o bem de família é penhorável quando únicos sócios da empresa devedora são donos do imóvel hipotecado (EAREsp 848498); **C:** incorreta, pois conforme entendimento da Súmula 449 do STJ: "A vaga de garagem que possui

matrícula própria no registro de imóveis não constitui bem de família para efeito de penhora."; **D:** incorreta, pois sobre o tema, a jurisprudência do STJ é no sentido de que a Lei n. 8.009/1990 destina-se a proteger, não o devedor, mas a sua família. (REsp 169.239-SP); **E:** incorreta, consoante teor do parágrafo único do art. 5º, da Lei 8.009/90: "Na hipótese de o casal, ou entidade familiar, ser possuidor de vários imóveis utilizados como residência, a impenhorabilidade recairá sobre o de menor valor, salvo se outro tiver sido registrado, para esse fim, no Registro de Imóveis e na forma do art. 70 do Código Civil". **GR**
Gabarito "A".

(Promotor de Justiça/CE – 2020 – CESPE/CEBRASPE) De acordo com a jurisprudência do STJ, a proteção dada à impenhorabilidade do bem de família se aplica a

(A) imóvel único do devedor que esteja alugado a terceiros, se for demonstrado que a renda da locação é utilizada para subsistência ou moradia da família do devedor.

(B) vaga de garagem residencial que pertença ao executado e possua matrícula própria em registro de imóveis.

(C) bem dado em garantia hipotecária por cônjuges, caso eles sejam os únicos sócios de pessoa jurídica devedora que esteja sendo executada.

(D) imóvel único de fiador dado como garantia de locação residencial.

(E) bem imóvel do devedor em execução promovida para o pagamento de dívidas oriundas de despesas condominiais do próprio bem que originou o débito.

A: correta (Súmula 486 STJ); **B:** incorreta, pois as vagas de garagem que possuem matrícula própria podem ser penhoradas. O entendimento é da 4ª Turma do Tribunal Regional Federal da 3ª Região, que reformou decisão da primeira instância em um caso no qual a União indicou o apartamento e duas vagas de garagem que constavam como propriedade de um réu em execução fiscal (STJ – AgRg no REsp 1554911/PR); **C:** incorreta, pois é possível penhorar imóvel bem de família nos casos em que ele for dado em garantia hipotecária de dívida contraída em favor de pessoa jurídica quando os únicos sócios da empresa devedora são proprietários do bem hipotecado, em virtude da presunção do benefício gerado aos integrantes da família. O entendimento foi firmado em decisão unânime pela Segunda Seção do Superior Tribunal de Justiça (STJ) ao negar recurso de um casal – únicos sócios da empresa executada e proprietários de um imóvel hipotecado – que pretendia o reconhecimento da impenhorabilidade do bem dado em garantia, sem ter sido apresentada prova de que os integrantes da família não foram beneficiados (STJ – EAREsp 848498/PR); **D:** incorreta, pois a Súmula 549 prevê que é válida a penhora de bem de família pertencente a fiador de contrato de locação; **E:** incorreta, pois é possível a penhora do bem de família na hipótese de execução de dívida originária de despesas condominiais em que o devedor não indica outros bens à penhora ou não os possui. A decisão é da 2ª Turma do Superior Tribunal de Justiça (STJ –AR 5.931). **GR**
Gabarito "A".

(Procurador do Município – S.J. Rio Preto/SP – 2019 – VUNESP) Assinale a alternativa correta no que diz respeito ao entendimento legal e sumulado sobre bem de família.

(A) O conceito de impenhorabilidade de bem de família abrange também o imóvel pertencente a pessoas solteiras, mas não abrange o imóvel pertencente a pessoas separadas e viúvas.

(B) É penhorável o único imóvel residencial do devedor que esteja locado a terceiros, ainda que a renda obtida com a locação seja revertida para a subsistência ou a moradia da sua família.

(C) A vaga de garagem que possui matrícula própria no registro de imóveis não constitui bem de família para efeito de penhora.

(D) Não é válida a penhora de bem de família pertencente a fiador de contrato de locação.

(E) São impenhoráveis os veículos de transporte, as obras de arte e os adornos suntuosos.

A: incorreta, pois a Súmula 364 do STJ prevê que "o conceito de impenhorabilidade de bem de família abrange também o imóvel pertencente a pessoas solteiras, separadas e viúvas"; **B:** incorreta, pois de acordo com a Súmula 486 STJ "é impenhorável o único imóvel residencial do devedor que esteja locado a terceiros, desde que a renda obtida com a locação seja revertida para a subsistência ou moradia da sua família"; **C:** correta (Súmula 449 STJ); **D:** incorreta, pois é constitucional a penhora de bem de família pertencente a fiador de contrato de locação, em virtude da compatibilidade da exceção prevista no art. 3º, VII, da Lei 8.009/1990 e Súmula 549 do STJ; **E:** incorreta, pois Excluem-se da impenhorabilidade os veículos de transporte, obras de arte e adornos suntuosos (art. 2º, caput da Lei 8.009/1990). **GR**
Gabarito "C".

7.7. CURATELA

(Juiz de Direito – TJ/SC – 2024 – FGV) Enfiteutis, diagnosticado com psicopatia grave, foi autor de diversos crimes violentos, até mesmo contra parentes seus que o abandonaram por medo e até mesmo raiva.

Em razão disso, sua filha, Laudêmia, busca sua curatela judicialmente.

O Ministério Público, em parecer lançado nos autos, opina, em preliminar, nos seguintes termos: i) a filha não pode postular a medida quando há ascendentes vivos de Enfiteutis que possam desempenhar o encargo, consoante ordem do Art. 1.775 do Código Civil; e ii) a psicopatia não enseja a curatela, na medida em que não se pode falar em incapacidade civil. No mérito, se superados esses pontos, pede que a curatela se estenda também aos atos existenciais de Enfiteutis.

As ponderações do Ministério Público:

(A) são todas procedentes;

(B) são todas improcedentes;

(C) procedem quanto ao mérito, mas não quanto às preliminares;

(D) procedem quanto à primeira preliminar, mas não quanto ao mérito;

(E) só procedem quanto à segunda preliminar.

GABARITO QUESTIONÁVEL: O gabarito coloca que a primeira preliminar é improcedente, provavelmente com fundamento no art. 747 do CPC. Mas essa preliminar é PROCEDENTE. O art. 1.775 CC declara que o descendente apenas pode postular a curatela caso os ascendentes do interditando não possam fazê-lo. Então, os ascendentes têm preferência em relação aos descendentes. Embora o NCPC seja lei nova (2015) em relação ao CC (2002), o CC é lei especial em relação do NCPC. Dentro das regras do conflito aparente de normas lei posterior geral não revoga lei especial anterior. Logo, essa questão inteira é passível de discussão.

A melhor resposta seria: primeira preliminar procedente (conforme mencionado acima); segunda preliminar improcedente (art. 4º, III CC c/c 1.767, I CC); mérito procedente (embora o art. 85 do Estatuto da Pessoa com Deficiência (Lei nº 13.146/2015) preveja que a curatela atingirá tão somente os atos relacionados aos direitos de natureza patrimonial e negocial, o entendimento doutrinário de Flávio Tartuce traz uma posição mais ampla. Como bem alerta o referido professor, diante de situações de extrema vulnerabilidade, em que se reconheça a total falta de autodeterminação de uma pessoa para gerir a própria vida, limitar-se a curatela aos atos patrimoniais e negociais implicaria desprotegê-la ainda mais, indo de encontro à promoção da inclusão social e das liberdades fundamentais almejada pelo Estatuto. Assim, em que pese a limitação imposta pelo mencionado artigo, tratando-se de pessoas em situações de extrema vulnerabilidade, as quais dependem totalmente da ajuda de terceiros para a realização de quaisquer atividades, a extensão da curatela para todos os atos da vida civil revela-se como um mecanismo de proteção. (TARTUCE, 2018, p. 126). GR

Gabarito "C".

(ENAM – 2024.1) Mário, depois de receber diagnóstico de enfermidade que poderia comprometer seu discernimento, convidou seus irmãos, João e Rita, para auxiliá-lo na tomada de decisões que envolvessem negócios jurídicos de certo valor. Depois de reduzirem a termo particular a disciplina do apoio, Mário pediu ajuda a seus irmãos acerca da locação do imóvel de sua titularidade. Rita aconselhou que fosse contratada a locação, à qual João se opôs, por considerar o aluguel baixo. Mário acolheu o conselho de Rita e decidiu realizar a contratação.

De forma a precaver o prejuízo do irmão, João propôs uma medida judicial para obstar a locação e requereu que fosse fixado um valor mínimo para a locação.

Acerca do pleito de João, é correto afirmar que o juízo deve

(A) respeitar a decisão da maioria e não acolher o pleito.

(B) acolher o pedido ante a ausência de unanimidade dos apoiadores.

(C) acolher o pedido, pois a decisão apoiada depende de homologação judicial.

(D) não conhecer do pedido, pois a tomada de decisão apoiada requer forma pública.

(E) não acolher o pleito, visto que não houve autorização judicial para a tomada de decisão apoiada.

A: incorreta, pois a decisão apoiada apenas é legalmente válida se tomada por meio de sentença judicial (art. 1.783-A, *caput* e § 3º CC). Como no caso em tela ela foi feita por acordo particular, o juiz não está obrigado a seguir o seu conteúdo; B e C: incorretas, pois a decisão apoiada apenas ocorre por meio de decisão judicial. Como não foi o caso, o juiz não deve acolher o pleito (art. 1.783-A, *caput* e § 3º CC); D: incorreta, pois a decisão apoiada requer decisão judicial, e não forma pública art. 1.783-A, *caput* e § 3º CC); E: correta, como não houve decisão judicial autorizando e regulando os limites da decisão apoiada ela não tem validade (art. 1.783-A caput, §§ 1º a 11 CC). GR

Gabarito "E".

7.8. TEMAS COMBINADOS DE DIREITO DE FAMÍLIA

(Procurador do Município – S.J. Rio Preto/SP – 2019 – VUNESP) A sociedade conjugal termina

(A) pelo divórcio que só pode ser concedido desde que haja partilha prévia de bens.

(B) pela separação judicial que pode ou não pôr termo aos deveres de coabitação, fidelidade recíproca e ao regime de bens.

(C) pela morte de um dos cônjuges ou tentativa de morte.

(D) pela nulidade ou anulação do casamento.

(E) pelo abandono voluntário do lar conjugal, durante um ano contínuo.

A: incorreta, pois o divórcio pode ser concedido *sem* a prévia partilha prévia de bens (art. 1.581 CC); B: incorreta, pois a separação judicial *põe* termo aos deveres de coabitação, fidelidade recíproca e ao regime de bens (art. 1.576, *caput* CC); C: incorreta, pois a tentativa de morte não termina a sociedade conjugal, mas apena as morte de um dos cônjuges (art. 1.571, I CC); D: correta (art. 1;571, II CC); E: incorreta, pois esta causa não está prevista no rol taxativo do art. 1571 CC. GR

Gabarito "D".

(Promotor de Justiça/PR – 2019 – MPE/PR) *Não* é tese de repercussão geral do STF:

(A) A paternidade socioafetiva, declarada ou não em registro público, impede o reconhecimento do vínculo de filiação concomitante baseado na origem biológica, com os efeitos jurídicos próprios.

(B) O transgênero tem direito fundamental subjetivo à alteração de seu prenome e de sua classificação de gênero no registro civil, não se exigindo, para tanto, nada além da manifestação de vontade do indivíduo, o qual poderá exercer tal faculdade tanto pela via judicial como diretamente pela via administrativa.

(C) A alteração do prenome do transgênero deve ser averbada à margem do assento de nascimento, vedada a inclusão do termo 'transgênero'.

(D) É inconstitucional a distinção de regimes sucessórios entre cônjuges e companheiros prevista no art. 1.790 do CC/2002, devendo ser aplicado, tanto nas hipóteses de casamento quanto nas de união estável, o regime do art. 1.829 do CC/2002.

(E) É constitucional a penhora de bem de família pertencente a fiador de contrato de locação, em virtude da compatibilidade da exceção prevista no art. 3º, inciso VII, da Lei n. 8.009/1990 com o direito à moradia consagrado no art. 6º da Constituição Federal, com redação da EC 26/2000.

A: correta, pois essa afirmação não é tese de repercussão geral no STF. Neste passo, a paternidade socioafetiva, declarada ou não em registro público, *não* impede o reconhecimento do vínculo de filiação concomitante baseado na origem biológica, com os efeitos jurídicos próprios (RE) 898060/2016; B: incorreta, pois essa afirmação faz parte da tese de repercussão geral firmada no RE 670422; C: incorreta, nos termos da justificativa da alternativa B; D: incorreta, pois essa afirmação faz parte da tese de repercussão geral firmada no RE 878694; E: incorreta, pois essa afirmação faz parte da tese de repercussão geral firmada no RE 605709. GR

Gabarito "A".

(Promotor de Justiça/PR – 2019 – MPE/PR) Sobre *tomada de decisão apoiada*, assinale a alternativa *incorreta:*

(A) Antes de se pronunciar sobre o pedido de tomada de decisão apoiada, o juiz, assistido por equipe multidisciplinar, após oitiva do Ministério Público, ouvirá pessoalmente o requerente e as pessoas que lhe prestarão apoio.

(B) A decisão tomada por pessoa apoiada terá validade e efeitos sobre terceiros, sem restrições, desde que esteja inserida nos limites do apoio acordado.

(C) Terceiro com quem a pessoa apoiada mantenha relação negocial pode solicitar que os apoiadores contra-assinem o contrato ou acordo, especificando, por escrito, sua função em relação ao apoiado.

(D) Em caso de negócio jurídico que possa trazer risco ou prejuízo relevante, se houver divergência de opiniões entre a pessoa apoiada e um dos apoiadores, prevalecerá a opinião do apoiador.

(E) O apoiador pode solicitar ao juiz a exclusão de sua participação do processo de tomada de decisão apoiada, sendo seu desligamento condicionado à manifestação do juiz sobre a matéria.

A: a alternativa está certa, não devendo ser assinalada (art. 1.783-A, § 3º CC); **B:** a alternativa está certa, não devendo ser assinalada (art. 1.783-A, § 4º CC); **C:** a alternativa está certa, não devendo ser assinalada (art. 1.783-A, § 5º CC); **D:** a alternativa está errada, devendo ser assinalada, pois se houver divergência de opiniões entre a pessoa apoiada e um dos apoiadores deverá o juiz, ouvido o Ministério Público, decidir sobre a questão (art. 1.783-A, § 6º CC); **E:** a alternativa está certa, não devendo ser assinalada (art. 1.783-A, § 10 CC).
Gabarito "D."

8. SUCESSÕES

8.1. SUCESSÃO EM GERAL

(Juiz de Direito – TJ/SP – 2023 – VUNESP) Sobre o direito sucessório, é correto afirmar:

(A) com a morte do autor da herança, o legatário torna-se titular do domínio da coisa certa existente no acervo hereditário, ainda que o legado esteja sujeito a condição suspensiva. Contudo, a posse da coisa legada não é deferida de imediato quando da abertura da sucessão, diferentemente do que se aplica com a posse do acervo hereditário.

(B) a renúncia abdicativa da herança deve constar expressamente de instrumento público ou termo judicial. Para que se caracterize a renúncia, o renunciante deve renunciar indistintamente em favor de todos os coerdeiros. A renúncia feita sem observância da forma prescrita no Código Civil pode ser anulada.

(C) aberta a sucessão, a herança transmite-se, desde logo, aos herdeiros legítimos e testamentários. O princípio da saisine não se aplica ao Poder Público, pois este não é considerado herdeiro no Código Civil de 2002. Sendo jacente a herança, somente depois da declaração expressa da vacância, decorrido o prazo de 5 (cinco) anos da abertura da sucessão, é que estes bens passarão do domínio do Município ou do Distrito Federal, se localizados nas respectivas circunscrições, ou incorporados ao domínio da União quando situados em território federal.

(D) o Código Civil protege o cônjuge, qualquer que seja o regime de bens, garantindo-lhe direito real de habitação relativamente ao imóvel destinado à residência da família, ainda que não seja o único daquela natureza a inventariar.

A: incorreta, pois desde a abertura da sucessão, pertence ao legatário a coisa certa, existente no acervo, salvo se o legado estiver sob condição suspensiva (art. 1.923, "caput" CC); **B:** incorreta, pois a renúncia é ato solene, devendo sempre constar expressamente de instrumento público ou termo judicial. Sendo assim, se for feita de forma diversa da prescrita em Lei será nula, e não anulável (art. 166, IV CC); **C:** correta (arts. 1.784, 1.844, 1.819 e 1.822 CC); **D:** incorreta, pois ao cônjuge sobrevivente, qualquer que seja o regime de bens, será assegurado, sem prejuízo da participação que lhe caiba na herança, o direito real de habitação relativamente ao imóvel destinado à residência da família, desde que seja o único daquela natureza a inventariar (art. 1.831 CC).
Gabarito "C."

(Juiz de Direito – TJ/MS – 2020 – FCC) No tocante à sucessão, é correto afirmar:

(A) morrendo a pessoa sem testamento, transmite a herança aos herdeiros legítimos; o mesmo ocorrerá quanto aos bens que não forem compreendidos no testamento, mas não subsiste a sucessão legítima se o testamento caducar, ou for julgado nulo.

(B) legitimam-se a suceder as pessoas já nascidas, somente, no momento da abertura da sucessão.

(C) na sucessão testamentária é possível chamar a suceder os filhos ainda não concebidos, mas não as pessoas jurídicas.

(D) a herança transmite-se aos herdeiros legítimos e testamentários com o pedido de abertura do inventário dos bens deixados pelo falecido.

(E) o herdeiro não responde por encargos superiores às forças da herança; incumbe-lhe, porém, a prova do excesso, salvo se houver inventário que a escuse, demonstrando o valor dos bens herdados.

A: incorreta, pois *subsiste* a sucessão legítima se o testamento caducar, ou for julgado nulo (art. 1.788 CC); **B:** incorreta, pois legitimam-se a suceder as pessoas nascidas *ou já concebidas* no momento da abertura da sucessão (art. 1.798 CC); **C:** incorreta, pois também é possível chamar para as pessoas jurídicas (art. 1.799, II CC); **D:** incorreta, pois a herança é transmitida desde logo no momento da sucessão (art. 1.784 CC); **E:** correta (art. 1.792 CC).
Gabarito "E."

(Promotor de Justiça/SP – 2019 – MPE/SP) Roberto Nascimento faleceu sem deixar testamento nem herdeiros notoriamente conhecidos.

Com relação à sua herança, é correto afirmar que

(A) praticadas as diligências de arrecadação e ultimado o inventário, serão expedidos editais na forma da lei processual, e, decorrido um ano de sua primeira publicação, sem que haja herdeiro habilitado, ou penda habilitação, será a herança declarada jacente.

(B) os credores de Roberto têm o direito de pedir o pagamento das dívidas, desde que reconhecidas judicialmente, nos limites das forças da herança.

(C) seus bens serão arrecadados, ficando sob a guarda e a administração de um curador, até a sua entrega ao sucessor devidamente habilitado ou à declaração de sua vacância.

(D) quando todos os chamados a suceder renunciarem à herança, será esta desde logo declarada jacente.

(E) a declaração de vacância da herança não prejudicará os herdeiros que legalmente se habilitarem; mas, decorridos cinco anos da abertura da sucessão, os bens arrecadados passarão ao domínio do Município ou do Distrito Federal, se localizados nas respectivas circunscrições, incorporando-se ao domínio da União quando situados em território federal. Não se habilitando até a declaração de jacência, os colaterais ficarão excluídos da sucessão.

A: incorreta, pois praticadas as diligências de arrecadação e ultimado o inventário, serão expedidos editais na forma da lei processual, e, decorrido um ano de sua primeira publicação, sem que haja herdeiro habilitado, ou penda habilitação, será a herança declarada *vacante* (art. 1.820 CC); **B:** incorreta, pois as dívidas não precisam ser reconhecidas judicialmente (art. 1.821 CC); **C:** correta (art. 1.819 CC); **D:** incorreta, pois neste caso a herança será desde logo declarada *vacante* (art. 1.823 CC); **E:** incorreta, pois não se habilitando até a declaração de *vacância*, os colaterais ficarão excluídos da sucessão (art. 1.822 CC). Gabarito "C".

(Promotor de Justiça/SP – 2019 – MPE/SP) Assinale a alternativa correta.

(A) Aceita a herança, torna-se definitiva a sua transmissão ao herdeiro, desde a abertura da sucessão, sendo que a transmissão tem-se por não verificada quando o herdeiro renuncia à herança ou se retrata da aceitação antes da partilha.

(B) Aberta a sucessão e se ainda não estiver concebido o herdeiro esperado, os bens reservados em testamento, salvo disposição em contrário do testador, caberão aos herdeiros legítimos.

(C) O herdeiro pode, em ação de petição de herança, demandar o reconhecimento de seu direito sucessório, para obter a restituição da herança, ou de parte dela, contra quem, na qualidade de herdeiro, ou mesmo sem título, a possua.

(D) A responsabilidade do possuidor da herança afere-se pelas regras concernentes à posse de má-fé e a mora, no momento em que o ato foi praticado.

(E) Não são eficazes as alienações feitas, ainda que a título oneroso, pelo herdeiro aparente a terceiro de boa-fé.

A: incorreta, pois apenas tem-se por não verificada a transmissão quando o herdeiro renuncia à herança. Não se aplica a hipótese de retratação da aceitação antes da partilha (art. 1.804 CC); **B:** incorreta, pois a transmissão apenas ocorrerá aos herdeiros legítimos se decorridos dois anos após a abertura da sucessão, não for concebido o herdeiro esperado (art. 1.800, § 4º CC); **C:** correta (art. 1.824 CC); **D:** incorreta, pois a responsabilidade do possuidor da herança afere-se pelas regras concernentes à posse de má-fé e a mora, a partir da citação (art. 1.826, parágrafo único CC); **E:** incorreta, pois são eficazes as alienações feitas, a título oneroso, pelo herdeiro aparente a terceiro de boa-fé (art. 1.827, parágrafo único CC). Gabarito "C".

(Procurador do Estado/SP – 2018 - VUNESP) Em razão de morte de policial militar, o Estado de São Paulo, por força de lei estadual, inicia processo administrativo para pagamento de indenização, no valor de R$ 200.000,00, aos "herdeiros na forma da lei". O extinto, solteiro, foi morto por um de seus dois filhos, a mando do crime organizado. O homicida, que teve sua indignidade declarada por sentença transitada em julgado, tem 1 filho menor. Nesse caso, a indenização é devida

(A) ao filho inocente, na proporção da metade do valor da indenização, podendo a Administração reter a outra metade por ausência de credor legítimo.

(B) ao filho inocente do falecido e ao filho do indigno, que recebe por cabeça.

(C) exclusivamente ao filho inocente do falecido, pois a cota-parte do indigno acresce à do outro herdeiro de mesma classe.

(D) ao filho inocente do falecido e ao filho do indigno, que recebe por estirpe.

(E) aos dois filhos do falecido, depositando-se a cota-parte do indigno em conta judicial, para posterior levantamento por seu filho quando completar a maioridade.

A questão trata exclusivamente do direito de herança e do instituto da indignidade, que afasta da herança o herdeiro que praticar um dos atos previstos no art. 1.814 do Código Civil, dentre eles o homicídio do *de cujus*. Assim, o filho que matou o pai estaria afastado da sucessão. Contudo, o filho do homicida (neto do *de cujus*) tem o direito de representação assegurado pelo art. 1.816 do Código Civil. Logo, a quantia oferecida pelo Estado será dividida em dois. Uma parte ao filho inocente e outra parte ao neto (filho do homicida). Ainda que não mencionado na questão, vale a ressalva de que o homicida não tem usufruto sobre os bens do filho menor, nem o direito à sucessão eventual desse valor herdado. Significa, portanto, que se o filho menor falecer antes do pai homicida, o valor não será herdado por este (CC, art. 1.816, parágrafo único). Gabarito "D".

8.2. SUCESSÃO LEGÍTIMA

(Procurador – PGE/SP – 2024 –VUNESP) Tendo em vista o entendimento do Superior Tribunal de Justiça, o cônjuge sobrevivente, casado sob o regime da comunhão parcial de bens, é herdeiro necessário do cônjuge falecido, concorrendo com os descendentes deste, em relação

(A) a todo o conjunto dos bens deixados pelo falecido.

(B) a todos os bens adquiridos onerosamente na constância do casamento, excluída a meação do cônjuge sobrevivente.

(C) à metade de todos os bens adquiridos onerosamente na constância do casamento, sem prejuízo da meação.

(D) aos bens adquiridos antes do casamento e aos bens adquiridos após o casamento que não estejam, por qualquer motivo, sujeitos à comunhão.

(E) a um terço de todo o conjunto de bens deixados pelo falecido.

A Segunda Seção do STJ consolidou a posição majoritária da doutrina no sentido de que a concorrência do cônjuge, no regime da comunhão parcial de bens, diz respeito aos bens particulares, isto é, aqueles que não fazem parte da meação. Vejamos trecho da ementa do julgado: "2. Nos termos do art. 1.829, I, do Código Civil de 2002, o cônjuge sobrevivente, casado no regime de comunhão parcial de bens, concorrerá com os descendentes do cônjuge falecido somente quando este tiver deixado bens particulares. 3. A referida concorrência dar-se-á exclusivamente quanto aos bens particulares constantes do acervo hereditário do *de cujus*. 4. Recurso especial provido. (REsp n. 1.368.123/SP, relator Ministro Sidnei Beneti, relator para acórdão Ministro Raul Araújo, Segunda Seção, julgado em 22/4/2015, DJe de 8/6/2015.)". Nos termos do art. 1.829, I, do Código Civil: "Art. 1.829. A sucessão legítima defere-se na ordem seguinte: I – aos descendentes, em concorrência com o cônjuge sobrevivente, salvo se casado este com o falecido no regime da comunhão universal, ou no da separação obrigatória de bens (art. 1.640, parágrafo único); ou se, no regime da comunhão parcial, o autor da herança não houver deixado bens particulares". De acordo com Flávio Tartuce: "no regime da comunhão parcial de bens, a concorrência sucessória somente se refere aos bens particulares. Nesse sentido o Enunciado n. 270 do CJF/STJ, da III Jornada de Direito Civil: o art. 1.829, inc. I, só assegura ao cônjuge sobrevivente o direito de concorrência com os descendentes do autor da herança quando casados no regime da separação convencional de bens ou, se casados nos regimes da comunhão parcial ou participação final nos aquestos, o falecido possuísse bens particulares, hipóteses em que a concorrência se restringe a tais bens, devendo os bens comuns (meação) ser partilhados exclusivamente entre os descendentes". Portanto: **A:** incorreta, pois a concorrência se dará apenas quanto aos bens particulares; **B:** incorreta, pois não haverá concorrência no que diz respeito a todos os bens adquiridos onerosamente na constância do casamento; **C:** incorreta, pois não haverá concorrência nem quanto a metade de todos os bens adquiridos onerosamente na constância do casamento; **E:** incorreta, pois a concorrência será apenas sobre bens particulares.

Gabarito "D".

(Juiz de Direito/AP – 2022 – FGV) Cássia morreu intestada em 2019, deixando uma companheira, Ana, com quem vivia, de forma pública, contínua e duradoura, com objetivo de constituir família, há cerca de dez anos. Em um relacionamento anterior, durante sua juventude, Cássia teve três filhos: Roger, Alan e Juliana. Roger faleceu em 2008, deixando uma filha então recém-nascida, Ingrid, que é a única neta de Cássia. Alan, por não concordar com a orientação sexual assumida pela mãe, teve com ela uma discussão dura em 2017, com troca de grosserias e ofensas, e desde então não mais se falavam. Juliana abriu mão de sua parte na herança de Cássia em favor de sua sobrinha Ingrid.

Sobre a sucessão de Cássia, é correto afirmar que:

(A) a união homoafetiva com Cássia autoriza Ana a pretender a meação dos bens adquiridos onerosamente na sua constância, mas não lhe atribui direitos sucessórios;

(B) a parcela da herança que seria atribuída a Roger será dividida entre Alan e Juliana, em vista do direito de acrescer decorrente de serem herdeiros de mesma classe;

(C) Ingrid somente terá direitos sucessórios se, além de Juliana, também Alan renunciar à herança, pois os descendentes em grau mais próximo excluem os mais remotos;

(D) Alan somente será excluído da sucessão se caracterizada judicialmente a ocorrência de crime contra a honra de Cássia e declarada a indignidade por sentença;

(E) o ato de Juliana caracteriza renúncia à herança, de modo retroativo, produzindo efeitos como se ela jamais tivesse adquirido direito sobre o acervo hereditário.

Comentário: **A:** incorreta, pois a companheira Ana tem tanto direito à meação quanto a sucessão, e ainda se encaixará no art. 1.829 CC no que tange à concorrência com os parentes de Cássia, uma vez que o art. 1.790 CC foi declarado inconstitucional pelo STF (RE 646.721 e 878.694); **B:** incorreta, pois Ingrid herdará a cota do pai pré-morto Roger por direito de representação, logo sua parcela não será dividida entre Alan e Juliana (art. 1.851 CC); **C:** incorreta, pois Ingrid é herdeira legal por representação, nos termos do art. 1.851 CC. O fato de Juliana ter renunciado sua quota em seu favor só aumentará o valor que Ingrid irá receber, mas sua qualidade de herdeira é autônoma, não tem nada a ver com a renúncia de Juliana e muito menos depende da renúncia de Alan; **D:** correta (art. 1.814, II e 1.815 CC); **E:** incorreta, pois a renúncia não tem efeito retroativo não anulando os efeitos que um dia Juliana já adquiriu sobre o acervo hereditário. A renúncia terá efeito apenas a partir da data em que for manifestada após a abertura da sucessão e deve constar expressamente de instrumento público ou termo judicial (art. 1.804 e 1.806 CC).

Gabarito "D".

(Procurador Município – Teresina/PI – FCC – 2022) Em relação à sucessão legítima, considere:

I. Ao cônjuge sobrevivente, qualquer que seja o regime de bens, será assegurado, sem prejuízo da participação que lhe caiba na herança, o direito real de habitação relativamente ao imóvel destinado à residência da família, desde que seja o único daquela natureza a inventariar.

II. Concorrendo com ascendente em primeiro grau, ao cônjuge tocará um terço da herança; caber-lhe-á a metade desta se houver um só ascendente, ou se maior for aquele grau.

III. Em falta de descendentes e ascendentes, será deferida a sucessão aos irmãos e ao cônjuge sobrevivente, sem prejuízo de sua meação em igual proporção.

IV. Não sobrevivendo cônjuge, ou companheiro, nem parente algum sucessível, ou tendo eles renunciado à herança, esta se devolve ao Município ou ao Distrito Federal, se localizada nas respectivas circunscrições, ou à União, quando situada em território federal.

Está correto o que se afirma APENAS em

(A) I, II e III.

(B) II e IV.

(C) I, II e IV.

(D) III e IV.

(E) I, III e IV.

I: correta (art. 1.831 CC); **II:** correta (art. 1.837 CC); **III:** incorreta, pois em falta de descendentes e ascendentes, será deferida a sucessão por inteiro ao cônjuge sobrevivente (art. 1.838 CC); **IV:** correta (art. 1.844 CC). Alternativa correta é a letra C.

Gabarito "C".

(Juiz de Direito – TJ/RJ – 2019 – VUNESP) João e Maria viviam em união estável, formalizada mediante escritura pública, em que elegeram o regime da comunhão parcial de bens. Da relação entre João e Maria, resultaram duas filhas, Madalena e Sara. João também tinha outros dois filhos, Mateus e Paulo, decorrentes de relações eventuais que manteve. João faleceu. Na data da sua morte, João possuía um patrimônio adquirido totalmente antes da constituição da união estável com Maria.

É correto afirmar que o patrimônio de João será dividido da seguinte forma:

(A) um quarto (1/4) para cada um dos filhos de João.

(B) um quarto (1/4) da herança para Maria e o restante dividido igualmente entre todos os filhos de João.

(C) Maria e todos os filhos de João receberão, cada um, um quinto (1/5) da herança.

(D) um terço (1/3) para Maria e o restante dividido igualmente entre todos os filhos de João.

(E) 10% para Maria e 15% para cada um dos filhos de João.

No caso em tela Maria não é meeira, mas apenas herdeira, tendo em vista que os bens de João foram adquiridos antes da constituição da união estável, portanto eram bens particulares, logo não se comunicam (art. 1.658 e art. 1.659, I primeira parte CC). Neste passo vale ressaltar a equiparação sucessória feita pelo Supremo Tribunal Federal, em julgamento encerrado no ano de 2017 que reconheceu a inconstitucionalidade do art. 1.790 do Código Civil (*decisum* publicado no Informativo n. 840 do STF), o que acarreta a aplicação dos mesmos direitos do cônjuge ao companheiro. Na hipótese em questão tem-se a sucessão híbrida, em que o *de cujus* deixou filhos com a companheira sobrevivente e filhos de outros relacionamentos. Neste caso entende-se que não se aplica a reserva da quarta parte prevista no art. 1.832 CC, nos termos do Enunciado 527 CJF: "na concorrência entre o cônjuge e os herdeiros do *de cujus*, não será reservada a quarta parte da herança para o sobrevivente no caso de filiação híbrida". Portanto, cada um receberá a mesma cota da herança, isto é 1/5. Logo, a alternativa correta é a letra C.

Gabarito "C".

(Procurador do Município – S.J. Rio Preto/SP – 2019 – VUNESP) Romeu, proprietário de 30 (trinta) imóveis, faleceu aos 78 (setenta e oito) anos sem deixar testamento nem herdeiro legítimo notoriamente conhecido.

Em relação ao fato hipotético, assinale a alternativa correta.

(A) Não se habilitando até a declaração de vacância, os colaterais ficarão excluídos da sucessão.

(B) Os bens da herança, depois de arrecadados, ficarão sob a guarda e administração do Município até a sua entrega ao sucessor devidamente habilitado.

(C) Realizado o inventário, serão expedidos editais na forma da lei processual, e, decorridos dois anos de sua primeira publicação, sem que haja herdeiro habilitado, será a herança declarada vacante.

(D) A declaração de vacância da herança não prejudicará os herdeiros que se habilitarem; mas, decorridos cinco anos da abertura da sucessão, os bens arrecadados passarão ao domínio do Estado.

(E) Quando todos os chamados a suceder renunciarem à herança, será esta desde logo declarada jacente.

A: correta (art. 1.822, parágrafo único CC); B: incorreta, pois os bens da herança, depois de arrecadados, ficarão sob a guarda e administração de um *curador*, até a sua entrega ao sucessor devidamente habilitado ou à declaração de sua vacância (art. 1.819 CC); C: incorreta, pois o prazo desse edital é de um ano e não dois (art. 1.820 CC); D: incorreta, pois neste caso os bens passarão ao domínio do Município ou do Distrito Federal, se localizados nas respectivas circunscrições (art. 1.822, *caput* CC); E: incorreta, pois quando todos os chamados a suceder renunciarem à herança, será esta desde logo declarada *vacante* (art. 1.823 CC).

Gabarito "A".

(Juiz de Direito – TJ/AL – 2019 – FCC) André, solteiro, não teve filhos e morreu sem deixar ascendentes vivos. Por testamento, deixou todos os seus bens para o seu melhor amigo, Antônio, com quem não tinha nenhum grau de parentesco. Sentindo-se injustamente preteridos, os três únicos irmãos de André ajuizaram ação visando à declaração da nulidade total do testamento, argumentando que, devido ao parentesco, não poderiam ter sido excluídos da sucessão. O pedido deduzido nessa ação é

(A) procedente, pois os irmãos de André são herdeiros necessários, devendo ser declarada a nulidade total do testamento.

(B) procedente em parte, pois os irmãos de André são herdeiros necessários, devendo ser declarada a nulidade parcial do testamento, apenas quanto a três quartos dos bens.

(C) procedente em parte, pois os irmãos de André são herdeiros necessários, devendo ser declarada a nulidade parcial do testamento, apenas quanto a metade dos bens.

(D) improcedente, pois os irmãos de André não são herdeiros necessários.

(E) improcedente, pois os irmãos de André, embora sejam herdeiros necessários, podem ser excluídos da sucessão mediante testamento.

A: incorreta, pois herdeiros necessários são apenas cônjuge, ascendente e descendente (art. 1.845 CC). Colaterais não entram nesta lista. Logo, a ação deve ser julgada improcedente; B: incorreta, pois os irmãos não são herdeiros necessários (art. 1.845 CC), logo a ação deve ser julgada improcedente; C: incorreta, pois os irmãos não são herdeiros necessários (art. 1.845 CC), logo a ação deve ser julgada improcedente; D: correta (art. 1.845 CC); E: incorreta, pois os irmãos não são herdeiros necessários (art. 1.845 CC).

Gabarito "D".

(Promotor de Justiça/SP - 2019 – MPE/SP) Os descendentes que concorrerem à sucessão do ascendente comum são obrigados, para igualar as legítimas, a conferir o valor das doações que dele em vida receberam.

Esse conceito corresponde ao instituto da

(A) colação.

(B) sonegação.

(C) conferência.

(D) colmatação.

(E) substituição.

A: correta (art. 2.002 *caput* CC); B: incorreta, pois a sonegação ocorre quando o herdeiro omite bens da herança, não os descrevendo no inventário quando estejam em seu poder, ou, com o seu conhecimento, no de outrem, ou que os omitir na colação, a que os deva levar, ou que deixar de restituí-los. Neste caso perderá o direito que sobre eles lhe cabia (art. 1.992 CC); C: incorreta, pois inexiste o instituto da *conferência* no Direito Civil; D: incorreta, pois a colmatação é um dos métodos de integração de lacunas normativas em decorrência princípio geral de vedação do *non liquet*, também chamado de indeclinabilidade da jurisdição (art. 4º da LINDB); E: incorreta, pois dentro do direito civil não há o conceito técnico de substituição.

Gabarito "A".

(Juiz de Direito - TJ/RS - 2018 - VUNESP) Maria vivia em união estável com José, sob o regime da comunhão parcial de bens. Este possuía dois filhos decorrentes de relacionamento anterior e três filhos com Maria. José faleceu. Considerando a disciplina constante do Código Civil, bem como o entendimento do STF proferido em Repercussão Geral sobre o tema, podemos afirmar que caberá a Maria, na sucessão dos bens particulares de José,

(A) um sexto da herança.

(B) um terço da herança.

(C) metade do que couber a cada um dos filhos de José.

(D) um quarto da herança.

(E) metade da herança.

De acordo com a decisão proferida pelo STF no Recurso Extraordinário 878.694/MG, deve-se conceder à companheira de união estável os mesmos direitos previstos para a esposa no art. 1.829 e seguintes do Código Civil. Desta forma, os direitos sucessórios de Maria estão limitados aos bens particulares do seu marido (CC, art. 1.829, I), disputando com os filhos de José (cinco, no total). Aplicando a quota prevista no art. 1.832, Maria terá direito a 1/6 desse patrimônio. Vale mencionar que a hipótese é de filiação híbrida, pois há filhos comuns e filhos só do *de cujus*. Para essa situação, o Enunciado 527 do Conselho da Justiça Federal concluiu que: "Na concorrência entre o cônjuge e os herdeiros do de cujus, não será reservada a quarta parte da herança para o sobrevivente no caso de filiação híbrida".

Ainda que não abordado pela questão, vale mencionar que – devido ao regime de bens – Maria terá também direito de meação sobre os bens adquiridos onerosamente na vigência da união estável (direito denominado de meação).Terá ainda direito real de habitação sobre o "*imóvel destinado à residência da família*" (CC, art. 1.831).(GN)

Gabarito "A".

(Juiz de Direito - TJ/RS - 2018 - VUNESP) José e Maria (grávida de 9 meses) sofreram um acidente automobilístico. José faleceu no acidente. Maria foi levada com vida ao hospital e o filho que estava em seu ventre faleceu alguns minutos após o nascimento, tendo respirado.

Na manhã seguinte, Maria também faleceu em decorrência dos ferimentos causados pelo acidente. José e Maria não tinham outros filhos. O casal tinha uma fortuna de R$ 50.000.000,00 (cinquenta milhões de reais) em aplicações financeiras, numa conta conjunta, valores acumulados exclusivamente durante o período do casamento, sob o regime legal de bens (comunhão parcial). Os pais de José (Josefa e João) e os pais de Maria (Ana e Paulo) ingressaram em juízo postulando seus direitos hereditários. Assinale a alternativa correta.

(A) Os pais de Maria têm direito a 75% do valor da herança e os pais de José ao restante.

(B) Os pais de José têm direito a 75% do valor da herança e os pais de Maria ao restante.

(C) A herança deve ser atribuída totalmente aos pais de José, nada cabendo aos pais de Maria.

(D) A herança deve ser atribuída totalmente aos pais de Maria, nada cabendo aos pais de José.

(E) Os pais de José e os pais de Maria têm direito, cada um deles, à metade da herança.

Para a solução da questão sucessória em análise é imprescindível saber a sequência cronológica dos falecimentos. O primeiro a falecer foi o pai, seguido do filho e por último a mãe. É fundamental também separar patrimônios. O patrimônio do pai (25 milhões de reais) passou para o filho (quando casada em comunhão parcial a esposa não herda nos bens comuns) e – com a morte do filho – passou para sua mãe, Maria. Na manhã seguinte, Maria faleceu, passando o patrimônio para seus ascendentes (Ana e Paulo).O patrimônio de Maria passou diretamente para os seus ascendentes, porque – no momento que ela faleceu – ela já não tinha marido, nem filho. Assim, toda a herança será atribuída aos pais de Maria. GN

Gabarito "D".

8.3. SUCESSÃO TESTAMENTÁRIA

(Juiz de Direito – TJ/SC – 2024 – FGV) Em testamento, lavrado em 2004, Veniro lega um apartamento a seu sobrinho Dutinho. Dispõe, no entanto, que, quando Dutinho atingir 40 anos, o bem passará a sua irmã, Eudóxia. E mais: que, caso Dutinho ou Eudóxia não queiram ou não possam receber o bem, serão substituídos, nas respectivas posições e em idênticas condições, por Dolly.

Em 2005, morre Eudóxia, precocemente. Enlutado, Veniro vive uma depressão intensa e acaba por falecer no início de 2006.

Nesse caso, é correto afirmar que:

(A) caducou o fideicomisso, considerando que Eudóxia morreu antes da abertura da sucessão, o que torna sem efeito, no particular, o testamento, de modo que o apartamento passará aos herdeiros legitimários de Veniro;

(B) caducou o fideicomisso, de modo que a propriedade deve se consolidar nas mãos de Dutinho, sem que ocorra transmissão, quando completar 40 anos, aos herdeiros de Eudóxia ou a Dolly;

(C) não caducou o fideicomisso, de modo que, como é ilícita a substituição vulgar estipulada por configurar fideicomisso de terceiro grau, quando Dutinho atingir 40 anos, o apartamento passará aos herdeiros legais de Eudóxia;

(D) não caducou o fideicomisso, de modo que, como é lícita a substituição vulgar estipulada, quando Dutinho atingir 40 anos, o apartamento passará a Dolly;

(E) com essa dinâmica, terá vez o fideicomisso de terceiro grau licitamente pactuado, de modo que os bens passarão a Dolly.

A: incorreta, pois embora Eudóxia tenha falecido antes do testador, o que poderia se fazer presumir que o fideicomisso caducou, isso não aconteceu, uma vez que o testador previu algo caso isso acontecesse, isto é ele determinou que caso Eudóxia não pudesse receber o bem, ela seria substituída por Dolly (art. 1.947 CC). Neste caso o testamento com o legado ainda é válido de modo que o apartamento passará para Dutinho. A Lei prevê os casos de caducidade dos legados no art. 1.939 CC e o caso em tela não se encaixa em nenhuma das hipóteses; **B**: incorreta, pois o fideicomisso não caducou, uma vez que o testador previu uma hipótese de substituição vulgar. No caso de Eudóxia não poder receber ela previu que Dolly recebesse (art. 1.947 CC); **C**: incorreta, pois quando Dutinho atingir 40 anos, considerando que Eudóxia não poderá receber o bem, se cumprirá a determinação do testador e o apartamento irá para Dolly (art. 1.947 CC); **D**: correta (arts. 1.947, 1.951 e 1.952 CC); **E**: incorreta, pois são nulos os fideicomissos além do segundo grau (art. 1.959 CC). Neste passo, o bem irá para Dutinho e quando ele completar 40 anos passará para Dolly por substituição vulgar (art. 1.947 CC). GR

Gabarito "D".

(Procurador – PGE/SP – 2024 – VUNESP) Assinale a alternativa que contém ato ou negócio jurídico, válido e eficaz, realizado por menor relativamente incapaz, com idade de 17 anos, não emancipado e sem assistência de seus pais ou responsáveis ou posterior aprovação destes.

(A) Pacto antenupcial feito pelo menor no qual é previsto o regime da separação convencional de bens.

(B) Mútuo feito pelo credor ciente da menoridade do devedor, para alimentos deste, em razão da pessoa responsável pela guarda do menor, apesar de presente, não possuir recursos suficientes.

(C) Obrigação contraída pelo menor que não declarou sua idade por não ter sido inquirido pela outra parte.

(D) Testamento feito pelo menor, por instrumento particular.

(E) Quitação dada pelo credor menor ao devedor que conhecia a idade daquele, tendo em vista a presunção legal de que o valor reverteu em benefício do menor.

A: incorreta, pois o pacto antenupcial celebrado pelo menor, com previsão do regime da separação convencional de bens, tem a sua eficácia condicionada à aprovação de seu representante legal. Nos termos do art. 1.654 do Código Civil: "A eficácia do pacto antenupcial, realizado por menor, fica condicionada à aprovação de seu representante legal, salvo as hipóteses de regime obrigatório de separação de bens"; B: incorreta, nos termos do art. 588 do Código Civil: "O mútuo feito a pessoa menor, sem prévia autorização daquele sob cuja guarda estiver, não pode ser reavido nem do mutuário, nem de seus fiadores"; **C:** incorreta, pois ainda que não tenha sido inquirido pela outra parte, o negócio será eficaz se dolosamente omitiu sua idade para se beneficiar. Neste passo dispõe o art. 180: "O menor, entre dezesseis e dezoito anos, não pode, para eximir-se de uma obrigação, invocar a sua idade se dolosamente a ocultou quando inquirido pela outra parte, ou se, no ato de obrigar-se, declarou-se maior". No mesmo sentido afirma Flávio Tartuce: "Também no que concerne ao menor púbere (de 16 a 18 anos), não pode este valer-se da própria torpeza, beneficiando-se de ato malicioso (a malícia supre a idade). Não pode, portanto, para eximir-se de uma obrigação, invocar a sua idade se dolosamente a ocultou quando inquirido pela outra parte, ou se, no ato de obrigar-se, declarou-se maior. O negócio jurídico reputa-se válido e gera efeitos, afastando-se qualquer anulabilidade (art. 180 do CC)"; **D:** correta (art. 1.860, parágrafo único CC); **E:** incorreta, pois a quitação dada pelo credor menor, com 17 anos, somente será válida se houver a assistência de seus pais ou responsáveis, tendo em vista que é relativamente incapaz, nos termos do art. 4º, I, do Código Civil: "São incapazes, relativamente a certos atos ou à maneira de os exercer: I – os maiores de dezesseis e menores de dezoito anos". Cumpre destacar que a quitação consiste em um negócio jurídico unilateral, portanto, deve observar o regramento civilista no que diz respeito aos requisitos de validade do negócio jurídico previstos no art. 104 do Código Civil. **GR**

Gabarito "D".

(Juiz de Direito/AP – 2022 – FGV) Mário é viúvo e, após sérias desavenças com sua única parente e irmã, Adalberta, resolve deixar seus bens para o amigo de infância Roberto. Para tanto, elabora testamento público.

Considerando a situação hipotética, é correto afirmar que:

(A) Mário somente poderá revogar o testamento público por outro testamento público;

(B) apesar de o testamento de Mário ser público, é sigiloso;

(C) caso Mário tenha a sua incapacidade supervenientemente declarada, o testamento será inválido;

(D) a disposição testamentária é válida, pois os colaterais são herdeiros facultativos;

(E) o testamento de Mário poderá ser impugnado no prazo de dez anos contados da data do registro.

Comentário: **A:** incorreta, pois ele pode ser revogado por outro tipo de testamento, que não necessariamente o público (art. 1.969 CC); **B:** incorreta, pois o testamento público não é sigiloso (art. 1.864 a 1.867 CC); **C:** incorreta, pois a incapacidade superveniente do testador não invalida o testamento, nem o testamento do incapaz se valida com a superveniência da capacidade (art. 1.861 CC). **D:** correta (art. 1.845 CC). Os herdeiros necessários são apenas descendentes, ascendentes e cônjuge. Apenas na presença destes é que a cláusula seria inválida; **E:** incorreta, pois extingue-se em cinco anos o direito de impugnar a validade do testamento, contado do prazo da data do seu registro (art. 1.859 CC). **GR**

Gabarito "D".

(Juiz de Direito – TJ/AL – 2019 – FCC) Nos testamentos,

(A) é válida a disposição que deixe ao arbítrio de terceiro, desde que suficientemente identificado, fixar o valor do legado.

(B) é ilícita a deixa ao filho do concubino, quando também o for do testador.

(C) pode ser nomeada herdeira, mas não legatária, a pessoa que nele figurou como testemunha instrumentária.

(D) presume-se o prazo em favor do herdeiro.

(E) são inválidas as disposições de caráter não patrimonial, se o testador tiver se limitado somente a elas.

A: incorreta, pois é nula a disposição que deixe a arbítrio do herdeiro, ou de outrem, fixar o valor do legado (art. 1.900, IV CC); **B:** incorreta, pois é lícita a deixa ao filho do concubino, quando também o for do testador (art. 1.803 CC); **C:** incorreta, pois não pode ser admitida como herdeira, nos termos do art. 228, V CC : **D:** correta, nos termos do art. 133 CC; **E:** incorreta, pois são válidas as disposições testamentárias de caráter não patrimonial, ainda que o testador somente a elas se tenha limitado (art. 1.857, § 2º CC). **GN**

Gabarito "D".

Após a abertura de testamento público, foi verificado que havia sido deixado um terreno, no valor de sessenta salários mínimos, a uma das testemunhas signatárias do documento.

(Juiz de Direito – TJ/SC – 2019 – CESPE/CEBRASPE) Nesse caso, a disposição testamentária será

(A) válida, se for convalidada pelos demais herdeiros.

(B) válida, se não existirem herdeiros legítimos.

(C) anulável, se os herdeiros legítimos comprovarem vício de vontade.

(D) nula de pleno direito.

(E) considerada codicilo, se não representar mais de 1% do valor total do testamento.

A: incorreta, pois há proibição expressa no sentido de que testemunha signatária não pode ser herdeira nem legatária no testamento (art. 1.801, II CC). Neste caso, a disposição é nula (art. 1.802, *caput* CC), não passível, portanto, nem de convalidação e nem de confirmação; **B:** incorreta, pois a disposição é nula nos termos do art. 1.802, *caput* CC; **C:** incorreta, pois trata-se de disposição nula e não anulável, conforme art. 1.802, *caput* CC, logo, não há que se falar em comprovação de vício de vontade; **D:** correta (arts. 1.801, II e 1.802, *caput* CC); **E:** incorreta, pois codicilo (também chamado de testamento anão) é um instrumento em que o testador faz disposições especiais sobre o seu enterro, sobre esmolas de pouca monta a certas e determinadas pessoas, ou, indeterminadamente, aos pobres de certo lugar, assim como legar móveis, roupas ou joias, de pouco valor, de seu uso pessoal (art. 1.881 CC). **GR**

Gabarito "D".

(Juiz de Direito - TJ/BA - 2019 - CESPE/CEBRASPE) À luz do Código Civil e da teoria das invalidades dos atos e negócios jurídicos, a elaboração de testamento conjuntivo nas modalidades simultânea, recíproca ou correspectiva é ato eivado de vício de

(A) anulabilidade em qualquer uma das três modalidades.

(B) nulidade em qualquer uma das três modalidades.

(C) ineficácia em qualquer uma das três modalidades.

(D) nulidade, nas modalidades recíproca e correspectiva, e anulabilidade na modalidade simultânea.

(E) anulabilidade, na modalidade correspectiva, e nulidade nas modalidades recíproca e simultânea.

A: incorreta, pois o art. 1.863 CC prevê que é proibido o testamento conjuntivo, seja simultâneo, recíproco ou correspectivo. De acordo com a teoria das invalidades dos atos e negócios jurídicos, considera-se nulo o ato sempre que a lei proibir-lhe a prática sem cominar sanção (art. 166, VII CC); **B:** correta, pois trata-se de ato jurídico nulo nos termos do art. 166, VII e art. 1.863 CC; **C:** incorreta, conforme justificativa da alternativa A; **D:** incorreta, pois em todos os casos temos hipótese de nulidade (art. 166, VII e art. 1.863 CC). Apenas para diferenciar, o testamento simultâneo se dá quando os dois testadores fazem disposições em favor de terceiro; o recíproco ocorre quando um testador favorece o outro, e vice-versa e no correspectivo, além da reciprocidade, cada testador beneficia o outro na mesma proporção em que este o tiver beneficiado, caso em que a interdependência, a relação causal entre as disposições, é mais intensa; **E:** incorreta, pois nos termos da alternativa D. **GR**

Gabarito "B".

9. REGISTROS PÚBLICOS

(Juiz Federal – TRF/1 – 2023 – FGV) João, antropólogo brasileiro, filho de imigrantes japoneses, trabalhou quinze anos em uma aldeia indígena, como pesquisador. De tanto conviver, acostumou-se a viver como eles e terminou por se sentir índio como os demais. Desligou-se do antigo trabalho de pesquisador e resolveu ficar lá para sempre, passando a assumir atribuições de acordo com a divisão de tarefas ordenada pelo cacique. Por fim, como última mudança necessária para fazer parte daquele grupo, requereu judicialmente a mudança de seu nome completo: de "João Arigatô" para "Araquém Aimberê".

De acordo com a jurisprudência do Superior Tribunal de Justiça e com a Lei de Registros Públicos, é correto afirmar que:

(A) trata-se de direito não previsto no ordenamento jurídico, já que o registro civil do prenome é regido pelo princípio da definitividade, não podendo ser alterado. Apenas o nome de família pode ser alterado, caso tenha havido erro no registro inicial;

(B) trata-se de direito não previsto no ordenamento jurídico, já que prenome e nome de família podem, tão somente, ser acrescentados e não suprimidos, devendo ser juntadas as certidões de ancestralidade e a motivação para o acréscimo do prenome;

(C) trata-se de direito não previsto no ordenamento, já que não há possibilidade de supressão completa de prenome e nome de família, em homenagem ao princípio da segurança jurídica e ao princípio da definitividade. Além disso, não há prova da origem autóctone da pessoa, não bastando razões subjetivas;

(D) trata-se de direito de pertencimento, reconhecido no Direito Civil, sendo certo que poderá existir a troca do prenome e nome de família, desde que o requerente prove pertencer àquele grupo e viver segundo suas regras, em homenagem à funcionalização do nome que deve refletir a real identidade da pessoa;

(E) trata-se de direito do requerente, já que o prenome pode ser alterado uma única vez, apenas de forma motivada. Quanto ao nome de família, este também pode ser alterado, desde que o requerente prove pertencer àquele grupo e viver segundo suas regras, em homenagem à funcionalização do nome que deve refletir a real identidade da pessoa.

A: incorreta, pois a Lei 6.015/73 prevê que a pessoa registrada poderá, após ter atingido a maioridade civil, requerer pessoalmente e imotivadamente a alteração de seu prenome, independentemente de decisão judicial, e a alteração será averbada e publicada em meio eletrônico (art. 56). Logo, o prenome pode ser alterado. O nome de família poderá ser alterado nas hipóteses do art. 57 da mesma lei; **B:** incorreta, pois o prenome pode ser suprimido (e, portanto, alterado), nos termos do art. 56 da LRP; **C:** correta, pois de fato não é possível a supressão total do prenome e nome de família. De acordo com a jurisprudência do Superior Tribunal de Justiça, "as hipóteses que relativizam o princípio da definitividade do nome, elencadas na Lei de Registros Públicos, não contemplam a possibilidade de exclusão total dos patronímicos materno e paterno registrados, com substituição destes por outros, de livre escolha e criação do titular e sem nenhuma comprovação ou mínima relação com as linhas ascendentes acenadas, com concomitante alteração voluntária também do prenome registrado". Segue a ementa do REsp n. 1.927.090/RJ, relator Ministro Luis Felipe Salomão, relator para acórdão Ministro Raul Araújo, Quarta Turma, julgado em 21/3/2023, DJe de 25/4/2023, que tratou de questão semelhante àquela tratada na questão: "REGISTRO CIVIL. NOME DE PESSOA NATURAL. RECURSO ESPECIAL. AÇÃO DE RETIFICAÇÃO DE REGISTRO CIVIL. SUPRESSÃO COMPLETA DO NOME REGISTRAL PARA ADOÇÃO DE NOVO NOME INDÍGENA, SEM COMPROVAÇÃO DE ORIGEM AUTÓCTONE BRASILEIRA. INVIABILIDADE. AUSÊNCIA DE PREVISÃO LEGAL. PRINCÍPIO DA DEFINITIVIDADE DO REGISTRO CIVIL DA PESSOA NATURAL. RECURSO ESPECIAL IMPROVIDO. 1. A legislação pátria adota o princípio da definitividade do registro civil da pessoa natural, prestigiado com o recente advento da Lei 14.382/2022, de modo que o prenome e o nome são, em regra, definitivos a fim de garantir a segurança jurídica e a estabilidade das relações jurídicas e sociais. 2. As hipóteses que relativizam o princípio da definitividade do nome, elencadas na Lei de Registros Públicos, não contemplam a possibilidade de exclusão total dos patronímicos materno e paterno registrados, com substituição destes por outros, de livre escolha e criação do titular e sem nenhuma comprovação ou mínima relação com as linhas ascendentes acenadas, com concomitante alteração voluntária também do prenome registrado. 3. A Resolução Conjunta CNJ/CNMP nº 3/2012 admite a retificação do assento de nascimento de pessoa natural de origem indígena, para inclusão das informações constantes do art. 2º, *caput* e § 1º, daquela Resolução, referentes ao nome e à respectiva etnia, sem previsão, no entanto, de adoção das mesmas medidas para pessoa que, sem qualquer comprovação de origem autóctone brasileira, deseja tornar-se indígena, por razões meramente subjetivas e voluntárias, com substituição completa do nome registrado, inclusive exclusão dos apelidos de família. 4. Recurso especial improvido; **D:** incorreta, pois o Código Civil não traz essa previsão sobre o assunto. E não é possível a troca total do prenome e nome de família (sobrenome). O prenome pode ser alterado nos termos do art. 56 LRP e o sobrenome nos casos do art. 57 da LRP; **E:** incorreta, pois o prenome pode ser alterado uma única vez de forma imotivada (art. 56 LRP) e o sobrenome deverá ser mantido, podendo ser alterado nas hipóteses do art. 57 LRP (isso sem contar as questões de mudança de nome por coação ou ameaça, feitos por determinação judicial – § 7º – ou no caso de união estável devidamente reconhecida – § 2º). O mero fato de conviver naquele grupo e seguir suas regras não justifica a alteração do prenome. **GR**

Gabarito "C".

(Juiz de Direito – TJ/AL – 2019 – FCC) Leandro formulou, perante o Cartório de Registro de Imóveis competente, pedido de reconhecimento extrajudicial de usucapião de imóvel não residencial, onde funciona uma fábrica de chocolates. Nesse caso, de acordo com a Lei dos Registros Públicos (Lei n. 6.015/1.973),

(A) a posse poderá ser comprovada em procedimento de justificação administrativa, realizado perante a própria serventia extrajudicial.

(B) a rejeição do pedido extrajudicial impedirá o ajuizamento de ação de usucapião.

(C) o pedido deverá ser rejeitado de plano, pois só é admitido o reconhecimento extrajudicial de usucapião de imóvel residencial, destinado à moradia do próprio requerente.

(D) não será admitido ao interessado suscitar procedimento de dúvida.

(E) é facultativa a representação de Leandro por advogado.

A: correta, pois é possível que a posse seja comprovada em cartório, nos termos do art. 216-A da Lei 6.015/1.973 e do provimento 65/2017 do Conselho Nacional de Justiça que regulamenta a usucapião extrajudicial; **B:** incorreta, pois a rejeição do pedido extrajudicial não impede o ajuizamento de ação de usucapião (art. 216-A, § 9º LRP); **C:** incorreta, pois a Lei não faz restrição a imóvel apenas residencial. Logo, a omissão da Lei quanto a este ponto nos faz entender que pode ser tanto para imóvel residencial como não residencial (art. 216-A LRP); **D:** incorreta, pois em qualquer caso, é lícito ao interessado suscitar o procedimento de dúvida (art. 216-A, § 7º LRP); **E:** incorreta, pois a lei exige que Leandro esteja representado por advogado (art. 216-A, *caput* LRP).
„Gabarito "A".

10. QUESTÕES COMBINADAS

(ENAM – 2024.1) Acerca das preferências creditórias do Código Civil, o Superior Tribunal de Justiça vem exercendo, por sua jurisprudência, uma releitura acerca da posição de determinados créditos em concurso de credores.

Nesse sentido, assinale a afirmativa correta.

(A) O crédito hipotecário prefere àquele decorrente do IPTU e este, ao condominial.

(B) O crédito decorrente do IPTU prefere ao crédito hipotecário e este, ao condominial.

(C) O crédito hipotecário prefere ao crédito de IPTU e este, ao condominial.

(D) O crédito condominial prefere ao crédito de IPTU e este, ao hipotecário.

(E) O crédito decorrente do IPTU prefere ao crédito condominial e este, ao hipotecário.

Acerca da questão vale colacionar trecho do Resp 1.584.162: "Sendo assim, considerando a primazia dos créditos de natureza tributária estabelecida pelo ordenamento jurídico, a sua satisfação terá preferência a do crédito condominial, devendo ser afastado o argumento utilizado pelo TJ-SP de preferência absoluta dos créditos condominiais, dada a sua natureza *propter rem*", concluiu a ministra ao acolher o recurso do município paulista. Com informações da Assessoria de Imprensa do STJ. REsp 1.584.162n. Em base a este julgado, já temos claro que os créditos tributários têm preferência aos créditos condominiais. Já o crédito condominial tem preferência sobre o crédito hipotecário. De acordo com o § 1º do art. 908 do CPC/15, somente depois de descontados os valores relativos aos débitos condominiais, deve o valor restante apurado com a venda do bem ser vertido ao credor hipotecário. Veja: "Art. 908. Havendo pluralidade de credores ou exequentes, o dinheiro lhes será distribuído e entregue consoante a ordem das respectivas preferências. § 1º No caso de adjudicação ou alienação, os créditos que recaem sobre o bem, inclusive os de natureza propter rem, sub-rogam-se sobre o respectivo preço, observada a ordem de preferência". Diante do exposto, temos: **A:** incorreta, pois o crédito hipotecário não tem preferência ao crédito decorrente de IPTU; **B:** incorreta, pois o crédito hipotecário não tem preferência ao crédito condominial; **C:** incorreta, pois o crédito hipotecário não tem preferência ao crédito de IPTU; **D:** incorreta, pois o crédito condominial não tem preferência ao crédito de IPTU.
„Gabarito "E".

(ENAM – 2024.1) Frederico e Guilherme são proprietários de terrenos vizinhos em uma região rural no interior de Goiás. Entre seus terrenos, há algumas frondosas pitangueiras.

Sobre essas árvores e seus frutos, assinale a afirmativa correta.

(A) Se Guilherme plantar em seu próprio terreno usando sementes furtadas de Frederico, perderá, em benefício deste, a parte do imóvel em que as árvores florescerem.

(B) Se os frutos da árvore cujo tronco está no terreno de propriedade de Frederico caírem no solo do terreno de Guilherme, Frederico poderá ingressar no imóvel para recolhê-los.

(C) Caso Frederico plante uma pitangueira na parte do terreno que pertence a Guilherme, perderá a árvore em proveito deste, sem direito a ressarcimento, ainda que tenha agido de boa-fé.

(D) Caso a árvore cujo tronco estiver precisamente na linha divisória se enraizar por ambos os terrenos, presume-se que a planta se tornará objeto de condomínio entre Frederico e Guilherme.

(E) Se os ramos da árvore, cujo tronco está situado no terreno de Frederico, atravessarem o plano vertical divisório e entrarem no terreno de Guilherme, este precisará de prévia autorização judicial para cortá-los.

A: incorreta, pois aquele que planta em terreno próprio com semente alheia, adquirirá a propriedade da semente, mas terá de pagar ao dono o valor das sementes. Neste caso como foi um furto, ainda terá de pagar perdas e danos, pois agiu de má fé (art. 1.254 CC). Logo, não há que se falar em perda de parte do imóvel; **B:** incorreta, pois os frutos caídos de árvore do terreno vizinho pertencem ao dono do solo onde caíram, se este for de propriedade particular (art. 1.284 CC). Logo, Frederico não poderá ingressar no imóvel vizinho para recolhê-los; **C:** incorreta, pois se Frederico plantou em terreno alheio de boa-fé terá direito a indenização (art. 1.255 caput CC); **D:** correta, nos termos do art. 1.282 CC: "A árvore, cujo tronco estiver na linha divisória, presume-se pertencer em comum aos donos dos prédios confinantes"; **E:** incorreta, pois Guilherme poderá cortar os ramos independentemente de autorização de Frederico (art. 1.283 CC).
„Gabarito "D".

(ENAM – 2024.1) Soraia, depois de um ano e sete meses de estudos e pesquisas, perdeu sua dissertação de mestrado praticamente pronta, em razão de um grave problema em seu computador. Desesperada com a aproximação do prazo final para a apresentação do trabalho que lhe daria o título de Mestre em Economia, divulgou em uma rede social que pagaria a quantia de R$1.000,00 (mil reais) a quem conseguisse desenvolver um programa apto a restaurar o arquivo nos sete dias subsequentes.

Os técnicos começaram a trabalhar, empreendendo grandes esforços de tempo e técnica. Gustavo obteve a solução primeiro, no quinto dia após a promessa, comunicando Soraia do fato. No entanto, Marcelo e Caio conseguiram solucionar o problema, respectivamente, no sexto e no sétimo dia, e, por isso, também procuraram Soraia para receber a quantia, por estarem dentro do prazo por ela estipulado.

Sobre a situação hipotética narrada, assinale a afirmativa correta.

(A) Gustavo, Marcelo e Caio devem dividir a quantia prometida, pois todos os três executaram a tarefa no prazo fixado pela promitente.
(B) Gustavo deve receber a quantia prometida, pois foi quem primeiro executou a tarefa.
(C) Por ser negócio jurídico unilateral, Soraia deve indicar quem deve receber a quantia, dado que Gustavo, Marcelo e Caio executaram a tarefa no prazo por ela estipulado.
(D) Soraia deve pagar R$1.000,00 (mil reais) a cada um dos três.
(E) Gustavo deverá receber metade da quantia, por ter executado a tarefa primeiro, e Marcelo e Cláudio devem dividir a outra metade, por terem executado a tarefa depois, mas ainda dentro do prazo.

(2) Caso os contratantes decidam subordinar os efeitos do negócio jurídico a evento futuro e incerto, estará caracterizada uma condição.
(3) Ainda que o abuso de direito possa ser caracterizado como ato lícito, haverá sempre obrigação de indenizar o prejudicado.
(4) Se a coisa recebida em virtude de contrato comutativo tiver seu valor diminuído em decorrência de defeito oculto, é lícito ao prejudicado enjeitá-la.
(5) A anulação do negócio jurídico concluído pelo representante em conflito de interesses com o representado sujeita-se a prazo prescricional.
(6) A confissão feita por representante da parte poderá ter eficácia.

A: incorreta, pois embora todos tenham executado no prazo, o Código Civil prevê que nos casos de contrato de promessa, se o ato contemplado na promessa for praticado por mais de um indivíduo, terá direito à recompensa o que primeiro o executou (art. 857 CC). Logo, terá direito ao prêmio apenas Gustavo; **B:** correta (art. 857 CC); **C:** incorreta, pois o CC já indica quem é que deve ser o contemplado, isto é, aquele que executou primeiro o ato (art. 857 CC); Logo, não cabe à Soraia a indicação; **D:** incorreta, pois ela deve pagar o prêmio apenas à Gustavo (art. 857 CC); **E:** incorreta, pois Gustavo tem o direito de receber a quanta inteira, considerando que foi o primeiro que executou o ato (art. 857 CC). Gabarito "B".

1: errada: fato jurídico em sentido amplo é todo acontecimento natural ou humano que cria, modifica, conserva ou extingue direitos (*Novo Curso de Direito Civil 1 (parte geral) – Pablo Stolze Gagliano e Rodolfo Pamplona Filho, 15ª Ed. Ano:2013*); **2:** certa (art. 121 CC); **3:** errada: o que caracteriza o ato ilícito no abuso de direito é justamente o uso exacerbado de um direito que o indivíduo possui. Não gerará, porém o direito a indenização do prejudicado nos casos do art. 188, I e II CC; **4:** certa (art. 441, "caput" CC); **5:** errada: o prazo é de decadência de cento e oitenta dias, a contar da conclusão do negócio ou da cessação da incapacidade (art. 119, parágrafo único CC); **6:** certa: art. 213, parágrafo único CC. Gabarito 1E, 2C, 3E, 4C, 5E, 6C

(Analista – INPI – 2024 – CEBRASPE) A respeito de aplicação das leis civis, de pessoas naturais e jurídicas e de bens, julgue os itens seguintes.

(1) O negócio jurídico referente ao bem principal excepcionalmente abrangerá as pertenças relativas a esse bem.
(2) Lei nova, que estabeleça disposições especiais a par das já existentes, modifica, mas não revoga a lei anterior.
(3) Ao contrato em curso será aplicada a lei vigente ao tempo da celebração, ainda que sobrevenha lei nova.
(4) Se uma pessoa viver alternadamente em mais de uma residência, será considerada seu domicílio aquela em que permanecer por mais tempo.
(5) O início da existência legal de uma fundação ocorre com a inscrição do ato constitutivo no registro civil de pessoas jurídicas.

1: certa (art. 94 CC); **2:** errada: A lei nova, que estabeleça disposições gerais ou especiais a par das já existentes, não revoga nem modifica a lei anterior (art. 2º, § 2º da LINDB); **3:** certa, pois pelo princípio "tempus regit actum" aplica-se a lei da data em que a relação jurídica foi firmada, ainda que sobrevenha lei nova; **4:** errada: Se, porém, a pessoa natural tiver diversas residências, onde, alternadamente, viva, considerar-se-á domicílio seu qualquer delas (art. 71 CC); **5:** certa (art. 45, "caput" CC). Gabarito 1C, 2E, 3C, 4E, 5C

(Analista – INPI – 2024 – CEBRASPE) Acerca de fatos e negócios jurídicos, de atos jurídicos, de prescrição e decadência, de prova dos fatos jurídicos e de contratos, julgue os itens a seguir.

(1) O fato jurídico em sentido amplo, embora passível de modificar direitos, não tem o condão de, por si só, extinguir relações jurídicas.

(Analista – TJ/ES – 2023 – CEBRASPE) A respeito do conflito das leis no tempo, das pessoas naturais e das pessoas jurídicas, dos bens e dos contratos, julgue os itens a seguir.

(1) Se surgir uma nova lei que seja mais favorável ao devedor em determinada relação contratual, impõe-se a sua aplicação.
(2) Não havendo intenção difamatória, é lícito o emprego do nome de pessoa em publicações.
(3) Obrigações recíprocas e simultâneas são condições para opor a exceção do contrato não cumprido.
(4) Caso haja transferência de ativos ou de passivos entre os sócios e a pessoa jurídica, ficará caracterizada a confusão patrimonial.
(5) O fato de os bens constituírem uma universalidade de fato não obsta que eles sejam objeto de relações jurídicas próprias.

1: errada, pois pelo princípio "tempus regit actum" aplica-se a lei da data em que a relação jurídica foi firmada, ainda que sobrevenha outra lei mais benéfica ao devedor; **2:** errada, pois o nome da pessoa não pode ser empregado por outrem em publicações ou representações que a exponham ao desprezo público, ainda quando não haja intenção difamatória (art. 17 CC); **3:** certa (art. 476 CC); **4:** errada, pois apenas ficará caracterizada a confusão patrimonial se houver transferência de ativos ou de passivos sem efetivas contraprestações, exceto os de valor proporcionalmente insignificante (art. 50, § 2º, II CC); **5:** certa: (art. 90, parágrafo único CC). Gabarito 1E, 2E, 3C, 4E, 5C

(Analista – TJ/ES – 2023 – CEBRASPE) Acerca do fato jurídico, do negócio jurídico, dos atos jurídicos, da prescrição e da prova dos fatos jurídicos, julgue os itens subsequentes.

(1) Os fatos jurídicos são aptos a modificar direitos, seja de forma subjetiva, seja de forma objetiva.

(2) Embora a presunção seja admitida como meio de prova, as comuns ficam afastadas em razão da subjetividade que as permeia.

(3) O negócio jurídico simulado subsistirá caso não se constate a intenção de prejudicar terceiros.

(4) A culpa é prescindível para a configuração da responsabilidade civil decorrente do abuso de direito na prática de um ato.

1: certa, pois os fatos jurídicos são agentes que originam, modificam ou extinguem direitos; **2:** errada, pois as provas comuns não ficam afastadas. Apesar do artigo 212 do Código Civil brasileiro se referir à presunção como meio de prova, o assunto ainda é divergente entre os estudiosos. Segundo Didier Jr., Braga e Oliveira (2009, p.57) a presunção não é meio de prova, nem fonte desta. Para eles, trata-se de atividade do juiz, ao examinar as provas, ou do legislador, ao criar regras jurídicas a ser aplicadas (presunções legais) sempre ou quase sempre, conforme o caso. Em sentido contrário, Santos (1949, p. 369 a 370, v. V apud THIBAU, 2011, p. 82-83), assevera que a presunção apresenta nítido perfil probatório, já que estabelece probabilidade, maior ou menor, quanto à existência ou inexistência do fato probando. Segundo o processualista brasileiro (1949, p. 373, v. V apud THIBAU, 2011, p.83), é adequado afirmar que a presunção é prova, pois ambas são instrumentos de verificação dos fatos. Justamente por essa fragilidade em relação aos demais meios de provas, não há que se falar que as provas comuns ficam afastadas; **3:** errada, pois é nulo o negócio jurídico simulado, mas subsistirá o que se dissimulou, se válido for na substância e na forma (art. 167 CC); **4:** certa, pois o art. 187 CC não exige a culpa para configurar abuso de direito na responsabilidade civil. GR

Gabarito 1C, 2E, 3E, 4C

(Juiz de Direito – TJ/DFT – 2023 – CEBRASPE) De acordo com o Código Civil, o juiz somente poderá autorizar a exibição integral dos livros e papéis de escrituração da sociedade empresária quando necessária para

(A) instruir processo de pensão alimentícia.

(B) obter prova em processo cuja matéria seja de interesse público.

(C) instruir processo de insolvência.

(D) resolver questões relativas à sucessão.

(E) defender interesse de um dos sócios.

De acordo com o art. 1.191 CC "O juiz só poderá autorizar a exibição integral dos livros e papéis de escrituração quando necessária para resolver questões relativas à sucessão, comunhão ou sociedade, administração ou gestão à conta de outrem, ou em caso de falência". Logo, a alternativa correta é a letra D. GR

Gabarito "D".

(Procurador/DF – CESPE – 2022) À luz do Código Civil e do Código de Processo Civil, e considerando a jurisprudência do STJ naquilo a que ela for pertinente, julgue os itens que se seguem.

(1) Abre-se a sucessão no local da última residência do falecido, sendo este o foro competente para o inventário.

(2) O valor da multa compensatória deve, necessariamente, guardar exata correspondência matemática entre o grau de inexecução do contrato e o abrandamento da cláusula penal, sob o risco de haver o desvirtuamento da função coercitiva atribuída à cláusula penal.

(3) Segundo o atual entendimento do STJ, aplica-se aos contratos de compromisso de compra e venda a cláusula resolutiva expressa quando o compromissário comprador inadimplente tiver sido notificado/interpelado e houver transcorrido o prazo sem a purgação da mora, hipótese em que o promissário vendedor poderá exercer a faculdade de resolver a relação jurídica extrajudicialmente.

(4) Caso a inexecução contratual seja atribuída única e exclusivamente a quem recebeu as arras, estas deverão ser devolvidas acrescidas do equivalente, com atualização monetária, juros e honorários advocatícios.

(5) A procuração em causa própria opera, ela própria, a cessão ou transmissão do direito de propriedade, direito de posse ou direito de crédito objeto do negócio jurídico.

(6) As pessoas com enfermidade ou deficiência mental, quando excepcionalmente forem submetidas a curatela, não poderão ser declaradas como absolutamente incapazes.

(7) O negócio jurídico simulado é nulo e consequentemente ineficaz, exceto o que nele se dissimulou, se válido for na substância e na forma.

1: errada, pois o foro competente para a abertura da sucessão é o do último domicílio do falecido, e não da última residência (art. 1.785 CC). A mesma regra se aplica para o foro competente para o inventário (art. 48 CPC); **2:** errada, pois a Lei não traz esse critério rígido como valor. O que ela prevê é que o valor da cominação imposta na cláusula penal não pode exceder o da obrigação principal (art. 412 CC); **3:** certa (REsp 1789863); **4:** certa (art. 418 CC); **5:** errada, pois Procuração em causa própria não equivale a título translativo de propriedade (REsp 1.345.170); **6:** certa, pois a Lei 13.146/15 revogou os incisos II e III do art. 3º do CC; **7:** certa (art. 167 CC). GR

Gabarito 1E, 2E, 3C, 4C, 5E, 6C, 7C

(Procurador/DF – CESPE – 2022) Acerca do registro público e do usufruto, julgue os itens seguintes.

(1) No processo de registro de imóveis, não se admite o procedimento da dúvida quando a propriedade é transmitida de forma onerosa pelo particular ao poder público.

(2) No usufruto, não havendo ajuste em contrário, as despesas provenientes da conservação do bem e os tributos dele decorrentes serão atribuições do usufrutuário.

1: errada, pois o art. 198 e seguintes da Lei 6.015/73 tratam do procedimento de dúvida e ali não está prevista essa exceção. **2:** certa (art. 1.403, II CC). GR

Gabarito 1E, 2C

(Procurador/DF – CESPE – 2022) Em cada um dos itens a seguir, é apresentada uma situação hipotética seguida de uma assertiva a ser julgada a respeito de preferências, privilégios creditórios e atos unilaterais.

(1) Maria é devedora de obrigações decorrentes de garantia hipotecária pactuada com Roberto e de honorários advocatícios devidos a Francisco. Nessa situação, havendo o concurso de credores, o crédito de Roberto terá preferência sobre o crédito de Francisco.

(2) A Secretaria de Cultura do governo do DF prometeu recompensa para quem prestasse informações que levassem à localização de um quadro furtado de um museu público, e três pessoas, em momentos distintos, prestaram informações fidedignas que conduziram à

apreensão da referida obra de arte. Nessa situação, a promessa de recompensa deverá ser dividida entre os três informantes, em partes iguais, independentemente do fato de as informações terem sido prestadas em momentos distintos.

1: errada, pois o crédito de garantia real prefere ao pessoal de qualquer espécie (art. 961 CC). Logo, o credor hipotecário tem preferência ao credor de honorários advocatícios; **2:** errada, pois tem direito à recompensa integral a primeira pessoa que achou o quadro (art. 857 CC). GR

Gabarito 1E, 2E

(Delegado/RJ – 2022 – CESPE/CEBRASPE) Com relação ao tratamento de dados pessoais de que trata a Lei n.º 13.709/2018, Lei Geral de Proteção de Dados, assinale a opção correta.

(A) O tratamento de dados pessoais poderá ser realizado mediante o fornecimento de consentimento pelo titular de forma verbal, desde que demonstre a manifestação de livre vontade e na presença de três testemunhas maiores e capazes.

(B) O tratamento de dados pessoais de crianças deverá ser realizado com o consentimento específico e em destaque dado por ambos os pais.

(C) O consentimento do tratamento de dados pelo titular deverá ter uma finalidade determinada, e as autorizações poderão ser genéricas quando formalizadas por meio de contrato.

(D) O tratamento de dados pessoais não poderá ser condição para o fornecimento de produto ou de serviço ou exercício de um direito.

(E) O consentimento do tratamento de dados poderá ser revogado mediante manifestação expressa do titular, ratificados os tratamentos já realizados sob amparo de consentimento anteriormente manifestado enquanto não houver requerimento de eliminação dos dados pessoais tratados.

A: incorreta, pois o consentimento deverá ser fornecido por escrito ou por outro meio que demonstre a manifestação de vontade do titular (art. 8º, *caput* da Lei 13.709/2018); **B:** incorreta, pois basta o consentimento específico de pelo menos um dos pais (art. 14, § 1º da Lei 13.709/2018); **C:** incorreta, pois as autorizações genéricas para o tratamento de dados pessoais serão nulas (art. 8º, § 4º da Lei 13.709/2018); **D:** incorreta, pois o tratamento de dados pessoais poderá ser condição para o fornecimento de produto ou de serviço ou exercício de um direito, sendo que neste caso o titular será informado com destaque sobre esse fato e sobre os meios pelos quais poderá exercer os direitos do titular elencados no art. 18 da Lei 13.709/2018 (art. 9º, § 3º da Lei 13.709/2018); **E:** correta (art. 8º, § 5º da Lei 13.709/2018). GR

Gabarito "E"

(Delegado/RJ – 2022 – CESPE/CEBRASPE) Quanto ao instituto da adoção tratado na Lei n.º 8.069/1990, Estatuto da Criança e do Adolescente, assinale a opção correta.

(A) Para adoção conjunta, é dispensável que os adotantes sejam casados civilmente ou mantenham união estável.

(B) A adoção não poderá ser deferida ao adotante que vier a falecer no curso do procedimento de adoção, antes de prolatada a sentença.

(C) A morte dos adotantes restabelece o poder familiar dos pais naturais.

(D) A adoção atribui a condição de filho ao adotado, com os mesmos direitos e deveres, inclusive sucessórios, desligando-o de qualquer vínculo com pais e parentes, salvo os impedimentos matrimoniais.

(E) A guarda de fato autoriza, por si só, a dispensa da realização do estágio de convivência.

A: incorreta, pois para adoção conjunta, é indispensável que os adotantes sejam casados civilmente ou mantenham união estável, comprovada a estabilidade da família (art. 42, § 2º da Lei 8.069/1990); **B:** incorreta, pois a adoção poderá ser deferida ao adotante que, após inequívoca manifestação de vontade, vier a falecer no curso do procedimento, antes de prolatada a sentença (art. 42, § 6º da Lei 8.069/1990); **C:** incorreta, pois a morte dos adotantes não restabelece o poder familiar dos pais naturais (art. 49 da Lei 8.069/1990); **D:** correta (art. 41, *caput* do CC); **E:** incorreta, pois a simples guarda de fato não autoriza, por si só, a dispensa da realização do estágio de convivência (art. 46, § 2º da Lei 8.069/1990). GR

Gabarito "D"

(Juiz de Direito/AP – 2022 – FGV) No que tange ao superendividamento, é correto afirmar que:

(A) a Lei nº 14.181/2021, também conhecida como Lei do Superendividamento, estabeleceu um percentual de inadimplência de 30% dos débitos para que o consumidor seja considerado superendividado;

(B) as normas protetivas em relação ao superendividamento dos artigos 54-A a 54-G do Código de Defesa do Consumidor (CDC) se aplicam em relação à aquisição ou à contratação de produtos e serviços de luxo de alto valor;

(C) a doutrina e a jurisprudência classificam o consumidor superendividado ativo como aquele que se endivida por questões alheias ao seu controle como, por exemplo, em razão de circunstâncias de desemprego;

(D) a Lei nº 14.181/2021 inseriu como nova proibição na oferta de crédito ao consumidor a indicação de que a operação de crédito poderá ser concluída sem consulta a serviços de proteção ao crédito ou sem avaliação da situação financeira do consumidor;

(E) o superendividamento é um fenômeno multidisciplinar que repercute na sociedade de consumo de massa. As dívidas alimentícias corroboram significativamente para o agravamento desse fenômeno, tendo em vista diminuírem a capacidade de adimplemento do consumidor.

Comentário: A: incorreta, pois a Lei prevê que se entende por superendividamento a impossibilidade manifesta de o consumidor pessoa natural, de boa-fé, pagar a totalidade de suas dívidas de consumo, exigíveis e vincendas, sem comprometer seu mínimo existencial, nos termos da regulamentação (art. 54-A, § 1º da Lei nº 14.181/2021). Não é mencionada uma porcentagem exata; **B:** incorreta, pois essa Lei não se aplica ao consumidor cujas dívidas tenham sido contraídas da aquisição ou contratação de produtos e serviços de luxo de alto valor (art. 54-A, § 3º); **C:** essa alternativa não está totalmente errada. Vide notícia no site do STJ: https://www.stj.jus.br/sites/portalp/Paginas/Comunicacao/Noticias/28022021-O-fenomeno-do-superendividamento-e-seu-reflexo-na-jurisprudencia2.aspx **D:** correta (art. 54-C, II da Lei nº 14.181/2021); **E:** incorreta, pois as dívidas a que a lei menciona que abrangem o superendividamento são aquelas decorrentes de decorrentes de relação de consumo, inclusive operações de crédito, compras a prazo e serviços de prestação continuada (art. 54-A, §2º da Lei nº 14.181/2021). GR

Gabarito "D"

(Juiz de Direito – TJ/MS – 2020 – FCC) Na alienação fiduciária imobiliária, diz o artigo 26, *caput*, da Lei 9.514/1997: *Vencida e não paga, no todo ou em parte, a dívida e constituído em mora o fiduciante, consolidar-se-á, nos termos deste artigo, a propriedade do imóvel em nome do fiduciário.* O trâmite procedimental previsto para a intimação do devedor fiduciante dar-se-á do modo seguinte:

(A) a intimação far-se-á pessoalmente ao fiduciante, ou ao seu representante legal ou ao procurador regularmente constituído, podendo ser promovida, por solicitação do oficial do Registro de Imóveis, por oficial de Registro de Títulos e Documentos da comarca da situação do imóvel ou do domicílio de quem deva recebê-la, ou pelo correio, com aviso de recebimento, aplicando-se subsidiariamente as normas pertinentes à matéria estabelecidas no CPC.

(B) para os fins do disposto neste artigo, o fiduciante, ou seu representante legal ou procurador regularmente constituído, será intimado, a requerimento do fiduciário, pelo oficial do competente Registro de Imóveis, a satisfazer, no prazo de trinta dias, a prestação vencida e as que se vencerem até a data do pagamento, os juros convencionais, as penalidades e os demais encargos contratuais, os encargos legais, inclusive tributos, as contribuições condominiais imputáveis ao imóvel, além das despesas de cobrança e de intimação.

(C) a intimação far-se-á exclusivamente na pessoa do devedor fiduciante, pela drástica consequência da perda do imóvel, podendo ser promovida, por solicitação do oficial do Registro de Imóveis, por oficial de Registro de Títulos e Documentos da comarca da situação do imóvel ou do domicílio de quem deva recebê-la, ou pelo correio, com aviso de recebimento.

(D) o prazo de carência após o qual será expedida a intimação do fiduciante é sempre o de noventa dias.

(E) nos condomínios edilícios ou outras espécies de conjuntos imobiliários com controle de acesso, a intimação poderá ser feita na pessoa do síndico, defeso que se realize no funcionário da portaria responsável pelo recebimento da correspondência.

A: correta (art. 26, § 3º da Lei 9.514/1997); **B:** incorreta, pois o prazo é de quinze dias e não de trinta (art. 26, § 1º da Lei 9.514/1997); **C:** incorreta, pois a intimação não será feita exclusivamente na pessoa do devedor fiduciante, mas também pode ser feita ao seu representante legal ou ao procurador regularmente constituído (art. 26, § 3º da Lei 9.514/1997); **D:** incorreta, pois o contrato definirá o prazo de carência após o qual será expedida a intimação (art. art. 26, § 2º da Lei 9.514/1997); **E:** incorreta, pois a intimação poderá ser feita ao funcionário da portaria responsável pelo recebimento de correspondência (art. 26, § 3º-B da Lei 9.514/1997). Gabarito "A"

(Juiz de Direito – TJ/MS – 2020 – FCC) Quanto à prova:

(A) Em nenhuma hipótese admitir-se-á depoimento de menores de dezesseis anos.

(B) A pessoa com deficiência poderá testemunhar em igualdade de condições com as demais pessoas, sendo-lhe assegurados todos os recursos de tecnologia assistiva.

(C) A recusa à perícia médica ordenada pelo juiz não poderá suprir a prova que se pretendia obter com o exame.

(D) As declarações constantes de documentos assinados são verdadeiras em relação aos signatários e terceiros, estes desde que partícipes do ato enunciado.

(E) O instrumento particular, feito e assinado, ou somente assinado por quem esteja na livre disposição e administração de seus bens, prova as obrigações convencionais de qualquer valor, bem como operam-se seus efeitos imediatamente em relação a terceiros, independentemente de outras formalidades legais.

A: incorreta, pois será admitido, por autorização judicial o depoimento de menores de dezesseis anos para a prova de fatos que só eles conheçam (art. 228, § 1º CC); **B:** correta (art. 228, § 2º CC); **C:** incorreta, pois a recusa à perícia médica ordenada pelo juiz *poderá* suprir a prova que se pretendia obter com o exame (art. 232 CC); **D:** incorreta, pois as declarações constantes de documentos assinados presumem-se verdadeiras em relação *apenas* aos signatários (art. 219, *caput* CC); **E:** incorreta, pois seus efeitos, bem como os da cessão, não se operam, a respeito de terceiros, antes de registrado no registro público (art. 221, *caput* CC). Gabarito "B"

(Advogado – Pref. São Roque/SP – 2020 – VUNESP) Os espaços livres de uso comum, as ruas e praças

(A) são de propriedade do loteador até a venda de todos os lotes, quando então passarão a pertencer a todos os adquirentes, em condomínio indiviso.

(B) poderão ser de propriedade dos adquirentes ou do município, a depender da vontade do loteador.

(C) mesmo após a aprovação do loteamento, podem ser alterados e transformados em lotes, desde que sejam previstas medidas compensatórias.

(D) não poderão ter sua destinação alterada pelo loteador, desde a aprovação do loteamento, salvo as hipóteses de caducidade da licença ou desistência do loteador.

(E) não podem integrar patrimônio do município, nos casos em que decorrem de parcelamento do solo implantado e não registrado.

A: incorreta, pois são de propriedade de Município desde a data do registro do loteamento (art. 22 da Lei 6.766/79); **B:** incorreta, pois a lei não abre a possibilidade de essas áreas serem de propriedade do adquirente, mas afirma que a propriedade é apenas do Município (art. 22 da Lei 6.766/79); **C:** incorreta, pois desde a aprovação do loteamento, não é permitido que sua destinação seja alterada pelo loteador, salvo as hipóteses de caducidade da licença ou desistência do loteador; **D:** correta (art. 17 da Lei 6.766/79); **E:** incorreta, pois na hipótese de parcelamento do solo implantado e não registrado, o Município poderá requerer, por meio da apresentação de planta de parcelamento elaborada pelo loteador ou aprovada pelo Município e de declaração de que o parcelamento se encontra implantado, o registro das áreas destinadas a uso público, que passarão dessa forma a integrar o seu domínio (art. 22, parágrafo único da Lei 6.766/79). Gabarito "D"

(Procurador Município – Santos/SP – VUNESP – 2021) Considerando a jurisprudência sumulada pelo Superior Tribunal de Justiça, é correto afirmar:

(A) O segurado em atraso com o pagamento do prêmio perde automaticamente o direito à indenização securitária.

(B) No contrato de penhor civil, a instituição financeira não responde por danos decorrentes de roubo, furto ou extravio da coisa empenhada.

(C) A embriaguez do segurado não exonera por si só a seguradora de pagar indenização prevista no contrato de seguro de vida.
(D) O locatário possui legitimidade para questionar a cobrança do IPTU sobre o imóvel alugado, inclusive para pleitear repetição do indébito.
(E) A propositura de ação de revisão do contrato impede a caracterização da mora do autor.

A: incorreta, pois a indenização securitária é devida quando ausente a comunicação prévia do segurado acerca do atraso no pagamento do prêmio, por constituir requisito essencial para a suspensão ou resolução do contrato de seguro (Súmula 616 STJ). Logo, a suspensão do contrato não é automática, pois depende de comunicação prévia; **B:** incorreta, pois é abusiva a cláusula contratual que restringe a responsabilidade de instituição financeira pelos danos decorrentes de roubo, furto ou extravio de bem entregue em garantia no âmbito de contrato de penhor civil (Súmula 638 STJ); **C:** correta (Súmula 620 STJ); **D:** incorreta, pois o locatário não possui legitimidade ativa para discutir a relação jurídico-tributária de IPTU e de taxas referentes ao imóvel alugado nem para repetir indébito desses tributos (Súmula 614 STJ); **E:** incorreta, pois a simples propositura da ação de revisão de contrato não inibe a caracterização da mora do autor (Súmula 380 STJ).

(Delegado de Polícia Federal – 2021 – CESPE) A respeito do domicílio, da responsabilidade civil e das sociedades comerciais, julgue os itens que se seguem.

(1) Se uma pessoa viver, de forma alternada, em diversas residências, qualquer uma delas poderá ser considerada seu domicílio.
(2) Se um terceiro aproximar-se de um autor de um crime que estiver imobilizado pela polícia e acertá-lo com um tiro letal, estará configurada a responsabilidade objetiva do Estado.

1: Certo. A alternativa está correta, nos termos do artigo 71 CC. Quando a pessoa natural tem várias residências onde, alternadamente, viva, considerar-se-á domicílio seu qualquer delas. **2:** Certo. A alternativa está correta, nos termos do art. 927, parágrafo único CC corroborado por entendimento jurisprudencial do STJ, conforme ementa: Civil e administrativo. Responsabilidade civil do estado por omissão. Obrigação de segurança. Pessoa imobilizada pela polícia militar. Morte após violenta agressão de terceiros. Dever especial do estado de assegurar a integridade e a dignidade daqueles que se encontram sob sua custódia. Responsabilidade civil objetiva. Art. 927, parágrafo único, do Código Civil. Cabimento de inversão do ônus da prova do nexo de causalidade. Art. 373, § 1º, do CPC/2015. Histórico da demanda (AREsp 1717869/MG, Rel. Ministro Herman Benjamin, Segunda Turma, julgado em 20.10.2020, DJe 01.12.2020).

(Procurador do Município – Boa Vista/RR – 2019 – CESPE/CEBRASPE) Acerca de responsabilidade civil, de negócio jurídico e de transmissão e extinção de obrigações, julgue os itens seguintes.

(1) Tanto pessoas físicas quanto pessoas jurídicas podem sofrer danos morais.
(2) Em contratos de fiança, a declaração de vontade do fiador pode ser expressa ou presumida.
(3) Tanto no caso de assunção de dívida quanto no caso de novação de dívida, enquanto a obrigação original não for totalmente adimplida, o devedor originário manterá sua responsabilidade com o credor e a obrigação permanecerá inalterada.

1: Certa, pois ambas possuem honra objetiva, podendo, portanto, sofrer ofensa à imagem. (Quanto às pessoas jurídicas, os danos morais exigem comprovação fática, ainda que seja possível a utilização de presunções e regras de experiência para configuração do dano (art. 186 CC e Súmula 227 STJ); **2:** Errada, pois a declaração de vontade do fiador só se admite por escrito, logo, não pode ser presumida, mas apenas expressa (art. 819 CC); **3:** Errada, pois no caso da assunção de dívida, quando terceiro assume a dívida com o consentimento do credor, em regra, o devedor primitivo fica exonerado, salvo se o terceiro, ao tempo da assunção, era insolvente e o credor o ignorava (art. 299, *caput* CC). Neste caso, é importante ressaltar que a obrigação se mantém a mesma, só o que altera é a parte devedora. No caso da novação, uma nova dívida surge em substituição à primeira. Quando o novo devedor sucede ao antigo, este fica quite com o credor (art. 360, II CC). Se o novo devedor for insolvente, não tem o credor, que o aceitou, ação regressiva contra o primeiro, salvo se este obteve por má-fé a substituição (art. 363 CC).

(Procurador do Município – S.J. Rio Preto/SP – 2019 – VUNESP) O *Programa Minha Casa, Minha Vida* – PMCMV tem por finalidade criar mecanismos de incentivo à produção e aquisição de novas unidades habitacionais ou requalificação de imóveis urbanos e produção ou reforma de habitações rurais, para famílias com renda mensal de até R$ 4.650,00 (quatro mil, seiscentos e cinquenta reais). Em relação à Lei 11.977, de 7 de julho de 2009, assinale a alternativa correta.

(A) O PMCMV compreende os seguintes programas: Programa Nacional de Habitação Urbana (PNHU), Programa Nacional de Habitação Rural (PNHR) e Programa Nacional de Habitação Coletiva (PNHC).
(B) Os contratos e registros efetivados no âmbito do PMCMV serão formalizados, preferencialmente, em nome de ambos os cônjuges.
(C) Nas hipóteses de dissolução de casamento ou união estável, o título de propriedade do imóvel adquirido, no âmbito do PMCMV, será registrado em nome da mulher ou a ela transferido, independentemente do regime de bens aplicável, ainda que envolvam recursos do FGTS.
(D) Os lotes destinados à construção de moradias no âmbito do PMCMV poderão ser objeto de remembramento, devendo tal permissão constar expressamente dos contratos celebrados.
(E) Para a indicação dos beneficiários do PMCMV, deverão, dentre outros requisitos, ser observada prioridade de atendimento às famílias com mulheres responsáveis pela unidade familiar.

A: incorreta, pois *não* se inclui o Programa Nacional de Habitação Coletiva (PNHC) (art. 1º, I e II da Lei 11.977/2009); **B:** incorreta, pois os contratos e registros efetivados no âmbito do PMCMV serão formalizados, preferencialmente, em nome da *mulher* (art. 35 da Lei 11.977/2009); **C:** incorreta, pois essa hipótese não se aplica se estiver envolvendo recurso do FGTS (art. 35-A da Lei 11.977/2009); **D:** incorreta, pois os lotes destinados à construção de moradias no âmbito do PMCMV *não* poderão ser objeto de remembramento, devendo tal *proibição* constar expressamente dos contratos celebrados (art. 36, *caput* CC); **E:** correta (art. 3º, IV da Lei 11.977/2009).

(Procurador do Município – S.J. Rio Preto/SP – 2019 – VUNESP) São nulas de pleno direito, entre outras, as cláusulas contratuais relativas ao fornecimento de produtos e serviços que

(A) estabeleçam inversão do ônus da prova sem prejuízo do consumidor.

(B) possibilitem a renúncia do direito de indenização por benfeitorias necessárias.
(C) determinem a utilização facultativa de arbitragem para a solução de litígios.
(D) autorizem o fornecedor a cancelar o contrato unilateralmente, conferindo igual direito ao consumidor.
(E) concedam ao consumidor a opção de reembolso da quantia já paga.

A: incorreta, pois são nulas as cláusulas contratuais relativas ao fornecimento de produtos e serviços que estabeleçam inversão do ônus da prova *em* prejuízo do consumidor (art. 51, VI CDC); B: correta (art. 51, XVI CDC); C: incorreta, pois são nulas as cláusulas contratuais relativas ao fornecimento de produtos e serviços que determinem a utilização *compulsória* de arbitragem (art. 51, VII CDC); D: incorreta, pois são nulas as cláusulas contratuais relativas ao fornecimento de produtos e serviços que autorizem o fornecedor a cancelar o contrato unilateralmente, *sem* que igual direito seja conferido ao consumidor (art. 51, XI CDC) ; E: incorreta, pois são nulas as cláusulas contratuais relativas ao fornecimento de produtos e serviços que *subtraiam* ao consumidor a opção de reembolso da quantia já paga (art. 51, II CDC). GR

Gabarito "B".

(Juiz de Direito – TJ/AL – 2019 – FCC) Acerca das preferências e privilégios creditórios, segundo o Código Civil, considere as seguintes proposições:
I. O credor por benfeitorias necessárias tem privilégio geral sobre a coisa beneficiada.
II. O crédito real prefere ao crédito pessoal privilegiado.
III. O crédito por despesas com a doença de que faleceu o devedor goza de privilégio especial.
IV. Os credores hipotecários conservam seu direito sobre o valor da indenização mesmo se a coisa hipotecada for desapropriada.
V. Direitos reais não são títulos legais de preferência, embora confiram prioridade sobre o produto da alienação.

É correto o que se afirma APENAS em
(A) I e II.
(B) I e III.
(C) II e IV.
(D) III e V.
(E) IV e V.

I: incorreta, pois credor por benfeitorias necessárias tem privilégio especial sobre a coisa beneficiada (art. 964, III CC); II: correta, pois o crédito real prefere ao pessoal de qualquer espécie; o crédito pessoal privilegiado, ao simples; e o privilégio especial, ao geral (art. 961 CC); III: incorreta, pois o crédito por despesas com a doença de que faleceu o devedor goza de privilégio geral (art. 965, IV CC); IV: correta, pois conservam seus respectivos direitos os credores hipotecários sobre o valor da indenização, se a coisa obrigada a hipoteca ou privilégio for desapropriada (art. 959, II CC); V: incorreta, pois os títulos legais de preferência são os privilégios e os direitos reais (art. 958 CC). GN

Gabarito "C".

Nos termos da lei especial que dispõe sobre a proteção da propriedade intelectual e comercialização de programas de computador no Brasil, as derivações autorizadas pelo titular dos direitos de programa de computador pertencerão à pessoa autorizada que as fizer, salvo estipulação contratual em contrário.

(Juiz de Direito - TJ/BA - 2019 - CESPE/CEBRASPE) Com relação a esse assunto, é correto afirmar que constitui ofensa aos direitos do titular de programa de computador a
(A) reprodução em um só exemplar que se destine à cópia de salvaguarda.
(B) ocorrência de semelhança de programa a outro preexistente, quando se der por força das características funcionais de sua aplicação ou da observância de preceitos normativos e técnicos.
(C) integração de um programa, mantendo-se suas características essenciais, a um sistema aplicativo, tecnicamente indispensável às necessidades do usuário, desde que para o uso exclusivo de quem tenha promovido tal integração.
(D) exploração econômica não pactuada e derivada do programa de computador.
(E) citação parcial do programa para fins didáticos, mesmo que com a identificação do programa e do titular dos direitos.

A: incorreta, pois não constitui ofensa aos direitos do titular de programa de computador a reprodução, em um só exemplar, de cópia legitimamente adquirida, desde que se destine à cópia de salvaguarda ou armazenamento eletrônico, hipótese em que o exemplar original servirá de salvaguarda (art. 6°, I CC da Lei 9.609/98); B: incorreta, pois não constitui ofensa aos direitos do titular de programa de computador a ocorrência de semelhança de programa a outro, preexistente, quando se der por força das características funcionais de sua aplicação, da observância de preceitos normativos e técnicos, ou de limitação de forma alternativa para a sua expressão (art. 6°, III, CC da Lei 9.609/98); C: incorreta, pois não constitui ofensa aos direitos do titular de programa de computador a integração de um programa, mantendo-se suas características essenciais, a um sistema aplicativo ou operacional, tecnicamente indispensável às necessidades do usuário, desde que para o uso exclusivo de quem a promoveu (art. 6°, IV, CC da Lei 9.609/98); D: correta, pois os direitos sobre as derivações autorizadas pelo titular dos direitos de programa de computador, inclusive sua exploração econômica, pertencerão à pessoa autorizada que as fizer, salvo estipulação contratual em contrário. Logo, a exploração econômica não pactuada ofende os direitos do titular de programa de computador (art. 5° da Lei 9.609/98); E: incorreta, pois não constitui ofensa aos direitos do titular de programa de computador a citação parcial do programa, para fins didáticos, desde que identificados o programa e o titular dos direitos respectivos (art. 6°, II CC da Lei 9609/98). GR

Gabarito "D".

(Juiz de Direito - TJ/SC - 2019 – CESPE/CEBRASPE) A aposição de cláusula proibitiva de endosso no título de crédito é considerada pelo Código Civil como
(A) nula de pleno direito.
(B) não escrita.
(C) anulável.
(D) válida, se aceita expressamente pelo tomador.
(E) inexistente, se dada no anverso do título.

A: incorreta, pois a cláusula proibitiva de endosso é considerada como não escrita (art. 890 CC); B: correta (art. 890 CC); C: incorreta, pois não se trata aposição anulável, mas tida como não escrita (art. 890 CC); D: incorreta, pois não se trata de aposição válida, se aceita expressamente pelo tomador, mas sim de aposição não escrita (art. 890 CC); E: incorreta, pois não se trata de aposição inexistente, se dada no anverso do título, mas sim de aposição não escrita (art. 890 CC). GR

Gabarito "B".

11. LEIS ESPARSAS

(Procurador – PGE/SP – 2024 – VUNESP) Acerca da Regularização Fundiária Urbana (Reurb) incidente sobre bens públicos, assinale a alternativa correta.

(A) Na Reurb-E, promovida sobre bem público, havendo solução consensual, a aquisição de direitos reais pelo particular ficará condicionada ao pagamento do justo valor da unidade imobiliária regularizada, mediante apuração do valor da terra, das acessões e das benfeitorias do ocupante, bem como da valorização decorrente da implantação dessas acessões e benfeitorias.

(B) As áreas de propriedade do poder público registradas no Registro de Imóveis que sejam objeto de ação judicial versando sobre a sua titularidade não poderão ser objeto da Reurb, salvo por meio de acordo judicial ou extrajudicial, dispensada a homologação deste.

(C) Para as terras de sua propriedade, os órgãos da administração direta e as entidades da administração indireta da União, dos Estados, do Distrito Federal e dos Municípios ficam autorizados a instaurar, processar e aprovar a Reurb-S ou a Reurb-E.

(D) Fica facultado aos Estados, aos Municípios e ao Distrito Federal utilizar a prerrogativa de venda direta aos ocupantes de suas áreas públicas objeto da Reurb-E, dispensada a licitação, desde que a ocupação tenha ocorrido até 11 de julho de 2017.

(E) A Reurb sobre áreas públicas deve ser instrumentalizada mediante legitimação de posse, vedado o uso da legitimação fundiária.

A: incorreta, pois na Reurb-E, promovida sobre bem público, havendo solução consensual, a aquisição de direitos reais pelo particular ficará condicionada ao pagamento do justo valor da unidade imobiliária regularizada, a ser apurado na forma estabelecida em ato do Poder Executivo titular do domínio, sem considerar o valor das acessões e benfeitorias do ocupante e a valorização decorrente da implantação dessas acessões e benfeitorias (art. 16 da Lei nº 13.465/17). Logo, não devem ser considerados os valores das acessões e das benfeitorias do ocupante, tampouco a valorização decorrente da implantação dessas acessões e benfeitorias; **B:** incorreta, pois as áreas de propriedade do poder público registradas no Registro de Imóveis, que sejam objeto de ação judicial versando sobre a sua titularidade, poderão ser objeto da Reurb, desde que celebrado acordo judicial ou extrajudicial, na forma desta Lei, homologado pelo juiz (art. 16, parágrafo único, da Lei nº 13.465/17); **C:** correta (art. 30, § 4º, da Lei nº 13.465/17); **D:** incorreta, pois de acordo com a lei, os imóveis devem se encontrar ocupados até 22 de dezembro de 2016. Dispõe o art. 98 da Lei nº 13.465/17: "Fica facultado aos Estados, aos Municípios e ao Distrito Federal utilizar a prerrogativa de venda direta aos ocupantes de suas áreas públicas objeto da Reurb-E, dispensados os procedimentos exigidos pela Lei nº 8.666, de 21 de junho de 1993, e desde que os imóveis se encontrem ocupados até 22 de dezembro de 2016, devendo regulamentar o processo em legislação própria nos moldes do disposto no art. 84 desta Lei"; **E:** incorreta, pois "Poderão ser empregados, no âmbito da Reurb, sem prejuízo de outros que se apresentem adequados, os seguintes institutos jurídicos: I – a legitimação fundiária e a legitimação de posse, nos termos desta Lei" (art. art. 15 da Lei nº 13.465/17). Gabarito "C".

(Procurador – PGE/SP – 2024 – VUNESP) O Estado da Federação X, após regular trâmite de processo judicial de desapropriação por utilidade pública, obteve carta de adjudicação expedida pelo juiz que foi encaminhada para registro ao Cartório de Registro de Imóveis. A carta de adjudicação descrevia um polígono de 2 000 m2. Foi constatado pelo Cartório de Registro de Imóveis que o polígono descrito na carta de adjudicação era formado pela Transcrição A, de 1 600 m2, e pela Transcrição B, de 390 m2. Ademais, foi constatado pelo Cartório de Registro de Imóveis que a descrição constante da carta de adjudicação era divergente das descrições contidas nas Transcrições A e B. Tendo em vista o caso hipotético, em relação ao pedido de registro da carta de adjudicação, o Oficial de Registro de Imóveis deverá

(A) negar o registro, pois a descrição divergente dos registros anteriores constante da carta de adjudicação ofende os princípios da especialidade objetiva e da disponibilidade.

(B) realizar o registro e proceder à abertura de nova matrícula, devendo a informação sobre a diferença apurada ser averbada na matrícula aberta.

(C) condicionar o registro da carta de adjudicação à prévia retificação dela para adequação da sua descrição às descrições constantes das Transcrições A e B.

(D) averbar, nas Transcrições A e B, a aquisição derivada da propriedade pelo Estado X, devendo desconsiderar a diferença da área, pois inferior a um vigésimo da área registrada, condicionando a abertura de nova matrícula ao prévio procedimento administrativo de retificação de área.

(E) negar o registro da carta de adjudicação, tendo em vista que a área nela descrita é maior que as áreas registradas, resultando em ofensa ao princípio da especialidade objetiva.

A: incorreta, pois eventuais divergências entre a descrição do imóvel constante do registro e aquela apresentada pelo requerente não obstarão o registro. Logo, o registro deve ser feito ainda que haja divergência (art. 176-A, § 4º-A da Lei 6.015/73). Neste passo, se a área adquirida em caráter originário for maior do que a constante do registro existente, a informação sobre a diferença apurada será averbada na matrícula aberta (art. 176-A, § 4º da Lei 6.015/73; **B:** correta, nos termos do fundamento da alternativa A e ressalta-se que essas disposições, sem prejuízo de outras, aplica-se ao registro de carta de adjudicação, em procedimento judicial de desapropriação (art. 176-A, § 5º, II da Lei 6.015/73); **C:** incorreta, pois registro não estará condiciona a retificação. Eventuais divergências entre a descrição do imóvel constante do registro e aquela apresentada pelo requerente não obstarão o registro (art. 176-A, § 4º-A da Lei 6.015/73); **D:** incorreta, pois no que diz respeito a diferença de área, considerando que a metragem constante na carta é um pouco maior daquelas dos registros já existentes, a informação sobre a diferença apurada será averbada na matrícula aberta (art. 176-A, § 4º da Lei 6.015/73). A abertura de nova matrícula não está condicionada ao prévio procedimento administrativo de retificação de área; **E:** incorreta, pois a matrícula deverá ser realizada nos termos dos arts. 176-A, § 4º-A, § 5º II da Lei 6.015/73. Gabarito "B".

(Juiz de Direito – TJ/SC – 2024 – FGV) A Empresa X apresenta projeto de parcelamento do solo urbano, através de loteamento e desmembramento, nos moldes da Lei nº 6.766/1979, com área total de 800.000 m2. Diante do exposto, é correto afirmar que:

(A) projeto com área total superior a 500.000 m2 deverá ser aprovado pelo Estado ou Distrito Federal;

(B) é possível a aprovação de projeto de loteamento e desmembramento em área definida como não edificável, desde que inferior a 500.000 m2;

(C) cabe ao Estado disciplinar a aprovação de projeto de loteamento e desmembramento com área superior a 100.000 m2;

(D) aprovado o projeto de loteamento e desmembramento, o loteador deverá submetê-lo ao Registro Imobiliário no prazo de 120 dias;

(E) a existência de protesto não impedirá o registro de loteamento e desmembramento se o requerente provar que não prejudicará os adquirentes de lotes.

A: incorreta, pois o Estado ou o Distrito Federal disciplinam a aprovação que deve ser feita pelo Município de loteamentos e desmembramentos quando o loteamento abranger área superior a 1.000.000 m2 (art. 13, III da Lei nº 6.766/1979); B: incorreta, pois é vedada a aprovação de projeto de loteamento e desmembramento em áreas de risco definidas como não edificáveis, no plano diretor ou em legislação dele derivada (art. 12, § 3º da Lei nº 6.766/1979); C: incorreta, pois cabe ao Estado disciplinar a aprovação de projeto de loteamento e desmembramento com área superior 1.000.000 m2 (art. 13, III da Lei nº 6.766/1979); D: incorreta, pois o prazo é de 180 (cento e oitenta) dias, sob pena de caducidade da aprovação (art. 18 *caput* da Lei nº 6.766/1979); E: correta (art. 18, §2º da Lei nº 6.766/1979). Gabarito "E".

(ENAM – 2024.1) Considerando as disposições do Estatuto da Pessoa Idosa e do Estatuto da Criança e do Adolescente, analise as assertivas a seguir.

I. Em todo atendimento de saúde, os maiores de 80 anos terão preferência especial sobre as demais pessoas idosas, exceto em caso de emergência.

II. O reconhecimento do estado de filiação é direito personalíssimo, indisponível e imprescritível, podendo ser exercitado contra os pais ou seus herdeiros, sem qualquer restrição, observado o segredo de Justiça.

III. É vedada a adoção por procuração, ressalvadas situações especiais em nome do melhor interesse da criança.

Está correto apenas o que se afirma em

(A) I.
(B) II.
(C) III.
(D) I e II.
(E) II e III.

I: certa (art. 15, § 7º da Lei 10.741/03); II: certa (art. 27 da Lei 8.069/90); III: errada, pois é vedada a adoção por procuração e a Lei não traz exceções (art. 39, § 2º da Lei 8.069/90). Portanto, a alternativa correta é a letra D. Gabarito "D".

(Juiz de Direito – TJ/DFT – 2023 – CEBRASPE) Para fins de regularização fundiária urbana de um núcleo urbano informal,

(A) o núcleo pode ser clandestino.
(B) o núcleo deve ser de difícil reversão.
(C) é necessário que a titulação tenha desatendido à legislação vigente quando da implantação do núcleo.
(D) é necessário que o tempo de ocupação do núcleo seja superior a cinco anos.
(E) o núcleo deve ter, pelo menos, vias de circulação.

A: correta (art. 11, II, Lei 13.465/2017); B: incorreta, pois o núcleo de difícil reversão se chama "núcleo urbano informal consolidado" (art. 11, III, Lei 13.465/2017); C: incorreta, pois núcleo urbano informal é aquele clandestino, irregular ou no qual não foi possível realizar, por qualquer modo, a titulação de seus ocupantes, ainda que atendida a legislação vigente à época de sua implantação ou regularização (art. 11, II, Lei 13.465/2017); D: incorreta, pois ao tratar da matéria a lei não traz esse prazo (art. 11, II da Lei 13.465/2017); E: incorreta, pois não é necessário via de circulação para a caracterização do núcleo informal urbano (art. 11, II da Lei 13.465/2017). Gabarito "A".

(Juiz de Direito – TJ/DFT – 2023 – CEBRASPE) De acordo com a Lei Geral de Proteção de Dados Pessoais, a compatibilidade do tratamento dos dados pessoais com as finalidades informadas ao titular, de acordo com o contexto do tratamento, consiste no princípio da

(A) adequação.
(B) finalidade.
(C) qualidade dos dados.
(D) transparência.
(E) segurança.

A: correta, nos termos do art. 6º, II da LGPD, que prevê que o princípio da adequação é compatibilidade do tratamento com as finalidades informadas ao titular, de acordo com o contexto do tratamento; B: incorreta, pois o princípio da finalidade consiste na realização do tratamento para propósitos legítimos, específicos, explícitos e informados ao titular, sem possibilidade de tratamento posterior de forma incompatível com essas finalidades (art. 6º, I da LGPD); C: incorreta, pois o princípio da qualidade de dados consiste na garantia, aos titulares, de exatidão, clareza, relevância e atualização dos dados, de acordo com a necessidade e para o cumprimento da finalidade de seu tratamento (art. 6º, V da LGPD); D: incorreta, pois o princípio da transparência consiste na garantia, aos titulares, de informações claras, precisas e facilmente acessíveis sobre a realização do tratamento e os respectivos agentes de tratamento, observados os segredos comercial e industrial (art. 6º, VI da LGPD); E: incorreta, pois o princípio da segurança consiste na utilização de medidas técnicas e administrativas aptas a proteger os dados pessoais de acessos não autorizados e de situações acidentais ou ilícitas de destruição, perda, alteração, comunicação ou difusão (art. 6º, VII da LGPD). Gabarito "A".

(Juiz de Direito – TJ/DFT – 2023 – CEBRASPE) Um dos objetivos do Sistema Eletrônico dos Registros Públicos (SERP) consiste em viabilizar a consulta aos atos em que a pessoa pesquisada conste como

I. devedora de título protestado e não pago.
II. garantidora real.
III. cedente convencional de crédito.
IV. titular de direito sobre bem objeto de constrição processual.
V. titular de direito sobre bem objeto de constrição administrativa.

Assinale a opção correta.

(A) Apenas os itens I, III e V estão certos.
(B) Apenas os itens I, II, III e IV estão certos.
(C) Apenas os itens I, II, IV e V estão certos.
(D) Apenas os itens II, III, IV e V estão certos.
(E) Todos os itens estão certos.

I: correta (art. 3º, inc. X, alínea "c", item 1 da Lei nº 14.382/2022); II: correta (o art. 3º, inc. X, alínea "c", item 2 da Lei nº 14.382/2022); III: correta (art. 3º, inc. X, alínea "c", item 3 da Lei nº 14.382/2022); IV: correta (art. 3º, inc. X, alínea "c", item 4 da Lei nº 14.382/2022); V: correta (art. 3º, inc. X, alínea "c", item 4 da Lei nº 14.382/2022). Portanto, a alternativa correta é a letra E. Gabarito "E".

(Juiz de Direito – TJ/DFT – 2023 – CEBRASPE) O Estatuto da Cidade prevê que instituir diretrizes para o desenvolvimento urbano que incluam regras de acessibilidade aos locais de uso público é competência

(A) da União, dos estados, do Distrito Federal e dos municípios.
(B) da União, dos estados e do Distrito Federal.
(C) dos estados e do Distrito Federal.
(D) da União.
(E) dos municípios.

O Art. 3º, IV, da Lei 10.257/2001 prevê que "Compete à União, entre outras atribuições de interesse da política urbana: (...) IV – instituir diretrizes para desenvolvimento urbano, inclusive habitação, saneamento básico, transporte e mobilidade urbana, que incluam regras de acessibilidade aos locais de uso público." Portanto, a alternativa correta é a letra D.
Gabarito "D".

(Juiz de Direito – TJ/DFT – 2023 – CEBRASPE) Assinale a opção correta conforme o entendimento do STJ acerca da alienação fiduciária em garantia de coisa móvel.

(A) Atraso cometido pela instituição financeira na baixa de gravame de alienação fiduciária no registro de veículo caracteriza dano moral *in re ipsa*.
(B) É vedada a aplicação da pena de perdimento de veículo objeto de alienação fiduciária ou de arrendamento mercantil, independentemente da participação do credor fiduciário no evento que daria causa à pena.
(C) A relação entre o contrato de compra e venda de bem de consumo e o de financiamento bancário com alienação fiduciária, destinado a viabilizar a aquisição do bem, é de acessoriedade.
(D) O pagamento das despesas relativas à guarda e conservação de veículo alienado fiduciariamente em pátio privado em virtude da efetivação de liminar de busca e apreensão do bem é de responsabilidade do devedor fiduciante.
(E) Caso o bem não seja encontrado em ação de busca e apreensão processada sob o rito do Decreto-lei n.º 911/1969, o credor poderá requerer a conversão do pedido de busca e apreensão em ação executiva.

A: incorreta, pois o atraso, por parte de instituição financeira, na baixa de gravame de alienação fiduciária no registro de veículo não caracteriza, por si só, dano moral *in re ipsa*" (REsp 1881453/RS, julgado em 30/11/2021, DJe 07/12/2021); B: incorreta, pois a jurisprudência do STJ está pacificada no sentido da admissão da aplicação da pena de perdimento de veículo objeto de alienação fiduciária ou arrendamento mercantil (*leasing*), independentemente da participação do credor fiduciário ou do arrendante no evento que deu causa à pena (AgInt no REsp 1591876/MS, julgado em 08/11/2016, DJe 14/11/2016); C: incorreta, pois não existe, em regra, caráter acessório entre os contratos de compra e venda de bem de consumo e o de financiamento bancário com arrendamento mercantil destinado a viabilizar a aquisição do mesmo bem, de maneira que a instituição financeira não pode ser responsabilizada solidariamente pelo inadimplemento do vendedor" (AgInt nos EDcl no REsp 1.292.147/SP, DJe de 02/06/2017); D: incorreta, pois o pagamento devido pelas despesas relativas à guarda e conservação de veículo alienado fiduciariamente em pátio privado em virtude da efetivação de liminar de busca e apreensão do bem, por se tratar de obrigação *propter rem*, é de responsabilidade do credor fiduciário que é quem detém a propriedade do automóvel objeto de contrato garantido por alienação fiduciária" (AgRg no REsp 1.016.906/SP, TERCEIRA TURMA, julgado em 7.11.2013, DJe de 21.11.2013); E: correta. A jurisprudência do Superior Tribunal de Justiça traçou orientação no sentido de que, em ação de busca e apreensão processada sob o rito do Decreto-Lei nº 911/1969, o credor tem a faculdade de requerer a conversão do pedido de busca e apreensão em ação executiva se o bem não for encontrado ou não se achar na posse do devedor (art. 4º)" (REsp n. 1.785.544/RJ, relator Ministro Ricardo Villas Bôas Cueva, Terceira Turma, julgado em 21/6/2022, DJe de 24/6/2022).
Gabarito "E".

(Juiz de Direito – TJ/DFT – 2023 – CEBRASPE) Nos termos do Estatuto da Pessoa com Deficiência, quando for necessário, a pessoa com deficiência será submetida à curatela, a qual afetará somente os atos relacionados aos direitos de natureza

(A) patrimonial e trabalhista.
(B) trabalhista e educacional.
(C) patrimonial e negocial.
(D) educacional e patrimonial.
(E) educacional e negocial.

Conforme disposição expressa do art. 85 da Lei 13.146/2015: "A curatela afetará tão somente os atos relacionados aos direitos de natureza patrimonial e negocial". Logo, a alternativa correta é a letra C.
Gabarito "C".

(Juiz Federal – TRF/1 – 2023 – FGV) Paulo prometeu comprar, na planta, um imóvel da Construtora Vida Maravilha por dois milhões de reais. Ocorre que, antes desse negócio, a construtora, no âmbito do Sistema Financeiro de Habitação, o havia alienado fiduciariamente à Caixa Econômica Federal como garantia do financiamento obtido para a incorporação, tudo devidamente registrado.

Anos depois, em uma disputa judicial entre Paulo e a Construtora acerca do imóvel, o juiz, de ofício, determina o prosseguimento do processo, desconsiderando a existência da alienação fiduciária em favor da Caixa Econômica Federal por aplicação do enunciado sumular nº 308 do Superior Tribunal de Justiça, segundo o qual a hipoteca firmada entre o agente financiador e a construtora não pode ser oposta ao terceiro adquirente.

Nesse caso, o juiz:

(A) não poderia ter agido de ofício, porque, nos termos do enunciado sumular nº 381 do Superior Tribunal de Justiça, "[n]os contratos bancários, é vedado ao julgador conhecer, de ofício, da abusividade das cláusulas";
(B) não poderia ter aplicado analogicamente o entendimento sumular, considerando a diferença entre a hipoteca e a alienação fiduciária, sendo certo que, neste último instituto, a coisa sequer pertence ao alienante;
(C) não poderia ter aplicado o entendimento sumular, embora seja teoricamente possível a analogia entre hipoteca e alienação fiduciária, porque a alienação fiduciária precedeu a venda a Paulo, sendo inclusive registrada para fins de eficácia *erga omnes*;
(D) não poderia ter aplicado o entendimento sumular, embora seja teoricamente possível a analogia entre hipoteca e alienação fiduciária para tais fins, porque o imóvel estava inserido no Sistema Financeiro de Habitação e alienado à Caixa Econômica Federal, de modo que deve prevalecer o interesse público;

(E) acertou ao realizar a analogia, porque deu interpretação teleológica ao verbete, cuja incidência independe da data da venda e da criação da garantia, seja hipoteca ou alienação fiduciária.

A resposta a essa questão remete a um julgado específico do STJ. A alternativa correta é a letra E, nos seguintes termos: "DIREITO CIVIL. RECURSO ESPECIAL. AÇÃO DECLARATÓRIA CUMULADA COM OBRIGAÇÃO DE FAZER. ALIENAÇÃO FIDUCIÁRIA FIRMADA ENTRE A CONSTRUTORA E O AGENTE FINANCEIRO. INEFICÁCIA EM RELAÇÃO AO ADQUIRENTE DO IMÓVEL. APLICAÇÃO, POR ANALOGIA, DA SÚMULA 308/STJ. 1. Ação declaratória cumulada com obrigação de fazer, por meio da qual se objetiva a manutenção de registro de imóvel em nome da autora, bem como a baixa da alienação fiduciária firmada entre a construtora e o agente financeiro. 2. Ação ajuizada em 12/03/2012. Recurso especial concluso ao gabinete em 05/09/2016. Julgamento: CPC/73. 3. O propósito recursal é definir se a alienação fiduciária firmada entre a construtora e o agente financeiro tem eficácia perante a adquirente do imóvel, de forma a se admitir a aplicação analógica da Súmula 308/STJ. 4. De acordo com a Súmula 308/STJ, a hipoteca firmada entre a construtora e o agente financeiro, anterior ou posterior à celebração da promessa de compra e venda, não tem eficácia perante os adquirentes do imóvel. 5. A Súmula 308/STJ, apesar de aludir, em termos gerais, à ineficácia da hipoteca perante o promitente comprador, o que se verifica, por meio da análise contextualizada do enunciado, é que ele traduz hipótese de aplicação circunstanciada da boa-fé objetiva ao direito real de hipoteca. 6. Dessume-se, destarte, que a intenção da Súmula 308/STJ é a de proteger, propriamente, o adquirente de boa-fé que cumpriu o contrato de compra e venda do imóvel e quitou o preço ajustado, até mesmo porque este possui legítima expectativa de que a construtora cumprirá com as suas obrigações perante o financiador, quitando as parcelas do financiamento e, desse modo, tornando livre de ônus o bem negociado. 7. Para tanto, partindo-se da conclusão acerca do real propósito da orientação firmada por esta Corte – e que deu origem ao enunciado sumular em questão –, tem-se que as diferenças estabelecidas entre a figura da hipoteca e a da alienação fiduciária não são suficientes a afastar a sua aplicação nessa última hipótese, admitindo-se, via de consequência, a sua aplicação por analogia. 8. Recurso especial conhecido e não provido. (REsp 1576164/DF, Rel. Ministra NANCY ANDRIGHI, TERCEIRA TURMA, julgado em 14/05/2019, DJe 23/05/2019)". Gabarito "E".

(Juiz Federal – TRF/1 – 2023 – FGV) Adriana, com 17 anos, era caloura do curso de Medicina de uma universidade federal. Para a aula de anatomia, preparou slides com fotos de seu próprio corpo, algumas delas contendo nudez.

Sucede que alguns de seus colegas, durante a apresentação do trabalho, tiraram foto dos slides e passaram a divulgá-los na internet, dando-lhes conotação imprópria.

Adriana, então, denuncia o conteúdo ao provedor de internet que, após revisão, entende que as postagens não violam seus termos de uso.

Daí o ajuizamento, pela vítima, representada por sua mãe, de demanda indenizatória por danos morais em face do provedor de internet, que deverá ser julgada:

(A) improcedente, porque, a teor do Art. 19 do Marco Civil da Internet, a prever a reserva de jurisdição, com o intuito de assegurar a liberdade de expressão e impedir a censura, o provedor de aplicações de internet somente poderá ser responsabilizado civilmente por danos decorrentes de conteúdo gerado por terceiros se, após ordem judicial específica, não tomar as providências para, no âmbito e nos limites técnicos do seu serviço e dentro do prazo assinalado, tornar indisponível o conteúdo apontado como infringente, ressalvadas as disposições legais em contrário;

(B) procedente, porque, no caso concreto, aplica-se o Art. 21 do Marco Civil da Internet, a prever o chamado *notice and take down*, segundo o qual o provedor de aplicações de internet que disponibilize conteúdo gerado por terceiros será responsabilizado subsidiariamente pela violação da intimidade decorrente da divulgação, sem autorização de seus participantes, de imagens, de vídeos ou de outros materiais contendo cenas de nudez ou de atos sexuais de caráter privado quando, após o recebimento de notificação pelo participante ou seu representante legal, deixar de promover, de forma diligente, no âmbito e nos limites técnicos do seu serviço, a indisponibilização desse conteúdo;

(C) procedente, pela aplicação do Art. 21 do Marco Civil da Internet, desde que a autora comprove o ânimo vingativo ou espúrio do agente que realizou a postagem, na medida em que o dispositivo apenas contempla os casos em que for comprovado o elemento doloso de ordem subjetiva;

(D) procedente, porque, ainda que não se aplique, no caso concreto, o Art. 21 do Marco Civil da Internet, o Art. 19 da mesma lei afigura-se insuficiente para resolver a controvérsia, que deve ser posta sob o enfoque da omissão relevante em mitigar os danos de terceiro, sobretudo por se tratar de menor de idade;

(E) improcedente, porque, no caso concreto, Adriana optou por submeter a questão à autorregulação das mídias sociais, balizadas pelos respectivos termos de uso, de modo que sua irresignação com a resposta recebida não pode ensejar resposta indenizatória, sob pena de violação dos princípios do Art. 3º do Marco Civil da Internet, notadamente da liberdade de expressão e da neutralidade da rede.

A alternativa "D" está correta, tendo em vista que realmente não se aplica o art. 21 porque as fotos contendo nudez não têm natureza privada e o provedor não teria responsabilidade civil, uma vez que não estaria obrigado a atender à notificação e o art. 19 é insuficiente porque condiciona a responsabilidade civil ao descumprimento de ordem judicial específica. Por se tratar de tutela de direitos de menor de idade, o provedor de aplicação deve remover conteúdo ofensivo a menor na internet, mesmo sem ordem judicial, conforme Informativo 723 do STJ. Gabarito "D".

(Procurador Fazenda Nacional – AGU – 2023 – CEBRASPE) Nos termos da Lei n.º 9.610/1998, que versa sobre direitos autorais, são obras intelectuais protegidas

I. esboços concernentes à topografia.
II. conferências.
III. sermões.
IV. programas de computador.
V. alocuções.

Assinale a opção correta.

(A) Apenas os itens I e V estão certos.
(B) Apenas os itens II e III estão certos.
(C) Apenas os itens I, IV e V estão certos.
(D) Apenas os itens II, III e IV estão certos.
(E) Todos os itens estão certos.

I: certa. Art. 7º, inc. X, da Lei nº 9.610/1998: "São obras intelectuais protegidas as criações do espírito, expressas por qualquer meio ou fixadas em qualquer suporte, tangível ou intangível, conhecido ou que se invente no futuro, tais como: (...) X – os projetos, esboços e obras plásticas concernentes à geografia, engenharia, topografia, arquitetura, paisagismo, cenografia e ciência"; **II:** certa. Art. 7º, inc. II, da Lei nº 9.610/1998: "São obras intelectuais protegidas as criações do espírito, expressas por qualquer meio ou fixadas em qualquer suporte, tangível ou intangível, conhecido ou que se invente no futuro, tais como: (...) II – as conferências, alocuções, sermões e outras obras da mesma natureza"; **III:** certa. Art. 7º, inc. II, da Lei nº 9.610/1998: "São obras intelectuais protegidas as criações do espírito, expressas por qualquer meio ou fixadas em qualquer suporte, tangível ou intangível, conhecido ou que se invente no futuro, tais como: (...) II – as conferências, alocuções, sermões e outras obras da mesma natureza"; **IV:** certa. Art. 7º, inc. XII, da Lei nº 9.610/1998: "São obras intelectuais protegidas as criações do espírito, expressas por qualquer meio ou fixadas em qualquer suporte, tangível ou intangível, conhecido ou que se invente no futuro, tais como: (...) XII – os programas de computador"; **V:** certa. art. 7º, inc. II, da Lei nº 9.610/1998: "São obras intelectuais protegidas as criações do espírito, expressas por qualquer meio ou fixadas em qualquer suporte, tangível ou intangível, conhecido ou que se invente no futuro, tais como: (...) II – as conferências, alocuções, sermões e outras obras da mesma natureza". Logo, a alternativa correta é a letra E. **Gabarito "E."**

(Procurador/PA – CESPE – 2022) Assinale a opção correta, acerca do parcelamento do solo urbano, conforme a Lei n.º 6.766/1979.

(A) O parcelamento do solo urbano poderá ser feito apenas em forma de loteamento.

(B) O registro de loteamento somente poderá ser cancelado por decisão judicial.

(C) É permitido o parcelamento do solo em áreas de preservação ecológica.

(D) No caso de lotes integrantes de condomínio de lotes, é vedada a instituição de limitações administrativas e direitos reais sobre coisa alheia em benefício do poder público.

(E) Considera-se empreendedor, para fins de parcelamento do solo urbano, o responsável pela implantação do parcelamento, que, além daqueles indicados em regulamento, poderá ser o ente da administração pública, direta ou indireta, habilitado a promover a desapropriação com a finalidade de implantação de parcelamento habitacional ou de realização de regularização fundiária de interesse social, desde que tenha ocorrido a regular imissão na posse.

A: incorreta, pois o parcelamento do solo urbano poderá ser feito mediante loteamento ou desmembramento (art. 2º da Lei 6.766/1979); **B:** incorreta, pois é possível Oficial de Registro de Imóveis cancelar o registro de loteamento (art. 21 da Lei 6.766/1979); **C:** incorreta, pois não será permitido o parcelamento do solo em áreas de preservação ecológica ou naquelas onde a poluição impeça condições sanitárias suportáveis, até a sua correção (art. 3º, parágrafo único, V da Lei 6.766/1979); **D:** incorreta, pois no caso de lotes integrantes de condomínio de lotes, poderão ser instituídas limitações administrativas e direitos reais sobre coisa alheia em benefício do poder público (art. 4º, § 4º da Lei 6.766/1979); **E:** correta (art. 2º-A, alínea "c" da Lei 6.766/1979). **Gabarito "E."**

(Procurador/PA – CESPE – 2022) Assinale a opção correta, de acordo com a Lei de Registros Públicos (Lei 6.015/1973).

(A) O art. 198 dessa lei, ao estabelecer que, se houver exigência a ser satisfeita, ela será indicada pelo oficial, por escrito, dentro do prazo legal e de uma só vez, articuladamente, de forma clara e objetiva, com data, identificação e assinatura do oficial ou preposto responsável, consagra o princípio da especialidade dos registros públicos.

(B) Pelo princípio da prioridade, o número de ordem determinará a prioridade do título, e esta, a preferência dos direitos reais, ainda que a mesma pessoa apresente mais de um título simultaneamente.

(C) Em razão do princípio da legalidade, é prescindível que os tabeliães, escrivães e juízes façam as partes indicarem, nas escrituras e nos autos judiciais, com precisão, os característicos, as confrontações e as localizações dos imóveis, bem como mencionarem os nomes dos confrontantes, bastando que façam indicações genéricas, desde que permitam identificar o imóvel.

(D) Pelo princípio da fé pública, os atos registrais têm presunção absoluta de veracidade, a qual apenas pode ser ilidida por meio de suscitação de dúvida.

(E) De acordo com o princípio da fé pública, se o imóvel não estiver matriculado ou registrado em nome do outorgante, o oficial poderá deixar de exigir a prévia matrícula e o registro do título anterior, qualquer que seja a sua natureza, e efetuar o registro com base nas declarações do interessado.

A: incorreta, pois trata-se do princípio da suscitação de dúvida (art. 198 da Lei 6.015/73); **B:** correta (art. 186 da Lei 6.015/73); **C:** incorreta, pois é imprescindível que os tabeliães, escrivães e juízes façam com que, nas escrituras e nos autos judiciais, as partes indiquem, com precisão, os característicos, as confrontações e as localizações dos imóveis, mencionando os nomes dos confrontantes e, ainda, quando se tratar só de terreno, se esse fica do lado par ou do lado ímpar do logradouro, em que quadra e a que distância métrica da edificação ou da esquina mais próxima, exigindo dos interessados certidão do registro imobiliário (art. 225 da Lei 6.015/73); **D:** incorreta, pois trata-se de presunção relativa. No sistema brasileiro, a fé pública registral gera presunção relativa (*iuris tantum*) de veracidade, admitindo, por consequência, prova em sentido contrário. Em outras palavras, por haver força probante, fundada no princípio da fé pública registral, o conteúdo do assento é sempre tido por correspondente à realidade fática"; **E:** incorreta, pois se o imóvel não estiver matriculado ou registrado em nome do outorgante, o oficial exigirá a prévia matrícula e o registro do título anterior, qualquer que seja a sua natureza, para manter a continuidade do registro (art. 195 da Lei 6.015/73). **Gabarito "B."**

2. DIREITO PROCESSUAL CIVIL

Luiz Dellore

1. PRINCÍPIOS DO PROCESSO CIVIL

(Analista – TJ/ES – 2023 – CEBRASPE) No que diz respeito às normas fundamentais do processo civil, julgue os itens seguintes.

(1) Em regra, os juízes e os tribunais atenderão à ordem cronológica de conclusão para proferir sentença ou acórdão, ressalvadas, entre outras hipóteses, as sentenças proferidas em audiência, homologatórias de acordo ou de improcedência liminar do pedido, o julgamento de embargos de declaração, as preferências legais e as metas estabelecidas pelo Conselho Nacional de Justiça (CNJ).

(2) Não se admite que seja proferida decisão em desfavor de uma das partes do processo sem que ela seja previamente ouvida, ressalvadas as situações em que ficar caracterizado o abuso do direito de defesa ou o manifesto propósito protelatório da parte.

1: Correta, sendo essa a previsão do art. 12, *caput* e § 2º do CPC. Vale destacar que a ordem cronológica, apesar de prevista no CPC, é praticamente ignorada em todo o país. **2:** Errada. A primeira parte está correta, mas as exceções são a concessão de tutela provisória de urgência ou evidência (em que o contraditório será realizado posteriormente, ou seja, o contraditório será diferido), conforme o parágrafo único do art. 9º do CPC. O que está previsto na parte final do item é hipótese de tutela de evidência, que se verifica apenas após a manifestação do réu.
Gabarito 1C, 2E

(Juiz de Direito – TJ/MS – 2020 – FCC) Em relação aos princípios constitucionais do processo civil, considere os enunciados seguintes:

I. A publicidade processual é a regra geral prevista tanto na Constituição Federal como no Código de Processo Civil; as exceções a esse princípio são estabelecidas por meio de rol taxativo em ambas as normas legais citadas.
II. O princípio da isonomia processual não deve ser entendido abstrata e sim concretamente, garantindo às partes manter paridade de armas, como forma de manter equilibrada a disputa judicial entre elas; assim, a isonomia entre partes desiguais só pode ser atingida por meio de um tratamento também desigual, na medida dessa desigualdade.
III. A razoável duração do processo abrange sua solução integral, incluindo-se a atividade satisfativa, assegurados os meios que garantam a celeridade da tramitação processual.
IV. O princípio do contraditório processual aplica-se apenas à matéria dispositiva, mas não às matérias de ordem pública, casos em que o juiz poderá agir de ofício prescindindo-se da oitiva prévia das partes.

Está correto o que se afirma APENAS em

(A) I e IV.
(B) I e II.
(C) III e IV.
(D) II e III.
(E) II, III e IV.

I: Errada, pois a lei não prevê rol taxativo para as exceções ao princípio da publicidade (CPC, arts. 8º e 11). **II:** Correta, pois havendo desigualdade entre as partes, o tratamento deve ser desigual para garantir o exercício de direitos e faculdades processuais (CPC, art. 7º). **III:** Correta, pois "As partes têm o direito de obter em prazo razoável a solução integral do mérito, incluída a atividade satisfativa." (CPC, art. 4º). **IV:** Errada, pois o princípio aplica-se inclusive para matérias de ordem pública. Assim, não será proferida decisão sem que a parte se manifeste previamente, mesmo que o juiz possa conhecer da matéria de ofício (CPC, arts. 9º e 10).
Gabarito "D".

(Juiz de Direito – TJ/SC – 2019 – CESPE/CEBRASPE) De acordo com os princípios constitucionais e infraconstitucionais do processo civil, assinale a opção correta.

(A) Segundo o princípio da igualdade processual, os litigantes devem receber do juiz tratamento idêntico, razão pela qual a doutrina, majoritariamente, posiciona-se pela inconstitucionalidade das regras do CPC, que estabelecem prazos diferenciados para o Ministério Público, a Advocacia Pública e a Defensoria Pública se manifestarem nos autos.
(B) O conteúdo do princípio do juiz natural é unidimensional, manifestando-se na garantia do cidadão a se submeter a um julgamento por juiz competente e pré-constituído na forma da lei.
(C) O novo CPC adotou o princípio do contraditório efetivo, eliminando o contraditório postecipado, previsto no sistema processual civil antigo.
(D) O paradigma cooperativo adotado pelo novo CPC traz como decorrência os deveres de esclarecimento, de prevenção e de assistência ou auxílio.
(E) O CPC prevê, expressamente, como princípios a serem observados pelo juiz na aplicação do ordenamento jurídico a proporcionalidade, moralidade, impessoalidade, razoabilidade, legalidade, publicidade e a eficiência.

A: incorreta, pois a doutrina (e jurisprudência) entendem como constitucionais as prerrogativas processuais do MP, Advocacia Pública e Defensoria, considerando a natureza dos interesses defendidos em juízo (CPC, arts. 7º e 139, I); **B:** incorreta, porque, conforme parte da doutrina, o conceito tem três enfoques "tridimensional", pois envolve: (i) vedação de instituição de juízo ou tribunal de exceção (ou seja, pós-fato); (ii) garantia de julgamento por juiz competente; e (iii) imparcialidade (CF, art. 5º, XXXVII); **C:** incorreta, já que há previsão de situações de contraditório postergado ou diferido no Código, como concessão de tutela de urgência e, em alguns casos, de tutela de evidência (CPC, art. 9º, p.u.); **D:** correta, pois para parte da doutrina, esses são os pilares do princípio da cooperação (CPC, art. 6º); **E:** incorreta, porque não foram expressamente previstos os princípios da moralidade e impessoalidade (CPC, art. 8º).

Gabarito "D".

(Promotor de Justiça/PR – 2019 – MPE/PR) Assinale a alternativa **correta** acerca das normas fundamentais do processo civil, de acordo com o Código de Processo Civil de 2015:

(A) A atividade satisfativa da tutela jurisdicional deve ser prestada com duração razoável.
(B) A exigência de comportamento com boa-fé, do Código de Processo Civil, aplica-se somente às partes.
(C) Há regra geral do Código de Processo Civil que permite que decisões sejam proferidas sem a oitiva da parte afetada.
(D) A cooperação processual é princípio que atinge apenas as partes, no Código de Processo Civil.
(E) A solução consensual dos conflitos é incentivada somente em momentos pré-processuais.

A: Correta, pois o princípio da duração razoável do processo, na redação do CPC, faz menção expressa à atividade satisfativa (CPC, art.4º); **B:** Incorreta, pois exige-se comportamento com boa-fé a aquele "que de qualquer forma" participar do processo (CPC, art. 5º); **C:** incorreta, pois pelo princípio do contraditório e da vedação de decisões surpresa, não se proferirá decisão contra uma das partes sem que ela seja previamente ouvida (CPC, arts. 9º e 10) – só em casos excepcionais o contraditório é adiado para depois da decisão (CPC, art. 9º, parágrafo único); **D:** Incorreta, pois o princípio da cooperação aplica-se a todos os sujeitos do processo (CPC, art. 6º); **E:** Incorreta, porque a solução consensual deve ser sempre estimulada, inclusive no curso do processo (CPC, art. 3º, § 3º). Como exemplo, a previsão de audiência de conciliação e mediação (CPC, art. 334).

Gabarito "A".

(Delegado - PC/BA - 2018 - VUNESP) O Poder Judiciário é um dos poderes constituídos da República Federativa do Brasil, cujo regime jurídico vem tratado nos artigos 92 e seguintes da Constituição Federal e assevera que

(A) os servidores receberão delegação para a prática de atos de mero expediente sem caráter decisório.
(B) a atividade jurisdicional será ininterrupta, sendo vedadas férias coletivas nos juízos de duplo grau de jurisdição e tribunais superiores, funcionando, nos dias em que não houver expediente forense normal, juízes em plantão permanente.
(C) todos os julgamentos dos órgãos do Poder Judiciário serão públicos, e as decisões judiciais fundamentadas, quando necessário.
(D) a distribuição de processos será imediata, em todos os graus de jurisdição, salvo se o jurisdicionado assim não o requerer.
(E) pelo voto da maioria simples dos membros do respectivo órgão especial poderão os tribunais declarar a inconstitucionalidade de lei ou ato normativo do Poder Público.

A: correta (CF, art. 93, XIV e CPC, art. 203, § 4º); **B:** incorreta, porque a vedação às férias coletivas aplica-se aos juízos e tribunais de segundo grau e não aos tribunais superiores (CF, art. 93, XII); **C:** incorreta, considerando que todas as decisões judiciais devem ser fundamentadas, sob pena de nulidade (CF, art. 93, IX e CPC, art. 11); **D:** incorreta, porque o jurisdicionado não possui o referido poder de decidir a distribuição dos processos (CF, art. 93, XV); **E:** incorreta, tendo em vista que é denominada "cláusula de reserva de plenário" exige a declaração da maioria absoluta dos membros do respectivo órgão especial (CF, art. 97 e Súmula Vinculante 10).

Gabarito "A".

2. PARTES, PROCURADORES, MINISTÉRIO PÚBLICO E JUIZ

(ENAM – 2024.1) No que se refere à disciplina legal dos honorários advocatícios, é correto afirmar que

(A) é possível a sua compensação nas hipóteses de sucumbência parcial.
(B) é vedada a percepção de honorários sucumbenciais por advogados públicos.
(C) os honorários serão devidos por quem deu causa ao processo, nas hipóteses de perda superveniente do interesse de agir.
(D) não serão devidos honorários sucumbenciais quando a parte vitoriosa no processo for advogado atuando em causa própria.
(E) não será lícito ao advogado valer-se de ação autônoma para cobrar o respectivo valor, transitando em julgado decisão que tenha sido omissa quanto ao direito aos honorários.

A: Incorreta, pois o art. 85, 14 do CPC veda, expressamente, a compensação de honorários em caso de sucumbência parcial. Vale destacar que a Súmula 306/STJ, que prevê o oposto, ainda não foi formalmente revogada, mas está superada com a edição do CPC 2015. **B:** Incorreta. O art. 85, § 19 do CPC prevê expressamente que os advogados públicos têm direito a honorários sucumbências. **C:** Correta, na hipótese de extinção do processo, por perda superveniente do interesse de agir ("perda do objeto"), "os honorários serão devidos por quem deu causa ao processo" (CPC, art. 85, § 10). **D:** Incorreta. Nos termos do art. 85, § 17 do CPC, os honorários são devidos quando o advogado atuar em causa própria. **E:** Incorreta, é cabível ação autônoma para fixação e cobrança dos honorários sucumbenciais, caso a decisão transitada em julgado seja omissa quanto ao referido direito ou ao seu valor (CPC, art. 85, § 18). Vale destacar que a Súmula 453/STJ, que prevê o oposto, ainda não foi formalmente revogada, mas está superada com a edição do CPC 2015.

Gabarito "C".

(ENAM – 2024.1) Aristóteles é citado em ação movida por Sócrates. O objetivo da ação é a demolição parcial de imóvel urbano, constando do registro imobiliário que Aristóteles é o proprietário do bem. No dia seguinte à citação, Aristóteles vende o imóvel a Heráclito (ambos sabiam que a ação estava para ser proposta). Em seguida, Aristóteles comunica o negócio ao juízo em que corre a ação, juntando cópia da escritura, na qual o comprador assume os riscos da aquisição e o ônus de contestar as ações que existissem.

Sobre a hipótese narrada, assinale a afirmativa correta.

(A) Caso não ocorra o ingresso voluntário de Heráclito, o juiz deve intimar o autor para, sob pena de extinção, integrar o comprador ao polo passivo, de modo a possibilitar a ampla defesa.
(B) Heráclito pode imediatamente assumir o polo passivo, em sucessão ao réu originário, mesmo contra a vontade do autor, pois os pressupostos necessários (concordância do réu e legítimo interesse) estão demonstrados.

(C) Sócrates pode, não obstante a escritura, recusar o ingresso de Heráclito como sucessor do réu originário, e, ainda assim, a eventual sentença de procedência será oponível a este.
(D) O litisconsórcio será facultativo, mas, por força dos limites subjetivos da coisa julgada, se não houver o ingresso do comprador, a eventual sentença não será oponível a este.
(E) A posição do comprador será a de assistente simples, e ainda que o autor concorde, o juiz não pode deferir a sucessão de réu, depois da citação, pois isso está fora das taxativas hipóteses legais.

A: Incorreta, pois nos termos do art. 109 do CPC a alienação da coisa litigiosa não altera a legitimidade das partes. **B:** Incorreta, pois se o autor não concordar com a troca do polo passivo, isso não acontecerá (CPC, art. 109, § 1º). **C:** Correta. Conforme previsão do art. 109, § 1º do CPC, a parte contrária (no caso, o autor), poderá recusar o ingresso do adquirente como sucessor do réu originário (alienante). De qualquer forma, ainda assim, os efeitos da sentença se estendem ao adquirente (CPC art. 109, § 3º). **D:** Incorreta. Mesmo se não houver o ingresso no feito, os efeitos da sentença serão estendidos ao adquirente, por expressa previsão legal (CPC art. 109, § 3º). **E:** Incorreta, pois se a parte contrária (no caso, o autor) não consentir com a sucessão processual, o adquirente poderá intervir no feito como assistente litisconsorcial (CPC, art. 109, § 2º). Caso a parte contrária se manifeste favorável, a sucessão processual poderá ocorrer nos termos do art. 109, § 1º do CPC.
Gabarito "C".

(Juiz de Direito – TJ/DFT – 2023 – CEBRASPE) No que se refere à fazenda pública em juízo, assinale a opção correta, à luz da jurisprudência do STJ e do Código de Processo Civil (CPC).

(A) A participação da fazenda pública no processo configura, por si só, hipótese de intervenção do Ministério Público.
(B) A fazenda pública, quando parte no processo, fica sujeita à exigência do depósito prévio dos honorários do perito.
(C) A fazenda pública é isenta do pagamento de emolumentos cartorários.
(D) No cumprimento de sentença de obrigação de pagar, a fazenda pública deve ser intimada para impugnação, tendo prazo em dobro para se manifestar, por prerrogativa legal.
(E) Não é cabível ação monitória contra a fazenda pública, em virtude da simplicidade do seu procedimento.

A: Incorreta. Nos termos do art. 178, p. único do CPC a participação da Fazenda Pública no processo não configura, por si só, hipótese de intervenção do Ministério Público – não haverá interesse público, por exemplo, numa demanda que discuta multa de trânsito. **B:** Correta. Súmula 232/STJ: "A Fazenda Pública, quando parte no processo, fica sujeita à exigência do depósito prévio dos honorários do perito". **C:** Incorreta. O art. 91 do CPC aponta que as despesas dos atos processuais serão pagas ao final, pelo vencido. **D:** Incorreta. O art. 535 do CPC assim prevê: "A Fazenda Pública será intimada *na pessoa de seu representante judicial, por carga, remessa ou meio eletrônico*, para, querendo, no prazo de *30 (trinta) dias* e nos próprios autos, impugnar". Portanto, não se fala em prazo em dobro, mas sim em prazo de 30 dias (o que é, de fato, o dobro dos 15 dias tradicional). A omissão ao "representante judicial" e a troca do "em dobro" pelos 30 dias seriam os "erros" da alternativa o que, por certo, é muito pouco. A pergunta deveria ter sido anulada, mas não foi. **E:** Incorreta. O art. 700, § 6º do CPC prevê expressamente que a ação monitória é admissível em face da Fazenda Pública.
Gabarito "B".

(Juiz de Direito – TJ/DFT – 2023 – CEBRASPE) A respeito da gratuidade de justiça, assinale a opção correta, de acordo com o CPC, o Regimento Interno do TJDFT e o provimento-geral da Corregedoria aplicado aos juízes e ofícios judiciais.

(A) A concessão da gratuidade de justiça afasta do beneficiário o dever de pagar as multas processuais que lhe forem impostas no decorrer do processo.
(B) A gratuidade da justiça compreende despesas com a realização de exame de código genético (DNA), caso seja necessário ao processo.
(C) Findo o processo de natureza cível, os autos são remetidos à contadoria judicial, para elaboração do cálculo das custas finais, a que todos estão obrigados, salvo se beneficiário da justiça gratuita, não havendo a baixa do processo no sistema informatizado até que haja o pagamento das referidas custas.
(D) A concessão da gratuidade de justiça afasta a responsabilidade do beneficiário pelo pagamento das despesas processuais e dos honorários advocatícios.
(E) A justiça gratuita deferida no primeiro grau de jurisdição não engloba os recursos interpostos perante a segunda instância, devendo ser confirmada expressamente pelo desembargador relator.

A: Incorreta, uma vez que a concessão da gratuidade não afasta o dever de o beneficiário pagar as multas processuais impostas ao decorrer do processo (CPC, art. 98, § 4º). **B:** Correta. Nos termos do art. 98, § 1º, V do CPC, a gratuidade da justiça compreende as despesas com a realização de exame de DNA. **C:** Incorreta. Se a parte é beneficiária da gratuidade, não terá de recolher custas para encerramento e arquivo do processo. **D:** Incorreta, a concessão da gratuidade não afasta a responsabilidade do beneficiário pelas despesas processuais e pelos honorários sucumbenciais (CPC, art. 98, § 2º). **E:** Incorreta, pois o CPC não limita isso. Portanto, concedida a gratuidade em 1º grau, será estendida aos demais graus de jurisdição. Houve uma divergência na jurisprudência sobre o tema, mas hoje já está superada (por exemplo, REsp 2089739/MG).
Gabarito "B".

(Procurador Fazenda Nacional – AGU – 2023 – CEBRASPE) De acordo com o entendimento do STJ, o pedido de gratuidade de justiça apresentado pela parte no momento da interposição do recurso

(A) será manifestamente inadmissível em razão da ocorrência de preclusão temporal.
(B) poderá ser feito na própria petição recursal, quando não houver prejuízo ao trâmite regular do processo, e não possuirá efeito retroativo em relação a encargos anteriores.
(C) deverá ser feito obrigatoriamente por petição autônoma e possuirá efeito retroativo em relação a encargos anteriores.
(D) deverá ser feito obrigatoriamente por petição autônoma e não possuirá efeito retroativo em relação a encargos anteriores.
(E) poderá ser feito na própria petição recursal, quando não houver prejuízo ao trâmite regular do processo, e possuirá efeito retroativo em relação a encargos anteriores.

A: Incorreta. O pedido de gratuidade da justiça pode ser formulado em qualquer momento do processo (CPC, art. 99, §§ 1º e 7º); **B:** Correta. O pedido de gratuidade da justiça pode ser formulado no próprio recurso, dispensando, portanto, a necessidade de apresentar petição específica (CPC, art. 99), mas não retroagirá para alcançar encargos processuais anteriores (AgRg no REsp 1.144.627); **C:** Incorreta, o pedido de gratuidade da justiça pode ser formulado no próprio recurso (CPC, art. 99); **D:** Incorreta, vide justificativa para alternativa "B"; **E:** Incorreta, pois o pedido de gratuidade da justiça não terá efeito retroativo (AgRg no REsp 1.144.627).
Gabarito "B".

(Juiz de Direito/AP – 2022 – FGV) Intentada determinada demanda, o réu, no curso da fase de instrução probatória, percebeu que os elementos carreados aos autos não respaldavam os seus argumentos defensivos e, também, que realmente assistia ao autor o direito afirmado na petição inicial.

No intuito de evitar a prolação de uma sentença de mérito em seu desfavor, o demandado revogou o mandato outorgado ao seu único advogado.

Percebendo o vício de representação processual, o juiz da causa determinou a intimação do réu para que o sanasse, sem que, todavia, este tivesse adotado qualquer providência.

Nesse cenário, deve o juiz:

(A) decretar a revelia do réu e determinar a abertura de vista dos autos ao curador especial para desempenhar a sua defesa;

(B) determinar a suspensão do processo, até que o vício de representação do réu seja regularizado;

(C) julgar extinto o feito, sem resolução do mérito, por ausência de pressuposto processual de validade;

(D) proferir sentença de mérito, acolhendo o pedido formulado pelo autor;

(E) ordenar a expedição de ofício à OAB, solicitando a disponibilização de advogado para exercer a defesa do réu.

Comentário: **A:** incorreta, pois a curadoria especial é destinada, dentre outras situações, ao réu revel citado de forma ficta (CPC, art. 72); **B:** incorreta, visto que o processo já foi suspenso quando fixado prazo para regularização da representação processual (CPC, art. 76); **C:** incorreta, já que o processo seria extinto se a regularização coubesse ao autor e não ao réu (CPC, art. 76, § 1º, I); **D:** correta, tendo em vista que o réu será considerado revel e não há indícios no enunciado de que não deveriam ser aplicados os efeitos da revelia (CPC, arts. 76, § 1º, II); **E:** incorreta, visto que a parte tinha advogado constituído, revogou o mandato, e deve arcar as consequências daí decorrentes – e não que o juiz fique buscando advogado para a parte.
Gabarito "D".

(Juiz de Direito/AP – 2022 – FGV) Intentou-se demanda em face de incapaz, na qual a parte autora deduziu pretensão de cobrança de uma obrigação contratual.

Validamente citado, o réu ofertou contestação, suscitando, entre outras matérias defensivas, a prescrição do direito de crédito.

Atuando no feito como fiscal da ordem jurídica, o Ministério Público lançou a sua promoção final, opinando pelo reconhecimento da prescrição.

Ao proferir a sentença, o juiz da causa, sem atentar para a arguição da prescrição na peça contestatória, tampouco para a opinativa ministerial, julgou procedente o pleito do autor.

Tomando ciência do ato decisório, o órgão ministerial, sete dias depois de sua intimação pessoal, interpôs embargos de declaração, nos quais, alegando que o órgão julgador havia se omitido quanto ao tema, requereu a apreciação e o consequente reconhecimento do fenômeno prescricional.

Ao tomar contato com os embargos declaratórios do Ministério Público, deve o juiz:

(A) deixar de recebê-los, em razão da falta de legitimidade do recorrente;

(B) deixar de recebê-los, em razão da intempestividade da peça recursal;

(C) determinar a remessa dos autos ao órgão de segunda instância;

(D) recebê-los e acolher de imediato a pretensão recursal, para reconhecer a prescrição e rejeitar o pedido do autor;

(E) recebê-los e determinar a intimação da parte autora para apresentar, caso queira, a sua resposta ao recurso.

A: incorreta, pois, mesmo atuando como fiscal da ordem jurídica, o MP tem legitimidade para recorrer (CPC, art. 179, II); **B:** incorreta, visto que o MP tem prazo em dobro para apresentar suas manifestações, inclusive recursos (CPC, art. 180); **C:** incorreta, considerando que os EDs devem ser apreciados pelo juízo que proferiu a decisão (CPC, art. 1.024); **D:** incorreta, porque, ainda que a prescrição seja matéria passível de apreciação de ofício pelo juiz, deve ser oportunizada manifestação prévia pelo autor, para garantir o contraditório e evitar decisão surpresa (CPC, arts. 9º e 10 e 1.023, § 2º); **E:** correta, considerando a possibilidade de modificação da decisão embargada, o que demanda o contraditório (CPC, art. 1.023, § 2º).
Gabarito "E".

(Advogado – Pref. São Roque/SP – 2020 – VUNESP) Assinale a alternativa correta sobre a Advocacia Pública.

(A) O Município goza de prazo em dobro para todas as suas manifestações processuais, nos casos em que a lei estabelecer, de forma expressa, prazo próprio para o ente público, cuja contagem terá início a partir da intimação pessoal.

(B) A intimação do Município será realizada perante o órgão de Advocacia Pública responsável por sua representação judicial.

(C) O membro da Advocacia Pública será civil e regressivamente responsável quando agir com dolo, fraude ou culpa, em qualquer de suas modalidades, no exercício de suas funções.

(D) A intimação pessoal da Advocacia Pública far-se-á apenas por carga ou remessa.

(E) O instrumento de transação referendado pela Advocacia Pública é título executivo judicial.

A: incorreta, pois o Município goza de prazo em dobro para todas as suas manifestações, *salvo* quando a lei estabelecer, de forma expressa, prazo próprio para o ente público (CPC, art. 183, § 2º); **B:** correta, por expressa previsão legal (CPC, art. 269, § 3º); **C:** incorreta, porque não haverá responsabilização do membro da Advocacia Pública em caso de culpa (CPC, art. 184); **D:** incorreta, já que a afirmação está *incompleta* – a intimação pessoal será feita por carga, remessa ou meio eletrônico (CPC, art. 183, § 1º); **E:** incorreta, tendo em vista que o instrumento

de transação referendado pela Advocacia Pública é título executivo *extrajudicial* (CPC, art. 784, IV).
Gabarito "B".

(Promotor de Justiça/CE – 2020 – CESPE/CEBRASPE) De acordo com a legislação processual civil em vigor, desde que não esteja atuando como parte ou requerente, o Ministério Público deve obrigatoriamente ser intimado para manifestação em qualquer hipótese de processo ou procedimento

(A) em que a fazenda pública seja parte.
(B) especial de jurisdição voluntária.
(C) de incidente de resolução de demandas repetitivas.
(D) especial contencioso previsto no CPC para as ações de família.
(E) em que surja incidente de desconsideração da personalidade jurídica.

A: Incorreta, considerando que a participação da Fazenda Pública não configura, por si só, hipótese de intervenção do MP (CPC, art. 178, p. único); **B:** Incorreta, o MP será intimado para se manifestar apenas nas hipóteses do art. 178, e não necessariamente em todos os procedimentos de jurisdição voluntária (CPC, art. 721); **C:** Correta, por expressa previsão legal (CPC, art. 976, § 2º); **D:** Incorreta, pois nas ações de família, o MP somente intervirá quando houver interesse de incapaz (CPC, art. 698); **E:** Incorreta, porque o MP só deverá intervir no processo quando lhe couber (CPC, art. 133) – ou seja, nos casos do art. 178 do CPC.
Gabarito "C".

(Promotor de Justiça/PR – 2019 – MPE/PR) Acerca dos deveres das partes e de seus procuradores, assinale a alternativa *correta*, nos termos do Código de Processo Civil de 2015:

(A) As partes têm o dever de expor os fatos conforme a verdade, mas este dever não atinge os demais participantes do processo.
(B) A formulação de pretensão destituída de fundamento constitui ato atentatório à dignidade da justiça, devendo o juiz, sem prejuízo das sanções criminais, civis e processuais cabíveis, aplicar ao responsável multa de até vinte por cento do valor da causa, de acordo com a gravidade da conduta.
(C) O representante judicial da parte pode ser compelido a cumprir decisão em seu lugar.
(D) A multa aplicada a quem litiga de má-fé é destinada ao Estado.
(E) As partes, seus procuradores e todos aqueles que de qualquer forma participem do processo têm o dever de cumprir com exatidão as decisões jurisdicionais, de natureza provisória ou final, e não criar embaraços à sua efetivação.

A: Incorreta, considerando que *todos* aqueles que de alguma forma participem do processo devem expor os fatos em juízo conforme a verdade (CPC, art. 77, inciso I); **B:** Incorreta, porque a lei apesar de prever isso como dever da parte (CPC, art. 77, II), não prevê isso como ato atentatório à dignidade da justiça (CPC, art. 77, § 1º); **C:** Incorreta, pois o representante judicial da parte não pode ser compelido a cumprir decisão em seu lugar (CPC, art. 77, § 8º); **D:** Incorreta, considerando que a multa é destinada à parte contrária (CPC, art. 81) – e, quando a multa é revertida ao Estado, isso é expressamente indicado (como no caso do art. 77, § 3º); **E:** Correta, por expressa previsão legal (CPC, art. 77, IV).
Gabarito "E".

(Promotor de Justiça/PR – 2019 – MPE/PR) Assinale a alternativa *correta* a respeito da conciliação e da mediação judicial, nos termos do Código de Processo Civil de 2015:

(A) Como o Ministério Público tem a função de fiscal da ordem jurídica, a legislação não lhe impõe a busca pela conciliação nem pela mediação.
(B) O princípio da confidencialidade da conciliação e da mediação não se estende para a tomada de decisão do magistrado, caso a tentativa de composição resulte infrutífera.
(C) O conciliador atuará preferencialmente nos casos em que não houver vínculo anterior entre as partes e pode sugerir soluções para o litígio, sendo vedada a utilização de qualquer tipo de constrangimento ou intimidação para que as partes conciliem.
(D) O Código de Processo restringe a atuação de um único conciliador ou mediador, por processo.
(E) A conciliação é indicada para casos em que houver vínculo anterior entre as partes.

A: Incorreta, considerando que a conciliação e a mediação deverão ser estimuladas por todos, inclusive MP (CPC, art. 3º, § 3º); **B:** Incorreta, porque a confidencialidade estende-se a todas as informações produzidas no curso do procedimento, independente do resultado obtido (CPC, art. 166. § 1º); **C:** Correta, sendo essa previsão legal e a característica que diferencia o conciliador do mediador – "pode sugerir soluções para o litígio" (CPC, art. 165, § 2º); **D:** Incorreta, porque o CPC expressamente permite mais de um conciliador ou mediar (CPC, art. 168, § 3º); **E:** Incorreta, pois a conciliação é indicada para os casos em que *não houver* vínculo anterior entre as partes (CPC, art. 165, § 2º) – sendo recomendada a *mediação* para os que casos que houver vínculo anterior entre as partes (CPC, art. 165, § 3º).
Gabarito "C".

(Promotor de Justiça/SP – 2019 – MPE/SP) Ao se deparar com diversas demandas individuais repetitivas, deve o juiz

(A) promover a autocomposição, preferencialmente com o auxílio de conciliadores e mediadores judiciais, convocando, previamente, o Ministério Público, a Defensoria Pública e outros legitimados ao processo coletivo.
(B) oficiar o Ministério Público, a Defensoria Pública e, na medida do possível, outros legitimados ao processo coletivo, para, se for o caso, promover a propositura da ação coletiva respectiva.
(C) determinar o apensamento de todas as ações individuais e a remessa de todas elas ao Ministério Público, à Defensoria Pública e aos demais legitimados ao processo coletivo para manifestação.
(D) extinguir a ação individual por falta de interesse processual e determinar a extração de cópia para remessa ao Ministério Público, à Defensoria Pública e, na medida do possível, aos demais legitimados ao processo coletivo.
(E) converter a demanda individual em coletiva e intimar o Ministério Público, a Defensoria Pública e, na medida do possível, outros legitimados ao processo coletivo para assunção do polo ativo.

A resposta está no art. 139, X, que assim prevê: "X – quando se deparar com diversas demandas individuais repetitivas, oficiar o Ministério Público, a Defensoria Pública e, na medida do possível, outros legitimados (...), para, se for o caso, promover a propositura da ação coletiva respectiva." Assim, a resposta correta é a "B". Em relação à alternativa "E", o artigo que previa a conversão da ação individual em coletiva (art. 333) foi vetado, de maneira que nunca entrou em vigor. [LD]

Gabarito "B".

(Juiz de Direito - TJ/RS - 2018 - VUNESP) São devidos honorários advocatícios, nos termos do Código de Processo Civil:

(A) por quem deu causa à extinção, nos casos de perda de objeto.

(B) nos procedimentos de jurisdição voluntária.

(C) na apelação de sentença denegatória de mandado de segurança.

(D) pelo Fundo Público, no caso do vencido ser beneficiário da justiça gratuita.

(E) no cumprimento provisório de sentença.

A: Incorreta, porque nesse caso os honorários serão devidos por quem deu causa ao processo e não por quem deu causa à sua extinção (CPC, art. 85, § 10); B: Incorreta, visto que nos procedimentos não contenciosos (de jurisdição voluntária) as despesas processuais serão rateadas pelos interessados e não haverá condenação em honorários advocatícios, considerando a ausência de lide (CPC, art. 88); C: Incorreta, porque no mandado de segurança não há condenação ao pagamento de honorários advocatícios (Lei Federal n. 12.016/2009, art. 25); D: Incorreta. No caso de concessão de gratuidade de justiça, as obrigações decorrentes da sucumbência ficarão sob condição suspensiva de exigibilidade por 5 anos e findo este período serão extintas (CPC, art. 98, § 3º); E: Correta, sendo essa a previsão legal (CPC, art. 85, § 1º). [LD]

Gabarito "E".

(Escrevente - TJ/SP - 2018 - VUNESP) Legalmente, incumbe ao escrivão ou ao chefe de secretaria:

(A) efetuar avaliações, quando for o caso.

(B) certificar proposta de autocomposição apresentada por qualquer das partes, na ocasião de realização de ato de comunicação que lhe couber.

(C) manter sob sua guarda e responsabilidade os bens móveis de pequeno valor penhorados.

(D) auxiliar o juiz na manutenção da ordem.

(E) comparecer às audiências ou, não podendo fazê-lo, designar servidor para substituí-lo.

A: Incorreta, porque essa atribuição cabe ao oficial de justiça (CPC, art. 154, V); B: Incorreta, também sendo essa atividade do oficial de justiça (CPC, art. 154, VI); C: Incorreta, porque incumbe ao escrivão ou chefe de cartório a guarda dos autos (CPC, art. 152, IV). Já a guarda de bens e conservação de bens penhorados incumbe ao depositário ou ao administrador (CPC, art. 159); D: Incorreta, sendo essa atividade do oficial de justiça (CPC, art. 154, IV); E: Correta (CPC, art. 152, III). [LD]

Gabarito "E".

(Juiz de Direito - TJ/RS - 2018 - VUNESP) O ente sem personalidade jurídica

(A) poderá ingressar em juízo por possuir personalidade judiciária.

(B) não poderá ingressar em juízo sem representação especial.

(C) não poderá ingressar em juízo em nome próprio.

(D) não poderá ingressar em juízo por não responder patrimonialmente.

(E) poderá ingressar em juízo desde que autorizado em seus estatutos.

Existem entes – como o espólio, condomínio, massa falida – que não têm personalidade jurídica. Sendo assim, em regra, esses entes não poderiam ser parte em processo judicial – considerando que a capacidade de ser parte é conceito ligado à personalidade jurídica. Porém, para resolver problemas de ordem prática, o legislador excepciona a regra e permite que alguns desses entes ingressem em juízo, como se vê de alguns incisos do art. 75 do CPC (incisos V, VII, XI). Isso é denominado, por alguns, de personalidade judiciária. A: Correta, considerando o acima exposto; B: Incorreta, pois não há essa figura de "representação especial", mas simplesmente, no art. 75, a pessoa de quem representará em juízo a entidade sem personalidade; C: incorreta, pois há o ingresso em juízo pelo próprio ente; D: Incorreta, pois há a responsabilização com o patrimônio que existir; E: Incorreta, pois isso decorre da lei, não dos estatutos. [LD]

Gabarito "A".

3. PRAZOS PROCESSUAIS. ATOS PROCESSUAIS

(Juiz de Direito – TJ/DFT – 2023 – CEBRASPE) Quanto à boa-fé e à má-fé processual, assinale a opção correta.

(A) A boa-fé é exigível de qualquer pessoa que participe do processo, inclusive testemunhas, peritos e tradutores, sob pena de multa, a ser fixada pelo juiz, por litigância de má-fé.

(B) A multa por litigância de má-fé é recolhida a favor do estado ou da União.

(C) A construção de versões dos fatos, mesmo que não totalmente correspondentes aos que na verdade ocorreram, é prerrogativa da defesa em juízo, não configurando, por si só, litigância de má-fé, salvo quando somada ao uso do processo para objetivo ilegal ou à dedução de pretensão contra texto expresso de lei.

(D) A litigância de má-fé acarreta a responsabilização por perdas e danos, o que pode englobar honorários contratuais de advogados contratados pela outra parte.

(E) Havendo mais de um litigante de má-fé, a multa aplicável será repartida entre os litigantes, independentemente de quantos forem.

A: Incorreta. Aponta o art. 79: "Responde por perdas e danos aquele que litigar de má-fé como autor, réu ou interveniente". Portanto, não há previsão de multa por má-fé para testemunhas, peritos e tradutores. B: Incorreta, o valor da multa por litigância de má-fé reverte-se em benefício da parte contrária (CPC, art. 96). C: Incorreta. Nos termos do art. 80, II do CPC, alterar a verdade dos fatos configura litigância de má-fé. D: Incorreta. A responsabilização não engloba os honorários contratuais, mas somente os sucumbenciais (CPC, arts. 79 e 81). E: Correta, havendo mais de um litigante de má-fé, o juiz condenará cada um deles de forma proporcional ao seu interesse na causa. Serão condenados de forma solidária na hipótese em que os litigantes tenham se coligado para lesar a parte contrária (CPC, art. 81, § 1º).

Gabarito "E".

(Procurador Federal – AGU – 2023 – CEBRASPE) A prerrogativa processual de prazo em dobro conferida à fazenda pública se aplica

I. à impugnação ao cumprimento de sentença que reconheça a exigibilidade de obrigação de pagar quantia certa pela fazenda pública.

II. aos processos de controle concentrado de constitucionalidade, segundo a jurisprudência do STF.

III. aos embargos de declaração apresentados pelo ente público que atua no procedimento comum como assistente simples.
IV. às contrarrazões de agravo interno contra decisão que defere a suspensão de liminar, de acordo com a jurisprudência do STJ.

Estão certos apenas os itens
(A) I e II.
(B) II e III.
(C) III e IV.
(D) I, II e IV.
(E) I, III e IV.

I: incorreto, considerando que o art. 535 do CPC prevê, de forma expressa, prazo específico para o ente público, de maneira que não se aplica a prerrogativa processual de prazo em dobro (CPC, art. 183, § 2º); II: incorreto, uma vez que, conforme jurisprudência do STF, não se aplica aos processos de controle concentrado de constitucionalidade a regra que confere prazo em dobro à Fazenda Pública (informativo 929 do STF, ADI 5814 MC-Agr-Agr/RR); III: correto, visto que, conforme entendimento firmado pelo STJ (informativo nº 247) a prerrogativa do de prazo em dobro se aplica à Fazenda Pública mesmo quando atuar na qualidade de assistente simples; IV: correto, pois o art. 183, § 2º do CPC prevê que a Fazenda Pública terá prazo em dobro para todas as suas manifestações processuais.
Assim, deve ser assinalada a Letra "C".

(Procurador Federal – AGU – 2023 – CEBRASPE) Consoante o estabelecido no Código de Processo Civil (CPC), em processo que trate de direito que admite autocomposição, a fazenda pública estará autorizada a realizar negócio jurídico processual bilateral que tenha como objeto
(A) o afastamento de hipótese legal de impedimento do juiz.
(B) a modificação de competência em ação possessória imobiliária.
(C) a ampliação de hipótese de cabimento de agravo de instrumento.
(D) a supressão de primeira instância.
(E) a escolha consensual de perito.

Ainda existe muita polêmica acerca do que seria possível realizar via NJP (CPC, art. 189). Parte da doutrina é mais ampliativa, parte mais restritiva, e o Judiciário ainda não tem a questão sedimentada, mas tem se mostrado mais restritivo.
Impedimento ("A") e competência absoluta ("B" e "D") não seriam possíveis. Cabimento de recursos, há quem admita. Mas o que traz hipótese expressamente admitida em lei é a escolha do perito e quesitos, desde que as partes sejam capazes e a causa admitir autocomposição – existindo expressamente a figura da "perícia consensual" (CPC, art. 471). Assim, a alternativa que não tem polêmica é a "E" que, portanto, deve ser assinalada – mas a pergunta tem margem para debate.

(Procurador Fazenda Nacional – AGU – 2023 – CEBRASPE) Conforme as normas do CPC que tratam da comunicação dos atos processuais, será permitida a citação por meio eletrônico
I. quando o citando for empresa pública.
II. nas ações de estado.
III. no procedimento monitório.
IV. no processo de execução.
V. em ações de competência originária dos tribunais.
Estão certos apenas os itens

(A) I e II.
(B) III e IV.
(C) I, II e V.
(D) I, III, IV e V.
(E) II, III, IV e V.

A citação deverá ser feita, como regra, por meio eletrônico (CPC, art. 246). O art. 247 do CPC, entretanto, prevê exceções que não permitem a citação por meio eletrônico ou por correio: I – ações de estado; II – quando o citando for incapaz; III – quando for ré pessoa de direito público; IV – quando o citando residir em local não atingido pelo serviço postal (CPC, art. 247, I a IV). Assim, a única assertiva que comporta exceção é a "II". Todas as demais retratam hipóteses que admitem a citação por meio eletrônico.
Gabarito "D".

(Analista – TJ/ES – 2023 – CEBRASPE) No que se refere às nulidades processuais, julgue os itens que se seguem.

(1) A falta de intimação do Ministério Público para acompanhar processo em que deva intervir gera nulidade, devendo o juiz invalidar todos os atos a partir da citação.
(2) As nulidades processuais deverão ser arguidas tão logo couber à parte falar nos autos, sob pena de convalidação do ato viciado; a preclusão não prevalecerá se for provado justo impedimento para a alegação ou quando se tratar de nulidade que deva ser decretada de ofício pelo juiz.

1: Errada, pois o Juiz invalidará somente os atos praticados *a partir do momento* em que o Ministério Público deveria ser intimado (CPC, art. 279, § 1º). 2: Correta, pois dispõe o art. 278 do CPC que a nulidade dos atos deve, sob pena de preclusão, ser alegada na primeira oportunidade em que couber à parte falar nos autos. Não haverá, entretanto, preclusão com relação às nulidades que o juiz deva decretar de ofício ou ainda, caso a parte não alegue a nulidade em virtude de uma circunstância legítima (CPC, art. 278, p. único).
Gabarito 1E, 2C

(Juiz de Direito – TJ/MS – 2020 – FCC) Alberto Roberto tornou-se réu em uma ação de cobrança de nota promissória. Ficou sabendo por um escrevente do Cartório, procurou um advogado e, antes mesmo de ser citado, contestou o feito. Essa contestação
(A) será tida por intempestiva, pois o que define a tempestividade é o início da contagem do prazo, ainda não iniciado.
(B) será considerada tempestiva, sem necessidade de reiteração do ato após a citação de Alberto Roberto.
(C) será considerada um ato praticado condicionalmente, pois dependerá de ratificação por Alberto Roberto, necessariamente dentro do prazo legal de oferecimento da defesa.
(D) é intempestiva, porque praticado o ato fora do prazo, o que se dá tanto antes quanto depois de finalizada sua contagem; no entanto, se o autor concordar, será a contestação tida por tempestiva, caracterizando a anuência um negócio jurídico-processual.
(E) será tida por inexistente, devendo ser praticado o ato novamente no prazo legal da contestação.

A: Incorreta, pois a contestação ofertada antes do início do prazo não é intempestiva (CPC, art. 239, 1º). B: Correta, por expressa previsão legal (CPC, art. 239, § 1º). C: Incorreta, considerando não ser necessária, como visto, qualquer retificação (CPC, art. 239, § 1º). **D:** Incorreta, porque é intempestiva apenas se for apresentada fora do prazo. E, nos termos da alternativa "B", independe da concordância do autor para ser tempestiva. **E:** Incorreta, é permitido ofertar contestação antes mesmo de ser citado (CPC, art.239, §1º). Gabarito "B".

(Juiz de Direito – TJ/AL – 2019 – FCC) Quanto aos prazos,

(A) sendo a lei omissa, o prazo para a parte praticar o ato processual será sempre o de dez dias.

(B) a parte pode renunciar àqueles estabelecidos exclusivamente em seu favor, desde que o faça de maneira expressa.

(C) quando contados em dias, estabelecidos legal ou judicialmente, computar-se-ão os dias corridos.

(D) se processuais, interrompem-se nos dias compreendidos entre 20 de dezembro e 20 de janeiro, inclusive.

(E) será considerado intempestivo o ato praticado antes de seu termo inicial, por ainda não existir, processualmente.

A: incorreta, porque em caso de omissão da lei, o ato processual deve ser praticado em 5 dias (CPC, art. 218, § 3º); **B:** correta, conforme expressa previsão legal (CPC, art. 225); **C:** incorreta, considerando que os prazos processuais, contados em dias, serão computados em *dias úteis* (CPC, art. 219); **D:** incorreta, pois durante o recesso o curso dos prazos é *suspenso* e não interrompido (CPC, art. 220); **E:** incorreta, já que o CPC tem previsão expressa sobre a tempestividade do ato praticado antes de seu termo inicial (CPC, art. 218, §4º). Gabarito "B".

(Juiz de Direito – TJ/AL – 2019 – FCC) Manoel oferece no quinto dia contestação em uma ação de cobrança contra ele proposta. Posteriormente, ainda dentro dos quinze dias para defesa, apresenta petição complementando suas razões, com argumentos outros que havia esquecido de exteriorizar. Essa conduta

(A) não é possível, tendo ocorrido preclusão consumativa.

(B) é possível por se ainda estar no prazo de defesa, não tendo ocorrido preclusão temporal.

(C) não é possível, tendo ocorrido preclusão-sanção ou punitiva.

(D) é possível pelo direito da parte ao contraditório amplo, não sujeito à preclusão.

(E) não é possível, tendo ocorrido preclusão lógica.

A: correta para a banca, pois não será possível praticar novamente o ato em razão da preclusão consumativa (CPC, art. 200). *Atenção: há uma corrente doutrinária que sustenta não haver mais a preclusão consumativa, considerando a atual redação do art. 223 do CPC; para essa corrente, até o final do prazo seria possível emendar o ato, mas não se trata de doutrina dominante; **B:** incorreta para a banca, porque embora não tenha ainda ocorrido a preclusão temporal, não é possível a complementação em virtude da preclusão consumativa (CPC, art. 223 – para a corrente minoritária apontada no * em "A", essa seria a alternativa correta); **C:** incorreta, tendo em vista que é hipótese de preclusão consumativa e não preclusão punitiva (defendida por alguns doutrinadores como aquela decorrente do descumprimento de um ônus processual – e.g. pena de confesso); **D:** incorreta, considerando que o direito da parte ao exercício do contraditório não é absoluto e esbarra no instituto da preclusão, que garante a prestação da tutela jurisdicional em tempo razoável (CPC, art. 4º); **E:** incorreta, já que não haveria preclusão lógica (a complementação da contestação não seria um ato incompatível com a contestação inicialmente apresentada). Gabarito "A".

(Promotor de Justiça/SP – 2019 – MPE/SP) O prazo processual para o Ministério Público será contado

(A) de forma singular, em igualdade com as partes, a partir de sua intimação pessoal.

(B) em quádruplo para apresentação de contestação, a partir de sua citação pessoal.

(C) em dobro apenas quando houver disposição normativa expressa.

(D) de forma singular quando houver disposição normativa expressa.

(E) em dobro, em qualquer situação, a partir de sua intimação pessoal.

A resposta está no art. 180 do CPC, que prevê, como regra, o prazo em *dobro* para o MP, a partir de sua intimação pessoal (CPC, art. 180) – salvo se a lei estabelecer, de forma expressa, o prazo próprio (CPC, art. 180, § 2º). Gabarito "D".

(Escrevente - TJ/SP - 2018 - VUNESP) Processa(m)-se durante as férias forenses, onde as houver, e não se suspendem pela superveniência delas:

(A) a homologação de desistência de ação.

(B) os procedimentos de jurisdição voluntária e os necessários à conservação de direitos, quando puderem ser prejudicados pelo adiamento.

(C) os processos que versem sobre arbitragem, inclusive sobre cumprimento de carta arbitral.

(D) o registro de ato processual eletrônico e a respectiva intimação eletrônica da parte.

(E) a realização de audiência cujas datas tiverem sido designadas.

A: Incorreta, porque a hipótese não se encontra no rol de atos processuais que são praticados durante as férias forenses (CPC, art. 215); **B:** Correta (CPC, art. 215, I); **C:** Incorreta, tendo em vista que os processos que versem sobre arbitragem correrão sob segredo de justiça, mas não se encontram no rol de atos processuais que são praticados durante as férias forenses (CPC, art. 189, IV e art. 215); **D:** Incorreta, porque a hipótese não se encontra no rol de atos processuais que são praticados durante as férias forenses (CPC, art. 215); **E:** Incorreta, porque, em regra, não serão designadas audiências durante o período de recesso forense (CPC, art. 215). Gabarito "B".

4. LITISCONSÓRCIO E INTERVENÇÃO DE TERCEIROS

(ENAM – 2024.1) Pedro é autor de ação ordinária em face da sociedade Carros Bonitos Ltda. em trâmite na 1ª Vara Cível da Comarca de Ponto Chique – MG, pugnando pela condenação desta última a efetuar a troca de veículo adquirido em sua unidade, o qual fora alegadamente vendido com vício oculto, bem como a lhe pagar indenização por danos materiais e morais.

No curso da fase instrutória, Pedro identificou que os sócios da Carros Bonitos Ltda. estavam praticando atos ilícitos em detrimento do patrimônio social, motivo pelo que requereu a instauração de incidente de desconsideração da personalidade jurídica.

Sobre o caso acima, assinale a afirmativa correta.

(A) O requerimento deve ser indeferido, pois a instauração do incidente de desconsideração da personalidade jurídica é cabível apenas no cumprimento de sentença e na execução fundada em título executivo extrajudicial.
(B) Admitido o incidente pelo juiz, não haverá suspensão do processo, que poderá prosseguir de forma simultânea.
(C) O incidente será resolvido por decisão interlocutória, impugnável por meio de recurso de apelação.
(D) O pedido de Pedro não impediria que o juiz, de ofício, instaurasse o incidente de desconsideração da personalidade jurídica.
(E) Instaurado o incidente, o sócio será citado para manifestar-se e requerer as provas cabíveis no prazo de 15 (quinze) dias.

Atenção: com o CPC 2015, não existe mais "ação ordinária" (pois não há mais rito ordinário ou sumário), mas sim ação pelo procedimento comum (CPC, art. 318). Outras questões do ENAM usaram a terminologia atual e correta (procedimento comum), mas essa questão usou termo antigo. De qualquer forma, isso não é motivo para anulação da questão. **A**: Incorreta, pois o incidente de desconsideração é cabível também no processo de conhecimento, além do cumprimento de sentença e na execução fundada em título executivo extrajudicial (CPC, art. 134). **B**: Incorreta. Nos termos do art. 134, § 3º a instauração do incidente suspenderá o processo. **C**: Incorreta. Ainda que em regra o incidente seja julgado por interlocutória (CPC, art. 136), o recurso de interlocutória é o agravo, não a apelação (CPC, art. 1.015, IV). **D**: Incorreta, uma vez que o incidente de desconsideração não pode ser instaurado de ofício, sempre dependendo de provocação da parte ou do MP. (CPC, art. 133). **E**: Correta, sendo essa a previsão legal: o sócio é citado, para se manifestar em 15 dias (CPC, art. 135).
Gabarito "E".

(Juiz de Direito – TJ/SP – 2023 – VUNESP) Sobre a denunciação da lide, considerando a jurisprudência dominante e atual do Superior Tribunal de Justiça, é correto afirmar:
(A) a denunciação pode ser promovida de ofício pelo juiz.
(B) a denunciação deve ser admitida se o denunciante busca eximir-se da responsabilidade pelo evento danoso, atribuindo-o com exclusividade a terceiro.
(C) o Código de Processo Civil em vigor prevê a obrigatoriedade da denunciação da lide nos casos de evicção.
(D) o estado avançado do processo não recomenda o deferimento do pedido de denunciação da lide, sob pena de afronta aos mesmos princípios que o instituto busca preservar.

A: Incorreta, a denunciação da lide deve ser proposta pelas partes (CPC, art. 125). Nesse mesmo sentido, é o entendimento do STJ (AREsp 1.992.131/SP). **B**: Incorreta. A denunciação deve ser utilizada na hipótese de ação de regresso; ou seja, se houver a condenação do réu, vai-se verificar se o terceiro deve ressarcir (CPC, art. 125). Sendo assim – e conforme entendimento do STJ (AgInt no AREsp 1.910.169/ES) – não é cabível a denunciação da lide quando o denunciante buscar apenas eximir-se da responsabilidade pelo evento danoso. **C**: Incorreta, não existindo, no atual sistema, obrigatoriedade na denunciação, pois é possível exercer o direito regressivo por *ação autônoma* quando a denunciação da lide for indeferida, deixar de ser promovida ou não for permitida (CPC, art. 125, § 1º). **D**: Correta, considerando que, pelo princípio da economia processual, se o processo já avançou, não se justifica que haja denunciação com a consequente necessidade de atrasar a marcha processual. Nesse sentido, o REsp 1713096/SP.
Gabarito "D".

(Juiz de Direito – TJ/DFT – 2023 – CEBRASPE) Com base nas disposições do CPC e na jurisprudência do STJ a respeito do litisconsórcio e da intervenção de terceiros, assinale a opção correta.
(A) O CPC determina expressamente a aplicação do prazo em dobro para litisconsortes com procuradores de diferentes escritórios, ainda que o processo seja eletrônico.
(B) Não deve ser extinta a denunciação da lide apresentada intempestivamente pelo réu nas hipóteses em que o denunciado conteste apenas a pretensão de mérito da demanda principal.
(C) Aquele que detenha a coisa em nome alheio, sendo-lhe demandada em nome próprio, tem o ônus de nomear à autoria o proprietário ou o possuidor da coisa litigiosa.
(D) O incidente de desconsideração da personalidade jurídica pode ser instaurado de ofício no âmbito dos juizados especiais.
(E) Se uma seguradora denunciada em ação de reparação de danos não contestar o pedido do autor, ela poderá ser condenada, direta e solidariamente com o segurado, ao pagamento da indenização devida à vítima, nos limites contratados na apólice.

A: Incorreta. Nos termos do art. 229, § 2º do CPC, a contagem em dobro não se aplica aos processos em autos eletrônicos. **B**: Correta, a alternativa retrata o entendimento fixado pelo STJ no julgamento do REsp 1.637.108/PR (informativo nº 606: "Não é extinta a denunciação da lide apresentada intempestivamente pelo réu nas hipóteses em que o denunciado contesta apenas a pretensão de mérito da demanda principal"). **C**: Incorreta. Isso porque, no CPC15 a nomeação à autoria deixou de existir, cabendo agora ao réu, ao alegar ilegitimidade, apontar quem é o efetivo réu (CPC, art. 339). **D**: Incorreta. Embora o incidente de desconsideração da personalidade jurídica seja cabível no âmbito dos Juizados Especiais Cíveis (CPC, art. 1.062), não é possível sua instauração de ofício, uma vez que o art. 133 do CPC é expresso ao estabelecer que será necessário haver requerimento expresso da parte ou do Ministério Público. **E**: Incorreta. Conforme Súmula 537 do STJ, a condenação direta e solidariamente com o segurado, será possível na hipótese de a seguradora ingressar nos autos aceitando a denunciação ou, ainda, se contestar o pedido do autor.
Gabarito "B".

(Juiz Federal – TRF/1 – 2023 – FGV) Adelaide ajuizou, perante a Justiça Federal de primeiro grau, ação de revisão de contrato de financiamento imobiliário em face da Caixa Econômica Federal, pedindo a declaração de nulidade de cláusula contratual que autorizava o desconto das parcelas mensais de financiamento imobiliário direto na folha de pagamento e o recálculo do financiamento, do saldo devedor e dos encargos mensais. No curso do processo, Breno requereu a sua intervenção nos autos como *amicus curiae*, sustentando ter celebrado contrato idêntico com a Caixa Econômica Federal, tratando-se de matéria relevante e com repercussão social.

Sobre essa situação, é correto afirmar que deve ser:
(A) negada a admissão do requerente como *amicus curiae*, salvo se houver a concordância das partes;
(B) admitido o requerimento de intervenção como *amicus curiae*, desde que demonstrada a sua representatividade adequada, mediante a concordância das partes;

(C) negada a admissão do requerente como *amicus curiae*, pois não é cabível essa modalidade de intervenção em primeiro grau de jurisdição;

(D) admitido o requerimento de intervenção como *amicus curiae*, desde que demonstrada a sua representatividade adequada, independentemente da concordância das partes;

(E) negada a admissão do requerente como *amicus curiae*, pois apenas pessoas jurídicas, órgãos ou entidades especializadas podem intervir no processo nessa qualidade.

A: Incorreta, uma vez que o ingresso do AC independe da concordância das partes. O art. 138 do CPC estabelece, inclusive, que a decisão que admitir a intervenção do AC é irrecorrível. **B:** Incorreta, vide justificativa para alternativa "A". **C:** Incorreta. O art. 138 do CPC admite a intervenção do AC em qualquer grau de jurisdição – ainda que o mais frequente seja no tribunal. **D:** Correta, admite-se a intervenção do AC, desde que a pessoa natural ou jurídica, órgão ou entidade especializada, demonstre a sua representatividade adequada (CPC, art. 138), independentemente da concordância das partes. Ainda que o mais comum seja AC por pessoa jurídica, é possível também por pessoa física, se essa pessoa tiver destaque na sua área de conhecimento. **E:** Incorreta, pois admite-se, como exposto em "D", que o AC seja pessoa física.
Gabarito "D".

(Procurador Fazenda Nacional – AGU – 2023 – CEBRASPE) De acordo com o regime jurídico de atuação expressamente estabelecido pelo CPC, o amicus curiae possui legitimidade para interpor

(A) agravo de instrumento contra decisões interlocutórias de mérito, quando admitido o ingresso dessa figura em primeira instância.

(B) qualquer medida recursal admitida no processamento e julgamento de recursos repetitivos.

(C) recurso exclusivamente na hipótese de decisão que tenha indeferido o ingresso dessa figura no feito.

(D) agravo interno contra qualquer decisão monocrática, quando estiver atuando nos tribunais.

(E) embargos de declaração ou recurso contra decisão que julgar incidente de resolução de demandas repetitivas.

A intervenção do amicus curiae não autoriza a interposição de recursos, como regra. Conforme previsão do art. 138, § 1º do CPC, o amicus curiae poderá somente opor embargos de declaração e recorrer da decisão que julgar o incidente de resolução de demandas repetitivas. A alternativa correta é a "E".
Gabarito "E".

(Analista – TRT/18 – 2023 – FCC) Em ação movida por Pedro contra José, este arguiu, em preliminar de contestação, sua ilegitimidade passiva, indicando Patrícia como sujeito passivo da relação jurídica discutida no processo. Nesse caso, de acordo com o Código de Processo Civil, o juiz deverá

(A) facultar a Pedro a alteração da petição inicial para substituição do réu, sendo que, realizada a substituição, Pedro reembolsará as despesas de José, mas ficará isento do pagamento de honorários ao procurador deste.

(B) facultar a Pedro a alteração da petição inicial para substituição do réu, sendo que, realizada a substituição, Pedro reembolsará as despesas de José e pagará honorários ao procurador deste.

(C) extinguir o processo sem resolução do mérito, caso conclua pela ilegitimidade de José, sendo-lhe vedado facultar a Pedro a emenda da petição inicial para substituição do réu depois de apresentada a contestação.

(D) extinguir o processo com resolução do mérito, caso conclua pela ilegitimidade de José, sendo-lhe vedado facultar a Pedro a emenda da petição inicial para substituição do réu depois de apresentada a contestação.

(E) determinar a substituição de José por Patrícia, independentemente de pedido ou mesmo da concordância de Pedro, caso conclua que ela é, de fato, sujeito passivo da relação jurídica discutida no processo.

A: Incorreta, pois Pedro deverá reembolsar as despesas, bem como pagar os honorários do advogado do réu excluído (CPC, art. 338, p. único). **B:** Correta, sendo essa a previsão legal do art. 338, *caput* e p. único do CPC; haverá substituição do polo passivo, e o pagamento de honorários, em percentual entre 3 e 5 por cento. **C:** Incorreta, porque, nos termos do art. 338 do CPC, o Juiz facultará ao autor que, em 15 dias, altere a petição inicial para substituição do réu. **D:** Incorreta, conforme exposto na alternativa "C". **E:** Incorreta, pois a substituição do réu somente ocorrerá se, uma vez facultado pelo juiz, o autor assim fizer (CPC, art. 338 e 339, § 1º).
Gabarito "B".

(Juiz de Direito/AP – 2022 – FGV) Em razão de um acidente de trânsito, Luiz, condutor de um dos veículos envolvidos, ajuizou ação de indenização em face de Carlos, o condutor do outro automóvel, a quem atribuiu a culpa no episódio.

Regularmente citado, Carlos apresentou a sua contestação, alegando que a culpa no evento danoso fora apenas de um pedestre, não identificado, que surgira de inopino na via pública, assim obrigando-o a desviar e colidir com o veículo de Luiz.

Considerando que os elementos probatórios carreados aos autos confirmavam inteiramente a versão defensiva de Carlos, deve o juiz da causa:

(A) determinar-lhe que promova a denunciação da lide em relação ao pedestre responsável pelo acidente;

(B) determinar-lhe que promova o chamamento ao processo em relação ao pedestre responsável pelo acidente;

(C) reconhecer a sua ilegitimidade passiva ad causam, extinguindo o feito sem resolução do mérito;

(D) julgar improcedente o pedido do autor, visto que não foi configurada a responsabilidade civil atribuída ao réu;

(E) determinar a suspensão do feito, no aguardo de elementos que permitam a identificação do pedestre causador do acidente.

Comentário: A: incorreta, pois não seria hipótese de denunciação da lide (CPC, art. 125); **B:** incorreta, visto que não é hipótese de chamamento ao processo (CPC, art. 130); **C:** incorreta, já que houve a propositura da demanda contra quem provocou a batida – de modo que não se trata de hipótese de ilegitimidade, mas de discussão de mérito; **D:** correta para a banca (pois as outras alternativas estão erradas); em linha com o exposto no item anterior e considerando que a discussão é de direito material e, no mérito, não teria havido (para a banca) nexo de causalidade (CC, art. 186); **E:** incorreta, porque a suspensão para se buscar o pedestre não alteraria a solução do conflito em relação a Carlos (CPC, art. 488).
Gabarito "D".

(Juiz de Direito/GO – 2021 – FCC) XPTO Ltda. foi demandada por Y, que, pretendendo atingir bens dos sócios, por vislumbrar a ocorrência de confusão patrimonial, deverá instaurar incidente de desconsideração da personalidade jurídica, o qual

(A) é decidido por sentença.
(B) deve ser instaurado ainda que o pleito conste da petição inicial e suspende o processo até que seja decidido, por decisão interlocutória.
(C) implica, se acolhido, anulação das alienações havidas em fraude à execução.
(D) é cabível apenas no cumprimento de sentença e se infrutíferas as tentativas de penhora de bens da sociedade empresária.
(E) suspende o processo, salvo se a desconsideração houver sido pleiteada na petição inicial.

Comentário: **A**: incorreta, visto que o IDPJ, em regra, é decidido por decisão interlocutória (CPC, art. 136); **B**: incorreta, já que o incidente não será instaurado se a desconsideração for requerida na inicial, hipótese em que o processo não será suspenso (CPC, art. 133, §§ 2º e 3º); **C**: incorreta, pois, se acolhido, as alienações em fraude à execução serão *ineficazes* em relação ao requerente (CPC, art. 137); **D**: incorreta, o IRDR é cabível em todas as fases do processo de conhecimento, cumprimento de sentença e execução (CPC, art. 134); **E**: correta, sendo essa a previsão legal – suspensão do que mais de debate, até decisão do IDPJ (CPC, art. 133, §§ 2º e 3º).
Gabarito "E".

(Juiz de Direito/SP – 2021 – Vunesp) Caio e Tício, em conjunto e solidariamente, firmaram compromisso de compra e venda para aquisição de um imóvel de Semprônio. Em razão da falta de pagamento, o vendedor pretende resolver o negócio, propondo demanda a esse fim em face dos compradores. A partir dessa narrativa, temos

(A) não é possível a identificação do tipo de litisconsórcio sem que se saiba qual o teor da sentença.
(B) litisconsórcio passivo, necessário e unitário.
(C) litisconsórcio passivo, facultativo e unitário.
(D) litisconsórcio passivo, facultativo e comum.

Comentário: **A**: incorreta, pois não é necessário considerar a sentença para se verificar o tipo de litisconsórcio; basta analisar a relação de direito material existente entre as partes (CPC, art. 113 e ss.); **B**: correta, pois (i) são dois vendedores, que devem ser réus; (ii) não há como discutir o contrato somente em relação a um deles (CPC, art. 114) e (iii) a decisão tem de ser a mesma, pois é inviável a resolução (de maneira menos técnica, mas mais usual, a "rescisão") em face de um e não do outro (CPC, art. 116); **C**: incorreta, visto que o litisconsórcio entre os promitentes compradores é necessário, pois se ambos venderam, ambos precisam estar no processo que busca desconstituir a venda (CPC, art. 114); **D**: incorreta, pois o litisconsórcio é unitário, já que a decisão de mérito será uniforme para ambos os promitentes compradores (CPC, art. 116).
Gabarito "B".

Em determinada seção do STJ, durante julgamento de recurso especial repetitivo acerca de discussão referente ao custeio de medicamento por plano de saúde, questão que se reflete em diversas demandas de consumidores economicamente vulneráveis, foi admitido o ingresso da Defensoria Pública da União na qualidade de guardião dos vulneráveis (*custos vulnerabilis*).

(Promotor de Justiça/CE – 2020 – CESPE/CEBRASPE) Nessa hipótese, de acordo com a jurisprudência atual do STJ, a atuação como guardião dos vulneráveis

(A) não possui fundamento no ordenamento jurídico brasileiro, motivo pelo qual a decisão é nula e a Defensoria Pública deve ser excluída do feito.
(B) está eivada de nulidade relativa, por ausência de fundamento para essa forma de intervenção, e a participação da Defensoria Pública deve ser convertida em atuação como *amicus curiae*.
(C) é adequada desde que se restrinja ao mero acompanhamento do processo, sendo vedada a prática de atos processuais pela Defensoria Pública.
(D) representa uma forma interventiva da Defensoria Pública em nome próprio e em favor de seus interesses institucionais, sendo-lhe permitida a interposição de recurso.
(E) somente será legítima caso a decisão seja ratificada por maioria absoluta do órgão plenário do STJ.

O julgado mencionado no enunciado é o seguinte: "Admite-se a intervenção da Defensoria Pública da União no feito como *custos vulnerabilis* nas hipóteses em que há formação de precedentes em favor dos vulneráveis e dos direitos humanos". STJ. 2ª Seção. EDcl no REsp 1.712.163-SP, Rel. Min. Moura Ribeiro, julgado em 25/09/2019 (Info 657). Trata-se de uma intervenção típica da Defensoria, em algum grau semelhante com o *amicus curiae*, mas distinto por ser específico da Defensoria.
A: Incorreta. De fato não tem previsão na lei, mas o STJ a admitiu – de modo que passa a fazer do sistema processual; **B**: Incorreta; em linha com o exposto em "A" e na explicação introdutória, ainda que não haja previsão legal, o STJ a admite – e não se trata exatamente de *amicus curiae*, inclusive por ser algo específico da Defensoria; **C**: Incorreta, porque a intervenção como *custos vulnerabilis* é mais ampla que o *amicus curiae* e possibilita a interposição de qualquer recurso (vide decisão indicada acima); **D**: Correta, conforme entendimento firmado no julgado acima indicado; **E**: Incorreta, pois não há previsão legal de que as decisões das turmas e seções do STJ tenham de ser ratificadas pela Corte Especial para que sejam efetivas.
Gabarito "D".

(Juiz de Direito – TJ/AL – 2019 – FCC) É cabível denunciação da lide

(A) dos fiadores, na ação proposta contra um ou alguns deles.
(B) ao alienante imediato, no processo relativo à coisa cujo domínio foi transferido ao denunciante, a fim de que possa exercer os direitos que da evicção lhe resultam.
(C) quando alguém pretender, no todo ou em parte, a coisa ou o direito sobre que controvertem autor e réu.
(D) para instaurar o incidente de desconsideração da personalidade jurídica.
(E) para atuar como *amicus curiae* nas hipóteses legalmente previstas.

A: incorreta, porque no caso de fiadores a intervenção cabível seria o chamamento ao processo (CPC, art. 130, II); **B**: correta, conforme expressa previsão legal (CPC, art. 125, I); **C**: incorreta, considerando que a situação justifica a apresentação de oposição (agora prevista entre os procedimentos especiais – CPC, art. 682); **D**: incorreta, considerando que o IDPJ é uma outra modalidade de intervenção de terceiro, distinta da denunciação da lide (CPC, art. 133 e ss.); **E**: incorreta, considerando que o *amicus curiae* é uma modalidade de intervenção de terceiro, distinta da denunciação da lide (CPC, art. 138).
Gabarito "B".

(Promotor de Justiça/PR – 2019 – MPE/PR) Sobre a disciplina do litisconsórcio no Código de Processo Civil de 2015, assinale a alternativa *incorreta*:

(A) Uma das hipóteses para a formação do litisconsórcio é a ocorrência de afinidade de questões por ponto comum de fato ou de direito.

(B) A distribuição de petição inicial que não indica todos os réus em litisconsórcio passivo necessário é causa para a imediata extinção do processo.

(C) O juiz poderá limitar o litisconsórcio facultativo quanto ao número de litigantes na fase de conhecimento, na liquidação de sentença ou na execução, quando este comprometer a rápida solução do litígio ou dificultar a defesa ou o cumprimento da sentença.

(D) O litisconsórcio será unitário quando, pela natureza da relação jurídica, o juiz tiver de decidir o mérito de modo uniforme para todos os litisconsortes.

(E) Os litisconsortes serão considerados, em suas relações com a parte adversa, como litigantes distintos, exceto no litisconsórcio unitário, caso em que os atos e as omissões de um não prejudicarão os outros, mas os poderão beneficiar.

A: Correta (CPC, art. 113, III); **B:** Incorreta, devendo esta ser assinalada. Isso considerando que deverá o juiz determinar a emenda da inicial (CPC, art. 321) antes de extinguir o processo por falta de litisconsorte passivo necessário (CPC, art. 115, p. único) **C:** Correta, sendo esse o chamado litisconsórcio "múltiplo, plúrimo ou multitudinário" (CPC, art.113, § 1º); **D:** Correta (CPC, art. 116); **E:** Correta (CPC, art. 117). Gabarito "B".

(Promotor de Justiça/PR – 2019 – MPE/PR) Sobre a disciplina da intervenção de terceiros no Código de Processo Civil de 2015, assinale a alternativa *correta*:

(A) A admissão de assistente simples, pelo juízo, impede a transação sobre direitos controvertidos pelas partes.

(B) A decisão que admite o *amicus curie* no feito é irrecorrível.

(C) O Código de Processo Civil admite denunciações da lide sucessivas, hipótese que só encontra limites pelo número excessivo de partes.

(D) O chamamento ao processo é hipótese de intervenção de terceiros que pode ser promovida tanto pelo autor quanto pelo réu.

(E) Não pode o Ministério Público requerer a desconsideração da personalidade jurídica, ainda que o caso imponha sua atuação.

A: Incorreta, porque a assistência simples não obsta que a parte principal realize a transação sobre direitos (CPC, art. 122); **B:** Correta, por expressa previsão legal (CPC, art. 138); **C:** Incorreta, considerando que o CPC admite apenas *uma única* denunciação sucessiva (CPC, art. 125, § 2º); **D:** Incorreta, pois o chamamento ao processo pode ser requerido apenas pelo *réu* (CPC, art. 130); **E:** Incorreta, pois o incidente pode ser instaurado a pedido do Ministério Público, quando lhe couber intervir no processo (CPC, art. 133). Gabarito "B".

(Juiz de Direito - TJ/RS - 2018 - VUNESP) Sobre o incidente de desconsideração da personalidade jurídica, é correto afirmar que

(A) como efeito do acolhimento do pedido de desconsideração, passarão a estar sujeitos à execução os bens do responsável limitado a sua cota social.

(B) é uma forma de intervenção de terceiros, podendo criar-se um litisconsórcio passivo facultativo.

(C) instaurado na petição inicial, ocorrerá a suspensão do processo, independentemente do requerimento do interessado.

(D) resolvido o incidente em sentença, que julgar o mérito da demanda, caberá agravo de instrumento quanto a esta questão.

(E) o Ministério Público poderá requerer o incidente, podendo ser instaurado de ofício pelo juiz, se o caso.

A: Incorreta. O acolhimento do pedido de desconsideração da personalidade jurídica permite que sejam atingidos os bens em geral dos sócios (CPC, art. 133 e seguintes; CC, art. 50); **B:** Correta, pois se o sócio ingressar ele passa a ser parte (CPC, art. 133 e seguintes); **C:** Incorreta, porque quando o pedido é feito na própria petição inicial não acarretará a suspensão do processo (CPC, art. 134, §§ 2º e 3º); **D:** Incorreta, porque a decisão que resolve o incidente tem natureza interlocutória e é recorrível via agravo de instrumento (CPC, art. 136 e art. 1.015, IV); **E:** Incorreta, uma vez que o incidente não poderá ser instaurado de ofício pelo magistrado (CPC, art. 133). Gabarito "B".

5. JURISDIÇÃO E COMPETÊNCIA

(Procurador – PGE/SP – 2024 – VUNESP) Acerca do deslocamento de competência para a Justiça Federal em ação judicial em que a Fazenda Estadual faz parte da relação processual, é correto afirmar que:

I. A participação da União desloca obrigatoriamente o processo para Justiça Federal.

II. Nos casos de falência, a competência é deslocada, mas não nos casos de recuperação judicial.

III. A competência não é deslocada nos casos de insolvência civil.

IV. A competência não é deslocada nos casos de acidente do trabalho.

Está correto somente o contido em:

(A) IV.
(B) III e IV.
(C) II e IV.
(D) I.
(E) II e III.

I: Incorreto, pois não se trata de "obrigatoriamente", considerando que há algumas exceções – como, por exemplo, nos casos trabalhistas e de recuperação judicial e falência, em que mesmo com a presença da União, a competência não será deslocada para Justiça Federal (CPC, art. 45 do e art. 109 da CF). **II:** incorreto, pois seja RJ ou falência, a presença de ente federal não desloca para a Federal, permanecendo a causa na Estadual (CPC, art. 45, I e CF, art. 109). **III:** correta, considerando o exposto em II (CPC, art. 45, I). **IV:** correta, pois nos casos de acidente do trabalho fundado na legislação de seguridade (em face do INSS), a competência é da justiça estadual, não da Federal (CPC, art. 45, I e CF, art. 109). Se fosse acidente do trabalho em face do empregador, seria da justiça do trabalho. Assim, a alternativa B deve ser assinalada. Gabarito "B".

(ENAM – 2024.1) André intentou ação popular, pleiteando a declaração de nulidade de contrato celebrado entre a Administração Pública e a sociedade empresária X. De acordo com a petição inicial, o contrato impugnado, além de lesivo ao patrimônio público, foi fruto de desvio de finalidade, consubstanciado no propósito de favorecer a empresa contratada. A peça exordial foi distribuída no dia 27 de fevereiro de 2024 a um juízo dotado de competência para matéria fazendária de uma determinada comarca. Após o juízo positivo de admissibilidade da ação, as citações dos litisconsortes passivos ocorreram nos dias 25 e 28 de março de 2024.

Ignorando a iniciativa de André, Bruno também ajuizou ação popular para ver declarado nulo o mesmo contrato, estribando-se, para tanto, no argumento de que a avença padecia de vícios de forma e de incompetência do agente estatal que a firmara. A petição inicial foi distribuída a um outro juízo fazendário da mesma comarca, o que se deu no dia 05 de março de 2024, efetivando-se as citações, após o juízo positivo de admissibilidade da demanda, nos dias 18 e 21 de março de 2024.

Nesse cenário, é correto afirmar que

(A) está configurada a conexão entre as ações populares, devendo os respectivos feitos ser reunidos para processamento e julgamento simultâneos pelo juízo ao qual foi distribuída a petição inicial de André.
(B) está configurada a conexão entre as ações populares, devendo os respectivos feitos ser reunidos para processamento e julgamento simultâneos pelo juízo ao qual foi distribuída a petição inicial de Bruno.
(C) está configurada a continência entre as ações populares, devendo os respectivos feitos ser reunidos para processamento e julgamento simultâneos pelo juízo ao qual foi distribuída a petição inicial de André.
(D) está configurada a continência entre as ações populares, devendo os respectivos feitos ser reunidos para processamento e julgamento simultâneos pelo juízo ao qual foi distribuída a petição inicial de Bruno.
(E) não está configurada a conexão nem a continência entre as ações populares, devendo os respectivos feitos tramitar separadamente perante os juízos aos quais foi distribuída cada petição inicial.

A: Correta, pois (i) o pedido das duas demandas é comum (declaração de nulidade do contrato firmado) e (ii) ambos os processos estão no mesmo grau de jurisdição. Vale destacar que, nos termos do art. 55 do CPC, há conexão quando, em relação a duas ou mais demandas, for comum o pedido ou a causa de pedir (ou seja, quando houver identidade de um dos elementos identificadores da demanda). Por fim, observa-se que o critério para a reunião dos processos é a prevenção (CPC, art. 58), que se dá com base na propositura da ação (CPC, art. 59 e L. 4.717/65, art. 5º, § 3º) – tendo sido a de André a 1ª a ser proposta (ou distribuída, no caso de mais de 1 vara). **B:** Incorreta, pois a reunião dos processos ocorrerá no juízo prevento (CPC, art. 58). Importante ressaltar que o registro ou a distribuição da petição inicial torna prevento o Juízo (CPC, art. 59). Assim, no caso em análise, os feitos deverão ser reunidos no juízo em que tramita a ação ajuíza por André. **C:** Incorreta, pois no caso narrado no enunciado é de conexão e não de continência, pois não há identidade quanto às partes e à causa de pedir (CPC, art. 56). Além disso, ambas as demandas possuem o mesmo pedido (CPC, art. 56), o que também afasta a continência. **D e E:** Incorretas, considerando as justificativas acima. Gabarito "A".

(ENAM – 2024.1) Gerson, residente na Comarca do Rio de Janeiro-RJ, ajuizou ação reivindicatória em face de Denise, residente na Comarca de Maricá-RJ. Segundo narrado na petição inicial, Denise vem ocupando irregularmente um imóvel de propriedade de Gerson, localizado na Comarca de Saquarema-RJ, há cerca de dois anos. A demanda foi distribuída à 1ª Vara Cível da Comarca de Maricá.

Ao realizar a admissibilidade da petição inicial, caberá ao juiz

(A) determinar a citação de Denise, por se tratar de juízo competente para apreciar a causa.
(B) declinar a competência em favor de um dos Juízos da Comarca de Saquarema, que é o juízo competente para apreciar a pretensão reivindicatória de Gerson.
(C) determinar a citação de Denise e, caso não haja manifestação em sede de contestação, haverá a prorrogação da competência do Juízo da 1ª Vara Cível da Comarca de Maricá, por se tratar de incompetência relativa.
(D) suscitar conflito negativo de competência, remetendo os autos ao Tribunal de Justiça para que defina qual é a Comarca competente, uma vez que o domicílio da ré não é o mesmo no qual o imóvel está situado.
(E) declinar a competência em favor de um dos Juízos Cíveis da Comarca do Rio de Janeiro-RJ, que é o juízo competente para apreciar a pretensão reivindicatória de Gerson.

A questão trata de hipótese de competência absoluta (funcional). Isso porque, no caso de direito real imobiliário (onde se insere a ação reivindicatória), salvo a hipótese do § 1º, não se trata de competência relativa, de maneira que deve a causa ser ajuizada no foro do local do imóvel (CPC, art. 47), não sendo possível a escolha das partes. Sendo assim, o Juízo de Maricá/RJ deverá declarar sua incompetência de ofício (CPC, art. 64, § 1º) e remeter os autos ao Juízo de Saquarema-RJ, considerando que a causa deve ser julgada no foro do local do imóvel (a doutrina aponta ser hipótese de competência funcional ou hierárquica, e não de competência relativa). Assim, a alternativa correta é a letra "B". Gabarito "B".

(Juiz de Direito – TJ/DFT – 2023 – CEBRASPE) João, com oitenta anos de idade, nascido em São Paulo – SP, circense, sem domicílio certo, foi encontrado morto no município de Fortaleza – CE, em 15 de outubro de 2021. João deixou apenas bens imóveis: três situados na cidade de Brasília – DF e um na cidade de Salvador – BA. Em razão do óbito, a única filha de João, domiciliada em Aracaju – SE, procedeu à abertura do inventário.

Nessa situação hipotética, o foro competente para o referido inventário é o

(A) do município de Aracaju – SE, local do domicílio da inventariante, única filha do falecido.

(B) do município de Fortaleza – CE, local do óbito de João.

(C) do município de São Paulo – SP, local de nascimento de João, uma vez que ele não tinha domicílio certo ao tempo de sua morte.

(D) de Brasília – DF exclusivamente, pois é lá que se situa a maioria dos bens imóveis deixados por João.

(E) do município de Salvador – BA ou o de Brasília – DF, indistintamente, pois nesses locais se situam os bens imóveis do autor da herança.

Acerca da competência para o inventário, a regra está no art. 48 do CPC. Se o autor da herança (ou seja, o falecido) não possuía domicílio certo, será competente o foro de situação dos bens (CPC, art. 48, p. único, I). No caso, considerando que João deixou imóvel situados em foros diferentes, o inventário pode ser proposto em qualquer um deles, indistintamente (ou seja, Brasília/DF ou Salvador/BA), pois ambos são competentes, conforme previsão do art. 48, p. único, II do CPC. Assim, a alternativa correta é a "E".

Gabarito "E".

(Juiz Federal – TRF/1 – 2023 – FGV) O tripulante de um barco brasileiro foi morto pelo ataque de uma embarcação estrangeira no mar territorial brasileiro. Os descendentes da vítima ajuizaram ação de responsabilidade civil em face do Estado estrangeiro perante a Justiça Federal brasileira, alegando tratar-se de caso de violação de direitos humanos.

Nessa situação hipotética, é correto afirmar que:

(A) a Justiça Federal brasileira tem competência para processar e julgar a causa, não sendo hipótese de imunidade de jurisdição;

(B) caso a mesma ação tenha sido proposta no exterior, deverá o processo ser extinto sem julgamento de mérito, em razão da litispendência;

(C) caso a mesma ação tenha sido proposta no exterior, deverá o processo ser suspenso para aguardar o julgamento da ação pela Justiça estrangeira;

(D) deverá ser reconhecida de ofício a imunidade de jurisdição em favor do Estado estrangeiro, por tratar-se de ato de império, devendo o processo ser extinto sem julgamento de mérito;

(E) o Estado estrangeiro deve ser citado para oferecer resposta, mas, caso invoque sua imunidade, deverá o processo ser extinto sem julgamento de mérito, por tratar-se de ato de império.

A questão retrata exatamente o julgamento envolvendo um caso real relativo a um ataque da Alemanha nazista no Brasil. Segue trecho de notícia do site do STJ, de 2022: "Seguindo o entendimento do Supremo Tribunal Federal (STF), a Quarta Turma do Superior Tribunal de Justiça (STJ) reposicionou sua jurisprudência para considerar possível a relativização da imunidade de jurisdição de Estado estrangeiro em caso de atos ilícitos praticados no território nacional que violem direitos humanos. Anteriormente, o STJ reconhecia a impossibilidade absoluta de responsabilização de Estado estrangeiro por atos de guerra perante a Justiça brasileira. Com o novo entendimento, o colegiado deu provimento a dois recursos ordinários para determinar o seguimento de ações indenizatórias contra a Alemanha, ajuizadas na Justiça Federal por descendentes de dois tripulantes do barco de pesca Changri-lá, mortos quando a embarcação foi torpedeada pelo submarino nazista U-199, nas proximidades da costa de Cabo Frio (RJ), em 1943, durante a Segunda Guerra Mundial." (RO 60, AgRg no RO 107). E, no caso, a competência é a da Justiça Federal considerando o previsto no art. 109, II da CF, que prevê a competência dessa Justiça para "causas entre Estado estrangeiro (...) e pessoa domiciliada ou residente no País". Sendo assim, a alternativa correta é a "A".

Gabarito "A".

(Procurador Fazenda Nacional – AGU – 2023 – CEBRASPE) Em que pese a possibilidade de participação da União como interessada em processos judiciais de falência, recuperação judicial e insolvência civil contra particulares, de acordo com o entendimento jurisprudencial dominante no STF, a justiça comum estadual será a competente para o julgamento nos casos de

(A) falência, apenas.

(B) insolvência civil, apenas.

(C) falência, recuperação judicial e insolvência civil.

(D) falência e recuperação judicial, apenas.

(E) recuperação judicial e insolvência civil, apenas.

Nas questões relativas à falência, recuperação judicial e insolvência civil (todas envolvendo "quebra"), a competência será da justiça estadual, mesmo que a União ou ente federal participe (CF, art. 109, I e CPC, art. 45, I). A questão, inclusive, foi reforçada pelo STF no Tema 859. Assim, a alternativa correta é a "C".

Gabarito "C".

(Procurador Fazenda Nacional – AGU – 2023 – CEBRASPE) Na perspectiva do sistema de justiça multiportas, ao realizar determinado negócio jurídico, as partes podem combinar diferentes meios adequados de solução de litígios e, para isso, devem utilizar cláusula denominada

(A) patológica.

(B) escalonada.

(C) cheia.

(D) compromissória.

(E) *dispute board*.

Pergunta ruim, mal formulada e que pressupõe (mas não deixa claro) que o candidato parta da premissa de "cláusula compromissória patológica" e "cheia", sendo que a "D" falaria apenas em "cláusula compromissória".

A: incorreta, pois *cláusula compromissória patológica* é aquela cuja redação é defeituosa, por seu texto ser incompleto ou contraditório, de modo que não permite a instituição da arbitragem. **B:** correta. Por "cláusula escalonada" entende-se a situação em que as partes devem realizar, de forma prévia à arbitragem, discussões amigáveis (negociação), seguidas de uma mediação e, somente por fim, a arbitragem. Nesse sentido, o art. 23, *caput*, da Lei 13.140/2015: "Se, em previsão contratual de cláusula de mediação, as partes se comprometerem a não iniciar procedimento arbitral ou processo judicial durante certo prazo ou até o implemento de determinada condição, o árbitro ou juiz suspenderá o curso da arbitragem ou da ação pelo prazo previamente acordado ou até o implemento dessa condição". **C:** incorreta, pois a "cláusula compromissória cheia" é aquela na qual estão dispostas as regras sobre a forma de instituir e processar a arbitragem, seja pela inclusão dessas regras na cláusula, seja por se reportar às regras de um determinado órgão arbitral (art. 5º, da Lei 9.307/1993). **D:** incorreta, pois "cláusula compromissória" é a nomenclatura básica para que, diante de um conflito, a solução seja pela arbitragem (art. 4º, *caput*, da Lei 9.307/1993). Como dito, o enunciado é ruim e pode não deixar claro o que o examinador busca, de maneira que pode se confundir com a própria cláusula geral de arbitragem. **E:** incorreta, pois o *dispute board* (Comitê de Resolução de Disputas) é um órgão composto por um grupo de especialistas imparciais, que acompanhará um projeto de longa duração, buscando incentivar a prevenção e auxiliar na resolução de disputas durante toda sua execução o desenvolvimento do projeto em questão. Tem previsão em contrato celebrado entre particulares e o Poder Público, conforme art. 151, da Lei 14.133/2021: "Nas contratações regidas por esta Lei, poderão ser utilizados meios alternativos de prevenção e resolução de controvérsias, notadamente (...) o *comitê de resolução de disputas* (...)". Gabarito "B".

(Analista – TRT/18 – 2023 – FCC) De acordo com o Código de Processo Civil, a competência em razão do valor é

(A) relativa, tal como a competência em razão da pessoa, podendo ser modificada por convenção das partes.

(B) relativa, tal como a competência em razão da função, não podendo ser modificada por convenção das partes.

(C) absoluta, tal como a competência em razão da pessoa, não podendo ser modificada por convenção das partes.

(D) absoluta, tal como a competência em razão da matéria, podendo ser modificada por convenção das partes.

(E) relativa, tal como a competência em razão do território, podendo ser modificada por convenção das partes.

A: Incorreta, considerando que a competência em razão da pessoa é absoluta (CPC, art. 63). **B:** Incorreta, pois em se tratando de competência relativa, é possível a modificação por vontade das partes (CPC, art. 63) e a competência em razão da função é absoluta (CPC, art. 62). **C:** Incorreta, vez que a competência em razão do valor é relativa (CPC, art. 63) e, a competência em razão da pessoa é absoluta (e, como consequência, não é possível sua modificação por vontade das partes; CPC, art. 62). **D:** Incorreta, tendo em vista que competência em razão do valor é relativa (CPC, art. 63) e, a competência em razão da matéria é absoluta (e, como consequência, não é possível sua modificação por vontade das partes; CPC, art. 62). **E: Correta.** A competência relativa é gênero, dentro do qual existem duas espécies: (i) a competência em razão do território e (ii) a competência em razão do valor (CPC, art. 63). Gabarito "E".

(Juiz de Direito/AP – 2022 – FGV) André, domiciliado em Macapá, ajuizou ação de reintegração de posse de imóvel de sua propriedade, situado em Laranjal do Jari, em face de Paulo, domiciliado em Santana.

Considerando que a demanda foi intentada perante juízo cível da Comarca de Macapá, o magistrado, tomando contato com a petição inicial, deve:

(A) declinar, de ofício, da competência em favor do juízo cível da Comarca de Laranjal do Jari;

(B) declinar, de ofício, da competência em favor do juízo cível da Comarca de Santana;

(C) determinar a citação de Paulo, já reconhecendo que a competência é do juízo cível da Comarca de Macapá;

(D) determinar a citação de Paulo e, caso este suscite a incompetência, ordenar a remessa dos autos ao juízo cível da Comarca de Santana;

(E) reconhecer a incompetência do juízo cível da Comarca de Macapá e extinguir o feito, sem resolução do mérito.

A: correta, pois apesar de se tratar de competência territorial, no caso não se está diante de uma situação de competência que pode ser escolhida, pois o art. 47, § 2º do CPC não permite o ajuizamento em comarca que não a do local do bem; **B:** incorreta, pois o juízo competente será o da situação do imóvel, no caso, Laranjal do Jari (CPC, art. 47, § 2º); **C:** incorreta, visto que os autos devem ser remetidos ao juízo competente, no caso, Laranjal do Jari (CPC, art. 47, § 2º); **D:** incorreta, já que se trata de competência do juízo da Comarca de Laranjal do Jari (onde está o bem – CPC, art. 47, § 2º); **E:** incorreta, porque o processo deve ser remetido ao juízo competente e não extinto (CPC, art. 64, § 3º). Gabarito "A".

(Juiz de Direito/AP – 2022 – FGV) Coexistem, em juízos cíveis de comarcas distintas, dois processos, ainda não sentenciados. Em um deles, o credor de uma obrigação contratual pleiteia a condenação do devedor a cumpri-la, ao passo que, no outro, o devedor persegue a declaração de nulidade do mesmo contrato.

Nesse cenário, é correto afirmar que os feitos:

(A) devem ser reunidos para julgamento conjunto pelo órgão judicial onde tiver ocorrido a primeira citação válida;

(B) devem ser reunidos para julgamento conjunto pelo órgão judicial onde tiver ocorrido a primeira distribuição;

(C) devem ser reunidos para julgamento conjunto pelo órgão judicial que tiver proferido o primeiro provimento liminar positivo;

(D) não devem ser reunidos, suspendendo-se o curso daquele que foi distribuído em segundo lugar, no aguardo do julgamento do primeiro;

(E) não devem ser reunidos, extinguindo-se aquele que foi distribuído em segundo lugar, em razão da litispendência.

A: incorreta, visto que o critério para fixar a prevenção é a *distribuição* da inicial, e não pela citação (CPC, arts. 58 e 59); **B:** correta, pois a distribuição da inicial torna prevento o juízo (CPC, art. 59); **C:** incorreta, porque a prevenção é definida pelo critério da distribuição da inicial (CPC, arts. 58 e 59); **D:** incorreta, considerando que, por serem conexas, as ações devem ser reunidas para julgamento conjunto (CPC, art. 55); **E:** incorreta, uma vez que não é caso de litispendência – repetição de ação que está em curso (CPC, art. 337, § 3º). Gabarito "B".

(Juiz de Direito/GO – 2021 – FCC) De acordo com a legislação e princípios que regem a matéria,

(A) a competência em razão da matéria constitui pressuposto de constituição e de desenvolvimento válido e regular do processo e sua não observância acarreta sua extinção sem resolução do mérito.

(B) a competência em razão da matéria constitui pressuposto de constituição e de desenvolvimento válido e regular do processo e sua não observância acarreta sua extinção com resolução do mérito.

(C) a incompetência territorial, no âmbito dos Juizados Especiais Cíveis, implica extinção do processo sem resolução de mérito.

(D) a abusividade da cláusula de eleição de foro é matéria de ordem pública, e, independentemente da natureza da relação, não se sujeita à preclusão.

(E) os processos de ações conexas devem ser reunidos para decisão conjunta, ainda que um deles já tenha sido sentenciado.

A: incorreta, visto que (exceto no JEC), a incompetência – ainda que absoluta – acarreta a remessa dos autos ao juízo competente e não a extinção do processo (CPC, art. 64, §3º); **B:** incorreta, vide alternativa A (CPC, art. 64, §3º); **C:** correta, sendo essa uma especificidade do JEC (Lei nº 9.099/95, art. 51, III), não prevista no CPC; **D:** incorreta, já que, se o juiz não a reconhecer de ofício (o que é possível), o réu deve alegar a abusividade da cláusula em contestação, sob pena de preclusão (CPC, art. 63, §4º); **E:** incorreta, pois as ações conexas *não* serão reunidas para decisão conjunta quando um deles já houver sido sentenciado (CPC, art. 55, §1º). Gabarito "C".

(Juiz de Direito – TJ/MS – 2020 – FCC) No que tange à jurisdição, é correto afirmar:

(A) em obediência ao princípio da inafastabilidade da jurisdição, em nenhuma hipótese a parte precisará exaurir a via administrativa de solução de conflitos, podendo sempre, desde logo, buscar a solução pela via do Poder Judiciário.

(B) a integração obrigatória à relação jurídico-processual concerne ao princípio da inevitabilidade da jurisdição, gerando o estado de sujeição das partes às decisões jurisdicionais.

(C) o princípio segundo o qual ninguém será processado senão pela autoridade competente diz respeito à indelegabilidade da jurisdição.

(D) nos procedimentos especiais de jurisdição voluntária, a intervenção do Judiciário não é obrigatória para que se obtenha o bem da vida pretendido, mostrando-se sempre facultativa essa interferência.

(E) em obediência ao princípio do juiz natural, é defesa a criação de varas especializadas, câmaras especializadas nos tribunais ou foros distritais.

A: Incorreta, considerando que o princípio da inafastabilidade comporta exceção, na própria Constituição, ao exigir o esgotamento das vias da justiça desportiva para se pleitear a tutela jurisdicional (CF, art. 217, § 1º). **B:** Correta, pois apreciada a causa pelo judiciário, a decisão é inevitável, no sentido de que ambas as partes estão sujeitas a ela, independentemente da vontade ou opção dos litigantes. **C:** Incorreta, porque a alternativa descreve o princípio do juiz natural (CF, art. 5º, LIII). **D:** Incorreta, tendo em vista que nos procedimentos de jurisdição voluntária exige-se a intervenção do poder judiciário para a obtenção do bem da vida pretendido, mesmo que não haja conflito (CPC, art. 719 e ss.). **E:** Incorreta, pois as varas especializadas estão previstas em lei, de modo que são admitidas em nosso sistema. O juiz natural é o juiz competente para julgar a lide, previsto em abstrato, antes mesmo de sua ocorrência – ou o órgão previsto na Constituição e Códigos, para julgar um conflito, antes mesmo que ele ocorra (CF, art. 5º, LIII). Gabarito "B".

(Juiz de Direito – TJ/AL – 2019 – FCC) Em relação à jurisdição, é correto afirmar que

(A) ao se dizer que a lei não excluirá da apreciação jurisdicional ameaça ou lesão a direito, o ordenamento jurídico processual refere-se ao princípio da indelegabilidade.

(B) à jurisdição voluntária não se aplicam as garantias fundamentais do processo, pela inexistência de lide e pela possibilidade de se julgar por equidade.

(C) viola o princípio do Juiz natural a instituição de Câmaras de Recesso nos tribunais, por julgarem em períodos nos quais, em regra, não deve haver atividade jurisdicional.

(D) só haverá atividade jurisdicional relativa à disciplina e às competições desportivas após esgotarem-se as instâncias da justiça desportiva reguladas em lei.

(E) por ter natureza jurisdicional, a arbitragem pode tutelar quaisquer direitos, patrimoniais ou imateriais, disponíveis ou não.

A: incorreta, pois essa alternativa traz a definição do princípio do acesso à justiça ou da inafastabilidade da jurisdição (CF, art. 5º, XXXV e CPC, art. 3º); **B:** incorreta, já que as normas fundamentais, previstas na parte geral do Código, aplicam-se a todos os processos e procedimentos (CPC, arts. 1 a 12); **C:** incorreta, porque as câmaras de recesso não configuram "tribunais de exceção", já que previstas por normas internas dos tribunais, bem como criadas para julgar quaisquer casos e não processos específicos (CF, art. 5º, XXXVII); **D:** correta, sendo um dos casos em que há necessidade de prévia atividade administrativa antes de se buscar o Judiciário, conforme expressa previsão constitucional (CF, art. 217, §1º); **E:** incorreta, considerando que a Lei de Arbitragem limita a matéria passível de ser solucionada pela arbitragem a direitos patrimoniais disponíveis (Lei 9.307, art. 1º). Gabarito "D".

(Promotor de Justiça/PR – 2019 – MPE/PR) Assinale a alternativa *correta*, no que diz respeito à matéria de competência, de acordo com o Código a Processo Civil de 2015:

(A) A ação fundada em direito real sobre bem móvel tem como regra geral a distribuição no foro de domicílio da coisa.

(B) Havendo dois ou mais réus com diferentes domicílios, o autor pode distribuir a ação fundada em direito pessoal em qualquer foro do país.

(C) A ação em que o incapaz for réu será proposta no foro de seu domicílio e a ação em que o ausente for réu será proposta no foro de seu último domicílio.

(D) É competente o foro de domicílio do réu para as causas em que seja autor a União, Estado ou o Distrito Federal.

(E) As regras de competência territorial têm natureza absoluta.

A: Incorreta, pois a ação fundada em direito real sobre *bem imóvel* será ajuizada no foro de local da coisa (CPC, art. 47); a ação será fundada em direito real sobre *bem móvel* será ajuizada no foro de domicílio do réu (CPC, art. 46); **B:** Incorreta, porque havendo dois ou mais réus com diferentes domicílios, caberá ao autor demandá-los em *qualquer um desses domicílios* (CPC, art. 46, § 4º); **C:** Incorreta, na ação em que o incapaz for réu será proposta no foro do domicílio de seu *representante ou assistente* (CPC, art. 50). Já quando o ausente for réu, será proposta no foro de seu último domicílio (CPC, art. 49); **D:** Correta. Quando o Estado (em qualquer esfera) for autor, será competente o domicílio do réu (CPC, arts. 51 e 52); **E:** Incorreta, considerando que as regras de competência territorial têm natureza relativa (CPC, art. 63). **Gabarito "D".**

(Procurador do Estado/SP - 2018 - VUNESP) Em relação aos diversos meios de solução de conflitos com a Administração Pública, é correto afirmar que

(A) é facultado aos Estados, ao Distrito Federal e aos Municípios suas autarquias e fundações públicas, bem como às empresas públicas e sociedade de economia mista federais, submeter seus litígios com órgãos ou entidades da Administração Pública federal à Advocacia-Geral da União, para fins de composição extrajudicial do conflito.

(B) mesmo as controvérsias que somente possam ser resolvidas por atos ou concessão de direitos sujeitos a autorização do Poder Legislativo estão incluídas na competência das câmaras de prevenção e resolução administrativa de conflitos.

(C) os conflitos que envolvem equilíbrio econômico-financeiro de contratos celebrados pela Administração Pública com particulares não podem ser submetidos às câmaras de prevenção e resolução administrativa de litígios, exceto quando versarem sobre valores inferiores a quinhentos salários-mínimos.

(D) a instauração de procedimento administrativo para resolução consensual de conflito no âmbito da Administração Pública interrompe a prescrição, exceto se se tratar de matéria tributária.

(E) o procedimento de mediação coletiva, para solução negociada de conflitos, no âmbito da Administração Pública estadual, não pode versar sobre conflitos que envolvem prestação de serviços públicos, salvo se esses serviços públicos forem relacionados a transporte urbano.

A: Correta (Lei 13.140/2015, art. 37); **B:** Incorreta, porque a Lei de Mediação dispõe expressamente o contrário (Lei 13.140/15, art. 32, § 4º); **C:** Incorreta, considerando que conflitos dessa natureza poderão ser submetidos às câmaras de prevenção, não havendo restrição quanto ao valor inicial envolvido (Lei 13.140/15, art. 32, § 5º); **D:** Incorreta, porque a instauração do procedimento administrativo tem o condão de suspender a prescrição (ou seja, de cessar a fluência do prazo prescricional) e não de interrompê-la (Lei 13.140/16, art. 34); **E:** Incorreta, porque a Lei de Mediação possibilita que os procedimentos de mediação coletiva envolvam conflitos relacionados à prestação de serviços públicos em geral, inclusive para a Administração Pública Estadual (Lei 13.140/15, art. 33, parágrafo único). **Gabarito "A".**

(Delegado - PC/BA - 2018 - VUNESP) As causas cíveis serão processadas e decididas pelo juiz nos limites de sua competência, ressalvado às partes o direito de instituir juízo arbitral, na forma da lei. A respeito do instituto da competência, é correto afirmar que

(A) as suas regras são exclusivamente determinadas pelas normas previstas no Código de Processo Civil ou em legislação especial.

(B) tramitando o processo perante outro juízo, os autos serão remetidos ao juízo federal competente se nele intervier a União, excluindo-se dessa regra, dentre outras, as ações de insolvência civil.

(C) a ação possessória imobiliária será proposta no foro de situação da coisa, cujo juízo tem competência relativa para sua análise.

(D) se o autor da herança não possuía domicílio certo, é competente o foro do domicílio do inventariante para análise do inventário.

(E) a ação em que o incapaz for réu será proposta no foro de seu domicílio.

A: Incorreta, porque a competência é regida, além das normas mencionadas, também pela Constituição Federal, pelas normas de organização judiciária e pelas Constituições Estaduais, no que couber (CPC, art. 44); **B:** Correta, pois a regra é a competência da Justiça Federal para julgar as ações envolvendo a União, sendo que a presença desse ente acarreta a remessa dos autos para a JF (CPC, art. 45); mas existem algumas exceções na própria CF, em que mesmo presente a União não será da competência da JF – como no caso de falência ou trabalhista (CF, art. 109, I, parte final); **C:** Incorreta, uma vez que a competência para apreciação da ação possessória imobiliária, por força de exceção expressamente prevista em lei, não permite o foro de eleição (CPC, art. 47, § 2º); **D:** Incorreta, tendo em vista que, na hipótese, o foro competente será o da situação dos bens imóveis ou, não havendo bens imóveis, o foro do local de qualquer dos bens do espólio (CPC, art. 48, parágrafo único); **E:** Incorreta, porque, no caso de réu incapaz, a ação deve ser proposta no foro do domicílio de seu representante ou assistente (CPC, art. 50). **Gabarito "B".**

(Delegado - PC/BA - 2018 - VUNESP) A respeito dos critérios para a modificação da competência do juízo cível, é correto afirmar que

(A) a competência absoluta poderá modificar-se pela conexão ou pela continência.

(B) reputam-se continentes 2 (duas) ou mais ações quando lhes for comum o pedido ou a causa de pedir.

(C) antes da citação, a cláusula de eleição de foro, se abusiva, pode ser reputada ineficaz de ofício pelo juiz, que determinará a remessa dos autos ao juízo do foro de domicílio do réu.

(D) se dá a conexão entre 2 (duas) ou mais ações quando houver identidade quanto às partes e à causa de pedir, mas o pedido de uma, por ser mais amplo, abrange o das demais.

(E) a citação do réu torna prevento o juízo.

A: Incorreta, considerando que apenas a competência *relativa* pode modificar-se pela conexão ou continência (CPC, art. 54); **B:** Incorreta, porque a definição trazida pela alternativa aplica-se à conexão (CPC, art. 55); **C:** Correta, sendo uma situação excepcional de incompetência relativa conhecida de ofício (CPC, art. 63, § 3º); **D:** Incorreta, tendo em vista que a definição trazida pela alternativa aplica-se à continência (CPC, art. 56); **E:** Incorreta, porque a prevenção do juízo é fixada pelo registro ou distribuição da petição inicial (CPC, art. 59). **Gabarito "C".**

6. PRESSUPOSTOS PROCESSUAIS E CONDIÇÕES DA AÇÃO

(Procurador Municipal – Prefeitura/BH – CESPE – 2017) No que se refere a pressupostos processuais e condições da ação, assinale a opção correta.

(A) Na fase de cumprimento definitivo da sentença, o juiz poderá conhecer de ofício a falta de pressuposto de constituição ocorrido na fase cognitiva e declarar a nulidade da sentença exequenda.

(B) A falta de condição da ação, ainda que não tenha sido alegada em preliminar de contestação, poderá ser suscitada pelo réu nas razões ou em contrarrazões recursais.

(C) Constatada a carência do direito de ação, o juiz deverá determinar que o autor emende ou complemente a petição inicial e indique, com precisão, o objeto da correção ou da complementação.

(D) A inépcia da petição inicial por falta de pedido e a existência de litispendência são exemplos de defeitos processuais insanáveis que provocam o indeferimento *in limine* da petição inicial.

A: correta para a banca, considerando inexistir preclusão quanto aos pressupostos processuais (CPC, art. 485, § 3º. O juiz conhecerá de ofício da matéria constante dos incisos IV, V, VI e IX, em qualquer tempo e grau de jurisdição, enquanto não ocorrer o trânsito em julgado) – o problema é que o enunciado não deixa claro se houve ou não trânsito em julgado, de modo que a alternativa suscita dúvidas; **B:** incorreta para a banca, porém novamente há polêmica. O fato é que as condições da ação podem ser alegadas a qualquer tempo (em linha com o art. 485, § 3º acima reproduzido); porém, não há muita lógica em se alegar isso em contrarrazões (já que nesse caso houve vitória da parte), mas isso não é inviável; **C:** incorreta, pois se o vício não for sanável (como na ausência de condições da ação), cabe a extinção de plano (CPC, art. 330, II e III); **D:** incorreta, pois a litispendência não é um dos casos de indeferimento (não está no art. 330 do CPC). Considerando o exposto nas alternativas A e B, a questão merece anulação. Gabarito "A".

7. FORMAÇÃO, SUSPENSÃO E EXTINÇÃO DO PROCESSO. NULIDADES

(Juiz de Direito – TJ/SP – 2023 – VUNESP) O pronunciamento judicial que não resolve o mérito não obsta que a parte proponha de novo a ação, ressalvando-se apenas ser necessário comprovar o pagamento ou o depósito das custas e dos honorários de advogado. Sobre a sentença terminativa, indique a alternativa correta que englobe apenas casos que a propositura da nova ação dependa da correção do vício que levou à sentença de extinção sem resolução do mérito.

(A) Extinção por abandono da causa pelo autor, contumácia das partes e indeferimento da petição inicial.

(B) Indeferimento da petição inicial, ausência de pressupostos de constituição e de desenvolvimento regular do processo e ausência de legitimidade ou de interesse processual.

(C) Contumácia das partes, ausência de legitimidade e interesse processual.

(D) Extinção por abandono pelo autor, ausência de pressupostos de constituição e de desenvolvimento regular do processo.

As decisões que não apreciam o mérito não produzem coisa julgada material e, portanto, como regra, não impedem que a parte proponha nova ação (CPC, art. 486). Porém, o art. 486, § 1º do CPC traz situações que, embora a decisão não seja de mérito, a propositura de nova ação dependerá da correção do vício: "§ 1º No caso de extinção em razão de litispendência e nos casos dos incisos I, IV, VI e VII do art. 485, a propositura da nova ação depende da correção do vício que levou

à sentença sem resolução do mérito". Assim, a única alternativa que compreende as exceções previstas no dispositivo legal mencionado é a letra "B": indeferimento (inciso I), pressupostos (inciso IV) e condições da ação (inciso VI). Gabarito "B".

(Procurador Fazenda Nacional – AGU – 2023 – CEBRASPE) Assinale a opção que indica o prazo mínimo, a partir da prática do ato interruptivo, durante o qual a prescrição em favor da fazenda pública recomeça a correr.

(A) um ano e meio

(B) cinco anos

(C) dois anos e meio

(D) dois anos

(E) três anos

A pergunta – não muito clara – busca, na verdade, verificar se o candidato tem ciência da Súmula 383/STF: "A prescrição em favor da Fazenda Pública recomeça a correr, por dois anos e meio, a partir do ato interruptivo, mas não fica reduzida aquém de cinco anos, embora o titular do direito a interrompa durante a primeira metade do prazo". A prescrição da pretensão do particular contra a Fazenda é de 5 anos (Decreto 20.910/32, art. 1º). Se for interrompida, depois disso, então, corre pela metade, nos termos da súmula. Assim, a alternativa "C" deve ser assinalada. Gabarito "C".

(Procurador Federal – AGU – 2023 – CEBRASPE) Conforme a legislação processual civil e a jurisprudência do STJ no que se refere ao pedido de desistência de ação ajuizada contra pessoa jurídica de direito público da administração pública federal, assinale a opção correta.

(A) O CPC proíbe o requerimento de desistência da ação caso tenha sido oferecida reconvenção pelo ente público.

(B) Caso a desistência seja apresentada após o oferecimento de contestação, será legítima a exigência de renúncia expressa do autor ao direito sobre o qual se funda a ação, para que a fazenda pública concorde com o requerimento.

(C) O requerimento de desistência deve ser indeferido de ofício pelo juiz, porque a presença de ente público torna a demanda indisponível.

(D) Somente até o momento do saneamento do processo, quando ocorre a estabilização da demanda, será possível a apresentação de pedido de desistência.

(E) O requerimento de desistência, seja qual for o momento processual de sua apresentação pelo autor, depende sempre do consentimento prévio da fazenda pública.

A: Incorreta, pois nos termos do art. 343, § 2º do CPC, a desistência da ação não obsta o prosseguimento do processo quanto à reconvenção. Importante ressaltar que, nos termos do art. 485, § 5º, o pedido de desistência poderá ser apresentado somente até a sentença. **B:** Correta. De início, esclareça-se que, após a apresentação da contestação, há necessidade de concordância do réu com a desistência (CPC, art. 485, § 4º). No mais, tratando-se de ente público, deve existir a renúncia (que é decisão com mérito, coberta pela coisa julgada e não admite a repropositura). Isso é o previsto no art. 3º da Lei 9.469/1997. **C:** Incorreta. O fato de ente público integrar a relação processual não obsta o pedido de desistência, observados os requisitos do CPC e da Lei 9.469/1997, como exposto em "B". **D:** Incorreta. O pedido de desistência poderá ser apresentado até a sentença (CPC, art. 485, § 5º). **E:** Incorreta.

A parte autora poderá desistir do processo, independentemente do consentimento da parte contrária, até a apresentação da contestação (CPC, art. 485, § 4º).
Gabarito "B".

(Juiz de Direito/GO - 2021 - FCC) A homologação da desistência da ação

(A) pode ser apresentada somente até a contestação.
(B) faz coisa julgada material.
(C) não resolve o mérito e impõe, ao desistente, o dever de arcar com as despesas.
(D) obsta o prosseguimento da reconvenção.
(E) deve ser precedida de anuência do réu, ainda que revel.

A: incorreta, pois a parte pode desistir da ação até a sentença (CPC, art. 485, §5º); **B:** incorreta, visto que, tratando-se de decisão sem resolução de mérito, a homologação da desistência faz coisa julgada apenas formal (CPC, arts. 485, VIII e 502); **C:** correta, tratando-se de decisão sem mérito, a qual impõe ao desistente o dever pelas custas (CPC, arts. 90 e 485, VIII); **D:** incorreta, já que a desistência da ação não impede o prosseguimento da reconvenção (CPC, 343, §2º); **E:** incorreta, considerando que, apenas *após* o oferecimento da contestação, é que o autor dependerá do consentimento do réu para desistir da ação (CPC, art. 485, §4º).
Gabarito "C".

(Juiz de Direito - TJ/BA - 2019 - CESPE/CEBRASPE) O juiz proferirá sentença sem resolução de mérito quando

(A) acolher a alegação de existência de convenção de arbitragem.
(B) homologar a transação.
(C) homologar o reconhecimento da procedência do pedido formulado na ação.
(D) homologar a renúncia à pretensão formulada na ação.
(E) verificar a impossibilidade jurídica do pedido.

A: correta, conforme expressa previsão legal (CPC, art. 485, VII); **B, C e D:** erradas, pois todas essas alternativas tratam de situações nas quais haverá resolução do mérito, por homologação do juiz (CPC, art. 487, III, alíneas); **E:** errada, considerando que, a partir do CPC/15, a impossibilidade jurídica do pedido não mais integra as condições da ação, de modo que não é motivo para extinção sem mérito (CPC, art. 485, VI).
Gabarito "A".

(Juiz de Direito - TJ/AL - 2019 - FCC) O erro de forma do processo

(A) acarreta a ineficácia de todos os atos processuais, que deverão ser repetidos de acordo com a forma prescrita ou não defesa em lei.
(B) acarreta unicamente a anulação dos atos que não possam ser aproveitados, devendo ser praticados os que forem necessários a fim de se observarem as prescrições legais.
(C) não acarreta consequência processual alguma, devendo prevalecer os atos praticados em nome do exercício pleno e efetivo da atividade jurisdicional.
(D) acarreta a inexistência dos atos processuais cujo aproveitamento não seja possível, a serem novamente praticados em tempo razoável.
(E) é mera irregularidade, que só necessitará de ratificação ou convalidação se alguma das partes for menor ou incapaz.

A: incorreta, considerando que serão anulados apenas os atos que não possam ser aproveitados, ou seja, os atos dos quais resultem prejuízos à defesa das partes (CPC, art. 283); **B:** correta, conforme expressa previsão legal (CPC, art. 283); **C:** incorreta, já que haverá consequência processual: anulação dos atos que não possam ser aproveitados sem causar prejuízo às partes (CPC, art. 283); **D:** incorreta, tendo em vista que a consequência processual será a *anulação* e não a *inexistência* dos atos não passíveis de aproveitamento (CPC, art. 283); **E:** incorreta, pois o erro de forma em regra não é mera irregularidade formal – salvo quando for algo menos relevante e facilmente sanável, independentemente de a parte ser incapaz.
Gabarito "B".

(Promotor de Justiça/PR - 2019 - MPE/PR) Sobre as hipóteses de indeferimento da petição inicial e de improcedência liminar do pedido, assinale a alternativa **correta**, de acordo com o Código de Processo Civil de 2015:

(A) A inépcia da petição inicial, a manifesta ilegitimidade da parte e a ausência de interesse processual são hipóteses de indeferimento da petição inicial.
(B) A apelação interposta contra sentença que indefere a petição inicial não admite juízo de reconsideração.
(C) A apelação interposta contra sentença que indefere a petição inicial não será objeto de contraditório e será imediatamente remetida ao tribunal competente.
(D) A sentença que declara, liminarmente, prescrição ou decadência é decisão de indeferimento da petição inicial.
(E) Para que a improcedência liminar do pedido seja aplicada, basta que o magistrado verifique a incidência de precedente ao caso, não importando a natureza das alegações do autor na petição inicial.

A: Correta, por expressa previsão legal (CPC, art. 330, incisos I, II e III); **B:** Incorreta, considerando que o CPC prevê juízo de retratação em 3 situações – e uma delas é na apelação interposta contra a sentença que indefere a petição inicial (CPC, art. 331); **C:** Incorreta, pois interposta apelação, se não houver retratação, o juiz mandará citar o réu para responder ao recurso (CPC, art. 331, § 1º); **D:** Incorreta, pois a decisão é de improcedência liminar (CPC, art. 332, § 1º), lembrando que prescrição e decadência são matérias de mérito (CPC, art. 487, II); **E:** Incorreta, porque (i) a improcedência liminar só se aplica às causas que dispensem produção de prova (CPC, art. 332) – de modo que o debate dos fatos não deve ser considerado e (ii) há também improcedência liminar no caso de prescrição e decadência, que não leva em consideração um precedente (CPC, art. 332, § 1º).
Gabarito "A".

8. TUTELA PROVISÓRIA

(ENAM - 2024.1) Karina formulou requerimento de tutela cautelar antecedente em face de Rafael, pleiteando o sequestro de dois automóveis que estão sob a posse desse último, com o intuito de preservar a efetividade da futura ação de rescisão do negócio jurídico. Rafael não contestou o pedido.

O juízo deferiu a tutela em 20/05/2023. O sequestro do primeiro automóvel, por sua vez, foi realizado em 30/05/2023. O sequestro do segundo automóvel, a seu turno, foi efetivado em 20/09/2023. Karina formulou o pedido principal em 25/09/2023.

Sobre o caso narrado, assinale a afirmativa correta.

(A) No momento da formulação do pedido principal, já havia sido ultrapassado o prazo previsto no Código de Processo Civil, de modo que a tutela cautelar deverá perder sua eficácia e o processo ser extinto sem exame do mérito.
(B) Karina não pode aditar a causa de pedir no momento da formulação do pedido principal.
(C) A formulação do pedido principal prescinde do adiantamento de novas custas processuais.
(D) O prazo para formulação do pedido principal tem início na data de concessão da tutela cautelar.
(E) A ausência de contestação do pedido não induz à presunção de veracidade dos fatos alegados pela autora.

Estamos diante de questão que envolve tutela provisória cautelar formulada de forma antecedente, com posterior formulação do pedido principal. Isso tudo é feito nos mesmos autos. **A:** Incorreta. Conforme previsão do art. 308 do CPC, o pedido principal terá de ser formulado pelo autor no prazo de 30 dias, contados da efetivação da tutela cautelar (já decidiu o STJ que essa contagem é em dias úteis). No caso, a efetivação da tutela ocorreu com o sequestro do segundo automóvel em 20/09/2023 e, portanto, o pedido principal foi apresentado no prazo legal. **B:** Incorreta, pois o art. 308, § 2º do CPC prevê que a causa de pedir poderá ser aditada no momento da formulação do pedido principal. **C:** Correta, sendo essa a previsão do art. 308 do CPC: não há necessidade de recolher novas custas para o pedido principal. **D:** Incorreta, pois o prazo tem início com a efetivação da tutela cautelar (CPC, art. 308). **E:** Incorreta. Não sendo contestado o pedido, haverá presunção de veracidade dos fatos alegados pela autora (CPC, art. 307). Gabarito "C".

(Juiz de Direito – TJ/DFT – 2023 – CEBRASPE) Em relação à tutela provisória, assinale a opção correta.
(A) Não caberá liminar na tutela de evidência quando ficar caracterizado o abuso no direito de defesa ou o manifesto propósito protelatório do réu.
(B) A tutela da evidência poderá ser concedida desde que haja demonstração de perigo de dano ou de risco ao resultado útil do processo.
(C) O ressarcimento dos prejuízos decorrentes do deferimento da tutela provisória posteriormente revogada por sentença que extingue o processo sem resolução de mérito deve, necessariamente, ser liquidado em processo autônomo.
(D) No procedimento da tutela cautelar requerida em caráter antecedente, o prazo máximo para o réu apresentar contestação é de quinze dias.
(E) O requerimento de tutela antecipada incidental é condicionado ao pagamento de custas.

A: Correta. Conforme previsão do art. 311, p. único do CPC, a tutela da evidência, com fundamento no inciso I do art. 311 não poderá ser concedida liminarmente – pois depende da conduta do réu para ser deferida. **B:** Incorreta, a tutela de evidência é a "liminar sem urgência", de modo que será concedida independentemente da demonstração de perigo de dano ou de risco ao resultado útil do processo (CPC, art. 311). **C:** Incorreta. O valor da indenização deverá ser liquidado e executado nos próprios autos (CPC, arts. 302, p. único). **D:** Incorreta. O prazo para o réu contestar e indicar as provas que pretende produzir é de 5 (cinco) dias (CPC, art. 306). **E:** Incorreta. O art. 295 do CPC prevê que a tutela provisória requerida em caráter incidental independe do pagamento de custas. Gabarito "A".

(Juiz Federal – TRF/1 – 2023 – FGV) Rafael ajuizou uma ação com pedido de tutela cautelar requerida em caráter antecedente, postulando que o réu cumprisse determinada obrigação de fazer.
Sobre o instituto da tutela cautelar requerida em caráter antecedente, é correto afirmar que:
(A) não pressupõe a existência de perigo de dano;
(B) efetivada a tutela cautelar, o pedido principal deve ser formulado pelo autor no prazo de quinze dias;
(C) não contestado o pedido, os fatos alegados pelo autor não presumir-se-ão aceitos pelo réu como ocorridos;
(D) o seu indeferimento impede que a parte formule o pedido principal, se o motivo do indeferimento for o reconhecimento de decadência ou de prescrição;
(E) o magistrado, ao receber a petição inicial, determinará a citação do réu para, no prazo de três dias, contestar o pedido e indicar as provas que pretende produzir.

A: Incorreta. É requisito para a concessão da medida a exposição sumária do perigo de dano ou o risco ao resultado útil do processo (CPC, art. 305). **B:** Incorreta. Efetivada a tutela, o pedido principal terá de ser formulado pelo autor no prazo de 30 (trinta) dias (CPC, art. 308). Entendeu o STJ que esse prazo é contado em dias úteis. **C:** Incorreta. Não sendo contestado o pedido, os fatos alegados pelo autor presumir-se-ão aceitos pelo réu como ocorridos (CPC, art. 307). **D:** Correta, sendo essa a previsão do art. 310 do CPC. Fora isso, a liminar não impede a formulação / aditamento do pedido principal. **E:** Incorreta, pois nos termos do art. 306 do CPC, o réu será citado para contestar o pedido e indicar as provas no prazo de 5 (cinco) dias. Gabarito "D".

(Procurador Fazenda Nacional – AGU – 2023 – CEBRASPE) A respeito da tutela provisória, assinale a opção correta.
(A) É vedado, em qualquer das hipóteses previstas pelo legislador, o deferimento de tutela da evidência antes da manifestação do réu.
(B) A estabilização de tutela antecipada antecedente que imponha obrigação de pagar quantia certa pela fazenda pública é incompatível com o regime de execução por precatório.
(C) Caracterizado o abuso do direito de defesa do réu, o magistrado deverá imediatamente deferir a tutela da evidência, por meio de julgamento antecipado parcial do mérito.
(D) A concessão de tutela provisória na própria sentença de mérito caracteriza violação ao dever de boa-fé do magistrado.
(E) A responsabilidade do autor por prejuízo causado ao réu pela concessão de tutela de urgência que tenha sido posteriormente revogada na sentença possui natureza subjetiva.

A: Incorreta, uma vez que o CPC que nos casos dos incisos II e III do art. 311, será possível a concessão liminar da tutela de evidência, sem a prévia oitiva da parte contrária (CPC, art. 311, parágrafo único). **B:** Correta, pois decisão que concede a tutela provisória não faz coisa julgada (CPC, art. 304, § 6º), e a CF exige o trânsito em julgado antes da expedição do precatório (CF, art. 100, § 5º). **C:** Incorreta, pois o abuso de direito de defesa acarreta a tutela de evidência (CPC, art. 311) – sendo que a decisão terá de ser confirmada (ou não) em sentença –, e não o julgamento antecipado parcial do mérito (CPC, art. 356). **D:** Incorreta, pois o sistema processual admite a concessão de tutela

provisória na sentença. O art. 1.012, § 1º, V do CPC, por exemplo, admite essa possibilidade. **E:** Incorreta. Trata-se de responsabilidade civil objetiva (independentemente de culpa, portanto), se a decisão for modificada (CPC, art. 302), sendo possível apurar nos próprios autos o prejuízo (CPC, art. 302, parágrafo único).
Gabarito "B".

(Juiz de Direito/SP – 2021 – Vunesp) Proposta demanda em face de ente público para fornecimento de medicamento, foi concedida tutela de urgência em 02.09 para fornecimento imediato, tendo o réu sido intimado na mesma data. A liminar não foi cumprida. Diante desse fato, o juízo prolatou em 06.10 nova decisão fixando multa diária de R$ 5.000,00, retroativa a 02.09, até que a tutela de urgência fosse cumprida. Com base nesses fatos, pode-se afirmar que

(A) é cabível a fixação de multa diária nessas hipóteses contra o ente público, no entanto ela não pode retroagir.

(B) é cabível a fixação de multa diária nessas hipóteses contra o ente público, no entanto ela deve ficar limitada ao valor equivalente a doze meses de fornecimento do medicamento.

(C) é cabível a fixação de multa diária nessas hipóteses contra o ente público e ela pode retroagir com base no poder geral de cautela do juiz.

(D) não é cabível a fixação de multa diária nessas hipóteses contra o ente público e ela, por consequência, não poderia retroagir.

Comentário: **A:** correta, pois (i) pacífico na jurisprudência o cabimento de multa contra ente público e (ii) a multa, porém, não pode retroagir, tanto pela segurança jurídica quanto pelo fato de que ela é devida desde o dia em que se configurar o descumprimento da decisão *que a houver fixado* (CPC, art. 537, § 4º); **B:** incorreta, pois não há previsão temporal de limitação de multa – e deverá indicar até o cumprimento da decisão que a tiver cominado (CPC, art. 537, § 4º); **C:** incorreta, pois como já visto em "A", não cabe cominação retroativa de multa diária (STJ, AgRg no AREsp 419485/RS); **D:** incorreta, porque, como visto em "A", é cabível a fixação de multa diária contra ente público (vide Informativo 606, STJ).
Gabarito "A".

(Advogado – Pref. São Roque/SP – 2020 – VUNESP) Foi decretada, liminarmente, a ordem de entrega do objeto custodiado, sob cominação de multa, em ação reipersecutória fundada em prova documental adequada de contrato de depósito. Essa decisão liminar tem natureza de

(A) tutela antecipada incidente.

(B) tutela antecipada antecedente.

(C) tutela de evidência.

(D) tutela cautelar antecedente.

(E) tutela cautelar incidente.

A questão trata das espécies de tutela provisória: urgência e evidência. O caso narrado é, literalmente, uma das hipóteses de concessão de tutela de evidência (CPC, art. 311, III). E se trata de tutela de evidência em ação de depósito (da qual não mais cabe prisão, conforme Súmula Vinculante 25/STF). Vale lembrar que a concessão da tutela de evidência independe da demonstração do perigo de dano ou risco ao resultado útil do processo.
Gabarito "C".

(Juiz de Direito – TJ/MS – 2020 – FCC) A tutela provisória

(A) da evidência será concedida sempre e unicamente quando caracterizado o abuso do direito de defesa ou o manifesto propósito protelatório da parte.

(B) observará o rol taxativo previsto na norma processual.

(C) conserva sua eficácia na pendência do processo, mas pode a qualquer tempo ser modificada, embora não revogada.

(D) de urgência de natureza antecipada só poderá ser concedida após justificação prévia.

(E) de urgência de natureza cautelar pode ser efetivada mediante arresto, sequestro, arrolamento de bens, registro de protesto contra alienação de bem e qualquer outra medida idônea para asseguração do direito.

A: Incorreta, pois existem quatro hipóteses de concessão de tutela de evidência (CPC, art. 311), e uma delas é o abuso de direito de defesa ou manifesto propósito protelatório. **B:** Incorreta, porque a lei processual não prevê um rol taxativo de situações em que cabível a tutela provisória, mas sim dois requisitos (CPC, art. 300). **C:** Incorreta, considerando que a tutela provisória poderá ser a qualquer tempo revogada ou modificada (CPC, art.296). **D:** Incorreta, pois também pode ser concedida liminarmente (CPC, art. 300, § 2º). **E:** Correta, sendo essa a previsão legal para tutela de urgência cautelar (CPC, art. 301).
Gabarito "E".

Alexandre possui contrato de plano de saúde com uma empresa e, em razão da negativa de autorização para realização de determinada cirurgia, ajuizou ação contra ela.

Em sua petição inicial, deduziu pedido único principal objetivando a referida autorização e requereu a concessão de tutela provisória de urgência satisfativa, em caráter incidental. O juiz concedeu a tutela provisória, determinando seu cumprimento imediato.

Realizada a cirurgia, foi marcada audiência inicial de conciliação, oportunidade em que o autor apresentou pedido de desistência da ação, sob o argumento de que houvera perda de objeto. Por esse motivo, o magistrado prolatou sentença terminativa, sem resolução de mérito. Posteriormente, a empresa apresentou, no mesmo processo, pedido de ressarcimento referente ao valor gasto com a cirurgia.

(Promotor de Justiça/CE – 2020 – CESPE/CEBRASPE) Nessa situação hipotética, a empresa

(A) tem direito ao ressarcimento pleiteado: a responsabilidade do autor pelo prejuízo do réu é de natureza objetiva e, se possível, a indenização deverá ser liquidada no processo em que a medida havia sido concedida.

(B) tem direito ao ressarcimento pleiteado: a responsabilidade do autor pelo prejuízo do réu é de natureza subjetiva e, se possível, a indenização deverá ser liquidada no processo em que a medida havia sido concedida.

(C) tem direito ao ressarcimento pleiteado: a responsabilidade do autor pelo prejuízo do réu é de natureza objetiva, sendo vedada a cobrança da indenização no mesmo processo em que a medida havia sido concedida.

(D) tem direito ao ressarcimento pleiteado: a responsabilidade do autor pelo prejuízo do réu é de natureza subjetiva, sendo vedada a cobrança da indenização no mesmo processo em que a medida havia sido concedida.

(E) não tem direito ao ressarcimento, porque somente existiria responsabilidade do autor se tivesse sido prolatada sentença de mérito pela Improcedência do pedido.

A questão trata da tutela provisória, tema com muitas polêmicas no Código. E o enunciado foi expresso ao apontar a situação de extinção *sem resolução do mérito*. Assim, a análise será feita com base nessa situação.
A: Correta. Como não houve o aditamento da inicial (CPC, art. 303, § 2º), o processo foi extinto sem mérito. Nesse caso, por expressa previsão legal, deve haver ressarcimento dos prejuízos (CPC, art. 302), a ser "liquidada nos autos em que a medida tiver sido concedida, sempre que possível" (CPC, art. 302, parágrafo único); **B:** Incorreta, porque a responsabilidade será objetiva (CPC, art. 302); **C:** Incorreta, porque a indenização, sempre que possível, será liquidada nos próprios autos em que a medida tiver sido concedida (CPC, art. 302, parágrafo único); **D:** Incorreta, pois a responsabilidade será objetiva (CPC, art. 302), e a indenização será liquidada nos próprios autos, sempre que possível (CPC, art.302, p. único); **E:** Incorreta, considerando que a parte terá direito ao ressarcimento não apenas no caso de improcedência, mas nas hipóteses previstas no art. 302 do CPC.
Gabarito "A".

(Juiz de Direito – TJ/AL – 2019 – FCC) A tutela da evidência

(A) em nenhuma hipótese admite concessão de liminar judicial.

(B) depende de demonstração de perigo de dano iminente.

(C) depende de demonstração de risco ao resultado útil do processo.

(D) não pode ser concedida se dependente de prova documental dos fatos constitutivos do direito do autor, ainda que o réu não oponha objeção capaz de gerar dúvida razoável.

(E) será concedida, entre outras hipóteses, se se tratar de pedido reipersecutório fundado em prova documental adequada do contrato de depósito, caso em que será decretada a ordem de entrega do objeto custodiado, sob cominação de multa.

A: incorreta, pois cabe liminar de tutela de evidência, salvo quando há, obrigatoriamente, necessidade de prévia manifestação da parte contrária, nos casos de (i) abuso do direito de defesa ou manifesto propósito protelatório, e (ii) inicial instruída com prova documental a que o réu não oponha prova capaz de gerar dúvida razoável (CPC, art. 311, parágrafo único); **B:** incorreta, pois a concessão da tutela de evidência independe da existência de perigo de dano – a ausência de urgência é exatamente o que diferencia a tutela de urgência da tutela de evidência (CPC, art. 311); **C:** incorreta, conforme exposto em "B" (perigo de dano e risco são os termos para urgência usados no Código); **D:** incorreta, já que essa é uma das hipóteses autorizadoras da concessão (CPC, art. 311, IV); **E:** correta, sendo essa a tutela de evidência fundada em contrato de depósito (CPC, art. 311, III).
Gabarito "E".

(Promotor de Justiça/SP – 2019 – MPE/SP) A tutela da evidência será concedida, independentemente da demonstração de perigo de dano ou de risco ao resultado útil do processo. Poderá ser concedida liminarmente quando

(A) ficar caracterizado o abuso do direito de defesa ou o manifesto propósito protelatório da parte.

(B) se tratar de pedido reipersecutório fundado em prova testemunhal adequada do contrato de depósito, caso em que será decretada a ordem de entrega do objeto custodiado, sob cominação de multa.

(C) as alegações de fato puderem ser comprovadas apenas documentalmente e houver tese firmada em julgamento de casos repetitivos ou em súmula vinculante.

(D) a petição inicial for instruída com prova documental suficiente dos fatos constitutivos do direito do autor, a que o réu não oponha prova capaz de gerar dúvida razoável.

(E) se tratar de pedido possessório fundado em prova documental adequada, caso em que será decretada a ordem de reintegração ou manutenção da posse, sob cominação de multa.

A: Incorreta, pois não há como se falar em abuso de direito de defesa (que depende de atuação do réu) em sede liminar (CPC, art. 311, p. único); **B:** Incorreta, pois cabe tutela de evidência em pedido reipersecutório fundado em prova *documental* (CPC, art. 311, III); **C:** Correta, pois esse é o caso do art. 311, II – hipótese em que cabe concessão liminar (CPC, art. 311, p. único); **D:** Incorreta, pois, tal qual no caso de "a", depende de atuação do réu, de modo que descabe a liminar (CPC, art. 311, p. único); **E:** Incorreta, pois essa nem é uma hipótese de cabimento da tutela de evidência – mas só as 4 anteriores (CPC, art. 311).
Gabarito "C".

(Delegado - PC/BA - 2018 - VUNESP) As tutelas requeridas ao Poder Judiciário podem ter caráter definitivo ou provisório. No que diz respeito à tutela provisória de urgência, é correto afirmar que

(A) a tutela antecipada e a de evidência são suas espécies.

(B) quando requerida em caráter incidental, exige o pagamento de custas.

(C) a sua efetivação observará as normas referentes ao cumprimento definitivo da sentença.

(D) pode ser concedida liminarmente ou após justificação prévia.

(E) quando antecedente, como regra, será requerida ao juiz do foro do domicílio do autor.

A: Incorreta, tendo em vista que (i) o gênero é a tutela provisória, que (ii) se subdivide em duas espécies: tutela de urgência e evidência (CPC, art. 294), sendo que (iii) a tutela de urgência de divide nas subespécies tutela antecipada e a tutela cautelar (CPC, art. 294, parágrafo único); **B:** Incorreta, porque a tutela provisória, requerida em caráter incidental, independe do recolhimento de custas (CPC, art. 295); **C:** Incorreta, considerando o caráter precário da tutela provisória, sua efetivação observará as normas para cumprimento provisório de sentença (CPC, art. 297, parágrafo único); **D:** Correta (CPC, art. 300, § 2º); **E:** Incorreta, porque, quando antecedente, deve ser requerida perante o juízo competente para apreciação do pedido principal (CPC, art. 299).
Gabarito "D".

(Escrevente - TJ/SP - 2018 - VUNESP) Se a tutela antecipada for concedida nos casos em que a urgência for contemporânea à propositura da ação e a petição inicial limitar-se ao requerimento da tutela antecipada e à indicação do pedido de tutela final, com a exposição da lide, do direito que se busca realizar e do perigo de dano ou do risco ao resultado útil do processo, e a decisão se tornar estável, o juiz deverá

(A) mandar emendar a inicial.

(B) suspender a ação até seu efetivo cumprimento.

(C) julgar extinto o processo.
(D) determinar a contestação da ação.
(E) sanear o feito.

A: Incorreta, porque a estabilização da tutela pressupõe (i) que não haja a emenda da inicial para o pedido final e (ii) que o réu não tenha recorrido da decisão via agravo de instrumento (CPC, art. 304); **B:** Incorreta, considerando que a estabilização da tutela acarreta a extinção do feito e não sua suspensão (CPC, art. 304, § 1º); **C:** Correta, pois com a estabilização há a extinção do processo com acolhimento do pedido de tutela antecipada (CPC, art. 304, § 1º); **D:** Incorreta, porque, com a estabilização da tutela, não será oportunizado o oferecimento de contestação, pois o processo será extinto (CPC, art. 304); **E:** Incorreta, vide justificativa para a alternativa "B" (CPC, art. 304, § 1º).

Gabarito "C".

9. PROCESSO DE CONHECIMENTO

9.1. PETIÇÃO INICIAL

(Procurador – AL/PR – 2024 – FGV) Baden Bacon propôs ação indenizatória contra o Estado do Paraná, postulando R$350.000,00 (trezentos e cinquenta mil reais) por danos materiais e morais que alega ter sofrido no carnaval de 2024, por abordagem indevida da Polícia Militar em ação durante bloco de rua.

Se a petição inicial for recebida, o juiz

(A) designará audiência de conciliação ou de mediação com antecedência mínima de 30 (trinta) dias, devendo ser citada a fazenda pública com pelo menos 20 (vinte) dias de antecedência e terá prazo em dobro para todas as suas manifestações processuais.
(B) não haverá prazo diferenciado para a prática de qualquer ato processual pela fazenda pública, inclusive para a interposição de recursos.
(C) não haverá prazo diferenciado para a prática de qualquer ato processual pela fazenda pública, devendo a citação para a audiência de conciliação ser efetuada com antecedência mínima de 30 (trinta) dias.
(D) a fazenda pública gozará de prazo em dobro para todas as suas manifestações processuais, cuja contagem terá início a partir da intimação pessoal e, assim, terá o prazo de 40 (quarenta) dias de antecedência da audiência de conciliação ou de mediação.
(E) a fazenda pública gozará de prazo em dobro para todas as suas manifestações processuais, cuja contagem terá início a partir da intimação pessoal e, assim, terá o prazo de 60 (sessenta) dias de antecedência da audiência de conciliação ou de mediação.

A: Correta. A audiência de conciliação ou de mediação deverá ser designada com antecedência mínima de 30 (trinta) dias, devendo o réu ser citado com pelo menos 20 (vinte) dias de antecedência (CPC, art. 334). Conforme dispõe o art. 183 do CPC, a Fazenda Pública terá prazo em dobro para todas as suas manifestações processuais. **B:** Incorreta. A Fazenda Pública terá prazo em dobro para todas as suas manifestações processuais (CPC, art. 183). **C:** Incorreta, pois a Fazenda Pública terá prazo em dobro para todas as suas manifestações processuais (CPC, art. 183). Além disso, a Fazenda Pública deverá ser citada com pelo menos 20 (vinte) dias de antecedência da data designada para a audiência de conciliação ou de mediação (CPC, art. 334). **D:** Incorreta, o Código assegura prazo em dobro apenas para o poder público (Fazenda Pública) apresentar suas manifestações processuais, o que não implica na dilação do prazo mínimo entre a citação e a designação da audiência previsto no art. 334 do CPC. **E:** Incorreta, vide justificativa para alternativa "D".

Gabarito "A".

(Juiz de Direito – TJ/SP – 2023 – VUNESP) O processo começa por iniciativa da parte e se desenvolve por impulso oficial, salvo as disposições previstas em lei. A petição inicial, assim, é considerada a peça inaugural do processo. Por meio dela o autor busca a prestação da tutela jurisdicional em face do réu. Acerca do tema, indique a alternativa correta.

(A) O autor na petição inicial indicará o fato e os fundamentos do pedido. A lei, em outras palavras, exige o detalhamento da causa de pedir. Adotou o nosso Código de Processo Civil a teoria da substanciação da ação.
(B) Na petição inicial o autor deve detalhar o pedido com as suas especificações. Com isso, o pedido deverá ser sempre certo. Não há, dessa forma, qualquer possibilidade de apreciação de pedidos implícitos.
(C) Na petição inicial o autor indicará o valor da causa. Na ação que tiver por objeto a existência, a validade, o cumprimento, a modificação, a resolução, a resilição ou a resolução de ato jurídico, o valor da causa será sempre o valor do ato.
(D) A petição inicial deverá ser indeferida quando for inepta, ou seja, quando (i) faltar pedido ou causa de pedir; (ii) o pedido for indeterminado, ressalvadas as hipóteses autorizadas na lei; (iii) contiver pedidos incompatíveis entre si; (iv) da narração dos fatos não decorrer logicamente a conclusão; (v) o autor carecer de interesse processual.

A: Correta, o autor deve indicar na petição inicial os fatos e os fundamentos jurídicos do pedido (CPC, art. 319, III), ou seja, a causa de pedir da demanda. Do ponto de vista doutrinário, afirma-se que o CPC positivou a teoria da substanciação, em que se considera as especificidades de fato. A outra teoria (individuação) considera a relação jurídica como um todo, com quaisquer fatos. **B:** Incorreta. O pedido deve ser certo, ou seja, deve ser formulada a pretensão jurisdicional pretendida (condenação, declaração ou constituição). Entretanto, o Código traz hipóteses de pedido implícito, como por exemplo juros e correção monetária (CPC, arts. 322, § 1º e 323). **C:** Incorreta. Conforme previsão do art. 292, II, o valor da causa, na ação que tiver por objeto a existência, a validade, o cumprimento, a modificação, a resolução, a resilição ou a rescisão de ato jurídico, será o valor do ato ou o de sua parte controvertida. **D:** Incorreta. A extinção do processo sem mérito se dá por vários motivos, dentre eles o indeferimento da inicial (CPC, art. 485, I e 330). Dentre as hipóteses de indeferimento, está a inépcia (CPC, art. 330, § 1º). Assim, nos termos desse dispositivo legal, são hipóteses de inépcia as 4 primeiras possibilidades, mas não está incluída como inépcia a falta de interesse (que é hipótese de indeferimento da inicial, mas não de inépcia).

Gabarito "A".

(Juiz de Direito/GO – 2021 – FCC) Mévio vendeu um carro a Tício, que se obrigou a pagá-lo em vinte e quatro prestações mensais sucessivas. No quarto mês, porém, Tício caiu em inadimplência, razão pela qual Mévio ajuizou ação de cobrança do débito vencido, a qual foi julgada procedente.

Na sentença, o juiz, além dos consectários compreendidos no pedido, deverá condenar Tício ao pagamento

(A) apenas do débito vencido, sobre pena de a sentença ser considerada *ultra petita*.
(B) do débito vencido e das prestações vincendas, enquanto durar a obrigação, ainda que Mévio não as tenha pedido expressamente, se, no curso do processo, não forem pagas nem consignadas.
(C) apenas do débito vencido, pois é vedado ao juiz proferir sentença genérica.
(D) apenas do débito vencido, sob pena de a sentença ser considerada *extra petita*.
(E) do débito vencido e das prestações que se vencerem até a citação, ainda que Mévio não as tenha pedido expressamente, se, no curso do processo, não forem pagas nem consignadas.

Comentário: A: incorreta, pois as prestações vincendas (que vencem durante a tramitação do processo) devem ser incluídas na condenação, mesmo que não haja pedido – trata-se de expressa previsão legal, sendo que as parcelas vincendas são consideradas como pedidos implícitos (CPC, arts. 323 e 492); B: correta, considerando o exposto em "A" (CPC, art. 323); C: incorreta, porque a inclusão das parcelas vincendas não faz a sentença genérica, considerando que o objeto da ação é o cumprimento de obrigação de pagar em parcelas sucessivas (CPC, 323); D: incorreta, já que não se trata de condenação do réu em objeto diverso do pedido – as parcelas vincendas são consideradas como pedidos implícitos (CPC, arts. 323 e 492); E: incorreta, uma vez que as parcelas vincendas serão incluídas na condenação enquanto durar a obrigação (CPC, art. 323).
Gabarito "B".

(Juiz de Direito/GO – 2021 – FCC) O valor da causa

(A) é utilizado, qualquer que seja, como base de cálculo para fixação dos honorários advocatícios, nas causas em que impossível mensurar o proveito econômico.
(B) pode ser meramente estimado, e não o da condenação pretendida, nas ações nas quais se pede compensação por dano moral.
(C) constitui matéria dispositiva, não podendo ser alterado, a pedido da parte nem de ofício, se não constar de impugnação, em preliminar de contestação.
(D) corresponde à somatória dos pedidos principal e subsidiário, nas ações que contenham pedidos principal e subsidiário.
(E) deve levar em consideração o pedido de tutela final, no procedimento de tutela antecipada requerida em caráter antecedente.

A: incorreta, porque sendo o valor do proveito econômico irrisório ou inestimável, ou quando o valor da causa for muito baixo, o juiz fixará honorários por apreciação equitativa (CPC, art. 85, §8º); B: questão polêmica e ainda aberta na jurisprudência do STJ é saber se possível pedido genérico de dano moral; de qualquer forma, pela letra da lei, a alternativa deve ser entendida como incorreta, tendo em vista que, nas ações de indenização por dano moral, o valor da causa será o valor pretendido (CPC, art. 292, V); C: incorreta, pois o valor da causa pode ser modificado, de ofício, pelo juiz, quando não corresponder ao conteúdo patrimonial em discussão ou ao proveito econômico (CPC, art. 292, §3º); D: incorreta, visto que, nas ações em que há pedido subsidiário, o valor da causa será o do pedido principal (CPC, art. 292, VIII); E: correta, sendo essa a expressa previsão legal (CPC, art. 303, §4º).
Gabarito "E".

(Juiz de Direito – TJ/MS – 2020 – FCC) No tocante à citação, é correto afirmar:

(A) a interrupção da prescrição, operada pelo despacho que ordena a citação, retroagirá à data da prática do fato que originou a demanda.
(B) quando frustrada a citação pessoal, por meio de oficial de justiça, esta far-se-á por via postal e, mostrando-se infrutífera, por edital.
(C) a citação válida, salvo se ordenada por juízo incompetente, induz litispendência, torna litigiosa a coisa e constitui em mora o devedor.
(D) não se fará citação quando se verificar que o citando é mentalmente incapaz ou está impossibilitado de recebê-la.
(E) a citação será sempre pessoal, salvo exclusivamente a feita na pessoa do curador do incapaz.

A: Incorreta, pois retroagirá à data de propositura da ação (CPC, art. 240, § 1º). B: Incorreta, porque o critério para citar por edital não é, apenas, a citação anterior infrutífera, mas sim o fato de o réu estar em local "ignorado, incerto ou inacessível" (CPC, art. 256, II). C: Incorreta, pois a citação, ainda que ordenada por *juízo incompetente*, induz litispendência, torna litigiosa a coisa e constitui em mora o devedor (CPC, art. 240). D: Correta, por expressa previsão legal, caso em que o "oficial de justiça descreverá e certificará minuciosamente a ocorrência" devolverá o mandado e o juiz determinará a realização de perícia médica (CPC, art. 245, *caput* e §§). E: Incorreta, considerando que a citação também não será pessoal, por exemplo, na hipótese do procurador habilitado a receber citação em nome da parte que assiste (CPC, art. 105, *caput*).
Gabarito "D".

(Juiz de Direito – TJ/AL – 2019 – FCC) Considere os enunciados seguintes, referentes à petição inicial:

I. Na ação que tiver por objeto cumprimento de obrigação em prestações sucessivas, essas serão consideradas incluídas no pedido, independentemente de declaração expressa do autor, e serão incluídas na condenação, enquanto durar a obrigação, se o devedor, no curso do processo, deixar de pagá-las ou de consigná-las.
II. O pedido deve ser determinado, sendo lícito porém formular pedido genérico somente se não for possível determinar, desde logo, as consequências do ato ou do fato, ou ainda, nas ações universais, se o autor não puder individuar os bens demandados.
III. É lícita a cumulação em um único processo, contra o mesmo réu, de vários pedidos, desde que entre eles haja conexão ou continência.
IV. Na obrigação indivisível com pluralidade de credores, aquele que não participou do processo receberá sua parte, deduzidas as despesas na proporção de seu crédito.

Está correto o que se afirma APENAS em

(A) II e III.
(B) II e IV.
(C) I, II e III.
(D) I e IV.
(E) I, III e IV.

I: correta, conforme expressa previsão legal (CPC, art. 323); II: incorreta, porque, além das hipóteses descritas, é lícito também formular pedido genérico quando a determinação do objeto ou do valor da condenação depender de ato que deve ser praticado pelo réu (CPC, art. 324, §1º, III); III: incorreta, pois é possível a cumulação de pedidos, ainda que entre eles *não haja* conexão – contanto que os pedidos sejam compatíveis entre si, o mesmo juízo seja competente para julgar todos e o tipo de procedimento seja adequado para todos (CPC, art. 327, §1º); **IV:** correta, conforme expressa previsão legal (CPC, art. 328).

(Juiz de Direito – TJ/BA – 2019 – CESPE/CEBRASPE) De acordo com o CPC, na ação em que houver pedido subsidiário, o valor da causa corresponderá

(A) à soma dos valores dos pedidos principal e subsidiário.
(B) ao pedido de maior valor, entre o principal e o subsidiário.
(C) à média dos valores dos pedidos principal e subsidiário.
(D) ao valor do pedido principal.
(E) ao valor de qualquer dos pedidos, principal ou subsidiário, desde que a diferença dos seus valores seja de até 5%.

A: errada, já que o valor da causa corresponderá à soma dos valores dos pedidos, no caso de *cumulação simples* (CPC, art. 292, VI); **B:** errada, pois o valor da causa corresponderá ao pedido de maior valor no caso de *pedido alternativo* (CPC, art. 292, VII); **C:** errada, porque, na hipótese de pedido subsidiário, o valor da causa corresponderá ao valor do *pedido principal* (CPC, art. 292, VIII); **D:** certa, conforme expressa previsão legal (CPC, art. 292, VIII); **E:** errada, tendo em vista não existir essa previsão no CPC.

(Juiz de Direito – TJ/BA – 2019 – CESPE/CEBRASPE) A respeito da petição inicial de ação civil, julgue os itens a seguir.

I. Ainda que, para atender os requisitos da petição inicial, o autor requeira uma diligência excessivamente onerosa, é vedado ao juiz indeferir a inicial sob esse fundamento.
II. Ao contrário da ausência da indicação dos fundamentos jurídicos do pedido, a falta de indicação dos fatos acarreta o indeferimento de plano da inicial.
III. Não lhe sendo possível obter o nome do réu, o autor poderá indicar as características físicas do demandado, o que, se viabilizar a citação deste, não será causa de indeferimento da inicial.
IV. Se a ação tiver por objeto a revisão de obrigação decorrente de empréstimo, o autor deverá, sob pena de inépcia, discriminar na inicial, entre as obrigações contratuais, aquelas que pretende controverter, além de quantificar o valor incontroverso do débito.

Estão certos apenas os itens

(A) I e II.
(B) I e IV.
(C) III e IV.
(D) I, II e III.
(E) II, III e IV.

I: errada, já que a possibilidade de autor requerer diligências se refere especificamente à qualificação das partes (CPC, art. 319, II e §§1º ao 3º), sendo em regra dever do autor buscar as informações para o ajuizamento da inicial – de modo que possível ao juiz indeferir a petição inicial caso não presentes os requisitos; **II:** errada, pois constitui requisito da petição inicial a apresentação dos fatos e do fundamento jurídico do pedido (causa de pedir), sob pena de indeferimento da inicial (CPC, arts. 319, III e 321); **III:** certa, conforme expressa previsão legal, considerando que a falta de informações sobre a qualificação do réu não será causa de indeferimento da inicial, se, ainda assim, for possível sua citação (CPC, art. 319, II, §2º); **IV:** certa, conforme expressa previsão legal (CPC, art. 330, §2º).

9.2. DEFESA E REVELIA

(Juiz de Direito – TJ/SC – 2024 – FGV) Em determinado processo de conhecimento, a parte ré, depois de ter sido citada com hora certa, deixou de ofertar contestação no prazo legal, conforme certificado pela serventia.

Nesse cenário, deve o juiz da causa decretar a revelia do réu e:

(A) determinar a intimação do órgão do Ministério Público para exercer a atribuição de curador especial, cabendo-lhe contestar a ação, impugnando especificadamente os fatos alegados na inicial;
(B) determinar a intimação do órgão do Ministério Público para exercer a atribuição de curador especial, cabendo-lhe contestar a ação, embora sem o ônus da impugnação especificada dos fatos alegados na inicial;
(C) determinar a intimação do órgão da Defensoria Pública para exercer a atribuição de curador especial, cabendo-lhe contestar a ação, impugnando especificadamente os fatos alegados na inicial;
(D) determinar a intimação do órgão da Defensoria Pública para exercer a atribuição de curador especial, cabendo-lhe contestar a ação, embora sem o ônus da impugnação especificada dos fatos alegados na inicial;
(E) julgar procedente o pedido, ante a presunção de veracidade dos fatos alegados pelo autor, que, embora relativa, não foi elidida pelos elementos constantes dos autos.

A: Incorreta, nos termos do art. 72, p. único do CPC, quem atua como curador especial não é o MP, mas a Defensoria. Além disso, o ônus da impugnação específica dos fatos não se aplica ao defensor público, ao advogado dativo e ao curador especial (CPC, art. 341, p. único). **B:** Incorreta, conforme exposto na alternativa "A", o MP não é o curador especial (CPC, art. 72, p. único). **C:** Incorreta, pois o ônus da impugnação específica dos fatos não se aplica ao defensor público, ao advogado dativo e ao curador especial (CPC, art. 341, p. único). **D:** Correta. Na hipótese de réu revel citado com hora certa sem que haja contestação, o juiz deverá nomear curador especial (CPC, art. 72, II) – que, no caso, será a Defensoria Pública (CPC, art. 72, p. [único). E não se aplica ao curador especial o ônus da impugnação específica (CPC, art. 341, p. único). **E:** Incorreta. Considerando que o enunciado narra hipótese de réu revel citado com hora certa, o juiz, antes de julgar os pedidos formulados na exordial da ação, deverá nomear curador especial (CPC, art. 72, II). Ainda que, posteriormente, seja julgado procedente o pedido.

(Juiz de Direito – TJ/SP – 2023 – VUNESP) Incumbe ao réu alegar na contestação, antes de discutir o mérito:

(A) perempção, prescrição, litispendência, coisa julgada e conexão.
(B) incompetência absoluta e relativa, coisa julgada, decadência, convenção de arbitragem e ausência de interesse processual.
(C) inexistência ou nulidade de citação, ausência de legitimidade ou interesse processual, prescrição e decadência.

(D) litispendência, incorreção do valor da causa, perempção, conexão e convenção de arbitragem.

A: Incorreta, pois a prescrição é matéria de mérito (CPC, art. 487, II). As demais são preliminares (CPC, art. 337, V, VI, VII e VIII). **B:** Incorreta, considerando que decadência é matéria de mérito (CPC, art. 487, II). As demais matérias são alegas em preliminar (CPC, art. 337, II, VII, X e XI). **C:** Incorreta, pois prescrição e decadência são matérias de mérito (CPC, art. 487, II). As demais são preliminares (CPC, art. 337, I e XI). **D:** Correta, uma vez que a alternativa elenca apenas matérias preliminares (CPC, art. 337, VI, III, V, VIII e X).
Gabarito "D".

(Juiz de Direito/GO – 2021 – FCC) A reconvenção

(A) prossegue mesmo que ocorra causa extintiva que impeça o exame de mérito da ação principal.
(B) dispensa a atribuição de valor à causa.
(C) pode ser proposta apenas pelo réu contra o próprio autor.
(D) não leva, se improcedente, à condenação em honorários advocatícios, os quais são devidos apenas pela procedência do pedido principal.
(E) só pode ser proposta se oferecida contestação.

A: correta, por expressa previsão legal (CPC, art. 343, §2º); **B:** incorreta, pois deve ser atribuído valor da causa à reconvenção (CPC, art. 292); **C:** incorreta, já que se admite reconvenção proposta contra o autor e terceiro (CPC, art. 343, §3º); **D:** incorreta, porque são devidos honorários advocatícios na reconvenção (CPC, art. 85, §1º); **E:** incorreta, visto que – ainda que não seja comum no cotidiano forense – o réu pode propor reconvenção independentemente de contestação (CPC, art. 343, §6º).
Gabarito "A".

9.3. PROVA E INSTRUÇÃO PROBATÓRIA

(Procurador – PGE/SP – 2024 – VUNESP) Fornecedor contratado pela Administração Pública propõe ação de cobrança em face da Fazenda Estadual, instruída com recibo de entrega de mercadoria de forma a comprovar a obrigação inadimplida. Em âmbito administrativo verificou-se a inautenticidade do documento.
Nesse caso, é correto afirmar que

(A) a Fazenda Pública não poderá requerer ao juiz que decida a alegação de falsidade como questão principal, eis que se trata de mero incidente.
(B) a arguição de falsidade somente deve ser apresentada na fase probatória.
(C) a falsidade deve ser obrigatoriamente alegada em incidente autônomo, a fim de que seja apreciada como questão prejudicial à contestação.
(D) a falsidade deve ser suscitada na contestação fazendária.
(E) não cabe a alegação de falsidade.

A: Incorreta. Nos termos do art. 430, parágrafo único, do CPC, a Fazenda Pública poderá requer que o juiz decida a arguição de falsidade como questão principal. **B:** Incorreta. A arguição de falsidade deve ser suscitada na contestação, na réplica ou no prazo de 15 dias, contado a partir da intimação da juntada do documento aos autos (CPC, art. 430). **C:** Incorreta, uma vez que a arguição de falsidade será alegada nos próprios autos, como visto na alternativa "B" e, ainda, poderá ser decidida como questão principal, como visto na alternativa "A". **D:** Correta, sendo essa a previsão do art. 430 do CPC e mencionado na alternativa "B". **E:** Incorreta. Os arts. 19, II e 430 do CPC expressamente admitem a alegação de falsidade.
Gabarito "D".

(Juiz de Direito – TJ/SP – 2023 – VUNESP) Sobre a prova no processo civil, assinale a alternativa correta.

(A) Incumbe o ônus da prova à parte que produziu o documento e não quem arguiu a falsidade, quando se tratar de impugnação da autenticidade.
(B) O juiz deve determinar, a requerimento da parte, as provas necessárias ao julgamento do mérito. O indeferimento das diligências inúteis e meramente protelatórias deve ocorrer em decisão fundamentada, sendo que o juiz não pode determinar de ofício a produção de provas, pois o ônus de provar é sempre da parte.
(C) As partes podem convencionar, somente antes do processo, a distribuição diversa do ônus da prova, salvo quando recair em direito indisponível da parte ou tornar excessivamente difícil a uma parte o exercício do direito.
(D) A produção antecipada de prova previne a competência do juízo para a ação que venha a ser proposta.

A: Correta, conforme previsão do art. 429, II. Em se tratando de impugnação da autenticidade, o ônus da prova cabe à parte que *produziu* o documento. **B:** Incorreta, pois o juiz também poderá determinar a produção de provas de ofício (CPC, art. 370, p. único). **C:** Incorreta, uma vez que a distribuição do ônus da prova por vontade das partes também pode ocorrer durante o processo (CPC, art. 373, § 4º). **D:** Incorreta, a produção antecipada de prova *não* previne a competência do juízo para ação que venha a ser proposta (CPC, art. 381, § 3º); ou seja, haverá livre distribuição.
Gabarito "A".

(Juiz de Direito – TJ/DFT – 2023 – CEBRASPE) De acordo com as disposições do CPC acerca das audiências, assinale a opção correta.

(A) Somente ocorrerá audiência de conciliação ou de mediação se os direitos envolvidos no litígio forem disponíveis.
(B) As partes poderão gravar integralmente a audiência, em imagem e em áudio, em meio digital ou analógico, desde que haja prévia autorização judicial.
(C) Caso haja acordo entre as partes na audiência de instrução, elas ficarão dispensadas do pagamento de eventuais custas processuais remanescentes.
(D) A audiência poderá ser adiada se houver atraso injustificado de seu início em tempo superior a quinze minutos do horário agendado.
(E) Cabe ao defensor público intimar a testemunha por ele arrolada ou informá-la do dia, da hora e do local da audiência designada, dispensando-se a intimação do juízo.

A: Incorreta para a banca. Pelo art. 334, § 4º, a audiência não precisa ocorrer no caso de direito indisponível, de maneira que esta alternativa seria correta – e a questão deveria ter sido anulada (mas não foi). Na prática, é possível a realização dessa audiência mesmo em direito indisponível, com por exemplo no caso de investigação de paternidade. Mas é uma alternativa inadequada para uma prova teste. **B:** Incorreta. As partes poderão gravar a audiência *independentemente* de autorização judicial (CPC, art. 367, §§ 5º e 6º). **C:** Correta. O art. 90, § 3º do CPC prevê que as partes ficam dispensadas do pagamento das custas processuais remanescentes, se houver acordo *antes* da sentença. **D:** Incorreta, a audiência poderá ser adiada por atraso injustificado de seu início em tempo superior a *30 minutos* do horário marcado (CPC, art. 362, III). **E:** Incorreta. Quando a testemunha houver sido arrolada pela Defensoria Pública, a intimação será feita pela via judicial (CPC, art. 455, § 4º, IV). Se for o advogado, aí a intimação será feita por ele.

Gabarito "C".

(Juiz Federal – TRF/1 – 2023 – FGV) Em ação envolvendo questão técnica na área de propriedade intelectual, as partes requereram a produção de prova pericial, indicando em conjunto o nome do profissional escolhido para o encargo. Além disso, pactuaram a metodologia a ser utilizada. Nesse contexto, sobre a perícia consensual, é correto afirmar que:

(A) a escolha do nome do perito depende de prévia homologação judicial;

(B) não substitui a perícia que seria realizada pelo perito nomeado pelo juiz;

(C) pode ser realizada em casos em que não se admite autocomposição;

(D) não é cabível a apresentação de pareceres de assistentes técnicos;

(E) as partes, ao escolher o perito, já devem indicar os respectivos assistentes técnicos para acompanhar a realização da perícia.

A: Incorreta. No caso de perícia consensual, as partes podem, de comum acordo, escolher o perito, independentemente de prévia homologação judicial (CPC, art. 471). **B:** Incorreta. A perícia consensual substitui a que seria realizada pelo perito nomeado pelo juiz (CPC, art. 471, § 3º). **C:** Incorreta. As partes podem escolher o perito, de comum acordo, desde que a causa *possa* ser resolvida por autocomposição (CPC, art. 471, II). **D:** Incorreta. Há expressa previsão no sentido de ser possível a apresentação de pareceres de assistentes técnicos (CPC, art. 471, § 2º). **E:** Correta, sendo essa a previsão legal do art. 471, § 1º do CPC.

Gabarito "E".

(Analista – TRT/18 – 2023 – FCC) De acordo com o Código de Processo Civil, a distribuição do ônus da prova

(A) pode ser modificada a critério exclusivo da parte hipossuficiente.

(B) pode ser modificada pelas partes, desde que plenamente capazes, ainda que torne excessivamente difícil a uma delas o exercício do direito.

(C) só pode ser modificada pelas partes se recair sobre direito disponível.

(D) nunca pode ser modificada por convenção das partes, por constituir matéria de ordem pública.

(E) pode ser modificada pelas partes por convenção feita antes do processo, mas não durante ele.

A: Incorreta. A redistribuição do ônus da prova depende de expressa previsão legal ou, ainda, das peculiaridades da causa, relacionadas à impossibilidade ou à excessiva dificuldade de cumprir o encargo probatório (CPC, art. 373, § 1º). E, sempre, será uma decisão do juiz, e não algo a critério das partes. **B:** Incorreta, pois a distribuição diversa do ônus da prova não será admitida quando tornar excessivamente difícil a uma parte o exercício do direito (CPC, art. 373, § 3º, II). **C:** Correta, sendo essa a previsão acerca do tema, que permite a mudança do ônus, mas quando for possível dispor do direito em debate (CPC, art. 373, § 3º, I); **D:** Incorreta, pois como já visto na alternativa anterior, é possível a modificação do ônus da prova (CPC, art. 373, § 3º).

E: Incorreta, considerando que o art. 373, § 4º do CPC prevê que a convenção sobre os ônus probatórios pode ser realizada antes ou durante o curso do processo.

Gabarito "C".

(Juiz de Direito/AP – 2022 – FGV) Em uma demanda entre particulares na qual se discute a metragem de um imóvel para fins de acertamento de um direito, as partes somente protestaram por provas orais. O juiz, de ofício, determinou a produção de prova pericial e documental, para exercer seu juízo de mérito sobre a causa.

Nesse cenário, pode-se afirmar que o julgador agiu de forma:

(A) correta, uma vez que cabe ao juiz, de ofício ou a requerimento da parte, determinar as provas necessárias ao julgamento do mérito;

(B) incorreta, uma vez que viola o princípio da inércia, já que cabe às partes a iniciativa da produção probatória de seus direitos;

(C) incorreta, uma vez que o julgamento deve ser feito de acordo com as provas produzidas nos autos, não se admitindo ao juiz determinar as provas;

(D) correta, pois só cabe ao julgador verificar a quem ele deve atribuir o ônus da prova, não sendo mais ônus do autor a prova do seu direito;

(E) incorreta, uma vez que cabe ao réu a prova de que a afirmativa do autor sobre a metragem do imóvel não representa a veracidade dos fatos.

A: correta, considerando os poderes instrutórios do juiz (CPC, art. 370); **B:** incorreta, pois é admitido que o juiz determine a produção de provas de ofício, caso as provas pleiteadas pelas partes não sejam suficientes para esclarecer os fatos, sem que isso viole os princípios da imparcialidade e da inércia do juízo (CPC, art. 370); **C:** incorreta, já que o juiz pode determinar a produção de outras provas que julgar necessárias ao julgamento do mérito (CPC, art. 370); **D:** incorreta, pois não estamos diante de uma situação de ônus da prova, mas de poderes instrutórios do juiz (CPC, art. 370); **E:** incorreta, independentemente do ônus probatório do réu, o juiz tem poderes instrutórios para buscar a verdade dos fatos (CPC, art. 370).

Gabarito "A".

(Juiz de Direito/GO – 2021 – FCC) Acerca das provas, considere:

I. Para que seja aplicada, a pena de confesso demanda prévia intimação pessoal para o depoimento pessoal.

II. O juiz não pode indeferir a prova testemunhal ainda que os fatos hajam sido confessados.

III. O perito pode escusar-se da nomeação, caso em que o juiz nomeará novo perito.

IV. Findo o depoimento, a parte poderá contraditar a testemunha.

Está correto o que se afirma APENAS em

(A) I.

(B) I, II e III.

(C) II, III e IV.

(D) I e III.

(E) II e IV.

I: correta, pois somente se a parte for intimada a comparecer à audiência é que possível se falar em pena de confesso (CPC, art. 385, §1º); **II:** incorreta, pois o juiz pode indeferir a prova testemunhal para prova de fatos já provados por confissão da parte (CPC, art. 443, I); **III:** correta, por expressa previsão legal (CPC, art. 467); **IV:** incorreta, visto que a parte poderá contraditar a testemunha *antes* do depoimento iniciar, sob pena de preclusão (CPC, art. 457, §1º). LD

Gabarito "D".

(Juiz de Direito – TJ/SC – 2019 – CESPE/CEBRASPE) No que se refere à arguição de falsidade como instrumento processual para impugnação de documentos, assinale a opção correta.

(A) A falsidade documental pode ser suscitada em contestação, na réplica ou no prazo de dez dias úteis, contado a partir da intimação da juntada do documento aos autos.

(B) O STJ pacificou o entendimento de que a arguição de falsidade é o meio adequado para impugnar a falsidade material do documento, mas não de falsidade ideológica.

(C) Após os momentos processuais da contestação e da réplica, se arguida a falsidade, esta será autuada como incidente em apartado e, nesse caso, o juiz suspenderá o processo principal.

(D) Após a instauração do procedimento de arguição de falsidade, a outra parte deverá ser ouvida em quinze dias e, então, não será admitida a extinção prematura do feito sem o exame pericial do documento, mesmo que a parte concorde em retirá-lo dos autos.

(E) Uma vez arguida, a falsidade documental será resolvida como questão incidental; contudo, é possível que a parte suscitante requeira ao juiz que a decida como questão principal, independentemente de concordância da parte contrária.

A: incorreta, pois o prazo para suscitar a falsidade é de 15 dias úteis (CPC, art. 430); B: incorreta, tendo em vista que o STJ admite a arguição de falsidade ideológica, desde que a declaração de falsidade não importe em desconstituição da situação jurídica discutida; C: incorreta, já que a falsidade será, em regra, resolvida como questão incidental (e não em incidente apartado), além disso, não haverá suspensão do processo (CPC, art. 430, p.u.); D: incorreta, porque se a parte que produziu o documento concordar em retirá-lo, não será realizado o exame pericial (CPC, art. 432, p.u.); E: correta (CPC, art. 430, p.u.) – e nesse caso haverá coisa julgada. LD

Gabarito "E".

(Promotor de Justiça/SP – 2019 – MPE/SP) Assinale a alternativa **INCORRETA**.

(A) A legislação processual civil, como regra, distribui estaticamente o ônus da prova entre as partes.

(B) A legislação processual civil adotou a possibilidade de aplicação da teoria da distribuição dinâmica do ônus da prova.

(C) O juiz não pode aplicar as regras de experiência comum subministradas pela observação do que ordinariamente acontece.

(D) As partes podem convencionar a distribuição diversa do ônus da prova, desde que não envolva direito indisponível e não torne excessivamente difícil o exercício do direito por uma delas.

(E) O juiz pode aplicar as regras de experiência técnica, ressalvado o exame pericial.

A: Correta. A teoria da distribuição estática da prova estabelece que, em regra, "quem alega, prova" (ou seja: recai ao autor o ônus de provar os fatos constitutivos de seu direito e ao réu o ônus de comprovar os fatos impeditivos, extintivos ou modificativos do direito dos autos – CPC, art. 373, I e II); B: Correta, a teoria da "distribuição dinâmica do ônus da prova" permite ao juiz alterar o ônus da prova (por isso não mais estático), diante das hipóteses previstas em lei ou peculiaridades da causa (CPC, art. 373, § 1º); C: Incorreta, devendo esta ser assinalada. O juiz *aplicará* as regras de experiência comum subministradas pela observação do que ordinariamente aconteceu (CPC, art. 375) – como, por exemplo, de ser o responsável pela batida de carro o veículo que bateu atrás; D: Correta (CPC, art. 373, § 3º, I e II); E: Correta (CPC, art. 375). LD

Gabarito "C".

(Procurador do Estado/SP - 2018 - VUNESP) No caso de recusa injustificada de exibição de documento, na fase de conhecimento de um processo, é correto afirmar que o juiz pode impor multa

(A) às partes, de ofício, mas, se o documento ou coisa estiver em poder de terceiros, o juiz poderá, também de ofício ou a requerimento das partes, ordenar a citação deles, com prazo de quinze dias para resposta, para que exibam o documento, sob pena de multa, dentre outras providências.

(B) de até 2% (dois por cento) do valor da causa apenas aos terceiros, quando verificar que eles não estão colaborando com o Poder Judiciário ao deixar de exibir determinado documento.

(C) às partes, aos terceiros e aos advogados privados, inclusive quando se tratar da Fazenda Pública, desde que assegure a todos ampla defesa e contraditório, mediante prévia intimação pessoal de todos, com prazo de cinco dias para resposta.

(D) às partes, aos terceiros e também aos advogados ou procuradores que estiverem atuando no processo, de ofício, salvo se uma das partes for a Fazenda Pública, porque o valor dessas multas processuais é sempre revertido para ela mesma.

(E) somente aos terceiros, de ofício, mediante intimação por mandado, com prazo de dez dias para a resposta, visto que, em relação às partes, o juiz deverá aplicar a "confissão" quanto aos fatos que o documento poderia provar.

A: Correta, pois todas essas condutas estão no Código (CPC, art. 401 e 403, parágrafo único); B: Incorreta, pois a multa não é apenas aos terceiros, como visto em "A" (CPC, art. 403, parágrafo único); C: Incorreta, considerando que não há previsão de multa ao advogado (CPC, art. 401); D: Incorreta, considerando o exposto em "C"; E: Incorreta, pois o CPC prevê expressamente multa às partes (CPC, art. 401), diferentemente do que estava sedimentado na jurisprudência anterior (a previsão legal está em sentido diverso do previsto na Súmula 372/STJ). LD

Gabarito "A".

9.4. JULGAMENTO CONFORME O ESTADO DO PROCESSO E PROVIDÊNCIAS PRELIMINARES

(Juiz de Direito – TJ/SP – 2023 – VUNESP) Mário ingressou com ação de conhecimento com pedido condenatório em face de Josefina. Aduziu, em síntese, que emprestou R$ 60.000,00 para pagamento em 20 parcelas de R$ 3.000,00 e teria recebido apenas a primeira parcela. Pediu a condenação da ré ao pagamento das três parcelas vencidas, com correção monetária e juros. Estando em ordem a inicial, o juiz de direito designou a audiência de tentativa de conciliação. A ré foi citada. Na audiência não houve acordo. No prazo legal, por intermédio de advogado regularmente constituído, Josefina contestou a ação. Afirmou que está passando por dificuldades financeiras por estar desempregada e que não tem condições de pagar o empréstimo. Pugnou pela improcedência do pedido. Juntada a contestação sem documentos, os autos foram encaminhados à conclusão. Considerando isso, qual deverá ser a decisão do juiz?

(A) o juiz, em decisão saneadora, delimitará as questões de fato sobre as quais recairá a atividade probatória, especificando os meios de prova admitidos; definirá a distribuição do ônus da prova; delimitará as questões de direito relevantes para a decisão de mérito; designará audiência de instrução e julgamento.

(B) o juiz determinará a intimação do autor para, em 15 dias, manifestar-se sobre a contestação.

(C) o juiz julgará antecipadamente o mérito, proferindo sentença com condenação da ré ao pagamento apenas das parcelas vencidas, pois não houve pedido para inclusão das parcelas vincendas. Condenará a ré ainda ao pagamento da verba de sucumbência.

(D) o juiz julgará antecipadamente o mérito, proferindo sentença com condenação da ré ao pagamento (i) das parcelas vencidas e (ii) das parcelas vincendas (cumprimento de obrigação em prestações sucessivas), mesmo sem pedido, enquanto durar a obrigação. Condenará a ré ainda ao pagamento da verba de sucumbência.

A: Incorreta, vida justificativa para alternativa "D". **B:** Incorreta, pois de acordo com o CPC, apenas quando o réu alegar fato impeditivo, modificativo ou extintivo do direito do autor, este deverá ser intimado para se manifestar em réplica, no prazo de 15 (quinze) dias (CPC, arts. 350 e 351). No caso, só houve defesa direta, sem fato novo, de modo que não é obrigatória a réplica – ainda que, no cotidiano forense, essa previsão legal seja pouco observada. **C:** Incorreta. Nos termos do art. 323 do CPC, na ação que tiver por objeto cumprimento de obrigação em prestações sucessivas, essas serão consideradas incluídas no pedido, independentemente de declaração expressa do autor. **D:** Correta. O enunciado retrata hipótese de julgamento antecipado de mérito (CPC, art. 355, I), considerando que a demanda não depende de instrução probatória (pois não houve impugnação quanto à existência da dívida). Além disso, o art. 323 do CPC prevê expressamente que as prestações vincendas serão consideradas incluídas no pedido, independentemente de existir pedido expresso do autor e serão incluídas na condenação.
Gabarito "D".

(Procurador Federal – AGU – 2023 – CEBRASPE) De acordo com o Código de Processo Civil (CPC), julgue os seguintes itens, acerca do julgamento conforme o estado do processo.

I. O juiz poderá decidir parcialmente o mérito unicamente quando um ou mais dos pedidos formulados mostrar-se incontroverso.
II. Caberá agravo de instrumento contra a decisão parcial de mérito.
III. Quando um ou mais dos pedidos formulados, ou parte deles, mostrar-se incontroverso e(ou) estiver em condições de imediato julgamento, haverá o pronunciamento judicial antecipado parcial do mérito da causa.
IV. A questão parcialmente resolvida poderá ser suscitada em preliminar de apelação eventualmente interposta contra a decisão final de mérito.

Assinale a opção correta.

(A) Apenas o item I está certo.
(B) Apenas o item IV está certo.
(C) Apenas os itens I e II estão certos.
(D) Apenas os itens II e III estão certos.
(E) Apenas os itens III e IV estão certos.

I: incorreto, pois é possível que o juiz também decida parcialmente o mérito quando não houver necessidade de produção de provas (CPC, art. 356, II); **II:** correto, uma vez que, conforme previsão dos arts. 356, § 5º e 1.015, II do CPC, contra a decisão que julga parcialmente o mérito cabe recurso de agravo de instrumento – pois o processo não foi extinto, já que o outro pedido precisa ainda ser apreciado; **III:** correto, sendo essa a previsão do art. 356, I e II do CPC; **IV:** incorreto, visto que, conforme exposto em II, a decisão que julga parcialmente o mérito é impugnável por recurso de agravo de instrumento (CPC, arts. 356, § 5º e 1.015, II). Assim, se o recurso cabível não for interposto haverá preclusão, não sendo possível suscitar em preliminar de apelação. Portanto, deve ser assinalada a alternativa D.
Gabarito "D".

(Procurador Fazenda Nacional – AGU – 2023 – CEBRASPE) Assinale a opção correta à luz da doutrina processual referente à designação de audiência para saneamento compartilhado do processo.

(A) A designação de audiência para saneamento compartilhado, embora prevista no CPC para causas com complexidade fática ou jurídica, pode ser utilizada em outras hipóteses, haja vista o princípio da cooperação processual.
(B) A designação de audiência para saneamento compartilhado é incompatível com o procedimento das ações coletivas, em razão da indisponibilidade inerente aos litígios que envolvem interesses da coletividade.
(C) A designação de audiência para saneamento compartilhado não possui cabimento diante de complexidade meramente jurídica, situação em que o CPC recomenda o despacho saneador para prosseguimento do feito.
(D) A designação de audiência para saneamento compartilhado deve ser obrigatoriamente realizada em todo processo que possua matéria fática controvertida, conforme definido pelo legislador.
(E) A designação de audiência para saneamento compartilhado, por não possuir respaldo normativo, restringe-se aos casos em que as partes apresentem convenção com opção por essa forma de organização processual.

A: Correta. Considerando a previsão da audiência de saneamento compartilhado (CPC, art. 357, § 3º), a possibilidade de o juiz chamar audiência a qualquer momento (CPC, art. 139, VIII) e o princípio da cooperação (CPC, art. 6º), trata-se de uma possibilidade; **B:** Incorreta, pois (i) o art. 357, § 3º do CPC aplica-se, de forma subsidiária, aos procedimentos especiais e (ii) a audiência de saneamento compartilhado não é vedada para situação de direitos indisponíveis, pois o tema da audiência não é o direito material; **C:** Incorreta, conforme previsão do art. 357, § 3º do CPC, a audiência para saneamento compartilhado será designada nas causas que apresentarem complexidade em matéria de fato ou de direito (e, portanto, não somente quando envolver questão fática); **D:** Incorreta. O juiz designará audiência para saneamento compartilhado somente quando a causa apresentar complexidade em matéria de fato ou de direito (CPC, art. 357, § 3º); **E:** Incorreta, pois o art. 357, § 3º prevê expressamente a designação de audiência para saneamento compartilhado.
Gabarito "A".

(Juiz de Direito – TJ/RJ – 2019 – VUNESP) No que diz respeito ao julgamento antecipado parcial de mérito, é correto afirmar que o respectivo pronunciamento judicial

(A) deve ser objeto de confirmação quando da prolação da futura sentença, por se tratar de decisão de natureza provisória.

(B) configura-se em sentença, sendo, portanto, apelável.

(C) é passível de cumprimento provisório, mesmo que tenha sido julgado em definitivo o recurso dele interposto.

(D) pode ser executado, independentemente de caução, ainda que esteja pendente de julgamento recurso contra ele interposto.

(E) deve reconhecer a existência de obrigação líquida, não sendo cabível sua prévia liquidação.

A: incorreta, tendo em vista que a decisão é definitiva e proferida sob cognição exauriente, não se sujeitando a confirmação em futura sentença (CPC, art. 356); **B:** incorreta, considerando que, pelo Código, o julgamento antecipado parcial do mérito tem natureza de decisão interlocutória, por ser impugnável por agravo de instrumento (CPC, art. 356, § 5º); **C:** incorreta, porque, se houver o trânsito em julgado da decisão, o cumprimento de sentença será *definitivo* (CPC, art. 356, § 3º); **D:** correta, por expressa previsão legal (CPC, art. 356, § 2º); **E:** incorreta, pois é possível que o julgamento antecipado parcial reconheça a existência de obrigação *ilíquida* (CPC, art. 356, § 1º). Gabarito "D".

---

10. SENTENÇA. COISA JULGADA. AÇÃO RESCISÓRIA

(Juiz de Direito – TJ/SC – 2024 – FGV) No que concerne à ação rescisória, é correto afirmar que:

(A) pode ter como causa de pedir o fato de a decisão rescindenda ter sido proferida por juiz suspeito;

(B) o prazo para o seu ajuizamento é de dois anos a partir da prolação da decisão meritória no feito primitivo;

(C) o seu ajuizamento pressupõe a comprovação de plano dos fatos alegados na petição inicial;

(D) é lícito ao seu autor requerer a concessão de tutela provisória que importe na suspensão da eficácia executiva da decisão rescindenda;

(E) residindo a causa de pedir na alegada ofensa à coisa julgada, caso o tribunal acolha o pedido de rescisão, caber-lhe-á, na sequência, rejulgar a causa originária.

A: Incorreta, pois não se admite AR para a suspeição do juiz, mas apenas impedimento (CPC, art. 966, II). **B:** Incorreta. O prazo para seu ajuizamento é de 2 (dois) anos contados do trânsito em julgado da última decisão proferida no processo. **C:** Incorreta, uma vez que a ação rescisória admite a produção de provas acerca dos fatos narrados, conforme previsão do art. 972 do CPC. **D:** Correta. Isso porque, nos termos do art. 969 do CPC a ação rescisória não impede o cumprimento da decisão rescindenda, "ressalvada a concessão de tutela provisória". **E:** Incorreta. Nesse caso, a finalidade da AR será retirar do mundo jurídico a decisão que violou a coisa julgada (ou seja, haverá apenas juízo rescindente), de maneira que será mantida a decisão anterior (CPC, art. 974, parte inicial). Gabarito "D".

(Procurador – PGE/SP – 2024 – VUNESP) Acerca da ação rescisória, é correto afirmar que

(A) se os fatos alegados pelas partes dependerem de prova, somente o tribunal competente para a ação rescisória poderá conduzir a instrução processual.

(B) pode ser proposta exclusivamente por quem foi parte no processo ou o seu sucessor a título universal ou singular.

(C) a Fazenda Pública deve depositar a importância de 5% (cinco por cento) sobre o valor da causa, como requisito essencial da petição inicial.

(D) reconhecida a incompetência do tribunal para julgar a ação rescisória, o autor será intimado para emendar a petição inicial, a fim de adequar o seu objeto, quando a decisão apontada como rescindenda tiver sido substituída por decisão posterior.

(E) julgando o pedido procedente, o tribunal rescindirá a decisão, proferirá, se for o caso, novo julgamento e determinará que o valor originariamente depositado seja utilizado como custas judiciais.

A: Incorreta, o relator poderá delegar a competência para produção de provas ao órgão que proferiu a decisão rescindenda (CPC, art. 972); **B:** Incorreta, a ação rescisória poderá ser proposta também pelo terceiro juridicamente interessado, pelo Ministério Público ou por aquele que não foi ouvido no processo em que lhe era obrigatória a intervenção (CPC, art. 967, I, II, III e IV); **C:** Incorreta, pois, nos termos do art. 968, § 1º do CPC, a exigência de efetuar o depósito da importância de 5% sobre o valor da causa não se aplica à Fazenda Pública; **D:** Correta, sendo essa previsão legal – uma hipótese de emenda, não de extinção (CPC, art. 968, § 5º, II); **E:** Incorreta. No caso de procedência, o Tribunal determinará a restituição da importância do depósito (CPC, art. 974). Gabarito "D".

(Procurador Fazenda Nacional – AGU – 2023 – CEBRASPE) No que se refere à eficácia normativa e executiva dos pronunciamentos do STF que, em controle abstrato, afirmem a constitucionalidade ou inconstitucionalidade de determinado ato normativo, considerados os limites da coisa julgada, assinale a opção correta.

(A) No conflito entre a garantia individual da coisa julgada e a interpretação acerca da constitucionalidade ou não de determinado ato normativo conferida pelo STF, aquela somente não prevalecerá se a decisão do STF lhe for anterior.

(B) Decisão do STF que declare a inconstitucionalidade de ato normativo produzirá a automática rescisão das decisões anteriores transitadas em julgado que tenham adotado entendimento em sentido contrário.

(C) Nas relações jurídicas de trato sucessivo, havendo coisa julgada que estabeleça a inconstitucionalidade de determinada norma e, posteriormente, decisão superveniente do STF na qual se declare a constitucionalidade daquele preceito legal, a cessação dos efeitos da coisa julgada estará condicionada ao ajuizamento de ação rescisória ou revisional.

(D) Segundo o entendimento do STF, o princípio da supremacia da Constituição tem prevalência máxima, de forma a ser insuscetível de execução qualquer sentença tida por inconstitucional pelo STF, seja em controle difuso, seja em controle concentrado de constitucionalidade.

(E) Sentença exequenda que tenha deixado de aplicar norma reconhecidamente constitucional pelo STF prescinde de ação rescisória na hipótese em que a decisão do STF seja anterior à formação do título executivo.

A questão envolve um tema polêmico, decidido pelo STF em relação específica a um tema tributário, mas que a questão já busca aplicar para todos os casos de relação jurídica de trato sucessivo. O assunto foi tratado nos temas 881/885 da repercussão geral, trouxe os chamados "limites temporais da coisa julgada" com as seguintes teses fixadas:
1. As decisões do STF em controle incidental de constitucionalidade, anteriores à instituição do regime de repercussão geral, não impactam automaticamente a coisa julgada que se tenha formado, mesmo nas relações jurídicas tributárias de trato sucessivo.
2. Já as decisões proferidas em ação direta ou em sede de repercussão geral interrompem automaticamente os efeitos temporais das decisões transitadas em julgado nas referidas relações, respeitadas a irretroatividade, a anterioridade anual e a noventena ou a anterioridade nonagesimal, conforme a natureza do tributo.
Essa tese afasta a alternativa "A" (pois a decisão pode ser *posterior*), a alternativa "B" (pois a rescisão automática não é para *todas* as hipóteses – excluído o que está em "1"), a alternativa "C" (pois nos casos do item "2", *não há necessidade de AR*) e a alternativa "D" (pois o que está item "1" demanda que haja AR).
Assim, resta a alternativa "E", por exclusão e considerando o previsto no art. 525, §§ 12 e 14.
Gabarito "E".

(Procurador Federal – AGU – 2023 – CEBRASPE) Determinada autarquia federal deseja ajuizar ação de *querela nullitatis*, objetivando o reconhecimento de nulidade decorrente de vício de ausência de citação em processo de que deveria ter participado como litisconsorte necessário. O processo objeto de questionamento teve seu mérito julgado em primeira instância na Seção Judiciária do Distrito Federal, tramitou pelo Tribunal Regional Federal da 1.ª Região (TRF-1.ª), que não conheceu do único recurso de apelação interposto no caso, e transitou em julgado após agravo em recurso especial ter sido inadmitido no STJ.

A respeito dessa situação hipotética, assinale a opção correta.

(A) Será do STJ a competência tanto para examinar a ausência de citação quanto para reanalisar o mérito da causa, caso reconheça o vício.

(B) Será do TRF-1.ª a competência para examinar a ausência de citação, devendo esse tribunal encaminhar o processo para primeira instância, caso reconheça o vício.

(C) Será do TRF-1.ª a competência tanto para examinar a ausência de citação quanto para reanalisar o mérito da causa, caso reconheça o vício.

(D) Será do juízo federal de primeira instância a competência para apreciar e julgar a ação de *querela nullitatis*.

(E) Será do STJ a competência para examinar a ausência de citação, devendo esse tribunal encaminhar o processo para a primeira instância, caso reconheça o vício.

A *querela nullitatis* (ação que busca desconstituir a coisa julgada, diante de alegação de inexistência do processo – de modo que não seria o caso de rescisória) é uma ação de conhecimento, pelo procedimento comum. Assim, é ajuizada em 1º grau de jurisdição. Assim, a alternativa D deve ser assinalada.
Gabarito "D".

(Procurador Fazenda Nacional – AGU – 2023 – CEBRASPE) Diante de sentença que julgou procedente pedido de contribuinte para alterar, sob a ótica constitucional, a base de cálculo do imposto de renda, a PGFN interpôs recurso de apelação, tendo o órgão colegiado do Tribunal Regional Federal da 4.ª Região (TRF-4) proferido acórdão que negou provimento ao pedido.

Destaca-se que, à época em que foi proferido o acórdão, havia controvérsia constitucional acerca da mesma questão no âmbito daquele tribunal. A PGFN interpôs recurso extraordinário, que não foi conhecido pelo ministro relator do STF, ante a existência de óbices formais.

A fazenda nacional recorreu da decisão, que foi mantida pelo STF e transitou em julgado. Um ano após o trânsito em julgado, o plenário do STF, enfrentando, pela primeira vez, a mesma matéria debatida naquele processo, entendeu, em controle difuso, ser legítima aquela tributação. Buscando reverter o quadro, a fazenda nacional analisa a possibilidade de ajuizar ação rescisória, considerando o teor da Súmula n.º 343 do STF, in verbis: "Não cabe ação rescisória por ofensa a literal disposição de lei, quando a decisão rescindenda se tiver baseado em texto legal de interpretação controvertida nos tribunais".

Considerando essa situação hipotética e o entendimento jurisprudencial do STF acerca do assunto, assinale a opção correta.

(A) Não será cabível a ação rescisória, porquanto, à época em que foi decidida a questão constitucional no TRF-4, a jurisprudência daquele tribunal era controvertida, incidindo o óbice da referida súmula do STF, que também se aplica a matéria constitucional.

(B) Será cabível ação rescisória a ser ajuizada no STF, que deve rescindir seus próprios julgados, não incidindo o óbice da referida súmula do STF, porquanto inaplicável a matéria constitucional.

(C) Será cabível ação rescisória a ser ajuizada no TRF-4, não incidindo o óbice da referida súmula do STF, porquanto inaplicável a matéria constitucional.

(D) Será cabível a ação rescisória a ser ajuizada no STF, que deve rescindir os próprios julgados, não incidindo o óbice da referida súmula do STF, porquanto a controvérsia constitucional que impede o manejo da rescisória é aquela verificada no âmbito do STF.

(E) Será cabível a ação rescisória a ser ajuizada no TRF-4, não incidindo o óbice da referida súmula do STF, porquanto a controvérsia constitucional que impede o manejo da rescisória é aquela verificada no âmbito do STF.

A: incorreta, pois a Súmula 343/STF não se aplica à matéria constitucional, quando houver controvérsia no âmbito do STF; **B:** incorreta, pois como o RE não foi conhecido, a competência para a AR é do TRF – órgão que proferiu a última decisão de mérito –, e não do STF (CF, art. 102, I, "j"); **C:** incorreta, pois a Súmula 343 do STF é aplicável em matéria constitucional, mas desde que a controvérsia exista no âmbito do STF; **D:** incorreta, pois, no caso a competência é do TRF-4, como visto em "B"; **E:** correta, pois o TRF-4 é o competente para análise da rescisória, considerando que foi o último órgão que apreciou o mérito (CPC, art. 966, §5º), e não incide a Súmula 343/STJ, porque somente não cabe rescisória em face de posicionamento do STF *se havia divergência sobre a matéria em referido tribunal*. Nesse sentido: "(...) Ação rescisória. Súmula 343/STF. Matéria constitucional. Inaplicabilidade. (...) 3. A limitação do cabimento da ação rescisória em matéria constitucional cingiu-se a duas hipóteses específicas, quais sejam, (i) quando o acórdão rescindendo estiver em conformidade com jurisprudência do Plenário desta Casa à época, mesmo que posteriormente alterada e (ii) quando a matéria seja controvertida no âmbito deste Supremo Tribunal Federal. Precedentes. (...) (ARE 1332413 AgR-segundo, Relator(a): ROSA WEBER, Primeira Turma, PUBLIC 24-06-2022)".
Gabarito "E".

(Procurador Fazenda Nacional – AGU – 2023 – CEBRASPE) A eficácia temporal da coisa julgada formada em relações jurídicas tributárias de trato continuado

(A) cessa mediante o ajuizamento de ação revisional, caso se verifique alteração nas circunstâncias fático-jurídicas analisadas pela decisão transitada em julgado.
(B) não pode ser diretamente atingida por alterações nas circunstâncias fático-jurídicas, ressalvado apenas o ajuizamento de ação rescisória no prazo legal.
(C) somente pode ser cessada caso haja prolação de entendimento posterior em sede de controle concentrado de constitucionalidade.
(D) cessa caso haja alteração das circunstâncias fático-jurídicas analisadas pela decisão transitada em julgado.
(E) perde automaticamente sua autoridade, caso identificada tese contrária subsequente do plenário do STF em controle difuso, desde que o precedente do STF seja anterior ao regime de repercussão geral.

Novamente, o mesmo concurso, enfrenta tema polêmico dos "limites temporais da coisa julgada", decidido pelo STF em relação específica a um tema tributário. O assunto foi tratado nos temas 881/885 da repercussão geral, trouxe os chamados "limites temporais da coisa julgada" com as seguintes teses fixadas:
1. As decisões do STF em controle incidental de constitucionalidade, anteriores à instituição do regime de repercussão geral, não impactam automaticamente a coisa julgada que se tenha formado, mesmo nas relações jurídicas tributárias de trato sucessivo.
2. Já as decisões proferidas em ação direta ou em sede de repercussão geral interrompem automaticamente os efeitos temporais das decisões transitadas em julgado nas referidas relações, respeitadas a irretroatividade, a anterioridade anual e a noventena ou a anterioridade nonagesimal, conforme a natureza do tributo.
A: incorreta, pois (i) ou não basta o *ajuizamento* da ação revisional ou (ii) sequer há necessidade de ajuizamento da revisional (vide alternativa "D"). **B:** incorreta, pois é possível cessação automática, como se vê dos temas 881/5; **C:** incorreta, pois pode ser também em controle difuso com RG, como se vê dos temas 881/5; **D:** correta, pois a alteração das circunstâncias fáticas significa existir uma nova causa de pedir, de maneira que não se está diante da mesma demanda. Ademais, pelo tema 494 da repercussão geral, "a aplicação de nova tese à relação tributária de trato continuado, considerando a eficácia *rebus sic stantibus* da coisa julgada (manutenção desta enquanto não forem alterados os pressupostos fático-jurídicos da relação jurídica), *não é necessário o ajuizamento de ação revisional*, a não ser em casos de expressa exigência legal"; **E:** Incorreta, pois há limites temporais da coisa julgada com base em entendimento posterior, com controle difuso com RG ou concentrado, como se vê dos temas 881/5. LD
Gabarito "D".

(Analista – TRT/18 – 2023 – FCC) De acordo com o Código de Processo Civil, a desistência da ação pode ser apresentada
(A) somente até a sentença.
(B) somente até a contestação.
(C) somente até o saneamento do processo.
(D) somente até a citação.
(E) a qualquer tempo, inclusive depois da sentença.

O tema é tratado no art. 485, § 5º: o autor poderá desistir da ação até a prolação da sentença. Além disso, acrescente-se que após o oferecimento de contestação, a desistência da ação dependerá do consentimento do réu (CPC, art. 485, § 4º).
Gabarito "A".

(Promotor de Justiça/CE – 2020 – CESPE/CEBRASPE) De acordo com o CPC, não havendo recurso interposto pela parte interessada, incidirá a autoridade de coisa julgada material sobre
(A) a decisão interlocutória que conceda a tutela provisória antecipada requerida em caráter antecedente.
(B) a declaração de falsidade documental que for suscitada como questão principal e que conste da parte dispositiva da sentença.
(C) o capítulo de acórdão que, em mandado de segurança, aprecie questão prejudicial incidentalmente arguida pelo impetrante.
(D) a verdade dos fatos utilizada como fundamento principal da sentença de improcedência em ação desconstitutiva.
(E) o pronunciamento do magistrado que arbitre astreinte em execução de título extrajudicial, fixando multa pelo descumprimento de obrigação de fazer.

A: Incorreta, porque, pelo Código, a decisão que estabiliza a tutela antecipada antecedente não fará coisa julgada (CPC, art. 304, § 6º); **B:** Correta, por expressa previsão legal (CPC, art. 433); **C:** Incorreta, pois só há coisa julgada na prejudicial em processos nos quais não houver "restrições probatórias" (CPC, art. 503, § 2º) – e, no mandado de segurança, não há instrução (o que é uma restrição probatória), pois só se debate direito "líquido e certo", ou seja, mediante prova pré-constituída; **D:** Incorreta, pois a verdade dos fatos, estabelecida como fundamento da sentença, não é coberta pela coisa julgada (CPC, art. 504, II; **E:** Incorreta, considerando o entendimento do STJ de que a decisão que comina astreintes não é protegida pela coisa julgada (Tema 706/STJ, Recurso Especial 1333988/SP, entendimento mantido com o CPC/2015).
Gabarito "B".

(Promotor de Justiça/PR – 2019 – MPE/PR) Sobre a sentença e a coisa julgada, assinale a alternativa *correta*, nos termos do Código de Processo Civil de 2015:
(A) A perempção ocorre após três sentenças terminativas, independentemente do fundamento da decisão.
(B) A sentença que homologa a desistência da ação resolve o mérito da causa.
(C) O cabimento de ação autônoma de impugnação afasta a formação da coisa julgada.
(D) Na ação que tenha por objeto a emissão de declaração de vontade, a sentença que julgar procedente o pedido, uma vez transitada em julgado, produzirá todos os efeitos da declaração não emitida.
(E) Os motivos considerados importantes para determinar o alcance da parte dispositiva da sentença fazem coisa julgada.

A: Incorreta, porque só há perempção se houver 3 sentenças de *abandono da causa* (CPC, art. 486, § 3º); **B:** Incorreta, a sentença que homologa a desistência da ação não resolve o mérito (CPC, art. 485, VIII); **C:** Incorreta, pois o que afasta a formação da coisa julgada é o *recurso* (CPC, art. 502); vale lembrar que ação de impugnação autônoma (como MS ou reclamação) não se classifica como recurso; **D:** Correta, sendo essa a previsão legal (CPC, art. 501) – como exemplo, podemos pensar no caso de compromisso de compra e venda, em que se o vendedor não outorga a escritura, com a ação de adjudicação compulsória, a sentença é que será levada a registro para fins de transferência da propriedade ; **E:** incorreta, pois os motivos, ainda que importantes para determinar o alcance da parte dispositiva da sentença, não fazem coisa julgada (CPC, art. 504, I).
Gabarito "D".

(Juiz de Direito – TJ/RJ – 2019 – VUNESP) Denomina-se coisa julgada material a autoridade que torna imutável e indiscutível a decisão de mérito não mais sujeita a recurso.

No que pertine ao instituto da coisa julgada, segundo o regime estabelecido pelo diploma processual vigente, assinale a alternativa correta.

(A) O regime da formação de coisa julgada sobre questões prejudiciais somente é aplicável aos processos iniciados após a vigência do Código de Processo Civil de 2015.

(B) A sentença faz coisa julgada às partes entre as quais é dada, não prejudicando nem beneficiando terceiros.

(C) A tutela antecipada antecedente, se não for afastada por decisão que a revir, reformar ou invalidar, proferida em ação ajuizada por uma das partes no prazo de dois anos, faz coisa julgada, vez que se torna imutável e indiscutível.

(D) A coisa julgada aplica-se à resolução de questão preliminar, decidida expressa e incidentemente no processo, desde que a mesma conste do dispositivo da sentença.

(E) Fazem coisa julgada os motivos da sentença desde que importantes para determinar o alcance da parte dispositiva do pronunciamento judicial.

A: correta, por expressa previsão legal nas disposições finais e transitória do Código (CPC, arts. 1.054 e 503, § 1º); **B:** incorreta, pois pelo Código apenas há menção ao fato de a sentença não poder *prejudicar* terceiros (CPC, art. 506); **C:** incorreta, pois o Código expressamente afirma que a estabilização dos efeitos da tutela não equivale à coisa julgada (CPC, art. 304, § 6º) – o que é debatido por parte da doutrina; **D:** incorreta, porque o enunciado seria correto se houvesse a troca de *preliminar* por *prejudicial* – no que se refere aos limites objetivos da coisa julgada (CPC, art. 503); **E:** incorreta, visto que *não* fazem coisa julgada os motivos, *ainda que* importantes para determinar o alcance da parte dispositiva da sentença (CPC, art. 504, I).
Gabarito "A".

(Juiz de Direito – TJ/AL – 2019 – FCC) Quanto aos requisitos e efeitos da sentença,

(A) uma vez publicada, só poderá ser alterada por meio de embargos de declaração.

(B) a decisão que condenar o réu ao pagamento de prestação pecuniária e em obrigação de fazer ou não fazer valerão como título constitutivo de hipoteca judiciária, salvo se a condenação for genérica.

(C) no caso de colisão entre normas, ao ser proferida decisão, o Juiz deve justificar o objeto e os critérios gerais da ponderação efetuada, enunciando as razões que autorizam a interferência na norma afastada e as premissas fáticas que fundamentam a conclusão.

(D) é defeso ao Juiz proferir decisão de natureza diversa da pedida, bem como condenar a parte em quantidade superior à pleiteada, podendo, porém, a condenação, referir-se a objeto diverso se ao Juiz parecer compatível e adequado à natureza da causa.

(E) a decisão deve ser certa, salvo se resolver relação jurídica condicional.

A: incorreta, considerando que, além da oposição de ED, a sentença pode ser alterada de ofício ou a requerimento da parte, após sua publicação, para a correção de erro material ou de cálculo (CPC, art. 494); **B:** incorreta, pois a decisão produzirá a hipoteca judiciária, ainda que sua condenação seja genérica (CPC, art. 495, §1º, I); **C:** correta, conforme expressa previsão legal (CPC, art. 489, §2º); **D:** incorreta na parte final, tendo em vista que se for objeto diverso, isso configuraria decisão *extra petita*, em violação ao princípio da adstrição (CPC, art. 492); **E:** incorreta, já que a decisão deve ser certa, ainda que resolva relação jurídica condicional (CPC, art. 492, parágrafo único).
Gabarito "C".

(Juiz de Direito – TJ/RS – 2018 – VUNESP) O juiz resolverá o mérito da ação quando:

(A) homologar a desistência da ação.

(B) indeferir a petição inicial.

(C) verificar a ausência de legitimidade de parte.

(D) verificar a impossibilidade jurídica do pedido.

(E) em caso de morte da parte, a ação for considerada intransmissível por lei.

A: Incorreta, porque a hipótese acarreta a extinção do processo sem resolução do mérito (CPC, art. 485, VIII); **B:** Incorreta, pois esse é caso de extinção sem mérito (CPC, art. 485, I); **C:** Incorreta, pois esse é caso de extinção sem mérito (CPC, art. 485, VI); **D:** Correta. Com o advento do CPC/2015, a possibilidade jurídica do pedido deixou de ser uma das condições da ação (art. 485, VI). Porém, há algum debate na doutrina de como seria tratada uma hipótese de pedido impossível (se seria improcedência ou extinção sem mérito). De qualquer forma, pela letra da lei não se pode mais falar em extinção sem mérito nesse caso – por isso, e também por as demais estarem erradas, esta a melhor alternativa; **E:** Incorreta, pois esse é caso de extinção sem mérito (CPC, art. 485, IX).
Gabarito "D".

(Procurador do Estado/SP – 2018 – VUNESP) A ampliação objetiva dos limites da coisa julgada à questão prejudicial pode ser feita de ofício pelo juiz, desde que

(A) da resolução dessa questão não dependa o julgamento de mérito, e que o contraditório, nesse caso, seja prévio e efetivo e o juiz seja competente em razão da matéria e do lugar, mas essa ampliação não pode ocorrer em processos que possuam limitação da cognição ou restrições probatórias.

(B) exista contraditório prévio e efetivo, mesmo que o juiz não seja competente em razão da pessoa. Se houver limitação da cognição que impeça o aprofundamento da análise dessa questão prejudicial, o juiz deverá adaptar o procedimento para que essa limitação desapareça, mediante prévia consulta às partes.

(C) da resolução dessa questão dependa o julgamento de mérito, mas o contraditório precisa ser prévio e efetivo e o juiz precisa ser competente em razão da matéria e da pessoa, porém, essa ampliação não pode ocorrer se o réu for revel ou em processos que possuam limitações da cognição que impeçam o aprofundamento da análise da questão prejudicial ou restrição probatória.

(D) exista contraditório prévio e efetivo, mesmo que o juiz não seja competente em razão da matéria ou em razão do lugar, no entanto, se houver limitação da cognição que impeça o aprofundamento da análise dessa questão prejudicial, essa ampliação não pode ocorrer.

(E) exista contraditório prévio e efetivo, mesmo que o juiz não seja competente em razão da matéria ou da pessoa, porém, se houver limitação da cognição que impeça o aprofundamento da análise dessa questão prejudicial, essa ampliação não pode ocorrer.

Uma das inovações do atual CPC quanto à coisa julgada foi a ampliação de seus limites objetivos, não mais existindo a ação declaratória incidental, que existia no Código anterior. A inovação está no art. 503, § 1º, e há uma série de requisitos para que a questão prejudicial seja coberta pela coisa julgada. **A:** Incorreta, pois necessário que "a resolução dessa questão *dependa* o julgamento de mérito" (CPC, art. 503, § 1º, I); **B:** Incorreta, porque é preciso que o juiz "*seja* competente em razão da pessoa" (CPC, art. 503, § 1º, III); **C:** Correta, pois estão presentes todos os requisitos existentes nos incisos do art. 503, § 1º e, também, no § 2º; **D:** Incorreta, considerando que o juiz *precisa* ser competente em razão da matéria (CPC, art. 503, § 1º, III); **E:** Incorreta, pois o juiz precisa ser competente de forma absoluta (matéria e pessoa, como já visto em alternativas anteriores). LD

Gabarito "C".

(Escrevente - TJ/SP - 2018 - VUNESP) Nas causas que dispensem a fase instrutória, o juiz, independentemente da citação do réu, poderá julgar liminarmente improcedente o pedido

(A) que tiver petição inicial inepta.
(B) cujo autor carecer de interesse processual.
(C) que tenha parte manifestamente ilegítima.
(D) que não indicar o fundamento legal.
(E) que contrariar enunciado de súmula de tribunal de justiça sobre direito local.

A: Incorreta, porque a referida hipótese acarreta o indeferimento da petição inicial, que resultará na extinção do processo sem resolução do mérito (CPC, art. 330, I e art. 485, I); **B:** Incorreta, vide justificativa para a alternativa "A" (CPC, art. 330, III e art. 485, I); **C:** Incorreta, vide justificativa para a alternativa "A" (CPC, art. 330, II e art. 485, I); **D:** Incorreta, porque a não indicação dos fundamentos jurídicos configura inépcia da inicial por ausência de causa de pedir (CPC, art. 330, I e § 1º, I e art. 485, I); **E:** Correta (CPC, art. 332, IV). LD

Gabarito "E".

11. TEMAS COMBINADOS DE PROCESSO DE CONHECIMENTO

(Delegado der Polícia Federal - 2021 - CESPE) A respeito da jurisdição, da competência e do poder geral de cautela no processo civil, julgue os itens subsequentes.

(1) As características da jurisdição incluem substituir, no caso concreto, a vontade das partes pela vontade do juiz, o que, por sua vez, resolve a lide e promove a pacificação social.

(2) No curso de processo de ação de acidente de trabalho que tramite na justiça estadual, se a União intervier como interessada, o juiz deverá efetuar a remessa dos autos para a justiça federal.

(3) Caso haja fundado receio de que no curso da lide uma parte cause ao direito do réu lesão grave e de difícil reparação, o juiz poderá determinar medida provisória que julgue adequada.

1: Errado. No exercício da jurisdição, o Estado substitui as partes. Assim, o Estado, com uma atividade sua, substitui as atividades dos litigantes. Contudo, não se trata de substituição pela *vontade do juiz*, mas sim por aquilo previsto no sistema jurídico (vontade do *Direito* ou da *lei*). **2:** Errado. A ação de acidente do trabalho pode ser (i) contra o empregador, com base na responsabilidade civil subjetiva (culpa) – de competência da justiça do trabalho; (ii) contra o INSS, com base na legislação acidentária, independentemente da existência de culpa – da competência da justiça Estadual e não da Federal (por força de previsão constitucional para facilitar o acesso à justiça – CF, art. 109, I, que exclui a competência da Federal). Sendo assim, se a causa está na estadual, trata-se da situação (ii), que já tem ente federal litigando. Assim, se União pedir seu ingresso, isso será por força da chamada intervenção anômala (Art. 5º, parágrafo único, da Lei 9.469/97), a qual não altera a competência para a Federal (STJ, AgInt no REsp 1535789). **3:** Errado. No caso de risco de lesão, cabe *tutela* provisória (CPC, art. 294), e não *medida* provisória, que é usada pelo Poder Executivo para editar normas legais (CF, art. 62). LD

Gabarito 1E, 2E, 3E

12. TEORIA GERAL DOS RECURSOS

(Procurador – PGE/SP – 2024 – VUNESP) Quanto aos meios de impugnação dos provimentos judiciais, assinale a alternativa correta.

(A) Da decisão que inadmite intervenção de terceiros cabe agravo de instrumento.
(B) É cabível recurso extraordinário contra decisão proferida por juiz de primeiro grau nas causas de alçada, ou por turma recursal de juizado especial cível, sendo, neste caso, desnecessário o requisito da repercussão geral.
(C) Da decisão que exclui litisconsorte não cabe agravo de instrumento.
(D) Não é cabível agravo de instrumento contra decisão que acolhe pedido de revogação de gratuidade da justiça.
(E) É cabível reclamação em face de ato judicial não impugnado e transitado em julgado, que desrespeita decisão do STF.

A: Correta, conforme previsão do art. 1.015, IX do CPC; **B:** Incorreta, pois a repercussão geral sempre é requisito de admissibilidade do Recurso Extraordinário (CF, art. 102, § 3º). No mais, vale ressaltar que, nos termos da Súmula 640 do STF: "É cabível recurso extraordinário contra decisão proferida por juiz de primeiro grau nas causas de alçada, ou por turma recursal de juizado especial cível e criminal" – mas com a RG. Por "causas de alçada" entenda-se a situação dos embargos infringentes na Lei de Execução Fiscal (art. 34 da Lei 6.830/80, que prevê não caber recurso para o tribunal em causas de até determinado valor); **C:** Incorreta. É cabível agravo de instrumento em face de decisões interlocutórias que versarem sobre a exclusão de litisconsórcio (CPC, art. 1.015, VII); **D:** Incorreta. Nos termos do art. 1.015, V do CPC, cabe agravo de instrumento em face da decisão que revogar a concessão da gratuidade da justiça. Não há previsão de agravo da decisão que mantém a gratuidade; **E:** Incorreta. Não cabe reclamação quando já houver transitado em julgado o ato judicial (CPC, art. 988, § 5º, I e Súmula 734 do STF). LD

Gabarito "A".

(Procurador – AL/PR – 2024 – FGV) Olga Rios propôs ação contra o Estado do Paraná e foi proferida sentença. Trata-se de ação de um particular em face de uma pessoa jurídica de direito público, na qual há certas prerrogativas processuais.

Nesse sentido, assinale a opção em que a sentença proferida no processo entre Olga Rios e o Estado do Paraná não estaria sujeita ao reexame necessário.

(A) a sentença foi definitiva e condenou o Estado do Paraná em favor de Olga Rios em caso idêntico a acórdão veiculado no Informativo do Superior Tribunal de Justiça.
(B) a sentença foi definitiva, condenou o Estado do Paraná em favor de Olga Rios e está fundada em súmula do Tribunal de Justiça do Estado do Paraná.

(C) a sentença foi definitiva e condenou o Estado do Paraná em favor de Olga Rios a pagar R$510.000,00 (quinhentos e dez mil reais).

(D) a sentença foi definitiva e julgou procedente o pedido de Olga Rios em embargos à execução fiscal contra o Estado do Paraná.

(E) a sentença foi definitiva e condenou o Estado do Paraná em favor de Olga Rios em caso idêntico a entendimento objeto de incidente de resolução de demandas repetitivas em trâmite.

A: Incorreta, pois o acórdão veiculado no Informativo do Superior Tribunal de Justiça não possui efeito vinculante e, portanto, não afasta o reexame necessário (CPC, art. 496, § 4º); **B:** Incorreta, o reexame necessário não se aplica quando a sentença estiver fundada em súmula de tribunal superior (CPC, art. 496, § 4º, I); **C:** Correta, conforme previsão do art. 496, § 3º, II do CPC, a sentença não se sujeita ao reexame necessário quando o valor da condenação ou o proveito econômico obtido na causa foi inferior a 500 salários mínimos, valor esse em que não há o reexame em se tratando de Estados; **D:** Incorreta, o art. 496, II do CPC prevê expressamente que estará sujeita ao reexame necessário a sentença que julgar procedente, no todo ou em partes, os embargos à execução fiscal; **E:** Incorreta. Não se aplica o reexame necessário quando a sentença estiver fundada em entendimento firmado em incidente de resolução de demandas repetitivas (CPC, art. 496, § 4º, III). A alternativa, contudo, traz hipótese em que o incidente ainda está *em trâmite* (e, portanto, não há entendimento firmado).
Gabarito "C".

(ENAM – 2024.1) Menor absolutamente incapaz, devidamente representado por sua genitora, intentou ação pelo procedimento comum em face da operadora de plano de saúde contratada por sua família, tendo pleiteado a condenação da ré a lhe custear um medicamento de uso permanente cuja cobertura lhe fora negada. Na petição inicial, foi requerida, também, a concessão de tutela provisória, consubstanciada na edição de ordem judicial para que a demandada imediatamente custeasse o valor do medicamento prescrito para o autor.

Apreciando a peça exordial, o magistrado procedeu ao juízo positivo de admissibilidade da demanda, ordenando a citação da parte ré, embora tivesse ressalvado que o requerimento da tutela provisória somente seria examinado após a vinda da contestação.

Regularmente citada, a ré ofertou a sua peça contestatória, a que se seguiu a intimação do órgão do Ministério Público, que se pronunciou no sentido de que fosse deferida a tutela provisória vindicada na petição inicial.

Não obstante, o juiz da causa, entendendo que o feito já se encontrava completamente instruído, proferiu de imediato sentença de mérito em que julgava procedente o pleito autoral.

Tomando ciência da sentença, constatou o órgão ministerial que nenhum de seus tópicos continha a menção à concessão da tutela provisória, razão pela qual protocolizou, sete dias úteis depois de sua intimação pessoal, o recurso de embargos de declaração, requerendo a apreciação e o deferimento da medida em favor do demandante, ponto em relação ao qual alegou ter ficado caracterizada a omissão do órgão julgador no ato sentencial.

É correto afirmar, sobre esse quadro, que os embargos de declaração manejados pelo órgão do Ministério Público

(A) não merecem ser conhecidos, haja vista a sua intempestividade.

(B) não merecem ser conhecidos, haja vista a sua ilegitimidade recursal.

(C) não merecem ser conhecidos, haja vista a falta de interesse recursal.

(D) merecem ser conhecidos, porém desprovidos, já que não ficou configurado o vício da omissão.

(E) merecem ser conhecidos e providos, para o fim de se apreciar e deferir o requerimento de tutela provisória.

A: Incorreta. Nos termos dos arts. 1.007 § 5º e 1.023 do CPC, o prazo para oposição de embargos de declaração é de 5 dias. Porém, considerando que o Ministério Público tem prazo em dobro (CPC, art. 180), o recurso é tempestivo. **B:** Incorreta. Considerando que há como parte um menor absolutamente incapaz, o Ministério Público tem legitimidade recursal (CPC, art. 996), pois atua na qualidade de fiscal da ordem jurídica (CPC, art. 178, II). **C:** Incorreta. O Ministério Público possui interesse recursal, tendo em vista que o pedido de tutela provisória não foi apreciado (CPC, art. 996) – ou seja, houve prejuízo / sucumbência, o que justifica o recurso. **D:** Incorreta. A decisão padece de vício de omissão, pois efetivamente não apreciou o pedido de tutela provisória formulado no processo (CPC, art. 1.022, II). **E:** Correta, considerando a tempestividade, legitimidade, interesse (requisitos de admissibilidade recursal, conforme exposto nas alternativas "A", "B" e "C"), bem como a existência de omissão (vide alternativa "D").
Gabarito "E".

(Juiz de Direito – TJ/SC – 2024 – FGV) Em apelação cível distribuída ao Tribunal de Justiça, o relator, diante da impossibilidade de decidir monocraticamente, elaborou voto e relatório, determinando a designação de data para julgamento do recurso.

Considerando essa situação hipotética, é correto afirmar que:

(A) se, durante a sessão de julgamento, o relator constatar a ocorrência de fato superveniente à decisão recorrida, deverá intimar as partes para se manifestarem no prazo de quinze dias;

(B) havendo questão preliminar a ser decidida, esta será submetida a julgamento pela turma julgadora antes do mérito. Caso a preliminar seja rejeitada por maioria, o julgador que acolhia a preliminar não poderá se pronunciar sobre o mérito;

(C) o voto poderá ser alterado até o momento da proclamação do resultado pelo presidente, inclusive aquele que já tiver sido proferido por juiz afastado ou substituído;

(D) não publicado o acórdão no prazo de quinze dias, contados da data da sessão de julgamento, as notas taquigráficas o substituirão, para todos os fins legais, cabendo ao relator lavrar, de imediato, as conclusões e a ementa e mandar publicar o acórdão;

(E) em caso de haver voto vencido, este será necessariamente declarado e considerado parte integrante do acórdão para todos os fins legais, inclusive a título de pré-questionamento.

A: Incorreta, se o relator constatar a ocorrência de fato superveniente à decisão recorrida, durante sessão de julgamento, essa deverá ser suspensa para que as partes se manifestem, no prazo de 5 (cinco) dias (CPC, art. 933). **B:** Incorreta. Isso porque, nos termos do art. 939 do CPC, todos os julgadores (mesmo que vencidos quanto à preliminar) deverão se pronunciar sobre a matéria principal. **C:** Incorreta, vez que

o voto poderá ser alterado até o momento da proclamação do resultado pelo presidente, *salvo* aquele proferido por juiz afastado ou substituído (CPC, art. 941, § 1º). **D:** Incorreta, pois nos termos do art. 944, o prazo é de 30 dias, contado da data da sessão de julgamento. **E:** Correta, nos termos do art. 941, § 3º: "§ 3º O voto vencido será necessariamente declarado e considerado parte integrante do acórdão para todos os fins legais, inclusive de pré-questionamento".
Gabarito "E".

(Juiz de Direito – TJ/SC – 2024 – FGV) Tendo um menor incapaz ajuizado ação em que pleiteava a condenação do demandado a lhe pagar verbas indenizatórias em razão das lesões que sofrera em um acidente de trânsito, o juiz da causa, no momento processual próprio, proferiu decisão em que declarava saneado o feito, rejeitando as questões preliminares suscitadas pelo réu e deferindo a produção de provas testemunhal e documental suplementar.

Intimadas as partes da demanda e, também, o órgão do Ministério Público que oficiava no processo como fiscal da ordem jurídica, este constatou que a decisão de saneamento não havia apreciado o requerimento que formulara em sua precedente manifestação, no sentido de que fosse produzida a prova pericial médica, a qual teria por escopo apurar a gravidade das lesões sofridas pelo autor. Assim, o órgão ministerial houve por bem interpor embargos de declaração para arguir o ponto, o que fez sete dias úteis depois de sua intimação pessoal.

Apreciando os embargos declaratórios protocolizados pelo promotor de justiça, deve o juiz da causa:

(A) deles não conhecer, diante da falta de legitimidade recursal do Ministério Público;
(B) deles não conhecer, diante da falta de interesse recursal do Ministério Público;
(C) deles não conhecer, diante da intempestividade da peça recursal;
(D) deles conhecer, mas lhes negar provimento, já que, independentemente da eventual pertinência da prova pericial, as partes da demanda não a haviam requerido;
(E) deles conhecer e lhes dar provimento, para reconhecer a omissão e decidir sobre a pertinência da prova pericial como entender de direito.

A: Incorreta, pois como fiscal da ordem jurídica, o Ministério Público tem legitimidade para recorrer (CPC, art. 996). **B:** Incorreta, o Ministério Público possui interesse recursal (sucumbência), considerando que houve omissão acerca de seu pleito (CPC, arts. 179, II). **C:** Incorreta. Embora o prazo para oposição de embargos de declaração seja de 5 (cinco) dias (CPC, art. 1.003, § 5º), o Ministério Público goza de prazo em dobro (CPC, art. 180), de maneira que o recurso é tempestivo. **D:** Incorreta, pois o Ministério Público, nos casos de intervenção como fiscal da ordem jurídica, poderá requerer provas, medidas processuais pertinentes e recorrer (CPC, art. 179, II). **E:** Correta, uma vez que presente os requisitos de admissibilidade (legitimidade, interesse e tempestividade) e que houve omissão quanto às provas (CPC, art. 1.022, II), recurso formulado de acordo com as prerrogativas do MP previstas no art. 179, II do CPC.
Gabarito "E".

(Juiz Federal – TRF/1 – 2023 – FGV) Em sessão de julgamento de Turma do Tribunal Regional Federal da 1ª Região, um dos julgadores apresentou voto divergente.

O julgamento deverá prosseguir com a convocação de julgadores em número suficiente para modificar o resultado do julgamento se a divergência houver ocorrido no julgamento de:

(A) apelação, salvo quando interposta esta em face de sentença de extinção do processo sem resolução de mérito;
(B) agravo de instrumento, quando houver reforma de decisão proferida no processo de execução;
(C) apelação, salvo quando a divergência limitar-se a questões preliminares relativas ao juízo de admissibilidade do recurso;
(D) apelação, restringindo-se o julgamento ampliado à matéria objeto da divergência;
(E) agravo de instrumento, quando houver reforma de decisão de mérito proferida em liquidação por arbitramento.

A: Incorreta, pois a técnica do julgamento estendido do art. 942 do CPC se aplica a apelação quando seu resultado for não unanime, independentemente de se tratar de sentença de extinção do processo sem resolução de mérito. **B:** Incorreta. A técnica do julgamento estendido se aplica ao agravo de instrumento somente quando houver reforma da decisão que julgar parcialmente o mérito (CPC, 942, § 3º, II). **C:** Incorreta, pois a legislação processual não restringe o julgamento ampliado ao mérito do recurso, sendo possível, também, quando a divergência se der quanto à admissibilidade do recurso (CPC, art. 942). **D:** Incorreta, pois a lei não restringe o julgamento ampliado à matéria objeto da divergência (CPC, art. 942). **E:** Correta. Ainda que não haja expressa previsão nesse sentido, mas aplicando o previsto no art. 942, § 3º, II, decidiu o STJ que "A técnica de ampliação de colegiado prevista no artigo 942 do CPC/2015 aplica-se no julgamento de agravo de instrumento quando houver reforma por maioria de decisão de mérito proferida em liquidação por arbitramento." (REsp 1.931.969/SP).
Gabarito "E".

(Procurador Federal – AGU – 2023 – CEBRASPE) Um cidadão ajuizou ação declaratória, cumulada com pedido liminar, em desfavor da União, com o propósito de compelir o referido ente a nomeá-lo para cargo público, considerando que havia sido aprovado na terceira colocação entre as quatro vagas disponibilizadas no edital do certame, cujo prazo de validade era de dois anos, e que já havia transcorrido um ano e dez meses da sua aprovação, tendo sido nomeado apenas o primeiro colocado, razão pela qual buscou a tutela jurisdicional para que fossem deferidos os seguintes pedidos: (a) liminarmente, sua nomeação imediata e o sobrestamento do prazo de validade do concurso enquanto perdurasse a ação; e (b) no mérito, a confirmação da liminar, com a garantia da sua nomeação e posse, uma vez ter participado regularmente do concurso e obtido êxito na aprovação dentro das vagas ofertadas. Após a apresentação de defesa pelo ente público, o magistrado emitiu pronunciamento sobre o pedido liminar pleiteado, tendo indeferido o pleito, sob a justificativa de não ter verificado elementos que evidenciassem a probabilidade do direito nem ter visto configurado o perigo de dano ou risco ao resultado útil do processo. Contra essa decisão, o autor apresentou recurso de agravo de instrumento, repetindo os argumentos lançados na petição inicial.

A respeito dessa situação hipotética, assinale a opção correta conforme o entendimento firmado no Superior Tribunal de Justiça (STJ).

(A) O recurso apresentado não deve ser conhecido, porque o rol do art. 1.015 do CPC é taxativo, não admitindo interpretação extensiva ou analógica.

(B) O recurso apresentado deve ser conhecido, porque o rol do art. 1.015 do CPC é meramente exemplificativo, tal qual o era o do art. 522 do Código de Processo Civil de 1973.

(C) Admite-se a possibilidade de impugnar decisões de natureza interlocutória não previstas no rol do art. 1.015 do CPC, em caráter excepcional, sendo requisito objetivo a urgência decorrente da inutilidade futura do julgamento diferido na apelação.

(D) O recurso apresentado deve ser conhecido, porque o rol do art. 1.015 do CPC possui taxatividade mitigada, bastando que a parte tenha demonstrado elementos que evidenciem a probabilidade do direito, independentemente da demonstração de perigo de dano ou de risco ao resultado útil do processo, desde que preenchidos os requisitos da tutela de evidência elencados no CPC.

(E) Admite-se a possibilidade de impugnar decisões de natureza interlocutória, desde que expressamente previstas no rol do art. 1.015 do CPC, devendo ser verificada, ainda, na análise do caso, a existência do requisito objetivo da urgência decorrente da inutilidade futura do julgamento diferido na apelação.

A: Incorreta, uma vez que o art. 1.015, I do CPC prevê o cabimento de agravo de instrumento contra as decisões interlocutórias que versem sobre tutela provisória – sendo muito comum a hipótese de agravo de denegação ou concessão de liminar; **B:** Incorreta. Nos termos da jurisprudência do STJ (tema 988 do recurso repetitivo), o rol do art. 1.015 do CPC/15 é de taxatividade mitigada e, portanto, além das hipóteses expressamente previstas, admite-se a interposição de agravo de instrumento quando houver urgência, "decorrente da inutilidade do julgamento da questão no recurso de apelação"; **C:** Correta, sendo esse o entendimento firmado pelo STJ (taxatividade mitigada, tema 988 do STJ, conforme reproduzido em "B"); **D:** Incorreta, uma vez que, para a taxatividade mitigada, a parte deverá demonstrar a *urgência "decorrente da inutilidade do julgamento da questão no recurso de apelação"* e não o preenchimento dos requisitos para a concessão de tutela provisória, sendo que o tema 988 do STJ nada trata de tutela de evidência; **E:** Incorreta. Pelo CPC, as hipóteses do art. 1.015 é que admitem o recurso de agravo, independentemente de urgência. E, pelo tema 988 STJ, são hipóteses não previstas no art. 1.015 e que apresentam urgência. Gabarito "C".

(Procurador Fazenda Nacional – AGU – 2023 – CEBRASPE) Assinale a opção que apresenta o princípio ou instituto jurídico incidente no julgamento de recurso especial interposto contra decisão exarada ainda na vigência do CPC de 1973 que atraia as regras de cabimento e demais pressupostos de admissibilidade da legislação processual civil já revogada, apesar de o julgamento ocorrer sob a égide do CPC de 2015.

(A) singularidade recursal
(B) ultratividade
(C) aplicação da norma mais favorável
(D) segurança jurídica
(E) vedação da *reformatio in pejus*

A: incorreta, pois esse princípio aponta que, para cada decisão, cabe um recurso; **B:** Correta, pois significa a excepcional aplicação posterior de lei já revogada (em casos que ocorreram durante o período em que ainda estava vigente). Nesse sentido: "O acórdão que julgou o agravo de instrumento (fls. 72-77) foi publicado sob a égide da legislação processual civil anterior. Por isso, em relação ao cabimento, processamento e pressupostos de admissibilidade dos recursos, observam-se as regras do Código de Processo Civil de 1973, diante do fenômeno da ultratividade e do Enunciado Administrativo n. 2 do Superior Tribunal de Justiça. (AgInt no REsp 1690266); **C:** incorreta, pois isso é do processo penal, não processo civil; **D:** incorreta, pois esse princípio não tem correlação com o caso concreto de direito intertemporal; **E:** incorreta, pois não estamos diante da vedação da reforma para pior, mas sim aplicação de lei anterior. Gabarito "B".

(Procurador Fazenda Nacional – AGU – 2023 – CEBRASPE) Acerca da modulação de efeitos no âmbito dos tribunais superiores, assinale a opção correta à luz da CF, da legislação processual civil e do entendimento jurisprudencial do STJ e do STF.

(A) No ordenamento jurídico brasileiro, a positivação da modulação de efeitos só veio a ocorrer com a promulgação do CPC de 2015.

(B) Por meio da técnica da sinalização (signaling), o tribunal superior indica aos interessados a possibilidade de mudança de entendimento jurisprudencial, revogando apenas em parte o precedente, podendo conferir eficácia prospectiva a essa alteração.

(C) Há relação de causalidade entre a mudança de entendimento jurisprudencial e a adoção da técnica de superação prospectiva de precedente.

(D) Tanto nas ações de controle concentrado quanto na sistemática da repercussão geral, seja na declaração de constitucionalidade, seja na de inconstitucionalidade, a modulação de efeitos está condicionada ao quórum de maioria qualificada dos ministros do STF.

(E) O CPC em vigor autoriza, expressamente, que o STJ module os efeitos de suas decisões.

A: Incorreta. A modulação de efeitos já existia na ação direta de inconstitucionalidade e na ação declaratória de constitucionalidade (Lei 9.868/1999), e antes da própria CF, de modo que o CPC/15 apenas estabeleceu novas hipóteses (CPC, art. 927, § 3º); **B:** Incorreta. Pela técnica da sinalização ("signaling"), o tribunal respeita o precedente ao julgar determinado caso, porém *sinaliza* que o precedente pode ser revogado posteriormente; **C:** Incorreta, pois a modulação de efeitos da decisão é *faculdade* processual conferida ao STF, em caso de alteração da jurisprudência dominante (Nesse sentido, o RE 593849). Assim, não é obrigatório que a mudança de entendimento jurisprudencial acarrete a modulação – a chamada "técnica de superação prospectiva" de precedente (*prospective overruling*). **D:** Incorreta. A modulação está condicionada ao quórum de maioria absoluta (6 em 11) dos Ministros do STJ (RE 638115 ED-ED). O quórum da maioria qualificada (dois terços – 8 em 11) é exigido para a modulação de efeitos na *declaração de inconstitucionalidade* (art. 27 da Lei 9.868/1999); **E:** Correta, sendo essa a previsão do art. 927, § 3º do CPC. Gabarito "E".

(Juiz de Direito/AP – 2022 – FGV) No curso do procedimento, o réu reconheceu a procedência do pedido de ressarcimento do dano material, que foi julgado procedente por meio de uma decisão interlocutória, que não foi objeto de recurso. Todavia, contestou o pedido de reparação de dano moral, uma vez que entendeu ser este inexistente. Após o regular prosseguimento do feito, sobreveio sentença, em que foi julgado procedente *in totum* o pedido de reparação do dano moral.

Nesse cenário, pretendendo o réu recorrer dessa sentença, é correto afirmar que:

(A) cabe apelação para rediscutir integralmente a lide, uma vez que a decisão interlocutória proferida no curso do processo não é coberta pela preclusão;
(B) cabe agravo de instrumento quanto à condenação em dano material e apelação quanto ao pedido de dano moral, que devem ser interpostos simultaneamente;
(C) há coisa julgada em relação ao pedido de ressarcimento de dano material, cabendo apenas apelação quanto à condenação em dano moral;
(D) o julgador incidiu em *error in procedendo*, uma vez que as questões de mérito devem ser decididas simultaneamente na sentença, que deve ser única;
(E) cabe agravo de instrumento quanto às duas manifestações judiciais, uma vez que este é a espécie recursal das decisões que versarem sobre o mérito do processo.

A: incorreta, já que a discussão sobre o dano material já está coberta pela preclusão e coisa julgada, considerando a não interposição de agravo de instrumento no prazo de 15 dias (CPC, arts. 356, § 5º, 507 e 1.009); **B:** incorreta, porque a decisão parcial de mérito já transitou em julgado, sendo cabível apenas apelação para discutir a sentença (CPC, arts. 356, § 5º e 1.009); **C:** correta, pois a decisão parcial de mérito não foi objeto de agravo de instrumento (CPC, art. 356, § 5º) e, quanto ao dano material decidido em sentença, cabe apelação (CPC, art. 1.009); **D:** incorreta, visto que é possível o julgamento antecipado parcial do mérito, por meio de decisão interlocutória, quando o pedido se mostra incontroverso (CPC, art. 356); **E:** incorreta, pois a decisão parcial de mérito é interlocutória, recorrível via agravo de instrumento (CPC, art. 356, § 5º) e a sentença é recorrível via apelação (CPC, art. 1.009). Gabarito "C".

(Juiz de Direito/AP – 2022 – FGV) Em uma demanda judicial proposta por um único autor em face de dois réus, em litisconsórcio passivo comum, apenas um deles ofereceu contestação, não obstante ter o revel constituído procurador distinto e de outro escritório de advocacia.

Tratando-se de autos eletrônicos, e sabendo-se que o juízo julgou procedente o pedido, é correto afirmar que:

(A) será contado em dobro o prazo para que qualquer um dos litisconsortes ofereça o recurso de apelação;
(B) não será admissível a apelação do réu revel, uma vez que a revelia gerou presunção de certeza do direito do autor;
(C) o prazo para o réu contestante oferecer recurso de apelação não será contado em dobro;
(D) o prazo para o réu contestante recorrer será contado em dobro, e para o réu revel será contado de forma simples;
(E) o prazo para o autor recorrer será contado em dobro, caso entenda existir interesse recursal.

Comentário: **A:** incorreta, visto que a contagem de prazo em dobro não se aplica para autos eletrônicos e se apenas um dos réus apresentou defesa (CPC, art. 229); **B:** incorreta, pois, além de o revel poder intervir no processo em qualquer fase, a revelia não necessariamente produziu seus efeitos, já que foi oferecida contestação pelo outro réu (CPC, arts. 345, I e 346, p.u.); **C:** correta, considerando o exposto em "A" (CPC, art. 229, § 1º); **D:** incorreta, já que a contagem de prazo em dobro não se aplica para autos eletrônicos (CPC, art. 229); **E:** incorreta, porque a contagem do prazo em dobro é prevista para os litisconsortes e não para o autor da ação (CPC, art. 229). Gabarito "C".

(Juiz de Direito/AP – 2022 – FGV) Publicada sentença em que houve sucumbência recíproca, pois os pedidos de ressarcimento de dano material e reparação pelo dano moral foram parcialmente concedidos, ambas as partes apelaram de forma independente. O recurso da parte autora pretendia apenas a majoração da condenação fixada pelo juiz pelo dano material. Todavia, após ser surpreendido com o recurso da parte ré, que pretendia unicamente a redução da condenação fixada pelo dano moral, o autor interpõe, no prazo das contrarrazões, apelação pela via adesiva, buscando agora a integralidade também da verba pretendida a título de dano moral, que não fora objeto do recurso anterior.

Nesse cenário, esse recurso adesivo:

(A) deve ser admitido, pois a apelação interposta pela via independente foi parcial, não abrangendo a parte da sentença que se referia ao dano moral;
(B) não deve ser admitido, pois o recurso interposto pela via adesiva demandaria o prévio consentimento da parte contrária;
(C) deve ser admitido, uma vez que o autor foi intimado da apelação do réu após já ter interposto sua apelação pela via independente;
(D) não deve ser admitido, por não ser cabível em sede de recurso de apelação;
(E) não deve ser admitido, pois houve preclusão consumativa, uma vez que o recurso adesivo não serve para complementação de recurso já interposto.

A: incorreta, pois se operou a preclusão consumativa, não se admitindo posterior recurso adesivo (CPC, art. 997 e STJ, REsp 1.197.761/RJ); **B:** incorreta, já que o recurso adesivo não demanda o prévio consentimento da parte contrária (CPC, art. 997); **C:** incorreta, considerando o exposto em "A"; **D:** incorreta, pois é cabível recurso adesivo em apelação (CPC, art. 997, § 2º, II); **E:** correta, pois nesse caso há preclusão – que, portanto, impede que haja novo debate quanto à apelação já interposta –, conforme entendimento do STJ (REsp 1.197.761/RJ). Gabarito "E".

(Juiz de Direito/SP – 2021 – Vunesp) Interpostos embargos de declaração de natureza manifestamente protelatória e subvertendo a verdade dos fatos, o juízo de primeira instância

(A) poderá condenar o embargante a pagar a multa por embargos de declaração manifestamente protelatórios, que não pode ser cumulada com as penalidades da litigância de má fé.
(B) poderá condenar o embargante como litigante de má fé a indenizar o embargado, condenação esta que não pode ser cumulada com a multa por embargos de declaração protelatórios.
(C) não poderá o juiz de primeiro grau aplicar nenhuma penalidade ou fixar indenização, pois estas somente são de competência do Tribunal.
(D) poderá condenar o embargante como litigante de má fé a indenizar o embargado, podendo ser cumulada a indenização com a multa por embargos de declaração manifestamente protelatórios.

A: incorreta, pois é possível a cumulação das multas por litigância de má-fé e por recurso de embargos protelatórios (CPC, arts. 80, II, 81 e 1.026, § 2º e STJ, REsp 1.250.739/PA – Tema Repetitivo 507); **B:** incorreta, vide alternativa "A"; **C:** incorreta, já que os juízos de 1º grau têm competência para aplicar as sanções por litigância de má-fé e embargos protelatórios (CPC, arts. 80, II, 81 e 1.026, §2º); **D**: correta, conforme exposto na alternativa "A" (CPC, arts. 80, II, 81 e 1.026, §2º e STJ, Resp 1.250.739/PA – Tema Repetitivo 507).

Gabarito "D".

(Juiz de Direito – TJ/MS – 2020 – FCC) Indeferida a inicial, o autor

(A) poderá apelar, facultado ao juiz, no prazo de cinco dias, retratar-se; se não houver retratação, o juiz mandará citar o réu para responder ao recurso.

(B) poderá apelar, subindo os autos ao Tribunal imediatamente, sem citação do réu para resposta ao recurso.

(C) poderá impetrar mandado de segurança, pelo direito líquido e certo à prestação jurisdicional.

(D) deverá aguardar o trânsito em julgado, se quiser ajuizar nova demanda sobre a mesma matéria, não sendo possível o juízo de retratação.

(E) poderá apelar, com possibilidade de retratação do juiz em cinco dias; não havendo retratação, os autos subirão imediatamente, não havendo citação do réu porque não chegou a se constituir a relação jurídico-processual.

A: Correta, sendo essa a previsão legal (CPC, art. 331, *caput* e § 1º). **B:** Incorreta, pois se não houver retratação, os autos somente serão remetidos ao tribunal *após a citação do réu* e apresentação de sua resposta ao recurso (CPC, arts. 331 e 1.010, §3º). **C:** Incorreta, porque a decisão que indefere a inicial tem de ser impugnada por sentença (CPC, art. 1.009). Somente é cabível mandado de segurança (que não é recurso, mas sim ação autônoma) quando se estiver diante de decisão não passível de impugnação por recurso (Súmula 267/STF). **D:** Incorreta, considerando ser possível apelar dessa decisão, como já visto (CPC, art. 1.009). **E:** Incorreta, pois a lei processual prevê que o juiz mande citar o réu para responder ao recurso (CPC, 331, § 1º).

Gabarito "A".

(Juiz de Direito – TJ/MS – 2020 – FCC) Quanto aos princípios recursais,

(A) o princípio da taxatividade recursal tem sido mitigado, admitindo-se a criação de recursos não previstos expressamente em lei, desde que as partes criem tais recursos de comum acordo, como negócio jurídico-processual.

(B) pelo princípio da singularidade ou unirrecorribilidade afirma-se que só se admite uma espécie recursal como meio de impugnação de cada decisão judicial, mostrando-se defeso interpor sucessiva ou concomitantemente duas espécies recursais contra a mesma decisão.

(C) o princípio da dialeticidade diz respeito ao elemento volitivo, ou seja, à vontade da parte em recorrer, expressa na interposição do recurso correspondente à situação jurídica dos autos.

(D) o princípio da fungibilidade não foi previsto normativamente no atual ordenamento jurídico processual, não mais se podendo receber um recurso por outro em situações de pretensa dúvida.

(E) o princípio da *reformatio in pejus*, ou seja, reforma para piorar a situação de quem recorre, não foi admitido em nenhuma hipótese no atual processo civil brasileiro.

A: Incorreta, pois são cabíveis apenas os recursos previstos em lei – princípio da taxatividade recursal (CPC, arts. 994 e 997 e Lei 9.099/90,

art. 41), que não deve ser confundido com a tese da "taxatividade mitigada" do agravo, decidida pelo STJ. **B:** Correta para a banca. Essa é regra, pelo princípio mencionado no enunciado. Assim, usualmente, para cada decisão, somente será cabível um recurso (*porém, existem exceções, como REsp e RE, além de agravo interno e AREsp, conforme Enunciado 77/CJF; assim, eventualmente, a alternativa poderia ser errada – a depender das demais alternativas [mas todas as demais estão claramente erradas] e da banca). **C:** Incorreta, porque pelo princípio da dialeticidade deve-se argumentar, trazer as razões de reforma da decisão – ou seja, deve haver correlação entre a decisão recorrida e o recurso interposto (CPC, art. 932, III, parte final). **D:** Incorreta, considerando que há situações de fungibilidade no próprio Código (arts. 1.032 e 1.033, por exemplo), além de se admitir, na doutrina e jurisprudência, outras hipóteses de fungibilidade, no caso de "dúvida objetiva quanto ao recurso cabível". **E:** Incorreta, pois a *reformatio in pejus* (a reforma para pior, ou seja, em desfavor do recorrente), ainda que usualmente vedada (CPC, art. 1.013), é excepcionalmente admitida diante da existência de matéria de ordem pública.

Gabarito "B".

(Promotor de Justiça/CE – 2020 – CESPE/CEBRASPE) Caso haja precedente judicial firmado por tribunal superior em julgamento de caso repetitivo, a distinção (*distinguishing*), técnica processual por meio da qual o Poder Judiciário deixa de aplicar o referido precedente a outro caso concreto por considerar que não há semelhança entre o paradigma e o novo caso examinado, poderá ser realizada

(A) por decisão de qualquer órgão jurisdicional.

(B) somente por decisão colegiada ou monocrática de tribunal.

(C) somente por decisão colegiada de tribunal.

(D) somente por decisão colegiada ou monocrática do tribunal superior que firmou o precedente.

(E) somente por decisão colegiada do tribunal superior que firmou o precedente.

A legislação processual permite que a distinção (*distinguishing*, no modelo do *common law*) seja feita por qualquer órgão jurisprudencial (CPC, art. 489, § 1º, VI – que não faz restrição a qualquer órgão julgador e, assim, se aplica a qualquer magistrado).

Gabarito "A".

No julgamento de um recurso de apelação em órgão colegiado de tribunal de justiça, o relator votou no sentido de não conhecer do recurso por ausência de requisito de admissibilidade recursal. Posteriormente, houve divergência entre os outros dois desembargadores que participavam do julgamento: um deles acompanhou o voto do relator; o outro discordou quanto à admissibilidade porque entendeu pelo conhecimento da apelação.

(Promotor de Justiça/CE – 2020 – CESPE/CEBRASPE) Nessa situação hipotética, de acordo com o previsto no CPC e com a jurisprudência do STJ, a técnica de ampliação do colegiado com a participação de outros julgadores

(A) não deverá ser aplicada, porque o CPC expressamente veda a ampliação do colegiado para debater questão de natureza processual.

(B) não deverá ser aplicada, porque somente é cabível quando há divergência quanto ao mérito e quando a apelação é provida por maioria.

(C) somente será aplicada caso haja expressa manifestação do interessado pelo prosseguimento do julgamento com a convocação de novos julgadores.

(D) deverá ser aplicada de ofício, sendo possível o prosseguimento do julgamento, na mesma sessão do tribunal, caso estejam presentes outros julgadores do órgão colegiado aptos a votar.

(E) deverá ser aplicada de ofício, sendo vedado, em qualquer hipótese, o prosseguimento do julgamento na mesma sessão de julgamento do referido órgão do tribunal.

No Código anterior, no caso de voto vencido, era cabível recurso (embargos infringentes). No CPC atual, esse recurso foi extinto e, no caso de voto vencido, há o julgamento estendido, mesmo sem vontade da parte (art. 942). Existem algumas dúvidas quanto à técnica do julgamento estendido, de modo que a jurisprudência ainda está delimitando o tema. O STJ já decidiu que cabe o julgamento estendido seja em questão de mérito ou de admissibilidade recursal, seja para dar ou negar provimento ao recurso (REsp 1.798.705)
A: Incorreta, pois não há essa vedação no Código; **B:** Incorreta, pois não há restrição quanto ao mérito, nem quanto à hipótese de provimento da apelação; **C:** Incorreta, pois o julgamento estendido ocorre de ofício, independente da vontade das partes (CPC, art.942); **D:** Correta, sendo essa a expressa previsão legal (CPC, art. 942); **E:** Incorreta, porque sendo possível (ou seja, existindo 5 desembargadores no total), o prosseguimento do julgamento se dará na mesma sessão (CPC, art. 942, § 1º). Gabarito "D".

(Promotor de Justiça/SP – 2019 – MPE/SP) Está sujeita à remessa necessária, não produzindo efeito senão depois de confirmada pelo tribunal, a sentença proferida contra a União, os Estados, o Distrito Federal, os Municípios e suas respectivas autarquias e fundações de direito público, bem como a sentença que julgar procedentes, no todo ou em parte, os embargos à execução fiscal, fundada em

(A) acórdão proferido pelo Supremo Tribunal Federal ou pelo Superior Tribunal de Justiça em julgamento de recursos repetitivos.

(B) entendimento coincidente com a orientação emanada do respectivo tribunal com competência recursal.

(C) entendimento firmado em incidente de resolução de demandas repetitivas ou de assunção de competência.

(D) entendimento coincidente com orientação vinculante firmada no âmbito administrativo do próprio ente público, consolidada em manifestação, parecer ou súmula administrativa.

(E) súmula de tribunal superior.

A: Incorreta, desses julgados não haverá remessa necessária (CPC, art. 496, § 4º, II); **B:** Correta, pois essa sentença está sujeita ao duplo grau de jurisdição (CPC, art. 496) – não se enquadrando em nenhuma das exceções; **C:** Incorreta, sendo esses um dos casos em que a lei afasta a remessa necessária (CPC, art. 496, § 4º, III); **D:** Incorreta, porque se trata de uma exceção à remessa necessária (CPC, art. 496, § 4º, inciso IV); **E:** Incorreta, sendo essa outra hipótese de exceção à remessa necessária aplica (CPC, art. 496, § 4º, I). Gabarito "B".

(Promotor de Justiça/PR – 2019 – MPE/PR) Assinale a alternativa **correta** no que diz respeito ao regime jurídico dos processos nos tribunais, nos termos do Código de Processo Civil de 2015:

(A) O julgamento de casos repetitivos terá lugar apenas para resolver questões de direito material.

(B) Ao editar o enunciado de súmula, os tribunais devem retirar qualquer elemento fático do texto do enunciado, preservando a regra jurídica geral e abstrata.

(C) A ampliação do quórum de julgamento aplica-se para o julgamento de qualquer recurso ou ação de competência originária do tribunal.

(D) O acórdão não unânime proferido pelo órgão especial de tribunal deverá ser ampliado pela convocação do tribunal pleno.

(E) Incumbe ao relator do feito decidir o incidente de desconsideração da personalidade jurídica, quando este for instaurado originariamente perante o tribunal.

A: Incorreta, porque o julgamento de casos repetitivos tem por objeto questão de direito material ou processual (CPC, art. 928, p. único); **B:** Incorreta, porque o CPC prevê que o Tribunal, ao editar enunciado de súmula, deve se atentar às circunstâncias fáticas dos precedentes que motivaram sua criação (CPC, art. 926, § 2º); **C:** Incorreta, pois o julgamento estendido aplica-se apenas ao (i) recurso de apelação, (ii) ação rescisória e (iii) agravo de instrumento que reforme decisão que julgar parcialmente o mérito (CPC, art. 942, *caput* e § 3º, I e II); **D:** Incorreta, considerando que o julgamento estendido não se aplica ao acórdão não unânime proferido, nos tribunais, pelo plenário ou pela corte especial (CPC, art. 942, § 4º, III); **E:** Correta, por expressa previsão legal (CPC, art. 932, VI). Gabarito "E".

(Promotor de Justiça/SP – 2019 – MPE/SP) Em relação ao incidente de resolução de demandas repetitivas, assinale a alternativa **INCORRETA**.

(A) Não será examinado o mérito do incidente se houver desistência ou abandono do processo.

(B) A sua admissão provoca a suspensão dos processos pendentes, individuais ou coletivos, que tramitam no Estado ou na Região, conforme o caso.

(C) Autoriza o juiz, nas causas que dispensem a fase instrutória, a julgar liminarmente improcedente o pedido que contrarie o entendimento nele firmado.

(D) Admite-se recurso do *amicus curiae* contra a decisão que o julga.

(E) Deverá intervir obrigatoriamente o Ministério Público.

A: Incorreta, pois a desistência ou abandono do processo não impedem o exame do mérito do IRDR (CPC, art. 976, § 1º); **B:** Correta, sendo essa a previsão legal (CPC, 982, I); **C:** Correta (CPC, art. 332, III); **D:** Correta (CPC, art. 138, § 3º); **E:** Correta; se o MP não for o requerente, deverá obrigatoriamente intervir como fiscal da ordem jurídica (CPC, art. 976, § 2º). Gabarito "A".

(Promotor de Justiça/SP – 2019 – MPE/SP) É cabível a instauração do incidente de resolução de demandas repetitivas

(A) mesmo quando um dos tribunais superiores, no âmbito de sua respectiva competência, já tiver afetado recurso para definição de tese sobre questão de direito material ou processual repetitiva.

(B) quando o julgamento de recurso, de remessa necessária ou de processo de competência originária envolver relevante questão de direito, com grande repercussão social.

(C) diante de efetiva repetição de processos que contenham controvérsia sobre a mesma questão unicamente de direito e risco de ofensa à isonomia e à segurança jurídica.

(D) para garantir a observância de enunciado de súmula vinculante e de decisão do Supremo Tribunal Federal em controle concentrado de constitucionalidade.

(E) quando ocorrer relevante questão de direito a respeito da qual seja conveniente a prevenção ou a composição de divergência entre câmaras ou turmas do tribunal.

A: Incorreta, porque não cabe IRDR se um dos tribunais superiores já tiver afetado recurso repetitivo (CPC, art. 976, § 4º); **B:** Incorreta, pois essa é hipótese de incidente de assunção de competência (IAC – CPC, art. 947); **C:** Correta, por expressa previsão legal (CPC, art. 976, I); **D:** Incorreta, pois essa situação é de cabimento da Reclamação (CPC, art. 988, III); **E:** Incorreta, pois esse é caso de utilização do incidente de assunção de competência (IAC – CPC, art. 947, § 4º). Gabarito "C".

(Juiz de Direito – TJ/RJ – 2019 – VUNESP) A reclamação teve suas hipóteses de cabimento significativamente majoradas pelo Código de Processo Civil, inserindo-se de forma determinante no contexto de proteção aos precedentes judiciais.

Nesse sentido, é correto afirmar que cabe reclamação

(A) mesmo que proposta após o trânsito em julgado da decisão reclamada.

(B) para garantir a observância da orientação do plenário ou do órgão especial aos quais estiverem juízes e tribunais vinculados.

(C) para garantir a observância dos enunciados das súmulas do Supremo Tribunal Federal em matéria constitucional e do Superior Tribunal de Justiça em matéria infraconstitucional.

(D) tanto para corrigir a aplicação indevida da tese jurídica fixada em incidente de assunção de competência quanto para sanar a sua não aplicação aos casos que a ela correspondam.

(E) para garantir a observância de acórdão proferido em julgamento de recurso especial repetitivo, quando a inobservância tenha se dado por decisão proferida em primeira instância.

A: incorreta, pois a reclamação deve ser proposta antes do trânsito em julgado da decisão reclamada (CPC, art. 988, § 5º, I); **B:** incorreta, já que não há essa previsão no rol das hipóteses de cabimento da reclamação (CPC, art. 988) – apenas nos precedentes que devem ser observados (CPC, art. 927, V); **C:** incorreta, porque não há essa previsão no rol das hipóteses de cabimento da reclamação (CPC, art. 988) – apenas nos precedentes que devem ser observados (CPC, art. 927, IV); **D:** correta, por expressa previsão legal (CPC, art. 988, IV, § 4º); **E:** incorreta, visto que, pela previsão do Código, no caso de acórdão proferido em RE ou REsp repetitivo, é necessário esgotar as instâncias ordinárias (CPC, art. 988, § 5º, II) – sendo que o STJ acabou restringindo o cabimento da reclamação nessa hipótese (cf. Rcl 36476, fev/20, tema que eventualmente será objeto de revisão por parte do STJ). Gabarito "D".

(Escrevente - TJ/SP - 2018 - VUNESP) Com relação ao direito de recorrer, assinale a alternativa correta.

(A) A renúncia ao direito de recorrer depende da aceitação da outra parte.

(B) A parte que aceitar tacitamente a decisão poderá recorrer, se ainda no prazo recursal.

(C) Dos despachos cabem os recursos de agravo de instrumento ou embargos de declaração.

(D) A desistência do recurso não impede a análise de questão cuja repercussão geral já tenha sido reconhecida.

(E) O recorrente, para desistir do recurso, necessitará da anuência de seus litisconsortes.

A questão trata do requisito de admissibilidade recursal negativo "fato impeditivo ao recurso", que engloba a desistência, renúncia e concordância. **A:** Incorreta, porque a renúncia é ato de disposição da parte que independe de aceitação da parte contrária (CPC, art. 999); **B:** Incorreta, visto que a aceitação, expressa ou tácita, impossibilita a interposição de recurso, em decorrência da preclusão lógica – sendo esse caso de concordância (CPC, art. 1.000); **C:** Incorreta, porque os despachos não possuem conteúdo decisório, razão pela qual contra eles não é possível a interposição de qualquer recurso (CPC, art. 1.001); **D:** Correta, por expressa previsão legal (CPC, art. 998, parágrafo único); **E:** Incorreta, pois a desistência independe de concordância dos demais (CPC, art. 998, "caput"). Gabarito "D".

12.1. RECURSOS EM ESPÉCIE

(Juiz de Direito – TJ/SC – 2024 – FGV) Em uma ação sob procedimento comum, a tutela provisória foi indeferida no início da demanda, mas veio a ser concedida na sentença de primeiro grau, que julgou procedentes os pedidos formulados na petição inicial. Contra a sentença, o réu interpôs o recurso de apelação cível.

Considerando o cenário e a necessidade de suspensão dos efeitos da sentença até o julgamento da apelação cível, apenas no que se refere ao capítulo objeto da tutela provisória, é correto afirmar que:

(A) a instauração do cumprimento provisório da sentença pelo réu é pressuposto para o autor requerer o efeito suspensivo à apelação cível, pois a tutela provisória não produz efeitos imediatos após a publicação da sentença;

(B) a eficácia da sentença poderá ser suspensa pelo relator se o apelante demonstrar a probabilidade de provimento do recurso, sendo desnecessário, nessa hipótese, comprovar o risco de dano grave ou de difícil reparação;

(C) o pedido de concessão de efeito suspensivo poderá ser dirigido ao Tribunal, no período compreendido entre a interposição da apelação e sua distribuição, sendo certo que o julgador que apreciar esse pedido não ficará prevento para julgar a apelação;

(D) o pedido de concessão de efeito suspensivo não pode ser formulado por requerimento apartado, devendo ser objeto das razões de apelação cível;

(E) caberá ao réu interpor agravo de instrumento contra o capítulo da sentença que deferiu a tutela provisória, ficando o relator prevento para julgar a apelação.

A questão trata da concessão de efeito suspensivo à apelação, recurso que, em regra, tem efeito suspensivo, mas há hipóteses nas quais a própria lei já afasta esse efeito, como no caso de concessão de tutela provisória (CPC, art. 1.012, § 1º, V). **A:** Incorreta, pois para se requerer efeito suspensivo à apelação, necessária situação de urgência (CPC, art. 1.012, § 4º), mas isso não significa necessariamente a instauração do cumprimento provisório de sentença. **B:** Correta, sendo essa exatamente a previsão legal. O art. 1.013, § 4º do CPC permite a suspensão da eficácia da sentença quando se "demonstrar a probabilidade de provimento do recurso OU se, sendo relevante a fundamentação, houver risco de dano grave ou de difícil reparação". Assim, pela 1ª parte, não há necessidade de urgência. **C:** Incorreta, pois caso o pedido de concessão de efeito suspensivo seja formulado por requerimento dirigido ao Tribunal, no período compreendido entre a interposição e a distribuição, o relator designado para seu exame *se tornará prevento* para julgar o recurso de apelação (CPC, art. 1.012, § 3º, I). **D:** Incorreta, pois o CPC, em seu art. 1.012, § 3º, I, permite, expressamente, que o pedido de concessão de efeito suspensivo seja formulado por requerimento autônomo, dirigido ao Tribunal ou ao relator, se já distribuída a apelação. **E:** Incorreta, pois contra a decisão que põe fim à fase de conhecimento (sentença) o recurso cabível é a apelação (CPC, art. 1.009). Além disso, pelo princípio da unirrecorribilidade, para cada pronunciamento judicial, há um único recurso cabível, como regra. Assim, não seria cabível apelação e AI, ao mesmo tempo.

Gabarito "B".

(Procurador Federal – AGU – 2023 – CEBRASPE) Acerca de agravo interno interposto contra decisão monocrática do relator, consoante prevê o art. 1.021 do CPC, e da multa prevista no § 4.º desse dispositivo legal, assinale a opção correta, de acordo com a legislação vigente e a jurisprudência do STJ.

(A) No caso de ser declarado inadmissível o recurso, em votação unânime, o órgão colegiado, em decisão fundamentada, deverá condenar o agravante a pagar multa fixada entre 1% e 5% do valor atualizado da causa, que será revertida em favor da União ou do estado.

(B) Caso o agravo interno seja declarado manifestamente inadmissível ou improcedente, poderá o relator, em decisão fundamentada, condenar o agravante a pagar ao agravado multa fixada entre 1% e 5% do valor atualizado da causa.

(C) A aplicação da multa mencionada não é mera decorrência lógica do não provimento do agravo interno em votação unânime, mas pressupõe, ainda, que o agravo interno se mostre manifestamente inadmissível ou que sua improcedência seja evidente.

(D) Caso o agravo interno seja declarado, por maioria de votos do órgão colegiado, manifestamente inadmissível ou improcedente, com base em decisão suficientemente fundamentada, o agravante será condenado a pagar ao agravado multa fixada entre 1% e 5% do valor atualizado da causa.

(E) A aplicação da multa mencionada consiste em decorrência lógica do não provimento do agravo interno em votação unânime.

A: Incorreta, pois o valor da multa será revertido em favor do *agravado*, não do estado (CPC, art. 1.021, § 4º); **B:** Incorreta. Conforme previsão do art. 1.021, § 4º do CPC, a multa será fixada pelo órgão colegiado, em decisão fundamentada, quando o agravo for declarado manifestamente inadmissível ou improcedente *em votação unânime* – o enunciado não fez menção a esta última parte; **C:** Correta. A multa será aplicada somente quando o agravo interno for declarado manifestamente inadmissível ou improcedente em votação unânime (CPC, art. 1.021, § 4º). Apesar disso, o tema da multa ser automática ou não ainda está pendente de julgamento no STJ; **D:** Incorreta, uma vez que a decisão do órgão colegiado deve ser unânime (CPC, art. 1.021, § 4º); **E:** Incorreta, vide justificativa para alternativa "C".

Gabarito "C".

(Procurador Fazenda Nacional – AGU – 2023 – CEBRASPE) O vice-presidente de determinado tribunal regional federal (TRF), ao realizar o juízo de admissibilidade de recurso extraordinário interposto pela PGFN em face de acórdão formalizado por órgão colegiado daquele tribunal, negou seguimento ao recurso, com fundamento em entendimento firmado pelo STF em regime de repercussão geral.

Nessa situação hipotética, da referida decisão caberá

(A) reclamação.

(B) agravo de instrumento.

(C) novo recurso extraordinário.

(D) agravo interno.

(E) agravo em recurso extraordinário.

A: Incorreta, pois a alternativa não retrata nenhuma das hipóteses de cabimento da Reclamação (CPC, art. 988). Além disso, não houve o esgotamento das vias ordinárias (CPC, art. 988, § 5º); **B:** Incorreta, pois o agravo de instrumento é o recurso cabível em face de decisões interlocutórias (CPC, arts. 203, § 2º e 1.015); **C:** Incorreta, pois não há previsão legal nesse sentido; **D:** Correta, conforme previsão do art. 1.030, § 2º o agravo interno é o recurso cabível, quando a decisão de admissão se referir à RG (no caso de RE) ou a repetitivos (no caso de REsp); **E:** Incorreta. O Agravo em RE ou REsp não é cabível quando o presidente ou vice-presidente do tribunal recorrido inadmite o RE ou REsp com fundamento em entendimento firmado em regime de repercussão geral ou em julgamento de recursos repetitivos (CPC, art. 1.042). Mas somente quando for em relação aos requisitos de admissibilidades usuais – como tempestividade ou prequestionamento. **LD**

Gabarito "D".

José ajuizou ação de despejo cumulada com cobrança de aluguéis atrasados em desfavor de Paulo, tendo o magistrado julgado procedentes os pedidos, declarando rescindido o contrato de locação, determinando a desocupação do imóvel e condenando Paulo ao pagamento dos valores atrasados. Paulo interpôs recurso de apelação, pedindo a reforma integral da sentença. Durante o trâmite recursal, José iniciou a execução provisória apenas em relação à cobrança dos aluguéis, pois Paulo, após interpor apelação, desocupou voluntariamente o imóvel. Intimado para pagamento da parte líquida da condenação, Paulo agravou da decisão, sustentando ser necessário aguardar o julgamento da apelação antes de se dar andamento à execução provisória.

(Juiz de Direito – TJ/SC – 2019 – CESPE/CEBRASPE) Nessa situação hipotética, assinale a opção correta à luz da jurisprudência do STJ.

(A) O recurso de agravo de instrumento deverá ser provido, uma vez que, ficando a ação limitada à cobrança dos aluguéis, seria autorizado o recebimento da apelação no efeito suspensivo, visto que a ação passaria a ter natureza exclusivamente condenatória.

(B) O recurso de agravo de instrumento deverá ser provido, pois a Lei 8.245/1991 não prevê regramento específico em relação aos efeitos do recebimento do recurso de apelação; portanto, o apelo deveria ter sido recebido nos efeitos devolutivo e suspensivo, atendendo à regra geral no CPC.

(C) O recurso de agravo de instrumento deverá ser denegado, porque a apelação que ataca sentença proferida em ação de despejo, ainda que cumulada com ação de cobrança de débitos atrasados, deve ser recebida somente no efeito devolutivo, em razão de regramento específico da Lei 8.245/1991 em relação aos efeitos do recebimento da apelação.

(D) O recurso de agravo de instrumento deverá ser denegado, já que, embora não haja regramento específico acerca dos efeitos do recebimento da apelação na Lei 8.245/1991, a desocupação voluntária implicou em desistência do recurso de apelação.

(E) O recurso de agravo de instrumento não deverá ser conhecido, por ausência de pressuposto objetivo de admissibilidade recursal, pois, além de existir regramento específico acerca dos efeitos do recebimento da apelação na Lei 8.245/1991, a desocupação voluntária implicou desistência do recurso de apelação.

A: incorreta, pois a posterior desocupação do imóvel não impede o cumprimento provisório da sentença em relação aos aluguéis (vide AgInt no AREsp 544.885/RS); **B:** incorreta, porque a Lei 8.245/91 prevê que nas ações de despejo os recursos interpostos contra a sentença terão efeito apenas devolutivo (Lei 8.245/91, art. 58, V); **C:** correta, por se tratar de expressa previsão legal (Lei 8.245/91, art. 58, V); **D:** incorreta, já que há regramento específico na Lei de Locações (Lei 8.245/91, art. 58, V); **E:** incorreta, considerando que o mérito do recurso não se limita à ordem de desocupação, logo, não há que se falar em desistência do recurso.
Gabarito "C".

(Promotor de Justiça/SP – 2019 – MPE/SP) O agravo interno **NÃO** tem cabimento contra a decisão que

(A) deixar de conhecer recurso extraordinário quando a questão constitucional nele versada não tiver repercussão geral.

(B) negar seguimento a recurso extraordinário ou a recurso especial interposto contra acórdão que esteja em conformidade com entendimento do Supremo Tribunal Federal ou do Superior Tribunal de Justiça, respectivamente, exarado no regime de julgamento de recursos repetitivos.

(C) sobrestar o recurso que versar sobre controvérsia de caráter repetitivo ainda não decidida pelo Supremo Tribunal Federal ou pelo Superior Tribunal de Justiça, conforme se trate de matéria constitucional ou infraconstitucional.

(D) aplicar entendimento firmado em regime de repercussão geral ou em julgamento de recursos repetitivos.

(E) resolver incidente desconsideração da personalidade jurídica.

A: Correta, pois não cabe agravo interno nesse caso, mas sim agravo em recurso extraordinário (ARE – CPC, art. 1.042); **B:** Incorreta, pois o CPC prevê expressamente o cabimento de agravo interno nessa hipótese (CPC, art. 1030, I, "b" e § 2º); **C:** Incorreta, considerando que há previsão para o cabimento de agravo interno nessa hipótese (CPC, art. 1.030, III e § 2º); **D:** Incorreta, pois nessa hipótese o CPC prevê o cabimento do agravo interno (CPC, art. 1.035, § 7º); **E:** Incorreta – desde que se parta da premissa de que estamos diante de uma decisão de relator, no tribunal, que decidiu pelo IDPJ (CPC, art. 136, p. único) – mas o enunciado não deixa isso claro; sendo assim, não há certeza de que cabível o interno no caso concreto. Assim, a questão deveria ter sido anulada, mas não foi.
Gabarito "A".

(Procurador – PGE/SP – 2024 – VUNESP) Acerca do mandado de segurança, é correto afirmar que

(A) das decisões denegatórias da ordem proferidas em única instância pelos tribunais não cabe recurso ordinário.

(B) da decisão do relator não é cabível qualquer tipo de recurso.

(C) da decisão do relator que denegar a medida liminar caberá agravo ao órgão competente do tribunal respectivo.

(D) nos termos da jurisprudência sumulada do STF, somente serão cabíveis recursos aos tribunais superiores da decisão do relator.

(E) não cabe agravo contra decisão do relator que concede liminar.

A: Incorreta. O art. 18 da Lei 12.016/2009 prevê expressamente o cabimento de recurso ordinário quando a ordem for denegada. Da mesma forma, o CPC, art. 1.027; **B:** Incorreta, da decisão do relator (que é uma monocrática), cabe agravo interno (art. 16, parágrafo único, da Lei 12.016/2009 e art. 1.021 do CPC); **C:** Correta, por expressa previsão legal (art. 16, parágrafo único da Lei 12.016/2009 e art. 1.021 do CPC); **D:** Incorreta, uma vez que, do acórdão proferido em sede de MS de competência originária, cabe recurso ordinário se a decisão for denegatória (vide alternativa "A") ou REsp / RE, da decisão concessiva; **E:** Incorreta, vide justificativa para alternativa "B".
Gabarito "C".

(Juiz de Direito – TJ/SC – 2024 – FGV) Sobre a repercussão geral, é correto afirmar que:

(A) não se admite, na análise da repercussão geral, a manifestação de terceiros, subscrita por procurador habilitado;

(B) a súmula da decisão sobre a repercussão geral constará de ata, que será publicada no diário oficial, mas não valerá como acórdão;

(C) cabe agravo interno contra a decisão do Supremo Tribunal Federal que não conhece do recurso extraordinário por ausência de repercussão geral;

(D) haverá repercussão geral sempre que o recurso impugnar acórdão que contrarie jurisprudência dominante do Supremo Tribunal Federal;

(E) reconhecida a repercussão geral, o relator no Supremo Tribunal Federal examinará a pertinência de determinar a suspensão dos processos pendentes que versem sobre a questão, designando audiência especial no prazo de trinta dias.

A: Incorreta. O art. 1.035, § 4º do CPC prevê que o relator poderá admitir, na análise da repercussão geral, a manifestação de terceiros, ou seja, do *amicus curiae*. **B:** Incorreta. O art. 1.035, § 11 do CPC estabelece que a súmula da decisão sobre a repercussão geral constará da ata que será publicada no diário e *valerá* como acórdão. **C:** Incorreta. Nos termos do art. 1.035 do CPC a decisão do STF que não conhece do recurso extraordinário por ausência de repercussão geral é *irrecorrível*. Vale ressaltar, contudo, que a parte poderá se valer dos embargos de declaração para apontar eventual questão que não tenha sido apreciada pelo STF. **D:** Correta, conforme previsão expressa do art. 1.035, § 3º, I do CPC. **E:** Incorreta, pois uma vez reconhecida a repercussão geral, o relator do STF *determinará*, de imediato, a suspensão de todos os processos pendentes, individuais ou coletivos, que versem sobre a questão (CPC, art. 1.035, § 5º).
Gabarito "D".

(Juiz de Direito – TJ/DFT – 2023 – CEBRASPE) O Tribunal de Justiça do Distrito Federal e Territórios (TJDFT), diante da multiplicidade de recursos especiais fundados em idêntica questão de direito, selecionou dois recursos e os remeteu ao STJ para fins de afetação, determinando o sobrestamento de todos os processos em tramitação sob sua jurisdição na região que versassem sobre a mesma matéria e estivessem pendentes de julgamento. Com o recebimento do recurso representativo da controvérsia no STJ, o ministro relator proferiu decisão de afetação e, em seguida, o recurso foi julgado pela Corte Especial do STJ, a qual fixou a tese jurídica.

A partir dessa situação hipotética e das regras processuais recursais, assinale a opção correta.

(A) A escolha dos recursos feita pelo TJDFT vincula o relator no STJ, que não pode selecionar outros recursos representativos da controvérsia.

(B) A parte poderá desistir da ação em curso no primeiro grau de jurisdição, antes de proferida a sentença, se a questão nela discutida for idêntica à resolvida pelo recurso representativo da controvérsia.

(C) No STJ, para subsidiar seu convencimento acerca da controvérsia objeto dos recursos especiais repetitivos, o relator não pode admitir a participação de terceiros na qualidade de *amicus curiae*, por vedação legal.

(D) Os recursos afetados devem ser julgados no prazo de um ano e têm preferência sobre os demais feitos, ressalvados os que envolvam mandado de segurança.

(E) O julgamento de casos repetitivos tem por objeto apenas questão de direito processual, uma vez que não cabe reexame de provas em recurso especial.

A: Incorreta, pois a escolha feita pelo presidente ou vice-presidente do tribunal de justiça ou do tribunal regional federal não vinculará o relator, que poderá selecionar outros recursos representativos da controvérsia (CPC, art. 1.036, 4º). **B:** Correta, sendo essa a expressa previsão do art. 1.040, § 1º do CPC. **C:** Incorreta. O art. 1.038, I do CPC prevê expressamente a possibilidade de se admitir a participação de terceiros para se manifestarem, na qualidade de *amicus curiae*. **D:** Incorreta, pois nos termos do art. 1.037, § 4º do CPC, os recursos afetados deverão ser julgados no prazo de 1 ano e terão preferência sobre os demais feitos, *ressalvados* os que envolvem réu preso e os pedidos de *habeas corpus*. **E:** Incorreta, pois o julgamento de casos repetitivos poderá ter por objeto questões direito material ou processual (CPC, art. 1.036). A análise de questões de direito material (como também de direito processual) não depende, necessariamente, do reexame de fatos ou provas.

Gabarito "B".

(Advogado – Pref. São Roque/SP – 2020 – VUNESP) Considerando o entendimento do Superior Tribunal de Justiça a respeito de recursos, pode-se corretamente afirmar:

(A) É admissível recurso especial quanto à questão que, a despeito da oposição de embargos declaratórios, não foi apreciada pelo Tribunal *a quo*.

(B) Não é necessário ratificar o recurso especial interposto na pendência do julgamento dos embargos de declaração, quando inalterado o resultado anterior.

(C) Enseja recurso especial a simples interpretação de cláusula contratual, mas não o simples reexame de prova.

(D) É admissível recurso especial sempre que o acórdão recorrido assenta em fundamento constitucional e infraconstitucional, e a parte vencida não manifesta recurso extraordinário.

(E) Não cabe recurso especial contra decisão proferida, nos limites de sua competência, por órgão de segundo grau dos Juizados Especiais.

A: incorreta, à luz do entendimento do STJ (Súmula 211/STJ: Inadmissível recurso especial quanto à questão que, a despeito da oposição de embargos declaratórios, não foi apreciada pelo Tribunal *a quo*). Vale lembrar, contudo, que pela previsão do art. 1.025 do CPC, não prevaleceria essa súmula, considerando o prequestionamento ficto ou virtual; **B:** correta (CPC, art. 1.024, § 5º e Súmula 579/STJ); **C:** incorreta, sendo esse um dos fundamentos mais comuns de inadmissão de REsp (Súmula 5/STJ: A simples interpretação de cláusula contratual não enseja recurso especial); **D:** incorreta, pois o STJ entende que, nesse caso, o acórdão deve ser atacado simultaneamente por RE e REsp (Súmula 126/STJ: É inadmissível recurso especial, quando o acórdão recorrido assenta em fundamentos constitucional e infraconstitucional, qualquer deles suficiente, por si só, para mantê-lo, e a parte vencida não manifesta recurso extraordinário); **E:** incorreta, porque simplesmente não cabe REsp de acórdão de Colégio Recursal dos Juizados (Súmula 203/STJ: Não cabe recurso especial contra decisão proferida por órgão de segundo grau dos Juizados Especiais).

Gabarito "B".

(Juiz de Direito – TJ/RJ – 2019 – VUNESP) Com base no tratamento conferido pelo Código de Processo Civil de 2015 aos recursos direcionados para o Supremo Tribunal Federal e para o Superior Tribunal de Justiça, é correto afirmar:

(A) da decisão que inadmite recurso extraordinário ou recurso especial em decorrência da aplicação de entendimento firmado em regime de repercussão geral ou em julgamento de recursos repetitivos, cabe agravo em recurso extraordinário ou em recurso especial.

(B) nos processos promovidos perante a justiça federal de primeira instância em que forem partes organismo internacional e pessoa domiciliada no país, cabe agravo de instrumento dirigido ao Superior Tribunal de Justiça das decisões interlocutórias previstas no artigo 1.015 do diploma processual.

(C) se o Supremo Tribunal Federal considerar como reflexa a ofensa à Constituição afirmada no recurso extraordinário, por pressupor a revisão da interpretação de lei federal ou de tratado, inadmitirá o recurso interposto por se tratar de recurso exclusivamente cabível para corrigir ofensa direta ao texto constitucional.

(D) quando o recurso extraordinário ou especial fundar-se em dissídio jurisprudencial, o recorrente fará a prova da divergência com a certidão, cópia ou citação do repositório de jurisprudência, oficial ou credenciado em que houver sido publicado o acórdão divergente, bastando, nas razões recursais, transcrever a ementa do acórdão paradigma.

(E) na hipótese de interposição conjunta de recurso extraordinário e recurso especial, uma vez concluído o julgamento do recurso especial, os autos serão remetidos ao Supremo Tribunal Federal para apreciação do recurso extraordinário ainda que este estiver prejudicado, pois é da competência exclusiva do Supremo Tribunal Federal declarar a existência de prejudicialidade.

A: incorreta, pois nessa situação deve ser interposto agravo interno e não ARE ou AREsp (CPC, art. 1.030, I e § 2º); **B:** correta, sendo uma hipótese bem específica de agravo de instrumento previsto no capítulo de recurso ordinário (CPC, art. 1.027, II, "b" e § 1º) – para as hipóteses de ações envolvendo organismo internacional, com agravo para o STJ; **C:** incorreta, já que nessa hipótese deve haver a *conversão* do RE em REsp, por expressa previsão legal (CPC, art. 1.033); **D:** incorreta, pois (i) não é hipótese de cabimento de RE a divergência jurisprudencial (CF, art. 102, III) e (ii) visto que devem ser especificadas as circuns-

tâncias que assemelham os casos confrontados (CPC, art. 1.029, § 1º); **E:** incorreta, pois o RE só será remetido ao STF se o recurso extraordinário não estiver prejudicado pelo julgamento do REsp (CPC, art. 1.031, §§ 1º ao 3º).
Gabarito "B".

(Juiz de Direito - TJ/RS - 2018 - VUNESP) Recebida a petição do recurso extraordinário, o recorrido será intimado para apresentar contrarrazões no prazo de 15 (quinze) dias, findo o qual os autos serão conclusos ao presidente ou ao vice-presidente do tribunal recorrido, que deverá

(A) aplicar a súmula impeditiva de recurso, do tribunal local, se for o caso.
(B) remeter os autos ao STF, independentemente de juízo de admissibilidade.
(C) verificar se o recurso contraria súmula ou jurisprudência dominante do STF.
(D) reconhecer se há repercussão geral das questões constitucionais discutidas no caso, sob pena de não admiti-lo. (E)   sobrestá-lo se versar sobre controvérsia de caráter repetitivo ainda não decidida pelo STF.

A: Incorreta, pois não existe, no direito processual brasileiro, uma "súmula impeditiva de recursos"; **B:** Incorreta, considerando que o Código prevê a admissibilidade do recurso pelo tribunal de origem (CPC, art. 1.030, V, com a redação da Lei 13.256/2016); **C:** Incorreta, considerando que esse não é requisito de admissibilidade do REsp/RE – sendo que a alternativa não fala em repercussão geral ou recurso repetitivo; **D:** Incorreta, pois a apreciação da repercussão geral é de competência exclusiva do STF, e não do tribunal de origem (CPC, art. 1.035, "caput"); **E:** Correta (CPC, art. 1.030, III), sendo relevante destacar que repercussão geral e repetitivo são categorias distintas de jurisprudência dominante (alternativa "C").
Gabarito "E".

(Juiz de Direito - TJ/RS - 2018 - VUNESP) O pedido de suspensão ao recurso especial poderá ser formulado por requerimento dirigido

(A) ao presidente do tribunal local, no caso de prejuízo processual comprovado à parte recorrida.
(B) ao presidente ou ao vice-presidente do tribunal recorrido, no período compreendido entre a interposição do recurso e a publicação da decisão de admissão do recurso.
(C) ao relator original do acórdão recorrido, se já distribuído o recurso.
(D) ao tribunal superior respectivo, no período compreendido entre a interposição do recurso e sua distribuição, ficando o relator designado para seu exame prevento para julgá-lo.
(E) ao vice-presidente do tribunal local, após a admissão do recurso e antes de sua distribuição no STJ.

A: Incorreta, já que a situação narrada não encontra previsão no Código (CPC, art. 1.029, § 5º); **B:** Correta (CPC, art. 1.029, § 5º, III); **C:** Incorreta, pois se já distribuído o recurso, o pedido será direcionado ao relator do RE ou do REsp (CPC, art. 1.029, § 5º, II); **D:** Incorreta, já que, no caso, o pedido deve ser direcionado ao Presidente ou Vice-Presidente do Tribunal recorrido (CPC, art. 1.029, § 5º, III); **E:** Incorreta, porque, no caso, o pedido deve ser direcionado ao Tribunal Superior (CPC, art. 1.029, § 5º, I).
Gabarito "B".

(Procurador do Estado/SP - 2018 - VUNESP) Da decisão do Tribunal de Justiça de São Paulo, que nega seguimento a recurso especial sob o fundamento de que a decisão recorrida estaria de acordo com o posicionamento adotado pelo Superior Tribunal de Justiça, em julgamento de tema afetado ao sistema de recursos repetitivos, quando, na verdade, esse paradigma trata de assunto diverso daquele discutido no recurso especial mencionado, cabe, segundo a lei processual:

(A) embargos de declaração, com o exclusivo objetivo de prequestionar o tema veiculado no recurso especial.
(B) novo recurso especial, interposto diretamente no Superior Tribunal de Justiça.
(C) agravo interno, perante a Turma que proferiu o acórdão combatido.
(D) ação rescisória, após o trânsito em julgado.
(E) agravo em recurso especial.

A: Incorreta, pois na hipótese não se busca prequestionar, mas sim apontar o erro na decisão recorrida; **B:** Incorreta, considerando ser incabível a interposição de novo Recurso Especial por se tratar de decisão monocrática (CPC, art. 1.029 e seguintes); **C:** Incorreta para a banca. Da decisão monocrática cabe agravo – no caso, seria cabível o agravo interno, tendo em vista se tratar de aplicação de entendimento de repetitivo, sendo então hipótese de cabimento desse recurso, conforme previsto no Código (CPC, art. 1.030, § 1º). Porém, nesse caso, a competência para julgar esse agravo não é da turma, mas do órgão especial – por isso a banca apontou como incorreta a alternativa (detalhe bastante específico que possivelmente induziu muitos candidatos em erro); **D:** Correta, mais por exclusão (já que as demais estão erradas). Vale lembrar que a AR não é recurso, mas ação, a ser ajuizada após o trânsito em julgado (CPC, art. 966, § 5º); **E:** Incorreta, tendo em vista que a situação narrada configura hipótese de interposição de agravo interno e não agravo em recurso especial, como exposto em "C" (CPC, art. 1.030, § 1º).
Gabarito "D".

12.4. TEMAS COMBINADOS EM RECURSOS

(Juiz de Direito – TJ/SC – 2024 – FGV) O CPC/2015 valorizou os precedentes com eficácia vinculante na tentativa de densificar os princípios da isonomia e da segurança jurídica, bem como racionalizar a prestação jurisdicional.

Com base na Recomendação nº 134/2022 do Conselho Nacional de Justiça, é correto afirmar que:

(A) os temas jurídicos com potencial de repetição não podem ser suscitados e julgados mediante o Incidente de Assunção de Competência, devendo-se aguardar a efetiva repetição de demandas para instaurar o Incidente de Resolução de Demandas Repetitivas;
(B) o precedente produzido em sede de Incidente de Resolução de Demandas Repetitivas ou Incidente de Assunção de Competência deve ser aplicado com efeito vinculativo no âmbito do respectivo Tribunal, em sentido horizontal e vertical, com exceção dos Juizados Especiais, hipótese em que produzirá efeito persuasivo;
(C) os Tribunais podem criar, no âmbito dos Juizados Especiais, órgãos uniformizadores da respectiva jurisprudência, para apreciar os Incidentes de Resolução de Demandas Repetitivas suscitados a partir de processos da sua competência;

(D) no que diz respeito à eficácia do acórdão enquanto precedente, recomenda-se aos Tribunais que não atribuam efeito suspensivo aos recursos interpostos das decisões proferidas em Incidente de Resolução de Demandas Repetitivas e Recursos Repetitivos, a fim de evitar grave risco de ofensa à eficiência e à duração razoável do processo;

(E) a superação da tese jurídica firmada no precedente pode acontecer de ofício, pelo próprio Tribunal que fixou a tese, ou a requerimento das partes, do Ministério Público ou da Defensoria Pública, bem como por qualquer interessado que se sinta prejudicado pelo precedente, ainda que não possua processo em curso.

A: Incorreta, nos termos do art. 21 da Resolução nº 134/2022 do CNJ, recomenda-se que desdobramentos com potencial de repetição possam ser suscitados e julgados mediante o Incidente de Assunção de Competência. Além disso, o CPC não veda o IAC diante de risco de proliferação de causas. **B:** Incorreta, pois o IRDR também vincula os Juizados (CPC, art. 985, I). **C:** Correta, sendo essa a previsão do art. 37 da Resolução nº 134/2022 do CNJ. **D:** Incorreta. O próprio CPC prevê que, no caso de REsp e RE contra acórdão proferido em IRDR, haverá efeito suspensivo. CPC, art. 987, § 1º "O recurso tem efeito suspensivo (...)". **E:** Incorreta. Conforme art. 45 da Resolução nº 134/2022 do CNJ, a superação da tese firmada no precedente poderá somente ocorrer de ofício, pelo próprio tribunal ou a requerimento das partes, Ministério Público ou Defensoria Pública. Não sendo possível portanto, que o requerimento seja formulado por "qualquer interessado, ainda que não possua processo em curso".
Gabarito "C"

(Promotor de Justiça/PR – 2019 – MPE/PR) Sobre os recursos em espécie, assinale a alternativa **incorreta**, nos termos do Código de Processo Civil de 2015:

(A) A decisão que julga antecipadamente parcela do mérito é recorrível por apelação.

(B) O recurso pode ser interposto pela parte vencida, pelo terceiro prejudicado e pelo Ministério Público, como parte ou como fiscal da ordem jurídica.

(C) O capítulo da sentença que confirma, concede ou revoga a tutela provisória é impugnável na apelação.

(D) Se os embargos de declaração forem rejeitados ou não alterarem a conclusão do julgamento anterior, o recurso interposto pela outra parte antes da publicação do julgamento dos embargos de declaração será processado e julgado independentemente de ratificação.

(E) É vedado ao relator limitar-se à reprodução dos fundamentos da decisão agravada para julgar improcedente o agravo interno.

A: Incorreta, devendo esta ser assinalada, pois em face da decisão de julgamento antecipado parcial do mérito é cabível agravo de instrumento (CPC, art. 356, § 5º); **B:** Correta (CPC, art. 996); **C:** Correta (CPC, art. 1.013, § 5º); **D:** Correta (CPC, art. 1.024, § 5º); **E:** Correta (CPC, art. 1.021, § 3º).
Gabarito "A"

(Promotor de Justiça/SP – 2019 – MPE/SP) Contra a decisão que resolve o incidente de desconsideração de personalidade jurídica, admite-se a

(A) interposição de recurso inominado.

(B) oposição de embargos de terceiro.

(C) interposição de recurso de apelação.

(D) impetração de mandado de segurança.

(E) interposição de recurso de agravo.

A: Incorreta, pois o recurso inominado é cabível da sentença proferida nos juizados especiais (Lei 9.099/95, art. 41) – ainda que o IDPJ seja cabível no JEC (CPC, art. 1.062), seria decidido por interlocutória, e não sentença; **B:** Incorreta, porque os embargos de terceiro são cabíveis em favor de quem, não sendo parte do processo, sofrer constrição (CPC, art. 674) – e não se usa essa medida para impugnar a decisão do IDPJ; **C:** Incorreta, pois apelação é o recurso cabível contra sentença (CPC, art. 1.009) e o incidente de desconsideração da personalidade jurídica é resolvido, em regra, por decisão interlocutória (CPC, art.136); **D:** Incorreta, considerando que o MS só é utilizado para impugnar decisão judicial não passível de recurso; **E:** Correta, pois o IDPJ será resolvido por decisão interlocutória (CPC, art. 136), que é recorrível por meio de agravo de instrumento (CPC 1.015, IV).
Gabarito "E"

(Procurador do Estado/SP - 2018 - VUNESP) A respeito do julgamento do mandado de segurança de competência originária de tribunais, assinale a alternativa correta.

(A) Quando a competência originária for do Superior Tribunal de Justiça e a decisão colegiada for denegatória da segurança pretendida, cabe recurso extraordinário para o Supremo Tribunal Federal.

(B) Não compete ao Superior Tribunal de Justiça julgar, em recurso ordinário, os mandados de segurança decididos em única instância pelos tribunais regionais federais e pelos tribunais de justiça estaduais e do Distrito Federal e Territórios, salvo quando concedida a segurança pretendida.

(C) Indeferido, liminarmente, mandado de segurança de competência originária do Tribunal de Justiça de São Paulo, deve o impetrante interpor recurso especial, para o Superior Tribunal de Justiça ou o extraordinário, para o Supremo Tribunal Federal, conforme o caso.

(D) Indeferido, liminarmente, mandado de segurança de competência originária do Tribunal de Justiça de São Paulo, deve o impetrante interpor recurso especial para o Superior Tribunal de Justiça. Se o mandado se segurança for admitido e houver julgamento de mérito por órgão colegiado desse Tribunal de Justiça denegando a segurança pretendida, o recurso cabível também é o especial.

(E) Indeferido, liminarmente, mandado de segurança de competência originária do Tribunal de Justiça de São Paulo, deve o impetrante interpor agravo para órgão competente desse mesmo tribunal. Contudo, se houver julgamento colegiado de mérito, denegando a segurança, o recurso cabível, pelo impetrante, é o ordinário, exclusivamente para o Superior Tribunal de Justiça.

A: Incorreta, pois nesse caso seria cabível recurso ordinário para o STF (CPC, art. 1.027, I); **B:** Incorreta, pois cabe recurso ordinário exatamente quando a decisão for *denegatória* do MS de competência originária de tribunal, e não *concessiva* (CPC, art. 1.027, I e II); **C:** Incorreta, pois de decisão monocrática cabe agravo interno, não especial (CPC, art. 1.021); **D:** Incorreta, considerando o exposto em "C" e tendo em vista que, quanto à 2ª parte da alternativa o recurso cabível seria o ordinário (CPC, art. 1.027, II); **E:** Correta. Sendo ação originária de tribunal, o indeferimento liminar será uma decisão monocrática, a qual será impugnada por meio de agravo interno, a ser julgado pelo órgão fracionário competente para julgar o MS de forma colegiada. Sendo decisão denegatória do MS originário, o recurso cabível será o ordinário.

É o que está no CPC (art. 1.021 e art. 1.027, II, "a") e na lei do MS (Lei 12.016/2009, art. 10, § 1º; art. 16, parágrafo único e art. 18). Vale destacar que o cabimento do recurso ordinário é bem restrito e que na 2ª parte da alternativa encontram-se presentes todos esses requisitos. Gabarito "E".

(Procurador do Estado/SP - 2018 - VUNESP) Em relação ao recurso de embargos de divergência, é correto afirmar:

(A) cabem embargos de divergência quando o acórdão paradigma for da mesma turma que proferiu a decisão embargada, desde que sua composição tenha sofrido alteração em, no mínimo, um terço dos seus membros.

(B) é cabível nos processos de competência originária do Supremo Tribunal Federal.

(C) é embargável o acórdão de órgão fracionário que, em recurso especial ou extraordinário, divergir do julgamento de qualquer outro órgão do mesmo tribunal, sendo um acórdão de mérito e outro que não tenha conhecido do recurso, embora tenha apreciado a controvérsia.

(D) não poderão ser confrontadas teses jurídicas contidas em julgamento de recursos e de ações de competência originária.

(E) se os embargos de divergência forem desprovidos, o recurso extraordinário interposto pela outra parte antes da publicação do julgamento dos embargos de divergência sempre deverá ser ratificado.

A: Incorreta, porque a alteração na composição exigida pelo Código para permitir os embargos de divergência em relação à mesma turma é de mais da metade dos membros do órgão fracionário (CPC, art. 1.043, § 3º); **B:** Incorreta, considerando que o dispositivo que autorizava o cabimento dos embargos de divergência, nos processos de competência originária, foi revogado pela Lei 13.256/16 (CPC, art. 1.043); **C:** Correta, por expressa previsão legal (CPC, art. 1.043, III); **D:** Incorreta, pois o Código permite isso (CPC, art. 1.043, § 1º); **E:** Incorreta, porque nesse caso não haverá necessidade de ratificação (CPC, art. 1.044, §2º). Gabarito "C".

(Procurador do Estado/SP - 2018 - VUNESP) A sentença proferida em sede de ação civil pública, que acolhe integralmente o pedido do autor e autoriza a liberação de remédios de uso proibido por órgãos administrativos fiscalizadores, todos potencialmente lesivos à saúde da população, enseja

(A) apenas pedido de suspensão de segurança que, por evidente prejudicialidade, suspende o prazo do recurso de agravo, mas não o do recurso de apelação.

(B) apelação, cujo efeito suspensivo deve ser pleiteado diretamente no Tribunal, por meio de medida cautelar autônoma e inominada.

(C) apelação, cujo efeito suspensivo é automático e impede a execução definitiva da decisão.

(D) apelação, com pedido de efeito suspensivo. Depois disso, a Fazenda de São Paulo deverá protocolar, no Tribunal de Justiça, um pedido de análise imediata desse efeito suspensivo pleiteado. Ao mesmo tempo, a Fazenda poderá pedir suspensão dos efeitos da sentença ao Presidente do Tribunal competente.

(E) agravo de instrumento contra o capítulo da decisão que concedeu a ordem de liberação imediata das mercadorias, com pedido de efeito ativo, e apelação do capítulo que julgou o mérito.

A: Incorreta, porque, embora seja possível o pedido de suspensão de segurança pela Fazenda Pública, também será possível interpor o recurso cabível no caso – a apelação (Lei 8.437/1992, art. 4º, § 6º); **B:** Incorreta, pois o pedido de concessão de efeito suspensivo será dirigido ao Tribunal mediante simples requerimento/petição (Lei 7.347/1985, art. 19 e CPC, art. 1.012, § 3º), não existindo mais, no âmbito do atual Código, a figura de uma cautelar inominada; **C:** Incorreta, porque o recurso de apelação interposto em face de sentença proferida em sede de ação civil pública será recebido, como regra, apenas no efeito devolutivo. Poderá ser concedido, no entanto, o efeito suspensivo ao recurso, a fim de evitar dano irreparável à parte (Lei 7.347/1985, art. 14); **D:** Correta, sendo essa a conduta correta à luz da legislação específica e das previsões do CPC (Lei 7.347, arts. 14 e 19; CPC, art. 1.009; Lei 8.437/1992, art. 4º, § 6º); **E:** Incorreta, tendo em vista que a sentença será impugnada via apelação (Lei 7.347, art. 19; CPC, art. 1.009), sendo que não cabe agravo e apelação ao mesmo tempo, por força do princípio da unirrecorribilidade. Gabarito "D".

13. EXECUÇÃO E CUMPRIMENTO DE SENTENÇA

13.1. EXECUÇÃO

(Procurador – PGE/SP – 2024 – VUNESP) Um policial militar do Estado de São Paulo, dirigindo em alta velocidade, colide a viatura contra um muro, danificando severamente o veículo. Instaurado procedimento administrativo militar é apurada a responsabilidade funcional, impondo o dever deste ressarcir o erário quanto ao valor gasto no reparo da viatura. Instado a fazê-lo, recusa-se. Manejada ação de cobrança pela PGE, o policial é condenado, e a ação transita em julgado. Deflagrado o cumprimento de sentença, o qual não resta impugnado pelo réu, inicia-se a fase de penhora e expropriação de bens. Sobre o tema, assinale a alternativa correta.

(A) Quando a residência familiar do policial se constituir em imóvel rural, a impenhorabilidade restringir-se-á à sede de moradia, com os respectivos bens móveis.

(B) A quantia depositada em caderneta de poupança do policial, em qualquer valor, pode ser penhorada, preferindo esta aos imóveis.

(C) Por se tratar do policial militar, incide regra de lei estadual que o dispensa de reparar o dano.

(D) Não se aplica a impenhorabilidade do bem de família, podendo o imóvel residencial do policial ser penhorado, eis que o dever de indenizar decorre de ato ilícito.

(E) O veículo do policial é impenhorável, em qualquer circunstância, eis que se presume a utilização deste, para locomover-se ao serviço.

A: Correta. O art. 4º, § 2º da Lei 8.009/1990 estabelece que, tratando-se de imóvel rural, a impenhorabilidade aplica-se somente à sede de moradia, com os respectivos bens móveis; **B:** Incorreta. O art. 833, X do CPC prevê a impenhorabilidade da quantia depositada em caderneta de poupança, até o limite de 40 salários mínimos; **C:** Incorreta, uma vez que o fato de ser funcionário público não afasta o dever de ressarcir o erário; **D:** Incorreta, pois a impenhorabilidade é oponível em qualquer processo de execução civil, fiscal previdenciária, trabalhista ou de outra natureza, não configurando o dever de indenizar decorrente de ato ilícito exceção (as exceções estão na Lei 8.009/1990, art. 3º ou no próprio CPC); **E:** Incorreta, a impenhorabilidade do veículo dependerá da demonstração de que se trata de bem móvel necessário ao exercício da profissão (CPC, art. 833, V). O veículo pessoal do policial não é bem fundamental ao seu trabalho. 🆔

Gabarito "A".

(ENAM – 2024.1) Determinado credor, munido de nota promissória representativa de obrigação pecuniária certa, líquida e vencida há pouco tempo, sem que tivesse sido paga, ajuizou ação de conhecimento, pleiteando a condenação do devedor a pagar o débito, com os consectários da mora.

Tomando contato com a postulação, o magistrado deverá

(A) julgar liminarmente improcedente o pedido do autor.

(B) indeferir de plano a petição inicial, haja vista a falta de interesse de agir.

(C) converter de ofício o procedimento para o da execução por quantia certa.

(D) proceder ao juízo positivo de admissibilidade da demanda, ordenando a citação do réu para apresentar resposta.

(E) assinar prazo para que o autor emende a petição inicial, adequando-a à pretensão de execução por quantia certa.

A: Incorreta, pois o enunciado não descreve nenhuma hipótese de improcedência liminar do pedido de autor (CPC, art. 332), sendo que, além disso, não estamos diante de uma situação que envolva mérito, mas sim forma. **B:** Incorreta. Embora a nota promissória seja, nos termos do art. 784, I do CPC título executivo extrajudicial, nada impede que o autor opte por ajuizar processo de conhecimento, a fim de obter título executivo judicial (CPC, art. 785). **C:** Incorreta. Quem escolhe o instrumento processual é a parte autora, não sendo possível ao juiz alterar isso de ofício. Eventualmente, poderia o magistrado determinar a emenda (CPC, art. 321), mas não a conversão de ofício. Mas nem isso seria cabível no caso, conforme a previsão do art. 785 do CPC. **D:** Correta, considerando que a lei processual permite que o autor, caso assim queira, ajuíze um processo de conhecimento mesmo que tenha título executivo (CPC, art. 785). Existe essa possibilidade para o caso de o autor ter alguma dúvida quanto ao seu título, de modo a evitar uma posterior extinção. **E:** Incorreta, conforme exposto na justificativa "C".

Gabarito "D".

(Juiz Federal – TRF/1 – 2023 – FGV) Uma sociedade anônima promoveu, perante a Justiça Federal de primeiro grau, a execução de título extrajudicial em face de uma empresa pública federal.

Nessa situação, é correto afirmar que:

(A) a empresa pública federal poderá chamar ao processo o devedor solidário, caso este não figure no polo passivo da execução;

(B) não será admitida a intervenção anômala da União, ainda que demonstrado o seu interesse econômico na causa;

(C) a União poderá intervir no processo de execução como assistente simples, desde que demonstre interesse jurídico indireto na causa;

(D) poderá ser admitida a intervenção anômala da União, caso demonstrado o seu interesse econômico na causa;

(E) a União poderá intervir no processo de execução como assistente litisconsorcial, desde que demonstre interesse jurídico direto na causa.

A: Incorreta. A posição majoritária é que não cabe chamamento ao processo na ação de execução e/ou fase de cumprimento de sentença (nesse sentido: AgInt no REsp 2059420 / MT). **B:** Correta. Se a execução é contra empresa pública, não se admite o ingresso da União, no processo executivo. Nesse sentido: "É inviável a intervenção anômala da União na fase de execução ou no processo executivo, salvo na ação cognitiva incidental de embargos." (informativo nº 754/STJ). **C:** Incorreta, pois o STJ possui entendimento firmado no sentido de que a assistência simples não é admissível na fase de execução (AgInt no REsp 1838866/DF). **D:** Incorreta, vide justificativa da alternativa "B". **E:** Incorreta, não se admite a interversão da União na fase de execução ou no processo executivo, mas apenas nos embargos – conforme já visto em "B".

Gabarito "B".

(Juiz de Direito/AP – 2022 – FGV) No que concerne ao processo de execução, é correto afirmar que:

(A) efetivadas a expropriação do bem do devedor, a sua alienação e a satisfação do crédito exequendo, o juiz deve proferir despacho ordenando o arquivamento do feito;

(B) a homologação de eventual desistência da ação depende da concordância do executado, se este já tiver sido citado;

(C) ainda que disponha de um título executivo extrajudicial, o credor pode optar pela via da ação de conhecimento;

(D) a liquidez da obrigação constante do título executivo fica afastada se a apuração do crédito reclamar operações aritméticas simples;

(E) o credor pode cumular várias execuções em face do mesmo devedor, ainda que o procedimento seja distinto e desde que o juízo seja competente para processar ao menos uma delas.

A: incorreta, uma vez satisfeita a obrigação, o processo de execução deve ser *extinto* por sentença (CPC, arts. 924, II e 925); **B:** incorreta, pois a execução dependerá da concordância do executado *apenas* se os embargos versarem sobre questões de mérito (CPC, art. 775, parágrafo único); **C:** correta, pois o exequente tem essa opção, se entender, por exemplo, que há uma fragilidade no título executivo (CPC, 785); **D:** incorreta, visto que a simples necessidade de operações aritméticas não afasta a liquidez da obrigação (CPC, art. 786, parágrafo único) – sendo já possível o cumprimento de sentença nesse caso, sem necessidade de liquidação; **E:** incorreta, porque a cumulação de execuções exige que o mesmo juízo seja competente para processar todas elas e que seja aplicável idêntico procedimento para todas (CPC, art. 780). 🆔

Gabarito "C".

(Juiz de Direito/AP – 2022 – FGV) Rafael possui três notas promissórias vencidas, nas quais Victor figura como devedor. Não obstante se tratar de dívidas distintas, o credor resolve demandar, em um único processo, a execução autônoma desses títulos em face do referido devedor, uma vez que consubstanciam obrigações certas, líquidas e exigíveis.

Ao receber essa inicial, percebendo que o juízo é competente para tais cobranças, e que todas buscam o mesmo tipo de obrigação, agirá corretamente o juiz se:

(A) determinar que o credor emende a inicial, indicando qual título pretende demandar, devendo os outros virem por via própria, uma vez que essa cumulação é inadmissível na execução;

(B) admitir a cumulação objetiva dessas execuções, pois, pelo princípio da economia processual, permite-se que o credor se utilize de um mesmo processo para execução desses títulos;

(C) inadmitir a inicial, uma vez que há necessidade de prévio processo de conhecimento para obter o necessário título executivo judicial, com o qual poderia posteriormente demandar a execução;

(D) intimar o devedor, para que manifeste sua concordância com a cumulação de execuções pretendida, sob pena do indeferimento da inicial, em caso de recusa do devedor;

(E) julgar, desde logo, procedentes os pedidos, uma vez que os referidos títulos executivos extrajudiciais consubstanciam obrigações certas, líquidas e exigíveis.

Comentário: **A:** incorreta, visto que é admitida a cumulação de execuções, ainda que fundadas em títulos diferentes (CPC, art. 780); **B:** correta, sendo essa a previsão legal (CPC, art. 780); **C:** incorreta, pois as notas promissórias são títulos executivos extrajudiciais (CPC, art. 784, I), e o enunciado aponta haver obrigação líquida, certa e exigível; **D:** incorreta, considerando que a cumulação de execuções não depende da prévia anuência do devedor (CPC, art. 780); **E:** incorreta, porque não se trata de processo de conhecimento (CPC, art. 784, I), de modo que não se fala em "julgar procedentes os pedidos".

Gabarito "B".

(Juiz de Direito/GO – 2021 – FCC) A penhora

(A) deve ser averbada no registro competente para que tenha efeito entre as partes do processo.

(B) incidente sobre quotas autoriza que o exequente passe a integrar a sociedade empresária, na qualidade de sócio, salvo se os demais exercerem direito de preferência na aquisição.

(C) não pode recair sobre os bens inalienáveis, seus frutos e rendimentos, mesmo que à falta de outros bens.

(D) será comunicada ao executado, em regra, por meio de intimação a seu advogado ou à sociedade de advogados a que pertença.

(E) que recaia sobre imóvel ou direito real sobre imóvel impõe a intimação do cônjuge do executado, qualquer que seja o regime de bens.

A: incorreta, porque a averbação é exigida para presunção absoluta de conhecimento por *terceiros* e não para efeitos entre as partes (CPC, art. 844); **B:** incorreta, porque a penhora das quotas sociais não faz do exequente sócio, na verdade as quotas penhoradas serão liquidadas caso não haja interesse dos sócios em sua aquisição (CPC, art. 861); **C:** incorreta, visto que podem ser penhorados, na falta de outros bens, os *frutos e rendimentos* de bens inalienáveis (CPC, art. 834); **D:** correta, por expressa previsão legal (CPC, art. 841, §1º); **E:** incorreta, pois não haverá intimação do cônjuge do executado caso sejam casados em regime de *separação total* de bens (CPC, art. 842).

Gabarito "D".

(Juiz de Direito/SP – 2021 – Vunesp) Caio propôs processo de execução de cheque em face de Tício. Como não foram localizados bens, o processo permaneceu suspenso por mais de cinco anos. Considerando essa situação, deve o juiz

(A) intimar o exequente a se manifestar a respeito de eventual prescrição intercorrente e, posteriormente, se for o caso, extinguir o processo em razão de sua ocorrência.

(B) intimar o exequente para dar regular andamento ao processo sob pena de reconhecer a prescrição intercorrente, uma vez que configurada em concreto a inércia do credor.

(C) intimar o exequente para dar regular andamento ao processo sob pena de, não o fazendo, ter início o prazo de contagem para fins de prescrição intercorrente.

(D) desde logo, extinguir o processo em razão da prescrição intercorrente, na medida em que, por se tratar de questão de ordem pública, deve ser conhecida de ofício.

A: correta, sendo essa a previsão legal. O CPC prevê a prescrição intercorrente para a hipótese em que não houver bens (CPC, art. 921, III e § 4º; mas, antes de reconhecê-la, deve existir o contraditório (CPC, arts. 10 e 921, § 5º); **B:** incorreta, pois se já tiver havido a prescrição intercorrente, não haverá essa oportunidade de tentar algo "sob pena de prescrição" (CPC, art. 921, § 5º); **C:** incorreta, porque o início da contagem do prazo de prescrição intercorrente é a ciência da 1ª tentativa infrutífera de localização do devedor ou de bens penhoráveis (CPC, art. 921, § 4º); **D:** incorreta, ainda que seja questão de ordem pública, apreciável de ofício pelo juiz, deve ser oportunizada manifestação prévia da parte exequente (CPC, arts. 10 e 921, § 5º), sob pena de violação do contraditório / decisão surpresa.

Gabarito "A".

(Advogado – Pref. São Roque/SP – 2020 – VUNESP) Com relação aos precatórios, pode-se corretamente afirmar:

(A) Os atos do presidente do tribunal que disponham sobre processamento e pagamento de precatório têm caráter jurisdicional, contra os quais cabe recurso especial e extraordinário, se houver, respectivamente, violação de norma federal ou constitucional.

(B) A Fazenda Pública não pode recusar a substituição do bem penhorado por precatório.

(C) Os honorários advocatícios incluídos na condenação ou destacados do montante principal devido ao credor não consubstanciam verba de natureza alimentar, e sua satisfação deverá ocorrer mediante a expedição de precatório ou requisição de pequeno valor.

(D) Se o precatório for apresentado até 1º de julho, e o pagamento for realizado no final do exercício seguinte, haverá a incidência de juros de mora.

(E) A cessão de precatórios realizada pelo credor a terceiros poderá ser realizada independentemente da concordância do devedor e produzirá efeitos após comunicação, por meio de petição protocolizada, ao tribunal de origem e à entidade devedora.

A: incorreta, pois os atos do presidente do tribunal referentes ao processamento e pagamento de precatórios têm caráter *administrativo*, logo não cabe recurso contra referidos atos, conforme jurisprudência dos Tribunais Superiores (STF, ADI 1.098/SP e Súmula 311/STJ: Os atos do presidente do tribunal que disponham sobre processamento e pagamento de precatório não têm caráter jurisdicional); **B:** incorreta, pois a Fazenda Pública *pode* recusar a substituição do bem penhorado por precatório, já que se trata de penhora de crédito e não de dinheiro (Lei 6.830/80, art. 15, I e Súmula 406/STJ); **C:** incorreta, tendo em vista ser pacífico o entendimento de que os honorários advocatícios têm natureza alimentar (SV 47/STF: Os honorários advocatícios incluídos na condenação ou destacados do montante principal devido ao credor consubstanciam verba de natureza alimentar cuja satisfação ocorrerá com a expedição de precatório ou requisição de pequeno valor, observada ordem especial restrita aos créditos dessa natureza);

D: incorreta, pois nesse caso não haverá mora e, portanto, sobre o valor deverá incidir correção monetária, mas *não juros* (CF, art. 100, § 5º e SV 17/STF: Durante o período previsto no parágrafo 1º do artigo 100 da Constituição, não incidem juros de mora sobre os precatórios que nele sejam pagos); **E:** correta (CF, art. 100, §§ 13 e 14, na redação da EC 62/2009). LD

Gabarito "E".

O CPC considera título executivo extrajudicial

I. o instrumento de transação referendado por conciliador credenciado por tribunal, após homologação pelo juiz.

II. o contrato celebrado por instrumento particular, garantido por direito real de garantia, independentemente de ter sido assinado por duas testemunhas.

III. o contrato celebrado por instrumento particular, garantido por fiança, desde que assinado por duas testemunhas.

IV. o crédito de contribuição extraordinária de condomínio edilício, aprovada em assembleia geral e documentalmente comprovada.

(Juiz de Direito – TJ/SC – 2019 – CESPE/CEBRASPE) Estão certos apenas os itens

(A) I e III.
(B) I e IV.
(C) II e IV.
(D) I, II e III.
(E) II, III e IV.

I: incorreta, pois a decisão de autocomposição judicial ou extrajudicial, uma vez homologada pelo *juiz*, constitui título executivo *judicial* – o simples instrumento de transação referendado por conciliador é que constitui título executivo *extrajudicial* (CPC, arts. 515, II e III e 784, IV); **II:** correta (CPC, art. 784, V); **III:** incorreta, já que o contrato garantido por caução (seja garantia real ou fidejussória) constitui, por si só, título executivo extrajudicial, dispensando a assinatura das 2 testemunhas (CPC, art. 784, V); **IV:** correta (CPC, art. 784, X). LD

Gabarito "C".

(Juiz de Direito – TJ/BA – 2019 – CESPE/CEBRASPE) De acordo com o CPC, se, em processo de execução de contrato inadimplido, ocorrer a penhora judicial de dinheiro depositado em conta bancária do executado, o juiz poderá cancelar o ato de penhora caso acolha o pedido de impenhorabilidade sob o argumento de que a quantia bloqueada

(A) pertence a terceiro.
(B) decorreu de venda de imóvel.
(C) corresponde a salário do executado e não ultrapassa cinquenta salários mínimos.
(D) estava vinculada ao pagamento de conta exclusivamente em débito automático.
(E) acarretará enriquecimento ilícito.

A: errada, já que o executado não teria legitimidade para defender direito de terceiro em nome próprio (CPC, art. 18); **B:** errada, considerando que essa hipótese não encontra previsão no rol do art. 833, do CPC; **C:** certa, conforme expressa previsão legal (CPC, art. 833, IV e §2º); **D:** errada, tendo em vista que essa hipótese não encontra previsão no rol do art. 833, do CPC; **E:** errada, já que, a princípio, não haveria enriquecimento ilícito na penhora de bens para satisfação de obrigação contratual inadimplida. LD

Gabarito "C".

(Juiz de Direito - TJ/RS - 2018 - VUNESP) O executado por título executivo extrajudicial, independentemente de penhora, depósito ou caução, poderá se opor à execução por meio de embargos, cujo prazo será contado, no caso de execuções por carta, da juntada

(A) na carta, da certificação da citação, quando versarem unicamente sobre vícios ou defeitos da penhora, da avaliação ou da alienação dos bens.
(B) do último comprovante de citação, quando houver mais de um executado.
(C) do último comprovante de citação, que será contado em dobro no caso de litisconsortes com advogados diversos.
(D) das respectivas citações, no caso de companheiros, sem contrato de união estável.
(E) nos autos de origem, quando versarem sobre a nulidade da citação na ação de obrigação de pagar.

A: Correta (CPC, art. 915, § 2º, I); **B:** Incorreta, já que, quando houver mais de um executado, o prazo para oposição de embargos é contado a partir da juntada do respectivo comprovante de citação em relação a cada um dos executados, e não do último – exceto no caso de cônjuges (CPC, art. 915, § 1º); **C:** Incorreta, tendo em vista que para a contagem do prazo para oposição de embargos à execução não se aplica a disposição do prazo em dobro para litisconsortes com advogados diversos (CPC, art. 915, § 3º); **D:** Incorreta, porque, no caso de cônjuges ou companheiros, o prazo será contado a partir da juntada do último comprovante de citação (CPC, art. 915, § 1º) – em relação aos não cônjuges, vide "B"; **E:** Incorreta. O que o CPC prevê é a contagem a partir da "juntada, na carta, da certificação da citação, quando versarem unicamente sobre vícios ou defeitos da penhora, da avaliação ou da alienação dos bens" (CPC, art. 915, § 2º, I). LD

Gabarito "A".

(Procurador do Estado/SP - 2018 - VUNESP) Em relação à fraude de execução, assinale a alternativa correta.

(A) O simples fato de alguém ter alienado seus bens após a citação, no processo de conhecimento, já caracteriza plenamente a fraude de execução, sejam os bens passíveis de registro ou não.
(B) Quanto aos bens imóveis, o ônus de provar sua existência pode ser satisfeito mediante averbação na matrícula do imóvel, prévia à alienação, da existência de uma ação, ainda que de natureza penal, dentre outras, que pode reduzir o devedor à insolvência.
(C) É sempre do exequente o ônus da prova da fraude de execução quando ocorrer a venda de bens não sujeitos a registro após a citação, na execução civil, ou após a intimação, no caso do cumprimento de sentença.
(D) Os atos praticados em fraude de execução são juridicamente inexistentes, independentemente de o executado ter ficado insolvente ou não.
(E) Caracteriza-se exclusivamente quando, após o início do cumprimento de sentença ou da execução civil, ocorre a alienação de bens por parte do executado, dispensados outros requisitos.

A: Incorreta, porque seria necessário que a ação ajuizada fosse capaz de reduzir o devedor à insolvência (CPC, art. 792, IV). No tocante ao registro, a caracterização da fraude à execução depende, ainda, do registro da penhora do bem alienado ou da prova da má-fé do terceiro adquirente (STJ, Súmula 375); **B:** Correta, sendo essa a previsão legal (CPC, art. 792, I, II e IV); **C:** Incorreta, considerando que, no caso de bens não sujeitos a registro, o ônus caberá ao terceiro adquirente e não ao exequente (CPC, art. 792, § 2º); **D:** Incorreta, porque os atos praticados em fraude à execução são *ineficazes* em relação ao exequente (CPC, art. 792, §1º); **E:** Incorreta, uma vez que a alienação de bem não caracteriza por si só fraude à execução (CPC, art. 792). **Gabarito "B".**

13.2. CUMPRIMENTO DE SENTENÇA E IMPUGNAÇÃO

(Procurador – PGE/SP – 2024 – VUNESP) Acerca da competência para o cumprimento de sentença, é correto afirmar que

(A) o cumprimento de sentença deverá ser distribuído livremente, cabendo ao juízo definir o local menos prejudicial ao executado.

(B) somente pode ser proposto o cumprimento de sentença no local onde o devedor possuir bens, a fim de que possa ser garantida a eventual penhora ou hasta pública.

(C) o cumprimento da sentença será efetuado perante os tribunais nas causas de sua competência originária.

(D) sob pena de extinção da ação, por incompetência absoluta do juízo, o autor deverá obrigatoriamente distribuir o cumprimento de sentença perante o mesmo juízo que decidiu a causa em primeiro grau.

(E) nas causas obrigacionais o cumprimento de sentença deverá ser processado exclusivamente no domicílio do executado.

A: Incorreta. O art. 516 do CPC estabelece que, como regra, a competência para processar o cumprimento de sentença será do mesmo órgão que julgou a causa em primeiro grau de jurisdição. Assim, não haverá livre distribuição. **B:** Incorreta. Conforme previsão do art. 516, parágrafo único do CPC, cabe ao exequente optar por apresentar o cumprimento de sentença perante o juízo que decidiu a causa no primeiro grau de jurisdição, ou no foro do atual domicílio do executado ou de situação dos bens sujeitos à execução. **C:** Correta. O art. 516, I do CPC dispõe que o cumprimento de sentença será efetuado perante os tribunais, nas causas de competência originária – como no caso de uma ação rescisória, por exemplo. **D:** Incorreta. Como visto, o exequente pode optar por apresentar o cumprimento de sentença perante o juízo que decidiu a causa no primeiro grau de jurisdição (CPC, art. 516, II), ou no foro (i) do atual domicílio do executado, (ii) de situação dos bens sujeitos à execução ou (iii) do local em que a obrigação de fazer ou não fazer deva ser executada (CPC, art. 516, parágrafo único). No mais, sendo situação de foro (competência territorial), a hipótese é de competência relativa, não absoluta. **(E)** Incorreta, conforme justificativa para a alternativa "D". **Gabarito "C".**

(Procurador – AL/PR – 2024 – FGV) Em execução de pagar quantia contra o estado do Paraná, Mônica Cebola, 75 anos, titular de crédito de natureza alimentícia de R$500.000,00 (quinhentos mil reais), já não impugnado pela fazenda pública.

Quanto a urgência no recebimento, assinale a afirmativa correta.

(A) Em razão da idade e da natureza alimentícia do crédito, pode fracioná-lo, para receber, antecipadamente, por requisição de pagamento de pequeno valor o correspondente a três vezes o pequeno valor, mantendo-se na ordem de precatório para receber o restante.

(B) Em razão da idade, pode ceder seu direito de fracionamento do crédito, para receber, antecipadamente, até o correspondente a três vezes o pequeno valor, mantendo-se na ordem de precatório para receber o restante.

(C) Pode fracionar seu crédito, para receber, antecipadamente, por requisição de pagamento de pequeno valor o correspondente a 40 salários mínimos, mantendo-se na ordem de precatório para receber o restante.

(D) Em razão da idade e da natureza alimentícia do crédito, pode fracioná-lo, para receber, antecipadamente, até o correspondente a três vezes o pequeno valor, mantendo-se na ordem de precatório para receber o restante.

(E) Pode fracionar seu crédito, para receber, antecipadamente, por requisição de pagamento de pequeno valor o correspondente a 40 salários mínimos, mantendo-se na ordem de precatório para receber o restante, tendo preferência em razão da idade e da natureza alimentícia do crédito.

O pagamento dos precatórios é feito com base no art. 100 da CF, que já passou por diversas alterações via emendas constitucionais – que também alteraram o ato das disposições constitucionais transitórias (ADCT). A EC 114/21 alterou a sistemática de pagamento dos precatórios. De acordo com o art. 107-A, § 8º, do ADCT, há o seguinte: *"8º Os pagamentos em virtude de sentença judiciária de que trata o art. 100 da Constituição Federal serão realizados na seguinte ordem: I – obrigações definidas em lei como de pequeno valor, previstas no § 3º do art. 100 da Constituição Federal; II – precatórios de natureza alimentícia cujos titulares, originários ou por sucessão hereditária, tenham no mínimo 60 (sessenta) anos de idade, ou sejam portadores de doença grave ou pessoas com deficiência, assim definidos na forma da lei, até o valor equivalente ao triplo do montante fixado em lei como obrigação de pequeno valor;"*
Portanto, a resposta à pergunta está no inciso II, já que Mônica tem mais de 60 anos, seu crédito é alimentar, é portadora de doença grave, de maneira que pode receber até 3 vezes o valor do RPV, como preferência. O restante, portanto, será pago via o precatório padrão.
Portanto, a resposta correta é a "D". **Gabarito "D".**

(Procurador Fazenda Nacional – AGU – 2023 – CEBRASPE) O espólio de Francisco, portador de cardiopatia grave, ajuizou ação para restituição de imposto de renda de pessoa física (IRPF) descontado na fonte sobre seus proventos de aposentadoria. A sentença judicial condenou a PGFN à devolução do valor de R$ 180.000,00, sendo incontroverso o montante de R$ 30.000,00. Depois de apresentar recurso sobre o quantum controverso, o espólio peticionou pela expedição de requisição de pequeno valor (RPV) da parte incontroversa.

Considerando a situação hipotética apresentada, assinale a opção correta a respeito do regime jurídico-constitucional de pagamento de débitos pela fazenda pública.

(A) É constitucional a expedição de RPV para pagamento da parte incontroversa e autônoma do pronunciamento judicial transitado em julgado ao espólio de Francisco.

(B) O pagamento parcelado dos créditos não alimentares, ainda que mais antigos do que os créditos alimentares, caracteriza preterição indevida de precatórios alimentares.

(C) Caso o espólio de Francisco seja executado por inscrição em dívida ativa da União, o juízo responsável pela ação de cobrança poderá compensar, de ofício, débitos tributários e créditos de precatório.

(D) Caso a fazenda nacional reste vencida quanto ao valor total pleiteado, sobre eventual precatório judiciário apresentado em 30/6/2021 e pago no exercício de 2024 incidirão juros compensatórios correspondentes ao período de janeiro de 2024 até o efetivo pagamento.

(E) Caso o espólio de Francisco seja inscrito em dívida ativa da União por dívida de IRPF sobre salários, a fazenda nacional poderá utilizar o precatório em transação resolutiva de litígio.

A: Incorreta, uma vez que o art. 100, § 8º da CF não permite o fracionamento ou a quebra do valor da execução para fins de enquadramento de parcela do total; **B:** incorreta, porque esse pagamento parcelado não configura preterição, conforme decidido pelo STF: "O pagamento parcelado dos créditos não alimentares, na forma do art. 78 do ADCT, não caracteriza preterição indevida de precatórios alimentares, desde que os primeiros tenham sido inscritos em exercício anterior ao da apresentação dos segundos, uma vez que, ressalvados os créditos de que trata o art. 100, § 2º, da Constituição, o pagamento dos precatórios deve observar as seguintes diretrizes" (RE 612.707); **C:** incorreta, pois o STF, na ADI 4425, decidiu que a "compensação obrigatória" trazido pelos §§ 9º e 10 da CF, é inconstitucional; **D:** incorreta. Não há incidência de juros de mora (não os compensatórios), no período compreendido entre a data da realização dos cálculos e a da requisição ou do precatório (RE 579431, info 861); **E:** Correta, pois o art. 100, 11, I da CF (bem como a Lei nº 13.988/2020, art. 11, V) prevê a possibilidade de utilizar o precatório para amortização da dívida de IRPF. LD

Gabarito "E".

(Procurador Fazenda Nacional – AGU – 2023 – CEBRASPE) No que se refere ao cumprimento de obrigação de pagar quantia certa oponível à fazenda pública, assinale a opção correta segundo a CF e a jurisprudência do STF.

(A) Reconhecido o indébito tributário no âmbito de mandado de segurança, o impetrante poderá requerer administrativamente a restituição desses valores.

(B) Incidirão juros de mora desde a data de expedição até a data do efetivo pagamento do precatório.

(C) Admite-se a execução provisória de obrigação de pagar quantia certa em face da fazenda pública.

(D) Não incidirão juros de mora no período compreendido entre a data da elaboração dos cálculos e a data da expedição do precatório.

(E) Não se admite a expedição de requisição de pequeno valor (RPV) para pagamento de honorários contratuais dissociados do principal a ser requisitado pelo credor da fazenda pública.

A: Incorreta, conforme Súmula 461/STJ: "O contribuinte pode optar por receber, *por meio de precatório ou por compensação*, o indébito tributário certificado por sentença declaratória transitada em julgado". Ou seja, o recebimento é por precatório ou por compensação, mas não é possível receber de volta o valor pago, pela via administrativa; **B:** Incorreta. Os juros incidem apenas na hipótese de atraso no pagamento do precatório (Súmula Vinculante 17: "Durante o período previsto no parágrafo 1º do artigo 100 da Constituição, não incidem juros de mora sobre os precatórios que nele sejam pagos"); **C:** Incorreta, pois a expedição do precatório ou da RPV somente ocorrerá após o trânsito em julgado da respectiva decisão (Lei 9.494/1997, art. 2º-B); **D:** Incorreta, pois no período compreendido entre a data da realização dos cálculos e a data da expedição do precatório incidem juros de mora (Tema 96 STF); **E:** Correta. Existe a possibilidade de expedição de precatório ou RPV para satisfação dos honorários, mas exclusivamente aos *sucumbenciais* (por exemplo, a Súmula Vinculante 47 trata da hipótese). Os honorários contratuais são pagos pelo cliente ao advogado, não existindo nenhuma correlação com a expedição de precatórios. LD

Gabarito "E".

(Procurador Federal – AGU – 2023 – CEBRASPE) Em sede de cumprimento de sentença condenatória cível transitada em julgado, o prazo da prescrição intercorrente é

(A) fixo, de cinco anos, seja qual for a natureza da pretensão, não podendo ser suspenso nem interrompido.

(B) equivalente à metade do prazo fixado para prescrição da pretensão de direito material, podendo ser suspenso, uma única vez, pelo período máximo de um ano, caso não se localize o devedor ou bens penhoráveis.

(C) equivalente à metade do prazo fixado para prescrição da pretensão de direito material, podendo ser suspenso, uma única vez, pelo período máximo de dois anos, caso não se localize o devedor ou bens penhoráveis.

(D) idêntico ao da prescrição da pretensão de direito material, podendo ser suspenso, uma única vez, pelo período máximo de um ano, caso não se localize o devedor ou bens penhoráveis.

(E) idêntico ao da prescrição da pretensão de direito material, podendo ser suspenso, uma única vez, pelo período máximo de dois anos, caso não se localize o devedor ou bens penhoráveis.

A: Incorreta, pois o prazo da prescrição intercorrente observará o mesmo prazo de prescrição da pretensão (CC, art. 206-A). Nos termos do art. 921, § 4º do CPC, é possível suspender a prescrição por uma única vez, caso não se localize o devedor ou bens penhoráveis; **B:** Incorreta. O prazo da prescrição intercorrente observará o mesmo prazo de prescrição da pretensão (CC, art. 206-A); **C:** Incorreta, vide justificativa para alternativa "D"; **D:** Correta. O prazo da prescrição intercorrente observará o mesmo prazo de prescrição da pretensão (CC, art. 206-A), podendo ser suspenso uma única vez, pelo prazo máximo de 1 ano (CPC, art. 921, § 4º). **E:** Incorreta, uma vez que o prazo máximo de suspensão é de 1 ano (CPC, art. 921, § 4º). LD

Gabarito "D".

(Juiz de Direito – TJ/SP – 2023 – VUNESP) Carlos ingressou com ação de conhecimento com pedido condenatório em face de Raimundo. O réu foi citado pessoalmente para a audiência de tentativa de conciliação e constituiu advogado. Frustrada a tentativa de conciliação, o réu contestou a ação. O pedido foi acolhido em primeiro grau, após os articulados das partes e a produção de provas. A sentença transitou em julgado. Após um ano do trânsito em julgado, Carlos requereu a intimação do réu para cumprir a sentença. Considerando isso, responda como deverá ser a intimação nesse caso.

(A) Pelo Diário da Justiça, na pessoa de seu advogado constituído nos autos.

(B) Por Oficial de Justiça.

(C) Por carta com aviso de recebimento.

(D) Por edital, considerando que o réu mudou de endereço sem prévia comunicação ao juízo.

A alternativa correta é a letra "C". O art. 513, § 4º do CPC estabelece que, se o requerimento do cumprimento de sentença for formulado após 1 (um) ano do trânsito em julgado da sentença, a intimação deverá ser feita na pessoa do devedor, por meio de carta com aviso de recebimento.

Gabarito "C".

(Juiz de Direito – TJ/SP – 2023 – VUNESP) Maria ingressou com ação de conhecimento em face da concessionária de energia elétrica visando ao reconhecimento da inexigibilidade da "conta de luz" do mês de abril de 2022 no valor de R$ 1.500,00. O juiz julgou improcedente o pedido, reconhecendo a exigibilidade do valor cobrado pela concessionária. A sentença transitou em julgado. A concessionária pretende executar a sentença, afirmando ter título executivo judicial. Sobre os títulos executivos judiciais, indique a afirmativa correta.

(A) Também são títulos judiciais: o crédito de auxiliar da justiça, a sentença penal condenatória, independentemente do trânsito em julgado e a sentença estrangeira homologada pelo Superior Tribunal de Justiça.
(B) A decisão homologatória de autocomposição judicial constitui também título judicial. Adverte-se, contudo, que a autocomposição judicial não pode envolver sujeito estranho ao processo e não pode versar sobre relação jurídica que não tenha sido deduzida em juízo.
(C) As decisões proferidas no processo civil que reconheçam a exigibilidade de obrigação de pagar quantia, de fazer, de não fazer ou de entregar coisa também são títulos executivos judiciais. Em outras palavras, a lei acabou com o dogma de que só as sentenças condenatórias constituíam títulos executivos. Admite-se hoje a execução de uma sentença declaratória ou constitutiva.
(D) Também é título judicial a decisão interlocutória estrangeira, independentemente da concessão do *exequatur* à carta rogatória pelo Superior Tribunal de Justiça.

A: Incorreta, pois nos termos do art. 515, VI do CPC, é título executivo judicial, a sentença penal condenatória *transitada* em julgado. **B:** Incorreta. Conforme previsão do art. 515, § 2º do CPC, a autocomposição judicial *pode* envolver sujeito estranho ao processo e versar sobre relação jurídica que não tenha sido deduzida em juízo. **C:** Correta. O art. 515, I do CPC prevê no como título judicial a sentença. O STJ assim decidiu, no tema repetitivo 889: "A sentença, qualquer que seja sua natureza, de procedência ou improcedência do pedido, constitui título executivo judicial, desde que estabeleça obrigação de pagar quantia, de fazer, não fazer ou entregar coisa, admitida sua prévia liquidação e execução nos próprios autos". Essa é exatamente a hipótese narrada no enunciado, em que a improcedência do pedido do consumidor que nada deve permite à empresa executar a quantia. **D:** Incorreta. Nos termos do art. 515, IX, do CPC, a decisão interlocutória estrangeira será título judicial somente *após* a concessão do *exequatur* à carta rogatória pelo STJ (ou seja, a homologação pelo STJ).
Gabarito "C".

(Juiz de Direito – TJ/DFT – 2023 – CEBRASPE) Luísa, servidora pública, ajuizou ação contra o município de Bertolínia – PI, postulando o pagamento de determinada quantia com base em lei municipal. A execução transitou em julgado em janeiro de 2015, formando-se um título executivo em favor de Luísa. Em janeiro de 2022, o Supremo Tribunal Federal (STF), ao examinar recurso extraordinário interposto pelo município que envolvia o processo de outra servidora com base na mesma lei, decidiu que a referida norma não fora recepcionada pela Constituição Federal de 1988 (CF). Tendo em vista essa decisão, o município pretende apresentar o instrumento jurídico mais adequado para a defesa de seus interesses atualmente, inclusive contra Luísa.

Considerando essa situação hipotética, as disposições do CPC e a jurisprudência dos tribunais superiores, assinale a opção correta.

(A) O instrumento mais adequado a ser proposto pelo município é a ação declaratória de nulidade (*querela nullitatis*).
(B) O instrumento mais adequado a ser proposto pelo município é a ação ordinária no rito do procedimento comum.
(C) Não cabe a apresentação de nenhum instrumento jurídico pelo município, uma vez que o processo de Luísa está protegido pela coisa julgada material.
(D) É cabível o ajuizamento de ação rescisória, cujo prazo será contado a partir do trânsito em julgado da decisão proferida pelo STF.
(E) É cabível o ajuizamento de reclamação constitucional pelo município.

A: Incorreta. Pois, no caso, caberá ação rescisória (CPC, art. 525, § 15), e não ação em 1º grau – que seria o caso da *querela nullitatis*. **B:** Incorreta, pois a forma para impugnar não é ação em 1º grau (vide alternativa "D"). Atenção: no CPC/15 não há mas o rito ordinário ou sumário. **C:** Incorreta, pois é possível a propositura de ação rescisória para rescindir a decisão de mérito que já transitou em julgado (CPC, art. 966 e, especificamente para esse caso, art. 525, § 15). **D:** Correta. Nos termos do art. 525, § 15 do CPC, nesse caso de posterior decisão do STF acerca do tema caberá ação rescisória, cujo prazo de 2 (dois) anos será contato do trânsito em julgado da decisão do STF. **E:** Incorreta. A hipótese não autoriza a propositura de Reclamação (CPC, art. 988), mas sim ação rescisória, nos termos do art. 525, § 15 do CPC.
Gabarito "D".

(Juiz Federal – TRF/1 – 2023 – FGV) João se sagrou vencedor em uma ação judicial, cuja sentença transitou em julgado. Ao instaurar o cumprimento de sentença, o devedor foi intimado a efetuar o pagamento do débito no prazo de quinze dias. O devedor não realizou o pagamento voluntário e apresentou sua impugnação, alegando excesso de execução e ilegitimidade do credor. Contudo, o devedor não apresentou demonstrativo, tampouco apontou o valor que entende devido.

Diante dessa situação hipotética, é correto afirmar que:

(A) a impugnação deverá ser liminarmente rejeitada, em razão da ausência de indicação do valor que o devedor entende devido;
(B) não será permitido qualquer ato de constrição antes do julgamento da impugnação pelo juiz;
(C) deverá o juiz determinar o processamento da impugnação, examinando todos os argumentos ali apresentados;
(D) deverá o juiz determinar o processamento da impugnação, analisando apenas o argumento de ilegitimidade do credor;
(E) deverá o juiz intimar o devedor para apontar o valor que entende correto, apresentando demonstrativo discriminado e atualizado de seu cálculo, no prazo de quinze dias.

A: Incorreta. Considerando que o excesso de execução não foi a única alegação do devedor, a impugnação será processada, mas referida matéria (excesso de execução), não será examinada pelo juiz, tendo em vista a ausência de indicação do valor correto (CPC, art. 525, § 5º). **B:** Incorreta, pois a impugnação em regra não tem efeito suspensivo – ainda que, eventualmente, possa ser concedida (CPC, art. 525, § 6º). **C:** Incorreta. O Juiz determinará o processamento da impugnação, tendo em vista que o excesso de execução não foi a única alegação do devedor. Todavia, referida matéria (excesso de execução), não será examinada pelo juiz, tendo em vista a ausência de indicação do valor correto (CPC, art. 525, § 5º). **D)** Correta. Nos termos do art. 525, § 5º, a impugnação será processada, mas o juiz não examinará a alegação de excesso de execução, tendo em vista a ausência de indicação do valor correto. **E:** Incorreta, o executado que alegar excesso de execução deverá apontar, de imediato, o valor que entende correto, apresentando demonstrativo discriminado e atualizado de seu cálculo (CPC, art. 525, § 4º), sob pena de não apreciação desse argumento (§ 5º) – e não a determinação de emenda.

Gabarito "D".

(Juiz Federal – TRF/1 – 2023 – FGV) A União Federal ajuizou ação de regresso em face de servidor público federal, que foi condenado a pagar quantia em dinheiro em favor do ente público. Intimado a pagar a dívida em sede de cumprimento de sentença, o devedor permaneceu inerte, motivo pelo qual a União requereu a fixação de multa cominatória diária, a suspensão do direito de dirigir do executado, a apreensão do seu passaporte, a sua proibição de participar de concursos públicos, a sua proibição de participar de licitações, a expedição de ofício ao Conselho de Controle de Atividades Financeiras (Coaf) para a remessa de relatório de inteligência financeira sobre as operações do devedor e a consulta ao Sistema de Investigação de Movimentações Bancárias (Simba) com o fim de apurar o seu patrimônio.

Sobre a situação, é correto afirmar ser:

(A) incabível a fixação de multa cominatória diária no cumprimento de sentença relativo à obrigação de pagar, ainda que mediante decisão fundamentada, após esgotados os meios típicos de execução e observados os princípios do contraditório e da proporcionalidade;

(B) incabível a suspensão do direito de dirigir do executado como medida executiva atípica no cumprimento de sentença relativo à obrigação de pagar, por violação ao direito à liberdade de locomoção, ainda que mediante decisão fundamentada, após esgotados os meios típicos de execução e observados os princípios do contraditório e da proporcionalidade;

(C) cabível a consulta ao Sistema de Investigação de Movimentações Bancárias (Simba) no cumprimento de sentença relativo à obrigação de pagar, desde que mediante decisão fundamentada e esgotados os meios típicos de execução, observados os princípios do contraditório e da proporcionalidade;

(D) incabível a proibição de participar de concursos públicos como medida executiva atípica no cumprimento de sentença relativo à obrigação de pagar, por violação ao direito fundamental de acesso aos cargos públicos, ainda que mediante decisão fundamentada, após esgotados os meios típicos de execução e observados os princípios do contraditório e da proporcionalidade;

(E) cabível a expedição de ofício ao Conselho de Controle de Atividades Financeiras (Coaf) no cumprimento de sentença relativo à obrigação de pagar, desde que mediante decisão fundamentada e esgotados os meios típicos de execução, observados os princípios do contraditório e da proporcionalidade.

A questão envolve a atipicidade das medidas executivas, prevista no art. 139, IV do CPC. O STF declarou constitucional o dispositivo (ADI 5941) e o STJ fixou balizas para sua aplicação. **A:** Correta. Conforme jurisprudência do STJ, não é cabível a fixação de multa diária no cumprimento de sentença de obrigação de pagar quantia certa (AgInt no AREsp 1441336). **B:** Incorreta. O STJ admite a suspensão da CNH como medida executiva atípica (por exemplo, AgInt no AREsp 1770170 / PB). **C:** Incorreta, uma vez que o STJ entendeu não ser possível a utilização da consulta ao SIMBA ou expedição de ofício ao COAF, com o fim de verificar a existência de patrimônio do devedor (REsp 2043328/SP). **D:** Incorreta, pois o STF, no julgamento da ADI 5.941, declarou a constitucionalidade do 139, IV do CPC, desde que respeitados os direitos fundamentais e os princípios da proporcionalidade e razoabilidade. Dentre as medidas coercitivas mencionadas na ADI, está a proibição de participação em concurso público. **E:** Incorreta, conforme exposto na alternativa "C".

Gabarito "A".

(Juiz de Direito/GO – 2021 – FCC) No cumprimento definitivo de sentença que haja imposto condenação em quantia certa, ou já fixada em liquidação,

(A) o executado, a requerimento do exequente, será intimado a pagar voluntariamente o débito no prazo de quinze dias, já acrescido de custas e honorários advocatícios, sob pena de multa de dez por cento.

(B) serão arbitrados honorários em benefício do executado no caso de acolhimento, ainda que parcial, de impugnação ou de exceção de pré-executividade.

(C) a incidência da multa demanda prévia intimação pessoal do executado.

(D) se o executado realizar o pagamento tempestivo, ainda que parcial, não incidirá em multa.

(E) não efetuado tempestivamente o pagamento voluntário, o juiz, a pedido do exequente, determinará a expedição de mandado de penhora e avaliação.

A: incorreta, porque os honorários de 10% e a multa de 10% só serão acrescidos ao débito caso não haja o pagamento voluntário no prazo de 15 dias (CPC, art. 523, §1º); **B:** correta; há honorários na exceção de pré-executividade, mesmo que parcialmente acolhida (Tema Repetitivo 410, STJ - REsp 1134186/RS); **C:** incorreta, considerando não haver necessidade de intimação *pessoal*, sendo que a multa incidirá tão logo não ocorra o pagamento voluntário do débito (CPC, art. 523, §1º); **D:** incorreta, já que, em caso de pagamento parcial, a multa e os honorários incidirão sobre o valor restante (CPC, art. 523, §2º); **E:** incorreta, pois o mandado de penhora e avaliação será expedido independentemente de pedido do exequente (CPC, art. 523, §3º).

Gabarito "B".

(Juiz de Direito – TJ/MS – 2020 – FCC) No que tange ao procedimento concernente ao cumprimento da sentença, é correto afirmar:

(A) como regra, o devedor será intimado pessoalmente para cumprir a sentença espontaneamente em quinze dias, sob pena de multa.

(B) o cumprimento da sentença que reconhece o dever de pagar quantia, provisório ou definitivo, far-se-á de ofício ou a requerimento do credor.

(C) o cumprimento da sentença não poderá ser promovido em face do fiador, do coobrigado ou do corresponsável que não tiver participado da fase de conhecimento.

(D) quando o juiz decidir relação jurídica sujeita a condição ou termo, o cumprimento da sentença não dependerá de demonstração de que se realizou a condição ou de que ocorreu o termo.

(E) o cumprimento provisório da sentença impugnada por recurso desprovido de efeito suspensivo não poderá em nenhuma situação admitir o levantamento de depósito em dinheiro ou a prática de atos que importem transferência de posse ou domínio, pela possibilidade de irreversibilidade dos efeitos de tais atos.

A: Incorreta, pois o devedor será preferencialmente intimado pelo Diário da Justiça, na pessoa de seu advogado (CPC, art. 513, § 2º, I). B: Incorreta, considerando que o cumprimento da sentença não será feito de ofício (CPC, art. 513, § 1º). C: Correta, sendo essa a expressa previsão legal (CPC,513, §5º), em homenagem à coisa julgada. D: Incorreta, porque nesse caso o cumprimento de sentença dependerá de demonstração de que se realizou a condição ou de que o termo ocorreu (CPC, art. 514). E: Incorreta, pois no cumprimento provisório, o levantamento de depósito em dinheiro ou prática de atos que importem transferência de posse ou domínio, é possível desde que o exequente *apresente caução* (CPC, art. 520, IV). Gabarito "C".

(Promotor de Justiça/CE – 2020 – CESPE/CEBRASPE) A respeito do cumprimento de sentença e do processo de execução, julgue os itens a seguir.

I. De acordo com a jurisprudência do STF, em sede de execução contra a fazenda pública não devem incidir os juros da mora no período compreendido entre a data de realização dos cálculos e a da expedição da requisição de pequeno valor ou do precatório.

II. O indivíduo que possua título executivo extrajudicial pode optar por ajuizar ação de conhecimento em detrimento do processo de execução e, dessa forma, obter título de natureza judicial.

III. Considere que João tenha requerido o cumprimento de sentença que condenou Marcela a lhe pagar a quantia de cem mil reais. Nesse caso, o Código de Processo Civil (CPC) permite que a devedora seja intimada na pessoa de seu advogado, devidamente constituído nos autos, por meio de publicação no Diário da Justiça, para cumprir a sentença.

IV. Em ação que contenha pedido de reconhecimento de paternidade cumulado com pedido de alimentos, ainda que já seja possível a execução provisória em razão do recurso do réu ter sido recebido apenas no efeito devolutivo, o prazo prescricional para o cumprimento da sentença que condene o réu ao pagamento de verba alimentícia retroativa não se iniciará antes do trânsito em julgado da sentença que reconheça a paternidade.

Estão certos apenas os itens

(A) I e II.
(B) I e IV.
(C) II e III.
(D) I, III e IV.
(E) II, III e IV.

I – Incorreta, conforme disposto pela Súmula Vinculante 17/STF "Durante o *período previsto no parágrafo 1º do artigo 100 da Constituição, não incidem juros de mora sobre os precatórios que nele sejam pagos"*. Ou seja, afasta-se a incidência de juros de mora no período compreendido entre a expedição do precatório e seu efetivo pagamento – e não entre o cálculo e a expedição; II – Correta, por expressa previsão legal (CPC, art. 785); III – Correta, sendo esse o início do cumprimento de sentença de obrigação de pagar (CPC, art.513, § 2º, inciso I); IV – Correta, sendo esse o entendimento do STJ (cf REsp 1634063/AC, DJ 30/06/2017). Gabarito "E".

(Juiz de Direito – TJ/RJ – 2019 – VUNESP) Segundo os contornos traçados pelo Código de Processo Civil de 2015 à impugnação ao cumprimento de sentença, assinale a alternativa correta.

(A) O executado pode alegar a ilegitimidade de parte advinda da fase de conhecimento tanto no que concerne ao polo ativo quanto ao passivo da demanda.

(B) Por ter natureza jurídica de ação, não se aplica o benefício do prazo em dobro em processos de autos físicos para os executados que tiverem diferentes procuradores.

(C) Tal defesa típica é exclusiva do cumprimento definitivo de sentença, sendo que, quando de cumprimento provisório se tratar, o executado poderá defender-se por meio de simples petição.

(D) O rol de matérias arguíveis pelo executado limita-se a alegações posteriores ao trânsito em julgado do pronunciamento judicial executado.

(E) O executado poderá alegar nesta defesa típica a nulidade da sentença arbitral, se houver execução judicial.

A: incorreta, considerando que o executado poderá alegar ilegitimidade de parte, mas referente à fase de execução (cumprimento de sentença não correspondente ao previsto no título executivo – CPC, art. 525, § 1º, II e VII) e *não de conhecimento* – pois isso seria violação à coisa julgada; B: incorreta, pois (i) não tem natureza de ação e (ii) aplica-se o prazo em dobro em processos físicos com procuradores distintos, pois não há ressalva na lei (CPC, arts. 229) – diferente do que se verifica quanto aos embargos à execução (CPC, art. 915, § 3º); C: incorreta, porque no cumprimento provisório – como no definitivo – o executado se defende por meio de impugnação ao cumprimento de sentença (CPC, art. 520, § 1º); D: incorreta, tendo em vista que uma das matérias arguíveis diz respeito à nulidade ou falta da citação na fase de conhecimento (CPC, art. 525, § 1º, I); E: correta, por expressa previsão legal – não no CPC, mas na lei específica (Lei 9.307/96, art. 33, § 3º). Gabarito "E".

(Juiz de Direito – TJ/AL – 2019 – FCC) Considere os enunciados quanto ao cumprimento da sentença:

I. O cumprimento da sentença que reconhece o dever de pagar quantia, provisório ou definitivo, far-se-á de ofício ou a requerimento do exequente.

II. Quando o Juiz decidir relação jurídica sujeita a condição ou termo, o cumprimento da sentença dependerá de demonstração de que se realizou a condição ou de que ocorreu o termo.

III. A autocomposição judicial, no cumprimento da sentença, pode envolver sujeito estranho ao processo e versar sobre relação jurídica que não tenha sido deduzida em juízo.

IV. A decisão judicial, desde que pendente de recurso recebido somente no efeito devolutivo, poderá ser levada a protesto nos termos da lei, depois de transcorrido o prazo para pagamento voluntário.

Está correto o que se afirma APENAS em

(A) II e III.
(B) I, II e IV.

(C) I e IV.
(D) III e IV.
(E) I, II e III.

I: incorreta, pois o cumprimento de sentença que reconhece a obrigação de pagar quantia certa se inicia apenas a partir do requerimento do exequente, e não de ofício (CPC, art. 513, § 1º); **II:** correta, conforme expressa previsão legal (CPC, art. 514); **III:** correta, conforme expressa previsão legal (CPC, art. 515, § 2º); **IV:** incorreta, considerando que o protesto da decisão judicial em regra exige o seu trânsito em julgado (CPC, art. 517 – não há necessidade de trânsito no caso de protesto de decisão alimentar, conforme art. 528, § 1º). LD
Gabarito "A".

(Procurador do Estado/SP - 2018 - VUNESP) A decisão do Supremo Tribunal Federal que considera inconstitucional lei na qual se baseou, como único fundamento, uma sentença condenatória da Fazenda Pública proferida em outro processo, torna

(A) inexistente o título judicial que se formou, desde que a decisão tenha sido tomada em controle concentrado. Esse argumento pode ser arguido nos embargos da Fazenda, durante a execução civil, se a decisão que se pretende rescindir ainda não transitou em julgado.

(B) inexigível a obrigação contida no título judicial que se formou, desde que a decisão do Supremo tenha sido proferida em sede de controle difuso. Esse argumento pode ser arguido na impugnação da Fazenda, durante o cumprimento de sentença, se a decisão que se pretende rever ainda não transitou em julgado, e em ação anulatória, se já ocorreu o trânsito.

(C) inválido o título judicial que se formou, mesmo que a decisão tenha sido tomada em controle difuso ou concentrado. Esse argumento pode ser arguido na impugnação, durante a fase de cumprimento de sentença ou no processo de execução, mas não em ação rescisória.

(D) inexigível a obrigação contida no título judicial que se formou, desde que a decisão tenha sido tomada em controle concentrado. Esse argumento pode ser utilizado na impugnação da Fazenda, durante a fase de cumprimento de sentença, mas, se a decisão que condenou a Fazenda transitou em julgado, não é cabível ação rescisória com esse fundamento.

(E) inexigível a obrigação contida no título judicial que se formou, mesmo que essa decisão tenha sido tomada em controle concentrado ou difuso de constitucionalidade. Esse argumento pode ser utilizado na impugnação da Fazenda, durante a fase de cumprimento de sentença, se ainda não ocorreu o trânsito em julgado, ou em ação rescisória, se isso já ocorreu.

A: Incorreta, considerando que, no caso, (i) a obrigação reconhecida no título executivo será inexigível, (ii) a decisão do Supremo pode ter sido tomada em controle de constitucionalidade concentrado ou difuso, (iii) esse argumento deve ser levantado na impugnação ao cumprimento de sentença, e (iv) é cabível na via da impugnação apenas se a decisão do Supremo for anterior ao trânsito em julgado da decisão que se pretende rescindir (CPC, art. 525, § 1º, III e §§ 12 e 14); **B:** Incorreta, porque é possível que a decisão do Supremo tenha sido proferida em controle de constitucionalidade concentrado ou difuso (CPC, art. 525, § 1º, III e § 12); **C:** Incorreta, porque (i) a obrigação reconhecida no título executivo será inexigível, e (ii) o argumento pode ser arguido em ação rescisória, caso já tenha ocorrido o trânsito em julgado da decisão exequenda (CPC, art. 525, § 1º, III e § 15); **D:** Incorreta, pois (i) é possível que a decisão do Supremo tenha sido proferida em controle de constitucionalidade concentrado ou difuso, e (ii) o argumento pode ser arguido em ação rescisória, caso já tenha ocorrido o trânsito em julgado da decisão exequenda (CPC, art. 525, § 1º, III e § 15); **E:** Correta, pois essa alternativa traz todos os requisitos previstos na legislação processual em relação ao tema (CPC, art. 525, § 1º, III e §§ 12 a 15). LD
Gabarito "E".

14. PROCEDIMENTOS ESPECIAIS NO CPC

(Procurador – PGE/SP – 2024 – VUNESP) Uma escola pública estadual vem sofrendo constante perigo à sua segurança, por conta de muro que ameaça desabar, bem como poluição sonora e atmosférica, sendo tudo isso causado por uma casa de baile vizinha. Estando presentes os requisitos para propositura de ação judicial e visando a proteção do patrimônio público, tem-se que a ação correta a ser proposta é:

(A) ação de manutenção na posse.
(B) ação de esbulho possessório.
(C) ação de reintegração na posse.
(D) ação de reivindicação da propriedade.
(E) ação de dano infecto.

A: Incorreta, pois referida ação tem como escopo a obtenção de provimento judicial que mantenha o autor (possuidor) na posse do bem, quando há turbação (CPC, art. 560); **B:** Incorreta, pois não houve esbulho possessório, o que ensejaria a propositura de ação de reintegração de posse (CPC, art. 560); **C:** Incorreta, uma vez que a demanda indicada na alternativa visa restabelecer a posse do autor, como na "B"; **D:** Incorreta, visto que a ação reivindicatória é a medida que pode ser proposta pelo proprietário da coisa que não está na posse e pretende obtê-la, portanto, tendo como causa de pedir a propriedade e o pedido a posse. A reivindicatória é uma ação petitória (fundada na propriedade) e tramita pelo procedimento comum; **E:** Correta. A ação de dano infecto (petitória, pois fundada na propriedade, especificamente no direito de vizinhança), tem por base o art. 1.277 e ss. do CC. Busca assegurar o proprietário ou o possuidor que estiver sob ameaça de sofrer prejuízo à segurança ou à saúde, provocado pelo uso irregular da propriedade vizinha. LD
Gabarito "E".

(ENAM – 2024.1) A ação monitória é uma espécie de procedimento especial destinado àquele que, com base em prova escrita sem eficácia de título executivo, desejar obter título executivo judicial, com vistas a obter o cumprimento da obrigação perante o devedor.

Sobre a ação monitória, assinale a afirmativa correta.

(A) Não é admissível a ação monitória em face da Fazenda Pública.
(B) A ação monitória pode ter como objeto o cumprimento do direito de exigir o adimplemento de obrigação de fazer.
(C) A citação por edital não é admitida em sede de ação monitória.
(D) Sendo evidente o direito do autor de receber um crédito, o juiz deferirá a expedição de mandado de pagamento, concedendo ao réu o prazo de três dias para o cumprimento.
(E) Cabe agravo de instrumento contra o pronunciamento jurisdicional que acolhe ou rejeita os embargos monitórios.

A: Incorreta. O art. 700, § 6º do CPC prevê expressamente que a ação monitória pode ser proposta em face da Fazenda Pública. **B:** Correta. Ainda que o mais usual seja a monitória para obrigação de pagar, também é possível monitória para obrigação de fazer (CPC, art. 700, III). **C:** Incorreta. O art. 700, § 7º do CPC prevê que na ação monitória admite-se citação por *qualquer* dos meios permitidos para o procedimento comum (incluído, portanto, a citação por edital). **D:** Incorreta, pois o prazo para cumprimento da obrigação é de 15 dias (CPC, art. 701). Vale destacar que a expedição do mandado monitório é considerada, pela legislação, como uma situação de tutela de evidência. **E:** Incorreta. O pronunciamento judicial que acolhe ou rejeita os embargos monitórios (nome dado à contestação na ação monitória) é uma sentença, de maneira que cabe recurso de apelação (CPC, art. 702, § 9º).

Gabarito "B".

(Juiz de Direito – TJ/SP – 2023 – VUNESP) O Código de Processo Civil regula as ações possessórias. A natureza possessória da ação pressupõe a posse como fundamento (causa de pedir) e como pedido (pretensão). Assim, indique a alternativa correta sobre as ações possessórias.

(A) O procedimento especial previsto no Código de Processo Civil só tem lugar quando se tratar de ação de força nova, ou seja, quando o esbulho ou a turbação tiver ocorrido dentro de ano e dia. Se for há mais de ano e dia, a ação de força velha deverá ser ajuizada pelo procedimento comum. Nesse caso, segundo entendimento prevalente sobre o tema, o juiz não poderá conceder a tutela provisória com base na regra geral do Código de Processo Civil.

(B) A propositura de uma ação possessória em vez de outra não impede que o juiz conheça do pedido e outorgue a proteção legal correspondente àquela cujos pressupostos estejam provados. A lei, assim, regula expressamente a fungibilidade das ações possessórias.

(C) O procedimento especial previsto no Código de Processo Civil se aplica em se tratando de ação de força nova e de ação de força velha. Assim, não importa, em qualquer caso o juiz deferirá, estando a petição devidamente instruída, sem ouvir o réu, a expedição de mandado liminar de manutenção ou reintegração, caso contrário, determinará que o autor justifique previamente o alegado, citando o réu para comparecer à audiência que for designada.

(D) Obsta, por expressa disposição na lei processual civil, à manutenção e à reintegração de posse a alegação de propriedade ou de outro direito sobre a coisa. O Código de Processo Civil não proíbe a alegação de domínio.

A: Incorreta, uma vez que, mesmo na posse velha, aplica-se o procedimento especial (com relação à fungibilidade) – ainda que não caiba a liminar possessória (CPC, art. 558, p. único). E, ainda que não cabível a liminar possessória, cabe a liminar com base na tutela provisória de urgência, desde que presente o *fumus boni iuris* (bom argumento) e *periculum in mora* (situação de urgência), nos termos do CPC, art. 300. **B:** Correta, sendo essa a expressa previsão do art. 554 do CPC, que trata da fungibilidade das possessórias. **C:** Incorreta. O art. 558 do CPC prevê que a liminar possessória somente é cabível para a ação de força nova (proposta dentro de ano e dia da turbação ou do esbulho). Quanto à liminar da ação de força velha, vide alternativa "A". **D:** Incorreta. Conforme previsto do art. 557, p. único do CPC, a alegação de propriedade ou de outro direito sobre a coisa não obsta (não impede) a manutenção ou à reintegração de posse.

Gabarito "B".

(Juiz de Direito – TJ/SP – 2023 – VUNESP) A ação monitória pode ser proposta por aquele que afirmar, com base em prova escrita, sem eficácia de título executivo, ter direito de exigir do devedor capaz o pagamento de quantia em dinheiro, a entrega de coisa fungível ou infungível ou de bem móvel ou imóvel e o adimplemento de obrigação de fazer ou de não fazer. O Brasil adotou o procedimento monitório documental. Sobre a ação monitória, segundo a jurisprudência dominante e atual do Superior Tribunal de Justiça e a legislação processual civil em vigor, é correto afirmar:

(A) não se admite quando fundada em cheque prescrito.

(B) não se admite em face da Fazenda Pública.

(C) o réu, no prazo para embargos, desde que reconheça o crédito do autor e comprove o depósito de 30% (trinta por cento) do valor devido, poderá requerer que lhe seja permitido pagar o restante em até 06 (seis) parcelas mensais, acrescidas de correção monetária e de juros de 1% ao mês. Em outras palavras, o parcelamento autorizado na execução de título extrajudicial também se aplica ao procedimento monitório, no que couber.

(D) sendo evidente o direito do autor, o juiz deferirá a expedição de mandado de pagamento, de entrega de coisa ou para execução de obrigação de fazer ou não fazer, com prazo de 15 (quinze) dias para o cumprimento. Cumprindo o réu o mandado, ficará isento de custas e honorários advocatícios.

A: Incorreta, sendo que um dos casos em que se cogita da monitória é na situação de cheque prescrito – prescrição para o uso do processo executivo, destaque-se. Nesse sentido, Sumula 299 do STJ: "É admissível a ação monitória fundada em cheque prescrito". **B:** Incorreta, pois nos termos do art. 700, § 6º do CPC é admissível a ação monitória em face da Fazenda Pública. **C:** Correta. Isso porque, aplica-se à ação monitória a regra do art. 916 do CPC, que permite o parcelamento do crédito devido ao autor, depositando à vista o correspondente a trinta por cento e o restante em até seis parcelas mensais (CPC, art. 701, § 5º). **D:** Incorreta. Se o réu cumprir o mandado no prazo será isento apenas do pagamento de custas processuais, devendo, contudo, arcar com os honorários advocatícios de cinco por cento do valor atribuído à causa (CPC, art. 701, *caput* e § 1º).

Gabarito "C".

(Juiz Federal – TRF/1 – 2023 – FGV) Alberto ajuizou, perante a Justiça Federal de primeiro grau, ação de reintegração de posse em face de Bento e da União Federal, alegando ser o justo possuidor de imóvel rural injustamente esbulhado por Bento e de propriedade da União.

Nessa situação, a União Federal:

(A) deve ser excluída do polo passivo, visto que não se admite a discussão sobre a propriedade em ação possessória, mantida a competência da Justiça Federal por tratar-se de causa fundada em controvérsia sobre bem público federal;

(B) deve ser excluída do polo passivo, visto que não se admite a discussão sobre a propriedade em ação possessória, mas poderá apresentar oposição pleiteando a posse do bem em seu favor ao fundamento de que a área lhe pertence;

(C) possui legitimidade passiva *ad causam* na ação de reintegração de posse, podendo deduzir qualquer matéria defensiva, inclusive, se for o caso, o domínio, sendo competente a Justiça Federal;

(D) deve ser excluída do polo passivo, visto que não se admite a discussão sobre a propriedade em ação possessória, devendo o processo ser remetido para a Justiça Estadual;

(E) possui legitimidade passiva *ad causam*, mas em sua defesa apenas poderá opor alegações sobre a posse do imóvel, vedada a exceção de domínio, sendo competente a Justiça Federal.

A resposta para essa questão está na Súmula 637/STJ, que se aplica especificamente para a possessória envolvendo entes públicos: "o ente público detém legitimidade e interesse para intervir, incidentalmente, na ação possessória entre particulares, podendo deduzir qualquer matéria defensiva, inclusive, se for o caso, o domínio". **A:** Incorreta. Isso porque, tratando-se de bem público, não se aplica a previsão do art. 557 do CPC que impede a discussão de propriedade enquanto pendente possessória. Assim, será possível a discussão sobre propriedade mesmo em ação possessória (Súmula 637 do STJ). **B:** Incorreta, pois no caso é possível à União apresentar defesa nos próprios autos, nos termos da Súmula 637 – o que torna desnecessária a utilização de oposição. **C:** Correta, a alternativa reproduz a Súmula 637 do STJ – e a competência é da federal por força da presença federal (CF, art. 109, I). **D e E:** Incorretas, considerando ser possível a discussão da propriedade, nos termos da Súmula 637/STJ.
Gabarito "C".

(Procurador Federal – AGU – 2023 – CEBRASPE) De acordo com a legislação processual civil em vigor, devem ser processadas pelo rito comum as ações de

(A) usucapião de terras particulares e de nunciação de obra nova.
(B) consignação em pagamento e discriminatória.
(C) reintegração de posse de força nova e discriminatória.
(D) nunciação de obra nova e de reintegração de posse de força nova.
(E) usucapião de terras particulares e de consignação em pagamento.

A: Correta, considerando que no CPC/15 não há previsão de procedimento especial para as ações de usucapião de terras particulares e de nunciação de obra nova – diferentemente do que existia no Código anterior; **B:** Incorreta, pois a ação de consignação em pagamento observa o procedimento especial (CPC, arts. 539 a 549), da mesma forma a ação discriminatória (Lei 6.383/1976); **C:** Incorreta, uma vez que tanto a reintegração de posse (seja de força nova ou velha – CPC, arts. 560 a 566) quanto a discriminatória (Lei 6.383/1976) são ações de procedimento especial; **D:** Incorreta. A ação de reintegração de posse observa o procedimento especial (CPC, arts. 560 a 566) – mas a nunciação de obra nova, não; **E:** Incorreta. A ação de consignação em pagamento observa o procedimento especial (CPC, arts. 539 a 549) – mas a ação de usucapião, não.
Gabarito "A".

(Juiz de Direito/AP – 2022 – FGV) João, pretendendo aviventar a linha divisória entre o terreno de sua propriedade e o de seu confinante José, uma vez que esta foi apagada por causa de uma enchente, propôs ação de demarcação de terras, cujo procedimento é bifásico, com o objetivo de restaurar a linha original entre os imóveis.

Caso o julgador entenda que assiste razão ao requerente, agirá corretamente se prolatar:

(A) sentença de procedência, sujeita ao recurso de apelação. Após, com o trânsito em julgado, se inicia a segunda fase do procedimento, que também se encerra com uma sentença;
(B) decisão interlocutória, sujeita ao recurso de agravo de instrumento. Após, se inicia a segunda fase do procedimento, que se encerra com a prolação de uma sentença;
(C) sentença de procedência, irrecorrível. Com o trânsito em julgado, se inicia a segunda fase do procedimento, que se encerra com o cumprimento da sentença originária;
(D) sentença homologatória de demarcação, em face da qual caberá apelação. Após, o procedimento segue com prolação de sentença executiva, que será levada a registro;
(E) decisão interlocutória, da qual não desafia agravo de instrumento. Após, segue a segunda fase do procedimento, que se encerra por sentença, da qual caberá apelação.

Comentário: **A:** correta, sendo a previsão legal quanto à ação demarcatória (CPC, arts. 581, 582, 587 e 1.009); **B:** incorreta, pois a decisão que julgar procedente o pedido de demarcação será uma sentença, recorrível via apelação (CPC, arts. 581 e 1.009); **C:** incorreta, porque a sentença da demarcatória é recorrível via apelação (CPC, arts. 581, 582 e 1.009); **D:** incorreta, visto que a sentença homologatória da demarcação é proferida na 2ª fase do procedimento, na fase executiva (CPC, art. 587); **E:** incorreta, já que a decisão que julgar procedente o pedido de demarcação será uma sentença, recorrível via apelação (CPC, arts. 581 e 1.009).
Gabarito "A".

(Juiz de Direito/AP – 2022 – FGV) Em um procedimento litigioso de separação judicial, em que as partes, não havendo nascituros ou filhos, após saneado o feito, manifestam ao juiz a pretensão de convolar o processo para divórcio consensual, é correto afirmar que:

(A) não é possível a alteração objetiva da demanda, uma vez operado o saneamento do processo;
(B) não é possível a alteração objetiva da demanda, uma vez já estabilizada com a citação;
(C) é possível a alteração subjetiva da demanda, uma vez que não há impedimento temporal na lei;
(D) é possível a alteração da demanda, uma vez que as partes estão impedidas de obter escritura pública para o divórcio;
(E) é possível a alteração da demanda, uma vez que, no caso, o juiz não é obrigado a observar critério de legalidade estrita.

A: incorreta, pois as soluções consensuais devem ser estimuladas pelos juízes, especialmente nas demandas de família, a qualquer tempo (CPC, arts. 3º, §§ 2º e 3º e 694); **B:** incorreta, já que as soluções consensuais devem ser estimuladas pelos juízes, especialmente nas demandas de família, a qualquer tempo (CPC, arts. 3º, §§ 2º e 3º e 694); **C:** incorreta, visto que no caso não se trata de alteração subjetiva da demanda, ou seja, alteração das partes do processo; **D:** incorreta, visto que as partes preenchem os requisitos para realizar o divórcio consensual via escritura pública (CPC, art. 733); **E:** correta, pois o consenso é estimulado nas causas de família (CPC, arts. 3º, §§ 2º e 3º e 694) e, tratando-se de divórcio consensual, o caso é de jurisdição voluntária, com maior flexibilidade ao juiz – a desnecessidade de legalidade estrita (CPC, art. 723, p.u.).
Gabarito "E".

(Advogado – Pref. São Roque/SP – 2020 – VUNESP) A respeito da ação monitória, pode-se corretamente afirmar:

(A) O contrato de abertura de crédito em conta-corrente, mesmo acompanhado do demonstrativo de débito,

não constitui documento hábil para o ajuizamento da ação monitória.
(B) Cabe a citação por edital em ação monitória, mas não é admissível a ação monitória fundada em cheque prescrito.
(C) A reconvenção é cabível na ação monitória, após a conversão do procedimento em ordinário, bem como o oferecimento de reconvenção à reconvenção.
(D) Cabe ação monitória para haver saldo remanescente oriundo de venda extrajudicial de bem alienado fiduciariamente em garantia.
(E) Não é cabível ação monitória contra a Fazenda Pública.

A: incorreta, pois o STJ já sumulou o entendimento de que os referidos documentos são suficientes para a propositura da ação monitória – mas não de execução (Súmula 247/STJ); **B:** incorreta, porque é admissível citação por edital em ação monitória (CPC, art. 700, § 7º e Súmula 282/STJ), bem como ação monitória fundada em cheque prescrito (Súmula 299/STJ); **C:** incorreta; apesar de caber reconvenção em ação monitória, não cabe reconvenção da reconvenção (CPC, art. 702, § 6º e Súmula 292/STJ); **D:** correta (Súmula 384/STJ); **E:** incorreta, pois a lei prevê exatamente o cabimento de monitória contra a Fazenda Pública (CPC, art. 700, § 6º e Súmula 339/STJ).
Gabarito "D".

(Juiz de Direito – TJ/MS – 2020 – FCC) Em relação às ações reguladas por procedimentos especiais, é correto afirmar:
(A) no caso de ação possessória em que figure no polo passivo grande número de pessoas, serão feitas a citação pessoal dos ocupantes que forem encontrados no local e a citação por edital dos demais, determinando-se, ainda, a intimação do Ministério Público e, se envolver pessoas em situação de hipossuficiência econômica, da Defensoria Pública.
(B) no tocante à ação de consignação em pagamento, será o depósito requerido no lugar do pagamento, cessando para o devedor, à data do depósito, os juros e os riscos da mora, ainda que a demanda seja ao depois julgada improcedente, por sua demonstração tempestiva de boa-fé objetiva.
(C) a ação de dissolução parcial de sociedade tem por objeto único a resolução da sociedade empresária contratual ou simples em relação ao sócio falecido, excluído ou que exerceu o direito de retirada ou recesso.
(D) a ação monitória será proposta por aquele que afirmar, com base em prova oral ou escrita sem exequibilidade, ter direito de exigir do devedor capaz o pagamento de valor em dinheiro ou a entrega de coisa fungível ou infungível, ou de bem móvel ou imóvel.
(E) a oposição é manifestada por aquele que, denunciado da lide ou chamado ao processo, impugna sua condição de responsável pela obrigação contratual ou extracontratual.

A: Correta, sendo essa a previsão legal (CPC, art. 554, § 1º). **B:** Incorreta, porque a alternativa é o oposto do previsto em lei. Caso a demanda seja julgada improcedente, o devedor terá que arcar com os juros e riscos do inadimplemento (CPC, art. 540). **C:** Incorreta, considerando que a ação de dissolução pode ter por objeto a resolução da sociedade empresária contratual ou simples e/ou a apuração dos haveres (CPC, art. 599). **D:** Incorreta, pois o uso da monitória demanda (i) prova escrita ou (ii) prova oral documentada antes do ajuizamento – e, portanto, descabe monitória com prova oral (CPC, art. 700, *caput* e § 1º). **E:** Incorreta, porque a oposição pode ser apresentada por aquele que pretender, no todo ou em parte, a coisa ou o direito sobre que controvertem autor e réu (CPC, art. 682).
Gabarito "A".

(Promotor de Justiça/CE – 2020 – CESPE/CEBRASPE) Com base nas regras que regulamentam os procedimentos especiais no CPC e na legislação extravagante, assinale a opção correta.
(A) Conforme o rito previsto para o mandado de injunção, é eivada de nulidade absoluta a decisão do relator que amplie os limites subjetivos da decisão individual transitada em julgado para aplicá-la a casos análogos.
(B) Conforme o rito previsto para a ação monitória, é vedado o oferecimento de reconvenção pelo réu, porque essa forma de resposta do réu é incompatível com a técnica de monitorização do procedimento.
(C) Conforme o rito previsto para o mandado de segurança, é facultada a interposição simultânea de agravo de instrumento e de pedido de suspensão, pela pessoa jurídica de direito público interessada, contra decisão interlocutória que, em primeiro grau, defira, liminar e provisoriamente, a segurança pleiteada.
(D) Conforme o rito previsto para a interdição judicial, caso o interditando não apresente advogado, algum membro do Ministério Público deverá ser nomeado como seu curador especial.
(E) Conforme o rito previsto para os embargos de terceiro, a competência para exame dessa medida será do juízo deprecante em qualquer hipótese de constrição de bem de terceiro realizada por carta precatória.

A: Incorreta, pois prevê a Lei que os efeitos da decisão transitada em julgado poderão ser estendidos aos *casos análogos*, por decisão do relator (Lei 13.300/2016, art. 9, § 2º); **B:** Incorreta, porque o CPC admite a reconvenção na ação monitória, sendo vedado apenas o oferecimento de reconvenção à reconvenção (CPC, art. 702, § 6º); **C:** Correta, pois o sistema processual prevê o agravo de instrumento (CPC, art. 1.015, I) e a lei especial prevê a figura da suspensão de segurança (Lei 12.016/2009, Art. 15, *caput*, § 1º e § 3º) – que, inclusive, não tem natureza recursal; **D:** Incorreta, pois o MP intervirá como fiscal da ordem jurídica (CPC, art. 752, § 1º); caso o interditado não constitua advogado, será nomeado curador especial – e não será o MP (CPC, art. 752, § 2º); **E:** Incorreta, pois nos casos de ato de constrição realizados por carta, os embargos serão oferecidos no juízo deprecado (CPC, art. 676, p. único).
Gabarito "C".

(Juiz de Direito – TJ/RJ – 2019 – VUNESP) A monitória é ação de procedimento especial que apresenta contornos que a assemelham por vezes à execução e, em outras, ao processo de conhecimento.

Sobre a ação monitória, assinale a alternativa correta.
(A) É admitida a reconvenção na ação monitória sendo igualmente permitido o oferecimento de reconvenção à reconvenção.
(B) Por ser ação cabível com base em prova escrita sem eficácia de título executivo, não é possível ao réu, reconhecendo o crédito do autor e comprovando o depósito de trinta por cento do valor, exigir o parcelamento do restante em até seis vezes mensais.
(C) Cabe apelação sem efeito suspensivo automático contra a sentença que rejeita os embargos.

(D) Pelo fato de que se constitui de pleno direito o título executivo judicial, se não realizado o pagamento e não apresentados os embargos monitórios, somente é admitida a citação do réu na modalidade pessoal.

(E) O réu, para que possa opor embargos, deverá apresentar caução suficiente e idônea, arbitrada de plano pelo juiz e prestada nos próprios autos.

A: incorreta; apesar de caber reconvenção em ação monitória, não cabe reconvenção da reconvenção (CPC, art. 702, § 6º e Súmula 292/STJ); **B:** incorreta, pois o parcelamento é aplicável aos embargos monitórios (CPC, arts. 701, § 5º e 916); **C:** correta (CPC, arts. 702, § 4º e 1.012, § 1º, III); **D:** incorreta, porque na ação monitória admite-se qualquer dos meios de citação (CPC, art. 700, § 7º); **E:** incorreta, já que a oposição dos embargos monitórios independe do oferecimento de caução (CPC, art. 702). Gabarito "C."

(Juiz de Direito – TJ/SC – 2019 – CESPE/CEBRASPE) De acordo com as disposições do CPC, assinale a opção correta relativa aos procedimentos especiais.

(A) Entre os legitimados para requerer a abertura de inventário, estão os credores dos herdeiros ou do autor da herança, mas não os credores do legatário.

(B) No caso da ação possessória multitudinária, o oficial de justiça procurará, por uma vez, os ocupantes no imóvel, sendo citados por edital os que não forem encontrados na ocasião, independentemente de outras diligências para citação por hora certa.

(C) Em razão da sumariedade do procedimento monitório, o CPC vedou a possibilidade da reconvenção em demandas dessa natureza.

(D) Falecendo qualquer uma das partes no curso do processo, a sucessão processual acontecerá por meio do procedimento de habilitação, que ocorrerá nos mesmos autos da demanda, independentemente de suspensão do processo.

(E) Em regra, o proprietário fiduciário do bem constrito ou ameaçado não detém legitimidade ativa para ajuizar embargos de terceiro.

A: incorreta, pois os credores do legatário têm legitimidade para requerer a abertura do inventário (CPC, art. 616, VI); **B:** correta, por expressa previsão legal (CPC, art. 554, §§1º e 2º); **C:** incorreta, porque é expressamente admitida reconvenção em ação monitória – sendo vedada a reconvenção à reconvenção (CPC, art. 702, §6º); **D:** incorreta, já que a morte de qualquer das partes é causa de suspensão do curso do processo (CPC, art. 313, I e §§ 1º e 2º) – sendo a habilitação realizada para que haja a sucessão no polo processual (CPC, art. 687); **E:** incorreta, considerando que os embargos podem ser opostos por terceiro proprietário, inclusive o proprietário fiduciário (CPC, art. 674, § 1º). Gabarito "B."

(Juiz de Direito – TJ/AL – 2019 – FCC) Os embargos de terceiro podem ser

(A) ajuizados pelo adquirente de bens cuja constrição decorreu de decisão que declara a ineficácia da alienação realizada em fraude à execução, dentre outras hipóteses.

(B) impugnados em dez dias, após o que seguirão procedimento comum.

(C) opostos até ser proferida a sentença nos autos em que ocorreu a constrição.

(D) ajuizados somente pelo terceiro proprietário, ainda que fiduciário.

(E) utilizados sempre para manutenção ou reintegração de posse, necessariamente em exame inicial e com prestação de caução pelo embargante.

A: correta, conforme expressa previsão legal (CPC, art. 674, § 2º, II); **B:** incorreta, pois o prazo para impugnação aos embargos de terceiro é de 15 dias (CPC, art. 679); **C:** incorreta, porque é possível a oposição dos embargos até o *trânsito em julgado* da sentença (CPC, art. 675); **D:** incorreta, tendo em vista que os embargos podem ser opostos pelo terceiro proprietário *ou pelo possuidor* (CPC, art. 674, § 1º); **E:** incorreta, considerando que a prestação de caução pela parte embargante é algo *possível* (a ser determinado pelo juiz no caso), mas não algo obrigatório (CPC, art. 678, parágrafo único). Gabarito "A."

(Procurador do Estado/SP - 2018 - VUNESP) A Fazenda Pública, citada em sede de ação monitória, deixa, propositadamente, de se manifestar, porque o valor e o tema expostos na inicial encontram pleno amparo em orientação firmada em parecer administrativo vinculante. O valor exigido nessa ação é superior a seiscentos salários-mínimos e a prova documental apresentada pelo autor é constituída por depoimentos testemunhais escritos, colhidos antes do processo, e por simples início de provas documentais que apenas sugerem, indiretamente, a existência da dívida narrada na inicial. Nesse caso, ante a certidão do cartório de que decorreu o prazo para manifestação da Fazenda, o juiz deve

(A) intimar o autor para que este indique as provas que deseja produzir, tendo em vista que os direitos tutelados pela Fazenda não estão sujeitos à revelia.

(B) intimar o autor, para que ele, mediante apresentação de planilha da dívida atualizada, dê início ao cumprimento de sentença.

(C) acolher, por sentença, o pedido do autor, ante a revelia da Fazenda.

(D) rejeitar o pedido do autor e intimar as partes dessa decisão, tendo em vista que não se admite, na monitória, prova testemunhal colhida antes do início do processo, mas apenas prova documental.

(E) intimar o autor para que ele tome ciência do início do reexame necessário.

A: Incorreta. De modo geral, a ausência de oposição de embargos monitórios pelo réu (com exceção da Fazenda Pública) acarreta, de plano, a constituição de título executivo judicial. No caso da Fazenda Pública, a ausência de manifestação induz o reexame necessário pelo Tribunal (a não ser que a situação se enquadre em uma das hipóteses de não aplicação do instituto). Em ambas as situações não haverá produção de outras provas (CPC, art. 701, §§ 2º e 4º); **B:** Correta, porque no caso em apreço não haverá reexame necessário, tendo em vista que a causa de pedir da petição inicial encontra amparo em orientação firmada em parecer administrativo vinculante (CPC, art. 496, § 4º, IV); **C:** Incorreta, porque a formação do título executivo judicial ocorre de plano, independentemente de manifestação judicial (CPC, art. 701, § 2º); **D:** Incorreta, uma vez que a produção de prova testemunhal é expressamente permitida pelo diploma processual (CPC, art. 700, § 1º); **E:** Incorreta, porque, no caso analisado, não haverá reexame necessário (CPC, art. 701, § 4º e art. 496, § 4º, IV). Gabarito "B."

(Juiz de Direito - TJ/RS - 2018 - VUNESP) A respeito da ação individual ser convertida em coletiva, é correto que

(A) não será possível quando verificar-se sua ineficácia.

(B) será possível em razão da tutela de bem jurídico difuso ou coletivo.

(C) será possível a pedido do Ministério Público ou da Defensoria Pública.

(D) não será possível porque o tema exige disciplina própria.

(E) será possível quando atendidos os pressupostos da relevância social.

A questão trata do incidente de conversão de ação individual em ação coletiva, com previsão, originalmente, no art. 333 do CPC. O dispositivo foi vetado pela Presidência da República, de modo que não existe no país o instituto. Sendo assim, não há hoje a conversão da ação individual em coletiva, de modo que ela não é hoje cabível, e isso até que eventualmente venha a ser editada lei que traga "disciplina própria". Portanto, a assertiva **D** está correta.

Gabarito "D".

15. TEMAS COMBINADOS

(ENAM – 2024.1) Determinada pessoa jurídica estrangeira intentou demanda em que pleiteava a condenação da parte ré a lhe pagar uma obrigação derivada de contrato por ambas celebrado. Além do pedido principal, a autora requereu lhe fosse deferido o benefício da gratuidade de justiça, afirmando que não dispunha de condições econômicas que lhe permitissem arcar com as despesas do processo.

Ao tomar contato com a petição inicial, o juiz determinou a intimação do advogado da demandante para que anexasse documentos comprobatórios da alegada hipossuficiência econômica, o que não foi atendido. Na sequência, o magistrado indeferiu o requerimento da gratuidade de justiça e determinou a intimação da autora, uma vez mais na pessoa de seu advogado, para que, no prazo de quinze dias, recolhesse os valores apurados a título de custas processuais e taxa judiciária. Contudo, a postura inerte do causídico persistiu, o que levou o juiz a determinar o cancelamento da distribuição.

Sobre esse quadro, assinale a afirmativa correta.

(A) O juiz acertou ao determinar o cancelamento da distribuição, sendo a sua decisão impugnável por recurso de apelação.

(B) O juiz acertou ao determinar o cancelamento da distribuição, sendo a sua decisão impugnável por recurso de agravo de instrumento.

(C) O juiz errou ao assinar o prazo de quinze dias para o recolhimento das custas processuais e taxa judiciária, já que o prazo legal para tanto é de cinco dias.

(D) O juiz errou ao determinar a comprovação da alegada hipossuficiência econômica da autora, já que não assiste às pessoas jurídicas estrangeiras o direito à gratuidade de justiça.

(E) O juiz errou ao determinar a intimação do advogado da autora para que providenciasse o recolhimento das custas processuais e taxa judiciária, já que o destinatário desse ato intimatório deve ser a própria parte.

A: Correta. Conforme previsão do art. 290 do CPC, haverá o cancelamento da distribuição do feito se a parte intimada não realizar o pagamento das custas e despesas no prazo de 15 dias. E como houve a extinção do processo sem resolução do mérito, estamos diante de uma sentença, de maneira que cabível o recurso de apelação (CPC, art. 485, I e art. 1.009). **B:** Incorreta. O cancelamento da distribuição está correto, mas não se trata de decisão agravável, pois não é interlocutória (vide alternativa "A"). **C:** Incorreta. O art. 290 do CPC estabelece o prazo de 15 dias para o recolhimento das custas e despesas processuais. **D:** Incorreta, uma vez que o direito à gratuidade da justiça é garantido também às pessoas jurídicas estrangeiras (CPC, art. 98), mas é possível ao juiz determinar a apresentação de provas acerca da gratuidade (CPC, art. 99, § 3º). **E:** Incorreta, pois o art. 290 do CPC prevê que a intimação para providenciar o recolhimento das custas e despesas processuais será realizada na pessoa do advogado constituído nos autos.

Gabarito "A".

(ENAM – 2024.1) Depois de ter sido excluída de procedimento de licitação, a sociedade empresária A ajuizou demanda pelo procedimento comum, a fim de ver anulado o ato administrativo que a havia eliminado do certame, e bem assim aquele que adjudicara o seu objeto à sociedade empresária B. Na petição inicial, fez-se constar no polo passivo, apenas, o ente público responsável pela organização e condução do procedimento licitatório.

Tomando contato com a peça exordial, deverá o juiz

(A) incluir de ofício no polo passivo a sociedade empresária B, haja vista a configuração do litisconsórcio passivo necessário, e proceder ao juízo positivo de admissibilidade da demanda, ordenando a citação dos réus.

(B) determinar de ofício a intimação da autora para que, em prazo a lhe ser assinado, emende a inicial para incluir no polo passivo a sociedade empresária B e requerer a sua citação, haja vista a configuração do litisconsórcio passivo necessário.

(C) incluir de ofício no polo passivo a sociedade empresária B, haja vista a configuração do litisconsórcio passivo facultativo, e proceder ao juízo positivo de admissibilidade da demanda, ordenando a citação dos réus.

(D) determinar de ofício a intimação da autora para que, em prazo a lhe ser assinado, emende a inicial para incluir no polo passivo a sociedade empresária B e requerer a sua citação, haja vista a configuração do litisconsórcio passivo facultativo.

(E) proceder ao juízo positivo de admissibilidade da ação, só lhe sendo lícito determinar que a autora inclua no polo passivo a sociedade empresária B se o ente público suscitar a questão, haja vista a configuração do litisconsórcio passivo facultativo.

Trata-se de hipótese de litisconsórcio passivo necessário (CPC, art. 114) entre a sociedade B e o ente público, pois não há como se anular o contrato em relação a um e não a outro. Diante disso, nos termos do art. 115, p. único do CPC o juiz determinará a emenda da inicial, para que o autor requeira a citação de todos os litisconsortes, no prazo de 15 dias, sob pena de extinção do feito. Tal qual visto em questão anterior deste ENAM, o Juiz não poderá determinar, de ofício, a inclusão dos demais litisconsortes. Assim, a alternativa correta é a Letra "B".

Gabarito "B".

(Juiz de Direito – TJ/SC – 2024 – FGV) Após ter sido citado em um processo no qual o autor, Alex, perseguia o recebimento de verbas indenizatórias, Bruno, o réu da ação, ofertou a sua contestação e requereu a denunciação da lide em relação a Cláudio, a fim de exercer, em desfavor deste, o seu alegado direito de regresso.

Deferida a denunciação, Cláudio, por seu turno, também apresentou resposta e requereu a denunciação da lide em relação a Daniel, o que foi igualmente deferido pelo juiz da causa. Ultimada a citação de Daniel, este ofereceu resposta em que requeria a denunciação da lide em relação a Eduardo. Para tanto, Daniel afirmou que, além de ser titular de direito de regresso em face de Eduardo, este seria facilmente localizado por ocasião da diligência citatória e a sua integração à relação processual ainda traria a vantagem de propiciar a resolução de todas as lides no mesmo feito, pacificando de forma definitiva todos os conflitos de interesses entre os envolvidos.

Apreciando os argumentos de Daniel, o juiz também houve por bem deferir a sua denunciação da lide, determinando a citação de Eduardo.

No que se refere a esse provimento jurisdicional, é correto afirmar que é:

(A) impugnável pelo recurso de agravo de instrumento, que, caso seja manejado pela parte interessada, deverá ser provido pelo órgão *ad quem*;

(B) impugnável pelo recurso de agravo de instrumento, que, caso seja manejado pela parte interessada, deverá ser desprovido pelo órgão *ad quem*;

(C) impugnável pelo recurso de apelação, que, caso seja manejado pela parte interessada, deverá ser desprovido pelo órgão *ad quem*;

(D) insuscetível de impugnação por qualquer via recursal típica, podendo a parte interessada alvejá-lo por meio de reclamação, que deverá ser acolhida pelo órgão *ad quem*;

(E) insuscetível de impugnação por qualquer via recursal típica, podendo a parte interessada alvejá-lo por meio de reclamação, que deverá ser rejeitada pelo órgão *ad quem*.

A: Correta. A denunciação da lide é modalidade de interversão de terceiros e, portanto, nos termos do art. 1.015, IX do CPC, o agravo de instrumento é o recurso cabível em face da decisão interlocutória que defira a denunciação da lide. O recurso será provido uma vez que conforme previsão do art. 125, § 2º do CPC, admite-se uma única denunciação sucessiva – sendo que, no caso, ocorreram 2 denunciações depois da 1ª, e a legislação permite apenas 1 denunciação sucessiva (ou seja, 2 no total). **B: Incorreta.** Ainda que cabível agravo, esse recurso não deverá ser provido, pois não é possível mais de uma denunciação sucessiva (CPC, art. 125, § 2º e alternativa "A"). **C: Incorreta.** O enunciado traz uma decisão interlocutória (pois o processo prossegue em 1º grau, não havendo extinção), de maneira que impugnável via agravo de instrumento (CPC, art. 1.015, IX). **D:** Pelo princípio da unirrecorribilidade, para cada decisão, cabe um único recurso (no caso, de decisão de 1º grau, apelação ou agravo) – assim, descabe se falar em "qualquer via recursal" cabível. Além disso, não se está diante de nenhuma hipótese de utilização de reclamação, que não tem natureza recursal (CPC, art. 988). **E: Incorreta**, nos termos do exposto nas alternativas anteriores, em especial "A" e "D".

Gabarito "A".

(Juiz de Direito – TJ/SC – 2024 – FGV) Intentada uma ação em face da operadora do plano de saúde, pleiteou o autor a condenação da ré a custear os medicamentos necessários para o tratamento da enfermidade de que padecia, além de lhe pagar verba reparatória dos danos morais sofridos em razão da recusa da cobertura. Na petição inicial se formulou, também, requerimento de tutela provisória, no sentido de que imediatamente se determinasse à demandada que arcasse com os custos dos medicamentos.

Apreciando a peça exordial, o juiz da causa procedeu ao juízo positivo de admissibilidade da demanda, ordenando a citação da ré. Quanto ao pleito de tutela provisória, o magistrado afirmou que o apreciaria somente depois da vinda aos autos da contestação.

Ofertada a resposta, o juiz, entendendo que o processo já se encontrava suficientemente instruído, proferiu sentença de mérito, acolhendo na íntegra o pleito formulado na inicial para condenar a ré a custear os medicamentos e a pagar ao autor a quantia por ele pleiteada, a título de reparação de danos morais. E, em um capítulo específico da sentença, foi concedida a tutela provisória vindicada na peça vestibular.

É correto afirmar, nesse contexto, que:

(A) agiu equivocadamente o juiz ao deferir a tutela provisória na sentença, haja vista a vedação legal nesse sentido;

(B) o capítulo da sentença no qual foi deferida a tutela provisória é impugnável no recurso de apelação;

(C) a tutela provisória deferida tem natureza cautelar, e não de tutela antecipada;

(D) a apelação interponível pela ré, no tocante à condenação ao custeio dos medicamentos, tem efeito suspensivo;

(E) a ré poderá pedir ao juízo de primeiro grau a concessão de efeito suspensivo, ainda que a sua apelação já tenha sido distribuída.

A: Incorreta. A tutela provisória pode ser concedida em qualquer fase do processo, inclusive na sentença (CPC, art. 1.012, § 1º, V e 1.013, § 5º). **B: Correta.** Pelo princípio da unirrecorribilidade, não é possível interpor apelação e agravo ao mesmo tempo. Como houve sentença, o recurso cabível é a apelação (CPC, art. 1.009). Além disso, nos termos do art. 1.013, § 5º do CPC, o capítulo da sentença que concede a tutela provisória é impugnável por apelação. **C: Incorreta**, pois a tutela pleiteada não se limita a conservar ou assegurar / resguardar o direito (CPC, art. 301), mas sim satisfazê-la de imediato, pois o remédio já será usufruído. **D: Incorreta.** Nos termos do art. 1.012, § 1º, V do CPC, eventual recurso de apelação interposto em face da sentença que confirma, concede ou revoga a tutela provisória *não* terá efeito suspensivo. **E: Incorreta.** O pedido de efeito suspensivo deverá ser formulado por requerimento dirigido ao relator, no tribunal (CPC, art. 1.012, 3º, II).

Gabarito "B".

(Juiz de Direito – TJ/SC – 2024 – FGV) Aloísio ajuizou demanda em face de Bernardo e Célio, pleiteando a anulação de contrato que alegadamente havia celebrado com ambos, sob o fundamento de que haviam ficado caracterizados diversos vícios que comprometiam a validade do negócio jurídico. Apreciando a petição inicial, o juiz da causa, lendo detidamente o contrato que a instruíra, constatou que, além de Aloísio, Bernardo e Célio, também o haviam celebrado Danilo e Eugênio. Assim, determinou o magistrado a intimação de Aloísio para que, sob pena de extinção do feito sem resolução do mérito, emendasse a sua peça vestibular, de modo a incluir Danilo e Eugênio no polo passivo da relação processual, requerendo a citação de um e outro, o que foi atendido pelo autor.

Contudo, diante das extremas dificuldades encontradas para a localização de Danilo e Eugênio, Aloísio protocolizou petição em que afirmava que a inclusão de ambos no feito estava comprometendo a rápida solução do litígio, pondo em risco a própria efetividade da futura tutela jurisdicional. Não obstante, o juiz rejeitou o requerimento autoral de limitação do litisconsórcio passivo.

Nesse quadro, é correto afirmar que:

(A) agiu equivocadamente o juiz ao determinar a intimação do autor para emendar a petição inicial, pois a matéria não está sujeita à cognição *ex officio* do órgão judicial;

(B) a decisão que indeferiu a limitação do litisconsórcio é insuscetível de impugnação por via recursal típica, podendo ser manejado o mandado de segurança para alvejá-la;

(C) a decisão que indeferiu a limitação do litisconsórcio é impugnável pelo recurso de agravo de instrumento, que, caso seja manejado, deverá ser desprovido;

(D) ao constatar a ausência de litisconsortes necessários, poderia o juiz diretamente incluí-los no polo passivo, sem a necessidade de ordenar a vinda de emenda à petição inicial;

(E) deveria o juiz ter deferido o pedido de limitação do litisconsórcio, diante de sua natureza facultativa e do prejuízo para a celeridade da prestação jurisdicional que a citação dos novos réus acarretaria.

A: Incorreta, uma vez que a existência de litisconsórcio necessário pode ser apreciada de ofício pelo juiz (CPC, art. 115, p. único). **B:** Incorreta. Nos termos do art. 1.015, VII do CPC cabe agravo de instrumento em face da decisão interlocutória que envolver exclusão de litisconsórcio. **C:** Correta. Cabe agravo de instrumento em face da decisão interlocutória que envolve litisconsórcio (CPC, art. 1.015, VII). Quanto ao mérito recursal, como se está diante de uma situação de litisconsórcio necessário (CPC, art. 114), o recurso não deverá ser provido. **D:** Incorreta. Conforme previsão do art. 115, p. único do CPC, o juiz deverá determinar que o autor promova a citação de todos que devam ser litisconsórcio (ou seja, emende a inicial), sob pena de extinção. **E:** Incorreta, pois o enunciado retrata hipótese de litisconsórcio necessário (CPC, art. 114). Ademais, se o juiz anteriormente decidiu que se tratava de um litisconsórcio necessário, e não houve recurso, não seria possível nova modificação, pela preclusão.
Gabarito "C".

(Juiz de Direito – TJ/DFT – 2023 – CEBRASPE) Almir, maior de idade e capaz, correntista do banco Beta S.A., verificou o desconto de um seguro residencial não contratado em sua conta-corrente, o que o motivou a ingressar com ação de indenização por danos morais e materiais contra a mencionada instituição financeira. Regularmente citado, o banco réu refutou a pretensão e apresentou pedido reconvencional de cobrança de valores de cheque especial inadimplidos pelo autor. Por causa disso, Almir desistiu do pedido, oportunidade em que o réu foi intimado para se manifestar.

Considerando a situação hipotética apresentada, os ditames do CPC e a jurisprudência do STJ, assinale a opção correta.

(A) No caso de a sentença ser proferida com fundamento na desistência da ação principal, as despesas e os honorários serão divididos entre as partes.

(B) A desistência do autor na ação principal obsta o prosseguimento do processo quanto à reconvenção.

(C) A homologação da desistência da ação gera coisa julgada material, o que impede Almir de ajuizar nova demanda com conteúdo idêntico.

(D) A desistência da ação somente pode ser apresentada até a contestação.

(E) Se o réu recusar-se, sem motivo razoável, a aceitar a desistência, o juiz poderá suprir a concordância e proceder à homologação.

A: Incorreta. As despesas e os honorários serão pagos pela parte que desistiu (CPC, art. 90). **B:** Incorreta. Nos termos do art. 343, § 2º do CPC, a desistência da ação principal não impede o prosseguimento do processo quanto à reconvenção. **C:** Incorreta. A sentença que homologa a desistência extingue o processo sem resolução de mérito e, portanto, não impede a propositura de nova demanda com conteúdo idêntico (CPC, art. 485, VIII). **D:** Incorreta, pois a desistência poderá ser apresentada até a sentença (CPC, art. 485, § 5º). **E:** Correta. A jurisprudência do STJ é no sentido de que a recusa do réu deve ser fundamentada e justificada, não bastando a mera discordância, sem a indicação de motivo razoável (nesse sentido: REsp 1519589/DF).
Gabarito "E".

(Juiz de Direito – TJ/DFT – 2023 – CEBRASPE) Acerca dos procedimentos especiais e do processo de execução, assinale a opção correta.

(A) Em ação monitória fundada em cheque prescrito ajuizada contra o emitente, é dispensável a menção ao negócio jurídico subjacente à emissão da cártula.

(B) Valores poupados pelo devedor até o patamar de quarenta salários mínimos são protegidos, em regra, pela impenhorabilidade, desde que depositados em caderneta de poupança ou em conta-corrente, sendo penhoráveis, contudo, valores aplicados em fundos de investimento.

(C) O contrato de desconto bancário (borderô) constitui, por si só, título executivo extrajudicial.

(D) Havendo garantia parcial do débito, o juiz não pode determinar, por requerimento do exequente, a inscrição do nome do executado em cadastros de inadimplentes.

(E) Na petição inicial da ação de exigir contas, o autor deve especificar, detalhadamente, as razões pelas quais exige as contas, requerendo a citação do réu para que as preste ou ofereça contestação no prazo de cinco dias.

A: Correta. Súmula 531/STJ: "Em ação monitória fundada em cheque prescrito ajuizada contra o emitente, é dispensável a menção ao negócio jurídico subjacente à emissão da cártula". **B:** Incorreta. O STJ possui entendimento firmado no sentido de que a impenhorabilidade prevista no art. 833, X do CPC abrange, além dos valores depositados em caderneta de poupança, aqueles mantidos em conta-corrente, aplicações financeiras e inclusive, a quantia aplicada em fundos de investimentos (informativo nº 804/STJ). **C:** Incorreta. Esse documento não consta do art. 784 do CPC, de maneira que não é título – e isso é confirmado pela jurisprudência do STJ (nesse sentido: REsp 986.972/MS). **D:** Incorreta. O entendimento do STJ é no sentido de que a garantia parcial do débito exequendo não impede a inscrição do devedor em cadastro de inadimplentes (informativo nº 721). **E:** Incorreta, o prazo para que o réu preste as contas ou ofereça contestação é de 15 (quinze) dias (CPC, art. 550).
Gabarito "A".

(Procurador Fazenda Nacional – AGU – 2023 – CEBRASPE) Consoante a jurisprudência dominante do STJ no que tange ao regramento referente à atuação da fazenda pública em juízo, assinale a opção correta.

(A) O porte de remessa e retorno, por estar excluído do conceito jurídico de preparo, deverá ser adiantado pela entidade autárquica que apresentar recurso.
(B) A execução de obrigação de fazer contra a fazenda pública, quando possuir natureza provisória, atrairá o regime jurídico dos precatórios ou da requisição de pequeno valor.
(C) A fazenda pública será isenta do pagamento de honorários de sucumbência caso deixe de apresentar impugnação em procedimento individual de cumprimento de sentença de ação coletiva em que figure como ré.
(D) A remessa necessária devolve ao tribunal o reexame de todas as parcelas da condenação impostas à fazenda pública, inclusive a verba honorária, não sendo limitada pelo princípio do tantum devolutum quantum appellatum.
(E) O ente público interessado tem a prerrogativa de fazer sustentação oral em agravo interno interposto contra decisão que indefere suspensão de segurança.

A: Incorreta. Conforme previsão do art. 1.007, § 1º, do CPC as autarquias estão dispensadas de recolher o preparo, inclusive porte de remessa e de retorno; **B:** Incorreta, pois o regime jurídico dos precatórios ou da requisição de pequeno valor se aplica apenas às obrigações de *pagar quantia certa* (CPC, art. 535, § 3º, I e II); **C:** Incorreta, os honorários advocatícios serão devidos, ainda que a Fazenda Pública não apresente impugnação (Súmula 345 do STJ: São devidos honorários advocatícios pela Fazenda Pública nas execuções individuais de sentença proferida em ações coletivas, ainda que não embargadas); **D:** Correta, sendo esse o teor da Súmula 325 do STJ "A remessa oficial devolve ao Tribunal o reexame de todas as parcelas da condenação suportadas pela Fazenda Pública, inclusive dos honorários de advogado"; **E:** Incorreta, conforme jurisprudência do STJ, não é cabível sustentação oral no agravo de instrumento interposto em face de decisão que indefere suspensão de segurança (QO no AgInt na SLS 2.507-RJ). Gabarito "D".

(Procurador Fazenda Nacional – AGU – 2023 – CEBRASPE) A respeito das regras processuais civis relacionadas à atuação das partes e do juiz e ao direito probatório, julgue os seguintes itens.

I. Em observância ao princípio da flexibilização procedimental, o juiz está autorizado a alterar a ordem de produção dos meios de prova, de acordo com as necessidades e peculiaridades do litígio submetido ao seu julgamento.
II. A utilização da ata notarial como meio de prova com fé pública somente será admitida para demonstração de declaração de vontade das partes do processo.
III. A natureza cautelar inerente ao requerimento de produção antecipada da prova torna imprescindível a demonstração de perigo na demora da prestação jurisdicional para o regular deferimento dessa medida.
IV. Em caso de questão técnica de menor complexidade, o Código de Processo Civil (CPC) permite que o juiz determine a produção de prova técnica simplificada, consistente na inquirição de um especialista sobre ponto controvertido da causa, em substituição à prova pericial tradicional.

Estão certos apenas os itens
(A) I e II.
(B) I e IV.
(C) II e III.
(D) I, III e IV.
(E) II, III e IV.

I: correto, pois o art. 139, VI do CPC estabelece que o juiz poderá alterar a ordem de produção dos meios de prova para adequar às necessidades do conflito; **II:** incorreto, uma vez que a lavratura da ata notarial também poderá ter como objeto retratar a existência de algum fato ou seu modo de existir (CPC, art. 384); **III:** incorreto, considerando que a ação de produção antecipada de provas não exige a demonstração de risco, pois poderá ser utilizada para evitar o ajuizamento de uma futura ação (CPC, art. 381, II) ou para viabilizar a autocomposição a partir da prova produzida (CPC, art. 381, I). **IV:** correto. O art. 464, § 2º prevê que, quando o ponto controvertido for de menor complexidade, o juiz poderá substituir a perícia pela produção de *prova técnica simplificada*, consistente na inquirição de especialista acerca do ponto controvertido da causa (CPC, art. 464, § 3º).
Assim, a alternativa B deve ser assinalada. Gabarito "B".

(Analista – TJ/ES – 2023 – CEBRASPE) No que se refere aos sujeitos no processo civil, julgue os itens subsequentes.

(1) A representação judicial de municípios por Associação de Representação de Municípios depende da existência de questões de interesse comum e de autorização dos chefes do Poder Executivo dos municípios associados.
(2) Considere que Paul, estrangeiro, tenha proposto reconvenção em face de João e que, durante o processo, Paul tenha regressado ao seu país de origem. Nessa situação, Paul não deverá prestar caução suficiente para o pagamento de custas e de honorários de sucumbência.
(3) Considere que Antônio, inconformado com uma decisão judicial, tenha apresentado recurso ao tribunal competente e, após a apresentação das razões e das contrarrazões, bem como da admissão do recurso, tenha desconstituído o seu único advogado. Considere, ainda, que, instado a regularizar a sua representação processual, ele não tenha atendido à determinação judicial. Nessa situação, o relator não conhecerá do recurso, julgando-o deserto.
(4) É vedado ao juiz condenar o litigante de má-fé, salvo se houver requerimento nesse sentido.

1: Correta, conforme previsão do art. 75, § 5º do CPC – sendo essa uma inserção no CPC ocorrida em 2022. **2:** Correta, pois o CPC, art. 83, 1º, III estabelece que na reconvenção não há necessidade de se prestar caução suficiente ao pagamento das custas e honorários de advogado da parte contrária. **3:** Errada, pois a deserção ocorre em virtude do não recolhimento do preparo para a interposição do recurso (CPC, art. 1.007). No caso retratado na alternativa, o relator de fato não conhecerá do recurso, mas em razão da irregularidade da representação da parte (CPC, art. 76, § 2º, I). **4:** Errada, pois o Juiz poderá, de ofício ou a requerimento, condenar o litigante de má-fé (CPC, art. 81). Gabarito 1C, 2C, 3E, 4E

(Juiz de Direito/SP – 2021 – Vunesp) Caio, Abel e Adão são os únicos sócios de uma sociedade anônima de capital fechado, detendo, respectivamente, 40%, 30% e 30%

das ações. Por entender que a sociedade não pode mais preencher o seu fim, Caio propõe ação de dissolução parcial de sociedade cumulada com apuração de haveres em face de Abel e Adão, não incluindo a sociedade. A demanda é julgada procedente e apurados os haveres em R$ 1.000.000,00. Considerando essa situação, assinale a alternativa correta.

(A) A sociedade somente pode responder pelo débito se, em incidente processual, for obtida a desconsideração inversa da personalidade jurídica.

(B) A sentença é válida, mas ineficaz em relação à sociedade.

(C) Apesar de não incluída no polo passivo a sociedade sofre os efeitos da decisão e da autoridade da coisa julgada.

(D) O processo deve ser declarado nulo, pois a sociedade deve obrigatoriamente ser incluída no polo passivo.

A: incorreta, não é o caso de desconsideração inversa da PJ (quando se vai atrás do patrimônio dos sócios), pois quem está discutindo é, exatamente, um dos sócios; **B:** incorreta, pois se trata de situação excepcional, em que a sentença é eficaz em relação a terceiro que não integrou a lide, por expressa previsão legal (CPC, art. 601, parágrafo único); **C:** correta, por se tratar de uma regra específica do procedimento especial de dissolução parcial de sociedade (CPC, art. 601, parágrafo único: "A sociedade não será citada se todos os seus sócios o forem, mas ficará sujeita aos efeitos da decisão e à coisa julgada."); **D:** incorreta, já que a sociedade, nesse caso, não tem qualidade de litisconsorte passivo necessário – e, ainda assim, estará sujeita à decisão e à coisa julgada (CPC, art. 601, parágrafo único).
Gabarito "C".

Matheus e Isaac — o primeiro residente e domiciliado em São Paulo – SP, e o segundo em Recife – PE — resolveram adquirir, em condomínio, imóvel localizado na praia de Jurerê, em Florianópolis – SC, pertencente a Tarcísio, residente e domiciliado em Recife – PE. Após a celebração da promessa de compra e venda com caráter irrevogável e irretratável e depois do pagamento do preço ajustado, Tarcísio se recusou a lavrar a escritura pública definitiva do imóvel, sob a alegação de que o preço deveria ser reajustado, em razão da recente instalação de dois famosos *beach clubs* na região. Inconformados, Matheus e Isaac resolveram buscar tutela judicial, a fim de obrigar Tarcísio a cumprir o negócio jurídico.

(Juiz de Direito – TJ/SC – 2019 – CESPE/CEBRASPE) Nessa situação hipotética, é correto afirmar, à luz das regras do Código de Processo Civil (CPC) e da jurisprudência majoritária do STJ, que o mecanismo jurídico adequado para a tutela pretendida é

(A) a ação de adjudicação compulsória, que independerá do prévio registro do compromisso de compra e venda no cartório de imóveis competente e deverá ser ajuizada em Florianópolis – SC ou Recife – PE, mas não em São Paulo – SP.

(B) a ação reivindicatória, que independerá do prévio registro do compromisso de compra e venda no cartório de imóveis competente e deverá ser ajuizada necessariamente em Florianópolis – SC.

(C) a ação de adjudicação compulsória, que independerá de prévio registro do compromisso de compra e venda no cartório de imóveis competente e deverá ser ajuizada necessariamente em Florianópolis – SC.

(D) a ação reivindicatória, que dependerá do prévio registro do compromisso de compra e venda no cartório de imóveis competente e deverá ser ajuizada em Florianópolis – SC ou Recife – PE, mas não em São Paulo – SP.

(E) a ação de adjudicação compulsória, que dependerá do prévio registro do compromisso de compra e venda no cartório de imóveis e deverá ser ajuizada em Florianópolis – SC ou Recife – PE, mas não em São Paulo – SP.

A: incorreta, pois a ação deve ser ajuizada no foro de situação do bem imóvel, ou seja, Florianópolis/SC (CPC, art. 47); **B:** incorreta, porque a medida adequada é ação de adjudicação compulsória (CC, art. 1.418); **C:** correta, conforme entendimento sumulado do STJ (CPC, art. 47 e Súmula 239/STJ: O direito à adjudicação compulsória não se condiciona ao registro do compromisso de compra e venda no cartório de imóveis); **D:** incorreta, já que a medida adequada seria a ação de adjudicação compulsória, que independerá do registro do compromisso de compra e venda no registro de imóveis e a ação deve ser proposta em Florianópolis/SC (CPC, art. 47 e Súmula 239/STJ); **E:** incorreta, considerando que independe do registro do compromisso de compra e venda no registro de imóveis e a ação deve ser proposta em Florianópolis/SC (CPC, art. 47 e Súmula 239/STJ).
Gabarito "C".

(Juiz de Direito – TJ/BA – 2019 – CESPE/CEBRASPE) Caso o juiz julgue parcialmente o mérito, reconhecendo a existência de obrigação ilíquida, a parte vencedora

(A) poderá promover de pronto a liquidação, mediante o depósito de caução.

(B) poderá promover de pronto a liquidação, ainda que seja interposto recurso pela parte vencida.

(C) deverá aguardar a extinção do processo para promover a liquidação.

(D) deverá promover a liquidação nos mesmos autos, em vista do princípio da eficiência.

(E) poderá promover a liquidação somente após transcorrido o prazo para interposição de recurso pela parte vencida.

A: errada, porque não há exigência de caução para a liquidação da decisão (CPC, art. 356, §2º); **B:** certa, conforme expressa previsão legal (CPC, art. 356, §2º); **C:** errada, considerando que a extinção do processo é incompatível com o ato da liquidação (CPC, art. 924); **D:** errada, pois a liquidação poderá ser processada em autos suplementares, a requerimento da parte ou a critério do juiz (CPC, art. 356, §4º); **E:** errada, uma vez que a liquidação poderá ser promovida mesmo na pendência de recurso interposto pela parte vencedora (CPC, art. 356, §2º).
Gabarito "B".

(Juiz de Direito – TJ/AL – 2019 – FCC) Quanto aos princípios gerais e às modalidades de provas no Processo Civil,

(A) a existência e o modo de existir de algum fato podem ser atestados ou documentados mediante ata lavrada por tabelião, salvo em relação a dados relativos a imagem ou som gravados em arquivos eletrônicos.

(B) a produção antecipada da prova previne a competência do Juízo para a ação que venha a ser proposta.

(C) quando a lei exigir instrumento público como da substância do ato, somente prova pericial pode suprir-lhe a falta.

(D) a confissão judicial pode ser espontânea ou provocada; se espontânea, só pode ser feita pela própria parte.

(E) o documento feito por oficial público incompetente ou sem a observância das formalidades legais, sendo subscrito pelas partes, tem a mesma eficácia probatória do documento particular.

A: incorreta, pois dados gravados em arquivos eletrônicos também podem ser atestados por meio da lavratura de ata notarial por tabelião (CPC, art. 384, parágrafo único); **B:** incorreta, porque a produção antecipada de prova *não* previne a competência do juízo (CPC, art. 381, §3º); **C:** incorreta, já que, nesse caso, pelo Código, nenhuma outra prova poderá suprir a falta (CPC, art. 406); **D:** incorreta, considerando que a confissão espontânea pode ser feita também por representante com poderes especiais (CPC, art. 390, §1º); **E:** correta, conforme expressa previsão legal (CPC, art. 407).
Gabarito "E."

(Promotor de Justiça/PR – 2019 – MPE/PR) Sobre a jurisdição e a ação, assinale a alternativa **correta**, de acordo com o Código de Processo Civil:

(A) De acordo com o Código de Processo Civil, é necessário ter interesse, legitimidade e possibilidade jurídica do pedido para postular em juízo.

(B) A restrição para se pleitear direito alheio em nome próprio é absoluta e não possui exceções.

(C) É cabível ação declaratória do modo de ser da relação jurídica.

(D) A ação declaratória de autenticidade de documento não é admitida pelo ordenamento jurídico.

(E) Se houver afirmação de violação de um direito, não se admite a ação meramente declaratória.

A: Incorreta, pois atualmente só há interesse e legitimidade (CPC, art. 17) – não existindo mais a condição da ação possibilidade jurídica do pedido (que existia no Código anterior); **B:** Incorreta, porque excepcionalmente, a lei possibilita se pleitear "direito alheio em nome próprio" (CPC, art. 18) – no que é denominado de substituição processual; **C:** Correta, pois o CPC prevê expressamente a ação declaratória acerca do "modo de ser de uma relação jurídica" (CPC, art. 19, inciso I); **D:** Incorreta, pois o CPC regula a ação declaratória de autenticidade de documento (CPC, art. 19, inciso II); **E:** incorreta, pois a lei expressamente prevê essa possibilidade (CPC, art. 20).
Gabarito "C."

3. LEGISLAÇÃO PROCESSUAL CIVIL EXTRAVAGANTE

Luiz Dellore

1. JUIZADO ESPECIAL CÍVEL, FEDERAL E DA FAZENDA PÚBLICA

(Juiz de Direito – TJ/SC – 2024 – FGV) Sobre a tramitação de processos no Juizado Especial Cível, é correto afirmar que:

(A) admite-se citação por edital;
(B) admite-se assistência e litisconsórcio;
(C) a intervenção do Ministério Público é incompatível com o rito dos Juizados Especiais;
(D) a contagem dos prazos será em dias corridos, prestigiando-se a eficiência desse procedimento especial;
(E) as sociedades de crédito ao microempreendedor podem figurar como autoras no Juizado Especial.

A: Incorreta. Não se admite citação por edital no procedimento do juizado especial (art. 18, § 2º, da Lei 9.099/1995). **B:** Incorreta. Ainda que seja possível o litisconsórcio, não é possível intervenção de terceiros, sendo a assistência uma forma de intervenção de terceiro (art. 10 da Lei 9.099/1995). **C:** Incorreta, ainda que bastante limitada na prática, mesmo no JEC o MP intervirá nos casos previstos em lei (art. 11 da Lei 9.099/1995). **D:** Incorreta, pois os prazos processuais são contados em dias úteis (art. 12-A da Lei 9.099/1995). **E:** Correta, pois as sociedades de crédito ao microempreendedor podem figurar como autoras no Juizado Especial (art. 8º, § 1º, IV da Lei 9.099/1995).
Gabarito "E".

(Procurador Fazenda Nacional – AGU – 2023 – CEBRASPE) A respeito dos juizados especiais federais, julgue os itens subsequentes.

I. As ações mediante as quais se busque anular lançamento tributário não se submetem à competência dos juizados especiais federais.
II. É possível à fazenda pública transigir nos processos de competência dos juizados especiais federais.
III. Do acórdão formalizado por turma recursal do juizado especial federal caberá recurso especial ou recurso extraordinário, a depender da natureza da matéria questionada, se infraconstitucional ou constitucional.

Assinale a opção correta.

(A) Apenas o item I está certo.
(B) Apenas o item II está certo.
(C) Apenas os itens I e III estão certos.
(D) Apenas os itens II e III estão certos.
(E) Todos os itens estão certos.

I: incorreto, pois conforme previsão do art. 3º, § 1º, III da Lei 10.259/2001, *compete* aos juizados especiais federais processar e julgar as ações mediante as quais se busque anular lançamento tributário; II: correto, uma vez que o art. 10, parágrafo único da Lei 10.259/2001 *permite* a transação, conciliação ou a desistência nos processos da competência dos Juizados Especiais Federais; III: incorreto, visto que, nos termos da Súmula 203 do STJ, não cabe recurso especial contra decisão proferida por órgão de segundo grau dos juizados especiais – mas cabe RE. Assim, a alternativa "B" deve ser assinalada. (LD)
Gabarito "B".

(Juiz de Direito/AP – 2022 – FGV) Menor, com 16 anos de idade, intentou, perante o Juizado Especial Cível, ação indenizatória em que pleiteava a condenação do réu a lhe pagar verba indenizatória correspondente a trinta vezes o salário mínimo.

Validamente citada, a parte ré, sem prejuízo das suas matérias defensivas de natureza meritória, suscitou, preliminarmente, a incompetência do foro e a irregularidade da representação processual do autor, que outorgara instrumento de mandato ao seu advogado sem que estivesse assistido por seu pai ou sua mãe.

Considerando que os vícios processuais arguidos efetivamente se configuraram, deve o juiz:

(A) determinar a intimação do autor para regularizar a representação processual e, após, declinar da competência em favor do juizado situado no foro competente;
(B) determinar a intimação do autor para manifestar renúncia ao valor que exceda o patamar de vinte vezes o salário mínimo, de modo a dispensar a presença de advogado;
(C) proferir sentença em que julgue extinto o feito sem resolução do mérito;
(D) designar audiência de conciliação, instrução e julgamento para a colheita da prova oral;
(E) declinar da competência em favor do juizado situado no foro competente, ao qual caberá aferir a regularidade, ou não, da representação processual do autor.

A: incorreta, pois no caso a hipótese é de extinção do processo sem julgamento de mérito (Lei 9.099/95, arts. 8º e 51, IV); **B:** incorreta, visto que a competência do JEC abrange causas de até 40 salários-mínimos, com advogado (Lei 9.099/95, arts. 3º, I e 9º) – sendo que, sem advogado, o teto é 20 salários; **C:** correta, tanto pela impossibilidade de menor litigar no JEC, quanto pelo caso de incompetência acarretar a extinção sem mérito (Lei 9.099/95, arts. 8º e 51, IV); **D:** incorreta, já que, diante dos vícios processuais, pela economia e celeridade processuais, não deve haver a instrução do processo (Lei 9.099/95, arts. 8º e 51, IV); ademais, o procedimento do JEC não tem essa audiência com conciliação e instrução ao mesmo tempo; **E:** incorreta, porque, no JEC, a incompetência territorial é causa de extinção do processo sem resolução do mérito (Lei 9.099/95, art. 51, III).
Gabarito "C".

(Juiz de Direito/GO – 2021 – FCC) De acordo com a Lei no 9.099, de 26 de setembro de 1995, no âmbito dos Juizados Especiais Cíveis,

(A) dá-se a revelia na hipótese em que o réu não comparece à sessão de conciliação ou à audiência de instrução e julgamento, caso em que se reputam verdadeiros os fatos alegados na inicial, salvo se o contrário resultar da convicção do Juiz.

(B) não são cabíveis embargos de declaração contra a sentença, mas os erros materiais podem ser corrigidos de ofício.

(C) caberá, da sentença, recurso oral ou escrito, cujo preparo deverá ser realizado em quarenta e oito horas da intimação para o depósito, sob pena de deserção.

(D) não podem ser partes, ativa ou passiva, o incapaz, o preso, as pessoas jurídicas de direito público ou privado, as empresas públicas da União, a massa falida e o insolvente civil.

(E) é lícito ao réu, depois de citado, apresentar reconvenção e contestação, na qual deverão ser arguidas todas as exceções que lhe competirem.

A: correta, sendo essa a previsão legal (Lei nº 9.099/95, art. 20); **B:** incorreta, pois são cabíveis embargos de declaração contra sentença e acórdão, nos mesmos casos previstos no CPC (Lei nº 9.099/95, art. 48); **C:** incorreta, visto que o recurso será interposto por petição *escrita* e o preparo deve ser realizado nas 48h seguintes à interposição do recurso, *independentemente* de intimação (Lei nº 9.099/95, art. 42); **D:** incorreta, uma vez que as pessoas jurídicas de direito *privado* podem figurar como parte passiva no JEC (Lei nº 9.099/95, art. 8º - é imensa a quantidade de processos no JEC com empresas no polo passivo); **E:** incorreta, porque não se admite reconvenção no JEC, mas pedido contraposto (Lei nº 9.099/95, arts. 30 e 31). LD

Gabarito "A."

(Juiz de Direito – TJ/MS – 2020 – FCC) Quanto aos Juizados Especiais Cíveis, examine os enunciados seguintes:

I. Caberão embargos de declaração contra sentença ou acórdão nos casos previstos no Código de Processo Civil, os quais interromperão o prazo para a interposição de recurso e serão interpostos por escrito ou oralmente, no prazo de cinco dias, contados da ciência da decisão.

II. A execução da sentença processar-se-á no próprio Juizado; não cumprida voluntariamente a sentença transitada em julgado, tendo havido solicitação do interessado, escrita ou oral, ou agindo o juiz de ofício, proceder-se-á desde logo à citação do executado para pagamento ou nomeação à penhora de bens suficientes à satisfação do crédito.

III. O acesso ao Juizado Especial independerá, em qualquer grau de jurisdição, do pagamento de custas, taxas ou despesas e do acompanhamento de advogado em primeiro grau de jurisdição, tendo porém a parte que constituir patrono para a interposição eventual de recurso, dirigido ao próprio Juizado.

IV. A sentença mencionará os elementos da convicção do juiz, com breve resumo dos fatos relevantes ocorridos em audiência, dispensado o relatório; não se admitirá sentença condenatória por quantia ilíquida, ainda que genérico o pedido.

Está correto o que se afirma APENAS em

(A) I, III e IV.
(B) I, II e III.
(C) II, III e IV.
(D) I e IV.
(E) II e III.

I: Correta por ser essa a previsão legal (Lei 9.099/95, arts. 48 a 50). **II:** Errada, pois não pode o juiz de ofício instaurar a fase executiva e nem há necessidade de nova citação (Lei 9.099/95, art. 52, IV). **III:** Errada, pois o acesso ao Juizado Especial, independerá, apenas em primeiro grau de jurisdição, do pagamento de custas, taxas ou despesas (Lei 9.099/95, art. 54). Portanto, na fase recursal há custas. **IV:** Correta, sendo essa a previsão legal (Lei 9.099/95, art. 38, *caput* e p.u.). LD

Gabarito "D."

(Juiz de Direito – TJ/AL – 2019 – FCC) Nos Juizados Especiais Cíveis

(A) cabem recursos de suas sentenças a serem recebidos no efeito devolutivo e suspensivo como regra geral, não havendo assim execução provisória do julgado.

(B) não se admite, em seus processos, qualquer forma de intervenção de terceiro, assistência ou litisconsórcio.

(C) só se admitem ações possessórias sobre bens móveis, mas não sobre bens imóveis.

(D) em seus processos o mandato ao advogado poderá ser verbal, inclusive quanto aos poderes especiais.

(E) a prova oral será produzida na audiência de instrução e julgamento, ainda que não requerida previamente, podendo o Juiz limitar ou excluir o que considerar excessivo, impertinente ou protelatório.

A: incorreta, pois o recurso "inominado" é recebido, em regra, *apenas* no efeito devolutivo (Lei 9.099/1995, art. 43); **B:** incorreta, já que se admite litisconsórcio e, com o advento do CPC/15, passa a ser expressa a possibilidade de aplicação do Incidente de Desconsideração da Personalidade Jurídica – modalidade de intervenção de 3º (Lei 9.099/1995, art. 10 e CPC, art. 1.062); **C:** incorreta, porque há competência do JEC para ações possessórias sobre bens imóveis, desde que de valor não superior ao teto dos Juizados (Lei 9.099/1995, art. 3º, IV); **D:** incorreta, tendo em vista a ressalva legal quanto aos poderes especiais, que necessariamente deve ser concedidos por escrito (Lei 9.099/1995, art. 9º, § 3º); **E:** correta, já que todas as provas serão produzidas em audiência de instrução e julgamento, inclusive a prova oral (Lei 9.099/1995, art. 33). LD

Gabarito "E."

(Escrevente - TJ/SP - 2018 - VUNESP) Serão admitidos(as) a propor ação perante o Juizado Especial Cível regido pela Lei no 9.099/95:

(A) as sociedades de economia mista, por serem pessoas de direito privado.

(B) os insolventes civis, ante sua hipossuficiência devidamente comprovada.

(C) as pessoas jurídicas qualificadas como Organização da Sociedade Civil de Interesse Público.

(D) os incapazes, devidamente representados por procuração, por instrumento público.

(E) as pessoas enquadradas como microempreendedores individuais, cujo empreendedor individual tenha renunciado ao direito próprio.

A: Incorreta, porque as sociedades de economia mista não se encontram no restrito rol de pessoas jurídicas de direito privado admitidas como partes perante os Juizados Especiais Cíveis (Lei Federal n. 9.099/1995, art. 8º, § 1º); **B:** Incorreta, porque há vedação legal expressa à admissão do insolvente civil como parte perante o Juizado Especial (Lei Federal n. 9.099/1995, art. 8º); **C:** Correta, sendo esse um dos exemplos de PJ admitidas a ajuizar ação no JEC (Lei Federal n. 9.099/1995, art. 8º, § 1º, III); **D:** Incorreta, pois há vedação legal para incapaz ser parte (Lei Federal n. 9.099/1995, art. 8º); **E:** Incorreta, considerando que a lei não prevê essa condição de renúncia para ajuizamento no JEC (Lei Federal n. 9.099/1995, art. 8º, § 1º, II). LD

Gabarito "C."

(Escrevente - TJ/SP - 2018 - VUNESP) Diante do que prevê a Lei que regulamenta o Juizado Especial da Fazenda Pública, é correto afirmar:

(A) Os representantes judiciais dos réus presentes à audiência não poderão conciliar ou transigir.
(B) O pagamento de obrigação de pequeno valor deverá ser feito no prazo máximo de 90 dias a contar da entrega da requisição do juiz.
(C) Sendo o caso, haverá reexame necessário.
(D) Da sentença caberá apelação, não se admitindo agravo de instrumento por vedação legal.
(E) O juiz poderá, de ofício, deferir providências cautelares e antecipatórias, para evitar dano de difícil ou de incerta reparação.

A: Incorreta, porque a alternativa é exatamente o oposto à previsão da lei (Lei Federal n. 12.153/2009, art. 8º); **B:** Incorreta, considerando que o prazo máximo para pagamento nessa situação será de 60 dias (Lei Federal n. 12.153/2009, art. 13, I); **C:** Incorreta, porque as sentenças proferidas no âmbito dos Juizados Especiais da Fazenda Pública não se submetem ao reexame necessário (Lei Federal n. 12.153/2009, art. 11); **D:** Incorreta, uma vez que, no âmbito dos Juizados Especiais da Fazenda Pública, caberá recurso inominado e não apelação. No mais, seria possível a interposição de agravo de instrumento em face da decisão que conceder a tutela provisória (Lei Federal n. 12.153/2009, arts. 3º e 4º); **E:** Correta (Lei Federal n. 12.153/2009, art. 3º). Gabarito "E".

2. PROCESSO COLETIVO: AÇÃO CIVIL PÚBLICA, AÇÃO POPULAR E AÇÃO DE IMPROBIDADE

(Juiz de Direito – TJ/SC – 2024 – FGV) No que se refere à ação popular, é correto afirmar que:

(A) a sentença de improcedência do pedido, por insuficiência de provas, vindo a transitar em julgado, poderá ser impugnada por ação rescisória, caso fique configurado algum fundamento que autorize o seu manejo;
(B) a legitimidade para ajuizá-la é do cidadão, embora o Ministério Público possa assumir, posteriormente, o seu polo ativo, desde que observados certos requisitos e condições;
(C) caso o juiz pronuncie a carência de ação e profira sentença terminativa, esta é impugnável pelo recurso de apelação, não estando sujeita a reexame necessário;
(D) tendo optado por contestar a ação, não será lícito à pessoa jurídica de direito público promover, posteriormente, a execução da sentença em desfavor dos demais réus;
(E) as decisões interlocutórias não são impugnáveis por qualquer via recursal típica.

A: Incorreta, pois a sentença de improcedência da ação popular por falta de prova não será coberta pela coisa julgada, sendo possível a propositura de outra ação, no caso de nova prova (art. 18 da Lei 4.717/65). **B:** Correta. A legitimidade é do cidadão. Mas, se o autor popular abandonar o processo, o art. 9º da Lei 4.717/65 assegura a possibilidade de o Ministério Público prosseguir com a ação. **C:** Incorreta. A 1ª afirmação é correta, pois a sentença é impugnável por apelação. Contudo, conforme art. 19 da Lei 4.717/65, a sentença que concluir pela carência ou pela improcedência da ação *está* sujeita ao reexame necessário. **D:** Incorreta, uma vez que o oferecimento de contestação não obsta a posterior execução da sentença contra os demais réus (art. 17 da Lei 4.717/65). **E:** Incorreta. Nos termos do art. 19, § 1º da Lei 4.717/65 (e art. 1.015 do CPC), das decisões interlocutórias cabe recurso de agravo de instrumento. Gabarito "B".

(Procurador – PGE/SP – 2024 – VUNESP) Acerca da ação de improbidade administrativa, segundo o posicionamento atual do STF, é possível afirmar que

(A) a Administração Pública Direta somente possui legitimidade ativa nesse tipo de ação nas hipóteses em que o Ministério Público não promover esse tipo de ação.
(B) as autarquias não têm legitimidade ativa para esse tipo de ação.
(C) a Administração Pública Direta não possui legitimidade para propor esse tipo de ação.
(D) há legitimidade ativa concorrente entre o Ministério Público e os entes públicos lesados, para ajuizar esse tipo de ação.
(E) o Ministério Público é o único legitimado a propor esse tipo de ação, e os entes públicos poderão apenas atuar na condição de assistentes.

A: Incorreta. No julgamento das ADIS 7042 e 7043, o STF fixou o entendimento de que é possível a propositura de ação de improbidade administrativa por ente público que tenha sofrido prejuízos em razão do ato praticado; **B:** Incorreta, vide justificativa para alternativa "D"; **C:** Incorreta, vide justificativa à alternativa "D"; **D:** Correta, no julgamento da ADI 7042, o STF reconheceu a legitimidade ativa concorrente, entre o Ministério Público e os entes públicos prejudicados, para propositura da ação de improbidade administrativa. **E:** Incorreta, vide justificativa para alternativa "B". Gabarito "D".

(Juiz de Direito/SP – 2021 – Vunesp) O Ministério Público do Estado de São Paulo interpôs ação civil pública com o objetivo de obrigar a empresa ré a prestar serviços a consumidores na área de saúde. A demanda foi proposta na Comarca de Matão e julgada procedente, tendo a decisão sido mantida pelo Tribunal de Justiça do Estado de São Paulo. O recurso especial não foi conhecido pelo Superior Tribunal de Justiça. No tocante aos limites geográficos, por se tratar de ação coletiva na defesa de direito individuais homogêneos, pode-se afirmar que a coisa julgada material produzirá efeitos *erga omnes*:

(A) em todo o território nacional, na medida em que o derradeiro recurso foi julgado pelo Superior Tribunal de Justiça.
(B) no Estado de São Paulo, uma vez que a demanda foi proposta pelo Ministério Público do Estado de São Paulo.
(C) em todo o território nacional, independente do órgão julgador.
(D) na Comarca de Matão, uma vez que lá foi proposta a demanda.

A questão aborda recente julgamento do STF pela inconstitucionalidade do art. 16 da Lei 7.347/85 (Lei da ACP), que restringia a eficácia das decisões aos limites da competência territorial do órgão prolator da decisão. **A:** incorreta, pois o REsp não foi sequer conhecido pelo STJ; **B:** incorreta, já que os limites da sentença não são determinados pelo órgão que propôs a ação; **C:** correta, considerando a natureza do direito (individuais homogêneos), e o fato de o STF ter dito que inconstitucional o art. 16 da LACP, conforme julgamento do STF (RE 1.101.937/SP – Tema 1075); **D:** incorreta, considerando a declaração de inconstitucionalidade do art. 16 da Lei da ACP – e, mesmo quando aplicável esse artigo, a limitação era pelo Tribunal que julgasse a apelação, e não apenas a comarca. **Gabarito "D".**

(Juiz de Direito/SP – 2021 – Vunesp) Cidadão brasileiro propõe ação popular em face de diversos réus. Regularmente processada, a demanda é julgada parcialmente procedente para que os réus ressarçam o erário dos prejuízos causados, mas não na extensão pleiteada pelo autor. Regularmente intimadas, as partes não interpõem recurso de apelação. Diante desse quadro, deve o juiz

(A) determinar a remessa dos autos ao Tribunal para reexame necessário de todo o mérito.

(B) determinar a certificação do trânsito em julgado, uma vez que não há reexame necessário em ação popular.

(C) determinar a remessa dos autos ao Tribunal para reexame necessário da parcela da sentença que acolheu o pedido do autor.

(D) determinar a remessa dos autos ao Tribunal para o reexame necessário no que se refere à improcedência de parte do pedido.

A: incorreta, pois está sujeito ao reexame necessário apenas o capítulo da sentença de *improcedência* dos pedidos do autor popular (Lei 4.717/65, art. 19); **B:** incorreta, já que há previsão legal de reexame necessário em ação popular, quando improcedente (Lei 4.717/65, art. 19); **C:** incorreta, porque o objetivo do reexame necessário em ação popular é garantir a tutela do interesse e patrimônio públicos, por isso o reexame é previsto para os casos de *improcedência* do pedido (Lei 4.717/65, art. 19); **D:** correta, sendo essa a previsão legal (Lei 4.717/65, art. 19), sendo que somente naquilo que é contra o autor popular é que existe o reexame / remessa necessária. **Gabarito "D".**

(Delegado - PC/BA - 2018 - VUNESP) A Lei no 7.347, de 24 de julho de 1985, trata da ação civil pública de responsabilidade por danos causados ao meio-ambiente, ao consumidor, a bens e direitos de valor artístico, estético, histórico, turístico e paisagístico, dentre outros direitos difusos, disciplinando que

(A) poderá ter por objeto a condenação em dinheiro; o cumprimento de obrigação de fazer, não fazer ou dar; ou ainda a constituição ou desconstituição de ato ou negócio jurídico.

(B) na hipótese de desistência do autor, o Ministério Público assumirá a titularidade ativa, apenas se determinado pelo juiz da causa.

(C) qualquer pessoa poderá e o servidor público deverá provocar a iniciativa do Ministério Público para o seu ajuizamento, ministrando-lhe informações sobre fatos que constituam seu objeto, indicando-lhe os elementos de convicção.

(D) será cabível para veicular pretensões que envolvam tributos ou contribuições previdenciárias.

(E) o Ministério Público e a Defensoria Pública poderão instaurar, sob sua presidência, inquérito civil para apurar fatos que possam dar ensejo a sua propositura.

Para essa questão a banca foi absolutamente na linha do texto legal, como se verá. **A:** Incorreta, uma vez que o objeto da ACP, pelo texto legal, é a condenação em dinheiro ou ao cumprimento de obrigação de fazer/não fazer (Lei Federal n. 7.347/1985, art. 3º) – mas nada impede que outros pedidos sejam formulados; **B:** Incorreta, pois a assunção do polo ativo pelo MP independerá de determinação judicial, por não configurar mera faculdade do *parquet*, em observância aos princípios da indisponibilidade e da obrigatoriedade das demandas coletivas (Lei Federal n. 7.347/1985, art. 5º, § 3º); **C:** Correta, sendo a reprodução do texto legal (Lei Federal n. 7.347/1985, art. 6º); **D:** Incorreta, considerando vedação legal expressa em sentido contrário (Lei Federal n. 7.347/1985, art. 1º, parágrafo único) – ainda que, por vezes, sejam ajuizadas e processadas ACPs para discussão de questões tributárias; **E:** Incorreta. Segundo expressa previsão legal, apenas o MP tem competência para instaurar inquérito civil, embora a questão seja objeto de algum debate na doutrina (Lei Federal n. 7.347/1985, art. 8º, § 1º). **Gabarito "C".**

(Delegado - PC/BA - 2018 - VUNESP) A ação popular, regulada pela Lei no 4.717, de 29 de junho de 1965, tem como objetivo a defesa do patrimônio público, assim entendido os bens e direitos de valor econômico, artístico, estético, histórico ou turístico. Acerca da ação popular, é correto afirmar que

(A) a prova da cidadania, para ingresso em juízo, será feita com a exibição de RG (Registro Geral de Identificação), ou com documento que a ele corresponda.

(B) é facultado a qualquer cidadão habilitar-se como litisconsorte ou assistente do autor, desde que o faça, até a citação do réu.

(C) o Ministério Público acompanhará a ação, podendo assumir a defesa do ato impugnado ou dos seus autores, se assim se convencer.

(D) as partes pagarão custas e preparo, quando da interposição de eventual recurso contra a sentença.

(E) a sentença incluirá sempre, na condenação dos réus, o pagamento, ao autor, das custas e demais despesas, judiciais e extrajudiciais, diretamente relacionadas com a ação e comprovadas, bem como o dos honorários de advogado.

A: Incorreta, porque a prova da cidadania deve ser feita por meio do título de eleitor ou de documento correspondente (Lei Federal n. 4.717/65, art. 1º, § 3º); **B:** Incorreta, tendo em vista que a lei não prevê a mencionada restrição temporal ao ingresso do litisconsorte ou do assistente (Lei Federal n. 4.717/65, art. 6º, § 5º); **C:** Incorreta, porque é expressamente vedado ao MP assumir a defesa do ato impugnado ou de seus autores (Lei Federal n. 4.717/65, art. 6º, § 4º); **D:** Incorreta, uma vez que as partes só deverão recolher as custas processuais e o preparo recursal ao final do processo (Lei Federal n. 4.717/65, art. 10); **E:** Correta, sendo essa a previsão legal (Lei Federal n. 4.717/65, art. 12). **Gabarito "E".**

3. MANDADO DE SEGURANÇA E *HABEAS DATA*

(ENAM – 2024.1) No que concerne à ação de mandado de segurança, assinale a afirmativa correta.

(A) Proferindo o juiz sentença de procedência do pedido, estará ela sujeita ao reexame necessário pelo órgão de segunda instância.

(B) A decisão de indeferimento da medida liminar é impugnável pelo recurso de agravo de instrumento, não o sendo, contudo, a que a defere.

(C) O juiz poderá, caso repute necessário para a completa instrução do feito, determinar a colheita do depoimento pessoal da autoridade impetrada.

(D) O impetrante dispõe do prazo de cento e vinte dias para ajuizar a demanda, contados a partir da edição, pela autoridade impetrada, do ato impugnado.

(E) Concedida a segurança, para o fim de assegurar ao impetrante o recebimento de vantagens pecuniárias, não lhe será lícito deduzir pretensão de execução por quantia certa em sede de cumprimento de sentença.

A: Correta. Conforme previsão do art. 14, § 1º da Lei 12.016/2009, na hipótese de procedência do pedido (mais tecnicamente, a "concessão da segurança"), a sentença estará sujeita ao duplo grau de jurisdição. **B:** Incorreta, pois tanto a decisão que concede quanto a decisão que denega a liminar são impugnáveis por agravo de instrumento (art. 7º, § 1º da Lei 12.016/2009, além de ser a regra geral do CPC, art. 1.015, I). **C:** Incorreta. Tratando-se de mandado de segurança a prova pré-constituída, capaz de demonstrar o direito líquido e certo, é requisito indispensável. Assim, não se admite dilação probatória no MS (art. 1º da Lei 12.016/2009). **D:** Incorreta, uma vez que o termo inicial do prazo de 120 dias será a *ciência*, pelo interessado, do ato impugnado (art. 23 da Lei 12.016/2009). **E:** Incorreta. De um lado, o MS não é substitutivo de ação de Cobrança (Súmulas 269 e 271 do STF. Além disso, apesar de ser possível deduzir pretensão relativa a vencimentos e vantagens pecuniárias, isso só será possível "em relação às prestações que se vencerem a contar da data do ajuizamento da inicial" (art. 14, § 4º da Lei 12.016/2009).
Gabarito "A".

(Juiz de Direito – TJ/BA – 2019 – CESPE/CEBRASPE) De acordo com a Lei n.º 12.016/2009, que dispõe sobre o mandado de segurança, se, depois de deferido o pedido liminar, o impetrante criar obstáculos ao normal andamento do processo, o juiz deverá

(A) intimar imediatamente o MP para se manifestar sobre a protelação e notificar, posteriormente, a parte para praticar o ato necessário, sob pena de multa.

(B) notificar imediatamente a parte para praticar o ato necessário, sob pena de multa.

(C) cassar a medida liminar, desde que assim seja requerido pelo MP.

(D) revogar a decisão liminar, desde que assim seja requerido pela autoridade coatora ou pelo MP.

(E) decretar a perempção da medida liminar, de ofício ou por requerimento do MP.

A e B: erradas, pois a lei não prevê a fixação de multa coercitiva nessa situação (Lei 12.016, art. 8º); **C e D:** erradas, já que a liminar pode ser cassada/revogada, de ofício, pelo juiz (Lei 12.016, art. 8º); **E:** certa, conforme expressa previsão legal, tendo em vista que a situação narrada configura hipótese de perempção ou caducidade da liminar, que funciona como uma sanção ao impetrante por desídia na condução do processo (Lei 12.016, art. 8º).
Gabarito "E".

(Juiz de Direito – TJ/RJ – 2019 – VUNESP) O mandado de segurança é instrumento que goza de dignidade constitucional, configurando-se em forma de exercício da cidadania.

Quanto ao mencionado remédio processual, segundo o entendimento sumulado pelo Supremo Tribunal Federal e pelo Superior Tribunal de Justiça, é correto afirmar que

(A) não cabe mandado de segurança contra ato praticado em licitação promovida por sociedade de economia mista, vez que ausente a figura da autoridade coatora.

(B) pelo fato de ser pressuposto para a concessão da segurança a existência de direito líquido e certo do impetrante, a controvérsia sobre matéria de direito impede seja a segurança concedida.

(C) se aplica a fungibilidade no caso de interposição de recurso extraordinário quando seria hipótese de cabimento de recurso ordinário de decisão denegatória de mandado de segurança, em virtude da existência de dúvida objetiva entre as referidas espécies recursais.

(D) não é cabível a impetração de mandado de segurança para convalidar a compensação tributária realizada pelo contribuinte.

(E) a entidade de classe não apresenta legitimação para impetrar mandado de segurança quando a pretensão veiculada interesse apenas a uma parte da respectiva categoria.

A: incorreta, pois, embora a sociedade de economia mista se sujeite ao regime jurídico de direito privado, os atos praticados em procedimento licitatório têm natureza pública e, portanto, são passíveis de controle via MS (Súmula 333/STJ: Cabe mandado de segurança contra ato praticado em licitação promovida por sociedade de economia mista ou empresa pública); **B:** incorreta, porque a matéria de direito independe de prova – e, portanto, nada impede que seja deferida em sede de MS que, exatamente, tem restrições para dilação probatória (No mais, vide Súmula 625/STF: Controvérsia sobre matéria de direito não impede concessão de mandado de segurança); **C:** incorreta, já que são hipóteses bem distintas de cabimento, sendo caso de erro grosseiro (Súmula 272/STF: Não se admite como ordinário recurso extraordinário de decisão denegatória de mandado de segurança); **D:** correta (Súmula 460/STJ: É incabível o mandado de segurança para convalidar a compensação tributária realizada pelo contribuinte); **E:** incorreta, pois a jurisprudência fixou-se no sentido inverso (Súmula 630/STF: A entidade de classe tem legitimação para o mandado de segurança ainda quando a pretensão veiculada interesse apenas a uma parte da respectiva categoria).
Gabarito "D".

(Delegado - PC/BA - 2018 - VUNESP) A Lei no 9.507, de 12 de novembro de 1997, disciplina o rito processual do habeas data, nos seguintes termos:

(A) o seu pedido não poderá ser renovado, em caso de decisão denegatória.

(B) o seu processo terá prioridade sobre todos os atos judiciais, exceto mandado de segurança e injunção.

(C) o impetrante fará jus à gratuidade de Justiça, tendo ou não recursos financeiros para arcar com as custas e as despesas processuais.

(D) ao despachar a inicial, se o juiz verificar que não é caso de habeas data, intimará o impetrante para que adite o seu pedido, convertendo-o em mandado de segurança.

(E) quando for hipótese de sentença concessiva, o recurso de apelação interposto terá efeito devolutivo e suspensivo.

A: Incorreta, tendo em vista que o pedido poderá ser renovado, na hipótese da decisão denegatória não ter apreciado o mérito da demanda (Lei Federal n. 9.507/1997, art. 18); **B:** Incorreta, porque as exceções à prioridade do habeas data são: *habeas corpus* e mandado de segurança (Lei Federal n. 9.507/1997, art. 19); **C:** Correta, pois a lei prevê que o procedimento do *habeas data* será gratuito

(Lei Federal n. 9.507/1997, art. 21); **D:** Incorreta, uma vez que, na situação narrada, a petição inicial seria desde logo indeferida (Lei Federal n. 9.507/1997, art. 10); **E:** Incorreta, porque o recurso de apelação interposto em face de sentença concessiva será recebido apenas no efeito devolutivo (Lei Federal n. 9.507/1997, art. 15, parágrafo único).

Gabarito "C".

(Delegado - PC/BA - 2018 - VUNESP) Conceder-se-á mandado de segurança para proteger direito líquido e certo, não amparado por habeas corpus ou habeas data, sempre que, ilegalmente ou com abuso de poder, qualquer pessoa física ou jurídica sofrer violação ou houver justo receio de sofrê-la por parte de autoridade, seja de que categoria for e sejam quais forem as funções que exerça. No que concerne ao procedimento do mandado de segurança individual, assinale a afirmativa correta.

(A) Concedida a segurança, a sentença estará sujeita obrigatoriamente ao duplo grau de jurisdição.

(B) É cabível a condenação do contestante ao pagamento de honorários advocatícios.

(C) O vencido pode interpor recurso de embargos infringentes, quando a decisão da apelação for tomada por maioria de votos.

(D) O ingresso de litisconsorte ativo não será admitido após a prolação da sentença.

(E) Da decisão do juiz de primeiro grau que denegar a liminar caberá agravo de instrumento, mas a que conceder será recorrível quando da apelação.

A: Correta, pois existe na lei do MS a previsão de remessa necessária (Lei Federal n. 12.016/09, art. 14, § 1º); **B:** Incorreta, porque não há condenação ao pagamento de honorários advocatícios em sede de MS (Lei Federal n. 12.016/09, art. 25); **C:** Incorreta, considerando que não é cabível a oposição de embargos infringentes em sede de MS (Lei Federal n. 12.016/09, art. 25). Vale recordar, além disso, que os embargos infringentes foram extintos com o advento do atual CPC, sendo substituídos pela técnica de ampliação do colegiado (CPC, art. 942); **D:** Incorreta, porque o ingresso de litisconsorte ativo não é admitido após o despacho da petição inicial (Lei Federal n. 12.016/09, art. 10, § 2º); **E:** Incorreta. O agravo de instrumento é o recurso adequado para combater a decisão que concede ou que nega a liminar (Lei Federal n. 12.016/09, art. 7º, § 1º).

Gabarito "A".

4. OUTROS PROCEDIMENTOS DE LEGISLAÇÃO EXTRAVAGANTE

(Procurador – PGE/SP – 2024 – VUNESP) A empresa X proprietária de imóvel celebra contrato de locação com o DER, autarquia estadual, que naquele local, instala sua sede. Porém, após 3 meses, o locatário DER deixa de efetuar os pagamentos mensais. A empresa X promove ação de despejo. Sobre o tema, assinale a alternativa correta.

(A) Não deve ser facultado ao DER o direito de purgar a mora.

(B) Deve ser facultado à autarquia o direito de purgar a mora.

(C) As autarquias podem ser despejadas, porém os órgãos da administração direta não podem.

(D) Apenas as pessoas jurídicas de direito privado da administração pública indireta podem ser despejadas.

(E) As autarquias não podem ser despejadas.

A: Incorreta. Conforme art. 62, II da Lei 8.245/1991, no caso de débito, o locatário tem o direito de purgar a mora para evitar a rescisão da locação; **B:** Correta, sendo essa a previsão do art. 62, II da Lei 8.245/1991. Trata-se, ainda, do oposto à alternativa acima, de maneira que se uma é errada, a outra é certa; **C:** Incorreta, pois não há previsão legal que impossibilite o despejo de autarquias ou de órgãos da administração pública direta. Existe, nos termos do art. 53 da Lei de Locação, uma restrição às hipóteses de despejo – mas ainda assim permitido no caso de falta de pagamento – para as seguintes entidades: "hospitais, unidades sanitárias oficiais, asilos, estabelecimentos de saúde e de ensino autorizados e fiscalizados pelo Poder Público, bem como por entidades religiosas devidamente registradas"; **D:** Incorreta, vide justificativa para alternativa "C"; **E:** Incorreta, vide justificativa à alternativa "C".

Gabarito "B".

(Juiz de Direito – TJ/SC – 2024 – FGV) As empresas X e Y firmaram contrato de prestação de serviços de terraplanagem e, por meio desse instrumento, se comprometeram a submeter à arbitragem eventuais litígios futuros relativos a tal contrato, porém a cláusula compromissória não indicava nenhuma instituição arbitral e o número de árbitros. Diante de um conflito contratual surgido, a empresa Y enviou correspondência à empresa X, com aviso de recebimento, convocando-a para, em dia, hora e local certos, firmar o compromisso arbitral. Ocorre que a empresa X não compareceu, recusando-se a firmar o compromisso arbitral. Diante dessa situação, a empresa Y recorreu ao Poder Judiciário com o objetivo de lavrar o compromisso arbitral.

Sobre a audiência especial designada nesse tipo de demanda, é correto afirmar que:

(A) o juiz não poderá tentar a conciliação acerca do litígio, em razão da competência do juízo arbitral;
(B) se a empresa X não comparecer, caberá ao juiz, ouvida a empresa Y, estatuir a respeito do conteúdo do compromisso arbitral, nomeando árbitro único;
(C) se a empresa Y não comparecer à audiência, deverá o juiz ouvir a empresa X na própria audiência ou no prazo de dez dias, para, na sequência, fixar os termos do compromisso arbitral;
(D) não alcançada a conciliação sobre os termos do compromisso arbitral, caberá ao juiz, depois de ouvidas as partes, estatuir sobre a nomeação dos árbitros, não podendo nomear árbitro único para a solução do litígio;
(E) caberá ao juiz, antes de iniciar os debates sobre o compromisso arbitral, decidir, de ofício ou a requerimento das partes, as questões acerca da existência, validade e eficácia da convenção de arbitragem e do contrato que contenha a cláusula compromissória.

A: Incorreta, uma vez que o art. 7º, § 2º da Lei 9.307/1996 prevê que na audiência especial o Juiz, tentará, previamente, a conciliação sobre o litígio. Ressalta-se que tentativa de conciliação se limita a forma de instituir a arbitragem. B: Correta, nos termos do art. 7º, § 4º da Lei 9.307/1996. Vale ressaltar, que esse artigo estabelece que o Juiz poderá (ou não) nomear árbitro único para solução do litígio. Não há qualquer imposição legal para tanto. C: Incorreta, pois a Lei 9.307/1996 não prevê que o juiz deverá ouvir o autor na própria audiência ou ainda, sequer fixa o prazo de 10 (dez) dias para tanto (art. 7º, § 6º da Lei 9.307/1996). D: Incorreta. O art. 7º, § 3º da Lei 9.307/1996 que disciplina referida hipótese, não veda a nomeação de árbitro único para solução do litígio. E: Incorreta. Isso porque, caberá ao árbitro decidir de ofício, ou por provocação das partes, as questões acerca da existência, validade e eficácia da convenção de arbitragem e do contrato que contenha a cláusula compromissória (art. 8º, p. único da Lei 9.307/1996).
Gabarito "B".

(Juiz de Direito – TJ/SC – 2024 – FGV) Sobre a mediação, é correto afirmar que:

(A) ainda que haja previsão contratual de cláusula de mediação, as partes não precisam comparecer à primeira reunião de mediação;
(B) na mediação extrajudicial, as partes devem ser assistidas por advogados ou defensores públicos, sob pena de nulidade de eventual acordo a ser firmado;
(C) é irrecorrível a decisão que suspende o processo nos termos requeridos de comum acordo pelas partes;
(D) o acordo homologado judicialmente tem natureza de título executivo extrajudicial;
(E) não está abrigada pela regra de confidencialidade a informação relativa à ocorrência de crime de ação pública ou privada.

A: Incorreta, uma vez que se existir previsão contratual de cláusula de mediação, as partes deverão comparecer à primeira reunião de mediação (art. 2º, § 1º da Lei 13.140/2015). B: Incorreta, pois na mediação extrajudicial é facultado às partes constituir advogado. Caso, todavia, uma das partes compareça acompanhada de advogado ou defensor público, o mediador suspenderá o procedimento até que todas estejam devidamente assistidas (art. 10 caput e p. único da Lei 13.140/2015). C: Correta. O art. 16, § 1º da Lei 13.140/2015 prevê que é irrecorrível a decisão que suspende o processo nos termos requeridos de comum acordo pelas partes. Além disso, se é algo de interesse de ambas as partes, faltaria interesse recursal para o recurso (CPC, art. 996). D: Incorreta, o acordo homologado judicialmente constitui título executivo judicial (art. 20, p. único da Lei 13.140/2015, bem como CPC, art. 515, II). E: Incorreta, pois a lei prevê que "§ 3º Não está abrigada pela regra de confidencialidade a informação relativa à ocorrência de crime de ação pública" (art. 30, § 3º da Lei 13.140/2015). Portanto, o crime de ação privada está abrigado pela confidencialidade.
Gabarito "C".

(Juiz de Direito – TJ/DFT – 2023 – CEBRASPE) A respeito das ações locatícias, assinale a opção correta.

(A) Na ação revisional de aluguel, a sentença não poderá estabelecer indexador para reajustamento do aluguel diferente daquele previsto no contrato revisando.
(B) Segundo o STJ, o prazo de sessenta dias para exigir prestação de contas refere-se a um intervalo mínimo a ser respeitado pelo locatário para promover solicitações dessa natureza, portanto não é decadencial.
(C) As ações de despejo que decorrem da falta de pagamento do aluguel e dos demais encargos devem, necessariamente, ser instruídas com a prova da propriedade do imóvel ou do compromisso.
(D) Nas locações de imóveis destinados ao comércio, o prazo máximo da renovação compulsória do contrato locatício é de cinco anos, salvo se a vigência da avença locatícia superar esse período.
(E) Segundo o STJ, para a retomada da posse direta por adquirente de imóvel objeto de contrato de locação, o rito processual adequado é o da ação de imissão de posse.

A: Incorreta, a sentença poderá estabelecer indexador diverso daquele previsto no contrato (art. 69, § 1º da Lei 8.245/1991). B: Correta. A jurisprudência do STJ reconhece que o prazo de 60 dias previsto no art. 54, § 2º da Lei 8.245/1991 refere-se a um intervalo mínimo para exigir prestação de contas e, portanto, não é decadencial (informativo nº 753). C: Incorreta, o art. 60 da Lei 8.245/1991 não exige que as ações de despejo que decorrem da falta de pagamento do aluguel sejam instruídas com prova da propriedade do imóvel. Inclusive porque é possível a possuidor ou comodatário (e não proprietário) locar o imóvel. D: Incorreta, segundo entendimento do STJ, o prazo máximo para renovação compulsória de aluguel comercial é de 5 anos, mesmo que o contrato inicialmente firmado pelas partes estabeleça período superior (informativo nº 737). E: Incorreta, o procedimento adequado a obtenção da posse no caso de contrato de locação é a ação de despejo (L. 8.245/1991, art. 59).
Gabarito "B".

(Juiz de Direito/SP – 2021 – Vunesp) Cícero, menor impúbere, representado pela genitora, propõe ação de alimentos em face do pai. O autor não requereu a fixação de alimentos provisórios, sendo omissa a inicial a respeito do tema. Diante desse quadro, deve o juiz

(A) não fixar os alimentos provisórios e determinar a citação do réu.
(B) fixar os alimentos provisórios, de ofício, independentemente de requerimento.

(C) determinar a emenda da inicial, para que o autor esclareça se pretende ou não a fixação de alimentos provisórios.

(D) determinar o encaminhamento dos autos ao Ministério Público para que o mesmo, na condição de legitimado extraordinário, emende a inicial.

A: incorreta, visto que a regra é que sejam fixados alimentos provisórios desde o despacho inicial (Lei 5.478/68, art. 4º); B: correta, sendo essa a previsão legal (Lei 5.478/68, art. 4º) – somente "se o credor expressamente declarar que deles não necessita" é que os provisórios não serão fixados; C: incorreta, pois, no procedimento especial das ações de alimentos, como já visto os provisórios serão em regra fixados (Lei 5.478/68, art. 4º); D: incorreta, os alimentos provisórios são considerados como um pedido implícito na inicial, não dependendo de pedido do autor ou do MP (Lei 5.478/68, art. 4º). LD
Gabarito "B".

(Juiz de Direito/SP – 2021 – Vunesp) Caio propõe ação de despejo por falta de pagamento em face de Tício, alegando a existência de um débito de R$ 20.000,00. Citado, Tício entende que deve, mas somente R$ 12.000,00. Diante desse quadro, o réu depositou em juízo R$ 12.000,00 para purgar a mora e ofereceu contestação em relação à diferença. Diante desse quadro, o Juízo deve

(A) liberar o valor depositado a favor do autor e determinar o prosseguimento da demanda para discussão a respeito da diferença.

(B) determinar a emenda da defesa para que o réu efetue o depósito como consignação em pagamento em reconvenção e após o prosseguimento da demanda para julgamento do mérito.

(C) rejeitar o depósito judicial como purgação da mora, liberar o valor a favor do réu e determinar o prosseguimento da demanda para análise do mérito.

(D) liberar o valor depositado a favor do autor e decretar o despejo na medida em que é incompatível o oferecimento de contestação com a purgação da mora.

A: correta, sendo essa a previsão legal para ação de despejo em que se discuta valor do débito (Lei 8.245/91, art. 62, IV); B: incorreta, visto que o procedimento especial das ações de despejo por falta de pagamento permite o depósito do valor cobrado em juízo (Lei 8.245/91, art. 62); C: incorreta, pois o juiz deve aceitar o depósito judicial como purgação parcial da mora e a ação deve prosseguir para discussão sobre a diferença entre o valor cobrado e o valor depositado, conforme exposto em "A" (Lei 8.245/91, art. 62); D: incorreta, já que o procedimento da lei de locação permite que o réu deposite os valores incontroversos e apresente contestação (Lei 8.245/91, art. 62). LD
Gabarito "A".

(Juiz de Direito/GO – 2021 – FCC) No regime da Lei nº 9.514, de 20 de novembro de 1997,

(A) a intimação para a purga da mora não dispensa a comunicação do devedor fiduciante acerca do processo de alienação extrajudicial.

(B) as controvérsias acerca de encargos contratuais e valor do imóvel impedem a alienação extrajudicial e a reintegração na posse.

(C) em não desocupando o imóvel, após a liminar de reintegração de posse, o devedor fiduciante pagará ao credor fiduciário taxa de ocupação de meio por cento do valor do imóvel, contada da data da alienação do bem.

(D) é assegurado ao fiduciário, seu cessionário e sucessores, assim como ao adquirente do imóvel no processo de alienação extrajudicial, a reintegração na posse do imóvel, que será concedida liminarmente, para desocupação em trinta dias, independentemente da consolidação da propriedade.

(E) a ausência de notificação do devedor fiduciante para o processo de alienação extrajudicial do imóvel resolve-se em perdas e danos, não obstando a consolidação da propriedade e a reintegração na posse do imóvel.

Essa lei trata do sistema financeiro imobiliário (crédito habitacional), especificamente da alienação fiduciária de bem imóvel. A: correta, de acordo com entendimento jurisprudencial: ou seja, se não houver tanto a intimação para purgar a mora como da alienação extrajudicial do bem imóvel, haverá nulidade (STJ, AgInt nos EDcl no AREsp 490.517/DF e Lei nº 9.514/97, art. 27, §2º-A); B: incorreta, pois as controvérsias sobre encargos contratuais serão resolvidas em perdas e danos e não obstam a reintegração de posse (Lei nº 9.514/97, art. 30); C: incorreta, porque a taxa de ocupação será de 1% *do valor do imóvel*, devida desde a *data da consolidação da propriedade fiduciária* (Lei nº 9.514/97, art. 37-A); D: incorreta, visto que o prazo para desocupação do imóvel é de *60 dias* (Lei nº 9.514/97, art. 30); E: incorreta, pois a ausência de notificação do devedor não se resolve em perdas e danos (há nulidade do procedimento, como visto em "A") e obsta a reintegração na posse do imóvel (Lei nº 9.514/97, art. 30, parágrafo único). LD
Gabarito "A".

(Juiz de Direito/GO – 2021 – FCC) No caso de inadimplemento de obrigação garantida por alienação fiduciária em garantia, no regime do Decreto-lei nº 911, de 1o de outubro de 1969, o credor fiduciário,

(A) comprovando previamente a mora, por meio de carta registrada com aviso de recebimento, assinado necessariamente pelo próprio destinatário, requererá a busca e apreensão do bem contra o devedor fiduciante, que poderá apresentar resposta em até cinco dias da execução da liminar.

(B) comprovando previamente a mora, por meio de carta registrada com aviso de recebimento, assinado necessariamente pelo próprio destinatário, requererá a busca e apreensão do bem contra o devedor fiduciante, que, para se ver restituído do bem, livre de ônus, poderá realizar a purga da mora, depositando o valor das parcelas em atraso em até cinco dias da execução da liminar.

(C) comprovando previamente a mora, por meio de carta registrada com aviso de recebimento, assinado ou não pelo próprio destinatário, requererá busca e apreensão do bem contra o devedor fiduciante, que, para se ver restituído do bem, livre de ônus, deverá pagar a integralidade da dívida em até cinco dias da execução da liminar.

(D) depois do transcurso do prazo para a resposta, em ação de busca e apreensão, poderá apropriar-se da coisa alienada, dando ao devedor quitação da dívida mediante termo próprio.

(E) independentemente de comprovação da mora, requererá a busca e apreensão do bem contra o devedor fiduciante, que poderá apresentar resposta em até cinco dias da execução da liminar.

A questão trata de alienação fiduciária de bem móvel (o mais frequente no cotidiano envolve carros). **A**: incorreta, pois não se exige a assinatura do próprio destinatário no AR e o prazo para resposta é de 15 dias após a execução da liminar (Decreto-lei 911/69, arts. 2º, §2º e 3º, §3º); **B**: incorreta, já que não se exige a assinatura do próprio destinatário no AR e, para purgar a mora, o devedor deve depositar a integralidade da dívida pendente, cf. valores apresentados pelo credor fiduciário (Decreto-lei 911/69, art. 3º, §§1º e 2º); **C**: correta, pois a alternativa traz todos os requisitos previstos no DL para que haja a retomada do bem ou se evite isso (Decreto-lei 911/69, art. 3º, §§1º e 2º); **D**: incorreta, pois o credor fiduciário poderá se apropriar do bem alienado antes do decurso do prazo para resposta (Decreto-lei 911/69, art. 3º, §1º); **E**: incorreta, porque a busca e apreensão do bem alienado depende da comprovação da mora do devedor e o prazo de resposta é de 15 dias da execução da liminar (Decreto-lei 911/69, art. 3º, §3º). Gabarito "C".

(Juiz de Direito/SP – 2021 – Vunesp) Após a prolação de sentença arbitral, por unanimidade dos três árbitros, em desfavor do requerido, este descobre fato que configura suspeição de um dos árbitros. Diante desse fato,

(A) não é cabível impugnação, na medida em que, ainda que um árbitro seja suspeito, os demais teriam decidido no mesmo sentido, mantendo incólume o resultado.

(B) não é cabível impugnação, na medida em que as decisões arbitrais não estão sujeitas a qualquer espécie de controle.

(C) é cabível ação rescisória, a ser interposta perante o próprio Tribunal Arbitral.

(D) é cabível a propositura de ação anulatória, a ser interposta perante a jurisdição estatal.

A: incorreta, visto que a sentença arbitral é nula se proferida por árbitro suspeito – são aplicáveis, aos árbitros, as hipóteses de impedimento e suspeição dos juízes (Lei 9.307/96, arts. 14 e 32, II); **B**: incorreta, já que é possível, em situações específicas e delimitadas em lei, ao Poder Judiciário declarar a nulidade de sentença arbitral (Lei 9.307/96, art. 33); **C**: incorreta, pois ação rescisória cabe para decisão judicial transitada em julgado (CPC, art. 966), ao passo que para sentença arbitral cabe a ação anulatória (Lei 9.307/96, art. 33); **D**: correta, a ser ajuizada em 1º grau (Lei 9.307/96, arts. 32 e 33). Gabarito "D".

(Juiz de Direito – TJ/RJ – 2019 – VUNESP) O instrumento processual cabível para que o locador retome legitimamente a posse do imóvel locado é a ação de despejo.

No que diz respeito à referida ação locatícia, é correto afirmar:

(A) uma vez concedida a liminar de desocupação do imóvel, em decorrência da falta de pagamento do aluguel e de estar o contrato desprovido de garantias, o locatário pode purgar a mora, desde que não tenha se utilizado desse benefício há menos de 24 meses contados da propositura da ação.

(B) o rol de hipóteses para concessão de liminar de desocupação do imóvel locado previsto na lei de locações é taxativo, não podendo o juiz se valer das disposições gerais das tutelas provisórias do Código de Processo Civil para ordenar de plano a retomada do imóvel.

(C) a concessão de liminar é possível com fundamento na lei de locações apenas quando a infração contratual alegada for a falta de pagamento dos aluguéis.

(D) por se tratar de espécies de tutela de urgência, todas as hipóteses de liminar previstas na lei de locações pressupõem a comprovação do risco de dano ao locador, sendo que, se tal requisito não restar demonstrado, deverá o juiz indeferir o pedido antecipatório.

(E) na hipótese de término da locação em decorrência de desapropriação, o autor da ação de despejo terá liminar em seu favor, desde que preste caução no valor equivalente a três meses de aluguel.

A: correta, sendo essa a previsão legal (Lei 8.245/91, arts. 59, § 3º e 62, p.u.); **B**: incorreta, pois o STJ, ainda na vigência do CPC/73, já havia fixado orientação no sentido de que o rol do art. 59, §1º, da Lei de Locações não é taxativo, podendo o magistrado se valer dos requisitos para concessão da tutela provisória para deferir a liminar (STJ, REsp 1.207.161, j. em 08/02/11); **C**: incorreta, já que o art. 59, § 1º prevê um rol – como dito não exauriente – de situações que permitem a concessão da liminar (Lei 8.245/91, arts. 59, § 1º), e não está presente o caso de inadimplemento; **D**: incorreta, porque a demonstração do risco de dano será relevante apenas se a liminar for requerida com base nos requisitos da tutela provisória de urgência (CPC, art. 300); **E**: incorreta, visto que a ação de despejo não é medida adequada quando a locação termina em decorrência de desapropriação (Lei 8.245/91, art. 5º, p.u.). Gabarito "A".

(Juiz de Direito - TJ/RS - 2018 - VUNESP) Quanto à arbitragem em geral, assinale a alternativa correta.

(A) Terá efeito suspensivo a apelação contra sentença que julga procedente o pedido de instituição de arbitragem.

(B) O juiz poderá conhecer de ofício sua existência para extinguir a ação.

(C) Cabe agravo de instrumento contra decisão interlocutória que rejeita a alegação de convenção de arbitragem.

(D) Tramitam em segredo de justiça todos os processos que versem sobre arbitragem.

(E) Haverá julgamento de mérito quando o juiz colher a alegação de existência de convenção de arbitragem.

A: Incorreta, porque a sentença proferida nessa hipótese produz efeitos imediatamente após sua publicação, configurando exceção ao recebimento do recurso de apelação no duplo efeito (CPC, art. 1.012, § 1º, IV); **B**: Incorreta, pois o juiz não pode conhecer de ofício da existência de convenção de arbitragem. A ausência da alegação do réu, quando do oferecimento da contestação, acarreta a renúncia à arbitragem e aceitação da jurisdição estatal (CPC, art. 337, §§ 5º e 6º); **C**: Correta (CPC, art. 1.015, III); **D**: Incorreta, tendo em vista que os processos que versam sobre arbitragem apenas tramitarão em segredo de justiça caso seja comprovada perante o juízo a confidencialidade estipulada na arbitragem (CPC, art. 189, IV); **E**: Incorreta, pois, na hipótese, não haverá resolução do mérito da demanda (CPC, art. 485, VII). Gabarito "C".

(Juiz de Direito - TJ/RS - 2018 - VUNESP) Quanto à ação revisional de aluguel, assinale a alternativa correta.

(A) Na ação o juiz poderá homologar acordo de desocupação, que será executado mediante expedição de mandado de despejo.

(B) O aluguel fixado na sentença retroage à data do reajuste anteriormente pactuado.

(C) A sentença não poderá estabelecer periodicidade de reajustamento do aluguel diversa daquela prevista no contrato revisando.

(D) No curso da ação, o aluguel provisório não será reajustado.
(E) Em ação proposta pelo locatário, o aluguel provisório não poderá ser inferior ao aluguel vigente.

A: Correta (Lei 8.245/1991, art. 70); **B:** Incorreta, porque o valor do aluguel fixado na sentença retroage à data da citação (Lei 8.245/1991, art. 69); **C:** Incorreta, pois é possível que a sentença reconheça periodicidade de reajustamento do aluguel diversa, contanto que tenha sido requerido pelo locador ou pelo sublocador (Lei 8.245/1991, art. 69, § 1º); **D:** Incorreta, tendo em vista que, no curso da demanda, o aluguel provisório será reajustado na periodicidade pactuada ou na fixada na lei (Lei 8.245/1991, art. 68, § 2º). **E:** Incorreta, pois, no caso das ações revisionais propostas pelo locatário, o aluguel provisório não poderá ser inferior a 80% do aluguel vigente (Lei 8.245/1991, art. 68, II, "b"). **LD**

Gabarito "A".

4. DIREITO EMPRESARIAL

Henrique Subi, Pedro Turra e Robinson Barreirinhas*

1. TEORIA GERAL

1.1. Empresa, empresário, caracterização e capacidade

(ENAM – 2024.1) Um dos elementos do contrato de sociedade, à luz do Art. 981, *caput*, do Código Civil, é a partilha dos resultados entre os sócios provenientes do exercício da atividade econômica daquela sociedade. Tal partilha abrange, necessariamente, lucros e perdas.

Sobre a participação dos sócios nos lucros, analise as afirmativas a seguir.

I. A cláusula contratual que exclua qualquer sócio de participar dos lucros não torna nulo o contrato, apenas a estipulação.
II. O contrato social pode estipular que o sócio participará dos lucros em proporção diversa das respectivas quotas no capital.
III. Admitindo o tipo societário, cuja contribuição consista em serviços, o sócio participará dos lucros na proporção igual à que for estipulada a favor do sócio de menor participação no capital.

Está correto o que se afirma em

(A) II, apenas.
(B) I e II, apenas.
(C) I e III, apenas.
(D) II e III, apenas.
(E) I, II e III.

A afirmativa I está correta com base no art. 1.008, do CC. "Art. 1.008. É nula a estipulação contratual que exclua qualquer sócio de participar dos lucros e das perdas". Desse modo, a cláusula tornaria nulo o contrato. A afirmativa II está correta com base no art. 1.007, do CC. "Art. 1.007. Salvo estipulação em contrário, o sócio participa dos lucros e das perdas, na proporção das respectivas quotas, mas aquele, cuja contribuição consiste em serviços, somente participa dos lucros na proporção da média do valor das quotas". Desse modo, há liberdade para estipular em contrário. A afirmativa III está errada pois não há nenhuma previsão legal nesse sentido. Existindo, ainda, no caso da Sociedade Limitada, a vedação de contribuição em prestação de serviços, nos termos do § 2º, do art. 1.055, do CC. Portanto, a alternativa correta é a B. **PT**

Gabarito "B".

(ENAM – 2024.1) A Lei Complementar nº 123/2006 instituiu o Estatuto Nacional da Microempresa e da Empresa de Pequeno Porte. No bojo do tratamento simplificado, favorecido e diferenciado para as micro e pequenas empresas, está o acesso à Justiça.

Sobre o princípio do acesso à Justiça, analise as afirmativas a seguir.

I. É facultado ao empregador de microempresa ou de empresa de pequeno porte fazer-se substituir ou representar perante a Justiça do Trabalho por terceiros que conheçam dos fatos, ainda que eles não possuam vínculo trabalhista ou societário.
II. As microempresas e empresas de pequeno porte são admitidas a propor ação perante o Juizado Especial Cível, assim como as pessoas físicas capazes, excluídos os cessionários de direito de pessoas jurídicas, e podem ser partes, como autores, no Juizado Especial Federal Cível.
III. O Poder Judiciário, especialmente por meio do Conselho Nacional de Justiça, e o Ministério da Justiça implementarão medidas para disseminar o tratamento diferenciado e favorecido às microempresas e empresas de pequeno porte em suas respectivas áreas de competência.

Está correto o que se afirma em

(A) I, apenas.
(B) I e II, apenas.
(C) I e III, apenas.
(D) II e III, apenas.
(E) I, II e III.

A afirmativa I está correta com base no art. 54 da Lei Complementar n.º 123/2006: "Art. 54. É facultado ao empregador de microempresa ou de empresa de pequeno porte fazer-se substituir ou representar perante a Justiça do Trabalho por terceiros que conheçam dos fatos, ainda que não possuam vínculo trabalhista ou societário". Portanto, há essa previsão legal. A afirmativa II está correta segundo art. 8º, § 1º, II e II, da Lei n.º 9.099/1995 e art. 6º, I, da Lei n.º 10.259/2001: "Art. 8º Não poderão ser partes, no processo instituído por esta Lei, o incapaz, o preso, as pessoas jurídicas de direito público, as empresas públicas da União, a massa falida e o insolvente civil. § 1º Somente serão admitidas a propor ação perante o Juizado Especial: I – as pessoas físicas capazes, excluídos os cessionários de direito de pessoas jurídicas; II – as pessoas enquadradas como microempreendedores individuais, microempresas e empresas de pequeno porte na forma da Lei Complementar 123, de 14 de dezembro de 2006"; e "Art. 6º Podem ser partes no Juizado Especial Federal Cível: I – como autores, as pessoas físicas e as microempresas e empresas de pequeno porte, assim definidas na Lei nº 9.317, de 5 de dezembro de 1996". Dessa forma, há previsão legal para que atuem como parte. O item III também está correto conforme dispõe o art. 74-A da Lei Complementar n.º 123/2006: "Art. 74-A. O Poder Judiciário, especialmente por meio do Conselho Nacional de Justiça – CNJ, e o Ministério da Justiça implementarão medidas para disseminar o tratamento diferenciado e favorecido às microempresas e empresas de pequeno porte em suas respectivas áreas de competência". Observado as afirmativas corretas, a alternativa correta é a "E". **PT**

Gabarito "E".

(ENAM – 2024.1) Helena, em 5 de março de 2024, completou 16 anos e foi emancipada. Agora, almeja ter sua própria fonte de renda, ingressando no ramo de venda de eletrônicos.

---

* **RB** Robinson Barreirinhas
  HS Henrique Subi
  PT Pedro Turra

Nesse cenário, acerca da capacidade de Helena para exercer a atividade empresária, assinale a afirmativa correta.

(A) Helena poderá exercer a atividade empresária, pois está em pleno gozo da capacidade civil.
(B) Helena não poderá exercer atividade empresária, porque sua idade não permite o exercício de administração da empresa.
(C) Helena não poderá exercer atividade empresária, considerando que é menor de idade e não está em pleno gozo da capacidade civil.
(D) Helena poderá exercer a atividade empresária, desde que autorizada de forma específica pelos seus responsáveis legais.
(E) Helena não poderá exercer atividade empresária de forma independente, mas poderá exercê-la, desde que devidamente assistida por seus representantes legais.

A alternativa correta é a letra A, em razão da abordagem adequada sobre capacidade civil e exercício empresarial. O art. 972 do CC dispõe: "Art. 972. Podem exercer a atividade de empresário os que estiverem em pleno gozo da capacidade civil e não forem legalmente impedidos". Portanto, é exigida a capacidade civil e ausência de impedimentos legais para ser empresário. No cenário indicado, apesar de Helena ter 16 anos de idade, ela foi emancipada. Observado o inciso I, parágrafo único, art. 5º, do CC, a incapacidade foi cessada pelo procedimento de emancipação. Dessa forma, Helena é habilitada a praticar todos os atos da vida civil, inclusive a capacidade de ser empresária. **PT**
Gabarito "A".

(ENAM – 2024.1) Suponha-se que Habermas e Dworkin tenham constituído, no Brasil, regularmente, uma sociedade limitada voltada para a venda dos livros jurídicos por eles escritos. Cada um dos sócios ficou com 50% das quotas da sociedade. Investiram nela R$1.000.000,00 (um milhão de reais), valor total do capital social da sociedade. O negócio fluiu muito bem. O faturamento anual, depois de três anos do início das atividades empresariais, alcançou R$8.000.000,00 (oito milhões de reais), com lucro líquido de R$2.000.000,00 (dois milhões de reais) naquele ano. Nela são vendidos tanto os livros escritos por Habermas quanto aqueles escritos por Dworkin. No quarto ano de existência da sociedade, Dworkin, que era sócio administrador, veio a falecer.

Sobre a continuidade da sociedade, analise as afirmativas a seguir.

I. O falecimento de Dworkin acarreta, obrigatoriamente, a dissolução total da sociedade, com a liquidação de seus ativos, haja vista o caráter personalíssimo das atividades exercidas pela empresa.
II. O falecimento de Dworkin acarreta, obrigatoriamente, a dissolução parcial da sociedade, com o pagamento dos haveres devidos ao espólio do falecido, podendo o sócio remanescente explorar atividade econômica individualmente, por prazo indeterminado.
III. O falecimento de Dworkin não necessariamente importará na dissolução total da sociedade, seja porque a participação na sociedade é atribuída, por sucessão *causa mortis*, a um herdeiro ou legatário, seja porque o sócio remanescente pode explorar a atividade econômica individualmente, de forma temporária, até que se aperfeiçoe a sucessão.

Está correto o que se afirma em

(A) I, apenas.
(B) II, apenas.
(C) III, apenas.
(D) I e II, apenas.
(E) I e III, apenas.

Apenas o item III está correto, sendo adequada a resposta C. O item I está incorreta pois, com base no art. 1.028, do CC, a dissolução por quotas ocorre de modo parcial e não total. "Art. 1.028. No caso de morte de sócio, liquidar-se-á sua quota, salvo: I – se o contrato dispuser diferentemente; II – se os sócios remanescentes optarem pela dissolução da sociedade; III – se, por acordo com os herdeiros, regular-se a substituição do sócio falecido". O item II está incorreto, com base no mesmo artigo, pois o sócio vivo pode continuar a atividade, porém a solução não é a única e obrigatória. Há a possibilidade de dissolução da sociedade ou o acordo com os herdeiros para substituir o sócio falecido. O item III é apontado como correto, uma vez que o falecimento ocasiona a dissolução parcial, havendo o cabimento de exploração individual até que se aperfeiçoe a sucessão. **PT**
Gabarito "C".

(Juiz de Direito – TJ/SC – 2024 – FGV) Em consonância com o Art. 179 da Constituição Federal, a Lei Complementar nº 123/2006 estabelece normas gerais relativas ao tratamento diferenciado e favorecido a ser dispensado às microempresas e empresas de pequeno porte no âmbito dos Poderes da União, dos Estados, do Distrito Federal e dos Municípios, especialmente no que se refere à preferência nas aquisições de bens e serviços pelos poderes públicos.

Considerando-se o desiderato do legislador constitucional e infraconstitucional quanto ao tratamento diferenciado nas licitações e contratos administrativos, é correto afirmar que:

(A) é vedado impor restrições ao microempreendedor individual (MEI) relativamente à participação em licitações, exceto por ocasião da contratação para prestação de serviços de hidráulica, eletricidade, pintura, alvenaria, carpintaria e de manutenção ou reparo de veículos;
(B) não será concedido pela administração pública tratamento diferenciado e simplificado para as microempresas e empresas de pequeno porte quando os critérios de tal natureza não forem expressamente previstos para elas no instrumento convocatório;
(C) nas licitações pela modalidade pregão, será assegurada, como critério de desempate, preferência de contratação para as microempresas, entendendo-se por empate aquelas situações em que as propostas apresentadas pelas microempresas sejam iguais ou até 10% superiores ao melhor preço;
(D) em certames licitatórios, havendo alguma restrição na comprovação de regularidade trabalhista e fiscal, será assegurado o prazo de cinco dias úteis para regularização da documentação, para pagamento ou parcelamento do débito e para emissão de eventuais certidões negativas ou positivas com efeito de certidão negativa;
(E) nas contratações pela administração pública não será concedido tratamento diferenciado para as microempresas e empresas de pequeno porte se não houver um mínimo de cinco fornecedores competitivos com o mesmo enquadramento legal, sediados local ou

regionalmente e aptos a cumprir as exigências do instrumento convocatório.

A: incorreta, pois o artigo 18-E §4º, da Lei Complementar nº 123/2006, quando trata da vedação de impor restrições ao MEI relativamente à participação em licitações **inclui e não excetua** por ocasião da contratação para prestação de serviços de hidráulica, eletricidade, pintura, alvenaria, carpintaria e de manutenção ou reparo de veículos; **B:** incorreta, a previsão do art. 49, I, da Lei Complementar nº 123/2006, foi revogada pela Lei Complementar nº 147/2014; **C:** incorreta, pois o artigo 44, §2º, da Lei Complementar nº 123/2006 prevê o percentual de 5% (cinco por cento) e não de 10% (dez por cento) na modalidade pregão; **D:** correta, pois reproduz o disposto no artigo 43, §1º, da Lei Complementar nº 123/2006: "Havendo alguma restrição na comprovação da regularidade fiscal e trabalhista, será assegurado o prazo de cinco dias úteis, cujo termo inicial corresponderá ao momento em que o proponente for declarado vencedor do certame, prorrogável por igual período, a critério da administração pública, para regularização da documentação, para pagamento ou parcelamento do débito e para emissão de eventuais certidões negativas ou positivas com efeito de certidão negativa"; **E:** incorreta, pois o artigo 49, II, da Lei Complementar nº 123/2006, exige um mínimo de 03 (três) e não 05 (cinco) fornecedores.

Gabarito "D".

(Juiz de Direito – TJ/SC – 2024 – FGV) As demonstrações financeiras de companhias que controlam outras sociedades devem observar prescrições específicas da Lei das Sociedades por Ações que consideram a relação de participação no capital e o controle societário.

A respeito de tais prescrições na Lei das Sociedades por Ações, é correto afirmar que:

(A) a companhia aberta que tiver mais de 30% do valor do seu patrimônio líquido representado por investimentos em sociedades controladas deverá elaborar e divulgar, juntamente com suas demonstrações financeiras, demonstrações consolidadas;

(B) as notas explicativas ao balanço patrimonial sobre os investimentos da controladora em suas controladas devem conter informações precisas sobre estas e suas relações com aquela, indicando o número, espécies e classes das ações ou quotas de propriedade da companhia, e valor nominal das ações, se houver;

(C) das demonstrações financeiras consolidadas elaboradas pela controladora serão excluídas as parcelas dos resultados do exercício, dos lucros ou prejuízos acumulados e do custo de estoques ou do ativo circulante, que corresponderem a resultados realizados de negócios entre as sociedades;

(D) considera-se relevante o investimento da controladora em suas controladas se o valor contábil em cada sociedade é igual ou superior a 15% do valor do patrimônio líquido da companhia ou se, no conjunto das sociedades, o valor contábil é igual ou superior a 10% do valor do patrimônio líquido;

(E) nas demonstrações financeiras consolidadas elaboradas pela controladora, a participação dos acionistas controladores no patrimônio líquido e no lucro do exercício será destacada, respectivamente, no balanço patrimonial e na demonstração dos lucros acumulados.

A: correta, nos termos do artigo 249 da Lei nº 6.404/1976 (Art. 249. A companhia aberta que tiver mais de 30% (trinta por cento) do valor do seu patrimônio líquido representado por investimentos em sociedades controladas deverá elaborar e divulgar, juntamente com suas demonstrações financeiras, demonstrações consolidadas nos termos do artigo 250); **B:** incorreta, pois o artigo 247, II, da Lei nº 6.404/1976, não determina a indicação do valor nominal das ações, mas sim o preço de mercado (Art. 247. *As notas explicativas dos investimentos a que se refere o art. 248 desta Lei devem conter informações precisas sobre as sociedades coligadas e controladas e suas relações com a companhia, indicando: II – o número, espécies e classes das ações ou quotas de propriedade da companhia, e o **preço de mercado das ações**, se houver.*); **C:** incorreta, pois o artigo 250, III, da Lei nº 6.404/1976, determina a exclusão dos resultados ainda não realizados, e não os realizados (Art. 250. *Das demonstrações financeiras consolidadas serão excluídas: III – as parcelas dos resultados do exercício, dos lucros ou prejuízos acumulados e do custo de estoques ou do ativo não circulante que corresponderem a resultados, ainda não realizados, de negócios entre as sociedades*); **D:** incorreta, pois o parágrafo único, "a" e "b", do artigo 247, da Lei nº 6.404/1976, dispões que: *Considera-se relevante o investimento: a) **em cada sociedade coligada ou controlada**, se o valor contábil é igual ou superior a 10% (dez por cento) do valor do patrimônio líquido da companhia; b) no **conjunto das sociedades coligadas e controladas**, se o valor contábil é igual ou superior a 15% (quinze por cento) do valor do patrimônio líquido da companhia*; **E:** incorreta, nos termos do artigo 250, §1º, da Lei nº 6.404/1976: *Das demonstrações financeiras consolidadas serão excluídas: § 1º A participação dos acionistas não controladores no patrimônio líquido e no lucro do exercício será destacada, respectivamente, no balanço patrimonial e na demonstração do resultado do exercício.*

Gabarito "A".

(Juiz de Direito – TJ/SP – 2023 – VUNESP) Maria, que sempre sonhou em "ser dona do próprio negócio", decide se informar juridicamente e descobre que, segundo as regras atuais,

(A) a lei assegurará tratamento favorecido, diferenciado e simplificado a empresários rurais e pequenos empresários quanto à inscrição e aos efeitos daí decorrentes.

(B) inexiste previsão de obrigatoriedade de inscrição do empresário no Registro Público de Empresas Mercantis da respectiva sede antes do início da atividade.

(C) caso se torne absolutamente ou relativamente incapaz, não poderá continuar na atividade empresarial por serem com esta incompatíveis os institutos da representação e da assistência.

(D) poderá contratar qualquer tipo de sociedade com seu cônjuge independentemente do regime de bens adotado no casamento.

A: correta, nos termos do Art. 970 do Código Civil: *A lei assegurará tratamento favorecido, diferenciado e simplificado ao empresário rural e ao pequeno empresário, quanto à inscrição e aos efeitos daí decorrentes*; **B:** incorreta, a inscrição é obrigatória, nos termos do artigo 967 do Código Civil: *É obrigatória a inscrição do empresário no Registro Público de Empresas Mercantis da respectiva sede, antes do início de sua atividade*; **C:** incorreta, nos termos do artigo 974 do Código Civil: *Poderá o incapaz, por meio de representante ou devidamente assistido, continuar a empresa antes exercida por ele enquanto capaz, por seus pais ou pelo autor de herança*; **D:** incorreta, nos termos do artigo 977 do Código Civil: *Faculta-se aos cônjuges contratar sociedade, entre si ou com terceiros, desde que não tenham casado no regime da comunhão universal de bens, ou no da separação obrigatória.*

Gabarito "A".

(Juiz de Direito – TJ/DFT – 2023 – CEBRASPE) No âmbito de sociedade empresária limitada que esteja em funcionamento regular, se inexistir disposição específica no seu contrato social, será possível que a maioria dos sócios presentes em reunião, independentemente de representarem mais da metade do capital social, deliberem sobre

(A) aprovação das contas da administração.
(B) fusão da sociedade.
(C) destituição dos administradores.
(D) pedido de concordata.
(E) modificação do contrato social.

A: correta, aprovação das contas da administração depende de pela maioria dos presentes (art. 1.071, I, c.c. 1.076, III, CC); **B:** incorreta, a fusão da sociedade depende de mais da metade do capital social (art. 1.071, VI, c.c. 1.076, II, CC); **C:** incorreta, a destituição dos administradores depende de mais da metade do capital (art. 1.071, III, c.c. 1.076, II, CC); **D:** o pedido de concordata (recuperação judicial) depende de mais da metade do capital (art. 1.071, VIII, c.c. 1.076, II, CC); **E:** incorreta, a modificação do contrato social administradores depende de mais da metade do capital (art. 1.071, V, c.c. 1.076, II, CC).
Art. 1.071. Dependem da deliberação dos sócios, além de outras matérias indicadas na lei ou no contrato: I – a aprovação das contas da administração; II – a designação dos administradores, quando feita em ato separado; III – a destituição dos administradores; IV – o modo de sua remuneração, quando não estabelecido no contrato; V – a modificação do contrato social; VI – a incorporação, a fusão e a dissolução da sociedade, ou a cessação do estado de liquidação; VII – a nomeação e destituição dos liquidantes e o julgamento das suas contas; VIII – o pedido de concordata.
Art. 1.076. Ressalvado o disposto no art. 1.061, as deliberações dos sócios serão tomadas I – (revogado); II – pelos votos correspondentes a mais da metade do capital social, nos casos previstos nos incisos II, III, IV, V, VI e VIII do caput do art. 1.071 deste Código; III – pela maioria de votos dos presentes, nos demais casos previstos na lei ou no contrato, se este não exigir maioria mais elevada. Gabarito "A".

(Juiz de Direito – TJ/SP – 2023 – VUNESP) Sobre a desconsideração da personalidade jurídica, assinale a alternativa correta.

(A) Mesmo com a comprovação da existência de grupo econômico, faz-se necessária a presença dos requisitos previstos no artigo 50 do Código Civil para a desconsideração da personalidade da pessoa jurídica.
(B) Constitui desvio de finalidade a alteração da finalidade original da atividade econômica específica da pessoa jurídica.
(C) De acordo com a desconsideração da personalidade jurídica prevista no Código de Defesa do Consumidor (CDC), as sociedades integrantes dos grupos societários e as sociedades controladas são solidariamente responsáveis pelas obrigações decorrentes do CDC.
(D) De acordo com a desconsideração da personalidade jurídica prevista no Código de Defesa do Consumidor (CDC), as sociedades coligadas só responderão em caso de dolo.

A: correta, nos termos do artigo 50, §4º, do Código Civil: *A mera existência de grupo econômico sem a presença dos requisitos de que trata o caput deste artigo não autoriza a desconsideração da personalidade da pessoa jurídica;* **B:** incorreta, nos termos do artigo 50, § 5º, do Código Civil: *Não constitui desvio de finalidade a mera expansão ou a alteração da finalidade original da atividade econômica específica da pessoa jurídica.;* **C:** incorreta, pois a responsabilidade é subsidiária e não solidária, nos termos do artigo 28, §2º, do Código de Defesa do Consumidor: *As sociedades integrantes dos grupos societários e as sociedades controladas, são subsidiariamente responsáveis pelas obrigações decorrentes deste código;* **D:** incorreta, não há previsão da necessidade de dolo, mas sim de culpa, nos termos do artigo 28, §4º, do Código de Defesa do Consumidor: *§ 4º As sociedades coligadas só responderão por culpa.* Gabarito "A".

(Juiz de Direito – TJ/SP – 2023 – VUNESP) Com relação à sociedade anônima,

(A) os acionistas respondem solidariamente pela avaliação do valor dos bens conferidos ao capital social da companhia.
(B) deve ser constituída por pelo menos duas pessoas e manter um quadro acionário de, no mínimo, dois acionistas.
(C) é vedada a criação de uma ou mais classes de ações ordinárias com atribuição de voto plural.
(D) é facultado aos acionistas que representem 10% (dez por cento) ou mais do capital social votante requerer a realização de eleição dos conselheiros por voto múltiplo.

A: incorreta, a responsabilidade dos acionistas se limita ao pagamento das ações adquiridas, nas condições previstas no estatuto ou no boletim de subscrição, conforme o artigo 106 da Lei das Sociedades Anônimas: *O acionista é obrigado a realizar, nas condições previstas no estatuto ou no boletim de subscrição, a prestação correspondente às ações subscritas ou adquiridas;* **B:** incorreta, em que pese a regra geral seja a pluralidade de sócios (artigo 80, LSA), há hipótese de unipessoalidade em caso de subsidiária Integral (artigo 251, LSA) e da unipessoalidade temporária, cuja pluralidade deve ser reestabelecida até a próxima assembleia ordinária, sob pena de dissolução (artigo 206, I, d, LSA). Desse modo, pela existência de 1 (um) único acionista, verificada em assembleia-geral ordinária, se o mínimo de 2 (dois) não for reconstituído até ào ano seguinte, ressalvado o disposto no artigo 251, que trata da figura da subsidiária integral; **C:** incorreta: há autorização para criação de uma ou mais classes de ações ordinárias com atribuição de voto plural, nos termo do artigo 110-A da Lei das Sociedades Anônima: *É admitida a criação de uma ou mais classes de ações ordinárias com atribuição de voto plural, não superior a 10 (dez) votos por ação ordinária;* **D:** correta: trata-se da hipótese do artigo 141 da Lei das Sociedades Anônima: *Art. 141. Na eleição dos conselheiros, é facultado aos acionistas que representem, no mínimo, 10% (dez por cento) do capital social com direito a voto, esteja ou não previsto no estatuto, requerer a adoção do processo de voto múltiplo, por meio do qual o número de votos de cada ação será multiplicado pelo número de cargos a serem preenchidos, reconhecido ao acionista o direito de cumular os votos em um só candidato ou distribuí-los entre vários.* Gabarito "D".

(Juiz de Direito – TJ/SP – 2023 – VUNESP) A Sociedade Anônima de Futebol

(A) pode ter como objeto social, dentre outros, a exploração econômica de ativos, inclusive imobiliários, sobre os quais detenha direitos.
(B) é constituída pela transferência definitiva de todo o patrimônio de um clube ou pessoa jurídica preexistente.
(C) responde por todas as obrigações do clube ou pessoa jurídica original que a constituiu.
(D) tem a faculdade de instituir Programa de Desenvolvimento Educacional e Social (PDE) em convênio com instituição pública de ensino.

A: correta, nos termos do artigo 1º, § 2º, V, da Lei nº 14193/2021 (Lei da SAF): *Art. 1º, § 2º O objeto social da Sociedade Anônima do Futebol poderá compreender as seguintes atividades; V – a exploração econômica de ativos, inclusive imobiliários, sobre os quais detenha* *direitos*; **B**: incorreta, pois não se constitui SAF por transferência de todo patrimônio de um clube ou pessoa jurídica preexistente, nos termos do artigo 2º da Lei da SAF: *Art. 2º A Sociedade Anônima do Futebol pode ser constituída: I – pela transformação do clube ou pessoa jurídica original em Sociedade Anônima do Futebol; II – pela cisão do departamento de futebol do clube ou pessoa jurídica original e transferência do seu patrimônio relacionado à atividade futebol; III – pela iniciativa de pessoa natural ou jurídica ou de fundo de investimento;* **C**: incorreta, a Sociedade Anônima de Futebol não responde pelas as obrigações do clube ou pessoa jurídica original que a constituiu, conforme o artigo 9º da Lei da SAF: *Art. 9º A Sociedade Anônima do Futebol não responde pelas obrigações do clube ou pessoa jurídica original que a constituiu, anteriores ou posteriores à data de sua constituição, exceto quanto às atividades específicas do seu objeto social, e responde pelas obrigações que lhe forem transferidas conforme disposto no § 2º do art. 2º desta Lei, cujo pagamento aos credores se limitará à forma estabelecida no art. 10 desta Lei .Parágrafo único. Com relação à dívida trabalhista, integram o rol dos credores mencionados no* caput *deste artigo os atletas, membros da comissão técnica e funcionários cuja atividade principal seja vinculada diretamente ao departamento de futebol;* **D**: incorreta, a SAF tem a obrigação e não a faculdade de instituir o Programa de Desenvolvimento Educacional e Social, conforme o artigo 28 da Lei da SAF: *Art. 28. A Sociedade Anônima do Futebol deverá instituir Programa de Desenvolvimento Educacional e Social (PDE), para, em convênio com instituição pública de ensino, promover medidas em prol do desenvolvimento da educação, por meio do futebol, e do futebol, por meio da educação.*

Gabarito "A".

(Juiz de Direito – TJ/DFT – 2023 – CEBRASPE) O complexo ou conjunto de bens utilizado e organizado pela sociedade empresária para o desenvolvimento de uma atividade econômica denomina-se

(A) empresa.
(B) empresário.
(C) ponto empresarial.
(D) estabelecimento empresarial.
(E) aviamento.

A: incorreta, pela Teoria da Empresa, a "empresa" se resumem a 3 (três): o subjetivo, o funcional e o objetivo, fruto da conjunção dos artigos 966 e 1.142 do Código Civil, no qual o empresário é tratado como sujeito de direito (pessoa natural ou jurídica) que, por meio de seu estabelecimento (complexo organizado de bens), explora profissionalmente empresa (atividade econômica, organizada para produção ou circulação de bens ou serviços). Deste modo, a empresa é atividade e não o complexo de bens; **B**: incorreta, o empresário é o sujeito de direito de explora a empresa (art. 966, CC); **C**: incorreta, o ponto empresarial é o local onde a atividade é explorada pelo empresário; **D**: correta, o estabelecimento, nos termos do artigo 1.142 do Código Civil: *Considera-se estabelecimento todo complexo de bens organizado, para exercício da empresa, por empresário, ou por sociedade empresária.*; **E**: incorreta, o aviamento ou *goodwill* não é o estabelecimento, nem o seu valor, mas um sobrevalor que se atribui ao estabelecimento pela organização do complexo de bens singulares que o compõem. É a capacidade do estabelecimento de gerar lucro (ver: BARREO FILHO, Oscar. Teoria do Estabelecimento Comercial. São Paulo, Saraiva, 1988, 2ª edição, pág. 178).

Gabarito "D".

(Procurador Fazenda Nacional – AGU – 2023 – CEBRASPE) No que se refere à teoria da empresa e ao empresário, assinale a opção correta, considerando o Código Civil e a jurisprudência dos tribunais superiores.

(A) Quanto à inscrição no registro competente e aos efeitos dela decorrentes, a legislação assegura tratamento favorecido, diferenciado e simplificado ao empresário rural, ao pequeno empresário e à associação que desenvolva atividade futebolística em caráter habitual e profissional.
(B) A adoção da teoria da empresa pelo Código Civil consolidou, no ordenamento jurídico nacional, o importante papel da empresa como sujeito de direitos.
(C) Quem exerce profissão intelectual – de natureza científica, literária ou artística – visando à obtenção de lucro é necessariamente empresário, nos termos do Código Civil.
(D) A inscrição do empresário no Registro Público de Empresas Mercantis é ato obrigatório e principal requisito para a constituição da qualidade de empresário.
(E) A constituição de estabelecimento secundário – sucursal, filial ou agência – sempre deverá ser averbada no Registro Público de Empresas Mercantis da respectiva sede.

A: Incorreta. Baseado no artigo 970 do Código Civil, a lei assegurará tratamento favorecido, diferenciado e simplificado ao empresário rural e ao pequeno empresário, quanto à inscrição e aos efeitos daí decorrentes. **B**: Incorreta. Empresa é objeto de direito. Empresa (objeto de direito) atividade econômica e organizada, para produção ou circulação de bens ou de serviços; empresário (sujeito de direito) é aquele que exerce profissionalmente a atividade econômica através do estabelecimento. **C**: Incorreta. Nos termos do artigo 966, parágrafo único, do Código Civil, não se considera empresário quem exerce profissão intelectual, de natureza científica, literária ou artística, ainda com o concurso de auxiliares ou colaboradores, salvo se o exercício da profissão constituir elemento de empresa. **D**: Incorreta. O registro não caracteriza uma atividade como empresária, mas os pressupostos previstos no artigo 966 do Código Civil, o empresário individual deverá efetuar a sua inscrição no Registro Público de Empresa Mercantil da sua respectiva sede, no prazo de 30 dias, contados da assinatura do ato constitutivo, com base nos requisitos do artigo 1.151, §§ 1º e 2º, do Código Civil. Nessa hipótese, os efeitos do registro serão *ex tunc*. Ou seja, quando apresentado tempestivamente, o registro retroage à data de assinatura do ato constitutivo. **E**: Correta. Observado o parágrafo único do artigo 969 do Código Civil, o empresário que constituir filial deve também inscrevê-la na respectiva sede.

Gabarito "E".

(Juiz de Direito/AP – 2022 – FGV) No Livro II da Parte Especial do Código Civil estão dispostas regras quanto à caracterização e à capacidade do empresário individual. Com base nas prescrições legais, analise as afirmativas a seguir.

I. Nos casos em que a lei autoriza o prosseguimento da empresa por incapaz, ainda que seu representante ou assistente seja pessoa que possa exercer atividade de empresário, o juiz poderá nomear um ou mais gerentes, se entender ser conveniente.

II. Considera-se empresário a pessoa natural, com firma inscrita na Junta Comercial, que exerce profissionalmente atividade econômica organizada para a produção ou a circulação de bens ou de serviços.

III. Caso um servidor militar da ativa exerça atividade própria de empresário, todos os atos relacionados à empresa serão declarados nulos pelo juiz, porém ele responderá pelas obrigações contraídas até dois anos seguintes da data de sua prática.

Entre as alternativas de resposta apresentadas, está(ão) correta(s) somente:

(A) I;
(B) II;
(C) III;
(D) I e II;
(E) II e III.

I: correta, nos termos do art. 975, §1º, do CC; II: **considerada incorreta pelo gabarito oficial, porém não concordamos.** A afirmativa contempla corretamente a descrição de empresário e a obrigação de inscrição na Junta Comercial, nos termos do art. 966 e 967 do CC; III: incorreta. O exercício de empresa por pessoa sobre a qual recai impedimento legal – como é o caso dos militares da ativa – não invalida os atos praticados, caso contrário não se poderia imputar a responsabilidade pelo cumprimento das obrigações ao empresário irregular (art. 973 do CC). Gabarito nosso: "D" HS

Gabarito "A".

(Juiz de Direito/GO – 2021 – FCC) Em relação às microempresas e empresas de pequeno porte, conforme a Lei complementar no 123, de 14 de dezembro de 2006,

(A) a solicitação de baixa do empresário ou da pessoa jurídica implica responsabilidade subsidiária dos empresários, dos titulares, dos sócios e dos administradores, no período da ocorrência dos respectivos fatos geradores, dentro do prazo prescricional concedido aos credores ou prejudicados.

(B) o arquivamento, nos órgãos de registro, dos atos constitutivos de empresários, de sociedades empresárias e de demais equiparados que se enquadrarem como microempresa ou empresa de pequeno porte, bem como o arquivamento de suas alterações, exigem certidão de inexistência de condenação criminal e prova de quitação, regularidade ou inexistência de débito tributário federal ou estadual, dispensada a prova da quitação do débito municipal.

(C) a baixa do empresário ou da pessoa jurídica obsta que, posteriormente, sejam lançados ou cobrados tributos, contribuições e respectivas penalidades, decorrentes da falta do cumprimento de obrigações ou da prática comprovada e apurada em processo administrativo ou judicial de outras irregularidades praticadas pelos empresários, pelas pessoas jurídicas ou por seus titulares, sócios ou administradores.

(D) seus atos e contratos constitutivos só podem ser admitidos a registro, nos órgãos competentes, quando visados por advogados, economistas, contadores ou administradores de empresa devidamente inscritos em seus conselhos profissionais.

(E) o registro dos atos constitutivos, de suas alterações e extinções (baixas), referentes a empresários e pessoas jurídicas em qualquer órgão dos três âmbitos de governo ocorrerá independentemente da regularidade de obrigações tributárias, previdenciárias ou trabalhistas, principais ou acessórias, do empresário, da sociedade, dos sócios, dos administradores ou de empresas de que participem, sem prejuízo das responsabilidades do empresário, dos titulares, dos sócios ou dos administradores por tais obrigações, apuradas antes ou após o ato de extinção.

A: incorreta, a responsabilidade é solidária (art. 9º, §5º, da Lei Complementar nº 123/2006); **B:** incorreta, tais documentos são expressamente dispensados pelo art. 9º, §1º, da Lei Complementar nº 123/2006; **C:** incorreta. É possível o lançamento posterior dos tributos (art. 9º, §4º, da LC 123); **D:** incorreta. O visto de advogado é dispensado para as ME's e EPP's (art. 9º, §2º, da LC 123); **E:** correta, nos termos do art. 9º, *caput*, da LC 123. HS

Gabarito "E".

(Juiz de Direito – TJ/SC – 2019 – CESPE/CEBRASPE) Um juiz de direito substituto que considerar as normas previstas no Código Civil e no Código de Processo Civil acerca de estabelecimento comercial procederá corretamente se

(A) decidir pela eficácia da alienação do estabelecimento, ocorrida sem anuência ou ciência dos credores, e determinar a divisão do valor, mesmo que insuficiente para solver o passivo do estabelecimento.

(B) indeferir pedido da defesa para nomeação de um administrador-depositário, determinando-lhe que apresente plano de administração sobre a penhora de um estabelecimento comercial.

(C) decidir que, após doze meses contados da data do negócio, o alienante poderá fazer concorrência ao adquirente de um estabelecimento comercial caso não exista disposição sobre esse ponto no contrato.

(D) reconhecer efeito da cessão dos créditos referentes ao estabelecimento transferido aos devedores, desde a publicação da transferência, porém o devedor será exonerado da obrigação se, de boa-fé, pagar ao cedente.

(E) indeferir o pedido de ineficácia dos efeitos do arrendamento do estabelecimento comercial quanto a terceiros, ainda que comprovado o fundamento do pedido sobre a falta de publicidade e do devido registro do ato de arrendamento.

A: incorreta. Não havendo bens suficientes para quitar o passivo após a alienação do estabelecimento, sua eficácia depende da concordância, expressa ou tácita, dos credores (art. 1.145 do CC); **B:** incorreta. A determinação de apresentação do plano de administração deve ocorrer após a nomeação do administrador-depositário (art. 862 do CPC); **C:** incorreta. No silêncio do contrato, a cláusula de não restabelecimento se presume pelo prazo de 5 anos (art. 1.147 do CC); **D:** correta, nos termos do art. 1.149 do CC; **E:** incorreta, dadas as formalidades essenciais à eficácia perante terceiros previstas no art. 1.144 do CC. HS

Gabarito "D".

(Juiz de Direito – TJ/RS – 2018 – VUNESP) O artigo 966 do Código Civil define como empresário aquele que exerce

(A) atividade profissional organizada com a finalidade de produção ou circulação de bens ou de serviços.

(B) atividade profissional econômica organizada com a finalidade de produção ou circulação de bens ou de serviços.

(C) atividade eventual econômica, organizada com a finalidade de circulação de bens ou serviços.

(D) atividade eventual econômica não organizada com a finalidade de produção e circulação de bens ou de serviços.

(E) atividade profissional econômica organizada com a finalidade de produção e circulação de bens ou de serviços.

Segundo o art. 966 do CC, considera-se empresário aquele que exerce profissionalmente atividade econômica organizada para produção ou circulação de bens ou serviços. HS

Gabarito "B".

(Juiz de Direito – TJ/RS – 2018 – VUNESP) Para os efeitos da Lei Complementar no 123/2006, consideram-se microempresas ou empresas de pequeno porte, a sociedade empresária, a sociedade simples, a empresa individual de responsabilidade limitada e o empresário a que se refere o artigo 966 do Código Civil em vigor, devidamente registrados no Registro de Empresas Mercantis ou no Registro Civil de Pessoas Jurídicas, conforme o caso, desde que:

(A) no caso da microempresa, aufira em cada ano-calendário, receita bruta igual ou inferior a R$ 400.000,00 (quatrocentos mil reais); no caso de empresa de pequeno porte, aufira receita bruta superior a R$ 400.000,00 (quatrocentos mil reais) e igual ou inferior a R$ 4.800.000,00 (quatro milhões e oitocentos mil reais).

(B) no caso da microempresa, aufira em cada ano-calendário, receita bruta igual ou inferior a R$ 360.000,00 (trezentos e sessenta mil reais); no caso de empresa de pequeno porte aufira receita bruta superior a R$ 360.000,00 (trezentos e sessenta mil reais) e igual ou inferior a R$ 4.800.000,00 (quatro milhões e oitocentos mil reais).

(C) no caso da microempresa, aufira em cada ano-calendário, receita bruta igual ou inferior a R$ 380.000,00 (trezentos e oitenta mil reais); no caso de empresa de pequeno porte, aufira receita bruta superior a R$ 380.000,00 (trezentos e oitenta mil reais) e igual ou inferior a R$ 4.800.000,00 (quatro milhões e oitocentos mil reais).

(D) no caso da microempresa, aufira em cada ano-calendário, receita bruta igual ou inferior a R$ 360.000,00 (trezentos e sessenta mil reais); no caso de empresa de pequeno porte, aufira receita bruta superior a R$ 360.000,00 (trezentos e sessenta mil reais) e igual ou inferior a R$ 5.000.000,00 (cinco milhões de reais).

(E) no caso da microempresa, aufira em cada ano-calendário, receita bruta igual ou inferior a R$ 400.000,00 (quatrocentos mil reais); no caso de empresa de pequeno porte aufira receita bruta superior a R$ 400.000,00 (quatrocentos mil reais) e igual ou inferior a R$ 5.000.000,00 (cinco milhões de reais).

Considera-se microempresa a atividade que fatura até R$360.000,00 no ano e empresa de pequeno porte aquela cujo faturamento não ultrapassa R$4.800.000,00 no ano (art. 3º, I e II, da Lei Complementar nº 123/2006). O inciso II foi alterado pela Lei Complementar nº 155/2016, dispositivo legal que nasce para reorganizar e simplificar a metodologia de apuração do imposto devido por optantes pelo Simples Nacional; Gabarito "B".

(Juiz de Direito – TJ/RS – 2018 – VUNESP) A respeito do tema teoria da desconsideração da personalidade jurídica, o Superior Tribunal de Justiça em muitos de seus julgados faz menção à teoria maior e à teoria menor da desconsideração. Com base nessa informação, assinale a alternativa correta.

(A) Para aplicação da teoria maior da desconsideração, regra aplicada excepcionalmente em nosso sistema jurídico, basta a comprovação da prova da insolvência da pessoa jurídica, enquanto para incidência da teoria menor da desconsideração é preciso apenas a demonstração de confusão patrimonial.

(B) Considera-se correta a aplicação da teoria maior da desconsideração, regra excepcional em nosso sistema jurídico brasileiro, com a comprovação da prova da insolvência da pessoa jurídica juntamente com o desvio de finalidade ou confusão patrimonial. A teoria menor, por consequência, regra geral em nosso sistema jurídico, considera-se correta sua aplicação apenas diante da comprovação da insolvência da pessoa jurídica.

(C) Para incidência da teoria maior da desconsideração, regra geral do sistema jurídico brasileiro, exige-se para além da prova da insolvência, ou a demonstração de desvio de finalidade ou a demonstração de confusão patrimonial. Para caracterização da teoria menor, por sua vez, regra excepcional, basta a prova de insolvência da pessoa jurídica.

(D) Caracteriza-se a teoria maior da desconsideração, regra geral do sistema jurídico brasileiro, com a identificação apenas do desvio de finalidade da pessoa jurídica, ao passo que a teoria menor da desconsideração concretiza-se com a comprovação somente da insolvência da pessoa jurídica.

(E) Para devida incidência da aplicação da teoria maior da desconsideração, regra geral do sistema jurídico brasileiro, torna-se necessária a comprovação da insolvência da pessoa jurídica, a demonstração do desvio de finalidade e da demonstração de confusão patrimonial. Para a correta aplicação da teoria menor, por sua vez, regra excepcional em nosso sistema jurídico, basta a comprovação da insolvência da pessoa jurídica.

A dica para memorizar as teorias da desconsideração da personalidade jurídica é a seguinte: teoria **maior** é aquela que exige **mais** requisitos. Logo, a teoria maior é a regra no direito brasileiro, prevista no art. 50 do CC: é necessária prova da insolvência da pessoa jurídica e **também** de seu uso abusivo, consistente no desvio de finalidade ou confusão patrimonial. A teoria menor tem aplicação excepcional (art. 28 do CDC, por exemplo), bastando para sua caracterização a insolvência da pessoa jurídica. Vale citar as mudanças no texto do artigo 50 efetuadas pela Lei nº 13.874/2019, que trouxe em seu texto normativo mais detalhes sobre o conceito de desvio de finalidade e confusão patrimonial. Ainda nesse sentido, aprofundando os entendimentos recentes do STJ, cito o REsp 2.034.442, o qual o Min. Ricardo Villas Bôas Cueva cita: "a aplicação da teoria menor para fins de desconsideração da personalidade jurídica de sociedades anônimas, seus efeitos estarão sempre restritos aos acionistas que detêm efetivo poder de controle sobre a gestão da companhia, dispensadas, sob a disciplina dessa específica teoria, a comprovação de abuso da personalidade jurídica ou a prática de ato ilícito, infração à lei ou ao estatuto social.". Gabarito "C".

1.2. Nome empresarial

(Defensor Público Federal – DPU – 2017 – CESPE) Considerando que tenha sido decretada a falência de Roma & Cia. Ltda., sociedade de André Roma e Bruno Silva, administrada apenas por André, julgue o item seguinte.

(1) O nome empresarial Roma & Cia. Ltda. é classificado como denominação social.

1: incorreta, pois o nome empresarial composto pelo nome de um ou mais sócios pessoas físicas, de modo indicativo da relação social, é classificado como firma (não como denominação) – art. 1.158, § 1º, do CC; Gabarito "1E".

1.3. Estabelecimento

(Juiz de Direito/AP – 2022 – FGV) O contrato de transferência ou trespasse do estabelecimento empresarial da sociedade Jari do Laranjal Lanifício Ltda. estabeleceu a sub-rogação do adquirente nos contratos firmados pela alienante para sua exploração, sem, contudo, fixar prazo para que terceiros pudessem pleitear a extinção, por justa causa, dos contratos que tinham com a sociedade. No dia 11 de agosto de 2021 foi publicado o contrato de transferência do estabelecimento na imprensa oficial e, no dia 19 de novembro do mesmo ano, Ana interpelou extrajudicialmente a alienante e o adquirente, apresentando razões relevantes para a extinção do contrato.

Considerando-se as informações e datas acima, é correto afirmar que:

(A) haverá sub-rogação para o adquirente das obrigações da alienante, inclusive em relação a Ana, pois não houve manifestação tempestiva por parte dela no prazo de noventa dias da data da publicação do contrato;
(B) não haverá sub-rogação para o adquirente das obrigações da alienante em relação a Ana, pois houve manifestação tempestiva por parte dela no prazo de cento e vinte dias da data da publicação do contrato;
(C) haverá sub-rogação para o adquirente das obrigações da alienante, inclusive em relação a Ana, pois houve a publicação do contrato na imprensa oficial, acarretando a eficácia erga omnes dos efeitos da transferência, ou seja, tanto entre os contratantes quanto perante terceiros;
(D) não haverá sub-rogação para o adquirente das obrigações da alienante, pois a estipulação contratual não pode produzir efeitos em relação a terceiros, sendo desnecessária qualquer manifestação formal de Ana, haja ou não publicação da transferência;
(E) haverá sub-rogação para o adquirente das obrigações da alienante, inclusive em relação à Ana, em razão da estipulação contratual e da eficácia erga omnes da publicação, sendo intempestiva qualquer oposição a partir da publicação.

Nos termos do art. 1.148 do CC, na ausência de previsão contratual em sentido diverso, o prazo para terceiros rescindirem o contrato por força da sub-rogação decorrente do trespasse é de 90 dias contados da publicação da transferência. Logo, a manifestação de Ana é intempestiva e não impedirá a sub-rogação. HS
Gabarito "A".

(Juiz de Direito/SP – 2021 – Vunesp) Sobre o estabelecimento, é correto afirmar que

(A) sua alienação será ineficaz se não restarem ao alienante bens suficientes para solver seu passivo, independentemente do consentimento dos credores.
(B) salvo disposição expressa em contrário, é vedado ao titular do estabelecimento fazer concorrência ao arrendatário ou usufrutuário durante o prazo do contrato.
(C) no caso de sua alienação, em regra, o alienante não poderá fazer concorrência ao adquirente por 3 anos.
(D) no caso de sua alienação, o alienante permanece solidariamente obrigado pelo prazo de dois anos, a partir, quanto aos créditos vencidos, da publicação, e, quanto aos outros, da data do vencimento.

A: incorreta. A eficácia é garantida se não houver oposição de qualquer credor no prazo de 30 dias contados da notificação feita pelo alienante (art. 1.145 do CC); B: correta, nos termos do art. 1.147, parágrafo único, do CC; C: incorreta. Na inexistência de disposição contratual diversa, o prazo é de 5 anos (art. 1.147, *caput*, do CC); D: incorreta. O prazo é de um ano (art. 1.146 do CC). HS
Gabarito "B".

(Delegado – PC/BA – 2018 – VUNESP) Com relação ao estabelecimento empresarial, assinale a alternativa correta.

(A) O contrato que tenha por objeto a alienação, o usufruto ou arrendamento do estabelecimento, só produzirá efeitos quanto às partes e a terceiros depois de averbado à margem da inscrição do empresário, ou da sociedade empresária, no Registro Público de Pessoas Jurídicas, e de publicado na imprensa local.
(B) O adquirente do estabelecimento responde pelo pagamento dos débitos anteriores à transferência, mesmo não contabilizados, continuando o devedor primitivo subsidiariamente obrigado, pelo prazo de três anos, a partir, quanto aos créditos vencidos, da publicação, e, quanto aos outros, da data do vencimento.
(C) A transferência do estabelecimento importa a sub-rogação do adquirente nos contratos estipulados para exploração do estabelecimento, se não tiverem caráter pessoal, podendo os terceiros rescindir o contrato em noventa dias a contar da publicação da transferência, se ocorrer justa causa, ressalvada, neste caso, a responsabilidade do alienante.
(D) Não havendo autorização expressa, o alienante do estabelecimento não pode fazer concorrência ao adquirente, nos dez anos subsequentes à transferência; no caso de arrendamento ou usufruto do estabelecimento, a proibição persistirá durante o prazo contratual, não podendo ser superior a cinco anos.
(E) A cessão dos créditos referentes ao estabelecimento transferido produzirá efeito em relação aos respectivos devedores, desde o momento da assinatura do contrato, e, a partir da publicação da transferência, o devedor que pagar ao cedente, mesmo de boa-fé, terá que pagar novamente ao adquirente.

A: incorreta. Os requisitos listados são indispensáveis somente para que os efeitos do contrato sejam oponíveis perante terceiros. Para as partes, o contrato é válido e eficaz desde sua assinatura (art. 1.144 do CC); B: incorreta. O adquirente do estabelecimento responde apenas pelos débitos regularmente contabilizados (art. 1.146 do CC); C: correta, nos termos do art. 1.148 do CC; D: incorreta. No silêncio do contrato, a cláusula de não restabelecimento vale por 5 (cinco) anos (art. 1.147 do CC); E: incorreta. O marco inicial dos efeitos da cessão de crédito é a publicação da transferência (art. 1.149 do CC). HS
Gabarito "C".

2. DIREITO SOCIETÁRIO

2.1. Sociedade simples

(Juiz de Direito/GO – 2021 – FCC) Concernentes à administração da sociedade simples, considere:

I. Quando, por lei ou pelo contrato social, competir aos sócios decidir sobre os negócios da sociedade, as deliberações serão tomadas por unanimidade dos sócios com direito a voto.

II. Para formação da maioria absoluta são necessários votos correspondentes a mais de metade do capital.

III. O administrador, nomeado por instrumento em separado, deve averbá-lo à margem da inscrição da sociedade e, pelos atos que praticar, antes de requerer a averbação, responde subsidiariamente com a sociedade.

IV. A administração da sociedade, nada dispondo o contrato social, compete separadamente a cada um dos sócios; se a administração competir separadamente a vários administradores, cada um pode impugnar operação pretendida por outro, cabendo a decisão aos sócios por maioria de votos.

Está correto o que se afirma APENAS em

(A) II e IV.
(B) I, III e IV.
(C) I e II.
(D) I, II e III.
(E) III e IV.

I: incorreta. O quórum padrão é a maioria de votos, proporcionais à participação no capital (art. 1.010 do CC); II: correta, nos termos do art. 1.010, §1º, do CC); III: incorreta. A responsabilidade é solidária (art. 1.012 do CC); IV: correta, nos termos do art. 1.013, *caput* e §1º, do CC. HS

Gabarito "A".

(Juiz de Direito - TJ/BA - 2019 - CESPE/CEBRASPE) A resolução de uma sociedade simples pode ocorrer por

(A) decurso do prazo de duração ou por decisão majoritária dos sócios, quando a sociedade tiver prazo indeterminado.
(B) decisão unânime dos sócios e por perda da autorização legal para o funcionamento da sociedade.
(C) morte do sócio, se não houver disposição diferente no contrato social, ou por exclusão judicial do sócio devido a falta grave no cumprimento de obrigações societárias.
(D) falta de pluralidade de sócios por mais de cento e oitenta dias e por perda da autorização legal para o funcionamento da sociedade.
(E) morte do sócio, se não houver disposição diferente no contrato social, ou por decisão majoritária dos sócios, quando a sociedade tiver prazo indeterminado.

A: incorreta. Na sociedade por prazo indeterminado, é necessária maioria absoluta do capital social para a dissolução (art. 1.033, III, do CC); **B:** incorreta, nos termos do comentário anterior; **C:** correta, nos termos dos arts. 1.028, I, e art. 1.030 do CC); **D:** foi considerada incorreta pelo gabarito oficial, e está mesmo, porém merece críticas. Questões de múltipla escolha não podem deixar dúvidas no candidato sobre a abrangência do questionamento. Pelas demais alternativas, percebe-se que a intenção do examinador era cobrar conhecimento da letra da lei – e, sob esse aspecto, a alternativa está correta (art. 1.033, IV e V, do CC). Ocorre que a falta de pluralidade de sócios, não obstante a redação do artigo mencionado, não acarreta a dissolução da sociedade, pois ela pode ser convertida em EIRELI ou em sociedade limitada, que adote o tipo jurídico da sociedade limitada. O inciso IV, do art. 1.033, do CC foi revogado pela Lei nº 14.195/2021, em virtude da consolidação da sociedade unipessoal. O dispositivo tratava da falta de pluralidade de sócios, não reconstituída no prazo de cento e oitenta dias; **E:** incorreta, conforme comentário à alternativa "A". PT

Gabarito "C".

2.2. Sociedade empresária

(Procurador Fazenda Nacional – AGU – 2023 – CEBRASPE) Com base nas disposições do Código Civil em vigor referentes à empresa e às sociedades empresárias, assinale a opção correta.

(A) Pessoa natural poderá constituir empresa individual de responsabilidade limitada, tornando-se titular da totalidade do capital social, que não poderá ser inferior a cem vezes o maior salário mínimo vigente no Brasil.
(B) Na sociedade em comum, os bens particulares dos sócios não podem ser executados por dívidas da sociedade senão depois de executados os bens sociais.
(C) Na sociedade em conta de participação, o sócio ostensivo e o sócio participante se obrigam, de forma ilimitada, perante terceiro.
(D) Somente pessoas físicas podem tomar parte na sociedade em nome coletivo, respondendo todos os sócios, solidária e ilimitadamente, pelas obrigações sociais.
(E) Na sociedade simples, os sócios podem integralizar suas quotas por meio da transferência de dinheiro, bens ou créditos, sendo vedada, porém, a contribuição mediante prestação de serviço.

A: Incorreta. Com a extinção da figura da EIRELI do ordenamento jurídico brasileiro, não há mais obrigatoriedade de valor de capital social mínimo, especialmente pela inclusão do § 1º, do artigo 1.052 do Código Civil. **B:** Incorreta. Não são todos os sócios que possuem o benefício de ordem, o sócio que contratou pela sociedade terá seus bens executados juntamente com os bens sociais, sem o citado benefício, conforme artigos 989 e 990 do Código Civil: " Os bens sociais respondem pelos atos de gestão praticados por qualquer dos sócios, salvo pacto expresso limitativo de poderes, que somente terá eficácia contra o terceiro que o conheça ou deva conhecer. Art. 990. Todos os sócios respondem solidária e ilimitadamente pelas obrigações sociais, excluído do benefício de ordem, previsto no art. 1.024, aquele que contratou pela sociedade". **C:** Incorreta. É permitida a contribuição por serviços nas sociedades simples, nos termos do artigo 1.006 do CC: "O sócio, cuja contribuição consista em serviços, não pode, salvo convenção em contrário, empregar-se em atividade estranha à sociedade, sob pena de ser privado de seus lucros e dela excluído". **D:** Incorreta. Somente o sócio ostensivo se obriga de forma ilimitada, como traz o artigo 991 do CC: "Na sociedade em conta de participação, a atividade constitutiva do objeto social é exercida unicamente pelo sócio ostensivo, em seu nome individual e sob sua própria e exclusiva responsabilidade, participando os demais dos resultados correspondentes. Parágrafo único. Obriga-se perante terceiro tão somente o sócio ostensivo; e, exclusivamente perante este, o sócio participante, nos termos do contrato social". **E:** correta. Nos termos do artigo 1.039 do CC: "Somente pessoas físicas podem tomar parte na sociedade em nome coletivo, respondendo todos os sócios, solidária e ilimitadamente, pelas obrigações sociais". PT

Gabarito "D".

(Juiz de Direito/AP – 2022 – FGV) A incorporação de uma sociedade por outra segue regras legais que devem ser observadas tanto para a proteção dos sócios da incorporada quanto para os credores da pessoa jurídica. Nesse sentido, o Código Civil contém disposições aplicáveis a sociedades do tipo limitada que não tenham previsão em seus contratos de aplicação supletiva das normas da sociedade anônima.

Sobre o tema, analise as afirmativas a seguir.

I. Ocorrendo, no prazo de noventa dias após a publicação dos atos relativos à incorporação, a falência da

sociedade incorporadora, qualquer credor anterior terá direito a pedir a separação dos patrimônios da incorporadora e da incorporada.
II. A deliberação dos sócios da sociedade incorporadora compreenderá a nomeação dos peritos para a avaliação do patrimônio líquido da sociedade que tenha de ser incorporada.
III. Até noventa dias após a publicação dos atos relativos à incorporação, o credor anterior, prejudicado pela operação, poderá promover judicialmente a anulação dos atos referentes a ela.

Está correto o que se afirma em:

(A) somente I;
(B) somente II;
(C) somente III;
(D) somente I e III;
(E) I, II e III.

I: correta, nos termos do art. 1.122, §3º, do CC; II: correta, nos termos do art. 1.117, §2º, do CC; III: correta, nos termos do art. 1.122, *caput*, do CC. HS

"Gabarito "E".

(Promotor de Justiça/SP – 2019 – MPE/SP) No tocante às sociedades empresárias, assinale a alternativa correta.

(A) Na omissão do contrato social, o sócio pode ceder total ou parcialmente suas quotas a quem seja sócio, independentemente da audiência dos outros, ou a estranho, se não houver oposição de titulares de mais de 1/4 do capital social.
(B) Nas sociedades limitadas, o capital social pode ser dividido em quotas iguais ou desiguais, pode ser formado por bens corpóreos ou incorpóreos, bem como serviços.
(C) Para a alteração do contrato social de uma sociedade limitada, a lei determina que as deliberações sejam tomadas pelos votos correspondentes a mais da metade do capital do social.
(D) O administrador da sociedade limitada pode ser nomeado no contrato social ou por ato separado, sendo que uma das consequências dessa distinção é que o administrador nomeado em contrato deve ser sócio.
(E) A inscrição do contrato social no órgão competente não confere personalidade jurídica às sociedades, exceto às sociedades em conta de participação.

A: correta, nos termos do art. 1.057 do CC; B: incorreta. É vedada, nas limitadas, a contribuição de sócio que consista exclusivamente em prestação de serviços (art. 1.055 § 2º, do CC); C: incorreta à época em que a questão foi elaborada, mas atualmente correta. O quórum exigido era de 3/4 do capital quando o art. 1.076, I, do CC não havia sido alterado pela Lei nº 14.451/2022, sendo a tudo simplificado pelo conceito de mais da metade do capital social para as tomadas de decisão, exceto se definido um quórum específico nos documentos societários; D: incorreta. É permitida a designação de administrador não sócio no contrato social (art. 1.061 do CC); E: incorreta. A afirmação está invertida. O registro confere personalidade jurídica a todas as sociedades, exceto a sociedade em conta de participação (art. 45 e art. 993 do CC). PT

"Gabarito "A".

2.3. Sociedade limitada

(Procurador Federal – AGU – 2023 – CEBRASPE) Assinale a opção correta no tocante à sociedade limitada.

(A) A responsabilidade de cada sócio é restrita ao valor de suas quotas, no entanto todos são responsáveis solidários pela integralização do capital social.
(B) O capital social divide-se em quotas, iguais ou desiguais, cabendo uma ou diversas delas a cada sócio, sendo possível a integralização mediante prestação de serviços devidamente mensurada.
(C) A administração atribuída no contrato a todos os sócios se estende de pleno direito aos que posteriormente adquiram essa qualidade.
(D) A sociedade não pode ser unipessoal, devendo haver, pelo menos, duas pessoas no quadro de sócios.
(E) Após a integralização, o capital social desse tipo de sociedade não poderá ser reduzido.

A: Correta, nos termos do artigo 1.052 do Código Civil. Art. 1.052. Na sociedade limitada, a responsabilidade de cada sócio é restrita ao valor de suas quotas, mas todos respondem solidariamente pela integralização do capital social. B: Incorreta, segundo o § 2º do artigo 1.055 do Código Civil, em que há a vedação da contribuição em prestação de serviços. C: Incorreta, conforme dispõe o parágrafo único do artigo 1.060 do Código Civil, o qual afirma que a administração atribuída no contrato a todos os sócios não se estende de pleno direito aos que posteriormente adquiram essa qualidade. D: Incorreta, pois com a modificação da Lei nº 13.874/2019, o artigo 1.052 teve o texto de seu § 1º reformado, o qual afirma que a sociedade limitada pode ser constituída por 1 (uma) ou mais pessoas. Assim sendo, ela pode ser unipessoal. E: Incorreta, pois o Código Civil indica em seu artigo 1.082 duas hipóteses de redução de capital social, que são: perdas irreparáveis ou quando considerado excessivo. PT

"Gabarito "A".

(Delegado der Polícia Federal – 2021 – CESPE) A respeito do domicílio, da responsabilidade civil e das sociedades comerciais, julgue o item que se segue.

(1) A dissolução de sociedade limitada constituída por prazo indeterminado deve ocorrer por consenso unânime dos sócios.

1: Errado. O quórum para aprovação da dissolução da sociedade por prazo indeterminado é a maioria simples, nos termos do art. 1.076, III, do Código Civil. HS

"Gabarito "1E".

(Juiz de Direito/GO – 2021 – FCC) No tocante à sociedade limitada, a legislação vigente estabelece:

(A) A sociedade limitada pode ser constituída por uma ou mais pessoas; se for unipessoal, aplicar-se-ão ao documento de constituição do sócio único, no que couber, as disposições do contrato social.
(B) A designação de administradores não sócios dependerá de aprovação de dois terços dos sócios, enquanto o capital não estiver integralizado, e de metade mais um após a integralização.
(C) Tratando-se de sócio nomeado administrador no contrato, sua destituição só é possível pela aprovação de titulares de quotas correspondentes a mais da metade do capital social, não se admitindo disposição contratual diversa.

(D) O capital social das sociedades limitadas divide-se em cotas iguais e, pela exata estimação dos bens conferidos ao capital social, respondem subsidiariamente todos os sócios até o prazo de cinco anos da data do registro da sociedade.

(E) O contrato social poderá prever regência complementar da sociedade limitada pelas normas das sociedades cooperativas.

Comentário: A: correta, nos termos do art. 1.052, §§1º e 2º, do CC; **B:** incorreta. A nomeação de administrador não sócio deve contar com a unanimidade de sócios, se o capital não estiver integralizado, ou 2/3, se já estiver integralizado (art. 1.061 do CC); **C:** incorreta. É possível disposição contratual diversa (art. 1.063, §1º, parte final, do CC); **D:** incorreta. As quotas podem ser desiguais (art. 1.055, *caput*, do CC) e a responsabilidade dos sócios, nesse caso, é solidária (art. 1.055, §1º, do CC); **E:** incorreta. Está autorizada a opção somente pela Lei das Sociedades Anônimas (art. 1.053, parágrafo único, do CC). HS
Gabarito "A".

(Juiz de Direito/SP – 2021 – Vunesp) Sobre as sociedades limitadas, assinale a alternativa correta.

(A) É possível que as quotas possuam valores desiguais.

(B) As omissões do seu regime legal são, em qualquer hipótese, supridas pelas normas de sociedades anônimas.

(C) Por falta grave no cumprimento de suas obrigações, pode o sócio ser excluído judicialmente mediante iniciativa de titulares de, no mínimo, 75% do capital social.

(D) Qualquer sócio minoritário pode eleger, separadamente, um membro do conselho fiscal.

A: correta, nos termos do art. 1.055, *caput*, do CC; **B:** incorreta. A regra é que sejam supridas pelas normas da sociedade simples, sendo possível a estipulação expressa no contrato social do uso da Lei das Sociedades Anônimas (art. 1.053 do CC); **C:** incorreta. O quórum é da maioria dos demais sócios (art. 1.030 do CC); **D:** incorreta. É necessário reunir sócios minoritários que representem, no mínimo, 20% do capital social (art. 1.066, §2º, do CC). HS
Gabarito "A".

(Juiz de Direito – TJ/MS – 2020 – FCC) Um grupo de amigos constituiu uma sociedade limitada para exploração da atividade de organização de festas de casamento. O capital social dessa espécie de sociedade

(A) divide-se em quotas, que poderão ser desiguais.

(B) divide-se em ações, que poderão ser ordinárias ou preferenciais.

(C) poderá ser integralizado mediante a prestação de serviços.

(D) divide-se em ações ou quotas.

(E) divide-se em quotas, que não admitem condomínio.

A sociedade limitada é sociedade contratual, de forma que seu capital se divide em quotas, iguais ou desiguais (art. 1.055 do CC). É vedada a contribuição de sócio que consista em prestação de serviços (art. 1.055, § 2º, do CC). HS
Gabarito "A".

(Juiz de Direito – TJ/MS – 2020 – FCC) No dia 11 de março de 2019, Ricardo enviou telegrama à empresa "XPTO Construções Ltda.", a fim de comunicar sua renúncia ao cargo de administrador dessa sociedade. No dia 12 de março de 2019, o telegrama foi entregue na sede da sociedade, sendo recebido por Leandro, outro administrador. No dia 13 de março de 2019, a renúncia de Ricardo foi averbada no Registro de Empresas, sendo essa averbação publicada no dia 14 de março de 2019. Finalmente, no dia 15 de março de 2019, a sociedade realizou assembleia geral extraordinária para designar outro administrador para ocupar o cargo deixado por Ricardo. Nesse caso, a renúncia de Ricardo ao cargo de administrador tornou-se eficaz em relação à sociedade no dia

(A) 14 de março de 2019.

(B) 12 de março de 2019.

(C) 13 de março de 2019.

(D) 11 de março de 2019.

(E) 15 de março de 2019.

A renúncia do administrador torna-se eficaz, em relação à sociedade, desde o momento em que esta toma conhecimento da comunicação escrita do renunciante (art. 1.063, § 3º, do CC). No caso do enunciado, isso se deu com a entrega do telegrama na sede da sociedade, no dia 12 de março. HS
Gabarito "B".

2.4. Sociedade Anônima

2.4.1. Constituição, Capital Social, Ações, Debêntures e Outros Valores Mobiliários

(Procurador – PGE/SP – 2024 – VUNESP) Considere que o Estado pretenda transferir a propriedade de um imóvel à empresa por ele controlada, como forma de integralização de ações subscritas em face de aumento de capital deliberado em Assembleia de Acionistas. De acordo com o que disciplina a legislação de regência,

(A) trata-se de prerrogativa do acionista controlador que seja pessoa jurídica de direito público, conferida para cumprimento de relevante interesse coletivo que justificou a criação da empresa pública ou sociedade de economia mista, não sendo a mesma possibilidade conferida a acionistas privados.

(B) a integralização de participação acionária em bens somente se afigura juridicamente possível quando se trata de empresa pública, na qual o Estado e outras entidades da Administração indireta detenham a integralidade do capital social, e depende de avaliação pelo critério patrimonial contábil.

(C) é possível a integralização do capital subscrito em bens, com preço aferido em avaliação de mercado, desde que a Assembleia de Acionistas que deliberou sobre o aumento tenha autorizado tal modalidade e desde que se trate de companhia fechada, sem ações ou títulos negociados em bolsa de valores.

(D) a operação configura abuso do acionista controlador, uma vez que a regra é a integralização do capital subscrito em dinheiro ou em ativos financeiros com liquidez para negociação no mercado de capitais ou em mercado secundário, salvo para formação do capital inicial da companhia.

(E) a integralização em bens condiciona-se à avaliação, mediante laudo fundamentado, realizada por 3 (três) peritos ou por empresa especializada, nomeados em assembleia geral, constituindo abuso do acionista controlador a realização em bens estranhos ao objeto social da companhia.

A: Incorreta. A integralização de capital não é uma prerrogativa conferida ao acionista controlador, bem como a Lei de Sociedade Anônima (Lei nº 6.404/1976) não diferencia a forma de integralização dependendo do tipo de pessoa jurídica (se de direito público ou privado). Recomendamos a leitura dos artigos 7º e 8º da Lei. **B:** Incorreta, no mesmo sentido da anterior, uma vez que não há limitação da integralização de capital social específica às empresas públicas. Artigo 7º O capital social poderá ser formado com contribuições em dinheiro ou em qualquer espécie de bens suscetíveis de avaliação em dinheiro. **C:** Incorreta. O artigo 170, § 3º da LSA determina que a integralização do capital por bens deverá obedecer o artigo 8º o qual, por sua vez, determina, em seu parágrafo 1º, que o preço da avaliação seja feita por peritos que indicarão os critérios de avaliação. **D:** Incorreta. Com base no artigo 7º, permite, expressamente, a integralização do capital social por bens, não só em dinheiro ou ativos como trouxe a afirmação. **E:** Correta, conforme expressa previsão legal no artigo 8º da LSA e, ainda, como dispõe o artigo 117, § 1º, alínea "h". "Art. 117. O acionista controlador responde pelos danos causados por atos praticados com abuso de poder. § 1º São modalidades de exercício abusivo de poder: (...) h) subscrever ações, para os fins do disposto no art. 170, com a realização em bens estranhos ao objeto social da companhia. PT
Gabarito "E".

(Procurador Fazenda Nacional – AGU – 2023 – CEBRASPE) Acerca das sociedades por ações, assinale a opção correta à luz da Lei n.º 6.404/1976.

(A) A diretoria deve ser composta por, no mínimo, dois diretores, eleitos e destituíveis a qualquer tempo pela assembleia geral ou, se existente, pelo conselho de administração.

(B) As ações ordinárias e preferenciais poderão ser de uma ou mais classes, sendo vedado atribuir voto plural a qualquer classe de ações.

(C) Cada ação ordinária corresponde a um voto nas deliberações da assembleia geral, podendo o estatuto social estabelecer limitação ao número de votos de cada acionista.

(D) A assembleia geral, que possui poderes para decidir todos os negócios relativos ao objeto da companhia e para tomar as resoluções que julgar convenientes à sua defesa e ao seu desenvolvimento, deverá ser realizada necessariamente de maneira presencial, na sede da companhia.

(E) A administração da companhia competirá, conforme dispuser o estatuto social, ao conselho de administração e à diretoria, ou somente à diretoria, sendo, contudo, a representação da sociedade privativa dos diretores, que deverão ser residentes no Brasil.

A: Incorreta. Em virtude da LC nº 182/2021, alterou-se a redação do art. 143 da Lei nº 6.404/1976, sendo permitido que a composição da diretoria se desse por 1 (um) ou mais membros. **B:** Incorreta. Com a Lei nº 14.195/2021, foi incluído na Lei nº 6.404/1976 o artigo 110-A, o qual admite a criação de uma ou mais classes de ações ordinárias com atribuição de voto plural, não superior a 10 (dez) votos por ação ordinária. **C:** Correta. É o texto legal do artigo 110 da Lei nº 6.404/1976, que dispões que cada ação ordinária corresponde 1 (um) voto nas deliberações da assembleia geral e o estatuto social pode estabelecer limitação ao número de votos de cada acionista. **D:** Incorreta. Desde a entrada em vigor da Lei nº 14.030/2020, as companhias, abertas e fechadas, poderão realizar assembleia digital, nos termos do regulamento da Comissão de Valores Mobiliários e do órgão competente do Poder Executivo federal, respectivamente. **E:** Incorreta. Não há obrigatoriedade de residência no Brasil por parte do Diretor, em atenção ao § 2º, artigo 146, da Lei nº 6.404/1976, posse de administrador residente ou domiciliado no exterior fica condicionada à constituição de representante residente no País, com poderes para, até, no mínimo, 3 (três) anos após o término do prazo de gestão do administrador. PT
Gabarito "C".

(Juiz de Direito – TJ/RJ – 2019 – VUNESP) Assinale a alternativa que está de acordo com as normas aplicáveis ao capital social da sociedade anônima.

(A) O estatuto, ou a assembleia geral, fixará prazo de decadência não inferior a 20 (vinte) dias para o exercício do direito de preferência.

(B) Na companhia com ações sem valor nominal, a capitalização de lucros ou de reservas não poderá ser efetivada sem modificação do número de ações.

(C) Depois de realizados 2/3 (dois terços), no mínimo, do capital social, a companhia pode aumentá-lo mediante subscrição pública ou particular de ações.

(D) Os acionistas terão direito de preferência para subscrição das emissões de debêntures conversíveis em ações, bônus de subscrição, partes beneficiárias conversíveis em ações emitidas para alienação onerosa e no exercício de opção de compra de ações.

(E) O aumento mediante capitalização de lucros ou de reservas, na companhia com ações com valor nominal, importará alteração do valor nominal das ações ou distribuições das ações novas, correspondentes ao aumento, entre acionistas, na proporção do número de ações que possuírem.

A: incorreta. O prazo mínimo é de 30 dias (art. 171, § 4º, da LSA); **B:** incorreta. O art. 169, § 1º, autoriza a medida; **C:** incorreta. Devem estar realizados ¾ do capital (art. 170 da LSA); **D:** incorreta. O direito de preferência não existe na conversão de partes beneficiárias e no exercício de opção de compra de ações (art. 171, § 3º, da LSA); **E:** correta, nos termos do art. 169 da LSA. HS
Gabarito "E".

2.4.2. Assembleia Geral, Conselho de Administração, Diretoria, Administradores e Conselho Fiscal

(Juiz de Direito/AP – 2022 – FGV) João, acionista da Companhia de Minério Cutias, ajuizou ação para anular deliberação da assembleia geral, sob argumento de ilegalidade da aprovação de aquisição de debêntures de emissão da própria companhia e por valor inferior ao nominal. Também constou do pedido a invalidação de outra deliberação, tomada na mesma assembleia, em que foi aprovada nova emissão de debêntures cujo vencimento somente ocorra em caso de inadimplência da obrigação da companhia de pagar juros.

Provados os fatos narrados, cabe ao juiz da causa, observando a legislação pertinente, decidir, quanto ao mérito, que:

(A) o pedido de anulação da deliberação pela autorização de aquisição de debêntures pela companhia é procedente, pois somente as ações podem ser adquiridas pela companhia dessa forma; o pedido de emissão de debêntures sob condição suspensiva é improcedente, pois a companhia pode emitir debêntures perpétuas, ou seja, cujo vencimento somente ocorra em caso de inadimplemento do pagamento de juros;

(B) ambos os pedidos são improcedentes, pois é facultado à companhia adquirir debêntures de sua própria emissão, ainda que por valor inferior ao nominal, bem como emitir debêntures perpétuas, ou seja, cujo vencimento somente ocorra em caso de inadimplemento do pagamento de juros;

(C) o pedido de anulação da deliberação pela autorização de aquisição de debêntures pela companhia é improcedente, pois é facultado à companhia adquirir debêntures de sua própria emissão, ainda que por valor inferior ao nominal; o pedido de emissão de debêntures sob condição suspensiva é procedente, pois a companhia não pode emitir debêntures perpétuas, devendo a data de vencimento ser certa;

(D) ambos os pedidos são procedentes, pois é vedado à companhia adquirir debêntures de sua própria emissão, seja por valor inferior ou superior ao nominal, bem como a companhia não pode emitir debêntures perpétuas, devendo a data de vencimento ser certa;

(E) ambos os pedidos são procedentes, pois a competência para aprovar a aquisição de debêntures pela própria companhia é do Conselho de Administração, cabendo à assembleia autorizar apenas a emissão; somente companhias autorizadas a funcionar como instituições financeiras ou seguradoras podem emitir debêntures perpétuas, não sendo o caso da Companhia de Minério Cutias.

Ambos os pedidos são improcedentes. A companhia está autorizada a adquirir suas próprias debêntures por valor inferior ao nominal, bastando que tal fato conste dos relatórios da administração e das demonstrações financeiras (art. 55, §3º, II, da LSA); e é autorizada a emissão de debêntures cujo vencimento ocorra somente em caso de inadimplência da obrigação de pagar juros, dissolução da companhia ou quaisquer outras condições previstas no título (art. 55, §4º, da LSA). HS

Gabarito "B".

(Juiz de Direito/SP – 2021 – Vunesp) Assinale a alternativa correta.

(A) O conselho de administração é órgão obrigatório em todas as companhias.

(B) O exercício do direito a voto na companhia pode ser regulado em acordo de acionistas.

(C) Na sociedade por ações, a responsabilidade dos acionistas será limitada ao valor de emissão das ações subscritas, mas todos respondem solidariamente pela integralização do capital social.

(D) Em qualquer circunstância, os administradores respondem perante a companhia pelas perdas decorrentes de operações realizadas entre sociedades coligadas.

A: incorreta. O conselho de administração é facultativo nas companhias fechadas (art. 138, §2º, da LSA); **B:** correta, nos termos do art. 118 da LSA; **C:** incorreta. Não há responsabilidade solidária pela integralização do capital nas sociedades anônimas (art. 1º da LSA); **D:** incorreta. Haverá responsabilidade somente em caso de favorecimento da sociedade coligada, realizando-se negócio jurídico que não seja estritamente comutativo (art. 245 da LSA). HS

Gabarito "B".

(Juiz de Direito – TJ/AL – 2019 – FCC) Segundo a Lei das Sociedades por Ações (Lei n. 6.404/1976), a ação de responsabilidade civil contra o administrador, pelos prejuízos causados ao patrimônio da companhia, compete

(A) à própria companhia, podendo sua propositura ser deliberada em assembleia geral ordinária, mesmo que a matéria não esteja prevista na ordem do dia.

(B) a qualquer acionista, independentemente da sua participação no capital social, caso assembleia geral não aprove sua propositura pela companhia.

(C) aos acionistas, desde que representem, pelo menos, cinco por cento do capital social, se ela não for proposta no prazo de três meses da deliberação da assembleia geral que a houver aprovado.

(D) exclusivamente à própria companhia, só podendo ser deliberada em assembleia geral extraordinária convocada especificamente para essa finalidade.

(E) à própria companhia e aos acionistas, de forma concorrente, mediante prévia autorização do Conselho Fiscal, se houver.

A: correta, nos termos do art. 159, *caput* e §1º, da LSA; **B:** incorreta. O acionista isolado somente poderá propor a ação caso ela seja deliberada em assembleia, mas a companhia não a promova no prazo de 3 meses (art. 159, §3º, da LSA); **C:** incorreta. Os acionistas que representem 5% do capital social podem propor a ação somente se ela for negada pela assembleia (art. 159, §4º, da LSA); **D:** incorreta. Conforme comentários anteriores, não se trata de competência exclusiva e a ação pode ser deliberada em AGO ou AGE; **E:** incorreta. Não há competência concorrente, mas subsidiária, bem como não é necessária deliberação do Conselho Fiscal (art. 159 da LSA). HS

Gabarito "A".

2.4.3. Sociedades de Economia Mista

(Procurador – PGE/SP – 2024 – VUNESP) Suponha que no bojo de discussões no âmbito do Programa Estadual de Desestatização esteja sendo cogitada a alienação de parcela das ações de uma sociedade de economia mista detida pelo Estado, de forma que esse deixará de ser o detentor da maioria das ações com direito a voto. Nas discussões, ficou claro que o Estado pretende manter a prerrogativa de influir na decisão sobre determinados temas que considera estratégicos. De acordo com os preceitos da legislação societária, para atingir tal objetivo, o modelo de desestatização

(A) deveria ter sido concebido na forma de alienação integral de bloco de controle, uma vez que somente em tal modalidade é possível identificar o acionista ou grupo de acionistas que exercem poder de controle e imputar obrigações estatutárias ou legais.

(B) somente poderá contemplar tal prerrogativa se também estabelecer que o Estado permanecerá com percentual relevante de ações, ordinárias ou preferenciais, de, no mínimo, 25% (vinte e cinco por cento) do capital social, dado o princípio de "uma ação, um voto".

(C) somente poderá assegurar tal objetivo por meio da regulação do serviço público prestado pela companhia, não havendo instrumentos societários que possam estabelecer direitos diferenciados aos acionistas ou emissão de ações de diferentes classes.

(D) poderá prever a criação de ação preferencial de classe especial a ser detida pelo Estado, à qual o estatuto social poderá conferir o poder de veto às deliberações da assembleia geral nas matérias que especificar.

(E) deverá prever a emissão de ações ordinárias a serem detidas pelo Estado, as quais, não obstante não atribuam direito de voto, conferem o direito de eleger um terço dos administradores da companhia.

A alternativa correta é a letra D. **A** alternativa A é incorreta porque a previsão do artigo 254-A da LSA indica a hipótese legal de alienação de controle, cujo objetivo é a proteção do acionista minoritário, não sendo o desejo do Estado no caso de interferência de questões estratégicas. A alternativa **B** é incorreta em virtude da adoção do voto plural no ordenamento jurídico, fato originado pela Lei nº 14.195/2021, que revogou o § 2º do artigo 110 da Lei de Sociedade Anônima que vedava o voto plural. Desse modo, modifica-se o racional de "uma ação, um voto", sendo permitido até 10 (dez) votos por ação ordinária nos termos do artigo 110-A. A alternativa C é incorreta, pois há, na legislação em vigor, instrumentos societários que podem estabelecer direitos diferenciados aos acionistas, ou ainda, emissão de ações de classes diferentes. Um dos instrumentos é o Acordo de Acionistas, previsto no 118 da LSA. Sobre os tipos de ações, as respostas estão no artigo 15 da LSA, ações, conforme a natureza dos direitos ou vantagens que confiram a seus titulares, são ordinárias, preferenciais, ou de fruição. A alternativa **D** é correta, uma vez que trata da previsão legal disposta no artigo 17, § 7º da Lei de Sociedade Anônima, denominada Golden Share, as ações de ouro, que dispõe: "Nas companhias objeto de desestatização poderá ser criada ação preferencial de classe especial, de propriedade exclusiva do ente desestatizante, à qual o estatuto social poderá conferir os poderes que especificar, inclusive o poder de veto às deliberações da assembleia geral nas matérias que especificar." A alternativa **E** é incorreta, pois as ações ordinárias, ao contrário do que a assertiva afirma, conferem aos seus titulares o direito ao voto, conforme artigo 110 da Lei de Sociedade Anônima: "Art. 110. A cada ação ordinária corresponde 1 (um) voto nas deliberações da assembleia geral."

Gabarito "D".

2.4.4. Questões combinadas sobre sociedade anônima

(Juiz – TJ-SC – FCC – 2017) As *holdings* se definem como sociedades:

(A) não operacionais, cujo patrimônio é constituído de participações em outras sociedades, podendo ter por objeto o exercício nestas do poder de controle ou participação relevante.

(B) coligadas de fato, sendo modalidade de concentração empresarial.

(C) nas quais a investidora tem influência significativa, qualquer que seja seu objeto ou finalidade.

(D) coligadas de cujo capital outras sociedades participam com 10% (dez porcento) ou mais.

(E) financeiras de investimento, sem objetivo de controle ou participação por coligação.

Denominam-se *holdings* as sociedades cujo objeto é exclusivamente a participação no capital de outras pessoas jurídicas, controlando-as ou não. Estão previstas no art. 2º, §3º, da Lei 6.404/76 (LSA), a participação é facultada como meio de realizar o objeto social. Dado seu objeto social específico, são espécie de sociedade **não operacional**, porque não exercem propriamente uma atividade econômica convencional, tendo seu CNAE (Código Nacional da Atividade Econômica).

Gabarito "A".

2.5. Sociedades em Comum, em Conta de Participação, em Nome Coletivo, em Comandita

(Procurador Federal – AGU – 2023 – CEBRASPE) Conforme o Código Civil e a Lei n.º 6.404/1976, a sociedade empresária formada exclusivamente por pessoas físicas, respondendo todos os sócios por eventuais dívidas de forma solidária e ilimitada, denomina-se

(A) sociedade anônima.

(B) sociedade em comandita simples.

(C) sociedade em conta de participação.

(D) sociedade em nome coletivo.

(E) sociedade limitada.

A alternativa toma como modelo a sociedade em nome coletivo, nos termos do artigo 1.039 do Código Civil, em que somente pessoas físicas podem tomar parte na sociedade em nome coletivo, respondendo todos os sócios, solidária e ilimitadamente, pelas obrigações sociais.

Gabarito "D".

2.6. Questões combinadas sobre sociedades e outros temas

(Juiz de Direito/AP – 2022 – FGV) José, membro da Cooperativa Rio Araguari, do tipo singular, ingressou em juízo com ação de responsabilidade civil em face de um dos diretores da cooperativa, imputando-lhe a falta de constituição de Fundo de Reserva destinado a reparar perdas e atender ao desenvolvimento de suas atividades. As provas dos autos e depoimentos colhidos no processo mostram ser fato incontroverso que a cooperativa não tem Fundo de Reserva.

Diante dessa narrativa e das disposições pertinentes ao tipo societário, é correto afirmar que:

(A) não deve ser reconhecida a responsabilidade do diretor em razão da dispensa legal da constituição de Fundo de Reserva por qualquer sociedade cooperativa;

(B) deve ser reconhecida a responsabilidade do diretor em razão de ser obrigatório nas cooperativas o Fundo de Reserva, constituído com 25%, pelo menos, da receita operacional bruta;

(C) não deve ser reconhecida a responsabilidade do diretor, pois, ainda que o Fundo de Reserva seja obrigatório, a competência para sua constituição é privativa da Assembleia Geral;

(D) não deve ser reconhecida a responsabilidade do diretor, haja vista que a obrigatoriedade da constituição de Fundo de Reserva se aplica apenas às centrais ou às federações de cooperativas;

(E) deve ser reconhecida a responsabilidade do diretor em razão de ser obrigatório nas cooperativas o Fundo de Reserva, constituído com 10%, pelo menos, das sobras líquidas do exercício.

Nos termos do art. 28, I, da Lei nº 5.764/1971, é obrigatória a constituição de fundo de reserva com 10%, pelo menos, das sobras líquidas do exercício em todas as cooperativas. Correta, portanto, a alternativa "E", que deve ser assinalada.

Gabarito "E".

(Juiz de Direito – TJ/BA – 2019 – CESPE/CEBRASPE) De acordo com o Código Civil, é característica das sociedades cooperativas

(A) o concurso de sócios em número mínimo necessário para compor a administração da sociedade, sem limitação de número máximo.

(B) a intransferibilidade das quotas do capital a terceiros estranhos à sociedade, ressalvados os casos de transmissão por herança.

(C) a indivisibilidade do fundo de reserva entre os sócios, ressalvado o caso de dissolução da sociedade.

(D) a impossibilidade, aliada à invariabilidade, de dispensa do capital social.

(E) o quórum, para a assembleia geral funcionar e deliberar, fundado no percentual do capital social representado pelos sócios presentes à reunião.

A: correta, nos termos do art. 1.094, II, do CC; **B:** incorreta, a herança não constitui exceção à regra enunciada (art. 1.094, IV, do CC); **C:** incorreta, a dissolução da cooperativa não é exceção à regra enunciada (art. 1.094, VIII, do CC); **D:** incorreta. O capital social da cooperativa pode ser variável ou mesmo dispensado (art. 1.094, I, do CC); **E:** incorreta. O quórum de deliberação é baseado no número de sócios presentes (art. 1.094, V, do CC).

Gabarito "A".

(Promotor de Justiça/PR – 2019 – MPE/PR) *Não* é característica da sociedade cooperativa:
(A) Variabilidade ou dispensa do capital social.
(B) Não limitação de número máximo de sócios.
(C) Limitação do valor da soma de quotas do capital social que cada sócio poderá tomar.
(D) Intransferibilidade das quotas do capital a terceiros estranhos à sociedade, salvo por herança.
(E) Indivisibilidade do fundo de reserva entre os sócios, ainda que em caso de dissolução da sociedade.

Todas as alternativas estão contempladas no art. 1.094 do CC como características da sociedade cooperativa, com exceção da letra "D", que deve ser assinalada. Nem mesmo a herança permite a transmissibilidade das quotas do capital, nos termos do inciso IV do referido preceptivo legal.

Gabarito "D".

3. DIREITO CAMBIÁRIO

3.1. Teoria geral

(Juiz de Direito/GO – 2021 – FCC) Em relação ao protesto de títulos, a Lei no 9.492, de 10 de setembro de 1997, estabelece:
(A) O protesto será registrado dentro de dois dias úteis, contados da protocolização do título ou documento de dívida, incluindo-se tanto o dia da protocolização como o do vencimento.
(B) O protesto será tirado sempre após o vencimento, seja por falta de pagamento, de aceite ou de devolução, defesa a recusa da lavratura ou registro do protesto por motivo não previsto na lei cambial.
(C) Protesto é o ato registrário pelo qual se objetiva discutir o cumprimento ou não de obrigações originadas em títulos creditícios ou contratos em geral.
(D) Poderão ser protestados títulos e outros documentos de dívida em moeda estrangeira, emitidos fora do Brasil, desde que acompanhados de tradução efetuada por tradutor público juramentado, constando obrigatoriamente do registro do protesto a descrição do documento e sua tradução.
(E) Qualquer irregularidade formal observada pelo Tabelião de Protesto de Títulos, ou a ocorrência de prescrição ou caducidade por ele verificada, obstará o registro do protesto.

A: incorreta. O prazo é de três dias úteis (art. 12 da Lei nº 9.492/1997); **B:** incorreta. O vencimento é marco apenas para o protesto por falta de pagamento (art. 21, §2º, da Lei nº 9.492/1997); **C:** incorreta. Protesto é o ato formal e solene pelo qual se prova a inadimplência e o descumprimento de obrigação originada em títulos e outros documentos de dívida (art. 1º da Lei nº 9.492/1997); **D:** correta, nos termos do art. 10, *caput* e §1º, da Lei nº 9.492/1997; **E:** incorreta. Não cabe ao tabelião apurar a ocorrência de prescrição ou decadência (art. 9º, *caput*, da Lei nº 9.492/1997).

Gabarito "D".

(Juiz de Direito – TJ/SC – 2019 – CESPE/CEBRASPE) Determinado título de crédito foi emitido com eficácia sujeita às normas previstas no Código Civil, não sendo aplicável, na espécie, nenhuma norma especial. A respeito desse título, é correto afirmar que será possível a realização do
(A) aval, que será válido com a simples assinatura do avalista no anverso do título.
(B) endosso, que deverá ser dado exclusivamente no anverso do título.
(C) endosso, na forma parcial.
(D) aval, na forma parcial.
(E) endosso condicional e o aval cancelado.

A: correta, nos termos do art. 898, § 1º, do Código Civil; **B:** incorreta. O endosso pode ser feito no verso ou no anverso do título (art. 910 do CC); **C:** incorreta. É nulo o endosso parcial (art. 912, parágrafo único, do CC); **D:** incorreta. É nulo o aval parcial nos títulos atípicos (art. 897, parágrafo único, do CC); **E:** incorreta. O endosso condicional é tratado como endosso comum, pois é condição considerada não escrita (art. 912 do CC), e o aval cancelado será também considerado como não escrito (art. 898, § 2º, do CC).

Gabarito "A".

(Juiz de Direito – TJ/RS – 2018 – VUNESP) Assinale a alternativa que corresponde ao conceito de título de crédito disposto no artigo 887 do Código Civil.
(A) O título de crédito é o documento necessário ao exercício do direito autônomo nele contido, que somente produz efeito se preenchidos os requisitos legais.
(B) O título de crédito, documento dispensável ao exercício do direito literal e autônomo nele contido, somente produz efeito quando preencha os requisitos da lei.
(C) O título de crédito, documento necessário ao exercício do direito nele contido, produz efeito independentemente de preenchidos os requisitos legais.
(D) O título de crédito, documento necessário ao exercício do direito literal e autônomo nele contido, somente produz efeito quando preencha os requisitos da lei.
(E) O título de crédito é o documento necessário ao exercício do direito literal e autônomo nele contido, que produz seus efeitos independentemente de preenchidos os requisitos legais.

Segundo o art. 887 do CC, título de crédito é todo documento necessário ao exercício do direito literal e autônomo nele contido, que só produz seus efeitos quando preencher todos os requisitos legais.

Gabarito "D".

3.2. Títulos em Espécie

3.2.1. Letra de Câmbio

João era o sacado de uma letra de câmbio no valor de mil reais, com vencimento previsto para 31/12/2018. Em 1.º/11/2018, ao receber o título para aceite, ele discordou do valor e declarou no anverso que aceitaria pagar somente quinhentos reais.

(Juiz de Direito - TJ/BA - 2019 - CESPE/CEBRASPE) Nessa situação hipotética, o aceite foi parcial e

(A) modificativo, tendo desvinculado João dos termos da letra de câmbio.
(B) limitativo, tendo desvinculado João dos termos da letra de câmbio.
(C) limitativo, com a possibilidade de execução do título após a recusa parcial, com vencimento antecipado do título.
(D) modificativo, tendo ficado João vinculado ao pagamento do valor aceito, que não poderia ser executado antes do vencimento do título.
(E) limitativo, com a possibilidade de execução do título somente após o seu vencimento original, datado de 31/12/2018.

Trata-se de aceite parcial limitativo, porque reduziu o valor constante da letra. O aceite parcial opera o vencimento antecipado da dívida toda contra o sacador, já sendo, portanto, exequível (art. 43 da Lei Uniforme de Genebra). HS

Gabarito "C".

3.2.2. Cheque

(Juiz de Direito - TJ/AL - 2019 - FCC) Em pagamento de serviços que lhe foram prestados, Antônio emitiu cheque nominal em favor de Bianca, que o endossou a Carlos, que, por sua vez, o endossou a Débora. Após, Eduardo lançou aval no cheque, porém sem indicar quem seria o avalizado. Nesse caso, de acordo com a Lei do Cheque (Lei n. 7.357/1985),

(A) consideram-se avalizados Antônio, Bianca e Carlos.
(B) considera-se avalizado Antônio, somente.
(C) considera-se avalizado Carlos, somente.
(D) considera-se avalizada Bianca, somente.
(E) o aval é nulo, pois a indicação do avalizado é requisito essencial de validade.

Nos termos do art. 30, parágrafo único, da Lei do Cheque, o aval em branco é considerado dado ao emitente. HS

Gabarito "B".

3.2.3. Duplicata

(Juiz de Direito - TJ/MS - 2020 - FCC) De acordo com a Lei 5.474/1968, que dispõe sobre as duplicatas,

(A) é vedado ao comprador resgatar a duplicata antes de aceitá-la.
(B) o pagamento da duplicata poderá ser assegurado por aval, mas o aval dado posteriormente ao vencimento do título não produz efeitos.
(C) não se incluirão, no valor total da duplicata, os abatimentos de preços das mercadorias feitas pelo vendedor até o ato do faturamento, desde que constem da fatura.
(D) a duplicata não admite reforma ou prorrogação do prazo de vencimento.
(E) as fundações, mesmo que se dediquem à prestação de serviços, não podem emitir duplicata.

A: incorreta. É lícito ao devedor resgatar a duplicata antes do aceite ou do vencimento (art. 9º da Lei 5.474/1968); **B:** incorreta. O aval dado após o vencimento produz os mesmos efeitos daquele feito antes (art. 12, parágrafo único, da Lei 5.474/1968); **C:** correta, nos termos do art. 3º, § 1º, da Lei 5.474/1968; **D:** incorreta. É possível a reforma ou prorrogação do vencimento, nos termos do art. 11 da Lei 5.474/968; **E:** incorreta. É permitida a emissão de duplicata de prestação de serviços pelas fundações (art. 20 da Lei 5.474/1968). HS

Gabarito "C".

3.2.4. Outros Títulos e Questões Combinadas

(Juiz de Direito/AP - 2022 - FGV) Armazém Jari Ltda., credor de duplicata rural recebida por endosso translativo do primeiro beneficiário, ajuizou ação de execução por quantia certa em face do aceitante (pessoa jurídica) e de seu avalista (pessoa física, membro do quadro social da pessoa jurídica aceitante), bem como em face do endossante (sacador da duplicata). É fato incontroverso que a duplicata rural não foi submetida a protesto por falta de pagamento.

Ao avaliar a legitimidade passiva dos demandados (aceitante, avalista e endossante), o juiz concluiu que:

(A) o endossatário da duplicata rural não tem ação de regresso em face do primeiro endossante, portanto, deve ser proclamada sua ilegitimidade passiva;
(B) nenhum dos devedores tem legitimidade passiva na execução, em razão da ausência de protesto por falta de pagamento da duplicata rural;
(C) é nulo o aval dado em duplicata rural, portanto, deve ser proclamada a ilegitimidade passiva do avalista do aceitante;
(D) todos os arrolados na ação de execução como réus são partes legítimas no processo, em razão da dispensa do protesto por falta de pagamento e da solidariedade cambiária perante o endossatário;
(E) apenas o aceitante é parte legítima na ação de execução, pois o protesto é facultativo para os obrigados principais e necessário para os coobrigados (endossante e avalista).

Comentário: A: correta, nos termos do art. 60, §1º, do Decreto-lei nº 167/1967; B: incorreta. Na duplicata rural, o protesto é dispensado inclusive para os coobrigados (art. 60, *caput*, do Decreto-lei nº 167/1967); C: incorreta. O aval é válido se dado por pessoa física participante do quadro social da pessoa jurídica emitente (art. 60, §2º, do Decreto-lei nº 167/1967); D e E: incorreta, nos termos do comentário à alternativa "A". HS

Gabarito "A".

(Juiz de Direito/GO - 2021 - FCC) A Cédula de Crédito Bancário, regulada pela Lei no 10.931, de 02 de agosto de 2004,

I. é título de crédito emitido, por pessoa física ou jurídica, em favor de instituição financeira fiscalizada pelo Banco Central, representando promessa de pagamento em dinheiro ou em outros bens móveis ou imóveis, decorrente de operação de crédito, de qualquer modalidade, firmada exclusivamente em moeda nacional.
II. poderá ser emitida sob a forma escritural, por meio do lançamento em sistema eletrônico de escrituração.
III. será transferível mediante endosso em preto, ao qual se aplicarão, no que couberem, as normas do direito cambiário, caso em que o endossatário, mesmo não sendo instituição financeira ou entidade a ela equiparada, poderá exercer todos os direitos por ela conferidos, inclusive cobrar os juros e demais encargos na forma pactuada na Cédula.

IV. poderá ser protestada por indicação, desde que o credor apresente declaração de posse da sua única via negociável, inclusive no caso de protesto parcial.

Está correto o que se afirma APENAS em

(A) I, II e IV.
(B) II, III e IV.
(C) III e IV.
(D) I e II.
(E) I, II e III.

I: incorreta. O pagamento deve ser previsto exclusivamente em dinheiro e é possível a emissão em moeda estrangeira (art. 26, *caput* e §2º, da Lei nº 10.931/2004); **II:** correta, nos termos do art. 27-A da Lei nº 10.931/2004; **III:** correta, nos termos do art. 29, §1º, da Lei nº 10.931/2004; **IV:** correta, nos termos do art. 41 da Lei nº 10.931/2004. HS
Gabarito "B".

(Juiz de Direito/SP – 2021 – Vunesp) Em pagamento a uma compra, João emitiu uma Nota Promissória em benefício de Pedro. Este, por sua vez, endossou em preto o título para Maria, que, posteriormente utilizou o título para pagar uma dívida com Carla. Carla, para aceitar o pagamento, exigiu que Luiza figurasse como avalista de Maria. Por fim, Carla endossou o título a Antônio, que era o portador na data do vencimento da Nota Promissória. Diante do cenário exposto, assinale a alternativa correta.

(A) Antônio pode realizar a cobrança de qualquer dos coobrigados cambiários, devendo, no entanto, respeitar o benefício de ordem da avalista.
(B) Apenas após realizar o devido protesto, poderá Antônio se valer de ação cambiária em face de João.
(C) Caso Antônio realize a cobrança de Luiza, esta terá direito de regresso em face de Maria, Pedro e João.
(D) Luiza, se eventualmente cobrada por Antônio, poderá se valer das exceções que contra ele possua sua avalizada.

A: incorreta. O avalista da nota promissória não tem benefício de ordem; **B:** incorreta. João é o devedor principal da nota, sendo dispensável o protesto contra ele; **C:** correta. O coobrigado (ou seu avalista) que paga o título tem direito de regresso contra todos os coobrigados que forem anteriores a ele na cadeia de endossos e também contra o devedor principal; **D:** incorreta. O avalista não pode se valer de exceções pessoais que possua contra o avalizado, em face do princípio da autonomia das relações cambiais. HS
Gabarito "C".

(Juiz de Direito/SP – 2021 – Vunesp) Sobre os seguintes títulos de crédito, é correto afirmar que

(A) a Cédula de Crédito Bancário em favor de instituição domiciliada no exterior não pode ser emitida em moeda estrangeira.
(B) na Cédula de Produto Rural física, o endossante não responde pela entrega do produto, mas tão somente pela existência da obrigação.
(C) no cheque, o endosso parcial é admitido, desde que aposto de maneira inequívoca no título.
(D) nos títulos atípicos, é vedado o pagamento parcial da soma constante do título.

A: incorreta. Nesse caso, é possível a estipulação de pagamento em moeda estrangeira (art. 26, §2º, da Lei nº 10.931/2004); **B:** correta, nos termos do art. 10, II, da Lei nº 8.929/1994; **C:** incorreta. É nulo o endosso parcial (art. 18, §1º, da Lei nº 7.357/1985); **D:** incorreta. Nos títulos atípicos, o credor não pode recusar o pagamento, ainda que parcial (art. 902, §1º, do CC). HS
Gabarito "B".

4. DIREITO CONCURSAL – FALÊNCIA E RECUPERAÇÃO

4.1. Aspectos Gerais

(Promotor de Justiça/SP – 2019 – MPE/SP) No que diz respeito à Assembleia Geral de Credores, é correto afirmar que

(A) o voto do credor será sempre proporcional ao valor do seu crédito para deliberar sobre a aprovação do plano de recuperação judicial.
(B) a assembleia geral instalar-se-á em 1ª (primeira) convocação, com a presença de credores titulares de mais da metade dos créditos de cada classe, computados pelo valor, e, em 2ª (segunda) convocação, com qualquer número.
(C) a assembleia de credores será presidida pelo juiz, que designará um secretário dentre os credores presentes.
(D) para aprovação do plano de recuperação judicial é necessária a aprovação de credores que representem mais da metade do valor total dos créditos presentes à assembleia em cada uma das instâncias classistas.
(E) a assembleia geral será composta pelas seguintes classes de credores: I – titulares de créditos derivados da legislação do trabalho, II – titulares de créditos com garantia real, III – titulares de créditos quirografários, com privilégio especial ou subordinados, IV – titulares de créditos enquadrados como microempresa ou empresa de pequeno porte.

A: incorreta. Nas classes dos credores trabalhistas e das microempresas e empresas de pequeno porte, os credores votam por cabeça e não pelo valor do crédito (art. 45, § 2º, da Lei de Falências); **B:** correta, nos termos do art. 37, § 2º, da Lei de Falências; **C:** incorreta. A assembleia é presidida pelo Administrador Judicial, que nomeará um secretário dentre os credores presentes (art. 37 da Lei de Falências); **D:** incorreta. Nas classes de credores trabalhistas e das microempresas e empresas de pequeno porte, o voto é contado por cabeça e não pelo valor do crédito (art. 45, § 2º, da Lei de Falências); **E:** incorreta. No item I, incluem-se também os créditos derivados de acidente de trabalho e no item III, os créditos com privilégio geral (art. 41 da Lei de Falências). HS
Gabarito "B".

4.2. Falência

(ENAM – 2024.1) Foi decretada a falência do grupo econômico XPTO e o Administrador Judicial nomeado, exercendo seu múnus, ajuizou incidente de desconsideração da personalidade jurídica após identificar inconsistências na contabilidade das falidas.

A respeito da desconsideração da personalidade jurídica, assinale a afirmativa correta.

(A) A mera existência de grupo econômico enseja a desconsideração da personalidade jurídica.
(B) A mera identificação de inconsistências na contabilidade das falidas enseja a desconsideração da personalidade jurídica.

(C) A desconsideração da personalidade jurídica é cabível quando não forem localizados ativos para pagamento dos credores.

(D) A falência da empresa caracteriza, por si só, exercício abusivo e ilícito da atividade empresarial e dá ensejo à desconsideração da personalidade jurídica.

(E) A desconsideração da personalidade jurídica poderá ser decretada caso fique caracterizada a ausência de separação de fato entre o patrimônio das sociedades e o de seus sócios.

A resposta correta é a letra **E**, observado a necessidade de cumprimento dos pressupostos para o pedido de desconsideração da personalidade jurídica indicado no, art. 133, § 1º, do CPC, bem como o conceito de confusão patrimonial indicado no art. 50, § 2º, do CC. A alternativa **A** é incorreta, uma vez que o art. 50, § 4º, do CC dispõe justamente em sentido diverso: "Art. 50 § 4º A mera existência de grupo econômico sem a presença dos requisitos de que trata o *caput* deste artigo não autoriza a desconsideração da personalidade da pessoa jurídica". Sobre a afirmativa **B**, importante tomar ciência da existência da aplicação de duas teorias: a Teoria Maior (referente ao texto do Código Civil); e a Teoria Menor, bastante difundida no âmbito da lei de crimes ambientais (art. 4º, da Lei Federal 9.605/98) e do CDC (art. 28, da Lei Federal 8.078/90). Segundo posicionamento do STJ, AgInt no AREsp n.º 1.254.372/MA, meras inconsistências contábeis não ensejariam o incidente. "1. Esta Corte Superior firmou posicionamento no sentido de que, nas relações civis-comerciais, aplica-se a Teoria Maior da desconsideração da personalidade jurídica segundo a qual é necessária a comprovação do abuso da personalidade jurídica, caracterizado pelo desvio de finalidade ou pela confusão patrimonial, não sendo suficiente para tanto a ausência de bens penhoráveis ou a dissolução da sociedade". Desse modo, está incorreta. A alternativa **C**, com base no art. 50, CC, é nítido sobre a desconsideração da personalidade, sendo necessário a caracterização do abuso de personalidade, não bastando a não localização de ativos. A alternativa **D** é incorreta pois a falência é um procedimento legalmente amparado pela Lei nº 11.101/2005, mais especificamente no art. 94. **PT**

Gabarito "E"

(Juiz Federal – TRF/1 – 2023 – FGV) No curso da execução fiscal em face de Desentupidora Águas Lindas Ltda. que tramita na Justiça Federal, foi decretada a falência pelo Juízo da Vara Única de Forte/GO.

Em relação às competências do juízo estadual da falência e do juízo federal da execução fiscal, previstas na Lei nº 11.101/2005, é correto afirmar que competirá ao juízo:

(A) falimentar a decisão sobre os cálculos e a classificação dos créditos para fins falimentares, bem como sobre a arrecadação dos bens, exceto aqueles penhorados na execução fiscal;

(B) da execução fiscal a decisão sobre a existência, a exigibilidade e o valor do crédito, bem como sobre o eventual prosseguimento da cobrança contra os corresponsáveis;

(C) da execução fiscal a decisão sobre a existência, a exigibilidade, o valor do crédito e sobre os cálculos, bem como sobre o eventual prosseguimento da cobrança contra os corresponsáveis;

(D) falimentar a decisão sobre os cálculos e a classificação dos créditos para fins falimentares, arrecadação dos bens, bem como sobre o eventual prosseguimento da cobrança contra os corresponsáveis;

(E) falimentar a decisão sobre os cálculos e a classificação dos créditos para fins falimentares, bem como sobre a realização do ativo e o pagamento aos credores, exceto aos credores fiscais.

A: incorreta, o erro está na parte final do enunciado já que inexiste a exceção na Lei, conforme o Artigo 7º-A, §4º, I, da Lei nº 11.101/2005: *I – a decisão sobre os cálculos e a classificação dos créditos para os fins do disposto nesta Lei, bem como sobre a arrecadação dos bens, a realização do ativo e o pagamento aos credores, competirá ao juízo falimentar;* **B:** correta, nos termos dos incisos I e II do §4º do Artigo 7º-A, da Lei nº 11.101/2005: *II – a decisão sobre a existência, a exigibilidade e o valor do crédito, observado o disposto no inciso II do caput do art. 9º desta Lei e as demais regras do processo de falência, bem como sobre o eventual prosseguimento da cobrança contra os corresponsáveis, competirá ao juízo da execução fiscal;* **C:** incorreta, a decisão sobre os cálculos é do juízo falimentar (art. 7º-A, §4º, I, Lei nº 11.101/2005); **D:** incorreta, a decisão sobre o eventual prosseguimento da cobrança contra os corresponsáveis é do juízo da execução fiscal (art. 7º-A, §4º, II, Lei nº 11.101/2005) **PT**

Gabarito "B"

(Juiz de Direito/AP – 2022 – FGV) A sociedade Três Navios Supermercados Ltda. teve sua falência decretada com fundamento na impontualidade, sem anterior processo de recuperação. Banco Mazagão S/A, credor fiduciário na falência, pleiteou e teve deferida a restituição em dinheiro correspondente a bem que se encontrava na posse da falida na data da decretação da falência, mas não foi arrecadado.

Em que pese o reconhecimento do direito à restituição por decisão judicial e do requerimento de pagamento imediato feito pelo credor, o administrador judicial da massa falida informou ao juízo que não havia recursos disponíveis no momento, devendo o credor aguardar o pagamento, observadas as prioridades legais. Ciente do fato, o juiz da falência, observando as disposições da lei de regência:

(A) acolheu a pretensão do credor, pois o crédito decorrente de restituição em dinheiro, na falência, deve ser atendido antes de qualquer crédito;

(B) acatou o argumento do administrador judicial e determinou que o crédito seja pago após serem satisfeitas as remunerações devidas ao administrador judicial e a seus auxiliares;

(C) rejeitou a pretensão do credor, pois, para efeito de pagamento, precedem a seu crédito apenas as despesas cujo pagamento antecipado seja indispensável à administração da falência;

(D) indeferiu o requerimento do credor e determinou ao administrador judicial que o pagamento seja realizado após os reembolsos de quantias fornecidas à massa pelos credores e das despesas com a arrecadação;

(E) determinou que o pagamento seja feito após as despesas cujo pagamento antecipado seja indispensável à administração da falência e dos créditos trabalhistas de natureza estritamente salarial vencidos nos três meses anteriores à decretação da falência, até o limite de cinco salários mínimos por trabalhador.

O enunciado trata de hipótese de restituição em dinheiro, prevista no art. 86 da Lei de Falências. Desde a edição da Lei nº 14.112/2020, tal crédito passou a ser expressamente elencado como extraconcursal (art. 84, I-C, da LF), que será adimplido após as despesas indispensáveis à administração da falência e a antecipação dos créditos salariais. Correta, portanto, a alternativa "E". **HS**

Gabarito "E"

(Juiz de Direito - TJ/BA - 2019 - CESPE/CEBRASPE) De acordo com a legislação pertinente, trabalhador que possua crédito remuneratório trabalhista com uma empresa em falência deverá recebê-lo

(A) logo após o pagamento de créditos com garantia real, sem nenhum limite quanto ao valor do bem gravado.
(B) logo após o pagamento de créditos com garantia real, até o limite do valor do bem gravado.
(C) logo após o crédito tributário, sem nenhum limite de valor.
(D) primeiramente, antes dos demais créditos, no limite de até cento e cinquenta salários-mínimos.
(E) primeiramente, sem nenhum limite de valor.

Nos termos do art. 83, I, da Lei de Falências, os créditos trabalhistas devem ser pagos com preferência sobre todos os demais créditos concursais, até o limite de 150 salários mínimos por trabalhador, vale mencionar também que se enquadram nessa hipótese as verbas decorrentes de acidentes de trabalho. **PT**
Gabarito "D".

(Promotor de Justiça/SP – 2019 – MPE/SP) Na alienação ordinária de bens ocorrida no processo falimentar, observa-se que

(A) o sócio da sociedade falida pode arrematar bens no processo falimentar, e referidos bens estarão livres de quaisquer ônus, não ocorrendo sucessão tributária e trabalhista.
(B) a presença do "parquet" é dispensável em qualquer modalidade de venda de bens na falência.
(C) empregados do devedor contratados pelo arrematante serão admitidos mediante novos contratos de trabalho, e o arrematante não responde por obrigações decorrentes do contrato anterior.
(D) o objeto da alienação estará livre de qualquer ônus e haverá sucessão do arrematante nas obrigações do devedor, inclusive as de natureza tributária, as derivadas da legislação do trabalho e as decorrentes de acidentes do trabalho.
(E) as modalidades de venda ordinária previstas na Lei 11.101/05 são: leilão, por lances orais, propostas fechadas e pregão, sendo este último composto por uma única fase que se inicia com lances no mínimo 20% maiores que o valor de avaliação do bem.

A: incorreta. Nessa hipótese, os ônus que recaírem sobre os bens permanecerão (art. 141, § 1º, I, da Lei de Falências); B: incorreta. O Ministério Público será intimado em todas as alienações, nos termos do art. 142, § 7º, da Lei de Falências; C: correta, nos termos do art. 141, § 2º, da Lei de Falências; D: incorreta. Como regra, não há sucessão nas obrigações (art. 141, II, da Lei de Falências; E: incorreta. O art. 142 da Lei de Falências, pela redação dada pela Lei 14.112/2020, prevê como meios ordinários de alienação o leilão, processo competitivo previsto no plano de realização de ativos ou no plano de recuperação judicial, ou qualquer outra modalidade aprovada nos termos da LF. **HS**
Gabarito "C".

4.3. Recuperação Judicial e Extrajudicial

(Juiz de Direito – TJ/SP – 2023 – VUNESP) Assinale a alternativa correta sobre o processo de recuperação judicial.

(A) As Fazendas Públicas e o Instituto Nacional do Seguro Social (INSS) poderão deferir, nos termos da legislação específica, o parcelamento de seus créditos em sede de recuperação judicial, de acordo com os parâmetros estabelecidos no Código Tributário Nacional, sendo que as microempresas e as empresas de pequeno porte farão jus a prazos 10% (dez por cento) superiores àqueles regularmente concedidos às demais empresas.
(B) A remuneração do administrador judicial fica reduzida ao limite de 2% (dois por cento) exclusivamente nos casos de microempresas e de empresas de pequeno porte.
(C) Rejeitado o plano de recuperação proposto pelo devedor ou pelos credores e não preenchidos os requisitos estabelecidos no § 1º, do artigo 58, da Lei nº 11.101/2005, o juiz convolará a recuperação judicial em falência e em face de tal sentença será cabível agravo de instrumento.
(D) A conciliação e a mediação deverão ser incentivadas em qualquer grau de jurisdição e não implicarão na suspensão dos prazos previstos na Lei nº 11.101/2005, sendo que os prazos só poderão ser suspensos em caso de determinação judicial nesse sentido.

A: incorreta, nos termos do parágrafo único do artigo 68 da Lei nº 11.101/2005: *As microempresas e empresas de pequeno porte farão jus a prazos 20% (vinte por cento) superiores àqueles regularmente concedidos às demais empresas*; B: incorreta: o limite de 2% da remuneração do administrador judicial não se limita exclusivamente nos casos de microempresas e de empresas de pequeno porte, mas também nos casos de produtor rural desde que o valor da causa não exceda a R$ 4.800.000,00 (art. 24, §5º, c.c. art. 70-A, Lei nº 11.101/2005); C: correta, nos exatos termos do artigo 58-A da Lei nº 11.101/2005: *Rejeitado o plano de recuperação proposto pelo devedor ou pelos credores e não preenchidos os requisitos estabelecidos no § 1º do art. 58 desta Lei, o juiz convolará a recuperação judicial em falência. Parágrafo único. Da sentença prevista no caput deste artigo caberá agravo de instrumento.*; D: incorreta, pelo disposto no artigo 20-A da Lei nº 11.101/2005, a suspensão pode ocorrer por determinação judicial ou consenso entre as partes: *Art. 20-A. A conciliação e a mediação deverão ser incentivadas em qualquer grau de jurisdição, inclusive no âmbito de recursos em segundo grau de jurisdição e nos Tribunais Superiores, e não implicarão a suspensão dos prazos previstos nesta Lei, salvo se houver consenso entre as partes em sentido contrário ou determinação judicial.* **PT**
Gabarito "C".

(Juiz de Direito/AP – 2022 – FGV) Os advogados de doze sociedades empresárias integrantes de grupo econômico, todas em recuperação judicial, pleitearam ao juiz da recuperação, em nome de suas representadas, que fosse autorizada a consolidação dos ativos e passivos das devedoras, em unidade patrimonial, de modo que fossem tratados como se pertencessem a um único devedor.

Considerando-se a existência de parâmetros legais para análise e eventual deferimento do pedido, é correto afirmar que:

(A) a consolidação pretendida pelas recuperandas poderá ser apreciada pelo juiz após a homologação do pedido pela assembleia de credores, que deverá ser convocada em até trinta dias para deliberar exclusivamente sobre essa matéria;
(B) a consolidação dos ativos e passivos para fins de votação do plano único de recuperação judicial é medida excepcional e exclusiva para devedores integrantes do mesmo grupo econômico que estejam em recuperação judicial sob consolidação processual;

(C) o juiz está autorizado a assentir no pedido de consolidação de ativos e passivos das recuperandas apenas quando constatar a ausência de conexão entre eles e a separação patrimonial, de modo que seja possível identificar sua titularidade em cada uma das devedoras;

(D) dentre as hipóteses legais a serem verificadas e que autorizam o deferimento da consolidação de patrimônios de sociedades em recuperação judicial para efeito de votação de plano único, estão a inexistência de garantias cruzadas e a relação de controle ou de dependência entre as sociedades;

(E) para que seja autorizada a consolidação de ativos e passivos de sociedades em recuperação judicial integrantes de grupos econômicos deve ficar constatada, necessariamente, a identidade total ou parcial do quadro societário das devedoras e a atuação conjunta delas no mercado.

A: incorreta. A consolidação substancial pode ser deferida pelo juiz independentemente de oitiva da assembleia-geral (art. 69-J da Lei de Falências); **B:** correta, nos termos do art. 69-J, *caput*, da Lei de Falências; **C:** incorreta. A consolidação processual pressupõe confusão de ativo e passivo das entidades devedoras, nos termos do art. 69-J, *caput*, da Lei de Falências; **D:** incorreta. A condição que autoriza a consolidação substancial é a **existência** de garantias cruzadas (art. 69-J, I, da Lei de Falências); **E:** incorreta. Tais hipóteses são alternativas, que devem ser cumuladas com a confusão patrimonial (art. 69-J, III e IV, da Lei de Falências). HS

Gabarito "B".

(Juiz de Direito/SP – 2021 – Vunesp) Acerca da disciplina constante na Lei no 11.101/2005, assinale a alternativa correta.

(A) O credor empresário deve demonstrar a regularidade das suas atividades para pedir a falência de terceiro.

(B) Todos os créditos existentes na data do pedido sujeitam-se à recuperação judicial.

(C) Os titulares de créditos sujeitos à recuperação, mas não afetados pelo plano de recuperação judicial, têm direito de votar na deliberação assemblear sobre a proposta.

(D) O descumprimento de obrigação assumida no plano de recuperação judicial ao longo do processo e a aprovação da desistência do devedor quanto ao pedido de recuperação judicial geram efeitos jurídicos similares.

A: correta, nos termos do art. 97, §1º, da Lei de Falências; **B:** incorreta. Os créditos previstos no art. 49, §3º, da LF e os créditos tributários não são alcançados pela recuperação judicial; **C:** incorreta. Não há direito a voto nessa hipótese (art. 45 §3º, da LF); **D:** incorreta. O descumprimento de obrigação contida no plano gera a convolação da recuperação judicial em falência (art. 61, §1º, da LF), enquanto que a desistência do devedor quanto ao pedido gerará exclusivamente a extinção do processo. HS

Gabarito "A".

(Juiz de Direito – TJ/MS – 2020 – FCC) De acordo com a atual redação da Lei 11.101/2005, o pedido de recuperação judicial, com base em plano especial para microempresas e empresas de pequeno porte,

(A) abrange exclusivamente os créditos quirografários.

(B) é obrigatório para as microempresas e facultativo para as empresas de pequeno porte.

(C) acarreta a suspensão das execuções movidas contra o devedor, ainda que fundadas em créditos não abrangidos pelo plano.

(D) dispensa a convocação de assembleia geral de credores para deliberar sobre o plano.

(E) só será julgado procedente se houver a concordância expressa de mais da metade dos credores sujeitos ao plano.

A: incorreta. São abrangidas todas as classes de crédito (art. 70, § 1º, da LF); **B:** incorreta. O plano específico das ME e EPP é facultativo (art. 70 da LF); **C:** incorreta. Créditos não abrangidos pelo plano não terão suas execuções suspensas (art. 71, parágrafo único, da LF); **D:** correta, nos termos do art. 72 da LF; **E:** incorreta. O pedido é julgado procedente se não houver **recusa** expressa de credores que representem mais da metade de qualquer das classes sujeitas ao plano (art. 72, parágrafo único, da LF). PT

Gabarito "D".

(Juiz de Direito – TJ/RJ – 2019 – VUNESP) No que se refere à recuperação judicial, assinale a alternativa correta.

(A) A substituição de bem objeto de garantia real por outro de valor semelhante prescinde de aprovação expressa do credor titular da respectiva garantia.

(B) Nos créditos em moeda estrangeira, a variação cambial será substituída por parâmetros de indexação nacionais, em vigor na data do pedido.

(C) Estão sujeitos à recuperação judicial os créditos existentes na data do pedido, desde que vencidos.

(D) O crédito de promitente vendedor de imóvel cujo contrato contenha cláusula de irretratabilidade não se submeterá aos efeitos da recuperação judicial.

(E) Não estão sujeitas à recuperação judicial as importâncias entregues ao devedor, em moeda corrente nacional, decorrentes de adiantamento a contrato de câmbio para importação.

A: incorreta. É necessária a aprovação do credor com garantia real caso o plano de recuperação pretenda suprimi-la ou substituí-la (art. 50, § 1º, da Lei de Falências); **B:** incorreta. A variação cambial será conservada como parâmetro de indexação do crédito (art. 50, § 2º, da Lei de Falências); **C:** incorreta. Mesmo os créditos não vencidos estão sujeitos à recuperação judicial (art. 49 da Lei de Falências); **D:** correta, nos termos do art. 49, § 3º, da Lei de Falências; **E:** incorreta. As verbas excluídas da recuperação judicial são aquelas entregues por adiantamento de contrato de câmbio para **exportação** (art. 49, § 4º, c. c. art. 86, II, da Lei de Falências). HS

Gabarito "D".

(Juiz de Direito – TJ/AL – 2019 – FCC) Acerca da recuperação judicial, é correto afirmar:

(A) Conforme entendimento sumulado do STJ, a recuperação judicial do devedor principal impede, durante o prazo de cento e oitenta dias contados do deferimento do seu processamento, o prosseguimento das execuções ajuizadas contra terceiros devedores solidários ou coobrigados em geral, por garantia cambial, real ou fidejussória.

(B) Conforme entendimento sumulado do STJ, o Juízo da recuperação judicial é competente para decidir sobre a constrição de quaisquer bens do devedor, ainda que não abrangidos pelo plano de recuperação da empresa.

(C) Depois de deferido o processamento da recuperação judicial, a desistência do pedido pelo devedor dependerá de aprovação da Assembleia Geral de Credores.

(D) Obtida maioria absoluta em todas as classes de credores, o plano de recuperação apresentado pelo devedor poderá ser modificado, independentemente do consentimento deste, desde que as modificações não impliquem diminuição dos direitos exclusivamente dos credores ausentes.

(E) As objeções formuladas pelos credores ao plano de recuperação, independentemente da matéria que versarem, serão resolvidas pelo Juiz, por decisão fundamentada, sendo admitida a convocação da Assembleia Geral de Credores somente nos casos que envolverem alienação de ativos do devedor ou supressão de garantias reais.

A: incorreta. A Súmula 581 do STJ diz o inverso, ou seja, a recuperação judicial não impede o prosseguimento das ações mencionadas; B: incorreta. A Súmula 480 do STJ afirma que "o juízo da recuperação judicial não é competente para decidir sobre a constrição de bens não abrangidos pelo plano de recuperação da empresa"; C: correta, nos termos do art. 52, §4º, da Lei de Falências; D: incorreta. As alterações sempre dependem de concordância do devedor e nunca podem prejudicar exclusivamente credores ausentes (art. 56, §3º, da Lei de Falências); E: incorreta. Havendo qualquer objeção ao plano, deverá o juiz convocar a assembleia-geral de credores (art. 56 da Lei de Falências). Gabarito "C".

(Juiz de Direito – TJ/SC – 2019 – CESPE/CEBRASPE) Para recuperação judicial nos termos legais, as microempresas e as empresas de pequeno porte, assim definidas em lei, poderão apresentar plano especial de recuperação judicial, o qual

(A) deverá abranger todos os credores, sendo possível em qualquer hipótese a inclusão posterior dos credores não habilitados na recuperação judicial.

(B) não deverá abranger os créditos vincendos na data do pedido de recuperação judicial.

(C) deverá prever o parcelamento em até sessenta parcelas, iguais e sucessivas, atualizadas monetariamente, mas sem acréscimo de juros.

(D) deverá prever o pagamento da primeira parcela no prazo máximo de sessenta dias, contado da distribuição do pedido de recuperação judicial.

(E) não deverá acarretar a suspensão do curso da prescrição nem das ações e execuções por créditos não abrangidos pelo plano de recuperação judicial.

A: incorreta. Ficam excluídos os créditos decorrentes de repasses oficiais, os fiscais e os previstos nos §§3º e 4º do art. 49 da Lei de Falências (art. 71, I, da LF); B: incorreta. Também os créditos não vencidos se sujeitam ao plano (art. 71, I, da LF); C: incorreta. O parcelamento autorizado por lei se fará em 36 parcelas (art. 71, II, da LF); D: incorreta. O prazo máximo para pagamento da primeira parcela é de 180 dias (art. 71, III, da LF); E: correta, nos termos do art. 71, parágrafo único, da LF. Gabarito "E".

(Juiz de Direito – TJ/RS – 2018 – VUNESP) Caio é sócio proprietário de uma empresa que fabrica móveis. Nos últimos cinco anos houve uma importante queda em seu faturamento, resultado do cenário econômico vivenciado em nosso país. Infelizmente, hoje sua empresa se encontra devedora de débitos trabalhistas, tributários e bancários. Para avaliação acerca da viabilidade de uma recuperação extrajudicial, é preciso saber que tipos de credores poderão ser atingidos pelo seu plano de recuperação. Assim, de acordo com o texto legal, são credores que possuem seus direitos preservados do plano de recuperação extrajudicial:

(A) credor titular da posição de fiduciário de bens móveis e imóveis, proprietários em contrato de venda sem reserva de domínio, credores de débitos trabalhistas, credores de débitos tributários e instituição financeira.

(B) credor titular da posição de proprietário fiduciário de bens móveis ou imóveis, de arrendador mercantil, proprietário em contrato de venda com reserva de domínio, credores trabalhistas e credores tributários.

(C) credor titular da posição de proprietário fiduciário de bens móveis ou imóveis, de arrendador mercantil, proprietário em contrato de venda com reserva de domínio, credores de débitos tributários e instituição financeira credora por adiantamento ao exportador.

(D) credor titular da posição de proprietário fiduciário de bens móveis ou imóveis, de arrendador mercantil, proprietário em contrato de venda com reserva de domínio; credores de débitos trabalhistas; e instituição financeira credora por adiantamento ao exportador.

(E) credor titular da posição de proprietário fiduciário de bens móveis ou imóveis, de arrendador mercantil, proprietário em contrato de venda com reserva de domínio; credores de débitos trabalhistas; credores de débitos tributários e instituição financeira credora por adiantamento ao exportador.

Nos termos do art. 161, § 1º, da Lei 11.101/2005, ficam excluídos da recuperação extrajudicial os créditos trabalhistas e decorrentes de acidente de trabalho, os tributários, o credor titular da posição de proprietário fiduciário de bens móveis ou imóveis, de arrendador mercantil e o proprietário em contrato de venda com reserva de domínio e instituição financeira credora por adiantamento de contrato de câmbio ao exportador. Gabarito "E".

(Delegado – PC/BA – 2018 – VUNESP) Poderá requerer a recuperação judicial o devedor

(A) que, no momento do pedido, exerça regularmente suas atividades empresariais pelo período mínimo de seis meses.

(B) que obteve recuperação judicial anterior, desde que decorridos ao menos 2 anos da publicação da sentença concessiva do ato.

(C) condenado por crimes falimentares, desde que decorridos ao menos 3 anos, bem como pelo cumprimento da penalidade imposta.

(D) falido, desde que estejam declaradas extintas, por sentença transitada em julgado, as responsabilidades decorrentes da falência.

(E) empresa pública ou sociedade de economia mista exercente de atividade econômica não sujeita ao regime de monopólio.

A: incorreta. O prazo mínimo de atividade é de 2 (dois) anos (art. 48, caput, da Lei 11.101/2005); B: incorreta. O lapso entre o pedido anterior de recuperação e o atual deve ser de no mínimo 5 anos (art. 48, II, da Lei 11.101/2005); C: incorreta. O condenado por crime falimentar, ainda que reabilitado, não faz jus à recuperação judicial (art. 48, IV, da Lei 11.101/2005); D: correta, nos termos do art. 48, I, da Lei 11.101/2005; E: incorreta. Empresas públicas e sociedades de economia mista são excluídas do regime jurídico falimentar (art. 2º, I, da Lei nº 11.101/2005). Gabarito "D".

5. CONTRATOS EMPRESARIAIS

5.1. Arrendamento Mercantil / *Leasing*

Determinada sociedade empresária realizou, na qualidade de arrendadora, contrato de arrendamento mercantil financeiro com um particular, tendo havido o pagamento de diversas prestações mensais que, além do principal, incluíam também valor adiantado a título de valor residual garantido (VRG). Posteriormente, em razão de inadimplemento do arrendatário, a sociedade ajuizou ação de reintegração de posse do bem objeto do contrato.

(Promotor de Justiça/CE – 2020 – CESPE/CEBRASPE) Acerca dessa situação hipotética, assinale a opção correta, de acordo com a jurisprudência do STJ.

(A) A cobrança antecipada do valor residual garantido descaracteriza o contrato de arrendamento mercantil, portanto se trata de compra e venda à prestação, não sendo possível a retomada da posse pela arrendadora.

(B) Caso haja a retomada de posse direta do bem pela arrendadora, o total já pago a título de VRG deverá ser impreterivelmente devolvido, de forma integral, ao arrendatário.

(C) Caso haja a retomada de posse direta do bem pela arrendadora, o total já pago a título de VRG deverá ser parcialmente devolvido, tendo o arrendatário a garantia legal de receber, no mínimo, metade do valor adiantado, devidamente corrigido.

(D) Deferida a reintegração de posse e alienado o bem a terceiro, se a soma da importância antecipada a título de VRG com o valor da venda do bem ultrapassar o total do VRG previsto contratualmente, o arrendatário deverá receber a respectiva diferença, cabendo o desconto de outras despesas que tenham sido pactuadas contratualmente.

(E) Deferida a reintegração de posse e alienado o bem a terceiro, se a soma da importância antecipada a título de VRG com o valor da venda do bem ultrapassar o total do VRG previsto contratualmente, o arrendatário deverá receber a respectiva diferença, sendo vedado o desconto de outras despesas, ainda que tenham sido pactuadas contratualmente.

A questão cobra do candidato conhecimento sobre as súmulas do STJ que tratam do contrato de arrendamento mercantil (*leasing*). A única alternativa que corresponde à jurisprudência consolidada do Tribunal Superior é a letra "D", que deve ser assinalada, transcrição literal que é da Súmula 564 do STJ. **HS**

Gabarito "D".

5.2. Contratos bancários

(Juiz de Direito – TJ/DFT – 2023 – CEBRASPE) A cobrança da comissão de permanência nos contratos bancários é inacumulável com

(A) juros moratórios, apenas.
(B) juros compensatórios e correção monetária, apenas.
(C) juros compensatórios e moratórios, apenas.
(D) correção monetária, apenas.
(E) juros moratórios, compensatórios e correção monetária.

A Resolução CMN 4.558/2017 do Banco Central, que entrou em vigor a partir de 01/09/2017, pôs fim à Comissão de Permanência cobrada pelas instituições financeiras e, portanto, não pode ser acumulável. Atualmente, o tema é tratado pela Resolução CMN nº 4.882/2020 do Banco Central, dispõe sobre a cobrança de encargos em decorrência de atraso no pagamento ou na liquidação de obrigações relativas a operações de crédito, a arrendamento mercantil financeiro e a faturas de cartão de crédito e de demais instrumentos de pagamento pós-pagos. **PT**

Art. 2º No caso de atraso no pagamento ou na liquidação de obrigações relativas a operações de crédito, a arrendamento mercantil financeiro e a faturas de cartão de crédito e de demais instrumentos de pagamento pós-pagos, podem ser cobrados de seus clientes, exclusivamente, os seguintes encargos: I – juros remuneratórios, por dia de atraso, sobre a parcela vencida ou sobre o saldo devedor não liquidado, conforme o caso; II – multa, nos termos da legislação em vigor; e III – juros de mora, nos termos da legislação em vigor.

A: incorreta, conforme Resolução CMN 4.558/2017 do Banco Central e, atualmente, pela Resolução CMN nº 4.882/2020 do Banco Central;
B: incorreta, conforme Resolução CMN 4.558/2017 do Banco Central e, atualmente, pela Resolução CMN nº 4.882/2020 do Banco Central;
C: incorreta, conforme Resolução CMN 4.558/2017 do Banco Central e, atualmente, pela Resolução CMN nº 4.882/2020 do Banco Central;
D: incorreta, conforme Resolução CMN 4.558/2017 do Banco Central e, atualmente, pela Resolução CMN nº 4.882/2020 do Banco Central;
E: correta, conforme Resolução CMN 4.558/2017 do Banco Central e, atualmente, pela Resolução CMN nº 4.882/2020 do Banco Central, que excluiu a Comissão de Permanência. **PT**

Gabarito "E".

5.3. Outros contratos e Questões Combinadas

(Juiz de Direito – TJ/DFT – 2023 – CEBRASPE) O certificado de recebíveis imobiliários (CRI)

(A) pode ser emitido sem indicação de valor nominal.
(B) é título de crédito ao portador.
(C) não pode ser garantido por aval.
(D) pode ser emitido por pessoa física.
(E) é nominativo e emitido de forma escritural.

A: incorreta, o CRI deve ser emitido com valor nominal, nos termos do artigo 22, IV, da Lei nº 14.430/2022: *Art. 22. Os Certificados de Recebíveis integrantes de cada emissão da companhia securitizadora serão formalizados por meio de termo de securitização, do qual constarão as seguintes informações: IV – valor nominal;* **B:** incorreta, o CRI é título de crédito nominativo, conforme artigo 12 da Lei nº 14.430/2022: *Art. 12. A Letra de Risco de Seguro (LRS) é um título de crédito nominativo, transferível e de livre negociação, representativo de promessa de pagamento em dinheiro, vinculado a riscos de seguros e resseguros;* **C:** incorreta, o CRI pode ser garantido por aval, nos termos do artigo 21, §1º, da Lei nº 14.430/2022: *Art. 21. Aos Certificados de Recebíveis aplica-se, no que couber, o disposto na legislação cambial. § 1º O Certificado de Recebíveis pode ser garantido por aval, hipótese em que é vedado o seu cancelamento ou a sua concessão parcial;* **D:** incorreta, o CRI não pode ser emitido por pessoa física, somente por companhia securitizadora, conforme o artigo 20 da Lei nº 14.430/2022: *Art. 20. Os Certificados de Recebíveis são títulos de crédito nominativos, emitidos de forma escritural, e de emissão exclusiva de companhia securitizadora, de livre negociação, constituem promessa de pagamento em dinheiro, preservada a possibilidade de dação em pagamento, e são títulos executivos extrajudiciais;* **E:** correta, o CRI é título de crédito nominativo e de forma escritural, nos termos do citado artigo 20 da Lei nº 14.430/2022. **PT**

Gabarito "E".

(Juiz de Direito – TJ/SP – 2023 – VUNESP) Os contratos empresariais são presumidos paritários e simétricos até que se revelem presentes elementos concretos que justifiquem o afastamento dessa presunção (ressalvados os regimes jurídicos previstos em leis especiais), estando garantido que

(A) a alocação de riscos definida pelas partes será objeto de análise prévia pelo órgão regulador da área em que o contrato se insere.

(B) as partes negociantes podem estabelecer parâmetros objetivos para a interpretação das cláusulas negociais e de seus pressupostos de revisão ou de resolução.

(C) a revisão contratual ocorrerá da forma mais ampla possível, independentemente de critérios de excepcionalidade ou limitação de qualquer ordem.

(D) as partes negociantes podem afastar a incidência da função social do contrato por meio de cláusula sujeita a anuência específica da parte adversamente afetada.

A: incorreta, nos termos do inciso II do artigo 421-A do Código Civil: *a alocação de riscos definida pelas partes deve ser respeitada e observada*; **B:** correta, nos termos do inciso I do artigo 421-A do Código Civil: *as partes negociantes poderão estabelecer parâmetros objetivos para a interpretação das cláusulas negociais e de seus pressupostos de revisão ou de resolução*; **C:** incorreta, nos termos do inciso III do artigo 421-A do Código Civil: *a revisão contratual somente ocorrerá de maneira excepcional e limitada*. **D:** incorreta, nos termos do inciso do artigo 421: *A liberdade contratual será exercida nos limites da função social do contrato*.
Gabarito "B".

(Juiz de Direito – TJ/SP – 2023 – VUNESP) Lúcia deve certa soma em dinheiro a João, tendo sido a obrigação de pagar reconhecida em um título de crédito. Incomodada com o *status* de devedora, ela quer pagar o quanto antes. Segundo as regras do Código Civil,

(A) João é obrigado a receber o pagamento antes do vencimento do título.

(B) ao pagar a quantia total, Lucia poderá exigir de João a quitação regular, mas não a entrega do título.

(C) se ela pagar antes do vencimento, ficará responsável pela validade do pagamento.

(D) quando do vencimento, João poderá recusar o pagamento parcial.

A: incorreta, nos termos do artigo 902 do Código Civil: *Não é o credor obrigado a receber o pagamento antes do vencimento do título, e aquele que o paga, antes do vencimento, fica responsável pela validade do pagamento*; **B:** incorreta, o credor deve entregar o título ao devedor que quitar, sendo a retenção apenas no caso de pagamento parcial nos termos do artigo 902, §2º, do Código Civil: *No caso de pagamento parcial, em que se não opera a tradição do título, além da quitação em separado, outra deverá ser firmada no próprio título*; **C:** correta: nos termos do *caput* do artigo 902 do Código Civil já citado na alternativa A; **D:** incorreta, nos termos do artigo 902, § 1º, do Código Civil: *No vencimento, não pode o credor recusar pagamento, ainda que parcial*.
Gabarito "C".

(Juiz de Direito – TJ/SP – 2023 – VUNESP) Confiança S.A., dona de um resort no valor de R$ 800.000.000,00 (oitocentos milhões de reais), celebrou com a seguradora Forte S.A um contrato de seguro contra incêndio com cobertura ampla, sem exclusões, sem limite por evento e pela metade do valor real do empreendimento. Seis meses depois, houve um incêndio no imóvel. A perícia constatou que o sinistro foi causado pela atitude descuidada de hóspedes e o prejuízo só não foi maior porque Confiança S.A. usou adequadamente os equipamentos contra incêndio. Os prejuízos totalizam R$ 7.550.000,00 (sete milhões, quinhentos e cinquenta mil reais). Diante de tais fatos,

(A) Confiança S.A. não possui direito à indenização securitária porque o valor da garantia não corresponde ao valor do interesse legítimo segurado.

(B) Confiança S.A. receberá o valor proporcional dos prejuízos apurados, pois se trata de sinistro parcial.

(C) uma vez paga a indenização securitária, Confiança S.A. poderá sub-rogar-se nos direitos e ações contra os hóspedes.

(D) Confiança S.A. receberá o valor total dos prejuízos calculados, pois o valor dos danos não ultrapassa o valor da garantia prometida.

A: incorreta, a Confiança S.A. possui direito há indenização parcial, conforme artigo 783 do Código Civil: *Salvo disposição em contrário, o seguro de um interesse por menos do que valha acarreta a redução proporcional da indenização, no caso de sinistro parcial*. **B:** correta: o citado artigo 783 do Código Civil prevê o pagamento parcial da indenização; **C:** incorreta, quem se sub-roga é a seguradora Forte S.A. e não o hotel Confiança S.A., nos termos do artigo 786 do Código Civil: *Paga a indenização, o segurador sub-roga-se, nos limites do valor respectivo, nos direitos e ações que competirem ao segurado contra o autor do dano*; **D:** incorreta: pela redação da questão os danos ultrapassam o valor da garantia prometida.
Gabarito "B".

(Juiz de Direito – TJ/DFT – 2023 – CEBRASPE) Nas locações de imóveis destinados ao comércio, o contrato poderá ser renovado por igual prazo, desde que, cumulativamente, o locatário esteja explorando comércio, no mesmo ramo, pelo prazo mínimo e ininterrupto de

(A) um ano.
(B) três anos.
(C) cinco anos.
(D) sete anos.
(E) nove anos.

A: incorreta, pelo artigo 51, inciso III, da Lei nº 8245/1991, o prazo de exploração é de 03 anos: *Art. 51. Nas locações de imóveis destinados ao comércio, o locatário terá direito a renovação do contrato, por igual prazo, desde que, cumulativamente:; III – o locatário esteja explorando seu comércio, no mesmo ramo, pelo prazo mínimo e ininterrupto de três anos*; **B:** correto, nos termos do citado artigo 51, inciso III, da Lei nº 8245/1991; **C:** incorreta, nos termos do citado artigo 51, inciso III, da Lei nº 8245/1991; **D:** incorreta, nos termos do citado artigo 51, inciso III, da Lei nº 8245/1991; **E:** incorreta, nos termos do citado artigo 51, inciso III, da Lei nº 8245/1991.
Gabarito "B".

(Procurador Fazenda Nacional – AGU – 2023 – CEBRASPE) Em relação aos contratos empresariais, julgue os itens a seguir conforme a atual jurisprudência do STJ.

I. No contrato de *leasing*, ainda que haja cláusula resolutiva expressa, é necessária a notificação prévia do arrendatário para constituí-lo em mora.

II. A cobrança antecipada do valor residual garantido (VRG) descaracteriza o contrato de arrendamento mercantil, transformando-o em uma compra e venda a prazo.

III. O contrato de alienação fiduciária em garantia não poderá ter por objeto bem que já integre o patrimônio do devedor.

Assinale a opção correta.

(A) Apenas o item I está certo.
(B) Apenas o item II está certo.
(C) Apenas os itens I e III estão certos.
(D) Apenas os itens II e III estão certos.
(E) Todos os itens estão certos.

O item I está nos termos da jurisprudência do STJ. A Súmula 369 do STJ: "No contrato de arrendamento mercantil (*leasing*), ainda que haja cláusula resolutiva expressa, é necessária a notificação prévia do arrendatário para constituí-lo em mora". O item II está errado. Conforme Súmula 293 do STJ: "A cobrança antecipada do valor residual garantido (VRG) não descaracteriza o contrato de arrendamento mercantil". O item III está errado. Conforme Súmula 28 do STJ: "O contrato de alienação fiduciária em garantia pode ter por objeto bem que já integrava o patrimônio do devedor". A única alternativa correta é a A. PT

Gabarito "A".

(Juiz de Direito/SP – 2021 – Vunesp) Sobre o regime de franquia empresarial, é correto afirmar que

(A) em caso de sublocação pelo franqueador ao franqueado do ponto comercial onde se acha instalada a franquia, o valor do aluguel pago pelo franqueado não pode ser, em nenhuma hipótese, superior àquele pago pelo franqueador pela locação original do imóvel.
(B) caso o franqueado não receba a Circular de Oferta de Franquia no prazo legalmente estabelecido, poderá exigir devolução de todas e quaisquer quantias pagas ao franqueador a título de filiação, mas não de royalties.
(C) o foro competente para a solução de controvérsias relativas aos contratos de franquia é obrigatoriamente aquele da sede do franqueador.
(D) pode ser adotado por empresa privada, empresa estatal ou entidade sem fins lucrativos.

Comentário: A: incorreta. Excepcionalmente, é possível o pagamento de valor superior ao valor do aluguel original, conforme as hipóteses previstas no art. 3º, parágrafo único, da Lei nº 13.966/2019; B: incorreta. Os *royalties* também integram o pedido de devolução de valores pagos (art. 2º, §2º, da Lei nº 13.966/2019); C: incorreta. Não há qualquer previsão legal nesse sentido, exceto o § 3º, do art. 7º, da Lei, que versa sobre o foro em contratos internacionais. Detalhando que os contratos de franquia internacional serão escritos originalmente em língua portuguesa ou terão tradução certificada para a língua portuguesa custeada pelo franqueador, e os contratantes poderão optar, no contrato, pelo foro de um de seus países de domicílio; D: correta, nos termos do art. 1º, §2º, da Lei nº 13.966/2019). PT

Gabarito "D".

(Juiz de Direito/SP – 2021 – Vunesp) Sobre os seguintes contratos empresariais, é correto afirmar que

(A) no caso de transporte de coisas o transportador responde isoladamente perante o remetente pelo dano ocasionado no percurso que efetuou.
(B) salvo disposição expressa em contrário, deve o proprietário fiduciário vender a coisa a terceiros por leilão, hasta pública ou qualquer outra medida judicial.
(C) nas locações em shopping centers, o locador pode recusar a renovação se o imóvel vier a ser utilizado por ele.
(D) a concessão de venda de automóveis inclui, necessariamente, o uso gratuito de marca do concedente, como identificação.

Comentário: A: incorreta. Perante o remetente, a responsabilidade é solidária de todos os transportadores, ficando ressalvada a apuração da responsabilidade entre eles posteriormente (art. 756 do CC); B: incorreta. É possível a alienação direta a terceiros, independentemente de leilão, hasta pública ou alienação judicial (art. 2º do Decreto-lei nº 911/1969); C: incorreta. Tal hipótese é vedada pelo art. 52, §2º, da Lei nº 8.245/1991; D: correta, nos termos do art. 3º, III, da Lei nº 6.729/1979. HS

Gabarito "D".

6. PROPRIEDADE INDUSTRIAL

Veja a seguinte tabela, com os requisitos de patenteabilidade e de registrabilidade, para estudo e memorização:

Requisitos de patenteabilidade de invenção e modelo de utilidade	
Novidade	não pode estar compreendida no estado da técnica, ou seja, não pode ter sido tornada acessível ao público antes do depósito do pedido de patente – art. 11 da LPI
Atividade inventiva	não pode simplesmente decorrer, para um técnico no assunto, de maneira evidente ou óbvia, do estado da técnica – art. 13 da LPI
Aplicação industrial	deve ser suscetível de aplicação industrial – art. 15 da LPI
Desimpedimento	não é patenteável aquilo que está listado no art. 18 da LPI

Requisitos para registro de desenho industrial	
Novidade	não pode estar compreendido no estado da técnica, ou seja, não pode ter sido tornado acessível ao público antes do depósito do pedido de registro – art. 96 da LPI
Originalidade	dele deve resultar uma configuração visual distintiva, em relação a outros objetos anteriores – art. 97 da LPI
Desimpedimento	não é registrável aquilo que está listado nos arts. 98 e 100 da LPI

Requisitos para registro de marca	
Novidade relativa	não pode ter sido previamente registrada (princípio da novidade) para a classe do produto ou do serviço (princípio da especificidade)
Não violação de marca notoriamente conhecida	não pode violar marca de alto renome ou notoriamente conhecida – arts. 125 e 126 da LPI
Desimpedimento	Não é registrável aquilo que está listado no art. 124 da LPI

(Juiz de Direito – TJ/SC – 2024 – FGV) O privilégio concedido por lei para a exploração de bens patenteáveis ou registráveis como marca ou desenho industrial pode ser extinto em determinadas situações. Nesse sentido e com base no que dispõe a Lei de Propriedade Industrial, analise as afirmativas a seguir.

I. Extingue-se a patente pela falta de pagamento da retribuição específica para o pedido de restauração se o depositante ou o titular não o requerer dentro de seis meses, contados da extinção.
II. Extingue-se o registro de marca se o titular for indivíduo domiciliado no exterior e não constituir, no prazo de trinta dias da data da concessão do registro, procurador devidamente qualificado e domiciliado no país, com poderes para representá-lo administrativamente perante o INPI.
III. Extingue-se o registro de desenho industrial pela falta de pagamento de retribuição quinquenal pelo titular, a partir do segundo quinquênio da data do depósito e durante o quinto ano da vigência do registro.

Está correto o que se afirma em:

(A) somente I;
(B) somente III;
(C) somente I e II;
(D) somente II e III;
(E) I, II e III.

I: incorreta, pois o artigo 87 da Lei nº 9.279/1996, prevê o prazo de 03 (três) meses e não de 06 (seis) (Art. 87. *O pedido de patente e a patente poderão ser restaurados, se o depositante ou o titular assim o requerer, dentro de 3 (três) meses, contados da notificação do arquivamento do pedido ou da extinção da patente, mediante pagamento de retribuição específica)*; II: incorreta, pois o artigo 217 da Lei nº 9.279/1996 não prevê o prazo de 30 (trinta) dias posto na alternativa (Art. 142. *O registro da marca extingue-se: IV – pela inobservância do art. 217.* Art. 217. *A pessoa domiciliada no exterior deverá constituir e manter procurador devidamente qualificado e domiciliado no País, com poderes para representá-la administrativa e judicialmente, inclusive para receber citações)*; III: correto: A alternativa traz o disposto nos artigos 119, III, e 120, ambos da Lei nº 9.279/1996 (Art. 119. *O registro extingue-se: III – pela falta de pagamento da retribuição prevista nos arts. 108 e 120, §1º* (Art. 120. *O titular do registro está sujeito ao pagamento de retribuição quinquenal, a partir do segundo quinquênio da data do depósito. §1º O pagamento do segundo quinquênio será feito durante o 5º (quinto) ano da vigência do registro.)* **Gabarito "B".**

(Juiz Federal – TRF/1 – 2023 – FGV) A sociedade farmacêutica XYF tinha a patente de exploração da substância YUF, empregada comumente no tratamento de câncer de esôfago.

A três meses de expirar seu privilégio, a sociedade apresenta, ao Instituto Nacional da Propriedade Industrial, notícia de ter descoberto que a substância YUF também poderia ser utilizada, em dosagem específica, para o tratamento de enxaqueca. Pede, então, proteção para exploração exclusiva desta propriedade farmacológica.

A concorrente GWE impugna judicialmente a pretensão, sob o fundamento de que se tenta a perpetuação artificial do monopólio, a impedir a disputa por preços mais acessíveis ao consumidor.

O juiz do caso, então, valida a patente, mas ressalva que GWE poderá empregar a substância YUF, exceto para o tratamento de enxaqueca.

Nesse caso, a pretensão da sociedade XYF, a acusação da sociedade GWE e a decisão do juiz empregam, respectivamente, os seguintes conceitos de propriedade industrial:

(A) patente de segundo uso – gestão de ciclo de vida (*evergreening*) – indicação magra (*skinny labeling*);
(B) gestão de ciclo de vida (*evergreening*) – patente de segundo uso – indicação magra (*skinny labeling*);
(C) indicação magra (*skinny labeling*) – gestão do ciclo de vida (*evergreening*) – patente de segundo uso (*evergreening*);
(D) indicação magra (*skinny labeling*) – patente de segundo uso (*evergreening*) – gestão do ciclo de vida (*evergreening*);
(E) patente de segundo uso – indicação magra (*skinny labeling*) – gestão do ciclo de vida (*evergreening*).

Para responder essa questão o candidato deve conhecer as expressões usadas pela banca examinadora:
– Patente de segundo uso se trata de uma nova aplicação terapêutica ou indicação de uso de um medicamento já conhecido e com proteção da patente. Essa situação ocorre na pretensão da sociedade XYF.
– Gestão de ciclo de vida (*evergreening*): técnica utilizada na indústria farmacêutica para estender o período de proteção por patente de um medicamento existente; isso ocorre através da introdução de alterações menores ou incrementais no medicamento ou em sua formulação, sem afetar significativamente a eficácia ou a segurança. Essa situação ocorre na acusação da sociedade GWE.
– Indicação magra (*skinny labeling*): ocorre quando se exclui de bulas de medicamentos as indicações terapêuticas que sejam objeto da proteção da patente. Normalmente usado em casos de medicamentos genérico ou similar. Essa situação ocorre na decisão do juiz. **Gabarito "A".**

(Juiz Federal – TRF/1 – 2023 – FGV) Embora a marca seja um sinal distintivo, visualmente perceptível, que identifica e distingue produtos e serviços de outro idêntico ou semelhante de origem diversa, nem todo sinal pode ser registrado, em razão de proibições legais.

Considerando-se tais proibições e suas especificidades, analise as afirmativas a seguir.

I. É nulo o registro de marca nominativa de símbolo olímpico ou paraolímpico.
II. O símbolo partidário pode ser registrado como marca para que se resguarde a exploração econômica por agremiações políticas do uso de marca de produtos/serviços, ainda que não exerçam precipuamente atividade empresarial.
III. Para que um nome civil, ou patronímico, seja registrado como marca, impõe-se a autorização pelo titular ou sucessores, de forma limitada e específica àquele registro, em classe e item pleiteados.

Está correto o que se afirma em:

(A) somente II;
(B) somente III;
(C) somente I e II;
(D) somente I e III;
(E) I, II e III.

I: correta, Não são registráveis como marca símbolo de evento esportivo nos termos do artigo 124, XIII, da Lei nº 9.279/1996 (LPI): *Art. 124. Não são registráveis como marca: XIII – nome, prêmio ou símbolo de evento esportivo, artístico, cultural, social, político, econômico ou técnico, oficial ou oficialmente reconhecido, bem como a imitação suscetível de criar confusão, salvo quando autorizados pela autoridade competente ou entidade promotora do evento;* II: correta, o STJ entendeu pela possibilidade do registro de símbolo político como marca no INPI, nos termos do Recurso Especial nº 1353300-DF, da 4ª Turma, de relatoria do Ministro Marco Buzzi; III: correta, para o registro de nome civil, ou patronímico, seja registrado como marca, é necessário o consentimento do titular, herdeiros ou sucessores (art. 124, XV, LPI). **PT**

"Gabarito 'E'."

(Juiz de Direito – TJ/DFT – 2023 – CEBRASPE) A patente viabiliza a exploração do invento, com exclusividade e por tempo determinado, pelo titular. Não obstante, há hipóteses em que o titular da patente é obrigado a deixar que outras pessoas explorem o bem patenteado. Nesse sentido, o chamado licenciamento compulsório é cabível em caso de

I. exercício abusivo dos direitos da patente.
II. abuso do poder econômico pelo titular da patente.
III. não exploração do objeto da patente.
IV. comercialização que não satisfaça às necessidades do mercado.

Assinale a opção correta.

(A) Apenas os itens I, II e III estão certos.
(B) Apenas os itens I, II e IV estão certos.
(C) Apenas os itens I, III e IV estão certos.
(D) Apenas os itens II, III e IV estão certos.
(E) Todos os itens estão certos.

I: correta, nos termos do artigo 68, *caput*, da Lei nº 9.279/1996: *Art. 68. O titular ficará sujeito a ter a patente licenciada compulsoriamente se exercer os direitos dela decorrentes de forma abusiva, ou por meio dela praticar abuso de poder econômico, comprovado nos termos da lei, por decisão administrativa ou judicial*. **II**: correta, conforme o citado artigo 68, *caput*, da Lei nº 9.279/1996; **III**: correta, conforme artigo 68, §1º, I, da Lei nº 9.279/1996: *§ 1º Ensejam, igualmente, licença compulsória: I – a não exploração do objeto da patente no território brasileiro por falta de fabricação ou fabricação incompleta do produto, ou, ainda, a falta de uso integral do processo patenteado, ressalvados os casos de inviabilidade econômica, quando será admitida a importação*; **IV**: correta, conforme artigo 68, §1º, II, da Lei nº 9.279/1996: *II – a comercialização que não satisfizer às necessidades do mercado*. **PT**

"Gabarito 'E'."

(Procurador Federal – AGU – 2023 – CEBRASPE) Assinale a opção correta acerca de registro e vigência de patentes, com base no disposto na Lei n.º 9.279/1996, que regula direitos e obrigações relativos à propriedade industrial.

(A) A vigência de um modelo de utilidade é de vinte anos.
(B) É patenteável como invenção o objeto de uso prático que, suscetível de aplicação industrial, apresente nova forma ou disposição envolvendo ato inventivo que resulte em melhoria funcional no seu uso ou em sua fabricação.
(C) É patenteável como modelo de utilidade algo único e que atenda aos requisitos de novidade, atividade inventiva e aplicação industrial.
(D) A vigência de uma patente de invenção extingue-se com o falecimento do seu inventor.
(E) Técnicas e métodos operatórios ou cirúrgicos, bem como métodos terapêuticos ou de diagnóstico, para aplicação no corpo humano ou animal não são patenteáveis.

A: Incorreta. Nesse sentido dispõe o artigo 40 da Lei, que a patente de invenção vigorará pelo prazo de 20 (vinte) anos e a de modelo de utilidade pelo prazo 15 (quinze) anos contados da data de depósito. **B**: Incorreta. Conforme dispõe o artigo 9º, é patenteável como modelo de utilidade o objeto de uso prático, ou parte deste, suscetível de aplicação industrial, que apresente nova forma ou disposição, envolvendo ato inventivo, que resulte em melhoria funcional no seu uso ou em sua fabricação. **C**: Incorreta, pois esses conceitos são adequados para a invenção, nos termos do artigo 8º da Lei, é patenteável a invenção que atenda aos requisitos de novidade, atividade inventiva e aplicação industrial. **D**: Incorreta. Nos termos do artigo 40, a patente de invenção vigorará pelo prazo de 20 (vinte) anos e a de modelo de utilidade pelo prazo 15 (quinze) anos contados da data de depósito. Desse modo, não se relaciona com a vida do inventor. **E**: Correta. Nos termos do inciso VIII, artigo 10, não se considera invenção ou modelo de utilidade (...) VIII – técnicas e métodos operatórios ou cirúrgicos, bem como métodos terapêuticos ou de diagnóstico, para aplicação no corpo humano ou animal. **PT**

"Gabarito 'E'."

(Juiz de Direito/SP – 2021 – Vunesp) Sobre a legislação brasileira de propriedade industrial, é correto afirmar que

(A) a patente de invenção e a de modelo de utilidade têm prazos de 15 e 20 anos, respectivamente, prorrogáveis por igual período.
(B) constituem violação do direito do titular da patente quaisquer atos a ela relativos praticados por terceiros não autorizados.
(C) microorganismos transgênicos não são patenteáveis ainda que preencham os requisitos de novidade, atividade inventiva e aplicação industrial.
(D) a licença compulsória de patente por interesse público não afasta a remuneração ao seu titular.

A: incorreta. O prazo das patentes é improrrogável; **B**: incorreta. O art. 43 da Lei de Propriedade Industrial autoriza determinados atos de terceiros sem que isso implique violação ao direito de patente; **C**: incorreta. A patenteabilidade dos micro-oganismos transgênicos está prevista no art. 18, III, da LPI; **D**: correta, nos termos do art. 71, §§12 e 13, da LPI. **HS**

"Gabarito 'D'."

(Juiz de Direito – TJ/MS – 2020 – FCC) Considere as seguintes proposições acerca da propriedade industrial:

I. Não são patenteáveis o todo ou parte dos seres vivos, com exceção dos microrganismos transgênicos que atendam aos requisitos legais de patenteabilidade e que não sejam mera descoberta.
II. À pessoa de boa-fé que, antes da data de depósito ou de prioridade de pedido de patente, explorava seu objeto no País, será assegurado o direito de continuar a exploração, sem ônus, na forma e condição anteriores.
III. Se dois ou mais autores tiverem realizado a mesma invenção ou modelo de utilidade, de forma independente, o direito de obter patente será assegurado àquele cuja invenção ou criação for mais antiga, independentemente da data do depósito.
IV. Quando se tratar de invenção ou de modelo de utilidade realizado conjuntamente por duas ou mais pessoas, a patente somente poderá ser requerida por todas elas, em conjunto, vedado o requerimento individual.
V. É patenteável a invenção que atenda aos requisitos de novidade e atividade inventiva, ainda que desprovida de aplicação industrial.

De acordo com a atual redação da Lei 9.279/1996, está correto o que se afirma APENAS em

(A) I e II.
(B) I e III.
(C) II e IV.
(D) III e V.
(E) IV e V.

I: correta, nos termos do art. 10, IX, da Lei 9.279/1996; **II**: correta, nos termos do art. 45 da Lei 9.279/1996; **III**: incorreta. A prioridade é concedida conforme a data do depósito do pedido (art. 7º da Lei 9.279/1996); **IV**: incorreta. É possível o requerimento individual (art. 6º, § 3º, da Lei 9.279/1996); **V**: incorreta. A aplicação industrial é requisito de patenteabilidade (art. 8º da Lei 9.279/1996). HS

Gabarito "A".

(Juiz de Direito – TJ/RS – 2018 – VUNESP) De acordo com o artigo 11 da Lei no 9.279/96 (Lei de Propriedade Industrial), a invenção e o modelo de utilidade são considerados novos quando não compreendidos no estado da técnica.

Assinale a alternativa que corresponde ao conceito legal de estado da técnica.

(A) O estado da técnica é constituído por tudo aquilo tornado acessível ao público antes da data de depósito do pedido de patente, por descrição escrita ou oral, por uso ou qualquer outro meio, no Brasil ou no exterior, ressalvado o disposto nos arts. 12, 16 e 17.

(B) O estado da técnica é constituído por tudo aquilo tornado acessível ao público antes da data de depósito do pedido de patente, por descrição escrita ou oral, por uso ou qualquer outro meio, no Brasil, ressalvado o disposto nos arts. 12, 16 e 17.

(C) O estado da técnica é constituído por tudo aquilo tornado acessível ao público antes da data de depósito do pedido de patente, por descrição escrita ou oral, por uso ou qualquer outro meio, no exterior, ressalvado o disposto nos arts. 12, 16 e 17.

(D) O estado da técnica é constituído por tudo aquilo tornado acessível ao público após a data de depósito do pedido de patente, por descrição escrita ou oral, por uso ou qualquer outro meio, no Brasil ou no exterior, ressalvado o disposto nos arts. 12, 16 e 17.

(E) O estado da técnica é constituído por tudo aquilo tornado acessível ao público antes da data de depósito do pedido de patente, por descrição escrita ou oral, no Brasil ou no exterior, ressalvado o disposto nos arts. 12, 16 e 17.

O conceito legal do estado da técnica está previsto no art. 11, § 1º, da Lei 9.279/1996: é constituído por tudo aquilo tornado acessível ao público antes da data de depósito do pedido de patente, por descrição escrita ou oral, por uso ou qualquer outro meio, no Brasil ou no exterior, ressalvado o disposto nos arts. 12, 16 e 17 HS

Gabarito "A".

7. TEMAS COMBINADOS E OUTROS TEMAS

(ENAM – 2024.1) Uma sociedade empresária de telefonia sofreu ataque cibernético que levou ao vazamento dos dados pessoais de todos os seus usuários. Posteriormente, diversos usuários acionaram o Judiciário, requerendo a condenação da sociedade empresária e o pagamento de danos morais, com base na alegação de que estavam sendo importunados com ligações de empresas de *telemarketing* após o vazamento dos seus dados.

De acordo com o entendimento do Superior Tribunal de Justiça quanto ao tema, analise as afirmativas a seguir.

I. O vazamento de dados pessoais não tem o condão, por si só, de gerar dano moral indenizável, sendo necessária prova efetiva do dano ocorrido.

II. O vazamento de dados pessoais gera para o prejudicado direito à indenização, uma vez que o dano moral, em tais casos, é presumido, podendo a empresa de telefonia fazer prova de que não houve prejuízo ao titular dos dados expostos.

III. O vazamento de qualquer tipo de dado sem autorização do usuário configura violação dos direitos à intimidade e à privacidade e enseja a condenação ao pagamento de danos morais.

Está correto o que se afirma em

(A) I, apenas.
(B) I e II, apenas.
(C) I e III, apenas.
(D) II e III, apenas.
(E) I, II e III.

Alternativa correta "A". Essa questão levou como referência um entendimento do STJ sobre consumidora que teve dados vazados e não foi indenizada pela Enel, por não se tratar de dado sensível, mas sim dado "em geral". Em 1ª instância a ação foi julgada improcedente. Em grau de recurso, o TJ/SP atendeu ao pedido da consumidora e reformou a decisão, condenando a Enel ao pagamento de indenização no valor de R$ 5 mil, ao fundamento de que se trata de dados pessoais de pessoa idosa. A decisão unânime da 2ª turma concluiu que a exposição de dados não acompanhou a comprovação de danos. Processo AResp 2.130.619. O item I vai na linha do entendimento jurisprudencial e está correto. O item II está incorreto pois, pela jurisprudência, dano moral não é presumido, sendo necessário a comprovação decorrente da exposição de informações. O item III está incorreto pois há necessidade de provar o dano ocorrido. Sobre o entendimento fixado pelo STJ no AREsp citado: "PROCESSUAL CIVIL E ADMINISTRATIVO. INDENIZAÇÃO POR DANO MORAL. VAZAMENTO DE DADOS PESSOAIS. DADOS COMUNS E SENSÍVEIS. DANO MORAL PRESUMIDO. IMPOSSIBILIDADE. NECESSIDADE DE COMPROVAÇÃO DO DANO. (...) V – O vazamento de dados pessoais, a despeito de se tratar de falha indesejável no tratamento de dados de pessoa natural por pessoa jurídica, não tem o condão, por si só, de gerar dano moral indenizável. Ou seja, o dano moral não é presumido, sendo necessário que o titular dos dados comprove eventual dano decorrente da exposição dessas informações." PT

Gabarito "A".

(Juiz de Direito/AP – 2022 – FGV) Decretada a liquidação extrajudicial de cooperativa de crédito por ato da Presidência do Banco Central do Brasil, o liquidante verificou a prática de vários atos fraudulentos por parte de ex-diretores da cooperativa, com dano inequívoco ao acervo em liquidação e aos credores. Munido de vasta documentação e balanços patrimoniais atualizados, o liquidante ajuizou ação revocatória em face de ex-diretores perante o juízo da Vara Única da Comarca de Calçoene, lugar do principal estabelecimento.

Ao receber a petição inicial, o juiz do processo, corretamente:

(A) indeferiu de plano a petição, com fundamento na impossibilidade jurídica de falência de sociedade cooperativa, pois não seria possível ajuizamento de revocatória sem decretação prévia da falência;

(B) acatou a petição, porém determinou sua emenda para regularizar a representação no polo ativo da relação processual, que deveria ser ocupado exclusivamente pelo Banco Central;

(C) acatou a petição, dando seguimento ao processo, por considerar que tem competência para o julgamento e que estão presentes o interesse processual do liquidante e sua legitimidade *ad causam*;

(D) indeferiu a petição inicial e extinguiu o processo sem resolução de mérito, por entender que a anulação dos atos imputados aos ex-diretores deveria se dar em processo administrativo, cabendo seu julgamento ao Banco Central do Brasil, por estar a cooperativa em liquidação extrajudicial;

(E) determinou que fosse dado baixa na distribuição e os autos fossem remetidos à Justiça Federal de Macapá para redistribuição, pois a competência seria da Justiça Federal em razão da natureza jurídica de autarquia do Banco Central, que deveria ser litisconsorte ativo.

A: incorreta. As cooperativas de crédito se equiparam a instituições financeiras, portanto é possível a decretação de sua falência se atendidos os requisitos legais previstos na legislação especial (no caso, a Lei nº 6.024/1974). O art. 2º, inciso II, da Lei de Falências traz hipóteses de **exclusão relativa** do regime falimentar, ou seja, situações nas quais não se aplica a falência originariamente, mas ela pode ser invocada em situações específicas; **B:** incorreta. O Banco Central autoriza o liquidante a pedir a falência, logo não ocupará aquele o polo ativo da demanda (art. 21, "b", da Lei nº 6.024/1974); **C:** correta, nos termos do art. 34 da Lei nº 6.024/1974; **D e E:** incorretas, conforme comentários anteriores. Gabarito "C".

(Delegado der Polícia Federal – 2021 – CESPE) Quatro amigos trabalham juntos há dez anos com a compra e a venda de carros usados. A sociedade não tem registro em junta comercial. Seu funcionamento ocorre em um imóvel de propriedade de Geraldo, sócio que assina todos os contratos da sociedade. A sede é mobiliada com itens de propriedade comum de todos e dispõe de espaço para a exposição de veículos, os quais são comprados pelos quatro sócios conjuntamente, para posterior venda a terceiros. Recentemente, eles passaram a enfrentar dificuldades negociais e problemas financeiros, razão por que os credores começaram a ajuizar ações e fazer cobranças.

Considerando essa situação hipotética, julgue os itens a seguir.

(1) Os sócios em questão respondem solidária e ilimitadamente com seu patrimônio pessoal pelas dívidas da sociedade.

(2) Nessa situação, para tentar superar a fase crítica, os sócios podem pedir a recuperação judicial da empresa.

(3) Geraldo poderá pleitear que a execução de seu imóvel particular por dívidas da sociedade ocorra somente após a execução dos bens sociais.

1: Certo. Trata-se de sociedade em comum, irregular porque não registrou seus atos constitutivos na Junta Comercial. Assim, uma das sanções previstas em lei para essa irregularidade é o fato de todos os sócios responderem solidária e ilimitadamente pelas obrigações sociais (art. 990 do Código Civil). **2:** Errado. A recuperação judicial só é acessível ao empresário ou à sociedade empresária regulares e com mais de 2 (dois) anos de registro na Junta Comercial, ao teor do art. 48, *caput*, da Lei 11.101/2005. **3:** Errado. Na situação hipotética apresentada, Geraldo é o sócio que contrata pela sociedade, pois assina os contratos que representam os negócios jurídicos celebrados por ela. Assim, não tem direito ao benefício de ordem e é executado juntamente com a pessoa jurídica, nos termos do art. 990, parte final, do Código Civil. Gabarito 1C, 2E, 3E

(Promotor de Justiça/CE – 2020 – CESPE/CEBRASPE) Acerca de associações, habilitação de crédito na falência, recuperação judicial e títulos de crédito, julgue os itens a seguir, de acordo com a jurisprudência do STJ.

I. A regra do Código Civil que prevê a responsabilidade subsidiária dos sócios de sociedade simples, caso os bens da sociedade não lhe cubram as dívidas, aplica-se às associações civis.

II. Em razão de sua natureza alimentar, os créditos decorrentes de honorários advocatícios se equiparam aos trabalhistas para efeito de habilitação em falência.

III. É legítima a cláusula de plano de recuperação judicial que suspenda protesto apenas em relação à sociedade empresária em recuperação, sob a condição resolutiva do cumprimento do plano de recuperação, mas que mantenha ativo o protesto existente em relação a coobrigado.

IV. A mera vinculação de nota promissória a contrato de abertura de crédito não é apta a retirar a autonomia do referido título cambial.

Estão certos apenas os itens

(A) I e II.
(B) I e IV.
(C) II e III.
(D) I, III e IV.
(E) II, III e IV.

I: incorreta. Não há aplicação subsidiária das normas das sociedades simples às associações; **II:** correta, correta, nos termos da tese firmada pelo STJ no julgamento do Tema 637 dos Recursos Repetitivos; **III:** correta, nos termos da tese firmada pelo STJ no julgamento do Tema 885 dos Recursos Repetitivos; **IV:** incorreta. A jurisprudência consolidada do STJ, divulgada no Informativo Jurisprudência em Teses 56, entende que a vinculação de nota promissória a contrato de abertura de crédito retira sua autonomia, mas não a executoriedade. Gabarito "C".

(Promotor de Justiça/SP – 2019 – MPE/SP) Assinale a alternativa correta.

(A) Se o alienante não permanecer com bens suficientes para pagamento dos credores, a eficácia do trespasse dependerá do pagamento dos credores ou do consentimento de todos eles de forma expressa.

(B) O endosso é um ato cambiário que transfere a titularidade do crédito e vincula o endossatário ao pagamento do valor contido no título, na qualidade de coobrigado.

(C) Aquele que pretende renovar seu contrato de locação empresarial deve propor ação renovatória no interregno de um ano, no máximo, até seis meses, no mínimo, anteriores à data de finalização do prazo do contrato em vigor, sob pena de prescrição da ação.

(D) Pelo contrato de distribuição, uma pessoa assume, em caráter não eventual e sem vínculos de dependência, a obrigação de promover, à conta de outra, mediante retribuição, a realização de certos negócios, em zona determinada, tendo à sua disposição a coisa a ser negociada.

(E) A duplicata mercantil é título de aceite obrigatório e somente poderá ser recusado em caso de desistência do negócio por parte do comprador, no prazo de 15 dias após a entrega das mercadorias.

A: incorreta. A concordância pode ser tácita (art. 1.145 do CC); **B:** incorreta. Quem se vincula como coobrigado é o endossante. Endossatário é novo credor do título, é quem recebe o endosso; **C:** incorreta. O prazo é decadencial (art. 51, § 5º, da Lei 8.245/1991); **D:** correta, nos termos do art. 710 do CC; **E:** incorreta. O aceite da duplicata pode ser recusado em caso de avaria ou não recebimento das mercadorias, quando não expedidas ou não entregues por sua conta e risco; vícios, defeitos e diferenças na qualidade ou quantidade das mercadorias, devidamente comprovados; ou divergência nos prazos ou nos preços ajustados (art. 8º da Lei 5.474/1968).

Gabarito "D".

(Juiz de Direito – TJ/AL – 2019 – FCC) Por conta do comprometimento da sua situação econômica, o Banco XPTO, instituição financeira que operava regularmente há mais de dez anos, teve decretada sua liquidação extrajudicial. Nesse caso, de acordo com a Lei n. 6.024/1974,

(A) em caso de dolo ou culpa grave, os administradores do banco responderão com seus bens, subsidiariamente à instituição financeira liquidanda, pelas obrigações por ela assumidas durante sua gestão, até que se cumpram.

(B) a decretação da liquidação extrajudicial não produzirá, de imediato, o vencimento antecipado das obrigações do banco; porém, em caso de falência, o valor das dívidas da instituição financeira será apurado retroativamente à data do decreto de liquidação.

(C) a liquidação extrajudicial será executada por liquidante nomeado pelo Presidente da República, que poderá cometer a indicação a um dos seus Ministros; não havendo nomeação do liquidante no prazo de trinta dias contado da data do decreto de liquidação, a nomeação deverá ser feita pelo Presidente do Banco Central do Brasil.

(D) o liquidante do banco somente poderá requerer a falência deste quando houver fundados indícios de crimes falimentares, mediante prévia consulta ao Banco Central do Brasil.

(E) os administradores do banco ficarão com todos os seus bens indisponíveis, ressalvadas as exceções legais, não podendo, por qualquer forma, direta ou indireta, aliená-los ou onerá-los, até apuração e liquidação final de suas responsabilidades.

A: incorreta. A responsabilidade independe de dolo ou culpa grave (art. 40 da Lei 6.024/1974); **B:** incorreta. Trata-se de efeito imediato da liquidação (art. 18, "b", da Lei 6.024/1974); **C:** incorreta. A nomeação compete ao Banco Central do Brasil (art. 16 da Lei 6.024/1974); **D:** incorreta. Também poderá pedir a falência quando o ativo da instituição liquidanda não for suficiente para cobrir pelo menos metade do valor dos créditos quirografários (art. 21, "b", da Lei 6.024/1974); **E:** correta, nos termos do art. 36 da Lei 6.024/1974.

Gabarito "E".

(Juiz de Direito – TJ/SC – 2019 – CESPE/CEBRASPE) Para os efeitos da Lei Complementar 123/2006, observados os limites de receita bruta e os demais requisitos legais, consideram-se como microempresas, além da sociedade empresária,

(A) a sociedade por ações, as cooperativas de consumo e o empresário.

(B) a sociedade simples, a empresa individual de responsabilidade limitada e o empresário.

(C) a sociedade simples, a empresa individual de responsabilidade limitada e as cooperativas que não sejam de consumo.

(D) a empresa individual de responsabilidade limitada, o empresário e as cooperativas que não sejam de consumo.

(E) a sociedade simples, a sociedade por ações e o empresário.

A sociedade por ações e as cooperativas, exceto as de consumo, não podem ser enquadradas como microempresa (art. 3º, § 4º, VI e X, da Lei Complementar 123/2006).

Gabarito "B".

5. DIREITO PENAL

Eduardo Dompieri, Patricia Bergamasco e Arthur Trigueiros*

1. CONCEITO, FONTES E PRINCÍPIOS

(Analista – TJ/ES – 2023 – CEBRASPE) A respeito do princípio da consunção, julgue os itens a seguir.

(1) Com previsão expressa na parte geral do Código Penal brasileiro, o princípio da consunção pode ser caracterizado como um subprincípio do princípio da intervenção mínima.

(2) O princípio da consunção é um princípio de resolução de conflito de leis penais no tempo, sem previsão expressa na parte geral do Código Penal brasileiro.

1: errada. Primeiro porque o princípio da consunção não conta com previsão expressa na Parte Geral do CP; segundo porque não há relação deste postulado com o da intervenção mínima. Sempre que a um mesmo fato houver a possibilidade aparente de incidência de normas diferentes, está-se diante do que a doutrina convencionou chamar de *conflito aparente de normas*. Como bem sabemos, por força do princípio do *non bis in idem*, é inviável que a um mesmo fato recaiam duas normas incriminadoras, razão pela qual deve-se verificar qual delas deve prevalecer em detrimento da outra. E é com vistas a dar solução a este aparente conflito de normas que a doutrina desenvolveu regras, fixando quatro princípios, a saber: especialidade; subsidiariedade; consunção; e alternatividade. Aplicar-se-á o princípio da especialidade quando, pela mera comparação entre as leis, for possível constatar que uma delas (a especial) contém todos os elementos da outra (a geral), e mais alguns, denominados especializantes. Nesse caso, a lei especial afastará a incidência da lei geral. Já o princípio da subsidiariedade será aplicado quando uma determinada lei definir como crime um fato mais amplo e grave (lei primária) do que outra, menos ampla e de menor gravidade (lei subsidiária). Assim, a lei primária prevalecerá sobre a subsidiária, sendo de rigor a apreciação do fato em concreto. Por fim, pelo princípio da consunção (ou absorção), que igualmente exige a comparação de fatos concretos, o fato mais amplo e grave absorverá o menos amplo e menos grave, quando este for uma fase normal ou etapa do crime mais gravoso. Quanto ao princípio da alternatividade, aplicável para aqueles tipos penais que contemplam dois ou mais verbos (tipos mistos alternativos, crimes de ação múltipla ou de conteúdo variado), a doutrina majoritária aponta que não se trata de mecanismo de solução de um conflito aparente de normas, mas, sim, de um conflito interno na mesma norma. É o que se dá, por exemplo, no crime de tráfico de drogas (art. 33 da Lei 11.343/2006), dentre tantos outros previstos na legislação penal. Pelo tudo que foi dito, forçoso concluir que o princípio da consunção, desenvolvido no contexto do conflito aparente de normas, nenhuma relação tem com o postulado da intervenção mínima, segundo o qual o Direito Penal deve interferir o mínimo possível na vida do indivíduo. Com isso, deve-se, tão somente em último caso, recorrer a este ramo do direito com o fito de solucionar conflitos surgidos em sociedade. Desta feita, se determinadas condutas podem ser contidas por meio de outros mecanismos de controle, deve-se evitar o Direito Penal, reservando-o àqueles comportamentos efetivamente nocivos. O *princípio da intervenção mínima* abrange os princípios da subsidiariedade e da fragmentariedade. Pelo princípio da fragmentariedade, a lei penal constitui uma pequena parcela (fragmento) do ordenamento jurídico. Isso porque somente se deve lançar mão desse ramo do direito diante da ineficácia ou inexistência de outros instrumentos de controle social menos traumáticos (subsidiariedade); **2: errada.** De fato, como já ponderamos acima, o princípio da consunção não tem previsão na Parte Geral do CP. E da mesma forma que este princípio não tem relação com o da intervenção mínima, também não se presta a dirimir conflitos de leis penais no tempo. *Grosso modo*, na hipótese de leis penais sucessivas, deve ser aplicada a que foi mais favorável ao acusado. ED
Gabarito 1E, 2E

(Analista – TJ/ES – 2023 – CEBRASPE) De acordo com o princípio da bagatela imprópria, julgue o item que se segue.

(1) A aplicação da pena não pode ter finalidade exclusivamente retributiva.

1: correta. O princípio que conduz à exclusão da tipicidade material de condutas causadoras de danos insignificantes ou de perigos ínfimos é o da bagatela *própria*. Ensina o saudoso jurista Luiz Flávio Gomes que "o princípio da irrelevância penal do fato está contemplado (expressamente) no art. 59 do CP e apresenta-se como consequência da desnecessidade da pena, no caso concreto; já o princípio da insignificância, ressalvadas raras exceções, não está previsto expressamente no direito brasileiro (é pura criação jurisprudencial), fundamentada nos princípios gerais do Direito Penal" (**Direito penal – Parte Geral.** 2. ed. São Paulo: RT, 2009. vol. 2, p. 220). Acerca da distinção entre esses dois princípios, ainda segundo o magistério de Luiz Flávio Gomes, "uma coisa é o princípio da irrelevância penal do fato, que conduz à sua não punição concreta e que serve como cláusula geral para um determinado grupo de infrações (para as infrações bagatelares impróprias) e, outra, muito distinta, é o princípio da insignificância *tout court*, que se aplica para as infrações bagatelares próprias e que dogmaticamente autoriza excluir do tipo penal as ofensas (lesões ou perigo concreto) de mínima magnitude, ou nímias, assim como as condutas que revelem exígua idoneidade ou potencialidade lesiva. As infrações bagatelares são próprias quando já nascem bagatelares (...)" (**Direito Penal – parte geral.** 2. ed. São Paulo: RT, 2009. vol. 2, p. 219). Devem ser consideradas impróprias, por seu turno, as infrações que, embora não nasçam insignificantes, assim se tornam posteriormente, tornando a pena que porventura seria aplicada desnecessária. Daí dizer que a aplicação da pena não pode ter finalidade exclusivamente retributiva. ED
Gabarito 1C

(Analista – TJ/ES – 2023 – CEBRASPE) No que se refere à aplicação da lei penal no tempo, julgue os itens subsequentes.

(1) O crime permanente é aquele cujo resultado prolonga-se no tempo, atraindo a aplicação da lei penal vigente ao término do resultado.

(2) No caso dos crimes omissivos, considera-se o momento da omissão e aplica-se a lei vigente pressupondo o último momento que poderia ter sido utilizado pelo agente para praticar a ação.

(3) No caso dos crimes continuados, aplica-se a lei mais severa, ainda que posterior à cessação da continuidade, haja vista se tratar de ficção jurídica.

1: errada. Na verdade, crime permanente é aquele cuja consumação (e não o resultado) se prolonga no tempo por vontade do agente. Isto

---

* ED Eduardo Dompieri
  PB Patricia Bergamasco
  AT Arthur Trigueiros

é, a consumação se protrai no tempo, sempre dependente da ação do sujeito ativo. Por se tratar de crime permanente, a sucessão de leis penais no tempo enseja a aplicação da lei vigente enquanto não cessado o comportamento ilícito, ainda que se trate de lei mais gravosa. É esse o entendimento firmado na Súmula n. 711 do STF: "A lei penal mais grave aplica-se ao crime continuado ou ao crime permanente, se a sua vigência é anterior à cessação da continuidade ou permanência"; **2:** correta, pois em conformidade com o disposto no art. 4º do CP, que tratar do tempo do crime; **3:** errada, já que a Súmula 711 do STF, acima transcrita, também tem incidência no contexto dos crimes continuados, em que será aplicada a lei mais grave somente na hipótese de a sua vigência ser anterior à cessação da continuidade. ED

Gabarito 1E, 2C, 3E

(Delegado/RJ – 2022 – CESPE/CEBRASPE) Ao assumir a titularidade da Delegacia de certo município no interior do estado do Rio de Janeiro, o delegado Tibúrcio percebe a existência de um inquérito policial instaurado para a investigação de crime de sonegação tributária de imposto municipal. Verifica, ainda, que o valor sonegado é ínfimo, embora haja a incidência de multa e juros. Assim, o Delegado passa a deliberar sobre a possível incidência do princípio da insignificância.

Nessa situação hipotética, para chegar à conclusão correta, o delegado deverá considerar que, consoante a jurisprudência do STF e do STJ, o princípio da insignificância

(A) tem aplicabilidade restrita aos tributos federais, não alcançando os estaduais e municipais, pois não há regulamentação regional ou local possível sobre seus parâmetros, uma vez que só a União pode legislar sobre matéria penal.
(B) é aplicável aos tributos de todos os entes federativos, desde que haja norma estadual ou municipal estabelecendo os parâmetros de aferição, considerados os juros e a multa.
(C) é aplicável aos tributos de todos os entes federativos, tendo como parâmetro os limites em que a União não executa seus créditos fiscais, desconsiderados os juros e a multa.
(D) é aplicável aos tributos de todos os entes federativos, tendo como parâmetro os limites em que a União não executa seus créditos fiscais, considerados os juros e a multa.
(E) é aplicável aos tributos de todos os entes federativos, desde que haja norma estadual ou municipal estabelecendo os parâmetros de aferição, desconsiderados os juros e a multa.

Conferir na jurisprudência: "Nos termos da jurisprudência desta Corte Superior de Justiça, "[...] incide o princípio da insignificância aos crimes tributários federais e de descaminho quando o débito tributário verificado não ultrapassar o limite de R$ 20.000,00 (vinte mil reais), a teor do disposto no art. 20 da Lei n. 10.522/2002, com as atualizações efetivadas pelas Portarias n. 75 e 130, ambas do Ministério da Fazenda. [...]" (REsp 1688878/SP, Rel. Ministro Sebastião Reis Júnior, terceira seção, julgado em 28/02/2018, DJe 04/04/2018) 2. O fato da União, por razões políticas ou administrativas, optar por autorizar o pedido de arquivamento das execuções fiscais que não ultrapassam o referido patamar não permite, por si só, que a mesma liberalidade seja estendida aos demais entes federados, o que somente poderia ocorrer caso estes também legislassem no mesmo sentido, tendo em vista que são dotados de autonomia. 3. Dentre os critérios elencados pela jurisprudência dominante para a incidência do princípio da insignificância encontra-se a inexpressividade da lesão jurídica ocasionada pela conduta, parâmetro que pode variar a depender do sujeito passivo do crime" (STJ, AgRg no HC 549428- PA, j. em 19-5-2020, DJe de 29-5-2020). Vale citar um julgado mais recente sobre a reiteração da conduta delitiva em crimes tributários: "A reiteração da conduta delitiva obsta a aplicação do princípio da insignificância ao crime de descaminho - independentemente do valor do tributo não recolhido -, ressalvada a possibilidade de, no caso concreto, se concluir que a medida é socialmente recomendável. A contumácia pode ser aferida a partir de procedimentos penais e fiscais pendentes de definitividade, sendo inaplicável o prazo previsto no art. 64, I, do CP, incumbindo ao julgador avaliar o lapso temporal transcorrido desde o último evento delituoso à luz dos princípios da proporcionalidade e razoabilidade" (STJ, REsp 2083701-SP, j. em 28-2-2024, DJe de 5-3-2024). ED/PB

Gabarito "E".

(Delegado/MG – 2021 – FUMARC) Acerca dos princípios que limitam e informam o Direito Penal, é CORRETO afirmar:

(A) Em atenção ao princípio penal da lesividade, a Constituição Federal proíbe as penas de morte, salvo em caso de guerra declarada, e as consideradas cruéis.
(B) Em observância ao princípio da legalidade, a lei penal, na modalidade *stricta*, permite a analogia em *in malam partem*.
(C) O princípio da adequação social funciona como causa supralegal de exclusão da tipicidade, não podendo ser considerado criminoso o comportamento humano socialmente aceito e adequado, que, embora tipificado em lei, não afronte o sentimento social de justiça.
(D) O Superior Tribunal de Justiça, em decisão baseada no princípio da individualização das penas, firmou entendimento no sentido de que pena cumprida em condição indigna pode ser contada em dobro.

A: incorreta, visto que tal vedação, de índole constitucional, decorre dos princípios da humanidade e da dignidade da pessoa humana; **B:** incorreta, uma vez que não se admite, em matéria penal, a chamada analogia *in malam partem*. Conferir: "(...) No rol de incidência da causa especial de aumento de pena, entre os entes da Administração Pública indireta, não há menção às autarquias. Analogia para entender que os servidores ocupantes de cargos em comissão ou de função de direção ou de assessoramento das autarquias também estariam sujeitos à majorante. Pelo princípio da legalidade penal estrita, inadmissível o aproveitamento da analogia *in malam partem*. Recorrentes que não poderiam ter a pena majorada em um terço, na forma prevista no § 2º do art. 327 do Código Penal" (STF, AO 2093-RN, 2ª T., rel. Min. Cármen Lúcia, j. 3/9/2019); **C:** correta, já que a proposição contempla, de fato, o princípio da adequação social, segundo o qual não se pode reputar criminosa a conduta tolerada pela sociedade, ainda que corresponda a uma descrição típica. É dizer, embora formalmente típica, porque subsumida num tipo penal, carece de tipicidade material, porquanto em sintonia com a realidade social em vigor. A sociedade se mostra, nessas hipóteses, indiferente ante a prática da conduta, como é o caso da tatuagem. São exemplos: a circuncisão praticada na religião judaica; o furo na orelha para colocação de brinco etc.; **D:** incorreta, já que o princípio de que se valeu o STJ, neste caso, é o da fraternidade. Conferir: "AGRAVO REGIMENTAL. MINISTÉRIO PÚBLICO ESTADUAL. LEGITIMIDADE. IPPSC (RIO DE JANEIRO). RESOLUÇÃO CORTE IDH 22/11/2018. PRESO EM CONDIÇÕES DEGRADANTES. CÔMPUTO EM DOBRO DO PERÍODO DE PRIVAÇÃO DE LIBERDADE. OBRIGAÇÃO DO ESTADO-PARTE. SENTENÇA DA CORTE. MEDIDA DE URGÊNCIA. EFICÁCIA TEMPORAL. EFETIVIDADE DOS DIREITOS HUMANOS. PRINCÍPIO *PRO PERSONAE*. CONTROLE DE CONVENCIONALIDADE. INTERPRETAÇÃO MAIS FAVORÁVEL AO INDIVÍDUO, EM SEDE DE APLICAÇÃO DOS DIREITOS HUMANOS EM ÂMBITO INTERNACIONAL (PRINCÍPIO DA FRATERNIDADE – DESDOBRAMENTO). SÚMULA 182 STJ. AGRAVO DESPROVIDO" (AgRg no RHC 136.961/RJ, Rel.

Ministro REYNALDO SOARES DA FONSECA, QUINTA TURMA, julgado em 15/06/2021, DJe 21/06/2021).
Gabarito "C".

(Promotor de Justiça/CE – 2020 – CESPE/CEBRASPE) Com relação aos princípios e às garantias penais, assinale a opção correta.

(A) A proibição da previsão de tipos penais vagos decorre do princípio da reserva legal em matéria penal.
(B) Em nome da proibição do caráter perpétuo da pena, conforme entendimento do STJ, o cumprimento de medida de segurança se sujeita ao limite máximo de trinta anos.
(C) O princípio da culpabilidade afasta a responsabilização objetiva em matéria penal, de modo que a punição penal exige a demonstração de conduta dolosa ou culposa.
(D) O princípio da adequação social serve de parâmetro fundamental ao julgador, que, à luz das condutas formalmente típicas, deve decidir quais sejam merecedoras de punição criminal.
(E) Conforme o princípio da subsidiariedade, o direito penal somente tutela uma pequena fração dos bens jurídicos protegidos nas hipóteses em que se verifica uma lesão ou ameaça de lesão mais intensa aos bens de maior relevância.

A: incorreta. Isso porque a proibição da previsão de tipos penais vagos constitui uma das dimensões do princípio da legalidade, do qual, portanto, decorre. Nas palavras do saudoso jurista Luiz Flávio Gomes, "são contrárias à garantia da legalidade material as leis que descrevem os delitos de forma vaga e imprecisa, deixando nas mãos dos juízes a definição do delito (isso ocorria, por exemplo, com o crime de adultério, que acabou sendo revogado). Ofende também o princípio da certeza ou da taxatividade a lei penal fundada em requisitos normativos culturais (crime de ato obsceno, por exemplo). Tipo penal com essa forma aberta resulta em verdadeira loteria (porque a tipicidade passa a ficar vinculada ao que o juiz pensa). Tal imposição, no entanto, não impede que o legislador ordinário utilize-se, vez ou outra, após uma enumeração casuística, de uma formulação genérica que deve ser interpretada de acordo com os casos anteriormente elencados (...)" (Direito penal – Parte Geral. 2. ed. São Paulo: RT, 2009. vol. 2, p. 38); **B:** incorreta, pois não reflete o entendimento contido na Súmula 527, do STJ, segundo a qual "o tempo de duração da medida de segurança não deve ultrapassar o limite máximo da pena abstratamente cominada ao delito praticado". Quanto a este tema, valem algumas ponderações. Se levássemos em conta tão somente a redação do art. 97, § 1º, do CP, chegaríamos à conclusão de que a medida de segurança poderia ser eterna. Em vista da regra que veda as penas de caráter perpétuo, esta não é a melhor interpretação do dispositivo. Tanto que o STF firmou posicionamento no sentido de que o prazo máximo de duração da medida de segurança não pode ser superior a 30 anos (analogia ao art. 75 do CP). O STJ entende que a medida de segurança deve ter por limite o máximo da pena em abstrato cominada para o crime (STJ, HC 125.342-RS, 6ª T., rel. Min. Maria Thereza de Assis Moura, j. 19.11.09), entendimento esse consolidado por meio da súmula acima transcrita. Nunca é demais lembrar que a Lei 13.964/2019, posterior à elaboração desta questão, alterou o art. 75 do CP, elevando o limite de cumprimento de pena, que até então era de 30 anos, para 40 anos. Tal mudança em nada altera o entendimento consagrado na Súmula 715, bastando substituir os 30 pelos 40 anos; **C:** correta. Pelo *princípio da culpabilidade* ou da *responsabilidade subjetiva*, ninguém pode ser punido se não houver agido com dolo ou culpa, sendo vedada, portanto, em direito penal, a responsabilidade objetiva; **D:** incorreta. Segundo o postulado da adequação social, cujo conteúdo é dirigido tanto ao aplicador/intérprete da norma quanto ao legislador, não se pode reputar criminosa a conduta tolerada pela sociedade, ainda que corresponda a uma descrição típica. É dizer, embora formalmente típica, porque subsumida num tipo penal, carece de tipicidade material, porquanto em sintonia com a realidade social em vigor. A sociedade se mostra, nessas hipóteses, indiferente ante a prática da conduta, como é o caso da tatuagem. Também são exemplos: a circuncisão praticada na religião judaica; o furo na orelha para colocação de brinco etc.; **E:** incorreta, já que esta assertiva se refere ao postulado da fragmentariedade, que preconiza que o Direito Penal deve sempre ser visto como a *ultima ratio*, isto é, somente deve ocupar-se das condutas mais graves, mais deletérias. Representa, por isso, um *fragmento*, uma pequena parcela do ordenamento jurídico. De outro lado, afirmar que o Direito Penal tem *caráter subsidiário* significa dizer que ele somente terá lugar na hipótese de outros ramos do direito se revelarem ineficazes no controle de conflitos gerados no meio social.
Gabarito "C".

(Promotor de Justiça/PR – 2019 – MPE/PR) A forma pela qual ocorreu a estruturação da teoria do delito nem sempre foi uniforme, sendo variável segundo um perfil de evolução de conceitos do que é o direito. Assim, na medida em que ocorreram mudanças nas teorias basilares que influenciaram a estruturação do Direito Penal, a forma de apresentação e de estudo do delito igualmente foram mudando. Tendo isto em mente, a afirmação de que *"o direito positivo não possui uma valoração intrínseca e objetiva, sendo que as normas jurídicas aparecem determinadas por valores prévios e que contaminam, além de sua edição, também os próprios autores de sua elaboração, sendo que uma pretensa 'verdade jurídica' vem influenciada pela cultura"*, se mostra ajustada à definição de:

(A) Causalismo.
(B) Neokantismo.
(C) Finalismo.
(D) Pós-finalismo.
(E) Funcionalismo.

Ensina o saudoso jurista Luiz Flávio Gomes, ao discorrer sobre o conceito neoclássico (neokantista) de delito, que "a preocupação central do neokantismo (primeiro terço do século XX) foi a de dotar cada um dos requisitos do delito de conteúdo material (valorativo). O Direito penal existe para a realização de valores, isto é, não é uma ciência neutra, meramente classificatória (como é a botânica, por exemplo). O mundo dos valores foi introduzido no Direito penal. Os valores estão presentes nos conceitos, inclusive e sobretudo nos conceitos penais. O conceito analítico de delito não se alterou (fato típico, antijurídico e culpável), mas cada uma dessas categorias passaram a estampar conteúdo diferente (é típico o fato valorado negativamente pelo legislador, a antijuridicidade não é só formal, visto que é também material e a culpabilidade não é só psicológica, posto que é também normativa)" (Direito penal – Parte Geral. 2. ed. São Paulo: RT, 2009. vol. 2, p. 133).
Gabarito "B".

(Juiz de Direito – TJ/RJ – 2019 – VUNESP) O princípio da insignificância, que defende a não intervenção do Direito Penal para coibir ações típicas que causem ínfima lesão ao bem jurídico tutelado é afastada pela jurisprudência do Superior Tribunal de Justiça, por sua Súmula 599, em relação aos crimes

(A) praticados contra as mulheres ou em condição de violência de gênero.
(B) contra o meio ambiente.
(C) contra a Administração Pública.

(D) contra a criança e o adolescente.
(E) de menor potencial ofensivo.

Antes de mais nada, façamos algumas considerações acerca do princípio da insignificância (ou da criminalidade de bagatela) para, depois, analisar, uma a uma, as assertivas propostas. Conforme é sabido, este postulado tem sua origem no Direito Romano, derivado do brocardo *de minimis non curat praetor*, que significa, *grosso modo*, que fatos totalmente insignificantes devem ficar fora do alcance do Direito Penal. Em outras palavras, o Direito Penal não deve atuar diante de fatos insignificantes, desprezíveis, de forma que somente se deve recorrer a esse ramo do direito em casos relevantes, isto é, não pode ser considerada típica a conduta causadora de lesão insignificante ao bem jurídico tutelado pela norma penal. De acordo com a doutrina e jurisprudência consolidadas, o postulado da insignificância atua como causa de exclusão da tipicidade material. Somente passou a ser incorporado e aplicado a partir dos estudos do jurista alemão Claus Roxin, na década de 70 do século passado, que modernizou e aperfeiçoou o postulado. Calcado em valores de política criminal e derivado do princípio da intervenção mínima, o princípio da insignificância funciona como causa excludente da tipicidade (material) do fato, constituindo-se em instrumento de interpretação restritiva do tipo penal. De acordo com a doutrina e jurisprudência hoje sedimentadas, a sua incidência está condicionada ao reconhecimento conjugado de quatro vetores, a saber: i) mínima ofensividade da conduta do agente; ii) nenhuma periculosidade social da ação; iii) reduzido grau de reprovabilidade do comportamento; iv) inexpressividade da lesão jurídica provocada. Feitas essas ponderações, passemos às alternativas. **A**: incorreta. O simples fato de a infração penal ter como vítima a mulher não elide a incidência do princípio da insignificância. O que fez a Súmula 589, do STJ, foi consolidar o entendimento segundo o qual é vedada a aplicação do princípio da insignificância no contexto das infrações penais praticadas contra a mulher no âmbito da Lei Maria da Penha; **B**: incorreta. Tanto o STF quanto o STJ acolhem a possibilidade de incidência do princípio da insignificância no contexto dos crimes ambientais. Conferir: "AÇÃO PENAL. Crime ambiental. Pescador flagrado com doze camarões e rede de pesca, em desacordo com a Portaria 84/02, do IBAMA. Art. 34, parágrafo único, II, da Lei nº 9.605/98. *Rei furtivae* de valor insignificante. Periculosidade não considerável do agente. Crime de bagatela. Caracterização. Aplicação do princípio da insignificância. Atipicidade reconhecida. Absolvição decretada. HC concedido para esse fim. Voto vencido. Verificada a objetiva insignificância jurídica do ato tido por delituoso, à luz das suas circunstâncias, deve o réu, em recurso ou *habeas corpus*, ser absolvido por atipicidade do comportamento" (STF, HC 112563, Relator: Min. RICARDO LEWANDOWSKI, Relator p/ Acórdão: Min. CEZAR PELUSO, Segunda Turma, julgado em 21.08.2012). No mesmo sentido, o STJ: "1. Esta Corte Superior de Justiça e o Supremo Tribunal Federal reconhecem a atipicidade material de determinadas condutas praticadas em detrimento do meio ambiente, desde que verificada a mínima ofensividade da conduta do agente, a ausência de periculosidade social da ação, o reduzido grau de reprovabilidade do comportamento e a inexpressividade da lesão jurídica provocada. Precedentes. 2. Hipótese em que os recorridos foram denunciados pela pesca em período proibido, com utilização de vara e molinete, tendo sido apreendidos com ínfima quantidade extraída da fauna aquática, de maneira que não causaram perturbação no ecossistema a ponto de reclamar a incidência do Direito Penal, sendo, portanto, imperioso o reconhecimento da atipicidade da conduta perpetrada, devendo ser ressaltado que os recorridos não possuem antecedentes criminais. 3. Recurso desprovido" (REsp 1743980/MG, Rel. Ministro Jorge Mussi, Quinta Turma, julgado em 04/09/2018, DJe 12/09/2018); **C**: correta. É fato que, para o STJ, o princípio da insignificância é inaplicável aos crimes contra a Administração Pública. Tal entendimento, inclusive, está sedimentado na Súmula 599, do próprio STJ: *o princípio da insignificância é inaplicável aos crimes contra a Administração Pública*. Mas tal regra comporta uma exceção. Refiro-me ao delito de descaminho, em relação ao qual o STJ (e também o STF) entende pela aplicabilidade do mencionado postulado, desde que o tributo sonegado não ultrapasse R$ 20.000,00. Cuidado: a insignificância, embora se aplique ao descaminho, não tem incidência no crime de contrabando. Ademais, é importante que se diga que o STF tem precedentes no sentido de reconhecer a incidência de tal princípio aos crimes contra a Administração Pública. A conferir: "Delito de peculato-furto. Apropriação, por carcereiro, de farol de milha que guarnecia motocicleta apreendida. Coisa estimada em treze reais. *Res furtiva* de valor insignificante. Periculosidade não considerável do agente. Circunstâncias relevantes. Crime de bagatela. Caracterização. Dano à probidade da administração. Irrelevância no caso. Aplicação do princípio da insignificância. Atipicidade reconhecida. Absolvição decretada. HC concedido para esse fim. Voto vencido. Verificada a objetiva insignificância jurídica do ato tido por delituoso, à luz das suas circunstâncias, deve o réu, em recurso ou *habeas corpus*, ser absolvido por atipicidade do comportamento" (HC 112388, Relator(a): Min. Ricardo Lewandowski, Relator(a) p/ acórdão: Min. Cezar Peluso, Segunda Turma, julgado em 21/08/2012, Processo Eletrônico DJe-181 Divulg 13.09.2012 Public 14.09.2012); **D**: incorreta. Dada a relevância do bem jurídico sob tutela, aos crimes praticados contra a criança e o adolescente não incide o princípio da insignificância; **E**: incorreta. Não há óbice à incidência do princípio da insignificância nas infrações penais regidas por lei especial, como é o caso das infrações de menor potencial ofensivo (Lei 9.099/1995).

Gabarito "C"

(Juiz de Direito – TJ/AL – 2019 – FCC) Segundo entendimento sumulado do Superior Tribunal de Justiça, INAPLICÁVEL o princípio da insignificância

(A) aos crimes ambientais e aos crimes patrimoniais sem violência ou grave ameaça à pessoa, se reincidente o acusado.
(B) aos crimes praticados contra a criança e o adolescente e aos crimes contra a ordem tributária.
(C) às contravenções penais praticadas contra a mulher no âmbito das relações domésticas e aos crimes contra a Administração pública.
(D) aos crimes de licitações e às infrações de menor potencial ofensivo, já que regidas por lei especial.
(E) aos crimes de violação de direito autoral e aos crimes previstos no estatuto do desarmamento.

A: incorreta. Nos casos de delitos contra o patrimônio praticados sem violência ou grave ameaça à pessoa, a aplicação do princípio da insignificância é admitida tanto pelo Supremo Tribunal Federal quanto pelo Superior Tribunal de Justiça, mesmo que existam condições pessoais desfavoráveis, tais como maus antecedentes, reincidência ou ações penais em curso. Ou seja, o fato de o réu ser reincidente ou ainda portador de maus antecedentes criminais não obsta a aplicação do princípio da insignificância, cujo reconhecimento está condicionado à existência de outros requisitos. Nesse sentido: STF, RE 514.531/RS, 2.ª T., j. 21.10.2008, rel. Min. Joaquim Barbosa, *DJ* 06.03.2009; STJ, HC 221.913/SP, 6.ª T., j. 14.02.2012, rel. Min. Og Fernandes, *DJ* 21.03.2012. Mais recentemente, o plenário do STF, em julgamento conjunto de três HCs, adotou o entendimento no sentido de que a incidência ou não do postulado da insignificância em favor de agentes reincidentes ou com maus antecedentes autores de crimes patrimoniais desprovidos de violência ou grave ameaça deve ser aferida caso a caso. Vide HCs 123.108, 123.533 e 123.734. O mesmo se diga dos crimes ambientais, em relação aos quais é perfeitamente possível a incidência do postulado da insignificância, mesmo que o agente ostente condições desfavoráveis. No sentido de os crimes contra o meio ambiente comportarem o princípio da insignificância: "AÇÃO PENAL. Crime ambiental. Pescador flagrado com doze camarões e rede de pesca, em desacordo com a Portaria 84/02, do IBAMA. Art. 34, parágrafo único, II, da Lei nº 9.605/98. *Rei furtivae* de valor insignificante. Periculosidade não considerável do agente. Crime de bagatela. Caracterização.

Aplicação do princípio da insignificância. Atipicidade reconhecida. Absolvição decretada. HC concedido para esse fim. Voto vencido. Verificada a objetiva insignificância jurídica do ato tido por delituoso, à luz das suas circunstâncias, deve o réu, em recurso ou *habeas corpus*, ser absolvido por atipicidade do comportamento" (STF, HC 112563, Relator: Min. RICARDO LEWANDOWSKI, Relator p/ Acórdão: Min. CEZAR PELUSO, Segunda Turma, julgado em 21.08.2012). No mesmo sentido, o STJ: "1. Esta Corte Superior de Justiça e o Supremo Tribunal Federal reconhecem a atipicidade material de determinadas condutas praticadas em detrimento do meio ambiente, desde que verificada a mínima ofensividade da conduta do agente, a ausência de periculosidade social da ação, o reduzido grau de reprovabilidade do comportamento e a inexpressividade da lesão jurídica provocada. Precedentes. 2. Hipótese em que os recorridos foram denunciados pela pesca em período proibido, com utilização de vara e molinete, tendo sido apreendidos com ínfima quantidade extraída da fauna aquática, de maneira que não causaram perturbação no ecossistema a ponto de reclamar a incidência do Direito Penal, sendo, portanto, imperioso o reconhecimento da atipicidade da conduta perpetrada, devendo ser ressaltado que os recorridos não possuem antecedentes criminais. 3. Recurso desprovido" (REsp 1743980/MG, Rel. Ministro Jorge Mussi, Quinta Turma, julgado em 04/09/2018, DJe 12/09/2018); **B:** incorreta. Dada a relevância do bem jurídico sob tutela, aos crimes praticados contra a criança e o adolescente não incide o princípio da insignificância. Já no que concerne aos crimes contra a ordem tributária, perfeitamente possível e amplamente reconhecida pela jurisprudência a aplicação do postulado da insignificância; **C:** correta. Em conformidade com o entendimento sufragado na Súmula 589, do STJ, é inaplicável o princípio da insignificância aos crimes e às contravenções penais praticados contra a mulher no âmbito das relações domésticas. De igual modo, não se admite a incidência deste postulado aos crimes contra a Administração pública, conforme entendimento firmado por meio da Súmula 599, do STJ. É importante que se diga que o STF tem precedentes no sentido de reconhecer a incidência de tal princípio aos crimes contra a Administração Pública; **D:** incorreta. Não há óbice à incidência do princípio da insignificância nas infrações penais regidas por lei especial, como é o caso das infrações de menor potencial ofensivo (Lei 9.099/1995). No que toca aos crimes de licitações, a incidência do postulado da insignificância, em princípio, é vedada, uma vez que o bem jurídico a ser tutelado, tal como se dá no contexto dos crimes contra a Administração Pública, é a moralidade administrativa; **E:** incorreta. É verdade que aos crimes de violação de direito autoral não se aplica o princípio da insignificância. Conferir: "Não se aplica o princípio da adequação social, bem como o princípio da insignificância, ao crime de violação de direito autoral. 2. Em que pese a aceitação popular à pirataria de CDs e DVDs, com certa tolerância das autoridades públicas em relação a tal prática, a conduta, que causa sérios prejuízos à indústria fonográfica brasileira, aos comerciantes legalmente instituídos e ao Fisco, não escapa à sanção penal, mostrando-se formal e materialmente típica. 3. Agravo regimental a que se nega provimento" (AgRg no REsp 1380149/RS, Rel. Ministro OG FERNANDES, SEXTA TURMA, julgado em 27/08/2013, DJe 13/09/2013). No que se refere aos crimes do Estatuto do Desarmamento, todavia, o STJ admite a incidência do postulado da insignificância quando se tratar de pequena quantidade de munição. Nesse sentido: "1. Permanece hígida a jurisprudência do Superior Tribunal de Justiça, bem como do Supremo Tribunal Federal, no sentido de que a posse de munição, mesmo desacompanhada de arma apta a deflagrá-la, continua a preencher a tipicidade penal, não podendo ser considerada atípica a conduta. 2. Esta Corte, todavia, acompanhando entendimento do Supremo Tribunal Federal, passou a admitir a incidência do princípio da insignificância quando se tratar de posse de pequena quantidade de munição, desacompanhada de armamento capaz de deflagrá-la, uma vez que ambas as circunstâncias conjugadas denotam a inexpressividade da lesão jurídica provocada. 3. Assentada a possibilidade de incidência do princípio da insignificância, a situação concreta trazida nos autos autoriza sua aplicação, pois o acusado possuía em sua residência, apenas, três munições de uso permitido, calibre 38. 4. Agravo regimental a que se nega provimento" (AgRg no REsp 1828692/DF, Rel. Ministro REYNALDO SOARES DA FONSECA, QUINTA TURMA, julgado em 01/10/2019, DJe 08/10/2019). Gabarito "C".

(Juiz de Direito – TJ/SC – 2019 – CESPE/CEBRASPE) O estudo das teorias relaciona-se intimamente com as finalidades da pena. Nesse sentido, a teoria que sustenta que a única função efetivamente desempenhada pela pena seria a neutralização do condenado, especialmente quando a prisão acarreta seu afastamento da sociedade, é a teoria

(A) das janelas quebradas.

(B) relativa.

(C) unificadora.

(D) absoluta.

(E) agnóstica.

A: incorreta. A chamada *teoria das janelas quebradas* tem como tônica a ideia de que, ao se quebrar uma janela, se nenhuma providência for adotada, logo a casa será destruída. Traduzindo: se acaso as pequenas desordens, em princípio inofensivas, não forem reprimidas, logo se caminhará para a ocorrência de delitos mais graves. Trata-se de uma política criminal preventiva, em que o controle social enérgico de condutas menos graves (como a quebra de uma janela) serve de exemplo para desestimular o cometimento dos delitos mais graves (a casa como um todo). Cuida-se, como se pode ver, de uma política de *tolerância zero* (com os delitos menos graves). Exemplo emblemático é o caso de Nova Iorque, que, nos idos da década de 90, diante de um recrudescimento vertiginoso da violência e desordem (tráfico, homicídio, gangues etc.), adotou a política da tolerância zero, reprimindo, de forma intensa e enérgica, por meio do aparato de segurança pública, os delitos menos graves, isso com vistas a prevenir os mais graves; **B:** incorreta. A finalidade da pena, para as *teorias relativas*, tem caráter preventivo, servindo ao objetivo de evitar a prática de novas infrações penais. A pena, para esta teoria, deve ser vista como um instrumento destinado a prevenir o crime. Não se trata, pois, de uma retribuição, uma compensação, tal como preconizado pelas *teorias absolutas*. No contexto das *teorias relativas*, temos a prevenção geral e a especial. A geral está associada à ideia de intimidação de toda a coletividade, que sabe que o cometimento de uma infração penal ensejará, como consequência, a imposição de sanção penal. É dirigida, pois, ao controle da violência; **C:** incorreta. Para as *teorias ecléticas*, *unificadoras* ou *mistas*, a pena deve unir justiça e utilidade. É dizer, a pena deve, a um só tempo, servir de castigo ao condenado que infringiu a lei penal e evitar a prática de novas infrações penais. Há, pois, a conjugação das teorias absolutas e relativas. Esta é a teoria por nós adotada de acordo com o art. 59, *caput*, do CP, que assim dispõe: "(...) conforme seja necessário e suficiente para reprovação e prevenção do crime"; **D:** incorreta. As chamadas *teorias absolutas*, que se contrapõem às relativas, consideram que a pena se esgota na ideia de pura retribuição. Sua finalidade consiste numa reação punitiva, isto é, uma resposta ao mal causado pela prática criminosa; **E:** correta. Também chamada de *teoria negativa*, a *teoria agnóstica*, como o próprio nome sugere, centra-se na ideia de que a única função desempenhada pela pena consiste na neutralização do reeducando, isso em razão da ineficácia dos modelos preconizados pelas teorias absolutas e relativas. Gabarito "E".

(Juiz de Direito – TJ/SC – 2019 – CESPE/CEBRASPE) Constitui uma das características do direito penal do inimigo

(A) a legislação diferenciada.

(B) a punição a partir de atos executórios.

(C) a não utilização de medidas de segurança.

(D) a observância das garantias processuais penais.

(E) o abrandamento das penas na antecipação da tutela penal.

O denominado "direito penal do inimigo" foi concebido pelo jurista alemão Günther Jakobs. *Grosso modo*, esta teoria sustenta uma flexibilização ou até supressão de diversas garantias materiais e processuais. "Inimigo", para o penalista alemão, é o indivíduo que, ao violar de forma sistemática a ordem jurídica, desafia o Estado e a sociedade, de forma a desestabilizá-los. Em razão disso, o Estado, em reação, deve conferir-lhe tratamento diferenciado, flexibilizando e até suprimindo as garantias materiais e processuais, às quais somente devem fazer jus as pessoas consideradas "de bem". Dito de outro modo, as garantias conferidas às pessoas de bem (assim considerados "cidadãos") não podem ser estendidas aos inimigos, cujo objetivo consiste em afrontar o Estado. Para fazer frente a tal desafio, poderá o Estado adotar uma série de medidas, como a supressão dos direitos à ampla defesa e ao contraditório, o recrudescimento das penas e da execução penal e a criação, de forma indiscriminada, de tipos penais. Enfim, o direito penal do inimigo pressupõe um tratamento diferenciado a ser conferido ao "cidadão" e ao "não cidadão", o que exige a elaboração de uma legislação diferenciada (alternativa correta). O ataque terrorista às torres gêmeas, em Nova Iorque, ocorrido em 11 de setembro de 2000, representa um típico exemplo do chamado direito penal do inimigo. A partir dessa tragédia, o Estado passou a produzir uma legislação "antiterror", com a supressão de diversas garantias.

Gabarito "A".

(Juiz de Direito - TJ/BA - 2019 - CESPE/CEBRASPE) De acordo com a doutrina predominante no Brasil relativamente aos princípios aplicáveis ao direito penal, assinale a opção correta.

(A) O princípio da taxatividade, ou do mandado de certeza, preconiza que a lei penal seja concreta e determinada em seu conteúdo, sendo vedados os tipos penais abertos.

(B) O princípio da bagatela imprópria implica a atipicidade material de condutas causadoras de danos ou de perigos ínfimos.

(C) O princípio da subsidiariedade determina que o direito penal somente tutele uma pequena fração dos bens jurídicos protegidos, operando nas hipóteses em que se verificar lesão ou ameaça de lesão mais intensa aos bens de maior relevância.

(D) O princípio da ofensividade, segundo o qual não há crime sem lesão efetiva ou concreta ao bem jurídico tutelado, não permite que o ordenamento jurídico preveja crimes de perigo abstrato.

(E) O princípio da adequação social serve de parâmetro ao legislador, que deve buscar afastar a tipificação criminal de condutas consideradas socialmente adequadas.

A: incorreta. De fato, o *princípio da taxatividade*, que constitui um desdobramento do postulado da legalidade, impõe ao legislador o dever de descrever as condutas típicas de maneira pormenorizada e clara, de forma a não deixar dúvidas por parte do aplicador da norma. É incorreto, no entanto, afirmar-se que os chamados tipos penais abertos sejam vedados. Tipo penal aberto, que é admitido no Direito Penal, é aquele que exige do magistrado um juízo de valoração, por meio do qual se procederá à individualização da conduta; tipo fechado, ao contrário, é o que não exige juízo de valoração algum do magistrado. Exemplo sempre lembrado pela doutrina de tipo penal aberto é o delito culposo, em que o magistrado, para saber se houve ou não crime, deve fazer um cotejo entre a conduta do réu e aquela que teria sido adotada, nas mesmas circunstâncias, por um homem diligente e prudente; **B:** incorreta. O princípio que conduz à exclusão da tipicidade material de condutas causadoras de danos insignificantes ou de perigos ínfimos é o da bagatela *própria*. Ensina o saudoso jurista Luiz Flávio Gomes que "o princípio da irrelevância penal do fato está contemplado (expressamente) no art. 59 do CP e apresenta-se como consequência da desnecessidade da pena, no caso concreto; já o princípio da insignificância, ressalvadas raras exceções, não está previsto expressamente no direito brasileiro (é pura criação jurisprudencial), fundamentada nos princípios gerais do Direito Penal" (**Direito penal – Parte Geral**. 2. ed. São Paulo: RT, 2009. vol. 2, p. 220). A propósito deste tema, cabem aqui alguns esclarecimentos acerca da distinção entre esses dois princípios. Ainda segundo o magistério de Luiz Flávio Gomes, "uma coisa é o princípio da irrelevância penal do fato, que conduz à sua não punição concreta e que serve como cláusula geral para um determinado grupo de infrações (para as infrações bagatelares impróprias) e, outra, muito distinta, é o princípio da insignificância *tout court*, que se aplica para as infrações bagatelares próprias e que dogmaticamente autoriza excluir do tipo penal as ofensas (lesões ou perigo concreto) de mínima magnitude, ou nímias, assim como as condutas que revelem exígua idoneidade ou potencialidade lesiva. As infrações bagatelares são próprias quando já nascem bagatelares (...)" (**Direito Penal – parte geral**. 2. ed. São Paulo: RT, 2009. vol. 2, p. 219). Devem ser consideradas impróprias, por seu turno, as infrações que, embora não nasçam insignificantes, assim se tornam posteriormente; **C:** incorreta. A assertiva contempla o princípio da fragmentariedade do direito penal, segundo o qual a lei penal constitui, por força do postulado da intervenção mínima, uma pequena parcela (fragmento) do ordenamento jurídico. Isso porque somente se deve lançar mão desse ramo do direito diante da ineficácia ou inexistência de outros instrumentos de controle social menos traumáticos (subsidiariedade); **D:** incorreta. A despeito de parte da doutrina sustentar a incompatibilidade dos crimes de perigo abstrato com a CF/88, já que haveria afronta ao princípio da ofensividade/lesividade, pois não seria concebível a existência de um crime que não cause efetiva lesão ao bem jurídico ou, ao menos, um risco efetivo de lesão, certo é que a jurisprudência aceita essa modalidade de crime de perigo, em relação aos quais a lei presume, de forma absoluta, a exposição do bem jurídico à situação de risco. Ou seja, basta à acusação provar que o agente realizou a conduta descrita no tipo penal. Exemplos típicos são os crimes de posse e porte de arma de fogo de uso permitido (arts. 12 e 14 do Estatuto do Desarmamento, respectivamente), em que a probabilidade de ocorrer dano pelo mau uso do armamento é presumido pelo tipo penal. Outro exemplo sempre lembrado pela doutrina é o tráfico de drogas (art. 33, Lei 11.343/2006), em que o perigo a que está exposta a saúde pública é presumido; **E:** correta. Segundo o postulado da adequação social, cujo conteúdo é dirigido tanto ao aplicador/intérprete da norma quanto ao legislador, não se pode reputar criminosa a conduta tolerada pela sociedade, ainda que corresponda a uma descrição típica. É dizer, embora formalmente típica, porque subsumida num tipo penal, carece de tipicidade material, porquanto em sintonia com a realidade social em vigor. A sociedade se mostra, nessas hipóteses, indiferente ante a prática da conduta, como é o caso, por exemplo, da tatuagem. Também são exemplos: a circuncisão praticada na religião judaica; o furo na orelha para colocação de brinco etc.

Gabarito "E".

(Investigador – PC/BA – 2018 – VUNESP) Acerca dos princípios da legalidade e da anterioridade insculpidos no art. 1º do Código Penal e no art. 5º, XXXIX, da Constituição Federal, analise as alternativas a seguir e assinale a correta.

(A) Uma das funções do princípio da legalidade é permitir a criação de crimes e penas pelos usos e costumes.

(B) No Brasil, em um primeiro momento, a União Federal pode legislar sobre matéria penal. No entanto, de forma indireta e urgente, leis estaduais podem impor regras e sanções de natureza criminal.

(C) A lei penal incriminadora somente pode ser aplicada a um fato concreto desde que tenha tido origem antes da prática da conduta. Em situações temporárias e excepcionais, no entanto, admite-se a mitigação do princípio da anterioridade.

(D) Desdobramento do princípio da legalidade é o da taxatividade, que impede a edição de tipos penais genéricos e indeterminados.

A: incorreta. É que, segundo é consenso na doutrina e na jurisprudência, os usos e costumes não podem servir de fonte para a criação de crimes (e também contravenções) e suas respectivas penas. Pode, no entanto, atuar como instrumento interpretativo. Isso porque, segundo enuncia o princípio da *legalidade*, *estrita legalidade* ou *reserva legal* (arts. 1º do CP e 5º, XXXIX, da CF), os tipos penais só podem ser concebidos por lei em sentido estrito, ficando afastada, assim, a possibilidade de a lei penal ser criada por outras formas que não a lei em sentido formal. É também por essa razão que é excluída a possibilidade de a lei penal ser criada por meio de *medida provisória* (art. 62, § 1º, I, *b*, da CF); **B:** incorreta, já que a União é a fonte de produção do Direito Penal no Brasil. Entretanto, segundo estabelece o art. 22, parágrafo único, da CF, lei complementar Federal poderá autorizar os Estados-Membros a legislar em matéria penal sobre questões específicas, de interesse local, o que não inclui a incriminação de condutas; **C:** incorreta. A lei penal, como bem sabemos, deve ser anterior ao fato que se pretende punir. Ou seja, tal como estabelece o art. 2º, *caput*, do CP, *ninguém pode ser punido por fato que lei posterior deixa de considerar crime*. Nessa esteira, a CF, em seu art. 5º, XL, estabelece que a lei penal somente retroagirá para beneficiar o acusado. Dessa forma, a lei penal incriminadora somente terá incidência aos fatos ocorridos a partir de sua entrada em vigor. Mas há uma exceção: para beneficiar o réu. É o caso da *abolitio criminis* (art. 2º, *caput*, do CP), em que a lei posterior deixa de considerar crime determinado fato até então considerado como tal. Neste caso, o fato, embora anterior à edição da lei, será por ela regido. No que toca às leis de vigência temporária (tanto as temporárias quanto as excepcionais), estas são consideradas *ultra-ativas* e *autorrevogáveis*. Quer-se com isso dizer que tudo o que ocorrer na vigência de uma lei temporária ou excepcional será por ela regido, mesmo que não mais esteja em vigor, pois, se assim não fosse, nenhuma eficácia teria. Não se aplica às leis de vigência temporária, assim, o princípio da retroatividade benéfica; **D:** correta. De fato, tal como afirmado na proposição, o *princípio da taxatividade*, que constitui um desdobramento do postulado da legalidade, impõe ao legislador o dever de descrever as condutas típicas de maneira pormenorizada e clara, de forma a não deixar dúvidas por parte do aplicador da norma. 🗒️
Gabarito "D".

2. APLICAÇÃO DA LEI NO TEMPO

(ENAM – 2024.1) Pierre, cidadão estrangeiro, praticou o delito de estupro em face da brasileira Marina, maior e capaz. O crime foi praticado em Estado estrangeiro, onde há incriminação da conduta, tal como ocorre no Brasil. Passado algum tempo, como o autor do fato e a vítima retornaram ao Brasil, o Ministério Público ajuizou ação penal pública incondicionada em face de Pierre, como incurso nas penas do delito de estupro.

Sobre o caso narrado, assinale a afirmativa correta.

(A) Há o preenchimento das condições de aplicação da lei penal brasileira ao fato ocorrido no exterior; porém, a ação penal depende de representação da vítima.

(B) Há o preenchimento integral das condições de aplicação da lei penal brasileira ao fato ocorrido no exterior, sendo viável a responsabilização do autor do fato.

(C) Não há o preenchimento das condições de aplicação da lei penal brasileira, pois ausente requisição do Ministro da Justiça.

(D) Não há o preenchimento das condições de aplicação da lei penal brasileira, pois o autor do fato é estrangeiro, e a nacionalidade da vítima é indiferente à extraterritorialidade da lei penal brasileira.

(E) A aplicação da lei penal brasileira ao fato independe de qualquer condição, por se tratar de crime praticado mediante violência.

Cuida-se de hipótese de extraterritorialidade, já que incidirá a lei brasileira a fato ocorrido fora do território nacional. A extraterritorialidade da lei penal pode ser de duas espécies, a saber: *incondicionada*, quando a aplicação da lei não depender de nenhuma condição. São as hipóteses previstas no art. 7º, I, do CP; *condicionada*: quando a aplicação da lei brasileira depender de determinada condição. São as hipóteses elencadas no art. 7º, II, do CP. Da mesma forma, também estará sujeita a certas condições, nos termos do art. 7º, § 3º, do CP, a hipótese de crime praticado por estrangeiro, contra brasileiro fora do Brasil. Neste caso, além das condições do inciso II, também é necessário que haja requisição do Ministro da Justiça de acordo com o teor do art. 7º, § 3º, *b*, do CP, hipótese chamada pela doutrina de extraterritorialidade hipercondicionada. Ausente a requisição, o Ministério Público, titular da ação penal, não poderá promovê-la em face do autor do delito. 🗒️
Gabarito "C".

(ENAM – 2024.1) Bernardo, cidadão português, tripulante de um navio da marinha mercante brasileira, que partira de Santos e navega pelo Oceano Atlântico, em alto-mar, com destino ao porto de Roterdã, na Holanda, agride um outro tripulante, de nacionalidade peruana, desferindo-lhe socos, que o ferem levemente.

Diante do caso narrado, assinale a alternativa correta.

(A) não se aplica a Bernardo a legislação penal brasileira, pois o crime ocorreu no estrangeiro.

(B) aplica-se a Bernardo a legislação penal brasileira, pois o local onde ocorreu o crime é considerado território nacional por extensão.

(C) pode ser aplicada a Bernardo a legislação penal brasileira, pois, embora o crime tenha ocorrido no estrangeiro, trata-se de hipótese de extraterritorialidade condicionada da lei penal brasileira, à luz do princípio da defesa.

(D) aplica-se a Bernardo a legislação penal brasileira, pois, embora o crime tenha ocorrido no estrangeiro, trata-se de hipótese de extraterritorialidade incondicionada da lei penal brasileira, à luz do princípio da representação.

(E) pode ser aplicada a Bernardo a legislação penal brasileira, pois, embora o crime tenha ocorrido no estrangeiro, trata-se de hipótese de extraterritorialidade condicionada da lei penal brasileira, à luz do princípio da representação.

A solução desta questão deve ser extraída do art. 5º, § 1º, do CP: "Para os efeitos penais, consideram-se como extensão do território nacional as embarcações e aeronaves brasileiras, de natureza pública ou a serviço do governo brasileiro onde quer que se encontrem, bem como as aeronaves e as embarcações brasileiras, mercantes ou de propriedade privada, que se achem, respectivamente, no espaço aéreo correspondente ou em alto-mar". Para melhor compreensão da matéria, transcrevemos trecho da doutrina de Mirabete: "Pelo § 1º do art. 5º, são também consideradas território nacional as embarcações

e aeronaves brasileiras, mercantes ou de propriedade privada que se acham em alto-mar (partes do mar que não são águas interiores ou mar territorial estrangeiro) ou o estejam sobrevoando. Nessa hipótese, prevalece a denominada "lei da bandeira" ou "princípio do pavilhão", que considera as embarcações e aeronaves como extensões do território do país em que se acham matriculadas" (Mirabete, Julio Fabbrini e Fabbrini, Renato Nascimento. *Manual de Direito Penal*, parte geral, 37ª ed., 2025, Foco, item 2.5.4). ED
Gabarito "B".

(Juiz de Direito – TJ/DFT – 2023 – CEBRASPE) Quanto ao tempo do crime, assinale a opção correta.

(A) Mesmo que lei posterior deixe de considerar determinado fato como crime, não serão excluídos os efeitos penais de condenação feita com base na legislação outrora vigente.

(B) A lei temporária aplica-se ao fato praticado durante sua vigência, ainda que decorrido o período de sua duração.

(C) A lei excepcional tem aplicação imediata, não gerando efeitos caso não aplicada durante sua vigência.

(D) Definido o fato como criminoso, a pena deve ser aplicada quando estabelecida cominação para ele.

(E) Ainda que transitada em julgada sentença penal condenatória, lei posterior terá aplicação imediata.

A: incorreta. A proposição trata da chamada *abolitio criminis*, que corresponde à situação em que a lei nova deixa de considerar infração penal determinado fato até então tido como tal. Em outras palavras, a lei nova exclui do âmbito de incidência do Direito Penal um fato que, sob a égide da lei anterior, era considerado criminoso. Sua previsão está no art. 2º, *caput*, do CP e o seu reconhecimento leva à extinção da punibilidade (art. 107, III, CP). Alcança a execução (condenação com trânsito em julgado) e os efeitos penais da sentença condenatória; subsistem, entretanto, os efeitos extrapenais da condenação, tal como a obrigação de reparar o dano causado pelo delito. Exemplo é o que se deu com o adultério, que, então previsto no art. 240 do CP, deixou de ser considerado crime com o advento da Lei 11.106/2005; **B:** correta, pois corresponde ao que estabelece o art. 3º do CP. As leis de vigência temporária (tanto as temporárias quanto as excepcionais) são consideradas *ultra-ativas*, isto é, a norma tem aplicabilidade mesmo após a sua revogação e *autorrevogáveis*. Ou seja, tudo o que ocorrer na vigência de uma lei temporária ou excepcional será por ela regido, mesmo que não mais esteja em vigor, pois, se assim não fosse, nenhuma eficácia teria. Não se aplica às leis de vigência temporária, assim, o princípio da retroatividade benéfica; **C:** incorreta. A lei excepcional também tem previsão no art. 3º do CP, e do mesmo modo tem a ultratividade. Nas leis temporárias a sua vigência tem o prazo determinado pelo legislador, já as leis excepcionais são editadas para vigorar em determinadas situações de urgência. De acordo com a doutrina de Mirabete: "o que possibilita a punição é a circunstância de ter sido a conduta praticada durante o prazo de tempo em que a conduta era exigida e a norma necessária à salvaguarda dos bens jurídicos expostos naquela ocasião especial. Não se trata, assim, da superveniência de lei mais perfeita ou de desinteresse pela punição do agente (que determinam a elaboração da lei nova) e sim da desnecessidade de vigência da lei após aquela situação excepcional ser superada. Além disso, se não existisse o dispositivo citado, o réu procrastinaria o processo até que a lei não mais estivesse em vigor, o que a tornaria inócua, em desigualdade com aquele que não o fizesse, vindo a ser condenado e cumprindo pena" (Mirabete e Fabbrini. *Manual de Direito Penal*, parte geral, 37ª ed., 2025, Foco, item 2.4.10); **D:** incorreta. A assertiva contraria o disposto no art. 1º, CP, o qual consagra, além do princípio da legalidade, o princípio da anterioridade da lei penal, em que aplica-se ao autor do crime a pena que anteriormente está prevista em lei; **E:** incorreta. A assertiva contraria o art. 2º, parágrafo único, CP, o qual prevê que somente se aplica a lei posterior se mais benéfica ao agente. ED
Gabarito "B".

(Juiz de Direito/AP – 2022 – FGV) Sobre o chamado "direito penal transitório", houve quebra do princípio da continuidade normativo-típica, com a consequente *abolitio criminis* por meio da revogação de um tipo penal no caso de:

(A) apropriação indébita previdenciária;

(B) crimes contra a honra praticados por meio da imprensa;

(C) rapto violento ou mediante fraude;

(D) crimes contra a propriedade industrial;

(E) roubo majorado pelo emprego de arma branca.

Com o advento da Lei 13.654/2018, o art. 157, § 2º, I, do CP, que impunha aumento de pena no caso de a violência ou ameaça, no crime de roubo, ser exercida com emprego de *arma*, foi revogado. Em relação à incidência desta causa de aumento, a jurisprudência havia consolidado o entendimento segundo o qual o termo *arma* tinha acepção ampla, ou seja, estavam inseridas no seu conceito tanto as armas *próprias*, como, por excelência, a de fogo, quanto as *impróprias* (faca, punhal, foice etc.). Além de revogar o dispositivo acima, a Lei 13.654/2018 promoveu a inclusão da mesma causa de aumento de pena (emprego de arma) no art. 157, § 2º-A, I, do CP. Até aí, nenhum problema. Como bem sabemos, o deslocamento de determinado comportamento típico de um para outro dispositivo, por força da regra da continuidade típico-normativa, não tem o condão de descriminalizar a conduta. Sucede que a Lei 13.654/2018, ao deslocar esta causa de aumento do art. 157, § 2º, I, do CP para o art. 157, § 2º-A, I, também do CP, limitou o alcance do termo *arma*, já que passou a referir-se tão somente à arma de *fogo*, do que se conclui que somente incorrerá nesta causa de aumento o agente que se valer, para a prática do roubo, de arma de fogo (revólver, pistola, fuzil etc.); a partir da entrada em vigor desta lei, portanto, se o agente utilizasse, para o cometimento deste delito, arma branca, o roubo seria simples, já que, repita-se, a nova redação do dispositivo especificou que tipo de arma é apta a configurar o aumento: arma de fogo. Como se pode ver, houve a quebra do princípio da continuidade normativo-típica no que toca ao roubo praticado com o emprego de arma branca. Outro detalhe: pela redação anterior, o agente que fizesse uso de arma (de fogo ou branca) estaria sujeito a um aumento de pena da ordem de um terço até metade; a partir de agora, se utilizar arma (necessariamente de fogo), sujeitar-se-á a um incremento da ordem de dois terços. Desnecessário dizer que tal inovação não poderá retroagir e atingir fatos ocorridos antes da entrada em vigor desta lei, já que constitui *lex gravior*. De outro lado, essa mesma norma que excluiu a arma que não seja de fogo deverá retroagir para beneficiar o agente (*novatio legis in mellius*) que praticou o crime de roubo com emprego de arma branca antes de ela entrar em vigor. Este quadro, que acima explicitamos, perdurou até o dia 23 de janeiro de 2020, data em que entrou em vigor a Lei 13.964/2019 (pacote anticrime). Duas modificações foram promovidas por esta lei nas majorantes do crime de roubo. Em primeiro lugar, foi reinserida a causa de aumento na hipótese de o agente se valer, para a prática do crime de roubo, de arma branca (inserção do inciso VII no § 2º do art. 157 do CP). Lembremos que, com a edição da Lei 13.654/2018, o emprego de arma branca, no roubo, deixou de configurar causa de aumento. Pois bem. Além disso, a Lei 13.964/2019 introduziu no art. 157 do CP o § 2º-B, que estabelece nova causa de aumento de pena para o roubo, quando a violência ou grave ameaça for exercida com emprego de arma de fogo de uso restrito ou proibido. Neste caso, a pena prevista no *caput* será aplicada em dobro. Em resumo, com a entrada em vigor da Lei Anticrime, passamos a ter o seguinte quadro: violência/grave ameaça exercida com emprego de arma branca (art. 157, § 2º, VII, CP): aumento de pena da ordem de um terço até metade; violência/

grave ameaça exercida com emprego de arma de fogo, desde que não seja de uso restrito ou proibido (art. 157, § 2º-A, I, CP): a pena será aumentada de dois terços; violência/grave ameaça exercida com emprego de arma de fogo de uso restrito ou proibido (art. 157, § 2º-B, CP): a pena será aplicada em dobro. ED

Gabarito "E".

(Investigador – PC/BA – 2018 – VUNESP) Assinale a alternativa que indica a teoria adotada pela legislação quanto ao tempo do crime.

(A) Retroatividade.
(B) Atividade.
(C) Territorialidade.
(D) Ubiquidade.
(E) Extraterritorialidade.

No que se refere ao *tempo do crime*, o Código Penal, em seu art. 4º, adotou a *teoria da ação* ou *da atividade*, segundo a qual se reputa praticado o crime no momento da conduta (ação ou omissão), ainda que outro seja o momento do resultado. "Necessário se torna saber qual é o *tempo do crime*, ou seja, a ocasião, o momento, a data em que se considera praticado o delito para a aplicação da lei penal a seu autor. A necessidade de se estabelecer o tempo do crime decorre dos problemas que podem surgir para a aplicação da lei penal, como nas hipóteses de se saber qual lei deve ser aplicada (se foi cometido durante a vigência da lei anterior ou posterior), e nos casos de imputabilidade (saber se ao tempo do crime o agente era imputável ou não), da anistia (concedida geralmente com relação a crimes praticados até determinada data), da prescrição (data em que se começa a contar o prazo). (...) Justifica-se plenamente a adoção da teoria da atividade, que evita a incongruência de o fato ser considerado crime em decorrência da lei vigente na época do resultado quando não o era no momento da ação ou omissão". (Mirabete e Fabbrini. *Manual de Direito Penal*, parte geral, 37ª ed., 2025, Foco, item 2.4.13). ED

Gabarito "B".

3. APLICAÇÃO DA LEI NO ESPAÇO

(Delegado/RJ – 2022 – CESPE/CEBRASPE) Em viagem ao Rio de Janeiro, Paolo, italiano, filho do embaixador da Itália no Brasil, registrado como dependente deste, com quem vive, foi à Lapa, onde se embriagou. Com a capacidade psicomotora comprometida, assumiu a direção de um veículo e, em seguida, devido à embriaguez, atropelou e matou uma pessoa.

Nessa situação hipotética,

(A) Paolo não possui imunidade diplomática, devendo a lei do Estado acreditante ser aplicada com primazia sobre a lei brasileira.
(B) Paolo não poderá ser punido pela lei brasileira, pois, salvo em caso de renúncia, possui imunidade diplomática, embora possa ser punido pelas leis do Estado acreditante.
(C) Paolo será isento de pena, seja no Brasil, seja no Estado acreditante, pois possui imunidade diplomática, salvo se renunciá-la.
(D) embora Paolo possua imunidade diplomática, excetuada a hipótese de renúncia, ela se restringe aos atos de ofício, razão pela qual ele poderá ser punido pela lei brasileira.
(E) como Paolo não fazia parte de missão diplomática, ele não possui nenhum tipo de imunidade penal, razão pela qual poderá ser punido pela lei brasileira.

É verdade que a lei penal, tal como a processual, será, em regra, aplicada às infrações penais praticadas em território nacional. É o chamado princípio da territorialidade, consagrado no art. 5º do CP. Sucede que tal princípio comporta exceções, dado que há situações em que, a despeito de o fato ter ocorrido em território nacional, não terá incidência a lei penal brasileira. É o caso do diplomata, aqui incluídos seus familiares, a serviço de seu país de origem que vem a praticar infração penal no Brasil. Será afastada, aqui, por força da Convenção de Viena, diploma ao qual o Brasil aderiu, a incidência da lei penal brasileira. No caso narrado no enunciado, embora Paolo tenha cometido, em território brasileiro, crime de homicídio culposo de trânsito estando sob o efeito de álcool (art. 302, § 3º, do CTB), não poderá ser aqui processado tampouco punido, já que a Convenção de Viena, em seu art. 37, 2, assegura à família de diplomata (que com ele reside e dele depende economicamente) imunidade. ED

Gabarito "B".

4. CONCEITO E CLASSIFICAÇÃO DOS CRIMES

(Juiz de Direito – TJ/SC – 2024 – FGV) A doutrina classifica os delitos em diversas categorias. Considerando algumas das classificações existentes, a alternativa que prevê delito de mera atividade, delito de lesão, delito plurisubjetivo e delito pluriofensivo, respectivamente, é:

(A) violação de domicílio, furto, rixa e roubo;
(B) injúria, dano, associação criminosa e estelionato;
(C) assédio sexual, incêndio, apropriação indébita e roubo;
(D) desobediência, omissão de socorro, tráfico de pessoas e perseguição;
(E) ato obsceno, lesão corporal, constituição de milícia privada e autoaborto.

Diz-se que o crime de violação de domicílio, previsto no art. 150 do CP, é de mera atividade ou mera conduta (porque não se exige a ocorrência do resultado naturalístico) porquanto a consumação é alcançada com o efetivo ingresso em domicílio alheio ou a permanência do agente que toma ciência de que dali deve se retirar, sendo desnecessário qualquer resultado danoso, sendo suficiente o perigo presumido na conduta do agente. São exemplos de crime de mera conduta, o ato obsceno (art. 233), a omissão de notificação de doença (art. 269), a condescendência criminosa (art. 320) e a maioria das contravenções. O crime de furto é classificado como de lesão ou dano porque pressupõe efetivo dano ao bem jurídico visado, (desfalque patrimonial). São outros exemplos de crime de dano, lesão à vida no homicídio, lesão à honra na injúria. A rixa é delito plurissubjetivo (coletivo de concurso necessário), na medida em que somente restará configurado quando praticada a conduta criminosa por três ou mais pessoas. O próprio tipo penal exige a pluralidade de participantes. Além da rixa (art. 137, *caput*, CP), são exemplos de crimes plurissubjetivos a associação criminosa (art. 288, *caput*, CP) e associação para o tráfico de drogas (art. 35 da Lei 11.343/2006). Como se pode ver, são crimes de concurso necessário. Se não houver o número mínimo de agentes exigido por lei, não há crime. Por fim, diz-se que o crime de roubo é classificado como pluriofensivo (plurissubsistente) é composto por vários atos, porque são atingidos, a um só tempo, bem jurídicos diversos: no roubo, além do patrimônio, a integridade física e a liberdade da vítima. ED

Gabarito "A".

(Escrivão – PC/GO – AOCP – 2023) São exemplos de delitos uniofensivo e pluriofensivo, respectivamente:

(A) ameaça e homicídio.
(B) roubo e aborto.

(C) homicídio e instigação ao suicídio.
(D) aborto e ameaça.
(E) furto e roubo.

Uniofensivo é o crime que atinge tão somente um bem jurídico. Por outro lado, diz-se pluriofensivo os crimes que atingem, a um só tempo, dois ou mais bens jurídicos. Dito isso, passemos à análise das alternativas, uma a uma. **A**: incorreta. No crime de ameaça, definido no art. 147 do CP, o bem jurídico tutelado é a liberdade psíquica e tranquilidade do ofendido; já no de homicídio (art. 121, CP), é a vida humana. Como se pode ver, trata-se de crimes uniofensivos; **B**: incorreta. No roubo, os bens jurídicos tutelados pela norma do art. 157 do CP são, além do patrimônio, a integridade física e a liberdade da vítima (pluriofensivo). No caso do aborto, o bem objeto de tutela jurídica é a vida humana em formação (art. 124, CP) e, no caso do art. 125 do CP, também a integridade física da mulher; **C**: incorreta. O bem jurídico sob tutela no crime de homicídio é a vida humana (uniofensivo), o mesmo ocorrendo em relação ao crime de participação em suicídio (art. 123, CP); **D**: incorreta. Aborto: vida humana em formação; ameaça: liberdade psíquica e tranquilidade do ofendido; **E**: correta. Isso porque o furto (art. 155, CP) protege o patrimônio (uniofensivo), ao passo que, no roubo, a tutela recai sobre o patrimônio, a integridade física e a liberdade da vítima (pluriofensivo). ED
„Gabarito "E".

(Escrivão – PC/GO – AOCP – 2023) Assinale a alternativa que apresenta o delito e sua respectiva classificação quanto ao sujeito ativo.

(A) Infanticídio: delito comum.
(B) Falso testemunho ou falsa perícia: delito de mão própria.
(C) Peculato: delito especial impróprio.
(D) Rixa: delito especial próprio.
(E) Ameaça: delito de concurso necessário.

Quanto ao sujeito ativo, os crimes assim se classificam: i) comum: é o delito que pode ser praticado por qualquer pessoa. Em outras palavras, não se exige do sujeito ativo nenhuma qualidade especial; ii) próprio: é o que impõe uma característica especial ao sujeito ativo; e iii) de mão própria: é o que exige uma atuação pessoal do agente. Dito isso, passemos à análise das alternativas. **A**: incorreta. Isso porque o infanticídio, crime contra a vida capitulado no art. 123 do CP, é considerado próprio, uma vez que somente pode ser praticado pela mãe em estado puerperal; **B**: correta, pois, tal como afirmado, o delito de falso testemunho ou falsa perícia, descrito no art. 342 do CP, impõe uma atuação pessoal ao sujeito ativo; **C**: incorreta. O peculato (art. 312, CP) é classificado pela doutrina como delito próprio, já que exige do sujeito ativo uma característica especial, qual seja, a de ser funcionário público; **D**: incorreta. Cuida-se de crime comum; **E**: incorreta. O crime de ameaça (art. 147, CP) é classificado, quanto à necessidade ou não de mais de um sujeito ativo para a sua configuração, em monossubjetivo ou de concurso eventual, já que pode ser praticado por um só agente. O delito de concurso necessário ou plurissubjetivo é o que impõe a presença de mais de uma agente, como é o caso da associação criminosa (art. 288, CP). ED
„Gabarito "B".

(Escrivão – PC/GO – AOCP – 2023) Quanto aos atos que compõem a fase de execução criminosa, assinale a alternativa que apresenta um delito unissubsistente contra a fé pública e um delito unissubsistente contra a administração pública, respectivamente.

(A) Emissão de título ao portador sem permissão legal e concussão.
(B) Falsa identidade e tráfico de influência.
(C) Supressão de documento e condescendência criminosa.
(D) Petrechos para falsificação de moeda e advocacia administrativa.
(E) Falsidade ideológica e prevaricação.

Antes de mais nada, é importante que se diga que delito unissubsistente é aquele cuja conduta é constituída de um único ato. Não admite a tentativa, posto que a conduta não pode ser fracionada. Plurissubsistente, por sua vez, é o crime cuja conduta é composta por vários atos. Dito isso, passemos à análise das alternativas, uma a uma. **A**: incorreta. Embora o crime de emissão de título ao portador sem permissão legal (art. 292 do CP) seja classificado como delito unissubsistente contra a fé pública, o crime de concussão, conquanto catalogado entre os delitos contra a administração pública, não pode ser classificado como unissubsistente, já que a conduta descrita no tipo penal é composta de vários atos; **B**: incorreta. A falsa identidade (art. 307 do CP) é crime plurissubsistente contra a fé pública (sua conduta é composta de vários atos). O tráfico de influência (art. 332, CP), por sua vez, constitui crime contra a administração pública que pode ser, a depender do caso, unissubsistente ou plurissubsistente; **C**: incorreta. A supressão de documento (art. 305, CP) é crime contra a fé pública que pode, a depender do caso, ser unissubsistente ou plurissubsistente. A condescendência criminosa (art. 320, CP) é crime unissubsistente contra a administração pública; **D**: incorreta. O crime de petrechos para falsificação de moeda, definido no art. 291 do CP, é plurissubsistente contra a fé pública. Advocacia administrativa é delito plurissubsistente contra a administração pública (art. 321, CP); **E**: correta, já que contempla, respectivamente, crime unissubsistente contra a fé pública e crime unissubsistente contra a administração pública. Cuidado, tanto um quanto o outro, a depender do caso concreto, podem ser considerados plurissubsistentes. ED
„Gabarito "E".

(Juiz de Direito – TJ/SC – 2019 – CESPE/CEBRASPE) A respeito da classificação dos crimes, assinale a opção correta.

(A) O crime de associação criminosa configura-se como crime obstáculo; o de falsidade documental para cometimento de estelionato é crime de atitude pessoal.
(B) O crime de uso de documento falso configura-se como crime remetido; e o de uso de petrechos para falsificação de moeda, como crime obstáculo.
(C) O crime de tráfico de drogas configura-se como crime vago; o de extorsão mediante sequestro constitui crime profissional.
(D) O crime de falso testemunho configura-se como crime de tendência; e o de injúria, como crime de ação astuciosa.
(E) O crime de rufianismo configura-se como crime de intenção; o de curandeirismo constitui crime de olvido.

A: incorreta. Crime *obstáculo* é aquele que se constitui em atos preparatórios tipificados como delito autônomo. É o caso da associação criminosa (art. 288, CP). Crimes *de atitude pessoal* ou *de tendência* são aqueles cuja existência está condicionada a intenção ou atitude pessoal do indivíduo, não sendo esse o caso da falsidade documental para cometimento de estelionato; **B**: correta. Delito *remetido* é aquele cuja descrição típica contém referência a outro dispositivo de lei que o integra. O uso de documento falso, previsto no art. 304 do CP, é típico exemplo, na medida em que o tipo penal faz menção aos crimes definidos nos art. 297 a 302 do CP. O delito de uso de petrechos para falsificação de moeda constitui crime *obstáculo*, já que a sua descrição típica traduz atos preparatórios do crime de falsificação de moeda; **C**: incorreta. *Vago* é o crime cujo sujeito passivo é desprovido de personalidade jurídica. É o que se dá no crime de tráfico de drogas, que tem como sujeito passivo a sociedade. São também exemplos: violação de sepultura (art. 210, CP) e aborto consentido (art. 124, CP), nos quais a vítima é ente destituído de personalidade jurídica. Crime *profissional* é o delito habitual levado a efeito com o propósito de lucro, não sendo este o caso da extorsão mediante sequestro, que não pode ser classificado como crime habitual; **D**: incorreta. *Crimes de tendência* são aqueles cuja existência está condicionada a determinada intenção ou atitude pessoal do indivíduo, não sendo este o caso do crime de falso testemunho. Crime *de ação astuciosa* é aquele praticado por meio de fraude, engodo, não sendo este o caso da injúria. Exemplo típico é o estelionato; **E**: incorreta. Crime *de intenção* é aquele em que o agente busca a produção de um resultado, o qual não e necessário sua realização para a consumação do crime. Clássico exemplo é o da extorsão mediante sequestro, em que a obtenção do valor do resgate constitui desdobramento típico não exigido pelo tipo penal, já que a consumação é alcançada em momento anterior, ou seja, com a perda da liberdade de locomoção da vítima. Crime *de olvido* ou *esquecimento* é aquele em que a omissão é penalmente relevante e se dá em razão da falta do dever de agir para evitar o resultado, trata-se de crime omissivo impróprio ou comissivo por omissão (art. 13, § 2º, CP). ED

Gabarito "B".

(Juiz de Direito – TJ/AL – 2019 – FCC) No que toca à classificação doutrinária dos crimes,

(A) é imprescindível a ocorrência de resultado naturalístico para a consumação dos delitos materiais e formais.

(B) é normativa a relação de causalidade nos crimes omissivos impróprios ou comissivos por omissão, prescindindo de resultado naturalístico para a sua consumação.

(C) os crimes unissubsistentes são aqueles em que há *iter criminis* e o comportamento criminoso pode ser cindido.

(D) os crimes omissivos próprios dependem de resultado naturalístico para a sua consumação.

(E) os crimes comissivos são aqueles que requerem comportamento positivo, independendo de resultado naturalístico para a sua consumação, se formais.

A: incorreta, na medida em que a imprescindibilidade do resultado naturalístico, para a consumação do crime, somente se aplica aos delitos materiais, que são aqueles em que o tipo penal prevê uma conduta e um resultado, sendo de rigor a ocorrência deste para que a consumação seja alcançada; nos delitos formais, a despeito de o tipo penal contemplar tanto a conduta quanto o resultado, a produção deste não é condição para que o delito atinja a consumação; **B**: incorreta. É verdade que, nos chamamos crimes omissivos impróprios, a relação de causalidade é *normativa* (e não física), na medida em que o resultado decorrente da omissão somente será imputado ao agente diante da ocorrência de uma das hipóteses previstas no art. 13, § 2º, do CP. Agora, é incorreto afirmar-se que os delitos omissivos impróprios prescindem de resultado naturalístico para alcançar a sua consumação. Ao contrário dos crimes omissivos próprios, em que não se exige a produção de resultado naturalístico, os delitos omissivos impróprios somente se consumam com a produção deste resultado. Tema comumente objeto de questionamento em provas de concursos em geral é justamente a distinção entre as modalidades de crime omissivo (omissão própria e imprópria). Vejamos. Um dos critérios adotados pela doutrina para diferenciar a chamada omissão própria da imprópria é o *tipológico*. Somente a omissão própria está albergada em tipos penais específicos, já que o legislador, neste caso, cuidou de descrever no que consiste a omissão. Em outras palavras, o tipo penal, na omissão própria, contém a descrição da conduta omissiva. É o caso do crime de omissão de socorro (art. 135, CP). Esta modalidade de crime se perfaz pela mera abstenção do agente, independente de qualquer resultado posterior. Já o *crime omissivo impróprio* (*comissivo por omissão* ou *impuro*), grosso modo, é aquele em que o sujeito ativo, por uma omissão inicial, gera um resultado posterior, que ele tinha o dever de evitar (art. 13, § 2º, do CP). A existência do crime comissivo por omissão pressupõe a conjugação de duas normas: uma norma proibitiva, que encerra um tipo penal comissivo e a todos é dirigido, e uma norma mandamental, que é endereçada a determinadas pessoas sobre as quais recai o dever de agir. Assim, a título de exemplo, a violação à regra contida no art. 121 do CP (não matar) pressupõe, via de regra, uma conduta positiva (um agir, um fazer); agora, a depender da qualidade do sujeito ativo (art. 13, § 2º), essa mesma norma pode ser violada por meio de uma omissão, o que se dá quando o agente, por força do que dispõe o art. 13, § 2º, do CP, tem o dever de agir para evitar o resultado. Perceba, dessa forma, que a conduta omissiva imprópria, diferentemente da própria, não está descrita em tipos penais específicos. A tipicidade decorre da conjugação do art. 13, § 2º, do CP com um tipo penal comissivo. O tipo penal, no crime de homicídio (doloso ou culposo), encerra uma conduta positiva (matar alguém); em determinadas situações, porém, este delito pode comportar a modalidade omissiva, desde que se esteja diante de uma das hipóteses do art. 13, § 2º, do CP. Exemplo sempre lembrado pela doutrina é o da mãe que propositadamente deixa de amamentar seu filho, que, em razão disso, vem a morrer. Será ela responsabilizada por homicídio doloso, na medida em que seu dever de agir está contemplado na regra inserta no art. 13, § 2º, do CP. Perceba que, neste último caso, a mãe, a quem incumbe o dever de cuidado e proteção, deixou de alimentar seu filho de forma intencional, causando-lhe a morte. Assim, deverá responder por homicídio doloso. O resultado naturalístico, que neste caso é a morte, como se pode ver, é imprescindível à consumação do delito; **C**: incorreta. A assertiva contém a definição de crime plurissubsistente, assim entendido aquele cuja ação é representada por vários atos, constituindo um processo executivo que pode ser cindido, fracionado. No caso do crime unissubsistente, tal fracionamento não é possível, já que a conduta é composta por um só ato. É o caso da injúria verbal. Veja que os delitos plurissubsistentes, pelo fato de a conduta comportar fracionamento, admitem a modalidade tentada; já os delitos unissubsistentes, porque se desenvolvem em um único ato, não comportam o *conatus*; **D**: incorreta. Conforme já sobejamente ponderado acima, os crimes omissivos próprios não dependem de resultado naturalístico para a sua consumação; **E**: correta. De fato, comissivos são os crimes praticados por meio de uma ação (uma conduta positiva, um fazer); já os delitos omissivos pressupõem um não fazer (uma conduta negativa). Os delitos comissivos serão formais quando o resultado previsto no tipo penal for prescindível à consumação do delito. ED

Gabarito "E".

(Promotor de Justiça/PR – 2019 – MPE/PR) A frase "O tipo de ação se constitui por meio da combinação entre uma norma incriminadora da parte especial e uma norma não incriminadora da parte geral do Código Penal", corresponde ao conceito de:

(A) Tipo penal aberto.

(B) Norma penal em branco.

(C) Tipicidade direta.

(D) Tipicidade indireta.

(E) Tipo penal de complementação heteróloga.

A: incorreta. *Tipo penal aberto*, que é admitido no Direito Penal, é aquele que exige do magistrado um juízo de valoração, por meio do qual se procederá à individualização da conduta; *tipo fechado*, ao contrário, é o que não exige juízo de valoração algum do magistrado. Exemplo sempre lembrado pela doutrina de tipo penal aberto é o delito culposo, em que o magistrado, para saber se houve ou não crime, deve fazer um cotejo entre a conduta do réu e aquela que teria sido adotada, nas mesmas circunstâncias, por um homem diligente; **B**: incorreta. *Norma penal em* *branco* é aquela cujo preceito primário, porque incompleto, necessita ser integralizado por outra norma, do mesmo nível ou de nível diferente. É o caso do tráfico de drogas, que configura hipótese de *norma penal em branco heterogênea* (em sentido estrito), na medida em que o seu complemento deve ser extraído de uma norma infralegal (portaria da Anvisa). De outro lado, *norma penal em branco em sentido lato* ou *amplo* (ou homogênea) é aquela em que a norma complementar consiste numa *lei* (mesma fonte legislativa da norma que há de ser complementada). É bom que se diga que a norma penal em branco não fere o postulado da reserva legal (legalidade), visto que o seu complemento pode ser encontrado em outra fonte, de todos conhecida; **C:** incorreta. Na tipicidade direta (adequação típica de subordinação imediata), temos que a conduta se enquadra de forma direta na lei penal, sem que seja necessária a interposição de outro dispositivo legal; **D:** correta. Na tipicidade indireta (adequação típica de subordinação mediata, ampliada ou por extensão), a conduta do agente não se amolda perfeitamente a um tipo penal, sendo necessário, para alcançar a tipicidade, recorrer a um dispositivo contido na Parte Geral do Código Penal (norma de extensão típica). É o caso da tentativa de homicídio, cuja tipicidade dá-se de forma mediata (ou indireta), visto que inexiste um tipo penal que se enquadre perfeitamente na conduta de tentar matar alguém, sendo necessária a combinação do tipo penal do crime com o que descreve a tentativa (art. 14, II, do CP); **E:** incorreta. Tipo penal de complementação heteróloga (norma penal em branco heterogênea) é aquele cujo complemento deriva de fonte diversa daquela que será complementada. É o caso do crime de tráfico de drogas, definido no art. 33 da Lei 11.343/2006. ED

Gabarito "D".

5. FATO TÍPICO E TIPO PENAL

(Juiz de Direito – TJ/SC – 2024 – FGV) Kátia, namorada de Lizandra, em um restaurante, inconformada com o anúncio desta de que deseja pôr fim ao relacionamento amoroso, desfere-lhe facadas, com o intuito de matá-la, deixando em seguida o local. Socorrida por terceiros, Lizandra é hospitalizada, vindo o enfermeiro Miguel, por descuido, a trocar a medicação prescrita à paciente, aplicando-lhe substância diversa, que lhe provoca a morte, por choque anafilático.

Diante do caso narrado, Kátia deverá responder por:

(A) feminicídio e Miguel, por homicídio culposo;

(B) tentativa de feminicídio e Miguel, por homicídio culposo;

(C) tentativa de feminicídio e Miguel, por homicídio doloso;

(D) lesão corporal qualificada e Miguel, por homicídio doloso;

(E) lesão corporal qualificada e Miguel, por homicídio culposo.

Kátia, inconformada com o fim do relacionamento que mantinha com Lizandra e agindo com *animus necandi*, contra esta desfere diversas facadas, deixando, em seguida, o local. Ferida, Lizandra foi socorrida e internada em hospital. Até aqui, temos que a conduta de Kátia configura o crime de tentativa de feminicídio. Sucede que, uma vez no hospital, local em que se encontrava tão somente em razão do crime de que foi vítima, Lizandra vem a falecer, não em consequência dos ferimentos que lhe causaram as facadas desferidas por Kátia, mas em razão de choque anafilático decorrente da troca de medicamentos realizada, por descuido, pelo enfermeiro Miguel. O choque anafilático do qual decorreu a morte de Lizandra constitui causa superveniente relativamente independente que, por si só, gerou o resultado. O nexo causal, nos termos do art. 13, § 1º, do CP, é interrompido (há imprevisibilidade). Kátia, por isso, responderá por feminicídio na forma tentada; já Miguel, por ter agido de forma descuidada (culpa), será responsabilizado pelo crime de homicídio culposo. As chamadas *causas supervenientes relativamente independentes* excluem a imputação, desde que sejam aptas, por si sós, a produzir o resultado; os fatos anteriores, no entanto, serão imputados a quem os praticou (art. 13, § 1º, do CP). Exemplo clássico e sempre lembrado pela doutrina é aquele em que a vítima de tentativa de homicídio é socorrida e levada ao hospital e, ali estando, vem a falecer, não em razão dos ferimentos que experimentou, mas por conta de incêndio ocorrido na enfermaria do hospital. Este evento (incêndio) do qual decorreu a morte da vítima constitui causa superveniente relativamente independente que, por si só, gerou o resultado. O nexo causal, nos termos do art. 13, § 1º, do CP, é interrompido (há imprevisibilidade). O agente, por isso, responderá por homicídio na forma tentada (e não na modalidade consumada). Perceba que, neste caso, fala-se de causa *relativamente* independente porque, não fosse a tentativa de homicídio, o ofendido não seria, por óbvio, hospitalizado e não seria, por consequência, vítima do incêndio que produziu, de fato, a sua morte. ED

Gabarito "B".

(Juiz de Direito/AP – 2022 – FGV) Veículos autônomos são aqueles motorizados cujo movimento no trânsito é, de diversas formas, determinado por algoritmo pré-programado, e não por pessoa sentada ao volante. Por trás de uma máquina autônoma, há uma pessoa física que, de alguma forma, interferiu em seu funcionamento, normalmente pela programação e inserção de dados. Assim, em relação à imputação subjetiva do resultado, se reconhece a possibilidade de ocorrência de crime doloso ou culposo.

Nas hipóteses de punibilidade culposa, é correto afirmar que:

(A) quem introduz no mundo um agente inteligente, com capacidade de aprendizagem conforme as informações sejam inseridas, pode negar sua responsabilidade pelos danos causados por reações equivocadas não previsíveis;

(B) os robôs com inteligência artificial são agentes morais genuínos e sua programação interna funciona segundo um sistema de "méritos" e "deméritos" para certas decisões que eles tomam;

(C) os denominados "algoritmos de acidente", aqueles que selecionam vítimas em casos de inevitável colisão no tráfego dos carros autônomos, geram responsabilidade penal pela morte decorrente de atropelamento;

(D) os robôs com inteligência artificial são máquinas que completam suas tarefas conforme sua programação, que equivale à autodeterminação humana sobre razões morais;

(E) a possibilidade de programar o veículo para escolher uma vida para sacrificar, com o intuito de salvar outras, quando o acidente for inevitável, atrai a incidência do estado de necessidade, excluindo a responsabilidade do programador.

A: incorreta. Aquele que introduz uma máquina com inteligência artificial não pode negar sua responsabilidade pelos danos causados por reações equivocadas não previsíveis. Responderá o agente responsável pela introdução da máquina por crime culposo; **B:** incorreta. Diferentemente dos seres humanos, os robôs não são agentes morais genuínos e não tomam decisões; **C:** correta. Mesmo que haja programação para selecionar a "melhor" vítima, é de rigor, em caso de acidente (morte decorrente de atropelamento), a imputação de responsabilidade a título de culpa ao programador; **D:** incorreta. Robôs são desprovidos de autodeterminação, que é inerente ao ser humano; **E**: incorreta, na medida em que não se pode atribuir às máquinas a realização de um juízo moral de sacrifício de bens jurídicos.

Gabarito "C".

(Juiz de Direito – TJ/MS – 2020 – FCC) Em relação à tipicidade penal, correto afirmar que

(A) é excluída pelos chamados princípios da insignificância e adequação social, ausentes tipicidade formal e material, respectivamente.
(B) o consentimento do ofendido, às vezes, pode afastar a própria tipicidade da conduta e, em outras, constituir causa supralegal de exclusão da ilicitude, segundo entendimento doutrinário.
(C) o erro sobre elemento do tipo exclui o dolo e, por isso, incide sobre a ilicitude do comportamento, refletindo na culpabilidade, de modo a excluí-la ou atenuá-la.
(D) é afastada nas hipóteses de crime impossível e arrependimento posterior.
(E) o dolo, segundo a teoria finalista, constitui elemento normativo do tipo.

A: incorreta, uma vez que ambos os postulados levam à exclusão da tipicidade *material*, não havendo repercussão no campo da tipicidade *formal*. Vejamos. Enuncia o princípio da insignificância ou bagatela que o Direito Penal não deve atuar diante de fatos insignificantes, desprezíveis, de forma que somente se deve recorrer a esse ramo do direito em casos relevantes, isto é, não pode ser considerada típica a conduta causadora de lesão insignificante ao bem jurídico tutelado pela norma penal. De acordo com a doutrina e jurisprudência consolidadas, o postulado da insignificância atua como causa de exclusão da tipicidade material. Segundo o princípio da adequação social, não se pode reputar criminosa a conduta tolerada pela sociedade, ainda que corresponda a uma descrição típica. É dizer, embora formalmente típica, porque subsumida num tipo penal, carece de tipicidade material, porquanto em sintonia com a realidade social em vigor. A sociedade se mostra, nessas hipóteses, indiferente ante a prática da conduta, como é o caso da tatuagem. Também são exemplos: a circuncisão praticada na religião judaica; o furo na orelha para colocação de brinco etc.; **B**: correta. De fato, o consentimento do ofendido atuará como causa de exclusão da tipicidade do fato quando o elemento "vontade" do sujeito passivo se revele como requisito expresso ou tácito da conduta penalmente típica. É o que se verifica, por exemplo, no estupro (art. 213 do CP), que tem, como pressuposto, o dissenso da vítima no tocante à conjunção carnal ou à prática de atos libidinosos diversos. De outra borda, o consentimento do ofendido poderá atuar como causa de exclusão da ilicitude (causa supralegal), desde que satisfeitos alguns requisitos; **C**: incorreta. Conforme dispõe o art. 20 do CP, o erro sobre elemento do tipo exclui sempre o dolo, permitindo a punição a título de culpa, desde que haja previsão nesse sentido. A exclusão do dolo afasta a conduta e, por conseguinte, o fato típico; ou seja, não há crime, não havendo, portanto, nenhuma repercussão nos campos da ilicitude e da culpabilidade; **D**: incorreta. A assertiva está correta em relação ao crime impossível (art. 17, CP), que tem como natureza jurídica causa de exclusão da tipicidade, na medida em que o fato praticado pelo agente não se subsume a nenhum tipo legal; o mesmo não se diga em relação ao arrependimento posterior (art. 16, CP), que, como o próprio nome sugere, ocorre após a consumação do crime. Sua natureza jurídica é de causa pessoal e obrigatória de diminuição de pena, não havendo que se falar, portanto, em exclusão da tipicidade; **E**: incorreta. O dolo, para a teoria finalista, é classificado como *natural*, contendo apenas elementos cognitivo (consciência) e volitivo (vontade). Já para a teoria clássica, o dolo, que integrava a culpabilidade, era normativo.

Gabarito "B".

(Juiz de Direito – TJ/RJ – 2019 – VUNESP) João ministra veneno a Maria, em dose apta a causar-lhe a morte, pois ela iria informar à autoridade policial que João havia mantido relação sexual incestuosa e consentida com a filha dele, de 16 anos. Antes que o resultado se efetive, João socorre Maria, levando-a a um pronto-socorro. Lá, o médico de plantão deixa de atender Maria, sob a única razão de estar almoçando. Maria, que seria salva caso o médico interviesse, morre.

Diante desse cenário, que admite múltiplas qualificações jurídicas, assinale a alternativa que melhor se adeque à espécie.

(A) João cometeu homicídio; o médico cometeu lesão corporal seguida de morte.
(B) João cometeu homicídio qualificado; o médico cometeu omissão de socorro com pena triplicada pelo resultado morte.
(C) João será beneficiado pelo arrependimento posterior e não sofrerá qualquer reprimenda penal; o médico cometeu homicídio culposo, na modalidade negligência.
(D) João cometeu lesão corporal seguida de morte; o médico cometeu omissão de socorro em concurso com homicídio culposo, na modalidade negligência.
(E) João cometeu homicídio duplamente qualificado; o médico cometeu omissão de socorro, com a pena duplicada pelo resultado morte.

Pelo enunciado proposto, João, depois de ministrar veneno a Maria, imbuído do propósito de matá-la, arrepende-se do que acabara de fazer e, de forma voluntária, socorre a vítima ao pronto-socorro, onde ela vem a falecer por falta de atendimento, uma vez que o médico que ali se encontrava de plantão, ao argumento de que estava almoçando, negara socorro. O arrependimento posterior deve, de plano, ser afastado, eliminando-se a alternativa "C". Isso porque, segundo enuncia o art. 16 do CP, é pressuposto do arrependimento posterior que o agente repare o dano ou restitua a coisa até o recebimento da denúncia, o que, à evidência, não é possível ocorrer em se tratando de crime contra a vida consumado (homicídio). Além disso, exige-se, à configuração da causa de diminuição de pena do art. 16 do CP, que o crime não tenha sido praticado mediante violência ou grave ameaça. Também é importante que se diga que tanto o arrependimento eficaz quanto a desistência voluntária (art. 15 do CP) somente têm lugar na hipótese de o resultado visado pelo agente não ser implementado. No caso narrado no enunciado, para o reconhecimento dos institutos previstos no art. 15 do CP, de rigor que Maria não tivesse morrido. Considerando que ela morreu, ainda que João tenha se arrependido e a socorrido ao hospital, ele será responsabilizado por homicídio doloso. Perceba que, na desistência voluntária, como o próprio nome sugere, o sujeito ativo, ainda dispondo de meios para alcançar o resultado, resolve, por ato voluntário, interromper a execução do delito (conduta negativa); no arrependimento eficaz, diferentemente, ele faz tudo o que pretendia para atingir o resultado, que não é alcançado porque ele (agente) agiu (conduta positiva) para evitá-lo. Quero, com isso, que fique bem clara a diferença entre a desistência voluntária e o arrependimento eficaz, tema sempre presente em provas de concursos públicos em geral. No caso narrado no enunciado, se a vítima não tivesse morrido, seria o caso de reconhecer o arrependimento eficaz, respondendo João somente pelos atos realizados, na medida em que praticou na íntegra todos os atos necessários para atingir a consumação. Dessa forma, ficam excluídos a desistência voluntária, o arrependimento eficaz e o arrependimento posterior. Até aqui, temos que João cometeu contra Maria o crime de homicídio doloso qualificado pelo emprego de veneno (art. 121, § 2º, III, do CP). A grande celeuma que aqui pode surgir refere-se à conduta do médico, que, conforme relatado no enunciado, negou atendimento a Maria, sob a justificativa de que estaria almoçando. Ao apontar como correta a assertiva "B", a organizadora considerou que o médico incorreu no crime de omissão de socorro, com pena triplicada pelo resultado morte. Embora se trate de uma solução plausível, não representa, a nosso ver, a melhor tipificação da conduta do médico. Pensamos que este deve ser responsabilizado por crime omissivo impróprio (homicídio doloso). Com efeito, ao negar atendimento a pessoa que, em situação de risco de vida, dele necessitava, o médico, na condição de garante, deve ser responsabilizado pelo crime de homicídio doloso, já que sua omissão, que foi proposital, corresponde a uma ação, nos termos do art. 13, § 2º, CP. ED

"B". Gabarito

(Juiz de Direito - TJ/BA - 2019 - CESPE/CEBRASPE) João, com a intenção de matar José, seu desafeto, efetuou disparos de arma de fogo contra ele. José foi atingido pelos projéteis e faleceu.

Considere que, depois de feitos os exames necessários, se tenha constatado uma das seguintes hipóteses relativamente à causa da morte de José.

I. Apesar dos disparos sofridos pela vítima, a causa determinante da sua morte foi intoxicação devido ao fato de ela ter ingerido veneno minutos antes de ter sido alvejada.
II. A morte decorreu de ferimentos causados por disparos de arma de fogo efetuados por terceiro no mesmo momento em que João agiu e sem o conhecimento deste.
III. A vítima faleceu em razão dos ferimentos sofridos, os quais foram agravados por sua condição de hemofílica.
IV. A morte decorreu de uma infecção hospitalar que acometeu a vítima quando do tratamento dos ferimentos causados pelos tiros.

Nessa situação hipotética, conforme a teoria dos antecedentes causais adotada pelo CP, João responderá pela morte de seu desafeto caso se enquadre em uma das hipóteses previstas nos itens

(A) I e II.
(B) I e III.
(C) III e IV.
(D) I, II e IV.
(E) II, III e IV.

I: não há responsabilização pela morte. Vejamos. Segundo consta, José é vítima de disparos de arma de fogo efetuados por João, que desejava a sua morte, o que de fato vem a ocorrer. Depois disso, constata-se, no exame necroscópico, que o resultado naturalístico adveio não dos disparos que vitimaram José, mas de veneno neste aplicado antes da conduta levada a efeito por João (causa preexistente). Perceba que a morte teria ocorrido de qualquer forma. Neste caso, imputam-se ao agente tão somente os atos que praticou, e não o resultado naturalístico (morte). Há quebra, portanto, do nexo de causalidade. João, assim, responderá por tentativa de homicídio; **II:** não há responsabilização pelo evento morte. Esta assertiva descreve o fenômeno denominado *autoria colateral*, em que os agentes, sem que um conheça a intenção do outro, dirigem sua conduta, de forma simultânea, para a prática do mesmo crime. Por inexistir liame subjetivo entre eles, não há que se falar em *coautoria* ou *participação*. Apurando-se qual dos agentes deu causa ao resultado, este será responsabilizado pelo crime consumado; o outro, pelo crime na forma tentada (é o caso de João, já que a morte de seu desafeto decorre dos disparos de arma de fogo efetuados por terceiro). Não sendo possível, na autoria colateral, identificar qual dos agentes deu causa ao resultado, estaremos diante, então, da chamada *autoria incerta* (não é esta a hipótese do enunciado). Neste caso, a melhor solução recomenda que ambos respondam pelo crime na forma tentada, já que não foi possível apurar-se quem foi o responsável pelo resultado; **III:** há responsabilização pela morte. Trata-se de hipótese de causa preexistente relativamente independente. Como o nome sugere, existe previamente à conduta do agente. João, agindo com *animus necandi* em relação a José, contra este desfere disparos de arma de fogo; no entanto, por ser portador de hemofilia, José tem seu quadro agravado e, por conta disso, vem a falecer. Neste caso, o resultado naturalístico (morte), porque querido por João, a este será imputado, respondendo por homicídio consumado. Veja que, se excluirmos a conduta de João (disparos de arma de fogo), o resultado morte não teria ocorrido. Daí falar-se em causa *relativamente independente*; **IV:** há responsabilização pela morte. Isso porque a infecção hospitalar constitui o que a doutrina convencionou chamar de linha de desdobramento natural, já que, não raras vezes, pacientes internados pelos mais variados motivos acabam por contrair infecções hospitalares, o que, muitas vezes, levam-nos a óbito. ED

"C". Gabarito

(Promotor de Justiça/PR – 2019 – MPE/PR) Para se determinar quando uma ação é causa de um resultado, foram elaboradas várias teorias. A respeito destas teorias, assinale a alternativa ***incorreta***:

(A) Para a Teoria da equivalência das condições, causa é a condição sem a qual o resultado não teria ocorrido.
(B) Para a Teoria da causalidade adequada, causa é a condição mais adequada para produzir o resultado, fundando-se em um juízo de possibilidade ou de probabilidade à relação causal.
(C) Para a Teoria da qualidade do efeito, causa é a condição da qual depende a qualidade do resultado, havendo diferenciação entre condições estáticas e dinâmicas, sendo que somente estas últimas seriam causa decisiva ou eficiente para o efeito.
(D) Para a Teoria da imputação objetiva, não há diferenças entre níveis de admissibilidade de riscos permitidos, posto que o nível de proteção que cada tipo penal guarda é axiologicamente o mesmo.

A: correta. A teoria da equivalência das condições, também chamada *equivalência dos antecedentes* ou *conditio sine qua non*, adotada, como regra, no art. 13, "caput", do CP, estabelece que causa é toda ação ou omissão sem a qual o resultado não teria sido produzido; **B:** correta. Causalidade adequada é a teoria adotada em relação às causas supervenientes relativamente independentes (art. 13, § 1º, CP). Neste caso, somente haverá imputação do resultado se a causa superveniente não tiver produzido, por si só, o resultado; se houver produzido, por si só, o resultado, haverá exclusão da imputação do resultado. Como se pode ver, o art. 13 do CP adotou como regra a teoria da equivalência dos antecedentes e, como exceção, a teoria da causalidade adequada; **C:** correta. Para a teoria da qualidade do efeito, causa é condição da qual depende a qualidade do resultado; **D:** incorreta. Desenvolvida e difundida por Claus Roxin, a partir de 1970, no ensaio *Reflexões sobre a problemática da imputação no direito penal*, a teoria da imputação objetiva, cujo propósito é impor restrições à responsabilidade penal, enuncia, em síntese, que a atribuição do resultado ao agente não está a depender tão somente da relação de causalidade. É necessário ir além. Para esta teoria, deve haver a conjugação dos seguintes requisitos: criação ou aumento de um risco proibido; realização do risco no resultado; e resultado dentro do alcance do tipo. ED

"D". Gabarito

(Delegado – PC/BA – 2018 – VUNESP) Tendo em conta a teoria geral do crime, assinale a alternativa correta.

(A) Os partidários da teoria tripartida do delito consideram a culpabilidade como pressuposto da pena e não elemento do crime.
(B) Os partidários da teoria tripartida do delito consideram elementos do crime a tipicidade, a antijuricidade e a punibilidade.
(C) A tipicidade, elemento do crime, na concepção material, esgota-se na subsunção da conduta ao tipo penal.
(D) O dolo, na escola clássica, deixou de ser elemento integrante da culpabilidade, deslocando-se para a conduta, já que ação e intenção são indissociáveis.
(E) Os partidários da teoria funcionalista da culpabilidade entendem que a culpabilidade é limitada pela finalidade preventiva da pena; constatada a desnecessidade da pena, o agente não será punido.

A: incorreta. Ao contrário do que se afirma na alternativa, para os adeptos da teoria *tripartida*, a culpabilidade constitui um dos elementos do crime, ao lado do fato típico e da ilicitude; já para a teoria *bipartida*, a culpabilidade deve ser entendida como pressuposto para a aplicação da pena, ao passo que o fato típico e a ilicitude constituem os elementos do crime, na sua acepção analógica. Para esta última teoria, a culpabilidade deve ser excluída da composição do crime; **B: incorreta**, pois, como acima dito, os partidários da teoria tripartida do delito consideram elementos do crime o fato típico, a antijuridicidade (ilicitude) e a culpabilidade. A punibilidade é a consequência jurídica do crime; **C: incorreta**, já que o critério material ou substancial diz respeito ao bem protegido pela norma penal, a efetiva lesão ao bem jurídico protegido. Já o critério formal é um fato humano que seja contrário a lei penal. A tipicidade, assim entendida como o enquadramento da conduta à norma penal descrita em abstrato (subsunção da conduta ao tipo penal), constitui um dos elementos do fato típico, a ser analisado no contexto do critério analítico de crime, que se funda nos elementos que compõem a estrutura do delito; **D: incorreta**. O fenômeno descrito na assertiva (deslocamento do dolo – e também da culpa – da culpabilidade para a conduta) deu-se a partir da adoção da teoria finalista, que é a teoria atualmente adotada em substituição à teoria clássica, para a qual o dolo e a culpa residiam na culpabilidade; **E: correta**. Para a teoria funcional ou funcionalista da culpabilidade, que tem como expoente Gunther Jakobs, a culpabilidade calcada em um juízo de reprovabilidade deve dar lugar à análise das reais necessidades de prevenção. Com isso, deve-se questionar, ao analisar a culpabilidade, se, em atenção às finalidades da pena, deve ou não o agente ser responsabilizado pela violação ao ordenamento jurídico. De acordo com a doutrina: "Essa teoria retira o elevado valor atribuído ao livre arbítrio do ser humano, e busca vincular o conceito de culpabilidade ao fim de prevenção geral da pena, e também à política criminal do Estado" (Masson, Cleber. *Direito Penal – Parte Geral*. 15. ed. Rio de Janeiro: Método, 2021. item 27.7). **Gabarito "E".**

6. CRIMES DOLOSOS, CULPOSOS E PRETERDOLOSOS

(Juiz de Direito/SP – 2021 – Vunesp) A respeito do delito culposo, é correto afirmar que

(A) admite a coautoria e a participação.
(B) admite a compensação de culpas.
(C) a culpa pode ser presumida.
(D) é possível a concorrência de culpas.

A: incorreta. Nos crimes culposos não é admitida a participação, somente a coautoria. Isso porque o crime culposo tem o seu tipo aberto, razão pela qual não se afigura razoável afirmar-se que alguém auxiliou, instigou ou induziu uma pessoa a ser imprudente, sem também sê-lo. Conferir o magistério de Cleber Masson, ao tratar da coautoria no crime culposo: "A doutrina nacional é tranquila ao admitir a coautoria em crimes culposos, quando duas ou mais pessoas, conjuntamente, agindo por imprudência, negligência ou imperícia, violam o dever objetivo de cuidado a todos imposto, produzindo um resultado naturalístico". No que toca à participação no contexto dos crimes culposos, ensina que "firmou-se a doutrina pátria no sentido de rejeitar a possibilidade de participação em crimes culposos" (*Direito Penal esquematizado – Parte Geral*. 8. ed. São Paulo: Método, 2014. v. 1, p. 559). Na jurisprudência: "É perfeitamente admissível, segundo o entendimento doutrinário e jurisprudencial, a possibilidade de concurso de pessoas em crime culposo, que ocorre quando há um vínculo psicológico na cooperação consciente de alguém na conduta culposa de outrem. O que não se admite nos tipos culposos, ressalve-se, é a participação" (HC 40.474/PR, Rel. Ministra Laurita Vaz, Quinta Turma, julgado em 06.12.2005, *DJ* 13.02.2006); **B: incorreta**, uma vez que inexiste, no direito penal, compensação de culpas, isto é, uma conduta culposa não anula a outra; **C: incorreta**. Sendo a responsabilidade penal de caráter subjetivo, não há que se falar em culpa presumida. Segundo Cleber Masson, ao discorrer sobre a culpa presumida, *também denominada de culpa "in re ipsa", tratava-se de espécie de culpa admitida pela legislação penal existente no Brasil antes da entrada em vigor do Código Penal de 1940, e consistia na simples inobservância de uma disposição regulamentar. Foi abolida do sistema penal pátrio, por constituir-se em verdadeira responsabilidade penal objetiva, retrocesso a tempos pretéritos em que o homem pagava pelo que fizera, sem nenhuma preocupação com o elemento subjetivo.* (*Direito Penal Esquematizado*, v. 1. Parte Geral, 8ª edição, Ed. Método, p. 303); **D: correta**. Na chamada concorrência de culpas, admitida pelo direito penal, duas ou mais pessoas contribuem, a título de culpa, para a produção de um mesmo resultado naturalístico. Natural que todos que assim agirem respondam pelo resultado que causaram, à luz do princípio da *conditio sine qua non* (art. 13, *caput*, do CP). **Gabarito "D".**

7. ERRO DE TIPO, DE PROIBIÇÃO E DEMAIS ERROS

(Promotor de Justiça/SP – 2019 – MPE/SP) José e João trabalhavam juntos. José, o rei da brincadeira. João, o rei da confusão. Certo dia, discutiram acirradamente. Diversos colegas viram a discussão e ouviram as ameaças de morte feitas por João a José. Ninguém soube o motivo da discussão. José não se importou com o fato e levou na brincadeira. Alguns dias depois, em um evento comemorativo na empresa, João bradou "eu te mato José" e efetuou disparo de arma de fogo contra José. Contudo o projétil não atingiu José e sim Juliana, matando a criança que chegara à festa naquele momento, correndo pelo salão.

Nesse caso, é correto afirmar que, presente a figura

(A) do erro sobre a pessoa, nos termos do artigo 20, § 3º, do Código Penal, João deve responder por homicídio doloso sem a agravante de crime cometido contra criança.
(B) do erro sobre a pessoa, nos termos do artigo 20, § 3º, do Código Penal, João deve responder por homicídio doloso, com a agravante de crime cometido contra criança.
(C) *aberratio criminis*, artigo 74 do Código Penal, João deve responder por tentativa de homicídio e homicídio culposo sem a agravante de crime cometido contra criança, em concurso formal de crimes.

(D) *aberratio ictus*, artigo 73 do Código Penal, João deve responder por homicídio doloso sem a agravante de crime cometido contra criança.

(E) *aberratio ictus*, artigo 73 do Código Penal, João deve responder por tentativa de homicídio e homicídio culposo, com a agravante de crime cometido contra criança, em concurso material de crimes.

O enunciado retrata típico exemplo de *aberratio ictus* (erro na execução). Senão vejamos. João, imbuído do propósito de matar José, em um evento comemorativo na empresa onde ambos trabalhavam, efetua disparo de arma de fogo, cujo projétil, no lugar de atingir seu colega de trabalho, acaba por atingir a criança Juliana, que acabara de chegar ao local da comemoração. Já José, que desde o início era o alvo de João, por este não é atingido. A criança atingida pelo disparo efetuado por João acaba por falecer. Pois bem. Temos, portanto, que João, por erro no uso dos meios de execução, no lugar de atingir a pessoa que pretendia, que neste caso é José, atinge pessoa diversa, ou seja, a criança Juliana. Neste caso, dado o que estabelece o art. 73 do CP, *serão levadas em consideração as características da pessoa contra a qual o agente queria investir, mas não conseguiu.* Tratando-se de erro meramente acidental, responderá o agente como se houvesse matado a vítima pretendida (no caso, José). É por essa razão que João deverá ser responsabilizado como se de fato tivesse matado José, não incidindo, dessa forma, a agravante de crime cometido contra criança. Não se deve confundir a *aberratio ictus* com o *erro sobre a pessoa* (art. 20, § 3º, do CP), em que o agente, por uma falsa percepção da realidade, se equivoca quanto à própria vítima do crime, atingindo pessoa diversa da pretendida. Note que, na *aberratio ictus*, inexiste por parte do agente equívoco quanto à pessoa que deverá ser atingida; o que existe é erro na execução do crime: por exemplo, erro de pontaria. De qualquer forma, nos dois casos a consequência é a mesma: serão levadas em consideração as qualidades da pessoa que o agente queria atingir, e não as da pessoa que o agente efetivamente atingiu (vítima). Exemplo de erro sobre a pessoa é o da mãe que, sob influência do estado puerperal, mata o filho alheio pensando se tratar do próprio filho. Deverá ser responsabilizada, nos termos do art. 20, § 3º, do CP, como se tivesse investido contra quem ela queria praticar o crime (neste caso, o seu próprio filho recém-nascido). Por fim, *aberratio criminis* (resultado diverso do pretendido ou *aberratio delicti*), cuja previsão está no art. 74 do CP, consiste na hipótese em que o agente deseja cometer certo crime e, por erro de execução, acaba por cometer delito diverso. Como se pode ver, o erro na execução se estabelece entre pessoas (pessoa x pessoa); já o resultado diverso do pretendido envolve a relação crime x crime. **ED**
Gabarito "D".

8. TENTATIVA, CONSUMAÇÃO, DESISTÊNCIA, ARREPENDIMENTO E CRIME IMPOSSÍVEL

(Juiz de Direito/AP – 2022 – FGV) Sobre os institutos da desistência voluntária, do arrependimento eficaz e do arrependimento posterior, é correto afirmar que:

(A) a não consumação, por circunstâncias alheias à vontade do agente, é compatível com a desistência voluntária;

(B) o reconhecimento da desistência voluntária dispensa o exame do *iter criminis*;

(C) as circunstâncias inerentes à vontade do agente são irrelevantes para a configuração da desistência voluntária;

(D) o arrependimento eficaz e a desistência voluntária somente são aplicáveis a delito que não tenha sido consumado;

(E) o reconhecimento da desistência voluntária dispensa o exame do elemento subjetivo da conduta.

A: incorreta, já que, havendo início de execução, a não consumação, por circunstâncias alheias à vontade do agente, é compatível com a tentativa. Na desistência voluntária (art. 15, primeira parte, do CP), temos que o agente, após dar início à execução do crime e antes de alcançar a consumação, interrompe, por ato voluntário, o processo executivo, deixando de praticar os demais atos subsequentes necessários a atingir a consumação. Tema bastante cobrado em provas de concursos em geral é a distinção entre a desistência voluntária e o arrependimento eficaz, ambos institutos previstos no art. 15 do CP. Na desistência voluntária (art. 15, primeira parte, do CP), como dito antes, o agente, em crime já iniciado, embora disponha de meios para chegar à consumação, acha por bem interromper a execução. Ele, de forma voluntária, desiste de prosseguir no *iter criminis* (conduta negativa, omissão). No *arrependimento eficaz* (art. 15, segunda parte, do CP), a situação é diferente. O agente, em crime cuja execução também já se iniciou, esgotou os meios que reputou suficientes para atingir seu objetivo. Ainda assim, o crime não se consumou. Diante disso, ele, agente, por vontade própria, passa a agir para evitar o resultado (conduta positiva). Tanto na *desistência voluntária* quanto no *arrependimento eficaz* o agente responderá somente pelos atos que praticou; **B:** incorreta. Antes de mais nada, devemos entender o *iter criminis* como o caminho percorrido pelo agente na prática criminosa. Dito isso, forçoso concluir que o reconhecimento da desistência voluntária passa necessariamente pelo exame do *iter criminis*, já que é de rigor analisar, para o seu reconhecimento, se houve início de execução e ausência de consumação por vontade própria do agente (voluntariedade); **C:** incorreta. Somente fará jus ao reconhecimento da desistência voluntária o agente que tenha desistido (circunstância inerente à sua vontade), de forma voluntária (por vontade própria), de prosseguir na execução de crime; **D:** correta. De fato, a ausência de consumação é pressuposto à incidência da desistência voluntária e do arrependimento eficaz. Cuidado: no arrependimento posterior (art. 16, CP), diferentemente, há necessidade de o crime se consumar; **E:** incorreta, na medida em que o reconhecimento da desistência voluntária não dispensa o exame do elemento subjetivo da conduta. Conferir o seguinte julgado: "2. Para reconhecer a desistência voluntária, exige-se examinar o iter criminis e o elemento subjetivo da conduta, a fim de avaliar se os atos executórios foram iniciados e se a consumação não ocorreu por circunstância inerente à vontade do agente, tarefa indissociável do arcabouço probatório." (STJ, AgRg no AREsp 1214790/CE, Rel. Ministro RIBEIRO DANTAS, QUINTA TURMA, julgado em 17/05/2018, DJe 23/05/2018). **ED**
Gabarito "D".

(Juiz de Direito – TJ/MS – 2020 – FCC) No tocante à tentativa, acertado afirmar que

(A) é impunível nos casos de contravenção penal e de falta grave no curso da execução penal.

(B) o cálculo da prescrição em abstrato é regulado pelo máximo da pena cominada ao delito imputado, menos dois terços.

(C) não incide o respectivo redutor na fixação da quantidade de dias-multa.

(D) é aplicável o redutor mínimo de um terço para efeito de verificação de cabimento da suspensão condicional do processo.

(E) é possível nos crimes formais, se plurissubsistentes.

A: incorreta. O art. 4º da Lei das Contravenções Penais reza que a tentativa de contravenção não é punida. Até aqui a assertiva está correta. Já no que concerne à falta grave cometida no curso da execução penal, a sua tentativa será punida com a pena correspondente à falta consumada (art. 49, parágrafo único, LEP). Incorreto, portanto, afirmar-se que a tentativa de falta grave é impunível; **B:** incorreta. Isso porque, no cálculo da prescrição em abstrato, presente causa de diminuição de pena de quantidade variável, como é o caso da tentativa, deve-se utilizar o percentual de menor redução, ou seja, um terço (segundo o art. 14, parágrafo único, do CP, a tentativa é punida com a pena correspondente ao crime consumado, diminuída de um a dois terços); **C:** incorreta, uma vez que tem prevalecido na doutrina e na jurisprudência o entendimento segundo o qual o cálculo da quantidade de dias-multa levará em conta não somente as circunstâncias judiciais (art. 59, CP), mas também as agravantes e atenuantes, bem como as causas de aumento e diminuição, em conformidade com os parâmetros estabelecidos no art. 68 do CP; **D:** incorreta. Isso porque prevalece o entendimento no sentido de que, na apreciação da possibilidade da suspensão condicional do processo para crimes cuja pena mínima cominada é de um ano, deve-se levar em consideração para o cálculo da tentativa o redutor máximo, que corresponde a dois terços (art. 14, parágrafo único, CP); **E:** correta. Formais são os crimes em que o resultado, embora previsto no tipo penal, não é imprescindível à consumação do delito. São também chamados, bem por isso, de crimes de resultado cortado ou consumação antecipada. Exemplo sempre lembrado pela doutrina é o crime de *extorsão mediante sequestro* (art. 159 do CP), cujo momento consumativo é atingido com a privação de liberdade da vítima. A obtenção do resgate, resultado previsto no tipo penal, se ocorrer, constituirá mero exaurimento do delito (desdobramento típico). Crime plurissubsistente, por sua vez, é aquele cuja conduta do agente se exterioriza pela prática de dois ou mais atos, contrapondo-se aos crimes unissubsistentes, em que a conduta é representada por um único ato. Este último não admite a modalidade tentada; já os plurissubsistentes admitem. Dessa forma, a tentativa, nos delitos formais, somente será possível se estes forem plurissubsistentes, é dizer, se a conduta for passível de fracionamento. ED

Gabarito "E".

(Promotor de Justiça/PR – 2019 – MPE/PR) Quanto ao tema relativo à separação entre atos preparatórios e de execução, analise as assertivas abaixo e assinale a alternativa:

I. – A Teoria negativa propõe, em linhas gerais, a negação da possibilidade da limitação, em uma regra geral, entre o que seriam atos preparatórios e atos de execução, devendo tal definição ficar a cargo do julgador no momento da análise de cada caso.

II. – A Teoria objetivo-formal propõe que atos de execução são aqueles que demonstram o início da realização dos elementos do tipo penal, ou seja, para se poder falar em início de atos executórios, o agente teria que começar a realizar a ação descrita no verbo núcleo do tipo penal.

III. – A teoria objetivo-material afirma que para a definição do início dos atos executórios não se mostra suficiente a realização dos elementos do tipo penal, mas é necessário também que se tenha gerado e esteja presente efetivo perigo para o bem jurídico protegido pela norma.

IV. – A Teoria objetivo-individual propõe que a tentativa se iniciaria quando o autor, segundo o seu plano concreto, segundo seu plano delitivo, atua para a concretização do tipo penal pretendido.

(A) Todas as alternativas estão corretas.
(B) Apenas as alternativas I e III estão incorretas.
(C) Apenas as alternativas I, II e IV estão corretas.
(D) Apenas as alternativas II, III e IV estão corretas.
(E) Apenas as alternativas III e IV estão corretas.

Com o propósito de delimitar a transição dos atos preparatórios para os atos de execução, que constitui um dos maiores desafios do direito penal, foram formuladas diversas teorias, que se dividem, numa primeira classificação, em *subjetiva* e *objetiva*. Para a primeira, inexiste transição dos atos preparatórios para os atos de execução. Isso porque o que importa é a vontade criminosa, que se faz presente tanto na fase de preparação quanto na de execução. Já para a *teoria objetiva*, só há que se falar em atos executórios a partir da concretização do tipo penal. Pressupõe, portanto, a exteriorização de atos idôneos e inequívocos para alcançar o resultado almejado. A *teoria objetiva* comporta as teorias da hostilidade ao bem jurídico, a objetivo-formal ou lógico-formal, a objetivo-material e a objetivo-individual. Para a *teoria da hostilidade ao bem jurídico*, atos executórios são aqueles que representam ataque, afronta ao bem jurídico tutelado pela norma. Se não há afronta ao bem jurídico, o agente ainda permanece na fase de atos preparatórios. A *teoria objetivo-formal* ou *lógico-formal*, adotada pelo Código Penal e mais aceita pela comunidade jurídica, sustenta que ato executório é aquele que representa o início da concretização dos elementos que integram o tipo penal, ou seja, tem início a realização da conduta descrita no tipo penal. Temos ainda a teoria *objetivo-material*, segundo a qual atos executórios não são somente aqueles que demonstram a concretização do núcleo do tipo penal, mas também aqueles imediatamente anteriores ao início da ação típica, segundo a ótica de uma terceira pessoa, um observador. Por fim, a teoria *objetivo-individual* sustenta que os atos executórios não são somente aqueles que dão início à ação típica, mas também os imediatamente anteriores, conforme o plano concreto do autor. Perceba que esta teoria se diferencia da objetivo-material em razão da ausência do critério do terceiro observador. ED

Gabarito "A".

(Investigador – PC/BA – 2018 – VUNESP) Adalberto decidiu matar seu cunhado em face das constantes desavenças, especialmente financeiras, pois eram sócios em uma empresa e estavam passando por dificuldades. Preparou seu revólver e se dirigiu até a sala que dividiam na empresa. Parou de frente ao inimigo e apontou a arma em sua direção, mas antes de acionar o gatilho foi impedido pela secretária que, ao ver a sombra pela porta, decidiu intervir e impedir o disparo. Em face do ocorrido, pode-se afirmar que Adalberto poderá responder por

(A) constrangimento ilegal.
(B) tentativa de homicídio.
(C) tentativa de lesão corporal.
(D) fato atípico.
(E) arrependimento eficaz.

A questão que se coloca é saber se a conduta de Adalberto, consistente em apontar a arma para o seu algoz, pode ser traduzida como início de execução do crime que ele pretendia praticar. Não há dúvidas de que a preparação, por Adalberto, de seu revólver não constitui ato de execução do delito (é ato de preparação!). Não há que se falar, de outro lado, em arrependimento eficaz, já que seria imprescindível, neste caso, que Adalberto, imbuído do propósito de matar seu cunhado, tivesse feito uso dos meios de que dispunha para atingir seu objetivo, ou seja, teria ele que efetuar os disparos que considerou necessários à produção do resultado morte e, ato contínuo, lograr, por sua iniciativa (voluntariedade), evitar a consumação do homicídio. Também é o caso de descartar a possibilidade de o crime em que incorreu Adalberto ser o de lesão corporal tentada, na medida em que seu propósito, desde o começo, era o de matar seu desafeto. Agiu, portanto, com *animus necandi*. Pois bem. É tema por demais complexo e, portanto, objeto de acalorados debates a definição do critério a ser empregado para delimitar em que momento tem fim a preparação e inicia a execução do crime. Prevalece, na doutrina e na jurisprudência, a tese segundo a qual tem fim a preparação e começa a execução com a prática do primeiro ato idôneo e inequívoco que tem o condão de levar a consumação do delito. Ou seja, para esta teoria (objetivo-formal ou lógico-formal), considera-se ato executório aquele em que o agente dá início à realização do verbo, neste caso, matar. É dizer, ao menos uma pequena parcela da conduta prevista no tipo deve estar concretizada. O examinador, aqui, considerou a conduta de Adalberto, consistente em apontar a arma de fogo, como apta a produzir o resultado almejado pelo agente: a morte de seu cunhado e que somente não se concretizou por circunstâncias alheia a vontade do agente, já que foi impedido o disparo da arma de fogo por terceiro. Ao que parece, a examinadora adotou a teoria objetivo-individual, segundo a qual os atos executórios pressupõem que haja início da conduta típica, mas também alcança aqueles atos que são imediatamente anteriores, desde que estejam em conformidade com o plano criminoso do autor, como é o caso da conduta de apontar a arma em direção à pessoa que se pretende matar. ED

Gabarito "B".

9. ANTIJURIDICIDADE E CAUSAS EXCLUDENTES

(Juiz Federal – TRF/1 – 2023 – FGV) Guilherme, com a intenção de socorrer seu filho, Rodrigo, utiliza, sem consentimento, o carro de seu vizinho, Douglas, para levar Rodrigo ao hospital. A ação de Guilherme é considerada:

(A) criminosa em qualquer hipótese;
(B) lícita, acobertada pelo exercício regular de um direito;
(C) lícita, acobertada pela excludente do estado de necessidade agressivo;
(D) criminosa do combustível do veículo;
(E) lícita, acobertada pela excludente da legítima defesa de terceiros.

Não há que se falar em legítima defesa (art. 25 do CP), causa excludente de ilicitude que pressupõe uma reação a uma agressão injusta, o que não se deu na hipótese narrada no enunciado. Também não se trata da excludente do exercício regular de direito (art. 23, III, do CP), que pressupõe que o agente pratique determinado fato, ainda que típico, mas desde que o ordenamento jurídico não o proíba ou o permita a praticá-lo. O enunciado contempla hipótese de *estado de necessidade*, excludente de ilicitude prevista no art. 24 do CP. *Grosso modo*, corresponde à situação em que o agente, com vistas a preservar um bem jurídico próprio ou de terceiro (vida/saúde do seu filho), sacrifica outro bem jurídico (posse/propriedade do veículo subtraído). São seus requisitos: existência de um perigo atual e inevitável; o perigo deve representar uma ameaça a direito próprio ou de terceiro; a situação de perigo não pode ter sido gerada voluntariamente pelo agente; inexistência do dever imposto por lei de enfrentar o perigo; inexigibilidade do sacrifício do bem ameaçado; o conhecimento da situação de fato justificante. "O estado de necessidade pressupõe um *conflito* entre titulares de *interesses lícitos*, legítimos, em que um pode perecer licitamente para que outro sobreviva. Exemplos clássicos de estado de necessidade são o furto famélico, antropofagia no caso de pessoas perdidas, a destruição de mercadorias de uma embarcação ou aeronave para salvar tripulante e passageiros, a morte de um animal que ataca o agente sem interferência alguma de seu dono etc. Não podendo o Estado acudir aquele que está em perigo nem devendo tomar partido *a priori* de qualquer dos titulares dos bens em conflito, concede o direito de que se ofenda bem alheio para salvar direito próprio ou de terceiro ante um fato irremediável" (Mirabete e Fabbrini. *Manual de Direito Penal*, parte geral, 37ª ed., 2025, Foco, item 4.2.2). Por fim, entende-se em estado de necessidade agressivo quando lesa bem jurídico de alguém que não provocou a situação de risco. (vale lembrar o estado de necessidade defensivo quando o agente atua contra o causador do perigo). ED

Gabarito "C".

(Delegado/MG – 2021 – FUMARC) Com relação à ilicitude e à culpabilidade é CORRETO afirmar:

(A) A prática de fato típico em razão de obediência à ordem não manifestamente ilegal de superior hierárquico é hipótese de inexigibilidade de conduta diversa e pode excluir a culpabilidade do agente.
(B) Com relação à natureza jurídica do estado de necessidade, a doutrina destaca que para a teoria unitária, ou é o estado de necessidade justificante, funcionando como causa de exclusão da ilicitude da conduta do agente ou exculpante, excludente da culpabilidade.
(C) O Código Penal Brasileiro adota a teoria limitada da culpabilidade pela qual as descriminantes putativas sempre são consideradas erro de proibição.
(D) Segundo entendimento doutrinário e jurisprudencial, a ausência de lesividade seria causa supralegal de exclusão da tipicidade, enquanto a inexigibilidade de conduta diversa e o consentimento do ofendido, quando não integrante do tipo penal, excluem a culpabilidade da conduta do agente.

A: correta. De fato, neste caso, pune-se tão somente o autor da ordem – art. 22 do CP (opera-se, em relação ao subordinado, a exclusão da culpabilidade); se a ordem, no entanto, for manifestamente ilegal, responderão pelo crime o seu autor e o agente que agiu em obediência hierárquica; **B:** incorreta. O Código Penal adotou a teoria unitária, segundo a qual o estado de necessidade, como causa de exclusão da antijuridicidade, restará caracterizada se o bem jurídico sacrificado for de igual ou inferior valor ao bem preservado. Caso o bem sacrificado seja de valor superior, haverá tão somente a redução da pena. Para a teoria denominada de diferenciadora, o estado de necessidade pode ser justificante (excludente da ilicitude, quando o bem sacrificado for de valor menor ao bem protegido) ou exculpante (causa supralegal de excludente da culpabilidade, pela inexigibilidade de conduta diversa, quando o bem sacrificado for de igual ou valor superior). Está errada a assertiva porque o conceito nela descrito corresponde, como se pode ver, à teoria diferenciadora, e não à teoria unitária; **C:** incorreta, uma vez que, para a chamada teoria limitada da culpabilidade, acolhida pelo Código Penal, as descriminantes putativas podem constituir erro de tipo ou erro de proibição, a depender de o equívoco recair sobre a má compreensão da realidade (erro de tipo) ou sobre os limites de uma causa de justificação (erro de proibição); **D:** incorreta. O consentimento do ofendido, quando não integrante do tipo penal, será causa de exclusão da ilicitude, e não da culpabilidade. ED

Gabarito "A".

(Delegado/MG – 2021 – FUMARC) Alfredo, no dia 01 de abril de 2020, quando andava pelas ruas da região central do pequeno município em que vivia, cruzou o caminho de Luana, que também era moradora daquele lugar. Luana, por simples picardia – até porque o fato de Alfredo ser pessoa com deficiência, paciente de saúde mental, era de todos conhecido, inclusive dela - passou a agredi-lo com tapas violentos e empurrões, momento em que Alfredo, revidando, bateu em Luana, até fazer com que ela cessasse seus atos. À vista da confusão que se formou, a polícia foi chamada ao local e conduziu Alfredo à delegacia local.

Diante da situação hipotética narrada e, assumindo que a condição de saúde mental de Alfredo era capaz de afastar totalmente sua capacidade de discernimento, é CORRETO afirmar que deve ser

(A) aplicada a Alfredo medida de segurança detentiva, considerando sua condição de saúde mental e a sanção cabível para a conduta por ele praticada.
(B) aplicada a Alfredo medida de segurança restritiva, em razão da condição de Alfredo e da sanção cabível para a conduta por ele praticada.

(C) reconhecida a ausência de culpabilidade da conduta de Alfredo, em razão de sua condição de pessoa com deficiência, que lhe afasta a responsabilidade penal, sem aplicação de qualquer sanção jurídico-penal.

(D) reconhecida a falta das condições para a imposição de qualquer resposta penal a Alfredo, inexistindo injusto penal em seu comportamento.

Segundo consta do enunciado, Luana, ao encontrar Alfredo, passa, por mera pirraça, a agredi-lo, o que leva a vítima, neste caso Alfredo, num gesto instintivo de defesa, a reagir, batendo em Luana, até o momento em que ela cessou a agressão. Pela narrativa, não há dúvidas de que Alfredo agiu em legítima defesa própria, na medida em que, em face de injusta agressão a ele impingida por Luana, repele, de forma moderada e fazendo uso dos meios necessários (bateu até que a investida da agressora cessasse), a agressão. Ao narrar que a reação se deu até o momento em que a agressão cessou, fica evidente que não houve excesso por parte de Alfredo. A questão que aqui se coloca é em relação à possibilidade de a pessoa inimputável agir em legítima defesa. Em outras palavras, a exigência do elemento subjetivo (consciência de que atua sob o pálio de uma excludente de ilicitude) tem o condão de afastar a configuração da legítima defesa nos casos de inimputabilidade. Para Guilherme de Souza Nucci, ao discorrer sobre a legítima defesa praticada por inimputáveis e ébrios, sustenta tal possibilidade: *Além do que já expusemos na nota 108 supra, para a qual remetemos o leitor, acrescentamos que as pessoas deficientes mentais ou em crescimento, bem como embriagadas, podem ter perfeita noção de autopreservação. Em situações de perigo, como as desenhadas pela legítima defesa, têm elas noção suficiente, como regra, de que se encontram em situação delicada e precisam salvar-se* (Código Penal Comentado. 18. ed., São Paulo: Forense, 2017. p. 307). Dessa forma, forçoso concluir que Alfredo, que agiu em legítima defesa, crime nenhum praticou. Embora a sua conduta seja típica sob a ótica formal, ela é autorizada pelo direito (art. 25, CP). Ou seja, no caso narrado no enunciado, ausente a antijuridicidade no comportamento de Alfredo, não há que se falar no cometimento de infração penal. ED

Gabarito "D".

(Juiz de Direito/SP – 2021 – Vunesp) São excludentes de ilicitude,

(A) a coação irresistível e o aborto terapêutico.

(B) a obediência hierárquica e a legítima defesa.

(C) o estrito cumprimento do dever legal e o aborto terapêutico.

(D) a obediência hierárquica e o estrito cumprimento do dever legal.

A: incorreta. A coação irresistível pode ser física ou moral. Se for física, restará afastada a própria conduta e, portanto, o *fato típico*; já a coação moral irresistível constitui causa excludente da culpabilidade (e não da ilicitude) prevista no art. 22 do CP, relacionada à inexigibilidade de conduta diversa; já o chamado aborto *terapêutico ou necessário* (art. 128, I, CP), que é a modalidade de aborto legal em que a interrupção da gravidez se revela a única forma de salvar a vida da gestante, constitui causa excludente da ilicitude; **B:** incorreta. Embora a legítima defesa (art. 25, CP) constitua causa excludente da ilicitude, o mesmo não se pode dizer em relação à obediência hierárquica (art. 22, CP), que configura, ao lado da coação moral irresistível, causa de exclusão da culpabilidade; **C:** correta. De fato, o estrito cumprimento do dever legal (art. 23, III, do CP) e o aborto terapêutico, já abordado acima, são excludentes de ilicitude; **D:** incorreta. A obediência hierárquica (art. 22, CP) configura causa de exclusão da culpabilidade; o estrito cumprimento do dever legal (art. 23, III, do CP) constitui excludente de ilicitude. ED

Gabarito "C".

(Juiz de Direito – TJ/RJ – 2019 – VUNESP) "Espécie" de legítima defesa que a doutrina afirma ser inexistente, pois a situação fática não é reconhecida como legítima defesa e não exclui a ilicitude de ação:

(A) legítima defesa recíproca.

(B) legítima defesa própria.

(C) legítima defesa putativa.

(D) legítima defesa de terceiro.

(E) legítima defesa em proteção a quem consente com a agressão de terceiro a bem indisponível.

A: correta. De fato, não se reconhece como excludente de ilicitude a chamada *legítima defesa recíproca*, que nada mais é do que legítima defesa real contra legítima defesa real. Isso porque constitui pressuposto da legítima defesa, conforme art. 25 do CP, a existência de uma agressão injusta. Assim, se um dos envolvidos agredir de forma injusta o outro, este, em atitude típica de defesa, reagirá, estando acobertado pela legítima defesa real, o que não se aplica àquele que agrediu, cuja conduta será, por isso, considerada, além de típica, também ilícita (leia-se: não acobertada pela excludente de antijuridicidade); **B:** incorreta. Legítima defesa própria é aquela em que o bem jurídico pertence àquele que se defende; de outro lado, na legítima defesa de terceiro, o bem jurídico, como o nome sugere, pertence a outrem; **C:** incorreta. Por legítima defesa putativa (art. 20, § 1º, CP) deve-se entender a situação em que o sujeito, em face das circunstâncias, supõe a presença dos requisitos contidos no art. 25 do CP, quando, na verdade, eles não existem. Ou seja, o sujeito imagina que age em legítima defesa quando, na verdade, sequer há situação de agressão; **D:** vide comentário à assertiva "B"; **E:** incorreta. Se se tratar de bem indisponível, o exercício da legítima defesa em favor de terceiro não está condicionado ao consentimento deste. Segundo Cleber Masson, ao discorrer sobre a necessidade de consentimento do terceiro em favor de quem a legítima defesa é empregada, *em se tratando de bem jurídico indisponível, será prescindível o consentimento do ofendido*. Prosseguindo, apresenta o seguinte exemplo: *um homem agride cruelmente sua esposa, com o propósito de matá-la. Aquele que presenciar o ataque poderá, sem a anuência da mulher, protegê-la, ainda que para isso tenha que lesionar ou mesmo eliminar a vida do covarde marido*. Adiante, ensina que *diversa será a conclusão quando tratar-se de bem jurídico disponível. Nessa hipótese, impõe-se o consentimento do ofendido, se for possível a sua obtenção. Exemplo: um homem ofende com impropérios a honra de sua mulher. Por mais inconformado que um terceiro possa ficar com a situação, não poderá protegê-la sem o seu consentimento* (Direito Penal Esquematizado, 8ª ed., vol. 1, Ed. Método, p. 430). ED

Gabarito "A".

(Promotor de Justiça/PR – 2019 – MPE/PR) Possidônio, orgulhoso do novo automóvel que acaba de comprar, dirige-se até o Bar Amizade para mostrar sua nova aquisição aos seus amigos. Ocorre que no local se encontrava, um tanto quanto embriagado, a pessoa de Típico. Este, tomado de intensa inveja de Possidônio, passa a desferir chutes em seu automóvel. Possidônio, a fim de fazer parar a ação de Típico, agarra uma das cadeiras de metal do bar e desfere um violento golpe contra as costas de Típico, fazendo com que este caia desmaiado no solo, com a clavícula quebrada. Neste caso é *correto* afirmar que Possidônio agiu em:

(A) Estado de necessidade justificante, segundo a teoria diferenciadora, excluindo a antijuridicidade.

(B) Estado de necessidade justificante, segundo a teoria diferenciadora, excluindo a culpabilidade.

(C) Estado de necessidade exculpante, segundo a teoria diferenciadora, excluindo a antijuridicidade.

(D) Estado de necessidade exculpante, segundo a teoria diferenciadora, excluindo a culpabilidade.
(E) Em exercício regular de um direito.

De conformidade com a teoria diferenciadora, se o bem jurídico sacrificado for de menor ou igual valor àquele preservado, caracterizado estará o estado de necessidade (art. 24 do CP). De outro lado, se o bem sacrificado for de maior valor que o preservado, haverá estado de necessidade exculpante, que não constitui causa excludente da ilicitude, e sim da culpabilidade, sendo esta a hipótese narrada no enunciado. "Pela teoria *diferenciadora* há estado de necessidade como excludente da *antijuridicidade* quando se salva bem maior em detrimento de menor e estado de necessidade como excludente da *culpabilidade* fundado na não exigibilidade de conduta diversa quando se trata de bens de idêntico valor. Foi ela adotada no Código Penal Militar (arts. 39 e 43)" (Mirabete e Fabbrini. *Manual de Direito Penal*, parte geral, 37ª ed., 2025, Foco, item.4.2.2). O Código Penal acolheu, em oposição à *teoria diferenciadora*, a *teoria unitária*, segundo a qual esta excludente de ilicitude estará caracterizada na hipótese de o bem sacrificado ser de valor igual ou inferior ao do bem preservado. Se o bem sacrificado for de valor superior ao do bem preservado, aplica-se a diminuição do art. 24, § 2°, do CP. Gabarito "D".

(Investigador – PC/BA – 2018 – VUNESP) O Código Penal, no art. 23, elenca as causas gerais ou genéricas de exclusão da ilicitude. Sobre tais excludentes, assinale a alternativa correta.

(A) Morador não aceita que funcionário público, cumprindo ordem de juiz competente, adentre em sua residência para realizar busca e apreensão. Se o funcionário autorizar o arrombamento da porta e a entrada forçada, responderá pelo crime de violação de domicílio.
(B) O estrito cumprimento do dever legal é perfeitamente compatível com os crimes dolosos e culposos.
(C) Para a configuração do estado de necessidade, o bem jurídico deve ser exposto a perigo atual ou iminente, não provocado voluntariamente pelo agente.
(D) O reconhecimento da legítima defesa pressupõe que seja demonstrado que o agente agiu contra agressão injusta atual ou iminente nos limites necessários para fazer cessar tal agressão.
(E) Deve responder pelo crime de constrangimento ilegal aquele que não sendo autoridade policial prender agente em flagrante delito.

A: incorreta. O funcionário que, durante o dia e em cumprimento de ordem judicial, ingressa à força em domicílio alheio não comete o crime de violação de domicílio tampouco abuso de autoridade, na medida em que estará agindo em escrito cumprimento do dever legal, que constitui causa de exclusão da ilicitude prevista no art. 23, III, do CP. Não há que se falar, portanto, no cometimento de crime por parte do funcionário; B: incorreta, já que o estrito cumprimento de dever legal não guarda compatibilidade com os crimes culposos. Isso porque não se pode obrigar o funcionário a adotar uma conduta negligente, imperita ou imprudente; C: incorreta, já que o art. 24 do CP exige que o perigo, no estado de necessidade, seja *atual*, ou seja, ele (perigo) deve estar ocorrendo no momento em que o fato é praticado. Agora, é digno de registro que a doutrina e a jurisprudência, de forma majoritária, admitem que o perigo *iminente*, que é aquele que está prestes a ocorrer, também configura o estado de necessidade, a despeito de o dispositivo legal não contemplar tal possibilidade. Afinal, não parece razoável que o agente cruze os braços e aguarde que o perigo, então iminente, se transforme em atual; D: correta, já que contempla os requisitos da legítima defesa (art. 25, CP); E: incorreta. Por expressa disposição contida no art. 301 do CPP, é dado a qualquer pessoa do povo prender quem quer que se encontre em situação de flagrante, sem que isso implique o cometimento do crime de constrangimento ilegal. Este é o chamado flagrante facultativo, que constitui hipótese de exercício regular de direito (art. 23, III, do CP). Gabarito "D".

10. CONCURSO DE PESSOAS

(Juiz de Direito – TJ/MS – 2020 – FCC) Em matéria de concurso de pessoas, correto afirmar que
(A) inadmissível nos crimes monossubjetivos.
(B) haverá único crime para os coautores e partícipes, segundo a teoria monista adotada pelo Código Penal, todos por ele respondendo em absoluta igualdade de condições.
(C) admissível a coautoria nos crimes omissivos impróprios ou comissivos por omissão.
(D) inadmissível nos crimes próprios, embora possível nos delitos culposos.
(E) indispensável prévia combinação entre os agentes e adesão subjetiva à vontade do outro.

A: incorreta. Consideram-se crimes monossubjetivos (unissubjetivos ou de concurso eventual) aqueles que podem ser praticados por uma única pessoa, admitindo-se, neste caso, o concurso de pessoas; já os crimes plurissubjetivos (ou de concurso necessário), que são os que, para a própria tipicidade penal, exigem a concorrência de duas ou mais pessoas, não admitem o concurso de pessoas; B: incorreta. De fato, segundo o art. 29, *caput*, do CP, adotou-se, como regra, a teoria monista ou unitária, segundo a qual quem, de qualquer modo, concorrer para o crime, responderá pelo mesmo ilícito (crime único); entretanto, é incorreto afirmar-se que todos responderão em absoluta igualdade de condições, já que a responsabilidade de cada um será proporcional à sua participação (na medida de sua culpabilidade – art. 29, *caput*, CP). Em outras palavras, deve o juiz, ao fixar a pena, fazer um juízo de reprovação em relação a cada um dos agentes envolvidos na empreitada criminosa, de sorte a sopesar, de forma individualizada, cada conduta; C: correta. Os crimes omissivos impróprios (também chamados de impuros, espúrios ou comissivos por omissão), que são aqueles que derivam da inobservância, pelo agente, de um dever jurídico de agir para impedir o resultado (art. 13, § 2°, do CP), comportam a coautoria. É o caso dos pais que deixam de alimentar o filho que, em razão disso, vem a morrer por inanição. Pai e mãe, neste exemplo, respondem na qualidade de coautores; D: incorreta. *Crime próprio* é o que exige do agente uma característica especial. São exemplos o peculato (art. 312, CP), em que somente poderá figurar como sujeito ativo o funcionário público, e o infanticídio (art. 123 do CP), cujo sujeito ativo há de ser a mãe em estado puerperal. Nestes dois exemplos, são admitidas, a teor do art. 30 do CP, a coautoria e a participação, inclusive de pessoas desprovidas dessas qualidades. Nos crimes culposos não é admitida a participação, somente a coautoria. Isso porque o crime culposo tem o seu tipo aberto, razão pela qual não se afigura razoável afirmar-se que alguém auxiliou, instigou ou induziu uma pessoa a ser imprudente, sem também sê-lo. Conferir o magistério de Cleber Masson, ao tratar da coautoria no crime culposo: "A doutrina nacional é tranquila ao admitir a coautoria em crimes culposos, quando duas ou mais pessoas, conjuntamente, agindo por imprudência, negligência ou imperícia, violam o dever objetivo de cuidado a todos imposto, produzindo um resultado naturalístico". No que toca à participação no contexto dos crimes culposos, ensina que "firmou-se a doutrina pátria no sentido de rejeitar a possibilidade de participação em crimes culposos" (*Direito Penal esquematizado – parte geral*. 8. ed. São Paulo: Método, 2014. v. 1, p. 559). Na jurisprudência: "É perfeitamente admissível, segundo o entendimento doutrinário e jurisprudencial, a possibilidade de concurso de pessoas em crime culposo, que ocorre quando há um vínculo psicológico na cooperação consciente de alguém na conduta culposa de outrem. O que não se admite nos tipos culposos, ressalve-se, é a participação" (HC 40.474/PR, Rel. Ministra LAURITA VAZ, QUINTA TURMA, julgado em 06.12.2005, *DJ* 13.02.2006); **E:** incorreta, já que o chamado *ajuste prévio* não é necessário à configuração do concurso de pessoas; basta, aqui, que haja, entre os agentes, unidade de desígnios, isto é, que uma vontade adira à outra.

Gabarito "C".

(Investigador – PC/BA – 2018 – VUNESP) Sobre o concurso de pessoas e as previsões expressas da legislação penal, assinale a alternativa correta.

(A) Quem, de qualquer modo, concorre para o crime incide nas penas a este cominadas, na medida de sua culpabilidade.
(B) Se a participação for de menor importância, será aplicada atenuante genérica.
(C) Ao concorrente que quis participar de crime menos grave, será aplicada a mesma pena do concorrente, diminuída, no entanto, de 1/6 (um sexto) a 1/3 (um terço).
(D) As circunstâncias e as condições de caráter pessoal, mesmo quando elementares do crime, são incomunicáveis aos coautores.
(E) O ajuste, a determinação ou instigação e o auxílio são puníveis ainda que o crime não chegue a ser tentado.

A: correta, já que corresponde à redação do art. 29, *caput*, do CP; **B:** incorreta. Sendo a participação de menor importância, fará jus o agente a uma diminuição de pena da ordem de um sexto a um terço (art. 29, § 1º, CP). Não se trata, portanto, de uma atenuante genérica; **C:** incorreta. Embora adotada a teoria monista, segundo a qual todos os agentes respondem pelo mesmo crime, nada obsta que o sujeito que quis participar de crime menos grave por ele seja responsabilizado, e não pelo delito que, mais grave, foi de fato praticado. É a chamada *cooperação dolosamente distinta*, cuja previsão está no art. 29, § 2º, do CP; agora, se o resultado mais grave era previsível, a pena do crime em que quis incorrer o agente será aumentada de metade; **D:** incorreta. De acordo com o art. 30 do CP, não se comunicam as circunstâncias e as condições de caráter pessoal, *salvo quando elementares do crime*; **E:** incorreta, pois não reflete o disposto no art. 31 do CP.

Gabarito "A".

11. CULPABILIDADE E CAUSAS EXCLUDENTES

(Escrivão – PC/GO – AOCP – 2023) Preencha a lacuna e assinale a alternativa correta. É _____ o agente que, por doença mental ou desenvolvimento mental incompleto ou retardado, era, ao tempo da ação ou da omissão, inteiramente incapaz de entender o caráter ilícito do fato ou de determinar-se de acordo com esse entendimento.

(A) justificável
(B) semi-imputável
(C) atípico
(D) isento de pena
(E) indultável

De acordo com o art. 26, *caput*, do CP, será considerado inimputável (isento de pena) o agente que, por doença mental ou desenvolvimento mental incompleto ou retardado era, ao tempo da ação ou omissão, inteiramente *incapaz* de entender o caráter ilícito do fato ou de determinar-se de acordo com esse entendimento.

Gabarito "D".

(Escrivão – PC/GO – AOCP – 2023) Alcebíades é servidor lotado na Delegacia de Polícia de Valparaíso de Goiás e, sabendo que houve uma apreensão de celulares em uma operação policial e que tais objetos estão guardados no cofre da repartição pública, decide subtrair um deles, o de maior valor, para posteriormente vendê-lo. Porém, acovardado para agir ilicitamente, decide fumar seguidamente vários cigarros de *Cannabis sativa* (maconha) para relaxar antes de praticar o peculato. Caso Alcebíades seja flagrado praticando o delito, é correto afirmar que

(A) a embriaguez de Alcebíades é típico caso fortuito de recreação não consentida pelo agente e, portanto, isenta o praticante de pena.
(B) a embriaguez de Alcebíades é culposa e exclui a culpabilidade do agente.
(C) somente a embriaguez por força maior poderia tornar Alcebíades inimputável, tal como se ele fosse coagido a usufruir do entorpecente.
(D) a embriaguez de Alcebíades, embora dolosa, pode excluir sua culpabilidade se restar comprovada a extrapolação dos efeitos não planejados pelo agente.
(E) Alcebíades não poderá alegar inimputabilidade por fumo de entorpecente, pois a embriaguez, voluntária ou culposa, pelo álcool ou substância de efeitos análogos, não exclui a imputabilidade.

O enunciado retrata típica hipótese de embriaguez *voluntária*, que não constitui causa excludente da imputabilidade penal, nos termos do art. 28, II, do CP. Vale lembrar que, em matéria de embriaguez, o CP adotou a chamada teoria da *actio libera in causa*, segundo a qual quem livremente (por dolo ou culpa) ingerir álcool ou substância de efeitos análogos responderá pelo resultado lesivo que venha, nessa condição, a causar. Somente tem o condão de isentar o agente de pena a embriaguez completa involuntária (acidental, decorrente de caso fortuito ou força maior), nos termos do art. 28, § 1º, do CP, desde que lhe retire por completo a capacidade de entender o caráter ilícito do fato ou de determinar-se de acordo com esse entendimento.

Gabarito "E".

(Papiloscopista – PC/RR – VUNESP – 2022) À luz do CP, são inimputáveis as pessoas que, ao tempo da ação ou omissão, eram inteiramente incapazes de entender o caráter ilícito do fato, em virtude de

(A) paixão e doença mental.
(B) paixão e embriaguez completa.
(C) emoção e embriaguez completa.
(D) doença mental e embriaguez culposa completa.
(E) desenvolvimento mental retardado e desenvolvimento mental incompleto.

A solução desta questão deve ser extraída do art. 26, *caput*, do CP, que isenta de pena *o agente que, por doença mental ou desenvolvimento mental incompleto ou retardado, era, ao tempo da ação ou da omissão, inteiramente incapaz de entender o caráter ilícito do fato ou de determinar-se de acordo com esse entendimento*. Vale lembrar que a emoção e a paixão não afastam a imputabilidade penal (art. 28, I CP). No mais, a única embriaguez que exclui a culpabilidade do agente, diante da inimputabilidade, é completa e involuntária ou acidental (caso fortuito ou força maior), em que há a supressão total de uma das capacidades mentais (capacidade de entendimento e de autodeterminação), hipótese em que há a isenção da pena (art. 28, § 1º, do CP). Já na embriaguez incompleta e involuntária, que reduz uma das capacidades mentais, há a diminuição da pena (art. 28, § 2º, do CP).

Gabarito "E".

(Escrivão – PC/RO – CEBRASPE – 2022) João, com 20 anos de idade e imputável, ingeriu bebida alcoólica durante uma festa e, embora não tivesse a intenção de se embebedar ou de praticar crimes, ficou completamente embriagado e desferiu socos em um desafeto, causando-lhe lesões corporais gravíssimas.

Na situação hipotética apresentada, a embriaguez foi completa e

(A) culposa, mas não exclui a imputabilidade penal.
(B) fortuita, excluindo a imputabilidade penal.
(C) culposa, excluindo a imputabilidade penal.
(D) involuntária, excluindo a imputabilidade penal.
(E) patológica, com a agravante da embriaguez preordenada.

O enunciado retrata típica hipótese de embriaguez *culposa*, situação em que o agente deseja somente beber, sem, entretanto, embriagar-se. Não constitui causa excludente da imputabilidade penal, nos termos do art. 28, II, do CP. Vale lembrar que, em matéria de embriaguez, o CP adotou a chamada teoria da *actio libera in causa*, segundo a qual quem livremente (por dolo ou culpa) ingerir álcool ou substância de efeitos análogos responderá pelo resultado lesivo que venha, nessa condição, a causar. Somente tem o condão de isentar o agente de pena a embriaguez completa involuntária (acidental, decorrente de caso fortuito ou força maior), nos termos do art. 28, § 1º, do CP, desde que lhe retire por completo a capacidade de entender o caráter ilícito do fato ou de determinar-se de acordo com esse entendimento. ED
Gabarito "A".

(Juiz de Direito – TJ/RS – 2018 – VUNESP) De acordo com o Código Penal, aquele que pratica o fato em estrita obediência a ordem não manifestamente ilegal de superior hierárquico

(A) responde criminalmente como partícipe de menor importância.
(B) não comete crime, pois tem a ilicitude de sua conduta afastada.
(C) não é punido criminalmente.
(D) responde criminalmente como partícipe.
(E) responde criminalmente como coautor.

Estabelece o art. 22 do CP que, sendo a ordem *não* manifestamente ilegal, a responsabilidade recairá sobre o *superior hierárquico*; o *subordinado*, neste caso, ficará isento de pena (sua culpabilidade ficará excluída). Agora, se a ordem for *manifestamente ilegal*, a responsabilidade recairá sobre ambos, superior hierárquico e subordinado. Importante que se diga que o reconhecimento desta causa de exclusão da culpabilidade está condicionado à coexistência dos seguintes requisitos: presença de uma ordem não manifestamente ilegal, conforme acima mencionamos; a ordem deve ser emanada de autoridade que detém atribuição para tanto; existência, em princípio, de três envolvidos: superior hierárquico, subordinado e vítima; vínculo hierárquico de direito público entre o superior de quem emanou a ordem e o subordinado que a executou. Ou seja, não há que se falar nesta causa de exclusão da culpabilidade no contexto das relações de natureza privada, sendo exemplo a relação existente entre o patrão e sua empregada doméstica. ED
Gabarito "C".

12. PENAS E SEUS EFEITOS

(Analista – TJ/ES – 2023 – CEBRASPE) Com relação às penas privativas de liberdade no Código Penal, julgue os próximos itens.

(1) No regime fechado, o condenado fica sujeito a isolamento nos períodos diurno e noturno.

(2) No regime aberto, o condenado poderá trabalhar fora do estabelecimento prisional, desde que esteja sob vigilância.

1: errada. Por força do que dispõe o art. 34, § 1º, do CP, *o condenado fica sujeito a trabalho no período diurno e a isolamento durante o repouso noturno*; **2:** errada, pois contraria o disposto no art. 36, § 1º, do CP: *o condenado deverá, fora do estabelecimento e sem vigilância, trabalhar, frequentar curso ou exercer outra atividade autorizada, permanecendo recolhido durante o período noturno e nos dias de folga.* ED
Gabarito 1E, 2E

(Escrivão – PC/GO – AOCP – 2023) Preencha as lacunas e assinale a alternativa correta.

Transitada em julgado a sentença condenatória, a multa será executada perante o juiz _____ penal e será considerada _____, aplicáveis as normas relativas à dívida ativa da Fazenda Pública, inclusive no que concerne às causas interruptivas e suspensivas da prescrição.

(A) da cognição / débito
(B) da execução / dívida de valor
(C) da cognição / dívida de valor
(D) da execução / crédito
(E) do processo / dívida ativa

Está correta a assertiva "B", pois em consonância com o disposto no art. 51 do CP. No que concerne à pena de multa, ante alteração legislativa, valem alguns esclarecimentos, em especial no que se refere à legitimidade para promover a sua cobrança, tema, até então, objeto de divergência na doutrina e jurisprudência. Até o advento da Lei 9.268/1996, era possível a conversão da pena de multa não adimplida em pena privativa de liberdade. Ou seja, o não pagamento da pena de multa imposta ao condenado poderia ensejar a sua prisão. Com a entrada em vigor desta Lei, modificou-se o procedimento de cobrança da pena de multa, que passou a ser considerada dívida de valor, com incidência das normas relativas à dívida da Fazenda Pública. Com isso, deixou de ser possível – e esse era o objetivo a ser alcançado – a conversão da pena de multa em prisão. A partir de então, surgiu a discussão acerca da atribuição para cobrança da pena de multa: deveria ela se dar na Vara da Fazenda Pública ou na Vara de Execução Penal? A jurisprudência, durante muito tempo, consagrou o entendimento no sentido de que a pena pecuniária, sendo dívida de valor, possui caráter extrapenal e, portanto, a sua execução deve se dar pela Procuradoria da Fazenda Pública. Tal entendimento, até então pacífico, sofreu um revés em 2018, quando o STF, ao julgar a ADI 3150, conferiu nova interpretação ao art. 51 do CP e passou a considerar que a cobrança da multa, que constitui, é importante que se diga, espécie de sanção penal, cabe ao Ministério Público, que o fará perante o juízo da execução penal. Ficou ainda decidido que, caso o MP não promova a cobrança dentro do prazo de noventa dias, aí sim poderá a Procuradoria da Fazenda Pública fazê-lo. A atuação da Fazenda Pública passou a ser, portanto, subsidiária em relação ao MP. Pois bem. A Lei 13.964/2019, ao conferir nova redação ao art. 51 do CP, consolidou o entendimento adotado pelo STF, no sentido de que a execução da pena de multa ocorrerá perante o juiz da execução penal. A cobrança, portanto, cabe ao MP. De se ver que a atribuição subsidiária conferida à Fazenda Pública (pelo STF) não constou da nova redação do art. 51 do CP. ED
Gabarito "B".

(Papiloscopista – PC/RR – VUNESP – 2022) O instituto de aplicação de pena que soluciona problemas concretos em que a regra de aplicação do concurso formal é mais prejudicial ao agente que o concurso material se denomina:

(A) ne bis in idem.
(B) crime continuado.

(C) concurso material benéfico.
(D) concurso formal imperfeito.
(E) concurso formal impróprio.

Na hipótese de a pena decorrente de concurso formal, resultante da exasperação das penas, ser superior àquela apurada em *concurso material*, que obedece ao sistema da cumulação, deve prevalecer o concurso material, porquanto mais favorável ao acusado. Temos então um concurso formal em que a pena deverá ser aplicada em consonância com a regra do concurso material, que estabelece a aplicação do sistema do acúmulo material. É o que impõe o art. 70, parágrafo único, do CP (concurso material benéfico ou favorável).

Gabarito "C".

(Juiz de Direito/AP – 2022 – FGV) Sobre os delitos praticados durante a pandemia do coronavírus, no que concerne à dosimetria, é correto afirmar que a agravante prevista no Art. 61, inciso II, alínea "j", do Código Penal ("em ocasião de incêndio, naufrágio, inundação ou qualquer calamidade pública, ou de desgraça particular do ofendido"):

(A) incide durante todo o período em que for reconhecida a existência da pandemia, independentemente do nexo de causalidade;
(B) incide durante todo o período em que for reconhecida a existência da pandemia, dependendo do nexo de causalidade;
(C) incide enquanto for reconhecida a existência da pandemia, independentemente do nexo de causalidade;
(D) incide enquanto for reconhecida a existência da pandemia, dependendo do nexo de causalidade;
(E) não deve incidir, em razão da inconstitucionalidade das agravantes de perigo abstrato.

Conferir o seguinte julgado, que impõe como necessária, à incidência da agravante do art. 61, II, j, do CP, a existência de nexo de causalidade entre a pandemia e a conduta do agente: "HABEAS CORPUS IMPETRADO EM SUBSTITUIÇÃO A RECURSO PRÓPRIO. NÃO CABIMENTO. IMPROPRIEDADE DA VIA ELEITA. ROUBO MAJORADO TENTADO. DOSIMETRIA. SEGUNDA FASE. REINCIDÊNCIA ESPECÍFICA. FRAÇÃO DE AUMENTO SUPERIOR A 1/6. DESPROPORCIONALIDADE. PRECEDENTES. DECOTE DA INCIDÊNCIA DA AGRAVANTE DA CALAMIDADE PÚBLICA. POSSIBILIDADE. INEXISTÊNCIA DE NEXO DE CAUSALIDADE ENTRE A PANDEMIA E A CONDUTA DO PACIENTE. PRECEDENTES. NOVA DOSIMETRIA REALIZADA. AGRAVO REGIMENTAL NÃO PROVIDO. - O Código Penal não estabelece limites mínimo e máximo de aumento de pena a serem aplicados em razão de circunstâncias agravantes ou atenuantes, cabendo à prudência do magistrado fixar o patamar necessário, dentro de parâmetros razoáveis e proporcionais, com a devida fundamentação. - Ademais, a jurisprudência deste Superior Tribunal firmou entendimento no sentido de que o incremento da pena em fração superior a 1/6, em virtude da agravante da reincidência, demanda fundamentação específica. Precedentes. - As instâncias de origem apresentaram fundamentação peculiar para o incremento da pena em fração superior a 1/6, qual seja, o fato de a reincidência do paciente ser específica. Entretanto, no julgamento do HC n. 365.963/SP (Relator Ministro FELIX FISCHER, DJe 23/11/2017) a Terceira Seção desta Corte pacificou entendimento no sentido de que a reincidência, seja ela específica ou não, deve ser compensada integralmente com a atenuante da confissão, demonstrando, assim, que não foi ofertado maior desvalor à conduta do réu que ostente outra condenação pelo mesmo delito. Precedentes. Desse modo, revela-se excessiva e desproporcional a adoção da fração de 1/4 para agravar a sanção do paciente pela agravante da reincidência, pois lastreada apenas no fato de ela ser específica, razão pela qual o quantum de aumento deve ser reduzido para a usual fração de 1/6. Em relação à agravante prevista no art. 61, II, "j", do Código Penal, verifica-se que a sanção do paciente foi novamente exasperada em 1/6, porque os fatos foram cometidos durante a pandemia do coronavírus, estado esse de calamidade pública; Todavia, entendo que deve ser afastada a referida agravante, pois sua incidência pressupõe a existência de situação concreta dando conta de que o paciente se prevaleceu da pandemia para a prática delitiva. Precedentes. In casu, não ficou demonstrado o nexo de causalidade entre a pandemia e a conduta do paciente, razão pela qual essa agravante deve ser decotada. Agravo regimental não provido" (STJ, AgRg no HC 677.124/SP, Rel. Ministro REYNALDO SOARES DA FONSECA, QUINTA TURMA, julgado em 03/08/2021, DJe 10/08/2021).

Gabarito "B".

(Juiz de Direito/AP – 2022 – FGV) Quando o Tribunal de Justiça, em julgamento de apelação criminal exclusiva da defesa, afasta uma circunstância judicial negativa do Art. 59 do Código Penal, reconhecida no édito condenatório de primeiro grau, deve:

(A) manter a pena final inalterada;
(B) reduzir ao mínimo legal a pena-base;
(C) devolver ao primeiro grau para nova sentença;
(D) compensar o valor final nas demais fases;
(E) reduzir proporcionalmente a pena-base.

Na hipótese de o tribunal, ao julgar recurso exclusivo da defesa, excluir circunstância judicial (art. 59, CP) equivocadamente valorada na sentença de primeiro grau, deverá, por via de consequência, promover a redução proporcional da pena imposta. Na jurisprudência: "I - A Terceira Seção desta Corte Superior, no julgamento dos EDv nos EREsp n. 1826799/RS, firmou o entendimento de que "é imperiosa a redução proporcional da pena-base quando o Tribunal de origem, em recurso exclusivo da defesa, afastar uma circunstância judicial negativa do art. 59 do CP reconhecida no édito condenatório". II - No presente caso, as instâncias ordinárias fixaram a pena-base do crime de homicídio qualificado em 18 anos de reclusão em virtude da valoração negativa de cinco circunstâncias judiciais: circunstâncias do crime, consequências do crime, culpabilidade, personalidade e conduta social. Proporcionalmente, a pena-base foi aumentada, para cada um dos vetores, em 1 ano, 2 meses e 12 dias de reclusão. Desse modo, mantida somente a valoração negativa das circunstâncias do crime, é o caso de elevar a pena-base somente para 13 anos, 2 meses e 12 dias de reclusão, haja vista a pena mínima de 12 anos de reclusão cominada abstratamente ao delito de homicídio qualificado. III - Com relação à pena-base do crime de ocultação de cadáver, a decisão agravada deve ser mantida por seus próprios fundamentos. O excerto extraído do acórdão recorrido demonstrou que as instâncias ordinárias apresentaram elementos concretos não somente para a valoração negativa das circunstâncias do crime e da culpabilidade, senão também para a exasperação da pena-base em patamar superior a um sexto para cada vetorial. Agravo regimental parcialmente provido para redimensionar a pena do crime de homicídio qualificado para 13 anos, 2 meses e 12 dias de reclusão." (STJ, AgRg no HC 698.743/RJ, Rel. Ministro JESUÍNO RISSATO (DESEMBARGADOR CONVOCADO DO TJDFT), QUINTA TURMA, julgado em 08/02/2022, DJe 15/02/2022).

Gabarito "E".

(Juiz de Direito/AP – 2022 – FGV) A individualização da pena é submetida aos elementos de convicção judiciais acerca das circunstâncias do crime.

A jurisprudência e a doutrina passaram a reconhecer, como regra, como critério ideal para individualização da reprimenda-base o aumento:

(A) na fração de 1/4 por cada circunstância;
(B) na fração de 1/6 por cada circunstância;
(C) na fração de 1/8 por cada circunstância;

(D) no *quantum* determinado de seis meses;
(E) no *quantum* determinado de oito meses.

Sobre este tema, conferir o seguinte julgado do STJ: "(...) 2. Diante do silêncio do legislador, a jurisprudência e a doutrina passaram a reconhecer como critério ideal para individualização da reprimenda-base o aumento na fração de 1/8 por cada circunstância judicial negativamente valorada, a incidir sobre o intervalo de pena abstratamente estabelecido no preceito secundário do tipo penal incriminador. 3. Tratando-se de patamar meramente norteador, que busca apenas garantir a segurança jurídica e a proporcionalidade do aumento da pena, é facultado ao juiz, no exercício de sua discricionariedade motivada, adotar quantum de incremento diverso diante das peculiaridades do caso concreto e do maior desvalor do agir do réu. 4. Considerando as penas mínima e máxima abstratamente cominadas ao delito do artigo 171, caput, do Código Penal (1 a 5 anos de reclusão), chega-se ao incremento de cerca de 6 meses por cada vetorial desabonadora. Na hipótese, tendo sido reconhecida uma circunstância judicial como desfavorável, tem-se que a pena-base, majorada em 6 meses acima do mínimo legal, foi fixada de acordo com o princípio da legalidade e pautada por critérios de proporcionalidade e razoabilidade, não merecendo, portanto, qualquer reparo, porquanto foi obedecido o critério de 1/8. 5. Agravo regimental não provido." (AgRg no HC 660.056/SC, Rel. Ministro RIBEIRO DANTAS, QUINTA TURMA, julgado em 28/09/2021, DJe 04/10/2021). Atenção, em decisão recente, a 5ª Turma do STJ aplicou o critério de 1/6: "(...) 4. Contudo, verifico a possibilidade de ajustar as penas-bases para um patamar intermediário. Com efeito, a sentença condenatória, ao realizar a dosimetria na primeira fase, não explicitou o critério utilizado, elevando a pena mínima em 6 meses para cada circunstância judicial negativa. O Tribunal de origem, por seu turno, aplicou a fração de 1/8 entre o mínimo e o máximo, o que ensejou um aumento de 1 ano e 9 meses sobre a pena mínima, ou seja, mais que o triplo. - Nessa linha de intelecção, com o objetivo de evitar dosimetrias tão díspares, mister se faz a utilização de outro patamar de aumento, também previsto na jurisprudência desta Corte Superior, com o objetivo de trazer maior razoabilidade para a aplicação da pena no caso concreto. Nessa linha de intelecção, considero ser a hipótese de aplicar a fração de 1/6 sobre a pena mínima, para chegar à pena que seja necessária e suficiente para a reprovação e prevenção" (AgRg no AREsp 2615085-GO, j. em 30-10-2024, DJe de 5-11-2024). Vale citar, para complementação do estudo, a seguinte tese do STJ: "É obrigatória a redução proporcional da pena-base quando o tribunal de segunda instância, em recurso exclusivo da defesa, afastar circunstância judicial negativa reconhecida na sentença. Todavia, não implicam 'reformatio in pejus' a mera correção da classificação de um fato já valorado negativamente pela sentença para enquadrá-lo como outra circunstância judicial, nem o simples reforço de fundamentação para manter a valoração negativa de circunstância já reputada desfavorável na sentença" (REsp 2058971-MG, j. em 28-8-2024, DJe de 12-9-2024 - Tema repetitivo 1214). ED/PB

Gabarito "C".

(Delegado de Polícia Federal – 2021 – CESPE) Acerca da teoria da pena, julgue os itens que se seguem.
(1) Segundo o Superior Tribunal de Justiça, a determinação da fixação da medida de segurança de internação em hospital de custódia ou em tratamento ambulatorial deve ser vinculada à gravidade do delito perpetrado.
(2) O acórdão confirmatório da condenação interrompe a prescrição.
(3) O inadimplemento da pena de multa não obsta a extinção da punibilidade do apenado.
(4) Na hipótese da prática de furto a residência, se a vítima não se encontrava no local e os autores desconheciam o fato de que ela era idosa, não se aplica a agravante relativa à vítima ser idosa.

1: errado. Para o STJ, a determinação da fixação da medida de segurança de internação em hospital de custódia ou em tratamento ambulatorial deve ser vinculada à periculosidade do agente, e não à gravidade do delito que cometeu. Conferir: "2. A medida de segurança é utilizada pelo Estado na resposta ao comportamento humano voluntário violador da norma penal, pressupondo agente inimputável ou semi-imputável. 3. A Terceira Seção deste Superior Tribunal de Justiça, por ocasião do julgamento dos Embargos de Divergência 998.128/MG, firmou o entendimento de que, à luz dos princípios da adequação, da razoabilidade e da proporcionalidade, se tratando de delito punível com reclusão, é facultado ao magistrado a escolha do tratamento mais adequado ao inimputável, nos termos do art. 97 do Código Penal, não devendo ser considerada a natureza da pena privativa de liberdade aplicável, mas sim a periculosidade do agente. 4. Considerando que a medida de internação foi aplicada ao paciente em razão da gravidade do delito praticado e do fato de a pena corporal a ele imposta ser de reclusão, sem que nada de concreto tenha sido explicitado acerca de sua eventual periculosidade social, sendo certo que se trata de agente primário, sem qualquer envolvimento anterior com a prática delitiva, ou notícia de que tenha reiterado no crime, é cabível o abrandamento da medida de segurança, sendo suficiente e adequado o tratamento ambulatorial. 5. Habeas corpus não conhecido. Ordem concedida, de ofício, para aplicar ao paciente a medida de segurança de tratamento ambulatorial, a ser implementada pelo Juízo da Execução" (HC 617.639/SP, Rel. Ministro RIBEIRO DANTAS, QUINTA TURMA, julgado em 09/02/2021, DJe 12/02/2021); **2:** certo. De fato, o acórdão condenatório sempre interrompe a prescrição, mesmo que se trate de decisão confirmatória da sentença de primeira instância. Nesse sentido, o Plenário do STF, ao julgar o HC 176.473-RR, decidiu, com base no art. 117, IV, do CP, que não há distinção entre acórdão condenatório inicial e acórdão condenatório confirmatório da decisão, constituindo marco interruptivo da prescrição punitiva estatal; **3:** errado. Em regra, o inadimplemento da pena de multa obsta, sim, a extinção da punibilidade do apenado. Sucede que a Terceira Seção do STJ, ao julgar o REsp 1.785.861/SP, da relatoria do Ministro Rogério Schietti Cruz, adotou o entendimento no sentido de que "Na hipótese de condenação concomitante a pena privativa de liberdade e multa, o inadimplemento da sanção pecuniária, pelo condenado que comprovar impossibilidade de fazê-lo, não obsta o reconhecimento da extinção da punibilidade". Essa tese foi fixada pela Terceira Seção do STJ ao revisar o entendimento anteriormente firmado pelo Tribunal no Tema 931. Com isso, ficou estabelecido, em relação a este tema, um tratamento diferenciado para os condenados que comprovadamente não têm condições de suportar o pagamento da multa; **4:** certo. Conferir: "3. Por se tratar de agravante de natureza objetiva, a incidência do art. 61, II, "h", do CP independe da prévia ciência pelo réu da idade da vítima, sendo, de igual modo, desnecessário perquirir se tal circunstância, de fato, facilitou ou concorreu para a prática delitiva, pois a maior vulnerabilidade do idoso é presumida. 4. Hipótese na qual não se verifica qualquer nexo entre a ação do paciente e a condição de vulnerabilidade da vítima, pois o furto qualificado pelo arrombamento à residência ocorreu quando os proprietários não se encontravam no imóvel, já que a residência foi escolhida de forma aleatória, sendo apenas um dos locais em que o agente praticou furto em continuidade delitiva. De fato, os bens subtraídos poderiam ser de propriedade de qualquer pessoa, nada indicando a condição de idoso do morador da casa invadida. 5. Configurada a excepcionalidade da situação, deve ser afastada a agravante relativa ao crime praticado contra idoso, prevista no art. 61, II, 'h', do Código Penal. 6. *Writ* não conhecido. Ordem concedida, de ofício, para, afastando a incidência da agravante prevista no art. 61, II, 'h', do Código Penal, reduzir a pena do paciente, fixando-a em 2 anos, 4 meses e 24 dias de reclusão, mais o pagamento de 12 dias-multa" (STJS, HC 593.219/SC, Rel. Ministro RIBEIRO DANTAS, QUINTA TURMA, julgado em 25/08/2020, DJe 03/09/2020). ED

(Delegado/MG – 2021 – FUMARC) Com relação ao reconhecimento de circunstâncias atenuantes, agravantes ou causas de aumento de pena, é CORRETO afirmar:

(A) A delação premiada pode ser reconhecida como circunstância atenuante de pena para os crimes previstos na Lei nº 9.613/98 (Lei de Lavagem de Capitais).
(B) Em atendimento ao princípio da legalidade, não é possível a aplicação de circunstância agravante que não esteja expressamente tipificada no Código Penal.
(C) Não é possível a incidência de uma causa de aumento de pena sobre a pena de uma figura qualificada de crime.
(D) O planejamento prévio à prática de crime é circunstância agravante, no caso de concurso de pessoas, prevista no Código Penal.

A: incorreta, já que se trata de causa de diminuição de pena, conforme art. 1º, § 5º, da Lei 9.613/1998; **B:** correta. De fato, em obediência ao postulado da legalidade, o art. 61 do CP constitui rol taxativo, de forma que o elenco de agravantes ali previsto não pode ser ampliado. Cuidado: existem leis especiais que contemplam agravantes, que deverão incidir em situações específicas, de tal forma que o rol presente no art. 61 do CP é taxativo em relação aos crimes previstos no CP. Dessa forma, o fato de determinada lei conter circunstância agravante diversa das do Código Penal não implica ofensa ao princípio da legalidade; **C:** incorreta, na medida em que é perfeitamente possível a incidência de uma causa de aumento de pena sobre a pena de uma figura qualificada de crime. O que não se admite é a incidência de circunstância agravante que constitua qualificadora (art. 61, *caput*, do CP). Tal se dá em face da necessidade de evitar a dupla punição pelo mesmo fato (*bis in idem*); **D:** incorreta, já que não integra o rol do art. 62 do CP, que contém as agravantes em caso de concurso de pessoas. Gabarito "B".

(Delegado/MG – 2021 – FUMARC) Conforme a legislação e o entendimento jurisprudencial dos tribunais superiores acerca da fixação e execução da pena, é CORRETO afirmar:

(A) A existência de circunstância atenuante pode conduzir à redução da pena abaixo do mínimo legal.
(B) A jurisprudência admite a fixação de regime inicial de cumprimento de pena semiaberto ao reincidente condenado a pena igual ou inferior a quatro anos.
(C) A pena unificada para atender ao limite de quarenta anos de cumprimento, determinado pelo art. 75 do Código Penal, é considerada para a concessão dos benefícios prisionais previstos na lei de execução penal, conforme consolidada jurisprudência do STF.
(D) Consoante expressa previsão legal, a embriaguez culposa é circunstância atenuante apta a reduzir a reprimenda nessa fase.

A: incorreta, dado que, segundo orientação jurisprudencial atualmente em vigor, consubstanciada na Súmula 231 do STJ ("A incidência da circunstância atenuante não pode conduzir à redução da pena abaixo do mínimo legal"), que foi ratificada em recente revisão dessa Súmula, não se admite que a consideração das circunstâncias atenuantes leve a pena abaixo do mínimo legal. Bem por isso, se o magistrado, no primeiro estágio do sistema trifásico, estabelecer a pena-base no mínimo legal, não poderá, na segunda fase, ao levar em conta circunstância atenuante, reduzir a pena aquém do mínimo cominado. Tal somente poderá ocorrer na terceira etapa de fixação da pena, quando então o juiz levará em conta as causas de diminuição de pena; **B:** correta, pois em conformidade com o entendimento firmado na Súmula 269 do STJ: "É admissível a adoção do regime prisional semiaberto aos reincidentes condenados a pena igual ou inferior a quatro anos se favoráveis as circunstâncias judiciais"; **C:** incorreta, uma vez que, apesar de o art. 75, *caput*, do CP estabelecer que o tempo de cumprimento das penas privativas de liberdade não pode ser superior a quarenta anos, tal interregno, na verdade, refere-se ao efetivo cumprimento das penas, e não à sua aplicação. Dessa forma, nada impede que a determinado agente seja imposta uma condenação de 500 anos. Em tais casos, entretanto, é de rigor a unificação das penas, tal como estabelece o art. 75, § 1º, do CP, dispositivo esse que não tem incidência para o fim de obtenção de benefícios, como é o caso do livramento condicional ou da progressão de regime, conforme entendimento sufragado na Súmula 715 do STF: "A pena unificada para atender ao limite de trinta anos de cumprimento, determinado pelo art. 75 do Código Penal, não é considerada para a concessão de outros benefícios, como o livramento condicional ou o regime mais favorável de execução". Cuidado: a Lei 13.964/2019 alterou a redação do art. 75 do CP, de modo a elevar o tempo máximo de cumprimento da pena privativa de liberdade de 30 para 40 anos. Dessa forma, a partir da entrada em vigor do Pacote Anticrime (23 de janeiro de 2020), o tempo de cumprimento das penas privativas de liberdade não poderá ser superior a 40 anos, e não mais a 30 anos, como constava da redação anterior do dispositivo; **D:** incorreta, pois se trata de hipótese não contemplada em lei como circunstância atenuante. Gabarito "B".

(Juiz de Direito/GO – 2021 – FCC) No que se refere às penas restritivas de direitos,

(A) a prestação de serviços à comunidade é aplicável a qualquer condenação não superior a quatro anos, facultado ao condenado cumpri-la em menor tempo, nunca inferior à metade da pena privativa de liberdade, se a pena substituída foi superior a um ano.
(B) a prestação pecuniária, se não paga, não poderá ser convertida em pena privativa de liberdade e será considerada dívida de valor, aplicando-se as normas da legislação relativa à dívida ativa da Fazenda Pública.
(C) a correspondente execução independe do trânsito em julgado da condenação, mas poderá o juiz, motivadamente, alterar a forma de cumprimento da prestação de serviços à comunidade, ajustando-a às condições pessoais do condenado.
(D) o juiz poderá estabelecer condição especial para a concessão do regime aberto, sem prejuízo das gerais e obrigatórias, desde que não constitua pena substitutiva.
(E) o descumprimento injustificado da restrição, imposta em sentença condenatória ou acordada em sede de transação penal, conduz à conversão para pena privativa de liberdade.

A: incorreta. O erro incide sobre a primeira parte da assertiva, que está em desconformidade com o art. 46, *caput*, do CP, são aplicáveis às condenações superiores a seis meses de privação da liberdade; a segunda parte, que está correta, reflete o disposto no art. 46, § 4º, do CP; **B:** incorreta. A prestação pecuniária (*consiste no pagamento em dinheiro à vítima, a seus dependentes ou a entidade pública ou privada com destinação social*), que constitui modalidade de pena restritiva de direitos (art. 43, I, CP), uma vez descumprida de forma injustificada, será convolada em pena privativa de liberdade, nos termos do art. 44, § 4º, do CP. A regra contida na proposição se refere à *multa* (art. 51, CP); **C:** incorreta, uma vez que a execução da pena restritiva de direitos depende, sim, do trânsito em julgado da condenação, de acordo com o teor da Súmula 643, STJ: "a execução da pena restritiva de direitos depende do trânsito em julgado da condenação; **D:** correta. De acordo com o disposto no art. 115 da LEP, que prevê a possibilidade do juiz estabelecer condições especiais para a concessão de regime aberto, entre as quais, a fiscalização por monitoramento eletrônico, sem prejuízo das condições gerais e obrigatórias, e conjuntamente com a orientação da Súmula 493, do STJ: "é inadmissível a fixação de pena substitutiva (art. 44 do CP) como condição especial ao regime aberto"; **E:** incorreta, pois não corresponde ao entendimento consolidado por meio da Súmula Vinculante 35: "a homologação da transação penal prevista no artigo 76 da Lei 9.099/1995 não faz coisa julgada material e, descumpridas suas cláusulas, retoma-se a situação anterior, possibilitando-se ao Ministério Público a continuidade da persecução penal mediante oferecimento de denúncia ou requisição de inquérito policial". ED

Gabarito "D".

(Juiz de Direito/GO – 2021 – FCC) No cálculo da pena,

(A) o aumento pelo crime continuado comum, incidente na terceira etapa, decorrerá da culpabilidade, dos antecedentes, da conduta social e da personalidade do agente, bem como dos motivos e das circunstâncias, aplicando-se a pena de um só dos crimes, se idênticas, ou mais grave, se diversas, até o triplo.

(B) se reconhecido o concurso formal, próprio ou impróprio, as penas de multa são aplicadas distinta e integralmente.

(C) o juiz, havendo concurso de causas de aumento ou de diminuição previstas na parte geral do Código Penal, pode limitar-se a um só aumento ou a uma só diminuição, prevalecendo, todavia, a causa que mais aumente ou diminua.

(D) o acréscimo na pena privativa de liberdade pelo concurso formal impróprio, incidente na terceira etapa, deve considerar o número de vítimas.

(E) o arrependimento posterior como circunstância atenuante incide na segunda fase do cálculo, mas não pode conduzir a pena abaixo do mínimo legal.

A: incorreta. O aumento pelo crime continuado comum será da ordem de um sexto a dois terços (art. 71, *caput*, CP). A outra parte da questão que aduz sobre a *culpabilidade, dos antecedentes, da conduta social e da personalidade do agente, bem como dos motivos e das circunstâncias*, são as denominadas circunstâncias judiciais previstas no art. 59 do CP, as quais fornecem ao juiz critérios para fixar a pena base. "O dispositivo denuncia os fins da pena, determinando que seja ela estabelecida conforme seja necessário e suficiente para a *reprovação* e *prevenção* do crime, sendo a culpa do agente a base fundamental para a individualização da sanção a ser aplicada (Mirabete e Fabbrini. *Manual de Direito Penal*, parte geral, 37ª ed., 2025, Foco, item 7.5.2); **B:** correta. De acordo com o teor do art. 72, CP; **C:** incorreta. É que, em se tratando de causas de aumento ou diminuição previstas na parte geral do CP, deverá o juiz aplicar todas, ou seja, não se admite compensação entre elas; a regra prevista no art. 68, parágrafo único, do CP, segundo a qual o juiz aplicará um só aumento ou uma só diminuição, prevalecendo, todavia, a causa que mais aumente ou diminua, e refere-se à norma às causas contidas na parte especial do CP. "Os aumentos e diminuições previstos na Parte Geral acarretam sempre agravações ou diminuições da pena nos limites estabelecidos na lei" (item 7.5.7); **D:** incorreta. A assertiva contraria o disposto no art. 70, *caput*, segunda parte, do CP, uma vez que não é pelo número de vítimas que se determina o acréscimo no concurso formal impróprio. Vale citar, para melhor compreensão do tema, a doutrina de Mirabete: "prevê o art. 70, segunda parte, o chamado *concurso formal impróprio* (ou imperfeito), referindo-se a uma só conduta dolosa em que o agente causa dois ou mais resultados com *desígnios autônomos*, ou seja, *desejando os vários resultados*. Suponha-se o caso daquele que amarra dois inimigos para abatê-los com um único disparo ou a hipótese do agente que envenena a sopa na terrina com o intuito de matar todos os componentes de uma família.

Ocorrendo vários resultados, ou seja, vários crimes, resultantes da mesma conduta, as penas serão somadas. Enquanto no concurso formal próprio adotou-se o sistema da exasperação, pela unidade de desígnio, no concurso formal impróprio aplica-se o critério do cúmulo material diante da diversidade dos intuitos do agente. e sim pela quantidade (item 7.6.3); **E:** incorreta. Isso porque o arrependimento posterior (art. 16, CP), sendo causa de diminuição de pena, incidirá na terceira e derradeira fase de fixação da pena (art. 68, *caput*, do CP) e, por isso poderá ser a pena reduzida abaixo do mínimo legal. ED

Gabarito "B".

(Juiz de Direito – TJ/RJ – 2019 – VUNESP) No que concerne à aplicação das penas restritivas de direitos dos arts. 43 a 48 do CP, é correto afirmar que

(A) ao reincidente é vedada a substituição da privativa de liberdade.

(B) o benefício não pode ser aplicado mais de uma vez no interregno de 5 (cinco) anos ao mesmo réu.

(C) a pena restritiva de direitos se converte em privativa de liberdade sempre que ocorrer o descumprimento da restrição imposta.

(D) os crimes culposos admitem sua aplicação em substituição às privativas de liberdade, independentemente da pena aplicada.

(E) penas privativas de até 2 (dois) anos em regime aberto podem ser substituídas por uma multa ou por uma pena restritiva de direitos.

A: incorreta. Apesar de a regra ser a de que o réu reincidente em crime doloso não faz jus à substituição da pena privativa de liberdade por restritiva de direitos (art. 44, II, do CP), se a reincidência não for específica e se a medida for socialmente recomendável, admitir-se-á, sim, a substituição da pena de prisão pela alternativa (art. 44, § 3º, do CP); **B:** incorreta. Os dispositivos que tratam da substituição da pena privativa de liberdade por restritivas de direitos não contêm tal limitação temporal. Ao que parece, o examinador quis induzir o candidato a erro, já que tal vedação se faz presente no art. 76, § 2º, II, da Lei 9.099/1995, que disciplina a transação penal, cuja incidência está restrita às infrações penais de menor potencial ofensivo; **C:** incorreta, na medida em que somente haverá a conversão da pena restritiva de direitos em privativa de liberdade na hipótese de o seu descumprimento for injustificado. Incorreto, portanto, afirmar que a reconversão (termo mais adequado) *sempre* se imporá; **D:** correta. De fato, qualquer que seja a pena imposta, todos os delitos culposos admitem a substituição (art. 44, I, parte final, CP); **E:** incorreta. Se a condenação for superior a um ano, a pena privativa de liberdade aplicada será substituída por uma pena restritiva de direitos e multa ou por duas restritivas de direitos (art. 44, § 2º, parte final, CP); a substituição por uma multa ou por uma restritiva de direitos dar-se-á se a condenação for igual ou inferior a um ano. ED

Gabarito "D".

(Juiz de Direito – TJ/AL – 2019 – FCC) Na aplicação da pena,

(A) a folha de antecedentes constitui documento suficiente para a comprovação de reincidência, não prevalecendo a condenação anterior, contudo, se entre a data do cumprimento ou extinção da pena e a infração posterior tiver decorrido período de tempo superior a cinco anos, computado o período de prova da suspensão ou do livramento condicional, se não ocorrer revogação.

(B) incidirá a atenuante da confissão espontânea quando for utilizada para a formação do convencimento do julgador, bastando, no crime de tráfico ilícito de entorpecentes, que o acusado admita a posse ou propriedade da substância, ainda que para uso próprio.

(C) se houver concurso de causas de aumento ou de diminuição previstas na parte geral do Código Penal, pode o Juiz limitar-se a um só aumento ou a uma só diminuição, prevalecendo, todavia, a causa que mais aumente ou diminua.

(D) sempre cabível a substituição da pena privativa de liberdade por prestação de serviços à comunidade, isolada ou cumulativamente com outra sanção alternativa ou multa, se aplicada pena corporal não superior a quatro anos e o crime não for cometido com violência ou grave ameaça à pessoa, tratando-se de réu não reincidente em crime doloso, além de favoráveis as circunstâncias judiciais.

(E) vedada a utilização de inquéritos policiais e ações penais em curso para agravar a pena-base, não se configurando a má antecedência se o acusado ostentar condenação por crime anterior, transitada em julgado após o novo fato.

A: correta. De fato, conforme Súmula editada pelo STJ, de número 636, *a folha de antecedentes criminais é documento suficiente a comprovar os maus antecedentes e a reincidência*. No mais, também está correto o que se afirma na segunda parte da assertiva, uma vez que corresponde ao teor do art. 64, I, do CP; B: incorreta. A primeira parte da assertiva está correta, pois em conformidade com o entendimento firmado por meio da Súmula 545, do STJ: *quando a confissão for utilizada para a formação do convencimento do julgador, o réu fará jus à atenuante prevista no art. 65, III, d, do Código Penal*. A segunda parte da proposição, no entanto, está incorreta, pois em desconformidade com a Súmula 630, do STJ: *a incidência da atenuante da confissão espontânea no crime de tráfico ilícito de entorpecentes exige o reconhecimento da traficância pelo acusado, não bastando a mera admissão da posse ou propriedade para uso próprio*; C: incorreta. É que, em se tratando de causas de aumento previstas na parte geral do CP, deverá o juiz aplicar todas, ou seja, não se admite compensação entre elas; a regra prevista no art. 68, parágrafo único, do CP, segundo a qual o juiz aplicará só um aumento, refere-se às causas contidas na parte especial do CP; D: incorreta, pois não reflete o que dispõem os arts. 44 e 46 do CP; E: incorreta. A primeira parte da assertiva está correta, pois em conformidade com a Súmula 444, do STJ: *É vedada a utilização de inquéritos policiais e ações penais em curso para agravar a pena-base*. No entanto, a segunda parte da alternativa está incorreta, na medida em que eventuais condenações com trânsito em julgado e não utilizadas para determinar a reincidência podem ser usadas para o reconhecimento de maus antecedentes. Nesse sentido: "A Terceira Seção deste Superior Tribunal decidiu que "eventuais condenações criminais do réu transitadas em julgado e não utilizadas para caracterizar a reincidência somente podem ser valoradas, na primeira fase da dosimetria, a título de antecedentes criminais, não se admitindo sua utilização também para desvalorar a personalidade ou a conduta social do agente. Precedentes da Quinta e da Sexta Turmas desta Corte" (EAREsp n. 1.311.636/MS, Rel. Ministro Reynaldo Soares da Fonseca, 3ª S., DJe 26/4/2019). 4. Agravo regimental não provido. (AgRg no REsp 1784955/MS, Rel. Ministro ROGERIO SCHIETTI CRUZ, SEXTA TURMA, julgado em 03/09/2019, DJe 09/09/2019). ED

Gabarito "A".

(Juiz de Direito – TJ/AL – 2019 – FCC) Quanto ao concurso formal,

(A) a pena poderá exceder a que seria cabível pela regra do concurso material, se a ação ou omissão é dolosa e os crimes concorrentes resultarem de desígnios autônomos.

(B) aplicável a suspensão condicional do processo em relação às infrações penais cometidas em concurso formal impróprio ou imperfeito, uma vez que se considera a pena de cada uma, isoladamente, ainda que a somatória ultrapasse o limite de um ano.

(C) as penas de multa são aplicadas distinta e integralmente no caso de concurso formal impróprio ou imperfeito, incidindo a extinção da punibilidade sobre a pena privativa de liberdade de cada crime, isoladamente.

(D) há concurso formal próprio quando o agente, mediante uma só ação ou omissão, pratica dois ou mais crimes da mesma espécie, aplicando-se a mais grave das penas cabíveis ou, se iguais, somente uma delas, mas aumentada, em qualquer caso, de um sexto a dois terços.

(E) a pena pode ser aumentada até o triplo no caso de concurso formal impróprio ou imperfeito, considerando o Juiz a culpabilidade, os antecedentes, a conduta social e a personalidade do agente, bem como os motivos e as circunstâncias dos crimes.

A: incorreta. Se a ação ou omissão é dolosa e os crimes concorrentes resultarem de desígnios autônomos (concurso formal impróprio ou imperfeito), as penas serão sempre aplicadas cumulativamente (são somadas), tal como estabelece o art. 70, *caput*, parte final, do CP. Não se aplica, portanto, neste caso, a regra do art. 70, parágrafo único, do CP (concurso material favorável ou benéfico), que somente terá incidência no concurso formal próprio ou perfeito, em que deverá ser aplicado o sistema da exasperação (se as penas previstas forem idênticas, aplica-se somente uma; se diferentes, aplica-se a maior, acrescida, em qualquer caso, de um sexto até metade); B: incorreta, uma vez que contraria o entendimento firmado por meio da Súmula 243, do STJ: *o benefício da suspensão do processo não é aplicável em relação às infrações penais cometidas em concurso material, concurso formal ou continuidade delitiva, quando a pena mínima cominada, seja pelo somatório, seja pela incidência da majorante, ultrapassar o limite de 1 (um) ano*; C: correta, pois reflete o que estabelecem os arts. 72 e 119 do CP; D: incorreta, já que a fração a ser aplicada, no concurso formal próprio, é de um sexto até *metade*, e não de um sexto a *um terço*, conforme art. 70, *caput*, primeira parte, do CP. Além disso, os crimes que compõem o concurso não precisam ser da mesma *espécie*; E: incorreta. Sendo o concurso formal impróprio ou imperfeito, em que a ação é dolosa e os crimes concorrentes resultam de desígnios autônomos, as penas devem ser somadas (aplicadas cumulativamente), tal como estabelece o art. 70, *caput*, parte final, do CP. ED

Gabarito "C".

(Juiz de Direito – TJ/AL – 2019 – FCC) No que se refere à execução das penas privativas de liberdade,

(A) imprescindível a instauração de procedimento administrativo pelo diretor do estabelecimento prisional, assegurado o direito de defesa, a ser realizado por advogado constituído ou defensor público nomeado, para o reconhecimento da prática de falta grave no âmbito da execução penal, bem como necessário que se aguarde o trânsito em julgado da sentença penal condenatória no processo penal instaurado para apuração do fato, quando a infração disciplinar decorrer do cometimento de crime doloso no cumprimento da pena.

(B) admite-se a progressão de regime de cumprimento de pena ou a aplicação imediata de regime menos severo nela determinada, antes do trânsito em julgado da sentença condenatória, obstando a promoção, no entanto, o fato de o réu se encontrar em prisão especial, se ainda não definitiva a decisão condenatória.

(C) a prática de falta grave não interrompe a contagem do prazo para fim de comutação de pena ou indulto, extinguindo este tanto os efeitos primários da condenação como os secundários, penais ou extrapenais.

(D) possível a remição de parte do tempo de execução da pena quando o condenado, em regime fechado ou semiaberto, desempenha atividade laborativa, ainda que extramuros, considerando-se como pena cumprida, para todos os efeitos, o tempo remido.

(E) o benefício de saída temporária no âmbito da execução penal é ato jurisdicional insuscetível de delegação à autoridade administrativa do estabelecimento prisional, se o condenado cumprir pena em regime fechado, permitindo-se a delegação, porém, se em regime semiaberto.

A: incorreta. Embora a primeira parte da assertiva esteja correta, porquanto em consonância com o teor da Súmula 533, do STJ, a segunda parte está incorreta, uma vez que não condiz com o entendimento firmado por meio da Súmula 526, do STJ, segundo a qual é despiciendo o trânsito em julgado da sentença penal condenatória no processo penal instaurado para apuração do fato do qual decorre a configuração da falta grave; **B:** incorreta. Tal como afirmado na primeira parte da alternativa, admite-se a progressão de regime de cumprimento de pena ou a aplicação imediata de regime menos severo nela determinada, antes do trânsito em julgado da sentença condenatória (Súmula 716, STF), benefício este que se estende, sim, ao réu que se encontra em prisão especial (Súmula 717, STF); **C:** incorreta. É verdadeira a afirmação segundo a qual a prática de falta grave não interrompe a contagem do prazo para fim de comutação de pena ou indulto, segundo entendimento contido na Súmula 535, do STJ; entretanto, é incorreto afirmar-se que o indulto extingue os efeitos secundários da condenação, penais e extrapenais; sua extinção, segundo entendimento firmado por meio da Súmula 631, do STJ, somente alcança os efeitos primários (pretensão executória); **D:** correta, pois reflete tanto o disposto no art. 128 da LEP quanto o entendimento sufragado na Súmula 562, do STJ; **E:** incorreta, já que, conforme Súmula 520, do STJ, *o benefício da saída temporária no âmbito da execução penal é ato jurisdicional insuscetível de delegação à autoridade administrativa do estabelecimento prisional.* ED

Gabarito "D".

(Juiz de Direito – TJ/SC – 2019 – CESPE/CEBRASPE) Em cada uma das opções a seguir, é apresentada uma situação hipotética seguida de uma assertiva a ser julgada, a respeito da substituição das penas privativas de liberdade por penas restritivas de direitos.

(A) Antônio, com anterior condenação transitada em julgado pelo delito de dano ao patrimônio público, foi processado e condenado à pena privativa de liberdade de um ano e dois meses de reclusão pelo cometimento do delito de receptação. Nessa situação, em razão da reincidência criminal em crime doloso, não é cabível a substituição da pena corporal imposta a Antônio por pena restritiva de direitos.

(B) Manoel foi processado e condenado pela prática de violência física, de ameaça e de lesão corporal em contexto de violência doméstica contra a mulher, tendo-lhe sido impostas as penas privativas de liberdade de quinze dias de prisão simples e de três meses e um mês de detenção, em regime aberto. Nessa situação, somente é possível a substituição da pena privativa de liberdade por restritiva de direitos em relação à contravenção de violência física.

(C) Pedro, réu primário, foi processado e condenado pela prática de delito de roubo simples na modalidade tentada, tendo-lhe sido imposta pena privativa de liberdade de dois anos e oito meses de reclusão, em regime aberto. Nessa situação, a pena privativa de liberdade imposta a Pedro poderá ser substituída por uma pena restritiva de direitos e multa ou por duas penas restritivas de direitos.

(D) Alberto, réu primário e em circunstâncias judiciais favoráveis, praticou crime de homicídio culposo qualificado ao conduzir embriagado veículo automotor. Em razão dessa conduta, ele foi processado e condenado ao cumprimento de pena privativa de liberdade de cinco anos de reclusão, inicialmente em regime semiaberto. Nessa hipótese, o *quantum* de pena fixado não impede a substituição da pena privativa de liberdade por restritiva de direitos.

(E) João foi processado e condenado à pena privativa de liberdade de um ano e oito meses de reclusão, em regime aberto, pela prática de delito de tráfico de drogas na forma privilegiada. Nessa hipótese, haja vista a condenação por delito equiparável a hediondo, não é admitida a substituição da pena privativa de liberdade por restritiva de direitos.

A: incorreta. Somente a reincidência em crime doloso, nos termos do art. 44, II, CP, tem o condão de obstar a substituição. Ainda assim (reincidência em crime doloso), pode o magistrado proceder à substituição, desde que a medida revele-se socialmente recomendável e a reincidência não se tenha operado em virtude da prática do mesmo crime (reincidência específica), conforme estabelece o art. 44, § 3º, CP; **B:** incorreta, pois contraria o entendimento consagrado na Súmula 588 do STJ, que veda a substituição da pena privativa de liberdade por restritiva de direitos na hipótese narrada no enunciado: "A prática de crime ou contravenção penal contra a mulher com violência ou grave ameaça no ambiente doméstico impossibilita a substituição da pena privativa de liberdade por restritiva de direitos"; **C:** incorreta. Por força do que estabelece o art. 44, I, do CP, é vedada a substituição da pena privativa de liberdade por restritiva de direitos na hipótese de o crime ser cometido com violência ou grave ameaça contra a pessoa. No caso do roubo, como bem sabemos, a violência ou grave ameaça é ínsita ao tipo penal, o que impede a substituição, ainda que a pena estabelecida na sentença seja igual ou inferior a quatro anos. Em outras palavras, além do requisito "duração da pena" (igual ou inferior a 4 anos), é necessária a presença do requisito "espécie de crime" (crime desprovido de violência ou grave ameaça); **D:** correta. De fato, ao tempo em que foi aplicada esta prova, a substituição se impunha pelo fato de se tratar de crime culposo (art. 44, I, CP). A partir do advento da Lei 14.071/2020, publicada em 14/10/2020 e com *vacatio* de 180 dias, tal realidade mudou. Com efeito, segundo estabelece o art. 312-B da Lei 9.503/1997 (Código de Trânsito Brasileiro), introduzido pela Lei 14.071/2020, *aos crimes previstos no § 3º do art. 302 e no § 2º do art. 303 deste Código não se aplica o disposto no inciso I do caput do art. 44 do Decreto-Lei 2.848, de 7 de dezembro de 1940 (Código Penal).* Assim, veda-se a substituição da pena privativa de liberdade por restritiva de direitos quando o crime praticado for: homicídio culposo de trânsito qualificado pela embriaguez (art. 302, § 3º, do CTB) e lesão corporal de trânsito qualificada pela embriaguez (art. 303, § 2º, do CTB). Apenas para registro, o legislador, no lugar de fazer referência ao *caput* do art. 44 do CP, o fez em relação ao seu inciso I, que corresponde a um dos requisitos para concessão da substituição; **E:** incorreta. O Plenário do STF, ao julgar o HC 118.533/MS, em 23.06.2016, cuja relatoria foi da Min. Cármen Lúcia, entendeu, em dissonância com o posicionamento então adotado pelo STJ, que o crime de tráfico de drogas privilegiado não tem natureza hedionda. Já o STJ, por meio da Súmula n. 512, não mais em vigor, de forma diversa da do STF, fixou o entendimento

segundo o qual "A aplicação da causa de diminuição de pena prevista no art. 33, § 4º, da Lei 11.343/2006 não afasta a hediondez do crime de tráfico de drogas". Pois bem. Sucede que a Terceira Seção do STJ, na sessão realizada em 23 de novembro de 2016, ao julgar a QO na Pet 11.796-DF, determinou o cancelamento da referida Súmula n. 512, alinhando-se ao entendimento adotado pelo STF no sentido de que o delito de tráfico privilegiado não pode ser equiparado a crime hediondo. Atualmente, portanto, temos que tanto o STF quanto o STJ adotam o posicionamento no sentido de que o chamado tráfico privilegiado não constitui delito equiparado a hediondo. Mais recentemente, a Lei 13.964/2019 (Pacote Anticrime) inseriu no art. 112 da Lei de Execução Penal, que trata da progressão de regime, o § 5º, segundo o qual "não se considera hediondo ou equiparado, para os fins deste artigo, o crime de tráfico de drogas previsto no § 4º do art. 33 da Lei 11.343, de 23 de agosto de 2006". ED
Gabarito "D".

(Juiz de Direito - TJ/BA - 2019 - CESPE/CEBRASPE) O benefício da suspensão condicional da pena — *sursis* penal —

(A) pode ser concedido a condenado a pena privativa de liberdade, desde que esta não seja superior a quatro anos e que aquele não seja reincidente em crime doloso.
(B) é cabível nos casos de crimes praticados com violência ou grave ameaça, desde que a pena privativa de liberdade aplicada não seja superior a dois anos.
(C) pode estender-se às penas restritivas de direitos e à de multa, casos em que se suspenderá, também, a execução dessas penas.
(D) deverá ser, obrigatoriamente, revogado no caso da superveniência de sentença condenatória irrecorrível por crime doloso, culposo ou contravenção contra o beneficiário.
(E) impõe que, após o cumprimento das condições impostas ao beneficiário, seja proferida sentença para declarar a extinção da punibilidade do agente.

A: incorreta, na medida em que a suspensão condicional da pena (*sursis*) pode ser concedida nos casos de condenação a pena privativa de liberdade não superior a dois anos, conforme estabelece o art. 77, *caput*, do CP. A não reincidência em crime doloso constitui um dos requisitos subjetivos para a concessão do *sursis* (art. 77, I, CP); B: correta. O fato de o crime ser praticado mediante violência ou grave ameaça não constitui impedimento à concessão do *sursis*, desde que presentes os requisitos do art. 77 do CP. Um desses requisitos é que não seja indicada ou cabível a substituição prevista no art. 44 do CP (art. 77, III, CP). O crime praticado com violência ou grave ameaça impede a substituição de pena privativa de liberdade por restritiva de direito (art. 44, I, CP), mas não impede que seja concedido o *sursis*; C: incorreta, uma vez que não reflete o disposto no art. 80 do CP, que assim dispõe: *a suspensão não se estende às penas restritivas de direito nem à multa*; D: incorreta. A revogação será de fato obrigatória diante de condenação definitiva por crime doloso (art. 81, I, CP); agora, se se tratar de condenação definitiva pelo cometimento de crime culposo ou por contravenção penal, a revogação será facultativa, nos termos do art. 81, § 1º, do CP; E: incorreta. Assertiva contraria ao teor do art. 82 do CP: "expirado o prazo sem que tenha havido revogação, considera-se extinta a pena privativa de liberdade". ED
Gabarito "B".

(Promotor de Justiça/PR – 2019 – MPE/PR) Considerando o entendimento sumulado dos Tribunais Superiores, analise as assertivas abaixo e assinale a alternativa:

I. – Fixada a pena-base no mínimo legal, é vedado o estabelecimento de regime prisional mais gravoso do que o cabível em razão da sanção imposta, com base apenas na gravidade abstrata do delito.
II. – O aumento na terceira fase de aplicação da pena no crime de roubo circunstanciado exige fundamentação concreta, não sendo suficiente para a sua exasperação a mera indicação do número de majorantes.
III. – É vedada a utilização de inquéritos policiais e ações penais em curso para agravar a pena-base.
IV. – É admissível a adoção do regime prisional semiaberto aos reincidentes condenados a pena igual ou inferior a quatro anos se favoráveis as circunstâncias judiciais.
(A) Todas as alternativas estão corretas.
(B) Apenas as alternativas I e II estão corretas.
(C) Apenas a alternativa II está incorreta.
(D) Apenas as alternativas III e IV estão corretas.
(E) Apenas a alternativa IV está incorreta.

I: correta, pois retrata o entendimento firmado na Súmula 440, do STJ: *Fixada a pena-base no mínimo legal, é vedado o estabelecimento de regime prisional mais gravoso do que o cabível em razão da sanção imposta, com base apenas na gravidade abstrata do delito*; II: correta, uma vez que reflete o entendimento consolidado na Súmula 443, do STJ: *O aumento na terceira fase de aplicação da pena no crime de roubo circunstanciado exige fundamentação concreta, não sendo suficiente para a sua exasperação a mera indicação do número de majorantes*; III: correta, pois reflete o entendimento consolidado na Súmula 444, do STJ: *É vedada a utilização de inquéritos policiais e ações penais em curso para agravar a pena-base*; IV: correta, pois reflete o entendimento firmado na Súmula n. 269 do STJ: *É admissível a adoção do regime prisional semiaberto aos reincidentes condenados a pena igual ou inferior a quatro anos se favoráveis as circunstâncias judiciais*. ED
Gabarito "A".

(Promotor de Justiça/PR – 2019 – MPE/PR) Em relação aos efeitos da condenação dispostos no Código Penal, assinale a alternativa *incorreta*:

(A) Um dos efeitos da condenação é tornar certa a obrigação de indenizar o dano causado pelo crime.
(B) Um dos efeitos da condenação é a perda em favor da União, ressalvado o direito do lesado ou de terceiro de boa-fé, do produto do crime ou de qualquer bem ou valor que constitua proveito auferido pelo agente com a prática do fato criminoso.
(C) Um dos efeitos da condenação é a perda de cargo, função pública ou mandato eletivo quando aplicada pena privativa de liberdade por tempo igual ou superior a dois anos, nos crimes praticados com abuso de poder ou violação de dever para com a Administração Pública.
(D) Um dos efeitos da condenação é a incapacidade para o exercício do poder familiar, da tutela ou da curatela nos crimes dolosos sujeitos à pena de reclusão cometidos contra outrem igualmente titular do mesmo poder familiar, contra filho, filha ou outro descendente ou contra tutelado ou curatelado.
(E) Um dos efeitos da condenação é a inabilitação para dirigir veículo, quando utilizado como meio para a prática de crime doloso.

A: correta. A obrigação de indenizar o dano causado pelo crime constitui efeito genérico da condenação, nos termos do art. 91, I, do CP; B: correta. De acordo com o teor do art. 91, II, b, do CP; C: incorreta. Conforme estabelecido no art. 92, I, a, do CP, para a perda do cargo,

emprego público ou mandato eletivo, nos crimes praticados com abuso de poder ou violação de dever para com a Administração Pública, basta que a pena privativa de liberdade aplicada seja igual ou superior a um ano (e não a dois). Além disso, cuida-se de efeito específico da condenação, visto que contemplado no rol do art. 92 do CP; **D**: correta, pois reflete o disposto no art. 92, II, do CP, cuja redação foi alterada pela Lei 13.715/2018; **E**: correta, pois reflete o disposto no art. 92, III, do CP. Atenção: a Lei 14.994/2024, entre outras disposições, alterou o capítulo sobre os efeitos da condenação e passou a prever o seguinte teor ao inciso II do art. 92: "a incapacidade para o exercício do poder familiar, da tutela ou da curatela nos crimes dolosos sujeitos à pena de reclusão cometidos contra outrem igualmente titular do mesmo poder familiar, contra filho, filha ou outro descendente, tutelado ou curatelado, *bem como nos crimes cometidos contra a mulher por razões da condição do sexo feminino, nos termos do § 1º do art. 121-A deste Código*". A mesma Lei prevê ao condenado por crimes praticado contra a mulher por razões da condição do sexo feminino: a perda de cargo, função pública ou mandato eletivo; a incapacidade para o exercício do poder familiar, da tutela ou da curatela nos crimes dolosos sujeitos à pena de reclusão cometidos contra outrem igualmente titular do mesmo poder familiar, contra filho, filha ou outro descendente, tutelado ou curatelado; serão vedadas a sua nomeação, designação ou diplomação em qualquer cargo, função pública ou mandato eletivo entre o trânsito em julgado da condenação até o efetivo cumprimento da pena; e por fim, os efeitos dessa condenação serão automáticos (§§ 1º e 2º). **ED/PB**
Gabarito "C".

(Promotor de Justiça/SP – 2019 – MPE/SP) Com relação ao tema "reincidência", considere as seguintes afirmações.

I. A prescrição intercorrente regula-se pela pena aplicada e verifica-se nos prazos fixados no artigo 109 do Código Penal, os quais se aumentam de 1/3 (um terço), se o condenado é reincidente.

II. Para efeito de reincidência, não prevalece a condenação anterior após decorrido o prazo depurador de cinco anos entre a data do trânsito em julgado da sentença condenatória do crime anterior e a data da prática do crime posterior.

III. A reincidência é causa interruptiva apenas da prescrição da pretensão executória.

IV. Consoante disposto no Código Penal, o agente reincidente em crime doloso pode ter sua pena privativa de liberdade substituída por pena restritiva de direitos.

V. Para efeito de reincidência, a reabilitação extingue a condenação anterior.

É correto o que se afirma somente em

(A) II, III e IV.
(B) I, II e III.
(C) II e V.
(D) IV e V.
(E) III e IV.

I: incorreta. A prescrição superveniente ou intercorrente, que é aquela que se verifica após a publicação da sentença ou acórdão condenatório recorríveis, baseando-se, portanto, na pena aplicada, é espécie de prescrição da pretensão *punitiva* (art. 110, § 1º, CP), razão pela qual não incide o aumento de um terço em razão da reincidência, o que somente ocorrerá se se tratar de prescrição da pretensão *executória*, conforme entendimento sufragado na Súmula 320, do STJ: "A reincidência não influi no prazo da prescrição da pretensão punitiva"; **II**: incorreta, já que não reflete o teor do art. 64, I, do CP, que estabelece como marcos a data do cumprimento ou extinção da pena e a do cometimento da infração posterior; **III**: correta, pois em consonância com o entendimento sufragado na Súmula 220, do STJ: "A reincidência não influi no prazo da prescrição da pretensão punitiva"; **IV**: correta, na medida em que o art. 44, § 3º, do CP estabelece que, ainda que se trate de réu *reincidente*, pode o magistrado proceder à substituição, desde que a medida revele-se socialmente recomendável e a reincidência não se tenha operado em virtude da prática do mesmo crime; **V**: incorreta. Trata-se de institutos diferentes (reabilitação e reincidência), de tal sorte que a reabilitação não tem o condão de extinguir a condenação anterior para fins de reincidência. **ED**
Gabarito "E".

(Juiz de Direito – TJ/RS – 2018 – VUNESP) Estritamente nos termos do quanto prescreve o art. 39 do CP, o trabalho do preso

(A) não é obrigatoriamente remunerado, mas se lhe garantem, facultativamente, os benefícios da Previdência Social.

(B) será sempre remunerado, sendo-lhe garantidos os benefícios da Previdência Social.

(C) não é obrigatoriamente remunerado, mas se lhe garantem os benefícios da Previdência Social.

(D) não é remunerado e não se lhe garantem os benefícios da Previdência Social.

(E) será sempre remunerado, contudo, não se lhe garantem os benefícios da Previdência Social.

Por força do que dispõe o art. 39 do CP, *o trabalho do preso será sempre remunerado, sendo-lhe garantidos os benefícios da Previdência Social.* **ED**
Dica: esta questão denota a importância de o candidato conhecer o texto de lei, já que a alternativa apontada como correta corresponde à transcrição literal do dispositivo legal.
Gabarito "B".

(Juiz de Direito – TJ/RS – 2018 – VUNESP) A pena restritiva de direitos (CP, arts. 43 a 48)

(A) na modalidade perda de bens e valores pertencentes ao condenado, dar-se-á em favor da vítima.

(B) na modalidade prestação de serviços, pode ser substitutiva de qualquer pena privativa de liberdade igual ou inferior a quatro anos.

(C) admite exclusivamente as modalidades de prestação pecuniária, perda de bens e valores, limitação de fim de semana e prestação de serviço à comunidade ou entidade pública.

(D) converte-se em privativa de liberdade quando ocorrer o descumprimento injustificado da restrição imposta.

(E) só pode ser aplicada a condenados primários.

A: incorreta. Tal como estabelece o art. 45, § 3º, do CP, a *perda de bens e valores*, modalidade que é de *pena restritiva de direitos* (art. 43, II, do CP), se dará em favor do Fundo Penitenciário Nacional, e não em benefício da vítima. Trata-se de uma sanção penal, de cunho confiscatório, que implica a perda em favor do Estado de bens e valores que integram o patrimônio do agente e a ele (patrimônio) foram incorporados de forma lícita; **B**: incorreta. A prestação de serviços à comunidade ou a entidades públicas, modalidade de pena restritiva de direitos que consiste na atribuição de tarefas gratuitas ao condenado, somente terá lugar nas condenações superiores a 6 meses de pena privativa de liberdade (art. 46, *caput*, do CP); **C**: incorreta, já que a assertiva não contemplou a *interdição temporária de direitos*, que constitui modalidade de pena restritiva de direitos (art. 43, V, do CP); **D**: correta, pois corresponde ao que estabelece o art. 44, § 4º, do CP; **E**: incorreta, na medida em que o art. 44, § 3º, do CP estabelece que, ainda que se trate de réu *reincidente*, pode o magistrado proceder à substituição, desde que a medida revele-se socialmente recomendável e a reincidência não se tenha operado em virtude da prática do mesmo crime. **ED**
Gabarito "D".

(Delegado – PC/BA – 2018 – VUNESP) A respeito da Teoria das Penas, assinale a alternativa correta.

(A) A finalidade da pena, na teoria relativa, é prevenir o crime. Na vertente preventiva-geral, o criminoso é punido a fim de impedir que ele volte a praticar novos crimes.

(B) A finalidade da pena, na teoria relativa, é prevenir o crime. Na vertente preventiva especial, de acentuado caráter intimatório, o criminoso é punido para servir de exemplo aos demais cidadãos.

(C) A finalidade da pena, na teoria absoluta, é castigar o criminoso, pelo mal praticado. O mérito dessa teoria foi introduzir, no Direito Penal, o princípio da proporcionalidade de pena ao delito praticado.

(D) A finalidade da pena, para a teoria eclética, é ressocializar o criminoso. O mérito dessa teoria foi humanizar as penas impostas, impedindo as cruéis e humilhantes.

(E) O ordenamento jurídico brasileiro adota a teoria absoluta, tendo a pena apenas o fim de ressocializar o criminoso.

A: incorreta. É fato que a finalidade da pena, para as teorias relativas, tem caráter preventivo, servindo ao objetivo de evitar a prática de novas infrações penais. A pena, para esta teoria, deve ser vista como um instrumento destinado a prevenir o crime. Não se trata, pois, de uma retribuição, uma compensação, tal como preconizado pelas ***teorias absolutas***. No contexto das teorias relativas, temos a prevenção geral e a especial. A geral está associada à ideia de intimidação de toda a coletividade, que sabe que o cometimento de uma infração penal ensejará, como consequência, a imposição de sanção penal. É dirigida, pois, ao controle da violência. A segunda parte da assertiva está incorreta na medida em que se refere à prevenção especial, que, diferentemente da geral, que se destina ao corpo social, é dirigida ao indivíduo condenado; **B:** incorreta. A prevenção especial, como já dito, é dirigida exclusivamente à pessoa do condenado; **C:** correta. As chamadas teorias absolutas, que se contrapõem às relativas, consideram que a pena se esgota na ideia de pura retribuição. Sua finalidade consiste numa reação punitiva, isto é, uma resposta ao mal causado pela prática criminosa; **D:** incorreta. Para as teorias ecléticas, unificadoras ou mistas, a pena deve unir justiça e utilidade. É dizer, a pena deve, a um só tempo, servir de castigo ao condenado que infringiu a lei penal e evitar a prática de novas infrações penais. Há, pois, a conjugação das teorias absolutas e relativas; **E:** incorreta. Adotamos, de acordo com o art. 59, *caput*, do CP, a teoria mista, que assim dispõe: "(...) conforme seja necessário e suficiente para reprovação e prevenção do crime". 🆔

Gabarito "C".

13. APLICAÇÃO DA PENA

(Juiz de Direito – TJ/DFT – 2023 – CEBRASPE) Marcos, reincidente, foi preso em flagrante pelo crime de roubo e condenado a cumprir pena privativa de liberdade de quatro anos de reclusão. Em relação a essa situação hipotética, assinale a opção correta.

(A) Marcos poderá iniciar o cumprimento da pena no regime semiaberto, uma vez presentes os requisitos para a concessão do benefício.

(B) O regime inicial de cumprimento da pena deve ser definido considerando-se apenas o *quantum* da pena aplicada.

(C) Ainda no início do cumprimento da pena em regime fechado, Marcos poderá ser liberado para trabalho externo.

(D) Caso alcance o direito ao trabalho externo, Marcos perderá tal direito apenas se cometer novo crime ainda no decorrer do cumprimento da pena.

(E) Tratando-se de roubo, crime hediondo, é obrigatória a fixação do regime fechado.

A: correta, pois reflete o entendimento firmado na Súmula n. 269 do STJ: "É admissível a adoção do regime prisional semiaberto aos reincidentes condenados a pena igual ou inferior a quatro anos se favoráveis as circunstâncias judiciais"; **B:** incorreta, pois está em desconformidade com o art. 33, § 3º, do CP; **C:** incorreta, uma vez que contraria o disposto no art. 37, *caput*, da LEP, que assim dispõe: "A prestação de trabalho externo, a ser autorizada pela direção do estabelecimento, dependerá de aptidão, disciplina e responsabilidade, além do cumprimento mínimo de 1/6 (um sexto) da pena"; **D:** incorreta, já que contraria o que estabelece o art. 37, parágrafo único, da LEP: "Revogar-se-á a autorização de trabalho externo ao preso que vier a praticar fato definido como crime, for punido por falta grave, ou tiver comportamento contrário aos requisitos estabelecidos neste artigo"; **E:** incorreta. Embora o art. 2º, § 1º, da Lei 8.072/1990 (Crimes Hediondos) estabeleça o regime inicial fechado aos condenados por crimes hediondos e equiparados, o STF, no julgamento do HC 111.840, reconheceu, incidentalmente, a inconstitucionalidade deste dispositivo legal, não havendo mais, portanto, a obrigatoriedade de fixar-se o regime inicial fechado nesses crimes. Alterado por força da Lei 11.464/2007, o art. 2º, § 2º, da Lei 8.072/1990 prescrevia que, nos crimes hediondos e equiparados, a progressão dar-se-ia nos seguintes termos: se primário o condenado, fará jus à progressão de regime depois de cumprir 2/5 da pena; em se tratando de apenado reincidente, deverá cumprir 3/5 da sanção imposta. Conclusão: em se tratando de crimes hediondos e assemelhados, a progressão de regime – que é possível – deveria se dar nos moldes do art. 2º, § 2º, da Lei 8.072/1990, que estabelece patamares diferenciados; além do que, inexiste a obrigatoriedade de o condenado por esses crimes iniciar o cumprimento de sua reprimenda no regime mais rigoroso. Com a alteração promovida pela Lei 13.964/2019 na redação do art. 112 da LEP, criam-se novos patamares para o reeducando pleitear a progressão de regime de cumprimento de pena, aqui incluído o condenado pela prática de crime hediondo/equiparado, cuja disciplina, até então, estava no art. 2º, § 2º, da Lei 8.072/1990, que estabelecia faixas diferenciadas de cumprimento de pena necessárias à progressão, dispositivo expressamente revogado pela Lei 13.964/2019. Com isso, as novas regras de progressão, inclusive para os autores de crimes hediondos, estão contempladas no novo art. 112 da LEP, que foi substancialmente reformulado pela Lei 13.964/2019, estabelecendo uma nova e ampla tabela de progressão de regime. 🆔

Gabarito "A".

(Juiz de Direito – TJ/SP – 2023 – VUNESP) A embriaguez deve ser considerada circunstância agravante do crime quando:

(A) decorre de estado de violenta emoção.

(B) poderia ser evitada.

(C) é preordenada.

(D) decorre involuntariamente.

A assertiva a ser assinalada é a "C", porquanto em conformidade com o disposto no art. 61, II, *l*, do CP. 🆔

Gabarito "C".

(Juiz de Direito – TJ/SP – 2023 – VUNESP) É circunstância que sempre atenua a pena:

(A) o desconhecimento da lei.

(B) a ausência de dolo antecedente.

(C) a conduta da vítima.

(D) o estado de embriaguez involuntária.

A assertiva a ser assinalada é a "A", porquanto em conformidade com o disposto no art. 65, II, do CP.

Gabarito "A".

(Juiz de Direito/SP – 2021 – Vunesp) A respeito do crime praticado em continuidade delitiva, é correto afirmar que

(A) nosso Código Penal adotou a teoria da unidade real.
(B) não se admitirá a suspensão condicional da pena.
(C) as penas de multa devem ser aplicadas distinta e integralmente.
(D) sobrevindo nova lei mais grave, ela será aplicada, se sua vigência for anterior à cessação do fato criminoso.

A: incorreta. No que concerne à natureza jurídica do crime continuado, a doutrina concebeu duas teorias: da unidade real (realidade) e da ficção jurídica, sendo esta última acolhida pelo Código Penal. Nesse sentido, conferir: "O Direito Penal brasileiro encampou a teoria da ficção jurídica para justificar a natureza do crime continuado (art. 71, do Código Penal). Por força de uma ficção criada por lei, justificada em virtude de razões de política criminal, a norma legal permite a atenuação da pena criminal, ao considerar que as várias ações praticadas pelo sujeito ativo são reunidas e consideradas fictamente como delito único" (STF, HC 91370, Rel. Min. Ellen Gracie, 2ª Turma, j. 20.05.2008); **B**: incorreta. Não há óbice para que seja concedida, no crime continuado, a suspensão condicional da pena, desde que preenchidos os requisitos do art. 77 do CP; **C**: incorreta. Divergem doutrina e jurisprudência quanto à extensão do art. 72 do CP, que estabelece que, no concurso de crimes, a pena de multa será aplicada distinta e integralmente. Quanto aos concursos material e formal, é consenso que este art. 72 do CP tem incidência. O ponto de divergência refere-se ao crime continuado. Para parte da comunidade jurídica, este dispositivo também tem incidência no crime continuado; afinal, o art. 72 do CP não excepcionou esta modalidade de concurso de crimes; no entanto, parte da doutrina e da jurisprudência entende, diferentemente, que, no crime continuado, que é considerado delito único (ficção jurídica), deverá ser aplicada uma única pena de multa, contrariando, portanto, a regra presente no art. 72 do CP. Seja como for, fato é que o STJ adota o posicionamento no sentido de que o art. 72 não tem incidência nos casos de continuidade delitiva. Conferir: "Conforme jurisprudência desta Corte, a regra do art. 72 do Código Penal - CP é aplicada às hipóteses de concurso formal ou material, não incidindo o referido dispositivo aos casos em que há reconhecimento da continuidade delitiva. 2. No caso dos autos, embora a Corte de origem tenha adotado fundamentação que contraria o entendimento desta Corte quanto à aplicabilidade do art. 72 do Código Penal, na parte dispositiva, deixou de aplicar a regra do dispositivo mencionado, reduzindo a pena de multa para patamar proporcional à pena privativa de liberdade. Assim, inexiste ilegalidade a ser corrigida no apelo nobre. 3. Agravo regimental desprovido" (STJ, AgRg no REsp 1843797/SP, Rel. Ministro Joel Ilan Paciornik, Quinta Turma, julgado em 05.03.2020, DJe 16.03.2020); **D**: correta, pois reflete o entendimento firmado na Súmula 711 do STF: "A lei penal mais grave aplica-se ao crime continuado ou ao crime permanente, se a sua vigência é anterior à cessação da continuidade ou da permanência".

Gabarito "D".

(Juiz de Direito – TJ/MS – 2020 – FCC) Na aplicação da pena,

(A) incidindo as causas de diminuição da tentativa e do arrependimento posterior, pode o juiz limitar-se a uma só diminuição, prevalecendo, todavia, a causa que mais diminua.
(B) o juiz, na terceira fase do cálculo, ao fixar a fração de acréscimo pela causa de aumento identificada, sempre atentará à culpabilidade, aos antecedentes, à conduta social, à personalidade do agente, aos motivos, às circunstâncias e consequências do crime, bem como ao comportamento da vítima.
(C) as qualificadoras, representando fatores de acréscimo assinalados em quantidades fixas ou em limites, incidem na terceira fase do cálculo, não permitindo, contudo, a fixação da pena acima do máximo legal.
(D) se concorrerem duas qualificadoras em um mesmo crime, aceita a jurisprudência que só uma delas incida como tal, podendo a outra servir como circunstância agravante, se cabível.
(E) se reconhecido o crime continuado específico, aplica-se a pena de um só dos delitos, se idênticas, ou a mais grave, se diversas, aumentada, em qualquer caso, de um sexto a dois terços, considerado o número de infrações cometidas, incidindo a extinção da punibilidade sobre o total da pena imposta.

A: incorreta. É que, em se tratando de causas de diminuição previstas na parte geral do CP (como é o caso da tentativa e do arrependimento posterior), deverá o juiz aplicar todas, ou seja, não se admite compensação entre elas; a regra prevista no art. 68, parágrafo único, do CP, segundo a qual o juiz aplicará uma só diminuição, refere-se às causas contidas na parte especial do CP. O mesmo raciocínio se aplica às causas de aumento de pena; **B**: incorreta. A assertiva contém os vetores presentes no art. 59 do CP, que são as chamadas *circunstâncias judiciais*, a serem levadas em consideração na eleição do *quantum* da pena-base, que corresponde à primeira fase de fixação da pena, e não à terceira, como consta da proposição; **C**: incorreta. A assertiva se refere às causas de aumento e diminuição, que são sopesadas na terceira etapa de fixação da pena e que podem elevá-la além do limite máximo e aquém do limite mínimo. Não se confundem com as qualificadoras, que estão contidas no tipo penal incriminador, alterando os limites mínimo e máximo abstratamente cominados. Bem por isso, as qualificadoras não estão presentes na análise da dosimetria, diferentemente das causas de aumento e diminuição de pena, que, como já dito, integram a derradeira etapa de fixação da pena; **D**: correta. De fato, a jurisprudência consagrou o entendimento no sentido de que, havendo pluralidade de qualificadoras, apenas uma servirá como fundamento para deslocar a pena a novos patamares, sendo que as demais incidirão como circunstâncias agravantes, desde que haja correspondência na lei, ou, em caso negativo, como circunstância judicial do art. 59 do CP. Nesse sentido: "(...) Havendo mais de uma circunstância qualificadora reconhecida no decreto condenatório, apenas uma deve formar o tipo qualificado, enquanto as outras devem ser consideradas circunstâncias agravantes, quando expressamente previstas como tais, ou circunstâncias judiciais desfavoráveis, de forma residual" (STJ, HC 290.261/SP, Rel. Ministro GURGEL DE FARIA, QUINTA TURMA, julgado em 10/12/2015, DJe 17/02/2016); **E**: incorreta. O chamado *crime continuado específico* encontra previsão no art. 71, parágrafo único, do CP, que se verifica nos crimes dolosos, contra vítimas diferentes, cometidos mediante violência ou grave ameaça à pessoa. Neste caso, deverá ser aplicada a pena de qualquer dos crimes, se idênticas, ou a mais grave, se diversas, aumentada até o triplo.

Gabarito "D".

(Juiz de Direito – TJ/RJ – 2019 – VUNESP) No sistema brasileiro de aplicação de pena, o desconhecimento da lei

(A) é causa de diminuição da pena.
(B) não tem qualquer consequência para a pena.
(C) socorre como atenuante apenas aos menores de 21 (vinte e um) anos.
(D) isenta de pena por afastar a potencial consciência da ilicitude e, consequentemente, a culpabilidade.
(E) é circunstância atenuante da pena.

O art. 21, *caput*, do CP consagra o *princípio da inescusabilidade do desconhecimento da lei*, isto é, a ninguém é dado o direito de alegar que não conhece a lei. Assim que entra em vigor, a lei passa a vincular indistintamente a todos membros da sociedade, sendo defeso, a partir de então, invocar seu desconhecimento. Entretanto, o desconhecimento da lei, a depender das circunstâncias do caso concreto, pode figurar como circunstância atenuante, nos termos do art. 65, II, do CP. Dito de outro modo, o desconhecimento da lei não isenta o agente de pena, mas, conforme o caso, pode servir para que ela seja reduzida. ED

Gabarito "E".

(Juiz de Direito – TJ/SC – 2019 – CESPE/CEBRASPE) Conforme o Código Penal e a legislação aplicável, constitui efeito automático da condenação criminal, que independe de expressa motivação em sentença,

(A) nos casos de crime doloso sujeito à pena de reclusão cometido contra filho, tutelado ou curatelado, a incapacidade para o exercício do poder familiar, da tutela ou da curatela.
(B) nos casos de crimes praticados com violação de dever para com a administração pública, a perda de cargo ou função pública, quando aplicada pena privativa de liberdade igual ou superior a um ano.
(C) nos casos de servidor público condenado pela prática de crime resultante de discriminação ou preconceito de raça, cor, religião ou procedência nacional, a perda do cargo ou da função pública.
(D) nos casos de condenação pela prática de crime falimentar, a inabilitação para o exercício de atividade empresarial, pelo prazo de cinco anos após a extinção da punibilidade.
(E) no caso de servidor público condenado pela prática de crime de tortura, a perda do cargo ou da função pública e a interdição para seu exercício pelo dobro do prazo da pena aplicada.

A: incorreta, já que, por força do que dispõe o art. 92, parágrafo único, do CP, o efeito da condenação previsto no art. 92, II, do CP não é automático, sendo de rigor que o juiz assim se manifeste na sentença. Atenção: a Lei 14.994/2024, entre outras disposições, alterou o capítulo sobre os efeitos da condenação e passou a prever a seguinte redação ao inciso II do art. 92: "a incapacidade para o exercício do poder familiar, da tutela ou da curatela nos crimes dolosos sujeitos à pena de reclusão cometidos contra outrem igualmente titular do mesmo poder familiar, contra filho, filha ou outro descendente, tutelado ou curatelado, bem como nos crimes cometidos contra a mulher por razões da condição do sexo feminino, nos termos do § 1º do art. 121-A deste Código". A mesma Lei prevê que o os efeitos da sentença serão automáticos se for o crime praticado contra a mulher por razões da condição do sexo feminino (inciso III) e, também nessas circunstâncias prevê-se a perda de cargo, função pública ou mandato eletivo (§ 2º, inciso I) e veda-se a nomeação, designação ou diplomação em qualquer cargo, função pública ou mandato eletivo entre o trânsito em julgado da condenação até o efetivo cumprimento da pena (§ 2º, inciso II); **B:** incorreta. Trata-se de efeito específico da condenação (não automático), nos termos do art. 92, I, a, e parágrafo único, do CP; **C:** incorreta. Segundo dispõem os arts. 16 e 18 da Lei 7.716/1989, não constitui efeito automático da condenação a perda do cargo ou função pública nos crimes praticados por servidor público resultantes de discriminação ou preconceito de raça, cor, religião ou procedência nacional; **D:** incorreta. Cuida-se de efeito não automático, nos termos do art. 181, I e § 1º, da Lei 11.101/2005; **E:** correta, uma vez que, no caso de servidor público condenado pela prática de tortura, a perda do cargo ou da função pública e a interdição para seu exercício pelo dobro do prazo da pena aplicada constitui efeito automático da condenação, sendo prescindível, portanto, que o magistrado, na sentença, expressamente assim declare (art. 1º, § 5º, da Lei 9.455/1997).

Na jurisprudência: "(...) 3. A previsão normativa da perda do cargo, função, emprego ou mandato eletivo e da interdição para o exercício de função ou cargo público, pelo prazo de 8 anos subsequentes ao cumprimento da pena, mostra-se plenamente justificável, em razão da notável reprovabilidade da conduta daqueles (agentes públicos) que se envolvem com organizações criminosas. Basta que o sujeito ativo de um dos crimes previstos na Lei n. 12.850/13 seja funcionário público e que tenha havido o trânsito em julgado da sentença penal condenatória, que incidirá a hipótese especial como efeito automático da pena, independentemente da quantidade da pena imposta ao agente ou de pedido expresso do Ministério Público. A discricionariedade quanto ao prazo previsto como efeito da sentença penal condenatória para a perda do cargo, função, emprego ou mandato eletivo, e para a interdição para o exercício de função ou cargo público, encontra-se dentro do espectro do Poder Legislativo, sob pena de violação ao princípio da separação dos poderes, conforme esta CORTE já decidiu (RE 829.226 AgR/SP, Rel. Min. LUIZ FUX, Primeira Turma, DJe de 06/03/2015; RE 443.388/SP, Rel. Min. ELLEN GRACIE, Segunda Turma, DJe de 11/09/2009 e HC 91.771/BA, Rel. Min. MARCO AURÉLIO, Primeira Turma, DJe de 13/03/2009)" (STF, ADI 5567, j. em 21-11-2023, Jje de 24-1-2024). ED/PB

Gabarito "E".

(Juiz de Direito – TJ/SC – 2019 – CESPE/CEBRASPE) Mara, pretendendo tirar a vida de Ana, ao avistá-la na companhia da irmã, Sandra, em um restaurante, ainda que consciente da possibilidade de alvejar Sandra, efetuou um disparo, que alvejou letalmente Ana e feriu gravemente Sandra.

Nessa situação hipotética, assinale a opção correta relativa ao instituto do erro.

(A) Devido à *aberratio ictus*, Mara responderá somente pelo homicídio de Ana, visto que o dolo estava direcionado a esta, havendo absorção do crime de lesão corporal cometido contra Sandra.
(B) Mara responderá por homicídio doloso consumado em relação à Ana e por tentativa de homicídio em relação à irmã desta.
(C) Em concurso formal imperfeito, Mara responderá pelo homicídio de Ana e pela lesão corporal de Sandra.
(D) Mara incidiu em delito putativo por erro de tipo em unidade complexa.
(E) Excluído o dolo e permitida a punição por crime culposo, se essa modalidade for prevista em lei, Mara terá incidido em erro de tipo essencial escusável contra a irmã de Ana.

O enunciado não é claro quanto ao propósito de Mara em relação ao resultado produzido em Sandra. Seja como for, considerou que se trata de hipótese de concurso formal *impróprio* ou *imperfeito*. Nos termos do art. 70 do CP, o concurso formal poderá ser *próprio* (perfeito) ou *impróprio* (imperfeito). No primeiro caso (primeira parte do *caput*), temos que o agente, por meio de uma única ação ou omissão (um só comportamento), pratica dois ou mais crimes, idênticos ou não, com *unidade de desígnio*; já no *concurso formal impróprio* ou *imperfeito* (segunda parte do *caput*), a situação é diferente. Aqui, a conduta única decorre de desígnios autônomos, vale dizer, o agente, no seu atuar, deseja os resultados produzidos. Como consequência, as penas serão somadas, aplicando-se o critério ou sistema do *cúmulo material*. No concurso formal perfeito, diferentemente, se as penas previstas forem idênticas, aplica-se somente uma; se diferentes, a maior, acrescida, em qualquer caso, de um sexto até metade (sistema da exasperação). ED

Gabarito "C".

(Juiz de Direito - TJ/BA - 2019 - CESPE/CEBRASPE) À luz da jurisprudência do STJ a respeito das circunstâncias judiciais e legais que devem ser consideradas quando da aplicação da pena, assinale a opção correta.

(A) A confissão qualificada, na qual o réu alega em seu favor causa descriminante ou exculpante, não afasta a incidência da atenuante de confissão espontânea.

(B) A confissão espontânea em delegacia de polícia pode servir como circunstância atenuante, desde que o réu não se retrate sobre essa declaração em juízo.

(C) Uma condenação transitada em julgado de fato posterior ao narrado na denúncia, embora não sirva para fins de reincidência, pode servir para valorar negativamente a personalidade e a conduta social do agente.

(D) A reincidência penal pode ser utilizada simultaneamente como circunstância agravante e como circunstância judicial.

(E) A múltipla reincidência não afasta a necessidade de integral compensação entre a atenuante da confissão espontânea e a agravante da reincidência, haja vista a igual preponderância entre as referidas circunstâncias legais.

A: correta. Qualificada ou não a confissão, se contribuir para a formação do convencimento do magistrado, é de rigor o reconhecimento da atenuante do art. 65, III, *d*, do CP. É o que se extrai da Súmula 545, do STJ: "Quando a confissão for utilizada para a formação do convencimento do julgador, o réu fará jus à atenuante prevista no art. 65, III, *d*, do Código Penal". Nesse sentido: "Para o reconhecimento da atenuante da confissão espontânea é necessário que o réu admita a prática de fato criminoso, ainda que de maneira parcial, qualificada ou até mesmo extrajudicial" (AgRg no RHC 107.606/ES, Rel. Ministro NEFI CORDEIRO, SEXTA TURMA, julgado em 16/05/2019, DJe 24/05/2019); **B: incorreta.** Ainda que o réu se retrate, em juízo, de confissão feita em sede policial, mesmo assim fará jus à atenuante do art. 65, III, *d*, do CP, desde que, conforme já ponderado acima, isso contribua para a formação do convencimento do juiz (Súmula 545, STJ). Na jurisprudência: "Se a confissão do agente é utilizada como fundamento para embasar a conclusão condenatória, a atenuante prevista no art. 65, inciso III, alínea *d*, do CP, deve ser aplicada em seu favor, pouco importando se a admissão da prática do ilícito foi espontânea ou não, integral ou parcial, ou se houve retratação posterior em juízo" (HC 176.405/RO, Rel. Ministro JORGE MUSSI, QUINTA TURMA, julgado em 23/04/2013, DJe 03/05/2013; **C: incorreta.** Ações penais com trânsito em julgado por fatos posteriores ao crime em julgamento não podem ser usadas para agravar a pena-base, seja como mau antecedentes ou como personalidade negativa do agente. Nesse sentido, conferir: "No cálculo da pena-base, é impossível a consideração de condenação transitada em julgado correspondente a fato posterior ao narrado na denúncia para valorar negativamente os maus antecedentes, a personalidade ou a conduta social do agente" (HC 210.787/RJ, Rel. Ministro MARCO AURÉLIO BELLIZZE, QUINTA TURMA, julgado em 10/09/2013, DJe 16/09/2013),; **D: incorreta,** pois contraria o entendimento firmado na Súmula 241 do STJ: "A reincidência penal não pode ser considerada como circunstância agravante e, simultaneamente, como circunstância judicial"; **E: incorreta.** Conferir: "Reconhecida a atenuante, essa deve ser compensada integralmente com a agravante da reincidência, uma vez que, a Terceira Seção deste Superior Tribunal de Justiça, por ocasião do julgamento do habeas corpus n. 365.963/SP, em 11/10/2017, firmou entendimento no sentido da "possibilidade de se compensar a confissão com o gênero reincidência, irradiando seus efeitos para ambas espécies (genérica e específica), ressalvados os casos de multirreincidência"." (HC 433.952/SP, Rel. Ministro FELIX FISCHER, QUINTA TURMA, julgado em 22/03/2018, DJe 27/03/2018).

Gabarito "A".

(Promotor de Justiça/SP – 2019 – MPE/SP) Considere as afirmações a seguir.

I. Segundo entendimentos doutrinário e jurisprudencial majoritários, levando-se em consideração o rol do artigo 61 do Código Penal, a reincidência é a única agravante que pode ser reconhecida tanto em crime doloso como em crime culposo.

II. Por ocasião da aplicação da pena, no concurso de circunstâncias agravantes e atenuantes, a compensação é possível, mas o juiz deve atentar para as circunstâncias preponderantes, entendendo-se como tais as que resultam dos motivos determinantes do crime, da personalidade do agente e da reincidência.

III. A pena de interdição temporária de direitos, prevista no inciso II do artigo 47 do Código Penal, não poderá ser aplicada se o crime não foi cometido com violação dos deveres inerentes à profissão, à atividade ou ao ofício que dependam de habilitação especial, de licença ou de autorização do poder público.

IV. Por ocasião da aplicação da pena, havendo causas de diminuição e causas de aumento, a compensação é possível, mas o juiz deve atentar para as circunstâncias preponderantes, entendendo-se como tais as que resultam dos motivos determinantes do crime, da personalidade do agente e da reincidência.

V. Considerando as causas de aumento de pena previstas nos artigos 19 e 20 do Estatuto do Desarmamento – Lei 10.826/2003, é facultado ao Juiz, ao aplicar a pena ao condenado pela prática do crime previsto no artigo 18 do Estatuto, aumentar a pena duas vezes ou apenas uma, conforme o caso concreto, desde que devidamente justificado.

Sobre essas afirmações, está correto apenas o contido em

(A) I, II e III.
(B) IV e V.
(C) I, II, III e V.
(D) I, III, IV e V.
(E) I e II.

I: correta. De fato, tal como afirmado na assertiva, dentre as agravantes presentes no rol do art. 61 do CP, somente aquela correspondente ao inciso I (reincidência) tem aplicação tanto aos crimes dolosos quanto aos culposos; as demais agravantes, que estão no inciso II, somente guardam compatibilidade, segundo doutrina e jurisprudência majoritárias, com os delitos dolosos; isso porque o resultado, nos crimes culposos, é involuntário (não querido). Se o resultado não é perseguido, não é possível cogitar a hipótese de o agente, por exemplo, cometer um crime de homicídio culposo fútil; **II: correta,** uma vez que reflete o disposto no art. 67 do CP; **III: correta,** pois em conformidade com o art. 56 do CP; **IV: incorreta,** já que se refere à regra de compensação aplicável ao concurso de circunstâncias agravantes e atenuantes (art. 67, CP). No que concerne às causas de aumento e diminuição, há duas situações possíveis: se se tratar de causas de aumento ou de diminuição previstas na parte especial do Código Penal, pode o juiz, em vista do que estabelece o art. 68, parágrafo único, do CP, limitar-se a um só aumento ou a uma só diminuição, prevalecendo, todavia, a causa que mais aumente ou diminua; agora, em se tratando de causas de aumento ou de diminuição previstas na parte geral do CP, deverá o juiz aplicar todas, ou seja, não se admite compensação entre elas; **V: correta,** pois em conformidade com a regra disposta no art. 68, parágrafo único, do CP, que autoriza o magistrado, diante da existência de duas causas de aumento possíveis, aumentar a pena duas vezes ou apenas uma, a depender do caso concreto.

Gabarito "C".

(Investigador – PC/BA – 2018 – VUNESP) Quando o agente, mediante mais de 1 (uma) ação ou omissão, pratica 2 (dois) ou mais crimes, verifica-se o instituto do concurso de crimes, que pode ser formal ou material, a depender da unidade ou da pluralidade de condutas. Sobre o tema, o Código Penal estabelece que

(A) na hipótese de concurso material, quando ao agente tiver sido aplicada pena privativa de liberdade, não suspensa, por um dos crimes, para os demais crimes será cabível a substituição de pena privativa de liberdade por pena restritiva de direitos.

(B) na hipótese de concurso formal imperfeito ou impróprio, aplica-se o sistema de exasperação da pena, independentemente da quantidade de condenação.

(C) quando forem aplicadas penas restritivas de direitos, será possível ao condenado cumpri-las de forma simultânea, desde que compatíveis entre si.

(D) se entende por concurso formal próprio ou perfeito aquele em que o agente pratica mais de uma conduta, mas na presença de desígnios autônomos, ou seja, a vontade de atingir mais de um resultado.

(E) no caso de concurso material, sendo o agente condenado cumulativamente a pena de reclusão e detenção, executa-se primeiro a de detenção.

A: incorreta, já que contraria a regra presente no art. 69, § 1º, do CP, que veda, neste caso, a substituição de pena privativa de liberdade por pena restritiva de direitos; **B:** incorreta, já que o sistema da exasperação se aplica ao concurso formal *próprio* ou *perfeito*. Vejamos. Nos termos do art. 70 do CP, o concurso formal poderá ser *próprio* (perfeito) ou *impróprio* (imperfeito). No primeiro caso (primeira parte do *caput*), temos que o agente, por meio de uma única ação ou omissão (um só comportamento), pratica dois ou mais crimes, idênticos ou não, com *unidade de desígnio*; já no *concurso formal impróprio* ou *imperfeito* (segunda parte do *caput*), a situação é diferente. Aqui, a conduta única decorre de desígnios autônomos, vale dizer, o agente, no seu atuar, deseja os resultados produzidos. Como consequência, as penas serão somadas, aplicando-se o critério ou sistema do *cúmulo material*. No concurso formal perfeito, diferentemente, se as penas previstas forem idênticas, aplica-se somente uma; se diferentes, aplica-se a maior, acrescida, em qualquer caso, de um sexto até metade (sistema da exasperação); **C:** correta, uma vez que reflete o disposto no art. 69, § 2º, do CP; **D:** incorreta. O concurso formal próprio ou perfeito pressupõe, por parte do agente, o cometimento de dois ou mais crimes por meio de uma única ação ou omissão (um só comportamento), com *unidade de desígnio*; **E:** incorreta, já que será cumprida, em primeiro lugar, a pena de reclusão; após, a de detenção (art. 69, *caput*, parte final, CP). Gabarito "C".

14. SURSIS, LIVRAMENTO CONDICIONAL, REABILITAÇÃO E MEDIDAS DE SEGURANÇA

(Juiz de Direito – TJ/SP – 2023 – VUNESP) É requisito para a concessão do livramento condicional:

(A) a realização de trabalho ou estudo durante os 06 meses que antecederam o pedido de livramento.

(B) não tenha cometido falta grave nos últimos 18 (dezoito) meses.

(C) aptidão para prover sua subsistência, ou comprovar quem o possa fazer, em decorrência de trabalho honesto.

(D) que a pena privativa de liberdade seja igual ou superior a 2 anos.

A assertiva a ser assinalada como correta é a "D", pois se encontra em conformidade com o disposto no art. 83, *caput*, do CP: "O juiz poderá conceder livramento condicional ao condenado a pena privativa de liberdade igual ou superior a 2 (dois) anos (...)". No que concerne ao livramento condicional, reputo importante fazer algumas ponderações em face do advento da Lei 13.964/2019, que introduziu novo requisito para a concessão do livramento condicional. Até então, tínhamos que o inciso III do art. 83 do CP continha os seguintes requisitos: comportamento satisfatório no curso da execução da pena; bom desempenho no trabalho atribuído ao reeducando; e aptidão para prover à própria subsistência por meio de trabalho honesto. O que fez a Lei 13.964/2019 foi inserir, neste inciso III, um quarto requisito. Doravante, além de preencher os requisitos contemplados no art. 83 do CP (nos seus cinco incisos), é de rigor que o reeducando, para fazer jus à concessão do livramento, não tenha cometido falta grave nos últimos 12 meses. O inciso III, que passou a abrigar esta modificação, foi fracionado em quatro alíneas ("a", "b", "c" e "d"), cada qual correspondente a um requisito (os três aos quais me referi anteriormente e este novo requisito introduzido pela *novel* lei). Gabarito "D".

(Juiz de Direito – TJ/SP – 2023 – VUNESP) Quais são os efeitos da reabilitação e condições para seu requerimento?

(A) Sigilo dos registros do processo e condenação, devendo ser requerida no prazo de 2 (dois) anos da extinção da pena, acarretando a reintegração do condenado ao cargo, função pública ou mandato eletivo.

(B) Sigilo dos registros do processo e condenação, sem interferência no prazo de 02 (dois) anos do dia que julgada extinta, por sentença, a pena imposta.

(C) Sigilo dos registros do processo e da condenação, devendo ser requerida no prazo de 02 (dois) anos da data da extinção ou cumprimento da pena, sob pena de preclusão.

(D) Sigilo dos registros do processo e condenação, e decurso do prazo de 02 (dois) anos do dia em que extinta ou cumprida a pena.

Os requisitos da reabilitação, instituto de política criminal cujo escopo é estimular a regeneração do sentenciado, afastando alguns efeitos da condenação, estão contemplados no art. 94 do CP, a saber: requerimento formulado dois anos depois de extinta a pena; reparação do dano, salvo impossibilidade de fazê-lo; e domicílio no país e bom comportamento público e privado nos últimos dois anos. Gabarito "D".

(Juiz de Direito/SP – 2021 – Vunesp) Sobre o instituto do livramento condicional, é correto afirmar que

(A) deverá ser revogado no caso de nova condenação à pena privativa de liberdade, ainda que a decisão esteja sujeita a recurso.

(B) para sua concessão, é de rigor que o condenado não tenha cometido falta grave nos últimos 12 meses.

(C) obriga o recolhimento do egresso ao seu local de moradia em horário determinado.

(D) é cabível para as penas restritivas de direitos e penas pecuniárias.

A: incorreta, na medida em que a revogação pressupõe o trânsito em julgado da sentença referente à nova condenação à pena privativa de liberdade (art. 86 do CP); **B:** correta. A Lei 13.964/2019 (pacote anticrime) introduziu novo requisito para a concessão do livramento condicional. Até então, tínhamos que o inciso III do art. 83 do CP continha os seguintes requisitos: comportamento satisfatório no curso da execução da pena; bom desempenho no trabalho atribuído ao

reeducando; e aptidão para prover à própria subsistência por meio de trabalho honesto. O que fez a Lei 13.964/2019 foi inserir, neste inciso III, um quarto requisito. Doravante, além de preencher os requisitos contemplados no art. 83 do CP (nos seus cinco incisos), é de rigor que o reeducando, para fazer jus à concessão do livramento, não tenha cometido falta grave nos últimos 12 meses. O inciso III, que passou a abrigar esta modificação, foi fracionado em quatro alíneas ("a", "b", "c" e "d"), cada qual correspondente a um requisito (os três aos quais me referi acima e este novo requisito introduzido pela *novel* lei); **C:** incorreta. Nos termos do art. 132, § 2º, *b*, da LEP, a condição consistente em recolher-se à habitação em horário determinado é de imposição facultativa pelo magistrado; **D:** incorreta. Por expressa disposição do art. 83, *caput*, do CP, o livramento condicional somente terá lugar nos casos de condenação a *pena privativa de liberdade* igual ou superior a dois anos. **ED**
Gabarito "B".

(Juiz de Direito/GO – 2021 – FCC) Quanto ao livramento condicional,

(A) a falta grave interrompe o prazo para a sua obtenção, da mesma forma que se verifica para a progressão de regime.

(B) a ausência de suspensão ou revogação antes do término do período de prova não dá ensejo à extinção da punibilidade pelo integral cumprimento da pena.

(C) é exigível o cumprimento de dois terços da pena para o condenado por associação para o tráfico, a despeito da não hediondez do delito, segundo entendimento do Superior Tribunal de Justiça.

(D) é cabível ao condenado a pena igual ou superior a dois anos, desde que comprovado o não cometimento de falta grave nos últimos vinte e quatro meses.

(E) a pena unificada para atender o limite de quarenta anos de cumprimento deve ser considerada para efeito de concessão do benefício.

A: incorreta, já que contraria o entendimento sedimentado na Súmula 441 do STJ: "A falta grave não interrompe o prazo para obtenção de livramento condicional"; **B:** incorreta, pois em desconformidade com o teor da Súmula 617, do STJ, *in verbis*: "A ausência de suspensão ou revogação do livramento condicional antes do término do período de prova enseja a extinção da punibilidade pelo integral cumprimento da pena"; **C:** correta, pois em conformidade com o que estabelece o art. 44, parágrafo único, da Lei 11.343/2006. O STJ, em edição n. 131 da ferramenta *Jurisprudência em Teses*, publicou, sobre este tema, a seguinte tese (n. 53): "A despeito de não ser considerado hediondo, o crime de associação para o tráfico, no que se refere à concessão do livramento condicional, deve, em razão do princípio da especialidade, observar a regra estabelecida pelo art. 44, parágrafo único, da Lei n. 11.343/2006: cumprimento de 2/3 (dois terços) da pena e vedação do benefício ao reincidente específico"; **D:** incorreta, pois não reflete o disposto no art. 83, III, *b*, do CP, que estabelece que, para fazer jus ao livramento condicional, o agente não pode ter cometido falta grave nos últimos 12 meses (e não 24, tal como consta da assertiva). Quanto a este tema, é importante que se diga que a Lei 13.964/2019, com vigência a partir de 23 de janeiro de 2020, introduziu novo requisito para a concessão do livramento condicional. Até então, tínhamos que o inciso III do art. 83 do CP continha os seguintes requisitos: comportamento satisfatório no curso da execução da pena; bom desempenho no trabalho atribuído ao reeducando; e aptidão para prover à própria subsistência por meio de trabalho honesto. O que fez a Lei 13.964/2019 foi inserir, neste inciso III, um quarto requisito. Doravante, além de preencher os requisitos contemplados no art. 83 do CP (nos seus cinco incisos), é de rigor que o reeducando, para fazer jus à concessão do livramento, não tenha cometido falta grave nos últimos 12 meses. O inciso III, que passou a abrigar esta modificação, foi fracionado em quatro alíneas ("a", "b", "c" e "d"), cada qual correspondente a um requisito (os três aos quais me referi acima e este novo requisito introduzido pela *novel* lei); **E:** incorreta, na medida em que contraria o entendimento sufragado na Súmula 715 do STF. A pena unificada não será considerada para efeito de concessão de benefícios penais, tais como o livramento condicional e a progressão de regime. Para estes, será utilizada a quantidade de pena aplicada (e não a unificada para fins de execução). Vale lembrar que, com a alteração promovida pela Lei 13.964/2019 na redação do art. 75 do CP (*caput* e § 1º), o tempo máximo de cumprimento da pena privativa de liberdade, que era de 30 anos, passou a ser de 40 anos. **ED**
Gabarito "C".

(Promotor de Justiça/CE – 2020 – CESPE/CEBRASPE) Cada um dos itens a seguir apresenta uma situação hipotética, seguida de uma assertiva a ser julgada, acerca da aplicação de pena e do livramento condicional, considerando-se o entendimento dos tribunais superiores.

I. Flávio, processado e condenado pela prática de delito de tráfico ilícito de entorpecentes, confessou, em interrogatório judicial, que possuía a droga para consumo próprio. Nesse caso, a confissão feita por Flávio em juízo, ainda que parcial, não deve servir como circunstância atenuante da confissão espontânea para fins de diminuição de pena.

II. Pela prática de delitos de vias de fato e ameaça em contexto de violência doméstica e familiar contra sua ex-esposa, Joana, José foi condenado às penas de vinte dias de prisão simples e um mês e cinco dias de detenção, ambas em regime aberto. Nesse caso, é cabível a substituição da pena restritiva de liberdade por restritiva de direitos apenas em relação à contravenção penal de vias de fato.

III. Pela prática de delito de homicídio culposo no trânsito, na forma qualificada, por conduzir veículo sob influência de bebida alcoólica, Marcos foi condenado à pena de cinco anos de reclusão, a ser cumprida inicialmente em regime semiaberto. Nesse caso, em que pese o *quantum* da pena, é cabível a substituição da pena privativa de liberdade por restritiva de direitos.

IV. Pela prática de delito de porte ilegal de arma de fogo de uso restrito, Pedro, reincidente por crime de roubo simples, foi condenado à pena privativa de liberdade de quatro anos de reclusão, em regime fechado. Nesse caso, ante a prática de crime hediondo e a reincidência, Pedro não fará jus ao livramento condicional.

Estão certos apenas os itens

(A) I e III.
(B) I e IV.
(C) II e IV.
(D) I, II e III.
(E) II, III e IV.

I: correta, pois em conformidade com a Súmula 630, do STJ: "A incidência da atenuante da confissão espontânea no crime de tráfico ilícito de entorpecentes exige o reconhecimento da traficância pelo acusado, não bastando a mera admissão da posse ou propriedade para uso próprio"; **II:** incorreta, uma vez que contraria o entendimento sedimentado na Súmula 588 do STJ: "A prática de crime com violência ou grave ameaça no ambiente doméstico impossibilita a substituição da pena privativa de liberdade por restritiva de direitos". Como se pode ver, a vedação imposta pela súmula alcança tanto a prática de crime quanto de contravenção penal; **III:** correta, ao tempo em que aplicada esta prova, já que cabia a substituição da pena privativa de liberdade por restritiva de direitos no crime previsto no art. 302, § 3º, do CTB (homicídio culposo de trânsito qualificado pela embriaguez), conforme art. 44 do CP. Com o advento da Lei 14.071/2020, publicada em 14/10/2020 e com *vacatio* de 180 dias, posterior, portanto, à elaboração desta questão, foi introduzido o art. 312-B na Lei 9.503/1997 (Código de Trânsito Brasileiro), segundo o qual aos crimes previstos no § 3º do art. 302 e no § 2º do art. 303 deste Código não se aplica o disposto no inciso I do *caput* do art. 44 do Decreto-Lei 2.848, de 7 de dezembro de 1940 (Código Penal). Assim, veda-se a substituição da pena privativa de liberdade por restritiva de direitos quando o crime praticado for: homicídio culposo de trânsito qualificado pela embriaguez (art. 302, § 3º, do CTB) e lesão corporal de trânsito qualificada pela embriaguez (art. 303, § 2º, do CTB). Apenas para registro, o legislador, no lugar de fazer referência ao *caput* do art. 44 do CP, o fez em relação ao seu inciso I, que corresponde a um dos requisitos para concessão da substituição. Como se pode ver, se considerássemos a alteração legislativa em questão, esta assertiva estaria incorreta; **IV: incorreta.** Os crimes praticados por Pedro (roubo simples e porte ilegal de arma de fogo de uso restrito) não são, à luz da atual legislação penal, hediondos, razão pela qual o livramento condicional deve ser concedido nos moldes do art. 83, II, do CP (deve cumprir mais da metade da pena se o condenado for reincidente em crime doloso). Ainda que o crime de porte ilegal de arma de fogo de uso restrito fosse hediondo, Pedro faria jus ao livramento condicional, desde que cumprisse mais de dois terços da pena (art. 83, V, CP). Registre-se que a Lei 13.964/2019, que alterou o rol de crimes hediondos, passou a considerar como tal tão somente o crime de posse ou porte ilegal de arma de fogo de uso *proibido*, deixando de fazê-lo em relação à posse/porte de arma de fogo de uso *restrito*, que, portanto, deixa de ser delito hediondo. ED

Gabarito "A".

(Juiz de Direito – TJ/AL – 2019 – FCC) Em relação ao livramento condicional, correto afirmar que

(A) a prática de falta grave não interrompe o prazo para sua obtenção, mas o Juiz só poderá revogá-lo a requerimento do Ministério Público ou mediante representação do Conselho Penitenciário, ouvido o liberado.

(B) as penas correspondentes a infrações diversas não podem ser somadas para atingir o limite mínimo necessário para a sua concessão.

(C) condicionada a sua concessão à prévia progressão do condenado ao regime aberto, por expressa previsão legal.

(D) obrigatória a revogação se o liberado deixar de cumprir qualquer das obrigações constantes da sentença concessiva.

(E) a ausência de suspensão ou revogação antes do término do período de prova enseja extinção da punibilidade pelo integral cumprimento da pena.

A: incorreta. O primeiro trecho da alternativa está correto, na medida em que em conformidade com o entendimento sufragado na Súmula 441, do STJ: *A falta grave não interrompe o prazo para a obtenção de livramento condicional*; o erro da assertiva está, portanto, na sua segunda parte, que não reflete o disposto no art. 143 da LEP, segundo o qual a revogação será decretada a requerimento do MP, mediante representação do Conselho Penitenciário, ou *de ofício*, pelo magistrado, ouvido o liberado; **B: incorreta**, uma vez que em desacordo com a regra presente no art. 84 do CP; **C: incorreta**, uma vez que a legislação não contempla tal requisito (art. 83, CP); **D: incorreta**. Será facultativa a revogação na hipótese de o liberado deixar de cumprir qualquer das obrigações constantes da sentença concessiva. É o que estabelece o art. 87 do CP, que também dispõe ser facultativa a revogação do livramento quando o reeducando for condenado em definitivo, por crime ou contravenção, a pena que não seja privativa de liberdade; **E: correta**, porquanto em conformidade com a Súmula 617, do STJ: "*A ausência de suspensão ou revogação do livramento condicional antes do término do período de prova enseja a extinção da punibilidade pelo integral cumprimento da pena.*". Atenção: a Lei 13.964/2019, com vigência a partir de 23 de janeiro de 2020 e posterior, portanto, à aplicação desta prova, introduziu novo requisito para a concessão do livramento condicional. Até então, tínhamos que o inciso III do art. 83 do CP continha os seguintes requisitos: comportamento satisfatório no curso da execução da pena; bom desempenho no trabalho atribuído ao reeducando; e aptidão para prover à própria subsistência por meio de trabalho honesto. O que fez a Lei 13.964/2019 foi inserir, neste inciso III, um quarto requisito. Doravante, além de preencher os requisitos contemplados no art. 83 do CP (nos seus cinco incisos), é de rigor que o reeducando, para fazer jus à concessão do livramento, não tenha cometido falta grave nos últimos 12 meses. O inciso III, que passou a abrigar esta modificação, foi fracionado em quatro alíneas ("a", "b", "c" e "d"), cada qual correspondente a um requisito (os três aos quais me referi acima e este novo requisito introduzido pela *novel* lei). ED

Gabarito "E".

15. AÇÃO PENAL

(Juiz de Direito/GO – 2021 – FCC) A ação penal é pública condicionada

(A) no crime de dano cometido por motivo egoístico.

(B) no crime de exercício arbitrário das próprias razões, se não há emprego de violência.

(C) no crime contra a honra de servidor público em razão do exercício de suas funções, admitindo-se, porém, a legitimidade concorrente do ofendido para oferecimento de queixa.

(D) nos crimes contra a liberdade sexual, se a vítima é maior de quatorze e menor de dezoito anos.

(E) no crime de estelionato, salvo, entre outras situações, se a vítima for maior de sessenta anos.

A: incorreta, já que a ação penal, no crime de dano cometido por motivo egoístico (art. 163, parágrafo único, IV, do CP), é privativa do ofendido, à luz do que estabelece o art. 167 do CP; **B: incorreta**. No crime de exercício arbitrário das próprias razões, na hipótese de não haver emprego de violência, somente se procede mediante queixa (ação penal privativa do ofendido), conforme dispõe o art. 345, parágrafo único, do CP; **C: correta**. Segundo entendimento firmado na Súmula 714 do STF, se se tratar de ação penal por crime contra a honra de servidor público em razão do exercício de suas funções, será concorrente a legitimidade do ofendido, mediante queixa, e do Ministério Público, condicionada à representação da vítima; **D: incorreta**. Atualmente, a ação penal, nos crimes contra a liberdade sexual, será sempre pública incondicionada. Quanto a isso, valem alguns esclarecimentos. A Lei 13.718/2018 promoveu uma série de alterações no universo dos crimes sexuais, aqui incluída a natureza da ação penal. Senão vejamos. A ação penal, nos delitos sexuais, era, em regra, de iniciativa privada. Era o que estabelecia a norma contida no *caput* do art. 225 do Código Penal. As exceções ficavam por conta do § 1º do dispositivo. Com o advento da Lei 12.015/09, que introduziu uma série de modificações nos crimes sexuais, agora chamados *crimes contra a dignidade sexual*, nomenclatura, a nosso ver, mais adequada aos tempos atuais, a ação penal deixou de ser privativa do ofendido para ser pública condicionada à representação, exceção feita às hipóteses em que a vítima era menor de 18 anos ou pessoa vulnerável, caso em que a ação era pública incondicionada (art. 225, parágrafo único, do CP). Mais recentemente, entrou em vigor a Lei 13.718/2018, que, dentre várias inovações implementadas nos crimes contra a dignidade sexual, mudou, uma vez mais, a natureza da ação penal nesses delitos. Com isso, a ação penal, nos crimes sexuais, passa a ser pública incondicionada. Vale lembrar que, antes do advento desta Lei, a ação era, em regra, pública condicionada, salvo nas situações em que a vítima era vulnerável ou menor de 18 anos. Fazendo um breve histórico, temos o seguinte quadro: a ação penal, nos crimes sexuais, era, em regra, privativa do ofendido, a este cabendo a propositura da ação penal; posteriormente, a partir do advento da Lei 12.015/2009, a ação penal, nesses crimes, deixou de ser privativa do ofendido para ser pública condicionada a representação, em regra; agora, com a entrada em vigor da Lei 13.718/2018, a ação penal, nos crimes contra a dignidade sexual, que antes era pública condicionada, passa a ser pública incondicionada. Com isso, o titular da ação penal, que é o MP, prescinde de manifestação de vontade da vítima para promover a ação penal. Vale lembrar que o STJ, recentemente, editou a Súmula 670: "Nos crimes sexuais cometidos contra a vítima em situação de vulnerabilidade temporária, em que ela recupera suas capacidades físicas e mentais e o pleno discernimento para decidir acerca da persecução penal de seu ofensor, a ação penal é pública condicionada à representação se o fato houver sido praticado na vigência da redação conferida ao art. 225 do Código Penal pela Lei n. 12.015, de 2009".; **E**: incorreta. A ação penal, no estelionato, sempre foi, via de regra, pública incondicionada. As exceções ficavam por conta das hipóteses elencadas no art. 182 do CP (imunidade relativa), que impunha que a vítima manifestasse seu desejo, por meio de representação, no sentido de ver processado o ofensor, legitimando o Ministério Público, dessa forma, a agir. Com o advento da Lei 13.964/2019, o que era exceção, no crime de estelionato, virou regra. Ou seja, o crime capitulado no art. 171 do CP passa a ser de ação penal pública condicionada à representação do ofendido, conforme impõe o art. 171, § 5º, do CP. Este mesmo dispositivo, no entanto, estabelece exceções (hipóteses em que a ação penal será pública incondicionada), a saber: quando a vítima for: a Administração Pública, direta ou indireta; criança ou adolescente; pessoa com deficiência mental; ou *maior de 70 anos* ou incapaz (e não de 60, como consta da assertiva). ED/PB

Gabarito "C".

(Juiz de Direito – TJ/AL – 2019 – FCC) A ação penal é

(A) pública condicionada à representação no crime de estupro de vulnerável.

(B) privada no crime de dano qualificado por motivo egoístico.

(C) exclusiva do Ministério Público, embora condicionada à representação do ofendido, por crime contra a honra de servidor público em razão do exercício de suas funções.

(D) privada, em qualquer situação, no crime de exercício arbitrário das próprias razões.

(E) pública condicionada à representação no crime de furto cometido em prejuízo de irmão, legítimo ou ilegítimo, independentemente da idade deste.

A: incorreta. Atualmente, o crime de estupro, em qualquer de suas modalidades, e os demais delitos contra a dignidade sexual são processados, em qualquer caso, por meio de ação penal pública *incondicionada* (e não condicionada, como consta da assertiva). A propósito, no que se refere à natureza da ação penal nos crimes sexuais, importante fazer algumas ponderações, tendo em conta alteração legislativa promovida pela Lei 13.718/2018, que, além de ter realizado várias outras inovações nos crimes contra a dignidade sexual, mudou, uma vez mais, a natureza da ação penal nesses delitos. Com isso, a ação penal, nos crimes sexuais, passa a ser pública incondicionada. Vale lembrar que, antes do advento desta Lei, a ação era, em regra, pública condicionada, salvo nas situações em que a vítima era vulnerável ou menor de 18 anos. Fazendo um breve histórico, temos o seguinte quadro: a ação penal, nos crimes sexuais, era, em regra, privativa do ofendido, a este cabendo a propositura da ação penal; posteriormente, a partir do advento da Lei 12.015/2009, a ação penal, nesses crimes, deixou de ser privativa do ofendido para ser pública condicionada a representação, em regra;

agora, com a entrada em vigor da Lei 13.718/2018, a ação penal, nos crimes contra a dignidade sexual, que antes era pública condicionada, passa a ser pública incondicionada. Com isso, o titular da ação penal, que é o MP, prescinde de manifestação de vontade da vítima para promover a ação penal. Dessa forma, fica sepultado o debate que antes havia acerca da aplicação da Súmula 608, do STF. É importante que se diga que, além da alteração a que fizemos referência, a Lei 13.718/2018 promoveu, no contexto dos crimes sexuais, outras relevantes mudanças. Uma das mais significativas, a nosso ver, é a introdução, no Código Penal, do crime de *importunação sexual*, disposto no art. 215-A, nos seguintes termos: *Praticar contra alguém e sem a sua anuência ato libidinoso com o objetivo de satisfazer a própria lascívia ou a de terceiro: Pena – reclusão, de 1 (um) a 5 (cinco) anos, se o ato não constitui crime mais grave*. A conduta de homens que, em ônibus e trens lotados, molestam mulheres e, em alguns casos, chegam a ejacular, se enquadra, doravante, neste novo tipo penal. Episódio amplamente divulgado pelos meios de comunicação é o de um homem que, dentro do transporte público, em São Paulo, ejaculou no pescoço de uma mulher. Antes, a responsabilização se dava pela contravenção penal de *importunação ofensiva ao pudor*, definida no art. 61 da LCP, cujo preceito secundário estabelecia exclusivamente pena de multa, dispositivo este que foi revogado, de forma expressa, pela Lei 13.718/2018, tendo a conduta ali descrita migrado para o novo art. 215-A do CP, em face da regra da continuidade típico-normativa. Evidente que a pena, agora mais grave, não poderá retroagir e atingir fatos anteriores à entrada em vigor da Lei 13.718/2018. Outra importante inovação refere-se à inclusão, no art. 218-C, do delito de *divulgação de cena de estupro ou de cena de estupro de vulnerável, de cena de sexo ou de pornografia*. O objetivo do legislador, com a tipificação desta conduta, foi o de coibir um fenômeno que, infelizmente, tem sido cada vez mais comum, que é a violação da intimidade com a exposição sexual não autorizada. Inclui-se, aqui, a chamada *pornografia da vingança*, em que fotografias e vídeos de conteúdo íntimo de alguém (normalmente mulher) são divulgados na internet pelo ex-esposo ou ex-namorado como forma de vingança. A partir daí, o conteúdo é disseminado, nas redes sociais e em grupos de *Whatsapp*, de forma exponencial. O art. 218-C contempla uma causa de aumento de pena, a configurar-se quando o crime é praticado por agente que mantém ou tenha mantido relação íntima de afeto com a vítima ou com o fim de vingança ou humilhação. No que concerne ao estupro de vulnerável, previsto no art. 217-A do CP, a Lei 13.718/2018, ao inserir o § 5º nesse dispositivo legal, consagra o entendimento adotado pela Súmula 593, do STJ, no sentido de que o consentimento e a experiência sexual anterior são irrelevantes à configuração do crime de estupro de vulnerável. Além disso, a Lei 13.718/2018 fez inserir, no art. 226 do CP, o inciso IV, estabelecendo que a pena será aumentada nos casos de *estupro coletivo* e *estupro corretivo*. Por fim, ainda dentro do tema "alterações nos crimes contra a dignidade sexual", a Lei 13.772/2018 inseriu no Código Penal o crime de *registro não autorizado da intimidade sexual*, definido no art. 216-B, que passa a integrar o novo Capítulo I-A do Título VI. Segundo a descrição típica, este novo crime restará configurado quando o agente *produzir, fotografar, filmar ou registrar, por qualquer meio, conteúdo com cena de nudez ou ato sexual ou libidinoso de caráter íntimo e privado sem autorização dos participantes*. A pena é de detenção, de 6 (seis) meses a 1 (um) ano, e multa. O que fez esta Lei, ao inserir no CP este novo crime, foi superar a lacuna em relação à conduta do agente que registrava a prática de atos sexuais entre terceiros, sem que estes, obviamente, tivessem conhecimento. Esta conduta, vale dizer, não é de rara ocorrência. Imaginemos a hipótese em que o proprietário de uma casa ou mesmo de um motel instale, de forma oculta e sorrateira, uma câmera com o fim de registrar a prática de atos sexuais entre pessoas que ali se encontram. Antes do advento desta Lei, tal conduta não configurava crime. Segundo estabelece o parágrafo único do art. 216-B, incorrerá na mesma pena aquele que *realiza montagem em fotografia, vídeo, áudio ou qualquer outro registro com o fim de incluir pessoa em cena de nudez ou ato sexual ou libidinoso de caráter íntimo*. No crime do *caput*, a cena de sexo registrada às escondidas é verdadeira, ou seja, ela de fato ocorreu

na forma como foi registrada. No caso do parágrafo único, o agente realiza uma montagem, ou seja, cria o registro de uma cena de sexo envolvendo pessoas que dela não participaram. Basta, aqui, recordar da montagem envolvendo certo candidato ao Governo do Estado de São Paulo nas últimas eleições, que apareceu em cena de sexo explícito. Pelo que se constatou, o rosto do então candidato foi manipulado por meio de recursos gráficos. Como não poderia deixar de ser, esta montagem ganhou, rapidamente, as redes sociais e aplicativos de mensagem. Importante que se diga que as condutas, tanto a do *caput* quanto a do parágrafo único, constituem infração penal de menor potencial ofensivo, aplicando-se, bem por isso, os benefícios e o procedimento da Lei 9.099/1995; **B:** correta, pois em conformidade com o disposto no art. 167 do CP; **C:** incorreta, pois não corresponde ao teor da Súmula 714, do STF: *É concorrente a legitimidade do ofendido, mediante queixa, e do Ministério Público, condicionada à representação do ofendido, para a ação penal por crime contra a honra de servidor público em razão do exercício de suas funções*; **D:** incorreta. A ação penal, no crime de exercício arbitrário das próprias razões (art. 345, CP), somente será privativa do ofendido na hipótese de não haver emprego de violência no cometimento do delito, conforme reza o parágrafo único do dispositivo a que fizemos referência; se houver emprego de violência, a ação penal será pública; **E:** *incorreta, pois em desconformidade com o teor do art. 183, III, do CP, que veda a incidência da imunidade relativa do art. 182, II, CP quando o crime for praticado contra pessoa com idade igual ou superior a 60 anos.* ED
Gabarito "B".

(Investigador – PC/BA – 2018 – VUNESP) Acácio, no dia 19 de fevereiro de 2018 (segunda-feira), foi vítima do crime de difamação. O ofensor foi seu vizinho Firmino. Trata-se de crime de ação privada, cujo prazo decadencial (penal) para o oferecimento da petição inicial é de 6 meses a contar do conhecimento da autoria do crime. Sobre a contagem do prazo, qual seria o último dia para o oferecimento da queixa-crime?

(A) 17 de agosto de 2018 (sexta-feira).
(B) 18 de agosto de 2018 (sábado).
(C) 19 de agosto de 2018 (domingo).
(D) 20 de agosto de 2018 (segunda-feira).
(E) 21 de agosto de 2018 (terça-feira).

O prazo decadencial – que tem natureza penal – tem como termo inicial a data em que o ofendido tem conhecimento de quem é o autor do delito, na forma estabelecida no art. 38 do CPP. Na hipótese narrada no enunciado, corresponde ao dia em que se deram os fatos. Tendo natureza penal, a contagem do prazo decadencial se faz segundo as regras do art. 10 do CP, incluindo-se o primeiro dia. Dessa forma, a queixa deve ser ajuizada até o dia 17 de agosto de 2018, uma sexta-feira, o último dia útil, uma vez que não expediente forense no final de semana. ED
Gabarito "A".

16. EXTINÇÃO DA PUNIBILIDADE EM GERAL

(Delegado/MG – 2021 – FUMARC) Com relação às causas de extinção da punibilidade, é CORRETO afirmar:

(A) A concessão do perdão judicial nos casos previstos em lei é causa extintiva da punibilidade do crime, subsistindo, porém, o efeito condenatório da reincidência.
(B) Havendo a extinção da punibilidade de um crime de furto, se estende ela ao consequente crime de receptação da coisa subtraída em razão do princípio da indivisibilidade da ação penal.
(C) Na hipótese de crime de peculato doloso, o ressarcimento do dano precedente à sentença irrecorrível exclui a punibilidade.
(D) Nos casos de continuidade delitiva, a extinção da punibilidade pela prescrição regula-se pela pena imposta a cada um dos crimes, isoladamente, afastando-se o acréscimo decorrente da continuação.

A: incorreta, já que, por força do que dispõe o art. 120 do CP, *a sentença que conceder perdão judicial não será considerada para efeitos de reincidência*. Significa que o perdão judicial afasta os possíveis efeitos da reincidência, de tal sorte que, se a pessoa agraciada com perdão judicial vier a cometer novo delito, mesmo que no prazo de 5 anos, será reputada primária; **B:** incorreta, pois contraria a regra presente no art. 108 do CP, segundo o qual *a extinção da punibilidade de crime que é pressuposto, elemento constitutivo ou circunstância agravante de outro não se estende a este*; **C:** incorreta. Isso porque a reparação do dano promovida antes da sentença irrecorrível somente tem o condão de extinguir a punibilidade no crime de peculato culposo, nos termos do art. 312, § 3º, do CP. Segundo este mesmo dispositivo, se a reparação se der após a sentença transitada em julgado, a pena imposta será reduzida de metade, o que também tem aplicação exclusiva no peculato culposo, descrito no art. 312, § 2º, CP; **D:** correta. De fato, no concurso de crimes (material, formal ou continuado), a prescrição atingirá a pena de cada crime, isoladamente, nos termos do art. 119 do CP, não se levando em consideração o aumento imposto nos artigos 70 (concurso formal) e 71 (continuidade delitiva), ambos do CP. É o que enuncia, inclusive, a Súmula 497 do STF ("*quando se tratar de crime continuado, a prescrição regula-se pela pena imposta na sentença, não se computando o acréscimo decorrente da continuação*"). ED
Gabarito "D".

(Promotor de Justiça/CE – 2020 – CESPE/CEBRASPE) Com relação a causas extintivas de punibilidade, assinale a opção correta, de acordo com a jurisprudência dos tribunais superiores.

(A) O indulto extingue os efeitos penais primários e secundários, penais e não penais, da condenação, exceto para fins de reincidência penal.
(B) Dada sua natureza hedionda, o delito de tráfico de entorpecentes privilegiado não é passível de indulto.
(C) A reincidência penal implica o aumento, em um terço, do prazo da prescrição da pretensão punitiva.
(D) A extinção da punibilidade de crime antecedente não interfere na punibilidade do delito de lavagem de dinheiro.
(E) A sentença que concede o perdão judicial afasta os efeitos penais da sentença penal condenatória, exceto para fins de reincidência.

A: incorreta, dado que a *graça* ou *indulto individual* atinge tão somente a pena imposta, permanecendo os demais efeitos da condenação, tais como reincidência, antecedentes etc. Este é o entendimento consolidado na Súmula 631, do STJ: "O indulto extingue os efeitos primários da condenação (pretensão executória), mas não atinge os efeitos secundários, penais ou extrapenais"; **B:** incorreta. O Plenário do STF, ao julgar o HC 118.533/MS, em 23.06.2016, cuja relatoria foi da Min. Cármen Lúcia, entendeu, em dissonância com o posicionamento então adotado pelo STJ, que o crime de tráfico de drogas privilegiado não tem natureza hedionda. Já o STJ, por meio da Súmula n. 512, não mais em vigor, de forma diversa do STF, fixou o entendimento segundo o qual "A aplicação da causa de diminuição de pena prevista no art. 33, § 4º, da Lei 11.343/2006 não afasta a hediondez do crime de tráfico de drogas". Pois bem. Sucede que a Terceira Seção do STJ, na sessão realizada em 23 de novembro de 2016, ao julgar a QO na Pet 11.796-DF, determinou o cancelamento da referida Súmula n. 512, alinhando-se ao entendimento adotado pelo STF no sentido de que o delito de tráfico privilegiado não pode ser equiparado a crime hediondo. Atualmente, portanto, temos que tanto o STF quanto o STJ adotam o posicionamento no sentido de que o chamado tráfico privilegiado não constitui delito equiparado a hediondo. Mais recentemente, a Lei 13.964/2019 (Pacote Anticrime) inseriu no art. 112 da Lei de Execução Penal, que trata da progressão de regime, o § 5º, segundo o qual "não se considera hediondo ou equiparado, para os fins deste artigo, o crime de tráfico de drogas previsto no § 4º do art. 33 da Lei 11.343, de 23 de agosto de 2006". Esta questão, portanto, que já foi objeto de celeuma e acalorados debates em sede doutrinária em jurisprudencial, encontra-se superada; **C:** incorreta. A reincidência, reconhecida em sentença, aumentará em um terço o prazo da prescrição da pretensão *executória* (art. 110, *caput*, do CP), não havendo nenhuma repercussão, portanto, na prescrição da pretensão *punitiva*, conforme Súmula 220 do STJ: "*A reincidência não influi no prazo da prescrição da pretensão punitiva*"; **D:** correta, pois reflete o disposto no art. 2º, § 1º, da Lei 9.613/1998; **E:** incorreta, pois, sendo a sentença concessiva do perdão judicial de natureza declaratória da extinção da punibilidade, consoante dispõe a Súmula 18 do STJ, não subsistirá qualquer efeito condenatório (principal ou secundário). Ademais, o art. 120 do CP estabelece que *a sentença que conceder o perdão judicial não será considerada para efeitos de reincidência.* ED

Gabarito "D".

17. PRESCRIÇÃO

(ENAM – 2024.1) Sobre a extinção da punibilidade pela prescrição, analise as afirmativas a seguir.

I. O período de suspensão do prazo prescricional é regulado pelo máximo da pena cominada.
II. Transitada em julgado a sentença condenatória, a multa será executada perante o juiz da execução penal, aplicáveis as normas relativas à dívida ativa da Fazenda Pública e do Código Tributário Nacional no que concerne aos prazos e às causas interruptivas e suspensivas da prescrição.
III. Quando o agente, mediante mais de uma ação ou omissão, pratica dois ou mais crimes da mesma espécie e, pelas condições de tempo, lugar, maneira de execução e outras semelhantes, devem os subsequentes ser havidos como continuação do primeiro, aplicar-se-á a pena de um só dos crimes, se idênticas, ou a mais grave, se diversas, aumentada, em qualquer caso, de 1/6 a 2/3, regulando-se a prescrição pela pena imposta na sentença, não se computando o acréscimo decorrente da continuação.
IV. O prazo para a prescrição da pretensão executória somente começa a correr no dia em que a sentença condenatória transita em julgado para ambas as partes, exceto para os processos com trânsito em julgado para a acusação ocorridos até 11/11/2020, em que a prescrição ainda não tenha sido analisada.

Está correto o que se afirma em

(A) I, II e III, apenas.
(B) I, II e IV, apenas.
(C) I, III e IV, apenas.
(D) II, III e IV, apenas.
(E) I, II, III e IV.

I: correta, pois em consonância com o entendimento consolidado na Súmula 415 do STJ; II: incorreta (ao contrário do que afirma o gabarito), pois não corresponde ao que estabelece o art. 51 do CP; III: correta, pois reflete o entendimento sufragado na Súmula 497 do STF, que assim dispõe: "Quando se tratar de crime continuado, a prescrição regula-se pela pena imposta na sentença, não se computando o acréscimo decorrente da continuação"; IV: correta. Conferir: "o STF declarou a não recepção pela Constituição Federal da locução "para a acusação", contida art. 112, inciso I (primeira parte), do Código Penal, conferindo-lhe interpretação conforme a Constituição no sentido de que a prescrição começa a correr do dia em que transita em julgado a sentença condenatória para ambas as partes. Modulação dos efeitos. Esse entendimento se aplica aos casos em que: i) a pena não foi declarada extinta pela prescrição; e ii) cujo trânsito em julgado para a acusação tenha ocorrido após 12/11/2020" (STF, Plenário, ARE 848.107/DF, Rel. Min. Dias Toffoli, j. 1º.07.2023). ED

Gabarito "C".

(Juiz de Direito – TJ/SP – 2023 – VUNESP) É causa impeditiva para a contagem do prazo para a prescrição enquanto não passar em julgado a sentença final:

(A) o recebimento da denúncia.
(B) o agente cumprir pena no exterior.
(C) a não localização do agente.
(D) o início do cumprimento da pena.

Nos termos do art. 116, II, do CP, enquanto o agente cumpre pena no exterior, não corre a prescrição da pretensão punitiva (verificável antes do trânsito em julgado da sentença condenatória). Trata-se de causa impeditiva da prescrição. Diversamente do que se dá com as causas interruptivas da prescrição, previstas no art. 117 do CP, as causas impeditivas suspendem o curso do prazo prescricional. Encerrada a causa fática que ensejou a suspensão, o prazo prescricional tem seu curso retomado pelo período restante no momento da paralização. Na hipótese de a causa impeditiva ser preexistente à consumação do crime, sua verificação impede o próprio início da contagem do prazo prescricional. Quanto à prescrição da pretensão executória, a causa impeditiva da prescrição análoga a esta é ainda mais ampla, já que, independentemente do local da prisão, não corre a prescrição da pretensão executória se o agente está preso por outro motivo (art. 116, parágrafo único, CP). O dispositivo em questão foi alterado pela Lei n. 13.964/2019. ED

Gabarito "B".

(Procurador Fazenda Nacional – AGU – 2023 – CEBRASPE) Determinado funcionário público, com 24 anos de idade, foi indiciado pela prática de corrupção passiva, punível com pena de reclusão de dois anos a doze anos, em concurso com o crime de prevaricação, cuja pena prevista é de detenção de três meses a um ano.

Nessa situação hipotética, para que não ocorra a prescrição dos crimes, o prazo máximo do recebimento da denúncia

(A) é de vinte anos.
(B) dependerá da pena em concreto a ser aplicada em função dos crimes.
(C) é de dezesseis anos.
(D) é de dezesseis anos, para o crime de corrupção passiva, e de quatro anos, para o crime de prevaricação.
(E) é de vinte anos, para o crime de corrupção passiva, e de oito anos, para o crime de prevaricação.

Prescrição é a perda do direito de punir do Estado pelo decurso do tempo, que se justifica pela inércia do Poder Público em razão do tempo decorrido em punir o autor do delito. *A prescrição da pretensão punitiva* ocorre antes de transitar em julgado a sentença condenatória, e regula-se pelo máximo da pena privativa de liberdade cominada ao crime (art. 109 do CP). O crime de corrupção passiva é punido no máximo com 12 anos de reclusão, verificamos nos incisos do art. 109 do CP qual o tempo que o crime prescreverá nessa pena máxima em abstrato, e o prazo da prescrição, no caso, será de 16 anos (inciso II); já o crime de prevaricação é punido no máximo com 1 ano de detenção, e o prazo da prescrição, no caso, será de 4 anos (inciso V).

Gabarito "D".

(Juiz de Direito – TJ/MS – 2020 – FCC) No tocante à prescrição, correto afirmar que

(A) cometido o homicídio qualificado para ocultar outro crime, a prescrição deste impede a qualificação daquele.
(B) os crimes mais leves prescrevem com os mais graves, se cometidos em concurso de delitos.
(C) é regulada pelo total da pena nos casos de evasão do condenado ou de revogação do livramento condicional.
(D) não se aplicam às penas restritivas de direito os mesmos prazos previstos para as privativas de liberdade.
(E) a sua ocorrência em relação ao crime de furto não alcança a receptação que o tinha como pressuposto.

A: incorreta, pois contraria o disposto no art. 108, parte final, do CP, segundo o qual, *nos crimes conexos, a extinção da punibilidade de um deles não impede, quanto aos outros, a agravação da pena resultante da conexão*; **B:** incorreta. De acordo com o art. 119 do CP, em caso de concurso de crimes, a extinção da punibilidade incidirá sobre a pena de cada um deles, isoladamente; **C:** incorreta, pois não corresponde ao que estabelece o art. 113 do CP, que assim dispõe: *no caso de evadir-se o condenado ou de revogar-se o livramento condicional, a prescrição é regulada pelo tempo que resta da pena*; **D:** incorreta, pois não reflete o disposto no art. 109, parágrafo único, do CP; **E:** correta, pois em consonância com o que dispõe o art. 108 do CP.

Gabarito "E".

(Juiz de Direito – TJ/AL – 2019 – FCC) INCORRETO afirmar que, antes de passar em julgado a sentença final, a prescrição não ocorre enquanto

(A) o acusado, citado por edital, não comparecer, nem constituir advogado.
(B) o agente cumpre pena no estrangeiro.
(C) não resolvido incidente de insanidade mental do acusado.
(D) suspenso condicionalmente o processo.
(E) não resolvida, em outro processo, questão de que dependa o reconhecimento da existência do crime.

A: correta. De fato, se o réu, depois de citado por edital, não comparecer tampouco constituir defensor, o processo e o *prazo prescricional* ficarão, por imposição da regra estampada no art. 366 do CPP, *suspensos*. Poderá o juiz, neste caso, é importante que se diga, determinar a produção antecipada das provas que repute urgentes e, presentes os requisitos do art. 312 do CPP, decretar a prisão preventiva. *Vide*, a esse respeito, Súmulas n. 415 e 455 do STJ; **B:** correta, pois reflete o disposto no art. 116, II, do CP. Importante: a Lei 13.964/2019 (Pacote Anticrime) alterou diversos dispositivos do Código Penal, entre os quais o art. 116, ao qual foram introduzidas duas novas causas impeditivas da prescrição. Até o advento do Pacote Anticrime, o art. 116 do CP contava com dois incisos, que continham causas impeditivas ou suspensivas da prescrição da pretensão punitiva. O inciso III, acrescido pela Lei Anticrime, estabelece que a prescrição não corre *na pendência de embargos de declaração ou de recursos aos Tribunais Superiores, quando inadmissíveis*. Dessa forma, se os recursos especial, ao STJ, e extraordinário, ao STF, forem considerados inadmissíveis, o recorrente não será beneficiado por eventual prescrição que venha a ocorrer neste período. Este dispositivo, como se pode ver, presta-se a evitar que manobras procrastinatórias levem o processo à prescrição. O inciso IV, por seu turno, também inserido por meio da Lei 13.964/2019, prevê que a prescrição também não correrá *enquanto não cumprido ou não rescindido o acordo de não persecução penal*, introduzido no art. 28-A do CPP pelo Pacote Anticrime. Outra mudança operada pela Lei 13.964/2019 neste dispositivo foi a troca do termo *estrangeiro*, presente no inciso II, por *exterior* (dispositivo utilizado na resolução desta assertiva); **C:** incorreta, já que, segundo estabelece o art. 149, § 2º, do CPP, determinado, pelo magistrado, que o agente seja submetido a exame de insanidade mental, somente ficará suspenso o processo. É a chamada crise de instância. O prazo prescricional segue o seu curso normalmente. Segundo o magistério de Guilherme de Souza Nucci, ao analisar o dispositivo acima referido: *suspensão do processo: não implica suspensão da prescrição, razão pela qual deve o exame ser feito com brevidade, caso o prazo prescricional esteja em vias de acontecer* (*Código Penal Comentado*, 17ª ed., p. 396); **D:** correta, pois em consonância com o que estabelece o art. 89, § 6º, da Lei 9.099/1995; **E:** correta, pois em conformidade com o teor do art. 116, I, do CP (dispositivo não alterado pela Lei 13.694/2019).

Gabarito "C".

(Juiz de Direito - TJ/BA - 2019 - CESPE/CEBRASPE) Com relação a aspectos diversos pertinentes aos prazos prescricionais previstos no CP, assinale a opção correta.

(A) Tais prazos serão reduzidos pela metade nas situações em que, ao tempo do crime, o agente fosse menor de vinte e um anos de idade ou, na data do trânsito em julgado da sentença condenatória, fosse maior de setenta anos de idade.
(B) Em se tratando de criminoso reincidente, são aumentados em um terço os prazos da prescrição da pretensão punitiva.
(C) A prescrição é regulada pela pena total imposta nos casos de crimes continuados, sendo computado o acréscimo decorrente da continuação.
(D) A prescrição da pena de multa ocorrerá em dois anos, quando for a única pena cominada, ou no mesmo prazo de prescrição da pena privativa de liberdade, se tiver sido cominada alternativamente.
(E) Na hipótese de evasão do condenado, a prescrição da pretensão executória é regulada pelo total da pena privativa de liberdade imposta.

A: incorreta. É verdade que o prazo prescricional será reduzido de metade na hipótese de o agente ser, ao tempo do crime, menor de 21 anos. Até aqui a assertiva está correta. No entanto, é incorreto afirmar-se que tal redução também valerá na hipótese de o agente, à data do trânsito em julgado, ser maior de 70 anos. Isso porque o critério a ser empregado não é o da data do trânsito em julgado, mas, sim, o da data em que foi proferida a sentença. É o que estabelece o art. 115 do CP; **B:** incorreta. A reincidência, reconhecida em sentença, aumentará em um terço o prazo da prescrição da pretensão *executória* (art. 110, *caput*, do CP), não havendo nenhuma repercussão, portanto, na prescrição da pretensão *punitiva*, conforme Súmula 220 do STJ: "*A reincidência não influi no prazo da prescrição da pretensão punitiva*"; **C:** incorreta. Nas modalidades de concurso de crimes (material, formal ou continuado), a prescrição atingirá a pena de cada crime, de forma isolada, tal como estabelece o art. 119 do CP, ou seja, não se levará em conta o aumento que se referem aos artigos 70 (concurso formal) e 71 (continuidade delitiva), do CP. É o que consta da Súmula 497 do STF: *quando se tratar de crime continuado, a prescrição regula-se pela pena imposta na sentença, não se computando o acréscimo decorrente da continuação*; **D:** correta. Sendo a pena de multa a única aplicada ou cominada, a prescrição dar-se-á em 2 (dois) anos, segundo reza o art. 114, I, do CP; se, no entanto, ela for alternativa ou cumulativamente cominada ou cumulativamente aplicada com a pena privativa de liberdade, no mesmo prazo estabelecido para a prescrição desta, conforme dispõe o art. 114, II, do CP; **E:** incorreta, uma vez que, neste caso, a prescrição será regulada em razão do tempo que resta da pena (art. 113, CP). ED

Gabarito "D".

(Juiz de Direito – TJ/RS – 2018 – VUNESP) João foi condenado por furto simples (CP, art. 155, *caput*) em sentença já transitada em julgado para a acusação. Na primeira fase de dosimetria, a pena foi fixada no mínimo legal. Reconhecidas circunstâncias agravantes, a pena foi majorada em 1/2 (metade). Por fim, em razão da continuidade delitiva, a pena foi novamente aumentada em 1/2 (metade). A prescrição da pretensão executória dar-se-á em

(A) 4 (quatro) anos.
(B) 3 (três) anos.
(C) 8 (oito) anos.
(D) 12 (doze) anos.
(E) 2 (dois) anos.

A pena cominada ao crime de furto simples é de 1 a 4 anos de reclusão, tal como consta do preceito secundário do art. 155 do CP. Pois bem. Pelo que consta do enunciado, o magistrado, na primeira etapa de fixação da pena, após o cotejo das circunstâncias judiciais (art. 59, CP), estabeleceu a pena no seu mínimo legal, ou seja, 1 ano. Já na segunda fase, em que o magistrado analisa as agravantes e atenuantes, a pena foi majorada em metade, chegando-se, assim, à pena de 1 ano e 6 meses. Ao final, já na terceira etapa, na qual incidem as causas de aumento e diminuição, o magistrado fez incidir um aumento da ordem de metade, o que se deu em razão do reconhecimento da continuidade delitiva. Chega-se, então, à pena final de 2 anos e 3 meses de reclusão. Levando-se em conta o que dispõem os arts. 109, IV, e 110, § 1º, ambos do CP, a prescrição dar-se-á em oito anos. Sucede que, segundo entendimento sufragado na Súmula 497, do STF, quando se tratar de crime continuado, não se levará em consideração, para o fim de calcular a prescrição, o aumento daí decorrente. Sendo assim, a pena que será levada em conta é aquela à qual o juiz chegou na segunda etapa da dosimetria, ou seja, 1 ano e 6 meses, o que leva o prazo prescricional ao patamar de 4 anos (art. 109, V, do CP).
Dica: esta questão exige do candidato o conhecimento da pena cominada aos crimes bem como da tabela do art. 109 do CP (a famigerada *decoreba*). Assim, recomenda-se, quando do estudo dos tipos penais, a análise e assimilação das penas. ED

Gabarito "A".

18. CRIMES CONTRA A PESSOA

(Juiz de Direito – TJ/SP – 2023 – VUNESP) Nos crimes contra a honra, a pena é aumentada em 1/3, se:

(A) o conceito desfavorável emitido por funcionário público, em apreciação ou informação que preste no cumprimento de dever de ofício.
(B) cometido na presença de várias pessoas ou por meio que facilite a divulgação do crime.
(C) cometido contra qualquer pessoa em razão de seu trabalho.
(D) a injúria ou difamação é irrogada em juízo, na discussão da causa, pela parte ou seu procurador.

A assertiva a ser assinalada é a "B", pois em conformidade com o art. 141, III, do CP. Dentro do tema crimes contra a honra, em especial as suas causas de aumento, vale o registro de que o Projeto de Lei 6.341/2019, que deu origem ao pacote anticrime, previa a inclusão de nova causa de aumento de pena aos crimes contra a honra (calúnia, difamação e injúria), na hipótese de eles serem cometidos ou divulgados em redes sociais ou na rede mundial de computadores, o que foi feito por meio da inserção do § 2º ao art. 141 do CP. O texto original estabelecia que a pena, nesta hipótese, seria triplicada. Ao apreciar o PL, o presidente da República vetou o dispositivo. Posteriormente, o Congresso Nacional derrubou esse veto, de forma que o dispositivo (art. 141, § 2º) que, no projeto original, previa que a pena fosse triplicada nos crimes contra a honra praticados ou divulgados em redes sociais ou na rede mundial de computadores, foi reincorporado ao pacote anticrime, nos seguintes termos: "*se o crime é cometido ou divulgado em quaisquer modalidades das redes sociais da rede mundial de computadores, aplica-se em triplo a pena*". O presidente da República, ao vetar este dispositivo, ponderou que "a propositura legislativa, ao promover o incremento da pena no triplo quando o crime for cometido ou divulgado em quaisquer modalidades das redes da rede mundial de computadores, viola o princípio da proporcionalidade entre o tipo penal descrito e a pena cominada, notadamente se considerarmos a existência de legislação atual que já tutela suficientemente os interesses protegidos pelo Projeto, ao permitir o agravamento da pena em um terço na hipótese de qualquer dos crimes contra a honra ser cometido por meio que facilite a sua divulgação. Ademais, a substituição da lavratura de termo circunstanciado nesses crimes, em razão da pena máxima ser superior a dois anos, pela necessária abertura de inquérito policial, ensejaria, por conseguinte, superlotação das delegacias, e, com isso, redução do tempo e da força de trabalho para se dedicar ao combate de crimes graves, tais como homicídio e latrocínio". ED

Gabarito "B".

(Juiz de Direito – TJ/SP – 2023 – VUNESP) O feminicídio é forma qualificada de homicídio. A pena deve ser objeto de acréscimo de 2/3 quando a vítima é menor de 14 (catorze) anos:

(A) em menosprezo ou discriminação à condição de mulher.
(B) se cometido mediante tortura.
(C) por não aceitar o rompimento de relação amorosa.
(D) se cometido por empregador.

A alternativa a ser assinalada como correta é a "D", porquanto em consonância com o art. 121, § 2º-B, do CP: "A pena do homicídio contra menor de 14 (quatorze) anos é aumentada de: I – 1/3 (um terço) até a metade se a vítima é pessoa com deficiência ou com doença que implique o aumento de sua vulnerabilidade; II – 2/3 (dois terços) se o autor é ascendente, padrasto ou madrasta, tio, irmão, cônjuge, companheiro, tutor, curador, preceptor ou *empregador da vítima* ou por qualquer outro título tiver autoridade sobre ela. *(Incluído pela Lei nº 14.344, de 2022)*". Atenção: a prova foi aplicada antes da alteração da Lei 14.994/2024 que, a partir da sua vigência, tornou o feminicídio crime autônomo, previsto no art. 121-A do CP. Apesar dessa alteração a fundamentação da assertiva continua correta e com previsão no art. 121, §2º-B, II. ED/PB

Gabarito "D".

(Procurador Federal – AGU – 2023 – CEBRASPE) No que se refere ao trabalho em condições análogas às de escravo, a conduta que configura o sistema de barracão, ou *truck system*, consiste em

(A) submeter alguém a trabalhos forçados.
(B) submeter alguém a jornada de trabalho exaustiva.
(C) restringir, por qualquer meio, a locomoção de alguém, em razão de dívida contraída com o empregador ou preposto.
(D) sujeitar alguém a condições degradantes de trabalho.
(E) manter vigilância ostensiva de alguém no local de trabalho, com o fim de lá retê-lo.

O termo é usado para definir o sistema em que o empregador promove o endividamento dos empregados por meio de compra de mercadorias comercializadas na empresa, muitas vezes a preços abusivos, ou mesmo em meio rural, quando os empregados compram produtos para sua subsistência no mesmo local com o posterior desconto no salário. A conduta típica correspondente ao questionado no enunciado está prevista na parte final do *caput* do art. 149 do CP: "Reduzir alguém a condição análoga à de escravo, quer submetendo-o a trabalhos forçados ou a jornada exaustiva, quer sujeitando-o a condições degradantes de trabalho, quer *restringindo, por qualquer meio, sua locomoção em razão de dívida contraída com o empregador ou preposto*:" A restrição da liberdade de locomoção da vítima pode ocorrer por qualquer meio, abrangidos o enclausuramento e o confinamento. Vale lembrar o art. 4º da Declaração Universal do Direitos Humanos: "ninguém será mantido em escravidão ou em servidão; a escravidão e o trato dos escravos serão proibidos em todas as suas formas". PB

Gabarito "C".

(Escrivão – PC/GO – AOCP – 2023) Débora é escrivã de polícia civil na Delegacia de Hidrolândia-GO e precisa colher depoimento de uma vítima que contraiu sífilis após praticar relações sexuais com outra pessoa positivada. O inquérito se funda na hipótese de crime por periclitação da vida e da saúde. Sobre esse tema, é correto afirmar que

(A) o agente vetor não comete qualquer crime em hipótese, pois as relações sexuais são abonadas pela justificante do estado de necessidade.

(B) se o agente vetor sabia que estava infectado, mas praticou relações sexuais sem o fim de infectar a vítima, então ele incorrerá no crime de perigo de contágio de moléstia grave.

(C) se o agente vetor sabia que estava infectado e praticou relações sexuais com o fim de infectar a vítima, então ele incorrerá no crime de perigo de contágio venéreo.

(D) se o agente vetor não sabia que estava infectado, ainda assim deverá responder por perigo para a vida ou saúde de outrem.

(E) o crime hipotético do agente vetor é o de maus-tratos, pois ele expôs a perigo a vida ou a saúde de pessoa sob sua autoridade, guarda ou vigilância.

Na hipótese de o agente estar infectado, ter disso conhecimento e desejar transmitir, por meio de relações sexuais, moléstia venérea, deverá ser responsabilizado pelo crime do art. 130, § 1º, do CP, sujeitando-se a uma pena de reclusão de 1 a 4 anos e multa. Perceba que, quanto ao elemento subjetivo, o delito do art. 130 do CP (perigo de contágio venéreo) apresenta as seguintes possibilidades: o agente tem conhecimento de que está contaminado e, ainda assim, mantém relação sexual com a vítima, expondo-a a uma situação de perigo (dolo de perigo); a expressão "deve saber", contida no *caput* do art. 130, corresponde ao chamado dolo eventual, em que o agente portador de enfermidade venérea, tendo noção dessa condição, revela-se indiferente e mantém relação sexual com a vítima, assumindo o risco de contaminá-la. Inexiste a modalidade culposa, na medida em que o tipo penal não a previu. ED

Gabarito "C".

(Escrivão – PC/GO – AOCP – 2023) Dois vereadores chamados Mauro e Nilson discutem no estacionamento do prédio da Câmara Municipal de Aparecida de Goiânia-GO, quando Mauro chama o outro de receptador. Nilson, por sua vez, replica dizendo que Mauro é conhecido por perturbar a tranquilidade do bairro em que reside promovendo algazarras em sua casa. Considerando que ambos estão excluídos da imunidade parlamentar por não estarem em ofício no plenário da Casa Legislativa, é correto afirmar que Mauro e Nilson cometeram, respectivamente:

(A) calúnia e calúnia.

(B) injúria e difamação.

(C) difamação e calúnia.

(D) injúria e injúria.

(E) injúria e calúnia.

As condutas descritas no enunciado correspondem, respectivamente, aos crimes de *injúria* e *difamação*. A injúria, delito contra a honra previsto no art. 140 do CP, consiste na atribuição de qualidade ofensiva, pejorativa. É o xingamento. Atinge-se, aqui, a honra subjetiva. Difamar alguém (art. 139, CP), por sua vez, significa divulgar fatos infamantes à sua honra objetiva. Por fim, consiste a *calúnia* (art. 138 do CP) em atribuir *falsamente* a alguém fato capitulado como crime. A honra atingida, neste caso, é a objetiva (conceito que o sujeito tem diante do grupo no qual está inserido). Perceba que a calúnia e a difamação têm em comum a atribuição de um fato determinado e individualizado, criminoso, no caso da calúnia, e desonroso, no caso da difamação. Na injúria é diferente. O que temos é a atribuição de qualidade de conotação negativa. São esses os três crimes contra a honra. ED

Gabarito "B".

(Escrivão – PC/GO – AOCP – 2023) Em relação aos crimes contra a pessoa, assinale a alternativa INCORRETA.

(A) A pena do crime de induzimento, instigação ou auxílio a suicídio ou a automutilação é duplicada se o crime é praticado por motivo egoístico, torpe ou fútil.

(B) A pena do crime de induzimento, instigação ou auxílio a suicídio ou a automutilação é duplicada se a conduta é realizada por meio da rede de computadores, de rede social ou transmitida em tempo real.

(C) A pena do crime de induzimento, instigação ou auxílio a suicídio ou a automutilação é duplicada se a vítima é menor ou tem diminuída, por qualquer causa, a capacidade de resistência.

(D) Responderá por homicídio quem instigar o suicídio de pessoa menor de 14 (catorze) anos e o ato se consumar com a morte.

(E) É qualificado o crime de induzimento, instigação ou auxílio a suicídio ou a automutilação se o suicídio se consuma ou se da automutilação resulta morte.

A Lei 13.968/2019 promoveu profundas alterações no crime de participação em suicídio. A seguir, falaremos sobre tais mudanças. No dia 26 de dezembro de 2019, quando todos ainda estavam atônitos com a publicação do Pacote Anticrime, ocorrida em 24 de dezembro de 2019, surge no Diário Oficial a Lei 13.968, que conferiu nova redação ao art. 122 do CP, ali incluindo, além do delito que já existia (mas em outras bases), também o crime de induzimento, instigação ou auxílio à automutilação. Com isso, passamos a ter o seguinte *nomem juris*: induzimento, instigação ou auxílio a suicídio ou a automutilação. Antes de mais nada, não podemos deixar de registrar uma crítica ao legislador, que inseriu no catálogo *dos crimes contra a vida* delito que deveria ter sido incluído no capítulo *das lesões corporais*. Refiro-me ao induzimento, instigação ou auxílio à automutilação, que, à evidência, não constitui, nem de longe, crime contra a vida. Além da inserção deste novo crime (induzimento, instigação ou auxílio à automutilação), tratou o legislador de alterar o delito contra a vida já existente de *participação em suicídio*, conferindo nova redação ao tipo penal e inserindo qualificadoras e majorantes. Enfim, o art. 122, que até então contava com um parágrafo único, contém, agora, sete parágrafos. A primeira e mais significativa conclusão a que se chega por meio de uma breve leitura do *caput* deste artigo é que o crime do art. 122 do CP, que era, até então, *material*, passa a ser *formal*. Antes, conforme é sabido, o delito de participação em suicídio somente alcançava a consumação com a produção de resultado naturalístico, ora representado pela morte, ora pela lesão corporal de natureza grave. Ou seja, o crime comportava dois momentos consumativos possíveis. A tentativa não era admitida. Doravante, dada a nova redação conferida ao art. 122, *caput*, do CP, a consumação será alcançada com o mero ato de induzir, instigar ou auxiliar a vítima a suicidar-se ou a automutilar-se. A morte, se ocorrer, configurará a forma qualificada prevista no art. 122, § 2º; se sobrevier, da tentativa de suicídio ou da automutilação, lesão grave ou gravíssima, restará configurada a forma qualificada do art. 122, § 1º. Perceba que a morte e a lesão grave, na redação anterior, constituíam pressuposto à consumação da participação em suicídio; hoje, trata-se de circunstâncias que qualificam o crime de induzimento, instigação ou auxílio a suicídio ou a automutilação. O § 3º do dispositivo em análise estabelece causas de aumento de pena. Reza que a pena será duplicada: se o crime é praticado por motivo egoístico, torpe ou fútil; e se a vítima é menor ou tem diminuída, por qualquer causa, a capacidade de resistência. O § 4º, por sua vez, impõe um aumento de pena de até o dobro se a conduta é realizada por meio da internet ou rede social ou ainda transmitida em tempo real. Se o sujeito ativo for líder ou coordenador de grupo ou de rede virtual, sua pena será aumentada em dobro (§ 5º). O § 6º trata da hipótese em que o crime do § 1º deste artigo resulta em lesão corporal de natureza gravíssima e é cometido contra menor de 14 anos ou contra vítima que, por enfermidade ou deficiência mental, não tem o necessário discernimento para a prática do ato, ou que, por qualquer outra causa, está impedido de oferecer resistência, caso em que o agente responderá pelo delito do art. 129, § 2º, do CP; agora, se contra essas mesmas vítimas for cometido o crime do art. 122, § 2º, do CP (suicídio consumado ou morte decorrente da automutilação), o crime em que incorrerá o agente será o de homicídio (art. 121, CP). É o que estabelece o art. 122, § 7º, CP. Dito isso, passemos à análise das assertivas. **A**: correta, pois em conformidade com o que dispõe o art. 122, § 3º, I, do CP; **B**: incorreta (a ser assinalada), já que, de acordo com o que estabelece o § 4º do art. 122 do CP, a pena será aumentada até o dobro se a conduta é realizada por meio da internet ou rede social ou ainda transmitida em tempo real; **C**: correta, pois em conformidade com o que dispõe o art. 122, § 3º, II, do CP; **D**: correta (art. 122, § 7º, CP); **E**: correta (art. 122, § 2º, CP). ED

Gabarito "B".

(Papiloscopista – PC/RR – VUNESP – 2022) Com relação ao crime de lesão corporal, previsto no art. 129 do Código Penal, é correto afirmar:

(A) na lesão corporal culposa não se aplica o perdão judicial.
(B) será de natureza grave, se resultar incapacidade para as ocupações habituais, por mais de 15 dias.
(C) é possível o juiz substituir a pena privativa de liberdade pela multa, se a lesão, ainda que grave, for praticada em seguida à injusta provocação da vítima.
(D) na lesão oriunda de violência doméstica, incidirá causa de aumento, se a vítima é portadora de deficiência.
(E) é isento de pena o agente que comete o crime sob o domínio de violenta emoção, desde que não se trate de lesão de natureza grave.

A: incorreta, já que, por força do que dispõe o art. 129, § 8º, do CP, o perdão judicial previsto para o homicídio culposo (art. 121, § 5º, CP) também se aplica às hipóteses de lesão corporal culposa); **B**: incorreta. Somente será considerada grave a lesão corporal se a incapacidade para as ocupações habituais dela decorrente durar mais de 30 dias (art. 129, § 1º, I, CP); **C**: incorreta. A substituição somente poderá ser implementada se as lesões experimentadas pela vítima não forem graves (art. 129, § 5º, CP); **D**: correta, pois corresponde o que estabelece o art. 129, § 11, CP; **E**: incorreta, já que se trata de causa de diminuição de pena (art. 129, § 4º, CP). ED

Gabarito "D".

(Papiloscopista – PC/RR – VUNESP – 2022) Na seara dos crimes contra a honra, aquele que imputa fato ofensivo e não criminoso à reputação alheia

(A) comete injúria.
(B) comete difamação.
(C) comete calúnia.
(D) comete injúria qualificada.
(E) não pratica fato típico.

Aquele que atribui fato ofensivo, porém não criminoso, à reputação alheia incorre no delito de difamação (art. 139, CP). Porquanto, se criminoso for o fato imputado, o crime cometido será o de calúnia. A injúria, delito contra a honra previsto no art. 140 do CP, consiste na atribuição de qualidade ofensiva, pejorativa. É o xingamento. Atinge-se, aqui, a honra subjetiva. Perceba que a calúnia e a difamação têm em comum a atribuição de um fato determinado e individualizado, criminoso, no caso da calúnia, e desonroso, no caso da difamação. Na injúria é diferente. O que temos é a atribuição de qualidade de conotação negativa. São esses os três crimes contra a honra. ED

Gabarito "B".

(Delegado/RJ – 2022 – CESPE/CEBRASPE) Ao analisar sob o prisma jurídico-penal um abortamento, o delegado de polícia deverá verificar se a interrupção da gravidez, nas circunstâncias em que ocorreu, era permitida. Acerca do abortamento permitido, assinale a opção correta.

(A) Conforme entendimento majoritário do STF, o abortamento de feto anencefálico é possível, haja vista a tese de que a gestante que opta pela interrupção da gravidez atua em estado de necessidade.
(B) Deve ser responsabilizado por aborto culposo o médico que, por erro vencível, diagnostique uma gravidez com sério risco para a vida da gestante e realize a intervenção abortiva por equívoco.
(C) Consoante o STJ, a Síndrome de *Body Stalk* autoriza a intervenção abortiva porque, embora exista uma mínima chance de salvar o feto e garantir o nascimento com vida, determina a morte da gestante durante o parto, cuidando-se de abortamento terapêutico.
(D) Em discussão acerca da possibilidade de aborto no primeiro trimestre de gravidez, ministro do STF proferiu voto defendendo a inexistência de aborto criminoso nesse período, invocando para tanto, entre outros argumentos, o critério da proporcionalidade.
(E) No aborto sentimental ou humanitário, dado que a ocorrência de um estupro nem sempre será verificável de plano, exige-se ordem judicial, sem a qual a intervenção será criminosa.

A: incorreta. A ADPF 54, ajuizada pela CNTS (Confederação Nacional dos Trabalhadores na Saúde), patrocinada pelo então advogado (e Procurador do Estado do Rio de Janeiro) Luís Roberto Barroso, atualmente Ministro do STF, foi julgada procedente por aquela Corte, contando com a seguinte ementa: "*ESTADO – LAICIDADE. O Brasil é uma república laica, surgindo absolutamente neutro quanto às religiões. Considerações. FETO ANENCÉFALO – INTERRUPÇÃO DA GRAVIDEZ – MULHER – LIBERDADE SEXUAL E REPRODUTIVA – SAÚDE – DIGNIDADE – AUTODETERMINAÇÃO – DIREITOS FUNDAMENTAIS – CRIME – INEXISTÊNCIA. Mostra-se inconstitucional interpretação de a interrupção da gravidez de feto anencéfalo ser conduta tipificada nos artigos 124, 126 e 128, incisos I e II, do Código Penal*". Assentou-se o entendimento de que o feto anencéfalo, por não dispor de vida, sequer potencial, não pode ser tido como sujeito passivo do crime de aborto, já que não goza do direito à vida, assim considerada em consonância com a Lei 9.434/1997 (Lei de Remoção de Órgãos), que considera morte a cessação de atividade cerebral. Destarte, inexistindo vida em seu sentido jurídico, a antecipação do parto em caso de feto anencéfalo é fato atípico visto inexistir ofensa ao bem jurídico tutelado pelas normas incriminadoras (arts. 124 e 126, ambos do CP)". Como se pode ver, A Suprema Corte declarou que a ocorrência de anencefalia nos dispositivos invocados leva à atipicidade da conduta, não havendo que se falar em estado de necessidade, que configura causa de exclusão da antijuridicidade; **B:** incorreta, na medida em que não existe, em nosso ordenamento jurídico, a figura do aborto culposo; **C:** incorreta. Isso porque, segundo julgado do STJ, cuja ementa abaixo está transcrita, aplica-se a ADPF 54 aos casos de Síndrome de Body Stalk: "Controvérsia: dizer se o manejo de *habeas corpus*, pelo recorrido, com o fito de impedir a interrupção da gestação da primeira recorrente, que tinha sido judicialmente deferida, caracteriza-se como abuso do direito de ação e/ou ação passível de gerar responsabilidade civil de sua parte, pelo manejo indevido de tutela de urgência. Diploma legal aplicável à espécie: Código Civil – arts. 186, 187, 188 e 927. Inconteste a existência de dano aos recorrentes, na espécie, porquanto a interrupção da gestação do feto com síndrome de *Body Stalk*, que era uma decisão pensada e avalizada por médicos e pelo Poder Judiciário, e ainda assim, de impactos emocionais incalculáveis, foi sustada pela atuação do recorrido. Necessidade de perquirir sobre a ilicitude do ato praticado pelo recorrido, buscando, na existência ou não – de amparo legal ao procedimento de interrupção de gestação, na hipótese de ocorrência da síndrome de *body stalk* e na possibilidade de responsabilização, do recorrido, pelo exercício do direito de ação – dizer da existência do ilícito compensável; Reproduzidas, salvo pela patologia em si, todos efeitos deletérios da anencefalia, hipótese para qual o STF, no julgamento da ADPF 54, afastou a possibilidade de criminalização da interrupção da gestação, também na síndrome de *body-stalk*, impõe-se dizer que a interrupção da gravidez, nas circunstâncias que experimentou a recorrente, era direito próprio, do qual poderia fazer uso, sem risco de persecução penal posterior e, principalmente, sem possibilidade de interferências de terceiros, porquanto, *ubi eadem ratio, ibi eadem legis dispositio*. (Onde existe a mesma razão, deve haver a mesma regra de Direito) Nessa linha, e sob a égide da laicidade do Estado, aquele que se arrosta contra o direito à liberdade, à intimidade e à disposição do próprio corpo por parte da gestante, que busca a interrupção da gravidez de feto sem viabilidade de vida extrauterina, brandindo a garantia constitucional ao próprio direito de ação e à defesa da vida humana, mesmo que ainda em estágio fetal e mesmo com um diagnóstico de síndrome incompatível com a vida extrauterina, exercita, abusivamente, seu direito de ação. A sôfrega e imprudente busca por um direito, em tese, legítimo, que, no entanto, faz perecer no caminho, direito de outrem, ou mesmo uma toldada percepção do próprio direito, que impele alguém a avançar sobre direito alheio, são considerados abuso de direito, porque o exercício regular do direito, não pode se subverter, ele mesmo, em uma transgressão à lei, na modalidade abuso do direito, desvirtuando um interesse aparentemente legítimo, pelo excesso. A base axiológica de quem defende uma tese comportamental qualquer, só tem terreno fértil, dentro de um Estado de Direito laico, no campo das próprias ideias ou nos Órgãos legislativos competentes, podendo neles defender todo e qualquer conceito que reproduza seus postulados de fé, ou do seu imo, havendo aí, não apenas liberdade, mas garantia estatal de que poderá propagar o que entende por correto, não possibilitando contudo, essa faculdade, o ingresso no círculo íntimo de terceiro para lhe ditar, ou tentar ditar, seus conceitos ou preconceitos. Esse tipo de ação faz medrar, em seara imprópria, o corpo de valores que defende – e isso caracteriza o abuso de direito – pois a busca, mesmo que por via estatal, da imposição de particulares conceitos a terceiros, tem por escopo retirar de outrem, a mesma liberdade de ação que vigorosamente defende para si. Dessa forma, assentado que foi, anteriormente, que a interrupção da gestação da recorrente, no cenário apresentado, era lídimo, sendo opção do casal – notadamente da gestante – assumir ou descontinuar a gestação de feto sem viabilidade de vida extrauterina, há uma vinculada remissão à proteção constitucional aos valores da intimidade, da vida privada, da honra e da própria imagem dos recorrentes (art. 5º, X, da CF), fato que impõe, para aquele que invade esse círculo íntimo e inviolável, responsabilidade pelos danos daí decorrentes. Recurso especial conhecido e provido." (REsp n. 1.467.888/GO, relatora Ministra Nancy Andrighi, Terceira Turma, julgado em 20/10/2016, DJe de 25/10/2016); **D:** correta. Conferir: "(...) Em segundo lugar, é preciso conferir interpretação conforme a Constituição aos próprios arts. 124 a 126 do Código Penal – que tipificam o crime de aborto – para excluir do seu âmbito de incidência a interrupção voluntária da gestação efetivada no primeiro trimestre. A criminalização, nessa hipótese, viola diversos direitos fundamentais da mulher, bem como o princípio da proporcionalidade. 4. A criminalização é incompatível com os seguintes direitos fundamentais: os direitos sexuais e reprodutivos da mulher, que não pode ser obrigada pelo Estado a manter uma gestação indesejada; a autonomia da mulher, que deve conservar o direito de fazer suas escolhas existenciais; a integridade física e psíquica da gestante, que é quem sofre, no seu corpo e no seu psiquismo, os efeitos da gravidez; e a igualdade da mulher, já que homens não engravidam e, portanto, a equiparação plena de gênero depende de se respeitar a vontade da mulher nessa matéria. 5. A tudo isto se acrescenta o impacto da criminalização sobre as mulheres pobres. É que o tratamento como crime, dado pela lei penal brasileira, impede que estas mulheres, que não têm acesso a médicos e clínicas privadas, recorram ao sistema público de saúde para se submeterem aos procedimentos cabíveis. Como consequência, multiplicam-se os casos de automutilação, lesões graves e óbitos. 6. A tipificação penal viola, também, o princípio da proporcionalidade por motivos que se cumulam: (i) ela constitui medida de duvidosa adequação para proteger o bem jurídico que pretende tutelar (vida do nascituro), por não produzir impacto relevante sobre o número de abortos praticados no país, apenas impedindo que sejam feitos de modo seguro; (ii) é possível que o Estado evite a ocorrência de abortos por meios mais eficazes e menos lesivos do que a criminalização, tais como educação sexual, distribuição de contraceptivos e amparo à mulher que deseja ter o filho, mas se encontra em condições adversas; (iii) a medida é desproporcional em sentido estrito, por gerar custos sociais (problemas de saúde pública e mortes) superiores aos seus benefícios. 7. Anote-se, por derradeiro, que praticamente nenhum país democrático e desenvolvido do mundo trata a interrupção da gestação durante o primeiro trimestre como crime, aí incluídos Estados Unidos, Alemanha, Reino Unido, Canadá, França, Itália, Espanha, Portugal, Holanda e Austrália. 8. Deferimento da ordem de ofício, para afastar a prisão preventiva dos pacientes, estendendo-se a decisão aos corréus." (STF, 1ª T, HC 124306, relator: Min. MARCO AURÉLIO; Redator(a) do acórdão: Min. ROBERTO BARROSO; Julgamento: 09/08/2016; Publicação: 17/03/2017); **E:** incorreta, uma vez que o chamado aborto sentimental ou humanitário (art. 128, II, do CP), que é aquele em que a gravidez resulta de estupro, prescinde, para a sua realização, de autorização judicial. Exige-se tão somente que a intervenção seja levada a efeito por médico e que haja consentimento prévio da gestante.

Gabarito "D".

(Delegado/RJ – 2022 – CESPE/CEBRASPE) Desolados após a morte dos pais em um acidente de trânsito, os irmãos Paulo e Roberto, com 21 anos e 19 anos de idade, respectivamente, fizeram um pacto de suicídio a dois em 20/2/2022: fecharam as portas e janelas do apartamento, e Paulo abriu a válvula de gás. Após poucos minutos, ambos desmaiaram. Os vizinhos sentiram o forte odor de gás e arrombaram o apartamento, evitando o óbito dos irmãos. Em decorrência da queda da própria altura, Paulo sofreu lesão corporal leve, e Roberto, lesão corporal gravíssima.

Acerca dessa situação hipotética, é correto afirmar que

(A) Paulo e Roberto não poderão ser responsabilizados criminalmente, por se tratar de autolesões.

(B) Paulo deverá responder pelo crime de homicídio na forma tentada (art. 121 c/c art. 14, inc. II, do Código Penal), e Roberto, pelo crime de induzimento, instigação ou auxílio a suicídio ou a automutilação na forma simples (art. 122, *caput*, do Código Penal).

(C) Paulo deverá responder pelo crime de induzimento, instigação ou auxílio a suicídio ou a automutilação na forma qualificada (art. 122, § 1.º, do Código Penal), e Roberto não poderá ser responsabilizado criminalmente.

(D) Paulo deverá responder pelo crime de induzimento, instigação ou auxílio a suicídio ou a automutilação na forma qualificada (art. 122, § 1.º, do Código Penal), e Roberto, pelo crime de induzimento, instigação ou auxílio a suicídio ou a automutilação na forma simples (art. 122, *caput*, do Código Penal).

(E) Paulo deverá responder pelo crime de homicídio na forma tentada (art. 121 c/c art. 14, inc. II, do Código Penal), e Roberto não poderá ser responsabilizado criminalmente.

No chamado *pacto de morte*, assim entendido o acordo firmado entre duas ou mais pessoas que desejam dar cabo da própria vida de forma simultânea, a apuração da responsabilidade de cada um deverá levar em conta a realização efetiva ou não de atos tidos como executórios. Melhor explicando: se um dos pactuantes pratica ato executório de homicídio, assim entendido o ato que tem o condão de levar o outro à morte, deverá ele ser responsabilizado, se sobreviver, pelo delito de homicídio, consumado ou tentado; aquele que não praticou ato de execução responderá, se sobreviver, pelo crime do art. 122 do CP. Dessa forma, Paulo, pelo fato de ter aberto a válvula de gás (ato executório), será responsabilizado por tentativa de homicídio; já Roberto, que não levou a efeito nenhum ato de execução de homicídio, será responsabilizado pelo crime de induzimento, instigação ou auxílio a suicídio ou a automutilação na forma simples (art. 122, *caput*, do Código Penal).

Gabarito "B".

(Juiz de Direito/SP – 2021 – Vunesp) Na hipótese de réu condenado por crime de homicídio doloso, tendo sido reconhecidas duas qualificadoras, é correto afirmar que

(A) uma qualificará o delito e a outra poderá ser usada para elevar a pena como agravante, se prevista no rol legal (artigo 61, CP).

(B) uma qualificará o delito e a outra poderá ser usada para majorar a pena-base e também como agravante, se prevista no rol legal (artigo 61, do CP).

(C) uma qualificará o delito e a outra poderá ser usada como causa de aumento de pena.

(D) uma qualificará o delito e a outra poderá ser usada para elevar a pena como agravante em qualquer hipótese.

No que toca à pluralidade de qualificadoras, conferir: "Consoante orientação sedimentada nessa Corte Superior, havendo pluralidade de qualificadoras, é possível a utilização de uma delas para qualificar o delito e das outras como circunstâncias negativas – agravantes, quando previstas legalmente, ou como circunstância judicial, residualmente" (STJ, HC 170.135/PE, Rel. Ministro Jorge Mussi, Quinta Turma, julgado em 14.06.2011, *DJe* 28.06.2011). No mesmo sentido: "Nos moldes da jurisprudência desta Corte, "no delito de homicídio, havendo pluralidade de qualificadoras, uma delas indicará o tipo qualificado, enquanto as demais poderão indicar uma circunstância agravante, desde que prevista no artigo 61 do Código Penal, ou, residualmente, majorar a pena-base, como circunstância judicial" (AgRg no REsp 1.644.423/MG, relatora Ministra Maria Thereza De Assis Moura, Sexta Turma, julgado em 07.03.2017, Dje 17.03.2017)" (STJ, AgRg no HC 669.081/PE, Rel. Ministro Ribeiro Dantas, Quinta Turma, julgado em 17.08.2021, DJe 23.08.2021).

Gabarito "A".

(Juiz de Direito – TJ/MS – 2020 – FCC) Quanto aos crimes contra a honra, correto afirmar que

(A) não constitui difamação ou calúnia punível a ofensa irrogada em juízo, na discussão da causa, pela parte ou por seu procurador.

(B) cabível a exceção da verdade na difamação e na injúria.

(C) há isenção de pena se o querelado, antes da sentença, se retrata cabalmente da difamação ou da injúria.

(D) a ação penal é pública incondicionada na injúria com preconceito.

(E) possível a propositura de ação penal privada no caso de servidor público ofendido em razão do exercício de suas funções.

Antes de mais nada, façamos algumas considerações a respeito dos crimes contra a honra, diferenciando-os. No crime de *injúria*, temos que o agente, sem imputar fato criminoso ou desonroso ao ofendido, atribui-lhe qualidade negativa. É a adjetivação pejorativa, o xingamento, enfim a ofensa à honra subjetiva da vítima. Não deve, portanto, ser confundida com os crimes de calúnia e difamação, em que o agente imputa ao ofendido fato definido como crime (no caso da calúnia) ou ofensivo à sua reputação (no caso da difamação). Dito isso, passemos à análise das assertivas. **A:** incorreta. Isso porque o art. 142 do CP, que tem natureza jurídica de *causa de exclusão de crime*, não contempla a *calúnia*, tão somente a *injúria* e a *difamação*; **B:** incorreta. A exceção da verdade somente é admissível para o crime de calúnia (art. 138, § 3º, do CP) e difamação cometida contra funcionário público, desde que a ofensa seja relativa ao exercício de suas funções (art. 139, parágrafo único, do CP). Portanto, o crime de injúria não comporta a exceção da verdade; **C:** incorreta, na medida em que a possibilidade de retratação, nos crimes contra a honra, somente alcança os crimes de calúnia e difamação (art. 143, *caput*, do CP); **D:** incorreta. Nos termos do art. 145, parágrafo único, parte final, do CP, a injúria discriminatória, também conhecida como injúria racial, processar-se-á mediante ação penal pública condicionada à representação do ofendido. Dentro do tema tratado nesta alternativa, valem algumas ponderações, tendo em conta inovações implementadas pela recente Lei 14.532/2023, posterior, portanto, à elaboração desta questão. O crime de racismo, previsto na Lei 7.716/1989, não se confunde com a figura até então capitulada no art. 140, § 3º, do CP, que definia o delito de injúria preconceituosa. Com efeito, segundo sempre sustentou doutrina e jurisprudência, o delito de racismo pressupõe a prática de conduta de natureza segregacionista, ao passo que a injúria racial, então prevista no art. 140, § 3º, do CP, tal como ocorre com o crime de injúria simples, pressupõe que a ofensa seja dirigida a pessoa determinada ou, ao menos, a um grupo determinado de pessoas. *Grosso modo*, é o xingamento envolvendo raça, cor, etnia, religião ou origem. Como consequência desta distinção, tínhamos que o racismo era considerado crime inafiançável, imprescritível e de ação penal pública incondicionada; já a injúria racial era tida por afiançável, prescritível e de ação penal pública condicionada. Tal realidade começou a ser alterada pela ação da jurisprudência. O STF, em sintonia com precedente do STJ, por seu Plenário, ao julgar, em 28/10/2021, o HC 154.248, da relatoria do Ministro Edson Fachin, fixou o entendimento no sentido de que o crime de injúria racial deve ser inserido na seara no delito de racismo, passando a ser, com isso, imprescritível. Mais recentemente, a Lei 14.532/2023, imbuída desse mesmo espírito, alterou o teor do art. 140, § 3º, do CP, que passa a contar com a seguinte redação: *Se a injúria consiste na utilização de elementos referentes a religião ou à condição de pessoa idosa ou com deficiência*. Como se pode ver, o legislador, com isso, excluiu da forma qualificada da injúria ofensas contendo elementos referentes a raça, cor, etnia ou procedência nacional. Tais modalidades migraram para a Lei 7.716/1989, cujo art. 2º-A passa a ter a seguinte redação: *Injuriar alguém, ofendendo-lhe a dignidade ou o decoro, em razão de raça, cor, etnia ou procedência nacional*. Dessa forma, o crime de injúria racial foi tipificado como racismo. A consequência disso é que tal modalidade de injúria passa a ser, agora por força de lei, imprescritível, inafiançável e incondicionada a ação penal. Além disso, a pena, que até então era de reclusão de 1 a 3 anos e multa, passa a ser de 2 a 5 anos de reclusão; **E**: correta. Segundo entendimento firmado no Súmula 714 do STF, se se tratar de ação penal por crime contra honra de servidor público em razão do exercício de suas funções, será concorrente a legitimidade do ofendido, mediante queixa, e do Ministério Público, condicionada à representação da vítima. Dentro do tema *crimes contra a honra*, tratado aqui nesta questão, vale o registro de que o Projeto de Lei 6.341/2019, que deu origem ao pacote anticrime, previa a inclusão de nova causa de aumento de pena aos crimes contra a honra (calúnia, difamação e injúria), na hipótese de eles serem cometidos ou divulgados em redes sociais ou na rede mundial de computadores, o que foi feito por meio da inserção do § 2º ao art. 141 do CP. O texto original estabelecia que a pena, nesta hipótese, seria triplicada. Ao apreciar o PL, o presidente da República vetou o dispositivo. Posteriormente, o Congresso Nacional derrubou esse veto, de forma que o dispositivo (art. 141, § 2º) que, no projeto original, previa que a pena fosse triplicada nos crimes contra a honra praticados ou divulgados em redes sociais ou na rede mundial de computadores, foi reincorporado ao pacote anticrime, nos seguintes termos: *se o crime é cometido ou divulgado em quaisquer modalidades das redes sociais da rede mundial de computadores, aplica-se em triplo a pena*. O presidente da República, ao vetar este dispositivo, ponderou que a propositura legislativa, ao promover o incremento da pena no triplo quando o crime for cometido ou divulgado em quaisquer modalidades das redes da rede mundial de computadores, viola o princípio da proporcionalidade entre o tipo penal descrito e a pena cominada, notadamente se considerarmos a existência de legislação atual que já tutela suficientemente os interesses protegidos pelo Projeto, ao permitir o agravamento da pena em um terço na hipótese de qualquer dos crimes contra a honra ser cometido por meio que facilite a sua divulgação. Ademais, a substituição da lavratura de termo circunstanciado nesses crimes, em razão da pena máxima ser superior a dois anos, pela necessária abertura de inquérito policial, ensejaria, por conseguinte, superlotação das delegacias, e, com isso, redução do tempo e da força de trabalho para se dedicar ao combate de crimes graves, tais como homicídio e latrocínio. ED

Gabarito "E".

(Promotor de Justiça/CE – 2020 – CESPE/CEBRASPE) Acerca do delito de homicídio doloso, assinale a opção correta.

(A) Constitui forma privilegiada desse crime o seu cometimento por agente impelido por motivo de relevante valor social ou moral, ou sob influência de violenta emoção provocada por ato injusto da vítima.

(B) A qualificadora do feminicídio, caso envolva violência doméstica, menosprezo ou discriminação à condição de mulher, não é incompatível com a presença da qualificadora da motivação torpe.

(C) A prática desse crime contra autoridade ou agente das forças de segurança pública é causa de aumento de pena.

(D) É possível a aplicação do privilégio ao homicídio qualificado independentemente de as circunstâncias qualificadoras serem de ordem subjetiva ou objetiva.

(E) Constitui forma qualificada desse crime o seu cometimento por milícia privada, sob o pretexto de prestação de serviço de segurança, ou por grupo de extermínio.

A: incorreta. Há forma privilegiada de homicídio doloso quando o agente atua sob o domínio de violenta emoção (homicídio emocional), provocado por injusta provocação da vítima (art. 121, § 1º, CP). Não se confunde o agente que age sob o domínio de violenta emoção, que, como já ponderado, é causa de diminuição de pena, com aquele que atua sob influência de violenta emoção, que, tal como estabelece o art. 65, III, *c*, do CP, constitui circunstância atenuante genérica; **B**: correta. Segundo o STJ, não há se falar em *bis in idem* na coexistência das qualificadoras do feminicídio e da torpeza. Nesse sentido: "Nos termos do art. 121, § 2º-A, II, do CP, é devida a incidência da qualificadora do feminicídio nos casos em que o delito é praticado contra mulher em situação de violência doméstica e familiar, possuindo, portanto, natureza de ordem objetiva, o que dispensa a análise do animus do agente. Assim, não há se falar em ocorrência de bis in idem no reconhecimento das qualificadoras do motivo torpe e do feminicídio, porquanto, a primeira tem natureza subjetiva e a segunda objetiva" (STJ, AgRg no HC 440.945/MG, Rel. Ministro NEFI CORDEIRO, SEXTA TURMA, julgado em 05/06/2018, DJe 11/06/2018). Atenção: com a edição da Lei 14.994/2024, o feminicídio passou a ser crime autônomo previsto no art. 121-A do CP e, nesse sentido, prevê penas mais severas (20 a 40 anos) do que as previstas no homicídio qualificado (12 a 30 anos), traduzindo o sentimento do legislador em coibir mais eficazmente esse tipo de violência que atinge níveis elevados; **C**: incorreta, uma vez que se trata de modalidade qualificada do crime de homicídio (art. 121, § 2º, VII, do CP). Dentro do tema *homicídio qualificado*, é importante que se diga que o Congresso Nacional, ao apreciar os vetos impostos pelo Presidente da República ao PL 6.341/2019 (que deu origem à Lei 13.964/2019), rejeitou (derrubou) vários deles (16 dos 24). Um dos vetos rejeitados é o que extraía do projeto de lei o inciso VIII do § 2º do art. 121 do CP, que criava nova figura qualificada do delito de homicídio, a saber: cometido com o emprego de arma de fogo de uso restrito ou proibido. Com a derrubada do veto, os homicídios praticados com arma de fogo de uso restrito ou proibido passam a ser qualificados. Segundo justificativa apresentada pelo Palácio do Planalto para a imposição do veto, *a propositura legislativa, ao prever como qualificadora do crime de homicídio o emprego de arma de fogo de uso restrito ou proibido, sem qualquer ressalva, viola o princípio da proporcionalidade entre o tipo penal descrito e a pena cominada, além de gerar insegurança jurídica, notadamente aos agentes de segurança pública, tendo em vista que esses servidores poderão ser severamente processados ou condenados criminalmente por utilizarem suas armas, que são de uso restrito, no exercício de suas funções para defesa pessoal ou de terceiros ou, ainda, em situações extremas para a garantia da ordem pública, a exemplo de conflito armado contra facções criminosas*; **D**: incorreta. As causas de diminuição de pena previstas no art. 121, § 1º, do CP (homicídio privilegiado, entre os quais está aquele motivado por relevante valor moral), por serem de ordem subjetiva, ou seja, por estarem jungidas à motivação do crime, são compatíveis tão somente com as qualificadoras de ordem objetiva (aquelas não ligadas à motivação do crime). É o caso do homicídio privilegiado praticado por meio de veneno. Nesse caso, é perfeitamente possível a coexistência do privilégio contido no art. 121, § 1º, do CP com a qualificadora do art. 121, § 2º, III, do CP (veneno), já que esta é de ordem objetiva, isto é, não está ligada à motivação do crime, mas a sua forma de execução. É o chamado homicídio qualificado-privilegiado. Agora, se a qualificadora for de ordem subjetiva, como é, por exemplo, o motivo torpe, não há que se falar em compatibilidade entre esta e a figura privilegiada; **E**: incorreta, já que se trata de causa de aumento de pena (1/3 até a metade), e não de forma qualificada (art. 121, § 6º, CP). ED/PB

Gabarito "B".

(Promotor de Justiça/CE – 2020 – CESPE/CEBRASPE) Paulo, descontente com o término do namoro com Maria, livre e conscientemente invadiu o dispositivo informático do aparelho celular dela e capturou fotos íntimas e conversas privadas dela com seu novo namorado, João. Posteriormente, também livre e conscientemente, com intuito de vingança, divulgou, em redes sociais na Internet, os vídeos e as fotos de Maria, com cunho sexual, difamando-a e injuriando João com a utilização de elementos referentes à sua raça, cor e etnia. Em razão dessa conduta, Paulo foi indiciado pelos delitos de violação de dispositivo informático, divulgação de cenas de sexo ou pornografia, majorada pelo intuito de vingança, difamação contra Maria e injúria racial contra João.

Com relação à persecução penal nessa situação hipotética, é correto afirmar que os crimes citados se submetem, respectivamente, a ação penal

(A) pública condicionada a representação, pública condicionada a representação, privada, e pública incondicionada.

(B) pública condicionada a representação, pública incondicionada, privada, e pública condicionada a representação.

(C) pública condicionada a representação, pública condicionada a representação, privada, e pública condicionada a representação.

(D) pública incondicionada, pública incondicionada, privada, e pública condicionada a representação.

(E) pública incondicionada, pública incondicionada, pública condicionada a representação, e pública incondicionada.

Antes de mais nada, oportuno que façamos algumas considerações a respeito de mudanças promovidas pela Lei 14.155/2021, publicada em 28 de maio de 2021 e com vigência imediata, nos crimes de *invasão de dispositivo informático* (art. 154-A, CP), *furto* (art. 155, CP) e *estelionato* (art. 171, CP). No que toca ao delito do art. 154-A do CP, no qual incorreu Paulo, a primeira observação a fazer refere-se à alteração na redação do *caput* do dispositivo. Até então, tínhamos que o tipo penal era assim definido: *invadir dispositivo informático alheio, conectado ou não à rede de computadores, mediante violação indevida de mecanismo de segurança e com o fim de obter, adulterar ou destruir dados ou informações sem autorização expressa ou tácita do titular do dispositivo ou instalar vulnerabilidades para obter vantagem ilícita.* Com a mudança implementada pela Lei 14.155/2021, adotou-se a seguinte redação: *invadir dispositivo informático de uso alheio, conectado ou não à rede de computadores, com o fim de obter, adulterar ou destruir dados ou informações sem autorização expressa ou tácita do usuário do dispositivo ou de instalar vulnerabilidades para obter vantagem ilícita.* Como se pode ver, logo à primeira vista, eliminou-se o elemento normativo do tipo *mediante violação indevida de mecanismo de segurança*. Trata-se de alteração salutar, na medida em que este crime, de acordo com a redação original do *caput*, somente se aperfeiçoaria na hipótese de o agente, para alcançar seu intento (invadir dispositivo informático), se valer de violação indevida de mecanismo de segurança. Era necessário, portanto, que o sujeito ativo, antes de acessar o conteúdo do dispositivo, vencesse tal obstáculo (mecanismo de segurança). Significa que a invasão de dados contidos, por exemplo, em um computador que não contasse com mecanismo de proteção (senha, por exemplo) constituiria fato atípico. A partir de agora, dada a alteração promovida no tipo incriminador, tal exigência deixa de existir, ampliando, por certo, a incidência do tipo penal. Além disso, até a edição da Lei 14.155/2021, o dispositivo tinha de ser *alheio*. Com a mudança, basta que seja de *uso alheio*. Dessa forma, o crime se configura mesmo que o dispositivo invadido não seja alheio, mas esteja sob o uso de outra pessoa. Agora, a mudança mais significativa, a nosso ver, não se deu propriamente no preceito penal incriminador, mas na pena cominada, que era de detenção de 3 meses a 1 ano e multa e, com a mudança operada pela Lei 14.155/2021, passou para reclusão de 1 a 4 anos e multa. Com isso, este delito deixa de ser considerado de menor potencial ofensivo, o que afasta a incidência da transação penal. Doravante, o termo circunstanciado dará lugar ao inquérito policial. De outro lado, permanece a possibilidade de concessão do *sursis* processual, que, embora previsto

e disciplinado na Lei 9.099/1995 (art. 89), sua incidência é mais ampla (infrações penais cuja pena mínima cominada não é superior a 1 ano). Também poderá o agente firmar acordo de não persecução penal, nos moldes do art. 28-A do CPP. Alterou-se o patamar da majorante aplicada na hipótese de a invasão resultar prejuízo econômico (§ 2º): antes era de 1/6 a 1/3 e, com a mudança implementada, passou para 1/3 a 2/3. Como não poderia deixar de ser, houve um incremento na pena cominada à modalidade qualificada, prevista no § 3º, que era de reclusão de 6 meses a 2 anos e multa e passou para 2 a 5 anos de reclusão e multa. Ademais, a qualificadora não faz mais referência expressa à subsidiariedade. Quanto aos crimes de furto e estelionato, a Lei 14.155/2021 contemplou novas qualificadoras e majorantes, de forma a tornar mais graves as condutas levadas a efeito de forma eletrônica ou pela internet. Feitas essas ponderações, falemos sobre a natureza da ação penal nos crimes cometidos por Paulo. O crime de invasão de dispositivo informático, a despeito das alterações promovidas, continua a se submeter à ação penal pública condicionada à representação do ofendido (art. 154-B, CP); o crime de divulgação de cenas de sexo ou pornografia, capitulado no art. 218-C do CP, submete-se à ação penal pública incondicionada (art. 225, CP); o delito de difamação, previsto no art. 139 do CP, é de ação penal privada (art. 145, *caput*, do CP); e o crime de injúria racial, capitulado no art. 140, § 3º, do CP, é de ação penal pública condicionada à representação do ofendido (art. 145, parágrafo único, CP). Atenção: a Lei 14.532/2023, posterior à elaboração desta questão, alterou o teor do art. 140, § 3º, do CP, que passa a contar com a seguinte redação: *Se a injúria consiste na utilização de elementos referentes a religião ou à condição de pessoa idosa ou com deficiência*. Como se pode ver, o legislador, com isso, excluiu da forma qualificada da injúria ofensas contendo elementos referentes a raça, cor, etnia ou procedência nacional. Tais modalidades migraram para a Lei 7.716/1989, cujo art. 2º-A passa a ter a seguinte redação: *Injuriar alguém, ofendendo-lhe a dignidade ou o decoro, em razão de raça, cor, etnia ou procedência nacional*. Dessa forma, o crime de injúria racial foi tipificado como racismo. A consequência disso é que tal modalidade de injúria passa a ser, agora por força de lei, imprescritível, inafiançável e incondicionada a ação penal. Além disso, a pena, que até então era de reclusão de 1 a 3 anos e multa, passa a ser de 2 a 5 anos de reclusão. **ED**

Gabarito "B".

(Juiz de Direito – TJ/SC – 2019 – CESPE/CEBRASPE) Com relação a crimes contra a honra, assinale a opção correta.

(A) O crime de calúnia se consuma no momento em que o ofendido toma conhecimento da imputação falsa contra si.

(B) Calúnia contra indivíduo falecido não se enquadra como crime contra a honra.

(C) A exceção da verdade é admitida em caso de delito de difamação contra funcionário público no exercício de suas funções.

(D) A retratação cabal do agente da calúnia ou da difamação após o recebimento da ação penal é causa de diminuição de pena.

(E) O delito de injúria racial se processa mediante ação penal pública incondicionada.

A: incorreta. O crime de *calúnia* (art. 138, CP), que consiste em atribuir a alguém fato capitulado como crime, atinge a chamada honra *objetiva*, que corresponde ao conceito que o sujeito tem diante do grupo no qual está inserido. Por essa razão, a consumação deste delito é alcançada no instante em que a falsa imputação de crime chega ao conhecimento de terceiro, que não a vítima. Tal também se aplica ao crime de difamação (art. 139, CP), na medida que, tal como na calúnia, a honra atingida é a objetiva. Diferentemente, o crime de injúria (art. 140, CP), em que a honra violada é a *subjetiva* (que corresponde ao que pensamos de nós mesmos, ou seja, autoestima), o momento consumativo é atingido no exato instante em que a ofensa chega ao conhecimento da vítima. Não é necessário, portanto, que terceiro dela tome conhecimento; **B:** incorreta, na medida em que, por expressa disposição contida no art. 138, § 2º, do CP, é punível, sim, a calúnia contra os mortos; **C:** correta. O crime de difamação, ante o que estabelece o art. 139, parágrafo único, do CP, admite a exceção da verdade, desde que a vítima seja funcionária pública e a ofensa seja relativa ao exercício de suas funções; **D:** incorreta, uma vez que a retratação, nas circunstâncias acima, constitui causa de isenção de pena (art. 143, *caput*, do CP); **E:** incorreta. A injúria discriminatória, definida no art. 140, § 3º, do CP, é crime de ação penal pública condicionada à representação (art. 145, parágrafo único, do CP, com a redação que lhe foi dada pela Lei 12.033/2009). Atenção: a partir do advento da Lei 14.532/2023, posterior à elaboração desta questão, o crime de injúria racial, até então previsto no art. 140, § 3º, do CP, migrou para a Lei 7.716/1989, cujo art. 2º-A passa a ter a seguinte redação: *Injuriar alguém, ofendendo-lhe a dignidade ou o decoro, em razão de raça, cor, etnia ou procedência nacional.* Dessa forma, o crime de injúria racial foi tipificado como racismo. A consequência disso é que tal modalidade de injúria passa a ser, agora por força de lei, imprescritível, inafiançável e incondicionada a ação penal. Além disso, a pena, que até então era de reclusão de 1 a 3 anos e multa, passa a ser de 2 a 5 anos de reclusão. ED

Gabarito "C".

(Juiz de Direito – TJ/RS – 2018 – VUNESP) O feminicídio (CP, art. 121, § 2º, VI)

(A) está ausente do rol dos crimes hediondos (Lei nº 8.072/90).

(B) demanda, para seu reconhecimento, obrigatória relação doméstica ou familiar entre agressor e vítima.

(C) é o homicídio qualificado por condições do sexo feminino.

(D) foi introduzido em nosso ordenamento pela Lei Maria da Penha (Lei nº 11.340/06).

(E) admite a modalidade preterdolosa.

Atenção: a partir da vigência da Lei 14.994/2024 o feminicídio passou a ser crime autônomo previsto no art. 121-A do CP, essa Lei também incluiu as hipóteses de causa de aumento de pena anteriormente previstas no crime de homicídio. **A:** incorreta, uma vez que o crime de *feminicídio*, – art. 121-A, faz parte do rol dos crimes hediondos, conforme art. 1º, I-B, da Lei 8.072/1990 (Crimes Hediondos), dispositivo incluído pela Lei 14.994/2024; **B:** incorreta, pois não reflete o disposto no art. 121-A, § 1º, I e II, do CP, que estabelece haver razões de condição de sexo feminino quando o crime envolve violência doméstica e familiar ou menosprezo ou discriminação à mulher; **C:** correta. Em relação ao tempo que a questão foi formulada, porém, após à vigência da Lei 14.994/2024, o feminicídio é crime autônomo previsto no art. 121-A; **D:** incorreta. O feminicídio como qualificadora do crime de homicídio, agora já revogado, foi incluído pela Lei 13.104/2015. Entretanto, o feminicídio como crime autônomo foi inserido pela Lei 14.994/2024; **E:** incorreta. O crime de *feminicídio* somente comporta a modalidade dolosa. A competência para o julgamento, portanto, é do Tribunal do Júri. ED/PB

Gabarito "C".

(Investigador – PC/BA – 2018 – VUNESP) Quanto aos crimes contra a vida, assinale a alternativa correta.

(A) Suponha que "A" seja instigado a suicidar-se e decida pular da janela do prédio em que reside. Ao dar cabo do plano suicida, "A" não morre e apenas sofre lesão corporal de natureza leve. Pode-se afirmar que o instigador deverá responder pelo crime de tentativa de instigação ao suicídio, previsto no art. 122 do Código Penal.

(B) Considera-se qualificado o homicídio praticado contra pessoa menor de 14 anos ou maior de 60 anos.

(C) O Código Penal permite o aborto praticado pela própria gestante quando existir risco de morte e não houver outro meio de se salvar.

(D) O feminicídio é espécie de homicídio qualificado e resta configurado quando a morte da mulher se dá em razão da condição do sexo feminino. Se o crime for presenciado por descendente da vítima, incidirá ainda causa de aumento de pena.

(E) O aborto provocado pela gestante, figura prevista no art. 124 do Código Penal, cuja pena é de detenção de 1 (um) a 3 (três) anos, admite coautoria.

A: incorreta. Conforme entendimento doutrinário e jurisprudencial pacificado, o crime do art. 122 do CP (participação em suicídio) não comporta a modalidade tentada, somente havendo punição diante dos eventos *morte* ou *lesão corporal de natureza grave*. Entenda bem: este crime comporta dois momentos consumativos possíveis, a saber: morte da vítima ou lesão corporal de natureza grave. Significa que, se a vítima, auxiliada, instigada ou induzida, tentar dar fim à própria vida e, com isso, sofrer lesão corporal de natureza leve, como é o caso narrado na assertiva, não haverá sequer tentativa do crime do art. 122 do CP. Este comentário, como não poderia deixar de ser, leva em conta a redação do art. 122 anterior ao advento da Lei 13.968/2019, que promoveu profundas alterações no crime de participação em suicídio. A seguir, falaremos sobre tais mudanças. No dia 26 de dezembro de 2019, quando todos ainda estavam atônitos com a publicação do Pacote Anticrime, ocorrida em 24 de dezembro de 2019, surge no Diário Oficial a Lei 13.968, que conferiu nova redação ao art. 122 do CP, ali incluindo, além do delito que já existia (mas em outras bases), também o crime de induzimento, instigação ou auxílio à automutilação. Com isso, passamos a ter o seguinte *nomem juris*: induzimento, instigação ou auxílio a suicídio ou a automutilação. Antes de mais nada, não podemos deixar de registrar uma crítica ao legislador, que inseriu no catálogo *dos crimes contra a vida* delito que deveria ter sido incluído no capítulo *das lesões corporais*. Refiro-me ao induzimento, instigação ou auxílio à automutilação, que, à evidência, não constitui, nem de longe, crime contra a vida. Além da inserção deste novo crime (induzimento, instigação ou auxílio à automutilação), tratou o legislador de alterar o delito contra a vida já existente de *participação em suicídio*, conferindo nova redação ao tipo penal e inserindo qualificadoras e majorantes. Enfim, o art. 122, que até então contava com um parágrafo único, contém, agora, sete parágrafos. A primeira e mais significativa conclusão a que se chega por meio de uma breve leitura do *caput* deste artigo é que o crime do art. 122 do CP, que era, até então, *material*, passa a ser *formal*. Antes, conforme é sabido, o delito de participação em suicídio somente alcançava a consumação com a produção de resultado naturalístico, ora representado pela morte, ora pela lesão corporal de natureza grave. Ou seja, o crime comportava dois momentos consumativos possíveis. A tentativa não era admitida. Doravante, dada a nova redação conferida ao art. 122, *caput*, do CP, a consumação será alcançada com o mero ato de induzir, instigar ou auxiliar a vítima a suicidar-se ou a automutilar-se. A morte, se ocorrer, configurará a forma qualificada prevista no art. 122, § 2º; se sobrevier, da tentativa de suicídio ou da automutilação, lesão grave ou gravíssima, restará configurada a forma qualificada do art. 122, § 1º. Perceba que a morte e a lesão grave, na redação anterior, constituíam pressuposto à consumação da participação em suicídio; hoje, trata-se de circunstâncias que qualificam o crime de induzimento, instigação ou auxílio a suicídio ou a automutilação. O § 3º do dispositivo em análise estabelece causas de aumento de pena. Reza que a pena será duplicada: se o crime é praticado por motivo egoístico, torpe ou fútil; e se a vítima é menor ou tem diminuída, por qualquer causa, a capacidade de resistência. O § 4º, por sua vez, impõe um aumento de pena de até o dobro se a conduta é realizada por meio da internet ou rede social ou ainda transmitida em tempo real. Se o sujeito ativo for líder ou coordenador ou administrador de grupo, de comunidade ou de rede virtual, ou por estes é responsável, sua pena será aumentada em dobro (§ 5). O § 6º trata da hipótese em que o crime do § 1º deste artigo resulta em lesão corporal de natureza gravíssima e é cometido contra menor de 14 anos ou contra vítima que, por enfermidade ou deficiência mental, não tem o necessário discernimento para a prática do ato, ou que, por qualquer outra causa, está impedido de oferecer resistência, caso em que o agente responderá pelo delito do art. 129, § 2º, do CP; agora, se contra essas mesmas vítimas for cometido o crime do art. 122, § 2º, do CP (suicídio consumado ou morte decorrente da automutilação), o crime em que incorrerá o agente será o de homicídio (art. 121, CP). É o que estabelece o art. 122, § 7º, CP; **B:** não se trata de *qualificadora* e sim de *causa de aumento de pena*, aplicável, é importante que se diga, ao homicídio *doloso* (art. 121, § 4º, parte final, CP), sempre que a vítima for menor de 14 anos ou maior de 60; **C:** incorreta. O chamado aborto *necessário* ou *terapêutico* (art. 128, I, CP), que é a modalidade de aborto legal em que a interrupção da gravidez se revela a única forma de salvar a vida da gestante, pressupõe a sua realização por médico. De outra forma não poderia ser. É que somente este profissional está credenciado a interpretar os exames e concluir pela necessidade da manobra abortiva; **D:** correta, conforme legislação da época que realizado o certame. Correspondia ao estabelecido no art. 121, § 2º, VI, e § 7º, III, do CP. Após a vigência da Lei 14.994/2024 o feminicídio passou a ser crime autônomo previsto no art. 121-A do CP. Entretanto, a segunda parte da assertiva está prevista como causa de aumento de pena no novo crime no inciso III, § 2º do art. 121-A; **E:** incorreta. O crime de aborto definido no art. 124, *caput*, primeira parte, do CP, chamado *autoaborto*, embora seja considerado de *mão própria*, já que impõe ao sujeito ativo, neste caso a gestante que realiza aborto em si própria, uma atuação personalíssima, admite concurso de agentes somente na modalidade *participação*, sendo inviável a *coautoria*. É a hipótese em que terceiro induz, instiga ou auxilia a gestante a provocar, nela própria, a interrupção da gravidez (hipótese de participação); agora, se o terceiro, com o consentimento da gestante, nela promover manobras abortivas, responderá na forma do art. 126 do CP (aborto com consentimento da gestante). Cuida-se, como se pode ver, de exceção à teoria monista. ED/PB

"Gabarito "D"."

(Delegado – PC/BA – 2018 – VUNESP) Segundo o art. 140, do Código Penal Brasileiro (crime de injúria), é correto afirmar que

(A) o crime de injúria qualificado, previsto no parágrafo 3º do art. 140, do CP, que consiste na ofensa à honra com a utilização de elementos referentes à raça e à cor, é inafiançável e imprescritível.

(B) o crime de injúria qualificado, previsto no parágrafo 3º do art. 140, do CP, consiste na ofensa à honra com a utilização de elementos referentes exclusivamente à raça, cor, etnia e origem.

(C) o perdão judicial, previsto no parágrafo 1º do art. 140, do CP, aplicável quando o ofendido provoca diretamente a injúria, aplica-se ao crime de injúria qualificado, previsto no parágrafo 3º do art. 140, do CP.

(D) no crime de injúria, o objeto jurídico é a honra subjetiva do ofendido, podendo ser praticado mediante dolo ou culpa.

(E) na injúria real, prevista no parágrafo 2º do art. 140, do CP, a violência ou vias de fato são meios de execução do crime.

A: incorreta. De fato, se considerarmos o disposto no art. 140, § 3º, do CP, não se pode dizer que o crime de injúria racial é *inafiançável* e *imprescritível*. Esta foi a linha adotada pela organizadora. Agora, é importante que se diga que o STJ e alguns doutrinadores, entre eles Guilherme de Souza Nucci, entendem que a injúria racial nada mais é do que uma das manifestações de racismo, razão pela qual deve ser considerado como racista (gênero) tanto aquele que, com base em elementos preconceituosos e discriminatórios, pratica condutas segregacionistas, definidas na Lei 7.716/1989, quanto o que profere injúrias raciais (art. 140, § 3º, do CP). Adotando essa linha de pensamento, a injúria racial seria *imprescritível* e *inafiançável*, tal como estabelece o art. 5º, XLII, da CF. Assim decidiu o STJ: "Nos termos da orientação jurisprudencial desta Corte, com o advento da Lei n.9.459/97, introduzindo a denominada injúria racial, criou-se mais um delito no cenário do racismo, portanto, imprescritível, inafiançável e sujeito a pena de reclusão (AgRg no AREsp 686.965/DF, Rel. Ministro Ericson Maranho (Desembargador convocado do TJ/SP), Sexta Turma, julgado em 18/08/2015, DJe 31/08/2015). 3. A ofensa a dispositivo constitucional não pode ser examinada em recurso especial, uma vez que compete exclusivamente ao Supremo Tribunal Federal o exame de matéria constitucional, o qual já se manifestou, em caso análogo, refutando a violação do princípio da proporcionalidade da pena cominada ao delito de injúria racial. 4. Agravo regimental parcialmente provido para conhecer do agravo em recurso especial mas negar-lhe provimento e indeferir o pedido de extinção da punibilidade" (AgRg no AREsp 734.236/DF, Rel. Ministro Nefi Cordeiro, Sexta Turma, julgado em 27/02/2018, DJe 08/03/2018). Atenção: a Lei 14.532/2023, posterior, portanto, à elaboração desta questão, em sintonia com a tônica de introduzir a injúria racial no cenário do racismo, alterou o teor do art. 140, § 3º, do CP, que passa a contar com a seguinte redação: *Se a injúria consiste na utilização de elementos referentes a religião ou à condição de pessoa idosa ou com deficiência*. Como se pode ver, o legislador, com isso, excluiu da forma qualificada da injúria ofensas contendo elementos referentes a raça, cor, etnia ou procedência nacional. Tais modalidades migraram para a Lei 7.716/1989, cujo art. 2º-A passa a ter a seguinte redação: *Injuriar alguém, ofendendo-lhe a dignidade ou o decoro, em razão de raça, cor, etnia ou procedência nacional*. Dessa forma, o crime de injúria racial foi tipificado como racismo. A consequência disso é que tal modalidade de injúria passa a ser, agora por força de lei, imprescritível, inafiançável e incondicionada a ação penal. Além disso, a pena, que até então era de reclusão de 1 a 3 anos e multa, passa a ser de 2 a 5 anos de reclusão; **B:** incorreta, já que o tipo penal do art. 140, § 3º, do CP contempla, além dos mencionados na assertiva, os elementos *religião* e *condição de pessoa idosa ou portadora de deficiência* (vide comentário à assertiva anterior); **C:** incorreta, já que não se aplica à injúria qualificada do art. 140, § 3º, do CP; **D:** incorreta. É verdade que, no crime de injúria, a honra atingida é a *subjetiva*, que corresponde àquilo que a pessoa pensa de si própria, sua autoestima. Agora, é incorreto afirmar-se que o elemento subjetivo no crime de injúria pode ser representado tanto pelo *dolo* quanto pela *culpa*. É que não há forma culposa; **E:** correta (art. 140, § 2º, CP). ED

"Gabarito "E"."

19. CRIMES CONTRA O PATRIMÔNIO

(ENAM – 2024.1) Ricardo, com a intenção de ter um carro, apresentou-se como manobrista na frente de um restaurante e, assim, logrou iludir Carolina, que lhe entregou as chaves de seu veículo, pensando que este seria estacionado em segurança. Em seguida, Ricardo se apossou do veículo de Carolina.

Assinale a opção que indica, corretamente, o crime praticado por Ricardo.

(A) Estelionato.
(B) Apropriação indébita.
(C) Furto mediante fraude.
(D) Furto mediante abuso de confiança.
(E) Apropriação de coisa havida por erro.

A questão exige que o candidato saiba a distinção entre os crimes de furto mediante fraude, estelionato e apropriação indébita, que, a depender do caso concreto, é bastante tênue. A solução deve ser extraída do significado que é conferido à ação nuclear de cada delito. Vejamos. No crime capitulado no art. 171 do CP (estelionato), a vítima, ludibriada, induzida em erro pelo agente, a este entrega o objeto material do delito. No caso retratado no enunciado, Carolina, proprietária do veículo, somente fez a sua entrega a Ricardo porque, induzida em erro por este, pensou tratar-se do manobrista. Depois de adquirir a posse do veículo, passou a agir como se dono dele fosse. Ocorre, a rigor, uma inversão da posse. Importante notar que não houve subtração do bem, razão pela qual não há que se falar na prática do crime de furto mediante fraude, em que o engodo é empregado com o fito de viabilizar a subtração do bem. Aqui não houve subtração (tirar, apossar-se), já que o veículo foi entregue a João pelo proprietário. Da mesma forma, não houve crime de apropriação indébita – art. 168, CP –, visto que, neste, o dolo é subsequente à posse (o agente tem a posse ou a detenção da coisa proveniente de um título legítimo); no estelionato é antecedente. Ademais, os outros requisitos do crime do art. 171 do CP se fazem presentes, a saber: emprego de ardil ou outro meio fraudulento, obtenção de vantagem ilícita e prejuízo alheio. Embora isto não tenha repercussão na resolução desta questão, é importante que se diga que a ação penal, no crime de estelionato, em face da inclusão do § 5º ao art. 171 do CP, promovida pelo pacote anticrime (Lei 13.964/2019), passa a ser, em regra, pública condicionada à representação do ofendido. Antes disso, era incondicionada. ED

Gabarito "A".

(ENAM – 2024.1) Alberto, mágico profissional, em uma relojoaria, pede ao vendedor para ver um relógio suíço, de elevado valor. O vendedor atende a seu pedido, e Alberto coloca o relógio em seu pulso, sob o pretexto de querer ver se o acessório fica bem em seu braço. Ato contínuo, ele distrai o vendedor, tirando-lhe a atenção, momento em que, valendo-se da ligeireza de seus movimentos, retira rapidamente o relógio do pulso, substituindo-o por uma cópia idêntica, que traz em seu bolso, e a entrega ao vendedor, que nada percebe. Alberto, então, agradece a atenção, pergunta quanto custa o relógio e, depois de afirmar que vai pensar um pouco mais, deixa a loja, levando consigo a peça.

Diante do caso narrado, Alberto deverá responder por

(A) estelionato.
(B) furto simples.
(C) furto qualificado.
(D) apropriação indébita simples.
(E) apropriação indébita qualificada.

Não devemos confundir o crime de *furto mediante fraude* (art. 155, § 4º, II, do CP) com o de *estelionato*, este previsto no art. 171, *caput*, do CP. Naquele, a fraude é aplicada com o propósito de iludir a vigilância da vítima, para, assim, viabilizar a subtração da *res*. No estelionato, a situação é outra. A vítima, ludibriada, entrega ao agente a coisa. A fraude é anterior ao apossamento e inexiste subtração. Na hipótese narrada no enunciado, temos que Alberto, ao distrair o vendedor, tirando-lhe a atenção, faz com que a vigilância por ele exercida diminua, viabilizando a subtração do bem. Dessa forma, possível afirmar que o crime cometido por Alberto é o do art. 155, § 4º, II, do CP – *furto mediante fraude*. Conferir: "Agravo regimental no agravo em recurso especial. Furto qualificado. Desclassificação para estelionato simples. Pretensão que demanda reexame probatório. Incidência da Súmula n. 7/STJ. 1. 'O furto mediante fraude não se confunde com o estelionato. A distinção se faz primordialmente com a análise do elemento comum da fraude que, no furto, é utilizada pelo agente com o fim de burlar a vigilância da vítima que, desatenta, tem seu bem subtraído, sem que se aperceba; no estelionato, a fraude é usada como meio de obter o consentimento da vítima que, iludida, entrega voluntariamente o bem ao agente. (REsp n. 1.412.971/PE, relatora Ministra Laurita Vaz, Quinta Turma, julgado em 7/11/2013, DJe de 25/11/2013)' (AgRg no AgRg no AREsp n. 2.026.865/SP, relator Ministro Joel Ilan Paciornik, Quinta Turma, julgado em 9/8/2022, DJe de 15/8/2022.) 2. No caso, a inversão do acórdão recorrido, de modo a desclassificar o crime de furto qualificado praticado mediante fraude, para o delito de estelionato simples, demandaria amplo reexame fático-probatório, providência incabível na via do recurso especial, conforme a Súmula n. 7/STJ. 3. Agravo regimental improvido" (STJ, AgRg no AREsp n. 2.249.989/MA, Rel. Min. Jesuíno Rissato (Desembargador Convocado do TJDFT), 6ª Turma, j. 20.02.2024, *DJe* 23.02.2024). ED

Gabarito "C".

(Juiz de Direito – TJ/DFT – 2023 – CEBRASPE) João, maior de idade e capaz, e José, com 15 anos de idade, previamente acertados, adentraram em um ônibus e, enquanto José distraía Maria, João subtraiu da bolsa dela um telefone celular. De posse do celular, João dirigiu-se à porta de saída do ônibus, quando foi detido por Manoel, que, tendo observado tudo, recuperou o celular de Maria e entregou João e José para uma viatura da polícia que por ali passava. Apurou-se que João e José praticavam tal conduta rotineiramente em ônibus pela cidade.

A partir da situação hipotética anterior, assinale a opção correta.

(A) A conduta de João enquadra-se como furto tentado, porque ele não teve a posse mansa e pacífica do celular.
(B) O crime de corrupção de menores é crime formal, portanto sua configuração depende de prova da corrupção.
(C) A comprovação da menoridade, para efeitos de configuração do crime de corrupção de menores, requer a juntada de certidão de nascimento do corrompido.
(D) O prontuário civil de José não é prova suficiente de sua menoridade.
(E) O furto foi consumado, por ter o celular saído da esfera de vigilância da vítima.

A: incorreta. Ainda que o agente não tenha tido a posse mansa e pacífica do objeto material do crime, o crime de furto (e também o de roubo) estará consumado. Isso porque a jurisprudência do STF e do STJ dispensa, para a consumação do roubo/furto, o critério da saída da coisa da *esfera de vigilância da vítima* e se contenta com a constatação de que, cessada a clandestinidade ou a violência, o agente tenha tido a posse da *res*, mesmo que retomada, em seguida, pela perseguição imediata: STF, HC 92450-DF, 1ª T., Rel. Min. Ricardo Lewandowski, 16.09.2008; STJ, REsp 1059171-RS, 5ª T., Rel. Min. Felix Fischer, j. 02.12.2008. Consagrando tal entendimento, o STJ editou a Súmula 582: "Consuma-se o crime de roubo com a inversão da posse do bem mediante emprego de violência ou grave ameaça, ainda que por breve tempo e em seguida à perseguição imediata ao agente e recuperação da coisa roubada, sendo prescindível a posse mansa e pacífica ou desvigiada"; **B:** incorreta. É justamente pelo fato de se tratar de crime formal que a consumação da corrupção de menores dispensa resultado naturalístico consistente na efetiva corrupção. Com efeito, no que concerne a este crime, delito atualmente previsto no 244-B do ECA, é prevalente o entendimento segundo o qual se trata de crime *formal*. O fato é que há, tanto na doutrina quanto na jurisprudência, duas correntes quanto ao momento consumativo do crime de corrupção de menores. Para parte da doutrina e também para o STJ, o crime em questão é *formal*, consumando-se independentemente da efetiva corrupção da vítima. Nesse sentido: "(...) A Terceira Seção do Superior Tribunal de

Justiça, ao apreciar o Recurso Especial 1.127.954/DF, representativo de controvérsia, pacificou seu entendimento no sentido de que o crime de corrupção de menores – antes previsto no art. 1º da Lei 2.252/1954, e hoje inscrito no art. 244-B do Estatuto da Criança e do Adolescente – é delito formal, não exigindo, para sua configuração, prova de que o inimputável tenha sido corrompido, bastando que tenha participado da prática delituosa" (AgRg no REsp 1371397/DF, 6ª T., j. 04.06.2013, rel. Min. Assusete Magalhães, *DJe* 17.06.2013). Consolidando tal entendimento, o STJ editou a Súmula 500, a seguir transcrita: "A configuração do crime previsto no art. 244-B do Estatuto da Criança e do Adolescente independe da prova da efetiva corrupção do menor, por se tratar de delito formal". Uma segunda corrente sustenta que o crime do art. 244-B do ECA é *material*, sendo imprescindível, à sua consumação, a ocorrência do resultado naturalístico, isto é, a efetiva corrupção do menor; **C e D**: incorretas, pois contrariam o entendimento sufragado na Súmula 74, do STJ: "Para efeitos penais, o reconhecimento da menoridade do réu requer prova por documento hábil"; **E**: correta. Vide comentário à assertiva "A". ED

Gabarito "E".

(Juiz de Direito – TJ/SP – 2023 – VUNESP) O crime de furto é considerado consumado quando:

(A) existe a transferência da posse do bem furtado, e essa posse é mansa e pacífica por tempo suficiente a permitir que seja significativo.

(B) a transferência da posse do bem furtado se dá por tempo suficiente a não caracterizar o flagrante.

(C) existe a transferência da posse do bem furtado, da vítima para o agente.

(D) o agente pode dispor do bem furtado sem risco de flagrância.

Doutrina e jurisprudência há muito consolidaram o entendimento segundo o qual a consumação do crime de furto e roubo está condicionada à retirada da *res* da esfera de vigilância e proteção da vítima. Pois bem. De uns anos para cá, a jurisprudência, notadamente dos tribunais superiores, à revelia de boa parte da doutrina, consolidou-se no sentido de considerar, como momento consumativo do crime de furto (e também o de roubo), o da subtração do bem. Para a doutrina, tal mudança de entendimento significa antecipar o momento consumativo desse crime e, com isso, passar a considerá-lo formal (de consumação antecipada ou resultado cortado), já que o resultado previsto no tipo penal (lesão patrimonial) passaria a constituir mero exaurimento. Senão vejamos: "A jurisprudência do Supremo Tribunal Federal dispensa, para a consumação do furto ou do roubo, o critério da saída da coisa da chamada 'esfera de vigilância da vítima' e se contenta com a verificação de que, cessada a clandestinidade ou a violência, o agente tenha tido a posse das *res* furtiva, ainda que retomada, em seguida, pela perseguição imediata" (STF, HC 108.678-RS, 1ª Turma, rel. Min. Rosa Weber, 17.04.2012). Nesse sentido, o STJ editou a Súmula 582. Em assim sendo, adotou-se a teoria da *amotio* ou *apprehensio*. ED

Gabarito "C".

(Juiz de Direito – TJ/SP – 2023 – VUNESP) Para caracterizar o crime de roubo impróprio, a grave ameaça ou a violência deve ocorrer:

(A) antes e depois da subtração da coisa móvel.
(B) antes da subtração da coisa móvel.
(C) antes e durante a subtração da coisa móvel.
(D) depois da subtração da coisa móvel.

Ocorre roubo impróprio quando, após a subtração da coisa, o agente emprega violência ou grave ameaça contra a pessoa, a fim de assegurar a impunidade do crime ou a detenção da coisa para si ou para terceiro. Ou seja, o roubo impróprio distingue-se do roubo próprio em razão do momento do emprego da violência ou da grave ameaça: enquanto no roubo próprio a violência ou a grave ameaça são empregadas antes da subtração, para fins de efetuá-la, no roubo impróprio o emprego é após a subtração, para garantir a impunidade do crime ou a detenção da coisa para si ou para outrem (art. 157, § 1º, do CP). ED

Gabarito "D".

(Escrivão – PC/GO – AOCP – 2023) Nivaldo é um policial civil em campana no entorno de um cativeiro onde dois sequestradores exigem pagamento de valores para liberarem uma criança raptada. Por estratégia, ele opta por uma ação controlada e retarda a intervenção policial no local. O agente quer que a família realize o pagamento da libertação para que o delito de extorsão mediante sequestro finalmente se consume e a prisão em flagrante possa ser feita por crime hediondo. Sobre o tema, assinale a alternativa correta.

(A) Nivaldo está equivocado, pois o crime de extorsão mediante sequestro é delito de resultado cortado e já se consumou antes do pagamento.

(B) O retardamento da intervenção policial é necessário, pois o crime de extorsão mediante sequestro é crime material.

(C) Nivaldo está equivocado, pois o crime de extorsão mediante sequestro é delito formal e se consuma independentemente da requisição de vantagem pecuniária.

(D) O eventual pagamento da extorsão é mero exaurimento da conduta do crime de extorsão mediante sequestro, delito classificado como crime de perigo concreto.

(E) Nivaldo está equivocado, pois o crime de extorsão mediante sequestro é delito de mera atividade, bastando a restrição à liberdade individual para que se consume.

O crime de extorsão mediante sequestro, tipificado no art. 159 do CP, consuma-se no exato momento em que a vítima é arrebatada do seu meio normal de circulação, tendo sua liberdade privada. O fato de ter havido a solicitação de resgate, como condição para a libertação da vítima, demonstra a real intenção do agente, qual seja, a de auferir ganho patrimonial. Ressalte-se que o fato de haver o recebimento de resgate, pelo sequestrador, é considerado mero exaurimento do crime, consumado, repita-se, com a privação da liberdade da vítima. O crime em questão é considerado formal ou de resultado cortado. Dito isso, forçoso concluir que Nivaldo está equivocado, na medida em que, sendo formal o delito de extorsão mediante sequestro, a prisão em flagrante pode ser feita independente do pagamento do valor do resgate. ED

Gabarito "A".

(Escrivão – PC/GO – AOCP – 2023) São considerados crimes contra o patrimônio de consumação instantânea as seguintes condutas, EXCETO

(A) sequestrar pessoa com o fim de obter, para si ou para outrem, qualquer vantagem, como condição ou preço do resgate.

(B) subtrair coisa móvel alheia, para si ou para outrem, mediante grave ameaça ou violência a pessoa, ou depois de havê-la, por qualquer meio, reduzido à impossibilidade de resistência.

(C) subtrair o condômino, coerdeiro ou sócio, para si ou para outrem, a quem legitimamente a detém, a coisa comum.

(D) obter, para si ou para outrem, vantagem ilícita, em prejuízo alheio, induzindo ou mantendo alguém em erro, mediante artifício, ardil, ou qualquer outro meio fraudulento.

(E) tomar refeição em restaurante, alojar-se em hotel ou utilizar-se de meio de transporte sem dispor de recursos para efetuar o pagamento.

A: correta. A assertiva corresponde ao crime de extorsão mediante sequestro, capitulado no art. 159 do CP, cuja consumação se protrai no tempo por vontade do agente (crime permanente). Em outras palavras, enquanto a liberdade da vítima permanecer privada, a consumação estará em curso; **B:** incorreta. O roubo, crime ao qual se refere a assertiva, é instantâneo, já que o resultado se dá de maneira instantânea, sem se prolongar no tempo; **C:** incorreta. Trata-se do delito definido no art. 156 do CP, cuja consumação ocorre em momento certo e determinado, não se prolongando no tempo; **D:** incorreta. A consumação do crime de estelionato (art. 171, CP) é alcançada com a obtenção, pelo agente, de vantagem ilícita em detrimento da vítima, o que ocorre de forma instantânea; **E:** incorreta. Trata-se do crime do art. 176 do CP, cuja consumação ocorre no exato instante em que a vítima sofre diminuição no seu patrimônio. Gabarito "A".

(Papiloscopista – PC/RR – VUNESP – 2022) Nos termos do art. 181 a 183 do CP, é correto afirmar que a apropriação indébita, se praticada em desfavor de vítima de 55 anos, tio do agente, com quem este coabita,

(A) fica isenta de pena.
(B) somente se procede mediante representação.
(C) somente se procede mediante queixa.
(D) é crime de ação pública incondicionada.
(E) é qualificada.

A resposta a esta questão deve ser extraída do art. 182, III, do CP. Gabarito "B".

(Delegado/RJ – 2022 – CESPE/CEBRASPE) Bráulio, policial civil em férias, estava na DP em que trabalha esperando um inspetor de polícia amigo, com o qual havia combinado de almoçar. Nesse momento, chegou ao local Patrícia, mãe de Gabriel, que fora preso em flagrante delito por furto no dia anterior. Patrícia se dirigiu a Bráulio e disse que estava ali para pagar a fiança do filho. Bráulio, a fim de agilizar o procedimento e sair logo para o almoço, acessou o sistema informatizado e verificou que Gabriel fora autuado por furto qualificado, insuscetível de fiança (o que, inclusive, encontrava-se mencionado na decisão do delegado plantonista). Ainda assim, Bráulio disse que a fiança foi fixada no valor de um salário mínimo e recolheu para si a quantia entregue por Patrícia.

Nessa situação hipotética, Bráulio cometeu crime de

(A) apropriação indébita.
(B) apropriação de coisa havida por erro.
(C) peculato por erro de outrem.
(D) estelionato.
(E) peculato.

A: incorreta, já que o delito de apropriação indébita, definido no art. 168 do CP, pressupõe que o agente detenha a posse da coisa alheia móvel, o que não se dá na hipótese narrada no enunciado; **B:** incorreta. Não configura o crime do art. 169 do CP; **C:** incorreta, já que o crime de peculato mediante erro de outrem (art. 313, CP) pressupõe que o funcionário público receba os valores por erro espontâneo da vítima; **D:** correta. De fato, o crime praticado por Bráulio se enquadra na descrição típica do art. 171 do CP (estelionato), na medida em que induziu (levou) Patrícia em erro, levando-a a acreditar que fora fixada fiança em favor de seu filho, com o que o *intraneus* obteve vantagem indevida, recebendo o valor entregue pela vítima; **E:** incorreta, já que o dinheiro não estava sob a sua posse, não havendo que se falar em apropriação (peculato). Gabarito "D".

(Delegado/RJ – 2022 – CESPE/CEBRASPE) Depois de assistir a um filme na última sessão do cinema local, Renata dirigiu-se à sua casa. Durante o trajeto, ela notou que havia esquecido um equipamento eletrônico sobre a poltrona da sala de cinema, então retornou ao local. Lá, foi impedida pelo porteiro de entrar. Ela apresentou a ele o ingresso, no qual constava a poltrona que ocupava, pedindo-lhe que buscasse o equipamento deixado no local. Enquanto a conversa entre o porteiro e Renata ocorria, Estela, funcionária do cinema, encontrou o equipamento sobre a poltrona da sala de cinema e, percebendo que alguém o esquecera, levou-o consigo, com intenção de incorporação patrimonial. Logo em seguida, o porteiro entrou na sala, foi à poltrona indicada no ingresso apresentado por Renata, e nada encontrou. Disse, então, a Renata para retornar no dia seguinte, pois existia no local um setor de achados e perdidos, onde os empregados do cinema deviam deixar coisas alheias porventura localizadas no estabelecimento.

Chegando à sua casa com o equipamento, Estela mostrou-o ao seu marido, Alexandre, que descobriu seu valor: R$ 3.000. Visando ao lucro, Alexandre decidiu anunciá-lo à venda em um *site* da Internet, pelo valor de R$ 1.500.

No dia seguinte, Renata, após não encontrar o objeto no setor de achados e perdidos do cinema, resolveu pesquisar na Internet por produtos idênticos expostos à venda. Assim acabou localizando seu pertence. Como o equipamento apresentava características únicas, ela o identificou sem nenhuma dúvida. Passando-se por compradora, Renata marcou um encontro com Alexandre, para ver o equipamento. Em seguida, ela foi à delegacia de polícia local e pediu auxílio para recuperar a coisa, o que efetivamente ocorreu, sendo certo que Alexandre estava em seu poder. Alexandre foi conduzido à delegacia, aonde pouco depois chegou Estela. Ouvidos formalmente na presença de um advogado, ambos confessaram o ocorrido.

Com base nessa situação hipotética, é correto afirmar que

(A) Estela praticou furto, e Alexandre cometeu receptação.
(B) Estela praticou crime de apropriação de coisa achada, e Alexandre cometeu receptação qualificada.
(C) Estela praticou crime de furto, e Alexandre cometeu receptação qualificada.
(D) Estela praticou crime de furto, e Alexandre não cometeu crime.
(E) Estela praticou crime de apropriação de coisa achada, e Alexandre cometeu receptação.

Estela, ao subtrair bem que sabia pertencer a outrem, que ali o esquecera, imbuída do propósito de dele se apropriar (incorporar ao seu patrimônio), incorreu no crime de furto (art. 155, CP); já a conduta de Alexandre, que se limitou a anunciar o bem para venda, é atípica. Gabarito "D".

(Juiz de Direito/AP – 2022 – FGV) Determinada investigação foi instaurada para apurar fraude, ocorrida em 02 de julho de 2020, em Macapá, na obtenção de auxílio emergencial concedido pelo Governo Federal, por meio da Caixa Econômica Federal, em decorrência da pandemia da Covid-19. Jack declarou na investigação que realizou depósito em sua conta do "ComércioRemunerado", no valor de R$ 600,00 e depois percebeu que aquela quantia foi transferida para Russel, sendo que não foi Jack quem realizou a operação financeira nem a autorizou. Russel assinalou que a aludida quantia foi realmente transferida para sua conta no "ComércioRemunerado" e foi declarada como pagamento de conserto de motocicleta, para enganar os órgãos competentes e conseguir a antecipação do auxílio emergencial. Disse que foi Fênix, proprietária de uma loja de manutenção de telefones celulares, quem lhe propôs a prática de tais condutas, acrescentando que seria um procedimento legal, e ainda ofereceu R$ 50,00 para cada antecipação passada em sua máquina do "ComércioRemunerado", sendo que Jack praticou a conduta quatro vezes. Disse ainda que o dinheiro entrava em sua conta no "ComércioRemunerado" e era transferido para a conta de Fênix. O auxílio emergencial era disponibilizado pela União, por meio da Caixa Econômica Federal. O crime supostamente praticado nesse caso é o de:

(A) estelionato;
(B) furto mediante fraude;
(C) apropriação indébita;
(D) apropriação indébita previdenciária;
(E) peculato.

De antemão, registre-se que a redação do enunciado é confusa e truncada. Segundo consta, o valor recebido por Jack em sua conta no "ComércioRemunerado" a título de auxílio emergencial foi transferido, à sua revelia (ele não realizou a transferência tampouco a autorizou), para a conta de titularidade de Russel, também no "ComércioRemunerado", o qual, por sua vez, admitiu haver realizado a transferência de forma fraudulenta, usando como justificativa o pagamento de conserto de uma motocicleta. Disse que o dinheiro entrava em sua conta no "ComércioRemunerado" e era transferido para a conta de Fênix, pessoa que teria lhe proposto tal prática, o que lhe renderia a importância de R$ 50,00 para cada antecipação passada em sua máquina do "ComércioRemunerado". Esta questão, ao que parece, foi extraída de um precedente do STJ, no qual se discutia a competência para o julgamento do feito. Consta do julgado que, pelo fato de a vítima não haver sido induzida a erro tampouco haver entregado espontaneamente a importância, o crime em que teria incorrido o agente é o de furto mediante fraude, e não estelionato. Senão vejamos: "1. O presente conflito de competência deve ser conhecido, por se tratar de incidente instaurado entre juízos vinculados a Tribunais distintos, nos termos do art. 105, inciso I, alínea d da Constituição Federal _ CF. 2. O núcleo da controvérsia consiste em definir o Juízo competente no âmbito de inquérito policial instaurado para investigar A suposta conduta de desvio de valores relativos ao auxílio emergencial pago durante a pandemia do Covid-19. 3. No caso concreto não se identifica ofensa direta à Caixa Econômica Federal _ CEF ou à União, uma vez que não há qualquer notícia de que a beneficiária tenha empregado fraude para o recebimento do seu auxílio. Em outras palavras, houve ingresso lícito no programa referente ao auxílio emergencial e transferência lícita da conta da Caixa Econômica Federal para a conta do Mercado Pago, ambas de titularidade da beneficiária do auxílio. 4. O procedimento investigatório revela transferência fraudulenta de valores entre contas do Mercado Pago de titularidade da vítima e do agente delituoso, ou seja, a vítima não foi induzida a erro e tampouco entregou espontaneamente o numerário, de tal forma que o atual estágio das investigações indica suposta prática de furto mediante fraude. "Para que se configure o delito de estelionato (art. 171 do Código Penal), é necessário que o Agente, induza ou mantenha a Vítima em erro, mediante artifício, ardil, ou qualquer outro meio fraudulento, de maneira que esta lhe entregue voluntariamente o bem ou a vantagem. Se não houve voluntariedade na entrega, o delito praticado é o de furto mediante fraude eletrônica (art. 155, § 4.º-B, do mesmo Estatuto)" (CC 181.538/SP, Rel. Ministra LAURITA VAZ, TERCEIRA SEÇÃO, DJe 1º/9/2021). 5. O agente delituoso ao transferir para si os valores pertencentes à vítima não fraudou eletronicamente o sistema de segurança da Caixa Econômica Federal, mas apenas o sistema de segurança do Mercado Pago, instituição privada para a qual o numerário foi transferido por livre vontade da vítima. Neste contexto, sem fraude ao sistema de segurança da instituição financeira federal não há de se falar em competência da Justiça Federal. Precedente: CC 149.752/PI, Rel. Ministro REYNALDO SOARES DA FONSECA, TERCEIRA SEÇÃO, DJe 1º/2/2017. 6. O ilustre Ministro Felix Fisher no julgamento do CC 177.398/RS (DJe 12/2/2021), em situação análoga ao caso concreto, firmou a competência da Justiça Estadual ao fundamento de que a vítima do delito patrimonial havia transferido valores provenientes de auxílio emergencial, por livre opção, ao sistema de pagamento virtual conhecido como PICPAY para somente depois sofrer o prejuízo advindo do crime. 7. No caso ora em análise, em que houve violação ao sistema de segurança de instituição privada, qual seja, o Mercado Pago, sem qualquer fraude ou violação de segurança direcionada à Caixa Econômica Federal, o prejuízo ficou adstrito à instituição privada e particulares, não se identificando situação prevista no art. 109, inciso I, da Constituição Federal. 8. Competência da Justiça Estadual." (STJ, CC 182.940/SP, Rel. Ministro JOEL ILAN PACIORNIK, TERCEIRA SEÇÃO, julgado em 27/10/2021, DJe 03/11/2021). **ED**

Gabarito "B".

(Juiz de Direito/GO – 2021 – FCC) No que se refere ao crime de roubo,

(A) passou a ser considerado hediondo, em qualquer modalidade, pela Lei nº 13.964, de 24 de dezembro de 2019.
(B) se consuma com a inversão da posse do bem mediante emprego de violência ou grave ameaça, ainda que por breve tempo e em seguida à perseguição imediata ao agente e recuperação da coisa roubada, revelando-se imprescindível, porém, a posse mansa e pacífica ou desvigiada.
(C) configura-se na forma imprópria quando o agente, antes de subtraída a coisa, emprega violência ou grave ameaça, a fim de assegurar a impunidade do crime ou a detenção da coisa para si ou para outrem.
(D) já não constitui causa de aumento da pena o emprego de arma branca.
(E) a fração de aumento pela majorante do emprego de arma de fogo dependerá da natureza do instrumento.

A: incorreta. Com o advento da Lei 13.964/2019, foram inseridas três modalidades de roubo majorado (circunstanciado) no rol de crimes hediondos, a saber: roubo majorado pela restrição de liberdade da vítima (art. 157, § 2º, V); roubo majorado pelo emprego de arma de fogo (art. 157, § 2º-A, I); roubo majorado pelo emprego de arma de fogo de uso proibido ou restrito (art. 157, § 2º-B), roubo qualificado pelo resultado lesão corporal grave ou morte (art. 157, § 3º). Como se vê, o roubo, com a entrada em vigor do pacote anticrime, não passou a ser considerado hediondo em qualquer de suas modalidades, mas somente nas hipóteses a que fizermos referência; **B:** incorreta. Ainda que o agente não tenha tido a posse mansa e pacífica do objeto material do crime, o crime de roubo (e também o de furto), ainda assim, estará consumado. Isso porque a jurisprudência do STF e do STJ dispensa, para a consumação do roubo/furto, o critério da saída da coisa da *esfera de vigilância da vítima* e se contenta com a constatação de que, cessada a clandestinidade ou a violência, o agente tenha tido a posse da *res*, mesmo que retomada, em seguida, pela perseguição imediata: STF, HC 92450-DF, 1ª T., Rel. Min. Ricardo Lewandowski, 16.9.08; STJ, REsp 1059171-RS, 5ª T., Rel. Min. Felix Fischer, j. 2.12.08. Consagrando tal entendimento, o STJ editou a Súmula 582: *Consuma-se o crime de roubo com a inversão da posse do bem mediante emprego de violência ou grave ameaça, ainda que por breve tempo e em seguida à perseguição imediata ao agente e recuperação da coisa roubada, sendo prescindível a posse mansa e pacífica ou desvigiada*; **C**: incorreta. O reconhecimento do roubo impróprio (art. 157, § 1º, do CP) tem como pressuposto o fato de a violência contra a pessoa ou grave ameaça verificar-se após a subtração da *res* (e não antes, como consta da assertiva). É este o caso, por exemplo, do agente que, após efetuar a subtração de determinado bem (furto), ao deixar o local se depara com o proprietário da *res*, contra o qual o agente desfere um soco, que vem a ocasionar-lhe um desmaio e acaba por assegurar ao agente a detenção da coisa subtraída. O roubo próprio, por seu turno, que é a modalidade mais comum desse crime, se dá quando a violência ou grave ameaça é empregada com o fim de retirar os bens da vítima. Em outras palavras, a violência ou a grave ameaça, no roubo próprio, constitui meio para o agente chegar ao seu objetivo, que é o de efetuar a subtração. O roubo impróprio se consuma com o emprego da violência ou grave ameaça; já o roubo próprio alcança a sua consumação com a inversão da posse do bem mediante violência ou grave ameaça (Súmula 582, STJ); **D**: incorreta. Quanto ao emprego de arma como meio para o cometimento do crime de roubo, valem alguns esclarecimentos, em face de inovações legislativas ocorridas neste campo. Com o advento da Lei 13.654/2018, o art. 157, § 2º, I, do CP, que impunha aumento de pena no caso de a violência ou grave ameaça, no crime de roubo, ser exercida com emprego de *arma*, foi revogado. Em relação à incidência desta causa de aumento, a jurisprudência havia consolidado o entendimento segundo o qual o termo *arma* tinha acepção ampla, ou seja, estavam inseridas no seu conceito tanto as armas *próprias*, como, por excelência, a de fogo, quanto as *impróprias* (faca, punhal, foice etc.). Além de revogar o dispositivo acima, a Lei 13.654/2018 promoveu a inclusão da mesma causa de aumento de pena (emprego de arma) no § 2º-A, I, do CP. Até aí, nenhum problema. Como bem sabemos, o deslocamento de determinado comportamento típico de um para outro dispositivo, por força da regra da continuidade típico-normativa, não tem o condão de descriminalizar a conduta. Sucede que a Lei 13.654/2018, ao deslocar esta causa de aumento do art. 157, § 2º, I, do CP para o art. 157, § 2º-A, I, também do CP, limitou o alcance do termo *arma*, já que passou a referir-se tão somente à arma de *fogo*, do que se conclui que somente incorrerá nesta causa de aumento o agente que se valer, para a prática do roubo, de arma de fogo (revólver, pistola fuzil etc.); a partir da entrada em vigor desta lei, portanto, se o agente utilizar, para o cometimento deste delito, arma branca, o roubo será simples, já que, repita-se, a nova redação do dispositivo especificou que tipo de arma é apta a configurar o aumento: arma de fogo. Outro detalhe: pela redação anterior, o agente que fizesse uso de arma (de fogo ou branca) estaria sujeito a um aumento de pena da ordem de um terço até metade; a partir de agora, se utilizar arma (necessariamente de fogo) sujeitar-se-á a um incremento da ordem de dois terços. Desnecessário dizer que tal inovação não poderá retroagir e atingir fatos ocorridos antes da entrada em vigor desta lei, já que constitui *lex gravior*. De outro lado, essa mesma norma que excluiu a arma que não seja de fogo deverá retroagir para beneficiar o agente (*novatio legis in mellius*) que praticou o crime de roubo com emprego de arma branca antes de ela entrar em vigor. Este quadro, que acima explicitamos, perdurou até o dia 23 de janeiro de 2020, data em que entrou em vigor a Lei 13.964/2019 (pacote anticrime). Duas modificações foram promovidas por esta lei nas majorantes do crime de roubo. Em primeiro lugar, foi reinserida a causa de aumento na hipótese de o agente se valer, para a prática do crime de roubo, de arma branca (inserção do inciso VII no § 2º do art. 157 do CP). Lembremos que, com a edição da Lei 13.654/2018, o emprego de arma branca, no roubo, deixou de configurar causa de aumento. Pois bem. Além disso, a Lei 13.964/2019 introduziu no art. 157 do CP o § 2º-B, que estabelece nova causa de aumento de pena para o roubo, quando a violência ou grave ameaça for exercida com emprego de arma de fogo de uso restrito ou proibido. Neste caso, a pena prevista no *caput* será aplicada em dobro. Em resumo, com a entrada em vigor da Lei Anticrime, passamos a ter o seguinte quadro: violência/grave ameaça exercida com emprego de arma branca (art. 157, § 2º, VII, CP): aumento de pena da ordem de um terço até metade; violência/grave ameaça exercida com emprego de arma de fogo, desde que não seja de uso restrito ou proibido (art. 157, § 2º-A, I, CP): a pena será aumentada de dois terços; violência/grave ameaça exercida com emprego de arma de fogo de uso restrito ou proibido (art. 157, § 2º-B, CP): a pena será aplicada em dobro; **E**: correta. De fato, se a violência ou grave ameaça for exercida com emprego de arma de fogo (de uso permitido), a pena será aumentada de dois terços (art. 157, § 2º-A, I, CP); agora, sendo a arma de fogo de uso restrito ou proibido, a pena será aplicada em dobro, nos termos do art. 157, § 2º-B, CP. A fração de aumento, portanto, levará em conta a natureza do instrumento (se de uso permitido ou restrito/proibido). ED

Gabarito "E".

(Juiz de Direito/SP – 2021 – Vunesp) Durante a abordagem a três pessoas que se encontravam em um ponto de ônibus, mediante grave ameaça verbal de morte, Caio, que completara 18 anos naquela data e Tácio, que iria completar 18 anos no dia seguinte, subtraíram, para proveito comum, um aparelho de telefone celular da vítima A e a carteira da vítima B. Em razão de reação da vítima C, ambos a agrediram e, em seguida, dali se evadiram, sem nada subtrair de C.

A dupla foi localizada e identificada um mês após os fatos, sendo apreendido em poder de Caio um revólver, calibre 38, com numeração visível, desmuniciado, que trazia em sua cintura. O revólver foi periciado, constatando-se que a arma estava apta para efetuar disparos.

Nessa hipotética situação, é correto afirmar que

(A) Caio será processado criminalmente pelo delito de roubo com incidência da causa de aumento de pena pelo concurso de agentes, cometido contra três vítimas, observada a regra do cúmulo formal de infrações e pelo crime de porte irregular de arma de fogo de uso permitido.

(B) Caio será processado criminalmente pelo delito de roubo com incidência da causa de aumento de pena pelo concurso de agentes, contra três vítimas, observada a regra do cúmulo formal de infrações, não caracterizado o delito de porte ilegal de arma de fogo de uso permitido, dado que o revólver com ele apreendido estava desmuniciado.

(C) Caio e Tácio serão processados criminalmente pelo delito de roubo com incidência da causa de aumento de pena pelo concurso de agentes, cometido contra três vítimas, observada a regra do cúmulo material de infrações.

(D) Caio e Tácio serão processados criminalmente pelo delito de roubo com incidência da causa de aumento de pena pelo concurso de agentes, cometido contra três vítimas, observada a regra do cúmulo formal de infrações.

Segundo narrativa contida no enunciado, Caio e Tácio, agindo em concurso de pessoas e no mesmo contexto fático, subtraíram, mediante o emprego de grave ameaça, bens de duas vítimas que se encontravam em um ponto de ônibus. No mesmo local havia uma terceira vítima, que, tendo reagido à abordagem, não teve seus bens subtraídos, embora tenha sido subjugada e agredida. Em seguida, os roubadores se evadiram do local, levando um aparelho de telefone celular da vítima A e a carteira da vítima B. Depois de um mês do roubo, a dupla, em contexto fático diverso, é localizada e identificada, sendo apreendido em poder de Caio um revólver calibre 38, com numeração visível, desmuniciado, que trazia em sua cintura. O revólver foi periciado, constatando-se que a arma estava apta para efetuar disparos. Antes de mais nada, devemos analisar a questão pertinente à imputabilidade dos agentes. Não há dúvida de que Caio, por contar com 18 anos à data dos fatos, deve ser responsabilizado criminalmente. Em outras palavras, ele é imputável. Consta do enunciado que ele fizera aniversário na data do roubo. Aqui, pouco importa a hora de seu nascimento. Prevalece, isto sim, o dia do aniversário, ou seja, ele deve ser considerado imputável a partir da zero hora do dia em que alcançou a maioridade. Já em relação a Tácio, a situação é diferente. Isso porque, ao tempo em que as subtrações foram efetuadas (e consumadas), ele ainda não havia alcançado a maioridade, o que somente ocorreria no dia seguinte, data em que completou 18 anos. Em resumo, temos que Caio deverá ser responsabilizado criminalmente por seus atos, ao passo que Tácio, por conta de sua menoridade, o que o torna inimputável, responderá por ato infracional análogo ao crime de roubo, estando sujeito a medida socioeducativa a ser aplicada em processo na vara da infância e juventude. Dito isso, passemos à conduta levada a efeito por cada um. Caio, que, como dito, já era imputável à data dos fatos, será responsabilizado por roubo com incidência da causa de aumento de pena pelo concurso de agentes, contra três vítimas, em concurso formal de crimes (art. 157, § 2º, II, do CP). Perceba que, a despeito de a vítima "C" não ter sofrido desfalque patrimonial, já que nenhum bem seu foi subtraído, ainda assim ela foi vítima do roubo (tentado), na medida em que foi subjugada e, após, agredida. Outro ponto que merece destaque é que o fato de um dos agentes ser inimputável não afasta o reconhecimento do concurso de agentes, devendo o menor ser contabilizado para o fim de incidência da majorante. Ainda com relação a Caio, este deverá ser responsabilizado pelo crime de porte irregular de arma de fogo, pouco importando o fato de a arma encontrar-se desmuniciada. É que, segundo tem entendido a jurisprudência, o porte de arma de fogo sem autorização e em desacordo com determinação legal ou regulamentar configura crime do Estatuto do Desarmamento, ainda que a arma esteja desmuniciada. Conferir: "Em relação ao porte de arma de fogo desmuniciada, esta Corte Superior uniformizou o entendimento – alinhado à jurisprudência do Supremo Tribunal Federal – de que o tipo penal em apreço é de perigo abstrato. Precedentes. 2. Não há falar em atipicidade material da conduta atribuída à acusada Renata de Souza Garcia, porque o simples fato de possuir, sob sua guarda, arma (dois revólveres com numeração suprimida) à margem do controle estatal – artefato que mesmo desmuniciado possui potencial de intimidação e reduz o nível de segurança coletiva exigido pelo legislador – caracteriza o tipo penal previsto no art. 16, parágrafo único, I, do Estatuto do Desarmamento, principalmente porque o bem jurídico tutelado pela norma penal não é a incolumidade física de outrem, mas a segurança pública e a paz social, efetivamente violadas" (STJ, HC 447.071/MS, Rel. Ministro Rogerio Schietti Cruz, Sexta Turma, julgado em 14.08.2018, DJe 29.08.2018). No que toca à arma comprovadamente inapta a realizar disparos, a situação é diferente. Com efeito, portar uma arma desmuniciada (que é crime) é bem diferente de portar uma arma inapta para efetuar disparos, que configura crime impossível, já que a segurança pública, neste caso, não está em risco. Nesse sentido: "1. A Terceira Seção desta Corte pacificou entendimento no sentido de que o tipo penal de posse ou porte ilegal de arma de fogo cuida-se de delito de mera conduta ou de perigo abstrato, sendo irrelevante a demonstração de seu efetivo caráter ofensivo. 2. Na hipótese, contudo, em que demonstrado por laudo pericial a total ineficácia da arma de fogo (inapta a disparar) e das munições apreendidas (deflagradas e percutidas), deve ser reconhecida a atipicidade da conduta perpetrada, diante da ausência de afetação do bem jurídico incolumidade pública, tratando-se de crime impossível pela ineficácia absoluta do meio. 3. Recurso especial improvido" (STJ, REsp 1451397/MG, Rel. Ministra Maria Thereza de Assis Moura, Sexta Turma, julgado em 15.09.2015, DJe 01.10.2015). No mais, considerando que o roubo foi praticado mediante uma só ação contra vítimas distintas, no mesmo contexto fático, há de se reconhecer o concurso formal de crimes, conforme entendimento sedimentado na jurisprudência. Tácio, por sua vez, como já dito, será responsabilizado por ato infracional equiparado ao crime de roubo majorado em razão do concurso de pessoas. Cuidado: não há no enunciado nenhuma informação que permita inferir que a arma apreendida tenha sido utilizada no crime de roubo. Se assim fosse, os agentes incorreriam na majorante do inciso I do § 2º-A do art. 157 do CP. Não é o caso, já que os crimes de roubo e o de porte de arma se deram em contextos fáticos diversos. **ED**

(Promotor de Justiça/CE – 2020 – CESPE/CEBRASPE) Joaquim, com o intuito de fornecer energia elétrica a seu pequeno ponto comercial situado em via pública, efetuou uma ligação clandestina no poste de energia elétrica próximo a seu estabelecimento. Durante dois anos, ele utilizou a energia elétrica dessa fonte, sem qualquer registro ou pagamento do real consumo. Em fiscalização, foi constatada a prática de crime, e, antes do recebimento da denúncia, Joaquim quitou o valor da dívida apurado pela companhia de energia elétrica.

Consoante a jurisprudência do STJ, nessa situação hipotética, Joaquim praticou o crime de

(A) furto mediante fraude, cuja punibilidade foi extinta com o pagamento do débito antes do oferecimento da denúncia.

(B) estelionato, cuja punibilidade foi extinta com o pagamento do débito antes do oferecimento da denúncia.

(C) furto simples, cuja punibilidade não foi extinta com o pagamento do débito, apesar de essa circunstância poder caracterizar arrependimento posterior.

(D) estelionato, cuja punibilidade não foi extinta com o pagamento do débito, apesar de essa circunstância poder caracterizar arrependimento posterior.

(E) furto mediante fraude, cuja punibilidade não foi extinta com o pagamento do débito, apesar de essa circunstância poder caracterizar arrependimento posterior.

Antes de qualquer coisa, é importante que se diga que, no que toca ao tema tratado no enunciado, há duas situações possíveis. Configura o crime de furto de energia mediante fraude quando o agente instala ou retira a fiação diretamente do poste de energia para a sua moradia ou comércio, sem passar pelo medidor. É este o caso narrado no enunciado. Agora, se a energia for desviada depois de instalado o medidor, com o emprego de algum tipo de dispositivo fraudulento que marca consumo inferior ao efetivamente verificado, o crime será o de estelionato (art. 171, CP). No caso do furto de energia mediante fraude, o STJ pacificou o entendimento no sentido de que o adimplemento do débito antes do recebimento da denúncia não tem o condão de promover a extinção da punibilidade. Pode, no entanto, desde que preenchidos os requisitos contidos no art. 16 do CP, configurar arrependimento posterior. Conferir o seguinte julgado, no qual constam as razões pelas quais não se pode conferir o mesmo tratamento aos crimes patrimoniais (furto mediante fraude) e contra a ordem tributária: "1. Tem-se por pretensão aplicar o instituto da extinção de punibilidade ao crime de furto de energia elétrica em razão do adimplemento do débito antes do recebimento da denúncia. 2. Este Tribunal já firmou posicionamento no sentido da sua possibilidade. Ocorre que no caso em exame, sob nova análise, se apresentam ao menos três causas impeditivas, quais sejam; a diversa política criminal aplicada aos crimes contra o patrimônio e contra a ordem tributária; a impossibilidade de aplicação analógica do art. 34 da Lei n. 9.249/95 aos crimes contra o patrimônio; e, a tarifa ou preço público tem tratamento legislativo diverso do imposto. 3. O crime de furto de energia elétrica mediante fraude praticado contra concessionária de serviço público situa-se no campo dos delitos patrimoniais. Neste âmbito, o Estado ainda detém tratamento mais rigoroso. O desejo de aplicar as benesses dos crimes tributários ao caso em apreço esbarra na tutela de proteção aos diversos bens jurídicos analisados, pois o delito em comento, além de atingir o patrimônio, ofende a outros bens jurídicos, tais como a saúde pública, considerados, principalmente, o desvalor do resultado e os danos futuros. 4. O papel do Estado nos casos de furto de energia elétrica não deve estar adstrito à intenção arrecadatória da tarifa, deve coibir ou prevenir eventual prejuízo ao próprio abastecimento elétrico do País. Não se pode olvidar que o caso em análise ainda traz uma particularidade, porquanto trata-se de empresa, com condições financeiras de cumprir com suas obrigações comerciais. A extinção da punibilidade neste caso estabeleceria tratamento desigual entre os que podem e os que não podem pagar, privilegiando determinada parcela da sociedade. 5. Nos crimes contra a ordem tributária, o legislador (Leis n. 9.249/95 e n. 10.684/03), ao consagrar a possibilidade da extinção da punibilidade pelo pagamento do débito, adota política que visa a garantir a higidez do patrimônio público, somente. A sanção penal é invocada como norma tributária como forma de fortalecer a ideia de cumprimento da obrigação fiscal. 6. Nos crimes patrimoniais existe previsão legal específica de causa de diminuição da pena para os casos de pagamento da "dívida" antes do recebimento da denúncia. Em tais hipóteses, o Código Penal - CP, em seu art. 16, prevê o instituto do arrependimento posterior, que em nada afeta a pretensão punitiva, apenas constitui causa de diminuição da pena. 7. A jurisprudência se consolidou no sentido de que a natureza jurídica da remuneração pela prestação de serviço público, no caso de fornecimento de energia elétrica, prestado por concessionária, é de tarifa ou preço público, não possuindo caráter tributário. Não há como se atribuir o efeito pretendido aos diversos institutos legais, considerando que os dispostos no art. 34 da Lei n. 9.249/95 e no art. 9º da Lei n. 10.684/03 fazem referência expressa e, por isso, taxativa, aos tributos e contribuições sociais, não dizendo respeito às tarifas ou preços públicos. 8. Recurso ordinário desprovido" (STJ, RHC 101.299/RS, Rel. Ministro NEFI CORDEIRO, Rel. p/ Acórdão Ministro JOEL ILAN PACIORNIK, TERCEIRA SEÇÃO, julgado em 13/03/2019, DJe 04/04/2019). ED

Gabarito "E".

(Promotor de Justiça/SP – 2019 – MPE/SP) Assinale a alternativa **INCORRETA**.

(A) A destruição ou o rompimento de obstáculo com explosivo ou artefato análogo que cause perigo comum é causa expressa de aumento de pena no crime de roubo.

(B) A conduta de fabricar, vender, transportar ou mesmo soltar balões que possam provocar incêndios nas florestas e demais formas de vegetação, em áreas urbanas ou qualquer tipo de assentamento humano é crime.

(C) Há latrocínio consumado, quando o homicídio se consuma, ainda que não realizada a subtração dos bens da vítima.

(D) A conduta de descumprir decisão judicial que defere medidas protetivas de urgência previstas na Lei 11.340/06 é crime previsto na denominada Lei Maria da Penha, independentemente de as medidas protetivas terem sido deferidas por juiz criminal ou civil.

(E) O crime de roubo do qual resulta lesão corporal grave, nos termos das alterações trazidas pela Lei 13.654/2018, só pode se verificar a título de preterdolo.

A: correta, pois corresponde ao disposto no art. 157, § 2º-A, II, do CP; **B:** correta. Cuida-se do crime definido no art. 42 da Lei 9.605/1998 (Crimes Ambientais); **C:** correta. Em consonância com a jurisprudência do STJ (e também do STF), o crime de latrocínio (art. 157, § 3º, II, do CP) se consuma com a morte da vítima, ainda que o agente não consiga dela subtrair coisa alheia móvel. É o teor da Súmula 610, do STF. No STJ: "(...) 3. O latrocínio (CP, art. 157, § 3º, *in fine*) é crime complexo, formado pela união dos crimes de roubo e homicídio, realizados em conexão consequencial ou teleológica e com *animus necandi*. Estes crimes perdem a autonomia quando compõem o crime complexo de latrocínio, cuja consumação exige a execução da totalidade do tipo. Nesse diapasão, em tese, para haver a consumação do crime complexo, necessitar-se-ia da consumação da subtração e da morte, contudo os bens jurídicos patrimônio e vida não possuem igual valoração, havendo prevalência deste último, conquanto o latrocínio seja classificado como crime patrimonial. Por conseguinte, nos termos da Súmula 610 do STF, o fator determinante para a consumação do latrocínio é a ocorrência do resultado morte, sendo despicienda a efetiva inversão da posse do bem (...)" (HC 226.359/DF, Rel. Min. Ribeiro Dantas, Quinta Turma, j. 02.08.2016, DJe 12.08.2016); **D:** correta. Com o advento da Lei 13.641/2018, foi inserido na Lei Maria da Penha o art. 24-A, que contempla, como crime, a conduta do agente que descumpre decisão judicial que defere medida protetiva de urgência prevista em lei, previa à pena de detenção de 3 meses a 2 anos, entretanto com a vigência da Lei 14.994/2024 as penas foram modificadas para reclusão de 2 a 5 anos. Reza o § 1º desse dispositivo que "a configuração do crime independe da competência civil ou criminal do juiz que deferiu as medidas"; **E:** incorreta, uma vez que a lesão grave e a morte resultantes da violência empregada no crime de roubo (art. 157, § 3º, I e II, CP) podem advir tanto de culpa (preterdolo) quanto de dolo. ED/PB

Gabarito "E".

(Juiz de Direito – TJ/RJ – 2019 – VUNESP) João invade um museu público disposto a furtar um quadro. Durante a ação, quando já estava tirando o quadro da parede, depara-se com um vigilante. Diante da ordem imperativa para largar o quadro, e temendo ser alvejado, vulnera o vigilante com um projétil de arma de fogo. O vigilante vem a óbito; e João, impressionado pelos acontecimentos, deixa a cena do crime sem carregar o quadro. De acordo com o entendimento sumulado pelo Supremo Tribunal Federal, praticou-se

(A) furto qualificado tentado em concurso com homicídio qualificado consumado.

(B) roubo próprio tentado em concurso com homicídio consumado.

(C) roubo impróprio tentado em concurso com homicídio consumado.

(D) latrocínio tentado.

(E) latrocínio consumado.

Segundo o enunciado proposto, João, imbuído do propósito de subtrair um quadro, invade um museu no qual este se encontrava. Já no seu interior, quando tirava o quadro da parede, ele é surpreendido por um vigilante. Temendo ser alvejado, João atira no vigilante, que vem a óbito. Em seguida, ele deixa a cena do crime sem levar o bem. O enunciado não deixa dúvidas de que, desde o início, seu objetivo era furtar o quadro. Ocorre que, no curso da empreitada, quando estava prestes a concluir a subtração, João é abordado pelo vigilante do museu, contra o qual emprega violência. Neste momento, o crime de furto dá lugar ao delito de roubo na modalidade *imprópria* (art. 157, § 1º, do CP). O reconhecimento deste crime tem como pressuposto o fato de a violência contra a pessoa ou grave ameaça verificar-se após a subtração da *res*. É bem este o caso narrado no enunciado. Como da violência empregada por João resultou na morte do vigilante, o crime praticado é o roubo impróprio seguido de morte (latrocínio consumado), previsto no art. 157, § 3º, II, do CP. Com efeito, embora a subtração não tenha sido efetivada, a morte ocorreu. É este o entendimento sedimentado por meio da Súmula 610, do STF: *Há crime de latrocínio, quando o homicídio se consuma, ainda que não realize o agente a subtração de bens da vítima*. No STJ: "(...) 3. O latrocínio (CP, art. 157, § 3º, *in fine*) é crime complexo, formado pela união dos crimes de roubo e homicídio, realizados em conexão consequencial ou teleológica e com *animus necandi*. Estes crimes perdem a autonomia quando compõem o crime complexo de latrocínio, cuja consumação exige a execução da totalidade do tipo. Nesse diapasão, em tese, para haver a consumação do crime complexo, necessitar-se-ia da consumação da subtração e da morte, contudo os bens jurídicos patrimônio e vida não possuem igual valoração, havendo prevalência deste último, conquanto o latrocínio seja classificado como crime patrimonial. Por conseguinte, nos termos da Súmula 610 do STF, o fator determinante para a consumação do latrocínio é a ocorrência do resultado morte, sendo despicienda a efetiva inversão da posse do bem (...)" (HC 226.359/DF, Rel. Min. Ribeiro Dantas, Quinta Turma, j. 02.08.2016, *DJe* 12.08.2016). Quanto à diferença entre as modalidades própria e imprópria do roubo, valem alguns esclarecimentos. Roubo *impróprio*, conforme já ponderado acima, é aquele em que o agente, logo em seguida à subtração da coisa, é levado, para assegurar a sua impunidade ou a detenção da *res*, a empregar violência ou grave ameaça (art. 157, § 1º, do CP); o roubo *próprio*, que é a modalidade mais comum desse crime, se dá quando a violência ou grave ameaça é empregada com o fim de retirar os bens da vítima. Em outras palavras, a violência ou a grave ameaça, no roubo próprio, constitui meio para o agente chegar ao seu objetivo, que é o de efetuar a subtração. O roubo impróprio se consuma com o emprego da violência ou grave ameaça; já o roubo próprio alcança a sua consumação com a inversão da posse do bem mediante violência ou grave ameaça (Súmula 582, STJ). **ED**

Gabarito "E".

(Juiz de Direito – TJ/AL – 2019 – FCC) Segundo entendimento sedimentado dos Tribunais Superiores sobre crimes contra o patrimônio,

(A) há latrocínio tentado quando o homicídio se consuma, mas o agente não realiza a subtração de bens da vítima, não se admitindo o estabelecimento de regime prisional mais gravoso do que o cabível em razão da sanção imposta, com base na gravidade abstrata do delito, se fixada a pena-base no mínimo legal.

(B) é possível o reconhecimento da figura privilegiada nos casos de furto qualificado, se estiverem presentes a primariedade do agente, o pequeno valor da coisa e a qualificadora for de ordem subjetiva, não se admitindo, porém, a aplicação, no furto qualificado pelo concurso de agentes, da correspondente majorante do roubo.

(C) a intimidação feita com arma de brinquedo não autoriza, no crime de roubo, o reconhecimento da causa de aumento relativa ao emprego de arma de fogo, consumando-se o crime com a inversão da posse do bem mediante emprego de violência ou grave ameaça, ainda que por breve tempo e em seguida à perseguição imediata ao agente e recuperação da coisa roubada, imprescindível, porém, a posse mansa e pacífica ou desvigiada.

(D) o condenado por extorsão mediante sequestro, dependendo da data de cometimento da infração, poderá obter a progressão de regime após o cumprimento de um sexto da pena, independendo a consumação do crime de extorsão comum a obtenção de vantagem indevida.

(E) sistema de vigilância realizado por monitoramento eletrônico ou por existência de segurança no interior do estabelecimento comercial, por si só, não torna impossível a configuração do crime de furto, admitindo-se a indicação do número de majorantes como fundamentação concreta para o aumento na terceira fase de aplicação da pena no crime de roubo circunstanciado.

A: incorreta. A questão que se coloca na primeira parte da assertiva é saber se o roubo seguido de morte (latrocínio), na hipótese acima, se consumara ou não, já que, embora tenha havido morte, a subtração não ocorreu. Em consonância com a jurisprudência do STJ (e também do STF), o crime de latrocínio (art. 157, § 3º, II, do CP) se consuma com a morte da vítima, ainda que o agente não consiga dela subtrair coisa alheia móvel. É o teor da Súmula 610, do STF. No STJ: "(...) 3. O latrocínio (CP, art. 157, § 3º, *in fine*) é crime complexo, formado pela união dos crimes de roubo e homicídio, realizados em conexão consequencial ou teleológica e com *animus necandi*. Estes crimes perdem a autonomia quando compõem o crime complexo de latrocínio, cuja consumação exige a execução da totalidade do tipo. Nesse diapasão, em tese, para haver a consumação do crime complexo, necessitar-se-ia da consumação da subtração e da morte, contudo os bens jurídicos patrimônio e vida não possuem igual valoração, havendo prevalência deste último, conquanto o latrocínio seja classificado como crime patrimonial. Por conseguinte, nos termos da Súmula 610 do STF, o fator determinante para a consumação do latrocínio é a ocorrência do resultado morte, sendo despicienda a efetiva inversão da posse do bem (...)" (HC 226.359/DF, Rel. Min. Ribeiro Dantas, Quinta Turma, j. 02.08.2016, *DJe* 12.08.2016). A segunda parte da assertiva está correta, uma vez que reflete o entendimento consolidado na Súmula 440, do STJ: "Fixada a pena-base no mínimo legal, é vedado o estabelecimento de regime prisional mais gravoso do que o cabível em razão da sanção imposta, com base apenas na gravidade abstrata do delito"; **B: incorreta.** É pacífico o entendimento, tanto no STJ quanto no STF, de que é possível a coexistência do furto qualificado (art. 155, §4º, do CP) com a modalidade privilegiada do art. 155, § 2º, do CP, desde que a qualificadora seja de ordem *objetiva* (e não subjetiva, como consta da assertiva). Tanto é assim que o STJ, consolidando esse entendimento, editou a Súmula 511: "É possível o reconhecimento do privilégio previsto no §2º do art. 155 do CP nos casos de crime de furto qualificado, se estiverem presentes a primariedade do agente, o pequeno valor da coisa e a qualificadora for de ordem objetiva". A segunda parte da assertiva está correta, pois reflete o entendimento consolidado na Súmula 442, do STJ: "É inadmissível aplicar, no furto qualificado, pelo concurso de agentes, a majorante do roubo"; **C: incorreta.** Hodiernamente, é tranquilo o entendimento dos tribunais superiores no sentido de que o emprego de arma de brinquedo, no contexto do crime de roubo, não autoriza o reconhecimento da causa de aumento prevista no art. 157, § 2º-A, I, do CP. Lembremos que a Súmula 174 do STJ, que consolidava o entendimento pela incidência da majorante em casos assim, foi cancelada em 24 de outubro de 2001, apontando, portanto, mudança de posicionamento. Como se pode ver, até aqui a assertiva está correta. O erro está na sua parte final, em que afirma ser imprescindível à consumação do crime de roubo a posse mansa e pacífica ou desvigiada do objeto material. Como bem sabemos, a jurisprudência é pacífica no sentido de que o crime de roubo se consuma com a mera inversão da posse do bem mediante emprego de violência ou grave ameaça, independente da posse pacífica e desvigiada da coisa pelo agente. Tal entendimento encontra-se consolidado na Súmula 582, do STJ: "Consuma-se o crime de roubo com a inversão da posse do bem mediante emprego de violência ou grave ameaça, ainda que por breve tempo e em seguida à perseguição imediata ao agente e recuperação da coisa roubada, sendo prescindível a posse mansa e pacífica ou desvigiada"; **D: correta.** Se o crime é hediondo ou assemelhado, como é o caso da extorsão mediante sequestro (art. 159, CP), e foi praticado após a entrada em vigor da Lei 11.464/07, a progressão, por imposição do art. 2º, § 2º, da Lei 8.072/90, dar-se-á nos seguintes moldes: sendo o apenado primário, a progressão de regime ocorrerá após o cumprimento de dois quintos da pena; se reincidente, depois de cumpridos três quintos. Agora, se a prática do crime hediondo ou assemelhado for anterior à entrada em vigor da Lei 11.464/2007, que alterou, na Lei de Crimes Hediondos, o lapso exigido para a progressão de regime, deverá incidir, quanto aos condenados por crimes dessa natureza, a regência do art. 112 da LEP, que impõe, como condição para progressão de regime, o cumprimento de *um sexto* da pena no regime anterior, além de bom comportamento carcerário. Este entendimento está contemplado na Súmula 471 do STJ. Dessa forma, é correto afirmar-se que o condenado por extorsão mediante sequestro, dependendo da data de cometimento da infração (antes ou depois da Lei 11.464/2007), poderá obter a progressão de regime após o cumprimento de um sexto da pena. A segunda parte da assertiva, que se refere ao crime de extorsão comum (art. 158, CP), está também correta. Isso porque se trata de crime (formal) em que a consumação se opera no momento em que a vítima, constrangida, faz o que lhe foi imposto pelo agente ou ainda deixa de fazer o que este determinou que ela não fizesse. A obtenção, por parte do sujeito ativo, da vantagem exigida constitui mero exaurimento, isto é, desdobramento típico do delito previsto no art. 158 do CP. Este é o teor da Súmula 96 do STJ, que preceitua que "o crime de extorsão consuma-se independentemente da obtenção da vantagem indevida". Atenção: com as mudanças implementadas pela Lei 13.964/2019 no art. 112 da LEP, foram alteradas as frações de cumprimento de pena necessárias para que o reeducando obtenha o direito de progressão de regime; **E:** incorreta. A primeira parte da assertiva, que está correta, refere-se ao chamado *furto sob vigilância*, que pode, em determinadas situações, a depender do caso concreto, caracterizar *crime impossível* pela *ineficácia absoluta do meio* (art. 17 do CP). É o caso, por exemplo, do agente que, desde o momento em que ingressa no supermercado, passa a ser permanentemente vigiado por sistema de câmeras e também por seguranças, que ficam o tempo todo no seu encalço. Não há, neste caso, a menor possibilidade de o crime consumar-se. Isso não quer dizer que a existência, por si só, de sistema de segurança por câmeras elimine a possibilidade de o crime chegar à sua consumação. É perfeitamente plausível que o agente se aproveite de determinado ângulo de monitoramento em que a subtração não é visualizada pelo sistema de câmeras. Dessa forma, a ineficácia do meio deve ser avaliada caso a caso. Nesse sentido: STF, HC 110.975-RS, 1ª T., rel. Min. Carmen Lúcia, 22.05.2012. Consagrando esse entendimento, o STJ editou a Súmula 567: "Sistema de vigilância realizado por monitoramento eletrônico ou por existência de segurança no interior de estabelecimento comercial, por si só, não torna impossível a configuração do crime de furto". A segunda parte da assertiva está incorreta, porque em desconformidade com o entendimento firmado pela Súmula 443, do STJ: *O aumento na terceira fase de aplicação da pena no crime de roubo circunstanciado exige fundamentação concreta, não sendo suficiente para a sua exasperação a mera indicação do número de majorantes.*

Gabarito "D".

(Juiz de Direito - TJ/BA - 2019 - CESPE/CEBRASPE) Com relação aos crimes contra o patrimônio, julgue os itens que se seguem, com base no entendimento jurisprudencial.

I. A existência de sistema de vigilância por monitoramento, por impossibilitar a consumação do delito de furto, é suficiente para tornar impossível a configuração desse tipo de crime.

II. A presença de circunstância qualificadora de natureza objetiva ou subjetiva no delito de furto não afasta a possibilidade de reconhecimento do privilégio, se estiverem presentes a primariedade do agente e o pequeno valor da *res* furtiva.

III. Constatada a utilização de arma de fogo desmuniciada na perpetração de delito de roubo, não se aplica a circunstância majorante relacionada ao emprego de arma de fogo.

IV. No delito de estelionato na modalidade fraude mediante o pagamento em cheque, a realização do pagamento do valor relativo ao título até o recebimento da denúncia impede o prosseguimento da ação penal.

Estão certos apenas os itens

(A) I e II.
(B) I e III.
(C) III e IV.
(D) I, II e IV.
(E) II, III e IV.

I: incorreta. O chamado *furto sob vigilância* pode, em determinadas situações, a depender do caso concreto, caracterizar *crime impossível* pela *ineficácia absoluta do meio* (art. 17 do CP). É o caso, por exemplo, do agente que, desde o momento em que ingressa no supermercado, passa a ser permanentemente vigiado por sistema de câmeras e também por seguranças, que ficam o tempo todo no seu encalço. Não há, neste caso, a menor possibilidade de o crime consumar-se. Isso não quer dizer que a existência, por si só, de sistema de segurança por câmeras e de funcionários elimine a possibilidade de o crime chegar à sua consumação. É perfeitamente plausível que o agente se aproveite de determinado ângulo de monitoramento em que a subtração não é visualizada pelo sistema de câmeras. Dessa forma, a ineficácia do meio deve ser avaliada caso a caso. Nesse sentido: STF, HC 110.975-RS, 1ª T., rel. Min. Cármen Lúcia, 22.05.2012. Consagrando esse entendimento, o STJ editou a Súmula n. 567: "Sistema de vigilância realizado por monitoramento eletrônico ou por existência de segurança no interior de estabelecimento comercial, por si só, não torna impossível a configuração do crime de furto"; **II:** incorreta. É pacífico o entendimento, tanto no STJ quanto no STF, de que é possível a coexistência do furto qualificado (art. 155, § 4º, do CP) com a modalidade privilegiada do art. 155, § 2º, do CP, desde que – e aqui está o erro da assertiva – a qualificadora seja de ordem *objetiva*. Tanto é assim que o STJ, consolidando esse entendimento, editou a Súmula 511: "É possível o reconhecimento do privilégio previsto no § 2º do art. 155 do CP nos casos de crime de furto qualificado, se estiverem presentes a primariedade do agente, o pequeno valor da coisa e a qualificadora for de ordem objetiva"; **III:** correta. Trata-se de tema em relação ao qual não há consenso. Há julgados que reconhecem a incidência da majorante do art. 157, § 2º-A, I, do CP mesmo quando a arma não estiver municiada; outros julgados dão conta de que a arma desmuniciada, à míngua de potencialidade lesiva, não pode ensejar o reconhecimento da causa de aumento do art. 157, § 2º-A, I, do CP, embora tal circunstância seja apta a demonstrar o emprego de grave ameaça. No sentido de que uma arma desmuniciada não pode levar ao reconhecimento da majorante em questão: "De acordo com a jurisprudência desta Corte Superior, a arma de fogo desmuniciada não pode ser considerada para o fim de caracterização da majorante do emprego de arma prevista no art. 157, § 2º, I, do Código Penal, porque presume-se ausente a sua potencialidade lesiva" (AgRg no REsp 1526961/SP, Rel. Ministro REYNALDO SOARES DA FONSECA, QUINTA TURMA, julgado em 14/02/2017, DJe 17/02/2017). Em sentido contrário, o STF: "Ainda que a arma não tivesse sido apreendida, conforme jurisprudência desta Suprema Corte, seu emprego pode ser comprovado pela prova indireta, sendo irrelevante o fato de estar desmuniciada para configuração da majorante" (RHC 115077, Relator(a): Min. GILMAR MENDES, Segunda Turma, julgado em 06/08/2013, PROCESSO ELETRÔNICO DJe-176 DIVULG 06-09-2013 PUBLIC 09-09-2013). Seja como for, é importante que façamos algumas ponderações acerca do emprego de arma como majorante no cometimento do crime de roubo, tendo em vista recentes alterações legislativas. Antes de mais nada e com vistas a facilitar a compreensão, considero oportuno que façamos um breve histórico sobre tais modificações. Pois bem. Com o advento da Lei 13.654/2018, o art. 157, § 2º, I, do CP, que impunha aumento de pena no caso de a violência ou ameaça, no crime de roubo, ser exercida com emprego de *arma*, foi revogado. Em relação à incidência desta causa de aumento, a jurisprudência havia consolidado o entendimento segundo o qual o termo *arma* tinha acepção ampla, ou seja, estavam inseridas no seu conceito tanto as armas *próprias*, como, por excelência, a de fogo, quanto as *impróprias* (faca, punhal, foice etc.). Além de revogar o dispositivo acima, a Lei 13.654/2018 promoveu a inclusão da mesma causa de aumento de pena (emprego de arma) no § 2º-A, I, do CP. Até aí, nenhum problema. Como bem sabemos, o deslocamento de determinado comportamento típico de um para outro dispositivo, por força da regra da continuidade típico-normativa, não tem o condão de descriminalizar a conduta. Sucede que a Lei 13.654/2018, ao deslocar esta causa de aumento do art. 157, § 2º, I, do CP para o art. 157, § 2º-A, I, também do CP, limitou o alcance do termo *arma*, já que passou a referir-se tão somente à arma de *fogo*, do que se conclui que somente incorrerá nesta causa de aumento o agente que se valer, para a prática do roubo, de arma de fogo (revólver, pistola, fuzil etc.); a partir da entrada em vigor desta lei, portanto, se o agente utilizar, para o cometimento deste delito, arma branca, o roubo será simples, já que, repita-se, a nova redação do dispositivo especificou que tipo de arma é apta a configurar o aumento: arma de fogo. Outro detalhe: pela redação anterior, o agente que fizesse uso de arma (de fogo ou branca) estaria sujeito a um aumento de pena da ordem de um terço até metade; a partir de agora, se utilizar arma (necessariamente de fogo), sujeitar-se-á a um incremento da ordem de dois terços. Desnecessário dizer que tal inovação não poderá retroagir e atingir fatos ocorridos antes da entrada em vigor desta lei, já que constitui *lex gravior*. De outro lado, essa mesma norma que excluiu a arma que não seja de fogo deverá retroagir para beneficiar o agente (*novatio legis in mellius*) que praticou o crime de roubo com emprego de arma branca antes de ela entrar em vigor. Este quadro, que acima explicitamos, perdurou até o dia 23 de janeiro de 2020, data em que entrou em vigor a Lei 13.964/2019 (pacote anticrime). Duas modificações foram promovidas por esta lei nas majorantes do crime de roubo. Em primeiro lugar, foi reinserida a causa de aumento na hipótese de o agente se valer, para a prática do crime de roubo, de arma branca (inserção do inciso VII no § 2º do art. 157 do CP). Lembremos que, com a edição da Lei 13.654/2018, o emprego de arma branca, no roubo, deixou de configurar causa de aumento. Pois bem. Além disso, a Lei 13.964/2019 introduziu no art. 157 do CP o § 2º-B, que estabelece nova causa de aumento de pena para o roubo, quando a violência ou grave ameaça for exercida com emprego de arma de fogo de uso restrito ou proibido. Neste caso, a pena prevista no *caput* será aplicada em dobro. Em resumo, a partir de 23 de janeiro de 2020, teremos o seguinte: violência/grave ameaça exercida com emprego de arma branca (art. 157, § 2º, VII, CP): aumento de pena da ordem de um terço até metade; violência/grave ameaça exercida com emprego de arma de fogo, desde que não seja de uso restrito ou proibido (art. 157, § 2º-A, I, CP): a pena será aumentada de dois terços; violência/grave ameaça exercida com emprego de arma de fogo de uso restrito ou proibido (art. 157, § 2º-B, CP): a pena será aplicada em dobro; **IV:** correta, pois reflete o entendimento sufragado na Súmula 554, do STF. ED

Gabarito "C".

(Juiz de Direito – TJ/RS – 2018 – VUNESP) Utilizando-se de uma chave falsa, José invadiu um museu e amarrou o vigilante Marcos na cama em que este cochilava, a fim de efetivar a subtração de obras de arte que guarneciam o local. Durante a amarração, Marcos acorda, tenta impedir José, mas não consegue se desvencilhar das cordas e assiste, impotente, ao cometimento do crime. Praticada a subtração, José deixou o local, sem desamarrar Marcos. Horas depois, por conta de uma inesperada e forte chuva seguida de inundação, e em razão de estar amarrado, Marcos morreu por afogamento. Considere a inundação causa superveniente relativamente independente.

Diante desse quadro, José será responsabilizado por

(A) latrocínio (CP, art. 157, § 3º).

(B) roubo impróprio (CP, art. 157, § 1º).

(C) roubo (CP, art. 157) em concurso com homicídio culposo (CP, art. 121, § 3º).

(D) roubo próprio (CP, art. 157, caput).

(E) furto qualificado (CP, art. 155, § 4º, III) em concurso com homicídio culposo (CP, art. 121, § 3º).

Segundo consta do enunciado, José ingressou em um museu e, com o fim de viabilizar a subtração de obras de arte de seu acervo, imobilizou Marcos, funcionário responsável pela vigilância do local, que cochilava no momento da invasão. De se ver que não houve, por parte de José, emprego de violência tampouco grave ameaça. Ao amarrar Marcos, para que este não interferisse na sua ação, José nada mais fez do que reduzir a vítima à impossibilidade de resistência (denominada pela doutrina como violência *imprópria*). O crime em que incorreu José, assim, foi o de roubo. A questão que se coloca é saber se se trata de roubo *próprio* ou *impróprio*. Cuida-se de roubo próprio (art. 157, *caput*, do CP), na medida em que o meio de que se valeu José para reduzir Marcos à impossibilidade de resistência foi empregado antes da subtração das obras de arte. O reconhecimento do roubo impróprio (art. 157, § 1º, do CP) tem como pressuposto o fato de a violência contra a pessoa ou grave ameaça verificar-se após a subtração da *res*. É este o caso do agente que, após efetuar a subtração de determinado bem (furto), ao deixar o local se depara com o proprietário da *res*, contra o qual o agente desfere um soco, que vem a ocasionar-lhe um desmaio e acaba por assegurar ao agente a detenção da coisa subtraída. Pois bem. Ao deixar o local, de posse dos bens subtraídos, Marcos permaneceu amarrado. Algum tempo depois, em razão de uma inundação causada por uma forte chuva, Marcos vem a morrer por afogamento. Pelo enunciado, José deverá ser responsabilizado apenas pelo roubo próprio, na medida em que a morte de Marcos decorreu da inundação, que constitui um evento imprevisível, embora tenha origem na conduta de José. Assim, pode-se entender que a inundação é causa superveniente relativamente independente que, por si só, produziu o resultado, excluindo-se, assim, a imputação do evento fatal a José, nos termos do art. 13, § 1º, do CP. Aplicando-se a teoria da causalidade adequada, pode-se concluir que este apenas deverá responder pelo roubo próprio, não se compreendendo na linha de desdobramento normal da conduta a morte da vítima por afogamento em decorrência da inundação. ED

Gabarito "D".

(Investigador – PC/BA – 2018 – VUNESP) Sobre as disposições gerais aplicáveis aos crimes contra o patrimônio, previstas nos artigos 181 a 183 do Código Penal, assinale a alternativa correta.

(A) Maria, apesar de divorciada de José, com este mantém amizade, e constantemente se encontram para jantar. Em um desses encontros, Maria furtou o relógio e as abotoaduras de ouro pertencentes a José. Nesse caso, por ter sido casada com José, Maria estará isenta de pena, nos temos do art. 181, I, do Código Penal.

(B) Se o crime for cometido em prejuízo de irmão, legítimo ou ilegítimo, a ação penal será pública incondicionada.

(C) Manoel, para sustentar o vício em jogos, furtou R$ 70.000,00 de seu pai, referente a todo o dinheiro economizado durante a vida do genitor, um senhor de 65 anos de idade à época do fato. Por ter praticado crime sem violência contra seu genitor, Manoel ficará isento de pena.

(D) As causas de isenção de pena previstas nos artigos 181 e 182 também se estendem ao estranho que participa do crime.

(E) Se o crime for cometido em prejuízo de tio ou sobrinho com quem o agente coabita, a ação penal será pública condicionada à representação.

A: incorreta. Para a incidência da escusa absolutória prevista no art. 181, I, do CP, é imprescindível que os sujeitos ativo e passivo do delito estejam casados. Não é o caso de Maria e José, que, segundo consta, estão divorciados. Assim, Maria responderá normalmente pelo furto dos bens do patrimônio de seu ex-marido; **B:** incorreta, dado que, sendo o crime cometido contra irmão, a ação penal será pública condicionada a representação (art. 182, II, do CP); **C:** incorreta. Manoel, neste caso, não será alcançado pela escusa absolutória, na medida em que seu pai, à data dos fatos, já contava com mais de 60 anos (tinha 65), tal como estabelece o art. 183, III, do CP, que afasta a incidência dos arts. 181 e 182 do CP nas situações ali descritas; **D:** incorreta. Por expressa previsão contida no art. 183, II, do CP, as causas de isenção presentes nos arts. 181 e 182 do CP não se estendem ao estranho que participa do crime; **E:** correta, pois reflete o disposto no art. 182, III, do CP. ED

Gabarito "E".

20. CRIMES CONTRA A DIGNIDADE SEXUAL

(ENAM – 2024.1) Caio, para excitar sua libido, tem relações sexuais com sua namorada na presença de uma vizinha, de 13 anos de idade, a quem havia pago a importância de R$ 100,00 para que ela assistisse ao ato.

Diante do caso narrado, Caio deverá responder pelo crime de:

(A) assédio sexual.
(B) corrupção de menores.
(C) estupro de vulnerável.
(D) satisfação de lascívia mediante presença de criança ou adolescente.
(E) favorecimento da prostituição ou de outra forma de exploração de criança ou adolescente ou de vulnerável.

A conduta descrita no enunciado corresponde ao crime definido no art. 218-A do CP, que assim dispõe: "Praticar, na presença de alguém menor de 14 (catorze) anos, ou induzi-lo a presenciar, conjunção carnal ou outro ato libidinoso, a fim de satisfazer lascívia própria ou de outrem". ED

Gabarito "D".

(Juiz de Direito – TJ/SC – 2024 – FGV) Bianca é acordada de madrugada por ruídos provenientes do quarto de sua filha de 12 anos de idade. Deslocando-se ao cômodo de onde provinham os ruídos, surpreende a menor tendo relações sexuais com o padrasto. Após assistir ao fato por alguns segundos, sem tomar qualquer medida em relação ao que presenciava, a mãe retorna para sua cama.

Diante do caso narrado, é correto afirmar que Bianca:

(A) deverá responder pelo crime de omissão de socorro.
(B) deverá responder pelo crime de estupro de vulnerável, sem a incidência de qualquer causa de aumento de pena.
(C) deverá responder pelo crime de estupro de vulnerável, com a incidência da causa de aumento de pena decorrente do concurso de pessoas.
(D) não deverá responder por crime algum, pois não concorreu para o estupro de vulnerável cometido pelo padrasto da vítima.
(E) deverá responder pelo crime de estupro de vulnerável, com a incidência da causa de aumento de pena decorrente de ser genitora da vítima.

Bianca, por ser mãe da menor de 12 anos, tem o dever jurídico, imposto pelo art. 13, § 2º, do CP, de protegê-la e mantê-la a salvo de todo e qualquer perigo. Assim, tinha, no caso descrito no enunciado, a obrigação de intervir e fazer cessar a agressão sexual perpetrada contra a sua filha pelo padrasto desta. Fala-se, aqui, em crime *omissivo impróprio* (comissivo por omissão), já que a genitora, podendo agir, omitiu-se e, com isso, contribuiu para o crime de estupro praticado por seu marido/companheiro contra a sua filha, pelo qual, bem por isso, deverá, juntamente com este (concurso de pessoas), responder – neste caso, estupro de vulnerável (art. 217-A, CP). Perceba que esta modalidade de crime omissivo pressupõe, à sua consumação, a produção de resultado naturalístico (conjunção carnal), o que não ocorre no chamado crime *omissivo puro*, cuja consumação se dá com a mera abstenção do agente, independentemente de qualquer resultado. Outra coisa: o tipo penal, na *omissão imprópria*, descreve uma conduta comissiva (estupro, neste caso), que, diante da ocorrência de uma das hipóteses previstas no art. 13, § 2º, do CP, ensejará a responsabilização do agente; já na omissão própria o tipo penal contempla uma conduta omissiva. É bom que se diga, ademais, que, em razão da idade da vítima, que contava com doze anos, sendo, por isso, vulnerável, pouco importa se consentiu ou não para o ato sexual. A propósito, no que concerne ao estupro de vulnerável, previsto no art. 217-A do CP, a Lei 13.718/2018, ao inserir o § 5º nesse dispositivo legal, consagra o entendimento adotado pela Súmula 593, do STJ, no sentido de que o consentimento e a experiência sexual anterior são irrelevantes à configuração do crime de estupro de vulnerável. ED

Gabarito "C".

(Juiz de Direito – TJ/SC – 2024 – FGV) Ilmar, de 20 anos de idade, namorado de Jorgina, de 13 anos de idade, vai com ela ao cinema e, durante a projeção do filme, aproveitando-se da escuridão e do fato de a sala estar quase vazia, pede-lhe que faça sexo oral com ele, vindo ela a praticá-lo. Porém, o casal é surpreendido durante o ato por um segurança do estabelecimento, que aciona a polícia.

Diante do caso narrado, Ilmar deverá responder por:

(A) ato obsceno.
(B) importunação sexual.
(C) estupro de vulnerável.
(D) ato obsceno e importunação sexual.
(E) ato obsceno e estupro de vulnerável.

A conduta consistente em praticar sexo oral com uma adolescente de 13 anos constitui ato libidinoso. Deve o agente que assim agir, portanto, responder pelo crime de estupro de vulnerável na modalidade consumada (art. 217-A do CP). A conduta incriminada neste dispositivo é a de ter conjunção carnal ou praticar ato libidinoso diverso com pessoa menor de 14 anos, sendo este o caso do enunciado. Como se pode ver, é suficiente que a vítima seja menor de 14 anos, pouco importando se o ato tenha sido consentido, já que, neste caso, eventual anuência da ofendida nenhuma validade tem. Ou seja, o emprego de violência ou grave ameaça, no contexto do estupro de vulnerável, é dispensável. A propósito, no que concerne ao estupro de vulnerável, a Lei 13.718/2018, ao inserir o § 5º nesse dispositivo legal, consagra o entendimento adotado pela Súmula 593, do STJ, no sentido de que o consentimento e a experiência sexual anterior são irrelevantes à configuração do crime de estupro de vulnerável. Conferir o seguinte julgado: "2. Considerar como ato libidinoso diverso da conjunção carnal somente as hipóteses em que há introdução do membro viril nas cavidades oral, vaginal ou anal da vítima não corresponde ao entendimento do legislador, tampouco ao da doutrina e da jurisprudência, acerca do tema. 3. Ficou consignado no acórdão recorrido que "o réu levou a vítima até um quarto, despiu-se e, enquanto retirava as roupas da adolescente, passou as mãos em seu corpo. Ato contínuo, deitou-se em uma cama, momento em que a menor vestiu-se rapidamente e fugiu do local". 4. Nega-se vigência ao art. 214, c/c o art. 224, "a" (redação anterior à Lei 12.015/2009), quando, diante de atos lascivos, diversos da conjunção carnal e atentatórios à liberdade sexual da criança, se reconhece a tentativa do delito, ao fundamento de que "o acusado deixou de praticar atos considerados mais invasivos por circunstâncias alheias à sua vontade". 5. A proteção integral à criança, em especial no que se refere às agressões sexuais, é preocupação constante de nosso Estado, constitucionalmente garantida (art. 227, caput, c/c o § 4º da Constituição da República), e de instrumentos internacionais. 6. Deve ser restabelecida a condenação do recorrido, concretizada no mínimo patamar legal então vigente, e ser determinado ao Juízo das Execuções, de ofício, que analise o eventual cabimento da fixação de regime inicial diverso do fechado para o cumprimento da reprimenda, porquanto ausente a vedação do § 1º do art. 2º da Lei 8.072/1990, na redação da Lei 11.464/2007. 7. Recurso especial provido para reconhecer a consumação do crime e restabelecer a condenação penal. Ordem concedida, de ofício, para que o Juízo das Execuções analise a possibilidade de fixar ao recorrido regime prisional inicial diverso do fechado, à luz do disposto no art. 33 do Código Penal" (STJ, REsp 1309394/RS, Rel. Min. Rogerio Schietti Cruz, 6ª Turma, j. 05.02.2015, DJe 20.02.2015. Ademais, considerando que o crime contra a dignidade sexual foi praticado em local aberto ao público (sala de cinema), incidirá o agente nas penas do delito de ato obsceno, previsto no art. 233 do CP, em concurso formal com o crime de estupro de vulnerável. ED

Gabarito "E".

(Juiz de Direito – TJ/SC – 2024 – FGV) Diana, mãe da jovem Efigênia, de 18 anos de idade, ganha da filha, como presente de aniversário, um automóvel zero km, com pleno conhecimento de que o dinheiro utilizado na compra do veículo foi obtido pela filha com seu trabalho como prostituta.

Diante do caso narrado, Diana:

(A) não cometeu crime.
(B) cometeu o crime de rufianismo.
(C) cometeu o crime de receptação.
(D) cometeu o crime de favorecimento da prostituição.
(E) cometeu o crime de lavagem de capitais, juntamente com Efigênia.

Não há que se falar em cometimento de crime por parte de Diana, que ganhou de sua filha, Efigênia, maior com 18 anos, um veículo comprado com o trabalho desta como prostituta. O crime de rufianismo, definido no art. 230 do CP, pressupõe que o agente explore quem exerce a prostituição, participando de forma direta dos lucros ou se fazendo sustentar, não sendo este o caso de Diana, que se limitou a receber um presente dado por sua filha. De igual forma, Diana não incorreu no crime de receptação, já que o veículo não é produto de crime. Ao que consta, foi adquirido de forma lícita por Efigênia, com os ganhos de seu trabalho. Vale lembrar que o ato de prostituir-se não configura delito algum. Por fim, o crime de favorecimento da prostituição ou outra forma de exploração sexual, capitulado no art. 228 do CP, consiste na conduta do agente que induz ou atrai alguém à prostituição ou outra forma de exploração sexual, ou que facilita, impede ou dificulta que alguém a abandone, o que não se verifica no comportamento de Diana. ED

Gabarito "A".

(Delegado/RJ – 2022 – CESPE/CEBRASPE) Em 10/1/2022, Fernando, com 38 anos de idade, adicionou à sua rede social Caio, com 13 anos de idade, dizendo-lhe ter a mesma faixa etária e manifestando interesse por jogos eletrônicos. A partir de então, passaram a manter conversas diárias, que, com a conquista da confiança de Caio, ganharam conotação pessoal acerca da vida íntima do adolescente, como sua relação familiar, ambiente escolar e círculo de amizade. Em dado momento, Fernando pediu a Caio que ligasse a webcam, e assim o menino o fez. Então, Fernando, também com sua câmera ligada, se despiu e começou a se masturbar, exibindo-se para Caio, como forma de satisfazer a própria lascívia. Em seguida, Fernando convidou Caio para ir até sua casa. Contudo, Caio ficou assustado e contou para os pais, que bloquearam o perfil de Fernando e se dirigiram à delegacia de polícia, para comunicarem a ocorrência.

Nessa situação hipotética, Fernando praticou

(A) conduta atípica penalmente.
(B) o crime de estupro de vulnerável, na forma tentada, previsto no art. 217-A do Código Penal.
(C) o crime de corrupção de menores, previsto no art. 218 do Código Penal.
(D) o crime de assediar e constranger criança via meio de comunicação, com o fim de com ela praticar ato libidinoso, previsto no art. 241-D do Estatuto da Criança e do Adolescente.
(E) o crime de satisfação de lascívia mediante presença de criança ou adolescente, previsto no art. 218-A do Código Penal.

A conduta descrita o enunciado corresponde ao tipo penal do art. 218-A do CP (satisfação de lascívia mediante presença de criança ou adolescente), que consiste em praticar, na presença de menor de 14 anos, conjunção carnal ou outro ato libidinoso, a fim de satisfazer lascívia própria ou de outrem, ou, ainda, induzir o menor de 14 anos, a presenciar conjunção carnal ou outro ato libidinoso, a fim de satisfazer lascívia própria ou de outrem. No que toca à configuração deste delito na hipótese de o menor estar à distância, conferir a lição de Guilherme de Souza Nucci: "presença do menor: não é exigível a presença física no mesmo espaço onde se realize a conjunção carnal ou outro ato libidinoso. Basta que a relação sexual seja realizada à vista do menor. Este, no entanto, pode estar distante, visualizando tudo por meio de equipamentos eletrônicos (...)" (Código Penal Comentado, 18. ed., p. 1239). ED

Gabarito "E".

(Juiz de Direito/SP – 2021 – Vunesp) A conduta daquele que beija, bem como passa a mão no corpo e nas partes íntimas de uma criança de dez (10) anos de idade, não ocasionando lesões físicas à vítima, configura crime de

(A) estupro tentado.
(B) importunação sexual.
(C) estupro de vulnerável tentado.
(D) estupro de vulnerável.

A conduta consistente em beijar e passar a mão no corpo e nas partes íntimas de uma criança constitui ato libidinoso, pouco importando se isso tenha causado à vítima lesões físicas. Deve o agente que assim agir, portanto, responder pelo crime de estupro de vulneral na modalidade consumada (art. 217-A do CP). A conduta incriminada neste dispositivo é a de ter conjunção carnal ou praticar ato libidinoso diverso com pessoa menor de 14 anos, sendo este o caso do enunciado. Como se pode ver, é suficiente que a vítima seja menor de 14 anos, pouco importando que o ato tenha sido consentido, já que, neste caso, eventual anuência da ofendida nenhuma validade tem. Ou seja, o emprego de violência ou grave ameaça, no contexto do estupro de vulnerável, é dispensável. Na jurisprudência: "2. Considerar como ato libidinoso diverso da conjunção carnal somente as hipóteses em que há introdução do membro viril nas cavidades oral, vaginal ou anal da vítima não corresponde ao entendimento do legislador, tampouco ao da doutrina e da jurisprudência, acerca do tema. 3. Ficou consignado no acórdão recorrido que "o réu levou a vítima até um quarto, despiu-se e, enquanto retirava as roupas da adolescente, passou as mãos em seu corpo. Ato contínuo, deitou-se em uma cama, momento em que a menor vestiu-se rapidamente e fugiu do local". 4. Nega-se vigência ao art. 214, c/c o art. 224, "a" (redação anterior à Lei 12.015/2009), quando, diante de atos lascivos, diversos da conjunção carnal e atentatórios à liberdade sexual da criança, se reconhece a tentativa do delito, ao fundamento de que "o acusado deixou de praticar atos considerados mais invasivos por circunstâncias alheias à sua vontade". 5. A proteção integral à criança, em especial no que se refere às agressões sexuais, é preocupação constante de nosso Estado, constitucionalmente garantida (art. 227, caput, c/c o § 4º da Constituição da República), e de instrumentos internacionais. 6. Deve ser restabelecida a condenação do recorrido, concretizada no mínimo patamar legal então vigente, e ser determinado ao Juízo das Execuções, de ofício, que analise o eventual cabimento da fixação de regime inicial diverso do fechado para o cumprimento da reprimenda, porquanto ausente a vedação do § 1º do art. 2º da Lei 8.072/1990, na redação da Lei 11.464/2007. 7. Recurso especial provido para reconhecer a consumação do crime e restabelecer a condenação penal. Ordem concedida, de ofício, para que o Juízo das Execuções analise a possibilidade de fixar ao recorrido regime prisional inicial diverso do fechado, à luz do disposto no art. 33 do Código Penal" (STJ, REsp 1309394/RS, Rel. Ministro Rogerio Schietti Cruz, Sexta Turma, julgado em 05.02.2015, DJe 20.02.2015).

Gabarito "D".

(Juiz de Direito – TJ/SC – 2019 – CESPE/CEBRASPE) Julgue os itens a seguir com base no Código Penal e na jurisprudência do STJ.

I. Um indivíduo poderá responder criminalmente por violação sexual mediante fraude, caso pratique frotteurismo contra uma mulher em uma parada de ônibus coletivo lotada, sem o consentimento dela.

II. Nos casos de parcelamento de contribuições previdenciárias cujo valor seja superior ao estabelecido administrativamente como sendo o mínimo para ajuizamento de suas execuções fiscais, é vedado ao juiz aplicar somente a pena de multa ao agente, ainda que ele seja réu primário.

III. Tanto ao agente, maior e capaz, que praticar o crime de estupro coletivo quanto ao agente, maior e capaz, que praticar o crime de estupro corretivo será aplicada a mesma majorante de pena in abstrato.

IV. Situação hipotética: Um homem, em 31/12/2018, por volta das cinco horas da madrugada, com a intenção de obter vantagem pecuniária, explodiu um caixa eletrônico situado em um posto de combustível. Assertiva: De acordo com o STJ, ele responderá criminalmente por furto qualificado em concurso formal impróprio com o crime de explosão majorada.

Estão certos apenas os itens

(A) I e II.
(B) II e III.
(C) III e IV.
(D) I, II e IV.
(E) I, III e IV.

I: incorreta. A expressão *frotteurismo*, derivada do francês, consiste na excitação sexual gerada pelo ato de tocar órgãos genitais/seios ou esfregar-se (genitais contra o corpo) em determinada pessoa sem o seu consentimento. Clássico exemplo é aquele em que homens, em ônibus e trens lotados, molestam mulheres e, em alguns casos, chegam a ejacular. Episódio amplamente divulgado pelos meios de comunicação é o de um homem que, dentro do transporte público, em São Paulo, ejaculou no pescoço de uma mulher. Atualmente, a partir do advento da Lei 13.718/2018, a conduta em questão configura o crime de *importunação sexual*, disposto no art. 215-A, nos seguintes termos: *Praticar contra alguém e sem a sua anuência ato libidinoso com o objetivo de satisfazer a própria lascívia ou a de terceiro: Pena – reclusão, de 1 (um) a 5 (cinco) anos, se o ato não constitui crime mais grave*. Antes, a responsabilização se dava pela contravenção penal de *importunação ofensiva ao pudor*, definida no art. 61 da LCP, cujo preceito secundário estabelecia exclusivamente pena de multa, dispositivo este que foi revogado, de forma expressa, pela Lei 13.718/2018, tendo a conduta ali descrita migrado para o novo art. 215-A do CP, em face da regra da continuidade típico-normativa. Evidente que a pena, agora mais grave, não poderá retroagir e atingir fatos anteriores à entrada em vigor da Lei 13.718/2018. O crime de violação sexual mediante fraude, definido no art. 215 do CP, pressupõe que o agente, utilizando-se de ardil, tenha conjunção carnal ou outro ato libidinoso com a vítima. Perceba que, neste delito, o resultado pretendido pelo agente (conjunção carnal/ato libidinoso diverso) é alcançado por meio de uma fraude. Em conclusão, não é este o crime em que incorre o sujeito que pratica *frotteurismo*, e sim o de *importunação sexual*; II: correta, pois reflete o disposto no art. 168-A, § 4º, do CP, introduzido pela Lei 13.606/2018; III: correta. A Lei 13.718/2018 fez inserir, no art. 226 do CP, o inciso IV, estabelecendo que a pena será aumentada de um terço a dois terços, nos casos de *estupro coletivo* e *estupro corretivo*; IV: incorreta. Prevalecia o entendimento de que a subtração de valores de caixas eletrônicos por meio da utilização de explosivos, muitas vezes com a consequente destruição parcial da agência, configurava concurso formal entre os crimes de furto e explosão. Para alguns, tratar-se-ia de hipótese de concurso formal próprio; para outros, concurso formal impróprio. Conferir: "Igualmente descabida a absorção porquanto os delitos cometidos apresentam objetividades jurídicas e sujeitos passivos diversos, visto que o furto é delito contra o patrimônio e o de explosão contra a incolumidade pública, e com vítimas diversas, ou seja, a instituição bancária e os moradores dos arredores. O mesmo se diga pelo fato de que é necessário que o crime-meio seja menos grave que o crime-fim, o que se verifica através da comparação das sanções respectivas. Ora, o crime de explosão tem apenação inicial de três anos, além de haver causa de aumento de 1/3 em seu § 2º, enquanto que a do furto qualificado inicia-se em dois anos. Cabe asseverar que o § 2º do artigo 251 traz causa de aumento, que penaliza a prática do delito, dentre outras situações, com a finalidade de obter vantagem pecuniária. Isso demonstra que o legislador, mesmo sabendo que existem tipos penais específicos para delitos contra o patrimônio, preocupou-se em punir mais severamente aquele que, ao menos objetivando ganho patrimonial, vale-se de meio que expõe a perigo a vida ou bens alheios". (TJSP, Apelação Criminal 0011705.91-2011.8.26.0201, julgado em 10/10/2013, DJe 21/10/2013). Vide a Tese Institucional n. 383, do Ministério Público do Estado de São Paulo. Com o advento da Lei 13.654/2018, foram introduzidas no CP duas novas modalidades de qualificadora do crime de furto, a saber: quando, para viabilizar a subtração, o agente empregar explosivo ou artefato análogo que cause perigo comum (art. 155, § 4º-A, CP), sendo esta a hipótese narrada na assertiva; e quando a subtração for de substâncias explosivas ou de acessórios que, conjunta ou isoladamente, possibilitem sua fabricação, montagem ou emprego (art. 155, § 7º, do CP). Desnecessário dizer que tal inovação legislativa teve como espoco viabilizar um combate mais efetivo a essa onda de crimes patrimoniais (furto e roubo) cometidos por meio da explosão de bancos e seus caixas eletrônicos. Mais recentemente, a Lei 13.964/2019, ao incluir o inciso IX ao art. 1º da Lei 8.072/1990, passou a considerar como hediondo o crime de *furto qualificado pelo emprego de explosivo ou de artefato análogo que cause perigo comum* (art. 155, § 4º-A, CP). Por mais estranho que possa parecer, o mesmo não ocorreu com o delito de roubo praticado nas mesmas condições (art. 157, § 2º-A, II, CP). **ED**

Gabarito "B".

(Promotor de Justiça/SP – 2019 – MPE/SP) Assinale a alternativa correta.

(A) O crime de importunação sexual, com elemento subjetivo específico, foi criado pela Lei 13.718/2018, que revogou expressamente o artigo 61 do Decreto-Lei 3.688/41, Lei das Contravenções Penais.

(B) O crime de importunação sexual, tipificado pela Lei 13.718/2018, exige que a conduta seja praticada em lugar público, ou aberto ou exposto ao público.

(C) A Lei 13.718/2018 tipificou o crime de importunação sexual, com dolo genérico e expressa subsidiariedade ao crime de estupro de vulnerável.

(D) O crime de importunação sexual, assim como o crime de estupro, é crime de ação penal pública condicionada à representação da pessoa contra a qual o ato foi praticado.

(E) A importunação sexual é crime contra a liberdade sexual, tal qual o crime de ato obsceno.

A: correta. A Lei 13.718/2018 promoveu, no contexto dos crimes sexuais, várias mudanças. Uma das mais significativas, a nosso ver, é a introdução, no Código Penal, do crime de *importunação sexual*, disposto no art. 215-A, nos seguintes termos: *Praticar contra alguém e sem a sua anuência ato libidinoso com o objetivo de satisfazer a própria lascívia ou a de terceiro: Pena – reclusão, de 1 (um) a 5 (cinco) anos, se o ato não constitui crime mais grave*. A conduta de homens que, em ônibus e trens lotados, molestam mulheres e, em alguns casos, chegam a ejacular, se enquadra, doravante, neste novo tipo penal. Episódio amplamente divulgado pelos meios de comunicação é o de um homem que, dentro do transporte público, em São Paulo, ejaculou no pescoço de uma mulher. Antes, a responsabilização se dava pela contravenção penal de *importunação ofensiva ao pudor*, definida no art. 61 da LCP, cujo preceito secundário estabelecia exclusivamente pena de multa, dispositivo este que foi revogado, de forma expressa, pela Lei 13.718/2018, tendo a conduta ali descrita migrado para o novo art. 215-A do CP, em face da regra da continuidade típico-normativa. Evidente que a pena, agora mais grave, não poderá retroagir e atingir fatos anteriores à entrada em vigor da Lei 13.718/2018. Este crime conta com elemento subjetivo específico: "(...) com o objetivo de satisfazer a própria lascívia ou a de terceiro"; **B:** incorreta, uma vez que se trata de exigência não contemplada no tipo penal do art. 215-A do CP; **C:** incorreta. Conforme já ponderado acima, o agente, no crime de importunação sexual, atua imbuído do propósito de satisfazer a própria lascívia ou a de terceiro. Cuida-se, portanto, de dolo específico. No mais, inexiste expressa subsidiariedade do crime de importunação sexual ao crime de estupro de vulnerável; **D:** incorreta. Atualmente, o crime de estupro, em qualquer de suas modalidades, e os demais delitos contra a dignidade sexual, aqui incluída a importunação sexual, são processados, em qualquer caso, por meio de ação penal pública *incondicionada* (e não condicionada, como consta da assertiva). A propósito, no que se refere à natureza da ação penal nos crimes sexuais, importante fazer algumas ponderações, tendo em conta a alteração legislativa promovida pela Lei 13.718/2018, que, além de ter realizado várias outras inovações nos crimes contra a dignidade sexual, mudou, uma vez mais, a natureza da ação penal nesses delitos. Com isso, a ação penal, nos crimes sexuais, passa a ser pública incondicionada. Vale lembrar que, antes do advento desta Lei, a ação era, em regra, pública condicionada, salvo nas situações em que a vítima era vulnerável ou menor de 18 anos. Fazendo um breve histórico, temos o seguinte quadro: a ação penal, nos crimes sexuais, era, em regra, privativa do ofendido, a este cabendo a propositura da ação penal; posteriormente, a partir do advento da Lei 12.015/2009, a ação penal, nesses crimes, deixou de ser privativa do ofendido para ser pública condicionada a representação, em regra; agora, com a entrada em vigor da Lei 13.718/2018, a ação penal, nos crimes contra a dignidade sexual, que antes era pública condicionada, passa a ser pública incondicionada. Com isso, o titular da ação penal, que é o MP, prescinde de manifestação de vontade da vítima para promover a ação penal. Dessa forma, fica sepultado o debate que antes havia acerca da aplicação da Súmula 608, do STF; **E:** incorreta. A importunação sexual é crime contra a liberdade sexual (Capítulo I), ao passo que o ato obsceno faz parte do Capítulo VI (do ultraje público ao pudor). Ambos integram o Título VI (dos crimes contra a dignidade sexual). **ED**

Gabarito "A".

(Promotor de Justiça/SP – 2019 – MPE/SP) O crime de divulgação de cena de estupro ou de cena de estupro de vulnerável, de cena de sexo ou de pornografia, previsto no artigo 218-C do Código Penal, pode ser classificado como

(A) comum, material, comissivo, unissubjetivo, culposo, principal.

(B) comum, formal, comissivo, unissubjetivo, doloso, subsidiário.

(C) especial, formal, comissivo, plurissubjetivo, admite as formas doloso e culposo, subsidiário.

(D) especial, material, comissivo ou omissivo, unissubjetivo, doloso, principal.

(E) comum, material, comissivo, plurissubjetivo, admite as formas doloso e culposo, subsidiário.

A Lei 13.718/2018 incluiu no CP o art. 218-C, que se refere ao delito de *divulgação de cena de estupro ou de cena de estupro de vulnerável, de cena de sexo ou de pornografia*. O objetivo do legislador, com a tipificação desta conduta, foi o de coibir um fenômeno que, infelizmente, tem sido cada vez mais comum, que é a violação da intimidade com a exposição sexual não autorizada. Inclui-se, aqui, a chamada *pornografia da vingança*, em que fotografias e vídeos de conteúdo íntimo de alguém (normalmente mulher) são divulgados na internet pelo ex-esposo ou ex-namorado como forma de vingança. A partir daí, o conteúdo é disseminado, nas redes sociais e em grupos de *WhatsApp*, de forma exponencial. O art. 218-C contempla uma causa de aumento de pena, a configurar-se quando o crime é praticado por agente que mantém ou tenha mantido relação íntima de afeto com a vítima ou com o fim de vingança ou humilhação. Quanto à classificação doutrinária deste crime, temos o seguinte: é delito comum, uma vez que a sua descrição típica não impõe ao sujeito ativo nenhuma qualidade ou característica específica. Em outras palavras, pode ser praticado por qualquer pessoa; é crime formal, na medida em que o tipo penal não impõe, para que seja alcançada a consumação do crime, a produção de resultado naturalístico; é crime comissivo, já que as condutas contidas no tipo penal encerram um comportamento positivo, um fazer; é unissubjetivo (ou monossubjetivo ou unilateral), porquanto pode ser cometido por uma só pessoa. É também conhecido como crime de concurso eventual, admitindo-se, pois, a coautoria e/ou a participação; é doloso, isto é, o elemento subjetivo é representado pelo dolo; inviável a punição a título de culpa ante a falta de previsão nesse sentido; é subsidiário: o agente somente incorrerá no crime do art. 218-C do CP se a sua conduta não constituir delito mais grave (subsidiariedade expressa contida no preceito secundário do dispositivo). **ED**

Gabarito "B".

(Delegado – PC/BA – 2018 – VUNESP) A respeito dos crimes sexuais, previstos no Título VI, do Código Penal, assinale a alternativa correta.

(A) Não se tipifica crime de estupro se o agente é cônjuge da vítima, já que o casamento impõe aos cônjuges o dever de prestação sexual.

(B) A prática de conjunção carnal ou outro ato libidinoso com menor de 18 (dezoito) anos é estupro de vulnerável, previsto no artigo 217-A do Código Penal.
(C) A prática de conjunção carnal ou qualquer outro ato libidinoso com adolescente de idade entre 14 (catorze) e 18 (dezoito) anos, em situação de prostituição, é atípica.
(D) Os crimes sexuais, com exceção do estupro de vulnerável, são processáveis mediante ação penal pública condicionada à representação.
(E) Haverá aumento de pena se o agente transmite à vítima doença sexualmente transmissível de que sabe ou deveria saber ser portador.

A: incorreta. Há tempos atrás, considerava-se que o homem tinha o direito de constranger sua esposa, com emprego de violência ou grave ameaça, a com ele praticar conjunção carnal. Ou seja, ao marido era dado o direito de estuprar a própria esposa. Tal concepção se fundava no fato de que a conjunção carnal constituía um dever imposto aos cônjuges pela lei civil, como decorrência da sociedade conjugal. Somente era dado à esposa recusar a relação sexual se houvesse justificativa para tanto, como, por exemplo, no caso de o homem ser portador de doença venérea. Aí sim poderia, em princípio, configurar-se o crime de estupro. Sucede que este entendimento está superado. Atualmente, a mulher pode, sim, figurar como sujeito passivo do crime de estupro cometido pelo marido. Ainda que a lei imponha o dever de conjunção carnal aos cônjuges, não se revela razoável que o homem tenha o direito de fazer valer esse direito à força, dada a sua incompatibilidade com a dignidade da mulher, que poderá recusar o coito por motivos íntimos. Quanto a isso, conferir a lição de Guilherme de Souza Nucci: "O cônjuge como sujeito ativo: deve-se incluir o marido ou a esposa, uma vez que o cônjuge não é objeto sexual, cada qual possuindo iguais direitos no contexto da sociedade conjugal (...)". Prossegue afirmando que "antigamente, tinha o homem o direito de subjugar a mulher à conjunção carnal, com o emprego de violência ou grave ameaça, somente porque o direito civil assegura a ambos o débito conjugal. Alegava-se exercício regular de direito. Porém, tal situação não criava o direito de estuprar a esposa, mas sim o de exigir, se fosse o caso, o término da sociedade conjugal na esfera civil, por infração a um dos deveres do casamento" (*Código Penal Comentado*. 18. ed., São Paulo: Forense, 2017. p. 1199); **B: incorreta.** Isso porque o conceito de vulnerabilidade, decorrente da idade da vítima, para o fim de configurar o crime do art. 217-A do CP (estupro de vulnerável), somente alcança a pessoa menor de 14 anos. Se contar com 14 anos ou mais, somente restará configurado o crime do art. 217-A se se tratar de vítima que, por enfermidade ou deficiência mental, não dispõe do necessário discernimento para consentir na prática do ato sexual ou, por qualquer outra razão, não pode oferecer resistência (art. 217-A, § 1º, do CP); **C: incorreta,** pois constitui o crime definido no art. 218-B, § 2º, I, do CP; **D: incorreta.** A Lei 13.718/2018, bem posterior à elaboração desta questão, promoveu uma série de alterações no universo dos crimes sexuais, aqui incluída a natureza da ação penal. Senão vejamos. A ação penal, nos delitos sexuais, era, em regra, de iniciativa privada. Era o que estabelecia a norma contida no *caput* do art. 225 do Código Penal. As exceções ficavam por conta do § 1º do dispositivo. Com o advento da Lei 12.015/09, que introduziu uma série de modificações nos crimes sexuais, agora chamados *crimes contra a dignidade sexual*, nomenclatura, a nosso ver, mais adequada aos tempos atuais, a ação penal deixou de ser privativa do ofendido para ser pública condicionada à representação, exceção feita às hipóteses em que a vítima era menor de 18 anos ou pessoa vulnerável, caso em que a ação era pública incondicionada (art. 225, parágrafo único, do CP). Era esta a regra em vigor ao tempo em que esta questão foi elaborada. Pois bem. Bem recentemente, entrou em vigor a Lei 13.718/2018, que, dentre várias inovações implementadas nos crimes contra a dignidade sexual, mudou, uma vez mais, a natureza da ação penal nesses delitos. Com isso, a ação penal, nos crimes sexuais, passa a ser pública incondicionada. Vale lembrar que, antes do advento desta Lei, a ação era, em regra, pública condicionada, salvo nas situações em que a vítima era vulnerável ou menor de 18 anos. Fazendo um breve histórico, temos o seguinte quadro: a ação penal, nos crimes sexuais, era, em regra, privativa do ofendido, a este cabendo a propositura da ação penal; posteriormente, a partir do advento da Lei 12.015/2009, a ação penal, nesses crimes, deixou de ser privativa do ofendido para ser pública condicionada a representação, em regra; agora, com a entrada em vigor da Lei 13.718/2018, a ação penal, nos crimes contra a dignidade sexual, que antes era pública condicionada, passa a ser pública incondicionada. Com isso, o titular da ação penal, que é o MP, prescinde de manifestação de vontade da vítima para promover a ação penal. Dessa forma, fica sepultado o debate que antes havia acerca da aplicação da Súmula 608, do STF. É importante que se diga que, além da alteração a que fizemos referência, a Lei 13.718/2018 promoveu, no contexto dos crimes sexuais, outras relevantes mudanças. Uma das mais significativas, a nosso ver, é a introdução, no Código Penal, do crime de *importunação sexual*, disposto no art. 215-A, nos seguintes termos: *Praticar contra alguém e sem a sua anuência ato libidinoso com o objetivo de satisfazer a própria lascívia ou a de terceiro: Pena – reclusão, de 1 (um) a 5 (cinco) anos, se o ato não constitui crime mais grave.* A conduta de homens que, em ônibus e trens lotados, molestam mulheres e, em alguns casos, chegam a ejacular, se enquadra, doravante, neste novo tipo penal. Episódio amplamente divulgado pelos meios de comunicação é o de um homem que, dentro do transporte público, em São Paulo, ejaculou no pescoço de uma mulher. Antes, a responsabilização se dava pela contravenção penal de *importunação ofensiva ao pudor*, definida no art. 61 da LCP, cujo preceito secundário estabelecia exclusivamente pena de multa, dispositivo este que foi revogado, de forma expressa, pela Lei 13.718/2018, tendo a conduta ali descrita migrado para o novo art. 215-A do CP, em face da regra da continuidade típico-normativa. Evidente que a pena, agora mais grave, não poderá retroagir e atingir fatos anteriores à entrada em vigor da Lei 13.718/2018. Outra importante inovação refere-se à inclusão, no art. 218-C, do delito de *divulgação de cena de estupro ou de cena de estupro de vulnerável, de cena de sexo ou de pornografia*. O objetivo do legislador, com a tipificação desta conduta, foi o de coibir um fenômeno que, infelizmente, tem sido cada vez mais comum, que é a violação da intimidade com a exposição sexual não autorizada. Inclui-se, aqui, a chamada *pornografia da vingança*, em que fotografias e vídeos de conteúdo íntimo de alguém (normalmente mulher) são divulgados na internet pelo ex-esposo ou ex-namorado como forma de vingança. A partir daí, o conteúdo é disseminado, nas redes sociais e em grupos de whatsapp, de forma exponencial. O art. 218-C contempla uma causa de aumento de pena, a configurar-se quando o crime é praticado por agente que mantém ou tenha mantido relação íntima de afeto com a vítima ou com o fim de vingança ou humilhação. No que concerne ao estupro de vulnerável, previsto no art. 217-A do CP, a Lei 13.718/2018, ao inserir o § 5º nesse dispositivo legal, consagra o entendimento adotado pela Súmula 593, do STJ, no sentido de que o consentimento e a experiência sexual anterior são irrelevantes à configuração do crime de estupro de vulnerável. Por fim, a Lei 13.718/2018 fez inserir, no art. 226 do CP, o inciso IV, estabelecendo que a pena será aumentada nos casos de *estupro coletivo* e *estupro corretivo*. Mais recentemente, a Lei 13.772/2018, inseriu, nos crimes contra a dignidade sexual, do delito de *registro não autorizado da intimidade sexual*, definido no art. 216-A, que passa a integrar o novo Capítulo I-A do Título VI. Segundo a descrição típica, este novo crime restará configurado quando o agente *produzir, fotografar, filmar ou registrar, por qualquer meio, conteúdo com cena de nudez ou ato libidinoso de caráter íntimo e privado sem autorização dos participantes*. A pena é de detenção, de 6 (seis) meses a 1 (um) ano, e multa. O que fez esta Lei, ao inserir no CP este novo crime, foi superar a lacuna em relação à conduta do agente que registrava a prática de atos sexuais entre terceiros, sem que estes, obviamente, tivessem conhecimento. Esta conduta, vale dizer, não é de rara ocorrência. Imaginemos a hipótese em que o proprietário de uma casa ou mesmo de um motel instale, de forma oculta e sorrateira, uma câmera com o fim de registrar a prática de atos sexuais entre pessoas que ali se encontram. Antes do advento desta Lei, tal conduta não configurava crime. Segundo estabelece o parágrafo único do art. 216-A, incorrerá na mesma pena aquele que *realiza montagem em fotografia, vídeo, áudio ou qualquer outro registro com o fim de incluir pessoa em cena de nudez ou ato sexual ou libidinoso de caráter íntimo*. No crime do *caput*, a cena de sexo registrada às escondidas é verdadeira, ou seja, ela de fato ocorreu na forma como foi registrada. No caso do parágrafo único, o agente realiza uma montagem, ou seja, cria o registro de uma cena de sexo envolvendo pessoas que dela não participaram. Basta, aqui, recordar da montagem envolvendo certo candidato ao Governo do Estado de São Paulo nas últimas eleições, que apareceu em cena de sexo explícito. Pelo que se constatou, o rosto do então candidato foi manipulado por meio de recursos gráficos. Como não poderia deixar de ser, esta montagem ganhou, rapidamente, as redes sociais e aplicativos de mensagem. Importante que se diga que as condutas, tanto a do *caput* quanto a do parágrafo único, constituem infração penal de menor potencial ofensivo, aplicando-se, bem por isso, os benefícios e o procedimento da Lei 9.099/1995; **E**: correta (art. 234-A, IV, do CP).

Gabarito "E".

21. CRIMES CONTRA A FÉ PÚBLICA

(**Procurador – AL/PR – 2024 – FGV**) Tício, agente público no âmbito do Estado Alfa, descobre que o seu genitor faleceu, deixando um testamento particular sobre a parte dos bens que poderia legalmente dispor. Ao tomar ciência sobre o conteúdo da disposição de última vontade, o indivíduo se frustra sobremaneira, pois não foi citado, em momento algum, pelo seu ascendente.

Nesse contexto, Tício, em um dia de folga, resolve, por conta própria, falsificar, no todo, o testamento particular. Nada obstante, dois meses depois, os fatos foram descobertos, dando ensejo à deflagração de um inquérito policial para apurar o delito perpetrado.

Nesse cenário, considerando as disposições do Código Penal, é correto afirmar que Tício responderá pelo crime de

(A) falsificação de documento particular, com a incidência de causa de aumento de pena, por se tratar de agente público.

(B) falsificação de documento público, com a incidência de causa de aumento de pena, por se tratar de agente público.

(C) falsificação de documento particular, sem a incidência de causa de aumento de pena.

(D) falsificação de documento público, sem a incidência de causa de aumento de pena.

(E) falsidade ideológica, sem a incidência de causa de aumento de pena.

A: errada. No art. 298 do CP, ainda que a referência do tipo penal seja o documento particular, haverá a lesão à fé pública. É crime comum, pode ser praticado por qualquer pessoa. A definição de documento particular é aquele escrito ou assinado por qualquer pessoa, sem a intervenção de funcionário público ou de alguém que tenha fé pública, no exercício de suas funções. A conduta típica é a falsificação (criar materialmente, fabricar, formar, contrafazer) do documento, no todo ou em parte ou a alteração (modificar, adulterar) do verdadeiro. Equipara-se ao documento particular o *cartão de crédito ou de débito* (parágrafo único). E, por fim, não há previsão de causa de aumento de pena no art. 298 do CP. **B**: errada. Somente haverá a incidência da causa de aumento de pena (um sexto) no crime de falsificação de documento público se o funcionário público comete o crime prevalecendo-se do seu cargo (§ 1º), o que não ocorreu, de acordo com o enunciado da questão. **C**: errada. Vide comentário à assertiva A. **D**: correta. No art. 297 tutela-se a fé pública, em relação aos documentos públicos e aos que lhe são equiparados por força da lei penal. É crime comum, pode ser praticado por qualquer pessoa. As condutas descritas no tipo penal são *falsificar* (criar materialmente, fabricar) e *alterar* (modificar, adulterar) o documento verdadeiro. O agente produz o escrito integralmente ou insere palavras nos espaços em branco ou modifica. Público é o documento expedido na forma estabelecida em lei, por funcionário público no exercício de suas funções. De acordo com o enunciado, o documento falsificado por Tício foi o testamento de seu genitor e, conforme redação do § 2º, para os efeitos penais, equipara-se a documento público o testamento particular (equipara-se também, o emanado de entidade paraestatal, o título ao portador ou transmissível por endosso, as ações de sociedade comercial, os livros mercantis). **E**: errada. A falsificação ideológica está prevista no art. 299 do CP. Neste tipo penal o documento é perfeito em seus requisitos extrínsecos, em sua forma, e origina-se da pessoa que é realmente autor ou signatário, mas o seu conteúdo, seu teor é falso. Na falsidade material existe uma alteração, é forjado ou criado documento falso no todo ou em parte. O dispositivo tutela os documentos públicos e particulares, e prevê penas mais rigorosas para os públicos. É crime comum, pode ser praticado por qualquer pessoa. As condutas típicas são omitir, significa deixar de mencionar fato que era obrigado a constar do documento; inserir (colocar, introduzir, intercalar, incluir, por ato próprio) a declaração falsa ou diversa da que devia ser escrita; e fazer inserir declaração falsa ou diversa, o agente criminoso se utiliza de terceiro, para incluir a declaração falsa ou diversa que deveria constar do documento. Há previsão da causa de aumento de pena de um sexto, se o agente é funcionário público e comete o crime prevalecendo-se do seu cargo e a segunda ocorre quando a falsificação ou alteração diz respeito a assentamento de registro civil (as inscrições de nascimentos, casamentos, óbitos, emancipações, interdições, sentenças declaratórias de ausência, incluindo-se as averbações, na Lei nº 6.015/1973).

Gabarito "D".

(**Delegado/RJ – 2022 – CESPE/CEBRASPE**) Atanagildo ofereceu ação indenizatória contra empresa concessionária de energia elétrica, sustentando, em sua petição inicial, a interrupção no fornecimento de eletricidade por diversos dias consecutivos. A fim de não realizar o pagamento de custas processuais, Atanagildo se declarou hipossuficiente. Contudo, logo restou demonstrado pela empresa que Atanagildo não era hipossuficiente, bem como que, embora realmente o fornecimento de energia tenha sido interrompido na região por problemas técnicos, a suposta casa de Atanagildo não passava de um terreno, no qual não havia construções nem sequer um medidor de consumo de energia. Assim, o magistrado encaminhou cópias dos documentos à Delegacia de Polícia da área, a fim de apurar a existência de crimes.

Considerando-se essa situação hipotética, é correto afirmar que Atanagildo praticou

(A) conduta atípica.

(B) tentativa de estelionato e uso de documento falso.

(C) tentativa de estelionato e falsidade ideológica.

(D) tentativa de estelionato.

(E) falsidade ideológica.

Tanto a jurisprudência do STF quanto a do STJ consagraram o entendimento no sentido de que a conduta consistente em firmar ou fazer uso de declaração de pobreza falsa em juízo, com a finalidade de obter os benefícios da justiça gratuita, não configura crime, na medida em que tal manifestação não pode ser considerada documento para fins penais, sendo passível de comprovação posterior. Conferir: "O entendimento do Superior Tribunal de Justiça é no sentido de que a mera declaração de estado de pobreza para fins de obtenção dos benefícios da justiça gratuita não é considerada conduta típica, diante da presunção relativa de tal documento, que comporta prova em contrário" (STJ, RHC 24.606/RS, Rel. Min. Nefi Cordeiro, 6ª Turma, DJe 02/06/2015). ED

Gabarito "A".

(Delegado de Polícia Federal – 2021 – CESPE) Com relação aos crimes contra a fé pública, julgue os itens que se seguem.

(1) O crime de moeda falsa é incompatível com o instituto do arrependimento posterior.

(2) O indivíduo foragido do sistema carcerário que utiliza carteira de identidade falsa perante a autoridade policial para evitar ser preso pratica o crime de falsa identidade.

(3) O advogado de réu pode vir a responder pelo crime de falso testemunho, na hipótese de induzir testemunha a prestar determinado depoimento.

1: certo. Para atender ao requisito da reparação do dano ou da restituição da coisa, contido no art. 16 do CP, é de rigor que se trate de crime patrimonial ou, ao menos, que o delito possua efeitos patrimoniais, não sendo este o caso do crime de moeda falsa, cuja consumação é alcançada com a falsificação da moeda, pouco importando se tal conduta acarretou prejuízos patrimoniais para terceiros. Ensina Guilherme de Souza Nucci que *a causa de diminuição de pena prevista neste artigo exige, para sua aplicação, que o crime seja patrimonial ou possua efeitos patrimoniais. Afinal, somente desse modo seria sustentável falar em reparação do dano ou restituição da coisa. Em uma hipótese de homicídio, por exemplo, não teria o menor cabimento aplicar o arrependimento posterior, uma vez que não há nada que possa ser restituído ou reparado. No furto, ao contrário, caso o agente devolva a coisa subtraída ou pague à vítima indenização correspondente ao seu valor, torna-se viável a diminuição da pena. Não descartamos, por certo, outras hipóteses que não sejam crimes patrimoniais, como ocorreria com o peculato doloso. Em caso de restituição da coisa ou reparação total do dano, parece-nos viável a aplicação da redução da pena* (*Código Penal Comentado*, 18ª ed. Forense, 2017. p. 197). Na jurisprudência: "1. No crime de moeda falsa – cuja consumação se dá com a falsificação da moeda, sendo irrelevante eventual dano patrimonial imposto a terceiros – a vítima é a coletividade como um todo e o bem jurídico tutelado é a fé pública, que não é passível de reparação. 2. Os crimes contra a fé pública, assim como os demais crimes não patrimoniais em geral, são incompatíveis com o instituto do arrependimento posterior, dada a impossibilidade material de haver reparação do dano causado ou a restituição da coisa subtraída. 3. As instâncias ordinárias, ao afastar a aplicação da delação premiada, consignaram, fundamentalmente, que "não se elucidou nenhum esquema criminoso; pelo contrário, o réu somente alegou em seu interrogatório a participação de outras pessoas na atuação criminosa, o que não é suficiente para a concessão do benefício da delação" (STJ, REsp 1242294/PR, Rel. Ministro SEBASTIÃO REIS JÚNIOR, Rel. p/ Acórdão Ministro ROGERIO SCHIETTI CRUZ, SEXTA TURMA, julgado em 18/11/2014, DJe 03/02/2015); 2: errado. O foragido do sistema carcerário que faz uso (utiliza) de carteira de identidade falsa perante a autoridade policial com vistas a evitar sua prisão será responsabilizado pelo delito de uso de documento falso (art. 304, CP), e não pelo crime de falsa identidade (art. 307, CP), que pressupõe a mera imputação a si mesmo de identidade falsa. Seja como for, tanto é típica a conduta do agente que atribui a si falsa identidade para se ver livre de eventual responsabilização penal (Súmula 522 do STJ: "A conduta de atribuir-se falsa identidade perante autoridade policial é típica, ainda que em situação de alegada autodefesa"), quanto a conduta do agente que, imbuído do mesmo objetivo (evitar ser preso), faz uso de documento

falso. Conferir: "Penal. Habeas Corpus. Uso de documento falso para ocultar condição de foragido. Exercício de autodefesa. Atipicidade. Inocorrência. Ordem denegada. I – A utilização de documento falso para ocultar a condição de foragido não descaracteriza o delito de uso de documento falso (art. 304 do CP). Precedentes. II – Ordem denegada" (STF, HC 119970, rel. Min. Ricardo Lewandowski, 2ª T., julgado em 04/02/2014, publicado em 17/02/2014); 3: certo. O advogado que instrui testemunha a apresentar falsa versão favorável à causa que patrocina responde pelo crime de falso testemunho na condição de partícipe. A esse respeito: STF, RHC 81.327-SP, 1ª T., Rel. Min. Ellen Gracie, DJ 5.4.2002. ED

Gabarito 1C, 2E, 3C

(Juiz de Direito – TJ/AL – 2019 – FCC) Quanto aos crimes contra a fé pública,

(A) compete à Justiça Estadual comum processar e julgar civil denunciado pelos crimes de falsificação e de uso de documento público falso quando se tratar de Carteira de Habilitação de Amador, ainda que expedida pela Marinha do Brasil.

(B) há sempre concurso entre os crimes de falsificação de documento público e estelionato, segundo entendimento do sumulado do Superior Tribunal de Justiça.

(C) configura crime de falsificação de documento particular o ato de falsificar, no todo ou em parte, testamento particular, duplicata e cartão bancário de crédito ou débito.

(D) atípica a conduta de, em situação de autodefesa, atribuir-se falsa identidade perante autoridade policial.

(E) inadmissível proposta de suspensão condicional do processo no crime de falsidade ideológica de assentamento de registro civil.

A: incorreta, já que, em consonância com a Súmula Vinculante 36, o julgamento caberá à Justiça Federal; **B:** incorreta, uma vez que contraria o entendimento consolidado na Súmula 17, do STJ: *Quando o falso se exaure no estelionato, sem mais potencialidade lesiva, é por este absorvido.* Trata-se de hipótese de incidência do princípio da consunção; **C:** incorreta. O cartão de crédito ou débito, tal como consta da assertiva, equipara-se a documento particular, conforme dispõe o art. 298, parágrafo único, do CP; já o testamento particular e a duplicata são equiparados a documento público (art. 297, § 2º, do CP); **D:** incorreta. Segundo STF e STJ, aquele que atribui a si identidade falsa com o escopo de furtar-se à responsabilidade criminal deve, sim, responder pelo crime de falsa identidade (art. 307, CP). A propósito, o STJ, consolidando tal entendimento, editou a Súmula n. 522: "A conduta de atribuir-se falsa identidade perante autoridade policial é típica, ainda que em situação de alegada autodefesa". Também nesse sentido, o STF: "Direito penal. Agravo regimental em recurso extraordinário com agravo. Crime de falsa identidade. Art. 307 do Código Penal. Alegação de autodefesa. Impossibilidade. Tipicidade configurada. 1. O Plenário Virtual do Supremo Tribunal Federal, no julgamento do RE 640.139, Rel. Min. Dias Toffoli, decidiu que o princípio constitucional da autodefesa não alcança aquele que atribui falsa identidade perante autoridade policial com o intuito de ocultar maus antecedentes. Na ocasião, reconheceu-se a existência de repercussão geral da questão constitucional suscitada e, no mérito, reafirmou a jurisprudência dominante sobre a matéria. 2. Agravo regimental a que se nega provimento." (ARE 870572 AgR, Relator(a): Min. Roberto Barroso, Primeira Turma, julgado em 23/06/2015, acórdão eletrônico DJe-154 DIVULG 05-08-2015 Publicado em 06-08-2015); **E:** correta. O crime de falsidade ideológica, capitulado no art. 299 do CP, tem pena mínima cominada correspondente a um ano, o que torna possível a incidência do *sursis* processual (art. 89, *caput*, da Lei 9.099/1995). Sucede que, no crime de falsidade ideológica de assentamento de registro civil, o

art. 299, parágrafo único, do CP estabelece um aumento de pena da ordem de um sexto, o que afasta a aplicação do benefício da suspensão condicional do processo, que somente tem lugar nos delitos cuja pena mínima cominada não é superior a um ano.
Gabarito "E".

(Escrevente – TJ/SP – 2018 – VUNESP) A respeito dos crimes previstos nos artigos 293 a 305 do Código Penal, assinale a alternativa correta.

(A) A falsificação de livros mercantis caracteriza o crime de falsificação de documento particular (art. 298 do CP).

(B) O crime de falsidade ideológica (art. 299 do CP), em documento público, é próprio de funcionário público.

(C) No crime de falsidade de atestado médico (art. 302 do CP), independentemente da finalidade de lucro do agente, além da pena privativa de liberdade, aplica-se multa.

(D) O crime de supressão de documento (art. 305 do CP), para se caracterizar, exige que o documento seja verdadeiro.

(E) O crime de falsificação de documento público (art. 297 do CP) é próprio de funcionário público.

A: incorreta. Cuida-se do crime de falsificação de documento público (art. 297 do CP), haja vista que os *livros mercantis* equiparam-se, para os fins penais, a documento público, equiparação essa que também inclui, por força do art. 297, § 2º, do CP, o documento emanado de entidade paraestatal, o título ao portador ou transmissível por endosso, as ações de sociedade comercial e o testamento particular (hológrafo). São documentos que, embora particulares, são considerados, dada a sua relevância, público para fins penais; **B: incorreta.** Isso porque o crime de falsidade ideológica, quer seja o documento público, quer seja particular, é *comum*. Significa que o sujeito ativo pode ser qualquer pessoa, inclusive o funcionário público. A propósito, se este delito for cometido pelo *intraneus*, valendo-se este do cargo que ocupa, a pena é aumentada de sexta parte (art. 299, parágrafo único, CP); **C: incorreta,** uma vez que a pena de multa somente será aplicada na hipótese de o crime do art. 302 do CP ser praticado com o fim de lucro (art. 302, parágrafo único, CP); não havendo tal finalidade, o médico que expediu o atestado falso estará sujeito tão somente à pena de detenção de um mês a um ano; **D: correta.** De fato, o objeto material do crime de supressão de documento (art. 305, CP) é o documento público ou particular, em qualquer caso *verdadeiro*; **E: incorreta,** uma vez que poderão figurar como sujeito ativo do crime de falsificação de documento público (art. 297, CP) tanto o particular quanto o funcionário público. Trata-se, portanto, de crime comum, em que não se exige do agente nenhuma qualidade especial. Agora, se se tratar de funcionário público que se vale, para o cometimento deste crime, de seu cargo, incidirá a causa de aumento prevista no § 1º do art. 297 do CP.
Gabarito "D".

(Investigador – PC/BA – 2018 – VUNESP) Teodoro, 30 anos de idade, brasileiro, casado e sem antecedentes, falsificou 10 cédulas de R$ 10,00 (dez reais) com o intuito de introduzi-las em circulação, na conduta de pagar uma conta de TV a cabo atrasada. A caminho da casa lotérica, no entanto, foi abordado por policiais e, assustado, entregou as cédulas e confessou a falsificação. Considerando-se a situação hipotética, é correto afirmar que

(A) Teodoro praticou o crime de moeda falsa na modalidade tentada, pois não conseguiu consumar seu intento que era o de colocar as cédulas em circulação.

(B) tendo em vista o ínfimo valor das cédulas falsificadas, trata-se de fato atípico.

(C) Teodoro praticou o crime de moeda falsa na modalidade consumada e, se condenado, poderá receber uma pena de reclusão de 3 (três) a 12 (doze) anos, mais a imposição de multa.

(D) apesar de ter falsificado as cédulas, tendo em vista que as entregou à autoridade policial antes de introduzi-las na circulação, Teodoro poderá ter reconhecida em seu favor a figura privilegiada prevista no § 2º do art. 289 do Código Penal, que trata de figura privilegiada.

(E) por ter falsificado as cédulas visando pagar uma conta atrasada, Teodoro poderá alegar estado de necessidade e ter reconhecida a excludente de ilicitude.

A: incorreta. Aquele que falsifica moeda, fabricando-a, tal como fez Teodoro, será responsabilizado pelo crime definido no art. 289, *caput*, CP, na sua modalidade consumada, independente de sua circulação ou causação de prejuízo. Cuida-se, assim, de delito formal, haja vista que não exige, para a sua consumação, resultado naturalístico, consistente, neste caso, na efetiva circulação ou prejuízo. Dessa forma, o fato de o agente falsificador colocar a moeda em circulação é irrelevante à configuração do crime de moeda falsa; **B: incorreta.** Dada a relevância do bem jurídico tutelado, que é a fé pública, o princípio da insignificância (crime de bagatela), segundo entendimento hoje consolidado nos tribunais superiores, não tem incidência no crime de moeda falsa (art. 289, CP). Nesse sentido, conferir: "Moeda Falsa – Insignificância – Afastamento. Descabe cogitar da insignificância do ato praticado uma vez imputado o crime de circulação de moeda falsa" (STF, HC 126285, relator Min. Marco Aurélio, Primeira Turma, julgado em 13/09/2016, processo eletrônico Dje-206 divulg 26-09-2016 public 27-09-2016). No STJ: "A jurisprudência do Superior Tribunal de Justiça mostra-se consolidada e em harmonia com o entendimento do Supremo Tribunal Federal para afastar a incidência do princípio da insignificância ao delito de moeda falsa, independentemente do valor ou quantidade de cédulas apreendidas, uma vez que o bem jurídico tutelado por esta norma penal é a fé pública" (AgRg no AREsp 1012476/SP, Rel. Ministro Jorge Mussi, Quinta Turma, julgado em 18/04/2017, DJe 26/04/2017); **C: correta.** Vide comentário à assertiva "A"; **D: incorreta,** dado que a figura privilegiada prevista no art. 289, § 2º, do CP somente se aplica ao sujeito que recebe a moeda falsa de boa-fé e, depois de constatar a falsificação, a coloca em circulação. Não é este o caso de Teodoro, que, como dito no enunciado, falsificou as notas; **E: incorreta,** já que ausentes, neste caso, os requisitos do estado de necessidade.
Gabarito "C".

(Escrevente – TJ/SP – 2018 – VUNESP) No tocante às infrações previstas nos artigos 307, 308 e 311-A, do Código Penal, assinale a alternativa correta.

(A) A conduta de atribuir a terceiro falsa identidade é penalmente atípica, sendo crime apenas atribuir a si próprio identidade falsa.

(B) O crime de fraude em certames de interesse público configura-se pela divulgação de conteúdo de certame, ainda que não sigiloso.

(C) O crime de fraude em certames de interesse público prevê a figura qualificada, se dele resulta dano à administração pública.

(D) A conduta de ceder o documento de identidade a terceiro, para que dele se utilize, é penalmente atípica, sendo crime apenas o uso, como próprio, de documento alheio.

(E) O crime de fraude em certames de interesse público é próprio de funcionário público.

A: incorreta, já que o tipo penal do art. 307 do CP (falsa identidade) contém dois verbos nucleares (tipo misto alternativo ou de conteúdo variado), a saber: *atribuir-se* (imputar a si próprio) ou *atribuir a terceiro* (imputar a outrem) falsa identidade. São duas, portanto, as condutas típicas previstas no tipo penal; **B**: incorreta, dado que o objeto da divulgação, para a configuração deste crime, deve ter caráter *sigiloso*, na forma prevista no art. 311-A, *caput*, do CP; logo, se não houver sigilo, a divulgação constitui fato atípico; **C**: correta. Qualificadora prevista no art. 311-A, § 2º, do CP; **D**: incorreta. Trata-se do crime previsto no art. 308 do CP; **E**: incorreta. O crime de fraude em certames de interesse público, capitulado no art. 311-A do CP, é comum, podendo, portanto, ser praticado por qualquer pessoa. ED

Gabarito "C".

22. CRIMES CONTRA A ADMINISTRAÇÃO PÚBLICA

(ENAM – 2024.1) Sobre o crime de corrupção passiva, analise as afirmativas a seguir.

I. Quem trabalha com carteira assinada em uma sociedade empresária privada conveniada para execução de serviços típicos de administração pública responde por corrupção passiva caso receba vantagens indevidas para a prática de atos relacionado às suas funções.
II. O médico não concursado, que presta serviços pelo SUS, responde por corrupção passiva se receber vantagens indevidas para acelerar o atendimento de um paciente.
III. A relação da conduta com um ato de ofício é elemento do tipo na corrupção ativa, mas não da corrupção passiva em seu tipo fundamental.

Está correto o que se afirma em

(A) I, apenas.
(B) I e II, apenas.
(C) I e III, apenas.
(D) II e III, apenas.
(E) I, II e III.

I: correta, já que se trata de funcionário público por equiparação, nos termos do art. 327, § 1º, do CP; **II**: correta, pois, de fato, o médico, ainda que não concursado, mas que presta serviços pelo SUS, é considerado, para os fins penais, funcionário público. Dessa forma, se ele, médico, receber vantagem indevida para acelerar o atendimento de um paciente terá incorrido nas penas do crime de corrupção passiva, delito próprio do *intraneus*; **III**: correta. A corrupção passiva (art. 317, CP) é crime que se consuma com a mera solicitação ou aceitação de promessa de vantagem indevida, ou mesmo com o recebimento desta, não sendo imprescindível, para sua configuração, que o funcionário público retarde, deixe de praticar ou pratique ato de ofício com infração a dever funcional. Apenas a corrupção passiva privilegiada (art. 317, § 2º, CP), que se verifica quando o agente pratica, deixa de praticar ou retarda ato de ofício, com infração a dever funcional, cedendo a pedido ou influência de outrem, depende, para sua consumação, que o agente, tal como exige o tipo penal, pratique, deixe de praticar ou retarde ato de ofício. Já na corrupção ativa, as condutas de oferecer e prometer almejam exatamente que o funcionário público pratique, omita ou retarde ato de ofício. Em outras palavras, cuida-se de elementar do tipo. ED

Gabarito "E".

(ENAM – 2024.1) João foi acusado de corrupção ativa em transação internacional porque deu, em outro país, vantagem indevida a funcionário público estrangeiro para a prática de ato de ofício relacionado a transação comercial internacional.

Sobre a hipótese, assinale a afirmativa **incorreta**.

(A) João praticou crime de corrupção ativa em transação internacional, porque o delito, ao contrário do que ocorre na corrupção prevista no Art. 333 do CP, abrange a conduta de dar ou pagar a vantagem indevida, não se limitando ao mero oferecimento ou à mera promessa do benefício.
(B) A caracterização da corrupção ativa internacional não prescinde da descrição de um ato de ofício, porque tal elemento está previsto expressamente no tipo penal que descreve o crime específico.
(C) É possível a aplicação da lei penal nacional ao caso, mesmo que o crime tenha sido praticado fora do território nacional, desde que cumpridos os requisitos do Art. 7º, § 2º, do CP.
(D) A pena será aumentada da terça parte se João ocupa cargo em comissão ou de função de direção ou assessoramento de órgão da administração direta, sociedade de economia mista, empresa pública ou fundação instituída pelo poder público do país estrangeiro.
(E) A prescrição da pretensão punitiva começa a correr na data da entrega da vantagem, ainda que seja constatada a oferta ou a promessa do mesmo benefício em momento anterior.

Para fins penal, a lei conceitua o funcionário público estrangeiro no art. 337-D do CP: "Considera-se funcionário público estrangeiro, para os efeitos penais, quem, ainda que transitoriamente ou sem remuneração, exerce cargo, emprego ou função pública em entidades estatais ou em representações diplomáticas de país estrangeiro". Assim entendeu o legislador possibilitar uma melhor proteção às transações comerciais internacionais em eventual ofensa aos interesses de Administração Pública estrangeira. **A**: correta. Conduta descrita no art. 337-B do CP; **B**: correta. Conforme descrição típica contida no art. 337-B do CP, que faz referência expressa a *ato de ofício*; **C**: correta. De acordo com o art. 7º, § 2º, do CP; **D**: incorreta. Não há essa previsão de causa de aumento de pena nos crimes do Capítulo II-A. Causa de aumento de pena semelhante está prevista no § 2º do art. 327, e não menciona o funcionário público estrangeiro; **E**: correta. Conforme disposto no art. 111, I do CP, a prescrição começa a correr o dia em que o crime se consumou. A consumação do crime de corrupção ativa em transação internacional ocorre no momento da promessa ou oferta de vantagem indevida pelo agente, trata-se, portanto de crime formal. Conferir: "Consoante entendimento firmado pela Corte Especial (APn 827/DF), o enfeixamento de diversas condutas de corrupção, perpetradas em um mesmo contexto delitivo, na figura de um crime único não afasta a situação de que, a cada novo recebimento de vantagem indevida, houve nova agressão ao bem jurídico tutelado e, por conseguinte, renovou-se o momento consumativo do delito" (AgRg no HC 535.709-PR). ED

Gabarito "D".

(Juiz de Direito – TJ/SC – 2024 – FGV) Alberto, servidor lotado na área de recursos humanos da Câmara Municipal de Blumenau, com livre acesso aos dados cadastrais a partir dos quais é gerada a folha de pagamento do referido ente público, neles insere informações de pessoa que não exerce qualquer atividade laborativa na Casa Legislativa, com o propósito de ficar com a remuneração destinada a tal pessoa, que sequer tinha conhecimento do fato.

Diante do caso narrado, Alberto:

(A) não cometeu qualquer crime.
(B) cometeu o crime de inserção de dados falsos em sistema de informações e, caso restitua voluntariamente ao erário todos os valores recebidos indevidamente,

antes do recebimento da denúncia, deverá ter a pena reduzida.

(C) cometeu o crime de peculato impróprio e, caso restitua voluntariamente ao erário todos os valores recebidos indevidamente, antes da sentença irrecorrível, deverá o juiz declarar extinta a punibilidade do fato.

(D) cometeu o crime de inserção de dados falsos em sistema de informações e, caso restitua voluntariamente ao erário todos os valores recebidos indevidamente, antes da sentença irrecorrível, deverá o juiz declarar extinta a punibilidade do fato.

(E) cometeu o crime de estelionato, com pena aumentada, por ter sido o crime cometido em detrimento de entidade de direito público e, caso restitua voluntariamente ao erário todos os valores recebidos indevidamente, antes do recebimento da denúncia, deverá ter a pena reduzida.

Alberto deverá ser responsabilizado pelo crime do art. 313-A do CP, já que inseriu dados falsos em sistema de informação com o propósito de obter para si vantagem indevida.. Considerando que o crime narrado no enunciado alcançou sua consumação, uma vez restituídos voluntariamente ao erário todos os valores recebidos indevidamente, antes do recebimento da denúncia, deverá o agente ter a pena reduzida de um a dois terços, nos termos do art. 16 do CP (arrependimento posterior). **ED**
Gabarito "B".

(Procurador – AL/PR – 2024 – FGV) O juízo da 1ªVara Criminal da Comarca Alfa iniciou o julgamento, em sessão plenária, de um homicídio triplamente qualificado que marcou sobremaneira a diminuta municipalidade. Durante os debates entre a acusação e a defesa, Tício percebeu que a família da ofendida estava muito receosa com o deslinde da relação processual.

Em assim sendo, o indivíduo se aproximou da genitora da vítima e, após se apresentar, afirmou ser muito próximo do jurado João, integrante do Conselho de Sentença. Em seguida, Tício solicitou a entrega de R$ 1.000,00, a pretexto de influir no seu voto por ocasião da quesitação, afirmando que ele e João dividiriam este valor.

Nesse cenário, considerando as disposições do Código Penal, é correto afirmar que Tício responderá pelo crime de

(A) exploração de prestígio com a incidência de uma causa de aumento de pena, pois o agente alegou que o dinheiro também se destinava ao jurado.

(B) tráfico de influência com a incidência de uma causa de aumento de pena, pois o agente alegou que o dinheiro também se destinava ao jurado.

(C) tráfico de influência qualificado, pois o agente alegou que o dinheiro também se destinava ao jurado.

(D) advocacia administrativa, sem qualificadoras ou causas de aumento de pena.

(E) exploração de prestígio, sem qualificadoras ou causas de aumento de pena.

A: correta. O fato narrado no enunciado corresponde à descrição típica do art. 357 do CP (exploração de prestígio). É crime comum, pode ser praticado por qualquer pessoa. As modalidades de conduta são solicitar (pedir, requerer, buscar, rogar) e receber (ação de obter, aceitar, entrar na posse) e, portanto, de ação múltipla ou de conteúdo variado. O agente solicita ou recebe a vantagem a *pretexto* de influir no servidor da justiça, iludindo o interessado. O crime em questão é uma espécie de estelionato, em que a vítima é também a pessoa que, iludida pelo agente, é lesada em seu patrimônio. As pessoas enumeradas no artigo, junto às quais o agente afirma ter influência, são: *o juiz, o jurado, o órgão do Ministério Público, o funcionário de justiça, o perito, o tradutor, o intérprete e a testemunha*. O crime se consuma com o recebimento da vantagem ou com a simples solicitação, ainda que não aceita, neste último caso, é crime formal, independendo a consumação do resultado lesivo. Se o agente alega ou insinua que o dinheiro ou utilidade também se destina a qualquer das pessoas referidas acima, a pena é aumentada de um terço (parágrafo único). **B: errada.** O crime de tráfico de influência (art. 332 do CP) o agente solicita vantagem a alguém, alegando gozar de influência junto à Administração para influir em ato praticado por *funcionário público*, no exercício da sua função. É crime comum, pode ser praticado por qualquer pessoa. É crime de ação múltipla ou de conteúdo variado, uma vez que o tipo penal contempla, além do verbo solicitar (usado no enunciado), várias outras condutas como exigir (ordenar, reclamar imperiosamente, impor), cobrar (pedir pagamento) e obter (receber, conseguir, adquirir), vantagem ou promessa de vantagem. Este crime muito se assemelha ao estelionato, ou melhor, constitui uma modalidade específica de estelionato, em que o sujeito ativo vende a falsa ideia de que fará uso de sua influência para obter, em favor da vítima, benefício junto à Administração. A vítima é levada a engano pelo ardil aplicado pelo sujeito, que, ludibriado, entrega-lhe a vantagem perseguida. Aplicando-se ao caso o princípio da especialidade (*Mirabete e Fabbrini*, Manual de Direito Penal, volume 3, 34º ed., editora Foco, item 15.5.2). Se o agente alega ou insinua que o dinheiro ou utilidade também se destina ao funcionário público, a pena é aumentada da metadade (parágrafo único). Atenção às seguintes denominações doutrinarias que já foram cobradas em concurso público: *venditio fumi* (venda de fumaça) ou *millantato credito* (influência jactanciosa). **C: errada.** Não há previsão de qualificadora no crime de tráfico de influência. **D: errada.** O delito de advocacia administrativa (art. 321 do CP) é um crime funcional com a seguinte redação: "Patrocinar, direta ou indiretamente, interesse privado perante a administração pública, valendo-se da qualidade de funcionário". No enunciado da questão não há a conduta típica *patrocinar* que caracteriza crime de advocacia administrativa. Ademais, aquele que solicitou a vantagem (Tício) não é funcionário público, assim considerado quem exerce cargo, emprego ou função pública, portanto, a conduta descrita no enunciado não corresponde ao tipo penal do crime de advocacia administrativa. **E: errada.** Não há previsão de qualificadora no crime de exploração de prestígio. Somente há previsão de causa de aumento de pena no patamar de um terço, se o agente alega ou insinua que o dinheiro ou utilidade também se destina a qualquer das pessoas referidas no *caput* do art. 357. **PB**
Gabarito "A".

(Delegado/RJ – 2022 – CESPE/CEBRASPE) A respeito dos crimes contra a administração pública, assinale a opção correta.

(A) A conduta de médico particular solicitar o pagamento de valor em dinheiro para atender paciente pelo Sistema Único de Saúde não configura crime funcional, pois o agente não se enquadra no conceito de funcionário público para fins penais.

(B) Comete o crime de prevaricação funcionário público que, por indulgência, deixa de responsabilizar subordinado que tenha cometido infração no exercício do cargo.

(C) Particular que aquiesce com a exigência de funcionário público, quando este comete o crime de concussão, entregando-lhe o valor pedido em razão do exercício de sua função, não comete nenhum crime nesse caso.

(D) O crime de corrupção passiva somente se configura com a efetiva prática ou omissão da conduta funcional do servidor, já que o chamado ato de ofício integra o tipo penal.

(E) Quem oferece dinheiro a perito para que este elabore laudo favorável à sua pretensão comete crime de corrupção ativa, definido no art. 333 do Código Penal.

A: incorreta. Se o médico particular, conveniado do SUS, e, portanto, considerado funcionário público, solicitar dinheiro (pagamento indevido) para realizar atendimento, cometerá o crime de corrupção passiva, que é delito funcional próprio do *intraneus*; **B: incorreta.** O funcionário público que, por indulgência, deixar de promover a responsabilização de funcionário subordinado que tenha praticado infração no exercício do cargo, ou, caso incompetente, deixar de levar ao conhecimento da autoridade com competência punitiva, responderá pelo crime de condescendência criminosa (art. 320 do CP), e não pelo delito de prevaricação, que será atribuído ao funcionário que retardar ou deixar de praticar, indevidamente, ato de ofício, ou praticá-lo contra disposição expressa de lei, para satisfazer interesse ou sentimento pessoal (319 do CP); **C: correta.** Pratica o delito de *concussão* – art. 316, *caput*, do CP – o funcionário público que, em razão da função que exerce, *impõe* vantagem indevida (ilícita). A conduta típica, neste crime, é representada pelo verbo *exigir*, que tem o sentido de *demandar, ordenar*. Essa exigência traz ínsita uma ameaça à vítima, que, sentindo-se intimidada, acuada, acaba por ceder, entregando ao agente a vantagem indevida por ele perseguida. Por essa razão, o particular deve ser considerado vítima do crime. Sua conduta de curva-se à exigência formulada pelo *intraneus*, portanto, é atípica; **D: incorreta.** Sendo crime formal, a corrupção passiva (art. 317, CP) se consuma com a mera solicitação/recebimento/aceitação de promessa, sendo desnecessário que o funcionário público retarde ou deixe de praticar o ato de ofício, ou mesmo obtenha a vantagem por ele perseguida; **E: incorreta.** Aquele que oferece dinheiro a perito para que este elabore laudo favorável à sua pretensão comete o crime de corrupção ativa de testemunha, perito, contador, tradutor ou intérprete, definido no art. 343 do CP.

Gabarito "C".

(Delegado de Polícia Federal – 2021 – CESPE) No que se refere aos crimes contra a administração pública, julgue os próximos itens.

(1) Um médico de hospital particular conveniado ao Sistema Único de Saúde pode ser equiparado a funcionário público, para fins de responsabilização penal.

(2) Na hipótese de crime de peculato doloso, o ressarcimento do dano exclui a punibilidade.

(3) O crime de facilitação de contrabando e descaminho se consuma com a efetiva facilitação, não sendo necessária a consumação do contrabando ou descaminho.

(4) A fuga do réu após a ordem de parada dos policiais para abordagem configura crime de desobediência.

(5) O pagamento do tributo devido extingue a punibilidade do crime de descaminho.

1: certo. De fato, o médico conveniado do SUS é considerado, para os fins penais, funcionário público. Dessa forma, se ele, médico, por exemplo, exigir dinheiro (pagamento indevido) para realizar cirurgia, cometerá o crime de concussão (art. 316 do CP), delito próprio do *intraneus*; **2: errado.** A reparação do dano, desde que promovida antes da sentença irrecorrível, somente tem o condão de extinguir a punibilidade no crime de peculato culposo (não inclui a modalidade dolosa), nos termos do art. 312, § 3º, do CP. Segundo este mesmo dispositivo, se a reparação se der após a sentença transitada em julgado, a pena imposta será reduzida de metade, o que também tem aplicação exclusiva no peculato culposo, descrito no art. 312, § 2º, CP; **3: certo.** De fato, o crime de facilitação de contrabando ou descaminho, definido no art. 318 do CP, alcança a sua consumação com a concreção da conduta descrita no tipo, que corresponde à facilitação. Cuida-se, portanto, de delito formal, em que não se exige a produção de resultado naturalístico consistente na efetiva prática do contrabando ou descaminho; **4: certo.** É tranquilo o entendimento, tanto na doutrina quanto na jurisprudência, no sentido de que o crime de desobediência (art. 330, CP) não se configura na hipótese de haver como consequência para o ato de recalcitrância penalidade de natureza civil ou administrativa. Cuida-se, portanto, de tipo penal subsidiário. Nessa esteira, conferir: "1. O crime de desobediência é um delito subsidiário, que se caracteriza nos casos em que o descumprimento da ordem emitida pela autoridade não é objeto de sanção administrativa, civil ou processual" (AgRg no REsp 1476500/DF, Rel. Ministro Walter de Almeida Guilherme (desembargador convocado do TJ/SP), Quinta Turma, julgado em 11.11.2014, *DJe* 19.11.2014). O STJ, em edição de n. 114 da ferramenta *Jurisprudência em Teses*, publicou, sobre este tema, a seguinte tese: "Desobediência a ordem de parada dada pela autoridade de trânsito ou por seus agentes, ou por policiais ou por outros agentes públicos no exercício de atividades relacionadas ao trânsito, não constitui crime de desobediência, pois há previsão de sanção administrativa específica no art. 195 do CTB, o qual não estabelece a possibilidade de cumulação de punição penal"; **5: errado.** Em razão da natureza formal do delito de descaminho (art. 334, CP), o pagamento ou mesmo o parcelamento dos débitos tributários não tem o condão de extinguir a punibilidade. Nesse sentido, conferir: "Cuidando-se de crime formal, mostra-se irrelevante o parcelamento e pagamento do tributo, não se inserindo, ademais, o crime de descaminho entre as hipóteses de extinção da punibilidade listadas na Lei n. 10.684/2003" (STJ, AgRg no REsp 1810491/SP, Rel. Ministro NEFI CORDEIRO, SEXTA TURMA, julgado em 27/10/2020, REPDJe 12/11/2020, DJe 03/11/2020).

Gabarito: 1C, 2E, 3C, 4C, 5E

(Juiz de Direito/SP – 2021 – Vunesp) Qual o tratamento penal a ser dispensado ao funcionário público que, ocupando cargo em comissão, solicita, para si, em razão da função, vantagem ilícita?

(A) Não poderá responder pelo delito de corrupção passiva, por não ocupar cargo efetivo.

(B) Responderá pelo crime de corrupção passiva, podendo ter a pena reduzida, eis que não ocupa cargo efetivo.

(C) Responderá pelo crime de corrupção passiva, devendo a pena ser aumentada da terça parte.

(D) Responderá pelo crime de corrupção passiva, podendo ter a pena aumentada em até 1/3.

A primeira observação a ser feita é no sentido de que o detentor de cargo em comissão é considerado funcionário público para feitos penais (art. 327, *caput*, do CP). E, pelo fato de exercer cargo em comissão, o agente será mais severamente punido, na forma do art. 327, § 2º, do CP, que estabelece causa de aumento de pena, *in verbis*: "A pena será aumentada da terça parte quando os autores dos crimes previstos neste Capítulo forem ocupantes de cargos em comissão ou de função de direção ou assessoramento de órgão da administração direta, sociedade de economia mista, empresa pública ou fundação instituída pelo poder público". Por fim, registre-se que o funcionário público (em comissão ou efetivo) que solicita, para si, em razão da função, vantagem ilícita incorre nas penas do crime de corrupção passiva, capitulado no art. 317 do CP.

Gabarito "C".

(Juiz de Direito – TJ/MS – 2020 – FCC) Constitui crime de

(A) tráfico de influência, delito contra a administração da justiça, solicitar ou receber dinheiro ou qualquer outra utilidade, a pretexto de influir em juiz, jurado, órgão do Ministério Público, funcionário da justiça, perito, tradutor, intérprete ou testemunha.

(B) tergiversação, delito contra a administração da justiça, o ato do advogado ou procurador judicial que defende na mesma causa, sucessivamente, partes contrárias.

(C) exploração de prestígio, delito praticado por particular contra a administração em geral, solicitar, exigir, cobrar ou obter, para si ou para outrem, vantagem ou promessa de vantagem, a pretexto de influir em ato praticado por funcionário público no exercício da função.

(D) patrocínio infiel, delito praticado por funcionário púbico contra a administração em geral, patrocinar, direta ou indiretamente, interesse privado perante a administração pública, valendo-se da qualidade de funcionário.

(E) favorecimento real, delito contra a administração da justiça, auxiliar a subtrair-se à ação de autoridade pública autor de crime a que é cominada pena de reclusão.

A: incorreta. Tráfico de influência, crime praticado por particular contra a administração em geral, corresponde à conduta do agente que solicita, exige, cobra ou obtém, para si ou para outrem, vantagem ou promessa de vantagem, alegando gozar de prestígio junto à Administração para influir no comportamento de servidor público (art. 332 do CP); **B:** correta. De fato, comete o crime de tergiversação ou patrocínio simultâneo o advogado ou procurador judicial que defende, na mesma causa, simultânea ou sucessivamente, partes contrárias. É delito próprio (só pode ser praticado por advogado ou procurador judicial) praticado contra a Administração da Justiça; **C:** incorreta, já que a assertiva contém a descrição típica do crime de tráfico de influência, delito praticado por particular contra a administração em geral previsto no art. 332 do CP. A exploração de prestígio (art. 357 do CP) caracteriza-se quando o agente *solicitar ou receber dinheiro ou qualquer outra utilidade*, a pretexto de influir em *juiz, jurado, órgão do Ministério Público, funcionário de justiça, perito, tradutor, intérprete ou testemunha*. Perceba que as pessoas em relação às quais o agente alega gozar de prestígio estão especificadas no tipo penal: juiz, jurado, órgão do MP, funcionário de justiça, etc. É crime contra a administração da Justiça, ao passo que o tráfico de influência é delito contra a administração pública em geral; **D:** incorreta. A assertiva contém a descrição típica do crime de advocacia administrativa, tipificado no art. 321 do CP, que pressupõe que um funcionário público, valendo-se dessa qualidade, patrocine, direta ou indiretamente, interesse privado perante a Administração Pública. Apesar do nome, não se exige que o sujeito ativo seja *advogado*. Cuida-se, isto sim, como já dito, de delito praticado por funcionário público (é crime próprio) que, valendo-se do cargo que ocupa, defende interesse privado de terceiro perante a Administração. Patrocínio infiel (art. 355, CP) é o crime do advogado que trai o dever profissional, prejudicando interesse, cujo patrocínio, em juízo, lhe é conferido; **E:** incorreta. No favorecimento real (art. 349 do CP), o agente delitivo busca prestar a criminoso auxílio destinado a tornar seguro o proveito do crime, não se confundindo com o favorecimento pessoal (art. 348 do CP), este sim destinado a auxiliar autor de crime a subtrair-se à ação de autoridade pública (fuga, por exemplo).
Gabarito "B".

(Juiz de Direito – TJ/SC – 2019 – CESPE/CEBRASPE) Joaquim, fiscal de vigilância sanitária de determinado município brasileiro, estava licenciado do seu cargo público quando exigiu de Paulo determinada vantagem econômica indevida para si, em função do seu cargo público, a fim de evitar a ação da fiscalização no estabelecimento comercial de Paulo.

Nessa situação hipotética, Joaquim praticou o delito de

(A) constrangimento ilegal.

(B) extorsão.

(C) corrupção passiva.

(D) concussão.

(E) excesso de exação.

Joaquim, ao exigir de Paulo determinada quantia para evitar ação fiscalizatória no estabelecimento comercial deste, cometeu o crime de concussão. Tratando-se de crime próprio do funcionário público, a questão que aqui se coloca é saber se Joaquim, mesmo licenciado do cargo que ocupa, pode incorrer neste delito. A resposta deve ser afirmativa. A despeito de se encontrar afastado do cargo de fiscal de vigilância sanitária, é certo que Joaquim, ao impor a Paulo o pagamento de vantagem indevida, se valeu do cargo que ocupava. A descrição típica contida no art. 316, *caput*, do CP não deixa dúvidas de que o sujeito ativo abrange o *intraneus* que se encontra fora da função, quer porque está suspenso, quer porque está licenciado. O importante, como já ponderado, é que o agente, ainda que fora da função ou antes de assumi-la, se valha de sua função para o fim de demandar vantagem que não lhe é devida, invocando sua atividade.
Gabarito "D".

(Juiz de Direito - TJ/BA - 2019 - CESPE/CEBRASPE) Acerca dos delitos imputáveis aos agentes públicos, assinale a opção correta.

(A) Pratica peculato-desvio o prefeito municipal que utiliza verba pública para promoção pessoal.

(B) Pratica extorsão o funcionário público que, em razão de sua função, emprega grave ameaça no intuito de obter vantagem indevida.

(C) Pratica apropriação indébita agravada pela violação de dever inerente ao cargo ocupado o funcionário público que se apropria de valores que possui em razão do cargo.

(D) Pratica corrupção passiva na modalidade tentada o funcionário público que, ao solicitar vantagem indevida em razão da prática de ato de ofício, não a recebe por circunstâncias alheias à sua vontade.

(E) Pratica prevaricação o funcionário público que, em violação ao seu dever funcional, facilita a prática de crime de contrabando ou descaminho.

A: incorreta, uma vez que o prefeito que assim agir responderá pelo crime tipificado no art. 1º, II, do Decreto-lei 201/1967; **B:** correta, segundo o gabarito preliminar. Após, a banca examinadora anulou a questão, tendo apresentado como justificativa o fato de a assertiva estar incompleta, de forma a não contemplar todos os elementos integrantes do tipo penal da extorsão (art. 158, CP). Seja como for, o emprego de violência ou grave ameaça constitui elementar do crime de extorsão. Dessa forma, se o funcionário público, em razão de sua função, se valer de um desses meios para obter vantagem indevida, cometerá o crime de extorsão (art. 158, CP), e não o de concussão (art. 316, CP). Nesta, o funcionário público, valendo-se de sua condição, exige, para si ou para outrem, vantagem indevida, impondo à vítima, ainda que de forma velada, um temor decorrente da própria autoridade que possui (*metus publicae potestatis*); **C:** incorreta. O funcionário público que se apropria de valores que possui em razão do cargo incorrerá nas penas do crime de peculato. O art. 312, *caput*, 1ª parte, do CP, na modalidade *apropriação*, que restará caracterizado quando o agente, funcionário público, apropriar-se de dinheiro, valor ou bem móvel público ou particular de que tenha a posse em razão do cargo. O art. 312, *caput*, 2ª parte, contém a figura do *peculato-desvio*, modalidade que pressupõe que o agente desencaminhe o bem de que tem a posse, alterando o seu destino. Há também outra modalidade de peculato doloso: *peculato-*

-furto ou *peculato impróprio* (art. 312, § 1º, do CP), em que o agente, embora não tendo a posse do objeto material, o subtrai ou concorre para que seja subtraído, valendo-se, para tanto, de facilidade proporcionada pelo fato de ser funcionário. Por sua vez, o art. 312, em seu § 2º, prevê a forma culposa de peculato, cuja conduta consiste em o funcionário público concorrer, de forma culposa, para o delito de terceiro, que pode ou não ser funcionário público e age sempre de forma dolosa, praticando crimes como, por exemplo, furto, peculato, apropriação indébita etc.; **D:** incorreta. Esta assertiva refere-se ao momento consumativo da corrupção passiva. Trata-se de delito *formal*, isto é, a consumação é alcançada com a mera solicitação formulada pelo funcionário ao particular. Aqui, pouco importa, para o fim de consumar o crime, se o particular aceitará ou não entregar a vantagem ao funcionário, bem como se a vantagem deixou de ser auferida por qualquer outra circunstância alheia à vontade do agente. Dessa forma, forçoso concluir que pratica corrupção passiva na modalidade *consumada* o funcionário público que, ao solicitar vantagem indevida em razão da prática de ato de ofício, não a recebe por circunstâncias alheias à sua vontade; **E:** incorreta. O funcionário que assim agir será responsabilizado pelo crime de facilitação de contrabando ou descaminho (art. 318, CP). **ED**

Gabarito ANULADA

(Escrevente – TJ/SP – 2018 – VUNESP) A respeito dos crimes praticados por funcionários públicos contra a administração pública, é correto afirmar que

(A) Caio, funcionário público, ao empregar verba própria da educação, destinada por lei, na saúde, em tese, incorre no crime de emprego irregular de verba pública (art. 315 do CP).

(B) Tícia, funcionária pública, ao exigir, em razão de sua função, que determinada empresa contrate o filho, em tese, incorre no crime de corrupção passiva (art. 317 do CP).

(C) Mévio, funcionário público, em razão de sua função, ao aceitar promessa de recebimento de passagens aéreas, para férias da família, não incorre no crime de corrupção passiva (art. 317 do CP), já que referido tipo penal exige o efetivo recebimento de vantagem indevida.

(D) Tício, funcionário público, ao se apropriar do dinheiro arrecadado pelos funcionários da repartição para comprar o bolo de comemoração dos aniversariantes do mês, em tese, pratica o crime de peculato (art. 312 do CP).

(E) Mévia, funcionária pública, não sendo advogada, não pode incorrer no crime de advocacia administrativa (art. 321 do CP), já que referido tipo penal exige a qualidade de advogado do sujeito ativo.

A: correta. Caio deverá ser responsabilizado pelo cometimento do crime de *emprego irregular de verbas ou rendas públicas* (art. 315, CP). Perceba que, neste crime, cuja objetividade jurídica é voltada à regularidade da Administração Pública, o agente não se apropria ou subtrai as verbas em proveito próprio ou de terceiro. O que se dá, aqui, é o emprego de verbas ou rendas públicas, pelo funcionário, em benefício da própria Administração, de forma diversa da prevista em lei. Assim, responderá por este crime aquele que desvia verba que, por lei, era da educação para a saúde. Não houve, como se pode notar, enriquecimento por parte do *intraneus* ou mesmo de terceiro; **B:** incorreta. Considerando que Tícia, valendo-se do cargo público que ocupa, *exigiu* a contratação de seu filho, deverá ser responsabilizada pelo crime de concussão (art. 316, *caput*, do CP). A conduta típica, na concussão, é representada, como dito, pelo verbo *exigir*, que tem o sentido de *demandar, ordenar*. Essa exigência traz ínsita uma ameaça à vítima, que, sentindo-se intimidada, acuada, acaba por ceder, entregando ao agente a vantagem indevida por ele perseguida. É aqui que este crime se distingue daquele previsto no art. 317 do CP – *corrupção passiva*. Neste, no lugar de *exigir*, o agente *solicita* (pede) vantagem indevida; **C:** incorreta. O crime de corrupção passiva (art. 317 do CP), como bem sabemos, é formal. Isso quer dizer que é prescindível, para que seja alcançada a sua consumação, que o agente receba a vantagem indevida. Na verdade, a consumação se opera em instante anterior, ou seja, o delito se aperfeiçoa, no caso narrado na assertiva, com a mera aceitação da promessa. Se de fato esta for auferida pelo agente, será considerada *exaurimento*, assim entendido o desdobramento típico posterior à consumação; **D:** incorreta, já que Tício não se valeu das facilidades que lhe proporciona o cargo que ocupa. Além disso, inexiste, neste caso, prejuízo para a Administração. Trata-se de questão privada que envolve colegas de trabalho. Pode-se falar, em princípio, de crime de apropriação indébita (art. 168, CP); **E:** incorreta. O crime de advocacia administrativa, tipificado no art. 321 do CP, pressupõe que um funcionário público, valendo-se dessa qualidade, patrocine, direta ou indiretamente, interesse privado perante a Administração Pública. Apesar do nome, não se exige que o sujeito ativo seja *advogado*. Cuida-se, isto sim, como já dito, de delito praticado por funcionário público (é crime próprio) que, valendo-se do cargo que ocupa, defende interesse privado de terceiro perante a Administração. **ED**

Gabarito "A".

(Escrevente – TJ/SP – 2018 – VUNESP) A respeito dos crimes praticados por particulares contra a administração, em geral (arts. 328; 329; 330; 331; 332; 333; 335; 336 e 337 do CP), assinale a alternativa correta.

(A) O crime de desacato não se configura se o funcionário público não estiver no exercício da função, ainda que o desacato seja em razão dela.

(B) Para se configurar, o crime de usurpação de função pública exige que o agente, enquanto na função, obtenha vantagem.

(C) Para se configurar, o crime de corrupção ativa exige o retardo ou a omissão do ato de ofício, pelo funcionário público, em razão do recebimento ou promessa de vantagem indevida.

(D) Aquele que se abstém de licitar em hasta pública, em razão de vantagem indevida, não é punido pelo crime de impedimento, perturbação ou fraude de concorrência, já que se trata de conduta atípica.

(E) Não há previsão de modalidade culposa.

A: incorreta. Isso porque o ato injurioso ou ofensivo, no desacato (art. 331, CP), pode ser dirigido ao funcionário que esteja no exercício de sua função ou em razão dela (por causa dela). Neste último caso, embora o funcionário não esteja, no momento da ofensa, no seu horário de expediente, o ato ofensivo lhe é dirigido em razão da qualidade de funcionário público; **B:** incorreta. Sendo crime formal, a usurpação de função pública prescinde, à sua consumação, de resultado naturalístico, consistente no prejuízo para a Administração ou obtenção de vantagem por parte do agente. Se este obtiver vantagem, incorrerá na forma qualificada (art. 328, parágrafo único, do CP); **C:** incorreta. O crime de corrupção ativa, capitulado no art. 333 do CP, a exemplo de tantos outros delitos contra a Administração Pública, prescinde de resultado naturalístico (é formal). Dessa forma, a consumação é alcançada no exato instante em que o agente, neste caso o particular, oferece ou promete vantagem indevida, pouco importando se houve o recebimento do suborno oferecido ou prometido ou mesmo se o ato, inerente às funções do *intraneus*, foi praticado, omitido ou retardado. Agora, se o funcionário omitir, retardar ou praticar o ato com infração a dever funcional, a pena impingida ao particular será aumentada em um terço (art. 333, parágrafo único, CP); **D:** incorreta. A conduta descrita no enunciado correspondia ao tipo penal do art. 335, parágrafo único, do CP, que foi revogado pela Lei

8.666/1993 (instituiu normas para licitações e contratos firmados pela Administração Pública), que, em seu art. 95, parágrafo único, estabelece ser crime a conduta do agente que *se abstém ou desiste de licitar, em razão da vantagem oferecida*. Trata-se, portanto, como se pode ver, de fato *típico*; **E:** correta. De fato, o Capítulo II do Título XI do CP (dos crimes praticados por particulares contra a administração em geral) não contempla crime cujo elemento subjetivo seja representado pela *culpa*. Há tão somente tipos penais dolosos. Cuidado: o Capítulo I desse mesmo título (dos crimes praticados por funcionário público contra a administração em geral) contém o crime de peculato, que comporta a modalidade culposa (art. 312, § 2º, CP). ED

Gabarito "E".

(Escrevente – TJ/SP – 2018 – VUNESP) A respeito dos crimes contra a administração da justiça (arts. 339 a 347 do CP), assinale a alternativa correta.

(A) A autoacusação para acobertar ascendente ou descendente é atípica.

(B) Dar causa a inquérito civil contra alguém, imputando-lhe falsamente a prática de crime, em tese, caracteriza o crime de denunciação caluniosa.

(C) Provocar a ação de autoridade, comunicando a ocorrência de crime que sabe não ter se verificado, em tese, caracteriza o crime de denunciação caluniosa.

(D) O crime de falso testemunho exige, para configuração, que o agente receba vantagem econômica ou outra de qualquer natureza.

(E) O crime de exercício arbitrário das próprias razões procede-se mediante queixa, ainda que haja emprego de violência.

A: incorreta, uma vez que o art. 341 do CP, que define o crime de autoacusação falsa, não contempla esta escusa absolutória, diferentemente do que se dá, por exemplo, no crime de favorecimento pessoal (art. 348, CP), em que não se pune o agente do favorecimento quando este for ascendente, descendente, cônjuge ou irmão. Dessa forma, se o pai imputar a si mesmo crime que sabe que foi praticado pelo filho, será responsabilizado pelo crime do art. 341 do CP; **B:** correta. O sujeito que provoca a instauração de inquérito civil contra alguém, sabendo-o inocente do crime que levou ao conhecimento da autoridade, comete o delito de *denunciação caluniosa*, capitulado no art. 339 do CP. Este crime não deve ser confundido com o do art. 340 do CP, *comunicação falsa de crime ou de contravenção*, em que a comunicação que deflagra a ação da autoridade não recai sobre pessoa certa, determinada. Na *denunciação caluniosa*, como já dito, o agente atribui a autoria da infração penal por ele levada ao conhecimento da autoridade a pessoa determinada, fornecendo dados à sua identificação. Difere, também, do tipo prefigurado no art. 138 do CP – *calúnia*, na medida em que, neste delito, atribui-se falsamente a alguém fato definido como crime. Sua consumação se opera no momento em que o fato chega ao conhecimento de terceiro (a honra atingida é a objetiva). Aqui, o agente não dá causa a instauração de investigação ou processo. Atenção: a alteração da redação do art. 339 pela Lei 14.110/2020 que passou a ser fato típico outras hipóteses: "Dar causa à instauração de inquérito policial, de procedimento investigatório criminal, de processo judicial, de processo administrativo disciplinar, de inquérito civil ou de ação de improbidade administrativa contra alguém, imputando-lhe crime, infração ético-disciplinar ou ato ímprobo de que o sabe inocente". Segunda a doutrina: "De acordo com a atual redação do dispositivo, não somente a instauração da investigação policial, mas também de qualquer procedimento investigatório criminal, como na hipótese de ser ele presidido pelo Ministério Público, está abrangida pelo art. 339. Substituiu-se também a referência a qualquer investigação administrativa pela menção ao processo administrativo disciplinar. Essa referência abrange, inclusive, o procedimento administrativo disciplinar instaurado para apuração de falta grave pelo condenado ou preso provisório" (Mirabete e Fabbrini. *Manual de Direito Penal*, volume 3, 34ª ed., item 18.2.4); **C:** incorreta. O sujeito que provoca a ação de autoridade, a esta comunicando a ocorrência de crime que sabe não ter se verificado, comete o delito de comunicação falsa de crime ou contravenção (art. 340, CP); **D:** incorreta, já que o crime de falso testemunho (art. 342, CP) se aperfeiçoa ao final do depoimento (é crime formal), pouco importando se a inverdade teve influência na instrução processual bem como se houve suborno. A propósito, se o crime for praticado mediante suborno, deverá incidir a causa de aumento de pena do art. 342, § 1º, do CP, mas tal não é necessário à configuração do crime; **E:** incorreta. A ação penal, no crime de exercício arbitrário das próprias razões, somente será privativa do ofendido (procede-se mediante queixa) se não houver emprego de violência; se houver, a ação penal será pública, cabendo a sua iniciativa ao MP (art. 345, parágrafo único, CP). ED/PB

Gabarito "B".

(Escrevente – TJ/SP – 2018 – VUNESP) A respeito do crime de exploração de prestígio (art. 357 do CP), é correto afirmar que

(A) prevê causa de aumento se o agente alega ou insinua que o dinheiro é também destinado a funcionário público estrangeiro.

(B) prevê modalidade culposa.

(C) se caracteriza pela conduta de receber dinheiro a pretexto de influir em ato praticado por qualquer funcionário público.

(D) se trata de crime comum, não se exigindo qualquer qualidade especial do autor.

(E) para se configurar, exige o efetivo recebimento de dinheiro pelo agente.

A: incorreta. A exploração de prestígio (art. 357 do CP), que com o delito tráfico de influência (art. 332 do CP) é frequentemente confundida, caracteriza-se quando o agente *solicitar ou receber dinheiro ou qualquer outra utilidade*, a pretexto de influir em *juiz, jurado, órgão do Ministério Público, funcionário de justiça, perito, tradutor, intérprete ou testemunha*. A causa de aumento de pena, prevista no art. 357, parágrafo único, do CP, por sua vez, incidirá sempre que o agente alegar ou insinuar que o dinheiro ou utilidade solicitado ou recebido também se destina às pessoas referidas no *caput*, que, como se pode ver, não inclui o funcionário público estrangeiro; **B:** incorreta, dado que o crime de exploração de prestígio não prevê modalidade culposa; o elemento subjetivo é representado pelo dolo; **C:** incorreta. O agente que obtém vantagem, alegando gozar de prestígio junto à Administração para influir no comportamento de servidor público, comete o crime de tráfico de influência (art. 332 do CP). Este crime muito se assemelha ao estelionato, ou melhor, constitui uma modalidade específica de estelionato, em que o sujeito ativo vende a falsa ideia de que fará uso de sua influência para obter, em favor da vítima, benefício junto à Administração. Levada a engano pelo ardil aplicado pelo sujeito, o ofendido, ludibriado, entrega-lhe a vantagem perseguida. É crime de ação múltipla ou de conteúdo variado, uma vez que o tipo penal contempla várias condutas (solicitar, exigir, cobrar e obter). Este crime não deve ser confundido com o delito do art. 357 do CP (exploração de prestígio). Neste, as pessoas em relação às quais o agente alega gozar de prestígio estão especificadas no tipo penal: juiz, jurado, órgão do MP, funcionário de justiça etc. É crime contra a administração da Justiça, ao passo que o tráfico de influência é delito contra a administração pública em geral; **D:** correta. Trata-se, de fato, de crime comum, na medida em que o tipo penal não contempla nenhuma qualidade especial que deve ter o sujeito ativo; **E:** incorreta. Cuida-se de crime formal, isto é, não se exige, à sua consumação, a produção de resultado naturalístico. ED

Gabarito "D".

23. OUTROS CRIMES E CRIMES COMBINADOS DO CÓDIGO PENAL

(Delegado/MG – 2021 – FUMARC) Sobre os crimes cibernéticos ou informáticos, é CORRETO afirmar:

(A) A simples disponibilização de imagens ou vídeos com conteúdo pornográfico, envolvendo criança ou adolescente, na Internet, não é suficiente para a caracterização do tipo penal do art. 241-A do ECA, sendo imprescindível o efetivo acesso de pelo menos um usuário.
(B) Agente que se aproveita da ausência momentânea de colega de trabalho para, no computador alheio, ligado sem nenhum tipo de dispositivo de segurança, acessar fotos íntimas, copiando-as para si, pratica o crime de invasão de dispositivo informático do art. 154-A do Código Penal.
(C) É fraude eletrônica, figura qualificada do crime de estelionato, a utilização de informações fornecidas pela vítima induzida a erro presencialmente, se o agente obtém a vantagem, em prejuízo da vítima, passando-se por ela em uma compra em ambiente virtual.
(D) Em razão da necessária segurança coletiva e proteção de dados, os crimes de invasão de dispositivos informáticos, definidos no art. 154-A do Código Penal, são de ação penal pública incondicionada.

A: incorreta, na medida em que a mera disponibilização, na internet, de imagens ou vídeos com conteúdo pornográfico envolvendo criança ou adolescente já basta a configurar o delito definido no art. 241-A do ECA; **B:** correta. De fato, o crime em que incorreu o agente é o do art. 154-A do CP. A propósito, no que toca a este delito (invasão de dispositivo informático), oportuno que façamos algumas considerações a respeito de mudanças nele promovidas pela Lei 14.155/2021, publicada em 28 de maio de 2021 e com vigência imediata. A primeira observação a fazer refere-se à alteração na redação do *caput* do dispositivo. Até então, tínhamos que o tipo penal era assim definido: *invadir dispositivo informático alheio, conectado ou não à rede de computadores, mediante violação indevida de mecanismo de segurança e com o fim de obter, adulterar ou destruir dados ou informações sem autorização expressa ou tácita do titular do dispositivo ou instalar vulnerabilidades para obter vantagem ilícita*. Com a mudança implementada pela Lei 14.155/2021, adotou-se a seguinte redação: *invadir dispositivo informático de uso alheio, conectado ou não à rede de computadores, com o fim de obter, adulterar ou destruir dados ou informações sem autorização expressa ou tácita do usuário do dispositivo ou de instalar vulnerabilidades para obter vantagem ilícita*. Como se pode ver, logo à primeira vista, eliminou-se o elemento normativo do tipo *mediante violação indevida de mecanismo de segurança*. Trata-se de alteração salutar, na medida em que este crime, de acordo com a redação original do *caput*, somente se aperfeiçoaria na hipótese de o agente, para alcançar seu intento (invadir dispositivo informático), se valer de violação indevida de mecanismo de segurança. Era necessário, portanto, que o sujeito ativo, antes de acessar o conteúdo do dispositivo, vencesse tal obstáculo (mecanismo de segurança). Significa que a invasão de dados contidos, por exemplo, em um computador que não contasse com mecanismo de proteção (senha, por exemplo) constituiria fato atípico. A partir de agora, dada a alteração promovida no tipo incriminador, tal exigência deixa de existir, ampliando, por certo, a incidência do tipo penal. Além disso, até a edição da Lei 14.155/2021, o dispositivo tinha de ser *alheio*. Com a mudança, basta que seja de *uso alheio*. Dessa forma, o crime se configura mesmo que o dispositivo invadido não seja alheio, mas esteja sob o uso de outra pessoa. Agora, a mudança mais significativa, a nosso ver, não se deu propriamente no preceito penal incriminador, mas na pena cominada, que era de detenção de 3 meses a 1 ano e multa e, com a mudança operada pela Lei 14.155/2021, passou para reclusão de 1 a 4 anos e multa. Com isso, este delito deixa de ser considerado de menor potencial ofensivo, o que afasta a incidência da transação penal. Doravante, o termo circunstanciado dará lugar ao inquérito policial. De outro lado, permanece a possibilidade de concessão do *sursis* processual, que, embora previsto e disciplinado na Lei 9.099/1995 (art. 89), sua incidência é mais ampla (infrações penais cuja pena mínima cominada não é superior a 1 ano). Também poderá o agente firmar acordo de não persecução penal, nos moldes do art. 28-A do CPP. Alterou-se o patamar da majorante aplicada na hipótese de a invasão resultar prejuízo econômico (§ 2º): antes era de 1/6 a 1/3 e, com a mudança implementada, passou para 1/3 a 2/3. Como não poderia deixar de ser, houve um incremento na pena cominada à modalidade qualificada, prevista no § 3º, que era de reclusão de 6 meses a 2 anos e multa e passou para 2 a 5 anos de reclusão e multa. Ademais, a qualificadora não faz mais referência expressa à subsidiariedade. É importante que se diga que a Lei 14.155/2021, para além de implementar as mudanças que referimos no crime do art. 154-A, também promoveu mudanças nos crimes de furto e estelionato (como veremos a seguir), de forma a contemplar novas qualificadoras e majorantes, tornando mais graves as condutas levadas a efeito de forma eletrônica ou pela internet; **C:** incorreta, pois o crime de fraude eletrônica, definido no art. 171, § 2º-A, do CP, somente se configura se as informações utilizadas para o cometimento da fraude forem fornecidas pela vítima por meio de redes sociais, contatos telefônicos ou envio de correio eletrônico fraudulento ou por qualquer outro meio fraudulento análogo, o que, por óbvio, não inclui o fornecimento de informações, pela vítima, de forma presencial. É importante que se diga que este dispositivo (§ 2º-A do art. 171) foi introduzido pela Lei 14.155/2021, tornando qualificado, como acima pudemos ver, o estelionato na hipótese de a fraude ser realizada de forma eletrônica (fraude eletrônica). O novo dispositivo estabelece que a pena será de reclusão de 4 a 8 anos e multa *se a fraude é cometida com a utilização de informações fornecidas pela vítima ou por terceiro induzido a erro por meio de redes sociais, contatos telefônicos ou envio de correio eletrônico fraudulento, ou por qualquer outro meio fraudulento análogo*. O § 2º-B, também inserido no art. 171 pela Lei 14.155/2021, estabelece que *a pena prevista no § 2º-A deste artigo, considerada a relevância do resultado gravoso, aumenta-se de 1/3 (um terço) a 2/3 (dois terços), se o crime é praticado mediante a utilização de servidor mantido fora do território nacional*; **D:** incorreta, já que, por força do que estabelece o art. 154-B do CP, os crimes definidos no art. 154-A do CP são, em regra, de ação penal pública condicionada à representação do ofendido. 🅔

Gabarito "B".

24. TEMAS COMBINADOS DE DIREITO PENAL

(Delegado de Polícia Federal – 2021 – CESPE) Com relação à teoria geral do direito penal, julgue os itens seguintes.

(1) A consciência atual da ilicitude é elemento do dolo, conforme a teoria finalista da ação.
(2) A conduta humana voluntária é irrelevante para a configuração do crime culposo.
(3) A imputabilidade é a possibilidade de se atribuir a alguém a responsabilidade pela prática de uma infração penal.
(4) O dolo eventual é incompatível com a tentativa.
(5) Conforme a autoria de escritório, tanto o agente que dá a ordem como o que cumpre respondem pelo tipo penal.

1: errado. Segundo a teoria finalista, incorporada ao direito pátrio com a reforma a que foi submetida a Parte Geral do Código Penal, de 1984, não se pode apartar a ação da vontade do agente. Conduta, assim, deve ser entendida como o comportamento humano, voluntário e consciente, voltado a uma finalidade. Daí a denominação teoria *finalista*. A partir dessa nova concepção, o dolo e a culpa, até então inseridos no campo da culpabilidade, passaram a integrar a conduta, que constitui o primeiro elemento do fato típico. Dessa forma, se não há dolo nem culpa, não há conduta; se não há conduta, não há fato típico; se não há fato típico, logo não haverá crime. O dolo, com isso, ganhou novos contornos, deixando de ser normativo para ser natural, isto é, deixou de conter a consciência da ilicitude, que migrou para a culpabilidade. Esta, por sua vez, até então real, passa a ser potencial (potencial consciência da ilicitude). Ou seja, não mais se exige o conhecimento efetivo do agente a respeito do caráter ilícito do fato típico, bastando que ele tenha a possibilidade de compreendê-lo como tal; **2:** errado. O delito culposo pressupõe uma *conduta humana voluntária*. Involuntário, nesta modalidade de crime, é o resultado, não a conduta, que, repita-se, deve, no crime culposo, ser voluntária. A propósito, são elementos do fato típico culposo: conduta humana voluntária (ação/omissão), inobservância do cuidado objetivo (imprudência/negligência/imperícia), previsibilidade objetiva (assim entendida a possibilidade de o homem médio prever o resultado), ausência de previsão (significa que o agente, em regra, não prevê o resultado objetivamente previsível. É a chamada culpa inconsciente; agora, se o agente tiver a previsão do resultado, fala-se, então, em culpa consciente), resultado involuntário, nexo de causalidade e tipicidade. À falta de algum desses requisitos, o fato será atípico; **3:** certo. De fato, a assertiva contém o conceito de imputabilidade, que é um dos elementos da culpabilidade; **4:** errado. A despeito de haver divergência doutrinária acerca do tema, prevalece o entendimento no sentido de que é cabível a tentativa nos crimes cometidos com dolo eventual, que é equiparado pelo art. 18, I, do CP, no que concerne ao seu tratamento, ao dolo direto. Na jurisprudência: "II – Não se pode generalizar a exclusão do dolo eventual em delitos praticados no trânsito. Na hipótese, em se tratando de pronúncia, a desclassificação da modalidade dolosa de homicídio para a culposa deve ser calcada em prova por demais sólida. No *iudicium accusationis*, inclusive, a eventual dúvida não favorece o acusado, incidindo, aí, a regra exposta na velha parêmia *in dubio pro societate*. III – O dolo eventual, na prática, não é extraído da mente do autor mas, isto sim, das circunstâncias. Nele, não se exige que o resultado seja aceito como tal, o que seria adequado ao dolo direto, mas isto sim, que a aceitação se mostre no plano do possível, provável. IV – Na hipótese, o paciente foi pronunciado por homicídio doloso (dolo eventual), uma vez que, conduzindo veículo automotor com velocidade excessiva, sob o efeito de álcool e substância entorpecente, não parou em cruzamento no qual não tinha preferência e atingiu a vítima, que andava de motocicleta, a qual só não veio a óbito por rápida e eficiente intervenção médica. V – "Consoante reiterados pronunciamentos deste Tribunal de Uniformização Infraconstitucional, o deslinde da controvérsia sobre o elemento subjetivo do crime, especificamente, se o acusado atuou com dolo eventual ou culpa consciente, fica reservado ao Tribunal do Júri, juiz natural da causa, onde a defesa poderá desenvolver amplamente a tese contrária à imputação penal" (AgRg no REsp n. 1.240.226/SE, Quinta Turma, Rel. Min. Reynaldo Soares da Fonseca, DJe de 26/10/2015). Precedentes do STF e do STJ. VI - As instâncias ordinárias, com amparo nas provas constantes dos autos, inferiram que há indícios suficientes de autoria e materialidade a fundamentar a r. decisão de pronúncia do ora paciente, por homicídio tentado com dolo eventual, de modo que entender em sentido contrário demandaria, impreterivelmente, cotejo minucioso de matéria fático-probatória, o que é vedado em sede de *habeas corpus* (precedentes). VII – Não é incompatível o crime de homicídio tentado com o dolo eventual, neste sentido é iterativa a jurisprudência desta Corte: "No que concerne à alegada incompatibilidade entre o dolo eventual e o crime tentado, tem-se que o Superior Tribunal de Justiça possui jurisprudência no sentido de que "a tentativa é compatível com o delito de homicídio praticado com dolo eventual, na direção de veículo automotor" (AgRg no REsp 1322788/SC, Rel. Ministro Sebastião Reis Júnior, Sexta Turma, julgado em 18/06/2015, DJe 03/08/2015). VIII – Esta Corte firmou orientação no sentido de que, ao se prolatar a decisão de pronúncia, as qualificadoras somente podem ser excluídas quando se revelarem manifestamente improcedentes. *Habeas corpus* não conhecido" (STJ, HC 503.796/RS, Rel. Ministro LEOPOLDO DE ARRUDA RAPOSO (DESEMBARGADOR CONVOCADO DO TJ/PE), QUINTA TURMA, julgado em 01/10/2019, DJe 11/10/2019); **5:** certo. Ao tratar da chamada autoria de escritório, Cleber Masson define autor de escritório como sendo *o agente que transmite a ordem a ser executada por outro autor direto, dotado de culpabilidade e passível de ser substituído a qualquer momento por outra pessoa, no âmbito de uma organização ilícita de poder*. Em seguida, se vale do seguinte exemplo: *o líder do PCC (Primeiro Comando da Capital), em São Paulo, ou do CV (Comando Vermelho), no Rio de Janeiro, dá as ordens a serem seguidas por seus comandados. É ele o autor de escritório, com poder hierárquico sobre seus "soldados" (essa modalidade de autoria também é muito comum nos grupos terroristas)*. (*Direito Penal Esquematizado – parte geral*, 8. ed. São Paulo: Método, 2014. p. 541).

Gabarito 1E, 2E, 3C, 4E, 5C

(Delegado de Polícia Federal – 2021 – CESPE) No que concerne aos crimes previstos na parte especial do Código Penal, julgue os itens subsequentes.

(1) Em se tratando do crime de falsidade ideológica, o prazo prescricional se reinicia com a eventual reiteração de seus efeitos.

(2) O furto qualificado impede o reconhecimento do princípio da insignificância.

(3) O crime de redução à condição análoga à de escravo pode ocorrer independentemente da restrição à liberdade de locomoção do trabalhador.

(4) A adoção de sistema de vigilância realizado por monitoramento eletrônico, por si só, não torna impossível a configuração do crime de furto.

(5) Em se tratando de crime de extorsão, não se admite tentativa.

1: errado. Conferir: "4. O delito de falsidade ideológica é de natureza formal e instantâneo, cujos efeitos podem vir a se protrair no tempo. Não obstante os efeitos que possam vir a ocorrer em momento futuro, a conduta se consuma no momento em o agente omite ou insere declaração falsa ou diversa da que deveria estar escrita em documento público ou particular. 5. Sobre esse tema, a Terceira Seção, ao julgar a Revisão Criminal n. 5.233/DF, decidiu que o termo inicial da contagem do prazo de prescrição da pretensão punitiva nos crimes de falsidade ideológica é o momento de sua consumação, e não da eventual reiteração de seus efeitos. 6. De mais a mais, é necessário ter cuidado ao interpretar extensivamente dispositivos da lei penal, sobretudo quando o resultado trouxer prejuízos ao réu. Neste caso, o art. 111, inciso IV, do Código Penal trata apenas dos crimes de bigamia e de falsificação ou alteração de assentamento do registro civil, previstos nos arts. 235 e art. 299, parágrafo único, do Código Penal, de modo que o entendimento adotado pelo Tribunal *a quo* deve ser tomado com reservas, por criar mais uma hipótese de postergação do prazo prescricional não expressa no citado dispositivo. 7. Agravo regimental provido" (STJ, AgRg no RHC 148.651/SP, Rel. Ministro REYNALDO SOARES DA FONSECA, QUINTA TURMA, julgado em 17/08/2021, DJe 20/08/2021); **2:** anulada. Conferir: "2. De acordo com a orientação traçada pelo Supremo Tribunal Federal, a aplicação do princípio da insignificância demanda a verificação da presença concomitante dos seguintes vetores (a) a mínima ofensividade da conduta do agente, (b) a nenhuma periculosidade social da ação, (c) o reduzidíssimo grau de reprovabilidade do comportamento e (d) a inexpressividade da lesão jurídica provocada. 3. O princípio da insignificância é verdadeiro benefício na esfera penal, razão pela qual não há como deixar de se analisar o passado criminoso do agente, sob pena de se instigar a multiplicação de pequenos crimes pelo mesmo autor, os quais se tornariam inatingíveis pelo ordenamento penal. Imprescindível, no caso concreto, porquanto, de plano, aquele que é contumaz na prática de crimes não faz jus a benesses jurídicas. 4. Na espécie, a conduta é referente a um furto qualificado pelo concurso de agentes de produtos alimentícios avaliados em R$ 62,29. 5. Assim, muito embora a presença da qualificadora possa, à primeira vista, impedir o reconhecimento da atipicidade material da conduta, a análise conjunta das circunstâncias demonstra a ausência de lesividade do fato imputado, recomendando a aplicação do princípio da insignificância" (STJ, HC 553.872/SP, Rel. Ministro REYNALDO SOARES DA FONSECA, QUINTA TURMA, julgado em 11/02/2020, DJe 17/02/2020). A anulação ocorreu sob a justificativa de que julgados posteriores a este adotam entendimento diverso; **3:** certo. De fato, a restrição à liberdade de locomoção do trabalhador constitui uma das formas de cometimento do crime art. 149 do CP. Significa dizer que a redução a condição análoga à de escravo pode se dar por outros meios, como, por exemplo, submeter a vítima a trabalhos forçados ou a jornada exaustiva ou sujeitá-la a situação degradante de trabalho; **4:** certo. O chamado *furto sob vigilância* pode, em determinadas situações, a depender do caso concreto, caracterizar *crime impossível* pela *ineficácia absoluta do meio* (art. 17 do CP). É o caso, por exemplo, do agente que, desde o momento em que ingressa no supermercado, passa a ser permanentemente vigiado por sistema de câmeras e também por seguranças, que ficam o tempo todo no seu encalço. Não há, neste caso, a menor possibilidade de o crime consumar-se. Isso não quer dizer que a existência, por si só, de sistema de segurança por câmeras e de funcionários elimine a possibilidade de o crime chegar à sua consumação. É perfeitamente plausível que o agente se aproveite de determinado ângulo de monitoramento em que a subtração não é visualizada pelo sistema de câmeras. Dessa forma, a ineficácia do meio deve ser avaliada caso a caso. Nesse sentido: STF, HC 110.975-RS, 1ª T., rel. Min. Cármen Lúcia, 22.05.2012. Consagrando esse entendimento, o STJ editou a Súmula n. 567: "Sistema de vigilância realizado por monitoramento eletrônico ou por existência de segurança no interior de estabelecimento comercial, por si só, não torna impossível a configuração do crime de furto"; **5:** errado. Embora se trate de crime formal (Súmula 96, STJ), a tentativa é plenamente aceitável. Exemplo: a vítima é constrangida a entregar a carteira e, quando prestes a fazê-lo, recebe auxílio da polícia.

Gabarito 1E. Anulada 3C, 4C, 5E

(Promotor de Justiça/SP – 2019 – MPE/SP) Assinale a alternativa correta.

(A) Otelo e Rinaldo foram denunciados e pronunciados pela prática de homicídio. Otelo como autor da conduta e Rinaldo como partícipe. Se o Conselho de sentença decidir que Otelo, agente denunciado e pronunciado como autor do crime de homicídio, não praticou a conduta descrita no tipo, "matar alguém", ainda assim poderá decidir pela condenação de Rinaldo, partícipe que permaneceu "vigia", dando cobertura ao autor Otelo, pois, em relação ao concurso de pessoas, aplica-se a teoria da acessoriedade limitada.

(B) O juiz, na sentença condenatória, ao verificar evidenciada a hipossuficiência econômica do condenado e a inviabilidade de suportar o pagamento da pena de multa prevista no preceito secundário do tipo, ainda que aplicada em seu mínimo legal, pode excluir a sua aplicação e isentar o condenado do seu pagamento.

(C) Na sucessão de leis penais no tempo, deve ser aplicada a lei mais favorável ao réu, seja a lei contemporânea à prática da infração penal, seja a vigente na data da sentença.

(D) O arrependimento posterior, como causa de diminuição de pena entre determinados limites, tem como pressuposto para seu reconhecimento que o crime seja patrimonial, para atender ao requisito da reparação do dano ou da restituição da coisa.

(E) No crime de injúria cometido contra funcionário público, em razão de suas funções, é admitida a exceção da verdade.

A: incorreta. A conduta do partícipe tem natureza acessória. A sua punição pressupõe a existência de um crime. Em outras palavras, se não há conduta principal, levada a efeito pelo autor, não se pode falar em punição do partícipe. Mesmo porque a adequação típica da conduta do partícipe se dá por subordinação mediata, recorrendo-se à norma de extensão contida no art. 29, *caput*, do CP. O art. 31 do CP, por sua vez, prevê a acessoriedade da conduta do partícipe: sem início de execução não há como punir o partícipe. Adotamos, quanto à participação, a teoria da *acessoriedade limitada*, segundo a qual, para punir o partícipe, é suficiente apurar que o autor praticou um fato típico e antijurídico. Dessa forma, se Otelo, agente denunciado e pronunciado como autor do crime de homicídio, não praticou a conduta descrita no tipo, inviável a punição de Rinaldo na qualidade de partícipe, ou seja, se não há conduta principal (matar alguém), logo não há a acessória (contribuir para a morte de alguém); para a *acessoriedade mínima*, basta que o autor tenha praticado um fato típico; já para a *hiperacessoriedade*, mister que o fato principal seja típico, antijurídico, culpável e punível; há, por fim, a *acessoriedade máxima*, em que o fato principal precisa ser típico, antijurídico e culpável; **B:** incorreta, já que não há previsão legal de isenção do pagamento da pena de multa; **C:** correta. No que tange à aplicação da lei penal no tempo, a regra, como bem sabemos, é a aplicação da lei vigente à época dos fatos (*tempus regit actum*). Excepcionalmente, poderá ocorrer a chamada *extratividade*, fenômeno segundo o qual a lei opera efeitos fora de seu período de vigência. A *extratividade* é gênero, da qual são espécies a *ultratividade* e a *retroatividade*. Por *ultratividade* se deve entender o fenômeno em que a norma jurídica é aplicada a fato ocorrido depois de sua revogação (os efeitos da lei são projetados para o futuro); já pela *retroatividade*, a norma jurídica tem incidência a fato verificado antes de iniciada a sua vigência. Como já dito, a lei penal, em regra, não deve alcançar fatos verificados antes de ela entrar em vigor tampouco depois de ela ser revogada. Sucede que, em determinadas situações, a incidência da lei penal poderá se dar de forma retroativa ou ultrativa. Se a lei é posterior ao fato e puder ser considerada mais benéfica ao agente, a retroação (espécie do gênero ultratividade) é de rigor. Além da retroatividade, que, como já dissemos, constitui exceção à regra do *tempus regit actum*, também podemos nos deparar com a ultratividade, em que, por exemplo, o juiz, ao sentenciar, tem de aplicar lei penal já revogada, na medida em que esta se revelou mais favorável ao agente do que aquela em vigor ao tempo em que se deram os fatos. Por tudo isso, na sucessão de leis penais no tempo, deve ser aplicada a lei mais favorável ao réu, seja a lei contemporânea à prática da infração penal, seja a vigente na data da sentença; **D:** incorreta. Para atender ao requisito da reparação do dano ou da restituição da coisa, contido no art. 16 do CP, não é necessário que se trate de crime patrimonial, mas que o delito possua efeitos patrimoniais. Ensina Guilherme de Souza Nucci que *a causa de diminuição de pena prevista neste artigo exige, para sua aplicação, que o crime seja patrimonial ou possua efeitos patrimoniais. Afinal, somente desse modo seria sustentável falar em reparação do dano ou restituição da coisa. Em uma hipótese de homicídio, por exemplo, não teria o menor cabimento aplicar o arrependimento posterior, uma vez que não há como possa ser restituído ou reparado. No furto, ao contrário, caso o agente devolva a coisa subtraída ou pague à vítima indenização correspondente ao seu valor, torna-se viável a diminuição da pena. Não descartamos, por certo, outras hipóteses que não sejam crimes patrimoniais, como ocorreria com o peculato doloso. Em caso de restituição da coisa ou reparação total do dano, parece-nos viável a aplicação da redução da pena* (*Código Penal Comentado*, 18ª ed.

Forense, 2017. p. 197); **E:** incorreta, pois o crime de injúria (art. 140 do CP), ainda que cometido contra funcionário público em razão de suas funções, não admite a *exceção da verdade*; a calúnia (art. 138 do CP) e a difamação (art. 139 do CP) comportam o instituto, previsto, respectivamente, nos arts. 138, § 3º, e 139, parágrafo único, ambos do Código Penal, com a ressalva de que, na difamação, somente há que se falar em exceção da verdade se o ofendido for funcionário público e a ofensa a ele impingida tiver relação com o exercício de suas funções. ED
Gabarito "C."

(Promotor de Justiça/SP – 2019 – MPE/SP) Assinale a alternativa **INCORRETA**.

(A) Conforme entendimento sumulado, a lei penal mais grave é aplicada ao crime continuado ou ao crime permanente, se sua vigência é anterior à cessação da continuidade ou da permanência.

(B) Consoante o Código Penal, a prescrição da pretensão punitiva pela pena *in abstrato* é regulada pelo máximo da pena privativa de liberdade cominada ao crime, verificando-se nos prazos previstos no artigo 109, podendo ter por termo inicial data anterior à da denúncia ou queixa, independentemente do que dispõe o § 1º do artigo 110, com a redação trazida pela Lei 12.234/2010.

(C) Tendo em vista que o artigo 117 do Código Penal, nos incisos I, II, III, IV, V e VI, elenca as causas interruptivas da prescrição, nesses casos, interrompida a prescrição, todo o prazo começa a correr, novamente, do dia da interrupção.

(D) Os princípios que resolvem o conflito aparente de normas são: especialidade, subsidiariedade, consunção e alternatividade.

(E) Na denominada cooperação dolosamente distinta, se algum dos concorrentes quis participar de crime menos grave, ser-lhe-á aplicada a pena deste; essa pena será aumentada até a metade, na hipótese de ter sido previsível o resultado mais grave.

A: correta. Segundo entendimento firmado na Súmula 711 do STF, "A lei penal mais grave aplica-se ao crime continuado ou ao crime permanente, se a sua vigência é anterior à cessação da continuidade ou da permanência". Cabe relembrar que *crime permanente* é aquele cuja consumação se protrai no tempo por vontade do agente. Exemplo sempre lembrado pela doutrina é o crime de *sequestro e cárcere privado*, capitulado no art. 148 do CP, em que a consumação se opera no momento em que a vítima é privada de sua liberdade. Essa consumação, que teve início com a privação da liberdade da vítima, prolongar-se-á no tempo. Por tudo isso, a lei aplicável para os crimes permanentes será aquela vigente ao tempo da cessação da permanência, e não por ocasião de seu início; **B:** correta. A assertiva menciona *a pena em abstrato*, conforme a redação do art. 109 do CP, "a prescrição, antes de transitar em julgado a sentença final, *salvo o disposto no § 1º do art. 110 deste Código*", (grifo nosso). Atenção, uma vez que a redação do § 1º do art. 110 do CP dispõe que a prescrição depois da sentença condenatória com trânsito em julgado para a acusação ou depois de improvido seu recurso, regula-se pela pena aplicada, ou seja, já existe uma pena em concreto; **C:** incorreta. A regra contida no art. 117, § 2º, do CP não se aplica à hipótese do inciso V (pelo início ou continuação do cumprimento da pena) do *caput*; **D:** correta. Dá-se o chamado *conflito aparente de normas* (ou concurso aparente de normas) quando, no plano da aparência, duas ou mais leis penais tenham incidência a um mesmo fato. Para dirimir este conflito e encontrar qual a lei que de fato irá reger o fato, devemos recorrer a quatro princípios, a saber: especialidade; subsidiariedade; consunção ou absorção; e alternatividade; **E:** correta. Se algum dos concorrentes quis participar de delito menos grave, a ele será aplicada a pena deste, conforme estabelece o art. 29, § 2º, primeira parte, do CP; se, entretanto, o resultado mais gravoso lhe era previsível, a pena então será aumentada até metade, nos termos do mesmo art. 29, § 2º, segunda parte, do CP. É a chamada *cooperação dolosamente distinta*. ED
Gabarito "C."

6. DIREITO PROCESSUAL PENAL

Eduardo Dompieri e Patricia Bergamasco*

1. FONTES, PRINCÍPIOS GERAIS, EFICÁCIA DA LEI PROCESSUAL NO TEMPO E NO ESPAÇO

(Delegado/RJ – 2022 – CESPE/CEBRASPE) Após o advento do neoconstitucionalismo e como seu consequente reflexo, os princípios adquiriram força normativa no ordenamento jurídico brasileiro, e a eficácia objetiva dos direitos fundamentais deu novos contornos ao direito processual penal. A respeito desse assunto, assinale a opção correta à luz do Código de Processo Penal.

(A) No Código de Processo Penal, admite-se, dado o princípio do *tempus regit actum*, a aplicação da interpretação extensiva, mas não a da interpretação analógica.

(B) No que diz respeito à interpretação extensiva, admitida no Código de Processo Penal, existe uma norma que regula o caso concreto, porém sua eficácia é limitada a outra hipótese, razão por que é necessário ampliar seu alcance, e sua aplicação não viola o princípio constitucional do devido processo legal.

(C) A analogia, assim como a interpretação analógica, não é admitida no Código de Processo Penal em razão do princípio da vedação à surpresa e para não violar o princípio constitucional do devido processo legal.

(D) Ante os princípios da proteção e da territorialidade temperada, não se admite a aplicação de normas de tratados e regras de direito internacional aos crimes cometidos em território brasileiro.

(E) No Código de Processo Penal, o princípio da proporcionalidade é expressamente consagrado, tanto no que se refere ao aspecto da proibição do excesso quanto ao aspecto da proibição da proteção ineficiente.

A: incorreta. Isso porque, no CPP, são admitidas tanto a aplicação da interpretação extensiva quanto a da interpretação analógica, conforme reza o art. 3º; **B:** correta. De fato, a chamada interpretação extensiva consiste na ampliação do conteúdo da lei, levada a efeito pelo aplicador da norma, sempre que esta disser menos do que deveria; **C:** incorreta. O CPP, em seu art. 3º, admite, de forma expressa, a analogia, o mesmo se dizendo em relação à interpretação extensiva e aos princípios gerais de direito; **D:** incorreta. É verdade que a lei processual penal será, em regra, aplicada a infrações penais praticadas em território nacional. É o chamado princípio da territorialidade, consagrado no art. 1º do CPP. Sucede que este mesmo dispositivo, em seus incisos, estabelece que este postulado não é absoluto, dado que há situações em que, a despeito de o fato ter ocorrido em território nacional, não terá incidência a lei processual penal brasileira. É o caso do diplomata a serviço de seu país de origem que vem a praticar infração penal no Brasil. Será afastada, aqui, por força da Convenção de Viena, diploma ao qual o Brasil aderiu, a incidência da lei processual penal brasileira; **E:** incorreta, dado que o princípio da proporcionalidade não está expresso no CPP. Cuida-se, pois, de postulado implícito. O princípio da proibição da proteção insuficiente representa, ao lado da proibição de excesso, uma das facetas do princípio da proporcionalidade. O Estado é considerado omisso, para esse postulado, quando deixa de adotar medidas necessárias à proteção de direitos fundamentais. *Vide*: ADC nº 19/DF, rel. Min. Marco Aurélio, 09.02.2012. ED

Gabarito "B".

(Juiz de Direito/GO – 2021 – FCC) No tocante às garantias constitucionais aplicáveis ao processo penal,

(A) todos os julgamentos dos órgãos do Poder Judiciário serão públicos, e fundamentadas todas as decisões, sob pena de nulidade, podendo a lei limitar a presença, em determinados atos, às próprias partes e a seus advogados, mas não somente a estes.

(B) o civilmente identificado jamais pode ser submetido a identificação criminal, sob pena de caracterização de constrangimento ilegal.

(C) o preso tem direito à identificação do responsável por sua prisão, mas nem sempre por seu interrogatório policial.

(D) a razoável duração do processo e os meios que garantam a celeridade de sua tramitação são garantias exclusivamente aplicáveis à ação penal.

(E) a garantia do juiz natural é contemplada, mas não só, na previsão de proibição de juízo ou tribunal de exceção.

A: incorreta, pois não corresponde ao teor do art. 93, IX, da CF, a seguir transcrito: "todos os julgamentos dos órgãos do Poder Judiciário serão públicos, e fundamentadas todas as decisões, sob pena de nulidade, podendo a lei limitar a presença, em determinados atos, às próprias partes e a seus advogados, ou somente a estes (...)" (destaque nosso); **B:** incorreta. Regra geral, o civilmente identificado não será submetido a identificação criminal (art. 5º, LVIII, CF; art. 1º da Lei 12.037/2009). Há situações, no entanto, que, mesmo tendo sido apresentado documento de identificação, a autoridade poderá proceder à identificação criminal. Estas situações, que constituem exceção, estão elencadas no art. 3º da Lei 12.037/2009, entre as quais está a hipótese em que o documento contém rasura ou indício de falsificação. Neste caso, a autoridade determinará a identificação criminal, aqui incluídos os processos datiloscópico e fotográfico (art. 5º, *caput*, Lei 12.037/2009); **C:** incorreta, já que o preso terá direito à identificação dos responsáveis por sua prisão ou por seu interrogatório policial (art. 5º, LXIV, CF). Na de Abuso de Autoridade (Lei 13.869/2019), o art.16, criminaliza a conduta da autoridade que não se identificar ou identificar-se falsamente na captura, detenção, prisão ou durante o procedimento de interrogatório; **D:** incorreta, na medida em que a garantia prevista no art. 5º, LXXVIII, da CF a razoável duração do processo visa garantir a celeridade em sua tramitação, que se desenvolva em tempo necessário para atingir a sua finalidade, evitando-se dilações e constrangimentos no processo. A razoável duração do processo tem incidência tanto no âmbito judicial quanto no administrativo. É aplicável, portanto, a título de exemplo, no inquérito policial, assim definido no art. 10 do CPP, o qual determina o término do inquérito policial em 10 dias se o indiciado foi preso

---

* ED Eduardo Dompieri
  PB Patricia Bergamasco

flagrante ou preso preventivamente e, em 30 dias se solto; também, no procedimento de natureza administrativa podemos citar o art. 49 da Lei 9.784/1999 que dispõe: "concluída a instrução de processo administrativo, a Administração tem o prazo de até trinta dias para decidir, salvo prorrogação por igual período expressamente motivada"; **E:** correta. O princípio do juiz natural, é uma garantia constitucional (art. 5º, XXXVII e LIII, da CF) em que o autor de qualquer crime só poderá ser processado e julgado perante um órgão que a Constituição Federal atribui a competência para julgamento e, deve o órgão julgador ser constituído antes da ocorrência do fato. Vedado assim o juízo ou tribunal de exceção, ou seja, aquele constituído após a ocorrência do fato. (Vide para complementação do estudo a Súmula 704 do STF). ED/PB
Gabarito "E".

(Investigador – PC/BA – 2018 – VUNESP) Em havendo conflito entre o Código de Processo Penal e uma lei especial que contenha normas processuais, a solução será a

(A) aplicação da norma que for mais recente, independentemente de eventual benefício ao réu.

(B) aplicação da lei especial e, quando omissa, subsidiariamente do Código de Processo Penal.

(C) aplicação do que for mais favorável ao acusado, independentemente da data de promulgação.

(D) conjugação de ambos os diplomas, aplicando-se as normas que forem mais benéficas ao acusado.

(E) prevalência da regra geral do Código de Processo Penal, em virtude da proibição constitucional dos juízos de exceção.

Nessa hipótese, há o conflito aparente de normas, quando em um mesmo fato podem ser aplicadas normas diferentes. São dois seus pressupostos: unicidade de fato e a pluralidade de normas. "Como é impossível que duas normas incriminadoras venham a incidir sobre um só fato natural, o que é vedado pelo princípio *non bis in idem*, é indispensável que se verifique qual delas deve ser aplicada ao caso concreto. Embora ainda não se tenham conseguido soluções teóricas para todas as dúvidas sobre o conflito aparente de normas, a doutrina tem fixado quatro princípios para resolvê-lo: o da especialidade; o da subsidiariedade; o da consunção e o da alternatividade" (Mirabete, Julio Fabbrini e Fabbrini, Renato Nascimento. *Manual de Direito Penal*, parte geral, 36ª ed., 2024, Foco, item 3.2.15). Deve-se recorrer, neste caso, ao princípio da especialidade, segundo o qual a lei especial derroga a lei geral, a adequação ao tipo especial afasta a possibilidade de aplicação do tipo geral. Por exemplo, o art. 241 do CP (registro de nascimento inexistente) é norma especial em relação ao art. 299 (falsidade ideológica), o crime de lesão corporal culposa cometida na direção de veículo automotor (art. 303, da Lei 9.503/1997) é norma especial em relação à lesão corporal do art. 129, § 6º do CP etc. ED/PB
Gabarito "B".

(Delegado – PC/BA – 2018 – VUNESP) Aplicar-se-á a lei processual penal, nos estritos termos dos arts. 1º, 2º e 3º do CPP,

(A) aos processos de competência da Justiça Militar.

(B) ultrativamente, mas apenas quando favorecer o acusado.

(C) retroativamente, mas apenas quando favorecer o acusado.

(D) desde logo, sem prejuízo da validade dos atos realizados sob a vigência da lei anterior.

(E) com o suplemento dos princípios gerais de direito sem admitir, contudo, interpretação extensiva e aplicação analógica.

"Em tema de aplicação da lei penal quanto ao tempo, vigora o princípio *tempus regit actum* que se harmoniza com a garantia da reserva legal.

Assim, no caso da ocorrência de um fato criminoso sob a vigência de determinada lei penal, nenhuma questão surgirá se for objeto de sentença e se esta for executada enquanto essa norma jurídica estiver em vigor. Entretanto, praticada a conduta durante a vigência da lei penal, posteriormente modificada por novos preceitos, surge um conflito de leis penais no tempo se ainda não se esgotaram as consequências jurídicas da prática dessa infração penal. São os casos, por exemplo, da prática de um delito em que a ação ocorre durante a vigência de uma lei e a consumação se dá sob o império de outra; do crime ocorrido durante a vigência de uma norma, sendo o fato julgado após sua revogação; da execução de sentença condenatória proferida durante a vigência de lei anterior revogada etc." (Mirabete, Julio Fabbrini e Fabbrini, Renato Nascimento. *Manual de Direito Penal*, parte geral, 36ª ed., 2024, Foco, item 2.4.1). **A:** incorreta. Os processos de competência da Justiça Militar são excluídos da legislação processual penal comum, de acordo com o disposto no art. 1º, III, do CPP; **B:** incorreta. A ultratividade consiste em aplicar a norma após a sua revogação; **C:** incorreta. Na retroatividade a norma jurídica é aplicada ao fato ocorrido mesmo antes do início da vigência dessa norma; **D:** correta. A lei processual penal será aplicada desde logo (*princípio da aplicação imediata* ou *da imediatidade – tempus regit actum*), sem prejuízo dos atos realizados sob o império da lei anterior. É o que estabelece o art. 2º do CPP. A exceção a essa regra fica por conta da lei processual penal dotada de carga material (também chamada de norma mista ou híbrida), para a qual deverá ser aplicado o que estabelece o art. 2º, parágrafo único, do CP. Nesse caso, se uma norma, embora processual, possui também natureza penal, aplica-se a ela os princípios que regem a lei penal, a exemplo do que se dá com as leis penais, a norma processual nova, se favorável ao réu, deverá retroagir; se prejudicial, aplica-se a lei já revogada (*lex mitior*); **E:** incorreta. Conforme art. 3º do CPP, *a lei processual penal admitirá interpretação extensiva e aplicação analógica, bem como o suplemento dos princípios gerais de direito.* ED/PB
Gabarito "D".

2. INQUÉRITO POLICIAL E OUTRAS FORMAS DE INVESTIGAÇÃO CRIMINAL

(Analista – TJ/ES – 2023 – CEBRASPE) Acerca do inquérito policial e da sua tramitação, julgue o item que se segue.

(1) Na ação penal privada, concluído o inquérito policial, o delegado de polícia remeterá os autos ao juízo competente, independentemente de tramitação pelo órgão ministerial.

1: correta. De fato, de acordo com a regência do art. 19 do CPP, *Nos crimes em que não couber ação pública, os autos do inquérito serão remetidos ao juízo competente, onde aguardarão a iniciativa do ofendido ou de seu representante legal, ou serão entregues ao requerente, se o pedir, mediante traslado.* ED
Gabarito 1C

(Escrivão – PC/GO – AOCP – 2023) A respeito do inquérito policial, assinale a alternativa INCORRETA.

(A) Nos atestados de antecedentes que lhe forem solicitados, a autoridade policial não poderá mencionar quaisquer anotações referentes à instauração de inquérito contra os requerentes.

(B) Arquivado o inquérito policial, por despacho do juiz, a requerimento do promotor de justiça natural, pode a ação penal ser iniciada sem novas provas caso o promotor de justiça substituto opine diversa e posteriormente.

(C) Na hipótese de crimes relacionados ao tráfico de pessoas com autorização de captação de sinais de posicionamento da estação de cobertura, setorização

e intensidade de radiofrequência, o inquérito policial deverá ser instaurado no prazo máximo de 72 (setenta e duas) horas, contado do registro da respectiva ocorrência policial.
(D) Ao fazer a remessa dos autos do inquérito ao juiz competente, a autoridade policial oficiará ao Instituto de Identificação e Estatística, ou repartição congênere, mencionando o juízo a que tiverem sido distribuídos, e os dados relativos à infração penal e à pessoa do indiciado.
(E) Qualquer pessoa do povo que tiver conhecimento da existência de infração penal em que caiba ação pública poderá, verbalmente ou por escrito, comunicá-la à autoridade policial, e esta, verificada a procedência das informações, mandará instaurar inquérito.

A: correta, pois reflete a regra presente no art. 20, parágrafo único, do CPP; **B:** incorreta. Uma vez ordenado o arquivamento do inquérito policial, por falta de base para a denúncia, nada obsta que a autoridade policial proceda a novas pesquisas, desde que de outras provas tenha conhecimento – art. 18 do CPP. Isso porque a decisão que determina o arquivamento do inquérito policial não gera, em regra, coisa julgada material. Registre-se, no entanto, que as "outras provas" a que faz alusão o art. 18 do CPP devem ser entendidas como *provas substancialmente novas*, ou seja, aquelas que até então não eram de conhecimento das autoridades. Veja, a propósito, o teor da Súmula 524 do STF: "Arquivado o inquérito policial, por despacho do juiz, a requerimento do Promotor de Justiça, não pode a ação penal ser iniciada, sem novas provas". Agora, se o arquivamento do inquérito se der por ausência de tipicidade, a decisão, neste caso, tem efeito preclusivo, é dizer, produz coisa julgada material, impedindo, dessa forma, o desarquivamento do inquérito; **C:** correta, já que em consonância com o que dispõe o art. 13-B, § 3º, do CPP; **D:** correta (art. 23, CPP); **E:** correta (art. 5º, § 3º, CPP).
Gabarito "B".

(Escrivão – PC/RO – CEBRASPE – 2022) Para a instauração do inquérito policial pelo delegado, em regra, será necessária a manifestação da vítima nos crimes de
(A) bigamia e furto.
(B) ameaça e estelionato.
(C) calúnia e falsidade ideológica.
(D) injúria e estupro.
(E) difamação e aborto.

O crime de ameaça, capitulado no § 2º do art. 147 do CP de ação penal pública condicionada a representação. Isso quer dizer que o Ministério Público, para dar início à ação penal, depende da manifestação de vontade da vítima, que deve exteriorizar seu desejo em ver processado seu ofensor. Quanto ao crime de estelionato, a natureza da ação penal, que até então era pública incondicionada, foi alterada pela Lei 13.964/2019, passando a ser pública condicionada à representação do ofendido, conforme impõe o art. 171, § 5º, do CP (inserido pelo pacote anticrime). Este mesmo dispositivo, no entanto, estabelece exceções (hipóteses em que a ação penal será pública incondicionada), a saber: quando a vítima for: a Administração Pública, direta ou indireta; criança ou adolescente; pessoa com deficiência mental; ou maior de 70 anos ou incapaz. Os crimes de bigamia (art. 235, CP), furto (art. 155, CP), falsidade ideológica (art. 299, CP) e estupro (art. 213, CP) são de ação penal pública incondicionada. Já os delitos de injúria, calúnia e difamação são, em regra, de ação penal privada. Atenção: Posteriormente à aplicação desta prova, entrou em vigor a Lei 14.994/2024, que entre outras disposições inseriu o § 2º ao art. 147 para determinar que nos casos de crime de ameaça cometido contra a mulher por razões da condição do sexo feminino a ação penal será incondicionada. Entretanto, a assertiva b continua correta.
Gabarito "B".

(Escrivão – PC/RO – CEBRASPE – 2022) No que se refere ao inquérito policial, assinale a opção correta.
(A) O inquérito policial é nulo se não observar os princípios do contraditório e da ampla defesa.
(B) A característica pública das investigações auxilia na apuração dos fatos e na identificação dos culpados.
(C) O delegado pode arquivar o inquérito quando verificar que o fato criminoso não ocorreu.
(D) O inquérito policial é um processo administrativo com valor probatório pleno.
(E) O inquérito é procedimento dispensável quando o titular da ação penal tiver informações suficientes para propor a ação.

A: incorreta. Por se tratar de procedimento administrativo, não vigoram nas investigações criminais, conforme doutrina e jurisprudência amplamente majoritárias, o contraditório e ampla defesa; **B:** incorreta. Trata-se de procedimento *sigiloso* (art. 20, CPP). De outra forma não poderia ser. É que a publicidade por certo acarretaria prejuízo ao bom andamento do inquérito, cujo propósito é reunir provas acerca da infração penal. É bom lembrar que o sigilo do inquérito não pode ser considerado absoluto, uma vez que não será oponível ao advogado, constituído ou não, do investigado, que terá amplo acesso ao acervo investigatório (art. 7º, XIV, da Lei 8.906/1994 – Estatuto da Advocacia); **C:** incorreta, pois, pela disciplina estabelecida no art. 17 do CPP, é defeso ao delegado de polícia, em qualquer hipótese, arquivar autos de inquérito policial; **D:** incorreta, na medida em que inquérito policial é um procedimento (não é processo) administrativo com valor probatório relativo (e não pleno); **E:** correta. Isso porque o inquérito policial, segundo doutrina e jurisprudência unânimes, não constitui fase obrigatória e imprescindível da persecução penal. Pode o membro do MP, pois, dele abrir mão e ajuizar, de forma direta, a ação penal, desde que, é claro, disponha de elementos de informação suficientes ao seu exercício (da ação penal). É o que se infere do art. 12 do CPP.
Gabarito "E".

(Delegado/RJ – 2022 – CESPE/CEBRASPE) Assinale a opção correta, acerca de inquérito policial.
(A) A autoridade policial que preside o inquérito policial para apurar crime de ação penal pública pode, fundamentadamente, decidir sobre a conveniência e(ou) oportunidade de diligências requisitadas pelo Ministério Público.
(B) O inquérito policial, consoante o princípio da oficialidade, poderá ser instaurado apenas de ofício pela autoridade policial ou mediante requisição do Ministério Público.
(C) Com base em denúncia anônima de fato criminoso, a autoridade policial pode, independentemente de apuração prévia, instaurar inquérito policial com fundamento exclusivo naquela informação anônima.
(D) Não se permite ao indiciado qualquer tipo de intervenção probatória durante o inquérito policial.
(E) O investigado deve ter acesso a todos os elementos já documentados nos autos do inquérito policial, ressalvadas as diligências em andamento cuja eficácia dependa do sigilo.

A: incorreta. Isso porque constitui atribuição da autoridade policial presidente do inquérito policial atender à requisição de diligências tanto do juiz quanto do Ministério Público (art. 13, II, CPP). Importante que se diga que *requisitar* deve ser entendido como *imposição legal*, não cabendo ao seu destinatário deixar de dar-lhe cumprimento; **B:** incorreta. A teor do art. 5º do CPP, constituem formas de instauração do inquérito policial: de ofício pela autoridade policial (inciso I); requisição judicial ou do MP (inciso II, 1ª parte); requerimento da vítima (inciso II, 2ª parte); por força de auto de prisão em flagrante; representação do ofendido nos crimes de ação penal pública condicionada a representação (art. 5º, § 4º, CPP); denúncia da ocorrência de uma infração penal formulada por qualquer pessoa do povo (*delatio criminis* – art. 5º, § 3º, do CPP); e requerimento do ofendido na ação penal privada (art. 5º, § 5º, do CPP); **C:** incorreta. A denúncia anônima (também chamada de *apócrifa* ou *inqualificada*), segundo tem entendido a jurisprudência, não é apta, por si só, a autorizar a instauração de inquérito policial, dando início à persecução penal. Antes disso, a autoridade policial deverá fazer uma averiguação prévia a fim de verificar a procedência da denúncia apócrifa, para, depois disso, determinar, se for o caso, a instauração de inquérito. Nesse sentido: "(...) *a autoridade policial, ao receber uma denúncia anônima, deve antes realizar diligências preliminares para averiguar se os fatos narrados nessa 'denúncia' são materialmente verdadeiros, para, só então, iniciar as investigações*" (STF, HC 95.244, 1ª T., rel. Min. Dias Toffoli, DJE de 29.04.2010). No mesmo sentido: "*1. Elementos dos autos que evidenciam não ter havido investigação preliminar para corroborar o que exposto em denúncia anônima. O Supremo Tribunal Federal assentou ser possível a deflagração da persecução penal pela chamada denúncia anônima, desde que esta seja seguida de diligências realizadas para averiguar os fatos nela noticiados antes da instauração do inquérito policial. Precedente. 2. A interceptação telefônica é subsidiária e excepcional, só podendo ser determinada quando não houver outro meio para se apurar os fatos tidos por criminosos, nos termos do art. 2º, inc. II, da Lei n. 9.296/1996. Precedente. 3. Ordem concedida para se declarar a ilicitude das provas produzidas pelas interceptações telefônicas, em razão da ilegalidade das autorizações, e a nulidade das decisões judiciais que as decretaram amparadas apenas na denúncia anônima, sem investigação preliminar*" (HC 108147, Relator(a): Min. Cármen Lúcia, Segunda Turma, julgado em 11.12.2012, Processo Eletrônico DJe-022 Divulg 31.01.2013 Public 01.02.2013); **D:** incorreta, na medida em que é dado ao indiciado, sim, requerer ao delegado de polícia presidente do inquérito policial a realização de diligência que, no seu entender, seja útil à busca da verdade real (art. 14, CPP); **E:** correta. O inquérito policial é, em vista do que estabelece o art. 20 do CPP, sigiloso. Ocorre que, a teor do art. 7º, XIV, da Lei 8.906/1994 (Estatuto da Advocacia), constitui direito do advogado, entre outros: "examinar, em qualquer instituição responsável por conduzir investigação, mesmo sem procuração, autos de flagrante e de investigações de qualquer natureza, findos ou em andamento, ainda que conclusos à autoridade, podendo copiar peças e tomar apontamentos, em meio físico ou digital". Sobre este tema, o STF editou a Súmula Vinculante 14, a seguir transcrita: "É direito do defensor, no interesse do representado, ter acesso amplo aos elementos de prova que, já documentados em procedimento investigatório realizado por órgão com competência de polícia judiciária, digam respeito ao exercício do direito de defesa". Bem por isso, caberá à autoridade policial franquear o acesso do investigado/advogado, constituído ou não, aos elementos de informação contidos no auto de prisão em flagrante/inquérito policial, desde que já documentados. **ED**

Gabarito "E".

(Delegado/RJ – 2022 – CESPE/CEBRASPE) O inquérito policial é atividade investigatória realizada por órgãos oficiais, não podendo ficar a cargo do particular, ainda que a titularidade do exercício da ação penal pelo crime investigado seja atribuída ao ofendido.

Considerando-se as características do inquérito policial, é correto afirmar que o texto anterior discorre sobre

(A) o procedimento escrito do inquérito policial.

(B) a indisponibilidade do inquérito policial.
(C) a oficiosidade do inquérito policial.
(D) a oficialidade do inquérito policial.
(E) a dispensabilidade do inquérito policial.

Dentre as características do inquérito policial está a *oficialidade*, segundo a qual a atividade investigativa ali realizada deve ser atribuída a órgão oficial do Estado. Além disso, o inquérito é *escrito*, uma vez que todos os seus atos devem ser reduzidos a termo (art. 9º, CPP); diz-se, também, que o inquérito policial tem caráter *inquisitivo*, na medida em que nele não vigoram o contraditório e a ampla defesa; é *sigiloso*, nos termos do art. 20 do CPP; é dispensável, já que o inquérito policial constitui instrumento de investigação cuja presença, tanto nos delitos em que ação penal é pública quanto naqueles em que é privativa do ofendido, não é indispensável, essencial ao oferecimento da denúncia ou queixa, desde que a inicial contenha elementos suficientes (existência do crime e indícios suficientes de autoria) ao exercício da ação penal. O inquérito, assim, não constitui fase obrigatória da persecução penal. A *oficiosidade* do inquérito policial significa que a autoridade policial, em regra, deve instaurar inquérito policial de ofício. Por fim, é *indisponível* porque é vedado à autoridade policial mandar arquivar autos de inquérito (art. 17 do CPP). Somente está credenciado a fazê-lo, a partir do advento da Lei 13.964/2019, que conferiu nova redação ao art. 28, *caput*, do CPP, o representante do Ministério Público. **ED**

Gabarito "D".

(Delegado/MG – 2021 – FUMARC) Sobre o inquérito policial, é CORRETO afirmar:

(A) Não caberá qualquer recurso em face do despacho da autoridade policial que indeferir a abertura de inquérito policial.

(B) O acesso do advogado independe de procuração do investigado, mesmo que os autos do inquérito policial estejam conclusos à autoridade policial.

(C) O inquérito policial pode ser instaurado de ofício pela autoridade policial ou por requisição do Ministério Público, em casos de crime de ação penal pública condicionada à representação, desde que haja repercussão social do fato.

(D) O representante do Ministério Público, com atuação na área de investigação criminal, pode avocar a presidência do inquérito policial, em sede de controle difuso da atividade policial.

A: incorreta, uma vez que o art. 5º, § 2º, do CPP estabelece que, em face do despacho que indeferir o requerimento de abertura de inquérito, caberá recurso para o chefe de Polícia. Cuida-se de recurso, portanto, administrativo; **B:** correta. O sigilo, que é imanente ao inquérito policial (art. 20 do CPP), não pode, ao menos em regra, ser oposto ao advogado do investigado. Com efeito, por força do que estabelece o art. 7º, XIV, da Lei 8.906/1994 (Estatuto da Advocacia), constitui direito do advogado, entre outros: "examinar, em qualquer instituição responsável por conduzir investigação, mesmo sem procuração, autos de flagrante e de investigações de qualquer natureza, findos ou em andamento, ainda que conclusos à autoridade, podendo copiar peças e tomar apontamentos, em meio físico ou digital" (destacamos). Sobre este tema, a propósito, o STF editou a Súmula Vinculante 14, a seguir transcrita: "É direito do defensor, no interesse do representado, ter acesso amplo aos elementos de prova que, já documentados em procedimento investigatório realizado por órgão com competência de polícia judiciária, digam respeito ao exercício do direito de defesa". Registre-se, todavia, que determinados procedimentos de investigação, geralmente realizados em autos apartados, como a interceptação telefônica e a infiltração, somente serão acessados pelo patrono do investigado depois de concluídos e inseridos nos autos do inquérito. Ou seja, tais procedimentos permanecerão em sigilo, neste caso absoluto, enquanto não forem encerrados. Nesse sentido já se manifestou o STJ: "1. Ao inquérito policial não se aplica o princípio do contraditório, porquanto é fase investigatória, preparatória da acusação, destinada a subsidiar a atuação do órgão ministerial na persecução penal. 2. Deve-se conciliar os interesses da investigação com o direito de informação do investigado e, consequentemente, de seu advogado, de ter acesso aos autos, a fim de salvaguardar suas garantias constitucionais. 3. Acolhendo a orientação jurisprudencial do Supremo Tribunal Federal, o Superior Tribunal de Justiça decidiu ser possível o acesso de advogado constituído aos autos de inquérito policial em observância ao direito de informação do indiciado e ao Estatuto da Advocacia, ressalvando os documentos relativos a terceiras pessoas, os procedimentos investigatórios em curso e os que, por sua própria natureza, não dispensam o sigilo, sob pena de ineficácia da diligência investigatória. 4. *Habeas corpus* denegado" (HC 65.303/PR, Rel. Ministro Arnaldo Esteves Lima, Quinta Turma, julgado em 20.05.2008, *DJe* 23.06.2008). Tal regra também está contemplada no art. 23 da Lei 12.850/2013 (Organização Criminosa); **C:** incorreta. Ainda que se trate de caso de grande repercussão, a instauração de inquérito policial, em crime de ação penal pública condicionada, somente poderá se dar diante da presença de manifestação de vontade do ofendido, materializada por meio da *representação* (art. 5º, § 4º, do CPP); **D:** incorreta, uma vez que não é dado ao membro do Ministério Público avocar a presidência do inquérito policial sob a responsabilidade da autoridade policial. Isso porque a presidência do inquérito policial cabe, com exclusividade, à autoridade policial (art. 2º, § 1º, da Lei 12.830/2013). Pode (leia-se: deve) o *parquet*, isto sim, fiscalizar e acompanhar, no exercício do controle externo da atividade policial, as investigações do inquérito policial, requisitando informações e diligências que entender pertinentes. Pode o MP, ademais, instaurar e conduzir investigações criminais por meio de procedimento investigatório criminal (PIC). De outro lado, o inquérito policial em curso poderá ser avocado por superior hierárquico nos casos previstos em lei (interesse público e quando não observado procedimento previsto em regulamento da corporação que comprometa a eficácia da investigação) e mediante despacho fundamentado (art. 2º, § 4º, da Lei 12.830/2013).

(Delegado/MG – 2021 – FUMARC) Considerando as hipóteses de requerimento do ofendido para a abertura de inquérito policial em crimes de ação pública, é CORRETO afirmar:

(A) Na dicção expressa do art. 5º, §2º, do CPP, do despacho que indeferir o requerimento de abertura de inquérito, caberá recurso para o delegado regional; caso tal recurso seja indeferido, caberá novo recurso para o chefe de Polícia.

(B) No caso de morte do ofendido, têm qualidade para representá-lo para o fim de requerer a abertura de inquérito policial seu cônjuge, ascendente, descendente ou irmão.

(C) O inquérito, nos crimes em que a ação pública depender de representação, poderá sem ela ser iniciado.

(D) O requerimento do ofendido para a abertura de inquérito policial em crimes de ação pública deverá conter, sob pena de indeferimento, a narração do fato, com todas as circunstâncias, bem como a individualização do indiciado ou seus sinais característicos e as razões de convicção ou de presunção de ser ele o autor da infração, ou os motivos de impossibilidade de o fazer, além da nomeação das testemunhas, com indicação de sua profissão e residência.

A: incorreta. Segundo estabelece o art. 5º, § 2º, do CPP, do despacho que indeferir o requerimento de abertura de inquérito caberá recurso para o chefe de Polícia. Não há recurso ao delegado regional tampouco duas instâncias administrativas; **B:** correta, pois reflete o disposto no art. 24, § 1º, do CPP; **C:** incorreta, uma vez que, nos crimes em que a ação penal depender de representação, o inquérito não poderá sem ela ser iniciado (art. 5º, § 4º, CPP); **D:** incorreta. De acordo com o teor do § 1º do art. 5º, CPP, o requerimento do ofendido para a abertura de inquérito policial em crimes de ação pública deverá conter, sempre que possível, a narração do fato com todas as circunstâncias, a individualização do indiciado ou seus sinais característicos, as razões de convicção ou de presunção de ser ele o autor da infração, ou os motivos de impossibilidade de o fazer, além da nomeação das testemunhas com indicação de sua profissão e residência.

Gabarito "B".

(Delegado/MG – 2021 – FUMARC) Acerca dos prazos para encerramento de inquéritos policiais, considerando o disposto no Título II do CPP ("Do Inquérito Policial") e a legislação extravagante, é CORRETO afirmar:

(A) A extensão injustificada da investigação por parte da Autoridade Policial, que procrastina em prejuízo do investigado, não configura crime de abuso de autoridade.

(B) Caso o prazo para encerramento do inquérito seja superado, quando o fato for de difícil elucidação, e o indiciado estiver solto, a Autoridade Policial poderá requerer ao magistrado a devolução dos autos, para ulteriores diligências, que serão realizadas no prazo máximo de 10 dias.

(C) Caso um dos investigados seja preso preventivamente no curso das investigações, a Autoridade Policial terá, como regra, o prazo de 10 dias após o cumprimento da ordem de prisão para finalizar o inquérito.

(D) Investigações de crimes de tráfico de drogas devem ser encerradas no prazo máximo de 30 dias, quando o investigado estiver solto.

A: incorreta. Trata-se do crime previsto no art. 31 Lei 13.869/2019 (Abuso de Autoridade); **B:** incorreta. Neste caso, o prazo suplementar será estabelecido pelo magistrado, nos termos do art. 10, § 3º, do CPP; **C:** correta (art. 10, *caput*, do CPP); **D:** incorreta. Segundo estabelece o art. 51 da Lei 11.343/2006 (Lei de Drogas), o inquérito deve terminar no prazo máximo de 90 dias, se solto estiver o investigado; se preso estiver, o prazo será de 30 dias. Nos dois casos (investigado preso ou solto), o prazo poderá ser duplicado, desde que em face de pedido justificado da autoridade policial.

Gabarito "C".

(Juiz de Direito/SP – 2021 – Vunesp) No curso de inquérito policial regularmente instaurado para apurar crime de ação penal pública condicionada, e antes de seu encerramento, o advogado regularmente constituído pelo ofendido nos autos efetua requerimento ao Delegado de Polícia que o preside, pleiteando a realização de várias diligências. Considerando findas as investigações, e sem a realização das diligências requeridas, a autoridade policial lança o relatório final e encaminha os autos ao Ministério Público. Diante desse cenário, é correto afirmar

(A) nos crimes de ação penal pública condicionada, competirá às partes a produção de provas, atuando a autoridade policial de forma subsidiária se, a seu critério, entender cabível a complementação.

(B) agiu a d. autoridade policial em desconformidade com a lei, pois é permitido ao ofendido, ou seu representante legal, requerer diligências para apuração ou esclarecimento dos fatos, somente podendo ser indeferidas tais providências, motivadamente, se impertinentes ou protelatórias.

(C) agiu com acerto a d. autoridade policial, pois, ao distinguir entre requerimento e requisição, incumbirá a ela apenas a realização de diligências requisitadas pelo Juiz ou pelo Ministério Público, nos termos da lei (artigo 13, II, CPP).

(D) nos crimes de ação penal pública condicionada, a autoridade policial tem o dever limitado à instauração do inquérito policial.

A organizadora considerou como correta a assertiva "B", segundo a qual impõe-se à autoridade policial o dever de apreciar as diligências pleiteadas pelo ofendido nos autos do inquérito policial, que somente serão indeferidas, sempre de forma motivada, na hipótese de se revelarem impertinentes ou protelatórias. Pelo que consta do enunciado, o delegado sequer se manifestou acerca da realização das diligências requeridas pelo advogado constituído pela vítima. Parte da doutrina entende que, embora o inquérito policial seja inquisitivo, o que faz com que a autoridade policial goze de discricionariedade para determinar os rumos da investigação de acordo com o que melhor lhe aprouver, é certo que não é dado ao delegado de polícia, diante de um pedido de diligências formulado pelo ofendido (ou mesmo pelo investigado), com base no art. 14 do CPP, simplesmente indeferi-lo sem uma justificação plausível. Para que assim, ciente do motivo da recusa em realizar esta ou aquela diligência, possa a "parte" prejudicada levar o fato ao conhecimento do MP ou mesmo do magistrado. Já para Guilherme de Souza Nucci, a autoridade policial, à qual foi formulado pedido para realização de diligência, pode deferi-lo ou indeferi-lo, sem necessidade de fundamentação. Conferir: *a vítima, pessoalmente ou através de seu representante legal, bem como o indiciado – a pessoa oficialmente apontada como suspeita pela prática do crime – podem requerer ao presidente do inquérito, que é a autoridade policial, a realização de alguma diligência que considere útil à busca da verdade real (ouvida de alguma testemunha, realização de exame pericial etc.), podendo ser este pleito deferido ou indeferido, sem necessidade de qualquer fundamentação. O inquérito é um procedimento administrativo investigatório, não envolto pelo contraditório, nem abrangido pela ampla defesa, motivo pelo qual o indiciado não tem o direito de se envolver na colheita da prova, o mesmo valendo para a vítima. Entretanto, se a prova requerida for muito importante, pode a parte, cujo requerimento foi indeferido, dirigi-lo novamente ao promotor ou ao juiz que acompanham, necessariamente, o andamento do inquérito.* (*Código de Processo Penal Comentado*, 17ª ed., p. 106). ED

Gabarito "B".

(Juiz de Direito – TJ/RJ – 2019 – VUNESP) Nos literais e expressos termos do art. 13 do CPP, incumbe à autoridade policial, entre outras funções:

(A) providenciar o comparecimento do acusado preso, em Juízo, mediante prévia requisição.

(B) manter a guarda de bens apreendidos e objetos do crime até o trânsito em julgado da ação penal.

(C) fornecer às autoridades judiciárias as informações necessárias à instrução e julgamento dos processos.

(D) cumprir as ordens de busca e apreensão e demais decisões cautelares que tenha requisitado.

(E) servir como testemunha em ações penais quando arrolada por qualquer das partes.

A: incorreta. Tal incumbência, na dicção do art. 399, § 1º, do CPP, cabe ao poder público, e não à autoridade policial. A depender do Estado da Federação, este mister é exercido pela Polícia Militar ou ainda pela Secretaria de Administração Penitenciária (SAP), órgão integrante do Poder Executivo estadual, como é o caso de São Paulo; **B:** incorreta. Essa incumbência não está prevista no rol do art. 13 do CPP. A cadeia de custódia está disciplinada no art. 158 e seguintes do CPP. O armazenamento é o "procedimento referente à guarda, em condições adequadas, do material a ser processado, guardado para realização de contraperícia, descartado ou transportado, com vinculação ao número do laudo correspondente" (inciso IX do art. 158-B). Os bens apreendidos deverão permanecer nos institutos de criminalística dos estados que deverão ter uma central de custódia destinada à guarda e controle dos vestígios, e sua gestão deve ser vinculada diretamente ao órgão central de perícia oficial de natureza criminal (art. 158-E); **C:** correta. De acordo com o disposto no art. 13, I, do CPP; **D:** incorreta. Não consta tal incumbência no rol do art. 13 do CPP; **E:** incorreta. Incumbência não contemplada no art. 13 do CPP. ED

Gabarito "C".

(Juiz de Direito – TJ/SC – 2019 – CESPE/CEBRASPE) Com relação às características do inquérito policial (IP), assinale a opção correta.

(A) O IP, por consistir em procedimento indispensável à formação da *opinio delicti*, deverá acompanhar a denúncia ou a queixa criminal.

(B) Não poderá haver restrição de acesso, com base em sigilo, ao defensor do investigado, que deve ter amplo acesso aos elementos de prova já documentados no IP, no que diga respeito ao exercício do direito de defesa.

(C) É viável a oposição de exceção de suspeição à autoridade policial responsável pelas investigações, embora o IP seja um procedimento de natureza inquisitorial.

(D) Não se admite a utilização de elementos colhidos no IP, salvo quando se tratar de provas irrepetíveis, como fundamento para a decisão condenatória.

(E) A autoridade policial não poderá determinar o arquivamento dos autos de IP, salvo na hipótese de manifesta atipicidade da conduta investigada.

A: incorreta, na medida em que o inquérito policial não é imprescindível à formação da *opinio delicti*, podendo o titular da ação penal, se dispuser de provas suficientes e idôneas para sustentar a peça acusatória, promover diretamente a ação penal. É o que se extrai do art. 12 do CPP: *o inquérito policial acompanhará a denúncia ou queixa sempre que servir de base a uma ou outra*; **B:** correta. O sigilo, que é imanente ao inquérito policial (art. 20 do CPP), não pode, ao menos em regra, ser oposto ao advogado do investigado. Com efeito, por força do que estabelece o art. 7º, XIV, da Lei 8.906/1994 (Estatuto da Advocacia), constitui direito do advogado, entre outros: "examinar, em qualquer instituição responsável por conduzir investigação, mesmo sem procuração, autos de flagrante e de investigações de qualquer natureza, findos ou em andamento, ainda que conclusos à autoridade, podendo copiar peças e tomar apontamentos, em meio físico ou digital" (redação determinada pela Lei 13.245/2016). Sobre este tema, o STF editou a Súmula Vinculante 14, a seguir transcrita: "É direito do defensor, no interesse do representado, ter acesso amplo aos elementos de prova que, já documentados em procedimento investigatório realizado por órgão com competência de polícia judiciária, digam respeito ao exercício do direito de defesa". Registre-se, todavia, que determinados procedimentos de investigação, geralmente realizados em autos apartados, como a interceptação telefônica e a infiltração, somente serão acessados pelo patrono do investigado depois de concluídos e inseridos nos autos do inquérito. Ou seja, tais procedimentos permanecerão em sigilo, neste caso absoluto, enquanto não forem encerrados. Nesse sentido já se manifestou o STJ: "1. Ao inquérito policial não se aplica o princípio do contraditório, porquanto é fase investigatória, preparatória da acusação, destinada a subsidiar a atuação do órgão ministerial na persecução penal. 2. Deve-se conciliar os interesses da investigação com o direito de informação do investigado e, consequentemente, de seu advogado, de ter acesso aos autos, a fim de salvaguardar suas garantias constitucionais. 3. Acolhendo a orientação jurisprudencial do Supremo Tribunal Federal, o Superior Tribunal de Justiça decidiu ser possível o acesso de advogado constituído aos autos de inquérito policial em observância ao direito de informação do indiciado e ao Estatuto da Advocacia, ressalvando os documentos relativos a terceiras pessoas, os procedimentos investigatórios em curso e os que, por sua própria natureza, não dispensam o sigilo, sob pena de ineficácia da diligência investigatória. 4. *Habeas corpus* denegado" (HC 65.303/PR, Rel. Ministro Arnaldo Esteves Lima, Quinta Turma, julgado em 20.05.2008, *DJe* 23.06.2008); **C**: incorreta, visto que não corresponde ao que estabelece o art. 107 do CPP, que assim dispõe: "Não se poderá opor suspeição às autoridades policiais nos atos do inquérito, mas deverão elas declarar-se suspeitas, quando ocorrer motivo legal"; **D**: incorreta. As partes e o juiz podem valer-se dos elementos informativos colhidos ao longo das investigações; o que não se admite, por imposição do art. 155, *caput*, do CPP, é que o juiz forme seu convencimento com base exclusiva nos elementos produzidos na investigação; dito de outra forma, o inquérito não pode servir de suporte único para uma condenação; **E**: incorreta. Ainda que diante de hipótese de manifesta atipicidade da conduta investigada, é defeso à autoridade policial proceder ao arquivamento dos autos de inquérito policial (art. 17, CPP). Vale aqui o registro de que a Lei 13.964/2019, ao conferir nova redação ao art. 28 do CPP, alterou todo o procedimento de arquivamento do inquérito policial. Com isso, o representante do *parquet* deixa de requerer o arquivamento e passa a, ele mesmo, determiná-lo, sem qualquer interferência do magistrado, cuja atuação, nesta etapa, em homenagem ao sistema acusatório, deixa de existir. No entanto, ao determinar o arquivamento do IP, o membro do MP deverá submeter sua decisão, segundo a nova redação conferida ao art. 28, *caput*, do CPP, à instância revisora dentro do próprio Ministério Público, para fins de homologação. Sem prejuízo disso, caberá ao promotor que determinou o arquivamento comunicar a sua decisão ao investigado, à autoridade policial e à vítima. Esta última, por sua vez, ou quem a represente, poderá, se assim entender, dentro do prazo de 30 dias a contar da comunicação de arquivamento, submeter a matéria à revisão da instância superior do órgão ministerial (art. 28, § 1º, CPP). Por fim, o § 2º deste art. 28, com a redação que lhe deu a Lei 13.964/2019, estabelece que, nas ações relativas a crimes praticados em detrimento da União, Estados e Municípios, a revisão do arquivamento do IP poderá ser provocada pela chefia do órgão a quem couber a sua representação judicial. A norma foi objeto de Ação Declaratória de Inconstitucionalidade, já julgada pelo STF que, assim, decidiu: "(...) (a) A nova sistemática do arquivamento de inquéritos, de maneira louvável, criou mecanismo de controle e transparência da investigação das vítimas de delitos de ação pública. Com efeito, a partir da redação dada ao artigo 28 do Código de Processo Penal pela Lei 13.964/2019, passa a ser obrigatória a comunicação da decisão de arquivamento à vítima (comunicação que, em caso de crimes vagos, será feita aos procuradores e representantes legais dos órgãos lesados), bem como ao investigado e à autoridade policial, antes do encaminhamento aos autos, para fins de homologação, para a instância de revisão ministerial. (b) Por outro lado, ao excluir qualquer possibilidade de controle judicial sobre o ato de arquivamento da investigação, a nova redação violou o princípio da inafastabilidade da jurisdição, nos termos do artigo 5º, inciso XXXV, da Constituição. (c) Há manifesta incoerência interna da lei, porquanto, no artigo 3º- B, determinou-se, expressamente, que o juízo competente seja informado da instauração de qualquer investigação criminal. Como consectário lógico, se a instauração do inquérito deve ser cientificada ao juízo competente, também o arquivamento dos autos precisa ser-lhe comunicado, não apenas para a conclusão das formalidades necessárias à baixa definitiva dos autos na secretaria do juízo, mas também para verificação de manifestas ilegalidades ou, ainda, de manifesta atipicidade do fato, a determinar decisão judicial com arquivamento definitivo da investigação.(...) Por todo o exposto, conferiu-se interpretação conforme a Constituição ao artigo 28, *caput*, para assentar que, ao se manifestar pelo arquivamento do inquérito policial ou de quaisquer elementos informativos da mesma natureza, o órgão do Ministério Público submeterá sua manifestação ao juiz competente e comunicará à vítima, ao investigado e à autoridade policial, podendo encaminhar os autos para o Procurador-Geral ou para a instância de revisão ministerial, quando houver, para fins de homologação, na forma da lei, vencido, em parte, o Ministro Alexandre de Moraes, que incluía a revisão automática em outras hipóteses. Ao mesmo tempo, assentou-se a interpretação conforme ao artigo 28, § 1º, para assentar que, além da vítima ou de seu representante legal, a autoridade judicial competente também poderá submeter a matéria à revisão da instância competente do órgão ministerial, caso verifique patente ilegalidade ou teratologia no ato do arquivamento" (ADI 6298, j. em 24-8-2023, DJe de 19-12-2023). ED/PB

Gabarito "B".

(Juiz de Direito - TJ/BA - 2019 - CESPE/CEBRASPE) Aldo, delegado de polícia, recebeu em sua unidade policial denúncia anônima que imputava a Mauro a prática do crime de tráfico de drogas em um bairro da cidade. A denúncia veio acompanhada de imagens em que Mauro aparece entregando a terceira pessoa pacotes em plástico transparente com considerável quantidade de substância esbranquiçada e recebendo dessa pessoa quantia em dinheiro. Em diligências realizadas, Aldo confirmou a qualificação de Mauro e, a partir das informações obtidas, instaurou IP para apurar o crime descrito no art. 33, *caput*, da Lei n.º 11.343/2006 — Lei Antidrogas —, sem indiciamento. Na sequência, ele representou à autoridade judiciária pelo deferimento de medida de busca e apreensão na residência de Mauro, inclusive do telefone celular do investigado.

Acerca dessa situação hipotética, assinale a opção correta.

(A) A instauração do IP constituiu medida ilegal, pois se fundou em denúncia anônima.

(B) Recebido o IP, verificados a completa qualificação de Mauro e os indícios suficientes de autoria, o juiz poderá determinar o indiciamento do investigado à autoridade policial.

(C) Em razão do caráter sigiloso dos autos do IP, nem Mauro nem seu defensor constituído terão o direito de acessá-los.

(D) Como não houve prisão, o prazo para a conclusão do IP será de noventa dias.

(E) Deferida a busca e apreensão, a realização de exame pericial em dados de telefone celular que eventualmente seja apreendido dependerá de nova decisão judicial.

A: incorreta. É fato que a denúncia anônima (também chamada de *apócrifa* ou *inqualificada*), segundo tem entendido a jurisprudência, não é apta, por si só, a autorizar a instauração de inquérito policial, dando início à persecução penal, ainda que tenha como objeto fato grave de necessária repressão imediata, como é o caso do tráfico de drogas, crime equiparado a hediondo. Antes disso, a autoridade policial deverá fazer uma averiguação prévia a fim de verificar a procedência da denúncia apócrifa, para, depois disso, determinar, se for o caso, a instauração de inquérito. Sucede que, na hipótese narrada no enunciado, fica claro que a autoridade policial, antes de proceder a inquérito, realizou diligências prévias, com vistas a confirmar a qualificação de Mauro. Além disso, a denúncia anônima veio acompanhada de imagens em que este aparece entregando a terceira pessoa pacotes em plástico transparente com considerável quantidade de substância esbranquiçada e recebendo dessa pessoa quantia em dinheiro. Dessa forma, forçoso concluir que o delegado de polícia agiu em perfeita consonância com o entendimento jurisprudencial hoje sedimentado, já que realizou diligências preliminares a fim de verificar a verossimilhança da denúncia anônima que chegou ao seu conhecimento. Nesse sentido: "(...) a autoridade policial, ao receber uma denúncia anônima, deve antes realizar diligências preliminares para averiguar se os fatos narrados nessa 'denúncia' são materialmente verdadeiros, para, só então, iniciar as investigações" (STF, HC 95.244, 1ª T., rel. Min. Dias Toffoli, DJE de 29.04.2010). No mesmo sentido: "1. Elementos dos autos que evidenciam não ter havido investigação preliminar para corroborar o que exposto em denúncia anônima. O Supremo Tribunal Federal assentou ser possível a deflagração da persecução penal pela chamada denúncia anônima, desde que esta seja seguida de diligências realizadas para averiguar os fatos nela noticiados antes da instauração do inquérito policial. Precedente. 2. A interceptação telefônica é subsidiária e excepcional, só podendo ser determinada quando não houver outro meio para se apurar os fatos tidos por criminosos, nos termos do art. 2º, inc. II, da Lei n. 9.296/1996. Precedente. 3. Ordem concedida para se declarar a ilicitude das provas produzidas pelas interceptações telefônicas, em razão da ilegalidade das autorizações, e a nulidade das decisões judiciais que as decretaram amparadas apenas na denúncia anônima, sem investigação preliminar" (HC 108147, Relator(a): Min. Cármen Lúcia, Segunda Turma, julgado em 11.12.2012, Processo Eletrônico DJe-022 Divulg 31.01.2013 Public 01.02.2013); **B:** incorreta. O indiciamento constitui providência privativa da autoridade policial. É o que estabelece o art. 2º, § 6º, da Lei 12.830/2013, que contempla regras sobre a investigação criminal conduzida pelo delegado de polícia. Quanto a isso, conferir o magistério de Guilherme de Souza Nucci: "Requisição de indiciamento: cuida-se de procedimento equivocado, pois indiciamento é ato exclusivo da autoridade policial, que forma o seu convencimento sobre a autoria do crime, elegendo, formalmente, o suspeito de sua prática. Assim, não cabe ao promotor ou ao juiz exigir, através de requisição, que alguém seja indiciado pela autoridade policial, porque seria o mesmo que demandar à força que o presidente do inquérito conclua ser aquele o autor do delito (...)" (Código de Processo Penal Comentado, 12ªed., p. 101). Na jurisprudência: "Sendo o ato de indiciamento de atribuição exclusiva da autoridade policial, não existe fundamento jurídico que autorize o magistrado, após receber a denúncia, requisitar ao Delegado de Polícia o indiciamento de determinada pessoa. A rigor, requisição dessa natureza é incompatível com o sistema acusatório, que impõe a separação orgânica das funções concernentes à persecução penal, de modo a impedir que o juiz adote qualquer postura inerente à função investigatória. Doutrina. Lei 12.830/2013" (STJ, HC 115015, Relator(a): Min. TEORI ZAVASCKI, Segunda Turma, julgado em 27/08/2013, PROCESSO ELETRÔNICO DJe-179 DIVULG 11-09-2013 PUBLIC 12-09-2013); **C:** incorreta. É fato que o inquérito policial é, em vista do que dispõe o art. 20 do CPP, sigiloso. Ocorre que, a teor do art. 7º, XIV, da Lei 8.906/1994 (Estatuto da Advocacia), constitui direito do advogado, entre outros: "examinar, em qualquer instituição responsável por conduzir investigação, mesmo sem procuração, autos de flagrante e de investigações de qualquer natureza, findos ou em andamento, ainda que conclusos à autoridade, podendo copiar peças e tomar apontamentos, em meio físico ou digital". Sobre este tema, o STF editou a Súmula Vinculante nº 14, a seguir transcrita: "É direito do defensor, no interesse do representado, ter acesso amplo aos elementos de prova que, já documentados em procedimento investigatório realizado por órgão com competência de polícia judiciária, digam respeito ao exercício do direito de defesa"; **D:** correta. No crime de tráfico de drogas, o inquérito deverá ser ultimado no prazo de 30 dias, se preso estiver o indiciado; e em 90 dias, no caso de o indiciado encontrar-se solto (hipótese narrada no enunciado). De uma forma ou de outra, pode haver duplicação do prazo mediante pedido justificado da autoridade policial. É o teor do art. 51 da Lei 11.343/2006; **E:** incorreta. Isso porque a busca e apreensão realizada em domicílio com autorização judicial engloba o acesso aos dados contidos em telefone celular, sem que seja necessária nova autorização judicial para esse fim. Nesse sentido, conferir: "Esta Corte possui pacífica orientação no sentido de que, não havendo ordem judicial, é ilícito o acesso aos dados armazenados em aparelho celular obtido pela polícia, no momento da prisão em flagrante. Contudo, no caso, o celular do Paciente foi apreendido pela autoridade policial no cumprimento de decisão judicial que deferiu medida cautelar de busca e apreensão, o que atrai, à espécie, o entendimento desta Corte, segundo o qual, "[s]e ocorreu a busca e apreensão dos aparelhos de telefone celular, não há óbice para se adentrar ao seu conteúdo já armazenado, porquanto necessário ao deslinde do feito, sendo prescindível nova autorização judicial para análise e utilização dos dados neles armazenados" (RHC 77.232/SC, Rel. Ministro FELIX FISCHER, QUINTA TURMA, DJe 16/10/2017) 6. Ordem de habeas corpus parcialmente conhecida e, nessa parte, denegada" (STJ, HC 428.369/PE, Rel. Ministra LAURITA VAZ, SEXTA TURMA, julgado em 17/09/2019, DJe 03/10/2019).

(Promotor de Justiça/PR – 2019 – MPE/PR) Sobre o **inquérito policial, controle externo da atividade policial** e **poder investigatório do Ministério Público**, analise as assertivas abaixo e assinale a alternativa incorreta:

(A) O inquérito policial pode ser instaurado de ofício, por requisição do Ministério Público e a requerimento do ofendido em casos de crime de ação penal pública incondicionada.

(B) O membro do "Parquet", com atuação na área de investigação criminal, pode avocar a presidência do inquérito policial, em sede de controle difuso da atividade policial.

(C) No exercício do controle externo da atividade policial, o membro do "Parquet", pode requisitar informações, a serem prestadas pela autoridade, acerca de inquérito policial não concluído no prazo legal, bem assim requisitar sua imediata remessa ao Ministério Público ou Poder Judiciário, no estado em que se encontre.

(D) O membro do Ministério Público pode encaminhar peças de informação em seu poder diretamente ao Juizado Especial Criminal, caso a infração seja de menor potencial ofensivo.

(E) No inquérito policial, a autoridade policial assegurará o sigilo necessário à elucidação do fato ou exigido pelo interesse da sociedade e, no procedimento investigatório criminal, os atos e peças, em regra, são públicos.

A: correta. A teor do art. 5º do CPP, constituem formas de instauração do inquérito policial: de ofício pela autoridade policial (inciso I); requisição judicial ou do MP (inciso II, 1ª parte); requerimento da vítima (inciso II, 2ª parte); por força de auto de prisão em flagrante; representação do ofendido nos crimes de ação penal pública condicionada a representação (art. 5º, § 4º, CPP); denúncia da ocorrência de uma infração penal formulada por qualquer pessoa do povo (delatio criminis – art. 5º, § 3º, do CPP); e requerimento do ofendido na ação penal privada (art. 5º, § 5º, do CPP); **B:** incorreta, uma vez que não é dado ao membro do Ministério Público avocar a presidência do inquérito policial sob a responsabilidade da autoridade policial. Isso porque a presidência do inquérito policial cabe, com exclusividade, à autoridade policial (art. 2º, § 1º, da Lei 12.830/2013). Pode (leia-se: deve) o parquet, isto sim, fiscalizar e acompanhar, no exercício do controle externo da atividade policial, as investigações do inquérito policial, requisitando informações e diligências que entender pertinentes. Pode o MP, ademais, instaurar e conduzir investigações criminais por meio de procedimento investigatório criminal (PIC). De outro lado, o inquérito policial em curso poderá ser avocado por superior hierárquico nos casos previstos em lei (interesse público e quando não observado procedimento previsto em regulamento da corporação que comprometa a eficácia da investigação) e mediante despacho fundamentado (art. 2º, § 4º, da Lei 12.830/2013); **C:** correta, uma vez que corresponde ao que estabelece o art. 5º, V, da Resolução 279/2023, do Conselho Nacional do Ministério Público (CNMP): "Para o exercício das atribuições de controle externo da atividade policial, o Ministério Público, observadas as hipóteses de reserva constitucional de jurisdição e sem prejuízo de outras providências inerentes a sua atribuição, poderá: (...) requisitar informações à autoridade policial acerca de inquérito policial não concluído no prazo legal, cientificando o promotor natural a respeito"; **D:** correta, uma vez que corresponde ao que estabelece o art. 2º, III, da Resolução 181/2017, do Conselho Nacional do Ministério Público (CNMP): "Em poder de quaisquer peças de informação, o membro do Ministério Público poderá: (...) encaminhar as peças para o Juizado Especial Criminal, caso a infração seja de menor potencial ofensivo"; **E:** correta. De fato, o inquérito policial é, em vista do que dispõe o art. 20 do CPP, *sigiloso; já o procedimento investigatório criminal (PIC), conduzido pelo MP, é público, nos termos* do art. 15, *caput*, da Resolução 181/2017, do Conselho Nacional do Ministério Público (CNMP): "Os atos e peças do procedimento investigatório criminal são públicos, nos termos desta Resolução, salvo disposição legal em contrário ou por razões de interesse público ou conveniência da investigação". Para complementar o estudo, vale citar a recente decisão do STF sobre os poderes investigatórios do Ministério Público, a qual foi firmada a seguinte tese: "O Ministério Público dispõe de atribuição concorrente para promover, por autoridade própria, e por prazo razoável, investigações de natureza penal, desde que respeitados os direitos e garantias que assistem a qualquer indiciado ou a qualquer pessoa sob investigação do Estado. Devem ser observadas sempre, por seus agentes, as hipóteses de reserva constitucional de jurisdição e, também, as prerrogativas profissionais da advocacia, sem prejuízo da possibilidade do permanente controle jurisdicional dos atos, necessariamente documentados (Súmula Vinculante 14), praticados pelos membros dessa Instituição (tema 184); 2. A realização de investigações criminais pelo Ministério Público tem por exigência: (i) comunicação imediata ao juiz competente sobre a instauração e o encerramento de procedimento investigatório, com o devido registro e distribuição; (ii) observância dos mesmos prazos e regramentos previstos para conclusão de inquéritos policiais; (iii) necessidade de autorização judicial para eventuais prorrogações de prazo, sendo vedadas renovações desproporcionais ou imotivadas; iv) distribuição por dependência ao Juízo que primeiro conhecer de PIC ou inquérito policial a fim de buscar evitar, tanto quanto possível, a duplicidade de investigações; v) aplicação do artigo 18 do Código de Processo Penal ao PIC (Procedimento Investigatório Criminal) instaurado pelo Ministério Público; 3. Deve ser assegurado o cumprimento da determinação contida nos itens 18 e 189 da Sentença no Caso Honorato e Outros versus Brasil, de 27 de novembro de 2023, da Corte Interamericana de Direitos Humanos - CIDH, no sentido de reconhecer que o Estado deve garantir ao Ministério Público, para o fim de exercer a função de controle externo da polícia, recursos econômicos e humanos necessários para investigar as mortes de civis cometidas por policiais civis ou militares; 4. A instauração de procedimento investigatório pelo Ministério Público deverá ser motivada sempre que houver suspeita de envolvimento de agentes dos órgãos de segurança pública na prática de infrações penais ou sempre que mortes ou ferimentos graves ocorram em virtude da utilização de armas de fogo por esses mesmos agentes. Havendo representação ao Ministério Público, a não instauração do procedimento investigatório deverá ser sempre motivada; 5. Nas investigações de natureza penal, o Ministério Público pode requisitar a realização de perícias técnicas, cujos peritos deverão gozar de plena autonomia funcional, técnica e científica na realização dos laudos" (ADI 2943, j. em 2-5-2024, DJe de 10-9-2024).. ED/PB

Gabarito "B".

(Investigador – PC/BA – 2018 – VUNESP) A obtenção de dados e informações cadastrais de vítimas ou de suspeitos junto a órgãos do poder público ou empresas da iniciativa privada, durante a investigação de crime de tráfico de pessoas, poderá ser requisitada

(A) pela Autoridade Judiciária, mediante representação do Ministério Público.

(B) pela Autoridade Judiciária, mediante representação do Delegado de Polícia.

(C) diretamente pelo Delegado de Polícia ou pelo Promotor de Justiça.

(D) apenas pela Autoridade Judiciária, de ofício.

(E) somente pelo Delegado de Polícia ou pelo Juiz de Direito.

A resposta a esta questão deve ser extraída do art. 13-A do CPP, introduzido pela Lei 13.344/2016, que assim dispõe: "Nos crimes previstos nos arts. 148, 149 e 149-A, no § 3º do art. 158 e no art. 159 do Decreto-lei nº 2.848, de 7 de dezembro de 1940 (Código Penal), e no art. 239 da Lei nº 8.069, de 13 de julho de 1990 (Estatuto da Criança e do Adolescente), o membro do Ministério Público ou o delegado de polícia poderá requisitar, de qualquer órgão do poder público ou de empresas da iniciativa privada, dados e informações cadastrais da vítima ou de suspeitos" ED

Gabarito "C".

(Delegado – PC/BA – 2018 – VUNESP) Nos termos da Lei nº 13.431/2017, é correto afirmar que, constatado que a criança ou o adolescente está em risco, a autoridade policial

(A) requisitará à autoridade judicial responsável, em qualquer momento dos procedimentos de investigação e responsabilização dos suspeitos, as medidas de proteção pertinentes, entre as quais, requerer a prisão temporária do investigado.

(B) solicitará ao Ministério Público a propositura de ação judicial visando ao afastamento cautelar do investigado da residência ou local de convivência, em se tratando de pessoa que tenha contato com a criança ou o adolescente.

(C) solicitará à autoridade judicial responsável, em qualquer momento dos procedimentos de investigação e responsabilização dos suspeitos, as medidas de proteção pertinentes, entre as quais, a internação em estabelecimento educacional.

(D) solicitará à autoridade judicial responsável, em qualquer momento dos procedimentos de investigação e responsabilização dos suspeitos, as medidas de proteção pertinentes, entre as quais, a internação em abrigo.

(E) requisitará à autoridade judicial responsável, em qualquer momento dos procedimentos de investigação e responsabilização dos suspeitos, as medidas de proteção pertinentes, entre as quais, solicitar aos órgãos socioassistenciais a inclusão da vítima e de sua família nos atendimentos a que têm direito.

A: incorreta, uma vez que, neste caso, a autoridade policial poderá representar ao magistrado pela decretação da prisão *preventiva*, tal como consta do art. 21, III, da Lei 13.431/2017; **B:** incorreta, na medida em que tal providência, consistente em afastar o investigado da residência ou local de convivência, quando este tiver contato com o menor, deve ser dirigida ao juiz de direito (art. 21, II, da Lei 13.431/2017; **C:** incorreta, já que a Lei 13.431/2017 (tampouco o ECA) não contempla a *internação em estabelecimento educacional* como medida de proteção; **D:** incorreta. De igual forma, não há previsão de medida de proteção consistente em *internação em abrigo*; **E:** correta (art. 21, IV, da Lei 13.431/2017). ED

Gabarito "E".

(Delegado – PC/BA – 2018 – VUNESP) Do despacho que indeferir o requerimento de abertura de inquérito (CPP, art. 5º, § 2º)

(A) caberá recurso para o chefe de Polícia.
(B) caberá recurso para o Promotor de Justiça Corregedor da Polícia Judiciária.
(C) caberá recurso para o Juiz Corregedor da Polícia Judiciária.
(D) caberá recurso para o Desembargador Corregedor Geral de Justiça.
(E) não caberá recurso.

Nos termos do art. 5º, § 2º, do CPP, do despacho da autoridade policial que indeferir o requerimento de abertura de inquérito formulado pela vítima, caberá recurso ao chefe de Polícia, que é o delegado-geral da Polícia Civil dos Estados, autoridade máxima dentro da hierarquia da polícia judiciária com atuação nos Estados. Para parte da doutrina, todavia, tal recurso deve ser dirigido ao secretário de Segurança Pública. De uma forma ou de outra, trata-se de recurso administrativo. ED

Gabarito "A".

(Defensor Público Federal – DPU – 2017 – CESPE) A respeito de coisa julgada e inquérito policial, julgue os itens a seguir.

(1) A homologação, pelo juízo criminal competente, do arquivamento de inquérito forma coisa julgada endoprocessual.
(2) Situação hipotética: Pedro, servidor público federal, foi indiciado pela Polícia Federal por suposta prática de corrupção passiva no exercício de suas atribuições. O inquérito policial, após remessa ao órgão do MPF, foi arquivado, por requerimento do procurador da República, em razão da atipicidade da conduta, e o arquivamento foi homologado pelo juízo criminal competente. Assertiva: Nessa situação, o ato de arquivamento do inquérito fez exclusivamente coisa julgada formal, o que impossibilita posterior desarquivamento pelo *parquet*, ainda que diante da existência de novas provas.
(3) Situação hipotética: Lino foi indiciado por tentativa de homicídio. Após remessa dos autos ao órgão do MP, o promotor de justiça requereu o arquivamento do inquérito em razão da conduta de Lino ter sido praticada em legítima defesa, o que foi acatado pelo juízo criminal competente. Assertiva: Nessa situação, de acordo com o STF, o ato de arquivamento com fundamento em excludente de ilicitude fez coisa julgada formal e material, o que impossibilita posterior desarquivamento pelo *parquet*, ainda que diante da existência de novas provas.

1: correta. Uma vez ordenado o arquivamento do inquérito policial pelo juiz de direito, por falta de base para a denúncia, nada obsta que a autoridade policial proceda a novas pesquisas, desde que de outras provas tenha conhecimento – art. 18 do CPP. Isso porque a decisão que determina o arquivamento do inquérito policial gera, em regra, coisa julgada formal (endoprocessual). De se ver que as "outras provas" a que faz alusão o art. 18 do CPP devem ser entendidas como *provas substancialmente novas*, ou seja, aquelas que até então não eram de conhecimento das autoridades. Veja, a propósito, o teor da Súmula n. 524 do STF: "Arquivado o inquérito policial, por despacho do juiz, a requerimento do Promotor de Justiça, não pode a ação penal ser iniciada, sem novas provas". Agora, se o arquivamento do inquérito se der por ausência de tipicidade, a decisão, neste caso, tem efeito preclusivo, é dizer, produz coisa julgada material, impedindo, dessa forma, o desarquivamento do inquérito. A esse respeito, *Informativo*

STF 375; 2: errada. Conforme ponderado no comentário anterior, o arquivamento do inquérito policial em razão da atipicidade da conduta gera coisa julgada material, e não formal, tal como consta da assertiva; 3: incorreta. Segundo posicionamento atual do STF, o arquivamento de inquérito policial em decorrência do reconhecimento de causa de exclusão de ilicitude produz tão somente coisa julgada formal, o que não impede que a questão seja rediscutida diante do surgimento de provas novas. Nesse sentido: "Tentativa de homicídio qualificado (CP, art. 121, § 2º, inciso IV, c/c o art. 14, inciso II). Arquivamento de Inquérito Policial Militar, a requerimento do *Parquet* Militar. Conduta acobertada pelo estrito cumprimento do dever legal. Excludente de ilicitude (CPM, art. 42, inciso III). Não configuração de coisa julgada material. Entendimento jurisprudencial da Corte. Surgimento de novos elementos de prova. Reabertura do inquérito na Justiça comum, a qual culmina na condenação do paciente e de corréu pelo Tribunal do Júri. Possibilidade. Enunciado da Súmula n. 524/STF. Ordem denegada. 1. O arquivamento de inquérito, a pedido do Ministério Público, em virtude da prática de conduta acobertada pela excludente de ilicitude do estrito cumprimento do dever legal (CPM, art. 42, inciso III), não obsta seu desarquivamento no surgimento de novas provas (Súmula n. 5241/STF). Precedente. 2. Inexistência de impedimento legal para a reabertura do inquérito na seara comum contra o paciente e o corréu, uma vez que subsidiada pelo surgimento de novos elementos de prova, não havendo que se falar, portanto, em invalidade da condenação perpetrada pelo Tribunal do Júri. 3. Ordem denegada" (HC 125101, Relator(a): Min. Teori Zavascki, Relator(a) p/ Acórdão: Min. Dias Toffoli, Segunda Turma, julgado em 25/08/2015, PROCESSO Eletrônico DJe-180 Divulg 10-09-2015 PUBLIC 11-09-2015). ED

Gabarito: 1C, 2E, 3E

3. AÇÃO PENAL

(Juiz de Direito – TJ/SC – 2024 – FGV) Miguel, empresário, foi difamado por Carlos, que lhe imputou fato ofensivo à sua reputação, por meio de palavras.

Nessa hipótese, o inquérito policial destinado à investigação do referido delito, deverá ser iniciado:

(A) por requisição do juiz;
(B) de ofício pela autoridade policial;
(C) mediante requerimento de Miguel;
(D) por requisição do ministro da Justiça;
(E) por requisição do Ministério Público.

No crime de difamação art. 139 do Código Penal, a ação penal somente se procede mediante queixa, de acordo com o teor do art. 145 do CP, assim é indispensável que o ofendido formule requerimento nesse sentido (art. 5º, § 4º do CPP). PB

Gabarito "C".

(Juiz de Direito – TJ/SC – 2024 – FGV) Em crime de promoção de publicidade enganosa, em razão de não ter sido oferecida a denúncia no prazo legal, a Associação Estadual de Defesa dos Consumidores ajuizou ação penal subsidiária. Contudo, no decorrer do processo, apesar de intimada várias vezes, deixou de promover o andamento do feito, por sessenta dias seguidos, demonstrando inequívoca negligência.

Nessa hipótese, é correto afirmar que:

(A) deverá o Ministério Público retomar a ação como parte principal;
(B) deverá o feito ser extinto sem resolução do mérito, em razão da ocorrência da perempção;

(C) deverá o feito ser extinto sem resolução do mérito, em razão da ilegitimidade da Associação;

(D) deverá o juiz nomear a Defensoria Pública como assistente qualificada para retomar o feito;

(E) deverá o feito ser extinto sem resolução do mérito, em razão da decadência do direito de queixa subsidiária.

Conforme o enunciado, a questão trata sobre ação penal subsidiária da pública, que tem previsão constitucional no art. 5º, LIX ("será admitida ação privada nos crimes de ação pública, se esta não for intentada no prazo legal") e no CPP no art. 29, "será admitida ação privada nos crimes de ação pública, se esta não for intentada no prazo legal, cabendo ao Ministério Público aditar a queixa, repudiá-la e oferecer denúncia substitutiva, intervir em todos os termos do processo, fornecer elementos de prova, interpor recurso e, a todo tempo, no caso de negligência do querelante, retomar a ação como parte principal". Portanto, nessa hipótese em que o MP permanece inerte poderá, a qualquer tempo, retomar a ação como parte principal. O ofendido passa a terá legitimidade para agir na ação penal. Atenção: se o promotor decide pelo arquivamento do inquérito policial, não há a possibilidade da ação penal subsidiária da pública, uma vez que não foi caracterizada a inércia. **PB**

Gabarito "A".

(Juiz de Direito – TJ/SC – 2024 – FGV) Maria praticou crime de lesão corporal leve contra Aline, sendo o caso encaminhado de imediato ao Juizado Especial Criminal. Na audiência preliminar, que ocorreu três meses após o fato, não houve composição civil dos danos, e a ofendida Aline não exerceu o direito de representação verbal.

Diante desse cenário, é correto afirmar que o juiz:

(A) deverá extinguir o feito sem exame do mérito em razão da decadência do direito de representação;

(B) deverá extinguir o feito sem exame do mérito em razão da caracterização do perdão tácito da ofendida;

(C) deverá extinguir o feito sem exame do mérito em razão da renúncia expressa ao direito de representação;

(D) não deverá extinguir o feito, devendo o Ministério Público oferecer acordo de não persecução penal a Maria;

(E) não deverá extinguir o feito, pois a representação poderá ser exercida dentro do prazo de seis meses da data em que Aline soube quem foi o autor do crime.

O art. 75, parágrafo único, da Lei 9.099/1995 dispõe que se não oferecida a representação em audiência preliminar não implicará a decadência do direito, que poderá ser exercido no prazo previsto em lei. Assim, importante citar, para complementar o estudo a seguinte tese do STF sobre o acordo de não persecução penal: "Compete ao membro do Ministério Público oficiante, motivadamente ou no exercício do seu poder dever, avaliar o preenchimento dos requisitos para negociação e celebração do ANPP, sem prejuízo do regular exercício dos controles jurisdicional e interno. É cabível a celebração do ANPP em casos de processo em andamento quando da entrada em vigência da Lei 13.964/2019, mesmo se ausente confissão do réu até aquele momento, desde que o pedido tenha sido feito antes do trânsito em julgado. Nos processos penais em andamento na data da proclamação do resultado deste julgamento, nos quais em tese seja cabível a negociação de ANPP, se este ainda não foi oferecido ou não houve motivação para o seu não oferecimento, o Ministério Público, agindo de ofício, a pedido da defesa ou mediante provocação do magistrado da causa deverá, na primeira oportunidade em que falar nos autos, após a publicação da ata deste julgamento, manifestar-se motivadamente acerca do cabimento ao não do acordo. Nas investigações ou ações penais iniciadas a partir da proclamação do resultado deste julgamento, a proposição de ANPP pelo Ministério Público, ou a motivação para o seu não oferecimento, devem ser apresentadas antes do recebimento da denúncia, ressalvada a possibilidade de propositura pelo órgão ministerial no curso da ação penal, se for o caso". "(...) É cabível o acordo de não persecução penal em casos de processos em andamento (com decisão condenatória ainda não transitada em julgado) quando da entrada em vigência da Lei 13.964/2019, mesmo se ausente confissão do réu até aquele momento, desde que ele o tenha requerido na primeira oportunidade em que falou nos autos após a vigência do instituto. Ao órgão acusatório cabe manifestar-se motivadamente sobre a viabilidade de proposta, conforme os requisitos previstos na legislação, passível de controle, nos termos do art. 28-A, § 14, do CPP" (HC 185913-DF, j. em 18-9-2024). Outra importante decisão do STJ que passou a admitir o acordo de não persecução penal em ação penal privada e, nesse sentido fixou a seguinte tese: "1. O ANPP é cabível em ações penais privadas, mesmo após o recebimento da queixa-crime, desde que presentes os requisitos legais. 2. O Ministério Público possui legitimidade supletiva para propor o ANPP em ação penal privada quando houver inércia ou recursa infundada do querelante. 3. A distinção entre ANPP e transação penal justifica uma abordagem diferenciada, não se aplicando automaticamente a jurisprudência restritiva do STJ sobre transação penal" (REsp 2083823-DF, j. em 11-3-2025). **PB**

Gabarito "B".

(Juiz Federal – TRF/1 – 2023 – FGV) Mateus oferece queixa-crime contra João, alegando, supostamente, que o querelado, juntamente com Tiago, teria feito postagens nas redes sociais, afirmando ser o querelante corrupto e fraudador de licitações.

Diante da hipótese narrada, é correto afirmar que o crime praticado é o de:

(A) injúria, e a queixa-crime deverá ser rejeitada ante o princípio da indivisibilidade, embora sem que haja a extinção da punibilidade de João;

(B) calúnia, e a queixa-crime deverá ser rejeitada ante o princípio da indivisibilidade, embora sem que haja a extinção da punibilidade de João;

(C) injúria, e João deverá ter extinta a sua punibilidade, ante a aplicação do princípio da indivisibilidade;

(D) calúnia, e João deverá ter extinta a sua punibilidade, ante a aplicação do princípio da indivisibilidade;

(E) injúria, e a queixa-crime deverá ser rejeitada, com possibilidade de futuro ajuizamento contra Tiago.

O princípio da indivisibilidade está previsto no art. 48 do CPP: "a queixa contra qualquer dos autores do crime obrigará ao processo de todos, e o Ministério Público velará pela sua indivisibilidade", isto é, o ofendido não pode optar pela queixa e não incluir na peça acusatória todos os coautores ou partícipes do fato criminoso. Entretanto, a exclusão de um dos coautores ou partícipes constitui renúncia implícita ao direito de queixa, uma vez que "a renúncia ao exercício do direito de queixa, em relação a um dos autores do crime, a todos se estenderá (art. 49 do CPP). A consequência, de acordo com o art. 107, V, do CP, é a extinção da punibilidade dos acusados. A conduta delitiva imputada a João e Tiago é a injúria, (art. 139 do CP), "injuriar alguém, de acordo com a conduta típica, é ofender a honra subjetiva do sujeito passivo, atingindo seus atributos morais (dignidade) ou físicos, intelectuais e sociais (decoro). Atinge-se a dignidade de alguém ao se dizer que é ladrão, estelionatário etc. e o decoro ao se afirmar que é estúpido, ignorante, grosseiro etc. Na injúria, não há imputação de fatos precisos e determinados como na calúnia e na difamação. Refere-se ela à manifestação de menosprezo, ao conceito depreciativo; mencionam-se vícios ou defeitos do sujeito passivo, ou mesmo fatos vagos e imprecisos desabonadores que não chegam a integrar outro crime contra a honra" (Mirabete e Fabbrini, *Manual de Direito Penal*, volume 2, 36ª edição, 2024, Foco, item 8.3.5). **PB**

Gabarito "C".

(Escrivão – PC/GO – AOCP – 2023) Preencha as lacunas e assinale a alternativa correta.

É _____ a legitimidade do ofendido, mediante queixa, e _____ do Ministério Público, condicionada à _____ do ofendido, para a ação penal por crime contra a honra de servidor público em razão do exercício de suas funções.

(A) subsidiária / habilitação
(B) privativa / habilitação
(C) concorrente / representação
(D) privativa / inércia
(E) concorrente / inércia

Nos termos do disposto no art. 145, parágrafo único, do CP, se se tratar de crime perpetrado contra a honra de funcionário público em razão de suas funções, a ação penal será *pública condicionada à representação do ofendido*. Ocorre, no entanto, que o STF, por meio da Súmula 714, firmou entendimento no sentido de que, nesses casos, a legitimidade é concorrente entre o ofendido (mediante queixa) e o Ministério Público (ação pública condicionada à representação do ofendido). **ED**
Gabarito "C".

(Escrivão – PC/GO – AOCP – 2023) Em relação ao acordo de não persecução penal, assinale a alternativa INCORRETA.

(A) Será eventualmente cabível oferecimento de acordo de não persecução penal àquele investigado reincidente por insignificantes infrações penais pretéritas.
(B) Para aferição da pena mínima cominada ao delito imputado ao investigado, serão consideradas as menores frações de causas de aumento e maiores frações de causas de diminuição aplicáveis ao caso concreto.
(C) Não se aplica acordo de não persecução penal se o investigado fizer jus à suspensão condicional do processo.
(D) É vedado estabelecer prestação de serviço à comunidade ou a entidades públicas por período igual à pena mínima cominada ao delito.
(E) O pagamento de prestação pecuniária como condicionante da celebração do acordo será preferencialmente direcionado a entidade pública ou de interesse social que tenha como função proteger bens jurídicos iguais ou semelhantes aos aparentemente lesados pelo delito.

Antes de analisar, uma a uma, as assertivas, importante que façamos algumas ponderações sobre o chamado acordo de não persecução penal. Pois bem. A Lei 13.964/2019 introduziu, no art. 28-A do CPP, o chamado acordo de não persecução penal, que consiste, em linhas gerais, no ajuste obrigacional firmado entre o Ministério Público e o investigado, em que este admite sua responsabilidade pela prática criminosa e aceita se submeter a determinadas condições menos severas do que a pena que porventura ser-lhe-ia aplicada em caso de condenação. Este instrumento de justiça penal consensual não é novidade no ordenamento jurídico brasileiro, uma vez que já contava com previsão na Resolução 181/2017, editada pelo CNMP, posteriormente modificada pela Resolução 183/2018 e pela Resolução 289/2024. O art. 28-A do CPP impõe os seguintes requisitos à celebração do acordo de não persecução penal: a) que não seja caso de arquivamento da investigação; b) crime praticado sem violência ou grave ameaça à pessoa; c) crime punido com pena mínima inferior a 4 anos; d) confissão formal e circunstanciada; e) que acordo se mostre necessário e suficiente para reprovação e prevenção do crime; f) não ser o investigado reincidente; g) não haver elementos probatórios que indiquem conduta criminosa habitual, reiterada ou profissional; h) não ter o agente sido agraciado com outro acordo de não persecução, transação penal ou suspensão condicional do processo nos 5 anos anteriores ao cometimento do crime; i) não se tratar de crimes praticados no âmbito de violência doméstica ou familiar ou praticados contra a mulher por razões da condição de sexo feminino, em favor do agressor. Por fim, importante que se diga que o STF, ao julgar as ADIs 6.298, 6.299, 6.300 e 6.305, que questionavam algumas das alterações promovidas pelo pacote anticrime, considerou constitucional o dispositivo que introduziu o ANPP. Feitas essas considerações, passemos ao comentário das proposições. **A:** correta, já que reflete o disposto no art. 28-A, § 2º, II, do CPP; **B:** correta. De fato, para se saber se o investigado faz jus ao ANPP quando o crime tiver causa de aumento ou de diminuição variável, deve-se levar em consideração, na causa de aumento, a fração que menos aumentar a pena; e na causa de diminuição, aquela que mais diminuir; **C:** incorreta, já que este requisito não está contemplado em lei; **D:** correta (art. 28-A, III, do CPP); **E:** correta (art. 28-A, IV, do CPP). Para complementar o estudo, vale mencionar que o Plenário do STF, por maioria, passou a admitir que os acordos de não persecução penal podem ser aplicados também em processos iniciados antes de sua criação pelo Pacote Anticrime (Lei 13.964/2019), a aplicação retroativa é possível em todos os casos em que não houver condenação definitiva e fixou a seguinte tese: "Compete ao membro do Ministério Público oficiante, motivadamente o no exercício do seu poder dever, avaliar o preenchimento dos requisitos para negociação e celebração do ANPP, sem prejuízo do regular exercício dos controles jurisdicional e interno. É cabível a celebração do ANPP em casos de processo em andamento quando da entrada em vigência da Lei 13.964/2019, mesmo que ausente confissão do réu até aquele momento, desde que o pedido tenha sido feito antes do trânsito em julgado. Nos processos penais em andamento na data da proclamação do resultado deste julgamento, nos quais em tese seja cabível a negociação de ANPP, se este ainda não foi oferecido ou não houve motivação para o seu não oferecimento, o Ministério Público, agindo de ofício, a pedido da defesa ou mediante provocação do magistrado da causa deverá, na primeira oportunidade em que falar nos autos, após a publicação da ata deste julgamento, manifestar-se motivadamente acerca do cabimento ao não do acordo. Nas investigações ou ações penais iniciadas a partir da proclamação do resultado deste julgamento, a proposição de ANPP pelo Ministério Público, ou a motivação para o seu não oferecimento, devem ser apresentadas antes do recebimento da denúncia, ressalvada a possibilidade de propositura pelo órgão ministerial no curso da ação penal, se for o caso" (HC 185913-DF, j. em 18-9-2024). Importante comentar que o STJ passou a admitir o acordo de não persecução penal em ação penal privada e, nesse sentido fixou a seguinte tese: "1. O ANPP é cabível em ações penais privadas, mesmo após o recebimento da queixa-crime, desde que presentes os requisitos legais. 2. O Ministério Público possui legitimidade supletiva para propor o ANPP em ação penal privada quando houver inércia ou recusa infundada do querelante. 3. A distinção entre ANPP e transação penal justifica uma abordagem diferenciada, não se aplicando automaticamente a jurisprudência restritiva do STJ sobre transação penal" (REsp 2083823-DF, j. em 11-3-2025).**ED**
Gabarito "C".

(Analista – TJ/ES – 2023 – CEBRASPE) No que se refere aos efeitos da sentença penal condenatória e absolutória, julgue os itens subsequentes.

(1) Conforme a regra processual penal, o juiz que exarou a sentença estabelecerá o valor mínimo para a reparação dos danos morais e dos prejuízos materiais sofridos pelo ofendido.

(2) A decisão absolutória fundada no reconhecimento da inexistência material do fato exclui a propositura da respectiva ação civil.

(3) Impede a propositura de ação civil indenizatória a sentença penal que julgar extinta a punibilidade do réu.

1: errada, pois em desconformidade com o art. 387, IV, do CPP: *O juiz, ao proferir sentença condenatória: (...) IV – fixará valor mínimo para reparação dos danos causados pela infração, considerando os prejuízos sofridos pelo ofendido*; **2**: correta, pois reflete a regra presente no art. 66 do CPP: *Não obstante a sentença absolutória no juízo criminal, a ação civil poderá ser proposta quando não tiver sido, categoricamente, reconhecida a inexistência material do fato*; **3**: errada, pois não impede o ajuizamento da ação reparatória, na esfera civil, a decisão que julgar extinta a punibilidade (art. 67, II, CPP). ED

Gabarito 1E, 2C, 3E

(Juiz de Direito/AP – 2022 – FGV) À luz do princípio da obrigatoriedade da ação penal pública, o Ministério Público tem o poder-dever de oferecer a denúncia, quando reunidos os requisitos e condições que determinem autoria, coautoria ou participação e existência de uma infração penal. Essa obrigatoriedade persiste mesmo com o exercício da ação penal. Assim, abre-se ao titular da ação penal pública um poder-dever de aditar a denúncia quando reunidos elementos de prova ou de informação que indiquem uma divergência com a proposição inicial.

No que concerne ao aditamento da denúncia, é correto afirmar que:

(A) o recebimento do aditamento da denúncia, que traz modificação fática substancial, enseja a interrupção da prescrição;

(B) o recebimento do aditamento da denúncia, para inclusão de corréu, constitui causa interruptiva da prescrição para os demais imputados;

(C) o recebimento da denúncia, na sua versão original, pode ser considerado termo inicial para efeito de contagem prescricional relativamente aos imputados incluídos posteriormente por aditamento;

(D) admite-se o aditamento da denúncia a qualquer tempo, enquanto não transitado em julgado o processo, desde que observados o contraditório e a ampla defesa;

(E) constitui requisito para o oferecimento de aditamento da denúncia a existência de novas provas, desde que até o final da instrução probatória.

A: correta. Conferir: "A decisão agravada deve ser mantida, em relação à alegada prescrição, uma vez que o recebimento do aditamento da denúncia que traz modificação fática substancial enseja a interrupção da prescrição (AgRg no AREsp n. 1.350.483/RS, Ministro Rogerio Schietti Cruz, Sexta Turma, DJe 12/11/2020), isso porque, in casu, não houve apenas a alteração da capitulação jurídica, mas uma modificação substancial dos aspectos fáticos quanto à imputação do tipo penal (fl. 1.404)" (STJ, AgRg no HC 659.335/SC, Rel. Ministro SEBASTIÃO REIS JÚNIOR, SEXTA TURMA, julgado em 08/06/2021, DJe 16/06/2021); **B**: incorreta, já que somente alcança o corréu incluído; **C**: incorreta. Neste caso, será considerado, como termo inicial, o recebimento do aditamento; **D e E**: incorretas. A teor do art. 569 do CPP, o aditamento poderá ocorrer a qualquer tempo, antes da sentença final. ED

Gabarito "A".

(Juiz de Direito/GO – 2021 – FCC) Em relação ao acordo de não persecução penal, a legislação vigente estabelece:

(A) É cabível acordo de não persecução penal para infração penal praticada sem violência ou grave ameaça, com pena mínima igual ou inferior a quatro anos.

(B) A vítima será intimada da homologação do acordo de não persecução penal, mas não de seu descumprimento.

(C) É cabível acordo de não persecução penal, mesmo se o agente tiver se beneficiado, nos cinco anos anteriores ao cometimento da infração penal, em transação penal ou suspensão condicional do processo.

(D) Para aferição da pena mínima cominada ao delito, não devem ser consideradas as causas de aumento e diminuição aplicáveis ao caso.

(E) Se o juiz considerar inadequadas, insuficientes ou abusivas as condições dispostas no acordo de não persecução penal, devolverá os autos ao Ministério Público para que seja reformulada a proposta de acordo, com concordância do investigado e seu defensor.

Antes de analisar, uma a uma, as assertivas, importante que façamos algumas ponderações sobre o chamado acordo de não persecução penal. Pois bem. A Lei 13.964/2019 introduziu, no art. 28-A do CPP, o chamado acordo de não persecução penal, que consiste, em linhas gerais, em um negócio jurídico extrajudicial e será homologado pelo juiz de direito. No ajuste obrigacional firmado entre o Ministério Público e o investigado, sempre assistido por seu defensor, em que se admite a responsabilidade pela prática criminosa e aceita se submeter a determinadas condições menos severas do que a pena que porventura ser-lhe-ia aplicada em caso de condenação. Este instrumento de justiça penal consensual não é novidade no ordenamento jurídico brasileiro, uma vez que já contava com previsão na Resolução 181/2017, editada pelo CNMP, posteriormente modificada pela Resolução 183/2018 e pela Resolução 289/2024. O art. 28-A, *caput*, do CPP elenca os seguinte requisitos para proposta: a) que não seja caso de arquivamento da investigação; b) crime praticado sem violência ou grave ameaça à pessoa; c) crime punido com pena mínima inferior a 4 anos; d) confissão formal e circunstanciada; e) que o acordo se mostre necessário e suficiente para reprovação e prevenção do crime; No § 2º estão as hipótese de não aplicação do ANPP: a) se for cabível transação penal; b) não ser o investigado reincidente; c) não haver elementos probatórios que indiquem conduta criminosa habitual, reiterada ou profissional; d) não ter o agente sido agraciado com outro acordo de não persecução, transação penal ou suspensão condicional do processo nos 5 anos anteriores ao cometimento do crime; e) não se tratar de crimes praticados no âmbito de violência doméstica ou familiar ou praticados contra a mulher por razões da condição de sexo feminino, em favor do agressor. Vale lembrar que o Plenário do STF, por maioria, passou a admitir que os acordos de não persecução penal podem ser aplicados também em processos iniciados antes de sua criação pelo Pacote Anticrime (Lei 13.964/2019), a aplicação retroativa é possível em todos os casos em que não houver condenação definitiva (HC 185913-DF, j. em 18-9-2024, transcrito duas questões acima). Feitas essas considerações, passemos ao comentário das proposições. **A**: incorreta. Isso porque o art. 28-A, *caput*, do CPP estabelece como um dos requisitos para a celebração do acordo de não persecução penal que a pena mínima cominada seja inferior a quatro anos (e não igual); **B**: incorreta, na medida em que, por imposição do art. 28-A, § 9º, do CPP, a vítima será intimada tanto da homologação do acordo de não persecução penal quanto de seu descumprimento pelo beneficiário; **C**: incorreta, pois contraria o disposto no art. 28-A, § 2º, III, do CPP, que impede que o acordo de não persecução penal seja firmado na hipótese de o agente houver se beneficiado, nos cinco anos anteriores ao cometimento da infração penal, em transação penal ou suspensão condicional do processo; **D**: incorreta, pois não reflete o art. 28-A, § 1º, do CPP, que estabelece que, para aferição da pena mínima cominada ao delito, serão consideradas as causas de aumento e diminuição aplicáveis ao caso; **E**: correta, pois em conformidade com o disposto no art. 28-A, § 5º, do CPP. ED

Gabarito "E".

(Juiz de Direito/SP – 2021 – Vunesp) O Ministério Público, nos termos da Constituição Federal (art. 129, I), possui atribuição constitucional privativa para o exercício da ação penal pública, possuindo também, como consequência, a iniciativa de classificar a conduta até então apurada e descrita na ação penal. Dispõe, ainda, a legislação vigente, que somente o Ministério Público poderá determinar o arquivamento do inquérito policial ou oferecer proposta de suspensão do processo. Tanto num caso como noutro, os interessados – vítima ou investigado – devem ser ouvidos, excluindo de qualquer participação, em consagração ao sistema acusatório, o Poder Judiciário, uma vez que a decisão final, em havendo discordância quanto à manifestação ministerial, caberá sempre ao Procurador Geral de Justiça. Nesse cenário jurídico, recusando-se o d. Promotor de Justiça a oferecer a proposta de suspensão do processo, por decisão fundamentada, e oferecendo de forma simultânea a denúncia, qual o procedimento a ser adotado pelo magistrado?

(A) Cabe ao magistrado analisar as razões de recusa da proposta e, se julgadas pertinentes ou procedentes, por decisão fundamentada, receber a denúncia, visando à celeridade processual.

(B) Observado o sistema acusatório, não poderá o magistrado se manifestar sobre a recusa apresentada pelo Ministério Público, e, se dela discordar, encaminhará os autos, de ofício, ao Procurador Geral de Justiça, para sua análise, nos moldes do artigo 28 do CPP, aplicado por analogia, e nos termos do entendimento contido na Súmula 696, do Supremo Tribunal Federal.

(C) A exclusão do Poder Judiciário do sistema acusatório não o torna inerte, autorizada sua intervenção pelo artigo V, XXXV, da CF, ao dispor que a lei não excluirá de sua apreciação lesão ou ameaça à lesão e, uma vez provocado pelo oferecimento da denúncia, deve o magistrado oferecer o *sursis* processual *ex officio* – ou a requerimento da defesa – se entender presentes os requisitos legais.

(D) Oferecida a denúncia de forma simultânea com as razões de recusa da proposta de acordo, deve observar se presentes estão os pressupostos processuais para seu recebimento, com resolução já definida no âmbito administrativo do Ministério Público sobre as controvérsias prévias estabelecidas, para se evitar a submissão do denunciado a constrangimento ilegal diante de atos processuais antecipados e desnecessários.

Atenção: a questão é extensa, portanto, leia com cuidado e com atenção ao questionamento na parte final. **A:** incorreta. De acordo com o teor da Súmula 696 do STF: "reunidos os pressupostos legais permissivos da suspensão condicional do processo, mas se recusando o promotor de justiça a propô-la, o juiz, dissentindo, remeterá a questão ao Procurador-Geral, aplicando-se por analogia o art. 28 do Código de Processo Penal". Conferir, também o seguinte julgado: "(...) 5. O acusado/investigado não tem o direito subjetivo ao ANPP, mas sim o direito subjetivo ao eventual oferecimento ou à devida motivação e fundamentação quanto à negativa. A recusa ao Acordo de Não Persecução Penal deve ser motivada concretamente, com a indicação tangível dos requisitos objetivos e subjetivos ausentes (ônus argumentativo do legitimado ativo da ação penal), especialmente as circunstâncias que tornam insuficientes à reprovação e prevenção do crime" (STF, HC 185913-DF, j. em 18-9-2024); **B:** incorreta. O magistrado pode se manifestar sobre qualquer requerimento, tanto da acusação como da defesa. Vide comentário à assertiva A; **C:** incorreta. De fato, não cabe ao magistrado propor a suspensão, assim, nos termos do art. 89 da Lei 9.099/95: "Nos crimes em que a pena mínima cominada for igual ou inferior a um ano, abrangidas ou não por esta Lei, o Ministério Público, ao oferecer a denúncia, poderá propor a suspensão do processo, por dois a quatro anos, desde que o acusado não esteja sendo processado ou não tenha sido condenado por outro crime, presentes os demais requisitos que autorizariam a suspensão condicional da pena (art. 77 do Código Penal)". A suspensão condicional do processo não é direito subjetivo do acusado, mas sim um poder-dever do Ministério Público, titular da ação penal, a quem cabe, com exclusividade, analisar a possibilidade de aplicação do referido instituto, desde que o faça de forma fundamentada; **D:** correta, segundo a organizadora, que mesmo após os recursos manteve o gabarito. De acordo com o entendimento do STJ, (no REsp 1891923-SC, j. em 14-2-2023), a seguir colacionado: "(...) 17. Ao negar a suspensão condicional do processo, o Tribunal de origem dispôs que o referido benefício de direito subjetivo do acusado, competindo, ao Ministério Público, na condição de titular da ação penal, a oferta da suspensão condicional somente caso entenda preenchidos os requisitos objetivos e subjetivos previstos na lei. 18. Para o Superior Tribunal de Justiça, a suspensão condicional do processo é solução de consenso e não direito subjetivo do acusado, consoante precedentes desta Corte (AgRg no RHC n. 91.265/RJ, relator Ministro FELIX FISCHER, QUINTA TURMA, julgado em 27/2/2018, DJe 7/3/2018 (AgRg no RHC n. 163.764/RJ, Ministro Antonio Saldanha Palheiro, Sexta Turma, DJe de 17/10/2022). 19. No caso concreto, como já decido anteriormente, a negativa de oferecimento da suspensão condicional do processo pelo d. Ministério Público Estadual ocorreu com fundamentação concreta, adequada e específica, tendo em vista que, além de não se tratar de direito subjetivo do acusado, o Parquet sopesou devidamente as consequências (fuga) e as circunstâncias do delito grave e de grande repercussão, em tese, praticado pelo agravante. [...] Assente nesta eg. Corte Superior que "a Proposta de suspensão condicional do processo não se trata de direito subjetivo do réu, mas de poder-dever do titular da ação penal, a quem compete, com exclusividade, sopesar a possibilidade de aplicação do instituto consensual de processo, apresentando fundamentação para tanto. A iniciativa para propor a benesse é do Parquet; não pode, pois, o Judiciário substituir-se a este" (AgRg no HC n. 654617/SP, Sexta Turma, Rel. Min. Rogério Schietti Cruz, DJe de 11/10/2021) (AgRg no HC n. 676.294/SP, Ministro Jesuíno Rissato (Desembargador Convocado do TJDFT), Quinta Turma, DJe de 15/2/2022). ED/PB

Gabarito "D".

(Promotor de Justiça/CE – 2020 – CESPE/CEBRASPE) João sofreu calúnia, mas veio a falecer dentro do prazo decadencial de seis meses, antes de ajuizar ação contra o ofensor. Ele não tinha filhos e mantinha um relacionamento homoafetivo com Márcio, em união estável reconhecida. João era filho único e tinha como parente próximo sua mãe.

Nessa situação hipotética, o ajuizamento de ação pelo crime de calúnia

(A) somente poderá ser promovido pela mãe de João.

(B) poderá ser realizado pelo Ministério Público.

(C) poderá ser realizado por Márcio.

(D) não é cabível, haja vista a morte de João.

(E) deverá ser realizado por curador especial, a ser nomeado para essa finalidade.

O crime de calúnia, capitulado no art. 138 do CP, é de ação penal privada, nos termos do art. 145, *caput*, do CP. Na hipótese retratada no enunciado, temos que João, ainda em vida (não se trata, portanto, de calúnia contra os mortos), foi vítima do delito de calúnia. No curso do prazo decadencial, João, que até então não havia ajuizado queixa-crime contra o seu ofensor, vem a falecer. Segundo consta, ele mantinha um

relacionamento homoafetivo com Márcio e tinha como parente mais próximo sua mãe. Diante disso, a questão que se coloca é saber se seu companheiro e sua mãe podem promover a ação penal em face do ofensor de João. Se sim, quem teria preferência? Muito bem. Antes de mais nada, é importante que se diga que o art. 31 do CPP assegura o direito de oferecer queixa ou de prosseguir na ação ao cônjuge, ascendente, descendente ou irmão (nesta ordem de preferência), em face da morte do ofendido ou ainda quando este for declarado ausente. No caso aqui em análise, a preferência para deflagrar a ação penal é de Márcio, já que a legitimidade ativa conferida ao cônjuge deve ser estendida ao companheiro, ainda que se trate de relacionamento homoafetivo. Dessa forma, a ação deverá ser ajuizada por Márcio; se este não propuser a ação, poderá a mãe de João fazê-lo. ED
Gabarito "C".

(Juiz de Direito – TJ/RJ – 2019 – VUNESP) Oferecendo o ofendido ação penal privada subsidiária da pública, o Ministério Público, nos exatos termos do art. 29 do CPP,

(A) perde interesse processual e deixa de intervir nos autos.
(B) pode intervir em todos os termos do processo, contudo, sem capacidade recursal.
(C) perde a possibilidade de representar pelo arquivamento do inquérito e não pode repudiar a queixa.
(D) pode aditar a queixa.
(E) deixa de ser parte e passa a atuar como *custos legis* e não pode, por exemplo, fornecer elementos de prova.

Uma vez ajuizada a ação penal privada subsidiária da pública, caberá ao Ministério Público, nos moldes do que prescreve o art. 29 do CPP, "(...) *aditar a queixa*, repudiá-la e oferecer denúncia substitutiva, intervir em todos os termos do processo, fornecer elementos de prova, interpor recurso e, a todo tempo, no caso de negligência do querelante, retomar a ação como parte principal" (destacamos). Quanto a este tema, valem alguns esclarecimentos, tendo em conta que se trata de um dos temas mais recorrentes em provas de concursos públicos, em especial o pressuposto ao seu ajuizamento. Segundo posicionamento doutrinário e jurisprudencial pacífico, a propositura da ação penal privada subsidiária da pública, à luz do que estabelecem os arts. 5º, LIX, da CF, 100, § 3º, do CP e 29 do CPP, tem como pressuposto a ocorrência de desídia do membro do Ministério Público, que deixa de promover a ação penal dentro do prazo estabelecido em lei. Bem por isso, não há que se falar nesta modalidade de ação privada, por exemplo, na hipótese de o representante do MP promover o arquivamento dos autos de inquérito policial, e bem assim quando requerer o retorno dos autos de inquérito à Delegacia de Polícia para a realização de diligências complementares. Não há, nestes dois casos, inércia por parte do representante do *parquet*. Quanto a isso, conferir o magistério de Guilherme de Souza Nucci: "(...) é inaceitável que o ofendido, porque o inquérito foi arquivado, a requerimento do Ministério Público, ingresse com ação penal privada subsidiária da pública. A titularidade da ação penal não é, nesse caso, da vítima e a ação privada, nos termos do art. 29, somente é admissível quando o órgão acusatório estatal deixa de intentar a ação penal, no prazo legal, mas não quando age, pedindo o arquivamento. Há, pois, diferença substancial entre não agir e manifestar-se pelo arquivamento, por crer inexistir fundamento para a ação penal" (*Código de Processo Penal Comentado*, 17ª ed., p. 146). Na jurisprudência: "1. A comprovação inequívoca da inércia do Ministério Público é requisito essencial para justificar o ajuizamento da ação penal privada subsidiária da pública. 2. O pedido de arquivamento do feito, formulado pelo Ministério Público, titular da ação penal, não pode ser discutido, senão acolhido. Precedentes do STF e do STJ. 3. Agravo regimental não provido" (STJ – AgRg na APn: 557 DF 2008/0269543-6, Relator: Ministra NANCY ANDRIGHI, Data de Julgamento: 06.10.2010, CE – CORTE ESPECIAL, Data de Publicação 09.11.2010). ED
Gabarito "D".

(Juiz de Direito - TJ/BA - 2019 - CESPE/CEBRASPE) Tendo como fundamento a jurisprudência dos tribunais superiores, assinale a opção correta, a respeito de ação penal.

(A) Em razão do princípio da indivisibilidade, o não ajuizamento de ação penal contra todos os coautores de crime de roubo implicará o arquivamento implícito em relação àqueles que não forem denunciados.
(B) A inexistência de poderes especiais na procuração outorgada pelo querelante não gerará a nulidade da queixa-crime quando o consequente substabelecimento atender às exigências expressas no art. 44 do CPP.
(C) Na queixa-crime, a omissão involuntária, pelo querelante, de algum coautor implicará o reconhecimento da renúncia tácita do direito de queixa pelo juiz e resultará na extinção da punibilidade.
(D) No caso de ação penal privada, eventual omissão de poderes especiais na procuração outorgada pelo querelante poderá ser sanada a qualquer tempo por iniciativa do querelante.
(E) No caso de crime praticado contra a honra de servidor público no exercício de suas funções, a vítima tem legitimação concorrente com o MP para ajuizar ação penal.

A: incorreta. O *princípio da indivisibilidade* está consagrado no art. 48 do CPP e se aplica, em princípio, à ação penal privada. A indivisibilidade significa que o ofendido quando ingressar com a queixa-crime deverá incluir todos os coautores e partícipes do crime, entretanto, o Ministério Público velará pela sua indivisibilidade, ou seja, cumpre ao órgão do MP incluir na queixa os que haviam sido excluídos. Para a Corte Suprema, a indivisibilidade não tem incidência no âmbito da ação penal pública (somente na ação privada). Sustenta o STF que a divisibilidade da ação penal pública reside no fato de o Ministério Público ter a liberdade de não ofertar a denúncia contra alguns autores de crime contra os quais ainda não haja elementos suficientes; assim que reunidos esses elementos, a denúncia será aditada. Assim, a ação deixa de ser indivisível pelo simples fato de a denúncia comportar aditamento posterior. Nesse sentido, STF: "*Habeas corpus*. Processual penal. Ação penal pública. Princípio da indivisibilidade. Inaplicabilidade. Princípio do promotor natural. Ofensa. Inexistência. 1. O princípio da indivisibilidade não se aplica à ação penal pública. Daí a possibilidade de aditamento da denúncia quando, a partir de novas diligências, sobrevierem provas suficientes para novas acusações" (HC 96700, j. em 17-3-209 9, DJe de 14-8-2009); **B:** incorreta. Conferir: "1. Para a validade da ação penal nos crimes de ação penal privada, é necessário que o instrumento de mandato seja conferido com poderes especiais expressos, além de fazer menção ao fato criminoso, nos termos do art. 44 do Código de Processo Penal. 2. O substabelecimento, enquanto meio de transferência de poderes anteriormente concedidos em procuração, deve obedecer integralmente ao que consta do instrumento do mandato, porquanto é dele totalmente dependente. Ainda que neste instrumento esteja inserida a cláusula ad judicia, há limites objetivos que devem ser observados quando da transmissão desses poderes, visto que o substabelecente lida com direitos de terceiros, e não próprios. 3. Na espécie, como a procuração firmada pela querelante somente conferiu aos advogados os poderes da cláusula *ad judicia et extra*, apenas estes foram objeto de transferência aos substabelecidos, razão pela qual deve ser tida por inexistente a inclusão de poderes especiais para a propositura de ação penal privada, uma vez que eles não constavam do mandato originário. 4. Nula é a queixa-crime, por vício de representação, se a procuração outorgada para a sua propositura não atende às exigências do art. 44 do Código de Processo Penal. 5. Recurso provido para conceder a ordem de *habeas corpus*, a fim de declarar a nulidade *ab initio* da queixa-crime, tendo como consequência a extinção da punibilidade do querelado, nos termos do art. 107, IV, do Código Penal." (STJ, RHC 33.790/SP, Rel. Ministra MARIA THEREZA DE ASSIS MOURA, Rel. p/ Acórdão Ministro SEBASTIÃO REIS JÚNIOR, SEXTA TURMA, julgado em 27/06/2014, DJe 05/08/2014); **C:** incorreta. Diante da omissão não deliberada do querelante, caberá ao MP requerer a sua intimação para que proceda ao aditamento da queixa-crime e inclua os demais coautores ou partícipes que ficaram de fora. Nesse sentido, conferir: "O reconhecimento da renúncia tácita ao direito de queixa exige a demonstração de que a não inclusão de determinados autores ou partícipes na queixa-crime se deu de forma deliberada pelo querelante" (STJ, HC 186.405/RJ, Quinta Turma, Rel. Min. Jorge Mussi, DJe de 11/12/2014); **D:** incorreta, na medida em que a omissão somente poderá ser sanada dentro do prazo decadencial; **E:** correta. A solução desta alternativa deve ser extraída da Súmula 714, do STF, segundo a qual, nos crimes praticados contra a honra de servidor público em razão do cargo por este exercido, a legitimidade para a ação penal é concorrente entre o ofendido (mediante queixa) e o Ministério Público (ação pública condicionada à representação do ofendido). **ED**

Gabarito "E".

(Promotor de Justiça/PR – 2019 – MPE/PR) Sobre o **acordo de não persecução penal**, segundo a Resolução 181/17, alterada pela Resolução 183/18, ambas do Conselho Nacional do Ministério Público, analise as assertivas abaixo e assinale a alternativa incorreta:

(A) Não sendo o caso de arquivamento, o Ministério Público poderá propor ao investigado acordo de não persecução penal quando, cominada pena mínima inferior a 4 (quatro) anos e o crime não for cometido com violência ou grave ameaça a pessoa, o investigado tiver confessado formal e circunstanciadamente a sua prática, mediante condições, ajustadas cumulativa ou alternativamente previstas na própria Resolução.

(B) O descumprimento do acordo de não persecução pelo investigado também poderá ser utilizado pelo membro do Ministério Público como justificativa para o eventual não oferecimento de suspensão condicional do processo.

(C) O acordo de não persecução não poderá ser celebrado na mesma oportunidade da audiência de custódia.

(D) Não se admitirá a proposta de acordo de não persecução nos casos em que for cabível a transação penal, nos termos da lei.

(E) Se o juiz considerar incabível o acordo de não persecução, bem como inadequadas ou insuficientes as condições celebradas, fará remessa dos autos ao procurador-geral ou órgão superior interno responsável por sua apreciação, nos termos da legislação vigente.

A Lei 13.964/2019, conhecida como Pacote Anticrime, promoveu diversas inovações nos campos penal e processual penal, sendo uma das mais relevantes a introdução, no art. 28-A do CPP, do chamado *acordo de não persecução penal*, que consiste, em um negócio jurídico extrajudicial e será homologado pelo juiz de direito. No ajuste obrigacional firmado entre o Ministério Público e o investigado, sempre assistido por seu defensor, em que admite sua responsabilidade pela prática criminosa e aceita se submeter a determinadas condições menos severas do que a pena que porventura ser-lhe-ia aplicada em caso de condenação. Este instrumento de justiça penal consensual não é novidade no ordenamento jurídico brasileiro, uma vez que já contava com previsão na Resolução 181/2017, editada pelo CNMP, posteriormente modificada pela Resolução 183/2018 e pela Resolução 289/2024. O art. 28-A, *caput*, do CPP elenca os seguintes requisitos à celebração do acordo de não persecução penal: a) que não seja caso de arquivamento da investigação; b) confissão formal e circunstanciada; c) crime praticado sem violência ou grave ameaça à pessoa; d)crime punido com pena mínima inferior a 4 anos; e) que o acordo se mostre necessário e suficiente para reprovação e prevenção do crime; No § 2º estão as hipótese de não aplicação do ANPP: a) se for cabível transação penal; b) não ser o investigado reincidente; c) não haver elementos probatórios que indiquem conduta criminosa habitual, reiterada ou profissional; d) não ter o agente sido agraciado com outro acordo de não persecução, transação penal ou suspensão condicional do processo nos 5 anos anteriores ao cometimento do crime; e) não se tratar de crimes praticados no âmbito de violência doméstica ou familiar ou praticados contra a mulher por razões da condição de sexo feminino, em favor do agressor. A prova foi aplicada antes da alteração pela a Resolução 289/2024 do Plenário do Conselho Nacional do Ministério Público que aprovou, por unanimidade, proposta que adequa a Resolução CNMP nº 181/2017, que dispõe sobre instauração e tramitação do procedimento investigatório criminal a cargo do Ministério Público, à Lei Federal nº 13.964/2019. **A:** correta. Uma vez que correspondia ao teor do art. 18, *caput*, da Resolução 181/2017. A atual redação dispõe: "O acordo de não persecução penal é negócio jurídico celebrado entre Ministério Público e investigado devidamente assistido por advogado ou defensor público uma vez preenchidos os requisitos e pressupostos legais, que poderá ser proposto mediante avaliação das peculiaridades do caso concreto, desde que necessário e suficiente para a reprovação e prevenção da infração penal; **B:** correta. Uma vez que correspondia com o art. 18, § 10, da Resolução 181/2017. Na atual redação o descumprimento do acordo de não persecução pelo investigado tem previsão nos arts. 18-B, VII e VIII, 18-F; **C:** incorreta. A assertiva contraria o disposto no art. 18, § 7º, da Resolução 181/2017. A atualização da referia norma pela Resolução 289/2024, não faz qualquer referência uma vez feita proposta de ANPP durante a audiência de custódia. O oferecimento da proposta de acordo, bem como sua negociação, é ato privativo do Ministério Público, devendo ser realizado em suas dependências, seja na modalidade presencial ou na virtual, cabendo ao juízo sua homologação em audiência que prescinde da participação do membro ministerial, assim, dispõe o § 1º do art. 18. **D:** correta. Uma vez que correspondia com o art. 18, § 1º, I, da Resolução 181/2017. Na atual redação as causas de impedimento da proposta do ANPP ao investigado são: "que não foi condenado a prisão, não tem antecedentes criminais, não foi beneficiado por acordos semelhantes ou transação penal, com advertência de que se faltar com a verdade sobre esses fatos o acordo será rescindido e a denúncia oferecida de imediato (art. 18-B, IX); **E:** correta. A assertiva correspondia ao teor do art. 18, § 6º, da Resolução 181/2017. De acordo com o novo art. 18-G, § 1º, inserido pela resolução 289/2024, "em caso de recusa em propor o acordo de não persecução penal é cabível o pedido de remessa dos autos ao órgão superior previsto no § 14 do art. 28-A do Código de Processo Penal, no prazo de 10 (dez) dias". **ED/PB**

Gabarito "C".

(Promotor de Justiça/SP – 2019 – MPE/SP) Nos crimes contra a honra, a ação penal,

(A) no crime contra chefe de governo estrangeiro, será pública condicionada à representação.

(B) no crime contra funcionário público, em razão de suas funções, será pública condicionada à representação.

(C) no crime de injúria real, será de iniciativa privada, ainda que resulte lesão corporal.

(D) no crime de injúria racial, será de iniciativa privada.

(E) no crime contra Presidente de República, será pública condicionada à representação.

A: incorreta. Quando o crime contra a honra for cometido contra chefe de governo estrangeiro, a ação penal será pública condicionada à *requisição* do Ministro da Justiça (art. 145, parágrafo único, CP), e não à *representação*, como consta da assertiva; **B**: correta, segundo o gabarito preliminar. Nos termos do disposto no art. 145, parágrafo único, do CP, se se tratar de crime perpetrado contra a honra de funcionário público em razão de suas funções, a ação penal será *pública condicionada à representação do ofendido*. Ocorre, no entanto, que o STF, por meio da Súmula 714, firmou entendimento no sentido de que, nesses casos, a legitimidade é concorrente entre o ofendido (mediante queixa) e o Ministério Público (ação pública condicionada à representação do ofendido). Por essa razão, a questão foi anulada; **C**: incorreta. É que o crime de injúria real, na hipótese em que da violência resulta lesão corporal, é de ação penal pública incondicionada, nos termos do art. 145, *caput*, do CP; **D**: incorreta. A ação penal, no crime de injúria racial (art. 140, § 3º, CP), é pública condicionada à representação. Antes, a ação penal, neste crime, era de iniciativa privativa do ofendido. Esta mudança se deu por força da Lei 12.033/2009, que modificou a redação do parágrafo único do art. 145 do CP. Bem por isso, é imprescindível que a ofendida exteriorize, por meio de representação, seu desejo em ver processado o ofensor, condição indispensável para que a autoridade policial proceda a inquérito e o Ministério Público promova a ação penal. Atenção: a Lei 14.532/2023, posterior à elaboração desta questão, alterou o teor do art. 140, § 3º, do CP, que passa a contar com a seguinte redação: *Se a injúria consiste na utilização de elementos referentes a religião ou à condição de pessoa idosa ou com deficiência*. Como se pode ver, o legislador, com isso, excluiu da forma qualificada da injúria ofensas contendo elementos referentes a raça, cor, etnia ou procedência nacional. Tais modalidades migraram para a Lei 7.716/1989, cujo art. 2º-A passa a ter a seguinte redação: *Injuriar alguém, ofendendo-lhe a dignidade ou o decoro, em razão de raça, cor, etnia ou procedência nacional*. Dessa forma, o crime de injúria racial foi tipificado como racismo. A consequência disso é que tal modalidade de injúria passa a ser, agora por força de lei, imprescritível, inafiançável e incondicionada a ação penal. Além disso, a pena, que até então era de reclusão de 1 a 3 anos e multa, passa a ser de 2 a 5 anos de reclusão; **E**: incorreta. Quando o crime contra a honra for cometido contra o Presidente da República, a ação penal será pública condicionada à *requisição* do Ministro da Justiça (art. 145, parágrafo único, CP), e não à *representação*, como consta da assertiva. **ED**

Gabarito Anulada

(Promotor de Justiça/SP – 2019 – MPE/SP) Em relação aos crimes patrimoniais, a ação penal, no crime de

(A) furto contra o cônjuge separado judicialmente, será pública condicionada à representação.

(B) introdução de animais em propriedade alheia, será pública condicionada à representação.

(C) dano, será sempre pública incondicionada.

(D) apropriação indébita contra irmão maior de 60 (sessenta) anos, será pública condicionada à representação.

(E) furto contra tio com quem coabita, será pública condicionada à representação em relação ao estranho que participou do crime.

Dentro do tema *ação penal nos crimes patrimoniais*, é importante que se diga que a Lei 13.964/2019 alterou a natureza da ação penal no crime de estelionato, que passa a ser pública condicionada à representação do ofendido, conforme impõe o art. 171, § 5º, do CP (inserido pelo pacote anticrime). Este mesmo dispositivo, no entanto, estabelece exceções (hipóteses em que a ação penal será pública incondicionada), a saber: quando a vítima for: a Administração Pública, direta ou indireta; criança ou adolescente; pessoa com deficiência mental; ou maior de 70 anos ou incapaz. Dito isso, passemos à análise de cada alternativa. **A**: correta, pois corresponde ao que estabelece o art. 182, I, do CP; **B**: incorreta, já que o crime de introdução ou abandono de animais em propriedade alheia, definido no art. 164 do CP, é de ação penal privada, nos termos do art. 167 do CP; **C**: incorreta, pois, a teor do art. 167 do CP, serão de ação penal privada a modalidade simples do crime de dano (art. 163, *caput*, do CP) e a sua forma qualificada pelo motivo egoístico ou com prejuízo considerável para a vítima (art. 163, parágrafo único, IV, do CP). As demais modalidades deste crime são de ação penal pública incondicionada; **D**: incorreta, já que a imunidade relativa contemplada no art. 182, II, do CP não incide na hipótese de o crime ser praticado contra pessoa com idade igual ou superior a 60 anos (art. 183, III, do CP); **E**: incorreta, na medida em que as escusas previstas nos arts. 181 e 182 do CP não se aplicam ao estranho que participa do crime (art. 183, II, CP). **ED**

Gabarito "A".

(Investigador – PC/BA – 2018 – VUNESP) A regra de que a ação penal será sempre pública, independentemente da natureza do crime,

(A) vige quando o crime for praticado em detrimento de patrimônio ou interesse da União, Estado e Município.

(B) não se aplica quando se tratar de contravenção penal praticada contra os costumes.

(C) vigora para todas as infrações penais em obediência ao princípio constitucional da inafastabilidade da tutela jurisdicional.

(D) decorre do fundamento da República Federativa do Brasil consistente no respeito à dignidade da pessoa humana, por isso aplica-se a todos os tipos penais.

A: correta. Segundo dispõe o art. 24, § 2º, do CPP, *seja qual for o crime, quando praticado em detrimento do patrimônio ou interesse da União, Estado e Município, a ação penal será pública*; **B**: incorreta. Isso porque, tal como estabelece o art. 17 do Decreto-lei 3.688/1941 (Lei das Contravenções Penais), a ação penal, nas contravenções penais, será sempre pública incondicionada, isto é, o MP está credenciado a ingressar com a ação penal independentemente da manifestação de vontade do ofendido; **C**: incorreta. Como bem sabemos, a ação penal, em regra, será pública, salvo quando a lei dispuser ser privativa do ofendido (art. 100 do CP). Ou seja, se, no tipo penal, nada for dito acerca da natureza da ação penal, esta será considerada pública. De igual forma, a ação penal pública será, de regra, incondicionada; somente será condicionada (à representação do ofendido ou à requisição do ministro da Justiça) quando a lei assim estabelecer. Em conclusão, se, na lei penal incriminadora, nada for dito a respeito da ação penal, está será considerada pública incondicionada; **D**: incorreta. Vide comentário anterior. **ED**

Gabarito "A".

(Delegado – PC/BA – 2018 – VUNESP) A retratação da representação, de acordo com o art. 25 do CPP e do art. 16 da Lei nº 11.340/06 (Lei Maria da Penha), respectivamente,

(A) é admitida até o recebimento da denúncia; não é admitida.

(B) é admitida até o recebimento da denúncia; só será admitida perante o juiz, antes do recebimento da denúncia.

(C) é inadmitida; só será admitida perante o juiz, antes do recebimento da denúncia.

(D) é inadmitida depois de oferecida a denúncia; não é admitida.

(E) é inadmitida depois de oferecida a denúncia; só será admitida perante o juiz, antes do recebimento da denúncia.

Pelo que estabelece o art. 25 do CPP, a representação poderá ser retratada somente até o *oferecimento* da denúncia. A Lei 11.340/2006 estabeleceu, no seu art. 16, regra própria, segundo a qual a retratação, no contexto da Lei Maria da Penha, poderá ser manifestada, perante o juiz de direito e em audiência designada especialmente para esse fim, até o recebimento da denúncia. Nesse sentido, o STJ, fixou a seguinte tese: "A audiência prevista no art. 16 da Lei 11.340/2006 tem por objetivo confirmar a retratação, não a representação, e não pode ser designada de ofício pelo juiz. Sua realização somente é necessária caso haja manifestação do desejo da vítima de se retratar trazida aos autos antes do recebimento da denúncia" (Resp 1964293-MG, j. em 8-3-2023, DJe de 29-3-2023). ED

Gabarito "E".

4. SUSPENSÃO CONDICIONAL DO PROCESSO

(Promotor de Justiça/CE – 2020 – CESPE/CEBRASPE) Em ação penal privada, pedido de suspensão condicional do processo

(A) não é cabível, assim como a transação penal, porque tanto esse pedido quanto a transação penal são exclusivos de ações penais públicas.

(B) é cabível, desde que oferecido pelo Ministério Público, por ser um direito público subjetivo do acusado.

(C) não é cabível, diferentemente da transação penal, haja vista expressa disposição legal.

(D) é cabível, desde que oferecido pelo ofendido.

(E) é cabível somente em favor do réu, haja vista a possibilidade de ofensa ao princípio da indivisibilidade da ação penal privada.

É tranquilo o entendimento da doutrina e jurisprudência no sentido de que é cabível o *sursis* processual (art. 89, Lei 9.099/1995) em ação penal privada. Conferir: "O Superior Tribunal de Justiça, em remansosos julgados considera crível o *sursis* processual (art. 89 da Lei nº 9.099/95) nas ações penais privadas, cabendo sua propositura ao titular da queixa-crime" (STJ, HC 187.090/MG, Rel. Ministro ADILSON VIEIRA MACABU (DESEMBARGADOR CONVOCADO DO TJ/RJ), QUINTA TURMA, julgado em 01/03/2011, DJe 21/03/2011). Vide Enunciado 112 da FONAJE. Na doutrina, assim ensina Guilherme de Souza Nucci: "Suspensão condicional do processo em ação privada: parece-nos que é viável. A analogia *in bonam partem* novamente dever ser invocada. Se o querelante propuser, aceitando-a o réu, nenhum prejuízo a este ocorrerá. Ao contrário, somente pode beneficiar-se" (*Leis Penais e Processuais Penais Comentadas*, Volume 2. 8. ed. São Paulo: Forense, 2014. p. 505). ED

Gabarito "D".

(Promotor de Justiça/PR – 2019 – MPE/PR) Sobre o posicionamento sumular firmado pelo Superior Tribunal de Justiça, quanto ao tema da **suspensão condicional do processo**, analise as assertivas abaixo e assinale a correta:

(A) O benefício da suspensão do processo não é aplicável em relação às infrações penais cometidas em concurso material, concurso formal ou continuidade delitiva, quando a pena mínima cominada, seja pelo somatório, seja pela incidência da majorante, ultrapassar o limite de um (01) ano.

(B) Nas hipóteses em que a condenação anterior não gera reincidência, é cabível a suspensão condicional do processo.

(C) É possível a adequação das condições da suspensão do processo no juízo deprecado ou no juízo da execução, observadas as circunstâncias pessoais do beneficiário.

(D) Na ação penal de iniciativa privada, cabe a suspensão condicional do processo, mediante proposta do Ministério Público.

(E) O mero decurso do prazo da suspensão condicional do processo sem o cumprimento integral das condições impostas em juízo não redundará em extinção automática da punibilidade do agente.

A: correta. Esta assertiva deve ser assinalada na medida em que corresponde ao posicionamento adotado pelo Superior Tribunal de Justiça na Súmula 243: *O benefício da suspensão do processo não é aplicável em relação às infrações penais cometidas em concurso material, concurso formal ou continuidade delitiva, quando a pena mínima cominada, seja pelo somatório, seja pela incidência da majorante, ultrapassar o limite de 1 (um) ano*. As demais assertivas não correspondem a posicionamentos contidos em súmulas do STJ, mas em enunciados do Fórum Nacional de Juizados Especiais (FONAJE). Vejamos: **B:** corresponde ao Enunciado 16 do FONAJE; **C:** corresponde ao Enunciado 92 do FONAJE; **D:** corresponde ao Enunciado 112 do FONAJE; **E:** corresponde ao Enunciado 123 do FONAJE. ED

Gabarito "A".

(Promotor de Justiça/SP – 2019 – MPE/SP) É correto afirmar, em relação à suspensão condicional do processo, que

(A) na ausência de proposta justificada do Ministério Público, o juiz, dissentindo, remeterá a questão ao Procurador-Geral.

(B) o juiz não poderá especificar, além daquelas previstas na Lei 9.099/95, outras condições a que fica subordinada a suspensão.

(C) não se admite a proposta nas ações penais de iniciativa privada, ante a ausência de previsão legal.

(D) na ausência de proposta do Ministério Público, poderá o juiz criminal fazê-lo, pois se trata de direito público subjetivo do acusado.

(E) nas ações penais de iniciativa privada, cabe ao Ministério Público ofertar a proposta, a qual deve ser ratificada pelo querelante.

A: correta, vez que a Súmula 696 do STF dispõe que, neste caso, o magistrado (a quem não cabe propor a suspensão) cuidará para que os autos sejam remetidos ao procurador-geral, a quem incumbe, nos termos do art. 28 do CPP, decidir se é ou não caso de propor o *sursis* processual; **B:** incorreta, pois contraria o disposto no art. 89, § 2º, da Lei 9.099/1995; **C:** incorreta. É tranquilo o entendimento da doutrina e jurisprudência no sentido de que é cabível o *sursis* processual (art. 89, Lei 9.099/1995) em ação penal privada. Conferir: "O Superior Tribunal de Justiça, em remansosos julgados considera crível o *sursis* processual (art. 89 da Lei nº 9.099/95) nas ações penais privadas, cabendo sua propositura ao titular da queixa-crime" (STJ, HC 187.090/MG, Rel. Ministro ADILSON VIEIRA MACABU (DESEMBARGADOR CONVOCADO DO TJ/RJ), QUINTA TURMA, julgado em 01/03/2011, DJe 21/03/2011). Vide Enunciado 112 da FONAJE. Na doutrina, assim ensina Guilherme de Souza Nucci: "Suspensão condicional do processo em ação privada: parece-nos que é viável. A analogia *in bonam partem* novamente dever ser invocada. Se o querelante propuser, aceitando-a o réu, nenhum prejuízo a este ocorrerá. Ao contrário, somente pode beneficiar-se" (*Leis Penais e Processuais Penais Comentadas*, Volume 2. 8. ed. São Paulo: Forense, 2014. p. 505); **D:** incorreta. Em face da ausência de proposta do MP, é vedado ao magistrado substituir-se ao órgão acusatório e ele mesmo fazê-lo. Se a omissão do *parquet* for injustificada, deve o juiz lançar mão do art. 28 do CPP e remeter os autos ao procurador-geral, a quem caberá decidir qual o caminho a trilhar. É esse o entendimento firmado por meio da Súmula 696 do STF; **E:** incorreta. A proposta cabe ao querelante, titular que é da ação penal privada. Vide comentário à assertiva "C". ED

Gabarito "A".

(Juiz de Direito – TJ/AL – 2019 – FCC) Se o acusado, citado por edital, não comparecer, nem constituir advogado, o

(A) Juiz deve decretar a prisão preventiva.
(B) curso do prazo prescricional ficará suspenso indeterminadamente.
(C) processo ficará suspenso pelo prazo correspondente à pena mínima cominada para a infração.
(D) Juiz deverá decretar a revelia e, após a nomeação de advogado dativo, determinar o prosseguimento do feito.
(E) Juiz pode determinar a produção das provas concretamente consideradas urgentes.

Na hipótese de o réu não ser encontrado, deverá o juiz determinar a sua citação por edital, depois de esgotados os meios disponíveis para a sua localização. Se o acusado, depois de citado por edital, não comparecer tampouco constituir defensor, o processo e o prazo prescricional ficarão, em vista da disciplina estabelecida no art. 366 do CPP, suspensos. Quanto ao período durante o qual o prazo prescricional deverá permanecer suspenso, prevalece o entendimento de que tal deverá ocorrer pelo interregno correspondente ao prazo máximo em abstrato previsto para o crime narrado na peça acusatória. A esse respeito, *vide* Súmula 415 do STJ. A produção da prova considerada urgente deverá se dar em conformidade com o entendimento firmado na Súmula 455 do STJ: "A decisão que determina a produção antecipada de provas com base no art. 366 do CPP deve ser concretamente fundamentada, não a justificando unicamente o mero decurso do tempo". Mais: a colheita desta prova somente poderá se dar na presença de defensor público ou dativo, para o fim de que ao acusado seja assegurado direito de defesa. No que toca à prisão preventiva, a sua decretação, no âmbito do art. 366 do CPP, somente poderá se dar diante da presença dos requisitos do art. 312 do CPP, sendo vedada, portanto, a decretação automática da custódia. O mesmo há de ser aplicado à produção antecipada de provas, que está condicionada à demonstração de sua necessidade, não bastando, a autorizá-la, como dissemos, o mero decurso do tempo. Gabarito "E".

5. JURISDIÇÃO E COMPETÊNCIA. CONEXÃO E CONTINÊNCIA

(Juiz de Direito – TJ/SP – 2023 – VUNESP) A competência no processo penal é fixada, como regra, pelo lugar em que se consuma a infração. Por outro lado, se a execução do crime tiver início no território nacional, mas o crime se consumar no território exterior, a competência é do lugar em que foi praticado o último ato executivo.

Esse conceito caracteriza a teoria

(A) da ubiquidade.
(B) do resultado.
(C) da irretroatividade.
(D) da atividade.

A: correta. A questão trata sobre crime a distância, hipótese de crimes em que as condutas e a consumação ocorrem em territórios diferentes. O Código de Processo Penal, no art. 70, § 1º, adotou, quanto aos crimes a distância, a teoria da ubiquidade (regra para aplicação da lei no espaço), ou seja, considera-se praticado o crime no lugar onde se deu a ação ou omissão, bem como onde se produziu ou deveria produzir-se o resultado; **B:** errada. A teoria do resultado tem previsão no art. 70, *caput*, do CPP que dispõe: "a competência será, de regra, determinada pelo *lugar em que se consumar a infração*, ou, no caso de tentativa, pelo lugar em que for praticado o último ato de execução" (grifo nosso). Lugar da infração é o foro competente para apreciar a ação penal, isso porque é a aplicação da sanção penal no local onde foi praticado o delito, também, é no lugar do crime que mais facilmente podem ser colhidas as provas do delito, realizadas as perícias, exames; **C:** errada. O princípio da irretroatividade aplica-se a lei, mais benéfica, a fato ocorrido antes da sua vigência. Determina o art. 5º, inciso XL, que "a lei penal não retroagirá, salvo para beneficiar o réu". "Permanecendo na lei nova a definição do crime, mas aumentadas suas consequências penais, esta norma mais severa não será aplicada" (Mirabete e Fabrini, *Manual de Direito Penal*, parte geral, 36ª edição, Foco, 2024, item 2.4.5); **D:** errada. A teoria da atividade, é uma teoria a respeito da determinação do tempo do crime e tem previsão art. 4º Código Penal. Considera-se como tempo do crime o momento da conduta, ação ou omissão. Gabarito "A".

(Juiz de Direito – TJ/DFT – 2023 – CEBRASPE) Flávio, promotor de justiça no estado de Minas Gerais a passeio em Brasília – DF, praticou, em situação de desavença no trânsito, o crime de lesão corporal grave contra Túlio, juiz de direito do estado de São Paulo, que estava de férias na capital federal.

Considerando-se a situação hipotética, de acordo com as regras da legislação processual penal brasileira e da jurisprudência dos tribunais superiores, é correto afirmar que a competência para o julgamento do crime cometido por Flávio será do

(A) Tribunal de Justiça do Estado de São Paulo.
(B) juízo de primeiro grau da justiça comum do Distrito Federal.
(C) juízo de primeiro grau da justiça comum do estado de São Paulo.
(D) Tribunal de Justiça do Estado de Minas Gerais.
(E) Tribunal de Justiça do Distrito Federal e Territórios.

A competência no caso da questão será Tribunal de Justiça do Estado de Minas Gerais, de acordo com a seguir exposto. Segundo o teor do art. 96, III da CF: "Compete privativamente: (...) aos Tribunais de Justiça julgar os juízes estaduais e do Distrito Federal e Territórios, bem como os *membros do Ministério* Público, nos *crimes comuns e de responsabilidade*, ressalvada a competência da Justiça Eleitoral" (grifo nosso). Também, há previsão de prerrogativa de função para os membros do Ministério Público no art. 40, IV, da Lei 8.625/1993 (Lei Orgânica Nacional do Ministério Público), ser processado e julgado originariamente pelo Tribunal de Justiça de seu Estado, *nos crimes comuns e de responsabilidade*, ressalvada exceção de ordem constitucional. Finalmente, de acordo com a jurisprudência do STJ: "(...) 1. O precedente estabelecido pelo Supremo Tribunal Federal no julgamento da QO na AP 937/RJ não deliberou expressamente sobre o foro para processo e julgamento de magistrados e membros do Ministério Público, limitando-se a estabelecer tese em relação ao foro por prerrogativa de função de autoridades indicadas na Constituição Federal que ocupam cargo eletivo. A interpretação se corrobora tanto pelo fato de que, na Questão de Ordem no Inquérito 4.703-DF, Primeira Turma, Rel. Ministro Luiz Fux, os eminentes Ministros Luís Roberto Barroso e Alexandre de Moraes ressalvaram a pendência deliberativa da questão, em relação aos magistrados e membros do Ministério Público (CF/88, art. 96, III), quanto pelo fato de que a Suprema Corte, em 28/5/2021, nos autos do ARE 1.223.589/DF, de Relatoria do Ministro Marco Aurélio, por unanimidade, afirmou que a questão ora em debate possui envergadura constitucional, reconhecendo a necessidade de se analisar, com repercussão geral (Tema 1.147), a possibilidade de o STJ, com amparo no artigo 105, inciso I, alínea "a", da CF, processar e julgar Desembargador por crime comum, ainda que sem relação com o cargo.(...) A três, porque resvala na ofensa ao princípio da isonomia a restrição do alcance do foro por prerrogativa de função de magistrados e promotores (art. 96, III, da CF), quando esta Corte, em várias ocasiões, já afirmou que deve ser mantido o foro por prerrogativa de função de Desembargadores, ainda que respondam por crime não praticado em razão e durante o exercício do cargo ou função"(STJ, HC 684254-MG, j. em 23-11-2021, DJe de 29-11-2021). PB

Gabarito "D".

(Juiz de Direito – TJ/DFT – 2023 – CEBRASPE) Considerando a disciplina a respeito da competência em matéria processual penal e as disposições da Lei de Organização Judiciária do Distrito Federal e dos Territórios, assinale a opção correta.

(A) É causa de separação obrigatória de processos referentes a infrações conexas a existência de excessivo número de réus, a fim de não lhes prolongar a prisão provisória.
(B) Compete ao TJDFT processar e julgar, originariamente, secretário de governo do Distrito Federal que cometa crimes comuns e de responsabilidade, ressalvada a competência da justiça eleitoral e dos juizados especiais criminais.
(C) É absoluta a nulidade decorrente da inobservância da competência penal por prevenção.
(D) A competência constitucional do tribunal do júri prevalece sobre o foro por prerrogativa de função estabelecida exclusivamente pela Constituição estadual.
(E) A competência para o processamento e julgamento de crime de estelionato praticado mediante transferência de valores entre contas bancárias será definida pelo local de domicílio da vítima, e, em caso de pluralidade de vítimas residentes em circunscrições judiciárias diversas, haverá a separação dos processos.

A: errada. É causa de separação facultativa, conforme a redação do art. 80 do CPP, será facultativa a separação dos processos quando pelo excessivo número de acusados e para não lhes prolongar a prisão provisória, ou por outro motivo relevante, o juiz reputar conveniente a separação; **B:** errada. O art. 13 do Regimento Interno do TJDFT prevê que, "compete ao Conselho Especial: processar e julgar originariamente: a) nos crimes comuns e de responsabilidade, os Governadores dos Territórios, o Vice-Governador e os Secretários de Governo do Distrito Federal e os dos Governos dos Territórios, *ressalvada a competência da Justiça Eleitoral"* (grifo nosso); **C:** errada. A nulidade nessa hipótese é relativa, segundo a Súmula 706 do STF: "É relativa a nulidade decorrente da inobservância da competência penal por prevenção"; **D:** correta. De acordo com o teor da Súmula Vinculante 45: "A competência constitucional do Tribunal do Júri prevalece sobre o foro por prerrogativa de função estabelecido exclusivamente pela constituição estadual"; **E:** errada. A assertiva contraria o disposto no art. 70, § 4º do CPP, que nos crimes previstos no art. 171 do Código Penal, quando praticados mediante depósito, mediante emissão de cheques sem suficiente provisão de fundos em poder do sacado ou com o pagamento frustrado ou mediante transferência de valores, a competência será definida pelo local do domicílio da vítima, e, em caso de pluralidade de vítimas, a competência firmar-se-á pela prevenção. PB

Gabarito "D".

(Juiz Federal – TRF/1 – 2023 – FGV) Ronald, prefeito da cidade de Castanhal/PA, é acusado pela prática de lesões corporais graves contra Fernando, deputado federal, dentro de um avião que estava em solo no aeroporto de Guarulhos/SP. O motivo do crime está relacionado a questões político-partidárias.

De acordo com a jurisprudência atual do Supremo Tribunal Federal, a competência para julgamento de Ronald será do:

(A) Tribunal Regional Federal da 1ª Região;
(B) Tribunal Regional Federal da 3ª Região;
(C) Tribunal de Justiça do Pará;
(D) Tribunal Regional Eleitoral de São Paulo;
(E) Tribunal de Justiça de São Paulo.

Dispõe o art. 109, IX, da CF que "aos juízes federais compete processar e julgar: (...) IX – os crimes cometidos a bordo de navios ou aeronaves, ressalvada a competência da Justiça Militar". Nesse sentido entende o STJ: "(...) 2. A norma constitucional dispõe que compete aos juízes federais processar e julgar crimes cometidos a bordo de aeronaves, ressalvada a competência da Justiça Militar (art. 109, IX). Na hipótese, pretendeu-se subtrair patrimônio localizado no interior de avião, local em que o piloto foi gravemente lesionado. O veículo aéreo se encontrava em operação de taxiamento (rolagem), no solo do aeródromo, quando foi alvejado. O resultado lesivo das condutas empreendidas pelos réus – afetação tanto à incolumidade física de membro da tripulação quanto, ainda que tentada, ao patrimônio da transportadora de valores – ocorreu a bordo da aeronave, circunstância que atrai a competência da Justiça Federal para processar e julgar a demanda" (RHC 113405-PE, j. em 4-8-2020, DJe de 14-8-2020). PB

Gabarito "A".

(Escrivão – PC/GO – AOCP – 2023) Sobre regras de competência, assinale a alternativa INCORRETA.

(A) A precedência da distribuição fixará a competência quando, na mesma circunscrição judiciária, houver mais de um juiz igualmente competente.
(B) Se, iniciado o processo perante um juiz, houver desclassificação para infração da competência de outro, a este será remetido o processo, salvo se mais graduada for a jurisdição do primeiro, que, em tal caso, terá sua competência prorrogada.
(C) Nos casos de exclusiva ação privada, o querelante poderá preferir o foro de domicílio ou da residência do réu, ainda quando conhecido o lugar da infração.
(D) A competência do Tribunal de Justiça para julgar prefeitos não se restringe aos crimes de competência da Justiça comum estadual.
(E) Aos juízes federais compete processar e julgar os crimes contra a organização do trabalho.

A: correta, pois corresponde à redação do art. 75, *caput*, do CPP; **B:** correta, pois corresponde à redação do art. 74, § 2º, do CPP; **C:** correta. De fato, nos termos do art. 73 do CPP, nos casos de exclusiva ação de iniciativa privada, o querelante poderá preferir o foro de domicílio ou da residência do réu, ainda que conhecido o lugar da infração; **D:** incorreta. De acordo com a Súmula 702 do STF, "a competência do Tribunal de Justiça para julgar Prefeitos restringe-se aos crimes de competência da Justiça comum estadual; nos demais casos, a competência originária caberá ao respectivo tribunal de segundo grau". Desse modo, por exemplo, se o crime praticado por prefeito municipal for eleitoral, a competência para julgá-lo será do Tribunal Regional Eleitoral do respectivo Estado; **E:** correta (art. 109, VI, da CF). ED

Gabarito "D".

(Escrivão – PC/GO – AOCP – 2023) Preencha a lacuna e assinale a alternativa correta. Não viola as garantias do juiz natural, da ampla defesa e do devido processo legal a atração por _____ do processo do corréu ao foro por prerrogativa de função de um dos denunciados.

(A) continência ou conexão
(B) distribuição e conexão
(C) continência ou prevenção

(D) conexão ou prevenção
(E) distribuição e prevenção

A solução desta questão deve ser extraída da Súmula 704, do STF: "Não viola as garantias do juiz natural, da ampla defesa e do devido processo legal a atração por continência ou conexão do processo do corréu ao foro por prerrogativa de função de um dos denunciados". Gabarito "A".

(Juiz de Direito/AP – 2022 – FGV) Determinada investigação foi instaurada para apurar estelionato consistente em fraude, ocorrido em 02 de julho de 2020, em Macapá, na obtenção de auxílio emergencial concedido pelo Governo Federal, por meio da Caixa Econômica Federal, em decorrência da pandemia da Covid-19. Jack declarou na investigação que realizou depósito em sua conta do "ComércioRemunerado", no valor de R$ 600,00 e depois percebeu que aquela quantia foi transferida para Russel, sendo que não foi Jack quem realizou a operação financeira nem a autorizou. Russel assinalou que a aludida quantia foi realmente transferida para sua conta no "ComércioRemunerado" e foi declarada como pagamento de conserto de motocicleta, para enganar os órgãos competentes e conseguir a antecipação do auxílio emergencial. Disse que foi Fênix, proprietária de uma loja de manutenção de telefones celulares, quem lhe propôs a prática de tais condutas, acrescentando que seria um procedimento legal, e ainda ofereceu R$ 50,00 para cada antecipação passada em sua máquina do "ComércioRemunerado", sendo que Jack praticou a conduta quatro vezes. Disse ainda que o dinheiro entrava em sua conta no "ComércioRemunerado" e era transferido para a conta de Fênix. O auxílio emergencial era disponibilizado pela União, por meio da Caixa Econômica Federal. A competência para o processo e julgamento do presente caso é do(a):

(A) Justiça Federal em primeiro grau;
(B) Justiça Federal em segundo grau;
(C) Justiça Estadual em primeiro grau;
(D) Justiça Estadual em segundo grau;
(E) Superior Tribunal de Justiça.

Segundo consta, o valor recebido por Jack em sua conta no "ComércioRemunerado" a título de auxílio emergencial foi transferido, à sua revelia (ele não realizou a transferência tampouco a autorizou), para a conta de titularidade de Russel, também no "ComércioRemunerado", o qual, por sua vez, admitiu haver realizado a transferência de forma fraudulenta, usando como justificativa o pagamento de conserto de uma motocicleta. Disse que o dinheiro entrava em sua conta no "ComércioRemunerado" e era transferido para a conta de Fênix, pessoa que teria lhe proposto tal prática, o que lhe renderia a importância de R$ 50,00 para cada antecipação passada em sua máquina do "ComércioRemunerado". Esta questão, ao que parece, foi extraída de um precedente do STJ, no qual se discutia a competência para o julgamento do feito. Consta do julgado que, pelo fato de a vítima não haver sido induzida a erro tampouco haver entregado espontaneamente a importância, o crime em que teria incorrido o agente é o de furto mediante fraude, e não estelionato. À míngua de lesão à Caixa Econômica Federal, a competência para o julgamento é da Justiça Estadual de primeira instância. Senão vejamos: "1. O presente conflito de competência deve ser conhecido, por se tratar de incidente instaurado entre juízos vinculados a Tribunais distintos, nos termos do art. 105, inciso I, alínea d da Constituição Federal _ CF. 2. O núcleo da controvérsia consiste em definir o Juízo competente no âmbito de inquérito policial instaurado para investigar A suposta conduta de desvio de valores relativos ao auxílio emergencial pago durante a pandemia do Covid-19. 3. No caso concreto não se identifica ofensa direta à Caixa Econômica Federal _ CEF ou à União, uma vez que não há qualquer notícia de que a beneficiária tenha empregado fraude para o recebimento do seu auxílio. Em outras palavras, houve ingresso lícito no programa referente ao auxílio emergencial e transferência lícita da conta da Caixa Econômica Federal para a conta do Mercado Pago, ambas de titularidade da beneficiária do auxílio. 4. O procedimento investigatório revela transferência fraudulenta de valores entre contas do Mercado Pago de titularidade da vítima e do agente delituoso, ou seja, a vítima não foi induzida a erro e tampouco entregou espontaneamente o numerário, de tal forma que o atual estágio das investigações indica suposta prática de furto mediante fraude. "Para que se configure o delito de estelionato (art. 171 do Código Penal), é necessário que o Agente, induza ou mantenha a Vítima em erro, mediante artifício, ardil, ou qualquer outro meio fraudulento, de maneira que esta lhe entregue voluntariamente o bem ou a vantagem. Se não houve voluntariedade na entrega, o delito praticado é o de furto mediante fraude eletrônica (art. 155, § 4.º-B, do mesmo Estatuto)" (CC 181.538/SP, Rel. Ministra LAURITA VAZ, TERCEIRA SEÇÃO, DJe 1º/9/2021). 5. O agente delituoso ao transferir para si os valores pertencentes à vítima não fraudou eletronicamente o sistema de segurança da Caixa Econômica Federal, mas apenas o sistema de segurança do Mercado Pago, instituição privada para a qual o numerário foi transferido por livre vontade da vítima. Neste contexto, sem fraude ao sistema de segurança da instituição financeira federal não há de se falar em competência da Justiça Federal. Precedente: CC 149.752/PI, Rel. Ministro REYNALDO SOARES DA FONSECA, TERCEIRA SEÇÃO, DJe 1º/2/2017. 6. O ilustre Ministro Felix Fisher no julgamento do CC 177.398/RS (DJe 12/2/2021), em situação análoga ao caso concreto, firmou a competência da Justiça Estadual ao fundamento de que a vítima do delito patrimonial havia transferido valores provenientes de auxílio emergencial, por livre opção, ao sistema de pagamento virtual conhecido como PICPAY para somente depois sofrer o prejuízo advindo do crime. 7. No caso ora em análise, em que houve violação ao sistema de segurança de instituição privada, qual seja, o Mercado Pago, sem qualquer fraude ou violação de segurança direcionada à Caixa Econômica Federal, o prejuízo ficou adstrito à instituição privada e particulares, não se identificando situação prevista no art. 109, inciso I, da Constituição Federal. 8. Competência da Justiça Estadual." (STJ, CC 182.940/SP, Rel. Ministro JOEL ILAN PACIORNIK, TERCEIRA SEÇÃO, julgado em 27/10/2021, DJe 03/11/2021). Gabarito "C".

(Delegado de Polícia Federal – 2021 – CESPE) Considerando a posição dos tribunais superiores em relação à competência criminal, julgue os itens subsequentes.

(1) Compete à justiça federal processar e julgar o crime de redução à condição análoga à de escravo.

(2) Em regra, cabe à justiça federal processar e julgar os crimes contra o meio ambiente.

(3) Compete à justiça federal processar e julgar o crime de disponibilizar ou adquirir material pornográfico que envolva criança ou adolescente praticado por meio de troca de informações privadas, como, por exemplo, conversas via aplicativos de mensagens ou chat nas redes sociais.

1: Certo. Conferir: "Recurso extraordinário. Constitucional. Penal. Processual Penal. Competência. Redução a condição análoga à de escravo. Conduta tipificada no art. 149 do Código Penal. Crime contra a organização do trabalho. Competência da Justiça Federal. Artigo 109, inciso VI, da Constituição Federal. Conhecimento e provimento do recurso. 1. O bem jurídico objeto de tutela pelo art. 149 do Código Penal vai além da liberdade individual, já que a prática da conduta em questão acaba por vilipendiar outros bens jurídicos protegidos constitucionalmente como a dignidade da pessoa humana, os direitos trabalhistas e previdenciários, indistintamente considerados. 2. A referida conduta acaba por frustrar os direitos assegurados pela lei trabalhista, atingindo, sobremodo, a organização do trabalho, que visa exatamente a consubstanciar o sistema social trazido pela Constituição Federal em seus arts. 7º e 8º, em conjunto com os postulados do art. 5º, cujo escopo, evidentemente, é proteger o trabalhador em todos os sentidos, evitando a usurpação de sua força de trabalho de forma vil. 3. É dever do Estado (*lato sensu*) proteger a atividade laboral do trabalhador por meio de sua organização social e trabalhista, bem como zelar pelo respeito à dignidade da pessoa humana (CF, art. 1º, inciso III). 4. A conjugação harmoniosa dessas circunstâncias se mostra hábil para atrair para a competência da Justiça Federal (CF, art. 109, inciso VI) o processamento e o julgamento do feito. 5. Recurso extraordinário do qual se conhece e ao qual se dá provimento" (RE 459510, Relator(a): Min. CEZAR PELUSO, Relator(a) p/ Acórdão: Min. DIAS TOFFOLI, Tribunal Pleno, julgado em 26.11.2015, ACÓRDÃO ELETRÔNICO DJe-067 DIVULG 11.04.2016 PUBLIC 12.04.2016). No mesmo sentido, o STJ: "PROCESSUAL PENAL. DENÚNCIA. DESCRIÇÃO FÁTICA SUFICIENTE E CLARA. DEMONSTRAÇÃO DE INDÍCIOS DE AUTORIA E DA MATERIALIDADE. INÉPCIA. NÃO OCORRÊNCIA. REDUÇÃO À CONDIÇÃO ANÁLOGA À DE ESCRAVO. ART. 149 DO CÓDIGO PENAL. COMPETÊNCIA DA JUSTIÇA FEDERAL. DIREITOS HUMANOS. ORGANIZAÇÃO DO TRABALHO. OUTROS DELITOS CONEXOS. LIAME FÁTICO E PROBATÓRIO. MESMA COMPETÊNCIA FEDERAL. SÚMULA 122 DO STJ. 1. Devidamente descritos os fatos delituosos (indícios de autoria e materialidade), não há como trancar a ação penal, em sede de *habeas corpus*, por inépcia da denúncia. 2. Plausibilidade da acusação, em face do liame entre a pretensa atuação do paciente e os fatos. 3. Em tal caso, está plenamente assegurado o amplo exercício do direito de defesa, em face do cumprimento dos requisitos do art. 41 do Código de Processo Penal. 4. A Terceira Seção desta Corte já pacificou o entendimento de que compete à Justiça Federal processar e julgar os autores do delito previsto no art. 149 do Código Penal, haja vista a violação aos direitos humanos e à organização do trabalho. 5. No caso, os demais crimes, por conexão fática e probatória, também ficam sob a jurisdição federal. Súmula 122 deste Superior Tribunal de Justiça. 6. Recurso não provido" (RHC 25.583/MT, Rel. Ministra MARIA THEREZA DE ASSIS MOURA, SEXTA TURMA, julgado em 09/08/2012, DJe 20/08/2012). **2:** Errado. Ao contrário do que se afirma, é tranquilo o entendimento jurisprudencial segundo o qual a competência para o julgamento dos crimes contra o meio ambiente é, em regra, da Justiça Estadual, pois, na proteção ambiental, não há, em princípio, interesse direto da União, de autarquias ou empresas públicas federais. Agora, se os crimes contra o meio ambiente forem perpetrados em prejuízo de bens, serviços ou interesses da União, suas autarquias ou empresas públicas, a competência, neste caso, será da Justiça Federal (art. 109, IV, da CF). Nesse sentido: "CONFLITO NEGATIVO DE COMPETÊNCIA. CRIME AMBIENTAL. APREENSÃO DE ESPÉCIMES DA FAUNA SILVESTRE SEM A DEVIDA LICENÇA DO ÓRGÃO COMPETENTE. AUSÊNCIA DE INTERESSE DIRETO DA UNIÃO. COMPETÊNCIA DA JUSTIÇA ESTADUAL. 1. A preservação do meio ambiente é matéria de competência comum da União, dos Estados, do Distrito Federal e dos Municípios, nos termos do art. 23, incisos VI e VII, da Constituição Federal. 2. A Justiça Federal somente será competente para processar e julgar crimes ambientais quando caracterizada lesão a bens, serviços ou interesses da União, de suas autarquias ou empresas públicas, em conformidade com o art. 109, inciso IV, da Carta Magna. 3. Na hipótese, verifica-se que o Juízo Estadual declinou de sua competência tão somente pelo fato de o auto de infração ter sido lavrado pelo IBAMA, circunstância que se justifica em razão da competência comum da União para apurar possível crime ambiental, não sendo suficiente, todavia, por si só, para atrair a competência da Justiça Federal. 4. Conflito conhecido para declarar a competência do Juízo de Direito do Juizado Especial Adjunto Criminal de Rio das Ostras/RJ, o suscitado" (STJ, CC 113.345/RJ, Rel. Ministro MARCO AURÉLIO BELLIZZE, TERCEIRA SEÇÃO, julgado em 22/08/2012, DJe 13/09/2012). **3:** Errado. Conferir: "CONFLITO NEGATIVO DE COMPETÊNCIA. JUSTIÇA FEDERAL X JUSTIÇA ESTADUAL. INQUÉRITO POLICIAL. DIVULGAÇÃO DE IMAGEM PORNOGRÁFICA DE ADOLESCENTE VIA WHATSAPP E EM CHAT NO FACEBOOK. ART. 241-1 DA LEI 8.069/90. INEXISTÊNCIA DE EVIDÊNCIAS DE DIVULGAÇÃO DAS IMAGENS EM SÍTIOS VIRTUAIS DE AMPLO E FÁCIL ACESSO. COMPETÊNCIA DA JUSTIÇA ESTADUAL. 1. A Justiça Federal é competente, conforme disposição do inciso V do art. 109 da Constituição da República, quando se tratar de infrações previstas em tratados ou convenções internacionais, como é caso do racismo, previsto na Convenção Internacional sobre a Eliminação de todas as Formas de Discriminação Racial, da qual o Brasil é signatário, assim como nos crimes de guarda de moeda falsa, de tráfico internacional de entorpecentes, de tráfico de mulheres, de envio ilegal e tráfico de menores, de tortura, de pornografia infantil e pedofilia e corrupção ativa e tráfico de influência nas transações comerciais internacionais. 2. Deliberando sobre o tema, o Plenário do Supremo Tribunal Federal, no julgamento do Recurso Extraordinário n. 628.624/MG, em sede de repercussão geral, assentou que a fixação da competência da Justiça Federal para o julgamento do delito do art. 241-A do Estatuto da Criança e do Adolescente (divulgação e publicação de conteúdo pedófilo-pornográfico) pressupõe a possibilidade de identificação do atributo da internacionalidade do resultado obtido ou que se pretendia obter. Por sua vez, a constatação da internacionalidade do delito demandaria apenas que a publicação do material pornográfico tivesse sido feita em "ambiência virtual de sítios de amplo e fácil acesso a qualquer sujeito, em qualquer parte do planeta, que esteja conectado à internet" e que "o material pornográfico envolvendo crianças ou adolescentes tenha estado acessível por alguém no estrangeiro, ainda que não haja evidências de que esse acesso realmente ocorreu" (RE 628.624, Relator(a): Min. MARCO AURÉLIO, Relator(a) p/ Acórdão: Min. EDSON FACHIN, Tribunal Pleno, julgado em 29/10/2015, ACÓRDÃO ELETRÔNICO REPERCUSSÃO GERAL – MÉRITO DJe-062 DIVULG 05-04-2016 PUBLIC 06-04-2016) 3. Situação em que os indícios coletados até o momento revelam que as imagens da vítima foram trocadas por particulares via Whatsapp e por meio de chat na rede social Facebook. 4. Tanto no aplicativo WhatsApp quanto nos diálogos (chat) estabelecido na rede social Facebook, a comunicação se dá entre destinatários escolhidos pelo emissor da mensagem. Trata-se de troca de informação privada que não está acessível a qualquer pessoa. 5. Diante de tal contexto, no caso concreto, não foi preenchido o requisito estabelecido pela Corte Suprema de que a postagem de conteúdo pedófilo-pornográfico tenha sido feita em cenário propício ao livre acesso. 6. A possibilidade de descoberta de outras provas e/ou evidências, no decorrer das investigações, levando a conclusões diferentes, demonstra não ser possível firmar peremptoriamente a competência definitiva para julgamento do presente inquérito policial. Isso não obstante, tendo em conta que a definição do Juízo competente em tais hipóteses se dá em razão dos indícios coletados até então, revela-se a competência do Juízo Estadual. 7. Conflito conhecido, para declarar a competência do Juízo de Direito da Vara Criminal e Execução Penal de São Sebastião do Paraíso/MG, o Suscitado" (STJ, CC 150.564/MG, Rel. Ministro REYNALDO SOARES DA FONSECA, TERCEIRA SEÇÃO, julgado em 26/04/2017, DJe 02/05/2017).

(Delegado/MG – 2021 – FUMARC) Num crime de estelionato praticado em Belo Horizonte contra uma agência bancária do Banco do Brasil S.A, no qual o agente obteve vantagem financeira, é CORRETO afirmar que a competência para a ação penal é da

(A) Justiça Estadual ou da Justiça Federal, a depender da regra de prevenção.

(B) Justiça Estadual ou da Justiça Federal, o que será definido a partir da autoridade policial responsável pela condução do inquérito, respectivamente, Polícia Civil ou Polícia Federal.

(C) Justiça Estadual.

(D) Justiça Federal.

Os crimes praticados em detrimento de sociedades de economia mista controladas pela União, como é o caso do Banco do Brasil são processados e julgados pela Justiça Estadual, nos termos do enunciado das Súmulas: 508 do STF: "Compete à Justiça Estadual, em ambas as instâncias, processar e julgar as causas em que fôr parte o Banco do Brasil S. A."; 556 do STF "É competente a Justiça comum para julgar as causas em que é parte sociedade de economia mista"; e 42 do STJ: "Compete à Justiça comum estadual processar e julgar as causas cíveis em que é parte sociedade de economia mista e os crimes praticados em seu detrimento". ED/PB

Gabarito "C".

(Juiz de Direito/GO – 2021 – FCC) No tocante à competência no processo penal, o Código de Processo Penal estabelece:

(A) Quando incerto o limite territorial entre duas ou mais jurisdições, ou quando incerta a jurisdição por ter sido a infração consumada ou tentada nas divisas de duas ou mais jurisdições, a competência firmar-se-á pelo domicílio ou residência do réu.

(B) Na determinação da competência por conexão ou continência, no concurso de jurisdições de mesma categoria, preponderará sempre a competência por prevenção.

(C) Nos casos de exclusiva ação de iniciativa privada, o querelante poderá preferir o foro de seu domicílio ou residência, ainda quando conhecido o lugar da infração.

(D) Em caso de estelionato praticado mediante depósito, a competência será definida pelo local de domicílio da vítima e, em caso de pluralidade de vítimas, a competência firmar-se-á pela prevenção.

(E) A competência será, de regra, determinada pelo lugar em que se consumar a infração, ou, no caso de tentativa, pelo lugar em que for praticado o primeiro ato de execução.

A: incorreta, já que, neste caso, a competência será firmada em razão da *prevenção*; **B:** incorreta. Na determinação da competência por conexão ou continência, no concurso de jurisdições de mesma categoria, preponderará a do lugar da infração à qual for cominada a pena mais grave (art. 78, II, *a*, do CPP); **C:** incorreta. Isso porque, nos termos do art. 73 do CPP, nos casos de exclusiva ação de iniciativa privada, o querelante poderá preferir o foro de domicílio ou da residência do réu, ainda que conhecido o lugar da infração. Note que a proposição fala em foro do domicílio do próprio querelante, o que está incorreto; **D:** correta, pois em conformidade com a redação do novo art. 70, § 4º, do CPP, dispositivo inserido pela Lei 14.155/2021; **E:** incorreta. Por força do disposto no art. 70, *caput*, do CPP, a competência será determinada, em regra, pelo local em que se deu a consumação do delito; no caso de crime tentado, a competência firmar-se-á em razão do local em que foi praticado o derradeiro ato de execução (e não o primeiro, como consta da assertiva). ED

Gabarito "D".

(Promotor de Justiça/CE – 2020 – CESPE/CEBRASPE) Deputado federal eleito pelo estado do Ceará que praticar crime de estelionato em São Luís – MA antes de entrar em exercício no cargo eletivo deverá ser processado no(a)

(A) Supremo Tribunal Federal.
(B) Superior Tribunal de Justiça.
(C) justiça federal do Ceará, em razão do cargo ocupado.
(D) justiça estadual comum do Ceará, na comarca de Fortaleza.
(E) justiça estadual comum do Maranhão, na comarca de São Luís.

No dia 3 de maio de 2018, o Plenário do STF, por maioria de votos, decidiu que o foro por prerrogativa de função de que gozam parlamentares federais (senadores e deputados) se aplica tão somente a infrações penais cometidas no exercício do cargo e em razão das funções a ele relacionadas. Tal decisão foi tomada no julgamento de questão de ordem da ação penal 937, cujo relator foi o ministro Luís Roberto Barroso. Com isso, se o crime imputado a senador ou deputado federal é cometido antes da diplomação, como é o caso narrado no enunciado desta questão, o julgamento caberá ao juízo de primeira instância; se for cometido no curso do mandato mas nenhuma relação tiver com o seu exercício, o julgamento também caberá ao juiz de primeira instância (por exemplo: homicídio; roubo; embriaguez ao volante); agora, sendo o delito cometido durante o mandato e havendo relação entre ele e o desempenho da função parlamentar (corrupção passiva, por exemplo), o julgamento deverá realizar-se perante o STF. Perceba que há duas razões pelas quais o julgamento não poderá ocorrer no STF: o crime é anterior à diplomação e nenhuma pertinência tem com o exercício do mandato de deputado federal. Por tudo que foi dito, na hipótese retratada no enunciado, a competência para o processamento e julgamento do deputado federal será da justiça estadual comum do Maranhão, na comarca de São Luís, ante o que estabelece o art. 70, *caput*, do CPP. Importante citar a recente alteração de entendimento do STF em relação ao foro de prerrogativa de função, discutida na QO no INQ 4787, a favor de que o foro privilegiado deve ser mantido mesmo após afastamento do cargo, ainda que o inquérito ou a ação penal tenham sido iniciados depois do fim de seu exercício. ED/PB

Gabarito "E".

(Promotor de Justiça/PR – 2019 – MPE/PR) Sobre **competência**, nos termos do Código de Processo Penal, analise as assertivas abaixo e assinale a alternativa incorreta:

(A) A competência será, de regra, determinada pelo lugar em que se consumar a infração, ou, no caso de tentativa, pelo lugar em que for praticado o último ato de execução.

(B) Tratando-se de infração continuada ou permanente, praticada em território de duas ou mais jurisdições, a competência firmar-se-á pela prevenção.

(C) Não sendo conhecido o lugar da infração, a competência regular-se-á pelo juízo que primeiro praticou algum ato processual.

(D) Havendo conexão ou continência, no concurso de jurisdições da mesma categoria, prevalecerá a do lugar em que houver ocorrido o maior número de infrações, se as respectivas penas forem de igual gravidade.

(E) Se reconhecida inicialmente ao júri a competência por conexão ou continência, o juiz, se vier a desclassificar a infração ou impronunciar ou absolver o acusado, de maneira que exclua a competência do júri, remeterá o processo ao juízo competente.

A: correta, uma vez que o CPP, em seu art. 70, adotou, quanto à competência territorial, a teoria do *resultado*, tendo em vista que é competente o foro do local em que se deu a consumação do crime; ou, se se tratar de tentativa, o foro do local em que ocorreu o derradeiro ato de execução; **B:** correta. Em vista do que dispõe o art. 71 do CPP, tratando-se de crime continuado ou permanente, em que a ação tenha se desenvolvido em território de mais de uma jurisdição, a competência para o processamento e julgamento firmar-se-á pela prevenção. Exemplo sempre lembrado pela doutrina de crime permanente é o sequestro ou cárcere privado, em que a consumação, que ocorre em momento certo e determinado, se prolonga no tempo por vontade do agente. Enquanto a vítima permanecer em poder do sequestrador, o crime está em plena consumação. Dessa forma, se, no curso deste delito, o sequestrador, com vistas a despistar a polícia, muda o local do cativeiro, o foro competente será o de qualquer dos locais por onde a vítima permaneceu sequestrada; **C**: incorreta. Não conhecido o local em que ocorreu a infração, competente será o foro do domicílio ou residência do réu (art. 72, *caput*, do CPP); **D**: correta. Havendo conexão ou continência e se tratando de jurisdições de igual categoria, o foro prevalente é aquele no qual foi cometido o crime cuja pena é mais grave; agora, se as penas forem de igual gravidade, o critério a ser utilizado para estabelecer o foro competente é o número de infrações, isto é, o julgamento deverá realizar-se no local em que ocorreu o maior número de infrações (art. 78, II, *a* e *b*, CPP); **E**: correta, pois em conformidade com o disposto no art. 81, parágrafo único, do CPP. ED

Gabarito "C".

(Juiz de Direito – TJ/RJ – 2019 – VUNESP) No que concerne à competência, o STF entende, por súmula, que

(A) o foro competente para o processo e o julgamento dos crimes de estelionato, sob a modalidade da emissão dolosa de cheque sem provisão de fundos, é o do local onde o título foi emitido (521).

(B) a competência do Tribunal de Justiça para julgar prefeitos se restringe aos crimes de competência da Justiça comum estadual; nos demais casos, a competência originária caberá ao respectivo tribunal de segundo grau (702).

(C) salvo ocorrência de tráfico para o exterior ou entre Estados da Federação, quando, então, a competência será da Justiça Federal, compete à Justiça dos Estados o processo e o julgamento dos crimes relativos a entorpecentes (522).

(D) o foro por prerrogativa de função estabelecido pela Constituição Estadual prevalece sobre a competência constitucional do Tribunal do Júri (721).

(E) é competente o Supremo Tribunal Federal para julgar conflito de jurisdição entre juiz de direito do Estado e a Justiça Militar local (555).

A: incorreta. Segundo entendimento sedimentado por meio das Súmulas 244, do STJ, e 521, do STF, compete ao foro do local da recusa processar o crime de estelionato mediante cheque sem provisão de fundos. Atenção: a Lei 14.155/2021, de 28/05/2021, posterior, portanto, à elaboração desta questão, inseriu no art. 70 do CPP o § 4º, segundo o qual *nos crimes previstos no* art. 171 do Decreto-Lei nº 2.848, de 7 de dezembro de 1940 *(Código Penal), quando praticados mediante depósito, mediante emissão de cheques sem suficiente provisão de fundos em poder do sacado ou com o pagamento frustrado ou mediante transferência de valores, a competência será definida pelo local do domicílio da vítima, e, em caso de pluralidade de vítimas, a competência firmar-se-á pela prevenção*; **B**: correta, pois corresponde ao teor da Súmula 702, STF: "A competência do Tribunal de Justiça para julgar prefeitos restringe-se aos crimes de competência da Justiça comum estadual; nos demais casos, a competência originária caberá ao respectivo tribunal de segundo grau"; **C**: incorreta, uma vez que contraria o teor da Súmula 522, do STF: "Salvo ocorrência de tráfico para o exterior, quando, então, a competência será da justiça federal, compete à justiça dos estados o processo e julgamento dos crimes relativos a entorpecentes"; **D**: incorreta, pois não corresponde ao entendimento firmado na Súmula nº 721 do STF, cujo teor foi reproduzido na Súmula Vinculante 45: "A competência constitucional do Tribunal do Júri prevalece sobre o foro por prerrogativa de função estabelecido exclusivamente pela Constituição estadual"; **E**: incorreta, na medida em que não reflete o entendimento contido na Súmula 555, do STF: "É competente o Tribunal de Justiça para julgar conflito de jurisdição entre juiz de Direito do Estado e a Justiça Militar local". ED

Gabarito "B".

(Juiz de Direito – TJ/AL – 2019 – FCC) Em matéria de competência,

(A) cabe à Justiça Estadual do local da apreensão da droga remetida do exterior pela via postal processar e julgar o respectivo crime de tráfico.

(B) cabe à Justiça Comum Estadual processar e julgar crime em que indígena figure como vítima, mas não quando a ele for atribuída a autoria da infração.

(C) a conexão determina a reunião dos processos, ainda que um deles já tenha sido julgado.

(D) cabe ao Tribunal de Justiça do Estado processar e julgar o mandado de segurança contra ato do juizado especial.

(E) fica firmada em razão da entidade ou órgão ao qual apresentado o documento público falso, independentemente da qualificação do órgão expedidor.

A: incorreta, pois não reflete o entendimento contido na Súmula 528, do STJ. A Terceira Seção, na sessão ordinária de 23-2-2022, determinou o cancelamento da Súmula 528 do STJ, DJe 24-2-2022; **B**: incorreta. Segundo entendimento firmado na Súmula 140, do STJ, "compete à Justiça Comum Estadual processar e julgar crime em que o indígena figure como autor ou vítima"; **C**: incorreta, pois contraria o entendimento contido na Súmula 235, do STJ: "A conexão não determina a reunião dos processos, se um deles já foi julgado"; **D**: incorreta. "Compete à turma recursal, e não ao Tribunal de Justiça, processar e julgar mandado de segurança contra ato do Juizado Especial". É o entendimento firmado na Súmula 376, do STJ; **E**: correta, pois reflete o teor da Súmula 546, do STJ: "A competência para processar e julgar o crime de uso de documento falso é firmada em razão da entidade ou órgão ao qual apresentado o documento público, não importando a qualificação do órgão expedidor". ED/PB

Gabarito "E".

(Juiz de Direito – TJ/SC – 2019 – CESPE/CEBRASPE) Caso seja verificada conexão probatória entre fatos concernentes a crimes de competência da justiça estadual e a crimes de competência da justiça federal, é correto afirmar que

(A) o processamento e o julgamento dos crimes de forma unificada não é possível, em razão da impossibilidade de modificação da regra de competência material pela conexão.

(B) o juízo estadual é o competente para o processamento e o julgamento dos crimes conexos, com exceção da hipótese de posterior sentença absolutória em relação ao delito estadual.

(C) o juízo federal é o competente para o processamento e o julgamento dos crimes conexos, independentemente da pena prevista para cada um dos delitos.

(D) o juízo federal é o competente para o processamento e o julgamento dos crimes conexos, salvo o caso de ser prevista pena mais grave ao delito estadual.

(E) o juízo federal é o competente para o processamento e o julgamento unificado dos crimes, excluída a hipótese de posterior sentença absolutória em relação ao delito federal.

A solução desta questão deve ser extraída da Súmula 122 do STJ: "Compete à Justiça Federal o processo e julgamento unificado dos crimes conexos de competência federal e estadual, não se aplicando a regra do art. 78, II, *a*, do Código de Processo Penal". ED

Gabarito "C".

(Juiz de Direito – TJ/SC – 2019 – CESPE/CEBRASPE) Considerando-se exclusivamente o entendimento sumulado do STJ, é correto afirmar que o juiz de direito substituto agirá corretamente se

(A) não homologar a suspensão condicional do processo com base no argumento de que houve procedência parcial da pretensão punitiva.
(B) declinar a competência, em favor do foro do local da recusa, para o processamento e o julgamento de crime de estelionato mediante a apresentação de cheque sem provisão de fundos.
(C) exigir resposta preliminar, no prazo de quinze dias, em ação penal instruída por inquérito policial que apure crime inafiançável de responsabilidade de funcionário público.
(D) aceitar a retratação de vítima e extinguir o processo no caso de crime de lesão corporal resultante de violência doméstica contra mulher: essa ação penal é pública condicionada.
(E) fixar a competência da justiça estadual do local da apreensão para julgar crime de tráfico internacional de drogas, no caso de ter sido utilizada a via postal para remessa do exterior.

A: incorreta. A assertiva contraria o teor da Súmula 337 do STJ: "É cabível a suspensão condicional do processo na desclassificação do crime e na procedência parcial da pretensão punitiva"; **B:** correta. Segundo entendimento sedimentado por meio das Súmulas 244, do STJ, e 521, do STF, compete ao foro do local da recusa processar o crime de estelionato mediante cheque sem provisão de fundos. Entretanto, a prova foi aplicada antes da vigência da Lei 14.155/2021 que incluiu § 4º ao art. 70 do CPP para determinar que a competência nos crimes de estelionato "quando praticados mediante depósito, mediante emissão de cheques sem suficiente provisão de fundos em poder do sacado ou com o pagamento frustrado ou mediante transferência de valores, a competência será definida pelo local do domicílio da vítima, e, em caso de pluralidade de vítimas, a competência firmar-se-á pela prevenção".; **C:** incorreta. No procedimento referente aos crimes de responsabilidade dos funcionários públicos há a possibilidade do contraditório antes do recebimento da denúncia com a apresentação da defesa preliminar, prevista no art. 514 do CPP, que somente terá incidência nos crimes funcionais afiançáveis. Entretanto, com a alteração do at. 323 do CPP pela Lei 12.403/2011, serão inafiançáveis somente os crimes de racismo, tortura, tráfico de entorpecentes, terrorismo e nos definidos como crimes hediondos e crimes cometidos por grupos armados, civis ou militares, contra a ordem constitucional e o Estado Democrático. A assertiva contraria o teor da Súmula 330 do STJ que dispõe: "É desnecessária a resposta preliminar de que trata o artigo 514 do Código de Processo Penal, na ação penal instruída por inquérito policial". Entretanto, nos casos em que servidores vinculados às instituições dispostas no art. 144 da CF (referente a segurança pública), figurarem como investigados em inquéritos policiais, inquéritos policiais militares e demais procedimentos extrajudiciais, cujo objeto for a investigação de fatos relacionados ao uso da força letal praticados no exercício profissional, de forma consumada ou tentada, incluindo as situações dispostas no art. 23 do Código Penal, nesse caso, o investigado deverá ser citado da instauração do procedimento investigatório, podendo constituir defensor no prazo de até 48 (quarenta e oito) horas a contar do recebimento da citação (art. 14-A do CPP); **D:** incorreta. Em decisão tomada no julgamento da ADIn n. 4.424, de 09.02.2012, o STF estabeleceu a natureza *incondicionada* da ação penal nos crimes de lesão corporal, independente de sua extensão, praticados contra a mulher no ambiente doméstico. Tal entendimento encontra-se sedimentado na Súmula 542, do STJ: "A ação penal relativa ao crime de lesão corporal resultante de violência doméstica contra a mulher é pública incondicionada"; **E:** incorreta. Ao juiz federal com jurisdição sobre o local da apreensão da droga remetida do exterior pela via postal compete processar e julgar o crime de tráfico transnacional de substâncias entorpecentes, nos termos da Súmula 528, do STJ. A Terceira Seção, na sessão ordinária de 23-2-2022, determinou o cancelamento da Súmula 528 do STJ, DJe 24-2-2022. ED/PB
Gabarito "B".

(Juiz de Direito - TJ/BA - 2019 - CESPE/CEBRASPE) Acerca da competência no processo penal, assinale a opção correta, de acordo com o entendimento dos tribunais superiores.

(A) O julgamento de crime de roubo perpetrado contra agência franqueada da Empresa Brasileira de Correios e Telégrafos competirá à justiça federal.
(B) O julgamento de crime de uso de documento falso decorrente de apresentação de certificado de registro de veículo falso a policial rodoviário federal competirá à justiça estadual.
(C) Compete à justiça federal julgar crime de divulgação e publicação na rede mundial de computadores de imagens com conteúdo pornográfico envolvendo criança ou adolescente.
(D) Compete à justiça federal o julgamento de contravenções praticadas em detrimento de interesses da União, quando elas forem conexas aos crimes de sua competência.
(E) Compete à justiça estadual o julgamento de crime de redução de trabalhador a condição análoga à de escravo.

A: incorreta. A competência, segundo entendimento sedimentado no STJ, é da Justiça Estadual, já que, sendo o roubo praticado contra uma agência franqueada dos Correios, não há que se falar em prejuízo à empresa pública EBCT. Tanto é assim que, se a agência não fosse franqueada, e sim própria, a competência, aí sim, seria da Justiça Federal. Conferir: "Conflito de competência. Formação de quadrilha e roubo cometido contra agência franqueada da EBCT. Inexistência de prejuízo à EBCT. Inexistência de conexão. Competência da justiça estadual. I. Compete à Justiça Estadual o processo e julgamento de possível roubo de bens de agência franqueada da Empresa Brasileira de Correios e Telégrafos, tendo em vista que, nos termos do respectivo contrato de franquia, a franqueada responsabiliza-se por eventuais perdas, danos, roubos, furtos ou destruição de bens cedidos pela franqueadora, não se configurando, portanto, real prejuízo à Empresa Pública. II. Não evidenciado o cometimento de crime contra os bens da EBCT, não há que se falar em conexão de crimes de competência da Justiça Federal e da Justiça Estadual, a justificar o deslocamento da competência para a Justiça Federal. III. Conflito conhecido para declarar competente Juiz de Direito da Vara Criminal de Assu/RN, o Suscitante" (CC 116.386/RN, Rel. Ministro Gilson Dipp, Terceira Seção, julgado em 25/05/2011, DJe 07/06/2011); **B:** incorreta. A solução desta proposição deve ser extraída da Súmula 546, do STJ: "A competência para processar e julgar o crime de uso de documento falso é firmada em razão da entidade ou órgão ao qual foi apresentado o documento público, não importando a qualificação do órgão expedidor". Ou seja, pouco importa, aqui, o fato de o órgão expedidor do documento falso ser estadual ou federal, por exemplo. O critério a ser utilizado para o fim de determinar a Justiça competente é o da entidade ou órgão ao qual o documento foi apresentado; **C:** correta. Conferir: "1. À luz do preconizado no art. 109, V, da CF, a competência para processamento e julgamento de crime será da Justiça Federal quando preenchidos 03 (três) requisitos essenciais e cumulativos, quais sejam, que: a) o fato esteja previsto como crime no Brasil e no estrangeiro; b) o Brasil seja signatário de convenção ou tratado internacional por meio do qual assume o compromisso de reprimir criminalmente aquela espécie delitiva; e c) a conduta tenha ao menos se iniciado no Brasil e o resultado tenha ocorrido, ou devesse ter ocorrido no exterior, ou reciprocamente. 2. O Brasil pune a prática de divulgação e publicação de conteúdo pedófilo-pornográfico, conforme art. 241-A do Estatuto da Criança e do Adolescente. 3. Além de signatário da Convenção sobre Direitos da Criança, o Estado Brasileiro ratificou o respectivo Protocolo Facultativo. Em tais acordos internacionais se assentou a proteção à infância e se estabeleceu o compromisso de tipificação penal das condutas relacionadas à pornografia infantil. 4. Para fins de preenchimento do terceiro requisito, é necessário que, do exame entre a conduta praticada e o resultado produzido, ou que deveria ser produzido, se extraia o atributo de internacionalidade dessa relação. 5. Quando a publicação de material contendo pornografia infanto-juvenil ocorre na ambiência virtual de sítios de amplo e fácil acesso a qualquer sujeito, em qualquer parte do planeta, que esteja conectado à internet, a constatação da internacionalidade se infere não apenas do fato de que a postagem se opera em cenário propício ao livre acesso, como também que, ao fazê-lo, o agente comete o delito justamente com o objetivo de atingir o maior número possível de pessoas, inclusive assumindo o risco de que indivíduos localizados no estrangeiro sejam, igualmente, destinatários do material. A potencialidade do dano não se extrai somente do resultado efetivamente produzido, mas também daquele que poderia ocorrer, conforme própria previsão constitucional. 6. Basta à configuração da competência da Justiça Federal que o material pornográfico envolvendo crianças ou adolescentes tenha estado acessível por alguém no estrangeiro, ainda que não haja evidências de que esse acesso realmente ocorreu. 7. A extração da potencial internacionalidade do resultado advém do nível de abrangência próprio de sítios virtuais de amplo acesso, bem como da reconhecida dispersão mundial preconizada no art. 2º, I, da Lei 12.965/14, que instituiu o Marco Civil da Internet no Brasil. 8. Não se constata o caráter de internacionalidade, ainda que potencial, quando o panorama fático envolve apenas a comunicação eletrônica havida entre particulares em canal de comunicação fechado, tal como ocorre na troca de e-mails ou conversas privadas entre pessoas situadas no Brasil. Evidenciado que o conteúdo permaneceu enclausurado entre os participantes da conversa virtual, bem como que os envolvidos se conectaram por meio de computadores instalados em território nacional, não há caso se cogitar na internacionalidade do resultado. 9. Tese fixada: "Compete à Justiça Federal processar e julgar os crimes consistentes em disponibilizar ou adquirir material pornográfico envolvendo criança ou adolescente (arts. 241, 241-A e 241-B da Lei nº 8.069/1990) quando praticados por meio da rede mundial de computadores". 10. Recurso extraordinário desprovido" (RE 628624, Rel. Min. Marco Aurélio, Rel. p/ Acórdão: Min. Edson Fachin, Tribunal Pleno, j. 29.10.2015); D: incorreta, dado que, ainda assim, o julgamento da contravenção caberá à Justiça Estadual, não se aplicando o teor da Súmula 122 do STJ, que impõe o julgamento conjunto pela Justiça Federal. Conferir: "Agravo regimental no conflito negativo de competência. Contravenções penais. Ilícitos que devem ser processados e julgados perante o juízo comum estadual, ainda que ocorridos em face de bens, serviços ou interesse da união ou de suas entidades. Súmula 38 desta corte. Configuração de conexão probatória entre contravenção e crime, este de competência da justiça comum federal. Impossibilidade, até nesse caso, de atração da jurisdição federal. Regras processuais infraconstitucionais que não se sobrepõem ao dispositivo de extração constitucional que veda o julgamento de contravenções pela justiça federal (art. 109, IV, da constituição da república). Declaração da competência do juízo de direito do juizado especial cível da comarca de Florianópolis/SC para o julgamento da contravenção penal prevista no art. 68, do Decreto-lei 3.688, de 3 de outubro de 1941. Agravo desprovido. 1. É entendimento pacificado por esta Corte o de que as contravenções penais são julgadas pela Justiça Comum Estadual, mesmo se cometidas em detrimento de bens, serviços ou interesses da União ou de suas entidades. Súmula 38 desta Corte. 2. Até mesmo no caso de conexão probatória entre contravenção penal e crime de competência da Justiça Comum Federal, aquela deverá ser julgada na Justiça Comum Estadual. Nessa hipótese, não incide o entendimento de que compete à Justiça Federal processar e julgar, unificadamente, os crimes conexos de competência federal e estadual (súmula 122 desta Corte), pois tal determinação, de índole legal, não pode se sobrepor ao dispositivo de extração constitucional que veda o julgamento de contravenções por Juiz Federal (art. 109, IV, da Constituição da República). Precedentes. 3. Agravo regimental desprovido. Mantida a decisão em que declarada a competência do Juízo de Direito do Juizado Especial Cível da Comarca de Florianópolis/SC para o julgamento da contravenção penal prevista no art. 68, do Decreto-Lei 3.688, de 3 de outubro de 1941" (AGRCC 201102172177, Laurita Vaz, STJ, 3ª Seção, *DJE* 07.03.2012); E: incorreta. Conferir: "Recurso extraordinário. Constitucional. Penal. Processual Penal. Competência. Redução a condição análoga à de escravo. Conduta tipificada no art. 149 do Código Penal. Crime contra a organização do trabalho. Competência da Justiça Federal. Artigo 109, inciso VI, da Constituição Federal. Conhecimento e provimento do recurso. 1. O bem jurídico objeto de tutela pelo art. 149 do Código Penal vai além da liberdade individual, já que a prática da conduta em questão acaba por vilipendiar outros bens jurídicos protegidos constitucionalmente como a dignidade da pessoa humana, os direitos trabalhistas e previdenciários, indistintamente considerados. 2. A referida conduta acaba por frustrar os direitos assegurados pela lei trabalhista, atingindo, sobremodo, a organização do trabalho, que visa exatamente a consubstanciar o sistema social trazido pela Constituição Federal em seus arts. 7º e 8º, em conjunto com os postulados do art. 5º, cujo escopo, evidentemente, é proteger o trabalhador em todos os sentidos, evitando a usurpação de sua força de trabalho de forma vil. 3. É dever do Estado (*lato sensu*) proteger a atividade laboral do trabalhador por meio de sua organização social e trabalhista, bem como zelar pelo respeito à dignidade da pessoa humana (CF, art. 1º, inciso III). 4. A conjugação harmoniosa dessas circunstâncias se mostra hábil para atrair para a competência da Justiça Federal (CF, art. 109, inciso VI) o processamento e o julgamento do feito. 5. Recurso extraordinário do qual se conhece e ao qual se dá provimento" (RE 459510, Relator(a): Min. CEZAR PELUSO, Relator(a) p/ Acórdão: Min. DIAS TOFFOLI, Tribunal Pleno, julgado em 26.11.2015, ACÓRDÃO ELETRÔNICO *DJe*-067 DIVULG 11.04.2016 PUBLIC 12.04.2016).

Gabarito "C".

6. QUESTÕES E PROCESSOS INCIDENTES

(Juiz de Direito – TJ/DFT – 2023 – CEBRASPE) De acordo com o CPP e com a jurisprudência dos tribunais superiores, assinale a opção correta, relativa a questões e processos incidentes.

(A) A hipoteca legal sobre os imóveis do indiciado pode ser requerida em qualquer fase do processo pelo ofendido, desde que haja certeza da infração e indícios suficientes de autoria.

(B) Para a decretação do sequestro, são necessários indícios seguros de autoria criminosa.

(C) É cabível sequestro de bens móveis, advindos de infração penal, salvo se transferidos a terceiro.

(D) A arguição de falsidade feita por procurador não exige poderes especiais.

(E) É cabível mandado de segurança contra decisão que indefira o pleito de restituição dos bens sequestrados.

A: correta. Assertiva está de acordo com o teor do art. 134 do CPP: "A hipoteca legal sobre os imóveis do indiciado poderá ser requerida pelo ofendido em qualquer fase do processo, desde que haja certeza da infração e indícios suficientes da autoria"; **B:** errada. O sequestro é uma medida cautelar de natureza patrimonial de retenção de determinado bem móvel ou imóvel, proveniente de infração penal, ou de proveitos dela, para assegurar um futuro perdimento de bens, ou a reparação do dano, causado pela infração penal. No art. 126 do CPP, afirma-se: "para

a decretação do sequestro, bastará a existência de indícios veementes da proveniência ilícita dos bens". Indícios veemente levam a grave suspeita e geram presunção próxima à certeza (art. 239 do CPP); **C**: errada. O sequestro pode ser efetuado também quando o bem tenha sido transferido a terceiro, qualquer que seja a forma de transferência, assim determina o art. 125 do CPP: "caberá o sequestro dos bens imóveis, adquiridos pelo indiciado com os proventos da infração, ainda que já tenham sido transferidos a terceiro"; **D**: errada. Conforme disposto no art. 146 do CPP; "a arguição de falsidade, feita por procurador, *exige poderes especiais*" (grifo nosso); **E**: errada. Cabe apelação nos termos do art. 593, II, do CPP, das decisões definitivas, ou com força de definitivas, proferidas por juiz singular. As sentenças definitivas citada no inciso II, são as em sentido estrito em que se julga o mérito, se define o juízo, sem absolver ou condenar e, se encerra a relação processual, como é o caso das sentenças que resolvem o incidente de restituição de coisa apreendida. (PB)
Gabarito "A".

(Procurador Federal – AGU – 2023 – CEBRASPE) Em relação à restituição de coisas apreendidas, assinale a opção correta de acordo com o Código de Processo Penal (CPP).

(A) Na hipótese de decretação de perdimento de obras de arte, se o crime não tiver vítima determinada, os bens serão destinados à União.

(B) As coisas facilmente deterioráveis serão avaliadas e leiloadas ou entregues ao terceiro que as detinha, se ele for pessoa idônea e se responsabilizar por elas.

(C) Após sessenta dias do trânsito em julgado da sentença absolutória, os objetos apreendidos e não reclamados serão leiloados, para o pagamento das custas.

(D) Apreendida a coisa adquirida com os proventos do crime, o juiz deverá promover, cautelarmente, a sua venda em leilão, sendo o valor revertido integralmente ao Fundo Penitenciário.

(E) Em caso de conflito sobre quem seja o verdadeiro dono da coisa apreendida, ela ficará sob a guarda do juiz da causa, que deverá decidir sobre a propriedade após a oitiva do Ministério Público.

A: errada. O perdimento das obras de arte será em favor de museus públicos, conforme dispõe o art. 124-A do CPP, incluído pela Lei nº 13.964/2019: "Na hipótese de decretação de perdimento de obras de arte ou de outros bens de relevante valor cultural ou artístico, se o crime não tiver vítima determinada, poderá haver destinação dos bens a museus públicos". **B**: correta. De acordo com a redação do art. 120, § 5º do CPP: "Tratando-se de coisas facilmente deterioráveis, serão avaliadas e levadas a leilão público, depositando-se o dinheiro apurado, ou entregues ao terceiro que as detinha, se este for pessoa idônea e assinar termo de responsabilidade". **C**: errada. Primeiro o prazo será de 90 dias; segundo, pode a sentença, com trânsito em julgado, ser condenatória ou absolutória; por último, o saldo do valor apurado ficará à disposição do juízo de ausentes; conforme o teor do art. 123 do CPP: "Fora dos casos previstos nos artigos anteriores, se dentro no prazo de 90 dias, a contar da data em que transitar em julgado a sentença final, condenatória ou absolutória, os objetos apreendidos não forem reclamados ou não pertencerem ao réu, serão vendidos em leilão, depositando-se o saldo à disposição do juízo de ausentes". **D**: errada. A avaliação e venda do bem apreendido em leilão, acontecerá depois do trânsito em julgado da sentença condenatória sendo decretado o perdimento dos bens. Estabelece o art. 121 do CPP que: "No caso de apreensão de coisa adquirida com os proventos da infração, aplica-se o disposto no art. 133 e seu parágrafo". Dispõe o art. 133 do CPP: "Transitada em julgado a sentença condenatória, o juiz, de ofício ou a requerimento do interessado ou do Ministério Público, determinará a avaliação e a venda dos bens em leilão público cujo perdimento tenha

sido decretado. § 1º Do dinheiro apurado, será recolhido aos cofres públicos o que não couber ao lesado ou a terceiro de boa-fé. § 2º O valor apurado deverá ser recolhido ao Fundo Penitenciário Nacional, exceto se houver previsão diversa em lei especial". **E**: errada. A discussão sobre a propriedade do bem apreendido será remetida para o juízo cível; de acordo com o teor do § 4º do art. 120 do CPP: "Em caso de dúvida sobre quem seja o verdadeiro dono, o juiz remeterá as partes para o juízo cível, ordenando o depósito das coisas em mãos de depositário ou do próprio terceiro que as detinha, se for pessoa idônea". (PB)
Gabarito "B".

(Procurador Fazenda Nacional – AGU – 2023 – CEBRASPE) Com base no que dispõe o Código de Processo Penal (CPP) a respeito da ação civil, é correto afirmar que a PGFN está impedida de ajuizar ação cível de reparação de dano na hipótese de

(A) despacho de arquivamento do inquérito policial.

(B) decisão que julgue extinta a punibilidade.

(C) despacho de arquivamento das peças de informação.

(D) decisão absolutória que considere atípico o ato praticado.

(E) reconhecimento da inexistência material do fato.

Dispõe o art. 66 do CPP: "Não obstante a sentença absolutória no juízo criminal, a ação civil poderá ser proposta quando não tiver sido, categoricamente, reconhecida a inexistência material do fato". As assertivas **A**, **B**, **C** e **D**, estão erradas, uma vez que contrariam os incisos I, II e III do art. 67 do CPP e, portanto, não impedem a propositura da ação civil. (PB)
Gabarito "E".

(Delegado/RJ – 2022 – CESPE/CEBRASPE) Tício está sendo processado criminalmente pela prática de crime de apropriação indébita. Em sua resposta à acusação, Tício alega ser improcedente a imputação, tendo em vista que discute, em ação civil por ele proposta, a legitimidade da posse da coisa móvel.

Acerca dessa situação, assinale a opção correta.

(A) O juiz poderá suspender a ação penal a depender tão somente da prévia propositura da ação cível pelo acusado.

(B) A resolução da questão prejudicial pelo juiz criminal faz coisa julgada.

(C) Não há possibilidade de suspensão da ação penal movida contra Tício.

(D) O juiz criminal pode resolver, *incidenter tantum*, a questão da posse sem que seja necessária a suspensão da ação penal.

(E) O juiz deverá suspender a ação penal até que se dirima no juízo cível a questão da legitimidade da posse.

A: incorreta, já que o art. 93 do CPP, que trata da chamada questão prejudicial facultativa, contempla outros requisitos, não se limitando ao mencionado na assertiva; **B**: incorreta, uma vez que não faz coisa julgada; **C**: incorreta. O enunciado descreve hipótese de questão prejudicial *facultativa*. Conforme o disposto no art. 93 do CPP, o magistrado, como a própria classificação sugere, tem a faculdade, não a obrigação, de suspender o processo. São questões que não envolvem o estado das pessoas, como é o caso da discussão acerca da propriedade de determinado bem. Neste caso (prejudicial facultativa), o juiz, depois de transcorrido o prazo por ele estabelecido, poderá fazer prosseguir o processo, retomando sua competência para resolver a matéria da acusação ou da defesa. Diferentemente, a chamada questão prejudicial *obrigatória*, prevista no art. 92 do CPP, é aquela que necessariamente enseja a suspensão do processo, sendo tão somente suficiente que se trate de questão atinente ao estado civil das pessoas que o magistrado do juízo criminal repute séria e fundada. Aqui, o juiz deverá determinar a paralisação do feito até que o juízo cível emita sua manifestação. O legislador não estabeleceu prazo durante o qual o curso da ação penal permanecerá suspenso. Envolve questões atinentes à própria existência do crime; **D:** correta, pois em conformidade com o art. 93, § 1º, do CPP; **E:** incorreta. Conforme já ponderado, cuida-se de questão prejudicial *facultativa*.

Gabarito "D".

(Juiz de Direito - TJ/BA - 2019 - CESPE/CEBRASPE) A respeito de questões prejudiciais e processos incidentes, assinale a opção correta.

(A) Subsistindo questão prejudicial sobre o estado civil do réu, o juiz criminal deverá continuar o trâmite processual e decidir a questão como preliminar de mérito por ocasião da prolação da sentença.

(B) As causas de suspeição do juiz serão arguidas em exceção própria, por petição assinada por advogado, independentemente de esse poder especial constar na procuração.

(C) No caso de bem imóvel adquirido com o provento de crime, poderá ser determinado o sequestro do bem, ressalvada a hipótese de sua transferência a terceiro de boa-fé.

(D) O sequestro é medida cautelar de indisponibilidade de bens em que o exercício do contraditório poderá ser postergado para evitar a dissipação do patrimônio.

(E) O exame médico-legal realizado no incidente de insanidade mental é prova constituída em favor da defesa, podendo o juiz, de ofício, determinar a sua realização compulsória quando o réu recusar submeter-se a ele.

A: incorreta. Se a questão prejudicial atinente ao estado civil do réu for considerada, pelo juiz, séria e fundada, será de rigor, a teor do art. 92 do CPP, a suspensão do processo. Aqui, o juiz deverá determinar a paralisação do feito até que o juízo cível emita sua manifestação. Envolve questões atinentes à própria existência do crime. Preleciona o art. 116, I, do CP que, em casos assim, o curso da prescrição ficará suspenso. Já na questão prejudicial *facultativa*, contida no art. 93 do CPP, o magistrado tem a faculdade, não a obrigação, de suspender o processo. São questões que não envolvem o estado das pessoas; **B:** incorreta. As causas de suspeição do juiz serão arguidas por meio de petição específica assinada pela parte ou por seu procurador com poderes especiais (art. 98, CPP); **C:** incorreta, pois contraria o disposto no art. 125 do CPP, que estabelece que terá lugar o sequestro dos bens imóveis adquiridos pelo indiciado com os proventos de infração, *ainda que já tenham sido transferidos a terceiro*; **D:** correta. Conferir: "A medida cautelar de sequestro, presentes os requisitos essenciais, pode ser deferida sem a prévia oitiva da parte contrária. Precedente." (AgInt no AREsp 1110340/SC, Rel. Ministro ROGERIO SCHIETTI CRUZ, SEXTA TURMA, julgado em 21/11/2017, DJe 28/11/2017); **E:** incorreta. Conferir: "O incidente de insanidade mental, que subsidiará o juiz na decisão sobre a culpabilidade ou não do réu, é prova pericial constituída em favor da defesa, não sendo possível determiná-la compulsoriamente quando a defesa se opõe." (HC 133078, Relator(a): Min. CÁRMEN LÚCIA, Segunda Turma, julgado em 06/09/2016, PROCESSO ELETRÔNICO DJe-202 DIVULG 21-09-2016 PUBLIC 22-09-2016).

Gabarito "D".

7. PROVAS

(Juiz de Direito – TJ/SP – 2023 – VUNESP) Um policial militar, acompanhado de seus colegas, avista uma pessoa na via pública em atitude concretamente suspeita. Considerando que, ao perceber a presença da polícia, ele tenta fugir, os policiais devem

(A) procurar o juiz para obter mandado de busca.

(B) procurar testemunhas civis para que presenciem a abordagem.

(C) proceder à abordagem e revista do agente.

(D) noticiar o fato à autoridade policial para iniciar investigação.

Segundo o teor do art. 244 do CPP: "a busca pessoal independerá de mandado, no caso de prisão ou quando houver fundada suspeita de que a pessoa esteja na posse de arma proibida ou de objetos ou papéis que constituam corpo de delito, ou quando a medida for determinada no curso de busca domiciliar". A questão da abordagem policial em via pública é, por diversas vezes, questionada nos tribunais superiores que entendem ser válida a atuação policial quando há fundada suspeita que o agente esteja praticando crime. Conferir a seguinte decisão do STJ: "(...) 1. Segundo orientação jurisprudencial desta Corte Superior, verifica-se objetivamente que a circunstância do caso concreto denota anormalidade ensejadora da busca pessoal. Há de se destacar a evasão do acusado em posse de uma sacola, ao avistar os policiais militares, sendo revistado após desdobramento da ação policial em via pública, em diligência para averiguar a prática do delito de tráfico de drogas na localidade, após *notitia criminis* inqualificada. Precedentes do STJ. 2. O caso paradigmático da Sexta Turma (RHC n. 158.580/BA) busca evitar o uso excessivo da busca pessoal, garantir a sindicabilidade da abordagem e evitar a repetição de práticas que reproduzem preconceitos estruturais arraigados na sociedade; premissas atendidas na espécie (HC 889.618-MG, j. em 23-4-2024, DJe de 26-4-2024). O julgado transcrito refere-se a expressão *sindicabilidade da abordagem*, isto é, permitir que tanto possa ser contrastada e questionada pelas partes, quanto ter sua validade controlada a *posteriori* por um terceiro imparcial (Poder Judiciário), o que se inviabiliza quando a medida tem por base apenas aspectos subjetivos, intangíveis e não demonstráveis. Atenção: para complementação do estudo conferir a decisão do STJ no RHC 158580-BA.

Gabarito "C".

(Juiz Federal – TRF/1 – 2023 – FGV) A teoria dos *standards* de prova foi desenvolvida visando definir quando uma hipótese fática pode ser considerada provada.

Considerando as disposições constitucionais e legais, bem como a jurisprudência dos Tribunais Superiores acerca do tema, é correto afirmar que:

(A) o Código de Processo Penal brasileiro expressamente adotou o *standard* para além da dúvida razoável como requisito para a condenação;

(B) a jurisprudência do Supremo Tribunal Federal e do Superior Tribunal de Justiça já utilizou expressamente a teoria dos *standards* de prova, mesmo sem previsão expressa no ordenamento jurídico brasileiro;

(C) a jurisprudência do Supremo Tribunal Federal adota a Inferência para Melhor Explicação (IME) como *standard* para a condenação;

(D) o *standard* de prova para além da dúvida razoável deve ser aplicado em todas as fases do procedimento, inclusive no recebimento da denúncia e na pronúncia no Tribunal do Júri;

(E) é pacífico na jurisprudência e na doutrina que nos crimes em que existe dificuldade probatória deve ser rebaixado o *standard* de prova.

Conforme entendimento do STJ: "(...) 1. Exige-se, em termos de *standard* probatório para busca pessoal ou veicular sem mandado judicial, a existência de fundada suspeita (justa causa) – baseada em um juízo de probabilidade, descrita com a maior precisão possível, aferida de modo objetivo e devidamente justificada pelos indícios e circunstâncias do caso concreto – de que o indivíduo esteja na posse de drogas, armas ou de outros objetos ou papéis que constituam corpo de delito, evidenciando-se a urgência de se executar a diligência. 3. Não satisfazem a exigência legal, por si sós, meras informações de fonte não identificada (e.g. denúncias anônimas) ou intuições e impressões subjetivas, intangíveis e não demonstráveis de maneira clara e concreta, apoiadas, por exemplo, exclusivamente, no tirocínio policial. Ante a ausência de descrição concreta e precisa, pautada em elementos objetivos, a classificação subjetiva de determinada atitude ou aparência como suspeita, ou de certa reação ou expressão corporal como nervosa, não preenche o *standard* probatório de "fundada suspeita" exigido pelo art. 244 do CPP. 4. O fato de haverem sido encontrados objetos ilícitos – independentemente da quantidade – após a revista não convalida a ilegalidade prévia, pois é necessário que o elemento "fundada suspeita de posse de corpo de delito" seja aferido com base no que se tinha antes da diligência. Se não havia fundada suspeita de que a pessoa estava na posse de arma proibida, droga ou de objetos ou papéis que constituam corpo de delito, não há como se admitir que a mera descoberta casual de situação de flagrância, posterior à revista do indivíduo, justifique a medida" (RHC 158580-BA, j. em 19-4-2022, DJe de 25-4-2022), STJ: "Se, por um lado, o standard probatório exigido para a condenação é baseado em juízo de certeza que exclua qualquer dúvida razoável quanto à autoria delitiva, por outro lado, para o início de uma investigação, exige-se um juízo de mera possibilidade. A justa causa para o oferecimento da denúncia, a seu turno, situa-se entre esses dois standards e é baseada em um juízo de probabilidade de que o acusado seja o autor ou partícipe do delito. (HC 734.709-RJ, j. em 7-6-2022, *DJe* de 10-6-2022). PB

Gabarito "B".

(Juiz de Direito/AP – 2022 – FGV) O Superior Tribunal de Justiça tem entendido, quanto ao ingresso forçado em domicílio, que não é suficiente apenas a ocorrência de crime permanente, sendo necessárias fundadas razões de que um delito está sendo cometido, para assim justificar a entrada na residência do agente, ou, ainda, a autorização para que os policiais entrem no domicílio.

Segundo a nova orientação jurisprudencial, a comprovação dessa autorização, com prova da voluntariedade do consentimento, constitui:

(A) interesse processual do acusado;
(B) interesse processual da acusação;
(C) faculdade da acusação;
(D) faculdade do acusado;
(E) ônus da acusação.

Conferir o seguinte julgado, que retrata o atual posicionamento do STJ quanto ao ônus, que recai sobre a acusação, de comprovar a higidez da autorização concedida pelo morador para que policiais ingressem no seu domicílio em caso de cometimento de crime permanente, a exemplo o tráfico de drogas: "HABEAS CORPUS. TRÁFICO DE DROGAS. SENTENÇA. NULIDADE. INGRESSO DE POLICIAIS NO DOMICÍLIO DO ACUSADO. AUSÊNCIA DE JUSTA CAUSA OU DE AUTORIZAÇÃO JUDICIAL. COMPROMETIMENTO DA MATERIALIDADE DELITIVA. APREENSÃO DE GRANDE QUANTIDADE DE DROGA (37,717 KG DE MACONHA, 2,268 KG DE COCAÍNA E 10,532 KG DE CRACK). ÔNUS DA PROVA. ESTADO ACUSADOR. PROVAS OBTIDAS EIVADAS DE VÍCIO. CONSTRANGIMENTO ILEGAL MANIFESTO. 1. Esta Corte Superior tem entendido, quanto ao ingresso forçado em domicílio, que não é suficiente apenas a ocorrência de crime permanente, sendo necessárias fundadas razões de que um delito está sendo cometido, para assim justificar a entrada na residência do agente, ou, ainda, autorização para que os policiais entrem no domicílio. 2. Segundo a nova orientação jurisprudencial, o ônus de comprovar a higidez dessa autorização, com prova da voluntariedade do consentimento, recai sobre o estado acusador. 3. Ao que se observa, o fato de o indivíduo correr com uma mochila nas costas, mesmo após evadir-se da presença policial, não configura a fundada razão da ocorrência de crime (estado de flagrância) que justifique afastar a garantia da inviolabilidade do domicílio, estabelecida no art. 5º, XI, da Constituição Federal. 4. Ordem concedida para reconhecer a nulidade do flagrante em razão da invasão de domicílio e, por conseguinte, das provas obtidas em decorrência do ato." (HC 668.062/RS, Rel. Ministro SEBASTIÃO REIS JÚNIOR, SEXTA TURMA, julgado em 21/09/2021, DJe 27/09/2021). ED

Gabarito "E".

(Delegado/RJ – 2022 – CESPE/CEBRASPE) Etelvina foi vítima do crime de roubo com emprego de arma de fogo, numa rua com pouca iluminação em um bairro da Zona Norte do Rio de Janeiro. Desesperada, após o assalto, ela saiu pela rua, gritando por socorro. Cerca de 500 m adiante do local do fato, encontrou Osvaldo, policial civil que havia saído da delegacia para jantar. Ele socorreu Etelvina, ouviu o relato dela com a descrição do agente do crime e a levou à delegacia de polícia. Em seguida, com autorização da autoridade policial de plantão, Osvaldo, acompanhado de um colega policial civil de plantão, saiu numa viatura policial, em perseguição do indivíduo com as características mencionadas por Etelvina. Depois de percorrer as proximidades do local do fato durante cerca de uma hora, não logrou êxito em localizá-lo.

A autoridade policial encaminhou todos ao cartório e ouviu o relato de Etelvina em detalhes, embora ela tivesse dito que tudo havia sido muito rápido. Não havia testemunhas do fato, somente o relato de Osvaldo, que disse ter ouvido Etelvina na rua, apavorada. A autoridade policial perguntou a Etelvina se ela teria condições de reconhecer o elemento pelo álbum fotográfico da delegacia, e ela respondeu que sim. Desse modo, o delegado entregou-lhe o álbum, para que ela identificasse o indivíduo. Etelvina olhou todo o álbum fotográfico da delegacia e apontou um indivíduo como o autor do roubo: era Túlio, autor de diversos roubos na circunscrição da delegacia.

Nessa situação hipotética, de posse do termo de reconhecimento fotográfico, a autoridade policial deverá, segundo jurisprudência do STJ,

(A) instaurar inquérito policial, sem indiciar Túlio, a fim de colher maiores elementos de convicção sobre a autoria e circunstâncias do fato.

(B) instaurar inquérito policial, chamar Túlio, para ele dizer se conhece Etelvina, e realizar a acareação do depoimento de ambos, em busca de possíveis divergências.

(C) instaurar inquérito policial, indiciando Túlio com base no reconhecimento fotográfico feito por Etelvina, e requerer sua prisão preventiva ao juízo competente, a fim de colher maiores elementos de convicção sobre a autoria e circunstâncias do fato.

(D) instaurar inquérito policial, indiciando Túlio com base no reconhecimento fotográfico feito por Etelvina, e requerer sua prisão temporária ao juízo competente, a fim de que o Ministério Público ofereça denúncia contra Túlio.

(E) instaurar inquérito policial e requerer a prisão temporária de Túlio, para posterior requerimento de prisão preventiva e oferecimento de denúncia, diante da insofismável certeza da autoria obtida pelo reconhecimento fotográfico.

Conferir: "1. Os réus foram absolvidos, porque não há nos autos prova da autoria delitiva, pois, ainda que as vítimas tenham confirmado que reconheceram os acusados por meio de foto, não há outros elementos de prova da autoria do roubo. Conforme afirma a sentença, não houve a apreensão da arma de fogo ou de outros objetos de origem ilícita na posse dos acusados, tampouco estavam próximos ao veículo subtraído, haja vista que foram presos em pracinha localizada na Avenida Ivo Silveira, enquanto que o veículo foi abandonado na rua Álvaro Tolentino, próximo à passarela da via expressa, e nem, ao menos, foi realizada prova pericial para investigar a existência de digitais dos réus no veículo subtraído. 2. O Tribunal de origem reformou a sentença e condenou os réus, única e exclusivamente, com base no reconhecimento fotográfico realizado a partir das fotografias registradas pelo aparelho celular de um dos agentes policiais. 3. Esta Corte Superior formou a recente jurisprudência, segundo a qual, o reconhecimento de pessoa, presencialmente ou por fotografia, realizado na fase do inquérito policial, apenas é apto, para identificar o réu e fixar a autoria delitiva, quando observadas as formalidades previstas no art. 226 do Código de Processo Penal e quando corroborado por outras provas colhidas na fase judicial, sob o crivo do contraditório e da ampla defesa. 4. Considerando que o corréu encontra-se na mesma situação fático-processual do agravante, deve ser-lhe aplicada a regra do art. 580 do CPP. 5. Agravo regimental provido. Recurso especial conhecido e provido. Sentença reestabelecida. Efeitos estendidos ao corréu." (STJ, AgRg no AREsp n. 1.887.844/SC, relator Ministro Olindo Menezes (Desembargador Convocado do TRF 1ª Região), Sexta Turma, julgado em 22/11/2022, DJe de 25/11/2022). ED

(Delegado/RJ – 2022 – CESPE/CEBRASPE) Uma operação policial foi deflagrada para coibir a atividade ilícita de determinados ferros-velhos na região da Baixada Fluminense, onde, segundo as investigações, carros, produtos de furto e roubos, eram cortados e suas peças eram vendidas no mercado paralelo em todo o estado. Atuaram na operação 80 agentes de polícia e 10 delegados, que, munidos de mandados de busca e apreensão e mandados de prisão, prenderam 40 pessoas, recuperaram 120 automóveis furtados e roubados e centenas de peças diversas de automóveis, além de terem efetuado a prisão em flagrante de 60 pessoas. Na operação, também foram apreendidos telefones celulares, *chips*, documentos de propriedade de veículos e diversas placas de identificação veicular.

Em um desses ferros-velhos, Orozimbo, advogado, encontrava-se ao lado de um automóvel produto de crime. Conforme filmagens apreendidas pela polícia, ele havia chegado ao local nesse automóvel, minutos antes da chegada dos policiais. Ainda, um dos presos em flagrante disse, no momento da prisão, que grande parte dos documentos dos carros furtados e roubados apreendidos estava no escritório do advogado Orozimbo, guardados para serem negociados com integrantes de quadrilha que vendia carros no Paraguai.

Os celulares apreendidos com quatro dos presos foram desbloqueados pelos titulares das linhas, espontânea e consentidamente, e mostravam conversas em grupos de aplicativos de mensagem com o chefe de quadrilha, nominado de Thief. Fotos e vídeos de integrantes da quadrilha, agindo nas ruas da cidade, também foram encontrados nos celulares. Os documentos pessoais de Thief (passaporte, identidade e CPF) ficavam no escritório de Orozimbo, guardados num cofre.

Considerando essa situação hipotética, assinale a opção correta.

(A) Eventual procedimento de busca e apreensão no escritório do advogado Orozimbo será protegido pela inviolabilidade relativa, por existirem indícios da sua participação nos crimes objeto da operação.

(B) A realização de busca e apreensão no escritório do advogado Orozimbo não é admissível, por ser assegurada pela lei a inviolabilidade absoluta de seu escritório ou local de trabalho.

(C) É admissível a realização de busca e apreensão no escritório do advogado Orozimbo, para apreensão de todo e qualquer material que lá estiver, inclusive os de eventuais sócios dele, considerando-se a prática do crime investigado.

(D) A realização de busca e apreensão no escritório do advogado Orozimbo somente poderá ocorrer se se tratar da prática de crime inafiançável cuja pena seja superior a oito anos de reclusão.

(E) Orozimbo não poderá ser preso em flagrante delito, porque, sendo advogado, possui imunidade profissional que impede sua prisão.

O art. 7º, II, da Lei 8.906/1994 confere ao advogado inviolabilidade de seu escritório ou local de trabalho, bem como de seus instrumentos de trabalho, de sua correspondência escrita, eletrônica, telefônica e telemática, desde que relativas ao exercício da advocacia, inviolabilidade esta que é, em verdade, relativa, na medida em que, diante da existência de indícios de sua participação em crime, será possível a realização de busca e apreensão. ED

(Delegado de Polícia Federal – 2021 – CESPE) Quanto à prova criminal, julgue os itens que se seguem.

(1) A confissão do acusado não dispensa a realização do exame de corpo de delito nos casos de crimes não transeuntes.

(2) Na ausência de um perito oficial, a perícia pode ser feita por duas pessoas idôneas portadoras de curso superior, preferencialmente com habilitação técnica relacionada à natureza do exame.

(3) No que se refere ao procedimento de reconhecimento, a pessoa que será reconhecida deverá, se possível, ser posicionada ao lado de outras pessoas com semelhanças físicas, sem número definido de indivíduos, para que, em seguida, a pessoa que tiver de fazer o reconhecimento seja convidada a apontá-la.

(4) É nula a decisão judicial que indefere a oitiva das vítimas do crime arroladas pela defesa.

(5) A ordem judicial de busca domiciliar autoriza o acesso aos dados armazenados no celular apreendido pela autoridade policial.

1: Certo. Uma vez inviabilizada a realização do exame de corpo de delito (direto ou indireto) nas infrações que deixam vestígios (chamados *delitos não transeuntes*), em razão do desaparecimento destes, a prova testemunhal poderá suprir-lhe a falta, na forma estatuída no art. 167 do CPP. Mas atenção: em hipótese alguma a confissão do réu poderá suprir a falta do exame de corpo de delito – art. 158, CPP. **2:** Certo. Com a nova redação dada ao art. 159 do CPP pela Lei de Reforma 11.690/08, a perícia será levada a efeito por um perito oficial portador de diploma de curso superior (antes eram dois). À falta deste, determina o § 1º do art. 159 que o exame seja feito por duas pessoas idôneas, detentoras de diploma de curso superior preferencialmente na área específica, dentre aquelas que tiverem habilitação técnica relacionada com a natureza do exame. **3:** Certo. O reconhecimento de pessoas está disciplinado no art. 226 do CPP, que adotou o chamado *sistema simultâneo* (art. 226, II, do CPP), em que todos são exibidos de forma simultânea (ao mesmo tempo) a quem tiver de fazer o reconhecimento. Como primeira providência, aquele que tiver de fazer o reconhecimento deverá fornecer a descrição da pessoa a ser reconhecida. Após, aquele a ser reconhecido será colocado lado a lado com pessoas que com ele guardem alguma semelhança. Feito isso, a pessoa que tiver de fazer o reconhecimento será convidada a apontar a pessoa a ser reconhecida. **4:** Errado. Conferir o seguinte julgado: "A obrigatoriedade de oitiva da vítima deve ser compreendida à luz da razoabilidade e da utilidade prática da colheita da referida prova. Hipótese de imputação da prática de 638 (seiscentos e trinta e oito) homicídios tentados, a revelar que a inquirição da integralidade dos ofendidos constitui medida impraticável. Indicação motivada da dispensabilidade das inquirições para informar o convencimento do Juízo, forte em critérios de persuasão racional, que, a teor do artigo 400, § 1º, CPP, alcançam a fase de admissão da prova. Ausência de cerceamento de defesa. 3. A inclusão de novas vítimas, ainda que de expressão reduzida no amplo contexto da apuração em Juízo, importa alteração do resultado jurídico da conduta imputada e, por conseguinte, interfere na própria constituição do fato típico. Daí que, por não se tratar de erro material, exige-se a complementação da acusação que, contudo, não se submete a formalidades excessivas. A petição do Ministério Público que esclarece referidas circunstâncias e as atribuem aos denunciados atende ao figurino constitucional do devido processo legal. 4. O rito especial do Tribunal do Júri limita o número de testemunhas a serem inquiridas e, ao contrário do procedimento comum, não exclui dessa contagem as testemunhas que não prestam compromisso legal. Ausência de lacuna a ensejar a aplicação de norma geral, preservando-se, bem por isso, a imperatividade da regra especial. 5. A inobservância do prazo para oferecimento da denúncia não contamina o direito de apresentação do rol de testemunhas, cuja exibição associa-se ao ato processual acusatório, ainda que extemporâneo. Assim, o apontamento de testemunhas pela acusação submete-se à preclusão consumativa, e não a critérios de ordem temporal, já que o prazo para formalização da peça acusatória é de natureza imprópria. 6. Impetração não conhecida" (STF, HC 131.158, rel. Min. Edson Fachin, Primeira Turma, Julgamento: 26/04/2016, Publicação: 14/09/2016). **5:** Certo. É firme a jurisprudência no sentido de que devem ser consideradas nulas as "provas" obtidas pela polícia sem autorização judicial por meio da extração de dados e conversações registradas no aparelho celular e *whatsapp* do investigado, mesmo que o aparelho tenha sido apreendido no momento da prisão em flagrante. Sucede que, segundo entende o STJ, a ordem judicial de busca domiciliar permite o acesso aos dados armazenados no celular apreendido pela autoridade policial. Conferir: "PROCESSUAL PENAL. RECURSO ORDINÁRIO EM *HABEAS CORPUS*. TRÁFICO DE DROGAS E ASSOCIAÇÃO AO TRÁFICO. DADOS ARMAZENADOS NO APARELHO CELULAR. INAPLICABILIDADE DO ART. 5º, XII, DA CONSTITUIÇÃO FEDERAL E DA LEI N. 9.296/96. PROTEÇÃO DAS COMUNICAÇÕES EM FLUXO. DADOS ARMAZENADOS. INFORMAÇÕES RELACIONADAS À VIDA PRIVADA E À INTIMIDADE. INVIOLABILIDADE. ART. 5º, X, DA CARTA MAGNA. ACESSO E UTILIZAÇÃO. NECESSIDADE DE AUTORIZAÇÃO JUDICIAL. INTELIGÊNCIA DO ART. 3º DA LEI N. 9.472/97 E DO ART. 7º DA LEI N. 12.965/14. TELEFONE CELULAR APREENDIDO EM CUMPRIMENTO A ORDEM JUDICIAL DE BUSCA E APREENSÃO. DESNECESSIDADE DE NOVA AUTORIZAÇÃO JUDICIAL PARA ANÁLISE E UTILIZAÇÃO DOS DADOS NELES ARMAZENADOS. RECURSO NÃO PROVIDO. I - O sigilo a que se refere o art. 5º, XII, da Constituição da República é em relação à interceptação telefônica ou telemática propriamente dita, ou seja, é da comunicação de dados, e não dos dados em si mesmos. Desta forma, a obtenção do conteúdo de conversas e mensagens armazenadas em aparelho de telefone celular ou smartphones não se subordina aos ditames da Lei n. 9.296/96. II - Contudo, os dados armazenados nos aparelhos celulares decorrentes de envio ou recebimento de dados via mensagens SMS, programas ou aplicativos de troca de mensagens (dentre eles o "WhatsApp"), ou mesmo por correio eletrônico, dizem respeito à intimidade e à vida privada do indivíduo, sendo, portanto, invioláveis, nos termos do art. 5º, X, da Constituição Federal. Assim, somente podem ser acessados e utilizados mediante prévia autorização judicial, nos termos do art. 3º da Lei n. 9.472/97 e do art. 7º da Lei n. 12.965/14. III – A jurisprudência das duas Turmas da Terceira Seção deste Tribunal Superior firmou-se no sentido de ser ilícita a prova obtida diretamente dos dados constantes de aparelho celular, decorrentes de mensagens de textos SMS, conversas por meio de programa ou aplicativos ("WhatsApp"), mensagens enviadas ou recebidas por meio de correio eletrônico, obtidos diretamente pela polícia no momento do flagrante, sem prévia autorização judicial para análise dos dados armazenados no telefone móvel. IV – No presente caso, contudo, o aparelho celular foi apreendido em cumprimento à ordem judicial que autorizou a busca e apreensão nos endereços ligados aos corréus, tendo a recorrente sido presa em flagrante na ocasião, na posse de uma mochila contendo tabletes de maconha. V – Se ocorreu a busca e apreensão dos aparelhos de telefone celular, não há óbice para se adentrar ao seu conteúdo já armazenado, porquanto necessário ao deslinde do feito, sendo prescindível nova autorização judicial para análise e utilização dos dados neles armazenados. Recurso ordinário não provido" (STJ, RHC 77.232/SC, Rel. Ministro FELIX FISCHER, QUINTA TURMA, julgado em 03/10/2017, DJe 16/10/2017).

Gabarito 1C, 2C, 3C, 4E, 5C

(Delegado/MG – 2021 – FUMARC) Em relação às características do sistema acusatório, analise as afirmativas:

I. Gestão da prova na mão das partes e não do juiz, clara distinção entre as atividades de acusar e julgar, juiz como terceiro imparcial e publicidade dos atos processuais.

II. Ausência de uma tarifa probatória, igualdade de oportunidades às partes no processo e procedimento é, em regra, oral.

III. O processo é um fim em si mesmo e o acusado é tratado como mero objeto, imparcialidade do juiz e prevalência da confissão do réu como meio de prova.

IV. Celeridade do processo e busca da verdade real, o que faculta ao juiz determinar de ofício a produção de prova.

São VERDADEIRAS apenas as afirmativas:

(A) I e II.
(B) I e IV.
(C) I, III e IV.
(D) II e III.

São características do *sistema acusatório*: nítida separação nas funções de acusar, julgar e defender, o que torna imprescindível que essas funções sejam desempenhadas por pessoas distintas; o processo é público e contraditório; há imparcialidade do órgão julgador e a ampla defesa é assegurada. No *sistema inquisitivo*, que deve ser entendido como a antítese do acusatório, as funções de acusar, defender e julgar reúnem-se em uma única pessoa. É possível, nesse sistema, portanto, que o juiz investigue, acuse e julgue. Além disso, o processo é sigiloso e nele não vige o contraditório. No *sistema misto*, por fim, há uma fase inicial inquisitiva, ao final da qual tem início uma etapa em que são asseguradas todas as garantias inerentes ao acusatório. Quanto à faculdade de o juiz determinar, de ofício, a produção da prova, valem algumas ponderações. A Lei 13.964/2019, que entre outras disposições, realizou uma mudança na legislação processual penal e, incluiu, expressamente que, agora, o processo penal terá estrutura acusatória, e vedadas a iniciativa do juiz na fase de investigação e a substituição da atuação probatória do órgão de acusação (art. 3º-A do CPP). Entretanto, as alterações promovidas no Código de Processo Penal pela Lei 13.964/2019, foram objeto de Ação

Declaratória de Inconstitucionalidade, já julgada pelo STF (ADIs 6298, 6299, 6300 e 6305). Em relação ao disposto o art. 3º-A do CPP decidiu o STF: "Nestes termos, o novo artigo 3º-A do Código de Processo Penal, na redação dada pela Lei 13.964/2019, deve ser interpretado de modo a vedar a substituição da atuação de qualquer das partes pelo juiz, sem impedir que o magistrado, pontualmente, nos limites legalmente autorizados, determine a realização de diligências voltadas a dirimir dúvida sobre ponto relevante". Por fim, diante da inserção expressa que o processo penal terá estrutura acusatória, surgiu a necessidade de compatibilização com outras normas processuais, para se evitar antinomias no Código de Processo Penal, por exemplo como no art. 156 do CPP, que confere possibilidades de atuação de ofício do magistrado. De acordo com o entendimento do Ministro Luis Fux na ADI 6298: "*In casu*, interpretação do art. 3º-A mais compatível com a integralidade do texto constitucional mantém a previsão normativa de que o processo penal tem estrutura acusatória, vedada a iniciativa do juiz na fase de investigação, mas exige que a parte final do novel dispositivo seja lida de modo a vedar a substituição da atuação de qualquer das partes. Além disso, deve-se compreender que o dispositivo não veda a possibilidade de o magistrado, no curso do processo, agir, pontualmente, nos limites legalmente autorizados, para dirimir dúvida sobre ponto relevante..(...) Além disso, assenta-se que o artigo 3º-A não se revela incompatível com outros dispositivos mantidos em vigor, os quais, sem confundir a função de acusar e a de julgar, autorizam o juiz a decidir, fundamentadamente, sobre os fatos e as provas coligidos nos autos, inclusive contrariamente à manifestação do Ministério Público pela absolvição, na esteira da remansosa jurisprudência desta Corte". ED/PB

Gabarito "A".

(Juiz de Direito/GO – 2021 – FCC) Em relação à prova no processo penal,

(A) o Supremo Tribunal Federal, por maioria de votos, entende legítimo o compartilhamento, com o Ministério Público e as autoridades policiais, para fins de investigação criminal, da integralidade dos dados bancários e fiscais do contribuinte obtidos pela Receita Federal e pelo Conselho de Controle de Atividade Financeira, sem a necessidade de autorização prévia do Poder Judiciário.

(B) as perguntas serão formuladas pelas partes diretamente à testemunha, não admitindo o juiz apenas aquelas que puderem induzir a resposta.

(C) a captação ambiental de sinais eletromagnéticos, ópticos ou acústicos poderá ser autorizada pelo juiz, para investigação ou instrução criminal, quando houver elementos probatórios razoáveis de autoria e participação em infrações criminais cujas penas máximas sejam iguais ou superiores a quatro anos e a prova não puder ser feita por outros meios disponíveis e igualmente eficazes.

(D) a infiltração de agentes de polícia em tarefas de investigação depende de circunstanciada, motivada e sigilosa autorização do juiz competente, e poderá ser autorizada pelo prazo de até seis meses, vedada renovação.

(E) será admitida a interceptação de comunicações telefônicas quando o fato investigado constituir infração penal punida com pena de detenção, desde que a pena máxima seja superior a dois anos.

A: correta. *Vide* RE 1055941, da relatoria do ministro Dias Toffoli, julgado pelo Pleno do STF em 04/12/2019, com publicação no dia 18/03/2021; **B:** incorreta. As perguntas serão formuladas pelas partes diretamente à testemunha, não admitindo o juiz, além daquelas que puderem induzir a resposta, também as que não tiverem relação com a causa ou importarem na repetição de outra pergunta já respondida (art. 212, *caput*, CPP); **C:** incorreta. É que, segundo estabelece o art. 8º-A, II, da Lei 9.296/1996, introduzido pela Lei 13.964/2019, a pena máxima cominada ao crime sob investigação, para se autorizar a captação ambiental de sinais eletromagnéticos, ópticos ou acústicos, deve ser *superior* a quatro anos, não bastando que seja *igual* (a 4 anos); **D:** incorreta, uma vez que a infiltração de agentes, que será concedida pelo prazo de até seis meses, poderá ser renovada, desde que comprovada a sua necessidade (art. 10, § 3º, da Lei 12.850/2013); **E:** incorreta, visto que a interceptação telefônica somente será deferida se o fato investigado constituir infração penal punida com pena de reclusão – art. 2º, III, da Lei 9.296/96. ED

Gabarito "A".

(Juiz de Direito – TJ/MS – 2020 – FCC) O interrogatório do acusado

(A) pode ser realizado por sistema de videoconferência, desde que necessária a medida para prevenir risco à segurança pública e intimadas as partes da decisão que o determinar com 05 (cinco) dias de antecedência.

(B) em processo por tráfico de entorpecentes deve ocorrer após a inquirição das testemunhas arroladas pela acusação e pela defesa, nesta ordem, sob pena de nulidade do feito, independentemente da data de encerramento da instrução criminal.

(C) deve ser realizado novamente nas hipóteses de *emendatio libelli* e *mutatio libelli*.

(D) pode ser procedido novamente a todo tempo a pedido fundamentado de qualquer das partes, vedada, no entanto, a repetição do ato por determinação de ofício do juiz.

(E) pode ser novamente realizado por tribunal, câmara ou turma no julgamento de recurso de apelação

A: incorreta. Em primeiro lugar, o interrogatório por sistema de videoconferência somente é possível na hipótese de o acusado encontrar-se preso, tal como estabelece o art. 185, § 2º, do CPP. Este é o primeiro erro da assertiva. Além disso – e aqui está o segundo erro, da decisão que determinar a realização do interrogatório por sistema de videoconferência, as partes serão intimadas com *dez* dias de antecedência, e não *cinco*, como constou da assertiva. É o que dispõe o art. 185, § 3º, do CPP. Nunca é demais lembrar que o interrogatório por sistema de videoconferência constitui exceção, somente podendo ser realizado nas hipóteses listadas no art. 185, § 2º, do CPP. A regra, portanto, é que o interrogatório seja realizado no estabelecimento em que o réu estiver preso; não sendo isso possível, por falta de estrutura do presídio, o interrogatório realizar-se-á no fórum, com requisição, pelo juiz, do acusado (art. 185, § 7º, do CPP); **B:** incorreta. Segundo jurisprudência consolidada nos tribunais superiores, o rito processual para o interrogatório, previsto no art. 400 do CPP, deve alcançar todos os procedimentos disciplinados por leis especiais, aqui incluído o rito previsto na Lei de Drogas, cujo art. 57 estabelece que o interrogatório realizar-se-á no começo da instrução. Significa que o interrogatório, mesmo nos procedimentos regidos por leis especiais, passa a ser o derradeiro ato da instrução. No entanto, com o fito de não abalar a segurança jurídica dos feitos em que já fora proferida sentença, tal entendimento somente deve ser aplicável aos processos com instrução ainda não ultimada até o dia 11.03.2016, que corresponde à data em que se deu a publicação da ata do julgamento, pelo STF, do HC 127.900. Conferir: "1. Por ocasião do julgamento do HC n. 127.900/AM, ocorrido em 3/3/2016 (DJe 3/8/2016), o Pleno do Supremo Tribunal Federal firmou o entendimento de que o rito processual para o interrogatório, previsto no art. 400 do Código de Processo Penal, deve ser aplicado a todos os procedimentos regidos por leis especiais. Isso porque a Lei n. 11.719/2008 (que deu nova redação ao referido art. 400) prepondera sobre as disposições em sentido contrário previstas em legislação especial, por se tratar de lei posterior mais benéfica ao acusado (*lex mitior*). 2. De modo a não comprometer o princípio da segurança jurídica dos feitos já sentenciados (CR, art. 5º, XXXVI), houve modulação dos efeitos da decisão: a Corte Suprema estabeleceu que essa nova orientação somente deve ser aplicada aos processos cuja instrução ainda não se haja encerrado. 3. Se nem a doutrina nem a jurisprudência ignoram a importância de que se reveste o interrogatório judicial – cuja natureza jurídica permite qualificá-lo como ato essencialmente de defesa –, não é necessária para o reconhecimento da nulidade processual, nos casos em que o interrogatório do réu tenha sido realizado no início da instrução, a comprovação de efetivo prejuízo à defesa, se do processo resultou condenação. Precedente. 4. O interrogatório é, em verdade, o momento ótimo do acusado, o seu "dia na Corte" (*day in Court*), a única oportunidade, ao longo de todo o processo, em que ele tem voz ativa e livre para, se assim o desejar, dar sua versão dos fatos, rebater os argumentos, as narrativas e as provas do órgão acusador, apresentar álibis, indicar provas, justificar atitudes, dizer, enfim, tudo o que lhe pareça importante para a sua defesa, além, é claro, de responder às perguntas que quiser responder, de modo livre, desimpedido e voluntário. 5. Não há como se imputar à defesa do acusado o ônus de comprovar eventual prejuízo em decorrência de uma ilegalidade, para a qual não deu causa e em processo que já lhe ensejou sentença condenatória. Isso porque não há, num processo penal, prejuízo maior do que uma condenação resultante de um procedimento que não respeitou as diretrizes legais e tampouco observou determinadas garantias constitucionais do réu (no caso, a do contraditório e a da ampla defesa). 6. Uma vez fixada a compreensão pela desnecessidade de a defesa ter de demonstrar eventual prejuízo decorrente da inversão da ordem do interrogatório do réu, em processo do qual resultou a condenação, também não se mostra imprescindível, para o reconhecimento da nulidade, que a defesa tenha alegado o vício processual já na própria audiência de instrução. 7. Porque reconhecida a nulidade do interrogatório do recorrente, com a determinação de que o Juízo de primeiro grau proceda à nova realização do ato, fica prejudicada a análise das demais matérias suscitadas neste recurso (reconhecimento da minorante prevista no § 4º do art. 33 da Lei de Drogas, fixação do regime aberto e substituição da reprimenda privativa de liberdade por restritivas de direitos). 8. Recurso especial provido, para anular o interrogatório do recorrente e determinar que o Juízo de primeiro grau proceda à nova realização do ato (Processo n. 0000079-90.2016.8.26.0592, da Vara Criminal da Comarca de Tupã – SP)" (STJ, REsp 1825622/SP, Rel. Ministro ROGERIO SCHIETTI CRUZ, SEXTA TURMA, julgado em 20/10/2020, DJe 28/10/2020); **C:** incorreta. No campo da *emendatio libelli*, o fato descrito pela acusação na peça inicial permanece inalterado, sem prejuízo, por isso mesmo, para a defesa. A mudança, aqui, incide na classificação da conduta, levada a efeito pela acusação, no ato da propositura da ação, e retificada pelo juiz, de ofício, no momento da sentença, sendo desnecessário, em vista disso, ouvir a esse respeito o defensor ou mesmo proceder-se a novo interrogatório do acusado. Na *mutatio libelli*, diferentemente, temos que a prova colhida na instrução aponta para uma nova definição jurídica do fato, diversa daquela contida na inicial. Por força do que estabelece o art. 384, *caput*, do CPP, impõe-se o aditamento da exordial pelo órgão acusatório, com a designação de audiência na qual se procederá à inquirição de testemunhas e realizar-se-á novo interrogatório do acusado, seguido de debates de julgamento (art. 384, § 2º, CPP); **D:** incorreta, na medida em que é dado ao juiz, a todo tempo, proceder a novo interrogatório, de ofício ou a pedido fundamentado das partes (art. 196, CPP); **E:** correta, pois corresponde ao que estabelece o art. 616 do CPP. ED

Gabarito "E".

(Promotor de Justiça/CE – 2020 – CESPE/CEBRASPE) Felipe foi denunciado por furto qualificado pelo rompimento de obstáculo. Durante a instrução processual, verificou-se que, sem nenhuma justificativa, embora fosse possível, o laudo pericial não havia sido realizado; entretanto, a vítima e uma testemunha local confirmaram que uma porta havia sido arrombada no local quando do momento do furto.

Considerando essa situação hipotética, assinale a opção correta.

(A) O juiz deve reconhecer a qualificadora, pois, nesse caso, existe um exame de corpo de delito indireto.

(B) O juiz não deve reconhecer a qualificadora, tendo em vista que foi injustificada a não realização de laudo pericial, que era viável.

(C) Caso Felipe confessasse o arrombamento, tal confissão já seria prova suficiente da ocorrência da qualificadora.

(D) O fato de as vítimas terem confirmado o arrombamento supre a falta de exame pericial.

(E) Caso o furto tivesse sido filmado por câmeras de segurança, tal prova não seria suficiente para caracterizar a qualificadora de arrombamento.

Por imposição dos arts. 158 e 171 do CPP, é indispensável o exame de corpo de delito, direito ou indireto, nas infrações que deixam vestígios e, em especial nos crimes cometidos com destruição ou rompimento de obstáculo à subtração da coisa, devem os peritos, além de constatar e descrever os vestígios, indicar com que instrumentos, por que meios e em que época presumem ter sido o fato praticado. O art. 167 do CPP, por sua vez, estabelece que, em face da impossibilidade de se proceder ao exame de corpo de delito, por haverem os vestígios desaparecido, é possível o seu suprimento por meio do depoimento de testemunhas. Em outras palavras, uma vez desaparecidos os vestígios deixados pela prática criminosa, os elementos de convicção que seriam obtidos por intermédio da perícia deverão ser apurados mediante prova testemunhal. Sucede que este suprimento a que se refere o art. 167 do CPP somente poderá ocorrer na hipótese de a não realização da perícia mostrar-se justificável. No caso narrado no enunciado, sequer houve justificativa para a ausência do exame pericial, o que impede o juiz de reconhecer a qualificadora. Também impede o suprimento da perícia pela prova testemunhal a hipótese em que o desaparecimento dos vestígios ocorre pela desídia dos agentes estatais incumbidos da sua preservação. De outro lado, o suprimento mostra-se possível quando o desaparecimento dos vestígios se der de forma natural ou por ação do próprio acusado. Seja como for, é importante que se diga que, a despeito de a prova testemunhal ter o condão de suprir a ausência de exame de corpo de delito, a confissão do acusado não se presta à mesma finalidade (art. 158, CPP). Na jurisprudência: "1. O reconhecimento da qualificadora de rompimento de obstáculo exige a realização de exame pericial, o qual somente pode ser substituído por outros meios probatórios quando inexistirem vestígios, o corpo de delito houver desaparecido ou as circunstâncias do crime não permitirem a confecção do laudo. 2. Sendo apontado fundamento capaz de justificar a não realização da perícia, impõe-se a manutenção da qualificadora. 3. Agravo regimental improvido, e deferida a execução provisória da pena, determinando o imediato cumprimento da condenação, delegando-se ao Tribunal local a execução de todos os atos preparatórios" (STJ, AgRg no REsp 1705450/RO, Rel. Ministro NEFI CORDEIRO, SEXTA TURMA, julgado em 13/03/2018, DJe 26/03/2018). ED

Gabarito "B".

(Promotor de Justiça/PR – 2019 – MPE/PR) Sobre a **prova**, nos termos do Código de Processo Penal e Leis Especiais, analise as assertivas abaixo e assinale a alternativa incorreta:

(A) Quando a infração deixar vestígios, será indispensável o exame de corpo de delito, direto ou indireto, não podendo supri-lo a confissão do acusado.

(B) Em crimes abrangidos pelas Leis do Juizado Especial Criminal (Lei n. 9.099/95) e de Violência Doméstica (Lei n. 11.340/06) é possível oferecer denúncia provando-se a materialidade do crime por meio do prontuário médico.

(C) É possível o juiz determinar, de ofício, busca domiciliar para prender criminosos, apreender pessoas vítimas de crimes e colher qualquer elemento de convicção.

(D) Os menores de 18 (dezoito) anos, o ascendente e descendente do acusado quando arrolados para serem ouvidos na instrução processual não são considerados testemunhas numerárias (que integram o limite máximo), tal como acontece com as testemunhas referidas.

(E) Se o juiz verificar que a presença do réu poderá causar humilhação, temor, ou sério constrangimento à testemunha ou ao ofendido, de modo que prejudique a verdade do depoimento, fará a inquirição por videoconferência e, somente na impossibilidade dessa forma, determinará a retirada do réu, prosseguindo na inquirição, com a presença do seu defensor.

A: correta, uma vez que corresponde à redação do art. 158 do CPP; **B:** correta, pois reflete o que estabelecem os arts. 12, § 3º, da Lei 11.340/2006 (Maria da Penha) e 77, § 1º, da Lei 9.099/1995 (Juizados Especiais); **C:** correta (art. 242, CPP); **D:** incorreta. Não integrarão o limite máximo as testemunhas que não prestam compromisso (doentes mentais, menores de 14 anos – e não de 18 – e aqueles indicados no art. 206, CPP), as referidas e as que nada sabem (art. 209, § 2º, CPP); **E:** correta. Se o magistrado constatar que a presença do réu poderá causar temor à testemunha, deverá, em primeiro lugar, cuidar para que a inquirição seja feita por meio de videoconferência; não sendo isso possível, determinará, aí sim, a retirada do acusado da sala de audiência (art. 217, CPP). **ED**

Gabarito "D".

(Promotor de Justiça/SP – 2019 – MPE/SP) Com base na orientação jurisprudencial assentada no STJ, em relação à prova, é correto afirmar que, no crime de

(A) embriaguez na condução de veículo automotor, a prova sobre a alteração da capacidade psicomotora do condutor não admite prova testemunhal.

(B) tráfico de drogas, é necessário prova de que a venda vise aos frequentadores do estabelecimento de ensino, para o reconhecimento da respectiva majorante.

(C) furto, a comprovação da causa de aumento do rompimento de obstáculo, quando desaparecerem os vestígios, não admite prova testemunhal.

(D) receptação, uma vez apreendida a *res furtiva* em poder do réu, cabe à defesa apresentar prova acerca da origem lícita do bem.

(E) roubo, é imprescindível a apreensão e perícia da arma de fogo, para a comprovação da respectiva causa de aumento.

A: incorreta. A prova da alteração da capacidade psicomotora pode ser feita por meio de exame laboratorial (alcoolemia ou toxicológico), como também por intermédio de exame clínico, perícia, vídeo, prova testemunhal ou qualquer outro meio admitido por lei (art. 306, § 2º, do Código de Trânsito Brasileiro, cuja redação foi conferida pela Lei 12.791/2014). Nesse sentido, conferir: "A Lei n. 12.760/2012, que alterou o art. 306 do CTB, ampliou os meios de prova, pois permite, agora, que, na ausência de exames de alcoolemia - sangue ou bafômetro -, outros elementos possam ser utilizados para atestar a embriaguez e a alteração da capacidade psicomotora do motorista, como vídeos, testemunhas ou quaisquer meios de prova em direito admitidos, respeitada a contraprova" (STJ, AgInt no REsp 1675592/RO, Sexta Turma, Rel. Ministro Rogerio Schietti Cruz, DJe 06/11/2017); **B:** incorreta. É pacífico o entendimento, na jurisprudência, no sentido de que a incidência da causa de aumento de pena do art. 40, III, da Lei de Drogas dispensa a comprovação de que o crime visava a atingir os frequentadores dos locais mencionados nesse dispositivo. Conferir: "O crime praticado nas imediações de estabelecimento de ensino. Tal fundamento, por si só, justifica a imposição da majorante prevista no art. 40, inciso III, da Lei 11.343/2006, sendo prescindível a prova de que o acusado tinha como "público-alvo" os frequentadores desses locais" (STJ, HC 480.887/SP, Rel. Ministro FELIX FISCHER, QUINTA TURMA, julgado em 07/02/2019, DJe 19/02/2019); **C:** incorreta. É certo que o exame de corpo de delito, nas infrações que deixam vestígios, é indispensável – art. 158 do CPP. Agora, se estes vestígios, por qualquer razão, se perderem, nosso ordenamento jurídico admite que a prova testemunhal supra essa ausência – art. 167 do CPP. A confissão, no entanto, por expressa disposição do art. 158 do CPP, não poderá ser utilizada para esse fim. Conferir: "Consoante a jurisprudência desta Corte, para o reconhecimento da qualificadora de rompimento de obstáculo, prevista no art. 155, § 4º, I, do Código Penal, é imprescindível a realização de exame pericial, sendo possível a sua substituição por outros meios probatórios somente se não existirem vestígios ou tenham esses desaparecido, ou quando as circunstâncias do crime não permitirem a confecção do laudo" (STJ, HC 254.645/MT, Rel. Ministro NEFI CORDEIRO, SEXTA TURMA, julgado em 13/10/2015, DJe 03/11/2015); **D:** correta. O STJ, em edição de n. 87 da ferramenta *Jurisprudência em Teses*, publicou, sobre este tema, a seguinte tese (n. 13): *No crime de receptação, se o bem houver sido apreendido em poder do acusado, caberá à defesa apresentar prova acerca da origem lícita da "res" ou de sua conduta culposa (art. 156 do CPP), sem que se possa falar em inversão do ônus da prova*; **E:** incorreta. A jurisprudência do STJ (e também do STF) aponta pela desnecessidade de apreensão da arma e respectiva perícia para a configuração da majorante no crime de roubo, podendo tal falta ser suprida por outros meios de prova, tais como as declarações do ofendido e depoimentos de testemunhas. Nesse sentido: "Nos termos da jurisprudência desta Corte, são prescindíveis a apreensão e a perícia na arma de fogo para a incidência da majorante do § 2º, I, do art. 157 do CP, quando existirem nos autos outros elementos de prova que comprovem a sua utilização no roubo, como na hipótese, em que há relato da vítima sobre o emprego do artefato" (STJ, HC 211.787/SP, Rel. Ministro ROGERIO SCHIETTI CRUZ, SEXTA TURMA, julgado em 03/12/2015, DJe 15/12/2015). **ED**

Gabarito "D".

(Promotor de Justiça/SP – 2019 – MPE/SP) Com base na orientação jurisprudencial assentada no STJ quanto à ilicitude da prova, é considerada ilícita a prova

(A) obtida por meio de revista íntima em estabelecimentos prisionais, por violar o direito à intimidade, quando realizada conforme as normas administrativas e houver fundada suspeita de tráfico.

(B) obtida diretamente dos dados constantes de aparelho celular, decorrentes de mensagens de textos SMS ou conversas por meio de WhatsApp, quando ausente prévia autorização judicial.

(C) obtida através de busca pessoal em mulher realizada por policial masculino, por violar o direito à intimidade, quando comprovado que a presença de uma policial feminina para a realização do ato importará retardamento da diligência.

(D) resultante de escuta ambiental realizada por um dos interlocutores, sem o conhecimento do outro, por violar o direito à intimidade.

(E) decorrente de busca domiciliar e apreensão de droga, desprovida do respectivo mandado, ante a inviolabilidade do domicílio, quando houver fundadas razões de prática da traficância.

A: incorreta. Conferir: "PROCESSO PENAL. AGRAVO REGIMENTAL NO RECURSO ESPECIAL. TRÁFICO DE DROGAS. INGRESSO EM UNIDADE PRISIONAL. REVISTA ÍNTIMA. LEGALIDADE. AGRAVO IMPROVIDO. 1. Nos termos da orientação jurisprudencial desta Corte, havendo fundada suspeita de que o visitante do presídio esteja portando drogas, armas, telefones ou outros objetos proibidos, é possível a revista íntima que, por si só, não ofende a dignidade da pessoa humana, notadamente quando realizada dentro dos ditames legais, sem qualquer procedimento invasivo (AgRg no REsp 1.686.767/RS, Rel. Min. REYNALDO SOARES DA FONSECA, Quinta Turma, DJe 27/10/2017). 2. Opera-se a preclusão consumativa da matéria não deduzida nas contrarrazões do recurso especial. 3. Agravo regimental improvido" (STJ, AgRg no REsp 1696487/RS, Rel. Ministro NEFI CORDEIRO, SEXTA TURMA, julgado em 13/03/2018, DJe 26/03/2018); **B:** correta. É firme a jurisprudência no sentido de que devem ser consideradas nulas as "provas" obtidas pela polícia sem autorização judicial por meio da extração de dados e conversações registradas no aparelho celular e whatsapp do investigado, mesmo que o aparelho tenha sido apreendido no momento da prisão em flagrante. Nesse sentido, conferir: "1. A Constituição Federal de 1988 prevê como garantias ao cidadão a inviolabilidade da intimidade, do sigilo de correspondência, dados e comunicações telefônicas, salvo ordem judicial. 2. A Lei n. 12.965/2014, conhecida como Marco Civil da Internet, em seu art. 7º, assegura aos usuários os direitos para o uso da internet no Brasil, entre eles, o da inviolabilidade da intimidade e da vida privada, do sigilo do fluxo de suas comunicações pela internet, bem como de suas comunicações privadas armazenadas. 3. Com o avanço tecnológico, o aparelho celular deixou de ser apenas um instrumento de comunicação interpessoal. Hoje, é possível ter acesso a diversas funções, entre elas, a verificação de mensagens escritas ou audível, de correspondência eletrônica, e de outros aplicativos que possibilitam a comunicação por meio de troca de dados de forma similar à telefonia convencional. 4. A quebra do sigilo do correio eletrônico somente pode ser decretada, elidindo a proteção ao direito, diante dos requisitos próprios de cautelaridade que a justifiquem idoneamente, desaguando em um quadro de imprescindibilidade da providência. (HC 315.220/RS, Rel. Ministra MARIA THEREZA DE ASSIS MOURA, SEXTA TURMA, julgado em 15/09/2015, DJe 09/10/2015). 5. Por se encontrar em situação similar às conversas mantidas por e-mail, cujo acesso exige prévia ordem judicial, a obtenção de conversas mantidas por redes sociais, tais como o whatsapp, sem a devida autorização judicial, revela-se ilegal. 6. Hipótese que foi deferido judicialmente na busca e apreensão o acesso aos dados contidos no aparelho celular, inexistindo, destarte, a alegada inobservância dos preceitos de estatura constitucional que conferem tutela à intimidade e à vida privada. 7. Não se olvida, outrossim, que a ponderação de valores constitucionalmente protegidos é o trajeto delineado na deflagração de procedimentos penais, porquanto, como instrumento de controle social, o Direito Penal e, por consequência, o Direito Processual Penal, reforçam garantias constitucionais de inviolabilidade do direito à vida, à liberdade, à igualdade, à segurança e à propriedade. 8. No caso, a autorização judicial prévia de acesso aos dados do aparelho celular apreendido não fere, porquanto observados os ditames do devido processo legal, preceitos relativos à vida privada e à intimidade, não restando configurado o alegado constrangimento ilegal. 9. Recurso não provido" (RHC 101.929/PR, Rel. Ministro RIBEIRO DANTAS, QUINTA TURMA, julgado em 04/06/2019, DJe 11/06/2019); **C:** incorreta, pois contraria o disposto no art. 249 do CPP, que permite, em caráter excepcional, que a mulher sobre a qual recaia suspeita de crime seja revistada por policial do sexo masculino; **D:** incorreta. A gravação ambiental clandestina (sem a ciência de um dos interlocutores), não contemplada na Lei 9.296/1996, prescinde de autorização judicial. A sua utilização como prova está a depender do caso concreto. Por se tratar de gravação de diálogo que envolve a prática de crime por servidor (caráter, em princípio, não sigiloso), nada obsta que seja utilizada como prova lícita. Esse entendimento é adotado tanto no STF quanto no STJ. Conferir o seguinte julgado do STF: "Prova. Criminal. Conversa telefônica. Gravação clandestina, feita por um dos interlocutores, sem conhecimento do outro. Juntada da transcrição em inquérito policial, onde o interlocutor requerente era investigado ou tido por suspeito. Admissibilidade. Fonte lícita de prova. Inexistência de interceptação, objeto de vedação constitucional. Ausência de causa legal de sigilo ou de reserva da conversação. Meio, ademais, de prova da alegada inocência de quem a gravou. Improvimento ao recurso. Inexistência de ofensa ao art. 5º, incs. X, XII e LVI, da CF. Precedentes. Como gravação meramente clandestina, que se não confunde com interceptação, objeto de vedação constitucional, é lícita a prova consistente no teor de gravação de conversa telefônica realizada por um dos interlocutores, sem conhecimento do outro, se não há causa legal específica de sigilo nem de reserva da conversação, sobretudo quando se predestine a fazer prova, em juízo ou inquérito, a favor de quem agravou" (RE 402717, Cezar Peluso, STF). Posteriormente à elaboração desta questão, a Lei 13.964/2019 (Pacote Anticrime) inseriu o art. 8º-A na Lei 9.296/1996, e finalmente previu a possibilidade de ser autorizada pelo juiz, para fins de investigação ou instrução criminal, a captação ambiental de sinais eletromagnéticos, ópticos ou acústicos, quando preenchidos determinados requisitos contidos na lei. O art. 10-A, também inserido pela Lei 13.964/2019, estabelece ser crime a conduta consistente em realizar captação ambiental de sinais eletromagnéticos, ópticos ou acústicos para investigação ou instrução criminal sem autorização judicial, quando esta for exigida. O § 1º deste dispositivo dispõe que não há crime se a captação é realizada por um dos interlocutores. Mais recentemente, já com os dispositivos do pacote anticrime em vigor, o Congresso Nacional, ao analisar os vetos impostos pelo presidente da República à Lei 13.964/2019, achou por bem rejeitar nada menos do que 16 dos 24 vetos. No que concerne à captação ambiental, a derrubada do veto presidencial fez restabelecer os §§ 2º e 4º do art. 8º-A da Lei 9.296/1996. Segundo o § 2º, que passou a produzir efeitos a partir da promulgação pelo presidente da República, a instalação do dispositivo de captação ambiental poderá ser realizada, quando necessária, por meio de operação policial disfarçada ou no período noturno, exceto na casa, nos termos do inciso XI da caput do art. 5º da Constituição Federal. Nas razões de veto, o chefe do Executivo ponderou que a propositura legislativa gera insegurança jurídica, haja vista que, ao mesmo tempo em que admite a instalação de dispositivo de captação ambiental, esvazia o dispositivo ao retirar do seu alcance a 'casa', nos termos do inciso XI do art. 5º da Lei Maior. Segundo a doutrina e a jurisprudência do Supremo Tribunal Federal, o conceito de 'casa' deve ser entendido como qualquer compartimento habitado, até mesmo um aposento que não seja aberto ao público, utilizado para moradia, progressão ou atividades, nos termos do art. 150, § 4º, do Código Penal (v. g. HC 82788, Relator: Min. CELSO DE MELLO, Segunda Turma, julgado em 12/04/2005). Além do § 2º deste dispositivo, o Congresso Nacional derrubou o veto imposto pelo PR ao § 4º, que conta com a seguinte redação: A captação ambiental feita por um dos interlocutores sem o prévio conhecimento da autoridade policial ou do Ministério Público poderá ser utilizada, em matéria de defesa, quando demonstrada a integridade da gravação. Segundo o presidente da República, o veto se justifica na medida em que a propositura legislativa, ao limitar o uso da prova obtida mediante a captação ambiental apenas pela defesa, contraria o interesse público uma vez que uma prova não deve ser considerada lícita ou ilícita unicamente em razão da parte que beneficiará, sob pena de ofensa ao princípio da lealdade, da boa-fé objetiva e da cooperação entre os sujeitos processuais, além de se representar um retrocesso legislativo no combate ao crime. Ademais, o dispositivo vai de encontro à jurisprudência do Supremo Tribunal Federal, que admite utilização como prova da infração criminal a captação ambiental feita por um dos interlocutores, sem o prévio conhecimento da autoridade policial ou do Ministério Público, quando demonstrada a integridade da gravação (v. g. Inq-QO 2116, Relator: Min. Marco Aurélio, Relator p/ Acórdão: Min. Ayres Britto, publicado em 29/02/2012, Tribunal Pleno); **E:** incorreta. STF e STJ compartilham do entendimento de que o ingresso em moradia alheia, sem respaldo em ordem judicial, somente será legítimo quando as circunstâncias do caso concreto indicarem, com razoável segurança, a ocorrência de situação flagrancial.

Conferir: "O Supremo Tribunal Federal definiu, em repercussão geral, que o ingresso forçado em domicílio sem mandado judicial apenas se revela legítimo - a qualquer hora do dia, inclusive durante o período noturno - quando amparado em fundadas razões, devidamente justificadas pelas circunstâncias do caso concreto, que indiquem estar ocorrendo, no interior da casa, situação de flagrante delito (RE n. 603.616/RO, Rel. Ministro Gilmar Mendes) DJe 8/10/2010). Nessa linha de raciocínio, o ingresso em moradia alheia depende, para sua validade e sua regularidade, da existência de fundadas razões (justa causa) que sinalizem para a possibilidade de mitigação do direito fundamental em questão. É dizer, somente quando o contexto fático anterior à invasão permitir a conclusão acerca da ocorrência de crime no interior da residência é que se mostra possível sacrificar o direito à inviolabilidade do domicílio. Precedentes desta Corte" (STJ, HC 588.445/SC, Rel. Ministro REYNALDO SOARES DA FONSECA, QUINTA TURMA, julgado em 25/08/2020, DJe 31/08/2020).
Gabarito "B".

(Juiz de Direito – TJ/RJ – 2019 – VUNESP) Nos termos do art. 158, parágrafo único, do CPP, dar-se-á prioridade à realização do exame de corpo de delito quando se tratar de crime

(A) cometido por idoso.
(B) cometido por réu preso temporariamente.
(C) cometido por réu preso preventivamente.
(D) hediondo.
(E) que envolva violência doméstica e familiar contra mulher.

O art. 158, parágrafo único, do CPP, introduzido pela Lei 13.721/2018, assim dispõe: "Dar-se-á prioridade à realização do exame de corpo de delito quando se tratar de crime que envolva: I – violência doméstica e familiar contra mulher; II – violência contra criança, adolescente, idoso ou pessoa com deficiência".
Gabarito "E".

(Juiz de Direito – TJ/RJ – 2019 – VUNESP) A doutrina denomina "confissão qualificada" aquela em que o acusado

(A) admite a prática criminosa, mas alega, em sua defesa, alguma causa que o beneficia, como uma excludente de ilicitude.
(B) não só confessa os fatos cometidos por si, mas também aponta os demais coautores ou partícipes da empreitada criminosa.
(C) fica em silêncio; contudo, tal modalidade não fora recepcionada pela Constituição de 1988, que garante nenhum prejuízo ao acusado nesses casos.
(D) colabora ativamente com a apuração do crime, inclusive interrompendo ou impedindo que os fatos se consumem.
(E) se retrata da negativa dos fatos ocorrida perante a autoridade policial e admite-os espontaneamente perante o magistrado.

A: correta. Confissão *qualificada*, assim denominada pela doutrina, é aquela em que o acusado, depois de se declarar culpado em relação ao fato principal, invoca, em sua defesa, a ocorrência de fato apto a excluir sua responsabilidade ou diminuir sua pena, tal como a excludente de ilicitude ou de culpabilidade; *simples*, de outro lado, é a confissão em que o réu admite a prática do fato criminoso sem invocar qualquer fato que possa excluir ou diminuir sua responsabilidade penal. B: incorreta. Na hipótese do acusado confessar e assumir a sua participação no crime, ele aponta quem são seus comparsas, é chamada de *delação premiada*; C: incorreta. Ao acusado é garantido constitucionalmente exercer o direito de permanecer em silêncio, art. 5º LXIII, sem que isso seja interpretado como qualquer prejuízo para sua defesa (art. 186 do CPP). Mas atenção, o acusado durante seu interrogatório, seja em sede policial ou em juízo não poderá mentir a sua qualificação pessoal, vide a Súmula 522 do STJ ("a conduta de atribuir-se falsa identidade perante autoridade policial é típica, ainda que em situação de alegada autodefesa"), e no STF, RE 640139-DF RG – Tema 478; D: incorreta. Caso o agente desista de prosseguir a execução do crime caracteriza a *desistência voluntária*, mas, se o agente impede que o resultado se produza, caracteriza o *arrependimento eficaz* (art. 15 do CP); E: incorreta. Configura hipótese de confissão judicial em que o acusado perante o magistrado, durante seu interrogatório, admite a prática do crime.
Gabarito "A".

(Juiz de Direito – TJ/SC – 2019 – CESPE/CEBRASPE) De acordo com o Código de Processo Penal, na audiência de instrução para a colheita de depoimento de testemunha, o juiz

(A) poderá vedar à testemunha consulta a apontamentos, mesmo que seja breve.
(B) deixará de colher depoimento de pessoa não identificada, designando nova data com imediata intimação e determinando diligências para a sua perfeita identificação.
(C) poderá colher, de ofício ou a pedido das partes, o depoimento antecipado de testemunha que, por velhice ou doença, possa vir a falecer antes de realizada a instrução criminal.
(D) suspenderá a instrução criminal sempre que for emitida carta precatória para oitiva de testemunha em comarca diversa.
(E) efetuará primeiro suas perguntas, depois as perguntas de quem arrolou a testemunha, e, por fim, os questionamentos da parte contrária.

A: incorreta. O testemunho somente pode ser dado de forma oral, sendo vedado à testemunha apresentá-lo por escrito (art. 204, CPP); agora, nada impede que a testemunha, no ato de seu depoimento, faça breve consulta a informações contidas em anotações (art. 204, parágrafo único, CPP); B: incorreta, uma vez que é dado ao juiz, diante da existência de dúvida acerca da identidade da testemunha, tomar o seu depoimento desde logo; antes, porém, deverá o magistrado proceder à verificação pelos meios de que dispõe, com vistas a esclarecer a identidade do depoente. É o que estabelece o art. 205 do CPP; C: correta, pois corresponde ao que estabelece o art. 225 do CPP; D: incorreta, uma vez que o art. 222, § 1º, do CPP é claro ao afirmar que a expedição de carta precatória para oitiva de testemunha que resida fora da jurisdição do juiz processante não autoriza a suspensão da instrução criminal; E: incorreta. Antes de o Código de Processo Penal ser alterado pela Lei de Reforma 11.690/2008, vigia, entre nós, o *sistema presidencialista*, pelo qual a testemunha, depois de inquirida pelo juiz, respondia, por intermédio deste, às perguntas formuladas pelas partes. Por este sistema, não podiam acusação e defesa formular seus questionamentos diretamente à testemunha, o que somente era feito por meio do juiz. Com a alteração promovida pela Lei 11.690/2008 na redação do art. 212 do CPP, o *sistema presidencialista*, até então em vigor, deu lugar ao chamado sistema *cross examination*, segundo o qual as partes passam a dirigir suas indagações às testemunhas sem a intermediação do magistrado, de forma direta, vedados os questionamentos que puderem induzir a resposta, não tiverem relação com a causa ou importarem na resposta de outra já respondida. Ao final do depoimento, se ainda restar algum ponto não esclarecido, poderá o magistrado complementar, formulando à testemunha novas perguntas (art. 212, parágrafo único, do CPP). É por essa razão que se diz que a atividade do juiz é complementar à das partes.
Gabarito "C".

(Juiz de Direito - TJ/BA - 2019 - CESPE/CEBRASPE) Acerca dos meios de prova no processo penal, assinale a opção correta, de acordo com o entendimento dos tribunais superiores.

(A) A colaboração premiada é meio de obtenção de prova e, como tal, submete-se ao princípio de reserva de jurisdição, sendo obrigatória a participação do juiz na celebração do ajuste entre os envolvidos.

(B) O compartilhamento com o MP de dados bancários obtidos legitimamente pela Receita Federal, pela via administrativa fiscalizatória já esgotada, em caso de constatação de possível crime, não ofende o princípio de reserva de jurisdição.

(C) O deferimento de interceptação telefônica para investigação de crime com fundamento somente em denúncia anônima será lícito, desde que essa medida seja necessária para a elucidação da infração penal.

(D) Independerá de decisão judicial o acesso a conversas armazenadas em aplicativo de mensagens existente em telefone celular de pessoa investigada apreendido durante a prisão desta em flagrante.

(E) O reconhecimento pessoal de acusado realizado sem a observância das formalidades previstas no CPP é nulo.

A: incorreta. Por força do que estabelece o art. 4º, § 6º, da Lei 12.850/2013, é defeso ao juiz participar do acordo de colaboração premiada, que deverá ser realizado entre o delegado de polícia e o colaborador ou entre este e o Ministério Público, com a presença, em qualquer caso, do defensor; o papel do magistrado, no cenário da colaboração premiada instituída pela Lei 12.850/2013, se limita a homologar o acordo firmado entre as partes citadas, desde que não eivado de ilegalidade ou irregularidade (art. 4º, § 8º, da Lei 12.850/2013, com redação alterada pela Lei 13.964/2019). Entre outras coisas, o juiz analisará se o colaborador agiu, quanto ao acordo firmado, de forma voluntária; **B:** correta. Quanto a este tema, é importante que se diga que o STF fixou, por maioria, a seguinte tese de repercussão geral: "1. É constitucional o compartilhamento dos relatórios de inteligência financeira da UIF e da íntegra do procedimento fiscalizatório da Receita Federal do Brasil, que define o lançamento do tributo, com os órgãos de persecução penal para fins criminais, sem a obrigatoriedade de prévia autorização judicial, devendo ser resguardado o sigilo das informações em procedimentos formalmente instaurados e sujeitos a posterior controle jurisdicional. 2. O compartilhamento pela UIF e pela RFB, referente ao item anterior, deve ser feito unicamente por meio de comunicações formais, com garantia de sigilo, certificação do destinatário e estabelecimento de instrumentos efetivos de apuração e correção de eventuais desvios." (RE 1055941 RG, Relator(a): Min. DIAS TOFFOLI, julgado em 12/04/2018, DJe-083 DIVULG 27-04-2018 PUBLIC 30-04-2018); **C:** incorreta. Conferir: "1. Esta Corte já decidiu que a denúncia anônima pode justificar a necessidade de quebra do sigilo das comunicações como forma de aprofundamento das investigações policiais, desde que acompanhada de outros elementos que confirmem a necessidade da medida excepcional, o que, na espécie, ocorreu 2. O deferimento da quebra do sigilo de dados telefônicos e de interceptação telefônica foi precedido de adequado procedimento prévio de investigação das informações e notícias de prática de delitos pelo paciente e outros investigados, o que torna legítima a prova colhida por meio da medida." (STJ, HC 443.331/SP, Rel. Ministro SEBASTIÃO REIS JÚNIOR, SEXTA TURMA, julgado em 18/09/2018, DJe 02/10/2018); **D:** incorreta. Segundo têm entendido os Tribunais, somente são considerados como prova lícita os dados e as conversas registrados por meio de mensagem de texto obtidos de aparelho celular apreendido no ato da prisão em flagrante se houver prévia autorização judicial. Nesse sentido: "I – A jurisprudência deste Tribunal Superior firmou-se no sentido de ser ilícita a prova oriunda do acesso aos dados armazenados no aparelho celular, relativos a mensagens de texto, SMS, conversas por meio de aplicativos (WhatsApp), obtidos diretamente pela polícia no momento da prisão em flagrante, sem prévia autorização judicial. II – *In casu*, os policiais civis obtiveram acesso aos dados (mensagens do aplicativo WhatsApp) armazenados no aparelho celular do corréu, no momento da prisão em flagrante, sem autorização judicial, o que torna a prova obtida ilícita, e impõe o seu desentranhamento dos autos, bem como dos demais elementos probatórios dela diretamente derivados (...) Recurso ordinário provido para determinar o desentranhamento dos autos das provas obtidas por meio de acesso indevido aos dados armazenados no aparelho celular, sem autorização judicial, bem como as delas diretamente derivadas, e para conceder a liberdade provisória ao recorrente, salvo se por outro motivo estiver preso, e sem prejuízo da decretação de nova prisão preventiva, desde que fundamentada em indícios de autoria válidos" (STJ, RHC 92.009/RS, Rel. Ministro Felix Fischer, Quinta Turma, julgado em 10.04.2018, DJe 16.04.2018); **E:** incorreta. Decidiu o STF em um caso concreto de um homem condenado pelo crime de roubo tendo como prova apenas o reconhecimento fotográfico realizado, inicialmente, por meio do aplicativo *WhatsApp*, que não havia elementos de prova que corroboraram para o reconhecimento fotográfico realizado na fase de inquérito, de acordo com o teor do HC 206846-SP: "1. O reconhecimento de pessoas, presencial ou por fotografia, deve observar o procedimento previsto no art. 226 do Código de Processo Penal, cujas formalidades constituem garantia mínima para quem se encontra na condição de suspeito da prática de um crime e para uma verificação dos fatos mais justa e precisa. 2. A inobservância do procedimento descrito na referida norma processual torna inválido o reconhecimento da pessoa suspeita, de modo que tal elemento não poderá fundamentar eventual condenação ou decretação de prisão cautelar, mesmo se refeito e confirmado o reconhecimento em Juízo. Se declarada a irregularidade do ato, eventual condenação já proferida poderá ser mantida, se fundamentada em provas independentes e não contaminadas 3. A realização do ato de reconhecimento pessoal carece de justificação em elementos que indiquem, ainda que em juízo de verossimilhança, a autoria do fato investigado, de modo a se vedarem medidas investigativas genéricas e arbitrárias, que potencializam erros na verificação dos fatos. Recurso em habeas corpus provido, para absolver o recorrente, ante o reconhecimento da nulidade do reconhecimento pessoal realizado e a ausência de provas independentes de autoria". ED/PB

Gabarito "B".

(Juiz de Direito – TJ/RS – 2018 – VUNESP) A respeito das provas, assinale a alternativa correta.

(A) São inadmissíveis, devendo ser desentranhadas do processo, as provas ilegítimas, assim entendidas as obtidas em violação a normas constitucionais ou legais.

(B) A pessoa que nada souber que interesse à decisão da causa será computada como testemunha.

(C) O exame para o reconhecimento de escritos, tal como o reconhecimento fotográfico, não tem previsão legal.

(D) O juiz não tem iniciativa probatória.

(E) A falta de exame complementar, em caso de lesões corporais, poderá ser suprida pela prova testemunhal.

A: incorreta. Segundo dispõe o art. 157, *caput*, do CPP, são inadmissíveis as provas *ilícitas*, gênero do qual as espécies são as provas *ilegais* e as *ilegítimas*. Consideram-se *ilícitas* as provas que violam normas de direito material (substantivo) e *ilegítimas* as obtidas com desrespeito à norma de direito processual (adjetivo). Tanto uma quanto a outra é inadmissível, devendo, por força do disposto no art. 157, *caput*, do CPP, ser desentranhada dos autos; **B:** incorreta. A assertiva contraria o disposto no art. 209, § 2º, CPP: "não será computada como testemunha a pessoa que nada souber que interesse à decisão da causa"; **C:** incorreta. O exame para o reconhecimento de escritos está previsto e disciplinado no art. 174 do CPP; **D:** incorreta. Embora não se trate de tema pacífico na doutrina, prevalece o entendimento segundo o qual é lícito ao juiz determinar, no curso da ação penal, a produção de prova com o fito de dirimir dúvida sobre pontos relevantes e obscuros (art. 156, II, CPP), não necessariamente circunscritos às provas apresentadas pela acusação e pela defesa. Há quem entenda que tal iniciativa é inconstitucional na medida em que ao juiz não é dado agir sem provocação das partes ("*ne procedat judex ex officio*"). Para a maioria da comunidade jurídica, no entanto, tal prerrogativa constitui decorrência natural do princípio da busca da verdade real. O propósito do magistrado, assim, não é beneficiar quem quer que seja, mas, sim, atingir a verdade que mais se aproxime da realidade. Dito de outro modo, não deve o juiz conformar-se com a verdade trazida pelas partes; se restar ponto não esclarecido, é imperioso, em homenagem ao postulado da busca da verdade real, que o juiz atue nessa busca incessante; afinal, ao contrário do que se dá no âmbito do processo civil, está aqui em jogo a liberdade do acusado. De toda sorte, tal atividade (iniciativa probatória) do juiz deve ser supletiva em relação à das partes. As alterações promovidas no Código de Processo Penal pela Lei 13.964/2019, foram objeto de Ação Declaratória de Inconstitucionalidade, já julgada pelo STF (ADIs 6298, 6299), que decidiu sobre a constitucionalidade do art. 3º-A, incluindo expressamente o sistema acusatório no ordenamento processual penal: "Nestes termos, o novo artigo 3º-A do Código de Processo Penal, na redação dada pela Lei 13.964/2019, deve ser interpretado de modo a vedar a substituição da atuação de qualquer das partes pelo juiz, sem impedir que o magistrado, pontualmente, nos limites legalmente autorizados, determine a realização de diligências voltadas a dirimir dúvida sobre ponto relevante". Admitindo, assim, a iniciativa probatória do magistrado; **E:** correta. Em conformidade com o que estabelece o art. 168, § 3º, CPP. ED/PB

Gabarito "E".

(Investigador – PC/BA – 2018 – VUNESP) Os crimes materiais exigem que a ação penal seja instruída com o respectivo exame de corpo de delito cujo laudo, para ter validade, deve ser assinado por

(A) 2 (dois) peritos oficiais, independentemente do grau de instrução, ou por 2 (duas) pessoas idôneas, preferencialmente portadoras de diploma de curso superior.

(B) 1 (um) perito oficial, preferencialmente portador de diploma de curso superior, ou por 2 (duas) pessoas idôneas, com atuação na área da perícia.

(C) 2 (dois) peritos oficiais, com formação superior na área específica da perícia, sendo vedada a assinatura por leigos.

(D) 1 (um) perito oficial, obrigatoriamente portador de diploma de curso superior, ou por 2 (duas) pessoas idôneas, que também possuam o mesmo grau de instrução.

(E) 1 (um) perito oficial, portador de diploma de curso superior preferencialmente na área específica, vedada a assinatura por leigos.

A redação anterior do art. 159 do CPP estabelecia que a perícia fosse realizada por *dois* profissionais. Atualmente, com a modificação implementada na redação do dispositivo pela Lei 11.690/2008, a perícia será levada a efeito por *um* perito oficial portador de diploma de curso superior. À falta deste, determina o § 1º do art. 159 que o exame seja feito por duas pessoas idôneas, detentoras de diploma de curso superior preferencialmente na área específica, dentre aquelas que tiverem habilitação técnica relacionada com a natureza do exame. ED

Gabarito "D".

(Investigador – PC/BA – 2018 – VUNESP) A respeito do interrogatório de réu preso por videoconferência, de acordo com a sistemática adotada pelo Código de Processo Penal, assinale a alternativa correta.

(A) Desde que haja estrutura e meios suficientes para assegurar os direitos do acusado, pode ser realizado em todos os processos.

(B) As partes deverão ser cientificadas da sua realização com antecedência mínima de 5 (cinco) dias.

(C) Apenas poderá ser realizado na hipótese de prevenir risco à segurança pública ou se houver suspeita de o preso integrar organização criminosa.

(D) Justifica-se sua realização apenas no interesse da defesa, quando o acusado sofrer de grave enfermidade ou outra circunstância especial.

(E) Trata-se de medida excepcional e só poderá ser realizado após prévia decisão judicial fundamentada.

A: incorreta. Ao contrário do afirmado, o interrogatório por sistema de videoconferência constitui exceção, somente podendo ser realizado nas hipóteses listadas no art. 185, § 2º, do CPP. A regra é que o interrogatório seja realizado no estabelecimento em que o réu estiver preso; não sendo isso possível, por falta de estrutura do presídio, o interrogatório realizar-se-á no fórum, com requisição, pelo juiz, do acusado (art. 185, § 7º, do CPP); **B:** incorreta, uma vez que, da decisão que determinar a realização do interrogatório por sistema de videoconferência, as partes deverão ser cientificadas com 10 dias de antecedência (art. 185, § 3º, do CPP); **C:** incorreta, pois não retrata o disposto no art. 185, § 2º, I, II, III e IV, do CPP, que estabelece em que hipóteses tem lugar o interrogatório por meio de videoconferência; **D:** incorreta. Vide comentário anterior; **E:** correta. Além de ser medida de natureza excepcional, o interrogatório por sistema de videoconferência somente poderá ser determinado pelo juiz, sempre de forma fundamentada (art. 185, § 2º, do CPP). ED

Gabarito "E".

(Investigador – PC/BA – 2018 – VUNESP) A afirmação de que "a confissão é a rainha das provas", em Direito Processual Penal, é

(A) inaceitável, porque ela contraria o princípio de que ninguém pode oferecer provas contra si.

(B) pertinente, pois, se o acusado admite a imputação, o Estado fica desincumbido de produzir a prova.

(C) válida apenas para os crimes contra o patrimônio, desde que haja a indenização do valor do prejuízo.

(D) inaplicável, salvo se a confissão for espontânea e prestada em presença de advogado constituído pelo réu.

(E) incabível, uma vez que ela deverá ser confrontada com os demais elementos do processo.

A confissão é o reconhecimento, em juízo, por uma das partes sobre a veracidade dos fatos que lhe é atribuído. Atualmente, não mais se confere à confissão o *status* de rainha das provas, (ou a prova por excelência, *probatio probatissima*), como outrora já foi considerada diante do sistema adotado em nossa legislação. Hoje, temos que a confissão, sendo meio de prova com valor equivalente às demais, deve ser valorada em conjunto com os outros elementos probatórios produzidos no processo (art. 197, CPP). Importante citar a recente decisão da 3ª Turma do STJ que fixou tese sobre a valoração e a admissibilidade de confissões feitas na fase extrajudicial: "(...) 11.1: A confissão extrajudicial somente será admissível no processo judicial se feita formalmente e de maneira documentada, dentro de um estabelecimento estatal público e oficial. Tais garantias não podem ser renunciadas pelo interrogado e, se alguma delas não for cumprida, a

prova será inadmissível. A inadmissibilidade permanece mesmo que a acusação tente introduzir a confissão extrajudicial no processo por outros meios de prova (como, por exemplo, o testemunho do policial que a colheu). 11.2: A confissão extrajudicial admissível pode servir apenas como meio de obtenção de provas, indicando à polícia ou ao Ministério Público possíveis fontes de provas na investigação, mas não pode embasar a sentença condenatória. 11.3: A confissão judicial, em princípio, é, obviamente, lícita. Todavia, para a condenação, apenas será considerada a confissão que encontre algum sustento nas demais provas, tudo à luz do art. 197 do CPP" (REsp 2123334-MG, j. em 20-6-2024, DJe de 2-7-2024). ED/PB
Gabarito "E".

(Investigador – PC/BA – 2018 – VUNESP) Iniciada uma diligência visando a apreender, com urgência, objeto cujo possuidor ou detentor evade-se para Estado limítrofe, é correto afirmar que

(A) os agentes da autoridade deverão interromper a diligência, elaborar relatório minucioso, para que ela seja concluída mediante carta precatória.

(B) apenas se a diligência for comandada pela autoridade policial, os agentes da autoridade poderão ingressar no território do outro Estado e realizar a apreensão.

(C) os agentes da autoridade poderão ingressar no território do outro Estado e, encontrando o objeto, apreendê-lo imediatamente.

(D) ainda que haja urgência na apreensão, os agentes da autoridade deverão apresentar-se à autoridade policial da respectiva área.

(E) os agentes da autoridade poderão ingressar em outro Estado se houver ordem judicial para a transposição.

A resposta a esta questão deve ser extraída o art. 250 do CPP, que estabelece que a autoridade ou seus agentes poderão ingressar em território alheio, mesmo que de outro estado da Federação, a fim de proceder à apreensão de pessoa ou coisa. Impõe-se, no entanto, como cautela, a obrigação de que esses agentes se apresentem à autoridade local, antes ou depois da apreensão, a fim de dar ciência do ocorrido. Havendo urgência na diligência, como é o caso narrado no enunciado, a apresentação à autoridade local pode se dar após a apreensão; não havendo urgência, a apresentação deverá anteceder a diligência de apreensão. ED
Gabarito "C".

(Delegado – PC/BA – 2018 – VUNESP) No que concerne aos sistemas de avaliação das provas, o julgamento realizado pelos Juízes leigos (jurados) no Tribunal do Júri é exemplo do que a doutrina classifica como sistema

(A) da prova livre.

(B) legal ou tarifado.

(C) da íntima convicção.

(D) da persuasão racional.

(E) da livre convicção motivada.

Quanto aos sistemas de avaliação da prova, adotamos, como regra, o chamado *sistema da persuasão racional* ou *livre convencimento motivado*, em que o magistrado decidirá com base no seu livre convencimento, fundamentando, sempre, a sua decisão (art. 155, *caput*, do CPP e art. 93, IX, da CF). Pelo *sistema da prova legal*, o juiz fica adstrito ao valor atribuído à prova pelo legislador. É o que se dá com a prova relativa ao estado das pessoas (estado civil, grau de parentesco, idade etc.), que se sujeita às restrições estabelecidas na lei civil (art. 155, parágrafo único, do CPP). Temos ainda o *sistema da íntima convicção*, que é o que vige no Tribunal do Júri, em que o jurado julga guiado por sua íntima convicção a respeito dos fatos,

sem a necessidade de revelar e fundamentar sua decisão. Este último é o sistema referido no enunciado da questão. Importante lembrar que o STF, por maioria, decidiu que após a condenação pelo Tribunal do Júri, os acusados devem ser presos imediatamente ou podem aguardar o julgamento dos recursos em liberdade, entendeu que a soberania das decisões do Tribunal do Júri (ou júri popular), prevista na Constituição Federal, justifica a execução imediata da pena imposta e, assim, deu interpretação conforme à Constituição, com redução de texto, ao art. 492 do CPP, com a redação da Lei nº 13.964/2019, excluindo do inciso I da alínea "e" do referido artigo o limite mínimo de 15 anos para a execução da condenação imposta pelo corpo de jurados. Por arrastamento, excluiu do § 4º e do § 5º, inciso II, do art. 492 do CPP, a referência ao limite de 15 anos, fixando, nesse sentido, a seguinte tese: "A soberania dos veredictos do Tribunal do Júri autoriza a imediata execução de condenação imposta pelo corpo de jurados, independentemente do total da pena aplicada" (RE 1235340-SC, j. em 11-9-2024 - Tema 1068). ED
Gabarito "C".

8. SUJEITOS PROCESSUAIS

(Escrivão – PC/GO – AOCP – 2023) Em relação aos procedimentos de cognição, assinale a alternativa correta.

(A) Os processos que apurem a prática de crime hediondo terão prioridade de tramitação em todas as instâncias.

(B) Serão residualmente sumários todos os procedimentos comuns que não tiverem por objeto crime cuja sanção máxima cominada for igual ou superior a 4 (quatro) anos de pena privativa de liberdade.

(C) O procedimento sumaríssimo tem rito cível e tramitação subsidiária perante os Juizados Especiais.

(D) As decisões de rejeição da denúncia e absolvição sumária possuem as mesmas causas motivadoras.

(E) As provas serão produzidas em uma só audiência, sendo defeso ao juiz indeferir aquelas hipoteticamente protelatórias, sob pena de violação ao princípio da ampla defesa.

A: correta, pois em conformidade com o que estabelece o art. 394-A do CPP. Após a vigência da Lei 14.994/2024 o referido artigo foi alterado e, incluiu na prioridade de tramitação, em todas as instâncias, crime cometido com violência contra a mulher; **B:** incorreta. O critério utilizado para se identificar o rito processual a ser adotado é a *pena máxima* cominada ao crime, conforme estabelece o art. 394 do CPP. O *rito ordinário* terá lugar sempre que se tratar de crime cuja sanção máxima cominada for igual ou superior a quatro anos de pena privativa de liberdade (art. 394, § 1º, I, CPP). O *rito sumário*, por sua vez, será adotado quando se tratar de crime cuja sanção máxima seja inferior a quatro anos de pena privativa de liberdade (art. 394, § 1º, II, CPP). Já o *rito sumaríssimo* terá incidência nas infrações penais de menor potencial ofensivo (contravenções penais e os crimes a que a lei comine pena máxima não superior a 2 anos, cumulada ou não com multa), na forma estatuída no art. 394, § 1º, III, CPP; **C:** incorreta. Assertiva contraria o disposto no art. 394, § 5º, CPP, que prevê a aplicação subsidiaria aos procedimentos especial, sumário e sumaríssimo as disposições do procedimento ordinário; **D:** incorreta. As causas motivadoras da decisão de rejeição da denúncia, que são diversas daquelas que dão azo à absolvição sumária, estão elencadas no art. 395 do CPP (inépcia, faltar pressuposto processual ou condição para o exercício da ação penal, faltar justa causa para o exercício da ação penal); já as hipóteses de absolvição sumária estão no art. 397 do CPP; **E:** incorreta. Contraria o disposto no art. 400, § 1º, do CPP, que autoriza o juiz a indeferir, entre outras, as provas consideradas irrelevantes, impertinentes ou protelatórias. ED/PB
Gabarito "A".

(Escrivão – PC/GO – AOCP – 2023) Sobre os procedimentos sumário e sumaríssimo, assinale a alternativa INCORRETA.

(A) Na instrução do procedimento sumário, poderão ser inquiridas até 5 (cinco) testemunhas arroladas pela acusação e 5 (cinco) pela defesa.

(B) Da decisão de rejeição da denúncia ou queixa e da sentença, caberá recurso em sentido estrito, que poderá ser julgado por turma composta de cinco juízes em exercício no primeiro grau de jurisdição, reunidos na sede do Juizado.

(C) No procedimento sumário, as alegações finais serão orais, concedendo-se a palavra, respectivamente, à acusação e à defesa, pelo prazo de 20 (vinte) minutos, prorrogáveis por mais 10 (dez), proferindo o juiz, a seguir, a sentença.

(D) No procedimento sumaríssimo, durante a audiência, todas as partes e demais sujeitos processuais presentes no ato deverão respeitar a dignidade da vítima, sob pena de responsabilização civil, penal e administrativa, sendo vedada a manifestação sobre circunstâncias ou elementos alheios aos fatos objeto de apuração nos autos.

(E) No procedimento sumaríssimo, diversamente do procedimento ordinário, os embargos de declaração serão opostos por escrito ou oralmente, no prazo de cinco dias, contados da ciência da decisão.

A: correta. De fato, no rito sumário, podem-se ouvir até 5 testemunhas (art. 532 do CPP), por parte; **B**: incorreta. O art. 82, *caput* e § 1º, da Lei 9.099/1995 estabelece que da decisão que rejeitar a denúncia ou a queixa caberá recurso de apelação (e não em sentido estrito), a ser interposto, por petição escrita, no prazo de dez dias, da qual deverão constar as razões e o pedido. O julgamento deste recurso caberá a uma turma composta de três juízes em exercício no primeiro grau de jurisdição, reunidos na sede do Juizado; **C**: correta, pois em consonância com o art. 534, *caput*, do CPP; **D**: correta (art. 81, § 1º-A, da Lei 9.099/1995); **E**: correta (art. 83, § 1º, da Lei 9.099/1995). ED
Gabarito "B".

(Analista – TJ/ES – 2023 – CEBRASPE) À luz da legislação de regência e do entendimento doutrinário dominante, julgue os itens que se seguem, relativos à citação e à intimação no processo penal.

(1) Na ação penal privada, o querelante será intimado da sentença pessoalmente ou por intermédio do advogado constituído nos autos.

(2) Em obediência ao princípio do contraditório, ausente o citado por edital, é vedada a produção de provas em juízo, sob pena de nulidade absoluta.

(3) Se, quando citado por hora certa, o acusado não comparecer, será decretada a sua revelia nos mesmos moldes da citação por edital.

1: correta, pois em conformidade com o disposto no art. 391 do CPP; **2**: errada. Na hipótese de o réu não ser encontrado, deverá o juiz determinar a sua citação por edital, depois de esgotados os meios disponíveis para a sua localização. Se o acusado, depois de citado por edital, não comparecer tampouco constituir defensor, o processo e o prazo prescricional ficarão, em vista da disciplina estabelecida no art. 366 do CPP, suspensos. A produção da prova considerada urgente deverá se dar em conformidade com o entendimento firmado na Súmula 455 do STJ: "A decisão que determina a produção antecipada de provas com base no art. 366 do CPP deve ser concretamente fundamentada, não a justificando unicamente o mero decurso do tempo". Mais: a colheita desta prova somente poderá se dar na presença de defensor público ou dativo, para o fim de que ao acusado seja assegurado direito de defesa; **3**: errada. Nos termos do art. 362, parágrafo único, do CPP, *completada a citação com hora certa, se o acusado não comparecer, ser-lhe-á nomeado defensor dativo*. ED
Gabarito 1C, 2E, 3E

(Delegado/MG – 2021 – FUMARC) De acordo com o Código de Processo Penal, é CORRETO afirmar:

(A) A lei prevê a extensão das hipóteses de impedimentos e suspeição dos juízes aos membros do Ministério Público, naquilo que for aplicável.

(B) As causas de impedimento descritas no CPP têm natureza exemplificativa.

(C) Da decisão que não admitir o assistente do Ministério Público caberá recurso em sentido estrito.

(D) O assistente do Ministério Público, nos casos da ação pública, poderá ser admitido antes do recebimento da denúncia.

A: correta, pois em conformidade com o disposto no art. 258 do CPP; **B**: incorreta, já que a enumeração das situações que configuram impedimento tem natureza *taxativa*, e não *exemplificativa*; **C**: incorreta. Isso porque, da decisão que não admitir o assistente do Ministério Público, não caberá recurso (art. 273, CPP); **D**: incorreta. O assistente poderá ser admitido em qualquer fase do processo, desde o recebimento da denúncia até o trânsito em julgado da sentença. ED
Gabarito "A".

(Investigador – PC/BA – 2018 – VUNESP) Quanto aos assistentes de acusação, o Código de Processo Penal estabelece que

(A) o assistente é aquele que oferece a denúncia, na hipótese de inércia do Ministério Público nos crimes de ação penal pública.

(B) a morte do ofendido obsta que outrem atue ao lado do Ministério Público, no polo ativo.

(C) na hipótese de ação penal privada, poderá haver assistência de acusação tão somente se houver pluralidade de ofendidos.

(D) na hipótese de morte do ofendido, poderão habilitar-se como assistente seu cônjuge, ascendente, descendente ou irmão.

(E) a assistência inicia-se com a denúncia e conclui-se, em havendo interesse do ofendido, com o término da execução da pena.

A: incorreta. É que o assistente somente será admitido a partir do recebimento da denúncia, permanecendo nessa condição até o trânsito em julgado (art. 269, CPP). Sendo a ação penal pública, o ofendido, diante da inércia do MP em promover a ação penal dentro do prazo legal, poderá ajuizar ação penal privada subsidiária da pública, conforme arts. 29 do CPP e 100, § 3º, do CP; **B**: incorreta, na medida em que contraria o teor do art. 268 do CPP, que estabelece que, na falta do ofendido ou de seu representante legal, a intervenção, na qualidade de assistente, poderá realizar-se pelas pessoas mencionadas no art. 31 do CPP; **C**: incorreta. Isso porque, por expressa disposição do art. 268 do CPP, a assistência poderá se dar, exclusivamente, na ação penal *pública*, já que, se se tratar de ação privada, exclusiva ou subsidiária da pública, o ofendido funcionará como querelante, isto é, como parte necessária; **D**: correta, pois corresponde ao que estabelece o art. 31 do CPP; **E**: incorreta, já que a admissão do assistente terá lugar a partir do recebimento da denúncia e poderá ocorrer até o trânsito em julgado da sentença, ou seja, não há que se falar em assistência no inquérito policial e na execução penal. ED
Gabarito "D".

(Escrevente – TJ/SP – 2018 – VUNESP) A respeito das causas de impedimento e suspeição do juiz, de acordo com o Código de Processo Penal, assinale a alternativa correta.

(A) Nos juízos coletivos, não poderão servir no mesmo processo os juízes que forem entre si parentes, consanguíneos ou afins, em linha reta ou colateral, até o quarto grau.

(B) O juiz será suspeito, podendo ser recusado por qualquer das partes, se já tiver funcionado como juiz de outra instância, pronunciando-se de fato ou de direito sobre a questão.

(C) Ainda que dissolvido o casamento, sem descendentes, que ensejava impedimento ou suspeição, não funcionará como juiz o sogro, o padrasto, o cunhado, o genro ou enteado de quem for parte no processo.

(D) O juiz será impedido se for credor ou devedor de qualquer das partes.

(E) A suspeição poderá ser reconhecida ou declarada ainda que a parte injurie, de propósito, o juiz.

Impedimentos são causas objetivas relacionadas a fatos internos ao processo e prejudicam a imparcialidade do juiz, e as hipóteses estão elencadas no art. 252 do CPP. A Suspeição são circunstâncias subjetivas relacionadas a fatos externos ao processo, causas de incapacidade subjetiva do juiz e que prejudicam a sua imparcialidade, descritas no art. 254 do CPP. **A:** incorreta. O *impedimento* do art. 253 do CPP, que se refere a órgãos colegiados, vai até o *terceiro* grau (e não até o *quarto*, como consta da assertiva); **B:** incorreta. Cuida-se de hipótese de *impedimento* (art. 252, III, CPP), e não de *suspeição*, cujas causas estão elencadas no art. 254, CPP; **C:** correta. De acordo com o disposto no art. 255 do CPP; **D:** incorreta. Se o juiz for credor ou devedor de qualquer das partes, ele será considerado *suspeito* para o julgamento da causa (art. 254, VI, do CPP), e não *impedido*; **E:** incorreta. Nesta hipótese, a suspeição não será declarada tampouco reconhecida, tal como estabelece o art. 256 do CPP. ED
"Gabarito 'C'."

(Escrevente – TJ/SP – 2018 – VUNESP) A respeito do acusado e do defensor, é correto afirmar que

(A) o acusado, ainda que tenha habilitação, não poderá a si mesmo defender, sendo-lhe nomeado defensor, pelo juiz, caso não o tenha.

(B) a constituição de defensor dependerá de instrumento de mandato, ainda que a nomeação se der por ocasião do interrogatório.

(C) o acusado ausente não poderá ser processado sem defensor. Já o foragido, existindo sentença condenatória, ainda que não transitada em julgado, sim.

(D) se o defensor constituído pelo acusado não puder comparecer à audiência, por motivo justificado, provado até a abertura da audiência, nomear-se-á defensor dativo, para a realização do ato, que não será adiado.

(E) o acusado, ainda que possua defensor nomeado pelo Juiz, poderá, a todo tempo, nomear outro, de sua confiança.

A: incorreta, uma vez que, embora não seja recomendável, é dado ao acusado, desde que tenha habilitação para tanto (deve ser advogado), promover a sua defesa técnica, faculdade essa contemplada no art. 263, *caput*, do CPP; **B:** incorreta. É do art. 266 do CPP que a constituição de defensor independerá de instrumento de mandato se a indicação, feita pelo réu, se der por ocasião do interrogatório;

C: incorreta. A rigor, não há que se falar em revelia no âmbito do processo penal, ao menos tal como verificado no processo civil, em que, como sabemos, a não contestação da ação pelo réu citado implica o reconhecimento, como verdadeiros, dos fatos articulados na inicial. No processo penal, diferentemente, a inação do réu, que foi regularmente citado para contestar a ação, não pode acarretar o mesmo efeito produzido no processo civil. É dizer, o juiz, diante do não comparecimento do réu, providenciará para que lhe seja nomeado um defensor, a quem incumbirá, a partir de então, a defesa do acusado (art. 261, CPP); **D:** incorreta, uma vez que, por força do que estabelece o art. 265, §§ 1º e 2º, do CPP, a audiência poderá, neste caso, ser adiada; **E:** correta (art. 263, *caput*, do CPP). ED
"Gabarito 'E'."

9. CITAÇÃO, INTIMAÇÃO E PRAZOS

(Juiz de Direito/AP – 2022 – FGV) A intimação de réu solto assistido pela Defensoria Pública ou patrocinado por advogado dativo, quanto à sentença penal condenatória, deve ocorrer:

(A) por publicação no órgão da imprensa oficial;

(B) por meio eletrônico;

(C) pessoalmente;

(D) na pessoa do seu patrono;

(E) em audiência.

A intimação do réu preso será pessoal (art. 392, I do CPP); se o réu estiver solto, *a intimação será pessoal* ou basta a intimação do defensor, desde que constituído (art. 392, II do CPP). Contudo, conforme entendimento do STJ: "(...) 1. Segundo entendimento jurisprudencial consolidado no âmbito desta Corte Superior, é dispensável a intimação pessoal do réu solto, sendo suficiente a comunicação pelo órgão oficial de imprensa, no caso de estar assistido por advogado constituído, ou pessoal, nos casos de patrocínio pela Defensoria Pública ou por defensor dativo. A intimação pessoal somente é exigida da sentença que condena o réu preso, conforme o art. art. 392, inciso I, do Código de Processo Penal" (AgRg no HC 717898-ES). ED/PB
"Gabarito 'C'."

(Juiz de Direito/SP – 2021 – Vunesp) Constata-se a aplicação, por analogia, das normas de processo civil ao Código de Processo Penal não só de forma subsidiária, mas também de forma expressa. Como exemplo de aplicação da forma expressa, afirma-se como correta

(A) a citação por hora certa.

(B) a instauração dos incidentes de resolução de demandas repetitivas.

(C) o processamento dos embargos infringentes.

(D) as medidas assecuratórias do sequestro e a hipoteca legal.

A solução desta questão deve ser extraída do art. 362, *caput*, do CPP, que manda adotar, no que toca à forma de se proceder à citação por hora certa no âmbito criminal, as regras estabelecidas na legislação processual civil. Importante mencionar que o STF fixou a seguinte tese: "1. É constitucional a citação por hora certa, prevista no art. 362, do Código de Processo Penal. 2. A ocultação do réu para ser citado infringe cláusulas constitucionais do devido processo legal e viola as garantias constitucionais do acesso à justiça e da razoável duração do processo" (RE 635145, j. em 3-8-2016 – tema 613). ED
"Gabarito 'A'."

(Escrevente – TJ/SP – 2018 – VUNESP) Com relação à citação do acusado, assinale a alternativa correta.

(A) A citação inicial do acusado far-se-á pessoalmente, por intermédio de mandado judicial, carta precatória ou hora certa.

(B) Ao acusado, citado por edital, que não comparecer ou constituir advogado, será nomeado defensor, prosseguindo o processo.

(C) Estando o acusado no estrangeiro, suspende-se o processo e o prazo prescricional até que retorne ao País.

(D) Completada a citação por hora certa, não comparecendo o réu, ser-lhe-á nomeado defensor dativo.

(E) A citação do réu preso far-se-á na pessoa do Diretor do estabelecimento prisional.

A: incorreta. Segundo dispõe o art. 351 do CPP, a citação inicial far-se-á por mandado, que constitui modalidade de citação pessoal. O acusado será citado por carta precatória se estiver fora do território da jurisdição do juiz processante (art. 353, CPP). Já a citação por hora certa, que é modalidade de citação presumida (ficta) e foi incorporada ao processo penal com o advento da Lei 11.719/2008, que a inseriu no art. 362 do CPP, somente terá lugar diante da existência de indícios de ocultação do réu; **B:** incorreta. Se o réu, depois de citado por edital, não comparecer tampouco constituir defensor, o processo e o prazo prescricional ficarão, por imposição da regra estampada no art. 366 do CPP, *suspensos*. Poderá o juiz, neste caso, determinar a produção antecipada das provas que repute urgentes e, presentes os requisitos do art. 312 do CPP, decretar a prisão preventiva. *Vide*, a esse respeito, Súmulas n. 415 e 455 do STJ; **C:** incorreta. Se o acusado estiver no estrangeiro, em lugar sabido, sua citação far-se-á por meio de carta rogatória, com a suspensão do prazo prescricional até o seu cumprimento (art. 368, CPP); **D:** correta, pois reflete o disposto no art. 362, parágrafo único, CPP; **E:** incorreta, uma vez que a citação da pessoa que estiver presa será feita pessoalmente (por mandado), conforme art. 360, CPP. **ED**
Gabarito "D".

10. PRISÃO, MEDIDAS CAUTELARES E LIBERDADE PROVISÓRIA

(ENAM – 2024.1) João da Silva vai à agência bancária obter o levantamento de conta de FGTS de terceiro, usando documento falso. Desconfiado da veracidade do documento, o gerente da agência pede a João que retorne em algumas horas, quando o dinheiro já estará disponível em sua conta. João retorna no horário combinado e, no momento em que efetua o saque, é preso por policiais militares acionados pelo gerente da agência após proceder à checagem da autenticidade do referido documento e confirmar sua falsidade.

Considerando essa narrativa, assinale a afirmativa correta.

(A) A prisão em flagrante é ilegal, pois se trata de flagrante provocado.

(B) A prisão em flagrante é legal, pois se trata de ação controlada.

(C) A prisão em flagrante é legal, pois se trata de flagrante diferido.

(D) A prisão em flagrante é legal, pois se trata de flagrante preparado.

(E) A prisão em flagrante é legal, pois se trata de flagrante esperado.

A: incorreta. No flagrante provocado (preparado, crime de ensaio, delito de experiência, delito putativo por obra do agente provocador) o agente é induzindo à prática do crime por terceiro ou pela polícia. Nessa hipótese há o crime impossível, porque o agente não dispõe de meios necessário para conseguir a consumação ou impróprio o objeto material. Nesse sentido, é o teor da Súmula 145 do STF: Não há crime, quando a preparação do flagrante pela polícia torna impossível a sua consumação. Se caraterizado o flagrante provocado, a prisão de João da Silva será ilegal; **B:** incorreta. A ação controlada consiste em retardar a intervenção policial ou administrativa relativa à ação praticada por organização criminosa ou a ela vinculada, desde que mantida sob observação e acompanhamento para que a medida legal se concretize no momento mais eficaz à formação de provas e obtenção de informações, com previsão legal na Lei 12.850/2013. De acordo com o caso narrado no enunciado, não se trata de ação controlada; **C** e **D:** erradas. Vide comentário à assertiva A; **E:** correta. No flagrante esperado não há induzimento ou provocação para a prática do crime, o terceiro ou a autoridade policial aguarda o momento do cometimento do delito para efetuar a prisão em flagrante. **PB**
Gabarito "E".

(Juiz de Direito – TJ/SC – 2024 – FGV) O Ministério Público ofereceu denúncia contra Robério em razão da prática do crime de homicídio culposo e requereu a prisão preventiva do acusado, pelo fato de ostentar outras condenações por delitos culposos em sua folha de antecedentes criminais, bem como por não possuir ele residência fixa na comarca.

Analisando o pleito ministerial, é correto afirmar que o juiz:

(A) não poderá decretar a prisão preventiva do acusado, que não é cabível, mas poderá decretar medida cautelar diversa da prisão;

(B) poderá decretar a prisão preventiva do acusado com vistas à garantia da ordem pública evidenciada pelos antecedentes do acusado;

(C) não poderá decretar a prisão preventiva do acusado, que não é cabível, mas poderá substituí-la pela prisão temporária;

(D) poderá decretar a prisão preventiva do acusado para assegurar a aplicação da lei penal, pelo fato de ele não possuir residência fixa na comarca;

(E) poderá decretar a prisão preventiva do acusado por conveniência da instrução criminal, a fim de garantir que as testemunhas possam depor livremente.

A: correta. Os requisitos para a decretação da prisão preventiva estão elencados no art. 312 do CPP, que são: garantia da ordem pública, da ordem econômica, por conveniência da instrução criminal ou para assegurar a aplicação da lei penal (*periculum libertatis*), quando houver prova da existência do crime e indício suficiente de autoria (*fumus comissi delicti*) e de perigo gerado pelo estado de liberdade do imputado, e em caso de descumprimento de qualquer das obrigações impostas por força de outras medidas cautelares. Ainda, deverá se observar no art. 313 outros requisitos, *crimes dolosos* punidos com pena privativa de liberdade máxima superior a 4 anos, se tiver sido condenado por outro *crime doloso*, em sentença transitada em julgado, e o crime envolver violência doméstica e familiar contra a mulher, criança, adolescente, idoso, enfermo ou pessoa com deficiência, para garantir a execução das medidas protetivas de urgência e caso houver dúvida sobre a identidade civil da pessoa ou quando esta não fornecer elementos suficientes para esclarecê-la. Não há previsão expressa na legislação processual que a prisão preventiva será admitida nas hipóteses de crimes culposos, uma vez que, em geral, admitem a substituição da pena em restritiva de direitos e, nesse sentido sendo desproporcional a decretação da prisão preventiva. Por fim, o fato, por si só do agente não possuir residência fixa não é fundamentação suficiente para decretar a prisão preventiva, por esse motivo cabe a aplicação de medida cautelar diversa da prisão; **B:** errada. Vide comentários à assertiva A; **C:** errada. A prisão temporária será decretada somente na fase do inquérito policial, imprescindível para as investigações do inquérito policial. **D:** errada. Vide comentário à assertiva A; **E:** errada. Não é requisito para a decretação da prisão preventiva humilhação, temor, ou sério constrangimento causado pela presença do réu, o juiz fará a inquirição por videoconferência e, somente na impossibilidade dessa forma, determinará a retirada do réu, prosseguindo na inquirição, com a presença do seu defensor, vide art. 217 do CPP. PB

Gabarito "A".

(Juiz de Direito – TJ/SC – 2024 – FGV) Márcio, com extensa folha de antecedentes criminais, foi denunciado pelo Ministério Público em razão da prática do crime de constituir organização criminosa e de vários crimes de estelionato, tendo sido requerida a sua prisão preventiva. Contudo, não foi encontrado para ser citado, tendo o juiz determinado a sua citação por edital. Após a citação editalícia, Márcio não compareceu em juízo, mas constituiu advogado nos autos.

Nessa hipótese, é correto afirmar que:

(A) serão suspensos o curso do processo e do prazo prescricional, e o juiz poderá decretar a prisão preventiva de Márcio;

(B) não será suspenso o curso do processo, mas apenas do prazo prescricional, e o juiz não poderá decretar a prisão preventiva de Márcio;

(C) não serão suspensos o curso do processo e do prazo prescricional, e o juiz poderá decretar a prisão preventiva de Márcio;

(D) será suspenso o curso do processo e interrompido o prazo prescricional, e o juiz poderá decretar a prisão preventiva de Márcio;

(E) serão interrompidos o curso do processo e do prazo prescricional, e o juiz não poderá decretar a prisão preventiva de Márcio.

Determina o art. 366 do CPP que: se o acusado, citado por edital, não comparecer, nem constituir advogado, ficarão suspensos o processo e o curso do prazo prescricional, podendo o juiz determinar a produção antecipada das provas consideradas urgentes e, se for o caso, decretar prisão preventiva, nos termos do disposto no art. 312 do CP. Conforme o enunciado, Márcio mesmo citado por edital, constituiu advogado para sua defesa nos autos, portanto, seguirá a ação penal seu tramite normal, não serão suspensos o curso do processo nem o prazo prescricional e, caso presentes os requisitos, o juiz decretará a prisão preventiva. PB

Gabarito "C".

(Juiz de Direito – TJ/SP – 2023 – VUNESP) O chamado flagrante esperado acontece quando

(A) a autoridade induz o agente a praticar o crime.

(B) a autoridade encontra o agente com instrumentos do crime.

(C) a autoridade tem ciência de que o agente pretende praticar o crime.

(D) a autoridade persegue o agente logo após a prática do crime.

No flagrante esperado não há induzimento ou provocação para a prática do crime, o terceiro ou a autoridade policial aguarda o momento do cometimento do delito para efetuar a prisão em flagrante. Nesse sentido, "(...)1. Nos termos da jurisprudência desta Corte, "no flagrante preparado, a polícia provoca o agente a praticar o delito e, ao mesmo tempo, impede a sua consumação, cuidando-se, assim, de crime impossível; ao passo que no flagrante forjado, a conduta do agente é criada pela polícia, tratando-se de fato atípico. Hipótese totalmente diversa é a do flagrante esperado, em que a polícia tem notícias de que uma infração penal será cometida e aguarda o momento de sua consumação para executar a prisão" (HC n. 307.775/GO, Quinta Turma, Rel. Min. Jorge Mussi, DJe de 11/03/2015)" (STJ, AgRg no HC 863551-PR, j, em 26-2-2024, DJe de 28-2-2024). PB

Gabarito "C."

(Juiz de Direito – TJ/DFT – 2023 – CEBRASPE) Em outubro de 2022, Pablo, pessoa em situação de rua, foi detido em flagrante delito pela Polícia Civil do Distrito Federal, em virtude da prática do crime de furto simples. Conforme apurado na esfera policial, ele havia ingressado em um supermercado durante o dia e de lá subtraído alguns itens expostos à venda, avaliados em cerca de R$ 95, tendo sido detido, ainda na posse dos bens subtraídos, pelos seguranças do estabelecimento. A autoridade policial formalizou a prisão em flagrante sem formular representação pela conversão em prisão preventiva. Na sequência, Pablo foi apresentado ao Núcleo de Audiências de Custódia (NAC) do TJDFT. Na audiência de custódia, foram constatadas, pela análise da folha de antecedentes penais de Pablo, duas condenações definitivas anteriores, por furtos datados de 2015 e 2016, mas com as penas já extintas, pelo cumprimento, havia quatro anos. Depois de ouvida a pessoa detida, tanto o MP quanto a defesa manifestaram-se pela concessão da liberdade provisória ao autuado, sem formular requerimento de aplicação de quaisquer medidas cautelares diversas da prisão.

Em relação a essa situação hipotética, assinale a opção correta a respeito da prisão processual, das medidas cautelares diversas da prisão e da liberdade provisória.

(A) O juiz em atuação no NAC pode, de ofício, converter a detenção em flagrante em prisão preventiva, pois a circunstância de o autuado ser pessoa em situação de rua gera, por si só, risco à aplicação da lei penal e, assim, autoriza a adoção da medida excepcional da prisão provisória.

(B) Concedida a liberdade provisória pelo NAC, o juízo da vara criminal para o qual for distribuído o auto de prisão em flagrante não poderá decretar a prisão preventiva de Pablo, mesmo que sobrevenham razões para tanto e haja requerimento do MP.

(C) Caso o juiz em atuação no NAC considere que o fato narrado no auto de prisão em flagrante é insignificante e decida relaxar a prisão efetuada, a sua decisão, fundamentada na atipicidade material, não produzirá coisa julgada e, portanto, não vinculará o juízo da vara criminal para a qual, posteriormente, for distribuído o auto de prisão em flagrante e o correspondente inquérito policial.

(D) Essa situação não se enquadra em nenhuma das hipóteses de admissibilidade da prisão preventiva previstas no CPP, sendo certo que o CPP não admite essa modalidade de custódia cautelar para crimes dolosos com pena máxima não superior a quatro anos, seja a pessoa detida reincidente ou não em crime doloso.

(E) Para a caracterização de risco à ordem pública por reiteração delitiva, não importa se as condenações anteriores deram-se por fatos que guardam relação de contemporaneidade com a situação que gerou o flagrante em outubro de 2022.

A: errada. De acordo com o teor do art. 311 do CPP: "em qualquer fase da investigação policial ou do processo penal, caberá a prisão preventiva decretada pelo juiz, a requerimento do Ministério Público, do querelante ou do assistente, ou por representação da autoridade policial". Nesse sentido, decidiu o STF no HC 188.888-MG, "(...) impossibilidade, de outro lado, da decretação "ex officio" de prisão preventiva em qualquer situação (em juízo ou no curso de investigação penal), inclusive no contexto de audiência de custódia (ou de apresentação), sem que se registre, mesmo na hipótese da conversão a que se refere o art. 310, II, do CPP, prévia, necessária e indispensável provocação do Ministério Público ou da Autoridade Policial – recente inovação Legislativa introduzida pela Lei nº 13.964/2019 ("Lei Anticrime"), que alterou os arts. 282, §§ 2º e 4º, e 311 do Código de Processo Penal, suprimindo ao magistrado a possibilidade de ordenar, "sponte sua", a imposição de prisão preventiva – não realização, no caso, da audiência de custódia (ou de apresentação) – inadmissibilidade de presumir-se implícita, no auto de prisão em flagrante, a existência de pedido de conversão em prisão preventiva – conversão, de ofício, mesmo assim, da prisão em flagrante do ora paciente em prisão preventiva – impossibilidade de tal ato, quer em face da ilegalidade dessa decisão, quer, ainda, em razão de ofensa a um direito básico, qual seja o de realização da audiência de custódia, que traduz prerrogativa insuprimível assegurada a qualquer pessoa pelo ordenamento doméstico e por convenções Internacionais de direitos humanos". O STJ consolidando jurisprudência própria editou a Súmula 676, com a seguinte redação: "Em razão da Lei n. 13.964/2019, não é mais possível ao juiz, de ofício, decretar ou converter prisão em flagrante em prisão preventiva". Ademais, a situação do autuado ser pessoa em situação de rua, por si só, não é fundamento legal para a decretação da prisão preventiva, é preciso fundamentação específica, a fim de demonstrar a necessidade e a adequação da medida restritiva da liberdade aos fins a que se destina, consoante previsão do art. 282 do CPP, nesse sentido: STJ, HC 772380-SP, 8-11-2022, DJe de 16-11-2022; **B:** errada: Poderá juiz da vara criminal, se verificado que estão presentes os requisitos que autorizam a prisão preventiva (art. 312 do CPP) decretá-la, mesmo que sobrevenham razões para tanto (vide art. 316 do CPP); **C:** correta. De acordo com o entendimento do STF: "(...) 4. A audiência de apresentação consubstancia-se em mecanismo de índole constitucional dirigido a possibilitar ao juízo natural formar seu convencimento acerca da necessidade de se concretizar qualquer das espécies de prisão processual, bem como de se determinar medidas cautelares diversas da prisão, nos termos dos artigos 310 e 319 do Código de Processo Penal, porquanto não reserva espaço cognitivo acerca do mérito de eventual ação penal, sob pena de comprometer a imparcialidade do órgão julgador. (...) 6. In casu, o juízo plantonista apontou a atipicidade da conduta em sede de audiência de apresentação, tendo o Tribunal de origem assentado que "a pretensa atipicidade foi apenas utilizada como fundamento opinativo para o relaxamento da prisão do paciente e de seus comparsas, uma vez que o MM. Juiz de Direito que presidiu a audiência de custódia sequer possuía competência jurisdicional para determinar o arquivamento dos autos. Por se tratar de mero juízo de garantia, deveria ter se limitado à regularidade da prisão e mais nada, porquanto absolutamente incompetente para o mérito da causa. Em função disso, toda e qualquer consideração feita a tal respeito – mérito da infração penal em tese cometida – não produz os efeitos da coisa julgada, mesmo porque de sentença sequer se trata". 7. O trancamento da ação penal por meio de *habeas corpus* é medida excepcional, somente admissível quando transparecer dos autos, de forma inequívoca, a inocência do acusado, a atipicidade da conduta ou a extinção da punibilidade" (HC 157306-, j. em 25-9-2023, DJe de 1º-3-2019); **D:** errada. A prisão preventiva poderá ser decretada como garantia da ordem pública, da ordem econômica, por conveniência da instrução criminal ou para assegurar a aplicação da lei penal (*periculum libertatis*), quando houver prova da existência do crime e indício suficiente de autoria (*fumus comissi delicti*) e de perigo gerado pelo estado de liberdade do imputado; em caso de descumprimento de qualquer das obrigações impostas por força de outras medidas cautelares; nos crimes dolosos punidos com pena privativa de liberdade máxima superior a 4 anos; e tiver sido condenado por outro crime doloso, em sentença transitada em julgado (ressalvado se entre a data do cumprimento ou extinção da pena e a infração posterior tiver decorrido período de tempo superior a 5 anos); se o crime envolver violência doméstica e familiar contra a mulher, criança, adolescente, idoso, enfermo ou pessoa com deficiência (arts. 312 e 313 do CPP); **E:** errada. Assertiva contrária ao entendimento do STF: "(...) 4. Se as circunstâncias concretas da prática do delito indicam, pelo *modus operandi*, a periculosidade do agente ou o risco de reiteração delitiva, está justificada a decretação ou a manutenção da prisão cautelar para resguardar a ordem pública, desde que igualmente presentes boas provas da materialidade e da autoria, à luz do art. 312 do CPP. Precedentes. 5. O perigo de dano gerado pelo estado de liberdade do acusado deve estar presente durante todo o período de segregação cautelar. 6. A contemporaneidade diz respeito aos motivos ensejadores da prisão preventiva e não ao momento da prática supostamente criminosa em si, ou seja, é desimportante que o fato ilícito tenha sido praticado há lapso temporal longínquo, sendo necessária, no entanto, a efetiva demonstração de que, mesmo com o transcurso de tal período, continuam presentes os requisitos (i) do risco à ordem pública ou (ii) à ordem econômica, (iii) da conveniência da instrução ou, ainda, (iv) da necessidade de assegurar a aplicação da lei penal" (HC 192519, j. em 15-12-2020, DJe de 10-2-2021). **PB**

Gabarito "C".

(Escrivão – PC/GO – AOCP – 2023) Emanuel é delegado de polícia em Anápolis-GO e inicia o interrogatório de um sujeito preso em flagrante por tráfico de entorpecentes próximo a uma escola. O interrogado confessa o delito. Emanuel, então, decreta a prisão preventiva do investigado e oficia ao juízo plantonista para que referende sua decisão. Diante desse contexto, assinale a alternativa correta.

(A) Emanuel está equivocado, pois o delegado de polícia não pode decretar nenhum tipo de prisão.

(B) Enquanto não existir processo penal, cabe ao delegado de polícia aplicar medidas cautelares naturais ou diversas da prisão.

(C) O delegado de polícia, como autoridade policial, pode representar em juízo pela prisão preventiva de determinada pessoa, mas não pode decretá-la.

(D) Emanuel está equivocado, pois a autoridade policial só pode prender alguém em flagrante por crimes que envolvem violência ou grave ameaça.

(E) A autoridade policial só pode decretar prisão mediante requisição do membro do Ministério Público.

A prisão preventiva, nos termos do art. 311 do CPP, quer na fase de inquérito policial, quer no contexto da instrução processual, somente pode ser decretada por juiz de direito. Se a autoridade policial responsável pela lavratura do auto de prisão em flagrante entender que é o caso de sua conversão em preventiva, deve representar ao magistrado nesse sentido, que decidirá em audiência de custódia. A propósito, o art. 310 do CPP, com a redação que lhe deu a Lei 13.964/2019 (Pacote Anticrime), impõe ao magistrado, quando da realização da audiência de custódia, o dever de manifestar-se fundamentadamente, adotando uma das seguintes providências: se se tratar de prisão ilegal, deverá o magistrado relaxá-la e determinar a soltura imediata do preso; se a prisão estiver em ordem, deverá o juiz *converter a prisão em flagrante em preventiva*, sempre levando em conta os requisitos do art. 312 do CPP, desde que as medidas cautelares diversas da prisão se mostrarem inadequadas ou insuficientes; ou conceder liberdade provisória, com ou sem fiança. Seja como for, é importante que se diga que, com as modificações implementadas pelo Pacote Anticrime, a prisão preventiva

somente pode ser decretada pelo juiz diante de representação formulada pelo delegado ou a requerimento do MP. Em outras palavras, não tem mais lugar a decretação dessa custódia de ofício pelo juiz.
Gabarito "C".

(Escrivão – PC/GO – AOCP – 2023) Mauro é delegado de polícia em Abadiânia-GO e inicia o interrogatório de um sujeito preso em flagrante pelo crime de injúria racial. Após o ato, Mauro fixa fiança no valor de 100 (cem) salários-mínimos. Com base no exposto, assinale a alternativa correta.

(A) Mauro extrapolou sua competência, pois a autoridade policial só pode afiançar crimes que envolvam penas superiores a 4 (quatro) anos de reclusão.
(B) Mauro poderia ter arbitrado fiança acima do valor originalmente fixado.
(C) Mauro deveria ter arbitrado valor máximo de 10 (dez) salários-mínimos.
(D) Mauro não poderia ter arbitrado a fiança, pois o crime nesse contexto é inafiançável.
(E) A fiança arbitrada por delegado de polícia deve ser referendada pelo juízo competente.

Dentro do tema tratado nesta questão, valem algumas ponderações, tendo em conta inovações implementadas pela recente Lei 14.532/2023. O crime de racismo, previsto na Lei 7.716/1989, não se confunde com a figura até então capitulada no art. 140, § 3º, do CP, que definia o delito de injúria preconceituosa. Com efeito, segundo sempre sustentou doutrina e jurisprudência, o delito de racismo pressupõe a prática de conduta de natureza segregacionista, ao passo que a injúria racial, então prevista no art. 140, § 3º, do CP, tal como ocorre com o crime de injúria simples, pressupõe que a ofensa seja dirigida a pessoa determinada ou, ao menos, a um grupo determinado de pessoas. *Grosso modo*, é o xingamento envolvendo raça, cor, etnia, religião ou origem. Como consequência desta distinção, tínhamos que o racismo era considerado crime inafiançável, imprescritível e de ação penal pública incondicionada; já a injúria racial era tida por afiançável, prescritível e de ação penal pública condicionada. Tal realidade começou a ser alterada pela ação da jurisprudência. O STF, em sintonia com precedente do STJ, por seu Plenário, ao julgar, em 28/10/2021, o HC 154.248, da relatoria do Ministro Edson Fachin, fixou o entendimento no sentido de que o crime de injúria racial deve ser inserido na seara no delito de racismo, passando a ser, com isso, imprescritível. Mais recentemente, a Lei 14.532/2023, imbuída desse mesmo espírito, alterou o teor do art. 140, § 3º, do CP, que passa a contar com a seguinte redação: *Se a injúria consiste na utilização de elementos referentes a religião ou à condição de pessoa idosa ou com deficiência*. Como se pode ver, o legislador, com isso, excluiu da forma qualificada da injúria ofensas contendo elementos referentes a raça, cor, etnia ou procedência nacional. Tais modalidades migraram para a Lei 7.716/1989, cujo art. 2º-A passa a ter a seguinte redação: *Injuriar alguém, ofendendo-lhe a dignidade ou o decoro, em razão de raça, cor, etnia ou procedência nacional*. Dessa forma, o crime de injúria racial foi tipificado como racismo. A consequência disso é que tal modalidade de injúria passa a ser, agora por força de lei, imprescritível, inafiançável e incondicionada a ação penal. Além disso, a pena, que até então era de reclusão de 1 a 3 anos e multa, passa a ser de 2 a 5 anos de reclusão.
Gabarito "D".

(Papiloscopista – PC/RR – VUNESP – 2022) A prisão que tem como um de seus possíveis requisitos a garantia da ordem pública denomina-se prisão

(A) protetiva.
(B) provisória.
(C) temporária.
(D) em flagrante.
(E) preventiva.

A prisão preventiva será decretada, tanto no curso das investigações quanto no da instrução processual, *como garantia da ordem pública, da ordem econômica, por conveniência da instrução criminal ou para assegurar a aplicação da lei penal, quando houver prova da existência do crime e indício suficiente de autoria e de perigo gerado pelo estado de liberdade do imputado* (art. 312, *caput*, do CPP, cuja redação foi alterada pela Lei 13.964/2019). São os chamados pressupostos da custódia preventiva. Além disso, deve estar presente uma das condições de admissibilidade para a sua decretação, assim entendidas as situações/crimes em que tem lugar esta modalidade de prisão processual. Segundo estabelece o art. 313 do CPP, caberá a prisão preventiva: (i) nos crimes dolosos com pena privativa de liberdade máxima superior a 4 anos (inciso I); (ii) no caso de condenado por outro crime doloso, em sentença transitada em julgado, ressalvado o disposto no inciso I do *caput* do art. 64, CP (inciso II); (iii) quando o crime envolver violência doméstica e familiar contra a mulher, criança, adolescente, idoso, enfermo ou pessoa com deficiência, para assegurar a execução das medidas protetivas de urgência (inciso III).
Gabarito "E".

(Papiloscopista – PC/RR – VUNESP – 2022) A casa é asilo inviolável do indivíduo, ninguém nela podendo penetrar sem consentimento do morador,

(A) salvo em estado de defesa ou estado de sítio.
(B) salvo, em qualquer horário, por determinação judicial.
(C) salvo em caso de flagrante delito ou desastre, ou para prestar socorro, ou, durante o dia, por determinação judicial.
(D) salvo em caso de desastre, ou para prestar socorro, ou, em qualquer horário, por determinação judicial.
(E) não admitindo qualquer exceção.

A solução desta questão deve ser extraída do art. 5º, XI, da CF: *a casa é asilo inviolável do indivíduo, ninguém nela podendo penetrar sem consentimento do morador, salvo em caso de flagrante delito ou desastre, ou para prestar socorro, ou, durante o dia, por determinação judicial*.
Gabarito "C".

(Escrivão – PC/RO – CEBRASPE – 2022) Em relação à prisão temporária, assinale a opção correta.

(A) O mandado de prisão temporária conterá o período de sua duração e o dia em que o preso deverá ser solto.
(B) É admitida a decretação da prisão temporária no caso de cometimento de quaisquer crimes cuja pena seja de reclusão.
(C) O prazo de duração da prisão temporária é fixo, de cinco dias improrrogáveis.
(D) É cabível a decretação da prisão temporária no curso do inquérito policial e da ação penal.
(E) O juiz pode decretar a prisão temporária de ofício se ela for imprescindível para o andamento das investigações.

A: correta, pois reflete o disposto no art. 2º, § 4-A, da Lei 7.960/1989; **B**: incorreta. Isso porque a prisão temporária somente poderá ser decretada com vistas a investigar a ocorrência dos crimes elencados no art. 1º, III, da Lei 7.960/1989; **C**: incorreta, uma vez que o prazo de cinco dias, estabelecido no art. 2º, *caput*, da Lei 7.960/1989, poderá, sim, ser prorrogado uma única vez e por igual período, desde que comprovada a sua necessidade. Agora, se se tratar de crime hediondo ou delito a ele equiparado, o prazo de prisão temporária será de até *trinta* dias, prorrogável por até mais trinta, também em caso de comprovada e extrema necessidade. É o teor do art. 2º, § 4º, da Lei 8.072/1990

(Crimes Hediondos); **D:** incorreta. Conforme preleciona o art. 1º, I, da Lei 7.960/89, a *prisão temporária*, que constitui modalidade de prisão provisória (ou cautelar), somente poderá ser decretada no curso das investigações, não havendo que se falar no seu emprego no decorrer da ação penal; **E:** incorreta. A prisão temporária deve ser decretada pelo juiz, após representação da autoridade policial ou de requerimento do MP, não sendo permitida a sua decretação de ofício. Em caso de representação da autoridade policial, o juiz, antes de decidir, deve ouvir o MP e, em qualquer caso, deve decidir fundamentadamente sobre o decreto de prisão temporária dentro do prazo de 24 horas, contadas a partir do recebimento da representação ou do requerimento. É o que estabelece o art. 2º, *caput*, da Lei 7.960/1989. Atenção: para complementar o estudo, importante ler a decisão do STF na ADI 4109-DF que estabeleceu determinados requisitos para a decretação da prisão temporária: for imprescindível para as investigações do inquérito policial (*periculum libertatis*); fundadas razões de autoria ou participação do indiciado nos crimes previstos no art. 1º, III, Lei 7.960/1989 (*fumus comissi delicti*); justificada em fatos novos ou contemporâneos que fundamentem a medida (art. 312, § 2º, CPP); medida for adequada à gravidade concreta do crime, às circunstâncias do fato e às condições pessoais do indiciado; insuficiente a imposição de medidas cautelares diversas, previstas nos arts. 319 e 320 do CPP. **ED**
Gabarito "A".

(Escrivão – PC/RO – CEBRASPE – 2022) No que diz respeito ao auto de prisão em flagrante, assinale a opção correta.

(A) A falta de testemunhas da infração impede a lavratura do auto de prisão em flagrante, sendo o caso de instauração de portaria.

(B) Após a lavratura do auto, será entregue ao preso a nota de culpa assinada pelo escrivão, contendo o tipo penal, o nome do condutor e o da vítima.

(C) Quando o acusado se recusar a assinar o auto de prisão em flagrante, esse fato deverá ficar consignado para justificar a omissão.

(D) Do auto lavrado deve constar a informação sobre a existência de filhos, idade e se possuem deficiência, bem como o nome e contato do responsável por cuidar dos filhos, indicado pela pessoa presa.

(E) O condutor assinará o termo de depoimento e, após a oitiva das testemunhas, receberá o recibo de entrega do preso ao final da lavratura do auto.

A: incorreta. A falta de testemunhas do fato delituoso não representa óbice à lavratura do auto de prisão em flagrante, mas, neste caso, o art. 304, § 2º, do CPP exige que, além do condutor, o auto seja assinado por pelo menos duas testemunhas que hajam presenciado a apresentação do preso à autoridade policial; **B:** incorreta. A autoridade policial a quem foi apresentado o conduzido deverá providenciar para que contra ele seja lavrado o auto de prisão em flagrante, com a imediata comunicação de sua prisão ao juiz competente, ao Ministério Público e à família do preso ou a pessoa por ele indicada (a obrigatoriedade de comunicar o MP foi inserida pela Lei 12.403/2011, que alterou a redação do art. 306, *caput*, do CPP). Além disso, por imposição do art. 306, § 1º, do CPP, cuja redação também foi alterada por força da mesma lei, "em até vinte e quatro horas após a realização da prisão, será encaminhado ao juiz competente o auto de prisão em flagrante e, caso o autuado não informe o nome de seu advogado, cópia integral para a Defensoria Pública". Ao final, será entregue ao autuado a *nota de culpa*, da qual constarão o motivo da prisão, o nome do condutor e também o das testemunhas (art. 306, § 2º, CPP), devendo esta ser assinada pela autoridade, e não pelo escrivão; **C:** incorreta. Na hipótese de o conduzido se recusar a assinar, não souber ou não puder fazê-lo, o auto de prisão em flagrante será assinado por *duas* testemunhas que tenham ouvido a sua leitura na presença do autuado – art. 304, § 3º, do CPP; **D:** correta (art. 304, § 4º, do CPP); **E:** incorreta, pois não reflete o que estabelece o art. 304, *caput*, do CPP. **ED**
Gabarito "D".

(Delegado/RJ – 2022 – CESPE/CEBRASPE) Assinale a opção correta no que concerne a prisão e medidas cautelares.

(A) Por ser a prisão medida urgente, admite-se que ela seja efetuada em qualquer lugar e dia, e a qualquer hora.

(B) Dispensa-se a assinatura no mandado de prisão quando a autoridade judiciária responsável por sua expedição se fizer presente em seu cumprimento.

(C) A falta de exibição de mandado não obsta a prisão se a infração for inafiançável.

(D) Tanto o ato de prisão quanto a aplicação de medidas cautelares requerem que sejam observados a necessidade, a adequação, a regulamentação, os usos e costumes e os princípios gerais de direito.

(E) Ao juiz é proibido dispensar a manifestação da parte contrária antes de decidir sobre o pedido de medida cautelar.

A: incorreta. Embora seja fato que a prisão poderá ocorrer em qualquer dia e a qualquer hora, também é verdade que a sua execução deverá se subordinar às restrições relativas à inviolabilidade de domicílio (art. 283, § 2º, do CPP). Dessa forma, não sendo hipótese de flagrante, a polícia somente poderá invadir o domicílio do morador recalcitrante, para dar cumprimento a ordem de prisão expedida por magistrado (mandado), durante o dia (art. 5º, XI, CF); **B:** incorreta. Trata-se de previsão não contemplada em lei. Por força do que dispõe o art. 285, parágrafo único, *a*, do CPP, é de rigor que o mandado de prisão seja assinado pela autoridade que o expediu; **C:** correta, pois em conformidade com o disposto no art. 287 do CPP, cuja redação foi alterada pela Lei 13.964/2019, que impôs a realização de audiência de custódia; **D:** incorreta, pois não corresponde ao que estabelece o art. 282 do CPP; **E:** incorreta, na medida em que poderá o juiz, ante a hipótese de urgência ou de perigo de ineficácia da medida, dispensar a manifestação da parte contrária (art. 282, § 3º, CPP). Cuidado: com a modificação a que foi submetida a redação desse dispositivo (art. 282, § 3º) pela Lei 13.964/2019, a parte contrária, ao ser intimada, contará com o prazo de cinco dias para manifestar-se (antes não havia prazo). **ED**
Gabarito "C".

(Delegado/RJ – 2022 – CESPE/CEBRASPE) Em relação à prisão domiciliar, medidas cautelares, fiança e execução penal, assinale a opção correta.

(A) A medida cautelar de suspensão do exercício de função pública para os que pratiquem crimes no exercício da referida função ou atividade de natureza econômica ou financeira que guarde relação com crimes de caráter econômico ou financeiro não pode ser reconhecida porque é incompatível com o direito constitucional do livre exercício do trabalho.

(B) A medida cautelar de internação provisória do acusado só poderá ser deferida se o crime for praticado mediante violência ou grave ameaça e desde que os peritos concluam ser o acusado inimputável ou semi-imputável, com risco de reiteração do crime.

(C) É cabível a substituição da prisão preventiva pela prisão domiciliar aos acusados primários e de bons antecedentes e que sejam responsáveis pelos cuidados de filho de até seis anos de idade incompletos, desde que utilizem aparelho de monitoração eletrônica a distância.

(D) É cabível a substituição da execução da prisão em regime aberto pelo recolhimento em residência particular quando o condenado tiver mais de 80 anos de idade.

(E) Para que haja a possibilidade de quebramento da fiança na hipótese de nova infração penal dolosa, é necessário o trânsito em julgado do crime posteriormente verificado, perdendo o acusado o valor integralmente recolhido da caução processual.

A: incorreta, dado que a medida cautelar disposta no art. 319, VI, do CPP não padece de inconstitucionalidade, sendo lícita, nas hipóteses ali contidas, a suspensão de função ou atividade; **B:** correta, pois reflete o que estabelece o art. 319, VII, do CPP; **C:** incorreta, uma vez a prisão preventiva cumprida em domicílio, na hipótese do art. 318, III, do CPP, não está condicionada ao fato de o acusado/investigado ser primário e portador de bons antecedentes. Além disso, o uso de aparelho de monitoração eletrônica não é obrigatório; **D:** incorreta. Segundo dispõe o art. 117, I, da LEP, "somente se admitirá o recolhimento do beneficiário de regime aberto em residência particular quando se tratar de: I – condenado maior de 70 (setenta) anos (...)"; **E:** incorreta, pois não corresponde ao que estabelece o art. 343 do CPP, segundo o qual haverá a perda de *metade* do valor da fiança. Ademais, não se exige o trânsito em julgado do delito posteriormente verificado. ED

Gabarito "B".

(Delegado/RJ – 2022 – CESPE/CEBRASPE) Juvenal e Gisele são inspetores de polícia lotados em delegacia de repressão a entorpecentes. Por determinação da autoridade policial titular da unidade, iniciaram uma investigação a fim de identificar uma rede de distribuição de drogas em festas *rave* na região da Zona Oeste do Rio de Janeiro. Vestidos com trajes esportivos e da moda, eles se misturaram aos frequentadores da festa e passaram a observar todo o ambiente, enquanto dançavam e bebiam para disfarçar qualquer conotação policial dos seus atos. Assim, identificaram um local onde grande quantidade de drogas era armazenada. Identificaram os indivíduos que distribuíam as drogas e o *modus operandi* que usavam para chegar até ali com as drogas: usavam falsos caminhões de lixo. Levantadas essas informações, Juvenal e Gisele acionaram seus colegas de profissão pelo rádio. O local foi cercado, e todos os envolvidos foram presos, tendo sido apreendida grande quantidade de drogas.

Nessa situação hipotética, houve

(A) flagrante próprio, que autoriza a prisão em flagrante de todos os envolvidos, nos exatos limites do art. 302 do Código de Processo Penal.

(B) flagrante provocado, disciplinado pela Súmula n.º 145 do STF, o que impede a prisão em flagrante de todos os envolvidos.

(C) flagrante esperado, nos exatos limites da Súmula n.º 145 do STF.

(D) flagrante diferido, em decorrência da ação controlada desenvolvida pela equipe de policiais que se infiltrou no local.

(E) flagrante presumido, porque os envolvidos foram encontrados no momento da ação criminosa.

O enunciado descreve típica situação de flagrante próprio. Vale lembrar que o crime de tráfico, na modalidade *guardar* (art. 33, "caput", Lei 11.343/2006), tem natureza permanente, o que permite a prisão em flagrante a qualquer tempo. E foi isso que aconteceu. Após obterem informações concretas e seguras quanto à traficância, sua autoria e o *modus operandi*, policiais ingressaram no local e, ali estando, apreenderam significativa quantidade de droga. Note que, por se tratar de situação de flagrante, o ingresso pode se dar a qualquer hora do dia, inclusive à noite, sendo dispensável a anuência de quem quer que seja. Cuida-se, portanto, de flagrante válido (art. 302, CPP). ED

Gabarito "A".

(Delegado/RJ – 2022 – CESPE/CEBRASPE) Juvenal é gerente de um supermercado e coloca, intencionalmente, nas prateleiras do estabelecimento, produtos e mercadorias impróprias ao consumo, fora da validade, sem o peso correspondente ou com a especificação errada, tudo visando desfazer-se de um grande estoque de mercadorias.

Ao tomar conhecimento dessa prática, a autoridade policial, titular da Delegacia do Consumidor (DECON), determinou que seus agentes comparecessem ao supermercado para verificar a veracidade dos fatos juntamente com agentes da vigilância sanitária. No supermercado, constatada a ilicitude dos fatos, toda a mercadoria foi apreendida e foi dada voz de prisão em flagrante ao gerente Juvenal, encaminhado à delegacia do consumidor.

A autoridade policial autuou Juvenal no art. 7.º, II e IX, da Lei n.º 8.137/90, *in verbis*:

Art. 7.º Constitui crime contra as relações de consumo:
[...]
II – vender ou expor à venda mercadoria cuja embalagem, tipo, especificação, peso ou composição esteja em desacordo com as prescrições legais, ou que não corresponda à respectiva classificação oficial;
[...]
IX – vender, ter em depósito para vender ou expor à venda ou, de qualquer forma, entregar matéria-prima ou mercadoria, em condições impróprias ao consumo;
Pena – detenção, de 2 (dois) a 5 (cinco) anos, ou multa.

Nessa situação hipotética,

(A) a autoridade policial poderá conceder fiança, por se tratar de crime punido com detenção.

(B) a autoridade policial poderá conceder fiança a Juvenal se ele se comprometer a reparar o prejuízo aos consumidores já que se trata de crime apenado com detenção.

(C) a autoridade policial não poderá conceder fiança, por se tratar de crime punido com pena máxima superior a 4 anos e por Juvenal ter sido preso em flagrante delito por crime contra o consumo.

(D) a autoridade policial deverá prender Juvenal em flagrante delito, por se tratar de flagrante preparado, nos exatos limites da Súmula 145 do STF.

(E) a autoridade policial poderá conceder a Juvenal medida cautelar diversa da prisão, como o comparecimento periódico em juízo, no prazo e nas condições fixadas pelo juiz, para informar e justificar atividades, desde que não haja risco a ordem pública.

A: incorreta, a nosso ver. Explico. A Lei 12.403/2011 mudou sobremaneira o panorama da fiança. Antes da reforma por ela implementada, a autoridade policial, em vista da revogada redação do art. 322 do CPP, somente estava credenciada a concedê-la nas hipóteses de infração punida com *detenção* ou *prisão simples*. Bem por isso, não podia o delegado de polícia arbitrar fiança nos crimes punidos com *reclusão*, tarefa exclusiva do magistrado. Pela nova redação dada ao art. 322 do CPP, a autoridade policial passou a conceder fiança nos casos de infração cuja pena privativa de liberdade máxima não seja superior a quatro anos, independentemente de ser o crime apenado com reclusão ou detenção (qualidade da pena). Naqueles casos em que a pena máxima superar os quatro anos, somente o magistrado poderá estabelecer a fiança. Como a pena máxima cominada ao crime pelo qual foi Juvenal autuado em flagrante corresponde a 5 anos, somente ao juiz é dado fixar fiança; **B**: incorreta, dado o que acima foi explanado; **C**: incorreta. O fato de Juvenal ter sido preso em flagrante pela prática de crime contra as relações de consumo não impede que o delegado lhe conceda fiança; no caso narrado, o fator impeditivo é a quantidade da pena máxima cominada (superior a quatro anos); **D**: incorreta. *Flagrante preparado* é aquele em o agente provocador leva alguém a praticar uma infração penal. Está-se aqui diante de uma modalidade de crime impossível (art. 17 do CP), consubstanciada na Súmula n. 145 do STF. Nem de longe é este o caso descrito no enunciado, já que a prisão em flagrante ocorreu após a autoridade policial ser comunicada dos fatos e determinar que seus agentes comparecessem ao local a fim de confirmar a veracidade da denúncia; **E**: incorreta, já que a autoridade policial não tem atribuição para tanto. ED

Gabarito "A".

(Delegado/RJ – 2022 – CESPE/CEBRASPE) Rosmênio ingressou no estacionamento de um grande supermercado com a intenção de subtrair um automóvel. De posse do material necessário, abriu um veículo, fez ligação direta, mas foi impedido de sair do local pela ação dos seguranças. Levado à delegacia de polícia da circunscrição, a autoridade policial o autuou no crime de furto qualificado tentado, cuja pena privativa de liberdade é de 2 a 8 anos de reclusão.

Considerando-se o instituto da fiança, é correto afirmar que, nessa situação hipotética,

(A) a autoridade judicial somente poderá conceder fiança nos crimes patrimoniais sem violência e grave ameaça.

(B) é admissível a concessão de fiança pela autoridade policial, por se tratar de crime tentado.

(C) é inadmissível a concessão de fiança pela autoridade judicial, dada a gravidade do crime.

(D) a fiança nos crimes patrimoniais exige que o investigado ou acusado indenize o lesado, antes de ser colocado em liberdade.

(E) a autoridade policial não poderá conceder fiança, por se tratar de crime qualificado, ainda que tentado.

A solução dada pela banca não representa o entendimento doutrinário e jurisprudencial prevalente sobre o tema. Vejamos. A pena máxima cominada ao furto qualificado, crime pelo qual foi autuado Rosmênio, corresponde a 8 anos. Sucede que, segundo a autoridade policial, o delito permaneceu na esfera da tentativa, causa que leva a uma diminuição de pena da ordem de um a dois terços (art. 14, parágrafo único, CP). O entendimento que prevalece é no sentido de que, neste caso, deve incidir a fração de 1/3 (mínimo possível), o que levaria a pena máxima a 5 anos e 4 meses e impediria que a autoridade policial concedesse fiança (art. 322, CPP – pena máxima superior a quatro anos). A examinadora, contrariando tal entendimento, adotou a incidência da fração de 2/3 (máximo possível), chegando, com isso, à pena de 2 anos e 8 meses, dentro, portanto, do patamar estabelecido no art. 322 do CPP, o que autoriza a autoridade policial a conceder fiança. ED

Gabarito "B".

(Delegado de Polícia Federal – 2021 – CESPE) José, réu primário, foi preso em flagrante acusado de ter praticado crime doloso punível com reclusão de no máximo quatro anos. Na audiência de custódia, o juiz decretou a prisão preventiva de ofício. No entanto, a defesa de José solicitou, em seguida, a reconsideração da decisão, com base no argumento de que a conduta do preso era atípica. O juiz acatou a tese e relaxou a prisão.

Considerando essa situação hipotética, julgue os itens subsequentes.

(1) Em se tratando do crime praticado por José, admite-se a decretação de prisão preventiva.

(2) Nessa situação, a primeira decisão do juiz foi regular, já que os tribunais superiores têm admitido, de ofício, a conversão da prisão em flagrante em prisão preventiva durante a audiência de custódia.

(3) A decisão do juiz, que relaxou a prisão por entender que a conduta de José havia sido atípica, não faz coisa julgada.

(4) Devido à pena prevista para o crime praticado por José, delegados ficam vedados a arbitrar a fiança.

1: errado. Considerando que José é primário e a sua prisão em flagrante se deu pelo cometimento de crime cuja pena máxima cominada não é superior a quatro anos, contra ele não poderá ser decretada a custódia preventiva, nos termos do art. 313 do CPP, que contém as hipóteses de cabimento dessa modalidade de prisão processual. **2**: errado. De acordo com o teor do art. 311 do CPP em qualquer fase da investigação policial ou do processo penal, caberá a prisão preventiva decretada pelo juiz, a requerimento do Ministério Público, do querelante ou do assistente, ou por representação da autoridade policial. Nesse sentido, o STF, no HC 188.888-MG, entendeu, "(...) impossibilidade, de outro lado, da decretação "ex officio" de prisão preventiva em qualquer situação (em juízo ou no curso de investigação penal), inclusive no contexto de audiência de custódia (ou de apresentação), sem que se registre, mesmo na hipótese da conversão a que se refere o art. 310, II, do CPP, prévia, necessária e indispensável provocação do Ministério Público ou da Autoridade Policial – recente inovação Legislativa introduzida pela Lei nº 13.964/2019 ("Lei Anticrime"), que alterou os arts. 282, §§ 2º e 4º, e 311 do Código de Processo Penal, suprimindo ao magistrado a possibilidade de ordenar, "sponte sua", a imposição de prisão preventiva – não realização, no caso, da audiência de custódia (ou de apresentação) – inadmissibilidade de presumir-se implícita, no auto de prisão em flagrante, a existência de pedido de conversão em prisão preventiva – conversão, de ofício, mesmo assim, da prisão em flagrante do ora paciente em prisão preventiva – impossibilidade de tal ato, quer em face da ilegalidade dessa decisão, quer, ainda, em razão de ofensa a um direito básico, qual seja o de realização da audiência de custódia, que traduz prerrogativa insuprimível assegurada a qualquer pessoa pelo ordenamento doméstico e por convenções Internacionais de direitos humanos". O STJ consolidando jurisprudência própria editou a Súmula 676 que dispõe: "em razão da Lei n. 13.964/2019, não é mais possível ao juiz, de ofício, decretar ou converter prisão em flagrante em prisão preventiva"; **3**: certo. A decisão que, em sede de audiência de custódia, determina o relaxamento da prisão em flagrante ao argumento de que o fato imputado ao investigado é atípico não gera coisa julgada, razão pela qual não estará o titular da ação penal a ela vinculado, podendo, se assim entender, oferecer denúncia em face do agente, com narração dos mesmos fatos. Não se deve confundir arquivamento de inquérito policial por atipicidade da conduta, que faz coisa julgada material, com investigação de fato atípico, que não gera coisa julgada. Nesse sentido, conferir: "(...) *In casu*, o juízo plantonista apontou a atipicidade da conduta em sede de audiência de apresentação, tendo o Tribunal de origem assentado que "a pretensa atipicidade foi apenas utilizada como fundamento opinativo para o relaxamento da prisão da paciente e de seus comparsas, uma vez que o MM. Juiz de Direito que presidiu a audiência de custódia sequer possuía competência jurisdicional para determinar o arquivamento dos autos. Por se tratar de mero juízo de garantia, deveria ter se limitado à regularidade da prisão e mais nada, porquanto absolutamente incompetente para o mérito da causa. Em função disso, toda e qualquer consideração feita a tal respeito – mérito da infração penal em tese cometida – não produz os efeitos da coisa julgada, mesmo porque de sentença sequer se trata" (STF, HC 157.306, rel. Min. Luiz Fux, Primeira Turma, julgado em 25/09/2018, publicado em 01/03/2019). **4:** errado. Por força do que dispõe o art. 322, *caput*, do CPP, poderá a autoridade policial conceder fiança nos casos de infração penal cuja pena privativa de liberdade máxima não seja superior a quatro anos. Disso se conclui que, no caso narrado no enunciado, o delegado de polícia poderá, sim, arbitrar fiança em favor de José, já que a pena máxima cominada ao crime a ele imputado não é superior a quatro anos. ED/PB

Gabarito 1E, 2E, 3C, 4E

(Delegado/MG – 2021 – FUMARC) A respeito da prisão em flagrante, é INCORRETO afirmar:

(A) A realização de audiência de custódia se restringe aos casos de prisão em flagrante delito.

(B) Nos crimes permanentes, a prisão em flagrante pode ser efetuada enquanto não cessar a permanência.

(C) O presidente da república não pode ser preso em flagrante delito por mais grave que seja o crime praticado.

(D) Se o autor do delito não foi preso no local da infração e não está sendo perseguido, sua apresentação espontânea perante a autoridade policial impede a prisão em flagrante.

A: incorreta. Quanto à audiência de custódia, importante tecer alguns comentários, dada não somente a complexidade do tema, mas também – e principalmente – a sua relevância. Embora ela (audiência de custódia) não tenha sido contemplada, de forma expressa, na CF/1988, a Convenção Americana sobre Direitos Humanos (Pacto de San José da Costa Rica), incorporada ao ordenamento jurídico brasileiro, em seu art. 7º (5), assim estabelece: "Toda pessoa presa, detida ou retida deve ser conduzida, sem demora, à presença de um juiz ou outra autoridade autorizada por lei a exercer funções judiciais (...)". O Conselho Nacional de Justiça, em parceria com o Tribunal de Justiça de São Paulo e também com o Ministério da Justiça, lançou e implementou o projeto "audiência de custódia", cujo propósito é assegurar ao preso o direito de ser apresentado, de forma rápida, a um juiz de direito, ao qual caberá analisar, entre outros aspectos, a legalidade da prisão em flagrante e também a necessidade de a mesma ser convertida em prisão preventiva. Para tanto, o CNJ editou a Resolução 213/2015, alterado pela Resolução 562/2024, cujo art. 1º assim estabelece: *Determinar que toda pessoa presa em flagrante delito, independentemente da motivação ou natureza do ato, seja obrigatoriamente apresentada, em até 24 (vinte e quatro) horas da prisão em flagrante, à autoridade judicial competente, para realização de audiência de custódia, pública e oral, para o controle da legalidade da prisão*. Mais recentemente, a Lei 13.964/2019, conhecida como Pacote Anticrime, contemplou a audiência de custódia, inserindo-a no art. 310 do CPP. Como dissemos acima, até então esta matéria estava prevista tão somente na Resolução CNJ 213/2015. Segundo estabelece a nova redação do *caput* do art. 310 do CPP, "após receber o auto de prisão em flagrante, no prazo máximo de 24 (vinte e quatro) horas após a realização da prisão, o juiz deverá promover audiência de custódia com a presença do acusado, seu advogado constituído ou membro da Defensoria Pública e o membro do Ministério Público, e, nessa audiência, o juiz deverá, fundamentadamente: (...)". O § 4º deste dispositivo, também inserido pela Lei 13.964/2019 impõe a liberalização da prisão do autuado em flagrante em razão da não realização da audiência de custódia no prazo de 24 horas. Também, no art. 3º-B, § 1º, do CPP conta com a seguinte redação: *O preso em flagrante ou por força de mandado de prisão provisória será encaminhado à presença do juiz de garantias no prazo de 24 (vinte e quatro) horas, momento em que se realizará audiência com a presença do Ministério Público e da Defensoria Pública ou de advogado constituído, vedado o emprego de videoconferência* (destacamos). Não bastasse isso, o STF ao julgar, em sede de liminar, a Reclamação 29.303, impôs a realização de audiência de custódia para todas as modalidades prisionais, inclusive prisões preventivas, temporárias e definitivas, e não somente para os casos de prisão em flagrante. Vide também art. 287 do CPP; **B:** correta. De fato, a teor do que dispõe o art. 303 do CPP, a situação flagrancial, nos crimes permanentes, perdura enquanto não cessada a permanência; **C:** correta. Por força do que dispõe o art. 86, § 3º, da CF, *enquanto não sobrevier sentença condenatória, nas infrações comuns, o presidente da República não estará sujeito a prisão*. Ou seja, o presidente não poderá ser submetido a qualquer modalidade de prisão processual, aqui incluída a prisão em flagrante; **D:** correta. Se o agente, que acabara de cometer um crime, não foi preso no local em que este foi praticado e não está sendo perseguido, sua apresentação à autoridade policial obsta sua prisão em flagrante, na medida em que não se enquadra em nenhuma das situações descritas no art. 302 do CPP, dispositivo que contém as hipóteses em que se pode considerar alguém em situação flagrancial. Cuidado: embora não se possa prender o autor do delito em flagrante, nada impede que em seu desfavor seja decretada a custódia preventiva. ED/PB

Gabarito "A".

(Juiz de Direito/GO – 2021 – FCC) Em relação à prisão preventiva e às medidas cautelares alternativas à prisão, o Código de Processo Penal estabelece:

(A) A decisão que decretar, substituir ou denegar a prisão preventiva será motivada e fundamentada, admitindo-se, no caso de denegação da prisão, que haja simples indicação do ato normativo aplicável ao caso.

(B) O juiz pode revogar a prisão preventiva se, no correr da investigação ou do processo, verificar a falta de motivo para que ela subsista, mas o mesmo juiz já não pode depois novamente decretá-la.

(C) A decisão que decretar a prisão preventiva deve ser motivada e fundamentada em receio de perigo e existência concreta de fatos novos ou contemporâneos que justifiquem a aplicação da medida adotada.

(D) O juiz somente pode substituir a prisão preventiva pela domiciliar quando o agente for maior de oitenta anos e extremamente debilitado por motivo de doença grave.

(E) A suspensão do exercício de função pública ou de atividade de natureza econômica ou financeira é medida cautelar diversa da prisão, cabível independentemente de haver receio de utilização da função ou atividade para a prática de infrações penais.

A: incorreta, na medida em que a decisão que decretar, substituir ou denegar a prisão preventiva será sempre motivada e fundamentada (art. 315, *caput*, do CPP), não se admitindo, mesmo no caso de denegação da prisão, que haja simples indicação do ato normativo aplicável ao caso (art. 315, § 2º, I, do CPP); **B:** incorreta. À luz do disposto no art. 316, *caput*, do CPP, é dado ao juiz, de ofício ou mediante provocação das partes, revogar a custódia preventiva quando, no decorrer da investigação ou do processo, constatar a sua desnecessidade, podendo novamente decretá-la, se sobrevierem razões que a justifiquem; **C:** correta, pois corresponde à redação do art. 312, § 2º, do CPP, introduzido pela Lei 13.964/2019; **D:** incorreta, já que a substituição poderá ser implementada em outras hipóteses, além das mencionadas na assertiva, que estão previstas, respectivamente, no art. 318, I e II, do CPP. É importante que se diga que a prisão domiciliar não está inserida no âmbito das medidas cautelares diversas da prisão (art. 319, CPP). Cuida-se, isto sim, de prisão preventiva que deverá ser cumprida no domicílio do investigado/acusado, desde que, é claro, este esteja em uma das situações previstas no art. 318 do CPP: maior de 80 anos; extremamente debilitado por motivo de doença grave; imprescindível aos cuidados especiais de pessoa menor de 6 anos de idade ou com deficiência; gestante; mulher com filho de até 12 (doze) anos de idade incompletos; homem, caso seja o único responsável pelos cuidados do filho de até 12 (doze) anos de idade incompletos. Atenção: a Lei 13.769/2018 inseriu no CPP o art. 318-A, que prevê a substituição da prisão preventiva por prisão domiciliar da mulher gestante, mãe ou responsável por crianças ou pessoas com deficiência. Além disso, esta mesma Lei disciplina o regime de cumprimento de pena privativa de liberdade de condenadas na mesma situação, com alteração da Lei de Crimes Hediondos e da Lei de Execução Penal. Como bem sabemos, a 2ª turma do STF, ao julgar o HC coletivo 143.641, assegurou a conversão da prisão preventiva em domiciliar a todas as presas provisórias do país que sejam gestantes, puérperas ou mães de crianças e deficientes sob sua guarda. Perceba, dessa forma, que o legislador, ao inserir o art. 318-A do CPP, nada mais fez do que contemplar, no texto legal, o entendimento consolidado no *habeas corpus* coletivo a que fizemos referência. Também em consonância com o que ficou decidido no julgamento do HC, o legislador impôs dois requisitos: que não tenha sido cometido crime com grave ameaça ou violência contra a pessoa; que não tenha sido cometido contra o filho ou dependente. O art. 318-B, também inserido por meio da Lei 13.769/2018, prevê a possibilidade de aplicação concomitante da prisão domiciliar e das medidas alternativas previstas no art. 319 do CPP, na esteira do decidido no HC 143.641. Vale ainda o registro de que, para além da inserção desses dois dispositivos legais no CPP, a Lei 13.769/2018 promoveu alterações na LEP. De ver-se que os arts. 318, 318-A e 318-B tratam da concessão da prisão domiciliar no contexto da prisão preventiva, que constitui modalidade de prisão provisória. Pressupõe-se, aqui, portanto, ausência de condenação definitiva. Após o trânsito em julgado da condenação, a prisão domiciliar passa a ser disciplinada, como não poderia deixar de ser, pela LEP. Neste caso, temos que a Lei 13.769/2018 inseriu no art. 112 da LEP o § 3º, que estabelece fração diferenciada de cumprimento de pena para que a mulher, nas condições a que fizemos referência, possa alcançar o regime mais brando (a fração necessária, que antes era um sexto, passou para um oitavo). Para tanto, a reeducanda deve reunir quatro requisitos cumulativos, além de ter cumprido um oitavo da pena que lhe foi imposta. Também incluído pela Lei 13.769/2018, o § 4º do art. 112 da LEP estabelece que a prática de novo crime doloso ou falta grave acarretará a revogação do benefício; **E:** incorreta, já que o art. 319, VI, do CPP, que prevê a medida cautelar consistente em suspender o exercício de função pública ou de atividade de natureza econômica ou financeira, estabelece a necessidade de haver receio de utilização da função ou atividade para a prática de infrações penais. ED

Gabarito "C".

(Juiz de Direito/SP – 2021 – Vunesp) Surpreendido na posse e na guarda de substância entorpecente ilícita, José da Silva foi preso em flagrante delito, por incurso no artigo 33 da Lei de Drogas. Acolhendo representação do d. representante do Ministério Público, a prisão em flagrante foi convertida em prisão preventiva ao fundamento de que "o crime de tráfico de drogas é grave e vem causando temor à população obreira, em razão de estar relacionado ao aumento da violência e da criminalidade, estando, muitas vezes, ligado ao crime organizado. Além disso, é fonte de desestabilização das relações familiares e sociais, gerando, ainda, grande problema de ordem de saúde pública em razão do crescente número de dependentes químicos. O efeito destrutivo e desagregador do tráfico de drogas, este associado a um mundo de violência, desespero e morte para as suas vítimas e para as comunidades afetadas, justifica tratamento jurídico mais rigoroso em relação aos agentes envolvidos na sua prática." Diante desse quadro, é correto afirmar que

(A) presentes os requisitos da prisão preventiva, como exigido pelo artigo 312 do CPP, a efetivação da prisão processual se insere na discricionariedade e na convicção íntima do magistrado, como evidenciado na fundamentação da decisão lançada, e, por isso, deve subsistir pelos próprios fundamentos.

(B) o crime de tráfico de drogas, por disposição legal, é equiparado a hediondo, pelo que prevalece a prisão preventiva do réu, formalmente perfeita, ficando sua liberdade condicionada à análise do mérito da imputação por ocasião da sentença definitiva.

(C) os fundamentos contidos no decreto de prisão preventiva são verdadeiros e decorrem de assertivas sobejamente conhecidas, razão pela qual, aliados à comprovada materialidade do crime e à sua autoria, justificam a prisão preventiva, cumprindo, assim, o Poder Judiciário sua função conjunta com os demais Poderes no combate à criminalidade e na proteção à sociedade.

(D) não subsiste a prisão preventiva, como decretada, pois o d. magistrado utilizou-se de assertivas genéricas, sem estabelecer nexo com a conduta ou a personalidade do flagrado a justificar sua prisão em detrimento de outras cautelares, o que é expressamente vedado por lei processual, uma vez que, pela abstração do texto ou pelos fundamentos utilizados, podem ser eles utilizados em qualquer processo em que seja descrito o crime de tráfico.

A prisão preventiva, na forma como foi decretada, não pode subsistir. Pelo enunciado, fica claro que o magistrado, ao proceder à conversão da prisão em flagrante em preventiva, se valeu de considerações genéricas, tecendo apreciações à nocividade (o que não se nega) do tráfico de drogas bem como às suas nefastas consequências (o que também não se nega). Em nenhum momento o decreto de prisão faz considerações a respeito do caso concreto. Em momento algum justifica por que razão a imposição da medida extrema se impõe. Fazendo dessa forma, seria o caso de converter a prisão em flagrante em preventiva em todos os processos de tráfico de drogas, o que traduz um automatismo na decretação da custódia, incompatível com a natureza das medidas de cunho cautelar em geral, que somente devem ser decretadas quando indispensáveis ao processo. Dito de outra forma, a decretação ou manutenção da prisão cautelar (provisória ou processual), assim entendida aquela que antecede a condenação definitiva, deve sempre estar condicionada à demonstração concreta de sua imperiosa necessidade, ainda que se trate da prática de crimes graves, como é o caso do tráfico de drogas, delito equiparado a hediondo. Bem por isso, deve o magistrado apontar as razões, no seu entender, que a tornam indispensável (art. 312 do CPP). Deve ela ser vista, portanto, como um *instrumento* do processo a ser utilizado em situações *excepcionais*. A prisão desnecessária decretada ou mantida antes de a sentença passar em julgado constitui antecipação da pena que porventura seria aplicada em caso de condenação, o que representa patente violação ao princípio da presunção de inocência, postulado esse de índole constitucional – art. 5º, LVII. De se ver ainda que, tendo em conta as mudanças implementadas pela Lei 12.403/2011, que instituiu as *medidas cautelares alternativas à prisão provisória*, esta somente terá lugar diante da impossibilidade de se recorrer às medidas cautelares. Dessa forma, a prisão, como medida excepcional que é, deve também ser vista como instrumento subsidiário, supletivo. A tudo isso deve ser somado o fato de que a Lei 13.964/2019 alterou, entre outros, o art. 315 do CPP, de forma a não deixar dúvida quanto à necessidade imperiosa de o juiz motivar de forma concreta a decretação da custódia preventiva ou de qualquer outra medida cautelar, indicando a existência de fatos novos e contemporâneos que justifiquem a adoção da medida. No sentido do que expusemos, a jurisprudência é farta. Com efeito, o STJ, em edição de n. 32 da ferramenta *Jurisprudência em Teses*, publicou, sobre este tema, a seguinte tese (n. 9): *A alusão genérica sobre a gravidade do delito, o clamor público ou a comoção social não constituem fundamentação idônea a autorizar a prisão preventiva.*

Gabarito "D".

(Juiz de Direito – TJ/RJ – 2019 – VUNESP) A prisão preventiva imposta à mulher gestante ou que for mãe ou responsável por crianças ou pessoas com deficiência será substituída por prisão domiciliar, desde que

(A) não se trate a gestante de reincidente ou portadora de maus antecedentes.

(B) não seja a gestante líder de organização criminosa ou participante de associação criminosa.

(C) não se trate de acusada por crime hediondo ou equiparado.

(D) não tenha cometido crime com violência ou grave ameaça à pessoa e não tenha cometido o crime contra seu filho ou dependente.

(E) tenha havido prévia reparação do dano e as circunstâncias do fato e a personalidade da gestante indicarem se tratar de medida suficiente à prevenção e reprovação do crime.

Quanto ao tema "cumprimento da prisão preventiva em domicílio", importante tecer algumas ponderações, tendo em vista o advento da Lei 13.769/2018, que, entre outras coisas, inseriu no CPP o art. 318-A, que estabelece a substituição da prisão preventiva por prisão domiciliar da mulher gestante, mãe ou responsável por crianças ou pessoas com deficiência. Além disso, disciplina o regime de cumprimento de pena privativa de liberdade de condenadas na mesma situação, com alteração da Lei de Crimes Hediondos e da Lei de Execução Penal. Como bem sabemos, a 2ª turma do STF, ao julgar o HC coletivo 143.641, assegurou a conversão da prisão preventiva em domiciliar a todas as presas provisórias do país que sejam gestantes, puérperas ou mães de crianças e deficientes sob sua guarda. Perceba, dessa forma, que o legislador, ao inserir o art. 318-A do CPP, nada mais fez do que contemplar, no texto legal, o entendimento consolidado no *habeas corpus* coletivo a que fizemos referência. Também em consonância com o que ficou decidido no julgamento do HC, o legislador impôs dois requisitos: que não tenha sido cometido crime com grave ameaça ou violência contra a pessoa; que não tenha sido cometido contra o filho ou dependente. O art. 318-B, também inserido por meio da Lei 13.769/2018, prevê a possibilidade de aplicação concomitante da prisão domiciliar e das medidas alternativas previstas no art. 319 do CPP, na esteira do decidido no HC 143.641. Para além da inserção desses dois dispositivos legais no CPP, a Lei 13.769/2018 promoveu alterações na LEP. Perceba, pois, que os arts. 318, 318-A e 318-B tratam da concessão da prisão domiciliar no contexto da prisão preventiva, que constitui modalidade de prisão provisória. Pressupõe-se, aqui, portanto, ausência de condenação definitiva. Após o trânsito em julgado da condenação, a prisão domiciliar passa a ser disciplinada, como não poderia deixar de ser, pela LEP. Neste caso, temos que a Lei 13.769/2018 inseriu no art. 112 da LEP o § 3º, que estabelece fração diferenciada de cumprimento de pena para que a mulher, nas condições a que fizemos referência, possa alcançar o regime mais brando (a fração necessária, que antes era um sexto, passou para um oitavo). Para tanto, a reeducanda deve reunir quatro requisitos cumulativos, além de ter cumprido um oitavo da pena que lhe foi imposta. Também incluído pela Lei 13.769/2018, o § 4º do art. 112 da LEP estabelece que a prática de novo crime doloso ou falta grave acarretará a revogação do benefício. Destarte, das alternativas acima, deve ser assinalada a "D", já que em conformidade com o art. 318-A do CPP.

Gabarito "D".

(Juiz de Direito – TJ/SC – 2019 – CESPE/CEBRASPE) Com referência à aplicação das medidas cautelares e à concessão da liberdade provisória, assinale a opção correta.

(A) As medidas cautelares podem ser decretadas no curso da investigação criminal, de ofício, pelo magistrado, ou por representação da autoridade policial ou do Ministério Público.

(B) O descumprimento de qualquer das obrigações impostas a título de medida cautelar é causa suficiente para a decretação imediata de prisão preventiva.

(C) A concessão de liberdade provisória por meio de pagamento de fiança, quando cabível, não impede a cumulação da fiança com outras medidas cautelares.

(D) Ausentes os requisitos para a decretação da prisão preventiva, é admissível a concessão de liberdade provisória nos crimes hediondos mediante o arbitramento de fiança.

(E) O não comparecimento aos atos do processo, quando regularmente intimado e sem motivo justo, é causa de quebra da fiança, cuja declaração independe de decisão judicial.

A: incorreta. Ao tempo em que foi aplicada esta prova, as medidas cautelares somente podiam ser decretadas de ofício pelo juiz no curso da instrução criminal; se no curso das investigações, a decretação somente poderia se dar em razão de requerimento do MP ou de representação da autoridade policial (art. 282, § 2º, do CPP). A Lei 13.964/2019, ao modificar o art. 282, § 2º, do CP, afastou a possibilidade, até então existente, de o magistrado decretar medidas cautelares de ofício no curso da ação penal. Atualmente, temos que é defeso ao juiz agir de ofício na decretação de medidas cautelares de natureza pessoal, como a prisão processual, inclusive no curso da ação penal. Seja como for, a assertiva está incorreta, pois, ao afirmar que o juiz pode decretar medidas cautelares de ofício no curso da investigação criminal, está em desconformidade com a redação anterior e atual do art. 282, § 2º, do CPP; **B**: incorreta. Diante do descumprimento de medida cautelar imposta ao acusado, poderá o juiz, considerando as particularidades do caso concreto, substituir a medida anteriormente imposta, impor outra em cumulação ou, somente em último caso, decretar a prisão preventiva, que, como se pode ver, tem caráter subsidiário (art. 282, § 4º, CPP, cuja redação foi determinada pela Lei 13.964/2019). Mesmo antes da modificação operada neste dispositivo, a prisão preventiva somente poderia ser decretada em último caso; **C**: correta, pois corresponde ao que estabelece o art. 321 do CPP; **D**: incorreta. Nos crimes hediondos e assemelhados, o art. 5º, XLIII, da Constituição Federal veda a concessão de *fiança*. Com o advento da Lei 11.464/2007, que modificou a redação do art. 2º da Lei de Crimes Hediondos, cuja redação original vedava a concessão de fiança e liberdade provisória, passou a ser possível a sua concessão sem fiança, já que foi extraída do dispositivo (art. 2º, II, da Lei 8.072/1990). Após, a Lei 12.403/2011 promoveu uma série de inovações no âmbito da prisão e da liberdade provisória, entre elas alterou a redação do art. 323 do CPP, que passou a prever que os crimes hediondos e os delitos a eles equiparados são *inafiançáveis*. Em resumo: os crimes hediondos e equiparados, embora não comportem a concessão de fiança, admitem a liberdade provisória (desde que sem fiança); **E**: incorreta, já que a declaração de quebra de fiança pressupõe decisão judicial.

Gabarito "C".

(Juiz de Direito - TJ/BA - 2019 - CESPE/CEBRASPE) Acerca de prisão, de liberdade provisória e de medidas cautelares, assinale a opção correta, com base no entendimento dos tribunais superiores.

(A) A gravidade específica do ato infracional e o tempo transcorrido desde a sua prática não devem ser considerados pelo juiz para análise e deferimento de prisão preventiva.

(B) A decisão sobre o pedido de prisão preventiva formulado durante audiência dispensa a oitiva da defesa, por se tratar de medida cautelar.

(C) A presença do defensor técnico é dispensável por ocasião da formalização do auto de prisão em flagrante, desde que a autoridade policial informe ao preso os seus direitos constitucionalmente garantidos.

(D) A decretação de prisão preventiva fundada na garantia da ordem pública dispensa a prévia análise do cabimento das medidas cautelares diversas da prisão previstas no CPP.

(E) Quando o MP representar por prisão temporária, não será possível que se decrete a prisão preventiva, uma vez que isso representaria ofensa ao princípio da inércia da jurisdição.

A: incorreta. Antes de mais nada, é importante que se diga que, conforme entendimento hoje sedimentado na jurisprudência, os atos infracionais anteriormente praticados pelo réu podem servir como fundamento a justificar a decretação da custódia preventiva. Para tanto, devem ser levados em consideração a gravidade específica do ato infracional e o tempo transcorrido desde a sua prática. Nesse sentido: "Consoante entendimento firmado pela Terceira Seção do Superior Tribunal de Justiça no julgamento do RHC n. 63.855/MG, não constitui constrangimento ilegal a manutenção da custódia *ante tempus* com fulcro em anotações registradas durante a menoridade do agente se a prática de atos infracionais graves, reconhecidos judicialmente e não distantes da conduta em apuração, é apta a demonstrar a periculosidade do custodiado" (STF, HC 408.969/DF, Rel. Ministro Rogerio Schietti Cruz, Sexta Turma, julgado em 26/09/2017, DJe 02.10.2017). No mesmo sentido: "3. Os registros sobre o passado de uma pessoa, seja ela quem for, não podem ser desconsiderados para fins cautelares. A avaliação sobre a periculosidade de alguém impõe que se perscrute todo o seu histórico de vida, em especial o seu comportamento perante a comunidade, em atos exteriores, cujas consequências tenham sido sentidas no âmbito social. Se os atos infracionais não servem, por óbvio, como antecedentes penais e muito menos para firmar reincidência (porque tais conceitos implicam a ideia de "crime" anterior), não podem ser ignorados para aferir a personalidade e eventual risco que sua liberdade plena representa para terceiros. 4. É de lembrar, outrossim, que a proteção estatal prevista no ECA, em seu art. 143, é voltada ao adolescente (e à criança), condição que o réu deixou de ostentar ao tornar-se imputável. Com efeito, se, durante a infância e a adolescência do ser humano, é imperiosa a maior proteção estatal, a justificar todas as cautelas e peculiaridades inerentes ao processo na justiça juvenil, inclusive com a imposição do sigilo sobre os atos judiciais, policiais e administrativos que digam respeito a crianças e, em especial, aos adolescentes aos quais se atribua autoria de ato infracional (art. 143 da Lei n. 8.069/1990), tal dever de proteção cessa com a maioridade penal, com bem destacado no referido precedente. 5. A toda evidência, isso não equivale a sustentar a possibilidade de decretar-se a prisão preventiva, para garantia da ordem pública, simplesmente porque o réu cometeu um ato infracional anterior. O raciocínio é o mesmo que se utiliza para desconsiderar antecedente penal que, por dizer respeito a fato sem maior gravidade, ou já longínquo no tempo, não deve, automaticamente, supedanear o decreto preventivo. 6. Seria, pois, indispensável que a autoridade judiciária competente, para a consideração dos atos infracionais do então adolescente, averiguasse: a) A particular gravidade concreta do ato ou dos atos infracionais, não bastando mencionar sua equivalência a crime abstratamente considerado grave; b) A distância temporal entre os atos infracionais e o crime que deu origem ao processo (ou inquérito policial) no curso do qual se há de decidir sobre a prisão preventiva; c) A comprovação desses atos infracionais anteriores, de sorte a não pairar dúvidas sobre o reconhecimento judicial de sua ocorrência. 7. Na espécie, a par de ausente documentação a respeito, o Juiz natural deixou de apontar, concretamente, quais atos infracionais foram cometidos pelo então adolescente e em que momento e em que circunstâncias eles ocorreram, de sorte a permitir, pelas singularidades do caso concreto, aferir o comportamento passado do réu, sua personalidade e, por conseguinte, elaborar um prognóstico de recidiva delitiva e de periculosidade do acusado. 8. No entanto, há outras razões invocadas pelo Juízo singular que se mostram suficientes para dar ares de legalidade à ordem de prisão do ora paciente, ao ressaltar "que o crime foi praticado com grave violência, demonstrando conduta perigosa que não aconselha a liberdade", bem como o fato de o delito ter sido cometido em razão de dívida de drogas, em concurso de pessoas, por determinação do paciente, "que comanda uma das quadrilhas de tráfico de entorpecentes da região". 9. Recurso em *habeas corpus* desprovido." (STJ, RHC 63.855/MG, Rel. Ministro NEFI CORDEIRO, Rel. p/ Acórdão Ministro ROGERIO SCHIETTI CRUZ, TERCEIRA SEÇÃO, julgado em 11/05/2016, DJe 13/06/2016); B: incorreta. É que, como regra, antes de decretar a medida cautelar, aqui incluída a prisão preventiva, incumbe ao juiz proceder à oitiva do indiciado ou réu (art. 282, § 3º, do CPP). A exceção fica por conta dos casos em que há urgência ou perigo de ineficácia da medida, hipótese em que será exercido o chamado contraditório diferido, em seguida à decretação da medida cautelar. Na jurisprudência: "A reforma do Código de Processo Penal ocorrida em 2011, por meio da Lei nº 12. 403/11, deu nova redação ao art. 282, § 3º, do Código, o qual passou a prever que, "ressalvados os casos de urgência ou de perigo de ineficácia da medida, o juiz, ao receber o pedido de medida cautelar, determinará a intimação da parte contrária, acompanhada de cópia do requerimento e das peças necessárias, permanecendo os autos em juízo." 2. A providência se mostra salutar em situações excepcionais, porquanto, "[...] ouvir as razões do acusado pode levar o juiz a não adotar o provimento limitativo da liberdade, não só no caso macroscópico de erro de pessoa, mas também na hipótese em que a versão dos fatos fornecida pelo interessado se revele convincente, ou quando ele consiga demonstrar a insubsistência das exigências cautelares" (AIMONETTO, M. G. *Le recenti riforme della procedura penale francese* - analisi, riflessioni e spunti di comparazione. Torino: G. Giappichelli, 2002, p. 140). 3. Injustificável a decisão do magistrado que, em audiência, não permite à defesa se pronunciar oralmente sobre o pedido de prisão preventiva formulado pelo agente do Ministério Público, pois não é plausível obstruir o pronunciamento da defesa do acusado, frente à postulação da parte acusadora, ante a ausência de prejuízo ou risco, para o processo ou para terceiros, na adoção do procedimento previsto em lei. 4. Ao menos por prudência, deveria o juiz ouvir a defesa, para dar-lhe a chance de contrapor-se ao requerimento, o que não foi feito, mesmo não havendo, neste caso específico, uma urgência tal a inviabilizar a adoção dessa providência, que traduz uma regra básica do direito, o contraditório, a bilateralidade da audiência. 5. Mesmo partindo do princípio de que o decreto preventivo esteja motivado idoneamente, é o caso de o Superior Tribunal de Justiça afirmar a necessidade de que, em casos excepcionais, pelo menos quando decretada em audiência, com a presença do advogado do acusado, seja ele autorizado a falar, concretizando o direito de interferir na decisão judicial que poderá implicar a perda da liberdade do acusado. 6. Recurso provido, para assegurar ao recorrente o direito de responder à ação penal em liberdade, ressalvada a possibilidade de nova decretação da custódia cautelar, nos termos da lei." (STJ, RHC 75.716/MG, Rel. Ministra MARIA THEREZA DE ASSIS MOURA, Rel. p/ Acórdão Ministro ROGERIO SCHIETTI CRUZ, SEXTA TURMA, julgado em 13/12/2016, DJe 11/05/2017). Cuidado: com a modificação a que foi submetida a redação desse dispositivo (art. 282,

§ 3º) pela Lei 13.964/2019, a parte contrária, ao ser intimada, contará com o prazo de cinco dias para manifestar-se (antes não havia prazo); **C: correta**. A despeito do caráter inquisitivo do inquérito policial, o conduzido poderá, se assim desejar, fazer-se acompanhar de advogado de sua confiança no ato da lavratura do auto de prisão em flagrante. Dessa forma, constitui dever da autoridade policial oportunizar ao interrogando o direito de contatar advogado para acompanhá-lo no ato do interrogatório, informando-lhe os direitos constitucionalmente garantidos de que é titular. O STJ, em edição de n. 120 da ferramenta *Jurisprudência em Teses*, publicou, sobre este tema, a seguinte tese: "Eventual nulidade no auto de prisão em flagrante devido à ausência de assistência por advogado somente se verifica caso não seja oportunizado ao conduzido o direito de ser assistido por defensor técnico, sendo suficiente a lembrança, pela autoridade policial, dos direitos do preso previstos no art. 5º, LXIII, da Constituição Federal"; **D: incorreta**. Tendo em conta as mudanças implementadas pela Lei 12.403/2011, que instituiu as *medidas cautelares alternativas à prisão*, esta somente terá lugar diante da impossibilidade de se recorrer às medidas cautelares. Dessa forma, a prisão, como medida excepcional que é, deve também ser vista como instrumento subsidiário, supletivo, pouco importando sob qual fundamento a prisão preventiva foi decretada (art. 312, CPP). Segundo dispõe o art. 282, § 6º, do CPP, com a redação que lhe conferiu a Lei 13.964/2019, *a prisão preventiva somente será determinada quando não for cabível a sua substituição por outra medida cautelar (art. 319). O não cabimento da substituição por outra medida cautelar deverá ser justificado de forma fundamentada nos elementos presentes no caso concreto, de forma individualizada*; **E: incorreta**. Conferir: "1. Pode o Magistrado decretar a prisão preventiva, mesmo que a representação da autoridade policial ou do Ministério Público seja pela decretação de prisão temporária, visto que, provocado, cabe ao juiz ofertar o melhor direito aplicável à espécie." (STJ, HC 362.962/RN, Rel. Ministro ROGERIO SCHIETTI CRUZ, SEXTA TURMA, julgado em 01/09/2016, DJe 12/09/2016). ED

Gabarito "C".

(Promotor de Justiça/CE – 2020 – CESPE/CEBRASPE) De acordo com o Código de Processo Penal, é cabível ao juiz substituir a prisão preventiva pela domiciliar a

(A) pessoa de setenta e cinco anos de idade condenada pela prática do crime de estelionato.
(B) gestante condenada pelo crime de furto qualificado, desde que já tenha ultrapassado o sétimo mês de gravidez.
(C) mulher que, condenada pelo crime de roubo, tenha filho de um ano de idade.
(D) homem, que, condenado pelo crime de corrupção passiva, seja o único responsável pelos cuidados do seu filho de dez anos de idade.
(E) mulher que tenha praticado o crime de abandono de incapaz contra seu filho de cinco anos de idade.

A: incorreta, pois somente fará jus à substituição a pessoa maior de 80 anos, independente do crime em que incorreu (art. 318, I, CPP); **B: incorreta**, já que a substituição da prisão preventiva pela domiciliar será concedida à mulher grávida, independente do mês de gestação em que ela se encontrar (art. 318, IV, CPP), desde que não tenha cometido crime com violência ou grave ameaça ou contra seu filho ou dependente (art. 318-A, I e II, CPP); **C: incorreta**. A prática de crime com violência ou grave ameaça, como é o caso do roubo, afasta a possibilidade de substituição, nos termos do art. 318-A, I, do CPP; **D: correta** (art. 318, VI, do CPP); **E: incorreta**. A prática de crime contra o próprio filho exclui a possibilidade de substituição da custódia preventiva pela domiciliar (art. 318-A, II, CPP). ED

Gabarito "D".

(Promotor de Justiça/PR – 2019 – MPE/PR) Sobre a **prisão, medidas cautelares diversas da prisão, fiança** e **procedimento em geral**, nos termos do Código de Processo Penal, analise as assertivas abaixo e assinale a alternativa incorreta:

(A) O juiz pode substituir a prisão preventiva por prisão domiciliar quando se tratar de mulher com filho de até 12 (doze) anos de idade incompletos.
(B) Pode ser imposta medida cautelar cumulativamente com a fiança e o descumprimento daquela pode gerar o quebramento desta.
(C) Se o autor do fato criminoso, sendo perseguido, passar ao território de outro município ou comarca, o executor da prisão em flagrante poderá efetuar-lhe a prisão no lugar onde o alcançar, apresentando-o imediatamente à autoridade local, que, depois de lavrado, se for o caso, o auto de flagrante, providenciará para a remoção do preso.
(D) A expedição da precatória não suspenderá a instrução criminal e, assim, findo o prazo marcado, poderá realizar-se o julgamento, mas, a todo tempo, a precatória, uma vez devolvida, será juntada aos autos.
(E) Se o acusado, citado por edital ou por hora certa, não comparecer, nem constituir advogado, ficarão suspensos o processo e o curso do prazo prescricional.

A: correta, uma vez que reflete o disposto no art. 318, V, do CPP. A prisão domiciliar, é bom que se diga, não está inserida no âmbito das medidas cautelares diversas da prisão (art. 319, CPP). Cuida-se, isto sim, de prisão preventiva que deverá ser cumprida no domicílio do investigado/acusado (e não em casa do albergado), desde que, é claro, este esteja em uma das situações previstas no art. 318 do CPP (com redação alterada por força da Lei 13.257/2016): maior de 80 anos; extremamente debilitado por motivo de doença grave; imprescindível aos cuidados especiais de pessoa menor de 6 anos de idade ou com deficiência; gestante; mulher com filho de até 12 (doze) anos de idade incompletos; homem, caso seja o único responsável pelos cuidados do filho de até 12 (doze) anos de idade incompletos. Atenção: a Lei 13.769/2018 inseriu no CPP o art. 318-A, que prevê a substituição da prisão preventiva por prisão domiciliar da mulher gestante, mãe ou responsável por crianças ou pessoas com deficiência. Além disso, esta mesma Lei disciplina o regime de cumprimento de pena privativa de liberdade de condenadas na mesma situação, com alteração da Lei de Crimes Hediondos e da Lei de Execução Penal. Como bem sabemos, a 2ª turma do STF, ao julgar o HC coletivo 143.641, assegurou a conversão da prisão preventiva em domiciliar a todas as presas provisórias do país que sejam gestantes, puérperas ou mães de crianças e deficientes sob sua guarda. Perceba, dessa forma, que o legislador, ao inserir o art. 318-A do CPP, nada mais fez do que contemplar, no texto legal, o entendimento consolidado no *habeas corpus* coletivo a que fizemos referência. Também em consonância com o que ficou decidido no julgamento do HC, o legislador impôs dois requisitos: que não tenha sido cometido crime com grave ameaça ou violência contra a pessoa; que não tenha sido cometido contra o filho ou dependente. O art. 318-B, também inserido por meio da Lei 13.769/2018, prevê a possibilidade de aplicação concomitante da prisão domiciliar e das medidas alternativas previstas no art. 319 do CPP, na esteira do decidido no HC 143.641. Vale ainda o registro de que, para além da inserção desses dois dispositivos legais no CPP, a Lei 13.769/2018 promoveu alterações na LEP. De ver-se que os arts. 318, 318-A e 318-B tratam da concessão da prisão domiciliar no contexto da prisão preventiva, que constitui modalidade de prisão provisória. Pressupõe-se, aqui, portanto, ausência de condenação definitiva. Após o trânsito em julgado da condenação, a prisão domiciliar passa a ser disciplinada, como não poderia deixar de ser, pela LEP. Neste caso, temos que a Lei 13.769/2018 inseriu no art. 112

da LEP o § 3º, que estabelece fração diferenciada de cumprimento de pena para que a mulher, nas condições a que fizemos referência, possa alcançar o regime mais brando (a fração necessária, que antes era um sexto, passou para um oitavo). Para tanto, a reeducanda deve reunir quatro requisitos cumulativos, além de ter cumprido um oitavo da pena que lhe foi imposta. Também incluído pela Lei 13.769/2018, o § 4º do art. 112 da LEP estabelece que a prática de novo crime doloso ou falta grave acarretará a revogação do benefício; **B:** correta, pois em consonância com o que estabelece o art. 341, III, do CPP; **C:** correta. Estabelece o art. 290, *caput*, do CPP que, tendo o agente (investigado, indiciado ou acusado), em fuga, passado para o território de outra comarca, aquele que o persegue poderá prendê-lo no local em que o alcançar, apresentando-o, neste caso, à autoridade local, que cuidará da formalização da prisão e a sua comunicação ao juízo do local em que a medida foi cumprida (art. 289-A, § 3º, do CPP), que, por sua vez, informará o juízo que a decretou, a quem caberá providenciar a remoção do preso (art. 289, § 3º, do CPP). No mais, o preso deverá, no ato da prisão, por imposição do art. 289-A, § 4º, do CPP, ser informado de seus direitos, sendo-lhe assegurado, caso não informe o nome de seu advogado, que sua detenção seja comunicada à Defensoria Pública; **D:** correta, porquanto em conformidade com o art. 222, §§ 1º e 2º, do CPP; **E:** incorreta. A suspensão do processo e do curso do prazo prescricional somente ocorrerá na hipótese de o denunciado ausente haver sido citado por edital (art. 366, CPP); se citado por hora certa e não apresentar defesa dentro do prazo de 10 dias, ser-lhe-á nomeado defensor dativo para prosseguir em sua defesa, ou seja, a ação penal não será suspensa. Registre-se que há entendimento na doutrina e jurisprudência no sentido de que, tal como ocorre na citação por edital, a ausência de resposta do réu citado por hora certa enseja a suspensão do processo (mas não do prazo prescricional). ED

Gabarito "E".

(Juiz de Direito – TJ/RS – 2018 – VUNESP) Sobre prisão e medidas cautelares, é correto afirmar:

(A) por se tratar de medida urgente, a prisão deverá ser efetuada em qualquer lugar e dia e a qualquer hora.

(B) a falta de exibição do mandado não obsta a prisão se a infração for inafiançável.

(C) deverão ser aplicadas, observando-se a necessidade, adequação, regulamentação, usos e costumes e os princípios gerais de direito.

(D) o juiz não pode dispensar a manifestação da parte contrária antes de decidir sobre o pedido de medida cautelar.

(E) dispensa-se a assinatura no mandado de prisão quando a autoridade judiciária responsável pela sua expedição se fizer presente em seu cumprimento.

A: incorreta. O art. 283, § 2º, do CPP, que estabelece que a prisão será efetuada em qualquer dia e a qualquer hora, impõe uma restrição: que seja respeitada a regra presente no art. 5º, XI, da CF, que trata da inviolabilidade de domicílio. É dizer, embora a lei não fixe dia e hora para que alguém, contra o qual haja expedição de ordem de prisão, seja preso, o ingresso em domicílio, com esse objetivo, somente pode ocorrer, caso haja recalcitrância do morador, durante o dia. Cuidado: se se tratar de situação de flagrante, o ingresso em domicílio alheio pode se dar durante a noite, ainda que haja recusa do morador em franquear a entrada dos policiais. Tal situação é excepcionada pelo art. 5º, XI, da CF; **B:** correta, pois em conformidade com o que estabelece o art. 287 do CPP, cuja redação foi alterada pela Lei 13.964/2019: "Se a infração for inafiançável, a falta de exibição do mandado não obstará à prisão, e o preso, em tal caso, será imediatamente apresentado ao juiz que tiver expedido o mandado, para realização da audiência de custódia". A alteração legislativa impôs a obrigação de realização de audiência de custódia.; **C:** incorreta, já que inexiste tal previsão legal; **D:** incorreta, na medida em que poderá o juiz, ante a hipótese de urgência ou de perigo de ineficácia da medida, dispensar a manifestação da parte contrária (art. 282, § 3º, CPP). Cuidado: com a modificação a que foi submetida a redação desse dispositivo (art. 282, § 3º) pela Lei 13.964/2019, a parte contrária, ao ser intimada, contará com o prazo de cinco dias para manifestar-se (antes não havia prazo); **E:** incorreta, pois contraria o disposto no art. 285, parágrafo único, *a*, do CPP. ED

Gabarito "B".

(Investigador – PC/BA – 2018 – VUNESP) A respeito do cumprimento de mandado de prisão, de acordo com o Código de Processo Penal, é correto afirmar que

(A) durante a diligência respectiva, são admitidas tão somente as restrições relativas à inviolabilidade do domicílio.

(B) o emprego da força física será admitido apenas na hipótese de tentativa de fuga do preso.

(C) devem ser observadas as restrições referentes à inviolabilidade de domicílio, à liberdade de culto e ao respeito aos mortos.

(D) somente poderá ser realizado durante o dia, independentemente do local.

(E) o emprego de força será admitido exclusivamente contra obstáculo físico, visando a prender o procurado.

A: correta, pois reflete o disposto no art. 283, § 2º, do CPP; **B:** incorreta, já que será admitido o emprego da força na hipótese de tentativa de fuga e também no caso de resistência (art. 284, CPP); **C:** incorreta, pois contraria o disposto no art. 283, § 2º, do CPP; **D:** incorreta. O mandado de prisão poderá ser cumprido a qualquer dia e a qualquer hora (durante o dia e também durante a noite), respeitando-se, todavia, as restrições relativas à inviolabilidade do domicílio (art. 283, § 2º, CPP). Significa que, durante o dia, a prisão poderá realizar-se em domicílio alheio, ainda que haja resistência do morador; se à noite, o ingresso em domicílio alheio somente poderá se dar diante do consentimento do morador; diante de sua recusa, o executor da ordem de prisão fará guardar todas as saídas do imóvel até o amanhecer, quando então poderá ingressar no imóvel onde se encontra a pessoa a ser presa, independente da anuência do morador. É o que estabelece o art. 293 do CPP. Em conclusão, se a pessoa contra a qual houver ordem de prisão não estiver abrigada em domicílio (próprio ou alheio), o mandado poderá ser cumprido tanto de dia quanto à noite; **E:** incorreta, pois não reflete o disposto no art. 284 do CPP. ED

Gabarito "A".

(Investigador – PC/BA – 2018 – VUNESP) De acordo com o Código de Processo Penal, é vedada a decretação da prisão preventiva se a autoridade judiciária constatar que o agente

(A) não se encontrava em nenhuma das hipóteses legais que justificam a lavratura do auto de flagrante delito.

(B) praticou a ação ou omissão que lhe é atribuída acobertado por alguma das excludentes de ilicitude.

(C) era menor de 21 (vinte e um) anos de idade por ocasião do crime ou maior de 70 (setenta) anos de idade por ocasião da decisão.

(D) tiver condenação anterior por crime doloso, independentemente da data do cumprimento da pena ou da extinção da punibilidade.

(E) não fornecer, no momento da prisão, dados de sua identidade, mesmo que esta tenha sido apurada em momento posterior.

A: incorreta. É que as hipóteses legais que autorizam a prisão em flagrante (art. 302, CPP) são diversas daquelas que permitem a decretação da custódia preventiva (art. 312, CPP). Tanto é assim que o relaxamento da prisão em flagrante porque ausente alguma das hipóteses do art. 302 do CPP não impede a decretação da prisão preventiva, desde que presentes os requisitos contemplados nos arts. 312 e 313 do CPP; **B:** correta. A prisão preventiva em hipótese nenhuma será decretada no caso de o agente ter agido sob o pálio de alguma excludente de ilicitude (art. 314, CPP); **C:** incorreta. Pois tal circunstância não constitui óbice à decretação da custódia preventiva. Ao que parece, o examinador quis induzir o candidato a erro, fazendo referência à hipótese contida no art. 115 do CP, que trata dos casos em que tem lugar a redução dos prazos de prescrição; **D:** incorreta. A assertiva contraria o disposto no art. 313, II, do CPP; **E:** incorreta. O preso deve ser colocado imediatamente em liberdade após a identificação, salvo se outra hipótese recomendar a manutenção da medida, de acordo com o teor do § 1º do art. 313 do CPP. ED

Gabarito "B".

(Delegado – PC/BA – 2018 – VUNESP) No que concerne à prisão em flagrante, à prisão temporária e à prisão preventiva, assinale a alternativa correta, nos estritos termos legais e constitucionais.

(A) Nenhuma delas tem prazo máximo estabelecido em lei.

(B) A primeira pode ser realizada pela autoridade policial, violando domicílio e sem ordem judicial, a qualquer horário do dia ou da noite.

(C) A segunda somente é cabível em crimes hediondos ou assemelhados, podendo durar 30 (trinta) ou 60 (sessenta) dias.

(D) A segunda demanda ordem judicial e prévio parecer favorável do Ministério Público.

(E) A terceira pode ser decretada de ofício pelo Juiz durante o inquérito policial.

A: incorreta. A *prisão temporária*, decretada tão somente pelo juiz de direito, terá o prazo de 5 *dias*, prorrogável por igual período em caso de extrema e comprovada necessidade, nos termos do art. 2º da Lei 7.960/1989. Em se tratando, no entanto, de crime hediondo ou delito a ele equiparado (tortura, tráfico de drogas e terrorismo), a *custódia temporária* será decretada por *até* 30 dias, prorrogável por igual período em caso de extrema e comprovada necessidade, em consonância com o disposto no art. 2º, § 4º, da Lei 8.072/1990 (Lei de Crimes Hediondos); **B:** correta. A prisão em flagrante pode ser realizada tanto pela autoridade policial e seus agentes (flagrante obrigatório – art. 301, 2ª parte, do CPP) quanto por qualquer pessoa do povo (flagrante facultativo – art. 301, 1ª parte, do CPP). Portanto, em situação de flagrante delito é lícito ao agente que ingresse em domicílio alheio, independentemente do consentimento do morador e de ordem judicial, a qualquer hora do dia ou da noite para efetuar a prisão (art. 5º, XI, da CF); **C:** incorreta. A prisão temporária será decretada para viabilizar a apuração de diversos crimes, entre os quais os delitos hediondos e equiparados, tal como consta do rol do art. 1º, III, da Lei 7.960/1989. Atenção: para complementar o estudo, importante ler a decisão do STF na ADI 4109-DF que estabeleceu determinados requisitos para a decretação da prisão temporária: for imprescindível para as investigações do inquérito policial (*periculum libertatis*); fundadas razões de autoria ou participação do indiciado nos crimes previstos no art. 1º, III, Lei 7.960/1989 (*fumus comissi delicti*); justificada em fatos novos ou contemporâneos que fundamentem a medida (art. 312, § 2º, CPP); medida for adequada à gravidade concreta do crime, às circunstâncias do fato e às condições pessoais do indiciado; insuficiente a imposição de medidas cautelares diversas, previstas nos arts. 319 e 320 do CPP; **D:** incorreta. De fato, a decretação da prisão temporária (sempre pelo juiz de direito) não está condicionada a parecer favorável do MP; é dizer, diante da representação formulada pela autoridade policial para a decretação da custódia temporária, deverá o juiz, antes de decidir, ouvir o MP, cujo parecer não tem caráter vinculativo, podendo o magistrado, portanto, decidir de forma contrária à opinião externada pelo MP (art. 2º, § 1º, Lei 7.960/1989); **E:** incorreta. De acordo com o teor do art. 311 do CPP, em qualquer fase da investigação policial ou do processo penal, caberá a prisão preventiva decretada pelo juiz, a requerimento do Ministério Público, do querelante ou do assistente, ou por representação da autoridade policial. Nesse sentido, o STF firmou o entendimento de que o magistrado competente não pode converter, *ex officio*, a prisão em flagrante em prisão preventiva no contexto da audiência de custódia, pois essa medida de conversão depende, necessariamente, de representação da autoridade policial ou de requerimento do Ministério Público: "(...) impossibilidade, de outro lado, da decretação 'ex officio' de prisão preventiva em qualquer situação (em juízo ou no curso de investigação penal), inclusive no contexto de audiência de custódia (ou de apresentação), sem que se registre, mesmo na hipótese da conversão a que se refere o art. 310, II, do CPP, prévia, necessária e indispensável provocação do Ministério Público ou da Autoridade Policial – recente inovação Legislativa introduzida pela Lei nº 13.964/2019 ("Lei Anticrime"), que alterou os arts. 282, §§ 2º e 4º, e 311 do Código de Processo Penal, suprimindo ao magistrado a possibilidade de ordenar, "sponte sua", a imposição de prisão preventiva – não realização, no caso, da audiência de custódia (ou de apresentação) – inadmissibilidade de presumir-se implícita, no auto de prisão em flagrante, a existência de pedido de conversão em prisão preventiva – conversão, de ofício, mesmo assim, da prisão em flagrante do ora paciente em prisão preventiva – impossibilidade de tal ato, quer em face da ilegalidade dessa decisão, quer, ainda, em razão de ofensa a um direito básico, qual seja o de realização da audiência de custódia, que traduz prerrogativa insuprimível assegurada a qualquer pessoa pelo ordenamento doméstico e por convenções Internacionais de direitos humanos" (STF, HC 188.888-MG). O STJ consolidando jurisprudência própria editou a Súmula 676, com a seguinte redação: "Em razão da Lei n. 13.964/2019, não é mais possível ao juiz, de ofício, decretar ou converter prisão em flagrante em prisão preventiva". ED/PB

Gabarito "B".

11. PROCESSO E PROCEDIMENTOS

(Procurador – AL/PR – 2024 – FGV) Lucas, juiz titular da 1ª Vara Criminal da Comarca Alfa, pronunciou Tício pela suposta prática do crime de homicídio qualificado, submetendo-o a julgamento pelo Conselho de Sentença, observado o procedimento bifásico inerente ao Tribunal do Júri.

Durante os debates que ocorreram na sessão plenária, o Ministério Público requereu a condenação do acusado, na forma da pronúncia, enquanto a defesa técnica pugnou pela absolvição do réu por insuficiência probatória, buscando, subsidiariamente, o reconhecimento de uma causa de diminuição de pena. Findo os debates entre a acusação e a defesa, o juiz presidente passou a redigir os quesitos que seriam entregues aos jurados para fins de votação.

Nesse cenário, considerando as disposições do Código de Processo Penal, é correto afirmar que os quesitos deverão ser formulados na seguinte ordem, indagando sobre

(A) a materialidade do fato; autoria ou participação; se o acusado deve ser absolvido; se existe causa de diminuição de pena alegada pela defesa; e se existe circunstância qualificadora reconhecida na pronúncia.

(B) a autoria ou participação; materialidade do fato; se o acusado deve ser absolvido; se existe causa de diminuição de pena alegada pela defesa; e se existe circunstância qualificadora reconhecida na pronúncia.

(C) se o acusado deve ser absolvido; materialidade do fato; autoria ou participação; se existe causa de diminuição de pena alegada pela defesa; e se existe circunstância qualificadora reconhecida na pronúncia.

(D) a materialidade do fato; autoria ou participação; se o acusado deve ser absolvido; se existe circunstância qualificadora reconhecida na pronúncia; e se existe causa de diminuição de pena alegada pela defesa.

(E) a autoria ou participação; materialidade do fato; se o acusado deve ser absolvido; se existe circunstância qualificadora reconhecida na pronúncia; e se existe causa de diminuição de pena alegada pela defesa.

A assertiva correta descreve os incisos do art. 483 do CPP que dispõe: "Os quesitos serão formulados na seguinte ordem, indagando sobre: I – a materialidade do fato; II – a autoria ou participação; III – se o acusado deve ser absolvido; IV – se existe causa de diminuição de pena alegada pela defesa; V – se existe circunstância qualificadora ou causa de aumento de pena reconhecidas na pronúncia ou em decisões posteriores que julgaram admissível a acusação". (PB)

Gabarito "A".

(Juiz de Direito/AP – 2022 – FGV) No que tange à oitiva das testemunhas arroladas pela acusação em audiência de instrução e julgamento, na forma do Art. 212 do Código de Processo Penal, é correto afirmar que:

(A) a nulidade pela alteração da ordem de inquirição deve indicar o prejuízo gerado;

(B) é possível ao juiz formular perguntas de forma detalhada, após as partes;

(C) a ordem de inquirição pode ser alterada no caso de ausência momentânea de uma das partes;

(D) havendo atuação comedida, o juiz pode iniciar a inquirição da testemunha;

(E) o juiz pode intervir, a qualquer momento, diante de ilegalidade na condução do depoimento.

A: incorreta, segundo a organizadora. A nosso ver, a assertiva retrata a atual jurisprudência do STJ. Senão vejamos. Com as mudanças implementadas no art. 212 do CPP pela Lei de Reforma 11.690/2008, o *sistema presidencialista*, pelo qual a testemunha, depois de inquirida pelo juiz, respondia, por intermédio deste, às perguntas formuladas pelas partes, deu lugar ao chamado sistema *cross examination*, atualmente em vigor, segundo o qual as partes passam a dirigir suas indagações às testemunhas sem a intermediação do magistrado, de forma direta, vedados os questionamentos que puderem induzir a resposta, não tiverem relação com a causa ou importarem na resposta de outra já respondida. Ao final da inquirição, se ainda remanescer algum ponto não esclarecido, poderá o juiz complementá-la, formulando à testemunha novas perguntas (art. 212, parágrafo único, do CPP). É por essa razão que se diz que a atividade do juiz é complementar, remanescente à das partes. Pois bem. Surgiu então a questão atinente à consequência que poderia advir da inversão desta ordem. Prevalece hoje o entendimento no sentido de que é relativa a nulidade decorrente do fato de o juiz, no lugar de formular seus questionamentos ao término da oitiva da testemunha, fazê-lo no começo do depoimento, antes, portanto, das perguntas elaboradas pelas partes. E sendo relativa esta nulidade, o seu reconhecimento somente se dará com a arguição oportuna pelo interessado (não pode o juiz decretá-la de ofício), que, se assim não fizer, sujeitar-se-á à preclusão. No STJ: *Conforme a orientação deste Superior Tribunal de Justiça, a inquirição das testemunhas pelo juiz antes que seja oportunizada a formulação das perguntas às partes, com a inversão da ordem prevista no art. 212 do Código de Processo Penal, constitui nulidade relativa* (HC 237.782, Rel. Min. Laurita Vaz, DJe de 21.08.2014). No mesmo sentido: "AGRAVO REGIMENTAL NO HABEAS CORPUS. PROCESSUAL PENAL. HOMICÍDIO QUALIFICADO. PRONÚNCIA. SUPOSTAS NULIDADES NÃO CONFIGURADAS. AUSÊNCIA DE COMPROVAÇÃO DE PREJUÍZO. PRINCÍPIO PAS DE NULLITÉ SANS GRIEF. AGRAVO DESPROVIDO. 1. A "declaração de nulidade exige a comprovação de prejuízo, em consonância com o princípio pas de nullité sans grief, consagrado no art. 563 do CPP e no enunciado n. 523 da Súmula do STF" (AgRg no HC 613.170/SC, Rel. Ministro FELIX FISCHER, QUINTA TURMA, julgado em 27/10/2020, DJe 12/11/2020), o que não ocorreu na presente hipótese. 2. Ao contrário do que alega a Defesa, o entendimento do Tribunal de origem está de acordo com a jurisprudência desta Corte, no sentido de que "[n]ão é possível anular o processo, por ofensa ao art. 212 do Código de Processo Penal, quando não verificado prejuízo concreto advindo da forma como foi realizada a inquirição das testemunhas" (AgRg no HC 465.846/SP, Rel. Ministro NEFI CORDEIRO, SEXTA TURMA, julgado em 14/05/2019, DJe 23/05/2019). 3. Agravo regimental desprovido." (STJ, AgRg no HC 524.283/MG, Rel. Ministra LAURITA VAZ, SEXTA TURMA, julgado em 09/02/2021, DJe 22/02/2021); **B:** incorreta. A partir da Reforma Processual de 2008, que alterou substancialmente o art. 212 do CPP, o juiz perdeu o protagonismo na inquirição das testemunhas; deverá adotar, isto sim, uma postura mais comedida, limitando-se a complementar a inquirição. Ou seja, caberá às partes produzir a prova testemunhal, questionando, de forma direta, o depoente, sempre sob a supervisão do magistrado; somente ao final é que o juiz poderá formular perguntas pertinentes a pontos relevantes não esclarecidos. Trata-se, como se pode ver, de função complementar às partes; **C e D:** incorretas. Hipóteses não contempladas em lei; **E:** correta. A despeito de a atividade probatória do juiz ter caráter complementar, como acima já dissemos, é fato que cabe ao magistrado controlar e fiscalizar a atuação das partes, impondo-lhes os limites estabelecidos em lei, de forma a resguardar a higidez da prova. Dessa forma, o juiz deverá intervir ante a ilegalidade na condução do depoimento. ED

Gabarito "E".

(Juiz de Direito – TJ/MS – 2020 – FCC) Cabível a absolvição sumária

(A) se demonstrada a existência de causa de exclusão do crime, mas unicamente no procedimento do júri.

(B) se provado, no procedimento comum, não ser o acusado autor ou partícipe do fato.

(C) por inimputabilidade, em determinada situação, no procedimento do júri.

(D) se demonstrada, no procedimento comum, a manifesta existência de qualquer causa excludente da culpabilidade.

(E) sempre que demonstrada, no procedimento do júri, a existência de causa de isenção de pena.

A: incorreta. A expressão *exclusão do crime*, empregada no inciso IV do art. 415 do CPP (absolvição sumária no júri), conquanto não contemplada no rol do art. 397 do CPP (absolvição sumária no procedimento comum), equivale às causas excludentes de ilicitude a que faz referência o art. 397, I, do CPP. Desta forma, é incorreto afirmar-se que a existência de causa de exclusão do crime somente autoriza a absolvição sumária no procedimento do júri; **B:** incorreta, já que se trata de hipótese de absolvição do art. 386, IV, do CPP, com sentença proferida ao final da instrução. Não se está diante, portanto, de hipótese de absolvição sumária (art. 397, CPP); **C:** correta. É defeso ao juiz absolver sumariamente o réu com fulcro na inimputabilidade (doença mental – art. 26, CP), salvo se esta constituir a única tese defensiva. É o que estabelece o art. 415, parágrafo único, do CPP. Como bem sabemos, a inimputabilidade leva à aplicação de medida de segurança, razão pela qual, caso haja tese defensiva subsidiária, é mais vantajoso ao acusado ser julgado pelo Tribunal Popular, pois pode ser ali absolvido; **D:** incorreta, uma vez que o art. 397, II, do CPP exclui a possibilidade de proceder-se à absolvição sumária em caso de *inimputabilidade*, dado que tal circunstância deverá ser apurada no curso da instrução processual; **E:** incorreta, pois contraria o disposto no art. 415, parágrafo único, do CPP. ED

Gabarito "C".

(Promotor de Justiça/CE – 2020 – CESPE/CEBRASPE) João foi denunciado, tendo sido arroladas pelo Ministério Público as testemunhas Antônio, Paula e Carla, esta última residente em outro estado da Federação. Outra testemunha, Diana, foi arrolada pela defesa. Designada a audiência de instrução, compareceram Antônio, Paula, Diana e João, sem que ainda houvesse resposta do cumprimento da carta precatória de Carla. O juiz ouviu todas as testemunhas presentes e realizou o interrogatório.

Nessa situação hipotética,

(A) não ocorreu nulidade processual, ainda que tenha havido, no mesmo momento processual, a oitiva de testemunhas e o interrogatório.

(B) o juiz não agiu corretamente, pois a oitiva da testemunha de defesa somente pode ocorrer antecipadamente com expressa autorização das partes.

(C) o juiz não agiu corretamente, pois o interrogatório deveria ter sido realizado somente após o retorno da carta precatória.

(D) ocorreu nulidade processual, pois o juiz não poderia ter ouvido a testemunha de defesa antes do retorno da carta precatória.

(E) ocorreu nulidade processual, visto que o feito estava suspenso; o juiz deveria ter marcado a audiência apenas após o retorno da carta precatória.

Após a aplicação desta prova, houve mudança de entendimento do STJ. Explico. Até então, a sua 6ª Turma tinha como pacificado o entendimento segundo o qual a expedição de carta precatória, em obediência ao art. 222, § 1º, do CPP e também ao princípio da celeridade processual, não tem o condão de suspender a instrução processual, razão por que se deve proceder à oitiva das testemunhas e ao interrogatório do réu e, também, ao julgamento da causa, mesmo que pendente a devolução de carta precatória. Em outras palavras, o interrogatório do réu não precisa aguardar a vinda da carta precatória expedida para oitiva de testemunha. Recentemente, quando já aplicada esta prova, a 3ª Seção do STJ, que reúne as 5ª e 6ª Turmas Criminais, adotou o entendimento, ao qual já aderira a 5ª Turma, de que, nos termos do art. 400 do CPP, o interrogatório do réu deve ser o derradeiro ato da instrução, ainda que haja a expedição de carta precatória para a oitiva de testemunhas. Ou seja, o juiz do feito, antes de proceder ao interrogatório do acusado, deve aguardar o retorno da carta precatória expedida para o fim de ouvir testemunhas, em obediência aos princípios do contraditório e ampla defesa. Conferir o julgado que marcou a mudança de entendimento do STJ: "1. Existem precedentes nesta Corte Superior, partindo da interpretação dos arts. 400 e 222 do Código de Processo Penal, que consideram válido o interrogatório do acusado quando pendente de cumprimento carta precatória expedida para oitiva de testemunhas e do ofendido. 2. Essa compreensão, no entanto, não está em harmonia com os princípios do contraditório e da ampla defesa, bem como com a jurisprudência consolidada na Suprema Corte, firme no sentido de que, com o advento da Lei n. 11.719/2008, que deu nova redação ao art. 400 do Código de Processo Penal, o interrogatório do réu deve ser o último ato de instrução. 3. Importante ressaltar a orientação fixada pelo Supremo Tribunal Federal no HC n. 127.900/AM, de que a norma inscrita no art. 400 do Código de Processo Penal comum aplica-se, a partir da publicação da ata do presente julgamento, aos processos penais militares, aos processos penais eleitorais e a todos os procedimentos penais regidos por legislação especial incidindo somente naquelas ações penais cuja instrução não se tenha encerrado. 4. Atualmente é assente o entendimento de que o interrogatório do acusado é instrumento de defesa, o que, em uma perspectiva garantista, pautada na observância dos direitos fundamentais, proporciona máxima efetividade se realizado ao final da instrução. De fato, a concretização do interrogatório antes da oitiva de testemunhas e da vítima priva o acusado de acesso pleno à informação, já que se manifestará antes da produção de parcela importante de provas. Além disso, reflete diretamente na eficácia de sua reação e na possibilidade de influenciar o julgamento, não lhe permitindo refutar, ao menos diretamente (autodefesa), questões apresentadas com a oitiva de testemunhas e do ofendido. A inversão do interrogatório, portanto, promove nítido enfraquecimento dos princípios constitucionais do contraditório e da ampla defesa, indevido, a meu ver, no âmbito da persecução penal. 5. Nessa perspectiva, ao dispor que a expedição da precatória não suspenderá a instrução criminal, o § 1º do art. 222 do CPP não autorizou, no meu sentir, a realização de interrogatório do réu em momento diverso do disposto no art. 400 do CPP, vale dizer, ao final da instrução. Oportuno ressaltar que o art. 222 do CPP está inserido em capítulo do Código de Processo Penal voltado ao procedimento relacionado às testemunhas (Capítulo VI do Código de Processo Penal Das Testemunhas), e não com o interrogatório do acusado. 6. Outrossim, a redação do art. 400 do CPP elenca, claramente, a ordem a ser observada na audiência de instrução e julgamento, de forma que a alusão expressa ao art. 222, em seu texto, apenas indica a possibilidade de inquirição de testemunhas, por carta precatória, fora da ordem estabelecida, não permitindo o interrogatório do acusado antes da inquirição de testemunhas. 7. Na hipótese dos autos, o acusado foi interrogado antes da oitiva de testemunhas, por carta precatória. No entanto, conforme informações prestadas pelo Magistrado singular, a defesa técnica do réu somente arguiu suposta nulidade em seu último pedido, protocolizado em 19/3/2020, ou seja, após a realização de todas as oitivas supracitadas, o que reverbera na nulidade de algibeira. Assim, em consonância com a jurisprudência desta Corte Superior, não se mostra viável acolher o pedido de nulidade, especialmente quando não aventado no momento oportuno. 8. Conquanto indevido o requerimento de nulidade, considerando o entendimento do Supremo Tribunal Federal, o fato de que a instrução ainda não encerrou, a necessidade de observar os princípios do contraditório e da ampla defesa, bem como o disposto no art. 196 do Código de Processo Penal, que autoriza a realização de novo interrogatório, entende-se que a ordem deve ser parcialmente concedida para determinar que se proceda a novo interrogatório do acusado ao final da instrução. 9. Quanto à alegação de excesso de prazo, não é o caso de ser reconhecido, pois, conforme informação do Juízo processante, a própria defesa contribuiu para o atraso na instrução, na medida em que não aventou a irregularidade do interrogatório no momento oportuno. Além disso, conforme exposto na decisão liminar, não houve desídia do Magistrado na condução do feito e eventual retardamento na conclusão da ação penal decorre de sua complexidade e da necessidade de expedição de diversas cartas precatórias. 10. Ordem parcialmente concedida para determinar a realização de novo interrogatório do acusado ao final da instrução" (HC 585.942/MT, Rel. Ministro SEBASTIÃO REIS JÚNIOR, TERCEIRA SEÇÃO, julgado em 09/12/2020, DJe 14/12/2020). Por tudo que foi acima ponderado, a assertiva correta, se considerarmos o entendimento hoje prevalente, é a "C". ED

Gabarito "A".

(Promotor de Justiça/PR – 2019 – MPE/PR) Sobre **absolvição sumária no procedimento comum**, segundo o Código de Processo Penal, esta é possível:

(A) Se a denúncia for inepta ou houver existência manifesta de causa excludente da ilicitude do fato.

(B) Se o fato narrado evidentemente não constitui crime ou estiver extinta a punibilidade do agente.

(C) Se existir manifesta causa excludente de ilicitude ou de culpabilidade do agente, salvo inimputabilidade penal decorrente de ser o agente menor de dezoito anos, quando deverá o feito ser remetido ao juizado competente.

(D) Se faltar pressuposto processual ou condição para o exercício da ação penal.

(E) Se existir dúvida sobre a materialidade do fato ou autoria do réu (*"in dubio pro reo"*).

A: incorreta. A despeito de a *existência manifesta de causa excludente de ilicitude do fato* dar azo à absolvição sumária (art. 397, I, do CPP), a inépcia da denúncia implica a sua rejeição (art. 395, I, CPP); **B:** correta. Hipóteses previstas no art. 397, III e IV, do CPP, que, portanto, ensejam a absolvição sumária; **C:** incorreta. É certo que a existência manifesta de causa excludente de ilicitude implica a absolvição sumária (art. 397, I, CPP), o que não ocorre na segunda parte da assertiva, já que não reflete o disposto no art. 397, II, do CPP, em que a exceção ali referida diz respeito aos doentes mentais, sendo certo que os menores de 18 anos sequer podem figurar como parte no processo penal; **D:** incorreta. A ausência de pressuposto processual ou condição para o exercício da ação penal dá azo à rejeição da denúncia (art. 395, II, CPP); **E:** incorreta. A dúvida quanto à materialidade do fato (existência do crime) enseja a rejeição da denúncia por falta de justa causa (art. 395, III, CPP); já a dúvida quanto à autoria, desde que haja indícios suficientes quanto à sua existência, não impede o recebimento da inicial acusatória. Se, ao final da instrução, tal dúvida persistir, aí sim o acusado deve ser absolvido. ED

Gabarito "B".

(Juiz de Direito – TJ/AL – 2019 – FCC) No procedimento comum,

(A) o Juiz, se não rejeitar liminarmente a denúncia ou a queixa, recebê-la-á e ordenará a citação do acusado para responder à acusação, por escrito, no prazo de dez dias, se ordinário, ou de cinco, se sumário.

(B) produzidas as provas, ao final da audiência, o Ministério Público, o querelante e o assistente e, a seguir, o acusado poderão requerer diligências cuja necessidade se origine de circunstâncias ou fatos apurados na instrução e, realizada a diligência determinada, as partes apresentarão, no prazo sucessivo de cinco dias, suas alegações finais, por memorial, e, no prazo de dez dias, o Juiz proferirá a sentença.

(C) apresentada ou não a resposta no prazo legal, o Juiz, de imediato, ratificando o recebimento da denúncia ou da queixa, designará dia e hora para a audiência, ordenando a intimação do acusado, de seu defensor, do Ministério Público e, se for o caso, do querelante e do assistente.

(D) a audiência de instrução e julgamento deve ser realizada no prazo máximo de noventa dias, se ordinário, ou sessenta dias, se sumário, procedendo-se à tomada de declarações do ofendido, à inquirição das testemunhas arroladas pela acusação e pela defesa, nesta ordem, ressalvado as ouvidas por carta precatória, bem como aos esclarecimentos dos peritos, às acareações e ao reconhecimento de pessoas e coisas, interrogando-se, em seguida, o acusado.

(E) a acusação e a defesa poderão arrolar até oito testemunhas, se ordinário o procedimento, não se compreendendo nesse número as que não prestem compromisso e as referidas, defeso ao Juiz, por expressa previsão legal, ouvir aquela que a parte houver manifestado desistência de inquirição.

A: incorreta, já que o prazo para resposta à acusação de que dispõe o denunciado corresponde a 10 dias, nas duas modalidades do procedimento comum (ordinário e sumário), conforme estabelece o art. 396, *caput*, do CPP. Não há, portanto, que se falar em interregno diferenciado na hipótese de o procedimento ser o sumário; **B:** correta, pois em conformidade com o disposto nos arts. 402 e 404, parágrafo único, do CPP; **C:** incorreta. Se o réu, citado pessoalmente, deixar de oferecer a resposta à acusação dentro do prazo estabelecido em lei, que é de dez dias, caberá ao juiz nomear-lhe defensor para patrocinar a sua defesa, oferecendo a petição de resposta escrita (art. 396-A, § 2º, CPP); **D:** incorreta, já que a audiência de instrução e julgamento, no procedimento sumário, deverá realizar-se no prazo máximo de 30 dias (e não de 60 dias), conforme estabelece o art. 531 do CPP; **E:** incorreta. Pode a parte, é verdade, desistir da testemunha que haja arrolado, mas nada obsta que o juiz, com vistas à busca da verdade real e a fim de formar o seu convencimento, insista na oitiva da testemunha (art. 209, *caput*, e art. 401, § 2º, ambos do CPP). ED

Gabarito "B".

(Juiz de Direito - TJ/BA - 2019 - CESPE/CEBRASPE) Davi, servidor público comissionado municipal sem vínculo efetivo com a prefeitura do respectivo município, foi denunciado pelo suposto cometimento do delito de peculato — art. 312 do CP. Durante o IP, Davi foi interrogado na presença de seu advogado. Na fase judicial da persecução penal, ao chefe de sua repartição foi encaminhada notificação, que não foi considerada cumprida em razão da exoneração do servidor; no local, noticiaram que ele continuava residindo no endereço mencionado no inquérito. Após o recebimento da denúncia, considerando-se que o servidor estava em local incerto, foi determinada sua citação por edital. O advogado constituído pelo réu, após tomar conhecimento da tramitação da ação penal, apresentou resposta à acusação, nos termos do art. 396 do CPP. Posteriormente, ainda que não intimado pessoalmente, Davi compareceu à audiência designada.

Com referência a essa situação hipotética, assinale a opção correta.

(A) Por se tratar de crime funcional, a desobediência ao procedimento especial — não oportunizar a defesa preliminar, nos termos do art. 514 do CPP — gerou a nulidade do processo.

(B) A apresentação de resposta à acusação por advogado constituído por Davi durante o IP supre eventual nulidade da citação.

(C) No caso de o réu continuar atuando como servidor público, a notificação encaminhada ao chefe da repartição, nos termos do art. 359 do CPP, dispensaria o mandado de citação.

(D) A obrigação de esgotamento dos meios de localização para a validade da citação por edital não alcança as diligências em todos os endereços constantes no IP.

(E) Citado por edital, o réu poderá, a qualquer tempo, integrar a relação processual, e o prazo para resposta à acusação começará a fluir a partir do referido ato de ingresso no processo.

A: incorreta. A peculiaridade do procedimento referente aos crimes de responsabilidade dos funcionários públicos reside na impugnação ofertada pelo funcionário antes do recebimento da denúncia. É a chamada *resposta* ou *defesa preliminar*, prevista no art. 514 do CPP, que somente terá incidência nos crimes funcionais afiançáveis, não se estendendo ao particular que, na qualidade de coautor ou partícipe, tomar parte no crime. Com a edição da Súmula 330 do STJ, esta defesa que antecede o recebimento da denúncia deixou de ser necessária na ação penal alicerçada em inquérito policial. Dessa forma, a formalidade imposta pelo art. 514 do CPP somente se fará necessária, segundo o STJ, quando a denúncia se basear em outras peças de informação que não o inquérito policial. Em outras palavras, a resposta preliminar é necessária, sim, na hipótese de a ação penal não ser calcada em inquérito policial. No caso narrado no enunciado, não há dúvida de que a denúncia ofertada em face de Davi foi baseada em informações colhidas em inquérito policial, o que afasta a necessidade de defesa preliminar, não havendo, portanto, que se falar em nulidade; **B**: incorreta. Isso porque a falta de citação constitui causa de nulidade absoluta (art. 564, III, *e*, do CPP), salvo se o denunciado comparecer em juízo. O fato de Davi haver constituído, durante as investigações do inquérito policial, advogado, o qual, após, ofereceu resposta à acusação, não elide a necessidade de citação. Conferir: "4. A citação é pressuposto de existência da relação processual e sua obrigatoriedade não pode ser relativizada somente porque o réu constituiu advogado particular quando foi preso em flagrante. O fato de o Juiz ter determinado a juntada, nos autos da ação penal, de cópia da procuração outorgada ao advogado no processo apenso, relacionado ao pedido de liberdade provisória, bem como que o causídico apresentasse resposta à acusação, não supre a falta de citação e nem demonstra, sem o comparecimento espontâneo do réu a nenhum ato do processo, sua ciência inequívoca da denúncia e nem que renunciou à autodefesa. 5. O prejuízo para a ampla defesa foi registrado no acórdão estadual, não havendo falar em violação do art. 563 do CPP. A ampla defesa desdobra-se na defesa técnica e na autodefesa, esta última suprimida do réu, pois não lhe foram oportunizadas diversas possibilidades, tais como a presença em juízo, o conhecimento dos argumentos e conclusões da parte contrária, a exteriorização de sua própria argumentação em interrogatório etc. 6. Recurso especial não provido." (STJ, REsp 1580435/GO, Rel. Ministro ROGERIO SCHIETTI CRUZ, SEXTA TURMA, julgado em 17/03/2016, DJe 31/03/2016); **C**: incorreta. A citação do funcionário público será feita pessoalmente, devendo o juiz apenas notificar o chefe da repartição em que o funcionário exerce suas funções, dando-lhe conta do dia e horário em que o acusado deverá comparecer em juízo (art. 359, CPP). Com isso, a repartição disporá de tempo para, se for o caso, cuidar para que o funcionário, naquele dia e horário, seja substituído. Em outras palavras, a notificação ao chefe da repartição, providência prevista no art. 359 do CPP, não supre a necessidade de citação (pessoal) do funcionário público denunciado; **D**: incorreta. Por se tratar de modalidade de citação ficta, em que se presume que o réu tenha tomado conhecimento da acusação que contra ele foi formulada, a realização da citação por edital pressupõe o esgotamento de todos os meios disponíveis para a localização do denunciado, o que engloba todos os seus endereços de que se tem notícia, inclusive aqueles informados no inquérito policial. Somente após isso é que poderá se recorrer à citação por edital. Na jurisprudência: "é nulo o processo a partir da citação na hipótese de citação por edital determinada antes de serem esgotados todos os meios disponíveis para a citação pessoal do réu" (STJ, HC 213.600, DJe 09.10.2012); **E**: correta, pois reflete o disposto no art. 396, parágrafo único, do CPP. ED

Gabarito "E".

(Juiz de Direito - TJ/BA - 2019 - CESPE/CEBRASPE) Acerca dos procedimentos processuais penais no Brasil, julgue os itens a seguir.

I. Nos crimes contra a propriedade imaterial que deixem vestígios, o exame do corpo de delito será condição de procedibilidade para o exercício da ação penal.
II. No procedimento sumário, o prazo para resposta à acusação é de cinco dias.
III. Registro de depoimento tomado na audiência de instrução por meio audiovisual terá de ser encaminhado às partes, sendo obrigatória a transcrição.
IV. No procedimento por crime funcional, em caso de ilícito afiançável, o réu será notificado para apresentar defesa preliminar por escrito no prazo de quinze dias.

Estão certos apenas os itens

(A) I e IV.
(B) II e III.
(C) III e IV.
(D) I, II e III.
(E) I, II e IV.

I: correta, uma vez que reflete o disposto no art. 525 do CPP. Por força desse dispositivo, o exame de corpo de delito constitui condição especial de procedibilidade ao ajuizamento da ação penal. A sua ausência, portanto, implica rejeição da inicial acusatória; **II**: incorreta. O art. 396, *caput*, do CPP, que se aplica tanto ao procedimento ordinário quanto ao sumário, estabelece o prazo de dez dias para a resposta à acusação; **III**: incorreta, pois em desconformidade com o art. 405, § 2º, do CPP, segundo o qual, *no caso de registro por meio audiovisual, será encaminhado às partes cópia do registro original, sem necessidade de transcrição*; **IV**: correta. A defesa preliminar de que trata o art. 514 do CPP, a ser ofertada no prazo de 15 dias, confere ao funcionário público denunciado pela prática de crime funcional afiançável a oportunidade de rebater o teor da denúncia antes de ela ser apreciada pelo magistrado. É a antecipação do contraditório, que, no procedimento comum, será exercido após o recebimento da denúncia, em sede de resposta à acusação. Sempre é bom lembrar que o STJ, por meio da Súmula 330 do STJ, fixou o entendimento de que esta defesa que antecede o recebimento da denúncia é desnecessária na ação penal alicerçada em inquérito policial. Dessa forma, a formalidade imposta pelo art. 514 do CPP somente se fará necessária, segundo o STJ, quando a denúncia se basear em outras peças de informação que não o inquérito policial. ED

Gabarito "A".

(Juiz de Direito – TJ/RS – 2018 – VUNESP) Assinale a alternativa correta.

(A) O procedimento comum será ordinário, sumário ou especial.
(B) Os processos que apuram a prática de crime hediondo terão prioridade de tramitação em todas as instâncias apenas se houver réu preso.
(C) O juiz terá o prazo de 5 dias para proferir a sentença caso conceda às partes prazo para a apresentação de memoriais.
(D) No mandado de segurança impetrado pelo Ministério Público contra decisão proferida em processo penal, é facultativa a citação do réu como litisconsorte passivo.
(E) Não cabe *habeas corpus* contra decisão condenatória a pena de multa, ainda que seja patente o constrangimento ilegal causado.

A: incorreta. Conforme o teor do art. 394, *caput*, do CPP, o procedimento se divide em *comum* e *especial*. No comum previsto no Código de Processo Penal como regra (§ 2º) será aplicado para as infrações penais que não possuem em procedimento específico determinado na lei; no especial que possui um rito específico, determinado pela lei, por exemplo, nos crimes dolosos contra a vida, nos crimes de responsabilidade de funcionários públicos. . O procedimento comum é subdividido em *ordinário*, *sumário* e *sumaríssimo* (§1º, I, II e III). No rito ordinário, quando tiver por objeto crime cuja sanção máxima cominada for igual ou superior a 4 anos de pena privativa de liberdade; no rito sumário quando tiver por objeto crime cuja sanção máxima cominada seja inferior a 4 anos de pena privativa de liberdade; o sumaríssimo é aplicado para as infrações penais de menor potencial ofensivo que são as contravenções penais e aquelas em que a lei comine pena máxima não superior a dois anos, cumulada ou

não com multa (art. 61 da Lei 9.099/1995). Desse modo, o procedimento especial não constitui modalidade de procedimento comum, tal como consta da assertiva; **B:** incorreta. Com a inserção do art. 394-A, no CPP, pela Lei 13.285/2016 e, posteriormente alterado pela Lei 14.994/2024, os processos que apuram a prática de crime hediondo ou violência contra a mulher terão prioridade de tramitação em todas as instâncias, não importando se se trata de réu preso ou solto; **C:** incorreta, já que o art. 403, § 3º, do CPP estabelece o prazo de 10 dias para o juiz proferir sentença; **D:** incorreta, porque em desconformidade com o entendimento firmado na Súmula 701 do STF: *No mandado de segurança impetrado pelo Ministério Público contra decisão proferida em processo penal, é obrigatória a citação do réu como litisconsorte passivo*; **E:** correta, uma vez que reflete o entendimento sufragado na Súmula 693, do STF: *Não cabe habeas corpus contra decisão condenatória a pena de multa, ou relativo a processo em curso por infração penal a que a pena pecuniária seja a única cominada.* ED/PB
Gabarito "E".

(Juiz de Direito – TJ/RS – 2018 – VUNESP) A respeito dos prazos previstos no CPP e em leis especiais, assinale a alternativa correta.

(A) No procedimento relativo aos processos da competência do Tribunal do Júri, se houver indícios de autoria ou de participação de outras pessoas não incluídas na acusação, o juiz, ao pronunciar ou impronunciar o acusado, determinará o retorno dos autos ao Ministério Público, por 15 dias, aplicável, no que couber, o art. 80, do CPP.

(B) A audiência de instrução e julgamento no procedimento ordinário será realizada no prazo máximo de 45 dias.

(C) O procedimento relativo aos processos da competência do Tribunal do Júri será concluído no prazo máximo de 120 dias.

(D) Os juízes singulares darão seus despachos e decisões dentro do prazo de 5 dias, se a decisão for definitiva ou interlocutória mista.

(E) Em crime de tráfico de entorpecentes, recebida cópia do auto de prisão em flagrante, o juiz, no prazo de 5 dias, certificará a regularidade formal do laudo de constatação e determinará a destruição das drogas apreendidas, guardando-se amostra necessária à realização do laudo definitivo.

A: correta, já que reproduz o teor do art. 417 do CPP: "Se houver indícios de autoria ou de participação de outras pessoas não incluídas na acusação, o juiz, ao pronunciar ou impronunciar o acusado, determinará o retorno dos autos ao Ministério Público, por 15 (quinze) dias, aplicável, no que couber o art. 80 deste Código". De acordo com a redação do art. 80 do CPP: "Será facultativa a separação dos processos quando as infrações tiverem sido praticadas em circunstâncias de tempo ou de lugar diferentes, ou, quando pelo excessivo número de acusados e para não lhes prolongar a prisão provisória, ou por outro motivo relevante, o juiz reputar conveniente a separação"; **B:** incorreta. No procedimento comum ordinário, a audiência será realizada no prazo de 60 dias, tal como consta do art. 400, *caput*, do CPP, e não de 45; já se se tratar do procedimento comum sumário, o art. 531 do CPP estabelece o prazo de 30 dias; **C:** incorreta. Isso porque, no procedimento especial do Júri, o prazo estabelecido pelo art. 412 do CPP corresponde a 90 dias, e não 120, tal como consta da assertiva; **D:** incorreta. Sendo a decisão definitiva ou interlocutória mista, o prazo de que dispõe o juiz singular para proferi-la é de 10 dias (art. 800, I, CPP); sendo interlocutória simples, a decisão será proferida dentro do prazo de 5 dias (art. 800, II, CPP); sendo despacho de mero expediente, o prazo estabelecido pelo art. 800, III, do CPP corresponde a 1 dia (art. 800, III, CPP); **E:** incorreta. O prazo de que dispõe o juiz para a adoção da providência acima é de 10 dias (art. 50, § 3º, da Lei 11.343/2006 – Lei de Drogas). Vale lembrar: sem a ocorrência da prisão em flagrante a destruição das drogas apreendidas será feita por incineração, no prazo máximo de 30 dias contados da data da apreensão, guardando-se amostra necessária à realização do laudo definitivo (art. 50-A, da Lei 11.343/2006. ED
Gabarito "A".

(Escrevente – TJ/SP – 2018 – VUNESP) Segundo o Código de Processo Penal, a respeito do processo comum, é correto dizer que

(A) aceita a denúncia ou a queixa, o Juiz não poderá absolver sumariamente o réu, após a apresentação da resposta à acusação.

(B) a parte, no procedimento ordinário, não poderá desistir de testemunha, anteriormente arrolada.

(C) o procedimento será ordinário, sumário ou sumaríssimo; o procedimento sumaríssimo será o aplicado quando se tem por objeto crime sancionado com pena privativa de liberdade de até 04 (quatro) anos.

(D) são causas de rejeição da denúncia ou queixa a inépcia, a falta de pressuposto processual ou condição para o exercício da ação penal e a falta de justa causa.

(E) no procedimento ordinário, poderão ser ouvidas até 08 (oito) testemunhas, de acusação e defesa, compreendidas, nesse número, as que não prestam compromisso.

A: incorreta. incorreta. Citado o réu, oferecida a resposta à acusação, e após a oitiva do MP, se necessário, caso sejam juntados documentos pela defesa, na próxima etapa o juiz verificará a ocorrência de alguma das hipóteses de aplicação da absolvição sumária, art. 397 do CPP; **B:** incorreta. A parte poderá desistir da inquirição de qualquer das testemunhas que haja arrolado (art. 401, § 2º, CPP), exceto àquelas testemunhas quando o juiz julgar necessário, poderá ouvi-las (art. 209 do CPP); **C:** incorreta. Como bem sabemos, o critério utilizado para se identificar o rito processual a ser adotado é a *pena máxima* cominada ao crime, conforme estabelece o art. 394 do CPP. O *rito ordinário* terá lugar sempre quando tiver por objeto crime cuja sanção máxima cominada for igual ou superior a quatro anos de pena privativa de liberdade (art. 394, § 1º, I, CPP). O *rito sumário*, por sua vez, será adotado quando tiver por objeto crime cuja sanção máxima seja inferior a quatro anos de pena privativa de liberdade (art. 394, § 1º, II, CPP). Já o *rito sumaríssimo* terá incidência nas infrações penais de menor potencial ofensivo (contravenções penais e as que a lei comine pena máxima não superior a dois anos, cumulada ou não com multa), na forma estatuída no art. 394, § 1º, III, CPP; **D:** correta. De acordo com o teor do art. 395 do CPP; **E:** incorreta. A primeira parte da assertiva está correta, de acordo com o art. 401, *caput* do CPP. Mas nesse número de testemunhas não se compreendem as que não prestem compromisso e as referidas (§1º do art. 401). ED
Gabarito "D".

12. PROCESSO DE COMPETÊNCIA DO JÚRI

(Juiz de Direito – TJ/SP – 2023 – VUNESP) Nos casos da competência do Tribunal do Júri, julgada improcedente a denúncia e impronunciado o acusado, pois insuficientes ou inexistentes indícios de autoria, o juiz

(A) não pode aceitar novo processo, já que a impronúncia é definitiva.

(B) deve necessariamente recorrer, de ofício, ao Tribunal.

(C) pode aceitar nova denúncia, desde que não extinta a punibilidade.

(D) deve determinar diligência para melhor esclarecimentos e eventualmente reconsiderar a decisão.

Conforme o disposto no art. 414 do CPP: "não se convencendo da materialidade do fato ou da existência de indícios suficientes de autoria ou de participação, o juiz, fundamentadamente, impronunciará o acusado", e no parágrafo único: "enquanto não ocorrer a extinção da punibilidade, poderá ser formulada nova denúncia ou queixa se houver prova nova". A impronúncia é uma decisão interlocutória mista terminativa, isto é, uma decisão que não aprecia o mérito, se o acusado é culpado ou inocente, mas coloca fim a uma fase do procedimento. Assim, a sentença de impronúncia faz coisa julgada formal, uma vez que se houver prova nova poderá ser formulada nova denúncia ou queixa. Vale lembrar que o STF, no RE em que se discute se, após a condenação pelo Tribunal do Júri, os acusados devem ser presos imediatamente ou podem aguardar o julgamento dos recursos em liberdade, por maioria, decidiu que a soberania das decisões do Tribunal do Júri (ou júri popular), prevista na Constituição Federal, justifica a execução imediata da pena imposta; deu interpretação conforme à Constituição, com redução de texto, ao art. 492 do CPP, com a redação da Lei nº 13.964/2019, excluindo do inciso I da alínea "e" do referido artigo o limite mínimo de 15 anos para a execução da condenação imposta pelo corpo de jurados. Por arrastamento, excluiu do § 4º e do § 5º, inciso II, do mesmo art. 492 do CPP, a referência ao limite de 15 anos; e fixou a seguinte tese: "A soberania dos veredictos do Tribunal do Júri autoriza a imediata execução de condenação imposta pelo corpo de jurados, independentemente do total da pena aplicada" (RE 1235340-SC, j. em 11-9-2024 - Tema 1068). PB

Gabarito "C".

(Juiz de Direito – TJ/SP – 2023 – VUNESP) No início de julgamento em plenário pelo Tribunal do Júri, o Juiz Presidente verifica que estão presentes menos de 15 jurados daqueles convocados. Nesse caso, a providência deverá

(A) suspender o julgamento e imediatamente convocar os jurados suplentes para a mesma sessão.

(B) realizar o julgamento, desde que as partes estejam de acordo.

(C) determinar ao oficial de justiça que conduza coercitivamente os jurados faltantes.

(D) sortear jurados suplentes e designar nova data para o julgamento para data seguinte desimpedida.

Comparecendo, pelo menos, 15 jurados, o juiz presidente declarará instalados os trabalhos, anunciando o processo que será submetido a julgamento (art. 463 do CPP), no enunciado da questão verificou-se que não há 15 jurado presentes, nesse caso, proceder-se-á ao sorteio de tantos suplentes quantos necessários, e designar-se-á nova data para a sessão do júri (art. 464 do CPP). PB

Gabarito "D".

(Juiz de Direito/AP – 2022 – FGV) Em relação ao procedimento dos crimes dolosos contra a vida, é correto afirmar que é:

(A) inadmissível a pronúncia do réu, sem qualquer lastro probatório produzido em juízo, fundamentada exclusivamente em elementos informativos colhidos na fase inquisitorial;

(B) admissível a pronúncia do réu, sem qualquer lastro probatório produzido em juízo, fundamentada exclusivamente em elementos informativos colhidos na fase inquisitorial;

(C) inadmissível a pronúncia do réu, com lastro probatório produzido em juízo, fundamentada supletivamente em elementos informativos colhidos na fase inquisitorial;

(D) admissível a pronúncia do réu, sem qualquer lastro probatório produzido em juízo, desde que haja pedido de produção de provas em plenário;

(E) inadmissível a pronúncia do réu, com lastro probatório produzido em juízo, sem que haja a reprodução perante o Conselho de Sentença.

Prevalece na jurisprudência o entendimento no sentido de que os elementos de informação colhidos na fase investigativa não podem subsidiar, de forma exclusiva, a decisão de pronúncia, que deverá, dessa forma, conter lastro probatório produzido em juízo, sob o crivo do contraditório. Nada impede, é importante que se diga, que a pronúncia seja baseada em elementos produzidos na fase extrajudicial; o que não se admite é que tais elementos funcionem como suporte único da decisão, que deverá basear-se, como já dito, em provas colhidas em juízo. Nesse sentido: "AGRAVO REGIMENTAL NO HABEAS CORPUS. JÚRI. PRONÚNCIA. PROVAS PRODUZIDAS NO INQUÉRITO POLICIAL. INVIABILIDADE. DISPOSITIVO CONSTITUCIONAL. PREQUESTIONAMENTO. IMPOSSIBIILIDADE. AGRAVO REGIMENTAL DESPROVIDO. 1. "[...] consoante recente orientação jurisprudencial desta Corte Superior, é ilegal a sentença de pronúncia baseada, exclusivamente, em informações coletadas na fase extrajudicial" (AgRg no HC 644.971/RS, Rel. Ministro REYNALDO SOARES DA FONSECA, QUINTA TURMA, DJe 29/3/2021). 2. "Não cabe a esta Corte Superior manifestar-se, ainda que para fins de prequestionamento, sobre suposta afronta a dispositivos da Constituição Federal, sob pena de usurpação da competência do Supremo Tribunal Federal. Precedentes" (EDcl no AgRg nos EDcl nos EDv nos EREsp 1.746.600/SC, Rel. Ministro JORGE MUSSI, TERCEIRA SEÇÃO, DJe 21/2/2020). 3. Agravo regimental desprovido." (STJ, AgRg no HC 692.308/RS, Rel. Ministro JOEL ILAN PACIORNIK, QUINTA TURMA, julgado em 15/02/2022, DJe 18/02/2022). No STF: "O sistema jurídico-constitucional brasileiro não admite nem tolera a possibilidade de prolação de decisão de pronúncia com apoio exclusivo em elementos de informação produzidos, única e unilateralmente, na fase de inquérito policial ou de procedimento de investigação criminal instaurado pelo Ministério Público, sob pena de frontal violação aos postulados fundamentais que asseguram a qualquer acusado o direito ao contraditório e à plenitude de defesa. Doutrina. Precedentes. – Os subsídios ministrados pelos procedimentos inquisitivos estatais não bastam, enquanto isoladamente considerados, para legitimar a decisão de pronúncia e a consequente submissão do acusado ao Plenário do Tribunal do Júri. – O processo penal qualifica-se como instrumento de salvaguarda da liberdade jurídica das pessoas sob persecução criminal. Doutrina. Precedentes. – A regra "in dubio pro societate" – repelida pelo modelo constitucional que consagra o processo penal de perfil democrático – revela-se incompatível com a presunção de inocência, que, ao longo de seu virtuoso itinerário histórico, tem prevalecido no contexto das sociedades civilizadas como valor fundamental e exigência básica de respeito à dignidade da pessoa humana". (HC 180.144, 2ª T, rel. Min. Celso de Mello, julgado em 10/10/2020, publicado em 22/10/2020). ED

Gabarito "A".

(Juiz de Direito/SP – 2021 – Vunesp) Em julgamento realizado pelo Tribunal do Júri, é correto afirmar que

(A) a entrega, aos jurados, de cópia da pronúncia é feita após a formação do Conselho de Sentença e dispensa comunicação ou aviso prévio ao defensor ou ao representante do Ministério Público.

(B) o julgamento será nulo se disponibilizadas aos jurados cópias da decisão de pronúncia e do acórdão que negou provimento ao recurso.

(C) é válida a utilização de decisão processual confirmada pelo Tribunal de Justiça em grau de recurso.

(D) o julgamento será nulo caso o representante do Ministério Público não comunique, com antecedência mínima de 03 (três) dias, a apresentação da decisão de pronúncia aos jurados.

A: correta. De fato, a teor do que estabelece o art. 472, parágrafo único, do CPP, em seguida à formação do Conselho de Sentença, aos jurados será entregue a cópia da pronúncia, não se exigindo que disso sejam comunicados o defensor e o representante do MP; **B: incorreta.** Pelo contrário. Conforme já expusemos acima, é de suma importância que aos jurados sejam disponibilizadas cópias da decisão de pronúncia ou, sendo este o caso, do acórdão que negou provimento ao recurso. Tal se dá a fim de que os jurados possam melhor se inteirar do processo, dirigindo perguntas às testemunhas e aos acusados; **C: incorreta,** pois contraria o art. 478, I, do CPP, que veda que se faça referência, durante os debates, à decisão de pronúncia, às decisões posteriores que julgaram admissível a acusação ou à determinação do uso de algemas como argumento de autoridade que beneficie ou prejudique o réu. Veja que a assertiva não faz menção *ao argumento de autoridade,* o que poderia ensejar o seu questionamento; **D: incorreta,** já que não há tal previsão na lei. ED

Gabarito "A".

(Juiz de Direito – TJ/RJ – 2019 – VUNESP) De acordo com as previsões legalmente estabelecidas (CPP, art. 427 e 428), é correto afirmar que o desaforamento

(A) pode ser determinado, se houver dúvida quanto à imparcialidade do Júri.

(B) deve ser indeferido de pronto, se motivado unicamente por excesso de serviço do órgão judicial.

(C) pode ocorrer, a fim de preservar a segurança pessoal da vítima e de seus familiares.

(D) pode ser determinado de ofício pelo Juiz Presidente do Tribunal do Júri.

(E) quando deferido, deve levar o julgamento para Comarca de outra região do Estado.

O desaforamento é a permissão que o julgamento pelo júri seja realizado em outra comarca se presentes os requisitos previstos na lei processual. **A: correta.** De fato, a dúvida sobre a imparcialidade do júri é um dos motivos a ensejar o desaforamento (art. 427, *caput,* do CPP); **B: incorreta.** Na dicção do art. 428 do CPP, em se tratando de demora na realização do julgamento ocasionada por excesso de serviço, ultrapassado o prazo de seis meses, contado do trânsito da decisão de pronúncia, poderá ser pleiteado o desaforamento; **C: incorreta.** O desaforamento ocorrerá, dentre outras razões, para o fim de preservar a segurança pessoal do *acusado,* e não da *vítima e seus familiares* (art. 427, *caput,* do CPP); **D: incorreta.** Não cabe ao juiz determinar de ofício o desaforamento, de acordo com o teor do art. 427, *caput:* "(...) o Tribunal, a requerimento do Ministério Público, do assistente, do querelante ou do acusado ou mediante representação do juiz competente, poderá determinar o desaforamento do julgamento para outra comarca da mesma região, onde não existam aqueles motivos, preferindo-se as mais próximas. Tal incumbência é do Tribunal de Justiça ou do Tribunal Regional Federal, por meio de uma de suas Câmaras ou Turmas criminais. Se o juiz do feito reputar presente motivo que possa ensejar o desaforamento, deverá representar nesse sentido (art. 427, *caput,* CPP); **E: incorreta.** Isso porque, segundo estabelece o art. 427, *caput,* do CPP, o júri deverá ocorrer na comarca mais próxima daquela onde o julgamento deveria ter-se realizado. Para complementação do estudo, reproduzimos o teor da Súmula 712 do STF: "É nula a decisão que determina o desaforamento de processo da competência do júri sem audiência da defesa". ED

Gabarito "A".

(Juiz de Direito – TJ/AL – 2019 – FCC) Ao final da primeira fase do procedimento do júri,

(A) o Juiz, ao pronunciar o réu, não pode reconhecer em seu favor a existência de causa especial de diminuição da pena.

(B) o Juiz deve sempre absolver o acusado desde logo no caso de inimputabilidade decorrente de doença mental ou desenvolvimento mental incompleto ou retardado.

(C) não se convencendo da materialidade do fato ou da existência de indícios suficientes de autoria ou de participação, o Juiz, fundamentadamente, impronunciará o acusado, mas sempre será possível a formulação de nova denúncia ou queixa se houver prova nova.

(D) quando o Juiz se convencer da existência de crime diverso, em discordância com a acusação, deve sentenciar o feito, independentemente da natureza da infração reconhecida.

(E) o Juiz deve impronunciar o réu se ficar comprovado não ser ele autor ou partícipe do fato.

A: correta. Ao pronunciar o acusado, levando-o a julgamento perante o Tribunal do Júri, não deve o juiz aprofundar-se na prova; limitar-se-á, isto sim, ao exame, sempre em linguagem moderada e prudente, quanto à *existência do crime* (materialidade) e dos *indícios suficientes de autoria,* apontando, ainda, o dispositivo legal em que se acha incurso o acusado, bem assim as circunstâncias qualificadoras e as causas de aumento de pena. É o que estabelece o art. 413, § 1º, do CPP. É vedado ao juiz, portanto, proceder à classificação das agravantes e atenuantes genéricas bem como das causas de diminuição de pena; **B: incorreta.** É defeso ao juiz absolver sumariamente o réu com fulcro na inimputabilidade (doença mental – art. 26, CP), salvo se esta constituir a única tese defensiva. É o que estabelece o art. 415, parágrafo único, do CPP. Como bem sabemos, a inimputabilidade leva à aplicação de medida de segurança, razão pela qual, caso haja tese defensiva subsidiária, é mais vantajoso ao acusado ser julgado pelo Tribunal Popular, pois pode ser ali ser absolvido; **C: incorreta.** É verdade que, se o juiz não se convencer da materialidade do fato ou da existência de indícios suficientes de autoria ou de participação, deverá, sempre de forma fundamentada, proferir decisão de impronúncia do acusado (art. 414, *caput,* do CPP). Também é verdade que a decisão de impronúncia não faz coisa julgada material (art. 414, parágrafo único, CPP), na medida em que, diante do surgimento de prova substancialmente nova, poderá ser formulada nova denúncia. O erro da assertiva está em afirmar que *sempre* será possível a formulação de nova denúncia. É que isso somente poderá acontecer enquanto não ocorrer a extinção da punibilidade; **D: incorreta.** Trata-se de hipótese de desclassificação do crime imputado ao réu (art. 419, CPP). Neste caso, caberá ao juiz remeter o feito ao magistrado que tenha competência para o julgamento; **E: incorreta.** Cuida-se de hipótese de absolvição sumária (art. 415, II, CPP). ED

Gabarito "A".

(Juiz de Direito – TJ/SC – 2019 – CESPE/CEBRASPE) De acordo com o Código de Processo Penal, assinale a opção correta acerca do instituto do desaforamento do tribunal do júri.

(A) O pedido de desaforamento será distribuído imediatamente e terá preferência de tramitação somente quando for referente a réu preso.

(B) O relator poderá determinar, fundamentadamente, a suspensão do julgamento pelo júri quando os motivos alegados forem relevantes.

(C) O pedido de desaforamento não será cabível em nenhuma hipótese caso já tenha sido realizado um primeiro julgamento anulado.

(D) A pendência de julgamento de recurso interposto contra a decisão de pronúncia não impede que seja realizado pedido de desaforamento.

(E) O desaforamento poderá ser determinado caso o júri não possa ser realizado, por excesso de serviço, no prazo de três meses após o trânsito em julgado da sentença de pronúncia.

A: incorreta, já que não corresponde ao que estabelece o art. 427, § 1º, do CPP, segundo o qual o pedido de desaforamento será distribuído imediatamente e terá preferência de julgamento na Câmara ou Turma competente, esteja o réu preso ou solto; **B:** correta, pois reflete o disposto no art. 427, § 2º, do CPP; **C:** incorreta, pois em desconformidade com o art. 427, § 4º, do CPP; **D:** incorreta, uma vez que contraria o que dispõe o art. 427, § 4º, do CPP; **E:** incorreta, na medida em que o art. 428, *caput*, do CPP estabelece o prazo de seis meses (e não de três). Gabarito "B".

(Juiz de Direito – TJ/SC – 2019 – CESPE/CEBRASPE) De acordo com a jurisprudência do STF, julgue os itens que se seguem, a respeito do procedimento do tribunal do júri.

I. Caso a inimputabilidade seja a única tese defensiva, não sendo o caso de impronúncia ou de absolvição sumária sem imposição de medida de segurança, o juiz poderá, desde logo, proferir absolvição sumária imprópria, impondo ao acusado o cumprimento de medida de segurança.

II. Havendo dúvida sobre a imparcialidade do júri ou a segurança pessoal do acusado, o tribunal poderá determinar o desaforamento do julgado do tribunal do júri para outra comarca da mesma região, onde não existam aqueles motivos, devendo, para tanto, ser ouvida a defesa.

III. Em razão do efeito devolutivo amplo e inerente à apelação criminal, o julgamento pelo tribunal não se restringe aos fundamentos invocados no apelo interposto contra decisão do tribunal do júri.

IV. O princípio da soberania dos veredictos não impede que o tribunal competente, em sede de revisão criminal, desconstitua decisão do tribunal do júri, e, reexaminando a causa, prolate provimento absolutório.

Estão certos apenas os itens

(A) I e II.
(B) I e III.
(C) III e IV.
(D) I, II e IV.
(E) II, III e IV.

I: correta. De acordo com o art. 415, parágrafo único, do CPP, cabe absolvição sumária imprópria quando a inimputabilidade do réu por doença mental for a única tese defensiva; **II:** correta, pois em conformidade com o art. 427, *caput*, do CPP e a Súmula 712, do STF: "É nula a decisão que determina o desaforamento de processo da competência do júri sem audiência da defesa"; **III:** incorreta, pois contraria o entendimento sedimentado por meio da Súmula 713, do STF: "O efeito devolutivo da apelação contra decisões do júri é adstrito aos fundamentos da sua interposição"; **IV:** correta. Atualmente, prevalece na doutrina e na jurisprudência o entendimento segundo o qual a soberania dos veredictos, no Tribunal do Júri, não é absoluta, podendo a decisão do Conselho de Sentença ser modificada por meio da revisão criminal. Na jurisprudência: "I. Transitada em julgado a sentença condenatória, proferida com fundamento em decisão do Tribunal do Júri, o Tribunal *a quo* julgou procedente a Revisão Criminal, ajuizada pela defesa, absolvendo, desde logo, o réu, por ocorrência de erro judiciário, em face de contrariedade à prova dos autos, bem como pela existência de novas provas de sua inocência, a teor dos arts. 621, I e III, e 626 do CPP (...) V. Uma vez que o Tribunal de origem admitiu o erro judiciário, não por nulidade no processo, mas em face de contrariedade à prova dos autos e de existência de provas da inocência do réu, não há ofensa à soberania do veredicto do Tribunal do Júri se, em juízo revisional, desde logo, o réu, desconstituindo-se a injusta condenação. Precedente da 6ª Turma do STJ. VI. "A obrigação do Poder Judiciário, em caso de erro grave, como uma condenação que contrarie manifestamente as provas dos autos, é reparar de imediato esse erro. Por essa razão é que a absolvição do ora paciente (e peticionário, na revisão criminal) é perfeitamente aceitável, segundo considerável corrente jurisprudencial e doutrinária (STJ, REsp 1304155/MT, Rel. Ministro Sebastião Reis Júnior, Rel. p/ Acórdão Ministra Assusete Magalhães, Sexta Turma, julgado em 20.06.2013, *DJe* 01.07.2014). Gabarito "D".

(Juiz de Direito - TJ/BA - 2019 - CESPE/CEBRASPE) Acerca dos procedimentos relativos aos processos de competência do tribunal do júri, assinale a opção correta.

(A) Em decorrência do princípio do *in dubio pro societate*, o testemunho por ouvir dizer produzido na fase inquisitorial é suficiente para a decisão de pronúncia.

(B) É possível a exclusão, na decisão de pronúncia, de qualificadoras descritas na denúncia, quando elas forem manifestamente incabíveis.

(C) Em caso de inimputabilidade do réu, ainda que a tese da defesa seja de negativa da autoria, deve o juiz absolvê-lo sumariamente.

(D) É cabível recurso em sentido estrito contra decisão que tenha absolvido sumariamente o réu.

(E) Não é cabível excluir da lista geral de jurados o jurado que tiver integrado o conselho de sentença nos doze meses que antecederam a publicação da referida lista.

A: incorreta. O chamado testemunho por ouvir dizer ("hearsay rule"), produzido na fase investigatória, é insuficiente para, por si só, autorizar a prolação da decisão de pronúncia. Nesse sentido, conferir: "Muito embora a análise aprofundada dos elementos probatórios seja feita somente pelo Tribunal Popular, não se pode admitir, em um Estado Democrático de Direito, a pronúncia baseada, exclusivamente, em testemunho indireto (por ouvir dizer) como prova idônea, de per si, para submeter alguém a julgamento pelo Tribunal Popular." (REsp n. 1674198/MG, relator Ministro ROGERIO SCHIETTI CRUZ, SEXTA TURMA, julgado em 5/12/2017, DJe 12/12/2017, grifei)." (AgRg no REsp 1838513/RS, Rel. Ministro ANTONIO SALDANHA PALHEIRO, SEXTA TURMA, julgado em 19/11/2019, DJe 21/11/2019); **B:** correta. De fato, a exclusão de qualificadoras contidas na denúncia somente pode ocorrer, na fase de pronúncia, quando se revelarem manifestamente incabíveis. Conferir: "I - As qualificadoras podem ser excluídas na fase de *iudicium accusationis*, se manifestamente improcedentes. II - Se a r. decisão de pronúncia demonstrou de forma expressa as razões pelas quais deveria ser o recorrido pronunciado em relação à qualificadora do art. 121, § 2º, inciso II, do Código Penal, não poderia o eg. Tribunal a quo excluí-la sem a devida fundamentação. A devida fundamentação aqui deve ser entendida como a convergência de todos elementos de prova para a total inadmissibilidade da qualificadora ou para a hipótese de flagrante *error iuris*, sob pena de afronta à soberania do Tribunal do Júri." (REsp 1415502/MG, Rel. Ministro FELIX FISCHER, QUINTA TURMA, julgado em 15/12/2016, DJe 17/02/2017); **C:** incorreta. É defeso ao juiz absolver sumariamente o réu com fulcro na inimputabilidade (doença mental – art. 26, CP), salvo se esta constituir a única tese defensiva. É o que estabelece o art. 415, parágrafo único, do CPP. Como bem sabemos, a inimputabilidade leva à aplicação de medida de segurança, razão pela qual, caso haja tese defensiva subsidiária, é mais vantajoso ao acusado ser julgado pelo Tribunal Popular, pois pode ali ser absolvido; **D:** incorreta. Com o advento da Lei 11.689/2008, que modificou os arts. 416 e 581, IV e VI, do CPP, as decisões de *absolvição sumária* e de *impronúncia*, que antes comportavam *recurso em sentido estrito*, passaram a ser combatidas por meio de *recurso de apelação*. A pronúncia, por sua vez, continua a ser impugnada por meio de *recurso em sentido estrito*, nos termos do art. 581, IV, do CPP; **E:** incorreta, já que contraria o disposto no art. 426, § 4º, do CPP. ED

Gabarito "B".

(Juiz de Direito – TJ/RS – 2018 – VUNESP) Assinale a alternativa correta sobre o Tribunal do Júri.

(A) O exercício efetivo da função de jurado constitui serviço público relevante, mas não estabelece presunção de idoneidade moral.

(B) O Tribunal do Júri é composto por 1 (um) juiz togado, seu presidente e por 7 (sete) jurados que serão sorteados dentre os alistados.

(C) O juiz presidente será ouvido nos pedidos de desaforamento quando não for ele o solicitante.

(D) O serviço do júri é facultativo às gestantes e aos cidadãos maiores de 70 anos.

(E) Se forem dois ou mais os acusados, as recusas deverão ser feitas por um só defensor.

A: incorreta. Segundo estabelece o art. 439 do CPP, o exercício efetivo da função de jurado constitui serviço público relevante e estabelece presunção de idoneidade moral; **B:** incorreta, já que o Tribunal do Júri é composto pelo juiz togado, que o preside, e por 25 jurados sorteados para a sessão, dos quais 7 formarão o Conselho de Sentença (art. 447, CPP); **C:** correta, pois reflete a regra presente no art. 427, § 3º, do CPP, segundo a qual, nas hipóteses de desaforamento em que o pedido não é formulado pelo juiz, ele será sempre ouvido; **D:** incorreta. O serviço do júri, dada a sua relevância, tal como estabelece o art. 436 do CPP, é *obrigatório*. Há situações, no entanto, que podem ensejar a isenção do serviço do júri, entre as quais ser maior de 70 anos, desde que formule requerimento de dispensa, e a demonstração, também por meio de requerimento, de justo impedimento (art. 437, IX e X, do CPP); **E:** incorreta, pois não corresponde ao que estabelece o art. 469, *caput*, do CPP: sendo 2 ou mais acusados, as recusas *poderão* (e não *deverão*) ser feitas por um só defensor. ED

Gabarito "C".

(Escrevente – TJ/SP – 2018 – VUNESP) Com relação ao procedimento relativo aos processos de competência do tribunal do júri, assinale a alternativa correta.

(A) Pronunciado o acusado, remetidos os autos ao tribunal do júri, será a defesa intimada para apresentar o rol de testemunhas que irão depor, em plenário, até o máximo de 08 (oito).

(B) Constituirão o Conselho de Sentença, em cada sessão de julgamento, 07 (sete) jurados, sorteados dentre os alistados, aplicando-se a eles o disposto sobre os impedimentos, a suspeição e as incompatibilidades dos juízes togados.

(C) Encerrada a instrução preliminar, o juiz, fundamentadamente, pronunciará ou impronunciará o acusado, não cabendo, nessa fase, a absolvição sumária.

(D) Contra a sentença de impronúncia do acusado caberá recurso em sentido estrito.

(E) O risco à segurança pessoal do acusado não enseja desaforamento do julgamento para outra comarca, sendo motivo justificante a dúvida razoável sobre a imparcialidade do júri.

A: incorreta. De acordo com a redação do art. 422, CPP, o número de testemunhas arroladas pela defesa para depor em plenário será no máximo de 5; **B:** correta. De acordo com o disposto nos arts. 447 e 448, § 2º, CPP; **C:** incorreta. Encerrada a instrução preliminar, desde que presente alguma das hipóteses do art. 415 do CPP, o juiz, desse logo, *absolverá sumariamente o réu*; **D:** incorreta. Com o advento da Lei 11.689/2008, que modificou os arts. 416 e 581, IV, do CPP, a decisão de impronúncia, passou a ser combatida por meio de *recurso de apelação*; **E:** incorreta. A assertiva contraria o disposto no art. 427, CPP, que prevê as seguintes hipóteses que ensejam o desaforamento: "Se o interesse da ordem pública o reclamar ou houver dúvida sobre a imparcialidade do júri ou a segurança pessoal do acusado (...)"; e, ainda, no art. 428, *caput* do CPP: "O desaforamento também poderá ser determinado, em razão do comprovado excesso de serviço, ouvidos o juiz presidente e a parte contrária, se o julgamento não puder ser realizado no prazo de 6 (seis) meses, contado do trânsito em julgado da decisão de pronúncia" ED/PB

Gabarito "B".

13. JUIZADOS ESPECIAIS

(Juiz de Direito – TJ/SP – 2023 – VUNESP) Considerando a hipótese em que o agente foi beneficiado com a suspensão condicional do processo pelo prazo de dois anos, com condições. Uma vez decorrido o prazo, a defesa postula a extinção da punibilidade. Entretanto, o Ministério Público pede a vinda da folha de antecedentes, que noticia a prática de crime durante o período de suspensão. Nesse caso, o juiz

(A) deve prorrogar o prazo da suspensão.

(B) pode revogar a suspensão do processo.

(C) deve declarar a extinção da punibilidade.

(D) deve impor novas condições ao acusado.

Ainda que o período legal de suspensão (que pode variar de dois a quatro anos) tenha sido ultrapassado, poderá ocorrer revogação do benefício por crime cometido durante esse período, todavia, a revogação deverá estar relacionada a fato ocorrido durante a vigência da suspensão. Nesse sentido: "(...) 4. Ainda que assim não fosse, quanto aos demais aspectos aventados no recurso, é entendimento assente que descumpridas as condições impostas durante o período de prova da suspensão condicional do processo, o benefício deverá ser revogado, mesmo que já ultrapassado o prazo legal, desde que referente a fato ocorrido durante sua vigência. 5. No caso, verificou-se que o recorrido foi beneficiado com o *sursis* processual em 1º/10/2013, inicialmente pelo prazo de 2 anos, no interregno entre de 1º/10/2013 a 1º/10/2015, restando posteriormente prorrogado, pelo prazo de 18 (dezoito) meses, com iniciado em 15/12/2015 e findo em 15/6/2017. 6. Precedente: "É possível a revogação da suspensão condicional do processo, ainda que expirado o período de suspensão condicional do processo, desde que comprovado que houve o descumprimento das condições impostas ou que o beneficiado passou a ser processado por outro crime no curso do prazo da suspensão" (STJ, Jurisprudência em Teses, Edição n. 3: Suspensão Condicional do Processo, Tese n. 1)" STJ, AgRg no AREsp 1823550- DF, j. em 22-3-2022, DJe de 25-3-2022. PB

Gabarito "B".

(Juiz de Direito – TJ/MS – 2020 – FCC) Em relação aos Juizados Especiais Criminais, correto afirmar que

(A) a competência será determinada pelo lugar em que foi praticada a infração penal ou pelo domicílio da vítima, a critério desta.

(B) cabível a interposição de recurso em sentido estrito, no prazo de 05 (cinco) dias, contra a decisão de rejeição da denúncia ou queixa, com abertura de vista para apresentação das razões em 08 (oito) dias.

(C) não cabe recurso especial contra decisão proferida por turma recursal, competindo a esta, porém, processar e julgar mandado de segurança contra ato de juizado especial.

(D) cabem embargos de declaração, no prazo de 05 (cinco) dias, quando, em sentença ou acórdão, houver obscuridade, contradição ou omissão, sem interrupção, contudo, do prazo para a interposição de recurso.

(E) os atos processuais serão públicos e poderão realizar-se em horário noturno e em qualquer dia da semana, incabível, porém, a prática em outras comarcas.

A: incorreta. Isso porque a competência, no âmbito do Juizado Especial Criminal, será determinada, a teor do art. 63 da Lei 9.099/1995, em razão do lugar em que foi *praticada* a infração penal (e não em função do domicílio da vítima); **B:** incorreta. O art. 82, *caput* e § 1º, da Lei 9.099/1995 estabelece que da decisão que rejeitar a denúncia ou a queixa caberá recurso de apelação (e não em sentido estrito), a ser interposto, por petição escrita, no prazo de dez dias, da qual deverão constar as razões e o pedido. O julgamento deste recurso caberá a uma turma composta de três juízes em exercício no primeiro grau de jurisdição, reunidos na sede do Juizado; **C:** correta, porquanto em consonância com o entendimento consolidado nas Súmulas 203 e 376, ambas do STJ; **D:** incorreta, uma vez que os embargos de declaração interrompem, sim, o prazo para a interposição de recurso, conforme art. 83, § 2º, da Lei 9.099/1995, cuja redação foi alterada pela Lei 13.105/2015; **E:** incorreta, já que a prática de atos processuais em outra comarca poderá ser solicitada por qualquer meio hábil de comunicação (art. 65, § 2º, da Lei 9.099/1995). ED

Gabarito "C".

(Juiz de Direito – TJ/RJ – 2019 – VUNESP) A aplicação imediata da pena restritiva de direitos ou multa, conhecida como "transação penal", tal qual prevista no art. 76, parágrafo 2º da Lei 9.099/95, não será admitida se ficar comprovado

(A) que o crime foi praticado com violência ou grave ameaça à pessoa.

(B) ter sido o agente beneficiado anteriormente pela aplicação de pena restritiva ou multa na mesma modalidade de "transação penal".

(C) ter sido o autor da infração condenado, pela prática de crime ou contravenção, à pena privativa de liberdade transitada em julgado.

(D) ter sido o autor da infração condenado, pela prática de crime ou contravenção, a pena privativa de liberdade, por sentença definitiva.

(E) não indicarem os antecedentes, a conduta social e a personalidade do agente, bem como os motivos e as circunstâncias, ser necessária e suficiente a adoção da medida.

A: incorreta, já que tal circunstância não constitui óbice à incidência da transação penal (art. 76 da Lei 9.099/1995); **B:** incorreta, pois contraria o disposto no art. 76, § 2º, II, da Lei 9.099/1995, que estabelece o prazo de cinco anos; **C:** incorreta, já que o art. 76, § 2º, I, da Lei 9.099/1995 não contemplou a contravenção penal; **D:** vide comentário anterior; **E:** correta, pois reflete o disposto no art. 76, § 2º, III, da Lei 9.099/1995. ED

Gabarito "E".

(Juiz de Direito – TJ/SC – 2019 – CESPE/CEBRASPE) Acerca do benefício do *sursis* processual previsto na Lei 9.099/1995, é correto afirmar que

(A) é cabível o benefício na desclassificação do crime e na procedência parcial da pretensão punitiva, ainda que ocorrida em grau recursal.

(B) é aplicável o benefício no caso de crimes cuja pena mínima não seja superior a um ano, ainda que, em razão da continuidade delitiva, a soma das penas mínimas cominadas aos delitos supere um ano.

(C) o juiz poderá oferecer diretamente o benefício ao acusado, caso o promotor de justiça se recuse a oferecê-lo; isso porque o benefício é um direito subjetivo do réu, desde que preenchidos requisitos objetivos e subjetivos.

(D) deverá ser considerada extinta a punibilidade do crime, caso, após a aceitação do benefício pelo réu, sejam cumpridas as condições impostas e expire o período de prova sem que o benefício tenha sido revogado.

(E) o benefício deverá ser obrigatoriamente revogado, caso o réu, no curso do período de prova, venha a ser processado por contravenção.

A: assertiva correta, porque corresponde ao entendimento firmado na Súmula 337 do STJ: "É cabível a suspensão condicional do processo na desclassificação do crime e na procedência parcial da pretensão punitiva"; **B:** incorreta. A solução desta alternativa deve ser extraída das Súmulas: 243, do STJ: *O benefício da suspensão do processo não é aplicável em relação às infrações penais cometidas em concurso material, concurso formal ou continuidade delitiva, quando a pena mínima cominada, seja pelo somatório, seja pela incidência da majorante, ultrapassar o limite de 1 (um) ano*; e 723, do STF: *Não se admite a suspensão condicional do processo por crime continuado, se a soma da pena mínima da infração mais grave com o aumento mínimo de um sexto for superior a um ano*; **C:** incorreta. Se o membro do MP se recusar a propor a suspensão condicional do processo, cabe ao magistrado, se discordar, aplicar, por analogia, o comando contido no art. 28 do CPP, remetendo a questão para apreciação do procurador-geral de Justiça. É esse o entendimento firmado na Súmula 696 do STF; **D:** Incorreta. Isso porque, ainda que o período legal de suspensão (que pode variar de dois a quatro anos) tenha sido ultrapassado, poderá ocorrer revogação do benefício por crime cometido durante esse período, todavia, a revogação deverá estar relacionada a fato ocorrido durante a vigência da suspensão. Conferir: STJ, AgRg no AREsp 1823550- DF, j. em 22-3-2022, DJe de 25-3-2022; **E:** incorreta. Trata-se de revogação *facultativa*, nos termos do art. 89, § 4º, da Lei 9.099/1995. ED/PB

Gabarito "A".

(Juiz de Direito - TJ/BA - 2019 - CESPE/CEBRASPE) Tendo como referência a Lei n.º 9.099/1995 — Lei dos Juizados Especiais Cíveis e Criminais —, assinale a opção correta, acerca da suspensão condicional do processo.

(A) A existência de ações penais em curso contra o denunciado não impede a concessão da suspensão condicional do processo.

(B) A causa de aumento de pena decorrente de crime continuado será desconsiderada para fins de concessão da suspensão condicional do processo.

(C) Presentes os pressupostos legais para a suspensão condicional do processo, havendo recusa do promotor natural em propor o benefício, este poderá ser oferecido pelo juiz, de ofício.

(D) Para a suspensão condicional do processo, além das condições legalmente obrigatórias, o juiz não poderá fixar quaisquer outras condições, pois todas estas serão consideradas ilegítimas.

(E) Em caso de procedência parcial da pretensão punitiva, será cabível a aplicação da suspensão condicional do processo, cuja proposta será apresentada pelo MP.

A: incorreta, já que é vedada a concessão do *sursis* processual ao agente que responde a processo pela prática de outro delito (art. 89, *caput*, da Lei 9.099/1995); **B:** incorreta. A solução desta alternativa deve ser extraída das Súmulas: 243, do STJ: *O benefício da suspensão do processo não é aplicável em relação às infrações penais cometidas em concurso material, concurso formal ou continuidade delitiva, quando a pena mínima cominada, seja pelo somatório, seja pela incidência da majorante, ultrapassar o limite de 1 (um) ano*; e 723, do STF: *Não se admite a suspensão condicional do processo por crime continuado, se a soma da pena mínima da infração mais grave com o aumento mínimo de um sexto for superior a um ano*; **C:** incorreta. Deverá o juiz, neste caso, no lugar de ele próprio oferecer o *sursis* processual, remeter os autos para apreciação do procurador-geral de Justiça, valendo-se, por analogia, do que estabelece o art. 28 do CPP. É esse o entendimento firmado por meio da Súmula 696 do STF: "Reunidos os pressupostos legais permissivos da suspensão condicional do processo, mas se recusando o Promotor de Justiça a propô-la, o juiz, dissentindo, remeterá a questão ao Procurador-Geral, aplicando-se por analogia o art. 28 do Código de Processo Penal"; **D:** incorreta. Isso porque nada obsta que o magistrado estabeleça outras condições, além daquelas previstas em lei, a que fica subordinada a concessão do *sursis* processual (art. 89, § 2º, da Lei 9.099/1995); **E:** correta, porque corresponde ao entendimento firmado na Súmula 337 do STJ: "É cabível a suspensão condicional do processo na desclassificação do crime e na procedência parcial da pretensão punitiva". **ED**

Gabarito "E".

(Promotor de Justiça/SP – 2019 – MPE/SP) Sobre a transação penal, assinale a alternativa correta.

(A) Não cumprido o acordo homologado, que faz coisa julgada material, deverá o Ministério Público executá-lo no juízo de execução.

(B) Na ausência de proposta do Ministério Público, poderá o juiz criminal fazê-lo, pois se trata de direito público subjetivo do autor do fato.

(C) No crime de porte de entorpecente para consumo pessoal, é vedado ao Ministério Público propor a aplicação imediata de sanção prevista no art. 28 da Lei nº 11.343/06.

(D) No crime de lesão corporal leve (art. 129, *caput*, do CP), a homologação do acordo de transação civil não impede a posterior proposta de transação penal.

(E) No crime de lesão corporal leve decorrente de violência doméstica contra a mulher, não poderá o Ministério Público oferecer a proposta.

A: incorreta, pois em desconformidade com o teor da Súmula Vinculante 35: "A homologação da transação penal prevista no artigo 76 da Lei 9.099/1995 não faz coisa julgada material e, descumpridas suas cláusulas, retoma-se a situação anterior, possibilitando-se ao Ministério Público a continuidade da persecução penal mediante oferecimento de denúncia ou requisição de inquérito policial"; **B:** incorreta. Prevalece o entendimento segundo o qual é vedado ao magistrado substituir-se ao membro do MP e, ele próprio, de ofício, ofertar a transação penal. Se o promotor se recusar a oferecer a transação penal (veja que ele não pode ser obrigado a tanto), o juiz, discordando, fará com que os autos sejam remetidos ao procurador-geral, aplicando-se, por analogia, o art. 28 do CPP; a Súmula 696, do STF, embora se refira à suspensão condicional do processo, reforça esse posicionamento, que, repita-se, não é unânime. Nesse sentido: "O oferecimento da proposta de transação é ato privativo do Ministério Público. Havendo recusa por parte do representante do *Parquet*, cabe ao Magistrado, entendendo ser caso de aplicação do benefício, remeter os autos ao Procurador-Geral, a teor do que estabelece o art. 28 do Código de Processo Penal" (STJ, HC 59.776/SP, Rel. Ministro OG FERNANDES, SEXTA TURMA, julgado em 17/03/2009, DJe 03/08/2009); **C:** incorreta, pois não corresponde ao que estabelece o art. 48, § 5º, da Lei 11.343/2006; **D:** incorreta, uma vez que contraria o disposto no art. 74, parágrafo único, da Lei 9.099/1995, que estabelece que o acordo homologado, neste caso, acarreta a renúncia ao direito de queixa, se privada a ação penal, ou representação, sendo a ação pública condicionada. Vale lembrar que os crimes de lesão corporal dolosa leve e culposa são de ação penal pública condicionada à representação (art. 88 da Lei 9.099/1995); **E:** correta, dado que o art. 41 da Lei Maria da Penha, cuja constitucionalidade foi reconhecida pelo STF (ADC 19, de 09.02.2012), veda a aplicação, no contexto dos crimes praticados com violência doméstica e familiar contra a mulher, das medidas despenalizadoras contempladas na Lei 9.099/1995, entre as quais a *suspensão condicional do processo* e a *transação penal*. Consolidando tal entendimento, editou-se a Súmula 536, do STJ: "A suspensão condicional do processo e a transação penal não se aplicam na hipótese de delitos sujeitos ao rito da Lei Maria da Penha". **ED**

Gabarito "E".

(Delegado – PC/BA – 2018 – VUNESP) Nos termos do art. 69, parágrafo único, da Lei nº 9.099/95, ao autor do fato típico definido como crime de menor potencial ofensivo, após a lavratura do termo circunstanciado, caso se comprometa a comparecer junto ao Juizado Especial Criminal, não se imporá prisão em flagrante,

(A) desde que primário.

(B) desde que imediatamente restitua o prejuízo da vítima.

(C) a menos que se trate de reincidente específico.

(D) mas a liberdade pode ser condicionada, pela autoridade policial, ao estabelecimento e à aceitação de imediata pena restritiva de direito.

(E) nem se exigirá fiança.

Reza o art. 69, parágrafo único, da Lei 9.099/1995 que, após a lavratura do termo circunstanciado (art. 69, *caput*, da Lei 9.099/1995), autor e vítima serão encaminhados ao Juizado; não sendo isso possível, tal como ocorre na grande maioria das vezes, o autor dos fatos deverá firmar compromisso de, assim que intimado para tanto, comparecer à sede do Juizado, no dia e na hora estabelecidos na convocação, hipótese em que não se imporá ao autor prisão em flagrante, tampouco dele se exigirá o pagamento de fiança. Agora, se houver, por parte do autor, recusa em assumir tal compromisso, a prisão em flagrante será de rigor, com a fixação, se for o caso, de fiança. **ED**

Gabarito "E".

(Escrevente – TJ/SP – 2018 – VUNESP) A respeito da Lei nº 9.099/95 (arts. 60 a 83; 88 e 89), assinale a alternativa correta.

(A) Reunidos os processos, por força de conexão ou continência, perante o juízo comum ou tribunal do júri, observar-se-ão os institutos da transação penal e da composição dos danos civis.

(B) São consideradas infrações de menor potencial ofensivo as contravenções e os crimes a que a lei comine

pena máxima não superior a 03 (três) anos, cumulada ou não com multa.
(C) Não sendo encontrado o acusado, o feito permanecerá no Juizado Especial Criminal, mas ficará suspenso, até que seja localizado.
(D) O acordo de composição civil entre o acusado e a vítima, nos casos de ação penal pública, condicionada e incondicionada, implica extinção da punibilidade ao autor do fato.
(E) Nos crimes em que a pena mínima cominada for inferior a 02 (dois) anos, o Ministério Público, ao oferecer denúncia, poderá propor a suspensão condicional do processo ao acusado que não esteja sendo processado ou não tenha sido condenado por outro crime.

A: correta. De acordo com o teor do art. 60, parágrafo único, da Lei 9.099/1995; **B:** incorreta. São consideradas infrações penais de menor potencial ofensivo, estando, portanto, sob a égide do Juizado Especial Criminal, as contravenções penais e os crimes cuja pena máxima cominada não seja superior a *dois* anos, cumulada ou não com multa, conforme dispõe o art. 61 da Lei 9.099/1995; **C:** incorreta. No procedimento sumaríssimo, voltado ao processamento e julgamento das infrações penais de menor potencial ofensivo, na hipótese de o autor não ser encontrado para citação pessoal, o juiz encaminhará as peças ao juízo comum para adoção do procedimento previsto em lei – art. 66, parágrafo único, da Lei 9.099/1995; **D:** incorreta. Assertiva contrária a redação do art. 74, Lei 9.099/1995 que dispõe, "a composição dos danos civis será reduzida a escrito e, homologada pelo Juiz mediante sentença irrecorrível, terá eficácia de título a ser executado no juízo civil competente". Porém, a composição civil dos danos é possível na ação penal de iniciativa privada ou de ação penal pública condicionada à representação, e o acordo homologado acarreta a renúncia ao direito de queixa ou representação; **E:** incorreta. A suspensão condicional do processo (*sursis* processual), prevista no art. 89 da Lei 9.099/1995, tem incidência nos crimes cuja pena mínima cominada é igual ou inferior a *um* ano (e não *dois*).
Gabarito "A".

(Investigador – PC/BA – 2018 – VUNESP) A Lei nº 9.099/95, relativa aos Juizados Especiais Cíveis e Criminais, prevê que,
(A) no caso de lesão corporal dolosa leve ou culposa, a ação penal será pública e condicionada à representação.
(B) no caso de lesão corporal dolosa leve ou culposa, a ação penal será privada.
(C) apenas no caso de lesão corporal culposa, a ação penal será pública e condicionada à representação.
(D) no caso de lesão corporal dolosa leve, grave, gravíssima ou culposa, a ação penal será pública e condicionada à representação.
(E) no caso de lesão corporal dolosa leve, a ação penal será pública e incondicionada.

Com o advento da Lei 9.099/1995, que instituiu os Juizados Especiais Cíveis e Criminais, a ação penal, nos crimes de lesão corporal leve e culposa, que antes era pública incondicionada, passou a ser, por força do art. 88 dessa Lei, pública condicionada à representação do ofendido. Cuidado: o STF, no julgamento da ADIn n. 4.424, de 09.02.2012, estabeleceu a natureza *incondicionada* da ação penal nos crimes de lesão corporal, independente de sua extensão, praticados contra a mulher no ambiente doméstico. Tal entendimento encontra-se consagrado na Súmula 542, do STJ.
Gabarito "A".

14. SENTENÇA, PRECLUSÃO E COISA JULGADA

(Juiz de Direito – TJ/SC – 2024 – FGV) O Ministério Público denunciou Fabrício pela prática do crime de furto qualificado pela fraude. Após regular instrução, o juiz, ao prolatar a sentença, sem modificar a descrição do fato contida na denúncia, atribuiu-lhe definição jurídica diversa, entendendo cuidar-se do crime de estelionato, e instou o Ministério Público a manifestar-se sobre o cabimento de suspensão condicional do processo ao acusado. Contudo, o Ministério Público, que não recorreu da sentença, recusou-se a oferecer ao acusado a suspensão condicional do processo, pois insistiu na capitulação originária constante da denúncia.
Diante dessa situação, é correto afirmar que o juiz:
(A) não pode, em razão do princípio acusatório, atribuir ao fato definição jurídica diversa, não podendo instar o Ministério Público a se manifestar sobre a suspensão condicional do processo;
(B) pode atribuir ao fato definição jurídica diversa e, diante da recusa do Ministério Público em propor a suspensão condicional do processo, deverá remeter os autos ao procurador-geral de Justiça;
(C) não pode, em razão do princípio acusatório, atribuir ao fato definição jurídica diversa, mas poderá oferecer de ofício ao acusado a suspensão condicional do processo;
(D) pode atribuir ao fato definição jurídica diversa, e poderá oferecer de ofício ao acusado a suspensão condicional do processo;
(E) não pode, em razão do princípio acusatório, atribuir ao fato definição jurídica diversa, mas, diante da recusa em propor a suspensão condicional do processo, deverá remeter os autos ao procurador-geral de justiça.

O enunciado da questão trata sobre *emendatio libelli*, e de acordo com a redação o art. 383 do CPP: "o juiz, sem modificar a descrição do fato contida na denúncia ou queixa, poderá atribuir-lhe definição jurídica diversa, ainda que, em consequência, tenha de aplicar pena mais grave". Definição jurídica é a classificação do crime, subsunção de um fato à descrição de determinado dispositivo legal, a *emendatio libelli* pode ocorrer porque o acusado se defende do fato criminoso que lhe é imputado e não dos artigos de lei. O § 1º prevê que se, em consequência de definição jurídica diversa, houver possibilidade de proposta de suspensão condicional do processo, o juiz procederá de acordo com o disposto na lei.
Gabarito "B".

(Juiz de Direito – TJ/SP – 2023 – VUNESP) A chamada absolvição imprópria acontece quando
(A) o juiz impronuncia o acusado.
(B) o juiz absolve o acusado, acolhendo os argumentos da defesa preliminar.
(C) o juiz absolve o acusado, mas impõe a ele medida de segurança.
(D) o juiz declara extinta a punibilidade pela prescrição.

A absolvição imprópria é aquela em que se reconhece a inimputabilidade, por doença mental ou desenvolvimento mental incompleto ou retardado, era, ao tempo da ação ou da omissão, inteiramente incapaz de entender o caráter ilícito do fato ou de determinar-se de acordo com esse entendimento (art. 26 do CP) deve aplicar a medida de segurança, de acordo com o art. 386, parágrafo único, III do CPP. A medidas de segurança são: internação em hospital de custódia e tratamento psiquiátrico ou, à falta, em outro estabelecimento adequado e sujeição a tratamento ambulatorial (art. 96 do CP).

Gabarito "C".

(Juiz de Direito/GO – 2021 – FCC) Quanto à sentença penal, o Código de Processo Penal dispõe:

(A) O juiz, ao proferir sentença condenatória, fixará valores mínimo e máximo para reparação dos danos causados pela infração, considerando os prejuízos sofridos pelo ofendido que tiverem sido apurados na instrução processual.

(B) Ao proferir sentença condenatória, o juiz decidirá, fundamentadamente, sobre a manutenção ou, se for o caso, a imposição de prisão preventiva ou de outra medida cautelar, sem prejuízo do conhecimento de apelação que vier a ser interposta.

(C) Na sentença absolutória, o juiz ordenará a cessação das medidas cautelares e provisoriamente aplicadas, salvo se devidamente justificada a necessidade de sua manutenção para fins de reparação do dano na esfera cível.

(D) O juiz, sem modificar a descrição do fato contida na denúncia, poderá atribuir-lhe definição jurídica diversa, apenas se a pena aplicada for menos grave.

(E) Se existirem circunstâncias que excluam o crime ou isentem o réu de pena, o juiz absolverá o réu por inexistência de prova suficiente para a condenação.

A: incorreta, na medida em que o juiz, ao proferir sentença condenatória, fixará tão somente valor *mínimo* (e não *máximo*) para reparação dos danos causados pela infração, considerando os prejuízos sofridos pelo ofendido (art. 387, IV, do CPP); **B:** correta, pois reflete o disposto no art. 387, § 1º, do CPP; **C:** incorreta, já que, sobrevindo sentença absolutória, o juiz ordenará a cessação das medidas cautelares e provisoriamente aplicadas, não havendo que se falar na sua manutenção para o fim de reparação do dano na esfera cível (art. 386, parágrafo único, CPP); **D:** incorreta. Se o juiz constatar, no momento da sentença, que a descrição do fato delituoso foi correta, porém com equívoco do titular da ação penal na respectiva capitulação legal (tipificação incorreta), deverá, por força da *emendatio libelli*, atribuir-lhe a adequada definição (leia-se: capitulação legal), ainda que isso implique a imposição de pena mais grave (art. 383, CPP); **E:** incorreta. Trata-se de excludentes de ilicitude e de culpabilidade (art. 386, VI, do CPP).

Gabarito "B".

(Juiz de Direito – TJ/MS – 2020 – FCC) Quanto à sentença, correto afirmar que o juiz

(A) poderá declarar a sentença, sempre que nela houver obscuridade, ambiguidade, contradição ou omissão, se qualquer das partes o requerer no prazo de 5 (cinco) dias.

(B) poderá, sem modificar a descrição contida na denúncia ou queixa, atribuir ao fato definição jurídica diversa e, havendo possibilidade de proposta de suspensão condicional do processo, procederá de acordo com o disposto na lei, ainda que, por força do crime continuado, a soma da pena mínima da infração mais grave com o aumento mínimo de um sexto for superior a um ano.

(C) poderá proferir sentença condenatória, ainda que requerida a absolvição pela acusação, independentemente da natureza da ação.

(D) não fica adstrito aos termos do aditamento, se procedido após encerrada a instrução probatória em consequência de prova existente nos autos de elemento ou circunstância da infração penal não contida na acusação.

(E) poderá reconhecer circunstância agravante não alegada pela acusação, segundo previsto na legislação processual penal.

A: incorreta. É fato que podem as partes opor embargos de declaração com o fim de aclarar o conteúdo da sentença que se mostra obscura, ambígua, contraditória ou omissa, mas deverão fazê-lo, segundo estabelece o art. 382 do CPP, no prazo de *dois* dias, e não de *cinco*, como constou da assertiva; **B:** incorreta. Como bem sabemos, o acusado, no processo penal, defende-se dos fatos que lhe são imputados, e não da capitulação que é atribuída ao crime na peça acusatória, denúncia ou queixa. Pouco importa, pois, a classificação operada pelo titular da ação penal na exordial. É isso que estabelece o art. 383 do CPP (*emendatio libelli*). Note que o fato, na *emendatio libelli*, permanece inalterado, sem prejuízo, por isso mesmo, para a defesa. A mudança, aqui, incide na classificação da conduta, levada a efeito pela acusação, no ato da propositura da ação, e retificada pelo juiz, de ofício, no momento da sentença, sendo desnecessário, em vista disso, ouvir a esse respeito o defensor, ainda que a pena correspondente ao novo tipo penal seja mais grave. Pois bem. Este é o fenômeno descrito na alternativa. Estabelece o § 1º do art. 383 do CPP que, sendo possível, como consequência da nova classificação atribuída ao fato, aplicar a suspensão condicional do processo, caberá ao juiz proceder de acordo com a lei, determinando abertura de vista ao MP, a fim de que este ofereça a proposta, se for o caso, conforme art. 89 da Lei 9.099/1995, que autoriza a concessão deste benefício aos crimes em que a pena mínima cominada for igual ou inferior a um ano. Agora, no contexto do crime continuado, se a soma da pena mínima da infração mais grave com o aumento mínimo de um sexto for superior a um ano, o agente não fará jus ao benefício da suspensão condicional do processo (aqui está o erro da assertiva). É este o entendimento consagrado na Súmula 723 do STF: *Não se admite a suspensão condicional do processo por crime continuado, se a soma da pena mínima da infração mais grave com o aumento mínimo de um sexto for superior a um ano*; **C:** incorreta, uma vez que a regra presente no art. 385 do CPP, que autoriza o juiz a proferir sentença condenatória ainda que o MP pugne pela absolvição, somente tem incidência no contexto da ação penal pública; na ação penal privada, caso o querelante, em alegações finais, não formule pedido de condenação do querelado, operar-se-á a peremção (art. 60, III, do CPP), com a consequente extinção da punibilidade. Isso porque a ação penal privada é regida, ao contrário da pública, pelo princípio da oportunidade, que confere ao seu titular a prerrogativa de manifestar o desinteresse em punir o querelado; **D:** incorreta, na medida em que contraria o disposto no art. 384, § 4º, do CPP, segundo o qual, *havendo aditamento, cada parte poderá arrolar até 3 (três) testemunhas, no prazo de 5 (cinco) dias, ficando o juiz, na sentença, adstrito aos termos do aditamento*; **E:** correta, pois em conformidade com o que estabelece o art. 385 do CPP, que autoriza o magistrado a reconhecer, de ofício, agravantes não suscitadas.

Gabarito "E".

(Promotor de Justiça/CE – 2020 – CESPE/CEBRASPE) Na hipótese de haver duplo julgamento do mesmo fato, deve prevalecer o processo em que

(A) a sentença transitar em julgado primeiro.

(B) a sentença for prolatada primeiro.

(C) o inquérito tiver sido instaurado primeiro.

(D) a denúncia tiver sido ofertada primeiro.
(E) a sentença for mais favorável ao acusado.

Conferir o seguinte julgado: "1. No caso, foram distribuídas duas ações penais contra os recorrentes, ambas na Comarca de Santarém - PA, para a apuração dos mesmos fatos – prática de conjunção carnal com a vítima, menor de 14 anos à época dos fatos. 2. A primeira ação penal foi distribuída ao Juízo da Vara do Juizado de Violência Doméstica e Familiar Contra a Mulher e a sentença foi proferida em 21/11/2013 para condenar os réus como incursos no art. 217-A do Código Penal. A condenação transitou em julgado em 18/12/2014. 3. A segunda persecução criminal foi distribuída ao Juízo da 2ª Vara Criminal. Em 22/5/2015, foi proferida sentença absolutória, que transitou em julgado em 29/10/2015. 4. No que atine ao conflito de coisas julgadas, a Terceira Seção desta Corte Superior afirmou que "a primeira decisão é a que deve preponderar" (AgRg nos EmbExeMS n. 3.901/DF, Rel. Ministro Rogerio Schietti, DJe 21/11/2018). Ainda que a análise haja sido realizada no âmbito do processo civil, os apontamentos feitos podem ser aplicados, também, ao processo penal. 5. A solução é consentânea com a jurisprudência do Supremo Tribunal Federal, afirmada em mais de uma oportunidade. Nesse sentido: HC n. 101.131/DF (Rel. Ministro Luiz Fux, Rel. p/ acórdão Ministro Marco Aurélio, 1ª T., DJe 10/2/2012); HC n. 77.909/DF (Rel. Ministro Moreira Alves, 1ª T., DJ 12/3/1999); HC n. 69.615/SP (Rel. Ministro Carlos Velloso, 2ª T., DJ 19/2/1993). 6. A prevalência da primeira decisão imutável é reforçada pela quebra do dever de lealdade processual por parte da defesa. A leitura da segunda sentença - proferida após o trânsito em julgado da condenação - permite concluir que a duplicidade não foi mencionada sequer nas alegações finais. 7. Ainda, a hipótese em exame guarda outra peculiaridade, a justificar a manutenção do primeiro decisum proferido: a absolvição dos réus, na segunda sentença, contraria jurisprudência – consolidada à época – do Superior Tribunal de Justiça. 8. Ainda que o julgamento do Recurso Especial Repetitivo n. 1.480.881/PI pela Terceira Seção do STJ seja posterior à prolação da sentença mencionada (26/8/2015), o entendimento já estava uniformizado na jurisprudência e, em abril de 2014, a matéria foi pacificada por força do julgamento dos Embargos de Divergência em Recurso Especial n. 1.152.864/SC (Rel. Ministra Laurita Vaz, 3ª S., DJe 1/4/2014). 9. Recurso não provido" (STJ, RHC 69.586/PA, Rel. Ministro SEBASTIÃO REIS JÚNIOR, Rel. p/ Acórdão Ministro ROGERIO SCHIETTI CRUZ, SEXTA TURMA, julgado em 27/11/2018, DJe 04/02/2019). 🆔

Gabarito "A".

(Promotor de Justiça/PR – 2019 – MPE/PR) Sobre **"emendatio libelli", "mutatio libelli" e nulidades processuais**, analise as assertivas abaixo e assinale a alternativa incorreta:

(A) Não há correlação entre o instituto da "emendatio libelli" e o princípio da complementariedade.
(B) Não é aplicável a "mutatio libelli" em segundo grau de jurisdição.
(C) Para decretação de nulidade, seja absoluta ou relativa, há necessidade de ter ocorrido prejuízo para a acusação ou para a defesa.
(D) A preclusão temporal é uma das formas de convalidação da nulidade relativa, ao lado de outras formas de preclusão.
(E) A ausência de citação não pode ser sanada, em nenhuma hipótese, por tratar-se de nulidade absoluta.

A: correta. Princípio da complementariedade diz respeito à impossibilidade (em regra) de a parte complementar os argumentos contidos nas razões já apresentadas, o que se dá em razão da ocorrência do fenômeno da preclusão consumativa, que nenhuma correlação tem com o instituto da "emendatio libelli", que consiste na retificação, realizada pelo juiz, da classificação jurídica da conduta atribuída pela acusação ao réu (art. 383, CPP); **B:** correta, pois em conformidade com o entendimento sufra-gado na Súmula 453, do STF, que veda a incidência da "mutatio libelli" em segundo grau de jurisdição; **C:** correta. Embora o art. 563 do CPP, que enuncia o princípio do prejuízo, tenha mais incidência no campo das nulidades relativas, em que o prejuízo não é presumido, o STF (e também o STJ) tem se posicionado no sentido de que tal dispositivo também se aplica às nulidades absolutas, de sorte que, seja a nulidade relativa, seja absoluta, é imperiosa a demonstração de prejuízo. Nesse sentido: "O acórdão recorrido está alinhado à jurisprudência do Supremo Tribunal Federal no sentido de que a demonstração de prejuízo, "a teor do art. 563 do CPP, é essencial à alegação de nulidade, seja ela relativa ou absoluta, eis que (...) o âmbito normativo do dogma fundamental da disciplina das nulidades – *pas de nullité sans grief* – compreende as nulidades absolutas" (HC 85.155/SP, Rel.ª Min. Ellen Gracie). 2. Para chegar a conclusão diversa do acórdão recorrido, seriam necessárias a análise da legislação infraconstitucional pertinente e a reapreciação dos fatos e do material probatório constante dos autos (Súmula 279/STF), procedimentos inviáveis em recurso extraordinário. 3. Agravo interno a que se nega provimento" (ARE 984373 AgR, Relator(a): Min. Roberto Barroso, Primeira Turma, julgado em 14.10.2016, processo eletrônico *DJe*-234 divulg 03.11.2016 public 04.11.2016). No STJ: "A inobservância do rito retromencionado configura nulidade relativa, sendo necessária a demonstração do prejuízo suportado pela parte, já que o art. 563 do CPP consagra o princípio pas de nullité sans grief. Foi, desse modo, editado pelo Supremo Tribunal Federal o enunciado sumular n. 523, que assim dispõe: No processo penal, a falta de defesa constitui nulidade absoluta, mas a sua deficiência só o anulará se houver prova de prejuízo para o réu. Nessa linha, a demonstração do prejuízo sofrido pela defesa é reconhecida pela jurisprudência atual como imprescindível tanto para a nulidade relativa quanto para a absoluta" (AgRg no REsp 1708255/RJ, Rel. Ministro REYNALDO SOARES DA FONSECA, QUINTA TURMA, julgado em 06/02/2018, DJe 19/02/2018); **D:** correta. No contexto das nulidades relativas, temos a chamada *preclusão temporal*, que constitui uma das modalidades de convalidação, aperfeiçoando-se quando a parte deixa transcorrer o interregno fixado em lei para invocar a invalidade do ato; **E:** incorreta, pois não reflete a regra presente no art. 570 do CPP. 🆔

Gabarito "E".

(Promotor de Justiça/SP – 2019 – MPE/SP) Sobre a correlação entre acusação e sentença, é correto afirmar que

(A) não se aplica a regra da *emendatio libelli* em grau de recurso, sob pena de supressão de um grau de jurisdição e surpresa para a defesa.
(B) ao aplicar a regra da *emendatio libelli*, o juiz poderá condenar o acusado, sem manifestação das partes, aplicando-lhe, se for o caso, pena mais grave.
(C) ao aplicar a regra da *mutatio libelli*, o juiz deve apenas colher a manifestação das partes, ouvir eventuais testemunhas indicadas e sentenciar.
(D) ao aplicar a regra da *mutatio libelli*, o juiz deve provocar o aditamento da denúncia, colher a manifestação das partes, ouvir eventuais testemunhas indicadas e, após debates, sentenciar.
(E) ao aplicar a regra da *emendatio libelli*, o juiz deve colher a manifestação das partes antes de sentenciar, podendo, se for o caso, aplicar pena mais grave.

A: incorreta. Inexiste vedação à incidência da regra da *emendatio libelli* em grau de recurso. A vedação contida na Súmula 453, do STF, refere-se à aplicação da *mutatio libelli*, que não terá lugar em segundo grau de jurisdição. E por falar nisso, é importante que apontemos a diferença entre esses dois institutos. No campo da *emendatio libelli*, o fato descrito pela acusação na peça inicial permanece inalterado, sem prejuízo, por isso mesmo, para a defesa. A mudança, aqui, incide na classificação da conduta, levada a efeito pela acusação, no ato da propositura da ação, e retificada pelo juiz, de ofício, no momento da

sentença, sendo desnecessário, em vista disso, ouvir a esse respeito o defensor. Na *mutatio libelli*, diferentemente, temos que a prova colhida na instrução aponta para uma nova definição jurídica do fato, diversa daquela contida na inicial. Por força do que estabelece o art. 383 do CPP, com a redação que lhe conferiu a Lei de Reforma 11.719/2008, impõe-se o aditamento da exordial pelo órgão acusatório, ainda que a nova capitulação jurídica implique aplicação de pena igual ou menos grave; **B**: correta. O réu, no processo penal, defende-se do fato criminoso a ele atribuído, e não da classificação jurídica contida na exordial. Em outras palavras, no processo-crime, a definição jurídica atribuída ao fato, na inicial acusatória, em consonância com o disposto no art. 383 do CPP, não tem o condão de vincular o magistrado, que poderá, na sentença, atribuir a capitulação que bem entender, ainda que isso implique a incidência de pena mais grave; **C**: incorreta, já que deverá o magistrado, também, proceder a novo interrogatório do acusado, conforme dispõe o art. 384, § 2º, do CPP; **D**: incorreta, pois em desconformidade com o art. 384, § 2º, do CPP; **E**: incorreta. Na *emendatio libelli* (art. 383, CPP), a manifestação das partes é desnecessária. ED
Gabarito "B".

(Juiz de Direito – TJ/RS – 2018 – VUNESP) O juiz, ao proferir sentença condenatória,

(A) poderá deixar de indicar os motivos de fato e de direito em que se funda a decisão, caso não haja divergência entre as partes.

(B) se aditada a denúncia e, em sendo recebido referido aditamento, está adstrito na sua sentença aos termos do aditamento, não podendo considerar a definição jurídica anterior contida na denúncia.

(C) estabelecerá valor máximo para reparação dos danos causados pela infração, considerando os prejuízos sofridos pelo ofendido.

(D) mencionará as circunstâncias agravantes, desde que tenham sido estas requeridas na denúncia ou mesmo em alegações finais.

(E) decidirá de forma resumida sobre a manutenção da prisão preventiva.

A: incorreta, uma vez que ao juiz não é dado, quando da prolação de sentença condenatória, deixar de indicar os motivos de fato e de direito que serviram de fundamento para sua decisão, pouco importando o fato de inexistir divergência entre as partes, conforme estabelecem os arts. 381, III, do CPP e 93, IX, da CF; **B**: correta, porquanto em conformidade com o disposto no art. 384, § 4º, do CPP; **C**: incorreta. A teor do art. 387, IV, do CPP, o juiz, ao proferir sentença condenatória, estabelecerá valor *mínimo* (e não *máximo*) para reparação dos danos causados pela infração, considerando os prejuízos sofridos pelo ofendido; **D**: incorreta, pois, neste caso, o juiz, independentemente de requerimento, mencionará as circunstâncias agravantes (ou atenuantes), na forma estatuída no art. 387, I, CPP; **E**: incorreta. O magistrado, ao prolatar a sentença condenatória, deverá manifestar-se, sempre de *forma fundamentada*, se preso estiver o réu, acerca da necessidade de sua manutenção no cárcere, sempre levando em conta os requisitos do art. 312 do CPP. Ausentes estes, deverá o juiz, ante a desnecessidade da prisão, revogá-la, permitindo ao acusado que aguarde o trânsito em julgado da sentença em liberdade. É o teor do art. 387, § 1º, do CPP, introduzido pela Lei 12.736/2012. ED
Gabarito "B".

15. NULIDADES

(Juiz Federal – TRF/1 – 2023 – FGV) Adriano foi absolvido em julgamento no Tribunal do Júri. No plenário, de modo inequívoco, existiu a quebra da incomunicabilidade dos jurados. O Ministério Público recorreu, sustentando, exclusivamente, que a decisão era manifestamente contrária à prova dos autos.

No julgamento da apelação, o Tribunal:

(A) não pode, neste caso específico, reconhecer, de ofício, a quebra da incomunicabilidade dos jurados;

(B) pode reconhecer, de ofício, qualquer nulidade absoluta, pois nesse tema não se aplica a proibição de *reformatio in pejus*;

(C) pode reconhecer, de ofício, a quebra da incomunicabilidade dos jurados por se tratar de matéria constitucional, bem como pelo efeito translativo do recurso, determinando a realização de um novo júri;

(D) pode reconhecer, de ofício, a quebra da incomunicabilidade dos jurados por se tratar de matéria constitucional, bem como pelo efeito translativo do recurso, e, em observância ao princípio da duração razoável do processo, já julgar o réu Adriano;

(E) não pode reconhecer, de ofício, a quebra da incomunicabilidade dos jurados porque seria indispensável que o Ministério Público tivesse consignado em ata o pedido de nulidade antes da prolação da sentença pelo juiz.

A: correta. Assim, as nulidades que tenham prejudicado a acusação, ainda que absolutas, só podem ser reconhecidas pelo tribunal se invocadas pela própria acusação. De acordo com a redação do art. 571, VIII, do CPP: "As nulidades deverão ser arguidas: as do julgamento em plenário, em audiência ou em sessão do tribunal, logo depois de ocorrerem". E da Súmula 160 do STF: "É nula a decisão do Tribunal que acolhe, contra o réu, nulidade não arguida no recurso da acusação, ressalvados os casos de recurso de ofício"; **B**: errada. Assertiva contraria a Súmula 160 do STF: "É nula a decisão do Tribunal que acolhe, contra o réu, nulidade não arguida no recurso da acusação, ressalvados os casos de recurso de ofício". Assim, as nulidades que tenham prejudicado a acusação, ainda que absolutas, só podem ser reconhecidas pelo tribunal se invocadas pela própria acusação; **C**: errada. A incomunicabilidade dos jurados é prevista no § 1º do art. 466 do CPP, "juiz presidente também advertirá os jurados de que, uma vez sorteados, não poderão comunicar-se entre si e com outrem, nem manifestar sua opinião sobre o processo, sob pena de exclusão do Conselho e multa, na forma do § 2º do art. 436 do CPP"; **D**: errada. Vide comentários às assertivas B e C. O efeito translativo do recurso significa que se devolve ao tribunal para analisar qualquer matéria em favor ou contra as partes, como no recurso de ofício, o tribunal analisará toda a matéria discutida em 1ª instância; **E**: errada. Considerada errada pela banca. Vide comentários à assertiva A. PB
Gabarito "A".

(Juiz de Direito/GO – 2021 – FCC) Segundo entendimento sumulado,

(A) é nulo o julgamento da apelação após a manifestação nos autos da renúncia do único defensor, ainda que o réu tenha sido previamente intimado para constituir outro.

(B) salvo quando nula a decisão de primeiro grau, o acórdão que provê o recurso contra a rejeição da denúncia vale, desde logo, pelo recebimento dela.

(C) a renúncia do réu ao direito de apelação, manifestada sem a assistência do defensor, impede o conhecimento da apelação por este interposta.

(D) constitui nulidade a falta de intimação do denunciado para oferecer contrarrazões ao recurso interposto da rejeição da denúncia, mas a nomeação de defensor dativo a supre.

(E) é cabível apelação da decisão que determina o sequestro de bens no processo penal.

A: incorreta, uma vez que não corresponde ao entendimento sufragado na Súmula 708, do STF: *É nulo o julgamento da apelação se, após a manifestação nos autos da renúncia do único defensor, o réu não foi previamente intimado para constituir outro*; **B:** correta, pois reflete o entendimento contido na Súmula 709, do STF: *Salvo quando nula a decisão de primeiro grau, o acórdão que provê o recurso contra a rejeição da denúncia vale, desde logo, pelo recebimento dela*; **C:** incorreta, pois em desconformidade com o entendimento presente na Súmula 705, do STF: *A renúncia do réu ao direito de apelação, manifestada sem a assistência do defensor, não impede o conhecimento da apelação por este interposta*; **D:** incorreta, pois não reflete a Súmula 707, do STF: *Constitui nulidade a falta de intimação do denunciado para oferecer contrarrazões ao recurso interposto da rejeição da denúncia, não a suprindo a nomeação de defensor dativo*; **E:** incorreta. É que, embora a assertiva esteja correta, à luz da atual jurisprudência do STJ, trata-se de tema não sumulado.

Gabarito "B".

(Promotor de Justiça/CE – 2020 – CESPE/CEBRASPE) A ausência da assinatura das testemunhas em relatório circunstanciado de busca e apreensão legalmente realizada pela polícia consiste em

(A) causa de nulidade absoluta da diligência realizada em qualquer tipo de procedimento penal.

(B) causa de nulidade relativa da diligência realizada, que será validada somente se as testemunhas forem ouvidas em juízo posteriormente.

(C) mera irregularidade formal na diligência realizada, não sendo causa de nulidade.

(D) causa de nulidade relativa da diligência realizada, que será validada somente se o advogado de defesa tiver comparecido na delegacia após a realização do ato.

(E) nulidade absoluta, desde que a diligência tenha sido realizada para atender procedimento da Lei de Combate às Organizações Criminosas.

Segundo doutrina e jurisprudência majoritárias, trata-se de mera irregularidade, que não tem o condão, portanto, de macular a diligência e as provas ali coletadas. Conferir: "*HABEAS CORPUS*. IMPETRAÇÃO ORIGINÁRIA. SUBSTITUIÇÃO AO RECURSO ORDINÁRIO. IMPOSSIBILIDADE. RESPEITO AO SISTEMA RECURSAL PREVISTO NA CARTA MAGNA. NÃO CONHECIMENTO. 1. A Primeira Turma do Supremo Tribunal Federal, buscando dar efetividade às normas previstas na Constituição Federal e na Lei 8.038/1990, passou a não mais admitir o manejo do habeas corpus originário em substituição ao recurso ordinário cabível, entendimento que deve ser adotado por este Superior Tribunal de Justiça, a fim de que seja restabelecida a organicidade da prestação jurisdicional que envolve a tutela do direito de locomoção. 2. O constrangimento apontado na inicial será analisado, a fim de que se verifique a existência de flagrante ilegalidade que justifique a atuação de ofício por este Superior Tribunal de Justiça. FURTO QUALIFICADO, RECEPTAÇÃO QUALIFICADA, FORMAÇÃO DE QUADRILHA E CORRUPÇÃO DE MENORES (ARTIGOS 155, § 4º, INCISOS III E IV, 180, §§ 1º E 2º, E 288, TODOS DO CÓDIGO PENAL, E ARTIGO 244-B DO ESTATUTO DA CRIANÇA E DO ADOLESCENTE). NULIDADE DA PROVA OBTIDA COM A BUSCA E APREENSÃO REALIZADA NO ESTABELECIMENTO COMERCIAL E NA RESIDÊNCIA DO ACUSADO. CRIME PERMANENTE. DESNECESSIDADE DE MANDADO. MÁCULA NÃO CARACTERIZADA. 1. É dispensável o mandado de busca e apreensão quando se trata de flagrante de crime permanente, sendo possível a realização das medidas sem que se fale em ilicitude das provas obtidas (Doutrina e jurisprudência). 2. Tratando-se de paciente acusado do crime de receptação qualificada, na modalidade de expor à venda coisa que sabia ser produto de crime, não se vislumbra ilegalidade na apreensão de objetos relacionados com a infração penal e localizados em seu estabelecimento comercial e na sua residência, notadamente quando existem nos autos indícios de que teria autorizado, na presença de seu advogado, o ingresso dos policiais nos referidos locais. AUSÊNCIA DE ASSINATURA DAS TESTEMUNHAS NO RELATÓRIO CIRCUNSTANCIADO. FORMALIDADE PREVISTA NO ARTIGO 245, § 7º, DO CÓDIGO DE PROCESSO PENAL. MERA IRREGULARIDADE. POSSIBILIDADE DE CONFIRMAÇÃO DA LEGALIDADE DA DILIGÊNCIA MEDIANTE A OITIVA DAS PESSOAS INDICADAS NO RELATÓRIO. EIVA INEXISTENTE. 1. Conquanto as testemunhas que acompanharam a busca e apreensão não tenham assinado o relatório policial, o certo é que a inobservância de tal formalidade não tem o condão de macular a diligência realizada, tampouco as provas com ela obtidas, até mesmo porque a sua legalidade pode ser facilmente verificada mediante a oitiva das pessoas citadas. Precedente do STJ. 2. Habeas corpus não conhecido" (STJ, HC 296.417/MT, Rel. Ministro JORGE MUSSI, QUINTA TURMA, julgado em 21/08/2014, DJe 27/08/2014).

Gabarito "C".

(Juiz de Direito – TJ/AL – 2019 – FCC) Em tema de nulidades, correto afirmar que

(A) a deficiência da defesa, no processo penal, constitui nulidade absoluta, independentemente de prova de prejuízo para o réu.

(B) não é nula a citação por edital que indica o dispositivo da lei penal, embora não transcreva a denúncia ou queixa, ou não resuma os fatos em que se baseia.

(C) não é nula a decisão que determina o desaforamento de processo da competência do júri sem audiência da defesa.

(D) é absoluta a nulidade do processo criminal por falta de intimação da expedição de precatória para inquirição de testemunha.

(E) não é nulo o julgamento ulterior pelo júri com a participação de jurado que funcionou em julgamento anterior do mesmo processo.

A: incorreta, pois não reflete o entendimento sufragado na Súmula 523 do STF, *in verbis*: "No processo penal, a falta da defesa constitui nulidade absoluta, mas a sua deficiência só o anulará se houver prova de prejuízo para o réu"; **B:** correta, pois reflete o entendimento consolidado na Súmula 366, do STF: "Não é nula a citação por edital que indica o dispositivo da lei penal, embora não transcreva a denúncia ou queixa, ou não resuma os fatos em que se baseia"; **C:** incorreta, pois não corresponde ao entendimento firmado na Súmula 712, do STF: "É nula a decisão que determina o desaforamento de processo da competência do júri sem audiência da defesa"; **D:** incorreta, pois em desacordo com a Súmula 155 do STF: "É relativa a nulidade do processo criminal por falta de intimação da expedição de precatória para inquirição de testemunha"; **E:** incorreta, uma vez que contraria o entendimento firmado por meio da Súmula 206, do STF: "É nulo o julgamento ulterior pelo júri com a participação de jurado que funcionou em julgamento anterior do mesmo processo".

Gabarito "B".

(Promotor de Justiça/SP – 2019 – MPE/SP) Em relação às causas de convalidação do ato processual, assinale a alternativa correta.

(A) A nulidade por ilegitimidade do representante da parte não poderá ser sanada, ainda que haja ratificação dos atos processuais.

(B) A falta ou a nulidade da intimação ou notificação não poderá ser sanada se o interessado comparecer em juízo, antes de o ato consumar-se e declarar que o faz para o único fim de argui-la.

(C) Quando puder decidir o mérito a favor da parte a quem aproveite a decretação da nulidade, o juiz não a pronunciará.

(D) A incompetência territorial ou relativa do juízo anula todos os atos instrutórios, devendo o processo, quando for declarada a nulidade, ser remetido ao juiz competente.

(E) As omissões da denúncia ou da queixa poderão ser supridas a todo o tempo, até antes do encerramento da instrução criminal.

A: incorreta. Segundo reza o art. 568 do CPP, a nulidade decorrente de ilegitimidade do representante da parte pode ser a todo tempo sanada, mediante ratificação dos atos processuais; **B:** incorreta. Art. 570 do CPP: "A falta ou a nulidade da citação, da intimação ou notificação estará sanada, desde que o interessado compareça, antes de o ato consumar-se, embora declare que o faz para o único fim de argui--la"; **C:** correta, pois reflete o disposto no art. 282, § 2º, do NCPC; **D:** incorreta. A incompetência do juízo somente tem o condão de anular os atos *decisórios*; os *ordinatórios* serão mantidos. É o que estabelece o art. 567 do CPP; **E:** incorreta, uma vez que contraria o disposto no art. 569 do CPP. **ED**

Gabarito "C".

16. RECURSOS

(Juiz de Direito – TJ/SC – 2024 – FGV) Após regular instrução criminal, Jobson foi condenado pelo Tribunal do Júri a uma pena de oito anos de reclusão em regime fechado pela prática do crime de homicídio qualificado tentado contra Hildemar, não tendo este se habilitado como assistente nos autos. O Ministério Público interpôs recurso de apelação em face de todo o conteúdo impugnável da sentença.

Diante desse cenário, é correto afirmar que Hildemar:

(A) não poderá interpor recurso de apelação pelo fato de não ter se habilitado como assistente de acusação durante a instrução;

(B) não poderá recorrer, pois a vítima não tem legitimidade para se opor à soberania dos veredictos do Tribunal do Júri;

(C) não poderá recorrer, pois o Ministério Público interpôs recurso de apelação em face de todo o conteúdo impugnável da sentença;

(D) poderá interpor recurso de apelação, mas este somente será conhecido se não for conhecido o recurso do Ministério Público;

(E) poderá interpor recurso de apelação, mas este somente será conhecido caso o Ministério Público desista do recurso que tenha interposto.

De acordo com o enunciado da questão, o MP interpôs o recurso de apelação contestando toda matéria impugnável, nessa hipótese, segundo a redação do art. 598 do CPP: "nos crimes de competência do Tribunal do Júri, ou do juiz singular, se da sentença *não for interposta apelação pelo Ministério Público no prazo legal*, o ofendido ou qualquer das pessoas enumeradas no art. 31, ainda que não se tenha habilitado como assistente, poderá interpor apelação, que não terá, porém, efeito suspensivo" (grifo nosso). E, ainda de acordo com entendimento do STJ: "(...) 1. O assistente de acusação tem legitimidade para recorrer nos casos de absolvição, impronúncia e extinção da punibilidade (arts. 584, § 1º, e 598 do Código de Processo Penal), em caráter supletivo, ou seja, somente quando o Ministério Público abstiver-se de fazê-lo, como no caso, ou, ainda, quando o seu recurso for parcial, não abrangendo a totalidade das questões discutidas" (HC 580662-MG, j. em 22-3-2022, *DJe* de 29-3-2022). **PB**

Gabarito "C".

(Juiz de Direito – TJ/SP – 2023 – VUNESP) O acusado João é condenado pelo crime de tráfico de drogas ao cumprimento de 5 anos de reclusão e 500 dias-multa, em regime fechado. A Defesa, pretendendo reverter a condenação, interpõe recurso de apelação, mas o juiz entende que é extemporâneo e deixa de mandar processar. A medida cabível para atacar a decisão é

(A) correição parcial.

(B) recurso em sentido estrito.

(C) carta testemunhável.

(D) mandado de segurança.

De acordo com a redação do art. 581, XV do CPP, caberá recurso em sentido estrito das decisões que denegar a apelação ou a julgar deserta. A apelação será julgada deserta quando faltar algum dos pressupostos objetivos (cabimento, adequação, tempestividade, regularidade procedimental, inexigência de fato impeditivo ou extintivo) ou subjetivos (sucumbência, legitimidade para recorrer) de admissibilidade recursal. **PB**

Gabarito "B".

(Escrivão – PC/GO – AOCP – 2023) Em processo penal que apura crime de corrupção ativa, o advogado do réu argui, em resposta à acusação, a extinção da punibilidade dos fatos narrados em denúncia, mas o juízo, ao apreciar a tese, indefere o requerimento de absolvição sumária, por entender que a contagem prescricional não pode ocorrer antes do recebimento da denúncia. Contra essa decisão judicial, é cabível

(A) apelação.

(B) mandado de segurança.

(C) agravo.

(D) recurso em sentido estrito.

(E) recurso inominado.

A solução desta questão deve ser extraída do art. 581, IX, do CPP. **ED**

Gabarito "D".

(Escrivão – PC/GO – AOCP – 2023) Valério foi processado por estupro de vulnerável mediante conjunção carnal contra uma criança de 9 anos de idade. No caso, o exame de corpo de delito efetuado na criança apontou a prática do constrangimento sexual e foi colhida amostra de material biológico presente no canal vaginal da vítima. Contudo a cadeia de custódia foi quebrada, e o recipiente onde estava armazenado o material genético foi perdido pelo Poder Público. Indefeso, Valério foi condenado. Um ano após iniciar o cumprimento de pena em regime fechado, foi comunicado ao seu advogado que o recipiente que armazenava o material biológico foi encontrado, e o exame de DNA executado sobre seu conteúdo concluiu que o vestígio coletado não pertencia a Valério. Animado com a hipótese de rescindir a sentença condenatória, Valério poderá utilizar o laudo pericial para ajuizar

(A) ação rescisória.

(B) protesto por novo julgamento.

(C) recurso extraordinário.
(D) embargos de nulidade.
(E) revisão criminal.

A revisão criminal, destinada a rescindir decisão judicial transitada em julgado desfavorável ao réu, atende à necessidade de corrigir erro judiciário que tenha gerado prejuízo ao acusado. Cuida-se de ação penal de natureza constitutiva *sui generis*, cuja competência para julgamento é sempre dos tribunais. Pela narrativa contida no enunciado, fica evidente que Valério foi vítima de erro judiciário, sendo o caso, portanto, de ajuizar revisão criminal em seu favor com vistas a rescindir a decisão condenatória. ED
Gabarito "E".

(Juiz de Direito/AP – 2022 – FGV) Nos processos envolvendo pluralidade de réus ou de fatos imputados, o juízo progressivo de admissibilidade da imputação pode resultar no acolhimento parcial da pretensão acusatória, comportando uma única demanda múltiplos resultados: recebimento da denúncia em relação à parte dos réus ou dos fatos, rejeição da denúncia em relação à parte dos réus ou dos fatos e/ou absolvição sumária em relação à parte dos réus ou dos fatos.

No caso de absolvição sumária parcial, seja em relação a um crime, seja em relação a um acusado, com base no Art. 397, inciso III, do Código de Processo Penal, será cabível:

(A) apelação, com interposição em primeiro grau e apresentação das razões diretamente no tribunal;
(B) recurso em sentido estrito, com interposição em primeiro grau e apresentação das razões diretamente no tribunal;
(C) apelação, com a formação de instrumento por meio da extração de traslado dos autos;
(D) recurso em sentido estrito, com a formação de instrumento por meio da extração de traslado dos autos;
(E) correição parcial, com reprodução integral dos autos para instruir o recurso.

O recurso de apelação é cabível na hipótese de absolvição sumária de acordo com o teor do art. 416 o CPP: "contra a sentença de impronúncia ou de absolvição sumária caberá apelação". A solução da questão tem previsão o art. 603 do CPP que dispõe: "a apelação subirá nos autos originais e, a não ser no Distrito Federal e nas comarcas que forem sede de Tribunal de Apelação, ficará em cartório traslado dos termos essenciais do processo referidos no art. 564, n. III". Por sim, o inciso III do art. 397 do CPP, determina que: "(...) o juiz deverá absolver sumariamente o acusado quando verificar: (...) III – que o fato narrado evidentemente não constitui crime; Atenção: a banca considerou a assertiva A como incorreta, entretanto, o art. 600, § 4°, prevê a possibilidade de interposição da apelação ao juiz de 1° grau e das razões ao juízo *ad quem*: "se o apelante declarar, na petição ou no termo, ao interpor a apelação, que deseja arrazoar na superior instância serão os autos remetidos ao tribunal *ad quem* onde será aberta vista às partes, observados os prazos legais, notificadas as partes pela publicação oficial". ED/PB
Gabarito "C".

(Juiz de Direito/SP – 2021 – Vunesp) No texto da lei processual (artigo 609, parágrafo único, CPP), "quando não for unânime a decisão de segunda instância, desfavorável ao réu, admitem-se embargos infringentes e de nulidade, que poderão ser opostos dentro de 10 (dez) dias, a contar da publicação de acórdão, na forma do art. 613." Diante desse cenário legal, é correto afirmar que

(A) estando o acórdão desfavorável ao réu devidamente fundamentado, em observância ao princípio constitucional (artigo 93, IX, CF), dispensável é a apresentação do voto vencido.
(B) a apresentação do voto divergente somente será obrigatória quando a decisão contida no v. acórdão for desfavorável ao réu e estar o voto vencido fundamentado em tese que contrarie a íntegra da posição vencedora.
(C) a lei penal processual é omissa e, por isso, a apresentação do voto divergente é mera faculdade do julgador.
(D) o voto divergente integra o acórdão e é obrigatória a sua apresentação, sob pena de nulidade, desde a vigência do atual Código de Processo Civil (Lei n° 13.105/2015).

A solução desta questão deve ser extraída do art. 941, § 3°, do CPC: *O voto vencido será necessariamente declarado e considerado parte integrante do acórdão para todos os fins legais, inclusive de pré-questionamento*. Na jurisprudência: "1. [...] "'o acórdão, para o CPC/2015, compõe-se da totalidade dos votos, vencedores e vencidos'. Nesse sentido, a inobservância da regra do § 3° do art. 941 do CPC/2015 constitui vício de atividade ou erro de procedimento (*error in procedendo*), porquanto não diz respeito ao teor do julgamento em si, mas à condução do procedimento de lavratura e publicação do acórdão, já que este representa a materialização do respectivo julgamento. Assim, há nulidade do acórdão, por não conter a totalidade dos votos declarados, mas não do julgamento, pois o resultado proclamado reflete, com exatidão, a conjunção dos votos proferidos pelos membros do colegiado. Cabe ao tribunal de origem providenciar a juntada do(s) voto(s) vencido(s) declarado(s), observando, para tanto, as normas de seu regimento interno, e, em seguida, promover a sua republicação, nos termos do § 3° do art. 941 do CPC/2015, abrindo-se, em consequência, novo prazo para eventual interposição de recurso pelas partes" (REsp n. 1.729.143-PR, Relª. Ministra Nancy Andrighi, julgado em 12/2/2019, DJe 15/2/2019, noticiado no Informativo 642/STJ). 2. Em matéria de nulidades, essas devem ser alegadas oportunamente, sob pena de serem alcançadas pelo instituto da preclusão, além de ser necessária a demonstração do prejuízo sofrido pela parte. 3. Na hipótese, após a publicação do acórdão do julgamento da apelação, a defesa não requereu a juntada do voto vencido proferido ou a disponibilização das notas taquigráficas nem opôs embargos de declaração para sanar a omissão. Além disso, não ficou demonstrado o prejuízo, reforçado pela devida interposição dos embargos infringentes sem nenhum indicativo de cerceamento de defesa pela ausência de juntada do voto divergente. Por fim, da decisão que não conheceu dos embargos infringentes por intempestividade foi formulado pedido de reconsideração, em que a defesa tampouco fez qualquer menção à nulidade ora apontada" (STJ, HC 494.792/BA, Rel. Ministro ANTONIO SALDANHA PALHEIRO, SEXTA TURMA, julgado em 18/06/2019, DJe 27/06/2019). ED
Gabarito "D".

(Juiz de Direito/SP – 2021 – Vunesp) Não prevalece de forma absoluta, no processo penal, o princípio *tantum devolutum quantum appellatum*, razão pela qual, de forma dominante na jurisprudência, o tribu- nal não fica impedido de reformar a decisão em decorrência da análise plena do julgado, mesmo constatado recurso exclusivo da acusação, desde que verificado e fundamentado equívoco nela apontado, e que beneficie o réu, o que é feito por força do artigo 617 do CPP, a *contrario sensu*, que permite concluir ser vedada somente a *reformatio in pejus* e não a *reformatio in mellius*. A exceção a essa regra, por decisão de entendimento consolidado pela Corte Suprema, diz respeito

(A) às apelações contra as decisões definitivas, se interpostas por acusação e defesa, sobre a mesma questão.
(B) às apelações contra as decisões do Júri.
(C) aos recursos interpostos pela acusação e pelos quais se questiona a classificação jurídica do fato reconhecido como crime.
(D) aos recursos interpostos de forma parcial pela defesa, conforme autoriza o artigo 593 do Código de Processo Penal.

A solução desta questão está no enunciado da Súmula 713 do STF: "O efeito devolutivo da apelação contra decisões do júri é adstrito aos fundamentos da sua interposição". Assim, tratando-se de decisões do Tribunal do Júri, o recurso de apelação não devolve ao tribunal o integral conhecimento da causa, mas fica limitado à matéria recorrida. Dessa forma, o recurso de apelação contra as decisões do Tribunal do Júri tem fundamentação vinculada. ED
Gabarito "B".

(Juiz de Direito – TJ/AL – 2019 – FCC) No julgamento da apelação, o Tribunal

(A) pode proceder a nova definição jurídica ao fato delituoso, em virtude de circunstância elementar não contida explícita ou implicitamente na denúncia ou queixa.
(B) não fica adstrito aos fundamentos da sua interposição, ainda que se trate de recurso contra decisões do Júri.
(C) pode impor medida de segurança, ainda que só o réu tenha recorrido, desde que o tempo de sua duração não ultrapasse o limite máximo da pena abstratamente cominada ao delito praticado.
(D) deve determinar a prévia intimação do réu para constituir outro defensor, se aquele que o representava com exclusividade manifestar renúncia nos autos, ainda que já apresentadas as razões recursais.
(E) não pode acolher, contra o réu, nulidade não arguida no recurso da acusação, dispensada, porém, prévia intimação do defensor ou publicação da pauta.

A: incorreta. A assertiva descreve hipótese de *mutatio libelli*, cuja incidência, conforme entendimento firmado na Súmula 453 do STF, é vedada em segundo grau de jurisdição. Vale observar que tal vedação não se aplica no campo da *emendatio libelli*. E por falar nisso, é importante que apontemos a diferença entre esses dois institutos. No campo da *emendatio libelli*, o fato descrito pela acusação na peça inicial permanece inalterado, sem prejuízo, por isso mesmo, para a defesa. A mudança, aqui, incide na classificação da conduta, levada a efeito pela acusação, no ato da propositura da ação, e retificada pelo juiz, de ofício, no momento da sentença, sendo desnecessário, em vista disso, ouvir a esse respeito o defensor. Na *mutatio libelli*, diferentemente, temos que a prova colhida na instrução aponta para uma nova definição jurídica do fato, diversa daquela contida na inicial. Por força do que estabelece o art. 383 do CPP, com a redação que lhe conferiu a Lei de Reforma 11.719/2008, impõe-se o aditamento da exordial pelo órgão acusatório, ainda que a nova capitulação jurídica implique aplicação de pena igual ou menos grave; **B:** incorreta, conforme se depreende do teor da Súmula 713 do STF: "O efeito devolutivo da apelação contra decisões do júri é adstrito aos fundamentos da sua interposição"; **C:** incorreta, pois não corresponde ao entendimento firmado na Súmula 525, do STF; **D:** correta, pois nos termos da Súmula 708, do STF: "É nulo o julgamento da apelação se, após a manifestação nos autos da renúncia do único defensor, o réu não foi previamente intimado para constituir outro"; **E:** incorreta. A primeira parte da assertiva está correta, pois em conformidade com o entendimento firmado na Súmula 160, do STF: "É nula a decisão do Tribunal que acolhe, contra o réu, nulidade não arguida no recurso da acusação, ressalvados os casos de recurso de ofício". A segunda parte, no entanto, está incorreta, pois não corresponde ao entendimento firmado na Súmula 431 do STF. ED
Gabarito "D".

(Juiz de Direito – TJ/SC – 2019 – CESPE/CEBRASPE) De acordo com a legislação vigente acerca de recursos em geral no processo penal, assinale a opção correta.

(A) Decisão proferida em sede de recurso interposto por um dos réus em concurso de agentes que reconheça a atipicidade do fato a eles atribuído aproveitará ao outro réu por força do efeito extensivo.
(B) É viável que, no curso da tramitação, o Ministério Público desista de recurso que tenha interposto, desde que o assistente de acusação também desista do ato processual.
(C) É viável a interposição de recurso por um réu que pleiteie a condenação de outro que tenha sido absolvido.
(D) O recurso deverá ser feito por meio de petição escrita caso o réu não saiba assinar o nome, não sendo viável que o recurso seja apresentado por termo nos autos.
(E) O princípio da fungibilidade deverá ser aplicado a todos os recursos que forem apresentados de forma indevida.

A: correta. O chamado efeito *extensivo* diz respeito à ampliação do alcance do recurso ao corréu que, embora não haja recorrido, também foi beneficiado pelo resultado do recurso interposto por outro corréu. Em outras palavras, o corréu que não recorreu será beneficiado por recurso que não haja interposto. É o que se extrai do art. 580 do CPP. A restrição à aplicação deste dispositivo diz respeito às situações em que o recurso se fundar em motivo de caráter exclusivamente pessoal, não sendo este o caso em que é dado provimento ao recurso de forma a reconhecer-se a atipicidade do fato. Se o fato é atípico para um corréu, será também para o outro, sendo este alcançado pelos efeitos do recurso interposto por aquele; **B:** incorreta. Nada obsta que o MP renuncie ao direito de recorrer; o que não se admite é que o órgão acusador, depois de interpor o recurso, desista de dar-lhe seguimento. É o que estabelece o art. 576 do CPP, que enuncia o princípio da indisponibilidade. De igual forma e com base nesse mesmo princípio, não é dado ao MP desistir da ação que haja proposto (art. 42, CPP); **C:** incorreta, já que não será admitida a interposição de recurso da parte que não tiver interesse na reforma ou modificação da decisão (art. 577, parágrafo único, CPP); **D:** incorreta. Se o recorrente não souber assinar o nome, o termo será assinado por alguém a seu rogo na presença de duas testemunhas (art. 578, § 1º, CPP); **E:** incorreta, na medida em que não se aplicará o princípio da fungibilidade na hipótese de má-fé ou erro grosseiro (art. 579, *caput*, do CPP). ED
Gabarito "A".

(Juiz de Direito - TJ/BA - 2019 - CESPE/CEBRASPE) Assinale a opção correta, acerca de recursos no processo penal.

(A) Em razão do princípio da voluntariedade, havendo conflito entre a manifestação do acusado e a de seu defensor a respeito da interposição de recurso, deverá prevalecer a vontade do réu.
(B) Em caso de inércia do MP, o assistente de acusação não terá legitimidade para interpor recurso de apelação.
(C) Em razão do princípio da voluntariedade dos recursos, o defensor dativo regularmente intimado não estará obrigado a recorrer.

(D) O termo inicial para a interposição de recurso pelo MP é a data de prolação da sentença em audiência em que haja promotor de justiça presente.

A: incorreta. Neste caso, deve-se processar o recurso interposto pelo defensor, em obediência ao entendimento firmado na Súmula 705, do STF: "A renúncia do réu ao direito de apelação, manifestada sem a assistência de defensor, não impede o conhecimento da apelação por este interposta"; **B:** incorreta. Conferir: "Embora o assistente de acusação receba o processo no estado em que se encontra, o fato de o órgão ministerial não haver recorrido da decisão que absolveu o recorrente não impede a que o ofendido o faça, ainda que não esteja habilitado nos autos." (STJ, RHC 85.526/DF, Rel. Ministro JORGE MUSSI, QUINTA TURMA, julgado em 26/02/2019, DJe 08/03/2019); **C:** correta. Nesse sentido: "Defensor dativo e o réu intimados pessoalmente da sentença condenatória e não manifestaram a pretensão de recorrer. Aplicação da regra processual da voluntariedade dos recursos, insculpida no art. 574, *caput*, do Código de Processo Penal, segundo a qual não está obrigado o defensor público ou dativo, devidamente intimado, a recorrer." (HC 121.050/SP, Rel. Ministro OG FERNANDES, SEXTA TURMA, julgado em 27/11/2012, DJe 08/02/2013); **D:** incorreta. A intimação do MP, ainda que realizada em audiência, somente se aperfeiçoará com o ingresso dos autos na Secretaria Administrativa da Instituição, data a partir da qual terá início a contagem de prazo. Nesse sentido: "1. No julgamento do REsp 1.349.935/SE, submetido ao rito dos recursos repetitivos, a 3ª Seção deste Superior Tribunal de Justiça firmou o entendimento de que o termo inicial da contagem do prazo para impugnar decisão judicial é, para o Ministério Público, a data da entrega dos autos na repartição administrativa do órgão, sendo irrelevante que a intimação pessoal tenha se dado em audiência, em cartório ou por mandado" (AgRg no AREsp 1460381/BA, Rel. Ministro JORGE MUSSI, QUINTA TURMA, julgado em 19/09/2019, DJe 30/09/2019). ED
Gabarito "C".

(Promotor de Justiça/PR – 2019 – MPE/PR) Sobre o recurso de **apelação**, nos termos da Legislação Processual Penal e Súmulas do Supremo Tribunal Federal e Superior Tribunal de Justiça, analise as assertivas abaixo e assinale a alternativa incorreta:

(A) É cabível contra a sentença de impronúncia e absolvição sumária no procedimento nos processos de competência do Tribunal do Júri.

(B) É cabível da decisão de rejeição de denúncia no procedimento sumaríssimo.

(C) É cabível ao ofendido, não estando habilitado como assistente, interpô-la contra a decisão do tribunal do júri, após o transcurso do prazo recursal para o Ministério Público.

(D) É cabível contra decisão do Tribunal do Júri em hipóteses restritas legalmente previstas e o efeito devolutivo é adstrito aos fundamentos da sua interposição.

(E) É cabível se de parte da sentença definitiva ou com força de definitiva proferida pelo juiz singular não for previsto recurso em sentido estrito.

A: correta. Com o advento da Lei 11.689/2008, que modificou os arts. 416 e 581, IV e VI, do CPP, as decisões de *absolvição sumária* e de *impronúncia*, que antes comportavam *recurso em sentido estrito*, passaram a ser combatidas por meio de *recurso de apelação*. A pronúncia, por sua vez, continua a ser impugnada por meio de *recurso em sentido estrito*, nos termos do art. 581, IV, do CPP; **B:** correta. O art. 82, *caput* e § 1°, da Lei 9.099/1995 estabelece que, no procedimento sumaríssimo (voltado ao processamento das infrações penais de menor potencial ofensivo), da decisão que rejeitar a denúncia ou a queixa caberá recurso de apelação, a ser interposto, por petição escrita, no prazo de dez dias, da qual deverão constar as razões e o pedido. O julgamento deste recurso caberá a uma turma composta de três juízes em exercício no primeiro grau de jurisdição, reunidos na sede do Juizado; **C:** correta. É ampla a legitimidade recursal do assistente. Na hipótese de o MP permanecer inerte, conformando-se com a sentença proferida, tem o ofendido, ainda que não tenha se habilitado como assistente, a prerrogativa de, ele mesmo, recorrer (art. 598, CPP). Nesse sentido, a Súmula 210, STF; **D:** correta, pois reflete o entendimento sufragado na Súmula 713 do STF: "O efeito devolutivo da apelação contra decisões do júri é adstrito aos fundamentos da sua interposição"; **E:** incorreta, pois contraria o art. 593, II e § 4°, do CPP. ED
Gabarito "E".

(Juiz de Direito – TJ/RS – 2018 – VUNESP) Assinale a alternativa correta em relação às assertivas a seguir.

(A) Caberá recurso em sentido estrito da decisão que julgar o incidente de falsidade.

(B) A revisão criminal não poderá ser requerida após a extinção da pena.

(C) Nos crimes de competência do Tribunal do Júri, ou do juiz singular, se da sentença não for interposta apelação pelo Ministério Público no prazo legal, o ofendido ou qualquer das pessoas enumeradas no art. 31, do CPP, ainda que não se tenha habilitado como assistente, poderá interpor apelação com efeito suspensivo.

(D) Não há mais previsão legal do recurso então chamado "Carta Testemunhável".

(E) No julgamento das apelações, não poderá o tribunal, câmara ou turma proceder a novo interrogatório do acusado.

A: correta, uma vez que retrata hipótese em que tem lugar a interposição de recurso em sentido estrito (art. 581, XVIII, do CPP); **B:** incorreta, na medida em que a revisão poderá ser requerida a qualquer tempo, antes ou mesmo depois de extinta a pena (art. 622, *caput*, do CPP); **C:** incorreta, já que a apelação, neste caso, não terá efeito suspensivo (art. 598, *caput*, do CPP); **D:** incorreta. A chamada *carta testemunhável*, que se presta a provocar o conhecimento ou o processamento de outro recurso para tribunal de instância superior, permanece em vigor nos arts. 639 e seguintes do CPP. Possivelmente o examinador quis confundir com o *protesto por novo júri*, recurso que deixou de existir a partir da revogação dos arts. 607 e 608 do CPP pela Lei 11.689/2008; **E:** incorreta, dado que, nos julgamentos das apelações, poderá, sim, o tribunal, câmara ou turma, se assim entender necessário, proceder a novo interrogatório, reinquirir testemunhas ou ainda determinar outras diligências (art. 616, CPP). ED
Gabarito "A".

17. *HABEAS CORPUS*, MANDADO DE SEGURANÇA E REVISÃO CRIMINAL

(Juiz de Direito – TJ/MS – 2020 – FCC) No tocante à revisão criminal, correto afirmar que

(A) será processada e julgada em primeira instância, por juízo diverso da condenação, se a decisão condenatória transitou em julgado sem a interposição de recurso.

(B) será julgada extinta se o condenado falecer em seu curso e requerida a absolvição por contrariedade à evidência dos autos.

(C) inadmissível, em qualquer situação, a reiteração de pedido já apreciado em revisão anterior.

(D) possível, no julgamento de procedência, a absolvição do réu, a alteração da classificação da infração, a modificação da pena ou a anulação do processo.

(E) inadmissível sem recolhimento do condenado à prisão, se imposta pena privativa de liberdade em regime fechado.

A: incorreta. O julgamento da revisão criminal é de competência originária dos tribunais, não podendo, em hipótese alguma, ser apreciada por juiz de primeira instância (art. 624, CPP); **B:** incorreta, pois não reflete o que dispõem os arts. 623 e 631 do CPP; **C:** incorreta, na medida em que será admitida a reiteração do pedido quando fundado em novas provas (art. 622, parágrafo único, CPP); **D:** correta, pois em conformidade com o art. 626, *caput*, do CPP; **E:** incorreta, pois contraria o entendimento sufragado na Súmula 393, do STF: *para requerer revisão criminal, o condenado não é obrigado a recolher-se à prisão*. ED
Gabarito "D".

(Juiz de Direito – TJ/AL – 2019 – FCC) Cabível *habeas corpus* quando

(A) o processo for manifestamente nulo, mas não para o reconhecimento de extinção da punibilidade do paciente.

(B) não houver justa causa para o inquérito policial, mas não quando já extinta a pena privativa de liberdade.

(C) relativo a processo em curso por infração penal a que a pena pecuniária seja a única cominada, mas não quando já proferida decisão condenatória exclusivamente a pena de multa.

(D) imposta pena de exclusão de militar ou de perda de patente ou de função pública.

(E) não for admitida a prestação de fiança e quando seu objeto consistir em resolução sobre o ônus das custas.

A: incorreta. Isso porque o *habeas corpus* poderá ser impetrado tanto na hipótese de o processo ser manifestamente nulo quanto no caso de a punibilidade estar extinta (art. 648, VI e VII, do CPP); **B:** correta. De fato, ante a ausência de justa causa para o exercício da ação penal ou mesmo para sustentar as investigações do inquérito policial, cabível a impetração de *habeas corpus* (art. 648, I, CPP). De outro lado, descabe a impetração de *habeas corpus* quando já extinta a pena privativa de liberdade, conforme entendimento sedimentado na Súmula 695, do STF; **C:** incorreta, pois em desconformidade com a Súmula 693, do STF; **D:** incorreta, uma vez que contraria o entendimento firmado por meio da Súmula 694, do STF; **E:** incorreta (Súmula 395, do STF). ED
Gabarito "B".

(Investigador – PC/BA – 2018 – VUNESP) O cumprimento de um alvará de soltura clausulado expedido pela autoridade judiciária em sede de *habeas corpus* significa que

(A) o paciente deverá ser imediatamente solto, independentemente de qualquer outra cláusula ou condição.

(B) a soltura do paciente apenas poderá ocorrer depois de autorizada pelo juízo que havia determinado a prisão objeto da impetração.

(C) somente poderá ocorrer a soltura do paciente se ele aceitar submeter-se a medida cautelar diversa da prisão.

(D) o paciente deverá ser solto imediatamente, desde que não haja outro motivo legal para mantê-lo preso.

(E) o paciente será solto tão logo haja demonstração da justeza dos motivos alegados na impetração.

A resposta a esta questão deve ser extraída do art. 660, § 1º, do CPP. Diz-se que o alvará de soltura é *clausulado* porque a libertação do paciente, no caso de concessão de ordem de *habeas corpus*, está condicionada à inexistência de outras causas que possam impedir a liberdade do paciente, como, por exemplo, a decretação de prisão preventiva/temporária em processo diverso. A propósito, tal ressalva (cláusula) deverá está inserida em qualquer ordem de soltura. ED
Gabarito "D".

(Investigador – PC/BA – 2018 – VUNESP) O Código de Processo Penal exige que a petição que visa a impetrar ordem de *habeas corpus* indique os seguintes requisitos:

(A) quem sofre a violência ou se encontra na iminência de sofrê-la e a descrição do constrangimento que se alega, sendo facultativa a qualificação de quem propõe a medida.

(B) a descrição da violência ou da ameaça de violência que se acredita existir, a identificação nominal da autoridade que pratica ou irá praticar essa violência e os nomes de testemunhas que a comprovem.

(C) a pessoa que está sofrendo o constrangimento, a autoridade coatora, a especificação da modalidade de violência ou ameaça que justifique a medida e a assinatura e a identificação do impetrante.

(D) o ato ou fato que cause o constrangimento que justifique a impetração, o nome e o cargo da autoridade que pratique a ilegalidade e o nome e a qualificação do impetrante, sendo vedada a impetração por analfabeto.

(E) a qualificação completa de quem sofre a violência ou a ameaça de coação e da autoridade que a pratique, a descrição da ação arbitrária e os nomes de testemunhas que a comprovem.

Os requisitos que devem estar presentes na petição de *habeas corpus* estão contemplados no art. 654, § 1º, do CPP: "(...) a) o nome da pessoa que sofre ou está ameaçada de sofrer violência ou coação e o de quem exercer a violência, coação ou ameaça; b) a declaração da espécie de constrangimento ou, em caso de simples ameaça de coação, as razões em que funda o seu temor; c) a assinatura do impetrante, ou de alguém a seu rogo, quando não souber ou não puder escrever, e a designação das respectivas residências". ED
Gabarito "C".

(Escrevente – TJ/SP – 2018 – VUNESP) Com relação aos recursos e revisão, de acordo com o Código de Processo Penal, é correto dizer que

(A) no caso de concurso de agentes, a decisão do recurso interposto por um dos réus, ainda que fundado em motivos pessoais, aproveitará aos outros.

(B) a revisão criminal só poderá ser requerida no prazo de até 02 (dois) anos da sentença condenatória, transitada em julgado.

(C) interposta a Apelação somente pelo acusado, não pode o Tribunal reinquirir testemunhas ou determinar diligências.

(D) nos processos de contravenção, interposta a apelação, o prazo para arrazoar será de 03 (três) dias.

(E) na apelação e no recurso em sentido estrito, há previsão de juízo de retratação.

A: incorreta, já que somente aproveitará aos outros se se fundar em motivos que não sejam de ordem pessoal (art. 580, CPP); **B:** incorreta, na medida em que a revisão criminal poderá ser requerida a qualquer tempo, antes ou mesmo depois de extinta a pena (art. 622, *caput*, do CPP), isto é, o ajuizamento da revisão criminal não está sujeito a prazo; **C:** incorreta, pois contraria o disposto no art. 616 do CPP; **D:** correta (art. 600, *caput*, CPP); **E:** incorreta. Somente o recurso em sentido estrito tem previsão de juízo de retratação (art. 589, CPP). ED

Gabarito "D".

18. LEGISLAÇÃO EXTRAVAGANTE

(Juiz de Direito/AP – 2022 – FGV) Nas hipóteses de colaboração premiada, a combinação das Leis nº 9.807/1999 e 11.343/2006, permite a concessão da seguinte sanção premial não originariamente prevista na Lei de Drogas:

(A) diminuição de pena;
(B) progressão de regime;
(C) fixação de regime inicial mais benéfico;
(D) improcessabilidade;
(E) perdão judicial.

Segundo entendimento firmado no STJ, é possível a concessão do perdão judicial no tráfico de drogas (apesar de não previsto nesta legislação), desde que presentes os requisitos contemplados no art. 13 da Lei 9.807/1999. Conferir: "A jurisprudência deste Sodalício firmou o entendimento de que é cabível o instituto do perdão judicial no tráfico de drogas, desde que preenchidos os requisitos do artigo 13 da Lei n. 9.807/99, o que não se deu na hipótese, bem como de que afastar a conclusão a que chegou o Tribunal recorrido na hipótese implicaria em revolver matéria fática, descabida na seara do Recurso Especial." (AgRg nos EDcl no REsp 1873472/PR, Rel. Ministro REYNALDO SOARES DA FONSECA, QUINTA TURMA, julgado em 26/10/2021, DJe 03/11/2021). ED

Gabarito "E".

(Delegado/RJ – 2022 – CESPE/CEBRASPE) Considerando o disposto na Lei n.º 11.343/2006 (Lei de Drogas), assinale a opção correta.

(A) Tratando-se da conduta prevista no art. 28 dessa lei, não se imporá prisão em flagrante, devendo o autor do fato ser imediatamente encaminhado ao juízo competente, que lavrará o termo circunstanciado e providenciará as requisições dos exames e perícias necessárias; se ausente o juiz, as providências deverão ser tomadas de imediato pela autoridade policial, no local em que se encontrar, vedada a detenção do agente.
(B) A audiência de instrução e julgamento será realizada dentro dos sessenta dias seguintes ao recebimento da denúncia, salvo se determinada a realização de avaliação para atestar dependência de drogas, quando a referida audiência se realizará em noventa dias.
(C) Prescrevem em dois anos a imposição e a execução das penas, observado, no tocante à interrupção do prazo, o disposto no art. 107 e seguintes do Código Penal e, quando houver concurso material com outro delito específico previsto nessa lei, deverão ser observados os ditames do art. 109 do Código Penal.
(D) Nos crimes previstos nessa lei, o indiciado ou acusado que colaborar voluntariamente com a investigação policial e com o processo criminal na identificação dos demais coautores ou partícipes do crime e na recuperação total ou parcial do produto do crime, terá, no caso de condenação, pena reduzida de um sexto a dois terços.
(E) No que se refere ao crime previsto no art. 33, *caput* dessa lei, recebidos em juízo os autos do inquérito policial, dar-se-á vista ao Ministério Público para que este, no prazo de cinco dias, ofereça denúncia e arrole até cinco testemunhas, requerendo as demais provas que entender pertinentes.

A: correta. Quando surpreendido na posse de substância entorpecente destinada a uso próprio, o agente deverá ser encaminhado incontinenti ao juízo competente (JECRIM) ou, não sendo isso possível, será conduzido à presença da autoridade policial, que providenciará, depois de constatada a prática do delito do art. 28 da Lei de Drogas, a lavratura de termo circunstanciado (é vedada, tal como consta do art. 48, § 2º, da Lei 11.343/2006, a lavratura de auto de prisão em flagrante) e o encaminhamento do autor dos fatos ao juízo competente (Juizado Especial Criminal); não sendo isso possível (e é o que de fato ocorre na grande maioria das vezes), o conduzido firmará compromisso, perante a autoridade policial, de comparecer ao juízo tão logo seja convocado para tanto. Sendo vedado permanecer preso, liberado assim que formalizada a ocorrência por meio do termo circunstanciado (art. 48, § 3º, da Lei 11.343/2006). Quanto a este tema, é importante que se diga que o STF, ao julgar a ação direta de inconstitucionalidade n. 3807, reputou constitucional o art. 48, § 2º, da Lei 11.343/2006, afirmando que o termo circunstanciado, por não ser procedimento investigativo, mas peça informativa, pode ser lavrado por órgão judiciário, não havendo que se falar em ofensa aos §§ 1º e 4º do art. 144 da CF. Atenção à decisão do STF, no caso da posse da substância *Cannabis sativa*, que por maioria, estabeleceu: "não comete infração penal o indivíduo que pratica as condutas elencadas no art. 28 da Lei 11.343/2006, sem prejuízo do reconhecimento da ilicitude extrapenal da conduta, com apreensão da droga e aplicação de sanções de advertência sobre os efeitos dela e medida educativa de comparecimento a programa ou curso educativo; as sanções estabelecidas nos incisos I e III do art. 28 da Lei 11.343/2006 serão aplicadas pelo juiz em procedimento de natureza não penal, sem nenhuma repercussão criminal para a conduta; em se tratando da posse de *cannabis* para consumo pessoal, a autoridade policial apreenderá a substância e notificará o autor do fato para comparecer em Juízo, na forma do regulamento a ser aprovado pelo CNJ; até que o CNJ delibere a respeito, a competência para julgar as condutas do art. 28 da Lei 11.343/06 será dos Juizados Especiais Criminais, segundo a sistemática atual, vedada a atribuição de quaisquer efeitos penais para a sentença; determinou ao CNJ em articulação direta com o Ministério da Saúde, Anvisa, Ministério da Justiça e Segurança Pública, Tribunais e CNMP, a adoção de medidas para permitir e viabilizar a aplicação da medidas acima especificadas". (vide para complemento do estudo, a decisão integral no RE 635659, j. em 26-6-2024, DJe de 27-9-2024); **B:** incorreta. Isso porque, em consonância com o disposto no art. 56, § 2º, da Lei 11.343/2006, a audiência de instrução e julgamento será realizada dentro dos 30 dias (e não 60) seguintes ao recebimento da denúncia, salvo se determinada a realização de avaliação para atestar dependência de drogas, quando a referida audiência se realizará em noventa dias; **C:** incorreta. Assertiva contraria o disposto no art. 30, Lei 11.343/2006; **D:** incorreta. A colaboração prevista no art. 41 da Lei 11.343/2006 acarretará a redução da pena da ordem de *um terço a dois terços*, e não um sexto a dois terços, tal como consta da assertiva; **E:** incorreta. Conforme disposto no art. 54 da Lei 11.343/2006, recebidos em juízo os autos do inquérito policial, dar-se-á vista ao Ministério Público para que este, no *prazo de dez dias* (e não cinco), ofereça denúncia, requeira o arquivamento, requisite diligências que entender necessárias, oferecer denúncia, arrolar até 5 testemunhas e, requerer as demais provas que entender pertinentes. ED/PB

Gabarito "A".

(Delegado/RJ – 2022 – CESPE/CEBRASPE) Segundo o que dispõe a Lei n.º 12.850/2013 (Organização Criminosa) e sua interpretação no Supremo Tribunal Federal, assinale a opção correta.

(A) A infiltração de agentes de polícia em tarefas de investigação dependerá de representação do delegado de polícia, que deverá descrever indícios seguros da necessidade de obter as informações por meio dessa operação ao juiz competente, que poderá autorizar a medida, de forma circunstanciada, motivada e sigilosa e, tendo em vista a urgência da medida, ouvirá, em seguida à sua decisão, o Ministério Público para o devido acompanhamento.

(B) O delegado de polícia pode formalizar acordos de colaboração premiada somente na fase de inquérito policial e desde que ouvido o membro do Ministério Público, o qual deverá se manifestar, sem caráter vinculante, previamente à decisão judicial. Os dispositivos da Lei n.º 12.850/2013, que preveem essa possibilidade, são constitucionais e não ofendem a titularidade da ação penal pública conferida ao Ministério Público pela Constituição.

(C) A ação controlada de que trata essa lei consiste em retardar a intervenção policial relativa à ação praticada por organização criminosa ou a ela vinculada, desde que mantida sob observação e acompanhamento para que a medida legal se concretize no momento mais eficaz à formação de provas e obtenção de informações, não sendo necessária a comunicação prévia da referida ação.

(D) O acordo de colaboração premiada, além de meio de obtenção de prova, constitui-se em um negócio jurídico processual personalíssimo, cuja conveniência e oportunidade estão submetidas à discricionariedade regrada do Ministério Público, submetendo-se ao escrutínio do Estado-juiz. Trata-se de ato voluntário, insuscetível de imposição judicial, e se o membro do Ministério Público se negar à realização do acordo, deve fazê-lo motivadamente, podendo essa recusa ser objeto de controle por órgão superior no âmbito do Ministério Público.

(E) Mesmo sem ter assinado o acordo de colaboração premiada, o acusado pode colaborar fornecendo as informações e provas que possuir e, ao final, na sentença, o juiz irá analisar esse comportamento processual e poderá conceder benefício ao acusado mesmo sem ter havido a prévia celebração e homologação do acordo de colaboração premiada, ou seja, o acusado pode receber a sanção premiada mesmo sem a celebração do acordo, caso o magistrado entenda que sua colaboração tenha sido eficaz.

A: incorreta, dado que a decisão judicial, quando a infiltração de agentes for representada pela autoridade policial, deve ser precedida da manifestação do MP, tal como estabelece o art. 10, § 1º, da Lei 12.850/2013; **B:** incorreta. Além do Ministério Público, a autoridade policial também está credenciada a firmar, nos autos do inquérito, acordo de colaboração premiada, hipótese em que o MP, na qualidade de titular da ação penal, deverá ser ouvido (art. 4º, § 2º, da Lei 12.850/2013). A propósito disso, o Plenário do STF, ao julgar a ADI 5.508, considerou constitucional a possibilidade de a autoridade policial firmar acordos de colaboração premiada na fase de inquérito policial. A ação fora ajuizada pela Procuradoria Geral da República, que questionava dispositivos da Lei 12.850/2013, entre os quais aqueles que conferiam ao delegado de polícia a prerrogativa de promover acordos de colaboração premiada. Ademais, para o STF, a anuência do MP constitui condição de eficácia do acordo de colaboração premiada firmado pelo delegado de polícia. Conferir: "*2. Matéria novamente suscitada, em menor extensão, pela PGR. Considerada a estrutura acusatória dada ao processo penal conformado à Constituição Federal, a anuência do Ministério Público deve ser posta como condição de eficácia do acordo de colaboração premiada celebrado pela autoridade policial. (...) 3. Questão preliminar suscitada pela Procuradoria-Geral da República acolhida para dar parcial provimento ao agravo regimental e tornar sem efeito, desde então, a decisão homologatória do acordo de colaboração premiada celebrado nestes autos, ante a desconformidade manifestada pelo Ministério Público e aqui acolhida. Eficácia ex tunc.* (STF. Plenário. Pet 8482 AgR/DF, Rel. Min. Edson Fachin, julgado em 31/05/2021); **C:** incorreta. O art. 8º, § 1º, da Lei 12.850/2013 (Organização Criminosa) reza que a ação controlada será *comunicada* ao juiz competente, que estabelecerá, conforme o caso, os limites da medida e comunicará o MP. Perceba que, neste caso, o legislador não impôs a necessidade de o magistrado autorizar o retardamento da intervenção policial; exigiu tão somente a comunicação, providência esta não tomada no caso narrado no enunciado; **D:** incorreta. Conferir: "*O acordo de colaboração premiada, além de meio de obtenção de prova, constitui-se em um negócio jurídico processual personalíssimo, cuja conveniência e oportunidade estão submetidos à discricionariedade regrada do Ministério Público e não se submetem ao escrutínio do Estado-juiz. Em outras palavras, trata-se de ato voluntário, insuscetível de imposição judicial.*"(STF, 2ª Turma, MS 35693 AgR/DF, Rel. Min. Edson Fachin, julgado em 28/5/2019); **E:** correta. Conferir: "1. A jurisprudência do Supremo Tribunal Federal assentou que o acordo de colaboração premiada consubstancia negócio jurídico processual, de modo que seu aperfeiçoamento pressupõe voluntariedade de ambas as partes celebrantes. Precedentes. 2. Não cabe ao Poder Judiciário, que não detém atribuição para participar de negociações na seara investigatória, impor ao Ministério Público a celebração de acordo de colaboração premiada, notadamente, como ocorre na hipótese, em que há motivada indicação das razões que, na visão do titular da ação penal, não recomendariam a formalização do discricionário negócio jurídico processual. 3. A realização de tratativas dirigidas a avaliar a conveniência do Ministério Público quanto à celebração do acordo de colaboração premiada não resulta na necessária obrigatoriedade de efetiva formação de ajuste processual. 4. A negativa de celebração de acordo de colaboração premiada, quando explicitada pelo Procurador-Geral da República em feito de competência originária desta Suprema Corte, não se subordina a escrutínio no âmbito das respectivas Câmaras de Coordenação e Revisão do Ministério Público. 5. Nada obstante a ausência de demonstração de direito líquido e certo à imposição de celebração de acordo de colaboração premiada, assegura-se ao impetrante, por óbvio, insurgência na seara processual própria, inclusive quanto à eventual possibilidade de concessão de sanção premial em sede sentenciante, independentemente de anuência do Ministério Público. Isso porque a colaboração premiada configura realidade jurídica, em si, mais ampla do que o acordo de colaboração premiada. 6. Agravo regimental desprovido." (MS 35693 AgR, Relator(a): EDSON FACHIN, Segunda Turma, julgado em 28/05/2019, ACÓRDÃO ELETRÔNICO DJe-184 DIVULG 23-07-2020 PUBLIC 24-07-2020).

Gabarito "E".

(Delegado/RJ – 2022 – CESPE/CEBRASPE) Durante investigações promovidas em inquérito policial instaurado para apurar a atuação de organização criminosa dedicada à prática de crimes de tráfico de pessoas, a autoridade policial tomou conhecimento, a partir de informações de um agente infiltrado, de que um dos integrantes da organização criminosa havia reservado, pagado e emitido dois bilhetes aéreos: um para o transporte de uma vítima e outro para que integrante da organização criminosa, cujo nome foi identificado pelo agente infiltrado, a acompanhasse. Segundo as informações, o embarque ocorrerá dentro de 24 horas em um dos dois aeroportos da cidade. Com o fim de monitorar o embarque e libertar a vítima, a autoridade policial decidiu deflagrar operação. Para isso, necessita obter das empresas aéreas que operam naqueles dois aeroportos dados relativos aos nomes dos passageiros que haviam emitido bilhetes para voos que partirão daqueles dois aeroportos nas próximas 24 horas.

A respeito dessa situação hipotética, assinale a opção correta.

(A) O delegado de polícia pode requisitar diretamente às empresas de transporte aéreo que disponibilizem, imediatamente, os bancos de dados de reservas que permitam a localização da vítima ou dos suspeitos do delito em curso.

(B) O delegado de polícia deve representar ao Ministério Público, para que este, destinatário da investigação, requisite às empresas de transporte aéreo que disponibilizem imediatamente os bancos de dados de reservas que permitam a localização da vítima ou dos suspeitos do delito em curso.

(C) O delegado de polícia, somente com anuência do Ministério Público, destinatário final da prova, pode requisitar diretamente às empresas de transporte aéreo que disponibilizem imediatamente os bancos de dados de reservas que permitam a localização da vítima ou dos suspeitos do delito em curso.

(D) O delegado de polícia, somente mediante autorização judicial, pode requisitar diretamente às empresas de transporte aéreo que disponibilizem imediatamente os bancos de dados de reservas que permitam a localização da vítima ou dos suspeitos do delito em curso.

(E) O delegado de polícia, somente mediante prévia comunicação à autoridade judiciária competente, pode requisitar diretamente às empresas de transporte aéreo que disponibilizem imediatamente os bancos de dados de reservas que permitam a localização da vítima ou dos suspeitos do delito em curso.

A solução desta questão deve ser extraída do art. 16 da Lei 12.850/2013, que assim dispõe: *As empresas de transporte possibilitarão, pelo prazo de 5 (cinco) anos, acesso direto e permanente do juiz, do Ministério Público ou do delegado de polícia aos bancos de dados de reservas e registro de viagens.* Dessa forma, é lícito ao juiz, ao MP e ao delegado de polícia, este último independente de autorização judicial, requisitar diretamente às empresas de transporte aéreo informações referentes a bancos de dados de reservas e registros de viagens. ED
Gabarito "A".

(Delegado/RJ – 2022 – CESPE/CEBRASPE) Com relação à investigação e aos meios de obtenção de prova, julgue os itens a seguir.

I. A infiltração virtual de agentes de polícia será autorizada pelo prazo de até seis meses, sem prejuízo de eventuais renovações, mediante ordem judicial fundamentada, desde que o total não exceda a 720 dias e seja comprovada sua necessidade.
II. A ação de agentes de polícia infiltrados virtuais somente é admitida com o fim de investigar os crimes previstos na Lei n.º 12.850/2013 e outros a eles conexos.
III. Para a apuração do crime de lavagem ou ocultação de bens, direitos e valores, admite-se a utilização da ação controlada e da infiltração de agentes.

Assinale a opção correta.

(A) Nenhum item está certo.
(B) Apenas o item I está certo.
(C) Apenas o item II está certo.
(D) Apenas os itens I e III estão certos.
(E) Apenas os itens II e III estão certos.

I: correto, pois em conformidade com o disposto no art. 10-A, § 4º, da Lei 12.850/2013; II: incorreto, dado o que dispõe o art. 190-A do ECA (Lei 8.069/1990); III: correto (art. 1º, § 6º, da Lei 9.613/1998). ED
Gabarito "D".

(Delegado/RJ – 2022 – CESPE/CEBRASPE) Quanto à colaboração premiada, assinale a opção correta.

(A) O marco de confidencialidade do acordo de colaboração premiada é o momento em que as partes firmam termo de confidencialidade para prosseguimento das tratativas.

(B) O acordo de colaboração premiada é negócio jurídico processual e meio de prova, que pressupõe utilidade e interesse públicos.

(C) A proposta de acordo de colaboração premiada não poderá ser sumariamente indeferida.

(D) A proposta de colaboração premiada deve estar instruída com procuração do interessado com poderes específicos para iniciar o procedimento de colaboração e suas tratativas, ou firmada pessoalmente pela parte que pretende a colaboração e seu advogado ou defensor público. Nenhuma tratativa sobre colaboração premiada deve ser realizada sem a presença de advogado constituído ou defensor público.

(E) O acordo de colaboração premiada e os depoimentos do colaborador serão mantidos em sigilo até o recebimento da denúncia ou da queixa-crime, sendo facultado ao magistrado decidir por sua publicidade no caso de relevante interesse público.

A: incorreta. O marco de confidencialidade do acordo de colaboração premiada é representado pelo recebimento da respectiva proposta, nos termos do art. 3º-B, *caput*, da Lei 12.850/2013, cuja redação foi determinada pela Lei 13.964/2019; **B:** incorreta, uma vez que se trata de meio de *obtenção* de prova, e não meio de prova (art. 3º-A da Lei 12.850/2013); **C:** incorreta, dado que a proposta de acordo de colaboração premiada poderá, sim, ser sumariamente indeferida, conforme estabelece o art. 3º-B, § 1º, da Lei 12.850/2013; **D:** correta, pois reflete o disposto no art. 3º-C, *caput* e § 1º, da Lei 12.850/2013; **E:** incorreta, pois em desconformidade com o que estabelece o art. 7º, § 3º, da Lei 12.850/2013, que veda ao magistrado decidir pela publicidade do acordo em qualquer hipótese, antes do recebimento da denúncia ou da queixa. ED
Gabarito "D".

(Delegado/RJ – 2022 – CESPE/CEBRASPE) Em relação à colaboração premiada, assinale a opção correta.

(A) A colaboração premiada é benefício de natureza personalíssima cujos efeitos, no entanto, são extensíveis a corréus.

(B) Em caso de conflito de interesses entre a parte que pretende a colaboração e seu advogado ou defensor público, ou em se tratando de colaborador hipossuficiente, deve prevalecer o interesse manifestado pela defesa técnica (advogado constituído ou defensor público), porquanto esta é a mais habilitada para avaliar a conveniência e oportunidade do prosseguimento da proposta.

(C) A homologação do acordo de colaboração premiada determina, necessariamente, a efetivação dos benefícios nele acertados.

(D) Cabe ao órgão julgador da ação penal que vier a ser deflagrada sobre fatos objeto da colaboração decidir sobre a extensão e a aplicabilidade dos benefícios pactuados no acordo de colaboração homologado.

(E) Apesar de ser um negócio jurídico processual personalíssimo, o acordo de colaboração premiada, conforme entendimento unânime do Pleno do STF, pode ser impugnado por coautores ou partícipes do colaborador na organização criminosa e nas infrações penais por ela praticadas.

A: incorreta. De acordo com o entendimento do STF o acordo de delação premiada realizado com um acusado seus termos não terão efeitos em relação aos coautores e partícipes. Conforme decisão do STF: "(...) 6. Por se tratar de negócio jurídico personalíssimo, o acordo de colaboração premiada não pode ser impugnado por coautores ou partícipes do colaborador na organização criminosa e nas infrações penais por ela praticadas, ainda que venham a ser expressamente nominados no respectivo instrumento no "relato da colaboração e seus possíveis resultados" (art. 6º, I, da Lei nº 12.850/13). 7. De todo modo, nos procedimentos em que figurarem como imputados, os coautores ou partícipes delatados - no exercício do contraditório - poderão confrontar, em juízo, as declarações do colaborador e as provas por ele indicadas, bem como impugnar, a qualquer tempo, as medidas restritivas de direitos fundamentais eventualmente adotadas em seu desfavor", HC 127483-PR, j. em 27-8-2015; **B:** incorreta, Nesta hipótese, o colaborador deverá solicitar a presença de outro advogado constituído ou defensor público, conforme expresso no art. 3º-C, § 2º, da Lei 12.850/2013; **C:** incorreta. A homologação do acordo não determina, necessariamente, a efetivação dos benefícios acertados, uma vez que de acordo com o § 7º-A do art. 4º da Lei 12.850/2013, o juiz ou o tribunal deve proceder à análise fundamentada do mérito da denúncia, do perdão judicial e das primeiras etapas de aplicação da pena, nos termos do Código Penal e do Código de Processo Penal, antes de conceder os benefícios pactuados. Conferir: "(...) 2. O juízo sobre os termos do acordo de colaboração, seu cumprimento e sua eficácia, conforme preceitua o art. 4º, § 11, da Lei n. 12.850/2013, dá-se por ocasião da prolação da sentença (e no Supremo Tribunal Federal, em decisão colegiada), não se impondo na fase homologatória tal exame previsto pela lei como controle jurisdicional diferido, sob pena de malferir a norma prevista no § 6º do art. 4º da referida Lei n. 12.850/2013, que veda a participação do juiz nas negociações, conferindo, assim, concretude ao princípio acusatório que rege o processo penal no Estado Democrático de Direito" (STF, Pet 7074 QO, j. em 29-6-2017, DJe de 3-5-2018); **D:** correta. Conforme disposto no art. 4º, caput e § 7º-A, da Lei 12.850/2013; **E:** incorreta. Vide comentários a assertiva A. Entretanto, atenção a decisão do STJ: "(...) 9. No caso, o Tribunal de origem concedeu a ordem de *habeas corpus* para determinar que o Juízo singular fornecesse à defesa do réu - indivíduo delatado - o acesso aos vídeos e às atas das audiências realizadas com os colaboradores, a fim de que ela pudesse analisar a legalidade, a regularidade e a voluntariedade das colaborações. 10. Não há ilegalidade a ser reconhecida no acórdão, uma vez que o réu delatado tem legitimidade para questionar a validade do acordo de colaboração do delator - o que pressupõe o acesso às tratativas e à audiência de homologação - e o sigilo não mais se justifica, porque a denúncia já foi recebida e nenhum risco concreto a diligências em andamento foi apontado no recurso. Vale ressaltar, a propósito, que se trata de acordo homologado há mais de quatro anos, de modo que dificilmente se imagina haver ainda alguma diligência investigativa sigilosa pendente contra o recorrido ou mesmo em relação a outros possíveis delatados." (REsp 1954842-RJ, j. em 14-5-2024, DJe de 23-5-2024). ED/PB

Gabarito "D".

(Delegado de Polícia Federal – 2021 – CESPE) Após ligação anônima, a polícia realizou busca em determinada casa, onde encontrou pessoas preparando pequenos pacotes de determinada substância – aparentemente entorpecente –, os quais foram apreendidos, além de armas de fogo de alto calibre. Durante a diligência, o delegado, informalmente, realizou entrevistas com as pessoas que estavam no domicílio. Durante essas entrevistas, um dos indivíduos confessou a prática do delito e, posteriormente, colaborou com a identificação dos demais membros da organização criminosa. A partir das informações do colaborador, foi realizada uma ação controlada.

A partir dessa situação hipotética, julgue os próximos itens.

(1) A substância apreendida deve ser submetida à perícia para a elaboração do laudo de constatação provisório da natureza e da quantidade da droga, análise que deve ser realizada por perito, o qual, por sua vez, ficará impedido de elaborar o laudo definitivo.

(2) A ação controlada na investigação da organização criminosa independe de prévia autorização judicial e parecer ministerial.

(3) De acordo com o Supremo Tribunal Federal, a entrevista informalmente conduzida pelo delegado durante a realização da busca domiciliar viola as garantias individuais dos presos.

(4) A busca domiciliar fundamentada em notícia anônima foi válida em razão da descoberta da situação que culminou em flagrante delito.

(5) Devido à colaboração relevante do preso para a identificação da organização criminosa nos autos do inquérito policial, o delegado, com a manifestação do Ministério Público, poderá representar ao juiz pela concessão de perdão judicial.

1: errado. O erro da assertiva está na sua parte final, em que afirma que o perito que confeccionar o laudo de constatação ficará impedido de elaborar o laudo definitivo (art. 50, § 2º, da Lei 11.343/2006: *O perito que subscrever o laudo a que se refere o § 1º deste artigo não ficará impedido de participar da elaboração do laudo definitivo)*. **2:** certo. O art. 8º, § 1º, da Lei 12.850/2013 (Organização Criminosa) reza que a ação controlada será *comunicada* ao juiz competente, que estabelecerá, conforme o caso, os limites da medida e comunicará ao MP. De ver-se que, neste caso, o legislador não impôs a necessidade de o magistrado autorizar o retardamento da intervenção policial; exigiu tão somente a comunicação da medida. **3:** certo. Conferir a seguinte ementa: "Reclamação. 2. Alegação de violação ao entendimento firmado nas Arguições de Descumprimento de Preceitos Fundamentais 395 e 444. Cabimento. A jurisprudência do Supremo Tribunal Federal deu sinais de grande evolução no que se refere à utilização do instituto da reclamação em sede de controle concentrado de normas. No julgamento da questão de ordem em agravo regimental na Rcl 1.880, em 23 de maio de 2002, o Tribunal assentou o cabimento da reclamação para todos aqueles que comprovarem prejuízos resultantes de decisões contrárias às teses do STF, em reconhecimento à eficácia vinculante *erga omnes* das decisões de mérito proferidas em sede de controle concentrado 3. Reclamante submetido a "entrevista" durante o cumprimento de mandado de busca e apreensão. Direito ao silêncio e à não autoincriminação. Há a violação do direito ao silêncio e à não autoincriminação, estabelecidos nas decisões proferidas nas ADPFs 395 e 444, com a realização de interrogatório forçado, travestido de "entrevista", formalmente documentado durante o cumprimento de mandado de busca e apreensão, no qual não se oportunizou ao sujeito da diligência o direito à prévia consulta a seu advogado e nem se certificou, no referido auto, o direito ao silêncio e a não produzir provas contra si mesmo, nos termos da legislação e dos precedentes transcritos 4. A realização de interrogatório em ambiente intimidatório representa uma diminuição da garantia contra a autoincriminação. O fato de o interrogado responder a determinadas perguntas não significa que ele abriu mão do seu direito. As provas obtidas através de busca e apreensão realizada com violação à Constituição não devem ser admitidas. Precedentes dos casos Miranda v. Arizona e Mapp v. Ohio, julgados pela Suprema Corte dos Estados Unidos. Necessidade de consolidação de uma jurisprudência brasileira em favor das pessoas investigadas. 5. Reclamação julgada procedente para declarar a nulidade da "entrevista" realizada e das provas derivadas, nos termos do art. 5º, LVI, da CF/88 e do art. 157, § 1º, do CPP, determinando ao juízo de origem que proceda ao desentranhamento das peças" (STF, Rcl 33711, rel. Min. Gilmar Mendes, Segunda Turma, Julgamento: 11/06/2019, Publicação: 23/08/2019. **4:** errado. Conferir: "1. O simples fato de o tráfico de drogas configurar crime permanente não autoriza, por si só, o ingresso em domicílio sem o necessário mandado judicial. Exige-se, para que se configure a legítima flagrância, a demonstração posterior da justa causa ou, em outros termos, de fundadas razões quanto à suspeita de ocorrência de crime no interior da residência. 2. Na hipótese, o ingresso dos policiais na residência do paciente ocorreu, em síntese, em razão da denúncia anônima da ocorrência de tráfico de drogas no imóvel, não tendo havido investigação prévia, monitoramento ou campana para a averiguação da veracidade das informações. 3. Nesse panorama, o Superior Tribunal de Justiça possui entendimento pacífico no sentido de que "a mera denúncia anônima, desacompanhada de outros elementos preliminares indicativos de crime, não legitima o ingresso de policiais no domicílio indicado, estando, ausente, assim, nessas situações, justa causa para a medida" (HC 512.418/RJ, Rel. Ministro NEFI CORDEIRO, Sexta Turma, julgado em 26/11/2019, DJe de 3/12/2019). 4. "Ante a ausência de normatização que oriente e regule o ingresso em domicílio alheio, nas hipóteses excepcionais previstas no Texto Maior, há de se aceitar com muita reserva a usual afirmação – como ocorreu na espécie – de que o morador anuiu livremente ao ingresso dos policiais para a busca domiciliar, máxime quando a diligência não é acompanhada de qualquer preocupação em documentar e tornar imune a dúvidas a voluntariedade do consentimento" (RHC 118.817/MG, Rel. Ministro ROGERIO SCHIETTI CRUZ, SEXTA TURMA, julgado em 10/12/2019, DJe 13/12/2019). 5. *In casu*, foi considerada ausente a comprovação de que a autorização da moradora (esposa do acusado) tenha sido livre e sem vício de consentimento. 6. Agravo regimental desprovido" (STJ, AgRg no HC 688.218/AL, Rel. Ministro RIBEIRO DANTAS, QUINTA TURMA, julgado em 09/11/2021, DJe 16/11/2021). No mesmo sentido: "1. Elementos dos autos que evidenciam não ter havido investigação preliminar para corroborar o que exposto em denúncia anônima. O Supremo Tribunal Federal assentou ser possível a deflagração da persecução penal pela chamada denúncia anônima, desde que esta seja seguida de diligências realizadas para averiguar os fatos nela noticiados antes da instauração do inquérito policial. Precedente. 2. A interceptação telefônica é subsidiária e excepcional, só podendo ser determinada quando não houver outro meio para se apurar os fatos tidos por criminosos, nos termos do art. 2º, inc. II, da Lei n. 9.296/1996. Precedente. 3. Ordem concedida para se declarar a ilicitude das provas produzidas pelas interceptações telefônicas, em razão da ilegalidade das autorizações, e a nulidade das decisões judiciais que as decretaram amparadas apenas na denúncia anônima, sem investigação preliminar" (STF, HC 108147, Relator(a): Min. Cármen Lúcia, Segunda Turma, julgado em 11.12.2012, Processo Eletrônico *DJe*-022 Divulg 31.01.2013 Public 01.02.2013). **5:** certo, pois em conformidade com o art. 4º, § 2º, da Lei 12.850/2013.

Gabarito "1E, 2C, 3C, 4E, 5C".

(Delegado/MG – 2021 – FUMARC) Sobre as disposições processuais especiais da Lei nº 9.613/1998 (que dispõe sobre os crimes de "lavagem" ou ocultação de bens, direitos e valores, e dá outras providências), é INCORRETO afirmar:

(A) No curso das investigações de crimes de lavagem de bens, direitos ou valores, ordens de prisão ou medidas assecuratórias de bens, direitos ou valores poderão ser suspensas pelo juiz, ouvido o Ministério Público, quando a sua execução imediata puder comprometer as investigações.

(B) No processo por crime previsto na Lei nº 9.613/1998, não se aplica o disposto no art. 366 do CPP, devendo o acusado que não comparecer nem constituir advogado ser citado por edital, prosseguindo o feito até o julgamento, com a nomeação de defensor dativo.

(C) O processo e o julgamento dos crimes previstos na Lei nº 9.613/1998 independem do processo e julgamento das infrações penais antecedentes, ainda que praticados em outro país, cabendo ao juiz competente para os crimes previstos nesta Lei a decisão sobre a unidade de processo e julgamento.

(D) O processo e o julgamento dos crimes previstos na Lei nº 9.613/1998 não são da competência da Justiça Federal nas hipóteses em que a infração penal antecedente for de competência da Justiça Federal, tendo em vista serem crimes autônomos.

A: correta, pois reflete o disposto no art. 4º-B da Lei 9.613/1998; **B:** correta. De fato, não se aplica, no processo por crime de lavagem de dinheiro, o disposto no art. 366 do Código de Processo Penal, que estabelece que o processo e o curso do prazo prescricional ficarão suspensos na hipótese de o acusado, citado por edital, não comparecer tampouco constituir advogado, situação em que o processo seguirá à sua revelia (art. 2º, § 2º, da Lei 9.613/1998); **C:** correta, uma vez que em consonância com o que dispõe o art. 2º, II, da Lei 9.613/1998; **D:** incorreta, pois contraria o que estabelece o art. 2º, III, *b*, da Lei 9.613/1998.

Gabarito "D".

(Delegado/MG – 2021 – FUMARC) Acerca da possibilidade de obtenção de dados e informações cadastrais da vítima ou de suspeitos junto aos órgãos do poder público ou a empresas da iniciativa privada, no curso das investigações, é INCORRETO afirmar:

(A) Em investigações relacionadas a organizações criminosas, a Autoridade Policial terá acesso, independentemente de autorização judicial, apenas aos dados cadastrais do investigado que informem, exclusivamente, a qualificação pessoal, a filiação e o endereço mantidos pela Justiça Eleitoral, empresas telefônicas, instituições financeiras, provedores de internet e administradoras de cartão de crédito.

(B) Em investigações relacionadas a organizações criminosas, as empresas de transporte possibilitarão, pelo prazo de 5 (cinco) anos, acesso direto e permanente do delegado de polícia aos bancos de dados de reservas e registro de viagens.

(C) Nos termos do art. 13-A do CPP, no curso da investigação de crime de tráfico de drogas (art. 33 da Lei nº 11.343/2006), o delegado de polícia poderá diretamente requisitar, de quaisquer órgãos do poder público ou de empresas da iniciativa privada, dados e informações cadastrais de suspeitos.

(D) Se necessário à prevenção e à repressão dos crimes relacionados ao tráfico de pessoas, o delegado de polícia poderá requisitar, mediante autorização judicial, às empresas prestadoras de serviço de telecomunicações e/ou telemática, que disponibilizem, imediatamente, os meios técnicos adequados – como sinais, informações e outros – que permitam a localização da vítima ou dos suspeitos do delito em curso.

A: correta (art. 15 da Lei 12.850/2013); **B:** correta (art. 16 da Lei 12.850/2013); **C:** incorreta, já que o art. 13-A do CPP não contemplou o crime de tráfico de drogas (art. 33 da Lei nº 11.343/2006); **D:** correta (13-B, *caput*, do CPP).

Gabarito "C".

(Juiz de Direito/SP – 2021 – Vunesp) A Constituição Federal, em seu artigo 5º, inciso XLII, define a prática do racismo como crime, dispondo ainda ser ele inafiançável e imprescritível, sujeito à pena de reclusão, nos termos da lei. E a lei infraconstitucional vigente, no avanço das disposições anteriores à Constituição, mas em observância ao que nela expresso, definiu condutas que se caracterizam como crimes de racismo, vetado, porém, o dispositivo em que considerados os crimes nela definidos inafiançáveis e insuscetíveis de suspensão condicional da pena. Na mensagem do veto, fez-se constar que o "julgador deve saber dosar de forma judiciosa que se espera de todos aqueles que devem aplicar a lei", o que delegou ao seu intérprete final a definição e a forma de cumprimento da sanção do crime, firmando base para as divergências de interpretação quanto à caracterização do ato tido como criminoso. Com o advento de novas leis, alterações foram introduzidas na norma definidora das condutas racistas, sendo também modificado o Código Penal, com a introdução do crime de injúria racial, observada a igualdade da pena básica para os crimes de racismo, não afastando, porém, a divergência sobre o tema, não havendo posição consolidada ou sedimentada na jurisprudência dos Tribunais Superiores e nem manifestação da Corte Suprema sobre o tema, embora já instada a tanto, com julgamento pendente de finalização. Diante desse quadro apresentado, abstraído o debate jurisprudencial e observada a literalidade da legislação vigente, com relação à injúria racial, pode-se afirmar que

(A) é afiançável e prescritível, admite suspensão condicional da pena e retratação e é apurado mediante ação penal pública incondicionada.

(B) é crime inafiançável, imprescritível, de ação pública incondicionada e não admite retratação.

(C) difere do racismo por ser crime afiançável, prescritível e de ação penal pública condicionada, não cabendo retratação.

(D) por ser crime contra a honra e a dignidade de pessoa determinada, é prescritível e apurável mediante ação penal privada a ser proposta no prazo decadencial, cabendo retratação.

De acordo com o art. 5º, XLII, a CF, a prática de racismo constitui crime inafiançável e imprescritível. Recentemente, mais especificamente no dia 28/10/2021, o Plenário do STF, ao julgar o HC 154.248, da relatoria do Ministro Edson Fachin, fixou o entendimento no sentido de que o crime de injúria racial, a exemplo do racismo, é também imprescritível. Conferir: "HABEAS CORPUS. MATÉRIA CRIMINAL. INJÚRIA RACIAL (ART. 140, § 3º, DO CÓDIGO PENAL). ESPÉCIE DO GÊNERO RACISMO. IMPRESCRITIBILIDADE. DENEGAÇÃO DA ORDEM. 1. Depreende-se das normas do texto constitucional, de compromissos internacionais e de julgados do Supremo Tribunal Federal o reconhecimento objetivo do racismo estrutural como dado da realidade brasileira ainda a ser superado por meio da soma de esforços do Poder Público e de todo o conjunto da sociedade. 2. O crime de injúria racial reúne todos os elementos necessários à sua caracterização como uma das espécies de racismo, seja diante da definição constante do voto condutor do julgamento do HC 82.424/RS, seja diante do conceito de discriminação racial previsto na Convenção Internacional Sobre a Eliminação de Todas as Formas de Discriminação Racial. 3. A simples distinção topológica entre os crimes previstos na Lei 7.716/1989 e o art. 140, § 3º, do Código Penal não tem o condão de fazer deste uma conduta delituosa diversa do racismo, até porque o rol previsto na legislação extravagante não é exaustivo. 4. Por ser espécie do gênero racismo, o crime de injúria racial é imprescritível. 5. Ordem de habeas corpus denegada" (HC 154248, Relator(a): EDSON FACHIN, Tribunal Pleno, julgado em 28/10/2021, PROCESSO ELETRÔNICO DJe-036 DIVULG 22-02-2022 PUBLIC 23-02-2022). Além disso, a ação penal, no crime de injúria racial, é pública condicionada à representação do ofendido, conforme art. 145, parágrafo único, do CP. Por fim, não admite retratação, o que somente é aplicável aos crimes de calúnia e difamação (art. 143, CP). Atenção: a Lei 14.532/2023, posterior à elaboração desta questão, alterou o teor do art. 140, § 3º, do CP, que passa a contar com a seguinte redação: *Se a injúria consiste na utilização de elementos referentes a religião ou à condição de pessoa idosa ou com deficiência*. Como se pode ver, o legislador, com isso, excluiu da forma qualificada da injúria ofensas contendo elementos referentes a raça, cor, etnia ou procedência nacional. Tais modalidades migraram para a Lei 7.716/1989, cujo art. 2º-A passa a ter a seguinte redação: *Injuriar alguém, ofendendo-lhe a dignidade ou o decoro, em razão de raça, cor, etnia ou procedência nacional*. Dessa forma, o crime de injúria racial foi tipificado como racismo. A consequência disso é que tal modalidade de injúria passa a ser, agora por força de lei, imprescritível, inafiançável e incondicionada a ação penal. Além disso, a pena, que até então era de reclusão de 1 a 3 anos e multa, passa a ser de 2 a 5 anos de reclusão.

Gabarito: ANULADA.

(Juiz de Direito/GO – 2021 – FCC) Em relação ao acordo de colaboração premiada, a Lei de Organização Criminosa, Lei nº 12.850, de 02 de agosto de 2013, estabelece:

(A) Configura violação de sigilo e quebra de confiança e da boa-fé a divulgação das tratativas iniciais acerca do acordo de colaboração premiada, assim como de documento que formalize tais tratativas, até o levantamento de sigilo por decisão judicial.

(B) Medidas cautelares reais ou pessoais podem ser decretadas com fundamento apenas nas declarações do colaborador, as quais, porém, são insuficientes, como fundamento único, para decisão de recebimento de denúncia e sentença condenatória.

(C) Dado o sigilo, o registro das tratativas e dos atos de colaboração não deve ser feito por meios ou recursos de gravação magnética, estenotipia ou técnica similar.

(D) Caso não haja indeferimento sumário de acordo de colaboração premiada, as partes deverão firmar termo de confidencialidade para prosseguimento das tratativas, mas isso não vincula os órgãos envolvidos na negociação, nem impede o indeferimento posterior sem justa causa.

(E) Se beneficiado por perdão judicial ou não denunciado, o colaborador não poderá ser ouvido em juízo, mas apenas na fase de investigação.

A: correta, pois em consonância com o disposto no art. 3º-B da Lei 12.850/2013, incluído pela Lei 13.964/2019 (pacote anticrime); **B:** incorreta. A Lei 13.964/2019, ao inserir o § 16 no art. 4º da Lei 12.850/2013, eliminou a possibilidade, que antes havia, de determinadas medidas serem adotadas ou certas decisões serem proferidas com base exclusiva nas declarações do colaborador, entre as quais estão as medidas cautelares reais ou pessoais e o ato de recebimento de denúncia ou queixa; **C:** incorreta, uma vez que, em que pese o sigilo, o registro das tratativas e dos atos de colaboração deverá, sim, ser feito por meios ou recursos de gravação magnética, estenotipia ou técnica similar (art. 4º, § 13, da Lei 12.850/2013; **D:** incorreta. Por força do que dispõe o art. 3º-B, § 2º, da Lei 12.850/2013, caso não haja indeferimento sumário do acordo de colaboração premiada, as partes deverão firmar termo de confidencialidade para prosseguimento das tratativas, o que vinculará os órgãos envolvidos na negociação bem como impedirá o indeferimento posterior sem justa causa; **E:** incorreta, pois não reflete o disposto no art. 4º, § 12, da Lei 12.850/2013, que estabelece que, mesmo que beneficiado por perdão judicial ou não denunciado, o colaborador poderá, sim, ser ouvido em juízo, e não apenas na fase de investigação. **ED**

Gabarito "A".

(Promotor de Justiça/CE – 2020 – CESPE/CEBRASPE) No que se refere a organização criminosa, assinale a opção correta, com base na Lei 12.850/2013.

(A) Organização criminosa não configura um tipo penal incriminador autônomo, mas meramente a forma de praticar crimes.

(B) A associação estável e permanente de três ou mais pessoas para a prática de crimes é requisito para a configuração de organização criminosa.

(C) É circunstância elementar da organização criminosa a finalidade de obtenção de vantagem de qualquer natureza mediante a prática de infrações penais, consumando-se com a prática, pelos membros da organização, de quaisquer ilícitos com penas máximas superiores a quatro anos.

(D) É circunstância elementar da organização criminosa a estrutura ordenada, caracterizada pela divisão formal de tarefas entre os membros da sociedade criminosa.

(E) Organização criminosa é crime comum, não exigindo qualidade ou condição especial do agente, mas terá pena aumentada se houver concurso de funcionário público e a organização valer-se dessa condição para a prática de infrações penais.

A: incorreta. Isso porque o art. 2º, *caput*, da Lei 12.850/2013 contém a descrição típica do crime de organização criminosa, que consiste na conduta do agente que promove, constitui, financia ou integra, pessoalmente ou por interposta pessoa, organização criminosa. Cuida-se de crime formal, uma vez que o tipo penal não exige a produção de resultado naturalístico consistente no cometimento dos delitos pretendidos pela organização. A propósito, adotou-se, quanto a isso, o critério da acumulação material, de tal sorte que o integrante da organização criminosa responderá pelo crime deste art. 2º em concurso material com aqueles eventualmente praticados para a obtenção da vantagem ilícita (vide preceito secundário do art. 2º, *caput*, da Lei 12.850/2013); **B:** incorreta. A configuração de organização criminosa exige o número mínimo de 4 pessoas (art. 1º, § 1º, da Lei 12.850/2013); **C:** incorreta, já que a consumação do crime de organização criminosa (art. 2º, *caput*, da Lei 12.850/2013) prescinde da produção de resultado naturalístico consistente no cometimento dos delitos pretendidos pela organização (delito formal); **D:** incorreta. A divisão de tarefas entre os membros da sociedade criminosa pode ser formal ou informal (art. 1º, § 1º, da Lei 12.850/2013); **E:** correta. De fato, trata-se de crime comum, já que o tipo penal não confere nenhuma qualidade especial ao sujeito ativo. Também é verdade que a pena será aumentada de um sexto a dois terços na hipótese de haver concurso de funcionário público, valendo--se a organização criminosa dessa condição para a prática de infração penal (art. 2º, § 4º, II, da Lei 12.850/2013).

Gabarito "E".

(Juiz de Direito – TJ/MS – 2020 – FCC) Quanto aos aspectos processuais da Lei de Drogas, correto afirmar que

(A) o agente surpreendido na posse de droga para consumo pessoal será processado e julgado perante o Juizado Especial Criminal, permitida a transação penal, ainda que haja concurso com o delito de tráfico de entorpecentes, a ser apurado no juízo comum.

(B) o inquérito policial será concluído no prazo de 30 (trinta) dias, se o indiciado estiver preso, e de 90 (noventa) dias, quando solto, podendo haver duplicação de tais prazos pelo juiz, ouvido o Ministério Público, mediante pedido justificado da autoridade de polícia judiciária.

(C) o juiz, oferecida a denúncia, ordenará a notificação do acusado para oferecer defesa prévia, por escrito, no prazo de 10 (dez) dias, decidindo a seguir em 05 (cinco) dias, apresentada ou não a resposta.

(D) suficiente o laudo de constatação da natureza e quantidade da droga, firmado por perito oficial ou, na falta deste, por pessoa idônea, para efeito da lavratura do auto de prisão em flagrante e estabelecimento da materialidade do delito, ficando impedido, porém, o perito que o subscrever de participar do laudo definitivo.

(E) o Ministério Público, recebidos os autos do inquérito policial, poderá, no prazo de 10 (dez) dias, requerer o arquivamento, requisitar diligências que entender necessárias ou oferecer denúncia arrolando até 08 (oito) testemunhas.

A: incorreta, já que o art. 48, § 1º, da Lei 11.343/2006 excepciona da incidência do procedimento previsto na Lei 9.099/1995 a hipótese de concurso com os crimes definidos nos arts. 33 a 37 da Lei de Drogas. Atenção à decisão do STF, no caso da posse da substância *Cannabis sativa*, que por maioria, estabeleceu que "não comete infração penal o indivíduo que pratica as condutas elencadas no art. 28 da Lei 11.343/2006, sem prejuízo do reconhecimento da ilicitude extrapenal da conduta, com apreensão da droga e aplicação de sanções de advertência sobre os efeitos dela e medida educativa de comparecimento a programa ou curso educativo; as sanções estabelecidas nos incisos I e III do art. 28 da Lei 11.343/2006 serão aplicadas pelo juiz em procedimento de natureza não penal, sem nenhuma repercussão criminal para a conduta; em se tratando da posse de *cannabis* para consumo pessoal, a autoridade policial apreenderá a substância e notificará o autor do fato para comparecer em Juízo, na forma do regulamento a ser aprovado pelo CNJ; até que o CNJ delibere a respeito, a competência para julgar as condutas do art. 28 da Lei 11.343/06 será dos Juizados Especiais Criminais, segundo a sistemática atual, vedada a atribuição de quaisquer efeitos penais para a sentença; determinou ao CNJ em articulação direta com o Ministério da Saúde, Anvisa, Ministério da Justiça e Segurança Pública, Tribunais e CNMP, a adoção de medidas para permitir e viabilizar a aplicação das medidas acima especificadas". Até o fechamento dessa edição não houve a publicação de medida para o cumprimento dessa decisão (vide para complemento do estudo, a decisão integral no RE 635659, j. em 26-6-2024); **B:** correta. A Lei de Drogas estabelece, em seu art. 51, o prazo de trinta dias para a conclusão das investigações na hipótese de o investigado encontrar-se preso e noventa se estiver solto. Esses dois prazos comportam dilação (duplicação), nos moldes do que prevê o art. 51, parágrafo único, da Lei 11.343/06; **C:** incorreta. A primeira parte da assertiva está correta, e corresponde à redação do art. 55: "oferecida a denúncia, o juiz ordenará a notificação do acusado para oferecer defesa prévia, por escrito, no prazo de 10 (dez) dias". Entretanto, na segunda parte da assertiva em não sendo apresentada a resposta no prazo legal, incumbe ao juiz nomear defensor para oferecê-la em 10 dias, após o que decidirá em cinco dias (art. 55, §§ 3º e 4º, da Lei de Drogas); **D:**

incorreta. O perito que subscrever o laudo de constatação da natureza e quantidade da droga não ficará impedido de participar da elaboração do laudo definitivo (art. 50, § 2º, Lei 11.343/2006); **E:** incorreta. O MP poderá arrolar, na denúncia, até *cinco* testemunhas (e não *oito*), conforme estabelece o art. 54, III, da Lei de Drogas. ED/PB

Gabarito "B".

(Juiz de Direito – TJ/MS – 2020 – FCC) Quanto às medidas protetivas de urgência, correto afirmar que

(A) indispensável prévia manifestação do Ministério Público para a sua concessão, se requeridas pela ofendida.

(B) serão aplicadas isolada ou cumulativamente, vedada posterior substituição por outras, embora possível a decretação da prisão preventiva para garantir a execução das impostas.

(C) podem consistir na restrição ou suspensão de visitas aos dependentes menores, dispensada manifestação de equipe de atendimento multidisciplinar ou serviço similar.

(D) a ofendida, salvo se defendida por advogado constituído, deverá ser notificada dos atos processuais relativos ao agressor, especialmente dos pertinentes ao ingresso e à saída da prisão.

(E) podem consistir na suspensão da posse ou restrição do porte de armas, com comunicação ao órgão competente.

A: incorreta. Isso porque o art. 19, § 1º, da Lei 11.340/2006 (Maria da Penha) estabelece que *as medidas protetivas de urgência poderão ser concedidas de imediato, independentemente de audiência das partes e de manifestação do Ministério Público, devendo este ser prontamente comunicado*; **B:** incorreta, uma vez que as medidas protetivas de urgência podem, a qualquer tempo, ser substituídas por outras mais eficazes (art. 19, § 2º, da Lei 11.340/2006); **C:** incorreta, já que a aplicação da medida protetiva consistente na restrição ou suspensão de visitas aos dependentes menores está condicionada à manifestação de equipe de atendimento multidisciplinar ou serviço similar. É o que estabelece o art. 22, IV, da Lei 11.340/2006; **D:** incorreta. A notificação de que trata o art. 21 da Lei Maria da Penha é de rigor ainda que a ofendida seja defendida por advogado constituído; **E:** correta, pois reflete o disposto no art. 22, I, da Lei 11.340/2006. Atentar à inclusão do inciso IV ao art. 18 da Lei Maria da Penha promovida pela Lei 13.880/2019, segundo o qual caberá ao juiz, depois de recebido o expediente com o pedido da ofendida, no prazo de 48 horas, determinar a apreensão imediata da arma de fogo sob a posse do agressor. ED

Gabarito "E".

(Juiz de Direito – TJ/SC – 2019 – CESPE/CEBRASPE) Ao receber ação penal para o processamento de crime de lavagem de valores, de acordo com a legislação especial que trata do assunto, o juiz de direito substituto atuará corretamente no caso de

(A) suspender o processo, mas determinar a produção antecipada de provas, caso o réu, citado por edital, não compareça aos autos nem constitua advogado.

(B) indeferir eventual pedido de declinação de competência do feito para a justiça federal quando somente a infração penal antecedente for de competência da justiça federal.

(C) emitir ordem, após o trânsito em julgado de ação de competência da justiça federal ou estadual, para que o valor constante da sentença penal condenatória e depositado judicialmente como medida assecuratória seja incorporado definitivamente ao patrimônio da União.

(D) suspender, após ouvir o Ministério Público, medida assecuratória de bens e valores sob o fundamento de que a execução imediata poderá comprometer as investigações.

(E) não receber a denúncia sob o fundamento de que a peça foi instruída com infração penal antecedente cuja punibilidade foi extinta.

A: incorreta, uma vez que, a teor do art. 2º, § 2º, da Lei 9.613/1998, a suspensão do processo, instituto previsto no art. 366 do CPP, não tem incidência no âmbito dos crimes de lavagem de capitais; **B:** incorreta, pois contraria o disposto no art. 2º, III, *b*, da Lei 9.613/1998; **C:** incorreta, pois contraria o disposto no art. 4º-A, § 5º, I, da Lei 9.613/1998; **D:** correta, pois em conformidade com o art. 4º-B da 9.613/1998; **E:** incorreta, uma vez que não reflete o disposto no art. 2º, § 1º, da Lei 9.613/1998. ED

Gabarito "D".

(Juiz de Direito – TJ/SC – 2019 – CESPE/CEBRASPE) No que tange a interceptação das comunicações telefônicas e a disposições relativas a esse meio de prova, previstas na Lei 9.296/1996, assinale a opção correta.

(A) A referida medida poderá ser determinada no curso da investigação criminal ou da instrução processual destinada à apuração de infração penal punida, ao menos, com pena de detenção.

(B) A existência de outros meios para obtenção da prova não impedirá o deferimento da referida medida.

(C) O deferimento da referida medida exige a clara descrição do objeto da investigação, com indicação e qualificação dos investigados, salvo impossibilidade manifesta justificada.

(D) A utilização de prova obtida a partir da referida medida para fins de investigação de fato delituoso diverso imputado a terceiro não é admitida.

(E) A decisão judicial autorizadora da referida medida não poderá exceder o prazo máximo de quinze dias, prorrogável uma única vez pelo mesmo período.

A: incorreta, já que, a teor do art. 2º, III, da Lei 9.296/1996, somente será autorizada a interceptação de comunicações telefônicas na hipótese de o fato objetivo da investigação constituir infração penal punida com reclusão; **B:** incorreta, uma vez que, segundo estabelece o art. 2º, II, da Lei 9.296/1996, não será admitida a interceptação de comunicações telefônicas quando a prova puder ser feita por outros meios disponíveis; **C:** correta, pois reflete o disposto no art. 2º, parágrafo único, da Lei 9.296/1996; **D:** incorreta. A assertiva contempla o fenômeno denominado *encontro fortuito de provas*, em que, no curso de investigação de determinada infração penal, termina-se por identificar outros crimes, diversos daquele investigado. É o caso da interceptação telefônica, na qual, deferida para elucidar crime apenado com reclusão, acaba-se por elucidar delito conexo apenado com detenção. A jurisprudência reconhece a licitude da prova assim produzida, desde que estabelecida conexão ou continência com a investigação original. Não se trata, portanto, de *prova ilícita* (art. 157, § 1º, do CPP). **E:** incorreta. Segundo entendimento consolidado pelos tribunais superiores, as interceptações telefônicas podem ser prorrogadas sucessivas vezes, desde que tal providência seja devidamente fundamentada pela autoridade judiciária (art. 5º da Lei 9.296/1996). Conferir: "De acordo com a jurisprudência há muito consolidada deste Tribunal Superior, as autorizações subsequentes de interceptações telefônicas, uma vez evidenciada a necessidade das medidas e a devida motivação, podem ultrapassar o prazo previsto em lei, considerado o tempo necessário e razoável para o fim da persecução penal" (AgRg no REsp 1620209/RS, Rel. Ministra Maria Thereza De Assis Moura, Sexta Turma, julgado em 09.03.2017, DJe 16.03.2017). No STF: "(...) Nesse contexto, considerando o entendimento jurisprudencial e doutrinário acerca da possibilidade de se prorrogar o prazo de autorização para a interceptação telefônica por períodos sucessivos quando a intensidade e a complexidade das condutas delitivas investigadas assim o demandarem, não há que se falar, na espécie, em nulidade da referida escuta e de suas prorrogações, uma vez que autorizada pelo Juízo de piso com a observância das exigências previstas na lei de regência (Lei 9.296/1996, art. 5º) (...)" (STF, 1ª T., RHC 120.111, rel. Min. Dias Toffoli, j. 11.03.2014).

Gabarito "C".

(Juiz de Direito - TJ/BA - 2019 - CESPE/CEBRASPE) De acordo com a jurisprudência do STJ acerca da Lei Maria da Penha — Lei n.º 11.340/2006 —, o delito de descumprimento de medida protetiva de urgência constitui crime

(A) cujo sujeito ativo deve ser sempre um homem.

(B) que não admite a concessão de fiança.

(C) cuja caracterização será afastada se tiver sido prevista a aplicação de multa na decisão que tiver determinado a medida protetiva.

(D) mesmo que a determinação da medida protetiva tenha partido do juízo cível.

(E) cuja caracterização admite a modalidade culposa.

A: incorreta. O STJ, em edição de n. 41 da ferramenta *Jurisprudência em Teses*, publicou, sobre este tema, a seguinte tese: "O sujeito passivo da violência doméstica objeto da Lei Maria da Penha é a mulher, já o sujeito ativo pode ser tanto o homem quanto a mulher, desde que fique caracterizado o vínculo de relação doméstica, familiar ou de afetividade, além da convivência, com ou sem coabitação". Disso é possível inferir que o sujeito ativo do crime definido no art. 24-A da Lei Maria da Penha pode ser tanto o homem quanto a mulher. Importante citar a recente decisão do STF que entendeu ser possível aplicação das medidas protetivas de urgências previstas na Lei Maria da Penha a homens em relações afetivo familiares de casais homoafetivos do sexo masculino ou que envolvam travestis e mulheres transexuais (vide MI 7452, em 24-2-2025, DJe de 26-3-2025); **B:** incorreta, tendo em conta o disposto no art. 24-A, § 2º, da Lei 11.340/2006, que estabelece que o crime em questão admite a concessão de fiança, desde que pelo juiz de direito. É vedado à autoridade policial conceder fiança em favor do agente autuado em flagrante pela prática do crime de descumprimento de medida protetiva de urgência; **C:** incorreta, pois contraria o que dispõe o art. 24-A, § 3º, da Lei 11.340/2006; **D:** correta. Por força do que dispõe o art. 24-A, § 1º, da Lei Maria da Penha, pouco importa se o juiz de quem partiu a determinação de medida protetiva de urgência é do juízo cível ou criminal, isto é, cometerá o crime do art. 24-A da Lei Maria da Penha tanto o agente que descumpre medida protetiva decretada em processo de natureza civil quanto aquele que descumpre medida protetiva imposta no bojo de processo criminal; **E:** incorreta, já que não há previsão de modalidade culposa.

Gabarito "D".

(Juiz de Direito - TJ/BA - 2019 - CESPE/CEBRASPE) Assinale a opção correta, a respeito do crime de organização criminosa previsto na Lei n.º 12.850/2013.

(A) Para que se configure o referido crime, tem de se comprovar a ocorrência de associação estável e permanente de três ou mais pessoas para a prática criminosa.

(B) Constitui circunstância elementar desse delito a finalidade de obtenção de vantagem de qualquer natureza mediante a prática de infrações penais cujas penas máximas sejam superiores a quatro anos ou que sejam de caráter transnacional.

(C) A estruturação organizada e ordenada de pessoas, com a necessária divisão formal de tarefas entre elas, é circunstância elementar objetiva do crime em apreço.

(D) A prática de pelo menos um ato executório das infrações penais para as quais os agentes se tenham organizado constitui condição para a consumação do referido delito.

(E) Ao agente que exercer o comando, individual ou coletivo, de organização criminosa, ainda que não pratique pessoalmente atos de execução, será aplicada causa de aumento de pena de um sexto a dois terços.

A: incorreta. A configuração do crime de associação criminosa, definido no art. 2º, *caput*, da Lei 12.850/2013, pressupõe a associação de pelo menos *quatro* pessoas, conforme estabelece o art. 1º, § 1º, da Lei 12.850/2013, que contempla o conceito de organização criminosa; **B:** correta. (art. 1º, § 1º, Lei 12.850/2013); **C:** incorreta, já que não se exige, à configuração do crime em questão, a divisão formal de tarefas (art. 1º, § 1º, Lei 12.850/2013); **D:** incorreta. Cuida-se de crime formal, na medida em que não se exige, à sua consumação, qualquer resultado naturalístico consistente no cometimento dos crimes pretendidos pela associação; **E:** incorreta, já que se trata de agravante, a ensejar a elevação da pena-base (art. 2º, § 3º, Lei 12.850/2013).

Gabarito "B".

(Promotor de Justiça/SP – 2019 – MPE/SP) Sobre a colaboração premiada, é correto afirmar que

(A) apenas o Ministério Público, como órgão titular da ação penal, está legitimado para promover o acordo.

(B) o juiz participará das negociações realizadas entre as partes para a formalização do acordo.

(C) o juiz poderá homologar o acordo ou recusá-lo, caso não atenda aos requisitos legais, mas não poderá adequá-lo ao caso concreto.

(D) pratica crime o colaborador que imputar falsamente, sob pretexto de colaboração, a prática de infração penal a pessoa que sabe ser inocente.

(E) rescindido o acordo, as provas colhidas contra terceiros não poderão ser introduzidas no processo.

A: incorreta. Isso porque o acordo de colaboração premiada poderá ser firmado tanto pelo Ministério Público quanto pela autoridade policial, tal como estabelece o art. 4º, §§ 2º e 6º, da Lei 12.850/2013. A propósito disso, o Plenário do STF, ao julgar a ADI 5.508, considerou constitucional a possibilidade de a autoridade policial firmar acordos de colaboração premiada na fase de inquérito policial. A ação fora ajuizada pela Procuradoria Geral da República, que questionava dispositivos da Lei 12.850/2013, entre os quais aqueles que conferiam ao delegado de polícia a prerrogativa de promover acordos de colaboração premiada; **B:** incorreta. Nos termos do art. 4º, § 6º, da Lei 12.850/2013, é vedado ao magistrado participar do acordo de colaboração premiada, cujas negociações devem ser realizadas entre o MP e o acusado/investigado ou entre este e o delegado de polícia, se no curso do inquérito policial; **C:** incorreta. A redação original do art. 4º, § 8º, da Lei 12.850/2013 estabelecia que o juiz, ao recusar homologar a proposta de acordo, poderia, ele mesmo, proceder à sua adequação ao caso concreto. A Lei 13.964/2019 (pacote anticrime), ao alterar a redação desse dispositivo, passou a estabelecer que a proposta de acordo recusada pelo magistrado será devolvida às partes para que estas promovam a adequação necessária; **D:** correta. Trata-se do crime previsto no art. 19 da Lei 12.850/2013; **E:** incorreta. Por força do que estabelece o art. 4º, § 10, da Lei 12.850/2013, havendo retratação, o que é perfeitamente possível, as provas até então produzidas somente não poderão ser utilizadas contra os interesses do delator que voltou atrás. Significa dizer que o órgão acusador poderá se valer dessas provas em desfavor dos demais investigados/corréus. **ED**

Gabarito "D".

(Promotor de Justiça/PR – 2019 – MPE/PR) Analise as assertivas abaixo e assinale a alternativa correta:

(A) Nos termos da Resolução 213/15 do Conselho Nacional de Justiça (que dispõe sobre a apresentação de toda pessoa presa à autoridade judicial no prazo de 24 horas), iniciada a audiência de custódia, após o juiz esclarecer ao preso os motivos de sua prisão em flagrante, o Ministério Público poderá requer sua prisão preventiva ou aplicação de medida diversa desta, oportunizando-se ao preso se manifestar sobre o pedido em autodefesa, após a defesa técnica.

(B) Nos termos da Lei n. 13.431/17 (que estabelece o sistema de garantia de direitos da criança e do adolescente vítima ou testemunha de violência), o depoimento especial seguirá o rito cautelar de antecipação de prova quando se tratar de criança ou adolescente menor de 14 (quatorze) anos e, em caso, de violência sexual.

(C) Nos termos da Lei n. 9.807/99 (que estabelece normas para a organização e a manutenção de programas especiais de proteção a vítimas e a testemunhas ameaçadas), o representante do Ministério Público não poderá compor o Conselho Deliberativo, sendo-lhe, porém, facultado apresentar solicitação para que a pessoa a ser protegida possa ingressar no programa.

(D) Nos termos da Lei n. 13.344/16 (que dispõe sobre prevenção e repressão ao tráfico interno e internacional de pessoas e sobre medidas de atenção às vítimas), tanto o delegado de polícia como o Ministério Público podem provocar o juízo para que decrete, em havendo indícios suficientes de infração penal, medidas assecuratórias relacionadas a bens, direitos ou valores pertencentes ao investigado ou acusado, ou existentes em nome de interpostas pessoas, que sejam instrumento, produto ou proveito do crime de tráfico de pessoas.

(E) Nos termos da Lei n. 9.296/06 (que regulamenta a garantia do sigilo das comunicações), o incidente de inutilização de gravação que não interessar como prova deverá ser assistido pelo Ministério Público e pela Defensoria Pública quando a interceptação se der durante o inquérito policial e não restar comprovada a autoria.

A: incorreta. Em desconformidade com o art. 8°, § 1°, da Resolução 213/15, do CNJ. Posteriormente, o CNJ, editou a Resolução 562/2024 para instituir diretrizes de política judiciária para a estruturação, implantação e funcionamento do juiz das garantias no âmbito da Justiça Federal, Eleitoral, Militar, e dos Estados, Distrito Federal e Territórios, atualizando a Resolução 213 às modificações na legislação processual penal. Conforme a redação atual o fundamento da assertiva está no art. 8°, IX da resolução 213/2015 do CNJ; **B:** incorreta. A assertiva contraria o teor do art. 11, § 1°, da Lei 13.431/2017, que estabelece que o depoimento especial seguirá o rito cautelar de antecipação de prova quando se tratar de criança menor de 7 (sete) anos e em caso de violência sexual; **C:** incorreta. na medida em que não reflete o disposto no art. 4°, *caput*, da Lei 9.807/1999, segundo o qual integrarão o conselho deliberativo representantes do Ministério Público, do Poder Judiciário e de órgãos públicos e privados relacionados com a segurança pública e a defesa dos direitos humanos; **D:** correta. De acordo com o art. 8°, *caput*, da Lei 13.344/2016; **E:** incorreta. Em desconformidade com o art. 9°, parágrafo único, da Lei 9.296/06, que assim dispõe: *o incidente de inutilização será assistido pelo Ministério Público, sendo facultada a presença do acusado ou de seu representante legal*. **ED/PB**

Gabarito "D".

(Promotor de Justiça/PR – 2019 – MPE/PR) Analise as assertivas abaixo e assinale a alternativa correta:

(A) Nos termos da Lei n. 9.099/95 (Lei dos Juizados Especiais Cíveis e Criminais), no juízo comum ou no Tribunal do Júri, havendo reunião de processos decorrente da aplicação das regras de conexão e continência, deverão ser observados os institutos da transação penal e da composição civil.

(B) Nos termos da Lei n. 11.340/96 (Lei Maria da Penha), as medidas protetivas de urgência que obrigam o agressor, dada sua natureza cautelar, têm validade de 6 (seis) meses, podendo ser prorrogada a pedido da vítima, seu defensor ou do Ministério Público enquanto perdurar o processo.

(C) Nos termos da Lei n. 12.850/13 (que define organização criminosa e dispõe sobre a investigação criminal, os meios de obtenção da prova, infrações penais correlatas e o procedimento criminal), é vedado que a autoridade policial, o investigado e o defensor promovam negociações para formalização de colaboração premiada por não serem partes processuais.

(D) Nos termos da Lei n. 8.072/90 (Lei dos Crimes Hediondos), a prisão temporária terá o prazo de 15 (quinze) dias, prorrogável por igual período em caso de extrema e comprovada necessidade, tanto nos crimes hediondos como nos de prática da tortura, de tráfico ilícito de entorpecentes e drogas afins e o terrorismo.

(E) Nos termos da Lei n. 11.343/06 (Lei Antidrogas), decorrido o prazo para conclusão do inquérito policial a autoridade de polícia judiciária deverá remeter os autos ao juízo, sem prejuízo de diligências complementares necessárias ou úteis à plena elucidação do fato, cujo resultado deverá ser posteriormente encaminhado ao juízo competente até a apresentação da resposta escrita, sob pena de preclusão.

A: correta. Conforme disposto no art. 60, parágrafo único, da Lei 9.099/1995 (Juizados Especiais); **B:** incorreta. O legislador não estabeleceu prazo de duração das medidas protetivas de urgência que obrigam o agressor (art. 22 da Lei 11.340/2006 – Maria da Penha). Posteriormente à aplicação da prova, a Lei 14.550/2023 incluiu o § 6° no art. 19 com a seguinte redação: "as medidas protetivas de urgência vigorarão enquanto persistir risco à integridade física, psicológica, sexual, patrimonial ou moral da ofendida ou de seus dependentes"; **C:** incorreta. Isso porque o acordo de colaboração premiada poderá ser firmado tanto pelo Ministério Público quanto pela autoridade policial, tal como estabelece o art. 4°, §§ 2° e 6°, da Lei 12.850/2013 (Organização Criminosa). A propósito disso, o Plenário do STF, ao julgar a ADI 5.508, considerou constitucional a possibilidade de a autoridade policial firmar acordos de colaboração premiada na fase de inquérito policial. A ação fora ajuizada pela Procuradoria Geral da República, que questionava dispositivos da Lei 12.850/2013, entre os quais aqueles que conferiam ao delegado de polícia a prerrogativa de promover acordos de colaboração premiada; **D:** incorreta. A prisão temporária será decretada, a teor do art. 2°, "*caput*", da Lei 7.960/1989, pelo prazo de cinco dias, prorrogável por igual período em caso de extrema e comprovada necessidade. Em se tratando, no entanto, de crime hediondo ou a ele equiparado (tortura, tráfico de drogas e terrorismo), a custódia temporária será decretada por *até* trinta dias, prorrogável por igual período em caso de extrema e comprovada necessidade, em consonância com o disposto no art. 2º, § 4º, da Lei 8.072/1990 (Crimes Hediondos); **E:** incorreta. O encaminhamento das diligências complementares deverá ocorrer até 3 dias antes da audiência de instrução e julgamento (art. 52, parágrafo único, I, da Lei 11.343/2006). ED/PB

Gabarito "A".

(Juiz de Direito – TJ/RS – 2018 – VUNESP) Assinale a alternativa correta.

(A) A interceptação das comunicações telefônicas não poderá ser determinada *ex officio* pelo juiz.
(B) Não pode o juiz, havendo indícios suficientes, decretar *ex officio*, no curso do inquérito ou da ação penal, a apreensão e outras medidas assecuratórias relacionadas aos bens móveis e imóveis ou valores consistentes em produtos dos crimes previstos na Lei nº 11.343/06.
(C) As medidas protetivas de urgência, previstas na Lei nº 11.340/06, não poderão ser concedidas *ex officio* pelo juiz, dependendo sempre de requerimento da parte interessada ou mesmo da autoridade policial ou do Ministério Público.
(D) Em relação à proteção aos réus colaboradores, prevista na Lei nº 9.807/99, não pode o juiz conceder o perdão judicial *ex officio*.
(E) No caso de morte do acusado, o juiz somente à vista da certidão de óbito, e depois de ouvido o Ministério Público, declarará a extinção da punibilidade.

A: incorreta. Isso porque, segundo estabelece o art. 3º da Lei 9.296/1996, a interceptação das comunicações telefônicas poderá ser determinada pelo juiz (sempre): de ofício; ou mediante representação da autoridade policial, no curso das investigações do inquérito policial, ou a pedido do MP, tanto no curso do IP quanto no da ação penal. Atenção: na hipótese de *captação ambiental de sinais eletromagnéticos, ópticos ou acústicos*, a medida não poderá ser autorizada pelo juiz de ofício, mas a requerimento da autoridade policial ou do Ministério Público de acordo com o teor do art. 8º-A, inserido pela Lei 13.964/2019; **B:** incorreta. A prova foi aplicada antes da alteração do art. 60, *caput*, da Lei 11.343/2006. De acordo com a atual redação do art. 60, dada pela Lei 13.840/2019, "o juiz, a requerimento do Ministério Público ou do assistente de acusação, ou mediante representação da autoridade de polícia judiciária, poderá decretar, no curso do inquérito ou da ação penal, a apreensão e outras medidas assecuratórias nos casos em que haja suspeita de que os bens, direitos ou valores sejam produto do crime ou constituam proveito dos crimes previstos nesta Lei, procedendo-se na forma dos arts. 125 e seguintes do Decreto-Lei nº 3.689, de 3 de outubro de 1941 - Código de Processo Penal". Portanto, a decretação dessas medidas, frise-se, na lei de Drogas, não poderão ser determinadas de ofício; **C:** errada. A incorreção da assertiva está em afirmar que a decretação das medidas protetivas de urgência contidas na Lei Maria da Penha poderá se dar a requerimento da autoridade policial. Na verdade, tais medidas serão requeridas pelo MP ou pela própria ofendida (art. 19, *caput*, Lei 11.340/2006). Entretanto, prevê o § 4º do art. 19, incluído pela Lei 14.550/2023, que as medidas protetivas de urgência serão concedidas em juízo de cognição sumária, isto é, basta o depoimento da vítima perante a autoridade policial ou da apresentação de suas alegações escrita; **D:** incorreta. Contraria o disposto no art. 13, *caput*, da Lei 9.807/1999, que estabelece que o juiz, neste caso, pode atuar de ofício ou a requerimento das partes, conceder o perdão judicial e a extinção da punibilidade ao acusado que, sendo primário, tenha colaborado efetiva e voluntariamente com a investigação e o processo criminal; **E:** correta. De acordo com o teor do art. 62 do CPP. ED/PB

Gabarito "E".

(Investigador – PC/BA – 2018 – VUNESP) Diante do previsto na Lei nº 9.296/96 – Lei de Interceptação Telefônica, assinale a alternativa correta.

(A) A interceptação telefônica será admitida mesmo que a prova possa ser feita por outros meios disponíveis.
(B) A interceptação telefônica poderá ser determinada pelo representante do Ministério Público, de ofício, mediante idônea fundamentação durante a instrução criminal.
(C) O juiz deverá decidir, no prazo máximo de 24 (vinte e quatro) horas, sobre o pedido de interceptação.
(D) Somente será admitido o pedido de interceptação telefônica feito por escrito.
(E) Não é necessária a presença de indícios razoáveis da autoria ou participação em infração penal para que seja determinada a interceptação telefônica.

A: incorreta. Por se tratar de meio de prova sobremaneira invasivo, a interceptação telefônica somente poderá se dar diante da impossibilidade de se produzir a prova por outros meios disponíveis (art. 2º, II, da Lei 9.296/1996). Ou seja, a interceptação telefônica deve ser utilizada de forma subsidiária, recorrendo-se, por primeiro, a outros meios disponíveis; **B:** incorreta. A interceptação telefônica somente poderá ser determinada pelo juiz de ofício ou a requerimento da autoridade policial, no curso das investigações, ou do MP, no decorrer tanto das investigações quanto da ação penal (arts. 1º, *caput*, e 3º, da Lei 9.296/1996). Na hipótese de *captação ambiental de sinais eletromagnéticos, ópticos ou acústicos*, a medida não poderá ser autorizada pelo juiz de ofício, mas a requerimento da autoridade policial ou do Ministério Público de acordo com o teor do art. 8º-A, inserido pela Lei 13.964/2019; **C:** correta. De acordo com o teor do art. 4º, § 2º, da Lei 9.296/1996; **D:** incorreta. O pedido poderá, de forma excepcional, ser formulado *verbalmente* (art. 4º, § 1º, da Lei 9.296/1996); **E:** incorreta. A interceptação somente será admitida diante da presença de indícios razoáveis da autoria ou participação em infração penal, entre outros requisitos, tal como dispõe o art. 2º, I, da Lei 9.296/1996. ED/PB

Gabarito "C".

(Investigador – PC/BA – 2018 – VUNESP) Em procedimento legal de interceptação de conversas telefônicas visando a apurar tráfico de drogas, durante o inquérito policial, foram transcritas conversas que tratavam de assuntos diversos daqueles sob a investigação. A respeito destes últimos, de acordo com a Lei Federal nº 9.296/1996, que trata da matéria, a providência a ser adotada será

(A) a exclusão de ofício, pela Autoridade Policial que presidir às investigações e sob pena de responsabilidade, dos trechos irrelevantes.
(B) a representação, pela Autoridade Policial, para inutilização dos trechos irrelevantes, o que poderá ser autorizado apenas pela Autoridade Judiciária competente.
(C) a manutenção dos trechos considerados irrelevantes em autos apartados, uma vez que estes têm caráter sigiloso.
(D) o aguardamento até o trânsito da sentença para excluir os trechos havidos por irrelevantes, uma vez que estes poderão ser avaliados novamente no curso do processo.
(E) o refazimento da interceptação, já que a transcrição de trechos irrelevantes à apuração contamina toda a prova, conforme estabelece a "teoria dos frutos envenenados".

Tal como dispõe o art. 9º da Lei 9.296/1996, se, no decorrer da interceptação, forem colhidas informações que não têm pertinência com a apuração em curso, é de rigor que tais dados, que são irrelevantes, sejam inutilizados, cabendo à autoridade policial, neste caso, representar ao magistrado competente para que este determine tal providência. Tal iniciativa também cabe ao representante do MP e à parte interessada, e poderá ser determinada, sempre pelo juiz competente, tanto no curso das investigações do inquérito policial quanto no da ação penal ou até depois desta. Vale lembrar o tema do encontro fortuito de provas (crime achado, serendipidade) durante a investigação de um determinado crime ou de crimes, por exemplo, o juiz autoriza a interceptação telefônica para apurar crimes de tráfico de entorpecentes, durante a interceptação das comunicações telefônicas descobre-se a prática de um crime punido com detenção, por exemplo, constrangimento ilegal (art. 146, do CP), não haverá qualquer impedimento para que os elementos probatórios colhidos na interceptação telefônica sejam empregados também para o crime sancionado com detenção. Vide decisão STF, HC 83515, j. em 16-9-2004, DJe de 4-3-2005. **ED**

Gabarito "B".

(Delegado – PC/BA – 2018 – VUNESP) Considere o seguinte caso hipotético.

O criminoso "X", integrante de uma determinada organização criminosa, após a sentença que o condenou pela prática do crime, decide voluntariamente e na presença de seu defensor, colaborar com as investigações. Nas suas declarações, "X" revela toda a estrutura hierárquica e a divisão de tarefas da organização. Alguns dias após, arrepende-se e decide retratar-se das declarações prestadas. Diante do exposto e nos termos da Lei nº 12.850/2013, é correto afirmar que

(A) na hipótese de retratação, as provas produzidas pelo colaborador não poderão ser utilizadas em seu desfavor, mas apenas em detrimento dos interesses dos coautores e partícipes.

(B) a colaboração premiada é retratável a qualquer tempo, sendo necessário colher a retratação por escrito e desconsiderar integralmente as provas produzidas.

(C) após a prolação da sentença, é vedada a retratação, portanto, no presente caso, não há possibilidade de se reconhecer o pedido do criminoso.

(D) a colaboração premiada implica em renúncia ao direito ao silêncio, ficando o criminoso sujeito ao compromisso de dizer a verdade; assim sendo, a retratação implicará o cometimento de outro crime.

(E) a colaboração premiada, antes ou após a sentença, é irretratável, portanto as provas autoincriminatórias produzidas pelo colaborador poderão ser utilizadas em seu desfavor.

A: correta. De fato, podem as partes, depois de firmar acordo de colaboração premiada, retratar-se (tanto o MP quanto o investigado/réu colaborador). As razões que podem dar ensejo a isso são variadas. Pode o MP, por exemplo, voltar atrás no pacto firmado porque o colaborador não logrou provar o alegado em sua delação. Este, por sua vez, pode, por exemplo, manifestar o desejo de retratar-se por temer represálias dos investigados/acusados delatados. As provas que foram produzidas pela delação, tal como prescreve o art. 4º, § 10, da Lei 12.850/2013, não poderão ser utilizadas em prejuízo do colaborador que se retratou, mas poderão ser usadas contra os demais investigados ou acusados; **B:** incorreta. Como dito acima, as provas produzidas por ocasião da colaboração somente serão desconsideradas em relação ao delator que se retratou; serão, todavia, levadas em consideração contra os demais investigados/acusados; **C:** incorreta. É possível a retratação também após a sentença, nos termos do § 10 do art. 4º da Lei 12.850/2013; **D:** incorreta. A retratação não implica o cometimento de crime por parte do colaborador que voltou atrás na sua delação; a primeira parte da assertiva, segundo a qual a colaboração premiada implica renúncia ao direito ao silêncio, ficando o criminoso sujeito ao compromisso de dizer a verdade, está correta (art. 4º, § 14, Lei 12.850/2013); **E:** incorreta. Vide comentário à alternativa "A". **ED**

Gabarito "A".

19. TEMAS COMBINADOS E OUTROS TEMAS

(Juiz de Direito – TJ/SC – 2024 – FGV) Ofélia, vítima de crime contra a dignidade sexual que a deixou traumatizada, necessitando de tratamento, foi ouvida em juízo e confirmou a ofensa causada por Rafael, o acusado, que respondia ao processo em liberdade. Contudo, Ofélia não se habilitou como assistente de acusação na ação penal.

Nesse particular, é correto afirmar que:

(A) o juiz poderá encaminhar a ofendida para tratamento psicossocial às expensas do acusado;

(B) o juiz não poderá determinar o segredo de justiça em relação aos dados e depoimentos da ofendida;

(C) a ofendida poderá requerer ao juiz a prisão preventiva do acusado, se não o fizer o Ministério Público;

(D) o juiz não poderá permitir que a ofendida seja ouvida em juízo na ausência do acusado;

(E) a ofendida poderá formular perguntas quando do interrogatório do acusado.

A: correta. De acordo com o art. 201, § 5º do CPP, se o juiz entender necessário, poderá encaminhar o ofendido para atendimento multidisciplinar, especialmente nas áreas psicossocial, de assistência jurídica e de saúde, a expensas do ofensor ou do Estado; **B:** errada. Conforme a redação do § 6º do art. 201, o juiz tomará as providências necessárias à preservação da intimidade, vida privada, honra e imagem do ofendido, podendo, inclusive, determinar o segredo de justiça em relação aos dados, depoimentos e outras informações constantes dos autos a seu respeito para evitar sua exposição aos meios de comunicação; **C:** errada. O juiz somente poderá decretar da prisão preventiva, a requerimento do Ministério Público, do querelante ou do assistente, ou por representação da autoridade policial, de acordo com o art. 311 do CPP. No caso, Ofélia é a vítima, poderá ser assistente da acusação, de acordo com o art. 268 do CPP, precisará ter requerido sua habilitação; **D:** errada. De acordo com o disposto no art. 217 do CPP: "se o juiz verificar que a presença do réu poderá causar humilhação, temor, ou sério constrangimento à testemunha ou ao ofendido, de modo que prejudique a verdade do depoimento, fará a inquirição por videoconferência e, somente na impossibilidade dessa forma, determinará a retirada do réu, prosseguindo na inquirição, com a presença do seu defensor"; **E:** errada. A vítima poderá formular as perguntas se estiver habilitada para atuar nos autos (art. 268 do CPP). Essas perguntas poderão ser feitas diretamente ao acusado (§ 1º do art. 474). **PB**

Gabarito "A".

(Juiz de Direito – TJ/DFT – 2023 – CEBRASPE) Acerca das nulidades, dos recursos e dos remédios impugnativos autônomos, com base no entendimento dos tribunais superiores, assinale a opção correta.

(A) O *habeas corpus* constitui via própria para impugnar decreto de governador de estado sobre adoção de medidas acerca da apresentação de comprovante de vacinação contra a covid-19 para que as pessoas possam circular e permanecer em locais públicos e privados.

(B) Não cabe *habeas corpus* nas hipóteses que não envolvam risco imediato de prisão, como na análise da licitude de determinada prova.

(C) Tribunal pode aumentar a pena de multa em recurso exclusivo da defesa, desde que, no mesmo julgamento, reduza a pena privativa de liberdade.

(D) Em matéria penal, o Ministério Público e a Defensoria Pública gozam da prerrogativa da contagem dos prazos recursais em dobro.

(E) A jurisprudência dos tribunais superiores não tolera a chamada nulidade de algibeira – aquela que, podendo ser sanada pela insurgência imediata da defesa após ciência do vício, não é alegada, como estratégia, para conveniência futura.

A: errada. Nos termos da Súmula 266 do Supremo Tribunal Federal, o *habeas corpus* não constitui via própria para o controle abstrato da validade de leis e atos normativos em geral. Nesse sentido, o STJ proferiu a seguinte decisão "(...) I - Trata-se de *habeas corpus* preventivo impetrado contra o Decreto n. 56.120/2021, do Governador do Estado do Rio Grande do Sul, que dispõe sobre a necessidade de apresentação de documento que comprove a vacinação contra a Covid-19 para que as pessoas possam circular e permanecer em locais públicos e privados. II – Nos termos da jurisprudência desta Corte Superior, o pedido de reconsideração pode ser recebido como agravo regimental, ante o princípio da fungibilidade recursal, desde que apresentado no prazo legal, como ocorreu no caso dos autos. III – A jurisprudência do Superior Tribunal de Justiça é firme no sentido de que a impetração se mostra evidentemente descabida, na linha do que prescreve a Súmula n. 266/STF, seguindo-se o entendimento jurisprudencial de que o *habeas corpus* não constitui via própria para o controle abstrato da validade de leis e atos normativos em geral. IV – A impetração se volta contra decreto do Governo do Estado do Rio Grande do Sul, o qual contém adoção de medidas acerca da apresentação do comprovante de vacinação contra a Covid-19, mas que, no entanto, não foi acostado aos autos. (AgRg no HC n. 572.269/RJ, relator Ministro Jorge Mussi, Quinta Turma, julgado em 25/8/2020, DJe 9/9/2020 e RHC n. 104.626/SP, relator Ministro Ribeiro Dantas, Quinta Turma, julgado em 6/8/2019, DJe 13/8/2019). V – Em casos análogos, os seguintes precedentes desta Corte: HC n. 696.608/SP, relator Ministro Og Fernandes, DJe 30/9/2021; HC n. 699.569/PE, relatora Ministra Regina Helena Costa, DJe 13/10/2021; HC n. 698.965/SP, relator Ministro Sérgio Kukina, DJe 13/10/2021; HC n. 697.999/SP, relator Ministro Benedito Gonçalves, DJe 7/10/2021. (...)"; **B:** errada. O *habeas corpus* é uma garantia individual destinado a tutela a liberdade física do indivíduo, com a finalidade de evitar ou fazer cessar a violência ou a coação à liberdade de locomoção decorrente de ilegalidade ou abuso de poder (art. 5º, inciso LXVIII, da CF). No sistema jurídico houve uma ampliação da sua extensão para que se tutelasse outros direitos que não a liberdade. Segundo o art. 648 do CPP: A coação considerar-se-á ilegal: I – quando não houver justa causa; II – quando alguém estiver preso por mais tempo do que determina a lei; III – quando quem ordenar a coação não tiver competência para fazê-lo; IV – quando houver cessado o motivo que autorizou a coação; V – quando não for alguém admitido a prestar fiança, nos casos em que a lei a autoriza; VI – quando o processo for manifestamente nulo; VII – quando extinta a punibilidade; **C:** errada. De acordo com o art. 617 do CPP, em sua parte final, veda a chamada *reformatio in pejus*, que consiste na possibilidade de o tribunal piorar a situação processual do recorrente, em razão de recurso por este interposto; **D:** errada. Não há previsão de prazo em dobro para o MP recorrer, nesse sentido: "agravo regimental no *habeas corpus*. recurso protocolizado a destempo. intempestividade. recurso não conhecido. 1. É intempestivo o agravo regimental que não observa o prazo de interposição de cinco dias corridos, conforme art. 39 da Lei n. 8.038/90, art. 258 do Regimento Interno do Superior Tribunal de Justiça-RISTJ e art. 798 do Código de Processo Penal - CPP. 2. Na hipótese, o Ministério Público do Estado de São Paulo – MPSP foi intimado da decisão agravada em 21/3/2024 (quinta-feira). O prazo para interposição do recurso teve início em 22/3/2024 (sexta-feira) e término em 4/4/2024 (quinta-feira), considerando a sua suspensão no período de 23 a 31/3/2024, por força do plano de contingência previsto na Resolução STJ n. 6/2024. Contudo, o agravo regimental foi interposto apenas no dia 5/4/2024. 3. O Ministério Público não goza de prazo em dobro para recorrer, em matéria criminal. Precedentes. 4. Agravo regimental não conhecido" (STJ, AgRg no HC 895269-SP, j. em 17-6-2024, DJe 19-6-2024); **E:** correta. É inadmissível a chamada *nulidade de algibeira*, aquela que, podendo ser sanada pela insurgência imediata da defesa após ciência do vício, não é alegada, como estratégia, numa perspectiva de melhor conveniência futura. Nesse sentido: "(...) V – De mais a mais, a Corte local asseverou que a defesa técnica compareceu ao indigitado ato de oitiva de testemunha e não alegou nulidade. Em verdade, a suposta nulidade jamais fora suscitada em fase anterior ao ajuizamento da revisão criminal. (...) VI – Além disso, a jurisprudência dos Tribunais Superiores não tolera a chamada 'nulidade de algibeira' – aquela que, podendo ser sanada pela insurgência imediata da defesa após ciência do vício, não é alegada, como estratégia, numa perspectiva de melhor conveniência futura. Observe-se que tal atitude não encontra ressonância no sistema jurídico vigente, pautado no princípio da boa-fé processual, que exige lealdade de todos os agentes processuais. VII – Pedido de reconhecimento de crime impossível. (...)" (STJ, AgRg no HC 732642-SP, j. em 24-5-2022, DJe de 30-5-2022).

Gabarito "E".

(Juiz de Direito – TJ/DFT – 2023 – CEBRASPE) Quanto às regras referentes a sentença, coisa julgada e procedimentos e provas nos processos penais, assinale a opção correta.

(A) É válida a sentença proferida de forma oral na audiência e registrada em meio audiovisual, desde que haja a sua transcrição integral no processo, em respeito ao princípio do devido processo legal.

(B) Excepcionalmente, admite-se que a *emendatio libelli* se dê no recebimento da denúncia na hipótese em que a inadequada subsunção típica macular o adequado procedimento.

(C) A jurisprudência veda a chamada fundamentação *per relationem*, ainda que a decisão faça referência concreta às peças que pretende encampar, transcrevendo as partes delas que julgar interessantes para legitimar o raciocínio lógico que embasa a conclusão a que se quer chegar.

(D) Em crimes de competência do júri, se o conselho de sentença reconhecer a existência de minorante, a definição da fração de diminuição também caberá a esse conselho, no momento da quesitação, por força de comando constitucional.

(E) Se o MP injustificadamente não comparecer à audiência para a oitiva das testemunhas de acusação, o magistrado poderá formular todas as perguntas diretamente a essas testemunhas em consonância com o princípio da verdade real.

A: errada. A ausência de degravação completa da sentença penal condenatória não prejudica o contraditório ou a segurança do registro nos autos. Nesse sentido: "(...) 1. A previsão legal do único registro audiovisual da prova, no art. 405, § 2º do Código de Processo Penal, deve também ser compreendida como autorização para esse registro de toda a audiência – debates orais e sentença. 2. É medida de segurança (no mais completo registro de voz e imagem da prova oral) e de celeridade no assentamento dos atos da audiência. 3. Exigir que se faça a degravação ou separada sentença escrita é negar valor ao registro da voz e imagem do próprio juiz, é sobrelevar sua assinatura em folha impressa sobre o que ele diz e registra. Não há sentido lógico ou de segurança, e é desserviço à celeridade. 4. A ausência de degravação completa da sentença não prejudica ao contraditório ou à segurança do registro nos autos, do mesmo modo que igualmente ocorre com a prova oral. 5. A tese de inidoneidade dos fundamentos que embasaram o aumento da pena em 3/8, na terceira fase da dosimetria, não foi submetida ao crivo do Tribunal de Justiça, inviabilizando o exame desta Corte Superior por incabível análise originária do tema, sob pena de indevida supressão de instância. 6. *Habeas corpus* denegado" (STJ, HC 462253-SC, j. em 28-11-2018, DJe de 4-2-2019); **B**: correta. De acordo com entendimento jurisprudencial: "(...) 1. A descrição fática feita na denúncia não traz todas as circunstâncias necessárias para configurar o delito previsto no inciso II do art. 1º da Lei n. 9.455/1997. 2. O tipo penal em questão, definido pela doutrina como tortura-pena ou tortura-castigo, a qual requer intenso sofrimento físico ou mental, além do objetivo de aplicar castigo pessoal ou medida de caráter preventivo. 3. Na hipótese dos autos, a denúncia é clara ao evidenciar que o intuito dos acusados era de conter a rebelião, mas não descreve que estavam imbuídos de vontade de aplicar castigo às ofendidas. 4. Assim, e como o Ministério Público foi expresso ao afirmar que os agentes extrapolaram os meios moderadamente necessários, ressai correta a conclusão do Juízo singular, ao entender que a conduta descrita poderia, quando muito, se adequar aos tipos penais dos arts. 3º e 4º da Lei n. 4.898/1965, vigente à data dos fatos. 5. Quanto à desclassificação da conduta no ato de recebimento da denúncia, a medida só é admitida pela jurisprudência desta Corte Superior em situações excepcionais, quando evidenciado que a alteração traz reflexos na competência do Juízo ou na obtenção de algum benefício previsto em lei. Precedentes. 6. Na hipótese dos autos, a desclassificação operada pelo Magistrado de primeiro grau permitiria a obtenção de benefícios exclusivos dos delitos de menor potencial ofensivo, diante da repreenda prevista em abstrato para o crime de abuso de autoridade (detenção, de 10 dias a 6 meses), situação que configura a excepcionalidade admitida pela jurisprudência e torna válida a decisão prolatada. (...)" (STJ, AgRg no REsp 1201963-SP, j. em 7-2-2023, DJe de 6-3-2023); **C**: errada. A fundamentação *per relationem* é uma técnica de fundamentação por meio da qual se faz remissão ou referência às alegações de uma das partes, a precedente ou a decisão anterior nos autos do mesmo processou ou de outro processo. Conferir a seguinte decisão: "(...) 1. Não vislumbro ilegalidade ou vício de fundamentação na decisão que determinou a medida de busca e apreensão. Com efeito, para além de eventuais denúncias anônimas, a decisão registra investigações preliminares da polícia, as quais dão supedâneo à decisão de constrição. 2. Com efeito, ainda que sucinta, a decisão que determina a entrada dos policiais em domicílio se reporta aos fundamentos do requerimento policial, com uso da técnica de fundamentação *per relationem*, na forma admitida pela jurisprudência desta Corte, não havendo malferimento ao art. 93, inciso IX, da Constituição da República. 3. Agravo regimental desprovido" (AgRg no AgRg no HC 892219-PR, j. em 36-8-2024, DJe de 30-8-2024); **D**: errada. De acordo com o art.492, I, *b* em caso de condenação compete ao juiz Presidente do Tribunal do Juri considerar as circunstâncias agravantes ou atenuantes alegadas nos debates; **E**: errada. A ausência do membro do Ministério Público não justifica que o juiz faça perguntas em seu lugar, nesse sentido é o seguinte julgado: "(...) 1. O não comparecimento do Ministério Público à audiência de instrução não dá à autoridade judicial a liberdade de assumir a função precípua do *Parquet*, prevista expressamente no art. 212 do CPP. 1.1. Em face da repreensível ausência do *Parquet*, que acarretou a contaminação do bom andamento do processo, o órgão julgador deveria prosseguir a audiência sem as perguntas acusatórias ou, então, suspender a audiência e marcar uma nova data. 1.2. No caso, foram atendidos os requisitos para a declaração da nulidade (arts. 563, 564, III, d, e 572, I, do CPP), uma vez que a defesa se insurgiu contra o procedimento do Magistrado de primeira instância na própria audiência, e o prejuízo é evidente, pois a sentença considerou elementos probatórios extraídos da referida audiência para lastrear o édito condenatório. 2. Agravo regimental desprovido" (STJ, AgRg no REsp 1910942-RS, j. em 17-4-2023, DJe de 20-4-2023). **PB**

Gabarito "B".

(Juiz de Direito – TJ/DFT – 2023 – CEBRASPE) Acerca das provas no processo penal, assinale a opção correta de acordo com o CPP e a jurisprudência do STF e do STJ.

(A) O depoimento de um policial ouvido como testemunha é dotado de especial valor probatório, nos termos do CPP, em virtude da fé pública de que ele desfruta por sua condição de servidor público.

(B) Amigo íntimo de vítima de infração penal arrolado como testemunha é dispensado do compromisso legal de dizer a verdade, conforme previsto no CPP.

(C) Para a realização de busca exclusivamente pessoal, exige-se, além da fundada suspeita, que a medida se vincule à busca de arma ou de objetos ou papéis que constituam corpo de delito, não havendo autorização no CPP para a realização de buscas pessoais meramente exploratórias ou com finalidade preventiva.

(D) O reconhecimento por fotografia, por constituir prova atípica, dispensa a observância das formalidades previstas no CPP para o reconhecimento pessoal e pode servir de fundamento exclusivo para uma condenação.

(E) As partes poderão apresentar documentos em qualquer fase do processo, inclusive em ação penal que tenha por objeto a apuração de crime doloso contra a vida, em que é possível a apresentação e leitura de documento novo na fase do plenário do júri.

A: errada. De acordo com o entendimento do STJ: "(...) 2. O testemunho prestado em juízo pelo policial deve ser valorado, assim como acontece com a prova testemunhal em geral, conforme critérios de coerência interna, coerência externa e sintonia com as demais provas dos autos, não atendidos na hipótese. Inteligência dos arts. 155 e 202 do CPP" (STJ, AREsp 1936393-RJ, j. em 25-10-2022, DJe de 8-11-2022); **B**: errada. De acordo com o art. 206 do CPP, a testemunha não poderá eximir-se da obrigação de depor e, não há previsão legal para a testemunha ser dispensada do compromisso legal de dizer a verdade. Mesmo as pessoas desobrigadas a depor ou aquelas que recusarem diante do grau de parentesco, se decidirem depor, deverão prestar compromisso legal; **C**: correta. De acordo com a atual entendimento do STJ: "(...) 1. Exige-se, em termos de *standard* probatório para busca pessoal ou veicular sem mandado judicial, a existência de fundada suspeita (justa causa) – baseada em um juízo de probabilidade, descrita com a maior precisão possível, aferida de modo objetivo e devidamente justificada pelos indícios e circunstâncias do caso concreto – de que o indivíduo esteja na posse de drogas, armas ou de outros objetos ou papéis que constituam corpo de delito, evidenciando-se a urgência de se executar a diligência. 2. Entretanto, a normativa constante do art. 244 do CPP não se limita a exigir que a suspeita seja fundada. É preciso, também, que esteja relacionada à "posse de arma proibida ou de objetos ou papéis que constituam corpo de delito". Vale dizer, há uma necessária referibilidade da medida, vinculada à fundada legal probatória, a fim de que não se converta em salvo-conduto para abordagens e revistas exploratórias (*fishing expeditions*), baseadas em suspeição genérica existente sobre indivíduos, atitudes ou situações, sem relação específica com a posse de arma proibida ou objeto (droga, por exemplo) que constitua corpo de delito de uma infração penal. O art. 244 do CPP não autoriza buscas pessoais praticadas como "rotina" ou "praxe" do policiamento ostensivo, com finalidade preventiva e motivação exploratória, mas apenas buscas pessoais com finalidade probatória e motivação correlata. (...)" (STJ, RHC 158.580-BA, j. em 19-4-2022, DJe de 25-4-2022). **D**: errada. A assertiva contraria a decisão do STF: "(...) 1. O reconhecimento de pessoas, presencial ou por fotografia, deve observar o procedimento previsto no art. 226 do Código de Processo Penal, cujas formalidades constituem garantia mínima para quem se encontra na condição de suspeito da prática de um crime e para uma verificação dos fatos mais justa e precisa. 2. A inobservância do procedimento descrito na referida norma processual torna inválido o reconhecimento da pessoa suspeita, de modo que tal elemento não poderá fundamentar eventual condenação ou decretação de prisão cautelar, mesmo se refeito e confirmado o reconhecimento em Juízo. Se declarada a irregularidade do ato, eventual condenação já proferida poderá ser mantida, se fundamentada em provas independentes e não contaminadas. 3. A realização do ato de reconhecimento pessoal carece de justificação em elementos que indiquem, ainda que em juízo de verossimilhança, a autoria do fato investigado, de modo a se vedarem medidas investigativas genéricas e arbitrárias, que potencializam erros na verificação dos fatos. Recurso em habeas corpus provido, para absolver o recorrente, ante o reconhecimento da nulidade do reconhecimento pessoal realizado e a ausência de provas independentes de autoria" (STF, RHC 206846, j. em 22-2-2022, DJe de 25-5-2022); **E**: errada. Segundo o art. 479 do CPP: "durante o julgamento não será permitida a leitura de documento ou a exibição de objeto que não tiver sido juntado aos autos com a antecedência mínima de 3 (três) dias úteis, dando-se ciência à outra parte". PB

Gabarito "C".

(Juiz Federal – TRF/1 – 2023 – FGV) O avanço tecnológico apresentou novos desafios no campo probatório do direito processual penal, ensejando, com isso, colisão entre os interesses públicos envolvidos na investigação e julgamento de processos criminais e direitos fundamentais individuais.

Sobre o tema, e levando-se em consideração a jurisprudência nacional e internacional acerca da matéria, é correto afirmar que:

(A) o Superior Tribunal de Justiça já considerou válida a utilização da *geofencing* como técnica de investigação criminal, com atingimento de dados telemáticos de pessoas não identificadas;

(B) a Corte Europeia de Direitos Humanos já julgou válida a possibilidade de juízes robôs efetuarem julgamento de causas de menor complexidade;

(C) não há riscos da predição de decisões judiciais por algoritmos, uma vez que não existe discriminação algorítmica;

(D) a Corte Interamericana de Direitos Humanos já validou o reconhecimento facial em larga escala realizado por câmeras de alta precisão colocadas em vias públicas;

(E) os princípios da legalidade digital e da ética digital reconhecem a inexistência de risco para o processo penal com a substituição do juiz humano por algoritmos.

A: correta. Conforme entendimento do STJ: "(...) 1. Os direitos à vida privada e à intimidade fazem parte do núcleo de direitos relacionados às liberdades individuais, sendo, portanto, protegidos em diversos países e em praticamente todos os documentos importantes de tutela dos direitos humanos. No Brasil, a Constituição Federal, no art. 5º, X, estabelece que: "são invioláveis a intimidade, a vida privada, a honra e a imagem das pessoas, assegurado o direito a indenização pelo dano material ou moral decorrente de sua violação". A ideia de sigilo expressa verdadeiro direito da personalidade, notadamente porque se traduz em garantia constitucional de inviolabilidade dos dados e informações inerentes à pessoa, advindas também de suas relações no âmbito digital. 2. Mesmo com tal característica, o direito ao sigilo não possui, na compreensão da jurisprudência pátria, dimensão absoluta. De fato, embora deva ser preservado na sua essência, este Superior Tribunal de Justiça, assim como a Suprema Corte, entende que é possível afastar sua proteção quando presentes circunstâncias que denotem a existência de interesse público relevante, invariavelmente por meio de decisão proferida por autoridade judicial competente, suficientemente fundamentada, na qual se justifique a necessidade da medida para fins de investigação criminal ou de instrução processual criminal, sempre lastreada em indícios que devem ser, em tese, suficientes à configuração de suposta ocorrência de crime sujeito à ação penal pública. 3. Na espécie, a ordem judicial direcionou-se a dados estáticos (registros), relacionados à identificação de usuários em determinada localização geográfica que, de alguma forma, possam ter algum ponto em comum com os fatos objeto de investigação por crimes de homicídio" (RMS 61302-RJ, j. em 26-8-2020, DJe de 4-9-2020); **B**: errada. Não há previsão na Carta Europeia de Ética sobre o Uso da Inteligência Artificial: "O presente anexo da Carta analisa as diferentes utilizações da IA nos sistemas europeus e incentiva, em graus diferentes, a sua aplicação à luz dos princípios e valores estabelecidos na Carta de Ética. A utilização da autoaprendizagem para constituir motores de busca para a melhoria da jurisprudência é uma oportunidade a ser aproveitada por todos os profissionais do direito. Devem ser considerados pedidos adicionais (elaboração de tabelas, apoio a medidas alternativas de resolução de litígios etc.), mas deve ter-se o devido cuidado (em especial, a qualidade da fonte de dados e não o tratamento em massa de todo o litígio em questão). Outras aplicações ("justiça preditiva") deveriam ser atribuídas ao domínio da investigação e desenvolvimento futuro (em consulta com os profissionais do direito, a fim de garantir a sua plena adequação às necessidades reais) antes de se contemplar uma utilização significativa na esfera pública"; **C**: errada. Conforme exposto na Carta Europeia de Ética sobre o Uso da Inteligência Artificial em Sistemas Judiciais e seu ambiente: "Utilização de algoritmos em matéria penal para traçar o perfil dos indivíduos: as experiências noutros países (COMPAS nos Estados Unidos e HART no Reino Unido) foram criticadas pelas ONG (ver trabalhos da ProPublica nos Estados Unidos e da Big Brother Watch no Reino Unido). *Devido às limitações da metodologia utilizada, esta abordagem puramente estatística conduziu a um resultado errado*: a constatação de que alguns indivíduos afro-americanos estão mais frequentemente envolvidos em atos criminosos levou a um fator de risco mais elevado para toda a população afro-americana. Assim, mesmo para delitos menores, estes sistemas têm ponderado negativamente os arguidos afro-americanos, com o resultado de aumentar injustamente o quantum das suas sentenças. Esta abordagem, que tem efeitos discriminatórios e deterministas, deve ser substituída por uma que respeite mais as normas europeias em matéria de sanções penais e que ofereça ao indivíduo a possibilidade de reabilitação e reintegração. Se os sistemas algorítmicos conseguirem ajudar a melhorar a recolha de informações para os serviços de liberdade condicional, por exemplo, e permitirem que as informações relevantes sejam recolhidas mais rapidamente para posterior tratamento humano, então será definitivamente possível progredir (em especial nos procedimentos acelerados). Qualquer outra utilização é propensa a preconceitos que entram em conflito com certos princípios fundamentais nacionais e supranacionais"; **D**: errada. Não há decisão sobre esse tema específico na Corte Interamericana de Direitos Humanos; **E**: errada. Vide comentários às questões anteriores. PB

Gabarito "A".

(Juiz Federal – TRF/1 – 2023 – FGV) Levando-se em conta os princípios constitucionais que regem o processo penal brasileiro, corresponde ao que a doutrina brasileira nomeou de "garantismo penal integral":

(A) a prevalência do direito das vítimas sobre os direitos fundamentais do réu;

(B) o processo penal ter como exclusiva função servir de proteção ao réu contra abusos do Estado;

(C) uma oposição à teoria do garantismo desenvolvida por Ferrajoli, que defende o abolicionismo penal;

(D) os princípios penais e processuais penais serem interpretados de modo a favorecer a condenação de culpados, mesmo que exista violação de direitos fundamentais;

(E) o reconhecimento de que no processo penal deve existir o equilíbrio entre os direitos fundamentais do réu e da vítima, bem como os interesses da sociedade.

A teoria do garantismo penal para Luigi Ferrajoli, consiste em um conjunto de princípios com o propósito de garantir, no curso do processo penal, os direitos do acusado. Para Ferrajoli há 3 acepções de garantismo. A primeira é um modelo normativo de direito, a vinculação do Poder Público ao Estado de Direito, como uma técnica de tutela que deveria ser capaz de minimizar a violência e de maximizar a liberdade e num plano jurídico a garantia dos direitos do cidadão. Em segundo lugar, estabelece-se a teoria jurídica uma distinção entre vigência e validade, o juiz não deve aplicar as leis que, não sejam válidas por serem incompatíveis com o ordenamento constitucional, embora sejam elas vigentes. Na terceira acepção, vê-se a necessidade de que o ponto de vista interno, o jurídico, se adeque ao ponto de vista externo, ético-político. O garantismo integral expande essa ideia para abranger também os bens jurídicos protegidos pelo Direito Penal, como o direito da vítima. O garantismo penal integral é uma teoria criada por Douglas Fischer, membro do Ministério Público Federal, nesse sentido: "Há muito defendo o que denominei de GARANTISMO "PENAL INTEGRAL", que nada mais é – e nenhuma "novidade" inclusive no STF – do que o EQUILÍBRIO entre GARANTISMO POSITIVO x GARANTISMO NEGATIVO. (...) A compreensão de que o garantismo deveria proteger exclusivamente direitos fundamentais de primeira geração tem gerado, em nossa compreensão, verdadeira desproteção sistêmica. É dizer: sem racionalidade (para não dizer sem fundamentação), protegem-se exclusivamente direitos individuais fundamentais sem que se note uma consideração dos demais direitos fundamentais que formam a complexa teia de bens e valores que possuem proteção constitucional" (vide: www.trf3.jus.br/documentos/emag/Cursos) PB

Gabarito "E".

(Delegado/MG – 2021 – FUMARC) Está CORRETO ao se afirmar que:

(A) É defeso ao juiz dar prosseguimento ao julgamento do feito, estando pendente o cumprimento de carta precatória expedida para inquirição de testemunhas arroladas pela defesa.
(B) No do rito dos crimes funcionais, não se admite manifestação da defesa antes do juízo prelibação da inicial acusatória.
(C) Nos casos afetos à lei antitóxicos, o interrogatório do réu deve ser realizado ao final da instrução criminal.
(D) O advogado deverá ser intimado da data da audiência designada perante o juízo deprecado.

A: incorreta. Em princípio, a expedição de carta precatória não tem o condão de suspender a instrução criminal (art. 222, § 1º, CPP). Registre-se, todavia, que, quanto a este tema, houve mudança de entendimento do STJ. Explico. A 6ª Turma tinha como pacificado o entendimento segundo o qual a expedição de carta precatória, em obediência ao art. 222, § 1º, do CPP e também ao princípio da celeridade processual, não tem o condão de suspender a instrução processual, razão por que se deve proceder à oitiva das testemunhas e ao interrogatório do réu e, também, ao julgamento da causa, mesmo que pendente a devolução de carta precatória. Em outras palavras, o interrogatório do réu não precisa aguardar a vinda da carta precatória expedida para a oitiva de testemunha. Mais recentemente, a 3ª Seção do STJ, que reúne as 5ª e 6ª Turmas Criminais, adotou o entendimento, ao qual já aderira a 5ª Turma, de que, nos termos do art. 400 do CPP, o interrogatório do réu deve ser o derradeiro ato da instrução, ainda que haja a expedição de carta precatória para a oitiva de testemunhas. Ou seja, o juiz do feito, antes de proceder ao interrogatório do acusado, deve aguardar o retorno da carta precatória expedida para o fim de ouvir testemunhas, em obediência aos princípios do contraditório e ampla defesa. Conferir o julgado que marcou a mudança de entendimento do STJ: "1. Existem precedentes nesta Corte Superior, partindo da interpretação dos arts. 400 e 222 do Código de Processo Penal, que consideram válido o interrogatório do acusado quando pendente de cumprimento carta precatória expedida para oitiva de testemunhas e do ofendido. 2. Essa compreensão, no entanto, não está em harmonia com os princípios do contraditório e da ampla defesa, bem como com a jurisprudência consolidada na Suprema Corte, firme no sentido de que, com o advento da Lei n. 11.719/2008, que deu nova redação ao art. 400 do Código de Processo Penal, o interrogatório do réu deve ser o último ato de instrução. 3. Importante ressaltar a orientação fixada pelo Supremo Tribunal Federal no HC n. 127.900/AM, de que a norma inscrita no art. 400 do Código de Processo Penal comum aplica-se, a partir da publicação da ata do presente julgamento, aos processos penais militares, aos processos penais eleitorais e a todos os procedimentos penais regidos por legislação especial incidindo somente naquelas ações penais cuja instrução não se tenha encerrado. 4. Atualmente é assente o entendimento de que o interrogatório do acusado é instrumento de defesa, o que, em uma perspectiva garantista, pautada na observância dos direitos fundamentais, proporciona máxima efetividade se realizado ao final da instrução. De fato, a concretização do interrogatório antes da oitiva da vítima priva o acusado de acesso pleno à informação, já que se manifestará antes da produção de parcela importante de provas. Além disso, reflete diretamente na eficácia de sua reação e na possibilidade de influenciar o julgamento, não lhe permitindo refutar, ao menos diretamente (autodefesa), questões apresentadas com a oitiva de testemunhas e do ofendido. A inversão do interrogatório, portanto, promove nítido enfraquecimento dos princípios constitucionais do contraditório e da ampla defesa, indevido, a meu ver, no âmbito da persecução penal. 5. Nessa perspectiva, ao dispor que a expedição da precatória não suspenderá a instrução criminal, o § 1º do art. 222 do CPP não autorizou, no meu sentir, a realização de interrogatório do réu em momento diverso do disposto no art. 400 do CPP, vale dizer, ao final da instrução. Oportuno ressaltar que o art. 222 do CPP está inserido em capítulo do Código de Processo Penal voltado ao procedimento relacionado às testemunhas (Capítulo VI do Código de Processo Penal Das Testemunhas), e não com o interrogatório do acusado. 6. Outrossim, a redação do art. 400 do CPP elenca, claramente, a ordem a ser observada na audiência de instrução e julgamento, de forma que a alusão expressa ao art. 222, em seu texto, apenas indica a possibilidade de inquirição de testemunhas, por carta precatória, fora da ordem estabelecida, não permitindo o interrogatório do acusado antes da inquirição de testemunhas. 7. Na hipótese dos autos, o acusado foi interrogado antes da oitiva de testemunhas, por carta precatória. No entanto, conforme informações prestadas pelo Magistrado singular, a defesa técnica do réu somente arguiu suposta nulidade em seu último pedido, protocolizado em 19/3/2020, ou seja, após a realização de todas as oitivas supracitadas, o que reverbera na nulidade de algibeira. Assim, em consonância com a jurisprudência desta Corte Superior, não se mostra viável acolher o pedido de nulidade, especialmente quando não aventado no momento oportuno. 8. Conquanto indevido o requerimento de nulidade, considerando o entendimento do Supremo Tribunal Federal, o fato de que a instrução ainda não encerrou, a necessidade de observar os princípios do contraditório e da ampla defesa, bem como o disposto no art. 196 do Código de Processo Penal, que autoriza a realização de novo interrogatório, entende-se que a ordem deve ser parcialmente concedida para determinar que se proceda a novo interrogatório do acusado ao final da instrução. 9. Quanto à alegação de excesso de prazo, não é o caso de ser reconhecido, pois, conforme informação do Juízo processante, a própria defesa contribuiu para o atraso na instrução, na medida em que não aventou a irregularidade do interrogatório no momento oportuno. Além disso, conforme exposto na decisão liminar, não houve desídia do Magistrado na condução do feito e eventual retardamento na conclusão da ação penal decorre de sua complexidade e da necessidade de expedição de diversas cartas precatórias. 10. Ordem parcialmente concedida para determinar a realização de novo interrogatório do acusado ao final da instrução" (HC 585.942/MT, Rel. Ministro SEBASTIÃO REIS JÚNIOR, TERCEIRA SEÇÃO, julgado em 09/12/2020, DJe 14/12/2020); **B**: incorreta. A peculiaridade do procedimento referente aos crimes funcionais reside na impugnação ofertada pelo funcionário antes do recebimento da denúncia. É a chamada *resposta* ou *defesa preliminar*, prevista no art. 514 do CPP, que somente terá incidência nos crimes funcionais afiançáveis, não se estendendo ao particular que, na qualidade de coautor ou partícipe, tomar parte no crime. Com a edição da Súmula 330 do STJ, esta defesa que antecede o recebimento da denúncia deixou de ser necessária na ação penal alicerçada em inquérito policial. Dessa forma, a formalidade imposta pelo art. 514 do CPP somente se fará necessária, segundo o STJ, quando a denúncia se basear em outras peças de informação que não o inquérito policial. Em outras palavras, a resposta preliminar é necessária, sim, na hipótese de a ação penal não ser calcada em inquérito policial; **C**: correta. Segundo jurisprudência consolidada nos tribunais superiores, o rito processual para o interrogatório, previsto no art. 400 do CPP, deve alcançar todos os procedimentos disciplinados por leis especiais, aqui incluído o rito previsto na Lei de Drogas, cujo art. 57 estabelece que o interrogatório realizar-se-á no começo da instrução. Significa que o interrogatório, mesmo nos procedimentos regidos por leis especiais, passa a ser o derradeiro ato da instrução. No entanto, com o fito de não abalar a segurança jurídica dos feitos em que já fora proferida sentença, tal entendimento somente deve ser aplicável aos processos com instrução ainda não ultimada até o dia 11.03.2016, que corresponde à data em que se deu a publicação da ata do julgamento, pelo STF, do HC 127.900. Conferir: "1. Por ocasião do julgamento do HC n. 127.900/AM, ocorrido em 3/3/2016 (DJe 3/8/2016), o Pleno do Supremo Tribunal Federal firmou o entendimento de que o rito processual para o interrogatório, previsto no art. 400 do Código de Processo Penal, deve ser aplicado a todos os procedimentos regidos por leis especiais. Isso porque a Lei n. 11.719/2008 (que deu nova redação ao referido art. 400) prepondera sobre as disposições em sentido contrário previstas em legislação especial, por se tratar de lei posterior mais benéfica ao acusado (*lex mitior*). 2. De modo a não comprometer o princípio da segurança jurídica dos feitos já sentenciados (CR, art. 5º, XXXVI), houve modulação dos efeitos da decisão: a Corte Suprema estabeleceu que essa nova orientação somente deve ser aplicada aos processos cuja instrução ainda não se haja encerrado. 3. Se nem a doutrina nem a jurisprudência ignoram a importância de que se reveste o interrogatório judicial – cuja natureza jurídica permite qualificá-lo como ato essencialmente de defesa –, não é necessária para o reconhecimento da nulidade processual, nos casos em que o interrogatório do réu tenha sido realizado no início da instrução, a comprovação de efetivo prejuízo à defesa, se do processo resultou sua condenação. Precedente. 4. O interrogatório é, em verdade, o momento ótimo do acusado, o seu "dia na Corte" (day in Court), a única oportunidade, ao longo de todo o processo, em que ele tem voz ativa e livre para, se assim o desejar, dar sua versão dos fatos, rebater os argumentos, as narrativas e as provas do órgão acusador, apresentar álibis, indicar provas, justificar atitudes, dizer, enfim, tudo o que lhe pareça importante para a sua defesa, além, é claro, de responder às perguntas que quiser responder, de modo livre, desimpedido e voluntário. 5. Não há como se imputar à defesa do acusado o ônus de comprovar eventual prejuízo em decorrência de uma ilegalidade, para a qual não deu causa e em processo que já lhe ensejou sentença condenatória. Isso porque não há, num processo penal, prejuízo maior do que uma condenação resultante de um procedimento que não respeitou as diretrizes legais e tampouco observou determinadas garantias constitucionais do réu (no caso, a do contraditório e a da ampla defesa). 6. Uma vez fixada a compreensão pela desnecessidade de a defesa ter de demonstrar eventual prejuízo decorrente da inversão da ordem do interrogatório do réu, em processo do qual resultou a condenação, também não se mostra imprescindível, para o reconhecimento da nulidade, que a defesa tenha alegado o vício processual já na própria audiência de instrução. 7. Porque reconhecida a nulidade do interrogatório do recorrente, com a determinação de que o Juízo de primeiro grau proceda à nova realização do ato, fica prejudicada a análise das demais matérias suscitadas neste recurso (reconhecimento da minorante prevista no § 4º do art. 33 da Lei de Drogas, fixação do regime aberto e substituição da reprimenda privativa de liberdade por restritivas de direitos). 8. Recurso especial provido, para anular o interrogatório do recorrente e determinar que o Juízo de primeiro grau proceda à nova realização do ato (Processo n. 0000079-90.2016.8.26.0592, da Vara Criminal da Comarca de Tupã – SP)" (STJ, REsp 1825622/SP, Rel. Ministro ROGERIO SCHIETTI CRUZ, SEXTA TURMA, julgado em 20/10/2020, DJe 28/10/2020); **D**: incorreta, pois contraria o entendimento firmado na Súmula 273 do STJ: "Intimada a defesa da expedição da carta precatória, torna-se desnecessária intimação da data da audiência no juízo deprecado".

Gabarito "C".

(Juiz de Direito/SP – 2021 – Vunesp) O incidente de resolução de demandas repetitivas tem como objetivo a uniformização de jurisprudência, com vistas à submissão das decisões de primeiro grau e, também, pelos tribunais de segunda instância, à jurisprudência dominante, com a finalidade de fortificar a segurança jurídica, aplicando-se, em notória integração, normas do Código de Processo Civil ao Processo Penal, por analogia. Diante desse quadro, e nos termos da legislação vigente, é correto afirmar que

(A) o exame prévio de admissibilidade prescinde da comprovação de divergência quanto à questão de direito, mostrando-se suficiente ao seu desenvolvimento a divergência interpretativa dos fatos na jurisprudência, através da colação de julgados a indicar conflito de decisões.

(B) os requisitos para a instauração do incidente, pressupostos de sua admissibilidade, são aqueles formais e objetivos, indicados pelo artigo 976 do Código de Processo Civil.

(C) o incidente de resolução de demandas repetitivas é previsto no ordenamento processual civil e as normas próprias desse procedimento não podem ser utilizadas, por analogia, no processo penal, uma vez que o artigo 15 do CPP somente autoriza, expressamente, a sua aplicação de forma supletiva ou subsidiária nos processos eleitorais, trabalhistas ou administrativos.

(D) os pressupostos relativos aos requisitos formais e objetivos, indicados no artigo 976 do CPP, envolvem o chamamento de interessados na lide, apontados na inicial pelo requerente, facultada a participação do *amicus curiae* e a intervenção obrigatória do Ministério Público, como fiscal da ordem jurídica.

A: incorreta, pois contraria o disposto no art. 976, I, do CPC; **B**: correta (art. 976, CPC); **C**: incorreta, já que o instituto tem aplicação no âmbito do processo penal. No mais, o art. 15 do CPP, que trata da nomeação de curador ao menor de 21 anos, foi derrogado pelo CC de 2002, que, em seu art. 5º, *caput*, previu que a maioridade civil é alcançada aos 18 anos; **D**: incorreta. Previsão não contida no art. 976 do CPC.

Gabarito "B".

7. LEGISLAÇÃO PENAL EXTRAVAGANTE

Eduardo Dompieri, Patricia Bergamasco e Arthur Trigueiros*

1. CRIMES DA LEI ANTIDROGAS

(Juiz Federal – TRF/1 – 2023 – FGV) Gustavo e André foram presos em flagrante no aeroporto de Belém/PA ao tentarem embarcar para Milão com 10 kg de cocaína. Ambos confessaram o fato e afirmaram que foram contratados por uma pessoa, que não souberam identificar, mediante pagamento de dez mil dólares americanos. Na dosimetria da pena, o juiz, na fixação das penas, considerará:

(A) com preponderância sobre o previsto no art. 59 do Código Penal, a natureza e a quantidade da substância ou produto, a personalidade e a conduta social do agente.

(B) com observância do previsto no art. 59 do Código Penal, a natureza e a quantidade da substância ou produto, a personalidade e o local da prática do crime.

(C) com preponderância sobre o previsto no art. 59 do Código Penal, a natureza e a quantidade da substância ou produto, os motivos e a internacionalidade do ato.

(D) com subordinação ao previsto no art. 59 do Código Penal, a natureza a substância ou produto, a reincidência e a conduta social do agente.

(E) com preponderância sobre o previsto no art. 59 do Código Penal, o envolvimento com organizações criminosas ou a utilização de menores na prática de infração.

Nos termos do art. 42 da Lei 11.343/2006, o juiz, na fixação das penas, considerará, com preponderância sobre o previsto no art. 59 do Código Penal, a natureza e a quantidade da substância ou do produto, a personalidade e a conduta social do agente. **ED**
Gabarito: "A".

(Delegado/RJ – 2022 – CESPE/CEBRASPE) Soraia possui doença neurológica para a qual existe indicação terapêutica do uso de canabidiol. A fim de controlar os sintomas da doença, ela importou medicamentos à base de canabidiol, amparada em decisão judicial, embora sem autorização da Agência Nacional de Vigilância Sanitária (ANVISA). Como os medicamentos são caros, Soraia requereu, judicialmente, autorização para plantio de *Cannabis sativa* e consectária extração do óleo necessário ao tratamento. O magistrado, ao se pronunciar, negou a liminar pleiteada, sustentando que a autorização para plantio só poderia ser concedida pela ANVISA. Irresignada, Soraia viajou ao exterior, para a aquisição de algumas poucas sementes de *Cannabis*, com as quais pretendia iniciar o cultivo clandestino para utilização própria. Ao retornar ao Brasil, o carro de Soraia foi parado em uma *blitz*, tendo os policiais encontrado as sementes em seu poder. Para se defender, Soraia decidiu demonstrar o propósito terapêutico de sua iniciativa, levando os policiais espontaneamente à sua casa, onde estavam cópias de prontuários, receitas e atestados médicos. Lá os policiais encontraram diversos utensílios destinados ao cultivo das plantas psicotrópicas, além de frascos do medicamento outrora adquirido mediante decisão judicial autorizativa.

A respeito dessa situação hipotética, assinale a opção correta.

(A) Soraia praticou comportamento penalmente típico, mas estava amparada pelo estado de necessidade.

(B) A manutenção dos utensílios para cultivo de drogas destinadas a consumo pessoal é crime autônomo expressamente previsto na Lei n.º 11.343/2006.

(C) A aquisição dos medicamentos, a importação das sementes e a posse dos utensílios mencionados não constituem infrações penais previstas na Lei n.º 11.343/2006.

(D) A aquisição dos medicamentos à base de canabidiol foi criminosa, já que foi realizada sem autorização da ANVISA.

(E) A importação de sementes de *Cannabis sativa* constitui crime previsto na Lei n.º 11.343/2006, salvo se for autorizada, pois as sementes são matéria-prima para a produção de drogas.

Conferir: "1. A recorrente busca salvo-conduto para viabilizar o plantio de maconha para fins medicinais, após ter obtido, perante o Tribunal Regional Federal da 4ª Região, permissão para importar pequenas quantidades de semente de Cannabis sativa L. 2. Os Tribunais Superiores já possuem jurisprudência firmada no sentido de considerar que a conduta de importar pequenas quantidades de sementes de maconha não se adequa à forma prevista no art. 33 da Lei de Drogas, subsumindo-se, formalmente, ao tipo penal descrito no art. 334-A do Código Penal, mas cuja tipicidade material é afastada pela aplicação do princípio da insignificância. 3. O controle do cultivo e da manipulação da maconha deve ser limitado aos conhecidos efeitos deletérios atribuídos a algumas substâncias contidas na planta, sendo certo que a própria Lei n. 11.343/2006 permite o manejo de vegetais dos quais possam ser extraídas ou produzidas drogas para fins medicinais ou científicos, desde que autorizado pela União. 3. No atual estágio do debate acerca da regulamentação dos produtos baseados na Cannabis e de desenvolvimento das pesquisas a respeito da eficácia dos medicamentos obtidos a partir da planta, não parece razoável desautorizar a produção artesanal do óleo à base de maconha apenas sob o pretexto da falta de regulamentação. De mais a mais, a própria agência de vigilância sanitária federal já permite a importação de medicamentos à base de maconha, produzidos industrial ou artesanalmente no exterior, como, aliás, comprovam os documentos juntados a estes autos. 4. Entretanto, a autorização buscada pela recorrente depende de análise de critérios técnicos que não cabem ao juízo criminal, especialmente em sede de habeas corpus. Essa incumbência está a cargo da própria Agência Nacional de Vigilância Sanitária que, diante das peculiaridades do caso concreto, poderá autorizar ou não o cultivo e colheita de plantas das quais se possam extrair as substâncias necessárias para a produção artesanal dos medicamentos. 5. Recurso ordinário em *habeas corpus*

---

* **AT** Arthur Trigueiros
  ED Eduardo Domipieri
  PB Patricia Bergamasco

não provido, recomendando à Agência Nacional de Vigilância Sanitária que analise o caso e decida se é viável autorizar a recorrente a cultivar e ter a posse de plantas de Cannabis sativa L. para fins medicinais, suprindo a exigência contida no art. 33 da Lei n. 11.343/2006" (STJ, RHC n. 123.402/RS, relator Ministro Reynaldo Soares da Fonseca, Quinta Turma, julgado em 23/3/2021, DJe de 29/3/2021). ED

Gabarito "C".

(Juiz de Direito/AP – 2022 – FGV) A prisão do agente em local conhecido por venda de drogas:

(A) faz incidir causa de aumento de pena;
(B) faz incidir agravante genérica;
(C) faz incidir agravante específica;
(D) impõe a exasperação da pena-base;
(E) não afasta a possibilidade de aplicação de tráfico privilegiado.

Conferir o seguinte julgado, segundo o qual a prisão em flagrante do agente em local conhecido por venda de drogas não leva necessariamente à conclusão de que haveria dedicação a atividades criminosas e, por conseguinte, impediria o reconhecimento da modalidade privilegiada de tráfico: "6. Diante da não expressiva quantidade de drogas apreendidas, o fato de que a prisão do Agravante ocorreu em local conhecido como ponto de tráfico, também não autoriza, por si só, a conclusão no sentido de que haveria dedicação às atividades criminosas." (STJ, HC 803.750/PR, Rel. Ministra LAURITA VAZ, SEXTA TURMA, julgado em 16/03/2021, DJe 25/03/2021). ED

Gabarito "E".

(Juiz de Direito/GO – 2021 – FCC) Segundo entendimento do Superior Tribunal de Justiça quanto aos crimes previstos na Lei nº 11.343, de 23 de agosto de 2006,

(A) é inviável a aplicação da causa especial de diminuição da pena do art. 33, § 4º, da Lei 11.343/2006, quando há condenação simultânea do agente nos crimes de tráfico de drogas e de associação para o tráfico, mas possível que a fração de redução, em caso de exclusiva condenação por tráfico, seja modulada em razão da qualidade e da quantidade de droga apreendida, além das demais circunstâncias do delito, não obstando a aplicação da minorante, por si só, a condição de "mula";
(B) para a incidência da majorante do art. 40, V, da Lei nº 11.343/2006, é desnecessária a efetiva transposição de fronteiras, bastando a demonstração inequívoca da intenção de realizar o tráfico interestadual, e, se além dela, houver a incidência de outra circunstância elencada no mesmo artigo, possível a aplicação de acréscimo acima da fração mínima com base apenas no número de causas de aumento identificadas.
(C) é desproporcional que condenações anteriores pelo delito do art. 28 da Lei nº 11.343/2006 configurem reincidência e, por isso, quando cometido no interior de estabelecimento prisional, não constitui falta grave.
(D) o agente que atua diretamente na traficância e que também financia ou custeia a aquisição de drogas deve responder pela conduta autônoma prevista no art. 36 da Lei nº 11.343/2006, e não pelo crime do art. 33, caput, com a causa de aumento do art. 40, VII, admitindo-se, porém, a aplicação do princípio da consunção entre os delitos do art. 33, § 1º, e do art. 34, desde que não caracterizada a existência de contextos autônomos e coexistentes, aptos a vulnerar o bem jurídico tutelado de forma distinta.
(E) acarreta *bis in idem* a incidência simultânea das majorantes previstas no art. 40 da Lei nº 11.343/2006 aos crimes e tráfico de drogas e de associação para fins de tráfico, bem como a consideração da natureza e a quantidade da droga para justificar o aumento da pena-base e para afastar a redução prevista no art. 33, § 4ºo.

A: correta. *Vide* Teses 23, 24 e 25 da edição de n. 131 da ferramenta *Jurisprudência em Teses*, do STJ; B: incorreta. A primeira parte da assertiva está correta, pois em conformidade com o entendimento consolidado nos tribunais superiores, segundo o qual é prescindível, para a incidência desta causa de aumento, a transposição das divisas dos Estados, sendo suficiente que fique demonstrado que a droga se destinava a outro Estado da Federação. Nesse sentido, conferir: "(...) Esta Corte possui entendimento jurisprudencial, no sentido de que a incidência da causa de aumento, conforme prevista no art. 40, V, da Lei n. 11.343/2006, não exige a efetiva transposição da divisa interestadual, sendo suficientes as evidências de que a substância entorpecente tem como destino qualquer ponto além das linhas da respectiva Unidade da Federação (...)" (AGRESP 201103088503, Campos Marques (Desembargador convocado do TJ/PR), STJ, Quinta Turma, DJe 01.07.2013). Consolidando tal entendimento, o STJ editou a Súmula 587: "Para a incidência da majorante prevista no art. 40, V, da Lei 11.343/2006, é desnecessária a efetiva transposição de fronteiras entre estados da Federação, sendo suficiente a demonstração inequívoca da intenção de realizar o tráfico interestadual". A segunda parte da assertiva, no entanto, está incorreta, já que em desconformidade com a jurisprudência do STJ, que publicou, na ferramenta *Jurisprudência em Teses*, Edição n. 131, a seguinte tese sobre este tema (n. 43): "A aplicação das majorantes previstas no art. 40 da Lei de Drogas exige motivação concreta, quando estabelecida acima da fração mínima, não sendo suficiente a mera indicação do número de causas de aumento"; C: incorreta. Conferir Tese n. 10 da Edição n. 131 da ferramenta *Jurisprudência em Teses*, do STJ: "A posse de substância entorpecente para uso próprio configura crime doloso e quando cometido no interior do estabelecimento prisional constitui falta grave, nos termos do art. 52 da Lei de Execução Penal - LEP (Lei n. 7.210/1984)"; D: incorreta. A incorreção está na primeira parte da proposição, já que em desconformidade com a Tese n. 17 da Edição n. 131 da ferramenta *Jurisprudência em Teses*, do STJ; a segunda parte está em consonância com a Tese n. 18 da Edição n. 131 da ferramenta *Jurisprudência em Teses*, do STJ; E: incorreta. *Vide* Teses n. 36 e 45 da Edição n. 131 da ferramenta *Jurisprudência em Teses*, do STJ. ED

Gabarito "A".

(Juiz de Direito/SP – 2021 – Vunesp) A respeito do tráfico ilícito de drogas na sua forma privilegiada (artigo 33, parágrafo 4º, da Lei no 11.343/06), é correto afirmar que

(A) impede a substituição da pena privativa de liberdade por restritiva de direitos.
(B) não se aplica a réus reincidentes.
(C) trata-se de crime equiparado a hediondo.
(D) apenas a reincidência específica impede o reconhecimento da causa de redução de pena.

A: incorreta. A substituição da pena privativa de liberdade por restritiva de direitos era vedada, a teor do art. 33, § 4º, da Lei de Drogas, para o crime de tráfico. Sucede que o STF, no julgamento do HC 97.256/RS, declarou, incidentalmente, a inconstitucionalidade dessa vedação. Posteriormente, o Senado Federal, por meio da Resolução 5/2012, suspendeu a execução da expressão "vedada a conversão em penas restritivas de direito", presente no art. 33, § 4º, da Lei 11.343/2006. Portanto, nada impede, atualmente, que o juiz autorize a substituição da pena privativa de liberdade por restritiva de direitos no crime de tráfico bem assim a fixação de regime aberto, desde que preenchidos

os requisitos legais; **B:** correta. De fato, um dos requisitos impostos pelo art. 33, § 4º, da Lei de Drogas para o reconhecimento do tráfico privilegiado é que o agente seja primário (não reincidente); **C:** incorreta. Atualmente, é consenso que o tráfico privilegiado não é equiparado a delito hediondo. Vejamos. O Plenário do STF, ao julgar o HC 118.533/MS, em 23.06.2016, cuja relatoria foi da Min. Cármen Lúcia, entendeu, em dissonância com o posicionamento então adotado pelo STJ, que o crime de tráfico de drogas privilegiado não tem natureza hedionda. Já o STJ, por meio da Súmula n. 512, não mais em vigor, de forma diversa da do STF, fixou o entendimento segundo o qual "A aplicação da causa de diminuição de pena prevista no art. 33, § 4º, da Lei 11.343/2006 não afasta a hediondez do crime de tráfico de drogas". Pois bem. Sucede que a Terceira Seção do STJ, na sessão realizada em 23 de novembro de 2016, ao julgar a QO na Pet 11.796-DF, determinou o cancelamento da referida Súmula 512, alinhando-se ao entendimento adotado pelo STF no sentido de que o delito de tráfico privilegiado não pode ser equiparado a crime hediondo. Atualmente, portanto, temos que tanto o STF quanto o STJ adotam o posicionamento no sentido de que o chamado tráfico privilegiado não constitui delito equiparado a hediondo. Mais recentemente, a Lei 13.964/2019 (Pacote Anticrime) inseriu no art. 112 da Lei de Execução Penal, que trata da progressão de regime, o § 5º, segundo o qual "não se considera hediondo ou equiparado, para os fins deste artigo, o crime de tráfico de drogas previsto no § 4º do art. 33 da Lei 11.343, de 23 de agosto de 2006"; **D:** incorreta, já que basta a reincidência para impedir o reconhecimento da causa de redução de pena, não sendo necessário que seja específica. ED
Gabarito "B".

(Juiz de Direito – TJ/MS – 2020 – FCC) No que concerne à lei de drogas, correto afirmar:

(A) cabível a redução da pena de um sexto a dois terços para o agente que tem em depósito, sem autorização ou em desacordo com determinação legal ou regulamentar, matéria-prima, insumo ou produto químico destinado à preparação de drogas, desde que primário, de bons antecedentes, não se dedique às atividades criminosas nem integre organização criminosa.

(B) o juiz, na fixação das penas, em igualdade de condições com todas as circunstâncias previstas no Código Penal para estabelecimento das sanções básicas, considerará a natureza e a quantidade da substância ou do produto.

(C) a pena de multa pode ser aumentada até o limite do triplo se, em virtude da situação econômica do acusado, considerá-la o juiz ineficaz, ainda que aplicada no máximo.

(D) para a caracterização da majorante do tráfico entre Estados da Federação ou entre este e o Distrito Federal, necessária a efetiva transposição das respectivas fronteiras, não bastando a demonstração inequívoca da intenção de realizar o tráfico interestadual.

(E) é de dois anos o prazo de prescrição no crime de posse de droga para consumo pessoal, não se aplicando, contudo, as causas de interrupção previstas no Código Penal.

A: correta (art. 33, §§ 1º, I, e 4º, da Lei 11.343/2006); **B:** incorreta. Isso porque, de acordo com o art. 42 da Lei 11.343/2006, o juiz, na fixação das penas, considerará, com preponderância sobre o previsto no art. 59 do Código Penal, *a natureza e a quantidade da substância ou do produto, a personalidade e a conduta social do agente*; **C:** incorreta, pois não corresponde ao que estabelece o art. 43, parágrafo único, da Lei 11.343/2006; **D:** incorreta. É que, segundo entendimento consolidado nos tribunais superiores, é prescindível, para a incidência desta causa de aumento, a transposição das divisas dos Estados, sendo suficiente que fique demonstrado que a droga se destinava a outro Estado da Federação. Nesse sentido, conferir: "(...) Esta Corte possui entendimento jurisprudencial, no sentido de que a incidência da causa de aumento, conforme prevista no art. 40, V, da Lei 11.343/2006, não exige a efetiva transposição da divisa interestadual, sendo suficientes as evidências de que a substância entorpecente tem como destino qualquer ponto além das linhas da respectiva Unidade da Federação (...)" (AGRESP 201103088503, Campos Marques (Desembargador convocado do TJ/PR), STJ, Quinta Turma, *DJe* 01.07.2013). Consolidando tal entendimento, o STJ editou a Súmula 587: "Para a incidência da majorante prevista no art. 40, V, da Lei 11.343/2006, é desnecessária a efetiva transposição de fronteiras entre estados da Federação, sendo suficiente a demonstração inequívoca da intenção de realizar o tráfico interestadual"; **E:** incorreta, na medida em que contraria o disposto no art. 30 da Lei 11.343/2006. ED
Gabarito "A".

(Juiz de Direito - TJ/BA - 2019 - CESPE/CEBRASPE) À luz do entendimento jurisprudencial do STF, assinale a opção correta, acerca do delito de tráfico privilegiado, previsto na Lei n.º 11.343/2006.

(A) Trata-se de crime inafiançável e insuscetível de graça, anistia e indulto.

(B) O condenado pela prática de tráfico privilegiado deve iniciar o cumprimento da pena em regime fechado.

(C) A progressão de regime prisional do réu condenado pelo crime em apreço somente será admitida mediante a realização de exame criminológico.

(D) O condenado pela prática do crime de tráfico privilegiado poderá alcançar a progressão de regime prisional depois de ter cumprido pelo menos um sexto da pena no regime anterior, se ostentar bom comportamento carcerário.

(E) O livramento condicional somente será concedido aos condenados pelo crime em apreço que tenham cumprido mais de dois terços da pena, exceto aqueles reincidentes específicos em crimes hediondos ou equiparados.

A: incorreta. O Plenário do STF, ao julgar o HC 118.533/MS, em 23.06.2016, cuja relatoria foi da Min. Cármen Lúcia, entendeu, em dissonância com o posicionamento então adotado pelo STJ, que o crime de tráfico de drogas privilegiado não tem natureza hedionda. Já o STJ, por meio da Súmula n. 512, não mais em vigor, de forma diversa da do STF, fixou o entendimento segundo o qual "A aplicação da causa de diminuição de pena prevista no art. 33, § 4º, da Lei 11.343/2006 não afasta a hediondez do crime de tráfico de drogas". Pois bem. Sucede que a Terceira Seção do STJ, na sessão realizada em 23 de novembro de 2016, ao julgar a QO na Pet 11.796-DF, determinou o cancelamento da referida Súmula n. 512, alinhando-se ao entendimento adotado pelo STF no sentido de que o delito de tráfico privilegiado não pode ser equiparado a crime hediondo. Atualmente, portanto, temos que tanto o STF quanto o STJ adotam o posicionamento no sentido de que o chamado tráfico privilegiado não constitui delito equiparado a hediondo. Bem recentemente, a Lei 13.964/2019 (Pacote Anticrime) inseriu no art. 112 da Lei de Execução Penal, que trata da progressão de regime, o § 5º, segundo o qual "não se considera hediondo ou equiparado, para os fins deste artigo, o crime de tráfico de drogas previsto no § 4º do art. 33 da Lei 11.343, de 23 de agosto de 2006"; **B:** incorreta. Ainda que o tráfico privilegiado fosse equiparado a hediondo, mesmo assim não haveria que se falar em regime fechado de regime fechado obrigatório. Se a pena aplicada for de até 8 anos, é possível, sim, ainda que se trate de crime hediondo ou assemelhado, que o agente inicie o cumprimento de sua pena no regime semiaberto ou, conforme o caso, no aberto. Mesmo porque, como bem sabemos, o art. 2º, § 1º, da Lei 8.072/1990 (Crimes

Hediondos), que estabelece o regime inicial fechado aos condenados por crimes hediondos e equiparados, foi declarado pelo STF, no julgamento do HC 111.840, inconstitucional, não havendo mais, portanto, a obrigatoriedade de fixar-se o regime inicial fechado nos crimes hediondos; **C:** incorreta. Por força das alterações promovidas pela Lei 10.792/2003 no art. 112 da LEP, o exame criminológico deixou de ser obrigatório para o deferimento da progressão de regime. A despeito disso, o STJ e o STF têm entendido que o magistrado pode, sempre que entender necessário e conveniente, determinar a realização de exame criminológico no condenado, como condição para aferir se preenche o requisito subjetivo para progressão de regime. Em outras palavras, não está o juiz impedido de determinar tal providência. Vide Súmula Vinculante 26 e Súmula 439 do STJ. Entretanto, após a vigência da Lei 14.843/2024, que alterou a redação do § 1º do art. 112 e passou a prever expressamente a realização do exame criminológico e tornou obrigatória a sua realização; **D:** correta. Considerando que o tráfico privilegiado não constitui delito equiparado a hediondo, a progressão de regime obedecerá às regras do art. 112 da LEP, ou seja, a progressão dar-se-á após o cumprimento de um sexto da pena no regime anterior, sem prejuízo, é importante que se diga, do requisito subjetivo. Cuidado: com o advento da Lei 13.964/2019 (Pacote Anticrime), alterou-se a redação do art. 112 da LEP, com a inclusão de novas faixas de fração de cumprimento de pena a possibilitar a progressão do reeducando a regime menos rigoroso. No caso do tráfico privilegiado, por se tratar de crime não equiparado a hediondo e desprovido de violência/grave ameaça, a progressão dar-se-á, de acordo com as novas regras implementadas pelo Pacote Anticrime, com o cumprimento de 16% da pena, sendo o reeducando primário; se for reincidente, deverá cumprir, para fazer jus à progressão, 20% da pena que lhe foi imposta. Além do cumprimento de uma parte da pena no regime anterior, deve o condenado ostentar boa conduta carcerária, comprovada pelo diretor do estabelecimento, e pelos resultados do exame criminológico (§1º do art. 112 da LEP); **E:** incorreta, pois contraria o disposto no art. 83 do CP. **ED/PB**

Gabarito "D".

(Promotor de Justiça/SP – 2019 – MPE/SP) Considere as afirmações a seguir, relativas à Lei 11.343/2006.

I. Ao infrator condenado pelo crime previsto no artigo 28, o juiz deve aplicar, isoladamente, as penas de advertência sobre os efeitos das drogas; prestação de serviços à comunidade ou medida educativa de comparecimento a programa ou curso educativo.

II. Ao usuário e ao dependente de drogas em cumprimento de pena privativa de liberdade ou submetido à medida de segurança, em razão da prática de infração penal, a lei assegura oferta de atenção de saúde definida pelo respectivo sistema penitenciário.

III. Ao proferir sentença condenatória, é permitido ao juiz determinar que seja assegurada ao infrator atenção de saúde definida pelo respectivo sistema penitenciário com base em avaliação, realizada por profissional de saúde com competência específica na forma da lei e que ateste a necessidade de o infrator receber encaminhamento para tratamento.

IV. É vedado ao juiz encaminhar para tratamento médico adequado o agente considerado isento de pena em razão da dependência, ou sob o efeito, proveniente de caso fortuito ou força maior, de droga, que ao tempo da ação ou da omissão, qualquer que tenha sido a infração penal praticada, era inteiramente incapaz de entender o caráter ilícito do fato ou de determinar-se de acordo com esse entendimento.

É correto o que se afirma em

(A) I e III, apenas.
(B) II e III, apenas.
(C) II, apenas.
(D) I e IV, apenas.
(E) I, II, III e IV.

I: incorreta. Isso porque as penas previstas no preceito secundário do art. 28 da Lei 11.343/2006 poderão ser aplicadas isolada ou cumulativamente, nos termos do que estabelece o art. 27 desta mesma Lei; **II:** correta, uma vez que em conformidade com o disposto no art. 26 da Lei 11.343/2006. Atenção: a Lei 13.840/2019 inseriu na Lei de Drogas o art. 26-A, prevendo e disciplinando o instituto do *acolhimento em comunidade terapêutica acolhedora*; **III:** correta, já que em conformidade com o art. 47 da Lei de Drogas; **IV:** incorreta, uma vez que contraria o disposto no art. 45, parágrafo único, da Lei 11.343/2006. Atenção à decisão do STF, no caso da posse da substância *Cannabis sativa*, que por maioria, estabeleceu: "não comete infração penal o indivíduo que pratica as condutas elencadas no art. 28 da Lei 11.343/2006, sem prejuízo do reconhecimento da ilicitude extrapenal da conduta, com apreensão da droga e aplicação de sanções de advertência sobre os efeitos dela e medida educativa de comparecimento a programa ou curso educativo; as sanções estabelecidas nos incisos I e III do art. 28 da Lei 11.343/2006 serão aplicadas pelo juiz em procedimento de natureza não penal, sem nenhuma repercussão criminal para a conduta; em se tratando da posse de *cannabis* para consumo pessoal, a autoridade policial apreenderá a substância e notificará o autor do fato para comparecer em Juízo, na forma do regulamento a ser aprovado pelo CNJ; até que o CNJ delibere a respeito, a competência para julgar as condutas do art. 28 da Lei 11.343/06 será dos Juizados Especiais Criminais, segundo a sistemática atual, vedada a atribuição de quaisquer efeitos penais para a sentença; determinou ao CNJ em articulação direta com o Ministério da Saúde, Anvisa, Ministério da Justiça e Segurança Pública, Tribunais e CNMP, a adoção de medidas para permitir e viabilizar a aplicação da medidas acima especificadas". (vide para complementar o estudo, a decisão integral no RE 635659, j. em 26-6-2024, DJe de 27-9-2024). **ED/PB**

Gabarito "B".

(Promotor de Justiça/PR – 2019 – MPE/PR) Considerando o entendimento sumulado dos Tribunais Superiores, analise as assertivas abaixo e assinale a alternativa:

I. – A majorante do tráfico transnacional de drogas (art. 40, inciso I, da Lei n. 11.343/2006) configura-se com a prova da destinação internacional das drogas, ainda que não consumada a transposição de fronteiras.

II. – Para a incidência da majorante prevista no art. 40, inciso V, da Lei n. 11.343/2006, é desnecessária a efetiva transposição de fronteiras entre estados da Federação, sendo suficiente a demonstração inequívoca da intenção de realizar o tráfico interestadual.

III. – É cabível a aplicação retroativa da Lei n. 11.343/2006, desde que o resultado da incidência das suas disposições, na íntegra, seja mais favorável ao réu do que o advindo da aplicação da Lei n. 6.368/1976, sendo vedada a combinação de leis.

IV. – A causa de aumento de pena prevista no art. 40, inciso III, da Lei n. 11.343/2006 tem natureza objetiva, devendo haver portanto comprovação de mercancia a menos de duzentos metros da respectiva entidade de ensino.

(A) Todas as alternativas estão corretas.
(B) Apenas a alternativa I está correta.
(C) Apenas a alternativa II está incorreta.
(D) Apenas a alternativa III está correta.
(E) Apenas a alternativa IV está incorreta.

I: correta. Isso porque, conforme tem entendido a jurisprudência, é desnecessário, à configuração da majorante prevista no art. 40, I, da

Lei 11.343/2006, que se dê o efetivo transporte da droga para o interior ou exterior do país, sendo suficiente que se demonstre a intenção do agente em assim proceder. Conferir: "Para a incidência da causa especial de aumento de pena prevista no inciso I do art. 40 da Lei de Drogas, é irrelevante a efetiva transposição das fronteiras nacionais, sendo suficiente, para a configuração da transnacionalidade do delito, a comprovação de que a substância tinha como destino/origem localidade em outro país" (STJ, REsp 1395927/SP, Rel. Min. Rogerio Schietti Cruz, 6ª Turma, j. 13.09.2016, *DJe* 20/09/2016). Consolidando esse entendimento, o STJ editou a Súmula 607: *A majorante do tráfico transnacional de drogas (art. 40, I, da Lei n. 11.343/2006) configura-se com a prova da destinação internacional das drogas, ainda que não consumada a transposição de fronteiras*; **II**: correta. Segundo entendimento consolidado nos tribunais superiores, é prescindível, para a incidência desta causa de aumento, a transposição das divisas dos Estados, sendo suficiente que fique demonstrado que a droga se destinava a outro Estado da Federação. Nesse sentido, conferir: "(...) Esta Corte possui entendimento jurisprudencial, no sentido de que a incidência da causa de aumento, conforme prevista no art. 40, V, da Lei n. 11.343/2006, não exige a efetiva transposição da divisa interestadual, sendo suficientes as evidências de que a substância entorpecente tem como destino qualquer ponto além das linhas da respectiva Unidade da Federação (...)" (AGRESP 201103088503, Campos Marques (Desembargador convocado do TJ/PR), STJ, Quinta Turma, *DJe* 01.07.2013). Consolidando tal entendimento, o STJ editou a Súmula 587: "Para a incidência da majorante prevista no art. 40, V, da Lei 11.343/2006, é desnecessária a efetiva transposição de fronteiras entre estados da Federação, sendo suficiente a demonstração inequívoca da intenção de realizar o tráfico interestadual"; **III**: correta, pois corresponde ao entendimento firmado na Súmula 501 do STJ: "É cabível a aplicação retroativa da Lei 11.343/2006, desde que o resultado da incidência das suas disposições, na íntegra, seja mais favorável ao réu do que o advindo da aplicação da Lei 6.368/1976, sendo vedada a combinação de leis"; **IV**: incorreta. É pacífico o entendimento, na jurisprudência, no sentido de que a incidência da causa de aumento de pena do art. 40, III, da Lei de Drogas dispensa a comprovação de que o crime visava a atingir os frequentadores dos locais mencionados nesse dispositivo. Conferir: "O crime praticado nas imediações de estabelecimento de ensino. Tal fundamento, por si só, justifica a imposição da majorante prevista no art. 40, inciso III, da Lei 11.343/2006, sendo prescindível a prova de que o acusado tinha como "público-alvo" os frequentadores desses locais" (STJ, HC 480.887/SP, Rel. Ministro FELIX FISCHER, QUINTA TURMA, julgado em 07/02/2019, DJe 19/02/2019). No mesmo sentido: (…) Inexiste constrangimento ilegal em relação ao reconhecimento da causa especial de aumento prevista no art. 40, III, da Lei 11.343/2006, uma vez que restou devidamente comprovado que o paciente atuava próximo a estabelecimentos de ensino, pouco importando se ele estava ou não visando especialmente atingir estudantes desse estabelecimento ou efetivamente comercializando entorpecentes diretamente com os alunos das escolas" (AgRg no HC 283.816/SP, Rel. Ministro Sebastião Reis Júnior, Sexta Turma, julgado em 20.09.2016, *DJe* 06.10.2016). ED

Gabarito "E".

(Promotor de Justiça/PR – 2019 – MPE/PR) Considerando os crimes previstos na Lei Antidrogas (Lei n. 11.343/06), analise as assertivas abaixo e assinale a alternativa:

I. – Dentre as penas previstas para quem adquirir, guardar, tiver em depósito, transportar ou trouxer consigo, para consumo pessoal, drogas sem autorização ou em desacordo com determinação legal ou regulamentar está a pena de prestação pecuniária.

II. – Quem adquirir, guardar, tiver em depósito, transportar ou trouxer consigo, para consumo pessoal, drogas sem autorização ou em desacordo com determinação legal ou regulamentar poderá ser submetido à pena de prestação de serviços comunitários pelo prazo máximo de seis meses.

III. – Em caso de reincidência, a pena de prestação de serviços comunitários e de medida educativa de comparecimento a programa ou curso educativo, para quem adquirir, guardar, tiver em depósito, transportar ou trouxer consigo, para consumo pessoal, drogas sem autorização ou em desacordo com determinação legal ou regulamentar poderão ser aplicadas pelo prazo máximo de dez meses.

IV. – Prescrevem em dois anos a imposição e a execução das penas previstas para quem adquirir, guardar, tiver em depósito, transportar ou trouxer consigo, para consumo pessoal, drogas sem autorização ou em desacordo com determinação legal ou regulamentar.

(A) Todas as alternativas estão corretas.
(B) Todas as alternativas estão incorretas.
(C) Apenas a alternativa II está incorreta.
(D) Apenas as alternativas III e IV estão incorretas.
(E) Apenas as alternativas I e II estão incorretas.

I: incorreta. A teor do art. 28 da Lei 11.343/2006, aquele que *adquire, guarda, tem em depósito, transporta* ou *traz consigo*, para consumo pessoal, drogas sem autorização ou em desacordo com determinação legal ou regulamentar será submetido às seguintes penas: advertência sobre os efeitos das drogas; prestação de serviços à comunidade; e medida educativa de comparecimento a programa ou curso educativo; **II**: incorreta. Nos termos do art. 28, § 3º, da Lei de Drogas, a pena de prestação de serviços comunitários será aplicada pelo prazo máximo de cinco meses (e não seis); **III**: correta, pois reflete o que estabelece o art. 28, § 4º, da Lei 11.343/2006; **IV**: correta. De acordo com o disposto no art. 30 da Lei de Drogas. Atenção à decisão do STF, no caso da posse da substância *Cannabis sativa*, que por maioria, estabeleceu: "não comete infração penal o indivíduo que pratica as condutas elencadas no art. 28 da Lei 11.343/2006, sem prejuízo do reconhecimento da ilicitude extrapenal da conduta, com apreensão da droga e aplicação de sanções de advertência sobre os efeitos dela e medida educativa de comparecimento a programa ou curso educativo; as sanções estabelecidas nos incisos I e III do art. 28 da Lei 11.343/2006 serão aplicadas pelo juiz em procedimento de natureza não penal, sem nenhuma repercussão criminal para a conduta; em se tratando da posse de *cannabis* para consumo pessoal, a autoridade policial apreenderá a substância e notificará o autor do fato para comparecer em Juízo, na forma do regulamento a ser aprovado pelo CNJ; até que o CNJ delibere a respeito, a competência para julgar as condutas do art. 28 da Lei 11.343/06 será dos Juizados Especiais Criminais, segundo a sistemática atual, vedada a atribuição de quaisquer efeitos penais para a sentença; determinou ao CNJ em articulação direta com o Ministério da Saúde, Anvisa, Ministério da Justiça e Segurança Pública, Tribunais e CNMP, a adoção de medidas para permitir e viabilizar a aplicação da medidas acima especificadas". (vide para complementar o estudo, a decisão integral no RE 635659, j. em 26-6-2024, DJe de 27-9-2024). ED/PB

Gabarito "E".

2. CRIMES CONTRA O MEIO AMBIENTE

(Delegado/MG – 2021 – FUMARC) Michel ordena a Alexandre, caseiro de sua fazenda, que corte árvores de uma porção lateral da propriedade, situada na zona rural do Município de Itabirito – MG, entendendo que elas atrapalhavam a construção de uma cerca. Por se tratar de área de preservação permanente, seria necessária autorização do órgão competente para o corte, a qual, no entanto, não foi ao menos cogitada por Michel. Em- bora ambos tivessem conhecimento desse fato e da ilicitude de seu comportamento, Alexandre obedece à ordem de seu patrão Michel, e realiza a conduta.

Tendo em vista o disposto no art. 40, da Lei n.º 9.605/98 (Art. 40. Causar dano direto ou indireto às Unidades de Conservação e às áreas de que trata o art. 27 do Decreto nº 99.274, de 6 de junho de 1990, independentemente de sua localização: Pena - reclusão, de um a cinco anos.) e as teorias atinentes ao concurso de pessoas, é CORRETO afirmar:

(A) Michel, levando em conta a legislação penal brasileira em vigor, deve ter em seu favor reconhecida a cooperação dolosamente distinta.

(B) Pela teoria objetivo-formal, Michel é considerado autor do fato criminoso.

(C) Pela teoria objetivo-formal, Michel seria considerado partícipe do fato criminoso, mas a aplicação da teoria do domínio do fato lhe atrairia para a posição de autor da conduta.

(D) Pela teoria objetivo-formal, Michel seria considerado partícipe do fato criminoso e a aplicação da teoria do domínio do fato não lhe atrairia para a posição de autor da conduta.

A: incorreta, uma vez que os agentes, tanto o que ordenou (Michel) quanto o que executou o crime (Alexandre), agiram, desde o começo, com unidade de desígnios, isto é, atuaram com o propósito de cometer o delito que de fato foi concretizado (art. 40 da Lei 9.605/1998). Somente haveria que se falar em cooperação dolosamente distinta (art. 29, § 2º, do CP) se acaso um dos agentes quisesse participar de crime menos grave e outro mais grave fosse ao final cometido. Neste caso, em relação ao cometimento do crime mais grave, não haveria entre os agentes unidade de propósitos, cabendo àquele que intentou a prática do delito menos grave por ele responder. Perceba que, no caso narrado no enunciado, em nenhum momento os concorrentes manifestaram o desejo de realizar crime diverso do que efetivamente foi concretizado. Devem ambos, portanto, responder pelo mesmo delito; **B:** incorreta. Pela teoria objetivo-formal (restritiva), por nós adotada, autor é aquele que executa o verbo-núcleo do tipo penal. Michel, de acordo com as informações contidas no enunciado, se limitou a ordenar a Alexandre que cortasse as árvores existentes em área de preservação ambiental. O corte, determinado por Michel, foi realizado por Alexandre, este sim, autor da conduta criminosa; **C:** incorreta. De fato, pela teoria objetivo-formal, Michel seria considerado partícipe do fato criminoso, já que, não tendo concretizado a ação nuclear do tipo penal, determinou que tal ocorresse, sendo considerado, à luz da teoria restritiva, partícipe. A aplicação da teoria do domínio do fato não colocaria Michel na posição de autor da conduta, já que, ainda que dele tenha emanado a ordem para cortar as árvores, não é possível afirmar que ele detinha pleno controle da situação, pressuposto para a incidência da teoria do domínio do fato; **D:** correta, pelas razões expostas no comentário anterior.

Gabarito "D".

3. CRIMES CONTRA A ORDEM TRIBUTÁRIA

(Delegado de Polícia Federal – 2021 – CESPE) Com base na Lei 7.492/1986, que diz respeito aos crimes contra o Sistema Financeiro Nacional, e na Lei 8.137/1990, que se refere aos crimes contra a ordem econômica, tributária e as relações de consumo, julgue os itens que se seguem.

(1) É vedada a intercepção de comunicações telefônicas no caso de crime de operação de câmbio não autorizada com o objetivo de promover a evasão de divisas, em decorrência das penas cominadas para o crime.

(2) Todos os crimes cometidos contra o sistema financeiro nacional que estiverem previstos na Lei 7.492/1986 são de competência da justiça federal.

(3) A gestão fraudulenta e a gestão temerária de instituição financeira são crimes afiançáveis.

(4) Os crimes contra a ordem tributária, a ordem econômica e as relações de consumo previstos na Lei 8.137/1990 submetem-se à ação penal pública incondicionada.

(5) A Súmula Vinculante 24 do STF – que dispõe que não se tipifica crime material contra a ordem tributária, conforme previsto no art. 1º, incisos I a IV, da Lei 8.137/1990, antes do lançamento definitivo do tributo – não pode ser aplicada a fatos anteriores a sua edição.

(6) A jurisprudência dos tribunais superiores não admite mitigação da Súmula Vinculante 24 do STF.

1: Errado. O crime de operação de câmbio não autorizada com o objetivo de promover a evasão de divisas está tipificado no art. 22, *caput*, da Lei 7.492/1986, cujo preceito secundário estabelece como pena cominada *reclusão* de 2 a 6 anos e multa. Pois bem. Considerando que, a teor do art. 2º, III, da Lei 9.296/1996, a interceptação de comunicações telefônicas somente é permitida na hipótese de fato objeto da investigação constituir infração penal punida com reclusão, é incorreto afirmar-se que tal medida é vedada nesta hipótese. Dito de outro modo, pelo fato de a pena aqui prevista ser de reclusão, preenchido o requisito que se refere à pena para a decretação da interceptação telefônica. **2:** Certo. De fato, os crimes contra o Sistema Financeiro Nacional, definidos na Lei 7.492/1986, são de competência da Justiça Federal, tal como estabelecem os arts. 26, *caput*, da lei de regência e 109, VI, da CF, regra em relação à qual a jurisprudência é pacífica. Nesse sentido, conferir o seguinte julgado proferido pelo STF: RE 93.733-RJ, 1ª T., rel. Carlos Brito, 17.06.2008. **3:** Certo. Segundo estabelece o art. 31 da Lei 7.492/1986, nos crimes contra o sistema financeiro nacional apenados com reclusão, desde que presentes os requisitos autorizadores da custódia preventiva, o réu não poderá prestar fiança tampouco apelar em liberdade, ainda que primário e de bons antecedentes. **4:** Certo. Segundo estabelece o art. 15 da Lei 8.137/1990, os delitos nela previstos são de ação penal pública incondicionada. **5:** Errado. Conferir: "O Supremo Tribunal Federal tem admitido a aplicação da Súmula Vinculante 24 a fatos anteriores a sua edição, porquanto o respectivo enunciado apenas sintetiza a jurisprudência dominante desta Corte e, dessa forma, não pode ser considerada como retroação de norma mais gravosa ao réu" (STF, ARE 1053709 AgR, Relator(a): Min. RICARDO LEWANDOWSKI, Segunda Turma, Julgamento: 16/03/2018, Publicação: 27/03/2018). **6:** Errado. "Não obstante a jurisprudência pacífica quanto ao termo inicial dos crimes contra a ordem tributária, o Supremo Tribunal Federal tem decidido que a regra contida na Súmula Vinculante 24 pode ser mitigada de acordo com as peculiaridades do caso concreto, sendo possível dar início à persecução penal antes de encerrado o procedimento administrativo, nos casos de embaraço à fiscalização tributária ou diante de indícios da prática de outros delitos, de natureza não fiscal" (STF, ARE 936653 AgR, Relator Min. ROBERTO BARROSO, Primeira Turma, Julgamento: 24/05/2016, Publicação: 14/06/2016).

Gabarito 1E, 2C, 3C, 4C, 5E, 6E

(Promotor de Justiça/SP – 2019 – MPE/SP) Assinale a alternativa **INCORRETA**.

(A) O crime de vender mercadoria em condições impróprias ao consumo, previsto no artigo 7º, inciso IX, da Lei 8.137/90, é punido a título de dolo e de culpa.

(B) Nos crimes contra a ordem econômica e as relações de consumo previstos na Lei 8.137/90, constitui causa de aumento de pena ser o crime praticado em

relação à prestação de serviços ou ao comércio de bens essenciais à vida ou à saúde.
(C) Nos crimes ambientais, previstos na Lei 9.605/98, o arrependimento do infrator, desde que manifestado pela espontânea reparação do dano, ou limitação significativa da degradação ambiental causada, constitui circunstância atenuante genérica.
(D) Nos crimes funcionais contra a ordem tributária previstos na Lei 8.137/90, constitui causa de aumento de pena ser o crime cometido por servidor público no exercício de suas funções.
(E) Somente há justa causa para a persecução penal pela prática de crime material previsto no artigo 1º da Lei 8.137/90 com o advento do lançamento definitivo do crédito tributário.

A: correta. O elemento subjetivo do crime definido no art. 7º, IX, da Lei 8.137/1990 é representado pelo *dolo*, havendo previsão expressa de punição na forma *culposa* (art. 7º, parágrafo único, da Lei 8.137/1990); **B:** correta. De fato, o art. 12, III, da Lei 8.137/1990 estabelece causa de aumento de pena, da ordem de um terço até metade, na hipótese de os crimes ali definidos serem praticados em relação à prestação de serviços ou ao comércio de bens essenciais à vida ou à saúde; **C:** correta, pois reflete o disposto no art. 14, II, da Lei 9.605/1998; **D:** incorreta, uma vez que o art. 12, II, da Lei 8.137/1990, que determina aumento de pena na hipótese de o crime ser cometido por servidor público no exercício de suas funções, não tem incidência (nem poderia ter) nos crimes funcionais contra a ordem tributária (art. 3º da Lei 8.137/1990). O art. 12, *caput*, da Lei 8.137/1990, como não poderia deixar de ser, não fez referência ao art. 3º da Lei 8.137/1990; e o fizesse, configurado estaria o *bis in idem*, na medida em que ser funcionário público constitui elementar dos crimes definidos no art. 3º da Lei 8.137/1990; **E:** correta, já que reflete o entendimento consolidado na Súmula Vinculante 24: "Não se tipifica crime material contra a ordem tributária, previsto no art. 1º, I a IV, da Lei 8.137/1990, antes do lançamento definitivo do tributo". ED
Gabarito "D".

4. CRIMES DE TRÂNSITO

(Escrivão – PC/GO – AOCP – 2023) É considerado crime de trânsito previsto no Código de Trânsito Brasileiro:
(A) dirigir o veículo usando calçado que não se firme nos pés ou que comprometa a utilização dos pedais.
(B) inovar artificiosamente, em caso de acidente automobilístico com vítima, na pendência do respectivo procedimento policial preparatório, inquérito policial ou processo penal, o estado de lugar, de coisa ou de pessoa, a fim de induzir a erro o agente policial, o perito, ou juiz.
(C) utilizar as luzes do veículo, o pisca-alerta, exceto em imobilizações ou situações de emergência.
(D) deixar de manter acesas, à noite, as luzes de posição, quando o veículo estiver parado, para fins de embarque ou desembarque de passageiros e carga ou descarga de mercadorias.
(E) transportar, em veículo destinado ao transporte de passageiros, carga excedente em desacordo com o estabelecido em regulamento.

A única alternativa que contém crime de trânsito é a "B", que corresponde ao delito previsto no art. 312 do Código de Trânsito Brasileiro (Lei 9.503/1997). ED
Gabarito "B".

(Juiz de Direito/SP – 2021 – Vunesp) Ao levar sua namorada para casa, Tácio atropela uma pessoa e foge, sem prestar-lhe socorro. Em razão do ocorrido, a vítima morre algumas semanas depois.

Nessa hipotética situação, é correto afirmar que
(A) Tácio responderá pelo delito de homicídio culposo no trânsito, em concurso material com o delito de omissão de socorro, ambos previstos no Código de Trânsito.
(B) Tácio e sua namorada responderão pelo delito de homicídio culposo no trânsito, com a incidência da causa de aumento em razão da omissão de socorro prevista no Código de Trânsito.
(C) Tácio e sua namorada responderão pelo delito de homicídio culposo no trânsito, em concurso material com o delito de omissão de socorro, este último previsto no Código Penal.
(D) Tácio responderá pelo delito de homicídio culposo no trânsito, com a incidência da causa de aumento em razão da omissão de socorro prevista no Código de Trânsito.

O enunciado não deixa claro se o atropelamento decorreu de culpa de Tácio. De duas uma: se o atropelamento decorreu de negligência ou imprudência de Tácio, este deverá ser responsabilizado pelo crime de homicídio culposo de trânsito (art. 302, CTB); se, ao atropelar e matar a vítima, Tácio não incorreu em culpa, em qualquer de suas modalidades, não é o caso de imputar-lhe o crime do art. 302 do CTB. Seja como for, tendo atuado com culpa ou não, a fuga de Tácio do local do acidente acarretar-lhe-á responsabilidade criminal, que está a depender do fato de ele ter ou não agido com culpa no evento. Explico. Se consideramos que Tácio foi o causador do acidente (agiu com culpa), deverá ele responder pelo crime de homicídio de trânsito com a incidência da causa de aumento prevista no art. 302, § 1º, III, do CTB. Perceba que a organizadora considerou que ele foi o culpado pelo acidente; agora, se Tácio, embora tenha atropelado e matado a vítima, não agiu com culpa no evento, deverá ele somente responder pelo crime previsto no art. 304 do CTB (omissão de socorro). Somente incorrerá nas penas do crime do art. 135 do CP (omissão de socorro) aquele que não se envolveu no acidente de trânsito e deixou de prestar socorro imediato às vítimas ou de solicitar auxílio de autoridades públicas. A alternativa dada como correta considera que Tácio foi o culpado pelo acidente do qual decorreu a morte da vítima, devendo ser responsabilizado pelo crime de homicídio culposo no trânsito, com a incidência da causa de aumento em razão da omissão de socorro prevista no Código de Trânsito. ED
Gabarito "D".

(Juiz de Direito – TJ/RJ – 2019 – VUNESP) Aquele que conduz veículo automotor sob a influência de álcool ou de qualquer outra substância psicoativa que determine dependência e, nessas condições, causa morte de terceiro por imprudência responde por
(A) homicídio culposo na direção de veículo automotor e embriaguez ao volante, em concurso formal.
(B) homicídio culposo na direção de veículo automotor, qualificado.
(C) homicídio culposo na direção de veículo automotor e embriaguez ao volante, em concurso material.
(D) homicídio doloso, na modalidade dolo eventual e embriaguez ao volante, em concurso formal.
(E) homicídio doloso, na modalidade dolo eventual e embriaguez ao volante, em concurso material.

O agente que, no homicídio culposo cometido na direção de veículo automotor, estiver sob a influência de álcool ou de qualquer outra substância psicoativa que determine dependência, incorrerá na forma qualificada prevista no art. 302, § 3º, do CTB (dispositivo incluído pela Lei 13.546/2017). Embora não tenha repercussão na resolução desta questão, é importante o registro de que, com o advento da Lei 14.071/2020, publicada em 14/10/2020, foi introduzido o art. 312-B na Lei 9.503/1997 (Código de Trânsito Brasileiro), segundo o qual aos crimes previstos no § 3º do art. 302 e no § 2º do art. 303 deste Código não se aplica o disposto no inciso I do caput do art. 44 do Decreto-Lei nº 2.848, de 7 de dezembro de 1940 (Código Penal). Assim, veda-se a substituição da pena privativa de liberdade por restritiva de direitos quando o crime praticado for: homicídio culposo de trânsito qualificado pela embriaguez (art. 302, § 3º, do CTB) e lesão corporal de trânsito qualificada pela embriaguez (art. 303, § 2º, do CTB). ED

Gabarito "B".

(Promotor de Justiça/PR – 2019 – MPE/PR) Assinale das alternativas abaixo a única que não é considerada causa de aumento de pena para o autor do crime de homicídio culposo na direção de veículo automotor:

(A) Não possuir Carteira de Habilitação.
(B) Praticar o crime em faixa de pedestres.
(C) Deixar de prestar socorro, quando possível fazê-lo sem risco pessoal, à vítima do acidente.
(D) Estar com sua Carteira de Habilitação suspensa.
(E) No exercício de sua profissão ou atividade, estiver conduzindo veículo de transporte de passageiros.

A: causa de aumento de pena prevista no art. 302, § 1º, I, da Lei 9.503/1995; **B:** causa de aumento de pena prevista no art. 302, § 1º, II, da Lei 9.503/1995; **C:** causa de aumento de pena prevista no art. 302, § 1º, III, da Lei 9.503/1995; **D:** correta. Hipótese não contemplada no art. 302, § 1º, do CTB como causa de aumento de pena para o autor do crime de homicídio culposo na direção de veículo automotor; **E:** causa de aumento de pena prevista no art. 302, § 1º, IV, da Lei 9.503/1995. ED

Gabarito "D".

5. ESTATUTO DO DESARMAMENTO

(Escrivão – PC/GO – AOCP – 2023) Considera-se crime equiparado ao de posse ou porte ilegal de arma de fogo de uso restrito, com pena de 3 (três) a 6 (seis) anos de reclusão:

(A) disparar arma de fogo ou acionar munição em lugar habitado ou em suas adjacências, em via pública ou em direção a ela, desde que essa conduta não tenha como finalidade a prática de outro crime.
(B) deixar de observar as cautelas necessárias para impedir que menor de 18 (dezoito) anos ou pessoa portadora de deficiência mental se apodere de arma de fogo que esteja sob sua posse ou que seja de sua propriedade.
(C) deixar o diretor responsável de empresa de segurança e transporte de valores de registrar ocorrência policial e de comunicar à Polícia Federal perda, furto, roubo ou outras formas de extravio de arma de fogo, acessório ou munição que esteja sob sua guarda, nas primeiras 24 (vinte e quatro) horas depois de ocorrido o fato.
(D) vender, entregar ou fornecer, ainda que gratuitamente, arma de fogo, acessório, munição ou explosivo a criança ou adolescente.
(E) vender ou entregar arma de fogo, acessório ou munição, sem autorização ou em desacordo com a determinação legal ou regulamentar, a agente policial disfarçado, quando presentes elementos probatórios razoáveis de conduta criminal preexistente.

A solução desta questão deve ser extraída do art. 16, § 1º, V, da Lei 10.826/2003, que assim dispõe: *vender, entregar ou fornecer, ainda que gratuitamente, arma de fogo, acessório, munição ou explosivo a criança ou adolescente.* ED

Gabarito "D".

6. CRIME ORGANIZADO

(Juiz – TRF 2ª Região – 2017) Tício era Diretor do Banco Reco S.A., instituição regulamente constituída e autorizada a funcionar. Entre 2011 e 2012, Tício, juntamente com outros diretores, praticou gestão fraudulenta e fraudes que simulavam empréstimos milionários não pagos, inventando a existência de créditos, lançados no balanço e demonstrativos do Banco. Todavia, Tício decide revelar os crimes praticados e procura Delegado de Polícia Federal. Instaurado inquérito, Tício identifica os coautores e partícipes, indicando a conduta e a divisão de tarefas entre os fraudadores. Afirmando-se a inexistência de valores produzidos pela fraude, não houve reparação financeira. O Delegado de Polícia lavra acordo de colaboração premiada (Lei nº 12.850/2013) e, diante da colaboração de Tício, assistido todo o tempo por advogado, insere cláusula prevendo o perdão judicial, de modo que Tício não sofra pena. O acordo é enviado ao juiz natural que, ouvido o Ministério Público, o homologa. Ajuizada a ação penal, um dos corréus argui a nulidade do acordo de colaboração. Entre as opções abaixo, apenas uma mostra, corretamente, vício de legalidade existente no acordo. Assinale-a:

(A) Somente o Ministério Público possui a iniciativa de propor a colaboração premiada.
(B) A Lei nº 12.850/2013 não prevê a possibilidade de que o criminoso colaborador deixe de receber punição.
(C) A Lei nº 12.850/2013 não se aplica aos crimes praticados antes de sua entrada em vigor.
(D) A Lei nº 12.850/2013 não se aplica aos crimes praticados por Tício.
(E) Não houve recuperação financeira.

A: incorreta. Além do Ministério Público, a autoridade policial também está credenciada a firmar, nos autos do inquérito, acordo de colaboração premiada, hipótese em que o MP, na qualidade de titular da ação penal, deverá ser ouvido (art. 4º, § 2º, da Lei 12.850/2013), dispositivo este reconhecido como constitucional pelo STF; **B:** incorreta. O art. 4º, § 2º, da Lei 12.850/2013 contempla a hipótese em que ao colaborador é concedido o perdão judicial, não havendo que se falar, neste caso, em punição; **C:** incorreta. Isso porque as medidas de natureza processual penal contempladas na Lei 12.850/2013 (colaboração premiada, ação controlada, infiltração etc.) podem, sim, ser aplicadas a crimes praticados antes de essa lei entrar em vigor. Exemplo emblemático e a chamada Operação *Lava-Jato*, em que tais instrumentos de investigação vêm sendo aplicados a fatos ocorridos antes do advento da Lei 12.850/2013; **D:** correta. Não se aplica porque, ao tempo em que foram praticados os crimes narrados no enunciado, inexistia o tipo *organização criminosa*. Esse foi o entendimento adotado pela banca examinadora; **E:** incorreta. Não há tal previsão legal. ED

Gabarito "D".

7. CRIME DE TORTURA

(Juiz de Direito – TJM/SP – VUNESP – 2016) Considere a seguinte situação hipotética: João, agente público, foi processado e, ao final, condenado à pena de reclusão, por dezenove anos, iniciada em regime fechado, pela prática do crime de tortura, com resultado morte, contra Raimundo. Nos termos da Lei 9.455, de 7 de abril de 1997, essa condenação acarretará a perda do cargo, função ou emprego público

(A) e a interdição para seu exercício pelo dobro do prazo da pena aplicada.
(B) e a interdição para seu exercício pelo triplo do prazo da pena aplicada.
(C) e a interdição para seu exercício pelo tempo da pena aplicada.
(D) desde que o juiz proceda à fundamentação específica.
(E) como efeito necessário, mas não automático.

À luz do que estabelece o art. 1º, § 5º, da Lei 9.455/1997 (Lei de Tortura), além de acarretar a perda do cargo, função ou emprego público, a condenação implicará ainda a interdição para seu exercício pelo dobro do prazo da pena aplicada. Outrossim, a perda, dado que fundada diretamente em lei, é *automática*, sendo desnecessário, pois, que o juiz expressamente a ela faça menção na sentença condenatória. Assim, uma vez operado o trânsito em julgado da decisão, deverá a Administração promover a exclusão do servidor condenado.
Gabarito "A".

(Promotor de Justiça/GO – 2016 – MPE) De acordo com a Lei de Tortura, assinale a alternativa correta:

(A) Há crime de tortura quando o constrangimento, exercido mediante violência que causa intenso sofrimento físico, se opera em razão de discriminação pela orientação sexual (art. 1º, inc. I, alínea c).
(B) Movido por instinto de vingança e sadismo, Josef K., funcionário de um banco, constrangeu, com o emprego de violência, o juiz que outrora havia decretado sua injusta prisão e causou-lhe intenso sofrimento físico. A conduta de Josef K. não constitui crime de tortura.
(C) Conforme o § 5º do art. 1º da Lei de Tortura, a condenação criminal transitada em julgado, acarretará, automaticamente, a perda do cargo, função ou emprego público, a cassação da aposentadoria e a interdição para seu exercício pelo dobro do prazo da pena aplicada.
(D) Compete à Justiça Castrense o processo e o julgamento do crime de tortura praticado por policial militar em serviço.

A: incorreta, já que o dispositivo a que faz referência a assertiva não contemplou a discriminação em razão da orientação sexual; **B:** correta, já que a conduta levada a efeito por Josef K. não se enquadra em nenhum dos tipos penais de tortura previstos na Lei 9.455/1997; **C:** incorreta. É que a cassação da aposentadoria não foi incluída no rol do dispositivo citado na assertiva; **D:** incorreta. A competência é da Justiça Comum. Conferir: "Configurado o crime de tortura, não há que se falar em nulidade do feito por incompetência da Justiça comum, pois a jurisprudência do Superior Tribunal de Justiça já firmou o entendimento de que "o crime de tortura é crime comum, sem correspondência no Código Penal Militar. Portanto, não cabe ser julgado perante a Justiça especializada, mas sim na Justiça Comum" (STJ, AgRg no AREsp 17.620/DF, Rel. Ministro Rogerio Schietti Cruz, Sexta Turma, julgado em 24.05.2016, *DJe* 06.06.2016).
Gabarito "B".

8. CRIMES DO ESTATUTO DA CRIANÇA E DO ADOLESCENTE

(Delegado/GO – 2017 – CESPE) Com base no disposto no ECA, assinale a opção correta.

(A) Cabe à autoridade judiciária ou policial competente a aplicação das medidas específicas de proteção relacionadas no ECA, mediante prévia notificação do conselho tutelar.
(B) É cabível a aplicação de medida socioeducativa de internação ao penalmente imputável com idade entre dezoito e vinte e um anos e que era menor à época da prática do ato infracional.
(C) Não há prazo mínimo para o cumprimento da liberdade assistida fixada pelo ECA, sendo o limite fixado de acordo com a gravidade do ato infracional e as circunstâncias de vida do adolescente.
(D) O crime de corrupção de menores se consuma quando o infrator pratica infração penal com o menor ou o induz a praticá-la, sendo imprescindível, para sua configuração, a prova da efetiva corrupção do menor.
(E) O ECA prevê expressamente os prazos de prescrição das medidas socioeducativas.

A: incorreta. De acordo com o art. 136, I, do ECA, caberá ao Conselho Tutelar a aplicação das medidas protetivas indicadas nos incisos I a VII do art. 101. A autoridade policial não poderá aplicar medidas de proteção a crianças e adolescentes; **B:** correta. Perfeitamente possível a aplicação de medidas socioeducativas a adolescentes que tenham cometido ato infracional equiparado a crime ou contravenção. Especificamente no tocante à medida de internação, o art. 121, § 5º, do ECA é textual ao prever a liberação compulsória do agente aos vinte e um anos de idade. Portanto, se o ato infracional houver sido praticado por adolescente (doze anos completos a dezoito anos incompletos), eventual decretação da medida socioeducativa de internação poderá ocorrer quando já atingida a maioridade. A inimputabilidade pela menoridade será aferida no momento da prática do ato infracional, e não quando da aplicação da medida socioeducativa (art. 27 do CP e art. 104, parágrafo único, do ECA). Nesse sentido, a Súmula 605, do STJ; **C:** incorreta, pois o art. 118, § 2º, do ECA, prevê o prazo mínimo de duração de seis meses para a liberdade assistida; **D:** incorreta. De acordo com a Súmula 500 do STJ, "*A configuração do crime previsto no artigo 244-B do Estatuto da Criança e do Adolescente independe da prova da efetiva corrupção do menor, por se tratar de delito formal*.; **E:** incorreta. O ECA não prevê o prazo de prescrição das medidas socioeducativas, regulada, portanto, pelo Código Penal. Esse é o teor da Súmula 338 do STJ: *A prescrição penal é aplicável nas medidas socioeducativas*.
Gabarito "B".

9. CRIMES DE ABUSO DE AUTORIDADE

(Escrivão – PC/GO – AOCP – 2023) Josué, delegado de polícia em plantão noturno na Delegacia de Anápolis-GO, percebe a chegada de dois policiais militares conduzindo uma pessoa presa em flagrante por crime ambiental. Após inquirir oficialmente os milicianos, inicia o interrogatório da pessoa capturada, mas ela informa que deseja se manter em silêncio. Os policiais militares se incomodam e iniciam constrangimento para que a pessoa responda às perguntas de Josué, quando este relembra os milicianos que o interrogatório forçado é crime de abuso de autoridade. Sobre esse tema, assinale a alternativa correta.

(A) Josué está equivocado, pois só haveria crime de abuso de autoridade se ele constrangesse a depor, sob ameaça de prisão, pessoa que, em razão de função, ministério, ofício ou profissão, deva guardar segredo ou resguardar sigilo.
(B) Josué não poderia proceder ao interrogatório da pessoa capturada em flagrante delito durante repouso noturno.
(C) Conforme a Lei de Abuso de Autoridade, não é crime interrogar pessoa que tenha optado por ser assistida por advogado ou defensor público sem a presença de seu patrono.
(D) Josué está correto, pois é crime de abuso de autoridade prosseguir com o interrogatório de pessoa que tenha decidido exercer o direito ao silêncio.
(E) A Lei de Abuso de Autoridade veda penas restritivas de direitos substitutivas das privativas de liberdade.

Aquele que dá sequência a interrogatório de pessoa que tenha manifestado o desejo de exercer o direito ao silêncio incorrerá no delito do art. 15, parágrafo único, I, da Lei 13.869/2019, que define os crimes de abuso de autoridade. **Gabarito "D".**

10. VIOLÊNCIA DOMÉSTICA

(Juiz de Direito – TJ/SC – 2024 – FGV) Giles, ex-namorado de Hildebranda, ao tomar conhecimento de que ela está em um novo relacionamento amoroso, movido pelo ciúme, decide dar-lhe uma surra e, para tanto, convida-a a ir ao seu apartamento, sob o pretexto de que gostaria de lhe devolver alguns pertences pessoais, deixados por ela no imóvel. Acreditando na sinceridade do convite, Hildebranda comparece ao local, onde Giles a agride, desferindo-lhe socos no rosto. Ela vem então a ser hospitalizada, em decorrência dos ferimentos sofridos, sobrevindo alta médica dois dias depois.
Diante do caso narrado, Giles deverá responder por:

(A) lesão corporal grave, com incidência das circunstâncias agravantes da dissimulação e das consequências do crime (hospitalização da vítima).
(B) lesão corporal leve, com incidência das circunstâncias agravantes da dissimulação e de ter sido o crime cometido com violência contra a mulher, na forma da lei específica.
(C) lesão corporal qualificada pela violência doméstica, sopesando-se em desfavor do réu as circunstâncias judiciais da dissimulação e das consequências do crime (hospitalização da vítima).
(D) lesão corporal qualificada pela violência doméstica, sopesando-se em desfavor do réu a circunstância judicial das consequências do crime (hospitalização da vítima), com incidência da circunstância agravante da dissimulação.
(E) lesão corporal grave, com a pena aumentada pela violência doméstica, sopesando-se em desfavor do réu a circunstância judicial das consequências do crime (hospitalização da vítima), com incidência das circunstâncias agravantes da dissimulação e de ter sido o crime cometido com violência contra a mulher, na forma da lei específica.

Cuida-se do crime de lesão corporal qualificada pela violência doméstica, tipificado no art. 129, § 13, do CP ("se a lesão for praticada contra a mulher, por razões da condição do sexo feminino..."), incluindo a agravante genérica prevista no art. 61, II, c, do CP ("ter o agente cometido o crime à traição, de emboscada ou mediante dissimulação, ou outro recurso que dificultou ou tornou impossível a defesa do ofendido"). Ademais, deverá ser sopesado em desfavor do agente a circunstância judicial das consequências do crime (hospitalização da vítima). **Gabarito "D".**

(Juiz de Direito – TJ/DFT – 2023 – CEBRASPE) Julgue os itens a seguir, relativos aos crimes de violência doméstica.

I. Para a configuração do crime de violência doméstica, é necessária coabitação entre o autor e a vítima.
II. Não se aplicam aos crimes de violência doméstica contra mulher os dispositivos da Lei nº 9.099/1995 (Lei dos Juizados Especiais).
III. Nos casos de crimes de lesões corporais leves e culposas, a ação penal é condicionada à representação.

Assinale a opção correta.

(A) Nenhum item está certo.
(B) Apenas o item I está certo.
(C) Apenas o item II está certo.
(D) Apenas o item III está certo.
(E) Todos os itens estão certos.

I: incorreto, uma vez que em desconformidade com o que dispõe o art. 5º, III, da Lei Maria da Penha. Assim entende o STJ, segundo o qual a aplicação da Lei Maria da Penha (Lei 11.340/2006) será possível independentemente de coabitação entre agressor e vítima, bastando que estejam presentes as hipóteses de seu art. 5º, entre os quais não se insere a coabitação. Nesse sentido: STJ, HC 115857/MG, 6ª Turma, j. 16.12.2008, rel. Min. Jane Silva (desembargadora convocada do TJ/MG, DJe 02.02.2009). Consolidando tal entendimento, o STJ editou a Súmula 600; II: certo. De fato, os crimes (e também as contravenções) praticados com violência doméstica contra a mulher não se submetem à disciplina da Lei 9.099/1995, conforme estabelece o art. 41 da Lei 11.340/2006 (Maria da Penha), cuja constitucionalidade, outrora questionada, foi confirmada pelos tribunais superiores. Conferir: "Violência doméstica – Art. 41 da Lei 11.340/06 – Alcance. O preceito do artigo 41 da Lei 11.340/06 alcança toda e qualquer prática delituosa contra a mulher, até mesmo quando consubstancia contravenção penal, como é a relativa a vias de fato. Violência doméstica – Artigo 41 da Lei 11.340/06 – Afastamento da Lei 9.099/95 – Constitucionalidade. Ante a opção político-normativa prevista no art. 98, inciso I, e a proteção versada no art. 226, § 8º, ambos da Constituição Federal, surge harmônico com esta última o afastamento peremptório da Lei nº 9.099/95 – mediante o artigo 41 da Lei 11.340/2006 – no processo-crime a revelar violência contra a mulher" (HC 106212, Marco Aurélio, STF); III: incorreto (art. 16 da Lei 11.340/2006). É que o STF, ao julgar a ADIN nº 4.424, de 09.02.2012, entendeu ser incondicionada a ação penal em caso de crime de lesão corporal praticado contra a mulher no ambiente doméstico. A atuação do MP, nesses casos, portanto, prescinde da anuência da vítima, entendimento consagrado na Súmula n. 542 do STJ. **Gabarito "C".**

(Delegado/RJ – 2022 – CESPE/CEBRASPE) No dia 16 de janeiro de 2021, por volta das 03:45 h, no interior de uma boate situada na Zona Sul do Rio de Janeiro, João ofendeu a integridade física de Simone, tendo-lhe desferido um soco no rosto, o que causou lesões corporais nela. A vítima e o agressor haviam mantido um relacionamento amoroso no passado, cerca de dois anos antes da data da agressão, a qual fora motivada por questões ligadas ao término do relacionamento.

Com relação a essa situação hipotética, assinale a opção correta.

(A) Houve crime de lesão corporal, sem o reconhecimento da violência doméstica, porquanto agressor e vítima já não mais tinham envolvimento amoroso.
(B) Caso Simone e João reatem o relacionamento, ocorrerá a extinção da punibilidade do crime praticado por ele.
(C) A agressão citada, por ter ocorrido em decorrência do relacionamento entre vítima e agressor, apesar de tal vínculo ter cessado, caracteriza violência doméstica, conforme hipótese prevista no inciso III do art. 5.º da Lei n.º 11.340/2006.
(D) O agressor cometeu crime de injúria real.
(E) João cometeu os crimes de lesão corporal e de tentativa de feminicídio, em concurso de crimes.

A: incorreta, já que, por força do art. 5º, III, da Lei Maria da Penha, configura violência doméstica a agressão praticada por agente que convivia ou ainda *tenha convivido* com o vítima; **B:** incorreta. Trata-se de previsão não contida em lei. A propósito, a ação penal, neste caso, é pública incondicionada, de forma que o MP não depende da manifestação de vontade da vítima para processar o seu agressor (Súmula 542, STJ); **C:** correta (art. 5º, III, da Lei Maria da Penha); **D:** incorreta. Pelo que consta do enunciado, a vítima sofreu lesões corporais, devendo ser imputado ao seu agressor o crime do art. 129 do CP; **E:** incorreta. Não há, no enunciado, nenhuma informação que permita concluir pelo cometimento do crime de tentativa de feminicídio. Atenção: após a vigência da Lei 14.994/2024 o feminicídio tornou-se crime autônomo previsto no art. 121-A do CP, configura o crime a conduta de matar mulher por razões da condição do sexo feminino. Nos termos da própria Lei, deve-se reconhecer a existência dessas razões se o crime envolve violência doméstica ou familiar ou menosprezo ou discriminação à condição de mulher (§ 1º, I e II). A mesma Lei definiu o crime de feminicídio como hediondo (art. 1º, I-B da Lei 8.072/1990). ED/PB
Gabarito "C".

(Delegado/RJ – 2022 – CESPE/CEBRASPE) Em 5/11/2017, Renata, com 25 anos de idade, foi agredida por seu companheiro, Jefferson, de 30 anos de idade, pai de sua filha, de 2 anos de idade. Em razão dessa conduta, foi aplicada, judicialmente, a medida protetiva de urgência de afastamento do lar e de proibição de aproximação da ofendida.

Em 10/12/2017, Jefferson foi ao domicílio de Renata, a fim de reatar o relacionamento. Consternado por não ter tido seu ingresso autorizado, permaneceu diante da casa dela, gritando e batendo no portão, para que ela abrisse. Então, Renata acionou a polícia militar, e Jefferson foi conduzido à delegacia de polícia. O juizado de violência doméstica e familiar contra a mulher foi comunicado da violação, tendo sido acrescida a medida protetiva de proibição de contato com a ofendida por qualquer meio de comunicação.

Em 15/7/2018, Renata telefonou para Jefferson e disse que a filha estava doente, pedindo para ver o pai, e perguntou se ele poderia ir até sua residência para vê-la, o que foi atendido por Jefferson. Ao chegar à casa e observar que a filha estava com febre alta, Jefferson acusou Renata de não estar cuidando corretamente da criança. Iniciou-se, então, uma discussão entre eles. Finalmente, Renata pediu que Jefferson se retirasse do local e cumprisse a ordem judicial de afastamento, o que foi acatado por ele.

Tendo como referência essa situação hipotética e a jurisprudência do STJ acerca da violação de medida protetiva de urgência prevista na Lei n.º 11.340/2006, assinale a opção correta.

(A) Jefferson deverá responder pelo crime de desobediência (art. 330 do Código Penal).
(B) Jefferson não poderá ser responsabilizado pela violação da medida protetiva de urgência, devido à extinção da punibilidade pela prescrição da pretensão penal.
(C) Jefferson deverá responder pelo crime de desobediência à decisão judicial sobre perda ou suspensão de direito (art. 359 do Código Penal).
(D) Jefferson deverá ser responsabilizado pelo crime de descumprir decisão judicial que defere medidas protetivas de urgência (art. 24-A da Lei n.º 11.340/2006).
(E) Jefferson não poderá ser responsabilizado pela violação da medida protetiva de urgência, devido à atipicidade penal.

Em 10/12/2017, quando descumpriu medida protetiva de urgência que lhe foi imposta, a conduta de Jefferson não configurava crime algum, nem o de desobediência, segundo entendiam os tribunais, já que havia, na hipótese de recalcitrância do agente em cumprir a medida protetiva, consequências de outra ordem, como a possibilidade de decretação de prisão preventiva e requisição de força policial para fazer valer a decisão judicial. A conduta levada a efeito por Jefferson somente passou a ser crime com o advento da Lei 13.641/2018, que inseriu na Lei Maria da Penha o art. 24-A, que contempla, como crime, a conduta do agente que descumpre decisão judicial que defere medida protetiva de urgência prevista em lei, sujeitando-o à pena de detenção de 3 meses a 2 anos. Posteriormente, a Lei 14.994/2024, modificou as penas cominando para esses casos pena de reclusão de dois a cinco anos e multa. Tendo em conta que o fato é anterior à mencionada Lei, este não pode ser por ela alcançado. ED/PB
Gabarito "E".

(Juiz de Direito – TJ/MS – 2020 – FCC) No tocante ao crime de lesão corporal praticado no ambiente doméstico, correto afirmar que

(A) inaplicável a suspensão condicional do processo, independentemente da condição da vítima, ainda que de natureza leve.
(B) a pena será aumentada de 1/3 (um terço), se de natureza grave, mas apenas se a vítima for mulher.
(C) não é vedada por entendimento sumulado a aplicação, em tese e para algumas situações, do chamado princípio da insignificância.
(D) a ação penal é sempre pública condicionada.
(E) incabível a suspensão condicional da pena.

A: incorreta. É fato que a suspensão condicional do processo não tem incidência no âmbito dos crimes sujeitos ao rito da Lei Maria da Penha (Súmula 536, STJ), desde que, é claro, a vítima seja mulher. O erro da alternativa está em afirmar que tal entendimento se aplica independentemente da condição da vítima; **B:** incorreta, pois o aumento de 1/3, previsto no art. 129, § 10, do CP, também incidirá quando a vítima for ascendente, descendente, irmão, cônjuge ou companheiro do agente (art. 129, § 9º, CP); **C:** correta. A Súmula 589, do STJ, veda a aplicação do princípio da insignificância nos crimes ou contravenções penais praticados contra a mulher no âmbito das relações domésticas.

O enunciado, por sua vez, se refere à lesão corporal praticada no ambiente doméstico, sem especificar se se trata de vítima homem ou mulher. Se a vítima for mulher, aplica-se a Súmula 589; se for homem, não se aplica, não sendo vedada, portanto, a incidência do princípio da insignificância; **D:** incorreta. O STF, no julgamento da ADIn nº 4.424, de 09.02.2012, estabeleceu a natureza incondicionada da ação penal nos crimes de lesão corporal, independente de sua extensão, praticados contra mulher no ambiente doméstico, entendimento esse atualmente consagrado na Súmula 542, do STJ; **E:** incorreta, já que não há tal vedação. Atenção: Após a vigência da Lei 14.188/2021 tratando-se de lesão praticada contra a mulher, por razões da condição do sexo feminino passou-se a qualificar o crime de lesão corporal, no § 13 do art. 129, elevando a pena para a de reclusão de um a quatro anos. Porém, a Lei 14.994/2024, modificou as penas do § 13, cominando para esses casos pena de reclusão de dois a cinco anos. Por fim, a mesma lei, também, modificou as penas do § 9º do art. 129 que foram majoradas para reclusão de 2 a 5 anos. ED/PB

Gabarito "C".

(Promotor de Justiça/CE – 2020 – CESPE/CEBRASPE) Conforme a Lei Maria da Penha, caracteriza forma específica de violência doméstica e familiar contra a mulher

(A) a retenção de seus documentos pessoais, o que constitui violência patrimonial.

(B) conduta que a impeça de usar método contraceptivo, o que constitui violência moral.

(C) a destruição de seus objetos e instrumentos de trabalho, o que constitui violência física.

(D) conduta que limite o exercício de seus direitos sexuais, o que constitui violência psicológica.

(E) conduta que a faça participar de relação sexual não desejada, mediante intimidação ou ameaça, o que constitui violência moral.

A: correta (art. 7º, IV, da Lei 11.340/2006); **B:** incorreta, já que se trata de violência sexual (art. 7º, III, da Lei 11.340/2006); **C:** incorreta, já que se trata de violência patrimonial (art. 7º, IV, da Lei 11.340/2006); **D:** incorreta, já que se trata de violência sexual (art. 7º, III, da Lei 11.340/2006); **E:** incorreta, já que se trata de violência sexual (art. 7º, III, da Lei 11.340/2006). ED

Gabarito "A".

(Promotor de Justiça/CE – 2020 – CESPE/CEBRASPE) No que diz respeito à assistência à mulher em situação de violência doméstica e familiar, a Lei Maria da Penha prevê

(A) a inclusão da mulher no cadastro de programas assistenciais governamentais, por prazo indeterminado.

(B) o acesso prioritário à remoção caso a vítima seja servidora pública ou funcionária de empresa privada com filiais em outras localidades.

(C) o não cabimento de fiança ao agressor preso em flagrante descumprindo medidas protetivas de urgência.

(D) a manutenção do vínculo trabalhista por até seis meses quando necessário o afastamento da vítima do seu local de trabalho.

(E) a obrigação do agressor de ressarcir custos de tratamento de saúde da vítima, inclusive ao Sistema Único de Saúde (SUS), hipótese em que fará jus à circunstância atenuante.

A: incorreta, na medida em que contraria o disposto no art. 9º, § 1º, da Lei 11.340/2006 (Maria da Penha); **B:** incorreta (art. 9º, § 2º, da Lei 11.340/2006); **C:** incorreta (art. 24-A, § 2º, da Lei 11.340/2006); **D:** correta (art. 9º, § 2º, II, da Lei 11.340/2006); **E:** incorreta (art. 9º, § 6º, da Lei 11.340/2006). ED

Gabarito "D".

(Promotor de Justiça/CE – 2020 – CESPE/CEBRASPE) Com base nas disposições da Lei Maria da Penha, é correto afirmar que

(A) os juizados de violência doméstica e familiar não têm competência para julgar ação de dissolução de união estável.

(B) os juizados de violência doméstica e familiar não têm competência para processar pretensão relacionada à partilha de bens.

(C) o juizado do domicílio ou da residência da ofendida tem competência absoluta para os processos cíveis regidos pela lei em questão.

(D) a ofendida, havendo concordância, poderá entregar intimação ao agressor, no intuito de promover maior celeridade ao ato.

(E) a competência da ação de divórcio deve ser declinada para o juízo competente em caso de violência doméstica e familiar ocorrida após o ajuizamento dessa ação.

A: incorreta, pois contraria o disposto no art. 14-A, *caput*, da Lei 11.340/2006, introduzido pela Lei 13.894/2019; **B:** correta, pois em consonância com o art. 14-A, § 1º, da Lei 11.340/2006, introduzido pela Lei 13.894/2019; **C:** incorreta, pois não reflete o disposto no art. 15 da Lei 11.340/2006; **D:** incorreta (art. 21, parágrafo único, da Lei 11.340/2006); **E:** incorreta (art. 14-A, § 2º, da Lei 11.340/2006, introduzido pela Lei 13.894/2019). ED

Gabarito "B".

(Promotor de Justiça/CE – 2020 – CESPE/CEBRASPE) Aos crimes praticados com violência doméstica e familiar contra a mulher, admite-se

(A) transação penal.

(B) pena de prestação pecuniária.

(C) suspensão condicional da pena.

(D) suspensão condicional do processo.

(E) pagamento isolado de pena de multa.

A e D: incorretas. O art. 41 da Lei Maria da Penha, cuja constitucionalidade foi reconhecida pelo STF (ADC 19, de 09.02.2012), veda a aplicação, no contexto dos crimes praticados com violência doméstica e familiar contra a mulher, das medidas despenalizadoras contempladas na Lei 9.099/1995, entre as quais a *suspensão condicional do processo* e a *transação penal*. Consolidando tal entendimento, editou-se a Súmula 536, do STJ: "A suspensão condicional do processo e a transação penal não se aplicam na hipótese de delitos sujeitos ao rito da Lei Maria da Penha"; **B e E:** incorretas. Em caso de violência doméstica e familiar contra a mulher, incabível a aplicação de penas de cesta básica ou outras de prestação pecuniária, bem como a substituição de pena que implique o pagamento isolado de multa (art. 17 da Lei 11.340/2006); **C:** correta, já que não há impedimento para a incidência da suspensão condicional da pena (*sursis*) no contexto dos crimes praticados com violência doméstica e familiar contra a mulher. Nesse sentido: "Consoante a jurisprudência desta Corte Superior, é incabível em crimes ou contravenções penais praticados em contexto de violência doméstica a aplicação de pena de cesta básica ou outra de prestação pecuniária, ainda que os delitos pelos quais o réu haja sido condenado tenham previsão alternativa de pena de multa. 3. A jurisprudência desta Corte é firme em assinalar ser possível a concessão de suspensão condicional da pena aos crimes e às contravenções penais praticados em contexto de violência doméstica, desde que preenchidos os requisitos previstos no art. 77 do Código Penal, nos termos reconhecidos na sentença condenatória restabelecida. 4. Agravo regimental não provido" (STJ, AgRg no REsp 1691667/RJ, Rel. Ministro ROGERIO SCHIETTI CRUZ, SEXTA TURMA, julgado em 02/08/2018, DJe 09/08/2018). ED

Gabarito "C".

11. ESTATUTO DA PESSOA IDOSA

(Delegado/RJ – 2022 – CESPE/CEBRASPE) Em 15/2/2022, Ernesto, com 78 anos de idade, correntista de uma instituição financeira privada, dirigiu-se à agência bancária para realizar uma transferência bancária. No local, solicitou auxílio do estagiário Carlos, de 21 anos de idade, para realizar a operação. Todavia, de posse do cartão magnético e da senha do cliente, Carlos transferiu, indevidamente, a quantia de R$ 5 mil da conta bancária de Ernesto para sua conta pessoal.

Nessa situação hipotética, segundo a jurisprudência do STJ, Carlos cometeu

(A) o crime de apropriação indébita (art. 168, § 1.º, III, do Código Penal).
(B) o crime de furto (art. 155 do Código Penal).
(C) o crime de estelionato (art. 171 do Código Penal).
(D) o crime de peculato (art. 312 do Código Penal).
(E) o crime previsto no art. 102 do Estatuto do Idoso.

Pela conduta que praticou, o estagiário Carlos deverá ser responsabilizado pelo crime do art. 102 da Lei 10.741/2003, cuja redação, a seguir transcrita, foi alterada pela Lei 14.423/2022: *Apropriar-se de ou desviar bens, proventos, pensão ou qualquer outro rendimento da pessoa idosa, dando-lhes aplicação diversa da de sua finalidade*. Na jurisprudência: "1. Para a conduta de desviar bens do idoso, prevista no art. 102 da Lei n. 10.741/2003, não há necessidade de prévia posse por parte do agente, restrita à hipótese de apropriação. 2. É evidente que a transferência dos valores da conta bancária da vítima para a conta pessoal do recorrido, mediante ardil, desviou os bens de sua finalidade. Não importa aqui perquirir qual era a real destinação desses valores, pois, independente de qual fosse, foram eles dela desviados, ao serem, por meio de fraude, transferidos para a conta do recorrido. 3. Recurso especial provido para cassar o acórdão proferido nos embargos infringentes e restabelecer a condenação, nos termos do julgado proferido na apelação" (STJ, REsp n. 1.358.865/RS, relator Ministro Sebastião Reis Júnior, Sexta Turma, julgado em 4/9/2014, DJe de 23/9/2014). **ED**
Gabarito "E".

12. CRIMES HEDIONDOS

(Delegado/GO – 2017 – CESPE) A respeito de crimes hediondos, assinale a opção correta.

(A) Embora tortura, tráfico de drogas e terrorismo não sejam crimes hediondos, também são insuscetíveis de fiança, anistia, graça e indulto.
(B) Para que se considere o crime de homicídio hediondo, ele deve ser qualificado.
(C) Considera-se hediondo o homicídio praticado em ação típica de grupo de extermínio ou em ação de milícia privada.
(D) O crime de roubo qualificado é tratado pela lei como hediondo.
(E) Aquele que tiver cometido o crime de favorecimento da prostituição ou outra forma de exploração sexual no período entre 2011 e 2015 não responderá pela prática de crime hediondo.

A: correta. De início, cumpre destacar que a tortura, o tráfico de drogas e o terrorismo, embora não sejam crimes hediondos, assim enunciados no rol do art. 1º da Lei 8.072/1990, são considerados equiparados (ou assemelhados) a hediondos, em conformidade com o que se extrai do art. 5º, XLIII, da CF. Ademais, o art. 2º, I e II, da precitada Lei 8.072/1990, expressamente dispõe que os crimes hediondos, a tortura, o tráfico de drogas e o terrorismo são insuscetíveis de anistia, graça e indulto, bem como de fiança; **B:** incorreta. Além do homicídio qualificado, que sempre será crime hediondo (art. 1º, I, segunda parte, da Lei 8.072/1990), também o será o homicídio simples, desde que praticado em atividade típica de grupo de extermínio, ainda que por uma só pessoa (art. 1º, I, primeira parte, da Lei 8.072/1990); **C:** incorreta. Embora seja hediondo o homicídio praticado em ação típica de grupo de extermínio (art. 1º, I, primeira parte, da Lei 8.072/1990), quando cometido em ação de milícia privada configurará apenas forma majorada (art. 121, § 6º, do CP); **D:** incorreta. O roubo poderá ser qualificado em duas situações: (i) se da violência resultar lesão corporal grave (art. 157, § 3º, I, do CP); (ii) se resultar morte (art. 157, II, do CP). Assim, somente o roubo qualificado pelo resultado morte (latrocínio) é considerado crime hediondo (art. 1º, II, da Lei 8.072/1990). Entretanto, após a vigência da Lei 13.964/2019, que entre outras disposições, incluiu o roubo, em determinadas circunstâncias qualificadora, como crime hediondo: quando circunstanciado pela restrição de liberdade da vítima (art. 157, § 2º, inciso V), pelo emprego de arma de fogo, de uso proibido ou restrito (art. 157, § 2º-B) ou não (art. 157, § 2º-A, inciso I), ou qualificado pelo resultado lesão corporal grave ou morte (art. 157, § 3º); **E:** incorreta. Com o advento da Lei 12.978, de 2014, foi inserido ao rol do art. 1º da Lei 8.072/1990 o crime de favorecimento da prostituição ou de outra forma de exploração sexual de criança ou adolescente ou de vulnerável (art. 218-B, caput, e §§ 1º e 2º, do CP). Portanto, a partir de 2014, o crime em comento tornou-se hediondo. **AT/PB**
Gabarito "A".

13. CRIMES RELATIVOS À LICITAÇÃO

(Procurador Federal – AGU – 2023 – CEBRASPE) Quanto aos crimes em licitações e contratos administrativos, assinale a opção correta.

(A) No crime de afastamento de licitante, é atípica a conduta de abster-se ou desistir de licitar em razão de vantagem oferecida.
(B) Em se tratando de condutas dolosas, a pena de multa não poderá ser inferior a 5% do valor do contrato licitado ou celebrado com contratação direta.
(C) O crime de violação de sigilo em licitação é punido com detenção, sem possibilidade de suspensão condicional do processo.
(D) Fornecer mercadoria falsificada, deteriorada ou com prazo de validade vencido, como se fosse verdadeira ou perfeita, configura o crime de contratação inidônea.
(E) Será isento de pena o agente que, declarado inidôneo, venha a participar da licitação, mas não celebre o contrato.

A: errada. A assertiva questiona sobre a atipicidade das condutas abster ou desistir, contidas no art. 337-K do CP (afastamento de licitante), a redação do parágrafo único dispõe que essas condutas são típicas: "Incorre na mesma pena quem se abstém ou desiste de licitar em razão de vantagem oferecida". O dispositivo protege a lisura e a regularidade das licitações públicas, visando resguardar os princípios que as regem, como o da moralidade, probidade, competividade e isonomia (vide art. 5º da Lei nº 13.144/2021) entre os licitantes, e assegurar a proposta mais vantajosa para a Administração. As condutas previstas são abster (abdicar, privar-se) de formular uma proposta ou desistir (abandonar) a proposta, com a finalidade específica de obter a vantagem oferecida. **B:** errada. De acordo com o art. 337-P do CP a pena de multa cominada aos crimes previstos no capítulo sobre os crimes em licitações e contratos administrativos seguirá a metodologia de cálculo prevista no Código Penal (arts. 49, 58 e 60) e não poderá ser inferior a 2% do valor do contrato licitado ou celebrado com contratação direta. **C:** correta: o crime de violação de sigilo em licitação está previsto no art. 337-J: "Devassar o sigilo de proposta apresentada em processo licitatório ou proporcionar a terceiro o ensejo de devassá-lo: Pena – detenção, de 2 (dois) anos a 3 (três) anos, e multa". A pena máxima prevista ao crime é de 3 anos, impedindo, assim, os benefícios da Lei nº 9.099/1995, que prevê em seu art. 61 as infrações penais de menor potencial ofensivo, aquelas que a lei comine pena máxima não superior a 2 anos, cumulada ou não com multa. **D:** errada. A conduta descrita na assertiva corresponde ao crime de fraude em licitação ou contrato, previsto no art. 337-L, II. **E:** errada. O art. 337-M, § 2º, primeira parte, aduz que "incide na mesma pena do *caput* deste artigo aquele que, declarado inidôneo, venha a participar de licitação", ou seja, a mera participação, mesmo sem a celebração do contrato administrativo torna a conduta típica. PB

Gabarito "C".

14. TEMAS COMBINADOS DA LEGISLAÇÃO EXTRAVAGANTE

(ENAM – 2024.1) Alfredo é intolerante em relação aos integrantes de uma determinada religião. Decidido a gerar medo generalizado nos fiéis, Alfredo dirigiu-se ao principal templo daquela instituição religiosa em seu Município e, durante um culto lotado, Alfredo colocou um artefato explosivo de grande impacto na porta de entrada. O artefato, porém, não explodiu.

Assinale a opção que indica, com base na hipótese narrada, o crime praticado por Alfredo.

(A) Terrorismo.
(B) Genocídio.
(C) Perigo para a vida ou a saúde de outrem.
(D) Explosão.
(E) Injúria qualificada por preconceito religioso.

Alfredo deverá ser responsabilizado por crime de terrorismo (art. 2º, Lei 13.260/2016). ED

Gabarito "A".

(Juiz de Direito – TJ/SC – 2024 – FGV) Ronaldo, Roberto, Renato e Rogério são investigados em inquérito policial em razão dos crimes de constituir organização criminosa para a prática de delitos de extorsão, de roubo e de estelionato. Ronaldo, líder da organização, resolve colaborar e inicia tratativas com o Ministério Público.

Diante desse cenário, e considerando as normas que regem o acordo de colaboração premiada, é correto afirmar que:

(A) o juiz poderá reduzir até a metade a pena de Ronaldo, ou admitir a progressão de regime ainda que ausentes os requisitos objetivos, se a colaboração for posterior à sentença;
(B) o Ministério Público poderá ter o prazo para oferecimento de denúncia suspenso por até oito meses, prorrogáveis por igual período, interrompendo-se o prazo prescricional;
(C) o juiz, ao analisar o acordo de colaboração, poderá admitir cláusula que preveja a renúncia ao direito de impugnar a decisão homologatória;
(D) o Ministério Público poderá deixar de oferecer denúncia contra Ronaldo, se a proposta de acordo referir-se à infração de cuja existência não tenha prévio conhecimento;
(E) o juiz poderá participar das negociações realizadas entre as partes para a formalização do acordo de colaboração, se o prêmio envolver o perdão judicial.

A: correta. Assertiva está de acordo com a redação do § 5º do art. 4º da Lei 12.850/2013: "se a colaboração for posterior à sentença, a pena poderá ser reduzida até a metade ou será admitida a progressão de regime ainda que ausentes os requisitos objetivos"; **B:** errada. O prazo correto para suspender o oferecimento da denúncia é por até 6 meses, de acordo com o § 3º do art. 4º da Lei 12.850/2013, que dispõe: "o prazo para oferecimento de denúncia ou o processo, relativos ao colaborador, poderá ser suspenso por até 6 (seis) meses, prorrogáveis por igual período, até que sejam cumpridas as medidas de colaboração, suspendendo-se o respectivo prazo prescricional"; **C:** errada. De acordo com a redação do § 7º-B do art. 4º: "são nulas de pleno direito as previsões de renúncia ao direito de impugnar a decisão homologatória"; **D:** errada. O MP não poderá deixar de oferecer a denúncia se o acusado for líder da organização criminosa, (inciso I, § 4º do art. 4º), de acordo com o enunciado Ronaldo é líder da organização criminosa; **E:** errada. De acordo com o teor do § 6º do art. 4º da Lei 12.850/2013, "*o juiz não participará das negociações realizadas entre as partes para a formalização do acordo de colaboração*, que ocorrerá entre o delegado de polícia, o investigado e o defensor, com a manifestação do Ministério Público, ou, conforme o caso, entre o Ministério Público e o investigado ou acusado e seu defensor" (grifo nosso). O acordo será remetido para o juiz para análise da regularidade, adequação dos benefícios pactuados, adequação dos resultados da colaboração, voluntariedade da manifestação de vontade (§ 7º). PB

Gabarito "A".

(Juiz de Direito – TJ/SC – 2024 – FGV) Cristiana foi agredida por seu marido Átila, que também a ameaçou, prevalecendo-se este das relações domésticas e de coabitação, tendo causado na ofendida lesões corporais de natureza leve. Em razão disso, foi instaurado inquérito policial, que constatou as agressões e a ameaça.

Levando-se em conta esse panorama, é correto afirmar que:

(A) o juiz poderá propor a Átila transação penal, se o Ministério Público não o fizer de maneira fundamentada;
(B) o Ministério Público poderá decretar medida protetiva de urgência, comunicando de imediato ao juiz;
(C) o juiz poderá decretar a prisão temporária de Átila a requerimento da defesa técnica de Cristiana;
(D) o Ministério Público poderá propor a Átila acordo de não persecução penal, se este não for reincidente específico;
(E) o juiz poderá conceder medida protetiva de urgência, a requerimento de Cristiana, independentemente de manifestação do Ministério Público.

A: errada. De acordo com o teor da Súmula 536 do STJ, "a suspensão condicional do processo e a transação penal não se aplicam na hipótese de delitos sujeitos ao rito da Lei Maria da Penha"; **B:** errada. O sistema acusatório é o expressamente acolhido, seja constitucionalmente (art. 5º, LV) ou na lei processual penal (art. 3º-A), ou seja, as funções de acusar, defender, e julgar são atribuídas a pessoas distintas e, não é dado ao juiz iniciar o processo (*ne procedat judez ex officio*). Na Lei 11.340/2006, no art. 19, determina o requerimento do MP ou da ofendida, "as medidas protetivas de urgência poderão ser concedidas pelo juiz, a requerimento do Ministério Público ou a pedido da ofendida"; **C:** errada. Conforme estabelecido no art. 20 da Lei 11.340/2006, "em qualquer fase do inquérito policial ou da instrução criminal, caberá a *prisão preventiva do agressor*, decretada pelo juiz, de ofício, a requerimento do Ministério Público ou mediante representação da autoridade policial" (grifo nosso); **D**: errada. O acordo de não persecução penal não é admitido nos crimes praticados no âmbito de violência doméstica ou familiar (art. 28-A, § 2°, IV do CPP); **E**: correta. Assertiva está em conformidade com o disposto no art. 19, §§ 3° e 4° da Lei 11.340; "poderá o juiz, a requerimento do Ministério Público ou a *pedido da ofendida*, conceder novas medidas protetivas de urgência ou rever aquelas já concedidas, se entender necessário à proteção da ofendida, de seus familiares e de seu patrimônio, ouvido o Ministério Público"; "as medidas protetivas de urgência serão concedidas em juízo de cognição sumária a partir do depoimento da ofendida perante a autoridade policial ou da apresentação de suas alegações escritas e poderão ser indeferidas no caso de avaliação pela autoridade de inexistência de risco à integridade física, psicológica, sexual, patrimonial ou moral da ofendida ou de seus dependentes". PB

Gabarito "E".

(Juiz de Direito – TJ/SP – 2023 – VUNESP) Das alternativas a seguir, assinale aquela que não será admitida a interceptação telefônica.

(A) Quando vem requerida exclusivamente pelo Ministério Público.
(B) Quando não existirem indícios suficientes de autoria.
(C) Quando os crimes são apenados com detenção.
(D) Quando o pedido é postulado verbalmente pelo interessado.

De acordo com o teor do art. 2°, III, da Lei 9.296/1996, somente será autorizada a interceptação de comunicações telefônicas na hipótese de o fato objetivo da investigação constituir infração penal punida com reclusão. Portanto, se não houver indícios razoáveis da autoria ou participação em infração penal; se a prova puder ser feita por outros meios disponíveis e se o fato investigado constituir infração penal punida, no máximo, com pena de detenção, não se admitirá a interceptação de comunicações telefônicas. PB

Gabarito "C".

(Procurador – AL/PR – 2024 – FGV) Após dois anos de investigação ininterrupta, a Polícia Civil do Estado Alfa logrou localizar, no interior do Estado do Paraná, Tício, líder individual de uma grande organização criminosa. Ao representar pela decretação da prisão preventiva do investigado, o Delegado de Polícia alegou e demonstrou que a organização criminosa é especializada no roubo de mercadorias em todos os portos da região Sul do Brasil, empregando, na atividade ilícita, adolescentes escolhidos pela liderança. A autoridade policial afirmou e comprovou, ainda, que a investigação é árdua, pois parte do produto da infração penal destina-se ao exterior.

Nesse cenário, considerando as disposições da Lei n° 12.850/2013, é correto afirmar que Tício responderá pelo crime de organização criminosa com

(A) uma agravante (exercício do comando individual do grupo criminoso) e com duas causas de aumento de pena (participação de adolescentes e destinação de parte do produto da infração penal ao exterior).
(B) com três causas de aumento de pena (exercício do comando individual do grupo criminoso, participação de adolescentes e destinação de parte do produto da infração penal ao exterior), sem agravantes.
(C) com três agravantes (exercício do comando individual do grupo criminoso, participação de adolescentes e destinação de parte do produto da infração penal ao exterior), sem causas de aumento de pena.
(D) duas agravantes (participação de adolescentes e destinação de parte do produto da infração penal ao exterior) e com uma causa de aumento de pena (exercício do comando individual do grupo criminoso).
(E) com duas causas de aumento de pena (exercício do comando individual do grupo criminoso e participação de adolescentes), sem agravantes.

Segundo estabelece o art. 2°, § 3° da Lei n° 12.850/2013, o exercício do comando individual do grupo criminoso prevê uma agravante genérica. Já a participação de adolescentes e a destinação de parte do produto da infração penal ao exterior, são causas aumento de pena (1/6 a 2/3) previstas, respectivamente, no § 4°, incisos I e III. PB

Gabarito "A".

(Procurador Federal – AGU – 2023 – CEBRASPE) A evasão de divisas do Brasil mediante operação de câmbio não autorizada configura

(A) crime de lavagem de dinheiro ou ocultação de bens, direitos e valores previsto na Lei n.° 9.613/1998.
(B) crime de emissão de título ao portador sem permissão legal previsto no Código Penal.
(C) crime contra a ordem econômica previsto na Lei n.° 8.137/1990.
(D) crime contra o sistema financeiro nacional previsto na Lei n.° 7.492/1986.
(E) crime contra a ordem tributária previsto na Lei n.° 8.137/1990.

O crime questionado no enunciado está previsto no art. 22, *caput*, da Lei n° 7.492/1986 com a seguinte redação: "Efetuar operação de câmbio não autorizada, com o fim de promover evasão de divisas do País". É crime comum, pode ser praticado por qualquer pessoa. O bem jurídico protegido é o sistema cambial do país. De acordo com a definição do Banco Central do Brasil, operação de câmbio é a troca da moeda de um país pela moeda de outro país e, as transações de moedas estrangeiras devem ser feitas somente com instituições autorizadas pelo Banco Central. Evasão é a saída clandestina ou irregular. Divisas significa dinheiro, cédulas estrangeiras, também, ouro. Estará caracterizado o crime com a efetivação de operação de câmbio, não autorizada pelo Bacen, visando a evasão de divisas, portanto, se essa transação for realizada com a saída clandestina de moeda do país. O parágrafo único prevê as condutas equiparadas de promover (dar impulso, dar causa, providenciar), sem autorização legal, a saída de moeda ou divisa para o exterior, ou mantiver (conservar, preservar, guardar) depósitos não declarados à repartição federal competente. PB

Gabarito "D".

(Juiz de Direito/AP – 2022 – FGV) Quanto à valorização artificial de bens ou falsa especulação com ativos (*reverse flips*), no crime de lavagem de capitais, é correto afirmar que:

(A) o lavador adquire o bem por valor bastante inferior ao valor de mercado, registrando no instrumento do negócio jurídico um valor nominal igual ao da aquisição, pagando a diferença informalmente;
(B) após a compra, o lavador deve realizar benfeitorias no bem, o revender a terceiro, registrando no instrumento do negócio jurídico valor fictício, atenuando o valor do tributo correspondente devido;
(C) o lavador adquire o bem por valor bastante superior ao valor de mercado, registrando no instrumento do negócio jurídico um valor nominal igual ao da aquisição, recebendo a diferença em relação ao valor real informalmente;

(D) após a compra, o lavador, realizando ou não benfeitorias no bem, o revende a terceiro, registrando no instrumento do negócio jurídico seu valor superior, visando regularizar o valor negociado informalmente;

(E) o lavador adquire o bem pelo seu valor de mercado, registrando no instrumento do negócio jurídico um valor nominal inferior ao da aquisição, pagando a diferença informalmente.

Reverse flips constitui uma técnica empregada para a prática do crime de lavagem de dinheiro consistente na simulação de valorização ou de lucro obtido com a venda de bens, que podem ser móveis ou imóveis. O bem é adquirido pelo seu valor de mercado, mas, no instrumento do negócio jurídico (contrato ou escritura), é registrado um valor nominal inferior, para, posteriormente, o agente vender esse bem pelo mesmo valor que o adquiriu (de mercado), com a declaração do valor real, de forma a gerar um "lucro" com a diferença entre o que foi declarado na compra e o que obteve posteriormente com a venda. Trata-se, como se pode ver, de uma valorização artificial de bens. ED
Gabarito "E".

(Delegado/RJ – 2022 – CESPE/CEBRASPE) Cada uma das opções a seguir apresenta uma situação hipotética a ser julgada com base nas incriminações contidas nos artigos 14 e 16, caput e §§ 1.º e 2.º, da Lei n.º 10.826/2003. Assinale a opção cuja situação hipotética contempla uma conduta que — formal e materialmente — encontra adequação típica em um dos mencionados dispositivos.

(A) Sem contar com expressa autorização do secretário de estado responsável pela administração penitenciária, Paulo César, policial penal do Estado do Rio de Janeiro, porta em via pública, junto à cintura, uma pistola calibre .380 municiada, devidamente registrada em seu nome.

(B) Leonardo, guarda municipal de um município mineiro com 4.000 habitantes, autorizado pelo poder público local e satisfeitas as disposições regulamentares, porta em serviço um revólver calibre .38, de propriedade do município; ao ser escalado para um curso de aperfeiçoamento no Rio de Janeiro, leva a arma municiada no porta-luvas de seu carro.

(C) Gustavo, policial civil aposentado, com teste de aptidão psicológica em dia, contratado para trabalhar em uma segurança privada, mantém consigo, de forma velada, uma arma de fogo de uso permitido, municiada e registrada em seu nome.

(D) Bernardo compra regularmente uma pistola calibre .40 e, por razões estéticas, desejando ostentar sua capacidade patrimonial, banha a arma em ouro, o que modifica suas características físicas, mas não prejudica os caracteres alfanuméricos de identificação.

(E) Victor possui em sua casa uma prensa para recarga de munições recém-adquirida, pois tem o objetivo de vender munições recarregadas informalmente; todavia, antes que possa fazer uso do equipamento, a prensa é apreendida durante o cumprimento de mandado de busca domiciliar pela Polícia Civil.

A: incorreta. Cuida-se de conduta atípica, já que o porte, neste caso, está amparado no art. 6º, § 1º-B, da Lei 10.826/2003, não sendo necessário, para tanto, autorização do secretário de estado responsável pela administração penitenciária; **B:** correta, na medida em que se trata de conduta típica, nos termos do art. 6º, III, IV e § 1º, da Lei 10.826/2003. Vide, quanto a este tema, a Adin 5.538; **C:** incorreta. Conduta atípica, já que autorizada pelo art. 30 do Decreto 9.847/2019; **D:** incorreta. Trata-se de conduta que não encontra adequação típica no art. 16, § 1º, II, da Lei 10.826/2003, que impõe que a modificação operada nas características da arma a torne equivalente a uma arma de fogo de uso restrito ou proibido ou então que tenha como propósito dificultar ou induzir a erro autoridade policial, perito ou juiz. Não é este o caso de uma modificação meramente estética; **E:** incorreta, já que se trata de ato preparatório para o crime definido no art. 16, § 1º, VI, da Lei 10.826/2003. ED
Gabarito "B".

(Delegado/RJ – 2022 – CESPE/CEBRASPE) Conforme relatório final de inquérito policial, Mário, policial civil, praticou obstrução de justiça ao embaraçar a investigação de crime praticado por uma organização criminosa.

Nessa situação hipotética, Mário

(A) praticou ilícito puramente administrativo.

(B) violou uma regra processual, mas não cometeu nenhum crime.

(C) cometeu crime previsto na Lei n.º 12.850/2013.

(D) cometeu contravenção penal.

(E) cometeu crime previsto no Código Penal.

Com a sua conduta, Mário cometeu o crime definido no art. 2º, § 1º, da Lei 12.850/2013, *in verbis*: nas mesmas penas incorre quem impede ou, de qualquer forma, embaraça a investigação de infração penal que envolva organização criminosa. ED
Gabarito "C".

Delegado/RJ – 2022 – CESPE/CEBRASPE) A bilheteria oficial disponibilizou sessenta mil ingressos para a final de determinado campeonato de futebol, os quais se esgotaram em menos de 24 horas. João, cambista conhecido, conseguiu comprar dez ingressos, ao preço de R$ 100,00 a unidade, e os vendeu no dia do jogo por R$ 250,00 cada. Por essa conduta, ele foi preso em flagrante.

Nessa situação hipotética, João praticou

(A) crime definido no Estatuto do Torcedor.

(B) o crime de fraude ao comércio.

(C) fato atípico.

(D) o crime de estelionato.

(E) crime contra a economia popular.

João deverá ser responsabilizado pelo crime definido no art. 41-F da Lei 10.671/2003 (Estatuto do Torcedor), que consiste na conduta do agente que negocia ingressos com valores maiores do que os estampados no bilhete (cambismo). A Lei 14.597/2023 que instituiu a Lei Geral do Esporte, revogou o Estatuto do Torcedor, e agora, a conduta descrita no enunciado da questão está prevista no art. 166, Lei Geral do Esporte, com a seguinte redação: "vender ou portar para venda ingressos de evento esportivo, por preço superior ao estampado no bilhete: Pena - reclusão, de 1 (um) a 2 (dois) anos, e multa". ED/PB
Gabarito "A".

(Delegado/RJ – 2022 – CESPE/CEBRASPE) Maria, de 35 anos de idade, compareceu a uma delegacia de polícia noticiando ao policial plantonista que havia sido abusada sexualmente por um médico-cirurgião renomado, o qual teria manipulado o órgão genital dela enquanto ela ainda se encontrava sob efeito de anestésico após ter realizado mamoplastia. Diante da gravidade da denúncia, o policial verificou se havia anotações criminais contra o noticiado e não localizou nenhum registro de ocorrência nesse sentido. Então, indagou à noticiante se ela tinha certeza do que estava afirmando, pois se tratava de uma acusação muito séria e ela poderia ter-se confundido em função do efeito anestésico. Desconfortável com a indagação feita, a noticiante pediu que fosse chamada uma policial do sexo feminino para atendê-la. Assim feito, Maria narrou o fato vivenciado à policial, a qual, por sua vez, considerou conveniente chamar a autoridade policial para avaliar se o fato deveria ser efetivamente registrado, diante de quem, mais uma vez, a noticiante relatou o abuso sofrido.

Com relação a essa situação hipotética, assinale a opção correta, considerando as normas de direito penal e os estudos críticos criminológicos.

(A) Os policiais foram diligentes, a fim de evitar eventual denunciação caluniosa em desfavor do médico.

(B) Os policiais agiram corretamente, uma vez que a Lei n.º 13.869/2019 tipifica como crime de abuso de autoridade a conduta de dar início à persecução penal sem justa causa fundamentada.

(C) Os policiais foram diligentes, porque, em sua atuação funcional, levaram em consideração a figura criminológica da síndrome da mulher de Potifar.

(D) Os policiais foram diligentes ao terem levado em consideração, no exercício funcional, a possibilidade de falsas memórias da vítima.

(E) A noticiante foi submetida a um processo de revitimização ao ter sido questionada sobre a credibilidade da *notitia criminis* e ao ter que relatar o abuso sofrido a diferentes profissionais da delegacia.

Revitimização (vitimização secundária ou violência institucional) deve ser entendida, *grosso modo*, como o fenômeno em que a vítima sofre os efeitos da violência que lhe foi impingida repetidas vezes. Fala-se em violência institucional porquanto os órgãos encarregados de acolhê-la e zelar por sua segurança acabam por fazer com que o trauma seja revivido de forma desnecessária, como, por exemplo, quando a vítima, após a violência original, passa a ser inquirida, na delegacia de polícia, por diversos policiais, para os quais tem que relatar, um a um, os fatos ocorridos, o que a obriga a rememorar, de forma desnecessária, tudo pelo qual passou. Dito isso, fica evidente que os policiais envolvidos na ocorrência submeteram Maria a um processo de revitimização, dado que foi por diversas vezes instada a relatar os mesmos fatos, obrigando-a, com isso, a relembrar a violência que sofrera. Recentemente, a Lei 14.321/2022 alterou a nova Lei de Abuso de Autoridade (13.869/2019), ali introduzindo o art. 15-A, tipificando o crime de violência institucional, nos seguintes termos: *submeter a vítima de infração penal ou a testemunha de crimes violentos a procedimentos desnecessários, repetitivos ou invasivos, que a leve a reviver, sem estrita necessidade: I – a situação de violência; ou II – outras situações potencialmente geradoras de sofrimento ou estigmatização: Pena – detenção, de 3 (três) meses a 1 (um) ano, e multa. § 1º Se o agente público permitir que terceiro intimide a vítima de crimes violentos, gerando indevida revitimização, aplica-se a pena aumentada de 2/3 (dois terços). § 2º Se o agente público intimidar a vítima de crimes violentos, gerando indevida revitimização, aplica-se a pena em dobro.* Gabarito "E".

(**Delegado de Polícia Federal – 2021 – CESPE**) Com relação aos crimes previstos em legislação especial, julgue os itens a seguir.

(1) A importação de sementes de maconha em pequena quantidade é considerada conduta atípica.

(2) A teoria do domínio do fato permite, isoladamente, que se faça uma acusação pela prática de crimes complexos, como o de sonegação fiscal, sem a descrição da conduta.

(3) É conduta atípica o porte ilegal de arma de fogo de uso permitido com registro de cautela vencido.

(4) A conduta de impedir ou dificultar a regeneração natural de florestas e demais formas de vegetação é delito de natureza permanente.

(5) A antecipação, por delegado da Polícia Federal, por meio de rede social, da atribuição de culpa, antes de concluídas as apurações e formalizada a acusação, caracteriza crime previsto na Lei de Abuso de Autoridade.

1: correta. Para o STF, e também para o STJ, a importação de sementes de maconha em pequena quantidade, ante a ausência do princípio ativo THC, deve ser considerada conduta atípica. Nesse sentido, conferir: "I - No julgamento conjunto do HC 144.161/SP e HC 142.987/SP, ambos da relatoria do Ministro Gilmar Mendes, a Segunda Turma desta Suprema Corte firmou orientação jurisprudencial no sentido de que deve ser rejeitada a denúncia ou trancada a ação penal por ausência de justa causa nos casos em que o réu importa pequena quantidade de sementes de cannabis sativa (maconha). II – Agravo a que se nega provimento." (HC 173346 AgR, Relator(a): Ricardo Lewandowski, Segunda Turma, julgado em 04/10/2019, Processo Eletrônico DJe-225 Divulg 15-10-2019 Public 16-10-2019). No STJ: "1. O conceito de "droga", para fins penais, é aquele estabelecido no art. 1.º, parágrafo único, c.c. o art. 66, ambos da Lei n.º 11.343/2006, norma penal em branco complementada pela Portaria SVS/MS n.º 344, de 12 de maio de 1998. Compulsando a lista do referido ato administrativo, do que se pode denominar "droga", vê-se que dela não consta referência a sementes da planta Cannabis Sativum. 2. O Tetrahidrocanabinol - THC é a substância psicoativa encontrada na planta Cannabis Sativum, mas ausente na semente, razão pela qual esta não pode ser considerada "droga", para fins penais, o que afasta a subsunção do caso a qualquer uma das hipóteses do art. 33, caput, da Lei n.º 11.343/2006. 3. Dos incisos I e II do § 1.º do art. 33 da mesma Lei, infere-se que "matéria-prima" ou "insumo" é a substância utilizada "para a preparação de drogas". A semente não se presta a tal finalidade, porque não possui o princípio ativo (THC), tampouco serve de reagente para a produção de droga. 4. No mais, a Lei de regência prevê como conduta delituosa o semeio, o cultivo ou a colheita da planta proibida (art. 33, § 1.º, inciso II; e art. 28, § 1.º). Embora a semente seja um pressuposto necessário para a primeira ação, e a planta para as demais, a importação (ou qualquer dos demais núcleos verbais) da semente não está descrita como conduta típica na Lei de Drogas. 5. A conduta de importar pequena quantidade de sementes de maconha é atípica, consoante precedentes do STF: HC 144161, Rel. Ministro Gilmar Mendes, Segunda Turma, julgado em 11/09/2018, Processo Eletrônico DJe-268 Divulg 13-12-2018 Public 14-12-2018; HC 142987, Relator Min. Gilmar Mendes, Segunda Turma, julgado em 11/09/2018, Processo Eletrônico DJe-256 Divulg 29-11-2018 Public 30-11-2018; no mesmo sentido, a decisão monocrática nos autos do HC 143.798/SP, Relator Min. Roberto Barroso, publicada no DJe de 03/02/2020, concedendo a ordem "para determinar o trancamento da ação penal, em razão da ausência de justa causa". Na mesma ocasião, indicou Sua Excelência, "ainda nesse sentido, as seguintes decisões monocráticas: HC 173.346, Rel. Min. Ricardo Lewandowski; HC 148.503, Min. Celso de Mello; HC 143.890, Rel. Min. Celso de Mello; HC 140.478, Rel. Min. Ricardo Lewadowski; HC 149.575, Min. Edson Fachin; HC 163.730, Relª. Minª. Cármen Lúcia". 6. Embargos de divergência acolhidos, para determinar o trancamento da ação penal em tela, em razão da atipicidade da conduta." (EREsp 1624564/SP, Rel. Ministra Laurita Vaz, Terceira Seção, julgado em 14/10/2020, DJe 21/10/2020). **2**: errada. Ao contrário do que se afirma, a teoria do domínio do fato não autoriza, isoladamente, que se faça uma acusação pela prática de crimes complexos, como o de sonegação fiscal, sem a descrição da conduta. Nesse sentido: "1. A teoria do domínio do fato funciona como uma ratio, a qual é insuficiente, por si mesma para aferir a existência do nexo de causalidade entre o crime e o agente. É equivocado afirmar que um indivíduo é autor porque detém o domínio do fato se, no plano intermediário ligado à realidade, não há nenhuma circunstância que estabeleça o nexo entre sua conduta e o resultado lesivo. 2. Não há, portanto, como considerar, com base na teoria do domínio do fato, que a posição de gestor, diretor ou sócio administrador de uma empresa implica a presunção de que houve a participação no delito, se não houver, no plano fático-probatório, alguma circunstância que o vincule à prática delitiva. 3. Na espécie, a acusada assumiu a propriedade da empresa de composição gráfica personalizada, em virtude do súbito falecimento de seu cônjuge. Movida pela pouca experiência para a condução da empresa, delegou as questões tributárias aos gerentes com conhecimento técnico especializado, bem como a empresas de consultoria. Tal constatação, longe de representar incursão no plano fático, é reconhecida, de modo incontroverso, pelas instâncias ordinárias, que concluíram pela ação equivocada na contratação e na delegação da condução fiscal da empresa. 4. Diante desse quadro, não há como imputar-lhe o delito de sonegação de tributo com base, única e exclusivamente, na teoria do domínio do fato, máxime porque não houve descrição de nenhuma circunstância que indique o nexo de causalidade, o qual não pode ser presumido. 5. O delito de sonegação fiscal, previsto no art. 1º, II, da Lei n. 8.137/1990, exige, para sua configuração, que a conduta do agente seja dolosa, consistente na utilização de procedimentos (fraude) que violem de forma direta a lei ou o regulamento fiscal, com objetivo de favorecer a si ou terceiros, por meio da sonegação. Há uma diferença inquestionável entre aquele que não paga tributo por circunstâncias alheias à sua vontade de pagar (dificuldades financeiras, equívocos no preenchimento de guias etc.) e quem, dolosamente, sonega o tributo com a utilização de expedientes espúrios e motivado por interesses pessoais. 6. Na hipótese, o quadro fático descrito na imputação é mais indicativo de conduta negligente ou imprudente. A constatação disso é reforçada pela delegação das operações contábeis sem a necessária fiscalização, situação que não se coaduna com o dolo, mas se aproxima da culpa em sentido estrito, não prevista no tipo penal em questão. 7. Recurso especial provido para absolver a acusada." (STJ, REsp 1854893/SP, Rel. Ministro Rogerio Schietti Cruz, Sexta Turma, julgado em 08/09/2020, DJe 14/09/2020). **3:** errada. A atipicidade somente será verificada, na hipótese de o registro encontrar-se vencido, se se tratar de *posse* de arma de fogo, não abrangendo, portanto, o *porte*. Conferir: "1. "O entendimento firmado pelo Superior Tribunal de Justiça no julgamento da APn n. 686/AP (Rel. Ministro João Otávio De Noronha, Corte Especial, DJe 29/10/2015) é restrito ao delito de posse ilegal de arma de fogo de uso permitido (art. 12 da Lei 10.826/2003), não se aplicando ao crime de porte ilegal de arma de fogo (art. 14 da Lei 10.826/2003), muito menos ao delito de porte ilegal de arma de fogo de uso restrito (art. 16 da Lei 10.826/2003), cujas elementares são diversas e a reprovabilidade mais intensa" (RHC n. 63.686/DF, relator Ministro Reynaldo Soares Da Fonseca, Quinta Turma, DJe 22/2/2017). 2. Agravo regimental a que se nega provimento." "(STJ, AgRg no AREsp 885.281/ES, Rel. Ministro Antonio Saldanha Palheiro, Sexta Turma, julgado em 28/04/2020, DJe 08/05/2020). **4:** certa. Diz-se que o crime do art. 48 da Lei 9.605/1998 é de natureza permanente porquanto a sua consumação se prolonga no tempo por vontade do agente. Na jurisprudência: "Agravo regimental no recurso extraordinário com agravo. 2. Penal e Processual Penal. Art. 48 da Lei 9605/1998 (impedir ou dificultar a regeneração natural de florestas e demais formas de vegetação). Denúncia. 3. Ausência de prequestionamento. Incidência dos enunciados 282 e 356 da Súmula do STF. 4. Alegação de violação ao artigo 93, inciso IX, da CF. Não ocorrência. Acórdão recorrido suficientemente motivado. 5. Prescrição. Pleito que demanda reexame do conjunto fático-probatório dos autos (Súmula 279/STF) e da interpretação da legislação infraconstitucional. 6. O crime previsto no art. 48 da Lei n. 9.605/1998 é de natureza permanente, de modo que o prazo prescricional inicia-se com a cessação da conduta delitiva. Precedentes. 7. Ausência de argumentos capazes de infirmar a decisão agravada. 8. Agravo regimental a que se nega provimento." (STF, ARE 923296 AgR, Relator(a): Gilmar Mendes, Segunda Turma, julgado em 10/11/2015, Acórdão eletrônico DJe-236 Divulg 23-11-2015 Public 24-11-2015). **5:** certa. A conduta consistente em a autoridade policial responsável pelas investigações antecipar, por meio de comunicação, inclusive rede social, atribuição de culpa, antes de concluídas as apurações e formalizada a acusação, configura o crime do art. 38 da Lei 13.869/2019 (nova Lei de Abuso de Autoridade). ED

Gabarito: 1C, 2E, 3E, 4C, 5C

(Delegado/MG – 2021 – FUMARC) Sobre a legislação penal especial, é CORRETO afirmar:

(A) As organizações terroristas, em razão do princípio da especialidade, não podem ser consideradas organizações criminosas, para fins da aplicação da Lei nº 12.850/13.

(B) Deve ser reconhecida atípica, por ausência de lesividade, a conduta de agente que possui em sua residência arma de fogo sem autorização e em desacordo com a determinação legal ou regulamentar desmuniciada.

(C) Josefa, primária e de bons antecedentes, desempregada e em dificuldades financeiras que aceita proposta de traficante de guardar em sua residência, por 15 dias, 1 kg de maconha em troca de R$ 500,00 (quinhentos reais), não poderá ter em seu favor reconhecido os benefícios do §4º do art. 33 da Lei nº 11.343/06 (tráfico privilegiado), em razão da reduzida quantidade de entorpecente ser uma das condições expressas na lei para tal concessão.

(D) Na atualidade, o crime de maus-tratos, especificamente praticado contra cães e gatos, é uma figura qualificada do crime de maus-tratos a animais inserido no art. 32 da Lei nº 9.605/98.

A: incorreta, pois contraria o disposto no art. 1º, § 2º, II, da Lei 12.850/2013, que estabelece que essa legislação se aplica *às organizações terroristas, entendidas como aquelas voltadas para a prática dos atos de terrorismo legalmente definidos*; **B:** incorreta. É tranquilo o entendimento dos Tribunais Superiores no sentido de que, por se tratar de crime de perigo abstrato, a conduta do agente consistente em possuir em sua residência arma de fogo sem autorização e em desacordo com a determinação legal ou regulamentar, ainda que desmuniciada, é típica. Conferir: "Firme a jurisprudência desta Corte Superior no sentido de que a posse irregular de arma de fogo de uso permitido, ainda que desmuniciada, configura o delito do art. 12 da Lei n. 10.826/2003, de perigo abstrato, que presume a ocorrência de risco à segurança pública e prescinde de resultado naturalístico à integridade de outrem para ficar caracterizado (AgRg no HC 650.615/PE, Rel. Ministro ROGERIO SCHIETTI CRUZ, Sexta Turma, julgado em 1º/6/2021, DJe 10/6/2021). 2. No caso, a Corte de origem, em decisão devidamente motivada, analisando os elementos probatórios colhidos nos autos, sob o crivo do contraditório, concluiu pela condenação do acusado, rever tais fundamentos, para concluir pela atipicidade de sua conduta, como requer a parte recorrente, importa revolvimento de matéria fático-probatória, vedado em recurso especial, segundo óbice da Súmula 7/STJ. Precedentes. 3. Em relação a tese de insignificância da conduta, também denota-se óbice ao conhecimento do Recurso Especial, inclusive por ausência de prequestionamento, o que atrai a aplicação das Súmulas 282 e 356 da Súmula do STF. 4. Ainda que assim não fosse, observa-se que o entendimento firmado pelo Tribunal de origem encontra-se em harmonia com a jurisprudência desta Corte de Justiça, no sentido de que basta o simples porte ou posse de arma de fogo, munição ou acessório, de uso permitido ou restrito, em desacordo com determinação legal ou regulamentar para a incidência do tipo penal, uma vez que a impossibilidade de uso imediato da munição, ainda que em pequena quantidade, não descaracteriza a natureza criminosa da conduta (REsp n. 1.644.771/RJ, Ministro JORGE MUSSI, Quinta Turma, julgado em 10/2/2017, DJe 10/2/2017). 5. Incidência, portanto à espécie, da Súmula n. 83/STJ, que também é aplicável aos recursos interpostos somente com base na alínea "a" do permissivo constitucional. 6. Agravo regimental não provido" (STJ, AgRg no AREsp 1923971/SP, Rel. Ministro REYNALDO SOARES DA FONSECA, QUINTA TURMA, julgado em 13/12/2021, DJe 16/12/2021); **C:** incorreta, na medida em que a quantidade de entorpecente não constitui requisito legal para impedir o reconhecimento do privilégio contido no art. 33, § 4º, da Lei 11.343/2006. Ademais, segundo entendimento consolidado nos Tribunais Superiores, a quantidade de entorpecente, por si só, não afasta a incidência da minorante do art. 33, § 4º, da Lei 11.343/2006. Nesse sentido: "I – A grande quantidade de entorpecente, apesar de não ter sido o único fundamento utilizado para afastar a aplicação do redutor do art. 33, § 4°, da Lei 11.343/2006, foi, isoladamente, utilizado como elemento para presumir-se a participação da paciente em uma organização criminosa e, assim, negar-lhe o direito à minorante. II – A quantidade de drogas não poderia, automaticamente, proporcionar o entendimento de que a paciente faria do tráfico seu meio de vida ou integraria uma organização criminosa. Ausência de fundamentação idônea, apta a justificar o afastamento da aplicação da causa especial de diminuição de pena prevista no art. 33, § 4°, da Lei 11.343/2006. Precedentes. III – É patente a contradição entre os fundamentos expendidos para absolver a paciente da acusação da prática do delito tipificado pelo art. 35 da Lei 11.343/2006 e aqueles utilizados para negar-lhe o direito à minorante constante do art. 33, § 4°, do mesmo diploma legal. Precedentes. IV – Recurso ordinário ao qual se dá provimento, em parte, para reconhecer a incidência da causa de diminuição da pena prevista no art. 33, § 4°, da Lei 11.343/2006, e determinar que o juízo *a quo*, após definir o patamar de redução, recalcule a pena e proceda ao reexame do regime inicial do cumprimento da sanção e da substituição da pena privativa de liberdade por sanções restritivas de direitos, se preenchidos os requisitos do art. 44 do Código Penal" (STF, HC 138.715, Rel. Ministro RICARDO LEWANDOWSKI, Segunda Turma, julgado em 23/05/2017, publicado em 09/06/2017; **D:** correta, De fato, a Lei 14.064/2020 incluiu no art. 32 da Lei 9.605/1998 o § 1º-A, que estabelece forma qualificada deste crime na hipótese de as condutas descritas no *caput* serem perpetradas contra cão ou gato. Neste caso, a pena será de reclusão de 2 a 5 anos, multa e proibição de guarda.

Gabarito "D".

(Delegado de Polícia Federal – 2021 – CESPE) Em relação ao disposto na Lei 9.613/1998, que se refere à lavagem de dinheiro, julgue os itens a seguir.

(1) Ficarão suspensos o processo e o curso do prazo prescricional do acusado citado por edital que não comparecer nem constituir advogado.

(2) É requisito específico da denúncia a existência de indícios suficientes da ocorrência do crime antecedente cuja punibilidade não esteja extinta.

(3) No que se refere ao investigado, a autoridade policial terá acesso a dados cadastrais relativos à qualificação pessoal, à filiação e ao endereço mantidos nos bancos de dados da justiça eleitoral, de empresas telefônicas, de instituições financeiras, de provedores de Internet e de administradoras de cartão de crédito, independentemente de autorização judicial.

(4) Ouvido o Ministério Público, ordens de prisão ou medidas assecuratórias de bens poderão ser suspensas pelo juiz quando a execução imediata dessas ações puder comprometer as investigações.

(5) O crime de lavagem de dinheiro está, consoante a lei, equiparado ao crime hediondo.

1: Errado. Não se aplica, no processo por crime de lavagem de dinheiro, o disposto no art. 366 do Código de Processo Penal, que estabelece que o processo e o curso do prazo prescricional ficarão suspensos na hipótese de o acusado, citado por edital, não comparecer tampouco constituir advogado, situação em que o processo seguirá à sua revelia (art. 2°, § 2°, da Lei 9.613/1998). **2:** Errado. A extinção da punibilidade de crime antecedente não interfere na punibilidade do delito de lavagem de dinheiro, nos termos do disposto no art. 2°, § 1°, da Lei 9.613/1998. **3:** Certo. É o que estabelece o art. 17-B da Lei 9.613/1998. **4:** Certo. Proposição em consonância com o disposto no art. 4°-B da Lei 9.613/1998. **5:** Errado. Por imposição de índole constitucional (art. 5°, XLIII), somente são considerados *equiparados* ou *assemelhados* a hediondos os crimes de tortura, tráfico de entorpecentes e terrorismo. Também não é o caso de considerar o crime de lavagem de capitais como hediondo, já que não faz parte do rol do art. 1º da Lei 8.072/1990 (Crimes Hediondos).

Gabarito 1E, 2E, 3C, 4C, 5E.

(Juiz de Direito/GO – 2021 – FCC) No tocante às faltas graves na execução penal, a jurisprudência do Superior Tribunal de Justiça considera:

(A) O reconhecimento da falta grave no curso da execução penal justifica a perda de até 1/3 do total de dias trabalhados pelo apenado até a data do ato de indisciplina carcerária, desde que haja declaração judicial da remição.

(B) A falta disciplinar de natureza grave praticada no período estabelecido pelos decretos presidenciais que tratam de benefícios executórios impede a concessão de indulto ou de comutação da pena, desde que a penalidade tenha sido homologada antes da data de publicação das normas.

(C) A imposição da falta grave ao executado em razão de conduta praticada por terceiro, não viola, em qualquer hipótese, o princípio constitucional da intranscendência.

(D) A data da fuga é o marco inicial da prescrição para apuração da falta grave correspondente.

(E) O cometimento de falta disciplinar de natureza grave no curso da execução penal justifica a exigência de exame criminológico para fins de progressão de regime.

A: incorreta. Conferir: "O reconhecimento de falta grave no curso da execução penal justifica a perda de até 1/3 do total de dias trabalhados pelo apenado até a data do ato de indisciplina carcerária, ainda que não haja declaração judicial da remição, consoante a interpretação sistemática e teleológica do art. 127 da LEP" (STJ, AgRg no HC 630.013/SP, Rel. Ministro Ribeiro Dantas, Quinta Turma, julgado em 07/12/2021, DJe 13/12/2021); **B:** incorreta. Conferir: "Este Superior Tribunal firmou entendimento no sentido de que o óbice à concessão de indulto ocorrerá se a falta grave tiver sido cometida dentro do prazo previsto no Decreto, mesmo que sua homologação aconteça depois do ato presidencial" (STJ, AgRg no AREsp 1374816/ES, Rel. Ministro Ribeiro Dantas, Quinta Turma, julgado em 07/02/2019, DJe 15/02/2019); **C:** incorreta. Conferir: "O reconhecimento da prática de falta grave em razão da conduta praticada por terceiro que enviou a encomenda via SEDEX viola o princípio constitucional da intranscendência (art. 5.°, inciso XLV, da Constituição da República), o qual preconiza que ninguém pode ser responsabilizado por ato praticado por terceira pessoa." (STJ, AgRg no HC 642.504/SP, Rel. Ministra Laurita Vaz, Sexta Turma, julgado em 09/03/2021, DJe 19/03/2021); **D:** incorreta. Conferir: "2. As Turmas que compõem a Terceira Seção desta Corte firmaram o entendimento de que, em razão da ausência de legislação específica, a prescrição da pretensão de se apurar falta disciplinar, cometida no curso da execução penal, deve ser regulada, por analogia, pelo prazo do art. 109 do Código Penal, com a incidência do menor lapso previsto, atualmente de três anos, conforme dispõe o inciso VI do aludido artigo. 3. In casu, conforme consta do voto condutor do acórdão impugnado, a falta grave foi cometida em 4/4/2017 (fuga em 26/12/2013, com recaptura do sentenciado em 4/4/2017), tendo sido determinada a instauração de procedimento administrativo disciplinar para a respectiva apuração. 4. O termo inicial do prazo prescricional, no caso de fuga, é a data da recaptura, por ser uma infração disciplinar de natureza permanente (HC n. 362.895/RS, Rel. Ministro FELIX FISCHER, Quinta Turma, julgado em 14/2/2017, DJe 22/2/2017) 5. A conduta foi praticada após a edição da Lei n. 12.234/2010, cujo menor lapso prescricional é de 3 anos, prazo ainda não implementado. 6. Habeas corpus não conhecido." (STJ, HC 527.625/SP, Rel. Ministro Reynaldo Soares Da Fonseca, Quinta Turma, julgado em 12/11/2019, DJe 26/11/2019); **E**: correta. Conferir Tese n. 11 da Edição de n. 146 da ferramenta *Jurisprudência em teses*, do STJ: "O cometimento de falta disciplinar de natureza grave no curso da execução penal justifica a exigência de exame criminológico para fins de progressão de regime." **ED**

Gabarito "E".

(Juiz de Direito/GO – 2021 – FCC) Segundo tese fixada pelo Superior Tribunal de Justiça, os apenados que, embora tenham cometido crime hediondo ou equiparado sem resultado morte, e que não sejam reincidentes em delito de natureza semelhante, poderão progredir de regime prisional quando tiverem cumprido ao menos

(A) sessenta por cento da pena.
(B) oitenta por cento da pena.
(C) cinquenta por cento da pena.
(D) quarenta por cento da pena.
(E) setenta por cento da pena.

Tal entendimento encontra-se sedimentado na Tese n. 1, da Edição de n. 184 (Pacote Anticrime), da ferramenta *Jurisprudência em Teses*, do STJ: "Após a entrada em vigor do Pacote Anticrime, reconhece-se a retroatividade do patamar estabelecido no art. 112, V, da Lei n. 7.210/1984, àqueles apenados que, embora tenham cometido crime hediondo ou equiparado sem resultado morte, não sejam reincidentes em delito de natureza semelhante." Quanto ao tema *progressão de regime*, valem algumas ponderações, tendo em conta o advento da Lei 13.964/2019 (Pacote Anticrime), que, ao alterar a redação do art. 112 da LEP, promoveu a inclusão de novas faixas de fração de cumprimento de pena a possibilitar a progressão do reeducando a regime menos rigoroso, aqui incluídos os crimes hediondos e equiparados. Com isso, a nova tabela de progressão ficou mais detalhada, já que, até então, contávamos com o percentual único de 1/6 para os crimes comuns e 2/5 e 3/5 para os crimes hediondos e equiparados. Doravante, passamos a ter novas faixas, agora expressas em porcentagem, que levam em conta, no seu enquadramento, fatores como primariedade e o fato de o delito haver sido praticado com violência/grave ameaça. A primeira faixa corresponde a 16%, a que estão sujeitos os condenados que forem primários e cujo crime praticado for desprovido de violência ou grave ameaça (art. 112, I, LEP); em seguida, passa-se à faixa de 20%, destinada ao sentenciado reincidente em crime praticado sem violência à pessoa ou grave ameaça (art. 112, II, LEP); a faixa seguinte, de 25%, é aplicada ao apenado primário que tiver cometido crime com violência à pessoa ou grave ameaça (art. 112, III, LEP); à faixa de 30% ficará sujeito o condenado reincidente em crime cometido com violência contra a pessoa ou grave ameaça (art. 112, IV, LEP); deverá cumprir 40% da pena o condenado pelo cometimento de crime hediondo ou equiparado, se primário (art. 112, V, LEP); estão sujeitos ao cumprimento de 50% da pena imposta o condenado pela prática de crime hediondo ou equiparado, com resultado morte, se for primário, vedado o livramento condicional; o condenado por exercer o comando, individual ou coletivo, de organização criminosa estruturada

para a prática de crime hediondo ou equiparado; e o condenado pela prática do crime de constituição de milícia privada (art. 112, VI, LEP); deverá cumprir 55% da pena o condenado pela prática de feminicídio, se for primário, vedado o livramento condicional; deverá cumprir 60% da pena o condenado reincidente na prática de crime hediondo ou equiparado (art. 112, VII, LEP); e 70%, que corresponde à última faixa, o sentenciado reincidente em crime hediondo ou equiparado com resultado morte, vedado o livramento condicional (art. 112, VIII, LEP). O art. 2º, § 2º, da Lei 8.072/1990, como não poderia deixar de ser, foi revogado, na medida em que a progressão, nos crimes hediondos e equiparados, passou a ser disciplinada no art. 112 da LEP. Além disso, o art. 112, § 1º, da LEP, com a redação dada pela Lei 13.964/2019 e, posteriormente alterada pela Lei 14.843/2024, em sua atual redação impõe que somente fará jus à progressão de regime, nos novos patamares, o apenado que ostentar boa conduta carcerária, comprovada pelo diretor do estabelecimento, e pelos resultados do exame criminológico. Por sua vez, o art. 112, § 5º, da LEP, incluído pela Lei 13.964/2019, consagrando entendimento jurisprudencial, estabelece que não se considera hediondo ou equiparado o crime de tráfico de drogas previsto no art. 33, § 4º, da Lei 11.343/2006. No que toca ao tema bom comportamento como condicionante à progressão de regime, de acordo com a norma contida no § 7º do mesmo artigo: "o bom comportamento é readquirido após 1 (um) ano da ocorrência do fato, ou antes, após o cumprimento do requisito temporal exigível para a obtenção do direito". **ED/PB**

Gabarito "D".

(Juiz de Direito – TJ/RJ – 2019 – VUNESP) As penas do crime de promover, constituir, financiar ou integrar organização criminosa, do art. 2º da Lei 12.850/13, são aumentadas de 1/6 a 2/3, nos termos do parágrafo 4º, se

(A) houver impedimento ou, de qualquer forma, embaraçar-se a investigação de infração penal cometida no seio da organização criminosa.
(B) na atuação da organização criminosa houver emprego de arma de fogo.
(C) houver concurso de funcionário público, valendo-se a organização criminosa dessa condição para a prática de infração penal.
(D) o acusado exercer o comando, individual ou coletivo, da organização criminosa, ainda que não pratique pessoalmente atos de execução.
(E) das ações diretas ou indiretas da organização criminosa resultar morte.

A: incorreta. Esta alternativa contém a forma equiparada (e não aumentada) do crime de organização criminosa (art. 2º, § 1º, da Lei 12.850/2013); **B**: incorreta. O emprego de arma de fogo, na atuação da organização criminosa, constitui causa de aumento de pena até a metade (art. 2º, § 2º, da Lei 12.850/2013); **C**: correta (art. 2º, § 4º, II, da Lei 12.850/2013); **D**: incorreta, já que se trata da agravante prevista no art. 2º, § 3º, da Lei 12.850/2013; **E**: incorreta (hipótese sem previsão legal). **ED**

Gabarito "C".

(Juiz de Direito – TJ/SC – 2019 – CESPE/CEBRASPE) De acordo com a Lei de Execução Penal, caso seja verificada a exigência de que o sentenciado cumpra medida além dos limites fixados na sentença, deverá ser instaurado o incidente

(A) de conversão da pena, que poderá ser provocado pelo Ministério Público.
(B) administrativo, que poderá ser suscitado por qualquer um dos órgãos que atuam na execução penal.
(C) de indulto individual, que poderá ser provocado pela autoridade administrativa.

(D) de excesso ou desvio, que poderá ser suscitado pelo sentenciado.

(E) de chamamento da execução à ordem, que poderá ser provocado pelo Ministério Público.

Excesso ou desvio de execução ocorre quando, durante a execução da pena, algum ato for praticado além dos limites fixados na sentença, em normas legais ou regulamentes (art. 185, LEP). Nas palavras de Guilherme de Souza Nucci, "instaura-se um incidente próprio, que correrá em apenso ao processo de execução, quando houver *desvio* (destinação diversa da finalidade da pena) ou *excesso* (aplicação abusiva do previsto em lei) em relação ao cumprimento da pena, seja ela de que espécie for." (*Leis penais e processuais penais comentadas*. 8. ed. São Paulo: Editora Forense, 2014. p. 366). ED

Gabarito "D".

(Promotor de Justiça/SP – 2019 – MPE/SP) A Lei 12.850, de 2 de agosto de 2013, dentre outras disposições, definiu organização criminosa e dispôs sobre a investigação criminal, os meios de obtenção da prova, infrações penais correlatas e o procedimento criminal. A seu respeito, é correto afirmar que

(A) tanto aquele que promove organização criminosa quanto o que, de qualquer forma, embaraça a investigação de infração penal que envolva organização criminosa serão apenados com pena de reclusão, de 3 (três) a 8 (oito) anos, e multa, sem prejuízo das penas correspondentes às demais infrações penais praticadas.

(B) por expressa disposição legal, não existirá organização criminosa típica voltada a obter vantagem, de qualquer natureza, mediante a prática de contravenções penais.

(C) se houver participação de criança ou adolescente na organização ou na associação criminosa, a pena será aumentada de 1/6 (um sexto) a 2/3 (dois terços).

(D) quando a medida se fizer necessária à investigação ou instrução processual, se houver indícios suficientes de que o funcionário público integra organização criminosa, poderá o juiz determinar seu afastamento cautelar do cargo, emprego ou função, sem remuneração.

(E) ao tratar da colaboração premiada, em seu artigo 4º, a lei restringe expressamente a concessão do perdão judicial à hipótese da localização de eventual vítima com a sua integridade física preservada.

A: correta (art. 2º, *caput* e § 1º, da Lei 12.850/2013); **B:** incorreta, já que inexiste previsão legal que vede a existência de organização criminosa voltada a obter vantagem, de qualquer natureza, mediante a prática de contravenções penais. Com efeito, o art. 1º, § 1º, da Lei 12.850/2013 faz referência a *infração penal*, que inclui, em princípio, as espécies *crime* e *contravenção penal*; **C:** incorreta. O aumento de um sexto a dois terços decorrente da participação de criança ou adolescente somente incidirá no crime de *organização criminosa*, conforme art. 2º, § 4º, I, da Lei 12.850/2013; no delito de *associação criminosa*, previsto no art. 288 do CP, o aumento pela participação de criança ou adolescente será de até a metade (parágrafo único). Não nos esqueçamos de que o crime de organização criminosa exige a associação de quatro ou mais pessoas (art. 1º, § 1º, da Lei 12.850/2013), ao passo que o delito de associação criminosa exige, à sua tipificação, o número mínimo de três pessoas (art. 288, CP); **D:** incorreta, na medida em que o afastamento cautelar previsto no art. 2º, § 5º, da Lei 12.850/2013 dar-se-á *sem* prejuízo da remuneração do servidor público; **E:** incorreta, já que não há tal restrição expressa (art. 4º, V, da Lei 12.850/2013). ED

Gabarito "A".

(Promotor de Justiça/PR – 2019 – MPE/PR) Considerando os crimes previstos na Lei de Planejamento Familiar (Lei n. 9.263/96), analise as assertivas abaixo e assinale a alternativa:

I. – Não será considerado crime realizar esterilização cirúrgica em homens e mulheres, que optaram voluntariamente pelo procedimento, quando estes possuírem capacidade civil plena e forem maiores de vinte e cinco anos de idade ou, pelo menos, com dois filhos vivos, desde que observado o prazo mínimo de sessenta dias entre a manifestação da vontade e o ato cirúrgico, período no qual será propiciado à pessoa interessada acesso a serviço de regulação da fecundidade, incluindo aconselhamento por equipe multidisciplinar, visando desencorajar a esterilização precoce.

II. – Não será considerado crime realizar esterilização cirúrgica em homens e mulheres, que optaram voluntariamente pelo procedimento, quando estes possuírem capacidade civil plena e forem maiores de vinte anos de idade ou, pelo menos, com três filhos vivos, desde que observado o prazo mínimo de trinta dias entre a manifestação da vontade e o ato cirúrgico, período no qual será propiciado à pessoa interessada acesso a serviço de regulação da fecundidade, incluindo aconselhamento por equipe multidisciplinar, visando desencorajar a esterilização precoce.

III. – É crime o médico deixar de notificar à autoridade sanitária as esterilizações cirúrgicas que realizar.

IV. – Não será considerado crime realizar esterilização cirúrgica se esta for realizada em razão de risco à vida ou à saúde da mulher ou do futuro concepto, testemunhado em relatório escrito e assinado por dois médicos.

(A) Todas as alternativas estão corretas.

(B) Apenas a alternativa I está correta.

(C) Apenas a alternativa II está incorreta.

(D) Apenas as alternativas III e IV estão corretas.

(E) Apenas as alternativas II e IV estão incorretas.

I: correta. De acordo com o art. 10, I, da Lei 9.263/1996. Após a vigência da Lei 14.443/2022, o inciso I do art. 10, passou a ter a seguinte redação: "somente é permitida a esterilização voluntária nas seguintes situações: I - em homens e mulheres com capacidade civil plena e maiores de 21 (vinte e um) anos de idade ou, pelo menos, com 2 (dois) filhos vivos, desde que observado o prazo mínimo de 60 (sessenta) dias entre a manifestação da vontade e o ato cirúrgico, período no qual será propiciado à pessoa interessada acesso ao serviço de regulação da fecundidade, inclusive aconselhamento por equipe multidisciplinar, com vistas a desencorajar a esterilização precoce"; **II:** incorreta. A assertiva contraria o disposto no art. 10, I, da Lei 9.263/1996; **III:** correta. De acordo com o teor do crime previsto no art. 16 da Lei 9.263/1996; **IV:** correta. Conforme o teor do art. 10, II, da Lei 9.263/1996. ED/PB

Gabarito "C".

(Promotor de Justiça/PR – 2019 – MPE/PR) Assinale a alternativa **correta**:

(A) O Estatuto do Idoso alterou o prazo prescricional constante do Código Penal, reduzindo pela metade a sua contagem para os maiores de 60 anos na data da sentença.

(B) Na hipótese de cometimento de crime de lesão corporal contra pessoa idosa, incidirá tipo penal específico previsto na Lei n. 10.741/03 (Estatuto do Idoso) e não as disposições do art. 129 do Código Penal.

(C) O crime de reter o cartão magnético de conta bancária relativa a benefícios, proventos ou pensão de idoso, bem como qualquer outro documento com objetivo de assegurar recebimento ou ressarcimento de dívida é de ação pública condicionada à representação.

(D) O Estatuto do Idoso considera crime impedir ou embaraçar ato do representante do Ministério Público ou de qualquer outro agente fiscalizador.

(D) Abandonar o idoso em hospitais, casas de saúde, entidades de longa permanência, ou congêneres, ou não prover suas necessidades básicas, quando obrigado por lei ou mandado é considerado crime de menor potencial ofensivo.

A: incorreta, na medida em que o art. 115 do CP, que determina a redução de metade do lapso prescricional na hipótese de o agente ser maior de 70 anos à época da sentença, não foi alterado pelo Estatuto do Idoso; **B:** incorreta. O Estatuto do Idoso não contempla tipo penal específico de lesão corporal contra idoso. Os arts. 97 e 99 do Estatuto da Pessoa Idosa contêm a lesão corporal grave como resultado preterdoloso das figuras típicas previstas no *caput*, respectivamente como causa de aumento e modalidade qualificada. Dessa forma, na hipótese de cometimento de crime de lesão corporal contra pessoa idosa, incidirá o art. 129 do CP; **C:** incorreta. Trata-se do crime definido no art. 104 do Estatuto do Idoso, que é de ação penal pública incondicionada. A propósito, todos os delitos previstos no Estatuto do Idoso são de ação penal pública incondicionada, conforme art. 95; **D:** correta, pois corresponde ao crime definido no art. 109 do Estatuto do Idoso. Curiosidade: este delito foi inserido no Título VII do Estatuto, que contém as disposições finais e transitórias. Por certo, houve equívoco do legislador, que deveria tê-lo incluído no título anterior, que, no capítulo II, trata dos crimes em espécie; **E:** incorreta, já que o crime do art. 98 do Estatuto do Idoso, em razão de a sua pena máxima cominada ser superior a dois anos, não pode ser considerado de menor potencial ofensivo (art. 61, Lei 9.099/1995). Atenção: a Lei 14.423/2022, alterou a Lei nº 10.741/2003, para substituir, em toda essa Lei, as expressões "idoso" e "idosos" pelas expressões "pessoa idosa" e "pessoas idosas", respectivamente. **Gabarito "D".**

(Promotor de Justiça/SP – 2019 – MPE/SP) Assinale a alternativa **INCORRETA**.

(A) O benefício da suspensão condicional do processo não é aplicável em relação às infrações penais cometidas em concurso material, concurso formal ou continuidade delitiva, quando a pena mínima cominada, seja pelo somatório, seja pela incidência da majorante, ultrapassar o limite de 01 (um) ano.

(B) Para efeitos da Lei 9.099/95, são consideradas infrações de menor potencial ofensivo as contravenções penais e os crimes a que a lei comine pena máxima não superior a 2 (dois) anos, cumulada ou não com multa, nos termos da redação dada pela Lei 11.313/06.

(C) Para fins de aplicação do artigo 89 da Lei 9.099/95, devem ser levadas em consideração as qualificadoras, os privilégios, as causas de diminuição e as causas de aumento, observando-se que, em se tratando de causas de diminuição ou de aumento de pena entre determinados limites ou com *quantum* variável, deve-se utilizar, nas causas de aumento, o patamar de maior aumento e, nas causas de diminuição, o patamar de menor redução.

(D) Nos termos do artigo 76, da Lei 9.099/95, é defeso proposta de transação penal se comprovado que o agente foi beneficiado anteriormente, no prazo de 5 (cinco) anos, por outra transação penal.

(E) Em caso de o Promotor de Justiça recusar-se a apresentar a proposta de transação penal, não poderá o Juiz formulá-la de ofício, sob pena de violação ao artigo 129, inciso I, da Constituição Federal. Compete ao Juiz utilizar-se do disposto no artigo 28 do Código de Processo Penal.

A: correta. Nos termos da Súmula 243 do STJ, "o benefício da suspensão condicional do processo não é aplicável em relação às infrações penais cometidas em concurso material, concurso formal ou continuidade delitiva, quando a pena mínima cominada, seja pelo somatório, seja pela incidência da majorante, ultrapassar o limite de 01 ano". No mesmo sentido o STF, que, na Súmula 723, dispõe que "não se admite a suspensão condicional do processo por crime continuado, se a soma da pena mínima da infração mais grave com o aumento mínimo de 1/6 for superior a um ano"; **B:** correta (art. 61, Lei 9.099/1995); **C:** incorreta, na medida em que, para fins de aplicação do *sursis* processual (art. 89 da Lei 9.099/1995), se houver causas de diminuição ou de aumento de pena entre determinados limites ou com *quantum* variável, deve-se utilizar, nas causas de aumento, o patamar de *menor* aumento (e não o de maior, como consta da assertiva) e, nas causas de diminuição, o patamar de *maior* redução (e não o de menor, como consta da assertiva); **D:** correta (art. 76, § 2º, II, da Lei 9.099/1995); **E:** correta. Prevalece o entendimento segundo o qual é vedado ao magistrado substituir-se ao membro do MP e, ele próprio, de ofício, ofertar a transação penal. Se o promotor se recusar a oferecer a transação penal (veja que ele não pode ser obrigado a tanto), o juiz, discordando, fará com que os autos sejam remetidos ao procurador-geral, aplicando-se, por analogia, o art. 28 do CPP; a Súmula 696, do STF, embora se refira à suspensão condicional do processo, reforça esse posicionamento, que, repita-se, não é unânime. Nesse sentido: "O oferecimento da proposta de transação é ato privativo do Ministério Público. Havendo recusa por parte do representante do *Parquet*, cabe ao Magistrado, entendendo ser caso de aplicação do benefício, remeter os autos ao Procurador-Geral, a teor do que estabelece o art. 28 do Código de Processo Penal" (STJ, HC 59.776/SP, Rel. Ministro OG FERNANDES, SEXTA TURMA, julgado em 17/03/2009, DJe 03/08/2009). **Gabarito "C".**

(Defensor Público Federal – DPU – 2017 – CESPE) Acerca da aplicação da lei penal militar, dos crimes militares e da aplicação da pena no âmbito militar, cada um dos itens que se seguem apresenta uma situação hipotética, seguida de uma assertiva a ser julgada.

(1) Em uma festa de confraternização nas dependências de um quartel, alguns militares, conscientemente, ingeriram bebida alcoólica. Lá mesmo, apresentando sintomas de embriaguez, um deles cometeu crime militar e foi preso, o que o tornou réu em ação penal militar. Nessa situação, o estado de embriaguez do militar será considerado circunstância para atenuar a pena.

(2) Hélio, que é soldado, desertou e, antes de ele se apresentar ou ser capturado, o CPM foi alterado para aumentar a pena do crime de deserção. Nessa situação, caso seja capturado futuramente, Hélio estará sujeito à nova pena.

(3) Um oficial foi preso em flagrante delito pelo cometimento de crime militar que não se consumou por circunstâncias alheias à sua vontade, tendo sido denunciado e se tornado réu em ação penal militar.

Nessa situação, a depender da gravidade, o juiz poderá aplicar a pena do crime consumado, sem diminuí-la.

1: errada, uma vez que, na situação descrita no enunciado da questão, o fato de o militar haver se embriagado, conscientemente, antes de cometer o delito, constitui circunstância agravante (art. 70, II, *c*, do CPM); **2:** correta. Considerando que o crime de deserção é classificado como permanente (vide decisão abaixo transcrita), assim reputado aquele cuja consumação se protrai no tempo por vontade do agente, deverá ser aplicada a norma em vigor antes de cessada a permanência, que, no caso aqui tratado, estabelece pena mais grave (Súmula 711, STF). No sentido de o crime de deserção ter natureza permanente, conferir: "O Supremo Tribunal Federal assentou que o crime de deserção é permanente. Prazo prescricional que começou a fluir do momento em que cessada a permanência pela apresentação voluntária do Paciente (art. 125, § 2°, alínea *c*, do Código Penal Militar)" (HC 113891, Relator(a): Min. Cármen Lúcia, Segunda Turma, julgado em 18/12/2012, Processo Eletrônico DJe-030 Divulg 14-02-2013 Public 15-02-2013); **3:** correta, pois corresponde ao que estabelece o art. 30, II e parágrafo único, do CPM.

Gabarito: 1E, 2C, 3C

8. EXECUÇÃO PENAL

Eduardo Dompieri e Patricia Bergamasco*

1. TRABALHO DO PRESO

(Promotor de Justiça/PR – 2019 – MPE/PR) Sobre o trabalho do preso, analise as assertivas abaixo e assinale a alternativa **correta**:

(A) O condenado à pena privativa de liberdade e o preso provisório estão obrigados ao trabalho, na medida de suas aptidões e capacidades.

(B) O trabalho do preso, como dever social e condição de dignidade humana, terá finalidade educativa e produtiva, será remunerado e está sujeito à Consolidação das Leis Trabalhistas.

(C) É possível a execução indireta das atividades desenvolvidas nos estabelecimentos prisionais, relacionadas à realização de trabalho pelo preso.

(D) Não será computado para fins de remição da pena o tempo em que o preso ficou impossibilitado de prosseguir no trabalho, por motivo de acidente.

(E) A realização de trabalho externo depende da autorização da direção do estabelecimento penal, além do cumprimento mínimo de 1/6 (um sexto da pena), considerando o tempo da prisão preventiva e da pena no regime fechado.

A: incorreta, dado que o trabalho obrigatório somente alcança o preso condenado à pena privativa de liberdade; para o preso provisório, portanto, o trabalho é facultativo (art. 31, LEP); **B**: incorreta, já que o trabalho do preso, a despeito de ser remunerado, não se sujeita, a teor do art. 28, § 2º, da LEP, ao regime da Consolidação das Leis do Trabalho; **C**: correta (art. 83-A, II, da LEP); **D**: incorreta, uma vez que contraria o disposto no art. 126, § 4º, da LEP; **E**: incorreta, já que não reflete o disposto no art. 37, *caput*, da LEP. ED
Gabarito "C".

(Investigador – PC/BA – 2018 – VUNESP) A Lei de Execução Penal adotou o instituto da remição, que é o desconto de 1 (um) dia da pena por 3 (três) dias trabalhados pelo condenado. Diante das normas legais a respeito do assunto, constata-se que

(A) uma vez realizado o trabalho, não pode fato posterior suprimir o direito à remição.

(B) o cometimento de falta grave pode acarretar a revogação de até 1/6 (um sexto) dos dias remidos.

(C) o cometimento de falta média ou grave pode acarretar a revogação total dos dias remidos.

(D) o cometimento de falta grave pode acarretar a revogação de até 1/2 (metade) dos dias remidos.

(E) o cometimento de falta grave pode acarretar a revogação de até 1/3 (um terço) dos dias remidos.

Em vista das alterações implementadas na LEP pela Lei 12.433/2011, estabeleceu-se, no caso de cometimento de falta grave, uma proporção máxima em relação à qual poderá se dar a perda dos dias remidos. Assim, diante da prática de falta grave, poderá o juiz, em vista da nova redação do art. 127 da LEP, revogar no máximo 1/3 do tempo remido, devendo a contagem recomeçar a partir da data da infração disciplinar. Antes disso, o condenado perdia os dias remidos na sua totalidade. ED
Gabarito "E".

2. DEVERES, DIREITOS E DISCIPLINA DO CONDENADO

(Promotor de Justiça/SP – 2019 – MPE/SP) Quanto aos efeitos da falta grave na execução da pena, interrompe a contagem

(A) do prazo para obtenção de livramento condicional, o qual se reinicia a partir do cometimento dessa infração, a teor da Súmula 441 do STJ.

(B) do prazo para a progressão de regime de cumprimento de pena, o qual se reinicia a partir do cometimento dessa infração, a teor da Súmula 534 do STJ.

(C) do prazo para fim de comutação de pena ou indulto, a teor da Súmula 535 do STJ.

(D) dos prazos para a obtenção de livramento condicional e para fim de comutação de pena ou indulto, a teor das Súmulas 441 e 535 do STJ.

(E) dos prazos para a obtenção de livramento condicional e progressão de regime de cumprimento de pena, os quais se reiniciam a partir do cometimento dessa infração, assim como para fim de comutação de pena ou indulto, a teor das Súmulas 441, 534 e 535 do STJ.

A: incorreta, pois não corresponde ao entendimento firmado na Súmula n. 441 do STJ, *in verbis*: "A falta grave não interrompe o prazo para obtenção de livramento condicional". Atenção: a Lei 13.964/2019, com vigência a partir de 23 de janeiro de 2020 e posterior, portanto, à aplicação desta prova, introduziu novo requisito para a concessão do livramento condicional. Até então, tínhamos o inciso III do art. 83 do CP continha os seguintes requisitos: comportamento satisfatório no curso da execução da pena; bom desempenho no trabalho atribuído ao reeducando; e aptidão para prover à própria subsistência por meio de trabalho honesto. O que fez a Lei 13.964/2019 foi inserir, neste inciso III, um quarto requisito. Doravante, além de preencher os requisitos contemplados no art. 83 do CP (nos seus cinco incisos), é de rigor que o reeducando, para fazer jus à concessão do livramento, não tenha cometido falta grave nos últimos 12 meses. O inciso III, que passou a abrigar esta modificação, foi fracionado em quatro alíneas ("a", "b", "c" e "d"), cada qual correspondente a um requisito (os três aos quais me referi acima e este novo requisito introduzido pela *novel* lei); **B**: correta, uma vez que em conformidade com o entendimento contido na Súmula 534, do STJ: "A prática de falta grave interrompe a contagem do prazo para a progressão de regime de cumprimento de pena, o qual se reinicia a partir do cometimento dessa infração; **C**: incorreta. Isso porque, segundo a Súmula 535, do STJ, "a prática de falta grave não interrompe o prazo para fim de comutação de pena ou indulto"; **D**: incorreta. Vide comentários acima; **E**: incorreta. Vide comentários acima. ED
Gabarito "B".

---

* ED Eduardo Dompieri

PB Patricia Bergamasco

3. EXECUÇÃO DA PENA PRIVATIVA DE LIBERDADE

3.1. REGIMES DE CUMPRIMENTO DE PENA

(Escrivão – PC/GO – AOCP – 2023) Preencha as lacunas e assinale a alternativa correta.

Admite-se a progressão de regime de cumprimento da pena ou a aplicação imediata de regime de cumprimento da pena ou a aplicação imediata de regime _____ nela determinada, _____ do trânsito em julgado da sentença condenatória.

(A) semiaberto / depois
(B) menos severo / depois
(C) *per saltum* / depois
(D) *per saltum* / antes
(E) menos severo / antes

Súmula 716, do STF: "Admite-se a progressão de regime de cumprimento da pena ou a aplicação imediata de regime menos severo nela determinada, antes do trânsito em julgado da sentença condenatória". Gabarito "E".

(Escrivão – PC/GO – AOCP – 2023) Mateus foi condenado por roubo simples à pena de 10 (dez) anos de reclusão e iniciou o cumprimento de pena em regime fechado na penitenciária de Goiânia-GO. Durante seu estágio no presídio, foi pego com grande quantidade de cocaína dentro de sua cela e foi processado por tráfico de drogas e condenado à pena de 9 (nove) anos de reclusão. Ao iniciar o cumprimento da segunda pena recebida, o juízo da execução penal deverá considerar qual percentual como tempo de progressão penal?

(A) 20% (vinte por cento) da pena, se o apenado for reincidente em crime cometido sem violência à pessoa ou grave ameaça.
(B) 25% (vinte e cinco por cento) da pena, se o apenado for primário e o crime tiver sido cometido com violência à pessoa ou grave ameaça.
(C) 40% (quarenta por cento) da pena, se o apenado for condenado pela prática de crime hediondo ou equiparado, se for primário específico.
(D) 30% (trinta por cento), se o apenado for reincidente em crime cometido sem violência à pessoa ou grave ameaça.
(E) 60% (sessenta por cento) da pena, se o apenado for reincidente na prática de crime hediondo ou equiparado.

Com o advento da Lei 13.964/2019 (Pacote Anticrime), alterou-se a redação do art. 112 da LEP, com a inclusão de novas faixas de fração de cumprimento de pena a possibilitar a progressão do reeducando a regime menos rigoroso, aqui incluídos os crimes hediondos e equiparados. Com isso, a nova tabela de progressão ficou mais detalhada, já que, até então, contávamos com o percentual único de 1/6 para os crimes comuns e 2/5 e 3/5 para os crimes hediondos e equiparados. Doravante, passamos a ter novas faixas, agora expressas em porcentagem, que levam em conta, no seu enquadramento, fatores como primariedade e o fato de o delito haver sido praticado com violência/grave ameaça. A primeira faixa corresponde a 16%, a que estão sujeitos os condenados que forem primários e cujo crime praticado for desprovido de violência ou grave ameaça (art. 112, I, LEP); em seguida, passa-se à faixa de 20%, destinada ao sentenciado reincidente em crime praticado sem violência à pessoa ou grave ameaça (art. 112, II, LEP); a faixa seguinte, de 25%, é aplicada ao apenado primário que tiver cometido crime com violência à pessoa ou grave ameaça (art. 112, III, LEP); à faixa de 30% ficará sujeito o condenado reincidente em crime cometido com violência contra a pessoa ou grave ameaça (art. 112, IV, LEP); deverá cumprir 40% da pena o condenado pelo cometimento de crime hediondo ou equiparado, se primário (art. 112, V, LEP); estão sujeitos ao cumprimento de 50% da pena imposta ao condenado pela prática de crime hediondo ou equiparado, com resultado morte, se for primário; o condenado por exercer o comando, individual ou coletivo, de organização criminosa estruturada para a prática de crime hediondo ou equiparado; e o condenado pela prática do crime de constituição de milícia privada (art. 112, VI, LEP); 55% da pena, se o apenado for condenado pela prática de feminicídio, se for primário, vedado o livramento condicional (art. 112, VI-A, LEP); deverá cumprir 60% da pena o condenado reincidente na prática de crime hediondo ou equiparado (art. 112, VII, LEP); e 70%, que corresponde à última faixa, o sentenciado reincidente em crime hediondo ou equiparado com resultado morte (art. 112, VIII, LEP). O art. 2º, § 2º, da Lei 8.072/1990, como não poderia deixar de ser, foi revogado, na medida em que a progressão, nos crimes hediondos e equiparados, passou a ser disciplinada no art. 112 da LEP. Além disso, o art. 112, § 1º, da LEP, com redação determinada pela Lei 13.964/2019 e, posteriormente alterada pela Lei 14.843/2024, impõe que somente fará jus à progressão de regime, nos novos patamares, o apenado que ostentar boa conduta carcerária, a ser atestada pelo diretor do estabelecimento e pelos resultados do exame criminológico, respeitadas as normas que vedam a progressão. Por sua vez, o art. 112, § 5º, da LEP, incluído pela Lei 13.964/2019, consagrando entendimento jurisprudencial, estabelece que não se considera hediondo ou equiparado o crime de tráfico de drogas previsto no art. 33, § 4º, da Lei 11.343/2006. De ver-se que o legislador, ao fixar novos patamares de progressão, deixou de contemplar a situação do reeducando condenado por crime hediondo/equiparado e reincidente não específico, não podendo incidir, em casos assim, o percentual de 60 %, aplicável à hipótese de reincidência em crime hediondo/equiparado. Dessa forma, deve incidir o percentual de 40%. Nesse sentido: "(...) a alteração promovida pela Lei n. 13.964/2019 (Pacote Anticrime) no art. 112 da Lei de Execuções Penais, ao estabelecer novos lapsos para a progressão de regime, deixou de abranger a situação característica do paciente (condenado por crime hediondo e reincidente não específico). 4. Não há como aplicar de forma extensiva e prejudicial ao paciente o percentual de 60% previsto no inciso VII do art. 112 da LEP, que trata sobre os casos de reincidência de crime hediondo ou equiparado, merecendo, ante a omissão legislativa, o uso da analogia *in bonam partem* para aplicar o percentual de 40%, previsto no inciso V. (...)" (STJ – AgRg no HC 623.200/SP. Sexta Turma. Relator: Ministro Nefi Cordeiro. DJe de 18/12/2020). No mesmo sentido, o STF: "A Lei 13.964/2019, ao alterar o art. 112 da LEP, não tratou, de forma expressa, das condições para progressão de regime do condenado por crime hediondo ou equiparado reincidente em crime comum, somente disciplinando a gradação da reprimenda do apenado primário (inciso V) e do reincidente específico (inciso VII). O silêncio normativo, contudo, deve ser saneado em atenção aos princípios norteadores da hermenêutica penal, cumprindo observar a proscrição à analogia *in malam partem*. Havendo dois incisos que, por analogia, poderiam ser aplicados ao apenado (no caso, o inciso V e o inciso VII), o dispositivo mais benéfico ao acusado (inciso V) é a única solução possível, pois a adoção do critério mais gravoso inevitavelmente importaria afronta ao princípio da vedação à analogia *in malam partem* e do *favor rei*. Doutrina" (RHC n. 200.879, Segunda Turma, Rel. Min. Edson Fachin, DJe de 14/6/2021). Gabarito "C".

(Delegado/MG – 2021 – FUMARC) Maria, primária, mãe de uma criança de 6 (seis) anos, que cria sem qualquer ajuda, foi condenada à pena de 5 (cinco) anos de reclusão pela prática do art. 33, *caput*, da Lei nº 11.343/06, e à pena de 1 (um) ano de reclusão pela prática do art. 180, *caput*, do Código Penal. Fixado o regime inicialmente fechado, encontra-se Maria cumprindo as penas impostas sem qualquer intercorrência, apresentando bom comportamento carcerário.

Diante deste cenário, Maria fará jus a progressão de regime prisional quando cumprir

(A) 40% (quarenta por cento) da pena relativa à condenação pelo tráfico de drogas, uma vez que não lhe foram reconhecidos os benefícios do §4º do art. 33 da Lei nº 11.343/06 e 16% (dezesseis por cento) da pena relativa à condenação pelo crime de receptação.

(B) 40% (quarenta por cento) da pena relativa à condenação pelo tráfico de drogas, uma vez que não lhe foram reconhecidos os benefícios do §4º do art. 33 da Lei nº 11.343/06 e 1/6 (um sexto) da pena relativa à condenação pelo crime de receptação.

(C) 1/6 (um sexto) do total da pena a ela imposta

(D) 1/8 (um oitavo) do total da pena a ela imposta.

Pelo que consta do enunciado, a situação de Maria se enquadra na hipótese contida no art. 112, § 3º, da Lei 7.210/1984 (LEP), dispositivo que, introduzido pela Lei 13.769/2018, autoriza a progressão de regime prisional após o cumprimento de 1/8 da pena imposta. Senão vejamos. Segundo estabelece tal dispositivo, sendo a mulher gestante ou mãe/responsável por criança (é o caso de Maria) ou pessoa com deficiência, os requisitos para progressão são os seguintes: crime cometido sem violência ou grave ameaça a pessoa; que o crime não tenha sido cometido contra filho ou dependente; ter cumprido a fração de 1/8 da pena no regime anterior; e não ser integrante de organização criminosa. Como se pode ver, Maria preenche os requisitos acima elencados, fazendo jus, portanto, à progressão nos termos do art. 112, § 3º, da Lei 7.210/1984, que estabelece, como já dito, a fração diferenciada de 1/8 da pena imposta. Importante que se diga que, não estivesse a situação de Maria subsumida no dispositivo em questão, a progressão de regime obedeceria ao disposto no art. 112, I e V, da LEP, o que significa dizer que Maria teria de cumprir 40% (quarenta por cento) da pena relativa à condenação pelo tráfico de drogas e 16% (dezesseis por cento) da pena relativa à condenação pelo crime de receptação. A propósito disso, vale o registro de que, com o advento da Lei 13.964/2019 (Pacote Anticrime), alterou-se a redação do art. 112 da LEP, com a inclusão de novas faixas de fração de cumprimento de pena a possibilitar a progressão do reeducando a regime menos rigoroso, aqui incluídos os crimes hediondos e equiparados (caso do tráfico). Com isso, a nova tabela de progressão ficou mais detalhada, já que, até então, contávamos com o percentual único de 1/6 para os crimes comuns e 2/5 e 3/5 para os crimes hediondos e equiparados. Doravante, passamos a ter novas faixas, agora expressas em porcentagem, que levam em conta, no seu enquadramento, fatores como primariedade e o fato de o delito haver sido praticado com violência/grave ameaça. A primeira faixa corresponde a 16%, a que estão sujeitos os condenados que forem primários e cujo crime praticado for desprovido de violência ou grave ameaça (art. 112, I, LEP); em seguida, passa-se à faixa de 20%, destinada ao sentenciado reincidente em crime praticado sem violência à pessoa ou grave ameaça (art. 112, II, LEP); a faixa seguinte, de 25%, é aplicada ao apenado primário que tiver cometido crime com violência à pessoa ou grave ameaça (art. 112, III, LEP); à faixa de 30% ficará sujeito o condenado reincidente em crime cometido com violência contra a pessoa ou grave ameaça (art. 112, IV, LEP); deverá cumprir 40% da pena o condenado pelo cometimento de crime hediondo ou equiparado, se primário (art. 112, V, LEP); estão sujeitos ao cumprimento de 50% da pena imposta os condenados pela prática de crime hediondo ou equiparado, com resultado morte, se for primário, vedado o livramento condicional; o condenado por exercer o comando, individual ou coletivo, de organização criminosa estruturada para a prática de crime hediondo ou equiparado; e o condenado pela prática do crime de constituição de milícia privada (art. 112, VI, LEP); 55% (cinquenta e cinco por cento) da pena, se o apenado for condenado pela prática de feminicídio, se for primário, vedado o livramento condicional (art. 112, VI-A, LEP); deverá cumprir 60% da pena o condenado reincidente na prática de crime hediondo ou equiparado (art. 112, VII, LEP); e 70%, que corresponde à última faixa, o sentenciado reincidente em crime hediondo ou equiparado com resultado morte, vedado o livramento condicional (art. 112, VIII, LEP). O art. 2º, § 2º, da Lei 8.072/1990, como não poderia deixar de ser, foi revogado, na medida em que a progressão, nos crimes hediondos e equiparados, passou a ser disciplinada no art. 112 da LEP. **ED**

Gabarito "D".

(Promotor de Justiça/CE – 2020 – CESPE/CEBRASPE) Mário e Tiago estão em regime semiaberto, têm bom comportamento e já cumpriram mais de metade da pena. Mário foi comunicado do falecimento de sua irmã e deseja ir ao funeral dela. Tiago deseja visitar a família e participar do casamento de uma prima. Ambos preenchem os demais requisitos legais para a saída.

Nessa situação, deve-se

(A) negar a ambos os condenados os pedidos, porque não cabe autorização de saída nas hipóteses indicadas.

(B) permitir a saída temporária, sem escolta, de ambos os condenados.

(C) permitir a saída, com escolta, de ambos os condenados.

(D) permitir a saída, sem escolta, de Mário; e a saída temporária, com escolta, de Tiago.

(E) permitir a saída, com escolta, de Mário; e a saída temporária, sem escolta, de Tiago.

Mário, cuja irmã faleceu, poderá obter *permissão de saída* (espécie do gênero *autorização de saída*), mediante escolta, para o fim de comparecer ao funeral dela, nos termos do art. 120, I, da LEP. Tal benesse é concedida, pelo diretor do estabelecimento prisional, aos presos provisórios e aos condenados que cumprem pena em regime fechado ou semiaberto, sendo este último o caso de Mário. Já a Tiago será concedida saída temporária (espécie do gênero *autorização de saída*), nos termos do art. 122, I e III, da LEP, à qual fazem jus os condenados que cumprem pena em regime semiaberto. Em conformidade com o que estabelece o § 1º deste dispositivo, o fato de o preso não contar com vigilância direta não impede a utilização de equipamento de monitoração eletrônica. Registre-se que a Lei 13.964/2019 (pacote anticrime) inseriu neste art. 122 da LEP o § 2º, segundo o qual *não terá direito à saída temporária a que se refere o caput deste artigo o condenado que cumpre pena por praticar crime hediondo com resultado morte*. Atenção: após a vigência da Lei 14.843/2024 a única hipótese de autorização para saída temporária é para frequência a curso supletivo profissionalizante, de segundo grau ou superior, na Comarca do Juízo da Execução. O tempo de saída será o necessário para o cumprimento das atividades discentes (§ 3º do art. 122). **ED/PB**

Gabarito "E".

(Promotor de Justiça/PR – 2019 – MPE/PR) Conforme o entendimento sumulado pelos tribunais superiores, analise as assertivas abaixo e assinale a alternativa **correta:**

I. – Admite-se a progressão de regime de cumprimento da pena ou a aplicação imediata de regime menos severo nela determinada, antes do trânsito em julgado da sentença condenatória.

II. – O reconhecimento de falta grave decorrente do cometimento de fato definido como crime doloso no cumprimento de pena exige prévio procedimento administrativo disciplinar e trânsito em julgado de sentença penal condenatória no processo penal instaurado para apuração do fato.

III. – A prática de falta grave interrompe a contagem do prazo para a obtenção de livramento condicional e progressão de regime de cumprimento de pena, o qual se reinicia a partir do cometimento dessa infração.

IV. – A prática de falta grave interrompe o prazo para o fim de comutação de pena ou indulto.

V. – A pena unificada para atender ao limite de trinta anos de cumprimento, determinado pelo art. 75 do Código Penal, não é considerada para a concessão de outros benefícios, como o livramento condicional ou regime mais favorável de execução.

(A) Somente as assertivas I e II estão corretas.
(B) Somente as assertivas II e III estão corretas.
(C) Somente as assertivas III e IV estão corretas.
(D) Somente as assertivas I e IV estão corretas.
(E) Somente as assertivas I e V estão corretas.

I: correta, porquanto corresponde ao entendimento sedimentado na Súmula 716, do STF, que assim dispõe: *Admite-se a progressão de regime de cumprimento da pena ou a aplicação imediata de regime menos severo nela determinada, antes do trânsito em julgado da sentença condenatória*; **II:** incorreta, pois contraria o entendimento sufragado na Súmula 526, do STJ: *O reconhecimento de falta grave decorrente do cometimento de fato definido como crime doloso no cumprimento da pena prescinde do trânsito em julgado de sentença penal condenatória no processo penal instaurado para apuração do fato*; **III:** incorreta, na medida em que, no que concerne ao livramento condicional, não condiz com o entendimento sufragado na Súmula 441, do STJ: *A falta grave não interrompe o prazo para obtenção de livramento condicional*; entretanto, está correta no que tange à progressão de regime, segundo a Súmula 534, do STJ: *A prática de falta grave interrompe a contagem do prazo para a progressão de regime de cumprimento de pena, o qual se reinicia a partir do cometimento dessa infração*; **IV:** incorreta, pois em desconformidade com o teor da Súmula 535, do STJ: *A prática de falta grave não interrompe o prazo para o fim de comutação de pena ou indulto*; **V:** correta, pois em conformidade com o entendimento estabelecido na Súmula 715, do STF. Cuidado: com a alteração promovida pela Lei 13.964/2019 na redação do art. 75 do CP (*caput* e § 1º), o tempo máximo de cumprimento da pena privativa de liberdade, que era de 30 anos, passou a ser de 40 anos, o que é compreensível em face do aumento da expectativa de vida verificado nas últimas décadas. Duas observações devem ser feitas. A primeira é que tal alteração em nada muda a vigência da Súmula 715 do STF, segundo a qual o limite contido no art. 75 do CP, que passou a ser de 40 anos, não se presta ao cálculo para obtenção da progressão de regime prisional. O parâmetro a ser empregado é a pena fixada na sentença. A segunda observação refere-se à medida de segurança. Como bem sabemos, o STF, à luz da regra de que são vedadas penas de caráter perpétuo, adotou o posicionamento no sentido de que o prazo máximo de duração da medida de segurança corresponde a 30 anos, em analogia ao art. 75 do CP. Com isso, forçoso concluir que este prazo máximo de cumprimento da medida de segurança, com a modificação operada na redação do art. 75 do CP, passe para 40 anos. Já o STJ, cujo entendimento acerca deste tema difere do adotado pelo STF, entende que o tempo máximo de cumprimento de medida de segurança não pode ultrapassar o limite máximo da pena abstratamente cominada ao delito (Súmula 527). Neste caso, a alteração promovida no art. 75 do CP não trará qualquer repercussão. Ademais, importante o registro de que tal modificação constitui hipótese de *novatio legis in pejus*, razão pela qual somente terá incidência aos crimes cometidos a partir de 23 de janeiro de 2020, quando a Lei 13.964/2019 entrou em vigor. ED

Gabarito "E".

(Promotor de Justiça/SP – 2019 – MPE/SP) Em relação à progressão de regime de pena, é correto afirmar que

(A) é admissível a chamada progressão *per saltum* de regime prisional se o condenado já descontou tempo de pena suficiente para tanto.

(B) a falta de estabelecimento penal adequado autoriza a manutenção do condenado em regime prisional mais gravoso, devendo-se observar, nessa hipótese, os parâmetros fixados no RE 641.320/RS.

(C) com a edição da Lei 10.792/03, que alterou a redação do artigo 112 da Lei de Execução Penal, não mais se admite o exame criminológico.

(D) se a colaboração premiada for posterior à sentença, a pena poderá ser reduzida até a metade, e somente será admitida a progressão de regime se presente o requisito objetivo.

(E) o condenado por crime contra a administração pública terá a progressão de regime do cumprimento da pena condicionada à reparação do dano que causou.

A: incorreta. Não se admite a chamada progressão *per saltum*. É esse o entendimento sedimentado na Súmula 491, STJ; **B:** incorreta. A assertiva contraria o teor da Súmula Vinculante 56: *a falta de estabelecimento penal adequado não autoriza a manutenção do condenado em regime prisional mais gravoso, devendo-se observar, nessa hipótese, os parâmetros fixados no RE 641.320/RS*; **C:** incorreta. Com a edição da Lei 10.792/03, que de fato alterou a redação do art. 112 da LEP, deixou de existir a obrigatoriedade da realização de exame criminológico para fins de obtenção da progressão de regime ou do livramento condicional. A despeito disso, nada obsta que, a depender das peculiaridades do caso concreto, entenda o magistrado pela necessidade de sua realização. O que se exige é que a decisão que determinar tal providência seja fundamentada, levando-se em conta as particularidades da hipótese concreta, conforme entendimento sedimentado pela Súmula 439, do STJ. Após a vigência da Lei 14.843/2024, o benefício da progressão de regime o passou a prever, também, a obrigatoriedade da realização do exame criminológico. "De acordo com a lei vigente, a Lei nº 14.843, de 11-4-2024, que deu ao § 1º do art. 112 sua atual redação, não somente passou a prever expressamente a admissibilidade do exame criminológico antes de qualquer decisão a respeito da progressão de regime, mas tornou obrigatória a sua realização. Lamentavelmente, o texto da lei retirou do juiz da execução, responsável pela individualização da pena e que dispõe de múltiplos informes a respeito do preso, a discricionariedade sobre a conveniência ou não da realização do exame. A sua obrigatoriedade certamente provocará um retardamento significativo na apreciação de dezenas de milhares de pedidos de progressão, com inevitável aumento da pressão sobre o sistema prisional, além de ser impraticável o atendimento à norma dada a notória escassez de peritos e profissionais incumbidos da elaboração dos laudos e pareceres técnicos" (Mirabete, Julio Fabbrini e Fabbrini, Renato Nascimento. Execução Penal, 17ª edição, 2024, Foco, item 112.5); **D:** incorreta. A Lei de Organização Criminosa permite que o acordo de colaboração seja firmado depois de proferida a sentença, caso em que a pena poderá ser reduzida até a metade ou será admitida a progressão de regime independente da presença dos requisitos objetivos (art. 4º, § 5º, da Lei 12.850/2013); **E:** correta. De acordo com o disposto no art. 33, § 4º, do CP. ED/PB

Gabarito "E".

(Promotor de Justiça/SP – 2019 – MPE/SP) Quanto ao livramento condicional, assinale a alternativa correta.

(A) Para os condenados pelo crime previsto no artigo 35 da Lei 11.343/06, dar-se-á após o cumprimento de dois terços da pena, vedada sua concessão ao reincidente específico.

(B) A gravidade abstrata dos delitos praticados e a longevidade da pena a cumprir podem servir, por si sós, como fundamento para a determinação de prévia submissão do apenado a exame criminológico.
(C) A ausência de suspensão ou revogação do livramento condicional antes do término do período de prova não enseja a extinção da punibilidade pelo integral cumprimento da pena.
(D) A pena unificada para atender ao limite de trinta anos de cumprimento, determinado pelo art. 75 do Código Penal, deve ser considerada para a concessão de outros benefícios, como o livramento condicional.
(E) Não se admite a realização do exame criminológico pelas peculiaridades do caso.

A: correta, pois reflete o disposto no art. 44, parágrafo único, da Lei 11.343/2006 (Lei de Drogas), segundo o qual "nos crimes previstos no *caput* deste artigo, dar-se-á o livramento condicional após o cumprimento de 2/3 (dois terços) da pena, vedada sua concessão ao reincidente específico"; B: incorreta. A partir do advento da Lei 10.792/03, não mais se impõe a realização obrigatória do exame criminológico para o fim de obter o livramento condicional ou mesmo a progressão de regime, sendo suficiente o atestado de bom comportamento carcerário, comprovado pelo diretor do estabelecimento. Também é fato que não existe vedação à determinação de prévia submissão do apenado a exame criminológico para análise de eventual progressão de regime ou livramento condicional. Em outras palavras, a nova legislação não obriga nem proíbe a realização do exame. Entretanto, é importante que se diga que a justificativa para se proceder ao exame criminológico deverá estar calcada em fundamentos sólidos, em conformidade com o caso concreto, não sendo suficiente a mera alegação da gravidade em abstrato do delito ou mesmo a longevidade da pena a cumprir, conforme entendimento sedimentado pela Súmula 439, do Superior Tribunal de Justiça, e Súmula Vinculante 26, do Supremo Tribunal Federal. Nesse sentido, conferir: "Para fins de progressão de regime, a determinação de prévio exame criminológico, para avaliação do requisito subjetivo do apenado, não foi abolida pelo art. 112 da Lei de Execução Penal – LEP, alterado pela Lei n. 10.792/2003, sendo permitida tal realização, desde que haja fundamentação concreta a demonstrar a efetiva necessidade da perícia. Entendimento da Súmula n. 439 do Superior Tribunal de Justiça - STJ. 2. No caso em tela, o Tribunal de origem manteve a decisão que dispensou o exame criminológico em razão da pandemia, contudo, concluiu que sem esse não é possível analisar o mérito da agravante para a progressão de regime, considerando, para tanto, a gravidade do delito. 3. Os fundamentos utilizados, portanto, não se mostram idôneos para afastar a presença do requisito subjetivo. Para tanto, o Julgador deve indicar elementos concretos extraídos da execução da pena, consoante entendimento firmado por esta Corte Superior de Justiça no sentido de que a gravidade dos delitos pelos quais o paciente foi condenado, bem como a longa pena a cumprir não são fundamentos idôneos para indeferir os benefícios da execução penal, pois devem ser levados em consideração, para a análise do requisito subjetivo, eventuais fatos ocorridos durante o cumprimento da pena" (STJ, AgRg no HC 611.509/SP, julgado em 01/12/2020, DJe 07/12/2020). Atenção: A Lei 14.843/2024 deu nova redação ao § 1º do art. 112 da LEP, e passou a exigir, do apenado, além da boa conduta carcerária, a realização do exame criminológico, com a seguinte redação: "em todos os casos, o apenado somente terá direito à progressão de regime se ostentar boa conduta carcerária, comprovada pelo diretor do estabelecimento, e pelos resultados do exame criminológico, respeitadas as normas que vedam a progressão"; C: incorreta, na medida em que contraria o entendimento firmado por meio da Súmula 617, do STJ: *A ausência de suspensão ou revogação do livramento condicional antes do término do período de prova enseja a extinção da punibilidade pelo integral cumprimento da pena*; D: incorreta, pois em desconformidade com o entendimento estabelecido na Súmula 715, do STF. Cuidado: com a alteração promovida pela Lei 13.964/2019 na redação do art. 75 do CP (*caput* e § 1º), o tempo máximo de cumprimento da pena privativa de liberdade, que era de 30 anos, passou a ser de 40 anos, o que é compreensível em face do aumento da expectativa de vida verificado nas últimas décadas. Duas observações devem ser feitas. A primeira é que tal alteração em nada muda a vigência da Súmula 715 do STF, segundo a qual o limite contido no art. 75 do CP, que passou a ser de 40 anos, não se presta ao cálculo para obtenção da progressão de regime prisional. O parâmetro a ser empregado é a pena fixada na sentença. A segunda observação refere-se à medida de segurança. Como bem sabemos, o STF, à luz da regra de que são vedadas penas de caráter perpétuo, adotou o posicionamento no sentido de que o prazo máximo de duração da medida de segurança corresponde a 30 anos, em analogia ao art. 75 do CP. Com isso, forçoso concluir que este prazo máximo de cumprimento da medida de segurança, com a modificação operada na redação do art. 75 do CP, passe para 40 anos. Já o STJ, cujo entendimento acerca deste tema difere do adotado pelo STF, entende que o tempo máximo de cumprimento de medida de segurança não pode ultrapassar o limite máximo da pena abstratamente cominada ao delito (Súmula 527). Neste caso, a alteração promovida no art. 75 do CP não trará qualquer repercussão. Ademais, importante o registro de que tal modificação constitui hipótese de *novatio legis in pejus*, razão pela qual somente terá incidência aos crimes cometidos a partir de 23 de janeiro de 2020, quando a Lei 13.964/2019 entrou em vigor; E: incorreta, pois em desconformidade com a Súmula 439, do STJ. Vide comentário à alternativa "B". **Gabarito "A".**

3.2. PERMISSÃO DE SAÍDA E SAÍDA TEMPORÁRIA

(Defensor Público –DPE/BA – 2016 – FCC) Considerando as disposições constantes na Lei de Execuções Penais, no que toca às saídas dos condenados do estabelecimento prisional,

(A) para que o condenado conquiste o direito às saídas temporárias, é necessário que atinja 1/6 da pena, se primário, e 1/2, se reincidente.
(B) as saídas temporárias poderão ser deferidas aos presos do regime fechado, mediante escolta, caso exista efetivo de servidores na comarca, para frequência a curso supletivo e profissionalizante.
(C) as saídas temporárias serão deferidas pelo diretor da casa prisional.
(D) a permissão de saída não pode ser concedida pelo diretor do estabelecimento prisional para os condenados do regime fechado, pois nesse caso deverá haver autorização judicial.
(E) a permissão de saída pode ser deferida para os condenados dos regimes fechado e semiaberto, bem como aos presos provisórios.

A: incorreta, na medida em que a autorização para saída temporária será concedida, a teor do art. 123, II, da LEP, ao condenado que tenha cumprido no mínimo *um sexto* da pena, se primário, e *um quarto* (e não *metade*), se reincidente for; B: incorreta. É requisito à concessão da saída temporária o fato de o condenado encontrar-se em cumprimento de pena no regime *semiaberto* (art. 122, *caput*, da LEP); C: incorreta. A saída temporária, diferentemente da permissão de saída (art. 120, parágrafo único, da LEP), somente poderá ser concedida mediante autorização do juízo da execução, ouvidos o MP e a administração penitenciária (art. 123, *caput*, da LEP); D: incorreta. Isso porque a permissão de saída será concedida, pelo diretor do estabelecimento prisional, aos condenados que cumprem pena nos regimes fechado e semiaberto, e também aos presos provisórios (art. 120, *caput*, LEP); E: correta, pois em conformidade com o art. 120, *caput*, LEP. Atenção: após a vigência da Lei 14.843/2024 a única hipótese de autorização para saída temporária é para frequência a curso supletivo profissionalizante, de segundo grau ou superior, na Comarca do Juízo da Execução. O tempo de saída será o necessário para o cumprimento das atividades discentes (§ 3º do art. 122). ED/PB

Gabarito "E".

3.3. REMIÇÃO

(Escrivão – PC/GO – AOCP – 2023) O condenado que cumpre a pena em regime fechado ou semiaberto poderá remir, por trabalho ou por estudo, parte do tempo de execução da pena. Sobre esse tema e conforme a Lei de Execução Penal, assinale a alternativa INCORRETA.

(A) O preso impossibilitado, por acidente, de prosseguir no trabalho ou nos estudos continuará a beneficiar-se com a remição.
(B) O tempo a remir em função das horas de estudo será acrescido de 1/3 (um terço) no caso de conclusão do ensino fundamental, médio ou superior durante o cumprimento da pena, desde que certificada pelo órgão competente do sistema de educação.
(C) Os benefícios e regras da remição também se aplicam às hipóteses de prisão cautelar.
(D) A contagem de tempo para remição é de 1 (um) dia de pena a cada 12 (doze) horas de frequência escolar divididas, no mínimo, em 3 (três) dias, e 1 (um) dia de pena a cada 5 (cinco) dias de trabalho.
(E) Em caso de falta grave, o juiz poderá revogar até 1/3 (um terço) do tempo remido, recomeçando a contagem a partir da data da infração disciplinar.

A: correta, pois em conformidade com o disposto no art. 126, § 4º, da LEP; B: correta, pois em conformidade com o disposto no art. 126, § 5º, da LEP; C: correta, pois em conformidade com o disposto no art. 126, § 7º, da LEP; D: incorreta, pois não reflete o que estabelece o art. 126, § 1º, II, da LEP: "1 (um) dia de pena a cada 3 (três) dias de trabalho"; E: correta (art. 127, LEP). ED

Gabarito "D".

3.4. MONITORAÇÃO ELETRÔNICA

(Juiz – TJ-SC – FCC – 2017) Segundo a Lei de Execução Penal, o preso, condenado com trânsito em julgado, poderá ter a execução da sua pena fiscalizada por meio da monitoração eletrônica, quando o juiz:

(A) fixar o regime aberto para cumprimento da pena e o dispensar do recolhimento ao estabelecimento penal no período noturno e nos dias de folga.
(B) aplicar pena restritiva de liberdade a ser cumprida nos regimes aberto ou semiaberto, ou conceder progressão para tais regimes.
(C) aplicar pena restritiva de direitos que estabeleça limitação de horários ou de frequência a determinados lugares.
(D) conceder o livramento condicional ou a suspensão condicional da pena.
(E) autorizar a saída temporária no regime semiaberto ou determinar a prisão domiciliar.

A prova foi aplicada antes da vigência da Lei 14.843/2024 que, entre outras alterações, inseriu novas hipótese de admissibilidade de monitoração eletrônica. O juiz poderá determinar a fiscalização por meio da monitoração eletrônica: autorizar a saída temporária no regime semiaberto; determinar a prisão domiciliar; aplicar pena privativa de liberdade a ser cumprida nos regimes aberto ou semiaberto, ou conceder progressão para tais regimes; aplicar pena restritiva de direitos que estabeleça limitação de frequência a lugares específicos; conceder o livramento condicional (art. 146-B da LEP). Importante citar que o condenado por crime contra a mulher por razões da condição do sexo feminino, nos termos do art. 121-A do CP, ao usufruir de qualquer benefício em que ocorra a sua saída de estabelecimento penal, será fiscalizado por meio de monitoração eletrônica (art. 146-E). ED/PB

Gabarito "E".

4. EXECUÇÃO DAS MEDIDAS DE SEGURANÇA

(Defensor Público – DPE/PR – 2017 – FCC) Sobre as medidas de segurança e sua execução, é correto afirmar que

(A) não é possível a realização de exame de cessação de periculosidade no curso do prazo mínimo de duração da medida de segurança.
(B) as condições da liberação condicional são as mesmas da desinternação condicional.
(C) é prescindível a característica hospitalar do estabelecimento em que se executa a medida de segurança detentiva.
(D) a execução das medidas de segurança independe de trânsito em julgado da sentença absolutória imprópria.
(E) não há prazo legal para que seja retomado o tratamento ambulatorial caso o liberado condicional apresente fato indicativo de persistência da chamada periculosidade.

A: incorreta, na medida em que não reflete o disposto no art. 176 da LEP; B: correta (arts. 97, § 3º, do CP e 178 da LEP); C: incorreta, pois não corresponde ao que estabelece o art. 99 do CP; D: incorreta, pois contraria o disposto nos arts. 171 e 172 da LEP. Na jurisprudência: "A medida de segurança se insere no gênero sanção penal, do qual figura como espécie, ao lado da pena. Se assim o é, não é cabível no ordenamento jurídico a execução provisória da medida de segurança, à semelhança do que ocorre com a pena aplicada aos imputáveis, conforme definiu o Plenário do Supremo Tribunal Federal, por ocasião do julgamento do HC n. 84.078/MG, Rel. Min. Eros Grau. 3. Rememore-se, ainda, que há regra específica sobre a hipótese, prevista no art. 171, da Lei de Execuções Penais, segundo a qual a execução iniciar-se-á após a expedição da competente guia, o que só se mostra possível depois de "transitada em julgado a sentença que aplicar a medida de segurança". Precedente do Supremo Tribunal Federal" (HC 226.014/SP, Rel. Ministra Laurita Vaz, Quinta Turma, julgado em 19/04/2012, DJe 30/04/2012); E: incorreta (art. 97, § 3º, do CP). ED

Gabarito "B".

5. INCIDENTES DE EXECUÇÃO

(Defensor Público – DPE/BA – 2016 – FCC) Sobre os incidentes de execução previstos na Lei de Execuções Penais,

(A) é possível, para apenados do regime aberto e com penas não superiores a três anos, desde que cumpridos os requisitos legais, a conversão da pena privativa de liberdade em pena restritiva de direito.
(B) na hipótese de sobrevir doença mental no curso da execução da pena privativa de liberdade, não poderá ser convertido referido apenamento em medida de segurança, posto se tratar de providência gravosa ao apenado, portanto impossível de ser formalizada por força da coisa julgada.

(C) o próprio sentenciado poderá suscitar o incidente de desvio de execução.

(D) o excesso de execução ocorre quando o ato for praticado além dos limites fixados na sentença, mas não se caracteriza quando a ilegalidade decorrer de inobservância de normas regulamentares, pois nesses casos a apuração das responsabilidades ficará a cargo da autoridade administrativa.

(E) sobrevindo condenação à pena privativa de liberdade no regime semiaberto, estando em curso a execução de penas restritivas de direito, deverá o juiz automaticamente reconverter as penas alternativas em prisão, dada a natureza distinta das duas espécies de sanção.

A: incorreta, pois em desconformidade com a regra presente no art. 180, *caput*, da LEP, que assim dispõe: "a pena privativa de liberdade, não superior a 2 anos, poderá ser convertida em restritiva de direitos, desde que: I – o condenado a esteja cumprindo em regime aberto (...)"; **B:** incorreta. Há que se distinguir, aqui, duas situações. Em se tratando de doença mental de caráter transitório, com perspectiva, portanto, de cura, não há por que converter a pena privativa de liberdade em medida de segurança. Aplica-se, neste caso, o art. 41 do CP, que estabelece que o sentenciado será transferido para hospital de custódia e tratamento e ali permanecerá até o seu restabelecimento. De outro lado, se se tratar de doença mental de caráter permanente, que parece ser o caso narrado na assertiva, deverá o juiz, em obediência ao que estabelece o art. 183 da LEP, converter a pena privativa de liberdade em medida de segurança, já que não existe, ao menos naquele momento, perspectiva de melhora da saúde mental do condenado. Neste caso, a duração da medida de segurança está limitada ao tempo de resta para o cumprimento da pena estabelecida na sentença; **C:** correta, uma vez que reflete a regra contida no art. 186, III, da LEP, que concede ao sentenciado a prerrogativa de, ele mesmo, suscitar o incidente de excesso ou desvio de execução, que também poderá ser suscitado pelo MP, pelo Conselho Penitenciário e por qualquer dos demais órgãos da execução penal; **D:** incorreta, pois não corresponde ao que estabelece o art. 185 da LEP; **E:** incorreta (art. 44, § 5º, do Código Penal). ED

Gabarito "C".

6. PROCEDIMENTO JUDICIAL

(Juiz de Direito/AP – 2022 – FGV) Na hipótese de agente que tem contra si condenação definitiva a cinco anos de reclusão em regime fechado e mandado de prisão pendente de cumprimento, o pedido de antecipação da expedição da sua guia de recolhimento ou expedição de carta de execução de sentença deve ser:

(A) deferido, visando possibilitar a análise de pedido de progressão de regime ou de prisão domiciliar pelo Juízo competente;

(B) indeferido, pois a expedição tem como pressuposto o cumprimento do mandado de prisão;

(C) indeferido, pois a expedição tem como pressuposto o início do cumprimento da pena privativa de liberdade;

(D) indeferido, por permitir a administração, à distância, da execução da própria pena;

(E) deferido, permitindo o cômputo de prazos aquisitivos de benefícios executórios a seu favor.

O art. 105 da Lei 7.210/1984 dispõe: "transitando em julgado a sentença que aplicar pena privativa de liberdade, se o réu estiver ou vier a ser preso, o Juiz ordenará a expedição de guia de recolhimento para a execução". De acordo com a doutrina de Mirabete: "Quem determina a expedição da guia de recolhimento é o juiz da sentença depois que transitar em julgado a decisão, pois antes disso não se aperfeiçoou o título executivo. A execução da pena requer que se tenha constituída a coisa julgada, pois só assim ganha a sentença sua força executória" (Mirabete e Fabbrini, *Execução Penal*, 17ª edição, 2024, Editora Foco, item 105.4). Sobre este tema, conferir o seguinte julgado do STJ, que admite a expedição de guia provisória independente do cumprimento do mandado de prisão: Agravo regimental no *habeas corpus*. Trânsito em julgado da condenação. Expedição da guia de recolhimento definitiva. Prévio cumprimento do mandado de prisão. Ilegalidade não configurada. Agravo não provido. 1. O posicionamento atual desta Corte Superior a respeito do tema é de ausência de ilegalidade em se condicionar a expedição da guia de execução definitiva ao cumprimento de mandado de prisão decorrente do trânsito em julgado da condenação. Essa regra é relativizada quando fica demonstrado que o réu teria direito a benefícios que tornariam sua execução mais branda, como progressão de regime ou prisão domiciliar" (AgRg no HC 730188-SP, j. em 5-4-2022, DJe de 12-4-2022), no mesmo sentido STJ, HC 599.475-SP, j. em 22-9-2020, DJe 29-9-2020. ED/PB

Gabarito "A".

(Juiz de Direito/SP – 2021 – Vunesp) Em apuração de falta disciplinar atribuída a recluso no interior do estabelecimento penal, instaurada sindicância para esse fim, em observância aos termos do Regimento Interno Padrão dos Estabelecimentos Penais, é correto afirmar que

(A) garantida a defesa ao sentenciado, em observância à norma que regulamenta a matéria, válido é o procedimento.

(B) a presença do advogado na oitiva do sindicado, quando o sentenciado tem defensor constituído, é obrigatória.

(C) é nulo o procedimento se o sentenciado não teve a assistência de defensor durante a sua oitiva.

(D) o procedimento disciplinar tem caráter inquisitivo e, por isso, não é exigida a atuação do defensor.

A solução desta questão deve ser extraída da Súmula 533, do STJ: *Para o reconhecimento da prática de falta disciplinar no âmbito da execução penal, é imprescindível a instauração de procedimento administrativo pelo diretor do estabelecimento prisional, assegurado o direito de defesa, a ser realizado por advogado constituído ou defensor público nomeado*; B, C e D: incorretas. ED

Gabarito "A".

(Juiz de Direito – TJ/AL – 2019 – FCC) Quanto aos aspectos processuais da Lei de Execução Penal,

(A) é de cinco dias o prazo ordinário para interposição de agravo contra a decisão do Juiz da execução penal, descabendo intimação do defensor nomeado por publicação no órgão incumbido da publicidade dos atos judiciais da comarca.

(B) compete ao Juízo das Execuções Federal a execução das penas impostas a sentenciados pela Justiça Federal, Militar ou Eleitoral, ainda que recolhidos a estabelecimentos sujeitos à Administração estadual.

(C) a aplicação das sanções disciplinares de isolamento e de inclusão no regime disciplinar diferenciado é de competência, respectivamente, do diretor do estabelecimento prisional e do Juiz da execução, não podendo a primeira exceder a sessenta dias.

(D) a regressão do condenado a regime mais rigoroso depende de sua prévia oitiva se a falta grave imputada consistir em incitar ou participar de movimento para subverter a ordem ou a disciplina, mas não no caso de

possuir, indevidamente, instrumento capaz de ofender a integridade física de outrem.
(E) das decisões proferidas pelo Juiz caberá recurso de agravo, sem efeito suspensivo, podendo o Ministério Público obtê-lo por meio da interposição de mandado de segurança.

A: correta. O agravo de execução segue o rito do recurso em sentido estrito. O prazo para a sua interposição é de cinco dias, nos termos da Súmula 700 do STF: "É de cinco dias o prazo para interposição de agravo contra decisão do juiz da execução penal". Ademais, tendo em conta o que estabelece o art. 370, § 4º, do CPP, a intimação do defensor nomeado e também do MP será *pessoal*; **B:** incorreta, pois não reflete o entendimento sedimentado na Súmula 192, do STJ: "Compete ao Juízo das Execuções Penais do Estado a execução das penas impostas a sentenciados pela Justiça Federal, Militar ou Eleitoral, quando recolhidos a estabelecimentos sujeitos à administração estadual"; **C:** incorreta. A aplicação do isolamento preventivo do condenado faltoso pode ser dar por até dez dias (e não sessenta), conforme estabelece o art. 60, *caput*, da LEP, dispositivo que também prevê que a inclusão do preso no regime disciplinar diferenciado é de competência exclusiva do juiz da execução; **D:** incorreta, já que a oitiva prévia se imporá nas duas hipóteses acima referidas, já que ambas configuram falta grave (art. 50, I e III, da LEP). É o que estabelece o art. 118, § 2º, da LEP; **E:** incorreta, uma vez que contraria o entendimento firmado por meio da Súmula 604, do STJ, segundo a qual *o mandado de segurança não se presta para atribuir efeito suspensivo a recurso criminal interposto pelo Ministério Público.*
Gabarito "A".

7. TEMAS COMBINADOS

(Juiz de Direito – TJ/SP – 2023 – VUNESP) O recurso cabível na Lei de Execução Penal contra decisões do juiz das execuções é o agravo, mas não foi estabelecido seu procedimento ou prazo para interposição. Portanto, atualmente, vigora o entendimento de que seu processamento deve obedecer o rito

(A) do recurso em sentido estrito.
(B) do recurso de apelação.
(C) do agravo regimental.
(D) do agravo de instrumento no processo civil, por analogia.

Não estando ainda regulamentado em lei o processamento do agravo em execução, na jurisprudência, o entendimento praticamente pacífico é o de que deve ser seguido o rito do recurso em sentido estrito, previsto no Código de Processo Penal (art. 581, XII, XVII, XIX, XX). Conferir: "(...) 1. A insurgência contra decisão prolatada pelo Juízo da Execução desafia a oposição de agravo em execução penal, nos termos do art. 197 da Lei n. 7.210/84. Deve obedecer o rito do recurso em sentido estrito, sendo interposto junto ao juízo de primeiro grau, a quem compete analisar sua admissibilidade" (STJ, AgRg no HC 845832-SC, j. em 29-4-2024, DJe de 3-5-2024).
Gabarito "A".

(Juiz Federal – TRF/1 – 2023 – FGV) Boi da Comuna, líder de organização criminosa no Estado do Rio de Janeiro, foi transferido por decisão fundamentada de juiz estadual para a Penitenciária Federal de Porto Velho. O juiz federal corregedor da Penitenciária Federal, ao analisar a transferência, determinou o retorno do preso ao sistema estadual, em razão de o apenado não mais exercer liderança na organização criminosa, bem como por não subsistir risco de seu retorno ao sistema penitenciário estadual.

Diante da hipótese narrada, com fundamento na jurisprudência do Superior Tribunal de Justiça, a decisão do juiz federal corregedor foi:

(A) incorreta, uma vez que não cabe ao juízo federal discutir as razões do juízo estadual, quando este solicita a transferência de preso para estabelecimento prisional;
(B) incorreta, já que o juízo federal não deve estabelecer juízo quanto à legalidade da transferência, devendo apenas analisar as questões referentes à execução da pena;
(C) incorreta, uma vez que somente poderia determinar o retorno do preso se enfrentasse todas as questões que fundamentaram a decisão do juiz estadual;
(D) correta, tendo em vista que compete ao juízo federal apreciar a legalidade e o mérito da transferência de presos para o sistema penitenciário federal;
(E) correta, tendo em vista que o sistema penitenciário federal é excepcional e a ausência de risco de retorno ao sistema penitenciário estadual é motivação idônea para a não aceitação do preso.

Conforme entendimento do STJ, não compete ao juiz do federal, corregedor de Penitenciária Federal, exercer juízo de valor sobre a fundamentação do juiz de direito estadual sobre a decisão de manutenção de preso no sistema penitenciário de federal. STJ: "(...) 1. Segundo a jurisprudência do Superior Tribunal de Justiça, não cabe à Justiça Federal discutir os motivos declinados pelo Juízo que solicita a transferência ou a permanência de preso em estabelecimento prisional de segurança máxima, pois este é o único habilitado a declarar a excepcionalidade da medida. 2. À luz dos fatos declinados pelo Juízo suscitante em 17/08/2023, a permanência do Apenado em presídio federal de segurança máxima é medida que se impõe, pois a necessidade de resguardar a segurança pública foi devidamente ressaltada. De fato não poderia o Juízo Federal, unilateralmente, substituindo-se àquele, rediscutir as razões que justificaram a necessidade da medida" (AgRg no CC 199369-PA, j. em 28-2-2024, DJe de 5-3-2024).
Gabarito "A".

(Escrivão – PC/GO – AOCP – 2023) Preencha as lacunas e assinale a alternativa correta.

_____ o contraditório e o devido processo decisão que, sem ouvida prévia da defesa, determine transferência ou permanência de custodiado em _____.

(A) Não fere / estabelecimento penitenciário federal
(B) Fere / penitenciária interestadual
(C) Não fere / casa de custódia cautelar
(D) Fere / estabelecimento penitenciário federal
(E) Não fere / estabelecimento penal estadual

A solução desta questão deve ser extraída da Súmula 639, do STJ: "Não fere o contraditório e o devido processo decisão que, sem ouvida prévia da defesa, determine transferência ou permanência de custodiado em estabelecimento penitenciário federal".
Gabarito "A".

(Juiz de Direito – TJ/MS – 2020 – FCC) No que toca às sanções disciplinares na fase de execução penal, correto afirmar que

(A) a advertência verbal e a repreensão serão aplicadas por ato do diretor do estabelecimento, desnecessárias motivação e comunicação ao juiz da execução.
(B) compete ao juiz da execução a aplicação da suspensão ou restrição de direitos.

(C) a autorização para inclusão de preso em regime disciplinar diferenciado dependerá de requerimento circunstanciado elaborado pelo diretor do estabelecimento, decidindo o juiz no prazo máximo de quinze dias, ouvida apenas a defesa.

(D) o isolamento na própria cela, ou em local adequado, nos estabelecimentos que possuam alojamento coletivo, será determinado pelo diretor do presídio e comunicado ao juiz da execução.

(E) cabe exclusivamente ao juiz da execução decretar o isolamento preventivo do faltoso pelo prazo de até dez dias.

A: incorreta, pois, na dicção do art. 54, *caput*, da Lei 7.210/1984, a *advertência verbal* e a *repreensão* somente serão aplicadas mediante ato *motivado* do diretor do estabelecimento prisional; **B:** incorreta, na medida em que a suspensão ou restrição de direitos (art. 53, III, LEP) será aplicada por ato motivado do diretor do estabelecimento (art. 54, *caput*, LEP); **C:** incorreta. A autorização para inclusão de preso em regime disciplinar diferenciado dependerá de requerimento circunstanciado elaborado pelo diretor do estabelecimento (ou outra autoridade administrativa), devendo o juiz, após manifestação do Ministério Público e da defesa, decidir no prazo máximo de quinze dias, tal como estabelece o art. 54, §§ 1º e 2º, da LEP; **D:** correta, pois reflete o disposto nos arts. 53, IV, e 58, parágrafo único, da LEP; **E:** incorreta, uma vez que a inserção do faltoso em isolamento preventivo (pelo prazo de até 10 dias) será decretada por autoridade administrativa (art. 60, *caput*, LEP). Dependerá de decisão judicial a inclusão do preso no regime disciplinar diferenciado.
Gabarito "D".

(Promotor de Justiça/CE – 2020 – CESPE/CEBRASPE) Em relação ao que dispõe a LEP, assinale a opção correta.

(A) Das decisões proferidas pelo juiz da execução caberá recurso de agravo, com efeito suspensivo.

(B) O procedimento judicial pode ser iniciado de ofício, a requerimento do Ministério Público, do interessado, de seu representante ou parente, ou da autoridade administrativa.

(C) A petição do indulto individual será entregue ao Ministério Público para a elaboração de parecer e posterior encaminhamento ao juiz da execução.

(D) A pena privativa de liberdade poderá ser convertida em restritiva de direitos, desde que o condenado esteja em regime aberto ou semiaberto e tenha cumprido um sexto da pena.

(E) O órgão do Ministério Público deve visitar anualmente os estabelecimentos penais, registrando a sua presença em livro próprio.

A: incorreta. O agravo em execução, previsto no art. 197 da LEP, não comporta, em regra, efeito suspensivo. Este recurso obedece ao rito estabelecido para o recurso em sentido estrito (arts. 582 a 592 do CPP), que tem como prazo para interposição *cinco* dias; **B:** correta. De acordo com o teor do art. 195, LEP; **C:** incorreta. A petição do indulto, acompanhada dos documentos que a instruírem, será entregue ao Conselho Penitenciário, para a elaboração de parecer e posterior encaminhamento ao Ministério da Justiça (art. 189, LEP); **D:** incorreta. A pena privativa de liberdade não superior a 2 anos, poderá ser convertida em restritiva de direitos, desde que o condenado a esteja cumprindo em *regime aberto* e tenha sido cumprido pelo menos *1/4 da pena* (art. 180, I e II da LEP); **E:** incorreta. O órgão do Ministério Público visitará *mensalmente* os estabelecimentos penais (art. 68, parágrafo único, LEP).
Gabarito "B".

(Promotor de Justiça/CE – 2020 – CESPE/CEBRASPE) De acordo com a Lei de Execução Penal (LEP), o órgão da execução penal destinado especificamente a prestar assistência aos albergados e aos egressos é

(A) o patronato.
(B) a casa de albergado.
(C) o conselho penitenciário.
(D) o conselho da comunidade.
(E) o departamento penitenciário.

A solução desta questão deve ser extraída do art. 78 da LEP, que assim dispõe: *O Patronato público ou particular destina-se a prestar assistência aos albergados e aos egressos (art. 26)*.
Gabarito "A".

(Promotor de Justiça/PR – 2019 – MPE/PR) Analise as assertivas abaixo e assinale a ***incorreta:***

(A) Incumbe à Defensoria Pública visitar os estabelecimentos penais, tomando providências para o adequado funcionamento, e requerer, quando for o caso, a apuração de responsabilidade.

(B) Incumbe ao Conselho da Comunidade, visitar, pelo menos mensalmente, os estabelecimentos penais existentes na comarca.

(C) Incumbe ao Patronato visitar os estabelecimentos penais, tomando providências para o adequado funcionamento, e requerer, quando for o caso, a apuração de responsabilidade.

(D) Incumbe ao Ministério Público visitar mensalmente os estabelecimentos penais, registrando sua presença em livro próprio.

(E) Compete ao Juiz da Execução inspecionar, mensalmente, os estabelecimentos penais, tomando providências para o adequado funcionamento e promovendo, quando for o caso, a apuração de responsabilidade.

A: correta (art. 81-B, V, da Lei 7.210/1984 – Lei de Execução Penal); **B:** correta (art. 81, I, da Lei 7.210/1984); **C:** incorreta, já que tal incumbência cabe à Defensoria Pública, conforme estabelece o art. 81-B, V, da Lei 7.210/1984. As incumbências do Patronato estão definidas nos arts. 78 e 79 da LEP; **D:** correta (art. 68, parágrafo único, da Lei 7.210/1984 – Lei de Execução Penal); **E:** correta (art. 66, VII, da LEP).
Gabarito "C".

(Investigador – PC/BA – 2018 – VUNESP) De acordo com a Lei de Execução Penal, é correto afirmar que

(A) o regime disciplinar diferenciado pode ser imposto tanto ao condenado quanto ao preso provisório, tendo como fundamento a prática de qualquer crime doloso.

(B) a permissão de saída é cabível apenas para pessoas presas em regime semiaberto.

(C) a saída temporária é permitida para visita à família e é concedida por prazo não superior a 7 (sete) dias, podendo ser renovada por mais 5 (cinco) vezes durante o ano.

(D) a regressão de regime pode ser imposta ao apenado que, no curso da execução, seja condenado, por sentença transitada em julgado, pela prática de crime doloso ou, nos termos do regulamento da penitenciária, incorra na prática de falta média.

(E) a inclusão do apenado no regime aberto depende da comprovação de que ele já está trabalhando, porque deve comprovar a capacidade prévia de sustentar-se por meios lícitos.

A: correta. De acordo com o disposto no art. 52, *caput*, da LEP (Lei 7.210/1984). Posteriormente à aplicação da prova, a Lei 13.964/2019 alterou a redação do art. 52 da LEP e modificou substancialmente as regras que disciplinam o regime disciplinar diferenciado, enumerando medidas mais restritivas para os presos que se encontram nessa modalidade de sanção disciplinar (incisos I a VII e §§ 1º a 7º do art. 52 da LEP); **B:** incorreta. É importante comentar a distinção entre *permissão de saída* e *saída temporária*, que são espécies do gênero *autorização de saída*. A *permissão de saída* (referida nesta assertiva), a ser concedida, pelo diretor do estabelecimento prisional, aos condenados que cumprem pena nos *regimes fechado e semiaberto*, e aos presos provisórios, pressupõe que o preso esteja sob escolta permanente, nas hipóteses de falecimento ou doença grave do cônjuge, companheira, ascendente, descendente ou irmão e necessidade de tratamento médico; (art. 120, LEP); já a *saída temporária*, que será concedida ao condenado que se encontra em cumprimento de pena no regime *semiaberto* (art. 122, *caput*, da LEP) e somente mediante autorização do juízo da execução, ouvidos o MP e a administração penitenciária (art. 123, *caput*, da LEP), não sendo necessária escolta, podendo o juiz, neste caso, determinar a utilização de equipamento de monitoração eletrônica. Após a edição da Lei 14.843/2024, a única hipótese de saída temporária é para frequência a curso supletivo profissionalizante, bem como de instrução de 2º grau ou superior, na Comarca do Juízo da Execução; **C:** incorreta. Não correspondia ao teor do revogado art. 124, *caput*, da LEP, que estabelecia que a saída temporária seria renovada por mais *quatro* vezes durante o ano (e não *cinco*). Entretanto, o art. 124 da LEP foi revogado pela Lei 14.843/2024 restringindo o benefício da saída temporária à hipótese de frequência a curso profissionalizante ou de instrução de 2º grau ou superior, sendo o tempo de saída o necessário para o cumprimento das atividades discentes. Segundo as lições de Mirabete: "Nas hipóteses revogadas de visita a família ou a participação em outras atividades, o prazo não podia ser superior a sete dias. O juiz podia, entretanto, reduzi-la a prazo menor, dependendo das circunstâncias, já que deve ter em conta, principalmente, as necessidades do preso, a distância até o ponto de destino etc., e sua renovação somente era permitida por mais quatro vezes durante o ano. Tratando-se de frequência a curso profissionalizante, de instrução de 2º grau ou superior, única hipótese agora em vigor, o tempo da saída será o necessário para o cumprimento das atividades discentes (art. 122, § 3º). Isso significa que a saída é permitida para o período de aulas (diurnas ou noturnas), provas, estágios etc. Abarca assim o tempo necessário para os afazeres ligados ao estudo do condenado que devam ser desenvolvidos fora do estabelecimento penal, ao qual deverá retornar o condenado assim que estejam cumpridos" (Mirabete, Julio Fabbrini e Fabbrini, Renato Nascimento. *Execução Penal*, 17ª edição, 2024, Foco, item 124.1);

D: incorreta. Assertiva contraria ao disposto no art. 118, I da LEP: "A execução da pena privativa de liberdade ficará sujeita à forma regressiva, com a transferência para qualquer dos regimes mais rigorosos, quando o condenado: I - praticar fato definido como crime doloso ou falta grave."; **E:** incorreta. Assertiva está incompleta, com o que estabelece o art. 114, I, parte final, da LEP, que o condenado esteja trabalhando *ou comprovar a possibilidade de fazê-lo imediatamente*. ED/PB

Gabarito "A".

(Juiz de Direito – TJ/RS – 2018 – VUNESP) Em relação aos enunciados a seguir, assinale o que representa entendimento já sumulado pelo STJ.

(A) O excesso de prazo na instrução, independentemente de quem o produz, gera constrangimento ilegal a ensejar o relaxamento da prisão.

(B) É admissível a fixação de pena substitutiva (art. 44 do CP) como condição especial ao regime aberto.

(C) Para obtenção dos benefícios de saída temporária e trabalho externo, considera-se o tempo de cumprimento da pena no regime fechado, salvo se houver falta grave.

(D) A falta grave não interrompe o prazo para obtenção de livramento condicional.

(E) É desnecessária a resposta preliminar de que trata o art. 514 do Código de Processo Penal.

A: incorreta, pois não corresponde ao entendimento firmado por meio da Súmula 64, do STJ; **B:** incorreta, pois não retrata o posicionamento firmado na Súmula 493, do STJ: "É inadmissível a fixação de pena substitutiva (art. 44 do CP) como condição especial ao regime aberto"; **C:** incorreta, pois contraria o entendimento firmado na Súmula 40, do STJ; **D:** correta, pois reflete o entendimento constante da Súmula 441, STJ; **E:** incorreta. A peculiaridade do procedimento referente aos crimes de responsabilidade dos funcionários públicos reside na impugnação ofertada pelo funcionário antes do recebimento da denúncia. É a chamada *resposta* ou *defesa preliminar*, prevista no art. 514 do CPP, que somente terá incidência nos crimes funcionais afiançáveis, não se estendendo ao particular que, na qualidade de coautor ou partícipe, tomar parte no crime. Com a edição da Súmula 330 do STJ, esta defesa que antecede o recebimento da denúncia deixou de ser necessária na ação penal alicerçada em inquérito policial. Dessa forma, a formalidade imposta pelo art. 514 do CPP somente se fará necessária, segundo o STJ, quando a denúncia se basear em outras peças de informação que não o inquérito policial. Em outras palavras, a resposta preliminar é necessária, sim, na hipótese de a ação penal não ser calcada em inquérito policial. ED

Gabarito "D".

9. DIREITO CONSTITUCIONAL

Adolfo Mamoru Nishiyama, André Nascimento, André Barbieri,
Bruna Vieira, Licínia Rossi e Teresa Melo*

1. PODER CONSTITUINTE

(Juiz de Direito – TJ/SP – 2023 – VUNESP) Leia o texto com que Carlos Ayres Britto inicia sua obra "Teoria da Constituição", ao tratar do Poder Constituinte:

"O meu filho Marcel tinha cinco anos de idade, quando travou comigo o seguinte diálogo:

– Meu pai, é verdade que Deus tudo pode?

– É verdade, sim, meu filho. Deus tudo pode.

– E se Deus quiser morrer?

– Bem, aí você me obriga a recompor a ideia. Deus tudo pode, é certo, menos deixar de tudo poder. Logo, Deus tem que permanecer vivo, porque somente assim Ele vai prosseguir sendo Aquele que tudo pode."

Após essa reflexão, defende o autor que

(A) não há distinção relevante entre o Poder Constituinte originário e o Poder reformador da Constituição, pois ambos se apresentam como expressões de idêntica soberania e instrumentos para dar concretude ao Estado, na forma prescrita pelo Ordenamento Jurídico.

(B) o Poder Constituinte originário, manifestação primária de soberania que inaugura o Ordenamento Jurídico e cria o Estado ao fazer a Constituição, não se confunde com o Poder reformador, que é o poder de constituir normas constitucionais na forma regimental.

(C) há imprecisão e falta de técnica jurídica da distinção entre Poder Constituinte Originário e Poder reformador, porque ambos inovam o Ordenamento jurídico de forma similar.

(D) o Poder Constituinte originário inova o Ordenamento Jurídico a partir do regramento existente e o Poder reformador da Constituição, de igual modo, confere atualidade e eficácia, no tempo, às regras inicialmente postas.

A alternativa correta é a B. Segundo Carlos Ayres Britto: "Se o verdadeiro e único Poder Constituinte é um Poder que pode o mais (elaborar a Constituição), **mas sem poder o menos** (reformar a sua própria obra legislativa), o Poder Constituído é um Poder que pode o menos (modificar a obra do Poder Constituinte), **mas sem poder o mais** (trocar uma Constituição por outra), como realçado no capítulo precedente. Tudo a espelhar: quem edita a Constituição está impedido de reformá-la, e quem reforma a Constituição está impedido de editá-la, pois aquele que só existe para fazer a parte não pode fazer o todo (evidência palmar). Mais enfaticamente: **se o Poder Constituinte é o poder de constituir a Constituição – não apenas normas constitucionais –, o Poder Reformador é o poder de constituir tão somente normas constitucionais. Não a Constituição.**" (BRITTO, Carlos Ayres. Teoria da constituição). Rio de Janeiro: Forense, 2003, p. 97, grifos no original). Assim, o Poder Constituinte originário é aquele que inaugura o Ordenamento Jurídico e cria o Estado, enquanto Poder reformador é o poder de constituir normas constitucionais na forma regimental. ANH

Gabarito "B".

(Procurador/PA – CESPE – 2022) A respeito do poder constituinte, é correto afirmar que

(A) a atualização de uma Constituição pode ser feita tanto pelo poder constituinte originário quanto pelo poder constituinte derivado, por meio da chamada mutação constitucional e da reforma constitucional.

(B) o poder constituinte originário é extraordinário, uma vez que pode surgir a qualquer momento, devido à sua excepcionalidade.

(C) o poder constituinte originário, cujo titular é o povo, não tem limites e, por isso, pode atualizar amplamente a Constituição.

(D) o poder constituinte derivado decorrente é aquele que objetiva atualizar a Constituição por intermédio de emenda constitucional.

(E) o poder constituinte derivado, quando da criação de Constituição estadual, assemelha-se ao poder constituinte originário, sendo, nesse caso específico, um poder ilimitado.

A: Incorreta. A atualização de uma Constituição não é feita pelo poder constituinte originário, uma vez que ele cria uma nova Constituição. A atualização é realizada pelo poder constituinte derivado reformador ou por meio de mutação constitucional. **B: Correta.** O poder constituinte originário é um poder de fato, inicial, incondicionado e autônomo e cria uma nova Constituição. **C: Incorreta.** Conforme pondera a doutrina: "Não há dúvida, também, de que o constituinte está limitado pelas forças materiais que o levaram à manifestação inauguradora do Estado. Fatores ideológicos, econômicos, o pensamento dominante da comunidade, enfim, é que acabam por determinar a atuação do constituinte" (TEMER, Michel. *Elementos de direito constitucional*. 10. ed. São Paulo: Malheiros, 1993, p. 34). Além disso, a atualização de uma Constituição não é realizada pelo poder constituinte originário. **D: Incorreta.** O poder constituinte derivado decorrente é aquele que possibilita a criação de uma Constituição pelo Estado-membro, observando-se as regras impostas pelo poder constituinte originário. **E: Incorreta.** O poder constituinte derivado não se assemelha ao poder constituinte originário, pois aquele é condicionado, subordinado e decorrente deste último. AMN

Gabarito "B".

(Delegado/MG – 2021 – FUMARC) Cláusulas pétreas são:

(A) aquelas que não podem ser modificadas no texto constitucional.

---

* AMN/ANH Adolfo Mamoru Nishiyama
  AN André Nascimento
  AB André Barbieri
  BV Bruna Vieira
  LR Licínia Rossi
  TM Teresa Melo
  BV/TM Bruna Vieira e Teresa Melo

(B) consideradas limites materiais para emendas à Constituição, pois constituem conteúdo que não pode ser modificado no texto constitucional no sentido de o abolir (extinguir) ou tender a tanto.
(C) dispositivos constitucionais que só podem ser alterados, por meio de emendas ao texto constitucional.
(D) impedimentos à atuação do Poder Constituinte Originário.

A: incorreta. As cláusulas pétreas (forma federativa de Estado; o voto secreto, direto, universal e periódico; a separação dos Poderes; e os direitos e garantias individuais) não podem ser abolidas, (suprimidas), mas é possível que sejam modificadas no sentido de ampliá-las. É o que ocorreu, por exemplo, com a inclusão, por meio de emenda constitucional, dos incisos LXXVIII e LXXIX ao art. 5º da Constituição Federal. **B:** correta. De fato, as cláusulas pétreas são consideradas limites materiais para emendas constitucionais. Tratam de conteúdos essencialmente constitucionais (relacionados ao poder) e não admitem emendas que tendam a aboli-los; **C:** incorreta. Ao contrário, as cláusulas pétreas não podem ser suprimidas por emendas. Até podem ser modificadas, como mencionado, mas sempre no sentido de ampliá-las. **D:** incorreta. As cláusulas pétreas foram criadas pelo Poder Constituinte Originário, de modo que não constituem impedimentos a sua atuação.

(Promotor de Justiça/CE – 2020 – CESPE/CEBRASPE) Acerca da teoria do poder constituinte, julgue os seguintes itens.

I. Constituição superveniente torna inconstitucionais leis anteriores com ela conflitantes.
II. Uma vez aprovada proposta de emenda constitucional pelo Congresso Nacional em exercício do seu poder constituinte derivado reformador, não haverá sanção ou veto pelo presidente da República.
III. Norma anterior não será recepcionada se sua forma não for mais admitida pela Constituição superveniente, ainda que seu conteúdo seja compatível com esta.

Assinale a opção correta.
(A) Apenas o item I está certo.
(B) Apenas o item II está certo.
(C) Apenas os itens I e III estão certos.
(D) Apenas os itens II e III estão certos.
(E) Todos os itens estão certos.

Correta é a letra B, conforme artigo 60, 3º, da CF, logo, item II está correto. O item I está incorreto, pois o Brasil não adota a Teoria da Inconstitucionalidade Superveniente. Assim, as leis anteriores materialmente incompatíveis não serão recepcionadas pela nova Constituição. O item III está errado, porque a compatibilidade deve ocorrer apenas do ponto de vista material e não formal. Sendo assim, apenas a letra B está correta.

Quando o termo "povo" aparece em textos de normas, sobretudo em documentos constitucionais, deve ser compreendido como parte integrante plenamente vigente da formulação da prescrição jurídica (do tipo legal); deve ser levado a sério como conceito jurídico a ser interpretado *lege artis*.

Friedrich Müller. Quem é o povo? A questão fundamental da democracia. São Paulo: Revista dos Tribunais, 2009, p. 67 (com adaptações).

(Juiz de Direito – TJ/BA – 2019 – CESPE/CEBRASPE) Tendo o texto anterior como referência inicial, assinale a opção correta, relativamente ao poder constituinte originário, ao poder constituinte derivado e ao poder derivado estadual.

(A) O poder constituinte originário é uma categoria pré-constitucional que fundamenta a validade da nova ordem constitucional.
(B) Para resguardar os interesses do povo, cabe à jurisdição constitucional fiscalizar a ação do poder constituinte originário com base no direito suprapositivo.
(C) Como titular passivo do poder constituinte originário, o povo delega o seu exercício a representantes e, em seguida, exerce a soberania apenas de forma indireta.
(D) Os direitos adquiridos são oponíveis ao poder constituinte originário para evitar óbice ao retrocesso social.
(E) A limitação material negativa ao poder constituinte dos estados federados se manifesta no dever de concretizar, no nível estadual, os preceitos da CF.

A: correta, porque o poder constituinte originário é um poder político que antecede o Direito, inaugurando a ordem jurídica pela elaboração da nova Constituição. Assim, o poder constituinte originário é o fundamento de validade da nova ordem constitucional; **B:** incorreta, pois o poder constituinte originário é ilimitado, não sendo regido pela ordem jurídica precedente e não sendo limitado por ela. A esse respeito, o STF já decidiu: "*Na atual Carta Magna 'compete ao Supremo Tribunal Federal, precipuamente, a guarda da Constituição' (artigo 102, "caput"), o que implica dizer que essa jurisdição lhe é atribuída para impedir que se desrespeite a Constituição como um todo, e não para, com relação a ela, exercer o papel de fiscal do Poder Constituinte originário, a fim de verificar se este teria, ou não, violado os princípios de direito suprapositivo que ele próprio havia incluído no texto da mesma Constituição.*" (ADI 815, Relator: Min. Moreira Alves, Tribunal Pleno, julgado em 28/03/1996); **C:** incorreta, pois a soberania popular é exercida de forma indireta (por representantes eleitos pelo voto popular) e de forma direta (mediante plebiscito, referendo e iniciativa popular); **D:** incorreta, pois os direitos adquiridos anteriormente ao surgimento de uma nova constituição não estão protegidos contra ela, salvo se o próprio poder constituinte originário assim o desejar. Nesse sentido, o STF já decidiu que "*a supremacia jurídica das normas inscritas na Carta Federal não permite, ressalvadas as eventuais exceções proclamadas no próprio Texto Constitucional, que contra elas seja invocado o direito adquirido*" (ADI 248, Rel. Min. Celso de Mello, Tribunal Pleno, julgado em 18/11/1993); **E:** incorreta, pois a limitação material **positiva** ao poder constituinte decorrente dos estados federados se manifesta no dever de a Constituição Estadual concretizar os preceitos e os fins da Constituição Federal, ao passo que a limitação material **negativa** se manifesta no dever de a Constituição Estadual não contrariar a Constituição Federal.

(Procurador do Município – Valinhos/SP – 2019 – VUNESP) A respeito da supremacia constitucional, é correto afirmar que

(A) todas as normas constitucionais são equivalentes em termos de hierarquia e dotadas de supremacia formal em relação às demais normas infraconstitucionais.
(B) para assegurar essa supremacia, basta um sistema jurídico escalonado, não sendo necessário um controle de constitucionalidade sobre as leis e os atos normativos.
(C) no Estado que adota uma Constituição do tipo flexível, existe supremacia formal da Constituição, por- que há distinção entre os processos legislativos de elaboração das normas.

(D) a constituição não se coloca no vértice do sistema jurídico do país e os poderes estatais são legítimos independentemente de quem os estruture.

(E) só há supremacia formal na Constituição costumeira quando for a regra da rigidez constitucional que esteja em vigor.

Correta é a letra A, pois a todas as normas que formam o bloco de constitucionalidade estão no mesmo plano hierárquico, no mesmo *status*. Tanto que, para as normas constitucionais originárias não se admite eventual inconstitucionalidade. Errada a letra B, pois o controle de constitucionalidade pressupõe a existência de hierarquia entre as normas constitucionais e o restante. A letra C está errada, pois não existe tal supremacia. A letra D também equivocada, pois a Constituição é o topo do sistema jurídico, bem como todas as "criaturas" deverão respeitar o "criador". Por fim, letra E incorreta, pois não há tal supremacia, mas é possível, diga-se de passagem, a supremacia material.
Gabarito "A".

(Procurador do Município – Valinhos/SP – 2019 – VUNESP) A Constituição Federal poderá ser emendada

(A) mediante proposta de menos da metade das Assembleias Legislativas das unidades da Federação.

(B) mediante proposta do Vice-Presidente da República.

(C) na vigência de estado de defesa ou de estado de sítio, mas não na vigência de intervenção federal.

(D) e a matéria constante de proposta de emenda rejeitada ou havida por prejudicada pode ser objeto de nova proposta na mesma sessão legislativa.

(E) mediante proposta de um terço, no mínimo, dos membros da Câmara dos Deputados ou do Senado Federal.

Correta é a letra E, tendo em vista o artigo 60, da CF: "Art. 60. A Constituição poderá ser emendada mediante proposta: I – de um terço, no mínimo, dos membros da Câmara dos Deputados ou do Senado Federal; II – do Presidente da República; III – de mais da metade das Assembleias Legislativas das unidades da Federação, manifestando-se, cada uma delas, pela maioria relativa de seus membros. § 1º A Constituição não poderá ser emendada na vigência de intervenção federal, de estado de defesa ou do estado de sítio. § 2º A proposta será discutida e votada em cada Casa do Congresso Nacional, em dois turnos, considerando-se aprovada se obtiver, em ambos, três quintos dos votos dos respectivos membros. § 3º A emenda à Constituição será promulgada pelas Mesas da Câmara dos Deputados e do Senado Federal, com o respectivo número de ordem. § 4º Não será objeto de deliberação a proposta de emenda tendente a abolir: I – a forma federativa de Estado; II – o voto direto, secreto, universal e periódico; III – a separação dos Poderes; IV – os direitos e garantias individuais. § 5º A matéria constante de proposta de emenda rejeitada ou havida por prejudicada não pode ser objeto de nova proposta na mesma sessão legislativa.". Logo, a única correta é a letra E (artigo 60, I, da CF). Letra A incorreta, porque a proposta deve ser de mais da metade das Assembleias Legislativas. Letra B errada, pois a proposta seria do Presidente da República. Letra C errada, porque não cabe emenda em qualquer um dos estados excepcionais. Letra D incorreta, pois não pode ser objeto de nova proposta na mesma sessão legislativa.
Gabarito "E".

(Delegado – PC/BA – 2018 – VUNESP) O poder que enseja a elaboração da Constituição de um Estado-membro da federação, organizando o arcabouço constitucional daquela unidade federada, é denominado

(A) poder constituinte derivado decorrente reformador normal.

(B) poder constituinte derivado decorrente institucionalizador.

(C) poder constituinte derivado decorrente revisional anômalo.

(D) poder constituinte derivado decorrente reformador anômalo.

(E) poder constituinte derivado decorrente revisional normal.

Poder constituinte derivado decorrente é o poder de criar ou modificar a Constituição dos Estado-membros, permitindo a auto-organização desses entes federados dotados de autonomia. É um poder derivado, subordinado e condicionado, estando sujeito aos parâmetros e princípios estabelecidos pelo poder constituinte originário. Alguns autores – como Kildare Gonçalves Carvalho e Anna Cândida da Cunha Ferraz – subdividem esse poder em: **poder constituinte decorrente inicial (instituidor, institucionalizador)**, que é responsável por elaborar/criar a Constituição do Estado-Membro, estabelecendo a organização fundamental destes Estados Federados; e **poder constituinte decorrente de revisão estadual (poder decorrente de segundo grau)**, que tem a finalidade de rever/modificar a Constituição do Estado-Membro, respeitando os limites previstos na própria constituição estadual.
Logo, o poder que enseja a elaboração da Constituição de um Estado-membro da federação, organizando o arcabouço constitucional daquela unidade federada, é denominado poder constituinte derivado decorrente institucionalizador.
Gabarito "B".

(Investigador – PC/BA – 2018 – VUNESP) Imagine que 1/3 (um terço) dos membros da Câmara dos Deputados apresentou proposta de Emenda Constitucional com o objetivo de alterar o voto popular de secreto para aberto. Nesse caso, é correto afirmar que a proposta é

(A) inconstitucional sob o prisma formal, pois a legitimidade para apresentação de proposta de emenda constitucional só pode ser apresentada por 1/3 (um terço) dos membros do Congresso Nacional, e não apenas de uma das casas.

(B) inconstitucional sob o prisma formal, pois a legitimidade para apresentação de proposta de Emenda Constitucional é reservada ao Senado, na qualidade de representante dos Estados Membros.

(C) inconstitucional sob o prisma material, pois a Constituição não poderá ser emendada para abolição do voto secreto.

(D) constitucional, tanto sob o prisma formal como o material, já que a Constituição assegura apenas o voto direto, universal e periódico.

(E) constitucional, tanto sob o prisma formal como o material, já que a Constituição não assegura o voto e a forma de seu exercício como cláusula imutável.

A proposta de emenda à Constituição (PEC) poderá ser apresentada pelo Presidente da República; por 1/3 (um terço), no mínimo, dos membros da Câmara dos Deputados ou do Senado Federal; ou por mais da metade das Assembleias Legislativas, manifestando-se, cada uma delas, pela maioria relativa de seus membros. Não será objeto de deliberação a proposta de emenda tendente a abolir as cláusulas pétreas da Constituição: forma federativa de Estado; voto direto, secreto, universal e periódico; separação dos Poderes; e direitos e garantias individuais. Na hipótese da questão, a proposta de emenda constitucional é constitucional sob o prisma formal, tendo em vista ter respeitado a legitimidade para a sua propositura (art. 60, I, da CF). No entanto, é inconstitucional sob o prisma material, na medida em que desrespeitou uma limitação material ao abolir o voto secreto (art. 60, § 4º, II, da CF).
Gabarito "C".

(Juiz de Direito – TJ/RS – 2018 – VUNESP) A iniciativa popular no processo de reforma da Constituição Federal de 1988

(A) não é contemplada pelo texto constitucional vigente, posto que este prevê que todo poder emana do povo, que o exercerá exclusivamente por meio de representantes eleitos.

(B) é vedada pelo texto constitucional vigente, que prevê que a participação popular se dará exclusivamente por meio do voto, do plebiscito e do referendo.

(C) é prevista expressamente pelo texto constitucional, podendo ser exercida pela apresentação de proposta subscrita por, no mínimo, cinco por cento do eleitorado nacional.

(D) não é prevista expressamente pelo texto constitucional, muito embora seja admitida por alguns autores, com fundamento em uma interpretação sistemática da Constituição Federal.

(E) é prevista expressamente pelo texto constitucional, podendo ser exercida pela apresentação de proposta subscrita por, no mínimo, um por cento do eleitorado nacional.

A: incorreta, visto que a Constituição prevê que todo o poder emana do povo, que o exercerá por meio de representantes eleitos ou diretamente (art. 1º, parágrafo único, da CF); **B:** incorreta, pois a iniciativa popular no processo de reforma da Constituição não é vedada pelo texto constitucional, que prevê que a participação popular será exercida por meio do voto, do plebiscito, do referendo e da iniciativa popular em projetos de lei (art. 14 da CF); **C:** incorreta, pois a iniciativa popular no processo de reforma da Constituição não é prevista expressamente pelo texto constitucional, sendo prevista apenas a iniciativa popular para apresentar projeto de lei (art. 61, § 2º, da CF); **D:** correta. José Afonso da Silva defende a possibilidade de iniciativa popular para a propositura de emendas com fundamento em uma interpretação sistemática da Constituição, aplicando-se, por analogia, o procedimento previsto para a iniciativa popular de leis; **E:** incorreta, pois a iniciativa popular no processo de reforma da Constituição não é prevista expressamente pelo texto constitucional, sendo admitida por alguns autores, como José Afonso da Silva, aplicando-se, por analogia, o procedimento previsto para a iniciativa popular de leis. **AN**

Gabarito "D".

2. TEORIA DA CONSTITUIÇÃO E PRINCÍPIOS FUNDAMENTAIS

(Analista – INPI – 2024 – CEBRASPE) A respeito de direitos e garantias fundamentais, julgue os itens a seguir.

(1) É assegurada, nos termos da lei, a proteção às participações individuais em obras coletivas e à reprodução da imagem e da voz humanas, salvo nas atividades desportivas.

(2) A liberdade de associação, segundo a Constituição Federal de 1988 (CF), compreende o direito de criar associação, mas depende, em determinados casos, de autorização legal.

(3) A lei assegura aos autores de inventos industriais privilégio temporário para sua utilização.

1: Errado. Art. 5º, XXVIII, *a*, da CF. É assegurada, nos termos da lei, a proteção às participações individuais em obras coletivas e à reprodução da imagem e da voz humanas, *inclusive* nas atividades desportivas. Art. 5º, XVIII, da CF. **2:** Errado. A criação de associações *independe de autorização*, sendo vedada a interferência estatal em seu funcionamento. **3:** Certo. Art. 5º, XXIX, da CF. **AMN**

Gabarito 1E, 2E, 3C

(Analista – TJ/ES – 2023 – CEBRASPE) No que concerne aos direitos e garantias fundamentais e à aplicabilidade das normas constitucionais, observadas a Constituição Federal de 1988 (CF) e a jurisprudência do Supremo Tribunal Federal (STF), julgue os itens a seguir.

(1) Constitui crime a retenção dolosa do salário pelo empregador.

(2) A ação de impugnação de mandato eletivo deve ser proposta em até quinze dias contados da diplomação, devendo tramitar sob segredo de justiça.

(3) Pedido de deputado estadual, formulado diretamente ao governador de determinado estado, solicitando informações sobre a gestão estadual, deve passar pelo crivo da Assembleia Legislativa, sob pena de indevida interferência de um Poder no outro, tendo em vista que a fiscalização do Poder Executivo pelo Poder Legislativo não pode ser exercida por ato isolado de um parlamentar.

(4) As normas da CF alusivas aos direitos fundamentais, assim como as normas do preâmbulo do texto constitucional, são preceitos de reprodução obrigatória nas Constituições estaduais.

(5) O cargo de ministro do Superior Tribunal de Justiça (STJ) é privativo de brasileiro nato.

1: Certo. Art. 7º, X, da CF. **2:** Certo. Art. 14, §§ 10 e 11, da CF. **3:** Errado. O STF no julgamento da ADI nº 4700, decidiu que: "Norma estadual ou municipal não pode conferir a parlamentar, individualmente, o poder de requisitar informações ao Poder Executivo. A Constituição Federal (CF) é taxativa quanto à atribuição exclusivamente conferida às Casas do Poder Legislativo para fiscalizar os atos do Poder Executivo (CF, art. 49, X). Nesses termos, não se admite que constituição estadual ou legislação infraconstitucional, a pretexto de fiscalizar ou controlar atividades de outro poder, disponham sobre outras modalidades de controle ou inovem em fórmulas de exercício dessa atividade que ultrapassem aquelas previstas pela CF, sob pena de violação ao princípio da separação dos poderes (CF, art. 2º). Fica ressalvada, no entanto, a possibilidade de o parlamentar atuar na condição de cidadão, nos termos constitucionais e legais aplicáveis a matéria (CF, art. 5º, XXXIII). Com base nesse entendimento, o Plenário, por unanimidade, julgou procedente a ação direta, para declarar a inconstitucionalidade da expressão 'A qualquer Deputado' constante do *caput* do art. 101 da Constituição do Estado do Rio de Janeiro" (STF, *Inf.* 1041/2021). **4:** Errado. No julgamento da ADI nº 2076, o STF firmou entendimento de que o preâmbulo da Constituição não constitui norma central de reprodução obrigatória na Constituição estadual, não tendo força normativa. **5:** Errado. Art. 12, § 3º, da CF. **AMN**

Gabarito 1C, 2C, 3E, 4E, 5E

(Escrivão – PC/GO – AOCP – 2023) Assinale a alternativa correta acerca da classificação da Constituição da República Federativa do Brasil de 1988.

(A) Quanto à origem, é outorgada porque foi eleita diretamente pelo povo, sendo, assim, democrática.

(B) Quanto à extensão, é sintética, visto que é enxuta e não tece minúcias, motivo pelo qual é mais duradoura.

(C) Quanto ao modo de elaboração, é dogmática porque se baseia em teorias, planos e sistemas prévios e foi criada de uma só vez por uma Assembleia Constituinte.

(D) Quanto à alterabilidade, é imutável porque algumas matérias exigem um processo de alteração mais dificultoso do que aquele exigido para as leis infraconstitucionais.

(E) Quanto à dogmática, é ortodoxa porque é formada por ideologias distintas que se unem em um mesmo contexto.

A: incorreta. Quanto à origem, é promulgada ou democrática, pois se originou com a participação popular. **B**: incorreta. Quanto à extensão, é analítica, pois é ampla, detalhista e minuciosa. **C**: correta. Quanto ao modo de elaboração, é dogmática, pois não foi criada por meio do costume (constituição histórica), sendo que há uma conexão com a chamada constituição escrita. **D**: incorreta. Quanto à alterabilidade ou mutabilidade, é rígida porque algumas matérias exigem um processo de alteração mais dificultoso do que aquele exigido para as leis infraconstitucionais. **E**: incorreta. Constituição dogmática se enquadra na classificação quanto ao modo de elaboração. AMN

Gabarito "C".

(Delegado/RJ – 2022 – CESPE/CEBRASPE) O triunfo do liberalismo, movimento econômico, político e filosófico surgido durante o século XVIII, inspirado no Iluminismo, levou a uma significativa alteração nas feições do modelo estatal absolutista até então em vigor. Em especial no campo econômico, passou-se a difundir a não intervenção do Estado (*laissez-faire*), além de, na seara política, considerá-la como necessária, devendo o poder ser repartido e limitado com o objetivo de evitar quaisquer abusos em seu exercício. A respeito das diversas fases na evolução do constitucionalismo, assinale a opção correta.

(A) O constitucionalismo clássico não teve nenhuma vinculação com os ideais liberais, em especial no que se refere ao poder estatal, já que defendia as pautas impostas pelo Estado, adotando o modelo clássico greco-romano. Nessa fase inicial, chamada de constitucionalismo clássico, pregava-se a concentração do poder político com o objetivo de atender a nobreza detentora do poder econômico.

(B) Uma análise mais aprofundada dos movimentos sociais ocorridos no século XV, que deram sustentação política ao constitucionalismo, permite afirmar que o Estado decidiu assumir uma postura mais permissiva na fase de produção e distribuição de bens, buscando intervir nas relações laborais, econômicas e sociais, o que fez surgir a noção de Estado social.

(C) As chamadas revoluções burguesas se identificavam com o Estado absolutista, refutando a ideia de constituições escritas, que acabariam por comprometer suas pretensões, sintonizadas com a intervenção do Estado na economia.

(D) A Revolução Francesa pode ser considerada uma referência para o surgimento das constituições escritas, ao ter defendido, de maneira expressa, que o Estado estivesse formalizado em um documento escrito que previsse a separação do poder estatal e uma declaração de direitos do homem.

(E) A partir do século XX, em especial no pós-guerra, o constitucionalismo estabeleceu uma vinculação mais estreita como a ideologia absolutista, consolidando os postulados iluministas e resgatando ideais ainda mais conservadores.

A: incorreta. Pelo contrário, o constitucionalismo clássico estava baseado nos ideais liberais. É o que os franceses chamavam de liberdades públicas negativas e pregavam a ideia do Estado mínimo, ou seja, o Estado não intervencionista. Constitui-se na primeira geração ou dimensão dos direitos fundamentais. Assim, o liberalismo era a base desta teoria; **B**: incorreta. O Estado do bem-estar social é um movimento que se iniciou no final do século XIX e ganhou força no século XX e está relacionado com a segunda geração ou dimensão dos direitos fundamentais. **C**: incorreta. Pelo contrário, as revoluções burguesas surgiram para combater o Estado absolutista e não pregavam a intervenção do Estado na economia, pois a sua base era o liberalismo clássico; **D**: correta. A Revolução Francesa foi o marco para o surgimento das constituições escritas, formalizando-se o Estado com documento escrito fazendo-se prever a separação do poder estatal e uma declaração de direitos do homem com o objetivo de limitar o poder absoluto dos monarcas; **E**: incorreta. A partir do século XX, em especial no pós-guerra, houve fortalecimento das constituições, em especial no tocante à consagração dos direitos fundamentais. AMN

Gabarito "D".

(Delegado/RJ – 2022 – CESPE/CEBRASPE) Conforme expressamente previsto no art. 1.º da Constituição Federal de 1988, "A República Federativa do Brasil, formada pela união indissolúvel dos Estados e Municípios e do Distrito Federal, constitui-se em Estado Democrático de Direito". Além de elencar os princípios republicano e federativo, o referido dispositivo constitucional aponta como um dos princípios fundamentais da Lei Maior o denominado princípio do Estado democrático de direito. Considerando os princípios que fundamentam o Estado brasileiro e aspectos relacionados a esse assunto, assinale a opção correta.

(A) Com o surgimento do liberalismo, os Estados passaram a ser criados por meio de constituições escritas, com fixação de mecanismos de repartição e limitação do poder estatal, dando-se especial atenção à proteção do indivíduo contra eventuais arbitrariedades; passou a ser comum aos Estados modernos a edição de normas estabelecidas tanto pela constituição quanto pelos diplomas infraconstitucionais, não apenas para reger as relações entre os particulares, mas também para vincular a atuação dos agentes públicos. Assim, é correto afirmar que o Estado de direito pode ser conceituado, sinteticamente, como aquele que se mantém baseado no império das leis.

(B) O Brasil é uma Federação, mas, em razão de dispor de soberania, pela classificação dada pela doutrina, é considerado um Estado unitário. Nesse modelo de classificação, compreende-se a existência de um único ente estatal, com centralização política, conforme se depreende do dispositivo constitucional que prevê que Brasília é a capital federal, onde está situado o Congresso Nacional, órgão responsável por centralizar as decisões políticas.

(C) A democracia direta pode ser considerada como aquela em que os representantes do povo tomam diretamente as decisões que consideram adequadas para consubstanciar o interesse público. Era o sistema de democracia adotado na Grécia antiga, em que os representantes dos cidadãos reuniam-se em assembleia com o objetivo de decidir sobre temas de interesse da *polis*.

(D) A democracia indireta pode ser considerada como aquela em que o povo exerce sua soberania por meio do plebiscito, do referendo e da iniciativa popular, conforme previsto no art. 14 da Constituição Federal de 1988. A participação popular, nesse caso, é de fundamental importância para que o Estado legitime suas decisões, efetivadas posteriormente pela administração pública, por intermédio de seus agentes.

(E) A democracia semidireta é considerada pela doutrina pátria como aquela que surge da atuação do Supremo Tribunal Federal, tendo como base o art. 102 da Constituição Federal de 1988, quando seus ministros adotam decisões diante de um caso concreto no chamado ativismo judicial. Nessas condições, o STF passa a ter protagonismo com o escopo de buscar efetividade para as normas constitucionais, pois seus ministros são os principais responsáveis pela guarda da Constituição.

A: correta. A primeira geração ou dimensão dos direitos fundamentais está relacionada com o liberalismo e a proteção da pessoa em face do Estado por meio de um documento escrito que é a Constituição. Essa geração dos direitos fundamentais é pautada pelo princípio da legalidade ou estado de direito; **B: incorreta.** Se o Brasil é uma Federação, não pode ser um Estado unitário, este último é caracterizado pela concentração política e a primeira pela descentralização, com autonomia de cada ente federado e divisão de competências, sem haver hierarquia; **C: incorreta.** O direito brasileiro não adotou esse sistema. O art. 14, incisos I a III, da CF, estabelece a possibilidade de participação popular por meio do plebiscito, referendo e iniciativa popular; **D: incorreta.** A segunda parte da resposta está incorreta, pois está se referindo apenas ao plebiscito quando afirma: "(...) para que o Estado legitime suas decisões, efetivadas posteriormente pela administração pública (...)", não fazendo menção ao referendo. O art. 2º da Lei nº 9.709, de 18 de novembro de 1998, diferencia o plebiscito do referendo, nos seguintes termos: "Art. 2º Plebiscito e referendo são consultas formuladas ao povo para que delibere sobre matéria de acentuada relevância, de natureza constitucional, legislativa ou administrativa. § 1º O plebiscito é convocado com anterioridade a ato legislativo ou administrativo, cabendo ao povo, pelo voto, aprovar ou denegar o que lhe tenha sido submetido. § 2º O referendo é convocado com posterioridade a ato legislativo ou administrativo, cumprindo ao povo a respectiva ratificação ou rejeição."; **E: incorreta.** Na democracia semidireta "o povo não só elege, como legisla" (BONAVIDES, Paulo. *Ciência política*. 17. ed. São Paulo: Malheiros, 2010, p. 296). Assim, "a soberania está com o povo, e o governo, mediante o qual essa soberania se comunica ou exerce, pertence por igual ao elemento popular nas matérias mais importantes da vida pública. Determinadas instituições, como o *referendum*, a iniciativa, o veto e o direito de revogação, fazem efetiva a intervenção do povo, garantem-lhe um poder de decisão de última instância, supremo, definitivo, incontrastável" (BONAVIDES, Paulo. *Ciência política*. 17. ed. São Paulo: Malheiros, 2010, p. 296). AMN

Gabarito "A".

(Procurador Município – Teresina/PI – FCC – 2022) Segundo a Constituição Federal, no plano das relações internacionais, a República Federativa do Brasil

(A) tratará as relações com Estados considerados desenvolvidos de maneira privilegiada.

(B) não concederá asilo político a cidadãos originários de Estados com os quais não mantém relação diplomática.

(C) buscará a integração econômica, política, social e cultural dos povos da América Latina, visando à formação de uma comunidade latino-americana de nações.

(D) defenderá a ação bélica para solução dos conflitos quando determinada por organismo internacional do qual reconhece a jurisdição.

(E) defenderá a intervenção em outros países para garantir a prevalência dos valores da civilização ocidental judaico-cristã.

C: correta. É o que determina expressamente o parágrafo único do art. 4º da CF. AMN

Gabarito "C".

(Delegado de Polícia Federal – 2021 – CESPE) Acerca dos sentidos e das concepções de constituição e da posição clássica e majoritária da doutrina constitucionalista, julgue os itens que se seguem.

(1) A Constituição Federal brasileira pode ser considerada uma constituição-garantia, pois regulamenta, de forma analítica, os assuntos mais relevantes à formação, à destinação e ao funcionamento do Estado.

(2) Quanto ao objeto das constituições, são exemplos tradicionais o estabelecimento do modo de aquisição do poder e a forma de seu exercício.

(3) Sob a ótica da constituição política, um Estado pode ter uma constituição material sem que tenha uma constituição escrita que descreva a sua organização de poder.

1: Errado. Segundo Vicente Paulo e Marcelo Alexandrino, em Direito Constitucional Descomplicado, 20ª Ed, p. 16, a "Constituição-garantia, de texto reduzido (sintética), é Constituição negativa, que tem como principal preocupação a limitação dos poderes estatais, isto é, a imposição de limites à ingerência do Estado na esfera individual. Daí a denominação "garantia", indicando que o texto constitucional preocupa--se em garantir a liberdade, limitando o poder. Desse modo, ao contrário do mencionado na questão, a Constituição brasileira traz conteúdo extenso e em relação a sua finalidade é classificada como Constituição dirigente. Mais uma vez, os mencionados autores definem a dirigente como "aquela que define fins, programas, planos e diretrizes para a atuação futura dos órgãos estatais. É a Constituição que estabelece, ela própria, um programa para dirigir a evolução política do Estado, um ideal social a ser futuramente concretizado pelos órgãos estatais". **2: Certo.** De fato, o objeto das Constituições tradicionalmente gira em torno do poder, o que inclui, por exemplo, o modo de aquisição, a forma de seu exercício e os limites de atuação do poder do Estado. **3: Certo.** A ótica da constituição política foi defendida por Carl Schmitt e, de fato, essa concepção admite que um Estado tenha uma constituição material sem a existência de uma constituição escrita que descreva a sua organização de poder. Para Schmitt, a Constituição é a decisão política fundamental de um povo, visando sempre a dois focos estruturais básicos – organização do Estado e efetiva proteção dos direitos fundamentais. BV

Gabarito 1E, 2C, 3C

(Procurador Município – Santos/SP – VUNESP – 2021) A doutrina, ao tratar das espécies de inconstitucionalidades, assinala que

(A) o vício formal objetivo acontece na fase de iniciativa, quando as leis de iniciativa exclusiva têm a reserva violada, ou não observada.

(B) a inconstitucionalidade formal é também conhecida como nomoestática, e uma lei pode padecer de vício formal ou somente de vício material.

(C) o vício formal subjetivo é verificado nas demais fases do processo legislativo, posteriores à fase de iniciativa, como, por exemplo, no caso de uma lei complementar sendo votada por um *quorum* de maioria relativa.

(D) a inconstitucionalidade material expressa uma incompatibilidade de conteúdo, substantiva entre a lei ou ato normativo e a Constituição.

(E) a inconstitucionalidade material, também conhecida como nomodinâmica, ocorre no processo legislativo de elaboração das leis por autoridade incompetente.

A: Incorreta. O vício formal subjetivo ocorre na fase de iniciativa e o vício formal objetivo é verificado nas demais fases do processo legislativo, posteriores à fase da iniciativa. **B:** Incorreta. Segundo a doutrina, o parâmetro formal diz respeito às regras constitucionais do processo legislativo e a inobservância dessas regras procedimentais gera a inconstitucionalidade formal ou nomodinâmica. Já o parâmetro material, refere-se ao conteúdo das normas constitucionais. Dessa forma, o conteúdo de uma norma infraconstitucional não pode ser antagônico ao de sua matriz constitucional, sob pena de incorrer em uma inconstitucionalidade material ou nomoestática (ARAUJO, Luiz Alberto David; NUNES JÚNIOR, Vidal Serrano. *Curso de direito constitucional*. 21. ed. São Paulo: Verbatim, 2017, p. 60-61). **C:** Incorreta. Ver o comentário da alternativa "A", retro. **D:** Correta. A inconstitucionalidade material se refere ao conteúdo da lei ou ato normativo que não pode contrariar o conteúdo da Constituição. A inconstitucionalidade material é chamada também de nomoestática. **E:** Incorreta. Ver comentário da alternativa "B", retro.

Gabarito "D".

(Promotor de Justiça/CE – 2020 – CESPE/CEBRASPE) Ao tratar dos princípios fundamentais, a CF estabelece, em seu art. 1º,

(A) a forma republicana de Estado, cláusula pétrea expressa, caracterizada pela eletividade, temporariedade e responsabilidade do governante.

(B) a forma republicana de governo, caracterizada pela eletividade, temporariedade e responsabilidade do governante.

(C) a forma federativa de Estado, cláusula pétrea implícita, caracterizada pela tripartição dos poderes da União.

(D) a forma federativa de Estado e o sistema presidencialista de governo.

(E) a forma republicana de governo e a forma federativa de Estado, cláusulas pétreas expressas.

A: errada, pois é cláusula pétrea expressa refere-se à forma federativa. **C:** errada, porque não é cláusula pétrea implícita. **D:** equívocada, pois o sistema presidencialista não é mencionado no artigo 1º, da CF. **E:** errada, uma vez que a forma republicana de governo não é cláusula pétrea expressa.

Gabarito "B".

(Juiz de Direito – TJ/BA – 2019 – CESPE/CEBRASPE) A concepção que compreende o texto da Constituição como não acabado nem findo, mas como um conjunto de materiais de construção a partir dos quais a política constitucional viabiliza a realização de princípios e valores da vida comunitária de uma sociedade plural, caracteriza o conceito de Constituição

(A) em branco.
(B) semântica.
(C) simbólica.
(D) dúctil.
(E) dirigente.

A: incorreta, pois constituição em branco é aquela que não traz limitações expressas ao Poder Constituinte reformador, de modo que as reformas ficam susceptíveis a uma margem de discricionariedade do Poder Constituinte Derivado de Reforma; **B:** incorreta, pois constituição semântica é aquela que visa formalizar a situação daqueles que detêm o poder no momento, servindo apenas para estabilizar e manter a intervenção da classe dominante em seu benefício exclusivo; **C:** incorreta, pois constituição simbólica, na acepção de Marcelo Neves, é aquela que dá maior importância à função simbólica (funções ideológicas, morais e culturais) do que à função jurídico-instrumental (força normativa), gerando um déficit de concretização das normas constitucionais em razão da maior importância dada ao simbolismo do que à efetivação da norma; **D:** correta, pois constituição dúctil ou suave, na acepção do jurista italiano Gustavo Zagrebelsky, é aquela cuja tarefa básica é assegurar as condições possíveis para a vida comum nas sociedades plurais atuais, dotadas de certo grau de relativismo e caracterizadas pela diversidade de interesses, ideologias e projetos. O adjetivo *dúctil* ou *suave* é utilizado com o intuito de expressar a necessidade de a constituição acompanhar a descentralização do Estado e refletir o pluralismo social, político e econômico; **E:** incorreta, pois constituição dirigente, na acepção de J. J. Canotilho, é aquela que estabelece fins, programas, planos e diretrizes para a atuação futura dos órgãos estatais, de modo que o legislador constituinte dirige a futura atuação do Estado por meio de programas e metas a serem perseguidos.

Gabarito "D".

O Estado constitucional, para ser um Estado com as qualidades identificadas com o constitucionalismo moderno, deve ser um Estado de direito democrático. Eis aqui as duas grandes qualidades do Estado constitucional: Estado de direito e Estado democrático. Estas duas qualidades surgem muitas vezes separadas. Fala-se em Estado de direito, omitindo-se a dimensão democrática, e alude-se a Estado democrático, silenciando-se a dimensão do Estado de direito. Essa dissociação corresponde, por vezes, à realidade das coisas: existem formas de domínio político em que esse domínio não está domesticado do ponto de vista de Estado de direito, e existem Estados de direito sem qualquer legitimação democrática. O Estado constitucional democrático de direito procura estabelecer uma conexão interna entre democracia e Estado de direito.

J. J. Gomes Canotilho. Direito constitucional e teoria da Constituição. 7.ª ed., Coimbra: Almedina, 2003, p. 93 (com adaptações).

(Juiz de Direito – TJ/BA – 2019 – CESPE/CEBRASPE) Tendo o texto precedente como referência inicial, assinale a opção correta, a respeito do Estado democrático de direito.

(A) A domesticação do domínio político pelo Estado de direito referida no texto não implica a sujeição dos atos do Poder Executivo ao Poder Legislativo.

(B) A existência do controle judicial de constitucionalidade das leis é garantia inerente ao Estado de direito.

(C) Por legitimação democrática entendem-se a eleição dos representantes do povo e a obrigatoriedade de participação deste na deliberação pública das questões políticas.

(D) No Brasil, as exceções ao princípio da legalidade no Estado de direito admitidas incluem o estado de defesa, o estado de sítio e a intervenção federal.

(E) No Estado constitucional, os direitos políticos implicam limites à maioria parlamentar.

A: incorreta. De acordo com José Joaquim Gomes Canotilho, a ideia de um Estado domesticado pelo direito alicerçou-se paulatinamente nos Estados ocidentais de acordo com as circunstâncias e condições concretas existentes nos vários países. Na Inglaterra, emergiu a ideia do *rule of law* (regra do direito ou império do direito); na França, surgiu o Estado de legalidade (*État légal*); nos Estados Unidos, o Estado Constitucional; e na Alemanha, o princípio do Estado de direito (*Rechtsstaat*). A sujeição de todos os atos do Poder Executivo à soberania dos representantes do povo (Parlamento) é uma das características da regra do direito; **B:** incorreta, pois a existência do **controle judicial** de constitucionalidade depende do arranjo institucional e normativo adotado pelo Estado, sendo possível que haja Estado de Direito sem controle judicial da atividade legislativa, como na Inglaterra. Há modelos de Estados de Direito em que o controle judicial é submetido à revisão parlamentar (ex. Canadá), ou que não possuem um controle judicial de constitucionalidade (ex. Inglaterra), ou que o possuem de forma mitigada e sujeito à fiscalização de órgão do próprio parlamento (ex. França); **C:** incorreta, porque a legitimação democrática também compreende a participação do povo por vias diretas (lei de iniciativa popular, referendo, plebiscito, ação popular), bem como a representatividade das minorias e o exercício do papel contramajoritário pelo Judiciário na defesa das regras da democracia e dos direitos fundamentais; **D:** incorreta, pois as exceções ao princípio da legalidade previstas na Constituição são a **medida provisória**, o estado de defesa e o estado de sítio. Vale esclarecer que o estado de defesa, o estado de sítio e a intervenção federal são mecanismos extraordinários previstos na Constituição Federal de 1988 para o gerenciamento de crises, não constituindo exceções ao Estado de Direito; **E:** correta, pois os direitos políticos, na condição de direitos fundamentais, implicam limites à maioria parlamentar, uma vez que a vontade da maioria, ainda que legitimada, não pode suprimir ou negligenciar o direito das minorias. Segundo Ingo Wolfgang Sarlet: "*Assim, os direitos políticos, ainda mais quando assumem a condição de direitos fundamentais (vinculando os órgãos estatais, incluindo o Poder Legislativo), exercem, nesse contexto, dúplice função, pois se por um lado são elementos essenciais (e garantes) da democracia no Estado Constitucional – aqui se destaca a função democrática dos direitos fundamentais –, por outro representam limites à própria maioria parlamentar, já que esta, no campo de suas opções políticas, há de respeitar os direitos fundamentais e os parâmetros estabelecidos pelos direitos políticos, de tal sorte que entre os direitos políticos e os direitos fundamentais em geral e a democracia se verifica uma relação de reciprocidade e interdependência, caracterizada por uma permanente e recíproca implicação e tensão*" (Ingo Wolfgang Sarlet, Luiz Guilherme Marinoni e Daniel Mitidiero. *Curso de Direito Constitucional*, 6. ed., São Paulo: Saraiva, 2017, p. 743). Gabarito "E".

(Juiz de Direito – TJ/BA – 2019 – CESPE/CEBRASPE) Assinale a opção que indica o instrumento da democracia direta ou participativa que constitui consulta popular ao eleitorado sobre a manutenção ou revogação de um mandato político.

(A) impeachment
(B) referendo
(C) plebiscito
(D) recall
(E) moção de desconfiança

A: incorreta, porque *impeachment* é o instrumento do sistema presidencialista pelo qual o Parlamento pode destituir o presidente em razão do cometimento de crime de responsabilidade (infrações político-administrativas). Trata-se de um processo jurídico-político conduzido pelo Poder Legislativo com o intuito de julgar irregularidades jurídicas nas condutas do presidente e de outras autoridades; **B:** incorreta, pois referendo é o instrumento da democracia direta que consiste na consulta aos cidadãos convocada posteriormente a ato legislativo ou administrativo, cumprindo ao povo a respectiva ratificação ou rejeição (art. 2º, § 2º, da Lei 9.709/1998); **C:** incorreta, pois plebiscito é o instrumento da democracia direta que consiste na consulta aos cidadãos convocada anteriormente a ato legislativo ou administrativo, cabendo ao povo aprovar ou denegar o que lhe tenha sido submetido (art. 2º, § 1º, da Lei 9.709/1998); **D:** correta, visto que *recall* é o instrumento da democracia direta pelo qual os eleitores podem revogar mandatos eletivos. Segundo Paulo Bonavides, o *recall* é um instrumento por meio do qual o eleitorado fica autorizado a destituir agentes políticos cujo comportamento, por qualquer motivo, não lhe esteja agradando (*Ciência Política*. 17. ed. São Paulo: Malheiros, 2010, p. 313-316); **E:** incorreta, porque moção de desconfiança (ou moção de censura) é o instrumento do sistema parlamentarista pelo qual o Parlamento pode destituir o primeiro-ministro em razão da perda de confiança ou de apoio político. Trata-se de uma votação em que a maioria do Parlamento demonstra desconfiança em relação ao governo – não há necessidade de apontar irregularidades jurídicas nas condutas do chefe de governo – para que esse caia em uma crise de legitimidade, sendo forçado a abandonar seu gabinete. Gabarito "D".

(Investigador – PC/BA – 2018 – VUNESP) Tendo em vista a Constituição Federal, artigos 1º, 3º, 4º e 5º, assinale a alternativa correta.

(A) A República Federativa do Brasil tem por fundamento a dignidade da pessoa humana, constituindo objetivo fundamental promover o bem de todos, sem preconceito, de qualquer natureza, regendo-se, nas suas relações internacionais, pelo princípio de repúdio ao racismo.
(B) A República Federativa do Brasil tem por fundamento reduzir as desigualdades regionais e sociais, constituindo objetivo fundamental erradicar o racismo, regendo-se, nas suas relações internacionais, pelo princípio da garantia do desenvolvimento nacional.
(C) Todos são iguais perante a lei, garantindo-se aos brasileiros e aos estrangeiros naturalizados a inviolabilidade do direito à vida, à liberdade, à igualdade e à propriedade.
(D) Os tratados e convenções internacionais sobre direitos humanos aprovados no Congresso Nacional serão equivalentes a Lei Complementar.
(E) As normas definidoras de direitos e garantias fundamentais têm aplicação 45 (quarenta e cinco) dias depois de oficialmente publicadas.

A: correta, de acordo com os arts. 1º, III; 3º, IV; 4º, VIII, todos da CF; **B:** incorreta, pois constituem objetivos fundamentais da República Federativa do Brasil, entre outros, garantir o desenvolvimento nacional; erradicar a pobreza e a marginalização e reduzir as desigualdades sociais e regionais (art. 3º da CF); **C:** incorreta, pois todos são iguais perante a lei, sem distinção de qualquer natureza, garantindo-se aos brasileiros e aos estrangeiros residentes no País a inviolabilidade do direito à vida, à liberdade, à igualdade, à segurança e à propriedade. art. 5º, *caput*, da CF); **D:** incorreta, já que os tratados e convenções internacionais sobre direitos humanos que forem aprovados, em cada Casa do Congresso Nacional, em dois turnos, por três quintos dos votos dos respectivos membros, serão equivalentes às emendas constitucionais (art. 5º, § 3º, da CF); **E:** incorreta, haja vista que as normas definidoras dos direitos e garantias fundamentais têm aplicação imediata (art. 5º, § 1º, da CF). Gabarito "A".

(Procurador do Estado/SP – 2018 – VUNESP) Assinale a alternativa correta que justifica a classificação da atual Constituição Federal brasileira como rígida.

(A) A matéria constante de proposta de emenda rejeitada ou havida por prejudicada não pode ser objeto de nova proposta na mesma legislatura.
(B) A Constituição Federal poderá ser emendada mediante proposta exclusiva do Presidente da República; de um terço, no mínimo, dos membros do Congresso Nacional, ou das Assembleias Legislativas das unidades de Federação, manifestando-se, cada uma delas, pela maioria absoluta de seus membros.
(C) A proposta de emenda à Constituição deverá ser discutida e votada em cada Casa do Congresso Nacional,

em dois turnos, considerando-se aprovada se obtiver, em ambos, três quintos dos votos dos respectivos membros. Será então promulgada pelas Mesas da Câmara dos Deputados e do Senado Federal, com o respectivo número, não estando sujeita à sanção ou ao veto do Presidente da República.

(D) Os tratados e convenções internacionais que forem aprovados, via decreto legislativo especial, com o respectivo número, em cada Casa do Congresso Nacional, em dois turnos, por três quintos dos votos dos respectivos membros, serão equivalentes às emendas constitucionais, após a devida sanção ou veto do Presidente da República.

(E) A garantia de que somente as normas materialmente constitucionais possam ser submetidas ao processo de reforma via emenda constitucional.

A: incorreta, pois a matéria constante de proposta de emenda rejeitada ou havida por prejudicada não pode ser objeto de nova proposta na mesma **sessão legislativa** (art. 60, § 5º, da CF). A sessão legislativa ordinária é o período de atividade normal do Congresso a cada ano (de 2 de fevereiro a 17 de julho e de 1º de agosto a 22 de dezembro). Já a *legislatura* é o período de cada quatro sessões legislativas, a contar do ano seguinte ao das eleições parlamentares; **B**: incorreta, pois a Constituição poderá ser emendada mediante proposta: do Presidente da República; de um terço, no mínimo, dos membros da **Câmara dos Deputados ou do Senado Federal**; de mais da metade das Assembleias Legislativas das unidades da Federação, manifestando-se, cada uma delas, pela **maioria relativa** de seus membros (art. 60 da CF); **C**: correta, pois Constituição rígida é aquela que somente pode ser modificada mediante processo legislativo especial e qualificado, mais dificultoso do que o da lei, tal como aquele previsto para as emendas constitucionais (art. 60, §§ 2º e 3º, da CF); **D**: incorreta, porque **(i)** apenas os tratados e convenções internacionais sobre **direitos humanos** serão equivalentes às emendas constitucionais, caso aprovados pela maioria qualificada do § 3º do art. 5º da CF; e **(ii)** compete exclusivamente ao Congresso Nacional resolver definitivamente sobre tratados, acordos ou atos internacionais (art. 49, I, da CF), o que o faz por meio de decreto legislativo promulgado pelo presidente do Senado Federal (sem sanção ou veto do presidente da República); **E**: incorreta, pois a Constituição somente pode ser alterada por emenda constitucional (art. 60 da CF), independentemente de serem normas materialmente constitucionais ou formalmente constitucionais.

Gabarito "C".

3. HERMENÊUTICA CONSTITUCIONAL E EFICÁCIA DAS NORMAS CONSTITUCIONAIS

(Procurador – PGE/SP – 2024 – VUNESP) Segundo Tércio Sampaio Ferraz Jr: "A interpretação legitima meios, alterando a realidade social, de modo que os fins positivamente vinculados possam ser alcançados. [...] A interpretação legitima os fins, de modo que a realidade seja alterada, a fim de que os meios, se não existentes, possam ser adequadamente criados pelo legislador"; nesse contexto, é correto afirmar sobre o tema da eficácia e aplicabilidade das normas constitucionais:

(A) a eficácia significa correlacionar condições técnicas, axiológicas e fáticas da atuação da norma jurídica, de modo que não há norma constitucional sem eficácia, como nos casos das normas constitucionais de princípio institutivo impositivas, as quais indicam sempre o sentido dos fins sociais e do bem comum que almejam, com normatividade suficiente à sua incidência imediata.

(B) a eficácia exaurida de uma norma objeto de ação de controle abstrato de constitucionalidade conduz o Supremo Tribunal Federal a decretar a extinção do processo por perda superveniente do objeto, efeito a ser replicado automaticamente em todos os processos individuais nos quais se discutem eventuais lesões advindas da mesma norma.

(C) a vigência é o modo específico de existência da norma jurídica; a constituição pode ser promulgada em determinada data, com cláusula de vigência que estabelece outro momento em que ela começará a vigorar e, com isso, tornar-se apta a produzir os efeitos próprios do seu conteúdo, conforme modelos adotados nas Constituições brasileiras de 1934, 1946 e 1967.

(D) a aplicabilidade é a qualidade do que é executável; significa que a norma tem capacidade para produzir efeitos, como nos casos das normas constitucionais de eficácia limitada, as quais receberam do constituinte normatividade suficiente para reger os interesses relativos a determinada matéria, mas deixando margem à atuação restritiva por parte da competência discricionária do Poder Público, razão pela qual possuem aplicabilidade não integral e indireta.

(E) a efetividade da norma constitucional expressa o seu cumprimento pela materialização dos preceitos legais no mundo dos fatos; simboliza a aproximação entre o dever-ser e o ser da realidade social, conforme visão doutrinária impulsionada pelas teorias do neoconstitucionalismo e da teoria dos direitos fundamentais.

A: Incorreta. As normas constitucionais de princípio institutivo são as que não possuem aplicação imediata e dependem de legislação futura. A doutrina aponta que: "São de eficácia limitada porque é o legislador ordinário que lhes vai conferir executoriedade plena, mediante leis complementares ou ordinárias integrativas." (SILVA, José Afonso da. Aplicabilidade das normas constitucionais. 3. ed. São Paulo: Malheiros, 1998, p. 122). **B**: Incorreta. O seguinte julgado do TJDFT é esclarecedor: "(...) 2. Declaração de constitucionalidade ou de inconstitucionalidade apresenta dois desdobramentos no ordenamento jurídico, a saber: (i) manutenção ou exclusão da norma do sistema do direito – eficácia normativa; (ii) atribuição ao julgado de qualificada força impositiva e obrigatória em relação a supervenientes atos administrativos ou judiciais – eficácia executiva. Daí que o Pretório Excelso, no julgamento do RE 730.462, em sede de repercussão geral, sob o Tema 733, definiu que a eficácia executiva da declaração de inconstitucionalidade tem como termo inicial a data da publicação do acórdão (art. 28 da Lei n. 9.868/1999), atingindo apenas os atos administrativos e judiciais supervenientes. Em decorrência, o STF firmou o entendimento de que 'a decisão do Supremo Tribunal Federal declarando a constitucionalidade ou a inconstitucionalidade de preceito normativo não produz a automática reforma ou rescisão das sentenças anteriores que tenham adotado entendimento diferente; para que tal ocorra, será indispensável a interposição do recurso próprio ou, se for o caso, a propositura da ação rescisória própria, nos termos do art. 485, V, do CPC, observado o respectivo prazo decadencial (CPC, art. 495)'." (Acórdão 1385884, 07295006920218070000, Relator: FÁBIO EDUARDO MARQUES, Oitava Turma Cível, data de julgamento: 11/11/2021, publicado no DJE: 2/12/2021). **C**: Incorreta. As constituições brasileiras, como regra, entraram em vigor com a promulgação. Entre as constituições mencionadas, somente a de 1967 foi promulgada em 24 de janeiro e a sua vigência se deu em 15 de março do mesmo ano. **D**: Incorreta. O conceito transcrito nessa alternativa se refere à norma constitucional de eficácia contida. As normas de eficácia limitada são aquelas que necessitam de providência normativa posterior para terem eficácia. **E**: Correta. A parte inicial transcrita na alternativa está conforme o entendimento de FERRAZ JR., Tercio Sampaio. Teoria da norma jurídica: um modelo pragmático. In: *A Norma Jurídica (coletânea)*, 1980, p. 29. Pode-se dizer que essa visão doutrinária impulsionou as teorias do neoconstitucionalismo e da teoria dos direitos fundamentais. AMN

Gabarito "E".

(Procurador Federal – AGU – 2023 – CEBRASPE) No campo da hermenêutica constitucional, a via de interpretação que orienta os intérpretes a buscar a maior concretude possível das normas constitucionais, sem lhes alterar o conteúdo, corresponde ao princípio da

(A) concordância prática ou da harmonização.
(B) razoabilidade.
(C) proporcionalidade.
(D) máxima efetividade.
(E) interpretação conforme a Constituição.

A alternativa correta é a D. A doutrina ensina que: "O princípio da máxima efetividade, também chamado de *princípio da eficiência*, significa que o intérprete e o aplicador do direito têm o dever de atribuir ao sentido que assegure maior eficácia/eficiência às normas constitucionais, sempre que possível. A interpretação constitucional traz a ideia de concretização da norma jurídica, maximizando-a, justamente por se tratar de norma constitucional." (NISHIYAMA, Adolfo Mamoru; PINHEIRO, Flavia de Campos; LAZARI, Rafael de. *Manual de hermenêutica constitucional*. Belo Horizonte: D'Plácido, 2018, p. 172). AMN

Gabarito "D".

(Procurador Fazenda Nacional – AGU – 2023 – CEBRASPE) Considerando a interpretação do texto constitucional pelo STF e a doutrina acerca desse tema, assinale a opção correta.

(A) A interpretação ubi eadem ratio, ubi eadem jus (expressão latina que, em português, significa onde há a mesma razão, há o mesmo direito) é técnica de hermenêutica rechaçada pelo STF.
(B) Os magistrados devem buscar extrair a máxima eficácia das declarações internacionais, observando, internamente, o princípio hermenêutico básico da primazia da norma que se revelar mais favorável à pessoa humana.
(C) Os princípios da interpretação constitucional e os jurídico-constitucionais se confundem na hermenêutica ligada ao caráter compromissório do constitucionalismo contemporâneo.
(D) O STF, nas várias oportunidades em que debateu sobre a questão da hermenêutica constitucional aplicada ao tema das imunidades tributárias, afastou a interpretação teleológica do instituto.
(E) A manutenção de decisões das instâncias ordinárias divergentes da interpretação adotada pelo STF não constitui afronta ao princípio da máxima efetividade da norma constitucional.

A: Incorreta. A interpretação *ubi eadem ratio, ubi eadem jus* já foi utilizada pelo STF, conforme o seguinte julgado: "O art. 400 do CPP, com a redação dada pela Lei 11.719/2008, fixou o interrogatório do réu como ato derradeiro da instrução penal, prestigiando a máxima efetividade das garantias constitucionais do contraditório e da ampla defesa (CRFB, art. 5°, LV), dimensões elementares do devido processo legal (CRFB, art. 5°, LIV) e cânones essenciais do Estado Democrático de Direito (CRFB, art. 1°, *caput*), por isso que a nova regra do CPP comum também deve ser observada no processo penal militar, em detrimento da norma específica prevista no art. 302 do DL 1.002/1969, conforme precedente firmado pelo Pleno do STF nos autos da AP 528 AgR, rel. min. Ricardo Lewandowski, julgamento em 24-3-2011, *DJE* 109 de 7-6-2011, impondo a observância do novo preceito modificador em relação aos processos regidos pela Lei especial 8.038/1990, providência que se impõe seja estendida à Justiça Penal Militar, posto que *ubi eadem ratio ibi idem jus.*" (RHC 119.188, rel. min. Luiz Fux, j. 1°-10-2013, 1ª T, *DJE* de 23-10-2013). **B**: Correta. O STF tem esse entendimento. Nesse sentido: "O Poder Judiciário, nesse processo hermenêutico que prestigia o critério da 'norma mais favorável' (que tanto pode ser aquela prevista no tratado internacional como a que se acha positivada no próprio direito interno do Estado), deverá extrair a máxima eficácia das declarações internacionais e das proclamações constitucionais de direitos, como forma de viabilizar o acesso dos indivíduos e dos grupos sociais, notadamente os mais vulneráveis, a sistemas institucionalizados de proteção aos direitos fundamentais da pessoa humana, sob pena de a liberdade, a tolerância e o respeito à alteridade humana tornarem-se palavras vãs." (HC/SC 93280, rel. Min. Celso de Mello, j. 23/09/2008, 2ª T.). **C**: Incorreta. Constituição compromissória é chamada também de Constituição dirigente, programática ou diretiva, pois traça os objetivos a serem perseguidos pelo Estado. Nem todas as constituições contemporâneas são dirigentes. A doutrina aponta que: "Sob o rótulo 'princípios da interpretação constitucional' cuida-se de elencar um catálogo do que se poderia designar de técnicas e diretrizes para assegurar uma metódica racional e controlável ao processo de interpretação (e aplicação) da constituição e de suas normas (princípios e regras), portanto, auxiliar na construção de respostas constitucionalmente adequadas para os problemas jurídico-constitucionais. Na dicção de Gomes Canotilho, a elaboração de um catálogo de princípios da interpretação constitucional está relacionada com a necessidade de encontrar princípios tópicos auxiliares relevantes para a solução do problema prático enfrentado, mas que sejam ao mesmo tempo metodicamente operativos e constitucionalmente praticáveis." (SARLET, Ingo Wolfgang; MARINONI, Luiz Guilherme; MITIDIERO, Daniel. *Curso de direito constitucional*. 4. ed. São Paulo: Saraiva, 2015, p. 211). Portanto, os princípios da interpretação constitucional não se aplicam apenas às constituições compromissórias. **D**: Incorreta. Pelo contrário, o STF tem se utilizado da interpretação teleológica nas imunidades tributárias: "Os precedentes do Supremo, no tocante às imunidades das alíneas 'a', 'b' e 'c' do aludido inciso VI, têm deixado clara a atenção do Tribunal com as funções políticas e sociais dessas normas, revelando-se prática de interpretação teleológica para a solução das controvérsias surgidas e buscando-se sempre a melhor realização dos valores protegidos. Como afirmado pelo ministro Sepúlveda Pertence, no Recurso Extraordinário n° 237.718, da relatoria de Sua Excelência, julgado em 29 de março de 2001, a linha jurisprudencial do Tribunal, nos últimos tempos, vem sendo 'decisivamente inclinada à interpretação teleológica das normas de imunidade tributária, de modo a maximizar-lhes o potencial de efetividade, como garantia ou estímulo à concretização dos valores constitucionais que inspiram limitações ao poder de tributar.'" (RE/RJ 595676, rel. Min. Marco Aurélio, j. 08/03/2017, Pleno). **E**: Incorreta. É uma afronta ao princípio da máxima efetividade da norma constitucional, pois "(...) implica o dever do intérprete e aplicador de atribuir o sentido que assegure maior eficácia às normas constitucionais. Assim, verifica-se que a interpretação pode servir de instrumento para assegurar a otimização da eficácia e da efetividade, e, portanto também da força normativa da constituição." (SARLET, Ingo Wolfgang; MARINONI, Luiz Guilherme; MITIDIERO, Daniel. *Curso de direito constitucional*. 4. ed. São Paulo: Saraiva, 2015, p. 219). AMN

Gabarito "B".

(Delegado/RJ – 2022 – CESPE/CEBRASPE) O estudo dos princípios que regem a interpretação constitucional, em especial os da razoabilidade e da proporcionalidade, estabelece que as normas da Constituição Federal de 1988 devem ser analisadas e aplicadas de modo a permitir que os meios utilizados estejam adequados aos fins pretendidos, devendo o intérprete buscar conceder aos bens jurídicos tutelados uma aplicação justa. Considerando isso, assinale a opção correta.

(A) Com base nos princípios que dão sustentação a uma interpretação sistemática do texto constitucional, é correto afirmar que os direitos e garantias constitucionais devem ser considerados absolutos, sendo possível invocar a norma de maneira irrestrita, em razão do que dispõe a dignidade da pessoa humana, um dos fundamentos da República Federativa do Brasil.

(B) O princípio da harmonização tem por objetivo promover a harmonia entre os Poderes Legislativo, Executivo e Judiciário. Apesar dos Poderes serem independentes, a harmonia entre eles é de fundamental importância para que o Estado brasileiro realize seus objetivos, na forma do que estabelece o art. 3.º da Constituição Federal de 1988.

(C) Em razão do que preceitua o princípio da concordância prática, pode-se dizer que, na ocorrência de conflito entre bens jurídicos garantidos por normas constitucionais, o intérprete deve priorizar a decisão que melhor os harmonize, de forma a conceder a cada um dos direitos a maior amplitude possível, sem que um deles acabe por impor a supressão do outro.

(D) O princípio da harmonização permite afirmar que, em razão dos axiomas que fundamentam a República Federativa do Brasil, o intérprete da Constituição deverá sempre observar a supremacia do interesse público, evidenciado, nesse caso específico, o caráter absoluto dos direitos e garantias fundamentais.

(E) Em se tratando de conflito entre a liberdade de expressão na atividade de comunicação e a inviolabilidade da intimidade da vida privada, da honra e da imagem das pessoas, como quando um jornal impresso publica notícias que são de interesse público, mas que acabam por invadir a esfera privada de alguém, o intérprete do texto constitucional deverá sempre optar pelo interesse público, descartando o interesse privado.

A: incorreta. Nenhum direito e garantia constitucional é absoluto. Nesse sentido: "direitos fundamentais não são absolutos e, como consequência, seu exercício está sujeito a limites; e, por serem geralmente estruturados como princípios, os direitos fundamentais, em múltiplas situações, são aplicados mediante ponderação. Os limites dos direitos fundamentais, quando não constem diretamente da Constituição, são demarcados em abstrato pelo legislador ou em concreto pelo juiz constitucional." (BARROSO, Luís Roberto. Curso de direito constitucional contemporâneo. 2. ed. São Paulo: Saraiva, 2010, p. 333); **B**: incorreta. O princípio da harmonização ou da concordância prática prega a cedência recíproca e conduz à ideia de harmonização dos direitos em confronto. Esse princípio estabelece que: "os bens jurídicos constitucionalmente protegidos devem estar ordenados de tal forma **que a realização de uns não deve se sobrepor a outros**. Assim, buscam-se conformar as diversas normas em conflito no texto constitucional, de forma que se evite o sacrifício total de um ou alguns deles." (NISHIYAMA, Adolfo Mamoru; PINHEIRO, Flavia de Campos; LAZARI, Rafael. Manual de hermenêutica constitucional. 2. ed. Belo Horizonte: D'Plácido, 2020, p. 174, grifos no original); **C**: correta. Ver o comentário B; **D**: incorreta. Ver os comentários A e B; **E**: incorreta. Ver os comentários A e B.

(Delegado/RJ – 2022 – CESPE/CEBRASPE) O direito constitucional reclama a existência de princípios específicos, que compõem a denominada metodologia constitucional, para que a Constituição Federal de 1988 seja interpretada. Um dos referidos princípios prevê que, sempre que possível, deve o intérprete buscar a interpretação menos óbvia do enunciado normativo, fixando-a como norma, de modo a salvar a sua constitucionalidade. Trata-se do princípio de

(A) concordância prática.
(B) proporcionalidade.
(C) interpretação conforme a Constituição.
(D) ponderação de interesses.
(E) supremacia constitucional.

A: incorreta. O princípio da harmonização ou da concordância prática prega a cedência recíproca e conduz à ideia de harmonização dos direitos em confronto. Esse princípio estabelece que: "os bens jurídicos constitucionalmente protegidos devem estar ordenados de tal forma **que a realização de uns não deve se sobrepor a outros**. Assim, buscam-se conformar as diversas normas em conflito no texto constitucional, de forma que se evite o sacrifício total de um ou alguns deles." (NISHIYAMA, Adolfo Mamoru; PINHEIRO, Flavia de Campos; LAZARI, Rafael. Manual de hermenêutica constitucional. 2. ed. Belo Horizonte: D'Plácido, 2020, p. 174, grifos no original); **B**: incorreta. A doutrina ensina que: "O princípio da proporcionalidade é aquele que orienta o intérprete na busca da justa medida de cada instituto jurídico. Objetiva a ponderação entre os meios utilizados e os fins perseguidos, indicando que a interpretação deve pautar o menor sacrifício ao cidadão ao escolher dentre os vários possíveis significados da norma." (ARAUJO, Luiz Alberto David; NUNES JÚNIOR, Vidal Serrano. Curso de direito constitucional. 21. ed. São Paulo: Verbatim, 2016, p. 130); **C**: correta. Segundo a doutrina: "A supremacia das normas constitucionais no ordenamento jurídico e a presunção de constitucionalidade das leis e atos normativos editados pelo poder público competente exigem que, na função hermenêutica de interpretação do ordenamento jurídico, seja sempre concedida preferência ao sentido da norma que seja adequando à Constituição Federal. Assim sendo, no caso de normas com várias significações possíveis, deverá ser encontrada a significação que apresente *conformidade com as normas constitucionais*, evitando sua declaração de inconstitucionalidade e consequente retirada do ordenamento jurídico." (MORAES, Alexandre. Direito constitucional. 22. ed. São Paulo: Atlas, 2007, p. 11); **D**: incorreta. A ponderação de interesses é utilizada quando há conflito entre princípios constitucionais. A atividade do intérprete será mais complexa em relação à solução do conflito entre duas regras. O intérprete afere o peso de cada princípio, em face de um caso concreto, fazendo concessões recíprocas e valorações adequadas, de forma a preservar o máximo de cada um dos valores que estão em conflito, e fazendo escolhas sobre qual interesse deverá prevalecer naquele caso concreto; **E**: incorreta: Sobre esse princípio, a doutrina explica que: "O princípio da supremacia da Constituição, também denominado princípio da premência normativa, nada mais faz do que identificar a Constituição Federal como o plexo de normas de mais alta hierarquia no interior de nosso sistema normativo." (ARAUJO, Luiz Alberto David; NUNES JÚNIOR, Vidal Serrano. Curso de direito constitucional. 21. ed. São Paulo: Verbatim, 2016, p. 124).

(Procurador Município – Teresina/PI – FCC – 2022) Em "Marbury vs. Madison" (1803), a Suprema Corte estadunidense proferiu uma decisão que é considerada um marco histórico para o direito constitucional. Tal decisão consagrou

(A) a teoria de Hans Kelsen acerca do controle concentrado de constitucionalidade a ser exercido por um tribunal exclusivamente constitucional, topografica-

mente localizado fora do quadro estrutural do poder judiciário.
(B) o princípio da legalidade e a relevância do *writ of mandamus* para o controle judicial dos atos ilegais de agentes públicos.
(C) o princípio da supremacia da constituição e a teoria do desvio de poder.
(D) o princípio da supremacia da constituição e o controle judicial de constitucionalidade das leis.
(E) o princípio do controle judicial concentrado de constitucionalidade das leis e a teoria do desvio de poder.

A doutrina ensina que: "O direito norte-americano – em 1803, no célebre caso Marbury v. Madison, relatado pelo *Chief Justice* da Corte Suprema John Marshall – afirmou a supremacia jurisdicional sobre todos os atos dos poderes constituídos, inclusive sobre o Congresso dos Estados Unidos da América, permitindo-se ao Poder Judiciário, mediante casos concretos postos em julgamento, interpretar a Carta Magna, adequando e compatibilizando os demais atos normativos com suas superiores normas" (MORAES, Alexandre. *Direito constitucional*. 22. ed. São Paulo: Atlas, 2007, p. 694). AMN
Gabarito "D".

(Procurador Município – Teresina/PI – FCC – 2022) Ao restringir o uso de produtos derivados do tabaco (cigarros, cachimbos, charutos etc.), por exemplo, em recinto coletivo fechado, de acesso público, destinado a permanente utilização simultânea de várias pessoas, o legislador federal estabeleceu uma

(A) norma geral e especial e nela, em vista do exemplo do enunciado, uma ponderação desproporcional na medida em que contempla a proteção integral à saúde em detrimento da liberdade dos fumantes, razão pela qual não deve ser aplicada pelos destinatários da norma, independentemente de pronunciamento judicial.
(B) norma geral e nela a ponderação entre um princípio e uma regra de menor envergadura axiológica, respectivamente, a cláusula geral da liberdade e o direito à saúde, passível de controle jurisdicional à luz dos princípios da supremacia e da unidade da constituição.
(C) norma geral e nela uma ponderação entre dois direitos fundamentais, quais sejam, a liberdade de fumar e a proteção à saúde, passível de controle jurisdicional à luz do princípio da proporcionalidade.
(D) norma geral e nela uma ponderação entre dois direitos fundamentais, quais sejam, o direito à livre-iniciativa e a liberdade de não fumar, passível de controle jurisdicional à luz do princípio da estrita legalidade.
(E) norma geral e especial e nela uma ponderação entre dois direitos fundamentais, quais sejam, a liberdade de fumar e a proteção à saúde, insuscetível de controle jurisdicional, pois derivada da discricionariedade outorgada pela Constituição ao legislador ordinário.

O princípio da proporcionalidade vem sendo utilizado na jurisprudência do Supremo Tribunal Federal, muitas vezes, como "regra de ponderação" entre os direitos fundamentais em conflito. Neste sentido: MENDES, Gilmar Ferreira; BRANCO, Paulo Gustavo Gonet. *Curso de direito constitucional*. 8. ed. São Paulo: Saraiva, 2013, p. 230. AMN
Gabarito "C".

(Procurador/PA – CESPE – 2022) No que se refere à aplicabilidade das normas constitucionais, assinale a opção correta.
(A) Normas constitucionais de eficácia contida ou limitada são aquelas que dependem de posterior atuação legislativa para gerarem efeitos; desse modo, são normas que não têm aplicação imediata.
(B) Normas constitucionais de eficácia limitada são aquelas que dependem de integração infraconstitucional para que se opere a plenitude de seus efeitos; assim, elas têm aplicabilidade mediata.
(C) Normas constitucionais de eficácia contida são aquelas que dependem de outros meios normativos (por exemplo, leis) para que possam ser aplicadas imediatamente.
(D) Normas constitucionais de eficácia redutível ou restringível são aquelas que não têm força suficiente para reger os interesses de que tratam, necessitando, portanto, de outros meios normativos para serem aplicadas imediatamente.
(E) Normas constitucionais de eficácia plena são aquelas que receberam do constituinte normatividade suficiente para incidência direta, ou seja, têm aplicabilidade imediata, mas dependem de regulamentação posterior para produzirem efeitos.

Segundo José Afonso da Silva (*Aplicabilidade das normas constitucionais*. 3. ed. São Paulo: Malheiros, 1998, p. 82-83), as normas constitucionais de eficácia plena são "todas as normas que, desde a entrada em vigor da constituição, produzem todos os seus efeitos essenciais (ou têm a possibilidade de produzi-los), todos os objetivos visados pelo legislador constituinte, porque este criou, desde logo, uma normatividade para isso suficiente, incidindo direta e imediatamente sobre a matéria que lhes constitui objeto". As normas constitucionais de eficácia contida (redutível ou restringível) também se constituem "de normas que incidem imediatamente e produzem (ou podem produzir) todos os efeitos queridos, mas preveem meios ou conceitos que permitem manter sua eficácia contida em certos limites, dadas certas circunstâncias". As normas constitucionais de eficácia limitada "são todas as que não produzem, com a simples entrada em vigor, todos os seus efeitos essenciais, porque o legislador constituinte, por qualquer motivo, não estabeleceu, sobre a matéria, uma normatividade para isso bastante, deixando essa tarefa ao legislador ordinário ou a outro órgão do Estado". AMN
Gabarito "B".

Art. 5º (...) LVIII – o civilmente identificado não será submetido a identificação criminal, salvo nas hipóteses previstas em lei;
Art. 18. (...) § 1º Brasília é a Capital Federal.
Art. 153. Compete à União instituir impostos sobre: (...) VII – grandes fortunas, nos termos de lei complementar.

Brasil. Constituição (1988). Constituição da República Federativa do Brasil. Brasília – DF: Senado Federal, 1988.

(Promotor de Justiça/CE – 2020 – CESPE/CEBRASPE) Quanto ao grau de eficácia, as normas constitucionais precedentes classificam-se, respectivamente, como de eficácia
(A) programática, plena e contida.
(B) limitada, plena e contida.
(C) contida, limitada e plena.
(D) plena, contida e limitada.

(E) contida, plena e limitada.

Correta é a letra E, pois O artigo 5º, inciso LVIII, da CF, é autoaplicável, mas permite a restrição via lei ordinária, logo, norma constitucional de eficácia contida. Além disso, o artigo 18, § 1º, da CF, é norma de eficácia plena porque é autoaplicável, não necessitando de uma lei regulamentadora, e, por fim, o artigo 153, inciso VII, da CF, é uma norma de eficácia limitada, pois depende da lei complementar e, assim, enquanto não existir tal lei não teremos a o citado imposto. **AB**
Gabarito "E".

(Juiz de Direito – TJ/SC – 2019 – CESPE/CEBRASPE) A respeito da eficácia mediata dos direitos fundamentais, assinale a opção correta segundo a doutrina e a jurisprudência do STF.

(A) A eficácia mediata dos direitos fundamentais independe da atuação do Estado.
(B) De acordo com o STF, as normas de direitos fundamentais que instituem procedimentos têm eficácia mediata.
(C) Nas relações privadas, a eficácia dos direitos fundamentais é necessariamente mediata.
(D) A eficácia mediata desobriga o juiz de observar o efeito irradiante dos direitos fundamentais no caso concreto.
(E) A eficácia mediata dos direitos fundamentais dirige-se, primeiramente, ao legislador.

Correta é a letra **E**, uma vez que o legislador não poderá editar lei que viole tais direitos, bem como deverá editar leis que implemente tais direitos. A letra **A** está errada, pois requer sim uma atuação positiva do Estado (legislador). A letra **B** está incorreta, porque a eficácia é imediata (MI 107. Rel. Min. Moreira Alves. STF). A letra **C** também está errada, pois a eficácia é imediata. Por último, a letra **D** está errada uma vez que o Poder Judiciário deve sim observar o efeito irradiante dos direitos fundamentais ao caso concreto. **AB**
Gabarito "E".

(Juiz de Direito – TJ/BA – 2019 – CESPE/CEBRASPE) A respeito de hermenêutica constitucional e de métodos empregados na prática dessa hermenêutica, assinale a opção correta.

(A) A noção de filtragem constitucional da hermenêutica jurídica contemporânea torna dispensável a distinção entre regras e princípios.
(B) De acordo com o método tópico, o texto constitucional é ponto de partida da atividade do intérprete, mas nunca limitador da interpretação.
(C) Segundo a metódica jurídica normativo-estruturante, a aplicação de uma norma constitucional deve ser condicionada às estruturas sociais que delimitem o seu alcance normativo.
(D) O princípio da unidade da Constituição orienta o intérprete a conferir maior peso aos critérios que beneficiem a integração política e social.
(E) Os princípios são mandamentos de otimização, como critério hermenêutico, e implicam o ideal regulativo que deve ser buscado pelas diversas respostas constitucionais possíveis.

A: incorreta, pois a noção de filtragem constitucional pressupõe a preeminência normativa da Constituição enquanto sistema aberto de regras e princípios. A filtragem constitucional consiste no fenômeno segundo o qual toda ordem jurídica deve ser lida e aprendida sob as lentes da Constituição, de modo a realizar os valores nela consagrados; **B:** incorreta, pois, de acordo com o **método hermenêutico-concretizador**, o texto constitucional é o ponto de partida da atividade do intérprete, sendo também limitador da interpretação (para solucionar um problema o aplicador está vinculado ao texto constitucional). No método da tópica, por sua vez, o problema é o ponto de partida, servindo as normas constitucionais de catálogo de variados princípios, onde se busca argumento para a solução de uma questão prática; **C:** incorreta, porque, segundo o **método científico-espiritual**, a interpretação de uma norma constitucional deve ser condicionada aos elementos da realidade social que delimitem o seu alcance normativo. No método normativo-estruturante, entende-se que a norma jurídica é resultado do conjunto formado pelo texto (programa normativo) pela realidade social (domínio normativo), sendo este elemento indispensável para a extração do significado da norma por fazer parte da sua estrutura; **D:** incorreta, pois o **princípio do efeito integrador** orienta o intérprete a conferir maior peso aos critérios que beneficiem a integração política e social e o reforço da unidade política. Já o princípio da unidade da Constituição postula que a Constituição seja interpretada como um todo harmônico, evitando contradições entre as suas normas. O intérprete deve considerar a Constituição como um todo unitário, harmonizando as tensões existentes entre as normas constitucionais; **E:** correta, já que os princípios, na concepção de Robert Alexy, são mandamentos de otimização, ou seja, normas que ordenam que algo seja realizado na maior medida possível, dentro das possibilidades jurídicas e fáticas do caso concreto. **AN**
Gabarito "E".

(Juiz de Direito – TJ/SC – 2019 – CESPE/CEBRASPE) A respeito das constituições classificadas como semânticas, assinale a opção correta.

(A) São aquelas que se estruturam a partir da generalização congruente de expectativas de comportamento.
(B) São aquelas cujas normas dominam o processo político; e nelas ocorrem adaptação e submissão do poder político à constituição escrita.
(C) Funcionam como pressupostos da autonomia do direito; e nelas a normatividade serve essencialmente à formação da constituição como instância reflexiva do sistema jurídico.
(D) São aquelas cujas normas são instrumentos para a estabilização e perpetuação do controle do poder político pelos detentores do poder fático.
(E) São aquelas cujo sentido das normas se reflete na realidade constitucional.

Correta é a letra **D**, pois a Constituição semântica é aquela que busca eternizar no poder o dominador, comum para os regimes ditatoriais. A minha dica é lembrar desse "macete": "SEMANTica é para SE MANTER no poder". As demais alternativas abordam conceitos não relativos para com uma Constituição semântica, logo, equivocadas. **AB**
Gabarito "D".

(Juiz de Direito – TJ/SC – 2019 – CESPE/CEBRASPE) A respeito de métodos de interpretação constitucional e do critério da interpretação conforme a constituição, assinale a opção correta.

(A) A busca das pré-compreensões do intérprete para definir o sentido da norma caracteriza a metódica normativo-estruturante.
(B) O método de interpretação científico-espiritual é aquele que orienta o intérprete a identificar tópicos para a discussão dos problemas constitucionais.
(C) A interpretação conforme a constituição não pode ser aplicada em decisões sobre constitucionalidade de emendas constitucionais.

(D) A interpretação conforme a constituição e a declaração parcial de inconstitucionalidade sem redução de texto são exemplos de situações constitucionais imperfeitas.

(E) A interpretação conforme a constituição é admitida ainda que o sentido da norma seja unívoco, pois cabe ao STF fazer incidir o conteúdo normativo adequado ao texto constitucional.

Correta é a letra **D**, pois atenua-se uma declaração de nulidade, utilizando-se de uma interpretação possível para com o texto constitucional, logo, uma situação constitucional imperfeita, pois deveria ter sido declarada a norma inconstitucional como um todo. A letra **A** está errada, porque não aponta para o método normativo-estruturante (a norma jurídica é o resultado de um processo de concretização). A letra **B** está errada, pois seria o método tópico-problemático. A letra **C** está errada, pois não existem tais óbices. Por fim, a letra **E** é incorreta, pois o sentido da norma deverá ser plural, plurívoco. Gabarito "D".

(Promotor de Justiça/PR – 2019 – MPE/PR) Assinale a alternativa *incorreta*:

(A) A corrente interpretativista defende que as dúvidas interpretativas sobre a Constituição devem ser solucionadas apenas dentro do texto constitucional (os juízes devem se limitar a cumprir normas explícitas ou claramente implícitas na Constituição), enquanto a corrente não interpretativista afirma que só é possível definir o sentido controvertido das cláusulas abertas da Constituição com amparo em princípios e valores que transcendem o próprio texto.

(B) Segundo a concepção dualista de democracia, há dois tipos de decisão que podem ser tomadas nesse regime: o primeiro tipo são as decisões do povo, que estabelecem a norma constitucional; o segundo tipo são as decisões dos governantes, que ocorrem pelas leis, decretos e demais atos regulares do governo.

(C) Embora se costume afirmar que a norma é o produto da interpretação do texto, não existe correspondência necessária entre norma e um dispositivo, pois há normas que não encontram suporte físico em um dispositivo específico, e há dispositivos a partir dos quais não se constrói norma alguma.

(D) O liberalismo igualitário supera a noção de individualismo, pois seu foco se centra em entidades supraindividuais como o Estado, a Nação, a Sociedade, os grupos étnicos e outros conjuntos de pessoas.

(E) Atribui-se viés antidemocrático à panconstitucionalização – excesso de constitucionalização do Direito –, porque, se o papel do legislador se resumir ao de mero executor de medidas já impostas pelo constituinte, nega-se autonomia política ao povo para, em cada momento de sua história, realizar suas escolhas.

Verifica-se que a questão requer a resposta incorreta e, por essa razão, a única incorreta é a letra **D**, pois o liberalismo igualitário reconhece um amplo pluralismo na sociedade, ao contrário do que foi afirmado na mencionada afirmativa. As demais alternativas estão corretas. Gabarito "D".

"O intérprete não pode chegar a um resultado que subverta ou perturbe o esquema organizatório-funcional estabelecido pelo constituinte. Assim, a aplicação das normas constitucionais propostas pelo intérprete não pode implicar alteração na estrutura de repartição de poderes e exercício das competências constitucionais estabelecidas pelo constituinte originário".

(Procurador do Município – S.J. Rio Preto/SP – 2019 – VUNESP) Esse aspecto de interpretação das normas constitucionais diz respeito ao princípio

(A) da harmonização.

(B) da justeza.

(C) da força normativa da Constituição.

(D) do efeito integrador.

(E) do normativo-estruturante.

Correta é a letra B, pois o princípio da justeza limita o intérprete e não permite que este altere a repartição de funções constitucionalmente estabelecidas, por exemplo. Em relação ao enunciado, o princípio da justeza é p única que se encaixa perfeitamente, pois o princípio da harmonização fala da combinação de bens jurídicos na busca por se evitar o sacrifício total de um deles, diante de um conflito, por isso letra A errada. A força normativa da Constituição determina ao intérprete a prevalência da eficácia da Constituição, logo, letra C errada por não encaixar no que diz o enunciado. A letra D também está errada, pois o efeito integrador busca solucionar os conflitos com integração política e social. Por fim, a letra E está errada porque a normatividade-estruturante determina que o texto da norma deve ser uma espécie de ponto de partida. Gabarito "B".

(Delegado – PC/BA – 2018 – VUNESP) Em suas decisões, o Supremo Tribunal Federal afirma que as normas constitucionais originárias não possuem hierarquia entre si, assentando a premissa fundamental de que o sistema positivo constitucional constitui um complexo de normas que deve manter entre si um vínculo de coerência; em síntese, em caso de confronto entre as normas constitucionais, devem ser apaziguados os dispositivos constitucionais aparentemente conflitantes. Tal interpretação decorre de um princípio específico de interpretação constitucional, denominado princípio da

(A) conformidade ou justeza constitucional.

(B) eficácia integradora.

(C) força normativa.

(D) máxima efetividade.

(E) unidade da constituição.

A: incorreta, pois o **princípio da justeza ou da conformidade funcional** afirma que o intérprete não pode deturpar o esquema organizatório-funcional estabelecido na Constituição, de forma a violar o sistema de repartição de funções e competências; **B:** incorreta, pois o **princípio da eficácia integradora** sustenta que o intérprete deve dar primazia aos critérios que favoreçam a integração política e social e o reforço da unidade política; **C:** incorreta, pois o **princípio da força normativa** aduz que o intérprete deve dar preferência aos pontos de vista que tornem a norma constitucional mais adequada ao momento histórico, conferindo-lhe máxima eficácia e força normativa; **D:** incorreta, pois o **princípio da máxima efetividade** declara que o intérprete deve atribuir à norma constitucional o sentido que lhe dê maior eficácia, para que produza o máximo de efeitos possível; **E:** correta, pois o **princípio da unidade da Constituição** sustenta que a Constituição é um todo unitário, cabendo ao intérprete harmonizar as tensões existentes entre as várias normas constitucionais, evitando, assim, contradições entre elas. Com base nesse princípio, o STF entendeu que não há hierarquia entre normas constitucionais originárias (ADI 815, Rel. Min. Moreira Alves, j. 28-3-1996). Gabarito "E".

(Investigador – PC/BA – 2018 – VUNESP) Sob a ótica da classificação doutrinária e com base na Constituição Federal brasileira, assinale a alternativa que representa uma norma constitucional de natureza programática.

(A) É garantido o direto de propriedade.
(B) É plena a liberdade de associação para fins lícitos, vedada a de caráter militar.
(C) É garantido o direito de herança.
(D) A lei penal não retroagirá, salvo para beneficiar o réu.
(E) A ordem social tem como base o primado do trabalho, e como objetivo o bem-estar e a justiça sociais.

A: incorreta, pois o direito de propriedade previsto no inciso XXII do art. 5º da CF é norma de **eficácia contida** – possui aplicabilidade direta e imediata, mas não integral, pois tem sua eficácia restringida por outra norma constitucional, como o inciso XXIV do art. 5º da CF; **B:** incorreta, pois a liberdade de associação prevista no inciso XVII do art. 5º da CF é norma de **eficácia contida** – possui aplicabilidade direta e imediata, mas não integral, pois tem sua eficácia restringida por conceito jurídico indeterminado, como a expressão "fins lícitos"; **C** e **D:** incorreta, pois o direito de herança e a irretroatividade da lei penal previstos, respectivamente, nos incisos XXX e XL do art. 5º da CF são normas de **eficácia plena** – possuem aplicabilidade direta, imediata e integral, produzindo todos os efeitos de imediato, independentemente de lei posterior que complete seus alcances e sentidos; **E:** correta, pois o art. 193 da CF é norma de **eficácia limitada de princípio programático** – estabelece diretrizes, princípios e fins a serem atingidos pelo Estado; possui aplicabilidade mediata e indireta, dependendo de regulamentação ulterior para adquirir aplicabilidade.
Gabarito "E".

(Procurador do Estado/SP – 2018 –VUNESP) O jurista alemão Konrad Hesse, ao analisar a interpretação constitucional como concretização, afirmou que "bens jurídicos protegidos jurídico-constitucionalmente devem, na resolução do problema, ser coordenados um ao outro de tal modo que cada um deles ganhe realidade.", ou seja, pode-se dizer que em determinados momentos o intérprete terá de buscar uma função útil a cada um dos bens constitucionalmente protegidos, sem que a aplicação de um imprima a supressão do outro. A definição exposta refere-se ao Princípio

(A) da Comparação Constitucional.
(B) Hermenêutico-Concretizador.
(C) da Forma Justeza ou da conformidade funcional.
(D) da Concordância Prática ou da Harmonização.
(E) da Proporcionalidade.

A: incorreta, pois o **método da comparação constitucional** é aquele em que o intérprete recorre ao Direito Comparado para buscar a melhor direção interpretativa das normas constitucionais do seu país; **B:** incorreta, pois o **método hermenêutico-concretizador** é aquele em que o intérprete, partindo da norma constitucional para a resolução de um problema, utiliza a sua pré-compreensão do significado da norma e leva em conta as circunstâncias históricas para obter o sentido da norma no caso concreto; **C:** incorreta, pois o **princípio da justeza ou da conformidade funcional** afirma que o intérprete não pode deturpar o esquema organizatório-funcional estabelecido na Constituição, de forma a violar o sistema de repartição de funções e competências; **D:** correta, pois o **princípio da concordância prática ou da harmonização** estabelece que o intérprete deve sopesar normas constitucionais conflitantes de modo a harmonizá-las, evitando o sacrifício total (supressão) de uma em relação a outra; em outras palavras, no conflito de normas constitucionais, o alcance delas deve ser reduzido até que se encontre o ponto de equilíbrio de acordo com o caso concreto; **E:** incorreta, pois o **princípio da proporcionalidade ou da razoabilidade** consubstancia a ideia de justiça, equidade, bom senso, moderação e proibição de excesso que deve pautar a interpretação e aplicação das normas, aferindo se os meios utilizados são adequados e necessários à consecução dos fins visados.
Gabarito "D".

(Juiz de Direito – TJ/RS – 2018 – VUNESP) No ano de 2017, o Ministro Relator Luís Roberto Barroso suscitou, no âmbito do Supremo Tribunal Federal, uma questão de ordem na Ação Penal (AP) 937, defendendo a tese de que o foro de prerrogativa de função deve ser aplicado somente aos delitos cometidos por um deputado federal no exercício do cargo público ou em razão dele. O julgamento se encontra suspenso por um pedido de vistas, mas, se prevalecer o entendimento do Ministro Relator, haverá uma mudança de posicionamento do Supremo Tribunal Federal em relação ao instituto do foro de prerrogativa de função, que ocorrerá independentemente da edição de uma Emenda Constitucional. A hermenêutica constitucional denomina esse fenômeno de

(A) força normativa da Constituição.
(B) princípio da concordância prática.
(C) mutação informal da Constituição.
(D) maximização das normas constitucionais.
(E) interpretação sistêmica.

A: incorreta, pois o **princípio da força normativa** aduz que o intérprete deve dar preferência aos pontos de vista que tornem a norma constitucional mais adequada ao momento histórico, conferindo-lhe máxima eficácia e força normativa; **B:** incorreta, pois o **princípio da concordância prática ou da harmonização** estabelece que o intérprete deve sopesar normas constitucionais conflitantes de modo a harmonizá-las, evitando o sacrifício total (supressão) de uma em relação a outra; em outras palavras, no conflito de normas constitucionais, o alcance delas deve ser reduzido até que se encontre o ponto de equilíbrio de acordo com o caso concreto; **C:** correta, pois **mutação constitucional ou mutação informal da Constituição** é a alteração do significado da norma constitucional por via informal (interpretação, usos e costumes constitucionais), sem que haja a alteração por via formal (processo legislativo) do seu texto. De acordo com Uadi Lammêgo Bulos, mutação constitucional é o processo informal de mudança da Constituição, por meio do qual são atribuídos novos sentidos ou conteúdos à letra da Constituição, por intermédio da interpretação, da construção (*construction*) ou usos e dos costumes constitucionais; **D:** incorreta, pois o **princípio da máxima efetividade ou da interpretação efetiva** afirma que deve ser atribuído às normas constitucionais o sentido que maior eficácia lhe dê, maximizando a norma para extrair todas as suas potencialidades; **E:** incorreta, pois a **interpretação sistemática** ensina que uma norma não deve ser interpretada de forma isolada, mas em conjunto com as demais normas que compõem o ordenamento jurídico, o qual é um sistema dotado de unidade, harmonia e hierarquia.
Gabarito "C".

4. DO CONTROLE DE CONSTITUCIONALIDADE

4.1. CONTROLE DE CONSTITUCIONALIDADE EM GERAL

(Procurador – AL/PR – 2024 – FGV) Sobre o controle de constitucionalidade e a cisão funcional de competência, à luz do ordenamento jurídico vigente e da jurisprudência predominante do Supremo Tribunal Federal, assinale a afirmativa correta.

(A) Somente no controle concentrado de constitucionalidade ocorre a cisão funcional de competência.
(B) Somente pelo voto de dois terços dos membros do Tribunal de Justiça ou dos membros do respectivo órgão especial poderão os tribunais declarar a inconstitucionalidade de lei ou ato normativo do Poder Público.
(C) Viola a Constituição a decisão de órgão fracionário de tribunal que, não declara expressamente a inconstitucionalidade de lei ou ato normativo do Poder Público, mas afasta sua incidência, no todo ou em parte.
(D) É necessária a cisão funcional de competência quando o órgão fracionário de Tribunal de Justiça entender inconstitucional lei em controle difuso de constitucionalidade, com fundamento em jurisprudência do Plenário ou em Súmula do Supremo Tribunal Federal.
(E) Realizada a cisão funcional para julgamento de arguição de inconstitucionalidade, o pleno ou órgão especial já decidirá também sobre o bem jurídico em discussão.

A: Incorreta. A cisão funcional de competência ocorre no controle difuso de constitucionalidade, uma vez que o pronunciamento do pleno ou do órgão especial será restrito à análise da inconstitucionalidade da lei em tese, enquanto que o julgamento do caso concreto será realizado pelo órgão fracionário, o qual está vinculado àquele pronunciamento. Portanto, há uma divisão horizontal de competência funcional entre o pleno ou órgão especial, que tem competência para resolver a questão da inconstitucionalidade, e o órgão fracionário, a quem cabe julgar o caso concreto. **B: Incorreta.** O art. 97 da CF dispõe que: "Art. 97. Somente pelo voto da maioria absoluta de seus membros ou dos membros do respectivo órgão especial poderão os tribunais declarar a inconstitucionalidade de lei ou ato normativo do Poder Público". **C: Correta.** É o que dispõe a Súmula Vinculante 10 do STF: "Viola a cláusula de reserva de plenário (CF, artigo 97) a decisão de órgão fracionário de tribunal que, embora não declare expressamente a inconstitucionalidade de lei ou ato normativo do Poder Público, afasta sua incidência, no todo ou em parte". **D: Incorreta.** Nessa hipótese não haverá a cisão funcional de competência, pois já há jurisprudência do Plenário ou em Súmula do STF sobre o tema. **E: Incorreta.** A decisão sobre o bem jurídico em discussão caberá ao órgão fracionário (por exemplo, Câmara ou Turma). AMN
Gabarito "C"

(Procurador – PGE/SP – 2024 – VUNESP) A respeito do controle judicial de constitucionalidade, sob a ótica da jurisprudência do Supremo Tribunal Federal, assinale a alternativa correta.

(A) A técnica denominada superação total (*overruling*) pressupõe respeitar de forma impositiva a força vinculante do precedente fixado pela Corte Constitucional, de modo a garantir a manutenção da segurança jurídica alicerçada no sistema da dupla coerência (previsibilidade e proteção da confiança legítima).
(B) A declaração de inconstitucionalidade parcial sem redução do texto é uma técnica decisória que sempre parte da interpretação conforme a Constituição, para reconhecer a improcedência da ação constitucional, com a fixação de ressalvas expressas sobre a interpretação do conteúdo de determinado dispositivo normativo.
(C) A lei revogada não se restaura por ter a lei revogadora perdido a vigência por força dos efeitos repristinatórios da declaração de inconstitucionalidade em abstrato, lógica aplicável a toda a cadeia normativa pertinente.
(D) A possibilidade de modulação de efeitos temporais da declaração de inconstitucionalidade não implica o afastamento da supremacia da Constituição, mas uma ponderação entre a norma violada e as normas constitucionais que protegem os efeitos produzidos pela lei inconstitucional.
(E) A declaração de inconstitucionalidade por arrastamento ou reverberação normativa tem lugar quando peculiaridades fáticas ou sociais impõem o deslocamento da norma inconstitucional para ser validada em outro momento, com a finalidade de evitar a situação de anomia ou dano ainda maior à ordem constitucional.

A: Incorreta. O *overruling* significa a revogação de um precedente por outro. **B: Incorreta.** A doutrina aponta que o Supremo Tribunal Federal: "(...) utiliza-se da declaração de inconstitucionalidade parcial sem redução de texto como instrumento decisório para atingir-se uma interpretação conforme a Constituição, de maneira a salvar a constitucionalidade da lei ou do ato normativo, sem contudo alterar seu texto." (MORAES, Alexandre de. Direito constitucional. 22. ed. São Paulo: Atlas, 2007, p. 14-15), o que leva a parcial procedência da ação constitucional. **C: Incorreta.** Pelo contrário, a declaração de inconstitucionalidade tem efeito repristinatório, uma vez que fulmina a norma desde o seu início. Portanto, com a revogação da norma precedente, aplica-se novamente a legislação anteriormente revogada. **D: Correta.** Esse é o entendimento do STF constante na ementa da ADI 2231/DF, j. 22/05/2023: "(...) 5. Modulação de efeitos. A constitucionalidade da técnica da modulação de efeitos foi recentemente firmada por esta Corte no julgamento da ADI 2.154 (Red.ª p/o acórdão a Min.ª Cármen Lúcia). A possibilidade de modulação de efeitos temporais da declaração de inconstitucionalidade não implica o afastamento da supremacia da Constituição, mas uma ponderação entre a norma violada e as normas constitucionais que protegem os efeitos produzidos pela lei inconstitucional (...)". **E: Incorreta.** A declaração de inconstitucionalidade por arrastamento ocorre quando uma norma declarada inconstitucional pelo STF se estende aos outros dispositivos que apresentam com ela uma conexão ou interdependência. AMN
Gabarito "D"

(Procurador Federal – AGU – 2023 – CEBRASPE) No que se refere ao papel do advogado-geral da União no controle concentrado de constitucionalidade, assinale a opção correta.

(A) Em ação direta de inconstitucionalidade (ADI), o advogado-geral da União pode deixar de defender a compatibilidade da norma atacada com a Constituição.
(B) O advogado-geral da União, ao ajuizar ação de controle concentrado de constitucionalidade, deve demonstrar pertinência temática do objeto da demanda em face da atuação da Advocacia-Geral da União (AGU).
(C) Na omissão do advogado-geral da União em se manifestar em ação direta de inconstitucionalidade (ADI), cabe ao procurador-geral da República realizar a defesa da norma.
(D) O advogado-geral da União deve ser obrigatoriamente intimado a manifestar-se antes de o Supremo Tribunal Federal (STF) apreciar requerimento de medida cautelar em ação direta de inconstitucionalidade (ADI).
(E) O advogado-geral da União é o último a manifestar-se por escrito nas ações direta de inconstitucionalidade (ADI), antes do julgamento pelo Supremo Tribunal Federal (STF).

A: Correta. O STF entende que a Advocacia-Geral da União pode deixar de defender a constitucionalidade de norma questionada em sede de ADI (ADI/QO 3916). **B:** Incorreta. O advogado-geral da União não é legitimado para ajuizar nenhuma ação do controle concentrado de constitucionalidade. **C:** Incorreta. A defesa do ato na ADI é exclusiva do advogado-geral da União (CF, art. 103, § 3º). **D:** Incorreta. O § 1º do art. 10 da Lei 9.868/1999 dispõe que: "O relator, julgando indispensável, ouvirá o Advogado-Geral da União e o Procurador-Geral da República, no prazo de três dias". **E:** Incorreta. O art. 8º da Lei 9.868/1999 prevê que: "Decorrido o prazo das informações, serão ouvidos, sucessivamente, o Advogado-Geral da União e o Procurador-Geral da República, que deverão manifestar-se, cada qual, no prazo de quinze dias". Gabarito "A".

(Procurador Federal – AGU – 2023 – CEBRASPE) Em relação aos efeitos transcendentes das decisões do STF em controle de constitucionalidade, julgue os itens que se seguem.

I. Os ditos de passagem (*obiter dicta*) costumam gerar efeitos transcendentes.
II. A transcendência dos efeitos das decisões do STF corresponde à teoria da abstrativização do controle difuso e é a única consequência dessa teoria.
III. O STF não admite a teoria da transcendência dos motivos determinantes de suas decisões para efeito de conhecimento de reclamação constitucional.

Assinale a opção correta.

(A) Apenas o item I está certo.
(B) Apenas o item II está certo.
(C) Apenas o item III está certo.
(D) Apenas os itens I e II estão certos.
(E) Apenas os itens I e III estão certos.

I: Incorreta. A expressão *obter dicta* (ditos de passagem) é usada no exame de precedentes judiciais em oposição à *ratio decidendi* (razões de decidir). A *obter dicta* é um argumento de retórica onde o julgador manifesta uma opinião, mas não é o fundamento da decisão. Ela não se aplica para outros precedentes judiciais. Já a *ratio decidendi* se aplica para outros julgamentos, pois foi ela que levou a tomar a decisão do julgado. Segundo a teoria da transcendência dos motivos determinantes, os fundamentos de determinado acórdão devem ser usados para julgamentos futuros. O STF não aplica essa teoria. Ele aplica o sistema de enunciados fixando tese jurídica. **II:** Incorreta. Ver o comentário anterior. **III:** Correta. A teoria da transcendência dos motivos determinantes prega a possibilidade de que a *ratio decidendi* (razões de decidir) em uma decisão proferida pelo STF, no controle difuso de constitucionalidade, produzam efeitos *erga omnes*, vinculantes. Essa teoria não foi adotada pela Suprema Corte brasileira. Além disso, o STF não admite a teoria da abstrativização do controle difuso, sendo que o art. 52, X, da CF não sofreu mutação constitucional, conforme julgado o STF na Rcl/AC 4335. Gabarito "C".

(Procurador Fazenda Nacional – AGU – 2023 – CEBRASPE) Acerca do controle concentrado de constitucionalidade, assinale a opção correta. Nesse sentido, considere que as siglas ADC e ADI, sempre que empregadas, correspondem, respectivamente, a ação declaratória de constitucionalidade e ação direta de inconstitucionalidade.

(A) Decisão de mérito proferida no âmbito de uma ADC é apta a produzir efeitos jurídicos, independentemente de a ação ter sido julgada procedente ou improcedente.
(B) ADC e ADI de lei ou ato normativo federal pressupõem a demonstração de controvérsia judicial relevante.
(C) Compete ao STF processar e julgar, originariamente, ADI e ADC de lei ou ato normativo federal ou estadual.
(D) À exceção da ADC, nenhuma outra ação de controle concentrado de constitucionalidade admite a desistência.
(E) Dado o papel constitucional do advogado-geral da União no exercício da curadoria das leis, é imprescindível a sua participação no processo de ADC.

A: Correta. Se a ADC for julgada procedente a norma será considerada constitucional e se for julgada improcedente ela será considerada inconstitucional, produzindo, portanto, efeitos jurídicos (art. 24 da Lei nº 9.868/1999). **B:** Incorreta. A controvérsia judicial relevante de lei ou ato normativo federal é pressuposto apenas para a ADC (art. 14, III, da Lei nº 9.868/1999). **C:** Incorreta. A ADC é instrumento adequado para questionar a constitucionalidade apenas de lei ou ato normativo federal (CF, art. 102, I, *a*, e art. 13, *caput*, da Lei nº 9.868/1999). **D:** Incorreta. Nenhuma das ações no controle concentrado de constitucionalidade admite a desistência (arts. 5º, *caput*, 12-D e 16 da Lei nº 9.868/1999). **E:** Incorreta. A participação do advogado-geral da União é imprescindível apenas na ADI, que defenderá o ato ou texto impugnado (CF, art. 103, § 3º). Gabarito "A".

(Procurador Município – Teresina/PI – FCC – 2022) Lei do Município de Teresina poderá ser objeto de controle

(A) concentrado de constitucionalidade perante o Supremo Tribunal Federal em face da Constituição Federal por meio de arguição de descumprimento de preceito fundamental.
(B) concentrado de constitucionalidade perante o Tribunal de Justiça em face da Constituição Estadual por meio de arguição de descumprimento de preceito fundamental.
(C) concentrado de constitucionalidade perante o Tribunal de Justiça em face da Constituição Estadual por meio de ação declaratória de constitucionalidade.
(D) difuso de constitucionalidade perante o Tribunal de Justiça em face da Constituição Estadual por meio de ação direta de inconstitucionalidade.
(E) concentrado de constitucionalidade perante o Supremo Tribunal Federal em face da Constituição Federal por meio de ação direta de inconstitucionalidade.

A arguição de descumprimento de preceito fundamental, como controle concentrado de constitucionalidade, é cabível, entre outras hipóteses, "quando for relevante o fundamento da controvérsia constitucional sobre lei ou ato normativo federal, estadual ou municipal, incluídos os anteriores à Constituição" (art. 1º, parágrafo único, I, da Lei nº 9.882/1999). Gabarito "A".

(Procurador/PA – CESPE – 2022) No que diz respeito ao sistema de controle de constitucionalidade brasileiro, assinale a opção correta, com base na Constituição Federal de 1988 e no entendimento do Supremo Tribunal Federal.

(A) Os tribunais de justiça podem exercer controle abstrato de constitucionalidade de leis municipais, utilizando como parâmetro normas da CF, desde que as normas utilizadas sejam as de reprodução obrigatória pelos estados.
(B) Os tribunais poderão declarar a inconstitucionalidade de lei ou ato normativo do poder público somente

pelo voto de 2/3 de seus membros ou dos membros do respectivo órgão especial.

(C) Podem propor ação direta de inconstitucionalidade o presidente da República, o presidente do Senado Federal, o presidente da Câmara dos Deputados, os presidentes das assembleias legislativas dos estados e o da Câmara Legislativa do Distrito Federal, os governadores dos estados e o do Distrito Federal, o procurador-geral da República, o Conselho Federal da Ordem dos Advogados do Brasil, partido político com representação no Congresso Nacional e confederação sindical ou entidade de classe de âmbito nacional.

(D) A decisão que julgar procedente ou improcedente o pedido em arguição de descumprimento de preceito fundamental é irrecorrível, mas está sujeita a ação rescisória eventualmente proposta por alguém que tenha sido atingido pelo seu resultado.

(E) Ao declarar a inconstitucionalidade de lei ou ato normativo em processo de arguição de descumprimento de preceito fundamental, tendo em vista razões de segurança jurídica ou de excepcional interesse social, o Supremo Tribunal Federal, por maioria absoluta de seus membros, poderá restringir os efeitos daquela declaração ou decidir que ela só tenha eficácia a partir de seu trânsito em julgado ou de outro momento que venha a ser fixado.

A: Correta. A doutrina aponta que "se a lei ou ato normativo municipal, além de contrariar dispositivos da Constituição Federal, contrariar, da mesma forma, previsões expressas do texto da Constituição Estadual, mesmo que de *repetição obrigatória e redação idêntica*, teremos a aplicação do citado art. 125, § 2º, da CF, ou seja, competência do Tribunal de Justiça do respectivo Estado-membro" (MORAES, Alexandre. *Direito constitucional*. 22. ed. São Paulo: Atlas, 2007, p. 725). **B:** Incorreta. A inconstitucionalidade deve ser declarada pelo voto da **maioria absoluta** e não de 2/3 de seus membros (CF, art. 97). **C:** Incorreta. As legitimidades ativas são das **mesas** e não dos presidentes do Senado Federal, da Câmara dos Deputados, das assembleias legislativas dos estados e o da Câmara Legislativa do Distrito Federal (CF, art. 103). **D:** Incorreta. A ADPF não pode ser objeto de ação rescisória (art. 12 da Lei nº 9.882/1999). **E:** Incorreta. A modulação dos efeitos da decisão é realizada por **maioria de dois terços** dos membros do STF e não por maioria absoluta (art. 11 da Lei nº 9.882/1999). AMN

Gabarito "A".

(Procurador/PA – CESPE – 2022) Julgue os itens a seguir, acerca do controle de constitucionalidade.

I. Uma vez proposta a ação direta de inconstitucionalidade, é cabível o pedido de desistência.

II. Cabe aos estados a instituição de representação de inconstitucionalidade de leis ou atos normativos estaduais, federais ou municipais em face da Constituição Federal de 1988, vedada a atribuição da legitimação para agir a um único órgão.

III. As decisões definitivas de mérito proferidas pelo Supremo Tribunal Federal nas ações diretas de inconstitucionalidade e nas ações declaratórias de constitucionalidade produzirão eficácia contra todos e efeito vinculante, relativamente aos demais órgãos do Poder Judiciário e à administração pública direta e indireta, nas esferas federal, estadual e municipal.

IV. Compete ao Supremo Tribunal Federal, precipuamente, a guarda da Constituição Federal, cabendo-lhe processar e julgar, originariamente, ação direta de inconstitucionalidade de lei ou ato normativo federal ou estadual e ação declaratória de constitucionalidade de lei ou ato normativo federal ou estadual.

A quantidade de itens certos é igual a

(A) 0.
(B) 1.
(C) 2.
(D) 3.
(E) 4.

I: Errado. Uma vez proposta a ação direta de inconstitucionalidade, não se admite desistência (art. 5º da Lei nº 9.868/1999). **II:** Errado. Cabe aos estados a instituição de representação de inconstitucionalidade de leis ou atos normativos estaduais ou municipais em face da Constituição Estadual (CF, art. 125, § 2º). **III:** Certo. É o que dispõe o parágrafo único do art. 28 da Lei nº 9.868/1999). **IV:** Errado. É cabível a ação declaratória de constitucionalidade apenas em face das leis ou atos normativos federais (CF, art. 102, I, *a*). AMN

Gabarito "B".

(Juiz de Direito/AP – 2022 – FGV) O Tribunal de Justiça do Estado Alfa foi instado a realizar o controle concentrado de constitucionalidade de três normas do Município Beta: (1) a primeira norma tratava do processo legislativo no âmbito da Câmara Municipal, temática sobre a qual a Constituição do Estado Alfa não versava; (2) a segunda dispunha sobre temática que a Constituição do Estado Alfa disciplinava de modo literalmente idêntico à Constituição da República de 1988; e (3) a terceira, sobre temática somente prevista na Constituição do Estado Alfa, não na Constituição da República de 1988.

O Tribunal de Justiça do Estado Alfa, preenchidos os demais requisitos exigidos:

(A) deve realizar o controle das normas descritas em 1, 2 e 3;

(B) não deve realizar o controle das normas descritas em 1, 2 e 3;

(C) apenas deve realizar o controle das normas descritas em 2 e 3;

(D) apenas deve realizar o controle da norma descrita em 1;

(E) apenas deve realizar o controle da norma descrita em 3.

A: correta, TJ do Estado Alfa pode realizar o controle concentrado de constitucionalidade da norma municipal neste caso porque normas sobre processo legislativo são de repetição obrigatória. Esse assunto foi discutido no STF quando do julgamento da ADI n. 5646. **B, C, D e E:** incorretas, pois cabe aos estados as representações de inconstitucionalidade de leis municipais em face de leis Estaduais. Assim, o TJ pode fazer o controle concentrado da constitucionalidade das três leis municipais. AMN

Gabarito "A".

(Delegado de Polícia Federal – 2021 – CESPE) A respeito do controle de constitucionalidade no sistema constitucional brasileiro, julgue os itens subsequentes.

(1) Conforme o conceito de bloco de constitucionalidade, há normas constitucionais não expressamente incluídas no texto da CF que podem servir como paradigma para o exercício de controle de constitucionalidade.

(2) Para o efeito do conhecimento da reclamação constitucional, o STF admite o uso da teoria da transcendência

dos motivos determinantes das ações julgadas em sede de controle concentrado.

(3) É vedado ao Poder Legislativo efetuar o controle de constitucionalidade repressivo de normas em abstrato.

1: Certo. O bloco de constitucionalidade é um instituto que tem por finalidade ampliar o padrão de controle de constitucionalidade. Em sentido amplo, o bloco abrange, por exemplo, princípios, normas, além de direitos humanos reconhecidos em tratados e convenções internacionais incorporados no ordenamento jurídico. **2: Errado.** Ao contrário do mencionado, o STF *não* admite o uso da teoria da transcendência dos motivos determinantes das ações julgadas em sede de controle concentrado. A teoria adotada pela Suprema Corte foi a restritiva e, portanto, somente a parte dispositiva da decisão vincula. A fundamentação não produz efeito vinculante. **3: Errado.** Excepcionalmente, ao contrário do mencionado, é possível que o Poder Legislativo efetue o controle de constitucionalidade repressivo de normas em abstrato, por exemplo, quando ele rejeita medida provisória por considerá-la inconstitucional (art. 62, § 5º, da CF) ou quando o Congresso Nacional susta, por meio de decreto legislativo, atos normativos do Poder Executivo que excederam os limites da delegação legislativa (art. 49, V, da CF).

Gabarito 1C, 2E, 3E

(Delegado/MG – 2021 – FUMARC) Lei do Município "Alpha" dispôs sobre o aumento da remuneração apenas dos Delegados do sexo masculino que atuam na Delegacia local. No que tange ao controle de constitucionalidade desta lei, no Supremo Tribunal Federal, é CORRETO afirmar:

(A) Apenas por meio do Recurso Extraordinário, a constitucionalidade desta lei poderá ser alçada àquela jurisdição.

(B) É cabível, neste caso, representação de inconstitucionalidade interventiva, proposta pelo Presidente da República, para promoção de intervenção federal naquele município.

(C) É possível a análise originária de constitucionalidade desta lei, caso seja questionada e reconhecida pela Suprema Corte, a ofensa a preceito fundamental da Constituição federal.

(D) Somente por meio de Ação Direta de Inconstitucionalidade Genérica, poderá ser verificada a constitucionalidade desta lei.

A: incorreta. Não é apenas por meio de recurso extraordinário (controle difuso) que a constitucionalidade da lei poderá ser questionada. No âmbito do controle concentrado será possível a propositura de Arguição de Descumprimento de Preceito Fundamental (ADPF); **B: incorreta.** A intervenção (federal ou estadual) é medida excepcional, de modo que só pode ser proposta nos casos taxativamente previstos no Texto Constitucional. E a regra é a de que, excepcionalmente, a União intervenha nos estados (art. 34 da CF) ou os estados intervenham, excepcionalmente, em seus municípios (art. 35 da CF). Não há intervenção federal em município, exceto se forem criados territórios federais e neles houver municípios, pois os territórios federais pertencem à União; **C: correta.** De acordo com o STF, "(...) 1. A Arguição de Descumprimento de Preceito Fundamental é cabível em face de lei municipal, adotando-se como parâmetro de controle preceito fundamental contido na Carta da República, ainda que também cabível em tese à luz da Constituição Estadual perante o Tribunal de Justiça competente. (...)" (ADPF 449/DF - Rel. Min. Luiz Fux, Plenário. j. 08 maio 2019); **D: incorreta.** Leis municipais *não* podem ser impugnadas por meio de Ação Direta de Inconstitucionalidade (ADI). Determina o art. 102, I, "a", da CF que ao STF compete processar e julgar, originariamente, a ação direta de inconstitucionalidade *de lei ou ato normativo federal ou estadual.*

Gabarito "C"

(Juiz de Direito/GO – 2021 – FCC) Considerando o sistema de controle de constitucionalidade previsto na Constituição Federal, mostra-se

(A) incabível, no exercício do controle jurisdicional abstrato e principal de constitucionalidade por omissão, que seja fixado prazo para que o órgão administrativo supra a omissão inconstitucional.

(B) incabível a produção de efeitos repristinatórios à decisão judicial que declara a inconstitucionalidade de lei ou de ato normativo em sede de controle abstrato de constitucionalidade.

(C) cabível o exercício do controle concreto e incidental, bem como do controle abstrato e principal de constitucionalidade, em face da Constituição Federal, de tratados internacionais que tenham sido incorporados ao direito brasileiro.

(D) cabível o exercício do controle de constitucionalidade de lei municipal em face da Constituição Federal, realizado originariamente pelo Supremo Tribunal Federal em sede de ação direta de inconstitucionalidade.

(E) cabível o exercício do controle jurisdicional abstrato e principal de constitucionalidade de decreto regulamentar que contrarie os limites que lhe foram impostos pela lei regulamentada, por violação ao princípio constitucional da legalidade.

A: errada, está previsto prazo de 30 dias na CF, portanto, não há esse objetivo de ser fixado prazo; **B: errada,** em regra, haverá a reprodução de efeitos repristinatórios, o que descarta totalmente a alternativa; **C: correta,** tendo sido aprovado da devida maneira, tem caráter constitucional, sujeito ao controle de constitucionalidade; **D:** Não é cabível o controle constitucional de lei municipal frente a CF, até por não se tratar de lei de repetição obrigatória; **E: errada,** não é cabível controle de constitucionalidade em decreto regulamentar.

Gabarito "C"

(Advogado – Pref. São Roque/SP – 2020 – VUNESP) A respeito do controle concentrado de constitucionalidade, assinale a alternativa correta.

(A) O Chefe do Poder Executivo não possui legitimidade para figurar no polo passivo de ação direta de inconstitucionalidade por omissão.

(B) Por serem legitimados para ajuizar ações de controle concentrado de constitucionalidade, os partidos políticos e as entidades de classe possuem capacidade postulatória especial para propositura da ação.

(C) Os Tribunais de Contas podem exercer o controle de constitucionalidade abstrato relativamente às normas que lhe sejam submetidas à apreciação.

(D) A declaração de inconstitucionalidade por arrastamento, em respeito ao princípio da adstrição, somente pode albergar os dispositivos legais expressamente indicados na petição inicial.

(E) O princípio da fungibilidade pode ser aplicado ao processo constitucional objetivo nos casos em que, apesar da impropriedade da via escolhida, estiverem presentes os requisitos para outra ação.

A: errada, pois pode sim estar no polo passivo, bastando para tal que possua competência para editar a norma regulamentadora para dar efetividade à norma constitucional. **B: errada,** pois não há capacidade postulatória especial nestes casos, devendo fazer representar por advogados. **C: errada,** porque somente é cabível no controle concentrado (Súmula 347, do STF). **D:** errada, pois não há necessidade de menção expressa dos dispositivos legais, cabendo ao STF decidir quais dispositivos foram atingidos por arrastamento. **E:** correta, pois o STF permite que o princípio da fungibilidade seja aplicado ao processo constitucional. **AB**

Gabarito "E".

(Promotor de Justiça/CE – 2020 – CESPE/CEBRASPE) Conforme a jurisprudência do STF, a decisão de órgão fracionário de tribunal que, embora não declare expressamente a inconstitucionalidade de lei, afaste sua incidência, no todo ou em parte, viola, especificamente,

(A) a cláusula de reserva de plenário.

(B) a presunção de constitucionalidade da lei.

(C) a sistemática do controle difuso de constitucionalidade.

(D) o princípio da motivação adequada das decisões judiciais.

(E) o princípio da segurança jurídica.

Correta é a letra **A**, com base expressamente na Súmula Vinculante 10: "Viola a cláusula de reserva de plenário (CF, artigo 97) a decisão de órgão fracionário de Tribunal que embora não declare expressamente a inconstitucionalidade de lei ou ato normativo do poder público, afasta sua incidência, no todo ou em parte". Por consequência, todas as demais alternativas estão erradas. **AB**

Gabarito "A".

(Promotor de Justiça/PR – 2019 – MPE/PR) Assinale a alternativa *incorreta*:

(A) A instituição do controle jurisdicional de constitucionalidade não é consequência lógica inexorável da atribuição de supremacia à Constituição.

(B) Não cabe a aplicação da técnica da interpretação conforme a Constituição quando o sentido da norma é unívoco.

(C) A interpretação conforme exclui a interpretação proposta e impõe outra, conforme a Constituição, enquanto a declaração parcial de nulidade revela a ilegitimidade da aplicação da norma na situação proposta, ressalvando sua aplicabilidade em outras.

(D) A declaração de constitucionalidade ou de inconstitucionalidade, inclusive a interpretação conforme a Constituição e a declaração parcial de inconstitucionalidade sem redução de texto, têm eficácia contra todos e efeito vinculante em relação aos órgãos do Poder Judiciário e à Administração Pública federal, estadual e municipal.

(E) No caso de lei que atende determinado grupo olvidar-se de outras pessoas que mereceriam igual benefício, a solução adequada é a declaração de sua inconstitucionalidade, por transgressão ao princípio da isonomia.

Letra E está incorreta, pois o STF não declarará sua inconstitucionalidade, ao contrário, dará interpretação conforme à Constituição e ampliará os efeitos desta norma para tutelar o grupo marginalizado. Todas as demais alternativas estão corretas. **AB**

Gabarito "E".

(Promotor de Justiça/PR – 2019 – MPE/PR) Assinale a alternativa *correta*:

(A) Ocorre usurpação da competência do Supremo Tribunal Federal quando o Tribunal de Justiça do Estado, no julgamento de ação direta de inconstitucionalidade, reconhece incidentalmente a inconstitucionalidade da norma da Constituição Estadual usada como parâmetro do controle de constitucionalidade de lei municipal.

(B) Normas remissivas de Constituição Estadual (compreendidas como aquelas cujo conteúdo é tomado de empréstimo de norma constitucional federal) não servem como parâmetro para controle abstrato de constitucionalidade pelos Tribunais de Justiça, haja vista que têm caráter dependente e incompleto, somente se integrando a partir da combinação com o componente externo à Constituição Estadual.

(C) Não é exigível o quórum de maioria absoluta no julgamento de recurso extraordinário interposto contra decisão proferida em representação de inconstitucionalidade por Tribunal de Justiça estadual.

(D) Quando tramitam paralelamente duas ações diretas de inconstitucionalidade, uma no Tribunal de Justiça local e outra no Supremo Tribunal Federal, contra a mesma lei estadual impugnada em face de princípios constitucionais estaduais que são reprodução de princípios da Constituição Federal, suspende-se o curso da ação direta proposta perante o Supremo Tribunal Federal até o julgamento final da ação direta proposta perante o Tribunal Estadual.

(E) Tribunais de Justiça podem exercer controle abstrato de constitucionalidade de leis municipais utilizando como parâmetro normas da Constituição Federal, desde que se trate de normas de reprodução obrigatória pelos Estados, e que estejam expressamente replicadas no texto da Constituição Estadual.

A: errada, porque não há tal usurpação de competência. **B:** incorreta, pois servem de parâmetro. **D:** é equivocada, porque o controle estadual ficará suspenso aguardando o controle realizado pelo STF. A letra **E**, por fim, também está errada, pois não há o segundo requisito, basta que a norma seja de reprodução obrigatória. **AB**

Gabarito "C".

(Promotor de Justiça/PR – 2019 – MPE/PR) Sobre o sistema de controle de constitucionalidade brasileiro, é *correto* afirmar:

(A) O Supremo Tribunal Federal admite o controle judicial do processo legislativo em nome do direito subjetivo do parlamentar de impedir que a elaboração dos atos normativos incida em desvios constitucionais, exercendo, então, controle preventivo de constitucionalidade.

(B) O controle incidental é sempre de natureza concreta.

(C) O controle principal é sempre de natureza abstrata.

(D) Os órgãos legislativos de qualquer dos níveis de poder têm competência para anular ou declarar a nulidade de atos normativos por eles expedidos, atribuindo caráter retroativo à sua manifestação.

(E) O Superior Tribunal de Justiça, a exemplo dos demais órgãos jurisdicionais de qualquer instância, pode declarar incidentalmente a inconstitucionalidade de lei no julgamento de recurso especial, desde que a questão tenha sido suscitada e resolvida pela instância ordinária.

A: incorreta, porque o controle recai sobre o PL ou a PEC. **C:** incorreta, porque a regra não é absoluta, uma vez que podemos ter controle con-

centrado e incidental como, por exemplo, no julgamento de mandado de segurança contra ao do Presidente da República. **D:** incorreta, pois tal competência é do Poder Judiciário. **E:** incorreta, sob pena de violar o artigo 102, III, da CF.
Gabarito "B".

(Promotor de Justiça/SP – 2019 – MPE/SP) Assinale a alternativa **INCORRETA**.

(A) A controvérsia em torno da incidência, ou não, do postulado da recepção, por não envolver qualquer juízo de inconstitucionalidade, mas, sim, quando for o caso, o de simples revogação de diploma pré-constitucional, dispensa a aplicação do princípio da reserva de plenário, legitimando a possibilidade de reconhecimento, por órgão fracionário do Tribunal, de que determinado ato estatal não foi recebido pela nova ordem constitucional, além de inviabilizar, porque incabível, a instauração do processo de fiscalização normativa abstrata.

(B) A declaração de inconstitucionalidade de qualquer ato estatal, considerando a presunção de constitucionalidade das leis, só pode ser declarada pelo voto da maioria absoluta dos membros do Tribunal ou, onde houver, dos integrantes do respectivo órgão especial, sob pena de nulidade da decisão judicial que venha a ser proferida.

(C) A causa de pedir aberta das ações do controle concentrado de constitucionalidade torna desnecessário o ajuizamento de nova ação direta para a impugnação de norma cuja constitucionalidade já é discutida em ação direta em trâmite, proposta pela mesma parte processual.

(D) O processo de controle normativo abstrato rege-se pelo princípio da indisponibilidade, o que impede a desistência da ação direta já ajuizada. A ação subsiste mesmo diante de revogação superveniente do ato estatal impugnado.

(E) A declaração final de inconstitucionalidade, quando proferida em sede de fiscalização normativa abstrata, considerado o efeito repristinatório que lhe é inerente, importa em restauração das normas estatais anteriormente revogadas pelo diploma normativo objeto do juízo de inconstitucionalidade.

Letra **D** é a única incorreta, pois em caso de revogação superveniente o ato estatal impugnado estaríamos diante de uma exceção (ADI 3371, STF). Por outro lado, caso a revogação tenha ocorrido por fraude processual, segundo a jurisprudência do STF, não obstaria o julgamento da ação de controle.
Gabarito "D".

(Juiz de Direito – TJ/RJ – 2019 – VUNESP) Assinale a alternativa correta no que se refere aos efeitos da decisão judicial no controle abstrato de constitucionalidade.

(A) A impugnação judicial a respeito da inconstitucionalidade da norma ou do ato impugnado, por se constituir na causa de pedir da ação judicial, é apenas o fundamento de validade para o dispositivo da decisão.

(B) A decisão liminar em controle de constitucionalidade abstrato, em regra, produz efeitos *ex tunc*, salvo se o Supremo Tribunal Federal reconhecer expressamente efeitos *ex nunc* à decisão por maioria absoluta dos seus membros.

(C) No direito brasileiro, no tocante ao controle abstrato, o entendimento adotado é de que a lei inconstitucional é existente, porém nula, e a decisão que a reconhece tem natureza declaratória, com efeitos, em regra, retroativos.

(D) O direito brasileiro adota a teoria da lei inconstitucional como ato inexistente, e a decisão no controle de constitucionalidade não declara nem constitucionalidade, mas reconhece a sua inexistência.

(E) Tendo em vista a norma ou ato impugnado judicialmente ser considerado apenas anulável, em face da presunção de constitucionalidade, a decisão que reconhece a sua inconstitucionalidade tem caráter constitutivo.

A: errada, pois é o pedido e não a causa de pedir. **B:** errada, pois a regra é a produção de efeitos *ex nunc*. **C:** correta, pois esta é a regra no nosso ordenamento jurídico. **D:** errada, porque adotamos a teoria da nulidade. **E:** errada, pois a teoria adotada é da nulidade, não da anulabilidade.
Gabarito "C".

(Juiz de Direito – TJ/BA – 2019 – CESPE/CEBRASPE) A respeito da situação conhecida como estado de coisas inconstitucional, assinale a opção correta.

(A) Tal situação resulta sempre de má vontade de autoridade pública em modificar uma conjuntura de violação a direitos fundamentais.

(B) Constatada a ocorrência dessa situação, verifica-se, em consequência, violação pontual de direito social a prestação material pelo Estado.

(C) No plano dos remédios estruturais para saneamento do estado de coisas inconstitucional, estão a superação dos bloqueios institucionais e políticos e o aumento da deliberação de soluções sobre a demanda.

(D) Em função do caráter estrutural e complexo do litígio causador do estado de coisas inconstitucional, não é admitido ao Poder Judiciário impor medidas concretas ao Poder Executivo.

(E) De modo tácito, o reconhecimento do estado de coisas inconstitucional autoriza o Poder Judiciário a assumir tarefas do Poder Legislativo na coordenação de medidas com o objetivo de assegurar direitos.

Concebida em julgados da Corte Constitucional da Colômbia (Sentença de Unificación (SU) 559, de 1997), a técnica da declaração do "estado de coisas inconstitucional" permite ao juiz constitucional impor aos Poderes Públicos a tomada de ações urgentes e necessárias ao afastamento das violações massivas de direitos fundamentais, assim como supervisionar a efetiva implementação. Essa prática pode ser levada a efeito em casos excepcionais, quando presente transgressão grave e sistemática a direitos humanos e constatada a imprescindibilidade da atuação do Tribunal em razão de "bloqueios institucionais" nos outros Poderes. O estado de coisas inconstitucional possui três pressupostos principais: situação de violação generalizada de direitos fundamentais; inércia ou incapacidade reiterada e persistente das autoridades públicas em modificar a situação; superação das transgressões que exige a atuação não apenas de um órgão, mas sim de uma pluralidade de autoridades. O STF reconheceu que o sistema penitenciário nacional deve ser caraterizado como "estado de coisas inconstitucional" em razão do presente quadro de violação massiva e persistente de direitos fundamentais, decorrente de falhas estruturais e falência de políticas públicas e cuja modificação depende de medidas abrangentes de natureza normativa, administrativa e orçamentária (ADPF 347 MC, Relator: Min. Marco Aurélio, Tribunal Pleno, julgado em 09/09/2015).
A: incorreta, pois o estado de coisas inconstitucional é causado pela inércia ou incapacidade das autoridades em modificar a conjuntura de

violação a direitos fundamentais; **B:** incorreta, porque o estado de coisas inconstitucional é caracterizado pela violação generalizada e sistêmica de direitos fundamentais; **C:** correta; visto que a Corte Constitucional deve adotar remédios estruturais com os objetivos de superar bloqueios políticos e institucionais e de aumentar a deliberação e o diálogo sobre causas e soluções do estado de coisas inconstitucional; **D:** incorreta, pois, ante a gravidade excepcional do quadro, a Corte Constitucional pode interferir na formulação e implementação de políticas públicas e em alocações de recursos orçamentários, bem como coordenar as medidas concretas necessárias para superação do estado de inconstitucionalidades; **E:** incorreta, pois o Poder Judiciário não pode substituir o Legislativo e o Executivo na consecução de tarefas próprias. O Judiciário deve superar bloqueios políticos e institucionais sem afastar os outros Poderes dos processos de formulação e implementação das soluções necessárias. Cabe ao Judiciário catalisar ações e políticas públicas, coordenar a atuação dos órgãos do Estado na adoção dessas medidas e monitorar a eficiência das soluções. AN

Gabarito "C".

(Procurador do Município – Boa Vista/RR – 2019 – CESPE/CEBRASPE) A respeito de controle de constitucionalidade, julgue o próximo item.

(1) Os tribunais de justiça possuem competência para julgar ação direta de inconstitucionalidade movida em desfavor de lei orgânica municipal, desde que o parâmetro para a fundamentação dessa ação seja a Constituição Federal.

Errado, pois a lei orgânica municipal seria caso de ADPF, bem como o STF fixou que tal competência somente em face da Constituição Estadual (ADI 347, STF): "É pacífica a jurisprudência do Supremo Tribunal Federal, antes e depois de 1988, no sentido de que não cabe a tribunais de justiça estaduais exercer o controle de constitucionalidade de leis e demais atos normativos municipais em face da Constituição federal.". AB

Gabarito "1E".

(Delegado – PC/BA – 2018 – VUNESP) Considere a seguinte situação hipotética.

Cidadão Argentino comete crime em seu país e empreende fuga para o Brasil. A República Federativa da Argentina solicita sua extradição perante o Supremo Tribunal Federal. Em sua defesa, o Cidadão Argentino afirma que a lei penal que lhe incrimina é inconstitucional perante a Constituição Federal Brasileira. Neste caso, o Supremo Tribunal Federal

(A) pode apreciar a inconstitucionalidade arguida porque as normas constitucionais logram uma amplitude internacional, impedindo a eficácia dos atos legislativos, executivos e jurisprudenciais que as contrariarem.

(B) não pode apreciar a inconstitucionalidade arguida porque as normas constitucionais são originadas da ideia de Estado-Nação, vigentes, portanto, somente nos estreitos limites territoriais daquele país.

(C) pode apreciar a inconstitucionalidade arguida, desde que haja reciprocidade, ou seja, que a autoridade argentina competente possa declarar a inconstitucionalidade de lei brasileira em face da Constituição Argentina.

(D) não pode apreciar a inconstitucionalidade arguida, pois a Constituição Federal do Brasil, como as demais constituições, não possui a característica de supranacionalidade, típica dos tratados e convenções internacionais.

(E) pode apreciar a inconstitucionalidade arguida, pois ao analisar a lei internacional perante a Constituição Brasileira, os efeitos da decisão serão sentidos somente no Brasil, o que não afeta a esfera de competência da Corte estrangeira.

De acordo com o art. 17 da Lei de Introdução às Normas do Direito Brasileiro, as leis estrangeiras não terão eficácia no Brasil quando ofenderem a soberania nacional, a ordem pública e os bons costumes. Assim, o juiz, ao aplicar a norma estrangeira, deve verificar se ela está de acordo com a ordem pública, bem como se é compatível com os preceitos constitucionais nacionais. Para alguns doutrinadores – como Uadi Lammêgo Bulos –, o juiz deve negar, no caso concreto, a aplicação de lei estrangeira nos casos em que ela for incompatível com a Constituição brasileira, declarando, assim, a inconstitucionalidade *in concreto* da lei estrangeira. AN

Gabarito "A".

(Juiz de Direito – TJ/RS – 2018 – VUNESP) Conforme já decidido pelo Supremo Tribunal Federal, em matéria de controle de constitucionalidade,

(A) se os órgãos fracionários dos tribunais não submeterem ao plenário, ou ao órgão especial, a arguição de inconstitucionalidade, quando já houver pronunciamentos destes ou do plenário do Supremo Tribunal Federal sobre a questão, haverá violação da cláusula de reserva de plenário.

(B) aqueles que integram o processo em primeira instância na qualidade de terceiros – como assistentes, denunciados à lide ou chamados ao processo – não podem suscitar, pela via difusa, questão prejudicial de constitucionalidade.

(C) a ação civil pública ajuizada para resguardar direitos difusos ou coletivos pode substituir a ação direta, própria do controle concentrado das normas, não cabendo, no entanto, tal substituição se a ação civil pública versar sobre direitos individuais homogêneos.

(D) tanto as normas constitucionais originárias quanto as normas constitucionais derivadas podem ser objeto de controle difuso, pela via de defesa, e de controle concentrado, a ser exercido pelo próprio Supremo Tribunal Federal.

(E) inexiste usurpação de competência do STF quando os Tribunais de Justiça analisam, em controle concentrado, a constitucionalidade de leis municipais ante normas constitucionais estaduais que reproduzam regras da Constituição Federal que sejam de observância obrigatória.

A: incorreta, pois os órgãos fracionários dos tribunais não submeterão ao plenário ou ao órgão especial a arguição de inconstitucionalidade quando já houver pronunciamentos destes ou do plenário do Supremo Tribunal Federal sobre a questão (art. 949, parágrafo único, do CPC). Assim, não se exige a cláusula de reserva prevista no art. 97 da CF quando o plenário, ou órgão equivalente de tribunal, já tiver decidido sobre a questão (STF, RE 876.067 AgR, voto da Rel. Min. Cármen Lúcia, 2ª T, j. 12-5-2015). Nessa linha, o STJ também entende que os órgãos fracionários estão dispensados de suscitar o referido incidente quando a respeito da questão constitucional nele debatida já houver pronunciamento do órgão competente do Tribunal ou do Supremo Tribunal Federal (REsp 1019774/MG, Rel. Ministro Teori Albino Zavascki, 1ª T, j. em 17/04/2008); **B:** incorreta, já que os terceiros intervenientes têm legitimidade para arguir, em controle difuso ou incidental, questão prejudicial de inconstitucionalidade de lei ou de ato normativo; **C:** incorreta, pois a jurisprudência do Supremo Tribunal Federal firmou o entendimento de que se pode pleitear a inconstitucionalidade de determinado ato normativo na ação civil pública, desde que *incidenter tantum*, vedando-se, no entanto, o uso da ação civil pública para alcançar a declaração de inconstitucionalidade com efeitos *erga omnes* (RE 424993, Rel. Min. Joaquim Barbosa, Tribunal Pleno, j. em 12-09-2007). No mesmo sentido, o STJ entende ser possível a declaração incidental de inconstitucionalidade, na ação civil pública, de quaisquer leis ou atos normativos do Poder Público, desde que a controvérsia constitucional não figure como pedido, mas sim como causa de pedir, fundamento ou simples questão prejudicial, indispensável à resolução do litígio principal, em torno da tutela do interesse público (REsp 557.646/DF, Rel. Min. Eliana Calmon, 2ª T, j. em 13-04-2004); **D:** incorreta, pois o STF entende que não há hierarquia entre normas constitucionais originárias dando azo à declaração de inconstitucionalidade de umas em face de outras. Desse modo, as cláusulas pétreas não podem ser invocadas para sustentação da tese da inconstitucionalidade de normas constitucionais inferiores em face de normas constitucionais superiores, porquanto a Constituição as prevê apenas como limites ao Poder Constituinte derivado ao rever ou ao emendar a Constituição elaborada pelo Poder Constituinte originário (STF, ADI 815, Rel. Min. Moreira Alves, Tribunal Pleno, j. em 28-03-1996). Logo, apenas as normas constitucionais derivadas podem ser objeto de controle de constitucionalidade; **E:** correta, pois os Tribunais de Justiça podem exercer controle abstrato de constitucionalidade de leis municipais utilizando como parâmetro normas da Constituição Federal, desde que se trate de normas de reprodução obrigatória pelos Estados (STF, RE 650898, Rel. Min. Marco Aurélio, Rel. p/ acórdão: Min. Roberto Barroso, Tribunal Pleno, j. em 01-02-2017, repercussão geral).

Gabarito "E".

(Juiz de Direito – TJ/RS – 2018 – VUNESP) No atual sistema normativo brasileiro, à luz do posicionamento assumido pelo Supremo Tribunal Federal, os tratados que possuem status normativo supralegal

(A) estão submetidos ao controle de convencionalidade concentrado, independentemente da forma como foram incorporados ao ordenamento interno, cabendo admitir o uso de todos os instrumentos desse controle perante o Supremo Tribunal Federal.

(B) são sujeitos a um controle concentrado, realizado pelo Supremo Tribunal Federal, por meio da Arguição de Descumprimento de Preceito Fundamental, quando for relevante o fundamento da controvérsia entre o tratado internacional e o direito interno.

(C) são sujeitos a um controle de convencionalidade difuso, sendo dever do juiz nacional examinar a compatibilidade das normas internas com as convencionais, mediante provocação da parte ou de ofício.

(D) foram incorporados pelo processo legislativo de emendas constitucionais e podem ser objeto de controle de constitucionalidade e convencionalidade, tanto pela via concentrada quanto pela via difusa.

(E) foram incorporados pelo processo legislativo comum e não podem ser objeto de controle de constitucionalidade ou de convencionalidade, este reservado aos tratados que possuem status normativo supraconstitucional.

A: incorreta, visto que somente os tratados de direitos humanos com *equivalência de emenda constitucional* – isto é, aprovados pela maioria qualificado do § 3º do art. 5º da CF – servem de *paradigma* para o controle de convencionalidade concentrado, admitindo-se o uso de todos os instrumentos desse controle perante o STF; **B:** incorreta, pois os tratados de direitos humanos com status normativo supralegal – isto é, não aprovados pela maioria qualificada do § 3º do art. 5º da CF – não servem de *paradigma* para a propositura da Arguição de Descumprimento de Preceito Fundamental perante o STF, por faltar-lhes um requisito indispensável à sua propositura, qual seja, a equivalência de emenda constitucional; **C:** correta, porque os tratados de direitos humanos com *status normativo supralegal* servem de *paradigma* apenas para o controle difuso de convencionalidade (ou de supralegalidade), cabendo ao juiz examinar essa preliminar, mediante provocação da parte ou de ofício; **D:** incorreta, pois os tratados de direitos humanos com *status normativo supralegal* **não** foram incorporados pelo processo legislativo de emendas constitucionais (quórum qualificado do art. 5º, § 3º, da CF) e, por isso, não podem servir de *paradigma* para o controle de constitucionalidade e de convencionalidade pela via concentrada, mas, tão somente, para o controle difuso de convencionalidade (ou de supralegalidade); **E:** incorreta, pois os tratados de direitos humanos com *status normativo supralegal* podem servir de *paradigma* para o controle difuso de convencionalidade, e o STF não reconhece o status supraconstitucional dos tratados de direitos humanos.

Gabarito "C".

4.2. AÇÃO DIRETA DE INCONSTITUCIONALIDADE

(Procurador – AL/PR – 2024 – FGV) Declarada a inconstitucionalidade por omissão de medida para tornar efetiva norma constitucional, será dada ciência ao Poder competente para a adoção das providências necessárias e, em se tratando de órgão administrativo, para fazê-lo em trinta dias.

Diante do exposto e da jurisprudência do Supremo Tribunal Federal, assinale a afirmativa correta.

(A) Na Ação Direta de Inconstitucionalidade por Omissão, a exemplo do que se verifica no mandado de injunção, o Supremo Tribunal Federal vem entendendo que poderá suprir a omissão inconstitucional do legislador democrático até que o poder competente supra a omissão declarada.

(B) Na Ação Direta de Inconstitucionalidade por Omissão, o Supremo Tribunal Federal vem entendendo que poderá suprir a omissão inconstitucional do legislador democrático, após fixado um prazo razoável para que o poder competente supra a omissão, em atenção ao princípio da separação de poderes.

(C) Na Ação Direta de Inconstitucionalidade por Omissão, o Supremo Tribunal Federal, em atenção ao princípio da separação de poderes, entende que deverá limitar-se a declarar a omissão e dar ciência ao Poder Legislativo para a adoção das providências necessárias à concretização da norma constitucional.

(D) Na Ação Direta de Inconstitucionalidade por Omissão é admitida a desistência a qualquer tempo e, em razão do princípio da subsidiariedade, a ação somente será cabível se ficar provada a inexistência de qualquer meio eficaz para afastar a omissão no âmbito judicial.

(E) Diante do princípio da fungibilidade, o Supremo Tribunal Federal admite que o Mandado de Injunção seja convolado em Ação Direta de Inconstitucionalidade por Omissão. Entretanto, em relação a ação direta de inconstitucionalidade por omissão e a ação direta por inconstitucionalidade não é admitida aplicação do princípio da fungibilidade.

O gabarito oficial consta como correta a alternativa A. No entanto, s.m.j., não nos parece que esse tem sido o entendimento do STF nos julgados sobre ADO. Por exemplo, na ADO/DF 67, j. 06/06/2022, o STF entendeu que há mora legislativa na edição da lei complementar a que se refere o art. 155, § 1º, inciso III, da CF, e estabeleceu o prazo de 12 (doze) meses para o Congresso Nacional adotar as medidas legislativas necessárias para suprir a omissão. Na ADO/DF 27, j. 03/07/2023, o STF entendeu que há necessidade de regulamentação do Fundo de Garantia das Execuções Trabalhistas previstas no art. 3º da EC 45/2004, e assinalou o prazo de 24 (vinte e quatro) meses para que o Congresso Nacional edite a lei. Na ADO/DF 74, j. 05/05/2024, decidiu sobre a omissão do art. 7º, inciso XXIII, da CF, sobre o adicional de penosidade aos trabalhadores urbanos e rurais e estipulou prazo de 18 (dezoito) meses para a sua regulamentação. Na ADO/DF 20, j. 14/12/2023, o STF firmou a seguinte tese: "1. Existe omissão inconstitucional relativamente à edição da lei regulamentadora da licença-paternidade, prevista no art. 7º, XIX, da Constituição. 2. Fica estabelecido o prazo de 18 meses para o Congresso Nacional sanar a omissão apontada, contados da publicação da ata de julgamento. 3. Não sobrevindo a lei regulamentadora no prazo acima estabelecido, caberá a este Tribunal fixar o período da licença paternidade". Assim, entendemos que a alternativa B seja a correta. AMN

Gabarito "A".

(Procurador Federal – AGU – 2023 – CEBRASPE) A redação original do art. 243, *caput*, da CF determinava a imediata expropriação das glebas de qualquer região do país onde fossem localizadas culturas ilegais de plantas psicotrópicas, impondo sua destinação ao assentamento de colonos e ao cultivo de produtos alimentícios e de medicamentos, sem qualquer indenização ao proprietário e sem prejuízo de outras sanções previstas em lei. A Emenda Constitucional (EC) n.º 81/2014 alterou a redação original do art. 243 da CF, incluindo a expropriação, para fins de reforma agrária e de programas de habitação popular, das propriedades rurais e urbanas utilizadas para a exploração de trabalho escravo, impondo o confisco a fundo especial de todo bem de valor econômico apreendido em decorrência da referida prática. Entretanto, desde a edição da EC n.º 81/2014, ainda não foi editada lei federal que regulamente a nova redação do art. 243 da CF. Por essa razão, o Ministério Público Federal ingressou, perante o STF, com

(A) arguição de descumprimento de preceito fundamental.
(B) ação direta de inconstitucionalidade.
(C) mandado de segurança.
(D) ação direta de inconstitucionalidade por omissão.
(E) ação civil originária.

A alternativa correta é a D. Em 2022 o procurador geral da República da época ajuizou perante o STF a Ação Direta de Inconstitucionalidade 77, com fundamento na demora do Congresso Nacional em regulamentar o art. 243 da CF, com redação dada pela EC 81/2014. AMN

Gabarito "D".

(Procurador Fazenda Nacional – AGU – 2023 – CEBRASPE) Entidade de classe de âmbito estadual pretende ajuizar ADI perante o STF, visando ao reconhecimento da invalidade de determinada lei estadual do local de sua sede, devido à previsão de obrigatoriedade de a entidade de classe prestar assistência à saúde como contraprestação ao pagamento da contribuição sindical.
A respeito dessa situação hipotética, assinale a opção correta.

(A) Uma vez ajuizada a ADI, o STF não poderá exigir que a entidade se faça representar por advogado, dada a capacidade postulatória das entidades de classe prevista no texto constitucional.
(B) Uma vez ajuizada a ADI, o STF poderá declarar a inconstitucionalidade da lei impugnada, sem, todavia, fazê-lo em relação a eventual decreto regulamentador não mencionado na exordial da ADI.
(C) A legitimação especial da referida entidade para a propositura da ADI perante o STF a desobriga de atender o requisito da pertinência temática entre o conteúdo do ato impugnado e as funções ou atividades do legitimado.
(D) A referida entidade não tem legitimidade para propor ADI perante o STF.
(E) Uma vez ajuizada a ADI, o STF poderá declarar a inconstitucionalidade da lei impugnada e, de ofício, a ilegalidade de seu decreto regulamentador.

A alternativa D está correta. Somente a entidade de classe de âmbito nacional é legitimada para o ajuizamento da ADI (CF, art. 103, IX). AMN

Gabarito "D".

(Procurador Município – Santos/SP – VUNESP – 2021) A Constituição Federal prevê dois instrumentos distintos para garantir efetividade às normas constitucionais de eficácia limitada, quando houver injustificada omissão do legislador ou do Poder Público na tarefa de complementar aquela espécie normativa. São eles:

(A) ação direta de inconstitucionalidade por omissão e mandado de injunção.
(B) ação declaratória de constitucionalidade e mandado de segurança.
(C) arguição de descumprimento de preceito fundamental e mandado de injunção.
(D) incidente de arguição de inconstitucionalidade e mandado de segurança.
(E) ação direta de inconstitucionalidade e mandado de segurança.

A alternativa **A** está correta. A ação direta de inconstitucionalidade por omissão está prevista no art. 103, § 2º, da CF, (controle concentrado de constitucionalidade) e o mandado de injunção no art. 5º, inciso LXXI, da CF, (controle difuso de constitucionalidade). AMN

Gabarito "A".

(Magistratura/SP – 2021) Quanto aos efeitos da declaração de inconstitucionalidade pelo Supremo Tribunal Federal, é correto afirmar:

(A) A ação direta de inconstitucionalidade ou declaratória de inconstitucionalidade tem natureza dúplice: a procedência do pedido na ação direta de inconstitucionalidade resulta na declaração de inconstitucionalidade do ato impugnado, o que também é válido para a hipótese contrária, ou seja, o julgamento de improcedência equivale à declaração da constitucionalidade do ato impugnado.
(B) Somente a decisão propriamente dita – dispositivo – proferida em ação direta de inconstitucionalidade produzirá efeitos vinculantes, jamais a "*ratio decidendi*".
(C) É incontroverso que o princípio da interpretação conforme a Constituição se situa no âmbito do controle de constitucionalidade, não apenas regra de interpretação, e tem aplicação plena, sem qualquer limitação, na medida em que o STF, em sua função de corte constitucional, atua não só como legislador negativo.

(D) A decisão proferida em julgamento de ação direta de inconstitucionalidade e ação declaratória de constitucionalidade têm efeito vinculante e *erga omnes*, o que não ocorre no julgamento de arguição de descumprimento de preceito fundamental.

A: correta. É o que se extrai da dicção do art. 24, da Lei 9.868/99, a qual dispõe sobre o processo e julgamento da ação direta de inconstitucionalidade e da ação declaratória de constitucionalidade perante o Supremo Tribunal Federal. Segundo art. 24. Proclamada a constitucionalidade, julgar-se-á improcedente a ação direta ou procedente eventual ação declaratória; e, proclamada a inconstitucionalidade, julgar-se-á procedente a ação direta ou improcedente eventual ação declaratória. Gabarito "A".

(Juiz de Direito/GO – 2021 – FCC) Em ação direta de inconstitucionalidade por omissão proposta perante o Supremo Tribunal Federal, com fundamento na ausência de lei específica tipificando criminalmente a prática de discriminação decorrente de orientação sexual ou de identidade de gênero, o autor pleiteou:

I. o reconhecimento do estado de mora inconstitucional do Poder Legislativo federal na implementação da prestação legislativa exigida pela Constituição Federal, bem como a cientificação do Congresso Nacional para as providências necessárias.
II. a fixação de prazo para que o Poder Legislativo federal edite a lei demandada pelo texto constitucional, sob pena de o crime e a respectiva pena serem definidos pelo Supremo Tribunal Federal.
III. a condenação do Estado brasileiro ao pagamento de indenização às vítimas de todas as formas de homofobia e transfobia, caso a lei não venha a ser editada no prazo fixado judicialmente.

De acordo com a Constituição Federal e a jurisprudência do Supremo Tribunal Federal, mostra-se cabível APENAS o requerimento expresso em

(A) II e III.
(B) III.
(C) I.
(D) I e II.
(E) I e III.

I: correto. Em conclusão de julgamento, o Plenário, por maioria, julgou procedentes os pedidos formulados em ação direta de inconstitucionalidade por omissão (ADO nº 26, de relatoria do ministro Celso de Mello) e em mandado de injunção (MI nº 4733, relatado pelo ministro Edson Fachin) para reconhecer a mora do Congresso Nacional em editar lei que criminalize os atos de homofobia e transfobia; **II**: incorreto, não está definido na ADO nº 26 e no MI nº 4733 que a pena será decidida pelo STF; **III**: incorreto, não houve condenação do Estado brasileiro na ADO nº 26 e no MI nº 4733.. Gabarito "C".

(Juiz de Direito/GO – 2021 – FCC) Lei estadual de Goiás, ao disciplinar a contratação temporária de excepcional interesse público, fixou o prazo máximo de vigência do contrato, determinando que não poderá ser realizada a contratação para a prestação de serviços ordinários permanentes do Estado que estejam sob o espectro das contingências normais da Administração, cabendo ao decreto regulamentar dispor sobre os casos excepcionais que poderão ensejar a contratação temporária. À luz da Constituição Federal, da Constituição do Estado de Goiás e da jurisprudência do Supremo Tribunal Federal, a lei estadual mostra-se

(A) compatível com a Constituição Estadual, mas incompatível com a Constituição Federal, podendo ser impugnada mediante ação direta de inconstitucionalidade perante o Supremo Tribunal Federal, proposta, dentre outros legitimados, pela Mesa da Assembleia Legislativa do Estado e por partido político com representação na Assembleia Legislativa do Estado.
(B) incompatível com a Constituição Federal e com a Constituição Estadual, podendo ser impugnada mediante ação direta de inconstitucionalidade perante o Supremo Tribunal Federal, mas não perante o Tribunal de Justiça do Estado, sob pena de ser usurpada a competência do Supremo Tribunal Federal.
(C) incompatível com a Constituição Federal e com a Constituição Estadual, podendo ser impugnada mediante ação direta de inconstitucionalidade proposta tanto perante o Supremo Tribunal Federal, quanto perante o Tribunal de Justiça do Estado, cabendo a suspensão do processo em trâmite no Tribunal de Justiça caso o controle concentrado e principal de constitucionalidade da mesma norma seja também instaurado perante o Supremo Tribunal Federal.
(D) compatível com a Constituição Federal, mas incompatível com a Constituição Estadual, podendo ser impugnada mediante ação direta de inconstitucionalidade perante o Tribunal de Justiça do Estado, proposta, dentre outros legitimados, pelo Procurador-Geral de Justiça do Estado.
(E) compatível com a Constituição Federal e com a Constituição do Estado, podendo ser objeto de ação declaratória de constitucionalidade perante o Supremo Tribunal Federal, proposta, dentre outros legitimados, pelo Governador do Estado, sendo incabível o ajuizamento da ação perante o Tribunal de Justiça do Estado.

A: errada, é incompatível tanto com a Constituição Estadual, quanto com a Constituição Federal, além de ser necessária a representação por partido político no congresso nacional e não na assembleia legislativa do estado. **B**: errada, poderia perfeitamente ser atribuída perante o Tribunal de Justiça do Estado; **C**: correta, o STF já decidiu anteriormente que: "(...) 1. A Constituição Federal é intransigente em relação ao princípio do concurso público como requisito para o provimento de cargos públicos (art. 37, II, da CF). A exceção prevista no inciso IX do art. 37 da CF deve ser interpretada restritivamente, cabendo ao legislador infraconstitucional a observância dos requisitos da reserva legal, da atualidade do excepcional interesse público justificador da contratação temporária e da temporariedade e precariedade dos vínculos contratuais. 2. A Lei Complementar 12/1992 do Estado do Mato Grosso valeu-se de termos vagos e indeterminados para deixar ao livre arbítrio do administrador a indicação da presença de excepcional interesse público sobre virtualmente qualquer atividade, admitindo ainda a prorrogação dos vínculos temporários por tempo indeterminado, em franca violação ao art. 37, IX, da CF (...)" (STF – ADI 3662/MT – Tribunal Pleno – Relator Min. Marco Aurélio – Redator do Acórdão Min. Alexandre de Moraes – Julgado em 23/03/2017 – Dje 25/04/2018). Assim, a lei não pode deixar para que o decreto regulamentar venha a dispor sobre os casos excepcionais que poderão ensejar a contratação temporária. Destaque-se também que os Tribunais de Justiça poderão exercer o controle abstrato de constitucionalidade de leis ou atos normativos estaduais ou municipais em face da Constituição Estadual (CF, art. 125, § 2º). O STF entende que: "(...) A ocorrência de coexistência de jurisdições constitucionais estadual e nacional configura a hipótese de suspensão prejudicial do processo de controle normativo abstrato instaurado perante o Tribunal de Justiça local (...)" (STF – ADPF 190/SP – Tribunal Pleno – Relator Ministro Edson Fachin – Julgado em 29/09/2016). **D:** errada, ela não é compatível com a Constituição Federal; **E:** errada, é incompatível tanto com a CF, quanto com a Constituição Estadual. ANH

Gabarito "C."

(Juiz de Direito - TJ/AL - 2019 - FCC) Quanto ao controle concentrado de constitucionalidade exercido por via da ação direta de inconstitucionalidade de competência originária do Supremo Tribunal Federal,

(A) será admitida a desistência, desde que ouvido o Advogado-Geral da União, a quem compete defender o ato ou texto impugnado.

(B) será admitida a intervenção de terceiros, desde que devidamente justificada.

(C) foram estendidos o efeito vinculante e a legitimidade ativa à ação declaratória de constitucionalidade, em âmbito constitucional, por meio da Emenda Constitucional nº 45/2004.

(D) requer o quórum mínimo de sete Ministros para possibilitar o início do julgamento da ação direta de inconstitucionalidade.

(E) não admite a concessão de medida cautelar.

A: incorreta, já que não se admitirá desistência da ação direta de inconstitucionalidade (art. 5º da Lei 9.868/1999); **B:** incorreta, porque não se admitirá intervenção de terceiros no processo de ação direta de inconstitucionalidade (art. 7º da Lei 9.868/1999); **C:** incorreta, pois o efeito vinculante foi introduzido no texto constitucional pela EC nº 3/1993, que acrescentou o § 2º ao art. 102 prevendo esse efeito para as ações declaratórias de constitucionalidade (ADC). Já a EC nº 45/04 revogou o § 4º do art. 103 da Constituição e deu nova redação ao *caput* desse dispositivo para estender a legitimidade ativa da ADC a todos os sujeitos legitimados para propor a ADI; **D:** incorreta, visto que a decisão sobre a constitucionalidade ou a inconstitucionalidade da lei ou do ato normativo somente será tomada se presentes na sessão pelo menos **oito Ministros** (art. 22 da Lei 9.868/1999); **E:** incorreta, uma vez que é admitida a concessão de medida cautelar na ADI, por decisão da maioria absoluta dos membros do Tribunal, conforme previsão dos arts. 10 a 12 da Lei 9.868/1999. AMN

Gabarito Anulada

(Juiz de Direito – TJ/BA – 2019 – CESPE/CEBRASPE) Em relação à ADI e aos efeitos da declaração de inconstitucionalidade no Brasil, assinale a opção correta.

(A) Não se admitem embargos de declaração opostos por *amicus curiae* nas ADIs, exceto para impugnar decisão de inadmissibilidade da sua intervenção nos autos.

(B) Não perderá seu objeto a ADI que for proposta com fundamento em disposição constitucional alterada por emenda superveniente.

(C) Não se podem cumular pedidos de declaração de inconstitucionalidade de normas de natureza federal e estadual em uma única ADI.

(D) A declaração de inconstitucionalidade de norma estadual por tribunal de justiça com efeito *erga omnes* não causa a perda de objeto de ADI contra a mesma norma no STF.

(E) Não se admite conhecer ADI como arguição de preceito fundamental, ainda que os requisitos desta estejam presentes naquela.

A: incorreta, pois o Plenário do STF decidiu que não cabe a interposição de agravo regimental para reverter decisão de relator que tenha inadmitido no processo o ingresso de determinada pessoa ou entidade como *amicus curiae* (RE 602584 AgR/DF, Rel. orig. Min. Marco Aurélio, Red. p/ o ac. Min. Luiz Fux, 17.10.2018, Informativo STF 920). Logo, o entendimento mais recente do STF afirma que é irrecorrível a decisão do relator para admitir ingresso como *amicus curiae*, ressalvada a interposição de embargos de declaração para prestar esclarecimentos (art. 138, § 1º, do CPC); **B:** a jurisprudência mais recente do STF entende que a alteração do parâmetro constitucional, quando o processo ainda está em curso, não prejudica a ação direta de inconstitucionalidade (Informativo STF 907, ADI 145/CE, Rel. Min. Dias Toffoli, julgamento em 20/6/2018; ADI 239, Rel. Min. Dias Toffoli, Tribunal Pleno, julgamento em 19/2/2014; ADI 94, Rel. Min. Gilmar Mendes, Tribunal Pleno, julgamento em 7/12/2011; ADI 2158 e 2189, Rel. Min. Dias Toffoli, Tribunal Pleno, julgamento em 15/9/2010). De acordo com a justificativa da banca examinadora para alteração do gabarito, essa alternativa incide em dubiedade, pois a ADI que for proposta com fundamento em disposição constitucional alterada por emenda superveniente, conforme a jurisprudência do STF, perderá ou não seu objeto a depender das circunstâncias do caso; **C:** incorreta, pois o STF admite a cumulação de pedidos de declaração de inconstitucionalidade de normas de natureza federal e estadual em duas hipóteses excepcionais: quando houver imbricação substancial entre a norma federal e a estadual, sendo a cumulação indispensável para viabilizar a eficácia do provimento judicial; e quando houver relação material entre as normas cuja inconstitucionalidade de uma possa tornar-se questão prejudicial da invalidez da outra. Nesse sentido, confira o seguinte julgado: "*I. Em princípio, não é de admitir, no mesmo processo de ação direta, a cumulação de arguições de inconstitucionalidade de atos normativos emanados de diferentes entes da Federação, ainda quando lhes seja comum o fundamento jurídico invocado. II. Há, no entanto, duas hipóteses pelo menos em que a cumulação objetiva considerada, mais que facultada, é necessária: a) a primeira é aquela em que, dada a imbricação substancial entre a norma federal e a estadual, a cumulação é indispensável para viabilizar a eficácia do provimento judicial visado: assim, por exemplo, quando, na área da competência concorrente da União e dos Estados, a lei federal de normas gerais e a lei local contiverem preceitos normativos idênticos ou similares cuja eventual inconstitucionalidade haja de ser simultaneamente declarada, sob pena de fazer-se inócua a decisão que só a um deles alcançasse; b) a segunda é aquela em que da relação material entre os dois diplomas resulta que a inconstitucionalidade de um possa tornar-se questão prejudicial da invalidez do outro, como sucede na espécie.*" (ADI 2844 QO, Relator: Min. Sepúlveda Pertence, Tribunal Pleno, julgado em 24/04/2003); **D:** incorreta, porque o STF decidiu que a declaração de inconstitucionalidade de norma estadual por tribunal de justiça em ADI estadual causa a perda de objeto de ADI contra a mesma norma no STF quando a inconstitucionalidade for por incompatibilidade com dispositivo da Constituição do Estado sem correspondência na Constituição Federal. Nesse sentido, confira o seguinte julgado: "*1. Coexistindo ações diretas de inconstitucionalidade de um mesmo preceito normativo estadual, a decisão proferida pelo Tribunal de Justiça somente prejudicará a que está em curso perante o STF se for pela procedência e desde que a inconstitucionalidade seja por incompatibilidade com dispositivo constitucional estadual tipicamente estadual (= sem similar na Constituição Federal). 2. Havendo declaração de inconstitucionalidade de preceito normativo estadual pelo Tribunal de Justiça com base em norma constitucional estadual que constitua reprodução (obrigatória ou não) de dispositivo da Constituição Federal, subsiste a jurisdição do STF para o controle abstrato tendo por parâmetro de confronto o dispositivo da Constituição Federal reproduzido.*" (ADI 3659, Relator: Min. Alexandre de Moraes, Tribunal Pleno, julgado em 13/12/2018); **E:** incorreta, pois o STF entende ser lícito conhecer ação direta de inconstitucionalidade como arguição de descumprimento de preceito fundamental, quando coexistentes todos os requisitos de admissibilidade desta, em caso de inadmissibilidade daquela (ADI 4163, Relator: Min. Cezar Peluso, Tribunal Pleno, julgado em 29/02/2012). AN

Gabarito Anulada

4.3. AÇÃO DECLARATÓRIA DE CONSTITUCIONALIDADE

(Juiz de Direito – TJ/DFT – 2023 – CEBRASPE) No que diz respeito à ação declaratória de constitucionalidade (ADC), assinale a opção correta.

(A) Diferentemente do que ocorre com a ação direta de inconstitucionalidade, a ADC não possui efeito dúplice.
(B) A ADC não deve ter como objeto direito pré-constitucional.
(C) No caso de ADC promovida pelo procurador-geral da República, é dispensável a intimação desse procurador para atuar como fiscal da ordem jurídica (custos juris).
(D) As decisões do STF proferidas em ADC são irrecorríveis.
(E) Devido a seu caráter abstrato, não cabe instrução processual na ADC.

A: Incorreta. O efeito dúplice está presente tanto na ADI quanto na ADC (art. 24 da Lei nº 9.868/1999). **B:** Correta. No direito pré-constitucional é analisada a recepção ou não da norma, que é objeto de ADPF, e na ADC é verificada a constitucionalidade ou não a partir da Constituição de 1988. **C:** Incorreta. O Procurador-Geral da República deverá ser previamente ouvido nas ações de inconstitucionalidade e em todos os processos de competência do STF (CF, art. 103, § 1º). O art. 19 da Lei nº 9.868, de 10/11/1999, também prevê que o Procurador-Geral da República deverá se pronunciar no prazo de quinze dias na ADC. **D:** Incorreta. A decisão que declara a constitucionalidade ou inconstitucionalidade da lei ou do ato normativo em ADC é irrecorrível, ressalvada a interposição de embargos declaratórios (art. 26 da Lei nº 9.868/1999). **E:** Incorreta. A lei que regulamentou a ADC prevê que: "Em caso de necessidade de esclarecimento de matéria ou circunstância de fato ou de notória insuficiência das informações existentes nos autos, poderá o relator requisitar informações adicionais, designar perito ou comissão de peritos para que emita parecer sobre a questão ou fixar data para, em audiência pública, ouvir depoimentos de pessoas com experiência e autoridade na matéria" (art. 20, § 1º, da Lei nº 9.868/1999). Além disso: "O relator poderá solicitar, ainda, informações aos Tribunais Superiores, aos Tribunais federais e aos Tribunais estaduais acerca da aplicação da norma questionada no âmbito de sua jurisdição." (art. 20, § 2º, da Lei nº 9.868/1999). **ANH**

Gabarito "B".

(Procurador do Estado/SP – 2018 – VUNESP) Na Ação Declaratória de Constitucionalidade com pedido cautelar nº 19, ajuizada pelo Presidente da República, o Plenário do Supremo Tribunal Federal (STF), por votação unânime, declarou a constitucionalidade dos artigos 1º, 33 e 41 da Lei Federal nº 11.340/2006, conhecida como 'Lei Maria da Penha', que cria mecanismos para coibir a violência doméstica e familiar contra a mulher, em consonância ao artigo 226, § 8º da Constituição Federal. A decisão analisou em conjunto a Ação Declaratória de Constitucionalidade (ADC) nº 19 e a Ação Direta de Inconstitucionalidade (ADI) nº 4.424. Considerando este cenário, é correto afirmar sobre o controle de constitucionalidade:

(A) as decisões definitivas de mérito, proferidas pelo STF nas ADCs, produzirão eficácia erga omnes e efeito vinculante, relativamente aos demais órgãos do Poder Judiciário e à Administração Pública direta e indireta, nas esferas federal, estadual, porém, não admitem, em nenhuma hipótese, reclamação constitucional, intervenção de terceiros ou *amicus curiae* e realização de qualquer tipo de prova.
(B) quanto ao procedimento da ADC, prevalece o entendimento no Supremo Tribunal Federal de que se aplica o princípio da causa petendi aberta, ou seja, a Corte poderá basear-se em outros fundamentos que não aqueles trazidos pela petição inicial para fundamentar a sua decisão, motivo pelo qual é garantido ao autor optar pela desistência da ação a qualquer momento.
(C) o Supremo Tribunal Federal, por decisão da maioria absoluta de seus membros, poderá deferir pedido de medida cautelar na ação declaratória de constitucionalidade, consistente na determinação de que os juízes e os Tribunais suspendam o julgamento dos processos que envolvam a aplicação da lei ou do ato normativo objeto da ação até seu julgamento definitivo, devendo, nesse caso, publicar em seção especial do Diário Oficial da União, no prazo de dez dias, a parte dispositiva da decisão e proceder ao julgamento da ação no prazo de cento e oitenta dias, sob pena de perda de sua eficácia.
(D) a legitimidade ativa para propor a ADC inclui, além do Presidente da República, o Congresso Nacional, os Deputados Estaduais ou Distritais, o Governador de Estado ou do Distrito Federal; o Procurador-Geral da República; o Conselho Federal da Ordem dos Advogados do Brasil; partido político com representação no Congresso Nacional e sindicatos.
(E) para a admissibilidade da ação declaratória de constitucionalidade é dispensável a comprovação de controvérsia ou dúvida relevante quanto à legitimidade da norma, uma vez que, proclamada a constitucionalidade, julgar-se-á improcedente a ação direta ou procedente eventual ação declaratória; e, proclamada a inconstitucionalidade, julgar-se-á procedente a ação direta ou improcedente eventual ação declaratória.

A: incorreta, pois a declaração de constitucionalidade tem eficácia contra todos e efeito vinculante em relação aos órgãos do Poder Judiciário e à Administração Pública federal, estadual e municipal (art. 28, parágrafo único, da Lei 9.868/1999), não se admitindo intervenção de terceiros (art. 18 da Lei 9.868/1999), mas se admitindo *amicus curiae* (aplicação, por analogia, do art. 7º, § 2º, da Lei 9.868/1999), produção de provas (art. 20, § 1º, da Lei 9.868/1999) e reclamação constitucional para a garantia da autoridade da decisão (art. 102, I, *l*, da CF); **B:** incorreta, visto que, proposta a ação declaratória, **não** se admitirá desistência (art. 16 da Lei 9.868/1999); **C:** correta, nos termos do art. 21 da Lei 9.868/1999; **D:** incorreta, já que a legitimidade ativa para propor a ADC inclui o Presidente da República; a Mesa do Senado Federal; a Mesa da Câmara dos Deputados; a Mesa de Assembleia Legislativa ou da Câmara Legislativa do Distrito Federal; o Governador de Estado ou do Distrito Federal; o Procurador-Geral da República; o Conselho Federal da Ordem dos Advogados do Brasil; partido político com representação no Congresso Nacional; e confederação sindical ou entidade de classe de âmbito nacional (art. 103 da CF); **E:** incorreta, tendo em vista que a petição inicial deverá indicar a existência de controvérsia judicial relevante sobre a aplicação da disposição objeto da ação declaratória (art. 14, III, da CF). **AN**

Gabarito "C".

4.4. ARGUIÇÃO DE DESCUMPRIMENTO DE PRECEITO FUNDAMENTAL

(Procurador Município – Teresina/PI – FCC – 2022) Lei do Município de Teresina poderá ser objeto de controle

(A) concentrado de constitucionalidade perante o Supremo Tribunal Federal em face da Constituição Federal por meio de arguição de descumprimento de preceito fundamental.
(B) concentrado de constitucionalidade perante o Tribunal de Justiça em face da Constituição Estadual por meio de arguição de descumprimento de preceito fundamental.
(C) concentrado de constitucionalidade perante o Tribunal de Justiça em face da Constituição Estadual por meio de ação declaratória de constitucionalidade.
(D) difuso de constitucionalidade perante o Tribunal de Justiça em face da Constituição Estadual por meio de ação direta de inconstitucionalidade.
(E) concentrado de constitucionalidade perante o Supremo Tribunal Federal em face da Constituição Federal por meio de ação direta de inconstitucionalidade.

A arguição de descumprimento de preceito fundamental, como controle concentrado de constitucionalidade, é cabível, entre outras hipóteses, "quando for relevante o fundamento da controvérsia constitucional sobre lei ou ato normativo federal, estadual ou municipal, incluídos os anteriores à Constituição" (art. 1º, parágrafo único, I, da Lei nº 9.882/1999). AMN

Gabarito "A".

(Juiz de Direito – TJ/MS – 2020 – FCC) A Constituição Federal estabelece que a Arguição de Descumprimento de Preceito Fundamental (ADPF), dela decorrente, será apreciada pelo Supremo Tribunal Federal (STF), na forma da lei. A esse propósito, considerada a regulamentação da matéria à luz da jurisprudência da referida Corte,

(A) em sede de medida liminar, pode ser determinada a suspensão dos efeitos de decisões judiciais relacionadas com a matéria objeto da ADPF, admitida a relativização dos decorrentes de coisa julgada, por decisão de maioria qualificada do STF, diante de circunstâncias de excepcional interesse social.
(B) admite-se o ingresso de *amici curiae* na ADPF, pela aplicação, por analogia, do estabelecido em lei relativamente à ação direta de inconstitucionalidade, desde que demonstradas a relevância da matéria e a representatividade dos postulantes.
(C) considerado seu caráter subsidiário, não pode a ADPF ser conhecida como ação direta de inconstitucionalidade, acaso manejada em hipótese de cabimento desta, sendo inaplicável o princípio da fungibilidade entre ações de controle concentrado.
(D) não se admite a modulação dos efeitos da declaração de inconstitucionalidade em sede de ADPF, por ausência de previsão legal, diferentemente do que ocorre em relação às ações direta de inconstitucionalidade e declaratória de constitucionalidade.
(E) as normas processuais destinadas a resguardar os interesses da Fazenda Pública, a exemplo da exigência de intimação pessoal dos entes públicos para início da contagem de prazos, são aplicáveis no âmbito da ADPF, embora não o sejam nos demais processos de controle concentrado, por sua natureza objetiva.

A: incorreta, pois o STF, por decisão da **maioria absoluta** de seus membros, pode deferir pedido de medida liminar, que poderá consistir na determinação de que juízes e tribunais suspendam o andamento de processo ou os efeitos de decisões judiciais, ou de qualquer outra medida que apresente relação com a matéria objeto da arguição de descumprimento de preceito fundamental, salvo se decorrentes da coisa julgada (art. 5º, caput e § 3º, da Lei 9.882/1999). Segundo o STF: "*A Lei 9.882, de 1999, prevê a possibilidade de concessão de medida liminar na arguição de descumprimento, mediante decisão da maioria absoluta dos membros do Tribunal. (...) Além da possibilidade de decretar a suspensão direta do ato impugnado, admite-se na cautelar prevista para a arguição de descumprimento a determinação de que os juízes e tribunais suspendam o andamento de processo ou os efeitos de decisões judiciais ou de qualquer outra medida que guarde relação com a matéria discutida na ação (art. 5º, § 3º), tal como requerido. Confere-se, assim, ao Tribunal um poder cautelar expressivo, impeditivo da consolidação de situações contra a possível decisão definitiva que venha a tomar. Nesse aspecto, a cautelar da ação de descumprimento de preceito fundamental assemelha-se à disciplina conferida pela Lei 9.868, de 1999, à medida liminar na ação declaratória de constitucionalidade (art. 21). Dessa forma, a liminar passa a ser também um instrumento de economia processual e de uniformização da orientação jurisprudencial.*" (ADPF 33 MC, voto do rel. min. Gilmar Mendes, j. 29-10-2003, P, DJ de 6-8-2004); **B:** correta, conforme a jurisprudência do STF: "*a Lei 9.882, de 3 de dezembro de 1999, que dispõe sobre o processo e julgamento da arguição de descumprimento de preceito fundamental, não traz dispositivo explícito acerca da figura do amicus curiae. No entanto, vem entendendo este STF cabível a aplicação analógica do art. 7º da Lei 9.868, de 10 de novembro de 1999 (ADPF 33, rel. min. Gilmar Mendes; ADPF 46, rel. min. Marco Aurélio; e ADPF 73, rel. min. Eros Grau). E o fato é que esse dispositivo legal, após vedar a intervenção de terceiros no processo de ação direta de inconstitucionalidade, diz, em seu § 2º, que "o relator, considerando a relevância da matéria e a representatividade dos postulantes, poderá por despacho irrecorrível, admitir, observado o prazo fixado no parágrafo anterior, a manifestação de outros órgãos ou entidades".*" (ADPF 183, rel. min. Carlos Britto, j. 1º-12-2009, dec. monocrática, DJE de 7-12-2009); **C:** incorreta, pois a jurisprudência do STF admite a aplicação do princípio da fungibilidade entre ações de controle concentrado de constitucionalidade. Confira os seguintes julgados: "*Aplicação do princípio da fungibilidade. (...) É lícito conhecer de ação direta de inconstitucionalidade como arguição de descumprimento de preceito fundamental, quando coexistentes todos os requisitos de admissibilidade desta, em caso de inadmissibilidade daquela.*" (ADI 4.180 REF-MC, rel. min. Cezar Peluso, j. 10-3-2010, P, DJE de 27-8-2010); "*1. O ato normativo impugnado é passível de controle concentrado de constitucionalidade pela via da ação direta. Precedente: ADI 349, rel. Min. Marco Aurélio. Incidência, no caso, do disposto no art. 4º, § 1º, da Lei nº 9.882/99; 2. Questão de ordem resolvida com o aproveitamento do feito como ação direta de inconstitucionalidade, ante a perfeita satisfação dos requisitos exigidos à sua propositura (legitimidade ativa, objeto, fundamentação e pedido), bem como a relevância da situação trazida aos autos, relativa a conflito entre dois Estados da Federação.*" (ADPF 72 QO, Relatora: ELLEN GRACIE, Tribunal Pleno, julgado em 01/06/2005); **D:** incorreta, porque o art. 11 da Lei 9.882/1999 prevê que ao declarar a inconstitucionalidade de lei ou ato normativo, no processo de arguição de descumprimento de preceito fundamental, e tendo em vista razões de segurança jurídica ou de excepcional interesse social, poderá o Supremo Tribunal Federal, por maioria de dois terços de seus membros, restringir os efeitos daquela declaração ou decidir que ela só tenha eficácia a partir de seu trânsito em julgado ou de outro momento que venha a ser fixado; **E:** incorreta, pois o STF entende que as normas processuais destinadas a resguardar os interesses da Fazenda Pública não são aplicáveis a ações de índole objetiva (ADI 1797 MC-AgR-ED, Relator: ILMAR GALVÃO, Tribunal Pleno, julgado em 18/04/2001). Em decisão mais recente, o STF reiterou seu entendimento de que "*as prerrogativas processuais dos entes públicos, tal como prazo recursal em dobro e intimação pessoal, não se aplicam aos processos em sede de controle abstrato*" (ADI 5814 MC-AgR-AgR, Relator: ROBERTO BARROSO, Tribunal Pleno, julgado em 06/02/2019).

Gabarito "B".

(Juiz de Direito - TJ/AL - 2019 – FCC) A arguição de descumprimento de preceito fundamental, como típico instrumento do modelo concentrado de controle de constitucionalidade,

(A) somente pode provocar a impugnação ou questionamento de lei ou ato normativo federal, estadual ou municipal a partir de situações concretas.

(B) admite a extensão da legitimidade ativa a tantos quantos forem os cidadãos que tiverem seus direitos individuais afetados por ato do Poder Público lesivo a preceito fundamental.

(C) pode ter os efeitos da declaração de inconstitucionalidade de lei ou ato normativo restringidos, por razões de segurança jurídica e excepcional interesse social, desde que atingido o quórum de dois terços do Supremo Tribunal Federal.

(D) pode ser admitida, ainda que haja outro meio eficaz de sanar a lesividade.

(E) exige o quórum mínimo de oito Ministros do Supremo Tribunal Federal para deferir pedido de liminar.

A: incorreta, porque a arguição de descumprimento de preceito fundamental (ADPF) é instrumento típico do controle abstrato de constitucionalidade. Segundo o STF, "*a arguição de descumprimento de preceito fundamental foi concebida pela Lei 9.882/1999 para servir como um instrumento de integração entre os modelos difuso e concentrado de controle de constitucionalidade, viabilizando que atos estatais antes insuscetíveis de apreciação direta pelo STF, tais como normas pré-constitucionais ou mesmo decisões judiciais atentatórias a cláusulas fundamentais da ordem constitucional, viessem a figurar como objeto de controle em processo objetivo.*" (ADPF 127, Rel. Min. Teori Zavascki, j. 25-2-2014, dec. monocrática, DJE de 28-2-2014); **B:** incorreta, porque "*os legitimados para propor arguição de descumprimento de preceito fundamental se encontram definidos, em numerus clausus, no art. 103 da Constituição da República, nos termos do disposto no art. 2º, I, da Lei 9.882/1999*", não sendo possível a ampliação do rol exaustivo inscrito na CF (ADPF 75 AgR, rel. min. Ricardo Lewandowski, j. 3-5-2006, Pleno, DJ de 2-6-2006); **C:** correta, pois é admitida, na ADPF, a modulação dos efeitos da declaração de inconstitucionalidade, conforme previsão do art. 11 da Lei 9.882/1999; **D:** incorreta, visto que não será admitida a ADPF quando houver qualquer outro meio eficaz de sanar a lesividade (art. 4º, § 1º, da Lei 9.882/2019). "*A arguição de descumprimento de preceito fundamental é regida pelo princípio da subsidiariedade a significar que a admissibilidade desta ação constitucional pressupõe a inexistência de qualquer outro meio juridicamente apto a sanar, com efetividade real, o estado de lesividade do ato impugnado*" (STF, ADPF 134 AgR-terceiro, Rel. Min. Ricardo Lewandowski, j. 3-6-2009, Pleno, DJE de 7-8-2009); **E:** incorreta, pois é exigido o quórum mínimo de seis Ministros (maioria absoluta dos membros do STF) para deferir pedido de medida liminar, sendo que, em caso de extrema urgência ou perigo de lesão grave, ou ainda, em período de recesso, poderá o relator conceder a liminar, *ad referendum* do Tribunal Pleno (art. 5º, caput e § 1º, da Lei 9.882/1999).

Gabarito "C".

5. DOS DIREITOS E GARANTIAS FUNDAMENTAIS

5.1. Direitos e deveres em espécie

(Procurador – PGE/SP – 2024 – VUNESP) O Supremo Tribunal Federal reconheceu a existência de um direito fundamental autônomo à proteção de dados pessoais e à autodeterminação informacional, que restou positivado pela Emenda Constitucional nº 115, de 10 de fevereiro de 2022, por meio do artigo 5º, inciso LXXIX. Nesse contexto, assinale a alternativa correta quanto ao tratamento de dados pessoais pelo Estado brasileiro.

(A) O compartilhamento de informações pessoais em atividades de inteligência deve observar a adoção de medidas proporcionais e estritamente necessárias ao atendimento do interesse público, bem como a instauração de procedimento administrativo formal, acompanhado de prévia e exaustiva motivação, para permitir o controle de legalidade pelo Poder Judiciário.

(B) O tratamento de dados pessoais pelo Estado é essencial para a execução de políticas e prestação de serviços, razão pela qual prevalece o interesse público de acesso à informação como bem jurídico a ser tutelado no exercício de prerrogativas estatais típicas, em desfavor da privacidade e da proteção de dados pessoais.

(C) Por força de evolução do tema, o Supremo Tribunal Federal fixou a tese de que houve mutação constitucional para reconhecer a subtração de eventuais aplicações ou interpretações que conflitem com o direito fundamental à proteção de dados pessoais, do campo semântico das normas.

(D) O fortalecimento da tutela da privacidade considera a natureza ostensiva ou reservada dos dados pessoais para fins de análise do direito à autodeterminação informática; assim, quando há o envolvimento de informações simples ou triviais, pelo baixo grau de sensibilidade, prevalece a interpretação que zela pelo princípio da eficiência e do interesse público envolvido.

(E) Os processos de habeas data terão prioridade sobre todos os atos judiciais, enquanto instrumento de tutela material do direito à autodeterminação informativa de retificação de dados ou para assegurar o conhecimento de informações relativas à pessoa do impetrante, constantes de registros ou bancos de dados de entidades governamentais ou de caráter público, assegurando o controle de legalidade pelo Poder Judiciário.

A alternativa correta é a A, conforme decidido pelo STF na ADI 6649/DF e que tem a seguinte ementa: "DIREITO CONSTITUCIONAL. DIREITOS FUNDAMENTAIS À PRIVACIDADE E AO LIVRE DESENVOLVIMENTO DA PERSONALIDADE. TRATAMENTO DE DADOS PESSOAIS PELO ESTADO BRASILEIRO. COMPARTILHAMENTO DE DADOS PESSOAIS ENTRE ÓRGÃOS E ENTIDADES DA ADMINISTRAÇÃO PÚBLICA FEDERAL. ADI E ADPF CONHECIDAS E, NO MÉRITO, JULGADAS PARCIALMENTE PROCEDENTES. INTERPRETAÇÃO CONFORME À CONSTITUIÇÃO. DECLARAÇÃO DE INCONSTITUCIONALIDADE COM EFEITOS FUTUROS. 1. A Ação Direta de Inconstitucionalidade é cabível para impugnação do Decreto 10.046/2019, uma vez que o ato normativo não se esgota na simples regulamentação da Lei de Acesso à Informação e da Lei

Geral de Proteção de Dados Pessoais, mas inova na ordem jurídica com a criação do Cadastro Base do Cidadão e do Comitê Central de Governança de Dados. A Arguição de Descumprimento de Preceito Fundamental é cabível para impugnar o ato do poder público tendente à lesão de preceitos fundamentais, qual seja, o compartilhamento de dados da Carteira Nacional de Habilitação entre o SERPRO e a ABIN, ante a inexistência de outras ações aptas a resolver a controvérsia constitucional de forma geral, definitiva e imediata. 2. No julgamento da Ação Direta de Inconstitucionalidade 6.387, Rel. Min. Rosa Weber, o Supremo Tribunal Federal reconheceu a existência de um direito fundamental autônomo à proteção de dados pessoais e à autodeterminação informacional. A Emenda Constitucional 115, de 10 de fevereiro de 2022, positivou esse direito fundamental no art. 5º, inciso LXXIX, da Constituição Federal. 3. O tratamento de dados pessoais pelo Estado é essencial para a prestação de serviços públicos. Todavia, diferentemente do que assevera o ente público, a discussão sobre a privacidade nas relações com a Administração Estatal não deve partir de uma visão dicotômica que coloque o interesse público como bem jurídico a ser tutelado de forma totalmente distinta e em confronto com o valor constitucional da privacidade e proteção de dados pessoais. 4. Interpretação conforme à Constituição para subtrair do campo semântico da norma eventuais aplicações ou interpretações que conflitem com o direito fundamental à proteção de dados pessoais. O compartilhamento de dados pessoais entre órgãos e entidades da Administração Pública, pressupõe: a) eleição de propósitos legítimos, específicos e explícitos para o tratamento de dados (art. 6º, inciso I, da Lei 13.709/2018); b) compatibilidade do tratamento com as finalidades informadas (art. 6º, inciso II); c) limitação do compartilhamento ao mínimo necessário para o atendimento da finalidade informada (art. 6º, inciso III); bem como o cumprimento integral dos requisitos, garantias e procedimentos estabelecidos na Lei Geral de Proteção de Dados, no que for compatível com o setor público. 5. O compartilhamento de dados pessoais entre órgãos públicos pressupõe rigorosa observância do art. 23, inciso I, da Lei 13.709/2018, que determina seja dada a devida publicidade às hipóteses em que cada entidade governamental compartilha ou tem acesso a banco de dados pessoais, 'fornecendo informações claras e atualizadas sobre a previsão legal, a finalidade, os procedimentos e as práticas utilizadas para a execução dessas atividades, em veículos de fácil acesso, preferencialmente em seus sítios eletrônicos'. 6. O compartilhamento de informações pessoais em atividades de inteligência deve observar a adoção de medidas proporcionais e estritamente necessárias ao atendimento do interesse público; a instauração de procedimento administrativo formal, acompanhado de prévia e exaustiva motivação, para permitir o controle de legalidade pelo Poder Judiciário; a utilização de sistemas eletrônicos de segurança e de registro de acesso, inclusive para efeito de responsabilização em caso de abuso; e a observância dos princípios gerais de proteção e dos direitos do titular previstos na LGPD, no que for compatível com o exercício dessa função estatal. 7. O acesso ao Cadastro Base do Cidadão deve observar mecanismos rigorosos de controle, condicionando o compartilhamento e tratamento dos dados pessoais à comprovação de propósitos legítimos, específicos e explícitos por parte dos órgãos e entidades do Poder Público. A inclusão de novos dados na base integradora e a escolha de bases temáticas que comporão o Cadastro Base do Cidadão devem ser precedidas de justificativas formais, prévias e minudentes, cabendo ainda a observância de medidas de segurança compatíveis com os princípios de proteção da Lei Geral de Proteção de Dados Pessoais, inclusive a criação de sistema eletrônico de registro de acesso, para fins de responsabilização em caso de abuso. 8. O tratamento de dados pessoais promovido por órgãos públicos que viole parâmetros legais e constitucionais, inclusive o dever de publicidade fora das hipóteses constitucionais de sigilo, importará a responsabilidade civil do Estado pelos danos suportados pelos particulares, associada ao exercício do direito de regresso contra os servidores e agentes políticos responsáveis pelo ato ilícito, em caso de dolo ou culpa. 9. Declaração de inconstitucionalidade, com efeitos *pro futuro*, do art. 22 do Decreto 10.046/2019. O Comitê Central de Governança de Dados deve ter composição independente, plural e aberta à participação efetiva de representantes de outras instituições democráticas, não apenas dos representantes da Administração Pública federal. Ademais, seus integrantes devem gozar de garantias mínimas contra influências indevidas." (os grifos não estão no original). AMN

Gabarito "A".

(Procurador – PGE/SP – 2024 – VUNESP) Assinale a alternativa correta no que se refere à posição da jurisprudência brasileira sobre o tema "direito ao esquecimento".

(A) O direito ao esquecimento é parte da proteção dos dados pessoais em face da memória coletiva, enfatizado pelos efeitos da chamada era das informações; assim, no conflito entre liberdades comunicativas, há o direito de não ser lembrado contra a própria vontade nos casos de natureza criminal, com predileção constitucional para soluções protetivas da dignidade da pessoa humana.

(B) O acesso à informação é assegurado a todos, em consonância com a livre expressão da atividade de comunicação, independentemente de censura, o que implica ao intérprete considerar, em seu esforço hermenêutico, o denominado direito à verdade histórica no âmbito do princípio da solidariedade entre gerações, não sendo possível, do ponto de vista jurídico, que uma geração negue à próxima o direito de saber a sua história.

(C) A concepção da Constituição Federal brasileira é compatível com a teoria do direito ao esquecimento, a qual possibilita impedir a divulgação de qualquer fato ou dado desabonador ou desagradável em meios de comunicação digital, por força da passagem do tempo e do respeito aos direitos de proteção à personalidade.

(D) A Suprema Corte brasileira acatou a acepção de que é necessário proteger o direito de personalidade nos casos de acesso ilimitado da mídia à pessoa do criminoso e à sua privacidade, de modo que a tutela aos direitos da personalidade prepondera sobre a liberdade de comunicação, adotando-se a tese fixada pelo Tribunal Constitucional Federal da Alemanha, nos históricos casos denominados "Casos Lebach I e II".

(E) É legítima a conduta dos veículos da imprensa em divulgar fatos ocorridos no passado, direito que não perece pelo transcurso do tempo, razão pela qual, na ponderação entre conflitos de direitos fundamentais, afasta-se integralmente a tese da responsabilidade, por não se tratar de dano injusto, mas de exercício regular de direito que afasta a ideia da censura.

A alternativa correta é a B. O tema foi objeto de análise pelo STF no RE 1.010.606/RJ, cuja ementa é a seguinte: "Recurso extraordinário com repercussão geral. Caso Aída Curi. Direito ao esquecimento. Incompatibilidade com a ordem constitucional. Recurso extraordinário não provido. 1. Recurso extraordinário interposto em face de acórdão por meio do qual a Décima Quinta Câmara Cível do Tribunal de Justiça do Estado do Rio de Janeiro negou provimento à apelação em ação indenizatória que objetivava a compensação pecuniária e a reparação material em razão do uso não autorizado da imagem da falecida irmã dos autores, Aída Curi, no programa Linha Direta: Justiça. 2. Os precedentes mais longínquos apontados no debate sobre o chamado direito ao esquecimento passaram ao largo do direito autônomo ao esmaecimento de fatos, dados ou notícias pela passagem do tempo, tendo os julgadores se valido essencialmente de institutos jurídicos hoje bastante consolidados. A utilização de expressões que remetem a alguma modalidade de direito a reclusão ou recolhimento, como *droit a l'oubli ou right to be let alone*, foi aplicada de forma discreta e muito pontual, com significativa menção, ademais, nas razões de decidir, a direitos da personalidade/privacidade. Já na contemporaneidade, campo mais fértil ao trato do tema pelo advento da sociedade digital, o nominado direito ao esquecimento adquiriu roupagem diversa, sobretudo após o julgamento do chamado Caso González pelo Tribunal de Justiça Europeia, associando-se o problema do esquecimento ao tratamento e à conservação de informações pessoais na internet. 3. Em que pese a existência de vertentes diversas que atribuem significados distintos à expressão direito ao esquecimento, é possível identificar elementos essenciais nas diversas invocações, a partir dos quais se torna possível nominar o direito ao esquecimento como a pretensão apta a impedir a divulgação, seja em plataformas tradicionais ou virtuais, de fatos ou dados verídicos e licitamente obtidos, mas que, em razão da passagem do tempo, teriam se tornado descontextualizados ou destituídos de interesse público relevante. 4. O ordenamento jurídico brasileiro possui expressas e pontuais previsões em que se admite, sob condições específicas, o decurso do tempo como razão para supressão de dados ou informações, em circunstâncias que não configuram, todavia, a pretensão ao direito ao esquecimento. Elas se relacionam com o efeito temporal, mas não consagram um direito a que os sujeitos não sejam confrontados quanto às informações do passado, de modo que eventuais notícias sobre esses sujeitos – publicadas ao tempo em que os dados e as informações estiveram acessíveis – não são alcançadas pelo efeito de ocultamento. Elas permanecem passíveis de circulação se os dados nelas contidos tiverem sido, a seu tempo, licitamente obtidos e tratados. Isso porque a passagem do tempo, por si só, não tem o condão de transmutar uma publicação ou um dado nela contido de lícito para ilícito. 5. A previsão ou aplicação do direito ao esquecimento afronta a liberdade de expressão. Um comando jurídico que eleja a passagem do tempo como restrição à divulgação de informação verdadeira, licitamente obtida e com adequado tratamento dos dados nela inseridos, precisa estar previsto em lei, de modo pontual, clarividente e sem anulação da liberdade de expressão. Ele não pode, ademais, ser fruto apenas de ponderação judicial. 6. O caso concreto se refere ao programa televisivo Linha Direta: Justiça, que, revisitando alguns crimes que abalaram o Brasil, apresentou, dentre alguns casos verídicos que envolviam vítimas de violência contra a mulher, objetos de farta documentação social e jornalística, o caso de Aida Curi, cujos irmãos são autores da ação que deu origem ao presente recurso. Não cabe a aplicação do direito ao esquecimento a esse caso, tendo em vista que a exibição do referido programa não incorreu em afronta ao nome, à imagem, à vida privada da vítima ou de seus familiares. Recurso extraordinário não provido. 8. Fixa-se a seguinte tese: 'É incompatível com a Constituição a ideia de um direito ao esquecimento, assim entendido como o poder de obstar, em razão da passagem do tempo, a divulgação de fatos ou dados verídicos e licitamente obtidos e publicados em meios de comunicação social analógicos ou digitais. Eventuais excessos ou abusos no exercício da liberdade de expressão e de informação devem ser analisados caso a caso, a partir dos parâmetros constitucionais – especialmente os relativos à proteção da honra, da imagem, da privacidade e da personalidade em geral – e das expressas e específicas previsões legais nos âmbitos penal e cível". Gabarito "B".

(ENAM – 2024.1) A respeito da cláusula constitucional do devido processo legal em âmbito judicial e administrativo, assinale a afirmativa correta.

(A) Viola as garantias do juiz natural, da ampla defesa e do devido processo legal a atração por continência ou conexão do processo do corréu ao foro por prerrogativa de função de um dos denunciados.

(B) É inconstitucional, por violação à garantia da ampla defesa e do devido processo legal, sanção aplicada em processo administrativo disciplinar no qual não tenha havido defesa técnica por advogado.

(C) É constitucional a exigência de depósito prévio como requisito de admissibilidade de ação judicial na qual se pretenda discutir a exigibilidade de crédito tributário, compatibilizando-se com a garantia do devido processo legal e do acesso à Justiça.

(D) É direito do defensor, no interesse do representado, ter acesso amplo aos elementos de prova que, já documentados em procedimento investigatório realizado por órgão com competência de polícia judiciária, digam respeito ao exercício do direito de defesa.

(E) Nos processos perante os Tribunais de Contas asseguram-se o contraditório e a ampla defesa quando a decisão puder resultar em impacto na esfera jurídica de terceiros, excetuada a apreciação das contas de governo, por serem objeto de parecer prévio destituído de natureza decisória.

A: Incorreta. A Súmula 704 do STF dispõe que: "Não viola as garantias do juiz natural, da ampla defesa e do devido processo legal a atração por continência ou conexão do processo do corréu ao foro por prerrogativa de função de um dos denunciados". **B**: Incorreta. A Súmula Vinculante 5 do STF prevê que: "A falta de defesa técnica por advogado no processo administrativo disciplinar não ofende a Constituição". **C**: Incorreta. Dispõe a Súmula Vinculante 28 do STF que: "É inconstitucional a exigência de depósito prévio como requisito de admissibilidade de ação judicial na qual se pretenda discutir a exigibilidade de crédito tributário". **D**: Correta. É o teor da Súmula Vinculante 14 do STF. **E**: Incorreta. A Súmula Vinculante 3 do STF tem o seguinte teor: "Nos processos perante o Tribunal de Contas da União asseguram-se o contraditório e a ampla defesa quando da decisão puder resultar anulação ou revogação de ato administrativo que beneficie o interessado, excetuada a apreciação da legalidade do ato de concessão inicial de aposentadoria, reforma e pensão". Gabarito "D".

(ENAM – 2024.1) Em relação aos Direitos Fundamentais, analise as assertivas a seguir.

I. Na Constituição brasileira, as matrizes dos direitos fundamentais são vida, liberdade, igualdade, segurança e propriedade.

II. Direitos fundamentais constituem uma reserva mínima de justiça que as democracias devem assegurar a todos os seus cidadãos.

III. Quando ocorre uma colisão de direitos fundamentais, a solução do problema não poderá se dar mediante subsunção, sendo necessário o uso da técnica da ponderação.

Está correto o que se afirma em

(A) I, apenas.
(B) I e II, apenas.
(C) I e III, apenas.
(D) II e III, apenas.
(E) I, II e III.

I: Correta. É o que está estabelecido no *caput* do art. 5º da Constituição Federal. **II**: Correta. O § 2º do art. 5º da Constituição Federal dispõe que: "Os direitos e garantias expressos nesta Constituição não excluem outros decorrentes do regime e dos princípios por ela adotados, ou dos tratados internacionais em que a República Federativa do Brasil seja parte". Dessa forma, pode-se concluir que os direitos fundamentais podem ser ampliados, constituindo-se em reserva mínima de justiça que as democracias devem assegurar a todos os seus cidadãos. **III**: Correta. A doutrina aponta que: "Por muito tempo, a subsunção foi o raciocínio padrão na aplicação do Direito. Como se sabe, ela se desenvolve por via de um raciocínio silogístico, no qual a premissa maior – a norma – incide sobre a premissa menor – os fatos –, produzindo um resultado, fruto da aplicação da norma ao caso concreto. Como já assinalado, esse tipo de raciocínio jurídico continua a ser fundamental para a dinâmica do Direito. Mas não é suficiente para lidar com as situações que envolvem colisões de princípios ou de direitos fundamentais" (BARROSO, Luís Roberto. *Curso de Direito Constitucional Contemporâneo*. 2. ed. São Paulo: Saraiva, 2010, p. 334). E mais adiante conclui que: "A ponderação, como estabelecido acima, socorre-se do princípio da razoabilidade-proporcionalidade para promover a máxima concordância prática entre os direitos em conflito. Idealmente, o intérprete deverá fazer *concessões recíprocas* entre os valores e interesses em disputa, preservando o máximo possível de cada um deles. Situações haverá, no entanto, em que será impossível a compatibilização. Nesses casos, o intérprete precisará fazer *escolhas*, determinando, *in concreto*, o princípio ou direito que irá prevalecer" (BARROSO, Luís Roberto. *Op. cit.*, p. 339). ANH

Gabarito "E".

(ENAM – 2024.1) A respeito do princípio da presunção de inocência, analise as afirmativas a seguir.

I. O Supremo Tribunal Federal reconheceu a repercussão geral da matéria atinente à possibilidade de execução imediata de pena aplicada pelo Tribunal do Júri, ainda que a sentença condenatória proferida não tenha transitado em julgado.

II. Segundo assentado na jurisprudência do Supremo Tribunal Federal, a presunção de inocência impõe que a decretação de prisão cautelar se baseie em elementos concretos extraídos dos autos, não sendo possível a vedação de liberdade provisória ex lege.

III. Tendo em vista que os recursos especial e extraordinário não possuem efeito suspensivo, a pena imposta em acórdãos proferidos por tribunais de 2º grau pode ser executada imediatamente, desde que efetuada a detração da prisão cautelar anteriormente imposta.

Está correto o que se afirma em

(A) I, apenas.
(B) II, apenas.
(C) III, apenas.
(D) I e II, apenas.
(E) II e III, apenas.

I: Correta. O STF reconheceu a constitucionalidade da execução imediata de pena aplicada pelo Tribunal do Júri (Tema 1068), com Repercussão Geral reconhecida (RE 1235340). II: Correta. O STF tem julgado neste sentido, conforme HC 96715-MC/SP, Relator Ministro Celso de Mello (*Informativo* 533). III: Incorreta. O STF ao julgar as Ações Declaratórias de Constitucionalidade (ADC) 43, 44 e 54, entendeu que é constitucional a norma do Código de Processo Penal que prevê o esgotamento de todos recursos (trânsito em julgado da condenação) para o início do cumprimento da pena. ANH

Gabarito "D".

(ENAM – 2024.1) A respeito da garantia constitucional da inadmissibilidade das provas obtidas por meios ilícitos no processo, analise as afirmativas a seguir.

I. São lícitas as sucessivas renovações de interceptação telefônica, desde que verificados os requisitos do Art. 2º da Lei nº 9.296/1996 e demonstrada a necessidade da medida diante de elementos concretos e da complexidade da investigação. As decisões judiciais que autorizam a interceptação e suas prorrogações devem ser devidamente motivadas, com justificativa legítima, ainda que sucinta, a embasar a continuidade das investigações.

II. De acordo com a jurisprudência do Supremo Tribunal Federal, o juiz que conhecer do conteúdo da prova declarada inadmissível não poderá proferir a sentença ou o acórdão.

III. As provas derivadas das ilícitas não serão admitidas no processo, salvo quando não evidenciado o nexo de causalidade, quando puderem ser obtidas por fonte independente ou quando forem produzidas comprovadamente de boa-fé.

Está correto o que se afirma em

(A) I, apenas.
(B) II, apenas.
(C) I e II, apenas.
(D) I e III, apenas.
(E) II e III, apenas.

I: Correta. Esse entendimento foi firmado pelo STF no julgamento do Recurso Extraordinário 625263, com repercussão geral (Tema 661). II: Incorreta. O STF ao julgar as Ações Diretas de Inconstitucionalidade 6298, 6299, 6300 e 6305, que impugnavam alterações no Código de Processo Penal pelo Pacote Anticrime (Lei 13.964/2019), entre elas a criação do juiz das garantias, declarou que é inconstitucional o parágrafo 5º do artigo 157 do CPP ("o juiz que conhecer do conteúdo de prova declarada inadmissível não poderá proferir sentença ou acórdão"). III: Incorreta. A parte final do enunciado está incorreta "...quando forem produzidas comprovadamente de boa-fé". ANH

Gabarito "A".

(Juiz de Direito – TJ/DFT – 2023 – CEBRASPE) Quanto ao entendimento dos tribunais superiores acerca do mandado de segurança, do mandado de injunção, do *habeas corpus* e do *habeas data*, assinale a opção correta.

(A) Entidade de classe tem legitimidade para impetrar mandado de segurança, ainda que a pretensão veiculada interesse apenas a uma parte da respectiva categoria.

(B) A competência para processar e julgar mandado de injunção firma-se em razão da matéria, e não da autoridade coatora.

(C) A impetração de mandado de segurança coletivo por entidade de classe em favor dos associados depende da autorização destes.

(D) A teoria da encampação é aplicada no mandado de segurança quando presentes, cumulativamente, a inexistência de vínculo hierárquico entre a autoridade que prestou informações e a que ordenou a prática do ato impugnado e a manifestação a respeito do mérito nas informações prestadas.

(E) O cônjuge sobrevivente não é parte legítima para impetrar *habeas data* em defesa de interesse do falecido, por se tratar de direito personalíssimo.

A: Correta. A Súmula 630 do STF estabelece que: "A entidade de classe tem legitimação para o mandado de segurança ainda quando a pretensão veiculada interesse apenas a uma parte da respectiva categoria". Além disso, está previsto expressamente no art. 21, *caput*, da Lei do Mandado de Segurança. B: Incorreta. A competência no mandado de injunção é firmada em razão da autoridade coatora, conforme é possível se verificar pela leitura, por exemplo, dos arts. 102, I, *q*, e 105, I, *h*, da CF. C: Incorreta. A Súmula 629 do STF dispõe que: "A impetração de mandado de segurança coletivo por entidade de classe em favor dos associados independe da autorização destes". D: Incorreta. A Súmula

628 do STJ prevê que: "A teoria da encampação é aplicada no mandado de segurança quando presentes, cumulativamente, os seguintes requisitos: a) existência de vínculo hierárquico entre a autoridade que prestou informações e a que ordenou a prática do ato impugnado; b) manifestação a respeito do mérito nas informações prestadas; e c) ausência de modificação de competência estabelecida na Constituição Federal". **E**: Incorreta. O STJ ao decidir O Habeas Data nº 147/DF firmou o seguinte entendimento: "CONSTITUCIONAL. HABEAS DATA. VIÚVA DE MILITAR DA AERONÁUTICA. ACESSO A DOCUMENTOS FUNCIONAIS. ILEGITIMIDADE PASSIVA E ATIVA. NÃO-OCORRÊNCIA. OMISSÃO DA ADMINISTRAÇÃO CARATERIZADA. ORDEM CONCEDIDA. 1. A autoridade coatora, ao receber o pedido administrativo da impetrante e encaminhá-lo ao Comando da Aeronáutica, obrigou-se a responder o pleito. Ademais, ao prestar informações, não se limitou a alegar sua ilegitimidade, mas defendeu o mérito do ato impugnado, requerendo a denegação da segurança, assumindo a *legitimatio ad causam* passiva. Aplicação da teoria da encampação. Precedentes. 2. É parte legítima para impetrar habeas data o cônjuge sobrevivente na defesa de interesse do falecido. 3. O habeas data configura remédio jurídico-processual, de natureza constitucional, que se destina a garantir, em favor da pessoa interessada, o exercício de pretensão jurídica discernível em seu tríplice aspecto: (a) direito de acesso aos registros existentes; (b) direito de retificação dos registros errôneos e (c) direito de complementação dos registros insuficientes ou incompletos. 4. Sua utilização está diretamente relacionada à existência de uma pretensão resistida, consubstanciada na recusa da autoridade em responder ao pedido de informações, seja de forma explícita ou implícita (por omissão ou retardamento no fazê-lo). 5. Hipótese em que a demora da autoridade impetrada em atender o pedido formulado administrativamente pela impetrante – mais de um ano – não pode ser considerada razoável, ainda mais considerando-se a idade avançada da impetrante. 6. Ordem concedida". ANH
Gabarito "A".

(Juiz de Direito – TJ/DFT – 2023 – CEBRASPE) Com relação ao direito adquirido, assinale a opção correta.

(A) Considera-se direito adquirido aquele cujo titular possa exercê-lo pessoalmente e não por meio de representante.

(B) Não subsiste direito adquirido se a norma jurídica que o fundamenta perder eficácia.

(C) Indivíduos podem ter direito adquirido mesmo que este ainda não seja exercível.

(D) Na esfera previdenciária, quando cumpridas as condições para que servidor público possa se aposentar, ele passa a ter direito adquirido à condição jurídico-subjetiva da aposentadoria, com proteção contra incidências tributárias mais severas sobre seus proventos.

(E) A proteção jurídica do direito adquirido não prevalece sobre normas constitucionais originárias.

A: Incorreta. O direito adquirido pode ser exercido pelo titular ou por seu representante desde que se tenha originado de um fato jurídico, conforme a lei do tempo, em que se formou ou produziu e também tenha entrado para o seu patrimônio. O art. 6º, § 2º, da Lei de Introdução às normas do Direito Brasileiro prescreve que: "Consideram-se adquiridos assim os direitos que o seu titular, ou alguém por ele, possa exercer, como aqueles cujo começo do exercício tenha termo prefixo, ou condição preestabelecida inalterável, a arbítrio de outrem". **B**: Incorreta. Ver comentário anterior. **C**: Incorreta. Ver comentário A, retro. **D**: Incorreta. Sobre o tema o STF já decidiu que: "Seguridade social. Servidor público. Vencimentos. Proventos de aposentadoria e pensões. Sujeição à incidência de contribuição previdenciária. Ofensa a direito adquirido no ato de aposentadoria. Não ocorrência. Contribuição social. Exigência patrimonial de natureza tributária. Inexistência de norma de imunidade tributária absoluta. EC 41/2003 (art. 4º, *caput*). Regra não retroativa. Incidência sobre fatos geradores ocorridos depois do início de sua vigência. Precedentes da Corte. Inteligência dos arts. 5º, XXXVI; 146, III; 149; 150, I e III; 194; 195, *caput*, II e § 6º, da CF; e art. 4º, *caput*, da EC 41/2003. No ordenamento jurídico vigente, não há norma, expressa nem sistemática, que atribua à condição jurídico-subjetiva da aposentadoria de servidor público o efeito de lhe gerar direito subjetivo como poder de subtrair *ad aeternum* a percepção dos respectivos proventos e pensões à incidência de lei tributária que, anterior ou ulterior, os submeta à incidência de contribuição previdencial. Noutras palavras, não há, em nosso ordenamento, nenhuma norma jurídica válida que, como efeito específico do fato jurídico da aposentadoria, lhe imunize os proventos e as pensões, de modo absoluto, à tributação de ordem constitucional, qualquer que seja a modalidade do tributo eleito, donde não haver, a respeito, direito adquirido com o aposentamento. (...) Ofensa a outros direitos e garantias individuais. Não ocorrência. (...) Instrumento de atuação do Estado na área da previdência social. Obediência aos princípios da solidariedade e do equilíbrio financeiro e atuarial, bem como aos objetivos constitucionais de universalidade, equidade na forma de participação no custeio e diversidade da base de financiamento. (...) Aplicação dos arts. 149, *caput*; 150, I e III; 194; 195, *caput*, II e § 6º; e 201, *caput*, da CF. Não é inconstitucional o art. 4º, *caput*, da EC 41, de 19-12-2003, que instituiu contribuição previdenciária sobre os proventos de aposentadoria e as pensões dos servidores públicos da União, dos Estados, do Distrito Federal e dos Municípios, incluídas suas autarquias e fundações. [STF, ADI 3.105, red. do ac. min. Cezar Peluso, j. 18-8-2004, P, *DJ* de 18-2-2005.]". **E**: Correta. O STF entende que: "Não há direito adquirido contra texto constitucional, resulte ele do poder constituinte originário, ou do poder constituinte derivado" (STF, RE 94414, Pleno, rel. Min. Moreira Alves, j. 13-2-1985, DJ 19-4-1985). ANH
Gabarito "E".

(Juiz de Direito – TJ/DFT – 2023 – CEBRASPE) Acerca do *habeas corpus* como garantia constitucional, assinale a opção correta.

(A) Para impetrar *habeas corpus*, é necessária a comprovação da condição de cidadão brasileiro por meio da apresentação de título eleitoral.

(B) No âmbito dos direitos e das garantias individuais, atualmente considera-se que o *habeas corpus* destina-se também a proteger pessoas jurídicas.

(C) Tendo em vista as consequências da ação penal para a liberdade de locomoção, o *habeas corpus* pode ser manejado contra qualquer ilegalidade em processo criminal.

(D) Não se aplica à ação de *habeas corpus* o princípio da congruência, o qual determina que a exposição da causa de pedir, bem como o pedido expostos na petição conformam a margem de apreciação judicial.

(E) Estrangeiros não residentes no Brasil não gozam da proteção constitucional de *habeas corpus*.

A: Incorreta. Não há necessidade de comprovação da condição de cidadão brasileiro para a impetração do *habeas corpus*. Esse remédio constitucional pode ser impetrado por qualquer pessoa, nacional ou estrangeira, residentes ou não no Brasil. **B**: Incorreta. O *habeas corpus* não pode ser impetrado em favor de pessoa jurídica, pois tem por objetivo salvaguardar a liberdade de locomoção. Ver os seguintes julgados do STJ: PExt no RHC 042618/SP, Rel. Ministro Gurgel de Faria, Quinta Turma, Julgado em 05/05/2015,DJE 19/05/2015; HC 306117/SP, Rel. Ministro Jorge Mussi, Quinta Turma, Julgado em 16/04/2015,DJE 29/04/2015; HC 254840/SE, Rel. Ministro Rogerio Schietti Cruz, Sexta Turma, Julgado em 17/03/2015,DJE 26/03/2015; AgRg no HC 244050/PE, Rel. Ministra Marilza Maynard (Desembargadora convocada do TJ/SE), Sexta Turma, Julgado em 21/11/2013,DJE 10/12/2013; HC 180987/RS, Rel. Ministra Laurita Vaz, Quinta Turma, Julgado em 10/09/2013, DJE 18/09/2013; RHC 024933/RJ, Rel. Ministro Celso Limongi (Desembargador convocado do TJ/SP), SEXTA TURMA, Julgado em 19/02/2009, DJE 16/03/2009. **C**: Incorreta. A ilegalidade deve estar ligada à liberdade de locomoção. Outras ilegalidades podem, por exemplo, ser objeto de mandado de segurança e não *habeas corpus*. **D**: Correta. Não há maiores formalidades para a impetração do *habeas corpus*, que pode, inclusive, ser concedida de ofício pelo magistrado. **E**: Incorreta. Ver comentário ao item A, retro. ANH

Gabarito "D".

(Juiz de Direito – TJ/DFT – 2023 – CEBRASPE) No que se refere a tratados e convenções a respeito de direitos humanos, assinale a opção correta.

(A) No caso de tratados de direitos humanos que reproduzam direitos já previstos no texto constitucional, há recepção automática de seus preceitos quando da adesão do Brasil.

(B) No processo de incorporação de tratados de direitos humanos ao direito brasileiro, é necessária a sanção, por parte do presidente da República, do decreto legislativo que tiver sido editado nesse sentido pelo Congresso Nacional.

(C) Não apenas os tratados mas também convenções internacionais sobre direitos humanos de que o Brasil seja parte podem ser fonte de direitos e garantias constitucionalmente protegidos.

(D) Os tratados internacionais sobre direitos humanos aprovados pelo Congresso Nacional têm força jurídica equivalente à das emendas constitucionais.

(E) Devido à aprovação da emenda constitucional que alterou, no artigo 5.º da CF, disposições sobre tratados e convenções a respeito de direitos humanos, os instrumentos internacionais anteriormente assinados pelo Brasil nessa área passaram a viger com o *status* de emenda constitucional.

A: Incorreta. Não haverá recepção automática, pois os tratados de direitos humanos precisam ser incorporados no ordenamento jurídico brasileiro pelo processo legislativo estabelecido na Constituição Federal. **B**: Incorreta. No processo de incorporação de tratados de direitos humanos ao direito brasileiro não há necessidade de sanção do chefe do Poder Executivo ao decreto legislativo. **C**: Correta. É o que pode se depreender da interpretação do art. 5º, § 2º, da CF: "Os direitos e garantias expressos nesta Constituição não excluem outros decorrentes do regime e dos princípios por ela adotados, ou dos tratados internacionais em que a República Federativa do Brasil seja parte". **D**: Incorreta. Os tratados internacionais sobre direitos humanos aprovados pelo Congresso Nacional só terão força jurídica equivalente à das emendas constitucionais se passar pelo processo legislativo previsto no art. 5º, § 3º, da CF: "Os tratados e convenções internacionais sobre direitos humanos que forem aprovados, em cada Casa do Congresso Nacional, em dois turnos, por três quintos dos votos dos respectivos membros, serão equivalentes às emendas constitucionais". **E**: Incorreta. O STF entende que essas normas são supralegais. Nesse sentido: "Esse caráter supralegal do tratado devidamente ratificado e internalizado na ordem jurídica brasileira — porém não submetido ao processo legislativo estipulado pelo art. 5º, § 3º, da CF/1988 — foi reafirmado pela edição da Súmula Vinculante 25, segundo a qual 'é ilícita a prisão civil do depositário infiel, qualquer que seja a modalidade do depósito'. Tal verbete sumular consolidou o entendimento deste Tribunal de que o art. 7º, item 7, da CADH teria ingressado no sistema jurídico nacional com *status* supralegal, inferior à CF/1988, mas superior à legislação interna, a qual não mais produziria qualquer efeito naquilo que conflitasse com

a sua disposição de vedar a prisão civil do depositário infiel. Tratados e convenções internacionais com conteúdo de direitos humanos, uma vez ratificados e internalizados, ao mesmo passo em que criam diretamente direitos para os indivíduos, operam a supressão de efeitos de outros atos estatais infraconstitucionais que se contrapõem à sua plena efetivação. [ADI 5.240, voto do rel. min. Luiz Fux, P, j. 20-8-2015, *DJE* 18 de 1º-2-2016.]". ANH

Gabarito "C".

(Juiz de Direito – TRF/1 – 2023 – FGV) A lei nova pode retroagir, contudo, o princípio da irretroatividade impõe certos limites à retroatividade da lei. No domínio das relações sociais – civis –, esses limites são:

(A) a permissão da retroatividade da lei penal menos branda ou mais gravosa ao réu;

(B) a lei não prejudicará o direito adquirido, o ato jurídico perfeito e a coisa julgada;

(C) crianças e adolescentes não podem ser pessoalmente responsabilizados por danos patrimoniais;

(D) a retroatividade da lei nova se limita aos casos que envolvam direitos da personalidade;

(E) a lei terá eficácia geral e imediata, porém, não se aplicará contrariamente à jurisprudência dos tribunais.

A: Incorreta. O art. 5º, inciso XL, da CF, prevê expressamente que: "a lei penal não retroagirá, salvo para beneficiar o réu". **B**: Correta. É o que dispõe o art. 5º, XXXVI, da CF. **C**: Incorreta. Essa alternativa não está relacionada com o princípio da irretroatividade da lei. **D**: Incorreta. O princípio da irretroatividade da lei não se restringe aos casos que envolvam direitos da personalidade. **E**: Incorreta. Uma lei terá eficácia geral e imediata e poderá ser aplicada contrariamente à jurisprudência dos tribunais. ANH

Gabarito "B".

(Procurador Federal – AGU – 2023 – CEBRASPE) Quanto ao que preconiza a jurisprudência do STF a respeito dos direitos difusos e coletivos, assinale a opção correta.

(A) O Ministério Público tem legitimidade ativa para atuar na defesa de direitos difusos e coletivos, não se reconhecendo o seguro obrigatório de danos pessoais causados por veículos automotores de via terrestre (DPVAT) como de inequívoco interesse social a legitimar a sua atuação.

(B) A Defensoria Pública não tem legitimidade para propor ação civil pública na defesa de direitos difusos e coletivos de que sejam titulares pessoas necessitadas.

(C) Os direitos difusos e coletivos são transindividuais, indivisíveis e sem titular determinado, devendo ser tutelados em juízo invariavelmente em regime de substituição processual, por iniciativa exclusiva do Ministério Público.

(D) O Ministério Público tem legitimidade para promover ação civil pública cujo fundamento seja a ilegalidade de reajuste de mensalidades escolares.

(E) Os direitos difusos, coletivos e individuais homogêneos se confundem no que tange à titularidade, a qual é determinada e definida por uma circunstância de fato específica.

A: Incorreta. O STF ao julgar o RE 631111, com repercussão geral (Tema 471), reconheceu a legitimidade do MP para propor ação civil pública em defesa de interesses de beneficiários do DPVAT e firmou a seguinte tese: "Com fundamento no art. 127 da Constituição Federal, o Ministério Público está legitimado a promover a tutela coletiva de

direitos individuais homogêneos, mesmo de natureza disponível, quando a lesão a tais direitos, visualizada em seu conjunto, em forma coletiva e impessoal, transcender a esfera de interesses puramente particulares, passando a comprometer relevantes interesses sociais". **B**: Incorreta. O STF ao julgar o RE 733433, com repercussão geral (Tema 607), reconheceu a legitimidade da Defensoria Pública para propor ação civil pública em defesa de interesses difusos e firmou a seguinte tese: "A Defensoria Pública tem legitimidade para a propositura de ação civil pública que vise a promover a tutela judicial de direitos difusos ou coletivos de que sejam titulares, em tese, pessoas necessitadas". **C**: Incorreta. O STF ao julgar o RE 631111, com repercussão geral (Tema 471), mencionado no item A, retro, destacou em sua ementa que: "(...) 1. Os direitos difusos e coletivos são transindividuais, indivisíveis e sem titular determinado, sendo, por isso mesmo, tutelados em juízo invariavelmente em regime de substituição processual, por iniciativa dos órgãos e entidades indicados pelo sistema normativo, entre os quais o Ministério Público, que tem, nessa legitimação ativa, uma de suas relevantes funções institucionais (CF art. 129, III) (...)". **D**: Correta. É o teor da Súmula 643 do STF. **E**: Incorreta. Novamente, a resposta está na ementa do referido acórdão do RE 631111, destacando-se: "(...) 1. Os direitos difusos e coletivos são transindividuais, indivisíveis e sem titular determinado, sendo, por isso mesmo, tutelados em juízo invariavelmente em regime de substituição processual, por iniciativa dos órgãos e entidades indicados pelo sistema normativo, entre os quais o Ministério Público, que tem, nessa legitimação ativa, uma de suas relevantes funções institucionais (CF art. 129, III). 2. Já os direitos individuais homogêneos pertencem à categoria dos direitos subjetivos, são divisíveis, têm titular determinado ou determinável e em geral são de natureza disponível. Sua tutela jurisdicional pode se dar (a) por iniciativa do próprio titular, em regime processual comum, ou (b) pelo procedimento especial da ação civil coletiva, em regime de substituição processual, por iniciativa de qualquer dos órgãos ou entidades para tanto legitimados pelo sistema normativo. (...)". AMN
„Gabarito "D".

(Procurador Fazenda Nacional – AGU – 2023 – CEBRASPE) Com base no princípio da igualdade previsto na CF e na sua interpretação conforme a doutrina, julgue os itens que se seguem.

I. A desigualdade de tratamento é essencial para que se alcancem os resultados mais próximos daquilo que pode ser a igualdade entre todos.
II. A tributação, sendo política pública, deve obedecer ao princípio da igualdade e aos objetivos da República Federativa do Brasil.
III. A distinção entre pessoas cisgênero e transgênero não pode ser levada em consideração na formulação de políticas públicas.
IV. A política de cotas raciais insere-se na discriminação positiva e poderá ser realizada conforme assento constitucional.

Estão certos apenas os itens
(A) I e II.
(B) II e III.
(C) III e IV.
(D) I, II e IV.
(E) I, III e IV.

I: Correta. A doutrina aponta que: "(...) deve-se ter presente que a função da lei consiste exatamente em discriminar situações, pois só dessa forma procedendo é que pode vir a regulamentá-las. Assim, quando estabelece a maioridade civil aos dezoito anos, discrimina os menores, sem, no entanto, incorrer em qualquer inconstitucionalidade (...)". (ARAUJO, Luiz Alberto David; NUNES JÚNIOR, Vidal Serrano. *Curso de direito constitucional*. 21. ed. São Paulo: Verbatim, 2017, p. 179-180). **II**: Correta. Nesse sentido: "(...) a verificação de conformidade à igualdade tributária deve ser empreendida com base nos mesmos critérios normativizadores do princípio da igualdade consubstanciado no art. 5º, *caput*, da Constituição Federal." (ARAUJO, Luiz Alberto David; NUNES JÚNIOR, Vidal Serrano. *Curso de direito constitucional*. 21. ed. São Paulo: Verbatim, 2017, p. 540). **III**: Incorreta. A distinção entre pessoas cisgênero e transgênero é levada em consideração na formulação de políticas públicas, conforme entendimento do STF na ADPF 600, j. 24/08/2020, Pleno. **IV**: Correta. A política de cotas raciais insere-se na discriminação positiva, conforme já decidiu o STF na ADPF 186, j. 26/04/2012, Pleno. AMN
Gabarito "D".

(Procurador Fazenda Nacional – AGU – 2023 – CEBRASPE) Caio, sócio-gerente e responsável legal da empresa XYZ, foi admitido em 2020 como litisconsorte passivo em execução fiscal movida pela PGFN contra a referida empresa, com vistas ao pagamento de dívida ativa da União regularmente inscrita. Intimado para a realização do pagamento ou indicação de bens à penhora, Caio ofertou uma embarcação de sua propriedade como garantia e permaneceu como depositário do bem, consoante auto de penhora lavrado pelo oficial de justiça e não contestado pela PGFN. Findos os embargos à execução, a PGFN foi declarada vencedora e solicitou a execução judicial do bem dado em garantia, que, entretanto, não foi localizado. Com isso, o procurador da PGFN responsável pelo caso solicitou a prisão de Caio, sob o argumento de que este se enquadrava como depositário infiel, cuja prisão é admitida nos termos da CF.

Considerando a situação hipotética anterior e a jurisprudência do STF, julgue os itens a seguir.

I. A previsão constitucional da prisão civil do depositário infiel não foi revogada, mas deixou de ter aplicabilidade com a internalização, no ordenamento jurídico pátrio, dos tratados internacionais que a condenam.
II. O poder constituinte derivado não pode alterar a disposição constitucional referente à prisão civil do depositário infiel para dela suprimir a permissão concedida pelo constituinte originário, por se tratar de cláusula pétrea.
III. A Súmula Vinculante n.º 25 do STF tornou inaplicável a parte final do inciso do art. 5.º da CF que faz referência à prisão civil do depositário infiel, sendo atualmente inadmissível qualquer prisão civil por dívida.
IV. Como o Decreto n.º 678/1992 (Pacto de São José da Costa Rica) não seguiu o trâmite estabelecido no § 3.º do art. 5.º da CF, não é possível atribuir-lhe o status de emenda constitucional.

Estão certos apenas os itens
(A) I e III.
(B) I e IV.
(C) II e IV.
(D) I, II e III.
(E) II, III e IV.

I: Correta. Sobre o tema o STF entende que: "(...) diante do inequívoco caráter especial dos tratados internacionais que cuidam da proteção dos direitos humanos, não é difícil entender que a sua internalização no ordenamento jurídico, por meio do procedimento de ratificação previsto na CF/1988, tem o condão de paralisar a eficácia jurídica de toda e qualquer disciplina normativa infraconstitucional com ela conflitante. Nesse sentido, é possível concluir que, diante da supremacia da CF/1988 sobre os atos normativos internacionais, a previsão constitucional da prisão civil do depositário infiel (art. 5º, LXVII) não foi revogada (...), mas deixou de ter aplicabilidade diante do efeito paralisante desses tratados em relação à legislação infraconstitucional que disciplina a matéria (...). Tendo em vista o caráter supralegal desses diplomas normativos internacionais, a legislação infraconstitucional posterior que com eles seja conflitante também tem sua eficácia paralisada. (...) Enfim, desde a adesão do Brasil, no ano de 1992, ao PIDCP (art. 11) e à CADH – Pacto de São José da Costa Rica (art. 7º, 7), não há base legal para aplicação da parte final do art. 5º, LXVII, da CF/1988, ou seja, para a prisão civil do depositário infiel." (RE 466.343, rel. min. Cezar Peluso, voto do min. Gilmar Mendes, j. 3-12-2008, *DJE* 104 de 5-6-2009, Tema 60). **II**: Incorreta. A proibição da prisão civil por dívida é uma cláusula pétrea, que é a regra. As exceções estão previstas na Constituição e elas podem ser retiradas por meio de emendas constitucionais. **III**: Incorreta. A Súmula Vinculante 25 prevê que: "É ilícita a prisão civil de depositário infiel, qualquer que seja a modalidade de depósito.". A única prisão civil por dívida admitida atualmente é a do responsável pelo inadimplemento voluntário de obrigação alimentícia (CF, art. 5º, LXVII). **IV**: Correta. O Pacto de São José da Costa Rica não tem *status* de emenda constitucional, pois segundo o STF esse tratado internacional tem caráter supralegal: "Esse caráter supralegal do tratado devidamente ratificado e internalizado na ordem jurídica brasileira – porém não submetido ao processo legislativo estipulado pelo art. 5º, § 3º, da CF/1988 — foi reafirmado pela edição da Súmula Vinculante 25, segundo a qual 'é ilícita a prisão civil de depositário infiel, qualquer que seja a modalidade do depósito'. Tal verbete sumular consolidou o entendimento deste Tribunal de que o art. 7º, item 7, da CADH teria ingressado no sistema jurídico nacional com *status* supralegal, inferior à CF/1988, mas superior à legislação interna, a qual não mais produziria qualquer efeito naquilo que conflitasse com a sua disposição de vedar a prisão civil do depositário infiel. Tratados e convenções internacionais com conteúdo de direitos humanos, uma vez ratificados e internalizados, ao mesmo passo em que criam diretamente direitos para os indivíduos, operam a supressão de efeitos de outros atos estatais infraconstitucionais que se contraponham à sua plena efetivação." (ADI 5.240, voto do rel. min. Luiz Fux, j. 20-8-2015, *DJE* 18 de 1º-2-2016). AMN

Gabarito "B".

(Delegado/RJ – 2022 – CESPE/CEBRASPE) Em operação conjunta das polícias civil e militar, Xisto foi preso em flagrante pela prática do crime de tráfico de entorpecentes. A prisão foi noticiada nos maiores jornais do país, além de haver repercutido nas redes sociais. Após o transcurso do processo criminal, Xisto foi absolvido por ausência de provas. Em sequência, Xisto ajuizou ação objetivando (i) retirar dos provedores de busca os resultados que levassem a matérias divulgadas pelos jornais, (ii) retirar as próprias matérias divulgadas, indicando, para isso, as empresas jornalísticas. Considerando essa situação, assinale a opção correta acerca do que foi solicitado por Xisto.

(A) Os pedidos devem ser julgados improcedentes, apenas porque, nesse caso, a sentença absolutória fundamentou-se na ausência de provas. Se, contudo, a sentença tivesse sido fundada na negativa de autoria, haveria o direito ao esquecimento do fato em questão.

(B) Os pedidos devem ser julgados integralmente procedentes, tendo-se em vista que o direito constitucional à imagem e à privacidade garante a qualquer indivíduo o direito subjetivo de não ser ligado a crime do qual foi posteriormente absolvido.

(C) Deve ser julgado procedente apenas o pedido referente aos provedores de busca, na medida em que amplificam desproporcionalmente o fato pretérito, mas deve ser julgado improcedente a solicitação relativa às empresas jornalísticas, que estão cobertas pela liberdade de imprensa.

(D) Os pedidos devem ser julgados improcedentes, tendo-se em vista que o direito constitucional brasileiro não consagra um "direito ao esquecimento", desde que os fatos tenham sido noticiados sem excessos e não haja dolo.

(E) O pedido deve ser julgado procedente em face das empresas jornalísticas, visto que foram responsáveis diretas pela divulgação dos fatos, mas improcedente em face dos provedores de busca, que não respondem pela informação meramente indexada.

A tese firmada no Tema 786 do STF é a seguinte: "É incompatível com a Constituição a ideia de um direito ao esquecimento, assim entendido como o poder de obstar, em razão da passagem do tempo, a divulgação de fatos ou dados verídicos e licitamente obtidos e publicados em meios de comunicação social analógicos ou digitais. Eventuais excessos ou abusos no exercício da liberdade de expressão e de informação devem ser analisados caso a caso, a partir dos parâmetros constitucionais – especialmente os relativos à proteção da honra, da imagem, da privacidade e da personalidade em geral – e as expressas e específicas previsões legais nos âmbitos penal e cível." AMN

Gabarito "D".

(Delegado/RJ – 2022 – CESPE/CEBRASPE) A autoridade policial, no curso de uma investigação de crime de organização criminosa do art. 2.º da Lei n.º 12.850/2013, formula requisição direta a provedor de conexão, com fundamento no art. 15 dessa mesma lei, para o fornecimento de dados cadastrais vinculados a determinado endereço de Internet Protocol e da porta lógica, em datas e horários especificados, sobretudo de informações sobre o nome completo do usuário, a filiação, as contas de *e-mail* associadas e demais dados existentes. Considerando essa situação hipotética, assinale a opção correta.

(A) O direito à proteção dos dados pessoais nos meios digitais não está expressamente previsto na Constituição da República Federativa do Brasil de 1988.

(B) As contas do *e-mail* são abrangidas pela definição de dados cadastrais que não são protegidos pelo direito à privacidade.

(C) O pedido final de "demais dados existentes" não ofende o direito à privacidade.

(D) A obtenção de dados pessoais do investigado por meio de fontes abertas se sujeita sempre ao princípio da reserva da jurisdição.

(E) A integridade da prova digital diz respeito à garantia da não alteração do dado coletado durante o tratamento e assegura a possibilidade do exercício da ampla defesa e do contraditório por parte do investigado na persecução criminal.

O inciso X do art. 5º da Lei nº 13.709, de 14 de agosto de 2018 (Lei Geral de Proteção de Dados Pessoais – LGPD), conceitua tratamento como: "toda operação realizada com dados pessoais, como as que se referem a coleta, produção, recepção, classificação, utilização, acesso, reprodução, transmissão, distribuição, processamento, arquivamento, armazenamento, eliminação, avaliação ou controle da informação, modificação, comunicação, transferência, difusão ou extração". Assim, deve-se manter a integridade da prova digital do dado coletado, sem alteração, durante o tratamento para se assegurar a ampla defesa e o contraditório do investigado. AMN

Gabarito "E".

(Delegado/RJ – 2022 – CESPE/CEBRASPE) Em relação aos direitos e garantias fundamentais da defesa técnica do investigado e do preso em flagrante, assinale a opção correta.

(A) O advogado do investigado pode sempre acessar todos os depoimentos prestados por testemunhas desde que documentados nos autos, mesmo sem a devida procuração nos autos.
(B) O advogado do investigado não pode sempre acessar todos os depoimentos prestados por testemunhas, mesmo que documentados nos autos, mas apenas as provas que digam respeito do seu assistido.
(C) O advogado do investigado pode sempre acessar todos os depoimentos prestados por testemunhas, desde que documentados nos autos e munido da devida procuração.
(D) O advogado do investigado não pode acessar os depoimentos prestados por testemunhas, mesmo que documentados nos autos, porque a súmula vinculante 14 é mitigada na fase pré-processual da investigação.
(E) O advogado do investigado não pode acessar os depoimentos prestados por testemunhas, mesmo que documentados nos autos, porque o sigilo do inquérito do art. 20 do CPP é oponível a ele.

Entendemos, s.m.j., que o gabarito não está de acordo com o que estabelece a Súmula Vinculante 14 do STF: "É direito do defensor, no interesse do representado, ter acesso amplo aos elementos de prova que, já documentados em procedimento investigatório realizado por órgão com competência de polícia judiciária, digam respeito ao exercício do direito de defesa.". Nesse sentido, destaque-se o seguinte julgado: "O direito ao 'acesso amplo', descrito pelo verbete mencionado, engloba a possibilidade de obtenção de cópias, por quaisquer meios, de todos os elementos de prova já documentados, inclusive mídias que contenham gravação de depoimentos em formato audiovisual. II — A simples autorização de ter vista dos autos, nas dependências do Parquet, e transcrever trechos dos depoimentos de interesse da defesa, não atende ao enunciado da Súmula Vinculante 14. III — A jurisprudência do Supremo Tribunal Federal entende ser desnecessária a degravação da audiência realizada por meio audiovisual, sendo obrigatória apenas a disponibilização da cópia do que registrado nesse ato." (STF – Rcl 23.101 – 2ª T. – Rel. Ministro Ricardo Lewandowski – DJe 06/12/2016).
Gabarito "B".

(Delegado/RJ – 2022 – CESPE/CEBRASPE) De acordo com o entendimento do STF, salvo em caso de flagrante delito ou desastre, ou para prestar socorro, a polícia judiciária só pode invadir domicílio alheio sem consentimento do morador, a fim de apreender quaisquer objetos que possam interessar à investigação criminal, se atendidos dois requisitos constitucionais que respeitam o princípio do(a)

(A) sigilo.
(B) legalidade.
(C) ampla defesa.
(D) reserva da jurisdição.
(E) privacidade.

Alternativa D é a correta. É o que estabelece o art. 5º, inciso XI, que prevê: "a casa é asilo inviolável do indivíduo, ninguém nela podendo penetrar sem consentimento do morador, salvo em caso de flagrante delito ou desastre, ou para prestar socorro, ou, durante o dia, por **determinação judicial**" (os grifos não estão no original).
Gabarito "D".

(Procurador/PA – CESPE – 2022) Art. 5.º [...]
LXIII – o preso será informado de seus direitos, entre os quais o de permanecer calado, sendo-lhe assegurada a assistência da família e de advogado;

Brasil. Constituição Federal de 1988.

Consagrado no dispositivo constitucional reproduzido anteriormente, o direito do preso ao silêncio

(A) inclui o direito a não responder perguntas, mas esse silêncio em relação às perguntas formuladas pelo juiz competente poderá ser valorado em prejuízo da defesa, conforme o caso concreto em julgamento.
(B) inclui o direito a não responder perguntas formuladas pela autoridade policial, salvo aquelas relacionadas a crimes contra criança e adolescente.
(C) não inclui a vedação de exames de ingerência corporal, tais como o exame de alcoolemia, o fornecimento de padrões gráficos, o soro da verdade e a ingestão de substâncias química para descoberta da verdade.
(D) inclui a exigência legal de o acusado ser informado pela autoridade do direito de permanecer calado, sendo, entretanto, advertido de que o seu silêncio importará em confissão da matéria de fato.
(E) inclui o direito a não participar na formação da culpa, não produzindo o acusado provas contra si; nesse sentido, o silêncio atua no controle da qualidade e idoneidade do material probatório.

Sobre esse dispositivo constitucional, a doutrina ensina que: "O direito do preso – a rigor o direito do acusado – de permanecer em silêncio é expressão do princípio da não autoincriminação, que outorga ao preso e ao acusado em geral o direito de não produzir provas contra si mesmo (art. 5º, LXIII)" (MENDES, Gilmar Ferreira; BRANCO, Paulo Gustavo Gonet. *Curso de direito constitucional*. 8. ed. São Paulo: Saraiva, 2013, p. 573).
Gabarito "E".

(Procurador Município – Teresina/PI – FCC – 2022) A política de cotas raciais adotada por universidade pública, segundo o entendimento do STF, é

(A) constitucional na medida em que transforma o judiciário em árbitro, segundo um critério absolutamente artificial, o fenótipo, para conceder direitos, o que atende o princípio da reserva de jurisdição.
(B) constitucional, também chamada de discriminação reversa, apenas se a sua manutenção estiver condicionada à persistência, no tempo, do quadro de exclusão social que lhe deu origem.
(C) inconstitucional em vista de que são objetivos fundamentais da República Federativa do Brasil promover o bem de todos, sem preconceito de origem, raça, sexo, cor, idade e quaisquer outras formas de discriminação.
(D) inconstitucional porque constitui uma forma de racismo reverso, o que é vedado pelo princípio da isonomia e da igualdade, ambos previstos no artigo 5º da Constituição Federal.
(E) uma ação afirmativa constitucionalmente válida, desde que prevista em lei complementar nacional.

Alternativa B é a correta. É o que decidiu o plenário do STF ao julgar a ADC 41/DF, Rel. Min. Roberto Barroso, j. 08/06/2017, DJe 17/08/2017.
Gabarito "B".

(Delegado/MG – 2021 – FUMARC) O delegado de polícia requisitou para o Juiz de Direito competente a violação do sigilo da correspondência, das comunicações telegráficas, de dados e das comunicações telefônicas de um sujeito que está sendo investigado criminalmente pela prática de determinado delito.

Nos termos da Constituição Federal, este pedido poderá ser deferido apenas para

(A) a quebra do sigilo de comunicações telefônicas.

(B) os casos de quebra de sigilo de correspondência, comunicações telegráficas, de dados e das comunicações telefônicas.

(C) os casos de quebra de sigilo de dados, comunicações telefônicas e comunicações telegráficas.

(D) os casos de quebra do sigilo de correspondência e comunicações telefônicas.

Questão polêmica. O gabarito dado pela banca examinadora foi a alternativa "b". Ocorre que o enunciado da questão solicitou que a resposta fosse dada "nos termos da Constituição Federal". De acordo com o art. 5º, XII, da CF, é garantida a inviolabilidade do sigilo da correspondência e das comunicações telegráficas, de dados e das comunicações, *salvo, no último caso*, por ordem judicial, nas hipóteses e na forma que a lei estabelecer para fins de investigação criminal ou instrução processual penal. Assim, pela literalidade do texto constitucional, a alternativa correta seria a "a", não a "b", conforme apontado pela banca examinadora. Gabarito "B".

(Delegado/MG – 2021 – FUMARC) Em virtude do crime que cometeu onze meses atrás no Estado do XZ, "Beta" estava morando num quarto de hotel. A autoridade policial, avisada do local do seu esconderijo, invadiu o quarto e efetuou a prisão de "Beta" durante o dia, conforme prevê a Constituição Federal, porque

(A) "Beta" encontrava-se em flagrante delito e, assim, a polícia podia ingressar no quarto, mesmo sem autorização judicial para efetuar a prisão.

(B) a polícia tem poder suficiente para ingressar e efetuar a prisão no interior de quarto de hotel, por não se enquadrar no conceito constitucional de "casa", portanto, inviolável.

(C) dada a prática de crime, podia ingressar no local, mesmo sem autorização judicial para efetuar a prisão.

(D) estava amparada por determinação judicial fundamentada, que permitia seu ingresso na casa para efetuar a prisão.

Questão polêmica. O gabarito dado pela banca examinadora foi a alternativa "d". Ocorre que a questão não trouxe dados suficientes para que essa alternativa tivesse sido assinalada. Não há, por exemplo, a informação sobre a existência de determinação judicial fundamentada, o que autorizaria o ingresso no quarto de hotel para efetuar a prisão. As demais alternativas também não possuem informações necessárias para que se enquadrem nas hipóteses previstas no texto constitucional. De acordo com o art. 5º, XI, da CF, "a casa é asilo inviolável do indivíduo, ninguém nela podendo penetrar sem consentimento do morador, salvo em caso de flagrante delito ou desastre, ou para prestar socorro ou, durante o dia, por determinação judicial". Gabarito "D".

(Procurador Município – Santos/SP – VUNESP – 2021) A Constituição Federal, no art. 5º, inciso XXXV, determina que a lei não excluirá da apreciação do Poder Judiciário lesão ou ameaça a direito. Nesses termos, é correto afirmar que

(A) configura o princípio da inafastabilidade da jurisdição, também conhecido como princípio do devido processo legal e da proibição do juízo ou tribunal de exceção.

(B) a tutela jurisdicional pode ser invocada imediatamente nos casos e questões relativas à disciplina e às competições desportivas, não ficando condicionadas ao anterior esgotamento das instâncias da Justiça Desportiva.

(C) há órgãos administrativos com função de julgamento, como se dá, por exemplo, com os Tribunais de Contas da União e dos Estados, e as decisões desses órgãos não poderão ser revistas pelo Poder Judiciário.

(D) o Brasil adota o sistema da chamada jurisdição dúplice, entregando a atividade jurisdicional ao Poder Judiciário e também aos órgãos de contencioso administrativo, criados de acordo com a lei.

(E) não se traduz em garantia do mero ingresso em juízo, ou somente do julgamento das pretensões trazidas a juízo, mas na garantia da própria tutela jurisdicional, a quem tiver razão.

A: Incorreta. Os princípios do devido processo legal (CF, art. 5º, LIV) e a proibição do juízo ou tribunal de exceção (CF, art. 5º, XXXVII) são princípios autônomos previstos na Constituição Federal. **B:** Incorreta. O § 1º do art. 217 da CF, dispõe de forma contrária: "O Poder Judiciário só admitirá ações relativas à disciplina e às competições desportivas após esgotarem-se as instâncias da justiça desportiva, regulada em lei". **C:** Incorreta. Segundo Celso Antônio Bandeira de Mello, as decisões de órgãos administrativos com função de julgamento poderão ser revisadas pelo Poder Judiciário (BANDEIRA DE MELLO, Celso Antônio. *Curso de direito administrativo*. 27. ed. São Paulo: Malheiros, 2010, p. 946-957). **D:** Incorreta. O Brasil não adota o sistema da chamada jurisdição dúplice (BANDEIRA DE MELLO, Celso Antônio. *Curso de direito administrativo*. 27. ed. São Paulo: Malheiros, 2010, p. 952). **E:** Correta. Esse conceito é trazido literalmente por Cândido Rangel Dinamarco (*In Instituições de Direito Processual Civil*. São Paulo: Malheiros, 2004, p. 198). Gabarito "E".

(Juiz de Direito/GO – 2021 – FCC) Tratado internacional que venha a ser celebrado pela República Federativa do Brasil em matéria de proteção da igualdade será incorporado ao direito nacional e deverá ser cumprido em território brasileiro

(A) após sua aprovação pelo Congresso Nacional e posterior promulgação pelo Presidente do Senado, sendo equivalente à emenda constitucional desde que seja aprovado, em cada Casa do Congresso Nacional, em dois turnos, por três quintos dos votos dos respectivos membros.

(B) após sua aprovação pelo Congresso Nacional e posterior promulgação pelo Presidente da República, sendo equivalente à emenda constitucional desde que seja aprovado, em cada Casa do Congresso Nacional, em dois turnos, por três quintos dos votos dos respectivos membros.

(C) imediatamente após sua celebração, por dispor em matéria de direitos humanos, sob condição de ser ratificado pelo Congresso Nacional no prazo legal, sendo equivalente, nesse caso, à lei ordinária.

(D) após sua aprovação pelo Congresso Nacional e posterior promulgação pelo Presidente do Senado, sendo equivalente à emenda constitucional desde que seja aprovado, em sessão conjunta das Casas do Congresso Nacional, em dois turnos, por três quintos dos votos de seus membros.

(E) após sua aprovação pelo Congresso Nacional e posterior promulgação pelo Presidente da República, sendo equivalente à emenda constitucional desde que seja aprovado em sessão conjunta das Casas do Congresso Nacional, em dois turnos, por três quintos dos votos de seus membros.

Dispõe expressamente o art. 5º, § 3º, da Constituição Federal, que:"§ 3º Os tratados e convenções internacionais sobre direitos humanos que forem aprovados, em cada Casa do Congresso Nacional, em dois turnos, por três quintos dos votos dos respectivos membros, serão equivalentes às emendas constitucionais". Observação importante: Se os tratados internacionais sobre Direitos Humanos não forem aprovados com o quórum previsto no art. 5º, § 3º, da CF/88, terão *status* de norma supralegal.
Gabarito "B".

(Magistratura/SP – 2021) O estudo do artigo 5º da Constituição Federal e do Título em que inserido permite concluir:

(A) é inconstitucional o compartilhamento dos relatórios de inteligência financeira da UIF e da íntegra do procedimento fiscalizatório da Receita Federal do Brasil, que define o lançamento do tributo, com os órgãos de persecução penal para fins criminais, sem prévia autorização judicial, por ofensa ao direito ao sigilo fiscal e financeiro.

(B) é compatível com a Constituição Federal o reconhecimento às entidades paraestatais dos privilégios processuais concedidos à Fazenda Pública, em execução de pagamento de quantia.

(C) não ofende o princípio da igualdade o estabelecimento de grupos excluídos da possibilidade de doação de sangue, considerando o risco decorrente da orientação sexual para a saúde dos possíveis receptores.

(D) a isonomia formal assegurada pelo artigo 5º, I, CRFB, exige tratamento equitativo entre homens e mulheres. Revela-se inconstitucional, por ofensa ao princípio da isonomia, cláusula de contrato de previdência complementar que, ao prever regras distintas entre homens e mulheres para cálculo e concessão da complementação de aposentadoria, estabelece valor inferior do benefício para as mulheres, tendo em conta seu menor tempo de contribuição.

A: incorreta. Foi objeto do tema 990 de repercussão geral do STF, com a seguinte tese: "1. É constitucional o compartilhamento dos relatórios de inteligência financeira da UIF e da íntegra do procedimento fiscalizatório da Receita Federal do Brasil, que define o lançamento do tributo, com os órgãos de persecução penal para fins criminais, sem a obrigatoriedade de prévia autorização judicial, devendo ser resguardado o sigilo das informações em procedimentos formalmente instaurados e sujeitos a posterior controle jurisdicional (...)" (os grifos não estão no original). **B**: incorreta. Foi objeto do tema 411 de repercussão geral do STF, com a seguinte tese: "É incompatível com a Constituição o reconhecimento às entidades paraestatais dos privilégios processuais concedidos à Fazenda Pública em execução de pagamento de quantia em dinheiro" (os grifos não estão no original). **C**: incorreta. Pelo contrário, o STF entende que essa discriminação fere o princípio da igualdade. Neste sentido, destaque-se: "(...) 3. A política restritiva prevista na Portaria e na Resolução da Diretoria Colegiada, ainda que de forma desintencional, viola a igualdade, pois impacta desproporcionalmente sobre os homens homossexuais e bissexuais e/ou seus parceiros ou parceiras ao injungir-lhes a proibição da fruição livre e segura da própria sexualidade para exercício do ato empático de doar sangue. Trata-se de discriminação injustificável, tanto do ponto de vista do direito interno, quanto do ponto de vista da proteção internacional dos direitos humanos, à medida que pressupõem serem os homens homossexuais e bissexuais, por si só, um grupo de risco, sem se debruçar sobre as condutas que verdadeiramente os expõem a uma maior probabilidade de contágio de AIDS ou outras enfermidades a impossibilitar a doação de sangue (...)" (STF – ADI 5543/DF – Tribunal Pleno – Relator Min. Edson Fachin – Julgamento 11/05/2020). **D**: correta. Foi objeto do tema 452 de repercussão geral do STF, com a seguinte tese: "É inconstitucional, por violação ao princípio da isonomia (art. 5º, I, da Constituição da República), cláusula de contrato de previdência complementar que, ao prever regras distintas entre homens e mulheres para cálculo e concessão de complementação de aposentadoria, estabelece valor inferior do benefício para as mulheres, tendo em conta o seu menor tempo de contribuição".
Gabarito "D".

(Magistratura/SP – 2021) A garantia, aos litigantes, em processos judicial ou administrativo, e aos acusados em geral, do direito ao contraditório e ampla defesa, com os meios e recursos a ele inerentes, leva ao reconhecimento:

(A) admite-se a utilização de informações obtidas com quebra de sigilo, no processo administrativo, independente de autorização judicial, desde que haja a devida motivação para a prática do ato.

(B) o protesto de certidão de dívida ativa constitui meio coercitivo indevido para o pagamento de tributos.

(C) é sempre legítima cláusula do edital de concurso que restrinja participação do candidato em razão de responder a inquérito ou ação penal.

(D) é inconstitucional a exigência de depósito ou arrolamento prévios de dinheiro ou bens para a admissibilidade de recurso administrativo.

A alternativa **D** está de acordo com o conteúdo da Súmula Vinculante 21 do STF.
Gabarito "D".

(Advogado – Pref. São Roque/SP – 2020 – VUNESP) A respeito dos direitos fundamentais, com base na Constituição Federal e na jurisprudência do Supremo Tribunal Federal, assinale a alternativa correta.

(A) A adoção de ações afirmativas não é incompatível com o princípio da igualdade.

(B) A interceptação telefônica pode ser determinada pelo Ministério Público, sempre que a defesa da probidade administrativa recomende a adoção da medida.

(C) As associações poderão ter as suas atividades suspensas por decisão administrativa ou judicial.

(D) O direito à habitação garante ao indivíduo que ocupe imóvel público e nele exerça atividade econômica produtiva o direito à usucapião.

(E) A autoridade competente, em caso de iminente perigo público, poderá utilizar a propriedade particular, assegurada ao proprietário a indenização prévia, justa e em dinheiro.

A: correta, uma vez que o princípio da igualdade determina tratamento igual aos iguais e, por sua vez, desigual para aqueles que estejam em situações distintas, na medida da desigualdade. **B**: errada, pois é determinada pelo juiz (artigo 3º, da Lei 9.296/96). **C**: errada, porque apenas poderá ocorrer por decisão judicial (artigo 5º, inciso XIX, da

CF). Por fim, a letra **D**: errada, uma vez que os imóveis públicos não serão adquiridos via usucapião e, na letra **E** o erro está na indenização ser posterior, nunca prévia. **AB**

Gabarito "A".

Durante prisão em flagrante de Paulo pelo cometimento de crime de homicídio, policiais analisaram os registros telefônicos das últimas ligações no aparelho celular dele e identificaram o número de outro envolvido, Pablo, que foi acusado de ser o possível mandante. Após a prisão de ambos, a defesa de Pablo impetrou *habeas corpus*, sob o argumento de que os policiais haviam violado o direito fundamental de sigilo das comunicações de dados, estabelecido no inciso XII do art. 5º da Constituição Federal de 1988 (CF) — "XII é inviolável o sigilo da correspondência e das comunicações telegráficas, de dados e das comunicações telefônicas, salvo, no último caso, por ordem judicial, nas hipóteses e na forma que a lei estabelecer para fins de investigação criminal ou instrução processual penal".

(Promotor de Justiça/CE – 2020 – CESPE/CEBRASPE) Quanto à extensão da proteção conferida pelo referido dispositivo constitucional na situação hipotética em apreço, assinale a opção correta, à luz da jurisprudência do STF.

(A) Houve violação do direito fundamental ao sigilo das comunicações telefônicas.

(B) A apreensão dos dados armazenados caracteriza violação do sigilo de comunicação de dados.

(C) Não houve violação do direito ao sigilo das comunicações telefônicas.

(D) As provas decorrentes da análise policial são inadmissíveis, segundo a teoria do *fruit of the poisonous tree*.

(E) A análise empreendida pelos policiais caracteriza interceptação telefônica, logo dependia de prévia autorização judicial.

A e **B**: incorretas, pois o acesso aos dados é constitucional. **C**: correta, pois existe uma diferença entre comunicação telefônica e registros telefônicos. A proteção constitucional incide sobre a comunicação telefônica, não dos dados do aparelho (agenda telefônica, por exemplo), nesse sentido o REsp 1.782.386/RJ: "foi apreendido o telefone celular de um acusado e analisados os dados constantes da sua agenda telefônica, a qual não tem a garantia de proteção do sigilo telefônico ou de dados telemáticos, pois a agenda é uma das facilidades oferecidas pelos modernos aparelhos de smartphones a seus usuários. Assim, deve ser reconhecida como válida a prova produzida com o acesso à agenda telefônica do recorrido, com o restabelecimento da sentença condenatória.". **D**: incorreta, pois não há correlação com a teoria dos frutos da árvore envenenada. **E**: incorreta, pois nada tem de interceptação telefônica, pois o acesso ocorreu apenas quanto aos dados. **AB**

Gabarito "C".

(Juiz de Direito – TJ/MS – 2020 – FCC) À luz da jurisprudência do Supremo Tribunal Federal, em matéria de direitos e garantias fundamentais e aspectos correlatos,

(A) o uso de células-tronco embrionárias, ainda que em pesquisas científicas para fins terapêuticos, autorizadas em lei federal, viola o direito à vida, pela potencialidade de formação de pessoa humana, cuja dignidade recebe proteção máxima constitucional.

(B) é compatível com a Constituição Federal a interpretação segundo a qual a interrupção da gravidez de feto anencéfalo viola o direito à vida, recaindo na esfera de proteção que a legislação penal outorga a esse bem jurídico, vedando sua prática.

(C) a obrigatoriedade de aceitação de transferência de alunos entre universidades, ainda que instituída por lei e observada a identidade de natureza jurídica das instituições de ensino superior envolvidas, é incompatível com a Constituição, segundo a qual o acesso aos níveis mais elevados do ensino é assegurado segundo a capacidade de cada um.

(D) admitem-se limitações ao livre exercício de atividade econômica, ainda que sob a forma de cobrança indireta de tributos, desde que estabelecidas por lei e com vistas à tutela de outros princípios constitucionais da ordem econômica, como a livre concorrência e a redução das desigualdades regionais e sociais.

(E) admitem-se limitações por lei ao livre exercício das profissões, sendo consideradas legítimas quando o inadequado exercício de determinada atividade possa vir a causar danos a terceiros e desde que obedeçam a critérios de adequação e razoabilidade.

A: incorreta, pois o STF, ao julgar a ADI 3510, entendeu que o uso de células-tronco embrionárias em pesquisas científicas para fins terapêuticos não viola o direito à vida. Segundo o STF, não há "*ofensas ao direito à vida e da dignidade da pessoa humana, pois a pesquisa com células-tronco embrionárias (inviáveis biologicamente ou para os fins a que se destinam) significa a celebração solidária da vida e alento aos que se acham à margem do exercício concreto e inalienável dos direitos à felicidade e do viver com dignidade (Ministro Celso de Mello)*". Veja a ementa do julgado: "*CONSTITUCIONAL. AÇÃO DIRETA DE INCONSTITUCIONALIDADE. LEI DE BIOSSEGURANÇA. IMPUGNAÇÃO EM BLOCO DO ART. 5º DA LEI Nº 11.105, DE 24 DE MARÇO DE 2005 (LEI DE BIOSSEGURANÇA). PESQUISAS COM CÉLULAS-TRONCO EMBRIONÁRIAS. INEXISTÊNCIA DE VIOLAÇÃO DO DIREITO À VIDA. CONSTITUCIONALIDADE DO USO DE CÉLULAS-TRONCO EMBRIONÁRIAS EM PESQUISAS CIENTÍFICAS PARA FINS TERAPÊUTICOS. DESCARACTERIZAÇÃO DO ABORTO. NORMAS CONSTITUCIONAIS CONFORMADORAS DO DIREITO FUNDAMENTAL A UMA VIDA DIGNA, QUE PASSA PELO DIREITO À SAÚDE E AO PLANEJAMENTO FAMILIAR. DESCABIMENTO DE UTILIZAÇÃO DA TÉCNICA DE INTERPRETAÇÃO CONFORME PARA ADITAR À LEI DE BIOSSEGURANÇA CONTROLES DESNECESSÁRIOS QUE IMPLICAM RESTRIÇÕES ÀS PESQUISAS E TERAPIAS POR ELA VISADAS. IMPROCEDÊNCIA TOTAL DA AÇÃO. I – O CONHECIMENTO CIENTÍFICO, A CONCEITUAÇÃO JURÍDICA DE CÉLULAS-TRONCO EMBRIONÁRIAS E SEUS REFLEXOS NO CONTROLE DE CONSTITUCIONALIDADE DA LEI DE BIOSSEGURANÇA. (...) II – LEGITIMIDADE DAS PESQUISAS COM CÉLULAS-TRONCO EMBRIONÁRIAS PARA FINS TERAPÊUTICOS E O CONSTITUCIONALISMO FRATERNAL.*" (ADI 3510, Relator: AYRES BRITTO, Tribunal Pleno, julgado em 29/05/2008); **B**: incorreta, pois o STF, ao julgar a ADPF 54, declarou a inconstitucionalidade da interpretação segundo a qual a interrupção da gravidez de feto anencéfalo é conduta tipificada nos artigos 124, 126 e 128, incisos I e II, do Código Penal. Segundo o STF, "*a interrupção da gestação de feto anencefálico não configura crime contra a vida – revela-se conduta atípica.*" (ADPF 54, Relator: MARCO AURÉLIO, Tribunal Pleno, julgado em 12/04/2012); **C**: incorreta, visto que o STF entende que "*a transferência de alunos entre universidades congêneres é instituto que integra o sistema geral de ensino, não transgredindo a autonomia universitária, e é disciplina a ser realizada de modo abrangente, não em vista de cada uma das universidades existentes no País, como decorreria da conclusão sobre tratar-se de questão própria ao estatuto de cada qual. Precedente: RE 134.795, rel. min. Marco Aurélio, RTJ 144/644.*" (RE 362.074 AgR, rel. min. Eros Grau, j. 29-3-2005, 1ª T, DJ de 22-4-2005); **D**: incorreta, já que "*o STF tem reiteradamente entendido que é inconstitucional restrição imposta* *pelo Estado ao livre exercício de atividade econômica ou profissional, quanto aquelas forem utilizadas como meio de cobrança indireta de tributos."* (ARE 914.045 RG, rel. min. Edson Fachin, j. 15-10-2015, P, DJE de 19-11-2015, Tema 856). Em sede de repercussão geral, o STF a seguinte tese: *"I – É desnecessária a submissão à regra da reserva de plenário quando a decisão judicial estiver fundada em jurisprudência do Plenário ou em Súmula deste Supremo Tribunal Federal; II – É inconstitucional a restrição ilegítima ao livre exercício de atividade econômica ou profissional, quando imposta como meio de cobrança indireta de tributos."* (Tema 856); **E**: correta, de acordo com a jurisprudência do STF: *"As limitações ao livre exercício das profissões serão legítimas apenas quando o inadequado exercício de determinada atividade possa vir a causar danos a terceiros e desde que obedeçam a critérios de adequação e razoabilidade, o que não ocorre em relação ao exercício da profissão de músico, ausente qualquer interesse público na sua restrição. A existência de um conselho profissional com competências para selecionar, disciplinar e fiscalizar o exercício da profissão de músico (art. 1º), para proceder a registros profissionais obrigatórios, para expedir carteiras profissionais obrigatórias (arts. 16 e 17) e para exercer poder de polícia, aplicando penalidades pelo exercício ilegal da profissão (arts. 18, 19, 54 e 55), afronta as garantias da liberdade de profissão e de expressão artística."* (ADPF 183, rel. min. Alexandre de Moraes, j. 27-9-2019, P, DJE de 18-11-2019).

Gabarito "E".

(Juiz de Direito – TJ/RJ – 2019 – VUNESP) No tocante à extradição de brasileiros, a Carta Magna estabelece que

(A) é vedada para os natos e permitida para os naturalizados, independentemente do crime, desde que praticado antes da naturalização.

(B) é vedada para os natos e naturalizados, independentemente do crime praticado.

(C) é permitida para os natos, por comprovado envolvimento em tráfico ilícito de entorpecentes e drogas afins, na forma da lei, e para os naturalizados, por crimes comuns praticados antes da naturalização.

(D) é vedada para os natos e permitida para os naturalizados por crimes comuns, praticados antes da naturalização ou por comprovado envolvimento em tráfico ilícito de entorpecentes e drogas afins, na forma da lei.

(E) é vedada para os natos e permitida para os naturalizados por crimes comuns e por comprovado envolvimento em tráfico ilícito de entorpecentes e drogas afins, na forma da lei, desde que praticados antes da naturalização.

A: errada, pois no crime comum o brasileiro naturalizado poderá sim ser extraditado, desde que praticado o crime antes da naturalização. **B e E**: erradas, conforme artigo 5º, LI, da CF. **C**: incorreta, pois o brasileiro nato jamais será extraditado. **D**: correta, uma vez que o brasileiro nato jamais será extraditado e, quanto ao naturalizado, nos termos do artigo 5º, LI, da CF.

Gabarito "D".

(Juiz de Direito – TJ/BA – 2019 – CESPE/CEBRASPE) De acordo com a doutrina e com a jurisprudência do STF, assinale a opção correta, acerca da proteção ao princípio constitucional da dignidade da pessoa humana e da prática do crime de tortura.

(A) Em tempo de paz, a vedação da prática de tortura está sujeita a regulamentação ou restrição do legislador.

(B) A norma constitucional que veda a concessão de fiança, graça e anistia ao crime de tortura é de eficácia limitada.

(C) A Lei de Anistia não se estende aos crimes de tortura praticados pelos agentes do Estado que atuaram na repressão durante os governos militares.

(D) Segundo sua estrutura, a norma constitucional que veda a prática de tortura tem caráter de princípio, e não de regra.

(E) É da justiça militar a competência para decretar a perda do oficialato de policial militar que for condenado pela prática do crime de tortura.

A: incorreta, visto que a vedação da prática de tortura **não** está sujeita a regulamentação ou restrição do legislador, em qualquer tempo (art. 5º, III, da CF); **B**: correta, pois o inciso XLIII do art. 5º depende da atuação do legislador infraconstitucional para ter eficácia (a lei considerará crimes inafiançáveis e insuscetíveis de graça ou anistia a prática da tortura, o tráfico ilícito de entorpecentes e drogas afins, o terrorismo e os definidos como crimes hediondos…); **C**: incorreta, porque a Lei de Anistia se estende aos crimes de tortura praticados pelos agentes do Estado que atuaram na repressão durante os governos militares (art. 1º, § 1º, da Lei 6.683/1979). Essa interpretação foi ratificada pelo STF, nos seguintes termos: *"(...) 3. Conceito e definição de "crime político" pela Lei n. 6.683/79. São crimes conexos aos crimes políticos "os crimes de qualquer natureza relacionados com os crimes políticos ou praticados por motivação política"; podem ser de "qualquer natureza", mas [i] hão de terem estado relacionados com os crimes políticos ou [ii] hão de terem sido praticados por motivação política; são crimes outros que não políticos; são crimes comuns, porém [i] relacionados com os crimes políticos ou [ii] praticados por motivação política. A expressão crimes conexos a crimes políticos conota sentido a ser sindicado no momento histórico da sanção da lei. A chamada Lei de anistia diz com uma conexão sui generis, própria ao momento histórico da transição para a democracia. Ignora, no contexto da Lei n. 6.683/79, o sentido ou os sentidos correntes, na doutrina, da chamada conexão criminal; refere o que "se procurou", segundo a inicial, vale dizer, estender a anistia criminal de natureza política aos agentes do Estado encarregados da repressão. 4. A lei estendeu a conexão aos crimes praticados pelos agentes do Estado contra os que lutavam contra o Estado de exceção; daí o caráter bilateral da anistia, ampla e geral, que somente não foi irrestrita porque não abrangia os já condenados – e com sentença transitada em julgado, qual o Supremo assentou – pela prática de crimes de terrorismo, assalto, sequestro e atentado pessoal. (…)"* (ADPF 153, Relator: Min. Eros Grau, Tribunal Pleno, julgado em 29/04/2010); **D**: incorreta, já que a norma de direito fundamental que veda a prática de tortura tem estrutura de regra, pois se trata de norma proibitiva de determinada conduta; **E**: correta, de acordo com a justificativa do CEBRASPE para alteração do gabarito. A jurisprudência do STF era firme no seguinte sentido: *"Em se tratando de condenação de oficial da polícia militar pela prática do crime de tortura, sendo crime comum, a competência para decretar a perda do oficialato, como efeito da condenação, é da Justiça comum. O disposto no art. 125, § 4º, da CF refere-se à competência da Justiça Militar para decidir sobre a perda do posto e da patente dos oficiais e da graduação das praças quando se tratar de crimes militares definidos em lei."* (AI 769.637 AgR, Rel. Min. Joaquim Barbosa, j. 20/03/2012, 2ª T, DJE de 22/05/2012; AI 769.637 AgR-ED-ED, Rel. Min. Celso de Mello, j. 25/06/2013, 2ª T, DJE de 16/10/2013). Contudo, com o advento da Lei 13.491/2017, tal entendimento não pode mais ser considerando como adotado pelas atuais doutrina e jurisprudência do STF, conforme justificativa do CEBRASPE. A Lei nº 13.491/17 alterou o Código Penal Militar para considerar como crimes militares, em tempo de paz, os delitos previstos na legislação penal, quando praticados, entre outras situações, por militar em situação de atividade ou assemelhado, em lugar sujeito à administração militar, contra militar da reserva, ou reformado, ou assemelhado, ou civil (art. 9º, II, "b", do CPM). Em assim sendo, a lei passou a considerar como crime militar e, portanto, subordinado à jurisdição militar, por exemplo, a conduta do policial militar que, em serviço, pratica tortura contra o

civil no interior do quartel, fato que, entre outras hipóteses possíveis, se amolda à alternativa. **AN**
Gabarito Anulada

(Juiz de Direito – TJ/BA – 2019 – CESPE/CEBRASPE) No que se refere à liberdade de expressão, à liberdade de imprensa e aos seus limites, assinale a opção correta.

(A) De acordo com o STF, o consumo de droga ilícita em passeata que reivindique a descriminalização do uso dessa substância é assegurado pela liberdade de expressão.
(B) A legislação pertinente determina que os comentários de usuários da Internet nas páginas eletrônicas dos veículos de comunicação social se sujeitem ao direito de resposta do ofendido.
(C) A publicação de informações falsas em veículos de comunicação social não está assegurada pela liberdade de imprensa.
(D) A retratação ou retificação espontânea de mensagem de conteúdo ofensivo à honra ou imagem de outrem impede eventual direito de resposta do ofendido.
(E) Além do direito de resposta, a liberdade de expressão garante o direito de acesso e exposição de ideias em veículos de comunicação social.

A: incorreta, pois o STF liberou a realização dos eventos chamados "marcha da maconha", que reúnem manifestantes favoráveis à descriminalização da droga, com fundamento nos direitos constitucionais de reunião (liberdade-meio) e de livre expressão do pensamento (liberdade-fim), todavia não liberou o consumo de droga ilícita na ocasião do evento. Para o STF, o debate sobre abolição penal de determinadas condutas puníveis é um legítimo debate que não se confunde com incitação à prática de delito nem se identifica com apologia de fato criminoso, podendo ser realizado de forma racional, com respeito entre interlocutores, ainda que a ideia, para a maioria, possa ser eventualmente considerada estranha, extravagante, inaceitável ou perigosa (ADPF 187, Relator: Min. Celso de Mello, Tribunal Pleno, julgado em 15/06/2011); **B:** incorreta, porque os comentários realizados por usuários da internet nas páginas eletrônicas dos veículos de comunicação social não se sujeitam ao direito de resposta do ofendido (art. 2º, § 2º, da Lei 13.188/2015). A Lei 13.188/2015 prevê, *in verbis*: "*Art. 2º Ao ofendido em matéria divulgada, publicada ou transmitida por veículo de comunicação social é assegurado o direito de resposta ou retificação, gratuito e proporcional ao agravo. § 1º Para os efeitos desta Lei, considera-se matéria qualquer reportagem, nota ou notícia divulgada por veículo de comunicação social, independentemente do meio ou da plataforma de distribuição, publicação ou transmissão que utilize, cujo conteúdo atente, ainda que por equívoco de informação, contra a honra, a intimidade, a reputação, o conceito, o nome, a marca ou a imagem de pessoa física ou jurídica identificada ou passível de identificação. § 2º São excluídos da definição de matéria estabelecida no § 1º deste artigo os comentários realizados por usuários da internet nas páginas eletrônicas dos veículos de comunicação social.*"; **C:** correta, pois a liberdade de expressão e de imprensa não asseguram a divulgação de fato sabidamente falso, o que pode ser objeto de restrição judicial. A respeito, Mendes e Branco ensinam que "*a informação falsa não seria protegida pela Constituição, porque conduziria a uma pseudo operação da formação da opinião*" (MENDES, Gilmar e BRANCO, Paulo. *Curso de Direito Constitucional*. São Paulo: Saraiva, 2015, p. 274). De acordo com o STJ, a liberdade de imprensa – embora amplamente assegurada e com proibição de controle prévio – acarreta responsabilidade *a posteriori* pelo eventual excesso e não compreende a divulgação de especulação falsa (REsp 1582069/RJ, Rel. Ministro Marco Buzzi, Rel. p/ Acórdão Ministra Maria Isabel Gallotti, Quarta Turma, julgado em 16/02/2017, DJe 29/03/2017); **D:** incorreta, visto que a retratação ou retificação

espontânea, ainda que a elas sejam conferidos os mesmos destaque, publicidade, periodicidade e dimensão do agravo, não impedem o exercício do direito de resposta pelo ofendido nem prejudicam a ação de reparação por dano moral (art. 2º, § 3º, da Lei 13.188/2015); **E:** incorreta, pois o direito à liberdade de expressão não garante o direito de expor ideias em veículos de comunicação social, visto que violaria a livre-iniciativa e o direito de propriedade desses veículos. De acordo com Mendes e Branco: "*Vem prevalecendo uma interpretação mais restrita da garantia constitucional da liberdade de expressão. Não se vê suporte nesse direito fundamental para exigir que terceiros veiculem as ideias de uma dada pessoa. A liberdade se dirige, antes, a vedar que o Estado interfira no conteúdo da expressão. O direito não teria por sujeito passivo outros particulares, nem geraria uma obrigação de fazer para o Estado. O princípio constitucional da livre-iniciativa e mesmo o direito de propriedade desaconselhariam que se atribuísse tamanha latitude a essa liberdade*" (MENDES, Gilmar e BRANCO, Paulo. Curso de Direito Constitucional. São Paulo: Saraiva, 2015, p. 267). **AN**
Gabarito "C".

(Escrevente – TJ/SP – 2018 – VUNESP) De acordo com texto expresso na Constituição da República Federativa do Brasil (CRFB/88), é correto afirmar que a lei

(A) assegurará aos autores de inventos industriais privilégio permanente para sua utilização.
(B) penal sempre retroagirá, seja para beneficiar ou não o réu.
(C) regulará a individualização da pena e adotará, entre outras, a perda de bens.
(D) poderá excluir da apreciação do Poder Judiciário lesão ou ameaça a direito.
(E) deverá punir ato atentatório a liberdades com penas restritivas de direito.

A: incorreta, pois a lei assegurará aos autores de inventos industriais privilégio **temporário** para sua utilização (art. 5º, XXIX, da CF); **B:** incorreta, visto que a lei penal não retroagirá, salvo para beneficiar o réu (art. 5º, XL, da CF); **C:** correta, de acordo com o art. 5º, XLVI, *b*, da CF; **D:** incorreta, já que a lei não excluirá da apreciação do Poder Judiciário lesão ou ameaça a direito (art. 5º, XXXV, da CF); **E:** incorreta, uma vez que a lei punirá qualquer discriminação atentatória dos direitos e liberdades fundamentais (art. 5º, XLI, da CF). **AN**
Gabarito "C".

(Escrevente – TJ/SP – 2018 – VUNESP) Salvo em caso de guerra declarada, nos termos expressos da Constituição da República Federativa do Brasil (CRFB/88), não haverá penas

(A) de morte.
(B) de banimento.
(C) de caráter perpétuo.
(D) de trabalhos forçados.
(E) de expulsão.

Segundo o art. 5º, XLVII, *a*, da CF, não haverá pena de morte, salvo em caso de guerra declarada. **AN**
Gabarito "A".

(Delegado – PC/BA – 2018 – VUNESP) A Constituição Federal de 1988 garantiu a inviolabilidade do direito ao sigilo, sendo possível, contudo, a quebra do sigilo bancário

(A) mediante requisição de informações bancárias, efetuada no âmbito de procedimento administrativo-fiscal.
(B) desde que haja a oitiva do investigado em contraditório, ou seja, não sendo cabível na fase inquisitorial do processo.

(C) mediante ordem judicial, amparada em elementos probatórios que permitam individualizar o investigado e o objeto da investigação.

(D) excepcionalmente, nas hipóteses previstas no Código Civil e no Código Tributário Nacional.

(E) no âmbito da justiça federal, tão somente, excluída a competência da justiça comum estadual, face à natureza dos estabelecimentos bancários.

A quebra de sigilo poderá ser decretada, mediante ordem judicial, quando necessária para apuração de ocorrência de qualquer ilícito, em qualquer fase do inquérito ou do processo judicial (art. 1º, § 4º, art. 3º, da Lei Complementar 105/2001). A jurisprudência estabeleceu que a quebra do sigilo deve atender ao interesse público, respeitar o princípio da proporcionalidade e observar alguns requisitos, como a motivação da decisão, pertinência temática com o que se investiga, necessidade absoluta da medida, individualização do investigado e existência de limitação temporal do objeto da medida. De acordo com entendimento do STF, *"para que a medida excepcional da quebra de sigilo bancário não se descaracterize em sua finalidade legítima, torna-se imprescindível que o ato estatal que a decrete, além de adequadamente fundamentado, também indique, de modo preciso, dentre outros dados essenciais, os elementos de identificação do correntista (notadamente o número de sua inscrição no CPF) e o lapso temporal abrangido pela ordem de ruptura dos registros sigilosos mantidos por instituição financeira"* (HC 84.758, Rel. Min. Celso de Mello, P, j. 25-5-2006).

No que tange à solicitação de informações bancárias no âmbito de procedimento administrativo-fiscal (art. 5º da LC 105/2001; art. 198, § 1º, II, e § 2º, do CTN), o STF entendeu que não se trata de quebra de sigilo, mas, sim, de transferência de informações sigilosas no âmbito da Administração Pública, pois os dados sigilosos são transferidos de um determinado portador, que tem o dever de sigilo, para outro, que mantém a obrigação de sigilo, permanecendo resguardadas a intimidade e a vida privada do correntista (ADI 2859, Rel. Min. Dias Toffoli, Tribunal Pleno, julgado em 24-02-2016).

Gabarito "C".

(Soldado – PM/SP – 2018 – VUNESP) A Constituição Federal de 1988 prevê, entre seus direitos e garantias fundamentais, que

(A) são admissíveis, no processo criminal, as provas obtidas por meios ilícitos, se comprovada a boa-fé da autoridade policial.

(B) a prática do racismo constitui crime inafiançável e imprescritível, sujeito à pena de reclusão, nos termos da lei.

(C) constituem crimes inafiançáveis e imprescritíveis a prática de tortura, o tráfico ilícito de entorpecentes e drogas afins e o terrorismo.

(D) a lei considerará crimes inafiançáveis e insuscetíveis de graça ou anistia os crimes contra a Administração Pública.

(E) é reconhecida a instituição do júri, com a organização que lhe der a lei, sendo-lhe assegurada a competência para o julgamento dos crimes hediondos.

A: incorreta, pois são inadmissíveis, no processo, as provas obtidas por meios ilícitos, independentemente da boa-fé da autoridade policial (art. 5º, LVI, da CF); B: correta, nos termos do art. 5º, XLII, da CF; C: incorreta, pois constitui crime inafiançável e imprescritível a ação de grupos armados, civis ou militares, contra a ordem constitucional e o Estado Democrático (art. 5º, XLIV, da CF); D: incorreta, porque a lei considerará crimes inafiançáveis e insuscetíveis de graça ou anistia a prática da tortura, o tráfico ilícito de entorpecentes e drogas afins, o terrorismo e os definidos como crimes hediondos (art. 5º, XLIII, da CF); E: incorreta, pois a Constituição assegura ao Tribunal do Júri a competência para o julgamento dos crimes dolosos contra a vida (art. 5º, XXXVIII, d, da CF).

Gabarito "B".

5.2. Remédios constitucionais

(Procurador/PA – CESPE – 2022) No que diz respeito aos denominados remédios constitucionais, assinale a opção correta.

(A) Uma vez impetrado *habeas corpus* para cessar violência ou coação à liberdade de locomoção de alguém, não pode o impetrante desistir da ação, pois isso representaria violação de direitos fundamentais consagrados constitucionalmente.

(B) O mandado de segurança pode ser proposto por qualquer cidadão e tem por finalidade a anulação ou declaração de nulidade de atos lesivos ao patrimônio público, seja tal patrimônio da União, de estado, do Distrito Federal, de município, de empresa pública, de sociedade de economia mista ou de entidade autárquica.

(C) O *habeas corpus* preventivo é aquele utilizado para afastar ameaça à liberdade de locomoção, ao passo que o *habeas corpus* repressivo é impetrado quando a pessoa pensa que está sofrendo violência ou coação em sua liberdade de locomoção. Por isso, o *habeas corpus* preventivo é chamado, também, de *habeas corpus* real, enquanto o *habeas corpus* repressivo é designado como *habeas corpus* putativo.

(D) O mandado de segurança coletivo e o mandado de injunção coletivo são institutos análogos, pois ambos objetivam a proteção de direito líquido e certo não amparado por *habeas corpus* ou *habeas data*, mas se diferenciam na ordem constitucional, uma vez que o mandado de injunção coletivo é utilizado, entre outras finalidades, para afastar ou corrigir abuso de poder ou ilegalidade contra direito líquido e certo que sejam praticados por autoridade ou agentes no exercício de função pública.

(E) O *habeas data*, além de assegurar o acesso a informações relativas à pessoa do impetrante que constem de registros ou bancos de dados de entidades governamentais ou que sejam de caráter público, serve, ainda, para retificar dados, quando não se preferir fazê-lo por processo sigiloso, de cunho administrativo ou judicial.

E: correta. Essas finalidades do *habeas data* estão previstas no art. 5º, LXXII, da CF, sendo que a Lei nº 9.507/1997, que regula e disciplina rito processual desse remédio constitucional as ampliou prescrevendo que é cabível também para a anotação nos assentamentos do interessado, de contestação ou explicação sobre dado verdadeiro, mas justificável e que esteja sob pendência judicial ou amigável (art. 7º, III).

Gabarito "E".

(Delegado/MG – 2021 – FUMARC) Centenas de delegados civis do Estado ZW reuniram-se na sede do Sindicato dos Delegados local, representante dos interesses dessa categoria. O sindicato está legalmente constituído e em funcionamento há três anos.

Depois de longo período sem reajustes na sua remuneração, em assembleia geral convocada especialmente para deliberar a respeito das medidas a serem adotadas pelos sindicalizados, decidiram adotar providências concernentes a manifestações de rua, em frente à Assembleia Legislativa, de maneira pacífica e organizada.

Ao ser comunicado sobre as reuniões acima, o Governador de Estado respondeu ao Sindicato dos Delegados que as estava indeferindo, dando ordem expressa para que elas não fossem realizadas.

Dentre os remédios constitucionais abaixo, o adequado à iniciativa do Sindicato, para assegurar os direitos dos filiados, sem necessidade de dilação e instrução probatórias, é:

(A) Ação Popular.
(B) Mandado de Injunção coletivo.
(C) Mandado de Segurança coletivo.
(D) Mandado de Segurança individual.

A: incorreta. A *ação popular* tem por objetivo anular ato lesivo ao patrimônio público ou de entidade de que o Estado participe, à moralidade administrativa, ao meio ambiente e ao patrimônio histórico e cultural (art. 5º, LXXIII, da CF). Por meio dessa ação o exercício da cidadania é promovido. Nessa ação há dilação e instrução probatória; **B:** incorreta. O *mandado de injunção* tem como objetivo atuar na inércia do legislador, ou seja, visa combater a omissão normativa que inviabiliza o exercício dos direitos e liberdades constitucionais e das prerrogativas inerentes à nacionalidade, à soberania e à cidadania; **C:** correta. De fato, o *mandado de segurança coletivo é o remédio adequado* à iniciativa do Sindicato, para assegurar os direitos dos filiados, sem necessidade de dilação e instrução probatórias. Sua finalidade é resguardar direito líquido e certo contra abuso de poder ou ilegalidade, praticado por autoridade pública ou por quem lhe faça as vezes, desde que tal direito não esteja protegido por *habeas corpus* ou *habeas data*. As manifestações de rua, em frente à Assembleia Legislativa, de maneira pacífica e organizada, podem ser realizadas (5º, XVI, da CF - direito de reunião). Como há ordem expressa para não realização (prova pré-constituída) e o sindicato legalmente constituído tem legitimidade para assegurar os direitos dos filiados, o remédio a ser impetrado é o mandado de segurança coletivo (art. 5º, LXX, "b"). BV
Gabarito "C".

(Procurador Município – Santos/SP – VUNESP – 2021) Considerando a doutrina e jurisprudência a respeito do Mandado de Segurança, é correto afirmar que

(A) é admitido contra lei ou decreto de efeitos concretos, assim entendidos aqueles que trazem em si mesmos o resultado específico pretendido, tais como as leis que criam municípios ou desmembram distritos.
(B) não está previsto para a defesa de direitos individuais subjetivos, mas deverá ser impetrado na defesa de interesse de uma categoria, classe ou grupo, independentemente da autorização dos associados.
(C) o Estado membro dispõe de legitimação para propor mandado de segurança coletivo contra a União em defesa de supostos interesses da população residente na unidade federada.
(D) não pode ser interposto por parlamentar com a finalidade específica de coibir atos praticados no processo de aprovação de emendas constitucionais que não se compatibilizam com o processo legislativo constitucional.
(E) não pode ser proposto por diferentes órgãos públicos despersonalizados, tais como as Presidências das Mesas dos Legislativos, ainda que tenham prerrogativas ou direitos próprios a defender.

A: Correta. Conforme pondera a doutrina: "pela **Súmula 266 do STF**, 'não cabe mandado de segurança contra lei em tese'; mas esta proibição não atinge norma que veicule autênticos atos administrativos, os quais estejam produzindo efeitos concretos individualizados" (BULOS, Uadi Lammêgo. *Curso de direito constitucional*. São Paulo: Saraiva, 2007, p. 579. Grifos no original). **B:** Incorreta. O mandado de segurança está previsto para a defesa de direitos individuais (CF, art. 5º, LXIX) e para a defesa de direito coletivo (CF, art. 5º LXX). **C:** Incorreta. A legitimidade ativa do mandado de segurança coletivo é do partido político com representação no Congresso Nacional, organização sindical, entidade de classe ou associação legalmente constituída e em funcionamento há pelo menos um ano em defesa dos interesses de seus membros ou associados (CF, art. 5º LXX). **D:** Incorreta. Segundo a doutrina: "O Supremo Tribunal Federal admite a legitimidade do parlamentar para impetrar mandado de segurança com a finalidade de coibir atos praticados no processo de aprovação de lei ou emenda constitucional incompatíveis com disposições constitucionais que disciplinam o processo legislativo. Se trata de hipótese excepcional de apreciação de constitucionalidade de modo preventivo pelo guardião da Constituição Federal" (LAZARI, Rafael de. *Direito constitucional*. 6. ed. Belo Horizonte: D'Plácido, 2022, p. 632). **E:** Incorreta. A doutrina aponta que: "Além das pessoas física ou jurídicas, nacionais ou estrangeiras, os **órgãos públicos despersonalizados** são dotados de capacidade processual e podem impetrar o mandado de segurança individual, como as chefias dos Executivos federal, estadual, distrital ou municipal, as Presidências das Mesas dos Legislativos, Presidência dos Tribunais, a Presidência do Tribunal de Contas, o Ministério Público e os demais órgãos da Administração Pública que tenham direitos a defender fundamentados no *writ* constitucional" (LAZARI, Rafael; NISHIYAMA, Adolfo Mamoru. *Processo constitucional*. 4. ed. Belo Horizonte: D'Plácido, 2022, p. 213. Grifos no original). AMN
Gabarito "A".

(Magistratura/SP – 2021) A respeito do Mandado de Segurança, ação constitucional assegurada contra ato ilegal ou abusivo praticado por autoridade, restou sumulado:

(A) compete à turma recursal processar e julgar o mandado de segurança contra ato de juizado especial.
(B) a entidade de classe tem legitimidade para o mandado de segurança apenas quando a pretensão veiculada interesse a toda a respectiva categoria.
(C) pedido de reconsideração na esfera administrativa interrompe o prazo para o mandado de segurança.
(D) compete ao Supremo Tribunal Federal conhecer originalmente de mandados de segurança contra atos de outros Tribunais.

A: correta. A turma recursal é que tem competência para processar e julgar Mandado de Segurança contra ato de juizado especial, conforme previsto na Súmula 376 do STJ. AN
Gabarito "A".

(Juiz de Direito - TJ/AL - 2019 – FCC) Quanto ao remédio constitucional mandado de segurança,

(A) permite-se a fungibilidade com a ação civil pública ou como sucedâneo da ação popular, na proteção de direitos coletivos.
(B) não admite o litisconsórcio ativo, sendo o litisconsórcio passivo causa de extinção da ação mandamental.
(C) o pedido de reconsideração na esfera administrativa interrompe o prazo decadencial para sua impetração.
(D) os representantes ou órgãos de partidos políticos e os dirigentes de estabelecimento de ensino superior são considerados autoridade coatora para o fim de legitimidade passiva do mandado de segurança.

(E) denegada a segurança, é descabido o uso de ação própria pelo requerente.

A: incorreta, visto que o mandado de segurança segue rito sumário e possui legitimados, prazo e objeto diferentes da ação civil pública e da ação popular, não se podendo falar em fungibilidade ou substituição entre essas ações. De acordo com a jurisprudência reiterada do STF, o mandado de segurança não pode ser utilizado como sucedâneo da ação popular (MS 33844 MC-AgR, Relator: Min. Celso de Mello, Tribunal Pleno, julgado em 28/10/2015), entendimento que se encontra consubstanciado na Súmula 101 do STF: "*O mandado de segurança não substitui a ação popular*"; **B:** incorreta, porque o mandado de segurança admite o litisconsórcio ativo, conforme previsão contida no art. 10, § 2º, da Lei 12.016/2009 ("*O ingresso de litisconsorte ativo não será admitido após o despacho da petição inicial*"). Também não há vedação ao litisconsórcio passivo, sendo, inclusive, obrigatório em algumas hipóteses, conforme prevê a Súmula 631 do STF: "*Extingue-se o processo de mandado de segurança se o impetrante não promove, no prazo assinado, a citação do litisconsorte passivo necessário*"; **C:** incorreta, haja vista que o pedido de reconsideração na via administrativa não interrompe o prazo para o mandado de segurança (Súmula 430 do STF). Nesse sentido, é firme a jurisprudência do STJ no sentido de que "*os recursos administrativos não possuem o condão de impedir o início do prazo decadencial para manejo do mandado de segurança, tampouco o suspende ou interrompe*" (AgInt no RMS 54.552/SP, Rel. Ministro Francisco Falcão, Segunda Turma, julgado em 13/11/2018); **D:** correta, de acordo com a previsão do art. 1º, § 1º, da Lei 12.016/2009; **E:** incorreta, pois a sentença ou o acórdão que denegar mandado de segurança, sem decidir o mérito, não impedirá que o requerente, por ação própria, pleiteie os seus direitos e os respectivos efeitos patrimoniais (art. 19 da Lei 12.016/2009). Gabarito "D".

(Juiz de Direito – TJ/RJ – 2019 – VUNESP) Com relação ao instituto do mandado de segurança, é correto afirmar que

(A) Do indeferimento da inicial pelo juiz de primeiro grau caberá agravo e, quando a competência para o julgamento do mandado de segurança couber originariamente a um dos tribunais, do ato do relator caberá agravo para o órgão competente do tribunal que integre.

(B) A decisão denegatória do *writ* em primeira instância, ainda que tenha apreciado o mérito da demanda, não impede que um novo pedido de mandado de segurança seja renovado, desde que dentro do prazo decadencial.

(C) O pagamento de vencimentos e vantagens pecuniárias assegurados em sentença concessiva de mandado de segurança a servidor público da administração direta ou autárquica federal, estadual e municipal somente será efetuado relativamente às prestações que se vencerem a contar da data da sentença.

(D) Das decisões em mandado de segurança proferidas em única instância pelos tribunais cabe recurso especial e extraordinário, nos casos legalmente previstos, e recurso ordinário, quando a ordem for concedida.

(E) Não será concedida medida liminar que tenha por objeto a compensação de créditos tributários, a entrega de mercadorias e bens provenientes do exterior, a reclassificação ou equiparação de servidores públicos e a concessão de aumento ou a extensão de vantagens ou pagamento de qualquer natureza.

A: incorreta, pois é caso de apelação. **B:** incorreta, porque impede sim, caso tenha sido apreciado o mérito (artigo 6º, § 6º, da Lei do Mandado de Segurança). **C:** errada, pois serão das prestações a partir do ajuizamento da inicial (Artigo 14, § 4º, da Lei do MS). **D:** errada, porque será hipótese de quando a ordem for denegada. **E:** correta, artigo 7º, § 2º, da Lei 12.016/09. Gabarito "E".

(Procurador do Município – S.J. Rio Preto/SP – 2019 – VUNESP) O Chefe do Departamento de Recursos Humanos da Prefeitura Municipal de São José do Rio Preto, sem qualquer motivo legal, recusou-se a fornecer para João, funcionário público municipal, a sua certidão de tempo de serviço que é necessária para pedir a sua aposentadoria. Nesse caso, e a fim de garantir seus direitos, João poderá

(A) recorrer ao Ministério Público.

(B) propor ação civil pública.

(C) propor ação popular.

(D) impetrar o mandado de injunção.

(E) impetrar o mandado de segurança individual.

Correta é a letra E, pois trata-se de direito líquido e certo da pessoa do impetrante. A obtenção de certidões para a defesa de direitos é um direito líquido e certo, tanto que não seria caso de *habeas data*, ainda que não tenha tal alternativa. Letras A, B e D desconexas com o enunciado, logo, erradas. Letra C equivocada, pois não é caso de ofensa à moralidade administrativa. Gabarito "E".

(Promotor de Justiça/PR – 2019 – MPE/PR) Sobre o mandado de segurança, é *correto* afirmar:

(A) O pagamento de vencimentos e vantagens pecuniárias assegurados em sentença concessiva de mandado de segurança a servidor público da administração direta ou autárquica federal, estadual e municipal somente será efetuado relativamente às prestações que se vencerem a contar do trânsito em julgado, não produzindo efeitos patrimoniais em relação a período pretérito, os quais devem ser reclamados administrativamente ou pela via judicial própria.

(B) O mandado de segurança não constitui ação adequada para a declaração do direito à compensação tributária.

(C) O mandado de segurança coletivo pode ser impetrado por partido político com representação no Congresso Nacional, na defesa de seus interesses legítimos relativos a seus integrantes ou à finalidade partidária, ou por organização sindical, entidade de classe ou associação legalmente constituída e em funcionamento há, pelo menos, 1 (um) ano, em defesa de direitos líquidos e certos da totalidade dos seus membros ou associados, na forma dos seus estatutos e desde que pertinentes às suas finalidades, dispensada, para tanto, autorização especial.

(D) A errônea indicação da autoridade coatora pode ser corrigida mediante utilização da teoria da encampação, quando presentes, cumulativamente, os seguintes requisitos: a) existência de vínculo hierárquico entre a autoridade que prestou informações e a que ordenou a prática do ato impugnado; b) manifestação a respeito do mérito nas informações prestadas; e c) ausência de modificação de competência estabelecida na Constituição Federal.

(E) É de 5 (cinco) dias o prazo para interposição de agravo contra decisão do Presidente do Tribunal de

Justiça, que defere pedido de suspensão de liminar, a requerimento de pessoa jurídica de direito público interessada ou do Ministério Público e para evitar grave lesão à ordem, à saúde, à segurança e à economia públicas.

A: incorreta, porque os efeitos patrimoniais serão a partir da data da impetração do mandado de segurança. **B:** incorreta, conforme Súmula 213, do STJ, logo, sendo ação adequada para a declaração do direito à compensação tributária. **C:** incorreta, pois não apenas em face da totalidade dos seus membros. **E:** incorreta, uma vez que o prazo é de 15 dias. AB
„Gabarito "D".

(Escrevente – TJ/SP – 2018 – VUNESP) Conforme dispõe expressamente o texto constitucional, são gratuitas as ações de

(A) mandado de segurança e mandado de segurança coletivo.
(B) mandado de segurança e habeas corpus.
(C) mandado de segurança e habeas data.
(D) habeas corpus e mandado de injunção.
(E) habeas corpus e habeas data.

De acordo com o art. 5°, LXXVII, da CF, são gratuitas as ações de *habeas corpus* e *habeas data*. AN
„Gabarito "E".

(Escrevente – TJ/SP – 2018 – VUNESP) Em relação à Ação Popular, é correto afirmar que

(A) haverá pagamento de custas pelo autor no caso de nova ação.
(B) serão devidas as custas, desde que comprovada a má-fé do autor.
(C) a improcedência por carência de provas evidencia a má-fé do autor da ação popular.
(D) a improcedência torna devidos os honorários de sucumbência.
(E) serão devidas as custas judiciais e ônus de sucumbência.

De acordo com o art. 5°, LXXIII, da CF, qualquer cidadão é parte legítima para propor ação popular que vise a anular ato lesivo ao patrimônio público ou de entidade de que o Estado participe, à moralidade administrativa, ao meio ambiente e ao patrimônio histórico e cultural, ficando o autor, **salvo comprovada má-fé**, isento de custas judiciais e do ônus da sucumbência. AN
„Gabarito "B".

5.3. Teoria geral dos diretos fundamentais

(Delegado/RJ – 2022 – CESPE/CEBRASPE) O *caput* do art. 5.°, iniciando o Título II da Constituição Federal de 1988, referente aos direitos e garantias fundamentais, estabelece, de forma expressa, que todos são iguais perante a lei, sem distinção de qualquer natureza, garantindo-se aos brasileiros e aos estrangeiros residentes no Brasil determinados direitos. A respeito desse assunto, assinale a opção correta.

(A) Embora o ordenamento jurídico estabeleça que as pessoas jurídicas são detentoras de personalidade jurídica, o texto constitucional garante a plenitude de direitos apenas às pessoas físicas. Sendo assim, as pessoas jurídicas têm seus direitos garantidos apenas com base na legislação infraconstitucional.

(B) O texto constitucional é claro ao prever que apenas os estrangeiros residentes no Brasil dispõem de todos os direitos garantidos aos brasileiros. Assim, os estrangeiros não residentes no Brasil estarão submetidos apenas ao ordenamento jurídico de seu país de origem.

(C) Os direitos e garantias fundamentais destinam-se à proteção do ser humano em sua totalidade. Assim, uma interpretação teleológica e lógico-sistemática permite afirmar que os direitos e garantias fundamentais têm como destinatários não apenas os brasileiros, mas também os estrangeiros, residentes ou não no Brasil, e apátridas, caso se encontrem dentro do território nacional.

(D) Decisão recente do Supremo Tribunal Federal reconhece como beneficiários dos direitos e garantias fundamentais acolhidos pela Constituição Federal de 1988 não somente os brasileiros e estrangeiros residentes no Brasil, mas também os estrangeiros de passagem pelo território brasileiro, desde que haja, nesse caso, tratado internacional entre o Brasil e o país de origem do estrangeiro, para que ele tenha preservados seus direitos.

(E) Uma análise sistematizada do texto constitucional permite afirmar que os estrangeiros não residentes no Brasil são detentores de direitos, limitados, no entanto, àqueles que dizem respeito à vida e à integridade física, em razão do que dispõe o inciso III do art. 1.° da Carta Política, ao tratar da dignidade da pessoa humana como princípio fundamental da República Federativa do Brasil.

A: incorreta. A doutrina aponta que: "Não há, em princípio, impedimento insuperável a que pessoas jurídicas venham, também, a ser consideradas titulares de direitos fundamentais, não obstante estes, originalmente, terem por referência a pessoa física. Acha-se superada a doutrina de que os direitos fundamentais se dirigem apenas às pessoas humanas. Os direitos fundamentais suscetíveis, por sua natureza, de serem exercidos por pessoas jurídicas podem tê-las por titular. Assim, não haveria por que recusar às pessoas jurídicas as consequências do princípio da igualdade, nem o direito de resposta, o direito de propriedade, o sigilo de correspondência, a inviolabilidade de domicílio, as garantias do direito adquirido, do ato jurídico perfeito e da coisa julgada." (MENDES, Gilmar Ferreira; BRANCO, Paulo Gustavo Gonet. *Curso de direito constitucional*. 8 ed. São Paulo: Saraiva, 2013, p. 171-172); **B:** incorreta. Os estrangeiros não-residentes no Brasil também estão protegidos pelos direitos fundamentais. Nesse sentido: "a interpretação do art. 5°, *caput*, da CF, deve ser feita pelo método sistemático e finalístico. Assim, um estrangeiro em trânsito no país (portanto, não-residente) também poderá invocar as liberdades constitucionais, desde que entre em contato com o direito brasileiro. Os direitos fundamentais visam à ampla proteção do ser humano (nacional ou estrangeiro), tanto é que referida norma prega que 'todos são iguais perante a lei, sem distinção de qualquer natureza'. Assim, os estrangeiros que estão em passagem pelo território nacional são também destinatários dos direitos fundamentais, uma vez que entram em contato com o ordenamento jurídico brasileiro." (NISHIYAMA, Adolfo Mamoru. Remédios constitucionais. Barueri: Manole, 2004, p. 81-82); **C:** correta. É o que aponta a doutrina: "Os direitos fundamentais têm um forte sentido de proteção do ser humano, e mesmo o próprio *caput* do art. 5° faz advertência de que essa proteção realiza-se 'sem distinção de qualquer natureza'. Logo, a interpretação sistemática e finalística do texto constitucional não deixa dúvidas de que os direitos fundamentais destinam-se a todos os indivíduos, independentemente de sua nacionalidade ou situação no Brasil. Assim, um turista (estrangeiro não residente) que seja vítima de uma arbitrariedade policial, por evidente, poderá utilizar-se do *habeas corpus* para proteger o seu direito de locomoção." (ARAUJO, Luiz Alberto David; NUNES JÚNIOR, Vidal Serrano. Curso de direito constitucional. 21. ed. São Paulo: Verbatim, 2016, p. 171); **D**: incorreta. Não há necessidade de tratado internacional entre o Brasil e o país de origem do estrangeiro, para que ele tenha preservados seus direitos. Nesse sentido: STF – HC nº 74.051-3 – Rel. Min. Marco Aurélio, *Informativo STF* nº 45; **E**: incorreta. Ver os comentários B e C. AMN

Gabarito "C".

(Delegado/RJ – 2022 – CESPE/CEBRASPE) Com relação ao direito à igualdade, expressamente previsto no art. 5.º da Constituição Federal de 1988, assinale a opção correta.

(A) Para garantir a efetividade do princípio da igualdade, a Constituição Federal de 1988 não prevê nenhuma norma que trate homens e mulheres de maneira diferenciada. O mencionado princípio da igualdade deve ser considerado de forma absoluta, não se admitindo, em nenhuma hipótese, qualquer forma de diferenciação entre os sexos.

(B) O princípio constitucional da igualdade está direcionado exclusivamente ao legislador, pois o Poder Legislativo é o responsável pela formatação do ordenamento jurídico a partir das regras estabelecidas no art. 59 e seguintes da Constituição Federal de 1988.

(C) O princípio da igualdade está direcionado exclusivamente aos órgãos da administração pública, considerando-se ser ela a responsável por aplicar o ordenamento jurídico no caso concreto, mediante atos administrativos, visando à realização do interesse público.

(D) Embora o princípio da igualdade esteja direcionado a toda a administração pública, é possível que, em determinadas situações, mesmo que não haja um motivo legitimador, ocorram certas diferenciações na seleção de candidatos a ocuparem cargos públicos. Nesse caso específico, a administração pública disporá de discricionariedade ilimitada para escolher os candidatos mais aptos, observando que os agentes públicos que ocupam cargos na estrutura do Estado são os responsáveis pela realização do interesse público.

(E) Analisando-se o princípio da igualdade com relação ao particular, verifica-se que este não poderá tratar os demais membros da sociedade de maneira discriminatória, atingindo direitos fundamentais por meio de condutas preconceituosas, sob pena de responsabilização civil e até mesmo criminal, quando o ato for tipificado como crime. Assim, é vedado ao particular, na contratação de empregados, por exemplo, utilizar qualquer critério discriminatório com relação a sexo, idade, origem, raça, cor, religião ou estado civil.

A: incorreta. Pelo contrário, para a efetivação do princípio da isonomia há a necessidade, muitas vezes, de se fazer a diferenciação entre os direitos dos homens e das mulheres. É o que ocorre, por exemplo, com o art. 201, § 7º, inciso I, da CF, que assegura aposentadoria no regime geral de previdência social, nos termos da lei, obedecidas certas condições, entre as quais: 65 (sessenta e cinco) anos de idade, se homem, e 62 (sessenta e dois) anos de idade, se mulher, observado tempo mínimo de contribuição; **B**: incorreta. O princípio constitucional da isonomia não está direcionado exclusivamente ao legislador, mas também à administração pública e ao particular; **C**: incorreta. Ver o comentário anterior; **D**: incorreta. Essa alternativa é totalmente ilógica, pois diz que "é possível que, em determinadas situações, mesmo que não haja um motivo legitimador, ocorram certas diferenciações na seleção de candidatos a ocuparem cargos públicos". Pelo contrário, deve haver motivo legitimador para que ocorram certas diferenciações, como, por exemplo, o art. 37, inciso VIII, da CF, que prevê a reserva legal de percentual dos cargos e empregos públicos para as pessoas com deficiência. Além disso, não há "discricionariedade ilimitada para escolher os candidatos mais aptos"; **E**: correta. A doutrina aponta que: "A Lei n.9.029, de 13 de abril de 1995, proíbe a exigência de atestados de gravidez e esterilização, e outras práticas discriminatórias, para efeitos admissionais ou de permanência de relação jurídica de trabalho. Veda, também, a adoção de qualquer prática discriminatória e limitativa para efeito de acesso a relação de emprego, ou sua manutenção, por motivo de sexo, origem, raça, cor, estado civil, situação familiar ou idade." (BULOS, Uadi Lammêgo. *Curso de direito constitucional*. São Paulo: Saraiva, 2007, p. 421). AMN

Gabarito "E".

(Delegado/RJ – 2022 – CESPE/CEBRASPE) A respeito da figura denominada Estado de coisas inconstitucional, é correto afirmar que

(A) não se trata de medida reconhecida pela jurisprudência do Supremo Tribunal Federal, que apenas admite o controle judicial de políticas públicas por meio de ações individuais ou coletivas, mas não controle por controle concentrado de constitucionalidade.

(B) encontra fundamento nos casos de inadimplemento reiterado de direitos fundamentais pelos poderes do Estado, sem que haja possibilidade de remédio para vias tradicionais, ocasião em que o tribunal assume o papel de coordenador de políticas públicas por meio da denominada tutela estruturante.

(C) é um dos mecanismos do sistema constitucional de crises, figurando ao lado do Estado de Defesa e do Estado de Sítio, que somente pode ser instaurado após a convocação do Conselho da República, e permite a suspensão de certos direitos fundamentais, como o da liberdade de locomoção.

(D) é medida importada do Tribunal Constitucional da Colômbia, por meio do qual o Supremo Tribunal Federal declara a existência de uma violação massiva a direitos fundamentais, mas que se restringe a papel exclusivamente simbólico.

(E) a declaração do Estado de coisas inconstitucional é inviável em sede de controle concentrado de constitucionalidade, tendo-se em vista que, nesse modelo, somente se aprecia o conteúdo da lei em tese em face do parâmetro constitucional.

A jurisprudência do STF reconhece o estado de coisas inconstitucional. Nesse sentido, destaque-se o seguinte trecho do voto-vista proferido pelo Ministro Luís Roberto Barroso no RE 580252/MS: "Na mesma linha das experiências da Corte Europeia de Direitos Humanos e do Judiciário norte-americano, a Corte Constitucional da Colômbia produziu um mecanismo de intervenção jurisdicional para lidar com falhas estruturais de políticas públicas que impliquem violações massivas e contínuas de direitos e que decorram de omissões prolongadas das autoridades estatais. Trata-se da categoria do 'estado de coisas inconstitucional'. Quando a Corte colombiana reconhece e declara a existência de um estado de coisas contrário à Constituição, ela passa a atuar diretamente na formulação de políticas públicas, definindo metas e linhas de ação a serem implementadas por diferentes instâncias de poder. Nesses casos, em geral, a Corte designa uma autoridade para fiscalizar a execução da decisão, de modo que a atuação judicial não se encerra com a prolação da decisão, mas se protrai até que as diversas autoridades levem a cabo as determinações da Corte." (STF – RE 580252/MS – Pleno – Redator do acórdão Min. Gilmar Mendes – DJe 11/09/2017). Por outro turno, a doutrina assevera que se trata "de instrumento que credencia o Poder Judiciário como 'coordenador institucional' de uma reforma estrutural que implica na articulação de uma pluralidade de órgãos estatais para superação de bloqueios institucionais ou políticos. Nesse sentido, o Judiciário torna-se um incentivador que, por meio de sua atuação, busca a efetivação substancial de políticas públicas, mantendo a jurisdição sobre o caso, mesmo após a decisão judicial, oportunidade em que, através de monitoramento, permite a ampliação do diálogo, prestação de contas, audiências públicas, tudo para garantir a superação do 'Estado de Coisas Inconstitucionais' declarado." (ANDRÉA, Gianfranco Faggin Mastro. Estado de coisas inconstitucional no Brasil. Rio de Janeiro: Lumen Juris, 2019, p. 85). AMN

Gabarito "B".

(Delegado/RJ – 2022 – CESPE/CEBRASPE) Com relação à teoria dos direitos fundamentais e à sua aplicação no direito constitucional brasileiro, assinale a opção correta.

(A) Segundo a jurisprudência, os direitos fundamentais são absolutos, inalienáveis e imprescritíveis, cabendo ao intérprete o dever de concordância prática para acomodar os eventuais conflitos entre eles.

(B) A superproteção conferida pelo art. 60, § 4.º, IV (direitos e garantias individuais), aos direitos fundamentais limita-se ao disposto no art. 5.º, da Constituição, em deferência ao princípio democrático.

(C) Os tratados internacionais de direitos humanos, após a EC n.º 45/2004, devem seguir o mesmo procedimento de emenda à Constituição para que possam ser incorporados ao direito brasileiro.

(D) Os direitos fundamentais de primeira geração (ou dimensão) são denominados de direitos sociais, que demandam um *fazer* por parte do Estado, e foram inaugurados com as revoluções burguesas do século XVIII.

(E) O método de solução de conflitos entre direitos fundamentais constitucionalmente previstos, em caso de colisão, é a ponderação de interesses; o legislador, contudo, por força do princípio democrático, pode resolver conflitos por meio da lei, efetuando a ponderação em abstrato.

A: incorreta. Os direitos fundamentais são inalienáveis e imprescritíveis, mas não são absolutos; B: incorreta. O § 1º do art. 5º da CF prevê que: "Os direitos e garantias expressos nesta Constituição não excluem outros decorrentes do regime e dos princípios por ela adotados, ou dos tratados internacionais em que a República Federativa do Brasil seja parte."; C: incorreta. Nem todos os tratados internacionais de direitos humanos precisam seguir o procedimento previsto no § 3º do art. 5º da CF. Aqueles tratados de direitos humanos que não seguirem esse procedimento terão *status* de normas supralegais; D: incorreta. Os direitos fundamentais de primeira geração ou dimensão são os direitos civis e políticos. Já os direitos sociais são de segunda geração ou dimensão; E: correta. É possível a resolução de conflitos entre direitos fundamentais por meio de ponderações, razoabilidade ou proporcionalidade. AMN

Gabarito "E".

(Delegado/RJ – 2022 – CESPE/CEBRASPE) Acerca dos direitos fundamentais, assinale a opção correta.

(A) A fundamentalidade material dos direitos fundamentais decorre da circunstância de serem os direitos fundamentais elemento constitutivo da Constituição material, contendo decisões fundamentais sobre a estrutura básica do Estado e da sociedade.

(B) A noção da fundamentalidade material não permite a abertura da Constituição a outros direitos fundamentais não constantes do seu texto.

(C) A noção da fundamentalidade formal não permite a abertura da Constituição a outros direitos fundamentais não constantes do seu texto.

(D) A fundamentalidade material não possui aplicabilidade imediata.

(E) A noção da fundamentalidade formal dos direitos fundamentais não os submete aos limites formais e materiais do poder de reforma constitucional.

A constituição material é aquela que possui apenas as normas com conteúdo e substância tipicamente constitucional, como a estrutura do Estado, forma de governo, separação de Poderes e direitos fundamentais. A constituição formal, por sua vez, "é o conjunto de normas que se situa num plano hierarquicamente superior a outras normas. Dessa forma, pouco importa o conteúdo, mas a formalização (em posição hierárquica superior) desse conjunto de normas." (ARAUJO, Luiz Alberto David; NUNES JÚNIOR, Vidal Serrano. Curso de direito constitucional. 21. ed. São Paulo: Verbatim, 2016, p. 33). AMN

Gabarito "A".

(Procurador/PA – CESPE – 2022) Acerca dos direitos fundamentais individuais expressos na Constituição Federal de 1988 (CF), assinale a opção correta.

(A) Uma das dimensões dos direitos fundamentais individuais é a sua concepção como direitos de defesa, ou seja, esses direitos asseguram uma esfera de liberdade individual contra qualquer interferência estatal vinda do Poder Executivo, do Poder Legislativo ou do Poder Judiciário.

(B) A concepção dos direitos fundamentais como direitos de defesa limita o poder estatal, assegurando ao indivíduo uma esfera de liberdade e, concomitantemente, um direito subjetivo para evitar interferência indevida ou eliminar agressão no âmbito de proteção do direito fundamental.

(C) No que diz respeito ao dever de proteção, não se pode impor ao Estado uma obrigação de proibir determinadas condutas de agressão a direitos fundamentais, pois isso representaria uma inadmissível ingerência estatal na esfera de liberdade das pessoas.

(D) Uma vez assegurada sua dimensão de direitos de defesa, os direitos fundamentais individuais podem ser considerados efetivamente protegidos, não se exigindo mais nenhuma obrigação estatal para criar as condições necessárias ao exercício concreto daqueles direitos constitucionalmente garantidos.

(E) Os direitos fundamentais asseguram a liberdade individual contra intervenção ilegítima do poder público; por conseguinte, a falta de lei não pode ser considerada afrontosa aos direitos fundamentais.

A doutrina ensina que: "Os direitos de defesa caracterizam-se por impor ao Estado um dever de abstenção, um dever de não interferência, de não intromissão no espaço de autodeterminação do indivíduo. Esses direitos objetivam a limitação da ação do Estado. Destinam-se a evitar ingerência do Estado sobre os bens protegidos (liberdade, propriedade...) e fundamentam pretensão de reparo pelas agressões eventualmente consumadas" (MENDES, Gilmar Ferreira; BRANCO, Paulo Gustavo Gonet. *Curso de direito constitucional*. 8. ed. São Paulo: Saraiva, 2013, p. 158). AMN

Gabarito "B".

(**Promotor de Justiça/PR – 2019 – MPE/PR**) Sobre direitos fundamentais, é **correta** a afirmação:

(A) A caracterização de um direito como fundamental não é determinada apenas pela relevância do bem jurídico tutelado por seus predicados intrínsecos, mas também pela relevância que é dada a esse bem jurídico pelo constituinte, mediante atribuição da hierarquia correspondente (expressa ou implicitamente) e do regime jurídico-constitucional assegurado às normas de direitos fundamentais.
(B) O princípio da universalidade significa que todas as pessoas, pelo fato de serem pessoas, são titulares dos direitos fundamentais consagrados na Constituição, sendo ilegítima qualquer distinção entre nacionais e estrangeiros.
(C) O desfrute dos direitos fundamentais por parte dos brasileiros depende da efetiva residência em território brasileiro, pois a titularidade não depende exclusivamente do vínculo jurídico da nacionalidade.
(D) As pessoas jurídicas de direito público são titulares de direitos fundamentais apenas de cunho processual (por exemplo, o contraditório e a ampla defesa), sendo incompatíveis com sua natureza direitos de natureza estritamente material.
(E) Por serem dotadas de eficácia plena e de aplicabilidade direta, as normas de direitos fundamentais não estão sujeitas à regulamentação, sendo imunes à imposição de restrições e limitações.

B: incorreta, porque a própria CF faz distinção entre brasileiro nato e naturalizado, entre brasileiro e estrangeiro. C: incorreta, pois não requer a efetiva residência em território brasileiro (interpretação sistemática aplicada pelo STF). D: incorreta, pois não há tal restrição como, por exemplo, o direito de propriedade, direito a impetrar um remédio constitucional etc. E: incorreta, pois admite-se restrição na incidência como, por exemplo, a liberdade de ofício/profissão que admite regramento em lei. **AB**
Gabarito "A".

(**Promotor de Justiça/PR – 2019 – MPE/PR**) Ainda sobre direitos fundamentais, assinale a alternativa **incorreta**:

(A) Viola o princípio da isonomia a norma que veda o exercício da atividade de advocacia por aqueles que desempenham, direta ou indiretamente, serviço de caráter policial.
(B) Os cidadãos transgêneros têm direito à alteração de prenome e gênero diretamente no registro civil, cujos pedidos podem ser baseados unicamente no consentimento livre e informado pelo solicitante, independentemente da cirurgia de transgenitalização ou da realização de tratamentos hormonais ou patologizantes, sendo desnecessário qualquer requisito atinente à maioridade, ou outros que limitem a adequada e integral proteção da identidade de gênero autopercebida, constituindo a exigência da via jurisdicional limitante incompatível com essa proteção.
(C) É legítima a solicitação de informações pelo Ministério Público diretamente ao Conselho de Atividades Financeiras – COAF para instruir procedimento investigatório criminal, para apuração de crimes de lavagem, ocultação de bens, direitos e valores, prescindindo-se de autorização judicial.
(D) Dados obtidos em interceptação de comunicações telefônicas e em escutas ambientais, judicialmente autorizadas para produção de prova em investigação criminal ou em instrução processual penal, podem ser usados em procedimento administrativo disciplinar, contra a mesma ou as mesmas pessoas em relação às quais foram colhidos, ou contra outros servidores cujos supostos ilícitos teriam despontado à colheita dessa prova.
(E) A liberdade de expressão autoriza que os meios de comunicação optem por determinados posicionamentos e exteriorizem seu juízo de valor, bem como autoriza programas humorísticos, "charges" e sátiras realizados a partir de trucagem, montagem ou outro recurso de áudio e vídeo, como costumeiramente se realiza, não havendo nenhuma justificativa constitucional razoável para a interrupção durante o período eleitoral.

A é a única incorreta, conforme Informativo 735, do STF, uma vez que a vedação do exercício da advocacia por quem desempenha atividade policial (direta ou indireta) não afronta o princípio da isonomia. **AB**
Gabarito "A".

(**Juiz de Direito – TJ/RS – 2018 – VUNESP**) Assinale a alternativa que corretamente contempla um exemplo de aplicação do conceito de dimensão objetiva dos direitos fundamentais.

(A) Decisão do Supremo Tribunal Federal em que foi firmado o entendimento de que a revista íntima em mulheres em fábrica de lingerie, ou seja, empresa privada, constitui constrangimento ilegal.
(B) Habeas Corpus que se fundamenta no argumento de que a liberdade de um indivíduo suspeito da prática de infração penal somente pode sofrer restrições se houver decisão judicial devidamente fundamentada.
(C) A previsão da Constituição Federal que afirma que "é livre a expressão da atividade intelectual, artística, científica e de comunicação, independentemente de censura ou licença".
(D) Propositura de ação, com pedido de tutela de urgência, por indivíduo que pleiteia que o Poder Público forneça medicamentos dos quais necessita e não possui condições de adquirir.
(E) Mandado de injunção em que é questionada omissão normativa que inviabiliza o exercício de prerrogativas inerentes à nacionalidade, pleiteando-se decisão judicial que afaste as consequências da inércia do legislador.

A: correta. A decisão contempla a aplicação da **dimensão objetiva** dos direitos fundamentais, na medida em que reconhece o direito à intimidade como um valor essencial de natureza objetiva da Constituição, com eficácia em todo o ordenamento jurídico e que estabelece diretrizes para a atuação do Estado e para as relações entre particulares; B: incorreta. A hipótese contempla a aplicação da **dimensão subjetiva** dos direitos fundamentais, tendo em vista a possibilidade do titular garantir judicialmente a sua liberdade de locomoção em face da atuação do Estado; C: incorreta, pois traz a previsão abstrata de um direito fundamental, não havendo a sua aplicação (subjetiva ou objetiva) em um caso concreto; D: incorreta. A hipótese contempla a aplicação da **dimensão subjetiva** dos direitos fundamentais, tendo em vista a possibilidade do titular exigir judicialmente uma ação positiva do Estado para garantir o seu direito à saúde; E: incorreta. A hipótese contempla a aplicação da **dimensão subjetiva** dos direitos fundamentais, tendo em vista a possibilidade do titular exigir judicialmente uma ação do Estado para tornar viável o exercício de prerrogativas inerentes à nacionalidade.

Gabarito "A".

6. DIREITOS SOCIAIS

(ENAM – 2024.1) Acerca da proteção contra a dispensa imotivada ou despedida arbitrária, nos termos da CRFB/88, da jurisprudência sumulada do TST e da legislação em vigor, assinale a afirmativa correta.

(A) A garantia de emprego assegurada ao empregado eleito para cargo de direção de comissões internas de prevenção de acidentes, representante dos empregados, está restrita ao membro titular.

(B) A CRFB/88 veda a despedida arbitrária da empregada gestante desde a confirmação da gravidez até cinco meses após o parto, bem como a do empregado eleito para o cargo de direção de comissões internas de prevenção de acidentes, desde o registro da candidatura até um ano após o final do mandato.

(C) A garantia contra a despedida arbitrária da empregada gestante é personalíssima, não admitindo extensão do direito a quem detiver a guarda da criança em caso de falecimento da genitora.

(D) A previsão constitucional relacionada à despedida arbitrária está restrita às hipóteses de empregada gestante e de empregados eleitos pelos empregados e indicados pelos empregadores para o cargo de direção de comissão interna de prevenção de acidentes.

(E) Não terá garantia no emprego contra a despedida arbitrária o empregado eleito como representante dos empregados em empresas com mais de 200 empregados, com a finalidade exclusiva de promover-lhes o entendimento direto com os empregadores, por depender de regulamentação.

A: Incorreta. A Súmula 676 do STF dispõe que: "A garantia da estabilidade provisória prevista no art. 10, II, "a", do Ato das Disposições Constitucionais Transitórias, também se aplica ao suplente do cargo de direção de comissões internas de prevenção de acidentes (CIPA)." No mesmo sentido, é a Súmula 339 do TST. **B**: Correta. O art. 10, II, *a* e *b*, do Ato das Disposições Constitucionais Transitórias, dispõe que: "Art. 10. Até que seja promulgada a lei complementar a que se refere o art. 7º, I, da Constituição: (...) II – fica vedada a dispensa arbitrária ou sem justa causa; a) do empregado eleito para cargo de direção de comissões internas de prevenção de acidentes, desde o registro de sua candidatura até um ano após o final de seu mandato; b) da empregada gestante, desde a confirmação da gravidez até cinco meses após o parto." A Lei Complementar nº 146, de 25/06/2014, estende a estabilidade provisória prevista na alínea *b* do inciso II do art. 10 do Ato das Disposições Constitucionais Transitórias à trabalhadora gestante, no caso de morte desta, a quem detiver a guarda de seu filho. **D**: Incorreta. Ver comentário à alternativa "A", retro. **E**: Incorreta. A Reforma Trabalhista introduzida pela Lei nº 13.467/2017 prescreve que os empregados eleitos como representantes dos trabalhadores, nas empresas com mais de 200 funcionários não poderão ser dispensados a partir do registro de sua candidatura até um ano após o término do mandato (CLT, art. 510-D, § 3º).

Gabarito "B".

(ENAM – 2024.1) No capítulo dos Direitos Sociais, a CRFB/88, em seu Art. 7º, elenca os direitos dos trabalhadores urbanos e rurais.

Dos direitos previstos, indique aquele que até o presente momento não foi regulamentado e, assim, não pode ser exercido pelos trabalhadores brasileiros.

(A) Aviso-prévio proporcional ao tempo de serviço.

(B) Adicional de remuneração para as atividades penosas.

(C) Proibição de trabalho noturno a menores de dezoito anos.

(D) Seguro contra acidentes de trabalho, a cargo do empregador.

(E) Salário-família pago em razão do dependente do trabalhador de baixa renda.

A: Incorreta. O aviso-prévio proporcional ao tempo de serviço (CF, art. 7º, XXI), foi regulamentado pela Lei nº 12.506/2011. **B**: Correta. O art. 7º, inciso XXIII, da Constituição Federal, prescreve: "Art. 7º São direitos dos trabalhadores urbanos e rurais, além de outros que visem à melhoria de sua condição social: (...) XXIII – adicional de remuneração para as atividades penosas, insalubres ou perigosas, na forma da lei". Não há previsão na lei sobre o adicional de atividades penosas. **C**: Incorreta. A proibição de trabalho noturno a menores de dezoito anos prevista no art. 7º, XXXIII, da Constituição Federal é norma de eficácia plena e aplicabilidade imediata não necessitando de regulamentação legal. **D**: Incorreta. O seguro contra acidentes de trabalho, a cargo do empregador previsto no art. 7º, XXVIII, da CF, é norma de eficácia plena e aplicabilidade imediata não necessitando de regulamentação legal. **E**: Incorreta. O salário-família pago em razão do dependente do trabalhador de baixa renda (CF, art. 7º, XII) está regulamentado pela Lei nº 4.266/1963.

Gabarito "B".

(Juiz do Trabalho - TST - 2023 - FCC) De acordo com o texto da Constituição da República de 1988 e o entendimento do Supremo Tribunal Federal, é correto afirmar que:

(A) até que seja promulgada lei complementar regulamentando o inciso I do Art. 7º da Constituição da República de 1988, a proteção contra despedida arbitrária ou sem justa causa fica limitada aos termos do Art. 10 do Ato das Disposições Constitucionais Transitórias;

(B) é incompatível com a Constituição da República de 1988 a responsabilização objetiva do empregador por danos decorrentes de acidente de trabalho, independentemente da natureza da atividade desenvolvida habitualmente pelo trabalhador ou de previsão em lei ordinária, pois a norma do Art. 7º, XXVIII, prevê a obrigação de indenizar quando incorrer em dolo ou culpa;

(C) é compatível com os Arts. 7º, V, e 8º, I, da Constituição da República de 1988, norma de lei estadual que determina a participação do governo do Estado nas negociações entre entidades sindicais de trabalhadores e empregadores para definição dos pisos salariais das categorias;

(D) o parágrafo único do Art. 7º da Constituição da República de 1988, com a redação dada pela Emenda Constitucional nº 72/2013, assegura à categoria dos trabalhadores domésticos os direitos a adicional de remuneração para as atividades penosas, insalubres ou perigosas e a jornada de seis horas para o trabalho realizado em turnos ininterruptos de revezamento;

(E) a concessão de intervalos para repouso e alimentação durante a jornada de trabalho de seis horas é incompatível com o sistema de turnos ininterruptos de revezamento e o descaracteriza para efeitos do Art. 7º, XIV, da Constituição da República de 1988.

A: Correta. Esse tem sido o entendimento do STF desde a decisão proferida no Mandado de Injunção nº 114. **B**: Incorreta. Segundo o STF o trabalhador que atua em atividade de risco tem direito à indenização em razão de danos decorrentes de acidente de trabalho, independentemente da comprovação de culpa ou dolo do empregador. Portanto, é constitucional a imputação da responsabilidade civil objetiva (art. 927 do Código Civil) do empregador por danos decorrentes de acidentes de trabalho em atividades de risco (RE n° 828040, com repercussão geral reconhecida). **C:** Incorreta. O STF ao julgar a ADI 4364 entendeu que ofende o princípio da autonomia sindical (CF, art. 8°, I), lei estadual que determina a participação do Governo local nas negociações entre as entidades sindicais de trabalhadores e empregadores para atualização dos pisos salariais das categorias. **D:** Incorreta. A redação atual do parágrafo único do art. 7° da CF (EC 72/2013) é a seguinte: "São assegurados à categoria dos trabalhadores domésticos os direitos previstos nos incisos IV, VI, VII, VIII, X, XIII, XV, XVI, XVII, XVIII, XIX, XXI, XXII, XXIV, XXVI, XXX, XXXI e XXXIII e, atendidas as condições estabelecidas em lei e observada a simplificação do cumprimento das obrigações tributárias, principais e acessórias, decorrentes da relação de trabalho e suas peculiaridades, os previstos nos incisos I, II, III, IX, XII, XXV e XXVIII, bem como a sua integração à previdência social." Assim, o adicional de remuneração para as atividades penosas, insalubres ou perigosas (CF, art. 7°, XXIII) e a jornada de seis horas para o trabalho realizado em turnos ininterruptos de revezamento (CF, art. 7°, XIV) não estão assegurados aos trabalhadores domésticos. **E:** Incorreta. A Súmula n° 675 do STF dispõe que: "Os intervalos fixados para descanso e alimentação durante a jornada de seis horas não descaracterizam o sistema de turnos ininterruptos de revezamento para o efeito do art. 7°, XIV, da Constituição.". ANH

Gabarito "A".

(Juiz do Trabalho - TST - 2023 - FCC) Considerando a constitucionalização do Direito do Trabalho e as normas e princípio de Direito Coletivo do Trabalho na Constituição da República de 1988 e o entendimento do Supremo Tribunal Federal, é correto afirmar que:

(A) a ampla legitimidade extraordinária dos sindicatos para defender em juízo os direitos e interesses coletivos ou individuais dos integrantes da categoria que representam abrange apenas a fase de conhecimento do processo, de modo que somente podem promover as liquidações e execuções de sentença mediante expressa autorização individual dos substituídos;

(B) a intervenção sindical prévia é exigência procedimental imprescindível para a dispensa em massa de trabalhadores, que não se confunde com autorização prévia por parte da entidade sindical ou celebração de convenção ou acordo coletivo;

(C) a exigência de comum acordo entre as partes para ajuizamento de dissídio coletivo de natureza econômica é inconstitucional, pois afronta o princípio do livre acesso à Justiça e a norma do Art. 8°, III, da Constituição da República de 1988, que assegura ao sindicato legitimidade para defesa dos interesses da categoria em juízo;

(D) é incompatível com o Art. 8° da Constituição da República de 1988 a criação de sindicatos de empregados de entidades sindicais, pois os organismos sindicais não formam uma categoria econômica e não possuem representação sindical, o que inviabiliza a celebração de convenções coletivas de trabalho;

(E) o princípio da unicidade sindical consta expressamente nas Constituições brasileiras a partir de 1946, sendo que o texto do Art. 8°, inciso II, da Constituição Federal de 1988 reproduz norma da Constituição Federal de 1967, com redação atribuída pela Emenda Constitucional de 1969.

A: Incorreta. O entendimento firmado pelo STF no RE 214.668/ES, Rel. Min. Carlos Velloso, é no seguinte sentido: "EMENTA: PROCESSO CIVIL. SINDICATO. ART. 8°, III DA CONSTITUIÇÃO FEDERAL. LEGITIMIDADE. SUBSTITUIÇÃO PROCESSUAL. DEFESA DE DIREITOS E INTERESSES COLETIVOS OU INDIVIDUAIS. RECURSO CONHECIDO E PROVIDO. O artigo 8°, III da Constituição Federal estabelece a legitimidade extraordinária dos sindicatos para defender em juízo os direitos e interesses coletivos ou individuais dos integrantes da categoria que representam. Essa legitimidade extraordinária é ampla, abrangendo a liquidação e a execução dos créditos reconhecidos aos trabalhadores. Por se tratar de típica hipótese de substituição processual, é desnecessária qualquer autorização dos substituídos. Recurso conhecido e provido." Esse entendimento foi ratificado pelo STF em diversas outras ocasiões, conforme se observa nos seguintes precedentes, entre outros: ARE 789.300-ED/DF, Rel. Min. Roberto Barroso; ARE 751.500-ED/DF, Rel. Min. Ricardo Lewandowski; RE 696.845-AgR/DF, Rel. Min. Luiz Fux; AI 803.293-AgR/RS, Rel. Min. Rosa Weber; RE 217.566-AgR/DF, Rel. Min. Marco Aurélio; RE 591.533-AgR/DF, Rel. Min. Eros Grau; AI 795.106/RS, Rel. Min. Cármen Lúcia; RE 193.503/SP, Rel. Min. Carlos Velloso. **B:** Correta. É a tese firmada no tema 638 do STF de Repercussão Geral: "Necessidade de negociação coletiva para a dispensa em massa de trabalhadores". **C:** Incorreta: O Tema 841 do STF de Repercussão Geral estabeleceu a seguinte tese: "É constitucional a exigência de comum acordo entre as partes para ajuizamento de dissídio coletivo de natureza econômica, conforme o artigo 114, § 2°, da Constituição Federal, na redação dada pela Emenda Constitucional 45/2004." **D:** Incorreta. O STF decidiu por ocasião do julgamento da ADI n° 3890 proposta pela Confederação Nacional do Comércio que é compatível com o Art. 8° da Constituição da República de 1988 a criação de sindicatos de empregados de entidades sindicais. A Ministra Rosa Weber, relatora, destacou que o art. 8°, caput, da CF, assegurou o direito de associação sindical a todos os trabalhadores, exceto aos militares. Por essa razão, foi editada a Lei n° 11.295/2006, que deu nova redação ao art. 526 da CLT, reconhecendo expressamente o direito de sindicalização dos empregados de organismos sindicais. Destacou também que a jurisprudência da Corte é no sentido da consagração do denominado livre impulso associativo pela nova ordem constitucional. Portanto, as disposições legislativas restritivas da liberdade de associação sindical, exceto as que garantem a unicidade na mesma base territorial, não foram recepcionadas pela CF/88. **E:** Incorreta. A unicidade sindical no Brasil surgiu durante o Estado Novo, em 1939, e foi introduzida pelo Decreto-lei n° 1.402, mas não houve previsão expressa nas Constituições de 1946 e 1967/1969. ANH

Gabarito "B".

(Juiz do Trabalho - TST - 2023 - FCC) A respeito dos princípios da isonomia e não discriminação nas relações de trabalho, considerando o texto da Constituição da República de 1988 e o entendimento do Supremo Tribunal Federal, é correto afirmar que:

(A) é incompatível com o princípio da isonomia a fixação da remuneração do trabalho do preso em valores inferiores ao do salário mínimo previsto no Art. 7°, IV, da Constituição da República de 1988, pois o fato de estar preso não justifica a diferenciação dos trabalhadores livres;

(B) os prazos da licença adotante não podem ser inferiores aos prazos da licença gestante, o mesmo valendo para as respectivas prorrogações. Em relação à licença adotante, não é possível fixar prazos diversos em função da idade da criança adotada;

(C) lei estadual que fixa piso salarial regional e exclui de sua incidência os contratos de aprendizagem é incom-

patível com a Constituição da República de 1988, pois afronta o princípio da isonomia e o disposto no Art. 7º, inciso XXX, que proíbe a diferença de salários por motivo de idade;
(D) o fato de os trabalhadores portuários avulsos sujeitarem-se a um regime de exploração diferenciado daqueles trabalhadores portuários com vínculo permanente torna legítima a diferenciação entre eles quanto ao adicional de risco, que não é devido aos trabalhadores avulsos mesmo quando implementadas as condições legais que ensejam o pagamento aos trabalhadores com vínculo permanente;
(E) é cabível, com base no princípio da isonomia, a equiparação de remuneração entre empregados da empresa tomadora de serviços e empregados da empresa contratada (terceirizada), desde que ambos desempenhem a mesma função, na mesma localidade e com igual produtividade e perfeição técnica.

A: Incorreta. O STF entendeu por meio da ADPF nº 336 que o dispositivo da Lei de Execução Penal (Lei nº 7.210/1984) que fixa o valor de 3/4 do salário mínimo como remuneração mínima para o trabalho do preso foi recepcionado pela CF/88. Para o STF o trabalho do preso tem natureza e regime jurídico distintos da relação de emprego regida pela CLT. **B: Correta.** Esse tem sido o entendimento do STF em vários julgados: ADI nº 6600; ADI nº 6603; RE nº 778889, com repercussão geral. **C: Incorreta.** O STF ao julgar improcedente a ADI nº 6223 manteve a validade de lei estadual de São Paulo que excluía da incidência do piso salarial regional os contratos de aprendizagem, regidos pela Lei Federal nº 10.097/2000. O STF entende que o contrato de aprendizagem é um regime jurídico peculiar, diferente do aplicável ao contrato de trabalho comum, o que afastaria a aplicação do princípio da isonomia. **D: Incorreta.** O STF ao julgar o Recurso Extraordinário nº 597124, com repercussão geral reconhecida, firmou a seguinte tese: "Sempre que for pago ao trabalhador com vínculo permanente, o adicional de risco é devido, nos mesmos termos, ao trabalhador portuário avulso" (Tema 222). **E: Incorreta.** O STF entende que não é possível equiparar os salários de trabalhadores terceirizados aos dos empregados contratados diretamente pelo empregador, tanto de empresa pública quanto de privada. A equiparação violaria o princípio da livre-iniciativa. É o que ficou decidido no Recurso Extraordinário nº 635546, com repercussão geral (Tema 383). ANH
Gabarito "B".

(Juiz do Trabalho - TST - 2023 - FCC) Considerando os direitos individuais e sociais trabalhistas na Constituição da República de 1988 e o entendimento do Supremo Tribunal Federal, é correto afirmar que:

(A) a gestante possui direito à estabilidade no emprego desde que o empregador tenha ciência do estado gravídico em momento anterior ao da despedida imotivada;
(B) é incompatível com o Art. 7º, XI, da Constituição da República de 1988, norma de Constituição Estadual que preveja a participação de empregados na diretoria de empresas públicas ou de sociedades de economia mista, mesmo quando observar os parâmetros da legislação federal;
(C) o termo inicial do período da licença-maternidade prevista no Art. 7º, XVIII, da Constituição da República de 1988, pode se dar entre o vigésimo oitavo dia antes do parto e a ocorrência deste, mediante atestado médico apresentado pela empregada, sendo irrelevante a data da alta hospitalar do recém-nascido e/ou de sua mãe;
(D) é compatível com o Art. 7º, XXIX, da Constituição da República de 1988, norma legal que fixa o cancelamento do registro ou cadastro no órgão gestor de mão de obra como marco inicial do prazo prescricional para ações relativas aos créditos decorrentes de trabalho avulso portuário;
(E) é incompatível com o Art. 7º, XI, da Constituição da República de 1988, norma legal que determina a observância de diretrizes específicas fixadas pelo Poder Executivo nas negociações coletivas para a participação nos lucros e resultados pelos empregados de empresas públicas e sociedades de economia mista em que a União detenha a maioria do capital social com direito a voto.

A: Incorreta. O STF entende que a gestante tem direito à estabilidade, mesmo sem conhecimento prévio do empregador. É o que já decidiu o STF no Recurso Extraordinário nº 629053, com repercussão geral (Tema 497). A tese firmada é a seguinte: "A incidência da estabilidade prevista no artigo 10, inciso II, alínea 'b', do Ato das Disposições Constitucionais Transitórias (ADCT), somente exige a anterioridade da gravidez à dispensa sem justa causa." **B: Incorreta.** O STF ao decidir a ADI nº 1167 firmou o entendimento de que: "O Estado pode, na qualidade de acionista majoritário – ou seja, como Estado-acionista –, dispor sobre norma estatutária que preveja a participação de empregados na diretoria de empresas públicas ou sociedades de economia mista, desde que tal norma não destoe da disciplina atribuída ao tema no âmbito federal." Entendeu também ser a "diretriz constitucional voltada à realização da ideia de gestão democrática (art. 7º, inciso XI, da CF/88)." **C: Incorreta.** Segundo o STF o marco inicial da licença-maternidade e do salário-maternidade é a alta hospitalar da mãe ou do recém-nascido, o que o ocorrer por último (ADI nº 6327). A decisão levou em consideração a necessária proteção constitucional à maternidade e à infância. **D: Correta.** Esse entendimento foi firmado pelo STF na ADI nº 5132. **E: Incorreta.** O STF firmou entendimento na ADI 5417 que não é inconstitucional norma que preveja a participação nos lucros e resultados pelos trabalhadores das empresas estatais, de acordo com as diretrizes específicas elaboradas pelo Poder Executivo que estejam submetidas as respectivas entidades. ANH
Gabarito "D".

(Procurador Federal - AGU - 2023 - CEBRASPE) No tocante aos direitos sociais e ao princípio da proibição de retrocesso, julgue os itens subsequentes.

I. A invocação da chamada reserva do possível não necessariamente serve a justificar omissões estatais.
II. Segundo o STF, o princípio da proibição de retrocesso não se aplica ao campo da proteção a adolescentes.
III. A falta de previsão expressa do princípio da vedação de retrocesso não impede que ele seja reconhecido como vetor de eficácia da Constituição na interpretação do direito ambiental.
IV. O princípio da proibição de retrocesso só tem aplicabilidade em casos nos quais determinado direito esteja sob risco de ser eliminado.

Estão certos apenas os itens

(A) I e II.
(B) I e III.
(C) II e IV.
(D) I, III e IV.
(E) II, III e IV.

I: Correta. Nesse sentido: STF, ARE/AgR 1269451, 2ª Turma; RE 580252, Tribunal Pleno, com reconhecimento de repercussão geral

(Tema 365). **II**: Incorreta. O princípio da vedação do retrocesso também se aplica ao campo da proteção a adolescentes (STF, ADI 2.096). **III**: Correta. O STF tem se utilizado da vedação de retrocesso como vetor de eficácia da Constituição na interpretação do direito ambiental em vários julgados, p. ex., ADPF 651, ADI 5676, ADI 4529 etc. **IV**: Incorreta. O princípio da vedação ao retrocesso aplica-se para a proteção dos direitos sociais já conquistados para que o legislador não venha a retirar esses direitos. AMN
Gabarito "B".

(Escrivão – PC/GO – AOCP – 2023) Em relação aos direitos dos trabalhadores urbanos e rurais previstos na Constituição Federal de 1988, assinale a alternativa INCORRETA.
(A) É direito dos trabalhadores urbanos e rurais a irredutibilidade do salário, salvo o disposto em convenção ou acordo coletivo.
(B) É direito dos trabalhadores urbanos e rurais a proteção do salário na forma da lei, constituindo crime sua retenção culposa ou dolosa.
(C) É direito dos trabalhadores urbanos e rurais a participação nos lucros, ou resultados, desvinculada da remuneração, e, excepcionalmente, participação na gestão da empresa, conforme definido em lei.
(D) É direito dos trabalhadores urbanos e rurais a duração do trabalho normal não superior a oito horas diárias e quarenta e quatro semanais, facultada a compensação de horários e a redução da jornada, mediante acordo ou convenção coletiva de trabalho.
(E) É direito dos trabalhadores urbanos e rurais a jornada de seis horas para o trabalho realizado em turnos ininterruptos de revezamento, salvo negociação coletiva.

A: correta. Redação de acordo com o art. 7º, VI, da CF. **B**: incorreta. O art. 7º, X, da CF, dispõe: "proteção do salário na forma da lei, constituindo crime sua retenção dolosa". **C**: correta. Redação de acordo com o art. 7º, XI, da CF. **D**: correta. Redação de acordo com o art. 7º, XIII, da CF. **E**: correta. Redação de acordo com o art. 7º, XIV, da CF. AMN
Gabarito "B".

(Escrivão – PC/GO – AOCP – 2023) Pedro é escrivão da Polícia Civil de Goiás e recebeu, na delegacia, uma ocorrência na qual o declarante alega que um jovem de quinze anos está trabalhando em uma empresa, indicando ofensa à Constituição Federal por trabalho infantil. Considerando essa situação hipotética e o que dispõe a Constituição Federal de 1988, assinale a alternativa correta.
(A) É vedado o trabalho aos menores de dezoito anos, salvo aprendiz a partir de dezesseis anos.
(B) Não há impedimentos para o trabalho do menor em questão, desde que seja contratado na modalidade aprendiz e que não exerça atividade insalubre ou perigosa.
(C) A constituição não permite o trabalho de menores de dezesseis anos, priorizando a educação e o aprendizado nessa fase da vida.
(D) O menor de dezesseis anos não pode exercer atividades insalubres ou perigosas, que são permitidas somente a partir dos dezesseis anos completos.
(E) A constituição permite o trabalho em geral do adolescente e do jovem a partir dos quatorze anos, sendo aprendiz ou não, desde que não seja insalubre ou perigoso.

A alternativa B é a correta. O art. 7º, XXXIII, da CF, prescreve a "proibição de trabalho noturno, perigoso ou insalubre a menores de dezoito e de qualquer trabalho a menores de dezesseis anos, salvo na condição de aprendiz, a partir de quatorze anos". AMN
Gabarito "B".

(Procurador do Município – Valinhos/SP – 2019 – VUNESP) Ao tratar dos Direitos Sociais, a Constituição Federal determina que
(A) nas empresas de mais de duzentos empregados, é assegurada a eleição de três representantes destes para, entre outras finalidades, promover o entendimento direto com os empregadores.
(B) a lei poderá exigir autorização do Estado para a fundação de sindicato, bem como o registro no órgão competente, vedada ao poder público a interferência, e permitida a intervenção na organização sindical.
(C) não é obrigatória a participação dos sindicatos nas negociações coletivas de trabalho.
(D) é vedada a criação de mais de uma organização sindical, em qualquer grau, representativa de categoria profissional ou econômica, na mesma base territorial, que será definida pelos trabalhadores ou em- pregadores interessados, não podendo ser inferior à área de um Município.
(E) não é vedada a dispensa do empregado sindicalizado a partir do registro da candidatura a cargo de direção ou representação sindical.

Correta é a letra D, nos termos do artigo 62, § 9º, da CF: "§ 9º Caberá à comissão mista de Deputados e Senadores examinar as medidas provisórias e sobre elas emitir parecer, antes de serem apreciadas, em sessão separada, pelo plenário de cada uma das Casas do Congresso Nacional. A letra A está errada (11, da CF). A letra B está incorreta (artigo 8º, inciso I, da CF). A letra C está incorreta (artigo 8º, inciso VI, da CF). A letra E está equivocada (artigo 8º, inciso VIII, da CF). AB
Gabarito "D".

(Promotor de Justiça/SP – 2019 – MPE/SP) Assinale a alternativa **INCORRETA**.
(A) É constitucional a regra que veda, no âmbito do SUS, a internação em acomodações superiores, bem como o atendimento diferenciado por médico do próprio SUS, ou por médico conveniado, mediante o pagamento da diferença dos valores correspondentes.
(B) Ao enunciar o direito à saúde, o art. 196 da Constituição de 1988 traz norma de caráter programático pertinente à realização de políticas públicas. Traça para o futuro um programa ao legislador, um programa de Governo, passível de ser ou não cumprido, cuja efetividade dependeria de uma instrumentalização infraconstitucional.
(C) Pela interpretação sistemática dos dispositivos da Constituição Federal, os serviços de assistência à saúde, financiados pelo SUS, deverão ser prestados diretamente pelo Poder Público, podendo este, excepcionalmente, e de forma complementar, apenas, contar com a ajuda da iniciativa privada, sendo vedada a destinação de recursos públicos para auxílios ou subvenções às instituições privadas com fins lucrativos.
(D) O direito à saúde, consequência do direito à vida, constitui direito fundamental, direito individual indisponível, que legitima o Ministério Público para

a propositura de ação em defesa desse direito por meio da ação civil pública, que lhe permite invocar a tutela jurisdicional do Estado com o objetivo de fazer com que os Poderes Públicos respeitem, em favor da coletividade, os serviços de relevância pública.

(E) Ao disciplinar o sistema público de saúde, a Constituição Federal fincou o princípio da universalidade, no sentido de que os serviços públicos de saúde são destinados a todos, independentemente de situação jurídica, econômica, ou social, e o princípio da igualdade, segundo o qual situações clínicas iguais reclamam tratamentos iguais, expurgando a possibilidade de tratamento diferenciado com critério no pagamento.

Letra B é a única incorreta, pois não se trata de uma promessa vazia, uma vez que o STF consolidou entendimento no sentido da saúde compor o mínimo existencial necessário a uma vida digna ao cidadão: "O direito à saúde é prerrogativa constitucional indisponível, garantido mediante a implementação de políticas públicas, impondo ao Estado a obrigação de criar condições objetivas que possibilitem o efetivo acesso a tal serviço." (AI 734.487, STF). Todas as demais alternativas estão corretas. **AB**

Gabarito "B".

(Escrevente – TJ/SP – 2018 – VUNESP) São assegurados, nos termos da Constituição da República Federativa do Brasil, (CRFB/88) à categoria dos trabalhadores domésticos os seguintes direitos:

(A) proteção em face da automação, na forma da lei.
(B) reconhecimento das convenções e acordos coletivos de trabalho.
(C) jornada de seis horas para trabalho realizado em turnos ininterruptos de revezamento.
(D) participação nos lucros, ou resultados, desvinculada da remuneração, conforme definido em lei.
(E) piso salarial proporcional à extensão e à complexidade do trabalho.

A: incorreta, pois a proteção em face da automação não é um direito assegurado aos trabalhadores domésticos (art. 7º, parágrafo único c/c inciso XXVII, da CF); **B:** correta, conforme art. 7º, parágrafo único combinado com o inciso XXVI, da CF; **C:** incorreta, pois a jornada de seis horas para o trabalho realizado em turnos ininterruptos de revezamento não é um direito assegurado aos trabalhadores domésticos (art. 7º, parágrafo único c/c inciso XIV, da CF); **D:** incorreta, pois a participação nos lucros, ou resultados, desvinculada da remuneração não é um direito assegurado aos trabalhadores domésticos (art. 7º, parágrafo único c/c inciso XI, da CF); **E:** incorreta, pois o piso salarial proporcional à extensão e à complexidade do trabalho não é um direito assegurado aos trabalhadores domésticos (art. 7º, parágrafo único c/c inciso V, da CF). **AN**

Gabarito "B".

7. NACIONALIDADE

(Procurador – AL/PR – 2024 – FGV) José, brasileiro nato, casou-se com Ana, nascida no País X, e em virtude do trabalho de sua esposa, mudou-se para o referido país, onde reside há mais de 20 anos. Após todos esses anos vivendo em outro país, resolveu requerer a nacionalidade do País X. Diante do exposto, caso José se naturalize no País X, é correto afirmar que

(A) uma vez que a obtenção voluntária de nova nacionalidade, seja ela originária, reconhecida pela lei estrangeira, ou secundária, adquirida por meio de naturalização, qualquer que seja a razão, enseja a perda da nacionalidade originária brasileira.
(B) não perderá a nacionalidade brasileira, salvo se José fizer expresso pedido de perda da nacionalidade (renúncia).
(C) ficará com a nacionalidade brasileira suspensa até que volte a residir no Brasil.
(D) perderá nacionalidade brasileira, salvo se essa nova nacionalidade advier de imposição de naturalização, pela norma estrangeira como condição para permanência em seu território ou para o exercício de direitos civis.
(E) não perderá a nacionalidade brasileira, se voltar a residir no Brasil e optar, dentro do prazo de um ano, pela nacionalidade brasileira.

A: Incorreta. A perda da nacionalidade brasileira originária não será automática nessa hipótese. **B:** Correta. Está de acordo com a nova redação dada pela EC 131/2023 ao art. 12, § 4º, II, da CF, onde será declarada a perda da nacionalidade do brasileiro que <u>fizer pedido expresso de perda da nacionalidade brasileira</u> perante autoridade brasileira competente, ressalvadas situações que acarretem apatridia. **C:** Incorreta. Ele não ficará com a nacionalidade brasileira suspensa. **D:** Incorreta. Ele não perderá a nacionalidade brasileira, conforme explicado no item B, acima. **E:** Incorreta. Ele não perderá a nacionalidade brasileira, mas ele não precisa voltar a residir no Brasil e optar pela nacionalidade brasileira, conforme explicado no item B, acima. **AMN**

Gabarito "B".

(Juiz de Direito – TJ/SP – 2023 – VUNESP) A Constituição Federal, dentre os direitos fundamentais, disciplina a nacionalidade, com relação à qual é correto afirmar que

(A) são brasileiros natos os nascidos no estrangeiro, de pai brasileiro ou mãe brasileira, independentemente de que sejam registrados em repartição brasileira competente, desde que venham a residir na República Federativa do Brasil antes da maioridade ou, alcançada esta, optem, no prazo de três anos, pela nacionalidade brasileira.
(B) aos portugueses com residência permanente no País, se houver reciprocidade em favor de brasileiros, serão atribuídos os direitos inerentes ao brasileiro nato, salvo os casos previstos nessa Constituição.
(C) são brasileiros natos os nascidos na República Federativa do Brasil, ainda que de pais estrangeiros, desde que estes não estejam a serviço de seu país, e os nascidos no estrangeiro, de pai brasileiro ou mãe brasileira, desde que qualquer deles esteja a serviço da República Federativa do Brasil.
(D) a lei poderá estabelecer distinção entre brasileiros natos e naturalizados, observados requisitos mínimos que deverão constar, obrigatoriamente, da lei regulamentadora.

A: Incorreta. São brasileiros natos os nascidos no estrangeiro de pai brasileiro ou de mãe brasileira, desde que sejam registrados em repartição brasileira competente ou venham a residir na República Federativa do Brasil e optem, em qualquer tempo, depois de atingida a maioridade, pela nacionalidade brasileira (CF, art. 12, I, c). **B:** Incorreta. O § 1º do art. 12 da CF prevê o seguinte: "Aos portugueses com residência permanente no País, se houver reciprocidade em favor de

brasileiros, serão atribuídos os direitos inerentes ao brasileiro, salvo os casos previstos nesta Constituição". **C**: Correta. É o que dispõe o art. 12, I, *a* e *b*, da CF. **D**: Incorreta. O § 2º do art. 12 da CF prevê o seguinte: "A lei não poderá estabelecer distinção entre brasileiros natos e naturalizados, salvo nos casos previstos nesta Constituição".
Gabarito "C".

(Escrivão – PC/GO – AOCP – 2023) Paulo é espanhol e Maria é brasileira naturalizada e tiveram o filho João, nascido na Espanha. João foi registrado em repartição brasileira competente. Considerando as informações apresentadas e o que dispõe a Constituição Federal de 1988, assinale a alternativa correta.

(A) João é brasileiro naturalizado, tendo em vista que sua mãe Maria também é brasileira naturalizada.
(B) Como Maria é naturalizada, para que João seja naturalizado, é necessário que ele venha a residir no Brasil e, após a maioridade, opte pela nacionalidade brasileira a qualquer tempo.
(C) João deverá manifestar sua opção pela nacionalidade brasileira após atingir a maioridade perante o consulado do Brasil na Espanha.
(D) João não é brasileiro naturalizado porque seu pai tem a nacionalidade espanhola e a mãe não estava a serviço do Brasil.
(E) João é brasileiro nato, ainda que a mãe seja brasileira naturalizada.

A alternativa correta é a E. São brasileiros natos, os nascidos no estrangeiro de pai brasileiro ou de mãe brasileira, desde que sejam registrados em repartição brasileira competente, conforme dispõe o art. 12, I, *c*, da CF.
Gabarito "E".

(Investigador – PC/BA – 2018 – VUNESP) Imagine que Marieta, brasileira nata, e Roger, americano nato, estejam residindo atualmente nos Estados Unidos, período em que ocorre o nascimento de Lucas, filho deles. Nessa situação, nos termos da disposição da Constituição acerca da nacionalidade, é correto afirmar que

(A) caso Marieta esteja nos Estados Unidos a serviço da República Federativa do Brasil, o seu filho será considerado como brasileiro nato.
(B) ainda que Lucas seja registrado perante o Consulado Brasileiro, não será considerado como brasileiro nato ou naturalizado, já que o Brasil adota como único critério o jus soli.
(C) para ser considerado brasileiro naturalizado, Lucas deverá passar a residir no Brasil por pelo menos 1 (um) ano ininterrupto e possuir idoneidade moral.
(D) Lucas poderá ser considerado brasileiro nato desde que venha a residir no Brasil e, depois de 10 (dez) anos ininterruptos de residência, opte pela nacionalidade brasileira.
(E) para ser considerado brasileiro nato, basta que Lucas, a qualquer tempo, depois de atingir a idade mínima de 16 (dezesseis) anos, venha a residir no Brasil e opte pela nacionalidade brasileira.

A: correta, porque são brasileiros **natos** os nascidos no estrangeiro, de pai brasileiro ou mãe brasileira, desde que qualquer deles esteja a serviço da República Federativa do Brasil (art. 12, I, *b*, da CF); **B**: incorreta, pois são brasileiros **natos** os nascidos no estrangeiro de pai brasileiro ou de mãe brasileira, desde que sejam registrados em repartição brasileira competente (art. 12, I, *c*, da CF); **C**: incorreta, porque a exigência de residência por um ano ininterrupto e idoneidade moral é condição para a naturalização dos estrangeiros originários de países de língua portuguesa (art. 12, II, *a*, da CF), sendo que Lucas poderá ser considerado **brasileiro nato** caso venha a residir no Brasil e opte, em qualquer tempo, depois de atingida a maioridade, pela nacionalidade brasileira (art. 12, I, *c*, da CF); **D** e **E**: incorretas, pois são brasileiros **natos** os nascidos no estrangeiro de pai brasileiro ou de mãe brasileira, desde que venham a residir na República Federativa do Brasil e optem, em qualquer tempo, depois de atingida a maioridade, pela nacionalidade brasileira (art. 12, I, *c*, da CF).
Gabarito "A".

8. DIREITOS POLÍTICOS

(Procurador – AL/PR – 2024 – FGV) Mévio, Prefeito do município Gama, que irá se candidatar à reeleição, decidiu ofertar, para as eleições de 2024, nas zonas urbanas e nos dias das eleições, transporte público coletivo urbano municipal de forma gratuita e em frequência compatível com aquela praticada em dias úteis, ao argumento de que a locomoção às seções eleitorais tem custo substancialmente maior do que o valor da multa pela abstenção.

Diante do exposto e da jurisprudência do Supremo Tribunal Federal, é correto afirmar que Mévio agiu

(A) corretamente, mas somente se o Legislativo editar a lei que regulamente a matéria, a partir das eleições de 2024, o transporte coletivo urbano nos dias de votação deverá ser ofertado da forma determinada pelo Prefeito.
(B) incorretamente, pois a competência para regular o transporte público em dia de eleição é do Estado e não do município.
(C) incorretamente, pois a política pública implementada pelo chefe do poder executivo municipal viola o princípio da livre-iniciativa e o equilíbrio do contrato de concessão do transporte público.
(D) incorretamente, pois a medida adotada pelo Prefeito tem a finalidade de resgatar mais votos poderá servir como instrumento de interferência no resultado eleitoral, usando a máquina pública para conseguir se reeleger.
(E) corretamente, pois o poder público tem o dever de adotar medidas que assegurem o exercício do direito ao voto e a medida adotada promove a igualdade de participação, acesso ao voto por parte significativa dos eleitores e o combate a ilegalidades.

A alternativa E é a correta. Ao julgar a ADPF 1013, o STF decidiu que: "Direito Constitucional. Arguição de descumprimento de preceito fundamental. Oferta de transporte público regular e gratuito no dia das eleições. 1. Arguição de descumprimento de preceito fundamental contra a omissão do poder público em ofertar, nos dias das eleições, transporte público gratuito e em frequência compatível com aquela praticada em dias úteis. A pretensão se fundamenta no direito dos cidadãos ao transporte e, especialmente, no seu direito ao voto, ao argumento de que a locomoção às seções eleitorais tem custo substancialmente maior do que o valor da multa pela abstenção. 2. Considerada a extrema desigualdade social existente no Brasil, a ausência de política pública de concessão de transporte gratuito no dia das eleições tem o potencial de criar, na prática, um novo tipo de voto censitário, que retira dos mais pobres a possibilidade de participar do processo eleitoral. O Estado tem o dever de adotar medidas que concretizem os direitos previstos na ordem constitucional, de modo que a falha em assegurar o exercício do direito ao voto é violadora da Constituição. 3. Numa democracia, as eleições devem contar com a participação do maior número de eleitores e transcorrer de forma íntegra, proba e republicana. A medida pretendida promove dois valores relevantes: a igualdade de participação, proporcionando acesso ao voto por parte significativa dos eleitores; e o combate a ilegalidades, evitando que o transporte sirva como instrumento de interferência no resultado eleitoral. 4. De um lado, a arena preferencial para instituição da providência requerida nesta ação é o Parlamento, onde as decisões políticas fundamentais devem ser tomadas em uma democracia. De outro, a ausência de normatização da matéria compromete a plena efetividade dos direitos políticos, o que legitima a atuação do Supremo Tribunal Federal. Nesse cenário, justifica-se a solução que reconheça a preferência do Congresso Nacional e, ao mesmo tempo, garanta o cumprimento da Constituição. Inclusive, já existem diversos projetos de lei em tramitação que equacionam adequadamente o problema. 5. Pedido julgado parcialmente procedente, para reconhecer a existência de omissão inconstitucional decorrente da ausência de política de gratuidade do transporte público em dias de eleições, com apelo ao Congresso Nacional para que edite lei regulamentadora da matéria. Caso não editada a lei, a partir das eleições municipais de 2024, nos dias das eleições, o transporte coletivo urbano municipal e intermunicipal, inclusive o metropolitano, deve ser ofertado de forma gratuita e com frequência compatível àquela dos dias úteis. 6. Tese: É inconstitucional a omissão do Poder Público em ofertar, nas zonas urbanas em dias das eleições, transporte público coletivo de forma gratuita e em frequência compatível com aquela praticada em dias úteis". AMN

"Gabarito 'E'."

(Procurador – PGE/SP – 2024 – VUNESP) É livre a criação, fusão, incorporação e extinção de partidos políticos, aos quais é assegurada a autonomia para definir a sua estrutura interna e estabelecer regras sobre sua organização e funcionamento, sendo correto afirmar sobre as diretrizes constitucionais estabelecidas:

(A) cada partido deve fixar parâmetros transparentes sobre o tempo de propaganda gratuita no rádio e na televisão, considerando o número de mulheres candidatas, a partir de critérios específicos a serem definidos pelas suas normas estatutárias, tendo em conta a autonomia e o interesse partidário.

(B) os partidos políticos devem aplicar no mínimo 30% (trinta por cento) dos recursos do fundo partidário na criação e na manutenção de programas de promoção e difusão da participação política das mulheres, de acordo com os interesses intrapartidários.

(C) os Deputados Estaduais que se desligarem do partido pelo qual tenham sido eleitos poderão perder o mandato, de modo que a migração de partido será computada para fins de distribuição de recursos do fundo partidário ou de outros fundos públicos e de acesso gratuito ao rádio e à televisão, sendo sempre irrelevante a anuência dos partidos envolvidos.

(D) somente terão acesso gratuito ao rádio e à televisão os partidos políticos que conseguirem eleger, no mínimo, 15 (quinze) Deputados Federais, distribuídos em pelo menos 1/3 (um terço) das unidades da Federação, com um mínimo de 2% (dois por cento) dos votos válidos em cada uma delas.

(E) ao eleito por partido que não preencher os requisitos previstos pela Constituição Federal para ter acesso gratuito ao rádio e à televisão é assegurado o mandato e facultada a filiação, sem perda do mandato, a outro partido que os tenha preenchido, não sendo essa filiação considerada para fins de distribuição dos recursos para o fundo partidário e para o acesso gratuito ao tempo de rádio e de televisão.

A: Incorreta. O § 8º do art. 17 da CF prescreve que: "O montante do Fundo Especial de Financiamento de Campanha e da parcela do fundo partidário destinada a campanhas eleitorais, bem como o tempo de propaganda gratuita no rádio e na televisão a ser distribuído pelos partidos às respectivas candidatas, deverão ser de no mínimo 30% (trinta por cento), proporcional ao número de candidatas, e a distribuição deverá ser realizada conforme critérios definidos pelos respectivos órgãos de direção e pelas normas estatutárias, considerados a autonomia e o interesse partidário". **B**: Incorreta. O § 7º do art. 17 da CF dispõe que: "Os partidos políticos devem aplicar no mínimo 5% (cinco por cento) dos recursos do fundo partidário na criação e na manutenção de programas de promoção e difusão da participação política das mulheres, de acordo com os interesses intrapartidários.". **C**: Incorreta. O § 6º do art. 17 da CF estabelece que: "Os Deputados Federais, os Deputados Estaduais, os Deputados Distritais e os Vereadores que se desligarem do partido pelo qual tenham sido eleitos perderão o mandato, salvo nos casos de anuência do partido ou de outras hipóteses de justa causa estabelecidas em lei, não computada, em qualquer caso, a migração de partido para fins de distribuição de recursos do fundo partidário ou de outros fundos públicos e de acesso gratuito ao rádio à televisão.". **D**: Incorreta. Os incisos I e II do § 3º do art. 17 da CF dispõe que: "Somente terão direito a recursos do fundo partidário e acesso gratuito ao rádio e à televisão, na forma da lei, os partidos políticos que alternativamente: (...) I – obtiverem, nas eleições para a Câmara dos Deputados, no mínimo, 3% (três por cento) dos votos válidos, distribuídos em pelo menos um terço das unidades da Federação, com um mínimo de 2% (dois por cento) dos votos válidos em cada uma delas; ou II – tiverem elegido pelo menos quinze Deputados Federais distribuídos em pelo menos um terço das unidades da Federação". **E**: Correta. É o que está disposto no § 5º do art. 17 da CF. AMN

"Gabarito 'E'."

(Procurador Município – Teresina/PI – FCC – 2022) Quanto aos direitos políticos no Brasil, a legislação vigente estabelece:

(A) A idade mínima exigida para Prefeito e Vice-Prefeito é, respectivamente, de 21 anos e 18 anos.

(B) Para concorrerem a outros cargos, os prefeitos, exceto os das capitais de Estados, devem renunciar aos respectivos mandatos até seis meses antes do pleito.

(C) São condições de elegibilidade, na forma da lei, a nacionalidade brasileira e a filiação partidária, entre outras.

(D) A soberania popular será exercida mediante sufrágio universal e pelo voto direto e secreto, com peso distinto conforme a região do país, nos termos da lei complementar.

(E) O alistamento eleitoral e o voto são obrigatórios para os maiores de 18 anos e facultativos aos maiores de 60 anos.

A: Incorreta. A idade mínima exigida para Prefeito e Vice-Prefeito é vinte e um anos (CF, art. 14, § 3º, VI, c). **B**: Incorreta. Para concorrerem a outros cargos, os prefeitos devem renunciar aos respectivos mandatos até seis meses antes do pleito, sendo capital de Estados ou não (CF, art. 14, § 6º). **C**: Correta. É o que dispõe o art. 14, § 3º, da CF. **D**: Incorreta. O art. 14, caput, da CF, prescreve que a soberania popular é exercida pelo sufrágio universal e pelo voto direto e secreto, com valor igual para todos. **E**: Incorreta. O alistamento eleitoral e o voto são obrigatórios para os maiores de dezoito anos e facultativos para os analfabetos, os maiores de setenta anos e os maiores de dezesseis e menores de dezoito anos (CF, art. 14, § 1º). AMN

"Gabarito 'C'."

(Procurador Município – Santos/SP – VUNESP – 2021) A respeito dos Partidos Políticos, a Constituição Federal assegura que

(A) é livre sua criação, fusão, incorporação e extinção, resguardados a soberania nacional, o pluripartidarismo, os direitos fundamentais da pessoa humana e observado o caráter regional.

(B) antes de adquirirem personalidade jurídica, na forma da lei civil, registrarão seus estatutos no Tribunal Superior Eleitoral.

(C) estão proibidos de receber recursos financeiros de entidade ou governo estrangeiro e de se subordinar a estes, devem prestar contas à Justiça Eleitoral e ter funcionamento parlamentar de acordo com a lei.

(D) podem adotar os critérios de escolha e o regime de suas coligações nas eleições majoritárias e nas proporcionais, com obrigatoriedade de vinculação entre as candidaturas em âmbito nacional, estadual, distrital ou municipal.

(E) terão direito a recursos do fundo partidário e acesso gratuito ao rádio e à televisão, na forma da lei, os que tiverem elegido pelo menos treze Deputados Federais distribuídos em pelo menos dois terços das unidades da Federação.

A: Incorreta. Deve ser observado o **caráter nacional** (CF, art. 17, I). **B:** Incorreta. O registro deve ser feito **após** adquirirem personalidade jurídica (CF, art. 17, § 2º). **C:** Correta. Conforme disposto no art. 17, II a IV, da CF. **D:** Incorreta. Segundo o art. 17, § 1º, da CF, os Partidos Políticos podem adotar os critérios de escolha e o regime de suas coligações nas eleições majoritárias, **vedada a sua celebração nas eleições proporcionais**, **sem obrigatoriedade** de vinculação entre as candidaturas em âmbito nacional, estadual, distrital ou municipal. **E:** Incorreta. terão direito a recursos do fundo partidário e acesso gratuito ao rádio e à televisão, na forma da lei, os que tiverem elegido pelo menos **quinze** Deputados Federais distribuídos em pelo menos **um terço** das unidades da Federação (CF, art. 17, § 3º, II). **AMN**
Gabarito "C".

(Advogado – Pref. São Roque/SP – 2020 – VUNESP) Com base na jurisprudência do Supremo Tribunal Federal, é correto afirmar que não podem perder o mandato por infidelidade partidária em razão da transferência voluntária de agremiação os ocupantes dos cargos de

(A) Vereador e Deputado Federal.
(B) Prefeito e Senador.
(C) Deputado Estadual e Governador.
(D) Presidente da República e Deputado Federal.
(E) Senador e Deputado Estadual.

A letra B é a única correta, conforme jurisprudência do STF (ADI 5081), uma vez que os cargos do sistema majoritário de eleição (Prefeito, Governador, Senador e Presidente da República) não estão suscetíveis a perder o mandato por infidelidade partidária. Por óbvio, as demais alternativas estão incorretas. **AB**
Gabarito "B".

(Promotor de Justiça/SP – 2019 – MPE/SP) Ao decidir que pessoas do mesmo grupo familiar, dentro das hipóteses do § 7º do art. 14 da CF/1988, não podem exercer três mandatos subsequentes na chefia de um mesmo Poder Executivo, independentemente da ocorrência de separação conjugal, falecimento, ou outras tantas possibilidades que possam ocorrer; que a Constituição Federal não tolera privilégios e discriminações, impedindo que se estabeleçam tratamentos seletivos em favor de determinadas pessoas, proibindo que se imponham restrições gravosas em detrimento de outras em razão de condição social, de nascimento, de gênero, de origem étnica, de orientação sexual ou de posição estamental; que é essencial ao fortalecimento da democracia que o seu financiamento seja feito em bases essenciais e absolutamente transparentes; o Supremo Tribunal Federal decidiu fundamentalmente com base no

(A) princípio da proporcionalidade.
(B) princípio da razoabilidade.
(C) princípio da eficiência.
(D) princípio da segurança jurídica.
(E) princípio republicano.

Letra E: correta. Uma vez que a transitoriedade de mandatos eletivos impede a perpetuação da mesma família no poder, razão pela qual respeita a noção básica do republicanismo. Todas as demais alternativas não guardam relação com o enunciado da questão. **AB**
Gabarito "E".

(Juiz de Direito – TJ/RJ – 2019 – VUNESP) Narciso, 19 anos de idade, que está em pleno gozo dos seus direitos políticos, pretende candidatar-se ao mandato de Vereador em seu Município nas próximas eleições, que ocorrerão em outubro de 2020. Poliana, que é sua cunhada, ocupava o cargo de Presidente da Câmara de Vereadores, no mesmo Município, mas, atualmente, veio a assumir o cargo de Prefeito em razão da perda de mandato dos seus ocupantes anteriores. Segundo o disposto na Constituição Federal, nessa situação hipotética, é correto afirmar que Narciso

(A) poderia se candidatar, não havendo incompatibilidade eleitoral para o exercício do mandato, mas não poderá fazê-lo por não ter a idade mínima para se candidatar.

(B) não poderá se candidatar, tendo em vista a sua condição de inelegibilidade por ser cunhado de Poliana, salvo se já titular de mandato eletivo e candidato à reeleição.

(C) poderá se candidatar, pois a relação com Poliana não é condição que o impeça de concorrer, salvo se já titular de mandato eletivo e candidato à reeleição.

(D) poderá se candidatar, desde que tenha se tornado cunhado de Poliana somente após esta ter assumido o mandato eletivo.

(E) não está impedido de se candidatar ao mandato de Vereador, desde que não seja para reeleição, uma vez que Poliana assumiu o cargo de Prefeito em substituição aos titulares.

A letra B está correta, conforme artigo 14, § 7º, da CF. Como todas as demais alternativas estão diretamente ligadas à inelegibilidade reflexa, logo, equivocadas, nos mesmos termos do artigo 14, § 7º, da CF. **AB**
Gabarito "B".

(Investigador – PC/BA – 2018 – VUNESP) Imagine a seguinte situação hipotética: o Prefeito do Município X foi eleito no ano de 2016. Nessa situação, é correto afirmar que

(A) caso queira se candidatar ao cargo de Governador de Estado nas próximas eleições, deverá possuir a idade mínima de 35 (trinta e cinco) anos e renunciar ao respectivo mandato de Prefeito até 3 (três) meses antes do pleito.

(B) caso decida se candidatar ao cargo de Senador, deverá possuir a idade mínima de 30 (trinta) anos e renunciar ao respectivo mandato de Prefeito até 5 (cinco) meses antes do pleito.

(C) caso decida se candidatar ao cargo de Presidente ou Vice Presidente da República, deverá possuir a idade mínima de 35 (trinta e cinco) anos e renunciar ao respectivo mandato de Prefeito até 6 (seis) meses antes do pleito.

(D) caso o cônjuge do Prefeito, por exemplo, queira se candidatar ao cargo de Vereadora do Município X pela primeira vez, ela será considerada elegível, ainda que o Prefeito não renuncie ao pleito.

(E) caso a sogra do Prefeito, por exemplo, queira se candidatar ao cargo de Prefeita do Município pela primeira vez, ela será considerada elegível, uma vez que somente há inelegibilidade ao cônjuge ou filhos do mandatário.

A: incorreta, pois a idade mínima é de **30 anos** para o cargo de Governador de Estado (art. 14, § 3º, VI, *b*, da CF), e ele deverá renunciar ao mandato de Prefeito até **6 meses** antes do pleito (art. 14, § 6º, da CF); **B:** incorreta, pois a idade mínima é de **35 anos** para o cargo de Senador (art. 14, § 3º, VI, *a*, da CF), e ele deverá renunciar ao mandato de Prefeito até **6 meses** antes do pleito (art. 14, § 6º, da CF); **C:** correta, pois a idade mínima é de **35 anos** para o cargo de Presidente e Vice-Presidente da República (art. 14, § 3º, VI, *a*, da CF), e ele deverá renunciar ao mandato de Prefeito até **6 meses** antes do pleito (art. 14, § 6º, da CF); **D:** incorreta, pois o cônjuge do Prefeito é inelegível no território de jurisdição do titular, salvo se já titular de mandato eletivo e candidato à reeleição (art. 14, § 7º, da CF) ou se o Prefeito se afastar definitivamente até seis meses antes da eleição (Resolução TSE 22.599/2007); **E:** incorreta, pois os parentes consanguíneos ou afins (como a sogra), até o segundo grau ou por adoção, do Prefeito são inelegíveis no território de jurisdição do titular (art. 14, § 7º, da CF). **AN**

Gabarito "C".

(Investigador – PC/BA – 2018 – VUNESP) Suponha que, nas Eleições de 2018, candidataram-se ao cargo de Presidente da República X, Y e Z, respectivamente com 40 (quarenta), 45 (quarenta e cinco) e 50 (cinquenta) anos. Nesse caso, é correto afirmar que

(A) será considerado eleito Presidente o candidato que, registrado por partido político, obtiver a maioria dos votos válidos, computando-se os votos em branco, mas não os nulos.

(B) se na primeira votação nenhum candidato alcançar maioria absoluta, será realizada nova eleição em até 30 (trinta) dias após a proclamação do resultado, concorrendo os 2 (dois) candidatos mais votados.

(C) havendo nova votação no caso de não se ter alcançado maioria absoluta de votos, e, antes da realização do segundo turno, ocorrer a morte, desistência ou impedimento legal de candidato, será convocado, dentre os remanescentes, o mais idoso.

(D) se, por exemplo, o candidato X tiver obtido a maior votação, mas desistido do cargo antes do segundo turno, e os candidatos Y e Z obtiveram a mesma votação, será qualificado como Presidente o candidato Z.

(E) se decorridos 5 (cinco) dias para a posse, o Presidente ou o Vice-Presidente, salvo por motivo de força maior, não tiver assumido o cargo, este será declarado como vago.

A: incorreta, porque será considerado eleito Presidente o candidato que, registrado por partido político, obtiver a maioria absoluta de votos, não computados os votos em branco e os nulos (art. 77, § 2º, da CF); **B:** incorreta, já que se nenhum candidato alcançar maioria absoluta na primeira votação, far-se-á nova eleição em até **vinte dias** após a proclamação do resultado, concorrendo os dois candidatos mais votados e considerando-se eleito aquele que obtiver a maioria dos votos válidos (art. 77, § 3º, da CF); **C:** incorreta, pois, se antes de realizado o segundo turno ocorrer morte, desistência ou impedimento legal de candidato, convocar-se-á, dentre os remanescentes, o de maior votação (art. 77, § 4º, da CF); **D:** correta, conforme inteligência do art. 77, §§ 4º e 5º, da CF. Na hipótese da questão, o candidato X, mais votado, desistiu do cargo antes do segundo turno, remanescendo apenas os candidatos Y e Z com a mesma votação, sendo, portanto, qualificado o mais idoso (Z) como vencedor da eleição; **E:** incorreta, porque se, decorridos **dez** dias da data fixada para a posse, o Presidente ou o Vice-Presidente, salvo motivo de força maior, não tiver assumido o cargo, este será declarado vago (art. 78, parágrafo único, da CF). **AN**

Gabarito "D".

(Investigador – PC/BA – 2018 – VUNESP) De acordo com a Constituição, assinale a alternativa correta sobre os partidos políticos.

(A) É livre a criação, a fusão e a incorporação de partidos políticos, mas a extinção, em função de sua importância na democracia, exige a aprovação do Poder Público.

(B) Poderão possuir caráter regional nos Estados cuja população seja superior a 1 (um) milhão de habitantes.

(C) É defeso aos partidos políticos o recebimento de recursos financeiros de entidade ou governo estrangeiros ou de subordinação a estes.

(D) Os partidos políticos, após adquirirem personalidade jurídica, na forma da lei civil, registrarão seus estatutos perante o Tribunal Regional Eleitoral da respectiva entidade da federação de sua sede.

(E) O acesso aos recursos do fundo partidário e ao rádio e à televisão será destinado a todos os partidos políticos, indiscriminadamente, para garantia da isonomia na representação política.

A: incorreta, pois é livre a criação, a fusão, a incorporação e a extinção de partidos políticos (art. 17, *caput*, da CF); **B:** incorreta, na medida em que os partidos políticos deverão ter **caráter nacional** (art. 17, I, da CF); **C:** correta, de acordo com o art. 17, II, da CF; **D:** incorreta, porque os partidos políticos, após adquirirem personalidade jurídica, na forma da lei civil, registrarão seus estatutos no **Tribunal Superior Eleitoral** (art. 17, § 2º, da CF); **E:** incorreta, pois a Emenda Constitucional 97/2017 instituiu cláusula de barreira no qual cláusula de desempenho eleitoral os partidos políticos poderem ter acesso ao fundo partidário e ao tempo gratuito de rádio e televisão. Nesse contexto, somente terão direito a recursos do fundo partidário e acesso gratuito ao rádio e à televisão os partidos políticos que, alternativamente, **(i)** obtiverem, nas eleições para a Câmara dos Deputados, no mínimo, 3% dos votos válidos, distribuídos em pelo menos 1/3 das unidades da Federação, com um mínimo de 2% dos votos válidos em cada uma delas; ou **(ii)** tiverem elegido pelo menos quinze Deputados Federais distribuídos em pelo menos 1/3 das unidades da Federação (art. 17, § 3º, da CF). **AN**

Gabarito "C".

(Procurador do Estado/SP – 2018 – VUNESP) Acerca dos partidos políticos, assinale a alternativa correta.

(A) A filiação partidária é condição de elegibilidade, cabendo aos partidos políticos, após adquirirem personalidade jurídica de direito público interno no cartório de registro civil do respectivo ente federativo ao qual é vinculado, promover o registro de seus estatutos no Tribunal Regional Eleitoral, ato conhecido como "notícia de criação de partido político".

(B) É assegurada aos partidos políticos autonomia para definir o regime de suas coligações nas eleições proporcionais, uma vez que há o vínculo de obrigatoriedade entre as candidaturas em âmbito nacional, estadual, distrital ou municipal.

(C) O direito a recursos do fundo partidário e acesso gratuito ao rádio e à televisão, na forma da lei, é garantido aos partidos políticos que tiverem elegido pelo menos quinze Deputados Federais distribuídos em pelo menos um terço das unidades da Federação.

(D) Ao eleito por partido que não preencher os requisitos constitucionais que asseguram o direito ao fundo partidário é vetado filiar-se a outro partido que os tenha atingido, uma vez que a lei procura assegurar a igualdade na distribuição dos recursos e de acesso gratuito ao tempo de rádio e de televisão.

(E) Os partidos políticos não podem estabelecer normas de disciplina e fidelidade partidária, assim como são proibidos de receber recursos financeiros de entidade ou governo estrangeiros ou de subordinação a estes.

A: incorreta, pois os partidos políticos, após adquirirem personalidade jurídica, na forma da lei civil, registrarão seus estatutos no **Tribunal Superior Eleitoral** (art. 17, § 2º, da CF), sendo que os partidos políticos são **pessoas jurídicas de direito privado**, de acordo com o art. 44, V, do Código Civil; B: incorreta, visto que é assegurada aos partidos políticos autonomia para definir o regime de suas coligações nas eleições majoritárias, vedada a sua celebração nas eleições proporcionais, sem obrigatoriedade de vinculação entre as candidaturas em âmbito nacional, estadual, distrital ou municipal (art. 17, § 1º, da CF); C: correta, conforme art. 17, § 3º, II, da CF; D: incorreta, já que ao eleito por partido que não preencher os requisitos constitucionais que asseguram o direito ao fundo partidário é assegurado o mandato e facultada a filiação, sem perda do mandato, a outro partido que os tenha atingido, não sendo essa filiação considerada para fins de distribuição dos recursos do fundo partidário e de acesso gratuito ao tempo de rádio e de televisão (art. 17, § 5º, da CF); E: incorreta, pois os partidos políticos devem estabelecer normas de disciplina e fidelidade partidária (art. 17, § 1º, in fine, da CF), sendo proibidos de receber recursos financeiros de entidade ou governo estrangeiros ou de subordinação a estes (art. 17, II, da CF). Gabarito "C".

(Procurador do Estado/SP – 2018 – VUNESP) No julgamento da ADI nº 5.081/DF, o Supremo Tribunal Federal fixou a seguinte tese: [...] por unanimidade de votos, em conhecer da ação e julgar procedente o pedido formulado para declarar a inconstitucionalidade, quanto à Resolução nº 22.610/2007, do Tribunal Superior Eleitoral, do termo "ou o vice", constante do art. 10; da expressão "e, após 16 (dezesseis) de outubro corrente, quanto a eleitos pelo sistema majoritário", constante do art. 13, e para "conferir interpretação conforme a Constituição ao termo "suplente", constante do art. 10, com a finalidade de excluir do seu alcance os cargos do sistema majoritário. Fixada a tese com o seguinte teor: "A perda do mandato em razão da mudança de partido não se aplica aos candidatos eleitos pelo sistema majoritário, sob pena de violação da soberania popular e das escolhas feitas pelo eleitor", nos termos do voto do Relator.

Considerando as regras constitucionais do sistema eleitoral brasileiro e os fundamentos utilizados para construir a jurisprudência aqui reproduzida, assinale a alternativa correta.

(A) Dentre as causas expressas de perda do mandato de Deputados Federais ou Estaduais estão as hipóteses de ser investido no cargo de Ministro de Estado, Governador de Território, Secretário de Estado, do Distrito Federal, de Território, de Prefeitura de Capital ou chefe de missão diplomática temporária.

(B) A interpretação conforme é uma regra hermenêutica que visa consagrar a força normativa da constituição ao retirar do ordenamento jurídico normas infraconstitucionais que sejam incompatíveis com a ordem jurídica, de modo a dar prevalência a soluções que favoreçam a integração social e a unidade política.

(C) O sistema eleitoral brasileiro adota o sistema majoritário para eleição do Prefeito e do Vice-Prefeito. No caso dos Municípios com mais de 200 mil eleitores, se nenhum candidato alcançar maioria absoluta na primeira votação, far-se-á nova eleição em até vinte dias após a proclamação do resultado, concorrendo os dois candidatos mais votados e considerando-se eleito aquele que obtiver a maioria dos votos válidos.

(D) O sistema proporcional adotado para a eleição dos senadores caracteriza-se pela ênfase nos votos obtidos pelos partidos, motivo pelo qual a Corte fixou entendimento de que a fidelidade partidária é essencial nesse caso.

(E) A soberania popular é exercida por meio da participação direta na organização político-administrativa quando se permite que os Estados possam se incorporar entre si, subdividir-se ou desmembrar-se para se anexarem a outros, ou formarem novos Estados ou Territórios Federais, mediante aprovação da população diretamente interessada, por plebiscito ou referendo.

A: incorreta, pois não é causa de perda do mandato de Deputado ou Senador a hipótese de ser investido no cargo de Ministro de Estado, Governador de Território, Secretário de Estado, do Distrito Federal, de Território, de Prefeitura de Capital ou chefe de missão diplomática temporária (art. 56, I, da CF); B: incorreta, visto que a interpretação conforme a Constituição é um método de interpretação hermenêutico – ou uma técnica de controle de constitucionalidade – pelo qual o intérprete ou aplicador do direito, ao se deparar com normas polissêmicas ou plurissignificativas (isto é, que possuam mais de uma interpretação), deverá adotar aquela interpretação que mais se compatibilize com o texto constitucional, excluindo determinadas hipóteses de interpretação da norma inconstitucionais; C: correta, conforme art. 29, II, combinado com art. 77, § 3º, da CF; D: incorreta, visto que o STF entende que "*o sistema majoritário, adotado para a eleição de presidente, governador, prefeito e senador, tem lógica e dinâmica diversas da do sistema proporcional. As características do sistema majoritário, com sua ênfase na figura do candidato, fazem com que a perda do mandato, no caso de mudança de partido, frustre a vontade do eleitor e vulnere a soberania popular*" (ADI 5081, Rel. Min. Roberto Barroso, Tribunal Pleno, j. em 27-05-2015); E: incorreta, na medida em que os estados podem incorporar-se entre si, subdividir-se ou desmembrar-se para se anexarem a outros, ou formarem novos estados ou territórios federais, mediante aprovação da população diretamente interessada, por meio de **plebiscito**, e do Congresso Nacional, por lei complementar (art. 18, § 3º, da CF). Gabarito "C".

9. ORGANIZAÇÃO DO ESTADO

9.1. Da União, Estados, Municípios e Territórios

(Procurador – AL/PR – 2024 – FGV) A Assembleia Legislativa do Estado do Alfa promulgou a Emenda Constitucional nº X, que acrescentou novo artigo à Carta estadual. Tal dispositivo garantiu aos empregados públicos concursados a possibilidade de ingressarem no quadro de pessoal da Administração Pública estadual em caso de extinção, incorporação ou transferência da empresa pública ou sociedade de economia mista, quer para a iniciativa privada, quer para a União.

Diante do exposto e da jurisprudência do Supremo Tribunal Federal, é correto afirmar que a referida norma é

(A) constitucional, pois os empregados públicos realizaram concurso prévio para ingresso no serviço público, entretanto, a remuneração do novo cargo não poderá ultrapassar o teto constitucional.

(B) inconstitucional, pois viola os princípios do concurso público, da isonomia de acesso a cargos públicos, da moralidade administrativa e da impessoalidade.

(C) constitucional, pois permite transposição, absorção ou aproveitamento de empregado público no quadro estatutário da Administração Pública estadual em observância aos princípios da eficiência e da razoabilidade.

(D) inconstitucional, pois os empregados públicos não estão vinculados ao teto constitucional e o seu correspondente aproveitamento no quadro estatutário da Administração Pública estadual poderá ensejar a violação ao princípio da irredutibilidade de vencimentos.

(E) constitucional, pois está em consonância com os princípios da isonomia, da moralidade administrativa e da impessoalidade.

A alternativa correta é a B. O STF, ao julgar o Recurso Extraordinário 1232885, com repercussão geral reconhecida (Tema 1128), firmou a seguinte tese: "É inconstitucional dispositivo de Constituição estadual que permite transposição, absorção ou aproveitamento de empregado público no quadro estatutário da Administração Pública estadual sem prévia aprovação em concurso público, nos termos do art. 37, II, da Constituição Federal". AMN

Gabarito "B".

(Procurador – AL/PR – 2024 – FGV) O Estado Beta, visando adotar política pública de proteção aos adolescentes em cumprimento de medida socioeducativa, editou norma estadual que concede porte de arma de fogo a agentes de segurança socioeducativos.

Diante do exposto e da jurisprudência do Supremo Tribunal Federal, é correto afirmar que a referida lei é

(A) constitucional, em razão da competência conferida ao Estado para legislar sobre segurança pública.

(B) constitucional, pois promove a diretriz de que as medidas socioeducativas possuem caráter punitivo, educativo e preventivo, em observância às disposições de proteção aos direitos da criança e do adolescente.

(C) inconstitucional, por violação à competência privativa da União para legislar sobre direito penal e material bélico e para autorizar e fiscalizar a produção e o comércio de material bélico.

(D) constitucional, por observância à competência do Estado para legislar sobre matéria de proteção à infância e à juventude, bem como para aplicar as medidas socioeducativas aos adolescentes.

(E) inconstitucional, por ausência de competência do Estado para editar normas de proteção à infância e à juventude.

A alternativa C é a correta. É o que foi decidido na ADI 7.424/ES. Nesse sentido: "É inconstitucional — por violar competência privativa da União para legislar sobre direito penal e material bélico (CF/1988, art. 22, I e XXI) — norma estadual que concede porte de arma de fogo a agentes socioeducativos." (*Informativo* STF 1122/2024). AMN

Gabarito "C".

(Procurador – AL/PR – 2024 – FGV) O ex-Prefeito do Município Gama, localizado no Estado Beta, ajuizou ação declaratória de nulidade de ato administrativo, objetivando a anulação de acórdão proferido pelo Tribunal de Contas do Estado Beta, em procedimento de tomada de contas especial, o qual condenou o ex-agente político ao pagamento de valores a título de débito e de multa, por irregularidades na execução de convênio firmado entre os entes estadual e municipal.

Diante do exposto e da jurisprudência do Supremo Tribunal Federal, assinale a opção em que está correto o julgamento da ação.

(A) Procedente, pois a função dos tribunais de contas limita-se a emitir um parecer, sugerindo o resultado do julgamento que deverá ser proferido pelo Poder Legislativo competente, diante da impossibilidade de julgar quaisquer contas do Chefe do Poder Executivo, seja por gestão ou execução de convênio.

(B) Improcedente, diante da possibilidade da Corte de Contas aplicar ao Prefeito as sanções administrativas previstas em lei, quando o legislativo se silenciar sobre o parecer do Tribunal de Contas (julgamento ficto)

(C) Procedente, diante da impossibilidade da Corte de Contas aplicar ao Prefeito as sanções administrativas previstas em lei, quando o legislativo se silenciar sobre o parecer do Tribunal de Contas (julgamento ficto).

(D) Procedente, em razão da violação ao devido processo legal, pois o juiz natural das contas do prefeito sempre será a Câmara Municipal, ofendendo, portanto, a democracia, a soberania popular, a independência e a autonomia do órgão legislativo local.

(E) Improcedente, pois o Tribunal de Contas tem a competência para realizar a imputação administrativa de débito e multa a ex-prefeito, em procedimento de tomada de contas especial, decorrente de irregularidades na execução de convênio firmado entre entes federativos.

A alternativa correta é a E. O STF, ao julgar o ARE 1436197, com repercussão geral reconhecida (Tema 1287), firmou a seguinte tese: "No âmbito da tomada de contas especial, é possível a condenação administrativa de Chefes dos Poderes Executivos municipais, estaduais e distrital pelos Tribunais de Contas, quando identificada a responsabilidade pessoal em face de irregularidades no cumprimento de convênios interfederativos de repasse de verbas, sem necessidade de posterior julgamento ou aprovação do ato pelo respectivo Poder Legislativo". AMN

Gabarito "E".

(Procurador – AL/PR – 2024 – FGV) O Estado beta editou a norma X que institui taxa para o exercício do poder de polícia relacionado à exploração e ao aproveitamento de recursos minerários em seu território.

Diante do exposto e da jurisprudência do Supremo Tribunal Federal, é correto afirmar que a referida lei é

(A) inconstitucional, por violação à competência privativa da União para instituição de taxa de poder de polícia relacionada a exploração de recursos minerários.

(B) inconstitucional, pois, em razão da preponderância do interesse local, a competência para instituir a referida taxa de polícia é dos Municípios.

(C) constitucional, uma vez que o Estado possui competência para instituição de taxa em razão do exercício regular do poder de polícia, não havendo necessidade de haver proporcionalidade entre o valor cobrado e o custo da atividade estatal realizada.

(D) constitucional, uma vez que o Estado possui competência para instituição de taxa pelo exercício regular do poder de polícia, desde que haja proporcionalidade entre o valor cobrado e o custo da atividade estatal.

(E) inconstitucional, pois apesar da matéria ser de competência concorrente entre União, Estados e Distrito Federal, caberá à União editar regras gerais sobre a exploração e o aproveitamento de recursos minerários.

A alternativa correta é a D. O STF, ao julgar as ADIs 4785, 4786 e 4787, considerou válidas leis estaduais de Minas Gerais, do Pará e do Amapá que instituíram taxas de controle, monitoramento e fiscalização das atividades de pesquisa, exploração e aproveitamento de recursos minerários (TFRM). As referidas ADIs foram julgadas improcedentes com o entendimento de que os Estados-membros têm competência para instituir taxas de forma a efetivar a atividade de fiscalização (poder de polícia) e que a base de cálculo fixada obedece o princípio constitucional da proporcionalidade. Gabarito "D".

(Procurador – AL/PR – 2024 – FGV) A Constituição do Estado Alfa estabeleceu hipótese de intervenção estadual nos Municípios pelo não pagamento da dívida fundada, nos casos os quais o inadimplemento não esteja vinculado à gestão anterior.

Diante do exposto e da jurisprudência do Supremo Tribunal Federal, é correto afirmar que essa hipótese de intervenção é

(A) constitucional, pois o Estado tem autonomia para definir, em sua Constituição, as hipóteses de intervenção nos municípios.

(B) inconstitucional, pois o dispositivo da Constituição estadual acrescentou hipótese de intervenção estadual nos Municípios não prevista na Constituição da República.

(C) constitucional, pois a referida norma prevista na Constituição estadual é a repetição da norma prevista na Constituição Federal.

(D) inconstitucional, pois o referido dispositivo restringiu a hipótese de intervenção estadual nos Municípios prevista na Constituição da República e tais preceitos são de observância obrigatória por parte dos Estados-membros.

(E) constitucional, pois o referido dispositivo da Constituição estadual apenas restringiu a hipótese de intervenção estadual nos Municípios prevista na Constituição da República.

A alternativa correta é a D. O STF já decidiu que: "A intervenção estadual nos Municípios pelo não pagamento da dívida fundada é garantida pelo inc. I do art. 35 da Constituição da República. Ao constituinte estadual não se autoriza restrição dessa hipótese apenas a casos nos quais o inadimplemento não esteja vinculado à gestão anterior." (STF, ADI 558, rel. min. Cármen Lúcia, j. 19-4-2021, Plenário, *DJE* de 22-9-2021.). Gabarito "D".

(Procurador – AL/PR – 2024 – FGV) Lei Orgânica distrital atribuiu à Câmara Legislativa o julgamento do Governador por crime de responsabilidade.

Sobre o tema é correto afirmar que a referida lei é

(A) inconstitucional, pois a concentração do juízo de admissibilidade da acusação e do julgamento dos crimes de responsabilidade do Governador na Câmara Legislativa do Distrito Federal ofende a lógica do juízo institucional bifásico, prevista na Constituição.

(B) constitucional, pois o Julgamento pelo crime de responsabilidade do governador deve ser definido pela Constituição do respectivo Estado ou Lei Orgânica Distrital.

(C) inconstitucional, pois a competência para julgar crimes de responsabilidade será do Tribunal de Justiça do respectivo Estado e está prevista na Lei Nacional nº 1.079/50.

(D) constitucional, pois em razão do princípio da simetria é reprodução da norma prevista na Constituição da República em relação ao Presidente.

(E) constitucional, pois a Constituição Federal de 1988 assim determina em relação aos crimes de responsabilidade praticados por Governadores e Prefeitos.

A alternativa A é a correta. O STF ao julgar a ADI 3.466/DF, decidiu que: "DIREITO CONSTITUCIONAL. AÇÃO DIRETA DE INCONSTITUCIONALIDADE. LEI ORGÂNICA DO DISTRITO FEDERAL. PROCESSO E JULGAMENTO DO GOVERNADOR POR CRIMES DE RESPONSABILIDADE. 1. Ação direta de inconstitucionalidade contra expressões da Lei Orgânica do Distrito Federal que concentram na Câmara Legislativa do Distrito Federal o juízo de admissibilidade do processo de *impeachment* e o julgamento do Governador por crime de responsabilidade. 2. De acordo com a Súmula Vinculante nº 46, '[a] definição dos crimes de responsabilidade e o estabelecimento das respectivas normas de processo e julgamento são da competência legislativa privativa da União'. 3. O Plenário do STF já decidiu que o art. 78, § 3º, da Lei nº 1.079/1950, que define que o julgamento de Governadores por crimes de responsabilidade seja 'proferido por um tribunal especial de julgamento, composto de cinco membros do Legislativo e cinco desembargadores, para julgar os crimes de responsabilidade dos Governadores', foi recepcionado pela Constituição de 1988. Precedente. 4. A concentração do juízo de admissibilidade da acusação e do julgamento dos crimes de responsabilidade do Governador na Assembleia Legislativa do Estado ou na Câmara Legislativa do Distrito Federal ofende a lógica do juízo institucional bifásico, prevista no art. 86 da Constituição. 5. Procedência do pedido. Tese de julgamento: 'É inconstitucional disposição de Constituição estadual ou Lei Orgânica distrital que, em desacordo com o previsto no art. 78, § 3º, da Lei nº 1.079/1950, atribuam à Assembleia ou Câmara Legislativa o julgamento do Governador por crime de responsabilidade'.". Gabarito "A".

(Procurador – AL/PR – 2024 – FGV) O Estado Alfa deixou de editar lei que define as condições e percentuais mínimos para o preenchimento dos cargos em comissão para servidores de carreira.

Diante do exposto e da jurisprudência do Supremo Tribunal Federal, é correto afirmar que a ausência de disciplina da referida matéria

(A) é omissão inconstitucional do Estado Alfa, pois a matéria já foi disciplinada pela União em relação aos seus servidores e, em razão do princípio da simetria, é norma de reprodução obrigatória que deveria ter sido inserida na Constituição do Estado Alfa.

(B) não é omissão inconstitucional do Estado Alfa, pois a norma que exige a regulamentação do percentual não está na Constituição, pois está prevista em lei complementar específica.

(C) é omissão inconstitucional do Estado Alfa, pois a matéria relativa a regime jurídico-administrativo de servidor público é de competência de cada ente da federação.

(D) não é omissão inconstitucional do Estado Alfa, pois em razão do princípio federativo compete à União editar lei nacional que disponha sobre os casos, condições e percentuais mínimos de cargos em comissão.

(E) não é omissão inconstitucional, pois a constituição não impõe obrigatoriedade de fixação do percentual, deixando a critério de cada ente da federação disciplinar ou não a matéria.

A alternativa correta é a C. No julgamento da ADO 44/DF, o ministro relator destacou em seu voto que: "A competência legislativa referida no inciso V do art. 37 da Constituição pertence à unidade federativa em que se insere o cargo, inclusive no que concerne à definição de parâmetros para a reserva de cargos em comissão a servidores de carreira. Cabe a cada unidade federativa definir os parâmetros para a ocupação de acordo com suas peculiaridades." (os grifos não estão no original). AMN

Gabarito "C".

(Procurador – PGE/SP – 2024 – VUNESP) Segundo a Constituição do Estado de São Paulo, é correto afirmar sobre os parâmetros do processo legislativo das leis orçamentárias:

(A) as emendas individuais ao projeto de lei orçamentária destinadas às ações e aos serviços públicos de saúde devem corresponder no mínimo a 0,45% (quarenta e cinco centésimos por cento) da receita corrente líquida prevista no projeto encaminhado pelo Poder Executivo e podem ser utilizadas somente em projetos que envolvam despesas de custeio, capital e pagamento de pessoal.

(B) a lei que instituir o plano plurianual estabelecerá as metas e prioridades da administração pública estadual, incluindo as despesas de capital para o exercício financeiro subsequente, orientará a elaboração da lei orçamentária anual, disporá sobre as alterações na legislação tributária e estabelecerá a política de aplicação das agências financeiras oficiais de fomento.

(C) é vedada a realização de operações de crédito que excedam o montante das despesas de capital, ressalvadas as autorizadas mediante créditos suplementares ou especiais com fim preciso, aprovados pelo Poder Legislativo, por maioria absoluta.

(D) os projetos de lei relativos ao plano plurianual, às diretrizes orçamentárias, ao orçamento anual e aos créditos adicionais, bem como suas emendas, serão apreciados pela Assembleia Legislativa, podendo o Governador enviar mensagens ao Legislativo para propor modificações até o início da deliberação pelo Plenário.

(E) os recursos que ficarem sem despesas correspondentes em decorrência de veto, emenda ou rejeição do projeto de lei orçamentária anual não poderão ser utilizados mediante créditos especiais ou suplementares.

A: Incorreta. O § 6º do 175 da Constituição do Estado de São Paulo dispõe que: "As emendas individuais ao projeto de lei orçamentária serão de 0,45% (quarenta e cinco centésimos por cento) da receita corrente líquida prevista no projeto encaminhado pelo Poder Executivo, sendo que, no mínimo, a metade do percentual será destinada a ações e serviços públicos de saúde". **B:** Incorreta. Essa redação se refere a lei de diretrizes orçamentárias (art. 174, § 2º, da Constituição estadual). Já o plano plurianual está previsto no § 1º do mesmo artigo, com a seguinte redação: "A lei que instituir o plano plurianual estabelecerá as diretrizes, objetivos e metas da administração pública estadual para as despesas de capital e outras delas decorrentes e para as relativas aos programas de duração continuada". **C:** Correta. A redação está de acordo com o art. 176, III, da Constituição do Estado de São Paulo. **D:** Incorreta. O art. 175, § 3º, da Constituição estadual, dispõe o seguinte: "Os projetos de lei relativos ao plano plurianual, às diretrizes orçamentárias, ao orçamento anual e aos créditos adicionais, bem como suas emendas, serão apreciados pela Assembleia Legislativa. (...) § 3º O Governador poderá enviar mensagem ao Legislativo para propor modificações nos projetos a que se refere este artigo, enquanto não iniciada, na Comissão competente, a votação da parte cuja alteração é proposta". **E:** Incorreta. O § 5º do art. 175 da Constituição estadual prevê que: "Os recursos que, em decorrência de veto, emenda ou rejeição do projeto de lei orçamentária anual, ficarem sem despesas correspondentes, poderão ser utilizados, conforme o caso, mediante créditos especiais ou suplementares, com prévia e específica autorização legislativa". AMN

Gabarito "C".

(Procurador – PGE/SP – 2024 – VUNESP) Ao Estado de São Paulo cumpre proporcionar o bem-estar social, garantindo o pleno acesso aos bens e serviços essenciais ao desenvolvimento individual e coletivo, sendo correto afirmar que a Constituição paulista assegura

(A) a competência do Estado em garantir o ensino fundamental público e gratuito aos jovens e adultos que, na idade própria, a ele não tiveram acesso, com organização adequada às características dos alunos, assim como, ao Município, a competência para definir as normas, autorização de funcionamento, supervisão e fiscalização da educação da criança de zero a seis anos.

(B) o atendimento médico à mulher, em todas as fases da vida, pelo corpo clínico especializado da rede pública de saúde, excluída a prática do aborto nos casos excludentes de antijuridicidade, previstos na legislação penal.

(C) a construção de políticas públicas pelo Sistema Estadual de Ensino deve atender a todos os níveis e modalidades, incluindo a educação para as pessoas com deficiência, ou seja, inclui a definição de normas gerais de funcionamento das escolas públicas estaduais, com exceção das escolas particulares, que gozarão de plena autonomia para organizar sistemas de ensino.

(D) diante da natureza emergencial e compensatória, a prevalência dos programas de assistência social sobre a formulação e aplicação de políticas sociais básicas nas áreas de saúde, educação, abastecimento, transporte e alimentação.

(E) ao paciente, internado em hospitais da rede pública ou privada, a faculdade de ser assistido, religiosa e espiritualmente, por ministro de culto religioso, assim como o ensino religioso, de matrícula facultativa, constituirá disciplina dos horários normais das escolas públicas de ensino fundamental.

A: Incorreta. O art. 248 da Constituição do Estado de São Paulo dispõe que: "Artigo 248. O órgão próprio de educação do Estado será responsável pela definição de normas, autorização de funcionamento, supervisão e fiscalização das creches e pré-escolas públicas e privadas no Estado. Parágrafo único. Aos Municípios, cujos sistemas de ensino estejam organizados, será delegada competência para autorizar o funcionamento e supervisionar as instituições de educação das crianças de zero a seis anos de idade". B: Incorreta. O art. 224 da Constituição estadual dispõe: "Cabe à rede pública de saúde, pelo seu corpo clínico especializado, prestar o atendimento médico para a prática do aborto nos casos excludentes de antijuridicidade, previstos na legislação penal". C: Incorreta. O art. 239, caput, da Constituição estadual determina que: "O Poder Público organizará o Sistema Estadual de Ensino, abrangendo todos os níveis e modalidades, incluindo a especial, estabelecendo normas gerais de funcionamento para as escolas públicas estaduais e municipais, bem como para as particulares". D: Incorreta. O art. 233 da Constituição estadual prescreve: "As ações governamentais e os programas de assistência social, pela sua natureza emergencial e compensatória, não deverão prevalecer sobre a formulação e aplicação de políticas sociais básicas nas áreas de saúde, educação, abastecimento, transporte e alimentação". E: Correta. Está de acordo com os arts. 231 e 244 da Constituição estadual. AMN

Gabarito "E".

(ENAM – 2024.1) Francisco, servidor público titular do cargo efetivo de médico em Município brasileiro, submete-se a novo concurso público e é aprovado dentro do número de vagas oferecidas para o emprego de médico-cirurgião em fundação pública estadual de saúde.

Sabendo-se que há compatibilidade de horários para o exercício das duas funções, sobre a cumulação, em tal hipótese, assinale a afirmativa correta.

(A) É lícita, observando-se que o somatório das remunerações respectivas não poderá ultrapassar o limite máximo remuneratório aplicável aos Estados-membros.

(B) É lícita, observando-se que o somatório das remunerações respectivas não poderá ultrapassar o teto remuneratório relativo ao subsídio mensal, em espécie, do Ministro do Supremo Tribunal Federal.

(C) É lícita, observando-se que o teto remuneratório deve ser considerado em relação à remuneração de cada um dos vínculos, e não ao somatório do que é recebido.

(D) É ilícita, uma vez que a acumulação de cargos, empregos e funções públicas somente é autorizada na esfera do mesmo ente federativo, observando-se o limite máximo de remuneração aplicável ao Chefe do Poder Executivo respectivo.

(E) É ilícita, uma vez que a acumulação de cargos públicos somente é autorizada na esfera da própria Administração Direta, observando-se o teto remuneratório aplicável ao Chefe do Poder Executivo respectivo.

A alternativa C é a correta. O STF pacificou o entendimento sobre a necessidade de observância do teto remuneratório (CF, art. 37, XI) nas hipóteses de acumulação de cargos públicos previstas no art. 37, XVI, da CF. A Excelsa Corte entende que o teto remuneratório constitucional deve ser aplicado de maneira isolada para cada cargo acumulado, nas hipóteses permitidas na Constituição. O Pleno daquela Corte aprovou a seguinte tese para fins de repercussão geral: "Nos casos autorizados constitucionalmente de acumulação de cargos, empregos e funções, a incidência do art. 37, XI, da Constituição Federal (CF) pressupõe consideração de cada um dos vínculos formalizados, afastada a observância do teto remuneratório quanto ao somatório dos ganhos do agente público" (STF, Pleno, RE 612975/MT, rel. Min. Marco Aurélio, julgamento em 26 e 27.4.2017. RE 602043/MT, rel. Min. Marco Aurélio, julgamento em 26 e 27.4.2017. Informativo 862). ANH

Gabarito "C".

(ENAM – 2024.1) Após ampla mobilização da sociedade civil organizada, um grupo de vereadores do Município Alfa, importante capital do país, apresentou projeto de lei, que resultou na Lei nº X, proibindo a participação de agentes detentores de mandato eletivo no âmbito do Município, em processos licitatórios organizados por esse ente federativo, bem como a celebração de contratos administrativos.

A medida, apesar de comemorada por considerável parcela da população, foi duramente criticada por alguns detentores de mandato eletivo que vinham participando de licitações e celebrando contratos administrativos com o Município Alfa. Um desses agentes, ao ser desabilitado em processo licitatório, impetrou mandado de segurança perante o Juiz de Direito competente, ocasião em que requereu que fosse reconhecido o seu direito de participar da licitação, em razão da inconstitucionalidade da Lei nº X.

Com relação à decisão do Juiz de Direito, após apreciar o caso, assinale a afirmativa correta.

(A) O âmbito de incidência da Lei nº X está circunscrito ao território municipal e à administração pública municipal, indicativo de que se trata de matéria de interesse local, de competência privativa de Alfa; logo, o diploma normativo é constitucional.

(B) Trata-se de exercício de competência legislativa suplementar; logo, a Lei nº X, não destoando das demais normas afetas à temática, é constitucional.

(C) Como a Lei nº X dispõe sobre atribuições próprias do Poder Executivo, ela é inconstitucional em razão do vício de iniciativa.

(D) Compete privativamente à União legislar sobre licitações e contratos administrativos; logo, a Lei nº X é inconstitucional.

(E) É competência comum de todos os entes federativos legislar sobre a temática; logo, a Lei nº X é constitucional.

A alternativa correta é a B. O STF ao julgar o Recurso Extraordinário 910552, com repercussão geral reconhecida (Tema 1.001) firmou a seguinte tese: "É constitucional o ato normativo municipal, editado no exercício de competência legislativa suplementar, que proíba a participação em licitação ou a contratação: (a) de agentes eletivos;

(b) de ocupantes de cargo em comissão ou função de confiança; (c) de cônjuge, companheiro ou parente em linha reta, colateral ou por afinidade, até o terceiro grau, inclusive, de qualquer destes; e (d) dos demais servidores públicos municipais".

Gabarito "B".

(Juiz de Direito – TJ/SC – 2024 – FGV) João, deputado estadual no âmbito da Assembleia Legislativa do Estado Alfa, almejava apresentar projeto de lei direcionado à proteção animal, mas que permitiria expressamente o sacrifício ritual de animais em cultos de religiões de matriz africana.

Ao analisar a sistemática estabelecida na Constituição da República, João concluiu, corretamente, que:

(A) compete privativamente à União legislar sobre a matéria, o que seria insuscetível de delegação aos estados;

(B) o Estado Alfa possui competência concorrente com a União para legislar sobre a matéria, além de o projeto resguardar a liberdade religiosa;

(C) apesar de competir privativamente à União legislar sobre a matéria, lei complementar federal poderia delegar essa competência aos estados;

(D) apesar de a União ter competência privativa para legislar sobre caça e fauna, o estado possui competência concorrente para legislar sobre meio ambiente;

(E) o projeto seria incompatível com a Constituição da República, pois a laicidade do Estado pressupõe a sua neutralidade em relação à generalidade das religiões.

A alternativa correta é a B. O STF, ao julgar o Recurso Extraordinário 494.601/RS, firmou o seguinte entendimento: "DIREITO CONSTITUCIONAL. RECURSO EXTRAORDINÁRIO COM REPERCUSSÃO GERAL. PROTEÇÃO AO MEIO AMBIENTE. LIBERDADE RELIGIOSA. LEI 11.915/2003 DO ESTADO DO RIO GRANDE DO SUL. NORMA QUE DISPÕE SOBRE O SACRIFÍCIO RITUAL EM CULTOS E LITURGIAS DAS RELIGIÕES DE MATRIZ AFRICANA. COMPETÊNCIA CONCORRENTE DOS ESTADOS PARA LEGISLAR SOBRE FLORESTAS, CAÇA, PESCA, FAUNA, CONSERVAÇÃO DA NATUREZA, DEFESA DO SOLO E DOS RECURSOS NATURAIS, PROTEÇÃO DO MEIO AMBIENTE E CONTROLE DA POLUIÇÃO. SACRIFÍCIO DE ANIMAIS DE ACORDO COM PRECEITOS RELIGIOSOS. CONSTITUCIONALIDADE. 1. Norma estadual que institui Código de Proteção aos Animais sem dispor sobre hipóteses de exclusão de crime amoldam-se à competência concorrente dos Estados para legislar sobre florestas, caça, pesca, fauna, conservação da natureza, defesa do solo e dos recursos naturais, proteção do meio ambiente e controle da poluição (art. 24, VI, da CRFB). 2. A prática e os rituais relacionados ao sacrifício animal são patrimônio cultural imaterial e constituem os modos de criar, fazer e viver de diversas comunidades religiosas, particularmente das que vivenciam a liberdade religiosa a partir de práticas não institucionais. 3. A dimensão comunitária da liberdade religiosa é digna de proteção constitucional e não atenta contra o princípio da laicidade. 4. O sentido de laicidade empregado no texto constitucional destina-se a afastar a invocação de motivos religiosos no espaço público como justificativa para a imposição de obrigações. A validade de justificações públicas não é compatível com dogmas religiosos. 5. A proteção específica dos cultos de religiões de matriz africana é compatível com o princípio da igualdade, uma vez que sua estigmatização, fruto de um preconceito estrutural, está a merecer especial atenção do Estado. 6. Tese fixada: 'É constitucional a lei de proteção animal que, a fim de resguardar a liberdade religiosa, permite o sacrifício ritual de animais em cultos de religiões de matriz africana'. 7. Recurso extraordinário a que se nega provimento". Assim, o Estado Alfa possui competência concorrente com a União para legislar sobre florestas, caça, pesca, fauna, conservação da natureza, defesa do solo e dos recursos naturais, proteção do meio ambiente e controle da poluição (CF, art. 24, VI).

Gabarito "B".

(Juiz de Direito – TJ/SC – 2024 – FGV) Em uma gincana jurídica, os grupos participantes foram questionados a respeito da funcionalidade dos denominados "princípios constitucionais sensíveis", mais especificamente se a sua infringência apresenta características similares na perspectiva da decretação de intervenção nos estados ou nos municípios. O grupo Alfa sustentou que a ação direta interventiva é essencial para a decretação da intervenção em município em razão da não aplicação do mínimo exigido da receita municipal na manutenção e desenvolvimento do ensino. O grupo Beta defendeu que a decretação de intervenção em município, em situações que correspondem à violação aos referidos princípios, reproduzidos inclusive na Constituição Estadual, pode ser provocada ou espontânea. Por fim, o grupo Gama sustentou que a decretação de intervenção em estado, em razão da afronta aos princípios constitucionais sensíveis, sempre se dá na modalidade provocada.

Ao final, os jurados concluíram, corretamente, em relação às conclusões dos referidos grupos, que:

(A) todas estão erradas;
(B) apenas a de Beta está certa;
(C) apenas a de Gama está certa;
(D) apenas as de Alfa e Gama estão certas;
(E) apenas as de Beta e Gama estão certas.

A alternativa E consta como correta no gabarito oficial. O grupo Alfa está incorreto, pois a ação direta interventiva é essencial para a decretação da intervenção em município em razão da não aplicação do mínimo exigido da receita municipal na manutenção e desenvolvimento do ensino e nas ações e serviços públicos de saúde (CF, art. 35, III). Segundo o gabarito oficial, o grupo Beta está correto. No entanto, s.m.j, entendemos que a intervenção cabível, no caso, é apenas a espontânea, pois o art. 35, III, da CF, prevê expressamente o cabimento da intervenção espontânea quando "não tiver sido aplicado o mínimo exigido da receita municipal na manutenção e desenvolvimento do ensino e nas ações e serviços públicos de saúde" e as hipóteses de intervenção provocada estão previstas no art. 35, IV, da CF: "o Tribunal de Justiça der provimento a representação para assegurar a observância de princípios indicados na Constituição Estadual, ou para prover a execução de lei, de ordem ou de decisão judicial". O grupo Gama está correto. O art. 36, III, da CF dispõe que: "A decretação da intervenção dependerá: (...) III – de provimento, pelo Supremo Tribunal Federal, de representação do Procurador-Geral da República, na hipótese do art. 34, VII, e no caso de recusa à execução de lei federal". Destaque-se que o art. 34, VII, da CF, prevê os princípios constitucionais sensíveis.

Gabarito "E".

(Juiz de Direito – TJ/SC – 2024 – FGV) Lei Municipal criou quinze cargos em comissão de assessor de gabinete governamental, assessor executivo de secretário municipal, assessor de gabinete de secretário municipal, assessor de gabinete de coordenador municipal e assessor de implementação de políticas públicas, deixando a critério do Poder Executivo disciplinar e fixar as atribuições inerentes aos referidos cargos. O município em questão possui vinte e cinco cargos de provimento efetivo.

Diante do exposto e da jurisprudência do STF, a referida norma é:

(A) constitucional, pois as atribuições dos cargos em comissão devem ser descritas pelo Poder Executivo, em observância ao princípio da separação de poderes;
(B) constitucional, pois a criação dos cargos deve pressupor a necessária relação de confiança entre a autoridade nomeante e o servidor nomeado;
(C) inconstitucional, pois as atribuições dos cargos em comissão devem estar descritas, de forma clara e objetiva, na própria lei que os instituir;
(D) constitucional, pois a criação dos referidos cargos em comissão se justifica para o exercício de funções de direção, chefia e assessoramento, bem como para o desempenho de atividades burocráticas, técnicas ou operacionais;
(E) inconstitucional, pois o número de cargos comissionados criados deve guardar proporcionalidade com a necessidade que eles visam suprir, não havendo relação com o número de servidores ocupantes de cargos efetivos no município.

A alternativa C é a correta. A questão foi objeto de apreciação pelo STF no Recurso Extraordinário 1041210 com reconhecimento de repercussão geral (Tema 1010), cuja tese é a seguinte: "a) A criação de cargos em comissão somente se justifica para o exercício de funções de direção, chefia e assessoramento, não se prestando ao desempenho de atividades burocráticas, técnicas ou operacionais; b) tal criação deve pressupor a necessária relação de confiança entre a autoridade nomeante e o servidor nomeado; c) o número de cargos comissionados criados deve guardar proporcionalidade com a necessidade que eles visam suprir e com o número de servidores ocupantes de cargos efetivos no ente federativo que os criar; e d) as atribuições dos cargos em comissão devem estar descritas, de forma clara e objetiva, na própria lei que os instituir". ANH
Gabarito "C".

(Juiz de Direito – TJ/SP – 2023 – VUNESP) Quanto aos Estados Federados, estabelece a Constituição Federal, nos seus artigos 25 a 28, que

(A) o número de Deputados à Assembleia Legislativa corresponderá ao dobro da representação do Estado na Câmara dos Deputados e, atingido o número de vinte e cinco, será acrescido de tantos quantos forem os Deputados Federais acima de quinze.
(B) o subsídio dos Deputados Estaduais será fixado por lei de iniciativa da Assembleia Legislativa, na razão de, no máximo, noventa por cento daquele estabelecido, em espécie, para os Deputados Federais.
(C) a eleição do Governador e do Vice-Governador de Estado, para mandato de 4 (quatro) anos, realizar-se-á no primeiro domingo de outubro, em primeiro turno, e, no último domingo de outubro, em segundo turno, se houver, do ano anterior ao do término do mandato de seus antecessores, e a posse ocorrerá em 1 de janeiro do ano subsequente.
(D) os Estados poderão, mediante lei complementar, instituir regiões metropolitanas, aglomerações urbanas e microrregiões, constituídas por agrupamentos de municípios limítrofes, para integrar a organização, o planejamento e a execução de funções públicas de interesse comum.

A: Incorreta. O art. 27, *caput*, da CF, dispõe que: "O número de Deputados à Assembleia Legislativa corresponderá ao triplo da representação do Estado na Câmara dos Deputados e, atingido o número de trinta e seis, será acrescido de tantos quantos forem os Deputados Federais acima de doze". **B**: Incorreta. O art. 27, § 2º, da CF, determina que: "O subsídio dos Deputados Estaduais será fixado por lei de iniciativa da Assembleia Legislativa, na razão de, no máximo, setenta e cinco por cento daquele estabelecido, em espécie, para os Deputados Federais, observado o que dispõem os arts. 39, § 4º, 57, § 7º, 150, II, 153, III, e 153, § 2º, I". **C**: Incorreta. A EC nº 111/2021 alterou a redação do art. 28, *caput*, da CF, que passou a ter a seguinte redação: "A eleição do Governador e do Vice-Governador de Estado, para mandato de 4 (quatro) anos, realizar-se-á no primeiro domingo de outubro, em primeiro turno, e no último domingo de outubro, em segundo turno, se houver, do ano anterior ao do término do mandato de seus antecessores, e a posse ocorrerá em 6 de janeiro do ano subsequente, observado, quanto ao mais, o disposto no art. 77 desta Constituição". **D**: Correta. A alternativa está conforme o que dispõe o art. 25, § 3º, da CF. ANH
Gabarito "D".

(Juiz de Direito – TJ/DFT – 2023 – CEBRASPE) Relativamente à intervenção federal, assinale a opção correta.

(A) A intervenção é mecanismo de defesa da federação mediante afastamento temporário de atributos decorrentes da própria forma federativa.
(B) Como meio de defesa da ordem constitucional, as hipóteses de cabimento da intervenção previstas no texto constitucional são exemplificativas, a fim de garantir mais amplitude a essa intervenção.
(C) No caso de intervenção para garantir a execução de decisão judicial ou lei federal, a competência para decretá-la é privativa do governador do estado em que a decisão ou a lei tiver de ser cumprida.
(D) Em casos excepcionais, de grave comoção intestina, a União pode intervir diretamente em qualquer município.
(E) Conforme previsto na CF, a deflagração do processo de intervenção compete ao chefe de qualquer um dos três poderes.

A: Correta. Segundo a doutrina: "A intervenção consiste em medida excepcional de supressão temporária da autonomia de determinado ente federativo, fundada em hipóteses taxativamente previstas no texto constitucional, e que visa à unidade e preservação da soberania do Estado Federal e das autonomias da União, dos Estados, do Distrito Federal e dos Municípios" (MORAES, Alexandre. *Direito constitucional*. 22 ed. São Paulo: Atlas, 2007, p. 302). **B**: Incorreta. Ver o comentário anterior. **C**: Incorreta. No caso da intervenção federal para prover a execução de lei federal, ordem ou decisão judicial (CF, art. 34, VI), a competência é exclusiva do Presidente da República. **D**: Incorreta. A União não poderá intervir diretamente nos municípios, exceto se eles estiverem localizados nos Territórios Federais. **E**: Incorreta. A competência é do chefe do Poder Executivo (CF, art. 84, X). ANH
Gabarito "A".

(Juiz Federal – TRF/1 – 2023 – FGV) A Lei Y vedou aos servidores titulares de cargo efetivo de determinada agência reguladora o exercício de outra atividade profissional, inclusive gestão operacional de empresa e direção político-partidária.

Diante do exposto e de acordo com a jurisprudência predominante do Supremo Tribunal Federal, a referida norma é:

(A) inconstitucional, pois carece ao legislador ordinário a competência para dispor sobre o regime jurídico e planos de carreira dos servidores públicos ocupantes de cargos efetivos;

(B) constitucional, pois assegura a observância aos princípios da moralidade e da eficiência administrativa e atende ao interesse público;
(C) inconstitucional, pois constitui meio desproporcional que não é apto a garantir a independência dos servidores da agência;
(D) inconstitucional, pois restringe a liberdade de exercício de atividade, ofício ou profissão e viola o princípio da isonomia;
(E) constitucional, pois a agência reguladora, apesar de não se submeter aos princípios constitucionais aplicáveis à Administração Pública, deve observar as regras de compliance.

A alternativa B está correta. O STF ao julgar a ADI 6033/DF decidiu neste sentido, conforme ementa a seguir transcrita: "DIREITO CONSTITUCIONAL E ADMINISTRATIVO. AÇÃO DIRETA DE INCONSTITUCIONALIDADE. VEDAÇÕES LEGAIS AO EXERCÍCIO DE ATIVIDADES EMPRESARIAIS E DE DIREÇÃO POLÍTICO-PARTIDÁRIA POR SERVIDORES PÚBLICOS DAS AGÊNCIAS REGULADORAS. 1. Ação direta de inconstitucionalidade contra os arts. 23, II, c, e 36-A, da Lei nº 10.871/2004, que proíbem, aos servidores efetivos das agências reguladoras, o exercício de outra atividade profissional, inclusive gestão operacional de empresa, ou direção político-partidária, excetuados os casos admitidos em lei. 2. A Constituição Federal de 1988 estabelece que 'é livre o exercício de qualquer trabalho, ofício ou profissão, atendidas as qualificações profissionais que a lei estabelecer' (art. 5º, XVIII). O art. 37, I, da CF/1988, por sua vez, estipula a acessibilidade aos cargos públicos aos brasileiros que preencham os requisitos previstos em lei. O art. 39, caput, da CF/1988, prevê que os entes federados instituirão, no âmbito de sua competência, regime jurídico e planos de carreira para os servidores da administração pública direta, das autarquias e fundações públicas. 3. Assim, o constituinte delegou ao legislador ordinário competência para: (i) especificar as restrições profissionais ao exercício de qualquer trabalho, ofício ou profissão; (ii) regular os requisitos de acesso aos cargos públicos; e (iii) dispor sobre o regime jurídico e planos de carreira dos servidores públicos ocupantes de cargos efetivos. A criação de regimes de trabalho especiais e de proibições funcionais mais intensas a determinadas categorias de servidores públicos insere-se na liberdade de conformação do Parlamento, à luz do princípio democrático, desde que observado o princípio da proporcionalidade. 4. As agências reguladoras independentes são autarquias de regime especial, caracterizadas por independência administrativa, ausência de subordinação hierárquica, mandato fixo, estabilidade de seus dirigentes e autonomia financeira. Esse regime especial foi concebido para lhes assegurar independência e isenção no desempenho de suas funções normativas, fiscalizatórias e sancionatórias. Justifica-se, desse modo, a previsão de normas funcionais mais rígidas tendo por finalidade a prevenção de potenciais conflitos de interesses que possam comprometer o interesse público subjacente às funções das agências. 5. As normas contidas nos arts. 23, II, c, e 36-A, da Lei nº 10.871/2004 asseguram a observância dos princípios da moralidade, da eficiência administrativa e da isonomia e são meios proporcionais aptos a garantir a indispensável isenção e independência dos servidores das agências reguladoras. Precedentes. 6. Pedidos julgados improcedentes, com a declaração de constitucionalidade das normas impugnadas. 7. Fixação da seguinte tese de julgamento: 'É constitucional norma legal que veda aos servidores titulares de cargo efetivo de agências reguladoras o exercício de outra atividade profissional, inclusive gestão operacional de empresa, ou de direção político-partidária'.". ANH
Gabarito "B".

(Juiz Federal – TRF/1 – 2023 – FGV) João e Maria, ocupantes de cargos de provimento efetivo no âmbito da Administração Pública Federal, lograram se aposentar voluntariamente há dez anos. Em momento posterior, João, que se aposentara como engenheiro em uma autarquia, foi aprovado em concurso público de provas e títulos e tomou posse no cargo efetivo de professor no Município Alfa. Maria, por sua vez, que se aposentara como procuradora da Fazenda Nacional, veio a tomar posse, após o preenchimento dos requisitos exigidos, como procuradora do Estado Beta. Técnicos do Tribunal de Contas da União, ao verificarem uma notícia anônima no sentido de que a situação de João e Maria estaria irregular, concluíram, corretamente, que a acumulação de proventos e de contraprestação estipendial é:

(A) ilícita em relação a ambos;
(B) lícita em relação a ambos, e cada um dos respectivos valores recebidos deve ser cotejado isoladamente com o teto remuneratório constitucional;
(C) lícita em relação a ambos, e os valores recebidos por cada qual devem ser somados para fins de cotejo com o teto remuneratório constitucional;
(D) lícita em relação a João, sendo que os valores recebidos devem ser cotejados isoladamente com o teto remuneratório constitucional, mas é ilícita em relação a Maria;
(E) lícita em relação a ambos, mas os valores recebidos por João devem ser cotejados isoladamente com o teto remuneratório constitucional, enquanto os valores recebidos por Maria devem ser somados para a realização desse cotejo.

A alternativa D é a correta. Desde o advento da EC nº 20/1988, o art. 37, § 10, da CF, veda a percepção simultânea de proventos de aposentadoria decorrentes do art. 40 ou dos arts. 42 e 142 da CF com a remuneração de cargo, emprego ou função pública, ressalvados os cargos acumuláveis na forma da Constituição. O art. 37, XVI, da CF, por sua vez, permite a acumulação remunerada de cargos públicos, se houver compatibilidade de horários, a de dois cargos de professor; a de um cargo de professor com outro técnico ou científico e a de dois cargos ou empregos privativos de profissionais de saúde, com profissões regulamentadas. Portanto, a acumulação é lícita em relação a João e ilícita em relação a Maria. ANH
Gabarito "D".

(Juiz Federal – TRF/1 – 2023 – FGV) A Lei Beta do Estado Gama proibiu a denominada linguagem neutra em instituições de ensino e editais de concursos públicos. Diante do exposto e de acordo com a jurisprudência predominante do Supremo Tribunal Federal, a Lei é:

(A) inconstitucional, pois viola a competência legislativa da União para editar normas gerais sobre diretrizes e bases da educação;
(B) constitucional, pois a competência legislativa dos Estados é concorrente para editar normas sobre educação, bem como para definir regras de ingresso na carreira dos respectivos servidores;
(C) inconstitucional, pois viola o princípio da vedação ao retrocesso ao proibir o uso da denominada linguagem neutra em instituições de ensino e editais de concursos públicos;
(D) constitucional, pois observa o princípio da proporcionalidade ao proibir o uso da denominada linguagem neutra em instituições de ensino e editais de concursos públicos;
(E) inconstitucional, pois viola o princípio da igualdade ao proibir o uso da denominada linguagem neutra em instituições de ensino e editais de concursos públicos.

A alternativa A é a correta. O STF declarou a inconstitucionalidade de uma lei do Estado de Rondônia que proibia a denominada linguagem neutra em instituições de ensino e editais de concursos públicos, pois a referida norma viola a competência legislativa da União para editar normas gerais sobre diretrizes e bases da educação (ADI 7019).
Gabarito "A".

(Procurador Federal – AGU – 2023 – CEBRASPE) Com relação ao princípio da simetria, assinale a opção correta.

(A) Não se aplica o princípio da simetria às relações entre governador e assembleia legislativa, devido à autonomia dos estados da Federação.
(B) Os municípios não estão obrigados a observar o princípio da simetria na elaboração de sua lei orgânica.
(C) As comissões parlamentares de inquérito (CPI) municipais, por força do princípio da simetria, têm os mesmos poderes e submetem-se aos mesmos requisitos das CPI do Congresso Nacional.
(D) Invocar o princípio da simetria para prever, em Constituição estadual, competência do governador para editar medidas provisórias fere o regime constitucional de 1988.
(E) Em razão do princípio da simetria, os tribunais de contas dos estados devem observar os parâmetros de composição e fiscalização do Tribunal de Contas da União.

A: Incorreta. O princípio da simetria se aplica às relações entre governador e assembleia legislativa, por força do art. 25 da CF. **B**: Incorreta. Em linhas gerais, os estados-membros, o Distrito Federal e os municípios devem adotar os mesmos princípios básicos da esfera federal. **C**: Incorreta. Uma CPI municipal não possui poderes próprios de investigação de autoridade judicial, pois esse ente federativo não possui Poder Judiciário. **D**: Incorreta. O STF reconhece a possibilidade de adoção de medida provisória por estado-membro, conforme a ADI/SC 2391. **E**: Correta. Este tem sido o entendimento do STF: "1. Os Tribunais de Contas das unidades federadas devem obedecer na sua composição o arquétipo constitucional encartado nos dispositivos da Lei Maior. É que o modelo delineado pelo artigo 73, § 2º, da CRFB, concernente à proporção na escolha dos indicados às vagas para o Tribunal de Contas, é de observância obrigatória pelos estados-membros, nos termos da Súmula 653/STF, (...). 2. A proporção estabelecida pelo Constituinte, quanto à formação e forma de indicação das Cortes de Contas, deflui do princípio da separação dos poderes e da instituição de mecanismos constitucionais de checks and balances. 3. In casu, o artigo 95, § 7º, da Constituição do Estado de Alagoas subverte a metodologia constitucionalmente imposta para a composição das Cortes de Contas, ao autorizar a livre nomeação de Conselheiro, pelo Governador, na hipótese de inexistência de membros do Ministério Público junto ao Tribunal de Contas e/ou Auditores." (ADI 4.659, rel. min. Luiz Fux, P, j. 30-8-2019, DJE 200 de 16-9-2019).
Gabarito "E".

(Procurador Fazenda Nacional – AGU – 2023 – CEBRASPE) No que se refere à repartição constitucional de competências e à regulação das hipóteses de intervenção, pilares do federalismo, assinale a opção correta.

(A) Compete privativamente à União legislar sobre direito civil, comercial, penal, processual, eleitoral, agrário, marítimo, aeronáutico, espacial e do trabalho, bem como sobre política de crédito, câmbio, seguros e transferência de valores.
(B) A União poderá intervir em município situado em estado, para reorganizar suas finanças públicas, na hipótese de suspensão do pagamento da dívida consolidada por mais de três anos consecutivos.
(C) Compete privativamente à União legislar sobre direito tributário, financeiro, penitenciário, econômico e urbanístico, bem como sobre orçamento e juntas comerciais.
(D) É competência comum da União, dos estados, do Distrito Federal e dos municípios emitir moeda e administrar as reservas cambiais do Brasil e fiscalizar as operações de natureza financeira, especialmente as de crédito, câmbio e capitalização, bem como as de seguros e de previdência privada.
(E) No que concerne à competência concorrente da União e dos estados, inexistindo lei federal sobre normas gerais, os estados exercerão a competência legislativa plena, mas eventual superveniência de lei federal sobre normas gerais implicará a revogação da lei estadual, no que lhe for contrário.

A: Correta. Está previsto no art. 22, I e VII, da CF. **B**: Incorreta. A União só poderá intervir nos Municípios localizados em Território Federal (CF, art. 35, caput). **C**: Incorreta. Essa competência é concorrente entre a União, os Estados e o Distrito Federal (CF, art. 24, I a III). **D**: Incorreta. É competência da União (CF, art. 21, VII e VIII). **E**: Incorreta. A parte final está incorreta, pois eventual superveniência de lei federal sobre normas gerais implicará a **suspensão da eficácia** da lei estadual, no que lhe for contrário (CF, art. 24, § 4º).
Gabarito "A".

(Delegado/RJ – 2022 – CESPE/CEBRASPE) No que diz respeito à intervenção de um ente federado em outro, assinale a opção correta.

(A) A Constituição Federal de 1988 permite que a União, baseada sempre em decisão do Supremo Tribunal Federal, intervenha discricionariamente em estados-membros, no Distrito Federal e em municípios, exigindo-se, para isso, o cumprimento de certas formalidades previstas em decreto-lei que estabeleça as diretrizes e os limites da intervenção.
(B) A intervenção somente será efetivada por meio de decreto — do presidente da República, em caso de intervenção federal, ou de governador, em caso de intervenção de estado em município —, conforme disposto no § 1.º do art. 36 da Constituição Federal de 1988, observando-se que a intervenção é ato de natureza política, não sendo admissível, em regra, o controle jurisdicional de sua decretação.
(C) O controle político da intervenção será realizado pelo Supremo Tribunal Federal, sendo de sua competência exclusiva suspendê-la quando entender pela ausência dos motivos que a inicialmente justificassem.
(D) Havendo requisição do Supremo Tribunal Federal, em razão de coação exercida contra o Poder Judiciário, o presidente da República não ficará obrigado a editar decreto de intervenção, cabendo ao chefe do Poder Executivo federal analisar o tema com base em critérios de conveniência política.
(E) Embora alguns doutrinadores afirmem que a intervenção somente será realizada por um ente mais amplo da Federação sobre outro imediatamente menos amplo, levando à conclusão de que a União somente poderá intervir no Distrito Federal e nos estados, o Supremo Tribunal Federal entende que, em razão de a soberania

ser princípio fundamental da República Federativa do Brasil, reconhecido constitucionalmente, a União poderá, discricionariamente, intervir em qualquer ente da Federação.

A: incorreta. A União excepcionalmente só poderá intervir nos Estados e no Distrito Federal (CF, art. 34) e a intervenção não é baseada sempre em decisão do Supremo Tribunal Federal. Além disso, não há previsão constitucional de edição de decreto-lei; **B: correta.** O decreto de intervenção especificará a sua amplitude, o prazo e as condições de execução e, se couber, nomeará o interventor, submetendo-se à apreciação do Congresso Nacional ou da Assembleia Legislativa do Estado, no prazo de vinte e quatro horas (CF, art. 36, § 1º). Portanto, há o controle político da medida pelo Congresso Nacional ou pela Assembleia Legislativa, não cabendo, em regra, o controle jurisdicional; **C: incorreta.** Conforme visto no comentário B, o controle político é realizado pelo Congresso Nacional ou pela Assembleia Legislativa; **D: incorreta.** Nesta hipótese o ato não é discricionário do Presidente da República, mas sim vinculado; **E: incorreta.** Por força dos arts. 34 e 35 da CF, a União, excepcionalmente, poderá intervir apenas nos Estados, no Distrito Federal e nos **Municípios localizados em Território Federal.** AMN
Gabarito "B".

(Procurador Município – Teresina/PI – FCC – 2022) O Prefeito de Teresina pretende editar decreto disciplinando o horário de funcionamento de estabelecimentos de comércio varejista de alimentos e bebidas, sem que a lei tenha regulado o tema. Considerando as normas da Constituição Federal, trata-se de matéria que se insere no âmbito da competência

(A) do Estado, devendo, no caso, ser regida por lei estadual, e não por decreto, à luz do princípio da legalidade.

(B) do Estado, podendo, no caso, ser objeto de decreto do Chefe do Poder Executivo estadual, já que lhe compete dispor sobre organização e funcionamento do comércio.

(C) concorrente da União, Estado e Município, podendo, no caso, ser objeto de decreto do Chefe do Poder Executivo municipal apenas na ausência de normas federais e estaduais.

(D) do Município, podendo, no caso, ser objeto de decreto do Chefe do Poder Executivo municipal, já que lhe compete dispor sobre organização e funcionamento do comércio.

(E) do Município, devendo, no caso, ser regida por lei, e não por decreto, à luz do princípio da legalidade.

Compete aos Municípios legislar sobre assuntos de interesse local (CF, art. 30, I), que é o caso do enunciado apresentado. No entanto, pressupõe-se a edição de lei para tanto, em razão do princípio da legalidade. Posteriormente, é até possível a edição de decreto para regulamentar a lei, mas não é possível decreto autônomo sobre a matéria. AMN
Gabarito "E".

(Procurador Município – Teresina/PI – FCC – 2022) Compete ao Município

(A) legislar sobre regime de portos e navegação lacustre.

(B) instituir, mediante lei complementar, regiões metropolitanas, aglomerações urbanas e microrregiões.

(C) explorar diretamente, ou mediante concessão, os serviços locais de gás canalizado.

(D) fixar o horário de funcionamento de estabelecimento comercial.

(E) legislar sobre imposto sobre serviços de qualquer natureza e transmissão *causa mortis*.

A: Incorreta. Competência da União (CF, art. 21, XII, *f*). **B: Incorreta.** Competência dos Estados-membros (CF, art. 25, § 3º). **C: Incorreta.** Competência dos Estados-membros (CF, art. 25, § 2º). **D: Correta.** Trata-se de interesse local (CF, art. 30, I). **E: Incorreta.** Competência dos Estados-membros e do Distrito Federal (CF, art. 155, I). AMN
Gabarito "D".

(Procurador/PA – CESPE – 2022) A respeito da organização do Estado brasileiro, assinale a opção correta.

(A) O princípio da divisão dos poderes não é absoluto, havendo, por conseguinte, exceções, tal como a possibilidade de delegação, pelo Senado Federal, de atribuições legislativas ao presidente da República.

(B) Os estados-membros poderão intervir em seus municípios para reorganizar suas finanças.

(C) Lei complementar estadual pode criar região metropolitana, constituída por aglomeração de municípios limítrofes, para integrar a organização, o planejamento e a execução de funções públicas de interesse comum.

(D) Ao Distrito Federal são atribuídas todas as competências legislativas reservadas aos estados e municípios.

(E) O texto constitucional permite a divisão do Distrito Federal em municípios.

A: Incorreta. A possibilidade de delegação de atribuições legislativas ao Presidente da República é realizada pelo Congresso Nacional (CF, art. 68). **B: Incorreta.** Não há essa hipótese prevista no art. 35 da CF. **C: Correta.** Está previsto expressamente no art. 25, § 3º, da CF. **D: Incorreta.** Ao Distrito Federal **não** são atribuídas **todas** as competências legislativas reservadas aos estados e municípios. Por exemplo, compete privativamente à União legislar sobre organização judiciária, do Ministério Público do Distrito Federal e dos Territórios e da Defensoria Pública dos Territórios, bem como organização administrativa destes (CF, art. 22, XVII). **E: Incorreta.** A CF prevê expressamente que o Distrito Federal não poderá ser dividido em municípios (art. 32). AMN
Gabarito "C".

(Procurador/PA – CESPE – 2022) Cada um dos próximos itens apresenta uma situação hipotética seguida de assertiva, a ser julgada conforme as disposições da Constituição Federal de 1988 referentes à intervenção federal.

I. No ano de 2021, o estado C sofreu queda brusca na sua arrecadação, razão pela qual, pela primeira vez em sua história, suspendeu o pagamento de dívida fundada cujo credor era a União. Nessa situação hipotética, a União poderá intervir no estado C, para garantir o pagamento da dívida fundada.

II. O estado V é recalcitrante no descumprimento de ordens judiciais provenientes de sentenças com trânsito em julgado. Nessa situação hipotética, a União poderá intervir no estado V, para garantir o cumprimento das ordens e decisões do Poder Judiciário, independentemente de requisição do Supremo Tribunal Federal, do Superior Tribunal de Justiça ou do Tribunal Superior Eleitoral.

III. Visando à conclusão do maior número de obras públicas em seu primeiro mandato e, consequentemente, a sua futura reeleição, o governador do estado S deixou de entregar, dentro dos prazos estabelecidos em lei, aos municípios localizados em seu território as receitas tributárias fixadas constitucionalmente. Nessa situação hipotética, a União poderá intervir no estado S, para garantir os devidos repasses.

IV. O estado Z, sob a justificativa de que é imperativo constitucional uma administração pública eficiente e, assim, célere na construção de obras de interesse público, tem, reiteradamente, realizado contratações diretas, afastando a aplicação da legislação federal que rege as licitações e os contratos na administração pública. Nessa situação hipotética, a União poderá intervir no estado Z, para prover a execução da legislação federal.

V. O município W, que não está localizado em nenhum dos territórios federais, tem deixado de aplicar o mínimo exigido da receita municipal na manutenção e no desenvolvimento das ações e dos serviços públicos de saúde. Nessa situação hipotética, a União, por iniciativa concorrente, poderá intervir no município W.

A quantidade de itens certos é igual a

(A) 1.
(B) 2.
(C) 3.
(D) 4.
(E) 5.

I: Errado. O art. 34, V, *a*, da CF, prevê que cabe a intervenção federal no Estado para reorganizar as finanças da unidade da Federação que suspender o pagamento da dívida fundada por mais de dois anos consecutivos, salvo motivo de força maior. **II:** Errado. Há a necessidade de requisição do Supremo Tribunal Federal, do Superior Tribunal de Justiça ou do Tribunal Superior Eleitoral (CF, art. 36, II). **III:** Certo. É o que estabelece o art. 34, V, *b*, da CF. **IV:** Certo. Está disposto no art. 34, VI, da CF. **V:** Errado. A União só poderá intervir nos Municípios localizados em Território Federal (CF, art. 35). AMN

Gabarito "B".

(Procurador/DF – CESPE – 2022) Com base na Lei Orgânica do Distrito Federal, julgue o próximo item.

(1) Combater as causas da pobreza, promovendo-se a integração social dos segmentos desfavorecidos, é competência do DF em comum com a União.

1: Certo. Art. 23, X, da CF, e art. 16, VIII, da Lei Orgânica do Distrito Federal. AMN

Gabarito 1C

(Delegado/RJ – 2022 – CESPE/CEBRASPE) Em conformidade com a CF e a jurisprudência do Supremo Tribunal Federal, uma constituição estadual que estabelecesse: (i) novas hipóteses de foro por prerrogativa de função para o cargo de delegado, (ii) previsão de lei orgânica da polícia civil ser veiculada por lei complementar, (iii) determinação ao legislador de observância de isonomia remuneratória entre policiais civis e policiais militares, seria considerada

(A) constitucional em relação à instituição de prerrogativa de foro, mas inconstitucional quanto à determinação ao legislador de observância de isonomia remuneratória entre policiais civis e policiais militares e à previsão de lei complementar para a lei orgânica da polícia civil, por violar a simetria.

(B) completamente constitucional.

(C) constitucional em relação à previsão de lei complementar para regência da polícia civil e inconstitucional em relação às demais previsões.

(D) constitucional tão somente em relação à determinação ao legislador de observância de isonomia remuneratória entre policiais civis e policiais militares, considerando-se a necessária igualdade entre servidores estabelecida no art. 37 da CF.

(E) completamente inconstitucional.

(i) A ADI 6504 decidiu que: "Ementa Ação direta de inconstitucionalidade. Constituição do Estado do Piauí. Foro por prerrogativa de função ao Defensor Público-Geral do Estado, ao Delegado-Geral da Polícia Civil e aos integrantes das carreiras de Procurador do Estado e de Defensor Público do Estado. Interpretação restritiva do foro por prerrogativa de função. Inadmissibilidade de extensão das hipóteses definidas na própria Constituição da República. Simetria direta. Precedentes. Procedência. 1. A regra é que todos os cidadãos sejam julgados inicialmente perante juízes de primeiro grau, em consonância com o princípio republicano (art. 1º, caput , CF), o princípio da isonomia (art. 5º, caput , CF) e o princípio do juiz natural (art. 5º, LIII, CF). Somente em hipóteses extraordinárias e de modo excepcional se admite o estabelecimento de normas diversas, com a fixação de foro por prerrogativa de função. 2. O foro por prerrogativa de função só encontra razão de ser na proteção à dignidade do cargo, e não à pessoa que o ocupa, o que impele à interpretação restritiva do instituto, tendo em vista sua excepcionalidade e em prestígio aos princípios republicano (art. 1º, caput, CF) e da isonomia (art. 5º, caput, CF). 3. A Constituição da República já disciplinou de forma minudente e detalhada as hipóteses de prerrogativa de foro, a evidenciar sua exaustão e, em consequência, a impossibilidade de ampliação de seu alcance pelo poder constituinte decorrente, Apenas quando a própria Carta Política estabelece simetria direta mostra-se legítimo à Constituição estadual conceder prerrogativa de foro. 4. Ação direta de inconstitucionalidade conhecida. Pedido julgado procedente com efeitos *ex nunc*." (STF – ADI 6504/PI – Pleno – Relatora Rosa Weber – DJe 05/11/2021); **(ii)** Este item é polêmico. Há um julgado do STF admitindo a previsão de lei complementar e um outro não admitindo. O julgado admitindo tem a seguinte ementa: "POLÍCIA CIVIL – REGÊNCIA – LEI – NATUREZA. A previsão, na Carta estadual, da regência, quanto à polícia civil, mediante lei complementar não conflita com a Constituição Federal." (STF – ADI 2314/RJ – Redator do acórdão Ministro Marco Aurélio – DJe 07/10/2015). O outro acórdão é mais recente e **não admite**: "Ementa: AÇÃO DIRETA DE INCONSTITUCIONALIDADE. DIREITO CONSTITUCIONAL. ARTIGO 57, PARÁGRAFO ÚNICO, IV, V, VII E VIII, DA CONSTITUIÇÃO DO ESTADO DE SANTA CATARINA. HIPÓTESES DE RESERVA DE LEI COMPLEMENTAR NÃO CONTIDAS NA CONSTITUIÇÃO FEDERAL. VIOLAÇÃO AO PRINCÍPIO DEMOCRÁTICO, À SEPARAÇÃO DE PODERES E À SIMETRIA. PRECEDENTES. AÇÃO DIRETA DE INCONSTITUCIONALIDADE CONHECIDA E JULGADO PROCEDENTE O PEDIDO. 1. A lei complementar, conquanto não goze, no ordenamento jurídico nacional, de posição hierárquica superior àquela ocupada pela lei ordinária, pressupõe a adoção de processo legislativo qualificado, cujo quórum para a aprovação demanda maioria absoluta, *ex vi* do artigo 69 da CRFB. 2. A criação de reserva de lei complementar, com o fito de mitigar a influência das maiorias parlamentares circunstanciais no processo legislativo referente a determinadas matérias, decorre de juízo de ponderação específico realizado pelo texto constitucional, fruto do sopesamento entre o princípio democrático, de um lado, e a previsibilidade e confiabilidade necessárias à adequada normatização de questões de especial relevância econômica, social ou política, de outro. 3. A aprovação de leis complementares depende de mobilização parlamentar mais intensa para a criação de maiorias consolidadas no âmbito do Poder Legislativo, bem como do dispêndio de capital político e institucional que propicie tal articulação, processo esse que nem sempre será factível ou mesmo desejável para a atividade legislativa ordinária, diante da realidade que marca a sociedade brasileira – plural e dinâmica por excelência – e da necessidade de tutela das minorias, que nem sempre contam com representação política expressiva. 4. A ampliação da reserva de lei complementar, para além daquelas hipóteses demandadas no texto constitucional, portanto, restringe indevidamente o arranjo democrático-representativo desenhado pela Constituição Federal, ao permitir que Legislador estadual crie, por meio do exercício do seu poder constituinte decorrente, óbices procedimentais – como é o quórum qualificado – para a discussão de matérias estranhas ao seu interesse ou cujo processo legislativo, pelo seu objeto, deva ser mais célere ou responsivo aos ânimos populares. 5. *In casu*, são inconstitucionais os dispositivos ora impugnados, que demandam edição de lei complementar para o tratamento (i) do regime jurídico único dos servidores estaduais e diretrizes para a elaboração de planos de carreira; (ii) da organização da Polícia Militar e do Corpo de Bombeiros Militar e do regime jurídico de seus servidores; (iii) da organização do sistema estadual de educação; e (iv) do plebiscito e do referendo – matérias para as quais a Constituição Federal não demandou tal espécie normativa. Precedente: ADI 2872, Relator Min. EROS GRAU, Redator p/ Acórdão Min. RICARDO LEWANDOWSKI, Tribunal Pleno, julgado em 1º/8/2011, DJe 5/9/2011. 6. Ação direta conhecida e julgada procedente o pedido, para declarar inconstitucional o artigo 57, parágrafo único, IV, V, VII e VIII, da Constituição do Estado de Santa Catarina." (STF – ADI 5003/SC – Pleno – Relator Ministro Luiz Fux – DJe 19/12/2019); **(iii)** O STF decidiu no seguinte sentido: "EMENTA: AÇÃO DIRETA DE INCONSTITUCIONALIDADE. JULGAMENTO CONJUNTO DAS ADI'S 4.009 E 4.001. LEGITIMIDADE AD CAUSAM DA REQUERENTE --- ADEPOL. LEI COMPLEMENTAR N. 254, DE 15 DE DEZEMBRO DE 2003, COM A REDAÇÃO QUE LHE FOI CONFERIDA PELA LEI COMPLEMENTAR N. 374, DE 30 DE JANEIRO DE 2007, AMBAS DO ESTADO DE SANTA CATARINA. ESTRUTURA ADMINISTRATIVA E REMUNERAÇÃO DOS PROFISSIONAIS DO SISTEMA DE SEGURANÇA PÚBLICA ESTADUAL. ARTIGO 106, § 3º, DA CONSTITUIÇÃO CATARINENSE. LEIS COMPLEMENTARES NS. 55 E 99, DE 29 DE MAIO DE 1.992 E 29 DE NOVEMBRO DE 1.993, RESPECTIVAMENTE. VINCULAÇÃO OU EQUIPARAÇÃO DE ESPÉCIES REMUNERATÓRIAS DOS POLICIAIS CIVIS E MILITARES À REMUNERAÇÃO DOS DELEGADOS. ISONOMIA, PARIDADE E EQUIPARAÇÃO DE VENCIMENTOS. JURISPRUDÊNCIA DO STF: VIOLAÇÃO DO DISPOSTO NOS ARTIGOS 37, INCISO XIII; 61, § 1º, INCISO II, ALÍNEA 'A', E 63, INCISO I, DA CONSTITUIÇÃO DO BRASIL. PROIBIÇÃO DE VINCULAÇÃO E EQUIPARAÇÃO ENTRE REMUNERAÇÕES DE SERVIDORES PÚBLICOS. PEDIDO JULGADO PARCIALMENTE PROCEDENTE. MODULAÇÃO DOS EFEITOS DA DECISÃO DE INCONSTITUCIONALIDADE. 1. A legitimidade *ad causam* da requerente foi reconhecida por esta Corte em oportunidade anterior – entidade de classe de âmbito nacional, com homogeneidade em sua representação, que congrega Delegados de Carreira das Polícias Federal, Estaduais e do Distrito Federal. 2. O objeto desta ação direta diz com a possibilidade de equiparação ou vinculação de remunerações de servidores públicos estaduais integrados em carreiras distintas. 3. A jurisprudência desta Corte é pacífica no que tange ao não-cabimento de qualquer espécie de vinculação entre remunerações de servidores públicos [artigo 37, XIII, da CB/88]. Precedentes. 4. Violação do disposto no artigo 61, § 1º, inciso II, alínea a, da Constituição do Brasil --- 'são de iniciativa privativa do presidente da República as leis que: [...]; II - disponham sobre: a) criação de cargos, funções ou empregos públicos na administração direta e autárquica ou aumento de sua remuneração'. 5. Afronta ao disposto no artigo 63, inciso I, da Constituição do Brasil --- 'não será admitido aumento de despesa prevista: I - nos projetos de iniciativa exclusiva do Presidente da República, ressalvados o disposto no art. 166, §§ 3º e 4º'. 6. É expressamente vedado pela Constituição do Brasil o atrelamento da remuneração de uns servidores públicos à de outros, de forma que a majoração dos vencimentos do grupo paradigma consubstancie aumento direto dos valores da remuneração do grupo vinculado. 7. Afrontam o texto da Constituição do Brasil os preceitos da legislação estadual que instituem a equiparação e vinculação de remuneração. 8. Ação direta julgada parcialmente procedente para declarar a inconstitucionalidade: [i] do trecho final do § 3º do artigo 106 da Constituição do Estado de Santa Catarina: 'de forma a assegurar adequada proporcionalidade de remuneração das diversas carreiras com a de delegado de polícia'; [ii] do seguinte trecho do artigo 4º da LC n. 55/92 '[...], assegurada a adequada proporcionalidade das diversas carreiras com a do Delegado Especial'; [iii] do seguinte trecho do artigo 1º da LC 99: 'mantida a proporcionalidade estabelecida em lei que as demais classes da carreira e para os cargos integrantes do Grupo Segurança Pública - Polícia Civil'; e, [iv] por arrastamento, do § 1º do artigo 10 e os artigos 11 e 12 da LC 254/03, com a redação que lhe foi conferida pela LC 374, todas do Estado de Santa Catarina. 9. Modulação dos efeitos da decisão de inconstitucionalidade. Efeitos prospectivos, a partir da publicação do acórdão. 10. Aplicam-se à ADI n. 4.001 as razões de decidir referentes à ADI n. 4.009." (STF – ADI 4009/SC – Pleno – Relator Ministro Eros Grau – DJe 29/05/2009). **AMN**

Gabarito "E".

(Delegado/MG – 2021 – FUMARC) O professor Kildare Gonçalves Carvalho, em clássica obra de Direito Constitucional, leciona: "Prevê, ainda, a Constituição a iniciativa reservada ou exclusiva, pela qual determinadas matérias somente poderão ser objeto de projeto de lei, se apresentado por um único proponente legislativo. A iniciativa reservada se revela assim pela matéria que determina o órgão competente para o depósito do projeto de lei" [...]

Observado o princípio da simetria constitucional, são de iniciativa privativa do Governador de Estado as leis que disponham sobre

(A) criação, transformação ou extinção dos cargos, empregos e funções de ser- viços na Assembleia Legislativa.

(B) iniciativa de lei para fixação da remuneração dos servidores públicos do Legislativo Estadual, observados os parâmetros estabelecidos na lei de diretrizes orçamentárias.

(C) o regime jurídico dos Delegados Civis.

(D) organização do Ministério Público e da Defensoria Pública da União.

A: incorreta. A criação, transformação ou extinção dos cargos, empregos e funções de serviços *na Assembleia Legislativa* são de competência do próprio Poder Legislativo Estadual, sob pena de violação ao princípio da separação dos poderes (art. 2º, *caput*, e 60, § 4º, III, ambos da CF); **B:** incorreta. Mais uma vez, valendo-se do princípio da separação dos poderes, a iniciativa de lei para fixação da remuneração dos *servidores públicos do Legislativo Estadual* é de competência do Poder Legislativo Estadual, não do Poder Executivo Estadual – Governador; **C:** correta. De fato, a polícia civil deve submissão ao Executivo, portanto as leis que disponham sobre o regime jurídico dos Delegados Civis são de iniciativa privativa do Governador de Estado (art. 61, § 1º, "c", da CF, por simetria); **D:** incorreta. A organização do Ministério Público e da Defensoria Pública *da União* é da *competência privativa do Presidente da República* (art. 61, § 1º, "d", CF). **BV**

Gabarito "C".

(Juiz de Direito/GO – 2021 – FCC) Ao dispor em matéria de servidores públicos titulares de cargos efetivos e de policiais militares, a Constituição Federal

(A) determina que a aposentadoria compulsória no âmbito de ambas as categorias dá-se aos setenta anos de idade, ou aos setenta e cinco anos de idade, na forma da lei complementar editada pela União.

(B) veda aos policiais militares a acumulação remunerada de cargos públicos, ainda que haja compatibilidade de horários, embora permita aos servidores públicos efetivos acumular o exercício do cargo público nas hipóteses previstas na Constituição Federal, incidindo o limite remuneratório máximo sobre a somatória da remuneração percebida em todos os cargos.

(C) assegura a ambas as categorias os direitos de sindicalização e de greve, na forma da lei, devendo, no último caso, ser garantida a continuidade da prestação de serviços públicos.

(D) atribui à União competência para editar normas gerais tanto em matéria de inatividade e pensão das polícias militares, como sobre previdência social dos servidores públicos efetivos dos Estados.

(E) determina que deverá ser aplicada a pena de demissão ao policial militar que, contando com menos de dez anos de serviço, candidatar-se a cargo eletivo federal ou estadual, não se aplicando a mesma regra aos servidores públicos efetivos, que poderão acumular o exercício do mandato eletivo federal ou estadual com o cargo público, caso haja compatibilidade de horário.

A: incorreta. A aposentadoria compulsória aos setenta anos de idade, ou aos setenta e cinco anos de idade, na forma da lei complementar editada pela União se aplica aos servidores públicos de cargos efetivos (CF, art. 40, § 1, II). Já em relação aos policiais militares, a aposentadoria compulsória, com proventos proporcionais ao tempo de contribuição, ocorre aos sessenta e cinco anos de idade, qualquer que seja a natureza dos serviços prestados (art. 2º da Lei Complementar nº 144/2014). **B**: incorreta. A Constituição Federal permite, excepcionalmente, ao servidor público efetivo acumular cargos públicos remunerados, desde que haja compatibilidade de horários, nas hipóteses previstas no art. 37, XVI, da CF. O § 3º do art. 42 prescreve que o disposto no art. 37, inciso XVI, da CF, se aplica aos militares dos Estados, do Distrito Federal e dos Territórios, com prevalência da atividade militar. Portanto, os policiais militares podem, excepcionalmente, acumular cargos públicos remunerados. **C**: incorreta. Aos militares são proibidos a sindicalização e a greve (CF, art. 42, § 1º, combinado com o art. 142, § 3º, IV). **D**: correta. O art. 22, XXI, da CF, atribui à União competência privativa para editar normas gerais em matéria de inatividade e pensão das polícias militares. O § 22 do art. 40 da CF prevê que a União elaborará normas gerais sobre previdência social dos servidores públicos efetivos. **E**: incorreta. O art. 14, § 8º, I, da CF, dispõe que "O militar alistável é elegível, atendidas as seguintes condições: I – se contar menos de dez anos de serviço, deverá afastar-se da atividade (...)". O inciso I do art. 38 da CF determina que: "Ao servidor público da administração direta, autárquica e fundacional, no exercício de mandato eletivo, aplicam-se as seguintes disposições: I – tratando-se de mandato federal, estadual ou distrital, ficará afastado de seu cargo, emprego ou função (...)". ANH
Gabarito "D".

(Magistratura/SP – 2021) Diante da autonomia das entidades federativas, a Constituição repartiu entre elas as competências, estabelecendo ainda as hipóteses de serem comum e privativa. Analisando a previsão constitucional e a doutrina e jurisprudência sobre a matéria, podemos afirmar:

(A) é constitucional norma da Constituição Estadual que caracterize como crime de responsabilidade a ausência injustificada de secretário de Estado à convocação da Assembleia Legislativa, bem como o não atendimento pelo governador, secretário, ou titular de entidade da administração pública, a pedido de informações da mesma Assembleia. Trata-se, na verdade, de medida de interesse local que visa conferir efetividade aos meios de controle.

(B) compete privativamente à União legislar sobre diretrizes e bases da educação nacional (CF, artigo 22, XXIV), admitida a suplementação da legislação federal, com vistas à regulamentação de interesse local, como nas hipóteses de currículos e conteúdos programáticos ou vedação de conteúdo considerado impróprio.

(C) a superveniência de lei federal sobre normas gerais suspende a lei estadual que entre em conflito, no que for contrária. Assim, a lei estadual que entre em conflito com superveniente lei federal com normas gerais, em matéria de legislação concorrente, não é, por esse fato, inconstitucional, havendo apenas suspensão de sua eficácia.

(D) é constitucional lei ou ato normativo estadual que disponha sobre sistemas de consórcios e sorteios, inclusive bingos e loterias, respeitadas as regras gerais, e nos limites das peculiaridades locais.

A: incorreta. O STF tem o entendimento de que é inconstitucional. Nesse sentido: "INCONSTITUCIONALIDADE. Ação direta. Art. 41, *caput* e § 2º, da Constituição do Estado de Santa Catarina, com a redação das ECs nº 28/2002 e nº 53/2010. Competência legislativa. Caracterização de hipóteses de crime de responsabilidade. Ausência injustificada de secretário de Estado a convocação da Assembleia Legislativa. Não atendimento, pelo governador, secretário de Estado ou titular de fundação, empresa pública ou sociedade de economias mista, a pedido de informações da Assembleia. Cominação de tipificação criminosa. Inadmissibilidade. Violação a competência legislativa exclusiva da União. Inobservância, ademais, dos limites do modelo constitucional federal. Confusão entre agentes políticos e titulares de entidades da administração pública indireta. Ofensa aos arts. 2º, 22, I, 25, 50, caput e § 2º, da CF. Ação julgada procedente, com pronúncia de inconstitucionalidade do art. 83, XI, 'b', da Constituição estadual, por arrastamento. Precedentes. É inconstitucional a norma de Constituição do Estado que, como pena cominada, caracterize como crimes de responsabilidade a ausência injustificada de secretário de Estado a convocação da Assembleia Legislativa, bem como o não atendimento, pelo governador, secretário de estado ou titular de entidade da administração pública indireta, a pedido de informações da mesma Assembleia." (STF – ADI nº 3279/SC – Tribunal Pleno – Relator Min. Cezar Peluzo – julgamento 16/11/2011). **B**: incorreta. Nesta hipótese, haveria invasão da competência privativa da União para legislar sobre diretrizes e bases da educação nacional (STF – ADPF nº 526/PR – Tribunal Pleno – Relatora Ministra Cármen Lúcia – julgamento 11/05/2020). **C**: correta. É o que estabelece o art. 24, §§ 1º a 4º, da CF. **D**: incorreta. É competência privativa da União (CF, art. 22, XX). Portanto, seria inconstitucional a lei ou o ato normativo estadual. ANH
Gabarito "C".

(Procurador Município – Santos/SP – VUNESP – 2021) Compete à União explorar, diretamente ou mediante autorização, concessão ou permissão,

(A) os serviços de transporte rodoviário municipal, interestadual e internacional de passageiros.

(B) os serviços de telecomunicações, nos termos da lei que disporá sobre a organização dos serviços, entre outros aspectos.

(C) a produção, comercialização e utilização de radioisótopos de meia-vida igual ou inferior a duas horas.

(D) a comercialização de radioisótopos para a pesquisa e usos medicinais, agrícolas e industriais, excetuada a utilização.

(E) os serviços locais de gás canalizado, na forma da lei, vedada a edição de medida provisória para a sua regulamentação.

A: Incorreta. São só os serviços de transporte rodoviário interestadual e internacional de passageiros (CF, art. 21, inciso XII, alínea *e*). **B**: Correta.

Conforme art. 21, inciso XI, da CF. **C:** Incorreta. Essa era a antiga redação do art. 21, inciso XXIII, alínea c, da CF, dada pela EC nº 49/2006. A EC nº 118/2022 deu nova redação ao dispositivo: "sob regime de permissão, são autorizadas a produção, a comercialização e a utilização de radioisótopos para pesquisa e uso médicos". **D:** Incorreta. A redação original do art. 21, inciso XXIII, alínea b, da CF, previa: "sob regime de concessão ou permissão, é autorizada a utilização de radioisótopos para a pesquisa e usos medicinais, agrícolas, industriais e atividades análogas". Ocorreu uma alteração redacional com a EC 49/2006 e, finalmente, a EC 118/2022 deu a atual redação: "sob regime de permissão, são autorizadas a comercialização e a utilização de radioisótopos para pesquisa e uso agrícolas e industriais". **E:** Incorreta. Essa competência é do Estado membro e não da União (CF, art. 25, § 2º). AMN

Gabarito "B".

(Advogado – Pref. São Roque/SP – 2020 – VUNESP) Suponha que um Estado, tendo em vista a necessidade de se tornar mais eficaz na gestão dos serviços de competência privativa do Município, instituiu, por meio de Lei Complementar, uma região metropolitana e uma microrregião para áreas distintas.

Tendo por base a situação hipotética, a Constituição Federal e a jurisprudência do Supremo Tribunal Federal, assinale a alternativa correta.

(A) A instituição de microrregião por Estado-Membro com a constituição da obrigação de gestão compartilhada do serviço não importa em ofensa ao princípio da autonomia federativa.

(B) Com a constituição da região metropolitana ocorre a transferência da titularidade da competência dos Municípios para o Estado-Membro, sempre que comprovado o ganho de eficiência na gestão do serviço.

(C) A instituição de região metropolitana por lei complementar é inconstitucional, pois é necessário que haja autorização da respectiva constituição estadual para a sua criação.

(D) A região metropolitana, após a aprovação da norma responsável pela sua criação, será elevada à condição de entidade federativa, cuja administração será realizada por órgão paritário composto por membros dos municípios nela inseridos.

(E) Os serviços de gás canalizado poderão ser delegados dos Municípios para serem geridos pela microrregião e a sua regulação poderá ocorrer por meio de medida provisória.

A: correta (artigo 25, § 3º, da CF). **B:** errada, pois não há a transferência da titularidade. **C:** errada, porque não existe tal obrigatoriedade, bem como não tem inconstitucionalidade. **D:** errada, uma vez que não existe a criação de nova entidade federativa. **E:** incorreta, pois a competência é do Estado, sem delegação. AB

Gabarito "A".

(Juiz de Direito – TJ/MS – 2020 – FCC) O Governador do Estado do Mato Grosso do Sul pretende instituir região metropolitana, constituída por Municípios limítrofes do mesmo complexo geoeconômico e social, a fim de integrar a organização, o planejamento e a execução de funções públicas de interesse comum. Considerando os limites e requisitos impostos pelas Constituições Federal e Estadual em relação ao tema, bem como a jurisprudência do Supremo Tribunal Federal, a criação da região metropolitana

I. dependerá de edição de lei complementar estadual, não sendo exigível consulta prévia, mediante plebiscito, às populações dos municípios envolvidos.

II. poderá ter por objetivo integrar a organização, o planejamento e a execução de funções públicas de competência material comum entre Estado e Municípios, não podendo abranger as funções que se inserem entre as atribuições privativas municipais, como, por exemplo, o saneamento básico.

III. implicará o exercício, pelo Estado, de competência exclusiva para disciplinar a concessão e a prestação dos serviços públicos para os quais se voltará a região metropolitana.

IV. não impedirá o exercício, pelos Municípios que a integrarem, da competência para promover o adequado ordenamento territorial, mediante planejamento e controle do uso, do parcelamento e da ocupação do solo urbano.

Está correto o que se afirma APENAS em

(A) I e IV.
(B) I e II.
(C) II e IV.
(D) II e III.
(E) III e IV.

I: correto, pois o art. 25, § 3º, da CF prevê que os Estados poderão, mediante lei complementar, instituir regiões metropolitanas, aglomerações urbanas e microrregiões, constituídas por agrupamentos de municípios limítrofes, para integrar a organização, o planejamento e a execução de funções públicas de interesse comum, não exigindo consulta prévia às populações dos municípios envolvidos. Nesse sentido, o STF já decidiu que "*a instituição de regiões metropolitanas, aglomerações urbanas e microrregiões, constituídas por agrupamentos de Municípios limítrofes, depende, apenas, de lei complementar estadual.*" (ADI 1.841, rel. min. Carlos Velloso, j. 1º-8-2002, P, DJ de 20-9-2002; ADI 1.842, rel. p/ o ac. min. Gilmar Mendes, j. 6-3-2013, P, DJE de 16-9-2013); **II:** incorreto, pois é competência comum da União, dos Estados, do Distrito Federal e dos Municípios promover programas de construção de moradias e a melhoria das condições habitacionais e de saneamento básico (art. 23, IX, da CF). Segundo o STF, "*o interesse comum inclui funções públicas e serviços que atendam a mais de um Município, assim como os que, restritos ao território de um deles, sejam de algum modo dependentes, concorrentes, confluentes ou integrados de funções públicas, bem como serviços supramunicipais. (...) A função pública do saneamento básico frequentemente extrapola o interesse local e passa a ter natureza de interesse comum no caso de instituição de regiões metropolitanas, aglomerações urbanas e microrregiões, nos termos do art. 25, § 3º, da CF. Para o adequado atendimento do interesse comum, a integração municipal do serviço de saneamento básico pode ocorrer tanto voluntariamente, por meio de gestão associada, empregando convênios de cooperação ou consórcios públicos, consoante o arts. 3º, II, e 24 da Lei federal 11.445/2007 e o art. 241 da CF, como compulsoriamente, nos termos em que prevista na lei complementar estadual que institui as aglomerações urbanas. A instituição de regiões metropolitanas, aglomerações urbanas ou microrregiões pode vincular a participação de Municípios limítrofes, com o objetivo de executar e planejar a função pública do saneamento básico, seja para atender adequadamente às exigências de higiene e saúde pública, seja para dar viabilidade econômica e técnica aos Municípios menos favorecidos.*" (ADI 1.842, rel. p/ o ac. min. Gilmar Mendes, j. 6-3-2013, P, DJE de 16-9-2013); **III:** incorreto, pois o STF já assinalou que "*o interesse comum é muito mais que a soma de cada interesse local envolvido, pois a má condução da função de saneamento básico por apenas um Município pode colocar em risco todo o esforço do conjunto, além das consequências para a saúde pública de toda a região.*

O parâmetro para aferição da constitucionalidade reside no respeito à divisão de responsabilidades entre Municípios e Estado. É necessário evitar que o poder decisório e o poder concedente se concentrem nas mãos de um único ente para preservação do autogoverno e da autoadministração dos Municípios. Reconhecimento do poder concedente e da titularidade do serviço ao colegiado formado pelos Municípios e pelo Estado federado." (ADI 1.842, rel. p/ o ac. min. Gilmar Mendes, j. 6-3-2013, P, DJE de 16-9-2013); **IV:** correto, visto que a criação da região metropolitana não impede o exercício, pelos municípios que a integram, das competências constitucionais, como promover o ordenamento territorial, mediante planejamento e controle do uso, do parcelamento e da ocupação do solo urbano (art. 30, VIII, da CF).
Gabarito "A".

(Procurador do Município – Boa Vista/RR – 2019 – CESPE/CEBRASPE) Considerando as disposições constitucionais aplicáveis ao regime federativo brasileiro, julgue o item seguinte.

(1) A Constituição Federal de 1988 assegura aos municípios a participação no resultado da exploração de petróleo ou gás natural, de recursos hídricos para fins de geração de energia elétrica e de outros recursos minerais no respectivo território, ou a compensação financeira por essa exploração.

Certo, conforme artigo 20, §1°, da CF: "Art. 20. São bens da União: (...) § 1° É assegurada, nos termos da lei, à União, aos Estados, ao Distrito Federal e aos Municípios a participação no resultado da exploração de petróleo ou gás natural, de recursos hídricos para fins de geração de energia elétrica e de outros recursos minerais no respectivo território, plataforma continental, mar territorial ou zona econômica exclusiva, ou compensação financeira por essa exploração.".
Gabarito "1C".

(Procurador do Município – Boa Vista/RR – 2019 – CESPE/CEBRASPE) Considerando as disposições constitucionais aplicáveis ao regime federativo brasileiro, julgue os itens seguintes.

(1) Compete aos municípios explorar diretamente, ou mediante concessão, os serviços de gás canalizado.

Errado, pois a competência é do Estado (artigo 25, §2°, da CF).
Gabarito "1E".

(Procurador do Município – Valinhos/SP – 2019 – VUNESP) Nos termos da Constituição Federal, compete à União explorar, diretamente ou mediante autorização, concessão ou permissão,

(A) os serviços de transporte rodoviário estadual e interestadual de passageiros.
(B) os serviços de radiodifusão sonora, e de sons e imagens.
(C) o serviço postal e o correio aéreo nacional.
(D) a ordenação do território e de desenvolvimento econômico e social.
(E) a produção e o comércio de material bélico.

Correta é a letra B, com base na literalidade do artigo 21, inciso XI, da CF: "Art. 21. Compete à União: (...) XII – explorar, diretamente ou mediante autorização, concessão ou permissão: a) os serviços de radiodifusão sonora, e de sons e imagens.". A letra A está errada, pois "os serviços de transporte rodoviário interestadual e internacional de passageiros." (Artigo 21, XII, e, da CF). A letra C é incorreta, conforme artigo 21, X, da CF. A letra D, também errada, com base no artigo 21, IX, da CF e, por fim, a letra E está no artigo 21, VI, da CF. Perceba que o enunciado exige "compete à União explorar, diretamente ou mediante autorização, concessão ou permissão", por isso a única possível é a letra B.
Gabarito "B".

(Promotor de Justiça/PR – 2019 – MPE/PR) Sobre a intervenção é ***incorreto*** afirmar:

(A) No sistema constitucional brasileiro, a intervenção é excepcional, limitada e taxativa.
(B) Garantir o livre exercício do Poder Legislativo é hipótese que autoriza de intervenção dos Estados nos Municípios.
(C) Não cabe recurso extraordinário contra acórdão de Tribunal de Justiça que defere pedido de intervenção estadual em Município.
(D) É inconstitucional a atribuição conferida por Constituição Estadual ao Tribunal de Contas, para requerer ao Governador do Estado a intervenção em Município.
(E) A União pode intervir nos Estados para reorganizar suas finanças, quando a unidade da federação deixar de entregar aos Municípios receitas tributárias fixadas na Constituição, dentro dos prazos estabelecidos em lei, assim como se o Estado estabelecer condições para sua liberação.

Letra **B** está incorreta, pois trata-se de hipótese de intervenção federal (artigo 34, inciso IV, da CF). Todas as demais alternativas estão corretas.
Gabarito "B".

(Promotor de Justiça/SP – 2019 – MPE/SP) Considere as afirmações seguintes:

I. Os Municípios, com autonomia política, legislativa, administrativa e financeira se auto-organizarão por lei orgânica, atendidos os princípios estabelecidos na Constituição Federal e na Constituição Estadual.
II. O Município reger-se-á por lei orgânica, votada em dois turnos, com o interstício mínimo de dez dias, aprovada por dois terços dos membros da Câmara Municipal e promulgada pelo Chefe do Poder Executivo.
III. A Constituição Federal estabelece competência suplementar dos Municípios, consistente na autorização de regulamentar as normas estaduais para ajustar sua execução a peculiaridades locais, sempre em concordância com aquelas.
IV. Cabe aos Estados a instituição de representação de inconstitucionalidade de leis ou atos normativos estaduais ou municipais em face da Constituição Estadual.
V. Os tribunais de justiça não podem exercer controle abstrato de constitucionalidade de leis municipais utilizando como parâmetro normas da Constituição Federal, ainda que se trate de normas de reprodução obrigatória pelos Estados.

Estão corretas apenas as assertivas

(A) I, II e III.
(B) I, III e IV.
(C) II, IV e V.
(D) II, III e IV.
(E) II, III e V.

Os itens **II** e **V** estão errados. No item II a promulgação é feita pela própria Casa Legislativa (artigo 29, da CF). O item **V** está errado, pois é perfeitamente cabível tal controle (RE 650.898/RS). Os itens **I**, **III** e **IV** estão corretos.
Gabarito "B".

(Juiz de Direito - TJ/AL - 2019 - FCC) A Câmara Legislativa do Município TXP aprovou uma lei regulamentando a proteção ao meio ambiente daquela localidade. Em ação movida por empresa de construção, pretendendo anular penalidade que lhe foi imposta pela municipalidade por suposto desrespeito à legislação ambiental, é alegada a inconstitucionalidade daquela lei municipal, pela via incidental, sob o fundamento de já existirem norma federal e estadual disciplinando a matéria. No controle difuso de constitucionalidade, a questão deve ser decidida pela

(A) inconstitucionalidade da lei, uma vez que se tratando de competência concorrente, a existência de lei federal veda a elaboração de diplomas legislativos de outros entes federativos.

(B) constitucionalidade, porquanto a lei municipal estaria legislando sobre matéria de interesse local, tendo plena liberdade sobre o assunto.

(C) inconstitucionalidade, porquanto, embora se trate de matéria de interesse local, já está disciplinada por lei federal, descabendo a repetitividade legislativa.

(D) constitucionalidade, desde que o Município exerça a competência para legislar sobre meio ambiente com a União e o Estado no limite de seu interesse local, e desde que tal regramento seja harmônico com a disciplina estabelecida pelos demais entes federados.

(E) constitucionalidade da lei por tratar-se de competência comum, no sistema horizontal, estabelecendo a competência da União, dos Estados, do Distrito Federal e dos Municípios para legislar sobre a matéria.

A: incorreta, porque, em se tratando de competência concorrente, a competência da União para legislar sobre normas gerais não exclui a competência suplementar dos estados, conforme previsão expressa do art. 24, § 2°, da CF, bem como não exclui a competência dos municípios para legislar sobre assuntos de interesse local e para suplementar a legislação federal e a estadual no que couber (art. 30, I e II, da CF); **B:** incorreta, porque os municípios não possuem plena liberdade para legislar, devendo a sua atuação legislativa ficar restrita a assuntos de interesse local e a suplementar a legislação federal e a estadual no que couber (art. 30, I e II, da CF); **C:** incorreta, conforme justificativa apontada na alternativa "D"; **D:** correta, nos termos da tese com repercussão geral fixada pelo STF: *"O município é competente para legislar sobre o meio ambiente com a União e o Estado, no limite do seu interesse local e desde que tal regramento seja harmônico com a disciplina estabelecida pelos demais entes federados (art. 24, VI, c/c 30, I e II, da Constituição Federal)"* (RE 586224, Relator: Min. Luiz Fux, Tribunal Pleno, julgado em 05/03/2015, Tema 145); **E:** incorreta, visto que a competência comum se refere à competência administrativa ou material dos entes federados, e não à sua atividade legislativa (art. 23, VI, da CF). **AMN**

Gabarito "D".

A lei estadual X estabeleceu a obrigatoriedade da realização de adaptações nos veículos de transporte coletivo intermunicipal de propriedade das empresas concessionárias do serviço, com a finalidade de facilitar o acesso de pessoas com deficiência física ou com dificuldades de locomoção.

(Juiz de Direito - TJ/BA - 2019 - CESPE/CEBRASPE) Conforme as disposições do texto constitucional, a legislação, a doutrina e a jurisprudência do STF, a lei estadual X é

(A) inconstitucional por ofensa à competência privativa da União para legislar sobre trânsito e transporte.

(B) inconstitucional por ofensa à competência concorrente dos entes federados, ainda que inexistente lei geral nacional.

(C) inconstitucional por ofensa à livre-iniciativa e ao caráter competitivo das licitações públicas para a área de transportes.

(D) constitucional, pois está compatível com a CF e com a Convenção Internacional sobre os Direitos das Pessoas com Deficiência, incorporada ao direito nacional como norma de caráter supralegal.

(E) constitucional, pois está compatível com a CF e com a Convenção Internacional sobre os Direitos das Pessoas com Deficiência, incorporada ao direito nacional como norma constitucional.

O Plenário do STF julgou improcedente pedido formulado em ação direta de inconstitucionalidade proposta contra a Lei 10.820/92, do Estado de Minas Gerais, que dispõe sobre a obrigatoriedade de empresas concessionárias de transporte coletivo intermunicipal promoverem adaptações em seus veículos, a fim de facilitar o acesso e a permanência de pessoas com deficiência física ou com dificuldade de locomoção. Salientou-se que a Constituição dera destaque à necessidade de proteção às pessoas com deficiência, ao instituir políticas e diretrizes de acessibilidade física (CF, artigos 227, § 2°; e 244), bem como de inserção nas diversas áreas sociais e econômicas da comunidade. Enfatizou-se a incorporação, ao ordenamento constitucional, da Convenção Internacional sobre os Direitos das Pessoas com Deficiência — primeiro tratado internacional aprovado pelo rito legislativo previsto no art. 5°, § 3°, da CF —, internalizado por meio do Decreto 6.949/2009. Aduziu-se que prevaleceria, no caso, a densidade do direito à acessibilidade física das pessoas com deficiência (CF, art. 24, XIV), não obstante pronunciamentos da Corte no sentido da competência privativa da União (CF, art. 22, XI) para legislar sobre trânsito e transporte. Consignou-se que a situação deveria ser enquadrada no rol de competências legislativas concorrentes dos entes federados. Observou-se que, à época da edição da norma questionada, não haveria lei geral nacional sobre o tema. Desse modo, possível aos estados-membros exercerem a competência legislativa plena, suprindo o espaço normativo com suas legislações locais (CF, art. 24, § 3°). (Informativo STF 707, ADI 903/MG, Rel. Min. Dias Toffoli, julgamento em 22/05/2013). **AN**

Gabarito "E".

(Investigador - PC/BA - 2018 - VUNESP) Imagine que a Câmara Municipal da Cidade X aprovou projeto de lei dispondo sobre interesses das comunidades indígenas localizadas em seu território. Nesse caso, partindo das regras constitucionais sobre a repartição de competências, é correto afirmar que a lei é

(A) inconstitucional sob o prisma formal, já que se trata de competência legislativa concorrente entre União, Estados e Distrito Federal a regulamentação de qualquer matéria relativa às populações indígenas.

(B) inconstitucional sob o prisma formal, já que se trata de competência legislativa privativa da União tratar sobre as populações indígenas.

(C) inconstitucional sob o prisma formal, já que a matéria é de competência exclusiva dos Estados membros e Distrito Federal.

(D) constitucional, uma vez que, por se tratar de nítido interesse local, a competência é privativa dos Municípios.

(E) constitucional, já que se trata de interesse local e regional, de modo que compete aos Estados membros, Distrito Federal e Municípios, de forma comum, legislar sobre a questão.

De acordo com o art. 22, XIV, da CF, compete **privativamente** à União legislar sobre populações indígenas. Logo, lei municipal que versa sobre comunidades indígenas padece de inconstitucionalidade formal, por invadir esfera de competência legislativa privativa da União. AN

Gabarito "B".

(Procurador do Estado/SP – 2018 – VUNESP) Ao julgar a ADI nº 2.699/PE, que tinha por objeto a análise da competência para legislar sobre direito processual, o Supremo Tribunal Federal destacou ser importante compreender que a Constituição Federal proclama, na complexa estrutura política que dá configuração ao modelo federal de Estado, a coexistência de comunidades jurídicas responsáveis pela pluralização de ordens normativas próprias, que se distribuem segundo critérios de discriminação material de competências fixadas pelo texto constitucional. Nesse contexto, a respeito do tema competência constitucional para legislar sobre a matéria de direito processual, assinale a alternativa correta.

(A) A União poderá delegar aos Estados a competência para legislar integralmente sobre o tema, considerando as reiteradas críticas à excessiva centralização normativa no âmbito federativo.

(B) Os Estados-membros e o Distrito Federal não dispõem de competência para legislar sobre direito processual. Com fundamento no sistema de poderes enumerados e de repartição constitucional de competências legislativas, somente a União possui atribuição para legitimamente estabelecer, em caráter privativo, a regulação normativa, inclusive a disciplina dos recursos em geral, conforme posição consolidada do Supremo Tribunal Federal.

(C) Estabelecida a lide com fundamento em conflito de competência legislativa entre a União e os Estados-Membros ou o Distrito Federal, a ação judicial deverá ser julgada de forma originária pelo Superior Tribunal de Justiça, uma vez configurada a instabilidade no equilíbrio federativo.

(D) A competência é comum da União, dos Estados, do Distrito Federal e dos Municípios, podendo lei complementar autorizar cada ente federal a legislar sobre questões específicas das matérias relacionadas na Constituição Federal.

(E) A competência para legislar sobre direito processual é concorrente, de modo que cabe à União fixar normas gerais e aos Estados-Membros e ao Distrito Federal normas suplementares, em concordância com a jurisprudência pacífica sobre o tema.

A: incorreta, visto que a União, por meio de lei complementar, poderá autorizar os Estados a legislar sobre **questões específicas** das matérias relacionadas à sua competência privativa, tal como direito processual (art. 22, I e parágrafo único, da CF); **B:** correta, pois, conforme jurisprudência do STF, "*os Estados-membros e o Distrito Federal não dispõem de competência para legislar sobre direito processual, eis que, nesse tema, que compreende a disciplina dos recursos em geral, somente a União Federal – considerado o sistema de poderes enumerados e de repartição constitucional de competências legislativas – possui atribuição para legitimamente estabelecer, em caráter de absoluta privatividade (CF, art. 22, n. I), a regulação normativa a propósito de referida matéria*" (ADI 2699, Rel. Min. Celso de Mello, Tribunal Pleno,

j. em 20-05-2015); **C:** incorreta, pois o Supremo Tribunal Federal tem competência originária para processar e julgar as causas e os conflitos entre a União e os estados, a União e o Distrito Federal, ou entre uns e outros, inclusive as respectivas entidades da administração indireta (art. 102, I, *f*, da CF), desde que tais litígios tenham potencialidade para desestabilizar o pacto federativo. A jurisprudência do STF distingue **conflito entre entes federados** e **conflito federativo**, sustentando que, no primeiro caso, observa-se apenas a litigância judicial promovida pelos membros da Federação, ao passo que, no segundo, além da participação desses na lide, a conflituosidade da causa importa em potencial desestabilização do próprio pacto federativo, sendo que o legislador constitucional restringiu a atuação da STF à última hipótese (ACO 1.295 AgR-segundo, Rel. Min. Dias Toffoli, j. 14-10-2010); **D e E:** incorretas, pois a competência para legislar sobre direito processual é **privativa** da União (art. 22, I, da CF) – vale destacar que competência comum diz respeito à matéria material. AN

Gabarito "B".

(Juiz de Direito – TJ/RS – 2018 – VUNESP) Considere a seguinte situação hipotética:

Na ausência de lei federal sobre um determinado tema, de competência legislativa concorrente, em 1995, o Estado do Rio Grande do Sul exerceu sua competência legislativa em matéria de proteção e defesa da saúde, nos termos da Constituição Federal, editando lei estadual que proibiu o uso de determinada substância no território estadual. Em 2007, a União editou lei federal que regulou o uso dessa mesma substância, permitindo-o, ainda que de forma restrita. No entanto, a lei federal foi objeto de Ação Direta de Inconstitucionalidade perante o Supremo Tribunal Federal. Não foi suspensa a aplicação da norma federal, no entanto, ela foi declarada inconstitucional, em 2017. Com isso, a lei estadual deve ser considerada

(A) inválida, pois no âmbito da competência legislativa concorrente, caberia ao Município – e não ao Estado – legislar sobre proteção e defesa da saúde, sobretudo se o uso da substância for relacionado ao interesse local.

(B) válida, pois a superveniência de lei federal apenas suspende a eficácia da lei estadual no âmbito da competência concorrente, de modo que, com a declaração de inconstitucionalidade da lei federal, a norma estadual teve sua eficácia restabelecida.

(C) inválida, pois a declaração de inconstitucionalidade da lei federal não restabelece a eficácia da lei estadual, tendo como efeito apenas a devolução da competência ao Estado para legislar sobre normas gerais enquanto não for editada nova lei federal.

(D) válida, pois a lei federal não revoga nem suspende a eficácia da lei estadual; em casos em que as normas federal e estadual forem incompatíveis, caberá ao Supremo Tribunal Federal decidir qual delas é aplicável.

(E) inválida, pois a competência legislativa concorrente permite que o Estado exerça sua competência suplementar somente após a União exercer plenamente sua competência de legislar sobre normas gerais.

A: incorreta, pois os Municípios não possuem competência legislativa concorrente (art. 24, *caput*, da CF), sendo competência concorrente da União, dos Estados e do Distrito Federal legislar sobre proteção e defesa da saúde (art. 24, XII, da CF); **B:** correta, pois a superveniência de lei federal sobre normas gerais **suspende a eficácia** da lei estadual, de modo que, com a declaração de inconstitucionalidade da lei federal

– que não pode gerar quaisquer efeitos no plano do Direito por sua nulidade –, a norma estadual terá sua eficácia restabelecida em razão da inexistência de lei federal sobre normas gerais (art. 24, §§ 3º e 4º, da CF); **C:** incorreta, porque a declaração de inconstitucionalidade da lei federal **restabelece a eficácia** da lei estadual, cuja eficácia estava suspensa em razão da superveniência de lei federal sobre normas gerais (art. 24, §§ 3º e 4º, da CF); **D:** incorreta, haja vista que a superveniência de lei federal sobre normas gerais **suspende a eficácia** da lei estadual no que lhe for contrário (art. 24, § 4º, da CF); **E:** incorreta, pois, no âmbito da competência legislativa concorrente, a competência da União para legislar sobre normas gerais não exclui a competência suplementar dos Estados e, inexistindo lei federal sobre normas gerais, os Estados exercerão a competência legislativa plena (art. 24, §§ 2º e 3º, da CF). AN

Gabarito "B".

9.2. Da Administração Pública

(Escrivã – PC/GO – AOCP – 2023) Carina é escrivã e trabalha na Polícia Civil de Goiás há cinco anos, adquirindo estabilidade no cargo. Com base na Constituição Federal de 1988 no que concerne aos servidores públicos, assinale a alternativa correta.

(A) Carina poderá perder o cargo em caso de sentença judicial, ainda que não transitada em julgado, desde que a condenação se refira à improbidade administrativa.

(B) Carina não poderá perder o cargo em razão de processo administrativo, ainda que assegurada a ampla defesa, em razão do princípio da estabilidade.

(C) Se houver sua demissão, Carina poderá invalidar a decisão por meio de sentença judicial, ocorrendo a sua reversão ao cargo anteriormente ocupado.

(D) Em caso de extinção do cargo de Carina, esta ficará em disponibilidade, com remuneração proporcional ao tempo de serviço, até seu adequado aproveitamento em outro cargo.

(E) Em razão da natureza do cargo de Carina, a estabilidade no cargo de escrivã ocorre após dois anos de efetivo exercício.

A: incorreta. O servidor público estável perderá o cargo em virtude de sentença judicial transitada em julgado (CF, art. 41, § 1º, I). **B:** incorreta. O servidor público estável perderá o cargo mediante processo administrativo em que lhe seja assegurada ampla defesa (CF, art. 41, § 1º, II). **C:** incorreta. Dispõe o art. 41, § 2º, da CF, que: "invalidada por sentença judicial a demissão do servidor estável, será ele reintegrado, e o eventual ocupante da vaga, se estável, reconduzido ao cargo de origem, sem direito a indenização, aproveitado em outro cargo ou posto em disponibilidade com remuneração proporcional ao tempo de serviço". **D:** correta. Conforme disposto no art. 41, § 3º da CF. **E:** incorreta. A estabilidade ocorrerá após três anos de efetivo exercício (CF, art. 41, *caput*). AMN

Gabarito "D".

(Papiloscopista – PC/RR – VUNESP – 2022) Como decorrência da improbidade administrativa, a Constituição Federal prevê, expressamente, dentre outras, a seguinte penalidade:

(A) cassação dos direitos políticos.
(B) pena de reclusão.
(C) perda da nacionalidade.
(D) suspensão dos direitos políticos.
(E) confisco de bens.

A alternativa D é a correta. É o que prevê o art. 37, § 4º, da CF. AMN

Gabarito "D".

(Escrivão – PC/RO – CEBRASPE – 2022) A pessoa condenada pela prática de ato de improbidade administrativa poderá ter seus direitos políticos

(A) cassados, perdidos ou suspensos.
(B) cassados ou suspensos, apenas.
(C) cassados ou perdidos, apenas.
(D) suspensos, apenas.
(E) cassados, apenas.

A alternativa correta é a D, conforme dispõe o art. 37, § 4º, da CF. AMN

Gabarito "D".

(Procurador Município – Teresina/PI – FCC – 2022) Na condição de Procurador do Município, lhe foi demandado emitir parecer jurídico sobre a seguinte situação: a Administração, com base em lei municipal, exige depósito em espécie para o munícipe recorrer de decisão administrativa da qual foi sucumbente. Nesse caso,

(A) a lei local não pode ser aplicada pela Administração porque existe súmula vinculante sobre a matéria com efeito vinculante para a Administração pública municipal, a qual declara inconstitucional a exigência de depósito ou arrolamento prévios de dinheiro ou bens para admissibilidade de recurso administrativo.

(B) a lei local pode ser aplicada a critério do administrador competente para a apreciação do recurso, o qual pode decidir discricionariamente, no caso concreto, se é cabível ou não a exigência de depósito em espécie, em face da hipossuficiência econômica do munícipe, devidamente comprovada nos autos do processo administrativo.

(C) é juridicamente válida e aplicável a lei local, uma vez que a Administração se submete ao princípio da legalidade não lhe competindo exercer o controle de constitucionalidade sobre as leis, de modo que o depósito em espécie deve ser considerado condição para o conhecimento do recurso.

(D) a lei local deve ser aplicada pela Administração, cabendo ao prefeito representar a sua inconstitucionalidade ou ao munícipe recorrer ao Judiciário, em homenagem ao princípio da inafastabilidade da jurisdição.

(E) a lei local não pode ser aplicada pela Administração, uma vez que, acima da legalidade, deve prevalecer a força vinculante das disposições constitucionais, especialmente o direito constitucional de petição e o da ampla defesa.

É o que dispõe a Súmula Vinculante 21 do STF: "É inconstitucional a exigência de depósito ou arrolamento prévios de dinheiro ou bens para admissibilidade de recurso administrativo". AMN

Gabarito "A".

(Procurador/PA – CESPE – 2022) Com base no entendimento do Supremo Tribunal Federal acerca das diretrizes firmadas na Constituição Federal de 1988 a respeito da administração pública, julgue os itens a seguir.

I. Tanto as funções de confiança quanto os cargos em comissão destinam-se apenas às atribuições de direção, chefia e assessoramento, não sendo autorizada a criação de cargos em comissão e funções de confiança para atribuições meramente executivas ou operacionais, sob pena de burla à obrigatoriedade de concurso público.

II. O inc. X do art. 37 da Constituição Federal de 1988 estabelece o dever específico de que a remuneração dos servidores públicos seja objeto de aumentos anuais, mas o Poder Executivo pode deixar de encaminhar o projeto de lei de revisão anual dos vencimentos dos servidores públicos se houver, para tanto, razões de interesse público, a serem devidamente motivadas.

III. Nos casos de lícita acumulação remunerada de cargos, empregos e funções públicas, cada vínculo funcional deverá ser considerado isoladamente para a aplicação do teto remuneratório, afastada a observância do teto remuneratório quanto ao somatório dos ganhos do agente público.

IV. No caso dos ocupantes de cargo de professor, a idade mínima para fins de aposentadoria especial será reduzida em cinco anos para aqueles que comprovem tempo de efetivo exercício não apenas na docência, mas também nas atividades de direção de unidade escolar e de coordenação e assessoramento pedagógico, desde que desempenhadas exclusivamente em estabelecimentos de educação infantil e ensino fundamental, conforme fixado em lei complementar do respectivo ente federativo.

V. É inconstitucional lei que, de forma vaga, admite a contratação temporária para as atividades de educação pública, saúde pública, sistema penitenciário e assistência à infância e à adolescência, sem que haja demonstração da necessidade temporária subjacente.

A quantidade de itens certos é igual a

(A) 1.
(B) 2.
(C) 3.
(D) 4.
(E) 5.

I: Certo. Foi objeto do Tema 1010 de Repercussão Geral do STF. II: Errado. O Informativo 953 do STF trouxe o julgado do RE 565089, Relator p/Acórdão: Min. Roberto Barroso, Tribunal Pleno, julgado em 25/09/2019, DJe 28/04/2020, onde se decidiu que: "O art. 37, X, da CF/1988 não estabelece um dever específico de que a remuneração dos servidores seja objeto de aumentos anuais, muito menos ainda em percentual que corresponda, obrigatoriamente, à inflação apurada no período. Isso não significa, porém, que a norma constitucional não tenha eficácia. Ela impõe ao Chefe do Poder Executivo o dever de se pronunciar, anualmente e de forma fundamentada, sobre a conveniência e possibilidade de reajuste ao funcionalismo". III: Certo. Conforme Informativo 862 do STF: RE 612975/MT e RE 602043/MT, Rel. Min. Marco Aurélio, julgados em 26 e 27/04/2017 (Repercussão Geral). IV: Errado. Não só em estabelecimentos de educação infantil e ensino fundamental, mas também no médio. Nesse sentido: "Para a concessão da aposentadoria especial de que trata o art. 40, § 5º, da Constituição, conta-se o tempo de efetivo exercício, pelo professor, da docência e das atividades de direção de unidade escolar e de coordenação e assessoramento pedagógico, desde que em estabelecimentos de educação infantil ou de ensino fundamental e médio" (RE 1.039.644/SC, Rel. Min. Alexandre de Moraes, j. 12/10/2017, DJe 13/11/2017, Tema 965). V: Certo. É o que se decidiu na ADI 3.649/RJ, Rel. Min. Luiz Fux, j. 28/05/2014. AMN

Gabarito "C".

(Juiz de Direito/AP – 2022 – FGV) Maria, servidora ocupante de cargo em comissão no Município Delta, adotou João Pedro, de 11 anos de idade. Ato contínuo, consultou o regime jurídico único dos servidores públicos municipais e constatou que a licença parental básica, reconhecida aos servidores adotantes, era de noventa dias, período reduzido para trinta dias quando o adotado tivesse mais de 10 anos de idade, isso sem qualquer consideração em relação a possíveis períodos de prorrogação. No entanto, somente faziam jus a essa licença os servidores ocupantes de cargos de provimento efetivo, não aqueles livremente demissíveis pela autoridade competente. À luz da sistemática constitucional, o regime jurídico único dos servidores públicos do Município Delta:

(A) é inconstitucional na parte que restringe a fruição da licença aos ocupantes de cargos de provimento efetivo e estabelece períodos de fruição inferiores ao da licença gestante;

(B) é inconstitucional apenas na parte em que estabelece o período de fruição de trinta dias quando o adotado tiver mais de 10 anos de idade;

(C) não apresenta qualquer vício de inconstitucionalidade em relação aos servidores que podem fruir a licença e aos respectivos períodos de fruição;

(D) é inconstitucional apenas na parte que restringe a fruição da licença aos servidores ocupantes de cargos de provimento efetivo;

(E) é inconstitucional apenas na parte em que estabelece períodos de fruição inferiores ao da licença gestante.

A questão é tratada pelo Tema 782 de repercussão geral do STF, com a seguinte tese: "Os prazos da licença adotante não podem ser inferiores aos prazos da licença gestante, o mesmo valendo para as respectivas prorrogações. Em relação à licença adotante, não é possível fixar prazos diversos em função da idade da criança adotada" (STF – RE 778889 – Tribunal Pleno – Relator Ministro Roberto Barroso – DJe 18/03/2016). ANH

Gabarito "A".

(Delegado de Polícia Federal – 2021 – CESPE) No que concerne a controle da administração pública, julgue os itens subsequentes.

(1). Apenas a Constituição Federal de 1988 pode prever modalidades de controle externo.

(2). O Poder Judiciário pode revogar atos praticados pelo Poder Executivo eivados de ilegalidade.

(3). A reclamação para anular ato administrativo que confronte súmula vinculante é uma modalidade de controle externo da atividade administrativa.

(4). Embora as comissões parlamentares de inquérito estejam, como uma modalidade de controle legislativo, aptas a investigar fatos determinados em prazos determinados, elas são desprovidas de poder condenatório.

1: Certo. As normas infraconstitucionais não podem criar novas modalidades de controle externo, pois isso violaria o princípio da separação dos poderes (art. 2º da CF). 2: Errado. O Poder Judiciário pode anular (não revogar) atos praticados pelo Poder Executivo eivados de ilegalidade. 3: Certo. A reclamação para anular ato administrativo que confronte súmula vinculante, de fato, é uma modalidade de controle externo da atividade administrativa. Quem exerce esse controle não é a própria Administração Pública (Poder Executivo), mas o Judiciário. Por outro lado, o controle interno é aquele realizado dentro do próprio poder em se originou a conduta administrativa e decorre do princípio da autotutela. **4:** Certo. De fato, as CPIs não têm poder condenatório, apenas investigam. Determina o art. 58, § 3º, da CF que as comissões parlamentares de inquérito, que terão poderes de investigação próprios das autoridades judiciais encaminharão *suas conclusões, se for o caso, ao Ministério Público, para que promova a responsabilidade civil ou criminal dos infratores.* **BV**

Gabarito 1C, 2E, 3C, 4C

(Magistratura/SP – 2021) A respeito da eficiência administrativa, podemos afirmar que

(A) o caráter vinculante do direito fundamental à boa administração encontra limite no princípio da discricionariedade administrativa.

(B) os atos administrativos devem ser realizados de forma a alcançar o melhor resultado possível com os meios disponíveis, garantindo não apenas respeito à lei e à moral administrativa, mas também o máximo de satisfação, atendendo de forma célere as demandas dos administrados.

(C) o princípio da eficiência não gera a possibilidade de o cidadão exigir e questionar, frente ao Estado e entes terceirizados, a qualidade em obras, serviços e decisões, e sua compatibilidade com o bem comum, dependendo de previsão legal específica.

(D) a ineficiência do administrador implica ato de improbidade administrativa.

A alternativa **B** descreve a eficiência e a agilidade necessária para a administração pública. A Professora Maria Sylvia Di Pietro descreve o princípio da eficiência em duas vertentes: a) relativamente à forma de atuação do agente público, espera-se o melhor desempenho possível de suas atribuições, a fim de obter os melhores resultados; b) quanto ao modo de organizar, estruturar e disciplinar a administração pública, exige-se que este seja o mais racional possível, no intuito de alcançar melhores resultados na prestação dos serviços públicos. **ANH**

Gabarito "B".

(Magistratura/SP – 2021) A respeito de admissão ao serviço público, está consolidado que

(A) é inconstitucional, por ofensa ao princípio da isonomia, a remarcação de teste de aptidão física de candidata grávida à época da realização, sem que haja expressa previsão no edital.

(B) o surgimento de novas vagas ou a abertura de novo concurso para o mesmo cargo, durante o prazo de validade do certame, gera automaticamente o direito à nomeação dos candidatos aprovados fora das vagas previstas no edital.

(C) nas situações jurídicas em que a Constituição Federal autoriza a acumulação de cargos, o teto remuneratório é considerado em relação a cada um deles, e não ao somatório recebido.

(D) na hipótese de posse em cargo público determinada por decisão judicial, o servidor faz jus à indenização, sob o fundamento que deveria ter sido investido em momento anterior.

A: incorreta. O STF já decidiu que candidatas grávidas inscritas em concurso público têm o direito de fazer a prova de aptidão física em outra data, mesmo que não haja previsão expressa em edital (STF – RE 1058333 – Tribunal Pleno – Relator Ministro Luiz Fux – julgamento 21/11/2018 – Tema 973 de repercussão geral). **B:** incorreta. Segundo o STF: "O surgimento de novas vagas ou a abertura de novo concurso para o mesmo cargo, durante o prazo de validade do certame anterior, não gera automaticamente o direito à nomeação dos candidatos aprovados fora das vagas previstas no edital, ressalvadas as hipóteses de preterição arbitrária e imotivada por parte da administração, caracterizada por comportamento tácito ou expresso do Poder Público capaz de revelar a inequívoca necessidade de nomeação do aprovado durante o período de validade do certame, a ser demonstrada de forma cabal pelo candidato. Assim, o direito subjetivo à nomeação do candidato aprovado em concurso público exsurge nas seguintes hipóteses: I – Quando a aprovação ocorrer dentro do número de vagas dentro do edital; II – Quando houver preterição na nomeação por não observância da ordem de classificação; III – Quando surgirem novas vagas, ou for aberto novo concurso durante a validade do certame anterior, e ocorrer a preterição de candidatos de forma arbitrária e imotivada por parte da administração nos termos acima." [Tese definida no RE 837.311, rel. min. **Luiz Fux**, j. 9-12-2015, DJE 18-4-2016, Tema 784.] **C:** correta. O STF decidiu neste sentido: "TETO CONSTITUCIONAL – ACUMULAÇÃO DE CARGOS – ALCANCE. **Nas situações jurídicas em que a Constituição Federal autoriza a acumulação de cargos, o teto remuneratório é considerado em relação à remuneração de cada um deles, e não ao somatório do que recebido.**" (STF – RE 602043 – Tribunal Pleno – Rel. Min. Marco Aurélio – Julgamento em 27/04/2017 – DJe 08/09/2017 – Tema 384 de repercussão geral – os grifos não estão no original). A situação é diferente se ocorrer a morte do instituidor da pensão, segundo a tese firmada no tema 359 de repercussão geral: "Ocorrida a morte do instituidor da pensão em momento posterior ao da Emenda Constitucional nº 19/1988, o teto constitucional previsto no inciso XI do artigo 37 da Constituição Federal **incide sobre o somatório de remuneração ou provento e pensão percebida por servidor**" (STF – RE 602584 – Tribunal Pleno – Relator Ministro Marco Aurélio – julgamento em 06/08/2020 – DJe 23/11/2020 – os grifos não estão no original). **D:** incorreta. A tese firmada pelo STF no tema 671 de repercussão geral foi essa: "Na hipótese de posse em cargo público determinada por decisão judicial, o servidor não faz jus a indenização, sob fundamento de que deveria ter sido investido em momento anterior, salvo situação de arbitrariedade flagrante." (STF – RE 724347 – Tribunal Pleno – Relator Ministro Marco Aurélio – julgamento 26/02/2015 – DJe 13/05/2015) **ANH**

Gabarito "C".

(Procurador Município – Santos/SP – VUNESP – 2021) Ao tratar dos servidores públicos, a Constituição Federal determina que

(A) poderão ser estabelecidos por lei ordinária do respectivo ente federativo idade e tempo de contribuição diferenciados para aposentadoria de servidores com deficiência, independentemente de avaliação biopsicossocial a ser realizada por equipe médica instituída para esse fim.

(B) ressalvadas as aposentadorias decorrentes dos cargos acumuláveis, é vedada a percepção de mais de uma aposentadoria à conta de regime próprio de previdência social, aplicando-se outras vedações, regras e condições para a acumulação de benefícios previdenciários estabelecidas no Regime Geral de Previdência Social.

(C) serão aposentados, no âmbito da União, aos 62 (sessenta e dois) anos de idade, se mulher, e aos 65 (sessenta e cinco) anos de idade, se homem, e, no âmbito dos Estados, do Distrito Federal e dos Municípios, na idade mínima estabelecida mediante emenda às respectivas Constituições Estaduais, observados os requisitos estabelecidos em lei complementar do respectivo Estado.

(D) a aposentadoria por incapacidade permanente para o trabalho, no cargo em que estiver investido, ainda que suscetível de readaptação, pode ensejar a realização de avaliações semestrais para verificação da continuidade das condições que ensejaram a concessão da aposentadoria, na forma de lei complementar federal para todos os entes federativos.

(E) aplica-se ao agente público ocupante, exclusivamente, de cargo em comissão declarado em lei de livre nomeação e exoneração, de outro cargo temporário, ou de emprego público, o Regime Geral de Previdência Social, exceto àqueles com mandato eletivo.

A: Incorreta. O art. 40, § 4º-A, prescreve: "Poderão ser estabelecidos por lei complementar do respectivo ente federativo idade e tempo de contribuição diferenciados para aposentadoria de servidores com deficiência, previamente submetidos a avaliação biopsicossocial realizada por equipe multiprofissional e interdisciplinar". **B:** Correta. Conforme o art. 40, § 6º, da CF. **C:** Incorreta. O art. 40, § 1º, III, da CF, estabelece que serão aposentados: "no âmbito da União, aos 62 (sessenta e dois) anos de idade, se mulher, e aos 65 (sessenta e cinco) anos de idade, se homem, e no âmbito dos Estados, do Distrito Federal e dos Municípios, na idade mínima estabelecida mediante emenda às respectivas Constituições e Leis Orgânicas, observados o tempo de contribuição e os demais requisitos estabelecidos em lei complementar do respectivo ente federativo". **D:** Incorreta. O art. 40, § 1º, I, da CF, estabelece a aposentadoria: "por incapacidade permanente para o trabalho, no cargo em que estiver investido, quando insuscetível de readaptação, hipóteses em que será obrigatória a realização de avaliações periódicas para verificação da continuidade das condições que ensejaram a concessão da aposentadoria, na forma de lei do respectivo ente federativo". **E:** Incorreta. Dispõe o art. 40, § 13, da CF, que: "Aplica-se ao agente público ocupante, exclusivamente, de cargo em comissão declarado em lei de livre nomeação e exoneração, de outro cargo temporário, inclusive mandato eletivo, ou de emprego público, o Regime Geral de Previdência Social". AMN

Gabarito "B".

(Procurador Município – Santos/SP – VUNESP – 2021) A Constituição Federal, ao tratar da Administração Pública, estabelece que

(A) os vencimentos dos cargos do Poder Legislativo não poderão ser superiores aos pagos pelo Poder Executivo, exceção feita ao Poder Judiciário, nos termos da lei.

(B) é vedada a acumulação remunerada de cargos públicos, exceto a de dois cargos ou empregos privativos de profissionais de saúde, independentemente da regulamentação das profissões.

(C) a administração fazendária e seus servidores fiscais terão, dentro de suas áreas de competência e jurisdição, precedência sobre os demais setores administrativos, na forma da lei.

(D) o Poder Executivo municipal poderá, mediante decreto, estabelecer os casos de contratação por tempo determinado para atender a necessidade local temporária de excepcional interesse público.

(E) a lei reservará percentual dos cargos e empregos públicos para as pessoas portadoras de deficiência, respeitados os critérios de admissão discriminados na Constituição Federal.

A: Incorreta. O art. 37, XII, da CF, dispõe que: "os vencimentos dos cargos do Poder Legislativo e do Poder Judiciário não poderão ser superiores aos pagos pelo Poder Executivo". **B:** Incorreta. O art. 37, XVI, *a* a *c*, da CF, prescreve que: "é vedada a acumulação remunerada de cargos públicos, exceto, quando houver compatibilidade de horários, observado em qualquer caso o disposto no inciso XI: a) a de dois cargos de professor; b) a de um cargo de professor com outro técnico ou científico; c) a de dois cargos ou empregos privativos de profissionais de saúde, com profissões regulamentadas". **C:** Correta. Conforme disposto no art. 37, XVIII, da CF. **D:** Incorreta. O art. 37, IX, da CF, prescreve: "a lei estabelecerá os casos de contratação por tempo determinado para atender a necessidade temporária de excepcional interesse público". **E:** Incorreta. O art. 37, VIII, determina: "a lei reservará percentual dos cargos e empregos públicos para as pessoas portadoras de deficiência e definirá os critérios de sua admissão". AMN

Gabarito "C".

(Juiz de Direito – TJ/MS – 2020 – FCC) Ao dispor sobre a criação de cargos em comissão, o legislador deve observar as normas constitucionais e a jurisprudência do Supremo Tribunal Federal nessa matéria, segundo as quais

(A) a criação de cargos em comissão somente se justifica para o exercício de funções de direção, chefia e assessoramento, não se prestando ao desempenho de atividades burocráticas, técnicas ou operacionais, pressupondo necessária relação de confiança entre a autoridade nomeante e o servidor nomeado.

(B) cabe à lei que os instituir definir, objetivamente, suas atribuições, podendo, todavia, delegar essa competência ao administrador, para que discipline a matéria por meio de ato regulamentar, uma vez que a Constituição Federal não veda a delegação de competências entre os Poderes.

(C) pode a lei do ente federativo facultar aos servidores públicos ocupantes exclusivamente de cargo público em comissão a opção entre aderir ao Regime Geral de Previdência Social ou ao Regime Próprio de Previdência Social.

(D) os servidores públicos ocupantes exclusivamente de cargo público em comissão devem aposentar-se compulsoriamente aos 70 (setenta) anos de idade ou, na forma da lei complementar federal, aos 75 (setenta e cinco) anos de idade.

(E) é inconstitucional, por violação à norma constitucional que permite a livre nomeação pelo administrador público, norma estadual que estabeleça requisito de formação, em curso de nível superior, para o preenchimento de cargo em comissão.

A: correta, de acordo com o entendimento do STF. Em sede de repercussão geral, o STF reafirmou sua jurisprudência sobre os requisitos estabelecidos pela Constituição Federal para a criação de cargos em comissão de livre nomeação e exoneração, fixando a seguinte tese: "*a) A criação de cargos em comissão somente se justifica para o exercício de funções de direção, chefia e assessoramento, não se prestando ao desempenho de atividades burocráticas, técnicas ou operacionais; b) tal criação deve pressupor a necessária relação de confiança entre a autoridade nomeante e o servidor nomeado; c) o número de cargos comissionados criados deve guardar proporcionalidade com a necessidade que eles visam suprir e com o número de servidores ocupantes de cargos efetivos no ente federativo que os criar; e d) as atribuições dos cargos em comissão devem estar descritas, de forma clara e objetiva, na própria lei que os instituir.*" (RE 1.041.210 RG, rel. min. Dias Toffoli, j. 27-9-2018, P, DJE de 22-5-2019, Tema 1.010); **B:** incorreta, pois o STF entende que as atribuições dos cargos em comissão devem estar descritas, de forma clara e objetiva, na própria lei que os instituir (RE 1.041.210 RG, rel. min. Dias Toffoli, j. 27-9-2018, P, DJE de 22-5-2019, Tema 1.010), considerando inconstitucional a delegação ao chefe do Poder Executivo para dispor, mediante decreto, sobre as competências, as atribuições e as especificações de cargos públicos. Nesse sentido, o STF fixou o seguinte entendimento: "A delegação de poderes ao Governador para, mediante decreto, dispor sobre "as competências, as atribuições, as denominações das unidades setoriais e as especificações dos cargos, bem como a organização e reorganização administrativa do Estado", é inconstitucional porque permite, em última análise, sejam criados novos cargos sem a aprovação de lei." (ADI 4125, Relator(a): min. CÁRMEN LÚCIA, Tribunal Pleno, julgado em 10/06/2010); **C:** incorreta, visto que o Regime Próprio de Previdência Social não se aplica para os ocupantes exclusivamente de cargo em comissão. Segundo o art. 40, § 13, da Constituição, aplica-se ao agente público ocupante, exclusivamente, de cargo em comissão declarado em lei de livre nomeação e exoneração, de outro cargo temporário, inclusive mandato eletivo, ou de emprego público, o Regime Geral de Previdência Social; **D:** incorreta, porque o STF fixou entendimento, em sede de repercussão geral, no sentido de que "*os servidores ocupantes de cargo exclusivamente em comissão não se submetem à regra da aposentadoria compulsória prevista no art. 40, § 1º, II, da CF, a qual atinge apenas os ocupantes de cargo de provimento efetivo, inexistindo, também, qualquer idade limite para fins de nomeação a cargo em comissão.*" (RE 786.540, rel. min. Dias Toffoli, j. 15-12-2016, P, DJE de 15-12-2017, Tema 763); **E:** incorreta, porque, no julgamento da ADI 3.174, o Ministro Relator asseverou que "*o art. 37, V, da Constituição não restringe as atividades de assessoramento aos cargos de nível superior e ou às funções estritamente técnico-científicas. O dispositivo exige apenas que o cargo em comissão tenha natureza de diretoria, chefia ou assessoramento, que pode exigir níveis educacionais diferenciados a depender do cargo, cabendo à lei de criação especificá-los caso a caso.*" (ADI 3174, Relator: Roberto Barroso, Tribunal Pleno, julgado em 23/08/2019).

Gabarito "A".

(Juiz de Direito – TJ/AL - 2019 – FCC) Dentre as medidas excepcionais de controle do pacto federativo, encontra-se a intervenção, que, à luz da Constituição Federal, cabe ser decretada

(A) para garantir o livre exercício do Poder Legislativo Estadual, após solicitação dele.

(B) independentemente de apreciação pelo Congresso Nacional, se assim entender conveniente o Presidente da República.

(C) em razão de instabilidade institucional.

(D) após aprovação do Congresso Nacional, por decreto legislativo.

(E) deixando de haver prisão durante a vigência do estado excepcional.

A: correta, de acordo com o art. 34, IV, c/c art. 36, I, da CF; **B:** incorreta, porque o decreto de intervenção será submetido à apreciação do Congresso Nacional ou da Assembleia Legislativa do Estado, no prazo de vinte e quatro horas (art. 36, § 1º, da CF); **C:** incorreta, pois o Presidente da República pode decretar **estado de defesa** para preservar ou prontamente restabelecer a ordem pública ou a paz social ameaçadas por grave e iminente instabilidade institucional ou atingidas por calamidades de grandes proporções na natureza (art. 136 da CF); **D:** incorreta, já que compete **privativamente** ao Presidente da República decretar e executar a intervenção federal (art. 84, X, da CF), devendo o decreto de intervenção ser submetido à apreciação do Congresso Nacional, no prazo de vinte e quatro horas (art. 36, § 1º, da CF); **E:** incorreta, já que não há previsão, no texto constitucional, de restrição à possibilidade de prisão durante a vigência da intervenção.

Gabarito "A".

(Escrevente – TJ/SP – 2018 – VUNESP) Nos termos da Constituição da República Federativa do Brasil (CRFB/88), é correto afirmar que

(A) é vedada a acumulação remunerada de dois cargos públicos de professor, independentemente de haver compatibilidade de horário.

(B) os vencimentos dos cargos do Poder Legislativo e do Poder Executivo não poderão ser superiores aos pagos pelo Poder Judiciário.

(C) o servidor público da administração direta, autárquica e fundacional, investido no mandato de Prefeito, será afastado do cargo, emprego ou função, sendo-lhe vedado optar pela sua remuneração.

(D) os proventos de aposentadoria e as pensões, por ocasião de sua concessão, não poderão exceder a remuneração do respectivo servidor, no cargo efetivo em que se deu a aposentadoria ou que serviu de referência para a concessão da pensão.

(E) o servidor público estável perderá o cargo em virtude de sentença judicial ou administrativa, que prescindem de processo prévio em contraditório.

A: incorreta, pois é **permitida** a acumulação remunerada de dois cargos de professor quando houver compatibilidade de horários (art. 37, XVI, *a*, da CF); **B:** incorreta, pois os vencimentos dos cargos do Poder Legislativo e do Poder Judiciário não poderão ser superiores aos pagos pelo **Poder Executivo** (art. 37, XII, da CF); **C:** incorreta, já que o servidor público da administração direta, autárquica e fundacional investido no mandato de Prefeito será afastado do cargo, emprego ou função, sendo-lhe **facultado** optar pela sua remuneração (art. 38, II, da CF); **D:** correta, nos termos do art. 40, § 2º, da CF; **E:** incorreta, pois o servidor público estável só perderá o cargo em virtude de sentença judicial transitada em julgado; processo administrativo em que lhe seja assegurada ampla defesa; e procedimento de avaliação periódica de desempenho, assegurada ampla defesa (art. 41, § 1º, I a III, da CF).

Gabarito "D".

(Investigador – PC/BA – 2018 – VUNESP) Com base na Constituição Federal, assinale a alternativa correta sobre as disposições gerais da Administração Pública.

(A) O prazo de validade dos concursos públicos será de até 2 (dois) anos, prorrogável, por no máximo 2 (duas) vezes, por igual período.

(B) A lei reservará percentual dos cargos e empregos públicos para as pessoas portadoras de deficiência e definirá os critérios de sua admissão.

(C) Por decreto da Administração Pública, serão estabelecidos os casos de contratação por tempo determinado para atender a necessidade temporária de excepcional interesse público.

(D) Os vencimentos dos cargos do Poder Executivo e Judiciário não poderão ser superiores aos pagos pelo Poder Legislativo.

(E) Os acréscimos pecuniários percebidos por servidor público serão computados e acumulados para fins de concessão de acréscimos ulteriores.

A: incorreta, visto que o prazo de validade do concurso público será de até dois anos, prorrogável **uma vez**, por igual período (art. 37, III, da CF); **B:** correta, de acordo com o art. 37, inciso VIII, da CF; **C:** incorreta, pois a **lei** estabelecerá os casos de contratação por tempo determinado para atender à necessidade temporária de excepcional interesse público (art. 37, IX, da CF); **D:** incorreta, porque os vencimentos dos cargos do Poder Legislativo e do Poder Judiciário não poderão ser superiores aos pagos pelo Poder Executivo (art. 37, XII, da CF); **E:** incorreta, pois os acréscimos pecuniários percebidos por servidor público **não** serão computados nem acumulados para fins de concessão de acréscimos ulteriores (art. 37, XIV, da CF).

Gabarito "B".

10. ORGANIZAÇÃO DO PODER EXECUTIVO

(Analista – INPI – 2024 – CEBRASPE) Acerca das atribuições do presidente da República, julgue os seguintes itens.

(1) É competência privativa do presidente da República conceder indulto e comutar penas, com audiência, se necessário, dos órgãos instituídos em lei, podendo delegar tal atribuição ao advogado-geral da União.

(2) Compete ao presidente da República, na condição de chefe de Estado, proceder à autorização de guerra no caso de agressão estrangeira.

(3) A competência privativa do presidente da República para iniciar o processo legislativo das leis ordinárias e complementares não pode ser delegada.

1: Certo. Art. 84, XII e parágrafo único da CF. **2:** Errado. É competência exclusiva do Congresso Nacional autorizar o Presidente da República a declarar guerra (CF. art. 49, II, e art. 84, XIX). **3:** Certo. Art. 84, III, e parágrafo único, da CF.
Gabarito 1C, 2E, 3C

(Juiz de Direito/AP – 2022 – FGV) Um grupo de deputados da Assembleia Legislativa do Estado Beta apresentou projeto de lei dispondo sobre a obrigatoriedade de instalação de duas câmeras de segurança em cada unidade escolar mantida pelo Estado. O projeto foi aprovado no âmbito da Casa legislativa e sancionado pelo governador do Estado, daí resultando a promulgação da Lei estadual nº XX.

À luz dos aspectos do processo legislativo descrito na narrativa e da sistemática constitucional, a Lei estadual nº XX:

(A) apresenta vício ao dispor sobre o funcionamento dos órgãos da rede educacional estadual, matéria de iniciativa privativa do chefe do Poder Executivo, vício não convalidado pela sanção;

(B) ao acarretar aumento de despesa, sem indicação da respectiva fonte de custeio, apresenta vício de inconstitucionalidade material;

(C) ao acarretar aumento de despesa, apresenta vício de iniciativa, o qual foi convalidado pela posterior sanção do chefe do Poder Executivo;

(D) não apresenta vício de iniciativa, pois a criação de atribuições e de obrigações, para o Poder Executivo, configura atividade regular do Legislativo;

(E) não apresenta vício de iniciativa, pois, embora tenha criado obrigação para o Poder Executivo, não instituiu nova atribuição para os seus órgãos.

A: errada, a determinação de colocação de câmeras, não constitui uma interferência na esfera de competências, Sobre o tema, o STF já entendeu, no julgamento do ARE 878911, que "Não usurpa a competência privativa do chefe do Poder Executivo lei que, embora crie despesa para a Administração Pública, não trata da sua estrutura ou da atribuição de seus órgãos nem do regime jurídico de servidores públicos"; **B:** errada, se aplica apenas a criação de novos benefícios, o STF já tem o entendimento de que não apresenta inconstitucionalidade; **C:** errada, Só haveria vício de iniciativa se a lei em questão tratasse de temas abrangidos pelo art. 61, § 1º da CF/88 ou que alterasse a competência de órgãos da administração, o que não aconteceu; **D:** errada, para haver possibilidade de mudança das obrigações dos órgãos, a proposta deverá ser apresentada pelo chefe do poder executivo legal; **E:** correta, o texto aplica exatamente o entendimento do STF, sobre o assunto mencionado.
Gabarito "E".

(Procurador Município – Santos/SP – VUNESP – 2021) Compete ao Conselho da República

(A) opinar sobre as hipóteses de declaração de guerra e de celebração da paz, nos termos da Constituição.

(B) pronunciar-se sobre as questões relevantes para a estabilidade das instituições democráticas.

(C) estudar, propor e acompanhar o desenvolvimento de iniciativas necessárias a garantir a independência nacional.

(D) propor os critérios e condições de utilização de áreas indispensáveis à segurança do território nacional.

(E) opinar sobre o uso, a preservação e a exploração dos recursos naturais de qualquer tipo, especialmente na faixa de fronteira.

Conforme dispõe o art. 90 da CF, compete ao Conselho da República pronunciar-se sobre: (a) intervenção federal, estado de defesa e estado de sítio; (b) as questões relevantes para a estabilidade das instituições democráticas.
Gabarito "B".

(Procurador do Município – S.J. Rio Preto/SP – 2019 – VUNESP) Em relação ao tema Intervenção Estadual nos Municípios, assinale a alternativa correta.

(A) A intervenção estadual nos municípios é um ato administrativo, atemporal e personalíssimo.

(B) A intervenção estadual, em qualquer hipótese, não se submete ao controle político, por parte da Assembleia Legislativa.

(C) Conforme Súmula do STF, não cabe recurso extraordinário contra acórdão de Tribunal de Justiça que defere pedido de intervenção estadual em município.

(D) Como o ato é de natureza administrativa, somente poderá ser decretada a intervenção pelo Chefe do Poder Executivo.

(E) O Município que já sofreu intervenção estadual não poderá sofrer, novamente, a mesma medida, por motivos idênticos aos que ocasionaram o primeiro ato interventivo.

Correta é a letra C, conforme Súmula 637, do STF: "Não cabe recurso extraordinário contra acórdão de Tribunal de Justiça que defere pedido de intervenção estadual em Município.". A letra A está errada, pois o ato é temporal (artigo 36, §1º, da CF). Letra B errada, pois ocorre sim apreciação pelo Poder Legislativo, nos moldes do citado §1º, do artigo 36, da CF. Letra D incorreta, conforme artigo 36, I, da CF, bem como é um ato político. A letra E está incorreta, porque não há tal vedação no texto constitucional.
Gabarito "C".

(Procurador do Município – S.J. Rio Preto/SP – 2019 – VUNESP) De acordo com a Constituição Federal, compete privativamente ao Presidente da República, sem qualquer possibilidade de delegação,

(A) conceder indulto e comutar penas.

(B) fixar os subsídios dos Ministros de Estado.

(C) decretar e executar a intervenção federal.

(D) prover cargos públicos federais.

(E) autorizar referendo e convocar plebiscito.

Correta é a letra C, pois é a redação do artigo 84, X, da CF: "Art. 84. Compete privativamente ao Presidente da República: (...) X – decretar e executar a intervenção federal; (...) Parágrafo único. O Presidente da

República poderá delegar as atribuições mencionadas nos incisos VI, XII e XXV, primeira parte, aos Ministros de Estado, ao Procurador-Geral da República ou ao Advogado-Geral da União, que observarão os limites traçados nas respectivas delegações.". Logo, a competência do inciso X é indelegável. A letra A está errada, pois é delegável (artigo 84, XII, da CF). A letra B está errada, pois a competência é do Congresso Nacional (artigo 49, VIII, da CF). A letra D também está errada, pois é caso de competência delegável (artigo 84, XXV, da CF). A letra E está equivocada, pois é competência do Congresso nacional (artigo 49, XV, da CF). Gabarito "C".

11. ORGANIZAÇÃO DO PODER LEGISLATIVO. PROCESSO LEGISLATIVO

(ENAM – 2024.1) A Constituição do Estado Alfa disciplinou as regras e os parâmetros de processo legislativo e previu que a proposta de Emenda à Constituição será discutida e votada em dois turnos, considerando-se aprovada quando obtiver, em ambos, 2/3 dos votos dos membros da Assembleia Legislativa.

Diante do exposto, da sistemática constitucional vigente e da jurisprudência do Supremo Tribunal Federal, é correto afirmar que a referida norma é

(A) constitucional, pois o processo legislativo de reforma constitucional do Estado-membro integra o poder constituinte derivado decorrente e, por conseguinte, retira sua força da CFRB/88.

(B) inconstitucional, pois as regras e os parâmetros do processo legislativo federal, como é o caso do processo de reforma constitucional, não são de reprodução obrigatória nas Constituições estaduais, mas o processo legislativo para emenda de constituição estadual só pode ser igual ou mais rígido do que o federal.

(C) inconstitucional por ofensa ao princípio da simetria, ao qual a autonomia dos Estados-membros se submete, a teor do que prevê o Art. 25 da CFRB/88 e o Art. 11 do Ato das Disposições Constitucionais Transitórias (ADCT).

(D) constitucional por observância ao princípio do paralelismo, a teor do que prevê o Art. 25 da CFRB/88 e o Art. 11 do ADCT, pois o texto da Constituição Federal estabelece o mesmo quórum.

(E) constitucional, pois as regras e os parâmetros do processo legislativo federal, como é o caso do processo de reforma constitucional, não são de reprodução obrigatória nas Constituições estaduais, em razão do poder de auto-organização e autolegislação dos entes federados.

A alternativa correta é a C. O STF ao julgar a Ação Direta de Inconstitucionalidade 6453 declarou a inconstitucionalidade do dispositivo da Constituição do Estado de Rondônia que instituiu quórum de 2/3 dos membros da Assembleia Legislativa para aprovação de proposta de emenda ao texto constitucional, sendo que a Constituição Federal estabelece, para sua alteração, 3/5 dos votos. A exigência da Constituição estadual viola o princípio da simetria, que impõe a reprodução obrigatória, nas cartas estaduais, dos princípios sensíveis e estruturantes do modelo federativo de estado e de separação de Poderes. Gabarito "C".

(ENAM – 2024.1) O Tribunal de Contas estadual realizou auditoria para verificar a regularidade da execução de obras públicas em Município submetido à sua jurisdição.

Em decorrência de achados relacionados a medições a maior em etapas contratuais, a auditoria foi convertida em tomada de contas, culminando com imputação de débito e aplicação de multa, decorrentes de dano ao erário, aos agentes públicos municipais responsáveis pelas irregularidades, observado o devido processo legal.

Considerando a situação hipotética acima, caso não ocorra o adimplemento voluntário das condenações, a execução do crédito decorrente da imputação de débito e da aplicação de multa caberá ao

(A) próprio Tribunal de Contas estadual, em ambos os casos.

(B) Município prejudicado, em ambos os casos.

(C) Estado-membro, em cuja estrutura se insere o Tribunal de Contas, em ambos os casos.

(D) Município prejudicado, relativamente à imputação de débito, e ao Tribunal de Contas estadual, relativamente à multa.

(E) Município prejudicado, relativamente à imputação de débito, e ao Estado-membro, em cuja estrutura se encontra o Tribunal de Contas, relativamente à multa.

A alternativa B é a correta. O STF ao julgar o Recurso Extraordinário 1003433, com repercussão geral reconhecida (Tema 642) fixou a seguinte tese: "O Município prejudicado é o legitimado para a execução de crédito decorrente de multa aplicada por Tribunal de Contas estadual a agente público municipal, em razão de danos causados ao erário municipal". Gabarito "B".

(Juiz de Direito – TJ/SC – 2024 – FGV) Lei do Estado Alfa, de iniciativa parlamentar, determina que nos concursos públicos para o provimento do cargo de juiz substituto do Tribunal de Justiça daquele estado-membro todos os candidatos que obtiverem a pontuação mínima, equivalente a 50% de acerto, nas provas objetivas da primeira fase do certame estarão automaticamente classificados para a segunda fase.

A lei é:

(A) inconstitucional, pois a lei, no caso, é de iniciativa privativa do governador do estado;

(B) inconstitucional, pois a lei, no caso, é de iniciativa privativa do Supremo Tribunal Federal;

(C) constitucional, mas exige regulamentação do Poder Judiciário local, por meio de resolução;

(D) constitucional, pois democratiza o acesso aos cargos públicos, especialmente à magistratura;

(E) inconstitucional, pois a lei, no caso, é de iniciativa privativa do presidente do Tribunal de Justiça local.

A alternativa correta é a B. No caso, a iniciativa legislativa para disciplinar o ingresso na magistratura é do STF, conforme disposto no art. 93, I, da CF. Consequentemente, todas as demais alternativas estão incorretas. Gabarito "B".

(Juiz de Direito – TJ/SC – 2024 – FGV) A Lei Alfa foi aprovada a partir de Projeto de Lei municipal do chefe do Poder Executivo, alterado no curso do processo legislativo por meio de emenda parlamentar para estender gratificação, inicialmente prevista apenas para os professores, a todos os servidores que atuem na área de educação especial.

Diante do exposto e do entendimento predominante do Supremo Tribunal Federal, a norma é:

(A) constitucional, pois a emenda parlamentar teve o objetivo de garantir a efetividade do direito fundamental à educação;

(B) inconstitucional, pois o município usurpou competência da União para disciplinar matéria que trata de educação especial;

(C) constitucional, pois a emenda parlamentar teve a finalidade de resguardar o princípio da igualdade a todos os servidores públicos que atuam na área;

(D) inconstitucional, pois a emenda parlamentar implicou aumento de despesa em projeto de lei de iniciativa reservada ao Chefe do Poder Executivo;

(E) constitucional, pois é autorizada emenda parlamentar em processo legislativo que seja oriundo de projeto de lei de iniciativa reservada ao chefe do Poder Executivo.

A alternativa D é a correta. A questão foi objeto de apreciação pelo STF no Recurso Extraordinário 745811 com reconhecimento de repercussão geral (Tema 686), cuja tese é a seguinte: "I – Há reserva de iniciativa do Chefe do Poder Executivo para edição de normas que alterem o padrão remuneratório dos servidores públicos (art. 61, § 1º, II, a, da CF); II – São formalmente inconstitucionais emendas parlamentares que impliquem aumento de despesa em projeto de lei de iniciativa reservada do Chefe do Poder Executivo (art. 63, I, da CF)". ANH

Gabarito "D".

(Juiz de Direito – TJ/SC – 2024 – FGV) Tício, na qualidade de deputado federal, recebeu, em razão da função, duzentos mil reais da sociedade empresária X, favorecendo-a, ilicitamente, junto à administração pública. Meses depois, a empresária X doou quatrocentos mil reais a Tício, visando a custear sua campanha eleitoral para o cargo de senador da República, para o qual foi eleito, não tendo sido a doação contabilizada na prestação de contas. Tício ocultou a origem dos duzentos mil reais, simulando ganhos com a venda de cavalos.

Em razão da prática dos ilícitos descritos, com base no entendimento do Supremo Tribunal Federal, é correto afirmar que:

(A) Tício, eleito senador da República, em razão dos crimes praticados, será julgado perante o Supremo Tribunal Federal;

(B) diante da prática de crime(s) eleitoral(ais) conexo(s) a crimes comuns, a competência para o processo e julgamento de Tício é da Justiça Eleitoral;

(C) na hipótese versada, não há crime eleitoral praticado, motivo pelo qual o processo e julgamento de Tício deverá ocorrer perante o Supremo Tribunal Federal;

(D) compete à Justiça Federal comum julgar todos os crimes praticados por Tício, na qualidade de deputado federal, em razão do foro por prerrogativa de função;

(E) compete à Justiça Federal comum julgar os crimes comuns, descritos no enunciado, praticados por Tício, na qualidade de deputado federal, deslocando-se para a Justiça Eleitoral, apenas, eventual crime eleitoral.

A alternativa A é a correta. Na Questão de Ordem da AP 937, o STF restringiu o foro apenas aos crimes cometidos durante o exercício do cargo e relacionados às funções desempenhadas, com a seguinte ementa: "DIREITO CONSTITUCIONAL E PROCESSUAL PENAL. QUESTÃO DE ORDEM EM AÇÃO PENAL. LIMITAÇÃO DO FORO POR PRERROGATIVA DE FUNÇÃO AOS CRIMES PRATICADOS NO CARGO E EM RAZÃO DELE. ESTABELECIMENTO DE MARCO TEMPORAL DE FIXAÇÃO DE COMPETÊNCIA. I. Quanto ao sentido e alcance do foro por prerrogativa 1. O foro por prerrogativa de função, ou foro privilegiado, na interpretação até aqui adotada pelo Supremo Tribunal Federal, alcança todos os crimes de que são acusados os agentes públicos previstos no art. 102, I, b e c da Constituição, inclusive os praticados antes da investidura no cargo e os que não guardam qualquer relação com o seu exercício. 2. Impõe-se, todavia, a alteração desta linha de entendimento, para restringir o foro privilegiado aos crimes praticados no cargo e em razão do cargo. É que a prática atual não realiza adequadamente princípios constitucionais estruturantes, como igualdade e república, por impedir, em grande número de casos, a responsabilização de agentes públicos por crimes de naturezas diversas. Além disso, a falta de efetividade mínima do sistema penal, nesses casos, frustra valores constitucionais importantes, como a probidade e a moralidade administrativa. 3. Para assegurar que a prerrogativa de foro sirva ao seu papel constitucional de garantir o livre exercício das funções – e não ao fim ilegítimo de assegurar impunidade – é indispensável que haja relação de causalidade entre o crime imputado e o exercício do cargo. A experiência e as estatísticas revelam a manifesta disfuncionalidade do sistema, causando indignação à sociedade e trazendo desprestígio para o Supremo. 4. A orientação aqui preconizada encontra-se em harmonia com diversos precedentes do STF. De fato, o Tribunal adotou idêntica lógica ao condicionar a imunidade parlamentar material – i.e., a que os protege por suas opiniões, palavras e votos – à exigência de que a manifestação tivesse relação com o exercício do mandato. Ademais, em inúmeros casos, o STF realizou interpretação restritiva de suas competências constitucionais, para adequá-las às suas finalidades. Precedentes. II. Quanto ao momento da fixação definitiva da competência do STF. 5. A partir do final da instrução processual, com a publicação do despacho de intimação para apresentação de alegações finais, a competência para processar e julgar ações penais – do STF ou de qualquer outro órgão – não será mais afetada em razão de o agente público vir a ocupar outro cargo ou deixar o cargo que ocupava, qualquer que seja o motivo. A jurisprudência desta Corte admite a possibilidade de prorrogação de competências constitucionais quando necessária para preservar a efetividade e a racionalidade da prestação jurisdicional. Precedentes. III. Conclusão 6. Resolução da questão de ordem com a fixação das seguintes teses: '(i) O foro por prerrogativa de função aplica-se apenas aos crimes cometidos durante o exercício do cargo e relacionados às funções desempenhadas; e (ii) Após o final da instrução processual, com a publicação do despacho de intimação para apresentação de alegações finais, a competência para processar e julgar ações penais não será mais afetada em razão de o agente público vir a ocupar outro cargo ou deixar o cargo que ocupava, qualquer que seja o motivo'. 7. Aplicação da nova linha interpretativa aos processos em curso. Ressalva de todos os atos praticados e decisões proferidas pelo STF e demais juízos com base na jurisprudência anterior. 8. Como resultado, determinação de baixa da ação penal ao Juízo da 256ª Zona Eleitoral do Rio de Janeiro, em razão de o réu ter renunciado ao cargo de Deputado Federal e tendo em vista que a instrução processual já havia sido finalizada perante a 1ª instância.". *A banca se utilizou dessa jurisprudência por ocasião do concurso público.* Posteriormente ao referido concurso, no HC 232627, o STF passou a entender pela manutenção da prerrogativa de foro, nos casos de crimes cometidos no cargo e em razão dele, após a saída da função. Essa decisão altera o entendimento firmado em 1999, na Questão de Ordem no Inq 687, segundo o qual o fim do mandato encerrava também a competência do STF. ANH

Gabarito "A".

(Juiz de Direito – TJ/SP – 2023 – VUNESP) Ao disciplinar o processo legislativo, a Constituição Federal, no seu artigo 65, estabelece que "O projeto de lei aprovado por uma Casa será revisto pela outra, em um só turno de discussão e votação, e enviado à sanção ou promulgação, se a Casa revisora o aprovar, ou arquivado, se o rejeitar". Nos termos da disposição constitucional do parágrafo único desse artigo e do entendimento do Supremo Tribunal Federal sobre a matéria, se o projeto for emendado na Casa revisora

(A) voltará à Casa iniciadora, representem ou não mudança substancial de conteúdo da proposição as emendas aprovadas pela Casa revisora.
(B) voltará para apreciação conjunta de ambas as Casas, que poderão rever todo o texto inicialmente proposto, sem limitação ao teor das emendas apresentadas na Casa revisora.
(C) voltará para apreciação conjunta de ambas as Casas, limitada a reapreciação ao teor das emendas apresentadas na Casa revisora.
(D) voltará à Casa iniciadora, mas somente se as emendas aprovadas pela Casa revisora representarem mudança substancial do conteúdo da proposição.

A alternativa D é a correta. Este é o entendimento do STF, conforme decisão na ADI 2182 MC, rel. Min. Maurício Corrêa, j. 31-5-2000, DJ 19-3-2004. ANH
Gabarito "D".

(Juiz de Direito – TJ/DFT – 2023 – CEBRASPE) No que concerne a medidas provisórias, estas

(A) não podem instituir tributo.
(B) têm eficácia pelo tempo máximo de 60 dias de sua publicação, prorrogáveis uma vez e não passíveis de suspensão.
(C) podem ser emendadas no processo legislativo, desde que haja pertinência temática das emendas com o conteúdo do ato normativo.
(D) podem dispor sobre direito eleitoral, mas suas normas somente se aplicam à eleição seguinte à do ano em que forem editadas ou convertidas em lei.
(E) têm seus efeitos preservados se não forem expressamente rejeitadas pelo Congresso Nacional no prazo de 60 dias da publicação.

A: Incorreta. O art. 62, § 2º, da CF, prevê que: "Medida provisória que implique instituição ou majoração de impostos, exceto os previstos nos arts. 153, I, II, IV, V, e 154, II, só produzirá efeitos no exercício financeiro seguinte se houver sido convertida em lei até o último dia daquele em que foi editada". Assim, medida provisória poderá instituir tributo da espécie imposto. B: Incorreta. O art. 62, § 3º, da CF, estabelece que: "As medidas provisórias, ressalvado o disposto nos §§ 11 e 12 perderão eficácia, desde a edição, se não forem convertidas em lei no prazo de sessenta dias, prorrogável, nos termos do § 7º, uma vez por igual período, devendo o Congresso Nacional disciplinar, por decreto legislativo, as relações jurídicas delas decorrentes" e os §§ 6º e 7º do mesmo artigo prescrevem: "Se a medida provisória não for apreciada em até quarenta e cinco dias contados de sua publicação, entrará em regime de urgência, subsequentemente, em cada uma das Casas do Congresso Nacional, ficando sobrestadas, até que se ultime a votação, todas as demais deliberações legislativas da Casa em que estiver tramitando"; "Prorrogar-se-á uma única vez por igual período a vigência de medida provisória que, no prazo de sessenta dias, contado de sua publicação, não tiver a sua votação encerrada nas duas Casas do Congresso Nacional". C: Correta. Esse é o entendimento do STF firmado na ADI 6.928/DF. D: Incorreta. É vedada a edição de medida provisória sobre direito eleitoral (CF, art. 62, § 1º, I, a). E: Incorreta. Ver o comentário do item "B", retro. ANH
Gabarito "C".

(Procurador Federal – AGU – 2023 – CEBRASPE) No que concerne às medidas provisórias (MP), assinale a opção correta.

(A) Em determinadas situações, uma MP pode ter eficácia por mais de sessenta dias.
(B) Caso uma medida provisória seja rejeitada, a matéria dela constante poderá ser objeto de outra MP na mesma sessão legislativa.
(C) Na tramitação de MP no Congresso Nacional, não se admitem emendas aditivas e modificativas, admitindo-se apenas as supressivas.
(D) Decorridos os sessenta dias de vigência de uma MP, deve ela ser imediatamente submetida ao Poder Legislativo.
(E) Não cabe ao Poder Legislativo apreciar os requisitos de relevância e urgência de MP.

A: Correta. Dispõe o § 7º do art. 62 da CF que: "Prorrogar-se-á uma única vez por igual período a vigência de medida provisória que, no prazo de sessenta dias, contado de sua publicação, não tiver a sua votação encerrada nas duas Casas do Congresso Nacional". B: Incorreta. O § 10 do art. 62 da CF prescreve que: "É vedada a reedição, na mesma sessão legislativa, de medida provisória que tenha sido rejeitada ou que tenha perdido sua eficácia por decurso de prazo". C: Incorreta. Na tramitação de MP no Congresso Nacional, se admitem emendas aditivas, modificativas ou supressivas (STF, ADI/DF 5127). D: Incorreta. Ver o comentário A, retro. E: Incorreta. O chefe do poder executivo federal emite juízo de valor originário e, posteriormente, o Congresso Nacional externa o juízo de valor sobre a urgência e relevância de MP. AMN
Gabarito "A".

(Procurador Federal – AGU – 2023 – CEBRASPE) No que tange às cláusulas pétreas, assinale a opção correta.

(A) Direitos e garantias previstos em diferentes dispositivos podem ser considerados cláusulas pétreas, além daqueles relacionados no art. 5.º do texto constitucional.
(B) A forma republicana de governo inclui-se entre as cláusulas pétreas na Constituição Federal de 1988 (CF).
(C) A proteção das cláusulas pétreas impede a aprovação de qualquer emenda constitucional que as tenha como objeto.
(D) Potenciais violações a cláusula pétrea somente podem ser objeto de controle de constitucionalidade posterior.
(E) Regras constitucionais sobre processo legislativo não podem ser alteradas por emenda constitucional, dada a proteção do próprio instituto das cláusulas pétreas.

A: Correta. É o que está previsto no § 2º do art. 5º da CF: "Os direitos e garantias expressos nesta Constituição não excluem outros decorrentes do regime e dos princípios por ela adotados, ou dos tratados internacionais em que a República Federativa do Brasil seja parte". B: Incorreta. As cláusulas pétreas estão previstas no art. 60, § 4º, I a IV, da CF: "§ 4º Não será objeto de deliberação a proposta de emenda tendente a abolir: I – a forma federativa de Estado; II – o voto direto, secreto, universal e periódico; III – a separação dos Poderes; IV – os direitos e garantias individuais". C: Incorreta. Impede apenas a aprovação de emenda constitucional **tendente a abolir** as cláusulas pétreas. D: Incorreta. É possível o controle de constitucionalidade por ocasião da tramitação da proposta de emenda no Congresso Nacional onde o parlamentar poderá impetrar mandado de segurança perante o STF para impedir a sua votação. E: Incorreta. Regras constitucionais sobre processo legislativo podem ser alteradas por emendas constitucionais.

No entanto, há uma vedação implícita em que não será possível por meio de emenda constitucional excluir o § 4º do art. 60 da CF e que não se trata de regra constitucional sobre processo legislativo. AMN

Gabarito "A".

(Procurador Fazenda Nacional – AGU – 2023 – CEBRASPE) Considerando as regras constitucionais aplicáveis ao processo legislativo federal brasileiro, assinale a opção correta.

(A) O veto presidencial será apreciado em sessão unicameral, dentro de quinze dias, contados do seu recebimento, só podendo ser rejeitado pelo voto da maioria dos deputados e senadores.

(B) A discussão e a votação dos projetos de lei de iniciativa do presidente da República, do STF e dos tribunais superiores terão início no Senado Federal, em respeito à proteção da Federação brasileira.

(C) Projeto de lei aprovado por uma das Casas legislativas será revisto pela outra, em um só turno de discussão e votação, e enviado à sanção ou promulgação, se a Casa revisora o aprovar, ou arquivado, se o rejeitar. Caso o projeto seja emendado, ele voltará à Casa iniciadora.

(D) A Casa legislativa na qual tenha sido concluída a votação enviará o projeto de lei ao presidente da República, que, aquiescendo, o sancionará. Ulterior aquiescência do presidente República, mediante sanção do projeto de lei, quando dele seja a prerrogativa usurpada, sana o vício de inconstitucionalidade.

(E) Se o presidente da República considerar o projeto, no todo ou em parte, inconstitucional ou contrário ao interesse público, ele deverá vetá-lo total ou parcialmente, no prazo de dez dias, contados da data do recebimento, e comunicar, dentro de setenta e duas horas, ao presidente do Senado Federal os motivos do veto.

A: Incorreta. O § 4º do art. 66 da CF, dispõe que: "O veto será apreciado em sessão conjunta, dentro de trinta dias a contar de seu recebimento, só podendo ser rejeitado pelo voto da maioria absoluta dos Deputados e Senadores". **B**: Incorreta. Terão início na Câmara dos Deputados e não no Senado Federal (CF, art. 64, *caput*). **C**: Correta. Art. 65 da CF. **D**: Incorreta. O STF entende que: "A sanção do projeto de lei não convalida o vício de inconstitucionalidade resultante da usurpação do poder de iniciativa. A ulterior aquiescência do chefe do Poder Executivo, mediante sanção do projeto de lei, ainda quando dele seja a prerrogativa usurpada, não tem o condão de sanar o vício radical da inconstitucionalidade. Insubsistência da Súmula 5/STF." (ADI 2.867, rel. min. Celso de Mello, j. 3-12-2003, P, *DJ* de 9-2-2007.)". **E**: Incorreta. O § 1º do art. 66 da CF prevê que: "Se o Presidente da República considerar o projeto, no todo ou em parte, inconstitucional ou contrário ao interesse público, vetá-lo-á total ou parcialmente, no prazo de quinze dias úteis, contados da data do recebimento, e comunicará, dentro de quarenta e oito horas, ao Presidente do Senado Federal os motivos do veto". AMN

Gabarito "C".

(Procurador Fazenda Nacional – AGU – 2023 – CEBRASPE) Com relação às medidas provisórias, assinale a opção correta segundo a CF e a jurisprudência do STF.

(A) Os requisitos constitucionais legitimadores da edição de medidas provisórias, vertidos nos conceitos jurídicos indeterminados da relevância e da urgência, submetem-se, apenas em caráter excepcional, ao crivo do Poder Judiciário, em obediência à separação dos Poderes.

(B) A lei de conversão pode convalidar os vícios materiais porventura existentes na medida provisória, os quais não poderão ser objeto de análise pelo STF no âmbito do controle concentrado de constitucionalidade.

(C) Medida provisória que implique instituição ou majoração de tributos só produzirá efeitos no exercício financeiro seguinte ao de sua edição se convertida em lei até o último dia do exercício financeiro em que houver sido editada.

(D) Não se admite, no atual ordenamento jurídico brasileiro, a existência de uma medida provisória em vigor há mais de vinte anos.

(E) O regime de urgência que impõe o sobrestamento das deliberações legislativas das Casas do Congresso Nacional não tem incidência em matérias passíveis de regramento por medida provisória.

A: Correta. Esse é o entendimento do STF, conforme o seguinte julgado: "Conforme entendimento consolidado da Corte, os requisitos constitucionais legitimadores da edição de medidas provisórias, vertidos nos conceitos jurídicos indeterminados de 'relevância' e 'urgência' (art. 62 da CF), apenas em caráter excepcional se submetem ao crivo do Poder Judiciário, por força da regra da separação de poderes (art. 2º da CF)." (ADC 11 MC, rel. min. Cezar Peluso, j. 28-3-2007, *DJ* de 29-6-2007)". **B**: Incorreta. O STF entende que: "Não prejudica a ação direta de inconstitucionalidade material de medida provisória a sua intercorrente conversão em lei sem alterações, dado que a sua aprovação e promulgação integrais apenas lhe tornam definitiva a vigência, com eficácia *ex tunc* e sem solução de continuidade, preservada a identidade originária do seu conteúdo normativo, objeto da arguição de invalidade" (ADI 691 MC, rel. min. Sepúlveda Pertence, j. 22-4-1992, *DJ* de 19-6-1992). **C**: Incorreta. O § 2º do art. 62 da CF dispõe que: "Medida provisória que implique instituição ou majoração de impostos, exceto os previstos nos arts. 153, I, II, IV, V, e 154, II, só produzirá efeitos no exercício financeiro seguinte se houver sido convertida em lei até o último dia daquele em que foi editada". **D**: Incorreta. As medidas provisórias editadas antes da EC 32/2001, que não foram convertidas em lei pelo Congresso Nacional, continuam em vigor até hoje. **E**: Incorreta. O § 6º do art. 62 da CF dispõe que: "Se a medida provisória não for apreciada em até quarenta e cinco dias contados de sua publicação, entrará em regime de urgência, subsequentemente, em cada uma das Casas do Congresso Nacional, ficando sobrestadas, até que se ultime a votação, todas as demais deliberações legislativas da Casa em que estiver tramitando". AMN

Gabarito "A".

(Juiz de Direito/AP – 2022 – FGV) Ao disciplinar o procedimento a ser observado no julgamento das contas do chefe do Poder Executivo, o Regimento Interno da Câmara dos Vereadores do Município Alfa, situado na Região Norte do país, dispôs o seguinte: (1) a Câmara somente julga as contas de governo, não as de gestão, prevalecendo, em relação às últimas, o juízo de valor do Tribunal de Contas do respectivo Estado; (2) as contas não impugnadas por qualquer vereador, partido político ou cidadão, no prazo de sessenta dias, a contar do recebimento do parecer prévio do Tribunal de Contas, são tidas como aprovadas; (3) o parecer prévio do Tribunal de Contas somente deixará de prevalecer pelo voto da maioria de dois terços dos membros da Câmara Municipal.

Considerando a disciplina estabelecida na Constituição da República de 1988 a respeito da matéria, é correto afirmar que:

(A) apenas o comando 1 é constitucional;

(B) apenas o comando 3 é constitucional;
(C) apenas os comandos 1 e 2 são constitucionais;
(D) os comandos 1, 2 e 3 são constitucionais;
(E) os comandos 1, 2 e 3 são inconstitucionais.

O dispositivo 1 é inconstitucional, pois a câmara vai julgar tanto as contas de governo, quanto as contas de gestão. A questão foi objeto do tema 835 de repercussão geral do STF e a tese firmada foi a seguinte: "Para os fins do art. 1º, inciso I, alínea 'g', da Lei Complementar 64, de 18 de maio de 1990, alterado pela Lei Complementar 135, de 4 de junho de 2010, a apreciação das contas de prefeitos, **tanto as de governo quanto as de gestão**, será exercida pelas Câmaras Municipais, com o auxílio dos Tribunais de Contas competentes, cujo parecer prévio somente deixará de prevalecer por decisão de 2/3 dos vereadores" (STF – RE 848826 – Tribunal Pleno – Relator Ministro Roberto Barroso – julgamento 10/08/2016 – DJe 24/08/2017 – os grifos não estão no original). O dispositivo 2 é inconstitucional, por entendimento do Supremo Tribunal Federal, **não é possível o julgamento ficto de contas por meio de decurso de prazo**. Além disso, a competência para o julgamento das contas é **exclusiva** da Câmara Municipal. Nesse sentido, a tese firmada no tema 157 de repercussão geral do STF foi: "O parecer técnico elaborado pelo Tribunal de Contas tem natureza meramente opinativa, competindo exclusivamente à Câmara de Vereadores o julgamento das contas anuais do Chefe do Poder Executivo local, sendo incabível o julgamento ficto das contas por decurso de prazo" (STF – RE 729744 – Tribunal Pleno – Relator Ministro Gilmar Mendes – julgamento em 10/08/2016 – DJe 23/08/2017). O dispositivo 3 está correto, conforme dispõe o artigo 31, § 2º da CF. ANH

Gabarito "B".

(Procurador Município – Teresina/PI – FCC – 2022) Quanto às emendas à Constituição Federal, é correto afirmar:

(A) A proposta será discutida e votada em cada Casa do Congresso Nacional, em dois turnos, considerando-se aprovada se obtiver, em ambos, dois terços dos votos dos respectivos membros.
(B) A Constituição não poderá ser emendada na vigência de estado de defesa.
(C) A Constituição Federal poderá ser emendada mediante proposta de um terço, no mínimo, das Assembleias Legislativas das unidades da federação, manifestando-se, cada uma delas, pela maioria relativa de seus membros.
(D) Trata-se do exercício do poder constituinte originário, que encontra limites em disposições específicas da própria Constituição Federal.
(E) Não será objeto de deliberação a proposta de emenda constitucional tendente a abolir o voto proporcional.

A: Incorreta. A proposta de emenda constitucional é aprovada se obtiver **três quintos** dos votos e não dois terços (CF, art. 60, § 2º). **B:** Correta. Conforme disposto no art. 60, § 1º, da CF. **C:** Incorreta. A Constituição Federal poderá ser emendada mediante proposta de **mais da metade** das Assembleias Legislativas e não um terço (CF, art. 60, III). **D:** Incorreta. Trata-se do exercício do **poder constituinte derivado reformador** e não originário. **E:** Incorreta. Não será objeto de deliberação a proposta de emenda constitucional tendente a abolir: I – a forma federativa de Estado; II – o voto direto, secreto, universal e periódico; III – a separação dos Poderes; IV – os direitos e garantias individuais (CF, art. 60, § 4º, I a IV). AMN

Gabarito "B".

(Procurador Município – Teresina/PI – FCC – 2022) São de iniciativa privativa do Presidente da República, EXCETO as leis que versarem sobre

(A) modificação do efetivo das forças armadas.
(B) normas gerais para organização da Defensoria e do Ministério Público dos Estados.
(C) matéria tributária da competência da União.
(D) servidores públicos da União e dos Territórios, seu regime jurídico, provimento de cargos, estabilidade e aposentadoria.
(E) organização administrativa e judiciária dos Territórios.

O art. 61, § 1º, da CF, prevê que são de iniciativa privativa do Presidente da República as leis que: I – fixem ou modifiquem os efetivos das Forças Armadas, II – disponham sobre: a) criação de cargos, funções ou empregos públicos na administração direta e autárquica ou aumento de sua remuneração, b) organização administrativa e judiciária, matéria tributária e orçamentária, serviços públicos e pessoal da administração dos Territórios, c) servidores públicos da União e Territórios, seu regime jurídico, provimento de cargos, estabilidade a aposentadoria, d) organização do Ministério Público e da Defensoria Pública da União, bem como normas gerais para a organização do Ministério Público e da Defensoria Pública dos Estados, do Distrito Federal e dos Territórios, e) criação e extinção de Ministérios e órgãos da administração pública, observado o disposto no art. 84, VI, da CF, f) militares das Forças Armadas, seu regime jurídico, provimento de cargos, promoções, estabilidade, remuneração, reforma e transferência para a reserva. Segundo o STF, a iniciativa reservada ao chefe do Poder Executivo não se presume nem comporta interpretação ampliativa (ADI 2.672, Rel. p/acórdão Min. Ayres Britto, Tribunal Pleno, DJ 10/11/2006; ADI 2.072, Rel. Min. Cármen Lúcia, Tribunal Pleno, DJ 02/03/2015; e ADI 3.394, Rel. Min. Eros Grau, DJe 15/08/2008). Assim, o STF entende que inexiste reserva de iniciativa em matéria tributária ao chefe do poder executivo (ARE 743.480, Rel. Min. Gilmar Mendes, j. 10/10/2013, DJe 20/11/2013, com Repercussão Geral, Tema 682). AMN

Gabarito "C".

(Procurador Município – Teresina/PI – FCC – 2022) No que se refere ao Poder Legislativo nacional, compete

(A) concorrentemente à Câmara dos Deputados e ao Senado Federal aprovar, após arguição pública, a escolha de diretores do Banco Central.
(B) exclusivamente ao Congresso Nacional apreciar os atos de concessão e renovação de concessão de emissoras de rádio e televisão.
(C) privativamente à Câmara dos Deputados estabelecer limites globais e condições para o montante da dívida mobiliária dos Municípios.
(D) privativamente ao Senado Federal eleger os membros do Conselho da República.
(E) exclusivamente ao Congresso Nacional suspender a execução, no todo ou em parte, de lei declarada inconstitucional por decisão definitiva do Supremo Tribunal Federal.

A: Incorreta. Compete privativamente ao Senado Federal aprovar, após arguição pública, a escolha de diretores do Banco Central e de seu Presidente (CF, art. 52, III, d). **B:** Correta. É o que está prescrito no art. 49, XII, da CF. **C:** Incorreta. É competência privativa do Senado Federal (CF, art. 52, IX). **D:** Incorreta. É competência privativa da Câmara dos Deputados (CF, art. 51, V). **E:** Incorreta. É competência privativa do Senado Federal (CF, art. 52, X). AMN

Gabarito "B".

(Procurador Município – Teresina/PI – FCC – 2022) As medidas provisórias

(A) deverão ser examinadas por comissão mista de Deputados e Senadores e sobre elas emitir parecer antes de serem apreciadas em sessão conjunta do Congresso Nacional.

(B) poderão ter a vigência prorrogada uma única vez, por igual período, no prazo de trinta dias, contado de sua publicação, se não tiver a sua votação encerrada no Congresso Nacional.

(C) não podem ser editadas para tratar de matéria atinente ao estatuto dos servidores públicos federais.

(D) podem ser editadas para tratar de matéria reservada à lei complementar.

(E) podem ser editadas por governador de Estado desde que haja previsão na constituição local, respeitado o modelo adotado pela Constituição Federal.

A doutrina aponta que "O Supremo Tribunal Federal considera as regras básicas de processo legislativo previstas na Constituição Federal como modelos obrigatórios às Constituições Estaduais. Tal entendimento, que igualmente se aplica às Leis Orgânicas dos Municípios, acaba por permitir que no âmbito estadual e municipal haja previsão de medidas provisórias a serem editadas, respectivamente, pelo Governador do Estado ou Prefeito Municipal e analisadas pelo Poder Legislativo local, desde que, no primeiro caso, exista previsão expressa na Constituição Estadual e no segundo, previsão nessa e na respectiva Lei Orgânica do Município. Além disso, será obrigatória a observância do modelo básico da Constituição Federal" (MORAES, Alexandre. *Direito constitucional*. 22. ed. São Paulo: Atlas, 2007, p. 669- 670). AMN

Gabarito "E".

(Procurador Município – Santos/SP – VUNESP – 2021) Cabe ao Congresso Nacional, com a sanção do Presidente da República, entre outras matérias,

(A) dispor sobre a incorporação, subdivisão ou desmembramento de áreas de Territórios ou Estados, ouvidas as respectivas Assembleias Legislativas.

(B) autorizar operações externas de natureza financeira, de interesse da União, dos Estados, do Distrito Federal, dos Territórios e dos Municípios.

(C) aprovar previamente, por voto secreto, após arguição em sessão secreta, a escolha dos chefes de missão diplomática de caráter permanente.

(D) apreciar os atos de concessão e renovação de concessão de emissoras de rádio e televisão.

(E) estabelecer limites globais e condições para o montante da dívida mobiliária dos Estados, do Distrito Federal e dos Municípios.

A: Correta. Conforme dispõe o art. 48, inciso VI, da CF. **B:** Incorreta. Essa competência é privativa do Senado Federal (CF, art. 52, V). **C:** Incorreta. Essa competência é privativa do Senado Federal (CF, art. 52, IV). **D:** Incorreta. Essa competência é exclusiva do Congresso Nacional (CF, art. 49, XII). **E:** Incorreta. Essa competência é privativa do Senado Federal (CF, art. 52, IX). AMN

Gabarito "A".

(Procurador Município – Santos/SP – VUNESP – 2021) A Constituição Federal, ao tratar dos poderes, composição, características e atribuições dos Tribunais de Contas, estabelece que

(A) os Ministros do Tribunal de Contas da União serão nomeados dentre brasileiros que, entre outros, satisfaçam o requisito de contar com mais de vinte e cinco e menos de sessenta anos de idade.

(B) os Ministros do Tribunal de Contas da União terão as mesmas garantias, prerrogativas, impedimentos, vencimentos e vantagens dos Ministros de Estado.

(C) as Constituições estaduais poderão dispor sobre os Tribunais de Contas respectivos, que serão integrados por nove conselheiros.

(D) são partes legítimas para, na forma da lei, denunciar irregularidades ou ilegalidades, perante o Tribunal de Contas da União, os partidos políticos, as associações, os sindicatos e demais órgãos coletivos, afastada a legitimação individual.

(E) o Tribunal de Contas da União encaminhará ao Congresso Nacional, trimestral e anualmente, relatório de suas atividades.

A: Incorreta. Os Ministros do Tribunal de Contas da União serão nomeados dentre brasileiros que, entre outros, satisfaçam o requisito de contar com mais de trinta e cinco e menos de setenta anos de idade, conforme nova redação dada pela EC 122/2022, ao art. 73, § 1°, I, da CF. **B:** Incorreta. Os Ministros do Tribunal de Contas da União terão as mesmas garantias, prerrogativas, impedimentos, vencimentos e vantagens dos Ministros do Superior Tribunal de Justiça (CF, art. 73, § 3°). **C:** Incorreta. Os Tribunais de Contas das unidades federadas devem obedecer na sua composição o arquétipo constitucional, conforme o modelo delineado pelo art. 73, § 2°, da CF. Assim, a Súmula 653 do STF, dispõe: "No Tribunal de Contas Estadual, composto por sete conselheiros, quatro devem ser escolhidos pela Assembleia Legislativa e três pelo chefe do Poder Executivo estadual, cabendo a este indicar um dentre auditores e outro dentre membros do Ministério Público, e um terceiro a sua livre escolha". **D:** Incorreta. Conforme dispõe o art. 74, § 2°, da CF: "Qualquer cidadão, partido político, associação ou sindicato é parte legítima para, na forma da lei, denunciar irregularidades ou ilegalidades perante o Tribunal de Contas da União". **E:** Correta. Conforme prescrito no art. 71, § 4°, da CF. AMN

Gabarito "E".

(Promotor de Justiça/CE – 2020 – CESPE/CEBRASPE) Conforme as previsões constitucionais e a jurisprudência do STF sobre segurança pública, em especial sua estrutura e organização, admite-se que

(A) lei estadual crie órgãos diversos de segurança pública, de forma diferente da estabelecida constitucionalmente para os órgãos federais.

(B) lei municipal constitua guardas municipais destinadas à proteção dos bens, dos serviços e das instalações do município.

(C) lei municipal subordine excepcionalmente as polícias militares e a reserva do Exército aos prefeitos, em caso de calamidade pública.

(D) lei estadual atribua às polícias civis funções de apuração de infrações penais militares.

(E) lei federal transfira temporariamente aos corpos de bombeiros militares a execução de atividades de defesa civil.

Correta é a letra B, nesse sentido é o Informativo 802, do STF: "É constitucional a atribuição às guardas municipais do exercício de poder de polícia de trânsito, inclusive para imposição de sanções administrativas legalmente previstas". Além disso, é a determinação do artigo 144, § 8°, da CF. Por evidente, as demais alternativas estão erradas porque não guardam compatibilidade com o citado artigo. AB

Gabarito "B".

(Promotor de Justiça/CE – 2020 – CESPE/CEBRASPE) Mudança no regime de imunidade parlamentar no plano federal

(A) é aplicável imediatamente aos deputados estaduais.

(B) será aplicável aos deputados estaduais depois de implementada a adaptação formal das constituições estaduais.

(C) não repercute nas imunidades de parlamentares estaduais, que são definidas nas constituições estaduais.

(D) repercute imediatamente nos deputados estaduais se for mais benéfica que o regime da respectiva constituição estadual.

(E) repercute nos deputados estaduais se for mais restritiva que o regime da respectiva constituição estadual, após adaptação formal desta.

Correta é a letra A, conforme informativo 939, do STF, uma vez que os Deputados Estaduais gozam das mesmas imunidades formais previstas pelo artigo 53, da CF. Logo, as demais alternativas estão equivocadas.

Gabarito "A".

(Juiz de Direito – TJ/MS – 2020 – FCC) A Câmara Municipal de uma Capital estadual pretende instalar Comissão Parlamentar de Inquérito (CPI) para investigar possível ilicitude na conduta de empresas que, embora prestem serviço na Capital, recolhem o Imposto sobre Serviços em Município vizinho, onde tais empresas têm filiais, e no qual a alíquota incidente sobre a base de cálculo do imposto é menor, prática que, entendem os Vereadores, tem redundado em sonegação fiscal vultosa, causadora de prejuízos à Prefeitura da Capital. Nesse caso, considerada a disciplina da matéria na Constituição Federal e a jurisprudência pertinente do Supremo Tribunal Federal,

(A) se instalada, a CPI estará impedida de exigir informações contábeis das empresas investigadas, por não dispor de poderes para determinar a quebra do sigilo bancário e fiscal das empresas contribuintes investigadas, ambas matérias sujeitas à reserva jurisdicional.

(B) os atos de investigação da CPI estarão sujeitos a controle jurisdicional, mediante provocação dos interessados, inclusive por meio de mandado de segurança, em defesa de direito líquido e certo próprio, não se aplicando, nessa hipótese, a regra da prejudicialidade por perda de objeto, ainda que haja a extinção da CPI em virtude da conclusão dos trabalhos investigatórios.

(C) para ser instalada, a CPI dependerá do requerimento de, no mínimo, um terço dos membros da Câmara dos Vereadores, sujeitando-se ainda a eventual aprovação do Plenário, caso assim previsto na Lei Orgânica municipal ou Regimento Interno do órgão legislativo respectivo.

(D) para seu funcionamento, a CPI estará sujeita ao prazo determinado em seu ato de instalação, admitidas prorrogações, igualmente determinadas e devidamente justificadas, dentro da legislatura respectiva, cabendo-lhe, se for o caso, o encaminhamento de suas conclusões ao Ministério Público, para promoção da responsabilidade civil ou criminal dos infratores.

(E) a CPI não poderá ser instalada, uma vez que o objeto de investigação não se insere dentro das competências do Município, mas sim do Estado, seja por recair sobre conduta que extrapola os limites territoriais municipais, seja por existir suspeita da prática de crime, sujeita, portanto, à investigação e persecução penal.

A: incorreta, pois a CPI pode requisitar documentos e buscar todos os meios de prova legalmente admitidos, podendo exigir informações contábeis das empresas investigadas. No julgamento da Ação Cível Originária 730, Relator o Ministro Joaquim Barbosa, o Plenário do Supremo Tribunal Federal entendeu que, ainda que seja omissa a Lei Complementar n. 105/2001, podem as comissões parlamentares de inquérito estaduais requerer quebra de sigilo de dados bancários com base no art. 58, § 3º, da Constituição da República: "*Observância obrigatória, pelos Estados-Membros, de aspectos fundamentais decorrentes do princípio da separação de poderes previsto na Constituição Federal de 1988. Função fiscalizadora exercida pelo Poder Legislativo. Mecanismo essencial do sistema de checks-and-counterchecks adotado pela Constituição Federal de 1988. Vedação da utilização desse mecanismo de controle pelos órgãos legislativos dos Estados-Membros. Impossibilidade. Violação do equilíbrio federativo e da separação de Poderes. Poderes de CPI estadual: ainda que seja omissa a Lei Complementar 105/2001, podem essas comissões estaduais requerer quebra de sigilo de dados bancários, com base no art. 58, § 3º, da Constituição.*" (ACO 730, rel. min. Joaquim Barbosa, julgamento em 22-9-2004, Plenário, DJ de 11-11-2005). No julgamento da ACO 730 e da ACO 1.217, foi discutido em *obiter dictum* que as CPIs municipais não teriam o poder de quebrar os sigilos fiscal, bancário e telefônico, pois os municípios não foram dotados pela Constituição de Poder Judiciário e, por conseguinte, não detém poderes inerentes a esse; **B:** incorreta, pois "*a jurisprudência do STF entende prejudicadas as ações de mandado de segurança e de habeas corpus, sempre que – impetrados tais writs constitucionais contra CPIs – vierem estas a extinguir-se, em virtude da conclusão de seus trabalhos investigatórios, independentemente da aprovação, ou não, de seu relatório final.*" (MS 23.852 QO, rel. min. Celso de Mello, j. 28-6-2001, P, DJ de 24-8-2001; MS 25.459 AgR, rel. min. Cezar Peluso, j. 4-2-2010, P, DJE de 12-3-2010; HC 95.277, rel. min. Cármen Lúcia, j. 19-12-2008, P, DJE de 20-2-2009); **C:** incorreta, porque o STF entende que "*a prerrogativa institucional de investigar, deferida ao Parlamento (especialmente aos grupos minoritários que atuam no âmbito dos corpos legislativos), não pode ser comprometida pelo bloco majoritário existente no Congresso Nacional, que não dispõe de qualquer parcela de poder para deslocar, para o Plenário das Casas Legislativas, a decisão final sobre a efetiva criação de determinada CPI, sob pena de frustrar e nulificar, de modo inaceitável e arbitrário, o exercício, pelo Legislativo (e pelas minorias que o integram), do poder constitucional de fiscalizar e de investigar o comportamento dos órgãos, agentes e instituições do Estado, notadamente daqueles que se estruturam na esfera orgânica do Poder Executivo.*" (MS 26.441, rel. min. Celso de Mello, j. 25-4-2007, P, DJE de 18-12-2009). Nesse sentido, pode-se destacar o seguinte julgado: "*A Constituição do Brasil assegura a 1/3 dos membros da Câmara dos Deputados e a 1/3 dos membros do Senado Federal a criação da CPI, deixando, porém, ao próprio parlamento o seu destino. A garantia assegurada a 1/3 dos membros da Câmara ou do Senado estende-se aos membros das assembleias legislativas estaduais – garantia das minorias. O modelo federal de criação e instauração das CPIs constitui matéria a ser compulsoriamente observada pelas casas legislativas estaduais. A garantia da instalação da CPI independe de deliberação plenária, seja da Câmara, do Senado ou da assembleia legislativa. (...) Não há razão para a submissão do requerimento de constituição de CPI a qualquer órgão da assembleia legislativa. Os requisitos indispensáveis à criação das CPIs estão dispostos, estritamente, no art. 58 da Constituição do Brasil/1988.*" (ADI 3.619, rel. min. Eros Grau, j. 1º-8-2006, P, DJ de 20-4-2007); **D:** correta, de acordo com a jurisprudência do STF, *in verbis*: "*A duração do inquérito parlamentar – com o poder coercitivo sobre particulares, inerentes à sua atividade instrutória e à exposição da honra e da imagem das pessoas a desconfianças e conjecturas injuriosas – e um dos pontos de tensão dialética entre a CPI e os direitos individuais, cuja solução, pela limitação temporal do funcionamento do órgão, antes se deve entender matéria apropriada à lei do que aos regimentos: donde, a recepção do art. 5º, § 2º, da Lei 1.579/1952, que situa, no termo final de legislatura em que constituída, o limite intransponível de duração, ao qual, com ou sem prorrogação do prazo inicialmente fixado, se há de restringir a atividade de qualquer CPI.*" (HC 71.261, rel. min. Sepúlveda Pertence, j. 11-5-1994, P, DJ de

24-6-1994); **E:** incorreta, pois podem ser objeto de investigação todos os assuntos que estejam na competência legislativa ou fiscalizatória do Casa Legislativa. Logo, a CPI poderá ser instalada, uma vez que o objeto de investigação – sonegação fiscal relativa ao Imposto sobre Serviços – insere-se dentro das competências do Município. De acordo com o STF: *"A possibilidade de criação de CPI se não duvida, nem discute; é tranquila; sobre todo e qualquer assunto? Evidentemente, não; mas sobre todos os assuntos de competência da Assembleia; assim, Câmara e Senado podem investigar questões relacionadas com a esfera federal de governo; tudo quanto o Congresso pode regular, cabe-lhe investigar; segundo Bernard Schwartz, o poder investigatório do Congresso se estende a toda a gama dos interesses nacionais a respeito dos quais ele pode legislar, 'it may be employed over the Whole range of the national interests concerning which the Congress may legislate or decide', A Commentary on the Constitution of the United Station, 1963, I, n. 42, p. 126. O mesmo vale dizer em relação às CPI's estaduais; seu raio de ação é circunscrito aos interesses do estado; da mesma forma quanto às comissões municipais, que hão de limitar-se às questões de competência do município."* (HC 71.039, voto do rel. min. Paulo Brossard, julgamento em 7-4-1994, Plenário, DJ 6-12-1996.).

Gabarito "D".

(Juiz de Direito – TJ/RJ – 2019 – VUNESP) Considerando a disciplina constitucional acerca do tema da fiscalização contábil, financeira e orçamentária, bem como a distinção entre prestação de contas de gestão e de contas de governo, é correto afirmar que

(A) ambas são apreciadas e julgadas pelo Tribunal de Contas, mas este somente pode impor sanção ao administrador no tocante às ilegalidades das contas de gestão, não podendo impor sanção quanto às contas de governo.

(B) o Tribunal de Contas aprecia e julga as contas de gestão, podendo aplicar sanção diretamente ao administrador, mas não julga as contas de governo, as quais são apreciadas e julgadas pelo Poder Legislativo.

(C) ambas são apreciadas e julgadas pelo Poder Legislativo, com base em parecer do Tribunal de Contas, e este não pode impor sanção diretamente ao administrador, mas faz apenas recomendações por meio de parecer.

(D) o Poder Legislativo aprecia e julga as contas de governo, com base em parecer do Tribunal de Contas, enquanto este aprecia as contas de gestão para posterior julgamento do Poder Legislativo, não podendo impor sanções ao administrador.

(E) o Poder Legislativo aprecia e julga as contas de gestão, impondo as sanções cabíveis, enquanto o Tribunal de Contas aprecia e julga as contas de governo, emitindo o competente parecer e impondo ao administrador as sanções previstas na Constituição Federal.

A, C e E: erradas, pois o Tribunal de Contas julga as contas de gestão e o Poder Legislativo julga as contas de Governo. A exceção fica para as contas do Prefeito, pois, segundo o STF, as contas serão julgadas pela Câmara Municipal. **B:** correta, conforme jurisprudência do STF (RE 848.826). **D:** errada, pois cabe sim aplicação de sanção.

Gabarito "B".

(Juiz de Direito – TJ/SC – 2019 – CESPE/CEBRASPE) Com relação à disciplina constitucional das comissões parlamentares de inquérito (CPI), assinale a opção correta de acordo com a doutrina e a jurisprudência do STF.

(A) Para o STF, é nula a intimação de indígena não aculturado para oitiva em CPI, na condição de testemunha, fora de sua comunidade.

(B) É constitucional a criação de CPI por assembleia legislativa de estado federado ficar condicionada à aprovação de seu requerimento no plenário do referido órgão.

(C) À CPI não é oponível o sigilo imposto a processos judiciais que tramitem sob o segredo de justiça.

(D) Diferentemente do que ocorre com as investigações policiais, o procedimento das CPI não é caracterizado pela unilateralidade.

(E) É inconstitucional norma regimental da Câmara dos Deputados que limite o número de CPI em funcionamento simultâneo.

Correta é a letra **A**, uma vez que o STF decidiu que: "A intimação de indígena para prestar depoimento na condição de testemunha, fora do seu habitat é uma violação às normas constitucionais que conferem proteção específica aos povos indígenas." (HC 80.240. Pleno. STF). A letra **B** está errada, pois não há a necessidade de aprovação do requerimento no plenário, em razão do princípio da simetria (ADI 3.619. Pleno. STF). Letra **C** errada, pois é sim oponível o sigilo (MS 27.483. Pleno. STF). A letra **D** está incorreta, pois a unilateralidade ocorre tanto na investigação policial quanto na CPI, sempre respeitadas as garantias constitucionais por parte da autoridade competente que conduz o procedimento. Letra **E** errada, pois o STF decidiu pela constitucionalidade (ADI 1.635. Pleno. STF).

Gabarito "A".

(Promotor de Justiça/PR – 2019 – MPE/PR) Assinale a alternativa *incorreta*:

(A) O processo legislativo compreende a elaboração de emendas à Constituição, leis complementares, leis ordinárias, leis delegadas, medidas provisórias, decretos legislativos e resoluções.

(B) Os Deputados e Senadores não poderão, desde a posse, ser proprietários, controladores ou diretores de empresa que goze de favor decorrente de contrato com pessoa jurídica de direito público, ou nela exercer função remunerada.

(C) Os subsídios do Prefeito, do Vice-Prefeito e dos Secretários Municipais são fixados por lei de iniciativa do Chefe do Executivo.

(D) A Câmara Municipal não gastará mais de setenta por cento de sua receita com folha de pagamento, incluído o gasto com o subsídio de seus Vereadores.

(E) É vedada a reedição, na mesma sessão legislativa, de medida provisória que tenha sido rejeitada ou que tenha perdido sua eficácia por decurso de prazo.

Letra **C** está incorreta, porque a lei é de iniciativa da Câmara Municipal (Artigo 29, V, da CF). Todas as demais alternativas estão corretas.

Gabarito "C".

(Promotor de Justiça/SP – 2019 – MPE/SP) Assinale a alternativa **INCORRETA**.

(A) Compete à Câmara Municipal o julgamento das contas do chefe do Poder Executivo municipal, tanto as de governo quanto as de gestão, com o auxílio dos tribunais de contas, que emitirão parecer prévio, cuja eficácia impositiva subsiste e somente deixará de prevalecer por decisão de 2/3 dos membros da Casa Legislativa.

(B) O foro especial por prerrogativa de função previsto na Constituição Federal em relação às infrações penais comuns não é extensível às ações de improbidade administrativa.

(C) A decisão irrecorrível da Câmara Municipal que rejeite por irregularidade insanável que configure ato doloso de improbidade administrativa, salvo se esta houver sido suspensa ou anulada pelo Poder Judiciário, torna o Prefeito inelegível, para qualquer cargo, às eleições que se realizarem nos oito anos seguintes, contados a partir da data da decisão.

(D) Os responsáveis pelo controle interno, ao tomarem conhecimento de qualquer irregularidade ou ilegalidade, dela darão ciência ao Tribunal de Contas, sob pena de responsabilidade solidária.

(E) A gravidade das sanções previstas no art. 37, § 4º, da Constituição Federal, reveste a ação de improbidade administrativa de natureza penal, justificando o foro especial por prerrogativa de função previsto na Constituição Federal em relação às infrações penais.

Letra E é a única incorreta, porque tal ação tem natureza jurídica civil (Pet. 3.240/DF, STF). Todas as demais alternativas estão corretas. **AB**
Gabarito "E".

(Promotor de Justiça/SP – 2019 – MPE/SP) Assinale a alternativa correta.

(A) A Constituição Federal assegura aos Vereadores, com o objetivo de garantir ampla independência e liberdade de ação para o exercício do mandato representativo, a imunidade material, mitigada porque relativa a opiniões, palavras e votos, no exercício do mandato e na circunscrição do Município, desde que haja relação de pertinência entre a declaração e as atividades do parlamentar.

(B) As leis que proíbem o nepotismo na Administração Pública, cujo conteúdo normativo dão concretude aos princípios da moralidade, da impessoalidade e da eficiência do art. 37, *caput*, da Constituição da República, por se tratar do regime jurídico dos servidores públicos, são de iniciativa reservada ao chefe do Poder Executivo.

(C) A Constituição Federal impede a fixação, pelos vereadores, de sua remuneração, para viger na própria legislatura, mas permite que possam ser reajustáveis na mesma data e no mesmo percentual fixado aos Deputados Estaduais.

(D) É da competência exclusiva da Câmara Municipal fixar os subsídios dos Vereadores, por lei, em cada legislatura para a subsequente.

(E) O total da despesa com a remuneração dos Vereadores não poderá ultrapassar o montante de dez por cento da receita do Município.

B: incorreta, pois não são de iniciativa reservada ao chefe do Poder Executivo. C: incorreta, porque não impede a fixação (artigo 29, VI, da CF). D: incorreta, pois deverá ser por Decreto Legislativo (RE 494.253, STF). E: incorreta, pois o limite é de 5% (artigo 29, inciso VII, da CF). **AB**
Gabarito "A".

(Promotor de Justiça/SP – 2019 – MPE/SP) Assinale a alternativa **INCORRETA**.

(A) A superveniência de lei federal sobre normas gerais suspende a eficácia da lei estadual, no que lhe for contrária.

(B) Enquanto não for editada lei federal sobre normas gerais, os Estados exercerão a competência legislativa plena, para atender a suas peculiaridades.

(C) A superveniência de lei federal sobre normas gerais revoga a eficácia da lei estadual, no que lhe for contrária.

(D) No âmbito da legislação concorrente, a competência da União limitar-se-á a estabelecer normas gerais.

(E) O Município é competente para legislar sobre meio ambiente com União e Estado, no limite de seu interesse local e desde que tal regramento seja harmônico com a disciplina estabelecida pelos demais entes federados.

Letra C é a única incorreta, pois não ocorre a revogação, mas a suspensão da eficácia da lei estadual, no que lhe for contrário (artigo 24, § 4º, da CF). **AB**
Gabarito "C".

(Procurador do Município – Valinhos/SP – 2019 – VUNESP) Ao tratar das medidas provisórias, a Constituição Federal estabelece que

(A) a deliberação do Congresso Nacional sobre o mérito das medidas provisórias não dependerá de juízo prévio sobre o atendimento de seus pressupostos constitucionais.

(B) é permitida a reedição, na mesma sessão legislativa, de medida provisória que tenha sido rejeitada ou que tenha perdido sua eficácia por decurso de prazo.

(C) caberá à comissão mista de Deputados e Senadores examinar as medidas provisórias e sobre elas emitir parecer, antes de serem apreciadas, em sessão separada, pelo plenário de cada uma das Casas do Congresso Nacional.

(D) será prorrogado o período de vigência de medida provisória, que no prazo de noventa dias, contado da data da publicação, não tiver sua votação encerrada nas duas Casas do Congresso Nacional.

(E) as medidas provisórias terão sua votação iniciada no Senado Federal.

Correta é a letra C, nos termos do artigo 62, §9º, da CF: "§ 9º Caberá à comissão mista de Deputados e Senadores examinar as medidas provisórias e sobre elas emitir parecer, antes de serem apreciadas, em sessão separada, pelo plenário de cada uma das Casas do Congresso Nacional. A letra A está errada (artigo 62, §5º, da CF), uma vez que dependerá de juízo prévio. A letra B está incorreta (artigo 62, §10º, da CF), pois não é permitida. A letra D está equivocada (artigo 62, §7º, da CF), na medida em que o prazo será de 60 dias e, a letra E, errada porque a votação começa na Câmara dos Deputados (artigo 62, §8º, da CF). **AB**
Gabarito "C".

(Procurador do Município – S.J. Rio Preto/SP – 2019 – VUNESP) As matérias de competência exclusiva do Congresso Nacional, sendo dispensada a intervenção do Poder Executivo, muito menos a do Poder Judiciário, são materializadas por

(A) decreto legislativo.

(B) portarias.

(C) leis complementares.

(D) resoluções.

(E) normas específicas.

Correta é a letra A, conforme artigos 48, 49, 50 e 51, todos da Constituição Federal. **AB**
Gabarito "A".

(Procurador do Município – S.J. Rio Preto/SP – 2019 – VUNESP) A emenda parlamentar aos projetos legislativos que propicia a fusão de emendas parlamentares, ou, também, permite fundir essas emendas a projetos de lei, é denominada de

(A) aditiva.
(B) redacional.
(C) supressiva.
(D) aglutinativa.
(E) modificativa.

Correta é a letra D, pois emenda aglutinativa que ocorre da fusão com outras emendas, ou destas com o texto. Emenda aditiva seria no caso de um acréscimo, emenda redacional sana um vício de linguagem. Emenda supressiva retira qualquer parte de outra proposição. Emenda modificativa altera a proposição sem que ocorra modificação substancial. Portanto, apenas a letra D está correta. Sugiro a leitura do Artigo 118, do Regimento Interno da Câmara dos Deputados. **AB**
Gabarito "D".

11.1. Organização e competências do Senado, da Câmara dos Deputados e do Congresso Nacional

(Procurador do Estado/SP – 2018 – VUNESP) Ao escrever sobre a relação entre liberdade política, democracia e poder, no Livro XI da obra clássica "O Espírito das Leis", Montesquieu já afirmava: 'Para que não se possa abusar do poder, é preciso que, pela disposição das coisas, o poder limite o poder.". A ideia foi incorporada pela Constituição brasileira de 1988, sendo correto afirmar sobre a independência e harmonia dos Poderes:

(A) a Comissão Parlamentar de Inquérito, enquanto projeção orgânica do Poder Legislativo da União, nada mais é senão a longa manus do próprio Congresso Nacional ou das Casas que o compõem. Assim, as suas decisões que respeitarem aos princípios da colegialidade e da motivação não estarão sujeitas ao controle jurisdicional ou revisão por parte do Poder Judiciário.
(B) compete privativamente à Câmara dos Deputados processar e julgar o Presidente e o Vice-Presidente da República nos crimes de responsabilidade, bem como os Ministros de Estado e os Comandantes da Marinha, do Exército e da Aeronáutica nos crimes da mesma natureza conexos com aqueles.
(C) a decretação da intervenção federal dependerá sempre de prévia solicitação do Poder Legislativo ou do Poder Executivo coacto ou impedido, ou de requisição do Supremo Tribunal Federal, se a coação for exercida contra o Poder Judiciário.
(D) a discussão e votação dos projetos de lei de iniciativa do Presidente da República, do Supremo Tribunal Federal e dos Tribunais Superiores terão início no Senado Federal e cada parte interessada poderá solicitar urgência para apreciação de projetos de sua iniciativa.
(E) cabe ao Congresso Nacional, mediante controle externo, fiscalizar a aplicação de quaisquer recursos repassados pela União mediante convênio, acordo, ajuste a outros instrumentos congêneres, a Estado, ao Distrito Federal ou a Município.

A: incorreta, pois a Comissão Parlamentar de Inquérito, enquanto projeção orgânica do Poder Legislativo da União, nada mais é senão a *longa manus* do próprio Congresso Nacional ou das Casas que o compõem, sujeitando-se, em consequência, em tema de mandado de segurança ou de *habeas corpus*, ao controle jurisdicional originário do Supremo Tribunal Federal. O controle jurisdicional de abusos praticados por comissão parlamentar de inquérito não ofende o princípio da separação de poderes. (MS 23452, Rel. Min. Celso de Mello, Tribunal Pleno, j. em 16-09-1999); **B:** incorreta, visto que compete privativamente ao **Senado Federal** processar e julgar o Presidente e o Vice-Presidente da República nos crimes de responsabilidade e os Ministros de Estado nos crimes da mesma natureza conexos com aqueles (art. 52, I, da CF); **C:** incorreta, porque a decretação da intervenção federal somente dependerá de solicitação do Poder Legislativo ou do Poder Executivo coacto ou impedido, ou de requisição do Supremo Tribunal Federal, para garantir o livre exercício de qualquer dos Poderes nas unidades da Federação (art. 36, I, c/c art. 34, IV, da CF); **D:** incorreta, tendo em vista que a discussão e votação dos projetos de lei de iniciativa do Presidente da República, do Supremo Tribunal Federal e dos Tribunais Superiores terão início na **Câmara dos Deputados** e apenas o Presidente da República poderá solicitar urgência para apreciação de projetos de sua iniciativa (art. 64, *caput* e § 1º, da CF); **E:** correta, pois o controle externo é exercido pelo Congresso Nacional com o auxílio do Tribunal de Contas da União, cabendo-lhe fiscalizar a aplicação de quaisquer recursos repassados pela União mediante convênio, acordo, ajuste ou outros instrumentos congêneres, a Estado, ao Distrito Federal ou a Município (art. 71, *caput* e inciso VI, da CF). **AN**
Gabarito "E".

11.2. Prerrogativas e imunidades parlamentares

(Delegado/MT – 2017 – CESPE) De acordo com o entendimento dos tribunais superiores, a condenação criminal de um parlamentar federal em sua sentença transitada em julgado resultará na

(A) perda de seus direitos políticos, cabendo à casa legislativa a decisão acerca da manutenção de seu mandato legislativo.
(B) suspensão de seus direitos políticos, mas a perda de seu mandato legislativo dependerá de decisão da Câmara dos Deputados.
(C) suspensão de seus direitos políticos, com a consequente perda automática de seu mandato.
(D) cassação de seus direitos políticos, o que levará também à perda automática de seu mandato legislativo.
(E) perda de seus direitos políticos, o que acarretará a perda automática de seu mandato legislativo.

A condenação criminal transitada em julgado, enquanto durarem seus efeitos é uma hipótese de suspensão dos direitos políticos prevista no artigo 15, CF, o qual veda expressamente a cassação de direitos políticos. Por essa razão estão erradas as alternativas **A**, **D** e **E**. Nos termos do artigo 55, inciso VI, CF, "Perderá o mandato o Deputado ou Senador: (...) VI – que sofrer condenação criminal em sentença transitada em julgado." Dispõe o § 2º deste artigo 55 que "Nos casos dos incisos I, II e VI, a perda do mandato será decidida pela Câmara dos Deputados ou pelo Senado Federal, por maioria absoluta, mediante provocação da respectiva Mesa ou de partido político representado no Congresso Nacional, assegurada ampla defesa.". Embora o STF tenha num determinado momento entendido que a condenação criminal levaria à perda do mandato por declaração da mesa, depois voltou ao seu entendimento original, no sentido de seguir o que está expresso na Constituição Federal. Logo, não sendo a perda automática, errada a alternativa **C**. Correta a **B**, pois a condenação criminal de um parlamentar federal em sua sentença transitada em julgado resultará na suspensão de seus direitos políticos, mas a perda de seu mandato legislativo dependerá de decisão da Câmara dos Deputados. **LR**

Gabarito "B".

11.3. Comissões Parlamentares de Inquérito – CPI

(Investigador – PC/BA – 2018 – VUNESP) Suponha que o Senado Federal decida criar uma Comissão Parlamentar de Inquérito (CPI) para investigação da corrupção no Futebol. Nessa hipótese, é correto afirmar que

(A) se exige, para a criação da CPI, que pelo menos 1/6 (um sexto) dos membros do Senado tenham subscrito o requerimento de instauração.

(B) no âmbito da investigação, se verificada a possibilidade de que o investigado fuja do país, a CPI poderá impor a proibição de ausentar-se do país.

(C) havendo suspeita de que o(s) investigado(s) mantém contato contínuo com organizações criminosas, a CPI poderá determinar interceptação telefônica.

(D) em regra, referida CPI poderá ser criada por prazo indeterminado, em função da necessidade de investigação apropriada da corrupção.

(E) a CPI será inconstitucional, pois o comando constitucional exige a instauração para apuração de fato determinado e não genérico.

A: incorreta, pois o requerimento de instalação da CPI deve conter a assinatura de **1/3 (um terço)** dos membros da Câmara dos Deputados ou Senado Federal (art. 58, § 3º, da CF); **B:** incorreta, pois a CPI não pode impedir que o cidadão deixe o território nacional e nem determinar apreensão de passaporte; **C:** incorreta, visto que a CPI não pode determinar interceptação telefônica; **D:** incorreta, pois a CPI deve ser criada por **prazo certo** (art. 58, § 3º, da CF); **E:** correta, pois a CPI deve ser criada para apurar **fato determinado**, e não fato genérico (art. 58, § 3º, da CF). **AN**

Gabarito "E".

11.4. Processo legislativo

(Delegado – PC/BA – 2018 – VUNESP) A Casa na qual tenha sido concluída a votação de projeto de lei deverá enviá-lo ao Presidente da República que, ao considerar o projeto

(A) no todo ou em parte, inconstitucional ou contrário ao interesse público, vetá-lo-á total ou parcialmente, no prazo de quinze dias úteis, contados da data do recebimento.

(B) inconstitucional, em parte, poderá apor veto parcial, no prazo de quinze dias úteis, abrangendo artigo, parágrafo, inciso, alínea ou expressão verbal.

(C) no todo ou em parte, inconstitucional ou contrário ao interesse público, vetá-lo-á total ou parcialmente, no prazo de trinta dias contados da data do recebimento.

(D) contrário ao interesse público, vetá-lo-á totalmente, não podendo fazê-lo, neste caso, de forma parcial, já que não há como cindir o interesse público.

(E) no todo ou em parte, inconstitucional, vetá-lo-á total ou parcialmente, no prazo de vinte dias contados da data do recebimento.

Segundo o art. 66, § 1º, da CF, se o Presidente da República considerar o projeto, no todo ou em parte, inconstitucional ou contrário ao interesse público, vetá-lo-á total ou parcialmente, no prazo de **quinze dias úteis**, contados da data do recebimento, e comunicará, dentro de **quarenta e oito horas**, ao Presidente do Senado Federal os motivos do veto. Vale ressaltar que o veto parcial somente abrangerá texto integral de artigo, de parágrafo, de inciso ou de alínea (art. 66, § 2º, da CF). **AN**

Gabarito "A".

11.5. Fiscalização contábil, financeira e orçamentária. Tribunais de Contas

(Advogado – Pref. São Roque/SP – 2020 – VUNESP) A respeito dos Tribunais de Contas, de acordo com a Constituição Federal e com a jurisprudência dos Tribunais Superiores, assinale a alternativa correta.

(A) O Tribunal de Contas da União não possui competência para fiscalizar a aplicação de recursos repassados pela União mediante convênio a Município.

(B) O Tribunal de Contas possui competência para direta e imediatamente suspender a execução de contrato administrativo, sempre que verificada ilegalidade capaz de gerar prejuízo ao interesse público.

(C) O Tribunal de Contas possui competência para realizar, por iniciativa própria, inspeções e auditorias de natureza contábil, financeira, orçamentária, operacional e patrimonial, nas unidades administrativas do Poder Executivo.

(D) Deverão ser obedecidos os princípios do contraditório e da ampla defesa pelo Tribunal de Contas na apreciação da legalidade do ato de concessão de aposentadoria.

(E) O Ministério Público de Contas possui competência privativa para executar multa resultante de sanção aplicada pelo Tribunal de Contas.

A: errada (artigo 71, VI, da CF), pois o TCU tem tal competência. **B:** errada, pois a suspensão ocorrerá diretamente pelo Congresso Nacional (artigo 71, § 1º, da CF). **C:** correta (artigo 71, inciso IV, da CF). **D:** errada, conforme a Súmula Vinculante 3, do STF. **E:** errada, porque o Ministério Público não tem legitimidade para tal execução (jurisprudência do STJ e do STF). **AB**

Gabarito "C".

12. DA ORGANIZAÇÃO DO PODER JUDICIÁRIO

(Analista – TRF3 – 2024 – VUNESP) Considerando o disposto na Constituição Federal a respeito do Poder Judiciário e seus órgãos, assinale a alternativa correta.

(A) Os Tribunais Regionais Federais terão em sua composição, além de advogados e membros do Ministério Público Federal, juízes federais, por meio de promoção, com mais de 10 (dez) anos de exercício, por antiguidade e merecimento, alternadamente.

(B) Compete ao Supremo Tribunal Federal processar e julgar, originariamente, a homologação de sentenças estrangeiras e a ação em que todos os membros da magistratura sejam direta ou indiretamente interessados.

(C) Os Ministros do Superior Tribunal de Justiça serão nomeados pelo Presidente da República, entre eles um quinto dentre juízes dos Tribunais Regionais Federais e um quinto dentre desembargadores dos Tribunais de Justiça.

(D) É da competência dos Tribunais Regionais Federais processar e julgar, originariamente, os juízes federais da área de sua jurisdição, exceto os da Justiça Militar e da Justiça do Trabalho, nos crimes comuns e de responsabilidade, e os membros do Ministério Público da União, ressalvada a competência da Justiça Eleitoral.

(E) Com exceção das falências, dos acidentes de trabalho e as sujeitas à Justiça Eleitoral e à Justiça do Trabalho, aos juízes federais compete processar e julgar causas em que a União for autora, ré, assistente ou oponente e as causas entre Estado estrangeiro ou organismo internacional e Município ou pessoa domiciliada ou residente no País.

A: Incorreta. O art. 107, I e II, da CF, prevê que a composição dos Tribunais Regionais Federais será: I – um quinto dentre advogados com mais de dez anos de efetiva atividade profissional e membros do Ministério Público Federal com mais de dez anos de carreira; II – o restante, mediante promoção de juízes federais com mais de cinco anos de exercício, por antiguidade e merecimento, alternadamente. **B:** Incorreta. A homologação de sentenças estrangeiras é de competência originária do Superior Tribunal de Justiça, desde a promulgação da Emenda Constitucional nº 45/2004 (CF, art. 105, I, *i*). **C:** Incorreta. Os Ministros do Superior Tribunal de Justiça serão nomeados pelo Presidente da República, entre eles *um terço* dentre juízes dos Tribunais Regionais Federais e *um terço* dentre desembargadores dos Tribunais de Justiça, indicados com lista tríplice elaborada pelo próprio Tribunal (CF, art. 104, Parágrafo único, I). **D:** Incorreta. É da competência dos Tribunais Regionais Federais processar e julgar, originariamente, os juízes federais da área de sua jurisdição, *incluídos* os da Justiça Militar e da Justiça do Trabalho, nos crimes comuns e de responsabilidade, e os membros do Ministério Público da União, ressalvada a competência da Justiça Eleitoral (CF, art. 108, I, *a*). **E:** Correta. Art. 109, I e II, da CF. AMN

Gabarito "E".

(Analista – INPI – 2024 – CEBRASPE) Considerando o entendimento do Supremo Tribunal Federal (STF), julgue os itens a seguir, relativos ao princípio da separação dos Poderes.

(1) A intervenção do Poder Judiciário em políticas públicas voltadas à realização de direitos fundamentais, em caso de deficiência do serviço, viola o princípio da separação dos Poderes.

(2) Para fins de proteção ao princípio da separação dos Poderes, é inadmissível que o Poder Judiciário faça o controle jurisdicional de atos *interna corporis* das Casas Legislativas, ainda que caracterizado o desrespeito às normas constitucionais pertinentes ao processo legislativo.

1: Errado. O assunto foi tratado no julgamento do Recurso Extraordinário nº 684612, com repercussão geral (Tema 698). A tese firmada foi a seguinte: "1. A intervenção do Poder Judiciário em políticas públicas voltadas à realização de direitos fundamentais, em caso de ausência ou deficiência grave do serviço, não viola o princípio da separação dos poderes. 2. A decisão judicial, como regra, em lugar de determinar medidas pontuais, deve apontar as finalidades a serem alcançadas e determinar à Administração Pública que apresente um plano e/ou os meios adequados para alcançar o resultado. 3. No caso de serviços de saúde, o déficit de profissionais pode ser suprido por concurso público ou, por exemplo, pelo remanejamento de recursos humanos e pela contratação de organizações sociais (OS) e organizações da sociedade civil de interesse público (OSCIP)". **2:** Errado. O assunto foi tratado no julgamento do Recurso Extraordinário nº 1297884, com repercussão geral (Tema 1120). A tese firmada foi a seguinte: "Em respeito ao princípio da separação dos poderes, previsto no art. 2º da Constituição Federal, *quando não caracterizado o desrespeito às normas constitucionais*, é defeso ao Poder Judiciário exercer o controle jurisdicional em relação à interpretação do sentido e do alcance de normas meramente regimentais das Casas Legislativas, por se tratar de matéria *interna corporis*" (os grifos não estão no original). AMN

Gabarito 1E, 2E.

(Procurador – AL/PR – 2024 – FGV) De acordo com a Constituição, o Supremo Tribunal Federal poderá aprovar súmula que, a partir de sua publicação na imprensa oficial, terá efeito vinculante.

Diante do exposto, é correto afirmar que a súmula

(A) poderá ser aprovada, somente por provocação, mediante decisão de dois quintos dos seus membros, após reiteradas decisões sobre matéria constitucional.

(B) terá efeito vinculante em relação aos demais órgãos do Poder Judiciário, à administração pública direta e indireta, nas esferas federal, estadual e municipal e ao Poder Legislativo federal, estadual e municipal.

(C) terá por objetivo a validade, a interpretação e a eficácia de normas determinadas, acerca das quais haja controvérsia atual entre órgãos judiciários ou entre esses e a administração pública que acarrete grave insegurança jurídica e relevante multiplicação de processos sobre questão idêntica.

(D) poderá ser revisada ou cancelada, na forma estabelecida em lei, sendo que a sua aprovação, revisão ou cancelamento poderá ser provocada pelos mesmos legitimados para propor ação direta de inconstitucionalidade, assim como Defensor Público Geral da União, confederação sindical e deputados estaduais.

(E) que for contrariada ou indevidamente aplicada em decisão judicial, caberá Mandado de Segurança ao Supremo Tribunal Federal que poderá cassar a decisão judicial questionada e determinar que outra seja proferida com ou sem a aplicação da súmula, conforme o caso.

A: Incorreta. Poderá ser aprovada, de ofício ou por provocação, mediante decisão de dois terços dos seus membros (CF, art. 103-A, *caput*). **B:** Incorreta. Terá efeito vinculante em relação aos demais órgãos do Poder Judiciário, à administração pública direta e indireta, nas esferas federal, estadual e municipal (CF, art. 103-A, *caput*). **C:** Correta. Está de acordo com a redação do art. 103-A, § 1º, da CF. **D:** Incorreta. Dispõe o art. 103-A, § 2º, da CF, que: "Sem prejuízo do que vier a ser estabelecido em lei, a aprovação, revisão ou cancelamento de súmula poderá ser provocada por aqueles que podem propor a ação direta de inconstitucionalidade". **E:** Incorreta. O art. 103-A, § 3º, da CF, prevê que: "Do ato administrativo ou decisão judicial que contrariar a súmula aplicável ou que indevidamente a aplicar, caberá reclamação ao Supremo Tribunal Federal que, julgando-a procedente, anulará o ato administrativo ou cassará a decisão judicial reclamada, e determinará que outra seja proferida com ou sem a aplicação da súmula, conforme o caso". AMN

Gabarito "C".

(Juiz de Direito – TJ/SC – 2024 – FGV) Lei de Organização Judiciária do Estado Gama estabeleceu como requisito para o ingresso na carreira da Magistratura daquele ente federativo a idade mínima de 25 anos e máxima de 50 anos. Diante do exposto e do entendimento predominante do Supremo Tribunal Federal, a referida norma é:

(A) constitucional, pois os limites etários da lei para candidatos que pretendam ingresso na magistratura judicial não violam o princípio da isonomia;
(B) inconstitucional, pois a Constituição da República prevê limites mínimo e máximo de idade para ingresso na magistratura diversos daqueles fixados pelo Estado Gama;
(C) constitucional, pois a fixação de idade para ingresso na magistratura judicial estadual é temática atinente à Lei de Organização Judiciária dos respectivos Estados;
(D) constitucional, pois o limite mínimo de 25 anos de idade para ingresso em cargo de magistrado guarda correlação com a natureza do cargo e é revestido de razoabilidade;
(E) inconstitucional, pois o limite máximo de 50 anos de idade para ingresso em cargo de magistrado não guarda correlação com a natureza do cargo e destoa do critério que a Constituição adotou para a composição dos demais Tribunais.

A alternativa correta é a E. O STF ao julgar a ADI 5.329/DF firmou esse entendimento, conforme consta na ementa: "DIREITO CONSTITUCIONAL. REGIME JURÍDICO DA MAGISTRATURA. LEI DE ORGANIZAÇÃO JUDICIÁRIA DO DISTRITO FEDERAL E DOS TERRITÓRIOS. INCONSTITUCIONALIDADES FORMAL E MATERIAL NA PREVISÃO DE REQUISITOS DE FAIXA ETÁRIA PARA O INGRESSO NA CARREIRA (ART. 52, V, DA LEI 11.697/2008). RESERVA DE LEI COMPLEMENTAR (CF, ART. 93, I). DESPROPORCIONALIDADE E QUEBRA DA ISONOMIA. 1. O SUPREMO TRIBUNAL FEDERAL possui jurisprudência firme no sentido de que, até o advento da lei complementar prevista no art. 93, *caput*, da Constituição Federal, o Estatuto da Magistratura é disciplinado pela LOMAN, recepcionada pela nova ordem constitucional. Precedentes. 2. O art. 52, V, da Lei 11.697/2008, ao estabelecer como requisito para ingresso na carreira da magistratura do Distrito Federal ou dos Territórios a idade mínima de 25 anos e máxima de 50, viola o disposto no art. 93, I, da Constituição Federal. 3. Em assuntos diretamente relacionados à magistratura nacional, como as condições para investidura no cargo, a disciplina da matéria deve ser versada pela Constituição Federal ou pela LOMAN, não podendo lei ordinária federal inovar e prever norma de caráter restritivo ao ingresso na magistratura que não encontra pertinência nos citados diplomas normativos. 4. A Constituição Federal não exige idade mínima para o ingresso na magistratura, mas sim a exigência de 'três anos de atividade jurídica' ao bacharel em direito (CF, art. 93, I). 5. O limite de 50 anos de idade para ingresso em cargo de magistrado não guarda correlação com a natureza do cargo e destoa do critério a que a Constituição adotou para a composição dos Tribunais Superiores, Tribunais Regionais Federais e Tribunais Regionais do Trabalho. 6. Ação direta julgada procedente". ANH
Gabarito "E".

(Juiz de Direito – TJ/SP – 2023 – VUNESP) É correto afirmar, com relação às súmulas disciplinadas pela Constituição Federal, no seu artigo 103-A, que

(A) o Supremo Tribunal Federal deverá, de ofício, mediante decisão da maioria simples dos seus membros, após reiteradas decisões sobre matéria constitucional, aprovar súmula que, a partir de sua publicação na imprensa oficial, terá efeito vinculante em relação aos demais órgãos do Poder Judiciário e à administração pública direta e indireta, nas esferas federal, estadual e municipal, bem como proceder à sua revisão ou cancelamento, na forma estabelecida em lei.

(B) a súmula terá por objetivo a validade, a interpretação e a eficácia de normas determinadas, acerca das quais haja controvérsia atual entre órgãos judiciários ou entre esses e a administração pública, que acarrete grave insegurança jurídica e relevante multiplicação de processos sobre questão idêntica.

(C) do ato administrativo ou decisão judicial que contrariar a súmula aplicável ou que indevidamente a aplicar, caberá reclamação ao Supremo Tribunal Federal que, julgando-a procedente, afastará de suas atribuições a autoridade administrativa ou o juiz responsável pelo descumprimento e nomeará interventor encarregado de proferir nova decisão, com adequada aplicação da súmula.

(D) sem prejuízo do que vier a ser estabelecido em lei, a aprovação, revisão ou cancelamento de súmula, poderá ser provocada por aqueles que podem propor mandado de segurança, mandado de injunção ou *habeas corpus*, e que deverão demonstrar, com a indicação de decisões reiteradas de órgãos do Poder Judiciário e da administração pública direta e indireta, que a matéria sumulada restou superada pelo decurso do tempo, por modificação dos costumes ou pela evolução da interpretação judicial ou administrativa posterior a sua edição.

A: Incorreta. O art. 103-A, *caput*, da CF, dispõe que: "O Supremo Tribunal Federal poderá, de ofício ou por provocação, mediante decisão de dois terços dos seus membros, após reiteradas decisões sobre matéria constitucional, aprovar súmula que, a partir de sua publicação na imprensa oficial, terá efeito vinculante em relação aos demais órgãos do Poder Judiciário e à administração pública direta e indireta, nas esferas federal, estadual e municipal, bem como proceder à sua revisão ou cancelamento, na forma estabelecida em lei". **B:** Correta. É o que prescreve o art. 103-A, § 1º, da CF. **C:** Incorreta. O art. 103-A, § 3º, da CF, estabelece que: "Do ato administrativo ou decisão judicial que contrariar a súmula aplicável ou que indevidamente a aplicar, caberá reclamação ao Supremo Tribunal Federal, julgando-a procedente, anulará o ato administrativo ou cassará a decisão judicial reclamada, e determinará que outra seja proferida com ou sem a aplicação da súmula, conforme o caso". **D:** Incorreta. O art. 103-A, § 2º, da CF, preceitua que: "Sem prejuízo do que vier a ser estabelecido em lei, a aprovação, revisão ou cancelamento de súmula poderá ser provocada por aqueles que podem propor a ação direta de inconstitucionalidade". ANH
Gabarito "B".

(Juiz de Direito – TJ/SP – 2023 – VUNESP) É vedado aos juízes, conforme dispõe o parágrafo único do artigo 95 da Constituição Federal,

(A) exercer, ainda que em disponibilidade, outro cargo ou função, sem exceção.

(B) dedicar-se à atividade político-partidária.

(C) exercer a advocacia no juízo ou tribunal do qual se afastou, antes de decorridos cinco anos do afastamento do cargo por aposentadoria ou exoneração.

(D) ser acionista de sociedade anônima de capital aberto que mantenha estabelecimento ou exerça atividade econômica no território de sua jurisdição.

A: Incorreta. Aos juízes é vedado exercer, ainda que em disponibilidade, outro cargo ou função, salvo uma de magistério (CF, art. 95, parágrafo único, I). **B:** Correta. Está de acordo com o art. 95, parágrafo único, III, da CF. **C:** Incorreta. Dispõe o art. 95, parágrafo único, V, da CF, que aos juízes é vedado: "exercer a advocacia no juízo ou tribunal do qual se afastou, antes de decorridos três anos do afastamento do cargo por aposentadoria ou exoneração". **D**: Incorreta. Essa vedação não está prevista no art. 95, da CF. ANH

Gabarito "B".

(Juiz de Direito – TJ/SP – 2023 – VUNESP) Com relação ao Tribunal de Justiça do Estado de São Paulo, é correto afirmar que a Segunda Instância do Judiciário paulista

(A) é composta de 360 desembargadores, e nos órgãos de cúpula estão o presidente, o vice-presidente, o corregedor-geral da Justiça, o decano e os presidentes das seções de Direito Criminal, Direito Público e Direito Privado. Eles integram o Conselho Superior da Magistratura. Também há o Órgão Especial, composto de 25 desembargadores, o presidente, 12 mais antigos e 12 eleitos.

(B) é composta de 480 desembargadores, e nos órgãos de cúpula estão o presidente, o vice-presidente, o corregedor-geral da Justiça e o corregedor-geral auxiliar, encarregado da corregedoria do serviço extrajudicial. Eles, juntamente com o decano, integram o Conselho Superior da Magistratura. Também há o Órgão Especial, composto de 25 desembarga- dores, todos eleitos.

(C) é composta de 360 desembargadores, e nos órgãos de cúpula estão o presidente, o vice-presidente e o corregedor-geral da Justiça. Eles integram o Conselho Superior da Magistratura. Também há o Órgão Especial, composto dos 25 desembargadores mais antigos.

(D) é composta de 480 desembargadores, e nos órgãos de cúpula estão o presidente, o vice-presidente e o corregedor-geral da Justiça. Eles integram o Conselho Superior da Magistratura. Também há o Órgão Especial, composto de 25 desembargadores, o presidente e os 24 mais antigos.

A alternativa A é a correta. Essa composição está no site do Tribunal de Justiça do Estado de São Paulo, com o seguinte endereço eletrônico: https://www.tjsp.jus.br/QuemSomos#:~:text=Hoje%2C%20a%20Segunda%20Inst%C3%A2ncia%20do,o%20Conselho%20Superior%20da%20Magistratura. ANH

Gabarito "A".

(Juiz de Direito – TJ/DFT – 2023 – CEBRASPE) Acerca do Conselho Nacional de Justiça (CNJ), assinale a opção correta.

(A) O membro do Ministério Público da União que compõe o CNJ é nomeado por meio de eleição realizada no órgão, a qual, por sua vez, resulta em lista tríplice a ser enviada ao presidente da República.

(B) A atividade notarial e registral, por ser exercida em caráter privado, não está sujeita a controle do CNJ.

(C) Os integrantes do CNJ não podem ser reconduzidos.

(D) A tese de que a criação do CNJ por emenda constitucional fere o princípio federativo, devido ao fato de implicar intromissão indevida da União no Poder Judiciário dos estados-membros, está superada.

(E) Os componentes do CNJ, salvo o seu presidente, são nomeados pelo presidente da República após a aprovação de seu nome pela maioria simples do plenário do Senado Federal.

A: Incorreta. O membro do Ministério Público da União que compõe o CNJ é indicado pelo Procurador-Geral da República (CF, art. 103-B, X). **B**: Incorreta. O art. 103-B, § 4º, III, da CF, prevê entre as competências do CNJ: "receber e conhecer das reclamações contra membros ou órgãos do Poder Judiciário, inclusive contra seus serviços auxiliares, serventias e órgãos prestadores de serviços notariais e de registro que atuem por delegação do poder público ou oficializados, sem prejuízo da competência disciplinar e correicional dos tribunais, podendo avocar processos disciplinares em curso, determinar a remoção ou a disponibilidade e aplicar outras sanções administrativas, assegurada ampla defesa". **C**: Incorreta. O CNJ compõe-se de quinze membros com mandato de dois anos, admitida uma recondução (CF, art. 103-B, *caput*). **D**: Correta. A questão foi resolvida no ano de 2012 com o julgamento da ADI 4638. **E**: Incorreta. A aprovação deve ser por maioria absoluta do Senado Federal (CF, art. 103-B, § 2º). ANH

Gabarito "D".

(Juiz Federal – TRF/1 – 2023 – FGV) O juízo da 1ª Vara Cível da Comarca X proferiu sentença em demanda envolvendo as partes "A" e "B". Exaurido o prazo recursal e aperfeiçoado o trânsito em julgado, a União constatou que o desfecho dessa demanda influenciaria indiretamente em matéria afeta ao seu interesse, tendo ocorrido colusão entre as partes com o objetivo de fraudar a lei, hipótese em que é previsto o cabimento de ação rescisória.

À luz dessa narrativa, considerando os balizamentos oferecidos pela ordem constitucional, é correto afirmar que:

(A) a ação rescisória deve ser ajuizada pela União perante o Tribunal de Justiça competente;

(B) a ação rescisória deve ser ajuizada pela União perante o Tribunal Regional Federal competente;

(C) a União deve buscar, como medida inicial, a definição do juízo competente pelo Superior Tribunal de Justiça;

(D) em razão da presença de um conflito federativo, a União deve buscar que o Supremo Tribunal Federal analise a matéria;

(E) a União só pode ajuizar a ação rescisória, perante o tribunal competente, caso o juízo da 1ª Vara Cível da Comarca X tenha atuado no exercício de uma competência federal.

A alternativa B é a correta. O art. 108, I, *b*, da CF, prevê que compete aos Tribunais Regionais Federais processar e julgar, originariamente, as ações rescisórias de julgados seus ou dos juízes federais da região. Destaque-se que a Justiça Federal é competente para processar e julgar as causas em que a União for interessada na condição de autora, ré, assistente ou oponente, exceto as de falência, as de acidente de trabalho e as sujeitas à Justiça Eleitoral e à Justiça do Trabalho (CF, art. 109, I). ANH

Gabarito "B".

(Juiz Federal – TRF/1 – 2023 – FGV) A Lei Complementar W do Estado Beta permitiu, com a definição de requisitos mínimos, a remoção entre juízes de direito vinculados a Tribunais de Justiça distintos.

Diante do exposto e de acordo com a jurisprudência predominante do Supremo Tribunal Federal, a referida Lei é:

(A) constitucional, pois os membros do Poder Judiciário devem se submeter a regras definidas por cada ente federativo;

(B) inconstitucional, por violar a competência da União para dispor sobre a magistratura brasileira, tanto na justiça estadual como na justiça federal;

(C) inconstitucional, pois, em razão do princípio federativo, os membros do Poder Judiciário devem se submeter a regras definidas por cada Estado;

(D) inconstitucional, por violar a norma prevista na Constituição que prevê os requisitos mínimos para remoção entre juízes de direito vinculados a Tribunais de Justiça distintos;
(E) constitucional, por observância ao princípio da separação entre os poderes e respeito à autonomia e à independência do Poder Judiciário.

A alternativa correta é a B. Esse tema foi objeto da ADI 6782 em que foi declarada a inconstitucionalidade de uma lei complementar do Estado do Rio Grande do Norte, que permitia a remoção, por permuta, entre magistrados vinculados a Tribunais de Justiça de diferentes estados. Essa permissão viola competência da União para dispor sobre a magistratura brasileira, tanto na Justiça Estadual, quanto na Justiça Estadual. **ANH**
Gabarito "B".

(Juiz Federal – TRF/1 – 2023 – FGV) O Conselho Nacional de Justiça, no último mês, apreciou três procedimentos que se enquadravam no âmbito de suas competências constitucionais. No procedimento X, manteve decisão administrativa, proferida por determinado Tribunal, que indeferira a fruição de benefício requerido por magistrado a ele vinculado, o que o interessado almejava reformar. No procedimento Y, anulou a promoção por merecimento de magistrado, sendo que este último almejava produzir, em juízo, ampla prova testemunhal, que indicaria, a seu ver, o impedimento e a suspeição de alguns conselheiros, de modo a anular a decisão. Por fim, no procedimento Z, foi aplicada sanção disciplinar a magistrado, decisão que, ao ver deste último, era manifestamente contrária à legislação de regência, sendo nula de pleno direito, e que ele almejava que isto fosse declarado pelo juízo competente.

O Supremo Tribunal Federal é competente para processar e julgar a(s) ação(ões) decorrentes:

(A) de todos os procedimentos;
(B) apenas do procedimento Z;
(C) apenas do procedimento Y;
(D) apenas dos procedimentos Y e Z;
(E) apenas dos procedimentos X e Z.

A alternativa D é a correta. O STF não é competente para processar e julgar a ação decorrente do procedimento X. **O CNJ entende que quando o pedido do magistrado está relacionado a interesse meramente individual, ele não conhece do tema**. Nesse sentido, destaque-se a seguinte decisão daquele órgão: "RECURSO EM SEDE DE PEDIDO DE PROVIDÊNCIAS. PAGAMENTO DE AJUDA DE CUSTO. INTERESSE MERAMENTE INDIVIDUAL. INEXISTÊNCIA DE FATO NOVO. NÃO PROVIMENTO. I. Recurso contra decisão monocrática que não conheceu do procedimento, por entender que o pedido está relacionado a interesse meramente individual. II. A pretensão recursal cinge-se ao efetivo pagamento do benefício denominado ajuda de custo. III. Ausência de repercussão geral que desautoriza o conhecimento do tema pelo Conselho Nacional de Justiça. IV. Inexistindo, nas razões recursais, qualquer elemento novo capaz de alterar o entendimento adotado, a decisão monocrática combatida deve ser mantida. V. Recurso conhecido, uma vez que tempestivo, mas que, no mérito, nega-se provimento." (CNJ, Pedido de Providências 0001018-22.2019.2.00.0000, rel. Min. Luiz Fernando Tomasi Keppen, j. 22-9-2020). Assim, **quando a deliberação é negativa do CNJ, ou seja, quando decidir que é incompetente ou, ainda, que nada delibere, que nada determine, que nada imponha, que nada avoque, que nada aplique etc., não faz instaurar, para efeito de controle jurisdicional, a competência originária do STF**. Nesse sentido, destaque-se o seguinte julgado: "MANDADO DE SEGURANÇA – DELIBERAÇÃO NEGATIVA EMANADA DO CONSELHO NACIONAL DE JUSTIÇA (CNJ) – INEXISTÊNCIA, NA ESPÉCIE, DE QUALQUER RESOLUÇÃO DO CONSELHO NACIONAL DE JUSTIÇA QUE HAJA DETERMINADO, ORDENADO, INVALIDADO, SUBSTITUÍDO OU SUPRIDO ATOS OU OMISSÕES EVENTUALMENTE IMPUTÁVEIS A TRIBUNAL DE JURISDIÇÃO INFERIOR – NÃO CONFIGURAÇÃO, EM REFERIDO CONTEXTO, DA COMPETÊNCIA ORIGINÁRIA DO SUPREMO TRIBUNAL FEDERAL – HIPÓTESE DE INCOGNOSCIBILIDADE DA AÇÃO DE MANDADO DE SEGURANÇA – PRECEDENTES DO SUPREMO TRIBUNAL FEDERAL – RECURSO DE AGRAVO A QUE SE NEGA PROVIMENTO. – O pronunciamento do Conselho Nacional de Justiça que consubstancie recusa de intervir em determinado procedimento ou, então, que envolva mero reconhecimento de sua incompetência ou, ainda, que nada determine, que nada imponha, que nada avoque, que nada aplique, que nada ordene, que nada invalide, que nada desconstitua não faz instaurar, para efeito de controle jurisdicional, a competência originária do Supremo Tribunal Federal. – O Conselho Nacional de Justiça, em tais hipóteses, considerado o próprio conteúdo negativo de suas resoluções (que nada proveem), não supre, não substitui, nem revê atos ou omissões eventualmente imputáveis a órgãos judiciários em geral, inviabilizando, desse modo, o acesso ao Supremo Tribunal Federal, que não pode converter-se em instância revisional ordinária dos atos e pronunciamentos administrativos emanados desse órgão de controle do Poder Judiciário. Precedentes." (Ementa retirada do voto do relator no seguinte julgado: STF, MS 32.961-AgR, Primeira Turma, rel. Min. Luiz Fux, j. 12-8-2014). Já os procedimentos Y e Z estão corretos. O Pleno do STF ao julgar a ADI 4412, rel. Min. Gilmar Mendes, fixou a seguinte tese: "Nos termos do artigo 102, inciso I, alínea 'r', da Constituição Federal, é competência exclusiva do Supremo Tribunal Federal processar e julgar originariamente todas as decisões do Conselho Nacional de Justiça e do Conselho Nacional do Ministério Público proferidas no exercício de suas competências constitucionais respectivamente previstas nos artigos 103-B, parágrafo 4º, e 130-A, parágrafo 2º, da Constituição Federal". **ANH**
Gabarito "D".

(Procurador Federal – AGU – 2023 – CEBRASPE) Assinale a opção correta em relação à justiça do trabalho.

(A) Não há competência da justiça do trabalho para julgar Estados estrangeiros.
(B) Todas as relações de trabalho devem ser julgadas pela justiça do trabalho.
(C) Contribuições previdenciárias decorrentes de decisões da justiça do trabalho devem ser cobradas perante a justiça federal.
(D) Ações que se baseiem no descumprimento de normas trabalhistas pertinentes à higiene de trabalhadores podem ser julgadas na justiça do trabalho.
(E) A justiça do trabalho não pode julgar *habeas corpus*.

A: Incorreta. É firme a jurisprudência do STF no sentido de que os estados estrangeiros não dispõem de imunidade de jurisdição, perante o Poder Judiciário brasileiro, nas causas de natureza trabalhista, uma vez que essa prerrogativa de direito internacional público tem caráter meramente relativo (STF, RE-AgR 222368, Segunda Turma). **B**: Incorreta. A competência da Justiça do Trabalho está limitada às hipóteses do art. 114 da CF. **C**: Incorreta. A competência para cobrar as contribuições previdenciárias decorrentes de decisões da justiça do trabalho é dela própria (Tema 505 de repercussão geral do STF). **D**: Correta. A Súmula 736 do STF dispõe que: "Compete à Justiça do Trabalho julgar as ações que tenham como causa de pedir o descumprimento de normas trabalhistas relativas à segurança, higiene e saúde dos trabalhadores". **E**: Incorreta. A Justiça do Trabalho tem competência para processar e julgar *habeas corpus* quando o ato questionado envolver matéria sujeita à sua jurisdição (CF, art. 114, IV). **AMN**
Gabarito "D".

(Procurador Fazenda Nacional – AGU – 2023 – CEBRASPE) A respeito da reclamação constitucional, julgue os itens a seguir.

I. O cabimento de reclamação constitucional destinada a impor observância de acórdão proferido em recurso extraordinário com repercussão geral reconhecida ou em recurso repetitivo requer o esgotamento prévio das instâncias ordinárias.
II. Cabe reclamação constitucional contra ato de autoridade administrativa que usurpa a competência do STF.
III. Não cabe reclamação constitucional em virtude de desobediência por ato omissivo.
IV. Cabe reclamação constitucional contra dispositivo de lei em sentido contrário ao de súmula vinculante.

Assinale a opção correta.

(A) Apenas os itens I e II estão certos.
(B) Apenas os itens I e IV estão certos.
(C) Apenas os itens II e III estão certos.
(D) Apenas os itens III e IV estão certos.

I: Correta. Art. 988, § 5º, II, do CPC. II: Correta. Art. 102, I, *l*, da CF. III: Incorreta. É cabível reclamação constitucional em virtude de desobediência por ato omissivo. IV: Incorreta. A súmula vinculante não vincula o legislador (CF, art. 103-A). **AMN**

Gabarito "A".

(Procurador Fazenda Nacional – AGU – 2023 – CEBRASPE) São legitimados para propor, apenas incidentalmente ao curso de processo em que sejam parte, a edição, a revisão ou o cancelamento de súmula vinculante

(A) os tribunais de justiça dos estados e o Tribunal de Justiça do Distrito Federal e Territórios.
(B) os tribunais superiores.
(C) os tribunais regionais federais.
(D) os municípios.
(E) os mesmos legitimados para a propositura de ação direta de inconstitucionalidade (ADI).

A alternativa correta é a D. Está previsto no § 1º do art. 3º da Lei nº 11.417, de 19 de dezembro de 2006. **AMN**

Gabarito "D".

(Procurador Fazenda Nacional – AGU – 2023 – CEBRASPE) A respeito da reclamação constitucional, julgue os itens subsequentes com base na CF e na jurisprudência dos tribunais superiores.

I. É cabível o manejo de reclamação contra ato administrativo que afronte a autoridade de decisão do STF formalizada em ação direta de inconstitucionalidade (ADI).
II. Se a decisão reclamada transitar em julgado após o manejo da reclamação, esta última perderá seu objeto.
III. Não cabe reclamação por alegação de afronta à autoridade de súmula vinculante editada posteriormente ao ato reclamado.

Assinale a opção correta.

(A) Nenhum item está certo.
(B) Apenas o item II está certo.
(C) Apenas o item III está certo.
(D) Apenas os itens I e II estão certos.
(E) Apenas os itens I e III estão certos.

I: No gabarito oficial consta como correta. No entanto, s.m.j., o STF entende que nessa hipótese não cabe a reclamação, conforme o seguinte julgado: "Direito Administrativo. Agravo interno em reclamação. Reclamação contra ato administrativo. Alegação de afronta à autoridade de decisão do Supremo Tribunal Federal em ADI. Cabimento restrito à contrariedade de Súmula Vinculante. 1. Agravo interno em reclamação ajuizada contra atos praticados pelo Tribunal de Justiça do Estado de Minas Gerais no âmbito de sindicância administrativa sob a alegação de afronta à decisão proferida na ADI 4.638-MC. 2. Em se tratando de ato administrativo, o art. 103-A, *caput* e § 3º, da Constituição prevê o cabimento de reclamação quando houver contrariedade à súmula vinculante ou sua aplicação indevida. No caso, não se alega má aplicação ou afronta à súmula vinculante, mas, sim, contrariedade à decisão proferida em ADI, o que torna inviável o cabimento da reclamação. Precedentes. 3. Agravo interno a que se nega provimento." (STF, Rcl 26650 AgR, rel. Min. Roberto Barroso, j. 13/06/2022, DJe 23/06/2022, 1ª T. No mesmo sentido: Rcl 55189 AgR, rel. Min. André Mendonça, j. 13/06/2023, 2ª T.). II: Incorreta. O STF já decidiu que: "Como já mencionado por ocasião do deferimento do pedido liminar, extrai-se dos autos que foram interpostos o AResp 506.742 e o ARE 834.534 contra o acórdão ora reclamado, os quais tiveram o seguimento negado. No STF, ARE 834.534 foi distribuído à Min. Rosa Weber, que lhe negou seguimento monocraticamente em decisão publicada no DJe de 24.11.2014. Os autos então baixaram à origem, onde foi certificado o superveniente trânsito em julgado em 19.12.2014, e atualmente encontram-se em fase de execução na 2ª Vara Federal do Distrito Federal – Processo (...). Conforme jurisprudência firme desta Corte, sedimentada na Súmula 734, não é cabível a reclamação ajuizada em data posterior ao trânsito em julgado da decisão reclamada. Ocorre que, no presente caso, a reclamação foi proposta em 6.11.2012, e o processo transitou em julgado apenas em 19.12.2014, portanto após o ajuizamento desta demanda, o que afasta a incidência da citada Súmula." (Rcl 14.872, rel. min. Gilmar Mendes, 2ª T, j. 31-5-2016, *DJE* 135 de 29-6-2014). III: Correta. O STF entende que: "(...) I – Esta Corte firmou o entendimento de que não cabe reclamação por alegação de afronta à autoridade de suas decisões, ou de súmulas vinculantes, proferidas/ editadas posteriormente ao ato reclamado (...)" (STF, Rcl 39511 EdAgR, rel. Min. Ricardo Lewandowski, j. 15/12/2020, 2ª T.). **AMN**

Gabarito "E".

(Procurador Fazenda Nacional – AGU – 2023 – CEBRASPE) De acordo com a CF, o CPC e a jurisprudência do STF, assinale a opção correta a respeito da repercussão geral.

(A) Caso acórdão formalizado no âmbito de tribunal local contrarie súmula do STF, a repercussão geral da matéria será presumida e, portanto, prescindirá da demonstração em tópico específico no recurso extraordinário.
(B) A aplicação do entendimento fixado pelo STF em determinado tema de repercussão geral, em relação aos recursos extraordinários sobrestados nos tribunais de origem, não está condicionada ao trânsito em julgado do processo paradigma julgado pelo STF.
(C) O reconhecimento da repercussão geral de determinada matéria exige que a questão seja simultaneamente relevante do ponto de vista econômico, político, social e jurídico.
(D) A rejeição da repercussão geral de determinado tema somente pode ser realizada pelo STF, estando condicionada à manifestação da maioria simples dos ministros integrantes dessa corte suprema.
(E) Uma vez reconhecida a repercussão geral de determinado tema, todos os processos que versem sobre a mesma matéria serão automaticamente suspensos.

A: Incorreta. O STF tem jurisprudência consolidada no sentido de que a demonstração da existência de repercussão gral também é indispensável nas hipóteses de repercussão geral presumida ou já reconhecida pela Corte em outro recurso (STF, RE 1473910AgR, Pleno, rel. Min. Luís Roberto Barroso, j. 21-2-2024, DJe 29-2-2024; ARE 919156ED, Pleno, rel. Min. Ricardo Lewandowski, j. 2-9-2016, DJe 20-9-2016; ARE 1408832AgR, Pleno, rel. Min. Rosa Weber, j. 3-5-2023, DJe 10-5-2023). **B:** Correta. A jurisprudência do STF está firmada nesse sentido (STF, Primeira Turma, Rcl 30003AgR, rel. Min. Roberto Barroso, j. 4-6-2018, DJe 13-6-2018; RE 1065205AgR, Segunda Turma, rel. Min. Ricardo Lewandowski, j. 22-9-2017, DJe 4-10-2017). **C:** Incorreta. O reconhecimento da repercussão geral de determinada matéria exige que a questão seja alternativamente relevante do ponto de vista econômico, político, social ou jurídico, que ultrapassem os interesses subjetivos do processo. **D:** Incorreta. O art. 102, § 3º, da CF, prescreve que: "No recurso extraordinário o recorrente deverá demonstrar a repercussão geral das questões constitucionais discutidas no caso, nos termos da lei, a fim de que o Tribunal examine a admissão do recurso, <u>somente podendo recusá-lo pela manifestação de dois terços de seus membros.</u>" (os grifos não estão no original). **E:** Incorreta. Reconhecida a repercussão geral, <u>o relator do STF determinará a suspensão</u> do processamento de todos os processos pendentes (CPC, art. 1.035, § 5º). AMN

Gabarito "B".

(Analista – TRT/18 – 2023 – FCC) De acordo com a Constituição Federal, compete ao Supremo Tribunal Federal processar e julgar, originariamente, dentre outros casos, o mandado de segurança contra ato

(A) da Mesa da Câmara dos Deputados e o *habeas corpus*, quando o coator for Tribunal Superior.

(B) da Mesa da Câmara dos Deputados e o *habeas corpus* decidido em única instância pelos Tribunais Superiores, se denegatória a decisão.

(C) de Ministro de Estado e o *habeas corpus* quando o coator for Tribunal Superior.

(D) da Mesa da Câmara dos Deputados e o *habeas data* contra ato de Comandante da Marinha.

(E) de Ministro de Estado e o *habeas data* contra o ato de Comandante do Exército.

A: Correta. Art. 102, I, *d* e *i*, da CF. **B:** Incorreta. Compete ao Supremo Tribunal Federal processar e julgar, originariamente, dentre outros casos, o mandado de segurança contra ato da Mesa da Câmara dos Deputados (CF, art. 102, I, *d*), mas no caso do *habeas corpus* decidido em única instância pelos Tribunais Superiores, se denegatória a decisão, seria caso de *recurso ordinário* ao Supremo Tribunal Federal (CF, art. 102, II, *a*). **C:** Incorreta. A competência originária para processar e julgar mandado de segurança contra ato de Ministro de Estado é do Superior Tribunal de Justiça (CF, art. 105, I, *b*). **D:** Incorreta. A competência originária para processar e julgar *habeas data* contra ato de Comandante da Marinha é do Superior Tribunal de Justiça (CF, art. 105, I, *b*). **E:** Incorreta. A competência originária para processar e julgar o mandado de segurança contra ato de Ministro de Estado e o *habeas data* contra ato de Comandante do Exército é do Superior Tribunal de Justiça (CF, art. 105, I, *b*). AMN

Gabarito "A".

(Analista – TJ/ES – 2023 – CEBRASPE) A respeito do Poder Judiciário, consideradas a CF e a jurisprudência do STF, julgue os itens seguintes.

(1) No caso de pagamento devido ao particular, pela Fazenda Pública, em decorrência de sentença concessiva de mandado de segurança, os valores deverão ser objeto de restituição administrativa.

(2) No âmbito de ação direta de inconstitucionalidade, formalizada perante tribunal de justiça, é válida a impugnação de ato estatal editado anteriormente à vigência do parâmetro constitucional supostamente violado.

(3) Os tribunais de justiça podem exercer controle abstrato de constitucionalidade de leis municipais, utilizando como parâmetro normas da CF, desde que se trate de normas de reprodução obrigatória pelos estados, seja por meio da técnica da transposição, seja por meio de remissão.

(4) É prescindível a autorização do tribunal para que o juiz titular a ele vinculado resida fora da respectiva comarca.

(5) A matéria relativa à organização e ao funcionamento dos órgãos jurisdicionais e administrativos está submetida à disciplina exclusiva da lei.

1: Errado. Ao julgar o RE nº 889173, com repercussão geral (Tema 831), o STF firmou o seguinte entendimento: "Obrigatoriedade de pagamento, mediante o regime de precatórios, dos valores devidos pela Fazenda Pública entre a data da impetração do mandado de segurança e a efetiva implementação da ordem concessiva". **2:** Errado. A ação direta de inconstitucionalidade serve para impugnar as normas infraconstitucionais posteriores à Constituição Federal de 1988. Já as normas anteriores à Constituição podem ser objeto de arguição de descumprimento de preceito fundamental no âmbito federal para se analisar a sua compatibilidade ou não com o novo ordenamento jurídico. **3:** Correto. Art. 125, § 2º, da CF. **4:** Errado. Art. 93, VII, da CF. **5:** Errado. A competência nesse caso é privativa dos tribunais (CF, art. 96, I, da CF). Cabe observar que, compete privativamente aos tribunais eleger seus órgãos diretivos. A Emenda Constitucional nº 134/2024, acrescentou o parágrafo único ao art. 96 da CF, dispondo que: "Nos Tribunais de Justiça compostos de mais de 170 (cento e setenta) desembargadores em efetivo exercício, a eleição para os cargos diretivos, de que trata a alínea *a* do inciso I do *caput* deste artigo, será realizada entre os membros do tribunal pleno, por maioria absoluta e por voto direto e secreto, para um mandato de 2 (dois) anos, vedada mais de 1 (uma) recondução sucessiva." AMN

Gabarito 1E, 2E, 3C, 4E, 5E

(Escrivão – PC/GO – AOCP – 2023) Considerando o que dispõe a Constituição Federal acerca do poder judiciário, informe se é verdadeiro (V) ou falso (F) o que se afirma a seguir e assinale a alternativa com a sequência correta.

( ) O Conselho Nacional de Justiça compõe-se de 15 (quinze) membros, dentre eles um juiz estadual, indicado pelo Superior Tribunal de Justiça.

( ) O ato de remoção ou de disponibilidade do magistrado, por interesse público, fundar-se-á em decisão por voto da maioria absoluta do respectivo tribunal ou do Conselho Nacional de Justiça, assegurada ampla defesa.

( ) O acesso aos tribunais de segundo grau far-se-á por antiguidade e merecimento, alternadamente, apurados na última ou única entrância.

( ) Aos juízes é vedado exercer a advocacia no juízo ou tribunal do qual se afastou, antes de decorridos cinco anos do afastamento do cargo por aposentadoria ou exoneração.

(A) V – F – F – F.

(B) V – V – V – F.

(C) F – F – F – V.

(D) F – V – V – F.

(E) V – F – V – V.

A alternativa D é a correta. O Conselho Nacional de Justiça compõe-se de 15 (quinze) membros, dentre eles um juiz estadual, indicado pelo *Supremo Tribunal Federal* (CF, art. 103-B, V). O ato de remoção ou de disponibilidade do magistrado, por interesse público, fundar-se-á em decisão por voto da maioria absoluta do respectivo tribunal ou do Conselho Nacional de Justiça, assegurada ampla defesa (CF, art. 93, VIII). O acesso aos tribunais de segundo grau far-se-á por antiguidade e merecimento, alternadamente, apurados na última ou única entrância (CF, art. 93, III). Aos juízes é vedado exercer a advocacia no juízo ou tribunal do qual se afastou, antes de decorridos *três* anos do afastamento do cargo por aposentadoria ou exoneração (CF, art. 95, parágrafo único, V). AMN

Gabarito "D".

(Delegado/RJ – 2022 – CESPE/CEBRASPE) O Tribunal de Justiça decretou medida cautelar de suspensão de mandato eletivo de deputado estadual investigado por organização criminosa prevista no art. 2.º da Lei n.º 12.850/2013. Considerando essa situação hipotética, assinale a opção correta.

(A) Submetida essa decisão judicial do Tribunal de Justiça à Assembleia Legislativa, se a Casa Parlamentar revoga a decisão judicial, cabe reclamação constitucional ao Supremo Tribunal Federal para garantir a autoridade de suas decisões e precedentes.

(B) O Poder Judiciário pode suspender mandato eletivo de parlamentar federal sem precisar submeter a decisão judicial à respectiva Casa do Congresso Nacional, conforme jurisprudência pacífica do Supremo Tribunal Federal.

(C) Essa decisão judicial do Tribunal de Justiça não precisa ser submetida à Assembleia Legislativa por inexistir norma de simetria e de extensão na Constituição da República Federativa do Brasil de 1988.

(D) Submetida essa decisão judicial do Tribunal de Justiça à Assembleia Legislativa, se a Casa Parlamentar revoga a decisão judicial, não cabe reclamação constitucional ao Supremo Tribunal Federal, porque não há decisões e precedentes para garantir a autoridade do parlamentar.

(E) O Poder Judiciário não pode suspender mandato eletivo de parlamentar federal, conforme jurisprudência pacífica do Supremo Tribunal Federal.

Não caberia reclamação ao Supremo Tribunal Federal porque a decisão tomada pela Assembleia Legislativa não está contra os precedentes daquela Corte. AMN

Gabarito "D".

(Delegado/MG – 2021 – FUMARC) O delegado local, durante investigação de crime de corrupção, peticionou ao juiz de direito da Comarca. Esse magistrado é titular há 5 anos na Vara Única local e, ao atender os pedidos de busca e apreensão do delegado, acabou desagradando os interesses de diversos empresários poderosos. Estes, por sua vez, ameaçaram que usariam de sua influência para promover a retirada forçada do juiz daquela Comarca.

Sobre a remoção involuntária desse magistrado da Comarca, é CORRETO afirmar:

(A) Apenas com decisão judicial transitada em julgado poderia ser efetivada;

(B) Atualmente, só pode ocorrer por decisão do Conselho Nacional de Justiça;

(C) Pode ocorrer, por motivo de interesse público, fundado em decisão por voto da maioria absoluta do respectivo Tribunal de Justiça daquele Estado ou do Conselho Nacional de Justiça, assegurada ampla defesa.

(D) Tendo em vista a garantia constitucional da inamovibilidade, não poderá ocorrer em hipótese alguma, como forma de proteção à liberdade de decidir.

A e B: incorretas. Aos juízes são dadas garantias, dentre as quais a *inamovibilidade* (art. 95, II, da CF). Sendo assim, os juízes possuem a prerrogativa de não serem removidos de um lugar para outro, sem prévio consentimento, exceto por motivo de interesse público, desde que pelo voto da maioria absoluta do tribunal ou Conselho Nacional de Justiça, assegurando-se a ampla defesa, conforme dispõe o art. 93, VIII, da CF; **C**: correta. É o que determina o mencionado art. 95, II, da CF; **D**: incorreta. Há exceção (motivo de interesse público) em que poderá ocorrer a remoção do juiz, desde que sejam preenchidos os requisitos constitucionais, conforme já explicado. BV

Gabarito "C".

(Juiz de Direito/AP – 2022 – FGV) Maria teve uma série de produtos apreendidos em seu estabelecimento sob o argumento de a comercialização ser proibida no território brasileiro. Ato contínuo, ao receber o respectivo auto de apreensão, apresentou sua defesa, argumentando, com provas documentais, que a lista de produtos proibidos, na qual se baseara a autoridade administrativa, fora alterada em momento pretérito. Sua defesa, no entanto, não foi acolhida. Ao ser notificada da decisão, interpôs recurso administrativo endereçado à autoridade superior, que ocupava o último grau do escalonamento hierárquico. O recurso, todavia, não foi conhecido por esta última autoridade, já que Maria não atendera a um dos pressupostos de admissibilidade previstos na legislação municipal, consistente na realização de depósito prévio correspondente a 50% do valor das mercadorias. Esse quadro permaneceu inalterado em juízo de retratação.

À luz da sistemática afeta à súmula vinculante, Maria:

(A) deve submeter a decisão às instâncias ordinárias do Judiciário e, somente em um segundo momento, caso não seja anulada, ingressar com reclamação no Supremo Tribunal Federal;

(B) pode submeter a decisão, via reclamação, ao Supremo Tribunal Federal, cabendo ao Tribunal anulá-la e determinar a prolação de outra, com aplicação da súmula vinculante;

(C) somente poderá impetrar mandado de segurança, em razão da violação de direito líquido e certo, o qual tem precedência em razão do caráter subsidiário da reclamação;

(D) não pode submeter a decisão à apreciação do Supremo Tribunal Federal, já que a reclamação não é cabível contra atos lastreados na lei, como é o caso;

(E) não pode submeter a decisão à apreciação do Supremo Tribunal Federal, considerando que a narrativa não indica violação de súmula vinculante.

Neste caso é cabível a reclamação ao STF. O art. 7º da Lei 11.417/2006, prescreve que: "Art. 7º. Da decisão judicial ou do ato administrativo que contrariar enunciado de súmula vinculante, negar-lhe vigência ou aplicá-lo indevidamente caberá reclamação ao Supremo Tribunal Federal, sem prejuízo dos recursos ou outro meios admissíveis de impugnação. § 1º.

Contra omissão ou ato da administração pública, o uso da reclamação só será admitido após esgotamento das vias administrativas. § 2. ,Ao julgar procedente a reclamação, o Supremo Tribunal Federal anulará o ato administrativo ou cassará a decisão judicial impugnada, determinando que outra seja proferida com ou sem aplicação da súmula, conforme o caso". No caso houve violação à Súmula Vinculante 21 do STF: "É inconstitucional a exigência de depósito ou arrolamento prévios de dinheiro ou bens para admissibilidade de recurso administrativo". ANH
Gabarito "B".

(Juiz de Direito/AP – 2022 – FGV) Joana, vereadora no Município Alfa, alugou imóvel de sua propriedade, situado no mesmo município, para o Estado estrangeiro XX, que ali instalou um serviço assistencial para pessoas carentes. Após alguns anos, momento em que o contrato de locação, nos termos da lei brasileira, se encontrava vigendo por prazo indeterminado, o Estado estrangeiro XX "comunicou" a Joana que ele, consoante a sua legislação, se tornara proprietário do imóvel, fazendo cessar o pagamento de aluguéis. Joana, sentindo-se esbulhada em sua propriedade, decidiu ajuizar ação em face do Estado estrangeiro XX.

Consoante a ordem constitucional brasileira, a referida ação deve ser ajuizada perante:

(A) a primeira instância da Justiça comum federal, com recurso ordinário para o Superior Tribunal de Justiça;
(B) a primeira instância da Justiça comum estadual, com recurso ordinário para o Supremo Tribunal Federal;
(C) a primeira instância da Justiça comum estadual, com recurso de apelação para o Tribunal de Justiça;
(D) o Superior Tribunal de Justiça, com recurso ordinário para o Supremo Tribunal Federal;
(E) o Supremo Tribunal Federal.

A questão trata sobre o poder judiciário, o objetivo é entendimento de qual órgão é competente para processar e julgar o estado estrangeiro, contra uma residente brasileira, a Constituição Federal brasileira determina que a ação em primeira instância deve ser na justiça comum federal, conforme o art. 109, II, da CF. ANH
Gabarito "A".

(Juiz de Direito/AP – 2022 – FGV) João respondia a processo criminal em determinada Comarca do Amapá, sob a acusação de ser o autor do homicídio de Pedro. Após a apreciação dos recursos interpostos contra a sentença de pronúncia, o juízo competente decidiu representar pelo desaforamento do julgamento para outra comarca da região, pois entendia existir fundada dúvida sobre a imparcialidade do júri.

Nesse caso, conforme o Regimento Interno do Tribunal de Justiça do Estado do Amapá, a representação será processada e julgada pelo(a):

(A) Tribunal Pleno;
(B) Órgão Especial;
(C) Câmara Única;
(D) Grupo Único;
(E) Seção Única.

Conforme prevê o art. 17, II, "e" do Regimento Interno do Tribunal de Justiça do Estado do Amapá: À Secção Única compete processar e julgar, originariamente pedido de desaforamento. ANH
Gabarito "E".

(Procurador Município – Teresina/PI – FCC – 2022) Quanto à súmula vinculante, é correto afirmar:

(A) A proposta de edição, revisão ou cancelamento de enunciado de súmula vinculante importa na suspensão dos processos em que se discuta a mesma questão.
(B) Tem eficácia imediata, m as o Supremo Tribunal Federal, por decisão da maioria absoluta de seus membros, poderá restringir os efeitos vinculantes ou decidir que só tenha eficácia a partir de outro momento, tendo em vista razões de segurança jurídica ou de excepcional interesse público.
(C) A sua aprovação, revisão ou cancelamento poderá ser provocada por aqueles que podem propor a ação direta de inconstitucionalidade, além de outros previstos em lei.
(D) Com vistas a prestigiar o princípio da segurança jurídica, encontra-se prevista no texto constitucional por obra do constituinte originário. A sua edição pode ser proposta pelo município incidentalmente ao curso de processo em que seja parte, o que não autoriza a suspensão do processo.
(E) Pode ser editada pelo Superior Tribunal de Justiça, mediante decisão de dois terços de seus ministros, após reiteradas decisões sobre a matéria, *ad referendum* do Supremo Tribunal Federal, para cessar divergência quanto à aplicação da lei federal, conforme emenda constitucional aprovada na atual legislatura.

C: correta. É o que está previsto no art. 103-A, § 2º, da CF. AMN
Gabarito "C".

(Procurador Município – Santos/SP – VUNESP – 2021) Ao disciplinar o Poder Judiciário, a Constituição Federal determina

(A) que as decisões administrativas dos tribunais serão motivadas e em sessão pública, sendo as disciplinares tomadas pelo voto da maioria relativa de seus membros.
(B) a não promoção do juiz que, injustificadamente, retiver autos em seu poder além do prazo legal, mas, poderá devolvê-los ao cartório sem despacho ou decisão.
(C) que na apuração de antiguidade, o tribunal somente poderá recusar o juiz mais antigo pelo voto fundamentado de um terço de seus membros, conforme procedimento próprio, assegurada ampla defesa.
(D) a previsão de cursos oficiais de preparação, aperfeiçoamento e promoção de magistrados, constituindo etapa obrigatória do processo de vitaliciamento a participação em curso oficial ou reconhecido por escola nacional de formação e aperfeiçoamento de magistrados.
(E) que o ato de remoção ou de disponibilidade do magistrado, por interesse público, será decidido, obrigatoriamente, por voto da maioria relativa do Conselho Nacional de Justiça, assegurada ampla defesa.

A: Incorreta. O art. 93, X, da CF, prevê que: "as decisões administrativas dos tribunais serão motivadas e em sessão pública, sendo as disciplinas tomadas pelo voto da maioria absoluta de seus membros". B: Incorreta. O art. 93, II, *e*, da CF, estabelece que: "não será promovido o juiz que, injustificadamente, retiver autos em seu poder além do prazo legal, não podendo devolvê-los ao cartório sem o devido despacho ou decisão".
C: Incorreta. O art. 93, II, *d*, da CF, prescreve que: "na apuração de

antiguidade, o tribunal somente poderá recusar o juiz mais antigo pelo voto fundamentado de dois terços de seus membros, conforme procedimento próprio e assegurada ampla defesa, repetindo-se a votação até fixar-se a indicação". **D:** Correta. A redação está conforme o art. 93, IV, da CF. **E:** Incorreta. O art. 93, VIII, da CF, determina que: "o ato de remoção ou de disponibilidade do magistrado, por interesse público, fundar-se-á em decisão por voto da maioria absoluta do respectivo tribunal ou do Conselho Nacional de Justiça, assegurada ampla defesa". AMN

Gabarito "D".

(Magistratura/SP – 2021) No que diz respeito a repercussão geral, deve ser observado que

(A) Eventual prejuízo parcial do caso concreto subjacente ao recurso extraordinário, ou extinção por outra causa como falecimento da parte, constitui óbice ao prosseguimento para exame da tese, em sede de repercussão geral.

(B) Determinado o sobrestamento de processos de natureza penal, opera-se automaticamente a suspensão da prescrição da pretensão punitiva, daí porque o sobrestamento abrange necessariamente inquéritos policiais ou procedimento investigatórios conduzidos pelo Ministério Público, além de não se admitir a produção de qualquer tipo de prova no processo eventualmente iniciado.

(C) A despeito de não constar do Código de 2015, a exigência de preliminar formal de repercussão geral, diferentemente do que previa o CPC/1973, a jurisprudência do STF continua exigindo-a, o que não afasta nem se confunde com a possibilidade de reconhecimento de ofício.

(D) Reconhecida a repercussão geral de questão constitucional, há preclusão a respeito.

A questão trata da repercussão geral criada pela EC 45/04 que inseriu o § 3º ao artigo 102 da CF: No recurso extraordinário o recorrente deverá demonstrar a repercussão geral das questões constitucionais discutidas no caso, nos termos da lei, a fim de que o Tribunal examine a admissão do recurso, somente podendo recusá-lo pela manifestação de dois terços de seus membros. Já o artigo 1035 parágrafo 3º do CPC dispõe: Haverá repercussão geral sempre que o recurso impugnar acórdão que: I – contrarie súmula ou jurisprudência dominante do Supremo Tribunal Federal; III – tenha reconhecido a inconstitucionalidade de tratado ou de lei federal, nos termos do art. 97 da Constituição Federal. O STF entende que a repercussão geral, mesmo após o advento do CPC/2015, deve ser apresentada como preliminar do recurso extraordinário (STF – ARE 1249097 AgR – Segunda Turma – Relator Ministro Edson Fachin – julgamento em 27/03/2020 – DJe 04/05/2020), embora haja presunção de sua existência nas causas elencadas no artigo 1.035, § 3º, do CPC (critério objetivo). HNV

Gabarito "C".

(Juiz de Direito – TJ/MS – 2020 – FCC) A cláusula de reserva de plenário (regra do *full bench*), nos termos da Constituição Federal e da jurisprudência do Supremo Tribunal Federal (STF), tem aplicabilidade à decisão

I. das Turmas Recursais dos Juizados Especiais, consideradas como tribunais para o propósito de reconhecimento da inconstitucionalidade de preceitos normativos.

II. fundada em jurisprudência das Turmas ou Plenário do STF, não se aplicando, contudo, na hipótese de se fundar em entendimento sumulado do órgão de guarda constitucional.

III. que declara a inconstitucionalidade de lei, ainda que parcial, inexistindo violação à referida cláusula na decisão de órgão fracionário quando houver declaração anterior proferida pela maioria absoluta do órgão especial ou Plenário do Tribunal respectivo.

IV. que deixa de aplicar lei ou ato normativo a caso concreto, ainda que não fundada em sua incompatibilidade com norma constitucional, uma vez que a negativa de vigência equivale à declaração de inconstitucionalidade.

Está correto o que se afirma APENAS em

(A) I, II e III.

(B) I, II e IV.

(C) III.

(D) IV.

(E) II, III e IV.

I: incorreta, porque o STF entende que a regra da chamada reserva de plenário para declaração de inconstitucionalidade (art. 97 da CF) não se aplica às turmas recursais de juizado especial (RE 453.744 AgR, voto do rel. min. Cezar Peluso, j. 13-6-2006, 1ª T, DJ de 25-8-2006). Segundo o STF, "*o art. 97 da Constituição, ao subordinar o reconhecimento da inconstitucionalidade de preceito normativo a decisão nesse sentido da "maioria absoluta de seus membros ou dos membros dos respectivos órgãos especiais", está se dirigindo aos tribunais indicados no art. 92 e aos respectivos órgãos especiais de que trata o art. 93, XI. A referência, portanto, não atinge juizados de pequenas causas (art. 24, X) e juizados especiais (art. 98, I), os quais, pela configuração atribuída pelo legislador, não funcionam, na esfera recursal, sob regime de plenário ou de órgão especial.*" (ARE 792.562 AgR, rel. min. Teori Zavascki, j. 18-3-2014, 2ª T, DJE de 2-4-2014); **II:** incorreta, pois a jurisprudência pacífica do STF, reafirmada em sede de repercussão geral, entende que "*é desnecessária a submissão de demanda judicial à regra da reserva de plenário na hipótese em que a decisão judicial estiver fundada em jurisprudência do Plenário do STF ou em súmula deste Tribunal, nos termos dos arts. 97 da CF e 481, parágrafo único, do CPC.*" (ARE 914.045 RG, rel. min. Edson Fachin, j. 15-10-2015, P, DJE de 19-11-2015, Tema 856); **III:** correta, de acordo com a Súmula Vinculante 10 e o seguinte julgado do STF: "*Controle incidente de constitucionalidade de normas: reserva de plenário (CF, art. 97): viola o dispositivo constitucional o acórdão proferido por órgão fracionário, que declara a inconstitucionalidade de lei, ainda que parcial, sem que haja declaração anterior proferida por órgão especial ou plenário.*" (RE 544.246, rel. min. Sepúlveda Pertence, j. 15-5-2007, 1ª T, DJ de 8-6-2007). Logo, inexiste violação à cláusula de reserva de plenário na decisão de órgão fracionário quando houver declaração anterior proferida pela maioria absoluta do órgão especial ou Plenário do Tribunal respectivo, conforme o art. 949, parágrafo único, do CPC; **IV:** incorreta, pois o entendimento prevalecente no STF é o de que não afronta o comando da Súmula Vinculante 10, nem a regra do art. 97 da Constituição Federal, o ato da autoridade judiciária que deixa de aplicar a norma infraconstitucional por entender que não há subsunção aos fatos ou, ainda, que a incidência normativa seja resolvida mediante sua mesma interpretação, sem potencial ofensa direta à Constituição (Rcl 24.284 AgR, rel. min. Edson Fachin, j. 22-11-2016, 1ª T, DJE de 11-5-2017; Informativo STF nº 848). Nesse sentido, os seguintes julgados: "*A simples ausência de aplicação de uma dada norma jurídica ao caso sob exame não caracteriza, apenas por isso, violação da orientação firmada pelo STF. Para caracterização da contrariedade à Súmula Vinculante 10, do STF, é necessário que a decisão fundamente-se na incompatibilidade entre a norma legal tomada como base dos argumentos expostos na ação e a Constituição.*" (Rcl 6.944, rel. min. Cármen Lúcia, j. 23-6-2010, P, DJE de 13-8-2010); "*O Verbete Vinculante nº 10 da Súmula do Supremo não guarda pertinência quando o pronunciamento judicial formalizado na origem está assentado em interpretação de norma legal e não em reconhecimento do conflito* com a Carta da República." (Rcl 14.953 AgR, rel. min. Marco Aurélio, j. 24-10-2013, P, DJE de 14-11-2013).

Gabarito "C".

(Juiz de Direito - TJ/AL - 2019 - FCC) Com relação à súmula vinculante, é correto afirmar que

(A) é dotada de caráter geral e abstrato, produzindo eficácia *erga omnes* e efeito vinculante, o qual autoriza a condenação por litigância de má-fé de particular que tenha ajuizado ação contrária ao teor de súmula editada.
(B) somente após o esgotamento das vias administrativas será admitido o uso da reclamação constitucional contra omissão ou ato da Administração Pública contrários ao teor de enunciado de súmula vinculante.
(C) opera-se a sua caducidade automática, se a lei em que se fundou a edição de enunciado de súmula vinculante for revogada ou modificada.
(D) o efeito vinculante não atinge o Poder Legislativo, em razão do que não cabe questionar perante o Judiciário a validade de lei que seja contrária ao teor de súmula vinculante.
(E) a súmula vinculante se caracteriza por ser súmula impeditiva de recursos.

A: incorreta, pois ajuizar demanda contrária ao teor de súmula vinculante não está elencada como hipótese de litigância de má-fé no rol taxativo do art. 80 do CPC. Ademais, é possível ao autor discutir a existência de distinção no caso em julgamento (*distinguishing*) ou a superação do entendimento sumulado (*overruling*). Por fim, o STF entende que a litigância de má-fé necessita da comprovação da intenção dolosa da parte, a configurar uma conduta desleal por abuso de direito (AgInt no AREsp 1427716/PR, Rel. Ministro Marco Buzzi, Quarta Turma, julgado em 29/04/2019); B: correta, de acordo com a previsão do art. 7º, § 1º, da Lei 11.417/2006; C: incorreta, porque não se opera a sua caducidade automática. Se a lei em que se fundou a edição de enunciado de súmula vinculante for revogada ou modificada, o Supremo Tribunal Federal, de ofício ou por provocação, procederá à sua revisão ou cancelamento (art. 5º da Lei 11.417/2006); D: incorreta, porque, embora a súmula vinculante não produza efeitos em face do Poder Legislativo na sua função típica de legislar (art. 103-A da CF), é possível questionar perante o Judiciário a validade de lei que seja contrária ao teor de súmula vinculante, já que ela nasce com uma presunção relativa de inconstitucionalidade; E: incorreta, pois a súmula vinculante não se confunde com a súmula impeditiva de recursos, a qual foi extinta com o CPC/2015. Criada pela Lei nº 11.276/2006, a súmula impeditiva de recursos previa que o juiz não recebesse o recurso de apelação quando a sentença estivesse em conformidade com súmula do Superior Tribunal de Justiça ou do Supremo Tribunal Federal (art. 518, § 1º, do CPC/1973); o Código de Processo Civil/2015 não prevê a súmula impeditiva de recursos como requisito específico de admissibilidade da apelação, até porque o juízo de primeiro grau não faz mais juízo de admissibilidade da apelação. Já a súmula vinculante, com previsão constitucional trazida pela EC 45/2004, submete todos os demais órgãos do Poder Judiciário e a administração pública direta e indireta ao entendimento sumulado pelo STF, tendo um papel análogo àquele exercido pelos atos normativos (art. 103-A da CF). AMN

Gabarito "B".

(Promotor de Justiça/PR – 2019 – MPE/PR) Sobre o Poder Judiciário, é *correto* afirmar:

(A) Não havendo lei municipal que defina obrigação de pequeno valor para efeito de não submissão ao regime de pagamento por precatório, os Tribunais de Justiça poderão regulamentar o tema por meio de resolução.
(B) É compatível com o Estatuto Constitucional da Magistratura lei estadual que assegura a membro do Poder Judicante a participação em Conselho de Defesa de Direitos da Criança e do Adolescente.
(C) A competência disciplinar do Conselho Nacional de Justiça é subsidiária, e seu exercício fica condicionado à inércia na apuração de infrações disciplinares pelos órgãos correicionais dos Tribunais.
(D) A competência e funcionamento dos órgãos jurisdicionais e administrativos é matéria reservada à lei, de iniciativa do Tribunal de Justiça.
(E) Os juízes integrantes de vara especializada criada por lei estadual devem ser designados com observância dos parâmetros constitucionais de antiguidade e merecimento previstos no art. 93, II e VIII-A, da Constituição da República, sendo inconstitucional, em vista da necessidade de preservação da independência do julgador, previsão normativa segundo a qual a indicação e nomeação dos magistrados que ocuparão a referida vara será feita pelo presidente do tribunal de justiça, com a aprovação do tribunal.

A: errada (artigo 97, § 12, do ADCT). B: incorreta, pois quebraria a imparcialidade do julgador (ADI 3.463, STF). C: incorreta, porque a competência é concorrente e, não, subsidiária. D: incorreta, pois não há reserva à lei, podendo dispor pelo Regimento Interno do Tribunal. AB

Gabarito "E".

(Promotor de Justiça/SP – 2019 – MPE/SP) Assinale a alternativa **INCORRETA**.

(A) De acordo com a jurisprudência do Supremo Tribunal Federal, a superveniência de uma nova Constituição não torna inconstitucionais os atos estatais a ela anteriores e que, com ela, sejam materialmente incompatíveis: revoga-as. Trata-se de juízo negativo de recepção, inviabilizando, assim, a ação direta de inconstitucionalidade.
(B) A jurisprudência do Egrégio Supremo Tribunal Federal é firme no sentido de que não há violação ao princípio da reserva de plenário quando o acórdão recorrido apenas interpreta norma local, sem declará-la inconstitucional.
(C) Não ofende a cláusula de reserva de plenário a decisão de órgão fracionário de tribunal que, embora não declare expressamente a inconstitucionalidade de lei ou ato normativo do poder público, afasta sua incidência, no todo ou em parte.
(D) A jurisprudência do Egrégio Supremo Tribunal Federal se consolidou no sentido de ser incabível reclamação fundada na teoria da transcendência dos motivos determinantes de acórdão com efeito vinculante.
(E) Inexiste controle concentrado de lei ou ato normativo municipal frente à Constituição Federal, quer perante os Tribunais de Justiça dos Estados, quer perante o Supremo Tribunal Federal.

Letra C é a única incorreta, pois ofende a Súmula Vinculante 10, do STF: "Viola a cláusula de reserva de plenário (CF, artigo 97) a decisão de órgão fracionário de Tribunal que embora não declare expressamente a inconstitucionalidade de lei ou ato normativo do poder público, afasta sua incidência, no todo ou em parte". Todas as demais alternativas estão corretas. AB

Gabarito "C".

(Investigador – PC/BA – 2018 – VUNESP) Partindo das previsões constantes na Constituição Federal brasileira, assinale a alternativa correta acerca da organização, das competências e dos órgãos do Poder Judiciário.

(A) Compete ao Supremo Tribunal Federal homologar sentenças estrangeiras e conceder exequatur às cartas rogatórias.

(B) Na promoção de entrância para entrância, será obrigatória a promoção do juiz que figure por 3 (três) vezes consecutivas ou 5 (cinco) alternadas em lista de merecimento.

(C) As decisões administrativas dos tribunais serão motivadas e em sessão pública, sendo as disciplinares tomadas pelo voto de 2/3 (dois terços) de seus membros.

(D) É vedado aos magistrados exercer a advocacia no juízo ou tribunal do qual se afastou, antes de decorridos 4 (quatro) anos do afastamento do cargo por aposentadoria ou exoneração.

(E) O Poder Executivo poderá reduzir unilateralmente o orçamento proposto pelo Poder Judiciário, ainda que esse tenha sido elaborado e enviado com observância aos limites, forma e prazo da Lei de Diretrizes Orçamentárias, quando constatada insuficiência de recursos.

A: incorreta, pois compete ao Superior Tribunal de Justiça processar e julgar, originariamente, a homologação de sentenças estrangeiras e a concessão de exequatur às cartas rogatórias (art. 105, I, *i*, da CF); **B:** correta, nos termos do art. 93, II, *a*, da CF; **C:** incorreta, visto que as decisões administrativas dos tribunais serão motivadas e em sessão pública, sendo as disciplinares tomadas pelo voto da **maioria absoluta** de seus membros (art. 93, X, da CF); **D:** incorreta, porque é vedado aos juízes exercer a advocacia no juízo ou tribunal do qual se afastou, antes de decorridos **três anos** do afastamento do cargo por aposentadoria ou exoneração (art. 95, parágrafo único, V, da CF); **E:** incorreta, pois o Poder Executivo somente poderá proceder aos ajustes necessários nas propostas orçamentárias do Poder Judiciário se forem encaminhadas em desacordo com os limites estipulados na lei de diretrizes orçamentárias (art. 99, §§ 1º e 4º, da CF). Gabarito "B".

(Investigador – PC/BA – 2018 – VUNESP) Segundo o disposto pela Constituição Federal, é correto afirmar, sobre o Conselho Nacional de Justiça, que

(A) é composto de 15 (quinze) membros com mandato de 2 (dois) anos, sendo admitida uma única recondução.

(B) deve elaborar, anualmente, relatório estatístico sobre processos e sentenças prolatadas, por unidade da Federação, nos diferentes órgãos do Poder Judiciário.

(C) o Conselho será presidido pelo Vice-Presidente do Supremo Tribunal Federal, e, nas suas ausências e impedimentos, pelo Ministro mais antigo da Corte.

(D) o Ministro mais antigo do Supremo Tribunal Federal exercerá a função de Ministro Corregedor do Conselho Nacional de Justiça e ficará excluído da distribuição de processos no Tribunal.

(E) deve rever, de ofício ou mediante provocação, os processos disciplinares de juízes e membros de tribunais julgados há menos de 5 (cinco) anos.

A: correta, nos termos do art. 103-B, *caput*, da CF; **B:** incorreta, pois o CNJ deve elaborar **semestralmente** relatório estatístico sobre processos e sentenças prolatadas, por unidade da Federação, nos diferentes órgãos do Poder Judiciário (art. 103-B, § 4º, VI, da CF); **C:** incorreta, pois o Conselho será presidido pelo Presidente do Supremo Tribunal Federal e, nas suas ausências e impedimentos, pelo Vice-Presidente do Supremo Tribunal Federal (art. 103-B, § 1º, da CF); **D:** incorreta, porque o Ministro do Superior Tribunal de Justiça exercerá a função de Ministro-Corregedor e ficará excluído da distribuição de processos no Tribunal (art. 103-B, § 5º, da CF); **E:** incorreta, visto que cabe ao CNJ rever, de ofício ou mediante provocação, os processos disciplinares de juízes e membros de tribunais julgados há menos de **um ano** (art. 103-B, § 4º, V, da CF). Gabarito "A".

(Juiz de Direito – TJ/RS – 2018 – VUNESP) Assinale a alternativa que corretamente discorre sobre o Conselho Nacional de Justiça.

(A) O Conselho Nacional de Justiça poderá exercer o controle abstrato de constitucionalidade, declarando, em tese e como questão principal de eventual procedimento de controle administrativo, a inconstitucionalidade de lei ou ato normativo.

(B) Sem prejuízo da competência disciplinar e correicional dos Tribunais, o Conselho Nacional de Justiça pode avocar processos disciplinares e determinar, dentre outras sanções cabíveis, a perda do cargo de membro do Poder Judiciário.

(C) O fato de o Conselho Nacional de Justiça ser composto por algumas pessoas estranhas ao Poder Judiciário fere a independência desse poder, tanto que o Supremo Tribunal Federal já declarou inconstitucionais os dispositivos que versam sobre a composição do Conselho.

(D) A Constituição Federal determina que a União crie ouvidorias de justiça, que serão competentes para receber reclamações e denúncias contra membros do Poder Judiciário e encaminhá-las aos respectivos Tribunais, mas não diretamente ao Conselho Nacional de Justiça.

(E) O Conselho Nacional de Justiça não tem nenhum a competência sobre o Supremo Tribunal Federal e seus ministros, sendo esse o órgão máximo do Poder Judiciário nacional, a que aquele está sujeito.

A: incorreta, já que o Conselho Nacional de Justiça não possui competência para declarar a inconstitucionalidade de atos estatais (atribuição sujeita à reserva de jurisdição), podendo, todavia, recusar-se a conferir aplicabilidade a normas inconstitucionais, eis que "*há que [se] distinguir entre declaração de inconstitucionalidade e não aplicação de leis inconstitucionais, pois esta é obrigação de qualquer tribunal ou órgão de qualquer dos Poderes do Estado*" (RMS 8.372/CE, Rel. Min. Pedro Chaves, Tribunal Pleno). Insere-se entre as competências constitucionalmente atribuídas ao Conselho Nacional de Justiça a possibilidade de afastar, por inconstitucionalidade, a aplicação de lei aproveitada como base de ato administrativo objeto de controle, determinando aos órgãos submetidos a seu espaço de influência a observância desse entendimento, por ato expresso e formal tomado pela maioria absoluta dos seus membros (Pet 4656/PB, Rel. Min. Cármen Lúcia, Tribunal Pleno, j. em 19.12.2016); **B:** incorreta, já que o CNJ pode avocar processos disciplinares em curso e determinar a remoção, a disponibilidade ou a aposentadoria com subsídios ou proventos proporcionais ao tempo de serviço e aplicar outras sanções administrativas, exceto a perda do cargo de membro do Poder Judiciário (art. 103-B, § 4º, III, da CF); **C:** incorreta, pois o STF já declarou constitucionais os dispositivos que versam sobre a composição do Conselho, asseverando que "*se o instituto que atende pelo nome de quinto constitucional, enquanto integração de membros não pertencentes à carreira da magistratura*

em órgãos jurisdicionais, encarregados do exercício da função típica do Judiciário, não ofende o princípio da separação e independência dos Poderes, então não pode ofendê-la **a fortiori** a mera incorporação de terceiros em órgão judiciário carente de competência jurisdicional" (ADI 3.367, Rel. Min. Cezar Peluso, j. 13-4-2005); **D:** incorreta, uma vez que a Constituição determina que a União crie ouvidorias de justiça com competência para receber reclamações e denúncias de qualquer interessado contra membros ou órgãos do Poder Judiciário, ou contra seus serviços auxiliares, representando diretamente ao Conselho Nacional de Justiça (art. 103-B, § 7°, da CF); **E:** correta, conforme os termos do entendimento firmado pelo STF na ADI 3.367, Rel. Min. Cezar Peluso, j. 13-4-2005.
Gabarito "E".

13. DAS FUNÇÕES ESSENCIAIS À JUSTIÇA

(Juiz de Direito – TJ/SP – 2023 – VUNESP) Dentre as Funções Essenciais à Justiça, estabelece a Constituição Federal, no artigo 127, que "o Ministério Público é instituição permanente, essencial à função jurisdicional do Estado, incumbindo-lhe a defesa da ordem jurídica, do regime democrático e dos interesses sociais e individuais indisponíveis".

Com relação à essa instituição, consta do texto constitucional que

(A) ao Ministério Público é assegurada autonomia funcional e administrativa, podendo, observado o disposto no art. 169, criar e extinguir diretamente seus cargos e serviços auxiliares, provendo-os por concurso público de provas ou de provas e títulos, assim como estabelecer a política remuneratória e os planos de carreira.

(B) o Ministério Público da União tem por chefe o Procurador-Geral da República, nomeado pelo Presidente da República dentre integrantes da carreira que contem com mais de 20 anos de serviço, após a aprovação de seu nome por 2/3 dos membros do Senado Federal, para mandato de dois anos, permitida a recondução.

(C) os Ministérios Públicos dos Estados e o do Distrito Federal e Territórios formarão lista tríplice dentre integrantes da carreira, na forma da lei respectiva, para escolha de seu Procurador-Geral, que será nomeado pelo Chefe do Poder Executivo, para mandato de dois anos, permitida uma recondução.

(D) durante a execução orçamentária do exercício, poderá haver a realização de despesas ou a assunção de obrigações que extrapolem os limites estabelecidos na lei de diretrizes orçamentárias, desde que justificadas por ato fundamentado do Procurador-Geral da República e mediante a abertura de créditos suplementares ou especiais.

A: Incorreta. O art. 127, § 2°, da CF, estabelece que: "Ao Ministério Público é assegurada autonomia funcional e administrativa, podendo, observado o disposto no art. 169, propor ao Poder Legislativo a criação e extinção de seus cargos e serviços auxiliares, provendo-os por concurso público de provas ou de provas e títulos, a política remuneratória e os planos de carreira; a lei disporá sobre sua organização e funcionamento". **B:** Incorreta. O art. 128, § 1°, da CF, prevê que: "O Ministério Público da União tem por chefe o Procurador-Geral da República, nomeado pelo Presidente da República dentre integrantes da carreira, maiores de trinta e cinco anos, após a aprovação de seu nome pela maioria absoluta dos membros do Senado Federal, para mandato de dois anos, permitida a recondução. **C:** Correta. É o que dispõe o art. 128, § 3°, da CF. **D:** Incorreta. O art. 127, § 6°, determina que: "Durante a execução orçamentária do exercício, não poderá haver a realização de despesas ou a assunção de obrigações que extrapolem os limites estabelecidos na lei de diretrizes orçamentárias, exceto se previamente autorizadas, mediante a abertura de créditos suplementares ou especiais".
Gabarito "C".

(Procurador/PA – CESPE – 2022) Em relação ao Ministério Público, assinale a opção correta, à luz da CF.

(A) O Ministério Público, na condição de quarto Poder da República, é instituição permanente e essencial à função jurisdicional do Estado, incumbindo-lhe a defesa da ordem jurídica, do regime democrático e dos interesses sociais e individuais indisponíveis.

(B) O Ministério Público, além de defender o regime democrático, atua, nos termos da sua lei orgânica, nas atividades de consultoria e assessoramento jurídico do Poder Executivo.

(C) O Ministério Público da União tem como chefe o procurador-geral da República, nomeado pelo presidente da República entre os indicados em lista tríplice elaborada pelos membros da instituição, após a aprovação de seu nome pela maioria absoluta dos membros do Senado Federal, para mandato de dois anos, permitida a recondução.

(D) O Ministério Público tem a função institucional de defender judicialmente os direitos e interesses das populações indígenas.

(E) O Ministério Público exerce o controle interno e externo da atividade policial, na forma estabelecida em lei complementar da União e dos estados.

A: Incorreta. O Ministério Público não se constitui em um quarto Poder. **B:** Incorreta. O Ministério Público não atua nas atividades de consultoria e assessoramento jurídico do Poder Executivo, pois essa tarefa cabe à Advocacia Geral da União e às procuradorias estaduais. **C:** Incorreta. A redação do art. 128, § 1°, da CF não prevê lista tríplice elaborada pelos membros da instituição: "O Ministério Público da União tem por chefe o Procurador-Geral da República, nomeado pelo Presidente da República dentre integrantes da carreira, maiores de trinta e cinco anos, após a aprovação de seu nome pela maioria absoluta dos membros do Senado Federal, para mandato de dois anos, permitida a recondução". **D:** Correta. É o que dispõe o art. 129, V, da CF. **E:** Incorreta. O art. 129, VII, da CF, prescreve que são funções institucionais do Ministério Público, entre outros: "exercer o controle externo da atividade policial, na forma da lei complementar mencionada no artigo anterior".
Gabarito "D".

(Delegado/MG – 2021 – FUMARC) NÃO se trata de uma Função Essencial à Justiça:

(A) a Advocacia, pública ou privada.
(B) a Defensoria Pública.
(C) a Polícia Civil.
(D) o Ministério Público.

As Funções Essenciais à Justiça vêm previstas nos arts. 127 a 135 da CF/88 e incluem: o Ministério Público (arts. 127 a 130-A), a Advocacia Pública (arts. 131 e 132), a Advocacia privada (art. 133) e a Defensoria Pública (arts. 134 e 135). Sendo assim, a **Polícia Civil** é a única **não** se inclui no rol das funções.
Gabarito "C".

(Promotor de Justiça/CE – 2020 – CESPE/CEBRASPE) Segundo a CF, o Conselho Nacional do Ministério Público (CNMP)

(A) conta obrigatoriamente com advogados públicos e juízes na sua composição.
(B) é competente para exercer o controle da atuação administrativa e financeira do Ministério Público.
(C) pode rever, desde que mediante provocação, processos disciplinares de membros do Ministério Público.
(D) escolherá, em votação secreta, um corregedor nacional, dentre todos os membros integrantes do CNMP.
(E) é presidido pelo corregedor nacional do Ministério Público.

A: incorreta, pois o artigo 130-A, inciso IV, fala de dois advogados apenas. **B:** correta, conforme artigo 130-A, § 2°, da CF. **C:** incorreta, pois a revisão de processos disciplinares poderá ser de ofício ou mediante provocação (artigo 130-A, § 2°, inciso IV, da CF). **D:** incorreta (artigo 130-A, § 3°, da CF). **E:** incorreta, porque é presidido pelo Procurador-Geral da República (artigo 130-A, inciso I, da CF). Gabarito "B".

(Promotor de Justiça/SP – 2019 – MPE/SP) Assinale a alternativa **INCORRETA**.

(A) Compete ao Procurador-Geral de Justiça dispor sobre a organização e o funcionamento do Ministério Público, podendo, por meio de ato normativo, regulamentar a criação ou extinção de Procuradorias e Promotorias de Justiça.
(B) A iniciativa legislativa prevista no art. 127, § 2°, da Constituição, para a criação de cargos e serviços auxiliares, a política remuneratória e os planos de carreira do Ministério Público, no âmbito estadual, é privativa do Procurador-Geral de Justiça.
(C) A independência funcional garantida pelo art. 127, § 1°, da Constituição da República, não é irrestrita, pois o membro do Ministério Público deve respeito à Constituição da República e as leis.
(D) O princípio do Promotor Natural decorre das garantias da inamovibilidade dos membros do Ministério Público, da independência funcional, do devido processo legal, e do postulado da autoridade natural inerente à cláusula do devido processo legal, o que impede ao Procurador-Geral de Justiça designar, livremente, os membros do Ministério Público ou escolher, segundo critérios de conveniência e oportunidade, quem deva apreciar este ou aquele fato.
(E) O art. 128, § 5°, da Constituição da República, não substantiva reserva absoluta à lei complementar para conferir atribuições ao Ministério Público ou a cada um dos seus ramos, na União ou nos Estados-membros, porque a Constituição Federal admite que a Instituição possa exercer outras funções que lhe forem conferidas, desde que compatíveis com sua finalidade, sendo-lhe vedada a representação judicial e a consultoria jurídica de entidades públicas. Leis ordinárias, portanto, podem aditar novas funções às diretamente outorgadas ao Ministério Público pela Constituição.

Letra A é a única incorreta, pois para tal ação se exige a lei, não mero ato normativo. Gabarito "A".

(Juiz de Direito – TJ/SC – 2019 – CESPE/CEBRASPE) A constituição de determinado estado da Federação dispõe que aos defensores públicos serão garantidas as mesmas prerrogativas, os mesmos impedimentos e os mesmos vencimentos dos membros do Ministério Público. Nessa situação hipotética, à luz do disposto na Constituição Federal de 1988 (CF) e do entendimento jurisprudencial do STF, a referida norma estadual é

(A) constitucional, pois é uma opção viável do constituinte originário do estado.
(B) inconstitucional, pois ofende norma da CF, que veda a equiparação e a vinculação remuneratória entre os referidos órgãos.
(C) constitucional, pois a CF confere as mesmas vantagens e os mesmos impedimentos aos integrantes das carreiras dos referidos órgãos.
(D) inconstitucional, pois o constituinte estadual não pode dispor sobre a organização dos órgãos que componham as funções essenciais à justiça.
(E) constitucional, por consagrar a isonomia entre integrantes das carreiras dos referidos órgãos, que têm estatutos jurídicos semelhantes.

Correta é a letra B, nos termos da ADI 145, do STF (Ver informativo 907, do STF). A letras **A**, **C** e **E** estão erradas, pois ofendem o artigo 37, XIII, da CF. A letra **D** está errada, pois não guarda compatibilidade com o enunciado. Gabarito "B".

(Delegado – PC/BA – 2018 – VUNESP) A Constituição Federal de 1988 proclama que o advogado é indispensável à administração da Justiça, sendo inviolável por seus atos e manifestações no exercício da profissão, nos limites da lei. Em decorrência de tal previsão constitucional, é correto afirmar que

(A) a garantia da inviolabilidade não abrange manifestações injuriosas, ainda que proferidas no estrito âmbito de discussão da causa.
(B) a garantia da inviolabilidade alcança a relação advogado-cliente, não havendo dano moral em carta de cobrança de honorários que possua expressões ofensivas.
(C) a garantia da inviolabilidade impede processar criminalmente um advogado pela suposta prática de crime de desacato.
(D) o princípio da indispensabilidade determina que somente advogados possam fazer sustentação oral em julgamento no Supremo Tribunal Federal.
(E) o princípio da indispensabilidade possui exceções, como a impetração de habeas corpus e mandado de segurança.

A: incorreta, pois o advogado tem imunidade profissional, não constituindo injúria ou difamação puníveis qualquer manifestação de sua parte, no exercício de sua atividade, em juízo ou fora dele, sem prejuízo das sanções disciplinares perante a OAB, pelos excessos que cometer (art. 7°, § 2°, da Lei 8.906/1994; ADIN 1.127-8); **B:** incorreta, já que a imunidade do advogado não alcança as relações do profissional com o seu próprio cliente. Nessa linha, o seguinte julgado do STF: "*Advogado: imunidade judiciária (CF, art. 133): não compreensão de atos relacionados a questões pessoais. A imunidade do advogado — além de condicionada aos 'limites da lei', o que, obviamente, não dispensa o respeito ao núcleo essencial da garantia da libertas conviciandi — não alcança* *as relações do profissional com o seu próprio cliente."* (RE 387.945, rel. min. Sepúlveda Pertence, Primeira Turma, j. em 14-2-2006); **C:** incorreta, visto que o STF declarou a inconstitucionalidade da expressão "ou desacato" contida no § 2º do art. 7º da Lei 8.906/1994, acabando com a imunidade material do advogado em relação a esse crime. *"A imunidade profissional do advogado não compreende o desacato, pois conflita com a autoridade do magistrado na condução da atividade jurisdicional"* (ADI 1127, Rel. Min. Marco Aurélio, Rel. p/ Acórdão: Min. Ricardo Lewandowski, Tribunal Pleno, julgado em 17-05-2006); **D:** correta, de acordo com o art. 124, parágrafo único, do Regimento Interno do Supremo Tribunal Federal e com a jurisprudência daquela Corte que afirma que não cabe a sustentação oral, perante o Supremo Tribunal Federal, por quem não é advogado (HC 63388 QO, Rel.: Min. Octavio Gallotti, Primeira Turma, j. em 25-04-1986); **E:** incorreta, pois a impetração de mandado de segurança não admite exceção ao princípio da indispensabilidade do advogado. **AN**

Gabarito "D".

14. DEFESA DO ESTADO

(Escrivão – PC/GO – AOCP – 2023) Em relação à segurança pública, assinale a alternativa INCORRETA, considerando o disposto na Constituição Federal de 1988.

(A) A polícia federal destina-se a exercer, sem exclusividade, as funções de polícia judiciária da União e exercer, com exclusividade, as funções de polícia marítima, aeroportuária e de fronteiras.

(B) Aos corpos de bombeiros militares, além das atribuições definidas em lei, cabe a execução de atividades de defesa civil.

(C) A segurança viária compete, no âmbito dos Estados, do Distrito Federal e dos Municípios, aos respectivos órgãos ou entidades executivos e seus agentes de trânsito, estruturados em Carreira, na forma da lei.

(D) A segurança pública é exercida através dos seguintes órgãos: polícia federal, polícia rodoviária federal, polícia ferroviária federal, polícias civis, polícias militares e corpos de bombeiros militares, polícias penais federal, estaduais e distrital.

(E) Às polícias penais, vinculadas ao órgão administrador do sistema penal da unidade federativa a que pertencem, cabe a segurança dos estabelecimentos penais.

A: incorreta. A polícia federal destina-se a exercer as funções de polícia marítima, aeroportuária e de fronteiras e exercer, com exclusividade, as funções de polícia judiciária da União (CF, art. 144, § 1º, III e IV). **B**: correta. É o que estabelece o art. 144, § 5º, da CF. **C**: correta. É o que prevê o art. 144, § 10, II, da CF. **D**: correta. Está de acordo com o art. 144, I a VI, da CF. **E**: correta. É o que determina o art. 144, § 5º-A, da CF. **AMN**

Gabarito "A".

(Escrivão – PC/RO – CEBRASPE – 2022) De acordo com o texto constitucional, a polícia ostensiva e a preservação da ordem pública cabem à(s)

(A) polícias civis.
(B) polícias penais.
(C) Polícia Rodoviária Federal.
(D) polícias militares.
(E) Polícia Federal.

A alternativa correta é a D. É o que está disposto no art. 144, § 5º, da CF. **AMN**

Gabarito "D".

(Juiz de Direito – TJ/SC – 2019 – CESPE/CEBRASPE) A respeito da organização dos poderes e da defesa do estado e das instituições democráticas, assinale a opção correta.

(A) É viável o controle judicial da legalidade dos atos praticados por agentes públicos na vigência de estado de sítio.

(B) Durante o estado de sítio, imunidades de deputados e senadores só podem ser suspensas por voto da maioria absoluta da respectiva casa, nos casos de atos incompatíveis com a execução da medida.

(C) Compete ao Conselho da República opinar sobre a decretação do estado de defesa, do estado de sítio e da intervenção federal.

(D) O estado de sítio somente poderá ser decretado quando presente a declaração do estado de guerra ou diante de ineficácia das medidas tomadas durante o estado de defesa.

(E) O estado de defesa poderá ser decretado apenas após a deliberação da maioria absoluta do Congresso Nacional.

Correta é a letra **A**, pois a vigência do estado de sítio não afasta os deveres de legalidade do agente público, nos termos do artigo 141, da CF: "Cessado o estado de defesa ou o estado de sítio, cessarão também seus efeitos, sem prejuízo da responsabilidade pelos ilícitos cometidos por seus executores ou agentes.". A letra **B** está errada, pois requer 2/3 dos votos, nos termos do artigo 53, § 8º, da CF. Errada a letra **C**, pois não condiz com a literalidade do artigo 90, I, da CF, pois é caso de pronunciamento, não de opinião. A letra **D** está errada, porque ofende os incisos do artigo 137, da CF. A letra **E** está errada, pois a decretação é anterior à manifestação do Congresso Nacional: "Decretado o estado de defesa ou sua prorrogação, o Presidente da República, dentro de vinte e quatro horas, submeterá o ato com a respectiva justificação ao Congresso Nacional, que decidirá por maioria absoluta." (artigo 136, § 4º, da CF). **AB**

Gabarito "A".

(Delegado – PC/BA – 2018 – VUNESP) Assinale a alternativa que corretamente trata do sistema constitucional de crises.

(A) Na hipótese extrema do estado de defesa, quando medidas enérgicas devem ser tomadas para preservar a ordem pública, o preso pode ficar, excepcionalmente, incomunicável.

(B) O Estado de Sítio pode ser defensivo, tendo como pressuposto material a ocorrência de uma comoção grave, cuja repercussão é nacional e que não pode ser debelada com os instrumentos normais de segurança.

(C) Logo que cesse o Estado de Defesa ou o Estado de Sítio, as medidas aplicadas em sua vigência pelo Presidente da República serão relatadas em mensagem ao Supremo Tribunal Federal, pois cumpre ao Judiciário o controle de legalidade dos atos praticados.

(D) Cessado o Estado de Sítio, cessam imediatamente seus efeitos, de modo que os atos coercitivos autorizados em decreto, executados pelos delegados do Presidente da República, são imunes ao controle judicial.

(E) Os pareceres emitidos pelos Conselhos da República e de Defesa Nacional não são vinculantes, cabendo a decretação do estado de defesa ao Presidente da República, que expedirá decreto estabelecendo a duração da medida.

A: incorreta, pois, na vigência do estado de defesa, é vedada a incomunicabilidade do preso (art. 136, § 3º, IV, da CF); **B**: incorreta, porque o estado de sítio defensivo tem como pressuposto material a declaração de estado de guerra ou resposta à agressão armada estrangeira (art. 137, II, da CF); **C:** incorreta, pois, logo que cesse o estado de defesa ou o estado de sítio, as medidas aplicadas em sua vigência serão relatadas pelo Presidente da República, em mensagem ao **Congresso Nacional**, com especificação e justificação das providências adotadas, com relação nominal dos atingidos e indicação das restrições aplicadas (art. 141, parágrafo único, da CF); **D:** incorreta, já que, cessado o estado de defesa ou o estado de sítio, cessarão também seus efeitos, sem prejuízo da responsabilidade pelos ilícitos cometidos por seus executores ou agentes (art. 141, *caput*, da CF); **E:** correta, pois o Presidente da República pode, **ouvidos** – não é vinculante – o Conselho da República e o Conselho de Defesa Nacional, **decretar** estado de defesa para preservar ou prontamente restabelecer, em locais restritos e determinados, a ordem pública ou a paz social ameaçadas por grave e iminente instabilidade institucional ou atingidas por calamidades de grandes proporções na natureza. O decreto que instituir o estado de defesa determinará o tempo de sua duração, especificará as áreas a serem abrangidas e indicará as medidas coercitivas a vigorarem (art. 136, *caput* e § 1º, da CF).

Gabarito "E".

(Investigador – PC/BA – 2018 – VUNESP) Com base nas previsões da Constituição Federal de 1988, é correto afirmar sobre a segurança pública que

(A) às polícias civis, dirigidas por delegados de polícia de carreira, incumbem, ressalvada a competência da União, as funções de polícia judiciária e a apuração de infrações penais, inclusive as militares.

(B) é competência concorrente das polícias federal e civil as funções de polícia judiciária da União.

(C) os servidores policiais serão remunerados exclusivamente por subsídio fixado em parcela única, vedado o acréscimo de qualquer gratificação, adicional, abono, prêmio, verba de representação ou outra espécie remuneratória.

(D) é permitido aos Municípios que detenham a partir de 30 (trinta) mil habitantes a constituição de guardas municipais destinadas à proteção de seus bens, serviços e instalações.

(E) compete à polícia civil exercer, com exclusividade, as funções de polícia judiciária da União.

A: incorreta, visto que às polícias civis, dirigidas por delegados de polícia de carreira, incumbem, ressalvada a competência da União, as funções de polícia judiciária e a apuração de infrações penais, **exceto as militares** (art. 144, § 4º, da CF); B e E: incorretas, pois compete à polícia federal exercer, **com exclusividade**, as funções de polícia judiciária da União (art. 144, § 1º, IV, da CF); **C:** correta, de acordo com o art. 144, § 9º, combinado com o art. 39, § 4º, ambos da CF; **D:** incorreta, porque os municípios poderão constituir guardas municipais destinadas à proteção de seus bens, serviços e instalações, independentemente do número de habitantes (art. 144, § 8º, da CF).

Gabarito "C".

15. TRIBUTAÇÃO E ORÇAMENTO

(ENAM – 2024.1) Em razão das acentuadas divergências existentes entre os integrantes do Tribunal de Justiça do Estado Alfa, transcorreu *in albis* o prazo para o encaminhamento da proposta orçamentária anual dessa estrutura de poder, referente ao exercício financeiro seguinte. A proposta somente veio a ser aprovada uma semana depois. Esse estado de coisas suscitou debates, considerando a teleologia das normas constitucionais que asseguram a autonomia do Poder Judiciário, em relação às consequências desse atraso na perspectiva do ciclo orçamentário.

Em situação dessa natureza, à luz da sistemática constitucional, assinale a afirmativa correta.

(A) As dotações afetas a esta estrutura de poder, constantes da lei orçamentária em vigor, devem ser consideradas como proposta do Poder Judiciário.

(B) Os termos da proposta aprovada com atraso, considerando a necessidade de assegurar a autonomia financeira do Poder Judiciário, devem ser necessariamente considerados.

(C) Os valores aprovados na lei orçamentária vigente, ajustados conforme os limites estabelecidos na lei de diretrizes orçamentárias, serão utilizados pelo órgão competente, para fins de consolidação.

(D) O Presidente do Tribunal de Justiça, até o início da apreciação do projeto de lei orçamentária anual pela comissão competente, poderá encaminhar a proposta ao Poder Legislativo.

(E) O Poder Executivo considerará, para fins de consolidação do projeto de lei orçamentária anual, as dotações afetas a essa estrutura de poder, constantes da lei orçamentária em vigor, devidamente atualizadas pelo índice oficial de inflação.

A alternativa correta é a C. É o que está disposto no art. 99 da Constituição Federal.

Gabarito "C".

(ENAM – 2024.1) O Município Alfa instituiu taxa municipal de combate a incêndio, de modo a auxiliar no custeio das atividades da Defesa Civil municipal. Contudo, o Estado Beta, em que estava situado o Município Alfa, também cobrava uma taxa estadual de combate a incêndio, voltada a custear as atividades de seu Corpo de Bombeiros Militar.

Sobre essa situação de cobrança, à luz da jurisprudência dominante do STF sobre o tema, assinale a afirmativa correta.

(A) Configura uma bitributação, razão pela qual somente o Município Alfa poderia fazer a cobrança dessa taxa.

(B) Configura um *bis in idem* tributário, razão pela qual somente o Estado Beta poderia fazer a cobrança dessa taxa.

(C) Viola a predominância do interesse local, razão pela qual somente o Município Alfa poderia fazer a cobrança dessa taxa.

(D) Viola a atribuição do Corpo de Bombeiros Militar estadual, razão pela qual somente o Estado Beta poderia fazer a cobrança dessa taxa.

(E) Viola a especificidade e a divisibilidade do serviço público, pressupostos necessários à cobrança de taxas, razão pela qual nenhum dos dois entes poderia fazer a cobrança dessa taxa.

A alternativa correta é a E. O STF ao julgar a ADPF 1.030/RS, Relator Ministro Flávio Dino, j. 18/03/2024, destacou na ementa do acórdão que a: "1. Taxa é espécie tributária própria ao exercício do poder de polícia ou utilização, efetiva ou potencial, de serviços públicos específicos e divisíveis, prestados ao contribuinte ou postos a sua disposição, nos termos do inciso II do art. 145 da Constituição Federal. **2.** O Tribunal Pleno desta Casa afasta a chancela do texto constitucional à cobrança da taxa em razão do '*serviço de prevenção e de extinção de incêndio, socorros público (sic) de emergência, desabamento, buscas de salvamentos e outros riscos*' (arts. 40, II, "c", 118, 119, 120 e 121 da Lei nº 1.599/1988 do Município de Itaqui, e alterações das Leis nºs 2142/1995, 3549/2010 e 4148/2015), *v.g.* ADI 4411, Relator Ministro Marco Aurélio, DJe de 24/09/2020, e ADI 2908, Relatora Ministra Cármen Lúcia, DJe de 06/11/2019." ANH

Gabarito "E".

(Juiz de Direito – TJ/SC – 2024 – FGV) Dois meses antes do término do exercício financeiro, o presidente da República foi informado de que as dotações orçamentárias direcionadas a custear determinada política pública implementadora de política social não seriam suficientes à realização desse objetivo. Por tal razão, foi editada a Medida Provisória nº X, abrindo crédito adicional destinado à cobertura da referida despesa pública. Irresignado com o teor desse ato normativo, o Partido Político Alfa realizou estudos em relação à sua compatibilidade com a Constituição da República e à sua possível submissão ao controle concentrado de constitucionalidade.

Ao fim dos estudos realizados, concluiu-se, corretamente, que:

(A) créditos adicionais, qualquer que seja a sua modalidade, somente podem ser abertos por lei, logo, a Medida Provisória nº X é inconstitucional e pode ser objeto de ação direta de inconstitucionalidade;

(B) a modalidade de crédito adicional indicada na narrativa não pode ser aberta com a edição de medida provisória, logo, o referido ato normativo pode ser objeto de ação direta de inconstitucionalidade;

(C) apesar de a modalidade de crédito adicional indicada na narrativa não poder ser aberta por medida provisória, por se tratar de ato de efeitos concretos, não pode ser objeto de ação direta de inconstitucionalidade;

(D) créditos adicionais, qualquer que seja a sua modalidade, podem ser abertos por medida provisória, o que decorre da relevância e da urgência da medida, logo, o referido ato normativo apresenta higidez constitucional;

(E) a modalidade de crédito adicional indicada na narrativa pode ser aberta com a edição de medida provisória, logo, a deflagração do controle concentrado não culminaria com a declaração de inconstitucionalidade do ato normativo.

A alternativa correta é a B. O art. 167, § 3º, da CF, prevê que: "A abertura de crédito extraordinário somente será admitida para atender a despesas imprevisíveis e urgentes, como as decorrentes de guerra, comoção interna ou calamidade pública, observado o disposto no art. 62". O art. 62, § 1º, I, d, da CF, veda a edição de medidas provisórias sobre matéria: "planos plurianuais, diretrizes orçamentárias, orçamento e créditos adicionais e suplementares, ressalvado o previsto no art. 167, § 3º". O STF ao interpretar essas duas normas constitucionais decidiu que: "MEDIDA CAUTELAR EM AÇÃO DIRETA DE INCONSTITUCIONALIDADE. MEDIDA PROVISÓRIA Nº 405, DE 18.12.2007. ABERTURA DE CRÉDITO EXTRAORDINÁRIO. LIMITES CONSTITUCIONAIS À ATIVIDADE LEGISLATIVA EXCEPCIONAL DO PODER EXECUTIVO NA EDIÇÃO DE MEDIDAS PROVISÓRIAS. I. MEDIDA PROVISÓRIA E SUA CONVERSÃO EM LEI. Conversão da medida provisória na Lei nº 11.658/2008, sem alteração substancial. Aditamento ao pedido inicial. Inexistência de obstáculo processual ao prosseguimento do julgamento. A lei de conversão não convalida os vícios existentes na medida provisória. Precedentes. II. CONTROLE ABSTRATO DE CONSTITUCIONALIDADE DE NORMAS ORÇAMENTÁRIAS. REVISÃO DE JURISPRUDÊNCIA. O Supremo Tribunal Federal deve exercer sua função precípua de fiscalização da constitucionalidade das leis e dos atos normativos quando houver um tema ou uma controvérsia constitucional suscitada em abstrato, independente do caráter geral ou específico, concreto ou abstrato de seu objeto. Possibilidade de submissão das normas orçamentárias ao controle abstrato de constitucionalidade. III. LIMITES CONSTITUCIONAIS À ATIVIDADE LEGISLATIVA EXCEPCIONAL DO PODER EXECUTIVO NA EDIÇÃO DE MEDIDAS PROVISÓRIAS PARA ABERTURA DE CRÉDITO EXTRAORDINÁRIO. Interpretação do art. 167, § 3º c/c o art. 62, § 1º, inciso I, alínea 'd', da Constituição. Além dos requisitos de relevância e urgência (art. 62), a Constituição exige que a abertura do crédito extraordinário seja feita apenas para atender a despesas imprevisíveis e urgentes. Ao contrário do que ocorre em relação aos requisitos de relevância e urgência (art. 62), que se submetem a uma ampla margem de discricionariedade por parte do Presidente da República, os requisitos de imprevisibilidade e urgência (art. 167, § 3º) recebem densificação normativa da Constituição. Os conteúdos semânticos das expressões 'guerra', 'comoção interna' e 'calamidade pública' constituem vetores para a interpretação/aplicação do art. 167, § 3º c/c o art. 62, § 1º, inciso I, alínea 'd', da Constituição. 'Guerra', 'comoção interna' e 'calamidade pública' são conceitos que representam realidades ou situações fáticas de extrema gravidade e de consequências imprevisíveis para a ordem pública e a paz social, e que dessa forma requerem, com a devida urgência, a adoção de medidas singulares e extraordinárias. A leitura atenta e a análise interpretativa do texto e da exposição de motivos da MP nº 405/2007 demonstram que os créditos abertos são destinados a prover despesas correntes, que não estão qualificadas pela imprevisibilidade ou pela urgência. A edição da MP nº 405/2007 configurou um patente desvirtuamento dos parâmetros constitucionais que permitem a edição de medidas provisórias para a abertura de créditos extraordinários. IV. MEDIDA CAUTELAR DEFERIDA. Suspensão da vigência da Lei nº 11.658/2008, desde a sua publicação, ocorrida em 22 de abril de 2008" (STF, ADI 4048 MC, rel. Min. Gilmar Mendes, j. 14-5-2008). ANH

Gabarito "B".

(Juiz de Direito – TJ/SP – 2023 – VUNESP) Dispõe a Constituição Federal, no seu artigo 165 e parágrafos, que a lei de diretrizes orçamentárias compreenderá

(A) as metas e prioridades da administração pública federal, estabelecerá as diretrizes de política fiscal e respectivas metas, em consonância com trajetória sustentável da dívida pública, orientará a elaboração da lei orçamentária anual, disporá sobre as alterações na legislação tributária e estabelecerá a política de aplicação das agências financeiras oficiais de fomento.

(B) o orçamento fiscal referente aos Poderes da União, seus fundos, órgãos e entidades da administração direta e indireta, inclusive fundações instituídas e mantidas pelo Poder Público.

(C) o orçamento de investimento das empresas em que a União, direta ou indiretamente, detenha a maioria do capital social com direito a voto e o orçamento da seguridade social, abrangendo todas as entidades e órgãos a ela vinculados, da administração direta ou indireta, bem como os fundos e fundações instituídos e mantidos pelo Poder Público.

(D) de forma regionalizada, as diretrizes, os objetivos e as metas da administração pública federal para as despesas de capital e outras delas decorrentes e para as relativas aos programas de duração continuada.

A: Correta. A redação da alternativa está conforme o que dispõe o art. 165, § 2º, da CF. **B:** Incorreta. Refere-se à lei orçamentária anual (CF, art. 165, § 5º, I). **C:** Incorreta. Refere-se à lei orçamentária anual (CF, art. 165, § 5º, II e III). **D:** Incorreta. Refere-se ao plano plurianual (CF, art. 165, § 1º). AMN

Gabarito "A".

(Procurador Fazenda Nacional – AGU – 2023 – CEBRASPE) Acerca da tributação e do orçamento, considerando o texto constitucional, assinale a opção correta.

(A) Cabe a lei ordinária dispor sobre o exercício financeiro, a vigência, os prazos, a elaboração e a organização do plano plurianual, da lei de diretrizes orçamentárias e da lei orçamentária anual.

(B) A lei orçamentária anual compreenderá o orçamento fiscal referente aos Poderes da União e a seus fundos bem como aos órgãos e às entidades da administração direta e indireta, salvo fundações instituídas e mantidas pelo poder público.

(C) A lei de diretrizes orçamentárias compreenderá as metas e prioridades da administração pública federal, estabelecerá as diretrizes de política fiscal e respectivas metas, em consonância com trajetória sustentável da dívida pública, orientará a elaboração da lei orçamentária anual, disporá sobre as alterações na legislação tributária e estabelecerá a política de aplicação das agências financeiras oficiais de fomento.

(D) Integrará o plano plurianual, para os exercícios a que se refira e, pelo menos, para um exercício subsequente, anexo com a previsão de agregados fiscais e a proporção dos recursos para investimentos que serão alocados na lei orçamentária anual para a continuidade daqueles em andamento.

(E) As emendas ao projeto de lei do orçamento anual ou aos projetos que o modifiquem somente podem ser aprovadas caso indiquem os recursos necessários, admitidos apenas os provenientes de anulação de despesa, incluídas as que incidam sobre dotações para pessoal e seus encargos e sobre transferências tributárias constitucionais para os estados.

A: Incorreta. Cabe à lei complementar e não à lei ordinária (CF, art. 165, § 9º, I). **B:** Incorreta. O art. 165, § 5º, I, da CF, determina que: "A lei orçamentária anual compreenderá: I – o orçamento fiscal referente aos Poderes da União, seus fundos, órgãos e entidades da administração direta e indireta, inclusive fundações instituídas e mantidas pelo Poder Público (...)". **C:** Correta. É o que dispõe o art. 165, § 2º, da CF. **D:** Incorreta. O art. 165, § 12, da CF, prevê que: "Integrará a lei de diretrizes orçamentárias, para o exercício a que se refere e, pelo menos, para os 2 (dois) exercícios subsequentes, anexo com previsão de agregados fiscais e a proporção dos recursos para investimentos que serão alocados na lei orçamentária anual para a continuidade daqueles em andamento". **E:** Incorreta. As emendas ao projeto de lei do orçamento anual ou aos projetos que o modifiquem somente podem ser aprovadas caso indiquem os recursos necessários, admitidos apenas os provenientes de anulação de despesa, **excluídas** as que incidam sobre dotações para pessoal e seus encargos, **serviço da dívida** e sobre transferências tributárias constitucionais para estados, **municípios** e **Distrito Federal** (CF, art. 166, § 3º, II, a a c). AMN

Gabarito "C".

(Procurador Fazenda Nacional – AGU – 2023 – CEBRASPE) A respeito da previsão normativa segundo a qual a proposição legislativa que crie ou altere despesa obrigatória ou renúncia de receita deverá ser acompanhada da estimativa de seu impacto orçamentário e financeiro, assinale a opção correta.

(A) Trata-se de comando constitucional instituído pelo constituinte originário no capítulo Das Finanças Públicas, da CF.

(B) O STF entendeu que tal previsão normativa estabeleceu requisito adicional para a validade material de leis que criem despesa ou concedam benefícios fiscais.

(C) Trata-se de norma infraconstitucional cuja constitucionalidade não foi, até o momento, questionada perante o STF.

(D) O STF afirmou a constitucionalidade da norma, declarando-a aplicável a todos os entes federativos.

(E) O STF declarou a inconstitucionalidade de tal previsão normativa, sob o argumento de que ela está em desacordo com os princípios constitucionais orçamentários da unidade e da universalidade.

A alternativa correta é a D. O enunciado está se referindo ao art. 113 da ADCT, incluído pela EC 95/2016, que disciplinou "o Novo Regime Fiscal no âmbito dos Orçamentos Fiscal e da Seguridade Social da União". No entanto, o STF entende que essa regra é constitucional e se aplica a todos os entes federativos. É o que se depreende da decisão proferida na ADI 6303: "DIREITO CONSTITUCIONAL E TRIBUTÁRIO. AÇÃO DIRETA DE INCONSTITUCIONALIDADE. IPVA. ISENÇÃO. AUSÊNCIA DE ESTUDO DE IMPACTO ORÇAMENTÁRIO E FINANCEIRO. 1. Ação direta contra a Lei Complementar nº 278, de 29 de maio de 2019, do Estado de Roraima, que acrescentou o inciso VIII e o § 10 ao art. 98 da Lei estadual nº 59/1993. As normas impugnadas versam sobre a concessão de isenção do imposto sobre a propriedade de veículos automotores (IPVA) às motocicletas, motonetas e ciclomotores com potência de até 160 cilindradas. 2. Inconstitucionalidade formal. Ausência de elaboração de estudo de impacto orçamentário e financeiro. O art. 113 do ADCT foi introduzido pela Emenda Constitucional nº 95/2016, que se destina a disciplinar 'o Novo Regime Fiscal no âmbito dos Orçamentos Fiscal e da Seguridade Social da União'. A regra em questão, porém, não se restringe à União, conforme a sua interpretação literal, teleológica e sistemática. 3. Primeiro, a redação do dispositivo não determina que a regra seja limitada à União, sendo possível a sua extensão aos demais entes. Segundo, a norma, ao buscar a gestão fiscal responsável, concretiza princípios constitucionais como a impessoalidade, a moralidade, a publicidade e a eficiência (art. 37 da CF/1988). Terceiro, a inclusão do art. 113 do ADCT acompanha o tratamento que já vinha sendo conferido ao tema pelo art. 14 da Lei de Responsabilidade Fiscal, aplicável a todos os entes da Federação. 4. A exigência de estudo de impacto orçamentário e financeiro não atenta contra a forma federativa, notadamente a autonomia financeira dos entes. Esse requisito visa a permitir que o legislador, como poder vocacionado para a instituição de benefícios fiscais, compreenda a extensão financeira de sua opção política. 5. Com base no art. 113 do ADCT, toda 'proposição legislativa [federal, estadual, distrital ou municipal] que crie ou altere despesa obrigatória ou renúncia de receita deverá ser acompanhada da estimativa do seu impacto orçamentário e financeiro', em linha com a previsão do art. 14 da Lei de Responsabilidade Fiscal. 6. A Lei Complementar do Estado de Roraima nº 278/2019 incorreu em vício de inconstitucionalidade formal, por violação ao art. 113 do ADCT. 7. Pedido julgado procedente, para declarar a inconstitucionalidade formal da Lei Complementar nº 278, de 29 de maio de 2019, do Estado de Roraima, por violação ao art. 113 do ADCT. 8. Fixação da seguinte tese de julgamento: 'É inconstitucional lei estadual que concede benefício fiscal sem a prévia estimativa de impacto orçamentário e financeiro exigida pelo art. 113 do ADCT'". AMN

Gabarito "D".

(Juiz de Direito/AP – 2022 – FGV) A instituição de assistência social ZZ, sem fins lucrativos, adquiriu, junto à sociedade empresária XX, diversos equipamentos que seriam integrados ao seu ativo permanente, visando ao pleno desenvolvimento de suas atividades regulares. Para surpresa dos seus diretores, constatou-se que, na nota fiscal emitida por XX, constava o imposto sobre circulação de mercadorias e sobre prestação de serviços de transporte interestadual e intermunicipal e comunicação (ICMS) devido pela operação de venda, na qual ZZ figurava como adquirente.

Nas circunstâncias indicadas, a incidência do ICMS é:

(A) incorreta, pois a imunidade tributária subjetiva de ZZ incide nas hipóteses em que figure como contribuinte de direito e de fato;

(B) incorreta, desde que ZZ demonstre que arcou com o ônus financeiro do respectivo tributo, por se tratar de imposto indireto;

(C) correta, pois a imunidade tributária subjetiva de ZZ somente incide quando figure como contribuinte de direito, não de fato;

(D) incorreta, desde que ZZ demonstre que o montante correspondente à desoneração tributária será aplicado em sua atividade fim;

(E) correta, pois a imunidade tributária subjetiva de ZZ não é aplicada em se tratando de impostos que incidam sobre a circulação de riquezas.

À luz da jurisprudência consagrada na Corte, a imunidade tributária subjetiva (no caso do art. 150, VI, da Constituição Federal, em relação aos impostos) aplica-se ao ente beneficiário na condição de contribuinte de direito, sendo irrelevante, para resolver essa questão, investigar se o tributo repercute economicamente. O ente beneficiário de imunidade tributária subjetiva ocupante da posição de simples contribuinte de fato – como ocorre no presente caso –, embora possa arcar com os ônus financeiros dos impostos envolvidos nas compras de mercadorias (a exemplo do IPI e do ICMS), caso tenham sido transladados pelo vendedor contribuinte de direito, desembolsa importe que juridicamente não é tributo, mas sim preço, decorrente de uma relação contratual. **ANH**
Gabarito "C".

(Procurador Município – Teresina/PI – FCC – 2022) No que se refere ao sistema tributário nacional, a Constituição Federal de 1988 estabelece:

(A) As limitações ao poder de tributar estabelecidas pela Constituição Federal são garantias asseguradas aos contribuintes e encerram um rol taxativo.

(B) A União poderá instituir, mediante lei complementar, impostos não previstos pela Constituição como de sua competência tributária, desde que sejam não cumulativos e não tenham fato gerador ou base de cálculo próprios dos discriminados na Constituição.

(C) Templos de qualquer culto, bem como livros, jornais, periódicos e papel destinado a sua impressão gozam de isenção de impostos, mas não de taxas ou de contribuições.

(D) É vedado à União utilizar tributo com efeito de confisco, salvo em caso de iminência ou guerra declarada.

(E) Compete à União estabelecer impostos sobre grandes fortunas, nos termos da lei.

A: Incorreta. O rol não é taxativo, conforme dispõe o art. 150, caput, da CF. **B: Correta.** Está previsto no art. 154, I, da CF. **C: Incorreta.** É caso de imunidade tributária e não de isenção (CF, art. 150, VI, b e d). Observe-se que a Emenda Constitucional nº 132/2023, alterou a redação do art. 150, VI, b, da CF, e passou a prever a imunidade tributária em relação aos impostos de entidades religiosas e templos de qualquer culto, inclusive suas organizações assistenciais e beneficentes. **D: Incorreta.** O art. 150, IV, da CF, não prevê a mencionada exceção. **E: Incorreta.** Deve ser nos termos de **lei complementar** (CF, art. 153, VII). **AMN**
Gabarito "B".

(Procurador/DF – CESPE – 2022) À luz da Constituição Federal de 1988 (CF) e da jurisprudência do STF, julgue os próximos itens, a respeito do Sistema Tributário Nacional.

(1) A observância à legalidade tributária, considerada a possibilidade de flexibilização desse princípio, é verificada de acordo com cada espécie tributária e à luz de cada caso concreto.

(2) A reserva legal de iniciativa privativa do chefe do Poder Executivo será ofendida caso lei oriunda de projeto elaborado por assembleia legislativa estadual trate sobre matéria tributária.

(3) A previsão constitucional de repartição das receitas tributárias não altera a distribuição de competências, consideradas a privatividade e a autonomia do ente federativo em instituir e cobrar seus próprios impostos.

(4) A Desvinculação de Receitas da União (DRU), conforme prevista no ADCT da CF, não alcança o montante a ser transferido pela União aos estados e aos municípios em decorrência das normas constitucionais de repartição de receitas.

(5) Não é válida a isenção de tributo estadual instituída em decorrência de tratado internacional celebrado pela República Federativa do Brasil com país estrangeiro, considerado o princípio da vedação às isenções heterônomas.

1: Certo. A mitigação do princípio da legalidade tributária foi decidida pelo STF na ADI 5277, Rel. Min. Dias Toffoli, Tribunal Pleno, j. 10/12/2020, DJe 25/03/2021. **2: Errado.** Segundo entendimento do STF inexiste reserva de iniciativa em matéria tributária ao chefe do poder executivo. Nesse sentido: "Tributário. Processo legislativo. Iniciativa de lei. 2. Reserva de iniciativa em matéria tributária. Inexistência. 3. Lei municipal que revoga tributo. Iniciativa parlamentar. Constitucionalidade. 4. Iniciativa geral. Inexiste, no atual texto constitucional, previsão de iniciativa exclusiva do Chefe do Executivo em matéria tributária. 5. Repercussão geral reconhecida. 6. Recurso provido. Reafirmação de jurisprudência" (ARE 743.480, Rel. Min. Gilmar Mendes, j. 10/10/2013, DJe 20/11/2013, com Repercussão Geral, Tema 682). **3: Certo.** A transferência das receitas tributárias não altera a distribuição de competências. **4: Certo.** É o que foi decidido pelo STF na ADI 5628, Rel. Min. Alexandre de Moraes, j. 24/08/2020, DJe 26/11/2020. **5: Errado.** Pelo contrário, é possível a isenção de tributo estadual instituída em decorrência de tratado internacional celebrado pela República Federativa do Brasil com país estrangeiro. **AMN**
Gabarito 1C, 2E, 3C, 4C, 5E

(Juiz de Direito – TJ/MS – 2020 – FCC) Mostra-se compatível com as normas constitucionais que regem o Sistema Tributário Nacional a

(A) instituição de alíquotas progressivas para o imposto sobre a transmissão *causa mortis*, fixadas de acordo com o valor dos bens ou direitos a serem transmitidos, observada a alíquota máxima fixada pelo Congresso Nacional.

(B) edição de lei que, ao instituir taxa pelo exercício de poder de polícia, fixa-lhe o limite máximo e prescreve que o respectivo valor será definido em regulamento a ser editado pelo Poder Executivo estadual, em proporção razoável com os custos da atuação estatal.

(C) instituição de taxas em razão dos serviços de conservação e limpeza de logradouros, bem como em razão dos serviços públicos de coleta, remoção e tratamento ou destinação de lixo ou resíduos provenientes de imóveis.

(D) instituição de taxa que tenha a mesma base de cálculo de imposto previsto na Constituição Federal, uma vez que se trata de espécies tributárias distintas.

(E) instituição de impostos sobre patrimônio, renda ou serviços de autarquias e fundações instituídas e mantidas pelo Poder Público, uma vez que a imunidade tributária recíproca alcança apenas os entes federativos.

A: incorreta, porque compete ao **Senado Federal** fixar as alíquotas máximas do ITCMD, nos termos do art. 155, § 1º, IV, da CF. Em sede de repercussão geral, o STF fixou tese no sentido de que "*é constitucional a fixação de alíquota progressiva para o Imposto sobre Transmissão Causa Mortis e Doação — ITCD*" (Tema 21). Segundo o entendimento do STF, todos os impostos estão sujeitos ao princípio da capacidade contributiva, especialmente os diretos, independentemente de sua classificação como de caráter real ou pessoal. (RE 562.045, rel. p/ o ac. min. Cármen Lúcia, voto do min. Eros Grau, j. 6-2-2013, P, DJE de 27-11-2013, Tema 21); **B**: correta, conforme tese de repercussão geral fixada pelo STF: "*Não viola a legalidade tributária a lei que, prescrevendo o teto, possibilita o ato normativo infralegal fixar o valor de taxa em proporção razoável com os custos da atuação estatal, valor esse que não pode ser atualizado por ato do próprio conselho de fiscalização em percentual superior aos índices de correção monetária legalmente previstos.*" (RE 838.284, voto do rel. min. Dias Toffoli, j. 19-10-2016, P, DJE de 22-9-2017, Tema 829); **C**: incorreta, pois o STF entende que "*as taxas cobradas em razão exclusivamente dos serviços públicos de coleta, remoção e tratamento ou destinação de lixo ou resíduos provenientes de imóveis são constitucionais, ao passo que é inconstitucional a cobrança de valores tidos como taxa em razão de serviços de conservação e limpeza de logradouros e bens públicos.*" (RE 576.321 QO-RG, voto do rel. min. Ricardo Lewandowski, j. 4-12-2008, P, DJE de 13-2-2009, Tema 146). O STF fixou a seguinte tese de repercussão geral: "*I – A taxa cobrada exclusivamente em razão dos serviços públicos de coleta, remoção e tratamento ou destinação de lixo ou resíduos provenientes de imóveis não viola o artigo 145, II, da Constituição Federal; II – A taxa cobrada em razão dos serviços de conservação e limpeza de logradouros e bens públicos ofende o art. 145, II, da Constituição Federal; III – É constitucional a adoção, no cálculo do valor de taxa, de um ou mais elementos da base de cálculo própria de determinado imposto, desde que não haja integral identidade entre uma base e outra.*" (Tema 146); **D**: incorreta, visto que o art. 145, § 2º, da Constituição Federal estabelece que as taxas não poderão ter base de cálculo própria de impostos; **E**: incorreta, já que a imunidade tributária recíproca (art. 150, VI, "a", da CF) é extensiva às autarquias e às fundações instituídas e mantidas pelo Poder Público, no que se refere ao patrimônio, à renda e aos serviços, vinculados a suas finalidades essenciais ou às delas decorrentes, nos termos do art. 150, § 2º da CF.

Gabarito "B".

(Juiz de Direito - TJ/AL - 2019 – FCC) Prefeito Municipal Aristóbulo ajuizou Ação Direta de Inconstitucionalidade contra lei de iniciativa do Poder Legislativo Municipal que acrescentou artigo ao Código Tributário Municipal, concedendo isenção do pagamento da Contribuição para o Custeio do Serviço de Iluminação Pública (COSIP) às unidades consumidoras dos órgãos da Administração direta e indireta do Município, situado no Estado de Alagoas. À luz da disciplina constitucional pertinente e da jurisprudência do Supremo Tribunal Federal, trata-se de ato

(A) inconstitucional, pois ocorre vício formal de iniciativa, uma vez que cria despesa sem a correspondente previsão de custeio para a Administração Municipal.

(B) inconstitucional, pois significa alteração de tributo sem lei que o estabeleça.

(C) constitucional, diante do reconhecimento da natureza tributária da COSIP, bem como da competência concorrente para iniciar processo legislativo em matéria tributária.

(D) inconstitucional, porquanto caracteriza usurpação da competência tributária da União.

(E) inconstitucional, porquanto a isenção da taxa viola a Constituição Estadual de Alagoas, bem como a Constituição Federal.

A: incorreta, pois o STF fixou tese com repercussão geral no sentido de que "*inexiste, na Constituição Federal de 1988, reserva de iniciativa para leis de natureza tributária, inclusive para as que concedem renúncia fiscal*" (Tema 682). Ainda que acarretem diminuição das receitas arrecadadas, as leis que concedem benefícios fiscais tais como isenções, remissões, redução de base de cálculo ou alíquota não podem ser enquadradas entre as leis orçamentárias a que se referem o art. 165 da Constituição Federal (ARE 743480 RG, Relator: Min. Gilmar Mendes, julgado em 10/10/2013, Tema 682); **B**: incorreta, porque a isenção foi concedida mediante lei de iniciativa do Poder Legislativo Municipal, respeitando, assim, o princípio da legalidade tributária; **C**: correta, pois a jurisprudência do STF nega a exigência de reserva de iniciativa em matéria tributária, ainda que se cuide de lei que vise à minoração ou revogação de tributo. As leis em matéria tributária enquadram-se na regra de iniciativa geral, que autoriza a qualquer parlamentar apresentar projeto de lei cujo conteúdo consista em instituir, modificar ou revogar tributo (ARE 743480 RG, Relator: Min. Gilmar Mendes, julgado em 10/10/2013, Tema 682); **D**: incorreta, visto que a Contribuição para o Custeio do Serviço de Iluminação Pública (COSIP) pertence à competência tributária dos Municípios e do Distrito Federal, conforme previsão do art. 149-A da CF; **E**: incorreta, conforme comentários anteriores.

Gabarito "C".

16. ORDEM ECONÔMICA E FINANCEIRA

(Juiz Federal – TRF/1 – 2023 – FGV) Joana recebeu autorização de pesquisa do órgão competente, tendo por objeto uma jazida de recursos minerais encontrada no subsolo da propriedade de João. Irresignado com o que considerava uma indevida ingerência sobre a sua esfera jurídica, João procurou se inteirar a respeito da juridicidade dessa autorização.

Ao final de suas reflexões, João concluiu, corretamente, que:

(A) a autorização poderia ter sido concedida, sendo imperativo que isso tenha ocorrido por prazo determinado;

(B) a autorização somente poderia ser concedida a Joana se fosse demonstrada a inexistência de órgão público capaz de realizar a pesquisa;

(C) a autorização poderia ter sido concedida, observada a imperatividade de que isso tenha ocorrido em caráter precário, sem prazo fixo;

(D) como a propriedade do subsolo é da União, esse ente federativo poderia celebrar ajustes com terceiros tendo-a como objeto, mas apenas para fins de exploração;

(E) a autorização pode ser transferida a terceiros, conforme ajuste celebrado por Joana, que não carece de aprovação da União, sendo imperativa a observância dos termos da autorização original.

A: Correta. Dispõe o art. 176, § 3°, da CF, que: "A autorização de pesquisa será sempre por prazo determinado, e as autorizações e concessões previstas neste artigo não poderão ser cedidas ou transferidas, total ou parcialmente, sem prévia anuência do poder concedente". **B**: Incorreta. Não há previsão constitucional dessa hipótese. **C**: Incorreta. A autorização de pesquisa será sempre por prazo determinado (CF, art. 176, § 3°). **D**: Incorreta. Não é isso que dispõe o art. 176, § 3°, da CF, que prevê a autorização de pesquisa. **E**: Incorreta. Pelo contrário, a autorização não poderá ser cedida ou transferida, total ou parcialmente, sem prévia anuência do poder concedente (CF, art. 176, § 3°). ANH
Gabarito "A".

(Juiz de Direito/AP – 2022 – FGV) Joana e sua família contrataram com a companhia aérea ZZ o serviço de transporte aéreo internacional do Brasil para a Espanha, com passagens de ida e volta. Ao desembarcarem no destino, juntamente com os demais passageiros, constataram que sua bagagem tinha se extraviado.

Assim que retornaram ao Brasil, Joana e sua família ajuizaram ação de reparação de danos em face da companhia aérea ZZ, com base no Código de Defesa do Consumidor (CDC). Em sua defesa, a companhia argumentou com a existência de convenção internacional (CI), devidamente ratificada pelo Estado brasileiro antes da promulgação da Constituição da República de 1988, cuja aplicação resultaria na fixação de indenização em patamares sensivelmente inferiores. Acresça-se que a sede da multinacional está situada em país que igualmente ratificou a convenção.

À luz da sistemática constitucional, o juiz de direito, ao julgar a causa, deve aplicar, nas circunstâncias indicadas:

(A) o CDC, que somente não prevaleceria sobre a CI caso fosse mais favorável ao consumidor, o que não é o caso;

(B) a CI, que, por expressa previsão constitucional, sempre prevalece sobre as normas infraconstitucionais afetas à temática;

(C) o CDC, que tem a natureza de lei ordinária e foi editado em momento posterior à CI, afastando a sua eficácia no território brasileiro;

(D) o CDC, pois a proteção do consumidor consubstancia direito fundamental, insuscetível de ser restringido por CI;

(E) a CI, desde que a sua recepção pela Constituição da República de 1988 tenha sido reconhecida em cada Casa do Congresso Nacional, em dois turnos, pelo voto de três quintos dos seus membros.

A questão aborda o texto do Art. 178. A lei disporá sobre a ordenação dos transportes aéreo, aquático e terrestre, devendo, quanto à ordenação do transporte internacional, observar os acordos firmados pela União, atendido o princípio da reciprocidade. (Redação dada pela Emenda Constitucional 7, de 1995), o que faz com que a CI prevaleça quanto ao CDC. O STF firmou o tema 210 de repercussão geral, cuja tese é a seguinte: "Nos termos do art. 178 da Constituição da República, as normas e os tratados internacionais limitadores de responsabilidade das transportadoras aéreas de passageiros, especialmente as Convenções de Varsóvia e Montreal, têm prevalência em relação ao Código de Defesa do Consumidor." (STF – RE 636331 – Tribunal Pleno – Relator Ministro Gilmar Mendes – julgamento 25/05/2017 – DJe 13/11/2017). ANH
Gabarito "B".

(Procurador Município – Santos/SP – VUNESP – 2021) A respeito da Ordem Econômica e Financeira, é correto afirmar que

(A) o Estado favorecerá a organização da atividade garimpeira em cooperativas, levando em conta a proteção do meio ambiente e a promoção econômico-social dos garimpeiros.

(B) dependerá de autorização ou concessão o aproveitamento do potencial de energia renovável de capacidade reduzida.

(C) é facultada a participação ao proprietário do solo nos resultados da lavra, na forma e no valor dispostos na Constituição da entidade federativa.

(D) as jazidas em lavra, e os demais recursos minerais constituem propriedade distinta daquela do solo, e para efeito de exploração, pertencem à União e à unidade federativa de sua localização.

(E) é assegurado a todos o livre exercício de qualquer atividade econômica, sujeita à autorização de órgãos públicos, conforme previsão em lei.

A: Correta. A alternativa está de acordo com o art. 174, § 3°, da CF. **B**: Incorreta. A redação do art. 176, § 4°, da CF, prevê o contrário, prescrevendo que **não** dependerá de autorização ou concessão. **C**: Incorreta. O art. 176, § 2°, da CF, dispõe: "É assegurada participação ao proprietário do solo nos resultados da lavra, na forma e no valor que dispuser a lei". **D**: Incorreta. O art. 176, caput, da CF, prescreve: "As jazidas, em lavra ou não, e demais minerais e os potenciais de energia hidráulica constituem propriedade distinta da do solo, para efeito de exploração ou aproveitamento e pertencem à União, garantida ao concessionário a propriedade do produto da lavra". **E**: Incorreta. O parágrafo único do art. 170 da CF, dispõe o contrário: "É assegurado a todos o livre exercício de qualquer atividade econômica, independentemente de autorização de órgãos públicos, salvo nos casos previstos em lei". AMN
Gabarito "A".

(Advogado – Pref. São Roque/SP – 2020 – VUNESP) A respeito da Política Urbana, com base na Constituição Federal, assinale a alternativa correta.

(A) O plano diretor é o instrumento básico da política de desenvolvimento e expansão urbana, sendo obrigatório para cidades com mais de dez mil habitantes.

(B) A propriedade urbana cumpre sua função social quando atende às exigências fundamentais de ordenação da cidade expressas no plano diretor.

(C) As desapropriações de imóveis urbanos que não atendam às especificações do plano diretor devem ser precedidas de indenização em títulos da dívida pública, resgatáveis em 20 (vinte) anos.

(D) Os imóveis públicos que não atendam a sua função social podem ser objeto de usucapião.

(E) Aquele que possuir como sua área urbana de até trezentos e cinquenta metros quadrados, por três anos, utilizando-a para o exercício de atividade comercial, adquirir-lhe-á o domínio.

A: errada, porque a obrigatoriedade é para cidades com mais de vinte mil habitantes (artigo 182, § 1°, da CF). **B**: correta (artigo 182, § 2°, da CF). **C:** errada, pois o prazo é de até 10 anos (artigo 182, § 4º, III, da CF). **D:** errada, porque os imóveis públicos não são adquiridos por usucapião (artigo 183, § 3º, da CF). Por último, a letra **E** está errada, porque o limite é de até duzentos e cinquenta metros quadrados, por cinco anos (artigo 183, da CF).

Gabarito "B".

(Procurador do Município – Boa Vista/RR – 2019 – CESPE/CEBRASPE) Relativamente às normas constitucionais aplicáveis aos orçamentos, julgue o seguinte item.

(1) Desde que autorizados por lei específica, os estados podem realizar transferência voluntária de recursos financeiros para realizar o pagamento de despesas com pessoal ativo dos municípios.

Errado, conforme artigo 167, X, da CF: "Art. 167. São vedados: (...) X – a transferência voluntária de recursos e a concessão de empréstimos, inclusive por antecipação de receita, pelos Governos Federal e Estaduais e suas instituições financeiras, para pagamento de despesas com pessoal ativo, inativo e pensionista, dos Estados, do Distrito Federal e dos Municípios.".

Gabarito "1E".

(Procurador do Município – Valinhos/SP – 2019 – VUNESP) A Constituição Federal dispõe sobre a Ordem Financeira e Econômica que

(A) incumbe ao Poder Público, diretamente, a prestação de todos os serviços públicos.
(B) cada ente federativo disporá sobre o transporte e a utilização de materiais radioativos nos seus territórios.
(C) não dependerá de autorização ou concessão o aproveitamento do potencial de energia renovável de capacidade reduzida.
(D) a autorização para pesquisa de recursos naturais será sempre por prazo indeterminado, e as autorizações e concessões poderão ser cedidas ou transferidas, total ou parcialmente, independentemente de qualquer autorização.
(E) a pesquisa, a lavra, o enriquecimento, o reprocessamento, a industrialização e o comércio de minérios e minerais nucleares e seus derivados não constituem monopólio da União.

Correta é a letra C, nos termos do artigo 176, §4º, da CF: "Não dependerá de autorização ou concessão o aproveitamento do potencial de energia renovável de capacidade reduzida.". A letra A está errada (artigo 175, da CF), pois é perfeitamente cabível a concessão e a permissão de serviços públicos. A letra B equivocada (artigo 177, §3º, da CF). A letra D é errada, nos termos do artigo 176, §3º, da CF, uma vez que o prazo é determinado. A letra E é incorreta, pois são monopólios da União (artigo 177, V, da CF).

Gabarito "C".

(Procurador do Município – S.J. Rio Preto/SP – 2019 – VUNESP) Em relação aos princípios constitucionais do orçamento, aquele que estabelece que a receita não possa ter vinculações que reduzem o grau de liberdade do gestor e engessa o planejamento de médio, curto e longo prazos, e que se aplicam somente às receitas de impostos, denomina-se princípio

(A) do orçamento bruto.
(B) da não afetação das receitas.
(C) do equilíbrio.
(D) da objetividade.
(E) da exatidão.

Correta é a letra B, conforme artigo 167, IV, da CF: "Art. 167. São vedados: IV – a vinculação de receita de impostos a órgão, fundo ou despesa, ressalvadas a repartição do produto da arrecadação dos impostos a que se referem os arts. 158 e 159, a destinação de recursos para as ações e serviços públicos de saúde, para manutenção e desenvolvimento do ensino e para realização de atividades da administração tributária, como determinado, respectivamente, pelos arts. 198, § 2º, 212 e 37, XXII, e a prestação de garantias às operações de crédito por antecipação de receita, previstas no art. 165, § 8º, bem como o disposto no § 4º deste artigo;". Todas as demais alternativas estão erradas porque não guardam relação direta com o enunciado.

Gabarito "B".

(Promotor de Justiça/PR – 2019 – MPE/PR) Assinale a alternativa *incorreta*:

(A) Ofende o princípio da livre concorrência lei municipal que impede a instalação de estabelecimentos comerciais do mesmo ramo em determinada área.
(B) Viola o princípio da livre-iniciativa contrato pactuado entre ente federativo e instituição financeira, que assegura exclusividade de concessão de empréstimo consignado em folha de pagamento aos servidores da pessoa jurídica.
(C) É inconstitucional a lei que inclui a CDA no rol de títulos sujeitos a protesto, pois a publicidade que é conferida ao débito tributário pelo protesto representa embaraço à livre-iniciativa e à liberdade profissional, comprometendo diretamente a organização e a condução das atividades societárias.
(D) É defeso à Fazenda Pública obstaculizar a atividade empresarial com a imposição de penalidades, como a apreensão de mercadorias e restrição à impressão de notas fiscais em bloco, no intuito de compelir o contribuinte ao adimplemento de tributo vencido.
(E) O percentual de desconto obrigatório e linear nas vendas de determinados medicamentos ao poder público, chamado Coeficiente de Adequação de Preço (CAP), opera como fator de ajuste de preços, permitindo, assim, que se chegue ao Preço Máximo de Venda ao Governo (PMVG), o que vai ao encontro da reprovação constitucional do aumento arbitrário de lucros (art. 173, § 4º, CF/1988).

Letra C está incorreta, conforme jurisprudência do STF, uma vez que o protesto da CDA é constitucional (ADI 5.135, STF).

Gabarito "C".

(Promotor de Justiça/PR – 2019 – MPE/PR) Assinale a alternativa *incorreta*:

(A) Ofende o princípio da livre concorrência lei municipal que impede a instalação de estabelecimentos comerciais do mesmo ramo em determinada área.
(B) Viola o princípio da livre-iniciativa contrato pactuado entre ente federativo e instituição financeira, que assegura exclusividade de concessão de empréstimo consignado em folha de pagamento aos servidores da pessoa jurídica.
(C) É inconstitucional a lei que inclui a CDA no rol de títulos sujeitos a protesto, pois a publicidade que é conferida ao débito tributário pelo protesto representa embaraço à livre-iniciativa e à liberdade profissional,

comprometendo diretamente a organização e a condução das atividades societárias.

(D) É defeso à Fazenda Pública obstaculizar a atividade empresarial com a imposição de penalidades, como a apreensão de mercadorias e restrição à impressão de notas fiscais em bloco, no intuito de compelir o contribuinte ao adimplemento de tributo vencido.

(E) O percentual de desconto obrigatório e linear nas vendas de determinados medicamentos ao poder público, chamado Coeficiente de Adequação de Preço (CAP), opera como fator de ajuste de preços, permitindo, assim, que se chegue ao Preço Máximo de Venda ao Governo (PMVG), o que vai ao encontro da reprovação constitucional do aumento arbitrário de lucros (art. 173, § 4º, CF/1988).

Letra C está incorreta, conforme jurisprudência do STF, uma vez que o protesto da CDA é constitucional (ADI 5.135, STF). AB
Gabarito "C".

(Juiz de Direito – TJ/RS – 2018 – VUNESP) A Súmula Vinculante nº 49 afirma que a lei municipal que impede a instalação de estabelecimentos comerciais do mesmo ramo em determinada área é

(A) inconstitucional, porque compete privativamente à União legislar sobre atividades financeiras, econômicas e comerciais.

(B) inconstitucional, porque viola o princípio da livre concorrência, previsto como princípio expresso da ordem econômica na Constituição Federal de 1988.

(C) inconstitucional, porque um dos princípios da ordem econômica na Constituição Federal de 1988 é a redução das desigualdades regionais e sociais.

(D) constitucional, porque os Municípios são competentes para legislar sobre assuntos de interesse local conforme prevê o texto da Carta da República.

(E) constitucional, porque no âmbito da ordem econômica da Constituição Federal de 1988, a intervenção do Estado deve coibir o abuso do poder econômico.

A Súmula Vinculante 49 do STF estabelece que ofende o princípio da livre concorrência lei municipal que impede a instalação de estabelecimentos comerciais do mesmo ramo em determinada área. Neste sentido, o precedente representativo dessa súmula vinculante: *1. A CF/1988 assegura o livre exercício de qualquer atividade econômica, independentemente de autorização do poder público, salvo nos casos previstos em lei. 2. Observância de distância mínima da farmácia ou drogaria existente para a instalação de novo estabelecimento no perímetro. [...] Limitação geográfica que induz à concentração capitalista, em detrimento do consumidor, e implica cerceamento do exercício do princípio constitucional da livre concorrência, que é uma manifestação da liberdade de iniciativa econômica privada.* (RE 193.749, Rel. Min. Carlos Velloso, Rel. p/ o ac. Min. Maurício Corrêa, P, j. 4-6-1998). AN
Gabarito "B".

17. ORDEM SOCIAL

(Procurador – PGE/SP – 2024 – VUNESP) Assinale a alternativa correta quanto ao desenho constitucional estabelecido para a promoção e o incentivo de ações com vistas ao desenvolvimento científico, capacitação tecnológica e inovação.

(A) As atividades de pesquisa, de extensão e de estímulo e fomento à inovação realizadas por escolas públicas, escolas comunitárias, confessionais ou filantrópicas poderão receber apoio financeiro do Poder Público, opção não extensível às universidades e instituições de educação profissional e tecnológica.

(B) O Sistema Nacional de Ciência, Tecnologia e Inovação (SNCTI) deve ser organizado pela União com vistas a promover a cultura de inovação e visão empreendedora, no âmbito da sua competência privativa, devendo prever a participação colaborativa de entes públicos e privados em Conselhos, inclusive para a composição de distribuição orçamentária e financeira.

(C) A transposição, o remanejamento ou a transferência de recursos de uma categoria de programação para outra poderão ser admitidos, no âmbito das atividades de ciência, tecnologia e inovação, com o objetivo de viabilizar os resultados de projetos restritos a essas funções, mediante prévia autorização legislativa.

(D) O Fundo Nacional de Desenvolvimento Regional pode ser destinado para a promoção de ações com vistas ao desenvolvimento científico e tecnológico e à inovação, mediante a entrega de recursos da União aos Estados e ao Distrito Federal, fixados por parâmetros constitucionais denominados coeficientes individuais de participação, regulamentados e calculados pelo Tribunal de Contas da União.

(E) As pesquisas na área de ciência, tecnologia e inovação devem ser essencialmente direcionadas para a solução dos problemas nacionais e para o desenvolvimento do sistema produtivo regional, razão pela qual não cabe ao Poder Público incentivar, promover e financiar a atuação das instituições públicas nessa área, no exterior.

A: Incorreta. O § 2º do art. 213 da CF dispõe que: "As atividades de pesquisa, de extensão e de estímulo e fomento à inovação realizadas por universidades e/ou por instituições de educação profissional e tecnológica poderão receber apoio financeiro do Poder Público". **B**: Incorreta. O art. 219-B da CF prescreve que: "O Sistema Nacional de Ciência, Tecnologia e Inovação (SNCTI) será organizado em regime de colaboração entre entes, tanto públicos quanto privados, com vistas a promover o desenvolvimento científico e tecnológico e a inovação". **C**: Incorreta. O § 5º do art. 167 da CF determina que: "A transposição, o remanejamento ou a transferência de recursos de uma categoria de programação para outra poderão ser admitidos, no âmbito das atividades de ciência, tecnologia e inovação, com o objetivo de viabilizar os resultados de projetos restritos a essas funções, mediante ato do Poder Executivo, sem necessidade da prévia autorização legislativa prevista no inciso VI deste artigo". **D**: Correta. Está previsto no art. 159-A da CF. **E**: Incorreta. O § 7º do art. 218 da CF estabelece que: "O Estado promoverá e incentivará a atuação no exterior das instituições públicas de ciência, tecnologia e inovação, com vistas à execução das atividades previstas no *caput*". AMN
Gabarito "D".

(Procurador – PGE/SP – 2024 – VUNESP) Assinale a alternativa correta sobre a aferição dos parâmetros constitucionais do direito ao saneamento básico.

(A) O tratamento constitucional diferenciado dado às matérias que envolvem saneamento básico e saúde reflete a opção pela promoção de estruturas organizacionais autônomas na condução das diretivas setoriais; assim, o Sistema Único de Saúde (SUS) foi concebido em forma de rede regionalizada e hierarquizada, sem ingerência na formulação da política e da execução das ações de saneamento básico.

(B) A participação dos Municípios e dos Estados deve ser ajustada com o fim de promover programas de saneamento básico específicos, em conformidade com as diretrizes normativas gerais fixadas pela União e com as leis complementares criadas pelos Estados para instituir regiões metropolitanas.

(C) A realidade brasileira histórica de desatendimento às essencialidades sanitárias decorrentes dos problemas de cooperação interfederativa e da falta de sustentabilidade econômico-financeira dos modelos adotados estabeleceu a diretriz jurisprudencial de que compete à União legislar e promover programas de saneamento básico, a serem executados de forma exclusiva pela Agência Nacional de Águas e Saneamento Básico (ANA).

(D) A regra geral fixada é a da competência concorrente entre os entes da federação para legislar sobre o saneamento básico, saúde, combate à poluição, proteção ao meio ambiente, águas e energia, temas interligados, que visam proteger os direitos fundamentais envolvidos.

(E) O arranjo institucional baseado no perfil de dados dos entes federados, e não em sua localização territorial, faz com que o serviço de saneamento possa se beneficiar de mecanismos automatizados de tomada de decisão em grande escala, razão pela qual compete à União legislar e promover programas específicos de saneamento básico, com foco nas regiões metropolitanas.

A: Incorreta. A ingerência na formulação da política e da execução das ações de saneamento básico é de competência do SUS. Nesse sentido, o art. 200, IV, da CF, dispõe que: "Art. 200. Ao sistema único de saúde compete, além de outras atribuições, nos termos da lei: (...) IV - participar da formulação da política e da execução das ações de saneamento básico (...)". **B**: Correta. O art. 23, IX, da CF, prevê que o saneamento básico é competência comum da União, dos Estados, do Distrito Federal e dos Municípios e o parágrafo único do mesmo dispositivo constitucional determina que leis complementares fixarão normas para a cooperação entre a União e os Estados, o Distrito Federal e os Municípios, tendo em vista o equilíbrio do desenvolvimento e do bem-estar em âmbito nacional. O inciso II do art. 8º da Lei nº 11.445/2007 (com nova redação dada pelo art. 7º da Lei nº 14.026/2020), dispõe que: "Art. 8º Exercem a titularidade dos serviços públicos de saneamento básico: (...) II – o Estado, em conjunto com os Municípios que compartilham efetivamente instalações operacionais integrantes de regiões metropolitanas, aglomerações urbanas e microrregiões, instituídas por lei complementar estadual, no caso de interesse comum". **C**: Incorreta. Não é competência exclusiva da União legislar e promover programas de saneamento básico, pois a competência é comum, conforme já falado no item B, retro. **D**: Incorreta. A competência é comum, e não concorrente, entre a União, os Estados, o Distrito Federal e os Municípios para legislar sobre saneamento básico, saúde, combate à poluição e proteção ao meio ambiente (CF, art. 23, II, VI e IX). Já sobre águas e energia, a competência é privativa da União (CF, art. 22, IV). **E**: Incorreta. A competência para criar regiões metropolitanas para os programas de saneamento básico é do Estado membro, por meio de Lei Complementar (art. 8º, II, da Lei nº 11.445/2007). AMN

Gabarito "B".

(Juiz Federal – TRF/1 – 2023 – FGV) Um grupo de cinquenta pessoas logrou êxito em demonstrar, perante as autoridades competentes, o vínculo social e antropológico que existe entre os seus integrantes e os antigos ocupantes de determinada área de terra, onde esse grupo nascera e crescera, e que era utilizada por seus ancestrais como local de refúgio de escravos que fugiam da senzala.

À luz da Constituição da República de 1988, é correto afirmar que:

(A) a terra descrita consubstancia bem da União, devendo ser usada exclusivamente pelos integrantes do grupo em caráter precário;

(B) os integrantes do grupo têm o direito vitalício de uso da referida terra, podendo ser dela despojados apenas na hipótese de total aculturação;

(C) o grupo tem o direito subjetivo de ter reconhecida a propriedade definitiva dessas terras, com o recebimento do correlato título de propriedade;

(D) a União deve promover a desapropriação dessas terras, por interesse social, em razão das características culturais desse grupo, outorgando-lhe concessão de uso;

(E) a terra consubstancia bem público, insuscetível de usucapião ou de transferência da propriedade, mesmo ao grupo, assegurada a sua utilização para preservar os aspectos culturais afetos a essa camada da população.

A alternativa correta é a C. Dispõe o art. 68 do ADCT que: "Aos remanescentes das comunidades dos quilombos que estejam ocupando suas terras é reconhecida a propriedade definitiva, devendo o Estado emitir-lhes os títulos respectivos". Sobre o tema, destaque-se o seguinte julgado do STF: "AÇÃO DIRETA DE INCONSTITUCIONALIDADE. DECRETO Nº 4.887/2003. PROCEDIMENTO PARA IDENTIFICAÇÃO, RECONHECIMENTO, DELIMITAÇÃO, DEMARCAÇÃO E TITULAÇÃO DAS TERRAS OCUPADAS POR REMANESCENTES DAS COMUNIDADES DOS QUILOMBOS. ATO NORMATIVO AUTÔNOMO. ART. 68 DO ADCT. DIREITO FUNDAMENTAL. EFICÁCIA PLENA E IMEDIATA. INVASÃO DA ESFERA RESERVADA À LEI. ART. 84, IV E VI, "A", DA CF. INCONSTITUCIONALIDADE FORMAL. INOCORRÊNCIA. CRITÉRIO DE IDENTIFICAÇÃO. AUTOATRIBUIÇÃO. TERRAS OCUPADAS. DESAPROPRIAÇÃO. ART. 2º, *CAPUT* E §§ 1º, 2º E 3º, E ART. 13, *CAPUT* E § 2º, DO DECRETO Nº 4.887/2003. INCONSTITUCIONALIDADE MATERIAL. INOCORRÊNCIA. IMPROCEDÊNCIA DA AÇÃO. 1. Ato normativo autônomo, a retirar diretamente da Constituição da República o seu fundamento de validade, o Decreto nº 4.887/2003 apresenta densidade normativa suficiente a credenciá-lo ao controle abstrato de constitucionalidade. 2. Inocorrente a invocada ausência de cotejo analítico na petição inicial entre o ato normativo atacado e os preceitos da Constituição tidos como malferidos, uma vez expressamente indicados e esgrimidas as razões da insurgência. 3. Não obsta a cognição da ação direta a falta de impugnação de ato jurídico revogado pela norma tida como inconstitucional, supostamente padecente do mesmo vício, que se teria por repristinada. Cabe à Corte, ao delimitar a eficácia da sua decisão, se o caso, excluir dos efeitos da decisão declaratória eventual efeito repristinatório quando constatada incompatibilidade com a ordem constitucional. 4. O art. 68 do ADCT assegura o direito dos remanescentes das comunidades dos quilombos de ver reconhecida pelo Estado a propriedade sobre as terras que histórica e tradicionalmente ocupam – direito fundamental de grupo étnico-racial minoritário dotado de eficácia plena e aplicação imediata. Nele definidos o titular (remanescentes das comunidades dos quilombos), o objeto (terras por eles ocupadas), o conteúdo (direito de propriedade), a condição (ocupação tradicional), o sujeito passivo (Estado) e a obrigação específica (emissão de títulos), mostra-se apto o art. 68 do ADCT a produzir todos os seus efeitos, independentemente de integração legislativa. 5. Disponíveis à atuação integradora tão somente os aspectos do art. 68 do ADCT que dizem com a regulamentação do comportamento do Estado na implementação do comando constitucional, não se identifica, na edição do Decreto 4.887/2003 pelo

Poder Executivo, mácula aos postulados da legalidade e da reserva de lei. Improcedência do pedido de declaração de inconstitucionalidade formal por ofensa ao art. 84, IV e VI, da Constituição da República. 6. O compromisso do Constituinte com a construção de uma sociedade livre, justa e solidária e com a redução das desigualdades sociais (art. 3º, I e III, da CF) conduz, no tocante ao reconhecimento da propriedade das terras ocupadas pelos remanescentes das comunidades dos quilombos, à convergência das dimensões da luta pelo reconhecimento – expressa no fator de determinação da identidade distintiva de grupo étnico-cultural – e da demanda por justiça socioeconômica, de caráter redistributivo – compreendida no fator de medição e demarcação das terras. 7. Incorporada ao direito interno brasileiro, a Convenção 169 da Organização Internacional do Trabalho – OIT sobre Povos Indígenas e Tribais, consagra a "consciência da própria identidade" como critério para determinar os grupos tradicionais aos quais aplicável, enunciando que Estado algum tem o direito de negar a identidade de um povo que se reconheça como tal. 8. Constitucionalmente legítima, a adoção da autoatribuição como critério de determinação da identidade quilombola, além de consistir em método autorizado pela antropologia contemporânea, cumpre adequadamente a tarefa de trazer à luz os destinatários do art. 68 do ADCT, em absoluto se prestando a inventar novos destinatários ou ampliar indevidamente o universo daqueles a quem a norma é dirigida. O conceito vertido no art. 68 do ADCT não se aparta do fenômeno objetivo nele referido, a alcançar todas as comunidades historicamente vinculadas ao uso linguístico do vocábulo quilombo. Adequação do emprego do termo "quilombo" realizado pela Administração Pública às balizas linguísticas e hermenêuticas impostas pelo texto-norma do art. 68 do ADCT. Improcedência do pedido de declaração de inconstitucionalidade do art. 2º, § 1º, do Decreto 4.887/2003. 9. Nos casos Moiwana v. Suriname (2005) e Saramaka v. Suriname (2007), a Corte Interamericana de Direitos Humanos reconheceu o direito de propriedade de comunidades formadas por descendentes de escravos fugitivos sobre as terras tradicionais com as quais mantêm relações territoriais, ressaltando o compromisso dos Estados partes (Pacto de San José da Costa Rica, art. 21) de adotar medidas para garantir o seu pleno exercício. 10. O comando para que sejam levados em consideração, na medição e demarcação das terras, os critérios de territorialidade indicados pelos remanescentes das comunidades quilombolas, longe de submeter o procedimento demarcatório ao arbítrio dos próprios interessados, positiva o devido processo legal na garantia de que as comunidades tenham voz e sejam ouvidas. Improcedência do pedido de declaração de inconstitucionalidade do art. 2º, §§ 2º e 3º, do Decreto 4.887/2003. 11. Diverso do que ocorre no tocante às terras tradicionalmente ocupadas pelos índios – art. 231, § 6º – a Constituição não reputa nulos ou extintos os títulos de terceiros eventualmente incidentes sobre as terras ocupadas por remanescentes das comunidades dos quilombos, de modo que a regularização do registro exige o necessário o procedimento expropriatório. A exegese sistemática dos arts. 5º, XXIV, 215 e 216 da Carta Política e art. 68 do ADCT impõe, quando incidente título de propriedade particular legítimo sobre as terras ocupadas por quilombolas, seja o processo de transferência da propriedade mediado por regular procedimento desapropriação. Improcedência do pedido de declaração de inconstitucionalidade material do art. 13 do Decreto 4.887/2003. Ação direta de inconstitucionalidade julgada improcedente" (STF, ADI 3.239, Redatora do Acórdão Min. Rosa Weber, j. 8-2-2018). **ANH**

Gabarito "C"

(Juiz Federal – TRF/1 – 2023 – FGV) Considere uma ação em que comunidades indígenas reivindicam o acesso ao ensino fundamental como direito básico.

Tendo em vista o que determina a Constituição da República de 1988, é correto afirmar que:

(A) aos juízes federais não compete processar e julgar a disputa sobre direitos indígenas;

(B) os indígenas formam povos autóctones, não sendo dever do Estado assegurar a eles o ensino fundamental;

(C) as comunidades indígenas têm direito ao ensino fundamental, seja em português, seja em suas línguas maternas;

(D) as comunidades indígenas têm direito ao ensino fundamental, porém, no idioma pátrio, que é a língua portuguesa;

(E) o ensino fundamental de indígenas é um direito restrito à disponibilidade de vagas em escolas especializadas na cultura indígena.

A: Incorreta. O art. 109, XI, da CF, dispõe que aos juízes federais compete processar e julgar a disputa sobre direitos indígenas. **B**: Incorreta. Ver comentário do item seguinte. **C**: Correta. O § 2º do art. 210 da CF dispõe que: "O ensino fundamental regular será ministrado em língua portuguesa, assegurada às comunidades indígenas também a utilização de suas línguas maternas e processos próprios de aprendizagem". **D**: Incorreta. Ver comentário do item anterior. **E**: Incorreta. Ver comentário ao item "C". **ANH**

Gabarito "C"

(Procurador Federal – AGU – 2023 – CEBRASPE) No que se refere ao imóvel cuja área esteja inserida em terras tradicionalmente ocupadas por indígenas e ao título de propriedade desse imóvel em nome de particular devidamente registrado no respectivo cartório de registro de imóveis, assinale a opção correta segundo os preceitos da Constituição Federal de 1988 (CF) e a jurisprudência do Supremo Tribunal Federal (STF).

(A) A existência do registro imobiliário em nome de particular, a despeito do que prescreve o Código Civil, consolida a propriedade do imóvel ao particular, sendo esta insuscetível de oposição pela União.

(B) A CF exclui do comércio jurídico as terras indígenas *res extra commercium*, proclamando a nulidade e declarando a extinção de atos que tenham por objeto a ocupação, o domínio e a posse de tais áreas.

(C) A eficácia dos títulos de propriedade tem apenas o condão de comprovar a boa-fé do particular, outorgando-lhe o direito à indenização pela terra nua e pelas benfeitorias nela implementadas.

(D) Consideram-se válidas as pactuações negociais que incidam sobre as referidas terras, gerando, entre outros efeitos jurídicos, o direito à indenização ou o direito de acesso a ações judiciais contra a União para ressarcimento da terra nua.

(E) As terras tradicionalmente ocupadas pelos indígenas incluem-se no domínio constitucional da União e podem ser objeto de alienação quando devidamente demonstrado o interesse público pela disponibilidade da área.

A: Incorreta. O art. 231, § 6º, da CF, dispõe que: "Art. 231. São reconhecidos aos índios sua organização social, costumes, línguas, crenças e tradições, e os direitos originários sobre as terras que tradicionalmente ocupam, competindo à União demarcá-las, proteger e fazer respeitar todos os seus bens. (...) § 6º São nulos e extintos, não produzindo efeitos jurídicos, os atos que tenham por objeto a ocupação, o domínio e a posse das terras a que se refere este artigo, ou a exploração das riquezas naturais do solo, dos rios e dos lagos nelas existentes, ressalvado relevante interesse público da União, segundo o que dispuser lei complementar, não gerando a nulidade e a extinção direito a indenização ou a ações contra a União, salvo, na forma da lei, quanto às benfeitorias derivadas da ocupação de boa fé.". **B**: Correta. É o que prevê o § 6º do art. 231 da CF transcrito anteriormente. **C**: Incorreta. O STF entende que: "A eventual existência de registro imobiliário em nome de particular, a despeito do que dispunha o art. 859 do CC/1916 ou do que prescreve o art. 1.245 e parágrafos do vigente Código Civil, não torna oponível à União Federal esse título de domínio privado, pois a Constituição da República pré-excluiu do comércio jurídico as terras indígenas *res extra commercium*, proclamando a nulidade e declarando a extinção de atos que tenham por objeto a ocupação, o domínio e a posse de tais áreas, considerando ineficazes, ainda, as pactuações negociais que sobre elas incidam, sem possibilidade de quaisquer consequências de ordem jurídica, inclusive aquelas que provocam, por efeito de expressa recusa constitucional, a própria denegação do direito à indenização ou do acesso a ações judiciais contra a União Federal, ressalvadas, unicamente, as benfeitorias derivadas da ocupação de boa-fé (CF, art. 231, § 6º)." (RMS 29.193 AgR-ED, rel. min Celso de Mello, j. 16-12-2014, 2ª T, *DJE* de 19-2-2015). **D**: Incorreta. Ver comentários A e C, retro. **E**: Incorreta. Ver comentários A e C, retro. AMN

Gabarito "B".

(Procurador Federal – AGU – 2023 – CEBRASPE) O Decreto n.º 4.887/2003, que regulamenta o procedimento para identificação, reconhecimento, delimitação, demarcação e titulação das terras ocupadas por remanescentes das comunidades dos quilombos de que trata o art. 68 do Ato das Disposições Constitucionais Transitórias (ADCT), foi objeto de impugnação por meio da Ação Direta de Inconstitucionalidade (ADI) n.º 3.239. Nessa ADI, o STF

I. declarou que esse decreto é inconstitucional por ofensa aos princípios da legalidade e da reserva de lei, com base no entendimento de que o procedimento previsto no art. 68 do ADCT necessariamente deve ser regulamentado por lei em sentido formal e, uma vez inexistente lei a respeito, a Presidência da República invadira esfera reservada ao Poder Legislativo.

II. julgou improcedente o pedido de declaração de inconstitucionalidade formal desse decreto, entendendo que ele representa o efetivo exercício do poder regulamentar da administração pública inserido nos limites estabelecidos pela CF.

III. reconheceu como constitucionalmente legítima a adoção da autoatribuição como critério de determinação da identidade quilombola, a qual, para os efeitos do referido decreto, é atestada por certidão emitida pela Fundação Cultural Palmares.

IV. reconheceu que, similarmente ao que ocorre nos casos das terras tradicionalmente ocupadas pelos indígenas, a CF reputa nulos e extintos os títulos de terceiros eventualmente incidentes sobre as terras ocupadas por remanescentes das comunidades dos quilombos, de modo que a regularização do registro dispensa o procedimento expropriatório.

Estão certos apenas os itens

(A) I e II.
(B) II e III.
(C) III e IV.
(D) I, II e IV.
(E) I, III e IV.

I: Incorreta. O STF julgou improcedente a referida ADI 3.239. **II**: Correta. O STF julgou improcedente o pedido de declaração de inconstitucionalidade material de vários artigos do Decreto 4.887/2003 por entender que ele representa o efetivo exercício do poder regulamentar da administração pública inserido nos limites estabelecidos pela CF. **III**:

Correta. Da ementa do mencionado julgado destaca-se: "(...) 8. Constitucionalmente legítima, a adoção da autoatribuição como critério de determinação da identidade quilombola, além de consistir em método autorizado pela antropologia contemporânea, cumpre adequadamente a tarefa de trazer à luz os destinatários do art. 68 do ADCT, em absoluto se prestando a inventar novos destinatários ou ampliar indevidamente o universo daqueles a quem a norma é dirigida. O conceito vertido no art. 68 do ADCT não se aparta do fenômeno objetivo nele referido, a alcançar todas as comunidades historicamente vinculadas ao uso linguístico do vocábulo quilombo. Adequação do emprego do termo "quilombo" realizado pela Administração Pública às balizas linguísticas e hermenêuticas impostas pelo texto-norma do art. 68 do ADCT. Improcedência do pedido de declaração de inconstitucionalidade do art. 2º, § 1º, do Decreto 4.887/2003 (...)". **IV**: Incorreta. Da ementa do julgado destaca-se ainda: "(...) 11. Diverso do que ocorre no tocante às terras tradicionalmente ocupadas pelos índios – art. 231, § 6º – a Constituição não reputa nulos ou extintos os títulos de terceiros eventualmente incidentes sobre as terras ocupadas por remanescentes das comunidades dos quilombos, de modo que a regularização do registro exige o necessário o procedimento expropriatório (...)". AMN

Gabarito "B".

(Procurador Federal – AGU – 2023 – CEBRASPE) A respeito do direito à saúde, assinale a opção correta.

(A) O Sistema Único de Saúde (SUS) possui gestão descentralizada, porém com direção única no Ministério da Saúde, ente central desse sistema.
(B) O poder público não pode destinar recursos públicos, na área da saúde, a instituições privadas.
(C) Empresas de capital estrangeiro podem prestar serviços de assistência à saúde no Brasil, independentemente de permissão legal.
(D) A atividade de promoção da saúde é competência concorrente dos entes da Federação.
(E) A fiscalização de alimentos, bebidas e produtos psicoativos insere-se nas competências do Sistema Único de Saúde (SUS).

A: Incorreta. O SUS possui gestão descentralizada, com direção única em cada esfera de governo (CF, art. 198, I). **B**: Incorreta. O poder público pode destinar recursos públicos, na área da saúde, a instituições privadas (P.ex.: art. 198, §§ 14 e 15). **C**: Incorreta. O § 3º do art. 199 da CF prevê que: "É vedada a participação direta ou indireta de empresas ou capitais estrangeiros na assistência à saúde no País, salvo nos casos previstos em lei". **D**: Incorreta. No caso, a competência é comum, e não concorrente, da União, dos Estados, do Distrito Federal e dos Municípios (CF, art. 23, II). **E**: Correta. Essa competência está prevista no art. 200, VI e VII, da CF. AMN

Gabarito "E".

(Procurador Fazenda Nacional – AGU – 2023 – CEBRASPE) De acordo com a CF e com o entendimento do STF a respeito da educação e do ensino, julgue os itens a seguir.

I. A educação, direito de todos e dever do Estado e da família, será promovida e incentivada com a colaboração da sociedade, com vistas ao pleno desenvolvimento da pessoa, ao seu preparo para o exercício da cidadania e a sua qualificação para o trabalho.

II. O ensino fundamental regular será ministrado em língua portuguesa, assegurada às comunidades indígenas também a utilização de suas línguas maternas e de processos próprios de aprendizagem.

III. A União aplicará, anualmente, pelo menos 15% de sua receita tributária total na manutenção e no desenvolvimento do ensino; no caso dos estados, do

Distrito Federal e dos municípios, esse percentual mínimo será de 20%.

IV. Para efeito do cálculo do valor mínimo a ser aplicado na manutenção e no desenvolvimento do ensino, a parcela da arrecadação de impostos transferida pela União aos estados, ao Distrito Federal e aos municípios, ou pelos estados aos respectivos municípios, não é considerada receita do ente federativo que a transferir.

V. A gradação do percentual mínimo de recursos destinados à manutenção e ao desenvolvimento do ensino não pode acarretar restrições às competências constitucionais do Poder Executivo para a elaboração das propostas de leis orçamentárias.

Estão certos apenas os itens

(A) I e III.
(B) IV e V.
(C) II, III e IV.
(D) I, II, III e V.
(E) I, II, IV e V.

I: Correta. Art. 205, *caput*, da CF. II: Correta. Art. 210, § 2º, da CF. III: Incorreta. A União aplicará, anualmente, pelo menos **18%** de sua receita **resultante de impostos** na manutenção e no desenvolvimento do ensino; no caso dos estados, do Distrito Federal e dos municípios, esse percentual mínimo será de **25%** (CF, art. 212, *caput*). IV: Correta. Art. 212, § 2º, da CF. V: Correta. O STF entende que: "A gradação de percentual mínimo de recursos destinados à manutenção e ao desenvolvimento do ensino não pode acarretar restrições às competências constitucionais do Poder Executivo para a elaboração das propostas de leis orçamentárias. Inteligência do art. 165 da Constituição Federal." (ADI 6.275, rel. min. Alexandre de Moraes, j. 8-6-2020, *DJE* de 19-8-2020.). AMN
Gabarito "E".

(Procurador Fazenda Nacional – AGU – 2023 – CEBRASPE) Com relação à intervenção do Estado na ordem social, assinale a opção correta.

(A) O Estado intervém na ordem social quando necessário aos imperativos de segurança nacional ou a relevante interesse coletivo.
(B) O Estado intervém na ordem social quando atua em sistema de monopólio constitucional.
(C) O Estado intervém na ordem social quando concede permissão de bens de uso comum do povo a particular.
(D) O Estado intervém na ordem social quando presta serviços públicos ou fomenta o terceiro setor.
(E) O Estado intervém na ordem social na condição de agente normativo e regulador da atividade econômica.

A alternativa correta é a D. Segundo a doutrina: "A intervenção estatal na ordem social pode se dar por meio da prestação de serviços públicos ou pela atividade de fomento ao Terceiro Setor, realizados para a concretização dos direitos sociais. A prestação de serviços públicos de educação, saúde, trabalho, moradia, alimentação, transporte, lazer, seguridade social, previdência social, proteção à maternidade e à infância e assistência social é obrigatória para o Estado, que não pode, portanto, se eximir de sua concretização, ainda que por meio de fomento ao Terceiro Setor. Bem se vê, desta forma, que, se a prestação de serviços públicos é obrigatória para o Estado, a atividade de fomento é facultativa, uma vez que não há, na Constituição de 1988, obrigação de incentivo ao particular, mas de prestação direta desta atividade. Para que o Estado possa realizar a atividade de fomento, deverá verificar a vantajosidade de se incentivar o particular, em detrimento da ampliação das atividades diretas por ele fornecidas." (ZOCKUN, Carolina Zancaner. Intervenção do Estado na ordem social. *In: Enciclopédia Jurídica da PUCSP*. Disponível em: https://enciclopediajuridica.pucsp.br/verbete/110/edicao-1/intervencao-do-estado-na-ordem-social#:~:text=A%20interven%C3%A7%C3%A3o%20 estatal%20na%20ordem%20social%20pode%20se%20dar%20 por,a%20concretiza%C3%A7%C3%A3o%20dos%20direitos%20 sociais. Acesso em: 25-05-2024). AMN
Gabarito "D".

(Procurador Fazenda Nacional – AGU – 2023 – CEBRASPE) Em determinada localidade tradicionalmente ocupada por população indígena, foi encontrada jazida de minérios. O governador do estado onde se situa tal localidade concedeu a lavra da jazida para a companhia X.

A partir dessa situação hipotética, assinale a opção correta.

(A) A concessão da lavra da jazida somente poderia ter sido realizada com autorização do Congresso Nacional e depois de ouvidas as comunidades afetadas, as quais terão participação no resultado da lavra.
(B) A concessão da lavra da jazida somente poderá ser considerada válida se tiver havido a observância do devido processo licitatório, na modalidade concorrência, na forma da lei.
(C) A CF confere usufruto exclusivo das riquezas minerais à população indígena que habite, em caráter permanente, o território onde elas estejam localizadas.
(D) A companhia X tem a obrigação de destinar 18% do produto arrecadado com a lavra da jazida para a melhoria das condições de vida da população indígena que tradicionalmente ocupa aquela área.
(E) A CF assegura exclusivamente à União a lavra de minérios em terras ocupadas tradicionalmente pelos índios.

A alternativa A é a correta, conforme dispõe o § 3º do art. 231 da CF: "O aproveitamento dos recursos hídricos, incluídos os potenciais energéticos, a pesquisa e a lavra das riquezas minerais em terras indígenas só podem ser efetivados com autorização do Congresso Nacional, ouvidas as comunidades afetadas, ficando-lhes assegurada participação nos resultados da lavra, na forma da lei". AMN
Gabarito "A".

(Delegado/RJ – 2022 – CESPE/CEBRASPE) No que se refere ao regramento constitucional relativo aos temas da ciência, tecnologia e inovação, assinale a opção correta.

(A) Viabilizar os resultados de projetos relativos a atividades de ciência, tecnologia e inovação configura uma exceção ao princípio constitucional da proibição de estorno.
(B) Compete exclusivamente à União proporcionar os meios de acesso à tecnologia, à pesquisa e à inovação.
(C) A despeito dos grandes avanços realizados pela entrada em vigor da EC n.º 85/2015, o poder constituinte derivado não previu expressamente a competência, no âmbito do Sistema Único de Saúde, para incrementar em sua área de atuação o desenvolvimento científico e tecnológico e a inovação.
(D) Os Estados e o Distrito Federal devem vincular parcela de sua receita orçamentária a entidades públicas de fomento ao ensino e à pesquisa, em percentual a ser definido por lei.

(E) O Estado apoiará a formação de recursos humanos nas áreas de ciência, tecnologia e inovação, vedada, contudo, a concessão de condições especiais de trabalho para os que dela se ocupem.

O princípio constitucional da proibição do estorno significa que o administrador público não poderá transpor, remanejar ou transferir recursos, sem autorização legislativa. No entanto, há uma exceção, em que se permite ao Poder Executivo, sem necessidade de prévia autorização legislativa, transpor, remanejar ou transferir recursos de uma categoria de programação no âmbito das atividades de ciência, tecnologia e inovação, com o objetivo de viabilizar os resultados de projetos restritos a essas funções (CF, art. 167, § 5º e art. 218). **AMN**

Gabarito "A".

(Delegado/RJ – 2022 – CESPE/CEBRASPE) Determinada empresa de mídia solicita que o governo do estado do Rio de Janeiro forneça informações relacionadas a mortes registradas pela polícia em boletins de ocorrência. No entanto, o governador do RJ se recusa a compartilhar as informações. Além disso, a companhia de jornal informa que irá cobrir determinada manifestação a ser realizada em prol de maior transparência e publicidade na administração pública. Acerca dessa situação hipotética, assinale a opção correta.

(A) O Estado responde subjetivamente por danos causados a profissional de imprensa ferido, por policiais, durante cobertura jornalística de manifestação pública.

(B) A despeito de os boletins de ocorrência terem natureza pública, esses dados devem ser tratados com muita cautela, por motivos de segurança pública, e, ainda, não seriam indispensáveis para o trabalho jornalístico, de modo que a recusa do governador é justificada.

(C) O direito de informação não encontra previsão constitucional expressa, assim, a formação da opinião pública não se sobreleva a motivos de segurança pública, conceito jurídico indeterminado cuja densificação integra margem de apreciação do Chefe do Poder Executivo, de modo que a recusa do governador é justificada.

(D) Em que pese a publicidade ser um princípio expressamente previsto no art. 37, *caput*, da CF, este não é absoluto e deve ser interpretado em prol da administração pública.

(E) Não cabe à administração pública analisar o uso que se pretende dar à informação de natureza pública; a censura prévia inviabiliza até mesmo a apuração jornalística. Assim sendo, a recusa do governador não se justifica.

A questão está relacionada com a jurisprudência do STJ constante no Informativo 682 do STJ: "Trata-se a discussão sobre pedido de acesso à informação mantida por órgãos públicos por veículo de imprensa, para produção de reportagem noticiosa. Tal reportagem pretende aceder a informações especificadas quanto a óbitos associados a boletins de ocorrência policial. Inicialmente, destaque-se que descabe qualquer tratamento especial à imprensa em matéria de responsabilização civil ou penal, em particular para agravar sua situação diante da generalidade das pessoas físicas ou jurídicas. É o que se assentou no julgamento da Lei de Imprensa pelo Supremo Tribunal Federal. Nesse sentido é que não se pode conceber lei, ou norma, que se volte especificamente à tutela da imprensa, para coibir sua atuação. Se há um direito irrestrito de acesso pela sociedade à informação mantida pela administração, porquanto inequivocamente pública, não se pode impedir a imprensa, apenas por ser imprensa, de a ela aceder. No entanto, o acórdão recorrido vai além, e efetivamente faz controle prévio genérico da veiculação noticiosa. Não se está diante sequer de um texto pronto e acabado, hipótese em que, de modo já absolutamente excepcional, poder-se-ia cogitar de apreciação judicial dos danos decorrentes de sua circulação, a ponto de vedá-la. Na hipótese, a censura judicial prévia inviabiliza até mesmo a apuração jornalística, fazendo mesmo secreta a informação reconhecidamente pública. É preciso reforçar a distinção entre duas questões tratadas pelo acórdão do Tribunal de origem como uma única. De um lado, cuida-se da atividade jornalística de veiculação noticiosa. Nesse ponto, é já inconcebível dar aspecto de juridicidade a qualquer forma de controle prévio da informação. Além disso, trata-se de acesso à informação pública, não apenas de atuação jornalística. A qualidade da última pode até depender da primeira, mas nada influencia no direito de aceder a dados públicos o uso que deles se fará. Não há razão alguma em sujeitar a concessão da segurança ao risco decorrente da divulgação da informação - que, reitere-se, é pública e já disponível na internet. Não há nem mesmo obrigação ou suposição de que a informação - pública - venha a ser publicada pela imprensa. A informação pública é subsídio da informação jornalística, sem com ela se confundir em qualquer nível. Os dados públicos podem ser usados pela imprensa de uma infinidade de formas, como base de novas investigações, cruzamentos, pesquisas, entrevistas, etc., nenhuma delas correspondendo, direta e inequivocamente, à sua veiculação. Não se pode vedar o exercício de um direito - acessar a informação pública - pelo mero receio do abuso no exercício de um outro e distinto direito - o de livre comunicar. Configura-se verdadeiro *bis in idem* censório, ambos de inviável acolhimento diante do ordenamento." (STJ – REsp 1.852.629/SP – 2ª T. – Rel. Ministro Og Fernandes – DJe 15/10/2020). **AMN**

Gabarito "E".

(Procurador Município – Teresina/PI – FCC – 2022) Sobre a disciplina da comunicação social, a Constituição Federal de 1988 estabelece:

(A) A licença para a publicação de veículo impresso de comunicação é da competência do Município.

(B) A produção e a programação das emissoras de rádio e televisão promoverão valores latino-americanos comuns, além de estimularem a produção independente como projeção do princípio da livre iniciativa.

(C) É vedada toda e qualquer censura de natureza política, ideológica e artística, exceto a primeira, em períodos eleitorais, na forma de resolução do Tribunal Superior Eleitoral.

(D) Os meios de comunicação social não podem, direta ou indiretamente, ser objeto de monopólio ou oligopólio.

(E) Compete à lei estadual regular espetáculos públicos e as diversões, além da propaganda comercial de tabaco e bebidas alcoólicas.

A: Incorreta. A publicação de veículo impresso de comunicação independe de licença de autoridade (CF, art. 220, § 6º). **B:** Incorreta. Dispõe o art. 221 da CF: "A produção e a programação das emissoras de rádio e televisão atenderão aos seguintes princípios: I – preferência a finalidades educativas, artísticas, culturais e informativas; II – promoção da cultura nacional e regional e estímulo à produção independente que objetive sua divulgação; III – regionalização da produção cultural, artística e jornalística, conforme percentuais estabelecidos em lei; IV – respeito aos valores éticos e sociais da pessoa e da família". **C:** Incorreta. O § 2º do art. 220 da CF não estabelece a exceção apontada na alternativa. **D:** Correta. Está de acordo com o art. 220, § 5º, da CF. **E:** Incorreta. A competência é da União e não dos Estados-membros (CF, art. 220, § 4º). **AMN**

Gabarito "D".

(Procurador Município – Santos/SP – VUNESP – 2021) Ao disciplinar o tratamento à família, à criança, ao adolescente e ao idoso, a Constituição Federal considera que

(A) a lei estabelecerá o plano nacional de juventude, de duração quinquenal, visando à articulação e execução de políticas públicas.

(B) é dever exclusivo do Estado amparar as pessoas idosas, assegurando sua participação na comunidade, defendendo sua dignidade e bem-estar.

(C) o direito a proteção especial abrangerá programas de atendimento especializado à criança e ao adolescente dependente de entorpecentes, excluídas a prevenção e repressão.

(D) o Estado assegurará a assistência à família na pessoa de cada um dos que a integram, e, quando possível, facultará programas de prevenção à violência doméstica.

(E) a lei disporá sobre normas de construção dos logradouros e dos edifícios de uso público e de fabricação de veículos de transporte coletivo, a fim de garantir acesso adequado às pessoas portadoras de deficiência.

A: Incorreta. A duração é **decenal** e não quinquenal, conforme dispõe o art. 227, § 8º, II, da CF. **B:** Incorreta. O dever **não é exclusivo** do Estado, mas compartilhado com a família e a sociedade, nos termos do art. 230, caput, da CF. **C:** Incorreta. Estabelece o art. 227, § 3º, VII, da CF: "O direito a proteção especial abrangerá os seguintes aspectos: (...) VII – programas de prevenção e atendimento especializado à criança, ao adolescente e ao jovem dependente de entorpecentes e drogas afins". **D:** Incorreta. O art. 226, § 8º, dispõe: "O Estado assegurará a assistência à família na pessoa de cada um dos que a integram, criando mecanismos para coibir a violência no âmbito de suas relações". **E:** Correta. Está de acordo com o art. 227, § 2º, da CF. AMN

Gabarito "E".

(Magistratura/SP – 2021) Em termos de seguridade social, a Constituição estabelece ou implica seja reconhecido que

(A) empregados de consórcios públicos e sociedades de economia mista não se submetem à aposentadoria compulsória.

(B) embora não referida textualmente nos artigos 194 e ss, a solidariedade é a base do sistema constitucional previdenciário. A Seguridade social é financiada por meio de recursos de orçamentos públicos, por contribuições sociais e por toda sociedade, direta ou indiretamente.

(C) não admite exceção, a regra segundo a qual pessoas jurídicas com débitos na previdência contratem com o poder público ou recebam incentivos fiscais.

(D) comprovada a invalidez e a necessidade de assistência permanente de terceiros, é devido o acréscimo de 20 %, previsto no artigo 45 da Lei nº 8.213/91 a todos aposentados pelo RGPS, independentemente da modalidade de aposentadoria.

A: incorreta. Na redação, proveniente da EC 103/2019, aplicam-se aos empregados de consórcios públicos e sociedades de economia mista, a regra relativa à aposentadoria compulsória. Nesse sentido, conforme art. 201, § 16, da CF. Os empregados dos consórcios públicos, das empresas públicas, das sociedades de economia mista e das suas subsidiárias serão aposentados compulsoriamente, observado o cumprimento do tempo mínimo de contribuição, ao atingir a idade máxima de que trata o inciso II do § 1º do art. 40, na forma estabelecida em lei (Incluído pela Emenda Constitucional 103, de 2019); **B:** correta. O princípio da solidariedade indica cooperação da maioria em favor da minoria, em certos casos, da totalidade em direção à individualidade. Trata-se de princípio não expresso, mas implícito na CF/88; **C:** incorreta. Tal regra (contida no artigo 195, § 3º, da CF/88) possui uma exceção, proveniente da EC 106/2020, a qual institui regime extraordinário fiscal, financeiro e de contratações para enfrentamento de calamidade pública nacional decorrente de pandemia. Segundo art. 3º, Parágrafo único. Durante a vigência da calamidade pública nacional de que trata o art. 1º desta Emenda Constitucional, não se aplica o disposto no § 3º do art. 195 da Constituição Federal; **D:** incorreta. Conforme a Lei 8.213/91, art. 45, o valor da aposentadoria por invalidez do segurado que necessitar da assistência permanente de outra pessoa será acrescido de 25%. ANH

Gabarito "B".

Considerando a pouca quantidade de defensores públicos indispensáveis ao atendimento adequado dos necessitados na forma da lei, determinado estado da Federação aprovou o respectivo projeto e sancionou a lei Y, que criou a obrigatoriedade de estágio curricular no atendimento da assistência jurídica gratuita por núcleo de prática jurídica integrante do departamento de direito de universidade estadual, estabelecendo sua organização, seu funcionamento e seus horários, inclusive determinando sua atuação em regime de plantão, bem como vinculando a certificação da conclusão do curso de bacharelado pelos alunos ao cumprimento do referido estágio.

(Juiz de Direito – TJ/BA – 2019 – CESPE/CEBRASPE) Conforme a CF, a doutrina e a jurisprudência do STF, a lei Y é

(A) constitucional por atender ao princípio da indissociabilidade entre ensino, pesquisa e extensão disposto em norma constitucional.

(B) inconstitucional por ferir a autonomia didático-científica e administrativa da universidade.

(C) constitucional, mas não atende a legislação que estabelece os critérios nacionais para a política educacional.

(D) inconstitucional por atribuir função exclusiva de órgão da DP à universidade estadual.

(E) inconstitucional apenas quanto ao condicionamento da certificação da conclusão do curso ao cumprimento do estágio curricular obrigatório.

O Plenário do STF julgou procedente pedido formulado em ação direta para declarar a inconstitucionalidade da Lei 8.865/2006 do Estado do Rio Grande do Norte. O diploma impugnado determina que os escritórios de prática jurídica da Universidade Estadual do Rio Grande do Norte (UERN) mantenham plantão criminal para atendimento, nos finais de semana e feriados, dos hipossuficientes presos em flagrante delito. O STF, de início, destacou a autonomia universitária, conforme previsão do art. 207 da CF/1988. Lembrou que, embora esse predicado não tenha caráter de independência (típico dos Poderes da República), a autonomia impossibilita o exercício de tutela ou a indevida ingerência no âmago de suas funções, assegurando à universidade a discricionariedade de dispor ou propor sobre sua estrutura e funcionamento administrativo, bem como sobre suas atividades pedagógicas. Segundo consignou, a determinação de que escritório de prática jurídica preste serviço aos finais de semana, para atender hipossuficientes presos em flagrante delito, implica necessariamente a criação ou, ao menos, a modificação de atribuições conferidas ao corpo administrativo que serve ao curso de Direito da universidade. Ademais, como os atendimentos seriam realizados pelos acadêmicos de Direito matriculados no estágio obrigatório, a universidade teria que alterar as grades curriculares e horárias dos estudantes para que desenvolvessem essas atividades em

regime de plantão, ou seja, aos sábados, domingos e feriados. Assim, o diploma questionado fere a autonomia administrativa, financeira e didático-científica da instituição, pois não há anuência para criação ou modificação do novo serviço a ser prestado. (Informativo STF 840, ADI 3792/RN, Rel. Min. Dias Toffoli, julgamento em 22/09/2016).
Gabarito "B".

(Procurador do Município – Boa Vista/RR – 2019 – CESPE/CEBRASPE) A respeito de intervenção estadual nos municípios, julgue o item que se segue.

(1) Uma das hipóteses em que a intervenção dos estados em seus municípios é autorizada é a não aplicação do mínimo exigido da receita municipal nas ações de manutenção e desenvolvimento do ensino.

1: Certo, nos termos do artigo 35, III, da CF: "Art. 35. O Estado não intervirá em seus Municípios, nem a União nos Municípios localizados em Território Federal, exceto quando: (...) III – não tiver sido aplicado o mínimo exigido da receita municipal na manutenção e desenvolvimento do ensino e nas ações e serviços públicos de saúde.".
Gabarito "1C".

(Procurador do Município – S.J. Rio Preto/SP – 2019 – VUNESP) De acordo com o que disciplina a Constituição Federal, a questão da Ordem Social tem como base e objetivo, respectivamente,

(A) a defesa do consumidor e a preservação do meio ambiente.
(B) a defesa da propriedade privada e a preservação de um meio ambiente sadio.
(C) a propriedade privada e a defesa do consumidor.
(D) o primado do trabalho e o bem-estar e a justiça sociais.
(E) o primado do trabalho e a defesa do consumidor.

Correta é a letra D, conforme artigo 193, da CF: "Art. 193. A ordem social tem como base o primado do trabalho, e como objetivo o bem-estar e a justiça sociais.". As demais alternativas estão erradas diante do que foi solicitado pelo enunciado da questão.
Gabarito "D".

(Delegado – PC/BA – 2018 – VUNESP) Acerca da Previdência Social na Constituição Federal de 1988, é correto afirmar que

(A) os gastos havidos com bens, serviços, prestações e administração da previdência não estão submetidos a uma lógica de equilíbrio atuarial, posto que a previdência se presta a auxiliar pessoas necessitadas, como trabalhadores doentes, de idade avançada, entre outras hipóteses.
(B) a previdência privada é admitida, em caráter autônomo, facultativo, contratual e complementar, sendo vedado à União, aos Estados, aos Municípios e ao Distrito Federal assumir a qualidade de patrocinador de tais entidades, com uma contribuição igual àquela feita pelo segurado.
(C) é constitucional a cobrança de contribuição previdenciária sobre os proventos de aposentadoria e as pensões dos servidores públicos da União, dos Estados, dos Municípios e do Distrito Federal (regime próprio) que superem o limite máximo estabelecido para os benefícios do regime geral de previdência social.
(D) é constitucional que um ente federativo estabeleça, por norma própria (estadual, distrital ou municipal), um tempo mínimo de anos de contribuição na atividade privada, para fins de compensação e obtenção de aposentadoria por um servidor no regime próprio da Administração Pública.
(E) professores que venham a exercer funções de direção de unidade escolar, coordenação e assessoramento pedagógico não farão jus à aposentadoria especial, pois o benefício somente será devido àqueles que comprovem o tempo de efetivo exercício das funções de magistério exclusivamente em sala de aula.

A: incorreta, visto que tanto o regime próprio de previdência social quanto o regime geral de previdência social devem observar critérios que preservem o equilíbrio financeiro e atuarial (arts. 40, *caput*, e 201, *caput*, da CF); **B:** incorreta, pois é **permitido** à União, aos Estados, aos Municípios e ao Distrito Federal assumir a qualidade de patrocinador de entidade de previdência privada, com uma contribuição **igual** àquela feita pelo segurado (inteligência do art. 202, § 3º, da CF); **C:** correta, de acordo com o § 18 do art. 40 da CF e a jurisprudência do Supremo Tribunal Federal: "*não é inconstitucional o art. 4º, caput, da EC 41, de 19-12-2003, que instituiu contribuição previdenciária sobre os proventos de aposentadoria e as pensões dos servidores públicos da União, dos Estados, do Distrito Federal e dos Municípios, incluídas suas autarquias e fundações*" (ADI 3.105 e ADI 3.128, Rel. p/ o ac. Min. Cezar Peluso, P, j. 18-8-2004); **D:** incorreta, porque é inconstitucional qualquer restrição, por lei local, à contagem recíproca do tempo de contribuição na Administração Pública e na atividade privada para fins de aposentadoria, tal como a exigência de um mínimo de contribuições ao sistema previdenciário. Nesse sentido, o seguinte julgado do STF: "*A imposição de restrições, por legislação local, à contagem recíproca do tempo de contribuição na administração pública e na atividade privada para fins de concessão de aposentadoria viola o art. 202, § 2º, da CF, com redação anterior à EC 20/1998 [atual 201, § 9º, da CF, com redação da EC 20/1998]*" (RE 650.851 QO, Rel. Min. Gilmar Mendes, P, j. 1º-10-2014, Tema 522); **E:** incorreta, pois, de acordo com a jurisprudência do STF, "*para a concessão da aposentadoria especial de que trata o art. 40, § 5º, da Constituição, conta-se o tempo de efetivo exercício, pelo professor, da docência e das atividades de direção de unidade escolar e de coordenação e assessoramento pedagógico, desde que em estabelecimentos de educação infantil ou de ensino fundamental e médio*" (RE 1.039.644 RG, Rel. Min. Alexandre de Moraes, P, j. 13-10-2017, Tema 965).
Gabarito "C".

(Investigador – PC/BA – 2018 – VUNESP) Ao assegurar a proteção constitucional ao meio ambiente, a Constituição Federal de 1988

(A) estabelece que a exploração de recursos minerais independe da recuperação do meio ambiente degradado, já que se trata de atividade necessária.
(B) prevê que as terras devolutas ou arrecadadas pelos Estados, por ações discriminatórias, necessárias à proteção dos ecossistemas naturais podem ser disponíveis por ato discricionário da Administração Pública.
(C) exige, na forma de Decreto do Poder Executivo, para a instalação de obra ou atividade potencialmente causadora de significativa degradação do meio ambiente, estudo prévio de impacto ambiental, a que se dará publicidade.
(D) estabelece que as condutas e atividades consideradas lesivas ao meio ambiente sujeitarão os infratores, pessoas físicas ou jurídicas, a sanções penais e administrativas, independentemente da obrigação de reparar os danos causados.
(E) impõe que as usinas que operem com reator nuclear deverão ter sua localização definida em lei estadual, sem o que não poderão ser instaladas.

A: incorreta, pois aquele que explorar recursos minerais fica obrigado a recuperar o meio ambiente degradado (art. 225, § 2º, da CF); **B:** incorreta, pois são **indisponíveis** as terras devolutas ou arrecadadas pelos Estados, por ações discriminatórias, necessárias à proteção dos ecossistemas naturais (art. 225, § 5º, da CF); **C:** incorreta, porque exige, na forma da lei, para instalação de obra ou atividade potencialmente causadora de significativa degradação do meio ambiente, estudo prévio de impacto ambiental, a que se dará publicidade (art. 225, § 1º, IV, da CF); **D:** correta, nos termos do art. 225, § 3º, da CF; **E:** incorreta, pois as usinas que operem com reator nuclear deverão ter sua localização definida em **lei federal**, sem o que não poderão ser instaladas (art. 225, § 6º, da CF).

Gabarito "D".

(Investigador – PC/BA – 2018 – VUNESP) Segundo a Constituição Federal, assinale a alternativa correta sobre a Ordem Social.

(A) É permitido destinar recursos públicos para auxílios ou subvenções às instituições privadas de saúde com fins lucrativos, com vistas ao interesse público.

(B) É permitida a filiação ao regime geral de previdência social, na qualidade de segurado facultativo, de pessoa participante de regime próprio de previdência.

(C) No âmbito da educação, os Municípios atuarão prioritariamente no ensino fundamental e na educação infantil, e os Estados e Distrito Federal atuarão prioritariamente nos ensinos fundamental e médio.

(D) A União aplicará, anualmente, nunca menos do que 15% (quinze por cento), no mínimo, da receita resultante de impostos, na manutenção e no desenvolvimento do ensino.

(E) A justiça desportiva terá o prazo máximo de 120 (cento e vinte) dias, contados da instauração do processo, para proferir decisão final.

A: incorreta, já que é vedada a destinação de recursos públicos para auxílios ou subvenções às instituições privadas com fins lucrativos (art. 199, § 2º, da CF); **B:** incorreta, visto que é vedada a filiação ao regime geral de previdência social, na qualidade de segurado facultativo, de pessoa participante de regime próprio de previdência (art. 201, § 5º, da CF); **C:** correta, de acordo com o art. 211, §§ 2º e 3º, da CF; **D:** incorreta, pois a União aplicará, anualmente, nunca menos de **18% (dezoito por cento)**, no mínimo, da receita resultante de impostos na manutenção e desenvolvimento do ensino (art. 212, *caput*, da CF); **E:** incorreta, porque a justiça desportiva terá o prazo máximo de **60 dias**, contados da instauração do processo, para proferir decisão final (art. 217, § 2º, da CF).

Gabarito "C".

(Procurador do Estado/SP – 2018 – VUNESP) Assinale a alternativa correta a respeito do direito à comunicação social.

(A) Na análise do caso de publicação de biografias não autorizadas, o Supremo Tribunal Federal fixou o entendimento da necessidade de autorização prévia do interessado ou de seu representante legal, uma vez que o caso envolve tensão entre direitos fundamentais da liberdade de expressão, do direito à informação e dos direitos da personalidade (privacidade, imagem e honra).

(B) Os meios de comunicação social eletrônica, independentemente da tecnologia utilizada para a prestação do serviço, deverão observar os princípios constitucionais que regem a produção e a programação das emissoras de rádio e televisão, como dar preferência a finalidades educativas, artísticas, culturais e informativas.

(C) Nenhuma lei poderá conter dispositivo que possa constituir embaraço à plena liberdade de informação jornalística em qualquer veículo de comunicação social, sendo resguardado o sigilo da fonte, em todas as circunstâncias.

(D) Compete ao Congresso Nacional outorgar e renovar concessão, permissão e autorização para o serviço de radiodifusão sonora e de sons e imagens, observado o princípio da complementaridade dos sistemas privado, público e estatal.

(E) É competência comum da União, dos Estados, do Distrito Federal e dos Municípios legislar sobre os meios legais que garantam à pessoa e à família a possibilidade de se defenderem de programas ou programações de rádio e televisão que vinculem propaganda de produtos, práticas e serviços que possam ser nocivos à saúde e ao meio ambiente.

A: incorreta, pois o STF declarou ser **inexigível** autorização de pessoa biografada relativamente a obras biográficas literárias ou audiovisuais, sendo também **desnecessária** autorização de pessoas retratadas como coadjuvantes (ou de seus familiares, em caso de pessoas falecidas ou ausentes) (ADI 4815, Rel. Min. Cármen Lúcia, Tribunal Pleno, j. em 10-06-2015); **B:** correta, de acordo com o art. 222, § 3º, combinado com o art. 221, I, ambos da CF; **C:** incorreta, visto que nenhuma lei conterá dispositivo que possa constituir embaraço à plena liberdade de informação jornalística em qualquer veículo de comunicação social, sendo resguardado o sigilo da fonte, quando necessário ao exercício profissional (art. 220, § 1º, c/c art. 5º, XIV, da CF); **D:** incorreta, haja vista que compete ao **Poder Executivo** outorgar e renovar concessão, permissão e autorização para o serviço de radiodifusão sonora e de sons e imagens, observado o princípio da complementaridade dos sistemas privado, público e estatal (art. 223 da CF); **E:** incorreta, pois compete **privativamente** à União legislar sobre propaganda comercial (art. 22, XXIX, da CF), cabendo à lei federal estabelecer os meios legais que garantam à pessoa e à família a possibilidade de se defenderem de programas ou programações de rádio e televisão que vinculem propaganda de produtos, práticas e serviços que possam ser nocivos à saúde e ao meio ambiente (art. 220, § 3º, II, da CF).

Gabarito "B".

(Juiz de Direito – TJ/RS – 2018 – VUNESP) A Constituição Federal de 1988 propicia amparo a alguns grupos sociais vulneráveis, sendo um exemplo disso

(A) a garantia de acesso e locomoção adequados às pessoas portadoras de deficiência, sendo a construção ou adaptação dos logradouros públicos e privados de responsabilidade do Estado.

(B) a proteção especial de crianças e adolescentes órfãos ou abandonados, por meio de acolhimento institucional, que será mantido com os recursos oriundos do salário-família.

(C) a posse permanente, pelos índios, das terras por eles tradicionalmente ocupadas, cabendo-lhes o usufruto exclusivo das riquezas do solo, dos rios e dos lagos nelas existentes.

(D) a garantia de gratuidade nos transportes coletivos às pessoas com idade igual ou superior a 60 (sessenta) anos.

(E) o conceito de família, estabelecido na Carta de 1988, de caráter limitado à comunidade entre ambos os pais com os respectivos filhos, como base da sociedade e destinatária de proteção especial do Estado.

A: incorreta, visto que é responsabilidade do Estado zelar pela construção e adaptação dos logradouros, dos edifícios de uso público e dos veículos de transporte coletivo (art. 244 c/c art. 227, § 2º, ambos da CF); **B:** incorreta, já que o estímulo do Poder Público será efetivado por meio de assistência jurídica, incentivos fiscais e subsídios (art. 227, § 3º, VI, da CF); **C:** correta, pois as terras tradicionalmente ocupadas pelos índios destinam-se a sua *posse permanente*, cabendo-lhes o usufruto exclusivo das riquezas do solo, dos rios e dos lagos nelas existentes (art. 231, § 2º, da CF); **D:** incorreta, porque é garantida a gratuidade dos transportes coletivos urbanos aos maiores de **65 anos** (art. 230, § 2º, da CF); **E:** incorreta, uma vez que o conceito de família, estabelecido na Constituição, abrange também a comunidade formada por qualquer dos pais e seus descendentes (art. 226, § 4º, CF).

Gabarito "C".

18. TEMAS COMBINADOS

(Procurador – AL/PR – 2024 – FGV) Apesar da igualdade ser um direito fundamental, mulheres e homens possuem tratamentos distintos em relação aos seus direitos, como por exemplo, a diferença entre o período garantido de licença-maternidade e de licença-paternidade. Nesse contexto, deve-se ponderar a evolução dos papéis atualmente desempenhados por homens e mulheres na família e na sociedade. Dessa forma, impõe-se um esforço coletivo dos agentes políticos e públicos com o objetivo de promover a eficácia das normas constitucionais.

Diante do exposto e de acordo com o ordenamento jurídico vigente e com a jurisprudência do Supremo Tribunal Federal, assinale a afirmativa correta.

(A) A ausência de regulamentação da norma constitucional referente à licença-paternidade provocou uma omissão inconstitucional, uma vez que efetivação do referido direito reflete a necessidade de proteção da família e da infância.

(B) Há inconstitucionalidade da norma que prevê o prazo de 5 dias para a licença-paternidade, uma vez que o princípio da igualdade garante aos homens período igual ao da licença-maternidade.

(C) A norma que define o prazo da licença paternidade está prevista no Ato das Disposições Constitucionais Transitórias e garante, em homenagem ao princípio da isonomia, que pessoas diferentes tenham tratamentos distintos, não havendo necessidade de edição de nova regulamentação sobre o tema.

(D) Em razão da ausência de regulamentação legal acerca do prazo razoável de licença-paternidade deverá ser aplicado imediatamente o prazo da licença-maternidade a todos os cuidadores da criança nos seus primeiros meses de vida.

(E) A norma que trata da licença-paternidade é direito social previsto em norma infraconstitucional, portanto a ausência de regulamentação do referido direito provocou uma omissão ilegal e não inconstitucional.

A alternativa A está correta. A questão foi resolvida pelo STF ao julgar a ADO 20/DF, com a seguinte ementa: "DIREITO CONSTITUCIONAL. AÇÃO DIRETA DE INCONSTITUCIONALIDADE POR OMISSÃO. LICENÇA-PATERNIDADE. ARTIGO 7º, XIX, DA CONSTITUIÇÃO DA REPÚBLICA. DECLARAÇÃO DE MORA LEGISLATIVA. OMISSÃO INCONSTITUCIONAL. CONSEQUÊNCIA. PRAZO DE 18 (DEZOITO) MESES PARA DELIBERAÇÃO LEGISLATIVA.".

Gabarito "A".

(Procurador – AL/PR – 2024 – FGV) Determinado Conselho profissional editou norma que exige a quitação das anuidades para a obtenção, a suspensão e a reativação de inscrição, inscrição secundária, bem como a renovação e a segunda via da carteira profissional. Nesse contexto, João, profissional vinculado ao referido Conselho ajuizou ação requerendo o afastamento da adoção de sanções políticas aplicadas a ele como meios indiretos de coerção para a cobrança da contribuição.

Diante do exposto e da jurisprudência do Supremo Tribunal Federal, é correto afirmar que João deve ter o seu pleito

(A) indeferido, uma vez que a natureza autárquica do Conselho Federal e dos Conselhos Regionais Profissionais faz com que haja obrigatoriedade de prestarem contas ao Tribunal de Contas da União e autoriza a aplicação de sanções políticas.

(B) indeferido, uma vez que a norma referida está em consonância com os princípios da livre-iniciativa e da proporcionalidade, já que as referidas autarquias têm condão de garantir o regular exercício da profissão.

(C) deferido, pois as contribuições de interesse das categorias profissionais não têm a natureza do tributo e por esse motivo não podem ser aplicadas sanções que forcem o pagamento da dívida.

(D) indeferido, uma vez que no caso de conflito de normas constitucionais sempre haverá a prevalência daquele que atingir o maior número de pessoas.

(E) deferido, pois condicionar o exercício de atividade profissional à quitação de débitos tributários constitui manifesta ofensa ao direito fundamental ao livre exercício de profissão e aos princípios da livre iniciativa e da proporcionalidade.

A alternativa correta é a E, conforme decidiu o STF ao julgar a ADI 7423/DF: "AÇÃO DIRETA DE INCONSTITUCIONALIDADE. INC. II DO ART. 16, § 2º DO ART. 32, INCS. II E IV DO ART. 46 E § 6º DO ART. 48 DO ANEXO DA RESOLUÇÃO N. 560/2017, DO CONSELHO FEDERAL DE ENFERMAGEM. INTERDITO DO EXERCÍCIO PROFISSIONAL. INADIMPLÊNCIA DE PAGAMENTO DE ANUIDADE. NATUREZA JURÍDICA DE TRIBUTO. CONTRIBUIÇÃO DE INTERESSE DE CATEGORIA PROFISSIONAL. SANÇÃO POLÍTICA EM MATÉRIA TRIBUTÁRIA. PRECEDENTES. AÇÃO DIRETA JULGADA PROCEDENTE. 1. Instruído o processo nos termos do art. 10 da Lei n. 9.868/1999, é de cumprir-se o princípio constitucional de razoável duração do processo e julgamento de mérito da ação direta por este Supremo Tribunal, ausente necessidade de novas informações. Precedentes. 2. É cabível a ação direta de inconstitucionalidade para o exame de atos normativos infralegais quando o conteúdo impugnado apresentar incompatibilidade direta com a Constituição da República e sejam dotados de generalidade e abstração. Precedentes. 3. As anuidades cobradas pelos conselhos profissionais caracterizam-se como tributos da espécie contribuições de interesse das categorias profissionais, nos termos do art. 149 da Constituição da República. Precedentes. 4. A suspensão de exercício profissional pelo não pagamento de anuidade do Conselho profissional configura sanção política como meio indireto de coerção para cobrança de tributos. Precedentes. 5. São inconstitucionais as normas impugnadas pelas quais exigem a quitação de anuidades devidas ao Conselho Profissional de Enfermagem para que profissionais obtenham inscrição, suspensão de inscrição, reativação de inscrição, inscrição secundária, segunda via e renovação de carteira profissional de identidade, por instituírem sanção política como meio coercitivo indireto para pagamento de tributo. 6. Ação direta na qual proposta a conversão da apreciação da medida cautelar em julgamento de mérito. Pedido julgado procedente para declarar a inconstitucionalidade do inc. II do art. 16, § 2º do art. 32, incs. II e IV do art. 46 e § 6º do art. 48 do Anexo da Resolução n. 560, de 23.10.2017, do Conselho Federal de Enfermagem".

Gabarito "E".

(Procurador – AL/PR – 2024 – FGV) O Chefe do Poder Executivo editou medida provisória que para abertura de crédito extraordinário, visando atender a despesas imprevisíveis decorrentes de catástrofe ambiental caracterizadora de calamidade pública.

Diante do exposto e de acordo com o entendimento predominante no Supremo Tribunal Federal, é correto afirmar que o referido ato normativo é

(A) inconstitucional, pois é vedado ao Poder Executivo editar medida provisória que disponha planos plurianuais, diretrizes orçamentárias, orçamento e créditos adicionais e suplementares.

(B) constitucional, pois é permitido ao Poder Executivo editar medida provisória que disponha planos plurianuais, diretrizes orçamentárias, orçamento e créditos adicionais e suplementares.

(C) inconstitucional, pois é vedado ao Poder Executivo editar medida provisória que disponha sobre matéria reservada a lei complementar.

(D) constitucional, pois no caso de relevância e urgência, o Presidente da República poderá adotar medidas provisórias, com força de lei, devendo submetê-las de imediato ao Congresso Nacional.

(E) constitucional, pois além dos requisitos de relevância e urgência, a Constituição autoriza que a abertura do crédito extraordinário seja feita por Medida Provisória apenas para atender a despesas imprevisíveis e urgentes, como no caso de calamidade pública.

A alternativa correta é a E. O art. 167, § 3º, da CF, prevê que: "A abertura de crédito extraordinário somente será admitida para atender a despesas imprevisíveis e urgentes, como as decorrentes de guerra, comoção interna ou calamidade pública, observado o disposto no art. 62". O art. 62, § 1º, I, d, da CF, veda a edição de medidas provisórias sobre matéria: "planos plurianuais, diretrizes orçamentárias, orçamento e créditos adicionais e suplementares, ressalvado o previsto no art. 167, § 3º". O STF ao interpretar essas duas normas constitucionais decidiu que: "MEDIDA CAUTELAR EM AÇÃO DIRETA DE INCONSTITUCIONALIDADE. MEDIDA PROVISÓRIA Nº 405, DE 18.12.2007. ABERTURA DE CRÉDITO EXTRAORDINÁRIO. LIMITES CONSTITUCIONAIS À ATIVIDADE LEGISLATIVA EXCEPCIONAL DO PODER EXECUTIVO NA EDIÇÃO DE MEDIDAS PROVISÓRIAS. I. MEDIDA PROVISÓRIA E SUA CONVERSÃO EM LEI. Conversão da medida provisória na Lei nº 11.658/2008, sem alteração substancial. Aditamento ao pedido inicial. Inexistência de obstáculo processual ao prosseguimento do julgamento. A lei de conversão não convalida os vícios existentes na medida provisória. Precedentes. II. CONTROLE ABSTRATO DE CONSTITUCIONALIDADE DE NORMAS ORÇAMENTÁRIAS. REVISÃO DE JURISPRUDÊNCIA. O Supremo Tribunal Federal deve exercer sua função precípua de fiscalização da constitucionalidade das leis e dos atos normativos quando houver um tema ou uma controvérsia constitucional suscitada em abstrato, independente do caráter geral ou específico, concreto ou abstrato de seu objeto. Possibilidade de submissão das normas orçamentárias ao controle abstrato de constitucionalidade. III. LIMITES CONSTITUCIONAIS À ATIVIDADE LEGISLATIVA EXCEPCIONAL DO PODER EXECUTIVO NA EDIÇÃO DE MEDIDAS PROVISÓRIAS PARA ABERTURA DE CRÉDITO EXTRAORDINÁRIO. Interpretação do art. 167, § 3º c/c o art. 62, § 1º, inciso I, alínea 'd', da Constituição. Além dos requisitos de relevância e urgência (art. 62), a Constituição exige que a abertura do crédito extraordinário seja feita apenas para atender a despesas imprevisíveis e urgentes. Ao contrário do que ocorre em relação aos requisitos de relevância e urgência (art. 62), que se submetem a uma ampla margem de discricionariedade por parte do Presidente da República, os requisitos de imprevisibilidade e urgência (art. 167, § 3º) recebem densificação normativa da Constituição. Os conteúdos semânticos das expressões 'guerra', 'comoção interna' e 'calamidade pública' constituem vetores para a interpretação/aplicação do art. 167, § 3º c/c o art. 62, § 1º, inciso I, alínea 'd', da Constituição. 'Guerra', 'comoção interna' e 'calamidade pública' são conceitos que representam realidades ou situações fáticas de extrema gravidade e de consequências imprevisíveis para a ordem pública e a paz social, e que dessa forma requerem, com a devida urgência, a adoção de medidas singulares e extraordinárias. A leitura atenta e a análise interpretativa do texto e da exposição de motivos da MP nº 405/2007 demonstram que os créditos abertos são destinados a prover despesas correntes, que não estão qualificadas pela imprevisibilidade ou pela urgência. A edição da MP nº 405/2007 configurou um patente desvirtuamento dos parâmetros constitucionais que permitem a edição de medidas provisórias para a abertura de créditos extraordinários. IV. MEDIDA CAUTELAR DEFERIDA. Suspensão da vigência da Lei nº 11.658/2008, desde a sua publicação, ocorrida em 22 de abril de 2008." (STF, ADI 4048 MC, rel. Min. Gilmar Mendes, j. 14-5-2008).

Gabarito "E".

(Procurador – PGE/SP – 2024 – VUNESP) O Supremo Tribunal Federal reconheceu que há um "estado de coisas inconstitucional do sistema carcerário brasileiro" responsável pela violação massiva de direitos fundamentais dos presos, ao julgar parcialmente procedente os pedidos contidos na Arguição de Descumprimento de Preceito Fundamental – ADPF 347/DF. É correto afirmar sobre o tema:

(A) a Arguição de Descumprimento de Preceito Fundamental (ADPF) foi considerada o meio processual adequado a ser adotado no presente caso diante do seu caráter subsidiário e dinâmico, o qual permite celeridade na emissão de medida cautelar pelo quórum simples dos membros do Supremo Tribunal Federal, com eficácia pelo prazo de 180 dias.

(B) diante do grave impacto sobre a segurança pública, em especial, na formação e expansão de organizações criminosas que operam de dentro do cárcere e afetam a população de modo geral, restou determinado que todas as novas medidas deverão ser submetidas previamente a Audiências Públicas, convocadas pelo Supremo Tribunal Federal, respeitada a competência privativa da União para legislar sobre direito penitenciário.

(C) a intervenção judicial nos processos estruturais é legítima quando se detecta violação dos direitos fundamentais por uma falha crônica no funcionamento das instituições estatais, razão pela qual há necessidade de reconhecer o estado de desconformidade constitucional e acompanhar o detalhamento das medidas, a homologação e o monitoramento da execução da reformulação das políticas públicas.

(D) o Plano Nacional de Política Criminal e Penitenciária deve ser reelaborado pela União, no âmbito da sua competência privativa, e homologado pelo Conselho Nacional de Justiça (CNJ), com ênfase em programas de Justiça Restaurativa a serem realizados pelos Estados e Distrito Federal.

(E) deverão ser realizados estudos e criadas varas judiciárias novas em quantidade proporcional à população carcerária de cada unidade da federação, pelo Poder Executivo, visando superar as falhas crônicas no funcionamento das instituições estatais e o denominado "ponto cego legislativo" gerado pela ausência do devido debate parlamentar.

A: Incorreta. A medida liminar na ADPF pode ser deferida pelo STF por decisão da maioria absoluta de seus membros e não pelo quórum simples (art. 5º, *caput*, da Lei nº 9.882/1999. **B**: Incorreta. Não ficou determinado que as Audiências Públicas seriam convocadas pelo STF. Da ementa destaca-se: "(...) 9. Em sentido diverso àquele constante do voto do Relator, afirma-se: (i) a necessária participação do Departamento de Monitoramento e Fiscalização do Conselho Nacional de Justiça (DMF/CNJ) na elaboração do plano nacional; (ii) a procedência dos pedidos de submissão dos planos ao debate público e à homologação pelo STF; e (iii) o monitoramento da sua execução pelo DMF/CNJ, com supervisão do STF. (...)". Além disso, a competência para legislar sobre direito penitenciário é concorrente e não privativa (CF, art. 24, I). **C**: Correta. A tese firmada no julgado foi a seguinte: ""1. Há um estado de coisas inconstitucional no sistema carcerário brasileiro, responsável pela violação massiva de direitos fundamentais dos presos. Tal estado de coisas demanda a atuação cooperativa das diversas autoridades, instituições e comunidade para a construção de uma solução satisfatória. 2. Diante disso, União, Estados e Distrito Federal, em conjunto com o Departamento de Monitoramento e Fiscalização do Conselho Nacional de Justiça (DMF/CNJ), deverão elaborar planos a serem submetidos à homologação do Supremo Tribunal Federal, nos prazos e observadas as diretrizes e finalidades expostas no presente voto, devendo tais planos ser especialmente voltados para o controle da superlotação carcerária, da má qualidade das vagas existentes e da entrada e saída dos presos. 3. O CNJ realizará estudo e regulará a criação de número de varas de execução proporcional ao número de varas criminais e ao quantitativo de presos". **D**: Incorreta. A Política Criminal e Penitenciária deve ser elaborada pela União, juntamente com os Estados e o Distrito Federal, com homologação do STF e não do CNJ. **E**: Incorreta. O estudo sobre a criação de varas de execuções penais será feito pelo CNJ. AMN

Gabarito "C".

(ENAM – 2024.1) A Constituição do Estado Z conferiu aos reitores das universidades públicas estaduais o foro por prerrogativa de função, ficando a cargo do Tribunal de Justiça a competência para processar e julgar originariamente os crimes comuns praticados pelas referidas autoridades.

Diante do exposto e à luz da ordem constitucional e da jurisprudência do Supremo Tribunal Federal, é correto afirmar que a referida norma é

(A) constitucional, pois, em razão do princípio federativo, os Estados têm competência para conferir, desde que previstos na respectiva Constituição estadual, foro por prerrogativa de função a autoridades que não guardam semelhança com as que o detêm na esfera federal.

(B) constitucional, pois o foro por prerrogativa de função consubstancia uma garantia constitucional relativa ao exercício da função pública e uma necessidade de proteção de algumas autoridades para o exercício imparcial e isento de suas atribuições.

(C) constitucional, pois, em razão do princípio federativo, os Estados têm competência para conferir, mesmo que previstos em legislação infraconstitucional estadual, foro por prerrogativa de função a autoridades que não guardam semelhança com as que o detém na esfera federal.

(D) inconstitucional, pois não pode o ente estadual, de forma discricionária, estender o foro por prerrogativa de função à cargos diversos daqueles abarcados pelo legislador federal, sob pena de violação às regras de reprodução automática e obrigatória da Constituição da República.

(E) inconstitucional, pois o foro por prerrogativa de função é uma garantia prevista para os servidores públicos ou agentes políticos da Administração Pública Direta, e universidades fazem parte da Administração Pública indireta, por serem autarquias públicas.

A alternativa correta é a D. O STF ao julgar a Ação Direta de Inconstitucionalidade 6517 entendeu que os Estados-membros não podem ampliar a prerrogativa de foro para autoridades diversas daquelas listadas na Constituição Federal. ANH

Gabarito "D".

(ENAM – 2024.1) Em Recurso Extraordinário julgado pelo Supremo Tribunal Federal (STF), apreciou-se a constitucionalidade do Art. 1.641 do Código Civil, que prevê a obrigatoriedade do regime de separação de bens no casamento de pessoa maior de 70 (setenta) anos. Ao decidir a questão, o STF interpretou, conforme a CRFB/88, o dispositivo e fixou a seguinte tese de julgamento:

Nos casamentos e uniões estáveis envolvendo pessoa maior de 70 anos, o regime de separação de bens previsto no Art. 1641, inciso II, do Código Civil, pode ser afastado por expressa manifestação da vontade das partes, mediante escritura pública.

Em relação ao tema, analise as assertivas a seguir.

I. O princípio da igualdade restringe a utilização do fator idade para desequiparar pessoas, salvo se demonstrado que se trata de fundamento razoável para realização de um fim legítimo.

II. O princípio da dignidade humana inclui, em seu conteúdo, o valor intrínseco de toda pessoa e a autonomia para realizar suas próprias escolhas existenciais.

III. O regime de separação de bens do Art. 1.641, inciso II, do Código Civil, aplica-se tanto ao casamento quanto à união estável, mas somente o casamento forma entidade familiar.

Está correto o que se afirma em

(A) I, apenas.
(B) II, apenas.
(C) I e II, apenas.
(D) II e III, apenas.
(E) I, II e III.

Os enunciados I e II estão corretos e o III incorreto, conforme julgamento proferido pelo STF na ARE 1309642, com Repercussão Geral reconhecida (Tema 1236), cuja ementa do acórdão é a seguinte: "Direito Constitucional e Civil. Recurso extraordinário com agravo. Repercussão geral. Separação obrigatória de bens nos casamentos e uniões estáveis com pessoa maior de setenta anos. Interpretação conforme a Constituição. I. O caso em exame 1. O recurso. Recurso extraordinário com agravo e repercussão geral reconhecida contra decisão que considerou constitucional o art. 1.641, II, do Código Civil e estendeu sua aplicação às uniões estáveis. O referido dispositivo prevê a obrigatoriedade do regime de separação de bens no casamento de pessoa maior de setenta anos. 2. O fato relevante. Companheira

em união estável postula participação na sucessão de seu falecido companheiro em igualdade de condições com os herdeiros necessários. 3. As decisões anteriores. O juiz de primeiro grau considerou inconstitucional o dispositivo do Código Civil e reconheceu o direito da companheira em concorrência com os herdeiros. O Tribunal de Justiça do Estado de São Paulo reformou a decisão, considerando a norma que impõe a separação obrigatória de bens válida. II. A questão jurídica em discussão 4. O presente recurso discute duas questões: (i) a constitucionalidade do dispositivo que impõe o regime da separação de bens aos casamentos com pessoa maior de setenta anos; e (ii) a aplicação dessa regra às uniões estáveis. III. A solução do problema 5. O dispositivo aqui questionado, se interpretado de maneira absoluta, como norma cogente, viola o princípio da dignidade da pessoa humana e o da igualdade. 6. O princípio da dignidade humana é violado em duas de suas vertentes: (i) da autonomia individual, porque impede que pessoas capazes para praticar atos da vida civil façam suas escolhas existenciais livremente; e (ii) do valor intrínseco de toda pessoa, por tratar idosos como instrumentos para a satisfação do interesse patrimonial dos herdeiros. 7. O princípio da igualdade, por sua vez, é violado por utilizar a idade como elemento de desequiparação entre as pessoas, o que é vedado pelo art. 3º, IV, da Constituição, salvo se demonstrado que se trata de fundamento razoável para realização de um fim legítimo. Não é isso o que ocorre na hipótese, pois as pessoas idosas, enquanto conservarem sua capacidade mental, têm o direito de fazer escolhas acerca da sua vida e da disposição de seus bens. 8. É possível, todavia, dar interpretação conforme a Constituição ao art. 1.641, II, do Código Civil, atribuindo-lhe o sentido de norma dispositiva, que deve prevalecer à falta de convenção das partes em sentido diverso, mas que pode ser afastada por vontade dos nubentes, dos cônjuges ou dos companheiros. Ou seja: trata-se de regime legal facultativo e não cogente. 9. A possibilidade de escolha do regime de bens deve ser estendida às uniões estáveis. Isso porque o Supremo Tribunal Federal entende que '[n]ão é legítimo desequiparar, para fins sucessórios, os cônjuges e os companheiros, isto é, a família formada pelo casamento e a formada por união estável' (RE 878.694, sob minha relatoria, j. em 10.05.2017). 10. A presente decisão tem efeitos prospectivos, não afetando as situações jurídicas já definitivamente constituídas. É possível, todavia, a mudança consensual de regime, nos casos em que validamente admitida (e.g., art. 1.639, § 2º, do Código Civil). 11. No caso concreto, como não houve manifestação do falecido, que vivia em união estável, no sentido de derrogação do art. 1.641, II, do Código Civil, a norma é aplicável. IV. Dispositivo e tese 12. Recurso extraordinário a que se nega provimento. Tese de julgamento: 'Nos casamentos e uniões estáveis envolvendo pessoa maior de 70 anos, o regime de separação de bens previsto no art. 1.641, II, do Código Civil pode ser afastado por expressa manifestação de vontade das partes, mediante escritura pública'. Atos normativos citados: Constituição Federal, arts. 1º, III; 3º, IV; 5º, I, X; 226, § 3º; 230, e Código Civil, arts. 1.641, II; e 1.639, § 2º. Jurisprudência citada: RE 878.694 (2017), Rel. Min. Luís Roberto Barroso." ANH
Gabarito "C."

(Juiz de Direito – TJ/SC – 2024 – FGV) Determinado município deixou de editar lei disciplinando a revisão geral anual da remuneração dos servidores públicos daquele ente federativo e, por esse motivo, o Poder Judiciário concedeu injunção para que o chefe do Poder Executivo envie projeto de lei e promova a referida revisão dos servidores municipais.

Diante do exposto e da jurisprudência do Supremo Tribunal Federal, o Poder Judiciário agiu:

(A) corretamente, pois a garantia da revisão geral anual decorre da norma constitucional que garante a irredutibilidade dos vencimentos aos servidores públicos;

(B) corretamente, pois a definição do índice cabe aos poderes políticos, em razão da expertise técnica desses poderes em gerir os cofres públicos e o funcionalismo estatal;

(C) incorretamente, pois deveria ter fixado diretamente o índice de correção para revisão geral anual da remuneração dos servidores públicos, em razão de omissão do chefe do Poder Executivo;

(D) corretamente, pois possui competência para determinar ao Poder Executivo a apresentação de projeto de lei que vise a promover a revisão geral anual da remuneração dos servidores públicos;

(E) incorretamente, pois não possui competência para determinar ao Poder Executivo a apresentação de projeto de lei que vise a promover a revisão geral anual, tampouco para fixar o respectivo índice de correção.

A alternativa correta é a E. O STF, ao julgar o Recurso Extraordinário 843112, com reconhecimento de repercussão geral (Tema 624), firmou a seguinte tese: "O Poder Judiciário não possui competência para determinar ao Poder Executivo a apresentação de projeto de lei que vise a promover a revisão geral anual da remuneração dos servidores públicos, tampouco para fixar o respectivo índice de correção". ANH
Gabarito "E."

(Juiz de Direito – TJ/SP – 2023 – VUNESP) O Supremo Tribunal Federal, no julgamento, em 2021, da ADPF 357, promoveu o cancelamento da Súmula nº 563 daquele Tribunal, editada com base na Emenda Constitucional nº 1/69 à Carta de 1967 e que tratava da definição de hierarquia na cobrança judicial dos créditos da dívida pública da União aos Estados e Distrito Federal e esses aos Municípios.

Dentre os fundamentos que constam desse julgado, encontra-se o seguinte:

(A) as disposições do art. 187 da Lei nº 5.172/1966 (Código Tributário Nacional) e do parágrafo único do art. 29 da Lei nº 6.830/1980 (Lei de Execuções Fiscais), que tratam do concurso de preferência entre entes federados foram recepcionadas e são compatíveis com a Constituição da República de 1988.

(B) a arguição de descumprimento de preceito fundamental não viabiliza a análise de constitucionalidade de normas legais pré-constitucionais insuscetíveis de conhecimento em ação direta de inconstitucionalidade.

(C) a autonomia dos entes federados e a isonomia que deve prevalecer entre eles, respeitadas as competências estabelecidas pela Constituição, é fundamento da Federação e o Federalismo de cooperação e de equilíbrio posto na Constituição da República de 1988 não legitima distinções entre os entes federados por norma infraconstitucional.

(D) a definição de hierarquia na cobrança judicial dos créditos da dívida pública da União aos Estados e Distrito Federal e esses aos Municípios cumpre o princípio federativo e respeita o inc. III do art. 19 da Constituição da República de 1988.

A: Incorreta. A ementa do mencionado acórdão estabelece: "Arguição de descumprimento de preceito fundamental julgada procedente para declarar não recepcionadas pela Constituição da República de 1988 as normas previstas no parágrafo único do art. 187 da Lei n. 5.172/1966 (Código Tributário Nacional) e no parágrafo único do art. 29 da Lei n. 6.830/1980 (Lei de Execuções Fiscais)". **B**: Incorreta. A ementa

do acórdão estabelece: "A arguição de descumprimento de preceito fundamental viabiliza a análise de constitucionalidade de normas legais pré-constitucionais insuscetíveis de conhecimento em ação direta de inconstitucionalidade. Precedentes". **C**: Correta. Está de acordo com a ementa do acórdão. **D**: Incorreta. A ementa do acórdão prevê: "A definição de hierarquia na cobrança judicial dos créditos da dívida pública da União aos Estados e Distrito Federal e esses aos Municípios descumpre o princípio federativo e contraria o inc. III do art. 19 da Constituição da República de 1988.". ANH
Gabarito "C".

(Juiz de Direito – TJ/DFT – 2023 – CEBRASPE) A respeito da ação direta de inconstitucionalidade, da ação declaratória de constitucionalidade, da ação de descumprimento de preceito fundamental e da ação de usucapião, assinale a opção correta, com base nas regras processuais dispostas na legislação em vigor e no entendimento do STF.

(A) Após o recebimento das informações dos requeridos e das manifestações do advogado-geral da União e do procurador-geral da República, admite-se o aditamento à inicial da ação direta de inconstitucionalidade (ADI) para inclusão de novos dispositivos legais, em razão do princípio da causa de pedir aberta.
(B) Estado-membro possui legitimidade para recorrer das decisões proferidas em sede de controle concentrado de constitucionalidade em ação direta de inconstitucionalidade (ADI) que tenha sido ajuizada pelo respectivo governador.
(C) É facultado ao interessado instruir o pedido de reconhecimento extrajudicial de usucapião com certidões negativas dos distribuidores da comarca acerca da situação do imóvel e do domicílio do requerente.
(D) Município não tem legitimidade para propor, incidentalmente no curso de processo em que seja parte, a edição, a revisão ou o cancelamento de enunciado de súmula vinculante no STF.
(E) As hipóteses de impedimento e suspeição de ministros não se aplicam, ordinariamente, ao processo de fiscalização concentrada de constitucionalidade.

A: Incorreta. O STF tem entendido que nessa hipótese não cabe o aditamento da petição inicial para incluir novos dispositivos legais. Nesse sentido, destaque-se o que foi decidido na ADI 1926: "Indeferimento do pedido de aditamento da inicial para incluir as alterações trazidas pela Lei Estadual nº 12.978/2005. A jurisprudência desta Corte é no sentido de que o aditamento à inicial somente é possível nas hipóteses em que a inclusão da nova impugnação (i) dispense a requisição de novas informações e manifestações; e (ii) não prejudique o cerne da ação, o que não ocorre no presente caso. Precedente.". **B**: Incorreta. O STF ao julgar a ADI 4420 Ed-AgR firmou entendimento de que os Estados-Membros não se incluem no rol dos legitimados a agir como sujeitos processuais em sede de controle concentrado de constitucionalidade. **C**: Incorreta. O art. 216-A, III, da Lei nº 6.015, de 31/12/1973, prescreve que: "Sem prejuízo da via jurisdicional, é admitido o pedido de reconhecimento extrajudicial de usucapião, que será processado diretamente perante o cartório do registro de imóveis da comarca em que estiver situado o imóvel usucapiendo, a requerimento do interessado, representado por advogado, instruído com: (...) III – certidões negativas dos distribuidores da comarca da situação do imóvel e do domicílio do requerente (...)". **D**: Incorreta. O art. 3º, § 1º, da Lei nº 11.417, de 19/12/2006, prescreve que: "O Município poderá propor, incidentalmente ao curso de processo em que seja parte, a edição, a revisão ou o cancelamento de enunciado de súmula vinculante, o que não autoriza a suspensão do processo". **E**: Correta. O STF entende que não há impedimento, nem suspeição de ministro, nos julgamentos de ações de controle concentrado, exceto se o próprio ministro firmar, por razões de foro íntimo, a sua não participação. A Corte entende que os institutos do impedimento e da suspeição se restringem ao plano dos processos subjetivos, onde se discutem situações individuais e interesses concretos, não se estendendo, nem se aplicando, ordinariamente, no processo de fiscalização abstrata de constitucionalidade, que é um processo de caráter objetivo destinado a viabilizar o exame não de uma situação concreta, mas da constitucionalidade, ou não, *in abstracto*, de determinado ato normativo editado pelo Poder Público. Essa foi a orientação fixada pelo Plenário do STF ao resolver questão de ordem na ADI 6352/DF (*Informativo* 989 do STF). ANH
Gabarito "E".

(Juiz de Direito – TJ/DFT – 2023 – CEBRASPE) No que se refere ao controle concentrado de constitucionalidade dos atos normativos distritais realizado pelo STF, assinale a opção correta.

(A) Em que pese a vedação constitucional de divisão do DF em municípios, é constitucional a norma da Lei Orgânica do DF que prevê a participação popular na escolha dos administradores das regiões administrativas do DF.
(B) Norma originária da Lei Orgânica do Distrito Federal que assegure a participação de representantes dos servidores na direção superior das fundações e autarquias é inconstitucional, por violação à iniciativa privativa do chefe do Poder Executivo.
(C) É cabível ação direta de inconstitucionalidade perante o STF contra lei distrital que discipline o exercício do poder de polícia sobre o parcelamento do solo urbano.
(D) Em que pese a competência privativa da União para organizar e manter a Polícia Civil do DF, é constitucional o dispositivo da lei distrital que assegura à Polícia Civil do DF relativa autonomia administrativa e financeira para celebrar contratos, uma vez que a CF de 1988 estabelece competência concorrente entre a União, os estados e o DF para legislar sobre organização, garantias, direitos e deveres das polícias civis.
(E) Norma originária da Lei Orgânica do DF que confere aos datiloscopistas policiais a garantia de independência funcional na elaboração de laudos periciais é formalmente inconstitucional, por invadir a competência legislativa da União.

A: Correta. O STF entende que "(...) Não é inconstitucional a norma que prevê, para o processo de escolha de administrador regional, participação popular nos termos em que venha a dispor a lei" (STF, ADI 2.558, rel. Min. Cezar Peluso, j. 26-5-2010, DJe 24-9-2010). **B**: Incorreta. O STF julgou constitucional norma prevista no art. 24 da Lei Orgânica do Distrito Federal. Nesse sentido: "Ação direta de inconstitucionalidade. Artigo 24 da Lei Orgânica do Distrito Federal. Determinação de participação de representantes dos servidores na direção superior dos entes da administração indireta do Distrito Federal. Vício de iniciativa. Ausência. Empresas públicas e sociedades de economia mista. Ausência de violação da competência privativa da União para legislar sobre direito comercial (art. 22, I, CF/88). Diretriz constitucional voltada à realização da ideia de gestão democrática (art. 7º, inciso XI, da CF/88). Improcedência. 1. As regras de iniciativa reservada previstas na Carta da República não se aplicam às normas originárias das constituições estaduais ou da Lei Orgânica do Distrito Federal. Precedente. 2. O Estado pode, na qualidade de acionista majoritário – ou seja, como Estado-acionista –, dispor sobre norma estatutária que preveja a participação de empregados na diretoria de empresas públicas ou de sociedades de economia mista, desde que tal norma não destoe da disciplina atribuída ao tema no âmbito federal. O art. 24 da Lei Orgânica do Distrito Federal determina, de forma genérica, a participação, na direção superior das empresas públicas e das sociedades de economia mista, de representantes dos servidores de tais empresas. Em nenhum momento a norma entra em minúcias, de modo que nem sequer especifica o número de representantes dos empregados, o órgão de direção superior no qual deve ocorrer essa participação ou o mecanismo de escolha desses servidores, deixando essas e outras questões para serem previstas nos estatutos dos referidos entes, na forma da legislação. 3. O preceito impugnado constitui diretriz constitucional voltada à realização da ideia de gestão democrática (art. 7º, inciso XI, da CF/88) no âmbito das empresas públicas e das sociedades de economia mista do Distrito Federal. A forma como a diretriz instituída pela norma § impugnada se materializará dependerá de norma estatutária, a qual, conforme assinalado no julgamento da ADI nº 1.229/SC-MC, não poderá contrariar a normatividade federal sobre o tema, notadamente a Lei das Sociedades Anônimas (Lei 6.404/1976), a qual, inclusive, faculta a participação dos empregados nos conselhos de administração das empresas, sendo, portanto, aplicável às empresas estatais, em razão da sua estrutura acionária. 4. Ação direta julgada improcedente." (STF, ADI 1.167/SP, rel. Min. Dias Toffoli, j. 19-11-2014). **C**: Incorreta. Nesse sentido: "O Distrito Federal, ao qual se vedou dividir-se em Municípios (CF, art. 32), é entidade federativa que acumula as competências reservadas pela Constituição aos Estados e aos Municípios: dada a inexistência de controle abstrato de normas municipais em face da Constituição da República, segue-se o descabimento de ação direta de inconstitucionalidade cujo objeto seja ato normativo editado pelo Distrito Federal, no exercício de competência que a Lei Fundamental reserva aos Municípios, qual a de disciplina e polícia do parcelamento do solo urbano. [ADI 880 MC, rel. min. Sepúlveda Pertence, j. 6-10-1993, P, *DJ* de 4-2-1994.]". **D**: Incorreta. Nesse sentido: "CONSTITUCIONAL. LEI DISTRITAL 837/1994, QUE PROMOVE A ORGANIZAÇÃO E ESTRUTURAÇÃO DA POLÍCIA CIVIL DO DISTRITO FEDERAL. COMPETÊNCIA DA UNIÃO. INCONSTITUCIONALIDADE FORMAL (CF, ARTS. 21, XIV, E 24, § 1º). ATRIBUIÇÃO DE AUTONOMIA ADMINISTRATIVA E FINANCEIRA. OFENSA À PREVISÃO CONSTITUCIONAL DE SUBORDINAÇÃO DA POLÍCIA CIVIL AO CHEFE DO EXECUTIVO. INCONSTITUCIONALIDADE MATERIAL (CF, ART. 144, § 6º). PROCEDÊNCIA. 1. A Lei 837/1994 do Distrito Federal dispôs sobre a organização da estrutura orgânica de sua própria Polícia Civil, com a instituição e extinção de cargos em comissão, unidades internas, atribuições concernentes e diretrizes administrativas, financeiras e funcionais, promovendo verdadeira estruturação do órgão policial. Com isso, invadiu a esfera de competência da União, estabelecida pela Constituição Federal, para manter e organizar a Polícia Civil do Distrito Federal, bem como para editar normas gerais sobre a matéria (arts. 21, XIV, e 24, XVI, § 1º, da CF). Precedentes. 2. O art. 144, § 6º, da CF estabelece vínculo de subordinação entre os Governadores de Estado ou do Distrito Federal e as respectivas Polícias Civis, em razão de que se mostra inconstitucional a atribuição de autonomia administrativa e financeira aos respectivos órgãos policiais, mesmo que materializadas em deliberações da Assembleia local. 3. Ação Direta julgada procedente." (STF, ADI 6.611, rel. Min. Alexandre de Moraes, j. 17-5-2021, DJe 27-5-2021). **E**: Incorreta. Nesse sentido: ": AÇÃO DIRETA DE INCONSTITUCIONALIDADE. §§ 4º E 9º DO ART. 119 DA LEI ORGÂNICA DO DISTRITO FEDERAL. ATRIBUIÇÃO DE INDEPENDÊNCIA FUNCIONAL A DELEGADOS DE POLÍCIA, PERITOS CRIMINAIS, MÉDICOS-LEGISTAS E DATILOSCOPISTAS POLICIAIS. ALEGADA AFRONTA AOS PRINCÍPIOS DA FINALIDADE E DA EFICIÊNCIA DA FUNÇÃO POLICIAL (*CAPUT* DO ART. 37 E ART. 144 DA CONSTITUIÇÃO DA REPÚBLICA) E DA ATRIBUIÇÃO REQUISITÓRIA DO MINISTÉRIO PÚBLICO (INCS. I E VIII DO ART. 129 DA CONSTITUIÇÃO DO BRASIL). INCONSTITUCIONALIDADE PARCIAL DO § 9º DO ART. 119 COM A ALTERAÇÃO DA EMENDA À LEI ORGÂNICA N. 34, DE 2001 EM CONTROLE ABSTRATO DE CONSTITUCIONALIDADE ESTADUAL: REPRISTINAÇÃO DA NORMA. AUSÊNCIA DE ALTERAÇÃO DA NORMA IMPUGNADA. DESNECESSIDADE DE ADITAMENTO DA PETIÇÃO INICIAL. PRECEDENTES. § 9º DO ART. 119 DA LEI ORGÂNICA DO DISTRITO FEDERAL DECLARADA CONSTITUCIONAL NA AÇÃO DIRETA DE INCONSTITUCIONALIDADE N. 1.477/DF (DJ 5.11.1999). INVALIDADE DE SOLUÇÕES LEGISLATIVAS LOCAIS DE INDEPENDÊNCIA FUNCIONAL À POLÍCIA JUDICIÁRIA. PRECEDENTES. AÇÃO DIRETA DE INCONSTITUCIONALIDADE JULGADA PROCEDENTE. 1. A norma do § 9º do art. 119 alterada pela Emenda à Lei Orgânica n. 34, de 2001, declarada inconstitucional em ação de controle abstrato no Tribunal de Justiça do Distrito Federal e dos Territórios, pela qual restabelecido o nome do cargo de perito papiloscopista para datiloscopista policial, não altera de forma substancial o objeto da presente ação direta, considerados os argumentos da inconstitucionalidade da atribuição de independência funcional à atuação dos integrantes das carreiras da polícia civil distrital. Precedentes. 2. A declaração de constitucionalidade do § 9º do art. 119 da Lei Orgânica do Distrito Federal no julgamento da ADI n. 1.477/DF, DJ 2.9.1999, pela não configuração da alegada inconstitucionalidade formal, não impede o reexame da mesma norma, considerada a distinção entre as causas de pedir posta nesta ação direta (inconstitucionalidade material) e naquela julgada. 4. A polícia civil integra a estrutura institucional do Poder Executivo, do qual é dependente e subordinada administrativa, funcional e financeiramente ao Governador, que tem a direção superior da Administração Pública estadual ou distrital. 5. A subordinação da polícia civil ao Chefe do Poder Executivo, como preceitua o § 6º do art. 144 da Constituição da República, não se compatibiliza com a independência funcional que as normas questionadas conferem aos delegados de polícia, aos peritos criminais, aos médicos-legistas e aos datiloscopistas policiais do Distrito Federal. Precedentes. 6. A inconstitucionalidade das normas previstas nos §§ 4º e 9º do art. 119 da Lei Orgânica do Distrito Federal não afasta o dever desses servidores públicos em atuarem com o rigor da independência técnica, em especial, das funções como de peritos criminais, médicos-legistas e datiloscopistas policiais, cabendo a esses profissionais analisar vestígios e elementos de convicção e interpretá-los, sem interferências ilegítimas, à luz de seus conhecimentos técnicos e de sua experiência. 7. Ação direta de inconstitucionalidade julgada procedente para declarar inconstitucionais os §§ 4º e 9º do art. 119 da Lei Orgânica do Distrito Federal" (STF, ADI 5.579, rel. Min. Cármen Lúcia, j. 21-6-2021). ANH

Gabarito "A".

(Juiz Federal – TRF/1 – 2023 – FGV) Ana foi acometida por patologia que aceleraria a degeneração de determinados órgãos do seu corpo sempre que tivesse contato com certas substâncias muito comuns na generalidade dos alimentos. Após procurar diversos especialistas, recebeu a informação de que esse processo degenerativo poderia ser afastado com a utilização do medicamento XX. Esse medicamento era largamente utilizado na quase totalidade dos países europeus, contando com o devido registro em agências de regulação de indiscutível projeção e credibilidade no cenário internacional. Para surpresa de Ana, o medicamento ainda não tinha sido registrado perante a Agência Nacional de Vigilância Sanitária (Anvisa), embora o respectivo requerimento já tivesse sido formulado há muito tempo, havendo mora irrazoável na sua apreciação, considerando a legislação de regência. Por tal razão, não era oferecido no âmbito do Sistema Único de Saúde (SUS).

À luz dessa narrativa, é correto afirmar que Ana:

(A) poderá obter o medicamento XX, caso ingresse com ação em face de qualquer ente federativo que integre o SUS, devendo demonstrar que centros de pesquisa sediados no Brasil chancelaram a sua eficácia;

(B) poderá obter o medicamento XX, caso ingresse com ação judicial em face da União, único ente legitimado a figurar no polo passivo da demanda, devendo ser

demonstrado apenas que o medicamento XX é imprescindível à preservação de sua vida;
(C) poderá obter o medicamento XX, caso ingresse com ação em face de qualquer ente que integre o SUS, devendo demonstrar que o medicamento XX integra protocolos de intervenção terapêutica aprovados pela Agência Nacional de Saúde;
(D) poderá obter o medicamento XX, caso ingresse com ação judicial em face da União, único ente legitimado a figurar no polo passivo da demanda, devendo ser demonstrada a inexistência de substituto terapêutico com registro no Brasil;
(E) não poderá compelir qualquer estrutura estatal de poder a lhe fornecer o medicamento XX, salvo se demonstrar a sua hipossuficiência econômica e que o registro do medicamento já recebeu parecer favorável dos órgãos internos da Anvisa.

A alternativa D é a correta, conforme a tese firmada no Recurso Extraordinário 657718, com Repercussão Geral reconhecida (Tema 500): "1. O Estado não pode ser obrigado a fornecer medicamentos experimentais. 2. A ausência de registro na ANVISA impede, como regra geral, o fornecimento de medicamento por decisão judicial. 3. É possível, excepcionalmente, a concessão judicial de medicamento sem registro sanitário, em caso de mora irrazoável da ANVISA em apreciar o pedido (prazo superior ao previsto na Lei nº 13.411/2016), quando preenchidos três requisitos: (i) a existência de pedido de registro do medicamento no Brasil (salvo no caso de medicamentos órfãos para doenças raras e ultrarraras);(ii) a existência de registro do medicamento em renomadas agências de regulação no exterior; e (iii) a inexistência de substituto terapêutico com registro no Brasil. 4. As ações que demandem fornecimento de medicamentos sem registro na ANVISA deverão necessariamente ser propostas em face da União.". ANH
Gabarito "D".

(Juiz Federal – TRF/1 – 2023 – FGV) Considere um caso em que a União patrocina financeiramente uma política de apoio a certa região do Brasil que está assolada por uma seca crônica. A política adotada consiste em liberar o acesso das vítimas a um açude numa região vizinha para levarem água gratuitamente. A política se destina a todas as vítimas da seca naquela região. O argumento central é de que tal política seria discriminatória.

Em relação a tal caso, é correto afirmar que:
(A) não existe discriminação, uma vez que a política é neutra porque trata todas as vítimas da seca de maneira igualitária, sem impor ônus a nenhum grupo específico;
(B) a existência ou não de discriminação numa política pública é uma avaliação de natureza apenas moral e não há base legal que permita a judicialização desse caso;
(C) trata-se de um caso de discriminação direta, já que produziu distinção que teve como efeito restringir o exercício, em igualdade de condições, de um grupo ao acesso à água;
(D) é um caso de discriminação indireta, pois, apesar de ser uma política neutra, ela acarreta uma desvantagem particular às pessoas que não possuem recursos para transportar a água;
(E) a situação caracteriza-se como discriminação múltipla ou agravada, uma vez que acumula tanto a discriminação direta quanto a discriminação indireta.

A alternativa D é a correta. A discriminação direta é aquela que contém a intenção discriminatória. Na hipótese apresentada estamos diante de uma discriminação indireta, que é aquela dissimulada, que não tem fator de intencionalidade e que aparentemente sua prática é neutra, mas que resulta em discriminação. ANH
Gabarito "D".

(Procurador Federal – AGU – 2023 – CEBRASPE) A Lei n.º 13.463/2017 contém dispositivo com a seguinte redação: "Ficam cancelados os precatórios e as RPV federais expedidos e cujos valores não tenham sido levantados pelo credor e estejam depositados há mais de dois anos em instituição financeira oficial". Ao examinar a constitucionalidade desse dispositivo normativo em sede de controle concentrado de constitucionalidade, o Supremo Tribunal Federal (STF) decidiu que tal previsão é
(A) constitucional e se aplica tantos aos precatórios quanto às requisições de pequeno valor (RPV) federais.
(B) aplicável apenas nos casos em que o cancelamento for precedido de intimação do credor pelo juízo da execução, tendo sido dada interpretação ao dispositivo conforme a Constituição Federal de 1988.
(C) inconstitucional por violação ao devido processo legal, à garantia da coisa julgada e ao direito de propriedade, entre outros preceitos constitucionais.
(D) parcialmente inconstitucional, sendo legítima sua aplicação apenas em relação às requisições de pequeno valor (RPV) federais.
(E) parcialmente inconstitucional, sendo legítima sua aplicação apenas em relação aos precatórios.

A alternativa correta é a C. Da ementa do acórdão da ADI 5755/DF que resolveu a questão destaca-se o seguinte trecho: "(...) 7. Ao determinar o cancelamento puro e simples, imediatamente após o biênio em exame, a Lei n° 13.463/2017 afronta, outrossim, os incisos XXXV e XXXVI do art. 5º da Constituição da República, por violar a segurança jurídica, a inafastabilidade da jurisdição, além da garantia da coisa julgada e de cumprimento das decisões judiciais. Precedentes. 8. A lei impugnada imprime um tratamento mais gravoso ao credor, com a criação de mais uma assimetria entre a Fazenda Pública e o cidadão quando ocupantes dos polos de credor e devedor. Manifesta ofensa à isonomia, seja quanto à distinta paridade de armas entre a Fazenda Pública e os credores, seja no que concerne a uma diferenciação realizada entre os próprios credores: aqueles que consigam fazer o levantamento no prazo de dois anos e os que assim não o façam, independentemente da averiguação prévia das razões. Distinção automática e derivada do decurso do tempo entre credores sem a averiguação das razões do não levantamento dos valores atinentes aos precatórios e requisições de pequeno valor, que podem não advir necessariamente de mero desinteresse ou inércia injustificada. Ofensa à sistemática constitucional de precatórios como implementação da igualdade (art. 5º, caput, CF). Precedentes. 9. O manejo dos valores de recursos públicos depositados e à disposição do credor viola o direito de propriedade (art. 5º, XXII, CF). Ingerência sobre o montante depositado e administrado pelo Poder Judiciário, que passa a ser tratado indevidamente como receita pública e alvo de destinação. (...)". AMN
Gabarito "C".

(Procurador Federal – AGU – 2023 – CEBRASPE) Em fiscalização executada pelo Instituto Brasileiro do Meio Ambiente e dos Recursos Naturais Renováveis (IBAMA), foi constatado dano em área sobreposta à floresta amazônica em determinado município do estado do Mato Grosso. No momento da ação fiscalizatória, foi lavrado auto de infração contra a empresa Sigma M.E., pelo desmatamento de

1.350 hectares de floresta amazônica sem autorização do órgão ambiental competente. Diante da constatação efetiva da autoria e materialidade do dano ambiental, o IBAMA pretende ajuizar ação civil pública, com o objetivo de que a empresa ré seja proibida de explorar a área desmatada indicada na petição inicial, bem como de que haja a indisponibilidade dos bens da infratora, com a suspensão de benefícios ou incentivos fiscais e creditícios e a averbação da existência da ação civil pública à margem da matrícula imobiliária da empresa ré.

Considerando essa situação hipotética, julgue os próximos itens, quanto à legitimidade do IBAMA para ajuizar a ação civil pública em questão.

I. Por se tratar de ação para tutelar direito difuso, o IBAMA não possui legitimidade ativa extraordinária para promover a ação civil pública em matéria ambiental, pois a legitimidade extraordinária para tanto é excepcional e condicionada a expressa previsão legal nesse sentido.

II. O IBAMA possui legitimidade ativa para propor o ajuizamento da ação civil pública, pois, além de a defesa do meio ambiente ser concernente a todas as pessoas de direito público da Federação, o IBAMA é entidade autárquica constituída com a finalidade de executar a Política Nacional do Meio Ambiente, por conseguinte possui legitimidade para propor ações civis públicas de cunho ambiental.

III. Por se tratar de ação para tutelar direito difuso e defender e preservar, para as presentes e futuras gerações, o meio ambiente ecologicamente equilibrado, essencial à sadia qualidade de vida, apenas o Ministério Público tem legitimidade para ingressar com a referida ação.

IV. Por fiscalizar as atividades nocivas ao meio ambiente, o IBAMA tem interesse jurídico suficiente para exercer o poder de polícia ambiental, no entanto tal competência não lhe confere legitimidade para o ajuizamento da ação civil pública, devendo-se buscar a responsabilidade ambiental por meio das vias ordinárias.

Assinale a opção correta.

(A) Nenhum item está certo.
(B) Apenas o item I está certo.
(C) Apenas o item II está certo.
(D) Apenas o item III está certo.
(E) Apenas o item IV está certo.

A alternativa correta é a C, pois apenas o item II está certo. Ao julgar o RE 1061773 AgR/SC, relator Min. Ricardo Lewandowski, DJe: 13-6-2018, a Segunda Turma do STF reconheceu a legitimidade do IBAMA para o ajuizamento de Ação Civil Pública ambiental. AMN
Gabarito "C".

(Procurador Federal – AGU – 2023 – CEBRASPE) Acerca do princípio da laicidade, assinale a opção correta.

(A) Considerando a prevalência de determinada denominação religiosa em seu território, um estado da Federação pode erigir livro religioso como fonte de orientação de comunidades e grupos sociais.

(B) É constitucionalmente aceitável que lei imponha a estados e municípios a aquisição e oferta de publicações religiosas em bibliotecas escolares.

(C) Como decorrência da laicidade, deve o Estado abster-se de proteger a liberdade de culto.

(D) Convicção religiosa pode servir como fundamento para que indivíduo se recuse a cumprir obrigação imposta a todos, sem que isso necessariamente implique privação de direitos.

(E) Razões sanitárias não podem fundamentar restrição à liberdade de culto.

A: Incorreta. O STF entende que é inconstitucional: "(...) A laicidade estatal, longe de impedir a relação do Estado com as religiões, impõe a observância, pelo Estado, do postulado da imparcialidade (ou neutralidade) frente à pluralidade de crenças e orientações religiosas e não religiosas da população brasileira (...)" (ADI/MS 5256). B: Incorreta. Ao julgar a ADI/MS 5256, o STF declarou inconstitucional uma lei que tornava obrigatória a manutenção de exemplares da Bíblia nas escolas da rede estadual de ensino e nas bibliotecas públicas, às custas dos cofres públicos. C: Incorreta. Pelo contrário, o Estado deve proteger os locais de culto religioso, conforme disposto no art. 5º VI, da CF. D: Correta. O art. 5º, VIII, da CF prevê a chamada escusa ou objeção de consciência. E: Incorreta. O STF já restringiu a liberdade de culto, por razões sanitárias, ao julgar a ADPF/SP 811 para o combate à pandemia da Covid-19. AMN
Gabarito "D".

(Procurador Fazenda Nacional – AGU – 2023 – CEBRASPE) A respeito de emendas constitucionais, do preâmbulo da CF e do Ato das Disposições Constitucionais Transitórias (ADCT), assinale a opção correta conforme a jurisprudência do STF e a doutrina constitucional.

(A) Uma emenda constitucional pode ingressar na ordem constitucional brasileira mesmo que não altere, expressa e textualmente, o preâmbulo, o corpo permanente ou o ADCT da CF.

(B) O preâmbulo da CF e o ADCT possuem a mesma força jurídica, podem criar direitos e obrigações e constituem parâmetro para o controle de constitucionalidade, motivo pelo qual devem ser reproduzidos nas constituições estaduais.

(C) A *invocatio Dei* no preâmbulo da CF não é norma de reprodução obrigatória nas constituições estaduais e nas leis orgânicas do DF e dos municípios, na medida em que enfraquece a laicidade do Estado brasileiro.

(D) Todas as Constituições Federais, de 1824 a 1988, tiveram preâmbulo e apresentaram ADCT como ato destacado do restante do corpo do texto constitucional.

(E) Um preâmbulo destina-se, sobretudo, a auxiliar na transição de uma ordem jurídica para outra, motivo pelo qual não se encontram no preâmbulo da CF disposições com efeitos instantâneos e definitivos, com efeitos diferidos ou com efeitos permanentes.

A: Correta. A EC 106/2020 editada para enfrentamento da Pandemia de Covid-19, não alterou o texto constitucional, o Preâmbulo ou a ADCT. Sobre o tema ver: CORDEIRO, Wesley de Castro Dourado. Reflexões sobre o aspecto formal da Emenda Constitucional nº 106/2020 "Orçamento de Guerra". Disponível em: https://semanaacademica.org.br/system/files/artigos/artigo_-_emenda_constitucional_autonoma_-_wesley_cordeiro_2_0_0.pdf. Acesso em: 09/07/2024. B: Incorreta. O preâmbulo da Constituição não possui força normativa, conforme entendimento doutrinário e do STF. C: Incorreta. O STF entende que o: "Preâmbulo da Constituição: não constitui norma central. Invocação da proteção de Deus: não se trata de norma de reprodução obrigatória na Constituição estadual, não tendo força normativa." (ADI 2.076, rel. min. Carlos Velloso, j. 15-8-2002, *DJ* de 8-8-2003.). No entanto, a parte final da alternativa, ou seja, "(...) na medida em que enfraquece a laicidade do Estado brasileiro", está incorreta, uma vez que não é de reprodução obrigatória porque não tem força normativa. **D**: Incorreta. A Constituição de 1967 não teve preâmbulo. A Constituição de 1824 não teve ADCT. **E**: Incorreta. O preâmbulo da Constituição enuncia valores e fundamentos que norteiam a promulgação do texto maior. **AMN**

Gabarito: "A".

(Procurador Fazenda Nacional – AGU – 2023 – CEBRASPE) Tendo em vista que o STF foi instado a se pronunciar sobre a constitucionalidade de uma série de medidas adotadas no contexto do combate à pandemia de covid-19, assinale a opção correta acerca do entendimento jurisprudencial do STF sobre tais medidas.

(A) Estados e municípios não puderam restringir temporariamente atividades religiosas coletivas presenciais, com o objetivo de evitar a proliferação da covid-19, na medida em que se entendeu incompatível com a CF a imposição de restrições à realização de cultos, missas e demais atividades presenciais de caráter coletivo como medida de contenção ao agravo da pandemia.

(B) O STF estendeu a todos os entes federativos a possibilidade de flexibilização das limitações de conformidade fiscal, instituída no texto constitucional pelo constituinte originário, relacionadas à expansão de ações governamentais de combate à pandemia que acarretassem despesas de caráter permanente.

(C) A interrupção abrupta da coleta e da divulgação de informações epidemiológicas indispensáveis para a análise da série histórica de evolução da pandemia foi considerada como consoante com preceitos fundamentais da CF, em especial os direitos à intimidade e à privacidade.

(D) O Poder Executivo federal exerce papel central no planejamento e na coordenação das ações governamentais em prol da saúde pública, motivo pelo qual foi reconhecida sua legitimidade para, unilateralmente, afastar as decisões dos governos dos estados, do Distrito Federal e dos municípios que, no exercício de suas competências constitucionais, adotaram medidas sanitárias restritivas, em seus respectivos territórios, para o combate à pandemia.

(E) O STF determinou a elaboração de nova versão do Plano Geral de Enfrentamento e Monitoramento da covid-19 para os Povos Indígenas do Brasil e decidiu que os quilombolas que residissem fora de suas comunidades tradicionais, em razão de estudos, atividades acadêmicas ou tratamento de saúde, fossem incluídos no Programa Nacional de Imunizações (PNI).

A: Incorreta. Ao julgar a ADPF 811, o STF manteve a restrição temporária da realização de atividades religiosas coletivas presenciais, no Estado de São Paulo, como medida de enfrentamento da pandemia de Convid-19. O entendimento da Corte foi no sentido de que a proibição não feria o núcleo essencial da liberdade religiosa e que a prioridade daquele momento era a proteção à vida. **B**: Incorreta. O STF ao julgar a ADI 6357 MC entendeu que: "(...) 6. O art. 3º da EC 106/2020 prevê uma espécie de autorização genérica destinada a todos os entes federativos (União, Estados, Distrito Federal e Municípios) para a flexibilização das limitações legais relativas às ações governamentais que, não implicando despesas permanentes, acarretem aumento de despesa (...)". **C**: Incorreta. Ao julgar a ADPF 690, o STF decidiu que: "É necessária a manutenção da divulgação integral dos dados epidemiológicos relativos à pandemia da Covid-19. A interrupção abrupta da coleta e divulgação de importantes dados epidemiológicos, imprescindíveis para a análise da série histórica de evolução da pandemia (Covid-19), caracteriza ofensa a preceitos fundamentais da Constituição Federal, nomeadamente o acesso à informação, os princípios da publicidade e da transparência da Administração Pública e o direito à saúde". **D**: Incorreta. Ao julgar a ADI 6341, o STF entendeu que o enfrentamento da Covid-19 não afastava a competência concorrente nem a tomada de providências normativas e administrativas pelos Estados-membros, pelo Distrito Federal e pelos municípios. **E**: Correta. O ministro Luís Roberto Barroso, do STF, determinou, nos autos da ADPF 709, à União que elaborasse um novo Plano Geral de Enfrentamento e Monitoramento da Covid-19 para os Povos Indígenas, sob a coordenação do Ministério da Justiça e Segurança Pública, com a participação do Ministério da Saúde, da Fundação Nacional do Índio (Funai) e da Secretaria Especial de Saúde Indígena (Sesai) e o ministro Edson Fachin, do STF, determinou, nos autos da ADPF 742, que os quilombolas que residissem fora das comunidades em razão de estudos, atividades acadêmicas ou tratamento de saúde própria ou de familiares fossem incluídos no Plano Nacional de Imunização (PNI) e no plano nacional de enfrentamento da pandemia da Covid-19 voltado a essa população. **AMN**

Gabarito: "E".

(Procurador Fazenda Nacional – AGU – 2023 – CEBRASPE) Acerca dos direitos e das garantias fundamentais, em especial no que se refere à liberdade de expressão, julgue os itens seguintes consoante o entendimento do STF a respeito do tema.

I. A imunidade parlamentar, prevista no texto constitucional, assegura aos deputados e aos senadores o pleno exercício de sua liberdade de expressão em todas as circunstâncias em que vierem a expressar opiniões, palavras e votos.

II. São inconstitucionais as condutas e as manifestações que tenham nítida finalidade de controlar ou mesmo de abolir a força do pensamento crítico.

III. A liberdade de expressão é ilimitada em um Estado democrático de direito.

IV. A garantia constitucional da imunidade parlamentar material depende da conexão existente entre o desempenho da função legislativa e as opiniões, as palavras e os votos emitidos pelos parlamentares.

Assinale a opção correta.

(A) Apenas o item I está certo.
(B) Apenas o item II está certo.
(C) Apenas os itens I e III estão certos.
(D) Apenas os itens II e IV estão certos.
(E) Apenas os itens III e IV estão certos.

I: Incorreta. O STF entende que: "O instituto da imunidade parlamentar atua, no contexto normativo delineado por nossa Constituição, como condição e garantia de independência do Poder Legislativo, seu real destinatário, em face dos outros poderes do Estado. Estende-se ao congressista, embora não constitua uma prerrogativa de ordem subjetiva deste. Trata-se de prerrogativa de caráter institucional, inerente ao Poder Legislativo, que só é conferida ao parlamentar *ratione muneris*, em função do cargo e do mandato que exerce. É por essa razão que não se reconhece ao congressista, em tema de imunidade parlamentar, a faculdade de a ela renunciar. Trata-se de garantia institucional deferida ao Congresso Nacional. O congressista, isoladamente considerado, não tem, sobre ela, qualquer poder de disposição. (...) A imunidade parlamentar material só protege o congressista nos atos, palavras, opiniões e votos proferidos no exercício do ofício congressual. São passíveis dessa tutela jurídico-constitucional apenas os comportamentos parlamentares cuja prática seja imputável ao exercício do mandato legislativo. A garantia da imunidade material estende-se ao desempenho das funções de representante do Poder Legislativo, qualquer que seja o âmbito, parlamentar ou extraparlamentar, dessa atuação, desde que exercida *ratione muneris*." (Inq 510, Rel. Min. Celso de Mello, julgamento em 1º-2-1991, Plenário, *DJ* de 19-4-1991.). **II**: Correta. O pensamento crítico está protegido pela liberdade de manifestação do pensamento (CF, art. 5º, IV). **III**: Incorreta. O STF entende que há limites na liberdade de expressão, conforme decidido no RE 662055, rel. Min. Luís Roberto Barroso, com repercussão geral reconhecida (Tema 837). **IV**: Correta. Ver o acórdão do STF citado no item I, retro. AMN

Gabarito "D".

(Procurador Fazenda Nacional – AGU – 2023 – CEBRASPE) A empresa ABC, regularmente inscrita em dívida ativa da União e ré em ação de execução fiscal ajuizada pela PGFN para cobrança do crédito público, propôs, administrativamente, a realização de transação tributária resolutiva de litígio, solicitando a utilização de crédito de precatório federal expedido em seu favor para a quitação da dívida cobrada.

Em relação a essa situação hipotética, assinale a opção correta segundo a CF e a Resolução n.º 303/2019 do Conselho Nacional de Justiça (CNJ).

(A) O pedido mencionado deve ser indeferido, porquanto é inadmissível a utilização de crédito de precatório para quitação de débito inscrito em dívida ativa da União.

(B) A utilização dos créditos de precatórios emitidos em face da fazenda pública federal, embora viável, é condicionada a prévia regulamentação legal, pois a regra que a prevê não é autoaplicável.

(C) O pedido do contribuinte não poderá ser atendido, porque fere a ordem cronológica estabelecida no texto constitucional.

(D) A utilização de créditos em precatório acarreta a baixa do valor utilizado, com a redução do valor original do precatório, sendo, todavia, inadmissível o uso integral do crédito.

(E) A utilização de créditos em precatórios não constitui pagamento para fins de ordem cronológica e independe do regime de pagamento a que está submetido o precatório.

A alternativa E está correta, conforme previsto no art. 46 da Resolução n.º 303/2019 do Conselho Nacional de Justiça. AMN

Gabarito "E".

(Procurador/PA – CESPE – 2022) Acerca dos Poderes do Estado, julgue os próximos itens, à luz das disposições da Constituição Federal de 1988 e da Constituição do Estado do Pará, bem como com base na jurisprudência do Supremo Tribunal Federal.

I. Segundo o Supremo Tribunal Federal, os projetos de lei de iniciativa privativa do chefe do Poder Executivo podem ser objeto de emendas parlamentares, desde que estas não acarretem aumento de despesa e mantenham pertinência temática com o objeto do projeto de lei, sendo inconstitucional, por exemplo, emenda parlamentar que reduza o tempo originariamente previsto em lei para promoções de servidores públicos.

II. O governador do estado do Pará poderá delegar o provimento e a extinção de cargos públicos estaduais aos secretários de estado ou a outras autoridades.

III. Se o governador do estado do Pará considerar que projeto de lei aprovado pela Assembleia Legislativa é inconstitucional, no todo ou em parte, ou contrário ao interesse público, ele deverá vetá-lo total ou parcialmente, devendo o veto parcial abranger os trechos de artigo, de parágrafo, de inciso ou de alínea vetados.

IV. Segundo o Supremo Tribunal Federal, a iniciativa reservada ao chefe do Poder Executivo não se presume nem comporta interpretação ampliativa, e as hipóteses de limitação da iniciativa parlamentar estão previstas em *numerus clausus* no texto constitucional.

V. As matérias de competência exclusiva da Assembleia Legislativa do Estado do Pará dispensam a sanção do governador.

A quantidade de itens certos é igual a

(A) 1.
(B) 2.
(C) 3.
(D) 4.
(E) 5.

I: Certo. É o que o STF decidiu na ADI 6072/RS. **II**: Errado. O governador do estado do Pará poderá delegar **apenas o provimento de cargos públicos** estaduais aos secretários de estado ou a outras autoridades, conforme dispõe o parágrafo único do art. 135 da Constituição do Estado do Pará. **III**: Errado. O veto parcial abrangerá texto integral de artigo, de parágrafo, de inciso ou de alínea, nos termos do § 2º do art. 108 da Constituição do Estado do Pará. **IV**: Certo. O STF firmou esse entendimento em várias oportunidades: ADI 2.672, Rel. p/acórdão Min. Ayres Britto, Tribunal Pleno, DJ 10/11/2006; ADI 2.072, Rel. Min. Cármen Lúcia, Tribunal Pleno, DJe 02/03/2015; e ADI 3.394, Rel. Min. Eros Grau, DJe 15/08/2008. **V**: Certo. Conforme os arts. 91 e 92 da Constituição do Estado do Pará. AMN

Gabarito "C".

(Procurador/DF – CESPE – 2022) Com referência ao direito constitucional estadual e distrital, à rigidez e à mutação da Constituição e às emendas à Constituição, julgue os itens a seguir.

(1) Sem prejuízo da autonomia estadual e distrital, o princípio da simetria impõe que os estados e o DF observem as regras federais sobre reserva de iniciativa legislativa.

(2) O mecanismo de revisão constitucional e os estados constitucionais de emergência, como a intervenção federal, são as principais garantias da rigidez constitucional em sua dimensão de supralegalidade.

(3) A modificação da Constituição por meio de emendas impossibilita o fenômeno da mutação constitucional.

(4) Uma proposta de emenda à Constituição que haja sido rejeitada no Congresso Nacional somente poderá ser reapresentada na legislatura subsequente.

1: Certo. As Constituições Estaduais e a Lei Orgânica do Distrito Federal devem obedecer o princípio da simetria observando as regras estabelecidas na Constituição Federal sobre reserva de iniciativa legislativa. **2**: Errado. A rigidez constitucional se caracteriza pela possibilidade de revisão constitucional por um processo especial, qualificado e mais difícil do que a elaboração das demais normas. A supralegalidade está relacionada com os tratados internacionais que foram incorporados ao direito brasileiro sem a observância das regras do art. 5º, § 3º, da CF. O STF considera esses tratados como supralegais, ou seja, estão abaixo da constituição e acima das leis. É o que ocorre com o Pacto de São José das Costa Rica (STF, HC 95.967, Rel. Min. Ellen Gracie, 2ª T, j. 11/11/2008, DJe 28/11/2008). **3**: Errado. A mutação constitucional é o processo informal de revisão da constituição por meio da interpretação

(BULOS, Uadi Lammêgo. *Curso de direito constitucional*. São Paulo: Saraiva, 2007, p. 318) e convive com a revisão por meio de emendas constitucionais, que é o processo formal de revisão. O STF já aplicou a mutação constitucional em seus julgados (HC 168.052, Rel. Min. Gilmar Mendes, 2ª T., j. 20/10/2020, DJe 02/12/2020). **4:** Errado. Dispõe o § 5º do art. 60 da CF que: "A matéria constante de proposta de emenda rejeitada ou havida por prejudicada não pode ser objeto de nova proposta na mesma sessão legislativa". AMN

Gabarito 1C, 2E, 3E, 4E

(Procurador/DF – CESPE – 2022) Julgue os itens que se seguem, a respeito da federação, dos tratados internacionais de direitos humanos e da intervenção.

(1) Conquanto a forma federativa seja cláusula pétrea na Constituição Federal de 1988, ajustes na repartição constitucional de competências podem ser adotados, sem que isso configure ofensa ao princípio federativo.

(2) Qualquer norma de tratado internacional de direitos humanos aprovada pelo Congresso Nacional na forma prevista no art. 5.º da Constituição Federal de 1988 passa a ter *status* de norma constitucional.

(3) Descumprimento de decisão judicial não transitada em julgado pode, em princípio, ensejar intervenção federal.

1: Certo. A forma federativa de Estado é uma cláusula pétrea (CF, art. 60, § 4º, I). Ela é caracterizada pela autonomia dos entes federados (União, Estados, Distrito Federal e Municípios) e é consubstanciada, entre outras, pela repartição de competência, mas esta pode ser ajustada sem que ocorra a violação da cláusula pétrea. **2:** Certo. Os tratados internacionais de direitos humanos que forem aprovados pelo Congresso Nacional na forma do art. 5º, § 3º, da CF, são equivalentes às emendas constitucionais. **3:** Certo. O art. 34, VI, da CF, prescreve que é cabível intervenção federal para prover ordem ou decisão judicial. AMN

Gabarito 1C, 2C, 3C

(Procurador/DF – CESPE – 2022) Em relação às funções essenciais à justiça e à Câmara Legislativa do Distrito Federal (CLDF), julgue os itens seguintes.

(1) Em virtude do princípio da independência funcional dos membros do Ministério Público, nem mesmo o Poder Judiciário pode determinar que certa pessoa seja processada em ação cível ou criminal a ser ajuizada pelo órgão.

(2) A despeito da autonomia do DF, a CLDF não pode fixar, por meio de resolução, a remuneração de seus servidores públicos.

1: Certo. O § 1º do art. 127 da CF prevê a independência funcional dos membros do Ministério Público. Nesse sentido, a doutrina ensina que: "O princípio da independência funcional assegura aos membros do Ministério Público a autonomia de convicção, pois, no exercício das respectivas atribuições, não se submetem a nenhum poder hierárquico, ficando a hierarquia interna adstrita a questões de caráter administrativo" (ARAUJO, Luiz Alberto David; NUNES JÚNIOR, Vidal Serrano. *Curso de direito constitucional*. 21. ed. São Paulo: Verbatim, 2017, p. 503-504). **2:** Certo. A fixação da remuneração dos servidores deve ser realizada por meio de lei e não por resolução (CF, art. 37, X). AMN

Gabarito 1C, 2C

(Procurador/DF – CESPE – 2022) A respeito dos Poderes Executivo e Judiciário, das funções essenciais à justiça, do processo legislativo e do controle de constitucionalidade, julgue os itens subsequentes. Nesse sentido, considere que a sigla CLDF, sempre que empregada, se refere à Câmara Legislativa do Distrito Federal.

(1) Ferirá prerrogativa do governador do DF lei aprovada pela CLDF que estabeleça a obrigatoriedade de o procurador-geral do DF ser escolhido entre os membros da carreira.

(2) O descumprimento de decisão judicial pelo governador do DF o sujeitará a julgamento pelo STJ.

(3) O Ministério Público do DF carece de legitimidade para impugnar decisão judicial em trâmite no STF, ainda que se trate de processo oriundo de sua atribuição.

(4) Consoante a jurisprudência do STF, ainda que uma lei com vício de iniciativa seja sancionada pelo presidente da República, a sanção não convalidará o vício.

(5) Nas ações diretas de inconstitucionalidade por omissão sobre a revisão geral anual, é imperiosa a indicação do presidente da República no polo passivo.

1: Certo. O STF entende que "padece de inconstitucionalidade formal a Emenda à Constituição estadual, de iniciativa parlamentar, que limita a nomeação do Procurador-Geral do Estado aos integrantes estáveis da carreira" (ADI 5211, Rel. Min. Alexandre de Moraes, Tribunal Pleno, j. 18/10/2019, DJe 02/12/2019). **2:** Errado. É possível tipificar-se no crime de responsabilidade. O art. 78 da Lei nº 1.079/1950 prevê que o Governador será julgado nos crimes de responsabilidade, pela forma que determinar a Constituição do Estado. Assim, o Governador será julgado por um Tribunal Especial. **3:** Errado. Foi objeto do Tema 946 do STF em Repercussão Geral: "Legitimidade dos Ministérios Públicos dos Estados e do Distrito Federal para propor e atuar em recursos e meios de impugnação de decisões judiciais em trâmite no Supremo Tribunal Federal e no Superior Tribunal de Justiça, oriundos de processos de sua atribuição, sem prejuízo da atuação do Ministério Público Federal". **4:** Certo. A doutrina aponta que: "Acreditamos não ser possível suprir o vício de iniciativa com a sanção, pois tal vício macula de nulidade toda a formação da lei, não podendo ser convalidada pela futura sanção presidencial. A Súmula 5 do Supremo Tribunal Federal, que previa posicionamento diverso, foi abandonada em 1974, no julgamento da Representação nº 890-GB, permanecendo, atualmente, a posição do Supremo Tribunal Federal pela impossibilidade de convalidação" (MORAES, Alexandre. *Direito constitucional*. 22. ed. São Paulo: Atlas, 2007, p. 638). **5:** Certo. É o que já decidiu o STF: "1. Nas ações diretas de inconstitucionalidade por omissão, a ausência de indicação do Presidente da República no polo passivo da demanda não permite depreender a exata dimensão da ofensa ao dever de legislar, a desautorizar o conhecimento da ação. 2. É do Presidente da República a iniciativa legislativa para a lei que disponha sobre a revisão geral anual. Precedentes. 3. A causa de pedir aberta nas ações objetivas não dispensa as partes do ônus da fundamentação suficiente. Precedentes. 4. Agravo regimental a que se nega provimento" (ADO 43 AgR, Rel. Min. Edson Fachin, Tribunal Pleno, j. 29/05/2020, DJe 01/07/2020). AMN

Gabarito 1C, 2E, 3E, 4C, 5C

(Procurador/DF – CESPE – 2022) Julgue os itens que se seguem, acerca da defesa do Estado e das instituições democráticas, da ordem social e do direito à saúde.

(1) Às praças prestadoras de serviço militar inicial deverá ser estabelecida remuneração igual ou superior ao salário mínimo, sob pena de violação à Constituição Federal de 1988.

(2) Suponha que autoridade policial tenha prendido pastor evangélico que tentava, em espaço público, convencer outros, por meio do ensinamento, a mudar de religião. Nessa situação, a autoridade policial agiu corretamente, pois o direito ao discurso proselitista restringe-se a espaços privados.

(3) Embora o Estado tenha a obrigação de ressarcir hospital privado dos gastos com atendimento de paciente encaminhado, em cumprimento de ordem judicial, da rede pública de saúde, em razão de falta de vaga, tal ressarcimento terá como limite o adotado para o SUS por serviços prestados a beneficiários de planos de saúde.

1: Errado. A Súmula Vinculante nº 6 do STF estabelece que: "Não viola a Constituição o estabelecimento de remuneração inferior ao salário mínimo para as praças prestadoras de serviço militar inicial". **2:** Errado. A CF garante a inviolabilidade da liberdade de crença, sendo assegurado o livre exercício dos cultos religiosos e garantida, na forma da lei, a proteção aos locais de culto e suas liturgias (art. 5º, VI). Essa proteção ocorre tanto em local privado, como em espaço público. **3:** Certo. Foi objeto da decisão proferida pelo STF no RE 666.094, Min. Roberto Barroso, Tribunal Pleno, j. 30/09/2021, DJe 04/02/2022, com Repercussão Geral, Tema 1033. **AMN**

Gabarito 1E, 2E, 3C

(Delegado/RJ – 2022 – CESPE/CEBRASPE) A Constituição Federal de 1988, em seu art. 2.º, adota a tradicional separação de Poderes. Assim, o legislador constituinte garantiu relativa independência a cada um dos Poderes Legislativo, Executivo e Judiciário, como mecanismo apto a assegurar os fundamentos do Estado democrático de direito. Considerando que as constituições escritas foram concebidas com o objetivo precípuo de fixar instrumentos normativos de limitação do poder estatal, assinale a opção correta.

(A) A separação de Poderes está fundamentada no princípio da interdependência funcional: apesar da especialização dos Poderes, existe uma subordinação das funções executiva e jurisdicional ao Poder Legislativo, em razão do que dispõe o art. 1.º da Constituição Federal de 1988, ao estabelecer que a República Federativa do Brasil constitui-se em Estado democrático de direito.

(B) A especialização funcional confere a cada um dos Poderes do Estado uma função precípua, que a doutrina denomina de função harmônica. Assim, embora o Poder Executivo disponha da função executiva, poderá exercer funções típicas dos Poderes Legislativo e Judiciário, caso haja autorização do Senado Federal, conforme previsto no art. 52 da Constituição Federal de 1988.

(C) Em razão da necessária harmonia entre os Poderes, o Poder Judiciário exerce sua função típica voltada para a atividade jurisdicional, solucionando as lides que lhe são apresentadas, mas também poderá exercer a função atípica de legislar, contanto que observe as regras do processo legislativo previstas no art. 59 e seguintes da Constituição Federal de 1988.

(D) Em razão da independência orgânica, os membros do Poder Legislativo gozam das denominadas imunidades parlamentares, com um conjunto de prerrogativas que lhes permitem atuar com independência no exercício da fiscalização do Poder Executivo.

(E) Em razão do disposto no art. 2.º da Constituição Federal de 1988, tanto a independência orgânica quanto a especialização funcional, típicas da divisão dos Poderes, devem ser exercidas de forma absoluta, afastando-se a possibilidade do exercício das funções chamadas atípicas por qualquer dos Três Poderes.

A: incorreta. Inexiste qualquer subordinação das funções executiva e jurisdicional ao Poder Legislativo, pois o art. 2º da CF prescreve que: "São Poderes da União, independentes e harmônicos entre si, o Legislativo, o Executivo e o Judiciário."; **B:** incorreta. A especialização funcional confere a cada um dos Poderes do Estado uma função precípua, que a doutrina denomina de **função típica**. A segunda parte faz referência à função atípica dos poderes; **C:** incorreta. O Poder Judiciário poderá exercer função atípica, mas não precisa observar as regras do processo legislativo previstas no art. 59 e seguintes da CF/88; **D:** correta. Os deputados e senadores possuem as imunidades material e formal previstas no art. 53 da CF; **E:** incorreta. Pelo contrário, é possível a qualquer um dos Poderes o exercício tanto das funções típicas quanto das atípicas. **AMN**

Gabarito "D".

(Delegado/RJ – 2022 – CESPE/CEBRASPE) Em janeiro de 2017, policiais militares em serviço apreenderam fuzis e revenderam para traficantes de drogas, de modo que foi instaurado inquérito para apurar crime de comércio ilegal de arma de fogo (art. 17, *caput*, da Lei n.º 10.826/2003). Considerando essa situação hipotética, assinale a opção correta com base no advento da Lei n.º 13.491/2017 e na jurisprudência majoritária do Superior Tribunal de Justiça.

(A) A autoridade policial deve declinar de imediato da sua atribuição e remeter ao órgão com atribuição perante a Justiça Militar, porém se desentranhando os atos investigatórios anteriormente praticados, que devem ser refeitos devido ao princípio constitucional da irretroatividade da lei mais gravosa.

(B) A autoridade policial deve declinar de imediato da sua atribuição, remeter ao órgão com atribuição perante a Justiça Militar, e os atos investigatórios praticados anteriormente permanecem válidos, não se aplicando o princípio constitucional da irretroatividade da lei mais gravosa.

(C) A autoridade policial deve prosseguir com as investigações, mas os atos investigatórios praticados anteriormente devem ser refeitos devido ao princípio constitucional da irretroatividade da lei mais gravosa.

(D) A autoridade policial deve prosseguir com as investigações, pois a Lei n.º 13.491/2017 não se aplica aos policiais militares, mas tão somente aos militares das Forças Armadas.

(E) A autoridade policial deve prosseguir com as investigações, e os atos investigatórios praticados anteriormente permanecem válidos, não se aplicando o princípio constitucional da irretroatividade da lei mais gravosa.

A questão foi objeto do Informativo nº 642 do STJ: "Inicialmente, cumpre destacar que a Lei n. 13.491/2017 não tratou apenas de ampliar a competência da Justiça Militar, também ampliou o conceito de crime militar, circunstância que, isoladamente, autoriza a conclusão no sentido da existência de um caráter de direito material na norma. Esse aspecto, embora evidente, não afasta a sua aplicabilidade imediata aos fatos perpetrados antes de seu advento, já que a simples modificação da classificação de um crime como comum para um delito de natureza militar não traduz, por si só, uma situação mais gravosa ao réu, de modo a atrair a incidência do princípio da irretroatividade da lei penal mais gravosa (arts. 5º, XL, da Constituição Federal e 2º, I, do Código Penal). Por outro lado, a modificação da competência, em alguns casos, pode ensejar consequências que repercutem diretamente no *jus libertatis*, inclusive de forma mais gravosa ao réu. É inegável que a norma possuiu conteúdo híbrido (lei processual material) e que, em alguns casos, a sua aplicação retroativa pode ensejar efeitos mais gravosos ao réu. Tal conclusão, no entanto, não impossibilita a incidência imediata, sendo absolutamente possível e desejável conciliar sua aplicação com o princípio da irretroatividade de lei penal mais gravosa. A jurisprudência desta Corte não admite a cisão da norma de conteúdo híbrido (AgRg no REsp n. 1.585.104/PE, Ministro Nefi Cordeiro, Sexta Turma, DJe 23/4/2018). Ocorre que a aplicação imediata, com observância da norma penal mais benéfica ao tempo do crime, não implicaria uma cisão da norma, pois, o caráter material, cujo retroatividade seria passível de gerar prejuízo ao réu, não está na norma em si, mas nas consequências que dela advém. Logo, é absolutamente possível e adequado a incidência imediata da norma aos fatos perpetrados antes do seu advento, em observância ao princípio tempus *regit actum* (tal como decidido no julgamento do CC n. 160.902/RJ), desde que observada, oportunamente, a legislação penal (seja ela militar ou comum) mais benéfica ao tempo do crime. Ademais, importante ressaltar que tal ressalva é inafastável da declaração de competência. Primeiro, porque a solução do julgado dela depende. Segundo, porque a simples declaração de competência em favor da Justiça Militar, sem a ressalva acima estabelecida, poderia dar azo a ilegalidade futura, decorrente de eventual inobservância da norma penal mais benéfica." (STJ – CC 161.898/MG – Terceira Seção – Rel. Ministro Sebastião Reis Júnior – DJe 20/02/2019).

Gabarito "B".

(Delegado de Polícia Federal – 2021 – CESPE) Considerando a posição majoritária e atual do Supremo Tribunal Federal (STF), julgue os itens a seguir, a respeito dos fundamentos constitucionais dos direitos e deveres fundamentais, do Poder Judiciário, da segurança pública e das atribuições constitucionais da Polícia Federal.

(1) A falta de estabelecimento penal adequado não autoriza a manutenção do condenado em regime prisional mais gravoso, podendo o juiz da execução autorizar a saída antecipada de sentenciados enquadrados nesse regime em razão da falta de vagas no estabelecimento penal.

(2) O foro por prerrogativa de função estabelecido por uma constituição estadual prevalece sobre a competência constitucional do tribunal do júri.

(3) Como regra, a medida própria para a reparação de eventual abuso da liberdade de expressão é o direito de resposta ou a responsabilização civil, e não a supressão de texto jornalístico por meio de liminar.

(4) Devido ao fato de a Força Nacional de Segurança Pública ser um programa de cooperação federativa ao qual podem aderir os entes federados, é inconstitucional o seu emprego em território de estado-membro sem a anuência de seu governador.

(5) O confisco e a posterior reversão a fundo especial de bem apreendido em decorrência do tráfico ilícito de entorpecentes exigem prova de habitualidade e reiteração do uso do bem para a referida finalidade.

1: Certo. É o que determina o enunciado da Súmula Vinculante 56 (STF) e dos parâmetros fixados no RE 641.320/RS. "A falta de estabelecimento penal adequado *não* autoriza a manutenção do condenado em regime prisional mais gravoso. 3. Os juízes da execução penal poderão avaliar os estabelecimentos destinados aos regimes semiaberto e aberto, para qualificação como adequados a tais regimes. São aceitáveis estabelecimentos que não se qualifiquem como "colônia agrícola, industrial" (regime semiaberto) ou "casa de albergado ou estabelecimento adequado" (regime aberto) (art. 33, § 1º, *b* e *c*). No entanto, não deverá haver alojamento conjunto de presos dos regimes semiaberto e aberto com presos do regime fechado. 4. *Havendo déficit de vagas, deverão ser determinados: (i) a saída antecipada de sentenciado no regime com falta de vagas*; (ii) a liberdade eletronicamente monitorada ao sentenciado que sai antecipadamente ou é posto em prisão domiciliar por falta de vagas; (iii) o cumprimento de penas restritivas de direito e/ou estudo ao sentenciado que progride ao regime aberto. Até que sejam estruturadas as medidas alternativas propostas, poderá ser deferida a prisão domiciliar ao sentenciado." [RE 641.320, rel. min. *Gilmar Mendes*, P, j. 11 maio 2016, *DJE* 159 de 1º ago. 2016, Tema 423.]. **2:** Errado. Ao contrário do mencionado, determina a Súmula vinculante 45 (STF) que a competência constitucional do tribunal do *júri prevalece sobre o foro por prerrogativa de função estabelecido exclusivamente pela constituição estadual*. **3:** Certo. De acordo com o STF, a medida própria para a reparação do eventual abuso da liberdade de expressão é o direito de resposta e não a supressão liminar de texto jornalístico, antes mesmo de qualquer apreciação mais detida quanto ao seu conteúdo e potencial lesivo (Rcl – AgR 28.747). **4:** Certo. De fato, é necessário o pedido ou a concordância do governador para que a Força de Segurança Pública atue no estado. De acordo com o art. 4º do Decreto nº 5.289/04, a Força Nacional de Segurança Pública poderá ser empregada em qualquer parte do território nacional, mediante solicitação expressa do respectivo Governador de Estado, do Distrito Federal ou de Ministro de Estado. O STF, ao apreciar medida liminar em ação cível originária, decidiu sobre a plausibilidade da alegação de que a norma inscrita no art. 4º do Decreto 5.289/2004, naquilo em que dispensa a anuência do governador de estado (solicitação por Ministro de Estado) no emprego da Força Nacional de Segurança Pública, *viole o princípio da autonomia estadual* (STF. Plenário. ACO 3427 Ref-MC/BA, Rel. Min. Edson Fachin, julgado em 24 set. 2020).**5:** Errado. Ao contrário do mencionado, *não* há necessidade de prova de habitualidade e reiteração do uso do bem nessa hipótese. De acordo com o STF, no informativo 856, "*é possível o confisco de todo e qualquer bem de valor econômico apreendido em decorrência do tráfico de drogas, sem a necessidade de se perquirir a habitualidade, reiteração do uso do bem para tal finalidade*, a sua modificação para dificultar a descoberta do local do acondicionamento da droga ou qualquer outro requisito além daqueles previstos expressamente no art. 243, parágrafo único, da Constituição Federal (STF. Plenário. RE 638491/PR, Rel. Min. Luiz Fux, julgado em 17 maio 2017 – repercussão geral) (grifos nossos).

Gabarito 1C, 2E, 3C, 4C, 5E

(Delegado de Polícia Federal – 2021 – CESPE) Com base no disposto na Constituição Federal de 1988 (CF), julgue os itens subsequentes.

(1) Compete à Polícia Federal exercer as funções de polícia marítima.

(2) Cabe originariamente ao STF processar e julgar *habeas data* contra ato de ministro de estado.

(3) Cumpre ao STF julgar o recurso ordinário de *habeas corpus* decidido em única instância pelo Tribunal Superior Eleitoral (TSE).

(4) Compete à Advocacia-Geral da União exercer as atividades de consultoria e assessoramento jurídico à Polícia Federal.

1: Certo. É o que determina o art. 144, § 1º, III, da CF. A polícia federal, instituída por lei como órgão permanente, organizada e mantido pela União e estruturada em carreira, destina-se, dentre outras funções, a exercer as funções de *polícia marítima*, aeroportuária e de fronteiras. **2:** Errado. De acordo com o art. 105, I, "b", da CF, a competência para, originariamente, processar e julgar os *habeas data* contra ato de Ministro de Estado, dentre outros, é do *Superior Tribunal de Justiça*. **3:** Certo. De acordo com o art. 102, II, "a", da CF, compete ao STF julgar, em recurso ordinário o *habeas corpus*, o mandado de segurança, o *habeas data* e o mandado de injunção *decididos em única instância pelos Tribunais Superiores* (ex. TSE), se denegatória a decisão. **4:** Certo.

A Advocacia-Geral da União é a instituição que representa a União judicial e extrajudicialmente (art. 131, *caput*, da CF) e a polícia federal é organizada e mantida pela União (art. 144, § 1º, da CF), de modo que cabe à AGU exercer as atividades de consultoria e assessoramento jurídico à Polícia Federal.

Gabarito 1C, 2E, 3C, 4C

(Delegado/MG – 2021 – FUMARC) No Estado de Minas Gerais, a defesa social, dever do Estado e direito e responsabilidade de todos, organiza-se de forma sistêmica visando a

(A) garantir a segurança pública, mediante a manutenção da ordem pública, com a finalidade de proteger o cidadão, a sociedade e, exclusivamente, os bens públicos.
(B) orientação jurídica, a representação judicial e a defesa gratuitas, em todos os graus, dos necessitados.
(C) promover a comunicação social, com a finalidade de prevenir a prática de atos de manifestação contra as diretrizes do Governo Estadual.
(D) prestar a defesa civil, por meio de atividades de socorro e assistência, em casos de calamidade pública, sinistros e outros flagelos.

A: incorreta. A defesa social *não* visa proteger, exclusivamente, os bens públicos. Ao contrário, de acordo com o art. 133, II, parte final, da Constituição de Minas Gerais, *tanto os bens públicos como os privados são protegidos*; **B: incorreta.** A orientação jurídica, a representação judicial e a defesa gratuitas, em todos os graus, dos necessitados, são *atribuições da Defensoria Pública*, conforme mencionado no art. 129, *caput*, da Constituição de Minas Gerais. Determina o mencionado dispositivo que a Defensoria Pública é instituição essencial à função jurisdicional do Estado, a que incumbe *a orientação jurídica, a representação judicial e a defesa gratuitas, em todos os graus, dos necessitados*; **C: incorreta.** A defesa social não tem esta finalidade. Determina o art. 229 da Constituição de Minas Gerais que os veículos de comunicação social da administração direta e indireta do Estado são obrigados a: I – manter conselhos editoriais integrados paritariamente por representantes do Poder Público e da sociedade civil; II – manter comissões de redação compostas de representantes dos profissionais habilitados, eleitos diretamente por seus pares. Além disso, o artigo seguinte, 230, determina a *instituição do Conselho Estadual de Comunicação Social, composto de representantes da sociedade civil*, na forma da lei (vide arts. 65 a 68 da Lei 11.406, de 28/1/1994.), como órgão auxiliar. **D: correta.** De acordo com o art. 133 da Constituição de Minas Gerais, a defesa social, dever do Estado e direito e responsabilidade de todos, organiza-se de forma sistêmica visando a: I – garantir a segurança pública, mediante a manutenção da ordem pública, com a finalidade de proteger o cidadão, a sociedade e os bens públicos e privados, coibindo os ilícitos penais e as infrações administrativas; II – *prestar a defesa civil, por meio de atividades de socorro e assistência, em casos de calamidade pública, sinistros e outros flagelos*; III – promover a integração social, com a finalidade de prevenir a violência e a criminalidade.

Gabarito "D".

(Delegado/MG – 2021 – FUMARC) A Lei Maria da Penha (Lei 11.340/2006) determina que casos de violência doméstica e intrafamiliar que sejam tipificados como crime, devem ser apurados através de inquérito policial e remetidos ao Ministério Público. Nesse sentido, diploma situações de violência doméstica, proíbe a aplicação de penas pecuniárias aos agressores, amplia a pena aplicável, dentre outras medidas de tutela das mulheres em situação de violência, assim como de seus dependentes.

Sobre a Lei Maria da Penha, é CORRETO afirmar:

(A) É considerado constitucional o tratamento diferenciado entre os gêneros – mulher e homem –, no que diz respeito à necessária proteção ante as peculiaridades física e moral da mulher e a cultura brasileira.
(B) O conceito de "família", tutelável pelo Direito constitucional brasileiro, adstringe-se à união entre homem e mulher, celebrada pelo casamento civil.
(C) Sob a perspectiva de uma interpretação conforme a Constituição, sem redução de texto, a Lei Maria da Penha pode ser considerada adequada ao modelo constitucional, se a proteção por ela trazida destinar-se, igualmente, aos homens do núcleo familiar.
(D) Trata-se de legislação inconstitucional, uma vez que trata com distinção as mulheres, colocando-as em situação privilegiada perante os homens;

A: correta. Em diversos momentos o STF solucionou questionamentos relacionados à constitucionalidade da Lei Maria da Penha (ADC 19/DF, ADI 4424/DF) e nessas decisões já firmou o entendimento de que as peculiaridades física e moral da mulher e a cultura brasileira, de fato, justificam o tratamento diferenciado trazido pela norma; **B: incorreta.** A Suprema Corte também já se posicionou sobre o conceito de família: "(...) A CF/88, ao utilizar-se da expressão "família", *não limita* sua formação a *casais heteroafetivos* nem a formalidade cartorária, *celebração civil* ou liturgia religiosa. Família como instituição privada que, voluntariamente constituída entre pessoas adultas, mantém com o Estado e a sociedade civil uma necessária relação tricotômica." "(...) A referência constitucional à dualidade básica homem/mulher, no § 3º do seu art. 226, deve-se ao centrado intuito de não se perder a menor oportunidade para favorecer relações jurídicas horizontais ou sem hierarquia no âmbito das sociedades domésticas (ADI 4277 e ADPF 132) (grifos nossos); **C: incorreta.** A proteção trazida pela Lei Maria da Penha *não se destina* igualmente aos homens do núcleo familiar, pois tal norma foi criada em virtude da maior vulnerabilidade da mulher; **D: incorreta.** A *norma* já foi declarada *constitucional* pelo STF. Vale lembrar que a realização efetiva da justiça busca o tratamento igual para os iguais e, para tanto, é preciso dar tratamento desigual aos desiguais, na exata medida da desigualdade. A superação da igualdade meramente formal (perante a lei) e o alcance da igualdade material (real) nortearam a criação da Lei Maria da Penha. Assim, a vulnerabilidade da mulher justifica a constitucional distinção trazida pela norma.

Gabarito "A".

(Juiz de Direito/GO – 2021 – FCC) De acordo com as normas aplicáveis à matéria e a jurisprudência do Supremo Tribunal Federal, mandado de segurança coletivo visando a questionar a aplicação de decreto do Governador que, com base em autorização prevista em lei ordinária, tenha aumentado alíquota de determinado imposto estadual, pode ser impetrado por

(A) parlamentar, com a finalidade de impedir a aplicação da lei que autorizou a edição do decreto, para a defesa de seu direito líquido e certo à regularidade do processo legislativo em face da ordem constitucional.
(B) entidade de classe, em defesa do direito líquido e certo de seus associados de não serem compelidos ao pagamento da alíquota majorada, ainda que a pretensão veiculada interesse apenas a uma parte da respectiva categoria.
(C) associação legalmente constituída, desde que em funcionamento há pelo menos um ano, para assegurar direito líquido e certo de seus associados de não serem compelidos ao pagamento da alíquota majo-

rada, sendo exigida para a propositura da demanda autorização expressa de seus membros.
(D) partido político, ainda que sem representação no Poder Legislativo e mesmo que não esteja constituído há pelo menos um ano, para defesa de direito líquido e certo dos contribuintes do imposto de não serem compelidos ao pagamento da alíquota majorada, desde que a propositura da ação esteja relacionada às suas finalidades institucionais.
(E) sindicato de categoria profissional ou econômica, desde que constituído e em funcionamento há pelo menos um ano, em defesa do direito líquido e certo de seus membros de não serem compelidos ao pagamento da alíquota majorada, independentemente de autorização expressa de seus integrantes.

A alternativa "B" está correta, pois conforme a Súmula 630 do STF, a entidade de classe tem legitimação para o mandado de segurança ainda quando a pretensão veiculada interesse apenas a uma parte da respectiva categoria. A questão exige conhecimento a respeito da propositura do remédio constitucional em questão, contendo " pegadinhas " como associação legalmente constituída e em funcionamento há pelo menos um ano, e não dos sindicatos, ou por se tratar de interesse de apenas parte de seu sindicato, o que é perfeitamente cabível. ANH
Gabarito "B".

(Juiz de Direito/GO – 2021 – FCC) O Tribunal de Justiça do Estado de Goiás proferiu ordem judicial em demanda ajuizada por associação de servidores públicos municipais, determinando que fossem nomeados os candidatos aprovados em concurso público municipal, até o limite do número de vagas previstas no edital de abertura do concurso, em vista da ausência de motivação e da inexistência de situações excepcionais e imprevisíveis que justificassem a recusa da Administração Pública em nomear os candidatos. Transitada em julgado a decisão judicial e frustradas as medidas judiciais ordinárias para que a ordem judicial fosse cumprida pelo Município, foi proposta representação interventiva perante o Tribunal de Justiça, que deu provimento ao pedido e requisitou ao Governador do Estado as providências cabíveis voltadas ao cumprimento da ordem judicial. Considerando a Constituição Federal e a jurisprudência do Supremo Tribunal Federal, a ordem judicial que determinou a nomeação dos candidatos é

(A) incompatível com a jurisprudência do Supremo Tribunal Federal na matéria, mas o Tribunal de Justiça é competente para julgar a representação interventiva na hipótese, cabendo ao Governador decretar a intervenção no Município, dispensada a apreciação do decreto interventivo pela Assembleia Legislativa.
(B) incompatível com a jurisprudência do Supremo Tribunal Federal na matéria, sendo que o Tribunal de Justiça não poderia ter conhecido da representação, já que, no caso, a medida interventiva dependia de requisição do Supremo Tribunal Federal.
(C) compatível com a jurisprudência do Supremo Tribunal Federal na matéria, mas a representação interventiva deveria ter sido proposta perante o Superior Tribunal de Justiça, uma vez que a ordem judicial descumprida foi proferida pelo Tribunal de Justiça.
(D) compatível com a jurisprudência do Supremo Tribunal Federal na matéria, mas o Tribunal de Justiça não poderia ter conhecido da representação, já que a medida interventiva dependia de provimento de representação proposta pelo Pro- curador Geral da República perante o Supremo Tribunal Federal.
(E) compatível com a jurisprudência do Supremo Tribunal Federal na matéria, sendo o Tribunal de Justiça competente para julgar a representação interventiva, cabendo ao Governador, ao decretar a intervenção no Município, nomear interventor, caso essa providência mostre-se necessária para o restabelecimento da normalidade.

O candidato aprovado em concurso público dentro do número de vagas previsto no edital possui direito subjetivo à nomeação. (Tese definida no RE 598.099, rel. min. Gilmar Mendes, P, j. 10-8-2011, DJE 189 de 3-10-2011). Tendo em vista o descumprimento da ordem judicial pelo Município, cabível a intervenção estadual, nos termos do artigo 35, IV, CF. ANH
Gabarito "E".

(Juiz de Direito/GO – 2021 – FCC) Um dos municípios do Estado de Goiás editou lei dispondo sobre a distância mínima exigida para a instalação de estabelecimentos comerciais do mesmo ramo, como medida de facilitação de acesso aos respectivos serviços pelos consumidores, tendo previsto a imposição de multa aos infratores. Considerando o teor da Constituição Federal e a jurisprudência do Supremo Tribunal Federal, esse ato normativo mostra-se

(A) inconstitucional, uma vez que a matéria encontra-se inserida no âmbito da competência legislativa reservada aos Estados.
(B) constitucional, uma vez que cabe ao poder público municipal fixar a política de desenvolvimento urbano, tendo por objetivo ordenar o pleno desenvolvimento das funções sociais da cidade e garantir o bem-estar de seus habitantes.
(C) inconstitucional, uma vez que ofende o princípio da livre concorrência.
(D) inconstitucional, uma vez que cabe privativamente à União legislar em matéria de consumo, cabendo aos municípios apenas o exercício da atividade de fiscalização.
(E) constitucional, uma vez que cabe ao poder público exercer, como agente normativo e regulador da atividade econômica, as funções de fiscalização, incentivo e planejamento.

A questão, na verdade, fez referência à Súmula Vinculante 49, STF, que afirma que ofende o princípio da livre concorrência lei municipal que impede a instalação de estabelecimentos comerciais do mesmo ramo em determinada área. ANH
Gabarito "C".

(Juiz de Direito/GO – 2021 – FCC) O Governador do Estado de Goiás apresentou projeto de lei que dispôs sobre a carreira de médicos titulares de cargos públicos estaduais efetivos e fixou os valores em reais da respectiva remuneração. O projeto de lei foi aprovado com emenda parlamentar que estabeleceu a vinculação da remuneração dos cargos públicos de médico a percentuais do limite remuneratório máximo aplicável ao Poder Executivo estadual, elevando a despesa prevista inicialmente no projeto de lei. Considerando a ordem jurídica constitucional, a emenda parlamentar aprovada é

(A) inconstitucional, uma vez que a fixação de remuneração dos médicos é matéria de iniciativa privativa do Governador, não podendo ser objeto de emenda parlamentar que importe aumento de despesa, ainda que seja materialmente constitucional a vinculação da remuneração nos termos propostos pela emenda parlamentar.

(B) inconstitucional, uma vez que, embora a situação permita a apresentação de emenda parlamentar que implique aumento de despesa, desde que amparada em estudos de impacto econômico-financeiro, mostra-se materialmente inconstitucional a vinculação da remuneração nos termos propostos pela emenda parlamentar.

(C) constitucional, uma vez que a fixação de remuneração dos médicos não é matéria de iniciativa privativa do Governador, podendo ser objeto de emenda parlamentar, ainda que isso importe aumento de despesa, desde que amparada em estudos de impacto econômico-financeiro, sendo constitucional o estabelecimento da vinculação da remuneração nos termos propostos pela emenda parlamentar.

(D) inconstitucional, uma vez que, ainda que a fixação de remuneração dos médicos não seja matéria de iniciativa privativa do Governador, não pode ser objeto de emenda parlamentar que importe aumento de despesa em projeto de iniciativa do Chefe do Poder Executivo, em que pese seja materialmente constitucional a vinculação da remuneração nos termos propostos pela emenda parlamentar.

(E) inconstitucional, uma vez que a fixação de remuneração dos médicos é matéria de iniciativa privativa do Governador, não podendo ser objeto de emenda parlamentar que importe aumento de despesa, sendo materialmente inconstitucional a vinculação da remuneração nos termos propostos pela emenda parlamentar.

Há inconstitucionalidade formal por vício de iniciativa. No que tange ao aspecto material, também há inconstitucionalidade, haja vista incidir a vedação do art. 37, XIII, da CRFB, que aduz que é vedada a vinculação ou equiparação de quaisquer espécies remuneratórias para o efeito de remuneração de pessoal do serviço público. Ou seja, além de vício de iniciativa da emenda e aumento de despesa, a vinculação criada colide frontalmente com o texto constitucional. Portanto, estamos diante de duas inconstitucionalidades: formal e material. Observar o Art. 61. A iniciativa das leis complementares e ordinárias cabe a qualquer membro ou Comissão da Câmara dos Deputados, do Senado Federal ou do Congresso Nacional, ao Presidente da República, ao Supremo Tribunal Federal, aos Tribunais Superiores, ao Procurador-Geral da República e aos cidadãos, na forma e nos casos previstos nesta Constituição.§ 1º São de iniciativa privativa do Presidente da República as leis que: II – disponham sobre: a) criação de cargos, funções ou empregos públicos na administração direta e autárquica ou aumento de sua remuneração. ANH

Gabarito "E".

(Magistratura/SP – 2021) A respeito da constitucionalidade das normas, é possível afirmar:

(A) o Estado-membro dispõe de competência para instituir, na sua própria Constituição, cláusulas tipificadoras de crimes de responsabilidade e regras que disciplinem o processo e o julgamento dos agentes públicos estaduais.

(B) a sanção de projeto de lei convalida o vício de inconstitucionalidade resultante da usurpação do poder de iniciativa. A ulterior aquiescência do chefe do poder executivo, mediante sanção do projeto de lei, tem o condão de sanar o vício.

(C) a autonomia orgânico-administrativa do Poder Judiciário não implica a iniciativa de lei que organize seu serviço.

(D) a iniciativa de leis que estabeleçam as atribuições dos órgãos pertencentes à estrutura administrativa da respectiva unidade federativa compete aos Governadores dos Estados-membros, à luz do artigo 61, § 1º, II, da Constituição Federal, que constitui norma de observância obrigatória pelos demais entes federativos, em razão do princípio da simetria.

A iniciativa das leis que estabeleçam as atribuições dos órgãos pertencentes à estrutura administrativa da respectiva unidade federativa compete aos Governadores dos Estados-membros, à luz dos artigos 61, § 1º, II, e; e 84, VI, a, da Constituição Federal, que constitui norma de observância obrigatória pelos demais entes federados, em respeito ao princípio da simetria. Assim, o **princípio da simetria** impõe a **reprodução obrigatória**, nas Constituições Estaduais, dos **princípios sensíveis** e **estruturantes** do modelo federativo e de separação de Poderes estabelecidos na Magna Carta. ANH

Gabarito "D".

(Juiz de Direito – TJ/MS – 2020 – FCC) Considerando as disposições das Constituições Federal e Estadual do Mato Grosso do Sul, insere-se no âmbito das competências do Governador

(A) prover os cargos públicos efetivos e os em comissão vinculados ao Poder Executivo, observando, quanto a esses últimos, o disposto em lei, de iniciativa privativa do Parlamento estadual, que discipline os casos, condições e percentuais mínimos dos cargos públicos em comissão que deverão ser preenchidos por servidores de carreira.

(B) realizar operações de crédito, mediante prévia autorização da Assembleia Legislativa, atendidos os limites globais e as condições fixadas pelo Senado Federal no exercício de sua competência privativa nessa matéria.

(C) a iniciativa legislativa para apresentação de projeto de lei fixando o subsídio dos Secretários de Estado, observando que o valor não poderá ser acrescido de qualquer gratificação, adicional, abono, prêmio, verba de representação ou outra espécie remuneratória.

(D) indicar três sétimos dos Conselheiros do Tribunal de Contas do Estado, independentemente de aprovação pela Assembleia Legislativa, devendo dois deles ser escolhidos alternadamente, entre Auditores e membros do Ministério Público junto ao Tribunal de Contas, indicados em lista tríplice organizada pelo Tribunal, segundo os critérios de antiguidade e merecimento.

(E) decretar e executar a intervenção em Municípios, mediante prévio provimento à representação, pelo Superior Tribunal de Justiça, quando a medida tiver por fundamento o descumprimento de ordem judicial, caso em que é dispensada a submissão do decreto interventivo à Assembleia Legislativa.

A: incorreta, pois são de iniciativa do Governador do Estado as leis que disponham sobre a criação de cargos, de funções ou de empregos públicos na administração direta e autárquica ou sobre o aumento de sua remuneração; bem como as que disponham sobre os servidores públicos do Estado, seu regime jurídico, provimento de cargos, estabilidade e aposentadoria de civis, reforma e transferência de militares para a inatividade (art. 67, § 1º, II, "a" e "b", da Constituição do Estado de Mato Grosso do Sul); **B**: correta, nos termos do art. 89, XIII, da Constituição Estadual de Mato Grosso do Sul concomitantemente com o art. 52, VII, da Constituição Federal; **C**: incorreta, porque compete privativamente à Assembleia Legislativa fixar, para cada exercício financeiro, a remuneração do Governador, do Vice-Governador e dos Secretários de Estado (art. 63, VIII, da CE/MS). Vale lembrar que o art. 39, § 4º, da Constituição Federal dispõe que o membro de Poder, o detentor de mandato eletivo, os Ministros de Estado e os Secretários Estaduais e Municipais serão remunerados exclusivamente por **subsídio** fixado em parcela única, vedado o acréscimo de qualquer gratificação, adicional, abono, prêmio, verba de representação ou outra espécie remuneratória; **D**: incorreta, já que três sétimos dos Conselheiros do Tribunal de Contas do Estado serão indicados pelo Governador do Estado, com aprovação da Assembleia Legislativa; sendo dois escolhidos alternadamente, entre Auditores e membros do Ministério Público junto ao Tribunal de Contas, indicados em lista tríplice organizada pelo Tribunal, segundo os critérios de antiguidade e merecimento; e quatro sétimos dos Conselheiros do Tribunal de Contas do Estado serão escolhidos pela Assembleia Legislativa (art. 80, § 3º, I e II, da CE/MS); **E**: incorreta, pois a intervenção no Município dar-se-á por decreto do Governador, mediante **requisição** do Tribunal de Justiça, quando o Tribunal de Justiça der provimento a representação para assegurar a observância de princípios indicados na Constituição ou para prover a execução de lei, de ordem ou de decisão judicial, caso em que é dispensada a apreciação da Assembleia Legislativa (art. 12, II, e § 2º, da CE/MS). Gabarito "B".

(Juiz de Direito – TJ/SC – 2019 – CESPE/CEBRASPE) Acerca da proteção ao meio ambiente e da repartição de competências ambientais na estrutura federativa brasileira, assinale a opção correta de acordo com a jurisprudência do STF.

(A) O condicionamento da celebração de termos de cooperação pelos órgãos do Sistema Nacional do Meio Ambiente à prévia aprovação do Poder Legislativo estadual é constitucional.

(B) Lei estadual que autorize o uso do amianto é considerada constitucional em razão da competência concorrente em matéria ambiental.

(C) Atribuição de competência para que assembleia legislativa estadual autorize previamente o licenciamento ambiental de atividade potencialmente poluidora é constitucional.

(D) Os estados têm competência para instituir programa de inspeção e manutenção de veículos com o objetivo de proteção ao meio ambiente.

(E) Os estados têm competência para legislar sobre o licenciamento de edificações e construções.

Correta é a letra **D**, nos exatos termos da ADI 3.338/STF: "O DF possui competência para implementar medidas de proteção ao meio ambiente, fazendo-o nos termos do disposto no artigo 23, VI, da CB/88". A letra **A** está errada, pois é inconstitucional (ADI 4.348/STF). A letra **B** está errada, pois seria constitucional a lei estadual que proibisse o amianto (ADI 3.937. STF). A letra **C** não prevalece, pois seria uma invasão na esfera do Executivo, pelo Legislativo (ADI 1.505. Rel. Min. Eros Grau. STF). A letra **E** está incorreta, nos termos do STF (RE 218.110). Gabarito "D".

(Juiz de Direito – TJ/SC – 2019 – CESPE/CEBRASPE) A propósito de titularidade, âmbito de proteção e conformação constitucional de ação civil pública, assinale a opção correta.

(A) Não é cabível ação civil pública para anular ato administrativo de aposentadoria de servidor público, se esta importar em lesão ao erário.

(B) De acordo com o STF, é inconstitucional lei estadual que atribua legitimação exclusiva a procurador-geral de justiça estadual para propor ação civil pública contra prefeito municipal.

(C) O Ministério Público tem legitimidade para ingressar com ação civil pública relativa ao pagamento de indenizações do seguro DPVAT.

(D) A Defensoria Pública não tem legitimidade para propor ação civil pública que verse sobre a manutenção de creche infantil.

(E) A condenação de agente público por ato de improbidade em ação civil pública depende da tipificação administrativa ou penal do ato lesivo ao patrimônio público.

Correta é a letra **C**, nos termos da nova posição do STF (RE 631.111. Pleno. STF). A letra **A** está errada, pois é sim cabível (RE 409.356. Rel. Min. Luiz Fux. STF). A letra **B** é incorreta, pois é constitucional nos termos do artigo 128, § 5º, da CF. A letra **D** ofende atual jurisprudência do STF, no sentido de que a Defensoria Pública tem sim tal legitimidade (ADI 3.943). A letra **E** está errada, pois as esferas são independentes. Gabarito "C".

(Procurador do Município – Valinhos/SP – 2019 – VUNESP) Sobre a seguridade social, é correto afirmar que

(A) seus objetivos são a garantia de padrão de qualidade e o piso salarial profissional nacional para os profissionais da área.

(B) compreende um conjunto integrado de ações de iniciativa dos poderes públicos e da sociedade, destinadas a assegurar os direitos relativos à saúde, à previdência e à assistência social.

(C) será financiada por toda a sociedade, de forma direta, nos termos da lei, mediante recursos provenientes dos orçamentos dos Estados, do Distrito Federal e dos Municípios.

(D) tem como base o primado do trabalho, e como objetivo o bem-estar e a justiça sociais.

(E) tem por objetivo o caráter democrático e centralizado da Administração, mediante gestão tripartite, com participação dos trabalhadores, dos empregadores e do Governo nos órgãos colegiados.

Correta é a letra B, nos termos do artigo 194, da CF: "A seguridade social compreende um conjunto integrado de ações de iniciativa dos Poderes Públicos e da sociedade, destinadas a assegurar os direitos relativos à saúde, à previdência e à assistência social". A letra A está errada, pois tais objetivos não existem (artigo 194, parágrafo único, da CF). A letra C está errada (artigo 195, da CF), pois seria de forma direta e indireta. A letra D também é errada (artigo 193, da CF) fala da ordem social. A letra E equivocada (artigo 194, inciso VII, da CF), na medida em que o caráter é descentralizado e a gestão é quadripartite. Gabarito "B".

(Procurador do Município – Valinhos/SP – 2019 – VUNESP) É entendimento sumulado pelo Superior Tribunal de Justiça:

(A) O excesso de prazo para a conclusão do processo administrativo disciplinar não causa nulidade, em nenhuma circunstância.

(B) A inversão do ônus da prova não se aplica às ações de degradação ambiental.

(C) O locatário possui legitimidade ativa para discutir a relação jurídico-tributária de IPTU e de taxas referentes ao imóvel alugado.

(D) A ocupação indevida de bem público configura detenção, de natureza precária, sendo suscetível de retenção e/ou indenização por acessões e benfeitorias.

(E) Desde que devidamente motivada e com amparo em investigação ou sindicância, é permitida a instauração de processo administrativo disciplinar com base em denúncia anônima, em face do poder-dever de autotutela imposto à Administração.

Correta é a letra E, nos termos da Súmula 611, do STJ: "Desde que devidamente motivada e com amparo em investigação ou sindicância, é permitida a instauração de processo administrativo disciplinar com base em denúncia anônima, em face do poder-dever de autotutela imposto à Administração.". A letra A está errada (Súmula 592, do STJ). A letra B está errada, conforme Súmula 618, do STJ. A letra C está incorreta (Súmula 614, do STJ). A letra D é errada, nos termos da Súmula 619, do STJ.

(Procurador do Município – Valinhos/SP – 2019 – VUNESP) É texto de Súmula do Supremo Tribunal Federal:

(A) A competência do Tribunal de Justiça para julgar prefeitos restringe-se aos crimes de competência da Justiça comum estadual; nos demais casos, a competência originária caberá ao respectivo tribunal de segundo grau.

(B) A extinção do mandato do prefeito impede a instauração de processo pela prática dos crimes previstos no art. 1o do Dl. 201/67.

(C) São da competência legislativa dos Estados a definição dos crimes de responsabilidade e o estabelecimento das respectivas normas de processo e julgamento.

(D) Somente o Advogado-Geral da União tem legitimidade para propor ação direta interventiva por inconstitucionalidade de Lei Municipal.

(E) Cabe recurso extraordinário contra acórdão de Tribunal de Justiça que defere pedido de intervenção estadual em Município.

Correta é a letra A, nos termos da Súmula 702, do STF: "A competência do Tribunal de Justiça para julgar prefeitos restringe-se aos crimes de competência da Justiça comum estadual; nos demais casos, a competência originária caberá ao respectivo tribunal de segundo grau.". As demais letras estão equivocadas porque não possuem encaixe perfeito com as respectivas Súmulas 703 (letra B), 722 (letra C), 614 (letra D) e 637 (Letra E), todas do STF.

(Procurador do Município – S.J. Rio Preto/SP – 2019 – VUNESP) A pauta jurídica mais importante dos Estados constitucionais, que elegem a democracia como corolário funda- mental da vida em sociedade, levou o Supremo Tribunal Federal a editar Súmula Vinculante nº 13 que proibiu as práticas nepotistas para a Administração Pública, em decorrência da obrigatoriedade de se observar os princípios constitucionais da

(A) legalidade e da publicidade administrativa.

(B) impessoalidade e da eficácia administrativa.

(C) publicidade e da moralidade administrativa.

(D) eficiência, da supremacia do interesse público e da publicidade.

(E) moralidade, da eficiência e da impessoalidade no âmbito da Administração.

Correta é a letra E, conforme a redação da citada Súmula Vinculante: "A nomeação de cônjuge, companheiro ou parente em linha reta, colateral ou por afinidade, até o terceiro grau, inclusive, da autoridade nomeante ou de servidor da mesma pessoa jurídica investido em cargo de direção, chefia ou assessoramento, para o exercício de cargo em comissão ou de confiança ou, ainda, de função gratificada na administração pública direta e indireta em qualquer dos Poderes da União, dos Estados, do Distrito Federal e dos Municípios, compreendido o ajuste mediante designações recíprocas, viola a Constituição Federal.". Logo, tal súmula tutela a impessoalidade e a moralidade e, por via reflexa, promove a eficiência dentro da Administração Pública. Sendo assim, a única alternativa correta é a letra E.

(Procurador do Município – S.J. Rio Preto/SP – 2019 – VUNESP) É correto afirmar que a política de desenvolvimento urbano envolve

(A) a elaboração de um plano diretor, aprovado pela Câmara Municipal, como instrumento básico da política de desenvolvimento e de expansão urbana.

(B) a elaboração de um plano diretor, aprovado pela Câmara Municipal, que é obrigatório para cidades com, no mínimo, quarenta mil habitantes.

(C) a faculdade do Poder Público Municipal de impor exigências ao proprietário de solo urbano não edificado e depende de aprovação por meio de lei estadual.

(D) a desapropriação de imóveis urbanos, que é feita com prévia e justa indenização em títulos da dívida pública.

(E) a cobrança do IPTU progressiva e gradual, subindo ao longo do tempo, e podendo gerar confisco.

Correta é a letra A, sendo mandamento do artigo 182, §1º, da CF: "Art. 182. A política de desenvolvimento urbano, executada pelo Poder Público municipal, conforme diretrizes gerais fixadas em lei, tem por objetivo ordenar o pleno desenvolvimento das funções sociais da cidade e garantir o bem- estar de seus habitantes. § 1º O plano diretor, aprovado pela Câmara Municipal, obrigatório para cidades com mais de vinte mil habitantes, é o instrumento básico da política de desenvolvimento e de expansão urbana.". Letra B errada, pois a obrigatoriedade é para cidades com mais de vinte mil habitantes. Letra C errada (artigo 182, §4º, da CF). Letra D incorreta, (artigo 182, §3º), haja vista a indenização ser em dinheiro. A letra E está errada, pois não cabe confisco (artigo 182, §4º, II, da CF).

(Promotor de Justiça/SP – 2019 – MPE/SP) Assinale a alternativa **INCORRETA**.

(A) A cláusula da reserva do possível, diante da garantia constitucional do mínimo existencial, enquanto emanação direta do postulado da essencial dignidade da pessoa humana, não pode ser invocada pelo Estado com a finalidade de frustrar ou inviabilizar a implementação de políticas públicas definidas na própria Constituição.

(B) A educação infantil, por qualificar-se como direito fundamental de toda criança, não se expõe, em seu processo de concretização, a avaliações meramente discricionárias da Administração Pública, caracterizando-se inconstitucional a abstenção do dever de implementar políticas públicas definidas no próprio texto constitucional.

(C) Pelo princípio da proibição do retrocesso em matéria de direito a prestações positivas do Estado, a ação estatal deve caminhar no sentido da ampliação dos direitos fundamentais e de assegurar-lhes a máxima efetividade possível, ou que, depois de consagrá-los, não possa eliminá-los sem alternativas ou compensações.

(D) Os direitos sociais, segundo a jurisprudência, estão constitucionalmente consagrados em normas programáticas que, embora não sejam destituídas de certo grau de efetividade, não servem de fundamento para a exigência em juízo de prestações positivas do Estado.

(E) É lícito ao Poder Judiciário, considerando a supremacia da dignidade da pessoa humana, impor à Administração Pública obrigação de fazer, consistente na promoção de medidas ou na execução de obras emergenciais em estabelecimentos prisionais.

Letra D é a única incorreta, porque servem sim de fundamento para a exigência em juízo de prestações positivas do Estado: "é lícito ao Judiciário impor à Administração Pública obrigação de fazer, consistente na promoção de medidas ou na execução de obras emergenciais em estabelecimentos prisionais para dar efetividade ao postulado da dignidade da pessoa humana e assegurar aos detentos o respeito à sua integridade física e moral" (RE 592.581). **AB**

Gabarito "D".

(Procurador do Estado/SP – 2018 – VUNESP) Segundo a Constituição do Estado de São Paulo, os Poderes Legislativo, Executivo e Judiciário manterão, de forma integrada, sistema de controle interno, sobre o qual é correto afirmar:

(A) ao tomarem conhecimento de qualquer irregularidade, ilegalidade, ou ofensa aos princípios de legalidade, impessoalidade, moralidade, publicidade e eficiência, previstos no artigo 37 da Constituição Federal, dela darão ciência ao Tribunal de Contas do Estado, sob pena de responsabilidade solidária.

(B) são legitimados para propor ação de inconstitucionalidade de lei ou ato normativo estaduais ou municipais, contestados em face da Constituição do Estado de São Paulo ou por omissão de medida necessária para tornar efetiva norma ou princípio desta Constituição, no âmbito de seu interesse.

(C) não há de se falar em forma integrada de sistema de controle interno, conceito inconstitucional, por ferir o princípio da separação dos Poderes e a competência do Tribunal de Contas do Estado.

(D) podem convocar a qualquer momento o Procurador-Geral de Justiça, o Procurador-Geral do Estado e o Defensor Público-Geral para prestar informações a respeito de assuntos previamente fixados, relacionados com a respectiva área.

(E) deverão avaliar as metas previstas no plano plurianual, nas diretrizes orçamentárias e no orçamento anual por meio de inspeções e auditorias de natureza contábil, financeira, orçamentária, operacional e patrimonial, nas unidades administrativas.

A: correta, nos termos do art. 35, § 1º, da Constituição do Estado de São Paulo; **B:** incorreta, pois são legitimados para propor ação direta de inconstitucionalidade de lei ou ato normativo estadual ou municipal, contestado em face da Constituição do Estado de São Paulo, ou por omissão de medida necessária para tornar efetiva norma ou princípio desta Constituição: (i) o Governador do Estado e a Mesa da Assembleia Legislativa; (ii) o Prefeito e a Mesa da Câmara Municipal; (iii) o Procurador-Geral de Justiça; (iv) o Conselho da Seção Estadual da Ordem dos Advogados do Brasil; (v) as entidades sindicais ou de classe, de atuação estadual ou municipal, demonstrando seu interesse jurídico no caso; (vi) os partidos políticos com representação na Assembleia Legislativa, ou, em se tratando de lei ou ato normativo municipais, na respectiva Câmara (art. 90 da Constituição do Estado de SP); **C:** incorreta, pois o art. 74 da Constituição Federal determina que os Poderes Legislativo, Executivo e Judiciário manterão, de forma integrada, sistema de controle interno, o que é reproduzido pelo art. 35 da Constituição do Estado de São Paulo; **D:** incorreta, porque cabe às Comissões da Assembleia Legislativa convocar o Procurador-Geral de Justiça, o Procurador-Geral do Estado e o Defensor Público Geral para prestar informações a respeito de assuntos previamente fixados, relacionados com a respectiva área (art. 13, § 1º, 4, da Constituição do Estado de SP); **E:** incorreta, pois cabe ao **controle externo** – a cargo da Assembleia Legislativa e exercido com auxílio do Tribunal de Contas do Estado – avaliar a execução das metas previstas no plano plurianual, nas diretrizes orçamentárias e no orçamento anual (art. 33, IV, da Constituição do Estado de SP). Ressalte-se que cabe ao **sistema de controle interno** – a cargo dos Poderes Legislativo, Executivo e Judiciário – avaliar o cumprimento das metas previstas no plano plurianual, a execução dos programas de governo e dos orçamentos do Estado (art. 35, I, da Constituição do Estado de SP). **AN**

Gabarito "A".

(Procurador do Estado/SP – 2018 – VUNESP) Segundo a Constituição do Estado de São Paulo, os Poderes Legislativo, Executivo e Judiciário manterão, de forma integrada, sistema de controle interno, sobre o qual é correto afirmar:

(A) ao tomarem conhecimento de qualquer irregularidade, ilegalidade, ou ofensa aos princípios de legalidade, impessoalidade, moralidade, publicidade e eficiência, previstos no artigo 37 da Constituição Federal, dela darão ciência ao Tribunal de Contas do Estado, sob pena de responsabilidade solidária.

(B) são legitimados para propor ação de inconstitucionalidade de lei ou ato normativo estaduais ou municipais, contestados em face da Constituição do Estado de São Paulo ou por omissão de medida necessária para tornar efetiva norma ou princípio desta Constituição, no âmbito de seu interesse.

(C) não há de se falar em forma integrada de sistema de controle interno, conceito inconstitucional, por ferir o princípio da separação dos Poderes e a competência do Tribunal de Contas do Estado.

(D) podem convocar a qualquer momento o Procurador-Geral de Justiça, o Procurador-Geral do Estado e o Defensor Público-Geral para prestar informações a respeito de assuntos previamente fixados, relacionados com a respectiva área.

(E) deverão avaliar as metas previstas no plano plurianual, nas diretrizes orçamentárias e no orçamento anual por meio de inspeções e auditorias de natureza contábil, financeira, orçamentária, operacional e patrimonial, nas unidades administrativas.

A: correta, nos termos do art. 35, § 1º, da Constituição do Estado de São Paulo; **B:** incorreta, pois são legitimados para propor ação direta de inconstitucionalidade de lei ou ato normativo estadual ou municipal, contestado em face da Constituição do Estado de São Paulo, ou por omissão de medida necessária para tornar efetiva norma ou princípio desta Constituição: (i) o Governador do Estado e a Mesa da Assembleia Legislativa; (ii) o Prefeito e a Mesa da Câmara Municipal; (iii) o Procurador-Geral de Justiça; (iv) o Conselho da Seção Estadual da Ordem dos Advogados do Brasil; (v) as entidades sindicais ou de classe, de atuação estadual ou municipal, demonstrando seu interesse jurídico no caso; (vi) os partidos políticos com representação na Assembleia Legislativa, ou, em se tratando de lei ou ato normativo municipais, na respectiva Câmara (art. 90 da Constituição do Estado de SP); **C:** incorreta, pois o art. 74 da Constituição Federal determina que os Poderes Legislativo, Executivo e Judiciário manterão, de forma integrada, sistema de controle interno, o que é reproduzido pelo art. 35 da Constituição do Estado de São Paulo; **D:** incorreta, porque cabe às Comissões da Assembleia Legislativa convocar o Procurador-Geral de Justiça, o Procurador-Geral do Estado e o Defensor Público Geral para prestar informações a respeito de assuntos previamente fixados, relacionados com a respectiva área (art. 13, § 1º, 4, da Constituição do Estado de SP); **E:** incorreta, pois cabe ao **controle externo** – a cargo da Assembleia Legislativa e exercido com auxílio do Tribunal de Contas do Estado – avaliar a execução das metas previstas no plano plurianual, nas diretrizes orçamentárias e no orçamento anual (art. 33, IV, da Constituição do Estado de SP). Ressalte-se que cabe ao **sistema de controle interno** – a cargo dos Poderes Legislativo, Executivo e Judiciário – avaliar o cumprimento das metas previstas no plano plurianual, a execução dos programas de governo e dos orçamentos do Estado (art. 35, I, da Constituição do Estado de SP). AN

Gabarito "A".

(Procurador do Estado/SP – 2018 – VUNESP) Segundo a Constituição do Estado de São Paulo, os Poderes Legislativo, Executivo e Judiciário manterão, de forma integrada, sistema de controle interno, sobre o qual é correto afirmar:

(A) ao tomarem conhecimento de qualquer irregularidade, ilegalidade, ou ofensa aos princípios de legalidade, impessoalidade, moralidade, publicidade e eficiência, previstos no artigo 37 da Constituição Federal, dela darão ciência ao Tribunal de Contas do Estado, sob pena de responsabilidade solidária.

(B) são legitimados para propor ação de inconstitucionalidade de lei ou ato normativo estaduais ou municipais, contestados em face da Constituição do Estado de São Paulo ou por omissão de medida necessária para tornar efetiva norma ou princípio desta Constituição, no âmbito de seu interesse.

(C) não há de se falar em forma integrada de sistema de controle interno, conceito inconstitucional, por ferir o princípio da separação dos Poderes e a competência do Tribunal de Contas do Estado.

(D) podem convocar a qualquer momento o Procurador-Geral de Justiça, o Procurador-Geral do Estado e o Defensor Público-Geral para prestar informações a respeito de assuntos previamente fixados, relacionados com a respectiva área.

(E) deverão avaliar as metas previstas no plano plurianual, nas diretrizes orçamentárias e no orçamento anual por meio de inspeções e auditorias de natureza contábil, financeira, orçamentária, operacional e patrimonial, nas unidades administrativas.

A: correta, nos termos do art. 35, § 1º, da Constituição do Estado de São Paulo; **B:** incorreta, pois são legitimados para propor ação direta de inconstitucionalidade de lei ou ato normativo estadual ou municipal, contestado em face da Constituição do Estado de São Paulo, ou por omissão de medida necessária para tornar efetiva norma ou princípio desta Constituição: (i) o Governador do Estado e a Mesa da Assembleia Legislativa; (ii) o Prefeito e a Mesa da Câmara Municipal; (iii) o Procurador-Geral de Justiça; (iv) o Conselho da Seção Estadual da Ordem dos Advogados do Brasil; (v) as entidades sindicais ou de classe, de atuação estadual ou municipal, demonstrando seu interesse jurídico no caso; (vi) os partidos políticos com representação na Assembleia Legislativa, ou, em se tratando de lei ou ato normativo municipais, na respectiva Câmara (art. 90 da Constituição do Estado de SP); **C:** incorreta, pois o art. 74 da Constituição Federal determina que os Poderes Legislativo, Executivo e Judiciário manterão, de forma integrada, sistema de controle interno, o que é reproduzido pelo art. 35 da Constituição do Estado de São Paulo; **D:** incorreta, porque cabe às Comissões da Assembleia Legislativa convocar o Procurador-Geral de Justiça, o Procurador-Geral do Estado e o Defensor Público Geral para prestar informações a respeito de assuntos previamente fixados, relacionados com a respectiva área (art. 13, § 1º, 4, da Constituição do Estado de SP); **E:** incorreta, pois cabe ao **controle externo** – a cargo da Assembleia Legislativa e exercido com auxílio do Tribunal de Contas do Estado – avaliar a execução das metas previstas no plano plurianual, nas diretrizes orçamentárias e no orçamento anual (art. 33, IV, da Constituição do Estado de SP). Ressalte-se que cabe ao **sistema de controle interno** – a cargo dos Poderes Legislativo, Executivo e Judiciário – avaliar o cumprimento das metas previstas no plano plurianual, a execução dos programas de governo e dos orçamentos do Estado (art. 35, I, da Constituição do Estado de SP). AN

Gabarito "A".

(Procurador do Estado/SP – 2018 – VUNESP) Ao Estado de São Paulo cumpre assegurar o bem-estar social, garantindo o pleno acesso aos bens e serviços essenciais ao desenvolvimento individual e coletivo, motivo pelo qual é correto afirmar:

(A) constituem patrimônio cultural estadual os bens de natureza material e imaterial, portadores de referências à identidade, à ação e à memória dos diferentes grupos formadores da sociedade, nos quais não se incluem as criações científicas, artísticas e tecnológicas e os espaços destinados às manifestações artístico-culturais.

(B) o patrimônio físico, cultural e científico dos museus, institutos e centros de pesquisa da Administração direta, indireta e fundacional são inalienáveis e intransferíveis, em qualquer hipótese.

(C) políticas públicas de promoção social, com as ações governamentais e os programas de assistência social, pela sua natureza emergencial e compensatória, em todos os casos, prevalecem sobre a formulação e aplicação de políticas sociais básicas nas áreas de saúde, educação, abastecimento, transporte e alimentação.

(D) a participação do setor privado no Sistema Único de Saúde efetivar-se-á mediante contrato, caso em que não se aplicam as diretrizes e as normas administrativas incidentes sobre a rede pública, com prevalência das regras do direito privado.

(E) o Poder Público organizará o Sistema Estadual de Ensino, abrangendo todos os níveis e modalidades, incluindo a especial, estabelecendo normas gerais de funcionamento para as escolas públicas estaduais e municipais, bem como para as particulares.

A: incorreta, pois constituem patrimônio cultural estadual os bens de natureza material e imaterial, tomados individualmente ou em conjunto, portadores de referências à identidade, à ação e à memória dos diferentes grupos formadores da sociedade nos quais se incluem: as formas de expressão; as criações científicas, artísticas e tecnológicas; as obras, objetos, documentos, edificações e demais espaços destinados às manifestações artístico-culturais; os conjuntos urbanos e sítios de valor histórico, paisagístico, artístico, arqueológico, paleontológico, ecológico e científico. (art. 260 da Constituição do Estado de SP); **B:** incorreta, porque o patrimônio físico, cultural e científico dos museus, institutos e centros de pesquisa da administração direta, indireta e fundacional são inalienáveis e intransferíveis, sem audiência da comunidade científica e aprovação prévia do Poder Legislativo (art. 272 da Constituição do Estado de SP); **C:** incorreta, já que as ações governamentais e os programas de assistência social, pela sua natureza emergencial e compensatória, **não deverão prevalecer** sobre a formulação e aplicação de políticas sociais básicas nas áreas de saúde, educação, abastecimento, transporte e alimentação (art. 233 da Constituição do Estado de SP); **D:** incorreta, pois a participação do setor privado no sistema único de saúde efetivar-se-á **mediante convênio ou contrato de direito público**, aplicando-se as diretrizes do sistema único de saúde e as normas administrativas incidentes sobre o objeto de convênio ou de contrato (art. 220, §§ 4º e 5º, da Constituição do Estado de SP); **E:** correta, de acordo com o art. 239 da Constituição do Estado de São Paulo.

Gabarito "E".

10. DIREITO ADMINISTRATIVO

Wander Garcia, Ariane Wady, Flávia Egido, Flávia Campos e Rodrigo Bordalo*

1. REGIME JURÍDICO ADMINISTRATIVO E PRINCÍPIOS DO DIREITO ADMINISTRATIVO

(Procurador – AL/PR – 2024 – FGV) Recentemente, o Supremo Tribunal Federal reconheceu a inconstitucionalidade de uma lei estadual que conferiu um bônus de 10% na nota dos candidatos a concurso público que residiam na localidade, entre outros fundamentos, pelo fato de que tal norma viola princípio expresso no Art. 37, *caput*, da CRFB/88, sendo correto afirmar que se trata do

(A) princípio da impessoalidade.
(B) princípio da legalidade.
(C) princípio da publicidade.
(D) princípio da segurança jurídica.
(E) princípio da indisponibilidade do interesse público.

No bojo da ADI, 7458, o Supremo Tribunal Federal declarou inconstitucional a concessão de bônus para candidatos a concurso público que residem na localidade, por violação aos princípios da impessoalidade e da igualdade. A lei estadual havia instituído um bônus de 10% na nota dos candidatos paraibanos residentes na Paraíba. Dessa forma, a alternativa correta é a letra A. WG
Gabarito: "A".

(Analista – INPI – 2024 – CEBRASPE) Com base nos princípios da administração pública, julgue os itens a seguir.

(1) A motivação do ato administrativo será obrigatória quando dela depender o exercício do contraditório e da ampla defesa.
(2) A confiança legítima e a boa-fé, embora semelhantes, são princípios autônomos e distintos, de modo que, para o reconhecimento da confiança legítima, não se faz necessária a presença da boa-fé.
(3) O nepotismo, o partidarismo e a promoção pessoal são vícios que maculam o princípio da impessoalidade.
(4) O princípio da publicidade encerra o seu escopo na publicação oficial dos atos administrativos.

1. Correta. O art. 50 da Lei 9.784/99 prevê os atos que dependem de motivação. Além disso, se um ato depende de contraditório e ampla defesa, é necessária a motivação, visto que só tendo acesso aos motivos do ato, a pessoa poderá exercer o direito de se defender. 2. Incorreta. O respeito ao princípio da confiança legítima depende da boa-fé. 3. Correta. O princípio da impessoalidade (art. 37, *caput*, CR/88) determina que o agente público deve atuar de forma impessoal, assim, se o agente público pratica nepotismo (Súmula Vinculante 13, STF), se busca interesses partidários ou se utiliza a atuação da Administração Pública para se promover pessoalmente (art. 37, § 1º, CR/88), estará ferindo o princípio da impessoalidade. 4. Incorreta. O princípio da publicidade (art. 37, *caput*, CR/88) determina que a atuação da Administração Pública deve ser pública, acessível a todos. No entanto, o cumprimento desse princípio não se encerra apenas com a publicação oficial dos atos administrativos, havendo outras formas de se garantir a publicidade da atuação da Administração Pública. FC
Gabarito: 1C, 2E, 3C, 4E

(Papiloscopista – PC/RR – VUNESP – 2022) Assinale a alternativa que contempla apenas princípios implícitos da Administração Pública.

(A) Razoabilidade e Proporcionalidade.
(B) Moralidade e Razoabilidade.
(C) Impessoalidade e Moralidade.
(D) Legalidade e Publicidade.
(E) Publicidade e Proporcionalidade.

Os princípios implícitos, também chamados de princípios reconhecidos, são aqueles que não estão previstos expressamente na Constituição Federal. **A**. Certo. Razoabilidade e proporcionalidade são princípios implícitos, de acordo com a doutrina majoritária. **B**. Errado, apesar de razoabilidade ser implícito, o princípio da moralidade está previsto expressamente no art. 37, *caput*, CF/99. **C**. Errado, princípios da impessoalidade e da moralidade estão previstos expressamente no art. 37, *caput*, CF/88. **D**. Errado, princípios da legalidade e da publicidade estão previstos expressamente no art. 37, *caput*, CF/88. **E**. Errado, apesar do princípio da proporcionalidade ser um princípio implícito, o princípio da publicidade está previsto expressamente. FC
Gabarito: "A".

(Papiloscopista – PC/RR – VUNESP – 2022) Conjunto de normas de direito público próprias do direito administrativo e que condiciona a vontade da Administração (sujeição) e permite-lhe o exercício de prerrogativas exorbitantes do direito privado.

É correto afirmar que o enunciado se refere ao conceito de

(A) Supremacia do Interesse Público.
(B) Indisponibilidade do Interesse Público.
(C) Administração Pública
(D) Organização Administrativa
(E) Regime Jurídico-Administrativo

A. Certo. O princípio da supremacia do interesse público sobre o interesse privado possibilita prerrogativas à Administração Pública, visto que a Administração atua buscando o interesse público, que deve prevalecer, em regra, sobre o interesse privado. **B**. Errado. A indisponibilidade do interesse público estabelece que a Administração Pública não pode abrir mão do interesse público, por isso, a Administração deve se sujeitar a limitações às quais os particulares não precisam se submeter. **C**. Errado. A Administração Pública é formada pelas pessoas jurídicas, órgãos públicos e agentes públicos que exercem a função administrativa. **D**. Errado. A organização administrativa ocorre com a desconcentração ou descentralização, em que as pessoas jurídicas e órgãos públicos organizam suas atribuições. **E**. Errado. O regime jurídico

---

* WG Wander Garcia
  AW Ariane Wady
  FE Flávia Egido
  FC Flávia Campos
  RB Rodrigo Bordalo

administrativo é o regime jurídico ao qual a Administração Pública se submete, com princípios expressos e implícitos (ou reconhecidos). **FC**

Gabarito "A".

(Escrivão – PC/RO – CEBRASPE – 2022) A administração pública deverá indicar os fundamentos de fato e de direito de suas decisões em observância ao princípio da

(A) vinculação.
(B) motivação.
(C) eficiência.
(D) especialidade.
(E) razoabilidade.

A. Errado. A vinculação estabelece que o agente público não possui margem de liberdade para analisar conveniência e oportunidade, devendo apenas atuar de acordo com os elementos estabelecidos em lei. **B.** Certo. A motivação é a exteriorização do motivo, ou seja, da situação de fato ou de direito que levou à edição do ato. **C.** Errado, o princípio da eficiência determina que a Administração Pública deve atuar de forma eficiente, com rendimento funcional. **D.** Errado. O princípio da especialidade determina que as pessoas jurídicas da Administração Indireta devem ser criadas para atividades específicas, não pode ser criadas para finalidades genéricas. **E.** Errado. O princípio da razoabilidade determina que a Administração Pública deve atuar dentro de limites aceitáveis, de forma razoável. **FC**

Gabarito "B".

(Delegado/RJ – 2022 – CESPE/CEBRASPE) Os princípios constitucionais do direito administrativo

(A) podem ser aplicados diretamente pelo gestor público, mas não em sentido contrário à lei (*contra legem*), ainda que o interesse público aponte neste sentido.
(B) podem justificar decisões administrativas sem a intermediação da lei, tal como aconteceu com a interpretação feita pelo Conselho Nacional de Justiça acerca de nepotismo.
(C) são enumerados taxativamente no *caput* do art. 37 da CF, que define seus limites e possibilidades.
(D) não se limitam à lista do art. 37 da CF, embora impliquem, ontologicamente, comandos genéricos incapazes de vincular positivamente a ação administrativa.
(E) são imponderáveis, porquanto enunciam máximas fundamentais para a compreensão do direito administrativo.

Alternativa **A** incorreta (os princípios constitucionais podem ser aplicados *contra legem*, pois são normas hierarquicamente superiores). Alternativa **B** correta (trata-se da aplicação *per saltum* dos princípios constitucionais). Alternativa **C** incorreta (os princípios constitucionais do direito administrativo podem ser expressos ou implícitos). Alternativa **D** incorreta (de fato, os princípios constitucionais do direito administrativo não se limitam à lista do art. 37 da CF; no entanto, os seus comandos são capazes de vincular positivamente a ação administrativa). Alternativa **E** incorreta (os princípios constitucionais do direito administrativo estão sujeitos à técnica hermenêutica da ponderação, haja vista o caráter relativo dos princípios constitucionais). **RB**

Gabarito "B".

(Delegado/RJ – 2022 – CESPE/CEBRASPE) Paulo, servidor público estadual, verificou, durante pesquisas na Web, que seu contracheque encontrava-se acessível no sítio eletrônico do governo do estado, em que são divulgadas informações sobre a remuneração paga aos servidores públicos. Inconformado, Paulo ingressou com uma ação para a retirada de seu nome do sítio eletrônico, requerendo, ainda, reparação por danos morais, por violação do seu direito constitucional à privacidade e à intimidade.

Considerando essa situação hipotética, as normas sobre a transparência ativa e a Lei Geral de Proteção de Dados Pessoais (LGPD), assinale a opção correta.

(A) É legítima a publicação, em sítio eletrônico mantido pela administração pública, dos nomes dos seus servidores e do valor dos correspondentes vencimentos e vantagens pecuniárias, ressalvando-se os descontos de caráter pessoal.
(B) A divulgação nominalizada dos dados do servidor relacionados a seus vencimentos e vantagens fere o direito à privacidade e à intimidade dos agentes públicos, fragilizando a segurança física e pessoal do servidor.
(C) É ilegítima a publicação dos nomes dos servidores, pois a LGPD tem por objetivo proteger os direitos fundamentais de liberdade e de privacidade de qualquer pessoa natural ou pessoa jurídica de direito público ou privado.
(D) É possível a publicação dos vencimentos e das vantagens pecuniárias referentes aos cargos públicos, desde que não seja divulgado o nome real dos agentes públicos, em razão da LGPD.
(E) Em razão da prevalência do princípio da publicidade administrativa, é legítima a divulgação, na íntegra, dos comprovantes de pagamento dos servidores, pois tais documentos mostram informação de interesse coletivo ou geral.

A transparência ativa exige da Administração a divulgação de atos e de informações de interesse geral, entre os quais a remuneração de seus servidores. Confrontado com tal regramento, o STF reputou constitucional esta forma de publicidade, ausente qualquer ofensa ao direito à privacidade e à intimidade. De acordo com a Corte Maior, conforme tese fixada em sede de repercussão geral: "É legítima a publicação, inclusive em sítio eletrônico mantido pela Administração Pública, dos nomes dos seus servidores e do valor dos correspondentes vencimentos e vantagens pecuniárias." (ARE 652.777, Pleno, Rel. Min. Teori Zavaski, DJe 1/07/2015 – tema 483). Advirta-se que o mesmo STF ressalva a divulgação de informações estritamente pessoais, como os descontos em folha de pagamento de dívidas e por imposições de decisão judicial (RE 1.206.340, Rel. Min. Alexandre de Moraes, DJe 9/09/2020). Dessa forma, correta a alternativa A. **RB**

Gabarito "A".

(Delegado/MG – 2021 – FUMARC) Segundo Celso Antônio Bandeira de Mello, "O interesse público, o interesse do todo, do conjunto social, nada mais é que a dimensão pública dos interesses individuais, ou seja, dos interesses de cada indivíduo enquanto partícipe da Sociedade [...]".

A partir dessa afirmativa, marque a opção CORRETA:

(A) O interesse público não é uma faceta dos interesses coletivos, mas apenas o interesse de um todo abstrato.
(B) O interesse público se constitui no interesse do todo, do próprio conjunto social, mas não se confunde com a somatória dos interesses individuais, peculiares de cada qual.
(C) Pode haver um interesse público discordante do interesse de cada um dos membros da Sociedade.
(D) Todo e qualquer interesse do Estado corresponde a um interesse público.

A questão explora o entendimento de Celso Antônio Bandeira de Mello acerca da noção de *interesse público*, que detém alta carga de indeterminação. Afinal, o que é interesse público? Visando destrinchar a ideia, o autor aponta que "constitui no interesse do todo, ou seja, do próprio conjunto social", embora "não se confunde com a somatória dos interesses individuais, peculiares de cada qual." (*Curso de direito administrativo*, 31. ed., 2014, p. 59). Assim, correta a alternativa **B**. As demais estão incorretas: alternativa **A** (o interesse público é uma faceta dos interesses coletivos, não podendo ser restrito ao interesse de um todo abstrato); alternativa **C** (para o autor, não pode haver um interesse público que seja discordante do interesse de cada um dos membros da sociedade, pois "seria inconcebível um interesse do todo que fosse, ao mesmo tempo, contrário ao interesse de cada uma das partes que o compõem"); alternativa **D** (não se deve confundir o interesse público, tratado pelo autor como *interesse primário*, com o interesse do Estado, denominado *interesse secundário*). RB

Gabarito "B".

(Promotor de Justiça/CE – 2020 – CESPE/CEBRASPE) O direito de petição aos poderes públicos, assegurado pela Constituição Federal de 1988, impõe à administração o dever de apresentar tempestiva resposta. A demora excessiva e injustificada da administração para cumprir essa obrigação é omissão violadora do princípio da eficiência. Segundo o STJ, por colocar em xeque a legítima confiança que o cidadão comum deposita na atuação da administração pública, tal mora atenta também contra o princípio da

(A) finalidade.
(B) moralidade.
(C) autotutela.
(D) presunção de legitimidade.
(E) continuidade do serviço público.

Conforme entendimento do STJ: "O direito de petição aos Poderes Públicos, assegurado no art. 5º, XXXIV, "a", da Constituição Federal, traduz-se em preceito fundamental a que se deve conferir a máxima eficácia, impondo-se à Administração, como contrapartida lógica e necessária ao pleno exercício desse direito pelo Administrado, o dever de apresentar tempestiva resposta. (...) A demora excessiva e injustificada da Administração para cumprir obrigação que a própria Constituição lhe impõe é omissão violadora do princípio da eficiência, na medida em que denuncia a incapacidade operacional do Poder Público em desempenhar, num prazo razoável, as atribuições que lhe foram conferidas pelo ordenamento (nesse sentido, o comando do art. 5º, LXXVIII, da CF). Fere, também, a moralidade administrativa, por colocar em xeque a legítima confiança que o cidadão comum deposita, e deve depositar, na atuação Administração." (MS 26.552/DF, 1ª Seção, Rel. Min. Sérgio Kikuna, DJe 18/02/2021). RB

Gabarito "B".

(Juiz de Direito – TJ/RJ – 2019 – VUNESP) Em conformidade com a Lei de Introdução às Normas do Direito Brasileiro (LINDB), na redação dada pela Lei 13.655/2018,

(A) em qualquer órgão ou Poder, a edição de atos normativos por autoridade administrativa, inclusive os de organização interna, deverá ser precedida de consulta pública para manifestação de interessados, preferencialmente por meio eletrônico, a qual será considerada na decisão.
(B) a decisão do processo, nas esferas administrativa, controladora ou judicial, poderá impor compensação por benefícios indevidos ou prejuízos anormais ou injustos resultantes do processo ou da conduta dos envolvidos.
(C) admite-se a celebração de compromisso entre a autoridade administrativa e os interessados, com vistas à eliminação de irregularidade, incerteza jurídica ou situação contenciosa na aplicação do direito público, inclusive envolvendo transação quanto a sanções e créditos ou estabelecendo regimes de transição.
(D) para o fim de excluir a responsabilidade pessoal do agente público, é possível requerer autorização judicial para celebração de compromisso entre a autoridade administrativa e os interessados para eliminação de irregularidade, incerteza jurídica ou situação contenciosa na aplicação do direito público.
(E) quando necessário por razões de segurança jurídica ou de interesse geral, o ente interessado proporá ação declaratória de validade de ato, contrato, ajuste, processo ou norma administrativa, cuja sentença fará coisa julgada com eficácia *erga omnes*.

A: incorreta (cf. art. 29 da LINDB, em qualquer órgão ou Poder, a edição de atos normativos por autoridade administrativa, *salvo os de mera organização interna*, poderá ser precedida de consulta pública para manifestação de interessados, preferencialmente por meio eletrônico, a qual será considerada na decisão); **B**: correta (cf. art. 27 da LINDB); **C**: incorreta (o art. 26, inc. II, da LINDB foi objeto de *veto presidencial* e apresentava a seguinte redação: "II – poderá envolver transação quanto a sanções e créditos relativos ao passado e, ainda, o estabelecimento de regime de transição."); **D**: incorreta (o art. 26, §2º, da LINDB foi objeto de *veto presidencial* e apresentava a seguinte redação: "§ 2º Poderá ser requerida autorização judicial para celebração do compromisso, em procedimento de jurisdição voluntária, para o fim de excluir a responsabilidade pessoal do agente público por vício do compromisso, salvo por enriquecimento ilícito ou crime."); **E**: incorreta (a situação apresentada nesta alternativa integrava o art. 25 do projeto de lei que deu origem à Lei 13.655/2018, o que foi vetado pela Presidência da República). RB

Gabarito "B".

(Investigador – PC/BA – 2018 – VUNESP) Um Estado que tributasse desmesuradamente os administrados enriqueceria o Erário, com maior volume de recursos, o que, por outro lado, tornaria a sociedade mais pobre. Tal conduta de exação excessiva viola o princípio pelo qual deve prevalecer

(A) o interesse público secundário.
(B) o interesse público primário.
(C) a supremacia do interesse público.
(D) o interesse público como direito subjetivo.
(E) o direito subjetivo individual.

A: incorreta. O interesse público secundário é aquele que atine ao ente da Administração Pública diretamente; **B**: correta. O interesse público primário diz respeito ao interesse da sociedade como um todo. Essa é a assertiva correta, na medida em que embora se possa supor que a Administração Pública tenha interesse público secundário em tributar seus administrativos desmesuradamente, de modo a arrecadar mais, o interesse público primário, o da sociedade, estaria sendo violado. Em um conflito de interesses entre o interesse público primário e o secundário, o primeiro deve prevalecer; **C**: incorreta. O princípio da supremacia do interesse público sobre o interesse privado tem de ser corretamente entendido, sob pena de levar a interpretações equivocadas, que levantam a hipótese de antagonismo entres ambos. Todos vivemos em sociedade e, para que as necessidades da coletividade possam ser devidamente atendidas, há que se estabelecer na lei certas limitações aos interesses do particular em prol do bem comum. Na verdade, na medida em que todos desejamos viver harmonicamente, a existência do princípio da supremacia do interesse público sobre o privado determina que esse último deva ser sacrificado quando isso atender melhor ao interesse coletivo. Se todos tivessem a liberdade para o exercício irrestrito e não acomodado de seus direitos, por certo teríamos conflitos e caos, razão pela qual esse princípio prega que há um interesse particular em ceder parte de sua esfera de direitos e liberdade, nos termos da lei, para que o interesse público seja atendido; **D:** incorreta. O interesse público corresponde ao conjunto dos interesses que os indivíduos pessoalmente têm, enquanto membros da coletividade. Partindo desse conceito, pode-se dizer que cada indivíduo tem o direito subjetivo à defesa das normas que tratam do interesse público; **E:** incorreta. O direito subjetivo individual consiste na situação jurídica consagrada na norma e que faz de seus sujeitos titulares de poder, obrigações e faculdades.

Gabarito "B".

(Procurador do Município – Prefeitura Fortaleza/CE – CESPE – 2017) Acerca do direito administrativo, julgue o item que se segue.

(1) Considerando os princípios constitucionais explícitos da administração pública, o STF estendeu a vedação da prática do nepotismo às sociedades de economia mista, embora elas sejam pessoas jurídicas de direito privado.

1. correta. Sendo as Sociedades de Economia Mista integrantes da Administração Indireta, são atingidas pela Súmula Vinculante 13, STF, que inclui todas as pessoas jurídicas da Administração Pública Direta e Indireta.

Gabarito "1C".

1.1. Regime jurídico administrativo

(Procurador Municipal – Prefeitura/BH – CESPE – 2017) Considerando as modernas ferramentas de controle do Estado e de promoção da gestão pública eficiente, assinale a opção correta acerca do direito administrativo e da administração pública.

(A) Em função do dever de agir da administração, o agente público omisso poderá ser responsabilizado nos âmbitos civil, penal e administrativo.

(B) O princípio da razoável duração do processo, incluído na emenda constitucional de reforma do Poder Judiciário, não se aplica aos processos administrativos.

(C) Devido ao fato de regular toda a atividade estatal, o direito administrativo aplica-se aos atos típicos dos Poderes Legislativo e Judiciário.

(D) Em sentido objetivo, a administração pública se identifica com as pessoas jurídicas, os órgãos e os agentes públicos e, em sentido subjetivo, com a natureza da função administrativa desempenhada.

A: correta. O art. 125, da Lei 8.112/1990 dispõe que as responsabilidades civil, comercial e administrativas são independentes entre si; **B:** incorreta. O art. 5º, LXXVIII, CF é expresso quanto à aplicação do princípio da razoabilidade também no âmbito administrativo; **C:** incorreta. O direito administrativo só se aplica aos atos atípicos dos demais Poderes, já que os atos típicos, no caso, são os de julgar (Poder Judiciário) e legislar (Poder Legislativo); **D:** incorreta. O conceito está invertido, pois em sentido objetivo a Administração Pública se identifica com a atividade administrativa, enquanto que em sentido subjetivo, com as pessoas, agentes e órgãos públicos.

Gabarito "A".

(Delegado/MS – 2017 – FAPEMS) De acordo com o texto a seguir o direito público tem como objetivo primordial o atendimento ao bem-estar coletivo.

[...] em primeiro lugar, as normas de direito público, embora protejam reflexamente o interesse individual, têm o objetivo primordial de atender ao interesse público, ao bem-estar coletivo. Além disso, pode-se dizer que o direito público somente começou a se desenvolver quando, depois de superados o primado do Direito Civil (que durou muitos séculos) e o individualismo que tomou conta dos vários setores da ciência, inclusive a do Direito, substituiu-se a ideia do homem como fim único do direito (própria do individualismo) pelo princípio que hoje serve de fundamento para todo o direito público e que vincula a Administração em todas as suas decisões [...].

DI PIETRO, Maria Sylvia Zanella. Direito Administrativo. 30.ed. São Paulo: Atlas, 2017, p 96.

Diante disso, as "pedras de toque" do regime jurídico-administrativo são

(A) a supremacia do interesse público sobre o interesse privado e a impessoalidade do interesse público.

(B) a supremacia do interesse público sobre o interesse privado e a indisponibilidade do interesse público.

(C) a indisponibilidade do interesse público e o princípio da legalidade.

(D) a supremacia da ordem pública e o princípio da legalidade.

(E) a supremacia do interesse público e o interesse privado e o princípio da legalidade.

A expressão foi criada por Celso Antonio Bandeira de Melo, para falar dos princípios básicos, mais importantes do Direito administrativo, dos quais todos os demais princípios decorrem, quais sejam: Princípio da supremacia do interesse público e Princípio da indisponibilidade do interesse público.

Gabarito "B".

(Delegado/MT – 2017 – CESPE) Em março de 2017, o governo de determinado estado da Federação declarou nulo ato que, de boa-fé, havia concedido vantagem pecuniária indevida aos ocupantes de determinado cargo a partir de janeiro de 2011.

Nessa situação hipotética,

(A) o ato de anulação do ato que havia concedido vantagem pecuniária ofendeu diretamente o princípio da proporcionalidade.

(B) o ato de anulação foi legal, pois atendeu a todos os preceitos legais e jurisprudenciais sobre a extinção dos atos administrativos.

(C) o correto seria a revogação do ato, e não a sua anulação.

(D) a declaração de nulidade do ato é nula de pleno direito, pois ocorreu a decadência do direito.

(E) o princípio da autotutela da administração pública protege o ato de anulação determinado pelo governo.

A: incorreta, pois ofendeu ao princípio da segurança jurídica e ao art. 54 da Lei 9.784/99; **B:** incorreta, pois a anulação está de acordo com o art. 54 da Lei 9.784/99; **C:** incorreta, pois, havendo ilegalidade, deve-se promover a anulação, e não a revogação do ato; **D:** correta, pois o ato já foi atingido pela previsão legal inserta na Lei 9.784/1999, art. 54, haja vista ter sido concedido em 2011. De acordo com o art. 54, o direito da Administração de anular os atos administrativos de que decorram efeitos favoráveis para os destinatários decai em cinco anos, contados da data em que foram praticados, salvo comprovada má-fé;

E: incorreta, pois esse princípio, apesar de autorizar a Administração a anular atos ilegais (e revogar atos inconvenientes ao interesse público), independentemente de apreciação judicial, não atua sozinho, havendo limites, como o art. 54 da Lei 9.784/99, para fazer valer também o princípio da segurança jurídica. FB/WG
Gabarito "D".

1.2. Princípios Administrativos Expressos em Outras Leis ou Implícitos e princípios combinados

(Procurador – PGE/SP – 2024 – VUNESP) Segundo a Lei estadual nº 10.294/1999 (proteção e defesa do usuário do serviço público do Estado), a qualidade do serviço público é pautada por determinados princípios, dentre os quais a

(A) autonomia, conceituada como a capacidade de eleger os meios mais adequados para atingir as metas referentes à prestação do serviço.

(B) efetividade da gestão pública, conceituada como a capacidade de atendimento das reais necessidades da população.

(C) produtividade, conceituada como a capacidade de gerar bens e serviços de forma célere e com economia de recursos.

(D) eficácia dos gastos públicos, conceituada como a capacidade de promover os resultados pretendidos com o dispêndio mínimo de recursos.

(E) eficiência administrativa, conceituada como a capacidade de promover os resultados pretendidos com o alcance máximo da meta traçada.

A: Incorreto. A autonomia está mais relacionada à capacidade de auto-organização e gestão independente das entidades administrativas, não diretamente ao atendimento das metas do serviço público. O conceito mencionado previsto no art. 7º, V, da Lei Estadual 10.294/99, está relacionado aos princípios da razoabilidade e da proporcionalidade, impondo uma adequação entre meios e fins. B: Correto. A Lei estadual nº 10.294/1999 estabelece que a qualidade do serviço público deve ser pautada pela *efetividade da gestão pública*, que é definida como a capacidade de atendimento das reais necessidades da população (Art. 7º-A, p. ún., 1). C: Incorreto. A economia de recursos está ligada ao princípio da eficiência administrativa, conforme se pode observar no art. 7º-A, p. ún., 2 da Lei estadual nº 10.294/1999, e não ao princípio da produtividade. D: Incorreto. Essa é a definição do princípio da *eficiência administrativa*, e não da *eficácia dos gastos públicos*. conforme se pode observar no art. 7º-A, p. ún., 2, da Lei estadual nº 10.294/1999. E: Incorreto. Essa é a definição do princípio da *eficácia dos gastos públicos*, e não da *eficiência administrativa*. conforme se pode observar no art. 7º-A, p. ún., 3, da Lei estadual nº 10.294/1999. WG
Gabarito "B".

(Investigador – PC/BA – 2018 – VUNESP) Se um determinado agente público se vale de uma competência que lhe é legalmente atribuída para praticar um ato válido, mas que possui o único e exclusivo objetivo de prejudicar um desafeto, é correto afirmar que tal conduta feriu o princípio da

(A) finalidade, que impõe aos agentes da Administração o dever de manejar suas competências obedecendo rigorosamente à finalidade de cada qual.

(B) supremacia do interesse público sobre o interesse privado, que é princípio geral de direito inerente a qualquer sociedade.

(C) razoabilidade, pelo qual o Administrador, na atuação discricionária, terá de obedecer a critérios aceitáveis do ponto de vista racional, com o senso normal.

(D) proporcionalidade, já que a Administração não deve tomar medidas supérfluas, excessivas e que passem do estritamente necessário à satisfação do interesse público.

(E) motivação, porque a Administração deve, no mínimo, esclarecer aos cidadãos aos razões pelas quais foram tomadas as decisões.

A: correta. O ato administrativo de que trata a assertiva padece do vício de desvio de finalidade, na medida em que foi praticado para alcançar finalidade diversa da que lhe é propriamente dada pela lei; B: incorreta. O princípio da supremacia do interesse público sobre o interesse privado tem de ser corretamente entendido, sob pena de levar a interpretações equivocadas, que levantam à hipótese de antagonismo entres ambos. Todos vivemos em sociedade e, para que as necessidades da coletividade possam ser devidamente atendidas, há que se estabelecer na lei certas limitações aos interesses do particular em prol do bem comum. Na verdade, na medida em que todos desejamos viver harmonicamente, a existência do princípio da supremacia do interesse público sobre o privado determina que esse último deva ser sacrificado quando isso atender melhor ao interesse coletivo. Se todos tivessem a liberdade para o exercício irrestrito e não acomodado de seus direitos, por certo teríamos conflitos e caos, razão pela qual esse princípio prega que há um interesse particular em ceder parte de sua esfera de direitos e liberdade, nos termos da lei, para que o interesse público seja atendido; C: incorreta. O princípio da razoabilidade consiste em uma proposição básica e fundamental relacionada a diretriz do senso comum, do bom senso, da prudência e da moderação aplicado ao ramo do Direito; D: incorreta. O princípio da proporcionalidade estabelece que deve haver uma relação de proporcionalidade entre os meios empregados e a finalidade a ser alcançada, levando-se em conta as circunstâncias que ensejaram a prática do ato; E: incorreta. A motivação integra a formalização do ato, é requisito formalístico dele, transparecendo a causa que deu ensejo à pratica do ato administrativo. FB
Gabarito "A".

(Procurador Municipal – Prefeitura/BH – CESPE – 2017) A respeito dos princípios aplicáveis à administração pública, assinale a opção correta.

(A) Dado o princípio da autotutela, poderá a administração anular a qualquer tempo seus próprios atos, ainda que eles tenham produzido efeitos benéficos a terceiros.

(B) Apesar de expressamente previsto na CF, o princípio da eficiência não é aplicado, por faltar-lhe regulamentação legislativa.

(C) Ao princípio da publicidade corresponde, na esfera do direito subjetivo dos administrados, o direito de petição aos órgãos da administração pública.

(D) O princípio da autoexecutoriedade impõe ao administrador o ônus de adequar o ato sancionatório à infração cometida.

A: incorreta. A Administração poderá anular seus próprios atos, respeitados os direitos de terceiros de boa-fé, conforme disposto na Súmula 473, STF; B: incorreta. O princípio da eficiência consta de uma norma de eficácia plena (art. 37, "caput", CF), por isso independe de regulamentação; C: correta. O direito de petição (art. 5º, XXXIII e XXXIV, CF) só pode ser exercido se o ato for público, caso contrário, não será possível impugná-lo; D: incorreta. O princípio da autoexecutoriedade é o que determina que o administrador pode praticar seus atos independentemente de autorização judicial, não se relacionando à adequação à infração cometida, portanto.

(Delegado/MS – 2017 – FAPEMS) Acerca do Princípio da Publicidade e da Lei de Acesso à Informação (Lei n. 12.527/2011), assinale a alternativa correta.

(A) Somente a pessoa diretamente interessada poderá apresentar pedido de acesso às informações por qualquer meio legítimo, sendo que os órgãos e as entidades do poder público devem viabilizar alternativa de encaminhamento de pedidos de acesso por meio de seus sítios oficiais na internet.

(B) Caso a informação solicitada esteja disponível ao público em formato impresso, eletrônico ou em qualquer outro meio de acesso universal, serão informados ao requerente, por escrito, o lugar e a forma pela qual se poderá consultar, obter ou reproduzir a referida informação, procedimento esse que desonerará o órgão ou a entidade pública da obrigação de seu fornecimento direto, ficando a cargo exclusivo do interessado, em quaisquer circunstâncias, prover meios para obter as informações solicitadas.

(C) O serviço de busca e fornecimento da informação é gratuito, salvo nas hipóteses de reprodução de documentos pelo órgão ou pela entidade pública consultada, situação em que poderá ser cobrado exclusivamente o valor necessário ao ressarcimento do custo dos serviços e dos materiais utilizados.

(D) É dever do Estado garantir o direito de acesso à informação, que será franqueada, mediante procedimentos objetivos e ágeis, de forma transparente, clara e em linguagem de fácil compreensão, sendo legítima a negativa, ainda que não fundamentada, quando a informação for classificada como total ou parcialmente sigilosa.

(E) É legítima a publicação, inclusive em sítio eletrônico mantido pela Administração Pública, dos nomes de seus servidores e do valor dos correspondentes aos vencimentos, sendo vedadas informações referentes a vantagens pecuniárias.

A: incorreta. Lei 12.527/2011, art. 10. Qualquer interessado poderá apresentar pedido de acesso a informações aos órgãos e entidades referidos no art. 1º desta Lei, por qualquer meio legítimo, devendo o pedido conter a identificação do requerente e a especificação da informação requerida. **B:** incorreta. Lei 12.527/2011, art. 10, § 6º: Caso a informação solicitada esteja disponível ao público em formato impresso, eletrônico ou em qualquer outro meio de acesso universal, serão informados ao requerente, por escrito, o lugar e a forma pela qual se poderá consultar, obter ou reproduzir a referida informação, procedimento esse que desonerará o órgão ou entidade pública da obrigação de seu fornecimento direto, salvo se o requerente declarar não dispor de meios para realizar por si mesmo tais procedimentos. **C:** correta. Lei 12.527/2011, art. 12. O serviço de busca e fornecimento da informação é gratuito, salvo nas hipóteses de reprodução de documentos pelo órgão ou entidade pública consultada, situação em que poderá ser cobrado exclusivamente o valor necessário ao ressarcimento do custo dos serviços e dos materiais utilizados. **D:** incorreta. Lei 12.527/2011, art. 25. É dever do Estado controlar o acesso e a divulgação de informações sigilosas produzidas por seus órgãos e entidades, assegurando a sua proteção. **E:** incorreta. Não são vedadas as informações relativas a vantagens pecuniárias.

2. PODERES DA ADMINISTRAÇÃO PÚBLICA

Para resolver as questões deste item, vale citar as definições de cada poder administrativo apresentadas por Hely Lopes Meirelles, definições estas muito utilizadas em concursos públicos. Confira:

a) **poder vinculado** – "é aquele que o Direito Positivo – a lei – confere à Administração Pública para a prática de ato de sua competência, determinando os elementos e requisitos necessários à sua formalização";

b) **poder discricionário** – "é o que o Direito concede à Administração, de modo explícito, para a prática de atos administrativos com liberdade na escolha de sua conveniência, oportunidade e conteúdo";

c) **poder hierárquico** – "é o de que dispõe o Executivo para distribuir e escalonar as funções de seus órgãos, ordenar e rever a atuação de seus agentes, estabelecendo a relação de subordinação entre os servidores do seu quadro de pessoal";

d) **poder disciplinar** – "é a faculdade de punir internamente as infrações funcionais dos servidores e demais pessoas sujeitas à disciplina dos órgãos e serviços da Administração";

e) **poder regulamentar** – "é a faculdade de que dispõem os Chefes de Executivo (Presidente da República, Governadores e Prefeitos) de explicar a lei para sua correta execução, ou de expedir decretos autônomos sobre matéria de sua competência ainda não disciplinada por lei";

f) **poder de polícia** – "é a faculdade de que dispõe a Administração Pública para condicionar e restringir o uso e gozo de bens, atividades e direitos individuais, em benefício da coletividade ou do próprio Estado".

(**Direito Administrativo Brasileiro**, 26ª ed. São Paulo: Malheiros, p. 109 a 123)

2.1. Poder vinculado e discricionário

(Delegado/AM) O poder discricionário conferido à Administração Pública, para ser válido, têm que conjugar os seguintes elementos:

(A) capacidade e competência
(B) oportunidade e capacidade
(C) conveniência e oportunidade
(D) competência e conveniência

Poder discricionário é o que o Direito concede à Administração para a prática de atos administrativos com liberdade na escolha de sua conveniência, oportunidade e conteúdo.

2.2. Poder disciplinar

(Procurador Município – Teresina/PI – FCC – 2022) O Código Penal estabelece, em seu art. 320, o delito intitulado "condescendência criminosa", configurando crime próprio de funcionário público. Tal tipificação diz respeito à omissão no exercício do poder

(A) normativo.

(B) de polícia administrativa.
(C) regulamentar.
(D) disciplinar.
(E) discricionário.

A condescendência criminosa representa o crime consistente em deixar de responsabilizar subordinado que comete infração no exercício do cargo. Trata-se, logo, de omissão no exercício do poder disciplinar, que representa aquele pelo qual a Administração detém a prerrogativa de aplicar sanções aos agentes públicos praticantes de infrações. Assim, correta a alternativa D, uma vez que, se a autoridade competente deixa de aplicar a devida sanção disciplinar contra o agente, essa autoridade está violando o poder-dever de aplicar sanções normativas, ou seja, há omissão no exercício do poder disciplinar.
Gabarito "D".

(Investigador – PC/BA – 2018 – VUNESP) Os agentes superiores fiscalizam as atividades dos agentes de nível inferior e, em consequência, possuem o poder de exigir que a conduta destes seja adequada aos mandamentos legais, sob pena de, se tal não ocorrer, serem os infratores sujeitos às respectivas sanções.

Essa passagem trata do poder

(A) vinculado.
(B) de polícia.
(C) regulamentar.
(D) hierárquico.
(E) disciplinar.

A: incorreta. **Poder vinculado** é aquele conferido pela lei à Administração Pública para a prática de ato de sua competência, determinando os elementos e requisitos necessários à sua formalização; **B:** incorreta. **Poder de polícia** consiste na limitação à liberdade e à propriedade do particular, prevista em lei, em prol do bem comum; **C:** incorreta. **Poder regulamentar** é a faculdade de que dispõem os Chefes de Executivo (Presidente da República, Governadores e Prefeitos) de explicar a lei para sua correta execução, ou de expedir decretos autônomos sobre matéria de sua competência ainda não disciplinada por lei; **D:** incorreta. **Poder regulamentar** consiste no dever-poder de que dispõem os Chefes de Executivo (Presidente da República, Governadores e Prefeitos) de explicar a lei para sua correta execução, ou de expedir decretos autônomos sobre matéria de sua competência ainda não disciplinada por lei; **E:** correta. **Poder disciplinar** é a faculdade de punir internamente as infrações funcionais dos servidores e demais pessoas sujeitas à disciplina dos órgãos e serviços da Administração.
Gabarito "E".

(Juiz – TJ-SC – FCC – 2017) Sobre o exercício do poder disciplinar da Administração Pública, é correto afirmar que tal poder:

(A) é exercido somente em face de servidores regidos pelas normas estatutárias, não se aplicando aos empregados públicos, regidos pela Consolidação das Leis do Trabalho.
(B) admite a aplicação de sanções de maneira imediata, desde que tenha havido prova inconteste da conduta ou que ela tenha sido presenciada pela autoridade superior do servidor apenado.
(C) é aplicável aos particulares, sempre que estes descumpram normas regulamentares legalmente embasadas, tais como as normas ambientais, sanitárias ou de trânsito.

(D) é extensível a sujeitos que tenham um vínculo de natureza especial com a Administração, sejam ou não servidores públicos.
(E) não contempla, em seu exercício, a possibilidade de afastamentos cautelares de servidores antes que haja o prévio exercício de ampla defesa e contraditório.

A: incorreta. O Poder Disciplinar é o que permite ao administrador punir os seus subordinados quando comprovada a prática de infração funcional, sendo um poder ao qual se submetem todos os agentes públicos (os agentes políticos, os funcionários públicos, empregados públicos, titulares de regime administrativo especial e particulares em colaboração com o Estado), não sendo correto excluir os empregados públicos, portanto; **B:** incorreta. A aplicação de penalidade sempre deve ser precedida de procedimento administrativo ao qual se assegure o contraditório e ampla defesa (art. 5º, LV, CF) e Lei 9.784/1999; **C:** incorreta. O Poder Disciplinar não se aplica aos particulares, sendo de aplicação interna, que auxilia na disciplina interna dos servidores públicos integrantes da estrutura da Administração Publica, e não dos particulares; **D:** correta. Como explicado na alternativa "A", todos os agentes públicos se submetem a esse regime, o que inclui os particulares em colaboração com o Estado, por exemplo, que não são servidores públicos, mas equiparados a tanto, como os agentes honoríficos (mesários, jurados); **E:** incorreta. Há possibilidade de afastamento cautelar do servidor, conforme disposto no art. 147, da Lei 8.112/1990.
Gabarito "D".

2.3. Poder regulamentar

(Procurador Municipal – Prefeitura/BH – CESPE – 2017) Em relação aos poderes e deveres da administração pública, assinale a opção correta.

(A) É juridicamente possível que o Poder Executivo, no uso do poder regulamentar, crie obrigações subsidiárias que viabilizem o cumprimento de uma obrigação legal.
(B) De acordo com o STF, ao Estado é facultada a revogação de ato ilegalmente praticado, sendo prescindível o processo administrativo, mesmo que de tal ato já tenham decorrido efeitos concretos.
(C) De acordo com o STF, é possível que os guardas municipais acumulem a função de poder de polícia de trânsito, ainda que fora da circunscrição do município.
(D) Do poder disciplinar decorre a atribuição de revisar atos administrativos de agentes públicos pertencentes às escalas inferiores da administração.

A: incorreta. O poder regulamentar é subsidiário, infralegal. Ele só pode atuar se houver lei, por isso é que, não sendo possível saber pelo enunciado se há lei anterior sobre a obrigação que se pretende regulamentar, não podemos afirmar que está correta a assertiva; **B:** incorreta. Não há prescindibilidade quanto à anulação de um ato ilegal. É dever do Poder Público anular os atos ilegais, havendo, portanto, dois erros, um quanto ao fato de que se trata de anulação, e outro, pelo fato dessa ser obrigatória; **C:** correta. O STF entende ser constitucional a atribuição às guardas municipais do exercício do poder de polícia, conforme RE 658570/MG, sendo que o art. 144, § 8º, CF dispõe que "Os Municípios poderão constituir guardas municipais destinadas à proteção de seus bens, serviços e instalações, conforme dispuser a lei; **D:** incorreta. O poder disciplinar é instrumento do Poder Público para aplicar penalidades.
Gabarito "C".

(Procurador do Município – Prefeitura Fortaleza/CE – CESPE – 2017) Acerca do direito administrativo, julgue o item que se segue.

(1) O exercício do poder regulamentar é privativo do chefe do Poder Executivo da União, dos estados, do DF e dos municípios.

1: correta. O poder regulamentar só pode ser exercido pelo Chefe do Poder Executivo, que é o único que pode regulamentar as leis. O art. 84, VI, CF é a fonte do poder regulamentar, e é expresso no sentido de que é um poder que compete ao Chefe do Poder Executivo, bem como que é um poder privativo deste. **WG**
„Gabarito "1C".

(Delegado/GO – 2017 – CESPE)

De acordo com a legislação e a doutrina pertinentes, o poder de polícia administrativa

(A) pode manifestar-se com a edição de atos normativos como decretos do chefe do Poder Executivo para a fiel regulamentação de leis.

(B) é poder de natureza vinculada, uma vez que o administrador não pode valorar a oportunidade e conveniência de sua prática, estabelecer o motivo e escolher seu conteúdo.

(C) pode ser exercido por órgão que também exerça o poder de polícia judiciária.

(D) é de natureza preventiva, não se prestando o seu exercício, portanto, à esfera repressiva.

(E) é poder administrativo que consiste na possibilidade de a administração aplicar punições a agentes públicos que cometam infrações funcionais.

A: incorreta. Trata-se do poder regulamentar. **B: incorreta.** O artigo 78 do Código Tributário Nacional traz uma definição legal do poder de polícia: "considera-se poder de polícia a atividade da administração pública que, limitando ou disciplinando direito, interesse ou liberdade, regula a prática de ato ou abstenção de fato, em razão de interesse público concernente à segurança, à higiene, à ordem, aos costumes, à disciplina da produção e do mercado, ao exercício de atividades econômicas dependentes de concessão ou autorização do poder público, à tranquilidade pública ou ao respeito à propriedade e aos direitos individuais ou coletivos". Note-se que o mencionado artigo define o poder de polícia como atividade da administração pública; contudo, em atenta leitura ao parágrafo único do que se segue vemos que o poder de polícia também é considerado regular quando executado por "órgão competente nos limites da lei aplicável, com observância do processo legal e, tratando-se de atividade que a lei tenha como discricionária, sem abuso ou desvio de poder". **C: correta.** O poder de polícia, na forma da Lei, deve ser exercido por toda a Administração Publica. **D: incorreta.** O poder de polícia é exercida tanto de forma preventiva quanto repressiva. **E: incorreta.** A assertiva define o poder disciplinar. **FB**
„Gabarito "C".

2.4. Poder de polícia

(ENAM – 2024.1) Um determinado Município instituiu empresa pública, em regime não concorrencial, mediante autorização legislativa, para exercer poder de polícia de trânsito, inclusive quanto à aplicação de multas.

De acordo com a jurisprudência do STF a respeito do poder de polícia administrativa, assinale a afirmativa correta.

(A) A lei autorizadora é compatível com a ordem constitucional vigente, embora não seja possível a extensão dos privilégios da Fazenda Pública à empresa pública criada, tal como a concessão de imunidade tributária recíproca.

(B) A lei autorizadora não é compatível com a ordem constitucional vigente, pois há absoluta incompatibilidade entre o regime celetista existente nas estatais prestadoras de serviço público em regime de monopólio e o exercício de atividade de polícia administrativa pelos seus empregados.

(C) A lei autorizadora é compatível com a ordem constitucional vigente, com exceção da possibilidade de aplicação de sanção, que não pode ser delegada à empresa pública que atua em regime de Direito Privado.

(D) A lei autorizadora é compatível com a ordem constitucional vigente, que admite a delegação do poder de polícia administrativa a pessoas jurídicas de direito privado integrantes da Administração Pública indireta e prestadoras de serviço público, em regime não concorrencial.

(E) A lei autorizadora não é compatível com a ordem constitucional vigente, uma vez que as estatais prestadoras de serviço público de atuação própria do Estado não podem fazer uso do atributo da coercibilidade inerente ao exercício do poder de polícia, mesmo que atuem em regime não concorrencial.

O Supremo Tribunal Federal, ao apreciar o Tema 532 de repercussão geral (Informativo 996), estabeleceu que é possível a delegação do consentimento, da fiscalização e da sanção de polícia, através de lei, para pessoa jurídica de direito privado integrante da Administração Indireta, com capital social majoritariamente público, que preste exclusivamente serviço público próprio de Estado, em regime concorrencial. **A: Incorreta.** O art. 150, § 2º, CR/88 estabelece que a imunidade recíproca é extensiva às autarquias e às fundações instituídas e mantidas pelo poder público e à empresa pública prestadora de serviço postal, no que se refere ao patrimônio, à renda e aos serviços vinculados a suas finalidades essenciais ou às delas decorrentes. **B: Incorreta.** O STF entendeu que "o regime jurídico híbrido das estatais prestadoras de serviço público em regime de monopólio é plenamente compatível com a delegação" (Inf. 996, STF). **C: Incorreta.** Os atos de consentimento, de fiscalização e de aplicação de sanções podem ser delegados a estatais, se preenchidos os requisitos da decisão. A única fase do ciclo de polícia que, por sua natureza, é absolutamente indelegável é a ordem de polícia. **D: Correta.** A delegação não é possível para prestadoras de serviço público, apenas para pessoas jurídicas de direito privado prestadoras de serviço público. **E: Incorreta.** É possível a delegação se preenchidos os requisitos apontados pelo STF. **FC**
„Gabarito "D".

(Juiz de Direito – TJ/DFT – 2023 – CEBRASPE) De acordo com a jurisprudência do STF a respeito do poder de polícia, a teoria do ciclo de polícia compõe-se, em sua totalidade, das fases de

(A) ordem, fiscalização e sanção, sendo apenas a sanção impassível de delegação a pessoas jurídicas de direito privado.

(B) ordem, consentimento, fiscalização e sanção, sendo apenas a sanção impassível de delegação a pessoas jurídicas de direito privado.

(C) ordem, fiscalização e sanção, sendo apenas a fiscalização impassível de delegação a pessoas jurídicas de direito privado.

(D) ordem, consentimento e sanção, sendo apenas o consentimento impassível de delegação a pessoas jurídicas de direito privado.
(E) ordem, consentimento, fiscalização e sanção, sendo apenas a ordem impassível de delegação a pessoas jurídicas de direito privado.

O poder de polícia é a prerrogativa conferida à Administração para limitar e condicionar atividades dos particulares, como forma de garantir o interesse público. São fases do ciclo de polícia: a ordem de polícia (ou legislação), o consentimento, a fiscalização e a sanção. **A**: Incorreta, pois a alternativa não cita o consentimento de polícia. Além disso, o Supremo Tribunal Federal entende que é possível a delegação do poder de polícia para pessoas jurídicas de direito privado, desde que a delegação ocorra por meio de lei, para pessoas jurídicas de direito privado integrantes da Administração Indireta, cujo capital social seja majoritariamente público, e que preste, exclusivamente, serviço público próprio de Estado, em regime não concorrencial (Informativo 996, STF). Nesses casos, de acordo com o STF, é possível a delegação do consentimento, da fiscalização e da sanção, não sendo possível apenas a delegação da ordem de polícia. Assim, alternativa incorreta, pois afirma que a sanção não pode ser delegada. **B**: Incorreta. A sanção pode ser delegada, desde que preenchidos os requisitos estabelecidos pelo STF. **C**: Incorreta. Alternativa não cita o consentimento, e a fiscalização pode ser delegada, desde que preenchidos os requisitos estabelecidos pelo STF. **D**: Incorreta. Alternativa não cita a fiscalização, e o consentimento pode ser delegado, desde que preenchidos os requisitos estabelecidos pelo STF. **E**: Correta, conforme entendimento do Supremo Tribunal Federal (Informativo 996, STF).
Gabarito "E".

(Analista – TRT/18 – 2023 – FCC) A apreensão de documentos pertencentes à pessoa jurídica, por agentes da Administração Pública durante ação de fiscalização de estabelecimentos em determinado segmento,
(A) é expressão do princípio da eficiência, que, em razão de expressa previsão constitucional e de seu status hierarquicamente superior, prescinde de fundamento legal para o respectivo exercício.
(B) depende de expressa autorização judicial, diante da natureza cautelar da medida, o que excederia os limites da ação fiscalizatória disciplinar da Administração Pública.
(C) configura exercício do poder disciplinar, que submete não apenas os servidores públicos à autoridade administrativa, mas também os administrados à tutela estatal.
(D) é manifestação do poder normativo da Administração Pública, que pode editar atos normativos originários para fundamentar a adoção de ações e medidas cautelares repressivas em face dos administrados.
(E) configura legítima atuação do poder de polícia administrativa, que não dispensa a observância do contraditório em favor da empresa, admitido, contudo, de forma justificada, o diferimento desse exercício.

A apreensão de documentos por agentes da Administração Pública durante uma fiscalização é uma forma de manifestação do poder de polícia. **A**: Incorreta. A apreensão de documentos não é uma manifestação do princípio da eficiência. **B**: Incorreta. O poder de polícia tem como uma das suas características a autoexecutoriedade, que determina que a Administração Pública pode executar seus atos sem precisar do Poder Judiciário. **C**: Incorreta, o poder disciplinar é o poder conferido à Administração Pública para apurar irregularidade e aplicar sanção a pessoas que possuem uma relação especial com a Administração, mas não aos administrados de forma geral. **D**: Incorreta. O poder normativo é o poder conferido à Administração para editar atos gerais e abstratos para fiel execução de lei, portanto, não se manifesta através da apreensão de mercadorias. **E**: Correta. Trata-se de manifestação do poder de polícia, através da polícia administrativa, garantido, sempre o contraditório em favor da empresa.
Gabarito "E".

(Escrivão – PC/RO – CEBRASPE – 2022) A aplicação de penalidade de suspensão a servidor por agente público cuja competência se limite à aplicação da penalidade de advertência configura ato viciado pelo(a)
(A) usurpação de função.
(B) abuso de autoridade.
(C) função aparente.
(D) excesso de poder.
(E) impedimento.

A. Errado. A usurpação de função ocorre quando alguém que não é agente público exerce função pública como forma de se beneficiar. **B**. O abuso de autoridade quando praticadas pelo agente com a finalidade específica de prejudicar outrem ou beneficiar a si mesmo ou a terceiro, ou, ainda, por mero capricho ou satisfação pessoal (Art. 1º, § 1º, Lei 13.869/19) **C**. Errado. **D**. Certo. O excesso de poder ocorre quando o agente público atua fora do seu limite de atribuições. **E**. Errado.
Gabarito "D".

(Escrivão – PC/RO – CEBRASPE – 2022) A prerrogativa da autoridade pública competente de eleger, entre as condutas possíveis, a que represente maior conveniência e oportunidade ao interesse público decorre do poder
(A) discricionário.
(B) finalístico.
(C) controlador.
(D) vinculante.
(E) impessoal.

A. Certo. Poder discricionário é o poder administrativo que possibilita uma margem de liberdade para o agente público, com a análise de conveniência e oportunidade. **B**. Errado. O controle finalístico é o poder de tutela existente entre Administração Direta e Indireta. **C**. O poder controlador é exercido pelos órgãos públicos que têm a possibilidade de exercer o controle externo dos atos da Administração Pública. **D**. Poder vinculante é a atuação da Administração em que não existe margem de liberdade para o agente público para análise de conveniência e oportunidade. **E**. A impessoalidade é um princípio aplicável à Administração Pública que determina que a atuação deve ser impessoal, sem favoritismos.
Gabarito "A".

(Delegado/RJ – 2022 – CESPE/CEBRASPE) Conforme art. 144, § 4.º, da CF, "às polícias civis, dirigidas por delegados de polícia de carreira, incumbem, ressalvada a competência da União, as funções de polícia judiciária e a apuração de infrações penais, exceto as militares". Em face desse dispositivo e do regime jurídico do poder de polícia, é correto afirmar que
(A) lei pode delegar a pessoas jurídicas de direito privado parcelas do exercício do poder de polícia judiciária, segundo jurisprudência recente do Supremo Tribunal Federal.
(B) razões de interesse público — como urgência para preenchimento de vaga ou necessidade premente de certa investigação de grave crime contra direitos

fundamentais — podem justificar a nomeação de comissionada de delegado de polícia.
(C) delegados de Polícia de carreira podem exercer polícia administrativa.
(D) a polícia judiciária não se confunde com a polícia administrativa, embora ambas decorram do exercício do poder de império tipicamente estatal, indelegável a entidades privadas.
(E) o poder de polícia administrativa vem sendo criticado na doutrina como uma reminiscência autoritária do direito administrativo. Por isso, há quem sustente que ele foi substituído pela ideia de regulação ou de ordenação. Esse entendimento foi vitorioso recentemente no caso BH Trans, julgado pelo Superior Tribunal de Justiça.

Alternativa **A** incorreta (a polícia judiciária é indelegável, sendo executada por órgãos de segurança pública, conforme já decidiu o STF no RE 633.782). Alternativa **B** incorreta (a função de delegado de polícia é exercida por agente público de carreira, sendo vedado o seu exercício por comissionado; nesse sentido o STF na ADI 2.427). Alternativa **C** correta (delegados de polícia podem exercer tanto a polícia judiciária quanto a administrativa). Alternativa **D** incorreta (de fato, a polícia judiciária não se confunde com a polícia administrativa, embora ambas decorram do exercício do poder de império tipicamente estatal; no entanto, algumas atividades do poder de polícia podem ser delegadas a particulares, como os atos de consentimento e de fiscalização; além disso, é possível a delegação genérica do poder de polícia para entidades privadas integrantes da Administração, cf. já decidiu o STF no RE 633.782). Alternativa **E** incorreta (o STF, no âmbito do RE 633.782 – caso BH Trans – considerou que o poder de polícia, embora envolva noção questionada por parcela da doutrina, "mostra-se como instrumento de garantia da própria liberdade e do interesse da coletividade, sem desamparar os direitos fundamentais individuais"). **RB**
Gabarito "C".

(Delegado/RJ – 2022 – CESPE/CEBRASPE) Conforme a Lei da Liberdade Econômica (art. 1.º, § 6.º), se consideram "atos públicos de liberação a licença, a autorização, a concessão, a inscrição, a permissão, o alvará, o cadastro, o credenciamento, o estudo, o plano, o registro e os demais atos exigidos, sob qualquer denominação, por órgão ou entidade da administração pública na aplicação de legislação, como condição para o exercício de atividade econômica, inclusive o início, a continuação e o fim para a instalação, a construção, a operação, a produção, o funcionamento, o uso, o exercício ou a realização, no âmbito público ou privado, de atividade, serviço, estabelecimento, profissão, instalação, operação, produto, equipamento, veículo, edificação e outros". De acordo com o entendimento corrente de direito administrativo, os atos de liberação podem ser compreendidos como

(A) forma de fiscalização de polícia, por meio da qual agentes administrativos, ao tutelar o interesse público, decidem se certa atividade econômica pode ou não continuar a ser exercida.
(B) manifestações estatais indispensáveis para a prática de atividades econômicas.
(C) exemplos de atuação consensual da administração pública, que, cada dia mais, ganha espaço e substitui a postura autoritária de um direito administrativo incompatível com a CF.
(D) desdobramentos do princípio da eficiência administrativa, que pressupõe, em qualquer caso, a vinculação positiva do agir público à lei, com o menor custo possível, inclusive para a economia.
(E) espécies de atos de consentimento de polícia administrativa.

As medidas do poder de polícia podem ser divididas em quatro espécies (teoria do ciclo de polícia): normativa, de consentimento (preventiva), fiscalizatória e repressiva. Alternativa **A** incorreta (os atos públicos de liberação não representam uma forma de fiscalização de polícia, que ocorre durante o exercício da atividade). Alternativa **B** incorreta (entre os princípios que norteiam a Lei da Liberdade Econômica, estão a liberdade como uma garantia no exercício da atividade econômica e a intervenção subsidiária e excepcional do Estado sobre o exercício de atividades econômicas, cf. art. 2º, I e III, da Lei 13.874/2019). Alternativa **C** incorreta (os atos de liberação não são exemplos de atuação consensual da administração, pois são atos dotados de imperatividade). Alternativa **D** incorreta (a expressão "em qualquer caso" torna a afirmação genérica, sendo certo que há exceções nesse contexto de vinculação do agir público à lei). Alternativa **E** correta (os atos de liberação representam, no âmbito das medidas do poder de polícia apontadas acima, a espécie preventiva (de consentimento). **RB**
Gabarito "E".

(Delegado/RJ – 2022 – CESPE/CEBRASPE) Recebida denúncia de violência doméstica contra a mulher, a equipe de delegacia especializada de atendimento à mulher prendeu Jorge em flagrante delito, pela prática de tentativa de feminicídio, tendo sido apreendida a arma de fogo utilizada no crime. Após as diligências procedimentais do auto de prisão em flagrante e da apreensão da arma de fogo, o delegado adjunto lavrou o auto de infração pela apreensão da arma de fogo, aplicando multa em desfavor de Jorge.

Acerca dessa situação hipotética, assinale a opção correta.

(A) A autoridade policial exerceu, concomitantemente, o poder de polícia judiciária e o poder de polícia administrativo.
(B) A lavratura do auto de infração decorre do poder de polícia judiciária, pois é consequência da apreensão da arma de fogo utilizada no crime.
(C) A multa aplicada será graduada pela autoridade competente, de acordo com a conveniência e oportunidade.
(D) O delegado adjunto poderia ter deixado de aplicar a multa pela apreensão da arma de fogo, em razão da sua discricionariedade administrativa.
(E) É ilegítima a aplicação de multa pela apreensão da arma de fogo, pois depende de autorização judicial.

A correta (o contexto descrito abrange o exercício da *polícia judiciária*, associada à investigação/repressão de delitos penais, e da *polícia administrativa*, atinente à limitação da liberdade e da propriedade em favor do bem comum). Alternativa **B** incorreta (a lavratura de auto de infração decorre do poder de polícia administrativa, em sua modalidade repressiva). Alternativa **C** incorreta (a multa será graduada de acordo com a lei, ou seja, trata-se de competência vinculada, não havendo conveniência e oportunidade). Alternativa **D** incorreta (a aplicação da multa é um poder-dever, resultante de uma competência vinculada, não havendo discricionariedade em sua aplicação). Alternativa **E** incorreta (em razão do atributo da autoexecutoriedade, a aplicação da multa não depende de autorização judicial). **RB**
Gabarito "A".

(Juiz de Direito/AP – 2022 – FGV) A sociedade de economia mista Beta do Município X recebeu formalmente, por meio de lei específica, delegação do poder de polícia do Município para prestar serviço de policiamento do trânsito na cidade, inclusive para aplicar multa aos infratores. Sabe-se que a entidade Beta é uma empresa estatal municipal de capital majoritariamente público, que presta exclusivamente serviço público de atuação própria do poder público e em regime não concorrencial. Por entender que o Município X não poderia delegar o poder de polícia a pessoa jurídica de direito privado, o Ministério Público ajuizou ação civil pública pleiteando a declaração de nulidade da delegação e das multas aplicadas, assim como a assunção imediata do serviço pelo Município.

No caso em tela, de acordo com a atual jurisprudência do Supremo Tribunal Federal em tema de repercussão geral, a pretensão ministerial:

(A) não deve ser acolhida, pois é constitucional a delegação do poder de polícia na forma realizada, inclusive no que concerne à sanção de polícia;

(B) não deve ser acolhida, pois é constitucional a delegação do poder de polícia a qualquer pessoa jurídica de direito privado, desde que cumprido o único requisito que é a prévia autorização legal;

(C) deve ser acolhida, pois é inconstitucional a delegação do poder de polícia, em qualquer das fases de seu ciclo, a pessoa jurídica de direito privado integrante da administração indireta;

(D) deve ser acolhida parcialmente, pois é inconstitucional a delegação do poder de polícia, nas fases de seu ciclo de ordem de polícia e de sanção de polícia, a pessoa jurídica de direito privado integrante da administração indireta;

(E) deve ser acolhida parcialmente, pois, apesar de ser constitucional a delegação do poder de polícia para o serviço público de fiscalização de trânsito, é inconstitucional tal delegação no que concerne à aplicação de multa, que deve ser feita por pessoa jurídica de direito público.

A pretensão ministerial não deve ser acolhida, pois o STF expediu, em sede de repercussão geral, a seguinte tese: "É constitucional a delegação do poder de polícia, por meio de lei, a pessoas jurídicas de direito privado integrantes da Administração Pública indireta de capital social majoritariamente público que prestem exclusivamente serviço público de atuação própria do Estado e em regime não concorrencial." (RE 633.782/MG, Pleno, Rel. Min. Luiz Fux, DJe 25/11/2020). A Corte Suprema discutiu nesse recurso a aplicação de multa de trânsito por sociedade de economia mista, reconhecendo a possibilidade dessa prática. Observe-se que o STF, ao admitir a delegação, restringiu sua incidência a algumas fases do "ciclo de polícia", notadamente a fiscalização e a sanção de polícia. Correta a alternativa A. **RB**

Gabarito "A".

(Juiz de Direito – TJ/AL – 2019 – FCC) A atuação da Administração Pública se dá sob diferentes formas, sendo o exercício do poder de polícia uma de suas expressões,

(A) presente na aplicação de sanções a particulares que contratam com a Administração ou com ela estabelecem qualquer vínculo jurídico, alçando a Administração a uma posição de supremacia em prol da consecução do interesse público.

(B) presente nas limitações administrativas às atividades do particular, tendo como principal atributo a imperatividade, que assegura a aplicação de medidas repressivas, independentemente de previsão legal expressa, a critério do agente público.

(C) dotada de exigibilidade, que confere meios indiretos para sua execução, como a aplicação de multas, e admitindo, quando previsto em lei ou para evitar danos irreparáveis ao interesse público, a autoexecutoriedade, com o uso de meios diretos de coação.

(D) verificada apenas quando há atuação repressiva do poder público, tanto na esfera administrativa, com aplicação de multas e sanções, como na esfera judiciária, com apreensão de bens e restrições a liberdades individuais.

(E) dotada de imperatividade, porém não de coercibilidade, pressupondo, assim, a prévia autorização judicial para a adoção de medidas que importem restrição à propriedade ou liberdade individual.

A: incorreta – trata-se de assertiva que aborda o poder disciplinar, que consiste na faculdade de punir internamente as infrações funcionais dos servidores e demais pessoas sujeitas à disciplina dos órgãos e serviços da Administração; **B**: incorreta – a "pegadinha" da questão aqui é a afirmação equivocada de que não é necessária a previsão em lei; **C**: correta – o poder de polícia possibilita que a Administração sempre **use a força** para fazer valer seus atos. Hely Lopes Meirelles chama esse atributo de "coercibilidade", ao passo que Celso Antônio Bandeira de Mello chama esse atributo de "autoexecutoriedade". Para Hely, a expressão "autoexecutoriedade" designa a simples possibilidade de a Administração fazer imposições ao particular, sem recorrer ao Judiciário, sendo a coercibilidade um plus, que permite o uso da força. A possibilidade de a Administração impor comandos de não fazer sem buscar o Poder Judiciário é pacífica, decorrendo da imperatividade (na linguagem de Celso Antônio Bandeira de Mello) e da autoexecutoriedade (na linguagem de Hely Lopes Meirelles).Já a possibilidade de a Administração, após ter imposto um comando, fazer o uso da força para fazer valer o comando (autoexecutoriedade para Celso Antônio e *coercibilidade* para Hely), não é a regra, mas a exceção em matéria de poder de polícia. Com efeito, a Administração só pode usar a força para que faça valer suas determinações de polícia em caso de urgência ou quando a lei expressamente determinar. Do contrário, terá de buscar a prestação jurisdicional e seu ato será dotado apenas de exigibilidade; **D**: incorreta – a aplicação de sanções e multas não pode ser cobrada diretamente pelo Poder Executivo. É necessária sua inscrição em dívida ativa para sua efetiva cobrança frente ao não pagamento pelo sancionado; **E**: incorreta – a possibilidade de a Administração, após ter imposto um comando, fazer o uso da força para fazer valer o comando (autoexecutoridade para Celso Antônio e coercibilidade para Hely), não é a regra, mas a exceção em matéria de poder de polícia. Com efeito, a Administração só pode usar a força para que faça valer suas determinações de polícia em caso de urgência ou quando a lei expressamente determinar. Do contrário, terá de buscar a prestação jurisdicional. **FB**

Gabarito "C".

(Juiz de Direito - TJ/BA - 2019 - CESPE/CEBRASPE) O poder de polícia administrativo

(A) limita ou disciplina direito, interesse ou liberdade individual, regulando e fiscalizando atos civis ou penais.

(B) inclui, no âmbito das agências reguladoras, a possibilidade de tipificar ineditamente condutas passíveis de sanção, de acordo com o STJ.

(C) pode ser delegado a sociedade de economia mista que explore serviço público, a qual poderá praticar atos de fiscalização e aplicar multas.

(D) possui autoexecutoriedade, princípio segundo o qual o ato emanado será obrigatório, independentemente da vontade do administrado.

(E) deve obedecer ao princípio da proporcionalidade no exercício do mérito administrativo e, por isso mesmo, é impassível de revisão judicial nesse aspecto.

A: incorreta – o poder de polícia consiste no dever-poder que possui a Administração Pública de, nos termos determinados pela lei, limitar a liberdade e a propriedade em prol do bem comum. Não possui relação com atos de natureza penal; B: correta – Vejamos ementa de julgado do STJ em que a questão é analisada: "PROCESSUAL CIVIL. ADMINISTRATIVO. MULTA ADMINISTRATIVA APLICADA PELA ANAC. PRINCÍPIO DA LEGALIDADE. LEGITIMIDADE PASSIVA DO ESTADO DE SANTA CATARINA. CONVÊNIO ADMINISTRATIVO ENTRE MUNICÍPIO DE CHAPECÓ E AERÓDROMO. 1. A análise que enseja a responsabilidade do Estado de Santa Catarina sobre a administração do aeródromo localizado em Chapecó/SC enseja observância das cláusulas contratuais, algo que ultrapassa a competência desta Corte Superior, conforme enunciado da Súmula 5/STJ. 2. Não há violação do princípio da legalidade na aplicação de multa previstas em resoluções criadas por agências reguladoras, haja vista que elas foram criadas no intuito de regular, em sentido amplo, os serviços públicos, havendo previsão na legislação ordinária delegando à agência reguladora competência para a edição de normas e regulamentos no seu âmbito de atuação. Precedentes. 3. O pleito de se ter a redução do valor da multa aplicada ao recorrente, por afronta à Resolução da ANAC e à garantia constitucional do art. 5º, XL, da CF/88 e arts. 4º. e 6º da LICC, bem como art. 106, III, alínea "c", c/c art. 112 do CTN, não merece trânsito, haja vista que a respectiva matéria não foi devidamente prequestionada no acórdão em debate. Agravo regimental improvido. (AgRg no AREsp 825.776/SC, Rel. Ministro HUMBERTO MARTINS, SEGUNDA TURMA, julgado em 05/04/2016, DJe 13/04/2016); C: incorreta – Trata-se da aplicação dos ciclos do poder de polícia, sendo delegáveis apenas a atividade de polícia de consentimento e fiscalização, e indelegáveis a aplicação de multas. Vejamos julgado a respeito do tema: ADMINISTRATIVO. PODER DE POLÍCIA. TRÂNSITO. SANÇÃO PECUNIÁRIA APLICADA POR SOCIEDADE DE ECONOMIA MISTA. IMPOSSIBILIDADE. 1. Antes de adentrar o mérito da controvérsia, convém afastar a preliminar de conhecimento levantada pela parte recorrente. Embora o fundamento da origem tenha sido a lei local, não há dúvidas que a tese sustentada pelo recorrente em sede de especial (delegação de poder de polícia) é retirada, quando o assunto é trânsito, dos dispositivos do Código de Trânsito Brasileiro arrolados pelo recorrente (arts. 21 e 24), na medida em que estes artigos tratam da competência dos órgãos de trânsito. O enfrentamento da tese pela instância ordinária também tem por consequência o cumprimento do requisito do prequestionamento. 2. No que tange ao mérito, convém assinalar que, em sentido amplo, poder de polícia pode ser conceituado como o dever estatal de limitar-se o exercício da propriedade e da liberdade em favor do interesse público. A controvérsia em debate é a possibilidade de exercício do poder de polícia por particulares (no caso, aplicação de multas de trânsito por sociedade de economia mista). 3. As atividades que envolvem a consecução do poder de polícia podem ser sumariamente divididas em quatro grupo, a saber: (i) legislação, (ii) consentimento, (iii) fiscalização e (iv) sanção. 4. No âmbito da limitação do exercício da propriedade e da liberdade no trânsito, esses grupos ficam bem definidos: o CTB estabelece normas genéricas e abstratas para a obtenção da Carteira Nacional de Habilitação (legislação); a emissão da carteira corporifica a vontade o Poder Público (consentimento); a Administração instala equipamentos eletrônicos para verificar se há respeito à velocidade estabelecida em lei (fiscalização); e também a Administração sanciona aquele que não guarda observância ao CTB (sanção). 5. Somente os atos relativos ao consentimento e à fiscalização são delegáveis, pois aqueles referentes à legislação e à sanção derivam do poder de coerção do Poder Público. 6. No que tange aos atos de sanção, o bom desenvolvimento por particulares estaria, inclusive, comprometido pela busca do lucro - aplicação de multas para aumentar a arrecadação. 7. Recurso especial provido. (REsp 817.534/MG, Rel. Ministro MAURO CAMPBELL MARQUES, SEGUNDA TURMA, julgado em 10/11/2009, DJe 10/12/2009); D: incorreta. Autoexecutoriedade é a faculdade que possui a Administração de decidir e executar diretamente e por seus próprios meios suas decisões, sem precisar recorrer ao Judiciário para tanto; E: incorreta – a legalidade, a razoabilidade e a proporcionalidade são passíveis de análise pelo Poder Judiciário. **FB**

Gabarito "B".

(Juiz de Direito - TJ/BA - 2019 - CESPE/CEBRASPE) O Estado, no exercício do poder de polícia, pode restringir o uso da propriedade particular por meio de obrigações de caráter geral, com base na segurança, na salubridade, na estética, ou em outro fim público, o que, em regra, não é indenizável. Essa forma de exercício do poder de polícia pelo Estado corresponde a

(A) uma servidão administrativa.

(B) uma ocupação temporária.

(C) uma requisição.

(D) uma limitação administrativa.

(E) um tombamento.

A: incorreta. Servidão administrativa é ônus real de uso, de natureza pública, imposto pela Administração ao particular para assegurar a realização e conservação de obras e serviços públicos ou de utilidade pública, mediante indenização dos prejuízos efetivamente suportados pelo proprietário. Deve ser parcial, a fim de possibilitar a utilização da propriedade particular para uma finalidade pública sem a desintegração do domínio privado, e só se efetiva com o registro competente para que possa produzir efeitos *erga omnes*, nos termos do art. 167 I item 6 da Lei nº 6.015/73; B: incorreta. Ocupação temporária é a forma de limitação do Estado à propriedade privada que se caracteriza pela utilização transitória, gratuita ou remunerada, de imóvel de propriedade particular, para fins de interesse público; C: incorreta. Requisição de bens ou serviços é *o ato pelo qual o Estado determina e efetiva a utilização de bens ou serviços particulares, mediante indenização ulterior, para atender necessidades públicas urgentes e transitórias, ou seja, em caso de iminente perigo público*. O **requisito** para requisição de bens está previsto na CF, em seu artigo 5º, XXV: *no caso de iminente perigo público, a autoridade competente poderá usar de propriedade particular, assegurada ao proprietário indenização ulterior, se houver dano*; D: correta. Limitação administrativa é *a imposição unilateral, geral e gratuita, que traz os limites dos direitos e atividades particulares de forma a condicioná-los às exigências da coletividade*. Ex.: proibição de construir sem respeitar recuos mínimos; proibição de instalar indústria ou comércio em determinadas zonas da cidade; leis de trânsito, de obras e de vigilância sanitária; lei do silêncio; E: incorreta. O tombamento pode ser **conceituado** como o *ato do Poder Público que declara de valor histórico, artístico, paisagístico, turístico, cultural ou científico, bens ou locais para fins de preservação*. Trata-se de ato intervenção administrativa na propriedade pela qual o Poder Público sujeita determinados bens a limitações para sua conservação e preservação. É uma restrição parcial, que não impede o proprietário de exercer os direitos inerentes ao domínio, razão pela qual, em regra, não dá direito a indenização, de sorte que apenas enseja indenização quando comprovado ser ele ensejador de danos ao proprietário em razão da grande afetação por ele causada aos direitos de propriedade de seu titular. **FB**

Gabarito "D".

(Procurador do Município – Prefeitura Fortaleza/CE – CESPE – 2017) Acerca do direito administrativo, julgue o item que se segue.

(1) O exercício do poder de polícia reflete o sentido objetivo da administração pública, o qual se refere à própria atividade administrativa exercida pelo Estado.

1: O poder de polícia é um instrumento de atuação do Estado para disciplinar, condicionar e frenar os atos dos administrados, sendo uma atividade típica do Poder Executivo, por isso se insere na classificação objetiva do direito administrativo, qual seja, da atividade administrativa propriamente dita. Gabarito "C".

(Delegado/GO – 2017 – CESPE) A respeito dos poderes e deveres da administração, assinale a opção correta, considerando o disposto na CF.

(A) A lei não pode criar instrumentos de fiscalização das finanças públicas, pois tais instrumentos são taxativamente listados na CF.
(B) A eficiência, um dever administrativo, não guarda relação com a realização de supervisão ministerial dos atos praticados por unidades da administração indireta.
(C) O abuso de poder consiste em conduta ilegítima do agente público, caracterizada pela atuação fora dos objetivos explícitos ou implícitos estabelecidos pela lei.
(D) A capacidade de inovar a ordem jurídica e criar obrigações caracteriza o poder regulamentar da administração.
(E) As consequências da condenação pela prática de ato de improbidade administrativa incluem a perda dos direitos políticos e a suspensão da função pública.

A: incorreta. CF, art. 163. Lei complementar disporá sobre: I – finanças públicas; V – fiscalização financeira da administração pública direta e indireta; **B:** incorreta. Os princípios da Administração Publica deverão estar presentes em todos os seus atos. **C:** correta. Abuso de poder e gênero do qual são espécies: excesso de poder, desvio de poder e de finalidade. **D:** incorreta. O poder regulamentar apenas regulamenta normas já existentes, não inova a ordem jurídica. **E:** incorreta. O que se perde é a função publico, sendo os direitos políticos suspensos. Gabarito "C".

2.5. Poder hierárquico

(Papiloscopista – PC/RR – VUNESP – 2022) No que concerne ao poder hierárquico, é correto afirmar:

(A) Está alicerçado no *jus puniendi* do Estado, autorizando-se a impor ao particular e ao servidor a vontade da Administração.
(B) Alicerça a atuação da Administração em relação ao particular, limitando-se à fiscalização das atividades de órgãos inferiores.
(C) As prerrogativas de delegar e avocar atribuições não decorrem deste poder, assim como dar ordens, fiscalizar e rever atividades de órgãos inferiores.
(D) É o que detém a Administração para a sua organização estrutural, o que escalona seus órgãos e reparte suas funções.
(E) Está alicerçado no *jus punitionis* do Estado, autorizando-se a impor ao servidor e ao particular a vontade da Administração.

Poder hierárquico é a prerrogativa conferida à Administração Pública para escalonar funções, criando relações de hierarquia e subordinação dentro de uma pessoa jurídica. **A.** Errado, não é para particulares. **B.** Errado, não é para particulares. **C.** Errado. As prerrogativas de delegar, avocar, dar ordens, fiscalizar e rever atividades de órgãos inferiores decorrem do poder hierárquico. **E.** Errado, não é para particulares. Gabarito "D".

2.6. Poderes administrativos combinados

(Escrivão – PC/GO – AOCP – 2023) Considerando os poderes administrativos, informe se é verdadeiro (V) ou falso (F) o que se afirma a seguir e assinale a alternativa com a sequência correta.

( ) No poder hierárquico, a Administração Pública controla o desempenho das funções executivas e a conduta interna de seus servidores, responsabilizando-os pelas faltas cometidas.
( ) Em relação ao poder de polícia distribuído entre as entidades estatais, a regra é a concorrência do policiamento administrativo dos municípios, estados e união, e a exceção é a exclusividade do policiamento.
( ) Por meio do poder disciplinar, a Administração atua atendendo o benefício do serviço e, por esse objetivo, julga a conveniência e oportunidade da punição do servidor, dentro das normas específicas da repartição.

(A) V – F – V – F.
(B) V – V – F – V.
(C) V – F – F – V.
(D) F – V – V – F.
(E) F – F – V – V.

I. Verdadeiro. O poder hierárquico ocorre com o escalonamento de funções. Na relação de subordinação, o subordinado não tem poder de comando, devendo exercer suas atribuições. **II.** Falso. Esse é o conceito do poder disciplinar. **III.** Falso. O policiamento é exercido por cada ente federativo dentro da sua competência. **IV.** Verdadeiro. O poder disciplinar pode ter discricionariedade quando a lei possibilitar essa margem de liberdade. Gabarito "C".

(Papiloscopista – PC/RR – VUNESP – 2022) Atribuição (ou poder) conferida à Administração de impor limites ao exercício de direitos e de atividades individuais em função do interesse público primário.

É correto afirmar que o enunciado se refere

(A) ao poder discricionário.
(B) a polícia judiciária.
(C) ao poder de polícia.
(D) ao poder hierárquico.
(E) a autotutela.

A. Errado. Poder discricionário é o poder exercido quando a lei atribui margem de liberdade para o agente público. **B.** Errado, polícia judiciária é uma das formas de exercício do poder de polícia, que tem caráter preparatório e incide sobre infrações penais. **C.** Certo. Poder de polícia é a prerrogativa conferida à Administração Pública para estabelecer limites e condições para a atuação de particulares. **D.** Errado. Poder hierárquico é o poder de escalonar funções, criando relações de hierarquia e subordinação dentro de uma pessoa jurídica. **E**. Errado. Autotutela é o poder-dever que a Administração tem de controlar seus próprios atos. FC

Gabarito "C".

(Delegado/MS – 2017 – FAPEMS) Quanto aos poderes da Administração Pública, assinale a alternativa correta.

(A) O Poder Hierárquico é pressuposto do Poder Disciplinar.

(B) O Poder Hierárquico pode ser exercido pela regulamentação de prática de ato em razão de interesse público concernente à segurança.

(C) O Poder Disciplinar pode ser exercido por meio do disciplinamento de liberdade.

(D) O Poder de Polícia pode ser exercido por meio da expedição de decretos autônomos.

(E) A possibilidade de delegar e avocar atribuições decorre do Poder Disciplinar.

Sendo o poder hierárquico o responsável por escalonar e distribuir as funções dos órgãos e ordenar e rever a atuação dos agentes, acaba por conseguinte se tornando pressuposto do poder disciplinar que é o poder pelo qual pode punir as infrações funcionais dos agentes públicos como também se dirige a outras pessoas que mantém relação jurídica com a Administração. FB

Gabarito "A".

3. ATOS ADMINISTRATIVOS

3.1. Conceito, perfeição, validade e eficácia

(Papiloscopista – PC/RR – VUNESP – 2022) Ante a inevitabilidade de sua execução, porquanto reúne sempre poder de coercibilidade para aqueles a que se destinam.

Assinale a alternativa que contempla o atributo do ato administrativo a que se refere o enunciado.

(A) Legitimidade.
(B) Imperatividade.
(C) Legalidade.
(D) Autoexecutoriedade.
(E) Veracidade.

A. Errado. Presunção de legitimidade é o atributo que estabelece que se presume que os atos administrativos são legítimos. **B**. Certo. Imperatividade é o atributo que determina que a Administração Pública impõe os atos administrativos independentemente da vontade do particular. É a coercibilidade do ato. **C**. Errado. Legalidade é o princípio que estabelece que a Administração Pública deve atuar quando a lei determinar que ela atue. **D**. Errado. A autoexecutoriedade é o atributo do ato que determina que a Administração Pública pode executar seus atos sem precisar do Poder Judiciário. **E**. Errado. Presunção de veracidade estabelece que se presume que os atos administrativos são verdadeiros. FC

Gabarito "B".

(Defensor Público – DPE/PR – 2017 – FCC) Sobre atos administrativos, é correto afirmar:

(A) a delegação e avocação se caracterizam pela excepcionalidade e temporariedade, sendo certo que é proibida avocação nos casos de competência exclusiva.

(B) a renúncia é instituto afeto tanto aos atos restritivos quanto aos ampliativos.

(C) as deliberações e os despachos são espécies da mesma categoria de atos administrativos normativos.

(D) é ilegítima a exigência de depósito prévio para admissibilidade de recurso administrativo; salvo quando se tratar de recurso hierárquico impróprio.

(E) nos processos perante o Tribunal de Contas da União asseguram-se o contraditório e ampla defesa, a qualquer tempo, quando a decisão puder resultar anulação ou revogação de ato administrativo, de qualquer natureza, que beneficie o interessado.

A alternativa apontada como correta é a "a", consoante a disposição do art. 11 da Lei n. 9.784/1999, que assim dispõe: "Art. 11. A competência é irrenunciável e se exerce pelos órgãos administrativos a que foi atribuída como própria, salvo os casos de delegação e avocação legalmente admitidos". No tocante à alternativa "b", até por uma questão de ordem lógica, a renúncia somente é admissível nos atos administrativos ampliativos, em que o administrado recebe algum benefício em função da edição do ato; quanto à assertiva "c", considerados os atos normativos aqueles que emanam atos gerais e abstratos, tendo por objeto a correta aplicação da lei; as deliberações (decisões tomadas por órgãos colegiados) são, de fato, sua espécie – os despachos, contudo, integram a categoria dos atos ordinários da Administração Pública e têm por objeto disciplinar o funcionamento da Administração e a conduta de seus agentes; a exceção prevista na alternativa "d" contraria o teor da Súmula Vinculante n. 21 do STF, que assim dispõe: "É inconstitucional a exigência de depósito ou arrolamento prévios de dinheiro ou bens para admissibilidade de recurso administrativo"; quanto à alternativa "e", ela contraria outra Súmula Vinculante da Suprema Corte, a de n. 03, fixada nos seguintes termos: "Nos processos perante o Tribunal de Contas da União asseguram-se o contraditório e a ampla defesa quando da decisão puder resultar anulação ou revogação do ato administrativo que beneficie o interessado, excetuada a apreciação da legalidade do ato de concessão inicial de aposentadoria, reforma e pensão". AW

Gabarito "A".

(Delegado/MT – 2017 – CESPE) A administração pública de determinado município brasileiro constatou o funcionamento irregular de um estabelecimento que comercializava refeições. Nessa hipótese,

I. se houver tentativa do proprietário para impedir o fechamento do estabelecimento, a administração poderá utilizar-se da força pública, independentemente de decisão liminar.

II. a administração, com a utilização de seus próprios meios, poderá impedir o funcionamento do estabelecimento.

III. a administração estará impedida de utilizar o critério da discricionariedade para impedir o funcionamento do estabelecimento.

IV. a administração deverá utilizar a polícia judiciária para executar o ato de impedir o funcionamento do estabelecimento.

Estão certos apenas os itens

(A) I e II.
(B) I e III.
(C) III e IV.
(D) I, II e IV.
(E) II, III e IV.

I: correta. Trata-se de manifestação do poder de polícia, não podendo o administrado se opor a decisão imposta. **II:** correta. O exercício do poder de polícia goza de auto executoriedade. **III:** incorreta. Dentro dos limites legais o ato será realizado pela Administração Pública. **IV:** incorreta. O ato e auto executório e prescinde de autorização judicial.

Gabarito "A".

3.2. Requisitos do ato administrativo (Elementos, Pressupostos)

Para resolver as questões sobre os requisitos do ato administrativo, vale a pena trazer alguns elementos doutrinários. Confira:

Requisitos do ato administrativo (são requisitos para que o ato seja válido)

– **Competência:** *é a atribuição legal de cargos, órgãos e entidades*. São vícios de competência os seguintes: a1) usurpação de função: alguém se faz passar por agente público sem o ser, ocasião em que o ato será inexistente; a2) excesso de poder: alguém que é agente público acaba por exceder os limites de sua competência (ex.: fiscal do sossego que multa um bar que visita por falta de higiene); o excesso de poder torna nulo ato, salvo em caso de incompetência relativa, em que o ato é considerado anulável; a3) função de fato: exercida por agente que está irregularmente investido em cargo público, apesar de a situação ter aparência de legalidade; nesse caso, s praticados serão considerados válidos, se houver boa-fé.

– **Objeto:** *é o conteúdo do ato, aquilo que o ato dispõe, decide, enuncia, opina ou modifica na ordem jurídica*. O objeto deve ser lícito, possível e determinável, sob pena de nulidade. Ex.: o objeto de um alvará para construir é a licença.

– **Forma:** *são as formalidades necessárias para a seriedade do ato*. A seriedade do ato impõe a) respeito à forma propriamente dita; b) motivação.

– **Motivo:** *fundamento de fato e de direito que autoriza a expedição do ato*. Ex.: o motivo da interdição de estabelecimento consiste no fato de este não ter licença (motivo de fato) e de a lei proibir o funcionamento sem licença (motivo de direito). Pela Teoria dos Motivos Determinantes, o motivo invocado para a prática do ato condiciona sua validade. Provando-se que o motivo é inexistente, falso ou mal qualificado, o ato será considerado nulo.

– **Finalidade:** *é o bem jurídico objetivado pelo ato*. Ex.: proteger a paz pública, a salubridade, a ordem pública. Cada ato administrativo tem uma finalidade. **Desvio de poder (ou de finalidade):** *ocorre quando um agente exerce uma competência que possuía, mas para alcançar finalidade diversa daquela para a qual foi criada*. Não confunda o excesso de poder (vício de sujeito) com o desvio de poder (vício de finalidade), espécies do gênero abuso de autoridade.

(Analista – TRT/18 – 2023 – FCC) Considerando a natureza jurídica dos atos administrativos e a competência para sua edição,

(A) somente autoridades integrantes da Administração Pública podem proferi-los, na medida em que representam ou veiculam manifestação de vontade do Poder Executivo.

(B) somente os atos vinculados editados com vício de competência podem ser convalidados, não se admitindo convalidação de atos de natureza discricionária.

(C) são proferidos pelas autoridades indicadas pela legislação, não se admitindo convalidação de atos discricionários ou vinculados.

(D) podem ser editados por agentes públicos integrantes da estrutura da Administração Pública, mas também por integrantes do Poder Judiciário, quando no exercício de funções executivas típicas.

(E) os atos praticados com vício de forma ou de procedimento admitem convalidação, o que não se aplica ao vício de competência, porque insanável.

A: Incorreta. Os atos administrativos podem ser editados pela Administração Pública ou por seus delegatários, pois quem recebe delegação de serviços públicos também pode se manifestar através de atos administrativos. **B:** Incorreta. Tanto os atos vinculados quanto os atos discricionários admitem convalidação quando se tratar de vício de competência, desde que a competência não seja exclusiva. **C:** Incorreta. Tanto os atos discricionários quanto os vinculados admitem convalidação, a depender do vício existente. **D:** Correta. Os Poderes Judiciário e Legislativo exercem, de forma atípica, a função administrativa. Assim, quando no exercício da função administrativa, eles editam atos administrativos. **E:** Incorreta. Os atos quem possuem vício de competência, desde que não se trate de competência exclusiva, podem ser convalidados.

Gabarito "D".

(Delegado/MG – 2021 – FUMARC) Maria, Servidora Pública Municipal, em janeiro de 2017 foi nomeada para ocupar um cargo em comissão junto à Secretaria Municipal de Turismo. Em julho de 2019, ao retornar das férias, ela tomou conhecimento de que havia sido exonerada e, após consulta ao referido ato veiculado no Diário Oficial do Município, para sua maior surpresa, constava que sua exoneração ocorrera "a pedido".

Com base na "Teoria dos Motivos Determinantes", é CORRETO afirmar:

(A) Havendo comprovação de que o motivo expresso não guarda compatibilidade com a realidade fática, o ato pode ser anulado pelo Poder Judiciário.

(B) O administrador não se vincula ao motivo exposto no ato administrativo sem que a lei assim o exigisse.

(C) O ato é válido, eis que a exoneração de servidores para cargos públicos em comissão leva em conta os critérios de conveniência e oportunidade da Administração Pública.

(D) O vício no motivo constitui óbice ao controle judicial sobre o ato administrativo

A teoria dos motivos determinantes significa que o motivo exposto para a prática de um ato administrativo condiciona a sua validade. Ou seja, havendo a comprovação de que o motivo dado não guarda compatibilidade com a realidade fática, o ato pode ser anulado pelo Poder Judiciário (alternativa A correta; alternativa D incorreta). Observe-se que essa teoria se aplica mesmo nos casos de exoneração de cargo em comissão, que, como regra, é livre (art. 37, inc. II, CF), dispensando a indicação do motivo para o desligamento. No entanto, se o motivo for dado, ele vincula a validade do ato (alternativa C incorreta). Alternativa B incorreta (a aplicação da teoria dos motivos determinante independe de exigência legal, pois decorre da própria teoria da invalidade dos atos administrativos).

Gabarito "A".

(Investigador – PC/BA – 2018 – VUNESP) Um dos requisitos do ato administrativo é

(A) a competência, pela qual é vedado que um agente público transfira a outro funções que originariamente lhe são atribuídas.
(B) o objeto, elemento pelo qual todo ato administrativo deve estar dirigido ao atendimento de um interesse público.
(C) a finalidade, que se expressa no conteúdo, na alteração no mundo jurídico que o ato administrativo se propõe a processar.
(D) a forma, vigorando no âmbito administrativo o princípio da liberdade das formas, diversamente do que ocorre no campo do direito privado.
(E) o motivo, que consiste na situação de fato ou de direito que gera a vontade do agente público, quando este pratica o ato administrativo.

São requisitos para que um ato administrativo seja considerado válido: competência, objeto, forma, motivo e finalidade. A **competência** *é a atribuição legal de cargos, órgãos e entidades*. São vícios de competência os seguintes: a1) usurpação de função: alguém se faz passar por agente público sem o ser, ocasião em que o ato será inexistente; a2) excesso de poder: alguém que é agente público acaba por exceder os limites de sua competência (ex.: fiscal do sossego que multa um bar que visita por falta de higiene); o excesso de poder torna nulo ato, salvo em caso de incompetência relativa, em que o ato é considerado anulável; a3) função de fato: exercida por agente que está irregularmente investido em cargo público, apesar de a situação ter aparência de legalidade; nesse caso, os praticados serão considerados válidos, se houver boa-fé. O **objeto** é o conteúdo do ato, aquilo que o ato dispõe, decide, enuncia, opina ou modifica na ordem jurídica. O objeto deve ser lícito, possível e determinável, sob pena de nulidade. Ex.: o objeto de um alvará para construir é a licença. A **forma** *são as formalidades necessárias para a seriedade do ato*. A seriedade do ato impõe a) respeito à forma propriamente dita; b) motivação. O **motivo é** *fundamento de fato e de direito que autoriza a expedição do ato*. Ex.: o motivo da interdição de estabelecimento consiste no fato de este não ter licença (motivo de fato) e de a lei proibir o funcionamento sem licença (motivo de direito). Pela *Teoria dos Motivos Determinantes, o motivo invocado para a prática do ato condiciona sua validade*. Provando-se que o motivo é inexistente, falso ou mal qualificado, o ato será considerado nulo. A **finalidade** *é o bem jurídico objetivado pelo ato*. Ex.: proteger a paz pública, a salubridade, a ordem pública. Cada ato administrativo tem uma finalidade. FB

Gabarito "E".

3.3. Atributos do ato administrativo

Para resolver as questões sobre os atributos do ato administrativo, vale a pena trazer alguns elementos doutrinários. Confira:

Atributos do ato administrativo (são as qualidades, as prerrogativas dos atos)

– **Presunção de legitimidade** *é a qualidade do ato pela qual este se presume verdadeiro e legal até prova em contrário*; ex.: uma multa aplicada pelo Fisco presume-se verdadeira quanto aos fatos narrados para a sua aplicação e se presume legal quanto ao direito aplicado, a pessoa tida como infratora e o valor aplicado.

– **Imperatividade** *é a qualidade do ato pela qual este pode se impor a terceiros, independentemente de sua concordância*; ex.: uma notificação da fiscalização municipal para que alguém limpe um terreno ainda não objeto de construção, que esteja cheio de mato.

– **Exigibilidade** *é a qualidade do ato pela qual, imposta a obrigação, esta pode ser exigida mediante coação indireta*; ex.: no exemplo anterior, não sendo atendida a notificação, cabe a aplicação de uma multa pela fiscalização, sendo a multa uma forma de coação indireta.

– **Autoexecutoriedade** *é a qualidade pela qual, imposta e exigida a obrigação, esta pode ser implementada mediante coação direta, ou seja, mediante o uso da coação material, da força*; ex.: no exemplo anterior, já tendo sido aplicada a multa, mais uma vez sem êxito, pode a fiscalização municipal ingressar à força no terreno particular, fazer a limpeza e mandar a conta, o que se traduz numa coação direta. A autoexecutoriedade não é a regra. Ela existe quando a lei expressamente autorizar ou quando não houver tempo hábil para requerer a apreciação jurisdicional.

Obs. 1: a expressão autoexecutoriedade também é usada no sentido da qualidade do ato que enseja sua imediata e direta execução pela própria Administração, independentemente de ordem judicial.

Obs. 2: repare que esses atributos não existem normalmente no direito privado; um particular não pode, unilateralmente, valer-se desses atributos; há exceções, em que o particular tem algum desses poderes; mas essas exceções, por serem exceções, confirmam a regra de que os atos administrativos se diferenciam dos atos privados pela ausência nestes, como regra, dos atributos acima mencionados.

(Juiz de Direito – TJ/SC – 2019 – CESPE/CEBRASPE) No âmbito do direito administrativo, segundo a doutrina majoritária, a autoexecutoriedade dos atos administrativos é caracterizada pela possibilidade de a administração pública

(A) anular seus próprios atos, quando eivados de vícios que os tornem ilegais, sem necessidade de controle judicial.
(B) assegurar a veracidade dos fatos indicados em suas certidões, seus atestados e suas declarações, o que afasta o controle judicial.
(C) impor os atos administrativos a terceiros, independentemente de sua concordância, por meio de ato judicial.
(D) executar suas decisões por meios coercitivos próprios, sem a necessidade da interferência do Poder Judiciário.
(E) executar ato administrativo por meios coercitivos próprios, o que afasta o controle judicial posterior.

De acordo com a doutrina do direito administrativo, diversos são os atributos do ato administrativo, entre os quais a presunção de legitimidade, a coercibilidade e a autoexecutoriedade. A autoexecutoriedade constitui a prerrogativa pela qual a Administração pode executar os atos administrativos por seus próprios meios coercitivos, independentemente da intervenção prévia do Poder Judiciário. Cite-se como exemplo a interdição de um comércio pelas autoridades sanitárias, dotada de autoexecutoriedade. RB

Gabarito "D".

(Procurador Municipal – Prefeitura/BH – CESPE – 2017) No que tange a conceitos, requisitos, atributos e classificação dos atos administrativos, assinale a opção correta.

(A) Licença e autorização são atos administrativos que representam o consentimento da administração ao permitir determinada atividade; o alvará é o instrumento que formaliza esses atos.
(B) O ato que decreta o estado de sítio, previsto na CF, é ato de natureza administrativa de competência do presidente da República.
(C) Ainda que submetido ao regime de direito público, nenhum ato praticado por concessionária de serviços públicos pode ser considerado ato administrativo.
(D) O atributo da autoexecutoriedade não impede que o ato administrativo seja apreciado judicialmente e julgado ilegal, com determinação da anulação de seus efeitos; porém, nesses casos, a administração somente responderá caso fique comprovada a culpa.

A: correta. A licença e autorização são veiculados por meio de um alvará, que é um ato formal de aprovação para a realização de uma atividade (uma ordem do Poder Público para permitir ao particular o exercício de uma atividade); **B:** incorreta. Esse decreto previsto no art. 137, CF tem natureza político-administrativa, eis que é um ato hierarquicamente superior aos demais atos administrativos, por isso está incorreto equiparar aos atos administrativos como um todo; **C:** incorreta. Essa alternativa estaria correta se dissesse que, ainda que submetida ao regime de direito público, **nem todo** ato praticado por concessionária de serviços públicos pode ser considerado ato administrativo. Também estaria correta se dissesse que **alguns** atos praticados por concessionárias de serviço público, no exercício da função delegada, podem sim ser considerados atos administrativos; **D:** incorreta. No caso de anulação de um ato administrativo pelo Poder Judiciário os efeitos dessa (anulação) incidem, independentemente do ato ser praticado com culpa ou dolo, eis que devem ser respeitados os direitos dos terceiros de boa-fé, conforme disposto na súmula 473, STF. Gabarito "A".

3.4. Vinculação e discricionariedade

(Investigador – PC/BA – 2018 – VUNESP) Os atos discricionários

(A) são equiparados aos atos políticos, não sendo, portanto, possível a sua apreciação pelo Poder Judiciário, mesmo que causem lesão a direitos individuais ou coletivos.
(B) sujeitam-se à apreciação judicial, que será plena, em todos os aspectos, inclusive aqueles submetidos à avaliação de conveniência e oportunidade pelo gestor.
(C) não se prestam ao controle judicial, que não pode apreciar os motivos, ou seja, os fatos que precedem a elaboração do ato, sua ausência ou até mesmo falsidade.
(D) sujeitam-se à apreciação judicial, desde que não se invadam os aspectos reservados à apreciação subjetiva da Administração Pública.
(E) serão submetidos a controle judicial, em regra geral, se pertencerem à categoria de atos interna corporis, ou seja, aqueles derivados de Regimentos do Poder Legislativo.

Atos administrativos discricionários não se confundem com atos arbitrários, isto é, com atos cometidos à margem ou fora da lei. Os atos discricionários são atos administrativos em que há previsão na lei de certa liberdade para que o administrador público, diante do caso concreto, escolha a solução que atinge otimamente o interesse público. Sempre caberá a apreciação judicial sobre a razoabilidade e proporcionalidade do ato, mas não cabe ao Poder Judiciário substituir o administrador e por ele escolher. Gabarito "D".

3.5. Extinção dos atos administrativos
Segue resumo acerca das formas de extinção dos atos administrativos

– **Cumprimento de seus efeitos:** como exemplo, temos a autorização da Prefeitura para que seja feita uma festa na praça de uma cidade. Este ato administrativo se extingue no momento em que a festa termina, uma vez que seus efeitos foram cumpridos.

– **Desaparecimento do sujeito ou do objeto sobre o qual recai o ato:** morte de um servidor público, por exemplo.

– **Contraposição:** *extinção de um ato administrativo pela prática de outro antagônico em relação ao primeiro*. Ex.: com o ato de exoneração do servidor público, o ato de nomeação fica automaticamente extinto.

– **Renúncia:** extinção do ato por vontade do beneficiário deste.

– **Cassação:** *extinção de um ato que beneficia um particular por este não ter cumprido os deveres para dele continuar gozando*. Não se confunde com a revogação – que é a extinção do ato por não ser mais conveniente ao interesse público. Também difere da anulação – que é a extinção do ato por ser nulo. Como exemplo desse tipo de extinção tem-se a permissão para banca de jornal se instalar numa praça, cassada porque seu dono não paga o preço público devido; ou a autorização de porte de arma de fogo, cassada porque o beneficiário é detido ou abordado em estado de embriaguez ou sob efeito de entorpecentes (art. 10, § 2º, do Estatuto do Desarmamento – Lei 10.826/2003).

– **Caducidade.** *Extinção de um ato porque a lei não mais o permite*. Trata-se de extinção por invalidade ou ilegalidade *superveniente*. Exs.: autorização para condutor de perua praticar sua atividade que se torna caduca por conta de lei posterior não mais permitir tal transporte na cidade; autorizações de porte de arma que caducaram 90 dias após a publicação do Estatuto do Desarmamento, conforme reza seu art. 29.

– **Revogação.** *Extinção de um ato administrativo legal ou de seus efeitos por outro ato administrativo, efetuada somente pela Administração, dada a existência de fato novo que o torne inconveniente ou inoportuno, respeitando-se os efeitos precedentes* (efeito ex nunc). Ex.: permissão para a mesma banca de jornal se instalar numa praça, revogada por estar atrapalhando o trânsito de pedestres, dado o aumento populacional, não havendo mais conveniência na sua manutenção.

O **sujeito ativo da revogação** é a *Administração Pública*, por meio da autoridade administrativa competente para o ato, podendo ser seu superior hierárquico. O Poder Judiciário nunca poderá revogar um ato administrativo, já que se limita a apreciar aspectos de legalidade (o que gera a anulação), e não de conveniência, salvo se se tratar de um ato administrativo da Administração Pública dele, como na hipótese em que um provimento do próprio Tribunal é revogado.

Quanto ao tema **objeto da revogação**, tem-se que este recai sobre o ato administrativo ou relação jurídica deste decorrente, salientando-se que o ato administrativo deve ser válido, pois, caso seja inválido, estaremos diante de hipótese que enseja anulação. Importante ressaltar que não é possível revogar um ato administrativo já extinto, dada a falta de utilidade em tal proceder, diferente do que se dá com a anulação de um ato extinto, que, por envolver a retroação de seus efeitos (a invalidação tem efeitos ex tunc), é útil e, portanto, possível.

O **fundamento da revogação** é a mesma regra de competência que habilitou o administrador à prática do ato que está sendo revogado, devendo-se lembrar que só há que se falar em revogação nas hipóteses de ato discricionário.

Já o **motivo da revogação** é a inconveniência ou inoportunidade da manutenção do ato ou da relação jurídica gerada por este. Isto é, o administrador público faz apreciação ulterior e conclui pela necessidade da revogação do ato para atender ao interesse público.

Quanto aos efeitos da revogação, esta suprime o ato ou seus efeitos, mas respeita os efeitos que já transcorreram. Trata-se, portanto, de eficácia ex nunc.

Há **limites ao poder de revogar**. São atos irrevogáveis os seguintes atos: os que a lei assim declarar; os atos já exauridos, ou seja, que cumpriram seus efeitos; os atos vinculados, já que não se fala em conveniência ou oportunidade neste tipo de ato, em que o agente só tem uma opção; os meros ou puros atos administrativos (exs.: certidão, voto dentro de uma comissão de servidores); os atos de controle; os atos complexos (praticados por mais de um órgão em conjunto); e atos que geram direitos adquiridos. Os atos gerais ou regulamentares são, por sua natureza, revogáveis a qualquer tempo e em quaisquer circunstâncias, respeitando-se os efeitos produzidos.

– **Anulação (invalidação)**: *extinção do ato administrativo ou de seus efeitos por outro ato administrativo ou por decisão judicial, por motivo de ilegalidade, com efeito retroativo (ex tunc)*. Ex.: anulação da permissão para instalação de banca de jornal em bem público por ter sido conferida sem licitação.

O **sujeito ativo da invalidação** pode ser tanto o *administrador público* como o *juiz*. A Administração Pública poderá invalidar de ofício ou a requerimento do interessado. O Poder Judiciário, por sua vez, só poderá invalidar por provocação ou no bojo de uma lide. A possibilidade de o Poder Judiciário anular atos administrativos decorre do fato de estarmos num Estado de Direito (art. 1º, CF), em que a lei deve ser obedecida por todos, e também por conta do princípio da inafastabilidade da jurisdição ("a lei não poderá excluir da apreciação do Poder Judiciário lesão ou ameaça de lesão a direito" – artigo 5º, XXXV) e da previsão constitucional do mandado de segurança, do "habeas data" e da ação popular.

O **objeto da invalidação** é o ato administrativo inválido ou os efeitos de tal ato (relação jurídica).

Seu **fundamento** é o dever de obediência ao princípio da legalidade. Não se pode conviver com a ilegalidade. Portanto, o ato nulo deve ser invalidado.

O **motivo da invalidação** é a *ilegalidade* do ato e da eventual relação jurídica por ele gerada. Hely Lopes Meirelles diz que o *motivo da anulação é a ilegalidade ou ilegitimidade* do ato, diferente do *motivo da revogação*, que é a inconveniência ou inoportunidade.

Quanto ao **prazo** para se efetivar a invalidação, o art. 54 da Lei 9.784/1999 dispõe *"O direito da Administração de anular os atos administrativos de que decorram efeitos favoráveis para os destinatários decai em 5 (cinco) anos, contados da data em que foram praticados, salvo comprovada má-fé"*. Perceba-se que tal disposição só vale para atos administrativos em geral de que decorram efeitos favoráveis ao agente (ex.: permissão, licença) e que tal decadência só aproveita ao particular se este estiver de boa-fé. A regra do art. 54 contém ainda os seguintes parágrafos: § 1º: *"No caso de efeitos patrimoniais contínuos, o prazo de decadência contar-se-á da percepção do primeiro pagamento"*; § 2º: *"Considera-se exercício do direito de anular qualquer medida de autoridade administrativa que importe impugnação à validade do ato"*.

No que concerne aos **efeitos da invalidação**, como o ato nulo já nasce com a sanção de nulidade, a declaração se dá retroativamente, ou seja, com efeito ex tunc. Invalidam-se as consequências passadas, presentes e futuras do ato. Do ato ilegal não nascem direitos. A anulação importa no desfazimento do vínculo e no retorno das partes ao estado anterior. Tal regra é atenuada em face dos terceiros de boa-fé. Assim, a anulação de uma nomeação de um agente público surte efeitos em relação a este (que é parte da relação jurídica anulada), mas não em relação aos terceiros que sofreram consequências dos atos por este praticados, desde que tais atos respeitem a lei quanto aos demais aspectos.

(Procurador – AL/PR – 2024 – FGV) No exercício de suas atribuições administrativas como Procurador da Assembleia Legislativa do Paraná, Victor verificou a necessidade de invalidar determinado ato administrativo que detém vício insanável, de modo que, para promover a adequada justificação da respectiva decisão, passou a perquirir as normas atinentes à motivação constantes do Decreto-Lei nº 4.657/42 (LINDB), introduzidas pela Lei nº 13.655/2018 e do respectivo Decreto regulamentador (Decreto nº 9.830/2019), vindo a concluir corretamente que

(A) nas hipóteses de vício insanável, a gravidade do vício, excepciona a necessidade de motivação.

(B) verificado o vício insanável, não há necessidade de indicar de modo expresso as consequências jurídicas e administrativas da invalidação.

(C) a constatação do vício insanável impõe a invalidação, não sendo possível restringir os efeitos da declaração no âmbito da motivação.

(D) como o vício insanável corresponde à violação ao ordenamento jurídico, a motivação da decisão de invalidação deve apontar apenas os fundamentos jurídicos, independentemente de ser cabível a contextualização dos fatos.

(E) é cabível a modulação dos efeitos na motivação da decisão de invalidação, que buscará a mitigação dos ônus ou das perdas dos administrados ou da Administração Pública que sejam anormais ou excessivos em função das peculiaridades do caso.

A: Incorreta, pois a gravidade do vício não isenta a necessidade de motivação. A motivação é sempre exigida na anulação de atos (art. 50, VIII, da Lei 9.784/99), para garantir a transparência e a justificativa adequada para a decisão administrativa. Não há nas leis citadas na questão e neste comentário uma exceção autorizando que, em casos de vícios insanáveis, a gravidade do vício retire o dever de motivação. **B:** Incorreta, pois é necessário indicar expressamente as consequências jurídicas e administrativas da invalidação (art. 21, *caput*, do Decreto-Lei nº 4.657/42 – LINDB). **C:** Incorreta, pois, nos termos do art. 4º, § 4º, do Decreto n. 9.830/2019, ao declarar a invalidade de atos administrativos, o decisor poderá, consideradas as consequências jurídicas e administrativas da decisão para a administração pública e para o administrado, "I – restringir os efeitos da declaração; ou II – decidir que sua eficácia se iniciará em momento posteriormente definido". **D:** Incorreta, pois a decisão de invalidação deverá indicar de modo expresso suas "consequências jurídicas e administrativas" (art. 21, *caput*, do Decreto-Lei nº 4.657/42 – LINDB)., assim como poderá "restringir os efeitos da declaração" ou "decidir que sua eficácia se iniciará em momento posteriormente definido" (art. 4º, § 4º, do Decreto n. 9.830/2019), sem prejuízo de outras regras previstas no mencionado decreto, como a modulação de efeitos da decisão. **E:** Correta, nos termos do art. 4º, § 5º, do Decreto n. 9.830/2019. WG

Gabarito "E".

(Juiz de Direito – TJ/DFT – 2023 – CEBRASPE) João, servidor público do Distrito Federal, ingressou no cargo público em 1986, sem ter realizado concurso público. Em 1991, foi editado ato da administração pública que declarou sua estabilidade no cargo. Passados dez anos, a administração pública anulou o referido ato, por considerá-lo incompatível com o texto constitucional.

Nessa situação hipotética, a anulação do ato foi

(A) inválida, pois, embora o ato administrativo que concedeu a estabilidade a João tenha sido editado em descompasso com o texto constitucional, decorreu o prazo decadencial para a administração pública exercer o poder-dever de autotutela, cujo afastamento depende da comprovação de má-fé do beneficiário.

(B) inválida, pois, embora o ato administrativo que concedeu a estabilidade a João tenha sido editado em descompasso com o texto constitucional, decorreu o prazo prescricional para a administração pública exercer o poder-dever de autotutela, cujo afastamento depende da comprovação de má-fé do beneficiário.

(C) válida, uma vez que o ato administrativo que concedeu a estabilidade a João destoava do texto constitucional e, portanto, era passível de anulação, não estando sujeito ao prazo para o exercício do poder-dever de autotutela administrativa, que é prescricional, sem prejuízo do contraditório e da ampla defesa em favor do administrado.

(D) válida, uma vez que o ato administrativo que concedeu a estabilidade a João destoava do texto constitucional e, portanto, era passível de anulação, não estando sujeito ao prazo para o exercício do poder-dever de autotutela administrativa, que é decadencial, nem à observância do contraditório e da ampla defesa.

(E) válida, uma vez que o ato administrativo que concedeu a estabilidade a João destoava do texto constitucional e, portanto, era passível de anulação, não estando sujeito ao prazo para o exercício do poder-dever de autotutela administrativa, que é decadencial, sem prejuízo do contraditório e da ampla defesa em favor do administrado.

João ingressou no cargo público no Distrito Federal em 1986. O ato que foi editado em 1991, declarou a estabilidade de João no cargo, mas depois de 10 anos (2001), a Administração anulou o ato. Vale ressaltar, inicialmente, que não se trata de aplicação do art. 19 do ADCT, visto que o dispositivo exige que o servidor público estivesse no cargo há pelo menos cinco anos continuados, o que não é o caso em tela. **A:** Incorreta. O prazo decadencial de 5 anos, previsto no art. 54 da Lei 9.784/99 não se aplica para atos manifestamente inconstitucionais (MS 26860, STF). **B:** Incorreta. O art. 54 da Lei 9.784/99 estabelece um prazo decadencial, e não prescricional. E, mesmo assim, não se aplica a decadência administrativa no caso em tela, por se tratar de ato inconstitucional. **C:** Incorreta. O art. 54 da Lei 9.784/99 estabelece um prazo decadencial, e não prescricional. E, mesmo assim, não se aplica a decadência administrativa no caso em tela, por se tratar de ato inconstitucional. **D:** Incorreta. Não se aplica, ao caso, a decadência administrativa, no entanto, para a anulação do ato, é necessário garantir o contraditório e a ampla defesa. **E:** Correta. De acordo com o STF (MS 26860), o prazo da decadência administrativa não se aplica aos atos inconstitucionais. No entanto, para anulação do ato, deve-se garantir contraditório e ampla defesa. FC

Gabarito "E".

(Procurador Federal – AGU – 2023 – CEBRASPE) No que se refere à declaração de nulidade de atos da administração pública, assinale a opção correta à luz do entendimento jurisprudencial do Supremo Tribunal Federal (STF).

(A) A administração poderá anular seus próprios atos diante de indícios de ilegalidade, desde que isso não implique violação ao princípio da segurança jurídica.

(B) À administração pública é permitido declarar a nulidade dos seus próprios atos.

(C) A administração não poderá anular seus próprios atos, ainda que o interessado, no caso concreto, invoque os princípios da confiança e da boa-fé.

(D) Ao Estado é facultada a revogação de atos que sejam ilegalmente praticados, sem necessidade de regular processo administrativo, mesmo que de tais atos tenham decorrido efeitos concretos.

(E) A administração pode revogar seus próprios atos por motivo de conveniência ou oportunidade, inclusive nos casos em que haja apreciação judicial transitada em julgado.

A: Incorreta, pois a ilegalidade do ato precisa ser devidamente comprovada para que se promova a sua anulação. **B:** Correta, pois a administração pública tem o poder de declarar a nulidade de seus próprios atos quando forem ilegais. O STF confirma que a administração pode anular atos administrativos, conforme estabelece o artigo 53 da Lei n.º 9.784/1999 e jurisprudência relacionada. **C:** Incorreta, pois a administração pública pode anular seus próprios atos, mesmo considerando os princípios da confiança e da boa-fé, se estes forem ilegais. **D:** Incorreta, pois atos ilegais devem ser anulados, e não revogados. Vale lembrar aqui tanto o art. 53 da Lei n.º 9.784/1999, como a Súmula 473 do STF: "A administração pode anular seus próprios atos, quando eivados de vícios que os tornam ilegais, porque deles não se originam direitos; ou revogá-los, por motivo de conveniência ou oportunidade, respeitados os direitos adquiridos, e ressalvada, em todos os casos, a apreciação judicial". **E:** Incorreta, pois, nos termos da Súmula 473 do STF, a revogação deve respeitar "os direitos adquiridos", o que num sentido mais amplo inclui os direitos decorrentes do trânsito em julgado de uma ação. WG

Gabarito "B".

(Procurador Fazenda Nacional – AGU – 2023 – CEBRASPE) Determinada banca de jornal foi instalada regularmente em uma esquina de pouco movimento. Passados dez anos, um hospital público foi construído na região, e um grande número de pessoas e veículos começou a circular no local, de forma que a atividade da banca de jornal passou a dificultar a passagem de pedestres e o trânsito local de veículos.

Nessa situação hipotética, é correto que a administração pública

(A) invalide a permissão de uso de bem público concedida ao proprietário da banca de jornal, por razões de conveniência e oportunidade da administração.

(B) mantenha a banca de jornal no local onde ela se encontra, haja vista o direito adquirido do proprietário decorrente do lapso temporal transcorrido.

(C) revogue a permissão de uso de bem público concedida ao proprietário da banca de jornal, por razões de conveniência e oportunidade da administração.

(D) invalide a permissão de uso de bem público concedida ao proprietário da banca de jornal, em virtude da ilegalidade superveniente do ato.

(E) convalide a permissão de uso de bem público concedida ao proprietário da banca de jornal, dada a nova situação consolidada com a construção do hospital público.

A: Incorreta. A invalidação de uma permissão de uso de bem público por razões de conveniência e oportunidade não está prevista como uma possibilidade, já que o que motiva a invalidação de um ato é a ilegalidade dele, e não razões de conveniência e oportunidade. **B:** Incorreta. O direito adquirido não se aplica a permissões de uso de bem público quando as condições mudam, o que permite a administração pública revisar e ajustar a permissão conforme necessário, inclusive podendo revogar a permissão por motivo de conveniência e oportunidade. **C:** Correta, nos termos da Súmula 473 do STF. **D:** Incorreta. A ilegalidade de um ato por motivo posterior importa na sua caducidade, e na sua anulação. No caso em tela, sequer há questão de ilegalidade posterior, cabendo apenas a revogação, que é permitida por motivo de conveniência e oportunidade. **E:** Incorreta. A convalidação refere-se à correção de vícios formais em atos administrativos, não à revisão ou ajuste de permissões baseadas em mudanças nas condições do local. A administração deve considerar a revogação em função das novas circunstâncias. WG

Gabarito "C".

(Procurador/DF – CESPE – 2022) Um circo obteve legalmente autorização de determinado município para uso de bem público, de modo a montar suas instalações e apresentar seus espetáculos em certa praça pública, pelo prazo de quatro meses. Quinze dias após o ato autorizativo, houve a superveniência de legislação municipal que alterou o plano diretor, tornando essa área exclusivamente residencial, não mais permitindo a sua utilização para fins recreativos, como a instalação de circos e parques de diversões.

A partir dessa situação hipotética, julgue o item subsequente, referente à extinção de atos administrativos.

(1) O aludido ato administrativo de autorização de uso de bem público terá de ser desfeito por cassação.

1: errado. A extinção do ato de autorização de uso de bem público deve ser feita pela caducidade, que pode ser conceituada como a extinção de um ato porque a lei não mais o permite, justamente o que aconteceu no caso em tela. Já a cassação é a extinção do ato em razão de descumprimento de obrigação pelo particular beneficiário, o que não ocorreu no caso concreto. WG

Gabarito 1E.

(Procurador Município – Santos/SP – VUNESP – 2021) A Lei Federal que disciplina processo administrativo também trata da anulação, revogação e convalidação dos atos administrativos. A partir do referido texto legal, é correto afirmar que

(A) o direito da Administração de anular os atos administrativos de que decorram efeitos favoráveis para os destinatários decai em dez anos, contados da data em que foram praticados, salvo comprovada má-fé.

(B) é nula a motivação que consistir em declaração de mera concordância com fundamentos de anteriores pareceres, informações, decisões ou propostas, vez que tais fundamentos não são considerados parte integrante do ato.

(C) em decisão na qual se evidencie acarretar lesão ao interesse público, os atos que apresentarem defeitos sanáveis, desde que não cause prejuízo a terceiros, poderão ser convalidados pela própria Administração.

(D) na solução de vários assuntos da mesma natureza, é nula a utilização de qualquer meio mecânico que reproduza os fundamentos das decisões, mesmo que não prejudique direito ou garantia dos interessados.

(E) se considera exercício do direito de anular qualquer medida de autoridade administrativa que importe impugnação à validade do ato administrativo.

A: incorreta (decai em 5 anos, cf. art. 54 da Lei 9.784/1999). **B:** incorreta (a motivação pode consistir em declaração de concordância com fundamentos de anteriores pareceres, informações, decisões ou propostas, que, neste caso, serão parte integrante do ato, cf. art. 50, § 1º). **C:** incorreta (a convalidação é admitida quando não acarretar lesão ao interesse público, cf. art. 55). **D:** incorreta (pode ser utilizado meio mecânico nesse contexto, cf. art. 50, § 2º). **E:** correta (art. 54, § 2º). WG

Gabarito "E".

(Juiz de Direito – TJ/MS – 2020 – FCC) No tocante ao exercício do poder de autotutela pela Administração Pública, é correto afirmar:

(A) O exercício, pela Administração Pública, do poder de anular seus próprios atos não está sujeito a limites temporais, por força do princípio da supremacia do interesse público.

(B) Somente é admissível a cassação de ato administrativo em razão de conduta do beneficiário que tenha sido antecedente à outorga do ato.

(C) É vedada a aplicação retroativa de nova orientação geral, para invalidação de situações plenamente constituídas com base em orientação geral vigente à época do aperfeiçoamento do ato administrativo que as gerou.

(D) É possível utilizar-se a revogação, ao invés da anulação, de modo a atribuir efeito ex nunc à revisão de ato administrativo, quando se afigurar conveniente tal solução, à luz do princípio da confiança legítima.

(E) Não é possível convalidar ato administrativo cujos efeitos já tenham se exaurido.

A: incorreta (como regra, há limite temporal para a Administração Pública anular os: seus próprios atos; no âmbito federal, o prazo é de 5 anos, cf. art. 54 da Lei 9.784/99). **B:** incorreta (a cassação representa a extinção do ato administrativo em razão de descumprimento de condição pelo beneficiário, o que pressupõe que a respectiva conduta seja posterior à outorga do ato). C: correta (art. 24 da Lei de Introdução às Normas do Direito Brasileiro). D: incorreta (a revogação não se confunde com a anulação, motivo pelo qual uma não pode ser utilizada ao invés da outra; a revogação significa a extinção do ato por motivo de conveniência e oportunidade e detém efeito ex nunc; já a anulação constitui a extinção do ato por razão de sua invalidade e apresenta, como regra, efeito ex tunc). E: incorreta (é possível convalidar ato administrativo cujos efeitos já tenham se exaurido). RB

Gabarito "C".

(Promotor de Justiça/PR – 2019 – MPE/PR) Assinale a alternativa *incorreta:*

(A) Ato administrativo é qualquer manifestação de vontade apta a produzir efeitos no âmbito do direito administrativo, ainda que praticado por um particular no exercício de sua autonomia privada, como a formulação de proposta numa licitação.

(B) Os atos administrativos compostos resultam da conjugação da atividade individual de várias pessoas físicas, mas são unilaterais porque atribuíveis a um único sujeito, que é a administração pública.

(C) A presunção de legitimidade do ato administrativo, quanto à ocorrência ou inocorrência de fatos, não se aplica quando o particular invocar perante o Judiciário a invalidade do procedimento administrativo anterior ao ato questionado, apontando vícios na atuação administrativa.

(D) Uma vez constituída situação jurídica a integrar o patrimônio do administrado, a declaração de nulidade do ato administrativo, ainda que manifesta, pressupõe o contraditório.

(E) Apenas podem ser revogados os atos administrativos praticados no exercício de competências discricionárias.

A alternativa A é a única incorreta. As demais assertivas estão corretas. O ato administrativo é a manifestação praticada pela Administração ou mesmo por particular, se este o exerce em nome do Poder Público. Assim, o ato praticado por um particular no exercício de sua autonomia privada, como a formulação de proposta em uma licitação, não pode ser considerado ato administrativo. RB

Gabarito "A".

(Investigador – PC/BA – 2018 – VUNESP) Se um ato administrativo é praticado com fundamento falso, vale dizer, incompatível com a verdade real, impõe-se a extinção do ato administrativo, por meio da

(A) revogação, que poderá ser praticada pela própria Administração, no exercício da autotutela, ou pelo Poder Judiciário, se devidamente provocado.

(B) anulação, que poderá ser praticada somente pela própria Administração.

(C) revogação, que poderá ser praticada somente pela própria Administração.

(D) anulação, que poderá ser praticada pela própria Administração, no exercício da autotutela, ou pelo Poder Judiciário, se devidamente provocado.

(E) revogação, que poderá ser praticada somente pelo Poder Judiciário.

A: incorreta. A revogação consiste na extinção de um ato administrativo legal ou de seus efeitos por outro ato administrativo. É efetuada somente pela Administração, dada a existência de fato novo que o torne inconveniente ou inoportuno, respeitando-se os efeitos precedentes (efeito "ex nunc"). Veja que a extinção por revogação não ocorre em razão da invalidade do ato, ou seja, de sua ilegalidade; **B:** incorreta. No caso de nulidade de um ato, esse modo de extinção dos atos administrativos pode ser feito tanto pela Administração Pública em exercício de autotutela como pelo Poder Judiciário; **C:** incorreta. Efetivamente, a revogação, por se tratar da extinção de um ato administrativo legal ou de seus efeitos por outro ato administrativo, dada a existência de fato novo que o torne inconveniente ou inoportuno, respeitando-se os efeitos precedentes (efeito "ex nunc"), somente pode ser realizada pela Administração. A "pegadinha" aqui refere-se ao fato de que a questão não trata de ato passível de revogação, mas de ato ilegal que deve ser anulado; **D:** correta. A anulação ou invalidação consiste na extinção do ato administrativo ou de seus efeitos por outro ato administrativo ou por decisão judicial por motivo de ilegalidade, com efeito retroativo ("ex tunc"); **E:** incorreta. A revogação consiste na extinção de um ato administrativo legal ou de seus efeitos por outro ato administrativo, **efetuada somente pela Administração**, dada a existência de fato novo que o torne inconveniente ou inoportuno, respeitando-se os efeitos precedentes (efeito "ex nunc"). FB

Gabarito "D".

(Procurador Municipal – Prefeitura/BH – CESPE – 2017) No que concerne a revogação, anulação e convalidação de ato administrativo, assinale a opção correta.

(A) Assim como ocorre nos negócios jurídicos de direito privado, cabe unicamente à esfera judicial a anulação de ato administrativo.

(B) Independentemente de comprovada má-fé, após o prazo de cinco anos da prática de ato ilegal, operar-se-á a decadência, o que impedirá a sua anulação.

(C) O prazo de decadência do direito de anular ato administrativo de que decorram efeitos patrimoniais será contado a partir da ciência da ilegalidade pela administração.

(D) Um ato administrativo que apresente defeitos sanáveis poderá ser convalidado quando não lesionar o interesse público, não sendo necessário que a administração pública o anule.

A: incorreta. Tanto o Administração quanto o Poder Judiciário poderão anular os atos administrativos, não sendo exclusividade do Poder Judiciário, tendo o princípio da autoexecutoriedade dos atos administrativos; **B:** incorreta. Se comprovada a má-fé, a prescrição não correrá, conforme disposto no art. 54, da Lei 9.784/1999; **C:** incorreta. O prazo inicial para a contagem da decadência é o dia da prática do ato, conforme disposto no art. 54, da Lei 9.784/1999; **D:** correta. Trata-se do disposto no art. 55, da Lei 9.784/1999, que possibilita o saneamento dos atos quando não acarretarem lesão a terceiros, nem ao interesse público. AW

Gabarito "D".

3.6. Convalidação e conversão

(Juiz de Direito – TJ/SP – 2023 – VUNESP) Convalidação ou saneamento é, segundo Maria Sylvia Zanella Di Pietro, "o ato administrativo pelo qual é suprido o vício existente em um ato ilegal, com efeitos retroativos à data em que este foi praticado" e a Lei nº 9.784/99 (Lei do Processo Administrativo Federal) dispõe, no seu artigo 55 que "em decisão na qual se evidencie não acarretarem lesão ao interesse público nem prejuízo a terceiros, os atos que apresentarem defeitos sanáveis poderão ser convalidados pela própria Administração". Em face disso, na avaliação entre o dever de convalidar e o dever de invalidar ato praticado por autoridade incompetente, pode-se dizer que

(A) na hipótese de ato discricionário, estando presentes os requisitos do referido artigo 55, a Administração Pública pode optar entre o dever de convalidar e o dever de Invalidar.

(B) no caso de ato vinculado, a Administração tem o dever de invalidar o ato em vez de convalidá-lo, se estiverem presentes os requisitos para a prática do ato e os do referido artigo 55.

(C) a Administração deve convalidar o ato, mesmo não estando presentes os demais requisitos para sua prática, por já terem sido a discricionariedade ou a vinculação previamente exercidas pela autoridade que inicialmente o praticou.

(D) a Administração tem o dever de invalidar o ato praticado por vício de incompetência, por se constituir em grave violação ao princípio da legalidade que não admite saneamento.

A: Correta. A convalidação é uma atuação discricionária da Administração, que poderá analisar a conveniência e oportunidade na sanatória do ato, quando preenchidos os requisitos do art. 55 da Lei 9.784/99. B: Incorreta. Mesmo que se trate de ato vinculado, se o vício recair sobre elemento do ato que admita a convalidação e preenchidos os requisitos do art. 55 da Lei 9.784/99, é possível a convalidação do ato. C: Incorreta. A convalidação só será possível se preenchidos os requisitos do art. 55 da Lei 9.784/99 e se o vício recair em elemento que admita a convalidação. D: Incorreta. O vício de competência admite a convalidação, através da ratificação, a não ser que se trate de competência exclusiva. **FC**
Gabarito "A".

(Juiz de Direito – TJ/RS – 2018 – VUNESP) Considerando a disciplina legal e jurisprudencial da invalidação dos atos administrativos e, em especial, o previsto na Lei federal no 9.784/99, a anulação de ato administrativo ampliativo de direitos

(A) decorre do exercício do poder de polícia administrativa a fim de garantir segurança jurídica e estabilidade das relações entre Administração e administrado.

(B) só pode se dar por força de decisão judicial, observados os prazos de prescrição previstos no Código Civil.

(C) decorre do exercício do poder de autotutela administrativa e independe de procedimento em que seja assegurado contraditório e ampla defesa do beneficiário dos efeitos do ato anulável sempre que houver má-fé.

(D) só pode se dar pela Administração Pública, no exercício do poder hierárquico, e não pode alcançar terceiro interessado de boa-fé.

(E) só pode se dar no prazo de até cinco anos, pela própria Administração Pública.

Atos administrativos ampliativos de direitos são aqueles que aumentam a esfera de ação jurídica do administrado. Segundo o artigo 54 da Lei 9.784/1999, "o direito da Administração de anular os atos administrativos **de que decorram efeitos favoráveis para os destinatários** decai em cinco anos, contados da data em que foram praticados, salvo comprovada má-fé" (grifo nosso). **FB**
Gabarito "E".

(Defensor Público – DPE/SC – 2017 – FCC) Os atos administrativos podem ser produzidos em desrespeito às normas jurídicas e, nestes casos, é correto afirmar que

(A) existe, no direito brasileiro, apenas duas formas de convalidação, a ratificação e a reforma.

(B) ainda que o ato tenha sido objeto de impugnação é possível falar-se em convalidação, com o objetivo de aplicar o princípio da eficiência.

(C) à vícios que podem ser sanados e, nestes casos, a convalidação terá efeitos *ex nunc*.

(D) a violação das normas jurídicas causa um vício que só pode ser corrigido com a edição de novo ato, pelo poder Judiciário.

(E) é possível convalidar atos com vício no objeto, ou conteúdo, mas apenas quando se tratar de conteúdo plúrimo.

Embora a doutrina não seja unânime em afirmar quais sejam as formas de convalidação admissíveis no direito brasileiro, sem dúvida existe a "ratificação" (convalidação pela autoridade que praticou o ato), a confirmação (convalidação por autoridade superior àquela que praticou o ato) e o saneamento, que é a convalidação feita por terceiro – logo, a alternativa "a" é incorreta; quanto à alternativa "b", a doutrina é unânime em afirmar que o ato impugnado não pode ser objeto de convalidação; no tocante à alternativa "c", a convalidação terá efeitos "ex tunc", preservando todas as situações jurídicas construídas a partir da edição do ato convalidado; a alternativa "d" contradiz o disposto no art. 55 da Lei n. 9.784/1999, que assim dispõe: "Em decisão na qual se evidencie não acarretarem lesão ao interesse público nem prejuízo a terceiros, os atos que apresentarem defeitos sanáveis poderão ser convalidados pela própria Administração". **AW**
Gabarito "E".

3.7. Classificação dos atos administrativos e atos em espécie

Antes de verificarmos as questões deste item, vale trazer um resumo das principais espécies de atos administrativos.

Espécies de atos administrativos segundo Hely Lopes Meirelles:

– **Atos normativos** *são aqueles que contêm comando geral da Administração Pública, com o objetivo de executar a lei.* Exs.: regulamentos (da alçada do chefe do Executivo), instruções normativas (da alçada dos Ministros de Estado), regimentos, resoluções etc.

– **Atos ordinatórios** *são aqueles que disciplinam o funcionamento da Administração e a conduta funcional de seus agentes.* Ex.: instruções (são escritas e gerais, destinadas a determinado serviço público), circulares (escritas e de caráter uniforme, direcionadas a determinados servidores), avisos, portarias (expedidas por chefes de órgãos – trazem determinações gerais ou especiais aos subordinados, designam alguns servidores, instauram sindicâncias e processos administrativos etc.), ordens de serviço (determinações especiais ao responsável pelo ato), ofícios (destinados às comunicações escritas entre autoridades) e despacho (contém decisões administrativas).

– **Atos negociais** *são declarações de vontade coincidentes com a pretensão do particular.* Ex.: licença, autorização e protocolo administrativo.

– **Atos enunciativos** *são aqueles que apenas atestam, enunciam situações existentes*. Não há prescrição de conduta por parte da Administração. Ex.: certidões, atestados, apostilas e pareceres.

– **Atos punitivos** *são as sanções aplicadas pela Administração aos servidores públicos e aos particulares*. Ex.: advertência, suspensão e demissão; multa de trânsito.

Confira mais classificações dos atos administrativos:

– **Quanto à liberdade de atuação do agente**

Ato vinculado *é aquele em que a lei tipifica objetiva e claramente a situação em que o agente deve agir e o único comportamento que poderá tomar*. Tanto a situação em que o agente deve agir, como o comportamento que vai tomar são únicos e estão clara e objetivamente definidos na lei, de forma a inexistir qualquer margem de liberdade ou apreciação subjetiva por parte do agente público. Exs.: licença para construir e concessão de aposentadoria.

Ato discricionário *é aquele em que a lei confere margem de liberdade para avaliação da situação em que o agente deve agir ou para escolha do melhor comportamento a ser tomado*.

Seja na situação em que o agente deve agir, seja no comportamento que vai tomar, o agente público terá uma margem de liberdade na escolha do que mais atende ao interesse público. Neste ponto fala-se em mérito administrativo, ou seja, na valoração dos motivos e escolha do comportamento a ser tomado pelo agente.

Vale dizer, o agente público fará apreciação subjetiva, agindo segundo o que entender mais conveniente e oportuno ao interesse público. Reconhece-se a discricionariedade, por exemplo, quando a regra que traz a competência do agente traz conceitos fluídos, como *bem comum, moralidade, ordem pública* etc. Ou ainda quando a lei não traz um motivo que enseja a prática do ato, como, por exemplo, a que permite nomeação para cargo em comissão, de livre provimento e exoneração. Também se está diante de ato discricionário quando há mais de uma opção para o agente quanto ao momento de atuar, a forma do ato (ex.: verbal, gestual ou escrita), sua finalidade ou conteúdo (ex.: advertência, multa ou apreensão).

A discricionariedade sofre alguns temperamentos. Em primeiro lugar é bom lembrar que todo ato discricionário é parcialmente regrado ou vinculado. A competência, por exemplo, é sempre vinculada (Hely Lopes Meirelles entende que *competência, forma e finalidade* são sempre vinculadas, conforme vimos). Ademais, só há discricionariedade nas situações marginais, nas zonas cinzentas. Assim, se algo for patente, como quando, por exemplo, uma dada conduta fira veementemente a moralidade pública (ex.: pessoas fazendo sexo no meio de uma rua), o agente, em que pese estar diante de um conceito fluído, deverá agir reconhecendo a existência de uma situação de imoralidade. Deve-se deixar claro, portanto, que a situação concreta diminui o espectro da discricionariedade (a margem de liberdade) conferida ao agente.

Assim, o Judiciário até pode apreciar um ato discricionário, mas apenas quanto aos aspectos de legalidade, razoabilidade e moralidade, não sendo possível a revisão dos critérios adotados pelo administrador (mérito administrativo), se tirados de dentro da margem de liberdade a ele conferida pelo sistema normativo.

– **Quanto às prerrogativas da administração**

Atos de império são os *praticados no gozo de prerrogativas de autoridade*. Ex.: interdição de um estabelecimento.

Atos de gestão são os *praticados sem uso de prerrogativas públicas, em igualdade com o particular, na administração de bens e serviços*. Ex.: contrato de compra e venda ou de locação de um bem imóvel.

Atos de expediente *são os destinados a dar andamentos aos processos e papéis que tramitam pelas repartições, preparando-os para decisão de mérito a ser proferida pela autoridade*. Ex.: remessa dos autos à autoridade para julgá-lo.

A distinção entre ato de gestão e de império está em desuso, pois era feita para excluir a responsabilidade do Estado pela prática de atos de império, de soberania. Melhor é distingui-los em atos regidos pelo direito público e pelo direito privado.

– **Quanto aos destinatários**

Atos individuais *são os dirigidos a destinatários certos, criando-lhes situação jurídica particular*. Ex.: decreto de desapropriação, nomeação, exoneração, licença, autorização, tombamento.

Atos gerais *são os dirigidos a todas as pessoas que se encontram na mesma situação, tendo finalidade normativa*.

São diferenças entre um e outro as seguintes:

– só ato individual pode ser impugnado individualmente; atos normativos, só por ADIN ou após providência concreta.

– ato normativo prevalece sobre o ato individual

– ato normativo é revogável em qualquer situação; ato individual deve respeitar direito adquirido.

– ato normativo não pode ser impugnado administrativamente, mas só após providência concreta; ato individual pode ser impugnado desde que praticado.

– **Quanto à formação da vontade**

Atos simples: *decorrem de um órgão, seja ele singular ou colegiado*. Ex.: nomeação feita pelo Prefeito; deliberação de um conselho ou de uma comissão.

Atos complexos: *decorrem de dois ou mais órgãos, em que as vontades se fundem para formar um único ato*. Ex.: decreto do Presidente, com referendo de Ministros.

Atos compostos: *decorrem de dois ou mais órgãos, em que vontade de um é instrumental à vontade de outro, que edita o ato principal*. Aqui existem dois atos pelo menos: um principal e um acessório. Exs.: nomeação do Procurador Geral da República, que depende de prévia aprovação pelo Senado; e atos que dependem de aprovação ou homologação. Não se deve confundir *atos compostos* com *atos de um procedimento*, vez que este é composto de vários atos acessórios, com vistas à produção de um ato principal, a decisão.

– **Quanto aos efeitos**

Ato constitutivo *é aquele em que a Administração cria, modifica ou extingue direito ou situação jurídica do* *administrado*. Ex.: permissão, penalidade, revogação e autorização.

Ato declaratório *é aquele em que a Administração reconhece um direito que já existia*. Ex.: admissão, licença, homologação, isenção e anulação.

Ato enunciativo *é aquele em que a Administraçao apenas atesta dada situação de fato ou de direito*. Não produz efeitos jurídicos diretos. São juízos de conhecimento ou de opinião. Ex.: certidões, atestados, informações e pareceres.

– Quanto à situação de terceiros

Atos internos são *aquelas que produzem efeitos apenas no interior da Administração*. Ex.: pareceres, informações.

Atos externos *são aqueles que produzem efeitos sobre terceiros*. Nesse caso, dependerão de publicidade para terem eficácia. Ex.: admissão, licença.

– Quanto à estrutura.

Atos concretos *são aqueles que dispõem para uma única situação, para um caso concreto*. Ex.: exoneração de um agente público.

Atos abstratos *são aqueles que dispõem para reiteradas e infinitas situações, de forma abstrata*. Ex.: regulamento.

Confira **outros atos administrativos, em espécie**:

– Quanto ao conteúdo: a) **autorização**: *ato unilateral, discricionário e precário pelo qual se faculta ao particular, em proveito deste, o uso privativo de bem público ou o desempenho de uma atividade, os quais, sem esse consentimento, seriam legalmente proibidos*. Exs.: autorização de uso de praça para festa beneficente; autorização para porte de arma; b) **licença**: *ato administrativo unilateral e vinculado pelo qual a Administração faculta àquele que preencha requisitos legais o exercício de uma atividade*. Ex.: licença para construir; c) **admissão**: *ato unilateral e vinculado pelo qual se reconhece ao particular que preencha requisitos legais o direito de receber serviço público*. Ex.: aluno de escola; paciente em hospital; programa de assistência social; d) **permissão**: *ato administrativo unilateral, discricionário e precário, pelo qual a Administração faculta ao particular a execução de serviço público ou a utilização privativa de bem público, mediante licitação*. Exs.: permissão para perueiro; permissão para uma banca de jornal. Vale lembrar que, por ser precária, pode ser revogada a qualquer momento, sem direito à indenização; e) **concessão**: *ato bilateral e não precário, pelo qual a Administração faculta ao particular a execução de serviço público ou a utilização privativa de bem público, mediante licitação*. Ex.: concessão para empresa de ônibus efetuar transporte remunerado de passageiros. Quanto aos bens públicos, há também a *concessão de direito real de uso*, oponível até ao poder concedente, e a *cessão de uso*, em que se transfere o uso para entes ou órgãos públicos; f) **aprovação**: *ato de controle discricionário*. Vê-se a conveniência do ato controlado. Ex.: aprovação pelo Senado de indicação para Ministro do STF; g) **homologação**: *ato de controle vinculado*. Ex.: homologação de licitação ou de concurso público; h) **parecer**: *ato pelo qual órgãos consultivos da Administração emitem opinião técnica sobre assunto de sua competência*. Podem ser das seguintes espécies: *facultativo* (parecer solicitado se a autoridade quiser);

obrigatório (autoridade é obrigada a solicitar o parecer, mas não a acatá-lo) e *vinculante* (a autoridade é obrigada a solicitar o parecer e a acatar o seu conteúdo; ex.: parecer médico). Quando um parecer tem o poder de *decidir* um caso, ou seja, quando o parecer é, na verdade, uma decisão, a autoridade que emite esse parecer responde por eventual ilegalidade do ato (ex.: parecer jurídico sobre edital de licitação e minutas de contratos, convênios e ajustes – art. 38 da Lei 8.666/1993).

– Quanto à forma: a) **decreto**: é a forma de que se revestem os atos individuais ou gerais, emanados do Chefe do Poder Executivo. Exs.: nomeação e exoneração (atos individuais); regulamentos (atos gerais que têm por objeto proporcionar a fiel execução da lei – art. 84, IV, da CF); b) **resolução e portaria**: são as formas de que se revestem os atos, gerais ou individuais, emanados de autoridades que não sejam o Chefe do Executivo; c) **alvará**: forma pela qual a Administração confere licença ou autorização para a prática de ato ou exercício de atividade sujeita ao poderes de polícia do Estado. Exs.: alvará de construção (instrumento da licença); alvará de porte de arma (instrumento da autorização).

(Escrivão – PC/RO – CEBRASPE – 2022) A licença é ato administrativo

I. unilateral.
II. vinculado.
III. constitutivo.
IV. declaratório.
V. discricionário.

Estão certos apenas os itens

(A) I e II.
(B) III e V.
(C) I, II e IV.
(D) III, IV e V.
(E) Todos os itens estão certos.

Licença é o ato vinculado por meio do qual a Administração confere ao interessado consentimento para o desempenho de certa atividade. **I.** Certo. Como é ato administrativo, é unilateral. **II.** Certo. Licença é ato vinculado. **III.** Errado. O direito preexiste à licença, portanto, trata-se de ato declaratório. **IV.** Certo, é ato declaratório **E.** Errado, licença é vinculada e não discricionária. **FC**

Gabarito "C".

(Escrivão – PC/GO – AOCP – 2023) O ato administrativo pode ser classificado de diversas maneiras. Considerando a classificação quanto ao seu conteúdo, assinale a alternativa que apresenta a classificação e descrição INCORRETAS.

(A) O ato constitutivo é o que cria uma nova situação jurídica individual para seus destinatários em relação à Administração.
(B) O ato abdicativo é aquele pelo qual o titular abre mão de um direito, dependendo de autorização legislativa.
(C) O ato extintivo é o que põe termo a situações jurídicas individuais, como, por exemplo, a cassação de autorização.
(D) O ato simplificado é o que visa reconhecer situações preexistentes ou, mesmo, possibilitar seu exercício, como, por exemplo, a emissão de certidões.

(E) O ato alienativo é o que opera a transferência de bens ou direitos de um titular a outro.

A. Correto. O ato constitutivo é aquele que constitui uma nova situação jurídica para o destinatário. **B.** Correto. O ato abdicativo ocorre quando o titular abdica de um direito, mas depende de autorização legislativa. **C.** Correto. O ato extintivo extingue uma situação jurídica. **D.** Incorreto. O ato que visa reconhecer situações preexistente é o ato enunciativo. **E.** Correto. O ato alienativo causa a transferência de bens ou direitos a outra pessoa.

Gabarito "D".

3.8. Temas combinados de ato administrativo

(Procurador do Município – Prefeitura Fortaleza/CE – CESPE – 2017) Em cada um do item a seguir é apresentada uma situação hipotética seguida de uma assertiva a ser julgada, a respeito da organização administrativa e dos atos administrativos.

(1) A prefeitura de determinado município brasileiro, suscitada por particulares a se manifestar acerca da construção de um condomínio privado em área de proteção ambiental, absteve-se de emitir parecer. Nessa situação, a obra poderá ser iniciada, pois o silêncio da administração é considerado ato administrativo e produz efeitos jurídicos, independentemente de lei ou decisão judicial.

(2) O prefeito de um município brasileiro delegou determinada competência a um secretário municipal. No exercício da função delegada, o secretário emitiu um ato ilegal. Nessa situação, a responsabilidade pela ilegalidade do ato deverá recair apenas sobre a autoridade delegada.

1: incorreta. De acordo com o princípio da legalidade nem mesmo uma declaração expressa da Administração pode se dar sem que a lei permita ou determine tal declaração. Consequentemente, com o silêncio da Administração não poderia ser diferente. Assim, apenas quando a lei expressamente atribuir algum efeito jurídico ao silêncio administrativo é que este produzirá algum efeito. Não havendo no caso em tela informação de que há lei determinando que o silêncio administrativo significa consentimento, fica-se com a regra geral, de que o silêncio administrativo não significa um ato administrativo de autorização.; **2:** correta. O art. 14, § 3º, da Lei 9.784/1999 dispõe que o ato delegado é de responsabilidade da autoridade delegada, estando correta a assertiva, portanto.

Gabarito 1E, 2C

4. ORGANIZAÇÃO ADMINISTRATIVA

4.1. Temas gerais (Administração Pública, órgãos e entidades, descentralização e desconcentração, controle e hierarquia, teoria do órgão)

Segue um resumo sobre a parte introdutória do tema Organização da Administração Pública:

O objetivo deste tópico é efetuar uma série de distinções, de grande valia para o estudo sistematizado do tema. A primeira delas tratará da relação entre pessoa jurídica e órgãos estatais.

Pessoas jurídicas estatais *são entidades integrantes da estrutura do Estado e dotadas de personalidade jurídica*, ou seja, de aptidão genérica para contrair direitos e obrigações.

Órgãos públicos *são centros de competência integrantes das pessoas estatais instituídos para o desempenho das funções públicas por meio de agentes públicos*. São, portanto, parte do corpo (pessoa jurídica). Cada órgão é investido de determinada competência, dividida entre seus cargos. Apesar de não terem personalidade jurídica, têm prerrogativas funcionais, o que admite até que interponham mandado de segurança, quando violadas. Tal capacidade processual, todavia, só têm os órgãos independentes e os autônomos. Todo ato de um órgão é imputado diretamente à pessoa jurídica da qual é integrante, assim como todo ato de agente público é imputado diretamente ao órgão à qual pertence (trata-se da chamada "teoria do órgão", que se contrapõe à teoria da representação ou do mandato). Deve-se ressaltar, todavia, que a representação legal da entidade é atribuição de determinados agentes, como o Chefe do Poder Executivo e os Procuradores. Confiram-se algumas classificações dos órgãos públicos, segundo o magistério de Hely Lopes Meirelles:

Quanto à **posição**, podem ser órgãos *independentes* (originários da Constituição e representativos dos Poderes do Estado: Legislativo, Executivo de Judiciário – aqui estão todas as corporações legislativas, chefias de executivo e tribunais, e juízos singulares); *autônomos* (estão na cúpula da Administração, logo abaixo dos órgãos independentes, tendo autonomia administrativa, financeira e técnica, segundo as diretrizes dos órgãos a eles superiores – cá estão os Ministérios, as Secretarias Estaduais e Municipais, a AGU etc.), *superiores* (detêm poder de direção quanto aos assuntos de sua competência, mas sem autonomia administrativa e financeira – ex.: gabinetes, procuradorias judiciais, departamentos, divisões etc.) e *subalternos* (são os que se acham na base da hierarquia entre órgãos, tendo reduzido poder decisório, com atribuições de mera execução – ex.: portarias, seções de expediente).

Quanto à **estrutura**, podem ser *simples* ou *unitários* (constituídos por um só centro de competência) e *compostos* (reúnem outros órgãos menores com atividades-fim idênticas ou atividades auxiliares – ex.: Ministério da Saúde).

Quanto à **atuação funcional**, podem ser *singulares* ou *unipessoais* (atuam por um único agente – ex.: Presidência da República) e *colegiados* ou *pluripessoais* (atuam por manifestação conjunta da vontade de seus membros – ex.: corporações legislativas, tribunais e comissões).

Outra distinção relevante para o estudo da estrutura da Administração Pública é a que se faz entre desconcentração e descentralização. Confira-se.

Desconcentração *é a distribuição interna de atividades administrativas, de competências*. Ocorre de órgão para órgão da entidade Ex.: competência no âmbito da Prefeitura, que poderia estar totalmente concentrada no órgão Prefeito Municipal, mas que é distribuída internamente aos Secretários de Saúde, Educação etc.

Descentralização *é a distribuição externa de atividades administrativas, que passam a ser exercidas por pessoa ou pessoas distintas do Estado*. Dá-se de pessoa jurídica para pessoa jurídica como técnica de especialização. Ex.: criação de autarquia para titularizar e executar um dado serviço público, antes de titularidade do ente político que a criou.

Na descentralização **por serviço** a lei atribui ou autoriza que outra pessoa detenha a *titularidade* e a execução do serviço. Depende de lei. Fala-se também em *outorga do serviço*.

Na descentralização **por colaboração** o contrato ou ato unilateral atribui a outra pessoa a *execução* do serviço. Aqui o particular pode colaborar, recebendo a execução do serviço, e não a titularidade. Fala-se também em *delegação* do serviço e o caráter é transitório.

É importante também saber a seguinte distinção.

Administração direta *compreende os órgãos integrados no âmbito direto das pessoas políticas (União, Estados, Distrito Federal e Municípios).*

Administração indireta *compreende as pessoas jurídicas criadas pelo Estado para titularizar e exercer atividades públicas (autarquias e fundações públicas) e para agir na atividade econômica quando necessário (empresas públicas e sociedades de economia mista).*

Outra classificação relevante para o estudo do tema em questão é a que segue.

As **pessoas jurídicas de direito público** *são os entes políticos e as pessoas jurídicas criadas por estes para exercerem típica atividade administrativa, o que impõe tenham, de um lado, prerrogativas de direito público, e, de outro, restrições de direito público, próprias de quem gere coisa pública.*[1] Além dos entes políticos (União, Estados, Distrito Federal e Municípios), são pessoas jurídicas de direito público as *autarquias, fundações públicas, agências reguladoras e associações públicas* (consórcios públicos de direito público).

As **pessoas jurídicas de direito privado estatais** *são aquelas criadas pelos entes políticos para exercer atividade econômica, devendo ter os mesmos direitos e restrições das demais pessoas jurídica privadas, em que pese terem algumas restrições adicionais, pelo fato de terem sido criadas pelo Estado.* São pessoas jurídicas de direito privado estatais as *empresas públicas*, as *sociedades de economia mista*, as *fundações privadas criadas pelo Estado* e os *consórcios públicos de direito privado*.

Também é necessário conhecer a seguinte distinção.

Hierarquia *consiste no poder que um órgão superior tem sobre outro inferior, que lhe confere, dentre outras prerrogativas, uma ampla possibilidade de fiscalização dos atos do órgão subordinado.*

Controle (tutela ou supervisão ministerial) *consiste no poder de fiscalização que a pessoa jurídica política tem sobre a pessoa jurídica que criou, que lhe confere tão somente a possibilidade de submeter a segunda ao cumprimento de seus objetivos globais, nos termos do que dispuser a lei.* Ex.: a União não pode anular um ato administrativo de concessão de aposentadoria por parte do INSS (autarquia por ela criada), por não haver hierarquia; mas pode impedir que o INSS passe a comercializar títulos de capitalização, por exemplo, por haver nítido desvio dos objetivos globais para os quais fora criada a autarquia. Aqui não se fala em subordinação, mas em vinculação administrativa.

Por fim, há entidades que, apesar de *não fazerem* parte da Administração Pública Direta e Indireta, colaboram com a Administração Pública e são estudadas no Direito Administrativo. Tais entidades são denominadas *entes de cooperação* ou *entidades paraestatais*. São entidades que não têm fins lucrativos e que colaboram com o Estado em atividades não exclusivas deste. São exemplos de paraestatais as seguintes: a) *entidades do Sistema S* (SESI, SENAI, SENAC etc. – ligadas a categorias profissionais, cobram contribuições parafiscais para o custeio de suas atividades); b) *organizações sociais* (celebram *contrato de gestão* com a Administração); c) *organizações da sociedade civil de interesse público* – OSCIPs (celebram *termo de parceria* com a Administração).

(Procurador Federal – AGU – 2023 – CEBRASPE) Considerando as disposições contidas no Decreto-Lei n.º 200/1967, que estabelece a organização da administração federal, assinale a opção correta.

(A) A administração direta constitui-se dos serviços integrados na estrutura administrativa da Presidência da República, dos ministérios e das agências reguladoras e agências executivas.

(B) A autarquia caracteriza-se como ente de serviço autônomo, criado por lei, com personalidade jurídica, patrimônio e receita próprios, para executar atividades típicas da administração pública que, requeiram, para seu melhor funcionamento, gestão administrativa e financeira centralizada.

(C) A fundação pública constitui-se como entidade dotada de personalidade jurídica de direito privado, sem fins lucrativos, criada em virtude de autorização legislativa, para o desenvolvimento de atividades que não exijam execução por órgãos ou entidades de direito público, sem autonomia administrativa e sem patrimônio próprio e funcionamento custeado exclusivamente com recursos da União.

(D) As entidades compreendidas na administração indireta são dotadas de personalidade jurídica própria e se vinculam ao ministério em cuja área de competência estiver enquadrada sua principal atividade; entre as referidas entidades incluem-se as autarquias, as empresas públicas e as fundações públicas.

(E) O Poder Executivo é exercido pelo presidente da República e pelos ministros de Estado, de forma independente, os quais exercem sua competência constitucional, legal e regulamentar paralelamente aos órgãos que compõem a administração federal.

A: Incorreta, pois a administração direta é composta pelos serviços integrados na estrutura da Presidência da República, dos ministérios e das secretarias, e não inclui as agências reguladoras e agências executivas, que são parte da administração indireta. Isso está previsto no Decreto--Lei n.º 200/1967, Art. 4º, I. **B**: Incorreta, pois a autarquia possui gestão administrativa e financeira descentralizada, e não centralizada, conforme o disposto no art. 5º, I, do Decreto-Lei n.º 200/1967. **C**: Incorreta, pois a fundação pública possui sim autonomia administrativa, patrimônio próprio,

---

1 . Vide art. 41 do atual Código Civil. O parágrafo único deste artigo faz referência às *pessoas de direito público com estrutura de direito privado*, que serão regidas, no que couber, pelas normas do CC. A referência é quanto às fundações públicas, aplicando-se as normas do CC apenas quando não contrariarem os preceitos de direito público.

assim como seu funcionamento pode ser custeado por recursos de outras fontes além daqueles advindos da União, nos termos do art. 5°, inc. IV, do Decreto-Lei n.° 200/1967. **D:** Correta, nos termos do art. 4°, p. ún., do Decreto-Lei n.° 200/1967. **E:** Incorreta, pois o Poder Executivo é exercido pelo presidente da República e pelos ministros de Estado em coordenação, não de forma independente e paralela, já que o Presidente é auxiliado pelos Ministros de Estado (art. 1° do Decreto-Lei n.° 200/1967). WG
Gabarito "D".

(Procurador Federal – AGU – 2023 – CEBRASPE) Julgue os seguintes itens, concernentes às autarquias, fundações, empresas públicas e sociedades de economia mista.

I. Somente por lei específica poderá ser criada autarquia e autorizada a instituição de empresa pública, de sociedade de economia mista e de fundação, cabendo a decreto legislativo, neste último caso, a definição das áreas de sua atuação.
II. A criação de subsidiárias de autarquias, empresas públicas, sociedade de economia mista e fundação, bem como a participação de qualquer delas em empresa privada, independe de autorização legislativa.
III. É vedada a acumulação remunerada de cargos públicos, exceto, quando houver compatibilidade de horários, a de dois cargos de professor; a de um cargo de professor com outro técnico ou científico; a de dois cargos ou empregos privativos de profissionais de saúde, com profissões regulamentadas.
IV. A proibição da acumulação de cargos públicos estende-se a empregos e funções e abrange autarquias, fundações, empresas públicas, sociedades de economia mista, suas subsidiárias, e sociedades controladas, direta ou indiretamente, pelo poder público.
V. As pessoas jurídicas de direito público e as de direito privado prestadoras de serviços públicos responderão pelos danos que seus agentes, nessa qualidade, causarem a terceiros, assegurando-se o direito de regresso contra o responsável apenas nos casos de dolo.

Estão certos apenas os itens

(A) I e II.
(B) III e IV.
(C) IV e V.
(D) I, II e III.
(E) III, IV e V.

I: Incorreta, pois as áreas de atuação das fundações devem ser definidas por lei complementar, e não por decreto legislativo (art. 37, XIX, da CF). II: Incorreta, pois é necessária autorização legislativa para a criação de subsidiárias (art. 37, XX, da CF). III: Correta, nos exatos termos do art. 37, XVI, da CF.
IV: Correta, nos exatos termos do art. 37, XVII, da CF. V: Incorreta, pois o direito de regresso contra o responsável pode ocorrer em casos de dolo ou culpa, nos termos do art. 37, § 6°, da CF. WG
Gabarito "B".

(Escrivão – PC/RO – CEBRASPE – 2022) De acordo com a doutrina majoritária, a distribuição de competências dentro da mesma pessoa jurídica caracteriza-se como

(A) gestão.
(B) desconcentração.
(C) subordinação.
(D) colaboração.

A. Errado. **B.** Certo. A desconcentração é uma das formas de organização da Administração Pública, em que ocorre a distribuição de competências dentro da mesma pessoa jurídica, entre órgãos públicos. **C.** Errado. A subordinação ocorre entre órgãos e agentes públicos em um escalonamento de funções. **D.** Errado. A descentralização é uma das formas de organização administrativa e ocorre com a transferência de competências para outra entidade. **E.** Errado. FC
Gabarito "B".

(Procurador/PA – CESPE – 2022) Considerando a hipótese de que uma unidade hospitalar pública do estado do Pará esteja em construção e que sua gestão ainda será definida, julgue os itens a seguir, acerca das possíveis formas de gestão dessa unidade hospitalar.

I. A administração estadual poderá manter a unidade hospitalar sob gestão direta da Secretaria de Estado de Saúde Pública.
II. A administração estadual poderá fazer da unidade hospitalar uma entidade da administração indireta, como autarquia criada por lei específica, sendo-lhe aplicado integralmente o regime juspublicista.
III. A administração estadual poderá fazer da unidade hospitalar uma entidade da administração indireta, como fundação estatal de direito público, à qual, a despeito da estrutura fundacional, aplica-se amplamente o regime juspublicista.
IV. A administração estadual poderá fazer da unidade hospitalar uma entidade da administração indireta, como fundação estatal de direito privado, criada por lei específica e submetida a regime jurídico de direito privado com algumas derrogações próprias do regime juspublicista.
V. A gestão da unidade hospitalar poderá ser ajustada com organização social, por meio de contrato de gestão, precedido de chamamento público, do qual não poderão participar entidades cujas contas tenham sido julgadas irregulares ou rejeitadas por tribunal ou conselho de contas de qualquer ente federativo, em decisão irrecorrível, nos últimos oito anos.

A quantidade de itens certos é igual a

(A) 1.
(B) 2.
(C) 3.
(D) 4.
(E) 5.

Item I: correto (trata-se da gestão centralizada). Item II: correta (a medida representa a utilização da técnica da descentralização). Item III: correto (a medida igualmente constitui uma descentralização, sendo que a fundação estatal pode assumir a personalidade de direito público ou privado). Item IV: incorreto (a instituição de fundação estatal de direito privado depende de autorização legislativa específica; assim, a lei autoriza, e não cria, a fundação). Item V: correto (art. 9°, IV, do Decreto 9.190/2017). Assim, a quantidade de itens certos é 4 (alternativa D). WG
Gabarito "D".

(Procurador Município – Teresina/PI – FCC – 2022) Considere o seguinte enunciado, referente à decisão do STF em regime de repercussão geral:

A teor do disposto no artigo 37, § 6°, da Constituição Federal, a ação por danos causados por agente público deve ser ajuizada contra o Estado ou a pessoa jurídica privada prestadora de serviço público, sendo parte ilegítima passiva o autor do ato.

(RE 1.027.633, voto do rel. min. Marco Aurélio, j. 14-8-2019, P, DJE de 6-12-2019, Tema 940)

Tal decisão é calcada em explicação teórica sobre a relação entre o Estado e seus agentes, qual seja, a teoria

(A) do órgão.
(B) da interposta pessoa.
(C) do mandato.
(D) da representação.
(E) do funcionário de fato.

Ao causar dano a terceiro no exercício das funções, o agente público está agindo em nome do Estado, por intermédio da figura do órgão público. Esse o contexto da denominada "teoria do órgão", pelo qual a relação entre o Estado e seus agentes é de imputação, afastada, portanto, a ideia de representação. Assim, a entidade estatal manifesta a sua vontade por meio dos órgãos públicos, de modo que quando os agentes manifestam a sua vontade, é o Estado que está atuando. Nesse sentido é que o STF consolidou a posição no sentido de que a vítima somente pode ajuizar a ação de responsabilidade em face do Estado, e não em face do agente causador da lesão. Correta a alternativa A. WG
"Gabarito "A".

(Delegado/RJ – 2022 – CESPE/CEBRASPE) De acordo com o entendimento doutrinário e jurisprudencial dos tribunais superiores, assinale a opção correta.

(A) As fundações instituídas pelo Estado ou mantidas pelo poder público não podem se submeter ao regime jurídico de direito privado.
(B) A Força Nacional de Segurança Pública implica cooperação federativa entre os entes estatais, somente podendo ser empregada em território de estado-membro com a anuência do seu governador.
(C) É constitucional determinação judicial que decreta a constrição de bens de sociedade de economia mista prestadora de serviços públicos, em regime não concorrencial, para fins de débitos trabalhistas.
(D) Os serviços sociais autônomos (Sistema S), que desempenham atividade de interesse público, em cooperação com ente estatal, estão sujeitos à observância da regra de concurso público, nos moldes da CF.
(E) A alienação do controle acionário de empresas públicas e sociedades de economia mista, assim como de suas subsidiárias e controladas, exige autorização legislativa e licitação.

Alternativa **A** incorreta (o regime jurídico das fundações governamentais é híbrido, ou seja, submetem-se a normas de direito público e privado). Alternativa **B** correta (cf. decidido pelo STF na ACO 3.427 Ref-MC). Alternativa **C** incorreta (empresa estatal que atuam em regime não concorrencial está submetida ao regramento dos precatórios, cf. entendimento do STF). Alternativa **D** incorreta (os serviços sociais autônomos não estão sujeitos à observância da regra de concurso público, cf. decidido pelo STF no RE 789.874). Alternativa **E** incorreta (segundo o STF, na ADI 5.624 MC-Ref, a alienação do controle acionário de empresas públicas e sociedades de economia mista exige autorização legislativa e licitação pública; no entanto, a transferência do controle de *subsidiárias* e *controladas* não exige a anuência do Poder Legislativo e poderá ser operacionalizada sem processo de licitação pública, desde que garantida a competitividade entre os potenciais interessados e observados os princípios da administração pública constantes do art. 37 da Constituição da República). RB
"Gabarito "B".

(Delegado/MG – 2021 – FUMARC) As sociedades de economia mista e as empresas públicas, pessoas jurídicas integrantes da Administração Pública Indireta, se assemelham em vários aspectos, ao ponto de serem abordadas em conjunto por grande parte dos doutrinadores, e, inclusive, intituladas por alguns deles como "empresas estatais".

Com base nessa informação, marque com V (verdadeiro) ou com F (falso) as seguintes afirmações:

( ) As sociedades de economia mista e as empresas públicas são criadas com o objetivo de permitir ao Estado a exploração de atividades econômicas, em sentido estrito, admitindo-se, contudo, que tenham por objeto a prestação de serviços públicos.
( ) Os bens pertencentes às sociedades de economia mista e às empresas públicas são suscetíveis de penhora em sede de ação de execução muni- ciada com título judicial ou extrajudicial.
( ) As empresas públicas e as sociedades de economia mista sempre têm personalidade jurídica de direito privado, qualquer que seja o seu objeto, mas à vista da natureza híbrida, estão sujeitas às normas de direito privado e também de direito público.
( ) Pelo princípio da simetria, a criação e a extinção das sociedades de economia mista e das empresas públicas dependem de lei específica que autorize.

A sequência CORRETA de preenchimento dos parênteses, de cima para baixo, é:

(A) F, V, F, V.
(B) V, F, V, F.
(C) V, V, F, V.
(D) V, V, V, F.

A primeira afirmação ("As sociedades de economia mista...") é verdadeira: as empresas estatais podem tanto explorar atividade econômica quanto prestar serviço público. A segunda afirmação ("Os bens pertencentes às sociedades de economia mista...") é verdadeira: como regra, os bens das empresas estatais podem ser penhorados; esclareça, contudo, que os bens vinculados à prestação de serviços públicos são impenhoráveis, conforme jurisprudência do STF e STJ. A terceira afirmação ("As empresas públicas e as sociedades de economia mista sempre têm...") é verdadeira: as empresas estatais são necessariamente pessoas jurídicas de direito privado, embora se submetam a um regime híbrido, privado e público. A quarta afirmação ("Pelo princípio da simetria...") é falsa: o art. 37, XIX, da CF, estabelece que a instituição das empresas estatais depende de lei específica que autorize; no entanto, em alguns casos inaplicável o princípio da simetria para a sua extinção, que pode se dar por meio de autorização legal genérica, como a inserção em programas de desestatização (cf. decidiu o STF na ADI 6.241/DF). RB
"Gabarito "D".

(Juiz de Direito – TJ/MS – 2020 – FCC) No âmbito da legislação federal sobre parcerias entre a Administração Pública e organizações não governamentais, considera-se acordo de cooperação o instrumento firmado entre o Poder Público e

(A) entidades qualificadas como organizações da sociedade civil de interesse público, destinado à formação de vínculo de cooperação entre as partes, para o fomento e a execução de atividades de interesse público previstas na lei das OSCIPs.
(B) organizações da sociedade civil, para a consecução de finalidades de interesse público e recíproco proposto pela Administração Pública, que envolvam a transferência de recursos financeiros.

(C) a entidade qualificada como organização social, com vistas à formação de parceria entre as partes para fomento e execução de atividades contempladas na lei das Organizações Sociais.

(D) organizações da sociedade civil, para a consecução de finalidades de interesse público e recíproco proposto pelas organizações da sociedade civil, que envolvam a transferência de recursos financeiros.

(E) organizações da sociedade civil, para a consecução de finalidades de interesse público e recíproco que não envolvam a transferência de recursos financeiros.

De acordo com o art. 2º, VIII-A, da Lei 13.019/14 (que estabelece o regime jurídico das parcerias entre a administração pública e as organizações da sociedade civil), acordo de cooperação constitui o instrumento por meio do qual são formalizadas as parcerias estabelecidas pela administração pública com organizações da sociedade civil para a consecução de finalidades de interesse público e recíproco que não envolvam a transferência de recursos financeiros. **RB**
Gabarito "E".

(Juiz de Direito – TJ/AL – 2019 – FCC) Considerando as medidas de organização da Administração Pública necessárias para o desempenho de suas atividades, operadas a partir dos mecanismos de desconcentração e de descentralização, nos limites estabelecidos pela Constituição Federal, tem-se que a

(A) desconcentração e a descentralização pressupõem a criação de novos entes, com personalidade jurídica própria, no primeiro caso para execução direta e, no segundo, para execução indireta de atividades públicas.

(B) descentralização por colaboração é utilizada precipuamente para transferência da titularidade de serviços públicos para a iniciativa privada ou organizações do terceiro setor, mediante delegação operada pelos institutos da concessão ou permissão.

(C) criação de órgãos públicos é uma expressão da desconcentração, porém extravasa a competência do Chefe do Executivo para dispor, mediante decreto, sobre organização da Administração, sendo matéria de reserva de lei formal.

(D) desconcentração pressupõe a criação de outros entes públicos ou privados, integrantes da estrutura administrativa, enquanto a descentralização refere-se à mera realocação de competências dentro da estrutura existente.

(E) descentralização ocorre sempre que se cria um novo órgão com plexo de atribuições próprias, o que se insere na competência normativa e regulamentar do Chefe do Executivo para dispor sobre organização administrativa.

A **desconcentração** é a distribuição interna de atividades administrativas, de competências. Ocorre de órgão para órgão da entidade. Já a **descentralização** é a distribuição externa de atividades administrativas, que passam a ser exercidas por pessoa ou pessoas distintas do Estado. Dá-se de pessoa jurídica para pessoa jurídica como técnica de especialização. A descentralização pode ser de duas espécies: a) na descentralização **por serviço**, a lei atribui ou autoriza que outra pessoa detenha a titularidade e a execução do serviço; repare que é necessária lei; aqui, fala-se em outorga do serviço; b) na descentralização **por colaboração**, o contrato ou ato unilateral atribui à outra pessoa a execução do serviço; repare que a delegação aqui se dá por contrato, não sendo necessária lei; o particular colabora, recebendo a execução do serviço e não a titularidade deste; aqui, fala-se também em delegação do serviço e o caráter é transitório. **FB**
Gabarito "C".

(Investigador – PC/BA – 2018 – VUNESP) O conjunto de órgãos que integram as pessoas federativas, aos quais foi atribuída a competência para o exercício, de forma centralizada, das atividades administrativas do Estado denomina-se

(A) Administração Indireta.
(B) Administração Direta.
(C) Fundação Pública.
(D) Sociedade de Economia Mista.
(E) Empresa Pública.

A: incorreta. A Administração Indireta consiste no conjunto de pessoas administrativas que, em relação de tutela com os entes da Administração Pública Direta, têm o objetivo de desempenhar as atividades de forma descentralizada; **B:** correta. A Administração Direta corresponde às pessoas jurídicas de direito público que exercem a atividade administrativa de modo centralizado; **C:** incorreta. Fundação pública é a entidade descentralizada, composta por um patrimônio personalizado que presta atividade não lucrativa de interesse coletivo; **D:** incorreta. É a entidade dotada de personalidade jurídica de direito privado, criada por lei para a exploração de atividade econômica, sob a forma de sociedade anônima, cujas ações com direito a voto pertençam em sua maioria à União, Estado, Distrito Federal ou Município, ou a entidade da Administração Indireta; **E:** incorreta. É a entidade dotada de personalidade jurídica de direito privado, com patrimônio próprio e capital exclusivo da entidade federativa a ele vinculado. **FB**
Gabarito "B".

(Procurador do Estado/SP – 2018 – VUNESP) Modelo de gestão orientado para práticas gerenciais com foco em resultados e atendimento aos usuários, qualidade de serviços e eficiência de processos com autonomia gerencial, orçamentária e financeira, sem abandonar parâmetros do modelo burocrático pode, em tese, e de acordo com o ordenamento jurídico em vigor, ser adotado por autarquia

(A) observada a autonomia, desde que qualificada como agência executiva, por meio de deliberação da autoridade máxima da autarquia, ratificada pelo Titular da Pasta tutelar, a quem competirá executar controle de finalidade e monitorar o atingimento das metas especificadas no âmbito do programa de ação do ente descentralizado.

(B) mediante celebração de contrato entre o Poder Público, por meio da Pasta tutelar, e o ente descentralizado, que abranja plano de trabalho voltado ao alcance dos objetivos e metas estipulados de comum acordo entre as partes.

(C) de forma autônoma, por meio de seu regimento interno, que deverá estabelecer objetivos estratégicos, metas e indicadores específicos observados os critérios de especialização técnica que justificaram a autorização legal para criação do ente descentralizado.

(D) mediante lei específica que autorize a contratualização de resultados entre o setor regulado e a autarquia que pretenda adotar o modelo gerencial, observada a finalidade de interesse público que justificou a desconcentração técnica no específico setor de atuação do órgão.

(E) mediante celebração de acordo de cooperação técnica, precedido de protocolo de intenções, a serem firmados entre a autarquia em regime especial e a pessoa de direito público interno que autorizou a sua criação, com derrogação em parte do regime jurídico administrativo, nos limites de lei específica.

O artigo 37 § 8º da CF/1988 estabelece a possibilidade de celebração do chamado contrato de gestão, nos seguintes termos: "§ 8º a autonomia gerencial, orçamentária e financeira dos órgãos e entidades da administração direta e indireta poderá ser ampliada mediante contrato, a ser firmado entre seus administradores e o poder público, que tenha por objeto a fixação de metas de desempenho para o órgão ou entidade, cabendo à lei dispor sobre: I – o prazo de duração do contrato; II – os controles e critérios de avaliação de desempenho, direitos, obrigações e responsabilidade dos dirigentes; III – a remuneração do pessoal." **FB**

Gabarito "B".

(Defensor Público – DPE/SC – 2017 – FCC) A teoria do órgão foi inspirada na Doutrina de Otto Gierke e tem grande aplicabilidade no direito administrativo brasileiro. Com base nesta teoria, é correto afirmar:

(A) A estruturação dos órgãos da Administração se submete ao princípio da reserva legal.

(B) Segundo Celso Antonio Bandeira de Mello, os órgãos seriam caracterizados pela teoria subjetiva, a qual corresponde às unidades funcionais da organização.

(C) A teoria tem aplicação concreta na hipótese da chamada função de fato. Desde que a atividade provenha de um órgão, não tem relevância o fato de ter sido exercida por um agente que não tenha a investidura legítima.

(D) É com base nestes ensinamentos que se discute desconcentração e descentralização, sendo aquela a criação de novas pessoas jurídicas e esta a criação de novos órgãos.

(E) A teoria do órgão se opõe ao princípio da imputação objetiva.

Pela Teoria do Órgão (ou Teoria dos órgãos), os órgãos públicos são centros de competências instituídos por lei para o desempenho de atividades administrativas. Eles representam e executam a vontade da Administração, o que ocorre por intermédio de seus agentes, que expõe, exteriorizam a vontade do Estado – as manifestações de vontade dos agentes são, dessa forma, entendidas como vontades da Administração. A teoria de Otto Gierke é assim denominada em função da analogia realizada pelo autor no tocante à composição dos órgãos estatais e os órgãos do corpo humano – cada órgão humano tem uma função, uma tarefa dentro do todo orgânico, assim como cada ente estatal tem suas competências específicas que, ao final, são uma parcela do que são as competências estatais. Dentro desse entendimento, a assertiva "a" está incorreta porque a estruturação dos órgãos da Administração Pública por intermédio de lei não integra, essencialmente, o conteúdo da doutrina – o que é importante é que as funções de cada órgão estejam perfeitamente definidas; no entendimento de Celso Antonio Bandeira de Mello, já falando sobre a alternativa "b", a busca da diferenciação das funções administrativas tendo em vista o agente que a produz é insatisfatória, haja vista pelo fato de não se ser possível identificar correspondência exata entre um dado conjunto orgânico e uma certa função estatal (funções típicas e atípicas); quanto à alternativa "d", ela inverte os conceitos de desconcentração e descentralização; por fim, a Teoria do Órgão é também conhecida por Teoria da Imputação objetiva, em razão da vontade do órgão ser imputada à pessoa jurídica a cuja estrutura pertence. **AW**

Gabarito "C".

(Procurador Municipal – Prefeitura/BH – CESPE – 2017) No que se refere a organização administrativa, administração pública indireta e serviços sociais autônomos, assinale a opção correta.

(A) Por execução indireta de atividade administrativa entende-se a adjudicação de obra ou serviço público a particular por meio de processo licitatório.

(B) É possível a participação estatal em sociedades privadas, com capital minoritário e sob o regime de direito privado.

(C) Desde que preenchidos certos requisitos legais, as sociedades que comercializam planos de saúde poderão ser enquadradas como OSCIPs.

(D) Desconcentração administrativa implica transferência de serviços para outra entidade personalizada.

A: incorreta. O erro dessa assertiva está no fato de que a execução indireta abrange também a execução da obra ou serviço pelas pessoas jurídicas integrantes da Administração Indireta, e não somente aos particulares; **B**: correta. Tratam-se das Sociedades de Economia Mista, que podem explorar atividade econômica, em regime tipicamente privado, conforme disposto no art. 173, CF; **C**: incorreta. O art. 2º, VI, da Lei 9.790/1999 dispõe ser vedado às OSCIP desenvolver atividades de comercialização de planos de saúde; **D**: incorreta. A desconcentração é a divisão interna da atividade administrativa em órgãos ou departamentos, tendo em vista o cumprimento do princípio da eficiência. **AW**

Gabarito "B".

(Juiz – TJ-SC – FCC – 2017) Alberto Caeiro foi contratado pelo Conselho Regional de Contabilidade para trabalhar como assistente administrativo naquela entidade, em janeiro de 2016. Em fevereiro do corrente ano, foi dispensado, sem justa causa, da entidade. Alberto ajuizou ação em face da entidade, perante a Justiça Comum Estadual, visando a sua reintegração, sob alegação de que se trata de entidade pertencente à Administração Pública e que seria ilegal a despedida imotivada. Ao apreciar a ação proposta, o Juízo Estadual deve:

(A) aceitar a competência, visto que se trata de entidade autárquica estadual, sendo a relação de trabalho de natureza tipicamente administrativa.

(B) reconhecer a incompetência e remeter a ação para a Justiça do Trabalho, visto que, por se tratar de entidade de direito privado, o vínculo sob exame é regido pelas normas da Consolidação das Leis do Trabalho.

(C) reconhecer a incompetência e remeter a ação para a Justiça Federal, haja vista tratar-se de entidade autárquica federal, sendo o vínculo submetido ao regime jurídico único estatuído na Lei nº 8.112/90.

(D) aceitar a competência, visto que se trata de típico contrato de prestação de serviços, regido pelas normas do Código Civil.

(E) extinguir a ação por impossibilidade jurídica do pedido, pois não cabe ao Judiciário interferir em atos de natureza discricionária, como os que se referem a dispensa de servidores não estáveis.

A: incorreta. Os Conselhos de Classe, exceto a OAB, são todos autarquias, ou seja, pessoas jurídicas de direito público, sendo que, especificamente em relação aos Conselhos de Classe Regionais e Federais, temos a natureza de autarquias federais (Mandado de Segurança 22.643-9-SC, Rel. Min. Moreira Alves), por isso a competência para o julgamento de causas em que essas pessoas jurídicas estejam envolvidas é da Justiça Federal, conforme disposto no art. 109, I, CF

(RE 539.224); **B:** incorreta. A regra é de que esses agentes públicos são estatutários, eis que integrantes de pessoas jurídicas de direito público, razão pela qual a competência para o julgamento dessa demanda ainda continua sendo da Justiça Comum Federal. EMENTA: CONSTITUCIONAL. ADMINISTRATIVO. ENTIDADES FISCALIZADORAS DO EXERCÍCIO PROFISSIONAL. CONSELHO FEDERAL DE ODONTOLOGIA: NATUREZA AUTÁRQUICA. Lei 4.234, de 1964, art. 2°. FISCALIZAÇÃO POR PARTE DO TRIBUNAL DE CONTAS DA UNIÃO. I. – Natureza autárquica do Conselho Federal e dos Conselhos Regionais de Odontologia. Obrigatoriedade de prestar contas ao Tribunal de Contas da União. Lei 4.234/64, art. 2°. C.F., art. 70, parágrafo único, art. 71, II. II. – Não conhecimento da ação de mandado de segurança no que toca à recomendação do Tribunal de Contas da União para aplicação da Lei 8.112/90, vencido o Relator e os Ministros Francisco Rezek e Maurício Corrêa. III. – Os servidores do Conselho Federal de Odontologia deverão se submeter ao regime único da Lei 8.112, de 1990: votos vencidos do Relator e dos Ministros Francisco Rezek e Maurício Corrêa. IV. – As contribuições cobradas pelas autarquias responsáveis pela fiscalização do exercício profissional são contribuições parafiscais, contribuições corporativas, com caráter tributário. C.F., art. 149. RE 138.284-CE, Velloso, Plenário, RTJ 143/313. V. – Diárias: impossibilidade de os seus valores superarem os valores fixados pelo Chefe do Poder Executivo, que exerce a direção superior da administração federal (C.F., art. 84, II). VI. – Mandado de Segurança conhecido, em parte, e indeferido na parte conhecida (MS 21797 / RJ – Rel. Min. Carlos Velloso, Pub. 18.05.2001); **C:** correta. Temos uma ação de reintegração ao cargo em face de uma autarquia federal, sendo a competência deslocada para a Justiça Comum Federal, conforme disposto no art. 109, I, CF e MS.21797/RJ, citado acima; **D:** incorreta. O vínculo desses servidores é o estatutário, eis que adotado o regime jurídico único. ADIMC 2135; **E:** incorreta. Há apenas vício de competência absoluta, que pode ser alegada de ofício e assim já decidida pelo próprio juízo.

Gabarito "C".

(Delegado/MS – 2017 — FAPEMS) Leia o texto a seguir.

O direito administrativo constitui uma seção, qualificada por seu conteúdo, da ordem jurídica total, aquela seção que se refere à administração, que regula a administração. Se introduzirmos nesta acepção brevíssima do conceito de direito administrativo o conceito de administração, o que significa como função de determinados órgãos, o direito administrativo se apresenta como aquela fração da ordem jurídica que deve ser aplicada por órgãos administrativos, isto é, órgãos executivos com competência para fixar instruções ou dever de obedecê-las. Se transpusermos a definição do orgânico ao funcional, poder-se-á definir o direito administrativo como conjunto de normas jurídicas que regulam aquela atividade executiva condicionável pelas instruções, ou – aceitando, por certo, que toda a atividade executiva está composta de funções jurídicas –, o conjunto de normas jurídicas que regulam aquelas funções jurídicas determináveis mediante as instruções.

MERKL. Adolf. Teoria general del derecho administrativo. Granada: Cornares, 2004 apud ALMEIDA, Fernando Dias Menezes de. Conceito de direito administrativo. Tomo Direito Administrativo e Constitucional. (PUC-SP), 1. ed., p. 13, 2017

Quanto à administração pública indireta, assinale a alternativa correta.

(A) As fundações públicas de direito privado devem ser criadas por lei específica.

(B) As fundações públicas de direito público devem ser criadas por lei específica.

(C) A imunidade tributária recíproca não se estende às fundações.

(D) As sociedades de economia podem revestir-se de qualquer das formas admitidas em direito.

(E) As empresas públicas só podem explorar diretamente atividade econômica, se tal exploração for necessária à segurança nacional ou relevante para o interesse coletivo, na forma de lei complementar.

Art 37 CF, XIX – somente por lei específica poderá ser criada autarquia e autorizada a instituição de empresa pública, de sociedade de economia mista e de fundação, cabendo à lei complementar, neste último caso, definir as áreas de sua atuação.

Gabarito "B".

4.2. Autarquias

(Analista – INPI – 2024 – CEBRASPE) No que concerne às autarquias, julgue os itens seguintes.

(1) Desde que promovida por lei de iniciativa privativa do chefe do Poder Executivo, é possível a extinção de autarquia que desenvolva atividades já atendidas satisfatoriamente pela iniciativa privada ou não previstas no seu objeto social.

(2) Às autarquias qualificadas como agências executivas ou reguladoras é facultado o uso do regime celetista para os seus servidores.

(3) No caso das autarquias, a supervisão ministerial incluirá a aprovação anual da proposta de orçamento-programa e da programação financeira da entidade.

(4) As autarquias gozam de imunidade tributária recíproca, que veda a instituição de impostos sobre o seu patrimônio, ainda que o imóvel seja arrendado ou locado a empresa privada exploradora de atividade econômica com fins lucrativos.

1: Correta. As autarquias são criadas por lei específica e da mesma maneira será extinta por lei, de iniciativa privativa do chefe do Poder Executivo. Assim, caso as atividades da autarquia estejam sendo atendidas pela iniciativa privada, é possível a extinção da autarquia. **2:** Incorreta. As autarquias qualificadas como agências executivas ou reguladoras devem seguir o regime jurídico único, tendo, portanto, servidores públicos estatutários. **3:** Correta. O art. 26, parágrafo único, alínea "d" do Decreto-Lei 200/67 prevê que a supervisão ministerial poderá ser exercida, além de outras estabelecidas em regulamento, a aprovação anual da proposta de orçamento-programa e da programação financeira da entidade, no caso de autarquia. **4.** Incorreta. A imunidade recíproca, prevista no art. 150, VI, alínea "a" da CR/88, é garantida às autarquias no que se refere ao patrimônio, à renda e aos serviços vinculados a suas finalidades essenciais ou às delas decorrentes (art. 150, § 2°, CR/88).

Gabarito 1C, 2E, 3C, 4E

(Delegado/AP – 2017 – FCC) Uma autarquia municipal criada para prestação de serviços de abastecimento de água

(A) deve obrigatoriamente ter sido instituída por lei e recebido a titularidade do serviço público em questão, o que autoriza a celebração de contrato de concessão à iniciativa privada ou a contratação de consórcio público para delegação da execução do referido serviço.

(B) integra a estrutura da Administração pública indireta municipal e portanto não se submete a todas as normas que regem a administração pública direta, sendo permitido a flexibilização do regime publicista para fins de viabilizar a aplicação do princípio da eficiência.

(C) submete-se ao regime jurídico de direito privado caso venha a celebrar contrato de concessão de serviço público com a Administração pública municipal, ficando suspensa, durante a vigência da avença, a incidência das normas de direito público, a fim de preservar a igualdade na concorrência.

(D) pode ser criada por decreto, mas a delegação da prestação do serviço público prescinde de prévio ato normativo, podendo a autarquia celebrar licitação para contratação de concessão de serviço público ou prestar o serviço diretamente.

(E) possui personalidade jurídica de direito público, mas quando prestadora de serviço público, seu regime jurídico equipara-se ao das empresas públicas e sociedades de economia mista.

DL 200/1967, art. 5º Para os fins desta lei, considera-se: I – Autarquia – o serviço autônomo, criado por lei, com personalidade jurídica, patrimônio e receita próprios, para executar atividades típicas da Administração Pública, que requeiram, para seu melhor funcionamento, gestão administrativa e financeira descentralizada. **FB**

Gabarito "A".

4.3. Agências reguladoras

(Procurador Federal – AGU – 2023 – CEBRASPE) No que se refere à gestão, à organização, ao processo decisório e ao controle social das agências reguladoras, assinale a opção correta.

(A) A autonomia administrativa da agência reguladora é caracterizada, entre outras competências, pela possibilidade de solicitar diretamente ao ministério em cuja área de competência estiver enquadrada sua principal atividade a autorização para a realização de concursos públicos.

(B) As reuniões deliberativas do conselho diretor ou da diretoria colegiada da agência reguladora têm natureza reservada, por isso a sua gravação em meio eletrônico só poderá ser disponibilizada aos próprios membros do conselho na sede da agência e no respectivo sítio na Internet em até 15 dias úteis após o encerramento da reunião.

(C) A agência reguladora poderá estabelecer, por meio de portaria, outros meios de participação de interessados em suas decisões, diretamente ou por meio de organizações e associações legalmente reconhecidas.

(D) O controle externo das agências reguladoras será exercido exclusivamente pelo Tribunal de Contas da União (TCU).

(E) A natureza especial conferida à agência reguladora é caracterizada, entre outras disposições, pela ausência de tutela ou de subordinação hierárquica, pela autonomia funcional, decisória, administrativa e financeira e pela investidura a termo de seus dirigentes e estabilidade durante os mandatos.

A: Incorreta, pois essa solicitação deve ser feita diretamente para o Ministério da Economia (Art. 3º, § 2º, I, "a", da Lei nº 13.848/2019), e não o ministério em cuja área de competência estiver enquadrada a agência. **B:** Incorreta, pois as reuniões deliberativas do conselho diretor ou da diretoria colegiada da agência reguladora não têm natureza reservada.

De acordo com o Art. 8º, caput, da Lei nº 13.848/2019, as reuniões devem ser públicas, gravadas em meio eletrônico, e essas gravações devem ser disponibilizadas no sítio da agência em até 15 dias úteis após o encerramento da reunião. **C:** Incorreta, pois a agência deve estabelecer esses outros meios de participação no seu regimento interno, e não em portaria (art. 11 da Lei nº 13.848/2019). **D:** Incorreta, pois o controle externo das agências reguladoras não é exercido exclusivamente pelo Tribunal de Contas da União (TCU). O controle é realizado também pelo Congresso Nacional, conforme o Art. 14 da Lei nº 13.848/2019, que define o controle externo das agências reguladoras como sendo realizado pelo TCU e pelo Congresso Nacional. **E:** Correta, nos exatos termos do expresso no art. 3º, *caput*, da Lei nº 13.848/2019. **WG**

Gabarito "E".

(Procurador Fazenda Nacional – AGU – 2023 – CEBRASPE) Conforme o disposto na Lei n.º 13.848/2019 (Lei Geral das Agências Reguladoras), a análise de impacto regulatório é um procedimento

(A) administrativo prévio à edição de atos normativos de interesse geral dos agentes econômicos, consumidores ou usuários de serviços e contém informações e dados sobre os possíveis efeitos do ato normativo.

(B) facultativo que pode ser utilizado pelas agências reguladoras ou pela sociedade em geral previamente à edição de atos normativos de interesse geral dos agentes econômicos, consumidores ou usuários de serviços.

(C) administrativo que viabiliza a democracia participativa, na medida em que a agência reguladora, *ad referendum* da sociedade, implanta medidas de sustentabilidade ambiental para os agentes econômicos, consumidores ou usuários de serviços.

(D) destinado a avaliar o impacto de atos normativos editados pelas agências reguladoras após o período de um ano da sua publicação.

(E) técnico em que órgãos e entidades específicos são convidados a apresentar pareceres e laudos, sem a utilização de mecanismos de participação social.

A: Correta, nos termos do art. 6º da Lei n. 13.848/2019, pelo qual "A adoção e as propostas de alteração de atos normativos de interesse geral dos agentes econômicos, consumidores ou usuários dos serviços prestados serão, nos termos de regulamento, precedidas da realização de Análise de Impacto Regulatório (AIR), que conterá informações e dados sobre os possíveis efeitos do ato normativo". **B:** Incorreta, pois a análise de impacto regulatório é procedimento obrigatório, e não facultativo, nos termos do artigo 6º da Lei 13.848/2019. **C:** Incorreta, pois esse procedimento não implanta ou impõe medidas de qualquer natureza, mas apenas reúne informações e dados sobre os possíveis efeitos do ato normativo (artigo 6º da Lei 13.848/2019). **D:** Incorreta, pois, como um procedimento destinado a avaliar o impacto regulatório, é, obviamente, um procedimento prévio ao expedição do respectivo ato regulatório, e não um procedimento posterior (artigo 6º da Lei 13.848/2019). **E:** Incorreta, pois nesse procedimento há sim a possibilidade de utilização de mecanismos de participação social, como a realização de consulta ou audiência pública (Artigo 6º, § 4º, da Lei 13.848/2019). **WG**

Gabarito "A".

(Juiz de Direito – TJ/RS – 2018 – VUNESP) Decisão proferida pelo Conselho Superior de Agência Reguladora estadual, órgão máximo de direção da autarquia, que mantém aplicação de sanção ao concessionário de serviço público por ela regulado em razão do descumprimento de cláusula contratual,

(A) pode ser objeto de recurso administrativo interno, dirigido ao Dirigente Superior da Agência Reguladora.
(B) é ilegal, por desbordar os limites da competência das agências reguladoras, autarquias submetidas ao princípio constitucional da estrita legalidade.
(C) salvo disposição específica em contrário, é irrecorrível no âmbito administrativo, especialmente por se tratar de atividade finalística da agência reguladora.
(D) pode ser objeto de recurso hierárquico, dirigido ao Chefe do Poder Executivo estadual.
(E) é inconstitucional, porque sanções aplicadas ao particular só podem decorrer de lei em sentido estrito e não de contrato de concessão de serviço público, do qual o órgão regulador não é parte.

Essa questão apresenta certo nível de polêmica, pois ela mesma traz a afirmação de que o Conselho Superior de Agência Reguladora é o órgão máximo de direção da autarquia, de modo que suas decisões são irrecorríveis dentro daquela autarquia especial. Caberia, no máximo, um pedido de reconsideração dirigido ao próprio Conselho Superior, que, se o caso, poderá exercer a autotutela; ou ainda, mas já externamente à agência Reguladora, a propositura de um Recurso Hierárquico Impróprio dirigido ao chefe do órgão da Administração Pública Estadual ao qual a agência encontra-se vinculada e submetida ao poder de tutela. No caso em tela, veja que, a princípio, tratando-se de questão de ordem técnica, efetivamente não há mais como recorrer de uma decisão proferida em instância final, de modo que essa decisão é afetada pelo chamado "trânsito em julgado administrativo". Apenas mediante a propositura de ação judicial que questione a razoabilidade ou proporcionalidade da sanção aplicada, ou ainda por meio da tormentosa questão do cabimento ou não de recurso hierárquico impróprio, essa decisão poderia receber uma determinação dirigida ao Conselho Superior da Agência de nova apreciação do caso. **FB**

Gabarito "C".

(Procurador do Município – Prefeitura Fortaleza/CE – CESPE – 2017) Em cada um do item a seguir é apresentada uma situação hipotética seguida de uma assertiva a ser julgada, a respeito da organização administrativa e dos atos administrativos.

(1) Ao instituir programa para a reforma de presídios federais, o governo federal determinou que fosse criada uma entidade para fiscalizar e controlar a prestação dos serviços de reforma. Nessa situação, tal entidade, devido à sua finalidade e desde que criada mediante lei específica, constituirá uma agência executiva.

1: incorreta. Teríamos a criação de uma Agência Reguladora, que é uma autarquia, criada por lei, para a fiscalização e regulamentação dos serviços públicos. As Agências Executivas são autarquias ou fundações preexistentes, mas que se encontram desatualizadas e recebem essa qualificação para o desenvolvimento de um plano estratégico constante de um contrato de gestão. **AW**

Gabarito "1E".

4.4. Consórcios públicos

(Procurador Federal – AGU – 2023 – CEBRASPE) Assinale a opção correta com base na Lei n.º 11.107/2005, que estabelece as normas gerais de contratação de consórcios públicos.

(A) Os consórcios públicos na área de saúde deverão obedecer aos princípios, diretrizes e normas que regulam o Sistema Único de Saúde (SUS).

(B) O consórcio público será constituído por contrato cuja celebração dependerá da prévia subscrição de protocolo de intenções, dispensando-se a publicação deste na imprensa oficial.
(C) O consórcio público com personalidade jurídica de direito público não integra a administração indireta dos entes da Federação consorciados.
(D) Para a celebração do contrato de consórcio público, o protocolo de intenções deve ser ratificado por decreto legislativo.
(E) A referida lei não autoriza a celebração de convênios entre a União e os consórcios públicos com o objetivo de viabilizar a descentralização e a prestação de políticas públicas.

A: Correta, pois o artigo 1º, § 3º da Lei n.º 11.107/2005 estabelece que os consórcios públicos na área de saúde devem seguir os princípios, diretrizes e normas do Sistema Único de Saúde (SUS). Esta disposição garante que os consórcios respeitem os princípios e diretrizes do SUS ao atuar em atividades relacionadas à saúde. **B:** Incorreta, pois o artigo 4º, § 5º da Lei n.º 11.107/2005 exige que o protocolo de intenções seja publicado na imprensa oficial. A celebração do contrato de consórcio público depende da prévia publicação do protocolo de intenções para garantir transparência. **C:** Incorreta, pois o consórcio público com personalidade jurídica de direito público integra a administração indireta dos entes consorciados, conforme o artigo 6º, § 1º da Lei n.º 11.107/2005, que define a sua natureza jurídica e integração à administração pública. **D:** Incorreta, pois o protocolo de intenções deve ser publicado em imprensa oficial (art. 4º, § 5º. da Lei n.º 11.107/2005). Já o contrato de consórcio público, para ser constituído, aí sim requer ratificação, por meio de lei, do protocolo de intenções. Repare que o instrumento mencionado é a lei e não decreto legislativo, o que implica, por ser lei, sanção pelos chefes dos poderes executivos envolvidos. **E:** Incorreta, pois o art. 14, caput, da Lei n.º 11.107/2005 autoriza a celebração de convênios entre a União e consórcios públicos para viabilizar a descentralização e a prestação de políticas públicas em escalas adequadas. **WG**

Gabarito "A".

(Procurador Município – Santos/SP – VUNESP – 2021) De acordo com Decreto Federal nº 6.017/07 o "contrato preliminar que, ratificado pelos entes da Federação interessados, converte-se em contrato de consórcio público" define o seguinte instrumento:

(A) Contrato de rateio.
(B) Protocolo de intenções.
(C) Contrato de programa.
(D) Contrato de gestão.
(E) Gestão associada de serviços públicos.

O Decreto n. 6.017 regulamenta a Lei 11.107/2005, que dispõe sobre os consórcios públicos. De acordo com o seu art. 2º, III, o protocolo de intenções representa o contrato preliminar que, ratificado pelos entes da Federação interessados, converte-se em contrato de consórcio público. Nesse sentido, correta a alternativa B. Vale indicar a seguir a definição das demais noções contidas na questão: contrato de rateio (contrato por meio do qual os entes consorciados comprometem-se a fornecer recursos financeiros para a realização das despesas do consórcio público); contrato de programa (instrumento pelo qual devem ser constituídas e reguladas as obrigações que um ente da Federação, inclusive sua administração indireta, tenha para com outro ente da Federação, ou para com consórcio público, no âmbito da prestação de serviços públicos por meio de cooperação federativa); contrato de gestão (instrumento firmado entre a administração pública e autarquia ou fundação qualificada como Agência Executiva, na forma do art. 51 da Lei 9.649, de 27 de maio de 1998, por meio do qual se estabelecem objetivos, metas e respectivos indicadores de desempenho da entidade, bem como os recursos necessários e os critérios e instrumentos para a avaliação do seu cumprimento); gestão associada de serviços públicos (exercício das atividades de planejamento, regulação ou fiscalização de serviços públicos por meio de consórcio público ou de convênio de cooperação entre entes federados, acompanhadas ou não da prestação de serviços públicos ou da transferência total ou parcial de encargos, serviços, pessoal e bens essenciais à continuidade dos serviços transferidos). **WG**

Gabarito "B".

(Juiz de Direito – TJ/RS – 2018 – VUNESP) Pelas obrigações assumidas por consórcio público:

(A) nos termos da lei, respondem solidariamente os entes públicos consorciados, observadas as disposições do seu estatuto.

(B) responde subsidiariamente o ente público líder do consórcio.

(C) respondem pessoal e subsidiariamente os agentes públicos incumbidos da gestão do consórcio, observadas as disposições do seu estatuto.

(D) respondem subsidiariamente os entes públicos consorciados.

(E) nos termos da lei, respondem pessoal e solidariamente os agentes públicos incumbidos da gestão do consórcio, observadas as disposições do seu estatuto.

A Lei 11.107, de 6 de abril de 2005 estabelece no § 1º do artigo 1º que o consórcio público constituirá uma associação pública ou uma pessoa jurídica de direito privado. Prevê, portanto, a criação de uma nova pessoa jurídica, a qual responderá pelas obrigações assumidas pelo consórcio. A responsabilidade dos demais entes públicos consorciados pelas obrigações assumidas existirá, mas será de natureza subsidiária e, tal como previsto de forma expressa no parágrafo único do art. 10, "os agentes públicos incumbidos da gestão do consórcio não responderão pessoalmente pelas obrigações contraídas pelo consórcio público, mas responderão pelos atos praticados em desconformidade com a lei ou com as disposições dos respectivos estatutos". **FB**

Gabarito "D".

(Procurador do Estado/SP – 2018 – VUNESP) Consórcio público, formado por alguns dos Municípios integrantes de Região Metropolitana e por outros Municípios limítrofes, elaborou plano de outorga onerosa do serviço público de transporte coletivo de passageiros sobre pneus, abrangendo o território do Consórcio. Pretende, agora, abrir licitação para conceder o serviço. Essa pretensão é juridicamente

(A) questionável, porque, de acordo com a jurisprudência do Supremo Tribunal Federal, o planejamento, a gestão e a execução das funções de interesse comum em Regiões Metropolitanas são de competência do Estado e dos Municípios que a integram, conjuntamente.

(B) questionável, porque o consórcio descrito sequer poderia ter sido constituído sem a participação do Estado em cujo território se encontram os Municípios agrupados.

(C) viável, vez que consórcios públicos podem outorgar concessão, permissão ou autorização de serviços públicos, ainda que a delegação desse serviço específico não esteja expressamente prevista no contrato de consórcio público.

(D) viável, porque o consórcio regularmente constituído possui personalidade jurídica própria e é titular, com

exclusividade, dos serviços públicos que abrangem a área territorial comum.

(E) viável, porque o desenvolvimento urbano integrado constitui instrumento de governança interfederativa e determina que o planejamento, a gestão e a execução das funções públicas de interesse comum sejam conjuntos.

Quando se trata de Região Metropolitana tem-se uma conurbação, o que torna os interesses interpenetrados, em que não se percebe mais onde termina um Município e começa outra, de modo que o chamado interesse predominantemente local perde espaço para o interesse regional. Segundo o STF na ADI 1.842, faz-se necessário ter uma integração entre os Municípios, Município-Polo e Estado-membro, com o fim de viabilizar a organização, execução e planejamento das funções públicas de interesse comum. O STF esclareceu que deve ser criado um órgão colegiado em cada região metropolitana, de acordo com as peculiaridades de cada regionalidade, com a participação dos interessados (Estado e Municípios), sendo que não pode haver concentração de poder decisório nas mãos de apenas um (poder de homologação), vedado o predomínio absoluto de um ente sobre os demais. Restou clara, portanto, a posição do STF para que não ocorra o prevalecimento ou sobreposição do interesse de um determinado ente federativo sobre a decisão ou interesse dos demais entes da Federação. Ora, não é, portanto, o caso de constituição de um consórcio do qual nem ao menos fazem parte todos os integrantes da região metropolitana, pois nesse caso o interesse de alguns entes estaria se sobrepondo ao de outros. **FB**

Gabarito "A".

(Promotor de Justiça – MPE/RS – 2017) Assinale a alternativa correta, em relação aos consórcios públicos disciplinados pela Lei 11.107, de 06 de abril de 2005.

(A) A emissão de documentos de cobrança e as atividades de arrecadação de tarifas e outros preços públicos não se coadunam com as finalidades estabelecidas em lei para os consórcios públicos, razão pela qual estão expressamente vedadas.

(B) O protocolo de intenções deve definir o número de votos que cada ente da Federação consorciado possui na assembleia geral, sendo assegurado 1 (um) voto a cada ente consorciado.

(C) O consórcio público poderá ser concessionário, permissionário ou autorizatário do serviço público, mas não poderá outorgar concessão, permissão ou autorização do serviço público a terceiros.

(D) O consórcio público adquirirá personalidade jurídica de direito público ou de direito privado, integrando, em qualquer caso, a administração indireta de todos os entes da Federação consorciados.

(E) O consórcio público que tenha personalidade jurídica de direito privado não está sujeito à fiscalização contábil, operacional e patrimonial pelo Tribunal de Contas, a quem cabe fiscalizar apenas cada um dos integrantes do consórcio, nos termos do contrato de rateio.

A: incorreta. A assertiva é contrária ao que dispõe o art. 2º, § 2º, da Lei 11.107/2005 determina que os Consórcios Públicos podem emitir "documentos de cobrança e exercer atividades de arrecadação de tarifas e outros preços públicos pela prestação de serviços ou pelo uso ou outorga de uso de bens públicos por eles administrados ou, mediante autorização específica, pelo ente da Federação consorciado. **B:** Correta. É o que determina o art. 4º, § 2º, da Lei dos Consórcios. O Protocolo de Intenções é um termo em que constará todas as cláusulas do futuro contrato para instituição do Consórcio, sendo nele prevista a forma de funcionamento dessa nova pessoa jurídica. **C**: Incorreta. O Consórcio Público é uma nova pessoa jurídica e, quando de direito público, integra a Administração Pública, podendo delegar a prestação de serviços públicos (art. 2º, §3º, da Lei 11.107/2005). **D**: Incorreta. Somente quando for pessoa jurídica de direito público é que integrará a Administração Indireta (art. 6º e § 1º, da Lei 11.107/2005). **E**: Incorreta. Ambos os Consórcios, sejam eles de direito público ou de direito privado, sofrem controle externo pelo Tribunal de Contas (art. 9º, parágrafo único, da Lei 11.107/2005).

Gabarito "B".

4.5. Empresas estatais

(Procurador Federal – AGU – 2023 – CEBRASPE) Assinale a opção correta no que se refere às características e constituição das empresas públicas e sociedades de economia mista, previstas na Lei n.º 13.303/2016.

(A) A criação de subsidiárias de empresa pública e de sociedade de economia mista depende de autorização legislativa, mas é livre a participação de qualquer delas em empresa privada, cujo objeto social deve estar relacionado ao da investidora.

(B) Aplicam-se às empresas públicas as regras previstas na Lei de Sociedade por Ações, ao passo que às sociedades de economia mista de capital fechado e às suas subsidiárias são aplicadas as normas da Comissão de Valores Mobiliários.

(C) Sociedade de economia mista é a entidade dotada de personalidade jurídica de direito privado, com criação autorizada por lei, sob a forma de sociedade anônima, cujas ações com direito a voto pertençam em sua maioria à União, aos estados, ao Distrito Federal, aos municípios ou a entidade da administração indireta.

(D) Empresa pública é a entidade dotada de personalidade jurídica de direito público ou privado, com criação autorizada por lei e com patrimônio próprio e cujo capital social seja integralmente detido pela União, pelos estados, pelo Distrito Federal ou pelos municípios.

(E) A maioria do capital votante da empresa pública deve permanecer em propriedade da União, do estado, do Distrito Federal ou do município, não se admitindo no capital a participação de outras pessoas jurídicas de direito público interno.

A: Incorreta, pois a participação de qualquer delas em empresa privada também depende de autorização legislativa (art. 2º, § 2º, da Lei nº 13.303/2016). **B**: Incorreta, pois, de acordo com o artigo 7º da Lei nº 13.303/2016 aplicam-se a todas as *empresas públicas*, as *sociedades de economia mista de capital fechado* e as *suas subsidiárias* as disposições da Lei de Sociedade por Ações (Lei nº 6.404/1976), assim como se aplicam a todas as empresas mencionadas as normas da Comissão de Valores Mobiliários sobre escrituração e elaboração de demonstrações financeiras, inclusive a obrigatoriedade de auditoria independente por auditor registrado nesse órgão. **C**: Correta, pois está de acordo com o disposto no art. 4º, *caput*, da Lei nº 13.303/2016. **D**: Incorreta, pois a empresa pública possui personalidade jurídica de direito privado, não de direito público (Art. 3º, *caput*, da Lei nº 13.303/2016). **E**: Incorreta, pois será admitida, no capital da empresa pública, a participação de outras pessoas jurídicas de direito público interno (Art. 3º, p. ún., da Lei nº 13.303/2016).

Gabarito "C".

(Procurador Município – Teresina/PI – FCC – 2022) Ao lado de diversas regras de caráter comum, o regime jurídico da empresa pública diferencia-se do aplicável às sociedades de economia mista em vários aspectos. Dentre os traços diferenciadores estatuídos pela Lei Federal 13.303, de 30 de junho de 2016, Lei das Estatais, inclui-se a

(A) presença de Conselho de Administração na estrutura de governança, aplicável apenas às sociedades de economia mista.

(B) imunidade tributária, aplicável apenas às empresas públicas.

(C) submissão ao regime licitatório, aplicável apenas às empresas públicas.

(D) vedação à emissão de partes beneficiárias, aplicável apenas às empresas públicas.

(E) possibilidade de criação de subsidiárias, aplicável apenas às sociedades de economia mista.

A: incorreta (o Conselho de Administração deve integrar tanto a empresa pública quanto a sociedade de economia mista, cf. art. 8º, I). **B**: incorreta (a imunidade tributária se aplica a empresas públicas e sociedades de economia mista, desde que alguns requisitos estejam presentes, como a prestação de serviço público essencial e em regime de exclusividade, cf. STF). **C**: incorreta (o regime licitatório se aplica tanto às empresas públicas quanto às sociedades de economia mista, cf. art. 28). **D**: correta (art. 11, II). **E**: incorreta (tanto empresas públicas quanto sociedades de economia mista podem criar subsidiárias, cf. art. 1º, "caput").

Gabarito "D".

(Juiz de Direito/GO – 2021 – FCC) No que se refere às disposições aplicáveis às empresas públicas e às sociedades de economia mista, segundo a Lei no 13.303 de 30 de junho de 2016,

(A) por explorar atividade econômica, a empresa pública poderá lançar debêntures ou outros títulos ou valores mobiliários, desde que conversíveis em ações.

(B) o acionista controlador da empresa pública e da sociedade de economia mista responderá pelos atos praticados com abuso de poder, podendo a ação ser proposta pelos demais sócios, desde que autorizados pela assembleia geral de acionistas.

(C) a empresa pública e a sociedade de economia mista poderão celebrar convênio ou contrato de patrocínio com pessoa física ou com pessoa jurídica para promoção de atividades culturais, sociais, esportivas, educacionais e de inovação tecnológica, desde que comprovadamente vinculadas ao fortalecimento de sua marca.

(D) a exploração de atividade econômica pelo Estado será exercida por meio de empresa pública, de autarquia, de sociedade de economia mista e de suas subsidiárias.

(E) empresa pública é a entidade dotada de personalidade jurídica de direito público, com criação autorizada por lei e com patrimônio próprio, cujo capital social é integralmente detido pela União, pelos Estados, pelo Distrito Federal ou pelos Municípios.

Comentário: A: incorreta (a empresa pública não pode lançar debêntures ou outros títulos ou valores mobiliários, conversíveis em ações, cf. art. 11, I, da Lei 13.303/2016). B: incorreta (a ação independe de autorização da assembleia geral de acionistas, cf. art. 15, §1º, da Lei 13.303/2016). C: correta (art. 27, §3º, da Lei 13.303/2016). D: incorreta (conforme

o art. 2º, "caput", do Estatuto das Estatais, a exploração de atividade econômica pelo Estado será exercida por meio de empresa pública, de sociedade de economia mista e de suas subsidiárias; não há referência às autarquias, que não são empresas estatais). **E**: incorreta (empresa pública é entidade dotada de personalidade jurídica de direito privado, cf. art. 3º, "caput", da Lei 13.303/2016). RB
„Gabarito "C".

(Juiz de Direito/GO – 2021 – FCC) O município de Jararacuçu, após a promulgação de lei autorizativa, constituiu uma sociedade de economia mista, sob a forma de sociedade anônima com capital aberto e ações negociadas no mercado acionário, sendo-lhe outorgado o serviço público de coleta e manejo de resíduos sólidos provenientes das residências e estabelecimentos econômicos situados na área urbana. A remuneração do serviço público prestado decorrerá do pagamento, pelos usuários, de taxa estabelecida por lei municipal específica, além de receitas alternativas decorrentes da própria atividade outorgada. Nesse caso,

(A) é possível a prestação do serviço público em questão por sociedade de economia mista, mas não é cabível a cobrança de taxa, por se tratar de serviço uti universi.

(B) por se tratar de empresa estatal prestadora de serviço público em regime de monopólio, a sociedade em questão gozará de privilégios inerentes à atuação da Fazenda Pública em juízo, como o prazo em dobro para manifestações processuais.

(C) a empresa em questão, apesar de ser prestadora de serviços públicos, não está sujeita à imunidade tributária recíproca constante do art. 150, VI, 'a', da Constituição Federal.

(D) é possível a criação da sociedade de economia mista para a prestação do serviço público em questão, mas não lhe deve ser outorgado o serviço, devendo disputá-lo em concorrência com outras prestadoras.

(E) é inadequada a criação de sociedade de economia mista para a prestação de serviços públicos, visto que tais serviços devem ser prestados exclusivamente por empresas públicas.

Comentário: Comentário: **A**: incorreta (de acordo com o STF, o serviço público de coleta e manejo de resíduos sólidos provenientes de residências ou estabelecimentos econômicos é considerado uti singuli, ou seja, é singular e divisível, admitindo-se a cobrança de taxa). **B**: incorreta (segundo o STF, as prerrogativas processuais da Fazenda Pública, como o prazo em dobro, não são extensíveis às empresas públicas ou às sociedades de economia mista, mesmo aquelas prestadoras de serviços públicos). **C**: correta (o STF já decidiu que a imunidade tributária recíproca, prevista no art. 150, VI, "a", CF, não é aplicável às sociedades de economia mista cuja participação acionária é negociada em Bolsas de Valores, e que, inequivocamente, estão voltadas à remuneração do capital de seus controladores ou acionistas, unicamente em razão das atividades desempenhadas). **D** e **E**: incorretas (é possível, segundo o STF, a criação de sociedade de economia mista para a prestação de serviço público, mesmo que em regime de monopólio). RB
„Gabarito "C".

(Juiz de Direito – TJ/MS – 2020 – FCC) A Lei das Estatais – Lei Federal 13.303/2016 – estabelece diversas hipóteses de dispensa de licitação aplicáveis às empresas públicas e sociedades de economia mista. Segundo o artigo 29 da lei, é dispensável a licitação:

(A) para obras e serviços de engenharia de valor até R$ 300.000,00 (trezentos mil reais), desde que não se refiram a parcelas de uma mesma obra ou serviço ou ainda a obras e serviços de mesma natureza e no mesmo local que possam ser realizadas conjunta e concomitantemente.

(B) para aquisição de materiais, equipamentos ou gêneros que só possam ser fornecidos por produtor, empresa ou representante comercial exclusivo.

(C) na contratação de remanescente de obra, de serviço ou de fornecimento, em consequência de rescisão contratual, desde que atendida a ordem de classificação da licitação anterior e mantidas as condições da proposta do licitante a ser contratado, inclusive quanto ao preço, devidamente corrigido.

(D) na doação de bens móveis para fins e usos de interesse social, após avaliação de sua oportunidade e conveniência socioeconômica relativamente à escolha de outra forma de alienação.

(E) na contratação de serviços técnicos especializados relativos a assessorias ou consultorias técnicas e auditorias financeiras ou tributárias, com profissionais ou empresas de notória especialização.

A: incorreta (o valor envolvido é de até de R$ 100.000,00, e não R$ 300.000,00, cf. inc. I do art. 29). **B**: incorreta (trata-se de hipótese de inexigibilidade, e não de licitação dispensável, cf. art. 30, inc. I). **C**: incorreta (na hipótese prevista no art. 29, inc. VI, devem ser mantidas as mesmas condições do contrato encerrado por rescisão ou distrato). **D**: correta (cf. art. 29, inc. XVII). **E**: incorreta (trata-se de hipótese de inexigibilidade, e não de licitação dispensável, cf. art. 30, inc. II). RB
„Gabarito "D".

(Juiz – TRF 2ª Região – 2017) O Estatuto Jurídico das Empresas Públicas e Sociedades de Economia Mista e suas subsidiárias foi instituído com a Lei nº 13.303, de 30.06.16. Marque a opção correta:

(A) Depende de lei específica a constituição da empresa pública ou de sociedade de economia mista. A lei, desde que presente justificativa plausível, pode delegar ao Executivo a definição do relevante interesse coletivo que justifica a criação do ente e, em tal caso, o fará de modo claro e transparente.

(B) É vedada a participação das entidades da administração indireta no capital das empresas públicas.

(C) A Lei nº 13.303 traz forte preocupação com a governança corporativa e impõe que o Conselho de Administração seja integralmente composto por membros independentes.

(D) Os membros do Conselho de Administração e os diretores são administradores e submetem-se às normas da Lei nº 6.404/76 (Lei das S.A.).

(E) As empresas públicas e sociedades de economia mista não estão submetidas à disciplina da Lei de Falências e nem às normas da Comissão de Valores Mobiliários.

A: incorreta. A lei que autoriza a criação de empresa pública e sociedade de economia mista já tem, em sua elaboração, o fundamento de que há relevante interesse público para a criação da entidade; **B**: incorreta. O art. 37, XX, CF admite essa possibilidade de criação de subsidiárias, assim como o art. 2º, da Lei 13.303/2016; **C**: incorreta. O Conselho de Administração não é composto integralmente por membros independentes, sendo esse requisito exigido para 25% dos membros (art. 22, da Lei 13.303/2016; **D**: correta. Trata-se do disposto no art. 16, da Lei

13.303/2016, que determina a aplicação da Lei das Sociedades Anônimas quanto aos diretores e administradores; **E**: incorreta. Realmente, essas empresas estatais não se sujeitam à Lei de Falências, mas sim, às normas da Comissão de Valores Mobiliários (art. 2º, §2º e 7º, da Lei 13.303/2016).

"Gabarito "D".

(Delegado/MS – 2017 – FAPEMS) Conforme jurisprudência dos Tribunais Superiores, acerca da Administração Direta e Indireta e das entidades em colaboração com o Estado, é correto afirmar que

(A) a Empresa Brasileira de Correios e Telégrafos (ECT) goza de imunidade tributária recíproca mesmo quando realiza o transporte de bens e mercadorias em concorrência com a iniciativa privada.

(B) o Tribunal de Justiça não detém legitimidade autônoma para impetrar mandado de segurança contra ato do Governador do Estado em defesa de sua autonomia institucional.

(C) não é aplicável o regime dos precatórios às sociedades de economia mista prestadoras de serviço público próprio do Estado, ainda que de natureza não concorrencial.

(D) as entidades paraestatais gozam dos privilégios processuais concedidos à Fazenda Pública.

(E) os serviços sociais autônomos estão sujeitos à observância da regra de concurso público para contratação de seu pessoal.

Por maioria, o Plenário do Supremo Tribunal Federal julgou procedente a Ação Cível Originária (ACO) 879, ajuizada pela Empresa Brasileira de Correios e Telégrafos (ECT) contra a cobrança do imposto sobre a propriedade de veículos automotores (IPVA) no Estado da Paraíba. A decisão reafirma a jurisprudência da Corte sobre a matéria, objeto do Recurso Extraordinário 601392, com repercussão geral reconhecida, no qual se reconheceu a imunidade tributária recíproca sobre todos os serviços dos Correios. A ECT alegava que, na condição de empresa pública à qual foi delegada a prestação de serviços públicos, não explora atividade econômica, cabendo a aplicação do princípio da imunidade recíproca (artigo 150, inciso VI, alínea a, da Constituição Federal). Por desempenhar atividades típicas da União, não tem por objeto o lucro e, portanto, não está sujeita ao IPVA.

Gabarito "A".

4.6. Entes de cooperação

(Procurador – AL/PR – 2024 – FGV) Diante da necessidade de analisar algumas situações submetidas a sua apreciação enquanto Procurador da Assembleia Legislativa do Estado do Paraná, Ronaldo decidiu aprofundar os seus estudos em relação à organização administrativa e às peculiaridades atinentes ao terceiro setor, à luz da jurisprudência do Supremo Tribunal Federal, vindo a concluir corretamente que

(A) considerando a possibilidade de receberem verbas públicas, inclusive a destinação de verbas tributárias, a criação de quaisquer entidades do terceiro setor deve ser realizada mediante a respectiva autorização legislativa.

(B) nas hipóteses em que o erário tenha concorrido para custeio das respectivas atividades, é possível a responsabilização de seus representantes por ato de improbidade administrativa, ainda que tais entidades não integrem a Administração Indireta.

(C) o repasse de verbas públicas para tais entidades depende da realização de licitação, nos termos da Lei nº 14.133/2021 (Lei de Licitações), mormente para fins de formalização de termo de fomento e de termo de parceria.

(D) dentre as entidades do terceiro setor, os serviços sociais autônomos são, para todos os efeitos, equiparados às autarquias, sendo considerados, por conseguinte, entidades integrantes da Administração Indireta.

(E) no dispêndio de verbas provenientes do erário pelas entidades do terceiro setor, não há necessidade de se respeitar os princípios da moralidade e da impessoalidade, considerando que tais valores foram incorporados ao seu patrimônio.

A: Incorreta, pois a criação de entidades do terceiro setor não exige autorização legislativa apenas por receberem verbas públicas. O que se requer é a observância das normas pertinentes ao terceiro setor e à transparência na gestão dos recursos, mas a autorização legislativa não é uma exigência geral para todas as entidades do terceiro setor. **B**: Correta, pois mesmo que as entidades do terceiro setor não integrem a Administração Indireta, elas podem ser responsabilizadas por ato de improbidade administrativa se receberem verbas públicas. A jurisprudência do STF confirma que a responsabilidade por improbidade pode se estender a essas entidades quando há envolvimento de recursos públicos, conforme estabelecido na Lei nº 8.429/1992 (art. 2º, parágrafo único), conforme decidido por exemplo, na ADI 1923 (item 64). **C**: Incorreta, pois o repasse de verbas públicas para entidades do terceiro setor, como a formalização de termos de fomento e de parceria, não está sujeito à realização de licitação. Esses repasses são regulados por normas específicas para o terceiro setor, que incluem a formalização de termos de parceria e fomento, mas não requerem processo licitatório. Vide a respeito a ADI 1923 (itens 17, 32-34, e 44-56). **D**: Incorreta, pois os serviços sociais autônomos, embora desempenhem funções de interesse público, não são equiparados às autarquias e não integram a Administração Indireta. Eles têm uma natureza jurídica distinta e não são considerados parte da Administração Indireta. Uma organização social, por exemplo, "não é entidade da administração indireta, pois não se enquadra nem no conceito de empresa pública, de sociedade de economia mista, nem de fundações públicas, nem no de autarquias" (ADI 1923). **E**: Incorreta, pois, mesmo no dispêndio de verbas provenientes do erário, as entidades do terceiro setor devem respeitar os princípios da moralidade e da impessoalidade. Esses princípios são fundamentais para garantir a correta aplicação dos recursos públicos e a transparência na gestão, independentemente de as verbas terem sido incorporadas ao patrimônio da entidade. Nesse sentido, na ADI 1923 decidiu-se que "embora não façam formalmente licitação, tais entidades devem editar um regulamento próprio para contratações, fixando regras objetivas e impessoais para o dispêndio de recursos públicos".

Gabarito "B".

(Procurador – PGE/SP – 2024 – VUNESP) O Estado "X" pretende realizar acordo de cooperação com organização da sociedade civil (OSC), sob as regras da Lei nº 13.019/2014. Assinale a alternativa que apresenta cláusula confeccionada para fins de inclusão na minuta do instrumento de parceria que se revela adequada ao negócio jurídico a ser celebrado.

(A) "A entidade parceira declara preencher o requisito de prazo mínimo de existência, com cadastro ativo na Secretaria de Receita Federal do Brasil, nos termos da Lei nº 13.019/2014".

(B) "Fica dispensada a apresentação de plano de trabalho pela entidade parceira, que poderá ser substituído por carta de intenções subscrita pelo dirigente da entidade, a ser disponibilizada no prazo de cinco dias a contar da assinatura do ajuste".

(C) "A parceria produzirá efeitos jurídicos a partir da data de assinatura, sem prejuízo da oportuna publicação do ajuste no diário oficial do Estado".

(D) "Em vista da vedação legal à celebração de parcerias com organizações de cunho religioso, a entidade parceira declara não ostentar tal natureza".

(E) "As atividades previstas no plano de trabalho serão inteiramente financiadas pela OSC parceira, a quem caberá, portanto, a responsabilidade pela captação dos recursos necessários para sua execução".

A: Incorreto. O art. 33, V, "a", da Lei nº 13.019/2014 exige que a entidade parceira tenha um prazo mínimo de dois anos de funcionamento, com o respectivo cadastro ativo na Receita Federal. Esses requisitos não são comprováveis mediante mera declaração da entidade parceira, mas sim por meio de documentação emitida pela Secretaria da Receita Federal e cópia do estatuto social da entidade devidamente registrado (art. 26, I e II, do Decreto 8.726/16). **B:** Incorreto. De acordo com o Art. 35, IV, da Lei nº 13.019/2014, a apresentação (e aprovação) do plano de trabalho é obrigatória para formalizar a parceria. A dispensa dessa apresentação, mesmo substituída por uma carta de intenções, não está prevista na legislação e comprometeria a formalidade e a clareza exigidas para a execução das atividades. **C:** Incorreto. O art. 38 da Lei nº 13.019/2014 estabelece que o ajuste deve ser publicado nos meios oficiais de publicidade da administração pública para ter efeitos jurídicos. A assinatura do acordo sozinha não é suficiente para validar a parceria juridicamente, sendo necessário o cumprimento da formalidade da publicação. **D:** Incorreto. O art. 33, § 2º, da Lei nº 13.019/2014 regula a possibilidade de organizações de cunho religioso celebrarem esse tipo de parceria, inclusive estabelecendo certas vantagens quanto à apresentação de documentação necessária à celebração da parceria. **E:** Correto. Segundo o Art. 2º, VIII-A, o *acordo de cooperação* é o "instrumento por meio do qual são formalizadas as parcerias estabelecidas pela administração pública com organizações da sociedade civil para a consecução de finalidades de interesse público e recíproco que não envolvam a transferência de recursos financeiros". A cláusula está adequada, pois reflete corretamente as responsabilidades da OSC em relação ao financiamento das atividades. WG

Gabarito "E".

(Procurador Município – Teresina/PI – FCC – 2022) O Município X celebrou com o Estado Y um convênio, por meio do qual recebeu recursos financeiros estaduais, para construção de uma creche em terreno municipal. A vigência do convênio foi fixada em dois anos a partir da data de sua assinatura e já se esgotou. Conforme laudo técnico de engenharia, a obra alcançou 80% do percentual de conclusão.

Em vista de tal situação,

(A) deve haver a encampação da obra pública pelo Estado, desapropriando-se o terreno municipal.

(B) pode haver celebração de um novo convênio, com cláusula hipotecária em favor do Estado.

(C) deve o Município devolver em dobro ao Estado os recursos que lhe foram destinados, em vista do descumprimento do convênio, conforme preceitua a Lei 14.133/2021.

(D) deve ser anulado o convênio, pois tal espécie de ajuste não se presta à realização de obras públicas.

(E) o Município poderá propor a prorrogação do ajuste, o que é possível por tratar-se de parceria jurídica, cujo objeto é de escopo, que só se extingue com a sua integral execução.

Em relação aos convênios, aplicam-se as disposições da Lei 14.133/2021, no que couber (art. 184 da Lei 14.133/2021). Incidente, portanto, o art. 111 da Lei 14.133/2021, o qual prevê o seguinte: "Na contratação que previr a conclusão de escopo predefinido, o prazo de vigência será automaticamente prorrogado quando seu objeto não for concluído no período firmado no contrato." Assim, como o convênio foi celebrado para a construção de uma creche (escopo predefinido), e diante de sua não conclusão no prazo originariamente ajustado, o seu prazo de vigência poderá ser prorrogado. Correta a alternativa E. WG

Gabarito "E".

(Procurador Município – Teresina/PI – FCC – 2022) A Lei Federal 13.019, de 31 de julho de 2014, que instituiu o procedimento de Manifestação de Interesse Social, de caráter prévio à celebração de parcerias, estabelece:

(A) A Administração poderá, quando se afigurar conveniente, condicionar a realização de chamamento público ou a celebração de parceria à prévia realização do Procedimento de Manifestação de Interesse Social.

(B) A realização do Procedimento de Manifestação de Interesse Social não implicará necessariamente na execução do chamamento público, que acontecerá de acordo com os interesses da Administração.

(C) Trata-se de procedimento destinado a selecionar, de maneira competitiva e impessoal, organização da sociedade civil para firmar parceria por meio de termo de colaboração ou de fomento.

(D) Por meio de tal procedimento, as organizações da sociedade civil, movimentos sociais, empresas privadas e cidadãos poderão apresentar propostas ao poder público para que este avalie a possibilidade de realização de um chamamento público objetivando a celebração de parceria.

(E) A organização da sociedade civil que apresentar proposta, por meio do Procedimento de Manifestação de Interesse Social, fica impedida de participar de eventual chamamento público subsequente.

A: incorreta (é vedado condicionar a realização de chamamento público ou a celebração de parceria à prévia realização de Procedimento de Manifestação de Interesse Social-PMI, cf. art. 21, § 3º). **B:** correta (cf. art. 21, "caput"). **C:** incorreta (a definição dessa alternativa refere-se ao chamamento público, cf. art. 2º, XII). **D:** incorreta (as empresas privadas não estão previstas no art. 18, "caput", da Lei 13.019/2014, que define o PMI como o instrumento por meio do qual as organizações da sociedade civil, movimentos sociais e cidadãos poderão apresentar propostas ao poder público para que este avalie a possibilidade de realização de um chamamento público objetivando a celebração de parceria). **E:** incorreta (a proposição ou a participação no PMI não impede a organização da sociedade civil de participar no eventual chamamento público subsequente, cf. art. 21, § 2º). WG

Gabarito "B".

(Juiz de Direito/AP – 2022 – FGV) O Estado Alfa celebrou com uma organização da sociedade civil (OSC) uma espécie de parceria, mediante transferência voluntária de recursos para consecução de plano de trabalho proposto pelo poder público estadual, em regime de mútua cooperação, para a consecução de finalidades de interesse público e recíproco propostas pela Administração Pública, consistentes na promoção e divulgação do "Programa à Vítima e Testemunha Ameaçadas no Estado Alfa", garantindo, na forma da lei, às vítimas e às testemunhas, alimentação, saúde, moradia, educação e lazer, de maneira a promover a reinserção social dos sujeitos em proteção em um novo território fora do local de risco.

De acordo com a Lei nº 13.019/2014, no caso em tela, o instrumento adequado utilizado foi o:

(A) contrato de gestão, e o serviço firmado foi delegado à OSC, contratada mediante licitação;
(B) termo de colaboração, e a OSC foi selecionada por meio de chamamento público;
(C) termo de parceria, e a OSC foi selecionada mediante inexigibilidade de licitação;
(D) termo de fomento, e a OSC foi selecionada mediante contratação direta;
(E) acordo de cooperação, e deve haver prestação de contas sobre os recursos financeiros transferidos ao Tribunal de Contas.

Comentário: A Lei 13.019/2014 estabelece o regime jurídico das parcerias voluntárias entre a Administração e as Organizações da Sociedade Civil (OSC). Trata-se do Marco Regulatório das Organizações da Sociedade Civil (MROSC). A norma disciplina três instrumentos para a formalização das parcerias: 1º) *termo de colaboração* (em há transferência de recursos financeiros; ademais, a proposta para a instituição da parceria é da Administração); 2º) *termo de fomento* (em que há transferência de recursos financeiros; além disso, a proposta para a instituição da parceria é da entidade civil); e 3º) *acordo de colaboração* (em que não há transferência de recursos financeiros). Advirta-se que o *contrato de gestão* não se aplica para as OSCs, e sim às Organizações Sociais (OSs), disciplinadas pela Lei 9.637/1998. Da mesma forma o *termo de parceria*, incidente no regime das Organizações da Sociedade Civil de Interesse Público (OSCIPs), regradas pela Lei 9.790/1999. Além disso, o instrumento de seleção estipulado pela Lei 13.019/2014 é, como regra, o *chamamento público*, e não a licitação. Diante dessas considerações, conclui-se: **A**: incorreta (o contrato de gestão não se aplica às OSCs, e sim às OSs; ademais, a parceria não se faz mediante licitação, e sim por chamamento público); **B**: correta; **C**: incorreta (o termo de parceria não se aplica às OSCs, e sim às OSCIPs; além disso, a parceria não se faz mediante licitação ou sua inexigibilidade); **D**: incorreta (não se aplica o termo de fomento, pois, conforme o enunciado, a parceria foi proposta pelo Poder Público; ademais, a parceria não se faz mediante contratação direta); **E**: incorreta (não se aplica acordo de cooperação no caso presente, pois, segundo o enunciado, há transferência de recursos financeiros pela Administração estadual; além disso, esses recursos não foram transferidos ao Tribunal de Contas). Gabarito "B".

(Juiz de Direito/GO – 2021 – FCC) A Associação Goiana de Aeromodelismo, entidade privada sem fins lucrativos, procura a Secretaria da Educação de Goiás, propondo a realização de um projeto de oficinas de aeromodelismo nas escolas estaduais, sendo que tal proposta se coaduna com um dos objetivos de seu estatuto social, referente à "promoção de ações educativas associadas ao aeromodelismo". Conforme o plano de trabalho proposto para o ajuste, voluntários do quadro da entidade atuarão como instrutores de forma gratuita, cabendo ao órgão estadual fornecer o material de consumo e disponibilizar as instalações para desenvolvimento da atividade. Diante de tais características e tendo em vista o que dispõe a Lei no 13.019, de 31 de julho de 2014, constata-se que se pretende estabelecer um

(A) termo de colaboração, visto que o fornecimento de materiais pelo Estado pode ser considerado uma forma de repasse financeiro.
(B) acordo de cooperação, visto que o ajuste não implica transferência de recursos financeiros.
(C) convênio, visto que houve a apresentação de plano de trabalho pela entidade proponente.
(D) termo de parceria, visto que a entidade, por suas características, pode ser considerada uma OSCIP.
(E) termo de fomento, haja vista que o projeto foi proposto pela entidade civil.

Comentário: A Lei 13.019/2014 estabelece o regime jurídico das parcerias voluntárias entre a Administração e as organizações da sociedade civil. Trata-se do Marco Regulatório das Organizações da Sociedade Civil (MROSC). A norma disciplina três instrumentos para a formalização das parcerias: 1º) *termo de colaboração*: caracterizada pelo repasse de recursos financeiros (obs.: o fornecimento de materiais não pode ser considerado uma forma de repasse financeiro), sendo que a proposta para a sua instituição parte da Administração; 2º) *termo de fomento*: caracterizada pelo repasse de recursos financeiros, sendo que a proposta para a sua instituição parte da organização da sociedade civil; 3º) *acordo de colaboração*: parceria que não envolve o repasse de recursos financeiros (obs.: pode contemplar outras espécies de recurso, como o compartilhamento de bem patrimonial). Observe-se que a Lei 13.019/2014 não disciplina a figura do *convênio* e do *termo de parceria* (cf. art. 3º da Lei do MROSC). Diante disso, tem-se o seguinte: **A**: incorreta (o fornecimento de materiais pelo Estado não pode ser considerado repasse de recurso financeiro); **B**: correta; **C**: incorreta (o convênio não está disciplinado pela Lei 13.019/2014); **D**: incorreta (o termo de parceria, associado às OSCIPs, não é disciplinado pela Lei 13.019/2014); **E** incorreta (a parceria proposta pela Associação Goiana de Aeromodelismo não envolve o repasse de recursos financeiros, o que afasta a utilização de termo de fomento). Gabarito "B".

(Juiz de Direito – TJ/AL – 2019 – FCC) De acordo com as disposições da Lei federal n. 13.019/2014, o estabelecimento de parcerias entre o poder público e entidades da sociedade civil sem fins lucrativos, para a execução de planos de trabalho por estas propostos,

(A) se dá mediante termo de fomento, se envolver transferência de recursos públicos, vedada a celebração de convênio para tal finalidade.
(B) não pode envolver, direta ou indiretamente, a transferência de recursos públicos à entidade.
(C) deve ser precedido de procedimento licitatório, na modalidade convite, salvo em se tratando de entidades de assistência social.
(D) deve ser feito mediante contrato de gestão, apenas com entidades pré-qualificadas.
(E) deve ser precedido de chamamento público, obrigando-se o poder público a celebrar termo de parceria com a entidade melhor classificada.

O termo de fomento é o instrumento por meio do qual são formalizadas as parcerias estabelecidas pela administração pública com organizações da sociedade civil para a consecução de finalidades de interesse público e recíproco propostas pelas organizações da sociedade civil, que envolvam a transferência de recursos financeiros – Art. 2º, VIII, da Lei n. 13.019/2014. Gabarito "A".

(Juiz de Direito – TJ/SC – 2019 – CESPE/CEBRASPE) A respeito de organizações sociais, assinale a opção correta considerando o entendimento do STF em sede de controle concentrado.

(A) É inconstitucional a previsão legal de cessão de servidor público a organização social: essa hipótese configura desvio de função.

(B) O contrato de gestão não configura hipótese de convênio, uma vez que prevê negócio jurídico de natureza comutativa e se submete ao mesmo regime jurídico dos contratos administrativos.

(C) As organizações sociais, por integrarem o terceiro setor, integram a administração pública, razão pela qual devem submeter-se, em suas contratações com terceiros, ao dever de licitar.

(D) O indeferimento do requerimento de qualificação da organização social deve ser pautado pela publicidade, transparência e motivação, mas não precisa observar critérios objetivos, devendo ser respeitada a ampla margem de discricionariedade do Poder Público.

(E) A qualificação da entidade como organização social configura hipótese de simples credenciamento, o qual não exige licitação em razão da ausência de competição.

As organizações sociais representam uma entidade integrante do chamado Terceiro Setor. O STF apreciou o modelo das organizações sociais no âmbito da ADI 1923 (Pleno, Rel. Min. Luiz Fux, DJe 16/12/2015). Com base em tal julgado, pode-se avaliar o acerto ou a incorreção das alternativas. A alternativa A está incorreta (é constitucional a previsão legal de cessão de servidor público a organização social). Incorreta a alternativa B (as organizações sociais são baseadas no firmamento de contrato de gestão, que configura hipótese de convênio). A alternativa C, incorreta (conforme decidiu o STF, "as organizações sociais, por integrarem o Terceiro Setor, não fazem parte do conceito constitucional de Administração Pública, razão pela qual não se submetem, em suas contratações com terceiros, ao dever de licitar"). Alternativa D incorreta (o indeferimento do requerimento de qualificação, além de pautado pela publicidade, transparência e motivação, deve observar critérios objetivos). A alternativa E está correta (como decidiu o STF, "a atribuição de título jurídico de legitimação da entidade através da qualificação configura hipótese de credenciamento, no qual não incide a licitação pela própria natureza jurídica do ato, que não é contrato, e pela inexistência de qualquer competição"). **RB**
Gabarito: "E".

4.7 Temas Combinados de Organização Administrativa

(JUIZ DE DIREITO – TJ/SP – 2023 – VUNESP) As Agências Reguladoras levam ao estudo da regulação e da autorregulação. Com relação a estes temas, é correto afirmar que

(A) a regulação estatal, dotada de autoridade, está presente nas Agências Reguladoras, enquanto a autorregulação, que se caracteriza como espécie de regulação, mas não com a ausência desta, é exercida pelos próprios agentes regulados.

(B) tanto a regulação estatal como a autorregulação são dotadas de autoridade e executoriedade, cabendo sua atuação diretamente às Agências Reguladoras.

(C) a autorregulação, por se tratar da inexistência ou ausência de regulação, é tema estranho e que não se refere às Agências Reguladoras.

(D) a atribuição, a cada Agência Reguladora, de atribuições relativas a um dado setor do serviço público ou a atividade econômica setorizada e perfeitamente identificada, revela atuação que se caracteriza como autorregulação desse serviço ou atividade.

A: Correta. As agências reguladoras, autarquias em regime especial, são criadas para regular e fiscalizar a prestação de serviços público ou de atividades de interesse público. Em virtude de sua atuação, as agências exercem a função de regulação, que é dotada de autoridade. Já a autorregulação ocorre quando os próprios setores regulados criam as normas que disciplinam suas atividades, desde que estejam de acordo com as regras impostas pela Administração Pública. **B: Incorreta.** A autorregulação não tem autoridade nem executoriedade, visto que devem estar de acordo com as regras impostas pela regulação estatal. **C: Incorreta.** A existência de autorregulação não significa que não existe a regulação estatal, a Agência Reguladora continua tendo a função de regular e fiscalizar os serviços objeto de sua atuação. **D: Incorreta.** A atribuição de atribuições a uma agência reguladora reflete a regulação estatal, e não a autorregulação. **FC**
Gabarito: "A".

(Juiz Federal – TRF/1 – 2023 – FGV) Uma empresa prestadora de serviços de transporte interestadual terrestre recebe autuação da agência reguladora Agência Nacional de Transportes Terrestres (ANTT) com identificação da infração e aplicação das sanções de multa e suspensão da atividade. Resolve então ajuizar ação questionando a resolução da agência que tipifica as condutas infracionais e prescreve as sanções correspondentes, por violação ao princípio constitucional da legalidade.

Sobre o poder regulador das agências no Brasil, é correto afirmar que:

(A) a decisão da agência reguladora (ANTT) pode ser revista em recurso hierárquico;

(B) a agência reguladora é autarquia especial e recebe da lei que a institui uma delegação para exercer seu poder de regulação;

(C) o principal papel das agências reguladoras é a gestão dos contratos de outorga de serviços públicos, sem atividade de regulação autônoma;

(D) as agências executivas são espécies de agências reguladoras que atuam em atividades típicas do Estado conforme definidas no contrato de gestão;

(E) conforme recente julgamento da ADI 5906, o Supremo Tribunal Federal entendeu pela impossibilidade de a agência reguladora definir em resolução as infrações e suas sanções.

A Agência Nacional de Transportes Terrestres (ANTT) é uma agência reguladora, que é uma autarquia em regime especial, criada para fiscalizar e regular os serviços de transporte terrestre. **A:** A alternativa foi considerada incorreta, pois está incompleta, pois não especifica qual recurso hierárquico está sendo questionado. Isso porque caberia o recurso hierárquico próprio, ou seja, dentro da própria entidade, mas não poderia ser admitido o recurso hierárquico impróprio, para outra pessoa jurídica. **B: Correta.** A agência reguladora é uma autarquia em regime especial, e pode receber a lei que a institui o poder de exercer seu poder de regulação. No mesmo sentido, o Supremo Tribunal Federal (ADI 5906, Rel. Min. Marco Aurélio, julg. 06/03/2023), que entendeu que as Agências Reguladoras, criadas como autarquias especiais pelo Poder Legislativo (CF, art. 37, XIX), recebem da lei que as instituem uma delegação para exercer seu poder normativo de regulação, competindo ao Congresso Nacional a fixação das finalidades, dos objetivos básicos e da estrutura das Agências, bem como a fiscalização de suas atividades.

C: Incorreto. As agências reguladoras têm a função de regulação das atividades de sua área de atuação. **D:** Incorreta. Agências Executivas são autarquias ou fundações públicas comuns, que firmam com a Administração um contrato de gestão. As Agências Executivas não se confundem com Agências Reguladoras. **E:** Incorreta. O STF entendeu pela possibilidade de a agência reguladora definir em resolução as infrações e suas sanções.

Gabarito "B".

(Juiz Federal – TRF/1 – 2023 – FGV) Um determinado ente da federação pretende criar, com autorização legal, nova pessoa jurídica para exercer atividade econômica em sentido estrito, mas pede um parecer à sua procuradoria sobre a melhor estrutura a adotar.

Nesse sentido, sobre as principais características das entidades que compõem a Administração Pública indireta, é correto afirmar que:

(A) a autarquia pode ter personalidade jurídica de direito público ou privado, de acordo com a sua área de atuação. São exemplos de autarquias a Comissão de Valores Mobiliários (CVM) e a Superintendência de Seguros Privados (Susep);

(B) a sociedade de economia mista é pessoa jurídica de direito privado e, portanto, pode exercer atividade econômica. A Caixa Econômica Federal é um exemplo de sociedade de economia mista;

(C) a expressão empresa estatal ou governamental é sinônimo da expressão jurídica empresa pública, podendo ser usados ambos os nomes para designar a pessoa jurídica de direito privado com capital inteiramente público;

(D) a empresa pública é pessoa jurídica de direito privado com capital inteiramente público e organização sob qualquer das formas admitidas em direito. O Banco Nacional de Desenvolvimento Econômico e Social (BNDES) é um exemplo de empresa pública;

(E) a autarquia que tenha personalidade jurídica de direito privado pode ter seus bens penhorados e perde a imunidade tributária.

A: Incorreta. CVM e Susep são, de fato, exemplos de autarquias, no entanto a autarquia sempre terá personalidade jurídica de direito público. **B:** Incorreta. A sociedade de economia mista é pessoa jurídica de direito privado, portanto pode exercer atividade econômica, no entanto, a Caixa Econômica Federal é exemplo de empresa pública. **C:** Incorreta. A expressão "empresa estatal" ou "empresa governamental" abarca tanto as empresas públicas quanto as sociedades de economia mista, em que a Administração detém todo ou parte do capital social. **D:** Correta. Empresa pública é pessoa jurídica de direito privado. Nos termos do art. 3º da Lei 13.303/16, o capital social da empresa pública é, em regra, integralmente detido pelo ente federativo. Excepcionalmente, desde que maioria do capital votante permaneça com o ente federativo, é possível a participação de outras pessoas jurídicas de direito público ou de entidades da Administração Indireta. **E:** Incorreta. A autarquia tem personalidade jurídica de direito público, seus bens não podem ser penhorados, e ela tem imunidade tributária nos termos do art. 150, § 2º, CR/88.

Gabarito "D".

(Advogado – Pref. São Roque/SP – 2020 – VUNESP) A respeito da Administração Indireta, assinale a alternativa correta.

(A) A venda de subsidiárias de empresas públicas deve ser precedida de autorização legislativa.

(B) Será considerada como sociedade de economia mista toda sociedade empresária que conte com a participação da Administração e de entidades privadas na composição do capital social.

(C) As fundações públicas possuem natureza jurídica de direito privado e sua criação prescinde autorização legislativa.

(D) O estatuto da empresa pública deverá observar regras de governança corporativa, de transparência e de estruturas, práticas de gestão de riscos e de controle interno.

(E) A agência reguladora não precisa indicar os pressupostos de fato e de direito que motivam a expedição de seus atos normativos.

A: incorreta (conforme decidido pelo STF no âmbito da ADI 5624 MC-Ref, a alienação de subsidiárias das empresas estatais não exige a anuência do Poder Legislativo); **B**: incorreta (para a caracterização da sociedade de economia mista, não basta a participação da Administração e de entidades privadas; além disso, necessário se faz que o seu controle acionário esteja com a Administração, cf. art. 4º, "caput", da Lei 13.303/2016); **C**: incorreta (embora seja um tema polêmico, vem prevalecendo a posição de que as fundações públicas possam assumir personalidade jurídica de direito público ou privado; ademais, sua criação depende de autorização legislativa, cf. art. 37, XIX, CF); **D**: correta (art. 6º da Lei 13.303/2016); **E**: incorreta (a agência reguladora constitui uma autarquia de regime especial, motivo pelo qual se submete ao regime jurídico-administrativo; assim, deve obediência ao princípio da motivação, inclusive na expedição de seus atos normativos).

Gabarito "D".

(Defensor Público – DPE/PR – 2017 – FCC) Em seu sentido subjetivo, o termo Administração pública designa os entes que exercem a atividade administrativa. Desse modo, a Defensoria Pública do Estado do Paraná,

(A) é pessoa jurídica de direito público e possui capacidade processual, podendo ser configurada como autarquia *sui generis* – sociedade pública de advogados, embora não seja instituição autônoma com sede constitucional.

(B) possui capacidade processual para ingressar com ação para a defesa de suas funções institucionais por expressa previsão legal, embora não seja pessoa jurídica de direito público.

(C) é pessoa jurídica de direito público e possui capacidade processual, podendo, caso haja expressa previsão legal, integrar a pessoa jurídica "Estado do Paraná" por ser instituição autônoma com sede constitucional.

(D) integra a pessoa jurídica de direito publico "Estado do Paraná" e possui capacidade jurídica, sendo representada, em juízo, pela Procuradoria do Estado em toda espécie de processo judicial de seu interesse.

(E) integra a pessoa jurídica de direito publico "Estado do Paraná" e possui capacidade jurídica, sendo representada, em juízo, pela Procuradoria do Estado em toda espécie de processo judicial de seu interesse, exceto ações trabalhistas que tramitarem na Justiça do Trabalho.

A Defensoria Pública é órgão do Poder Executivo, situação que não foi alterada pela EC 45/2004, que, em que pese ter conferido a esta função essencial da Justiça autonomia administrativa e financeira, não a elevou à categoria de pessoa jurídica de direito público interno, como a União, os estados-membros e municípios.

Gabarito "B".

(Defensor Público – DPE/PR – 2017 – FCC) Considere o seguinte fato hipotético:

O Estado do Paraná, em decorrência da crise financeira, enfrenta situação de desajuste fiscal, tendo sido excedido o limite prudencial de despesa com gastos de pessoal previsto na Lei de Responsabilidade Fiscal. Considerando enquadrar-se a função de Defensor Público do Paraná no conceito de "atividade exclusiva de Estado", na forma das normas gerais para perda de cargo público por excesso de despesa, para contornar os efeitos da crise, caso atingisse o limite total de gastos com pessoal, a ÚLTIMA providência a ser adotada pela Administração Superior da Defensoria Pública seria a

(A) exoneração de parte dos servidores efetivos do Quadro de Pessoal da Defensoria Pública do Estado do Paraná.
(B) suspensão de todos os repasses de verbas federais ou estaduais aos Estados, ao Distrito Federal e aos Municípios que não observarem os referidos limites.
(C) proibição de alteração de estrutura na carreira que implique aumento de despesa.
(D) redução em pelo menos vinte por cento das despesas com cargos em comissão e funções de confiança da Defensoria Pública do Estado do Paraná.
(E) exoneração dos membros estáveis da Defensoria Pública do Estado do Paraná.

De acordo com o art. 169 da Constituição Federal, com a redação conferida pela Emenda Constitucional n. 19/1998, a despesa com pessoal ativo e inativo da União, dos Estados, do Distrito Federal e dos Municípios não poderá exceder os limites estabelecidos em lei complementar (a Lei Complementar n. 101/2000, a Lei de Responsabilidade Fiscal). Para que os limites estabelecidos na legislação sejam atendidos, como última medida a ser adotada pela Administração Pública (incluindo-se a Defensoria Pública), poderá haver a exoneração dos servidores estáveis (art. 169. § 4º). Gabarito "E".

(Juiz – TRF 2ª Região – 2017) Analise as assertivas e, em seguida, marque a opção correta:

I. Respeitados os parâmetros da Lei nº 9.307/96 ou, quando for o caso, de lei específica, as empresas públicas, as sociedades de economia mista e até as autarquias podem submeter seus litígios à arbitragem. Já a Administração Pública direta não o pode.
II. A arbitragem que envolva a Administração Pública será preferencialmente de direito.
III. A execução de sentença arbitral estrangeira envolvendo sociedade de economia mista e empresas públicas não depende de homologação para ser executada no Brasil.
IV. Para o direito administrativo, não há distinção entre compromisso e cláusula compromissória.

(A) Apenas a assertiva I está correta.
(B) Apenas a assertiva II está correta.
(C) Apenas a assertiva III está correta.
(D) Apenas a assertiva IV está correta.
(E) Todas as assertivas são falsas.

A: incorreta. A assertiva I está incorreta, eis que o art. 1º, §1º, da Lei 9.307/1996 dispõe que a Administração Pública direta e indireta poderá utilizar-se da arbitragem para dirimir conflitos relativos a direitos patrimoniais disponíveis; **B:** incorreta. A assertiva II está incorreta, pois o art. 1º, §3º, da Lei 9.307/1996 dispõe que a arbitragem que envolva a Administração pública será sempre de direito e respeitará o princípio da publicidade; **C:** incorreta. O art. 35, da Lei 9.307/1996 dispõe que para ser reconhecida ou executada no Brasil, a sentença arbitral estrangeira está sujeita, unicamente, à homologação do STJ; **D:** incorreta. A cláusula compromissória é a convenção por meio da qual as partes em um contrato comprometem-se a submeter à arbitragem os litígios que possam vir a surgir, relativamente a tal contrato e o compromisso arbitral é a convenção por meio da qual as partes submetem um litígio à arbitragem de uma ou mais pessoas, podendo ser judicial ou extrajudicial; **E:** correta. Todas as assertivas estão incorretas. Gabarito "E".

5. SERVIDORES PÚBLICOS

5.1. Conceito e classificação

Para resolver as questões deste item, vale lembrar que há três grandes grupos de agentes públicos, que são os seguintes: **a) agentes políticos**, que são os que têm cargo estrutural no âmbito da organização política do País (exs.: chefes do Executivo, secretários estaduais e municipais, vereadores, deputados, senadores, juízes, entre outros); **b) agentes administrativos ou servidores públicos**, que são os que possuem cargo, emprego ou função na Administração Direta e Indireta, compreendendo os empregados públicos e servidores estatutários e temporários (exs.: professor, médico, fiscal, técnico, analista, delegado, procurador etc.); **c) particulares em colaboração com o Poder Público**, que são aqueles que, sem perder a condição de particulares, são chamados a contribuir com o Estado (ex.: *agentes honoríficos*, como os mesários das eleições e os jurados do Tribunal do Júri; *agentes credenciados*, como um advogado contrato para defender um Município numa ação judicial específica; *agentes delegados*, como o registrador e o tabelião, nos Cartórios). Assim, dentro da expressão *servidores públicos*, não estão contidos os *agentes políticos* e os *particulares em colaboração com o Poder Público*. Para alguns autores, como Maria Sylvia Zanella Di Pietro, os *militares* devem ser considerados uma espécie a mais de servidores públicos. Assim, para essa doutrina, há quatro grandes grupos de agentes públicos: a) agentes políticos; b) servidores públicos; c) militares; d) particulares em colaboração com a Administração.

5.2. Vínculos (cargo, emprego e função)

(Procurador – AL/PR – 2024 – FGV) O Município Delta, após o devido processo legislativo, fez editar uma Lei que criou 300 (trezentos) cargos em comissão, sem pormenorizar, contudo, as respectivas atribuições, em decorrência do objetivo de que os respectivos agentes desempenhassem atividades burocráticas, de apoio técnico e administrativo.

Tal norma especificou, ainda, o percentual dos cargos a serem preenchidos por servidores ocupantes de cargos efetivos e determinou que o regime próprio de previdência dos servidores será aplicável mesmo para aqueles que ocupem exclusivamente cargo em comissão, sendo certo que o número de cargos por ela criado corresponde a mais da metade dos efetivos existentes no âmbito do aludido ente federativo.

Diante dessa situação hipotética, à luz da jurisprudência do Supremo Tribunal Federal acerca do tema, é correto afirmar que

(A) é constitucional a criação de tais cargos em comissão sem pormenorizar as respectivas atribuições.
(B) é inconstitucional a determinação de que um percentual dos cargos em comissão será ocupado por servidores de cargos efetivos.
(C) é constitucional a utilização de tais cargos em comissão para desempenhar atividades burocráticas, de apoio técnico e administrativo.
(D) é inconstitucional a criação de cargos em comissão na proporção em que realizado, diante da violação ao princípio da proporcionalidade.
(E) é constitucional a submissão dos agentes ocupante de cargo exclusivamente em comissão ao regime próprio de previdência dos servidores.

No RE 1041210, foi fixada a seguinte tese: "a) A criação de cargos em comissão somente se justifica para o exercício de funções de direção, chefia e assessoramento, não se prestando ao desempenho de atividades burocráticas, técnicas ou operacionais; b) tal criação deve pressupor a necessária relação de confiança entre a autoridade nomeante e o servidor nomeado; c) o número de cargos comissionados criados deve guardar proporcionalidade com a necessidade que eles visam suprir e com o número de servidores ocupantes de cargos efetivos no ente federativo que os criar; e d) as atribuições dos cargos em comissão devem estar descritas, de forma clara e objetiva, na própria lei que os instituir". Dessa forma: **A:** Incorreta, pois, conforme item "d" da tese, "as atribuições dos cargos em comissão devem estar descritas, de forma clara e objetiva, na própria lei que os instituir". **B:** Incorreta, pois, o art. 37, V, da CF estabelece que os cargos em comissão deve sim ser preenchidos por servidores de carreira, ainda que observado os casos, condições e percentuais mínimos previstos em lei. **C:** Incorreta, pois, conforme o item "a" da tese, os cargos em comissão não se prestam ao desempenho de atividades burocráticas, técnicas ou operacionais, mas somente ao exercício de funções de direção, chefia e assessoramento. **D:** Correta, pois, conforme o item "c" da tese, é justamente ao contrário, para ser constitucional, o número de cargos comissionados criados deve sim guardar proporcionalidade com a necessidade que eles visam suprir, bem como com o número de servidores ocupantes de cargos efetivos no ente federativo que os criar. **E:** Incorreta, pois os ocupantes de cargo exclusivamente em comissão são submetidos ao Regime Geral de Previdência Social (art. 40, § 13, CF). Gabarito "D".

(**Procurador Fazenda Nacional – AGU – 2023 – CEBRASPE**) Bernardo, jogador de futebol profissional aposentado, foi nomeado para exercer determinado cargo em comissão na administração pública. Por seu carisma e sua cordialidade, além da competência e assiduidade no desempenho do trabalho, logo se tornou bastante querido entre os colegas, sendo alçado a capitão do time de futebol dos agentes da repartição, o que deixou o seu chefe, capitão do time até então, extremamente incomodado com a situação. Diante disso, o chefe, que havia designado Bernardo para o cargo, resolveu exonerá-lo.

Nessa situação hipotética, Bernardo

(A) não tem direito à reintegração nem à indenização.
(B) tem direito à reintegração ao cargo, dada a ilegalidade de sua exoneração.
(C) tem direito à reversão ao cargo, dada a ilegalidade de sua exoneração.
(D) tem direito à recondução ao cargo e à indenização pela dispensa arbitrária.
(E) não tem direito à reintegração, mas poderá ser indenizado pela ausência de motivação do ato de exoneração.

De acordo com o art. 37 da CF, as cargos em comissão são de livre nomeação e exoneração. Nesse sentido, é possível exonerar alguém de um cargo em comissão mesmo que não haja qualquer motivação, pouco importando o móvel (a intenção) do agente que promove a exoneração. Todavia, caso a motivação seja feita, expressando um fato que venha a ser revelar falso, nesse caso sim é possível aplicar a teoria dos motivos determinantes, anulando o ato de exoneração. Porém, no caso em tela não consta da questão que houve uma motivação de fato expressada no ato, o que não permite discutir a questão da veracidade dos fatos apresentados como motivação do ato. Dessa forma, não há que se anular o ato, não havendo nem direito à reintegração, nem a uma indenização, restando correta a alternativa "a". Gabarito "A".

(**Juiz – TJ-SC – FCC – 2017**) Rafael Da Vinci foi nomeado Delegado de Polícia Federal e, ao fim do período de estágio probatório, foi reprovado na avaliação de desempenho e exonerado do cargo. Inconformado, ajuizou ação visando a anular o processo administrativo que culminou em sua exoneração. Nesse ínterim, prestou concurso para Delegado de Polícia Estadual, sendo aprovado e empossado no referido cargo. Sobreveio, então, decisão definitiva na ação judicial por ele ajuizada, anulando o ato expulsório. Neste caso,

(A) por força de efeito *ope judicis,* a nomeação e posse no cargo de Delegado de Polícia Estadual tornam-se, automaticamente, insubsistentes.
(B) trata-se de situação em que haverá a recondução de Rafael no cargo de Delegado da Polícia Federal, gerando a vacância do cargo de Delegado de Polícia Estadual.
(C) a ação proposta deveria ter sido extinta, por falta de interesse de agir, pois ao assumir outro cargo público, Rafael violou o princípio *nemo potest venire contra factum proprium.*
(D) para ser reintegrado no cargo de Delegado de Polícia Federal, Rafael deverá requerer a exoneração do cargo de Delegado de Polícia Estadual.
(E) Rafael deverá ser reintegrado no cargo de Delegado de Polícia Federal, ainda que deseje permanecer no cargo estadual, por força do efeito vinculante da coisa julgada.

A: incorreta. Não há interferência do decidido na sentença de anulação do ato exoneratório com a aprovação e nomeação em outro concurso público, eis que se tratam de cargos independentes, inclusive entre si, vinculados a órgãos diferentes, sem qualquer relação jurídica entre ambos, portanto; **B:** incorreta. A reintegração é instituto próprio do servidor estável, não se aplicando, portanto, ao agente público do enunciado, que não foi aprovado no estágio probatório; **C:** incorreta. O interesse de agir é legítimo, eis que o servidor tem o direito de rever decisão administrativa que discorde. Também não há comportamento contraditório ("venire contra factum proprium"), que, aliás, se aplica às relações contratuais, mas mesmo pensando no vínculo institucional, o servidor pode querer retornar ao cargo incialmente ocupado e que perdeu por alguma injustiça, tendo prestado outro concurso público, inclusive, somente porque perdeu o cargo anterior, ou seja, para não ficar desempregado; **D:** correta. Sendo cargos inacumuláveis (art. 37, XVI, CF), o servidor deverá escolher um dos cargos, ou ainda, para retornar ao anteriormente ocupado, terá que pedir exoneração do atualmente ocupado; E: incorreta. Os cargos são inacumuláveis e, mesmo com a sentença anulatória de sua exoneração, ainda poderá decidir permanecer no novo cargo. A sentença não o obriga a ocupar nenhum dos cargos, sendo uma opção do próprio servidor.

Gabarito "D".

5.3. Provimento e Concurso Público

(Procurador – PGE/SP – 2024 – VUNESP) Suponha que a Assessoria Técnico-Legislativa é instada a examinar anteprojeto de lei que almeja promover reestruturação administrativa, unificando as carreiras de Analista Administrativo I, cuja remuneração inicial equivale a R$ 5.000,00 (cinco mil reais) e Analista Administrativo II, cuja remuneração inicial equivale a R$ 5.000,00 (cinco mil reais), as quais passarão a compor a carreira de Especialista em Administração Pública, cuja remuneração inicial será de R$ 5.300,00 (cinco mil e trezentos reais). O requisito para ingresso nas duas carreiras sempre foi graduação em Administração Pública, a qual também será exigida para ingresso na nova carreira, e, em ambos os casos, as atribuições são equivalentes àquelas que o anteprojeto prevê para a carreira de Especialista em Administração Pública.

Diante disso, na qualidade de Procurador do Estado-Assessor competente para opinar acerca desse ponto do anteprojeto, será correto afirmar que a proposta é juridicamente

(A) viável, pois, nessa hipótese, a ascensão funcional não implica lesão ao princípio do concurso público.
(B) viável, pois, nessa hipótese, a transformação de cargos não implica lesão ao princípio do concurso público.
(C) inviável, pois, como a remuneração atribuída às carreiras não é equivalente, a pretendida ascensão funcional implica lesão ao princípio do concurso público.
(D) inviável, pois, à luz da jurisprudência do Supremo Tribunal Federal, transposição, transformação e ascensão são modalidades de provimento vedadas pela Constituição de 1988.
(E) inviável, pois, à luz da jurisprudência do Supremo Tribunal Federal, o provimento derivado em regra implica lesão ao princípio do concurso público.

A: Incorreto. O caso aqui é de transformação de cargos públicos, e não de ascensão funcional. Este último diz respeito em geral a uma promoção dentro da mesma carreira. **B:** Correto. Segundo o STF (ADIs 4616, 4151 e 6966), para que a transformação de cargos públicos seja constitucional são necessários os seguintes requisitos: i) concurso público; ii) similitude de atribuições dos cargos envolvidos; iii) a equivalência salarial; e a iv) identidade dos requisitos de escolaridade. Todos os requisitos estão cumpridos, portanto a transformação de cargos é viável no caso em análise. **C:** Incorreto, pois os valores são muito próximos, o que preenche o requisito da equivalência. **D:** Incorreto. O Supremo Tribunal Federal tem decidido que a ascensão profissional é possível se dentro da mesma carreira (é uma promoção), a transformação é possível se preenchidos os quatro requisitos mencionados no comentário à alternativa "b", sendo que apenas a transposição é bem mais complicada e em geral proibida, pois é uma movimentação de uma carreira já existente para uma outra carreira já existente, o que em geral viola o princípio do concurso público, da similitude dos cargos e da equivalência salarial. **E:** Incorreto, nos termos do mencionado entendimento do STF mencionado na alternativa "b".

Gabarito "B".

(Procurador Federal – AGU – 2023 – CEBRASPE) Considerando o que estabelece o regime jurídico dos servidores públicos civis da União, das autarquias e das fundações públicas federais acerca dos cargos públicos, assinale a opção correta.

(A) As funções de confiança são exercidas preferencialmente por servidores ocupantes de cargo efetivo e os cargos em comissão, a serem preenchidos por servidores de carreira, destinam-se apenas às atribuições de assessoramento.
(B) Nomeação, promoção, permuta, readaptação, reversão, aproveitamento, reintegração e a recondução são formas de provimento dos cargos públicos.
(C) A posse, ato personalíssimo, não admite representação por procuração e, no caso de impedimento, há possibilidade de pedido de prorrogação do prazo por 15 dias, contados da publicação do ato de provimento.
(D) A vacância do cargo público decorrerá de exoneração, demissão, promoção, readaptação, aposentadoria, posse em outro cargo inacumulável e falecimento.
(E) Às pessoas portadoras de deficiência é assegurado o direito de se inscrever em concurso público para provimento de cargo cujas atribuições sejam compatíveis com a deficiência de que sejam portadoras; para tais pessoas serão reservadas até 15% das vagas oferecidas no concurso.

A: Incorreta. As funções de confiança devem ser "exercidas *exclusivamente* por servidores ocupantes de cargo efetivo" (art. 37, V, da CF – g.n.), e não *preferencialmente* por esse servidores. Os cargos em comissão destinam-se não só às atribuições de *assessoramento*, mas também as de *chefia e direção*. (art. 37, V, da CF). **B:** Incorreta. O art. 8º da Lei nº 8.112/1990 não traz a "permuta" comum uma das formas de provimento. Os demais atos enumerados na alternativa são formas de provimento previstas no dispositivo. **C:** Incorreta. A posse poderá dar-se mediante procuração específica (Art. 13, § 3º, da Lei nº 8.112/1990). No caso dos impedimentos previstos no art. 13, § 2º, da referida lei, o prazo para tomar posse será contado do término do impedimento. **D:** Correta. O art. 33 da Lei nº 8.112/1990 traz exatamente as mencionadas hipóteses de vacância. **E:** Incorreta. Nos termos do Decreto 9.508/18, "Fica assegurado à pessoa com deficiência o direito de se inscrever, no âmbito da administração pública federal direta e indireta e em igualdade de oportunidade com os demais candidatos" (art. 1º, *caput*). Ademais, esse decreto reserva às pessoas com deficiência no mínimo 5% das vagas do certame (art. 1º, § 1º).

Gabarito "D".

(Analista – TRT/18 – 2023 – FCC) Considere o seguinte histórico, referente a servidor no mesmo município:

- data da publicação do ato de provimento: 10/3/2022.
- data da posse: 20/3/2022.
- data da entrada em exercício: 30/5/2022.

Nos termos constantes da Lei nº 8.112/1990, há ilegalidade, uma vez que

(A) a data da posse não tem como referência a data da publicação do ato de provimento.
(B) a posse deve ocorrer no prazo de quinze dias contados da publicação do ato de provimento.
(C) a posse e a entrada em exercício devem ocorrer na mesma data.
(D) a entrada em exercício independe da data da posse.

(E) é de quinze dias o prazo para o servidor empossado em cargo público entrar em exercício, contados da data da posse.

Nos termos da Lei 8.112/90, "a posse ocorrerá no prazo de trinta dias contados da publicação do ato de provimento" (art. 13, § 1º, Lei 8.112/90) e "é de quinze dias o prazo para o servidor empossado em cargo público entrar em exercício, contados da data da posse" (art. 15, § 1º, Lei 8.112/90). **A:** Incorreta. A data da posse tem como referência a data da publicação do ato de provimento. **B:** Incorreta, a posse deve ocorrer no prazo de 30 dias da publicação do ato de provimento. **C:** Incorreta, os prazos são diferentes. **D:** Incorreta, a entrada de exercício conta-se da data da posse. **E:** Correta. Art. 15, §1º, Lei 8.112/90. FC
Gabarito "E".

(Analista – TRT/18 – 2023 – FCC) Nos termos da Lei nº 8.112/1990,

(A) a remoção do servidor está condicionada à mudança de sede.

(B) a redistribuição é processo previsto para cargos de provimento efetivo e em comissão.

(C) o servidor estável inabilitado em estágio probatório relativo a outro cargo será submetido à recondução ao cargo anteriormente ocupado, desde que não provido.

(D) a reintegração é a reinvestidura do servidor estável ou em estágio probatório.

(E) a reversão é o processo que alcança servidores ativos e aposentados.

A: Incorreta. A remoção, de acordo com o art. 36, Lei 8.112/90, "é o deslocamento do servidor, a pedido ou de ofício, no âmbito do mesmo quadro, com ou sem mudança de sede". **B:** Incorreta. Nos termos do art. 37, Lei 8.112/90, "Redistribuição é o deslocamento de cargo de provimento efetivo, ocupado ou vago no âmbito do quadro geral de pessoal, para outro órgão ou entidade do mesmo Poder". **C:** Correta. "Art. 29, Lei 8.112/90: Recondução é o retorno do servidor estável ao cargo anteriormente ocupado e decorrerá de: I – inabilitação em estágio probatório relativo a outro cargo". **D:** Incorreta. Nos termos do art. 28, "A reintegração é a reinvestidura do servidor estável no cargo anteriormente ocupado, ou no cargo resultante de sua transformação, quando invalidada a sua demissão por decisão administrativa ou judicial, com ressarcimento de todas as vantagens". **E:** Incorreta. A reversão "é o retorno à atividade de servidor aposentado". FC
Gabarito "C".

(Delegado/MG – 2021 – FUMARC) O provimento originário de um cargo público efetivo ou vitalício se materializa pelo ato de nomeação do candidato aprovado em concurso público de provas ou de títulos, nos moldes previstos no artigo 37, II, da CR/88.

No que se refere ao provimento derivado, relacione cada espécie com o respectivo conceito e, em seguida, assinale a alternativa que informa a sequência CORRETA.

(1) Promoção na carreira
( ) Forma de provimento pela qual o servidor sai do seu cargo e ingressa em outro situado em classe mais elevada, dentro da mesma carreira.

(2) Recondução
( ) Forma de provimento pela qual o servidor estável retorna ao cargo anteriormente ocupado.

(3) Readaptação
( ) Forma de provimento mediante a qual o servidor estável passa a ocupar um cargo de atribuições e responsabilidades compatíveis com a limitação que tenha sofrido em sua capacidade física ou mental.

(4) Reversão
( ) Forma de provimento pela qual o servidor que havia sido colocado em disponibilidade retorna a um cargo de atribuições e vencimentos compatíveis ao anteriormente ocupado.

(5) Aproveitamento
( ) Forma de provimento pela qual o servidor aposentado retorna à atividade.

A sequência CORRETA, de cima para baixo, é:

(A) 1, 2, 4, 5, 3
(B) 1, 2, 3, 5, 4
(C) 2, 1, 4 ,3, 5
(D) 2, 1, 3, 4, 5

Provimento derivado é aquele dependente de um vínculo prévio do agente com a Administração. Existem várias formas de provimento derivado: (1) promoção: provimento vertical em que o servidor ascende na carreira, ingressando em outro cargo em classe mais elevado, dentro da mesma carreira; (2) recondução: retorno do servido estável ao cargo anteriormente ocupado (seja em razão de reintegração de outro servidor, seja em virtude de inaptidão em estágio probatório de outro cargo); (3) readaptação: o servidor é investido em outro cargo cujo exercício é mais compatível com a superveniente limitação física ou mental do agente; (4) reversão: retorno do servidor aposentado; (5) aproveitamento: retorno do servidor que foi colocado em disponibilidade. Nesse sentido, a sequência correta, de cima para baixo, é: 1, 2, 3, 5 e 4 (alternativa B correta). RB
Gabarito "B".

(Delegado/MG – 2021 – FUMARC) A Constituição Federal prevê algumas exceções ao princípio do concurso público, entre as quais se destaca a nomeação para os cargos em comissão referidos no inciso II do artigo 37 da Constituição Federal.

Considerando a situação hipotética de um determinado Prefeito Municipal ter no- meado a sobrinha da sua esposa, médica especialista em saúde da família, para o cargo de Secretária Municipal de Saúde, à vista da interpretação majoritária do STF sobre o enunciado de Súmula Vinculante nº 13, é CORRETO afirmar:

(A) O ato configura prática de nepotismo.

(B) O ato é válido, porque o nepotismo se configura quando entre a pessoa no- meada e a autoridade pública nomeante existe vínculo de parentesco até o segundo grau.

(C) O ato não configura nepotismo, ante a inexistência de vínculo de parentesco por consanguinidade.

(D) Por se tratar de cargo de natureza política e de profissional qualificado para o desempenho da função, a nomeação, em tese, é válida.

A vedação ao nepotismo está incorporada na Súmula Vinculante 13, tendo o STF fixado a interpretação de que, como regra, é proibida a nomeação de cônjuge, companheiro ou parente (em linha reta, colateral ou por afinidade, até o terceiro grau) para cargo em comissão ou função de confiança. A vedação resulta da aplicação dos princípios constitucionais da impessoalidade e da moralidade administrativa. Relevante apontar que, muito embora a súmula vinculante não seja expressa nesse sentido, o STF vem interpretando que a vedação ao nepotismo não atinge, em tese, a nomeação para cargos políticos, como Ministros de Estado e Secretários, estaduais e municipais (Rcl

6.650-MC-AgR, Pleno, rel. Min. Ellen Gracie, j. em 16.10.2008). Nesse sentido, considerando que o cargo de Secretário Municipal da Saúde é de natureza política, aliado ao fato de que a pessoa investida detém qualificação profissional para a função, a nomeação realizada pelo Prefeito Municipal é válida (alternativa D correta).
Gabarito "D".

(Delegado/MG – 2021 – FUMARC) Após exercer o cargo de escrivão da PCMG por 10 anos ininterruptos, em 2019, Paulo foi aprovado no concurso público para o cargo de delegado de polícia substituto do Estado de Minas Gerais.

Considerando que Paulo foi nomeado e entrou em exercício no cargo de delegado, assinale afirmativa INCORRETA:

(A) Ao final do estágio probatório, caso não comprovada a aptidão para o exercício das funções de Delegado de Polícia Substituto, Paulo será exonerado do cargo e reintegrado ao cargo de escrivão de polícia.

(B) Conforme previsão expressa da LC 129/2013, caso reconhecida a aptidão para o cargo, após a publicação da declaração de estabilidade, Paulo será promovido de Delegado de Polícia Substituto para Delegado de Polícia Titular "A".

(C) Paulo continuará ostentando a condição de servidor efetivo, mas a estabilidade ocorrerá após três anos de exercício no novo cargo, condicionada à comprovação da capacidade para cargo, a ser aferida ao final do estágio probatório, em avaliação especial de desempenho.

(D) Paulo terá que se submeter ao estágio probatório, por ter se habilitado em cargo de natureza e carreira diversas àquele anteriormente exercido.

A: incorreta (em caso de inaptidão em estágio probatório, Paulo será reconduzido ao cargo de origem; aplicável, portanto, a figura da *recondução*, e não da reintegração, a qual constitui o retorno do servidor cuja demissão é objeto de anulação). **B:** correta (art. 95 da Lei Complementar Estadual 129/2013). **C e D:** corretas (ao assumir o novo cargo efetivo de Delegado, Paulo somente adquirirá estabilidade após 3 anos de exercício nessa função, condicionada à comprovação da capacidade para cargo, a ser aferida ao final do estágio probatório, em avaliação especial de desempenho).
Gabarito "A".

(Juiz de Direito – TJ/RJ – 2019 – VUNESP) A respeito das formas de provimento de cargo público, é correto afirmar que

(A) transferência é ato de provimento de servidor em outro cargo de denominação e atribuições diversas, com retribuição equivalente, determinada de ofício pela autoridade administrativa a quem originariamente subordinado o servidor, por razões de interesse público.

(B) aproveitamento é o retorno ao serviço público estadual do servidor colocado em disponibilidade, em cargo de natureza e vencimento compatíveis com os daquele anteriormente ocupado, precedido de inspeção médica quanto à sanidade física e mental do servidor.

(C) a readaptação por provimento em outro cargo poderá acarretar elevação de vencimento, se ocorrida em unidade administrativa diferente, consideradas a hierarquia e as funções do cargo, preservados os demais direitos e vantagens pessoais do servidor.

(D) reintegração é o reingresso do funcionário exonerado ou demitido, determinado exclusivamente por decisão judicial transitada em julgado, com ressarcimento do vencimento e das vantagens inerentes ao período em que o servidor esteve afastado do exercício de suas atribuições.

(E) a readaptação de servidor em estágio probatório dependerá de prévia inspeção realizada por junta médica do órgão oficial competente, podendo ser definitiva ou provisória, mediante decisão devidamente fundamentada do superior hierárquico.

A: incorreta (a transferência será feita a pedido do funcionário, atendidos o interesse e a conveniência da Administração, cf. art. 49 do Decreto 2.479/1979, que constitui o Regulamento do Estatuto dos Funcionários Públicos Civis do Poder Executivo do Estado do Rio de Janeiro, baixado pelo Decreto-Lei 220/1975; vale frisar que a transferência representa provimento inconstitucional, conforme já decidiu o STF no MS 22.148/DF); **B:** correta (cf. arts. 53 e 54 do mesmo diploma); **C:** incorreta (a readaptação não pode acarretar a diminuição ou a elevação de vencimento, cf. art. 58, § 2º, da norma); **D:** incorreta (a reintegração pode decorrer de decisão judicial ou administrativa, cf. art. 40, "caput", do mesmo Estatuto); **E:** incorreta (somente o funcionário estável pode ser readaptado, cf. art. 57 do diploma estadual).
Gabarito "B".

(Delegado – PC/BA – 2018 – VUNESP) Servidores da Secretaria da Fazenda pretendem a ascensão do cargo de Técnico, posteriormente reestruturado para Analista Tributário, para o cargo de Agente Fiscal, sob o argumento de que ambos os cargos pertencem à mesma carreira. Tal pretensão é

(A) constitucional, porque constitui mera transposição de servidor concursado de um cargo para outro dentro da mesma pessoa jurídica de direito público.

(B) inconstitucional, porque tal alteração é de competência privativa do chefe do poder executivo e somente pode ocorrer por remoção ou permuta.

(C) constitucional, porque os dois cargos possuem natureza e complexidade semelhantes, e os servidores já foram previamente aprovados em concurso público.

(D) inconstitucional, por constituir modalidade de provimento derivado, que propicia ao servidor a investidura, sem prévia aprovação em concurso público destinado ao seu provimento, em cargo que não integra a carreira na qual foi anteriormente investido.

(E) constitucional, porque a Constituição Federal somente prevê a necessidade de concurso público para ingresso na administração pública e não para transposição, transformação ou ascensão funcional.

O provimento é forma de ocupação do cargo público pelo servidor, ou seja, é um ato administrativo por meio do qual se dá o preenchimento do cargo público. Ele pode ocorrer de modo originário, por meio da nomeação; ou ainda por meio derivado, via promoção, readaptação, reversão, reintegração, recondução ou aproveitamento. Não é mais aceito pela lei a chamada transferência, na qual o servidor público poderia assumir novo cargo em carreira diversa daquela que havia ingressado mediante concurso porque isso viola o princípio do concurso público instituído constitucionalmente.
Gabarito "D".

(Investigador – PC/BA – 2018 – VUNESP) Considere o seguinte caso hipotético:

X é aprovado em concurso público da Secretaria Municipal de Educação, para o cargo de agente educador. Devidamente empossado e em efetivo exercício, X termina o curso superior de medicina que estava cursando. Logo em seguida, a Prefeitura Municipal decide aproveitar os servidores que porventura possuam ensino superior e estejam em funções de ensino médio, para tarefas mais complexas e condizentes com o potencial de cada um. Assim promove um processo seletivo interno, destinado a ser preenchido por servidores da Municipalidade que se enquadram nas condições supra. X participa da seleção e é aprovado para o cargo de médico, o qual assume e passa a exercer.

A conduta da hipotética Prefeitura Municipal está

(A) incorreta, pois, embora a seleção interna seja instrumento válido, sua amplitude deve abranger somente os servidores vinculados a um determinado órgão ou ente da Administração, não podendo, portanto, alcançar indistintamente todos os servidores municipais.

(B) correta, pois a Constituição Federal exige a realização de concursos de provas, ou provas e títulos, mas não determina que o concurso deva ser, em todas as hipóteses, de ampla concorrência. Então, a seleção realizada pela Municipalidade, ainda que restrita aos já integrantes da Administração Municipal, equivale a um concurso público.

(C) incorreta, pois é inconstitucional toda modalidade de provimento que propicie ao servidor investir-se, sem prévia aprovação em concurso público destinado ao seu provimento, em cargo que não integra a carreira na qual tenha sido anteriormente investido.

(D) correta, pois a Constituição Federal prevê, como forma de investidura em cargo público, a realização de concurso público juntamente com as seleções internas, buscando que o aperfeiçoamento dos servidores públicos seja incentivado.

(E) incorreta, pois basta o ingresso na seleção interna efetuada pela Prefeitura Municipal para que X incorra em acumulação indevida de cargos, já que a Constituição Federal estabelece, como regra geral, que é vedada a acumulação remunerada de cargos públicos.

É considerada ilícita a chamada transposição de cargos, na medida em que, nos quadros de servidores da Administração **Pública**, direta ou indireta, a passagem de uma carreira para outra só pode ocorrer mediante **concurso público**, conforme comando constitucional expresso no inciso II, do art. 37, da Carta Magna. FB
Gabarito "C".

(Defensor Público Federal – DPU – 2017 – CESPE) Jorge, servidor público federal ocupante de cargo de determinada carreira, foi, por meio administrativo, transferido para cargo de carreira diversa. Com referência a essa situação hipotética, julgue os itens subsequentes à luz do entendimento dos tribunais superiores.

(1) O direito da administração pública de anular o referido ato administrativo se sujeita ao prazo decadencial de cinco anos.

(2) A forma de provimento do cargo público na referida situação – transferência para cargo de carreira diversa – foi inconstitucional, por violar o princípio do concurso público; cabe à administração pública, no exercício do poder de autotutela, anular o ato ilegal, respeitado o direito ao contraditório e à ampla defesa.

A discussão sobre o tema é atual. A jurisprudência sobre o tema vem sendo reformulada pelo Superior Tribunal de Justiça, que vem indicando o entendimento de que os dispositivos legais que disciplinam o prazo prescricional da Administração Pública para rever os seus próprios atos têm campo de incidência limitado exclusivamente aos atos passíveis de anulação, excetuando-se, portanto, os casos de nulidade, impossíveis de convalidação, exatamente por resultarem em desrespeito aos preceitos contidos na Constituição Federal – como o de acesso aos cargos públicos mediante concurso público (ex: AgRg no REsp 1392470/AC, Rel. Ministro Herman Benjamin, Segunda Turma, julgado em 07/08/2014, DJe 09/10/2014). O Supremo Tribunal Federal reconheceu repercussão geral em "leading case" que trata da matéria, ainda não julgado (RE n. 817.338/DF. Re. Min. Dias Toffoli). Nestes termos, a assertiva "1" seria errada, e a assertiva "2", verdadeira. AW
Gabarito: 1E, 2C

(Delegado/GO – 2017 – CESPE) Após o término de estágio probatório, a administração reprovou servidor público e editou ato de exoneração, no qual declarou que esta se dera por inassiduidade. Posteriormente, o servidor demonstrou que nunca havia faltado ao serviço ou se atrasado para nele chegar.

Nessa situação hipotética, o ato administrativo de exoneração é

(A) nulo por ausência de finalidade.
(B) anulável por ausência de objeto.
(C) anulável por ausência de forma.
(D) anulável por ausência de motivação.
(E) nulo por ausência de motivo.

E: correta – A realização de um ato administrativo tem de ser motivada e, segundo a teoria dos motivos determinantes, os motivos declarados ao tempo da edição do ato determinam a necessidade da demonstração de sua ocorrência, sob pena de nulidade. No caso em tela, o motivo que ensejou a exoneração do servidor ainda em estágio probatório, qual seja, a falta de assiduidade no serviço, não ocorreu, de modo que não poderia servir de fundamento ao ato administrativo de exoneração. FB
Gabarito "E".

5.4. Acessibilidade e concurso público

(Juiz de Direito/AP – 2022 – FGV) Maria foi aprovada em concurso público para o cargo efetivo de analista processual do Estado Delta e classificada em quinto lugar. O edital do concurso ofereceu apenas quatro vagas, não obstante houvesse dez cargos efetivos vagos. O resultado final do concurso foi regularmente homologado e, durante o seu prazo de validade, que não foi prorrogado e acaba na próxima semana, o Estado Delta convocou e nomeou os quatro primeiros classificados. Maria logrou obter informações e documentos que comprovam, de forma cabal, que o Estado Delta recentemente nomeou, sem prévio concurso público, para cargo em comissão, três pessoas para exercerem exatamente as mesmas funções afetas ao cargo de analista processual, de necessidade permanente para o Estado, sendo que, para desempenho da mesma função, há ainda servidores temporários com prorrogações sucessivas de seus contratos de trabalho. Assim, Maria impetrou mandado de segurança, pleiteando sua convocação, nomeação e posse.

Consoante a atual jurisprudência do Supremo Tribunal Federal, a ordem deve ser:

(A) denegada, pois apenas convertem a mera expectativa de direito em direito subjetivo à nomeação os candidatos aprovados dentro do número de vagas oferecidas no edital do concurso público;

(B) denegada, pois apenas possuem direito subjetivo à nomeação os candidatos aprovados dentro do número de vagas e os que forem preteridos pela administração pública por burla à ordem de classificação;

(C) denegada, pois apenas possuem direito subjetivo à nomeação os candidatos aprovados dentro do número de vagas e aqueles que forem preteridos na ordem de classificação, bem como se houver abertura de novo concurso para o mesmo cargo, durante o prazo de validade do certame anterior;

(D) concedida, pois Maria passou a ter direito subjetivo à nomeação, na medida em que surgiram novas vagas durante o prazo de validade do certame, o que gera automaticamente o direito à nomeação dos candidatos aprovados fora das vagas previstas no edital do concurso anterior;

(E) concedida, pois Maria passou a ter direito subjetivo à nomeação, na medida em que foi preterida de forma arbitrária e imotivada por parte da administração pública, em comportamento expresso que revela a inequívoca necessidade de sua nomeação.

Comentário: O tema da situação jurídica do aprovado em concurso público vem sendo objeto de relevantes decisões no âmbito dos Tribunais Superiores. O STF consolidou a posição pela qual o aprovado detém *direito subjetivo* à nomeação em três situações (RE 837.311/PI, Pleno, rel. min. Luiz Fux, DJe 18/04/16, Tema 784). São elas: 1ª) Quando a aprovação ocorrer dentro do número de vagas dentro do edital, salvo situações excepcionalíssimas que justifiquem soluções diferenciadas, devidamente motivadas de acordo com o interesse público; 2ª) Quando for verificada preterição na nomeação por não observância da ordem de classificação, nos termos da Súmula 15 do STF; 3ª) Quando surgirem novas vagas, ou for aberto novo concurso durante a validade do certame anterior, e ocorrer a preterição de candidatos aprovados foram do número das vagas previstas no edital de forma arbitrária e imotivada por parte da Administração Pública. A terceira hipótese é tratada no enunciado da questão: Maria foi aprovada fora do número de vagas e, durante o prazo de validade do concurso, sua nomeação foi preterida em razão de provimentos para cargos em comissão e de prorrogações sucessivas de contratações temporárias. Assim, a ordem do mandado de segurança deve ser concedida pelo juízo. Correta a alternativa E. RB

Gabarito "E".

(Delegado de Polícia Federal – 2021 – CESPE) Foi realizado concurso para o preenchimento de vagas para determinado cargo público, de natureza civil, da administração direta federal. Após a divulgação dos resultados, os aprovados foram nomeados.

Considerando essa situação hipotética e o que dispõe a Lei 8.112/1990, julgue os itens subsecutivos.

(1) É correto afirmar que o cargo público em questão foi criado por lei.

(2) Os aprovados no referido concurso público serão investidos em cargos em comissão mediante posse e somente adquirirão estabilidade se, após três anos de efetivo exercício, forem aprovados no estágio probatório.

(3) O concurso público seria desnecessário se a investidura se destinasse a emprego público na administração indireta federal.

1: Certo. A criação de cargos públicos deve ser feita por meio de lei. É o que dispõe expressamente a Lei 8.112/1990 em seu art. 3º, parágrafo único: "Os cargos públicos, acessíveis a todos os brasileiros, são criados por lei (...)". A própria Constituição Federal impõe a necessidade de lei para a criação de cargos, funções ou empregos públicos (art. 61, § 1º, inciso II, "a"). Assim, a afirmativa está correta. 2: Errado. O item está errado. O provimento para cargo em comissão é livre, ou seja, independe de aprovação em concurso público. É o que estabelece a Constituição Federal: "a investidura em cargo ou emprego público depende de aprovação prévia em concurso público de provas ou de provas e títulos, de acordo com a natureza e a complexidade do cargo ou emprego, na forma prevista em lei, ressalvadas as nomeações para cargo em comissão declarado em lei de livre nomeação e exoneração" (art. 37, inciso II). Os cargos efetivos, por sua vez, são acessíveis mediante concurso público e conferem o direito à estabilidade se, após três anos de efetivo exercício, forem aprovados no estágio probatório (art. 41, "caput", CF). 3: Errado. A assertiva está errada. Segundo o art. 37, inciso II, da Constituição Federal, a investidura em cargo ou *emprego público* depende de aprovação prévia em concurso público. Relevante assinalar que a obrigatoriedade de concurso abrange todas as entidades da Administração, seja a direta, seja a indireta, mesmo aquelas detentoras de personalidade jurídica de direito privado (empresas estatais, p.ex.) e independentemente da função exercida (prestação de serviço público ou exploração de atividade econômica). RB

Gabarito 1C, 2E, 3E

5.5. Efetividade, estabilidade e vitaliciedade

(Juiz de Direito – TJ/DFT – 2023 – CEBRASPE) Consoante a Lei Complementar n.º 840/2011, a contagem do tempo de estágio probatório ficará suspensa caso o servidor

(A) seja designado para ocupar cargo em comissão ou função de confiança na fundação de sua lotação.

(B) assuma exclusivamente cargo em comissão na estrutura da fundação de sua lotação.

(C) assuma exclusivamente função de confiança na autarquia de sua lotação.

(D) seja nomeado para cargo em comissão no seu órgão de lotação.

(E) seja cedido a outro órgão para ocupar cargo de natureza especial.

A Lei Complementar 840/2011 dispõe sobre o regime jurídicos dos servidores públicos civis do Distrito Federal, das autarquias e das fundações públicas distritais. A contagem do tempo de estágio probatório poderá ser suspensa, com base no art. 27, nas seguintes hipóteses: I. Afastamento do servidor que foi cedido outro órgão ou entidade para ocupar cargo de natureza especial ou de equivalente nível hierárquico; afastamento para frequência em curso de formação; ou licença remunerada por motivo de doença em pessoa da família do servidor. Assim, letra E correta. FC

Gabarito "E".

(Advogado – Pref. São Roque/SP – 2020 – VUNESP) A respeito dos servidores públicos estatutários, assinale a alternativa correta.

(A) O regime jurídico dos servidores estatutários não pode ser alterado de forma prejudicial aos agentes públicos que estejam no exercício da função pública.

(B) Os ocupantes de empregos públicos não dispõem de estabilidade no serviço público.

(C) A estabilidade garante ao agente público a permanência no serviço público, de modo que o vínculo somente poderá ser desconstituído por decisão judicial com trânsito em julgado.

(D) É constitucional lei que propicie ao servidor investir-se em cargo que não integra a carreira na qual anteriormente investido, sem prévia aprovação em concurso público.

(E) O candidato aprovado em concurso público dentro do número de vagas previstos no edital possui expectativa de direito à nomeação.

A: incorreta (o regime jurídico dos servidores estatutários é caracterizado pela mutabilidade, podendo ser alterado de modo prejudicial aos agentes públicos); B: correta (a estabilidade representa garantia constitucional aplicável aos titulares de cargos público, e não de empregos públicos, cf. art. 41, "caput", da CF); C: incorreta (o servidor público estável perderá o cardo em virtude de sentença judicial transitada em julgado, de processo administrativo em que lhe assegurada ampla defesa, de procedimento de avaliação periódica de desempenho e de processo de exoneração para redução de despesas com pessoal, cf. art. 41, § 1º, c/c. art. 169, §4º, da CF); D: incorreta (nos termos da Súmula Vinculante 43, é inconstitucional toda modalidade de provimento que propicie ao servidor investir-se, sem prévia aprovação em concurso público destinado ao seu provimento, em cargo que não integra a carreira na qual anteriormente investido); E: incorreta (a jurisprudência do STF e STJ firmaram a posição segundo a qual o candidato aprovado em concurso público dentro do número de vagas previsto no edital possui direito subjetivo à nomeação, e não mera expectativa de direito). **Gabarito "B".**

(Procurador Municipal – Prefeitura/BH – CESPE – 2017) No que tange aos servidores públicos do Quadro Geral de Pessoal do Município de Belo Horizonte vinculados à administração direta, assinale a opção correta.

(A) Servidor habilitado em concurso público municipal e empossado em cargo de provimento efetivo adquirirá estabilidade no serviço público ao completar dois anos de efetivo exercício.

(B) Sem qualquer prejuízo, poderá o servidor ausentar-se do serviço por oito dias consecutivos em razão do falecimento de irmão.

(C) Posse é a aceitação formal, pelo servidor, dos deveres, das responsabilidades e dos direitos inerentes ao cargo público ou função pública, concretizada com a assinatura do respectivo termo pela autoridade competente e pelo empossado e ocorre no prazo de vinte dias contados do ato de nomeação, prorrogável por igual período, motivadamente e a critério da autoridade competente.

(D) Exercício é o efetivo desempenho, pelo servidor, das atribuições do cargo ou de função pública, sendo de quinze dias o prazo para o servidor empossado em cargo público no município de Belo Horizonte entrar em exercício, contados do ato da posse.

A: Incorreta. O prazo para se adquirir a estabilidade é de 3 anos, conforme disposto no art. 41, CF. Lei Municipal não pode contrariar o disposto em norma constitucional. Somente os titulares de cargos vitalícios é que podem adquirir esse direito em 2 anos (art. 95, CF); B: correta. É o que dispõe o art. 97, III, b, da Lei 8.112/1990: o prazo da licença "nojo" por falecimento de irmão é de 8 dias, sendo o mesmo nos demais estatutos funcionais de todas as esferas da federação, eis que a Lei 8.112/1990 é uma lei geral e se aplica a todos os demais Entes Políticos; C: correta. Trata-se do disposto nos arts. 19 e 20, da Lei 7.169/1996; D: incorreta. O prazo é de 10 dias, conforme disposto no art. 24, § 1º, da Lei 7169/96. **Gabarito B e C estão corretas.**

(Delegado/MS – 2017 – FAPEMS) A Lei n. 8.429/1992, que dispõe sobre as sanções aplicáveis aos agentes públicos nos casos de enriquecimento ilícito no exercício de mandato, cargo, emprego ou função na administração pública direta, indireta ou fundacional, apregoa, mais especificamente, no artigo 2º, que: "Reputa-se agente público, para os efeitos desta lei, todo aquele que exerce, ainda que transitoriamente ou sem remuneração, por eleição, nomeação, designação, contratação ou qualquer outra forma de investidura ou vínculo, mandato, cargo, emprego ou função nas entidades mencionadas no artigo 1º". Destarte, quanto aos agentes públicos, assinale a alternativa correta.

(A) O servidor público efetivo adquirirá estabilidade após três após de efetivo exercício, independentemente de aprovação em avaliação de desempenho.

(B) O candidato aprovado em concurso público para provimento de cargo efetivo, preterido na ordem de nomeação, tem direito subjetivo à nomeação.

(C) Os cargos públicos são acessíveis aos brasileiros e aos estrangeiros, na forma da lei complementar.

(D) Delegados de Polícia são agentes políticos.

(E) As funções de confiança destinam-se apenas às atribuições de direção e chefia.

A: incorreta. Depende de aprovação na avaliação de desempenho. B: correta. STF, – Súmula 15 Dentro do prazo de validade do concurso, o candidato aprovado tem direito à nomeação, quando o cargo for preenchido sem observância da classificação. C: incorreta. Lei 8.112/1990, art. 5º São requisitos básicos para investidura em cargo público: I – a nacionalidade brasileira. D: incorreto. São agentes políticos. E: incorreta. Faltou as de assessoramento. CF, art. 37, V, "as funções de confiança, exercidas exclusivamente por servidores ocupantes de cargo efetivo, e os cargos em comissão, a serem preenchidos por servidores de carreira nos casos, condições e percentuais mínimos previstos em lei, destinam-se apenas às atribuições de direção, chefia e assessoramento". **Gabarito "B".**

5.6. Acumulação remunerada e afastamento

(Procurador – PGE/SP – 2024 – VUNESP) Desde os idos de 1999, Abdias Nascimento é titular de cargo efetivo de Professor em universidade estadual, pelo qual percebe remuneração equivalente a R$ 25.000,00 (vinte e cinco mil reais). Em 2022, aprovado em concurso público, passou a exercer emprego público de Pesquisador Científico em uma autarquia paulista, fazendo jus a remuneração equivalente a R$ 22.000,00 (vinte e dois mil reais). Além desses dois vínculos, Abdias é sócio de uma empresa de consultoria, pelo que percebe "pro labore" mensal equivalente a R$ 12.000,00 (doze mil reais).

Nessas circunstâncias, é correto afirmar que a situação de acúmulo em questão é

(A) irregular, pois o acúmulo entre os vínculos de Professor e de Pesquisador Científico é vedado pela Constituição da República; mas, caso o acúmulo fosse autorizado, o teto remuneratório incidiria, isoladamente, sobre a remuneração devida por cada vínculo funcional havido entre o Estado e Abdias.

(B) irregular, pois o acúmulo entre os vínculos de Professor e de Pesquisador Científico é vedado pela Constituição da República; mas, caso o acúmulo fosse autorizado, o teto remuneratório incidiria sobre a soma das remunerações devidas pelo Estado a Abdias.

(C) regular, pois nem o emprego público nem a sociedade em empresa privada são considerados pela Constituição da República para fins de acúmulo de cargos; no caso, o teto remuneratório incidirá sobre a soma das remunerações devidas pelo Estado a Abdias.

(D) regular, pois o acúmulo entre os vínculos de Professor e de Pesquisador Científico é autorizado pela Constituição da República; no caso, o teto remuneratório incidirá isoladamente, sobre a remuneração devida por cada vínculo funcional havido entre o Estado e Abdias.

(E) irregular, pois o tríplice acúmulo verificado implicaria incompatibilidade de horários e, por conseguinte, incidência da vedação constitucional; mas, caso o acúmulo fosse autorizado, o teto remuneratório incidiria sobre a soma das remunerações devidas pelo Estado a Abdias.

A: Incorreta. O acúmulo entre cargos de Professor e Pesquisador Científico é permitido, conforme o artigo 37, inciso XVI, "b", da CF, que permite a acumulação de cargos de professor com outro técnico ou científico, desde que os horários sejam compatíveis. Quanto ao teto remuneratório, o STF tem o entendimento de que, nas situações jurídicas em que a Constituição Federal autoriza a acumulação de cargos, o teto é considerado em relação à remuneração de cada um deles, e não ao somatório do que recebido (RE 612975). **B:** Incorreta. Vide comentário à alternativa "a". **C:** Incorreta. Embora a Constituição permita a acumulação de cargos públicos em certas condições, não considera o vínculo com empresa privada para esse propósito. Além disso, o teto remuneratório se aplica apenas às remunerações dos cargos públicos, não ao total de rendimentos provenientes de todas as fontes, conforme decisão do STF no RE 612975. **D:** Correta. A Constituição Federal permite o acúmulo entre cargos de Professor e Pesquisador Científico, conforme o artigo 37, inciso XVI, "b", desde que os horários sejam compatíveis. Quanto ao teto remuneratório, o STF tem o entendimento de que, nas situações jurídicas em que a Constituição Federal autoriza a acumulação de cargos, o teto é considerado em relação à remuneração de cada um deles, e não ao somatório do que recebido (RE 612975). **E:** Incorreta. O tríplice acúmulo mencionado não é permitido pela Constituição se implicar incompatibilidade de horários, mas o acúmulo entre cargos de professor e técnico ou científico é autorizado. Mesmo que o acúmulo fosse autorizado, o teto remuneratório se aplicaria individualmente a cada cargo público, não à soma das remunerações totais. WG

Gabarito "D".

(Juiz de Direito – TJ/RS – 2018 – VUNESP) De acordo com a Constituição Federal, a respeito dos agentes públicos, é correto afirmar que

(A) é vedada a percepção acumulada de proventos de aposentadoria do regime próprio de previdência social ou militar com a remuneração de cargo, emprego ou função pública, inclusive cargo em comissão declarado em lei de livre nomeação e exoneração.

(B) somente os empregados públicos previamente aprovados em concurso público podem adquirir estabilidade após o período de três anos de efetivo exercício.

(C) os cargos, empregos e funções públicas não são acessíveis a estrangeiros, exceto cargo de professor ou pesquisador junto a instituição de ensino.

(D) é vedada a acumulação remunerada de cargos, empregos e funções, exceto quando houver compatibilidade de horários, a de dois empregos em empresa pública, sociedade de economia mista, suas subsidiárias e sociedades controladas, direta ou indiretamente, pelo poder público, observado, em qualquer caso, o limite máximo de remuneração no setor público.

(E) as funções de confiança, exercidas exclusivamente por servidores ocupantes de cargo efetivo, destinam-se apenas às atribuições de direção, chefia e assessoramento.

A: incorreta. A regra na Constituição Federal é a vedação da acumulação remunerada de cargos públicos exceto, quando houver compatibilidade de horários, nos termos do art. 37, XVI: a) a de dois cargos de professor, b) a de um cargo de professor com outro técnico ou científico e c) a de dois cargos ou empregos de privativos de profissionais de saúde, com profissões regulamentadas. Essa proibição, tal como dispõe o art. 37, XVII, "estende-se a empregos e funções e abrange autarquias, fundações, empresas públicas, sociedades de economia mista, suas subsidiárias, e sociedades controladas, direta ou indiretamente, pelo poder público". O art. 40 § 6º da CF/1988, de sua banda, determina que, ressalvadas as aposentadorias decorrentes dos cargos acumuláveis na forma desta Constituição, é vedada a percepção de mais de uma aposentadoria à conta do regime de previdência especial dos servidores. O erro da questão está precisamente em não admitir em qualquer hipótese a percepção acumulada de proventos. A Constituição estabelece as hipóteses em que pode haver o acúmulo de cargos; **B:** incorreta. Após três anos de efetivo exercício são estáveis os servidores nomeados para cargo de provimento efetivo em virtude de concurso público – art. 41 da CF/1988; **C:** incorreta. "Os cargos, empregos e funções públicas são acessíveis aos brasileiros que preencham os requisitos estabelecidos em lei, assim como aos estrangeiros, na forma da lei" – art. 37, I CF/1988; **D:** incorreta. Art. 37, XVII da CF/1988; **E:** correta. Art. 37, V da CF/1988. FE

Gabarito "E".

5.7. Remuneração e subsídio

(Defensor Público – DPE/SC – 2017 – FCC) No tema da remuneração dos servidores públicos, o Supremo Tribunal Federal, pela via dos RE 602.043 e RE 612.975, decidiu que

(A) a acumulação de cargos, desde que estes sejam remunerados, isoladamente, em valor superior ao teto constitucional, permite ao servidor escolher a remuneração que lhe apetece.

(B) nos casos autorizados, constitucionalmente, de acumulação de cargos, empregos e funções, a incidência do art. 37, inciso XI, da Constituição Federal, pressupõe consideração de cada um dos vínculos formalizados, afastada a observância do teto remuneratório quanto ao somatório dos ganhos do agente público.

(C) ainda que se trate de vínculos provenientes de diferentes entes federados a incidência do teto será calculada de maneira única.

(D) o teto constitucional é aplicável a todos os servidores públicos, sendo indiferente a acumulação ou não de cargos, empregos ou funções.

(E) somente com autorização judicial é possível a acumulação de vencimentos, hipótese em que haverá a incidência do teto constitucional de maneira global, ou seja, cada indivíduo está submetido ao teto.

No julgamento conjunto dos RE 602.043 e RE 612.975, o STF decidiu que o teto constitucional remuneratório deve ser considerado apenas em relação a cada uma das remunerações nos casos de acúmulo legal de dois cargos públicos, e fixou a seguinte tese de repercussão geral: "Nos casos autorizados constitucionalmente de acumulação de cargos, empregos e funções, a incidência do art. 37, inciso XI, da Constituição Federal pressupõe consideração de cada um dos vínculos formalizados, afastada a observância do teto remuneratório quanto ao somatório dos ganhos do agente público". Nesses termos, a alternativa "a" é incorreta porque nunca caberá ao servidor público "escolher a remuneração que lhe apetece", situação que não se confunde com as hipóteses constitucionais em que é dever do agente público optar por uma ou outra remuneração, em função de vedação de acumulação de vencimentos (como, por exemplo, nas hipóteses do art. 38, inc. II, da Carta Magna); a alternativa "c" também é incorreta, em função de não ser relevante, para os fins da definição do teto constitucional de remuneração, o fato de mais de uma Fazenda Pública remunerar o agente público; a alternativa "d" traz assertiva que contradiz a tese de Repercussão Geral exposta retro; por fim, a possibilidade de acumulação de rendimentos é prevista constitucionalmente, não dependendo de autorização judicial. AW

Gabarito "B".

(Procurador do Município – Prefeitura Fortaleza/CE – CESPE – 2017) No item a seguir é apresentada uma situação hipotética seguida de uma assertiva a ser julgada, a respeito da organização administrativa e dos atos administrativos.

(1) Em razão de incorporações legais, determinado empregado público recebe uma remuneração que se aproxima do teto salarial constitucional. Nessa situação, conforme o entendimento do STF, a remuneração do servidor poderá ser superior ao teto constitucional se ele receber uma gratificação por cargo de chefia.

1: incorreta. A remuneração do servidor abrange o salário e as vantagens, sendo que as gratificações, no caso, são as vantagens. Por isso, sabendo-se que o art. 37, XI, CF dispõe que a remuneração, incluindo as vantagens dos servidores, não podem exceder ao teto geral, a assertiva se apresenta como incorreta. AW

Gabarito "1E".

5.8. Direitos, vantagens, deveres e proibições do servidor público

(Juiz de Direito – TJ/SC – 2024 – FGV) Janaína é servidora pública do Município Delta e tem um filho com deficiência. Em razão dos cuidados que a condição do seu filho demanda, comprovada por junta médica oficial, Janaína requereu a seu chefe a redução da jornada de trabalho em 50%, sem prejuízo da remuneração. Como o Estatuto dos Servidores do Município Delta não admite a redução da jornada nessa hipótese, Janaína fundamentou seu pedido na legislação de regência dos servidores públicos federais, que contempla esse direito.

À luz da jurisprudência atual do Supremo Tribunal Federal, esse pedido deverá ser:

(A) indeferido, pois compete privativamente ao Município Delta legislar sobre o regime jurídico dos seus servidores públicos, sendo inconstitucional a aplicação da norma federal;

(B) indeferido, pois não é conveniente e oportuno ao Município Delta que Janaína passe a desempenhar suas funções com a jornada reduzida;

(C) indeferido, pois a redução da jornada em 50%, sem prejuízo da remuneração, viola a vedação ao enriquecimento sem causa e a isonomia;

(D) deferido em parte, pois a redução da jornada em 50%, sem prejuízo da remuneração, viola a proporcionalidade, sendo, no entanto, adequada essa redução em até 25%;

(E) integralmente deferido, pois a redução pleiteada não acarretará ônus desproporcional ou indevido ao município, devendo ser aplicada por analogia a norma federal.

O Supremo Tribunal Federal, ao julgar o Tema 1.097 de Repercussão Geral entendeu que "aos servidores públicos estaduais e municipais é aplicado, para todos os efeitos, o art. 98, §§ 2º e § 3º, da Lei 8.112/1990". Os referidos dispositivos do estatuto dos servidores públicos federais garantem horário especial ao servidor portador de deficiência, quando comprovada a necessidade por junta médica oficial, independentemente de compensação de horário, assim como para o servidor que tenha cônjuge, filho ou dependente com deficiência. **A:** Incorreta. O Município tem competência para legislar sobre o regime jurídico de seus servidores, no entanto, no caso de inexistência da previsão do horário especial para o servidor com filho com deficiência, deve se aplicar o previsto na Lei 8.112/90, como determinado pelo STF. **B:** Incorreta, não se trata de questão de conveniência ou oportunidade, e sim de determinação legal, que deve ser cumprida pelo Município. **C:** Incorreta. O horário especial para a servidora que tem um filho com deficiência não caracteriza enriquecimento sem causa e não fere a isonomia. **D:** Incorreta. De acordo com a questão, o pedido de horário especial foi baseado em junta médica oficial. **E:** Correta, conforme entendimento já citado do STF. FC

Gabarito "E".

(Juiz Federal – TRF/1 – 2023 – FGV) Após ser aprovada em concurso público, Fernanda foi nomeada e empossada como servidora pública federal, tendo entrado em exercício em 15/02/2022. No mês de março de 2023, Fernanda gozou trinta dias de férias, referentes a seu primeiro período aquisitivo de férias. No mês de junho de 2023, Fernanda requereu o gozo de mais trinta dias de férias para o mês seguinte, dentro do atual período aquisitivo ainda em curso. Apesar de reconhecer que não há necessidade de serviço e que não haveria qualquer prejuízo ao interesse público, a Administração Pública Federal indeferiu o pedido de férias de Fernanda para julho de 2023, alegando que seria necessário que a servidora completasse mais um período aquisitivo de doze meses, o que só ocorrerá em fevereiro de 2024.

Inconformada, Fernanda ajuizou ação judicial pretendendo gozar férias em julho de 2023. Atento à jurisprudência do Superior Tribunal de Justiça e aos termos da Lei nº 8.112/1990, o Juízo Federal decidiu que:

(A) não assiste razão a Fernanda, pois o gozo de cada período de férias somente pode ocorrer após ser cumprido integralmente o correlato período aquisitivo de doze meses de exercício, e o servidor não pode gozar de mais de trinta dias de férias por ano;

(B) não assiste razão a Fernanda, pois o gozo de cada período de férias somente pode ocorrer após ser cumprido integralmente o correlato período aquisitivo de doze meses de exercício, e o servidor não pode gozar de mais de sessenta dias de férias por ano;

(C) não assiste razão a Fernanda, pois o gozo de cada período de férias somente pode ocorrer após ser cumprido integralmente o correlato período aquisitivo de doze meses de exercício, embora não haja limitação para gozo de férias por ano, desde que haja dias disponíveis no banco de férias;

(D) assiste razão a Fernanda, porque, mesmo no curso do primeiro período aquisitivo de férias, isto é, nos primeiros doze meses de exercício, o servidor já tem direito a gozar até sessenta dias de férias, com a devida compensação nos exercícios seguintes;

(E) assiste razão a Fernanda, porque é possível ao servidor que já usufruiu o primeiro período de férias, após cumprida a exigência de doze meses de exercício, usufruir as férias seguintes no mesmo ano civil, dentro do período aquisitivo ainda em curso.

O STJ, em julgamento de recurso repetitivo, estabeleceu a tese de que "é possível ao servidor que já usufruiu o primeiro período de férias, após cumprida a exigência de 12 (doze) meses de exercício, usufruir as férias seguintes no mesmo ano civil, dentro do período aquisitivo ainda em curso, nos termos do § 1º do art. 77 da Lei 8.112/1990" (REsp n. 1.954.503/PE). Assim, Fernanda tem direito de usufruir as férias seguintes no mesmo ano civil. Correta, portanto, a letra E. Gabarito "E".

(Juiz Federal – TRF/1 – 2023 – FGV) No mês passado, o policial rodoviário federal João, por necessidade do serviço, trabalhou vários dias durante a madrugada e ultrapassou a carga horária ordinária de quarenta horas semanais. Sabe-se que a Lei federal nº 11.358/2006 dispõe que os policiais rodoviários federais são remunerados exclusivamente por subsídio, fixado em parcela única, vedado o acréscimo de qualquer gratificação, adicional, abono, prêmio, verba de representação ou outra espécie remuneratória, bem como que não são devidos a tais servidores o adicional noturno e o adicional pela prestação de serviço extraordinário.

De acordo com a jurisprudência do Supremo Tribunal Federal, no caso em tela, o policial rodoviário federal João:

(A) faz jus aos adicionais noturno e de hora extra, aplicando-se, por analogia, as normas que garantem tais direitos aos servidores públicos federais;

(B) faz jus aos adicionais noturno e de hora extra, aplicando-se, por analogia, as normas que garantem tais direitos aos trabalhadores em geral;

(C) não faz jus ao adicional noturno, mas tem direito à retribuição pelas horas extras realizadas que ultrapassaram a quantidade remunerada pela parcela única do subsídio;

(D) não faz jus aos adicionais noturno e de hora extra, diante da expressa vedação legal, pois não cabe ao Poder Judiciário, que não tem função legislativa, aumentar vencimentos de servidores públicos sob o fundamento de isonomia;

(E) não faz jus à retribuição pelas horas extras realizadas que ultrapassaram a quantidade remunerada pela parcela única do subsídio, devendo haver compensação de horário no próximo mês, mas tem direito ao adicional noturno que, por sua natureza, é insuscetível de compensação.

O Supremo Tribunal Federal estabeleceu que "é constitucional o regime de subsídios da carreira de policial rodoviário federal (Lei nº 11.358/2006) na parte em que veda o pagamento de adicional noturno e quaisquer outras gratificações ou adicionais, mas garante o direito à gratificação natalina, ao adicional de férias e ao abono de permanência. Contudo, deve ser afastada interpretação que impeça a remuneração desses policiais pelo desempenho de serviço extraordinário (horas extras) que não esteja compreendida no subsídio". (Inf. 1085, STF). **A**: Incorreta. João não faz jus a adicional noturno, mas tem direito à retribuição pelas horas extras que ultrapassem a quantidade remunerada pela parcela única. **B**: Incorreta. João não faz jus a adicional noturno, mas tem direito à retribuição pelas horas extras que ultrapassem a quantidade remunerada pela parcela única. **C**: Correta. Informativo 1.085, STF. **D**: Incorreta. Faz jus ao pagamento das horas extras que ultrapassarem o valor remunerado pelo subsídio. **E**: Incorreta. Faz jus ao pagamento das horas extras que ultrapassarem o valor remunerado pelo subsídio. Gabarito "C".

(Juiz de Direito – TJ/SC – 2024 – FGV) José, servidor público do Estado Ômega, é namorado de Maria, que dá à luz gêmeos, filhos de José. Lamentavelmente, Maria falece no parto dos filhos do casal. José declara no registro civil a paternidade de ambas as crianças e, munido das certidões de nascimento, requer o afastamento do serviço, sem prejuízo da remuneração, pelo prazo de 120 dias, à semelhança do que sucede com a licença-maternidade, prevista na legislação de regência.

O pedido de José:

(A) pode ser deferido, mas depende de juízo de conveniência e oportunidade do governador do Estado Ômega, que pode decidir no caso de omissão da lei;

(B) deve ser totalmente deferido, pois José tem o direito e o dever de prestar assistência às crianças recém-nascidas, cuja proteção integral deve ser assegurada;

(C) deve ser parcialmente deferido, pois José tem presunção de suficiência econômica, cabendo-lhe o afastamento, mas sem direito à remuneração no período correspondente;

(D) deve ser indeferido, pois não há regra na legislação de regência que assegure esse direito, que é restrito às mães, aplicando-se ao caso o princípio da legalidade estrita;

(E) pode ser deferido, mas depende de juízo de conveniência e oportunidade do chefe imediato de José, dado que o afastamento pode prejudicar a eficiência administrativa.

Conforme decidido pelo Supremo Tribunal Federal, "à luz do art. 227 da Constituição Federal, que confere proteção integral da criança com absoluta prioridade e do princípio da paternidade responsável, a licença-maternidade, prevista no art. 7º, XVIII, da CF/88 e regulamentada pelo art. 207 da Lei 8.112/1990, estende-se ao pai genitor monoparental." (Tema 1.182 de Repercussão Geral, STF). Assim, José tem direito ao prazo de 120 dias da licença maternidade. Gabarito "B".

(Escrivão – PC/RO – CEBRASPE – 2022) A Constituição Federal de 1988, ao tratar do direito do servidor à retribuição pecuniária, estabelece que a fixação dos padrões de vencimento e dos demais componentes do sistema remuneratório observará, entre outros fatores,

(A) a formação do servidor.

(B) os requisitos para a investidura no cargo.

(C) a isonomia entre as carreiras.

(D) a importância da carreira para a coletividade.

(E) a igualdade material.

Art. 39, §1º, CF/88: § 1º A fixação dos padrões de vencimento e dos demais componentes do sistema remuneratório observará: I – a natureza, o grau de responsabilidade e a complexidade dos cargos componentes de cada carreira; II – os requisitos para a investidura; III – as peculiaridades dos cargos. **FC**
Gabarito "B".

(Procurador Município – Santos/SP – VUNESP – 2021) Quanto ao direito de greve dos servidores públicos, assinale a alternativa correta.

(A) Foi regulamentado por lei complementar específica que se aplica aos servidores civis e militares.
(B) Trata-se de direito previsto na Constituição que, enquanto não for regulamentado, não poderá ser invocado pelo servidor.
(C) Considerando a preponderância do interesse público sobre o interesse privado, trata-se de direito vedado aos servidores públicos.
(D) Enquanto não for regulamentado o direito de greve, decidiu o STF que aos servidores se aplica a norma vigente para os trabalhadores em geral.
(E) Foi objeto de regulamentação pelo Poder Público, não se aplicando referidas normas aos servidores militares.

Dispõe o art. 37, VII, da CF: "o direito de greve será exercido nos termos e nos limites definidos em lei específica". Diante da inexistência dessa lei, o STF determinou, em relação à disciplina do direito de greve pelos agentes públicos, a aplicação, no que couber, da lei de greve vigente do setor privado (Lei 7.783/89). Assim, correta a alternativa D. **WG**
Gabarito "D".

(Procurador Município – Santos/SP – VUNESP – 2021) Quanto ao direito de sindicalização dos servidores públicos, à luz da Constituição Federal, assinale a alternativa correta.

(A) Os servidores públicos civis gozam de direito de sindicalização; quanto aos militares, há expressa proibição.
(B) Os servidores, sejam eles civis ou militares, indistintamente, gozam do direito de sindicalização.
(C) Há expressa vedação do direito de sindicalização para aqueles que ostentam a condição de servidor público.
(D) O direito de sindicalização dos servidores públicos não está previsto na Constituição Federal.
(E) Os servidores públicos militares gozam de direito de sindicalização; quanto aos civis, não há previsão constitucional.

É assegurado aos servidores públicos o direito à livre associação sindical (art. 37, VI, da CF). Por outro lado, a Constituição Federal veda a sindicalização dos servidores militares (art. 142, § 3º, IV). Assim, correta a alternativa A. **WG**
Gabarito "A".

(Juiz de Direito/AP – 2022 – FGV) O Estado Gama, por meio de emenda constitucional, acresceu à sua Constituição Estadual norma instituindo o teto remuneratório dos servidores públicos estaduais limitado ao valor do subsídio mensal dos ministros do Supremo Tribunal Federal.

De acordo com a Constituição da República de 1988 e a jurisprudência do Supremo Tribunal Federal, a mencionada norma é:

(A) inconstitucional, pois a Constituição da República de 1988 dispõe que é facultado aos Estados fixar, em seu âmbito, mediante emenda às respectivas Constituições estaduais, o teto remuneratório dos servidores públicos estaduais do Judiciário, adotando, como limite único, o valor do subsídio mensal dos desembargadores dos respectivos Tribunais de Justiça, limitado a 95% do subsídio mensal dos ministros do Supremo Tribunal Federal;
(B) inconstitucional, pois a Constituição da República de 1988 dispõe que é facultado aos Estados fixar, em seu âmbito, mediante emenda às respectivas Constituições estaduais, o teto remuneratório dos servidores públicos estaduais, exceto no que se refere aos subsídios dos deputados estaduais, adotando, como limite único, o valor do subsídio mensal dos desembargadores dos respectivos Tribunais de Justiça, limitado a 90,25% do subsídio mensal dos ministros do Supremo Tribunal Federal;
(C) inconstitucional, pois a Constituição da República de 1988 dispõe que é obrigatório aos Estados fixar, em seu âmbito, mediante emenda às respectivas Constituições estaduais, o teto remuneratório dos servidores públicos estaduais, exceto no que se refere aos subsídios dos magistrados, adotando, como limite único, o valor do subsídio mensal dos desembargadores dos respectivos Tribunais de Justiça, limitado a 90,25% do subsídio mensal do governador do Estado;
(D) constitucional, pois reproduziu o texto da Constituição da República de 1988 que estabelece como limite para o teto da remuneração dos ocupantes de cargos, funções e empregos públicos da administração direta e indireta de qualquer dos Poderes da União, dos Estados, do Distrito Federal e dos Municípios, o subsídio mensal, em espécie, dos ministros do Supremo Tribunal Federal;
(E) constitucional, pois reproduziu o texto da Constituição da República de 1988 que estabelece como limite para o teto da remuneração dos ocupantes de cargos, funções e empregos públicos da administração direta, autárquica e fundacional, dos membros de qualquer dos Poderes da União, dos Estados, do Distrito Federal e dos Municípios, o subsídio mensal, em espécie, dos ministros do Supremo Tribunal Federal.

Comentário: o limite remuneratório do funcionalismo público está disciplinado no art. 37, XI, da CF. Esse dispositivo prevê que, no âmbito dos Estados, aplica-se: ao Poder Executivo, o teto referente ao subsídio mensal do Governador; ao Poder Legislativo, o subsídio dos Desembargadores Estaduais; ao Poder Judiciário, o subsídio dos Desembargadores do Tribunal de Justiça, limitado a 90,25% do subsídio dos Ministros do STF. Ocorre que a própria CF, no § 12 do art. 37, faculta aos Estados, mediante emenda à Constituição do Estado, fixar um *limite único* a todos os Poderes, consistente no subsídio dos Desembargadores do respectivo Tribunal de Justiça (limitado a 90,25% do subsídio mensal dos Ministros do STF). Este dispositivo não se aplica aos subsídios dos Deputados Estaduais. Considerando que o enunciado da questão aponta a hipótese em que o Estado Gama, por meio de emenda constitucional, instituiu teto remuneratório único aos servidores estaduais, limitado ao valor do subsídio dos Ministros do STF, conclui-se que essa norma é inconstitucional, porquanto ofensiva ao art. 37, §12, da CF. Diante disso: **A**: incorreta (o limite do subsídio dos desembargadores dos Tribunais de Justiça não é de 95% do subsídio dos ministros do STF; e sim de 90,25%); **B**: correta (cf. art. 37, §12, da CF); **C**: incorreta (a adoção do limite único não é obrigatório, e sim facultativo; além disso, o art. 37, §12 excepciona a sua aplicação aos deputados estaduais, e não aos magistrados); **D e E:** incorretas (a norma é inconstitucional).

Gabarito "B".

(Juiz de Direito/GO – 2021 – FCC) Libório Kazantzakis acumulava duas posições na Administração pública, obtidas pela via do concurso público: o emprego público de químico em empresa estadual de saneamento básico e o cargo efetivo de professor de educação básica na rede de ensino do Estado de Goiás. Todavia, estava afastado de ambas as posições, pois fora nomeado para o cargo público comissionado de Secretário Estadual de Meio Ambiente. Em 1o de abril, Libório completou setenta e cinco anos de idade. Nesse caso, Libório

(A) não sofrerá nenhuma alteração em sua situação, visto que a aposentadoria compulsória é instituto que depende de regulamentação por lei complementar, ainda não editada.

(B) será aposentado compulsoriamente em ambas as posições alcançadas por concurso público, mas poderá manter-se no cargo comissionado, para o qual não há limitação temporal de exercício.

(C) será aposentado compulsoriamente em ambas as posições alcançadas por concurso público, devendo ser exonerado do cargo público comissionado, dada a presunção absoluta de sua incapacidade para o exercício de funções públicas.

(D) será aposentado compulsoriamente no cargo efetivo de professor, mas terá inalterada sua situação no emprego público e no cargo público comissionado.

(E) está em situação de tríplice acumulação, o que é vedado pela Constituição Federal, devendo optar por apenas um dos vínculos e exonerar-se dos demais.

Comentário: Libório Kazantzakis detém dois vínculos permanentes com a Administração: 1º) o vínculo de emprego público, cujo regime de previdência é o geral, ou seja, equivalente ao do trabalhador privado; 2º) o vínculo de cargo público, em relação ao qual incide o regime especial da previdência. Observe-se que tais funções públicas (professor + técnico/científico) são acumuláveis, nos termos do art. 37, XVI, CF. Além disso, o fato de estar afastado permite Libório de exercer cargo comissionado. No que tange ao regime de previdência especial (aplicável somente ao cargo público, portanto), existe a aposentadoria compulsória por idade aos 75 anos de idade (instituída pela Emenda Constitucional 88/2015 e pela Lei complementar 152/2015). Diante disso, tem-se o seguinte: **A:** incorreta (a aposentaria compulsória por idade é disciplinada pela LC 152/2015); **B:** incorreta (a aposentadoria compulsória por idade não incide na relação de emprego público detida por Libório); **C:** incorreta (além de não incidir na relação de emprego, a aposentadoria compulsória por idade igualmente não atinge o cargo comissionado); **D:** correta; **E:** incorreta (as funções permanentes associadas ao cargo e ao emprego são acumuláveis, assim com o exercício do cargo em comissão, já que Libório estava afastado).

Gabarito "D".

(Juiz de Direito – TJ/MS – 2020 – FCC) Juan Mesquita é brasileiro naturalizado, tem 55 anos de idade e acaba de se aposentar. Antes da aposentadoria, ocupava emprego público de fisioterapeuta em Hospital Municipal. Candidatou-se em concurso público para o cargo efetivo de fiscal de rendas do Estado e foi aprovado. Sabe-se que dispõe da escolaridade exigida para o cargo, goza de boa saúde física e mental, está em dia com suas obrigações militares e eleitorais e em pleno gozo de seus direitos políticos. Considerando a situação descrita, é correto concluir que Juan

(A) poderá tomar posse no cargo público, desde que requeira a desaposentação em relação ao vínculo anterior.

(B) não poderá tomar posse no cargo público, pois se trata de cargo privativo de brasileiro nato.

(C) não poderá tomar posse no cargo público, pois a percepção da aposentadoria com os vencimentos do cargo implica acúmulo vedado pela Constituição Federal.

(D) poderá tomar posse no cargo público, pois não há nenhum impedimento para tanto.

(E) não poderá tomar posse no cargo público, pois ultrapassou a idade máxima exigida para vincular-se ao regime próprio de previdência dos servidores públicos.

Como regra, é vedada a acumulação de proventos de aposentadoria com a remuneração de cargo, emprego ou função, com exceção das situações previstas no art. 37, § 10, CF. No entanto, referida proibição abrange a acumulação envolvendo a aposentadoria no Regime Próprio de Previdência Social. Ocorre que Juan Mesquita, por ter ocupado emprego público, aposentou-se pelo Regime Geral de Providência. Diante disso, poderá tomar posse no cargo público (correta a alternativa D).

Gabarito "D".

5.9. Infrações e processos disciplinares. Comunicabilidade de instâncias

(Analista – TRF3 – 2024 – VUNESP) Hermes é servidor público federal e, injustificadamente, recusou-se a ser submetido à inspeção médica determinada pela autoridade competente.

Nessa situação hipotética, considerando o disposto na Lei nº 8.112/90, no tocante às penalidades disciplinares cabíveis, é correto afirmar que Hermes está sujeito à

(A) suspensão de até 30 (trinta) dias, sendo vedada a conversão da penalidade em multa.

(B) suspensão de até 15 (quinze) dias, mas, por conveniência do serviço, a penalidade poderá ser convertida em multa, ficando obrigado a permanecer em serviço.

(C) suspensão de até 15 (quinze) dias, sendo vedada a conversão da penalidade em multa.

(D) advertência e, não atendida a determinação pela segunda vez, multa de até 50% (cinquenta por cento) por dia de vencimento ou remuneração.

(E) advertência e, não atendida a determinação pela segunda vez, suspensão por até 30 (trinta) dias.

Nos termos do art. 130, § 1º, Lei 8.112/90: "§ 1º Será punido com suspensão de até 15 (quinze) dias o servidor que, injustificadamente, recusar-se a ser submetido a inspeção médica determinada pela autoridade competente, cessando os efeitos da penalidade uma vez cumprida a determinação". Ainda, o art. 130, §2º, lei 8.112/90 afirma que "§ 2º Quando houver conveniência para o serviço, a penalidade de suspensão poderá ser convertida em multa, na base de 50% (cinquenta por cento) por dia de vencimento ou remuneração, ficando o servidor obrigado a permanecer em serviço". Portanto, Hermes está sujeito à suspensão de até 15 dias, mas, por conveniência do serviço, a penalidade poderá ser convertida em multa, ficando obrigado a permanecer em serviço.

Gabarito "B".

(Procurador – AL/PR – 2024 – FGV) Ao ser designada para compor Comissão processante no âmbito do processo administrativo disciplinar, Pamela, Procuradora da Assembleia Legislativa do Estado do Paraná, entendeu que era necessário rememorar as súmulas do Superior Tribunal de Justiça acerca do tema. Assinale a opção que indica entendimento sumulado aferido por Pamela na mencionada situação hipotética.

(A) O excesso para a conclusão do processo administrativo é causa de nulidade, independentemente da caracterização de prejuízo à defesa.

(B) É vedada a utilização de "prova emprestada" no processo administrativo disciplinar, nas hipóteses em que a autorização para a realização da prova se submeta à reserva de jurisdição criminal.

(C) Compete à autoridade administrativa aplicar a servidor público a pena de demissão em razão da prática de improbidade administrativa, independentemente de prévia condenação, por autoridade judiciária, à perda da função pública.

(D) O controle jurisdicional do processo administrativo disciplinar é amplo, sendo possível a incursão no mérito administrativo em qualquer hipótese, diante da amplitude do princípio da ampla defesa e do contraditório.

(E) Os prazos prescricionais previstos para o processo administrativo disciplinar iniciam-se da ocorrência do fato, interrompem-se com o primeiro ato de instauração válido, após o que tem início a prescrição intercorrente.

A: Incorreta, pois o excesso de prazo para a conclusão do processo administrativo disciplinar não é, automaticamente, causa de nulidade. A jurisprudência do Superior Tribunal de Justiça (STJ) determina que a nulidade por excesso de prazo ocorre somente se ficar demonstrado prejuízo à defesa do acusado. Isso está em conformidade com a Súmula 592 do STJ, que afirma que "O excesso de prazo para a conclusão do processo administrativo disciplinar só causa nulidade se houver demonstração de prejuízo à defesa". **B:** Incorreta, pois, segundo a Súmula 591 do STJ, "É permitida a 'prova emprestada' no processo administrativo disciplinar, desde que devidamente autorizada pelo juízo competente e respeitados o contraditório e a ampla defesa". **C:** Correta, pois a competência para aplicar a pena de demissão por improbidade administrativa é da autoridade administrativa, independentemente de prévia condenação judicial. O processo administrativo disciplinar pode levar à demissão com base em fatos apurados, conforme a Súmula 651 do STJ, que estabelece que "Compete à autoridade administrativa aplicar a servidor público a pena de demissão em razão da prática de improbidade administrativa, independentemente de prévia condenação, por autoridade judiciária, à perda da função pública". **D:** Incorreta, pois o controle jurisdicional do processo administrativo disciplinar não é amplo a ponto de permitir a incursão no mérito administrativo. O Judiciário pode revisar o processo apenas para garantir a observância dos princípios constitucionais de devido processo legal, ampla defesa e contraditório, mas não reexamina, em regra, o mérito das decisões administrativas. Isso está de acordo com a Súmula 665 do STJ, que afirma que "O controle jurisdicional do processo administrativo disciplinar restringe-se ao exame da regularidade do procedimento e da legalidade do ato, à luz dos princípios do contraditório, da ampla defesa e do devido processo legal, não sendo possível incursão no mérito administrativo, ressalvadas as hipóteses de flagrante ilegalidade, teratologia ou manifesta desproporcionalidade da sanção aplicada". **E:** Incorreta, pois os prazos prescricionais para o processo administrativo disciplinar não se iniciam com a ocorrência do fato, mas na data em que a autoridade "toma conhecimento do fato". A Súmula 635 do STJ estabelece que "Os prazos prescricionais previstos no art. 142 da Lei n. 8.112/1990 iniciam-se na data em que a autoridade competente para a abertura do procedimento administrativo toma conhecimento do fato, interrompem-se com o primeiro ato de instauração válido - sindicância de caráter punitivo ou processo disciplinar – e voltam a fluir por inteiro, após decorridos 140 dias desde a interrupção". **WG**

Gabarito "C".

(ENAM – 2024.1) Carlos, servidor público efetivo federal, no exercício das funções, praticou ato de insubordinação grave em serviço, que foi categoricamente comprovado no curso de regular processo administrativo disciplinar (PAD), que ensejou a imposição de pena de demissão ao servidor. Inconformado, Carlos ajuíza ação judicial, pleiteando a reforma da decisão administrativa, a fim de que lhe seja aplicada penalidade disciplinar menos gravosa, haja vista que comprovou nunca ter sido anteriormente sancionado, nem mesmo respondido a PAD, além de que constam em sua folha de assentamento funcional dois elogios.

Com base na Lei nº 8.112/90 e na jurisprudência do Superior Tribunal de Justiça, o magistrado deve julgar a pretensão de Carlos

(A) procedente, porque, diante dos bons antecedentes e da ausência de reincidência, o Estatuto dos Servidores Públicos Civis da União prevê que a penalidade disciplinar cabível para o caso em tela é a advertência, que será aplicada pela Administração Pública por escrito e de forma reservada e, em razão disso, Fernando deve ser imediatamente reintegrado ao cargo.

(B) improcedente, haja vista que, apesar de o controle jurisdicional do PAD não se restringir ao exame da regularidade do procedimento e da legalidade do ato, sendo possível, em regra, incursão no mérito administrativo, por se tratar de direito administrativo sancionador, Fernando praticou ato de insubordinação grave em serviço que deve ser punido com demissão ou suspensão, conforme discricionariedade do administrador.

(C) procedente, uma vez que, na aplicação das penalidades, devem ser consideradas a natureza e a gravidade da infração cometida, os danos que dela provierem para o serviço público, as circunstâncias atenuantes e os antecedentes funcionais, de maneira que a sanção de demissão deve ser substituída pela suspensão por 90 (noventa) dias, após o que será o servidor reintegrado.

(D) improcedente, haja vista que, não obstante a autoridade administrativa possuir discricionariedade para aplicar ao servidor pena diversa de demissão quando caracterizadas as hipóteses legais dessa sanção de demissão mas houver atenuantes objetivas e subjetivas, o Poder Judiciário não pode se imiscuir no mérito administrativo, pois sua análise se restringe aos aspectos de legalidade do PAD, à luz dos princípios do contraditório, da ampla defesa e do devido processo legal.

(E) improcedente, pois a autoridade administrativa que impôs a sanção disciplinar agiu corretamente, uma vez que não dispõe de discricionariedade para aplicar ao servidor pena diversa de demissão quando caracterizadas as hipóteses legais dessa sanção.

O art. 132, VI, da Lei 8.112/90 estabelece que a penalidade de demissão deve ser aplicada no caso de insubordinação grave em serviço. Com relação à aplicação de demissão, a súmula 650 do STJ estabelece que "a autoridade administrativa não dispõe de discricionariedade para aplicar ao servidor pena diversa de demissão quando caraterizadas as hipóteses previstas no artigo 132 da Lei 8.112/1990". Assim, comprovada a insubordinação grave em serviço, deve ser aplicada a penalidade de demissão, sem nenhum grau de escolha pela a autoridade competente para aplicar a penalidade. **A:** Incorreta. A penalidade prevista pela insubordinação grave em serviço é a demissão. **B:** Incorreta. A súmula 665, STJ prescreve que "o controle jurisdicional do processo administrativo disciplinar restringe-se ao exame da regularidade do procedimento e da legalidade do ato, à luz dos princípios do contraditório, da ampla defesa e do devido processo legal, não sendo possível incursão no mérito administrativo, ressalvadas as hipóteses de flagrante ilegalidade, teratologia ou manifesta desproporcionalidade da sanção aplicada". Assim, o Poder Judiciário não pode analisar o mérito. **C:** Incorreta, ainda que a Lei 8.112/90, no art. 128, estabeleça que na aplicação das penalidades serão consideradas a natureza e a gravidade da infração cometida, os danos que dela provierem para o serviço público, as circunstâncias agravantes ou atenuantes e os antecedentes funcionais, não existe discricionariedade nas hipóteses de demissão. **D:** Incorreta, a autoridade não tem liberdade para aplicar pena diversa da demissão nesse caso. **E:** Correta, conforme Súmula 650, STJ.

Gabarito "E."

(Juiz Federal – TRF/1 – 2023 – FGV) Joaquim, servidor público federal ocupante de cargo efetivo na Autarquia Alfa, ao atender ao público em seu local de trabalho, colocava seu celular escondido abaixo da mesa, de maneira que filmava, por meio da câmera do telefone, as partes íntimas de cidadãs que buscavam atendimento na repartição, assim como de outras servidoras e funcionárias terceirizadas que precisavam com ele despachar algum expediente. Certo dia, sua colega de trabalho Maria percebeu a conduta de Joaquim, o filmou na execução do ato e comunicou ao órgão correcional competente. Foi instaurado processo administrativo disciplinar, no bojo do qual restou comprovada a conduta antes narrada.

Tendo em vista que a folha de assentamentos funcionais de Joaquim, até então, só contava com elogios, de acordo com a jurisprudência do Superior Tribunal de Justiça, a Joaquim deverá ser aplicada a sanção de:

(A) demissão, por conduta escandalosa na repartição;
(B) suspensão por até noventa dias, por incontinência pública na repartição;
(C) suspensão por até noventa dias, por coagir ou aliciar subordinados na repartição;
(D) suspensão por até noventa dias, por valer-se do cargo para lograr proveito pessoal, em detrimento da dignidade da função pública;
(E) demissão, apenas se Joaquim tiver sido condenado pelos mesmos fatos na esfera criminal; caso negativo, deverá ser sancionado com suspensão por até noventa dias, por ter procedido de forma desidiosa.

A conduta de Joaquim se caracteriza como uma infração administrativa, por se tratar de conduta escandalosa, na repartição. O referido ato deve levar à hipótese de demissão, nos termos do art. 132, V, da Lei 8.112/90. **A:** Correta. Trata-se de conduta escandalosa na repartição, passível de demissão. **B:** Incorreta. A conduta escandalosa, assim como a incontinência pública, não leva à penalidade de suspensão, e sim de demissão. **C:** Incorreta. Não se trata de coagir ou aliciar subordinados na repartição, e sim conduta escandalosa. **D:** Incorreta. Não se trata de valer-se do cargo para lograr proveito pessoal, e sim conduta escandalosa. **E:** Incorreta. A condenação à pena de demissão de Joaquim na via administrativa não depende de condenação na esfera criminal, pois as esferas são independentes entre si, só cabendo absolvição na esfera administrativa quando se tratar de absolvição na esfera penal por negativa de autoria ou inexistência dos fatos (art. 126, Lei 8.112/90).

Gabarito "A".

(Procurador Federal – AGU – 2023 – CEBRASPE) Um ente da administração pública indireta recebeu as seguintes denúncias contra três servidores: o servidor A teria faltado ao serviço, sem causa justificada, por 62 dias, interpoladamente, ao longo de 12 meses; o servidor B não comparecia ao serviço havia 40 dias consecutivos, mas em sua rede social via-se que ele fazia apresentações musicais pelo interior do país, como integrante de uma dupla sertaneja; e o servidor C, após discussão com outro servidor por causa do uso de equipamentos de informática, jogou a tela do computador no chão, e, com o extintor de incêndio, danificou os móveis existentes na sala do órgão público, além de ter agredido fisicamente um de seus colegas de sala, deixando-o inconsciente e posteriormente incapacitado para o trabalho.

No que se refere aos casos hipotéticos relatados, a Lei n.º 8.112/1990 prevê apuração disciplinar por meio de

(A) processo administrativo disciplinar de rito sumário por inassiduidade habitual, para o servidor A; processo administrativo disciplinar de rito sumário por abandono de cargo, para o servidor B; processo administrativo disciplinar para o servidor C, dada a gravidade dos fatos.
(B) sindicância investigativa, para apurar a autoria ou a materialidade dos fatos, para cada um dos servidores.
(C) processo administrativo disciplinar de rito sumário por meio do qual se comprove a intencionalidade das faltas e do abandono de cargo para os servidores A e B e processo administrativo disciplinar comum para o servidor C.
(D) sindicâncias punitivas para cada um dos três servidores, dadas a autoria e a materialidade identificadas, com a possibilidade de aplicação das penas cabíveis correspondentes.
(E) processo administrativo disciplinar ou sindicância investigativa instaurados para cada um dos servidores.

Nos termos da Lei n.º 8.112/1990, o servidor A, que faltou ao serviço por 62 dias sem causa justificada, cometeu inassiduidade habitual (art. 139), estando sujeito ao processo disciplinar pelo rito sumário (art. 140, *caput*, combinado com o art. 133, *caput*). O servidor B, que não compareceu ao serviço por 40 dias consecutivos e estava realizando atividades pessoais, pode ser processado por abandono de cargo (art. 138), estando também sujeito ao processo disciplinar pelo rito sumário (art. 140, *caput*, combinado com o art. 133, *caput*). Tanto o servidor A como o B estão sujeitos à pena de demissão (art. 132, II e III). Já o servidor C, que cometeu atos graves como vandalismo e agressão física, também está sujeito à pena de demissão (art. 132, VII e X), mas nesse caso deve ser submetido a um processo administrativo disciplinar comum (arts. 143 e ss.), não havendo exceção legal estabelecendo que se aplicará o procedimento sumário para esse caso. Portanto, a alternativa "A" é a correta.

Gabarito "A".

(Procurador Federal – AGU – 2023 – CEBRASPE) Acerca do prazo prescricional da pretensão punitiva para o processo administrativo disciplinar (PAD), considerando a Lei n.º

8.112/90 e o entendimento jurisprudencial do Superior Tribunal de Justiça (STJ), assinale a opção correta.

(A) Inicia-se a partir da data do conhecimento do fato por qualquer servidor público no órgão onde tenham ocorrido as supostas irregularidades.
(B) Inicia-se a partir da data do conhecimento do fato pela autoridade competente para a abertura do PAD.
(C) Suspende-se com o primeiro ato de instauração válido — sindicância investigativa ou processo disciplinar — e volta a fluir por inteiro decorridos 140 dias desde a suspensão.
(D) Interrompe-se com o primeiro ato de instauração válido — sindicância ou processo disciplinar — e volta a fluir por inteiro decorridos 180 dias desde a interrupção.
(E) Inicia-se a partir da data do registro da denúncia no setor de protocolo geral do órgão ao qual pertence o servidor.

A: Incorreta, pois o prazo prescricional para a pretensão punitiva em processo administrativo disciplinar (PAD) não inicia a partir da data do conhecimento do fato por qualquer servidor público no órgão onde ocorreram as supostas irregularidades. O prazo inicia-se a partir da data do conhecimento do fato pela autoridade competente para a abertura do PAD. **B:** Correta, pois o prazo prescricional da pretensão punitiva em processo administrativo disciplinar inicia-se a partir da data do conhecimento do fato pela autoridade competente para a abertura do PAD, conforme a Súmula 635 do STJ: "Os prazos prescricionais previstos no art. 142 da Lei n. 8.112/1990 iniciam-se na data em que a autoridade competente para a abertura do procedimento administrativo toma conhecimento do fato, interrompem-se com o primeiro ato de instauração válido – sindicância de caráter punitivo ou processo disciplinar – e voltam a fluir por inteiro, após decorridos 140 dias desde a interrupção". **C:** Incorreta, pois o prazo prescricional não se *suspende* com o primeiro ato de instauração válido, como sindicância investigativa ou processo disciplinar, e volta a fluir por inteiro decorridos 140 dias desde a suspensão. O prazo prescricional é *interrompido* nesse caso, mas não suspenso, conforme a Súmula 635 do STJ. Ademais, o primeiro caso de interrupção é por *sindicância punitiva*, e não *sindicância investigativa*, nos termos da mencionada súmula. **D:** Incorreta, pois a interrupção não é por qualquer *sindicância*, mas por *sindicância punitiva*, nos termos da Súmula 635 do STJ. Ademais, o prazo prescricional volta a fluir por inteiro decorridos *140 dias* da interrupção, e não *180 dias*, também nos termos da mencionada súmula. **E:** Incorreta, pois o prazo prescricional não inicia a partir da data do registro da denúncia no setor de protocolo geral do órgão ao qual pertence o servidor. O prazo inicia-se a partir da data do conhecimento do fato pela autoridade competente para a abertura do PAD, conforme a Súmula 635 do STJ. Gabarito "B".

(Procurador Fazenda Nacional – AGU – 2023 – CEBRASPE) No curso de inquérito administrativo em processo administrativo disciplinar (PAD), o servidor investigado informou, em petição, que o fato supostamente ilícito sob investigação havia sido objeto de ação penal cuja sentença, ainda não transitada em julgado, absolvera o investigado, com o fundamento de que ele não era o autor do fato. Nessa situação hipotética, de acordo com a Lei n.º 8.112/1990 e a jurisprudência do STJ, a comissão constituída para conduzir o PAD deverá

(A) suspender o processamento do PAD enquanto aguarda a conclusão definitiva da ação penal.
(B) absolver o investigado, em virtude do fundamento da sentença penal proferida.
(C) propor a absolvição do investigado, em virtude do fundamento da sentença penal proferida.
(D) prosseguir com o processamento do PAD.
(E) determinar a realização de diligência para verificar a veracidade da alegação feita pelo investigado.

Nos termos do art. 125 da Lei n. 8.112/90 há uma independência entre as instâncias civil, penal e administrativa. As instância administrativa somente seguirá a sorte da criminal, caso haja uma absolvição criminal que especificamente negue a existência do fato ou sua autoria (art. 126). No caso em questão a absolvição criminal parece ter sido justamente por negativa de autoria. Porém, por não haver ainda trânsito em julgado, não há que se falar em absolvição do acusado (alternativas "b" e "c"), nem de suspensão do PAD (alternativa "a"), nem mesmo de realização de diligência para verificar esse fato (absolvição criminal), visto que, não havendo trânsito em julgado na ação criminal, a questão ainda está *sub judice* lá, prevalecendo ainda o princípio da independência das instâncias criminal e administrativa, daí porque o processamento do PAD deve prosseguir (alternativa "d"). Gabarito "D".

(Procurador/DF – CESPE – 2022) Acerca do processo administrativo disciplinar, julgue os itens seguintes, considerando o entendimento dos tribunais superiores sobre a matéria.

(1) A falta de defesa técnica por advogado em processo administrativo disciplinar não viola a Constituição Federal de 1988.
(2) A Lei n.º 9.784/1999, especialmente no que diz respeito ao prazo decadencial para a revisão de atos administrativos no âmbito da administração pública federal, pode ser aplicada de forma subsidiária aos estados e municípios, se inexistente norma local e específica que regule a matéria.

1: certo (cf. Súmula Vinculante n. 5). **2:** certo (cf. Súmula 633 do STJ). Gabarito 1C, 2C

(Procurador Município – Teresina/PI – FCC – 2022) Em processo administrativo disciplinar, a Comissão Processante responsável, em seu relatório final, propôs que fosse aplicada pena de suspensão ao acusado. O processo seguiu para decisão da autoridade superior, que exarou o seguinte despacho:

Adotando a fundamentação do relatório da Comissão Processante, aplico ao acusado a pena de demissão a bem do serviço público, nos termos do Estatuto funcional.

Nesse caso, a decisão demissória é

(A) anulável, podendo ser convalidada, por não ter causado prejuízo ao interesse público ou a terceiros.
(B) nula, pois o ato administrativo punitivo deveria ter sido aplicado pela Comissão Processante, pois a quem apurou cabe aplicar a pena.
(C) nula, pois o parecer da Comissão Processante é ato administrativo de natureza vinculante.
(D) válida, pois se trata de ato administrativo discricionário, em que a motivação é dispensável.
(E) nula, pois o ato administrativo se vincula aos motivos alegados, não cabendo o uso de motivação *aliunde* no caso.

A decisão demissória é nula, pois adotou como fundamentação o relatório da Comissão Processante, que propôs não a demissão, mas a aplicação da pena de suspensão ao acusado. Assim, em razão da aplicação da teoria dos motivos determinantes, verifica-se um vício na decisão da autoridade superior. No caso em comento, não caberia o uso da motivação aliunde (também conhecida como motivação *per relationem*, baseada na remissão a outras manifestações), pois a autoridade superior discordou do relatório final da comissão. Desse modo, correta a alternativa E. Demais: **A:** incorreta (o vício não pode ser convalidado, de modo que o ato é nulo). **B:** incorreta (o ato punitivo deve ser aplicado pela autoridade superior, e não pela Comissão Processante, que detém a competência para apurar a infração disciplinar). **C:** incorreta (o parecer da comissão não é ato de natureza vinculante, pois a autoridade superior pode decidir de modo diverso). **D:** incorreta (o ato é nulo; além disso, a motivação não é dispensável). WG

Gabarito "E".

(Delegado/RJ – 2022 – CESPE/CEBRASPE) A Corregedoria-Geral de Polícia Civil recebeu denúncia anônima de que Paula, servidora estadual efetiva da Secretaria de Estado de Fazenda cedida à Polícia Civil, atuava, habitualmente, com insubordinação para com seus superiores e divulgava informações da instituição nas redes sociais, sem autorização.

Tendo como referência essa situação hipotética e as normas de direito disciplinar, assinale a opção correta.

(A) Dada a possibilidade de delegação do poder disciplinar, caberão ao órgão cessionário a apuração e eventual aplicação de penalidade à servidora cedida.

(B) Caberá ao órgão cedente apurar os fatos e, se for o caso, aplicar penalidade à servidora cedida.

(C) Não cabe a instauração de procedimento disciplinar contra a servidora cedida, em razão de a denúncia ter sido anônima.

(D) O órgão cessionário poderá instaurar processo administrativo disciplinar contra a servidora cedida, para apurar falta funcional, porém o julgamento e eventual aplicação de penalidade caberão ao órgão cedente.

(E) O órgão cessionário não possui competência para apuração de falta disciplinar de servidor cedido, se a falta não atingir o referido órgão.

Alternativa **A** incorreta (conforme já definido pelo STJ no MS 21.991, a instauração de processo disciplinar contra servidor efetivo cedido deve dar-se, preferencialmente, no órgão em que tenha sido praticada a suposta irregularidade, vale dizer, no órgão cessionário; contudo, o julgamento e a eventual aplicação de sanção só podem ocorrer no órgão ao qual o servidor efetivo estiver vinculado, ou seja, no órgão cedente). Alternativa **B** incorreta (cf. comentários da alternativa A). Alternativa **C** incorreta (desde que devidamente motivada e com amparo em investigação ou sindicância, é permitida a instauração de processo administrativo disciplinar com base em denúncia anônima, nos termos da Súmula 611 do STJ). Alternativa **D** correta (cf. comentário da alternativa A). Alternativa **E** incorreta (cf. comentário da alternativa A). RB

Gabarito "D".

(Delegado/MG – 2021 – FUMARC) De acordo com a Lei 5.301/69 (Lei Orgânica da PCMG – parcialmente revogada), é CORRETO afirmar que não constitui causa para aplicação da pena de demissão a bem do serviço público:

(A) Abandono do cargo.
(B) Contumácia na prática de transgressões disciplinares.
(C) Exercício de advocacia administrativa.
(D) Prática de insubordinação grave.

Na verdade, a Lei Orgânica da Polícia do Estado de Minas Gerais é a Lei estadual 5.406/1969 (e não a Lei 5.301/1969 - Estatuto dos Militares do Estado de MG). Apesar disso, a banca examinadora não anulou essa questão. O art. 159 da Lei 5.406/1969 prevê as hipóteses que acarretam a demissão a bem do serviço público, tais como a contumácia na prática de transgressões disciplinares (inciso XI), o exercício de advocacia administrativa (inciso X) e a prática de insubordinação grave (inciso IV). Assim, não constitui causa para a demissão a bem do serviço público o abandono do cargo, que dá ensejo à demissão simples (art. 158, inciso I). Atenção! Importante não confundir a *demissão simples* e a *demissão a bem do serviço público* (demissão qualificada). WG

Gabarito "A".

(Juiz de Direito/SP – 2021 – Vunesp) Quanto ao Processo Administrativo Disciplinar, consolidou-se o seguinte entendimento,

(A) é lícito à autoridade administrativa divergir do parecer da comissão disciplinar e aplicar pena mais grave porque não se vincula à capitulação proposta, mas aos fatos.

(B) a proporcionalidade da punição não pode ser objeto de correção na via judicial por ser matéria de mérito administrativo.

(C) a oportunidade de defesa do servidor antecede a colheita da prova oral e será feita por advogado constituído ou nomeado, de forma a garantir ampla defesa.

(D) não é admitido o uso de prova emprestada, considerando a independência das instâncias administrativa e judicial.

Comentário: **A:** correta (de acordo com jurisprudência do STJ – AgInt no MS 21.957, a autoridade julgadora, por estar vinculada aos fatos e não à capitulação proposta, pode aplicar sanção diversa daquela sugerida pela Comissão Processante, agravando ou abrandando a penalidade, ou até mesmo isentar o servidor da responsabilidade, desde que apresente a devida fundamentação). **B:** incorreta (considerando que a proporcionalidade da punição representa matéria de legalidade ou juridicidade, e não de mérito, pode ser objeto de correção na via judicial). **C:** incorreta (de acordo com o art. 151 da Lei 8.112/1990-Estatuto dos Servidores Federais, a fase de defesa do servidor é posterior à fase de instrução; ademais, de acordo com a Súmula Vinculante n.º 5, "a falta de defesa técnica por advogado no processo administrativo disciplinar não ofende a Constituição"). **D:** incorreta (cf. Súmula 591 do STJ: "É permitida a prova emprestada no processo administrativo disciplinar, desde que devidamente autorizada pelo juízo competente e respeitados o contraditório e a ampla defesa.") RB

Gabarito "A".

(Escrevente – TJ/SP – 2018 – VUNESP) Arceus Cipriano foi processado criminalmente sob a acusação de cometimento de crime contra a administração pública e pelos mesmos fatos também foi demitido do cargo público que ocupava. Contudo, na seara criminal, logrou êxito em comprovar que não foi o autor dos fatos, tendo sido absolvido por esse fundamento, na instância criminal. Diante disso, assinale a alternativa correta, nos termos do Estatuto dos Funcionários Públicos Civis do Estado de São Paulo.

(A) A demissão é nula porque a Administração Pública não deveria ter processado administrativamente Arceus e proferido decisão demissória antes do trânsito em julgado da sentença no processo criminal.

(B) Arceus poderá pedir o desarquivamento e a revisão da decisão administrativa que o demitiu, utilizando como documento novo a sentença absolutória proferida no processo criminal.

(C) Arceus terá direito à reintegração ao serviço público, no cargo que ocupava e com todos os direitos e vantagens devidas, mediante simples comprovação do trânsito em julgado da decisão absolutória no juízo criminal.

(D) Se a absolvição criminal ocorreu depois do prazo de interposição do recurso da decisão demissória proferida no processo administrativo, não será possível Arceus valer-se da sentença criminal para buscar a anulação da demissão.

(E) Como a responsabilidade administrativa é independente da civil e da criminal, a absolvição de Arceus Cipriano na justiça criminal em nada altera decisão proferida na esfera administrativa.

"Será reintegrado ao serviço público, no cargo que ocupava e com todos os direitos e vantagens devidas, o servidor absolvido pela Justiça, mediante simples comprovação do trânsito em julgado de decisão que negue a existência de sua autoria ou do fato que deu origem à sua demissão" – art. 250 § 2º da Lei 10.261/1968. FB
Gabarito "C".

(Escrevente – TJ/SP – 2018 – VUNESP) Consoante o Estatuto dos Funcionários Públicos Civis do Estado de São Paulo, será aplicada a pena de demissão nos casos de

(A) aplicação indevida de dinheiros públicos.
(B) prática de insubordinação grave.
(C) exercício de advocacia administrativa.
(D) pedir, por empréstimo, dinheiro ou quaisquer valores a pessoas que tratem de interesses ou o tenham na repartição, ou estejam sujeitos à sua fiscalização.
(E) prática, em serviço, de ofensas físicas contra funcionários ou particulares.

A: correta. Art. 256, IV da Lei 10.261/1968; **B:** incorreta. Trata-se, nesse caso, de pena de demissão a bem do serviço público, tal como previsto no art. 257, IV da Lei 10.261/1968; **C:** incorreta. Trata-se, nesse caso, de pena de demissão a bem do serviço público, tal como previsto no art. 257, IX da Lei 10.261/1968; **D:** incorreta. Trata-se, nesse caso, de pena de demissão a bem do serviço público, tal como previsto no art. 257, VIII da Lei 10.261/1968; **E:** incorreta. Trata-se, nesse caso, de pena de demissão a bem do serviço público, tal como previsto no art. 257, V da Lei 10.261/1968. FB
Gabarito "A".

(Juiz – TRF 2ª Região – 2017) Entre as opções abaixo, apenas uma, nos termos da Lei nº 8.112/90, NÃO é causa de demissão do servidor público. Assinale-a:

(A) Inassiduidade habitual.
(B) Coagir subordinado, no sentido de filiar-se a partido político.
(C) Proceder de forma desidiosa.
(D) Receber presente ou vantagem de qualquer espécie, em razão de suas atribuições.
(E) Participar de gerência ou administração de sociedade.

A: incorreta. Há previsão dessa conduta no art. 132, III, da Lei 8.112/1990; **B:** correta. Não há previsão dessa conduta pela lei, de forma que ela é atípica para esse tipo de penalidade; **C:** incorreta. Há previsão dessa conduta no art. 132, XIII, da Lei 8.112/1990; **D:** incorreta. Há previsão da conduta no art. 132, XIII, da Lei 8.112/1990; **E:** incorreta. Há previsão da conduta no art. 132, XIII, da Lei 8.112/1990. AW
Gabarito "B".

(Delegado/GO – 2017 – CESPE) Com base no disposto na Lei n. 9.784/1999, assinale a opção correta, considerando o entendimento dos tribunais superiores e da doutrina sobre o processo administrativo.

(A) Os processos de prestação de contas são exemplo de processos administrativos de outorga, cuja finalidade é autorizar o exercício de determinado direito individual.
(B) O Supremo Tribunal Federal entende que não é necessária a observância do devido processo legal para a anulação de ato administrativo que tenha repercutido no campo dos interesses individuais.
(C) Por ser a ampla defesa um princípio do processo administrativo, a administração não poderá definir a maneira como se realizará seu exercício, definindo, por exemplo, o local de vista aos autos.
(D) A competência processante de órgão da administração pode ser delegada, em parte, a outro órgão, ainda que não subordinado hierarquicamente ao órgão delegante, desde que haja conveniência, razão e inexista impedimento legal.
(E) Conforme o Supremo Tribunal Federal, é obrigatória a representação por advogado para o exercício do direito à recorribilidade de decisão proferida em processo administrativo.

A: incorreta. Os processos de prestação de contas são típicos processos administrativo de expediente. Os processos de outorga visam a concessão de direitos perante a administração. **B:** incorreta. O devido processo legal e condição a qualquer ato administrativo. **C:** incorreta. Lei 9.784/1999, art. 22. Os atos do processo administrativo não dependem de forma determinada senão quando a lei expressamente a exigir. Art. 25. Os atos do processo devem realizar-se preferencialmente na sede do órgão, cientificando-se o interessado se outro for o local de realização. **D:** correta. Lei 9.784/1999, art. 12. Um órgão administrativo e seu titular poderão, se não houver impedimento legal, delegar parte da sua competência a outros órgãos ou titulares, ainda que estes não lhe sejam hierarquicamente subordinados, quando for conveniente, em razão de circunstâncias de índole técnica, social, econômica, jurídica ou territorial. **E:** incorreta. STF – Súmula Vinculante 5: – A falta de defesa técnica por advogado no processo administrativo disciplinar não ofende a Constituição. FB
Gabarito "D".

(Delegado/GO – 2017 – CESPE) No que se refere ao processo administrativo disciplinar (PAD), assinale a opção correta.

(A) A CF recepcionou o instituto da verdade sabida, viabilizando a sua aplicação no PAD.
(B) O Supremo Tribunal Federal entende ser ilegal a instauração de sindicância para apurar a ocorrência de irregularidade no serviço público a partir de delação anônima.
(C) Conforme o Supremo Tribunal Federal, militar, ainda que reformado, submete-se à hierarquia e à disciplina, estando, consequentemente, sujeito à pena disciplinar.
(D) Os princípios da ampla defesa e do contraditório no PAD não são absolutos, podendo haver indeferimento de pedidos impertinentes ou protelatórios.
(E) Uma sindicância preparatória só pode servir de subsídio para uma sindicância contraditória, mas não para um PAD.

A: incorreta. A constituição federal, art. 5º, LVII, conceitua o princípio da presunção da inocência na esfera penal, que e acompanhado na esfera administrativa. Lei 9.784/1999, art. 2º A Administração Pública obedecerá, dentre outros, aos princípios da legalidade, finalidade, motivação, razoabilidade, proporcionalidade, moralidade, ampla defesa, contraditório, segurança jurídica, interesse público e eficiência. **B:** incorreta. HC 97197 – STF – As autoridades públicas não podem iniciar qualquer medida de persecução (penal ou disciplinar), apoiando-se, unicamente, para tal fim, em peças apócrifas ou em escritos anônimos. É por essa razão que o escrito anônimo não autoriza, desde que isoladamente considerado, a imediata instauração de "persecutio criminis". – Peças apócrifas não podem ser formalmente incorporadas a procedimentos instaurados pelo Estado, salvo quando forem produzidas pelo acusado ou, ainda, quando constituírem, elas próprias, o corpo de delito (como sucede com bilhetes de resgate no crime de extorsão mediante sequestro, ou como ocorre com cartas que evidenciem a prática de crimes contra a honra, ou que corporifiquem o delito de ameaça ou que materializem o "crimen falsi", p. ex.). – **Nada impede, contudo, que o Poder Público, provocado por delação anônima ("disque-denúncia", p. ex.), adote medidas informais destinadas a apurar, previamente, em averiguação sumária, "com prudência e discrição", a possível ocorrência de eventual situação de ilicitude** penal, desde que o faça com o objetivo de conferir a verossimilhança dos fatos nela denunciados, em ordem a promover, então, em caso positivo, a formal instauração da "persecutio criminis", mantendo-se, assim, completa desvinculação desse procedimento estatal em relação às peças apócrifas. **C:** incorreta. Em que pese o militar reformado estar sujeito a hierarquia e disciplina, ele não mais se submete às penas disciplinares. Vejamos o que diz a Súmula 56 STF – Militar reformado não está sujeito à pena disciplinar. **D:** correta. Os princípios da ampla defesa e do contraditório não são absolutos, razão pela qual o indeferimento de pedidos protelatórios ou impertinentes não os fere. Lei 9.784/1999 – Art. 38, § 2º Somente poderão ser recusadas, mediante decisão fundamentada, as provas propostas pelos interessados quando sejam ilícitas, impertinentes, desnecessárias ou protelatórias. **E:** incorreta. A sindicância pode em qualquer dos casos dar origem ao PAD, sem, no entanto, ser suficiente para sua decisão. FB

Gabarito "D".

5.10. IMPROBIDADE ADMINISTRATIVA

(Procurador – AL/PR – 2024 – FGV) Considerando a orientação firmada pelo Supremo Tribunal Federal acerca da utilização da colaboração premiada, nos termos da Lei nº 12.850/2013, no âmbito civil, em ação civil pública por ato de improbidade administrativa movida pelo Ministério Público, na seara do microssistema legal de proteção ao patrimônio público e de combate à corrupção, é correto afirmar que deve ser observada a seguinte diretriz:

(A) é vedada a utilização da colaboração premiada em ação de improbidade administrativa movida pelo Ministério Público, restringindo-se os seus efeitos à esfera penal em que foi formalizada.

(B) as declarações do agente constantes da referida colaboração premiada são suficientes para iniciar a ação de improbidade pelos mesmos fatos, ainda que desacompanhadas de outros elementos de prova.

(C) é válida a determinação de ressarcimento ao erário, ainda que parcial, no bojo da aludida colaboração premiada, a impedir o ajuizamento da ação de improbidade acerca dos mesmos fatos.

(D) o Ministério Público não poderá negociar em torno do modo e das condições para o ressarcimento ao erário no bojo da colaboração premiada, em razão de se tratar de matéria a ser definida exclusivamente em sede de ação de improbidade.

(E) para que a colaboração premiada seja utilizada no âmbito da improbidade administrativa é necessário que o acordo seja celebrado com a interveniência da pessoa jurídica interessada, bem como devidamente homologado pela autoridade judicial.

De acordo com a decisão tomada pelo STF no ARE 1175650, foi fixada a tese de repercussão geral no sentido de que "É constitucional a utilização da colaboração premiada, nos termos da Lei 12.850/2013, no âmbito civil, em ação civil pública por ato de improbidade administrativa movida pelo Ministério Público, observando-se as seguintes diretrizes: (1) Realizado o acordo de colaboração premiada, serão remetidos ao juiz, para análise, o respectivo termo, as declarações do colaborador e cópia da investigação, devendo o juiz ouvir sigilosamente o colaborador, acompanhado de seu defensor, oportunidade em que analisará os seguintes aspectos na homologação: regularidade, legalidade e voluntariedade da manifestação de vontade, especialmente nos casos em que o colaborador está ou esteve sob efeito de medidas cautelares, nos termos dos §§ 6º e 7º do artigo 4º da referida Lei 12.850/2013. (2) As declarações do agente colaborador, desacompanhadas de outros elementos de prova, são insuficientes para o início da ação civil por ato de improbidade; (3) A obrigação de ressarcimento do dano causado ao erário pelo agente colaborador deve ser integral, não podendo ser objeto de transação ou acordo, sendo válida a negociação em torno do modo e das condições para a indenização; (4) O acordo de colaboração deve ser celebrado pelo Ministério Público, com a interveniência da pessoa jurídica interessada e devidamente homologado pela autoridade judicial; (5) Os acordos já firmados somente pelo Ministério Público ficam preservados até a data deste julgamento, desde que haja previsão de total ressarcimento do dano, tenham sido devidamente homologados em Juízo e regularmente cumpridos pelo beneficiado". Dessa forma: **A:** Incorreta, pois a colaboração premiada pode, sim, ter efeitos na esfera civil, incluindo ações de improbidade administrativa, desde que observadas as diretrizes legais mencionadas na tese acima transcrita. **B:** Incorreta, pois as declarações do agente na colaboração premiada não são suficientes, por si só, para iniciar uma ação de improbidade administrativa. É necessário que essas declarações sejam acompanhadas de outros elementos de prova que comprovem a prática do ato de improbidade, na forma to item 2 da tese acima transcrita. **C e D:** Incorretas. A alternativa "C" está incorreta, pois a obrigação de ressarcimento do dano causado ao erário pelo agente colaborador deve ser integral, não podendo ser parcial, como mencionado, já que não podem ser objeto de transação ou acordo. O que se permite é apenas a negociação em torno do modo e das condições para a indenização (item 3 da tese acima transcrita), daí porque a alternativa "D" também está incorreta. **E:** Correta, nos exatos termos do item 4 da tese acima transcrita. WG

Gabarito "E".

(Procurador – AL/PR – 2024 – FGV) Felisberto, na qualidade de Secretário de esportes do Estado Ômega, dolosamente, em fevereiro de 2018, praticou a conduta de permitir a realização de despesas não autorizadas em lei ou regulamento, caracterizadora de ato de improbidade que causou efetiva e comprovada lesão ao erário, na forma do Art. 9º, IX, da Lei nº 8.429/92, com a redação conferida pela Lei nº 14.230/2021. A ação veiculando a respectiva pretensão punitiva foi ajuizada pelo ente federativo lesado em janeiro de 2024, enquanto ele ainda ocupava o aludido cargo ininterruptamente, sendo certo que houve pedido de indisponibilidade de bens no respectivo processo. Diante dessa situação hipotética, à luz da jurisprudência do Supremo Tribunal Federal é correto afirmar que

(A) o ente federativo lesado não possui legitimidade para o ajuizamento mencionada ação de improbidade, diante das alterações promovidas pelo novel diploma legal.
(B) o Secretário, enquanto agente político, deve responder por crime de responsabilidade, de modo que não está sujeito às penalidades da lei de improbidade, sob pena de bis in idem.
(C) a decretação da indisponibilidade de bens pleiteada sob a vigência da nova lei deve demonstrar a existência de perigo de dano irreparável ou de risco ao resultado útil do processo.
(D) por serem mais benéficos para o Secretário, os marcos temporais da prescrição estabelecidos pela alteração legislativa devem retroagir para beneficiá-lo.
(E) a determinação de aplicação dos princípios de direito administrativo sancionador prevista no novel diploma legal com relação à improbidade conferiu natureza penal aos ilícitos previstos na norma em questão.

No ARE 843989, o Supremo Tribunal Federal fixou as seguintes teses: 1) É necessária a comprovação de responsabilidade subjetiva para a tipificação dos atos de improbidade administrativa, exigindo-se nos artigos 9º, 10 e 11 da LIA a presença do elemento subjetivo dolo; 2) A norma benéfica da Lei 14.230/2021 revogação da modalidade culposa do ato de improbidade administrativa, é irretroativa, em virtude do artigo 5º, inciso XXXVI, da Constituição Federal, não tendo incidência em relação à eficácia da coisa julgada; nem tampouco durante o processo de execução das penas e seus incidentes; 3) A nova Lei 14.230/2021 aplica-se aos atos de improbidade administrativa culposos praticados na vigência do texto anterior, porém sem condenação transitada em julgado, em virtude da revogação expressa do tipo culposo, devendo o juízo competente analisar eventual dolo por parte do agente. 4) O novo regime prescricional previsto na Lei 14.230/2021 é irretroativo, aplicando-se os novos marcos temporais a partir da publicação da lei. Nas ADIs 7042 e 7043, o Supremo Tribunal Federal decidiu o seguinte: (a) declarar a inconstitucionalidade parcial, sem redução de texto, do caput e dos §§ 6º-A e 10-C do art. 17, assim como do caput e dos §§ 5º e 7º do art. 17-B, da Lei 8.429/1992, na redação dada pela Lei 14.230/2021, de modo a restabelecer a existência de legitimidade ativa concorrente e disjuntiva entre o Ministério Público e as pessoas jurídicas interessadas para a propositura da ação por ato de improbidade administrativa e para a celebração de acordos de não persecução civil; (b) declarar a inconstitucionalidade parcial, com redução de texto, do § 20 do art. 17 da Lei 8.429/1992, incluído pela Lei 14.230/2021, no sentido de que não existe "obrigatoriedade de defesa judicial"; havendo, porém, a possibilidade dos órgãos da Advocacia Pública autorizarem a realização dessa representação judicial, por parte da assessoria jurídica que emitiu o parecer atestando a legalidade prévia.
Na ADI 4295, já considerando o texto da Lei de Improbidade com a alteração dada pela Lei 14.230/21, que manteve (e deixou explícita) a submissão dos agentes políticos à sistemática de improbidade administrativa, o STF reiterou o entendimento de que os agentes políticos, com exceção do Presidente da República, encontram-se sujeitos a duplo regime sancionatório, de modo que se submetem tanto à responsabilização civil pelos atos de improbidade administrativa quanto à responsabilização político-administrativa por crimes de responsabilidade (Pet 3240, AgR/DF).
Dessa forma:
A: Incorreta, pois o ente federativo lesado possui legitimidade para ajuizar ações de improbidade administrativa, mesmo após as alterações promovidas pela Lei nº 14.230/2021, uma vez que o STF declarou a inconstitucionalidade do art. 17 da Lei nº 8.429/1992 (alterada) nesse ponto, restabelecendo a legitimidade ativa concorrente e disjuntiva entre o Ministério Público e as pessoas jurídicas interessadas (como é o caso do ente federativo lesado), para o ajuizamento da ação de improbidade. **B:** Incorreta, pois o Secretário, apesar de ser agente político, está sujeito às penalidades da Lei de Improbidade Administrativa, conforme o art. 2º, caput, da Lei nº 8.429/1992. A responsabilidade por improbidade não se confunde com a de crime de responsabilidade, evitando o bis in idem. Como se viu acima, na ADI 4295, o STF reiterou o entendimento de que os agentes políticos, com exceção do Presidente da República, encontram-se sujeitos a duplo regime sancionatório, de modo que se submetem tanto à responsabilização civil pelos atos de improbidade administrativa quanto à responsabilização político-administrativa por crimes de responsabilidade (Pet 3240, AgR/DF). **C:** Correta, pois a decretação da indisponibilidade de bens, conforme a nova redação da Lei nº 8.429/1992, exige a demonstração de perigo de dano irreparável ou risco ao resultado útil do processo, conforme o art. 16, § 3º, da citada lei, com a redação dada pela Lei nº 14.230/2021. **D:** Incorreta, pois, nos termos do item 4 da tese mencionada, o novo regime prescricional previsto na Lei 14.230/2021 é irretroativo, aplicando-se os novos marcos temporais a partir da publicação da lei. **E:** Incorreta, pois a Lei nº 14.230/2021 não conferiu natureza penal aos ilícitos de improbidade administrativa. Os ilícitos previstos na Lei nº 8.429/1992 permanecem na esfera civil, daí porque inclusive houve proibição de retroação de efeitos em face de decisões transitadas em julgado, respeitando-se, em prejuízo, os princípios do direito administrativo sancionador, e não do direito penal. WG

Gabarito "C".

(Procurador – PGE/SP – 2024 – VUNESP) A propósito da responsabilidade por ato de improbidade, a Lei nº 8.429/1992, em sua redação vigente, veda a responsabilização

(A) dos sócios, cotistas, diretores e colaboradores de pessoa jurídica de direito privado a que tenha sido imputado ato de improbidade, salvo se, comprovadamente, houver participação e benefícios diretos, caso em que responderão nos limites da sua participação.
(B) dos integrantes do Poder Judiciário e Tribunais de Contas, ainda que em exercício de funções administrativas.
(C) dos administradores de empresas públicas e de sociedade de economia mista pela prática de atos de gestão comercial.
(D) do sucessor ou herdeiro do condenado por ato ímprobo, em observância do princípio da intranscendência penal.
(E) dos agentes políticos sujeitos a processo por crime de responsabilidade, nos casos previstos na Constituição Federal.

A: Correto. A Lei nº 8.429/1992, que trata dos atos de improbidade administrativa, estabelece, em seu Art. 3º, § 1º, que os sócios, cotistas, diretores e colaboradores de pessoas jurídicas de direito privado podem ser responsabilizados por atos de improbidade apenas se houver participação e benefícios diretos. Neste caso, a responsabilidade é limitada aos efeitos de sua participação no ato ímprobo. **B:** Incorreto. A Lei nº 8.429/1992 não veda a responsabilização de integrantes do Poder Judiciário e Tribunais de Contas. Pelo contrário, a lei aplica-se a todo e qualquer agente público, inclusive os agentes políticos (art. 2º, caput), com exceção do Presidente da República, conforme entendimento do STF. **C:** Incorreto. A Lei nº 8.429/1992 aplica-se também a pessoas que exercem emprego ou função (art. 2º, caput), em entidades da administração indireta (art. 1º, § 5º). **D:** Incorreto. O art. 8º da estabelece que "O sucessor ou o herdeiro daquele que causar dano ao erário ou que se enriquecer ilicitamente estão sujeitos apenas à obrigação de repará-lo até o limite do valor da herança ou do patrimônio transferido". **E:** Incorreto. A Lei nº 8.429/1992 aplica-se a todo e qualquer agente público, inclusive os agentes políticos (art. 2º, caput), com exceção do Presidente da República, conforme entendimento do STF. WG

Gabarito "A".

(ENAM – 2024.1) Em 2020, Fernando foi condenado com trânsito em julgado por ato de improbidade administrativa que causou prejuízo ao erário, por ter culposamente permitido que a sociedade empresária Beta utilizasse bens e valores integrantes do acervo patrimonial do Município Alfa, sem a observância das formalidades legais ou regulamentares aplicáveis à espécie, na época em que Fernando exercia o cargo de Secretário Municipal de Administração. Atualmente, em sede de cumprimento de sentença, o Ministério Público está pleiteando o pagamento de multa civil a que Fernando fora condenado na ação de improbidade. A defesa de Fernando, no entanto, alegou na execução que, diante da reforma da Lei de Improbidade Administrativa pela Lei nº 14.230/21, a multa não mais é devida.

Diante da situação fática e jurídica narrada, alinhado ao entendimento do Supremo Tribunal Federal sobre o tema, o magistrado deve

(A) acatar a tese defensiva e extinguir a execução, diante da aplicação do princípio da retroatividade da lei mais benéfica para o réu em matéria de direito sancionador, haja vista que a Lei nº 14.230/2021 revogou todas as hipóteses de atos de improbidade administrativa culposos.

(B) acatar a tese defensiva e extinguir a execução, diante da aplicação dos princípios da isonomia e da segurança jurídica, pois a Lei nº 14.230/2021 revogou expressamente o tipo de ato de improbidade administrativa praticado por Fernando, aplicando-se, por analogia *in bonam partem*, o instituto da *abolitio criminis*.

(C) acatar a tese defensiva e extinguir a execução, haja vista que a Lei nº 14.230/2021, por possuir conteúdo de direito material em tema de direito sancionador, aplica-se retroativamente a todos os processos de conhecimento e de execução em curso que tenham por objeto responsabilização por ato de improbidade administrativa.

(D) rejeitar a tese defensiva e prosseguir a execução, pois a revogação da modalidade culposa do ato de improbidade administrativa, promovida pela Lei nº 14.230/2021, é irretroativa, de modo que os seus efeitos não têm incidência em relação à eficácia da coisa julgada, nem durante o processo de execução das penas e seus incidentes.

(E) rejeitar a tese defensiva e prosseguir a execução, pois não houve revogação do tipo e do elemento subjetivo da culpa no ato de improbidade administrativa praticado por Fernando, pois os dispositivos da Lei nº 14.230/2021 são objeto de interpretação conforme a Constituição, para manter a culpa na configuração dos atos ímprobos que causem prejuízo ao erário.

Fernando foi condenado pelo ato de improbidade administrativa que causou prejuízo ao erário de forma culposa. Com as alterações da Lei 8.429/92, realizadas pelas Lei 14.230/21, a modalidade culposa deixa de existir, sendo necessária a comprovação do dolo. No entanto, o Supremo Tribunal Federal, no Informativo 1065, analisou a aplicabilidade dessas alterações. De acordo com o STF, a revogação da modalidade culposa do ato de improbidade administrativa é irretroativa, com relação às decisões que tenham transitado em julgado. A norma mais benéfica, qual seja, a não aplicação da modalidade culposa, só retroage quando ainda não houve o trânsito em julgado da decisão, devendo, nesse caso, o juiz analisar o dolo ou a culpa por parte do agente. Ocorre que, no caso em tela, a decisão já transitou em julgado, não devendo retroagir para beneficiar Fernando. **A:** Incorreta. No caso em tela, a norma mais benéfica não retroage. **B:** Incorreta, a norma mais benéfica não retroage. **C:** Incorreta, a norma mais benéfica não retroage. **D:** Correta, conforme entendimento do STF acima. **E:** Incorreta. A Lei 14.230/21 revogou a modalidade culposa, tornando-se necessária a comprovação de responsabilidade subjetiva para a tipificação dos atos de improbidade administrativa, exigindo-se a comprovação do dolo. Gabarito "D".

(Juiz de Direito – TJ/SC – 2024 – FGV) Em 8 de maio de 2020, o prefeito do Município de Arara Azul virou réu de ação de improbidade administrativa sob a acusação de prejuízo ao erário. Segundo reportagem investigativa amplamente divulgada em rede nacional, evidenciou-se desvio de verba pública que deveria ser direcionada à educação para as contas bancárias do prefeito. Tendo em vista as gravações telefônicas a que o repórter teve acesso, foi acolhido judicialmente o pedido do Ministério Público de indisponibilidade de bens. Com o advento da Lei nº 14.230/2021, que alterou a Lei de Improbidade Administrativa (Lei nº 8.429/1992), houve peticionamento para desbloqueio das contas bancárias do prefeito por excesso de cautela ao argumento de que a Lei nº 14.230/2021 retroagiria, o que foi negado pelo juiz da causa.

A respeito da decisão judicial denegatória do pedido de reconhecimento do excesso de cautela, é correto afirmar que:

(A) a decisão judicial é inválida se as contas do prefeito foram aprovadas pela Câmara Municipal;

(B) a decisão judicial é inválida, pois não houve a oitiva do prefeito sobre o bloqueio de suas contas bancárias após a petição inicial;

(C) a decisão judicial é inválida, pois seria devida a automática retroatividade da Lei nº 14.230/2021 na medida em que ainda não houve condenação transitada em julgado;

(D) a decisão judicial é válida, pois o bloqueio dos valores das contas bancárias do prefeito não poderia ser reapreciado no curso da ação de improbidade administrativa;

(E) o desbloqueio dos valores das contas bancárias do prefeito pode ser convencionado mediante a celebração de acordo de não persecução civil, condicionado à homologação judicial.

A: Incorreta. A aplicação das sanções previstas na lei de improbidade administrativa independe da aprovação ou rejeição das contas pelo órgão de controle interno ou pelo Tribunal ou Conselho de Contas (art. 21, II, Lei 8.429/92). **B:** Incorreta. Apesar de o art. 16, § 3º, Lei 8.429/92 exigir a oitiva prévia do réu para a decretação da indisponibilidade, o § 4º do mesmo artigo possibilita a decretação da indisponibilidade sem a oitiva do réu sempre que o contraditório prévio puder comprovadamente frustrar a efetividade da medida ou houver outras circunstâncias que recomendem a proteção liminar, não podendo a urgência ser presumida. **C:** Incorreta. O Supremo Tribunal Federal entendeu que a retroatividade das alterações da Lei 14.230/2021 ocorrerá apenas com relação à revogação da conduta culposa, quando a ação ainda não transitou em julgado (Inf. 1.065, STF). A questão em análise não discute o elemento subjetivo do ato, portanto, não há como se afirmar que a decisão judicial seria inválida. Eventualmente, se no caso concreto o juiz concluísse que se tratasse de conduta culposa, a ação de improbidade por si só seria extinta, não apenas a decretação da indisponibilidade de bens. **D:** Incorreta. O art. 16, § 6º, Lei 8.429/92 possibilita a readequação da

indisponibilidade durante a instrução do processo. **E: Correta.** A Lei 8.429/92 possibilita a celebração do acordo de não persecução civil, no art. 17-B. Nesse caso, havendo o acordo de não persecução civil, é possível que seja efetuado o desbloqueio dos valores das contas bancárias do prefeito. O art. 17-B, § 1º estabelece os requisitos cumulativos para a celebração do acordo, dentre eles, a homologação judicial.
Gabarito "E".

(Juiz de Direito – TJ/DFT – 2023 – CEBRASPE) Lucas, Fabiano e Cláudio são servidores públicos e praticaram, dolosamente, no exercício de suas funções, as seguintes condutas: Lucas facilitou a aquisição de bem por preço superior ao de mercado; Fabiano permitiu a realização de despesas não autorizadas em lei ou regulamento; e Cláudio frustrou, em ofensa à imparcialidade, o caráter concorrencial de procedimento licitatório, com vistas à obtenção de benefício de terceiros.

Com base na Lei n.º 8.429/1992 e suas alterações, assinale a opção que indica quem, na situação hipotética apresentada, está sujeito a sanção por ato de improbidade administrativa, independentemente de ter causado efetivo dano ao patrimônio público.

(A) Lucas, Fabiano e Cláudio
(B) Lucas e Fabiano, somente
(C) Lucas, somente
(D) Cláudio, somente
(E) Fabiano, somente

Lucas facilitou, dolosamente, a aquisição de bem por preço superior ao de mercado, portanto, praticou ato de improbidade administrativa que causou prejuízo ao erário, nos termos do art. 10, V, Lei 8.429/92. Fabiano permitiu, de forma dolosa, a realização de despesas não autorizadas em lei ou regulamento, o que caracteriza ato de improbidade que causa prejuízo ao erário, nos termos do art. 10, IX, Lei 8.429/92. Por fim, Cláudio frustrou, de forma dolosa, em ofensa à imparcialidade, o caráter concorrencial de procedimento licitatório, com vistas à obtenção de benefícios de terceiros, que se enquadra como ato de improbidade que fere princípios da Administração, nos termos do art. 11, V, Lei 8.429/92. Os atos de improbidade previstos no art. 10, como atos de improbidade que causam prejuízo ao erário, dependem da comprovação de efetivo dano ao patrimônio público, assim, Lucas e Fabiano só responderão se o dano for comprovado e efetivo. Já no caso do ato de improbidade que atenta contra princípios, o art. 11, § 4º, Lei 8.429/92 afirma que a responsabilização independe do reconhecimento da produção de danos ao erário. Assim, apenas Cláudio responde independentemente de ter causado efetivo dano ao patrimônio público.
Gabarito "D".

(Juiz Federal – TRF/1 – 2023 – FGV) João, ex-secretário de saúde do Município X, é réu em ação de improbidade proposta pelo Ministério Público Federal em 2020. É acusado de ter se apropriado de valores desviados de contratação pública realizada em 2019, sem licitação e com preços acima da prática de mercado. Durante a fase de instrução, João requer ao juízo a adoção de diversas providências.

O entendimento correto a ser adotado pelo julgador, conforme orientação do Supremo Tribunal Federal na tese fixada no Tema 1.199, é:

(A) aplicar a prescrição intercorrente a contar da prática do ato tido como ímprobo, ou seja, 2019;
(B) que a Lei nº 14.230/2021 não se aplica ao caso concreto, uma vez que o ato tido como ímprobo foi praticado em 2019, antes da vigência da nova lei;
(C) como não há sentença condenatória transitada em julgado, incide a Lei nº 14.230/2021, cabendo ao juiz analisar a existência de dolo na conduta de João;
(D) como já foi recebida a inicial e juntada a contestação, opera-se a estabilidade da demanda, não sendo possível a aplicação da Lei nº 14.230/2021 ao caso apresentado;
(E) ser possível a condenação por ato de improbidade na modalidade culposa, uma vez que os atos tidos como ímprobos foram praticados em 2019, antes da vigência da Lei nº 14.230/2021.

João está respondendo por um ato de improbidade praticado em 2019, sendo que a ação de improbidade foi ajuizada em 2020. Com as alterações que a lei 8.429/92 sofreu, o prazo de prescrição para o ajuizado da ação passou a ser de 8 anos, contados a partir da ocorrência do fato ou, no caso de infrações permanentes, do dia em que cessou a permanência. No entanto, o Supremo Tribunal Federal entendeu, ao julgar o Tema 1.199 de Repercussão Geral, que o novo regime prescricional é irretroativo, só se aplicando aos atos praticados depois da lei. Outra alteração importante na Lei 8.429/92 foi a exigência de conduta dolosa para a responsabilização pelo ato de improbidade, a todas as espécies de atos. No entanto, o STF entendeu que a revogação da modalidade culposa não tem incidência em relação à eficácia da coisa julgada; nem tampouco durante o processo de execução das penas e seus incidentes. A revogação da modalidade culposa, segundo o STF, só se aplica para as ações de improbidade administrativa que ainda não transitaram em julgado, cabendo ao juiz analisar eventual dolo por parte do agente. **A: Incorreta.** A prescrição intercorrente foi inserida em 2021 no art. 23, § 8º, Lei 8.429/92, portanto, não retroage à ação de improbidade em que João responde, pois o ato ocorreu antes das alterações. **B: Incorreta.** Os atos praticados antes das alterações da Lei 8.429/92 continuam sendo considerados atos de improbidade administrativa, podendo ser aplicada, a não ser na questão do novo regime prescricional. **C: Correta.** Como a sentença ainda não transitou em julgado, cabe ao juiz analisar o eventual dolo do agente público, pois, caso não tenha o dolo, a ação deverá ser extinta. **D: Incorreta.** As alterações realizadas pela Lei 14.230/2021 só não se aplicam nas hipóteses em que o STF deixou clara a irretroatividade. **E: Incorreta.** Caso fique comprovado que a conduta foi culposa, a revogação da modalidade culposa deverá ser aplicada, visto que a ação ainda não transitou em julgado.
Gabarito "C".

(Juiz Federal – TRF/1 – 2023 – FGV) O Ministério Público Federal (MPF) ajuizou, em junho de 2023, ação de improbidade administrativa em face do servidor público federal Antônio, imputando-lhe a conduta de ter recebido vantagem econômica consistente em dois milhões de reais no último ano, para tolerar, no exercício da função pública, a prática de narcotráfico. No bojo da inicial, o MPF veiculou pedido liminar de indisponibilidade de bens em face de Antônio.

No caso em tela, consoante dispõe a Lei nº 8.429/1992 (Lei de Improbidade Administrativa – LIA), com redação dada pela Reforma de 2021 da LIA:

(A) a decretação de indisponibilidade do bem de família do réu é vedada, salvo se comprovado que o imóvel seja fruto de vantagem patrimonial indevida, conforme descrito no Art. 9º da LIA;
(B) o pedido de indisponibilidade de bens do réu tem a finalidade de garantir a integral recomposição do erário pela prática dos atos tipificados nos Arts. 9º, 10 e 11, da LIA, mas não o acréscimo patrimonial resultante de enriquecimento ilícito;

(C) o pedido de indisponibilidade de bens não poderá, em qualquer caso, incluir a investigação, o exame e o bloqueio de bens, contas bancárias e aplicações financeiras mantidas pelos réus no exterior, resguardada a competência do Superior Tribunal de Justiça;

(D) o valor da indisponibilidade considerará a estimativa de dano indicada na petição inicial, não sendo permitida a sua substituição por caução idônea, por fiança bancária ou por seguro-garantia judicial, a requerimento dos réus;

(E) a ordem de indisponibilidade de bens deverá priorizar o bloqueio de contas bancárias, bens imóveis, veículos de via terrestre, bens móveis em geral, semoventes, navios e aeronaves, ações e quotas de sociedades simples e empresárias, pedras e metais preciosos.

A: Correta. O art. 16, § 14, Lei 8.429/92 prevê que "É vedada a decretação de indisponibilidade do bem de família do réu, salvo se comprovado que o imóvel seja fruto de vantagem patrimonial indevida, conforme descrito no art. 9º desta Lei". **B:** Incorreta. O art. 16, *caput*, Lei 8.429/92 estabelece que "na ação por improbidade administrativa poderá ser formulado, em caráter antecedente ou incidente, pedido de indisponibilidade de bens dos réus, a fim de garantir a integral recomposição do erário ou do acréscimo patrimonial resultante de enriquecimento ilícito". **C:** Incorreta. O art. 16, § 2º, Lei 8.429/92 prevê que "quando for o caso, o pedido de indisponibilidade de bens a que se refere o *caput* deste artigo incluirá a investigação, o exame e o bloqueio de bens, contas bancárias e aplicações financeiras mantidas pelo indiciado no exterior, nos termos da lei e dos tratados internacionais". **D:** Incorreta. Nos termos do art. 16, § 6º, Lei 8.429/92, "o valor da indisponibilidade considerará a estimativa de dano indicada na petição inicial, permitida a sua substituição por caução idônea, por fiança bancária ou por seguro-garantia judicial, a requerimento do réu, bem como a sua readequação durante a instrução do processo". **E:** Incorreta. O art. 16, § 11, Lei 8.429/92 estabelece a ordem de prioridade: "A ordem de indisponibilidade de bens deverá priorizar veículos de via terrestre, bens imóveis, bens móveis em geral, semoventes, navios e aeronaves, ações e quotas de sociedades simples e empresárias, pedras e metais preciosos e, apenas na inexistência desses, o bloqueio de contas bancárias, de forma a garantir a subsistência do acusado e a manutenção da atividade empresária ao longo do processo". FC

Gabarito "A".

(Procurador Federal – AGU – 2023 – CEBRASPE) De acordo com a jurisprudência do STF, a revogação da modalidade culposa do ato de improbidade administrativa, feita pela Lei n.º 14.230/2021,

(A) retroage de forma a afetar decisões que tenham transitado em julgado, impedindo o prosseguimento da execução de sanção de condenados por atos culposos de improbidade administrativa.

(B) somente se aplica às condutas tipificadas que tenham sido praticadas após a entrada em vigor da Lei n.º 14.320/2021.

(C) é inconstitucional, por violar preceito fundamental relacionado à moralidade administrativa.

(D) alcança apenas processos judiciais iniciados após a entrada em vigor da Lei n.º 14.320/2021.

(E) atinge processos pendentes, sem trânsito em julgado, devendo o juízo competente verificar eventual conduta dolosa do agente.

No ARE 843989, o Supremo Tribunal Federal fixou várias teses, dentre elas as seguintes: "(...) 2) A norma benéfica da Lei 14.230/2021 revogação da modalidade culposa do ato de improbidade administrativa, é irretroativa, em virtude do artigo 5º, inciso XXXVI, da Constituição Federal, não tendo incidência em relação à eficácia da coisa julgada; nem tampouco durante o processo de execução das penas e seus incidentes; 3) A nova Lei 14.230/2021 aplica-se aos atos de improbidade administrativa culposos praticados na vigência do texto anterior, porém sem condenação transitada em julgado, em virtude da revogação expressa do tipo culposo, devendo o juízo competente analisar eventual dolo por parte do agente." Nesse sentido:

A: Incorreto, pois, como se pode verificar na decisão acima, a norma não retroage quando já há trânsito em julgado da decisão (tese 2). **B** e **D:** Incorretos, pois, como se pode verificar na decisão acima, a nova lei aplica-se aos atos de improbidade culposos praticados antes da sua entrada em vigor e que ainda não tenham sido objeto de condenação transitada em julgado (tese 2). **C:** Incorreto, pois, no ARE 843989, o Supremo Tribunal Federal considerou constitucional a lei nesse ponto em que ela revogou o tipo culposo. **E:** Correto, pois, como se pode verificar na decisão acima, a nova lei aplica-se aos atos de improbidade culposos praticados antes da sua entrada em vigor e que ainda não tenham sido objeto de condenação transitada em julgado (tese 2). WG

Gabarito "E".

(Procurador Federal – AGU – 2023 – CEBRASPE) Assinale a opção correta no que diz respeito ao posicionamento do Supremo Tribunal Federal (STF) em relação ao novo texto da Lei de Improbidade Administrativa (Lei n.º 8.429/1992), com as alterações inseridas pela Lei n.º 14.230/2021.

(A) A opção do legislador em alterar a lei de improbidade administrativa com a supressão da modalidade culposa do ato de improbidade administrativa foi plenamente válida, uma vez que é a própria CF que delega à legislação ordinária a forma e tipificação dos atos de improbidade administrativa. Como consequência da revogação do ato de improbidade administrativa culposo, o novo regime prescricional previsto na Lei n.º 14.230/2021 é retroativo.

(B) A norma mais benéfica prevista pela Lei n.º 14.230/2021 — revogação da modalidade culposa do ato de improbidade administrativa — é retroativa e, consequentemente, tem incidência em relação à eficácia da coisa julgada e durante o processo de execução das penas e seus incidentes.

(C) A nova Lei n.º 14.230/2021 aplica-se aos atos de improbidade administrativa culposos praticados na vigência do texto anterior da lei, com ou sem condenação transitada em julgado, em virtude da revogação expressa do texto anterior, devendo o juízo competente analisar eventual culpa do agente.

(D) Os ilícitos de improbidade administrativa possuem natureza civil, não se aplicando a regra da retroatividade da norma mais benéfica para ensejar a responsabilização por atos ilícitos civis de improbidade administrativa por ausência de expressa previsão legal.

(E) Na aplicação do novo regime prescricional — novos prazos e prescrição intercorrente —, há necessidade de observância dos princípios da segurança jurídica, do acesso à justiça e da proteção da confiança, com a retroatividade prevista na Lei n.º 14.230/2021, garantindo-se a plena eficácia dos atos praticados validamente antes da alteração legislativa.

No ARE 843989, o Supremo Tribunal Federal fixou as seguintes teses: 1) É necessária a comprovação de responsabilidade subjetiva para a tipificação dos atos de improbidade administrativa, exigindo-se nos

artigos 9º, 10 e 11 da LIA a presença do elemento subjetivo dolo; 2) A norma benéfica da Lei 14.230/2021 – revogação da modalidade culposa do ato de improbidade administrativa, é irretroativa, em virtude do artigo 5º, inciso XXXVI, da Constituição Federal, não tendo incidência em relação à eficácia da coisa julgada; nem tampouco durante o processo de execução das penas e seus incidentes; 3) A nova Lei 14.230/2021 aplica-se aos atos de improbidade administrativa culposos praticados na vigência do texto anterior, porém sem condenação transitada em julgado, em virtude da revogação expressa do tipo culposo, devendo o juízo competente analisar eventual dolo por parte do agente. 4) O novo regime prescricional previsto na Lei 14.230/2021 é irretroativo, aplicando-se os novos marcos temporais a partir da publicação da lei. Dessa forma:
A: Incorreto, pois "o novo regime prescricional previsto na Lei 14.230/2021 é irretroativo, aplicando-se os novos marcos temporais a partir da publicação da lei" (tese 4). **B:** Incorreto, pois a revogação da modalidade culposa do ato de improbidade administrativa é irretroativa, não tendo incidência em relação à eficácia da coisa julgada, nem tampouco durante o processo de execução de eventuais penas já aplicadas e seus incidentes (tese 2 acima). **C:** Incorreto, pois, como se pode verificar na decisão acima, a nova lei aplica-se aos atos de improbidade culposos praticados antes da sua entrada em vigor e que ainda não tenham sido objeto de condenação transitada em julgado (tese 2). **D:** Correto, pois a revogação da modalidade culposa do ato de improbidade administrativa é irretroativa, não tendo incidência em relação à eficácia da coisa julgada, nem tampouco durante o processo de execução de eventuais penas já aplicadas e seus incidentes (tese 2 acima). **E:** Incorreto, pois o novo regime prescricional previsto na Lei 14.230/2021 é irretroativo, aplicando-se os novos marcos temporais a partir da publicação da lei (tese 4). Gabarito "D".

(Escrivão – PC/GO – AOCP – 2023) João é servidor público e foi condenado ao ressarcimento ao erário em razão da prática de improbidade administrativa. Ocorre que ele não tem condições financeiras de quitar o débito, necessitando do parcelamento da dívida. De acordo com o que prevê a Lei nº 8.429/1992, assinale a alternativa correta.

(A) O débito poderá ser parcelado mediante autorização judicial em, no máximo, vinte e quatro parcelas monetariamente corrigidas, se demonstrada a incapacidade financeira do réu.

(B) A lei não prevê a possibilidade de parcelamento do débito, mas, verificando o juiz a hipossuficiência do réu, poderá deferir a medida.

(C) Caso a parte reconheça a dívida, poderá depositar judicialmente trinta por cento do valor da dívida e parcelar o saldo remanescente em seis parcelas nos meses subsequentes, sempre corrigidas monetariamente até o pagamento.

(D) O parcelamento poderá ocorrer mediante requerimento administrativo perante a autoridade competente até o limite máximo de dez parcelas corrigidas monetariamente.

(E) Comprovada a incapacidade financeira da parte, o juiz poderá deferir o parcelamento em até quarenta e oito parcelas mensais, corrigidas monetariamente.

Art. 18, § 4º, Lei 8.429/92: O juiz poderá autorizar o parcelamento, em até 48 (quarenta e oito) parcelas mensais corrigidas monetariamente, do débito resultante de condenação pela prática de improbidade administrativa se o réu demonstrar incapacidade financeira de saldá-lo de imediato. Gabarito "E".

(Analista – TRT/18 – 2023 – FCC) Dentre as alterações introduzidas pela Lei federal nº 14.230/2021, na Lei federal nº 8.429/92, destaca-se a

(A) expressa previsão da responsabilização solidária dos representantes legais das pessoas jurídicas, quando a estas forem imputados atos de improbidade.

(B) extensão da responsabilização solidária aos sucessores, herdeiros e outros beneficiados pelo ato de improbidade praticado, desde que seja demonstrada dolo ou culpa do sujeito ativo principal.

(C) expressa exigência do elemento subjetivo dolo para extensão das disposições da lei aos particulares que induzirem ou concorrerem para a prática de ato de improbidade, ainda que não se enquadrem no conceito de agente público.

(D) exclusão da previsão de responsabilização de pessoas jurídicas, restringindo-se os efeitos da lei aos limites da participação dos respectivos representantes legais, em razão da exigência do aspecto volitivo dolo.

(E) exclusão da previsão de responsabilidade dos servidores públicos que não detenham vínculo funcional em razão de cargo efetivo ou emprego público.

A: Incorreta. O art. 3º, § 1º, da Lei 8.429/92 estabelece que "§ 1º Os sócios, os cotistas, os diretores e os colaboradores de pessoa jurídica de direito privado não respondem pelo ato de improbidade que venha a ser imputado à pessoa jurídica, salvo se, comprovadamente, houver participação e benefícios diretos, caso em que responderão nos limites da sua participação". **B:** Incorreta. O art. 8º da Lei 8.429/92 não faz menção a dolo ou culpa do sujeito ativo principal, ele determina que "O sucessor ou o herdeiro daquele que causar dano ao erário ou que se enriquecer ilicitamente estão sujeitos apenas à obrigação de repará-lo até o limite do valor da herança ou do patrimônio transferido". **C:** Correta. O art. 3º possibilita que aquele que não é agente público responde pelo ato de improbidade, desde que induza ou concorra dolosamente para a prática do ato. "Art. 3º As disposições desta Lei são aplicáveis, no que couber, àquele que, mesmo não sendo agente público, induza ou concorra dolosamente para a prática do ato de improbidade". **D:** Incorreta. A pessoa jurídica pode responder pelo ato de improbidade administrativa, conforme demonstrado no art. 3º, § 1º, da Lei 8.429/92. **E:** Incorreta. O art. 2º da Lei 8.429/92 estabelece que "para os efeitos desta Lei, consideram-se agente público o agente político, o servidor público e todo aquele que exerce, ainda que transitoriamente ou sem remuneração, por eleição, nomeação, designação, contratação ou qualquer outra forma de investidura ou vínculo, mandato, cargo, emprego ou função nas entidades referidas no art. 1º desta Lei". Gabarito "C".

(Analista – TJ/ES – 2023 – CEBRASPE) Com base nas regras estabelecidas nas Leis nº 8.429/1992 — Lei de Improbidade Administrativa — e na Lei nº 12.846/2013 — que dispõe sobre a responsabilização administrativa e civil de pessoas jurídicas pela prática de atos contra a administração pública —, julgue os itens que se seguem.

(1) Para os fins da Lei nº 12.846/2013, constitui ato lesivo à administração pública nacional dificultar a atividade de investigação ou fiscalização de órgãos, entidades ou agentes públicos.

(2) Na hipótese de incorporação societária, a obrigação da sociedade incorporadora em eventual recomposição de dano ao erário, decorrente de conduta da sociedade incorporada prevista na Lei n.º 8.429/1992, fica limitada ao total do patrimônio transferido.

(3) O agente político está excluído do conceito de agente público adotado pela Lei nº 8.429/1992.
(4) A responsabilização administrativa de pessoa jurídica de direito privado por violação de preceitos previstos na Lei nº 12.846/2013, com a consequente aplicação das sanções correspondentes, deve ser precedida de manifestação jurídica elaborada pela advocacia pública ou pelo órgão de assistência jurídica, ou equivalente, do ente público.
(5) Constitui ato de improbidade administrativa, importando em enriquecimento ilícito, usar, em proveito público, bens, rendas, verbas ou valores integrantes do acervo patrimonial da administração pública direta.

1: Correta. Nos termos do art. 5º, V, Lei 12.846/2013: "Art. 5º Constituem atos lesivos à administração pública, nacional ou estrangeira, para os fins desta Lei, todos aqueles praticados pelas pessoas jurídicas mencionadas no parágrafo único do art. 1º, que atentem contra o patrimônio público nacional ou estrangeiro, contra princípios da administração pública ou contra os compromissos internacionais assumidos pelo Brasil, assim definidos: V – dificultar atividade de investigação ou fiscalização de órgãos, entidades ou agentes públicos, ou intervir em sua atuação, inclusive no âmbito das agências reguladoras e dos órgãos de fiscalização do sistema financeiro nacional". **2:** Correta. O art. 8º-A, *caput* e parágrafo único, Lei 8.429/92 estabelece que "Art. 8º-A A responsabilidade sucessória de que trata o art. 8º desta Lei aplica-se também na hipótese de alteração contratual, de transformação, de incorporação, de fusão ou de cisão societária. Parágrafo único. Nas hipóteses de fusão e de incorporação, a responsabilidade da sucessora será restrita à obrigação de reparação integral do dano causado, até o limite do patrimônio transferido, não lhe sendo aplicáveis as demais sanções previstas nesta Lei decorrentes de atos e de fatos ocorridos antes da data da fusão ou da incorporação, exceto no caso de simulação ou de evidente intuito de fraude, devidamente comprovados". **3:** Incorreta. O agente político está inserido no art. 2º da Lei 8.429/92: "Art. 2º Para os efeitos desta Lei, consideram-se agente público o agente político, o servidor público e todo aquele que exerce, ainda que transitoriamente ou sem remuneração, por eleição, nomeação, designação, contratação ou qualquer outra forma de investidura ou vínculo, mandato, cargo, emprego ou função nas entidades referidas no art. 1º desta Lei". **4:** Correta. O art. 6º, § 2º da Lei 12.846/2013 prevê que "§ 2º A aplicação das sanções previstas neste artigo será precedida da manifestação jurídica elaborada pela Advocacia Pública ou pelo órgão de assistência jurídica, ou equivalente, do ente público". **5:** Incorreta. O art. 9º, XII, Lei 8.429/92 estabelece que se trata de enriquecimento ilícito "XII – usar, em proveito próprio, bens, rendas, verbas ou valores integrantes do acervo patrimonial das entidades mencionadas no art. 1º desta lei". **FC**

Gabarito "1C, 2C, 3E, 4C, 5E"

(Delegado/RJ – 2022 – CESPE/CEBRASPE) Delegacia fazendária recebeu denúncia anônima contra João, administrador de hospital público estadual, o qual teria adulterado, em 12/9/2015, documentos comprobatórios de capacidade técnica de empresa para auferir o objeto da licitação, consistente na administração da saúde pública no estado. O delegado titular da delegacia fazendária, após as investigações policiais, concluiu que havia ocorrido o crime de frustrar o caráter competitivo do procedimento licitatório, nos termos do Código Penal. Além dos aspectos penais, a autoridade policial identificou suposto dano ao erário público, em razão da conduta de João. Assim, sugeriu, em seu relatório final, a instauração da ação penal e a propositura de ação de reparação dos danos ao erário, fundada em ato tipificado como ilícito de improbidade administrativa.

Considerando essa situação hipotética, assinale a opção correta.

(A) Caberá a ação de ressarcimento ao erário, comprovando-se o dano, por qualquer ato ilícito do administrador do hospital, garantindo-se a ampla defesa ao réu.
(B) É possível ação de reparação de danos, observado o prazo prescricional previsto para os ilícitos na esfera cível.
(C) Caberá ação de reparação dos atos ilícitos dolosos e culposos tipificados em lei.
(D) Caberá ação de ressarcimento de danos ao erário, a qualquer tempo, desde que comprovado o ato ímprobo doloso do administrador do hospital.
(E) São imprescritíveis as sanções e ações de ressarcimento de danos ao erário público, como forma de se assegurar a integridade do patrimônio público e social, nos termos da lei.

Alternativa **A** incorreta (a afirmação está errada porque veicula enunciado genérico, pois não é "qualquer ato ilícito" que gera ação de ressarcimento ao erário). Alternativa **B** incorreta (as ações de ressarcimento fundadas em ato doloso de improbidade administrativa são imprescritíveis, cf. STF no RE 852.475). Alternativa **C** incorreta (de acordo com o regime inaugurado pela Lei 14.230/2021, cabe ação de reparação por improbidade em relação aos atos dolosos, não cabendo mais a improbidade culposa). Alternativa **D** correta (cf. STF no RE 852.475). Alternativa **E** incorreta (as sanções previstas na Lei de Improbidade estão submetidas ao prazo prescricional previsto no art. 23 da Lei 8.429/1992; somente são imprescritíveis as ações de reparação decorrentes de improbidade dolosa). **RB**

Gabarito "D"

(Procurador Município – Santos/SP – VUNESP – 2021) Eleutério é servidor público municipal e engenheiro responsável pela medição das obras públicas para pavimentação das ruas da cidade de Santos. Apesar de as obras estarem atrasadas, Eleutério recebeu quantia em dinheiro, paga por um dos diretores da empresa contratada, para atestar, como recebida, parte da obra que não tinha sido executada. Considerando os atos de improbidade descritos na Lei Federal nº 8.429/92, assinale a alternativa correta.

(A) A Lei de Improbidade alcança Eleutério, mas não se aplica ao diretor da empresa contratada, que não ostenta a condição de servidor ou agente público.
(B) Se o servidor ímprobo, Eleutério, vier a óbito, seu sucessor estará sujeito às cominações da Lei de Improbidade até o limite do valor da herança.
(C) Como o ato praticado por Eleutério causou lesão ao patrimônio público, caberá à autoridade administrativa responsável pelo inquérito representar à Procuradoria do município, para a indisponibilidade dos bens do indiciado.
(D) Se Eleutério vier a óbito, seu sucessor não se sujeitará às cominações da Lei de Improbidade, considerando a ausência dos elementos dolo ou culpa.
(E) Considerando que Eleutério responde por ato de improbidade, não estará ele sujeito às cominações penais, civis e administrativas pela prática do mesmo ato.

Os comentários são realizados de acordo com o novo regime da improbidade decorrente da Lei 14.230/2021. **A:** incorreta (a Lei de

improbidade aplica-se ao diretor da empresa contratada, pois o regime da improbidade atinge terceiros que concorrem dolosamente para a prática do ilícito, cf. art. 3º da Lei 8.429/1992). **B:** correta (art. 8º). **C:** incorreta (o art. 7º, "caput", da Lei 8.429/1992 previa o seguinte: "Quando o ato de improbidade causar lesão ao patrimônio público ou ensejar enriquecimento ilícito, caberá a autoridade administrativa responsável pelo inquérito representar ao Ministério Público, para a indisponibilidade dos bens do indiciado". Alerte-se que tal dispositivo foi alterado pela Lei 14.230/2021, de modo que a sua redação atual é a seguinte: "Se houver indícios de ato de improbidade, a autoridade que conhecer dos fatos representará ao Ministério Público competente, para as providências necessárias."). **D:** incorreta (o sucessor ou o herdeiro daquele que causar dano ao erário ou que se enriquecer ilicitamente estão sujeitos apenas à obrigação de repará-lo até o limite do valor da herança ou do patrimônio transferido, cf. art. 8º). **E:** incorreta (a responsabilidade por improbidade é autônoma e independe das cominações penais, civis e administrativas pela prática do mesmo ato). WG
Gabarito "B".

(Delegado de Polícia Federal – 2021 – CESPE) Um agente público foi condenado por ato de improbidade administrativa. Na sentença, determinou-se que o elemento subjetivo do réu, no caso, havia sido culpa grave. Não houve condenação à perda da função pública nem à perda dos direitos políticos.

Considerando essa situação hipotética e o disposto na Lei 8.429/1992 e suas alterações, julgue os itens a seguir.

(1) É correto afirmar que, nessa situação, a conduta do agente que levou à condenação causou dano ao erário.

(2) As penas de perda da função pública e de perda dos direitos políticos tivessem sido aplicadas somente podem ser efetivadas após o trânsito em julgado da sentença condenatória.

(3) Eventual decretação de indisponibilidade de bens poderá recair sobre os bens adquiridos pelo referido agente antes da prática do ato ímprobo, devendo-se considerar, ainda, o valor de possível multa civil como sanção autônoma.

1: Certo. A questão está desatualizada, à luz das modificações ocorridas na Lei 8.429/1992 em razão da Lei 14.230/2021. Atualmente, pelo novo regime, a improbidade administrativa somente admite o *dolo* como elemento subjetivo. O mero exercício da função ou desempenho de competências públicas, sem comprovação de ato doloso com fim ilícito, afasta a responsabilidade por ato de improbidade administrativa (art. 1º, § 3º, da Lei 8.429/1992). Antes da alteração legal promovida em 2021, era admitida a culpa nos casos de improbidade que acarretavam dano ao erário (art. 10 da Lei 8.429/1992). **2:** Anulada. A questão foi anulada, pois faz referência à perda dos direitos políticos. Na verdade, o ordenamento jurídico prevê a sanção de *suspensão dos direitos políticos* (art. 37, § 4º, CF e art. 12 da Lei 8.429/1992). Vale apontar que, de acordo com o regime atual da improbidade administrativa (decorrente da Lei 14.230/2021), as sanções somente podem ser executadas após o trânsito em julgado da sentença condenatória (art. 12, § 9º, da Lei 8.429/1992). **3:** Certo. A questão está desatualizada, à luz das modificações ocorridas na Lei 8.429/1992 em razão da Lei 14.230/2021. Atualmente, pelo novo regime, a indisponibilidade apenas pode recair sobre os bens que assegurem exclusivamente o integral ressarcimento do dano ao erário, sem incidir sobre os valores a serem eventualmente aplicados a título de multa civil (art. 16, § 10). Observe-se que esse novo regramento acabou por afastar a jurisprudência do STJ, cujo entendimento considerava, para fins de indisponibilidade, o valor de possível multa civil. RB
Gabarito 1C, 2Anulada, 3C.

(Juiz de Direito/AP – 2022 – FGV) João, então prefeito do Município Alfa, em janeiro de 2012, de forma culposa, permitiu a aquisição de bem por preço superior ao de mercado, na medida em que firmou contrato administrativo com a sociedade empresária Beta para compra de veículos para a frota oficial do Município com sobrepreço de R$ 100.000,00. O Ministério Público recebeu representação noticiando a ilegalidade em junho de 2013, instaurou inquérito civil e somente concluiu a investigação em setembro de 2021, confirmando que houve, de fato, superfaturamento no valor indicado. João exerceu mandato eletivo como chefe do Executivo municipal até 31/12/2012, haja vista que não foi reeleito.

No caso em tela, com base na jurisprudência do Supremo Tribunal Federal, em setembro de 2021, a pretensão ministerial de ressarcimento ao erário em face de João:

(A) ainda não estava prescrita, pois o prazo começa a contar a partir do término do mandato eletivo;

(B) ainda não estava prescrita, pois o ressarcimento ao erário é imprescritível, em qualquer hipótese;

(C) já estava prescrita, pois se aplica o prazo de três anos contados a partir do término do mandato eletivo do agente público;

(D) já estava prescrita, pois não se trata de ato de improbidade administrativa doloso, que ensejaria a imprescritibilidade do ressarcimento ao erário;

(E) ainda não estava prescrita, pois o ressarcimento ao erário é imprescritível, desde que o ato ilícito também configure ato de improbidade, culposo ou doloso.

Comentário: De acordo com o entendimento do STF, "são imprescritíveis as ações de ressarcimento ao erário fundadas na prática de ato doloso tipificado na Lei de Improbidade Administrativa" (RE 852.475/SP). Considerando que a desconformidade praticada por João se baseou na modalidade culposa, a pretensão ministerial de ressarcimento ao erário já estava prescrita em setembro de 2021 (5 anos, contados a partir do término do exercício do mandato, cf. redação anterior do art. 23, I, da Lei 8.429/1992). Assim, correta a alternativa D. Observação: com as alterações promovidas na Lei 8.429/1992 pela Lei 14.230/2021, não mais existe improbidade administrativa culposa, pois somente o dolo caracteriza o ato ímprobo. Além disso, o regime da prescrição foi substancialmente alterado: atualmente, o prazo é de oito anos, contados a partir da ocorrência do fato ou, no caso de infrações permanentes, do dia em que cessou a permanência. RB
Gabarito "D".

Servidor público estadual usou, em proveito próprio, veículo da administração pública estadual, para fins particulares.

(Promotor de Justiça/CE – 2020 – CESPE/CEBRASPE) Nesse caso, a conduta do servidor

(A) configura ato de improbidade administrativa que importa enriquecimento ilícito, se tiver havido dolo.

(B) configura ato de improbidade administrativa que causa lesão ao erário, mesmo que não tenha havido dolo.

(C) configura ato de improbidade administrativa que atenta contra os princípios administrativos, mesmo que não tenha havido dolo.

(D) não configura ato de improbidade administrativa, porque a Lei de Improbidade Administrativa não se aplica à esfera estadual.

(E) não configura ato de improbidade administrativa, por ausência de tipificação expressa na Lei de Improbidade Administrativa.

Há três modalidades de atos de improbidade administrativa: atos que importam enriquecimento ilícito (art. 9º da Lei 8.429/92); atos que causam prejuízo ao erário (art. 10); atos que atentam contra os princípios da Administração (art. 11). De acordo com o art. 9º, inc. XII, constitui improbidade que importa enriquecimento utilizar, em proveito próprio, bens, rendas, verbas ou valores integrantes do acervo patrimonial das entidades administrativas. Além disso, de acordo com o regramento atual da Lei 8.429/1992 (cf. a Lei 14.230/2021), somente é configurada a improbidade administrativa pela prática de conduta *dolosa* (art. 1º, §1º). Diante disso, correta a alternativa "A". RB

Gabarito "A".

(Promotor de Justiça/CE – 2020 – CESPE/CEBRASPE) Servidor público estadual que, no exercício da função pública, concorrer para que terceiro enriqueça ilicitamente estará sujeito a responder por ato de improbidade administrativa que

(A) atenta contra os princípios da administração pública, se sua conduta for dolosa.

(B) atenta contra os princípios da administração pública, ainda que sua conduta seja culposa.

(C) importa enriquecimento ilícito, se sua conduta for dolosa.

(D) importa enriquecimento ilícito, ainda que sua conduta seja culposa.

(E) causa prejuízo ao erário, ainda que sua conduta seja culposa.

A questão contém uma "pegadinha"! Há três modalidades de atos de improbidade administrativa: atos que importam enriquecimento ilícito (art. 9º da Lei 8.429/92); atos que causam prejuízo ao erário (art. 10); atos que atentam contra os princípios da Administração (art. 11). A primeira modalidade se aplica na hipótese em que o agente público enriquece ilicitamente. No entanto, caso esse enriquecimento for exclusivamente de terceiro, mediante concorrência de servidor público, há improbidade na segunda modalidade (prejuízo ao erário). É o que estabelece o art. 10, inc. XII: "permitir, facilitar ou concorrer para que terceiro se enriqueça ilicitamente". Além disso, de acordo com o regramento atual da Lei 8.429/1992 (cf. a Lei 14.230/2021), somente é configurada a improbidade administrativa pela prática de conduta *dolosa* (art. 1º, §1º). Não mais se admite, como havia no regramento anterior (nos casos de prejuízo ao erário do art. 10), improbidade culposa. RB

Gabarito "E". (em razão das alterações promovidas na Lei 8.429/1992 pela Lei 14.230/2011, esta alternativa está incorreta)

Lúcio, conselheiro de tribunal de contas estadual, Pierre, prefeito de município, e Mário, desembargador de tribunal de justiça estadual, cometeram ato de improbidade administrativa, previsto na Lei 8.429/1992.

(Promotor de Justiça/CE – 2020 – CESPE/CEBRASPE) Nessa situação hipotética, no âmbito do Poder Judiciário, deverá ocorrer o processamento e julgamento em 1.ª instância de

(A) Lúcio, Pierre e Mário.
(B) Lúcio e Pierre, somente.
(C) Lúcio e Mário, somente.
(D) Pierre e Mário, somente.
(E) Pierre, somente.

A competência para o julgamento das ações de responsabilidade por improbidade administrativa pertence ao juízo de *primeira instância*, mesmo nos casos de *agentes políticos* (como é o caso de Prefeitos, Membros de Tribunal de Contas e Magistrados). Relevante atentar que, atualmente, há expressa referência aos agente políticos na Lei 8.429/1992 (cf. art. 2º,"caput", cf. redação dada pela Lei 14.233/2021), nos termos da jurisprudência que prevalecia antes da alteração do regime da improbidade (cf. STF na Pet 3240 AgR, Rel. Min. Roberto Barroso, DJe 22/08/2018: "Os agentes políticos, com exceção do Presidente da República, encontram-se sujeitos a um duplo regime sancionatório, de modo que se submetem tanto à responsabilização civil pelos atos de improbidade administrativa, quanto à responsabilização político-administrativa por crimes de responsabilidade.") Já no que tange à atribuição do juízo de *primeiro grau*, dispõe o art. 17, §4º-A da Lei 8.429/1992 que a ação de improbidade deve ser proposta perante o foro do local onde ocorrer o dano ou da pessoa jurídica prejudicada. RB

Gabarito "A".

Prefeito de município da Federação, juntamente com um servidor público federal e um advogado privado, cometeu ato de improbidade administrativa envolvendo recursos públicos federais conforme previsão da Lei 8.429/1992, o que causou prejuízo ao erário.

(Promotor de Justiça/CE – 2020 – CESPE/CEBRASPE) Nessa situação hipotética, o prazo prescricional para o ajuizamento da ação de improbidade administrativa

(A) será imprescritível para todos os envolvidos, tenha sido sua conduta dolosa ou culposa, assim como para as ações de ressarcimento ao erário decorrentes da improbidade.

(B) iniciará, no caso do prefeito, após o término do primeiro mandato, ainda que ele seja reeleito para o mesmo cargo.

(C) iniciará, no caso do prefeito, após o término do segundo mandato, se ele tiver sido reeleito para o mesmo cargo.

(D) será, para o advogado e para o servidor público federal, o previsto no estatuto do servidor.

(E) iniciará, no caso do prefeito e do servidor público federal, a partir da data da prática do ato.

Atenção! O regime da prescrição em improbidade sofreu substancial alteração pela Lei 14.133/2021. Assim, de acordo com o art. 23, "caput", da Lei 8.42/1992, o prazo prescricional é único para todos os envolvidos: 8 anos, contados a partir da ocorrência do fato ou, no caso de infrações permanentes, do dia em que cessou a permanência. Ademais, vale apontar que, segundo o STF, são imprescritíveis as ações de ressarcimento ao erário fundadas na prática de ato doloso tipificado na Lei de Improbidade Administrativa. RB (alternativa correta)

Gabarito "C", o gabarito está desatualizado, não havendo (em razão das alterações promovidas na Lei 8.429/1992 pela Lei 14.230/2021.

(Escrevente – TJ/SP – 2018 – VUNESP) Constitui ato de improbidade administrativa que atenta contra os princípios da administração pública qualquer ação ou omissão que viole os deveres de honestidade, imparcialidade, legalidade, e lealdade às instituições, e notadamente,

(A) perceber vantagem econômica para intermediar a liberação ou aplicação de verba pública de qualquer natureza.

(B) liberar verba pública sem a estrita observância às normas pertinentes ou influir, de qualquer forma, para a sua aplicação irregular.

(C) permitir, facilitar ou concorrer para que terceiro se enriqueça ilicitamente.

(D) revelar fato ou circunstância de que tem ciência em razão das atribuições e que deva permanecer em segredo.

(E) agir negligentemente na arrecadação de tributo ou renda, bem como no que diz respeito à conservação do patrimônio público.

A: incorreta. Art. 9°, IX da Lei 8.429/1992; **B:** incorreta. Art. 10, XI da Lei 8.429/1992; **C:** incorreta. Art. 10, XII da Lei 8.429/1992; **D:** correta. Art. 11, III da Lei 8.429/1992; vale acrescentar que a Lei n° 14.230, de 2021 alternou esse tipo legal, para incluir que, para configurar esse tipo é necessário que essa conduta de revelar um segredo tenha propiciado o beneficiamento por informação privilegiada ou colocado em risco a segurança da sociedade e do Estado; **E:** incorreta. Art. 10, X da Lei 8.429/1992. FB/WG

Gabarito "D".

(Escrevente – TJ/SP – 2018 – VUNESP) Constitui ato de improbidade administrativa importando enriquecimento ilícito auferir qualquer tipo de vantagem patrimonial indevida em razão do exercício de cargo, mandato, função, emprego ou atividade nas entidades mencionadas no artigo 1o da Lei de Improbidade a seguinte hipótese:

(A) permitir ou concorrer para que pessoa física ou jurídica privada utilize bens, rendas, verbas ou valores integrantes do acervo patrimonial das entidades públicas protegidas por esta Lei, sem observância das formalidades legais ou regulamentares aplicáveis à espécie.

(B) realizar operação financeira sem observância das normas legais e regulamentares ou aceitar garantia insuficiente ou inidônea.

(C) ordenar ou permitir a realização de despesas não autorizadas em lei ou regulamento.

(D) aceitar emprego, comissão ou exercer atividade de consultoria ou assessoramento para pessoa física ou jurídica que tenha interesse suscetível de ser atingido ou amparado por ação ou omissão decorrente das atribuições do agente público, durante a atividade.

(E) permitir ou facilitar a aquisição, permuta ou locação de bem ou serviço por preço superior ao de mercado.

A: incorreta – art. 10, XVII da Lei 8.429/1992; **B:** incorreta. Art. 10, VI da Lei 8.429/1992; **C:** incorreta. Art. 10, IX da Lei 8.429/1992; **D:** correta. Art. 9°, VIII da Lei 8.429/1992; **E:** incorreta. Art. 10, IV da Lei 8.429/1992. FB

Gabarito "D".

(Investigador – PC/BA – 2018 – VUNESP) Considere a seguinte situação hipotética:

João e Maria trabalham no Departamento Estadual de Trânsito – DETRAN de algum Estado-membro da Federação Brasileira. Maria trabalha no balcão, no atendimento ao público, enquanto José trabalha com processos e tem acesso ao sistema de dados, fazendo inclusões e alterações de informações, como a pontuação da Carteira Nacional de Habilitação. João e Maria conversam e decidem atuar ilicitamente. Se algum cidadão se apresentasse querendo dar baixa em sua pontuação indevidamente, sem preencher os requisitos legais, Maria afirmaria que conseguiria fazer isso, mediante o pagamento de R$ 500,00. Se o cidadão concordasse com essa prática, Maria passaria o pedido a João, que faria a alteração no sistema, dando a baixa na pontuação, dividindo, os dois, o resultado da prática ilícita. Certo dia, José, na qualidade de cidadão, solicita a Maria que diminua seus pontos, que já haviam atingido a quantia de 62. Maria impõe a condição do pagamento ilegal e José aceita. José retorna com o dinheiro e, quando vai entregá-lo a Maria, é flagrado pela Corregedoria do DETRAN. No que tange à responsabilização pela Lei de Improbidade Administrativa, é correto afirmar que poderá(ão) responder no polo passivo da demanda:

(A) João e Maria, na qualidade de agentes públicos, e José, porque, mesmo não sendo agente público, concorreu para a prática do ato de improbidade.

(B) João e Maria, pois a Lei de Improbidade Administrativa atinge somente agentes públicos, ainda que em sentido amplo.

(C) Maria, pois José não responde por não pertencer aos quadros da Administração, e João não havia recebido sua parte, portanto não se poderia caracterizar enriquecimento ilícito.

(D) Maria e José, porque, mesmo não sendo José funcionário público, ele participou ativamente da ilicitude, inclusive tomando a iniciativa da prática ímproba e instigando Maria a se beneficiar da proposta; João não recebeu nenhuma vantagem, então não responde.

(E) João e Maria, na qualidade de agentes públicos; José poderá ser demandado, todavia, subsidiariamente, por ação própria, apenas para ressarcir o Erário pelo dano causado, caso João e Maria sejam condenados a ressarcir os cofres públicos.

Tanto João e Maria como também José cometeram ato de improbidade administrativa, nos termos do art. 1° c/c art. 3° da Lei 8.429/1992. Com efeito, a lei diz que responde por ato de improbidade administrativa tanto o agente público, servidor ou não, como também, no que couber, aquele que, mesmo não sendo agente público, induza ou concorra dolosamente para a prática do ato de improbidade. FB/WG

Gabarito "A".

(Investigador – PC/BA – 2018 – VUNESP) A Lei n° 8.429/92 estabelece que constitui ato de improbidade administrativa, importando enriquecimento ilícito, auferir qualquer tipo de vantagem patrimonial indevida em razão do exercício de cargo. Sabendo-se que Josué (empresário) concorreu com Gilson (funcionário público federal) para a prática de ato de improbidade administrativa, enriquecendo-se ambos ilicitamente, é correto afirmar que as disposições da Lei n° 8.429/92

(A) não são aplicáveis a Josué, pois este não é agente público.

(B) são aplicáveis a Josué, inclusive com previsão de causa de aumento de pena por ser agente estranho à Administração Pública.

(C) são aplicáveis a Josué, no que couber, mesmo não sendo agente público, pois concorreu com Gilson para prática de ato de improbidade, todavia não atingem, de maneira alguma, seus sucessores.

(D) são aplicáveis a Josué, no que couber, mesmo não sendo agente público, pois concorreu com Gilson para prática de ato de improbidade, observando-se que, em razão do enriquecimento ilícito, podem ser atingidos seus sucessores até o limite do valor da herança.

(E) são aplicáveis a Josué, no que couber, mesmo não sendo agente público, pois concorreu com Gilson para prática de ato de improbidade, observando-se que, em razão do enriquecimento ilícito, podem ser atingidos seus sucessores independentemente do limite do valor da herança.

A: incorreta. A Lei 8.429/1992 aplica-se também àquele que, mesmo não sendo agente público, induza ou concorra dolosamente para a prática do ato de improbidade – art. 3º da Lei 8.429/1992; **B:** incorreta. Não há previsão legal nesse sentido; **C:** incorreta. Aplica-se ao terceiro que não é agente público e a seus sucessores, até o limite do valor da herança; **D:** correta. Art. 3º c/c 8º da Lei 8.429/1992; **E:** incorreta. Aplica-se ao terceiro que não é agente público e a seus sucessores, até o limite do valor da herança – art. 8º da Lei 8.429/1992. FB
Gabarito "D".

(Procurador do Município – Prefeitura Fortaleza/CE – CESPE – 2017) A respeito de bens públicos e responsabilidade civil do Estado, julgue o próximo item.

(1) Se, após um inquérito civil público, o MP ajuizar ação de improbidade contra agente público por ofensa ao princípio constitucional da publicidade, o agente público responderá objetivamente pelos atos praticados, conforme o entendimento do STJ.

1: incorreta. O art. 11, *caput*, da Lei 8.429/1992 requer dolo para que se configure a modalidade de ato de improbidade que atenta contra os princípios da Administração Pública. Ou seja, nem mesmo a culpa é suficiente para que essa modalidade se configure, quanto mais a responsabilidade sem culpa (objetiva), que foi trazida para análise no caso em tela. WG
Gabarito "1E".

(Delegado/AP – 2017 – FCC) Um servidor público foi processado por ato de improbidade por ter se locupletado ilicitamente em razão do exercício do cargo de diretor de empresa estatal. Durante o processo restou demonstrada a culpa do servidor, tendo a ação sido julgada procedente.

Não obstante, pouco tempo depois da condenação judicial definitiva, o servidor veio a falecer. No que diz respeito ao impacto desse fato na ação de improbidade e no ressarcimento dos cofres públicos,

(A) deverá ser extinta, em razão da extinção da punibilidade decorrente do falecimento do autor, cuja condenação é personalíssima.

(B) a responsabilidade pelo ressarcimento aos cofres públicos persiste para os herdeiros do servidor público, respeitado o limite da herança.

(C) a ação prossegue regularmente, tendo em vista que já havia sentença condenatória contra o servidor, substituindo-o por outro representante da estatal para representa-lo judicialmente.

(D) a ação pode prosseguir até o trânsito em julgado, não sendo possível, no entanto, transmitir aos herdeiros nenhuma responsabilidade decorrente de atos do antecessor, dada a natureza personalíssima.

(E) no caso de se tratar de ato de improbidade doloso, a responsabilidade pela devolução dos valores correspondentes ao enriquecimento ilícito passa aos herdeiros, enquanto que em se tratando de ato de improbidade sob a modalidade culposa, inexiste previsão legal para tanto.

B: correta – Lei 8.429/1992, art. 8º O sucessor daquele que causar lesão ao patrimônio público ou se enriquecer ilicitamente está sujeito às cominações desta lei até o limite do valor da herança. Vale acrescentar que a Lei 14.230/2021 estabelece que o limite para essa responsabilização do herdeiro é o valor da herança ou o patrimônio transferido. FB/WG
Gabarito "B".

(Delegado/GO – 2017 – CESPE) Se uma pessoa, maior e capaz, representar contra um delegado de polícia por ato de improbidade sabendo que ele é inocente, a sua conduta poderá ser considerada, conforme o disposto na Lei n.º 8.429/1992,

(A) crime, estando essa pessoa sujeita a detenção e multa.

(B) ilícito administrativo, por atipicidade penal da conduta.

(C) contravenção penal.

(D) crime, estando essa pessoa sujeita apenas a multa.

(E) crime, estando essa pessoa sujeita a reclusão e multa.

Trata-se do ilícito penal de denunciação caluniosa. Artigo 339 CP: "Dar causa à instauração de investigação policial, de processo judicial, instauração de investigação administrativa, inquérito civil ou ação de improbidade administrativa contra alguém, imputando-lhe crime de que o sabe inocente:" Pena: Reclusão, de 2 a 8 anos, e multa. FB
Gabarito "A".

5.11. Temas combinados de servidor público

(Delegado/MG – 2021 – FUMARC) Sabendo-se que o nosso ordenamento jurídico admite a possibilidade de o servidor público ser responsabilizado cumulativamente nas esferas administrativa, civil e criminal, pela prática de um mesmo ato lesivo, analise as afirmativas a seguir e marque a INCORRETA:

(A) A administração pública pode aplicar ao servidor a pena de demissão em processo disciplinar ainda no curso da ação penal a que responde pelo mesmo fato.

(B) A decisão penal condenatória só causa reflexo na esfera civil da Administração se o fato ilícito penal for caraterizado também como ilícito civil, ocasionando prejuízo patrimonial aos cofres públicos.

(C) Em caso de dano causado à Administração Pública ou a terceiro, o dever indenizatório atribuído ao servidor público, estabelecido por meio de processo administrativo regular, pode ser satisfeito mediante desconto direto sobre os seus vencimentos, independentemente da sua anuência.

(D) Se a infração disciplinar também for capitulada como crime, o prazo prescricional será o previsto na lei penal.

A: correta (em razão da independência das instâncias penal e disciplinar, a administração pública pode aplicar ao servidor a pena de demissão em processo disciplinar ainda no curso da ação penal a que responde pelo mesmo fato). **B:** correta (a despeito da independência das instâncias, verificam-se situações de repercussão; assim, a decisão penal condenatória causa reflexo na esfera civil da Administração se o fato ilícito penal for caraterizado também como ilícito civil, ocasionando lesão ao erário). **C:** incorreta (o desconto direto sobre os vencimentos do servidor depende de sua anuência, não podendo ser realizado "ex officio"). **D:** correta (os prazos de prescrição previstos na lei penal aplicam-se às infrações disciplinares capituladas também como crime, cf. art. art. 142, § 2º, da Lei 8.112/1990; no mesmo sentido a jurisprudência do STJ: "a prescrição da pretensão punitiva do Estado, nos casos em que o servidor pratica ilícito também capitulado como crime, deve observar o disposto na legislação penal" – AgInt no REsp 1.872.789/SP, 2ª Turma, Rel. Min. Og Fernandes, DJe 18.12.2020).

"Gabarito "C"."

(Juiz de Direito/SP – 2021 – Vunesp) Diante de uma arguição de inconstitucionalidade de Lei Municipal que trata de contratação temporária de servidores, por burla ao princípio da obrigatoriedade do concurso público, é forçoso concluir que

(A) não é possível admissão de servidores sem concurso público, na medida em que o artigo 37, inciso II, da Constituição Federal impõe essa forma de seleção para atendimento aos princípios da eficiência, da impessoalidade e da moralidade administrativa.

(B) as contratações temporárias, quando excepcionalmente admitidas, não podem ser prorrogadas.

(C) as regras que admitem a contratação sem concurso público devem ser interpretadas restritivamente, impondo previsão em lei, interesse público excepcional e necessidade indispensável.

(D) quando admitidos servidores em caráter temporário, fora das hipóteses estritas em que permitido pela Constituição, é cabível ação de improbidade, com determinação de devolução das quantias pagas, sem prejuízo das demais penalidades.

Comentário: **A**: incorreta (embora a regra seja a obrigatoriedade do concurso público para a admissão de servidores públicos, nos termos do art. 37, II, da CF, a própria Carta Magna prevê exceções, como os cargos em comissão e as contratações temporárias). **B**: incorreta (as leis que disciplinam a figura das contratações temporárias preveem a possibilidade de prorrogação, reputada constitucional pelo STF, desde que não abusiva). **C**: correta (a contratação temporária tem previsão constitucional, nos termos do art. 37, IX, que merece interpretação restritiva; de acordo com o STF, para que se considere válida a contratação temporária, é preciso que: a) os casos excepcionais estejam previstos em lei; b) o prazo de contratação seja predeterminado; c) a necessidade seja temporária; d) o interesse público seja excepcional; e) a necessidade de contratação seja indispensável). **D**: incorreta (não é possível estabelecer de modo apriorístico a caracterização de improbidade administrativa, sujeita à demonstração do elemento subjetivo doloso, nos termos do art. 8.429/1992, cf. alterações promovidas pela Lei 14.230/2021; além disso, com assento no princípio da boa-fé e da proteção à confiança, incabível a devolução das quantias pagas).

"Gabarito "C"."

(Juiz de Direito/SP – 2021 – Vunesp) Lei Municipal prevê a concessão de auxílio-alimentação aos servidores mensalmente, em parcela destacada, sem incidência de contribuição previdenciária, incorporando-o definitivamente após 12 meses. Estabelece, ainda, que o valor pago a título de auxílio-alimentação integrará a base de cálculo para efeitos de pagamento de 13o salário e férias. Questionada a constitucionalidade e a extensão da norma, é correto afirmar que

(A) o auxílio-alimentação ostenta caráter indenizatório e é devido apenas durante o exercício funcional, não pode ser estendido a inativos e pensionistas, nem ser incorporado, mas a incidência proporcional sobre 13o salário e férias, direito constitucionalmente assegurado, legitima-se, com base na expressa previsão orçamentária.

(B) o Município goza de total liberdade na organização do seu pessoal, impondo-se, sob pena de violação aos princípios federativos e da separação dos poderes, prestigiar a legislação editada sem vício de iniciativa e aprovada em regular processo legislativo.

(C) o auxílio alimentação, nos termos em que instituído, perdeu a natureza indenizatória e deve ser estendido a inativos e pensionistas.

(D) se trata de verba indenizatória, o que não permite sua incorporação à remuneração ou integração à base de cálculo para efeito de 13o salário e férias.

Comentário: de acordo com o entendimento do STF, o auxílio-alimentação detém natureza indenizatória (**C**: incorreta), motivo pelo qual não se admite: a) a sua integração à base de cálculo para fins de 13º salário e férias (**D**: correta e **A**: incorreta); b) a sua incorporação à remuneração; c) a sua extensão a servidores inativos, nos termos da Súmula Vinculante 55: "O direito ao auxílio-alimentação não se estende aos servidores inativos". Evidentemente, o Município não goza de total liberdade na organização de seu pessoal, porquanto sujeita aos ditames constitucionais (**B**: incorreta).

"Gabarito "D"."

(Juiz de Direito – TJ/SC – 2019 – CESPE/CEBRASPE) Tendo como referência as disposições da Lei Estadual 6.745/1985, do estado de Santa Catarina, assinale a opção correta.

(A) O regime de trabalho dos servidores públicos do estado de Santa Catarina será, em regra, de quarenta e quatro horas semanais, ressalvada previsão específica na legislação de regência de determinada carreira.

(B) A equivalência de vencimentos e a manutenção da essência das atribuições do cargo são requisitos que devem ser observados para fins de redistribuição.

(C) Readaptação implica em mudança de cargo e não tem prazo certo de duração, devendo ser observados os demais requisitos legais.

(D) O tempo de serviço público prestado à União, a estado, a município ou ao Distrito Federal é computado integralmente para efeito de aposentadoria do servidor, mas não para pagamento de adicional por tempo de serviço.

(E) O vencimento consiste na retribuição mensal paga ao servidor pelo exercício do cargo e corresponde ao valor da remuneração somado às vantagens pecuniárias.

A Lei Estadual 6.745/85 constitui o Estatuto dos Servidores Públicos Civis do Estado de Santa Catarina. Alternativa **A** incorreta (o regime de trabalho dos funcionários públicos do Estado, como regra, é de 40 horas semanais, cf. art. 23, "caput"). Alternativa **B** correta (cf. art. 32, II e III). Alternativa **C** incorreta (a readaptação não implica mudança de cargo e terá prazo certo de duração, cf. art. 35, § 1º). Alternativa **D** incorreta (o tempo de serviço público prestado à União, Estados, Municípios ou ao Distrito Federal é computado integralmente para efeito de aposentadoria, disponibilidade e adicional por tempo de serviço, cf. art. 42, "caput"). Alternativa **E** incorreta (remuneração é a retribuição mensal paga ao funcionário pelo exercício do cargo, correspondente ao vencimento e vantagens pecuniárias, cf. art. 81, "caput").

"Gabarito "B"."

(Promotor de Justiça/SP – 2019 – MPE/SP) Em relação ao regime jurídico dos agentes públicos, assinale a alternativa **INCORRETA**.

(A) É inconstitucional toda modalidade de provimento que propicie ao servidor investir-se, sem prévia aprovação em concurso público destinado ao seu provimento, em cargo que não integra a carreira na qual fora anteriormente investido.

(B) A criação de cargos em comissão somente se justifica para o exercício de funções de direção, chefia e assessoramento, não se prestando ao desempenho de atividades burocráticas, técnicas ou operacionais. Tal criação deve pressupor a necessária relação de confiança entre a autoridade nomeante e o servidor nomeado.

(C) Para que se considere válida a contratação temporária, é preciso que os casos excepcionais estejam previstos em lei, que o prazo de contratação seja predeterminado, que a necessidade seja temporária, que o interesse público seja excepcional, e a necessidade de contratação seja indispensável, admitindo-se, nessas hipóteses, a contratação para a prestação dos serviços ordinários permanentes do Estado.

(D) A não observância do princípio do concurso público inscrito no art. 37, II, da Constituição Federal, implicará a nulidade do ato e a punição da autoridade responsável, nos termos da lei.

(E) É inconstitucional a vinculação dos subsídios devidos aos agentes políticos locais (Prefeito, Vice-Prefeito e Vereadores) à remuneração estabelecida em favor dos servidores públicos municipais.

A: certa (Súmula vinculante 43). B: certa (cf. decidido pelo STF no RE 1.041.210 RG/SP). C: incorreta (cf. decidido pelo STF no RE 658.026/MG, é vedada a contratação temporária para os serviços ordinários permanentes do Estado e que devam estar sob o espectro das contingências normais da Administração). D: certa (art. 37, § 2º, da CF). E: certa (cf. decidido pelo STF no RE 411.156 AgR/SP). RB
Gabarito "C".

(Promotor de Justiça/PR – 2019 – MPE/PR) Assinale a alternativa **correta**:

(A) Lei municipal pode vedar a realização de teste seletivo para recrutamento de estagiários pelos órgãos e entidades da administração pública direta e indireta.

(B) É constitucional a remarcação do teste de aptidão física de candidata que esteja grávida à época de sua realização, desde que haja previsão expressa no edital do concurso público.

(C) A nomeação tardia de candidatos aprovados em concurso público, por meio de ato judicial, à qual atribuída eficácia retroativa, gera direito às promoções ou progressões funcionais que alcançariam houvesse ocorrido, a tempo e modo, a nomeação.

(D) O ato de exoneração do servidor é meramente declaratório, podendo ocorrer após o prazo de 3 anos fixados para o estágio probatório, desde que as avaliações de desempenho sejam efetuadas dentro do prazo constitucional.

(E) O valor do salário-mínimo pode ser utilizado para composição da base de cálculo do adicional de insalubridade dos servidores públicos.

A questão explora conhecimento sobre a jurisprudência do STF. A: incorreta (foi julgada inconstitucional lei do Distrito Federal que vedava a realização de processo seletivo para o recrutamento de estagiários pelos órgãos e entidades da Administração Pública – ADI 3795/DF). B: incorreta (a remarcação de candidatas gestantes a testes de aptidão física foi garantida pelo STF, independentemente de haver previsão do edital do concurso público – RE 1.058.333/PR). C: incorreta (a nomeação tardia de candidatos aprovados em concurso público, por meio de ato judicial, à qual atribuída eficácia retroativa, não gera direito às promoções ou progressões funcionais que alcançariam houvesse ocorrido, a tempo e modo, a nomeação – RE 629.392/MT). D: correta (RE 805.491 AgR/SP). E: incorreta (salvo nos casos previstos na Constituição, o salário mínimo não pode ser usado como indexador de base de cálculo de vantagem de servidor público ou de empregado, nem ser substituído por decisão judicial – Súmula vinculante 4 e RE 565.714/SP). RB
Gabarito "D".

6. BENS PÚBLICOS

6.1. Conceito e classificação

(Promotor de Justiça/CE – 2020 – CESPE/CEBRASPE) As terras devolutas indispensáveis à preservação do meio ambiente são consideradas bens

(A) de uso comum do povo de titularidade dos municípios.

(B) de uso especial de titularidade dos estados.

(C) dominicais de titularidade dos estados.

(D) de uso comum do povo de titularidade da União.

(E) dominicais de titularidade da União.

São bens da União as terras devolutas indispensáveis à preservação do meio ambiente, bem como à defesa das fronteiras, das fortificações e construções militares e das vias federais de comunicação (art. 20, inc. II, CF). Além disso, de acordo com a doutrina, as terras devolutas são classificadas, em regra, como bens dominicais. RB
Gabarito "E".

(Promotor de Justiça/SP – 2019 – MPE/SP) A respeito do regime jurídico dos bens públicos, assinale a alternativa correta.

(A) Os bens públicos não estão sujeitos a usucapião, ressalvada a hipótese daquele que, não sendo proprietário rural nem urbano, possuir como sua, por 5 anos ininterruptos, sem oposição, área rural contínua, não excedente de 25 hectares, e a houver tornado produtiva com seu trabalho e nela tiver sua morada, que adquirir-lhe-á o domínio, independentemente de justo título e boa-fé.

(B) São públicos os bens pertencentes à Administração Pública direta e indireta de qualquer dos Poderes da União, dos Estados, do Distrito Federal e dos Municípios.

(C) O uso comum dos bens públicos pode ser gratuito ou retribuído, conforme for estabelecido legalmente pela entidade a cuja administração pertencerem.

(D) Os bens públicos de uso comum do povo e os de uso especial podem ser alienados, observadas as exigências da lei.

(E) O uso privativo do bem público consentido pela Administração Pública não investe o particular de direito subjetivo público oponível a terceiros nem perante a própria Administração contra atos ilegais.

A: incorreta (a não sujeição dos bens públicos a usucapião é absoluta, nos termos do art. 183, § 3º e 191, parágrafo único, da CF). B: incorreta (cf. art. 98 do Código Civil, são públicos os bens do domínio nacional pertencentes às pessoas jurídicas de direito público interno; todos os outros são particulares, seja qual for a pessoa a que pertencerem). C:

correta (cf. art. 103 do Código Civil). **D**: incorreta (cf. art. 100 do Código Civil, os bens públicos de uso comum do povo e os de uso especial são inalienáveis, enquanto conservarem a sua qualificação, na forma que a lei determinar). **E**: incorreta (cf. jurisprudência do STJ, o uso privativo do bem público consentido pela Administração Pública investe o particular de direito subjetivo público oponível a terceiros). **RB**

Gabarito "C".

(Procurador Municipal – Prefeitura/BH – CESPE – 2017) Com relação aos bens públicos, assinale a opção correta.

(A) Bens dominicais são os de domínio privado do Estado, não afetados a finalidade pública e passíveis de alienação ou de conversão em bens de uso comum ou especial, mediante observância de procedimento previsto em lei.

(B) Consideram-se bens de domínio público os bens localizados no município de Belo Horizonte afetados para destinação específica precedida de concessão mediante contrato de direito público, remunerada ou gratuita, ou a título e direito resolúvel.

(C) O uso especial de bem público, por se tratar de ato precário, unilateral e discricionário, será remunerado e dependerá sempre de licitação, qualquer que seja sua finalidade econômica.

(D) As áreas indígenas são bens pertencentes à comunidade indígena, à qual cabem o uso, o gozo e a fruição das terras que tradicionalmente ocupa para manter e preservar suas tradições, tornando-se insubsistentes pretensões possessórias ou dominiais de particulares relacionados à sua ocupação.

A: incorreta. O erro dessa assertiva está no fato de que os bens dominiais constituem patrimônio disponível do Poder Público, por isso, para que sejam alienados, não precisam ser convertidos em outras categorias de bens; **B**: incorreta. O domínio público é expressão própria para designar todos os bens públicos, sejam os bens integrantes do patrimônio próprio do Estado (domínio patrimonial), sejam os integrantes do patrimônio de interesse público, coletivo (domínio eminente), por isso está errado delimitar esses bens como sendo somente os localizados em um Município e afetados; **C**: incorreta. A autorização de uso é ato discricionário, unilateral e precário, sem licitação, sendo ato informal, portanto; **D**: correta. Trata-se do teor do art. 231, § 1º, CF, sendo reprodução deste dispositivo. **AW**

Gabarito "D".

(Delegado/MS – 2017 – FAPEMS) O artigo 98, do Código Civil em vigor, dispõe que "são públicos os bens do domínio nacional pertencentes às pessoas jurídicas de direito público interno; todos os outros são particulares, seja qual for a pessoa a que pertencerem". No que se refere a bens públicos, assinale a alternativa correta

(A) Os bens dominicais são disponíveis.
(B) Os bens de uso especial do povo encontram-se à disposição da coletividade, desnecessária a autorização para seu uso.
(C) Os bens públicos podem ser adquiridos por usucapião.
(D) A permissão de uso de bem público é ato bilateral, discricionário e precário.
(E) Os bens públicos podem ser hipotecados.

A: correta. Código Civil – Lei 10.406/2001, art. 101. Os bens públicos dominicais podem ser alienados, observadas as exigências da lei. **B**: incorreta. Código Civil – Lei 10.406/2001, art. 99. São bens públicos: I – os de uso comum do povo, tais como rios, mares, estradas, ruas e praças; II – os de uso especial, tais como edifícios ou terrenos destinados a serviço ou estabelecimento da administração federal, estadual, territorial ou municipal, inclusive os de suas autarquias; inexistindo bens de uso especial do povo. **C**: incorreta. Código Civil – Lei 10.406/2001, art. 102. Os bens públicos não estão sujeitos a usucapião. **D**: incorreta. Código Civil – Lei 10.406/2001, art. 103. O uso comum dos bens públicos pode ser gratuito ou retribuído, conforme for estabelecido legalmente pela entidade a cuja administração pertencerem. **E**: incorreta. Código Civil – Lei 10.406/2001, art. 100. Os bens públicos de uso comum do povo e os de uso especial são inalienáveis, enquanto conservarem a sua qualificação, na forma que a lei determinar. **FB**

Gabarito "A".

(Delegado/MT – 2017 – CESPE) O prédio onde funciona a delegacia de polícia de determinado município é de propriedade do respectivo estado da Federação.

Nessa situação hipotética,

(A) a desafetação do prédio resultará em sua reversão para bem de uso comum.
(B) se for abandonado, o prédio poderá ser objeto de usucapião, desde que *pro misero*.
(C) o prédio poderá ser adquirido por terceiros.
(D) o prédio poderá ser objeto de hipoteca legal.
(E) o prédio está na categoria de bem dominical.

A: incorreta. Não se permite desafetação de bem de uso especial. **B**: incorreta. Não se admite em nenhum caso o usucapião. STF, Súmula 340: Desde a vigência do Código Civil, os bens dominicais, como os demais bens públicos, não podem ser adquiridos por usucapião. **C**: correta. Se o bem se tornar dominical pode ser alienado, ou seja, se perder a destinação original. **D**: incorreta. Por ser bem de origem pública, não poderá sofrer hipoteca. **E**: incorreta. Trata-se de bem de uso especial. **FB**

Gabarito "C".

6.2. Regime jurídico (características)

(Advogado – Pref. São Roque/SP – 2020 – VUNESP) A respeito dos bens públicos, de acordo com a jurisprudência dos Tribunais Superiores, assinale a alternativa correta.

(A) Os registros de propriedade particular de imóveis situados em terrenos de marinha são oponíveis à União.
(B) A ocupação indevida de bem público configura mera detenção, reservado ao particular o direito à indenização pelas benfeitorias úteis e necessárias.
(C) Os bens integrantes do acervo patrimonial de sociedades de economia mista sujeitos a uma destinação pública equiparam-se a bens públicos, sendo, portanto, insuscetíveis de serem adquiridos por meio de usucapião.
(D) São considerados bens públicos os pertencentes às associações públicas, às sociedades de economia mista e às empresas públicas.
(E) Os bens públicos dominicais podem ser adquiridos por usucapião, desde que comprovado o não atendimento da função social da propriedade e presentes os requisitos da usucapião extraordinária.

A: incorreta (conforme a Súmula 496 do STJ: "Os registros de propriedade particular de imóveis situados em terrenos de marinha não são oponíveis à União."); **B**: incorreta (nos termos da Súmula 619 do STJ: "A ocupação indevida de bem público configura mera detenção, de natureza precária, insuscetível de retenção ou indenização por acessões e benfeitorias."); **C**: correta (trate-se de jurisprudência assentada do STJ, a exemplo do julgado extraído do AgInt no REsp 1.719.589/SP);

D: incorreta (conforme a jurisprudência apontada na alternativa anterior, são considerados bens públicos o acervo patrimonial pertencente a pessoa jurídica de direito privado vinculado à prestação de serviço público);
E: incorreta (conforme a Súmula 340 do STF, os bens dominicais, como os demais bens públicos, não podem ser adquiridos por usucapião). **Gabarito "C".**

(Procurador do Município – Prefeitura Fortaleza/CE – CESPE – 2017) A respeito de bens públicos e responsabilidade civil do Estado, julgue o próximo item.

(1) Situação hipotética: Determinado município brasileiro construiu um hospital público em parte de um terreno onde se localiza um condomínio particular. Assertiva: Nessa situação, segundo a doutrina dominante, obedecidos os requisitos legais, o município poderá adquirir o bem por usucapião.

1: correta. O Poder Público poderá usucapir como o particular, só não podendo os imóveis públicos serem adquiridos por usucapião (art. 183, § 3º, CF). **Gabarito "1C".**

(Procurador do Município – Prefeitura Fortaleza/CE – CESPE – 2017) A respeito de bens públicos e responsabilidade civil do Estado, julgue o próximo item.

(1) Situação hipotética: A associação de moradores de determinado bairro de uma capital brasileira decidiu realizar os bailes de carnaval em uma praça pública da cidade. Assertiva: Nessa situação, a referida associação poderá fazer uso da praça pública, independentemente de autorização, mediante prévio aviso à autoridade competente.

1: incorreta. O uso de bens públicos depende de prévia autorização do Poder Público. A autorização é ato discricionário, unilateral e precário, por isso, o particular deverá solicitá-la à Prefeitura, que poderá ou não autorizá-la, conforme sua discrição (sua decisão "interna" enquanto pessoa jurídica administradora desses bens públicos). **Gabarito "1E".**

6.3. Uso dos bens públicos

(Procurador – PGE/SP – 2024 – VUNESP) O Serviço de Patrimônio do Estado "X" constata que, em determinado perímetro territorial, há glebas de terras que considera devolutas, havendo incerteza dominial, decorrente da possível sobreposição de terras privadas na mesma área, cuja titulação é de legitimidade duvidosa, em virtude do histórico de "grilagem" da região. Diante dessa situação e caso tenha se revelado inviável a solução administrativa da questão, a Procuradoria Geral do Estado deverá ajuizar ação

(A) reivindicatória.
(B) discriminatória.
(C) demarcatória.
(D) possessória.
(E) divisória.

A: Incorreto. A ação reivindicatória é usada para reivindicar a posse ou a propriedade de um bem móvel ou imóvel que esteja em poder de outra pessoa. No caso das terras devolutas do Estado "X", a questão não é de reivindicar a posse de um imóvel específico, mas de resolver a incerteza dominial e sobreposição com terras privadas. **B:** Correto. A ação discriminatória é adequada para a situação descrita, ou seja, para a discriminação e definição de limites de terrenos públicos e privados quando há sobreposição de propriedades e incerteza dominial. A ação discriminatória visa esclarecer e estabelecer a titularidade e os limites das terras, especialmente em áreas com histórico de grilagem. **C:** Incorreto. A ação demarcatória tem como objetivo estabelecer a divisa entre propriedades contíguas quando há uma disputa sobre a demarcação. No entanto, para terras devolutas com incerteza dominial, a ação discriminatória é mais adequada para resolver a sobreposição e a questão da titulação. **D:** Incorreto. A ação possessória é utilizada para proteger a posse de um bem, o que não é o caso aqui, já que a questão se refere à legitimação e definição de propriedades e não à proteção da posse de um bem específico. **E:** Incorreto. A ação divisória é utilizada para dividir um bem comum entre condôminos. No contexto das terras devolutas do Estado "X", não se trata de dividir um bem comum, mas de resolver a incerteza sobre a titularidade e sobreposição com terras privadas. **Gabarito "B".**

(Procurador Município – Santos/SP – VUNESP – 2021) Entre os instrumentos adequados para a utilização do bem público por pessoa diversa do titular estão: a autorização de uso, a permissão de uso, a concessão de uso e a concessão de direito real de uso.

Assinale a alternativa correta acerca dos referidos instrumentos.

(A) A autorização de uso e a permissão de uso não conferem direitos aos outorgados contra terceiros.
(B) A permissão de uso não pode ser revogada a qualquer tempo, a contrário senso estaria caracterizada violação à esfera de direitos dos particulares.
(C) Concessão de uso é o contrato administrativo pelo qual o Poder Público atribui a utilização não exclusiva de um bem de seu domínio a particular, para que o explore.
(D) Concessão de direito real de uso é ato unilateral pelo qual a Administração transfere o uso necessariamente remunerado de terreno público a particular, como direito real resolúvel.
(E) Autorização de uso é o ato unilateral, discricionário e precário pelo qual a Administração consente na prática de determinada atividade individual incidente sobre um bem público.

A: incorreta (tais instrumentos conferem direitos aos outorgados contra terceiros). **B:** incorreta (a permissão de uso pode ser revogada a qualquer tempo, sem que isso caracterize violação à esfera de direito do particular). **C:** incorreta (a concessão de uso atribui a utilização exclusiva de um bem do domínio público a particular). **D:** incorreta (concessão de direito real de uso é um contrato administrativo). **Gabarito "E".**

(Juiz – TJ-SC – FCC – 2017) A propósito do uso dos bens públicos pelos particulares, é correto afirmar que:

(A) as concessões de uso, dada a sua natureza contratual, não admitem a modalidade gratuita.
(B) o concessionário de uso de bem público exerce posse *ad interdicta*, mas não exerce posse *ad usucapionem*.
(C) a autorização de uso, por sua natureza precária, não admite a fixação de prazo de utilização do bem público.
(D) a Medida Provisória nº 2.220/2001 garante àquele que possuiu como seu, por cinco anos, ininterruptamente e sem oposição, até duzentos e cinquenta metros

quadrados de imóvel público situado em área urbana, utilizando-o para fins comerciais e respeitado o marco temporal ali estabelecido, o direito à concessão de uso especial.

(E) a permissão de uso, por sua natureza discricionária, não depende de realização de prévia licitação.

A: incorreta. A concessão de uso de bem público pode ser onerosa ou gratuita, e sempre é precedida de autorização legal e, geralmente, por licitação. B: correta. Os bens públicos não são passíveis de aquisição por meio de usucapião (art. 183, §3º, CF), por isso, o concessionário tem a proteção de sua posse contra terceiros, mas não o adquire por meio da passagem do tempo (prescrição aquisitiva), nem perde a mesma posse em função dos mesmos motivos; C: incorreta. A autorização de uso realmente é precária, mas não há vedação para o estabelecimento de um prazo para o exercício de uma atividade (ela se destina ao desempenho de uma atividade sobre um bem público) vinculada ao bem público, sendo livre às partes essa determinação; D: incorreta. A Medida Provisória 2220/2001 criou o instituto da concessão de uso especial para fins de moradia, não se aplicando à utilização comercial, portanto; E: incorreta. A permissão sempre é precedida de licitação, seja de uso, seja de serviços públicos (art. 2º, IV, da Lei 8.987/1995).
Gabarito "B".

6.4. Bens públicos em espécie

(Procurador – AL/PR – 2024 – FGV) Ao perquirir os bens públicos que são de propriedade dos Estados da Federação, Maristela verificou que, entre eles, é correto indicar

(A) os potenciais de energia hidráulica.
(B) os terrenos de marinha e seus acrescidos.
(C) as terras devolutas não compreendidas entre as da União.
(D) as cavidades naturais subterrâneas e os sítios arqueológicos e pré-históricos.
(E) as praias marítimas; as ilhas oceânicas e as costeiras, excluídas, destas, as que contenham a sede de Municípios.

A: Incorreta, pois os potenciais de energia hidráulica são considerados bens da União e não dos Estados da Federação, conforme o art. 20, VIII da CRFB/88. B: Incorreta, pois os terrenos de marinha e seus acrescidos pertencem à União e não aos Estados, conforme o art. 20, VII, da CRFB/88. C: Correta, pois as terras devolutas não compreendidas entre as da União são bens dos Estados, conforme o art. 26, IV, da CRFB/88. D: Incorreta, pois as cavidades naturais subterrâneas e os sítios arqueológicos e pré-históricos são bens da União, de acordo com o art. 20, X, da CRFB/88. E:Incorreta, pois esses bens são de propriedade da União, conforme o art. 20, IV, da CRFB/88.
Gabarito "C".

(Juiz de Direito – TJ/DFT – 2023 – CEBRASPE) Os bens dominicais incluem

I. as terras dos silvícolas.
II. as escolas públicas em uso.
III. as terras devolutas.
IV. a dívida ativa.
Estão certos apenas os itens

(A) I e II.
(B) II e IV.
(C) III e IV.
(D) I, II e III.
(E) I, III e IV.

Os bens dominicais, nos termos do art. 99, III, Código Civil, são os bens que constituem o patrimônio das pessoas jurídicas de direito público, como objeto de direito pessoal, ou real, de cada uma dessas entidades. São os bens que, apesar de pertencerem às pessoas jurídicas de direito público, não estão afetados. I: Incorreta. As terras dos indígenas são bens de uso especial, e não bens dominicais. II: Incorreta. As escolas públicas em uso são bens de uso especial, e não bens dominicais. III: Correta. As terras devolutas, que não têm utilização, são consideradas bens dominicais. IV: Correta. A dívida ativa corresponde a bem dominical. Corretos os itens III e IV.
Gabarito "C".

(Juiz de Direito – TJ/MS – 2020 – FCC) No tocante ao domínio público, considera-se

(A) investidura: a alienação aos proprietários de imóveis lindeiros de área remanescente ou resultante de obra pública, sendo hipótese de dispensa de licitação, desde que obedecidos os requisitos e limites estatuídos na Lei 8.666/1993.
(B) direito de extensão: a prerrogativa que a Administração Pública possui de ampliar a desapropriação para áreas contíguas que sejam necessárias ao melhor aproveitamento da obra ou serviço que resultarão do ato expropriatório.
(C) terrenos de marinha: áreas que, banhadas pelas correntes navegáveis, fora do alcance das marés, vão até a distância de 15 metros para a parte de terra, contados desde o ponto médio das enchentes ordinárias.
(D) faixa de segurança: a faixa interna de 150 km (cento e cinquenta quilômetros) de largura, paralela à linha divisória terrestre do território nacional.
(E) zona contígua brasileira: faixa que se estende das doze às duzentas milhas marítimas, contadas a partir das linhas de base que servem para medir a largura do mar territorial.

A: correta (art. 17, § 3º, I, da Lei 8.666/93; também prevista na nova Lei de Licitações, Lei 14.133/2021, art. 76, I, "d". e p. 5º, I). B: incorreta (direito de extensão constitui o direito do expropriado de exigir que se inclua na desapropriação a parte do imóvel que ficou inaproveitável isoladamente). C: incorreta (terrenos de marinha são aqueles que, banhados pelas águas do mar ou dos rios navegáveis que sofram a influência das marés, alcançam a distância de 33 metros para a parte da terra, contados do ponto em que chega o preamar médio). D: incorreta (é considerada faixa de fronteira a faixa interna de 150 km de largura, paralela à linha divisória terrestre do território nacional, cf. Lei 6.634/79). E: incorreta (a zona contígua brasileira compreende uma faixa que se estende das doze às vinte e quatro milhas marítimas, contadas a partir das linhas de base que servem para medir a largura do mar territorial, cf. art. 4º da Lei 8.617/93).
Gabarito "A".

6.5. Temas combinados de bens públicos

(Procurador Município – Teresina/PI – FCC – 2022) Considere os seguintes dispositivos da Constituição Federal:

Art. 231. São reconhecidos aos índios sua organização social, costumes, línguas, crenças e tradições, e os direitos originários sobre as terras que tradicionalmente ocupam, competindo à União demarcá-las, proteger e fazer respeitar todos os seus bens.

§ 1º São terras tradicionalmente ocupadas pelos índios as por eles habitadas em caráter permanente, as utilizadas para suas atividades produtivas, as imprescindíveis à preservação dos recursos ambientais necessários a seu bem-estar e as necessárias a sua reprodução física e cultural, segundo seus usos, costumes e tradições.

§ 2ª As terras tradicionalmente ocupadas pelos índios destinam-se a sua posse permanente, cabendo-lhes o usufruto exclusivo das riquezas do solo, dos rios e dos lagos nelas existentes. [...].

Sabe-se, à luz das normas constitucionais e legais vigentes, que as terras tradicionalmente ocupadas pelos indígenas são

(A) bens públicos de uso especial, com afetação constitucional.
(B) bens públicos de uso comum, com cláusula de usufruto.
(C) res nullius, sob regime de tutela estatal.
(D) bens públicos dominicais, sob regime de concessão especial.
(E) bens privados das comunidades indígenas.

As terras tradicionalmente ocupadas pelos indígenas detêm afetação dada pela Constituição, pois se destinam a sua posse permanente (art. 231, § 2º, CF). Não se tratam de bens privados das comunidades indígenas, mas de bens públicos. Assim, nos termos das categorias previstas no art. 99, II, do Código Civil, são classificadas como bens públicos de uso especial. Correta a alternativa A. **WG**
Gabarito "A".

(Juiz de Direito – TJ/SC – 2019 – CESPE/CEBRASPE) As ilhas costeiras são bens públicos que pertencem

(A) aos estados, no caso de ilhas situadas nas águas interiores e na zona contígua, até o limite interior da plataforma continental, ou à União, no caso de ilhas situadas na plataforma continental.
(B) à União, com exceção das ilhas que contenham as sedes de capitais ou que possuam unidades de conservação estadual ou municipal.
(C) à União, ressalvadas as ilhas que contenham a sede de municípios, que podem ter áreas sob domínio municipal ou particular, e as áreas sob o domínio dos estados.
(D) aos municípios, no caso de ilhas situadas aquém das águas interiores, ou aos estados, no caso de ilhas situadas nas águas interiores até o fim da zona contígua.
(E) aos estados, salvo as que contenham a sede de municípios, as áreas afetadas ao serviço público dos demais entes e as unidades ambientais federais.

Nos termos do art. 20, IV, da CF, são bens da União as ilhas costeiras, excluídas as que contenham a sede de Municípios (exceto aquelas áreas afetadas ao serviço público e a unidade ambiental federal), bem como as referidas no art. 26, II, que indica como bens dos Estados as ilhas que estiverem em seu domínio, excluídas aquelas sob domínio da União, Municípios ou terceiros. A conjugação desses dispositivos permite concluir que as ilhas costeiras são bens públicos que pertencem à União, ressalvadas as ilhas que contenham a sede de Municípios, que podem ter áreas sob domínio municipal ou particular, e as áreas sob o domínio dos estados. Assim, correta a alternativa C. **RB**
Gabarito "C".

7. INTERVENÇÃO DO ESTADO NA PROPRIEDADE

7.1. Desapropriação

(Procurador – AL/PR – 2024 – FGV) Em decorrência de suas peculiaridades, algumas modalidades de intervenção do Estado na propriedade são dotadas de autoexecutoriedade, em especial aquela em que a premência na adoção de determinada conduta é imposta por perigo iminente, em razão do que eventual indenização será ulterior, se houver dano, hipótese em que, inclusive, poderá ocorrer a supressão da propriedade, no caso de perecimento do bem.

Nesse contexto, assinale a opção que indica a modalidade de intervenção do Estado na propriedade que apresenta tais características.

(A) A desapropriação por necessidade pública.
(B) A requisição administrativa.
(C) O tombamento.
(D) A limitação administrativa.
(E) A servidão administrativa.

A: Incorreta, pois a desapropriação por necessidade pública não é caracterizada pela autoexecutoriedade, já que deverá ocorrer mediante um processo judicial caso não haja um acordo com o particular, o que é incompatível com a ideia de autoexecutoriedade. **B:** Correta, pois a requisição administrativa é a modalidade de intervenção do Estado na propriedade que possui autoexecutoriedade e permite a atuação imediata do Estado em situações de perigo iminente. A indenização é posterior, se houver dano, e pode ocorrer a supressão da propriedade se o bem perecer (art. 5º, XXV, da CF). **C:** Incorreta, pois o tombamento é uma modalidade de intervenção que visa proteger o patrimônio cultural e histórico, e não é caracterizado por autoexecutoriedade ou necessidade de ação imediata. O tombamento envolve um processo administrativo e não permite a supressão da propriedade. **D:** Incorreta, pois a limitação administrativa refere-se a restrições gerais impostas ao uso da propriedade para atender ao interesse público. Dessa forma, por incidir de modo geral sobre os administrados, não requer indenização, nem há possibilidade de supressão da propriedade. **E:** Incorreta, pois a servidão administrativa estabelece restrições ao uso da propriedade para fins de interesse público, o que a aproxima da requisição administrativa. Porém, a requisição ocorre quando há uma situação de iminente perigo público e de transitoriedade (por exemplo, requisitar um galpão privado, para abrigar pessoas em caso de enchentes), ao passo que a servidão ocorre por um interesse público mais duradouro, não relacionado a algo apenas urgente, perigoso e transitório (por exemplo, uma servidão para instalar torres de energia elétrica numa propriedade privada). Outra diferença é que a indenização na servidão é prévia, ao passo que na requisição é posterior. **WG**
Gabarito "B".

(Procurador – PGE/SP – 2024 – VUNESP) Com o intuito de promover programa de moradia destinado à população de baixa renda, o Estado "X" pretende implantar um conjunto habitacional em terreno pertencente a determinado Município. Para execução de sua obra, celebrou contratação integrada com a empreiteira "W", sendo que o contrato prevê que a contratada deverá promover a desapropriação do terreno em questão. No citado terreno, há um núcleo urbano informal, ocupado predominantemente por população de baixa renda. Diante de tal situação e nos termos da legislação aplicável,

(A) não é possível delegar à empreiteira contratada os poderes expropriatórios, visto que apenas as delegatárias de serviço público podem exercer tal incumbência.

(B) a autorização legislativa para a desapropriação não será necessária, visto que promover programas de construção de moradias e a melhoria das condições habitacionais é matéria de competência comum dos entes envolvidos na situação.

(C) corre o prazo de dois anos, a partir da decretação da referida desapropriação, para efetivação da aludida desapropriação e início das providências de aproveitamento do bem expropriado.

(D) a existência de núcleo urbano informal não exige providências por parte do ente expropriante, visto que a questão da posse não é objeto da ação de desapropriação.

(E) tendo em vista a natureza de desapropriação por interesse social para cumprimento da função social da propriedade urbana, deverá ser aprovada lei municipal específica autorizando a desapropriação.

A: Incorreto. A desapropriação é um poder típico do Estado e não pode ser delegada a empreiteiras. A competência para realizar desapropriações está restrita aos órgãos e entidades do poder público e é exercida diretamente pela Administração Pública ou por entidades que possuam poderes expropriatórios especificamente concedidos, mas, em relação aos entes privados, só é admitida essa autorização, que deverá ser mediante lei ou por contrato, para concessionários de serviços públicos, entidades que exerçam função delegada do poder público, e empreiteiras contratadas pelo poder público desde que sob regime de empreitada por preço global, empreitada integral e contratação integrada (art. 3º, incisos I, III e IV, do Dec.-lei 3.365/41). No caso em tela não há informação de que a construtora em questão está autorizada expressamente por lei ou por contrato, nem informação sobre o regime de contratação da empreiteira. **B: Incorreto.** A autorização legislativa é necessária para a desapropriação, nos termos do art. 2º, § 2º, do Dec.-lei 3.365/41. **C: Correto.** Após a decretação da desapropriação, o prazo para a efetivação da desapropriação e o início das providências de aproveitamento do bem expropriado é de dois anos nos casos de desapropriação por interesse social (art. 3º, da Lei 4.132/62). Vale lembrar que a desapropriação para a construção de casas populares é considerada de interesse social (art. 2º, V, da Lei 4.132/62). **D: Incorreto.** A existência de núcleo urbano informal não isenta o ente expropriante de tomar providências. A questão da posse é relevante na desapropriação, e é necessário garantir que os direitos dos ocupantes, especialmente quando se trata de população de baixa renda, sejam respeitados. Isso pode envolver medidas para realocação ou compensação. **E: Incorreto.** A autorização legislativa requerida é do ente federativo que deseja a desapropriação, no caso, o Estado, ou seja, é necessária uma lei estadual autorizando a desapropriação. Gabarito "C".

(Juiz de Direito – TJ/SP – 2023 – VUNESP) Dispõe a Constituição Federal, em seu artigo 5º, XXIV, que "A lei estabelecerá o procedimento para desapropriação por necessidade ou utilidade pública, ou por interesse social, mediante prévia e justa indenização em dinheiro, ressalvados os casos previstos nesta Constituição". Também há previsão constitucional de desapropriação da propriedade urbana (CF, artigo 182, parágrafo 4º); de desapropriação da propriedade rural (CF, artigo 186) e de desapropriação de propriedade nociva, com a expropriação de glebas de terras em que sejam ilegalmente cultivadas plantas psicotrópicas (CF, artigo 243). A desapropriação prevista no artigo 5º, XXIV, da Constituição Federal apresenta as seguintes características:

(A) refere-se a imóvel que cumpre a sua função social, não constitui sanção aplicada pelo Estado e tem por ponto nodal a substituição da perda patrimonial por prévia e justa indenização em dinheiro.

(B) refere-se a imóvel que não cumpre a sua função social, constitui sanção aplicada pelo Estado, mas estabelece prévia e justa indenização em dinheiro.

(C) refere-se a imóvel que cumpre a sua função social, constitui sanção aplicada pelo Estado e tem assegurada, desde que o comporte o orçamento anual do ente expropriante, prévia e justa indenização em dinheiro.

(D) refere-se a imóvel que não cumpre a sua função social, não constitui sanção aplicada pelo Estado e tem assegurada, desde que o comporte o orçamento anual do ente expropriante, prévia e justa indenização em dinheiro.

A: Correta. A desapropriação prevista no art. 5º, XXIV, CR/88, chamada de desapropriação ordinária ou desapropriação por necessidade pública, utilidade pública ou interesse social ocorre quando o proprietário não descumpriu nenhuma regra, mas o interesse público justifica, ainda assim, a desapropriação. Por não se tratar de sanção ao proprietário, a indenização deve ser prévia, justa e em dinheiro. **B: Incorreta.** O imóvel que não cumpre sua função social poderá ser desapropriado com base no art. 182, § 4º, CR/88 quando se tratar de propriedade urbana, ou com base no art. 186, CR/88, quando se tratar de propriedade rural. **C: Incorreta.** Não se trata de sanção aplicada ao proprietário, visto que o fundamento da desapropriação ordinária é o interesse público. **D: Incorreta.** O imóvel que não cumpre sua função social poderá ser desapropriado com base no art. 182, § 4º, CR/88 quando se tratar de propriedade urbana, ou com base no art. 186, CR/88, quando se tratar de propriedade rural. Gabarito "A".

(Juiz Federal – TRF/1 – 2023 – FGV) A União se apropriou do imóvel de Humberto no ano de 2012, sem observar as formalidades previstas em lei para a desapropriação, e nele imediatamente construiu um prédio que até hoje é sede de diversos órgãos públicos federais. Como já era aposentado e costumava viajar constantemente para o exterior, Humberto decidiu ajuizar ação indenizatória por desapropriação indireta somente agora no ano de 2023.

O Juízo Federal, observando a atual jurisprudência do Superior Tribunal de Justiça em tema de recurso repetitivo, decidiu que:

(A) já ocorreu a prescrição da pretensão de Humberto, pois se aplica o prazo de dez anos da usucapião extraordinária do Código Civil;

(B) não ocorreu a prescrição da pretensão de Humberto, pois se aplica o prazo de quinze anos da usucapião ordinária do Código Civil;

(C) não ocorreu a prescrição da pretensão de Humberto, pois se aplica o prazo de vinte anos da usucapião extraordinária do Código Civil;

(D) já ocorreu a prescrição da pretensão de Humberto, pois se aplica o prazo quinquenal de dívidas passivas de entes públicos previsto no Decreto nº 20.910/1932;

(E) não ocorreu a prescrição da pretensão de Humberto, pois é imprescritível o ressarcimento ao particular de atos dolosos do poder público, sob pena de locupletamento ilícito da União.

A conduta da União se caracteriza como desapropriação indireta, que ocorre nos termos do art. 35, Decreto-Lei 3.365/41, visto que os bens expropriados, uma vez incorporados à Fazenda Pública, não podem ser objeto de reivindicação, ainda que fundada em nulidade do processo de desapropriação. Qualquer ação, julgada procedente, resolver-se-á em perdas e danos. Assim, caberia a Humberto apenas o pedido de indenização. Nesse caso, conforme decidido pelo Superior Tribunal de Justiça (Tema Repetitivo 1.019), o prazo prescricional aplicável à desapropriação indireta, na hipótese em que o Poder Público tenha realizado obras no local ou atribuído natureza de utilidade pública ou de interesse social ao imóvel, é de 10 anos, conforme parágrafo único do art. 1.238 do CC. Tendo a apropriação do imóvel ocorrido em 2012, Humberto deveria ter ajuizado a ação pedindo a indenização até 2022. **A:** Correta. Humberto tinha 10 anos para sua pretensão, que é o prazo de usucapião extraordinária no Código Civil. Assim, já ocorreu a prescrição da pretensão. **B:** Incorreta, pois já ocorreu a prescrição e o prazo de é de 10 anos, da usucapião extraordinária do Código Civil. **C:** Incorreta, pois já ocorreu a prescrição e o prazo de é de 10 anos, da usucapião extraordinária do Código Civil. **D:** Incorreta, já passou o prazo prescricional, mas é de 10 anos e não quinquenal. **E:** Incorreta, pois já passou o prazo de prescrição. Gabarito "A"

(Juiz Federal – TRF/1 – 2023 – FGV) A União, por meio do Departamento Nacional de Infraestrutura de Transportes (DNIT), na busca da ampliação da malha viária, para promover o desenvolvimento social e econômico e a melhor integração entre duas regiões do país, pretende desapropriar propriedade particular.

Sobre os procedimentos a serem adotados pela autarquia, é correto afirmar que:

(A) a segunda fase do procedimento de desapropriação (fase executória) é sempre judicial pela necessidade de controle do valor da indenização que deve ser prévia, justa e em dinheiro;

(B) é cabível a imissão provisória na posse, caso requerida em até 120 dias da alegação de urgência e mediante o depósito da quantia fixada segundo o critério previsto em lei;

(C) tem-se na hipótese uma desapropriação por necessidade pública, com a final transferência do bem de propriedade do particular para o poder público;

(D) não incidem honorários advocatícios de sucumbência na ação de desapropriação dada a natureza dessa demanda judicial;

(E) proposta a ação de desapropriação, é cabível a imissão provisória na posse pelo DNIT, após a avaliação judicial do imóvel a ser expropriado.

A: Incorreta. A desapropriação ocorre com a fase declaratória e a fase executória. A fase executória pode se dar na via administrativa ou na via judicial. Isso porque é possível que seja realizado um acordo com o proprietário na própria via administrativa, não sendo necessária a ação judicial para discutir o valor da indenização. **B:** Correta. A imissão provisória na posse, prevista no art. 15 do Decreto-Lei 3.365/41, ocorre quando o expropriante alega urgência na posse do bem e deposita a quantia arbitrada com base no § 1º. Nesse caso, declarada a urgência, o expropriante deve requerer a imissão provisória dentro do prazo improrrogável de 120 dias, não podendo renovar a alegação de urgência. **C:** Incorreta. No caso em tela, trata-se de uma desapropriação para ampliação da malha viária, que se caracteriza como uma hipótese de desapropriação por utilidade pública, nos termos do art. 5º, "i", Decreto-Lei 3.365/41. **D:** Incorreta. A sentença que fixar o valor da indenização quando este for superior ao preço oferecido condenará o desapropriante a pagar honorários de advogado (art. 27, § 1º, Decreto-Lei 3.365/41). **E:** Incorreta. A imissão provisória na posse ocorre se preenchidos os requisitos do art. 15, Decreto-Lei 3.365/41. Gabarito "B".

(Procurador Município – Teresina/PI – FCC – 2022) No contexto da desapropriação, diz-se que o decreto expropriatório "fixa o estado" da coisa a ser desapropriada. Tal expressão indica que, nos termos da legislação aplicável,

(A) é constituído seguro legal em favor do expropriado, garantido o valor atual da coisa, mesmo que esta pereça ou seja danificada.

(B) somente serão indenizadas, a partir de então, as benfeitorias necessárias e, caso autorizadas pelo expropriante, as benfeitorias úteis.

(C) é vedado ao expropriado realizar qualquer modificação no bem.

(D) não será indenizada qualquer benfeitoria realizada após a edição do decreto.

(E) somente serão indenizadas, a partir de então, as benfeitorias úteis e, caso autorizadas pelo expropriante, as benfeitorias voluptuárias.

A primeira fase da desapropriação é a declaratória, em que é expedido o decreto expropriatório. Um dos efeitos desse decreto é a fixação do estado da coisa a ser desapropriada. Significa que o estado do bem a ser expropriado no momento dessa etapa deve ser levado em consideração para efeitos de indenização. Ademais, de acordo com o art. 26, § 1º, do Decreto-lei 3.365/1941 serão indenizadas as benfeitorias necessárias feitas após essa fase; já as úteis serão indenizadas se houver autorização do expropriante; e quanto às benfeitorias voluptuárias, não serão indenizadas. Assim, correta a alternativa B. Gabarito "B".

(Delegado/RJ – 2022 – CESPE/CEBRASPE) Insatisfeito com a falta de espaço para o exercício da polícia judiciária, delegado orienta servidores de delegacia a utilizar, como estacionamento de viaturas e depósito, imóvel privado, vizinho à delegacia em que está lotado. O delegado justificou sua ação no fato de que o imóvel estava abandonado há mais de cinco anos, que o interesse público prevalece sobre o interesse privado, que não havia sequer uma cerca protegendo o imóvel e que essa era a única forma de tutelar o patrimônio público que se deteriorava por falta de espaço. Alguns meses após tal iniciativa, o proprietário do imóvel ajuizou ação em face do Estado, pleiteando a retirada imediata.

Acerca dessa situação hipotética, é correto afirmar que

(A) o imóvel foi afetado ao serviço público, de modo que ao proprietário só restaria um pleito de desapropriação indireta, caso ainda houvesse prazo para tanto.

(B) o princípio da supremacia do interesse público sobre o particular justifica a destinação conferida ao bem pelo delegado, cujas intenções e ações afastam a possibilidade de sua punição.

(C) o delegado poderá eventualmente sofrer reprimenda disciplinar caso, após processo administrativo regular, verificar-se que seu erro foi grosseiro ou que sua ação foi dolosa, na forma da Lei de Introdução às Normas do Direito Brasileiro (LINDB).

(D) o particular não teria direito de resistir à pretensão pública, em face da incorporação do bem ao patrimônio da administração, haja vista terem se passado cinco anos de abandono evidente, bem como em respeito à função social da propriedade privada.

(E) o Estado, polo passivo da ação, por meio de sua procuradoria, diante da constatação da postura arbitrária do delegado, deverá promover a denunciação da lide, para que o delegado satisfaça eventual direito de regresso ao erário.

Alternativa **A** incorreta (o uso precário e temporário de imóvel privado para estacionamento e depósito não configura apossamento administrativo que justifique a caracterização de uma desapropriação indireta). Alternativa **B** incorreta (o princípio da supremacia do interesse público sobre o particular não justifica a adoção de medidas ilícitas pelo delegado). Alternativa **C** correta (nos termos do art. 28 da LINDB: "o agente público responderá pessoalmente por suas decisões ou opiniões técnicas em caso de dolo ou erro grosseiro"). Alternativa **D** incorreta (considerando que não houve incorporação do bem ao patrimônio público, o particular tem direito de resistir à pretensão pública; o fato de o imóvel estar abandonado há alguns anos não afasta a ilegalidade da ocupação que perdurou por alguns meses apenas). Alternativa **E** incorreta (como regra, somente se o Estado for condenado ao pagamento de indenização é que caberá o exercício do direito de regresso em face do agente público causador do dano; nesse sentido, incabível a denunciação da lide). **RB**

Gabarito "C".

(Juiz de Direito/AP – 2022 – FGV) João é proprietário de imóvel rural que engloba grande área na cidade Alfa, interior do Estado. O imóvel de João, sem seu conhecimento, foi invadido por terceiras pessoas que passaram a cultivar plantas psicotrópicas (maconha) de forma ilícita. O Município Alfa ajuizou ação perante a Justiça Estadual visando à desapropriação confisco do imóvel de João.

No caso em tela, de acordo com o entendimento do Supremo Tribunal Federal, a expropriação prevista no Art. 243 da Constituição da República de 1988:

(A) pode ser afastada, desde que o proprietário João comprove que não incorreu em dolo ou culpa grave, pois possui responsabilidade subjetiva, vedada a inversão do ônus da prova, mas o Juízo deve extinguir o processo sem resolução do mérito pela ilegitimidade ativa do Município Alfa, pois a ação deve ser proposta pela União, na Justiça Federal;

(B) pode ser afastada, desde que o proprietário João comprove que não incorreu em dolo ou culpa grave, pois possui responsabilidade subjetiva, vedada a inversão do ônus da prova, mas o Juízo deve extinguir o processo sem resolução do mérito pela ilegitimidade ativa do Município Alfa, pois a ação deve ser proposta pelo Estado;

(C) não pode ser afastada, pois João possui responsabilidade objetiva, vedada a inversão do ônus da prova, e o Judiciário deve julgar procedente o pedido de desapropriação confisco, de maneira que o imóvel de João seja destinado à reforma agrária e a programas de habitação popular, sem qualquer indenização ao proprietário e sem prejuízo de outras sanções previstas em lei;

(D) pode ser afastada, desde que o proprietário João comprove que não incorreu em culpa, ainda que *in vigilando* ou *in eligendo*, pois possui responsabilidade subjetiva, com inversão do ônus da prova, mas o Juízo deve extinguir o processo sem resolução do mérito pela ilegitimidade ativa do Município Alfa, pois a ação deve ser proposta pela União, na Justiça Federal;

(E) não pode ser afastada, pois João possui responsabilidade objetiva, admitida a inversão do ônus da prova, e o Judiciário deve julgar procedente o pedido de desapropriação confisco, sendo que todo e qualquer bem de valor econômico apreendido em decorrência do tráfico ilícito de entorpecentes e drogas afins será confiscado e reverterá a fundo especial com destinação específica, na forma da lei.

Comentário: a CF prevê espécies de desapropriações extraordinárias (também denominadas desapropriações-sanção). Uma delas é a desapropriação de propriedades rurais e urbanas onde forem localizadas culturas ilegais de plantas psicotrópicas ou a exploração de trabalho escravo (art. 243 da CF, cf. redação dada pela EC 81/2014). Patente o seu caráter sancionatório. A Carta Magna é expressa ao determinar que não é cabível indenização ao proprietário (desapropriação-confisco). A propriedade expropriada será destinada à reforma agrária e a programas de habitação popular. De acordo com a jurisprudência do STF, a expropriação prevista no art. 243 da Constituição Federal pode ser afastada, desde que o proprietário comprove que não incorreu em culpa, ainda que *in vigilando* ou *in elegendo* (RE 635.336/PE, Pleno, Rel. Min. Gilmar Mendes, DJe 14.09.2017 – Repercussão Geral – tema 399). Trata-se, logo, de uma responsabilidade subjetiva, com inversão de ônus da prova. Ademais, a competência para promover a expropriação é da União, o que atrai a competência da Justiça Federal. Assim, a ação de desapropriação-sancionatória promovida pelo Município deve ser extinta sem julgamento do mérito, por ilegitimidade ativa. Correta a alternativa D. **RB**

Gabarito "D".

(Procurador Município – Santos/SP – VUNESP – 2021) Assinale a alternativa correta acerca da desapropriação, à luz do Decreto-Lei nº 3.365/41.

(A) Se houver concordância, reduzida a termo, do expropriado, a decisão concessiva da imissão provisória na posse implicará a aquisição da propriedade pelo expropriante com o consequente registro da propriedade na matrícula do imóvel.

(B) Em razão de prerrogativa do Poder Público, quanto ao valor, a concordância escrita do expropriado implica em renúncia ao seu direito de questionar o preço ofertado em juízo.

(C) O pagamento do preço relativo ao bem expropriado será prévio e em dinheiro; quanto às dívidas fiscais inscritas e ajuizadas, estas não serão deduzidas dos valores depositados.

(D) Os bens expropriados, uma vez incorporados à Fazenda Pública, podem ser objeto de reivindicação, desde que esta seja fundada em nulidade do processo de desapropriação.

(E) O depósito do preço fixado por sentença, à disposição do juiz da causa, é considerado pagamento prévio da indenização. Referido depósito somente poderá ser levantado se o desapropriado concordar com o preço oferecido pela Administração ou fixado pela sentença.

A: correta (art. 34-A do DL 3.365/1941). **B:** incorreta (a concordância escrita do expropriado não implica renúncia ao seu direito de questionar o preço ofertado em juízo, cf. art. 34-A, § 1º). **C:** incorreta (as dívidas fiscais serão deduzidas dos valores depositados, quando inscritas e ajuizadas, cf. art. 32, § 1º). **D:** incorreta (os bens expropriados, uma vez

incorporados à Fazenda Pública, não podem ser objeto de reivindicação, ainda que fundada em nulidade do processo de desapropriação, cf. art. 35). **E:** incorreta (o desapropriado, ainda que discorde do preço oferecido, do arbitrado ou do fixado pela sentença, poderá levantar até 80% depósito feito, cf. art. 33, § 2º). **WG**
Gabarito "A".

(Juiz de Direito – TJ/MS – 2020 – FCC) A propósito do procedimento da desapropriação, a redação vigente do Decreto-lei 3.365/1941 estatui que

(A) a desapropriação deverá se efetivar mediante acordo ou judicialmente, dentro de 5 (cinco) anos, contados da data da expedição do respectivo decreto e, decorrido tal prazo, este caducará.
(B) notificado administrativamente o expropriado, ele terá o prazo de 15 (quinze) dias para aceitar ou rejeitar a oferta de indenização, sendo que o silêncio será considerado aceitação.
(C) a alegação de urgência deve constar obrigatoriamente do decreto de utilidade pública e obrigará o expropriante a requerer a imissão provisória dentro do prazo improrrogável de 120 (cento e vinte) dias a contar de sua publicação.
(D) uma vez notificado pelo expropriante, o particular que não concordar com a indenização oferecida poderá optar por resolver a questão por mediação ou arbitragem.
(E) a ação, quando a União for autora, será proposta no Distrito Federal ou no foro da Capital do Estado onde for domiciliado o réu, perante o juízo privativo, se houver; se for o Estado o autor, será proposta no foro da Capital respectiva; sendo outro o autor, no foro da situação dos bens.

A: incorreta (o enunciado está incompleto; de fato, nos termos do art. 10 do DL 3.365/41, embora o decreto caducará após a fluência de 5 anos contados da sua expedição, poderá o mesmo bem ser objeto de nova declaração após decorrido um ano de sua caducidade). **B:** incorreta (o silêncio do expropriado será considerado rejeição, cf. art. 10-A, §1º, inc. IV). **C:** incorreta (a alegação de urgência não deve constar obrigatoriamente no decreto de utilidade pública; considerando que a urgência representa requisito para a imissão provisória na posse, sua alegação se dá durante a ação judicial de desapropriação). **D:** correta (cf. art. 10-A e 10-B, incluídos no DL 3.365/41 pela Lei 13.867/19). **E:** incorreta (cf. art. 11, a ação, quando a União for autora, será proposta no Distrito Federal ou no foro da Capital do Estado onde for domiciliado o réu, perante o juízo privativo, se houver; sendo outro o autor, no foro da situação dos bens). **RB**
Gabarito "D".

(Advogado – Pref. São Roque/SP – 2020 – VUNESP) O instituto que garante ao expropriado o direito de exigir a devolução do bem objeto da desapropriação que não foi utilizado pela Administração para atendimento do interesse público denomina-se

(A) desapropriação por zona.
(B) direito de extensão.
(C) direito de preferência.
(D) direito de retrocessão.
(E) tredestinação.

A: incorreta (a desapropriação por zona é aquela que abrange tanto as áreas contíguas necessárias ao desenvolvimento da obra, quanto as zonas que se valorizarem extraordinariamente em virtude da realização do serviço); **B:** incorreta (direito de extensão constitui o direito de o expropriado exigir que se inclua na desapropriação a parcela do bem que se tornou inaproveitável isoladamente ao particular); **C:** incorreta (o direito de preferência assume caráter pessoal, de modo que não acarreta a devolução do bem); **D:** correta. Todavia, esse direito do expropriado deve ser exercido como um direito de preferência quando a Administração decidir alienar o bem público em questão. Sobre o tema, o art. 5º, § 6º, do Decreto 3.365/1941 (inserido pela Lei 14.620.2023) determina o seguinte: "§ 6º Comprovada a inviabilidade ou a perda objetiva de interesse público em manter a destinação do bem prevista no decreto expropriatório, o expropriante deverá adotar uma das seguintes medidas, nesta ordem de preferência: i) destinar a área não utilizada para outra finalidade pública; ou ii) alienar o bem a qualquer interessado, na forma prevista em lei, assegurado o direito de preferência à pessoa física ou jurídica desapropriada". **E:** incorreta (tredestinação representa a não utilização do bem expropriado em uma finalidade não pública). **RB/WG**
Gabarito "D".

(Defensor Público Federal – DPU – 2017 – CESPE) Julgue os itens que se seguem, referentes à intervenção do Estado na propriedade.

(1) Dado o princípio da hierarquia federativa, estados e municípios não podem instituir servidões administrativas e proceder a desapropriações de bens públicos pertencentes à União.
(2) Na desapropriação indireta, por força da afetação do bem ao domínio público, ao proprietário prejudicado só resta pleitear indenização pelos prejuízos advindos da perda da propriedade, acrescidos de juros moratórios e compensatórios, incidindo os últimos a partir da data da efetiva ocupação do bem.

Nos termos da Lei de Desapropriações (Decreto-Lei n. 3.365/1941), "os bens do domínio dos Estados, Municípios, Distrito Federal e Territórios poderão ser desapropriados pela União, e os dos Municípios pelos Estados, mas, em qualquer caso, ao ato deverá preceder autorização legislativa" (art. 2º, § 2º). Porém, segundo o art. 2º, § 2º-A, "Será dispensada a autorização legislativa a que se refere o § 2º quando a desapropriação for realizada mediante acordo entre os entes federativos, no qual serão fixadas as respectivas responsabilidades financeiras quanto ao pagamento das indenizações correspondentes". No mesmo diploma, o art. 40 determina que "o expropriante poderá constituir servidões, mediante indenização, na forma desta lei". A discussão sobre a hierarquia entre os entes federados poderia ser aventada em abstrato, mas, sem dúvida, a regra da Lei de Desapropriações é vigente; quanto à assertiva "2", a indenização é devida, especialmente considerando que o ato expropriatório configura verdadeiro esbulho praticado pelo Poder Público. Quanto à fixação do prazo inicial para a contagem dos juros compensatórios, a Súmula 69 do Superior Tribunal de Justiça estabelece que "na desapropriação direta, os juros compensatórios são devidos desde a antecipada imissão na posse e, na desapropriação indireta, a partir da efetiva ocupação do imóvel". **AW/WG**
Gabarito: 1C, 2C.

(Procurador Municipal – Prefeitura/BH – CESPE – 2017) Com relação à intervenção do Estado na propriedade, assinale a opção correta.

(A) Compete à União, aos estados e ao DF legislar, de forma concorrente, sobre desapropriação, estando a competência da União limitada ao estabelecimento de normas gerais.
(B) Expropriação ou confisco consiste na supressão punitiva de propriedade privada pelo Estado, a qual dispensa pagamento de indenização e incide sobre

propriedade urbana ou rural onde haja cultura ilegal de psicotrópico ou ocorra exploração de trabalho escravo.

(C) Servidão administrativa é a modalidade de intervenção que impõe obrigações de caráter geral a proprietários indeterminados, em benefício do interesse geral abstratamente considerado, e afeta o caráter absoluto do direito de propriedade.

(D) Requisição é a modalidade de intervenção do Estado supressiva de domínio, incidente sobre bens móveis e imóveis, públicos ou privados, e, em regra, sem posterior indenização.

A: incorreta. Conforme dispõe o art. 22, III, CF, trata-se de competência privativa da União legislar sobre desapropriação, e não concorrente; B: correta. Trata-se da desapropriação – pena prevista no art. 243, CF; C: incorreta. Na servidão não há imposição de uma obrigação geral, e sim, de uma submissão de um imóvel dominante a outro serviente, ou, no caso da servidão administrativa, de um serviço ou obra em relação a um bem público; D: incorreta. A requisição administrativa determina indenização ulterior, se houver dano, conforme disposto no art. 5º, XXV, CF. Gabarito "B".

(Juiz – TRF 2ª Região – 2017) Analise as assertivas e, depois, assinale a opção correta:

I. Ocorre o apossamento administrativo de propriedade privada sem regular desapropriação, mas a área foi afetada para destinação apta a ensejar a expropriação. No caso, é quinquenal o prazo prescricional para o proprietário postular indenização, em face da Administração Pública, pela perda da propriedade.

II. No âmbito da desapropriação por interesse social, intentada a ação, o proprietário pode discutir, em seu bojo, o preço ofertado e a presença ou não dos pressupostos para a declaração de interesse social, mas não a conveniência e a oportunidade da declaração de interesse social.

III. Não há que se subtrair do Judiciário a apreciação de lesão a direito, de modo que a conveniência e a oportunidade da declaração de interesse social podem ser debatidas no bojo da expropriatória.

(A) Apenas a assertiva I é correta.
(B) Apenas a assertiva II é correta.
(C) Apenas a assertiva III é correta.
(D) Todas as assertivas são falsas.
(E) Apenas as assertivas I e II estão corretas.

A: incorreta. A assertiva I está incorreta porque no caso de desapropriação indireta, o prazo é de 20 anos, conforme súmula 119 do STJ; B: incorreta. Na Ação de desapropriação só é possível discutir o preço e os vícios formais do processo, não sendo aceita a discussão sobre o seu fundamento, portanto (art. 20, Decreto-Lei 3.365/1941); C: incorreta. A assertiva III está incorreta, porque como dito acima, só é admitida a discussão do valor e de vícios processuais na ação expropriatória, nunca o mérito do decreto expropriatório em si; D: correta. Todas as assertivas são falsas, conforme explicação acima; E: incorreta. As assertivas I e II são falsas, conforme explicação nos itens A e B. Gabarito "D".

(Juiz – TRF 2ª Região – 2017) Sobre Desapropriação, marque a assertiva correta:

(A) Decretada a utilidade pública do bem a ser expropriado, e desde que passado o prazo legal para o acordo administrativo, ficam as autoridades administrativas autorizadas a penetrar nos prédios compreendidos na declaração.

(B) O decreto de utilidade pública marca o início do prazo de caducidade da ação de desapropriação indireta.

(C) A declaração de utilidade pública marca o início do prazo prescricional da ação de desapropriação indireta.

(D) O decreto de utilidade pública implica vedação de licenciamento de obra no bem objeto do ato expropriatório.

(E) A expedição do Decreto de utilidade pública marca o início de prazo quinquenal findo o qual, não havendo acordo e não intentada a ação, o ato caducará.

A: incorreta. O direito de penetrar no imóvel expropriado se inicia a partir da expedição do Decreto, conforme disposto no art. 7º, do Decreto-Lei 3.365/1941; B: incorreta. O prazo para a ação de desapropriação indireta se inicia a partir do apossamento administrativo, ou seja, do esbulho possessório, que independe de decreto, eis que é um ato ilícito; C: incorreta. O decreto expropriatório é um ato administrativo que legitima o processo expropriatório, tornando-o lícito. No caso da desapropriação indireta, temos um esbulho possessório por parte do Poder Público, que se apossa da propriedade, sem decreto, sem ordem judicial, enfim, ilicitamente, forçando o particular a requerer a desapropriação indireta. Por isso, se há decreto, não há que se falar em desapropriação ou prazo para desapropriação indireta; D: incorreta. O decreto não impede que o proprietário realize obras, inclusive de conservação do bem, o que constará do valor da indenização, por isso é possível o licenciamento da obra, como consta da assertiva; E: correta, tendo em vista que o decreto tem um prazo de caducidade, que é de 5 anos após a sua expedição (art. 10, do Decreto-lei 3.365/1941. Gabarito "E".

(Delegado/MS – 2017 – FAPEMS) Acerca do instituto Desapropriação, uma das formas de aquisição de bens pelo Poder Público, assinale a alternativa correta.

(A) A propriedade produtiva poderá ser objeto de desapropriação para fins de reforma agrária.

(B) É possível a desistência da desapropriação pela Administração Pública, a qualquer tempo, mesmo após o trânsito em julgado, desde que ainda não tenha havido o pagamento integral do preço e o imóvel possa ser devolvido sem alteração substancial que impeça que seja utilizado como antes.

(C) Onde forem localizadas culturas ilegais de plantas psicotrópicas ou a exploração de trabalho escravo na forma da lei será expropriado e destinado à reforma agrária e a programas de habitação popular, sem qualquer indenização ao proprietário e sem prejuízo de outras sanções previstas em lei, cuja expropriação irá recair, apenas, sobre a parcela do imóvel em que tenha ocorrido o cultivo ilegal ou a utilização de trabalho escravo.

(D) A União, os Estados, o Distrito Federal e os Municípios poderão desapropriar, por interesse social, para fins de reforma agrária, o imóvel rural que não esteja cumprindo sua função social, mediante prévia e justa indenização em títulos da dívida agrária, com cláusula de preservação do valor real, resgatáveis no prazo de até vinte anos a partir do segundo ano de sua emissão, e cuja utilização será definida em lei, porém, as benfeitorias úteis e necessárias serão indenizadas em dinheiro.

(E) Na ação de desapropriação por utilidade pública, a citação do proprietário do imóvel desapropriado não dispensa a do respectivo cônjuge.

A: incorreta. Lei 8.629/1993, art. 2º A propriedade rural que não cumprir a função social prevista no art. 9º é passível de desapropriação, nos termos desta lei, respeitados os dispositivos constitucionais. B: correta. Pode-se desistir da desapropriação até o último momento anterior ao do pagamento da indenização. Deve-se ressaltar que os danos causados ao particular devem ser ressarcidos. Assim, a desistência só se efetivará se o Poder Público: a) fizer o pedido antes de ultimada a desapropriação; b) ressarcir o expropriado de todos os danos que tiver; c) pagar as despesas processuais; d) devolver o bem. Todavia, o STJ vem entendendo que há um quinto requisito que deve ser atendido, qual seja, o de que não tenha havido substanciais alterações no imóvel por parte do Poder Público, tornando impossível a restituição ao estado em que se encontrava antes da imissão provisória (STJ, REsp 132.398/SP – Min. Hélio Mosimann, DJ 19.10.1998). Porém, "é ônus do expropriado provar a existência de fato impeditivo do direito de desistência da desapropriação." (REsp 1.368.773-MS, DJe 2/2/2017). C: incorreta. CF, art. 243. As propriedades rurais e urbanas de qualquer região do País onde forem localizadas culturas ilegais de plantas psicotrópicas ou a exploração de trabalho escravo serão expropriadas e destinadas à reforma agrária e a programas de habitação popular, sem qualquer indenização ao proprietário e sem prejuízo de outras sanções previstas em lei, observado, no que couber, o disposto no art. 5º. D: incorreta. Somente compete à União. Lei 8.629/1993, art. 2º, § 1º Compete à União desapropriar por interesse social, para fins de reforma agrária, o imóvel rural que não esteja cumprindo sua função social. Art. 5º A desapropriação por interesse social, aplicável ao imóvel rural que não cumpra sua função social, importa prévia e justa indenização em títulos da dívida agrária. § 1º As benfeitorias úteis e necessárias serão indenizadas em dinheiro. E: incorreta. Decreto 3.365/1941, Art. 16. A citação far-se-á por mandado na pessoa do proprietário dos bens; a do marido dispensa a dá mulher; a de um sócio, ou administrador, a dos demais, quando o bem pertencer a sociedade; a do administrador da coisa no caso de condomínio, exceto o de edifício de apartamento constituindo cada um propriedade autônoma, a dos demais condôminos e a do inventariante, e, se não houver, a do cônjuge, herdeiro, ou legatário, detentor da herança, a dos demais interessados, quando o bem pertencer a espólio. FB/WG

Gabarito "B".

7.2. Requisição de bens e serviços

(Promotor de Justiça/SP – 2019 – MPE/SP) A respeito do regime jurídico dos bens públicos, assinale a alternativa correta.

(A) Os bens públicos não estão sujeitos a usucapião, ressalvada a hipótese daquele que, não sendo proprietário rural nem urbano, possuir como sua, por 5 anos ininterruptos, sem oposição, área rural contínua, não excedente de 25 hectares, e a houver tornado produtiva com seu trabalho e nela tiver sua morada, que adquirir-lhe-á o domínio, independentemente de justo título e boa-fé.
(B) São públicos os bens pertencentes à Administração Pública direta e indireta de qualquer dos Poderes da União, dos Estados, do Distrito Federal e dos Municípios.
(C) O uso comum dos bens públicos pode ser gratuito ou retribuído, conforme for estabelecido legalmente pela entidade a cuja administração pertencerem.
(D) Os bens públicos de uso comum do povo e os de uso especial podem ser alienados, observadas as exigências da lei.

(E) O uso privativo do bem público consentido pela Administração Pública não investe o particular de direito subjetivo público oponível a terceiros nem perante a própria Administração contra atos ilegais.

A: incorreta (a não sujeição dos bens públicos a usucapião é absoluta, nos termos do art. 183, § 3º e 191, parágrafo único, da CF). B: incorreta (cf. art. 98 do Código Civil, são públicos os bens do domínio nacional pertencentes às pessoas jurídicas de direito público interno; todos os outros são particulares, seja qual for a pessoa a que pertencerem). C: correta (cf. art. 103 do Código Civil). D: incorreta (cf. art. 100 do Código Civil, os bens públicos de uso comum do povo e os de uso especial são inalienáveis, enquanto conservarem a sua qualificação, na forma que a lei determinar). E: incorreta (cf. jurisprudência do STJ, o uso privativo do bem público consentido pela Administração Pública investe o particular de direito subjetivo público oponível a terceiros). RB

Gabarito "C".

(Delegado/GO – 2017 – CESPE) Um policial andava pela rua quando presenciou um assalto. Ao ver o assaltante fugir, o policial parou um carro, identificou-se ao motorista, entrou no carro e pediu que ele perseguisse o criminoso.

Nessa situação, conforme a CF e a doutrina pertinente, tem-se um exemplo típico da modalidade de intervenção do Estado na propriedade privada denominada

(A) limitação administrativa, cabendo indenização ao proprietário, se houver dano ao bem deste.
(B) requisição administrativa, cabendo indenização ao proprietário, se houver dano ao bem deste.
(C) desapropriação, não cabendo indenização ao proprietário, independentemente de dano ao bem deste.
(D) servidão administrativa, não cabendo indenização ao proprietário, independentemente de dano ao bem deste.
(E) ocupação temporária, não cabendo indenização ao proprietário, mesmo que haja dano ao bem deste.

Para o Prof. Hely Lopes, requisição é a utilização coativa de bens ou serviços particulares pelo Poder Público por ato de execução imediata e direta da autoridade requisitante e indenização ulterior, para atendimento de necessidades coletivas urgentes e transitórias. No mesmo sentido CF, art. 5º, XXV – No caso de iminente perigo público, a autoridade competente poderá usar de propriedade particular, assegurada ao proprietário indenização ulterior, se houver dano. FB

Gabarito "B".

7.3. Servidão administrativa

(Procurador do Município – Prefeitura Fortaleza/CE – CESPE – 2017) Acerca do direito administrativo, julgue o item que se segue.

(1) A possibilidade de realização de obras para a passagem de cabos de energia elétrica sobre uma propriedade privada, a fim de beneficiar determinado bairro, expressa a concepção do regime jurídico-administrativo, o qual dá prerrogativas à administração para agir em prol da coletividade, ainda que contra os direitos individuais.

1: correta. Temos hipótese de servidão administrativa, conceituada como o "direito real de gozo, de natureza pública, instituído sobre imóvel de propriedade alheia, com base em lei, por entidade ou por seus delegados, em face de um serviço público ou de um bem afetado a fim de utilidade pública. AW

Gabarito "C".

7.4. Tombamento

(Juiz de Direito – TJ/RS – 2018 – VUNESP) A respeito do tombamento, é correto afirmar que

(A) o Supremo Tribunal Federal já afirmou que a hierarquia verticalizada dos entes federados prevista expressamente na Lei de Desapropriação (Decreto-lei no 3.365/41) não se estende ao tombamento, não havendo vedação a que Estado possa tombar bem da União, tampouco que Município possa tombar bem estadual ou federal.
(B) se constitui mediante decreto expedido pelo Poder Legislativo Federal, Estadual, Distrital ou Municipal, reconhecendo o valor histórico, artístico, paisagístico, turístico, cultural ou científico de um bem ou bens, individual ou coletivamente considerados, culminando com ato administrativo de registro em livro próprio.
(C) se recair sobre bem particular, sua instituição pelo Poder Público, em regra, admite pagamento de indenização por limitação de uso da propriedade.
(D) se recair sobre bem público, poderá ser provisório ou definitivo, conforme a fase do procedimento administrativo, que se conclui com a inscrição do bem no competente Livro do Tombo.
(E) se recair sobre bem público, poderá se dar de ofício pela autoridade competente e a prévia notificação do ente proprietário constitui condição de validade do ato administrativo de tombamento.

A: correta. No Agravo Regimental na Ação Civil Originária 1.208 MS, de relatoria do Ministro Gilmar Mendes, restou claro o entendimento da Corte no sentido de que o princípio da hierarquia verticalizada previsto no Decreto-Lei 3.365/1941 não se aplica ao tombamento, tanto porque não existe qualquer previsão expressa estabelecendo a hierarquização do tombamento, como pelo fato de que o tombamento não implica em transferência da propriedade, de modo que inexistente a limitação constante no art. 1º § 2º do DL 3.365/1941; **B: incorreta.** O tombamento é efetivado mediante procedimento administrativo e é no livro do tombo que são registrados todos os bens de interesse histórico, artístico ou cultural. Pode ser objeto de decreto, mas emanado do Poder Executivo, seguindo-se o procedimento administrativo em que é garantido o contraditório e a ampla defesa; **C: incorreta.** Como regra, o tombamento é intervenção do Estado na propriedade do tipo limitação administrativa, que não gera direito à indenização, pois não configura efetivo prejuízo ao proprietário. A indenização só será cabível quando ensejar esvaziamento do valor econômico do bem, configurando uma verdadeira desapropriação indireta; **D: incorreta.** Como o tombamento não retira a propriedade, na verdade é irrelevante se proprietário do bem é o poder público ou não, mas o Decreto-Lei 25/1937 estabelece que o tombamento de bens de entes federativos se faz de ofício e mediante notificação do ente público envolvido. Ao final do procedimento, deve ser realizada a transcrição no registro do imóvel; **E: incorreta.** Como o tombamento não retira a propriedade, na verdade é irrelevante se proprietário do bem é o poder público ou não, mas o Decreto-Lei 25/1937 estabelece que o tombamento de bens de entes federativos se faz de ofício e mediante notificação do ente público envolvido. FB
Gabarito "A".

(Procurador do Estado/SP – 2018 – VUNESP) Município expediu notificação ao Estado a fim de comunicar a inscrição, pelo Prefeito, no livro do tombo próprio, de bem imóvel de valor histórico, de propriedade estadual e situado no território municipal. O ato municipal de tombamento, de acordo com a jurisprudência do Supremo Tribunal Federal, é

(A) ilegal, porque o ato de tombamento é de competência do Chefe do Poder Executivo de cada ente da Federação, após aprovação do ato por meio de lei específica.
(B) lícito e produz efeitos a partir do recebimento da notificação pelo Estado proprietário do bem.
(C) lícito, porém provisório, condicionada a produção de efeitos à autorização do Poder Legislativo por lei específica de efeitos concretos.
(D) ilegal, porque o tombamento de bem público é de competência exclusiva do Serviço do Patrimônio Histórico e Artístico Nacional.
(E) ilegal, nos termos do artigo 2o, § 2o, do Decreto-Lei no 3.365/41 (Desapropriação), aplicável ao caso descrito por analogia, que dispõe que bens de domínio dos Estados poderão ser desapropriados apenas pela União.

Como o tombamento não retira a propriedade, na verdade é irrelevante se proprietário do bem é o poder público ou não, mas o Decreto-Lei 25/1937 estabelece que o tombamento de bens de entes federativos se faz de ofício e mediante notificação do ente público envolvido. O tombamento pode ser realizado por quaisquer dos entes e não existe a hierarquia verticalizada prevista para as desapropriações. Deveras, no Agravo Regimental na Ação Civil Originária 1.208 MS, de relatoria do Ministro Gilmar Mendes, restou claro o entendimento da Corte no sentido de que o princípio da hierarquia verticalizada prevista no Decreto-Lei 3.365/1941 não se aplica ao tombamento, tanto porque não existe qualquer previsão expressa estabelecendo a hierarquização do tombamento, como pelo fato de que o tombamento não implica em transferência da propriedade, de modo que inexistente a limitação constante no art. 1º, § 2º do DL 3.365/1941. FB
Gabarito "B".

(Defensor Público – DPE/SC – 2017 – FCC) O tombamento é um instituto do direito administrativo brasileiro, sendo que a seu respeito é correto concluir que

(A) o Poder Judiciário é o que tem a missão de desfazer o tombamento, quando for o caso.
(B) o bem tombado é bem que pode ser livremente transacionado, não aplicando-se ao Estado o direito de preferência.
(C) o tombamento será considerado provisório ou definitivo, conforme esteja o respectivo processo iniciado pela notificação ou concluído pela inscrição dos bens.
(D) o tombamento pode ser voluntário ou compulsório, naquele o agente consente com o tombamento, neste o instituto depende de intervenção judicial.
(E) não há tombamento instituído pelo texto constitucional.

O tombamento é ato administrativo, que pode ser desfeito em função de reavaliação, pelos órgãos de preservação, da condição de importância do bem tombado para o patrimônio histórico, artístico, paisagístico ou natural. Sem dúvida o Poder Judiciário pode realizar essa análise, sindicando a legalidade do ato de tombamento, mas não é agente exclusivo – dessa forma, a alternativa "a" está incorreta; quanto à alternativa "b", é importante destacar que o art. 1.072, I, do novo Código de Processo Civil (Lei n. 13.105/2015) revogou o art. 22 do Decreto-Lei n. 25, de 30 de novembro de 1937, que regulava o direito de preferência do Poder Público quanto aos bens tombados. Em que pese tal condição, contudo, ainda é possível dizer que não há uma absoluta liberdade de transação para os bens tombados, em função de restrições ainda vigentes, por exemplo, quanto a remessa do bem tombado ao exterior; na alternativa "d", o equívoco reside na alegada necessidade de declaração judicial de tombamento compulsório – o ato é administrativo, como já asseverado; quanto à alternativa "e", a Constituição Federal, no art. 216, § 5º, declara que "ficam tombados todos os documentos e os sítios detentores de reminiscências históricas dos antigos quilombos". AW

Gabarito "C".

7.5. Limitação administrativa

(Delegado/MT – 2017 – CESPE) Enquanto uma rodovia municipal era reformada, o município responsável utilizou, como meio de apoio à execução das obras, parte de um terreno de particular.

Nessa hipótese, houve o que se denomina

(A) servidão administrativa.
(B) limitação administrativa.
(C) intervenção administrativa supressiva.
(D) ocupação temporária.
(E) requisição administrativa.

Trata-se de ocupação temporária, haja vista ter sido utilizado o espaço apenas como apoio e nesse sentido: Hely Lopes (*apud* Alexandrino, 2013, p. 1013) conceitua: "ocupação temporária ou provisória é a utilidade transitória, remunerada ou gratuita, de bens particulares pelo Poder Público, para a execução de obras, serviços ou atividades públicas ou de interesse público". FB

Gabarito "D".

7.6. Temas combinados de intervenção na propriedade

(Procurador/PA – CESPE – 2022) Acerca das formas de intervenção do Estado na propriedade privada, julgue os próximos itens.

I. A servidão administrativa é forma de intervenção restritiva do Estado na propriedade privada, com vistas ao uso transitório de parte da propriedade necessária à execução de serviços públicos (por exemplo, a instalação de redes de fornecimento de energia elétrica), admitida pretensão indenizatória por prejuízos derivados do uso, sujeita à prescrição quinquenal.
II. A requisição administrativa é ato administrativo unilateral e autoexecutório que assegura ao poder público o uso transitório de bens móveis e imóveis particulares, no caso de iminente perigo público, assegurada indenização a posteriori.
III. Por meio do tombamento, que pode ser voluntário ou compulsório, o poder público intervém sobre bens móveis e imóveis relevantes para o patrimônio cultural brasileiro.
IV. A desapropriação é ato que representa intervenção supressiva do Estado na propriedade privada e por meio do qual o poder público despoja alguém da propriedade de um bem certo, adquirindo-o originariamente, por necessidade ou utilidade pública, ou por interesse social, mediante justa e prévia indenização em dinheiro, ressalvados os casos previstos na Constituição Federal de 1988.
V. A desapropriação de bens públicos depende de autorização do Poder Legislativo do âmbito federativo expropriante, vedada, pois, a desapropriação de bens públicos apenas por iniciativa do Poder Executivo.

A quantidade de itens certos é igual a

(A) 1.
(B) 2.
(C) 3.
(D) 4.
(E) 5.

Item I: incorreto (a servidão administrativa tem natureza perpétua, pois apresenta duração indefinida). Item II: incorreto (cabível a indenização ulterior, se houver danos, cf. art. 5º, XXV, CF). Item III: correto (cf. o regime do tombamento vertido no Decreto-lei 25/1937). Item IV: correto (art. 5º, XXIV, CF). Item V: correto (cf. art. 2º, § 2º, do Decreto-lei 3.365/1941). Vale salientar que essa é a regra geral, mas há uma exceção no art. 2º, § 2º-A, pela qual "Será dispensada a autorização legislativa a que se refere o § 2º quando a desapropriação for realizada mediante acordo entre os entes federativos, no qual serão fixadas as respectivas responsabilidades financeiras quanto ao pagamento das indenizações correspondentes". Assim, a quantidade de itens certos é 3 (alternativa C). WG

Gabarito "C".

(Juiz de Direito/AP – 2022 – FGV) O Município Beta, após revisão de seu plano diretor com a oitiva da sociedade civil, por meio de diversas audiências públicas, concluiu que necessitava de áreas para a execução de programas e projetos habitacionais de interesse social. Dessa forma, foi editada lei municipal, baseada no citado plano diretor, delimitando as áreas em que incidirá direito de preempção, com prazo de vigência de quatro anos. O direito de preempção conferiu ao poder público municipal preferência para aquisição de imóvel urbano objeto de alienação onerosa entre particulares, naquela área especificada. Por entender que a citada lei municipal é inconstitucional por violar seu direito de propriedade, João alienou a Maria seu imóvel urbano incluído na área prevista na lei, sem oportunizar ao município o direito de preferência. O Município Beta ajuizou ação pleiteando a invalidação do negócio jurídico celebrado entre João e Maria, requerendo que lhe sejam assegurados os direitos previstos no Estatuto da Cidade.

No caso em tela, o magistrado deve observar que a Lei nº 10.257/2001 dispõe que a alienação do imóvel de João a Maria é:

(A) válida e eficaz, haja vista que a lei municipal é materialmente inconstitucional por violar o direito de propriedade de João, na medida em que não especificou os proprietários de imóveis que serão desapropriados;
(B) válida e eficaz, haja vista que a lei municipal é formalmente inconstitucional por violar o direito de propriedade de João, visto que é competência legislativa dos Estados editar normas dispondo sobre esse tipo de limitação administrativa;
(C) nula de pleno direito, e o Município poderá adquirir o imóvel pelo seu valor venal previsto na base de cálculo do IPTU ou pelo valor da transação, se este for inferior àquele, pois o direito de preempção é uma espécie de limitação administrativa;
(D) válida e ineficaz, haja vista que o Município deverá comprovar, durante a fase de instrução probatória, a utilidade pública, a necessidade pública ou o interesse social para exercer seu direito de preferência, por meio da desapropriação;

(E) nula de pleno direito, e o Município poderá adquirir o imóvel pelo seu valor venal, a ser definido por perícia de avaliação judicial, assegurados o contraditório e a ampla defesa, pois o direito de preempção é uma espécie de desapropriação especial urbana.

Comentário: O direito de preempção está disciplinado, na seara urbanística, no Estatuto da Cidade (Lei 10.257/2001) e confere ao Poder Público municipal preferência para aquisição de imóvel urbano objeto de alienação onerosa entre particulares (art. 25). Trata-se de uma forma legítima de intervenção do Estado na propriedade privada. Para tanto, lei municipal, baseada no plano diretor, deve delimitar as áreas em que incide o direito de preempção, com a fixação do prazo de vigência (não superior a cinco anos). No caso da questão sob análise, João não observou o direito de preempção, pois deveria ter notificado o Município sobre sua intenção de alienar o imóvel, para o que ente público manifestasse seu interesse em comprá-lo (art. 27). Nesse sentido, o negócio realizado entre João e Maria é considerada nulo de pleno direito (art. 27, § 5º), de modo que o Município poderá adquirir o imóvel pelo valor da base de cálculo do IPTU ou pelo valor da transação, se este for inferior àquele (art. 27, § 6º). Assim, correta a alternativa C. **RB**

Gabarito "C".

8. RESPONSABILIDADE DO ESTADO

8.1. Evolução histórica e Teorias

(Procurador do Município – Prefeitura Fortaleza/CE – CESPE – 2017) Acerca do direito administrativo, julgue o item que se segue.

(1) A regulação das relações jurídicas entre agentes públicos, entidades e órgãos estatais cabe ao direito administrativo, ao passo que a regulação das relações entre Estado e sociedade compete aos ramos do direito privado, que regulam, por exemplo, as ações judiciais de responsabilização civil do Estado.

1: incorreta. As relações entre o Estado e a sociedade competem tanto ao direito privado quanto ao direito público. Por exemplo, no caso de responsabilidade civil do Estado, as normas de direito público é que a fundamentam (art. 37, §6º, CF), enquanto em casos como um contrato típico de locação, mesmo que celebrado pelo Estado, teríamos normas de direito privado regendo-o. **AW**

Gabarito "1E".

8.2. Modalidades de responsabilidade (objetiva e subjetiva). Requisitos da responsabilidade objetiva

(Juiz de Direito – TJ/SC – 2024 – FGV) Marcos é jornalista, especializado em fotografar e filmar conflitos armados entre criminosos e policiais. Em uma operação realizada pela Polícia Militar do Estado Alfa, helicópteros daquela organização militar lançaram folhetos advertindo a população de uma determinada comunidade de que, dada a iminência de manifestações pela morte de um traficante, com possibilidade de tiroteios no local, os moradores da localidade deveriam evitar sair de suas casas. No folheto, lido por Marcos, havia expressa menção ao risco de criminosos utilizarem as pessoas como "escudos" humanos ou de elas serem alvejadas por criminosos. Marcos, filmando o início dos tiroteios, é alvejado por um criminoso e infelizmente sofre sequelas permanentes, razão pela qual ajuíza ação indenizatória contra o Estado Alfa.

À luz da jurisprudência do STF, o pedido de Marcos deve ser julgado:

(A) procedente, pois o Estado Alfa tem o dever universal de proteger as pessoas que possam ser vítimas de conflitos dessa natureza;

(B) procedente, pois se trata de conflito armado entre criminosos e policiais militares, tendo o estado assumido o risco de os disparos ferirem Marcos;

(C) procedente apenas na hipótese de Marcos comprovar que o disparo poderia ter sido evitado pela ação dos policiais militares;

(D) improcedente, pois o disparo partiu da arma de criminoso, o que afasta a responsabilidade objetiva do Estado Alfa;

(E) improcedente, pois Marcos descumpriu ostensiva e clara advertência quanto ao acesso a áreas definidas como de grave risco à sua integridade física.

O Supremo Tribunal Federal, ao analisar a responsabilidade civil do Estado no caso em que profissional da imprensa é ferido, entendeu que, em regra, o Estado responde civilmente por danos causados a profissional de imprensa ferido pela polícia, durante cobertura jornalística de manifestação popular, em virtude da teoria do risco administrativo. No entanto, a decisão ressalta a possibilidade de invocação da excludente de responsabilidade civil por culpa exclusiva da vítima, no caso em que o profissional de imprensa descumpra ostensiva e clara advertência sobre o acesso a áreas delimitadas em que haja grave risco à sua integridade física; ou participe do conflito com atos estranhos à atividade de cobertura jornalística (Tema 1.055, Repercussão Geral, STF). Assim, no caso em tela, houve claro e ostensivo aviso sobre o risco de tiroteio e de danos a quem estivesse no local, o que não foi respeitado por Marcos. Assim, o pedido de Marcos deve ser julgado improcedente, pois trata-se de um caso de fato exclusivo de terceiro, já que ele descumpriu ostensiva e clara advertência quanto ao acesso a áreas definidas como de grave risco à sua integridade física. **FC**

Gabarito "E".

(Juiz de Direito – TJ/SC – 2024 – FGV) Após a publicação da Norma de Referência ANA nº 02/2021 pela Agência Nacional de Águas (ANA), o prefeito do Município de Nova Lindares solicita à Procuradoria Jurídica a elaboração de parecer jurídico sobre o impacto dessa norma em contrato de programa vigente para prestação do serviço de saneamento básico na cidade. Particularmente, o prefeito tem interesse em receber orientação sobre a incidência do Art. 5º da Norma de Referência ANA nº 02/2021 sobre o contrato de programa, de seguinte redação: "[o]s aditivos aos contratos de programa e de concessão deverão prever metas finais e intermediárias de universalização". O parecer jurídico exarado pela Procuradoria do Município de Nova Lindares orientou o prefeito a imediatamente realizar aditivo ao contrato de programa para prever as metas finais e intermediárias de universalização, tendo em vista a vinculatividade da Norma de Referência ANA nº 02/2021.

A respeito dessa situação concreta, é correto afirmar que:

(A) o parecerista jamais poderia ser pessoalmente responsabilizado pelo seu parecer jurídico;

(B) o prefeito será responsabilizado solidariamente com o parecerista caso siga a recomendação, constante no parecer jurídico, que posteriormente se repute ilegal;

(C) o parecer jurídico confere boa orientação ao prefeito, que detém plena competência de aditar o contrato de programa de que é parte, ainda que integrado a consórcio público interfederativo;

(D) o termo aditivo ao contrato de programa para previsão de metas finais e intermediárias de universalização consiste em alteração qualitativa do contrato que deve ser motivada no âmbito de processo administrativo;

(E) o parecer jurídico confere boa orientação ao prefeito, pois as normas de referência editadas pela Agência Nacional de Águas têm efeito vinculante para garantia da uniformidade regulatória e universalização do serviço de saneamento básico.

A: Incorreta. O Supremo Tribunal Federal (MS 24.631/DF, Rel. Min. Joaquim Barbosa, j. 09/08/2007), ao analisar a responsabilidade do agente público e do parecerista, estabeleceu que deve ser analisada a natureza do parecer, para determinar a responsabilidade. Quando a consulta é facultativa, a autoridade não se vincula ao parecer proferido, sendo que seu poder de decisão não se altera pela manifestação do órgão consultivo, nesse caso, não há que se falar em responsabilidade civil do parecerista, salvo demonstração de dolo ou erro grosseiro, conforme estabelece no art. 28 do Decreto-Lei 4.657/1942 (Lei de Introdução às normas do Direito Brasileiro – LINDB). Assim, é possível que o parecerista seja responsabilizado, quando atuar com dolo ou erro grosseiro. **B:** Incorreta. Como o parecer é apenas opinativo, em regra, não há que se falar em responsabilidade do parecerista. **C:** Incorreta. Nos termos do art. 13 da Lei 11.107/05, o contrato de programa, firmando no âmbito de um consórcio público interfederativo, tem a função de constituir e regular as obrigações que um ente da Federação constituir para com outro ente da Federação ou para com consórcio público no âmbito de gestão associada. Sendo assim, não cabe ao Prefeito, unilateralmente, editar um termo aditivo no contrato de programa de um consórcio público interfederativo. **D:** Correta. O termo aditivo em questão é uma alteração qualitativa, portanto precisa ser motivada no âmbito de processo administrativo. **E:** Incorreta. As normas de referência da ANA, previstas no art. 4º-A da Lei 9.984/00 não têm caráter vinculante. FC

Gabarito "D".

(ENAM – 2024.1) Caio adquire específico imóvel, para fins empresariais, situado no meio da Rua Júlio Cesar, no Município WXZ. A referida rua possui um grande movimento, o que potencializa os atos mercantis que passou a realizar em seu imóvel, por meio da sociedade empresária que criou. Passados três anos, sua atividade empresarial está obtendo um alto ganho financeiro. Neste momento, a Administração Pública Municipal, diante da necessidade de realizar uma obra emergencial, procede à ocupação temporária da área, fechando a entrada e a saída dos transeuntes, salvo os residentes. Essa situação perdura por oito meses e acarreta o estado de inviabilidade financeira para o estabelecimento empresarial de Caio.

Sobre essa situação, assinale a opção que melhor reflete o direito que a empresa criada por Caio teria em face do Poder Público municipal, segundo as regras brasileiras.

(A) A sociedade empresária apenas terá direito a ser indenizada se o tempo de realização da obra tiver ficado acima da média temporal para obras como a realizada, ciente de ser uma responsabilidade de natureza subjetiva.

(B) A sociedade empresária apenas terá direito a ser ressarcida se comprovar que o Município foi levado a realizar as obras por conta de uma situação emergencial cuja causa tenha ligação direta com uma conduta do próprio Município.

(C) O direito da sociedade empresária se restringir-se-á ao não pagamento de eventuais tributos municipais incidentes, pois a edilidade teria dado causa ao esvaziamento de sua atividade, não podendo cobrar tributos diante dessa situação.

(D) A sociedade empresária teria direito a ser ressarcida pelo atingimento econômico de suas atividades, de forma objetiva, pois a conduta do Município teve direta relação com a inviabilidade de bem prestar suas atividades empresariais.

(E) A sociedade empresária não terá direito a ser ressarcida pelo atingimento econômico de suas atividades, pois a situação ocorrida está dentro de um risco negocial, sendo previsível que o poder público possa ser levado à realização de obras que venham a interferir na circulação de vias públicas.

A responsabilidade civil do Estado, prevista no art. 37, § 6º, CR/88, é aplicada tanto para os danos causados por atos ilícitos quanto por danos causados por atos lícitos da Administração, visto que pode ocorrer que um ato lícito cause um dano ilícito, desproporcional, a uma pessoa ou a um grupo determinado de pessoas, ferindo o princípio da isonomia. Caberá, nesses casos, indenização com base na responsabilidade civil objetiva. **A:** Incorreta. A responsabilidade civil do Estado é objetiva, e não deve ser apenas com relação ao tempo que a obra tiver ficado acima da média para ser realizada. **B:** Incorreta. A indenização da sociedade empresária não depende de comprovação de que a obra emergencial ocorreu em virtude de conduta do próprio Município. **C:** Incorreta. Não se trata de não pagamento de tributos, e sim de indenização pelo dano causado. **D:** Correta, pois comprovada a ligação direta da obra realizada com a inviabilidade de prestação da atividade da sociedade empresária. **E:** Incorreta. Pois existe responsabilidade civil do Estado nesse caso. FC

Gabarito "D".

(ENAM – 2024.1) Na capital do Estado Alfa, profissionais da área de saúde realizaram manifestação pública por melhores condições de trabalho e salariais. Criminosos se infiltraram no meio da passeata, para subtrair pertences dos manifestantes, em especial aparelhos celulares, ocasião em que a Polícia Militar chegou ao local para reprimir os delitos. Durante a atuação da polícia, Pedro, jornalista que cobria o evento, apesar de não ter descumprido ostensiva e clara advertência quanto ao acesso a áreas definidas como de grave risco a sua integridade física, acabou sendo lesionado por ter sido atingido pelo cassetete arremessado por um policial militar, em situação de evidente tumulto entre policiais e manifestantes.

Diante do documentado dano material que sofreu por ter seu braço quebrado, Pedro ajuizou ação indenizatória em face do Estado Alfa. Após o regular curso processual, o feito foi concluso para sentença e o magistrado, observando a jurisprudência do Supremo Tribunal Federal, deve julgar a pretensão indenizatória de Pedro

(A) procedente, diante da responsabilidade civil objetiva do Estado, não incidindo a excludente da responsabilidade da culpa exclusiva da vítima.

(B) procedente em parte, diante da responsabilidade civil subjetiva do Estado, incidindo a excludente da responsabilidade da culpa exclusiva da vítima apenas para fins de compensação no valor da indenização.

(C) improcedente, uma vez que, apesar da responsabilidade civil subjetiva do Estado, não ficou demonstrado abuso ou excesso na conduta policial.

(D) improcedente, uma vez que, apesar da responsabilidade civil objetiva do Estado, incide a excludente da responsabilidade do caso fortuito ou força maior.

(E) improcedente, uma vez que, apesar da responsabilidade civil objetiva do Estado, incide a excludente da responsabilidade da culpa exclusiva de terceiro.

O Supremo Tribunal Federal, em julgamento do Tema 1.055 de Repercussão Geral, fixou a seguinte tese: "É objetiva a responsabilidade civil do estado em relação ao profissional de imprensa ferido por agentes policiais durante a cobertura jornalística em manifestações em que haja tumulto ou conflito entre policiais e manifestantes. Cabe a excludente de responsabilidade da culpa exclusiva da vítima nas hipóteses em que o profissional de imprensa descumprir ostensiva e clara advertência sobre acesso a áreas delimitadas em que haja grave risco a sua integridade física". No caso da questão, resta claro que o jornalista não descumpriu ostensiva e clara advertência quanto ao acesso a áreas definidas como de grave risco a sua integridade física, não sendo possível, portanto, se alegar a culpa exclusiva da vítima. **A:** Correta. Não ocorreu, no caso em tela, hipótese de excludente de responsabilidade. **B:** Incorreta. O Estado responde de forma objetiva, e não subjetiva. E, ainda, não ficou comprovado o excludente de responsabilidade. **C:** Incorreta. O Estado responde de forma objetiva, mesmo que houvesse abuso ou excesso na conduta do policial. **D:** Incorreta. Não ocorreu hipótese de caso fortuito ou força maior. **E:** Incorreta. No caso em tela, não restou comprovada a culpa exclusiva da vítima. FC

Gabarito "A".

(Procurador – PGE/SP – 2024 – VUNESP) O Município "X" disponibiliza aos munícipes a prestação do chamado "serviço de atendimento móvel de urgência" (SAMU). Em dada ocasião, um cidadão faleceu depois de aguardar duas horas pela prestação do serviço, que fora acionado por familiares. Investigação policial realizada concluiu que o motorista da ambulância havia se ausentado durante o serviço para participar de uma confraternização com amigos e que o cidadão provavelmente teria sobrevivido se prestado o serviço no tempo adequado. A família do falecido – cônjuge e filhos – tem pretensão de ser indenizada pelo evento danoso. Diante de tais fatos, a responsabilidade civil

(A) do ente público será subsidiária, caso o motorista, responsável direto, não tenha patrimônio para satisfazer eventual condenação.

(B) será atribuível exclusivamente ao ente público, com base na teoria do risco integral.

(C) não subsistirá, visto que a morte natural descaracteriza o nexo causal, pois é considerada circunstância de força maior.

(D) do ente público será afastada, visto que a culpa exclusiva de terceiro, no caso, do motorista da ambulância, descaracteriza o nexo causal.

(E) será imputável ao ente público, em razão da prestação deficiente do serviço, sendo cabível a responsabilização do motorista apenas em caráter regressivo.

A: Incorreto. A responsabilidade civil do ente público é objetiva, conforme o Art. 37, § 6º, da Constituição Federal, que estabelece a responsabilidade civil do Estado por danos causados por seus órgãos e agentes. A responsabilidade subsidiária não é aplicável nesse contexto, pois a responsabilidade do ente público é direta e não depende da condição financeira do responsável pelo ato. **B:** Incorreta. A teoria do risco integral não é a que rege a responsabilidade civil dos entes públicos no Brasil. O STF adota a teoria do risco administrativo, conforme o Art. 37, § 6º, da Constituição Federal, que prevê a responsabilidade objetiva do Estado, ou seja, independentemente de culpa, desde que se prove o nexo causal entre a falha no serviço e o dano. **C:** Incorreto. A morte não é considerada uma circunstância de força maior que afasta a responsabilidade civil do ente público. O STF já decidiu que a responsabilidade civil do Estado é objetiva e deve ser apurada em caso de falhas na prestação do serviço, mesmo que o resultado danoso envolva a morte do cidadão. **D:** Incorreto. A responsabilidade do ente público é objetiva, conforme o Art. 37, § 6º, da Constituição Federal. O fato de o motorista ter "culpa exclusiva" não afasta a responsabilidade do Município "X", que é responsável pelo serviço prestado. No entanto, o ente público pode buscar ressarcimento do motorista por meio de ação regressiva. **E:** Correto. A responsabilidade civil do ente público, conforme o Art. 37, § 6º, da Constituição Federal, é objetiva, o que implica que o Município "X" é responsável pela falha na prestação do serviço, devendo indenizar o cidadão falecido e sua família. O Supremo Tribunal Federal (STF) já consolidou o entendimento de que a responsabilidade objetiva do Estado abrange danos causados por falhas na prestação de serviços públicos, incluindo casos de omissão ou negligência que resultem em prejuízos aos cidadãos. Contudo, o ente público pode buscar ressarcimento do responsável pelo dano, neste caso, o motorista, através de ação regressiva, para compensar o custo da indenização paga à vítima (STF, RE 370.682). WG

Gabarito "E".

(Procurador Federal – AGU – 2023 – CEBRASPE) Aplica-se ao Estado a responsabilidade civil por atividade naturalmente perigosa

(A) apenas em caso de conduta omissiva, sendo a responsabilidade subjetiva.

(B) apenas em caso de conduta omissiva, sendo a responsabilidade objetiva.

(C) em caso de conduta omissiva ou comissiva, sendo a responsabilidade objetiva.

(D) apenas em caso de conduta comissiva, sendo a responsabilidade subjetiva.

(E) apenas em caso de conduta comissiva, sendo a responsabilidade objetiva.

A: Incorreto. A responsabilidade civil do Estado por atividade naturalmente perigosa não se limita a condutas omissivas, nem é de natureza subjetiva. O Estado responde objetivamente por danos causados por atividades perigosas, independentemente da intenção ou culpa (Art. 37, § 6º da CF/88). **B:** Incorreto. A responsabilidade civil do Estado por atividade naturalmente perigosa é objetiva e não se restringe a condutas omissivas. O Estado pode ser responsabilizado objetivamente por danos decorrentes tanto de ações quanto de omissões em atividades perigosas (Art. 37, § 6º da CF/88). **C:** Correto. A responsabilidade civil do Estado por atividade naturalmente perigosa é objetiva e aplica-se tanto em casos de conduta omissiva quanto comissiva. Conforme o Art. 37, § 6º da Constituição Federal, o Estado responde objetivamente por danos causados por suas atividades, sejam elas omissivas ou comissivas. **D:** Incorreto. A responsabilidade civil do Estado por atividade naturalmente perigosa não é subjetiva e não se limita a condutas comissivas. A responsabilidade é objetiva, conforme o Art. 37, § 6º da CF/88, e abrange tanto ações quanto omissões. **E:** Incorreto. Embora a responsabilidade civil do Estado por atividades naturalmente perigosas seja objetiva, ela se aplica tanto a condutas comissivas quanto omissivas. A responsabilidade é objetiva e restrita apenas a condutas comissivas, conforme estabelece o Art. 37, § 6º da CF/88 e a jurisprudência do STF. WG

Gabarito "C".

(Juiz de Direito – TJ/SP – 2023 – VUNESP) É possível afirmar, com fundamento nas disposições do artigo 37, § 6º da Constituição Federal, de que "As pessoas jurídicas de direito público e as de direito privado prestadoras de serviços públicos responderão pelos danos que seus agentes, nessa qualidade, causarem a terceiros, assegurado o direito de regresso contra o responsável nos casos de dolo ou culpa", que o Direito Administrativo adota, no Brasil, as regras da responsabilidade

(A) objetiva do Estado e do agente público, aplicáveis tanto para as condutas antijurídicas comissivas como para as situações de omissão estatal, o que corresponde à teoria do risco administrativo.

(B) imediata das pessoas jurídicas para os atos antijurídicos comissivos e da responsabilidade regressiva das pessoas físicas para as situações em que caracterizada a omissão estatal, o que corresponde à teoria do risco integral.

(C) objetiva do Estado e da responsabilidade subjetiva do agente público, o que se apresenta para os atos antijurídicos comissivos e corresponde à teoria do risco administrativo.

(D) direta e integral do Estado e da responsabilidade subsidiária e parcial do agente público, tanto para as condutas antijurídicas comissivas como para as situações de omissão estatal, o que corresponde à teoria do risco integral.

A responsabilidade civil das pessoas jurídicas de direito público e das pessoas jurídicas de direito privado prestadoras de serviço público é uma responsabilidade objetiva, por não ser necessária a comprovação de dolo ou culpa do agente, bastando que estejam presentes a conduta do agente estatal, o nexo e o dano. A responsabilidade objetiva se fundamenta na teoria do risco administrativo, que possibilita os excludentes de responsabilidade, como fato exclusivo de terceiro, fato exclusivo da vítima, caso fortuito ou força maior. Já a responsabilidade do agente público é subjetiva, visto que o art. 37, § 6º, CR/88, exige a comprovação do dolo ou da culpa do responsável no exercício do direito de regresso. **A:** Incorreta, pois a responsabilidade do agente público é subjetiva, e não objetiva. **B:** Incorreta. A responsabilidade regressiva das pessoas físicas que causaram o dano não ocorre apenas quando se tratar de uma omissão estatal, devendo ocorrer sempre que ficar comprovado o dolo ou a culpa do agente público. **C:** Correta. A responsabilidade civil do Estado (pessoas jurídicas de direito público e de direito privado prestadoras de serviço público) é objetiva, já a responsabilidade do agente público, no exercício do direito de regresso, é subjetiva, dependendo da comprovação de dolo ou culpa. Além disso, a teoria aplicada, em regra, é a teoria do risco administrativo. **D:** Incorreta. A responsabilidade do Estado é direta, mas não é integral, visto que a teoria do risco integral não possibilita a adoção de excludentes de responsabilidade, por isso não sendo a teoria do risco adotada como regra no Brasil. O agente público não responde de forma subsidiária e parcial, ele irá responder sempre que ficar comprovado o dolo ou a culpa na sua conduta. FC
Gabarito "C".

(Juiz de Direito – TJ/DFT – 2023 – CEBRASPE) Um condenado preso em determinado presídio estadual morreu e, na semana seguinte, sem qualquer relação com o óbito ocorrido, outro preso fugiu e, na sequência, praticou um latrocínio.

Nessa situação hipotética, o Estado poderá ser responsabilizado civilmente

(A) pela morte do primeiro preso, de forma objetiva, não cabendo qualquer responsabilidade civil do Estado pela conduta praticada pelo segundo preso enquanto foragido do sistema prisional.

(B) pela morte do primeiro preso, independentemente de demonstração de não observância do dever específico de proteção do Estado, e pelo latrocínio cometido pelo segundo preso, desde que demonstrado o nexo causal direto entre o momento da fuga e o crime praticado.

(C) pela morte do primeiro preso, caso seja demonstrada a inobservância do dever específico de proteção do Estado, e pelo latrocínio praticado pelo segundo preso, caso seja demonstrado o nexo causal direto entre o momento da fuga e o crime praticado.

(D) pela morte do primeiro preso, independentemente de demonstração de não observância do dever específico de proteção do Estado, e pelo latrocínio praticado pelo segundo preso, independentemente do nexo causal direto entre o momento da fuga e o crime praticado.

(E) pela morte do primeiro preso, caso seja demonstrada a inobservância do dever específico de proteção do Estado, e pelo latrocínio cometido pelo segundo preso, independentemente de nexo causal direto entre o momento da fuga e o crime praticado.

O Supremo Tribunal Federal entende que o Estado responde, de forma objetiva, pela morte do preso no presídio, por se tratar de uma relação de custódia, em que o Estado assumiu o dever de garantir a integridade física e moral do preso (Informativo 819, STF). Assim, se o Estado descumpre o dever específico de proteção, ele responderá de forma objetiva. Já no caso dos danos causados por preso foragido, o Supremo Tribunal Federal entendeu que o Estado deve ser responsabilizar se ficar comprovado o nexo direto entre o momento da fuga e a conduta que causou o dano (Informativo 993, STF). **A:** Incorreta, pois o Estado responde pelos danos causados pelo preso foragido, desde que comprovado o nexo direto. **B:** Incorreta, no caso da morte do preso no presídio, o Estado responde se ficar comprovado que ele descumpriu o dever específico de cuidado existente pela relação de custódia. **C:** Correta. No caso da morte do preso no presídio, deve ficar comprovado o descumprimento do dever específico de proteção, e no caso do preso foragido, deve ficar comprovado o nexo direto entre a fuga e o dano causado. **D:** Incorreta, pois o Estado responde pela morte do preso no presídio se descumprir o dever específico de cuidado, e responde pelos danos causados pelo preso foragido, desde que comprovado o nexo direto. **E:** Incorreta, pois o Estado responde pelos danos causados pelo preso foragido, desde que comprovado o nexo direto. FC
Gabarito "C".

(Juiz Federal – TRF/1 – 2023 – FGV) João sofreu um acidente de carro e foi levado ao hospital particular Alfa, que é credenciado junto ao Sistema Único de Saúde (SUS), para prestar atendimento gratuito à população em geral. Ocorre que, após aguardar atendimento de emergência por seis horas, pois o médico cirurgião ortopedista que estaria de plantão faltou ao trabalho, João acabou sendo operado por médico não especializado e, por erro médico, acabou ficando com paraplegia.

Inconformado, João ajuizou ação de indenização por danos morais contra o hospital particular e a União, argumentando que, apesar de o Hospital Alfa ser privado, o atendimento que recebeu foi realizado pelo SUS e, sendo a União a gestora nacional do SUS, deveria ser responsabilizada objetivamente pelos danos que sofreu.

Alinhado à jurisprudência do Superior Tribunal de Justiça, o Juízo Federal deve reconhecer a:

(A) legitimidade passiva da União, pelos princípios da universalidade e da solidariedade de acesso aos serviços de saúde em todos os níveis de assistência, conforme previsto na Lei nº 8.080/1990;

(B) ilegitimidade passiva da União, pois, de acordo com a descentralização das atribuições previstas na Lei

nº 8.080/1990, a responsabilidade pela fiscalização dos hospitais credenciados ao SUS é do Município;
(C) ilegitimidade passiva da União, pois, de acordo com a descentralização das atribuições previstas na Lei nº 8.080/1990, a responsabilidade pela fiscalização dos hospitais credenciados ao SUS é do Estado-membro;
(D) ilegitimidade passiva da União, bem como de qualquer outro ente federativo, haja vista que a conduta que deu azo ao dano sofrido por João foi causada exclusivamente por hospital privado, sendo inaplicável a teoria do risco integral;
(E) legitimidade passiva da União, pois as ações e serviços de saúde, executados pelo SUS, seja diretamente, seja por participação complementar da iniciativa privada, são organizados de forma regionalizada e hierarquizada em níveis de complexidade crescente, cabendo à União, por meio do Ministério da Saúde, a coordenação do SUS.

Nos termos do art. 18, XI, da Lei 8.080/1990, à direção municipal do SUS compete controlar e fiscalizar os procedimentos dos serviços privados de saúde. Assim, cabia ao Município fiscalizar o hospital privado credenciado ao SUS. Ainda, o Superior Tribunal de Justiça (REsp 1852416/SP, rel. Min. Benedito Gonçalves, julg. 23/03/21) entende que o município possui legitimidade passiva nas ações de indenização por falha em atendimento médico ocorrida em hospital privado credenciado ao SUS, sendo a responsabilidade, nesses casos, solidária. Assim, a União não deveria responder na ação de indenização. **A:** Incorreta. A União não deve ser parte na ação judicial. **B:** Correta. Trata-se de ilegitimidade passiva da União, pois a responsabilidade de fiscalização é do Município. **C:** Incorreta. Trata-se de ilegitimidade passiva da União, pois a responsabilidade de fiscalização não é do Estado, é do Município. **D:** Incorreta. Trata-se de ilegitimidade passiva da União, mas o Município responde. **E:** Incorreta. Não existe legitimidade passiva da União. Gabarito "B".

(Juiz de Direito/AP – 2022 – FGV) A sociedade empresária Alfa exerce a venda de produtos alimentícios em uma mercearia, com licença municipal específica para tal atividade. No entanto, os proprietários do comércio também desenvolviam comercialização de fogos de artifício, de forma absolutamente clandestina, pois sem a autorização do poder público. Durante as inspeções ordinárias, o poder público nunca encontrou indícios de venda de fogos de artifício, tampouco o fato foi alguma vez noticiado à municipalidade. Certo dia, grande explosão e incêndio ocorreram no comércio, causados pelos fogos de artifício, que atingiram a casa de João, morador vizinho à mercearia, que sofreu danos morais e materiais. João ajuizou ação indenizatória em face do Município, alegando que incide sua responsabilidade objetiva por omissão. No caso em tela, valendo-se da jurisprudência do Supremo Tribunal Federal, o magistrado deve julgar:

(A) procedente o pedido, pois se aplica a teoria do risco administrativo, de maneira que não é necessária a demonstração do dolo ou culpa do Município, sendo devida a indenização;
(B) procedente o pedido, pois, diante da omissão específica do Município, aplica-se a teoria do dano *in re ipsa*, devendo o poder público arcar com a indenização, desde que exista nexo causal entre o incêndio e os danos sofridos por João;
(C) procedente o pedido, diante da falha da Administração Municipal na fiscalização de atividade de risco, qual seja, o estabelecimento destinado a comércio de fogos de artifício, incidindo a responsabilidade civil objetiva;
(D) improcedente o pedido, pois, apesar de ser desnecessária a demonstração de violação de um dever jurídico específico de agir do Município, a responsabilidade civil originária é da sociedade empresária Alfa, de maneira que o Município responde de forma subsidiária, caso a responsável direta pelo dano seja insolvente;
(E) improcedente o pedido, pois, para que ficasse caracterizada a responsabilidade civil do Município, seria necessária a violação de um dever jurídico específico de agir, seja pela concessão de licença para funcionamento sem as cautelas legais, seja pelo conhecimento do poder público de eventuais irregularidades praticadas pelo particular, o que não é o caso.

Comentário: No âmbito do RE 136.861/SP (Pleno, Rel. Min. Edson Fachin, Red. p/ Ac. Min. Alexandre de Moraes, DJe 22/01/2021), o STF definiu a seguinte tese de repercussão geral: "Para que fique caracterizada a responsabilidade civil do Estado por danos decorrentes do comércio de fogos de artifício, é necessário que exista a violação de um dever jurídico específico de agir, que ocorrerá quando for concedida a licença para funcionamento sem as cautelas legais ou quando for de conhecimento do poder público eventuais irregularidades praticadas pelo particular". Conforme consta no enunciado da questão, o Município concedeu a licença com as cautelas legais, exerceu a fiscalização ordinária sem a constatação da prática de ilegalidade, tampouco tomou conhecimento do exercício de comércio irregular. Nesse sentido, não houve a violação de um dever jurídico específico de agir, o que afasta a responsabilidade do ente público municipal, motivo pelo qual a ação deve ser julgada improcedente. **E:** correta. Gabarito "E".

(Delegado de Polícia Federal – 2021 – CESPE) Acerca da responsabilidade civil do Estado, julgue os itens que se seguem.

(1) É subjetiva a responsabilidade civil do Estado decorrente de conduta omissiva imprópria, sendo necessária a comprovação da culpa, do dano e do nexo de causalidade.
(2) Conforme a teoria do risco administrativo, uma empresa estatal dotada de personalidade jurídica de direito privado que exerça atividade econômica responderá objetivamente pelos danos que seus agentes, nessa qualidade, causarem a terceiros, resguardado o direito de regresso contra o causador do dano.

1: Anulada. A questão foi anulada pela banca CESPE, que deu a seguinte justificativa: "Embora tenha sido citada no item a jurisprudência STJ, recentemente, o Supremo Tribunal Federal, em precedente com repercussão geral sinalizou – sem enfrentar propriamente o tema – que considera que a responsabilidade civil do estado por omissão imprópria também é objetiva. Sendo assim, o assunto abordado no item é controvertido no âmbito dos tribunais superiores". **2:** Errado. O fundamento da teoria do risco administrativo encontra-se no art. 37, § 6º, da Constituição Federal, que assim prescreve: "As pessoas jurídicas de direito público e as de direito privado prestadoras de serviços públicos responderão pelos danos que seus agentes, nessa qualidade, causarem a terceiros, assegurado o direito de regresso contra o responsável nos casos de dolo ou culpa". Verifica-se que estão submetidas à referida teoria as pessoas jurídicas de direito público (como as entidades federativas e as autarquias) e as pessoas jurídicas de direito privado (empresas estatais, p.ex.) caso prestem serviços públicos. Considerando que a questão expressamente assinala que a empresa estatal exerce atividade econômica, inaplicável o dispositivo constitucional e a teoria do risco administrativo. Assim, a afirmativa está errada.

(Juiz de Direito – TJ/MS – 2020 – FCC) Em conhecido acórdão proferido em regime de repercussão geral, versando sobre a morte de detento em presídio –Recurso Extraordinário 841.526 (Tema 592) – o Supremo Tribunal Federal confirmou decisão do Tribunal de Justiça do Rio Grande do Sul, calcada em doutrina que, no tocante ao regime de responsabilização estatal em condutas omissivas, distingue-a conforme a natureza da omissão. Segundo tal doutrina, em caso de omissão específica, deve ser aplicado o regime de responsabilização

(A) integral; em caso de omissão genérica, aplica-se o regime de responsabilização objetiva.

(B) objetiva; em caso de omissão genérica, aplica-se o regime de responsabilização subjetiva.

(C) subjetiva; em caso de omissão genérica, aplica-se o regime de responsabilização objetiva.

(D) objetiva; em caso de omissão genérica, não há possibilidade de responsabilização.

(E) subjetiva apenas em relação ao agente, exonerado o ente estatal de qualquer responsabilidade; em caso de omissão genérica, aplica-se o regime de responsabilização objetiva do ente estatal.

O RE 841.526/RS, julgado pelo STF em março de 2016, debruçou-se sobre Acórdão do Tribunal de Justiça do Rio Grande do Sul, baseado no seguinte entendimento: "Conforme o artigo 37, § 6°, da Constituição Federal, responde o Estado objetivamente pelos danos que seus agentes, nessa qualidade, causarem a terceiros, sendo desnecessária a comprovação de dolo ou culpa. Por se tratar de omissão do Estado, a responsabilidade será objetiva, se a omissão for específica, e subjetiva, se a omissão for genérica" (grifo nosso). Nesse sentido, correta a alternativa B.

(Juiz de Direito – TJ/SC – 2019 – CESPE/CEBRASPE) De acordo com o entendimento majoritário e atual do STJ, a responsabilidade civil do Estado por condutas omissivas é

(A) objetiva, bastando que sejam comprovadas a existência do dano, efetivo ou presumido, e a existência de nexo causal entre conduta e dano.

(B) objetiva, bastando a comprovação da culpa *in vigilando* e do dano efetivo.

(C) subjetiva, sendo necessário comprovar negligência na atuação estatal, o dano causado e o nexo causal entre ambos.

(D) subjetiva, sendo necessário comprovar a existência de dolo e dano, mas sendo dispensada a verificação da existência de nexo causal entre ambos.

(E) objetiva, bastando que seja comprovada a negligência estatal no dever de vigilância, admitindo-se, assim, a responsabilização por dano efetivo ou presumido.

Embora seja polêmico o tema da responsabilidade civil do Estado por omissão, o entendimento majoritário atual do STJ adota a teoria subjetiva. É o que se extrai da seguinte decisão: "A jurisprudência do STJ é firme no sentido de que a responsabilidade civil do Estado por condutas omissivas é subjetiva, sendo necessário, dessa forma, comprovar a negligência na atuação estatal, o dano e o nexo causal entre ambos." (AgInt no AREsp 1.249.851/SP, 1ª Turma, Rel. Min. Benedito Gonçalves, DJe 26/09/18).

(Juiz de Direito - TJ/BA - 2019 - CESPE/CEBRASPE) A respeito da responsabilidade civil do Estado, julgue os itens a seguir.

I. O Estado é responsável pela morte de detento causada por disparo de arma de fogo portada por visitante do presídio, salvo se comprovada a realização regular de revista no público externo.

II. O Estado necessariamente será responsabilizado em caso de suicídio de pessoa presa, em razão do seu dever de plena vigilância.

III. A responsabilidade do Estado, em regra, será afastada quando se tratar da obrigação de pagamento de encargos trabalhistas de empregados terceirizados que tenham deixado de receber salário da empresa de terceirização.

Assinale a opção correta.

(A) Apenas o item I está certo.

(B) Apenas o item III está certo.

(C) Apenas os itens I e II estão certos.

(D) Apenas os itens II e III estão certos.

(E) Todos os itens estão certos.

I: incorreta – Não existe a excludente de ilicitude aventada na segunda parte da assertiva. Predomina o entendimento da jurisprudência, nas hipóteses de crimes comissivos cometidos por agentes públicos contra o detento, a responsabilização será na modalidade objetiva, com fundamento no art. 37, § 6°, da Constituição Federativa, onde prevê que o ente público responderá, independentemente de culpa, por atos praticados por seus agentes no desempenho de suas funções. Nessa ótica, basta conferir o teor de alguns julgados: PROCESSUAL CIVIL. APELAÇÃO CÍVEL. AÇÃO DE INDENIZAÇÃO AJUIZADA PELA GENITORA DA VÍTIMA MENOR DE IDADE FALECIDA EM DELEGACIA POLICIAL. DANOS MATERIAIS E MORAIS. RESPONSABILIDADE CIVIL E OBJETIVA DO ESTADO – ART. 37, § 6° DA CF/88. RESPONSABILIDADE SUBJETIVA DA POLICIAL MILITAR – DIREITO DE REGRESSO. RECURSOS CONHECIDOS E IMPROVIDOS PARA MANTER A R. DO JUÍZO MONOCRÁTICO QUANDO À FIXAÇÃO DOS DANOS MATERIAIS – CONDENADO O ESTADO DO AMAZONAS AO PAGAMENTO DA PENSÃO MENSAL DE UM SALÁRIO MÍNIMO MENSAL, ATÉ A DATA EM QUE A VÍTIMA ALCANÇARIA A PROVÁVEL IDADE DE 65 (SESSENTA E CINCO) ANOS. CONDENAÇÃO EM *QUANTUM* RAZOÁVEIS DANOS MORAIS. RAZOABILIDADE NA FIXAÇÃO DE HONORÁRIO ADVOCATÍCIOS EM 10% (DEZ POR CENTO). RECONHECIMENTO DA PROCEDÊNCIA DE DENUNCIAÇÃO À LIDE. MANTIDO OS DEMAIS TERMOS DA R. DECISÃO DE 1° GRAU" (fl. 255). [...] Não merece prosperar a irresignação, uma vez que **a jurisprudência desta Corte firmou entendimento de que o Estado tem o dever objetivo de zelar pela integridade física e moral do preso sob sua custódia, atraindo então a responsabilidade civil objetiva**, razão pela qual é devida a indenização por danos morais e materiais decorrentes da morte do detento. Agravo regimental em recurso extraordinário. 2. Morte de preso no interior de estabelecimento prisional. 3. Indenização por danos morais e materiais. Cabimento. 4. **Responsabilidade objetiva do Estado. Art. 37, § 6.°, da Constituição Federal. Teoria do risco administrativo. Missão do Estado de zelar pela integridade física do preso**. 5. Agravo regimental a que se nega provimento. (STF. RE 418566 AgR, Relator(a): min. GILMAR MENDES, Segunda Turma, julgado em 26/02/2008). Destarte, vê-se que há entendimento consolidado pela Corte do Supremo no sentido de que o Estado tem o dever de zelar pela integridade física e moral do preso sob sua custódia por força do disposto no art. 5°, XLIX, ao imperar que "é assegurado aos presos o respeito à integridade física e moral". Desse modo, deve o Poder Público suportar o risco natural das atividades de guarda, ou seja, assume a responsabilidade por risco administrativo;

II: incorreta – Trata-se de tema de certa forma polêmico. O suicídio de detento dentro do sistema carcerário não exclui a responsabilidade estatal se caso houver inobservância do dever específico de guarda e proteção, principalmente dos direitos fundamentais. A CF/88 determina que o Estado se responsabiliza pela integridade física do preso sob sua custódia: Art. 5º (...) XLIX - é assegurado aos presos o respeito à integridade física e moral. Todavia, a responsabilidade civil neste caso, apesar de ser objetiva, é regida pela teoria do risco administrativo. Desse modo, o Estado poderá ser dispensado de indenizar se ficar demonstrado que ele não tinha a efetiva possibilidade de evitar a ocorrência do dano. Sendo inviável a atuação estatal para evitar a morte do preso, é imperioso reconhecer que se rompe o nexo de causalidade entre essa omissão e o dano. Entendimento em sentido contrário implicaria a adoção da teoria do risco integral, não acolhida pelo texto constitucional. A exceção se dá quando o Estado conseguir provar que a morte do detento não podia ser evitada. Rompendo-se o nexo de causalidade entre o resultado morte e a omissão estatal. Não havendo nexo de causalidade consequentemente não terá a responsabilidade civil estatal. Se o detento que praticou o suicídio já possuía indícios de que poderia se matar, e o Estado foi omisso ele deverá indenizar sua família e seus dependentes. Entendendo-se que o Estado deveria ter fornecido tratamento para que o mesmo não ocorresse. Porém existe uma outra situação que é quando o preso não apresenta sinais de que praticará suicídio, assim sendo o Estado não será responsabilizado civilmente, pois foi um ato totalmente imprevisível. Nas duas hipóteses caberá a administração pública demonstrar o ônus da prova que se enquadram nas excludentes de responsabilidade; III: correta: Art. 71 da Lei 8.666/1993. Gabarito "B".

(Procurador do Estado/SP – 2018 – VUNESP) Empresa de ônibus permissionária de serviço público de transporte coletivo intermunicipal de passageiros envolveu-se em acidente de trânsito em rodovia estadual explorada por concessionária, tendo um de seus veículos, durante a prestação do serviço de transporte, colidido com automóvel particular, provocando danos materiais e o falecimento de um dos ocupantes do carro. De acordo com a jurisprudência do Supremo Tribunal Federal,

(A) a concessionária de rodovia estadual será objetivamente responsabilizada pelos danos provocados em razão do acidente, em decorrência da aplicação da teoria da faute du service.

(B) o Estado titular dos serviços públicos de transporte coletivo de passageiros e da rodovia em que ocorrido o acidente será objetivamente responsável pelos danos causados, ainda que se comprove culpa concorrente da vítima que conduzia o automóvel particular.

(C) a permissionária do serviço público de transporte coletivo de passageiros poderá ser responsabilizada pelos danos provocados em razão do acidente, desde que comprovada ocorrência de dolo ou culpa do motorista do veículo coletivo, porque as vítimas não são usuárias do serviço público por ela prestado.

(D) a concessionária de rodovia estadual será objetivamente responsabilizada pelos danos provocados pelo acidente, em decorrência da aplicação da teoria do risco administrativo.

(E) a permissionária do serviço público de transporte coletivo de passageiros poderá ser objetivamente responsabilizada pelos danos provocados em razão do acidente, ainda que as vítimas não sejam usuárias do serviço por ela prestado.

Em repercussão geral foi reconhecida a responsabilidade objetiva das concessionárias pelos danos causados a terceiros não usuários. Eis o julgado que consolidou esse entendimento: EMENTA: CONSTITUCIONAL. RESPONSABILIDADE DO ESTADO. ART. 37, § 6º, DA CONSTITUIÇÃO. PESSOAS JURÍDICAS DE DIREITO PRIVADO PRESTADORAS DE SERVIÇO PÚBLICO. CONCESSIONÁRIO OU PERMISSIONÁRIO DO SERVIÇO DE TRANSPORTE COLETIVO. RESPONSABILIDADE OBJETIVA EM RELAÇÃO A TERCEIROS NÃO-USUÁRIOS DO SERVIÇO. RECURSO DESPROVIDO. I – A responsabilidade civil das pessoas jurídicas de direito privado prestadoras de serviço público é objetiva relativamente a terceiros usuários *e não usuários do serviço*, segundo decorre do art. 37, § 6º, da Constituição Federal. II – A inequívoca presença do nexo de causalidade entre o ato administrativo e o dano causado ao terceiro não-usuário do serviço público, é condição suficiente para estabelecer a responsabilidade objetiva da pessoa jurídica de direito privado. III – Recurso extraordinário desprovido (**RE 591874 / MS, Relator: Min. Ricardo Lewandowski, j. 26-08-2009, Tribunal Pleno).** Gabarito "E".

(Procurador do Município – Prefeitura Fortaleza/CE – CESPE – 2017) A respeito de bens públicos e responsabilidade civil do Estado, julgue o próximo item.

Situação hipotética: Um veículo particular, ao transpassar indevidamente um sinal vermelho, colidiu com veículo oficial da Procuradoria-Geral do Município de Fortaleza, que trafegava na contramão. Assertiva: Nessa situação, não existe a responsabilização integral do Estado, pois a culpa concorrente atenua o *quantum* indenizatório.

1: correta. Havendo culpa recíproca ou concorrente, essa deve ser utilizada como excludente de responsabilidade civil ou, no mínimo, como atenuante. Gabarito "1C".

(Juiz – TRF 2ª Região – 2017) Em 2014, conhecido assaltante e homicida foge do presídio federal. O inquérito administrativo que apurou o evento resulta em punição de dois servidores e mudança de padrões de segurança. Já o foragido mantém-se quieto até 2016, quando se une a outro meliante. Os dois invadem casa, roubam e matam pai de família, na frente da esposa. A dupla de meliantes foge. Por conta da falha de segurança no presídio, a viúva aciona a União Federal, pedindo ressarcimento consistente em pensão alimentícia, danos morais, despesas de funeral e luto, além de reparação do custo de psiquiatra. Assinale a resposta adequada à orientação dominante na doutrina e nos Tribunais Superiores:

(A) O pedido é improcedente.

(B) A procedência do pedido de pensão depende da prova da dependência econômica da autora para com o falecido. Já o dano moral ocorre *in re ipsa*.

(C) No caso, o dano moral ocorre *in re ipsa* e a verba de luto e funeral deve ser arbitrada mesmo se não provados os gastos, já que essas despesas sempre existem, em eventos assim.

(D) A compensação por dano moral procede, mas ainda que se provem gastos com psiquiatra, estes estão fora do desdobramento normal do evento, que apenas abarca os danos diretos e imediatos.

(E) No caso, as verbas de luto e funeral dependem de prova, não podendo ser meramente arbitradas. A dependência econômica da esposa é presumida e a eventual pensão deve ser limitada à idade de sobrevida provável da vítima.

A: correta. O entendimento da doutrina e jurisprudência dominantes são no sentido de que só há responsabilidade civil do Estado em caso de fuga de preso do presídio no caso do ato ilícito do fugitivo ser direto e imediato em relação à sua fuga, ou seja, teria que ter sido praticado logo após a fuga, e não 2 anos após essa. O STJ tem entendimento já pacificado a respeito (REsp. 858.511); **B:** incorreta. O dano moral não é presumido ("in re ipsa"), e sim comprovado. O dano moral só é presumido excepcionalmente, como no caso de inscrição do nome do inadimplente em cadastro próprio para tanto (*Resp 718618)*; **C:** incorreta. Como dito acima, o dano moral só é considerado "in re ipsa" em hipóteses excepcionais, e não se enquadra nessa do enunciado acima; **D:** incorreta. O dano moral só pode ser procedente se comprovado, da mesma forma que os danos materiais e, adotada a tese de que o dano foi decorrente direto e imediato da fuga do preso do presídio, ambos devem estar sujeitos à dilação probatória; **E:** incorreta. A dependência econômica da esposa não é presumida, sendo que essa presunção só existe em relação aos incapazes e filhos menores, ou seja, os que realmente dependem do falecido, eis que não possuem capacidade econômica e de trabalho. AW

Gabarito "A".

8.3. Responsabilidade do agente público, ação de regresso e denunciação da lide

(Delegado/RJ – 2022 – CESPE/CEBRASPE) Maria trafegava em seu carro na Ponte Rio-Niterói, durante a manhã, a caminho do trabalho, sentido Rio de Janeiro, quando, em meio ao trânsito lento, foi surpreendida por uma viatura da polícia civil, que passou de forma brusca e acelerada ao lado de seu veículo, causando um leve abalroamento, que levou a motorista a colidir contra o veículo à sua frente, o que, afinal, causou graves danos a esses dois carros. Apesar do acidente e dos danos materiais aos dois veículos, não houve feridos. Após confeccionar a declaração de acidente de trânsito no site da Polícia Rodoviária Federal, Maria resolveu comparecer ao plantão da Corregedoria--Geral da Polícia Civil, para noticiar o ocorrido, tendo indicado o número da unidade policial inscrito na viatura, assim como o horário em que o abalroamento havia acontecido. Em sua apuração preliminar, a corregedoria identificou os policiais civis que estavam na viatura, assim como constatou que eles não se dirigiam a nenhuma diligência policial na ocasião, apenas buscavam fugir do engarrafamento. Após regular sindicância administrativa disciplinar, os policiais foram punidos. Ao tomar conhecimento do resultado da apuração da Corregedoria-Geral de Polícia Civil, Maria decidiu ajuizar ação para obter do Estado reparação civil, tendo em vista os danos causados ao seu veículo.

A partir dessa situação hipotética, assinale a opção correta, com relação à responsabilidade civil dos servidores públicos.

(A) Maria deverá ajuizar ação de responsabilidade civil em desfavor do policial que conduzia a viatura quando do abalroamento, já que foi apurado, no procedimento disciplinar, que ele atuou com dolo ou culpa.

(B) A ação por danos causados por agente público deve ser ajuizada contra o Estado, não sendo possível a responsabilização civil do servidor que causou o dano, nem mesmo em ação de regresso.

(C) Cabe à vítima do dano a escolha do polo passivo da demanda, podendo ela ajuizar ação contra o servidor policial civil que causou o dano ou contra o Estado, ente político.

(D) Ação por danos causados por agente público deve ser ajuizada contra o Estado ou contra pessoa jurídica de direito privado prestadora de serviço público, sendo parte ilegítima para a ação o autor do ato, em observância ao princípio da dupla garantia, assegurado o direito de regresso contra o responsável nos casos de dolo ou culpa.

(E) É cabível ação de regresso contra o agente responsável pelo dano somente nos casos de ato doloso.

Alternativa **A** incorreta (a ação de responsabilidade não poderá ser ajuizada em desfavor do agente público policial, pois o STF definiu a seguinte tese de repercussão geral no RE 1.027.633: "A teor do disposto no artigo 37, parágrafo 6º, da Constituição Federal, a ação por danos causados por agente público deve ser ajuizada contra o Estado ou a pessoa jurídica de direito privado, prestadora de serviço público, sendo parte ilegítima o autor do ato, assegurado o direito de regresso contra o responsável nos casos de dolo ou culpa"). Alternativa **B** incorreta (é possível a responsabilização do servidor, por meio do exercício do direito de regresso pelo Estado, cf. comentário da alternativa A). Alternativa **C** incorreta (cf. comentário da alternativa A). Alternativa **D** correta (cf. comentário da alternativa A). Alternativa **E** incorreta (também é cabível a ação de regresso nos casos de ato culposo do agente responsável, cf. art. 37, § 6º, CF). RB

Gabarito "D".

(Delegado/AP – 2017 – FCC) Uma determinada viatura oficial estadual, enquanto em diligência, chocou-se contra o muro de uma escola municipal, derrubando-o parcialmente, bem como o poste de transmissão de energia existente na calçada, que estava em péssimo estado de conservação, assim como os transformadores e demais equipamentos lá instalados. Foram apurados danos materiais de grande monta, não só em razão da necessidade de reconstrução do muro, mas também porque foi constatado que muitos aparelhos elétricos e eletrônicos deixaram de funcionar a partir de então, tais como geladeiras, computadores e copiadoras. Relevante apurar, para solucionar a responsabilidade do ente estatal,

(A) se o condutor da viatura empregou toda a diligência e prudência necessárias para afastar negligência, bem como se estava devidamente capacitado para o desempenho de suas funções, a fim de verificar eventual ocorrência de imperícia.

(B) a origem dos recursos que possibilitaram a aquisição dos materiais elétricos e eletrônicos, para comprovar se o Município efetivamente sofreu prejuízos qualificáveis como indenizáveis para fins de configuração de responsabilidade civil.

(C) apenas o valor dos danos materiais constatados, tendo em vista que se trata de responsabilidade objetiva, modalidade que, para sua configuração, dispensa qualquer outro requisito.

(D) o nexo de causalidade entre a colisão causada pela viatura estadual e os danos emergentes sofridos, para demonstrar que decorreram do acidente e não de outras causas e viabilizar a apuração correta da indenização, prescindindo, no entanto, de prova de culpa do condutor.

(E) a propriedade do imóvel onde funcionava a escola, tendo em vista que caso se trate de bem público estadual cedido à municipalidade para implantação da escola, descabe qualquer indenização, seja pelo muro, seja pelos danos nos aparelhos elétricos, uma vez que o funcionamento da própria unidade depende do ente estadual.

Trata-se da aplicação da Teoria do Risco Administrativo, segundo Maria Sylvia Zanella Di Pietro, para que seja efetivamente caracterizada a responsabilidade do Estado prevista constitucionalmente no art. 37, § 6º há de se exigir a ocorrência dos elementos: *1. Que se trate de pessoa jurídica de direito público ou de direito privado prestadora de serviços públicos; (...), 2. Que essas entidades prestem serviços públicos, o que exclui as entidades da administração indireta que executem atividade econômica de natureza privada; (...)3. Que haja um dano causado a terceiro em decorrência da prestação se serviço público; (...) 4. Que o dano causado por agente das aludidas pessoas jurídicas, o que abrange todas as categorias, de agentes políticos, administrativos ou particulares em colaboração com a Administração, sem interessar o título sob o qual prestam o serviço;5. Que o agente, ao causar o dano, aja nessa qualidade; (...)" (destaques no original).* FB
"Gabarito "D"."

(Delegado/MT – 2017 – CESPE) Um delegado de polícia, ao tentar evitar ato de violência contra um idoso, disparou, contra o ofensor, vários tiros com revólver de propriedade da polícia. Por erro de mira, o delegado causou a morte de um transeunte.

Nessa situação hipotética, a responsabilidade civil do Estado

(A) dependerá da prova de culpa *in eligendo*.
(B) dependerá de o delegado estar, no momento da ocorrência, de serviço.
(C) dependerá da prova de ter havido excesso por parte do delegado.
(D) existirá se ficar provado o nexo de causalidade entre o dano e a ação.
(E) será excluída se o idoso tiver dado causa ao crime.

Art. 37, § 6º As pessoas jurídicas de direito público e as de direito privado prestadoras de serviços públicos responderão pelos danos que seus agentes, nessa qualidade, causarem a terceiros, assegurado o direito de regresso contra o responsável nos casos de dolo ou culpa. FB
"Gabarito "D"."

8.4. Responsabilidade das concessionárias de serviço público

(Procurador Fazenda Nacional – AGU – 2023 – CEBRASPE) Um ônibus de empresa concessionária de transporte público de passageiros transitava pelas ruas da cidade, dentro do limite permitido de velocidade, quando foi abalroado por veículo particular que trafegava em altíssima velocidade. Em decorrência da batida, o motorista perdeu o controle da direção do ônibus, que foi lançado para a calçada, atingiu um pedestre, que estava no ponto de ônibus, e derrubou o muro de uma casa vizinha. Diversos passageiros do ônibus ficaram feridos. O pedestre atingido pelo ônibus morreu imediatamente, antes da chegada do socorro.

Nessa situação hipotética, a responsabilidade da concessionária de serviço público é

(A) subjetiva, no que tange à morte do pedestre, e objetiva, no que tange aos passageiros que estavam dentro do ônibus e ao proprietário da casa cujo muro foi derrubado.
(B) subjetiva no que tange ao pedestre morto, aos passageiros que estavam dentro do ônibus e ao proprietário da casa cujo muro foi derrubado.
(C) objetiva, no que tange ao pedestre morto e aos passageiros que estavam dentro do ônibus, e subjetiva, no que tange ao proprietário da casa cujo muro foi derrubado.
(D) subjetiva, no que tange ao pedestre morto e aos passageiros que estavam dentro do ônibus, e objetiva, no que tange ao proprietário da casa cujo muro foi derrubado.
(E) objetiva no que tange ao pedestre morto, aos passageiros que estavam dentro do ônibus e ao proprietário da casa cujo muro foi derrubado.

O STF, no RE 591874, fixou tese no sentido de que a responsabilidade civil das pessoas jurídicas de direito privado prestadoras de serviço público é objetiva relativamente a terceiros usuários e não usuários do serviço, segundo decorre do art. 37, § 6º, da Constituição Federal. Dessa forma, no caso em tela, tanto os passageiros (usuários do serviço público), como o pedestre morto e o proprietário da casa cujo muro foi derrubado (não usuários do serviço público) são beneficiados pela responsabilidade objetiva da concessionária de serviço público, o que faz com que a alternativa "e" seja a correta. WG
"Gabarito "E"."

(Procurador do Município – Prefeitura Fortaleza/CE – CESPE – 2017) A respeito de bens públicos e responsabilidade civil do Estado, julgue os próximos itens.

(1) De acordo com o entendimento do STF, empresa concessionária de serviço público de transporte responde objetivamente pelos danos causados à família de vítima de atropelamento provocado por motorista de ônibus da empresa.

1: correta. Está correta a assertiva, porque as concessionárias estão incluídas no disposto no art. 37, § 6º, CF, além do que determina o art. 25, da Lei 8.987/1995. AW
"Gabarito "1C"."

9. LICITAÇÃO

9.1. Conceito, objetivos e princípios

(Juiz de Direito – TJ/SP – 2023 – VUNESP) A Lei nº 14.133/21, no seu artigo 11, apresenta como inovação em face do que já constava na Lei nº 8.666/93 a ideia de

(A) evitar contratações com sobrepreço ou com preços manifestamente inexequíveis.
(B) governança das contratações.
(C) tratamento isonômico entre os licitantes.
(D) seleção da proposta apta a gerar o resultado mais vantajoso para a Administração Pública.

O art. 11 da Lei 14.133/21 estabelece os objetivos da licitação. **A:** Incorreta. Apesar de a Lei 8.666/93 não prever, em seu art. 5º, como um dos seus objetivos, evitar contratação com sobrepreço ou com preços manifestamente inexequíveis estava previsto no texto da antiga lei (como no art. 48, II, Lei 8.666/93). **B:** Correta. O art. 11, parágrafo único, estabelece que "A alta administração do órgão ou entidade é responsável pela governança das contratações e deve implementar processos e estruturas, inclusive de gestão de riscos e controles internos, para avaliar, direcionar e monitorar os processos licitatórios e os respectivos contratos, com o intuito de alcançar os objetivos estabelecidos no *caput* deste artigo, promover um ambiente íntegro e confiável, assegurar o alinhamento das contratações ao planejamento estratégico e às leis orçamentárias e promover eficiência, efetividade e eficácia em suas

contratações". **C:** Incorreta, pois a Lei 8.666/93 já previa o princípio da isonomia em seu art. 3º. **D:** Incorreta. A banca considerou a alternativa incorreta, por entender que o objetivo previsto na Lei 8.666/93, de buscar a proposta mais vantajosa para a Administração, seria igual à "seleção da proposta apta a gerar o resultado mais vantajoso para a Administração Pública", previsto no art. 11 da Lei 14.133/21. Vale ressaltar que pode-se apontar entendimentos diferentes, visto que a nova lei agora se preocupa com o resultado da licitação, inclusive no que se refere à vida útil do objeto. FC
Gabarito "B".

(Juiz de Direito – TJ/DFT – 2023 – CEBRASPE) A respeito do encerramento da licitação nos termos estabelecidos pela Lei nº 14.133/2021, julgue os itens a seguir.

I. É possível a revogação da licitação por motivos de conveniência e oportunidade, desde que resultantes de fato superveniente devidamente comprovado.
II. Para a anulação da licitação, quando presente legalidade insanável, dispensa-se a manifestação prévia dos interessados.
III. A anulação da licitação pode ser promovida de ofício pela administração pública, não estando condicionada à provocação de terceiros.

Assinale a opção correta.

(A) Apenas o item I está certo.
(B) Apenas o item II está certo.
(C) Apenas os itens I e III estão certos.
(D) Apenas os itens II e III estão certos.
(E) Todos os itens estão certos.

I: Correta. O art. 71, II, da Lei 14.133/21 estabelece que a licitação pode ser revogada por motivos de conveniência e oportunidade. Além disso, o § 2º prevê que o motivo determinante para a revogação do processo licitatório deverá ser resultante de fato superveniente devidamente comprovado. II: Incorreta. A anulação da licitação, prevista no art. 71, III, Lei 14.133/21 ocorre quando se tratar de ilegalidade insanável, e não de legalidade. III: Correta. O art. 71, III, Lei 14.133/21 estabelece que a autoridade superior poderá proceder à anulação da licitação, de ofício ou mediante provocação de terceiros, sempre que presente ilegalidade insanável. Afirmativas I e III corretas. FC
Gabarito "C".

(Procurador Federal – AGU – 2023 – CEBRASPE) Com base no disposto na Lei n.º 14.133/2021, que estabelece normas gerais de licitação e contratação para as administrações públicas diretas, autárquicas e fundacionais da União, dos estados, Distrito Federal e municípios, assinale a opção correta.

(A) São abrangidas por essa lei as empresas públicas, as sociedades de economia mista e suas subsidiárias, aplicando-se, no que couber, as disposições da Lei n.º 13.303/2016.
(B) Subordinam-se ao regime dessa lei a prestação de serviços, inclusive dos técnico-profissionais especializados; as obras e serviços de arquitetura e engenharia; e os contratos que tenham por objeto operação de crédito, interno ou externo, e gestão de dívida pública, incluídas as contratações de agente financeiro e a concessão de garantia relacionada a esses contratos.
(C) Na aplicação dessa lei, serão observados, entre outros princípios, o da legalidade, o da impessoalidade, o da moralidade, o da publicidade, o da eficiência, o do interesse público, o da probidade administrativa, o da igualdade, o do planejamento, o da transparência,
o da motivação, o da vinculação ao edital e o do julgamento objetivo.
(D) Não se subordinam ao regime dessa lei as contratações sujeitas a normas previstas em legislação própria e contratações de tecnologia da informação e de comunicação.
(E) As contratações realizadas no âmbito das repartições públicas sediadas no exterior deverão obedecer às peculiaridades locais e aos princípios básicos estabelecidos nessa lei, por meio de regulamentação específica a ser aprovada pelo Congresso Nacional e ratificada pelo presidente da República.

A: Incorreta. Em regra essas entidades não são abrangidas pela Lei 14.133/2021 (art. 1º, § 1º). Elas são regidas na matéria pela Lei nº 13.303/16. **B:** Incorreta, pois o art. 3º, I, da Lei n.º 14.133/2021 dispõe que não se subordina ao regime dessa lei os contratos envolvendo operação de crédito, interno ou externo, e gestão de dívida pública, incluídas as contratações de agente financeiro e a concessão de garantia. **C:** Correta, pois o art. 5º da Lei n.º 14.133/2021 prevê a observância de cada um dos princípios mencionados. **D:** Incorreta, pois o art. 2º, VII, da Lei n.º 14.133/2021 dispõe que essa lei aplica-se a "contratações de tecnologia da informação e de comunicação". **E:** Incorreta, pois, nos termos do art. 1º, § 2º, da Lei n.º 14.133/2021, "As contratações realizadas no âmbito das repartições públicas sediadas no exterior obedecerão às peculiaridades locais e aos princípios básicos estabelecidos nesta Lei, na forma de regulamentação específica a ser editada por ministro de Estado". WG
Gabarito "C".

(Escrivão – PC/GO – AOCP – 2023) Considerando o que dispõe a Lei nº 14.133/2021, assinale a alternativa que NÃO representa um dos objetivos do processo licitatório previsto em lei.

(A) Suprir as necessidades da Administração Pública observando a supremacia do interesse público.
(B) Evitar contratações, com sobrepreço ou com preços manifestamente inexequíveis, e superfaturamento na execução dos contratos.
(C) Assegurar tratamento isonômico entre os licitantes, bem como a justa competição.
(D) Assegurar a seleção da proposta apta a gerar o resultado de contratação mais vantajoso para a Administração Pública, inclusive no que se refere ao ciclo de vida do objeto.
(E) Incentivar a inovação e o desenvolvimento nacional sustentável.

Art. 11, Lei 14.133/21. O processo licitatório tem por objetivos: I – assegurar a seleção da proposta apta a gerar o resultado de contratação mais vantajoso para a Administração Pública, inclusive no que se refere ao ciclo de vida do objeto; II – assegurar tratamento isonômico entre os licitantes, bem como a justa competição; III – evitar contratações com sobrepreço ou com preços manifestamente inexequíveis e superfaturamento na execução dos contratos; IV – incentivar a inovação e o desenvolvimento nacional sustentável. **A.** incorreta. Não é um objetivo. **B.** correta. Art. 11, III. **C.** correta. Art. 11, II. **D.** correta. Art. 11, I. **E.** correta. Art. 11, IV. FC
Gabarito "A".

(Delegado/RJ – 2022 – CESPE/CEBRASPE) No que diz respeito ao tema licitações e inovações trazidas pela Lei n.º 14.133/2021, assinale a opção correta.

(A) Entre os regimes de execução do contrato foi incluído o da contratação integrada e semi-integrada, em que

o contratado elabora e desenvolve o projeto básico executivo, tendo sido vedados o fornecimento e a prestação de serviço associado.
(B) Quanto às modalidades de licitação, não mais são previstas a tomada de preços, convite e leilão.
(C) A utilização de meios alternativos de resolução de controvérsias, como a conciliação e a mediação, bem como a arbitragem, passaram a ser expressamente vedados.
(D) Existe a previsão da criação do Portal Nacional de Contratações Públicas (PNCP) para divulgação centralizada e obrigatória dos atos exigidos por lei.
(E) A previsão da alocação de riscos tornou-se obrigatória no instrumento convocatório e no contrato.

Alternativa **A** incorreta (a Lei 14.133/2021 admite expressamente o regime do fornecimento e prestação de serviço associado, cf. art. 46, VII). Alternativa **B** incorreta (embora a Lei 14.133/2021 não mais preveja a tomada de preços e o convite, o leilão permanece na nova lei como modalidade licitatória). Alternativa **C** incorreta (a Lei 14.133/2021 admite expressamente a utilização de meios alternativos de resolução de controvérsias, cf. dispõe o art. 151). Alternativa **D** correta (cf. art. 174 da Lei 14.133/2021). Alternativa **E** incorreta (o edital e o contrato *poderão* contemplar matriz de riscos, nos termos dos arts. 22 e 103 da Lei 14.133/2021). Gabarito "D".

(Delegado/RJ – 2022 – CESPE/CEBRASPE) Assinale a opção correta, consoante entendimento atual da doutrina e jurisprudência dos tribunais superiores.
(A) A União e os estados possuem competência concorrente para legislar sobre normas gerais de licitação, podendo os municípios adaptar tais normas gerais às suas realidades.
(B) Em regra, é desnecessária a prévia licitação para permissão da exploração de serviço público de transporte coletivo de passageiros, sendo a licitação imprescindível no que se refere à concessão do transporte público coletivo de passageiros.
(C) Sociedade empresária em recuperação judicial não pode participar de licitação, em razão de ser presumida sua inviabilidade econômica.
(D) A alienação do controle acionário de empresas públicas e sociedades de economia mista exige autorização legislativa e licitação.
(E) Dado o princípio da intranscendência subjetiva das sanções financeiras, os municípios só podem fazer jus a certidão positiva de débitos, com efeitos de negativa, quando a Câmara Municipal não possuir débitos com a Fazenda Nacional.

Alternativa **A** incorreta (a União tem competência para legislar sobre normas gerais em matéria de licitação, nos termos do art. 22, XXVII, CF). Alternativa **B** incorreta (de acordo com o STF, é imprescindível prévia licitação para a concessão ou permissão da exploração de serviços de transporte coletivo de passageiros). Alternativa **C** incorreta (segundo o STJ, sociedade empresária em recuperação judicial pode participar de licitação, desde que demonstre, na fase de habilitação, a sua viabilidade econômica). Alternativa **D** correta (cf. entendimento do STF na ADI 5.624). Alternativa **E** incorreta (o STF fixou no RE 770.149 a seguinte tese de repercussão geral: "É possível ao Município obter certidão positiva de débitos com efeito de negativa quando a Câmara Municipal do mesmo ente possui débitos com a Fazenda Nacional, tendo em conta o princípio da intranscendência subjetiva das sanções financeiras"). Gabarito "D".

9.2. Contratação direta (licitação dispensada, dispensa de licitação e inexigibilidade de licitação)

(Procurador – AL/PR – 2024 – FGV) Após a realização da devida fase preparatória da licitação, mediante o preenchimento dos requisitos estabelecidos na Lei nº 14.133/2021, foram encaminhadas para o respectivo órgão de assessoria jurídicas as seguintes situações:
I. alienação de bens imóveis adquiridos por dação em pagamento;
II. contratação de serviços comuns de engenharia, que tem por objeto ações, objetivamente padronizáveis em termos de desempenho e qualidade, de manutenção, de adequação e de adaptação de bens imóveis, com preservação das características originais dos bens;
III. locação de imóvel cujas características de instalações e de localização tornem necessária sua escolha.

Considerando as modalidades de licitação ou, eventualmente, a viabilidade de contratação direta em cada uma das situações, assinale a opção que elenca a adequada correlação.
(A) I. licitação dispensável – II. concorrência – III. pregão.
(B) I. leilão – II. licitação dispensável – III. concorrência.
(C) I. pregão – II. concorrência – III. licitação dispensável.
(D) I. licitação inexigível – II. pregão – III. licitação dispensável.
(E) I. leilão – II. pregão – III. licitação inexigível.

I: Alienação de bens imóveis adquiridos por dação em pagamento: A alienação de bens móveis em geral deve ser precedida de *leilão* nos termos do art. 76, I, da Lei nº 14.133/2021, inclusive se o imóvel foi adquirido por meio de dação em pagamento. Não se deve confundir essa situação com aquela em que é o poder público que irá fazer a dação em pagamento em favor de terceiros, caso em que a licitação é *dispensável* (art. 76, I, "a", da Lei nº 14.133/2021). II: Contratação de serviços comuns de engenharia: Para serviços comuns de engenharia, a modalidade adequada é o pregão, conforme o art. 29, parágrafo único, da Lei nº 14.133/2021. III: Locação de imóvel: Na locação de imóvel nessas específicas condições, a licitação é *inexigível* (art. 74, V, da Lei nº 14.133/2021). Conclusão: a alternativa "E" é a correta. Gabarito "E".

(ENAM – 2024.1) O Município Alfa instaurou processo administrativo visando à contratação que tem por objeto a coleta, o processamento e a comercialização de resíduos sólidos urbanos recicláveis ou reutilizáveis, em áreas com sistema de coleta seletiva de lixo. No curso do processo, restou identificada a Cooperativa Delta, formada exclusivamente de pessoas físicas de baixa renda reconhecidas pelo poder público como catadores de materiais recicláveis, com o uso de equipamentos compatíveis com as normas técnicas, ambientais e de saúde pública. Assim, a municipalidade está em vias de efetivar a contratação direta da Cooperativa Delta, sem prévio processo licitatório, mediante dispensa de licitação.

A sociedade empresária Beta, que atua no ramo de resíduos sólidos e possui um aterro sanitário legalizado, inclusive com a devida licença ambiental, pretende ser contratada para o mesmo objeto antes descrito e ajuizou ação judicial pleiteando, em sede de tutela de urgência inibitória, a proibição de contratação do serviço pretendido pelo Município Alfa sem prévia licitação.

Conclusos os autos, o magistrado, atento à Lei nº 14.133/21, deve

(A) deferir a liminar, pois a natureza do serviço a ser contratado pelo Município Alfa exige prévia licitação, cuja modalidade será determinada pelo valor estimado da contratação.
(B) deferir a liminar, pois a natureza do serviço a ser contratado pelo Município Alfa exige prévia licitação, na modalidade pregão, que é obrigatória para aquisição de serviços comuns, cujo critério de julgamento poderá ser o de menor preço ou o de maior desconto.
(C) deferir a liminar, pois a natureza do serviço a ser contratado pelo Município Alfa exige prévia licitação, na modalidade diálogo competitivo, em que a Administração Pública realiza diálogos com licitantes previamente selecionados mediante critérios objetivos, com o intuito de desenvolver uma ou mais alternativas capazes de atender às suas necessidades.
(D) indeferir a liminar, pois, não obstante a contratação pretendida pelo Município Alfa não ser possível mediante dispensa de licitação, é cabível, na hipótese, a contratação direta mediante inexigibilidade de licitação, bastando que a municipalidade convalide os atos administrativos já praticados.
(E) indeferir a liminar, pois a contratação pretendida pelo Município Alfa é possível mediante dispensa de licitação, por expressa previsão legal, desde que seja instruída com os documentos indicados na legislação de regência.

O art. 75, IV, "j", da Lei 14.133/21 estabelece que é dispensável a licitação para a contratação que tenha por objeto a coleta, processamento e comercialização de resíduos sólidos urbanos recicláveis ou reutilizáveis, em áreas com sistema de coleta seletiva de lixo, realizados por associações ou cooperativas formadas exclusivamente de pessoas físicas de baixa renda reconhecidas pelo poder público como catadores de materiais recicláveis, com o uso de equipamentos compatíveis com as normas técnicas, ambientais e de saúde pública. No caso em tela, a cooperativa Delta preenche todos os requisitos previstos em lei, podendo o Município Alfa realizar a contratação direta, desde que atendidas as exigências do art. 72 da mesma lei. **A:** Incorreta, pois trata-se de hipótese de licitação dispensável. Além disso, a Lei 14.133/21 não estabelece valores para a escolha da modalidade de licitação. **B:** Incorreta, pois trata-se de uma hipótese de licitação dispensável. **C:** Incorreta. Trata-se de licitação dispensável. **D:** Incorreta, trata-se de licitação dispensável e não inexigível. **E:** Correta. Trata-se de licitação dispensável, desde que seja instruída com os documentos exigidos no art. 72. FC

Gabarito "E".

(Juiz de Direito – TJ/SC – 2024 – FGV) O Município de Praia Fina ineditamente estuda celebrar um contrato de parceria público-privada (PPP) de iluminação pública. Para tanto, contrata, sem licitação, renomado advogado privado, com diversas publicações no tema de concessões para auxiliar na modelagem jurídica das minutas do edital de licitação, do contrato de PPP e demais documentos relacionados. Com o objetivo de capacitar o seu corpo de servidores públicos para lidar com o futuro contrato de PPP de iluminação pública, o Município de Praia Fina também contrata sem licitação empresa de treinamento especializada em setor público para elaboração e fornecimento de curso sobre concessão de serviços públicos, conforme as necessidades do Município de Praia Fina.

Considerando o regime da Nova Lei de Licitações e Contratos Administrativos (Lei nº 14.133/2021), é correto afirmar que:

(A) a contratação direta do renomado advogado não poderia se verificar se o Município de Praia Fina dispusesse de Procuradoria Jurídica própria;
(B) nenhuma das contratações públicas mencionadas é válida, pois, em ambos os casos, deveria ter sido realizada licitação na modalidade técnica e preço;
(C) ambas as contratações públicas são juridicamente válidas, sendo exemplos de inexigibilidade de licitação, desde que devidamente precedidas de processo de contratação direta com justificativa de preço e motivação sobre a escolha dos contratados;
(D) enquanto a notória especialização do advogado renomado é objetivamente aferível, a empresa de treinamento presta serviço técnico especializado de natureza predominantemente intelectual sem notória especialização porque ela não é reconhecida de plano;
(E) a contratação direta de consultor jurídico é devida, por inexigibilidade de licitação, mas não é juridicamente viável a contratação da empresa de treinamento na medida em que outras empresas e instituições poderiam oferecer o curso de concessão aos servidores públicos do Município de Praia Fina.

A contratação, pelo Município, de renomado advogado privado, com diversas publicações no tema de concessões, para auxiliar na elaboração das minutas do edital de licitação, do contrato de PPP e dos demais documentos incide em uma hipótese de inexigibilidade de licitação, conforme estabelece o art. 74, III, "e" da Lei 14.133/21, que estabelece que é inexigível a licitação quando inviável a competição, em especial nos casos de contratação de serviços técnicos especializados de natureza predominantemente intelectual, como o patrocínio ou defesa de causas judiciais ou administrativas com profissionais ou empresas de notória especialização. Ainda, o § 3º do art. 74, considera-se de notória especialização o profissional ou a empresa cujo conceito no campo de sua especialidade, decorrente de desempenho anterior, estudos, experiência, publicações, organização, aparelhamento, equipe técnica ou outros requisitos relacionados com suas atividades, permita inferir que o seu trabalho é essencial e reconhecidamente adequado à plena satisfação do objeto do contrato. Assim, a contratação do advogado renomado pode ser feita diretamente, por inexigibilidade de licitação. Ainda, a contratação de empresa de treinamento especializada em setor público para elaboração e fornecimento de curso sobre concessão de serviços públicos também se enquadra na hipótese de inexigibilidade de licitação para a contratação de serviços técnicos especializados com natureza predominantemente intelectual, com profissionais de notória especialização, visto o art. 74, III, "f" prevê o serviço de treinamento e aperfeiçoamento de pessoal. **A:** Incorreta, pois o fato de o Município dispor de Procuradoria Jurídica própria não impede a contratação de um profissional de notória especialização para uma situação específica. **B:** Incorreta. As contratações são válidas, com exposto. **C:** Correto. Arts. 72 e 74, Lei 14.133/21. **D:** Incorreta. O fato de a empresa ter conhecimento especializado demonstra sua notória especialização. **E:** Incorreta. A contratação da empresa especializada para capacitação se enquadra como hipótese de inexigibilidade de licitação. FC

Gabarito "C".

(Juiz de Direito – TJ/SP – 2023 – VUNESP - ADAPTADA) O artigo 76, § 5º da Lei nº 14.133/21 (com a redação da Lei nº 9.648/98), trata da "I – alienação ao proprietário de imóvel lindeiro de área remanescente ou resultante de obra pública que se tornar inaproveitável isoladamente, por preço que não seja inferior ao da avaliação e nem superior a 50% (cinquenta por cento) do valor máximo permitido para dispensa de licitação de bens e serviços previsto nesta Lei; II – alienação, ao legítimo possuidor direto ou, na falta dele, ao poder público, de imóvel para fins residenciais construído em núcleo urbano anexo a usina hidrelétrica, desde que considerado dispensável na fase de operação da usina e que não integre a categoria de bens reversíveis ao final da concessão". Isto se refere ao instituto de direito público da

(A) Afetação, pela qual o bem passa da categoria de bem do domínio privado do Estado para a categoria de bem do domínio público.
(B) Investidura, em que a licitação não é necessária porque inexiste competição.
(C) Desafetação, em que o bem deixa o domínio público para ser incorporado ao domínio privado do Estado ou do particular.
(D) Legitimação de posse ou legitimação fundiária, forma originária de aquisição do direito real de propriedade conferido por ato do poder público.

São as hipóteses de investidura previstas no art. 76, § 5º, Lei 14.133/21. Ainda, nos termos do art. 76, I, Alínea "d", a investidura é uma das hipóteses em que a licitação será dispensada, visto que não há que se criar uma competição. **FC**
Gabarito "B".

(Procurador Fazenda Nacional – AGU – 2023 – CEBRASPE) Quanto às hipóteses de contratação direta, assinale a opção correta de acordo com a Lei n.º 14.133/2021.

(A) O rol de hipóteses legais de dispensa de licitação é exemplificativo, ao passo que o das hipóteses legais de inexigibilidade é taxativo.
(B) Em hipótese de inexigibilidade, a competição é possível, entretanto razões de tomo levaram o legislador a admitir a contratação direta, ao passo que, na dispensa de licitação, há inviabilidade de competição.
(C) A contratação de serviços técnicos especializados de natureza predominantemente intelectual prestados por profissionais de notória especialização pode ser feita por inexigibilidade de licitação, enquanto a aquisição de medicamentos destinados ao tratamento de doenças raras pode-se dar por dispensa de licitação.
(D) A dispensa de licitação é admitida para serviços técnicos especializados de natureza predominantemente intelectual prestados por profissionais de notória especialização, ao passo que a inexigibilidade poderá ser utilizada nas hipóteses de contratação por baixo valor, que deverá obedecer a critério isonômico de contratação.
(E) A dispensa de licitação pode ser utilizada para aquisição de material de fornecedor exclusivo, e a inexigibilidade aplica-se à contratação de profissional do setor artístico.

A: Incorreta, pois é justamente o contrário, ou seja, o rol de dispensa é taxativo e o de inexigibilidade é exemplificativo (artigos 74, *caput*, e 75, *caput*, da Lei 14.133/2021). **B:** Incorreta, pois é justamente o contrário, uma vez que na contratação direta por inexigibilidade a competição é inviável, ao passo que na contratação direta por dispensa a competição é possível, mas a lei permite que se opte pela contratação sem licitação (artigos 74, *caput*, e 75, *caput*, da Lei 14.133/2021). **C:** Correta, nos termos do artigo 74, III, da Lei 14133/2021 (inexigibilidade), e do art. 75, IV, "m", da referida lei (dispensa de licitação). **D:** Incorreta, pois a contratação de serviços técnicos é caso de inexigibilidade (art. 74, III, da Lei 14133/2021), e a contratação de baixo valor é caso de dispensa (art. 75, I e II, da referida lei). **E:** Incorreta, pois, segundo o disposto no art. 74, I, da Lei 14133/2021, a contratação de fornecedor exclusivo é causa de inexigibilidade, e não de dispensa de licitação. **WG**
Gabarito "C".

(Procurador Fazenda Nacional – AGU – 2023 – CEBRASPE) Determinada empresa do setor de construção civil participou de licitação, na modalidade concorrência, com critério de julgamento técnica e preço, para revitalização da fachada de um edifício público, tendo indicado, para fins de pontuação por capacitação técnico-profissional, o engenheiro Túlio, seu empregado, que possuía ampla experiência na área objeto da licitação, além de especialização, mestrado e doutorado em engenharia civil. A empresa venceu a licitação e, após o início das obras, despediu Túlio, por entender que era muito dispendioso manter um profissional com tal gabarito em seu quadro de empregados.

A partir da situação hipotética apresentada, assinale a opção correta.

(A) Não houve nenhuma ilegalidade na dispensa de Túlio, então a execução do contrato poderá seguir normalmente, pois foi a empresa que venceu a licitação, e não o empregado.
(B) Túlio tem direito à estabilidade no prazo da relação contratual entre a empresa e a administração pública, razão pela qual poderá pleitear judicialmente sua reintegração à empresa.
(C) Caso a dispensa de Túlio tenha sido injustificada, a empresa classificada na segunda colocação do certame licitatório deverá assumir o contrato e finalizar a execução do serviço.
(D) Túlio deverá participar da execução da reforma, sendo admitida a sua substituição somente por profissional de experiência equivalente ou superior, condicionada à aprovação pela administração pública.
(E) Túlio não poderia ter sido dispensado antes do término do contrato, pois a capacitação técnico-profissional apresentada é *intuitu personae*.

Segundo o art. 38 da Lei n.º 14.133/2021, "No julgamento por melhor técnica ou por técnica e preço, a obtenção de pontuação devido à capacitação técnico-profissional <u>exigirá</u> que a execução do respectivo contrato tenha participação direta e pessoal do profissional correspondente" (g.n.). Adicionalmente, o art. 67, § 6º, da referida lei, estabelece que "Os profissionais indicados pelo licitante na forma dos incisos I e III do *caput* deste artigo <u>deverão participar</u> da obra ou serviço objeto da licitação, <u>e será admitida a sua substituição</u> por profissionais de experiência equivalente ou superior, desde que aprovada pela Administração" (g.n.). Nesse sentido, a solução aqui não é ignorar a saída de Túlio (alternativa "a"), dar estabilidade a Túlio (alternativas "b" e "e"), chamar a empresa classificada na segunda colocação do certame (alternativa "c"), mas sim fazer com que Túlio participe da execução da reforma ou substituí-lo por profissional de experiência equivalente ou superior, mas nesse caso mediante aprovação da administração pública. **WG**
Gabarito "D".

(Procurador Município – Santos/SP – VUNESP – 2021) Assinale a alternativa correta em se tratando de contratação direta pelo Poder Público.

(A) Na hipótese de dispensa de licitação, não há possibilidade de competição que justifique a licitação.
(B) A Lei obriga a dispensa de licitação, que fica inserida na competência vinculada da Administração.
(C) Nos casos de inexigibilidade de licitação, não há possibilidade de competição.
(D) A Lei faculta a inexigibilidade de licitação, que fica inserida na competência discricionária da Administração.
(E) Nos casos de inexigibilidade e de dispensa, a licitação é viável.

A: incorreta (a dispensa de licitação envolve um contexto em que há possibilidade de competição, o que justifica a licitação). **B:** incorreta (na dispensa, existe uma competência discricionária da Administração, que pode optar entre realizar a licitação ou contratar diretamente). **D:** incorreta (já que na inexigibilidade não há possibilidade de competição, estamos diante de uma competência vinculada da Administração, a qual só resta contratar diretamente sem licitação). **E:** incorreta (na inexigibilidade, a licitação é inviável). WG
„Gabarito "C".

(Juiz de Direito/AP – 2022 – FGV) O Estado Alfa realizou o chamado, pela nova Lei de Licitação (Lei nº 14.133/2021), procedimento de credenciamento, na medida em que realizou um processo administrativo de chamamento público, convocando interessados em prestar determinados serviços para que, preenchidos os requisitos necessários, se credenciassem no órgão para executar o objeto quando convocados.

Cumpridas todas as formalidades legais, na presente hipótese, de acordo com o citado diploma legal, em se tratando de caso de objeto que deva ser contratado por meio de credenciamento, a licitação é:

(A) inexigível, por expressa previsão legal;
(B) dispensável, por expressa previsão legal;
(C) obrigatória, na modalidade diálogo competitivo;
(D) obrigatória, na modalidade pregão;
(E) obrigatória, na modalidade leilão.

Comentário: o credenciamento representa uma hipótese expressa de *inexigibilidade*, nos termos do art. 74, IV, da Lei 14.133/2021. Nesse sentido, o contrato é feito sem licitação. O credenciamento é definido o processo administrativo de chamamento público em que a Administração Pública convoca interessados em prestar serviços ou fornecer bens para que, preenchidos os requisitos necessários, se credenciem no órgão ou na entidade para executar o objeto quando convocados. RB
Gabarito "A".

9.3. Modalidades de licitação e registro de preços

(Analista – TRF3 – 2024 – VUNESP) Entre as modalidades de licitação, o Pregão

(A) tem como critério de julgamento obrigatoriamente o menor preço.
(B) pode ser usada para alienação de bens.
(C) não é obrigatória para aquisição de bens e serviços comuns.
(D) pode ter como critério de julgamento o maior desconto.
(E) pode ter como critério de julgamento o maior retorno econômico.

A: Incorreta. Nos termos do art. 6º, XLI, Lei 14.133/21, o pregão pode ter como critério de julgamento o menor preço ou maior desconto: "Art. 6º, XLI – pregão: modalidade de licitação obrigatória para aquisição de bens e serviços comuns, cujo critério de julgamento poderá ser o de menor preço ou o de maior desconto". **B:** Incorreta. O art. 6º, XLI, Lei 14.133/21 prevê que o pregão é a modalidade obrigatória para aquisição de bens e serviços comuns, e não para alienação. **C:** Incorreta, o pregão é a modalidade obrigatória para aquisição de bens e serviços comuns. **D:** Correta. O art. 6º, XLI, prevê o critério de julgamento menor preço ou o maior desconto. **E.** Incorreta. O critério de julgamento maior retorno econômico não é uma possibilidade para a modalidade pregão. FC
Gabarito "D".

(Analista – TRF3 – 2024 – VUNESP) A modalidade de licitação para contratação de bens e serviços especiais e de obras e serviços comuns e especiais de engenharia, cujo critério de julgamento poderá ser menor preço; melhor técnica ou conteúdo artístico; técnica e preço; maior retorno econômico; ou maior desconto é denominada:

(A) concorrência.
(B) leilão.
(C) concurso.
(D) pregão.
(E) diálogo competitivo.

O art. 28 da Lei 14.133/21 prevê como modalidades de licitação: concorrência, pregão, concurso, leilão e diálogo competitivo. A concorrência, nos termos do art. 6º, XXXVIII, Lei 14.133/21: XXXVIII – concorrência: modalidade de licitação para contratação de bens e serviços especiais e de obras e serviços comuns e especiais de engenharia, cujo critério de julgamento poderá ser: menor preço, melhor técnica ou conteúdo artístico, técnica e preço, maior retorno econômico, maior desconto". Assim, alternativa A correta. FC
Gabarito "A".

(Juiz de Direito – TJ/DFT – 2023 – CEBRASPE) No que diz respeito à licitação e ao pregão, assinale a opção correta.

(A) O pregão distingue-se das demais modalidades de licitação pelo fato de todas as suas fases se caracterizarem por informalismo e oralidade.
(B) Como o pregão busca definir uma ordenação de licitantes, em função de suas propostas, estas não podem ser desclassificadas nessa modalidade de licitação.
(C) Desde que haja notória especialização de escritório de advocacia, é possível a sua contratação direta, sem licitação, pelo poder público.
(D) Se o prestador de serviços agir com má-fé em contrato com a administração pública ou concorrer para contratação ilegal, a administração pública não necessariamente terá de ressarcir os serviços prestados.
(E) Pelo fato de a Lei n.º 14.133/2021 constituir lei geral sobre contratações do poder público, ela se aplica, de forma subsidiária, a concursos públicos para provimento de cargos na administração pública.

A: Incorreta. Conforme previsão no art. 29 da Lei 14.133/21 o pregão e a concorrência se submetem ao mesmo rito procedimental comum, previsto no art. 17 da mesma lei. Assim, não há que se falar que o pregão é diferente de todas as modalidades de licitação. **B:** Incorreta. A desclassificação, prevista no art. 59, Lei 14.133/21, pode ocorrer inclusive no pregão. **C:** Incorreta. Não basta que o escritório seja de notória especialização, para que a contratação direta possa ocorrer, na hipótese

de licitação inexigível (art. 74, III, Lei 14.133/21) é necessário também que seja a contratação de serviços técnicos de natureza predominantemente intelectual, e que o procedimento do art. 72, Lei 14.133/21 seja respeitado. **D: Correta**. O Superior Tribunal de Justiça (AgRg Resp 1.394.161/ SC, rel. Min. Herman Benjamim, julg. 16/10/2013) entende que em virtude da nulidade de contrato administrativo celebrado sem realização de procedimento licitatório devido, afastou o dever de indenizar da Administração ao entender que os contratados deram causa à invalidação do instrumento. Assim, não há o dever de indenizar por parte da Administração nos casos de ocorrência de má-fé ou de ter o contratado concorrido para a nulidade. **E: Incorreta**. A Lei 14.133/21 não tem ligação com concursos públicos para provimento de cargos na administração pública. Não deve se confundir o concurso público com a modalidade de licitação concurso (art. 6º, XXXIX, Lei 14.133/21). **FC**
Gabarito "D".

(Procurador Fazenda Nacional – AGU – 2023 – CEBRASPE) Um órgão da administração pública necessita realizar contratações para:
I. aquisição de material de expediente.
II. cadastramento de clínicas oftalmológicas para exames necessários à expedição de carteira nacional de habilitação (CNH).
III. compra de passagens aéreas.
IV. avaliação de desempenho de fornecedor de serviços de copeiragem.
V. aquisição de café e açúcar.
Com base na Lei n.º 14.133/2021, é correto afirmar que, na situação hipotética apresentada, são procedimentos auxiliares de contratação cabíveis

(A) o pregão, para o objeto I, o credenciamento, para os objetos II e V, a concorrência, para o objeto III, e o procedimento de manifestação de interesse, para o objeto IV.
(B) o sistema de registro de preços, para os objetos I e V, o credenciamento, para os objetos II e III, e o registro cadastral unificado, para o objeto IV.
(C) o pregão, para os objetos I e V, o credenciamento, para os objetos II e III, e a pré-qualificação, para o objeto IV.
(D) o pregão, para os objetos I e V, a concorrência, para os objetos II e III, e o diálogo competitivo, para o objeto IV.
(E) o sistema de registro de preços, para os objetos I e V, o registro cadastral unificado, para os objetos II e III, e a pré-qualificação, para o objeto IV.

As alternativas "A", "C" e "D" deverão ser excluídas de plano, pois a questão pergunta sobre procedimentos auxiliares de contratação cabíveis, e o pregão não está previsto no art. 78 da Lei 14.133/2021 como um procedimento auxiliar de contratação. A alternativa E está incorreta, pois o sistema de registro cadastral unificado é procedimento que tem por objetivo promover uma antecipação da qualificação de empresas, para que possam participar de licitações futuras. Esse procedimento não é compatível com o credenciamento. Por fim, a alternativa "B" está correta, nos termos do artigo 6º da Lei 14.133/2021: (...) XLIII – credenciamento: processo administrativo de chamamento público em que a Administração Pública convoca interessados em prestar serviços ou fornecer bens para que, preenchidos os requisitos necessários, se credenciem no órgão ou na entidade para executar o objeto quando convocados; XLV – sistema de registro de preços: conjunto de procedimentos para realização, mediante contratação direta ou licitação nas modalidades pregão ou concorrência, de registro formal de preços relativos a prestação de serviços, a obras e a aquisição e locação de bens para contratações futuras (g.n.). **WG**
Gabarito "B".

(Procurador/DF – CESPE – 2022) Com base na nova Lei de Licitações e Contratos Administrativos (Lei n.º 14.133/2021), julgue o item a seguir.
(1) As modalidades de licitação previstas nessa lei são concorrência, concurso, leilão, tomada de preços e convite.

1: Item com afirmação errada. De acordo com o art. 28 da Lei 14.133/2021, nas modalidades licitatórias são: pregão, concorrência, concurso, leilão e diálogo competitivo. **WG**
Gabarito "1E".

(Delegado/RJ – 2022 – CESPE/CEBRASPE) Em matéria da modalidade de licitação pregão, assinale a opção correta.

(A) No pregão, assim como no regime diferenciado de contratações públicas, a fase da habilitação antecede a de julgamento.
(B) O pregão é a modalidade de licitação obrigatória para a aquisição de bens e serviços não comuns, cujos padrões de desempenho e qualidade não podem ser objetivamente definidos no edital.
(C) A modalidade de licitação pregão enseja maior celeridade, na medida em que apresenta fase em que são feitos lances verbais ou de forma eletrônica.
(D) O pregão admite apenas a disputa aberta, com propostas transmitidas por lances públicos e sucessivos, sendo vedada a disputa fechada.
(E) Com o advento da Lei n.º 14.133/2021 passaram a ser viáveis apenas de forma eletrônica contratações em que a modalidade pregão puder ser combinada com a modalidade diálogo competitivo.

Alternativa **A** incorreta (no pregão, a fase da habilitação sucede a de julgamento; esse o procedimento comum previsto na Lei 14.133/2021). Alternativa **B** incorreta (o pregão é modalidade de licitação obrigatória para a aquisição de bens e serviços comuns). Alternativa **C** correta (cf. o regime do pregão, tanto da Lei 10.520/2002 quanto da Lei 14.230/2021). Alternativa **D** incorreta (é permitido no pregão o modo de disputa misto, em que há a combinação de uma disputa aberta com uma fechada; ressalte-se, contudo, que é vedado no pregão o modo de disputa exclusivamente fechado). Alternativa **E** incorreta (as licitações serão realizadas, independentemente da modalidade, preferencialmente sob a forma eletrônica, cf. art. 17, § 2º, da Lei 14.133/2021). **RB**
Gabarito "C".

9.4. Critérios de julgamento

(Procurador Município – Teresina/PI – FCC – 2022) *Uma vez classificadas as propostas técnicas, proceder-se-á à abertura das propostas de preço dos licitantes que tenham atingido os requisitos mínimos estabelecidos no instrumento convocatório, ponderando-se as pontuações atingidas em ambas as propostas, conforme fórmula prevista no edital, que deve observar a valorização máxima de 70% para a proposta técnica [...].*

O procedimento acima descrito é necessariamente empregado
(A) na modalidade de licitação concorrência.
(B) ao se adotar o critério de julgamento por melhor técnica ou conteúdo artístico.
(C) na modalidade de licitação pregão.
(D) ao se adotar o critério de julgamento por técnica e preço.

(E) na modalidade de licitação concurso.

O art. 36 da Lei 14.133/2021 (nova lei de licitações) dispõe sobre o critério de julgamento misto (técnica e preço). Conforme o seu § 2º, "deverão ser avaliadas e ponderadas as propostas técnicas e, em seguida, as propostas de preço apresentadas pelos licitantes, na proporção máxima de 70% (setenta por cento) de valoração para a proposta técnica." Assim, correta a alternativa D. **WG**

Gabarito "D".

9.5. Temas combinados e outros temas

(Juiz de Direito – TJ/SC – 2024 – FGV) A sociedade empresária Boa Obra Ltda. foi contratada verbalmente pelo Município de Para Lá do Brejo, sem qualquer processo licitatório, para construir uma escola municipal. O preço ajustado está rigorosamente em conformidade com o mercado, inexistindo qualquer superfaturamento. Ao final da obra, após a aceitação plena do edifício pelos servidores responsáveis pela fiscalização da obra, o município declara a nulidade do contrato e paga à sociedade empresária apenas o valor do material utilizado na obra.

À luz da legislação de regência, a conduta do Município de Para Lá do Brejo é:

(A) lícita, pois a declaração de nulidade do contrato impõe apenas a indenização pelo material utilizado na obra, sem a obrigação de pagar serviços de terceiros;

(B) lícita, pois embora a legislação de regência não restrinja a indenização ao material empregado na obra, o dever de cautela impede o pagamento dos demais itens;

(C) ilícita, pois o contrato nulo não cria direito em favor do contratado, cuja má-fé é presumida, de modo que não cabia ao município pagar sequer o valor do material;

(D) ilícita, pois a declaração de nulidade do contrato opera retroativamente e deve desconstituir os efeitos já produzidos, podendo a escola, inclusive, ser demolida;

(E) ilícita, pois a declaração de nulidade do contrato não afasta o direito à indenização por todas as perdas e danos do contratado, sob pena de enriquecimento sem causa.

Nos termos do art. 148 da Lei 14.133/21, "A declaração de nulidade do contrato administrativo requererá análise prévia do interesse público envolvido, na forma do art. 147 desta Lei, e operará retroativamente, impedindo os efeitos jurídicos que o contrato deveria produzir ordinariamente e desconstituindo os já produzidos". No entanto, como a obra do edifício já foi entregue, com aceitação dos servidores responsáveis, não é mais possível voltar à situação fática anterior. De acordo com o § 1º do art. 148, "caso não seja possível o retorno à situação fática anterior, a nulidade será resolvida pela indenização por perdas e danos, sem prejuízo da apuração de responsabilidade e aplicação das penalidades cabíveis". Assim, a conduta do Município é ilícita, pois ele deve indenizar todas as perdas e danos do contratado, pois, se não houver indenização, será hipótese de enriquecimento ilícito por parte da Administração Pública. **FC**

Gabarito "E".

(Analista – INPI – 2024 – CEBRASPE) No que se refere às normas de licitação e contratos administrativos previstas na Lei n.º 8.666/1993 e na Lei n.º 14.133/2021, julgue os itens a seguir.

(1) Na dispensa de licitação em razão do valor reduzido, a Lei n.º 8.666/1993 prevê limites dobrados para compras, serviços e obras contratados por autarquia qualificada como agência executiva, estando tal previsão preservada na Lei n.º 14.133/2021.

(2) A locação, pela administração pública, de imóvel destinado ao atendimento das finalidades precípuas da administração pública cujas características ou necessidades de instalação e de localização tornem necessária a sua escolha configura hipótese de dispensa de licitação segundo a Lei n.º 8.666/1993, ao passo que figura como causa de inexigibilidade de licitação na Lei n.º 14.133/2021.

(3) Os servidores, os empregados públicos e os agentes de licitação das autarquias integram a primeira linha de defesa das contratações públicas no âmbito da entidade, segundo a Lei n.º 14.133/2021.

(4) De acordo com a Lei n.º 14.133/2021, a sanção de declaração de inidoneidade para licitar ou contratar a ser aplicada pelas autarquias federais é ato que compete ao ministro de Estado a que se subordina a entidade.

1: Certo. O art. 24, § 1º da Lei 8.666/93 estabelecia o dobro dos limites de dispensa de licitação no caso de autarquia qualificada como agência executiva. Da mesma maneira, o art. 75, § 2º, Lei 14.133/21 estabelece que "§ 2º Os valores referidos nos incisos I e II do *caput* deste artigo serão duplicados para compras, obras e serviços contratados por consórcio público ou por autarquia ou fundação qualificadas como agências executivas na forma da lei". **2:** Certo. O art. 24, X, da Lei 8.666/93 estabelecia que uma das hipóteses de licitação dispensável seria "para a compra ou locação de imóvel destinado ao serviço público, cujas necessidades de instalação e localização condicionem a sua escolha, desde que o preço seja compatível com o valor de mercado, segundo avaliação prévia". Já na Lei 14.133/21, trata-se de licitação inexigível, nos termos do art. 74, V: "Art. 74. É inexigível a licitação quando inviável a competição, em especial nos casos de: V – aquisição ou locação de imóvel cujas características de instalações e de localização tornem necessária sua escolha". **3:** Certo. O art. 169, I, Lei 14.133/21 determina que "Art. 169. As contratações públicas deverão submeter-se a práticas contínuas e permanentes de gestão de riscos e de controle preventivo, inclusive mediante adoção de recursos de tecnologia da informação, e, além de estar subordinadas ao controle social, sujeitar-se-ão às seguintes linhas de defesa: I – primeira linha de defesa, integrada por servidores e empregados públicos, agentes de licitação e autoridades que atuam na estrutura de governança do órgão ou entidade". **4:** Errado. Quando a declaração de inidoneidade for aplicada por autarquia ou fundação, será de competência exclusiva da autoridade máxima da entidade, conforme previsto no art. 156, § 6º, I, da Lei 14.133/21. **FC**

Gabarito 1C, 2C, 3C, 4E

(Juiz Federal – TRF/1 – 2023 – FGV) Entre os procedimentos auxiliares das licitações e das contratações regidas pela Lei nº 14.133/2021, destaca-se o credenciamento, que é o processo administrativo de chamamento público em que a Administração Pública convoca interessados em prestar serviços ou fornecer bens para que, preenchidos os requisitos necessários, se credenciem no órgão ou na entidade para executar o objeto quando convocados. Nesse contexto, de acordo com o citado diploma legal:

(A) a licitação é inexigível quando inviável a competição, em especial no caso de objetos que devam ou possam ser contratados por meio de credenciamento;

(B) o credenciamento é o procedimento técnico-administrativo para selecionar previamente licitantes que reúnam condições de habilitação para participar de futura licitação ou de licitação vinculada a programas de obras ou de serviços objetivamente definidos;

(C) os procedimentos de credenciamento serão definidos em regulamento, observadas algumas regras, como a que permite o cometimento a terceiros do objeto contratado sem autorização expressa da Administração, com escopo de fomentar o princípio da vantajosidade;

(D) o credenciamento não poderá ser usado na hipótese de contratação em mercados fluidos, caso em que a flutuação constante do valor da prestação e das condições de contratação inviabiliza a seleção de agente por meio de processo de licitação;

(E) o procedimento auxiliar específico adequado para a Administração solicitar à iniciativa privada, a propositura e a realização de estudos, investigações, levantamentos e projetos de soluções inovadoras que contribuam com questões de relevância pública é o credenciamento a ser iniciado com a publicação de edital de chamamento público.

O credenciamento é um procedimento auxiliar previsto no art. 6º, XLIII, art. 78, I e art. 79 da Lei 14.133/21. **A:** Correta, pois o art. 74, IV, Lei 14.133/21 prevê que a licitação será inexigível quando o objeto possa ou deva ser contratado por meio de credenciamento, visto que é uma hipótese de inviabilidade de competição. **B:** Incorreta. O procedimento seletivo prévio à licitação, convocado por meio de edital, destinado à análise das condições de habilitação, total ou parcial, dos interessados ou do objeto, é a pré-qualificação (art. 6º, XLIV e art. 80, I, Lei 14.133/21) **C:** Incorreta. O art. 79, parágrafo único, V, da Lei 14.133/21 estabelece que os procedimentos de credenciamento serão definidos em regulamento, sendo que uma das regras que devem ser observadas é que não será permitido o cometimento a terceiros do objeto contratado sem autorização expressa da Administração. **D:** Incorreta. O art. 79, III, Lei 14.133/21 estabelece que uma das hipóteses do credenciamento é no caso de mercados fluidos, caso em que a flutuação constante do valor da prestação e das condições de contratação inviabiliza a seleção de agente por meio de processo de licitação. **E:** Incorreta. O procedimento auxiliar em que a Administração solicita à iniciativa privada a propositura e a realização de estudos, investigações, levantamentos e projetos de soluções inovadoras que contribuam com questões de relevância pública, na forma de regulamento, é o procedimento de manifestação de interesse (art. 81, Lei 14.133/21). **FC**

Gabarito "A."

(Procurador/PA – CESPE – 2022) Quanto ao regime jurídico das licitações públicas, a Lei n.º 14.133/2021

(A) prevê, expressamente, entre os chamados procedimentos auxiliares, o credenciamento, no qual, a despeito da relação *intuitu personae* que se estabelece entre credenciado e administração, é admissível o cometimento a terceiros do objeto contratado, mediante autorização expressa da administração.

(B) manteve as cinco modalidades de licitação previstas na Lei n.º 8.666/1993 e o pregão, acrescentando como nova modalidade o diálogo competitivo, no qual a administração pública realiza diálogos com licitantes previamente selecionados mediante critérios objetivos, em busca de alternativas capazes de atender as suas necessidades, devendo os licitantes apresentar proposta final após o encerramento dos diálogos.

(C) ampliou para um ano o prazo máximo da contratação direta, mediante dispensa de bens e parcelas de obras e serviços necessários ao atendimento de situação emergencial ou calamitosa, sendo o prazo contado da data de ocorrência da emergência ou da calamidade pública, admitida a prorrogação motivada dos respectivos contratos, pelo prazo máximo de seis meses.

(D) estendeu o rol de hipóteses de inexigibilidade de licitação previsto na Lei n.º 8.666/1993 e o tornou taxativo, constando, entre as hipóteses acrescidas, a aquisição ou locação de imóvel cujas características de instalações e de localização tornem necessária a escolha dessa modalidade.

(E) ampliou significativamente o regramento do sistema de registro de preços, passando a dispor, por exemplo, sobre a adesão de não participantes (carona) à ata de registro de preços, o que não poderá exceder, por órgão ou entidade, o quantitativo de cada item registrado na ata de registro de preços para o órgão gerenciador e para os órgãos participantes.

A: correta (art. 79, parágrafo único, V). **B:** incorreta (as modalidades tomada de preços e convite, previstas na Lei 8.666/1993, foram extintas pela Lei 14.133/2021). **C:** incorreta (é vedada a prorrogação dos respectivos contratos, cf. art. 75, VIII). **D:** incorreta (o rol de hipóteses de inexigibilidade é exemplificativo, cf. art. 74, "caput"). **E:** incorreta (não poderá exceder, na totalidade, ao dobro do quantitativo de cada item registrado na ata de registro de preços para o órgão gerenciador e órgãos participantes, cf. art. 86, § 5º). **WG**

Gabarito "A."

(Juiz de Direito/SP – 2021 – Vunesp) Quanto à Nova Lei de Licitações e Contratos Administrativos, é correto afirmar que

(A) o artigo 2o da Lei no 14.133/2021 traz elenco exaustivo das hipóteses de aplicação da norma.

(B) ao disciplinar amplamente a matéria de licitações de contratações administrativas, a Lei no 14.133/2021 implicitamente revogou as normas contempladas na Lei no 123/2006, em favor de microempresas e empresas de pequeno porte.

(C) o artigo 5o apresenta função hermenêutica, os princípios nele estatuídos orientam a interpretação da Lei no 14.133/2021, mas partindo da observância das regras específicas, que são minuciosas no novo diploma legal.

(D) a gestão por competências não atinge as etapas preliminares e não se confunde com a segregação de funções.

Comentário: **A:** incorreta (o rol do art. 2º da Lei 14.133/2021, que elenca o âmbito de aplicação da norma, é exemplificativo). **B:** incorreta (cf. art. 4º da Lei 14.133/2021, aplicam-se às licitações e contratos administrativos disciplinados pela mesma lei as disposições constantes dos arts. 42 a 49 da Lei Complementar 123/2006, os quais dispõem sobre o tratamento diferenciado, no âmbito das licitações, em favor de microempresas e empresas de pequeno porte). **C:** correta (o art. 5º da Lei 14.133/2021 elenca os princípios aplicáveis às licitações e contratos, motivo pelo qual conduz a interpretação das regras específicas contidas no mesmo diploma). **D:** incorreta (a gestão por competências atinge as etapas preliminares da licitação, em homenagem ao princípio do planejamento). **RB**

Gabarito "C."

(Juiz de Direito/GO – 2021 – FCC) A Lei de Licitações, Lei no 14.133, de 1o de abril de 2021, dispõe sobre a elaboração do projeto básico, que pode ser sintetizado como sendo o *conjunto de elementos necessários e suficientes, com nível de precisão adequado para definir e dimensionar a obra ou o serviço, ou o complexo de obras ou de serviços objeto da licitação* [...]" (art. 6o, XXV). O projeto básico

(A) deve obrigatoriamente ser elaborado por comissão composta por servidores efetivos ou empregados públicos do quadro permanente da Administração pública.

(B) é dispensável na licitação de obras e serviços de engenharia quando for adotado o regime de contratação integrada ou semi-integrada.

(C) é elemento obrigatório e deve compor a fase preparatória em todas as contratações de obras e serviços de engenharia.

(D) deve sempre conter orçamento detalhado do custo global da obra, fundamentado em quantitativos de serviços e fornecimentos propriamente avaliados.

(E) deve ser elaborado com base nas indicações de estudo técnico preliminar, documento que caracteriza o interesse público envolvido e aponta a melhor solução para sua satisfação.

Comentário: **A**: errada (a elaboração do projeto básico pode ser delegada pela Administração a terceiros por meio de contrato administrativo, conforme se extrai, por exemplo, dos arts. 6º, XXXII e 14, I). **B** e **C**: erradas (nos termos do art. 46, § 2º, a Administração é dispensada da elaboração de projeto básico nos casos de contratação integrada, aplicável para obras e serviços de engenharia; assim, não é elemento obrigatório na fase preparatória de todas as licitações). **D**: errada (o orçamento detalhado, como elemento do projeto básico, não é obrigatório para os regimes de execução integrada e semi-integrada, cf. art. art. 6º, XXV, "f"). **E**: correta (de fato, nos termos do art. 6º, XX, o estudo técnico preliminar é documento constitutivo da primeira etapa do planejamento de uma contratação que caracteriza o interesse público envolvido e a sua melhor solução, servindo de base, entre outros, ao projeto básico). RB

Gabarito "E."

(Promotor de Justiça/SP – 2019 – MPE/SP) A respeito do estatuto jurídico da empresa pública, da sociedade de economia mista e de suas subsidiárias, assinale a alternativa **INCORRETA**.

(A) O contratado é obrigado a reparar, corrigir, remover, reconstruir ou substituir, às suas expensas, no total ou em parte, o objeto do contrato em que se verificarem vícios, defeitos ou incorreções resultantes da execução ou de materiais empregados, e responderá por danos causados diretamente a terceiros ou a empresa pública ou sociedade de economia mista, independentemente da comprovação de sua culpa ou dolo na execução do contrato.

(B) Os contratos com terceiros destinados à prestação de serviços às empresas públicas e às sociedades de economia mista, inclusive de engenharia e de publicidade, à aquisição e à locação de bens, à alienação de bens e ativos integrantes do respectivo patrimônio ou à execução de obras a serem integradas a esse patrimônio, bem como à implementação de ônus real sobre tais bens, serão precedidos de licitação, ressalvadas as hipóteses de dispensa e de inexigibilidade previstas na Lei 13.303/2016.

(C) A homologação do resultado pela autoridade competente implica a constituição de direito relativo à celebração do contrato em favor do licitante vencedor com a empresa pública ou a sociedade de economia mista.

(D) O contratado deverá aceitar, nas mesmas condições contratuais, os acréscimos ou supressões que se fizerem nas obras, serviços ou compras, até 25% (vinte e cinco por cento) do valor inicial atualizado do contrato, e, no caso particular de reforma de edifício ou de equipamento, até o limite de 50% (cinquenta por cento) para os seus acréscimos.

(E) Pela inexecução total ou parcial do contrato a empresa pública ou a sociedade de economia mista poderá, garantida a prévia defesa, aplicar ao contratado as sanções de advertência, multa e suspensão temporária de participação em licitação e impedimento de contratar com a entidade sancionadora, por prazo não superior a dois anos.

A: correta (Art. 76 da Lei 13.303/16). **B**: correta (art. 28 da Lei 13.303/16). **C**: correta (art. 60 da Lei 13.303/16). **D**: incorreta (de acordo com o art. 81, §1º, da Lei 13.303/16, o contratado poderá aceitar referidos acréscimos ou supressões). **E**: correta (art. 83 da Lei 13.303/16). RB

Gabarito "D."

10. CONTRATOS ADMINISTRATIVOS

10.1. Conceito, características principais, formalização e cláusulas contratuais necessárias

(Juiz – TRF 2ª Região – 2017) Sobre o equilíbrio econômico-financeiro das concessões comuns, patrocinadas e administrativas reguladas nas Leis nº 8.987/1995 e nº 11.079/04, é correto afirmar que:

(A) A tarifa do serviço público deve ser fixada pelo Poder Concedente no edital, com o objetivo de viabilizar a sua modicidade e universalização do serviço.

(B) A cobrança da tarifa, desde que fixada em Decreto, pode ser condicionada à existência de serviço público alternativo e gratuito para o usuário.

(C) As tarifas poderão ser diferenciadas em razão das características técnicas e dos custos específicos provenientes do atendimento aos distintos segmentos de usuários.

(D) A taxa interna de retorno prevista no plano de negócios apresentado pelo licitante vencedor deve ser assegurada anualmente como único mecanismo de manutenção do equilíbrio econômico-financeiro do contrato.

(E) A taxa interna de retorno prevista no plano de negócios apresentado pelo licitante vencedor serve como parâmetro de aferição do equilíbrio econômico-financeiro do contrato, desde que previamente atestada pelo Tribunal de Contas do Poder Concedente.

A: incorreta. A tarifa depende das condições da proposta, edital e do determinado no contrato, conforme disposto no art. 9º, da Lei 9.784/1999; **B**: incorreta. A cobrança da tarifa, se houver previsão em lei, e não em decreto, poderá ser condicionada à existência de serviço público alternativo e gratuito, conforme disposto no art. 9º, §1º, da Lei 9.784/1999; **C:** correta. Trata-se do disposto no art. 13, da Lei 8.987/1995; **D:** incorreta. Não há previsão legal para essa "taxa interna de retorno", sendo prevista a revisão das cláusulas contratuais para a manutenção do equilíbrio econômico financeiro, apenas (art. 9º, §2º, da Lei 8.987/1995); **E:** incorreta. O mesmo se diz em relação a essa alternativa, ou seja, não há que se falar em "taxa interna de retorno", e sim, de um equilíbrio econômico financeiro, a ser mantido durante toda a vigência do contrato. AW

Gabarito "C".

10.2. Alteração dos contratos

(Procurador – PGE/SP – 2024 – VUNESP) Após regular licitação, o Estado "X" firmou contrato de obra para construção de um hospital público com determinada empreiteira, em regime de empreitada integral, com previsão de prestação de seguro-garantia, nos termos da Lei nº 14.133/2021. No caso, não houve elaboração de matriz de riscos para orientar a alocação dos riscos contratuais. Durante a execução do contrato, a falência de subcontratado escolhido pela empreiteira acabou ocasionando o atraso na entrega de parcelas da obra e o aumento dos custos de execução contratual. Em vista disso, a contratada pleiteou o restabelecimento do equilíbrio econômico-financeiro inicial do contrato, de modo que seja alterado o preço inicialmente ofertado, para contemplar os encargos decorrentes da situação imprevista.

Diante de tal pleito, a Administração deverá

(A) negar o reequilíbrio solicitado, pois o seguro-garantia contratado fornece cobertura a esse tipo de evento.

(B) conceder o reequilíbrio solicitado, pois a situação configura hipótese contemplada na teoria do risco administrativo, impondo-se a responsabilidade objetiva estatal.

(C) negar o reequilíbrio solicitado, pois, no caso de contratação em regime de empreitada integral, não cabe reequilíbrio econômico-financeiro em nenhuma hipótese.

(D) negar o reequilíbrio solicitado, uma vez que a contratação em regime de empreitada integral pressupõe a assunção pela contratada dos riscos relativos às decisões adotadas para execução do objeto.

(E) conceder o reequilíbrio solicitado, pois o evento se qualifica como álea administrativa, suportada pela teoria da imprevisão.

De acordo com o art. 6º, XXX, da Lei 14.133/2021, a empreitada integral é feita "sob inteira responsabilidade do contratado até sua entrega ao contratante em condições de entrada em operação". Nesse sentido a administração deverá negar o reequilíbrio solicitado e a motivação é porque o contratado assumiu todos os riscos do contrato. Os riscos não são da administração, portanto as alternativas "b" e "e" estão excluídas. A alternativa "a" também está incorreta, pois a existência de seguro não é a razão primária para a denegação do pedido, mas o fato de se tratar de empreitada integral. WG

Gabarito "D".

10.3. Execução do contrato

(Procurador Município – Teresina/PI – FCC – 2022) Observe as seguintes descrições, aplicáveis a institutos que se relacionam com a execução contratual:

I. mecanismo adotado para reequilíbrio dos preços dos serviços continuados, sob regime de mão de obra exclusiva, ou com predominância de mão de obra, em relação aos preços de mercado, aplicável com periodicidade mínima anual e mediante demonstração analítica da variação dos componentes dos custos do contrato.

II. mecanismo que busca promover a atualização monetária dos preços contratuais, de maneira a retratar a variação efetiva do custo da produção, podendo ser adotados índices específicos ou setoriais.

III. mecanismo para restabelecimento do equilíbrio econômico-financeiro, em caso de força maior, caso fortuito ou fato do príncipe ou em decorrência de fatores imprevisíveis ou previsíveis de consequências incalculáveis, que inviabilizem a execução do contrato tal como pactuado, respeitada, em qualquer caso, a repartição objetiva de risco estabelecida no contrato.

Os itens I, II e III correspondem, respectivamente, aos institutos:

(A) revisão – reajuste em sentido estrito – repactuação

(B) repactuação – revisão – reajuste em sentido estrito

(C) repactuação – reajuste em sentido estrito – revisão

(D) revisão – repactuação – reajuste em sentido estrito

(E) reajuste em sentido estrito – revisão – repactuação

Repactuação é definida como a forma de manutenção do equilíbrio econômico-financeiro de contrato utilizada para serviços contínuos com regime de dedicação exclusiva de mão de obra ou predominância de mão de obra, por meio da análise da variação dos custos contratuais e aplicável com periodicidade mínima anual (art. 6º, LIX c.c. art. 92, §4º, ambos da Lei 14.133/2021). *Reajuste* em sentido estrito constitui a forma de manutenção do equilíbrio econômico-financeiro de contrato consistente na aplicação do índice de correção monetária previsto no contrato, que deve retratar a variação efetiva do custo de produção, admitida a adoção de índices específicos ou setoriais (art. 6º, LVIII, da Lei 14.133/2021). Já *revisão* decorre da aplicação da teoria da imprevisão e está associada a caso de força maior, caso fortuito ou fato do príncipe ou em decorrência de fatores imprevisíveis ou previsíveis de consequências incalculáveis, que inviabilizem a execução do contrato (art. 124, II, "d", da Lei 14.133/2021). Assim, correta a alternativa C. WG

Gabarito "C".

10.4. Temas Combinados de Contratos Administrativos

(Procurador/PA – CESPE – 2022) Com base no disposto na Lei n.º 14.133/2021 a respeito dos contratos administrativos, assinale a opção correta.

(A) O contratado é obrigado a aceitar, nas mesmas condições contratuais, supressões de até 25% do valor inicial atualizado do contrato que se fizerem nas obras, nos serviços ou nas compras, razão pela qual não lhe cabe pleitear da administração o valor dos custos de materiais eventualmente já adquiridos e colocados no local dos trabalhos.

(B) O contratado tem direito à extinção do contrato em caso de suspensão da sua execução, por ordem escrita da administração, por prazo igual ou superior a dois meses.

(C) Com vistas à continuidade da atividade administrativa, a administração poderá determinar que a declaração de nulidade do contrato só tenha eficácia em momento futuro, suficiente para efetuar nova contratação.

(D) Em nenhuma hipótese será admitido o pagamento antecipado, parcial ou total, relativo a parcelas contratuais vinculadas ao fornecimento de bens, à execução de obras ou à prestação de serviços.

(E) A aplicação das sanções administrativas ao contratado dar-se-á por meio de processo de responsabilização, cuja instauração interrompe a prescrição, estabelecida em prazos que variam de seis meses a cinco anos, conforme a gravidade da infração.

A: incorreta (cf. art. 129, nas alterações contratuais para supressão de obras, bens ou serviços, se o contratado já houver adquirido os materiais e os colocado no local dos trabalhos, estes deverão ser pagos pela Administração pelos custos de aquisição regularmente comprovados e monetariamente reajustados, podendo caber indenização por outros danos eventualmente decorrentes da supressão, desde que regularmente comprovados). **B:** incorreta (o contratado tem direito à extinção do contrato em caso de suspensão da sua execução, por ordem escrita da administração, por prazo superior a 3 meses, cf. art. 137, § 2º, II). **C:** correta (art. 148, § 2º). **D:** incorreta (a antecipação de pagamento somente será permitida se propiciar sensível economia de recursos ou se representar condição indispensável para a obtenção do bem ou para a prestação do serviço, cf. art. 145, § 1º). **E:** incorreta (a prescrição ocorrerá em 5 anos, cf. art. 158, § 4º). WG

Gabarito "C".

(Juiz de Direito/GO – 2021 – FCC) O direito administrativo contemporâneo é marcado pela tendência de promover maior consensualidade nas relações administrativas. Os métodos alternativos de resolução de conflitos, antes reservados aos conflitos de natureza privada, passaram a compor a caixa de ferramentas da Administração pública. É certo, porém, que tais ferramentas devem ser devidamente adaptadas ao uso no ambiente público, dada a primazia dos interesses gerais da coletividade. A propósito de tal tema, a legislação vigente estatui:

(A) Os contratos administrativos são passíveis de extinção por força de decisão arbitral, caso haja convenção relativa à adoção desse meio de resolução de controvérsias.

(B) Para que um litígio contratual envolvendo a Administração pública seja objeto de arbitragem, é obrigatório que haja prévia cláusula compromissória entre as partes da relação contratual.

(C) A arbitragem envolvendo relações contratuais da Administração pública não abrange questões relacionadas ao inadimplemento contratual do contratado, aspecto atinente ao poder regulatório da Administração e, portanto, indisponível.

(D) Dada a indisponibilidade do interesse público, sentenças arbitrais envolvendo a Administração pública somente são executáveis após homologação judicial que ateste a validade da convenção e a regularidade formal do procedimento arbitral.

(E) Uma vez que haja processo arbitral ou judicial em curso, afasta-se a hipótese de uso da mediação, quando a Administração pública for parte, visto que se operou preclusão administrativa.

Comentário: **A:** correta (art. 138, III, da Lei 14.133/2021). **B:** incorreta (a arbitragem envolvendo a Administração pode ser objeto de cláusula compromissória – ou seja, no âmbito do contrato, previamente ao litígio – ou compromisso arbitral – durante o litígio). **C:** incorreta (cf. art. 151, parágrafo único, da Lei 14.133/2021, a utilização da arbitragem pela Administração pressupõe a existência de controvérsia relacionada a direitos patrimoniais disponíveis, como as questões relacionadas ao restabelecimento do equilíbrio econômico-financeiro do contrato, ao inadimplemento de obrigações contratuais por quaisquer das partes e ao cálculo de indenizações). **D:** incorreta (cf. art. 18 da Lei 9.307/1996, Lei da Arbitragem, o árbitro é juiz de fato e de direito, e a sentença que proferir não fica sujeita a recurso ou a homologação pelo Poder Judiciário). **E:** incorreta (considerando que a mediação pode ser utilizada pela Administração, incidente o art. 16 da Lei 13.140/2015 – Lei da Mediação, pelo qual as partes podem submeter-se à mediação, ainda que haja processo arbitral ou judicial em curso). RB

Gabarito "A".

11. SERVIÇOS PÚBLICOS

11.1. Conceito, características principais, classificação e princípios

(Juiz de Direito – TJ/RJ – 2019 – VUNESP) A respeito da Lei 13.460/2017, que dispõe sobre participação, proteção e defesa dos direitos dos usuários dos serviços públicos da administração pública, é correto afirmar que

(A) não se aplica à Advocacia Pública, Ministério Público e Tribunais de Contas, órgãos que desempenham atividade administrativa de meio.

(B) não se aplica aos serviços públicos prestados pelas Forças Armadas e por militares dos Estados e do Distrito Federal.

(C) se aplica também à atividade administrativa prestada pelos Poderes Judiciário e Legislativo, conforme disposto no artigo 37 da Constituição Federal.

(D) afasta a aplicabilidade de normas estaduais que dispõem de forma diferente sobre a mesma matéria, bem como do Código de Defesa do Consumidor.

(E) não se aplica aos serviços públicos prestados indiretamente, mediante parceria público-privada, sujeitos a regulamentação específica do edital de licitação e contrato de concessão ou permissão.

A: incorreta (a Advocacia Pública está submetida aos ditames da Lei 13.460/2017, cf. dispõe o seu art. 2º, inc. III); **B:** incorreta (encontram-se ao alcance da lei a função exercida pelos agentes públicos civis e militares, cf. art. 2º, inc. IV); **D:** incorreta (a aplicação da Lei 13.460/2017 não afasta a necessidade de cumprimento do disposto no Código de Defesa do Consumidor, cf. art. 1º, § 2º, inc. II, da lei); **E:** incorreta (a Lei 13.460/2007 aplica-se aos serviços públicos prestados indiretamente, cf. art. 2º, inc. II, do diploma). RB

Gabarito "C".

(Juiz de Direito - TJ/BA - 2019 - CESPE/CEBRASPE) O corte de energia elétrica pela administração pública é

(A) admissível em razão do inadimplemento contemporâneo do consumidor, desde que haja o aviso prévio de suspensão e que sejam respeitados o contraditório e a ampla defesa.

(B) admissível em detrimento do novo morador, por débito pretérito pelo qual este não era responsável, uma vez que a dívida é *propter rem*.

(C) admissível sem prévio aviso na hipótese de detecção de fraude no medidor cometida pelo consumidor.

(D) admissível em razão de fraude no medidor pelo consumidor, desde que o débito seja relativo ao período máximo de sessenta dias anteriores à constatação da fraude.

(E) inadmissível caso a dívida derivada de fraude no medidor cometida pelo consumidor seja relativa a período anterior a noventa dias precedentes à constatação da fraude.

Vale a pena replicar aqui parte d ementa do julgado que apreciou e decidiu diversas questões a respeito do corte no fornecimento de energia elétrica em sede de recurso repetitivo: („„) RESOLUÇÃO DA CONTROVÉRSIA 9. Como demonstrado acima, em relação a débitos pretéritos mensurados por fraude do medidor de consumo causada pelo consumidor, a jurisprudência do STJ orienta-se no sentido do seu cabimento, desde que verificada com observância dos princípios do contraditório e da ampla defesa. 10. O não pagamento dos débitos por recuperação de efetivo consumo por fraude ao medidor enseja o corte do serviço, assim como acontece para o consumidor regular que deixa de pagar a conta mensal (mora), sem deixar de ser observada a natureza pessoal (não *propter rem*) da obrigação, conforme pacífica jurisprudência do STJ. 11. Todavia, incumbe à concessionária do serviço público observar rigorosamente os direitos ao contraditório e à ampla defesa do consumidor na apuração do débito, já que o entendimento do STJ repele a averiguação unilateral da dívida. 12. Além disso, o reconhecimento da possibilidade de corte de energia elétrica deve ter limite temporal de apuração retroativa, pois incumbe às concessionárias o dever não só de fornecer o serviço, mas também de fiscalizar adequada e periodicamente o sistema de controle de consumo. 13. Por conseguinte e à luz do princípio da razoabilidade, a suspensão administrativa do fornecimento do serviço – como instrumento de coação extrajudicial ao pagamento de parcelas pretéritas relativas à recuperação de consumo por fraude do medidor atribuível ao consumidor – deve ser possibilitada quando não forem pagos débitos relativos aos últimos 90 (noventa) dias da apuração da fraude, sem prejuízo do uso das vias judiciais ordinárias de cobrança. 14. Da mesma forma, deve ser fixado prazo razoável de, no máximo, 90 (noventa) dias, após o vencimento da fatura de recuperação de consumo, para que a concessionária possa suspender o serviço. TESE REPETITIVA 15. Para fins dos arts. 1.036 e seguintes do CPC/2015, fica assim resolvida a controvérsia repetitiva: Na hipótese de débito estrito de recuperação de consumo efetivo por fraude no aparelho medidor atribuída ao consumidor, desde que apurado em observância aos princípios do contraditório e da ampla defesa, é possível o corte administrativo do fornecimento do serviço de energia elétrica, mediante prévio aviso ao consumidor, pelo inadimplemento do consumo recuperado correspondente ao período de 90 (noventa) dias anterior à constatação da fraude, contanto que executado o corte em até 90 (noventa) dias após o vencimento do débito, sem prejuízo do direito de a concessionária utilizar os meios judiciais ordinários de cobrança da dívida, inclusive antecedente aos mencionados 90 (noventa) dias de retroação (...). (REsp 1412433/RS, Rel. Ministro HERMAN BENJAMIN, PRIMEIRA SEÇÃO, julgado em 25/04/2018, DJe 28/09/2018). FB/WG

Gabarito "E".

(Investigador – PC/BA – 2018 – VUNESP) Os serviços públicos que, por sua natureza ou pelo fato de assim dispor o ordenamento jurídico, comportam ser executados pelo Estado ou por particulares colaboradores, são classificados como

(A) coletivos.

(B) singulares.

(C) delegáveis.

(D) indelegáveis.

(E) sociais.

A: incorreta. Serviços públicos coletivos, também conhecidos como serviços públicos "uti universi" ou gerais, são aqueles em que a Administração Pública presta sem ter usuários determinados, para atender à coletividade me geral. É o caso do calçamento, da polícia, etc. Satisfazem indiscriminadamente a população; **B:** incorreta. Serviços públicos singulares, "uti singuli" ou individuais são os que têm usuários determinados e utilização particular e mensurável para cada destinatário, como os serviços de água, energia elétrica, etc.; **C:** correta. São os serviços públicos passíveis de delegação ou outorga por parte do Estado, ou seja, para os quais a lei não determina a execução do serviço público pelo Estado; **D:** incorreta. Serviços públicos indelegáveis são aqueles que, a par de serem de titularidade do Estado, por previsão legal não podem ter sua execução outorgada a outro ente público ou delegada a particular; **E:** incorreta. São serviços que visam a atender necessidades essenciais da coletividade em que há atuação da iniciativa privada ao lado da atuação do Estado. FB

Gabarito "C".

(Delegado/AP – 2017 – FCC) Em uma área de expansão urbana determinado Município está providenciando a instalação de equipamentos públicos, a fim de que o crescimento populacional se dê de forma ordenada e sustentável. Durante a construção de uma unidade escolar, apurou-se que não seria possível executar a solução de esgoto originalmente idealizada, que contempla um emissário de esgoto, mostrando-se necessária a identificação de outra alternativa pela Administração pública. Dentre as possíveis, pode o Município em questão

(A) promover, demonstrada a viabilidade técnica, a instalação de emissário de esgoto para ligação com o sistema já existente, utilizando-se, para tanto, da instituição de uma servidão administrativa.

(B) realizar uma licitação específica para elaboração e execução de projeto de instalação do emissário de esgoto, independentemente do valor, dado seu caráter emergencial.

(C) lançar mão da requisição administrativa, para imediata imissão na posse do terreno necessário para implementação das obras, diferindo-se a indenização devida.

(D) desapropriar judicialmente a faixa de terreno necessária à implementação do emissário de esgoto, tendo em vista que o ajuizamento da ação já autoriza a imissão na posse do terreno objeto da demanda.

(E) instituir uma servidão de passagem, sob o regime do código civil, tendo em vista que dispensa a anuência do dono do terreno e de prévia indenização, apurando-se o valor devido após a instalação do equipamento, que indicará o nível de restrição ao uso da propriedade.

Trata-se de exemplo típico de utilização de servidão administrativa e nesse sentido Maria Sylvia Zanella di Pietro conceitua servidão administrativa como sendo "o direito real de gozo, de natureza pública, instituído sobre imóvel de propriedade alheia, com base em lei, por entidade pública ou por seus delegados, em face de um serviço público ou de um bem afetado a fim de utilidade pública". FB

Gabarito "A".

11.2. Concessão de serviço público

(ENAM – 2024.1) O Supremo Tribunal Federal julgou, em 2022, a Ação Direta de Inconstitucionalidade 2946, proposta em relação ao Art. 27 da Lei nº 8987/1995, *in verbis*:

Art. 27. A transferência de concessão ou do controle societário da concessionária sem prévia anuência do poder concedente implicará a caducidade da concessão.

§ 1º Para fins de obtenção da anuência de que trata o *caput* deste artigo, o pretendente deverá:

I. – atender às exigências de capacidade técnica, idoneidade financeira e regularidade jurídica e fiscal necessárias à assunção do serviço; e

II. – comprometer-se a cumprir todas as cláusulas do contrato em vigor."

Discutia-se se este artigo é compatível com o Art. 175 da Constituição Federal, a seguir.

"Art. 175. Incumbe ao Poder Público, na forma da lei, diretamente ou sob regime de concessão ou permissão, sempre através de licitação, a prestação de serviços públicos.

Parágrafo único. A lei disporá sobre:

I. – o regime das empresas concessionárias e permissionárias de serviços públicos, o caráter especial de seu contrato e de sua prorrogação, bem como as condições de caducidade, fiscalização e rescisão da concessão ou permissão;

II. – os direitos dos usuários;

III. – política tarifária;

IV. – a obrigação de manter serviço adequado.

No voto do relator, que obteve a adesão da maioria do STF, lê-se o seguinte:

É a proposta mais vantajosa que, *prima facie*, vincula a Administração. Mantidos seus termos, não se pode afirmar que a modificação do particular contratado implica, automática e necessariamente, burla à regra da obrigatoriedade de licitação ou ofensa aos princípios constitucionais correlatos, mormente nos casos de concessão, dada a natureza incompleta e dinâmica desses contratos e a necessidade de se zelar pela continuidade da prestação adequada dos serviços públicos.

Assinale a opção que traduz a ideia expressa pelo Tribunal no trecho destacado.

(A) Contratos de concessão têm natureza incompleta, dinâmica, especial, personalíssima e contínua.

(B) A transferência de concessão é viável se houver continuidade da prestação adequada dos serviços públicos, mas deve ser feita sempre por meio de licitação.

(C) Na concessão, o principal para a Administração Pública é a manutenção das condições contratuais obtidas na licitação e a continuidade adequada dos serviços, e não o interesse da concessionária vencedora.

(D) A competência do poder concedente para anuir com a transferência da concessão está sujeita a caducidade, salvo se os termos da proposta mais vantajosa na licitação não tiverem sido mantidos.

(E) Em virtude do princípio da continuidade dos serviços públicos, a Administração Pública deve necessariamente rescindir a concessão se a concessionária não tiver condições de manter a prestação adequada.

O Supremo Tribunal Federal, ao julgar a ADI 2946, estabeleceu que transferência da concessão ou do controle societário da concessionária, sem necessidade de licitação, desde que tenha o consentimento do poder concedente, não viola a CR/88. **A:** Incorreta. O contrato de concessão, de acordo com o STF, tem natureza incompleta, dinâmica, especial e contínua, mas não tem que ter caráter personalíssimo, pois a "concepção de que os contratos administrativos ostentam caráter personalíssimo ou natureza *intuitu personae* reflete uma transposição mecânica do direito administrativo francês anterior ou, quando menos, traduz um regime jurídico não mais existente. **B:** Incorreta. A transferência é viável se houver continuidade da prestação dos serviços públicos, e não depende de licitação. **C:** Correta. Conforme entendimento do STF na ADI 2946. **D:** Incorreta. A caducidade não influi na competência do poder concedente para anuir com a transferências, mas sim com a extinção do contrato de concessão. **E:** Incorreta, pois, nos termos da decisão do STF, caso a concessionária não tenha condições de manter a prestação adequada, a transferência da concessão pode ser a solução para garantir a continuidade do serviço público. **FC**

Gabarito "C."

(Procurador – PGE/SP – 2024 – VUNESP) A respeito do tratamento que a Constituição dá ao tema dos serviços públicos, o Supremo Tribunal Federal, por decisão proferida em sede de controle concentrado de constitucionalidade, fixou ser

(A) constitucional legislação federal que estabelece gratuidade do direito de passagem para instalação de infraestrutura de telecomunicações em faixas de domínio e bens públicos de uso do povo, ainda que de titularidade de outros entes federativos.

(B) constitucional legislação estadual que confere ao Governador do Estado o poder de isentar tarifas de energia elétrica aos usuários que tenham sido afetados por calamidades públicas.

(C) constitucional legislação estadual que obrigue as concessionárias de serviços públicos de fornecimento de água a oferecer aos consumidores a opção de pagamento da dívida por cartão de crédito ou débito, antes da suspensão do serviço.

(D) inconstitucional a constituição de fundação pública de direito privado para a prestação de serviço público de saúde.

(E) inconstitucional a transferência da concessão, prevista no artigo 27 da Lei nº 8.987/1995, visto que o instituto viola o princípio da licitação e a natureza *intuitu personae* desse contrato.

A: correta, nos termos da decisão proferida na ADI 6482, na qual o Supremo Tribunal Federal declarou a constitucionalidade da dispensa das concessionárias de serviços de telefonia e TV a cabo de contraprestação pelo uso de locais públicos para instalação de infraestrutura e redes de telecomunicações, sob o argumento de que a matéria se insere no âmbito da competência privativa da União para legislar sobre telecomunicações e tem inequívoco interesse público geral, pois busca uniformizar a implantação nacional do sistema de telecomunicações e promover a democratização do acesso à tecnologia. **B:** incorreta, pois, na ADI 7337, o Supremo Tribunal Federal declarou a inconstitucionalidade de uma lei mineira, que permitia ao governador conceder isenção de tarifa de energia elétrica a consumidores residenciais, industriais e comerciais atingidos por enchentes no estado. **C:** incorreta, pois, na ADI 7405, o Supremo Tribunal Federal invalidou dispositivo de lei do Estado do Mato Grosso que obriga as concessionárias de fornecimento de água a oferecer opção de pagamento da fatura por cartão de débito ou crédito antes da suspensão do serviço. **D:** incorreta, pois, na ADI 4197, o Supremo Tribunal Federal considerou constitucional a constituição de fundação pública de direito privado para a prestação de serviço público de saúde. **E:** incorreta, pois, na ADI 2946, o Supremo Tribunal Federal (STF) decidiu que não é necessária a realização de licitação prévia para transferência de concessão ou do controle societário da concessionária de serviços públicos. **WG**

Gabarito "A."

(Analista – TRT/18 – 2023 – FCC) A contratação de uma parceria público-privada impõe à Administração Pública a observância de critérios previstos na Lei federal nº 11.079/2004, além de lhe facultar a previsão de disposições específicas, de forma que

(A) a vigência contratual seja obrigatoriamente superior a 20 anos, como forma de garantir a amortização dos investimentos realizados pelo parceiro privado, com exceção dos contratos de concessão administrativa nos quais não haja previsão de aporte de recursos públicos, os quais podem ter vigência por prazo inferior.
(B) seja prevista, no contrato firmado, a repartição de riscos entre as partes, inclusive com tratamento sobre caso fortuito e força maior, inexistindo vedação para que estes sejam integralmente assumidos pelo parceiro público, sendo justificada a escolha.
(C) seja facultada a previsão contratual de exigência de garantias, a serem prestadas pelo parceiro privado e pelo parceiro público, proporcional aos valores envolvidos para a execução do contrato e para a realização dos aportes de recursos públicos.
(D) haja tratamento, no edital de licitação e no respectivo contrato, sobre a repartição de riscos entre as partes, não se admitindo integral assunção de responsabilidade pela Administração Pública, com exceção daqueles atinentes a caso fortuito e força maior, que não podem ser trespassados ao parceiro privado, em razão de disposição legal expressa.
(E) seja permitido à Administração Pública a realização de aporte de recursos exclusivamente para fins de aquisição de bens reversíveis, na medida em que referidos ativos serão transferidos ao poder concedente quando da extinção do contrato.

A: Incorreta. A Lei 11.079/04 estabelece que os contratos de parceria público-privada devem ter o prazo mínimo de 5 anos e máximo de 35 anos. Art. 2º, §4º, Lei 11.079/04: "§ 4º É vedada a celebração de contrato de parceria público-privada: II – cujo período de prestação do serviço seja inferior a 5 (cinco) anos". "Art. 5º As cláusulas dos contratos de parceria público-privada atenderão ao disposto no art. 23 da Lei nº 8.987, de 13 de fevereiro de 1995, no que couber, devendo também prever: I – o prazo de vigência do contrato, compatível com a amortização dos investimentos realizados, não inferior a 5 (cinco), nem superior a 35 (trinta e cinco) anos, incluindo eventual prorrogação". **B:** Correta. Art. 5º, III, Lei 11.079/04. "Art. 5º As cláusulas dos contratos de parceria público-privada atenderão ao disposto no art. 23 da Lei nº 8.987, de 13 de fevereiro de 1995, no que couber, devendo também prever: III – a repartição de riscos entre as partes, inclusive os referentes a caso fortuito, força maior, fato do príncipe e álea econômica extraordinária". **C:** Incorreta. A prestação, pelo parceiro privado, de garantias de execução suficientes e compatíveis com os ônus e riscos envolvidos não é uma faculdade, e sim um dever, nos termos do art. 5º, VIII, lei 11.079/04. **D:** Incorreta. Os riscos do contrato devem ser repartidos entre as partes, nos termos do art. 5º, III, Lei 11.079/04, podendo se dividir, inclusive, caso fortuito e força maior. **E:** Incorreta. O art. 6º, § 2º, Lei 11.079/04 prevê a possibilidade de o contrato prever o aporte de recursos em favor do parceiro privado para a realização de obras e aquisição de bens reversíveis. **Gabarito "B".**

(Procurador Município – Teresina/PI – FCC – 2022) Sobre o regime tarifário das concessões, a Lei Federal 8.987, de 13 de fevereiro de 1995, estatui:

(A) A alteração de quaisquer tributos, inclusive dos impostos sobre a renda, ocorrida após a apresentação da proposta, quando comprovado seu impacto, implicará a revisão da tarifa, para mais ou para menos, conforme o caso.
(B) Em havendo alteração unilateral do contrato que afete o seu inicial equilíbrio econômico-financeiro, o poder concedente deverá restabelecê-lo, após a verificação do impacto ocorrido ao longo do período de um ano, após a efetivação da alteração.
(C) Independentemente de previsão legal específica, a tarifa será condicionada à existência de serviço público alternativo e gratuito para o usuário.
(D) A concessionária deverá divulgar em seu sítio eletrônico, de forma clara e de fácil compreensão pelos usuários, tabela com o valor das tarifas praticadas e a evolução das revisões ou reajustes realizados nos últimos cinco anos.
(E) A tarifa será sempre fixada pelo menor valor proposto na licitação e preservada pelas regras de revisão previstas na Lei, no edital e no contrato.

A: incorreta (é ressalvado o imposto de renda, cf. art. 9º, § 3º). **B:** incorreta (em havendo alteração unilateral do contrato que afete o seu inicial equilíbrio econômico-financeiro, o poder concedente deverá restabelecê-lo, concomitantemente à alteração, cf. art. 9º, § 4º). **C:** incorreta (a tarifa não será subordinada à legislação específica anterior e somente nos casos expressamente previstos em lei, sua cobrança poderá ser condicionada à existência de serviço público alternativo e gratuito para o usuário, cf. art. 9º, § 1º). **D:** correta (art. 9º, § 5º). **E:** incorreta (a tarifa do serviço público concedido será fixada pelo preço da proposta vencedora da licitação e preservada pelas regras de revisão previstas nesta Lei, no edital e no contrato, cf. art. 9º, "caput"). **Gabarito "D".**

(Procurador Município – Santos/SP – VUNESP – 2021) Assinale a alternativa correta quanto à responsabilidade das concessionárias e do poder concedente, à luz da Lei Federal nº 8.987/95.

(A) Mediante outorga de poderes, a concessionária poderá promover as desapropriações, mas continua sendo do Poder Público a responsabilidade pelas respectivas indenizações.
(B) Incumbe à concessionária captar, aplicar e gerir os recursos financeiros necessários à prestação do serviço.
(C) A concessionária responde por todos os prejuízos causados ao poder concedente, aos usuários ou a terceiros; a falta de fiscalização pelo órgão competente exclui essa responsabilidade.
(D) É vedado ao poder concedente determinar que o licitante vencedor, no caso de consórcio, se constitua em empresa antes da celebração do contrato.
(E) A empresa líder do consórcio é a responsável perante o poder concedente pelo cumprimento do contrato de concessão, com prejuízo da responsabilidade solidária das demais consorciadas.

A: incorreta (a responsabilidade pelas indenizações é da concessionária, cf. art. 29, VIII, da Lei 8.987/1995). **B:** correta (art. 31, VIII). **C:** incorreta (a concessionária responde por todos os prejuízos causados ao poder concedente, aos usuários ou a terceiros, sem que a fiscalização exercida pelo órgão competente exclua ou atenue essa responsabilidade, cf. art. 25). **D:** incorreta (é facultado ao poder concedente determinar que o

licitante vencedor, no caso de consórcio, se constitua em empresa antes da celebração do contrato, cf. art. 20). **E**: incorreta (A empresa líder do consórcio é a responsável perante o poder concedente pelo cumprimento do contrato de concessão, sem prejuízo da responsabilidade solidária das demais consorciadas, cf. art. 19, § 2º). **WG**
Gabarito "B".

(Advogado – Pref. São Roque/SP – 2020 – VUNESP) Suponha que a Administração celebrou um contrato de concessão de rodovias com empresa privada, que tem como objeto conferir ao concessionário o encargo de implantar melhorias e conservar o espaço, em contrapartida do recebimento de pedágio cobrado dos usuários. A Administração conferiu ao particular, ainda, a posse de três terrenos localizados nas margens das rodovias, espaço em que poderá ser exercida atividade comercial.

Considerando a situação hipotética e o disposto na Lei 8.987/95, assinale a alternativa correta.

(A) O contrato de concessão não pode albergar a cessão de bem público para a exploração comercial, por se tratar de atividade estranha ao serviço público.

(B) Na hipótese de o concessionário executar uma obra prevista no contrato de concessão, cujo resultado seja enquadrado no contrato como bem reversível, a Administração deverá desapropriar o bem caso tenha interesse em assumir a propriedade após o fim do contrato.

(C) A prorrogação do contrato não poderá ser utilizada como instrumento de reequilíbrio econômico-financeiro, pois é indispensável que eventual desequilíbrio em prejuízo ao contratado seja ajustado por meio de modificação da tarifa.

(D) A Administração pode, com autorização em decreto, retomar o serviço por meio de encampação, que deverá ser realizada após prévio pagamento de indenização.

(E) A Administração poderá rescindir o contrato unilateralmente por culpa do parceiro privado, hipótese em que deverá indenizar o parceiro pela parcela dos investimentos vinculados a bens reversíveis ainda não amortizados, descontados multas e danos causados pela concessionária.

A: incorreta (cf. art. 11 da Lei 8.987/1995, o contrato de concessão pode prever em favor da concessionária outras fontes de receitas alternativas, além da tarifa paga pelo usuário); **B**: incorreta (extinta a concessão, passam ao domínio da Administração os bens reversíveis, nos termos do art. 35, § 1º, da Lei 8.987/1995; assim, não se faz necessária a instauração pelo poder concedente de procedimento de desapropriação); **C**: incorreta (o reequilíbrio econômico-financeiro pode ser efetivado por diversos modos, como a modificação da tarifa e a própria prorrogação do contrato); **D**: incorreta (a encampação depende de autorização por lei, cf. art. 37 da Lei 8.987/1995); **E**: correta (trata-se de hipótese de caducidade do contrato de concessão, cujo pagamento de indenização está previsto no art. 38, § 5º, da Lei 8.987/1995). **RB**
Gabarito "E".

Com o fim de assegurar a adequação na prestação do serviço e o fiel cumprimento das normas previstas em contrato de concessão de serviço público, o poder público concedente, mesmo sem autorização judicial, interveio na concessão por meio de resolução que previu a designação de interventor, o prazo da intervenção e os objetivos e limites da medida interventiva.

(Promotor de Justiça/CE – 2020 – CESPE/CEBRASPE) Nessa situação hipotética, o ato administrativo de intervenção encontra-se eivado de vício quanto

(A) à forma.
(B) ao objeto.
(C) ao motivo.
(D) à finalidade.
(E) à competência.

No âmbito do contrato de concessão, cabe ao poder público concedente intervir na prestação do serviço, com o fim de assegurar a adequação na prestação do serviço, bem como o fiel cumprimento das normas contratuais, regulamentares e legais pertinentes. A intervenção será feita por decreto do poder concedente, que conterá a designação do interventor, o prazo da intervenção e os objetivos e limites da medida (art. 32, parágrafo único, da Lei 8.987/95). De acordo com o enunciado da questão, a intervenção foi promovida por resolução, e não por decreto, motivo pelo qual o ato administrativo apresenta vício de forma. Correta a alternativa A. **RB**
Gabarito "A".

(Juiz de Direito – TJ/SC – 2019 – CESPE/CEBRASPE) De acordo com a Lei 8.987/1995 — que dispõe sobre o regime de concessão e permissão da prestação de serviços públicos previsto no art. 175 da Constituição Federal —, na hipótese de concessão de serviço público precedida de execução de obra pública,

(A) a subconcessão é juridicamente possível, situação que dispensa a realização de concorrência para a sua outorga.

(B) a concessionária não poderá contratar terceiros para o desenvolvimento de atividades inerentes, acessórias ou complementares ao serviço concedido.

(C) o julgamento da licitação deverá ser feito exclusivamente de acordo com o critério do menor valor da tarifa do serviço público a ser prestado.

(D) a concessão poderá ser feita a pessoa física ou jurídica que demonstre capacidade para o seu desempenho e a obra deverá ser realizada por conta e risco da concessionária.

(E) o investimento da concessionária será remunerado e amortizado mediante a exploração do serviço ou da obra por prazo determinado.

Alternativa **A** incorreta (a subconcessão deve ser precedida de concorrência, cf. art. 26, § 1º). Alternativa **B** incorreta (a concessionária poderá contratar com terceiros o desenvolvimento de atividades inerentes, acessórias ou complementares ao serviço concedido, cf. art. 25, § 1º). Alternativa **C** incorreta (a Lei 8.987/95 prevê diversos critérios para o julgamento da licitação, entre os quais o menor valor da tarifa do serviço a ser prestado, a melhor proposta técnica etc.). Alternativa **D** incorreta (somente cabível o firmamento de concessão com pessoa jurídica ou consórcio de empresas, e não com pessoa física, cf. art. 2º, II e III). Alternativa **E** correta (cf. consta no art. 2º, III). **RB**
Gabarito "E".

(Juiz de Direito – TJ/RJ – 2019 – VUNESP) A respeito da concessão ou permissão de serviços públicos, assinale a alternativa correta.

(A) Admite-se a rescisão amigável de contratos de concessão comum ou patrocinada, por razões de interesse público, de alta relevância e amplo conhecimento, justificadas pela máxima autoridade do ente contratante, mediante homologação judicial.

(B) Incumbe ao Poder Concedente declarar de utilidade pública os bens necessários à execução do serviço ou obra pública e promover diretamente as desapropriações, cabendo à concessionária responsabilizar-se pelas indenizações decorrentes.

(C) A sustentabilidade financeira e vantagens socioeconômicas dos projetos constituem diretriz de contratação de parcerias público-privadas.

(D) A transferência de concessão ou do controle societário da concessionária sem prévia anuência do Poder Concedente implicará a encampação da concessão.

(E) Antes da celebração do contrato, deverá ser constituída sociedade de propósito específico, vedada a aquisição da maioria do seu capital votante pelo ente contratante ou por instituição financeira controlada pelo Poder Público, em qualquer caso.

A: incorreta (a extinção do contrato de concessão por razões de interesse público caracteriza encampação, que independe de homologação judicial); **B**: incorreta (nos termos do art. 29, inc. VIII, da Lei 8.987/1995, incumbe ao poder concedente declarar de utilidade pública os bens necessários à execução do serviço ou obra pública, promovendo as desapropriações, diretamente ou mediante outorga de poderes à concessionária, caso em que será desta a responsabilidade pelas indenizações cabíveis); **C**: certa (cf. art. 4º, inc. VII, da Lei 11.079/2004); **D**: incorreta (a transferência de concessão ou do controle societário da concessionária sem prévia anuência do poder concedente implicará a *caducidade* da concessão, cf. art. 27 da Lei 8.987/1995); **E**: incorreta (a constituição de sociedade de propósito específico é obrigatória para a celebração de contrato de concessão na modalidade de parceria público-privada, cf. art. 9º, "caput", da Lei 11.079/2004; ademais, embora seja vedado à Administração Pública ser titular da maioria do capital votante de tais sociedades, cabível a aquisição da maioria de seu capital votante por instituição financeira controlada pelo Poder Público em caso de inadimplemento de contratos de financiamento). **RB**
Gabarito "C".

(Juiz – TRF 2ª Região – 2017) Sobre o equilíbrio econômico-financeiro das concessões comuns, patrocinadas e administrativas reguladas nas Leis nº 8.987/1995 e nº 11.079/04, é correto afirmar que:

(A) A tarifa do serviço público deve ser fixada pelo Poder Concedente no edital, com o objetivo de viabilizar a sua modicidade e universalização do serviço.

(B) A cobrança da tarifa, desde que fixada em Decreto, pode ser condicionada à existência de serviço público alternativo e gratuito para o usuário.

(C) As tarifas poderão ser diferenciadas em razão das características técnicas e dos custos específicos provenientes do atendimento aos distintos segmentos de usuários.

(D) A taxa interna de retorno prevista no plano de negócios apresentado pelo licitante vencedor deve ser assegurada anualmente como único mecanismo de manutenção do equilíbrio econômico-financeiro do contrato.

(E) A taxa interna de retorno prevista no plano de negócios apresentado pelo licitante vencedor serve como parâmetro de aferição do equilíbrio econômico-financeiro do contrato, desde que previamente atestada pelo Tribunal de Contas do Poder Concedente.

A: incorreta. A tarifa depende das condições da proposta, edital e do determinado no contrato, conforme disposto no art. 9º, da Lei 8.987/1995; **B**: incorreta. A cobrança da tarifa, se houver previsão em lei, e não em decreto, poderá ser condicionada à existência de serviço público alternativo e gratuito, conforme disposto no art. 9º, § 1º, da Lei 8.987/1995; **C**: correta. Trata-se do disposto no art. 13, da Lei 8.987/1995; **D**: incorreta. Não há previsão legal para essa "taxa interna de retorno", sendo prevista a revisão das cláusulas contratuais para a manutenção do equilíbrio econômico-financeiro, apenas (art. 9º, § 2º, da Lei 8.987/1995); **E**: incorreta. O mesmo se diz em relação à essa alternativa, ou seja, não há que se falar em "taxa interna de retorno", e sim, de um equilíbrio econômico-financeiro, a ser mantido durante toda a vigência do contrato. **AW**
Gabarito "C".

(Juiz – TJ/SC – FCC – 2017) Ao regular os aspectos remuneratórios do contrato de concessão de serviços públicos a Lei nº 8.987/1995 dispõe que:

(A) se assim estabelecer o edital de licitação, mediante juízo discricionário da Administração concedente, a cobrança de tarifa será condicionada à existência de serviço público alternativo e gratuito para o usuário.

(B) a majoração ou diminuição do imposto de renda, após a apresentação da proposta, implicará a revisão da tarifa, para mais ou para menos, conforme o caso.

(C) o concessionário de serviços públicos poderá explorar projetos associados à concessão, previstos no edital de licitação, com vistas a favorecer a modicidade tarifária.

(D) em vista do princípio da isonomia, não pode haver diferenciação de tarifas com base em segmentação de usuários.

(E) as chamadas fontes alternativas de receita, dada a incerteza na realização das receitas, não são consideradas na aferição do inicial equilíbrio econômico-financeiro do contrato.

A: incorreta. A cobrança de tarifa só será condicionada à existência de serviço alternativo e gratuito ao usuário no caso de expressa previsão em lei, conforme disposto no art. 9º, §1º, da Lei 8.987/1995; **B**: incorreta. O art. 9º, §3º, da Lei 8.987/1995 ressalva (excluindo) os impostos sobre a renda quanto à suas interferências no valor da tarifa e sua revisão; **C**: correta. Trata-se do disposto expressamente no art. 11, da Lei 8.987/1995. **D**: incorreta. O art. 13, da Lei 8.987/1994 admite que haja tratamento diferenciado em razão da segmentação dos usuários. **E**: incorreta. O art. 11, parágrafo único, da Lei 8.987/1995 dispõe que as fontes alternativas "serão obrigatoriamente consideradas para a aferição do inicial equilíbrio econômico-financeiro do contrato.". **AW**
Gabarito "C".

(Delegado/AP – 2017 – FCC) Uma autarquia municipal criada para prestação de serviços de abastecimento de água

(A) deve obrigatoriamente ter sido instituída por lei e recebido a titularidade do serviço público em questão, o que autoriza a celebração de contrato de concessão à iniciativa privada ou a contratação de consórcio público para delegação da execução do referido serviço.

(B) integra a estrutura da Administração pública indireta municipal e portanto não se submete a todas as normas que regem a administração pública direta, sendo permitido a flexibilização do regime publicista para fins de viabilizar a aplicação do princípio da eficiência.

(C) submete-se ao regime jurídico de direito privado caso venha a celebrar contrato de concessão de serviço público com a Administração pública municipal, ficando suspensa, durante a vigência da avença, a incidência das normas de direito público, a fim de preservar a igualdade na concorrência.

(D) pode ser criada por decreto, mas a delegação da prestação do serviço público prescinde de prévio ato normativo, podendo a autarquia celebrar licitação para contratação de concessão de serviço público ou prestar o serviço diretamente.

(E) possui personalidade jurídica de direito público, mas quando prestadora de serviço público, seu regime jurídico equipara-se ao das empresas públicas e sociedades de economia mista.

DL 200/1967, art. 5º Para os fins desta lei, considera-se: I – Autarquia – o serviço autônomo, criado por lei, com personalidade jurídica, patrimônio e receita próprios, para executar atividades típicas da Administração Pública, que requeiram, para seu melhor funcionamento, gestão administrativa e financeira descentralizada. **FB**

Gabarito "A".

11.3. Parcerias Público-Privadas (PPP)

(Procurador Federal – AGU – 2023 – CEBRASPE) Assinale a opção correta de acordo com o disposto na Lei n.º 11.079/2004, que institui as normas gerais para licitação e contratação de parceria público-privada no âmbito da administração pública.

(A) Não se admitem como contraprestação da administração pública em contratos de parceria público-privada a outorga de direitos em face da administração pública nem a outorga de direitos sobre bens públicos dominicais.

(B) O edital definirá a forma de apresentação das propostas econômicas, admitindo-se propostas escritas em envelopes lacrados ou propostas escritas seguidas de lances em viva voz, cabendo ao edital limitar a quantidade desses lances.

(C) Compete aos ministérios e às agências reguladoras, nas suas respectivas áreas de competência, submeter o edital de licitação ao órgão gestor, proceder à licitação, acompanhar e fiscalizar os contratos de parceria público-privada.

(D) Concessão administrativa é o contrato de prestação de serviços dos quais a administração pública seja a usuária direta ou indireta, não envolvendo a execução de obra ou fornecimento e instalação de bens.

(E) Parceria público-privada é o contrato administrativo de concessão, na modalidade patrocinada, administrativa ou comum, de serviços públicos ou de obras públicas de que trata a Lei n.º 8.987/1995, quando não envolver contraprestação pecuniária do parceiro público ao parceiro privado.

A: Incorreta, pois a Lei n.º 11.079/2004, em seu artigo 6º, III e IV, permite que a contraprestação da administração pública em contratos de parceria público-privada inclua a outorga de direitos sobre bens públicos dominicais, desde que tal forma de contraprestação esteja claramente definida no contrato. **B:** Incorreta, pois o edital não pode limitar a quantidade de lances (artigo 12, § 1º, I, da Lei n.º 11.079/2004). **C:** Correta, nos exatos termos do disposto no artigo 15 da Lei n.º 11.079/2004. **D:** Incorreta, pois a concessão administrativa é um contrato de prestação de serviços em que a administração pública é a usuária direta ou indireta, mas pode envolver a execução de obra ou fornecimento e instalação de bens, conforme o artigo 2º, § 2º, da Lei n.º 11.079/2004. **E:** Incorreta, pois a parceria público-privada (PPP) é um contrato administrativo de concessão nas modalidades patrocinada ou administrativa, conforme a definição do art. 2º, caput, da Lei n.º 11.079/2004. Concessões comuns não são consideradas parcerias público-privadas. **WG**

Gabarito "C".

Julgue os próximos itens, com relação a parceria público-privada.

I. Parceria público-privada é o contrato administrativo de concessão que pode ser celebrado na modalidade patrocinada ou administrativa.

II. É vedada a celebração de contrato de parceria público-privada caso o valor do contrato seja inferior a dez milhões de reais e o período de prestação do serviço seja inferior a cinco anos.

III. Na contratação de parceria público-privada, os riscos do negócio ficam integralmente por conta da contratada.

IV. A contratação de parceria público-privada deve ser precedida de licitação na modalidade pregão eletrônico.

(Promotor de Justiça/CE – 2020 – CESPE/CEBRASPE) Estão certos apenas os itens

(A) I e II.
(B) II e III.
(C) III e IV.
(D) I, II e IV.
(E) I, III e IV.

I: correto (art. 2º, "caput", da Lei 11.079/04). **II:** correta (art. 2º, § 4º, inc. I e II, da Lei 11.079/04). **III:** incorreta (uma das diretrizes da contratação de parceria público-privada é a repartição objetiva de riscos entre as partes, cf. art. 4º, inc. VI, da Lei 11.079/04). **IV:** incorreta (a contratação de parceria público-privada será precedida de licitação na modalidade concorrência ou diálogo competitivo, cf. art. 10, "caput", da Lei 11.079/04). **RB**

Gabarito "A".

(Juiz de Direito – TJ/AL – 2019 – FCC) As parcerias público-privadas constituem modalidade contratual introduzida no ordenamento jurídico pátrio como espécies do gênero concessão, nos termos da Lei federal n. 11.079/2004. Assim, de acordo com o marco legal vigente desde então,

(A) os contratos de concessão de serviços públicos que envolvem o pagamento de tarifa pelo usuário e contraprestação pecuniária pelo poder público enquadram-se como concessão patrocinada, admitindo, ainda, aportes de recursos pelo parceiro público destinados a investimentos em bens reversíveis.

(B) a denominada concessão administrativa substituiu a anterior concessão comum, que era regida exclusivamente pela Lei federal n. 8.987/1995, tendo sido introduzidas disposições contratuais obrigatórias para todas as concessões, tais como prazo contratual mínimo de cinco e máximo de trinta e cinco anos.

(C) restou vedada a assunção, pelo poder público, de riscos contratuais decorrentes de caso fortuito ou força maior, que passam a ser alocados obrigatoriamente ao parceiro privado, assegurando-se a este o reequilíbrio econômico-financeiro do contrato apenas na hipótese de álea econômica extraordinária.

(D) estabeleceu-se um valor mínimo para os contratos de concessão patrocinada e concessão comum, de R$ 10.000.000,00 (dez milhões de reais), abaixo do qual somente se admite a contratação sob a forma de concessão administrativa.

(E) restou expressamente vedado o pagamento de contraprestação pelo poder público antes da fruição integral do serviço objeto da concessão patrocinada, sendo autorizado aporte de recursos pelo poder público, no ritmo de execução de obras, apenas na modalidade concessão administrativa.

A: correta – Art. 2º, § 1º, da Lei 11.079/2004; **B:** incorreta – "Não constitui parceria público-privada a concessão comum, assim entendida a concessão de serviços públicos ou de obras públicas de que trata a Lei n. 8.987, de 13 de fevereiro de 1995, quando não envolver contraprestação pecuniária do parceiro público ao parceiro privado" – Art. 2º, § 3º, da Lei 11.079/2004; **C:** incorreta – tem-se a previsão expressa de que na contratação de parceria público-privada há a diretriz de "repartição objetiva de riscos entre as partes" – Art. 4º, VI c/c Art. 5º, III da Lei 11.079/2004; **D:** incorreta – esse limite mínimo de R$ 10.000.000,00 é válido tanto para a concessão administrativa como para a patrocinada; **E:** incorreta – Art. 7º da Lei 11.079/2004. FB

Gabarito "A".

(Juiz – TRF 2ª Região – 2017) A Lei nº 13.334, de 13.09.16, cria o Programa de Parceria de Investimentos, visando a ampliar e fortalecer a interação entre o Estado e a iniciativa privada, com medidas de desestatização. Analise as proposições e, depois, marque a opção correta:

I. O Programa de Parceria de Investimentos se limita às concessões patrocinada e administrativa;
II. O Programa de Parceria de Investimentos cria dever para os órgãos, entidades e autoridades estatais envolvidas no empreendimento de atuar em conjunto e em caráter prioritário para promover todos os atos e processos administrativos necessários à sua estruturação, liberação e execução;
III. O Programa de Parceria de Investimentos não pode ser aplicado aos empreendimentos empresariais privados;
IV. O Programa de Parceria de Investimentos obriga que as licitações para escolha dos futuros parceiros sejam internacionais, com o fim de atrair novos operadores econômicos para o setor de infraestrutura brasileiro;
V. O Programa de Parceria de Investimentos tem, dentre outros objetivos, assegurar a estabilidade e a segurança jurídica, com a garantia da mínima intervenção nos negócios e investimentos;

(A) Estão corretas apenas as assertivas II e III.
(B) Estão corretas apenas as assertivas I e IV.
(C) Estão corretas apenas as assertivas III e V.
(D) Estão corretas apenas as assertivas II e V.
(E) Estão corretas apenas as assertivas I e II.

A: incorreta. A assertiva III está incorreta, conforme disposto no art. 21, da Lei 13.334/2016, eis que permite a aplicação aos empreendimentos privados; **B:** incorreta. As assertivas I e IV estão incorretas. Art. 1º § 2º (Lei 13.334/2016): Para os fins desta Lei, consideram-se contratos de parceria a concessão comum, a concessão patrocinada, a concessão administrativa, a concessão regida por legislação setorial, a permissão de serviço público, o arrendamento de bem público, a concessão de direito real e os outros negócios público-privados que, em função de seu caráter estratégico e de sua complexidade, especificidade, volume de investimentos, longo prazo, riscos ou incertezas envolvidos, adotem estrutura jurídica semelhante. A assertiva IV também é incorreta, eis que não há previsão legal para atração de novos parceiros internacionais; **C:** incorreta. A assertiva III está incorreta, conforme disposto no art. 21, da Lei 13.334/2016, eis que permite a aplicação aos empreendimentos privados; **D:** correta. A assertiva II está correta, tendo em vista o disposto no art. 17. (Lei 13.334/2016): "Os órgãos, entidades e autoridades estatais, inclusive as autônomas e independentes, da União, dos Estados, do Distrito Federal e dos Municípios, com competências de cujo exercício dependa a viabilização de empreendimento do PPI, têm o dever de atuar, em conjunto e com eficiência, para que sejam concluídos, de forma uniforme, econômica e em prazo compatível com o caráter prioritário nacional do empreendimento, todos os processos e atos administrativos necessários à sua estruturação, liberação e execução.". Assim como a assertiva V, conforme disposto no art. 2º, da Lei 13.334/2016, que assim dispõe: "São objetivos do PPI: IV – assegurar a estabilidade e a segurança jurídica, com a garantia da mínima intervenção nos negócios e investimentos."; **E:** incorreta. Conforme explicado acima, as duas assertivas se encontram incorretas. AW

Gabarito "D".

(Juiz – TRF 2ª Região – 2017) Sobre o equilíbrio econômico-financeiro das concessões comuns, patrocinadas e administrativas reguladas nas Leis nº 8.987/1995 e nº 11.079/04, é correto afirmar que:

(A) A tarifa do serviço público deve ser fixada pelo Poder Concedente no edital, com o objetivo de viabilizar a sua modicidade e universalização do serviço.
(B) A cobrança da tarifa, desde que fixada em Decreto, pode ser condicionada à existência de serviço público alternativo e gratuito para o usuário.
(C) As tarifas poderão ser diferenciadas em razão das características técnicas e dos custos específicos provenientes do atendimento aos distintos segmentos de usuários.
(D) A taxa interna de retorno prevista no plano de negócios apresentado pelo licitante vencedor deve ser assegurada anualmente como único mecanismo de manutenção do equilíbrio econômico-financeiro do contrato.
(E) A taxa interna de retorno prevista no plano de negócios apresentado pelo licitante vencedor serve como parâmetro de aferição do equilíbrio econômico-financeiro do contrato, desde que previamente atestada pelo Tribunal de Contas do Poder Concedente.

A: incorreta. A tarifa depende das condições da proposta, edital e do determinado no contrato, conforme disposto no art. 9º, da Lei 9.784/1999; **B:** incorreta. A cobrança da tarifa, se houver previsão em lei, e não em decreto, poderá ser condicionada à existência de serviço público alternativo e gratuito, conforme disposto no art. 9º, §1º, da Lei 9.784/1999; **C:** correta. Trata-se do disposto no art. 13, da Lei 8.987/1995; **D:** incorreta. Não há previsão legal para essa "taxa interna de retorno", sendo prevista a revisão das cláusulas contratuais para a manutenção do equilíbrio econômico financeiro, apenas (art. 9º, §2º, da Lei 8.987/1995); **E:** incorreta. O mesmo se diz em relação a essa alternativa, ou seja, não há que se falar em "taxa interna de retorno", e sim, de um equilíbrio econômico financeiro, a ser mantido durante toda a vigência do contrato. AW

Gabarito "C".

11.4. Consórcio público

(Advogado – Pref. São Roque/SP – 2020 – VUNESP) Suponha que municípios limítrofes, com o objetivo de conferir viabilidade econômica a projeto de Parceria Público-Privada (PPP) destinado a aprimorar o sistema de iluminação pública das cidades, celebrem contrato de consórcio público a fim de permitir a gestão associada do serviço. A celebração do contrato resultou na criação de uma associação pública.

Considerando a situação hipotética e o disposto na Lei 11.107/05, assinale a alternativa correta.

(A) Não poderá ser conferida à associação pública a competência para a celebração do contrato de PPP, por se tratar de entidade dotada de personalidade jurídica de direito privado.

(B) O contrato de consórcio pode prever a cessão de móveis dos municípios à associação pública, por força da gestão associada do serviço.

(C) A associação pública apenas integrará a Administração Indireta do município que for responsável pela gestão do consórcio.

(D) O consórcio público somente poderia ser constituído quando o protocolo de intenções esteja ratificado por lei por todos os Municípios subscritores do contrato.

(E) Extinto o consórcio, perderá eficácia o contrato de programa que contenha autorização para a realização de despesas relacionadas à gestão associada do serviço.

A: incorreta (a associação pública constitui um consórcio público com personalidade jurídica de direito público, cf. art. 6º, inc. I, da Lei 11.107/2005; além disso, para o cumprimento de seus objetivos, o consórcio pode firmar contratos, inclusive de PPP); **B**: correta (cf. art. 4º, § 3º, da lei dos consórcios públicos); **C**: incorreta (a associação pública integra a administração indireta de todos os entes da Federação consorciados, cf. art. 6º, § 1º, da Lei 11.107/2005); **D**: incorreta (o consórcio público pode ser constituído por apenas uma parcela dos entes da Federação que subscrevem o protocolo de intenções, cf. art. 5º, § 1º, da lei); **E**: incorreta (o contrato de programa continua vigente mesmo quando extinto o consórcio público que autorizou a gestão associada de serviços públicos, cf. 13, § 4º, da Lei 11.107/2005). **RB**
Gabarito "B".

12. PROCESSO ADMINISTRATIVO

(Analista – TRT/18 – 2023 – FCC) A conclusão da instrução do processo administrativo regido pela Lei federal nº 9.784/1999

(A) enseja a faculdade de a Administração proferir decisão sobre o objeto do processo ou, alternativamente, sobrestar o trâmite do feito por até 90 dias, independentemente de oitiva do interessado ou de justificativa.

(B) pode autorizar a tomada de decisão coordenada, caso, por exemplo, seja necessária a participação de 3 ou mais órgãos da Administração e não se trate de processo sancionador.

(C) obriga a Administração a proferir decisão no prazo de 30 dias, sob pena de se considerar deferido o pleito, reconhecido o direito ou afastada a infração disciplinar imputada ao interessado.

(D) permite que, nos casos de processos disciplinares, a Administração solicite a participação de outras autoridades hierarquicamente superiores, para deliberação mediante decisão coordenada.

(E) dá lugar à fase decisória do processo, na qual a autoridade competente profere decisão ou, mediante justificativa, delega este ato a outros órgãos ou setores integrantes da mesma estrutura administrativa, para que seja adotada a chamada decisão coordenada.

A: Incorreta. Nos termos do art. 48 da Lei 9.784/99, a Administração Pública tem o dever de decidir. Além disso, o art. 49, Lei 9.784/99 determina que a Administração tem o prazo de até 30 dias para decidir, salvo prorrogação por igual período expressamente motivada. **B**: Correta. O Art. 49-A da Lei 9.784/99 estabelece que "no âmbito da Administração Pública federal, as decisões administrativas que exijam a participação de 3 (três) ou mais setores, órgãos ou entidades poderão ser tomadas mediante decisão coordenada, sempre que for justificável pela relevância da matéria; e houver discordância que prejudique a celeridade do processo administrativo decisório. Ainda, o § 6º prevê que não se aplica a decisão coordenada aos processos administrativos relacionados ao poder sancionador. **C**: Incorreta. O prazo previsto no art. 49 para decisão é de 30 dias, podendo ser prorrogado por igual período. Além disso, não existe a previsão em lei de reconhecimento do direito, deferimento do pleito ou não aplicação de penalidade. **D**: Incorreta. O art. 49-A, § 6º, Lei 9.784/99 determina que que não se aplica a decisão coordenada aos processos administrativos relacionados ao poder sancionador, que é o caso do processo administrativo disciplinar. **E**: Incorreta. A decisão coordenada ocorre nas hipóteses previstas no art. 49-A, não sendo o caso da alternativa. **FC**
Gabarito "B".

(Procurador Município – Santos/SP – VUNESP – 2021) Assinale a alternativa que identifica situação que reflete o disposto na Lei de Processo Administrativo, Lei Federal nº 9.784/99, em matéria de delegação de competência para edição de atos normativos no âmbito da Administração Pública.

(A) A edição de atos de caráter normativo pode ser objeto de delegação.

(B) As decisões adotadas por delegação devem mencionar essa qualidade e considerar-se-ão editadas pelo delegante.

(C) A competência para o julgamento de recursos administrativos pode ser objeto de delegação.

(D) Em nenhuma hipótese será permitida a avocação temporária de competência atribuída a órgão hierarquicamente inferior.

(E) A delegação é um ato revogável a qualquer tempo pela autoridade delegante.

A: incorreta (atos de caráter normativo são indelegáveis, cf. art. 13, I, da Lei 9.784/1999). **B**: incorreta (as decisões adotadas por delegação consideram-se editadas pelo delegado, cf. 14, § 3º). **C**: incorreta (a decisão de recursos administrativos é indelegável, cf. art. 13, II). **D**: incorreta (é permitida, em caráter excepcional e por motivos relevantes devidamente justificados, a avocação temporária de competência atribuída a órgão hierarquicamente inferior, cf. art. 15). **E**: correta (art. 14, §2º). **WG**
Gabarito "E".

(Delegado/MG – 2021 – FUMARC) De acordo com a Lei 9.784/99, destinada a regular o processo administrativo no âmbito da Administração Pública Federal, é INCORRETO afirmar:

(A) A edição de atos de caráter normativo pode ser objeto de delegação.
(B) As decisões adotadas por delegação devem mencionar explicitamente esta qualidade e considerar-se-ão editadas pelo delegante.
(C) Inexistindo competência legal específica, o processo administrativo deverá ser iniciado perante a autoridade de menor grau hierárquico para decidir.
(D) O ato de delegação é revogável a qualquer tempo pela autoridade delegante.

Relevante apontar que essa questão foi anulada pela banca examinadora do concurso. Isso porque há duas alternativas incorretas. Alternativa **A** incorreta (não pode ser objeto de delegação a edição de atos de caráter normativo, cf. art. 13, I, da Lei 9.784/1999). Alternativa **B** incorreta (as decisões adotadas por delegação devem mencionar explicitamente esta qualidade e considerar-se-ão editadas pelo delegado, cf. art. 14, §3º, da Lei 9.784/1999). Alternativa **C** correta (art. 17 da Lei 9.784/1999). Alternativa **D** correta (art. 14, § 2º, da Lei 9.784/1999).
Gabarito: ANULADA.

(Delegado de Polícia Federal – 2021 – CESPE) Determinado órgão público, por intermédio de seu titular, pretende delegar parte de sua competência administrativa para outro órgão com a mesma estrutura, seguindo os preceitos da Lei Federal 9.784/1999.

Com referência a essa situação hipotética, julgue os itens subsequentes.

(1) Nessa situação, o órgão delegante pertence necessariamente à administração pública federal, e não ao Poder Judiciário ou ao Poder Legislativo.
(2) O órgão delegatário não precisa ser hierarquicamente subordinado ao delegante.
(3) O objeto do ato pode ser a edição de atos normativos.

1: Errado. A delegação de competências administrativas, cujo regime está previsto na Lei 9.784/1999 (Lei do Processo Administrativo no âmbito da Administração federal), pode ocorrer tanto no âmbito do Poder Executivo, quanto no do Poder Judiciário e do Legislativo (no exercício da função administrativa). É o que se extrai da própria Lei 9.784/1999, conforme o art. 1º, § 1º, segundo o qual "os preceitos desta Lei também se aplicam aos órgãos dos Poderes Legislativo e Judiciário da União, quando no desempenho de função administrativa". Assim, o exercício de determinadas competências administrativas no âmbito do Judiciário e do Legislativo (exemplo: nomeação de servidores do STF aprovados em concursos públicos) pode ser objeto de delegação. Dessa forma, a afirmativa está errada. **2:** Certo. A afirmativa está certa. A delegação da competência administrativa pode ocorrer dentro ou mesmo fora de uma estrutura hierarquizada. É o que se extrai do art. 12 da Lei 9.784/1999: "Um órgão administrativo e seu titular poderão, se não houver impedimento legal, delegar parte da sua competência a outros órgãos ou titulares, *ainda que estes não lhe sejam hierarquicamente subordinados*, quando for conveniente, em razão de circunstâncias de índole técnica, social, econômica, jurídica ou territorial". Cite-se um exemplo: possível a delegação de atribuições, desde que haja previsão legal, entre a União e uma autarquia federal, embora não haja hierarquia/subordinação entre tais entes. **3:** Errado. A afirmativa está errada. De acordo com a Lei 9.784/1999, não pode ser objeto de delegação a edição de atos de caráter normativo (art. 13, inciso I). Também não podem ser delegados: a decisão de recursos administrativos (inciso II) e as matérias de competência exclusiva do órgão ou autoridade (inciso III).
Gabarito 1E, 2C, 3E.

(Promotor de Justiça/SP – 2019 – MPE/SP) Com relação ao processo administrativo, assinale a alternativa correta.

(A) Nos processos administrativos, a Administração Pública não poderá se ater a rigorismos formais ao considerar as manifestações do administrado. O princípio do informalismo em favor do administrado deve ser aplicado a todos os processos administrativos, inclusive nos da espécie ampliativo de direito de natureza concorrencial, como o concurso público e a licitação.
(B) A Lei 9.784/1999, especialmente no que diz respeito ao prazo decadencial para a revisão de atos administrativos no âmbito da Administração Pública federal, pode ser aplicada, de forma subsidiária, aos Estados e Municípios, se inexistente norma local e específica que regule a matéria.
(C) Considerando que aos litigantes em processo administrativo são assegurados o contraditório e ampla defesa, com os meios e recursos a ela inerentes, a falta de defesa técnica por advogado no processo administrativo disciplinar ofende a Constituição.
(D) A duração razoável dos processos, erigida como cláusula pétrea e direito fundamental (art. 5º, LXXVIII, CF), tem aplicação restrita aos processos judiciais em face do princípio da separação de poderes.
(E) Não raramente a Administração Pública altera a interpretação de determinadas normas legais. Todavia, a mudança de orientação, em caráter normativo, considerando os princípios da indisponibilidade e da supremacia do interesse público, podem afetar as situações já reconhecidas e consolidadas na vigência da orientação anterior.

A: incorreta (embora prevaleça no regime dos processos administrativos o princípio do informalismo moderado, há processos que exigem um rigor formal maior, sobretudo aqueles ampliativos de direito de natureza concorrencial, a exemplo do concurso público e da licitação). **B:** correta (cf. Súmula 633 do STJ). **C:** incorreta (conforme a Súmula Vinculante 5, a falta de defesa técnica por advogado no processo administrativo disciplinar não ofende a Constituição). **D:** incorreta (a duração razoável do processo, prevista no art. 5º, LXXVIII, da CF, aplica-se aos processos judiciais e administrativos). **E:** incorreta (de acordo com o art. 2º, parágrafo único, inc. XIII, da Lei 9.784/99, é vedada a aplicação retroativa de nova interpretação).
Gabarito "B".

(Juiz de Direito – TJ/RJ – 2019 – VUNESP) De acordo com a Lei do Processo Administrativo do Estado do Rio de Janeiro (Lei 5.427/2009), uma decisão proferida em processo administrativo poderá ter efeito normativo e vinculante para os órgãos e entidades da Administração Pública estadual se assim determinar o Governador do Estado em despacho motivado, publicado no Diário Oficial, após oitiva da Procuradoria Geral do Estado.

Referida disposição legal é

(A) concretização do princípio da supremacia do interesse público sobre o privado.
(B) exemplo de exercício de competência vinculada da autoridade administrativa.
(C) manifestação do poder regulamentar do legislador constitucional.
(D) expressão do poder disciplinar do Chefe do Poder Executivo.

(E) decorrência do poder hierárquico do Chefe do Poder Executivo.

O poder hierárquico é aquele pelo qual a Administração Pública comanda a atuação de seus agentes, haja vista a relação de subordinação. Assim, ao determinar que determinada decisão tenha efeito vinculante para os órgãos e entidades da Administração, o Governador exerce a sua prerrogativa de hierarca. RB
Gabarito "E".

(Escrevente – TJ/SP – 2018 – VUNESP) De acordo com a Lei no 10.261/1968, no que concerne aos recursos no processo administrativo, é correta a seguinte afirmação:

(A) Não cabe pedido de reconsideração de decisão tomada pelo Governador do Estado em única instância.

(B) O recurso será apresentado ao superior hierárquico da autoridade que aplicou a pena, que, em 15 (quinze) dias, de forma motivada, deve manter a decisão ou reformá-la.

(C) Os recursos não têm efeito suspensivo; e os que forem providos darão lugar às retificações necessárias, retroagindo seus efeitos à data do ato punitivo.

(D) O prazo para recorrer é de 15 (quinze) dias, contados da publicação da decisão impugnada no Diário Oficial do Estado ou da intimação do procurador do servidor, se for o caso.

(E) O recurso não poderá ser apreciado pela autoridade competente se incorretamente denominado ou endereçado.

A: incorreta. Art. 313 da Lei 10.261/1968; **B:** incorreta. O recurso será sempre dirigido à autoridade que aplicou a pena – art. 312 § 3º da Lei 10.261/1968; **C:** correta. Art. 314 da Lei 10.261/1968; **D:** incorreta. O prazo é de 30 dias, contados da publicação da decisão impugnada no Diário Oficial do Estado ou da intimação do procurador do servidor, se for o caso; **E:** incorreta. O recurso será apreciado pela autoridade competente ainda que incorretamente denominado ou endereçado – art. 312, § 5º da Lei 10.261/1968. FB
Gabarito "C".

(Procurador do Estado/SP – 2018 – VUNESP) Oito anos após a publicação da decisão em processo administrativo de caráter ampliativo de direitos, o Poder Público estadual identificou, de ofício, vício procedimental do qual não decorreu prejuízo às partes envolvidas, nem a terceiros de boa-fé. Deverá a autoridade competente, observadas as disposições da Lei Estadual no 10.177/98 (Lei de Processo Administrativo do Estado de São Paulo),

(A) revogar, motivadamente, o ato viciado, com efeito ex nunc, regulando-se as relações jurídicas produzidas durante a vigência do ato.

(B) ajuizar ação declaratória de nulidade do ato administrativo, eis que ultrapassado o prazo decadencial quinquenal aplicável ao caso para exercício do poder de autotutela.

(C) convalidar, motivadamente, o ato viciado que não causou prejuízo à Administração ou a terceiros, tampouco foi objeto de impugnação.

(D) assegurando ampla defesa e contraditório aos particulares interessados, proceder à anulação do ato viciado, em respeito ao princípio da legalidade, sendo certo que o ato de anulação deverá produzir efeitos ex nunc.

(E) assegurando ampla defesa e contraditório dos particulares interessados, declarar nulo o ato viciado, em respeito aos princípios da juridicidade, impessoalidade e moralidade, sendo certo que o ato declaratório produzirá efeitos ex tunc.

Uma vez que o prazo de oito anos ainda não inviabilizou a convalidação (que deve ocorrer em até 10 anos), estabelece o art. 11 da Lei 10.177/1998 que: "a Administração poderá convalidar seus atos inválidos, quando a invalidade decorrer de vício de competência ou de ordem formal, desde que: I – na hipótese de vício de competência, a convalidação seja feita pela autoridade titulada para a prática do ato, e não se trate de competência indelegável; II – na hipótese de vício formal, este possa ser suprido de modo eficaz. § 1º – Não será admitida a convalidação quando dela resultar prejuízo à Administração ou a terceiros ou quando se tratar de ato impugnado. § 2º – A convalidação será sempre formalizada por ato motivado". FB
Gabarito "C".

(Juiz – TJ-SC – FCC – 2017) Acerca dos prazos prescricionais em matérias referentes à atividade administrativa, segundo a jurisprudência dominante do:

(A) STJ, é aplicável o prazo constante do Decreto nº 20.910/32 para que autarquia concessionária de serviços públicos ajuíze execução fiscal visando a cobrança de débitos decorrentes do inadimplemento de tarifas.

(B) STF, as ações de reparação de danos decorrentes de acidente de trânsito, cometido em prejuízo do patrimônio da Administração Pública, são imprescritíveis.

(C) STJ, no tocante à ação para pleitear danos morais decorrentes de prática de tortura ocorrida durante o regime militar, deve-se adotar a prescrição vintenária, sendo o termo inicial a vigência da Constituição Federal de 1988.

(D) STF, considera-se prescrito o *jus puniendi* no caso de transcurso do prazo legal assinalado para conclusão procedimento de processo administrativo disciplinar.

(E) STJ, aplica-se o prazo prescricional estabelecido no Código Civil para as ações de repetição de indébito referentes a tarifas cobradas por empresas concessionárias de serviços públicos.

A: incorreta. No caso das concessionárias de serviços públicos, o prazo prescricional a ser seguido é o previsto pelo Código Civil, sendo uma empresa particular, sem privilégios tributários, financeiros e processuais; **B:** incorreta. No Recurso Extraordinário (RE) 669069, o STF decidiu que há prescrição em danos à Fazenda Pública decorrentes de ilícito civil. A imprescritibilidade só incide no caso de danos ao erário causado por improbidade administrativa. **C:** incorreta. O STJ decidiu serem imprescritíveis as ações dessa natureza, eis que se tratam de violação de um direito fundamental, conforme se verifica do seguinte julgado: ADMINISTRATIVO E PROCESSUAL CIVIL. RECURSO ESPECIAL. ANISTIADO POLÍTICO. OFENSA AO ART. 535 DO CPC. INOCORRÊNCIA. RESPONSABILIDADE CIVIL DO ESTADO. PERSEGUIÇÃO POLÍTICA OCORRIDA DURANTE O REGIME MILITAR INSTAURADO EM 1964. PRAZO PRESCRICIONAL. INAPLICABILIDADE DO ART. 1º DO DECRETO 20.910/32. VIOLAÇÃO DE DIREITOS HUMANOS FUNDAMENTAIS. IMPRESCRITIBILIDADE. PRECEDENTES. ART. 16 DA LEI Nº 10.559/02. REPARAÇÃO ECONÔMICA NO ÂMBITO ADMINISTRATIVO QUE NÃO INIBE A REIVINDICAÇÃO DE DANOS MORAIS PELO ANISTIADO NA VIA JUDICIAL. JUROS E CORREÇÃO INCIDENTES SOBRE O VALOR DA CONDENAÇÃO. APLICABILIDADE DO ART. 1º- F DA LEI Nº 9.494/97 COM A REDAÇÃO DADA PELA LEI Nº 11.960/09. RECURSO DA UNIÃO PARCIALMENTE ACOLHIDO.

1. Não ocorre ofensa ao art. 535 do CPC, quando a Corte de origem dirime, fundamentadamente, as questões que lhe são submetidas, apreciando integralmente a controvérsia posta nos autos
2. Conforme jurisprudência do STJ, "a prescrição quinquenal, disposta no art. 1º do Decreto 20.910/1932, não se aplica aos danos decorrentes de violação de direitos fundamentais, os quais são imprescritíveis, principalmente quando ocorreram durante o Regime Militar, época em que os jurisdicionados não podiam deduzir a contento suas pretensões" (AgRg no AREsp 302.979/PR, Rel. Ministro Castro Meira, Segunda Turma, DJe 5/6/2013).
3. Mesmo tendo conquistado na via administrativa a reparação econômica de que trata a Lei nº 10.559/02, e nada obstante a pontual restrição posta em seu art. 16 (dirigida, antes e unicamente, à Administração e não à Jurisdição), inexistirá óbice a que o anistiado, embora com base no mesmo episódio político mas porque simultaneamente lesivo à sua personalidade, possa reivindicar e alcançar, na esfera judicial, a condenação da União também à compensação pecuniária por danos morais.
4. Nas hipóteses de condenação imposta à Fazenda Pública, como regra geral, a atualização monetária e a compensação da mora devem observar os critérios previstos no art. 1º-F da Lei n.º 9.494/97, com a redação dada pela Lei n.º 11.960/09. Acolhimento, nesse específico ponto, da insurgência da União.
5. Recurso especial a que se dá parcial provimento.
(REsp 1485260/PR, Rel. Min. Sérgio Kukina, 1ª T., j. 05.04.2016, DJe 19.04.2016)
D: incorreta. A Jurisprudência dominante é no sentido de não haver nulidade do procedimento por descumprimento do prazo para término da sindicância, conforme se verifica a seguir:
MANDADO DE SEGURANÇA – Servidor Público -Impetração objetivando a anulação de pena de demissão -Segurança concedida – Inadmissibilidade – Portaria que lastreou a penalidade com base nos fatos contidos nos autos que apurou a infração – **Extrapolação do prazo para conclusão da sindicância** e do processo administrativo que não conduz à nulidade dos procedimentos – Precedentes do Superior Tribunal de Justiça e desta Corte -Manutenção da penalidade aplicada ao servidor – Recurso provido.
E: correta. Tratando-se de uma concessionária de serviços públicos, empresa particular, que segue as regras de direito privado, não há que se falar em prazos privilegiados ou diferenciados, próprio das empresas estatais. Esse entendimento se confirma com a súmula 412 do STJ.

Gabarito "E".

(Juiz – TRF 2ª Região – 2017) Analise as assertivas e, ao final, marque a opção correta:

I. No recurso administrativo, a *reformatio in pejus* é inconstitucional, por violar o princípio da especialidade e da segregação das funções;
II. Das decisões administrativas cabe recurso, em regra, apenas nos aspectos que se referem à legalidade do decidido, e a admissibilidade de que o recurso reveja o mérito (conveniência e oportunidade) depende de explícita previsão legal, pena de afronta à competência dos agentes públicos, previamente definida em lei;
III. É inconstitucional a exigência de depósito em dinheiro, ou arrolamento de bem, para admissibilidade de recurso administrativo; é admissível, porém, a exigência de fiança ou outra caução.
(A) Apenas a assertiva II está correta.
(B) Todas as assertivas são erradas.
(C) Apenas a assertiva III é correta.
(D) Apenas as assertivas I e III são corretas.
(E) Todas as assertivas são corretas.

A: incorreta. A assertiva II é incorreta, pois os recursos administrativos admitem revisão do mérito e do aspecto formal do ato, sem restrições (art. 56, da Lei 9.784/1999); **B:** correta. Todas as assertivas estão erradas. A assertiva I, porque o recurso administrativo admite a "reformatio in pejus" (art. 64, parágrafo único, da Lei 9.784/1999); e II, porque os recursos admitem revisão formal e material do ato (art. 56, da Lei 9.784/1999). Quanto à III, é possível a exigência de caução, conforme disposto no art. 56, §2º, da Lei 9.784/1999; **C:** incorreta. A assertiva III está incorreta, em razão do art. 56, §2º, da Lei 9.784/1999 admitir a possibilidade de exigência de caução se prevista em lei; **D:** incorreta. Assertiva I, porque o recurso administrativo admite a "reformatio in pejus" (art. 64, parágrafo único, da Lei 9.784/1999); e II, porque os recursos admitem revisão formal e material do ato (art. 56, da Lei 9.784/1999); **E:** incorreta. Todas as assertivas estão incorretas.

Gabarito "B".

13. CONTROLE DA ADMINISTRAÇÃO PÚBLICA

13.1. Controle interno

(Procurador – PGE/SP – 2024 – VUNESP) A Lei estadual de Processos Administrativos (Lei nº 10.177/1998) determina que

(A) o descumprimento injustificado, pela Administração, dos prazos previstos na lei gera responsabilidade disciplinar, imputável aos agentes públicos encarregados do assunto e a nulidade do procedimento em que ocorreu o atraso.
(B) os procedimentos sancionatórios serão acessíveis a qualquer pessoa que demonstre legítimo interesse.
(C) a instância máxima para conhecer do recurso administrativo, no caso da Administração descentralizada, será o Secretário de Estado a que esteja vinculada a pessoa jurídica.
(D) a Administração anulará seus atos inválidos, de ofício ou por provocação de pessoa interessada, ainda que deles não resulte qualquer prejuízo.
(E) o interessado poderá considerar deferido o requerimento na esfera administrativa, se ultrapassado o prazo legal sem decisão da autoridade competente, salvo previsão legal ou regulamentar em contrário.

A: Incorreto. O art. 90, *caput*, da Lei nº 10.177/1998, que regula o Processo Administrativo no Estado de São Paulo, não prevê a nulidade do procedimento por descumprimento de prazos pela Administração, mas sim a responsabilidade dos agentes públicos. **B:** Correto. Nos termos do art. 37 da Lei nº 10.177/1998, todo aquele que for afetado por decisão administrativa poderá dela recorrer, em defesa de interesse ou direito. Em relação a decisões administrativas que importem em sanções, o interessado tem inclusive o direito a um processo sancionatório com ampla defesa antes que a administração aplique essa sanção administrativa (art. 62 da Lei nº 10.177/1998). **C:** Incorreto. De acordo com a Lei nº 10.177/1998, a instância máxima para o recurso administrativo é o Secretário de Estado somente no âmbito da administração *centralizada* (art. 40, I). No âmbito da administração descentralizada (por exemplo, das autarquias), a instância máxima é o dirigente superior da pessoa jurídica (art. 40, II). **D:** Incorreto. A Lei nº 10.177/1998, em seu Art. 10, prevê que a Administração pode anular seus atos inválidos de ofício ou mediante provocação da pessoa interessada, mas somente quando da irregularidade resultar algum prejuízo. **E:** Incorreto. Nos termos Lei nº 10.177/1998 o que ocorre é justamente o contrário, ou seja, ultrapassado o prazo da administração para decidir, o interessado poderá considerar o seu requerimento administrativo ou o seu recurso rejeitados (arts. 33, § 1º, e 50, *caput*).

Gabarito "B".

(Procurador – AL/PR – 2024 – FGV) No exercício de suas atribuições atinentes ao controle interno, Cristovam, servidor público estável do Estado do Paraná, deparou-se com diversas situações em que acredita ser imperiosa a anulação de diversos atos administrativos, eivados de vícios gravíssimos e insanáveis, os quais foram praticados há algum tempo.

Nesse contexto, à luz do entendimento do Supremo Tribunal Federal com relação aos limites à anulação, no âmbito da autotutela, é correto afirmar que

(A) é imprescritível para a Administração Pública o direito de anular os atos eivados de vícios insanáveis, independentemente de ampla defesa e contraditório nas situações em que os vícios forem gravíssimos, tal como ocorre com as situações de manifesta inconstitucionalidade e aquelas em que comprovada a má-fé do beneficiário do ato.

(B) decai em cinco anos o direito da Administração de anular os atos eivados de vícios insanáveis, inclusive nas hipóteses em que o beneficiário do ato está de má-fé, salvo as situações de flagrante inconstitucionalidade, em relação as quais não há necessidade de se observar a ampla defesa e o contraditório.

(C) prescreve em cinco anos o direito da Administração de anular os atos eivados de vícios insanáveis, independentemente da boa-fé do beneficiário, inclusive nas hipóteses de flagrante inconstitucionalidade, não sendo necessário respeitar a ampla defesa e contraditório para tanto, ainda que o ato surta efeitos na esfera jurídica de terceiros.

(D) decai em cinco anos o direito da Administração de anular os atos eivados de vícios insanáveis, salvo comprovada má-fé do beneficiário do ato e as situações de flagrante inconstitucionalidade, devendo ser respeitada a ampla defesa e contraditório para fins de anulação, quando o ato surte efeitos na esfera jurídica de terceiros.

(E) a anulação dos atos administrativos eivados de vícios insanáveis pode ser realizada a qualquer tempo, na medida em que dos nulos não se originam direitos, mas é necessário respeitar a ampla defesa e o contraditório para tanto, quando o ato surtir efeitos na esfera jurídica de terceiros.

A: Incorreta, pois a anulação dos atos administrativos eivados de vícios insanáveis não é imprescritível. Há um prazo de decadência de cinco anos para a anulação desses atos, conforme previsto no artigo 54 da Lei n.º 9.784/1999, salvo comprovada má-fé. No mais, a ampla defesa e o contraditório devem ser respeitados quando o ato já tiver efeitos na esfera jurídica de terceiros. **B:** Incorreta, pois a Administração Pública tem um prazo de decadência de cinco anos para anular atos administrativos eivados de vícios insanáveis, mas o artigo 54 da Lei n.º 9.784/1999 ressalvado os casos de má-fé. No mais, a ampla defesa e o contraditório não são dispensáveis mesmo em casos de flagrante inconstitucionalidade. **C:** Incorreta, pois a prescrição para a anulação de atos eivados de vícios insanáveis é de cinco anos, mas só nos casos de boa-fé, já que a lei ressalva os casos de má-fé, que terão assim prazo diferenciado. O STF tem afirmado que ampla defesa e o contraditório são necessários quando o ato já afetou a esfera jurídica de terceiros. **D:** Correta, pois a Administração Pública tem o prazo de decadência de cinco anos para anular atos administrativos eivados de vícios insanáveis, salvo comprovada má-fé (art. 54 da Lei n.º 9.784/1999). Ademais, mesmo em casos de flagrante inconstitucionalidade, é necessário respeitar a ampla defesa e o contraditório quando o ato tiver efeitos na esfera jurídica de terceiros. **E:** Incorreta, pois a anulação dos atos administrativos eivados de vícios insanáveis deve respeitar o prazo de 5 anos previsto na Lei n.º 9.784/1999, salvo comprovada má-fé. WG

Gabarito "D".

(Procurador Federal – AGU – 2023 – CEBRASPE) Considerando o disposto na Lei n.º 9.784/1999, que regula o processo administrativo no âmbito da administração pública federal, assinale a opção correta.

(A) O servidor que incorrer em impedimento deve comunicar o fato à autoridade competente e abster-se de atuar no processo administrativo, constituindo falta média, para efeitos disciplinares, a omissão do dever de comunicar o impedimento.

(B) Pode ser arguida a suspeição da autoridade que esteja litigando judicial ou administrativamente com o interessado no processo administrativo ou com cônjuge ou companheiro deste.

(C) É impedido de atuar em processo administrativo o servidor ou autoridade que tenha amizade íntima ou inimizade notória com algum dos interessados ou com os respectivos cônjuges.

(D) É impedido de atuar em processo administrativo o servidor que tenha participado como perito, testemunha ou representante, ou se em tais situações participar parente até o segundo grau, excluindo-se o parentesco por afinidade.

(E) O indeferimento de alegação de suspeição poderá ser objeto de recurso, o qual não terá efeito suspensivo.

A: Incorreta, pois, segundo o artigo 19 da Lei n.º 9.784/1999, o servidor que incorrer em impedimento deve comunicar o fato à autoridade competente e abster-se de atuar no processo administrativo. Contudo, a omissão do dever de comunicar o impedimento pode ser considerada falta grave, e não média, para efeitos disciplinares. **B:** Incorreta, pois a Lei n.º 9.784/1999 não prevê a possibilidade de arguição de suspeição da autoridade que esteja litigando judicial ou administrativamente com o interessado no processo administrativo ou com cônjuge ou companheiro deste. Esses são casos de impedimento (art. 18, III, da Lei n.º 9.784/1999). A suspeição pode ser arguida apenas com base em amizade íntima ou inimizade notória com algum dos interessados ou com os respectivos cônjuges, companheiros, parentes e afins até o terceiro grau, conforme o artigo 20 da Lei n.º 9.784/1999. **C:** Incorreta, pois esse é um caso de suspeição, e não de impedimento (art. 20 da Lei n.º 9.784/1999). **D:** Incorreta, pois o impedimento nesse caso inclui parentesco por afinidade, e não apenas por consanguinidade (art. 18, II, da Lei n.º 9.784/1999). **E:** Correta, pois o indeferimento de alegação de suspeição pode ser objeto de recurso, conforme o artigo 21 da Lei n.º 9.784/1999. No entanto, esse recurso não terá efeito suspensivo, ou seja, não suspende o andamento do processo administrativo enquanto o recurso está sendo analisado. WG

Gabarito "E".

(Procurador Federal – AGU – 2023 – CEBRASPE) Assinale a opção correta acerca da anulação, revogação e convalidação dos atos da administração pública.

(A) Os atos que apresentarem defeitos sanáveis poderão ser convalidados pela própria administração em decisão na qual se evidencie que eles não acarretam lesão ao interesse público nem prejuízo a terceiros.

(B) O direito da administração de anular os atos administrativos de que decorram efeitos favoráveis para os destinatários prescreve em cinco anos, contados da

data em que tais atos tenham sido praticados, salvo comprovada má-fé.
(C) Na hipótese de existência de efeitos patrimoniais contínuos, o prazo de prescrição contar-se-á da percepção do primeiro pagamento.
(D) O direito da administração de anular os atos administrativos de que decorram efeitos favoráveis para os destinatários decai em cinco anos, contados da data da publicação do ato em meio oficial, salvo comprovada má-fé.
(E) Considera-se exercício do direito de anular qualquer medida de autoridade administrativa, desde que tal medida não importe impugnação à validade do ato.

A: Correta, pois o artigo 55 da Lei n.º 9.784/1999 estabelece que atos administrativos que apresentem defeitos sanáveis podem ser convalidados pela própria administração, desde que não causem lesão ao interesse público nem prejudiquem terceiros. B: Incorreta, pois a regra não é sobre prescrição, mas sobre decadência, conforme o artigo 54, *caput*, da Lei n.º 9.784/1999. C: Incorreta, pois a regra não é sobre prescrição, mas sobre decadência, conforme o artigo 54, § 1º, da Lei n.º 9.784/1999. D: Incorreta, pois os cinco anos são contados da data em que os atos foram praticados, e não da data da publicação deles (artigo 54, *caput*, da Lei n.º 9.784/1999). E: Incorreta, pois o art. 54, § 2º, da Lei n.º 9.784/1999 considera como exercício do direito de anular atos administrativos qualquer medida de autoridade administrativa que efetivamente "importe" na impugnação da validade do ato, e não que "não importe" na impugnação do ato. WG

(Delegado/RJ – 2022 – CESPE/CEBRASPE) Assinale a opção correta acerca do controle da administração pública.
(A) Apenas a Constituição Federal de 1988 pode prever modalidades de controle externo da administração pública.
(B) As comissões parlamentares de inquérito possuem poder condenatório, sendo uma modalidade de controle legislativo, e estão aptas a investigar fatos determinados, em prazos fixados.
(C) A reclamação para anular ato administrativo que confronte súmula vinculante é uma modalidade de controle interno da atividade administrativa.
(D) Nas decisões das cortes de contas é facultativo o contraditório e a ampla defesa, não obstante a decisão provocar a anulação ou a revogação de ato administrativo que beneficie interessado.
(E) No exercício de sua função constitucional, o Tribunal de Contas, em processo de tomada de contas especial, pode decretar a indisponibilidade de bens, independentemente de fundamentação da decisão.

Alternativa **A** correta (somente a CF pode prever as hipóteses que delineiam o princípio da separação entre os poderes). Alternativa **B** incorreta (as CPI's não possuem poder condenatório, pois, nos termos do art. 58, § 3º, CF, as suas conclusões devem ser encaminhadas ao Ministério Público, para que promova a responsabilidade civil ou criminal dos infratores). Alternativa **C** incorreta (a reclamação para anular ato administrativo que confronte súmula vinculante é modalidade de controle externo da Administração, pois a sua apreciação é feita pelo STF). Alternativa **D** incorreta (em razão do princípio do devido processo legal, as decisões das Cortes de Contas que provoquem a anulação ou revogação de ato administrativo que beneficie interessados dependem de contraditório e ampla defesa). Alternativa **E** incorreta (a decretação de indisponibilidade de bens depende de fundamentação, haja vista o princípio da motivação). RB

(Procurador Municipal – Prefeitura/BH – CESPE – 2017) No que concerne aos mecanismos de controle no âmbito da administração pública, assinale a opção correta.
(A) É vedado aos administrados providenciar sanatórias de atos administrativos para sua convalidação, de modo a participar de ações de controle da administração pública, uma vez que as ações de controle são prerrogativa exclusiva dos agentes públicos.
(B) O controle dos atos administrativos tem por objetivo confirmar, rever ou alterar comportamentos administrativos, exigindo-se o esgotamento da via administrativa para se recorrer ao Poder Judiciário.
(C) Em decorrência do poder de autotutela da administração, verificada a prática de ato discricionário por agente incompetente, a autoridade competente estará obrigada a convalidá-lo.
(D) No sistema de administração pública adotado no Brasil, o ato administrativo é revisado por quem o praticou, não havendo proibição quanto à revisão ser realizada por superior hierárquico ou órgão integrante de estrutura hierárquica inerente à organização administrativa.

A: correta. Realmente, quem tem o atributo da autoexecutoriedade dos atos administrativos é o próprio Poder Público. O particular pode provocar o administrador para que ele anule, revogue ou realize o saneamento dos atos administrativos, mas não pode, ele mesmo, realizar esses atos de controle; B: incorreta. Não é necessário o esgotamento da via administrativa para se recorrer ao Poder Judiciário, eis que a jurisdição é inafastável (art. 5º, XXXV, CF), sendo esse também o entendimento da jurisprudência dominante (TJ-MA- Agravo de Instrumento 26331999, 14/08/2001); C: incorreta. Os vícios de forma e competência são sanáveis (WEIDA ZANCANER, *Da Convalidação e da Invalidação dos Atos Administrativos*. 3ª ed., São Paulo: Malheiros, 2012, p. 85); D: incorreta. O art. 56, § 1º, da Lei 9.784/1999 dispõe que o recurso é dirigido à autoridade que proferiu o ato que, se não reconsiderar, encaminhará à autoridade competente. Portanto, o superior hierárquico pode, sim, realizar a revisão do processo. AW

(Procurador Municipal – Prefeitura/BH – CESPE – 2017) No que diz respeito ao processo administrativo, a suas características e à disciplina legal prevista na Lei nº 9.784/1999, assinale a opção correta.
(A) A configuração da má-fé do administrado independe de prova no processo administrativo.
(B) Segundo o STF, não haverá nulidade se a apreciação de recurso administrativo for feita pela mesma autoridade que tiver decidido a questão no processo administrativo.
(C) Ainda que a pretensão do administrado seja contrária a posição notoriamente conhecida do órgão administrativo, sem o prévio requerimento administrativo, falta-lhe interesse para postular diretamente no Poder Judiciário.
(D) Não ofende a garantia do devido processo legal decisão da administração que indefere a produção de provas consideradas não pertinentes pelo administrador.

A: incorreta. A má-fé nunca se presume. O que se presume é a legitimidade dos atos administrativos que, inclusive, é relativa. Por isso, a má-fé deve sempre ser comprovada. (art. 54, da Lei 9.784/1999); **B:** incorreta. O art. 18, II, da Lei 9.784/1099 veda a participação de autoridade já atuante no processo em eventual recurso, ou seja, que tenha atuado no processo de alguma forma, sendo também já decidido nesse sentido no STF (**RMS 26029/DF, rel. Min. Cármen Lúcia, 11.3.2014. (RMS-26029)); C:** incorreta. Não é necessário o esgotamento da via administrativa para que se ingresse em juízo, havendo muita jurisprudência a respeito, como o RE 631240; **D:** correta. A assertiva está em conformidade com o disposto no art. 38, § 2º, da Lei 9.784/1999, que assim dispõe: "Somente poderão ser recusadas, mediante decisão fundamentada, **as provas propostas pelos interessados quando sejam ilícitas, impertinentes, desnecessárias ou protelatórias.**"

Gabarito "D".

(**Procurador do Município – Prefeitura Fortaleza/CE – CESPE – 2017**) Com relação a processo administrativo, poderes da administração e serviços públicos, julgue o item subsecutivo.

(1) Nos termos da jurisprudência do STF, caso um particular interponha recurso administrativo contra uma multa de trânsito, por se tratar do exercício do poder de polícia pela administração, a admissibilidade do recurso administrativo dependerá de depósito prévio a ser efetuado pelo administrado.

1: incorreta. A Súmula Vinculante 21, STF dispõe sobre a desnecessidade de depósito prévio para recorrer administrativamente.

Gabarito "1E".

Procurador do Município – Prefeitura Fortaleza/CE – CESPE – 2017 Com relação a processo administrativo, poderes da administração e serviços públicos, julgue o item subsecutivo.

(1) No processo administrativo, vige o princípio do formalismo moderado, rechaçando-se o excessivo rigor na tramitação dos procedimentos, para que se evite que a forma seja tomada como um fim em si mesma, ou seja, desligada da verdadeira finalidade do processo.

1: correta. O princípio do formalismo moderado é também chamado de informalismo, ou seja, trata-se de princípio que busca as formas simples, no máximo, moderadas, a fim de que o conteúdo prevaleça sobre o aspecto formal dos atos e procedimentos administrativos.

Gabarito "1C".

13.2. Controle do legislativo e do Tribunal de Contas

(**Procurador – AL/PR – 2024 – FGV**) Existem competências atribuídas para as Casas Legislativas, a partir das atribuições delineadas para o Congresso Nacional na CRFB/88, que guardam estreita relação com a atividade de fiscalização e controle da atividade administrativa exercida pelo Poder Executivo, que deve ser levada a efeito pelo Poder Legislativo.

Entre as referidas competências, é correto destacar

(A) a revogação de atos administrativos discricionários do Poder Executivo.

(B) a homologação da sustação de contratos administrativos, que deve ser realizada diretamente pelo respectivo Tribunal de Contas.

(C) a sustação de qualquer ato normativo editado pelo Poder Executivo.

(D) o julgamento anual das contas do Chefe do Poder Executivo, mediante parecer do respectivo Tribunal de Contas.

(E) a suspensão das licitações em curso realizadas pelo Poder Executivo, para a apuração de eventuais irregularidades.

A: Incorreta, pois a revogação de atos administrativos discricionários do Poder Executivo não é competência do Poder Legislativo. Essa atribuição está dentro do âmbito administrativo do Poder Executivo, conforme os princípios da autotutela administrativa. A função do Legislativo é mais voltada para a fiscalização e controle, e não para a revogação direta de atos administrativos. **B:** Incorreta, pois a homologação da sustação de contratos administrativos não é competência do Tribunal de Contas. O Tribunal de Contas pode recomendar a sustação, mas a decisão final e a homologação dessa sustação devem ser feitas pelo Poder Legislativo, conforme o art. 71, X e § 1º, da CF. **C:** Incorreta, pois o Poder Legislativo não tem competência para sustar qualquer ato normativo editado pelo Poder Executivo de forma indiscriminada. A sustação de atos normativos só é possível em casos específicos, como nos atos que extrapolam o poder regulamentar ou os limites da delegação legislativa (art. 49, V, da CF). **D:** Correta, pois o julgamento anual das contas do Chefe do Poder Executivo é de competência do Poder Legislativo, com parecer do Tribunal de Contas. Essa competência está prevista no art. 49, IX, c/c art. 71, I, ambos da CF, que estabelecem que o Congresso Nacional deve julgar as contas anuais do Presidente da República, com base no parecer do Tribunal de Contas da União. **E:** Incorreta, pois, além da própria administração pública que promove a licitação, apenas um juiz do Tribunal de Contas podem suspender uma licitação, nesse último caso com fundamento no art. 71, X, da CF. Vale lembrar que se a licitação já foi realizada e se tem um contrato, aí sim, após o Tribunal de Contas recomendar a sustação, o Poder Legislativo pode homologar essa sustação (do contrato!), nos termos do art. 71, X e p. 1º, da CF.

Gabarito "D".

(**Delegado/RJ – 2022 – CESPE/CEBRASPE**) Em 29/12/2021, Jairo, ex-secretário de estado de polícia civil, foi citado para pagamento referente a ação de execução interposta pelo estado, decorrente de multa aplicada em acórdão do tribunal de contas do estado (TCE), de 12/3/2015, em razão de a corte de contas ter identificado que, à época em que Jairo era o titular da pasta e ordenador de despesas, fora adquirido um aparelho de radiologia que não se mostrou necessário nem foi utilizado em benefício da instituição. Por esse motivo, o TCE concluiu pela ilegalidade da aquisição, aplicando multa ao ex-jurisdicionado, a qual até o momento não foi paga.

Considerando essa situação hipotética, assinale a opção correta.

(A) A ação não deve prosperar pela prescritibilidade da ação fundada no ressarcimento de danos ao erário estadual.

(B) A imputação de multa deveria ser direcionada ao órgão, e não à pessoa do administrador.

(C) É cabível a execução do título executivo extrajudicial, já que o TCE concluiu que o ex-jurisdicionado agiu com culpa na autorização para compra do aparelho de radiologia.

(D) Não é cabível a ação de execução, pois o acórdão do TCE não tem eficácia de título executivo.

(E) A natureza do dano torna imprescritível a ação de ressarcimento de danos ao erário estatal, observados o contraditório e a ampla defesa.

Alternativa **A** correta (segundo o STF, é prescritível a ação de ressarcimento ao erário baseada em decisão de Tribunal de Contas, merecendo incidir o prazo de 5 anos). Alternativa **B** incorreta (a multa aplicada pelo Tribunal de Contas é direcionada à pessoa do administrador, nos termos do art. 71, VIII, CF: cabe ao Tribunal de Contas "aplicar aos responsáveis, em caso de ilegalidade de despesa ou irregularidade de contas, as sanções previstas em lei, que estabelecerá, entre outras cominações, multa proporcional ao dano causado ao erário"). Alternativa **C** incorreta (o enunciado da questão não permite concluir que o ex-jurisdicionado agiu com culpa). Alternativa **D** incorreta (as decisões do Tribunal de que resulte imputação de débito ou multa terão eficácia de título executivo, nos termos do art. 71, § 3º, CF). Alternativa **E** incorreta (somente são imprescritíveis as ações de ressarcimento fundadas em ato doloso de improbidade administrativa, cf. definido pelo STF no RE 852.475).
Gabarito "A".

(Procurador Município – Santos/SP – VUNESP – 2021) Assinale a alternativa correta com relação à competência dos Tribunais de Contas sobre a sustação de atos e contratos administrativos.

(A) Os Tribunais de Contas têm poder para anular ou sustar contratos administrativos.
(B) Os Tribunais de Contas não possuem competência para determinar à autoridade administrativa que promova a anulação ou a sustação de contrato.
(C) Verificada a ilegalidade de ato ou contrato, o Tribunal de Contas assinalará prazo para que o responsável adote as providências necessárias ao exato cumprimento da lei.
(D) Os Tribunais de Contas têm poder para anular ou sustar apenas a licitação de que se origina o contrato.
(E) É vedado às Cortes de Contas emitir parecer sobre a sustação de contratos administrativos decorrentes de contas prestadas pelo Chefe do Poder Executivo.

A: incorreta (os Tribunais de Contas não têm poder para anular contratos administrativos, cf. as atribuições estipuladas no art. 71 da CF). **B:** incorreta (os Tribunais de Contas possuem competência para determinar à autoridade administrativa que promova a anulação de contrato, cf. art. 71, IX, CF). **C:** correta (art. 71, IX, CF). **D:** incorreta (os Tribunais de Contas não têm poder para anular a licitação de que se origina o contrato). **E:** incorreta (compete aos Tribunais de Contas apreciar as contas prestadas anualmente pelo Chefe do Poder Executivo, mediante parecer prévio, cf. art. 71, I, CF).
Gabarito "C".

(Investigador – PC/BA – 2018 – VUNESP) Segundo a Constituição Federal, a fiscalização contábil, financeira, orçamentária, operacional e patrimonial da Administração Direta e Indireta, quanto à legalidade, legitimidade, economicidade, aplicação das subvenções e renúncia de receitas, será efetuada, no âmbito federal, pelo

(A) controle externo, realizado pelo Congresso Nacional, com o auxílio do Supremo Tribunal Federal.
(B) controle interno, que deverá remeter suas conclusões para análise e ratificação do Tribunal de Contas da União.
(C) controle externo, realizado pelo Tribunal de Contas da União, com o auxílio do Congresso Nacional.
(D) controle interno de cada Poder, o que dispensa a necessidade de existência de um controle externo.
(E) controle externo, realizado pelo Congresso Nacional, com o auxílio do Tribunal de Contas da União.

Correta a alternativa E, nos termos do ar. 71 da CF/1988.
Gabarito "E".

(Juiz de Direito – TJ/RS – 2018 – VUNESP) Um Município, ao promover a reintegração de posse de área pública, observando os requisitos previstos em lei municipal, cadastrou as famílias que ocupavam irregularmente a área, a fim de conceder-lhes auxílio aluguel provisório. Nos termos do artigo 3o da Lei municipal, o valor do benefício é de R$ 300,00 (trezentos reais) por família, a ser transferido pelo período estimado de 24 (vinte e quatro) meses, prorrogáveis a critério do Chefe do Poder Executivo municipal. Associação das famílias instaladas na localidade, contudo, impetrou Mandado de Segurança e, liminarmente, pleiteou que o Município fosse compelido a efetuar pagamento de, pelo menos, R$ 500,00 (quinhentos reais) por família, valor que supostamente equivaleria ao valor médio de aluguel residencial em área próxima àquela objeto da reintegração. Nesse caso, à associação dos ocupantes da área pública

(A) não assiste razão porque, no caso, não é possível afirmar a existência de ilegalidade na atuação em concreto do Município.
(B) assiste razão, porque ao preestabelecer valor fixo a título de aluguel social, a lei municipal é inconstitucional por ferir os princípios da razoabilidade e proporcionalidade.
(C) assiste razão, devendo ser judicialmente garantida efetividade ao direito constitucional à moradia, independentemente da comprovação da veracidade e razoabilidade do valor do benefício pleiteado na ação mandamental.
(D) não assiste razão porque, de acordo com o princípio da separação dos poderes, não compete ao Poder Judiciário examinar a constitucionalidade de lei municipal produto do exercício de competência discricionária típica dos Poderes Executivo e Legislativo.
(E) não assiste razão porque a decisão quanto ao pagamento de benefício assistencial e respectivo valor deve decorrer de decisão do Poder Executivo municipal, fundada em critérios orçamentários, limitados pela reserva do possível, os quais não cabe ao Poder Judiciário perscrutar.

A questão tem como enfoque principal o tema dos limites de apreciação dos atos administrativos e legislativos pelo Poder Judiciário. Deveras, embora o Poder Judiciário possa analisar se uma determinada lei ou ainda uma ato administrativo fere ou não o ordenamento jurídico como um todo, em especial em cotejo quanto ao que dispõe a Constituição e os princípios de direito, não pode ele substituir o legislador e determinar o *quantum* a ser pago a título de auxílio aluguel, pois isso seria invadir competência que não lhe cabe.
Gabarito "A".

(Delegado/MT – 2017 – CESPE) A fiscalização exercida pelo TCU na prestação de contas de convênio celebrado entre a União e determinado município, com o objetivo de apoiar projeto de educação sexual voltada para o adolescente, insere-se no âmbito do controle

(A) provocado.
(B) meritório.
(C) subordinado.
(D) prévio.

(E) vinculado.

Trata-se de ato vinculado. CF, art. 71. O controle externo, a cargo do Congresso Nacional, será exercido com o auxílio do Tribunal de Contas da União, ao qual compete: II – julgar as contas dos administradores e demais responsáveis por dinheiros, bens e valores públicos da administração direta e indireta, incluídas as fundações e sociedades instituídas e mantidas pelo Poder Público federal, e as contas daqueles que derem causa a perda, extravio ou outra irregularidade de que resulte prejuízo ao erário público. **Gabarito "E".**

13.3. Controle pelo Judiciário

(ENAM – 2024.1) O Plenário do Supremo Tribunal Federal (STF), no julgamento do Recurso Extraordinário RE 684612, com repercussão geral (Tema 698), fixou parâmetros para nortear decisões judiciais.

A respeito do recente posicionamento do STF em repercussão geral sobre os parâmetros do controle jurisdicional de políticas públicas voltadas à realização de direitos fundamentais, assinale a afirmativa correta.

(A) A decisão judicial, como regra, deverá determinar medidas claras, objetivas e pontuais a serem realizadas pelo gestor público para a implementação dos direitos fundamentais.

(B) A decisão judicial, prioritariamente, deve se limitar a apontar as finalidades a serem alcançadas e determinar que a Administração Pública apresente um plano ou os meios adequados para alcançar tal resultado.

(C) A intervenção do Poder Judiciário em políticas públicas voltadas à realização de direitos fundamentais, mesmo em caso de deficiência grave ou ausência do serviço, viola o princípio da separação dos poderes.

(D) A atuação judicial deve ser pautada por critérios de razoabilidade e eficiência e deve desenvolver e apresentar o plano concreto a ser cumprido pela administração para alcançar o resultado.

(E) A decisão judicial não deve trazer qualquer tipo de determinação ao gestor público, sob pena de interferir na discricionariedade administrativa na tomada de decisão sobre as políticas públicas a serem implementadas.

O Supremo Tribunal Federal, em julgamento do Tema 698 de repercussão geral, analisou os limites do Poder Judiciário para determinar obrigações de fazer ao Estado, consistentes na realização de concursos públicos, contratação de servidores e execução de obras que atendam o direito social da saúde, ao qual a Constituição da República garante especial proteção. Sobre o tema, o STF estabeleceu que: 1. A intervenção do Poder Judiciário em políticas públicas voltadas à realização de direitos fundamentais, em caso de ausência ou deficiência grave do serviço, não viola o princípio da separação dos poderes. 2. A decisão judicial, como regra, em lugar de determinar medidas pontuais, deve apontar as finalidades a serem alcançadas e determinar à Administração Pública que apresente um plano e/ou os meios adequados para alcançar o resultado. 3. No caso de serviços de saúde, o déficit de profissionais pode ser suprido por concurso público ou, por exemplo, pelo remanejamento de recursos humanos e pela contratação de organizações sociais (OS) e organizações da sociedade civil de interesse público (OSCIP). **A:** Incorreta. O STF entendeu que o Poder Judiciário não deve apontar medidas pontuais, e sim apontar as finalidades a serem alcançadas e determinar a apresentação de um plano e/ou meios adequados para alcançar o resultado. **B:** Correta. O Judiciário deve apontar as finalidades e determinar a apresentação de como a Administração visa alcançar a finalidade. **C:** Incorreta. A intervenção, nesses casos, não viola o princípio da separação dos poderes. **D:** Incorreta. Não é o Poder Judiciário que deve apresentar o plano concreto, e sim a Administração. **E:** Incorreto. O Judiciário pode determinar a apresentação de planos e/ou meios para alcançar o resultado. **Gabarito "B".**

(ENAM – 2024.1) Objetivando estabelecer a segurança nas relações jurídicas, ao retirar a possibilidade de situações financeiras perdurarem por tempo indeterminado, o Decreto Lei nº 20.910/1932 estabeleceu regras sobre prazos prescricionais quanto a direito ou ação contra a Fazenda federal, estadual ou municipal.

Sobre as regras mencionadas nessa legislação, assinale a afirmativa correta.

(A) A citação inicial interrompe a prescrição, mesmo quando, por qualquer motivo, o processo tenha sido anulado.

(B) O direito à reclamação administrativa que não tiver prazo fixado em disposição de lei especial prescreve em três anos, a contar do conhecimento do ato ou fato apontado pelo particular prejudicado.

(C) A prescrição interrompida recomeça a correr, por dois anos e meio, a partir do ato interruptivo, mas não poderá ficar reduzida aquém de cinco anos, mesmo que o ato interruptivo se dê durante a primeira metade do prazo.

(D) A prescrição somente poderá ser interrompida duas vezes, quando se trata de ação objetivando reparação material; já quando a pretensão versar sobre reparação moral, ela será interrompida sempre, segundo os regramentos da legislação civil.

(E) Não corre a prescrição durante a demora do procedimento que está voltado a analisar ou estudar a pretensão deduzida no âmbito administrativo, salvo se esta versar sobre reparação material, quando o prazo prescricional retomará o seu curso após o primeiro ano, sem a decisão administrativa.

A: Incorreta. O art. 7º prevê que "a citação inicial não interrompe a prescrição quando, por qualquer motivo, o processo tenha sido anulado". **B:** Incorreta. O art. 6º estabelece que "o direito à reclamação administrativa, que não tiver prazo fixado em disposição de lei para ser formulada, prescreve em um ano a contar da data do ato ou fato do qual a mesma se originar". **C:** Correta. Nos termos do art. 1º, o prazo de prescrição é de 5 anos. E o art. 9º prevê que "a prescrição interrompida recomeça a correr, pela metade do prazo, da data do ato que a interrompeu ou do último ato ou termo do respectivo processo". Assim, a prescrição recomeça a correr por dois anos e meio. **D:** Incorreta. O art. 8º estabelece que "a prescrição somente poderá ser interrompida uma vez". **E:** Incorreta. O art. 4º, prevê que "não corre a prescrição durante a demora que, no estudo, ao reconhecimento ou no pagamento da dívida, considerada líquida, tiverem as repartições ou funcionários encarregados de estudar e apurá-la". **Gabarito "C".**

(Juiz de Direito – TJ/SC – 2024 – FGV) João, juiz de direito do Estado Beta, requereu sua aposentadoria em 09/10/2018. Autuado o requerimento, o pedido é deferido pelo presidente do Tribunal de Justiça do Estado Beta, que envia o ato de aposentadoria ao Tribunal de Contas do mesmo estado, tendo o processo chegado à Corte de Contas em 20/10/2018. Em 30/11/2023, o Tribunal de Contas nega o registro da aposentadoria de João, sob o fundamento de que teriam sido incluídas vantagens indevidas nos proventos.

No caso em apreço, quanto (i) ao limite temporal e (ii) ao controle jurisdicional, a decisão do Tribunal de Contas:

(A) (i) não se sujeita a limite temporal; (ii) pode ser revista em controle jurisdicional;

(B) (i) não se sujeita a limite temporal; (ii) não pode ser revista em controle jurisdicional;

(C) (i) sujeita-se a limite temporal, que, no caso, foi excedido; (ii) pode ser revista em controle jurisdicional;

(D) (i) sujeita-se a limite temporal, que, no caso, foi excedido; (ii) não pode ser revista em controle jurisdicional;

(E) (i) sujeita-se a limite temporal, mas o prazo ainda está em curso; (ii) pode ser revista em controle jurisdicional.

O Supremo Tribunal Federal entendeu que "Em atenção aos princípios da segurança jurídica e da confiança legítima, os Tribunais de Contas estão sujeitos ao prazo de 5 anos para o julgamento da legalidade do ato de concessão inicial de aposentadoria, reforma ou pensão, a contar da chegada do processo à respectiva Corte de Contas" (Tema 455 de Repercussão Geral, STF). Assim, se o ato de aposentadoria de João chegou ao Tribunal de Contas em 20/10/2018, o julgamento de legalidade só poderia ser feito até 20/10/2018. No entanto, nos termos da questão, o Tribunal de Contas só negou o registro da aposentadoria em 30/11/2023, o que demonstra que o limite temporal foi excedido. Assim, a atuação do Tribunal de Contas fora do prazo fere os princípios da segurança jurídica e da confiança legítima, o que justifica o controle de legalidade pelo Poder Judiciário. FC

Gabarito "C".

(Juiz de Direito – TJ/SC – 2024 – FGV) Maria, cidadã do Município de Horto Grande, passou por consulta médica em hospital público e, para tratar de sua moléstia, fora-lhe prescrito o medicamento JJY. Porém, ao comparecer ao posto de saúde, não conseguiu obter o remédio, que estava em falta. Após indagar ao servidor público que atendia na unidade, foi informada de que o Município de Horto Grande e região passava por uma fase de desabastecimento de diversos medicamentos pela escassez de matéria-prima de fabricação dos mesmos. Relatórios acadêmicos apontam problemas na construção de uma política pública efetiva de produção de medicamentos e insumos básicos para a saúde. Hoje, há grande dependência da importação na cadeia de produção de medicamentos. Assistida pela Defensoria Pública, Maria ingressou com ação judicial para acesso ao medicamento.

Considerando o caso narrado, é correto afirmar que:

(A) para resolver o caso de Maria, seria suficiente que o juiz determinasse a realização de imediata licitação para aquisição do medicamento JJY;

(B) antes do ajuizamento da ação junto ao Poder Judiciário, Maria deveria ter formulado denúncia junto à Administração Pública do Município de Horto Grande e esgotado a esfera administrativa;

(C) ao decidir o caso de Maria, o juiz deve atentar aos obstáculos e às dificuldades reais do gestor e às exigências das políticas públicas a seu cargo, de modo que o juiz incorreria em indevida usurpação de competência se, após análise dos fatos, decidisse conceder direito à saúde;

(D) para sanar situações como essa, a política pública de produção de medicamentos e insumos básicos para a saúde deve ser objeto de avaliação e indicação clara dos resultados alcançados, inclusive por meio do monitoramento dos estoques, que pode ser objeto de controle judicial;

(E) para evitar o desabastecimento de medicamentos, o Poder Judiciário pode revisar o planejamento público a partir da ação judicial de Maria, independentemente do exame do correspondente processo administrativo e da motivação sob pena de perecimento do direito dos cidadãos brasileiros.

A: Incorreta. O Poder Judiciário não pode determinar diretamente a realização de licitação pelo Poder Executivo, sob pena de ferir o princípio da separação dos poderes. **B:** Incorreta. Maria não tinha a obrigatoriedade de esgotar a via administrativa para procurar a tutela do Poder Judiciário, sob pena de se ferir o princípio da inafastabilidade da jurisdição. **C:** Incorreta. De fato, o art. 22 do Decreto-lei 4.657/1942 (Lei de Introdução às normas do Direito Brasileiro – LINDB) prevê que na interpretação de normas sobre gestão pública, serão considerados os obstáculos e as dificuldades reais do gestor e as exigências das políticas públicas a seu cargo, no entanto, o próprio artigo garante que essa atuação deve ocorrer sem prejuízo dos direitos dos administrados. Além disso, o Supremo Tribunal Federal (Tema 698 de Repercussão Geral, STF) entendeu que "a intervenção do Poder Judiciário em políticas públicas voltadas à realização de direitos fundamentais, em caso de ausência ou deficiência grave do serviço, não viola o princípio da separação dos Poderes". **D:** Correta. O STF, ainda no julgamento do Tema 698 de Repercussão Geral do STF, estabeleceu que "a decisão judicial, como regra, em lugar de determinar medidas pontuais, deve apontar as finalidades a serem alcançadas e determinar à Administração Pública que apresente um plano e/ou os meios adequados para alcançar o resultado". Em outra decisão do Supremo Tribunal Federal (RE 429903, rel. Min. Ricardo Lewandowski, j. 25/06/2014), afirmou-se que não ocorreria ofensa ao princípio da separação dos poderes a atuação do Poder Judiciário na determinação de manutenção de estoque de medicamentos. **E:** Incorreta, pois não é possível que o Poder Judiciário revise o planejamento público a partir da ação judicial de Maria, pois cabe ao Judiciário apenas analisar a legalidade da atuação. FC

Gabarito "D".

(Juiz Federal – TRF/1 – 2023 – FGV) Sentença proferida pela Vara Federal condenou a União e o Estado de Goiás ao fornecimento de medicamento oncológico de alto custo. Foi apresentado laudo fundamentado elaborado pelo médico do paciente, justificando a imprescindibilidade e a necessidade do medicamento, bem como a inexistência de outro, com eficácia, fornecido pelo SUS. Foi comprovada a impossibilidade de o autor arcar com o custo do medicamento, que está registrado na Anvisa. O Estado de Goiás apela, alegando sua ilegitimidade passiva, por se tratar de medicamento de alto custo a ser fornecido pela União apenas. A União apela sob o fundamento de que o medicamento não consta da lista do SUS.

Considerando o caso hipotético, é correto afirmar que:

(A) deve ser provido o recurso do Estado de Goiás, conforme entendimento fixado no Tema 793, pelo STF, e negado provimento ao recurso da União, em conformidade com o STJ, que em sede de repetitivo fixou os parâmetros para o fornecimento de medicamentos pelo Estado e não há necessidade de que ele conste da lista do SUS;

(B) devem ser providos ambos os recursos conforme teses fixadas pelo STF sobre a solidariedade entre os entes da federação e ainda os parâmetros para o fornecimento de medicamentos conforme repetitivo julgado pelo STJ;

(C) deve ser negado provimento a ambos os recursos, considerando que a sentença está de acordo com o entendimento do STF sobre a solidariedade entre os entes federativos e, conforme repetitivo do STJ, todos os parâmetros para que haja o dever do Estado de fornecer medicamentos estão presentes;

(D) deve ser negado provimento ao recurso do Estado de Goiás, conforme entendimento fixado no Tema 793, pelo STF, e deve ser provido o recurso da União, já que a sentença não observou os requisitos necessários ao dever de fornecer medicamentos pelo Estado, dentre eles a inclusão do medicamento em lista do SUS;

(E) os recursos não devem ser conhecidos por violarem tese de repercussão geral fixada pelo STF.

Conforme entendimento do Supremo Tribunal Federal, ao julgar o Tema 793 de Repercussão Geral, os entes da federação, em decorrência da competência comum, são solidariamente responsáveis nas demandas prestacionais na área da saúde, e diante dos critérios constitucionais de descentralização e hierarquização, compete à autoridade judicial direcionar o cumprimento conforme as regras de repartição de competências e determinar o ressarcimento a quem suportou o ônus financeiro. Além disso, o Superior Tribunal de Justiça, ao julgar o Tema Repetitivo 106, estabeleceu que a concessão dos medicamentos não incorporados em atos normativos do SUS exige a presença cumulativa dos seguintes requisitos: i) Comprovação, por meio de laudo médico fundamentado e circunstanciado expedido por médico que assiste o paciente, da imprescindibilidade ou necessidade do medicamento, assim como da ineficácia, para o tratamento da moléstia, dos fármacos fornecidos pelo SUS; ii) incapacidade financeira de arcar com o custo do medicamento prescrito; iii) existência de registro do medicamento na ANVISA, observados os usos autorizados pela agência. **A:** Incorreta, pois o recurso do Estado de Goiás não deve ser provido, visto que o Estado e a União são solidariamente responsáveis. **B:** Incorreta. Os recursos do Estado de Goiás e da União não devem ser providos. **C:** Correta. O recurso do Estado de Goiás deve ser negado, visto que o STF estabeleceu a responsabilidade solidária em fornecer o medicamento. O recurso da União deve ser negado, pois todos os requisitos para a concessão do medicamento, ainda que não conste da lista do SUS, estão presentes. **D:** Incorreta. O recurso da União deve ser negado, pois o medicamento não precisa constar da lista do SUS. **E:** Incorreta, pois o recurso da União viola tema de recurso repetitivo do STJ, e não tese de repercussão geral fixada pelo STF. FC

Gabarito "C."

(Procurador Município – Teresina/PI – FCC – 2022) A propósito da legitimidade *ad causam* na ação popular, a Lei Federal 4.717, de 29 de junho de 1965, estabelece que

(A) somente as entidades da Administração com personalidade de direito público podem ser parte na ação popular, visto que os bens das entidades com personalidade de direito privado não compõem o patrimônio público protegido pela ação constitucional.

(B) podem figurar como réus todos os que tiverem autorizado, aprovado, ratificado ou praticado o ato impugnado, não tendo legitimidade passiva os que tenham atuado de forma meramente omissiva, por falta de previsão legal.

(C) o Ministério Público pode promover o prosseguimento da ação, em caso de desistência do autor popular.

(D) é legítima a propositura por associação civil constituída há mais de um ano, que tenha entre as suas finalidades institucionais a defesa da moralidade e do patrimônio público.

(E) as entidades da Administração pública não podem figurar como réus da ação popular, pois são vítimas do ato lesivo ao patrimônio público, devendo atuar obrigatoriamente como assistentes litisconsorciais do autor.

A legitimidade ativa para ajuizar ação popular é do cidadão (art. 5°, LXXIII, CF e art. 1° da Lei 4.717/1965). Ademais, se o autor desistir da ação, fica assegurado a qualquer cidadão, bem como ao representante do Ministério Público, dentro do prazo de 90 (noventa) dias, promover o prosseguimento da ação (art. 9° da Lei 4.717/1965). Desse modo, correta a alternativa C. Além disso: **A:** incorreta (a ação popular visa a anular ato lesivo ao patrimônio público ou de entidade de que o Estado participe, o que pode incluir pessoas jurídicas de direito privado, a exemplo das empresas públicas). **B:** incorreta (têm legitimidade passiva aqueles que atuaram de forma omissiva, nos termos do art. 6°, "caput", da Lei 4.717/1965). **D:** incorreta (associação civil não detém legitimidade ativa para a ação popular). **E:** as entidades da Administração pública podem figurar como réus da ação popular (art. 6° da Lei 4.717/1965). WG

Gabarito "C."

(Delegado/AP – 2017 – FCC) O controle exercido pelo Poder Judiciário sobre a Administração pública pode incidir sobre atos e contratos de diversas naturezas. Quando o objeto do controle exercido é um contrato de parceria público-privada, deverá analisar se

(A) o objeto do contrato é aderente à legislação que rege às parcerias público privadas, que somente admite a conjugação de obras e serviços quando se tratar da modalidade patrocinada.

(B) o prazo do contrato não excede o limite de 25 anos, o mesmo previsto para as concessões comuns, a fim de não ofender o princípio de quebra da isonomia e violação da licitação, inclusive para inclusão de novos serviços e violação do princípio licitatório.

(C) houve estimativa de previsão de recursos orçamentário-financeiros para toda a vigência contratual e a efetiva demonstração de existência de recursos para os dois exercícios seguintes à celebração da avença.

(D) a tarifa estabelecida pela contratada, independentemente da modalidade do contrato, observou o princípio da modicidade e se há contraprestação a ser paga pelo Poder Público e sua respectiva garantia.

(E) o início do pagamento da contraprestação está condicionado à disponibilização do serviço pelo parceiro privado, admitindo-se a previsão da possibilidade de fracionamento proporcional à parcela de serviço prestada.

Lei 11.079/2004, art. 7° A contraprestação da Administração Pública será obrigatoriamente precedida da disponibilização do serviço objeto do contrato de parceria público-privada. § 1° É facultado à administração pública, nos termos do contrato, efetuar o pagamento da contraprestação relativa a parcela fruível do serviço objeto do contrato de parceria público-privada. FB

Gabarito "E."

13.4. Temas combinados de controle da administração

(Juiz de Direito – TJ/SP – 2023 – VUNESP) Discutiu-se, no contexto de elaboração da Lei nº 13.655/18 (LINDB) que visava alterar o Decreto-Lei nº 4.657/42, a necessidade de medidas legislativas para enfrentar o fenômeno chamado de "Administração Pública do Medo", que se caracteriza

(A) pelo agir da Administração, que, voltada ao atingimento de interesses públicos secundários, em detrimento dos interesses públicos primários, provoca nos cidadãos o receio de aplicação de penalidades abusivas e da cobrança exacerbada de tributos.

(B) por uma situação em que a aplicação indiscriminada de punições aos servidores públicos, resultantes de uma interpretação forçada do Direito Administrativo Sancionador, impeça, pelo receio criado junto a tais agentes públicos, o pleno exercício das atividades discricionárias.

(C) pela situação em que o administrador passa a ter receio de agir e manejar com segurança as oportunidades de atuação, mesmo adotando cautelas e providências que busquem assegurar a melhor conduta diante do contexto enfrentado, por conta do incremento de possibilidades de que venha a ser responsabilizado ou condenado por órgãos e sistemas de controle.

(D) pelo receio, tanto dos administrados como dos agentes públicos, de que os administradores, nomeados ou eleitos, venham a buscar a satisfação de interesses pessoais e econômicos privados, em detrimento da atuação que deles espera a Constituição e as leis, destinada à consecução do interesse público primário.

A: Incorreta. A Administração Pública deve sempre dar prioridade ao interesse público primário, e não ao interesse público secundário. **B:** Incorreta. Não se trata de aplicação indiscriminada de sanções a servidores, mas da falta de segurança do gestor em atuar. **C:** Correta. A chamada "Administração Pública do medo" ocorre quando o gestor público tem receio de tomar qualquer medida ou decisão, por medo de que venha a ser responsabilizado em algumas das formas de controle dos atos da Administração. **D:** Incorreta. Não se trata de receito de que os administradores atuem buscando interesses pessoais. FC
Gabarito "C".

(Delegado/MG – 2021 – FUMARC) O controle da administração, quanto à natureza do controlador, classifica-se em legislativo, judicial ou administrativo.

No que se refere ao controle judicial sobre os atos administrativos, é INCORRETO afirmar:

(A) Compete ao Poder Judiciário, no desempenho de sua atividade típica jurisdicional, revogar um ato administrativo ilegal, editado pelo Poder Executivo, pelo Poder Legislativo e, ainda, no exercício de suas funções administrativas, anular os seus próprios atos administrativos.

(B) O controle judicial alcançará todos os aspectos de legalidade do ato administrativo vinculado, sendo, no entanto, vedado ao judiciário adentrar aos critérios de conveniência e oportunidade que deram ensejo à conduta do administrador.

(C) Os atos administrativos vinculados se submetem ao controle judicial em relação a todos os seus elementos.

(D) Segundo orientação doutrinária e jurisprudencial mais moderna, tem-se admitido que o Poder Judiciário promova o controle do ato administrativo que, embora com aparência de legalidade, se mostre na contramão dos princípios jurídicos, notadamente os da razoabilidade e proporcionalidade.

A única alternativa incorreta é a "A". Não compete ao Poder Judiciário, no exercício de sua função típica jurisdicional, revogar um ato administrativo ilegal editado por outro Poder. A atribuição do Judiciário, nesse contexto, é *anular* um ato administrativo ilegal do Executivo ou do Legislativo. Não se deve confundir *anulação* (extinção de ato ilegal) com *revogação* (extinção de ato inconveniente ou inoportuno). Assim, não cabe ao Judiciário revogar ato administrativo de outro Poder, sob pena de ofensa ao postulado da Separação entre os Poderes. No entanto, relevante apontar que o Judiciário pode, no exercício de suas funções administrativas, tanto revogar quanto anular os seus próprios atos administrativos. RB
Gabarito "A".

(Juiz de Direito/SP – 2021 – Vunesp) Em matéria de controle da Administração Pública, é correto afirmar que

(A) o controle interno depende de previsão expressa na lei.

(B) se o interessado oferece reclamação fora do prazo de um ano, não havendo outro estabelecido, objetivando a desconstituição de um ato, ocorre a prescrição, não se admitindo discutir a questão.

(C) a regra geral é que o recurso administrativo tenha efeito apenas devolutivo, por força do princípio de presunção de legitimidade dos atos administrativos, mas nada impede que o administrador suste, de ofício, os efeitos do ato hostilizado, o que decorre do poder de autotutela administrativa. Se o efeito é apenas devolutivo, não impede o curso do prazo prescricional.

(D) os cinco princípios fundamentais a que deve estar atrelada a administração pública são autogestão, eficiência, concentração da competência, planejamento e controle.

Comentário: A: incorreta (o controle interno decorre do poder hierárquico da Administração, estando associado ao princípio da autotutela, motivo pelo qual independe de lei expressa). **B:** incorreta (de acordo com a doutrina, o prazo para a reclamação administrativa é fatal para o administrado, autorizando o Poder Público a não conhecer do pedido; entretanto, não existe impedimento para que Administração defira a reclamação, mesmo que apresentada fora do prazo). **C:** correta (cf. art. 61 da Lei 9.784/1999 – Lei do Processo Administrativo Federal). **D:** incorreta (de acordo com o art. 6º do Decreto-lei 200/1967 – Lei da Organização da Administração Federal, os cinco princípios fundamentais são: planejamento, coordenação, descentralização, delegação de competência e controle). RB
Gabarito "C".

14. LEI DE ACESSO À INFORMAÇÃO – TRANSPARÊNCIA

(Procurador Município – Santos/SP – VUNESP – 2021) Sobre o direito de acesso à informação ao cidadão, previsto na Lei Federal nº 12.527/11, é correto afirmar:

(A) No caso de indeferimento de acesso a informações ou às razões da negativa do acesso, poderá o interessado interpor recurso contra a decisão no prazo de 15 (quinze) dias a contar da sua ciência.

(B) Aplicam-se as disposições da Lei de Acesso à Informação, no que couber, às entidades privadas sem fins lucrativos que recebam, para realização de ações de interesse público, recursos públicos.

(C) As entidades privadas que se sujeitam à publicidade de que trata a Lei de Acesso à Informação ficam desobrigadas de prestar contas dos recursos públicos que recebem.

(D) O recurso contra ato de indeferimento de informação será dirigido à mesma autoridade que exarou a decisão impugnada, que deverá se manifestar no prazo de 10 (dez) dias.

(E) Para proteger o agente público, a negativa de acesso à informação total ou parcialmente classificada como sigilosa deve se abster de indicar a autoridade classificadora.

A: incorreta (o prazo é de 10 dias, cf. art. 15 da Lei 12.527/2011). **B:** correta (art. 2º). **C:** incorreta (deverá haver publicidade de prestar contas dos recursos públicos que recebem, cf. art. 2º, parágrafo único). **D:** incorreta (o recurso deve ser dirigido à autoridade hierarquicamente superior à que exarou a decisão impugnada, que deve se manifestar no prazo de 5 dias, cf. art. 15, parágrafo único). **E:** incorreta (deve haver a indicação da autoridade classificadora, cf. art. 16, II). WG

„Gabarito „B".

(Juiz de Direito/GO – 2021 – FCC) A propósito do tratamento de dados pessoais, no âmbito da Lei Geral de Proteção de Dados, Lei no 13.709 de 14 de agosto de 2018, e da Lei de Acesso à Informação Pública, Lei no 12.527, de 18 de novembro de 2011, verifica-se que

(A) a comunicação ou o uso compartilhado de dados pessoais de pessoa jurídica de direito público a pessoa de direito privado será informado à autoridade nacional de proteção de dados e sempre dependerá de consentimento do titular.

(B) o acesso a dados pessoais de terceiros depende de pedido de instauração de procedimento de desclassificação, dirigido à autoridade máxima do órgão detentor das informações.

(C) os serviços notariais e de registro exercidos em caráter privado, por delegação do Poder Público, terão o mesmo tratamento dispensado às pessoas jurídicas de direito público, no tocante ao tratamento de dados pessoais.

(D) as informações pessoais tratadas pelas pessoas jurídicas de direito público devem ser disponibilizadas publicamente, salvo expressa manifestação de vontade de seus titulares em sentido contrário.

(E) as empresas públicas e sociedades de economia mista terão o mesmo tratamento dispensado às pessoas jurídicas de direito público, independentemente da atividade por elas desempenhada.

A: incorreta (cf. art. 27 da Lei 13.079/2018, a comunicação ou o uso compartilhado de dados pessoais de pessoa jurídica de direito público a pessoa de direito privado será informado à autoridade nacional de proteção de dados e dependerá de consentimento do titular, com exceção das situações previstas nos incisos do mesmo dispositivo; por exemplo, não haverá necessidade de consentimento na hipótese de tratamento e uso compartilhado, pela Administração Pública, de dados necessários à execução de políticas públicas previstas em leis e regulamentos ou respaldadas em contratos, convênios ou instrumentos congêneres, cf. art. 7º, III, da Lei 13.079/2018 – LGPD). **B:** incorreta (o acesso de informações pessoas por terceiros depende de previsão legal ou consentimento expresso da pessoa a que eles se referirem, cf. art. 31, § 1º, da Lei 12.527/2012 – LAI; além disso, o procedimento de desclassificação detém relação com o desenquadramento de informações sigilosas – ultrassecretas, secretas e reservadas -, com previsão nos arts. 27 e seguintes da LAI). **C:** correta (art. 23, § 4º, da LGPD). **D:** incorreta (as informações pessoais, relativas à intimidade, vida privada, honra e imagem das pessoas, têm o seu acesso restrito, nos termos do art. 31 da Lei 12.527/2012). **E:** (o regime de dados pessoas das empresas públicas e das sociedades de economia mista depende da atividade desempenhada, cf. prevê o art. 24 da LGPD; se exploradoras de atividade econômica, atuando no regime concorrencial, têm o mesmo tratamento dispensado às pessoas jurídicas de direito privado particulares; por outro lado, se prestadoras de serviço público, têm o mesmo tratamento dispensado aos órgãos e às entidades do Poder Público). RB

„Gabarito „C".

(Juiz – TJ-SC – FCC – 2017) A Lei de Acesso à Informação Pública – Lei Federal nº 12.527/2011:

(A) não se aplica a todos os entes da Administração Pública, visto que é incompatível com o regime das empresas públicas e sociedades de economia mista, regidas por lei própria (Lei Federal nº 13.303/2016).

(B) postula que, segundo o princípio *acessorium sequitur principale,* quando não for autorizado acesso integral à informação por ser ela parcialmente sigilosa, as demais partes tornam-se também de acesso restrito.

(C) aponta como dever dos órgãos e entidades públicas promover a divulgação de informações de interesse coletivo ou geral por eles produzidas ou custodiadas, por sítio oficial na internet; todavia, os Municípios de menos de cem mil habitantes estão dispensados da exigência.

(D) prevê prazo de trinta dias, prorrogável justificadamente por mais 20 (vinte) dias, para que seja disponibilizada informação requerida pelo cidadão.

(E) cria hipótese de responsabilidade objetiva pela divulgação indevida de informações, sendo que tal responsabilidade também é aplicável aos particulares que, em virtude de vínculo com órgão ou entidade pública, tenham acesso a informações sigilosas.

A: incorreta. Os arts. 1º, 2º e 3º, da Lei 12.527/2011 são expressos quanto à sua aplicabilidade a todas as entidades da Administração Pública direta, indireta e particulares que recebam subvenção do Poder Público; **B:** incorreta. O art. 7º, §2º, da Lei 12.527/2011 dispõe que: "Quando não for autorizado acesso integral à informação por ser ela parcialmente sigilosa, é assegurado o acesso à parte não sigilosa por meio de certidão, extrato ou cópia com ocultação da parte sob sigilo"; **C:** incorreta. O erro está quanto aos Municípios dispensados da divulgação das informações, sendo esses de até 10 mil habitantes, e não 100 mil, como consta da assertiva (art. 8º, §4º, da Lei 12.527/2011); **D:** incorreta. O prazo é de 20 dias, prorrogáveis por mais 10 dias, conforme disposto no art. 11 e §2º, da Lei 12.527/2011; **E:** correta. Os arts. 32 e seguintes, da Lei 12.527/2011 são muito claros quanto à responsabilidade dos agentes que não respeitarem as regras de divulgação de informações do Poder Público, sendo as penas aplicáveis tanto aos agentes quanto aos particulares que possuem vínculo com o Poder Público (arts. 1º a 3º, do referido diploma legal). AW

„Gabarito „E".

15. LEI ANTICORRUPÇÃO

(ENAM – 2024.1) Há uma década, foi editada lei que pretende resguardar as várias administrações contra atos que possam ser qualificados como "de corrupção". Trata-se da Lei nº 12.846, de agosto de 2013, que objetiva proteger tanto administrações públicas nacionais quanto estrangeiras em face de atos praticados por pessoas jurídicas que atentem contra os seus respectivos patrimônios, ou que comprometam princípios, entre outras situações.

Sobre a legislação mencionada, assinale a afirmativa correta.

(A) Sempre que a pessoa jurídica for responsabilizada, os seus dirigentes ou administradores o serão de forma objetiva.
(B) A responsabilização da pessoa jurídica exclui a responsabilidade individual de seus dirigentes ou administradores.
(C) As pessoas jurídicas serão responsabilizadas objetivamente, nos âmbitos administrativo e civil, pelos atos previstos na mencionada lei.
(D) A pessoa jurídica apenas poderá ser responsabilizada se houver a responsabilização individual de seus dirigentes ou administradores.
(E) Caso haja fusão ou incorporação da empresa, a responsabilidade da sucessora continuará ampla e gerará a responsabilidade direta dos seus dirigentes ou administradores objetivamente.

A: Incorreta. O art. 3º da Lei 12.846/2013 estabelece que "a responsabilização da pessoa jurídica não exclui a responsabilidade individual de seus dirigentes ou administradores ou de qualquer pessoa natural, autora, coautora ou partícipe do ato ilícito". No entanto, o art. 3º, § 2º, Lei 12.846/2013 prevê que "os dirigentes ou administradores somente serão responsabilizados por atos ilícitos na medida da sua culpabilidade", assim, a responsabilização não é objetiva, pois ocorrerá na medida da sua culpabilidade. **B:** Incorreta. O art. 3º, *caput*, Lei 12.846/2013 prevê a possibilidade de responsabilização dos seus dirigentes ou administradores. **C:** Correta. O art. 2º, Lei 12.846/2013 estabelece que "as pessoas jurídicas serão responsabilizadas objetivamente, nos âmbitos administrativo e civil, pelos atos lesivos previstos nesta Lei praticados em seu interesse ou benefício, exclusivo ou não". **D:** Incorreta. O art. 3º, § 1º estabelece que "a pessoa jurídica será responsabilizada independentemente da responsabilização individual das pessoas naturais referidas no *caput*". **E:** Incorreta. O art. 4º, *caput*, estabelece que "subsiste a responsabilidade da pessoa jurídica na hipótese de alteração contratual, transformação, incorporação, fusão ou cisão societária". No entanto, o § 1º esclarece que "nas hipóteses de fusão e incorporação, a responsabilidade da sucessora será restrita à obrigação de pagamento de multa e reparação integral do dano causado, até o limite do patrimônio transferido, não lhe sendo aplicáveis as demais sanções previstas nesta Lei decorrentes de atos e fatos ocorridos antes da data da fusão ou incorporação, exceto no caso de simulação ou evidente intuito de fraude, devidamente comprovados". **FC**

Gabarito "C".

(Procurador – AL/PR – 2024 – FGV) Após as devidas apurações na esfera administrativa, verificou-se que a sociedade Divergente foi constituída como uma sociedade de fachada (paper company), para fins de dificultar a investigação e fiscalização dos agentes competentes, com o objetivo de promover a sonegação fiscal de grupo empresarial, a caracterizar ato lesivo à Administração Pública Estadual.

Diante dessa situação hipotética, considerando o disposto na Lei nº 12.846/2013, é correto afirmar que

(A) não é possível a responsabilização administrativa da sociedade Divergente sem a caracterização do elemento subjetivo.
(B) do processo administrativo de responsabilização poderá resultar a penalidade de dissolução compulsória da sociedade Divergente.
(C) a responsabilização judicial da sociedade Divergente depende de prévia apuração dos fatos em processo administrativo de responsabilização.
(D) a responsabilização da sociedade Divergente não exclui a responsabilidade individual de seus dirigentes ou administradores, na medida de sua culpabilidade.
(E) a personalidade jurídica da sociedade Divergente poderá ser desconsiderada, mas os efeitos das sanções não poderão ser estendidos a seus administradores e sócios com poderes de administração.

A: Incorreta, pois a responsabilização administrativa da sociedade Divergente não exige a caracterização do elemento subjetivo (dolo ou culpa). A Lei nº 12.846/2013 (Lei Anticorrupção) prevê a responsabilidade objetiva das pessoas jurídicas pela prática de atos contra a administração pública, não só no âmbito civil, como também no âmbito administrativo (art. 2º). Em sendo a responsabilidade objetiva, não é necessária a caracterização do elemento subjetivo. **B:** Incorreta, pois não é possível, por meio de mero processo administrativo, aplicar a penalidade de dissolução compulsória da sociedade Divergente. O art. 19, *caput* e inciso III, requer ação judicial para a aplicação dessa sanção. **C:** Incorreta, pois a responsabilização judicial pode acontecer também quando constatada a omissão das autoridades administrativas competentes para promover, por meio de processo administrativo, a responsabilização de uma pessoa jurídica infratora (art. 20 da Lei nº 12.846/2013). **D:** Correta, pois a responsabilidade da sociedade Divergente não exclui a responsabilidade individual de seus dirigentes ou administradores, na medida de sua culpabilidade (art. 3º, *caput* e § 2º, da Lei nº 12.846/2013). **E:** Incorreta, pois a desconsideração da personalidade jurídica da sociedade Divergente pode sim estender os efeitos das sanções aos administradores e sócios com poderes de administração, observados o contraditório e a ampla defesa (art. 14 da Lei nº 12.846/2013). **WG**

Gabarito "D".

(Juiz de Direito – TJ/DFT – 2023 – CEBRASPE) Determinada sociedade empresária fraudou contrato administrativo decorrente de licitação pública celebrado com certa secretaria de estado.

Nessa situação hipotética, conforme a Lei n.º 12.846/2013 (Lei Anticorrupção), o processo administrativo de apuração de responsabilidade da pessoa jurídica

(A) será instaurado pela autoridade máxima do órgão envolvido, sendo vedada a delegação da competência para essa instauração.
(B) poderá ser julgado por autoridade delegada para tanto, sendo vedada a subdelegação da competência para o julgamento do processo.
(C) impede que ocorra a fusão, a incorporação ou a cisão societária até que seja devidamente apurada a responsabilidade.
(D) será conduzido por comissão constituída de servidores estáveis, a qual poderá determinar busca e apreensão na sede da sociedade.

(E) deverá ser suspenso se for apurada responsabilidade individual das pessoas naturais gerentes da sociedade empresária.

A Lei Anticorrupção (Lei 12.846/2013) dispõe sobre a responsabilização administrativa e civil de pessoas jurídicas pela prática de atos contra a administração pública, nacional ou estrangeira. **A:** Incorreta. O art. 8º, *caput* e § 1º, Lei 12.846/2013, estabelece que a instauração e o julgamento de processo administrativo para apuração da responsabilidade de pessoa jurídica cabem à autoridade máxima de cada órgão ou entidade e que a competência para a instauração e o julgamento do processo administrativo de apuração de responsabilidade da pessoa jurídica poderá ser delegada, vedada a subdelegação. **B:** Correta. Art. 8º, § 1º, Lei 12.846/2013. **C:** Incorreta. A Lei 12.846/2013 não proíbe a fusão, a incorporação ou a cisão societária, mas estabelece, no seu art. 4º, que subsiste a responsabilidade da pessoa jurídica na hipótese de alteração contratual, transformação, incorporação, fusão ou cisão societária. **D:** Incorreta. O art. 10 da Lei 12.846/2013 estabelece que o processo administrativo para apuração da responsabilidade de pessoa jurídica será conduzido por comissão designada pela autoridade instauradora e composta por 2 (dois) ou mais servidores estáveis. No entanto, o § 1º do art. 10, Lei 12.846/2013 prevê que quem deve requerer as medidas judiciais, inclusiva a busca e apreensão, é o ente público, por meio do seu órgão de representação judicial, ou equivalente, a pedido da comissão. Assim, não é a comissão que determina a busca e apreensão. **E:** Incorreta. O art. 3º, Lei 12.846/2013 estabelece que a responsabilização da pessoa jurídica não exclui a responsabilidade individual de seus dirigentes ou administradores ou de qualquer pessoa natural, autora, coautora ou partícipe do ato ilícito. Ainda, o § 1º do art. 3º determina que a pessoa jurídica será responsabilizada independentemente da responsabilização individual das pessoas naturais referidas no *caput*. FC

Gabarito "B".

(Procurador Fazenda Nacional – AGU – 2023 – CEBRASPE) Ao analisar um contrato administrativo celebrado para prestação de serviços continuados no âmbito de um órgão federal, o gestor do contrato entendeu que o contratado praticara ato que caracterizava, ao mesmo tempo, infração tipificada tanto na legislação de licitações e contratos, por ter causado dano patrimonial à administração pública federal, quanto na Lei n.º 12.846/2013 (Lei Anticorrupção).

Tendo como referência a situação hipotética apresentada, assinale a opção correta. Nesse sentido, considere que a sigla PAR, sempre que empregada, corresponde a processo administrativo de responsabilização.

(A) O gestor do contrato é a autoridade competente para instaurar o PAR com a finalidade de apurar, processar e julgar eventual cometimento de infrações às duas legislações mencionadas.

(B) A autoridade competente deverá noticiar ao Ministério Público a instauração de PAR para apuração de eventuais ilícitos.

(C) O gestor do contrato deve noticiar os fatos à Controladoria-Geral da União (CGU), órgão que detém competência privativa para instaurar, processar e julgar o PAR no âmbito da administração pública federal.

(D) A instauração de processo administrativo cujo objeto seja a reparação integral do dano patrimonial causado pelo contratado está condicionada à instauração, ao processamento e à conclusão de PAR.

(E) As supostas infrações deverão ser apuradas e julgadas nos autos de um mesmo processo administrativo, ainda que julgadas por autoridades distintas no âmbito da administração pública federal.

A: Incorreta, pois o gestor do contrato não tem competência para instauração do PAR, uma vez que as autoridades competentes estão designadas no artigo 8º da Lei 12.846/2013, tratando-se da autoridade máxima de cada órgão ou entidade dos Poderes Executivo, Legislativo e Judiciário, e, no âmbito do Poder Executivo federal, a CGU "terá competência concorrente para instaurar processos administrativos de responsabilização de pessoas jurídicas ou para avocar os processos instaurados com fundamento nesta Lei, para exame de sua regularidade ou para corrigir-lhes o andamento". **B:** Incorreta, pois a notícia ao MP deverá ser realizada somente após a conclusão do PAR, e não por ocasião de sua instauração. Ademais, a notícia ao MP será feita por meio da comissão designada, e não pela autoridade competente, tudo nos termos do artigo 15 da Lei 12.846/2013. **C:** Incorreta, pois não há uma competência privativa da CGU, mas sim uma competência concorrente, nos termos do artigo 8º, § 2º, da lei 12.846/13, pelo qual a CGU "terá competência concorrente para instaurar processos administrativos de responsabilização de pessoas jurídicas ou para avocar os processos instaurados com fundamento nesta Lei, para exame de sua regularidade ou para corrigir-lhes o andamento". **D:** Incorreta, pois as instâncias civil e administrativa são independentes, como se pode ver, por exemplo, no disposto no artigo 13 da lei 12.846/13, pela qual "A instauração de processo administrativo específico de reparação integral do dano não prejudica a aplicação imediata das sanções estabelecidas nesta Lei". **E:** Correta, nos termos do artigo 159 da Lei 14.133/2021, pelo qual: " Os atos previstos como infrações administrativas nesta Lei ou em outras leis de licitações e contratos da Administração Pública que também sejam tipificados como atos lesivos na Lei nº 12.846, de 1º de agosto de 2013, <u>serão apurados e julgados conjuntamente, nos mesmos autos</u>, observados o rito procedimental e a autoridade competente definidos na referida Lei" (g.n.). WG

Gabarito "E".

(Procurador Município – Santos/SP – VUNESP – 2021) A Lei Anticorrupção, Lei nº 12.846/13, prevê a instauração e o julgamento de processo administrativo para apuração da responsabilidade de pessoa jurídica.

Assinale a alternativa correta acerca do referido processo.

(A) Sua instauração é competência da autoridade máxima de cada órgão ou entidade dos Poderes Executivo e Legislativo; a Lei anticorrupção não contempla processo administrativo de responsabilização no âmbito do Poder Judiciário.

(B) O processo administrativo para apuração da responsabilidade de pessoa jurídica não será instaurado de ofício, mas apenas mediante provocação, observados o contraditório e a ampla defesa.

(C) A competência para a instauração e o julgamento do processo administrativo de apuração de responsabilidade da pessoa jurídica não poderá ser objeto de delegação.

(D) A comissão designada para apuração da responsabilidade de pessoa jurídica, após a conclusão do procedimento administrativo, dará conhecimento ao Ministério Público de sua existência, para apuração de eventuais delitos.

(E) Uma vez instaurado o processo administrativo para apuração da responsabilidade de pessoa jurídica, fica a autoridade instauradora impedida de suspender os efeitos do ato ou do processo objeto da investigação.

A: incorreta (a instauração e o julgamento de processo administrativo para apuração da responsabilidade de pessoa jurídica cabem à autoridade máxima de cada órgão ou entidade dos Poderes Executivo, Legislativo e Judiciário, cf. art. 8º, "caput", da Lei 12.846/2013; assim, há previsão de processo administrativo de responsabilização no âmbito do Poder Judiciário). **B:** incorreta (pode ser instaurado de ofício, cf. art. 8º, "caput"). **C:** incorreta (a competência para a instauração e o julgamento do processo administrativo de apuração de responsabilidade da pessoa jurídica pode ser delegada, vedada a subdelegação, cf. art. 8º, § 1º). **D:** correta (art. 15). **E:** incorreta (a comissão pode, cautelarmente, propor à autoridade instauradora que suspenda os efeitos do ato ou processo objeto da investigação, cf. art. 10, § 2º). WG

Gabarito "D".

(Juiz de Direito/SP – 2021 – Vunesp) Em termos de tutela adequada do interesse público anticorrupção, podemos afirmar que

(A) a indisponibilidade do interesse público é incompatível com a celebração de Acordo de Leniência.

(B) é condição para o cabimento da ação popular a demonstração do prejuízo material aos cofres públicos.

(C) o interesse público anticorrupção não tem guarida constitucional, mas conta com previsão na Lei de Improbidade e na Lei de Combate à Corrupção.

(D) o Direito Administrativo Sancionador de Tutela da Probidade sofreu alteração substancial com a Lei no 12.846/2013. Os postulados da razoabilidade e da proporcionalidade devem ser aplicados, de forma a concretizar o modelo sancionatório atual e o interesse público anticorrupção.

Comentário: **A:** incorreta (a consensualidade na Administração Pública instaurou um novo paradigma no Direito Público brasileiro, de modo que a celebração de acordo de leniência não é incompatível com a indisponibilidade do interesse público). **B:** incorreta (a ação popular visa à tutela, entre outros, do patrimônio público, considerados os bens e direito de valor econômico, artístico, estético, histórico ou turístico, cf. art. 1º, § 1º, da Lei 4.717/1965-Lei da Ação Popular). **C:** incorreta (o interesse público anticorrupção está relacionado ao princípio da moralidade, insculpido expressamente no art. 37, "caput", da CF). **D:** correta (com efeito, a Lei 12.846/2013, conhecida com Lei Anticorrupção, reforçou a tutela jurídica da probidade administrativa; além disso, no âmbito do direito administrativo sancionador, aplicável os postulados da razoabilidade e da proporcionalidade). RB

Gabarito "D".

(Juiz de Direito – TJ/MS – 2020 – FCC) No que se refere ao acordo de leniência, previsto na Lei Anticorrupção – Lei Federal 12.846, de 1º de agosto de 2013 –, a sua celebração

(A) suspende o prazo prescricional dos atos ilícitos previstos na referida lei.

(B) afasta integralmente a multa que seria aplicável à empresa que celebrou o acordo.

(C) evitará a sanção de publicação extraordinária da decisão condenatória.

(D) implica afastamento imediato dos dirigentes ou administradores que deram causa ao ilícito.

(E) obriga a pessoa jurídica signatária a implementar ou aprimorar mecanismos internos de integridade.

A: incorreta (a celebração do acordo de leniência interrompe o prazo prescricional, cf. art. 16, § 9º). **B:** incorreta (o firmamento do acordo de leniência reduz o valor da multa em até dois terços, cf. art. 16, § 2º). **C:** correta (cf. art. 16, § 2º). **D:** incorreta (não existe tal previsão na Lei 12.846/2013). **E:** incorreta (o requisito de implementar ou aprimorar mecanismos internos de integridade não está mais previsto na Lei 12.846/2013; importante apontar que tal exigência foi inserida no art. 16, § 1º, inc. IV, pela Medida Provisória 703/2015, mas sua vigência foi encerrada). RB

Gabarito "C".

(Promotor de Justiça/SP – 2019 – MPE/SP) Com relação ao regime instituído pela Lei Federal 12.846/2013, que dispõe sobre a responsabilização administrativa e civil de pessoas jurídicas pela prática de atos contra a administração pública, é **INCORRETO** afirmar que

(A) constitui ato lesivo à Administração Pública e que atenta contra o patrimônio público nacional, aquele praticado por sociedade empresária consistente em prometer, oferecer ou dar, direta ou indiretamente, vantagem indevida a agente público, ou a terceira pessoa a ele relacionada, e, no tocante a licitações e contratos, frustrar ou fraudar, mediante ajuste, combinação ou qualquer outro expediente, o caráter competitivo de procedimento licitatório público.

(B) a responsabilização da pessoa jurídica exclui a responsabilidade individual de seus dirigentes ou administradores, subsistindo a responsabilidade de qualquer pessoa natural, autora, coautora ou partícipe do ato ilícito.

(C) a responsabilização da pessoa jurídica não exclui a responsabilidade individual de seus dirigentes ou administradores ou de qualquer pessoa natural, autora, coautora ou partícipe do ato ilícito.

(D) as pessoas jurídicas serão responsabilizadas objetivamente, nos âmbitos administrativo e civil, pelos atos lesivos previstos na Lei, ainda que não sejam praticados em seu interesse exclusivo.

(E) a aplicação das sanções previstas na Lei n. 12.846/2013 não afeta os processos de responsabilização e aplicação de penalidades decorrentes de ato de improbidade administrativa, nos termos da Lei Federal 8.429/92, e de atos praticados em desacordo com a Lei Federal 8.666/93, sem prejuízo das responsabilidades civil e criminal que seu ato ensejar.

A: certa (cf. art. 5º, incisos I e IV, da Lei 12.846/2013). **B:** incorreta (cf. art. 3º da Lei 12.846/2013, a responsabilização da pessoa jurídica não exclui a responsabilidade individual de seus dirigentes ou administradores ou de qualquer pessoa natural, autora, coautora ou partícipe do ato ilícito). **C:** certa (cf. art. 3º da Lei 12.846/2013). **D:** certa (cf. art. 2º da Lei 12.846/2013). **E:** certa (cf. art. 30 da Lei 12.846/2013). RB

Gabarito "B".

16. OUTROS TEMAS E TEMAS COMBINADOS DE DIREITO ADMINISTRATIVO

(Analista – TJ/ES – 2023 – CEBRASPE) Em relação aos poderes e aos princípios da administração pública, à responsabilidade civil do Estado e aos serviços públicos, julgue os seguintes itens.

(1) A aplicabilidade do conceito de poder de polícia previsto no Código Tributário Nacional está restrita à administração tributária.

(2) Um dos princípios da administração pública é o da continuidade do serviço público do qual deriva, entre outras consequências, a impossibilidade, em regra, de um contratado pela administração invocar a exceção de contrato não cumprido — *exceptio non adimpleti contractus*.

(3) As únicas formas legalmente admissíveis de delegação de serviço público são a concessão e a permissão.

1: Incorreta. O conceito de poder de polícia, previsto no art. 78, CTN, pode ser aplicado no direito administrativo, e não apenas à administração tributária. **2:** Correta. Em regra, não é possível a aplicação da *exceptio non adimpleti contractus*, a não ser nas hipóteses previstas em lei, como no art. 137, § 3º, II, Lei 14.133/21. **3:** Incorreta. A delegação de serviço público pode ocorrer através de autorização de serviço público, além de permissão ou concessão.

Gabarito 1E, 2C, 3E

(Analista – TJ/ES – 2023 – CEBRASPE) No que se refere à organização administrativa, ao controle da administração pública e à Lei n.º 8.429/1992, julgue os itens subsequentes.

(1) Fundação de direito privado instituída pelo poder público pode auferir receita de suas atividades, sem que essa ação descaracterize sua natureza de entidade não lucrativa.

(2) Os contratos de serviços sociais autônomos, embora executados por pessoas de direito privado, devem, como regra, seguir lógica análoga à das normas sobre licitações.

(3) Para ser caracterizada como improbidade administrativa, a ofensa ao princípio da legalidade não pode ser genérica, ou seja, precisa corresponder a condutas descritas em dispositivos específicos da lei.

(4) Caso seja publicada lei inconstitucional em matéria administrativa, o mandado de segurança poderá ser usado como ferramenta para questionar a nova norma legal, de forma geral, até mesmo em momento anterior à prática de qualquer ato pela administração pública, dado o caráter preventivo dessa ação.

1: Correta. O que caracteriza uma entidade como "sem fins lucrativos" não é o fato de não auferir receitas de suas atividades, mas de que essa receita seja revertida novamente para o funcionamento e atividades da entidade. **2:** Correta. Os serviços sociais autônomos (Sistema S) são pessoas jurídicas de direito privado, sem fins lucrativos, que exercem alguma atividade de amparo a determinada categoria profissional ou social. Essas entidades não integram a Administração Pública, portanto, não precisam se submeter à regra de licitação. No entanto, o Tribunal de Contas da União entende que devem adotar algum tipo de processo seletivo objetivo, que seguiria, por analogia, as regras de licitação (Acórdão 459/2023 Plenário). **3:** Correta. O art. 11, Lei 8.429/92, ao estabelecer os atos de improbidade administrativa que atentam contra os princípios da Administração Pública, prevê que a conduta deve se enquadrar em uma das condutas previstas no art. 11. Assim, a ofensa ao princípio da legalidade não pode ser genérica, ou seja, precisa corresponder a condutas descritas em dispositivos específicos da lei. **4:** Incorreta. A Súmula 266 do Supremo Tribunal Federal estabelece que não cabe mandado de segurança contra lei em tese, assim, o mandado de segurança não seria o remédio cabível na hipótese apontada na questão. Vale ressaltar, no entanto, que, caso se tratasse de lei de efeitos concretos, o Superior Tribunal de Justiça entende que caberia mandado de segurança (AgRg no REsp 1.309.578/AM, STJ).

Gabarito 1C, 2C, 3C, 4E

(Analista – TJ/ES – 2023 – CEBRASPE) Relativamente a processo administrativo e contratos administrativos, julgue os itens abaixo.

(1) No novo regime das licitações, um dos critérios de julgamento de propostas é o do maior desconto.

(2) De acordo com a Lei nº 9.784/1999, a competência administrativa somente pode ser delegada a órgãos hierarquicamente situados abaixo da autoridade delegante.

1: Correta. Nos termos do art. 33, são critérios de julgamento: "menor preço; maior desconto; melhor técnica ou conteúdo artístico; técnica e preço; maior lance, no caso de leilão; maior retorno econômico. **2:** Incorreta. Nos termos do art. 12, Lei 9.784/99, a delegação pode ocorrer ainda que não exista uma relação hierárquica: "Art. 12. Um órgão administrativo e seu titular poderão, se não houver impedimento legal, delegar parte da sua competência a outros órgãos ou titulares, ainda que estes não lhe sejam hierarquicamente subordinados, quando for conveniente, em razão de circunstâncias de índole técnica, social, econômica, jurídica ou territorial".

Gabarito 1C, 2E

(Procurador Fazenda Nacional – AGU – 2023 – CEBRASPE) O sandbox regulatório

(A) poderá afastar, por prazo indeterminado, a incidência de normas dos órgãos ou das entidades da administração pública com competência de regulamentação setorial no âmbito de programas de ambiente regulatório experimental.

(B) é um ambiente regulatório experimental, com condições especiais simplificadas para que as pessoas jurídicas participantes possam receber autorização temporária dos órgãos ou das entidades com competência de regulamentação setorial para desenvolver modelos de negócios inovadores e testar técnicas e tecnologias experimentais.

(C) é um ambiente regulatório experimental, com condições especiais simplificadas para que as pessoas jurídicas participantes possam receber autorização permanente dos órgãos ou das entidades com competência de regulamentação setorial para desenvolver modelos de negócios inovadores e testar técnicas e tecnologias experimentais.

(D) não poderá afastar a incidência de normas dos órgãos ou das entidades da administração pública com competência de regulamentação setorial no âmbito de programas de ambiente regulatório experimental.

(E) é um ambiente regulatório experimental, com condições especiais simplificadas para que as pessoas físicas ou jurídicas possam receber autorização permanente dos órgãos ou das entidades com competência de regulamentação setorial para desenvolver modelos de negócios inovadores e testar técnicas e tecnologias experimentais.

De acordo com a Lei Complementar 182/2021 (art. 2º, II), o Ambiente Regulatório Experimental (Sandbox Regulatório) é o "conjunto de condições especiais simplificadas para que as pessoas jurídicas participantes possam receber autorização temporária dos órgãos ou das entidades com competência de regulamentação setorial para desenvolver modelos de negócios inovadores e testar técnicas e tecnologias experimentais, mediante o cumprimento de critérios e de limites previamente estabelecidos pelo órgão ou entidade reguladora e por meio de procedimento facilitado". Nesse sentido, a alternativa "b" é a correta, pois reproduz esse dispositivo. A alternativa "a" está incorreta pois o sandbox regulatório não afasta normas por prazo indeterminado, mas sim estabelecem condições especiais simplificadas para que pessoas participantes recebam uma autorização temporária para desenvolver negócios inovadores e testar técnicas e tecnologias experimentais. A alternativa "c" está incorreta, porque fala em autorização permanente, enquanto essa autorização é meramente temporária. A alternativa "d" está incorreta, pois esse afastamento de normas pode sim ocorrer, desde que de forma temporária. A alternativa "e" está incorreta, pois esse afastamento de normas permite uma autorização temporária, e não permanente dos órgãos ou das entidades com competência de regulamentação setorial para desenvolver modelos de negócios inovadores e testar técnicas e tecnologias experimentais.

Gabarito "B".

(Procurador/DF – CESPE – 2022) Julgue os itens subsequentes, relativos aos direitos dos usuários de serviços públicos, a tombamento, à responsabilidade do Estado, a atos de improbidade administrativa e ao Plano Distrital de Política para Mulheres (PDPM).

(1) Conforme a Lei n.º 13.460/2017, que dispõe sobre a proteção e defesa dos direitos dos usuários de serviços públicos, para defender seus direitos, o usuário de serviço público deve dirigir-se exclusivamente à ouvidoria do órgão ou ente prestador do serviço, ressalvada a possibilidade de ele propor ação judicial.

(2) O tombamento, como mecanismo de proteção do patrimônio histórico e artístico, implica necessariamente uma relação litigiosa entre o ente federativo que o promove e o proprietário do bem, a qual deve ser dirimida judicialmente, com observância do devido processo legal, embora possa produzir efeitos provisórios imediatos.

(3) Em regra, atos jurisdicionais não são aptos a gerar indenização com base no regime jurídico da responsabilidade do Estado.

(4) A tipificação dos atos de improbidade por ofensa a princípios da administração pública não é exemplificativa.

1: errado (a manifestação do usuário deve ser dirigida à ouvidoria do órgão ou entidade responsável, cf., art. 10, "caput", da Lei 13.460/2017; caso não haja ouvidoria, o usuário pode apresentar manifestações diretamente ao órgão ou entidade responsável pela execução do serviço e ao órgão ou entidade a que se subordinem ou se vinculem, cf. art. 10, § 3º). **2:** errado (o tombamento não implica uma relação litigiosa, pois se implementa por meio de processo administrativo, podendo ser voluntário ou compulsório). **3:** certo (como regra, o Estado não responde pelo exercício da função jurisdicional). **4:** certo (cf. o regime instituído pela Lei 14.230/2021, a tipificação dos atos de improbidade por ofensa a princípios da administração é taxativa – art. 11 da Lei 8.429/1992).

Gabarito: 1E, 2E, 3C, 4C.

(Procurador Município – Teresina/PI – FCC – 2022) No que se refere às regras sobre prescrição decorrentes do regime jurídico-administrativo, à luz da legislação e da jurisprudência dominante, é correto afirmar:

(A) A chamada "prescrição do fundo de direito" não se aplica mais, pois foi considerada inconstitucional pelo STF.

(B) Aplica-se a prescrição quinquenal para ajuizamento de ações indenizatórias em face de pessoas jurídicas de direito privado que atuem como prestadoras de serviços públicos.

(C) Aplica-se a prescrição quinquenal no ajuizamento das ações discriminatórias.

(D) É imprescritível a ação de reparação de danos à Fazenda Pública decorrente de ilícito civil.

(E) Prescreve em cinco anos, a partir da ciência, pela Administração, do fato ilícito, a ação para aplicação das sanções previstas na Lei Federal nº 8.429, de 2 de junho de 1992 (Lei de Improbidade).

A: incorreta (Súmula 443 do STF: "A prescrição das prestações anteriores ao período previsto em lei não ocorre, quando não tiver sido negado, antes daquele prazo, o próprio direito reclamado, ou a situação jurídica de que ele resulta"). **B:** correta (art. 1º-C da Lei 9.494/1997, cf. jurisprudência do STJ - REsp 1.251.993/PR). **C:** incorreta (ações discriminatórias de bens públicos são imprescritíveis). **D:** incorreta (é prescritível a ação de reparação de danos à Fazenda Pública decorrente de ilícito civil, cf. decidiu o STF no RE 669.069 – repercussão geral). **E:** incorreta (a prescrição é de 8 anos, contados a partir da ocorrência do fato ou, no caso de infrações permanentes, do dia em que cessou a permanência, cf. art. 23).

Gabarito "B".

(Procurador/DF – CESPE – 2022) O Ministério Público do Distrito Federal e Territórios ajuizou ação civil pública contra o proprietário de uma área rural, o empreendedor e o Distrito Federal em virtude de danos causados à ordem urbanística por um loteamento clandestino e irregular na região de Brazlândia. Além de não estarem de acordo com o Plano Diretor de Ordenamento Territorial do DF, os lotes haviam sido comercializados em condições precárias de habitabilidade, visto que o empreendimento não possuía rede de água, de energia elétrica, de iluminação pública e de esgoto, bem como as ruas não possuíam pavimentação, calçadas, galeria de recolhimento de água pluvial, guias e sarjetas.

Tendo como referência essa situação hipotética, julgue os itens a seguir, relativos a parcelamento do solo urbano.

(1) Não se admite o parcelamento do solo para fins urbanos em zonas rurais.

(2) O Distrito Federal carece de legitimidade passiva na situação apresentada, pois, segundo entendimento do Superior Tribunal de Justiça, o ente federativo não tem obrigação de impedir a implementação de loteamento irregular ou de regularizá-lo.

1: certo (art. 3º, "caput", da Lei 6.766/1979). **2:** errado (de acordo com o STJ, o ente federativo tem a obrigação de impedir a implementação de loteamento irregular ou de regularizá-lo).

Gabarito 1C, 2E.

(Procurador/DF – CESPE – 2022) Com base na Lei n.º 13.465/2017, que dispõe sobre a regularização fundiária urbana (REURB), julgue os próximos itens.

(1) O Ministério Público e a Defensoria Pública são legitimados para requerer a REURB.

(2) Proprietários de terreno, loteadores e incorporadores, que tenham dado causa à formação de núcleos urbanos informais ficarão isentos de responsabilidade administrativa civil e criminal caso deem entrada no requerimento de REURB.

(3) Não se admite a REURB sobre núcleo urbano informal situado, total ou parcialmente, em área de preservação permanente ou em área de unidade de conservação de uso sustentável ou de proteção de mananciais.

1: certo (cf. art. 14, incisos IV e V). **2:** errado (o requerimento de instauração da Reurb por proprietários de terreno, loteadores e incorporadores que tenham dado causa à formação de núcleos urbanos informais, ou os seus sucessores, não os exime de responsabilidades administrativa, civil ou criminal, cf. art. 14, § 3º). **3:** errado (é possível a REURB em área de preservação permanente ou em área de unidade de conservação de uso sustentável ou de proteção de mananciais, desde que determinadas condições sejam observadas, cf. art. 11, § 2º). **WG**

Gabarito 1C, 2E, 3E

(Procurador/DF – CESPE – 2022) Julgue os próximos itens, relativos a concessão urbanística, desapropriação, tombamento e tutela da ordem jurídico-urbanística.

(1) No DF, a ocupação do espaço aéreo para a expansão de compartimento vinculada a edificações residenciais dispensa a celebração de contrato de concessão de uso.

(2) A expropriação, pelo ente público, de terra utilizada para o cultivo de plantas psicotrópicas e não autorizadas tem caráter sancionatório.

(3) Quando o objeto do tombamento for todo um conjunto arquitetônico e urbanístico, será desnecessária a notificação individualizada de todos os proprietários de imóveis da região protegida.

(4) De acordo com o STJ, em ação civil pública na defesa de direitos urbanísticos, é necessário o litisconsórcio entre loteador e adquirentes.

(5) Conforme o entendimento do STJ, se desistir de ação de desapropriação administrativa, o ente público deverá pagar ao expropriado, a título de indenização, juros compensatórios ante a perda antecipada da posse.

1: errado (admite-se a ocupação por concessão de direito real de uso não onerosa, com finalidade urbanística, em espaço aéreo para expansão de compartimento vinculadas a edificações residenciais, cf. art. 4º, III, "b", da Lei complementar distrital 755/2008). **2:** certo (cf. art. 243 da CF). **3:** certo (cf. jurisprudência do STJ - RMS 55.090/MG). **4:** errado (a jurisprudência do STJ é firme no sentido de que, em se tratando de dano ambiental e urbanístico, o litisconsórcio entre loteador e adquirentes é facultativo). **5:** certo (cf. REsp 93.416/MG e outras decisões do STJ). **WG**

Gabarito 1E, 2C, 3C, 4E, 5C

(Procurador Município – Santos/SP – VUNESP – 2021) Sobre a incumbência dos Municípios em matéria de serviço público de educação, é correto afirmar, com base na Lei nº 9.394, de 20 de dezembro de 1996, que

(A) não cabe aos Municípios assumir o transporte escolar dos alunos da rede municipal.

(B) cabe aos Municípios organizar, manter e desenvolver os órgãos e instituições oficiais dos seus sistemas de ensino, que não são integrados às políticas e planos educacionais da União e dos Estados.

(C) é atribuição dos Municípios oferecer a educação infantil em creches e pré-escolas, não sendo permitida a atuação no ensino fundamental, nem em outros níveis de ensino.

(D) é vedado aos Municípios integrar-se ao sistema estadual de ensino ou compor com ele um sistema único de educação básica.

(E) constitui incumbência dos Municípios baixar normas complementares para o seu sistema de ensino.

A Lei n. 9.394/1996 estabelece as diretrizes e bases da educação nacional. **A:** incorreta (os Municípios estão incumbidos de assumir o transporte escolar dos alunos da rede municipal, cf. art. 11, VI). **B:** incorreta (os sistemas de ensino municipais são integrados às políticas e planos educacionais da União e dos Estados, cf. art. 11, I). **C:** incorreta (é competência do Município oferecer a educação infantil em creches e pré-escolas, e, com prioridade, o ensino fundamental, permitida a atuação em outros níveis de ensino somente quando estiverem atendidas plenamente as necessidades de sua área de competência e com recursos acima dos percentuais mínimos vinculados pela Constituição Federal à manutenção e desenvolvimento do ensino, cf. art. 11, V). **D:** incorreta (os Municípios podem optar por se integrar ao sistema estadual de ensino ou compor com ele um sistema único de educação básica, cf. art. 11, parágrafo único). **E:** correta (art. 11, III). **WG**

Gabarito "E".

(Delegado/RJ – 2022 – CESPE/CEBRASPE) O mandado de segurança é garantia constitucional, prevista no inciso LXIX do art. 5.º da Constituição Federal de 1988, regulada, no âmbito infraconstitucional, pela Lei n.º 12.016/2009. A respeito desse relevante instrumento de controle da administração pública por meio da atuação jurisdicional, assinale a opção correta.

(A) Havendo controvérsia sobre matéria de direito, fica impedida a concessão de mandado de segurança.

(B) É inconstitucional ato normativo que vede ou condicione a concessão de medida liminar na via mandamental.

(C) O pedido de reconsideração na via administrativa interrompe o prazo para mandado de segurança.

(D) No mandado de segurança coletivo, a liminar só poderá ser concedida após a audiência do representante judicial da pessoa jurídica de direito público, que deverá se pronunciar no prazo de 72 horas.

(E) A vítima de crime de ação penal pública tem direito líquido e certo de impedir o arquivamento do inquérito ou das peças de informação, sendo cabível, para tanto, o manejo de mandado de segurança.

Alternativa **A** incorreta (cf. Súmula 625 do STF: "controvérsia sobre matéria de direito não impede concessão de mandado de segurança"). Alternativa **B** correta (o STF julgou na ADI 4.296 a inconstitucionalidade do art. 7º, § 2º, da Lei 12.016/2009, sob o argumento de que é inconstitucional ato normativo que vede ou condicione a concessão de medida liminar na via mandamental). Alternativa **C** incorreta (cf. Súmula 430 do STF: "pedido de reconsideração na via administrativa não interrompe o prazo para o mandado de segurança."). Alternativa **D** incorreta (o STF julgou na ADI 4.296 a inconstitucionalidade do art. 22, § 2º, da Lei 12.016/2009, que condicionava a concessão de liminar em MS à audiência do representante judicial da pessoa jurídica de direito público). Alternativa **E** incorreta (conforme já decidiu o STJ no MS 21.081, a vítima de crime de ação penal pública incondicionada não tem direito líquido e certo de impedir o arquivamento do inquérito ou peças de informação, motivo pelo qual incabível o manejo de MS). **RB**

Gabarito "B".

(Juiz de Direito/SP – 2021 – Vunesp) É inegável a associação entre política e economia e atuação do Estado na ordem econômica. Partindo do nosso sistema normativo, constitucional e infraconstitucional, podemos concluir que

(A) A Lei no 12.529/2011 regula a repressão ao abuso do poder econômico. As infrações nela previstas aplicam-se a pessoas físicas ou jurídicas, de direito privado, admitindo desconsideração da pessoa jurídica e exigindo demonstração da culpa.

(B) A prática do fomento é inconcebível na área pública por implicar tratamento diferenciado entre os cidadãos.
(C) Nas hipóteses em que admitido o monopólio estatal, não se autoriza a atribuição da exploração direta a terceiro através de delegação.
(D) O Estado atua na ordem econômica como agente regulador do sistema econômico e como executor da atividade econômica. Em qualquer das posições, deve ter em mira o interesse, direto ou indireto, da coletividade.

Comentário: **A:** incorreta (a Lei 12.529/2011, nos termos de seu art. 31, aplica-se às pessoas físicas ou jurídicas de direito público ou privado, bem como a quaisquer associações de entidades ou pessoas, constituídas de fato ou de direito, ainda que temporariamente, com ou sem personalidade jurídica; além disso, as infrações da ordem econômica independem de culpa, cf. art. 36, "caput", do mesmo diploma). **B:** incorreta (o fomento representa um mecanismo de estímulo, caracterizando uma das formas de manifestação da função pública, sem que se possa vislumbrar ofensa ao princípio da isonomia; ademais, encontra previsão no art. 174, "caput", da CF, que consigna a função de incentivo do Estado). **C:** incorreta (nas situações de monopólio estatal, é cabível a atribuição da sua exploração direta a terceiro através de delegação, cf. art. 177, § 1º, da CF). **D:** correta (enquanto o art. 173 da CF dispõe sobre o Estado como explorador da atividade econômica, o art. 174 trata-o como agente regulador). RB
Gabarito "D".

(Juiz de Direito – TJ/MS – 2020 – FCC) A Lei de Responsabilidade Fiscal – Lei Complementar 101/2000 – impõe, em seu artigo 22, uma série de medidas restritivas para os Poderes e órgãos que ultrapassarem o chamado "limite prudencial", correspondente a 95% dos limites máximos de despesas de pessoal, constantes dos artigos 19 e 20 do mesmo diploma, calculados em percentuais da receita corrente líquida dos respectivos entes políticos. Ainda que atingido o limite prudencial, será permitido promover

(A) a criação de cargo, emprego ou função pública nas áreas de saúde e educação.
(B) a alteração de estrutura de carreira, ainda que implique aumento de despesa.
(C) a revisão geral anual da remuneração e do subsídio dos agentes públicos.
(D) a contratação de hora extra, desde que devidamente justificada a necessidade pelo gestor público.
(E) o provimento de cargo público, admissão ou contratação de pessoal para reposição decorrente de aposentadoria ou falecimento de servidores de quaisquer áreas da administração pública.

O parágrafo único do art. 22 estabelece vedações impostas ao Poder Público na hipótese de ser ultrapassado o "limite prudencial". **A:** incorreta (é vedada a criação de cargo, emprego ou função, cf. art. 22, parágrafo único, inc. II). **B:** incorreta (é proibida a Alteração de estrutura de carreira que implique aumento de despesa, cf. art. 22, parágrafo único, inc. III). **C:** correta (há expressa ressalva admitindo a revisão geral anual da remuneração e do subsídio dos agentes públicos, cf. art. 22, parágrafo único, inc. I; no final de tal dispositivo, ressalva-se "a revisão prevista no inciso X do art. 37 da Constituição"). **D:** incorreta (é vedada contratação de hora extra, salvo no caso do disposto no inciso II do § 6º do art. 57 da Constituição e as situações previstas na lei de diretrizes orçamentárias, cf. art. 22, parágrafo único, inc. V). **E:** incorreta (são vedados provimento de cargo público, admissão ou contratação de pessoal a qualquer título, ressalvada a reposição decorrente de aposentadoria ou falecimento de servidores das áreas de educação, saúde e segurança, cf. art. 22, parágrafo único, inc. IV). RB
Gabarito "C".

(Juiz de Direito – TJ/RJ – 2019 – VUNESP) Súmula do Tribunal de Justiça do Estado do Rio de Janeiro dispõe que

(A) a obrigação dos entes públicos de fornecer medicamentos não padronizados, desde que reconhecidos pela ANVISA e por recomendação médica, compreende-se no dever de prestação unificada de saúde e não afronta o princípio da reserva do possível.
(B) a solidariedade dos entes públicos, no dever de assegurar o direito à saúde, implica na admissão do chamamento do processo.
(C) a obrigação estatal de saúde compreende o fornecimento de serviços indicados por médico da rede pública ou privada, desde que emergenciais, tais como exames, cirurgias e tratamento pós-operatório.
(D) para o cumprimento da tutela específica de prestação unificada de saúde, entre as medidas de apoio, insere-se a apreensão de quantia suficiente à aquisição de medicamentos junto à conta bancária por onde transitem receitas públicas de ente devedor, com a imediata entrega ao necessitado, independentemente de prestação de contas.
(E) o princípio da dignidade da pessoa humana e o direito à saúde asseguram a concessão de passe-livre ao necessitado, desde que demonstrada a doença, independentemente de comprovação de realização de tratamento.

A: correta (cf. súmula TJ nº 180); **B:** incorreta (a solidariedade dos entes públicos, no dever de assegurar o direito à saúde, não implica na admissão do chamamento do processo, cf. Súmula TJ nº 115); **C:** incorreta (a obrigação estatal de saúde compreende o fornecimento de serviços, tais como a realização de exames e cirurgias, assim indicados por médico, cf. Súmula TJ nº 184); **D:** incorreta (cf. Súmula TJ nº 178, para o cumprimento da tutela específica de prestação unificada de saúde, insere-se entre as medida de apoio, desde que ineficaz outro meio coercitivo, a apreensão de quantia suficiente à aquisição de medicamentos junto à conta bancária por onde transitem receitas públicas de ente devedor, com a imediata entrega ao necessitado e posterior prestação de contas); **E:** incorreta (cf. Súmula TJ nº 183, o princípio da dignidade da pessoa humana e o direito à saúde asseguram a concessão de passe-livre ao necessitado, com custeio por ente público, desde que demonstradas a doença e o tratamento através de laudo médico). RB
Gabarito "A".

(Juiz de Direito – TJ/SC – 2019 – CESPE/CEBRASPE) Segundo entendimento do STJ, para a aplicação da teoria da encampação em mandado de segurança, é suficiente que se demonstrem nos autos, cumulativamente,

(A) a existência das informações prestadas pelo órgão de representação judicial, a manifestação a respeito do mérito nas informações prestadas e a ausência de modificação de competência estabelecida na Constituição Federal.
(B) o vínculo hierárquico entre a autoridade que prestou as informações e a que ordenou a prática do ato impugnado, a manifestação a respeito do mérito nas informações prestadas e a ausência de modificação de competência estabelecida na Constituição Federal.

(C) a manifestação do órgão de representação judicial da pessoa jurídica interessada e as informações prestadas pela autoridade indicada como coautora.

(D) o vínculo hierárquico entre a autoridade que prestou informações e a que ordenou a prática do ato impugnado e a não configuração de qualquer das hipóteses de incompetência absoluta estabelecidas na Constituição Federal.

(E) a manifestação a respeito do mérito nas informações prestadas nos autos e a não configuração de qualquer das hipóteses de incompetência absoluta estabelecidas na Constituição Federal.

A teoria da encampação em mandado de segurança é objeto da Súmula 628 do STJ, que apresenta o seguinte teor: "A teoria da encampação é aplicada no mandado de segurança quando presentes, cumulativamente, os seguintes requisitos: a) existência de vínculo hierárquico entre a autoridade que prestou informações e a que ordenou a prática do ato impugnado; b) manifestação a respeito do mérito nas informações prestadas; e c) ausência de modificação de competência estabelecida na Constituição Federal." Assim, de acordo com esta jurisprudência, está correta a alternativa B.

Gabarito "B".

(Promotor de Justiça/PR – 2019 – MPE/PR) Assinale a alternativa ***incorreta***:

(A) Ainda que o servidor esteja de licença à época do certame, não é possível a participação da empresa que possua em seu quadro de pessoal servidor público, efetivo ou ocupante de cargo em comissão, ou dirigente do órgão contratante ou responsável pela licitação.

(B) É devida indenização a permissionário de serviço público de transporte coletivo por prejuízos suportados em face de defasagem nas tarifas, ainda que o ato de delegação não tenha sido antecedido de licitação.

(C) O prazo prescricional de ação civil pública em que se busca anulação de prorrogação ilegal de contrato administrativo tem como termo inicial o término do contrato.

(D) É inconstitucional o preceito segundo o qual, na análise de licitações, serão considerados, para averiguação da proposta mais vantajosa, entre outros itens, os valores relativos aos impostos pagos à Fazenda Pública do Estado-membro contratante, por descumprimento ao princípio da isonomia.

(E) O inadimplemento dos encargos trabalhistas dos empregados do contratado não transfere automaticamente ao Poder Público contratante a responsabilidade pelo seu pagamento, seja em caráter solidário ou subsidiário.

A: correta (cf. REsp 467.871/SP). B: incorreta (EDcl no AgRg no REsp 1108628/PE: não é devida indenização a permissionário de serviço público de transporte coletivo por prejuízos suportados em face de déficit nas tarifas quando ausente procedimento licitatório prévio). C: correta (cf. AgRg no AREsp 356153/RS). D: correta (cf. ADI 3.070/RN). E: correta (cf. RE 760.931/DF).

Gabarito "B".

(Promotor de Justiça/SP – 2019 – MPE/SP) Com relação aos serviços públicos, assinale a alternativa **INCORRETA**.

(A) Quanto aos contratos regidos pela Lei 8.987/95, considera-se fato do príncipe a criação, alteração ou extinção de quaisquer tributos ou encargos legais, inclusive os impostos sobre a renda, após a apresentação da proposta, e, quando comprovado seu impacto, implicará a revisão da tarifa, para mais ou para menos, conforme o caso.

(B) A aplicação da Lei 13.460/2017, que estabelece normas básicas para participação, proteção e defesa dos direitos do usuário dos serviços públicos prestados direta ou indiretamente pela administração pública direta e indireta da União, dos Estados, do Distrito Federal e dos Municípios não afasta a necessidade de cumprimento do disposto na Lei n. 8.078, de 11 de setembro de 1990, quando caracterizada relação de consumo.

(C) São direitos básicos do usuário, entre outros, a obtenção de informações precisas e de fácil acesso nos locais de prestação do serviço, assim como sua disponibilização na internet: os serviços prestados pelo órgão ou entidade, sua localização exata e a indicação do setor responsável pelo atendimento ao público; acesso ao agente público ou ao órgão encarregado de receber manifestações; situação da tramitação dos processos administrativos em que figure como interessado; e valor das taxas e tarifas cobradas pela prestação dos serviços, contendo informações para a compreensão exata da extensão do serviço prestado.

(D) Os órgãos e entidades responsáveis pela prestação dos serviços públicos divulgarão Carta de Serviços ao Usuário, que tem por objetivo informar o usuário sobre os serviços prestados pelo órgão ou entidade, as formas de acesso a esses serviços e seus compromissos e padrões de qualidade de atendimento ao público.

(E) É vedado à União, aos Estados, ao Distrito Federal e aos Municípios executarem obras e serviços públicos por meio de concessão e permissão de serviço público, sem lei que lhes autorize e fixe os termos, dispensada a lei autorizativa nos casos de saneamento básico e limpeza urbana e nos já referidos na Constituição Federal, nas Constituições Estaduais e nas Leis Orgânicas do Distrito Federal e Municípios, observado, em qualquer caso, os termos da Lei 8.987/95.

A: incorreta (cf. art. 9º, § 3º, da Lei 8.987/95, ressalvados os impostos sobre a renda, a criação, alteração ou extinção de quaisquer tributos ou encargos legais, após a apresentação da proposta, quando comprovado seu impacto, implicará a revisão da tarifa, para mais ou para menos, conforme o caso). B: certa (art. 1º, § 2º, inc. II, da Lei 13.460/17). C: certa (art. 6º, inc. VI, da Lei 13.460/17). D: certa (art. 7º da Lei 13.460/17). E: certa (art. 2º da Lei 9.074/95).

Gabarito "A".

(Promotor de Justiça/SP – 2019 – MPE/SP) Com relação à participação popular no controle da administração pública, assinale a alternativa **INCORRETA**.

(A) Como uma das formas de participação popular no processo administrativo, a Lei Federal prevê que quem comparecer à consulta pública passará a figurar na condição de interessado no processo, podendo examinar os autos, participar de debates e oferecer alegações escritas.

(B) O acesso dos usuários a registros administrativos e a informações sobre atos de governo, observado o disposto no art. 5º, X e XXXIII, da Constituição Federal, traduz uma das formas de participação do usuário na administração pública direta e indireta.

(C) Qualquer cidadão, partido político, associação ou sindicato pode, na forma da lei, denunciar irregularidades ou ilegalidades perante o Tribunal de Contas.

(D) É forma de participação democrática nos assuntos estatais a propositura de ação popular por qualquer cidadão para anular ato lesivo ao patrimônio público ou de entidade de que o Estado participe, à moralidade administrativa, ao meio ambiente e ao patrimônio histórico e cultural, ficando o autor, salvo comprovada má-fé, isento de custas judiciais e do ônus da sucumbência.

(E) A política urbana tem como diretriz, a ser observada na consecução de seus objetivos, a gestão democrática por meio de participação da população e de associações representativas dos vários segmentos da comunidade na formulação, execução e acompanhamento de planos, programas e projetos de desenvolvimento urbano.

A incorreta (o comparecimento à consulta pública não confere, por si, a condição de interessado do processo, cf. art. 31, § 2º, da Lei 9.784/99). **B** certa (cf. art. 37, § 3º, inc. II, da CF). **C**: certa (cf. art. 74, § 2º, da CF). **D**: certa (cf. art. 5º, LXXIII, da CF). **E**: certa (cf. art. 2º, inc. II, da Lei 10.257/01 – Estatuto da Cidade). RB
Gabarito "A".

(Procurador do Estado/SP – 2018 –VUNESP) Ajuste a ser celebrado entre o Poder Público e associação privada sem fins lucrativos, com sede no exterior e escritório de representação em Brasília, tendo por objeto a conjugação de esforços entre os partícipes com vistas à realização de encontro para, por meio de palestras e workshops, difundir conhecimento e promover a troca de experiências em políticas públicas voltadas às áreas sociais, sem previsão de transferência de recursos públicos, porém com previsão de cessão de espaço em imóvel público para realização do evento denomina-se

(A) termo de parceria, submetido ao regime jurídico previsto na Lei Federal no 9.790/99 e Lei Estadual no 11.598/2003 (Lei das Organizações da Sociedade Civil de Interesse Público – OSCIPs), desde que o escritório no Brasil da entidade seja qualificado como Organização da Sociedade Civil de Interesse Público.

(B) acordo de cooperação, submetido ao regime jurídico previsto na Lei Federal no 13.019/2014 (Lei das Parcerias Voluntárias com Organizações da Sociedade Civil – OSCs).

(C) convênio, submetido ao regime jurídico previsto na Lei Federal no 8.666/93 (Lei de Licitações e Contratos).

(D) contrato, submetido ao regime jurídico previsto na Lei Federal no 8.666/93 (Lei de Licitações e Contratos).

(E) termo de fomento, submetido ao regime jurídico previsto na Lei Federal no 13.019/2014 (Lei das Parcerias Voluntárias com Organizações da Sociedade Civil – OSCs).

A Lei 13.019, de 31 de julho de 2014, estabelece o regime jurídico das parcerias entre a Administração Pública e as organizações da sociedade civil, em regime de mútua cooperação, para a consecução de finalidades de interesse público e recíproco, mediante a execução de atividades ou de projetos previamente estabelecidos em planos de trabalho inseridos em termos de colaboração, em termos de fomento ou em **acordos de cooperação**. Segundo o art. 2º, VIII-A da Lei 13.019/2014, acordo de cooperação é instrumento por meio do qual são formalizadas as parcerias estabelecidas pela Administração Pública com organizações da sociedade civil para a consecução de finalidades de interesse público e recíproco que não envolvam a transferência de recursos financeiros. FB
Gabarito "B".

(Defensor Público Federal – DPU – 2017 – CESPE) Com referência à organização administrativa, ao controle dos atos da administração pública e ao entendimento jurisprudencial acerca da responsabilidade civil do Estado, julgue os itens a seguir.

(1) É objetiva a responsabilidade das pessoas jurídicas de direito privado prestadoras de serviços públicos em relação a terceiros, usuários ou não do serviço, podendo, ainda, o poder concedente responder subsidiariamente quando o concessionário causar prejuízos e não possuir meios de arcar com indenizações.

(2) Como decorrência da hierarquia existente no âmbito da administração pública, o órgão superior detém o poder de avocar atribuições de competência exclusiva de órgão a ele subordinado.

(3) O controle judicial dos atos administrativos discricionários restringe-se ao aspecto da legalidade, estando, portanto, impedido o Poder Judiciário de apreciar motivação declinada expressamente pela autoridade administrativa.

A assertiva "1" é consoante a jurisprudência sobre o tema. Como exemplo, RE 591.874/MS, Rel. Ministro Ricardo Lewandowski, Tribunal Pleno, julgado em 26.08.2009, DJ 17.09.2009, que determina ser responsabilidade civil das pessoas jurídicas de direito privado prestadoras de serviço público objetiva relativamente a terceiros usuários e não usuários do serviço, segundo decorre do art. 37, § 6º, da Constituição Federal. A assertiva "2" contraria texto expresso da Lei n. 9.784/1999, que regula o processo administrativo no âmbito da Administração Pública Federal – em seu art. 11, aquele diploma legal exige que a competência para avocação de processos esteja expressamente prevista em lei. No tocante à assertiva "3", a Teoria dos Motivos Determinantes autoriza a análise da motivação dos atos administrativos discricionários, sendo inválido o ato praticado em desvio de finalidade. AW
Gabarito:1C, 2E, 3E

(Defensor Público Federal – DPU – 2017 – CESPE) Considerando o entendimento do STJ acerca do procedimento administrativo, da responsabilidade funcional dos servidores públicos e da improbidade administrativa, julgue os seguintes itens.

(1) Em procedimento disciplinar por ato de improbidade administrativa, somente depois de ocorrido o trânsito em julgado administrativo será cabível a aplicação da penalidade de demissão.

(2) Em ação de improbidade administrativa por ato que cause prejuízo ao erário, a decretação da indisponibilidade dos bens do acusado pode ocorrer antes do recebimento da petição inicial, desde que fique efetivamente demonstrado o risco de dilapidação de seu patrimônio.

(3) É possível a instauração de procedimento administrativo disciplinar com base em denúncia anônima.

Quanto à assertiva "1", o entendimento do STJ sobre o tema é de que a execução dos efeitos materiais de penalidade imposta ao servidor público não depende do trânsito em julgado da decisão administrativa já que, em regra, o julgamento de recurso interposto na esfera administrativa não possui efeito suspensivo, conforme previsto no art. 109 da Lei n. 8.112/1990 (Ex: 1ª Seção. MS 19.488-DF, Rel. Min. Mauro Campbell Marques, julgado em 25/3/2015; 3ª Seção. MS 14.425/DF, Rel. Min. Nefi Cordeiro, julgado em 24/09/2014); no tocante à assertiva "2", o Recurso Especial Repetitivo n. 1.366.721/BA, Rel. Min. Napoleão Nunes Maia Filho, R.P/Acórdão Min. Og Fernandes, publicado em 19.09.2014, firmou o entendimento de que o "periculum in mora" para a decretação da medida cautelar de indisponibilidade de bens em ação de improbidade administrativa é presumido; quanto à assertiva "3", em que pese o art. 14 da Lei de Improbidade Administrativa exigir a identificação do denunciante, o Superior Tribunal de Justiça fixou entendimento favorável à abertura de processo administrativo baseado em denúncia anônima, desde que com apuração prévia dessa, conforme os precedentes: MS 10.419/DF; MS 7.415/DF e REsp 867.666/DF.

Gabarito: 1E, 2E, 3C

(Defensor Público – DPE/PR – 2017 – FCC) Conforme o estudo da responsabilidade civil do estado e dos agentes públicos,

(A) na hipótese de dano causado a particular por agente público no exercício de sua função, os tribunais superiores assentaram a possibilidade de ajuizamento pelo lesado de ação de reparação de danos diretamente contra o autor do fato, devendo nesse caso, ser perquirida apenas a conduta, nexo causal e os prejuízos.

(B) na hipótese de posse em cargo público determinada por decisão transitada em julgado, em regra, não fará jus o servidor aos salários que deixou de receber, mas apenas a equitativa compensação, sob o fundamento de que deveria ter sido investido em momento anterior.

(C) constitui caso de concorrência de culpa o suicídio de detento ocorrido dentro de estabelecimento prisional do estado, devendo haver redução proporcional do valor da indenização.

(D) afastada a responsabilidade criminal do servidor por inexistência daquele fato ou de sua autoria, restará automaticamente repelida a responsabilidade administrativa.

(E) aplica-se o prazo prescricional quinquenal previsto no Decreto n. 20.910/1932 às ações indenizatórias ajuizadas contra Fazenda Pública, afastando-se a incidência do prazo trienal previsto no Código Civil em razão do critério da especialidade normativa.

No tocante à alternativa "a", existe um aparente dissídio entre o STF e o STJ. Segundo a mais recente orientação da Suprema Corte, aplica-se a Teoria da Dupla Garantia: a primeira para o particular que terá assegurada a responsabilidade objetiva, não necessitando comprovar dolo ou culpa do autor do dano; a segunda para o servidor, que somente responderá perante o ente estatal (nesse sentido, RE 327.904, Rel. Min. Carlos Britto, Primeira Turma, julgado em 15/08/2006, DJ 08-09-2006). O STJ, por sua vez, no julgamento do REsp 1.325.862-PR, Rel. Min. Luis Felipe Salomão, julgado em 5/9/2013, manifestou entendimento de que "a avaliação quanto ao ajuizamento da ação contra o agente público ou contra o Estado deve ser decisão do suposto lesado. Se, por um lado, o particular abre mão do sistema de responsabilidade objetiva do Estado, por outro também não se sujeita ao regime de precatórios, os quais, como é de cursivo conhecimento, não são rigorosamente adimplidos em algumas unidades da Federação. Posto isso, o servidor público possui legitimidade passiva para responder, diretamente, pelo dano gerado por atos praticados no exercício de sua função pública, sendo que, evidentemente, o dolo ou culpa, a ilicitude ou a própria existência de dano indenizável são questões meritórias. Precedente citado: REsp 731.746-SE, Quarta Turma, DJe 4/5/2009". Em um concurso de Defensoria Pública, adotar o entendimento que dá maior amplitude de possibilidades de pedido de indenização ao hipossuficiente lesado parece ser a melhor opção, e o entendimento esposado pelo examinador nesta questão (considerando a assertiva incorreta) demonstra isso; no tocante à assertiva "b", o STF fixou tese em Repercussão Geral de que "na hipótese de posse em cargo público determinada por decisão judicial, o servidor não faz jus à indenização sob fundamento de que deveria ter sido investido em momento anterior, salvo situação de arbitrariedade flagrante". (RE 724347, Rel. Min. Marco Aurélio, Rel. p/ Acórdão: Min. Roberto Barroso, j. 26/02/2015, Tribunal Pleno, DJe 13-05-2015); no tocante à alternativa "c", o STF fixou Tese de Repercussão Geral nos seguintes termos: "Em caso de inobservância de seu dever específico de proteção previsto no artigo 5º, inciso XLIX, da Constituição Federal, o Estado é responsável pela morte de detento". No julgamento (RE 841526/ RS, Rel. Min. Luiz Fux, j. 30/03/2016, Tribunal Pleno, DJe 01-08-2016), o Min. Luiz Fux esclareceu que "se o Estado tem o dever de custódia, tem também o dever de zelar pela integridade física do preso. Tanto no homicídio quanto no suicídio há responsabilidade Civil do Estado"; quanto à alternativa "d", a jurisprudência admite que, afastada a responsabilidade criminal de servidor por inexistência do fato ou negativa de sua autoria, também ficará afastada a responsabilidade administrativa, exceto se verificada falta disciplinar residual, não abrangida pela sentença penal absolutória. Neste sentido, a Súmula 18 do STF estabelece que "Pela falta residual, não compreendida na absolvição pelo juízo criminal, é admissível a punição administrativa do servidor público"; a alternativa "e", correta, é consoante jurisprudência consolidada do STJ que, através de sua Primeira Seção, de maneira unânime, diante do REsp 1.251.993/PR, submetido ao regime dos recursos repetitivos, reafirmou que o prazo prescricional de 5 (cinco) anos previsto no art. 1º. do Decreto 20.910/1932 deve ser aplicado à ação indenizatória ajuizada contra a Fazenda Pública seja ela federal, estadual ou municipal (REsp 1251993/PR, Rel. Min. Mauro Campbell Marques, Primeira Seção, julgado em 12/12/2012, DJe 19/12/2012).

Gabarito: "E".

(Defensor Público – DPE/PR – 2017 – FCC) Sobre Agentes Públicos e Princípios e Regime Jurídico Administrativo, é correto afirmar:

(A) O princípio da impessoalidade destina-se a proteger simultaneamente o interesse público e o interesse privado, pautando-se pela igualdade de tratamento a todos administrados, independentemente de quaisquer preferências pessoais.

(B) São entes da Administração Indireta as autarquias, as fundações públicas, as empresas públicas, as sociedades de economia mista, e as subsidiárias destas duas últimas. As subsidiárias não dependem de autorização legislativa justamente por integrarem a Administração Pública Indireta.

(C) As contas bancárias de entes públicos que contenham recursos de origem pública prescindem de autorização específica para fins do exercício do controle externo.

(D) Os atos punitivos são os atos por meio dos quais o Poder Público aplica sanções por infrações administrativas pelos servidores públicos. Trata-se de exercício de Poder de Polícia com base na hierarquia.

(E) A licença não é classificada como ato negocial, pois se trata de ato vinculado, concedida desde que cumpridos os requisitos objetivamente definidos em lei.

No tocante ao item "a", entende-se que o princípio da impessoalidade se destina a proteger o interesse público, evitando as apontadas discriminações advindas de preferências pessoais; no tocante à assertiva "b", é texto expresso da Constituição Federal (art. 37, inc. XX) que, no tocante às entidades da Administração Indireta, depende de autorização legislativa, em cada caso, a criação de subsidiárias. É importante destacar que o STF já afirmou ser "dispensável a autorização legislativa para a criação de empresas subsidiárias, desde que haja previsão para esse fim na própria lei que instituiu a empresa de economia mista matriz, tendo em vista que a lei criadora é a própria medida autorizadora" (ADI 1.649-UF, rel. Maurício Corrêa, j. em 24/03/2004); a alternativa "d" está incorreta, pois a hipótese trata de utilização do denominado Poder Disciplinar da Administração Pública; no tocante à alternativa "e", por fim, cumpre lembrar que a doutrina entende o ato administrativo negocial como aquele que contém uma declaração de vontade do Poder Público coincidente com a pretensão do particular, visando à concretização de negócios jurídicos públicos ou à atribuição de certos direitos ou vantagens ao interessado. Desta forma, a licença se caracteriza como ato administrativo negocial, independentemente de ser um ato administrativo vinculado.

Gabarito "C".

11. Direito Econômico

Roberta Densa, Henrique Subi e Filipe Venturini Signorelli*

1. ORDEM ECONÔMICA NA CONSTITUIÇÃO. MODELOS ECONÔMICOS

(Juiz de Direito – TJ/DFT – 2023 – CEBRASPE) Considerando as regras e os princípios relacionados à ordem econômica previstos na CF de 1988, julgue os itens a seguir.

I. – A redução das desigualdades regionais e sociais é um dos princípios da ordem econômica.
II. – A função de planejamento exercida pelo Estado na condição de agente regulador da atividade econômica é de observância obrigatória para o setor público e indicativa para o setor privado.
III. – O relevante interesse coletivo é uma das hipóteses que autoriza a exploração direta de atividade econômica pelo Estado.
IV. – A liberdade de iniciativa integra a ordem econômica.

Assinale a opção correta.

(A) Apenas os itens I, II e III estão certos.
(B) Apenas os itens I, II e IV estão certos.
(C) Apenas os itens I, III e IV estão certos.
(D) Apenas os itens II, III e IV estão certos.
(E) Todos os itens estão certos.

I: Correta. Nos exatos termos do art. 170, VII, da Constituição Federal; II: Correta. Conforme art. 174 da Constituição Federal: "Como agente normativo e regulador da atividade econômica, o Estado exercerá, na forma da lei, as funções de fiscalização, incentivo e planejamento, sendo este determinante para o setor público e indicativo para o setor privado"; III: Correta. Conforme art. 173 da Constituição Federal: "Ressalvados os casos previstos nesta Constituição, a exploração direta de atividade econômica pelo Estado só será permitida quando necessária aos imperativos da segurança nacional ou a relevante interesse coletivo, conforme definidos em lei". IV – Correta. Nos termos do art. 170, IV, da Constituição Federal. RD
Gabarito "E".

(Procurador Fazenda Nacional – AGU – 2023 – CEBRASPE) Em relação ao Sistema Financeiro Nacional (SFN), assinale a opção correta.

(A) A CF determina que o SFN seja estruturado de forma a promover o desenvolvimento equilibrado do Brasil e a servir aos interesses da coletividade, vedando a participação do capital estrangeiro nas instituições que o integram.
(B) O Conselho Monetário Nacional (CMN), principal órgão operador do SFN, é composto pelo ministro da fazenda, que o presidirá, pelo ministro do planejamento e orçamento e pelo presidente do Banco Central do Brasil (BACEN).
(C) Integram o SFN as cooperativas habitacionais, agrícolas e de crédito.
(D) O SFN será regulado por lei complementar de iniciativa privativa do presidente da República.
(E) O SFN é estruturado por um conjunto de órgãos, entidades e instituições financeiras, públicas e privadas, que atuam na normatização, fiscalização e execução de transações relacionadas à política monetária e creditícia.

Alternativa correta letra E. De acordo com o portal do Governo Federal, o "Sistema Financeiro Nacional – SFN – pode ser subdivido em entidades normativas, supervisoras e operacionais. As entidades normativas são responsáveis pela definição das políticas e diretrizes gerais do sistema financeiro, sem função executiva. Em geral, são entidades colegiadas, com atribuições específicas e utilizam-se de estruturas técnicas de apoio para a tomada das decisões. Atualmente, no Brasil funcionam como entidades normativas o Conselho Monetário Nacional – CMN, o Conselho Nacional de Seguros Privados – CNSP e o Conselho Nacional de Previdência Complementar – CNPC. As entidades supervisoras, por outro lado, assumem diversas funções executivas, como a fiscalização das instituições sob sua responsabilidade, assim como funções normativas, com o intuito de regulamentar as decisões tomadas pelas entidades normativas ou atribuições outorgadas a elas diretamente pela Lei. O Banco Central do Brasil – BCB, a Comissão de Valores Mobiliários – CVM, a Superintendência de Seguros Privados – SUSEP e a Superintendência Nacional de Previdência Complementar – PREVIC são as entidades supervisoras do nosso Sistema Financeiro.[2] Além destas, há as entidades operadoras, que são todas as demais instituições financeiras, monetárias ou não, oficiais ou não, como também demais instituições auxiliares, responsáveis, entre outras atribuições, pelas intermediações de recursos entre poupadores e tomadores ou pela prestação de serviços. A seguir, há uma breve relação dessas instituições, com descrição das principais atribuições de algumas delas". Neste sentido, complementa o conceito para melhor entendimento do leitor o que aduz o Banco Central do Brasil: "O Sistema Financeiro Nacional (SFN) é formado por um conjunto de entidades e instituições que promovem a intermediação financeira, isto é, o encontro entre credores e tomadores de recursos. É por meio do sistema financeiro que as pessoas, as empresas e o governo circulam a maior parte dos seus ativos, pagam suas dívidas e realizam seus investimentos. O SFN é organizado por agentes normativos, supervisores e operadores. Os órgãos normativos determinam regras gerais para o bom funcionamento do sistema. As entidades supervisoras trabalham para que os integrantes do sistema financeiro sigam as regras definidas pelos órgãos normativos. Os operadores são as instituições que ofertam serviços financeiros, no papel de intermediários." FVS
Gabarito "E".

(Juiz - TRF 4ª Região – 2016) Assinale a alternativa correta. Sobre os princípios e as normas que regem a atividade econômica no Estado brasileiro:

(A) A livre-iniciativa, erigida à condição de fundamento da República Federativa do Brasil, permite que qualquer pessoa exerça livremente qualquer atividade

---

* RD Roberta Densa
  HS Henrique Subi
  FVS Filipe Venturini Signorelli

2 BRASIL, GOVERNO FEDERAL. Disponível em < https://www.gov.br/investidor/pt-br/investir/como-investir/conheca--o-mercado-de-capitais/sistema-financeiro-nacional > BRASIL, ABANCO CENTRAL DO BRASIL. Disponível em < https://www.bcb.gov.br/estabilidadefinanceira/sfn >

econômica, dependendo, em qualquer hipótese, de prévia autorização de órgãos públicos.
(B) Tendo em vista o elevado potencial para geração de emprego e de renda para o país, a Constituição Federal conferiu tratamento favorecido para as empresas de pequeno porte constituídas sob as leis brasileiras, independentemente do local em que tenham sua sede e sua administração.
(C) Consoante o texto constitucional, a ordem econômica se edificará sob o fundamento da livre-iniciativa, de cunho predominantemente capitalista, conferindo a todos o direito de se lançar ao mercado de produção e bens, por sua conta e risco, não competindo ao Estado brasileiro a regularização e a normalização das atividades econômicas.
(D) De acordo com o Supremo Tribunal Federal, implica violação ao princípio da livre-concorrência a atuação em regime de privilégio da Empresa Brasileira de Correios e Telégrafos na prestação dos serviços que lhe incumbem.
(E) Não obstante constituam monopólio da União a pesquisa e a lavra das jazidas de petróleo e gás natural, é lícita a contratação de empresas privadas para a realização dessas atividades.

A: incorreta. A prévia autorização de órgãos públicos será exigida somente quando a lei assim disser (art. 170, parágrafo único, da CF); B: incorreta. Para terem acesso ao tratamento favorecido, as ME's e EPP's devem ter também sua sede e administração no país (art. 170, IX, da CF); C: incorreta. O Estado é o agente normativo e regulador da atividade econômica, devendo exercer atividades de fiscalização, incentivo e planejamento (art. 174 da CF); D: incorreta. Na ADPF 46, o STF consolidou o entendimento de que o monopólio dos Correios decorre da Constituição Federal, não se afigurando, portanto, ilícito; E: correta, nos termos do art. 177, §1º, da CF. HS
Gabarito "E".

2. SISTEMA BRASILEIRO DE DEFESA DA CONCORRÊNCIA – SBDC. LEI ANTITRUSTE

(Procurador – PGE/SP – 2024 – VUNESP) De acordo com a Lei nº 12.529, de 2011, que estrutura o Sistema Brasileiro de Defesa da Concorrência, presume-se que uma empresa detém posição dominante no mercado relevante em que atua
(A) desde que caracterizada a inequívoca existência de poder de mercado, decorrente da concentração vertical, essa que se dá pelo controle de um determinado nível da cadeia produtiva e configura presunção absoluta de infração à ordem econômica.
(B) quando controla ao menos 30% (trinta por cento) do mercado em questão, podendo tal percentual ser desconsiderado pelo CADE para setores específicos da economia nos quais a concentração favoreça ganhos de eficiência, comprovados em estudos técnicos.
(C) apenas se constatada a existência de mercado imperfeito, com a formação de monopólio, demandando do CADE medidas de entrada forçada de concorrentes, inclusive mediante venda compulsória de ativos, após o necessário processo administrativo.
(D) desde que haja indícios de prática de ato de concentração horizontal, que corresponda à presença do mesmo agente econômico controlando, direta ou indiretamente, os diferentes níveis da cadeia produtiva no mercado em questão.
(E) sempre que uma empresa ou grupo de empresas for capaz de alterar, unilateral ou coordenadamente, as condições de mercado ou quando controlar 20% (vinte por cento) ou mais do mercado relevante, podendo esse percentual ser alterado pelo CADE para setores específicos da economia.

Alternativa correta letra E. questão correlata ao art. 36, § 2º, da Lei 12.529/2011, que aduz: Art. 36. Constituem infração da ordem econômica, independentemente de culpa, os atos sob qualquer forma manifestados, que tenham por objeto ou possam produzir os seguintes efeitos, ainda que não sejam alcançados: (...) § 2º Presume-se posição dominante sempre que uma empresa ou grupo de empresas for capaz de alterar unilateral ou coordenadamente as condições de mercado ou quando controlar 20% (vinte por cento) ou mais do mercado relevante, podendo este percentual ser alterado pelo Cade para setores específicos da economia. FVS
Gabarito "E".

(Procurador Federal – AGU – 2023 – CEBRASPE) Segundo a Lei n.º 12.529/2011, que estrutura o Sistema Brasileiro de Defesa da Concorrência (SBDC), cabe à Superintendência-Geral do Conselho Administrativo de Defesa Econômica (CADE)
(A) representar o CADE judicialmente e extrajudicialmente.
(B) decidir pela insubsistência dos indícios, arquivando os autos do inquérito administrativo.
(C) decidir, em instância final, sobre a existência de infração à ordem econômica.
(D) distribuir, por sorteio, os processos aos conselheiros.
(E) emitir votos nos processos encaminhados ao Tribunal do CADE.

Alternativa correta letra B. Compete à Superintendência-Geral do Conselho Administrativo de Defesa Econômica decidir pela insubsistência dos indícios, arquivando os autos do inquérito administrativo ou de seu procedimento preparatório (art. 13, IV, da Lei 12529/2011). FVS
Gabarito "B".

(Procurador Fazenda Nacional – AGU – 2023 – CEBRASPE) Julgue os itens a seguir, considerando o Sistema Brasileiro de Defesa da Concorrência (SBDC).
I. A prática de atos que acarretem o domínio de mercado relevante de bens ou serviços constitui infração da ordem econômica, independentemente de culpa do agente, salvo se a conquista de mercado resultar de processo natural fundado na maior eficiência do agente econômico em relação a seus competidores.
II. O inquérito administrativo para apuração de infrações à ordem econômica constitui procedimento investigatório, de natureza contenciosa, a ser instaurado pela Superintendência-Geral do CADE.
III. No julgamento de pedido de aprovação de ato de concentração econômica, o Tribunal Administrativo de Defesa Econômica tem competência para determinar qualquer restrição ou providência necessária para a eliminação dos efeitos nocivos à ordem econômica.
Assinale a opção correta.
(A) Apenas o item I está certo.
(B) Apenas o item II está certo.

(C) Apenas os itens I e III estão certos.
(D) Apenas os itens II e III estão certos.
(E) Todos os itens estão certos.

Alternativa correta letra C. A questão foi elaborada com base na Lei do CADE (Lei 12.529/2011), assim vejamos: **I. Correta:** Art. 13. Compete à Superintendência-Geral: (...) V – instaurar e instruir processo administrativo para imposição de sanções administrativas por infrações à ordem econômica, procedimento para apuração de ato de concentração, processo administrativo para análise de ato de concentração econômica e processo administrativo para imposição de sanções processuais incidentais instaurados para prevenção, apuração ou repressão de infrações à ordem econômica; **II. Incorreta:** Art. 66. O inquérito administrativo, procedimento investigatório de natureza inquisitorial, será instaurado pela Superintendência-Geral para apuração de infrações à ordem econômica. § 1º O inquérito administrativo será instaurado de ofício ou em face de representação fundamentada de qualquer interessado, ou em decorrência de peças de informação, quando os indícios de infração à ordem econômica não forem suficientes para a instauração de processo administrativo; **III. Correta:** Art. 61. No julgamento do pedido de aprovação do ato de concentração econômica, o Tribunal poderá aprová-lo integralmente, rejeitá-lo ou aprová-lo parcialmente, caso em que determinará as restrições que deverão ser observadas como condição para a validade e eficácia do ato. FVS
Gabarito "C".

(Juiz Federal – TRF/1 – 2023 – FGV) A sociedade empresária Alfa celebrou contrato de locação de uma loja situada no Shopping Center Beta, no qual constava uma cláusula de raio. Embora tenha anuído à cláusula, alterações da conjuntura econômica e um novo planejamento fizeram com que ela se tornasse um problema pouco tempo depois, ainda durante o período de vigência do contrato.

Ao se informarem a respeito do alcance dessa cláusula, foi corretamente esclarecido aos representantes de Alfa que ela:

(A) pode ser considerada uma prática lícita ou ilícita, conforme haja, ou não, nivelamento econômico entre os celebrantes do contrato;
(B) pode ser considerada uma prática ilícita, por inibir a competição no mercado e ser prejudicial ao consumidor, observada a "regra da razão";
(C) é considerada uma prática lícita, por assegurar a recuperação do investimento realizado e evitar discrepâncias de preços por razões puramente territoriais;
(D) é considerada uma prática lícita, sendo expressamente contemplada nas normas de proteção à concorrência, condicionada apenas à livre manifestação da vontade;
(E) é considerada uma prática ilícita, na medida em que obriga a realização de investimento mínimo, em uma perspectiva territorial, com observância do princípio da lealdade contratual.

Conforme entendimento do STJ a cláusula de raio não é abusiva *per si*. O estatuto do Shopping Center bem como o contrato de locação pode trazer a denominada "cláusula de raio", segundo a qual o locatário de um espaço comercial se obriga – perante o locador – a não exercer atividade similar à praticada no imóvel objeto da locação em outro estabelecimento situado a um determinado raio de distância contado a partir de certo ponto do terreno do *shopping center*. (STJ. 4ª Turma. REsp 1.535.727-RS, Rel. Min. Marco Buzzi, julgado em 10/5/2016. Entretanto, o CADE já entendeu que a "cláusula de raio" pode ser considerada ilícita, quando inibir a competição no mercado e prejudicar o consumidor, também denominada "regra da razão".3 Assim, certas práticas que, embora possam representar algum grau de restrição à concorrência, também podem gerar benefícios à competição e ao bem-estar do consumidor. Em relação a essas, portanto, seria aplicada a *rule of reason* (ou regra da razão). RD
Gabarito "B".

(Juiz Federal – TRF/1 – 2023 – FGV) A sociedade empresária Alfa, com grande participação no mercado nacional no fornecimento de certo produto, foi acusada pela sociedade empresária Beta de vendê-lo abaixo do preço de custo, durante o primeiro trimestre do ano, o que, a seu ver, configuraria infração contra a ordem econômica tipificada na Lei nº 12.529/2011. Afinal, os demais concorrentes não podiam oferecer preço semelhante. Alfa se defendeu afirmando que essa prática somente é considerada ilícita pelo referido diploma normativo se presente um elemento normativo, o qual, a seu ver, estaria ausente no caso, pois precisava obter recursos para custear o processo de expansão de suas unidades em solo brasileiro.

À luz do debate estabelecido, é correto afirmar que:

(A) Alfa tem razão, pois não está incorrendo em prejuízos em busca da realização de um fim contrário aos princípios da atividade econômica;
(B) Beta tem razão, pois a venda do produto abaixo do preço de custo é presuntivamente inibidora da concorrência, exigindo prova em contrário de Alfa;
(C) Beta tem razão, pois práticas anticoncorrenciais devem ser analisadas em uma perspectiva puramente objetiva, com abstração de qualquer elemento normativo ou subjetivo;
(D) Alfa tem razão, pois, em um ambiente de concorrência perfeita, como é o caso, somente rupturas dolosas e com potencialidade lesiva aos demais operadores devem ser consideradas ilícitas;
(E) Beta e Alfa têm razão parcial, pois o prejuízo voluntário caminha em norte contrário aos princípios da atividade econômica, e, embora não se exija um elemento normativo nesse ilícito, há uma justificativa razoável para a prática.

As infrações contra a ordem econômica estão previstas no art. 36 da Lei 12.529/2011. A venda de produtos abaixo do custo está expressamente prevista da seguinte forma: "Art. 36. Constituem infração da ordem econômica, independentemente de culpa, os atos sob qualquer forma manifestados, que tenham por objeto ou possam produzir os seguintes efeitos, ainda que não sejam alcançados: (...) § 3º As seguintes condutas, além de outras, na medida em que configurem hipótese prevista no *caput* deste artigo e seus incisos, caracterizam infração da ordem econômica: (...) XV – vender mercadoria ou prestar serviços injustificadamente abaixo do preço de custo". Assim, a lei exige que a conduta seja injustificada e tenha por objetivo produzir efeito anticoncorrencial. Se o preço foi colocado abaixo do custo de forma esporádica e sem ter por objetivo a eliminação da concorrência (como por exemplo, baixar o preço para que o consumidor aproveite a promoção e conheça os seus produtos), não há a configuração da prática ilegal. No caso em estudo o produto foi vendido abaixo do preço de custo por um período curto e apenas de um determinado produto. RD
Gabarito "A".

(Juiz – TRF 2ª Região – 2017) A rede "Pães e Amor Ltda", com faturamento bruto, no ano anterior, de R$ 15.000.000,00 (quinze milhões de reais), pretende adquirir dois outros estabelecimentos, com faturamento anual, somado, de um terço da cifra anterior. Em documentos escritos, os

---
3. Processo Administrativo nº 08012.006636/1997-43.

sócios expressam plano para, em até um ano, dominarem o mercado de padarias de dois bairros e, em até 5 anos, dominarem 50% do mercado da cidade, com base em estratégias de barateamento de custos, diminuição de preços, atendimento domiciliar e melhor gestão global. À luz de tais dados, assinale a opção correta:

(A) É necessária a aprovação da aquisição dos estabelecimentos pelo Conselho Administrativo de Defesa Econômica (CADE);

(B) Não é necessária a aprovação da aquisição dos estabelecimentos, bastando mera comunicação ao Conselho Administrativo de Defesa Econômica, cuja ausência configura infração à ordem econômica, passível de multa.

(C) A falta de comunicação à autarquia não é ilícito, mas os documentos que expressam a intenção de dominar o mercado de bairros e, depois, 50% do mercado da cidade, indicam infração à ordem econômica e à concorrência.

(D) Ainda que não haja comunicação e que os documentos escritos venham a público, não há, no descrito, infração à ordem econômica ou à concorrência.

(E) É o concerto de condutas, da compra dos estabelecimentos (caso não seja comunicada) à intenção de dominar mercado relevante, que caracteriza a infração à ordem econômica e submete a rede de padaria às sanções da Lei nº 12.529/2011 (Lei de Defesa da Concorrência).

A: incorreta. O valor do faturamento bruto anual dos grupos envolvidos na operação não atinge o mínimo estabelecido pelo art. 88 da Lei Antitruste; B: incorreta. Não havendo obrigatoriedade de análise pelo CADE, não há também qualquer obrigação de notificação; C: incorreta. A mera dominação de mercado relevante, em si, não caracteriza infração á ordem econômica, tendo em vista que pode resultar de processos naturais (art. 36, §1º, da Lei Antitruste); D: correta, conforme comentário à alternativa anterior; E: incorreta. Não há obrigação de comunicação e, além disso, a intenção de dominar mercado relevante por razões naturais (maior eficiência) e benéfica aos consumidores (diminuição de preços, atendimento domiciliar etc.) faz incidir a já citada exceção prevista no art. 36, §1º, da Lei Antitruste. HS
Gabarito "D".

(Juiz – TRF 2ª Região – 2017) Quanto ao acordo de leniência no âmbito Conselho Administrativo de Defesa Econômica – CADE, marque a opção correta:

(A) O acordo de leniência pode resultar em redução da pena, mas não em extinção da punibilidade da sanção administrativa a ser imposta à pessoa jurídica colaboradora.

(B) É inviável o acordo de leniência se a autoridade administrativa já dispõe de prova sobre a ocorrência da infração investigada.

(C) A pessoa jurídica que pretenda qualificar-se para o acordo não pode ser a líder da conduta infracional a ser revelada.

(D) A pessoa jurídica que pretenda qualificar-se deve ser a primeira a fazê-lo com relação à infração noticiada ou sob investigação.

(E) O acordo pode resultar em extinção da pena administrativa, mas não em extinção da punibilidade relativa a crime contra a ordem econômica.

A: incorreta. É possível a extinção da punibilidade, a critério do TADE (art. 86 da Lei Antitruste; B: incorreta, pois ainda há espaço para o acordo que resulte em identificação dos demais envolvidos (art. 86, I, da Lei Antitruste); C: incorreta. Não há qualquer limitação neste sentido para o acordo de leniência; D: correta, nos termos do art. 86, §1º, I, da Lei Antitruste; E: incorreta. A extinção da punibilidade do crime está prevista no art. 87, parágrafo único, da Lei Antitruste a partir do cumprimento do acordo de leniência pelo acusado. HS
Gabarito "D".

(Juiz – TRF 3ª Região – 2016) A Lei nº 12.529, de 30.11.2011, Lei de Defesa da Concorrência – LDC, estrutura o Sistema Brasileiro de Defesa da Concorrência – SBDC, integrado pelo Conselho Administrativo de Defesa Econômica – CADE. Assim, sobre as assertivas que se seguem, assinale a alternativa correta:

I. A prática usualmente denominada "*gun jumping*" (expressão em inglês que significa "queimar a largada"), conhecida na literatura e jurisprudência estrangeiras, consiste na consumação de atos de concentração econômica, antes da decisão final da autoridade antitruste. A LDC prevê que o controle dos atos de concentração, quando cabíveis, será realizado previamente pelo CADE em 240 (duzentos e quarenta) dias, prorrogáveis, a fim de preservar a livre iniciativa e a concorrência.

II. O critério de submissão dos atos de concentração ao CADE decorre da aferição, cumulativamente, do faturamento bruto anual e do volume de negócios total no País dos grupos envolvidos, apurados no ano anterior à operação.

III. São considerados atos de concentração econômica, pela LDC, as operações nas quais: i) duas ou mais empresas anteriormente independentes se fundem; ii) uma ou mais empresas adquirem, direta ou indiretamente, por compra ou permuta de ações, quotas, títulos ou valores mobiliários conversíveis em ações, ou ativos, tangíveis ou intangíveis, por via contratual ou por qualquer outro meio ou forma, o controle ou partes de uma ou outras empresas; iii) uma ou mais empresas incorporam outra ou outras empresas; ou iv) duas ou mais empresas celebram contrato associativo, consórcio ou *joint venture*, exceto quando destinados às licitações promovidas pela Administração Pública direta e indireta.

IV. Para fins de evitar o risco de aplicação de multa pecuniária de até R$60.000.000,00 (sessenta milhões de reais), dentre outras consequências, as partes envolvidas em um ato de concentração deverão manter as suas estruturas físicas e as condições competitivas inalteradas até a avaliação final do CADE.

(A) Estão corretas apenas as assertivas I e IV.
(B) Estão corretas apenas as assertivas II e IV.
(C) Estão corretas apenas as assertivas I e III.
(D) Todas as assertivas estão corretas.

I: correta, nos termos do art. 88, §§2º e 9º, da Lei Antitruste; II: incorreta. O critério é alternativo: faturamento bruto anual OU volume de negócios no país (art. 88, I e II, da Lei Antitruste); III: correta, nos termos do art. 90, I a IV, da Lei Antitruste; IV: considerada incorreta pelo gabarito oficial. Entendemos que a alternativa está correta, o que anularia a questão. Nos termos do art. 147, §2º, do Regimento Interno do CADE: "*As partes deverão manter as estruturas físicas e as condições competitivas inalteradas até a apreciação final do Cade, sendo vedadas,* inclusive, quaisquer transferências de ativos e qualquer tipo de influência de uma parte sobre a outra, bem como a troca de informações concorrencialmente sensíveis que não seja estritamente necessária para a celebração do instrumento formal que vincule as partes". **HS**

Gabarito "C."

3. DIREITO ECONÔMICO INTERNACIONAL

(Juiz Federal – TRF/1 – 2023 – FGV) Um grupo de empresários brasileiros da área do agronegócio entendia que determinada política comercial comum, acordada pelos Estados membros do Mercosul, configurava entrave para o desenvolvimento da união aduaneira. Por tal razão, deliberaram iniciar discussões no âmbito do Foro Consultivo Econômico-Social, de modo que essa política pudesse vir a ser alterada pela estrutura orgânica competente do Mercosul.

À luz dessa narrativa, é correto afirmar que o referido Foro exerce:

(A) função consultiva e, caso acolha as ponderações apresentadas, expedirá recomendação ao Grupo Mercado Comum, que pode propor o projeto de decisão ao Conselho do Mercado Comum;

(B) funções consultiva e deliberativa e, caso acolha as ponderações apresentadas, encaminhará o respectivo projeto à Comissão de Comércio do Mercosul, que, aprovando-o, o submeterá ao Conselho do Mercado Comum;

(C) função deliberativa e, caso acolha as ponderações apresentadas, expedirá recomendação à Secretaria Administrativa do Mercosul, que, aprovando-a, a submeterá à Comissão de Comércio do Mercosul;

(D) função deliberativa e, caso acolha as ponderações apresentadas, expedirá ato executivo à Comissão Parlamentar Conjunta, que apreciará o respectivo projeto e o submeterá ao referendo dos chefes de Estado;

(E) função consultiva e, caso acolha as ponderações apresentadas, emitirá parecer, a ser apreciado pela Comissão Parlamentar Conjunta, que, acolhendo-o, o transformará em protocolo adicional, abrindo-o à ratificação.

Foro Consultivo Econômico-Social (FCES) tem como principais atribuições:4 I) Pronunciar-se, no âmbito de sua competência, emitindo recomendações, seja por iniciativa própria ou sobre consultas que, acompanhada por informação suficiente, realizem o GMC e demais órgãos do MERCOSUL. Estas recomendações podem referir-se tanto a questões internas do MERCOSUL quanto à relação deste com outros países, organismos internacionais e outros processos de integração. II) Cooperar ativamente para promover o progresso econômico e social do MERCOSUL, tendente à criação de um mercado comum e sua coesão econômica e social. III) Acompanhar, analisar e avaliar o impacto social e econômico derivado das políticas destinadas ao processo de integração e as diversas fases de sua implementação, quer seja em nível setorial, nacional, regional ou internacional. IV) Realizar investigações, estudos, seminários ou eventos de natureza similar sobre questões econômicas e sociais de relevância para o MERCOSUL. V) Propor normas e políticas econômicas e sociais em matéria de integração. VI) Estabelecer relações e realizar consultas com instituições nacionais ou internacionais, públicas ou privadas, quando for conveniente ou necessário para o cumprimento de seus objetivos. VII) Contribuir para uma maior participação da sociedade no processo de integração regional, promovendo a real integração no MERCOSUL e difundindo sua dimensão econômica e social. VIII) Tratar qualquer outra questão que tenha relação com o processo de integração. **RD**

Gabarito "A".

(Procurador Fazenda Nacional – AGU – 2023 – CEBRASPE) Quanto ao Acordo Geral sobre Tarifas Aduaneiras e Comércio (GATT) e à Organização Mundial do Comércio (OMC), assinale a opção correta.

(A) O GATT, originalmente aprovado no âmbito da OMC, é um tratado internacional que visa promover o livre comércio e o crescimento econômico, sobretudo pela redução de obstáculos às trocas entre os países, em particular das tarifas aduaneiras.

(B) A OMC é um organismo internacional multilateral criado no ano de 1995, após a conclusão das negociações da Rodada Doha, com o objetivo de regulação do comércio internacional.

(C) No sistema de solução de controvérsias da OMC, vigora a regra do consenso negativo, isto é, as decisões dos painéis e do Órgão de Apelação serão vinculantes e obrigatórias, salvo se todos os Estados-membros forem contrários a elas.

(D) O GATT tem como premissa o princípio da nação mais favorecida, segundo o qual os países desenvolvidos devem conceder um tratamento aduaneiro e tarifário mais favorável aos países em desenvolvimento.

(E) De acordo com a cláusula do tratamento nacional, que constitui um dos princípios básicos da OMC, os produtos nacionais podem receber um tratamento diferenciado em relação aos importados, com vistas ao aumento da industrialização e à aceleração das taxas de crescimento da economia dos países em desenvolvimento.

Alternativa correta letra C. Em seu sistema de soluções de controvérsias, a OMC, por meio do Órgão de Solução de controvérsias (OSC), decide sobre o estabelecimento de painéis, vigorando a regra do consenso negativo, ainda que não seja estabelecido por manifestação formal de todos os membros da Organização Mundial do Comércio. Válido conhecer o que apresenta o Ministério das Relações Exteriores do Brasil sobre o Sistema de Controvérsia de Soluções: "O órgão da OMC competente para administrar o SSC é o Órgão de Solução de Controvérsias (OSC). Somente os Membros da OMC – isto é, Estados, territórios aduaneiros autônomos e determinadas organizações internacionais (no caso, a União Europeia) – podem participar desse mecanismo, sendo o recurso vedado a outros atores, como empresas, pessoas físicas e organizações não governamentais. O Sistema de Solução de Controvérsias da OMC tem as seguintes características:(i) abrangência: os procedimentos previstos no mecanismo aplicam-se a todas as controvérsias apresentadas com base nos chamados "acordos abrangidos" da OMC, isto é: a) Acordo de Marraqueche; b) acordos multilaterais que cobrem o comércio de bens, o comércio de serviços e os aspectos dos direitos de propriedade intelectual relacionados ao comércio (Anexo 1 do Acordo de Marraqueche); c) o próprio Entendimento sobre Solução de Controvérsias (Anexo 2 do Acordo de Marraqueche); e d) acordos plurilaterais (Anexo 4 do Acordo de Marraqueche), em controvérsias nas quais tanto o Membro demandante quanto o demandado sejam signatários do respectivo acordo plurilateral; (ii) automaticidade: foi estabelecida uma jurisdição "quase obrigatória", com base na regra do consenso negativo, a qual estabelece que somente não será estabelecido painel se todos os Membros votarem contra o estabelecimento, inclusive o demandante. Do mesmo modo, só não será adotado um relatório se todos votarem contra sua adoção, inclusive o Membro vencedor na disputa; (iii) duplo

---

4. https://www.mercosur.int/pt-br/.

grau de jurisdição: criação de um órgão revisor permanente dos relatórios dos painéis, denominado Órgão de Apelação ("OA"), que representa a existência de um duplo grau de jurisdição no âmbito do SSC da OMC; (iv) exequibilidade: existência de meios específicos para estimular o cumprimento das recomendações dos relatórios adotados pelo OSC. Destaca-se, nesse contexto, a "retaliação", por meio da qual o Membro vencedor é autorizado a "suspender concessões ou outras obrigações" em relação ao Membro vencido, bem como a possibilidade de oferecimento de compensações pelo Membro perdedor até a implementação total do que foi estipulado no relatório adotado. O objetivo maior do sistema é reforçar a observância das normas comerciais multilaterais e a adoção de práticas compatíveis com os acordos negociados. Esse objetivo prevalece sobre o propósito de punir Membros pela adoção de práticas consideradas incompatíveis com as regras da OMC. Assim, o sistema permite, a qualquer momento, a solução do conflito por meio de acordo entre as partes em contenda."5 **FVS**

Gabarito "C".

4. INTERVENÇÃO DO ESTADO NO DOMÍNIO ECONÔMICO

(Juiz Federal – TRF/1 – 2023 – FGV) Érica e Joana travaram intenso debate a respeito das classificações existentes em relação à intervenção do Estado no domínio econômico. Érica defendia que a denominada "intervenção por absorção" é incompatível com a forma como deve se desenvolver a intervenção do Estado no domínio econômico, que sempre deve ocorrer em igualdade de condições com a iniciativa privada, inclusive em relação a todas as atividades passíveis de serem exploradas. Joana, por sua vez, defendia que a denominada "intervenção ofensiva" é compatível com a ordem constitucional brasileira, refletindo uma forma de intervenção que não pode descurar, conforme previsão legal, dos imperativos de segurança nacional ou de relevante interesse coletivo.

Inês, ao ouvir os referidos argumentos, concluiu, corretamente, que:

(A) Joana está certa, e a criação de empresas para atuar em nome do Estado caracteriza a modalidade de intervenção que analisou;

(B) Érica e Joana estão erradas, pois a forma de atuação que descrevem se ajusta ao conceito mais amplo de intervenção indireta na economia;

(C) Érica está certa, pois o desenvolvimento de atividade econômica em sentido estrito, pelo Estado, deve ser sempre direcionado pelo princípio da subsidiariedade;

(D) Joana está errada, pois a intervenção do Estado na economia deve sempre ocorrer na modalidade defensiva, de modo a proteger os bens jurídicos que justificam a sua atuação;

(E) Érica está errada, pois a modalidade de intervenção a que se refere indica a atuação do Estado em regime de livre concorrência, com a iniciativa privada, na exploração de certo mercado relevante.

Deve-se considerar a **intervenção direta** aquela situação jurídica em que o Estado exerceria a função de empresário, envolvendo-se, efetivamente, na atividade produtiva, seja na qualidade de empresa pública, seja na forma de sociedade de economia mista ou, ainda, como gestor da empresa privada. Conforme a doutrina, pode-se classificar a **intervenção direta** do Estado em **intervenção por absorção**, **intervenção por participação** e **intervenção ofensiva**. A **intervenção por absorção** é forma de atuação no domínio econômico, através da qual o Estado assume o controle de um setor do mercado sob o regime de monopólio. Já a intervenção **direta por participação** é a forma de atuação no domínio econômico, através da qual o Estado mantém empresas que disputam o mercado com o setor privado. Por outro lado, a **intervenção ofensiva** é caracterizada quando o Estado cria empresas públicas e sociedades de economia mista para atuarem (competirem ofensivamente) em seu próprio nome a atividade econômica. Portanto, Érica está errada, já que a Constituição Federal prevê expressamente que o Estado pode assumir a condição de monopólio (intervenção por absorção). Joana está correta ao defender que a denominada "intervenção ofensiva" é compatível com a ordem constitucional brasileira, refletindo uma forma de intervenção que não pode descurar das previsões legais e dos imperativos de segurança nacional ou de relevante interesse coletivo. **RD**

Gabarito "A".

5. QUESTÕES COMBINADAS E OUTROS TEMAS

(Procurador Federal – AGU – 2023 – CEBRASPE) Acerca da intervenção extrajudicial do Banco Central do Brasil (BACEN) nas instituições financeiras, assinale a opção correta.

(A) A solicitação de intervenção realizada por administradores da instituição, caso prevista estatutariamente, não sujeitará o solicitante à responsabilização civil e criminal por indicação falsa.

(B) A intervenção cessará em caso de decretação da liquidação extrajudicial da entidade.

(C) O período da intervenção não excederá a doze meses, sendo ele prorrogável, por decisão do BACEN, uma única vez, por mais doze meses.

(D) O interventor, nomeado pelo BACEN, detém plenos poderes de gestão, inclusive no que se refere à admissão e demissão de pessoal, independentemente de expressa autorização para tal.

(E) A intervenção não altera a fluência dos prazos das obrigações vincendas anteriormente contraídas.

Alternativa correta letra **B**. Temos aqui demonstrado os exatos preceitos do art. 7º, da Lei 6/024/1974: Art . 7º A intervenção cessará: (...) c) se decretada a liquidação extrajudicial, ou a falência da entidade. **FVS**

Gabarito "B".

(Procurador Federal – AGU – 2023 – CEBRASPE) Acerca das contribuições de intervenção no domínio econômico previstas na Constituição Federal de 1988 (CF), é correto afirmar que

(A) elas não podem incidir sobre a importação de produtos estrangeiros ou serviços.

(B) elas podem ter alíquotas *ad valorem* cuja base seja o faturamento.

(C) elas podem incidir sobre receitas decorrentes de exportação.

(D) lei complementar deve institui-las e discipliná-las.

(E) a cobrança de uma hipotética contribuição de intervenção no domínio econômico criada por lei publicada em maio de 2022 poderia ser iniciada noventa dias após a publicação dessa lei.

---

5. BRASIL, MINISTÉRO DAS RELAÇÕES EXTERIORES. Disponível em < https://www.gov.br/mre/pt-br/assuntos/politica-externa--comercial-e-economica/comercio-internacional/o-sistema--de-solucao-de-controversias-da-omc >

Alternativa correta letra **B**. A questão replica o exato texto do Art. 149, § 2º, II, da Constituição Federal: Art. 149. Compete exclusivamente à União instituir contribuições sociais, de intervenção no domínio econômico e de interesse das categorias profissionais ou econômicas, como instrumento de sua atuação nas respectivas áreas, observado o disposto nos arts. 146, III, e 150, I e III, e sem prejuízo do previsto no art. 195, § 6º, relativamente às contribuições a que alude o dispositivo. (...) III - poderão ter alíquotas: a) *ad valorem*, tendo por base o faturamento, a receita bruta ou o valor da operação e, no caso de importação, o valor aduaneiro. FVS

(Procurador Fazenda Nacional – AGU – 2023 – CEBRASPE) A respeito do processo administrativo sancionador no mercado financeiro, assinale a opção correta de acordo com a Lei n.º 13.506/2017.

(A) A apresentação de proposta de termo de compromisso por instituição financeira investigada pelo BACEN suspende o andamento do respectivo processo administrativo.

(B) O termo de compromisso importará confissão quanto à matéria de fato e reconhecimento da ilicitude da conduta analisada, constituindo título executivo extrajudicial.

(C) Para que o acordo administrativo em processo de supervisão seja celebrado, é necessário, entre outros requisitos, que o BACEN não disponha de provas suficientes para assegurar a condenação administrativa das pessoas físicas ou jurídicas por ocasião da propositura do acordo.

(D) Na hipótese de descumprimento do acordo administrativo em processo de supervisão, o BACEN deverá adotar as medidas judiciais necessárias para a execução das obrigações assumidas, sendo vedado o prosseguimento do processo administrativo.

(E) O acordo administrativo em processo de supervisão celebrado pelo BACEN vincula a atuação do Ministério Público e dos demais órgãos públicos.

Alternativa correta letra C. A questão traz exatamente o conteúdo do artigo 30, § 2º, III, da Lei n.º 13.506/2017. Vejamos: "Art. 30. O Banco Central do Brasil poderá celebrar acordo administrativo em processo de supervisão com pessoas físicas ou jurídicas que confessarem a prática de infração às normas legais ou regulamentares cujo cumprimento lhe caiba fiscalizar, com extinção de sua ação punitiva ou redução de 1/3 (um terço) a 2/3 (dois terços) da penalidade aplicável, mediante efetiva, plena e permanente cooperação para a apuração dos fatos, da qual resulte utilidade para o processo, em especial: (...) § 1º A proposta de acordo administrativo em processo de supervisão permanecerá sob sigilo até que o acordo seja celebrado. § 2º O acordo de que trata o *caput* deste artigo somente poderá ser celebrado se forem preenchidos, cumulativamente, os seguintes requisitos: I – a pessoa jurídica for a primeira a se qualificar com respeito à infração noticiada ou sob investigação; II – o envolvimento na infração noticiada ou sob investigação a partir da data de propositura do acordo cessar completamente; III – *o Banco Central do Brasil não dispuser de provas suficientes para assegurar a condenação administrativa das pessoas físicas ou jurídicas por ocasião da propositura do acordo*; e IV – a pessoa física ou jurídica confessar participação no ilícito, cooperar plena e permanentemente com as investigações e com o processo administrativo e comparecer, sob suas expensas, sempre que solicitada, a todos os atos processuais, até seu encerramento. (...)". FVS

(Juiz – TRF 4ª Região – 2016) Assinale a alternativa correta.

Acerca dos institutos de Direito Econômico e Concorrencial:

(A) A Lei nº 12.529/2011 (Lei Antitruste) aplica-se quando os atos de concentração econômica realizados no exterior produzam ou possam produzir efeitos significativos no mercado interno brasileiro.

(B) Admite-se a possibilidade de restrições ao comércio internacional com o fito de proteger o comércio doméstico somente quando consumado o prejuízo frente às importações, por meio de medidas de salvaguarda.

(C) A dominação de mercado relevante de bens ou serviços constitui infração contra ordem econômica apenas quando comprovada a culpa do agente ativo.

(D) As empresas públicas prestadoras de serviços públicos que atuam diretamente na atividade econômica não podem gozar de privilégios fiscais não extensivos às do setor privado, haja vista a manifesta afronta ao princípio da livre-concorrência.

(E) A prática de truste consiste na associação entre empresas do mesmo ramo de produção com objetivo de dominar o mercado e disciplinar a concorrência, implicando prejuízo da economia por impedir o acesso do consumidor à livre-concorrência.

A: considerada como correta pelo gabarito oficial, mas passível de críticas. Afinal, o art. 2º da Lei Antitruste não exige que os resultados em território nacional sejam "significativos"; **B:** incorreta. As medidas de salvaguarda podem ser aplicadas preventivamente, a partir da ameaça de prejuízo grave aos agentes econômicos nacionais (art. 2.1 do Acordo de Salvaguardas); **C:** incorreta. A responsabilidade por infrações à ordem econômica é objetiva (independe de dolo ou culpa) e também se configura independentemente da obtenção do resultado (art. 36 da Lei Antitruste); **D:** incorreta. As empresas públicas prestadoras de serviços públicos gozam de todos os privilégios fiscais. A proibição constitucional se aplica às empresas estatais que exercem atividade econômica (STF, RE 596.729 AgR); **E:** incorreta. A alternativa traz o conceito de cartel. Ocorre truste com a concentração vertical do mercado, a partir da incorporação ou fusão de empresas. HS

12. DIREITO PREVIDENCIÁRIO

Henrique Subi e Ricardo Quartim*

1. PRINCÍPIOS E NORMAS GERAIS

(PROCURADOR – AL/PR – 2024 – FGV) A seguridade social compreende um conjunto integrado de ações de iniciativa dos Poderes Públicos e da sociedade, destinadas a assegurar os direitos relativos à saúde, à previdência e à assistência social.

Considerando as normas de regência, assinale a opção que contempla, corretamente e nesta ordem, um princípio constitucional da seguridade social, a quantidade de integrantes do Conselho Nacional de Previdência Social (CNPS), um benefício concedido pela Previdência Social, o período de carência para recebimento do auxílio reclusão e um segurado obrigatório da Previdência social.

(A) Universalidade da base de financiamento, 9 membros, salário família, doze contribuições mensais e o estagiário bolsista.
(B) Equidade na forma de participação no custeio, 12 membros, reabilitação profissional, não há carência e o servidor da União ocupante, exclusivamente, de cargo em comissão declarado em lei de livre nomeação e exoneração.
(C) Caráter democrático e descentralizado da gestão administrativa, 9 membros, seguro-desemprego, não há carência e aquele que presta serviço de natureza urbana ou rural a empresa, em caráter não eventual, sob sua subordinação e mediante remuneração, inclusive como diretor empregado.
(D) Irredutibilidade do valor dos benefícios, 15 membros, salário maternidade, vinte e quatro contribuições mensais e o escrevente contratado por titular de serviços notariais a partir de 21 de novembro de 1994.
(E) Uniformidade e equivalência dos benefícios e serviços às populações urbanas e rurais, 12 membros, serviço social, dez contribuições mensais e aquele em exercício de mandato eletivo municipal, desde que não seja vinculado a regime próprio de previdência social.

Princípios: Os princípios da Seguridade Social estão previstos no parágrafo único do art. 194 da CF. São eles a universalidade da cobertura e do atendimento; a uniformidade e equivalência dos benefícios e serviços às populações urbanas e rurais; a seletividade e distributividade na prestação dos benefícios e serviços; a irredutibilidade do valor dos benefícios; a equidade na forma de participação no custeio; e a diversidade da base de financiamento, identificando-se, em rubricas contábeis específicas para cada área, as receitas e as despesas vinculadas a ações de saúde, previdência e assistência social, preservado o caráter contributivo da previdência social; **CNPS**: O Conselho Nacional de Previdência Social – CNPS é órgão superior de deliberação colegiada e tem 15 membros, nos termos do art. 3º do PBPS; **Carência**: A carência necessária para fazer jus ao benefício de auxílio-reclusão é de 24 meses, nos termos do art. 25, IV, do PBPS, incluído pela Lei nº 13.846/2019. Antes de tal alteração legislativa o benefício de auxílio-reclusão não exigia carência para sua concessão; **Segurado obrigatório**: Consoante o art. 40 da Lei nº 8.935/1994, publicada em 21/11/1994, os notários, oficiais de registro, escreventes e auxiliares são vinculados à previdência social, de âmbito federal, e têm assegurada a contagem recíproca de tempo de serviço em sistemas diversos. RQ

Gabarito "D".

(PROCURADOR FEDERAL – AGU – 2023 – CEBRASPE) Em relação ao auxílio-inclusão, previsto na Lei n.º 8.742/1993, julgue os próximos itens.

I. Para a concessão e a manutenção do benefício de auxílio-inclusão, é imprescindível que a pessoa com deficiência atenda aos critérios de manutenção do BPC.
II. Não é possível a concessão do auxílio-inclusão se, por qualquer motivo, o BPC tiver sido suspenso anteriormente.
III. O auxílio-inclusão será concedido automaticamente pelo INSS, observado o preenchimento dos demais requisitos legais, mediante constatação, pela própria autarquia, de acumulação do BPC com o exercício de atividade remunerada.
IV. O pagamento de auxílio-inclusão pode ser cumulado com o pagamento do auxílio por incapacidade temporária previsto no RGPS.

Estão certos apenas os itens
(A) I e II.
(B) I e III.
(C) III e IV.
(D) I, II e IV.
(E) II, III e IV.

I: Correta. Nos termos do art. 26-A, da Lei nº 8.742/1993, dentre os requisitos exigíveis para a concessão do auxílio-inclusão figura a necessidade de atender aos critérios de manutenção do benefício de prestação continuada, incluídos os critérios relativos à renda familiar mensal *per capita* exigida para o acesso ao benefício, observado o disposto no § 4º deste artigo; II: Incorreta. É possível o deferimento do benefício de auxílio-inclusão quando o BPC tiver sido suspenso em razão de a pessoa com deficiência exercer atividade remunerada, inclusive na condição de microempreendedor individual, desde que ela tenha recebido o benefício de prestação continuada nos 5 (cinco) anos imediatamente anteriores ao exercício da atividade remunerada (art. 26-A, § 1º, da LOAS); III: Correta. É certo que, nos termos do art. 26-B, da LOAS, o auxílio-inclusão será devido a partir da data do requerimento. Ocorre que a Lei nº 14.441/2022 acrescentou um § 2º a este art. 26-B, segundo o qual o auxílio-inclusão será concedido automaticamente pelo INSS, observado o preenchimento dos demais requisitos, mediante constatação, pela própria autarquia ou pelo Ministério da Cidadania (atualmente Ministério dos Direitos Humanos e da Cidadania), de acumulação do benefício de prestação continuada com o exercício de atividade remunerada. Nesta hipótese, diz o § 3º do mesmo dispositivo legal, o auxílio-inclusão será devido a partir do primeiro dia da competência em que se identificou a ocorrência de acumulação do benefício de prestação continuada com o exercício de atividade remunerada,

---

* HS Henrique Subi
  RQ Ricardo Quartim

e o titular deverá ser notificado quanto à alteração do benefício e suas consequências administrativas. **IV:** Incorreta. Consoante o art. 26-C da LOAS, o pagamento do auxílio-inclusão não pode ser acumulado com o pagamento de benefício de prestação continuada, de prestações a título de aposentadoria, de pensões ou de benefícios por incapacidade pagos por qualquer regime de previdência social, ou de seguro-desemprego. Gabarito "B".

(PROCURADOR FEDERAL – AGU – 2023 – CEBRASPE) Raul, argentino, com 66 anos de idade, vive em um abrigo na cidade de São Paulo. Por não ter familiares e por ter renda ínfima, decorrente de sua atividade como catador de material reciclável, inscreveu-se no CadÚnico e pleiteou o benefício de prestação continuada (BPC), previsto na Lei n.º 8.742/1993.

CONSIDERANDO ESSA SITUAÇÃO HIPOTÉTICA E A JURISPRUDÊNCIA DO SUPREMO TRIBUNAL FEDERAL (STF), julgue os seguintes itens.

I. O fato de Raul ser estrangeiro, ainda que residente no Brasil, é suficiente para que lhe seja negado o BPC.
II. Concedido o BPC a Raul, não haverá necessidade de reavaliação, a cada dois anos, das condições que ensejaram a concessão, uma vez que se trata de benefício concedido a idoso.
III. Apenas o fato de Raul residir em um abrigo não impede que ele possa vir a receber o BPC.
IV. No que se refere à análise da condição de miserabilidade e da situação de vulnerabilidade de Raul para a concessão do BPC, a referida lei permite, por meio de regulamento, que o limite da renda mensal familiar, por pessoa, possa chegar a meio salário-mínimo.

Estão certos apenas os itens

(A) I e II.
(B) II e III.
(C) III e IV.
(D) I, II e IV.
(E) I, III e IV.

I: Incorreta. O art. 7º do regulamento anexo ao Decreto 6.214/2007 restringe a concessão de benefício assistencial ao brasileiro, nato ou naturalizado, e às pessoas de nacionalidade portuguesa, em consonância com o disposto no Decreto nº 7.999/2013, desde que comprovem, em qualquer dos casos, residência no Brasil e atendam a todos os demais critérios. Todavia, no ano de 2017 o STF decidiu, em sede de Repercussão Geral (RExt 587.970), que os estrangeiros residentes no país são beneficiários da assistência social prevista no artigo 203, inciso V, da CF, uma vez atendidos os requisitos constitucionais e legais; **II:** Incorreta, nos termos do art. 21 da LOAS. A reavaliação engloba a aferição da continuidade das condições que deram origem à concessão do benefício, inclusa a renda familiar *per capita* (art. 42 do regulamento anexo ao Decreto 6.214/2007); **III:** Correta. Diz o art. 20, § 5º, da LOAS, que a condição de acolhimento em instituições de longa permanência não prejudica o direito do idoso ou da pessoa com deficiência ao benefício de prestação continuada; **IV:** Correta. O § 11-A do art. 20 da LOAS afirma que o regulamento poderá ampliar o limite de renda mensal familiar *per capita* previsto no § 3º do mencionado art. 20 (1/4 do salário-mínimo) para até 1/2 (meio) salário-mínimo, desde que observados os critérios previstos no art. 20-B da mesma Lei. Gabarito "C".

(Procurador Município – Teresina/PI – FCC – 2022) Thor, Zeus e Afrodite estão estudando em conjunto para concurso público. Na matéria pertinente a conceito e princípios da Previdência Social, Thor cita como um dos princípios da Previdência Social seu caráter democrático e descentralizado da gestão administrativa, com a participação do governo federal, que é quem tem competência na matéria previdenciária, e da comunidade, em especial de trabalhadores em atividade, empregadores e aposentados. Zeus elenca como princípios a serem observados pela Previdência Social uniformidade e equivalência dos benefícios e serviços às populações urbanas e rurais. Por fim, Afrodite coloca como princípio da Previdência Social, para o cálculo dos benefícios, os salários de contribuição corrigidos monetariamente pelo índice de correção do salário-mínimo de referência.

Nesse caso, considerando a Lei no 8.212, de 24 de julho de 1991,

(A) apenas Thor está correto.
(B) apenas Afrodite está correta.
(C) os três estudantes estão corretos.
(D) apenas Zeus e Afrodite estão corretos.
(E) os três estudantes estão errados.

Thor: Afirmação incorreta. Segundo o art. 1º, parágrafo único, alínea 'g', da Lei 8.212/91, um dos princípios da Seguridade Social é o caráter democrático e descentralizado da gestão administrativa com a participação da comunidade, em especial de trabalhadores, empresários e aposentados. Thor se equivoca ao confundir Previdência Social com Seguridade Social. A Seguridade Social é um gênero do qual são espécies a Previdência Social, a Assistência Social e a Saúde, na esteira do art. 194, *caput*, da CF. Na mesma toada, afirma o *caput* do art. 1º, da Lei 8.212/91, que a Seguridade Social compreende um conjunto integrado de ações de iniciativa dos Poderes Públicos e da sociedade, destinadas a assegurar os direitos relativos à saúde, à previdência e à assistência social. A esse respeito é importante ressaltar que a competência legislativa privativa da União diz respeito à Seguridade Social e não à Previdência Social (art. 22, XXIII e art. 24, XII, ambos da CF); **Afrodite:** Assertiva dada como correta pelo gabarito. A alínea 'c', do parágrafo único, do art. 3º, da Lei 8.212/91, afirma que o cálculo dos benefícios considerando-se os salários-de-contribuição, corrigidos monetariamente, constitui princípio da Previdência Social. Já a alínea 'd' do mesmo dispositivo prevê o princípio da preservação do valor real dos benefícios. Todavia, em nenhum momento a Lei 8.212/91 garante a correção dos salários de contribuição pelo mesmo índice usado para atualizar o salário-mínimo de referência. A expressão 'salário-mínimo de referência' advém do Decreto-Lei 2.351/87. Parte da jurisprudência entende que a variação do salário-mínimo de referência constitui o critério de reajuste dos benefícios previdenciários entre a data de início de vigência do Decreto-Lei 2.351/87 e o mês de março de 1989, sendo que de abril de 1989 até a vigência das leis 8.212/91 e 8.213/91 vigorou o art. 58 do ADCT (STJ, EmDiv nº 187.146, j. 23.06.1999). É verdade que os arts. 2º e 4º do Decreto-Lei 2.351/87 afirmam que a expressão 'salário-mínimo de referência' é equivalente e substitui a menção a 'salário-mínimo'. Isso posto, o Decreto-Lei 2.351/87 foi revogado pela Lei 11.321/2006. Mesmo supondo que o examinador se valha da expressão 'salário-mínimo de referência' como sinônimo de 'salário-mínimo', a assertiva ainda seria incorreta, dado que a correção de benefícios previdenciários com base no salário mínimo vigorou apenas entre o sétimo mês a contar da promulgação da Constituição até a implantação do plano de custeio e benefícios, nos termos do art. 58 do ADCT e da súmula nº 687 do STF; **Zeus:** O art. 1º, parágrafo único, alínea 'b', da Lei 8.212/91, elenca a uniformidade e equivalência dos benefícios e serviços às populações urbanas e rurais como um dos princípios da Seguridade Social. Assim como Thor, Zeus confundiu o gênero Seguridade Social com a espécie Previdência Social. Gabarito "B".

(**Procurador do Município - Boa Vista/RR - 2019 - CESPE/CEBRASPE**) A respeito de princípios constitucionais relativos à seguridade social, julgue o item a seguir.

(1) O princípio da diversidade da base de financiamento é imprescindível para a manutenção da saúde financeira e atuarial do sistema de seguridade social, uma vez que reduz o risco de desequilíbrio do orçamento direto e indireto desse sistema.

1: correta. O princípio constitucional da diversidade da base de financiamento visa adequar o sistema de custeio da Seguridade Social à evolução e às instabilidades da atividade econômica cuja tributação gera suas receitas, garantindo que a Seguridade Social tenha o maior número possível de fontes de receita, com vistas a evitar, dentro do possível, que crises que atinjam uma ou outra base não impliquem perdas insuperáveis para os respectivos fundos. O detalhamento das bases de financiamento da Seguridade Social no *caput* do art. 195 da Constituição Federal é consequência ou concretização, deste princípio. RO

Gabarito: 1C.

(**Procurador do Município/Manaus - 2018 - CESPE**) Julgue os próximos itens, relativos à organização, aos princípios e ao custeio da seguridade social.

(1) Constitui objetivo da seguridade social manter o caráter democrático e descentralizado da administração, mediante gestão tripartite, com participação dos trabalhadores e empregadores e do Estado.

(2) Por força da regra da contrapartida, os benefícios e serviços da seguridade social somente poderão ser criados, majorados ou estendidos se existente a correspondente fonte de custeio total.

(3) Constitui fonte de financiamento da seguridade social a arrecadação de contribuições sociais do importador de bens ou serviços do exterior.

1: incorreta. A gestão será quadripartite, incluindo um representante dos aposentados (art. 194, parágrafo único, VII, da CF); **2: correta**, nos termos do art. 195, § 5º, da CF. A jurisprudência do STF entende pela inaplicabilidade deste dispositivo quando o benefício é criado diretamente pela Constituição (AI 792.329, DJe 03/09/2010); **3: correta**, nos termos do art. 195, IV, da CF, o qual recebeu nova redação por meio da EC 132/2023 e agora afirma constituir fonte de financiamento da Seguridade Social a contribuição social "*do importador de bens ou serviços do exterior, ou de quem a lei a ele equiparar*". RO

Gabarito: 1E, 2C, 3C.

(**Procurador do Estado/SE - 2017 - CESPE**) O princípio que, norteando a CF quanto à seguridade social, tem extrema relevância para o cumprimento dos objetivos constitucionais de bem-estar e justiça social, por eleger as contingências sociais a serem acobertadas e os requisitos para a garantia da distribuição de renda, é o princípio da

(A) diversidade da base de financiamento.
(B) universalidade da cobertura e do atendimento.
(C) uniformidade e equivalência dos benefícios e serviços prestados às populações urbanas e rurais.
(D) seletividade e distributividade na prestação dos benefícios e serviços.
(E) equidade na forma de participação no custeio.

A questão é passível de críticas. É verdade que famosa doutrina afirma que a diversidade na base de financiamento é um instrumento para atingir o bem-estar e a justiça social. Tal afirmação jamais pode ser tida como equivocada. Contudo, a nosso ver, tanto a diversidade da base de financiamento quanto a seletividade e distributividade na prestação dos benefícios e serviços são formas de consagração das metas de justiça social e distribuição de renda. RO

Gabarito: "A".

(**Defensor Público Federal – DPU – 2017 – CESPE**) Acerca da seguridade social no Brasil, de sua evolução histórica e de seus princípios, julgue os itens a seguir.

(1) A Lei Eloy Chaves, de 1923, foi um marco na legislação previdenciária no Brasil, pois unificou os diversos institutos de aposentadoria e criou o INPS.

(2) Dado o princípio da universalidade de cobertura, a seguridade social tem abrangência limitada àqueles segurados que contribuem para o sistema.

1: incorreta, pois, embora a Lei Eloy Chaves (Decreto-Legislativo 4.682/1923) seja considerada por muitos o marco da previdência social no Brasil, ela não unificou institutos, nem criou o INPS. Na sistemática da Lei Eloy Chaves, eram criadas caixas de aposentadorias e pensões, de natureza privada, em cada uma das empresas de estrada de ferro para os respectivos empregados. Havia contribuições pelos trabalhadores ferroviários e pelos usuários de transportes. O Estado não participava do custeio ou da administração do sistema; **2: incorreta**, pois, pelo princípio da solidariedade, há benefícios concedidos e serviços prestados independentemente de contribuições, especialmente no âmbito da assistência social e da saúde – arts. 196 e 203 da CF, entre outros. A Previdência Social, um dos três ramos da Seguridade Social, atende apenas aos que contribuem (art. 201, *caput*, da CF). Não confunda Previdência Social com Seguridade Social. HS

Gabarito: 1E, 2E.

2. CUSTEIO

(**Juiz Federal – TRF/1 – 2023 – FGV**) A empresa X, empregadora de 120 segurados empregados, decide criar programa de lucros e resultados em favor desses empregados, de forma a estimular a produtividade.

Sobre a situação hipotética apontada e sua relação com o plano de custeio previdenciário, é correto afirmar que:

(A) os valores decorrentes do programa de lucros e resultados não integram o salário de contribuição dos segurados, pois não decorrem do trabalho e refletem imunidade tributária, sem a possibilidade de adesão ao plano de custeio da previdência social;
(B) o programa de lucros e resultados viabiliza a exclusão dos valores pagos a empregados na base de cálculo da cota patronal previdenciária, desde que haja explícito aval prévio das autoridades fiscais federais;
(C) o programa de lucros e resultados reflete mera tentativa de evasão fiscal, cabendo à Receita Federal do Brasil desconsiderá-lo, tributando a empresa X sobre todo e qualquer pagamento feito a seus empregados;
(D) o programa de lucros e resultados, desde que elaborado de acordo com a legislação específica, não integrará o salário de contribuição dos empregados, de forma a reduzir a contribuição destes, mas sem dispensar os aportes patronais sobre os mesmos valores;
(E) o programa de lucros e resultados da empresa X, uma vez corretamente dimensionado, na forma da legislação própria, não integrará o salário de contribuição dos empregados e, por consequência, também não será levado em consideração no salário de benefício.

A: Incorreta. Imunidades tributárias só podem ser previstas na Constituição Federal, a qual em momento algum proíbe a cobrança de tributos sobre participação nos lucros e resultados. O disposto no art. 7º, XI, da CF, não constitui imunidade tributária, tanto que o STF permitiu a incidência de contribuição previdenciária sobre a participação nos lucros e resultados até o advento da Medida Provisória 794/94 (RE 569.441, Rep. Geral tema 244). Além do mais, incide imposto de renda sobre a participação nos lucros e resultados (art. 3º, § 5º, da Lei 10.101/2000); **B:** Incorreta. O art. 28, § 9º, alínea j, do Plano de Custeio da Seguridade Social – PCSS, afirma não integrar o salário de contribuição a participação nos lucros ou resultados da empresa, quando paga ou creditada de acordo com lei específica. A lei nº 10.101/2000, por sua vez, não prevê qualquer necessidade de aval de autoridades fiscais; **C:** Incorreta, ante o disposto no art. 7º, XI, da CF, e no art. 28, § 9º, alínea j, do PCSS; **D:** Incorreta. O art. 22, § 2º, do PCSS, é expresso ao dizer que as parcelas mencionadas no § 9º de seu art. 28 não integram a base de cálculo da contribuição devida pela empresa. Por consequência, a participação nos lucros e resultados não integra o salário de contribuição tanto das contribuições previdenciárias dos segurados como daquelas devidas pelas empresas; **E:** Correta. O salário de contribuição é um dos pontos essenciais do Direito Previdenciário por ser a principal ligação entre o sistema de custeio da Seguridade Social e o sistema de benefícios do RGPS. Além de servir como base de cálculo – meio de quantificação monetária – da contribuição devida pelos segurados do RGPS, o salário de contribuição também tem impacto direto nos benefícios da Previdência Social. O STF afirma existir uma estrita vinculação causal entre contribuição e benefício, motivo pelo qual não pode haver contribuição sem benefício, nem benefício sem contribuição (ADC nº 08, Rel. Min. Celso de Mello, DJU 24.05.2004). Deste modo, parcelas que não integram o salário de contribuição não serão computadas no salário de benefício. Note, contudo, existirem verbas que sofrem tributação destinada ao RGPS e, mesmo assim, não integrarão salário de benefício algum. Foi essa, em síntese, a compreensão do STF acerca do princípio da solidariedade (art. 3º, I, CF) quando reafirmou, em sede de Repercussão Geral, que o segurado aposentado que retorna ao trabalho deve sim recolher contribuições sobre a remuneração desse trabalho (ARE nº 1224327, DJe 04.11.2019) e quando decidiu ser constitucional o art. 18, § 2º, do PBPS, que veda a chamada 'desaposentação' (RE nº 661.256, DJe 28.10.2016). **Gabarito "E".**

(Juiz Federal – TRF/1 – 2023 – FGV) A empresa XYZ desempenha atividade industrial, além das atividades periféricas de administração, como compra de matéria-prima, vendas etc. A referida empresa possui estabelecimento único, na cidade do Rio de Janeiro, sendo a maior parte dos empregados engajada na atividade fim da empresa. Ao receber a informação de que deveria recolher alíquota de 3% de toda a folha de empregados para fins de financiamento dos benefícios decorrentes dos riscos ambientais do trabalho, insurge-se contra a cobrança, alegando que somente parcela dos seus empregados desempenha atividade econômica considerada como de risco grave.

Diante da situação hipotética, a alegação da empresa XYZ:

(A) é incorreta, pois, como é dotada de estabelecimento único e sua atividade preponderante é a industrial qualificada como de risco grave, terá de arcar com a contribuição apontada sobre toda a folha de salários de seus empregados;

(B) é parcialmente procedente, pois, a depender dos investimentos em gestão do meio ambiente do trabalho, o enquadramento previsto poderá ser revisto mediante aplicação do fator acidentário de prevenção;

(C) poderá ser admitida em juízo, mediante pleito de reenquadramento em alíquota menor, mas somente se adicionado, à base de incidência previdenciária, o total das remunerações pagas a contribuintes individuais;

(D) encontra amparo mediante a violação à legalidade estrita na regulamentação da referida contribuição previdenciária, a qual, de forma irregular, delega ao Poder Executivo a disciplina do tema;

(E) é incorreta, pois o fator acidentário de prevenção, aqui representado pela alíquota de 3%, decorre exclusivamente do número de acidentes ocorridos na empresa nos dois anos anteriores.

A: Correta, pois de acordo a súmula 351 do STJ: "*A alíquota de contribuição para o Seguro de Acidente do Trabalho (SAT) é aferida pelo grau de risco desenvolvido em cada empresa, individualizada pelo seu CNPJ, ou pelo grau de risco da atividade preponderante quando houver apenas um registro.*" Preponderante é a atividade que ocupa, em cada estabelecimento da empresa, o maior número de segurados empregados e de trabalhadores avulsos (art. 202, § 3º, do RPS); **B:** Incorreta. A aplicação do FAP realmente permite a redução de alíquota da contribuição de um, dois ou três por cento, destinada ao financiamento do benefício de aposentadoria especial ou dos benefícios concedidos em razão do grau de incidência de incapacidade laborativa decorrente dos riscos ambientais do trabalho (art. 10 da Lei 10.666/2003). Todavia, a diminuição ou aumento da alíquota em razão do FAP não depende de investimentos em gestão do meio ambiente do trabalho e sim do desempenho da empresa aferida por índices de gravidade, de frequência e de custo (art. 202-A, do RPS); **C:** Incorreta, pois a alíquota da contribuição para fins de financiamento dos benefícios decorrentes dos riscos ambientais do trabalho depende do enquadramento em grau de risco de acordo com a atividade preponderante da empresa. Tal atividade preponderante é aferida pelo número de segurados empregados e de trabalhadores avulsos (art. 202, § 3º, do RPS), não havendo menção à contribuintes individuais; **D:** Incorreta, uma vez que ao apreciar a questão em sede de repercussão geral (tema 554) o STF concluiu que o fato de o art. 10 Lei 10.666/2003 remeter ao regulamento a complementação dos conceitos de "atividade preponderante" e "grau de risco leve, médio e grave" não implica ofensa aos princípios constitucionais da legalidade genérica (artigo 5º, inciso II) e da legalidade tributária (artigo 150, incisos I e IV, CF); **E:** Incorreta. O FAP é apurado em conformidade com os resultados obtidos a partir dos índices de frequência, gravidade e custo, calculados segundo metodologia aprovada pelo Conselho Nacional de Previdência Social. Ou seja, sua apuração leva em consideração outros fatores além do número de acidentes. Por fim, para o seu cálculo serão utilizados os dados de janeiro a dezembro de cada ano, até completar o período de dois anos, a partir do qual os dados do ano inicial serão substituídos pelos novos dados anuais incorporados (art. 202-A, § 7º, do RPS). **Gabarito "A".**

(Procurador do Estado/SE – 2017 – CESPE) O sistema de custeio da seguridade social é

(A) composto pela contribuição sobre a receita de concursos de prognósticos, mas não pela remuneração recebida por serviços de arrecadação prestados a terceiros.

(B) composto, no âmbito da União, por recursos adicionais do orçamento fiscal fixados obrigatoriamente na lei orçamentária anual.

(C) assegurado pela contribuição empresária, que é calculada, entre outras, sobre as remunerações pagas aos trabalhadores avulsos prestadores de serviços, deles excluídos os segurados contribuintes individuais.

(D) composto, na esfera federal, somente por receitas da União e das contribuições sociais.

(E) assegurado também pela participação do empregado, cujo salário de contribuição é reajustado anualmente pelos mesmos índices do salário mínimo vigente no país.

A: correta. Realmente estão previstas contribuições sobre concursos de prognósticos (art. 195, III, da CF), mas não sobre serviços de arrecadação prestados a terceiros; **B:** incorreta. Não são recursos adicionais. O orçamento da seguridade social integra o orçamento da União, Estados, DF e Municípios (art. 195, *caput*, da CF). A lei orçamentária anual, por sua vez, compreende o orçamento fiscal, o orçamento de investimentos e o orçamento da Seguridade Social (art. 165, §5º, da CF); **C:** incorreta. Os segurados contribuintes individuais que prestem serviços a empresas estão incluídos dentre os obrigados a recolher a contribuição sobre a folha de pagamentos (art. 195, I, "a", da CF e art. 22, I e III, do PCSS); **D:** incorreta. O art. 11, da Lei 8.212/91, afirma que, no âmbito federal, o orçamento da Seguridade Social é composto de receitas da União, receitas das contribuições sociais e receitas de outras fontes; **E:** incorreta. Não há previsão de reajuste anual do salário de contribuição, mas sim do valor dos benefícios, conforme critérios definidos em lei (art. 201, § 4º, da CF).

Gabarito: A.

3. SEGURADOS DA PREVIDÊNCIA E DEPENDENTES

(Defensor Público Federal – DPU – 2017 – CESPE) A respeito da condição de segurados e dependentes no RGPS e da fonte de custeio desse regime, julgue os itens subsequentes.

(1) Em caso de morte do segurado seringueiro recrutado para a produção de borracha na região amazônica durante a Segunda Guerra Mundial, sua pensão especial vitalícia poderá ser transferida aos seus dependentes reconhecidamente carentes.

(2) O princípio da equidade na forma de participação no custeio do RGPS não veda a existência de alíquotas de contribuições diferenciadas entre empregadores nem entre empregados.

(3) Para efeito de concessão de benefício aos dependentes, a dependência econômica dos genitores do segurado é considerada presumida.

(4) O segurado aposentado pelo RGPS que passar a auferir renda na condição de trabalhador autônomo será segurado obrigatório em relação a essa atividade e participará do custeio da seguridade social.

1: correta, nos termos do art. 54, §2º, do ADCT; **2:** correta – ver, analogamente, o RE 231.673 AgR/MG. Ademais, afirma o art. 195, §9º, da CF, que a contribuição do empregador, da empresa e da entidade a ela equiparada na forma da lei poderão ter alíquotas diferenciadas em razão da atividade econômica, da utilização intensiva de mão de obra, do porte da empresa ou da condição estrutural do mercado de trabalho, sendo também autorizada a adoção de bases de cálculo diferenciadas apenas no caso das alíneas "b" e "c" do inciso I do *caput* do art. 195; **3:** incorreta, pois a dependência dos genitores não é presumida, devendo ser comprovada – art. 16, § 4º, do Plano de Benefícios da Previdência Social – PBPS (Lei 8.213/1991); **4:** correta, conforme o art. 11, § 3º, do PBPS. Deve ser assinalado que não existe em nosso ordenamento jurídico direito à "desaposentação" ou à "reaposentação", de modo que o segurado aposentado que voltar a contribuir não fará jus a prestação alguma da Previdência Social em decorrência do exercício dessa atividade, exceto ao salário-família e à reabilitação profissional, quando empregado, nos termos do art. 18, §2º, da Lei 8.213/91 (RExt 381.367, DJe 21/08/2009).

Gabarito: 1C, 2C, 3E, 4C.

Veja as seguintes tabelas, com os segurados obrigatórios do RGPS e os dependentes:

Segurados obrigatórios do RGPS – art. 11 do PBPS	
Empregado	– aquele que presta serviço de natureza urbana ou rural à empresa, em caráter não eventual, sob sua subordinação e mediante remuneração, inclusive como diretor empregado; – aquele que, contratado por empresa de trabalho temporário, definida em legislação específica, presta serviço para atender a necessidade transitória de substituição de pessoal regular e permanente ou a acréscimo extraordinário de serviços de outras empresas; – o brasileiro ou o estrangeiro domiciliado e contratado no Brasil para trabalhar como empregado em sucursal ou agência de empresa nacional no exterior; – aquele que presta serviço no Brasil a missão diplomática ou a repartição consular de carreira estrangeira e a órgãos a elas subordinados, ou a membros dessas missões e repartições, excluídos o não brasileiro sem residência permanente no Brasil e o brasileiro amparado pela legislação previdenciária do país da respectiva missão diplomática ou repartição consular; – o brasileiro civil que trabalha para a União, no exterior, em organismos oficiais brasileiros ou internacionais dos quais o Brasil seja membro efetivo, ainda que lá domiciliado e contratado, salvo se segurado na forma da legislação vigente do país do domicílio; – o brasileiro ou estrangeiro domiciliado e contratado no Brasil para trabalhar como empregado em empresa domiciliada no exterior, cuja maioria do capital votante pertença a empresa brasileira de capital nacional; – o servidor público ocupante de cargo em comissão, sem vínculo efetivo com a União, Autarquias, inclusive em regime especial, e Fundações Públicas Federais; – o exercente de mandato eletivo federal, estadual ou municipal, desde que não vinculado a regime próprio de previdência social; – o empregado de organismo oficial internacional ou estrangeiro em funcionamento no Brasil, salvo quando coberto por regime próprio de previdência social;
Empregado doméstico	– aquele que presta serviço de natureza contínua a pessoa ou família, no âmbito residencial desta, em atividades sem fins lucrativos;
Contribuinte individual	– a pessoa física, proprietária ou não, que explora atividade agropecuária, a qualquer título, em caráter permanente ou temporário, em área superior a 4 (quatro) módulos fiscais; ou, quando em área igual ou inferior a 4 (quatro) módulos fiscais ou atividade pesqueira, com auxílio de empregados ou por intermédio de prepostos; ou ainda nas hipóteses dos §§ 9º e 10 deste artigo;

Contribuinte individual	– a pessoa física, proprietária ou não, que explora atividade de extração mineral – garimpo, em caráter permanente ou temporário, diretamente ou por intermédio de prepostos, com ou sem o auxílio de empregados, utilizados a qualquer título, ainda que de forma não contínua; – o ministro de confissão religiosa e o membro de instituto de vida consagrada, de congregação ou de ordem religiosa; – o brasileiro civil que trabalha no exterior para organismo oficial internacional do qual o Brasil é membro efetivo, ainda que lá domiciliado e contratado, salvo quando coberto por regime próprio de previdência social; – o titular de firma individual urbana ou rural, o diretor não empregado e o membro de conselho de administração de sociedade anônima, o sócio solidário, o sócio de indústria, o sócio gerente e o sócio cotista que recebam remuneração decorrente de seu trabalho em empresa urbana ou rural, e o associado eleito para cargo de direção em cooperativa, associação ou entidade de qualquer natureza ou finalidade, bem como o síndico ou administrador eleito para exercer atividade de direção condominial, desde que recebam remuneração; – quem presta serviço de natureza urbana ou rural, em caráter eventual, a uma ou mais empresas, sem relação de emprego; – a pessoa física que exerce, por conta própria, atividade econômica de natureza urbana, com fins lucrativos ou não;
Trabalhador avulso	– quem presta, a diversas empresas, sem vínculo empregatício, serviço de natureza urbana ou rural definidos no Regulamento;
Segurado especial	– como segurado especial: a pessoa física residente no imóvel rural ou em aglomerado urbano ou rural próximo a ele que, individualmente ou em regime de economia familiar, ainda que com o auxílio eventual de terceiros, exerça as atividades de produtor ou pescador, ou seja cônjuge, companheiro, filho ou equiparado, conforme o art. 11, VII, do PBPS.

Dependentes no RGPS – art. 16 do PBPS – a primeira classe com dependente exclui as seguintes

– o cônjuge, a companheira, o companheiro e o filho não emancipado, de qualquer condição, menor de 21 (vinte e um) anos ou inválido ou que tenha deficiência intelectual ou mental ou deficiência grave. A dependência econômica desses é presumida, a dos demais deve ser comprovada – § 4º. O enteado e o menor tutelado equiparam-se a filho, mediante declaração do segurado, e desde que comprovada a dependência econômica – § 2º;
– os pais;
– o irmão não emancipado, de qualquer condição, menor de 21 (vinte e um) anos ou inválido ou que tenha deficiência intelectual ou mental ou deficiência grave.

4. BENEFÍCIOS PREVIDENCIÁRIOS

(Procurador – AL/PR – 2024 – FGV) Perla, de 46 anos de idade, era casada com Júlio há 15 anos. Júlio era professor numa faculdade de direito privada e veio a falecer em 2018, deixando para Perla uma pensão por morte no valor correspondente a 3 salários mínimos. Após viver o luto, Perla se interessou por Carlos, também professor em atividade na mesma instituição, e após 1 ano de relacionamento se casaram em 2020. Dois anos e três meses depois, Carlos também veio a falecer e ganhava o mesmo salário de Júlio.

Tendo ficado viúva pela 2ª vez, assinale a opção que contempla, no caso concreto e de acordo com as normas de regência, o valor da pensão por morte que será recebida por Perla.

(A) Sendo inviável o acúmulo de pensões por morte, Perla continuará recebendo 3 salários-mínimos.
(B) O somatório das duas aposentadorias, ou seja, 6 salários-mínimos.
(C) Perla receberá 60% das duas aposentadorias somadas.
(D) Perla receberá na totalidade a 1ª pensão por morte e integralmente a 2ª pensão pelo prazo fixo de 3 anos.
(E) Receberá integralmente a pensão de maior valor e um percentual da menor.

O art. 24 da EC 103/2019 afirma ser "vedada a acumulação de mais de uma pensão por morte deixada por cônjuge ou companheiro, no âmbito do mesmo regime de previdência social, ressalvadas as pensões do mesmo instituidor decorrentes do exercício de cargos acumuláveis na forma do art. 37 da Constituição Federal". Já o inciso I do § 1º deste mesmo dispositivo diz ser possível a acumulação de "pensão por morte deixada por cônjuge ou companheiro de um regime de previdência social com pensão por morte concedida por outro regime de previdência social ou com pensões decorrentes das atividades militares de que tratam os arts. 42 e 142 da Constituição Federal". Tais normas não se aplicam se o direito aos benefícios houver sido adquirido antes da data de entrada em vigor da EC 103/2019, como diz o § 4º de seu art. 24. Júlio faleceu em 2018, antes, portanto, do início de vigência da reforma da previdência. Mas Carlos faleceu no ano de 2022 e, nos termos da Súmula 340 do STJ, só existirá direito adquirido à pensão por morte no momento do óbito do instituidor. Diante deste quadro fático, as normas que regem a possibilidade ou não de acumulação das pensões são aquelas vigentes em 2022, quando do falecimento de Carlos.

Isso posto, a nosso ver Perla não teria direito à acumulação de ambas as pensões, ainda que recebendo um percentual menor, nos termos do § 2º do art. 24 da EC 103/2019. O *caput* da norma em comento ressalva a possibilidade de percepção de duas pensões decorrentes de cargos acumuláveis do mesmo instituidor. Mas as pensões de Perla decorrem do falecimento de instituidores diferentes. Além disso, a possibilidade de acumulação de dois cargos de professor prevista na alínea 'a' do inciso XVI do art. 37 da CF diz respeito a cargos públicos; submetidos, portanto, a regime próprio de previdência social. No âmbito do regime geral o art. 124, VI, do PBPS, veda o recebimento de "mais de uma pensão deixada por cônjuge ou companheiro, ressalvado o direito de opção pela mais vantajosa." Tampouco se aplicaria à hipótese o inciso I do § 1º do art. 24 da EC 103/2019, uma vez que Júlio e Carlos eram ambos filiados ao mesmo regime de previdência social. **Gabarito "E".**

(Procurador Federal – AGU – 2023 – CEBRASPE) Em 2020, Joana tinha 40 anos de idade e era casada com João havia dezoito meses. João era empregado de uma fábrica havia dois anos, tendo falecido, nesse mesmo ano de 2020, em virtude de um acidente de moto, sem relação com o seu labor.

Nessa situação hipotética, de acordo com a Lei n.º 8.213/1991, Joana

(A) não tem direito à pensão por morte, uma vez que a lei não permite a concessão do referido benefício em razão do tempo de casamento entre ela e João.
(B) tem direito à pensão por morte, uma vez que ostenta a qualidade de dependente de João, e o benefício será pago por prazo determinado, superior a quatro meses.
(C) tem direito à pensão por morte, uma vez que ostenta a qualidade de dependente de João, e o benefício será vitalício.
(D) tem direito à pensão por morte, uma vez que ostenta a qualidade de dependente de João, devendo o benefício ser pago por apenas quatro meses.
(E) não tem direito à pensão por morte, uma vez que o evento que vitimou João não se caracteriza como acidente de trabalho.

A: Incorreta. A Lei nº 13.135/2015 não criou qualquer tempo mínimo de casamento ou união estável antes do qual a pensão por morte não será devida. Criou, agora sim, uma relação entre o tempo de duração do casamento ou da união estável e o tempo de duração da pensão por morte. Se o casamento ou a união estável tiverem sido iniciados em menos de 2 anos antes do óbito do segurado, o benefício de pensão por morte será pago durante apenas 4 meses, nos termos do art. 77, § 2º, V, alínea 'b'; **B:** Correta. Apesar do casamento ter perdurado por menos de 2 anos, a duração da pensão por morte seguirá as regras da alínea "a" ou da alínea "c" do inciso V do § 2º do art. 77 do PBPS se o óbito do segurado decorrer de acidente de qualquer natureza ou de doença profissional ou do trabalho. Esta incidência ocorrerá independentemente do recolhimento de dezoito contribuições mensais ou da comprovação de dois anos de casamento ou de união estável, segundo o § 2º-A do art. 77 do PBPS e o art. 114, § 3º, do RPS; **C:** Incorreta. O benefício seria vitalício se, na data do óbito de João, Joana tivesse 44 ou mais anos de idade (art. 77, § 2º, V, 'c', '6' e § 2º-A, do PBPS); **D:** Incorreta, uma vez que o óbito de João decorre de acidente de qualquer natureza, fato esse que atrai a incidência do disposto no art. 77, § 2º-A, do PBPS; **E:** Incorreta. A pensão por morte é devida mesmo que o evento causador do óbito não seja um acidente de trabalho. Aliás, a incidência do art. 77, § 2º-A, do PBPS, não requer a existência de um acidente de trabalho, bastando um acidente de qualquer natureza. Sobre a distinção entre acidente de trabalho e acidente de qualquer natureza, introduzida em nosso ordenamento jurídico pela Lei nº 9.032/1995, veja o Acórdão lavrado no Tema Repetitivo nº 862 do STJ. Gabarito "B".

(PROCURADOR FEDERAL – AGU – 2023 – CEBRASPE) Julgue os itens subsequentes, relativos ao benefício de salário-maternidade no âmbito do RGPS.

I. Não é possível a concessão do salário-maternidade diretamente a segurado do sexo masculino.
II. A concessão de salário-maternidade às seguradas empregada, empregada doméstica e trabalhadora avulsa independe de carência.
III. A mulher desempregada que mantiver a qualidade de segurada terá direito ao benefício do salário-maternidade, cujo valor será correspondente ao do último salário de contribuição.
IV. A segurada empregada que adotar uma criança e obtiver a concessão do salário-maternidade receberá os pagamentos relativos ao aludido benefício diretamente da previdência social.

Estão certos apenas os itens

(A) I e II.
(B) II e IV.
(C) III e IV.
(D) I, II e III.
(E) I, III e IV.

I: Incorreta. É possível o pagamento de salário-maternidade diretamente a segurado do sexo masculino em caso de adoção ou de guarda judicial, conforme o art. 71-A, do PBPS, bem como na hipótese de falecimento da segurada que fizer jus ao benefício, nos termos do art. 71-B, do PBPS; **II:** Correta, segundo o art. 26, VI, do PBPS; **III:** Incorreta. A Lei nº 13.846/2019 reconheceu o direito da segurada desempregada que esteja em período de graça de receber salário-maternidade, pago diretamente pela Previdência Social. Todavia, seu valor corresponderá a um doze avos da soma dos doze últimos salários de contribuição, apurados em um período não superior a quinze meses, nos termos do art. 73, III e parágrafo único, do PBPS; **IV:** Correta, consoante o § 1º do art. 71-A do PBPS. Gabarito "B".

(Procurador Federal – AGU – 2023 – CEBRASPE) Assinale a opção correta acerca da aposentadoria por incapacidade permanente no âmbito do RGPS.

(A) Na hipótese de um segurado contribuinte individual aposentado por invalidez recuperar a capacidade para o trabalho dentro de cinco anos, contados do início da referida aposentadoria ou do auxílio-doença que a antecedeu sem interrupção, o benefício cessará após tantos meses quantos forem os anos de duração do auxílio-doença ou da aposentadoria por invalidez.
(B) A data de início do benefício por incapacidade permanente do empregado doméstico, caso não tenha havido auxílio por incapacidade temporária, é contada a partir do 16.º dia do afastamento da atividade ou a partir da data de entrada do requerimento, se entre o afastamento e a entrada do requerimento tiverem decorrido mais de trinta dias.
(C) O valor da aposentadoria por incapacidade permanente a ser pago ao segurado que necessitar da assistência permanente de outra pessoa será acrescido de 25% sobre a base de cálculo, estando o referido valor, entretanto, sempre restrito ao limite máximo do patamar dos benefícios no âmbito RGPS.
(D) O aposentado por incapacidade permanente poderá ser convocado a qualquer momento para avaliação das condições que ensejaram o afastamento ou a aposentadoria, concedidos judicial ou administrativamente, não havendo qualquer hipótese legal de dispensa ou isenção.
(E) O período de carência necessário à concessão da aposentadoria por incapacidade permanente é dispensado somente nas hipóteses em que o benefício decorra de acidente de trabalho ou o segurado seja acometido por alguma doença grave, em conformidade com as disposições da Lei n.º 8.213/1991.

A: Correta. Do teor do art. 47, I, do PBPS, extraímos que verificada a recuperação da capacidade de trabalho do aposentado por incapacidade permanente dentro de 5 anos, contados da data do início da aposentadoria por invalidez ou do auxílio-doença que a antecedeu sem interrupção, e o benefício cessará: de imediato, para o segurado empregado que tiver direito a retornar à função que desempenhava na empresa quando se aposentou; ou após tantos meses quantos forem os anos de duração do auxílio-doença ou da aposentadoria por invalidez, para os demais segurados; **B:** Incorreta. Tendo sido concedido auxílio por incapacidade temporária a data de início da aposentadoria por incapacidade permanente será o dia imediato da cessação do primeiro. Isso posto, não é obrigatório que toda aposentadoria por incapacidade permanente seja precedida de auxílio por incapacidade temporária. Neste caso, para o segurado empregado doméstico, trabalhador avulso, contribuinte individual, especial e facultativo, a aposentadoria por incapacidade permanente será devida a contar da data do início da incapacidade ou da data da entrada do requerimento, se entre essas datas decorrerem mais de trinta dias, segundo art. 43, § 1º, 'b', do PBPS. A regra do 16º dia de afastamento se aplica apenas ao segurado empregado, conforme a alínea 'a' do mesmo dispositivo legal; **C:** Incorreta. O aludido acréscimo de 25% será devido ainda que o valor da aposentadoria atinja o limite máximo legal (art. 45, parágrafo único, 'a', do PBPS); **D:** Incorreta. É verdade que o segurado aposentado por incapacidade permanente poderá ser convocado a qualquer momento para avaliação das condições que ensejaram o afastamento ou a aposentadoria, concedida judicial ou administrativamente. Contudo, a pessoa com HIV/aids é dispensada de tal avaliação (art. 43, §§ 4º e 5º, do PBPS); **E:** Incorreta. O auxílio-doença e aposentadoria por invalidez são dispensadas de carência nos casos de acidente de qualquer natureza ou causa e de doença profissional ou do trabalho, bem como nos casos de segurado que, após filiar-se ao RGPS, for acometido de alguma das doenças e afecções especificadas em lista elaborada pelos Ministérios da Saúde e da Previdência Social, atualizada a cada 3 (três) anos, de acordo com os critérios de estigma, deformação, mutilação, deficiência ou outro fator que lhe confira especificidade e gravidade que mereçam tratamento particularizado (art. 26, II, do PBPS). Outrossim, o segurado especial que obtenha aposentadoria por incapacidade permanente, seguindo a regra do art. 39, I, do PBPS, também é dispensado de carência, na esteira do inciso III do art. 26 da mesma Lei. RQ

Gabarito "A".

(Procurador Federal – AGU – 2023 – CEBRASPE) Julgue os itens a seguir, acerca da manutenção da qualidade de segurado no âmbito do Regime Geral de Previdência Social (RGPS).

I. Para o contribuinte individual, o período de manutenção da qualidade de segurado inicia-se no primeiro dia do mês subsequente ao da última contribuição com valor igual ou superior ao salário mínimo.
II. O segurado em gozo de qualquer benefício previsto pela Lei n.º 8.213/1991 mantém a qualidade de segurado, independentemente de contribuições, sem limite de prazo.
III. Mantém a qualidade de segurado, até doze meses após a cessação das contribuições, o segurado retido ou recluso.
IV. O segurado facultativo mantém a condição de segurado, independentemente de contribuições, por até seis meses após a cessação das contribuições.

Estão certos apenas os itens

(A) I e II.
(B) I e IV.
(C) II e III.
(D) I, III e IV.
(E) II, III e IV.

I: Correta, nos termos do art. 13, § 7º, do RPS. Trata-se de interpretação feita pelo regulamento do quanto disposto no art. 15, § 4º, do PBPS, à luz do § 14 do art. 195 da CF, segundo o qual o segurado somente terá reconhecida como tempo de contribuição ao Regime Geral de Previdência Social a competência cuja contribuição seja igual ou superior à contribuição mínima mensal exigida para sua categoria, assegurado o agrupamento de contribuições; II: Incorreta, pois o gozo do benefício de auxílio-acidente não gera a manutenção da qualidade de segurado (art. 15, I, do PBPS); III: Incorreta, posto que a manutenção da qualidade de segurado do retido ou recluso é de 12 (doze) meses após o livramento,

e não após a cessação das contribuições (art. 15, IV, do PBPS); **IV:** Correta, nos termos do art. 15, VI, do PBPS. RQ

Gabarito "B".

(PROCURADOR FAZENDA NACIONAL – AGU – 2023 – CEBRASPE) Em 2010, Teresa aposentou-se pelo RGPS, por tempo de contribuição, na qualidade de segurada empregada, tendo, ainda assim, continuado a exercer atividade laborativa como contribuinte individual até 2022, quando requereu a desaposentação e a concessão de nova aposentadoria, com o intuito de considerar como tempo de contribuição os valores das contribuições previdenciárias vertidos ao regime pelo exercício da atividade laborativa póstuma à jubilação.

Diante da negativa da autarquia previdenciária, Teresa ajuizou ação para pleitear a desaposentação e, subsidiariamente, a devolução dos referidos valores, por considerar indevida a cobrança de contribuição sobre a remuneração obtida nas atividades laborais desempenhadas pelos segurados aposentados que voltam a trabalhar.

Considerando a situação hipotética apresentada, assinale a opção correta.

(A) O STF consolidou o entendimento de que é inconstitucional a cobrança de contribuição previdenciária sobre a remuneração do aposentado que retorne à atividade, uma vez que a lei atual não autoriza a desaposentação, bem como considerou que as contribuições sociais devem guardar necessária correlação entre o dever de contribuir e a possibilidade de auferir proveito das contribuições vertidas à previdência social, portanto o pleito de Teresa deve ser atendido em parte.

(B) O STF reconheceu, em repercussão geral, ser constitucional a contribuição previdenciária devida por segurado que se aposente pelo RGPS e que permaneça em atividade ou a essa retorne, de modo que Teresa não faz jus à devolução das contribuições previdenciárias vertidas após sua aposentadoria.

(C) O argumento de Teresa não merece prosperar, já que os aposentados que retornam ou se mantêm em atividade laborativa após a aposentadoria não fazem jus a benefícios previdenciários, exceto ao salário-família, à reabilitação profissional, ao auxílio-acidente e ao benefício por incapacidade temporária acidentário.

(D) O STF firmou o entendimento de que somente lei pode criar benefícios e vantagens previdenciárias no âmbito do RGPS, não havendo previsão legal do direito à desaposentação, de modo que o pleito de Teresa não deve ser atendido, já que a lei determina que o aposentado que permanecer em atividade sujeita ao RGPS, ou a ele retornar, não fará jus a nenhuma prestação da previdência social.

(E) Teresa não tem direito à desaposentação, por ausência de previsão legal no RGPS, todavia seu pedido subsidiário de restituição das contribuições vertidas após a aposentadoria deve ser atendido, uma vez que a solidariedade social se aplica tão somente ao campo dos recolhimentos de contribuições destinadas à assistência social e à saúde pública, mas não ao regime previdenciário.

A: Incorreta. Ao julgar o tema de repercussão geral nº 503, o STF afirmou ser constitucional a cobrança de contribuição previdenciária sobre a remuneração do aposentado que retorne à atividade. Deixou claro, ainda, que a manutenção da Seguridade Social é dever de todos (sociedade e Administração Pública), por meio de exações com natureza de tributos, a significar que inexiste vinculação necessária entre as contribuições e uma correspondente futura contraprestação individual de um benefício ou de um serviço. O aludido entendimento foi ratificado no julgamento do tema de repercussão Geral nº 1065, ocasião na qual nossa Corte Maior fixou a seguinte tese: "*É constitucional a contribuição previdenciária devida por aposentado pelo Regime Geral de Previdência Social (RGPS) que permaneça em atividade ou a essa retorne*"; **B**: Correta, nos termos do tema de repercussão Geral nº 1065 do STF; **C**: Incorreta, posto que, nos termos do art. 18, § 2º, do PBPS, o aposentado pelo RGPS que permanecer em atividade sujeita a este Regime, ou a ele retornar, não fará jus a prestação alguma da Previdência Social em decorrência do exercício dessa atividade, exceto ao salário-família e à reabilitação profissional, quando empregado; **D**: Incorreta. A tese firmada na seara do tema de repercussão geral nº 503 assevera que: "*No âmbito do Regime Geral de Previdência Social – RGPS, somente lei pode criar benefícios e vantagens previdenciárias, não havendo, por ora, previsão legal do direito à 'desaposentação' ou à 'reaposentação', sendo constitucional a regra do art. 18, § 2º, da Lei nº 8.213/91*". Todavia, o enunciado não está de acordo com as exceções previstas na parte final do § 2º do art. 18 do PBPS; **E**: Incorreta. A solidariedade social se aplica a todos os ramos da Seguridade Social. Além do que, como afirmou o Min. Teori Zavascki em seu voto no acórdão paradigma lavrado no âmbito do tema de repercussão geral nº 503: "*Dos três ramos da Seguridade Social, apenas a Previdência Social tem caráter contributivo (o que não significa que haja um dever de prestação retributiva de um futuro benefício equivalente; isso seria negar o princípio da solidariedade, ínsito ao sistema). Já o acesso às prestações e serviços de Assistência Social e de Saúde é gratuito, exigindo-se eventualmente (para a primeira) o preenchimento de determinados requisitos legais*".

Gabarito "B".

(Juiz Federal – TRF/1 – 2023 – FGV) Determinado segurado aposentado por incapacidade permanente no Regime Geral de Previdência Social é convocado para a realização de perícia médica. Diante da situação hipotética, apresenta demanda judicial para impedir o feito, haja vista a invalidez pretérita já reconhecida administrativamente.

No contexto hipotético narrado, é correto afirmar que:

(A) o benefício previdenciário apontado exige, como evento determinante, a incapacidade para a atividade habitual e a impossibilidade de reabilitação para atividade diversa. Sendo assim, a nova perícia é ilegal;

(B) a demanda administrativa por nova perícia somente se justifica se existir pedido do próprio segurado, na hipótese de intenção de retorno ao mercado de trabalho, mediante atividades remuneradas;

(C) a pretensão de afastar o exame desejado pelo INSS justifica-se caso o segurado já tenha mais de 60 anos de idade, mesmo que com objetivo de curatela judicial;

(D) caso a aposentadoria por incapacidade permanente tenha sido precedida de benefício por incapacidade temporária por mais de dois anos, a nova perícia desejada pelo INSS será considerada ilegal;

(E) mesmo após quinze anos de concessão da aposentadoria por incapacidade permanente, a depender da idade do segurado, é possível a convocação, pelo INSS, para nova perícia.

A: Incorreta. De acordo com o art. 42 do PBPS, a aposentadoria por invalidez, ou aposentadoria por incapacidade permanente, será devida ao segurado que for considerado incapaz e insuscetível de reabilitação para o exercício de atividade que lhe garanta a subsistência, e "*ser--lhe-á paga enquanto permanecer nesta condição*". Os arts. 46 e 47 do mesmo diploma legal regulam a hipótese de retorno voluntário ao trabalho do aposentado por incapacidade permanente e da verificação da recuperação de sua capacidade de trabalho, caso em que pode ser devida a chamada 'mensalidade de recuperação'. Ou seja, a concessão de aposentadoria por incapacidade permanente não impede a futura verificação da continuidade ou não da incapacidade laboral do segurado, exceto nas hipóteses descritas no art. 101, §§ 1º e 2º, do PBPS; **B**: Incorreta. Os segurados em gozo de aposentadoria por incapacidade estão obrigados, sob pena de suspensão do benefício, a submeter-se a exame médico a cargo da Previdência Social para avaliação das condições que ensejaram sua concessão ou manutenção (art. 101, inciso I, PBPS). São isentos de tal dever, nos termos do § 1º do art. 101 do PBPS, o aposentado por incapacidade permanente e o pensionista inválido que não tenham retornado à atividade: (i) após completarem cinquenta e cinco anos ou mais de idade e quando decorridos quinze anos da data da concessão da aposentadoria por invalidez ou do auxílio-doença que a precedeu; ou (ii) após completarem sessenta anos de idade. Tal isenção não se aplica se o exame para verificar a recuperação da capacidade de trabalho for solicitado pelo aposentado ou pensionista (art. 101, § 2º, II, do PBPS); **C**: Incorreta, pois subsidiar autoridade judiciária na concessão de curatela (vide art. 110 do PBPS) é uma das hipóteses nas quais a isenção do dever de se submeter a exame médico concedida aos maiores de sessenta anos não se aplica, conforme o inciso III do § 2º do art. 101 do PBPS; **D**: Incorreta. A isenção do dever de se submeter a exame médico é conferida ao segurado maior de cinquenta e cinco anos de idade quando decorridos quinze anos da data da concessão da aposentadoria por invalidez ou do auxílio-doença que a precedeu (art. 101, § 1º, I, do PBPS); **E**: Correta. A possibilidade de convocação para nova avaliação médica do segurado em gozo de aposentadoria por incapacidade permanente há mais de quinze anos depende de sua idade. É possível a convocação apenas do segurado que não tenha completado sessenta anos de idade.

Gabarito "E".

(Juiz Federal – TRF/1 – 2023 – FGV) Maria, trabalhadora autônoma, desempenha suas atividades mediante confecção e venda de utensílios de couro em feiras livres, em atividade estritamente regularizada. Após dez anos de atividade, Maria se vê forçada a se afastar das atividades por doença incapacitante.

Nesse cenário hipotético, é correto afirmar que:

(A) Maria, na condição de trabalhadora avulsa, uma vez comprovada a incapacidade perante a perícia do INSS, fará jus ao benefício previdenciário por incapacidade temporária;

(B) Maria somente poderá obter benefício se demonstrar a regularidade dos seus recolhimentos previdenciários do período de atividade e se a incapacidade for derivada de sua atividade remunerada;

(C) assumindo que não haja qualquer impedimento de índole contributiva à concessão do benefício previdenciário, Maria somente poderá ficar afastada pelo prazo máximo de dois anos;

(D) caso Maria tenha optado pela adesão ao regime do microempreendedor individual e esteja regularizada, poderá gozar da cobertura previdenciária por incapacidade temporária, sendo seu benefício limitado a um salário mínimo;

(E) Maria, na condição de trabalhadora autônoma, é segurada obrigatória do Regime Geral de Previdência Social e, portanto, poderá usufruir de aposentadoria por invalidez automática após seis meses de afastamento das atividades.

A: Incorreta, posto que Maria é trabalhadora autônoma, ou seja: *"exerce, por conta própria, atividade econômica de natureza urbana, com fins lucrativos ou não"*, nos termos do art. 11, inciso V, alínea h, do PBPS, o que a qualifica como segurada contribuinte individual e não como trabalhadora avulsa; **B:** Incorreta, a incapacidade não precisa ser derivada de sua atividade remunerada. Basta a incapacidade, de qualquer natureza ou origem, para o seu trabalho ou para a sua atividade habitual por mais de 15 (quinze) dias consecutivos (art. 59 do PBPS); **C:** Incorreta. Não existe prazo temporal máximo para o afastamento a título de auxílio por incapacidade temporária, ou auxílio-doença. O benefício cessa pela recuperação da capacidade do trabalho, pela concessão de aposentadoria por incapacidade permanente ou, na hipótese de o evento causador da redução da capacidade laborativa ser o mesmo que gerou o auxílio por incapacidade temporária, pela concessão do auxílio acidente (art. 78 do RPS). Isso posto, ao julgar o tema representativo de controvérsia nº 277 a TNU decidiu que: *"O direito à continuidade do benefício por incapacidade temporária com estimativa de DCB (alta programada) pressupõe, por parte do segurado, pedido de prorrogação (§ 9º, art. 60 da Lei n. 8.213/91), recurso administrativo ou pedido de reconsideração, quando previstos normativamente, sem o quê não se configura interesse de agir em juízo"*; **D:** Correta. O Microempreendedor Individual – MEI de que tratam os arts. 18-A e 18-C da Lei Complementar 123/2006, que opte pelo recolhimento dos impostos e contribuições abrangidos pelo Simples Nacional em valores fixos mensais, é considerado contribuinte individual (art. 9, inciso V, alínea p, do RPS). O regime do microempreendedor individual é facultativo, depende de opção. A contribuição ao INSS do segurado contribuinte individual que se enquadre como microempreendedor individual (art. 18-A da LC 123/2006) incide sobre o limite mínimo mensal do salário de contribuição – o salário mínimo – nos termos do § 2º do art. 21 do PCCS. Tendo o salário-mínimo como seu salário de contribuição, benefícios deferidos a segurados contribuintes individuais que se enquadrem como microempreendedores individuais terão, como salário de benefício; o salário-mínimo; **E:** Incorreta. Não existe prazo fixo de fruição do benefício de auxílio por incapacidade temporária após o qual seja ele automaticamente convertido em aposentadoria por invalidez, ou aposentadoria por incapacidade permanente.

Gabarito "D".

(Juiz Federal – TRF/1 – 2023 – FGV) Edna, com 30 anos de idade, viúva de João, advogado autônomo em situação regular com a previdência social, requer pensão por morte junto ao INSS. Comprova, em seu requerimento, a existência de diversos filhos em comum, além da certidão de casamento, demonstrando dez anos de vida em comum até o óbito.

No cenário hipotético narrado, é correto afirmar que:

(A) Edna somente terá direito ao benefício se comprovada a dependência econômica, pois os filhos são dependentes preferenciais à esposa ou ao cônjuge;

(B) a pensão por morte de Edna, se concedida, terá valor integral, ou seja, a renda mensal inicial será igual ao último salário de contribuição de João;

(C) Edna, caso seja aposentada, não poderá cumular seu benefício com a pensão por morte, ressalvado o direito de opção pelo benefício mais vantajoso;

(D) na hipótese de concessão da pensão por morte, o pagamento do benefício retroagirá até a data do óbito, caso o requerimento administrativo seja feito em sessenta dias;

(E) a pensão por morte, na situação hipotética narrada, caso concedida, será necessariamente vitalícia, ainda que Edna contraia novas núpcias.

A: Incorreta. O cônjuge, a companheira, o companheiro e o filho não emancipado, de qualquer condição, menor de 21 (vinte e um) anos ou inválido ou que tenha deficiência intelectual ou mental ou deficiência grave são dependentes de primeira classe, nos termos do art. 16, I, do PBPS, de modo que o benefício será rateado entre Edna e os filhos do falecido que se enquadrem como dependentes (art. 77 do PBPS); **B:** Incorreta. A pensão por morte será equivalente a uma cota familiar de 50% (cinquenta por cento) do valor da aposentadoria recebida pelo segurado ou servidor ou daquela a que teria direito se fosse aposentado por incapacidade permanente na data do óbito, acrescida de cotas de 10 (dez) pontos percentuais por dependente, até o máximo de 100% (cem por cento) (art. 23 da EC 103/2019); **C:** Incorreta, pois é admitida a acumulação de pensão por morte deixada por cônjuge ou companheiro de um regime de previdência social com aposentadoria concedida no âmbito do Regime Geral de Previdência Social (art. 24, § 1º, da EC 103/2019. Veja também o art. 167-A, II, do RPS). Contudo, o segurado não receberá o valor integral de ambos os benefícios (art. 24, § 2º, da EC 103/2019); **D:** Correta. Para a maioria dos dependentes a pensão por morte será devida desde a data do óbito, quando requerida em até noventa dias após o óbito. A exceção são os filhos menores de dezesseis anos, os quais tem até cento e oitenta dias após o óbito para requerer a pensão e, ainda sim, recebê-la desde o falecimento. Desse modo, no caso concreto, Edna receberá a pensão por morte desde a data do óbito se fizer o requerimento administrativo em até noventa dias após tal data (art. 74, incisos I e II, do PBPS); **E:** Incorreta. No RGPS a pensão por morte será vitalícia se o óbito ocorrer depois de vertidas dezoito contribuições mensais e pelo menos dois anos após o início do casamento ou da união estável, desde que o cônjuge ou companheiro tenha quarenta e quatro anos de idade (art. 77, § 2º, V, c, 6). Vale notar que o pensionista pode se casar novamente, tal fato não acarreta a cessação do benefício de pensão por morte.

Gabarito "D".

(Juiz Federal – TRF/1 – 2023 – FGV) Joaquim, porteiro regularmente contratado por um prédio residencial, no qual habita e atua profissionalmente há vinte anos, sofre mal súbito durante sua jornada de trabalho, sendo removido para hospital próximo ao local. Joaquim tem alta após quinze dias de internação, mas com recomendação médica de afastar-se das atividades por, no mínimo, seis meses.

Na situação hipotética narrada, é correto afirmar que:

(A) Joaquim, como segurado contribuinte individual, deveria comprovar seus recolhimentos previdenciários para fins de obtenção de benefício, de forma mensal, sob pena de indeferimento;

(B) Joaquim poderia receber o benefício previdenciário denominado auxílio-acidente durante a incapacidade, tendo em vista o mal súbito ter ocorrido durante sua jornada laboral, independentemente de carência;

(C) na hipótese de Joaquim receber o benefício previdenciário cabível, após sua cessação, terá ele direito a estabilidade provisória de doze meses no trabalho, independentemente da origem do mal súbito;

(D) o benefício previdenciário, na hipótese de comprovada ausência de recolhimento previdenciário por parte de Joaquim, poderá ser indeferido pelo INSS, sem possibilidade de reversão judicial;

(E) o benefício por incapacidade temporária, na hipótese de indeferimento pelo INSS, não demanda análise do Conselho de Recursos da Previdência Social antes de eventual provimento judicial.

A: Incorreta, pois Joaquim foi regularmente contratado para prestar serviço em caráter não eventual, sob subordinação e mediante remuneração a empresa (art. 11, I, a, do PBPS). Sim, para o direito previdenciário o condomínio se equipara à empresa, a rigor do art. 14, parágrafo único, do PBPS e, mais explicitamente, do art. 33, § 3º, III, da Instrução Normativa INSS 128/2022. À esta luz, Joaquim se enquadra como segurado empregado e não como contribuinte individual; **B:** Incorreta. Para se caracterizar como acidente de trabalho não basta que a incapacidade, ou melhor, a causa da incapacidade, sobrevenha durante o trabalho do segurado. Acidente do trabalho, diz o art. 19 do PBPS, é o que ocorre pelo exercício do trabalho. Em outras palavras, para a caracterização de acidente do trabalho é preciso que exista nexo causal entre a doença ou lesão e a atividade laboral (AintaREsp nº 705.645, DJe 07.03.2018), motivo pelo qual a assertiva é incorreta; **C:** Incorreta, pois a manutenção do contrato de trabalho na empresa pelo prazo mínimo de doze meses é garantida, pelo art. 118 do PBPS, apenas ao segurado que sofreu acidente do trabalho e este não é o caso de Joaquim. Deve ser dito que ao julgar a ADI 639 (DJ 09.11.2005) o STF reconheceu a constitucionalidade do art. 118 do PBPS; **D:** Incorreta. Joaquim é segurado empregado. O recolhimento das contribuições previdenciárias, tanto patronais como do segurado, é dever de seu empregador, no último caso como substituto tributário (art. 30, I, do PCCS). Por isso, o art. 34, I, do PBPS, afirma que para o segurado empregado, inclusive o doméstico, e o trabalhador avulso, serão computados os salários de contribuição referentes aos meses de contribuições devidas, ainda que não recolhidas pela empresa ou pelo empregador doméstico, sem prejuízo da respectiva cobrança e da aplicação das penalidades cabíveis. Por outro lado, o § 14 do art. 195 da CF, incluído pela EC 103/2019, afirma que só será reconhecida como tempo de contribuição a competência cuja contribuição seja igual ou superior à contribuição mínima mensal exigida para sua categoria, assegurado o agrupamento de contribuições. O inciso I do § 27-A do art. 216 do PBS impõe ao próprio segurado a complementação de tais contribuições. Assim, o benefício previdenciário pode sim ser indeferido pelo INSS. Contudo, há possibilidade de reversão judicial, pois a jurisprudência se orienta pela tese de que: "No cálculo da renda mensal inicial do benefício originário devem ser computados para o segurado empregado, os salários de contribuição referentes aos meses de contribuição devidos, ainda que as contribuições previdenciárias não tenham sido efetivamente recolhidas." (REsp 1.570.227, j. 05.04.2016); **E:** Correta. O Supremo Tribunal Federal assentou, em sede de repercussão geral (RE 631.240/MG), pela necessidade de prévio requerimento administrativo do segurado de modo a configurar a existência de interesse de agir para a lide. Isso posto, a tese fixada neste caso deixa claro que a exigência de prévio requerimento não se confunde com o exaurimento das vias administrativas (veja a súmula 89 do STJ). O requisito do prévio requerimento se satisfaz com a mera postulação administrativa do benefício, perante a primeira instância administrativa com atribuição para conhecê-lo, enquanto o exaurimento significa a efetiva utilização de todos os recursos administrativos cabíveis. **RQ**

Gabarito "E".

(Juiz Federal – TRF/1 – 2023 – FGV) José, segurado empregado no setor metalúrgico, desempenha atividade profissional com exposição ao ruído de forma habitual e acima dos limites de tolerância previstos na legislação.

De acordo com a situação hipotética narrada, é correto afirmar que:

(A) José, a depender do tempo de atividade e da idade mínima necessária, poderá obter aposentadoria especial, a qual adota como evento determinante a exposição permanente a agentes nocivos, sem necessariamente demandar incapacidade para o trabalho;

(B) José terá direito a aposentadoria especial, com proventos integrais, após quinze anos de atividade, independentemente de idade mínima, haja vista a insalubridade da atividade e a inoperância dos equipamentos de proteção individual ou coletiva para o agente nocivo ruído;

(C) a depender da informação prevista em perfil profissiográfico previdenciário, elaborado de acordo com laudo técnico das condições ambientais do trabalho, José poderá obter benefício de aposentadoria especial após dez anos de atividade insalubre;

(D) eventual benefício de aposentadoria especial somente seria devido se comprovado o pagamento do adicional de contribuição previdenciária pelo empregador, assim como a insalubridade laboral, no percentual cabível na forma da legislação;

(E) caso o empregador de José informe o uso de equipamento de proteção individual por parte do empregado, independentemente de análise técnica do meio ambiente do trabalho, há exclusão da natureza insalubre da atividade.

A: Correta, pois a aposentadoria especial tem como suporte fático a efetiva exposição do segurado a agentes químicos, físicos e biológicos prejudiciais à saúde, nos termos do art. 201, § 1º, II, da CF (ver também o art. 57, *caput* e § 3º, do PBPS); **B:** Incorreta. Após a EC 103/2019 a concessão de aposentadoria especial reclama a cumulação de tempo de exposição a agentes agressivos (15, 20 ou 25 anos) com idade mínima (55, 58 ou 60 anos de idade), nos termos do seu art. 19, § 1º, I. Ademais, seus proventos não são integrais, como se vê do art. 26, § 5º, da EC 103/2019; **C:** Incorreta, pois a aposentadoria especial só é devida após exposição a agentes agressivos por, no mínimo, quinze anos; **D:** Incorreta, É verdade que a aposentadoria especial é financiada por recursos provenientes da contribuição de que trata o inciso II do art. 22 do PCCS, cujas alíquotas serão acrescidas de doze, nove ou seis pontos percentuais, conforme a atividade exercida pelo segurado a serviço da empresa permita a concessão de aposentadoria especial após quinze, vinte ou vinte e cinco anos de contribuição, respectivamente. Isso posto, não se pode exigir a comprovação de tais recolhimentos, devidos pela empresa, como requisito à concessão de benefício ao segurado (ver art. 34, I, do PBPS). A jurisprudência se orienta pela tese de que: "*No cálculo da renda mensal inicial do benefício originário devem ser computados para o segurado empregado, os salários de contribuição referentes aos meses de contribuição devidos, ainda que as contribuições previdenciárias não tenham sido efetivamente recolhidas.*" (REsp 1.570.227, j. 05.04.2016); **E:** Incorreta. Em paradigmática decisão, o STF assentou que o direito à aposentadoria especial pressupõe a efetiva exposição do trabalhador a agente nocivo à sua saúde, de modo que, se o EPI for realmente capaz de neutralizar a nocividade não haverá respaldo constitucional à aposentadoria especial. Deste modo, não basta o mero fornecimento de EPI para que o direito à aposentadoria especial seja afastado. É necessária a comprovação de sua efetividade. **RQ**

Gabarito "A".

(Procurador Município – Teresina/PI – FCC – 2022) Sobre a aposentadoria por invalidez, prevista na Lei nº 8.213, de 24 de julho de 1991, considere:

I. A doença ou lesão de que o segurado já era portador ao filiar-se ao Regime Geral de Previdência Social não lhe conferirá direito à aposentadoria por invalidez, salvo quando a incapacidade sobrevier por motivo de progressão ou agravamento dessa doença ou lesão.

II. O segurado aposentado por invalidez poderá ser convocado a qualquer momento para avaliação das condições que ensejaram o afastamento ou a aposentadoria, concedida judicial ou administrativamente, exceto se a causa do benefício for HIV/AIDS.

III. A aposentadoria por invalidez será devida a partir do dia imediato ao da cessação do auxílio-doença, constatada por perícia a incapacidade total e definitiva, sendo que para o segurado doméstico contará da data do início da incapacidade ou da data da entrada do requerimento, se entre essas datas decorrerem mais de dezesseis dias.

IV. A aposentadoria por invalidez, uma vez cumprida, quando for o caso, a carência exigida, será devida ao segurado que, estando em gozo de auxílio-doença, for considerado incapaz e insusceptível de reabilitação para o exercício de atividade que lhe garanta a subsistência, e ser-lhe-á paga enquanto permanecer nesta condição.

Está correto o que se afirma APENAS em

(A) I, II e IV.
(B) III e IV.
(C) I e III.
(D) II e III.
(E) I e II.

I: Correta. O art. 42, §2º, da Lei 8.213/91, afirma que a doença ou lesão de que o segurado já era portador ao filiar-se ao Regime Geral de Previdência Social não lhe conferirá direito à aposentadoria por invalidez, salvo quando a incapacidade sobrevier por motivo de progressão ou agravamento dessa doença ou lesão; **II:** Correta. De acordo com o art. 42, §4º, e o art. 101, ambos da Lei 8.213/91, o segurado aposentado por invalidez poderá ser convocado a qualquer momento para avaliação das condições que ensejaram o afastamento ou a aposentadoria, concedida judicial ou administrativamente. Entretanto, a Lei 13.847/2019 deu nova redação ao §5º deste art. 42, afirmando que a pessoa com HIV/AIDS é dispensada da avaliação prevista em seu § 4º; **III:** Incorreta. Ao segurado empregado doméstico, trabalhador avulso, contribuinte individual, especial e facultativo, a aposentadoria por invalidez será devida a contar da data do início da incapacidade ou da data da entrada do requerimento, se entre essas datas decorrerem mais de trinta dias (art. 43, §1º, alínea 'b', da Lei 8.213/91); **IV:** Incorreta. O caput do art. 43, da Lei 8.213/91, afirma que a aposentadoria por invalidez será devida ao segurado "estando ou não em gozo de auxílio-doença". Não existe qualquer exigência legal de que o segurado primeiro receba auxílio-doença e só depois passe a receber aposentadoria por invalidez. **Gabarito "E".**

(Procurador Município – Teresina/PI – FCC – 2022) A pensão por morte, conforme previsão da Lei no 8.213, de 24 de julho de 1991, será devida ao conjunto dos dependentes do segurado que falecer, aposentado ou não, a contar da data do óbito quando requerida em até

(A) 90 dias após o óbito, para os filhos menores de 18 anos, ou em até 120 dias após o óbito, para os demais dependentes.

(B) 120 dias após o óbito, para os filhos menores de 16 anos, ou em até 90 dias após o óbito, para os demais dependentes.

(C) 180 dias após o óbito, para os filhos menores de 16 anos, ou em até 120 dias após o óbito, para os demais dependentes.

(D) 120 dias após o óbito, para os filhos menores de 18 anos, ou em até 90 dias após o óbito, para os demais dependentes.

(E) 180 dias após o óbito, para os filhos menores de 16 anos, ou em até 90 dias após o óbito, para os demais dependentes.

Para os filhos menores de 16 (dezesseis) anos o benefício de pensão por morte é devido a partir da data do óbito do segurado quando requerida em até 180 (cento e oitenta) dias após o falecimento, . Já para os demais dependentes, a pensão por morte será devida a partir do óbito caso requerida em até 90 (noventa) dias após o falecimento. Se o benefício por requerido após esses prazos, ele será devido a partir da data do requerimento. Vale notar que no caso de morte presumida a pensão por morte será devida a partir da data da decisão judicial que a declarar, observado o disposto no art. 78 da lei 8.213/91. **Gabarito "E".**

(Delegado de Polícia Federal – 2021 – CESPE) Considerando que determinado servidor público, ocupante de cargo em comissão, esteja preparando se para o concurso de delegado da Polícia Federal, julgue os itens a seguir.

(1) É correto afirmar que, atualmente, o servidor em questão é segurado facultativo da previdência social.

(2) Caso venha a ser aprovado no concurso almejado, esse servidor poderá requerer a contagem recíproca do tempo de contribuição.

1: Errado. Ao agente público ocupante, exclusivamente, de cargo em comissão declarado em lei de livre nomeação e exoneração, se aplica o Regime Geral de Previdência Social - RGPS (art. 40, § 13, da CF). Sua filiação ao RGPS se dá como segurado obrigatório, nos termos do art. 11, I, 'g', da Lei 8.213/91. Por outro lado, segurado facultativo é aquele que, maior de 14 (quatorze) anos de idade, não se encontra em nenhuma situação que o vincule obrigatoriamente ao RGPS, ou seja, não se enquadra em nenhuma das hipóteses elencadas nos incisos do caput do art. 11 da Lei 8.213/91 (vide art. 14 da Lei 8.213/1991 e REsp 1.493.738, 2ª T., Rel. Min. Humberto Martins, DJe 25.08.2015)) **2:** Certo. Para fins de aposentadoria, será assegurada a contagem recíproca do tempo de contribuição entre o Regime Geral de Previdência Social e os regimes próprios de previdência social, e destes entre si, observada a compensação financeira, de acordo com os critérios estabelecidos em lei (art. 201, § 9º, da CF). A regulamentação do instituto da contagem recíproca do tempo de contribuição no âmbito do RGPS se encontra nos arts. 94 a 99 da Lei 8.213/91. Ademais, a Lei 9.796/99 disciplina "a compensação financeira entre o Regime Geral de Previdência Social e os regimes de previdência dos servidores da União, dos Estados, do Distrito Federal e dos Municípios, nos casos de contagem recíproca de tempo de contribuição para efeito de aposentadoria" e regulamenta a forma pela qual os regimes previdenciários públicos (RGPS e RPPS) realizarão o acerto financeiro quando o segurado se utilizar de tempo de contribuição vinculado a outro regime que não aquele que ficará responsável pelo pagamento da prestação previdenciária. **Gabarito 1E, 2C**

(Procurador do Município/Manaus – 2018 – CESPE) Considerando a legislação aplicável e a jurisprudência dos tribunais superiores acerca do RGPS, julgue os itens que se seguem.

(1) Os benefícios de aposentadoria por invalidez e auxílio-doença independem de carência quando originários de causa acidentária de qualquer natureza.

(2) Para efeito da concessão de benefício previdenciário ao trabalhador rural, é suficiente a prova exclusivamente testemunhal.

1: correta, nos termos do art. 26, II, do PBPS; **2:** incorreta. Será sempre necessário ao menos um início de prova documental, sendo vedada a comprovação exclusivamente por testemunhas, exceto na ocorrência de motivo de força maior ou caso fortuito, na forma prevista no regulamento (art. 55, § 3º, do PBPS). A assertiva tem como finalidade aferir se o candidato conhece a súmula 149 do STJ, segundo a qual: 'A prova exclusivamente testemunhal não basta a comprovação da atividade rurícola, para efeito da obtenção de benefício previdenciário.' **Gabarito 1C, 2E**

(Procurador do Município/Manaus – 2018 – CESPE) Márcio, com cinquenta e cinco anos de idade e trinta e cinco anos de contribuição como empresário, compareceu a uma agência da previdência social para requerer sua aposentadoria. Após análise, o INSS indeferiu a concessão do benefício sob os fundamentos de que ele já era beneficiário de pensão por morte e que não tinha atingido a idade mínima para a aposentadoria por tempo de contribuição.

A respeito da situação hipotética apresentada e de aspectos legais a ela relacionados, julgue os itens subsequentes.

(1) A decisão da autarquia previdenciária está parcialmente correta porque, embora Márcio tenha atendido aos requisitos concessórios do benefício, ele não pode acumular a aposentadoria por tempo de contribuição com a pensão por morte.

(2) O direito de Márcio não está sujeito ao prazo decadencial decenal, pois este é aplicável somente nas hipóteses de pedido revisional de benefício previamente concedido.

(3) Caso, posteriormente, o INSS conceda o benefício, judicial ou administrativamente, no cálculo da renda mensal inicial devida a Márcio deverá ser desprezada a incidência do fator previdenciário.

1: incorreta. Nada obsta a cumulação de aposentadoria e pensão por morte (art. 124 do PBPS). Mas, apesar de a EC 103/2019 não ter proibido a cumulação dos benefícios de aposentadoria e pensão por morte, seu art. 24, §2º, não mais permite a percepção do valor integral de ambos; **2:** correta, nos termos do art. 103 do PBPS. Vale notar que a Lei nº 13.846/2019 deu nova redação ao art. 103 do PBPS, sujeitando ao prazo decadencial a revisão do ato de concessão, indeferimento, cancelamento ou cessação de benefício e o ato de deferimento, indeferimento ou não concessão de revisão de benefício. Porém, o STF declarou a inconstitucionalidade de tal alteração na ADIN nº 6.096, DJe 26/11/2020; **3:** incorreta. Haveria incidência do fator previdenciário (art. 29, I, do PBPS). Entretanto, a EC 103/2019 extinguiu a distinção entre aposentadoria por idade e aposentadoria por tempo de contribuição. Assim, ressalvados direitos adquiridos, existe agora apenas a aposentadoria programada, cujo deferimento exige tanto idade mínima como tempo de contribuição. O cálculo do salário-de-benefício da aposentadoria programada não inclui a utilização do fator previdenciário. Não se pode, contudo, afirmar que o fator previdenciário foi totalmente excluído de nosso ordenamento jurídico, pois ele ainda incide no caso da regra de transição prevista no art. 17 da EC 103/2019, como expressamente diz o parágrafo único de tal dispositivo. Na mesma seara, por força do art. 22 da EC nº 103/2019, a aposentadoria da pessoa com deficiência continuará sendo regida pela Lei Complementar 142/2013 até que lei discipline o art. 201, § 1º, I, da CF. Ora, o art. 9º, I, da LC 142/2013, afirma que o fator previdenciário incide nas aposentadorias de pessoas com deficiência, se resultar em renda mensal de valor mais elevado. Gabarito 1E, 2C, 3E

(Procurador do Estado/SE – 2017 – CESPE) Se um empregado de determinada empresa, filiado ao RGPS há dois anos, sofrer acidente de trânsito que o incapacite temporariamente para o exercício de atividade laboral, a ele será assegurado o direito

(A) a aposentadoria por invalidez, que, por sua natureza, independerá de carência, e cujo valor será acrescido de 50% no caso de necessidade de assistência permanente.

(B) ao auxílio-doença, que consiste em uma renda mensal correspondente a 91% do salário de benefício.

(C) ao recebimento de auxílio-doença, desde o primeiro dia de afastamento da atividade e pelo período que durar a sua incapacidade.

(D) ao benefício do auxílio-acidente, de caráter vitalício, caso o acidente tenha ocorrido em horário de trabalho.

(E) a receber benefício durante a licença pela incapacidade temporária, sendo esse período descontado do tempo de contribuição.

A: incorreta. A aposentadoria por invalidez é destinada a casos de incapacidade total e permanente para o exercício de qualquer atividade laborativa (art. 42 do PBPS e 201, I, da CF); **B:** considerada correta pelo gabarito oficial. O auxílio-doença, que realmente tem como renda mensal inicial o equivalente a 91% do salário de benefício (art. 61 do PBPS), somente é devido ao segurado empregado se o afastamento for superior a 15 dias (art. 59 do PBPS), informação que não consta do enunciado; **C:** incorreta, conforme comentário à alternativa anterior. Com efeito, o segurado empregado faz jus a auxílio-doença apenas a partir do décimo sexto dia do afastamento da atividade. Contudo, os demais segurados da Previdência Social, inclusive o empregado doméstico, tem direito ao auxílio-doença a contar da data do início da incapacidade e enquanto permanecerem incapazes (art. 60 do PBPS); **D:** incorreta. Apesar de ter sofrido um acidente, trata-se de auxílio-doença. O auxílio-acidente é pago em caso de consolidação de lesões que reduzam permanentemente a capacidade laborativa do segurado, sem incapacitá-lo (art. 86 do PBPS); **E:** incorreta. O período em que o segurado está em gozo de benefício é considerado como tempo de contribuição (art. 55, II, do PBPS), nos termos da súmula 73 da Turma Nacional de Uniformização, segundo a qual: 'o tempo de gozo de auxílio-doença ou de aposentadoria por invalidez não decorrentes de acidente de trabalho só pode ser computado como tempo de contribuição ou para fins de carência quando intercalado entre períodos nos quais houve recolhimento de contribuições para a previdência social'. Gabarito "B".

(Defensor Público Federal – DPU – 2017 – CESPE) Cada um dos itens seguintes, acerca de benefícios previdenciários, apresenta uma situação hipotética, seguida de uma assertiva a ser julgada.

(1) Carlos, contribuinte da previdência social por quatorze meses na condição de segurado empregado, faleceu vítima de latrocínio, deixando viúva a sua companheira de vinte e três anos de idade. Nessa situação, a companheira terá direito a receber o benefício da pensão por morte por um período de quatro meses.

(2) Em maio de 2015, Antônio, ao completar cinquenta e nove anos de idade e trinta e cinco anos de contribuição para a previdência social na condição de contribuinte individual, deixou de contribuir e não requereu o benefício da aposentadoria por tempo de contribuição. Nessa situação, o direito de Antônio pleitear o benefício da aposentadoria e os proveitos econômicos dela decorrentes prescreverá em cinco anos a contar da data em que ele completou os trinta e cinco anos de contribuição.

(3) Jânio, microempreendedor individual, tem uma única empregada. Ela se encontra grávida e em tempo de receber o benefício do salário-maternidade. Nessa situação, o benefício será pago diretamente pela previdência social.

(4) Raul nunca havia contribuído para o RGPS. No entanto, após uma semana do início de atividade laboral em determinado emprego, um acidente de trabalho o tornou incapaz e insuscetível de reabilitação. Nessa situação, Raul não faz jus ao benefício da aposentadoria por invalidez porque não cumpriu o tempo de carência exigido.

1: correta. Atualmente, há regras para cessação da pensão por morte em desfavor do cônjuge ou companheiro, considerando o tempo de contribuição e a idade do beneficiário na data do óbito do segurado.

No caso de ter havido menos que 18 contribuições mensais, como descrito na assertiva, o benefício cessa em 4 meses – art. 77, § 2º, V, b, do PBPS; **2:** incorreta, pois, ao completar 35 anos de contribuição, Antônio adquiriu o direito à aposentadoria (art. 201, § 7º, I, da CF), que não fica prejudicado com a perda da qualidade de segurado, nos termos do art. 102, § 1º, do PBPS. Da mesma forma, os dependentes de Antônio teriam direito à pensão por morte ainda que ele não tivesse requerido a aposentadoria em vida, nos termos da Súmula 416 do STJ; **3:** correta, pois o salário-maternidade devido à empregada do microempreendedor individual será pago diretamente pela Previdência Social, conforme o art. 72, § 3º, do PBPS; **4:** incorreta, pois a aposentadoria por invalidez nos casos de acidente de qualquer natureza ou causa e de doença profissional ou do trabalho independe de carência para sua concessão – art. 26, II, do PBPS. **HS**

Gabarito: 1C, 2E, 3C, 4E

(Juiz – TRF 2ª Região – 2017) Relativamente às pensões por morte do Regime Geral de Previdência Social (Lei nº 8.213/1991), assinale a opção correta:

(A) A jurisprudência dominante admite estender a pensão até os 24 anos de idade do beneficiário, desde que ele demonstre a necessidade e a sua condição de estudante universitário.

(B) A jurisprudência dominante aponta que o cônjuge divorciado, que recebia pensão alimentícia, concorrerá à pensão por morte com o coeficiente do benefício limitado ao percentual ou ao valor dos alimentos que recebia do falecido.

(C) O valor da pensão terá o coeficiente de 100% da aposentadoria que o segurado recebia ou a que teria direito se estivesse aposentado por invalidez, ainda que tenha havido óbito do instituidor em época em que a legislação vigente fixava o coeficiente em 80%.

(D) A mãe do segurado, quando idosa e na falta de beneficiários de classe anterior, faz jus à pensão derivada da morte do filho, sendo presumida a dependência econômica.

(E) O indivíduo maior, ainda que efetivamente inválido, não faz jus a receber a pensão decorrente do falecimento de seu irmão em concomitância com o filho menor deste, que já a recebe.

A: incorreta. A jurisprudência do STJ se assentou no sentido de que não é possível a extensão do benefício em tal hipótese, por faltar previsão legal e em face da proibição constitucional (art. 195, §5º) de que se o faça sem a respectiva fonte de custeio (STJ, AgRg no AREsp 68.457); **B:** incorreta. A jurisprudência do STJ aponta que o cônjuge divorciado que recebia pensão alimentícia deve concorrer em igualdade de condições com os demais dependentes (STJ, REsp 887.271 e art. 76, §2º, do PBPS); **C:** incorreta. Aplica-se ao caso o brocardo *tempus regit actum*, sendo o coeficiente da renda mensal inicial obtido na legislação vigente à data do óbito (STJ, REsp 1.059.099 e súmula 340); **D:** incorreta. Os dependentes de segunda classe devem comprovar a dependência econômica para terem acesso aos benefícios previdenciários (art. 16, §4º, da Lei n 8.213/1991); **E:** correta. A existência de dependentes de classe superior (no caso, o filho – 1ª classe) impede o recebimento do benefício por dependentes de classes inferiores (no caso, o irmão inválido – 3ª classe), nos termos do art. 16, §1º, da Lei 8.213/91. **HS**

Gabarito: "E".

(Juiz – TRF 2ª Região – 2017) Quanto ao Regime Geral de Previdência (RGPS) é correto afirmar:

(A) É possível a cumulação entre o auxílio-acidente e o auxílio-doença decorrentes do mesmo fato gerador incapacitante, pois o primeiro é benefício complementar da renda e, ademais, a vedação não é expressa no rol taxativo da Lei nº 8.213/1991.

(B) O tempo em que o segurado do RGPS recebe auxílio-doença não é computado como tempo de contribuição.

(C) A prestação relativa à pensão por morte independe de carência.

(D) Reconhecida a incapacidade parcial para o trabalho, o Juiz não pode conceder a aposentadoria por invalidez, mas sim o auxílio-doença.

(E) Após perdida a qualidade de segurado, em caso de lesão incapacitante, o beneficiário do RGPS precisa contribuir durante 6 meses, no mínimo, para fazer jus ao auxílio-doença.

A: incorreta. Os benefícios são inacumuláveis porque o art. 86, §2º, da Lei 8.213/91 determina que o auxílio-acidente comece a ser pago no dia seguinte ao da cessação do auxílio-doença. Além disso, os benefícios têm requisitos diversos: o auxílio-doença é devido em caso de incapacidade **total** e temporária para o exercício do trabalho habitual, ao passo que o auxílio-acidente é devido em caso da consolidação de lesões que **reduzam** a capacidade de trabalho. O mesmo fato gerador incapacitante não pode gerar as duas situações ao mesmo tempo; **B:** incorreta. O art. 55, II, da Lei 8.213/1991, garante a contagem de tempo de serviço no período intercalado em que o segurado esteve em gozo de auxílio-doença ou aposentadoria por invalidez. A súmula 73 da Turma Nacional de Uniformização, afirma que: 'o tempo de gozo de auxílio-doença ou de aposentadoria por invalidez não decorrentes de acidente de trabalho só pode ser computado como tempo de contribuição ou para fins de carência quando intercalado entre períodos nos quais houve recolhimento de contribuições para a previdência social'; **C:** correta, nos termos do art. 26, I, da Lei 8.213/1991; **D:** incorreta. O auxílio-doença é pago somente em caso de incapacidade **total** e temporária (porém maior que 15 dias) para o exercício das funções **habituais** do segurado. No caso em exame, deve ser concedido o auxílio-acidente ou a reabilitação profissional; **E:** incorreta. "Lesão incapacitante" é aquela prevista em portaria conjunta do Ministério da Saúde e do Ministério da Previdência Social, as quais, nos termos do art. 26, II, da Lei 8.213/1991, independem de carência. **HS**

Gabarito "C".

(Delegado/MS – 2017 - FAPEMS) A respeito do Tempo de Serviço, de acordo com a Lei Complementar n. 114, de 19 de dezembro de 2005 (Lei Orgânica da Polícia Civil do Estado de Mato Grosso do Sul), será considerado efetivo exercício o afastamento do policial civil no exercício do respectivo cargo, em virtude de

(A) licença por motivo de doença em pessoas da família; cônjuge, filhos, pai, mãe ou irmão, na forma da lei.

(B) missão ou estudo no exterior ou em qualquer parte do território nacional, quando o afastamento houver sido autorizado pelo Diretor-Geral da Polícia Civil.

(C) casamento ou luto, até dez dias.

(D) até cinco faltas, durante o mês, por motivo de doença devidamente comprovada mediante atestado médico.

(E) exercício de função do governo por designação do Delegado-Geral ou do Diretor-Geral da Polícia Civil.

A: correta, nos termos do art. 108, IX, da Lei Complementar Estadual 114/2005; **B:** incorreta. A autorização cabe ao Governador (art. 108, VI, da Lei Complementar Estadual 114/2005); **C:** incorreta. A licença-gala e a licença-nojo são de oito dias (art. 108, II, da Lei Complementar Estadual 114/2005); **D:** incorreta. O limite é de três faltas (art. 108, X, da Lei Complementar Estadual 114/2005); **E:** incorreta. Apenas o exercício de mandato eletivo será considerado como de efetivo exercício (art. 108, XI, da Lei Complementar Estadual 114/2005). **HS**

Gabarito: "A".

(Delegado/MT – 2017 – CESPE) Ana e Pedro são policiais civis do estado de Mato Grosso.

Ambos possuem vinte e cinco anos de contribuição para o respectivo instituto de previdência e quinze anos de efetivo exercício em cargo de natureza estritamente policial.

Nessa situação hipotética, conforme a Lei Complementar Estadual n. 401/2010 e suas alterações, a aposentadoria voluntária poderá ser concedida

(A) somente a Ana, independentemente da idade que ela tiver.
(B) somente a Ana, desde que ela tenha pelo menos cinquenta anos de idade.
(C) a Ana e a Pedro, desde que cada um deles tenha pelo menos cinquenta e cinco anos de idade.
(D) a Ana e a Pedro, desde que cada um deles tenha pelo menos cinquenta anos de idade.
(E) a Ana e a Pedro, independentemente da idade que cada um deles tenha.

Nos termos do art. 2º da Lei Complementar Estadual n. 401/2010, o policial civil mato-grossense, do sexo masculino, pode se aposentar voluntariamente contando 30 anos de contribuição, com pelo menos 20 anos de efetivo exercício em cargo de natureza estritamente policial, independentemente da idade. Logo, Pedro ainda não pode solicitar sua aposentação. Por outro lado, para a policial civil do sexo feminino, os requisitos são de 25 anos de contribuição, dos quais no mínimo 15 em cargo de natureza estritamente policial (art. 2º, parágrafo único, do mesmo diploma legal). Sendo assim, Ana poderá se aposentar. Relevante apontar que o art. 40, § 4-B, da CF, afirma que: 'Poderão ser estabelecidos por lei complementar do respectivo ente federativo idade e tempo de contribuição diferenciados para aposentadoria de ocupantes do cargo de agente penitenciário, de agente socioeducativo ou de policial dos órgãos de que tratam o inciso IV do caput do art. 51, o inciso XIII do caput do art. 52 e os incisos I a IV do caput do art. 144.' Gabarito "A".

(Delegado/GO – 2017 – CESPE) Considere que os motivos determinantes da aposentadoria de determinado funcionário aposentado por invalidez tenham sido considerados insubsistentes e, como havia vaga, ele tenha retornado à atividade. Conforme a Lei Estadual n. 10.460/1988, essa situação configura hipótese de

(A) readmissão.
(B) recondução.
(C) reversão.
(D) aproveitamento.
(E) reintegração.

O instituto descrito no enunciado é a reversão, nos termos do art. 124 da Lei Estadual 10.460/1988. A Lei º 8.112/90 também enquadra a hipótese como reversão, a rigor de seu art. 25, I. Gabarito "C".

Veja as seguintes tabelas, para estudo e memorização dos períodos de carência e das prestações que independem de carência:

Períodos de Carência – art. 25 do PBPS	
– auxílio-doença e aposentadoria por invalidez	12 contribuições mensais
– aposentadoria por idade, aposentadoria por tempo de serviço e aposentadoria especial	180 contribuições mensais
– salário-maternidade para contribuintes individuais, seguradas especiais e facultativas	10 contribuições mensais. Em caso de antecipação do parto, o período é reduzido em número de contribuições equivalentes ao número de meses em que o parto foi antecipado. A segurada especial deve apenas comprovar atividade rural nos 12 meses anteriores ao início do benefício – art. 39, parágrafo único, do PBPS
– auxílio-reclusão	24 contribuições mensais

Independem de Carência – art. 26 do PBPS
– pensão por morte, salário-família e auxílio-acidente; – auxílio-doença e aposentadoria por invalidez nos casos de acidente de qualquer natureza ou causa e de doença profissional ou do trabalho, bem como nos casos de segurado que, após filiar-se ao RGPS, for acometido de alguma das doenças e afecções especificadas em lista elaborada pelos Ministérios da Saúde e da Previdência Social, atualizada a cada 3 (três) anos, de acordo com os critérios de estigma, deformação, mutilação, deficiência ou outro fator que lhe confira especificidade e gravidade que mereçam tratamento particularizado; – aposentadoria por idade ou por invalidez, auxílio-doença, auxílio-reclusão, pensão para o segurado especial, no valor de um salário-mínimo, desde que comprove o exercício de atividade rural, ainda que de forma descontínua, no período, imediatamente anterior ao requerimento do benefício, igual ao número de meses correspondentes à carência do benefício requerido; – serviço social; – reabilitação profissional; – salário-maternidade para as seguradas empregada, trabalhadora avulsa e empregada doméstica.

5. PREVIDÊNCIA DOS SERVIDORES PÚBLICOS

(Procurador – PGE/SP – 2024 – VUNESP) Cora Coralina ingressou no serviço público estadual, em cargo exclusivamente em comissão, aos 25 de fevereiro de 1990. Aprovada em concurso público, em 17 de junho de 1998, exonerou-se do cargo em comissão e, na mesma data, tomou posse e iniciou o exercício do cargo efetivo de Executivo Público, no qual permanece até os dias atuais. Ao completar 60 (sessenta) anos, em 5 de fevereiro de 2024, Cora requereu aposentadoria.

A partir desses dados, é correto afirmar que a servidora

(A) faz jus à aposentadoria voluntária, nos termos do artigo 40, § 1º, III, da Constituição da República, na redação anterior à EC nº 103/2019 (direito adquirido), com proventos necessariamente equivalentes à média aritmética simples das remunerações de contribuição, correspondentes a 100% (cem por cento) de todo o período contributivo, e reajustados nos termos da lei.

(B) ainda não faz jus à aposentadoria voluntária.

(C) faz jus à aposentadoria voluntária, nos termos do artigo 2º, III, da Lei Complementar nº 1.354/2020 (regra permanente), com proventos equivalentes à média aritmética simples das remunerações de contribuição, correspondentes a 100% (cem por cento) de todo o período contributivo, e reajustados nos termos da lei.

(D) faz jus à aposentadoria voluntária, nos termos do artigo 6º, da EC nº 41/2003 (direito adquirido), com proventos calculados segundo a regra da integralidade e reajustados paritariamente.

(E) faz jus à aposentadoria voluntária, nos termos do artigo 26, da EC nº 103/2019 (regra de transição), com proventos necessariamente equivalentes à média aritmética simples das maiores remunerações de contribuição, correspondentes a 80% (oitenta por cento) de todo o período contributivo, e reajustados nos termos da lei.

A: Incorreta. A aposentadoria voluntária do servidor público concedida nos termos do art. 40, § 3º, da CF, na redação vigente antes da EC 103/2019, era calculada com base nas contribuições do servidor aos regimes de previdência a que esteve vinculado, correspondentes a 80% (oitenta por cento) de todo o período contributivo desde a competência julho de 1994 ou desde a do início da contribuição, se posterior àquela competência (art. 1º da Lei nº 10.877/2004); **B:** Incorreta, pois Cora tem direito à aposentadoria voluntária diante de sua idade e tempo de contribuição; **C:** Incorreta. A aposentadoria prevista neste dispositivo exige idade mínima de 62 anos para a mulher. Ao mencionar a "regra permanente" o examinador está sinalizando referir-se à aposentadoria prevista no art. 40, § 1º, inciso III, da CF; **D:** Correta. O art. 6º da EC 41/2003 contém a principal regra de transição da reforma de previdenciária de 2003. Trata-se de aposentadoria com proventos integrais, que corresponderão à totalidade da remuneração no cargo efetivo em que se der a aposentadoria deferida ao servidor que tenha ingressado no serviço público até a data de sua publicação e, que, no caso da mulher, conta com 55 anos de idade, 30 anos de contribuição, 20 anos de efetivo exercício no serviço público, 10 anos de carreira e 5 anos de efetivo exercício no cargo em que se der a aposentadoria. Mas ora, o art. 6º da EC 41/2003 foi expressamente revogado pelo art. 35, III, da EC 103/2019. Como poderia Cora se aposentar com base nele? Note que para os demais entes federativos a revogação deste art. 6º só entra em vigor na data de publicação de lei de iniciativa privativa do respectivo Poder Executivo que as referende integralmente. No caso do Estado de São Paulo isto aconteceu por meio do art. 32 da Lei Complementar estadual nº 1.354, de 06/03/2020. Partindo do pressuposto, não expressamente mencionado no enunciado, de que Cora se valeu do instituto da contagem recíproca de tempo de contribuição para computar o período em que ocupou cargo exclusivamente em comissão (art. 40, § 13, da CF) como tempo de contribuição junto ao ente público e ela já havia preenchido os requisitos para se aposentar nos termos do art. 6º da EC 41/2003 antes de sua revogação entrar em vigor no Estado de São Paulo; **E:** Incorreta. O art. 26 da EC 103/2019 trata exclusivamente do *cálculo* de benefícios previdenciários. Segundo tal artigo, será utilizada a média aritmética simples dos salários de contribuição e das remunerações adotados como base para contribuições, atualizados monetariamente, correspondentes a 100% (cem por cento) do período contributivo desde a competência julho de 1994 ou desde o início da contribuição, se posterior àquela competência.

Gabarito "D".

(Procurador – PGE/SP – 2024 – VUNESP) No âmbito do Regime Próprio de Previdência Social do Estado de São Paulo, a contagem recíproca de tempo de atividade exercida com efetiva exposição a agentes químicos, físicos e biológicos prejudiciais à saúde, ou associação desses agentes,

(A) não deve ser admitida, diante da vedação legal à contagem recíproca de tempo de atividade sob condições especiais.

(B) deve ser admitida, independentemente do período, desde que para fins de elegibilidade à aposentadoria especial por exercício de atividade em condições de prejuízo à saúde ou à integridade física.

(C) deve ser admitida, desde que referente a período anterior ao advento da EC nº 103/2019 e somente para fins de elegibilidade à aposentadoria especial por exercício de atividade em condições de prejuízo à saúde ou à integridade física.

(D) deve ser admitida, desde que referente a período anterior ao advento da Lei Complementar nº 1.354/2020 e para fins de conversão de tempo especial em comum.

(E) deve ser admitida, desde que referente a período anterior ao advento da Lei Complementar nº 1.354/2020, para fins de conversão de tempo ou de elegibilidade à aposentadoria especial por exercício de atividade em condições de prejuízo à saúde ou à integridade física.

A: Incorreta. Não existe vedação à contagem recíproca de tempo de serviço especial no regime próprio do Estado de São Paulo. Pelo contrário, a Instrução Normativa SPPREV nº 01, de 27/03/2024, expressamente admite tal possibilidade em seus art. 17 e 18; **B:** Correta. Tanto na redação dada pela EC 20/1998 como naquela adotada pela EC 47/2005, o § 4º do art. 40 da CF exigia que Lei Complementar definisse o modo de cômputo de tempo de serviço especial dos servidores públicos. Diante da omissão legislativa a esse respeito, ao apreciar o tema de Repercussão Geral nº 942 o STF firmou tese segundo a qual: "*Até a edição da EC nº 103/2019, o direito à conversão, em tempo comum, do prestado sob condições especiais que prejudiquem a saúde ou a integridade física de servidor público decorre da previsão de adoção de requisitos e critérios diferenciados para a jubilação daquele enquadrado na hipótese prevista no então vigente inciso III do § 4º do art. 40 da Constituição da República, devendo ser aplicadas as normas do regime geral de previdência social relativas à aposentadoria especial contidas na Lei 8.213/1991 para viabilizar sua concretização enquanto não sobrevier lei complementar disciplinadora da matéria. Após a vigência da EC n.º 103/2019, o direito à conversão em tempo comum, do prestado sob condições especiais pelos servidores obedecerá à legislação complementar dos entes federados, nos termos da competência conferida pelo art. *40, § 4º-C, da Constituição da República.*" Isso posto, de acordo com o art. 40, § 4º-C, da CF, é possível a cada ente federativo editar Lei Complementar que estabeleça idade e tempo de contribuição diferenciados para aposentadoria de servidores cujas atividades sejam exercidas com efetiva exposição a agentes químicos, físicos e biológicos prejudiciais à saúde, ou associação desses agentes, vedada a caracterização por categoria profissional ou ocupação (vide o art. 21, § 3º, da EC 103/2019). O art. 5º da Lei Complementar Estadual nº 1.354/2020 fez exatamente isso. Todavia, é preciso notar, ainda, que o art. 25, § 2º, da EC 103/2019, veda a conversão de tempo especial para comum no âmbito do Regime Geral de Previdência Social e que o art. 13 da Instrução Normativa SPPREV nº 01, de 27/03/2024 só admite tal possibilidade quanto a períodos laborais vinculados ao Estado anteriores a 13 de novembro de 2019. Por isso, para ser admitido independentemente do período, como diz o enunciado, a contagem de tempo especial deve ser limitada à concessão de aposentadoria especial, ou seja, sem possibilidade de conversão de tempo especial em comum para concessão de aposentadoria voluntária; **C:** Incorreta. Em relação a períodos anteriores à EC 103/2019 não existe a limitação do uso do período de trabalho apenas para concessão de aposentadoria especial. É dizer, períodos anteriores à EC 103/2019 podem ser convertidos em tempo comum, na esteira do tema de Repercussão Geral nº 942 do STF e do art. 57, § 5º, do PBPS; **D e E:** Incorretas, pois o marco para a vedação de contagem de tempo especial em tempo comum é a EC nº 103/2019, como se vê da conjugação do art. 25, § 2º, da EC 103/2019 com o tema de Repercussão Geral nº 942 do STF. Não bastasse, o art. 13 da Instrução Normativa SPPREV nº 01, de 27/03/2024, diz expressamente que será admitida a conversão de tempo exercido sob condições especiais em tempo comum, exclusivamente, quanto a períodos laborais vinculados ao Estado anteriores a 13 de novembro de 2019, desde que expressamente solicitados pela parte interessada. **RQ**

Gabarito "B".

(Procurador – PGE/SP – 2024 – VUNESP) Carolina de Jesus ingressou em emprego público no Departamento de Estradas de Rodagem – DER em 7 de dezembro de 1973. Embora a Lei nº 200/1974 tenha revogado as normas que contemplavam o benefício de complementação de aposentadoria, em 9 de novembro de 2018, a servidora alcançou inatividade no âmbito do Regime Geral de Previdência Social e solicitou ao DER a correspondente complementação. O pleito foi deferido mas, em 1º de dezembro de 2019, Carolina veio a falecer e o viúvo houve por bem solicitar complementação de pensão à autarquia.

Nesse contexto, é correto afirmar que o ato de deferimento da complementação de aposentadoria é

(A) regular, na medida em que a Lei nº 200/1974 assegurou expectativas de direito dos empregados admitidos até sua vigência; mas o viúvo não faz jus à complementação de pensão.

(B) regular, na medida em que a Lei nº 200/1974 assegurou o direito adquirido dos empregados até sua vigência; mas o viúvo não faz jus à complementação de pensão.

(C) regular, na medida em que a Lei nº 200/1974 assegurou expectativas de direito dos empregados admitidos até sua vigência; e o viúvo faz jus à complementação de pensão.

(D) irregular, na medida em que a Lei nº 200/1974 não assegurou expectativas de direito dos empregados; e o viúvo não faz jus à complementação de pensão.

(E) irregular, na medida em que a Lei nº 200/1974 não assegurou o direito adquirido dos empregados admitidos até sua vigência; e o viúvo não faz jus à complementação de pensão.

O art. 1º da Lei estadual paulista nº 200/1974 revogou todas as disposições, gerais ou especiais, que concedem complementação, pelo Estado, de aposentadorias, pensões e outras vantagens, de qualquer natureza, aos empregados sob o regime da legislação trabalhista, da Administração direta e de entidades, públicas ou privadas, da Administração descentralizada. Por outro lado, o parágrafo único deste dispositivo assevera que: "*Os atuais beneficiários e os empregados admitidos até a data da vigência desta lei, ficam com seus direitos ressalvados, continuando a fazer jus aos benefícios decorrentes da legislação ora revogada*". Com isso em mente, analisemos as alternativas.

A: Correta. O parágrafo único do art. 1º da Lei em questão fez mais do que assegurar direitos adquiridos. Esta norma resguardou as expectativas de direito dos atuais beneficiários e dos empregados admitidos até a data da revogação em tela. Ao ressalvar os direitos previstos na legislação por ela revogada a todos os empregados admitidos até a data desta mesma revogação, independentemente de já terem ou não reunido os requisitos para se aposentar, a lei tutela expectativas de direito. Isso porque, nos termos do art. 6º, § 2º, da Lei de Introdução às normas do Direito Brasileiro, haverá direito adquirido apenas quando preenchidos todos os requisitos legais à obtenção de um benefício ou fruição de uma vantagem. Antes disso existe expectativa de direito (EDcl. Ag. REsp. 1.441.336, Rel. Min. Moura Ribeiro, DJe 06/06/2016). Por outro lado, o parágrafo único do art. 1º da Lei estadual nº 200/1974 aplica-se apenas aos "atuais beneficiários e aos empregados admitidos até a data da vigência desta lei", expressão na qual não se incluem futuros pensionistas; **B:** Incorreta, posto que a Lei estadual paulista nº 200/1974 fez mais do que resguardar direitos adquiridos; ela tutelou expectativas de direito; **C:** Incorreta. Como visto, o viúvo não faz jus à complementação uma vez que a norma aplicável protege apenas os atuais beneficiários e aqueles empregados admitidos até seu início de vigência; **D e E:** Incorretas. A Lei nº 200/1974 assegurou as expectativas de direito dos empregados, motivo pelo qual o ato de deferimento da complementação de aposentadoria é regular. **RQ**

Gabarito "A".

(Procurador – PGE/SP – 2024 – VUNESP) Constituem vantagens a que fazem jus os militares do Estado de São Paulo:

(A) proteção social e proventos calculados de acordo com o tempo de contribuição.

(B) adicional por tempo de serviço e encostamento.

(C) adicional de insalubridade e estabilidade após aprovação em estágio probatório com duração de 2 (dois) anos.

(D) adicional de local de exercício e abono de permanência.

(E) gratificação pela sujeição ao regime especial de trabalho policial e licença para tratar de interesse particular.

A: Incorreta. De acordo com o art. 24-E do Decreto-Lei nº 667/1969, o Sistema de Proteção Social dos Militares dos Estados, do Distrito Federal e dos Territórios, deve ser regulado por lei específica do ente federativo, que estabelecerá seu modelo de gestão e poderá prever outros direitos, como saúde e assistência, e sua forma de custeio. No estado de São Paulo o Sistema de Proteção Social dos Militares do Estado é gerido pela São Paulo Previdência – SPPREV. Por outro lado, segundo o art. 24-A, inciso I, do Decreto-Lei nº 667/1969, os proventos de aposentadoria do militar estadual serão calculados com base na remuneração do posto ou da graduação que o militar possuir por ocasião da transferência para a inatividade remunerada, e não de acordo com o tempo de contribuição; **B:** Incorreta. O adicional por tempo de serviço é devido aos militares do Estado de São Paulo, conforme o art. 3º, II, da Lei Complementar estadual nº 731/1993. Já o encostamento é instituto aplicável às Forças Armadas (União Federal) e não aos militares estaduais. Segundo o § 8º do art. 31 da Lei nº 4.375/1964, o encostamento é o ato de manutenção do convocado, voluntário, reservista, desincorporado, insubmisso ou desertor na organização militar, para fins específicos declarados no ato e sem percepção de remuneração; **C:** Incorreta, posto não existir previsão legal de pagamento de adicional de insalubridade. Cabe mencionar que no âmbito do Estado de São Paulo os vencimentos e vantagens pecuniárias dos integrantes da Polícia Civil e da Polícia Militar são tratados pela Lei Complementar nº 731/1993, cujo art. 3º prevê as vantagens pecuniárias devidas aos integrantes destas carreiras. Este rol é complementado pelas disposições do Estatuto dos Servidores Civis do Estado, exceto no que contrariarem as desta lei complementar e as da legislação específica, a rigor do art. 33 da Lei Estadual paulista nº 10.231/1996; **D:** Incorreta. O Adicional de Local de Exercício mencionado nos arts. 14 e 15 da Lei Complementar nº 731/1993 não existe mais. Tal vantagem foi absorvida nos vencimentos dos integrantes da Polícia Militar, em observância à Lei Complementar estadual nº 1.197/2013. Noutro giro, o abono de permanência encontra guarida no art. 28 da Lei Complementar estadual nº 1.354/2020; **E:** Correta. O inciso I do art. 3º da Lei Complementar nº 731/1993 prevê a gratificação pela sujeição ao Regime Especial de Trabalho Policial Militar, de que trata o artigo 1º da Lei nº 10.291/1968, e gratificação pela sujeição ao Regime Especial de Trabalho Policial, de que trata o artigo 45 da Lei Complementar nº 207/1979, calculadas em 100% (cem por cento) do valor do respectivo padrão de vencimento. No que tange à licença para tratar de interesses particulares, temos que o Estatuto dos Funcionários Civis do Estado de São Paulo (Lei nº 10.261/1968) – aplicável aos militares estaduais em função do art. 33 da Lei Estadual paulista nº 10.231/1996 – prevê a concessão de licença para tratar de interesses particulares em seu art. 202. RQ

Gabarito "E".

(Procurador – PGE/SP – 2024 – VUNESP) Com o falecimento do Major PM Mário Quintana, em 24 de julho de 2023, um menor, que estava sob sua guarda por decisão judicial, solicitou habilitação à pensão legada pelo militar paulista, que ainda se encontrava em atividade, por ocasião do óbito.

Considerando tais informações, é correto afirmar que o benefício solicitado deverá ser

(A) deferido, com fundamento na legislação estadual, e corresponderá ao valor dos proventos a que o militar faria jus se estivesse reformado.

(B) deferido, com fundamento na legislação federal, e corresponderá ao valor da remuneração do militar.

(C) deferido, com fundamento na legislação estadual, e corresponderá ao valor da remuneração do militar.

(D) indeferido, eis que não há previsão legal para concessão de pensão militar a menor sob guarda.

(E) deferido, com fundamento na legislação federal, e corresponderá ao valor dos proventos a que o militar faria jus se estivesse reformado.

A: Incorreta, pois o deferimento não se fundamenta em legislação estadual e seu valor não corresponderá aos proventos que teria se reformado estivesse. O art. 42, § 2º, da CF, diz que aos pensionistas dos militares dos Estados, do Distrito Federal e dos Territórios aplica-se o que for fixado em lei específica do respectivo ente estatal. Mesmo assim, a pretexto de expedir normas gerais relativas à inatividade dos militares dos Estados, do Distrito Federal e dos Territórios, a Lei nº 13.954/2019 acrescceu ao Decreto-Lei nº 667/1969 os artigos 24-A a 24-J. O inciso I do art. 24-B afirma que o benefício da pensão militar é igual ao valor da remuneração do militar da ativa ou em inatividade. Já seu inciso III diz que a relação de beneficiários dos militares dos Estados, do Distrito Federal e dos Territórios, para fins de recebimento da pensão militar, é a mesma estabelecida para os militares das Forças Armadas. A Lei Federal nº 3.765/1960 dispõe sobre as pensões militares; **B:** Correta. Existe aqui uma diferença relevante entre o regime das pensões militares e todos os demais regimes previdenciários. A redação original do art. 16, § 2º, do PBPS, incluía como dependente do segurado o menor que, por determinação judicial, estivesse sob a sua guarda. A Lei nº 9.528/1997 revogou a possibilidade de concessão de pensão por morte ao menor sob guarda no RGPS (a Lei nº 13.135/2015 fez o mesmo no âmbito do RPPS federal). Diante deste quadro, inicialmente o STJ consolidou o entendimento de que o menor sob guarda não pode ser considerado dependente para fins previdenciários (REsp 720706/SE, DJ 09.08.2011). Tal jurisprudência sofreu uma reviravolta no julgamento do EREsp nº 1141788, DJe 16/12/2016, no qual prevaleceu a tese de que o benefício seria devido, pois o art. 33 da Lei nº 8.069/1990 prevaleceria sobre a modificação feita pela Lei nº 9.528/1997. Contudo, posteriormente sobreveio o art. 23, § 6º, da Emenda Constitucional nº 103/2019 segundo o qual, no âmbito do RGPS, equiparam-se a filho, para fins de recebimento da pensão por morte, exclusivamente o enteado e o menor tutelado, desde que comprovada a dependência econômica. Ao julgar as ADIs nº 4.878 e 5.083 (DJe 06.08.2021) o STF conferiu interpretação conforme à Constituição ao § 2º do art. 16, do PBPS, para contemplar, em seu âmbito de proteção, o menor sob guarda, na categoria de dependentes do Regime Geral de Previdência Social, em consonância com o princípio da proteção integral e da prioridade absoluta, nos termos do art. 227 da CF, desde que comprovada a dependência econômica, nos termos em que exige a legislação previdenciária. Após, em sede de embargos de declaração (DJe 23.02.2022), a Corte Suprema esclareceu que tal julgamento não contemplou a redação do art. 23 da EC nº 103/2019, razão pela qual não se procedeu à verificação da constitucionalidade do mencionado dispositivo. Nada disso se aplica às pensões militares, uma vez que o art. 7º, I, 'e', da Lei nº 3.765/1960, prevê como beneficiário o: *"menor sob guarda ou tutela até vinte e um anos de idade ou, se estudante universitário, até vinte e quatro anos de idade ou, se inválido, enquanto durar a invalidez"*; **C:** Incorreta, pois o deferimento tem por base legislação Federal. Sobre este ponto, quiçá seja pertinente mencionar que ao julgar a ACO nº 3.396/DF (j. 05/10/2020) e o Tema de Repercussão Geral nº 1.177 o STF decidiu que ao dispor sobre as alíquotas previdenciárias dos servidores militares estaduais, a lei federal nº 13.954/2019 mostra-se, em princípio, incompatível com o texto constitucional, na medida em que tal disciplina foge a uma concepção constitucionalmente adequada de "normas gerais", em prejuízo da autonomia dos entes federativos; **D:** Incorreta. Existe previsão legal no art. 7º, I, 'e', da Lei nº 3.765/1960 c.c. art. 24-B, III, do Decreto-Lei nº 667/1969, com a redação dada pela Lei nº 13.954/2019; **E:** Incorreta. O inciso I do art. 24-B do Decreto-Lei nº 667/1969, com a redação dada pela Lei nº 13.954/2019 afirma que o benefício da pensão militar é igual ao valor da remuneração do militar da ativa ou em inatividade. RQ

Gabarito "B".

(Procurador Federal – AGU – 2023 – CEBRASPE) Considerando as alterações promovidas pela EC n.º 103/2019 em relação aos requisitos para a aposentadoria voluntária dos servidores públicos federais, assinale a opção correta.

(A) Para a concessão de aposentadoria voluntária ao servidor que ingressou em cargo efetivo no serviço público após a entrada em vigor da referida EC — até que entre em vigor lei federal que discipline os benefícios do regime próprio de previdência social dos servidores da União —, é exigida a idade mínima de 62 anos, se mulher com 30 anos de contribuição, e de 65 anos, se homem com 35 anos de contribuição, cumpridos o tempo mínimo de dez anos de efetivo exercício no serviço público e o de cinco anos no cargo efetivo em que for concedida a aposentadoria.

(B) Para a concessão de aposentadoria voluntária ao servidor que ingressou em cargo efetivo no serviço público até a entrada em vigor da referida EC, exige-se a idade mínima de 56 anos, se mulher com 30 anos de tempo de contribuição, e de 61 anos, se homem com 35 anos de tempo de contribuição, cumpridos o tempo de vinte anos de efetivo exercício no serviço público e o de cinco anos no cargo efetivo em que se der a aposentadoria, desde que tenham preenchido esses requisitos antes de 1.º de janeiro de 2020.

(C) Para a concessão de aposentadoria voluntária ao titular do cargo efetivo de policial federal que ingressou no serviço público após a entrada em vigor da referida EC — até que entre em vigor lei federal que discipline os benefícios do regime próprio de previdência social dos servidores da União —, exige-se idade mínima de 55 anos, se homem, e de 50 anos, se mulher, cumpridos o tempo de trinta anos de contribuição e o de vinte e cinco anos de efetivo exercício no cargo dessa carreira, independentemente do sexo.

(D) Para a concessão de aposentadoria voluntária ao servidor que ingressou em cargo efetivo no serviço público até a entrada em vigor da referida EC, exige-se a idade mínima de 60 anos, se mulher com 30 anos de contribuição, e de 63 anos, se homem com 33 anos de contribuição, cumpridos o tempo de vinte anos de efetivo exercício no serviço público e o de cinco anos no cargo efetivo em que se der a aposentadoria.

(E) Para a concessão de aposentadoria voluntária ao titular do cargo efetivo de professor federal que ingressou no serviço público após a entrada em vigor da referida EC — até que entre em vigor lei federal que discipline os benefícios do regime próprio de previdência social dos servidores da União —, exige-se idade mínima de 60 anos, tanto para o homem quanto para mulher, com 25 anos de contribuição exclusivamente no efetivo exercício das funções de magistério na educação infantil e no ensino fundamental e médio, cumpridos o tempo de dez anos de efetivo exercício de serviço público e o de cinco anos no cargo efetivo em que for concedida a aposentadoria, independentemente do sexo.

A: Incorreta. Nos termos do art. 10 da EC 103/2019, até que entre em vigor lei federal que discipline os benefícios do regime próprio de previdência social dos servidores da União exige-se idade mínima de 62 anos de idade, se mulher, e 65 anos de idade, se homem. Além disso, para ambos os sexos se exige 25 anos de contribuição, desde que cumprido o tempo mínimo de 10 anos de efetivo exercício no serviço público e de 5 anos no cargo efetivo em que for concedida a aposentadoria. Importante notar que a atual redação do art. 40, § 1º, inc. III, da CF, prevê aposentadoria no RPPS da União Federal aos 62 anos de idade, se mulher, e aos 65 anos de idade, se homem. Trata-se de regra permanente, modificável apenas por nova Emenda Constitucional. Já os requisitos de tempo de contribuição, permanência mínima no serviço público e no cargo podem ser alterados por lei federal, nos termos do já mencionado art. 10 da EC 103/2019. A EC 103/2019 se valeu desta técnica de prever, no texto constitucional, regulamentação temporária cuja eficácia cessa com a promulgação de legislação ordinária ou complementar a propósito do tema em vários de seus dispositivos (art. 3º, § 3º; art. 8º; art. 10º, caput e § 5º). A rigidez constitucional se qualifica pela existência de processos e requisitos mais complexos, difíceis, para a alteração do texto constitucional. A teoria constitucional classifica as constituições de acordo com a possibilidade de nelas se promoverem alterações formais em: imutáveis, super-rígidas, rígidas, semirrígidas e flexíveis. Super-rígida é aquela constituição em que alguns dispositivos não podem ser alterados em hipótese alguma. É o caso da CF/88, como se vê de seu art. 60, § 4º. Semirrígidas, por outro lado, são as constituições nas quais algumas partes ou dispositivos podem ser alterados por lei ordinária, ao passo que outros exigem os processos mais complexos que marcam a rigidez constitucional. Um exemplo de constituição semirrígida é a Constituição imperial do Brasil de 1824, cujo art. 178 elenca alguns temas centrais como sendo propriamente constitucionais e sujeitos a requisitos formais e materiais mais complexos de modificação, relegando o resto à possíveis alterações na forma de lei ordinária. Pode-se dizer, então, que atualmente a CF/88 possui características de uma constituição super-rígida e, ao mesmo tempo, características de uma constituição semirrígida; **B:** Correta, nos termos do art. 4º, caput e § 2º, da EC 103/2019; **C:** Incorreta. Para os integrantes de carreiras policiais que ingressem no serviço público após a EC 103/2019, se aplica o inciso I do § 2º do art. 10 de tal Emenda Constitucional até que entre em vigor lei federal que discipline os benefícios do regime próprio de previdência social dos servidores da União. Segundo tal dispositivo, poderão eles aposentar-se aos 55 anos de idade, com 30 anos de contribuição e 25 anos de efetivo exercício em cargo dessas carreiras, para ambos os sexos. Por outro lado, a regra de transição para os integrantes de carreiras policiais que tenham ingressado no serviço público antes da promulgação da EC 103/2019 se encontra em seu art. 5º. Diz essa norma haver dois modos distintos de aposentação em tal circunstância. O primeiro é na forma da Lei Complementar nº 51/1985 (após 30 anos de contribuição, desde que conte, pelo menos, 20 anos de exercício em cargo de natureza estritamente policial, se homem ou após 25 anos de contribuição e 15 anos de exercício em cargo de natureza estritamente policial, se mulher), observada a idade mínima de 55 anos para ambos os sexos. O segundo é aos 52 anos de idade, se mulher, e aos 53 anos de idade, se homem, desde que cumprido período adicional de contribuição correspondente ao tempo que, na data de entrada em vigor da EC 103/2019 faltaria para atingir o tempo de contribuição previsto na Lei Complementar nº 51/1985; **D:** Incorreta, pois em desacordo com a já mencionada regra do art. 10 da EC 103/2019; **E:** Incorreta. Aos professores públicos federais que ingressem no serviço público após a EC 103/2019 se aplica o inciso III do § 2º do art. 10 de tal Emenda Constitucional até que entre em vigor lei federal que discipline os benefícios do regime próprio de previdência social dos servidores da União. A aposentadoria neste caso ocorre aos 60 anos de idade, se homem, aos 57 anos, se mulher, com 25 anos de contribuição exclusivamente em efetivo exercício das funções de magistério na educação infantil e no ensino fundamental e médio, 10 anos de efetivo exercício de serviço público e 5 anos no cargo efetivo em que for concedida a aposentadoria, para ambos os sexos. A regra constitucional permanente sobre a aposentadoria de professores públicos se encontra no art. 40, § 5º, da CF. **RO** Gabarito "B".

(PROCURADOR FAZENDA NACIONAL – AGU – 2023 – CEBRASPE) À luz das normas estabelecidas pela EC n.º 103/2019 no que se refere ao regime próprio de previdência social, julgue os itens seguintes.

I. O rol de benefícios dos regimes próprios de previdência social fica limitado às aposentadorias e à pensão por morte.

II. Os afastamentos por incapacidade temporária para o trabalho e o salário-maternidade serão pagos diretamente pelo ente federativo e não correrão à conta do regime próprio de previdência social ao qual o servidor se vincula.

III. Os estados, o Distrito Federal e os municípios não poderão estabelecer alíquota inferior à da contribuição dos servidores da União, exceto se demonstrado que o respectivo regime próprio de previdência social não possui déficit atuarial a ser equacionado, hipótese em que a alíquota não poderá ser inferior às alíquotas aplicáveis ao RGPS.

IV. O parcelamento ou a moratória de débitos dos entes federativos com seus regimes próprios de previdência social fica limitado ao prazo de sessenta meses.
V. Aplica-se o RGPS ao agente público ocupante, exclusivamente, de cargo em comissão declarado em lei de livre nomeação e exoneração de outro cargo temporário, inclusive mandato eletivo, ou de emprego público.

Assinale a opção correta.

(A) Apenas os itens I e II estão certos.
(B) Apenas os itens III e V estão certos.
(C) Apenas os itens I, II e IV estão certos.
(D) Apenas os itens III, IV e V estão certos.
(E) Todos os itens estão certos.

I: Correto, consoante o § 2º do art. 9º da EC 103/2019, o qual vigorará até que entre em vigor lei complementar que discipline o § 22 do art. 40 da CF; **II:** Correto, na esteira do § 3º do art. 9º da EC 103/2019; **III:** Correto, nos termos do § 4º do art. 9º da EC 103/2019; **IV:** Correto, pois reflete o teor do § 9º do art. 9º da EC 103/2019; **V:** Correto, segundo o art. 40, § 13, da CF. RQ

Gabarito "E".

(Juiz Federal – TRF/1 – 2023 – FGV) Sobre os regimes próprios de servidores públicos, ocupantes de cargos públicos de provimento efetivo (RPPS), é correto afirmar que:

(A) os afastamentos por incapacidade temporária somente serão custeados pelo RPPS após a incapacidade ultrapassar quinze dias consecutivos;
(B) servidores estaduais e municipais, a depender da situação atuarial dos respectivos regimes, poderão ter contribuições inferiores aos servidores federais;
(C) servidores de todos os entes federados poderão arcar com contribuições extraordinárias, pelo prazo necessário para o equacionamento do déficit;
(D) servidores federais homens e mulheres, após a última reforma previdenciária de 2019, aposentam-se por idade no mesmo limite etário;
(E) a aposentadoria especial para servidores, quando expostos a agentes insalubres, foi extinta pela reforma previdenciária de 2019, restando somente a aposentadoria por idade.

A: Incorreta. Essa é a regra aplicável aos segurados empregados no âmbito do Regime Geral de Previdência Social – RGPS (art. 60 do PBPS). Os múltiplos regimes próprios de previdência social não são obrigados a copiar tal regra. O regime dos servidores públicos federais, por exemplo, não prevê prazo mínimo de incapacidade após o qual a licença para tratamento de saúde seja devida (art. 202 da Lei 8.112/90); **B:** Correta. Segundo o art. 9, § 4º, da EC 103/2019, no âmbito de seus regimes próprios os Estados, o Distrito Federal e os Municípios não poderão estabelecer alíquota inferior à da contribuição dos servidores da União, exceto se demonstrado que o respectivo regime próprio de previdência social não possui déficit atuarial a ser equacionado, hipótese em que a alíquota não poderá ser inferior às alíquotas aplicáveis ao Regime Geral de Previdência Social; **C:** Incorreta, posto afirmar o art. 149, § 1º-B, da CF, que, dentro de certas circunstâncias, é facultada a instituição de contribuição extraordinária, no âmbito da União, cobrada dos servidores públicos ativos, dos aposentados e dos pensionistas. Aos Estados, Municípios e ao Distrito Federal não foi conferida a mesma faculdade; **D:** Incorreta. No âmbito da União a aposentadoria programada é possível aos 62 (sessenta e dois) anos de idade, se mulher, e aos 65 (sessenta e cinco) anos de idade, se homem. Importante ressaltar que, no âmbito dos Estados, do Distrito Federal e dos Municípios, a aposentadoria programada será concedida conforme idade mínima estabelecida mediante emenda às respectivas Constituições e Leis Orgânicas, observados o tempo de contribuição e os demais requisitos estabelecidos em lei complementar do respectivo ente federativo (art. 40, § 1º, III, da CF); **E:** Incorreta, nos termos do § 4º-C do art. 40 da CF. RQ

Gabarito "B".

(Procurador Município – Teresina/PI – FCC – 2022) Conforme a Lei no 2.969, de 11 de janeiro de 2001, do Município de Teresina/PI, em relação ao Conselho de Administração do Instituto de Previdência do Município de Teresina (IPMT), o

(A) membro do Conselho de Administração do IPMT representante dos servidores ativos da Administração direta, autárquica e fundacional do Município de Teresina deverá contar com pelo menos 3 anos de efetivo exercício como servidor municipal.
(B) Conselho de Administração terá uma Secretaria para atender seus serviços administrativos, tendo suas atribuições definidas em Regimento Interno, aprovado por Decreto do Legislativo de Teresina.
(C) julgamento de recurso contra ato do Presidente do IPMT, uma das atribuições do Conselho de Administração, é presidida pelo Secretário de Administração Municipal.
(D) mandato do membro representante dos servidores da Câmara de Teresina/PI será de 2 anos, e o mesmo perderá a condição de membro do Conselho se deixar de comparecer a 4 sessões intercaladas.
(E) Presidente do Conselho de Administração só exerce seu direito de voto em caso de empate, com exceção apenas da votação do Balanço Geral do ano encerrado.

A: incorreta. O art. 33, §2º, da lei municipal em questão afirma ser essencial para o exercício de membro do Conselho de Administração do IPMT a condição de segurado, com pelo menos três anos de efetivo exercício no cargo e nível de escolaridade superior; **B:** Incorreta. A Secretaria do Conselho de Administração do IPMT tem suas atribuições definidas em Regimento Interno, o qual deve ser aprovado pelo Conselho e homologado pelo Chefe do Poder Executivo (art. 40); **C:** Correta, nos termos do art. 35, VI, da lei municipal de Teresina/PI nº 2.969/2001; **D:** Incorreta. O mandato do representante dos servidores municipais, ativos e inativos, é de dois anos, permitida uma recondução. Tanto o representante dos servidores ativos, como o representante dos servidores inativos e o representante dos servidores da Câmara de Teresina perderão a condição de membro do Conselho se deixarem de comparecer, sem motivo justificado, a três sessões ordinárias consecutivas ou a seis sessões intercaladas, no mesmo ano (art. 36, §4º e 37); **E:** Incorreta. O Presidente do Conselho exercitará seu direito de voto apenas em caso de aprovação de prestação de contas e de Balanço Geral do Exercício encerrado (art. 43, parágrafo único). RQ

Gabarito "C".

(Procurador Município – Teresina/PI – FCC – 2022) Sócrates é servidor do Município de Teresina, prestando serviços na Secretaria de Saúde desde 2014. Foi cedido para o Governo do Estado do Piauí a partir de 01 de janeiro de 2020, para chefiar o Gabinete do Governador do Estado. Considerando a Lei no 2.969, de 11 de janeiro de 2001, do Município de Teresina/PI, Sócrates

(A) mantém a condição de segurado, pois é previsão legal que a cessão para Administração direta ou indireta da União, Estados, DF e Municípios tenha essa consequência.

(B) perde a condição de segurado, mas pode contar como tempo para aposentadoria o período de cessão, desde que contribua para o Instituto de Previdência do Estado do Piauí.

(C) mantém a condição de segurado porque a cessão se deu para a Administração direta do mesmo Estado.

(D) preserva a condição de segurado porque quando da cessão contava com mais de 5 anos de exercício junto ao Município de Teresina/PI.

(E) perde a condição de segurado, mas pode contar como tempo para aposentadoria o período de cessão, desde que contribua para o Instituto de Previdência do Município de Teresina (IPMT) diretamente.

O art. 19, II, da lei municipal afirma que mantém a condição de segurado do IPMT o segurado cedido para outro órgão ou entidade da Administração direta ou indireta da União, dos Estados, do Distrito Federal ou dos Municípios. Deste modo, está correta apenas a assertiva A. Note que a assertiva C está incorreta, pois a manutenção da qualidade de segurado independe de a cessão do segurado se dar para a Administração, direta ou indireta, do mesmo Estado.
Gabarito "A".

(Procurador do Estado/SP - 2018 - VUNESP) Ao longo da vida, Maria Tereza teve alguns vínculos funcionais com o Estado de São Paulo. Agora, pretendendo obter aposentadoria no âmbito do Regime Geral de Previdência Social – RGPS, a ex-servidora solicitou ao Regime Próprio de Previdência Social (RPPS) paulista **a emissão de Certidão de Tempo de Contribuição (CTC)** para fins de averbação no Instituto Nacional do Seguro Social – INSS. A CTC a ser homologada pela SPPREV deverá contemplar o período

(A) de 01.01.2010 a 31.12.2010, em que Maria Tereza exerceu atividade docente na rede de ensino público estadual, em virtude de contratação por tempo determinado realizada com fundamento na Lei Complementar Estadual no 1.093/2009.

(B) de 01.01.1994 a 31.12.1996, em que Maria Tereza exerceu função-atividade em virtude de contratação para execução de determinada obra, nos termos do art. 1o, III, da Lei Estadual no 500/1974.

(C) de 01.01.1999 a 31.12.2002, em que Maria Tereza exerceu a função de escrevente de cartório extrajudicial, inclusive o interstício em que esteve afastada de suas atividades para promover campanha eleitoral.

(D) de 01.01.1980 a 31.12.1987, em que Maria Tereza exerceu cargo efetivo, inclusive o interstício de licença para tratar de interesses particulares, no qual recolheu as contribuições previdenciárias devidas ao Instituto de Previdência do Estado de São Paulo – IPESP.

(E) de 01.01.2011 a 31.12.2017, em que Maria Tereza **exerceu cargo efetivo**, inclusive o interstício de licença para tratar de interesses particulares, **no qual recolheu contribuições previdenciárias para a São Paulo Previdência** – SPPREV.

Trata-se de questão que envolve o direito constitucional previsto no art. 201, § 9º, que, após a EC 103/2019, assim preceitua: "Para fins de aposentadoria, será assegurada a contagem recíproca do tempo de contribuição entre o Regime Geral de Previdência Social e os regimes próprios de previdência social, e destes entre si, observada a compensação financeira, de acordo com os critérios estabelecidos em lei."
A: incorreta. Do art. 20 da Lei Complementar Estadual paulista 1.093/2009 consta: "O contratado na forma do disposto nesta lei complementar ficará vinculado ao Regime Geral de Previdência Social, nos termos da legislação federal". Desta feita, o tempo contributivo já integra o Regime Geral; **B:** incorreta. Do art. 1º, inciso III, da Lei 500, de 1974, consta: "III - para a execução de determinada obra, serviços de campo ou trabalhos rurais, todos de natureza transitória, ou ainda, a critério da Administração, para execução de serviços decorrentes de convênios." Do art. 3º observa-se que "Os servidores de que tratam os incisos I e II do artigo 1º reger-se-ão pelas normas desta lei, aplicando -se aos de que trata o inciso III as normas da legislação trabalhista." Assim, com relação ao inciso III o labor já se encontra inserido no âmbito do Regime Geral. Nesse exato diapasão preconiza a Lei Complementar Estadual 1.010/2007, que no art. 2º assevera: "São segurados do RPPS e do RPPM do Estado de São Paulo, administrados pela SPPREV: (...) § 2º - Por terem sido admitidos para o exercício de função permanente, inclusive de natureza técnica, e nos termos do disposto no inciso I deste artigo, são titulares de cargos efetivos os servidores ativos e inativos que, até a data da publicação desta lei, tenham sido admitidos com fundamento nos incisos I e II do artigo 1º da Lei nº 500, de 13 de novembro de 1974.". Excluídos, mais uma vez os contratados na forma do inciso III do art. 1º da Lei 500, de 1974. Desta feita, o tempo contributivo já integra o Regime Geral; **C:** incorreta. Em conformidade com o art. 40 da Lei 8.935, de 1994, (CAPÍTULO IX, Da Seguridade Social) "os notários, oficiais de registro, escreventes e auxiliares são vinculados à previdência social, de âmbito federal, e têm assegurada a contagem recíproca de tempo de serviço em sistemas diversos." São integrantes do Regime Geral de Previdência Social. Desta feita, o tempo contributivo já integra o RGPS; **D:** incorreta. Trata-se de período anterior à CF/88, época na qual parte dos servidores públicos integravam o regime de previdência geral. A alternativa não traz maiores especificações e no cotejo entre as alternativas observa-se que o item "E" está absolutamente correto; **E:** correta. A Lei 10.261/1968 (Estatuto dos Servidores de SP) determina, em seu art. 202: "Depois de 5 (cinco) anos de exercício, o funcionário poderá obter licença, sem vencimento ou remuneração, para tratar de interesses particulares, pelo prazo máximo de 2 (dois) anos." Já a Lei Complementar Estadual 1.012/2007 determina, em seu art. 12, § 1º: "Será assegurada ao servidor licenciado ou afastado sem remuneração a manutenção da vinculação ao regime próprio de previdência social do Estado, mediante o recolhimento mensal da respectiva contribuição, assim como da contribuição patronal prevista na legislação aplicável, observando-se os mesmos percentuais e incidente sobre a remuneração total do cargo a que faz jus no exercício de suas atribuições, computando-se, para esse efeito, inclusive, as vantagens pessoais." Desse modo, ainda que afastada, Maria, ao contribuir para o RPPS, direcionando as contribuições à SPPREV (órgão gestor único do regime próprio de previdência em SP), manteve o vínculo com o Regime Próprio. Ademais, exerceu cargo efetivo, contribuindo para o Regime Próprio de Previdência (art. 2º da Lei 1.010/2007). Portanto, de 01.01.2011 a 31.12.2017, somente contribuiu para o RPPS, podendo requerer a emissão da Certidão de Tempo de Contribuição (CTC) para fins de averbação no Instituto Nacional do Seguro Social – INSS, ou seja, averbar o tempo de contribuição do Regime Próprio no RGPS.
Gabarito "E".

(Procurador do Estado/SP - 2018 - VUNESP) De acordo com o ordenamento jurídico em vigor, em especial a legislação paulista, o servidor público

(A) ocupante de cargo efetivo não fica jungido a quaisquer deveres previstos no Estatuto dos Funcionários Públicos quando não estiver no exercício de suas funções.

(B) ocupante de cargo em comissão legará pensão por morte calculada nos termos do artigo 40 da Constituição Federal, desde que vinculado ao Regime Próprio de Previdência Social.

(C) ocupante de cargo efetivo poderá obter licença por motivo de doença do cônjuge e de parentes de até segundo grau, sem remuneração e limitada ao prazo máximo de seis meses.

(D) estável faz jus a adicional por tempo de serviço após cada período de cinco anos de exercício, desde que ininterrupto.

(E) ocupante de cargo efetivo, após noventa dias decorridos da apresentação do pedido de aposentadoria voluntária, poderá cessar o exercício da função pública se obtiver autorização fundamentada de sua chefia.

A: incorreta. A Lei 10.261, de 28 de outubro de 1968, dispõe sobre o Estatuto dos Funcionários Públicos Civis do Estado, e traz, no art. 241, a seguinte regra: "São deveres do funcionário: Art. XIV - proceder na vida pública e privada na forma que dignifique a função pública)"; **B:** correta. Observe-se que é excluído do Regime Próprio de Previdência Social o servidor ocupante "exclusivamente" de cargo em comissão (CF, art. 40, § 13). Tratando-se de servidor público titular de cargo efetivo, ainda que ocupe cargo em comissão (direção, chefia e assessoramento), aplica-se o regramento previsto no art. 40 da CF; **C:** incorreta. A Lei 10.261, de 28 de outubro de 1968, dispõe sobre o Estatuto dos Funcionários Públicos Civis do Estado, e no §2º, de seu art. 199, prevê: "A licença de que trata este artigo será concedida com vencimento ou remuneração até 1 (um) mês e com os seguintes descontos: I - de 1/3 (um terço), quando exceder a 1 (um) mês até 3 (três); II - de 2/3 (dois terços), quando exceder a 3 (três) até 6 (seis); III - sem vencimento ou remuneração do sétimo ao vigésimo mês.); **D:** Incorreta. A Lei 10.261, de 28 de outubro de 1968, dispõe sobre o Estatuto dos Funcionários Públicos Civis do Estado, e prevê, no art. 127: "O funcionário terá direito, após cada período de 5 (cinco) anos, contínuos, ou não, à percepção de adicional por tempo de serviço, calculado à razão de 5% (cinco por cento) sobre o vencimento ou remuneração, a que se incorpora para todos os efeitos.)"; **E:** incorreta. A Lei 10.261, de 28 de outubro de 1968, dispõe sobre o Estatuto dos Funcionários Públicos Civis do Estado, e no art. 228 prevê que a aposentadoria voluntária somente produzirá efeito a partir da publicação do ato no Diário Oficial. Gabarito "B".

(Procurador do Estado/SP - 2018 - VUNESP) Ana Maria, titular de cargo efetivo, foi eleita vereadora do Município de São José do Rio Preto. Assim que soube do fato, o órgão de recursos humanos a que se vincula solicitou à Consultoria Jurídica orientações sobre a situação funcional da servidora caso viesse a assumir o mandato eletivo. O Procurador do Estado instado a responder à consulta poderá apresentar, sem risco de incorrer em equívoco, os seguintes esclarecimentos acerca da situação:

(A) caso haja compatibilidade de horários, a servidora fará jus à percepção das vantagens do seu cargo, sem prejuízo da remuneração do mandato eletivo e, caso não haja compatibilidade de horários, fará jus ao afastamento do cargo efetivo, com a faculdade de optar pela melhor remuneração. O tempo de afastamento do cargo efetivo para exercício de mandato eletivo será computado para todos os efeitos legais, exceto para promoção por merecimento.

(B) a servidora deverá afastar-se do cargo efetivo para exercer o mandato eletivo, com a faculdade de optar pela melhor remuneração. O tempo de afastamento do cargo efetivo para exercício de mandato eletivo será computado para todos os efeitos legais, exceto para adicionais temporais e promoção por merecimento.

(C) a servidora deverá afastar-se do cargo efetivo para exercer o mandato eletivo, fazendo jus apenas à remuneração deste. O tempo de afastamento do cargo efetivo para exercício de mandato eletivo será computado para todos os efeitos legais, exceto para promoção por merecimento.

(D) caso haja compatibilidade de horários, a servidora fará jus à percepção das vantagens do seu cargo, sem prejuízo da remuneração do mandato eletivo e, caso não haja compatibilidade de horários, fará jus ao afastamento do cargo efetivo, com a faculdade de optar pela melhor remuneração. O tempo de afastamento do cargo efetivo para exercício de mandato eletivo será computado para todos os efeitos legais, exceto para adicionais temporais e promoção por merecimento.

(E) a servidora deverá afastar-se do cargo efetivo para exercer o mandato eletivo, com a faculdade de optar pela melhor remuneração. O tempo de afastamento do cargo efetivo para exercício de mandato eletivo não será computado para fins de obtenção de quaisquer vantagens funcionais.

Art. 38 da CF/88: Ao servidor público da administração direta, autárquica e fundacional, no exercício de mandato eletivo, aplicam-se as seguintes disposições: I - tratando-se de mandato eletivo federal, estadual ou distrital, ficará afastado de seu cargo, emprego ou função; II - investido no mandato de Prefeito, será afastado do cargo, emprego ou função, sendo-lhe facultado optar pela sua remuneração; III - investido no mandato de Vereador, havendo compatibilidade de horários, perceberá as vantagens de seu cargo, emprego ou função, sem prejuízo da remuneração do cargo eletivo, e, não havendo compatibilidade, será aplicada a norma do inciso anterior; IV - em qualquer caso que exija o afastamento para o exercício de mandato eletivo, seu tempo de serviço será contado para todos os efeitos legais, exceto para promoção por merecimento; V - para efeito de benefício previdenciário, no caso de afastamento, os valores serão determinados como se no exercício estivesse. O inciso V deste dispositivo foi alterado pela EC 103/2019, passando a dispor que 'na hipótese de ser segurado de regime próprio de previdência social, permanecerá filiado a esse regime, no ente federativo de origem'. Gabarito "A".

(Procurador do Estado/SP - 2018 - VUNESP) Assinale a alternativa correta.

(A) Os servidores ocupantes de cargos em comissão são regidos pela Consolidação das Leis do Trabalho (CLT) e vinculados ao Regime Geral de Previdência Social.

(B) A instituição de regime jurídico único implica a existência de ente gestor único do Regime Próprio de Previdência Social.

(C) Embora o Estado de São Paulo tenha instituído regime jurídico único, seus servidores podem estar vinculados ao Regime Próprio de Previdência Social ou ao Regime Geral de Previdência Social.

(D) Os servidores ocupantes exclusivamente de cargo em comissão mantêm vínculo com o Regime Geral de Previdência Social.

(E) A instituição de regime jurídico único implica a existência de regime previdenciário único.

A: incorreta. Os servidores ocupantes de cargos em comissão **e titulares de cargo efetivo** são integrantes de Regime Próprio de Previdência Social, ao passo que os servidores ocupantes exclusivamente de cargo em comissão são filiados obrigatoriamente ao RGPS (art. 40, §13º, da CF); **B:** incorreta. Na redação dada pela EC 41/2003, o art. 40, § 20, da

CF, estabelecia ser vedada a existência de mais de um regime próprio de previdência social para os servidores titulares de cargos efetivos, e de mais de uma "unidade gestora" do respectivo regime em cada ente estatal, "ressalvado" o disposto no art. 142, § 3º, X (Forças Armadas). Com a promulgação da EC 103/2019, este §20º passou a estabelecer ser vedada a existência de mais de um regime próprio de previdência social e de mais de um órgão ou entidade gestora desse regime em cada ente federativo, abrangidos todos os poderes, órgãos e entidades autárquicas e fundacionais, que serão responsáveis pelo seu financiamento, observados os critérios, os parâmetros e a natureza jurídica definidos na lei complementar de que trata o § 22. A adequação do órgão ou unidade de gestão do RPPS a tal parâmetro deve ocorrer em, no máximo, 02 anos da promulgação da EC 103/2019; **C:** Incorreta. Há no Estado de São Paulo Regime Próprio de Previdência Social, de tal sorte que os servidores públicos titulares de cargos efetivos ficam necessariamente vinculados ao RPPS, conforme determina o art. 40 da CF; **D:** Correta. CF, art. 40, § 13: "Aplica-se ao agente público ocupante, exclusivamente, de cargo em comissão declarado em lei de livre nomeação e exoneração, de outro cargo temporário, inclusive mandato eletivo, ou de emprego público, o Regime Geral de Previdência Social."; **E:** Incorreta. Do art. 40, § 13, da CF, observa-se que no ente público estadual há prestadores de serviços filiados ao RGPS.

Gabarito "D".

(Procurador do Estado/SP - 2018 - VUNESP) Maria de Oliveira efetuou inscrição definitiva na Ordem dos Advogados do Brasil logo após sua colação de grau, no início de 1987. Vocacionada ao exercício da advocacia pública, optou por dedicar-se exclusivamente aos estudos para o concurso da Procuradoria Geral do Estado de São Paulo, tendo sido aprovada no concurso de 1993, ano em que tomou posse e iniciou o exercício do cargo. Ultrapassados 25 anos de efetivo exercício do cargo de Procuradora do Estado de São Paulo, Maria de Oliveira, que hoje conta 56 anos, solicitou aposentadoria com lastro no artigo 3º da Emenda Constitucional no 47/2005. No mesmo instante, ciente de que lei estadual vigente quando de sua posse assegurava aos Procuradores do Estado o cômputo do tempo de inscrição na OAB como tempo de serviço público para todos os efeitos, apresentou certidão emitida por tal entidade ao setor de recursos humanos, requerendo a contagem do período como tempo de contribuição. Examinando o pleito, é possível concluir que a Procuradora do Estado de São Paulo

(A) não faz jus à aposentadoria requerida, pois apenas solicitou averbação do tempo de inscrição na Ordem dos Advogados do Brasil em seus assentamentos funcionais após a vigência da Emenda Constitucional no 20/1998, que veda a contagem de tempo de contribuição ficto.

(B) não faz jus à aposentadoria requerida, pois a EC no 20/1998, ao eleger o sistema de capitalização para financiamento do Regime Próprio de Previdência Social, vedou a contagem de tempo ficto.

(C) não faz jus à aposentadoria requerida, pois apenas passou a recolher contribuições previdenciárias para fins de aposentadoria quando de sua posse.

(D) faz jus à aposentadoria requerida, pois o cômputo do período de inscrição na Ordem dos Advogados do Brasil como tempo de contribuição não caracteriza contagem de tempo ficto.

(E) faz jus à aposentadoria requerida, pois o artigo 4o da Emenda Constitucional no 20/1998 consagrou o direito adquirido à qualificação jurídica do tempo.

O servidor público da União, dos Estados, do Distrito Federal e dos Municípios, incluídas suas autarquias e fundações, que tenha ingressado no serviço público até a data da publicação da EC 20, em 16 de dezembro de 1998, poderá aposentar-se com proventos integrais (totalidade da remuneração que aufere), e com direito à paridade dos proventos com a remuneração dos servidores da ativa, desde que preencha, cumulativamente, as seguintes condições:

"I) trinta e cinco (35) anos de tempo de contribuição, se homem, e trinta (30) anos de tempo de contribuição, se mulher;

II) vinte e cinco (25) anos de efetivo exercício no serviço público, quinze (15) anos de carreira e cinco (5) anos no cargo em que se der a aposentadoria;

III) idade mínima resultante da redução, relativamente aos limites do art. 40, § 1º, inciso III, alínea 'a', da Constituição Federal, de um ano de idade para cada ano de contribuição que exceder a condição prevista no inciso I acima referido".

Por essa regra de transição, **alcançável apenas pelos servidores públicos que ingressaram no funcionalismo até 16 de dezembro de 1998** (data da publicação da EC 20), é franqueada a aposentadoria com **idade inferior à prevista no corpo permanente** da CF (art. 40, § 1º, III). O art. 40, § 1º, III, da CF, após a EC 20/1998, passou a exigir a idade mínima de 60 anos de idade para os homens e 55 anos de idade para as mulheres, e tempo de contribuição de 35 anos, se homem, e 30 anos, se mulher. Para cada ano trabalhado além dos 35 anos exigíveis, se homem, ou dos 30 anos, se mulher, a regra da EC 47 autoriza a redução, em igual número de anos, da idade.

Assim, considerado o período de 1987 a 1993, que, nos termos da lei estadual vigente quando de sua posse, assegurava aos Procuradores do Estado o cômputo do tempo de inscrição na OAB como tempo de serviço público para todos os efeitos, combinado com o art. 4º da EC 20/98 (observado o disposto no art. 40, § 10, da Constituição Federal, o tempo de serviço considerado pela legislação vigente para efeito de aposentadoria, cumprido até que a lei discipline a matéria, será contado como tempo de contribuição), tem-se o total de 31 anos até 2018, nestes inclusos 25 anos de efetivo exercício no serviço público. De observar que com relação ao requisito etário, já possui 56 anos de idade. Assim, satisfeitos os requisitos para aposentadoria. Diante desse contexto, a única alternativa a ser assinalada é a letra "E".

Frise-se que a resolução desta questão não leva em consideração as disposições ou regras transitórias introduzidas na CF pela EC 103/2019. Do modo como formulada, a alternativa correta permanece inalterada mesmo após a EC 103/2019, uma vez que, nos termos do *caput* de seu art. 3º: ' A concessão de aposentadoria ao servidor público federal vinculado a regime próprio de previdência social e ao segurado do Regime Geral de Previdência Social e de pensão por morte aos respectivos dependentes será assegurada, a qualquer tempo, desde que tenham sido cumpridos os requisitos para obtenção desses benefícios até a data de entrada em vigor desta Emenda Constitucional, observados os critérios da legislação vigente na data em que foram atendidos os requisitos para a concessão da aposentadoria ou da pensão por morte.'

Gabarito "E".

(Procurador do Estado/SP - 2018 - VUNESP) Patrícia Medeiros, titular de cargo efetivo, ciente de que determinada gratificação não integrará, em sua totalidade, a base de cálculo dos proventos de aposentadoria a que fará jus com fundamento no artigo 6o da EC nº41/2003, apresenta requerimento à Administração solicitando que referida vantagem deixe de compor a base de cálculo da contribuição previdenciária. Instada a examinar o pleito, a Procuradoria Geral do Estado corretamente apresentará parecer jurídico recomendando

(A) o indeferimento do pedido, eis que, conforme jurisprudência do Supremo Tribunal Federal, não se exige correlação perfeita entre base de contribuição e benefício previdenciário.

(B) a inadmissibilidade do pedido, por falta de interesse de agir, pois na aposentadoria com lastro no artigo 6o da EC no 41/2003 o valor dos proventos espelha exatamente a última folha de pagamento do servidor no cargo efetivo, de maneira que todas as vantagens por ele percebidas no momento da aposentação serão integralmente carreadas à inatividade.

(C) o indeferimento do pedido, pois desde o advento da Lei Federal no 10.887/2004 o cálculo das aposentadorias é realizado considerando-se a média aritmética simples das maiores remunerações.

(D) o deferimento do pedido com fundamento no princípio contributivo, que segundo tese de repercussão geral fixada pelo Supremo Tribunal Federal obsta a incidência de contribuições sobre valores que não serão considerados no cálculo dos proventos.

(E) o deferimento do pedido, pois a incidência de contribuição previdenciária sobre parcela que não integrará a base de cálculo dos proventos, segundo tese de repercussão geral fixada pelo Supremo Tribunal Federal, gera enriquecimento sem causa do Estado.

A: Assertiva dada como correta. A jurisprudência do STF sempre se inclinou pela necessidade de correlação entre base de contribuição e benefício previdenciário, de modo a não permitir a incidência de contribuição sobre o adicional de férias por se tratar de verba de natureza indenizatória que não integra o cálculo dos proventos de aposentadoria (RE-AgR 545317/DF Julg. 19-2-2008. No mesmo sentido: STJ, PET n. 7.522/SE, DJ 18-5-2010). Entretanto, dizia-se que o STF não exige a "perfeita" correlação, pois sobre o décimo terceiro salário do servidor público há incidência de contribuição previdenciária (Súmula 688 STF: É legítima a incidência da contribuição previdenciária sobre o 13º salário), mas não integra ele o cálculo dos proventos de aposentadoria. Perceba que o motivo para isso não é ausência de correlação entre base de cálculo da contribuição e cálculo dos proventos, mas sim a vedação de *bis in idem*, dado que após aposentado o servidor público perceberá 13 parcelas durante o ano a título de proventos. Em 22/03/2019 foi publicado Acórdão em Repercussão Geral pelo STF (RE 593.068, tema 163), cuja tese fixada é: 'Não incide contribuição previdenciária sobre verba não incorporável aos proventos de aposentadoria do servidor público, tais como 'terço de férias', 'serviços extraordinários', 'adicional noturno' e 'adicional de insalubridade'; **B:** Incorreta, uma vez que o valor dos proventos de aposentadoria não necessariamente espelha a última folha de pagamentos, pois esta última contém verbas indenizatórias e, como no caso, gratificações ou outras verbas que não serão refletidas no cálculos dos proventos da aposentadoria; **C:** incorreta. A aposentadoria com fundamento no art. 6º da EC 41/2003 assegura proventos integrais que corresponderão à totalidade da remuneração do servidor público no cargo efetivo em que se der a aposentadoria; **D:** incorreta quando da realização do certame, posto que o acórdão que fixou a tese em repercussão geral em questão foi publicada apenas em 22/03/2019 (a ata de julgamento foi publicada em 11/10/2018); **E:** Incorreta quando da realização do certame, posto que o acórdão que fixou a tese em repercussão geral em questão foi publicada apenas em 22/03/2019 (a ata de julgamento foi publicada em 11/10/2018). RQ

Gabarito "A".

(Procurador do Estado/SP - 2018 - VUNESP) Policial Militar do Estado de São Paulo que completou 24 (vinte e quatro) meses de agregação por invalidez foi reformado. Nessas circunstâncias, é correta a seguinte afirmação:

(A) caso constatado que o militar inativo passou a exercer atividade privada, na condição de empregado, a SPPREV deverá, imediatamente, cassar o ato de reforma e determinar sua reversão para o serviço ativo.

(B) nesse caso, o militar foi reformado ex officio, mas a reforma também pode ser processada a pedido.

(C) o ato de transferência do militar para a inatividade é de competência do Comandante Geral da Polícia Militar do Estado de São Paulo.

(D) nesse caso, a reforma será aperfeiçoada com vencimentos e vantagens integrais aos do posto ou graduação.

(E) com a reforma, extinguiu-se o vínculo entre a Polícia Militar e o inativo, que a partir de então passou a estar vinculado somente à São Paulo Previdência.

No momento da prova vigorava a lei complementar estadual 305/2017, que alterou o Decreto-lei 260/1970 de SP, para estabelecer que: Art. 2º - Ficam acrescentados ao Decreto-lei nº 260, de 29 de maio de 1970, os seguintes dispositivos: III – artigo 26-A: "Artigo 26-A – O militar transferido para a reserva a pedido poderá ser designado para exercer funções administrativas, técnicas ou especializadas, enquanto não atingir a idade-limite de permanência na reserva. § 1º - É vedada a designação de que trata este artigo, de militar promovido ao posto superior quando de sua passagem para a reserva se não houver, em seu Quadro de origem, o respectivo posto. § 2º - O militar da reserva designado terá as mesmas prerrogativas e deveres do militar do serviço ativo em igual situação hierárquica, fazendo jus, enquanto perdurar sua designação, a: 1. Férias; e 2. Abono, equivalente ao valor da sua contribuição previdenciária e do padrão do respectivo posto ou graduação. § 3º - Além da avaliação médica e de aptidão física prevista no § 2º do artigo 26, o Comandante Geral definirá critérios disciplinares e técnicos para a designação de militar da reserva nos termos deste artigo."
Diante da normatização legal, a alternativa "C" é a correta: o ato de transferência do militar para a inatividade é de competência do Comandante Geral da Polícia Militar do Estado de São Paulo.
A lei estadual nº 17.293/2020 alterou o *caput* e o item 2, do §2º, deste art. 26-A. Sua redação atual diz que: 'Artigo 26-A - O militar do Estado transferido para a reserva poderá ser designado para exercer, especificamente, funções administrativas, técnicas ou especializadas nas Organizações Policiais-Militares, enquanto não atingir a idade-limite de permanência na reserva. (.....) §2º (...) 2. diária, com valor a ser fixado por meio de decreto'. RQ

Gabarito "C".

(Juiz – TRF 2ª Região – 2017) Quanto ao regime de Previdência Social do servidor público federal, marque a opção correta:

(A) O servidor licenciado do cargo, sem direito à remuneração, para servir em organismo internacional do qual o Brasil é membro efetivo, e que contribua para outro regime de previdência social no exterior, mantém o seu vínculo com o regime do Plano de Seguridade Social do Servidor Público enquanto durar a licença.

(B) Ao servidor licenciado sem remuneração não é permitida a manutenção da vinculação ao regime do Plano de Seguridade Social do Servidor Público. Eventual recolhimento mensal da respectiva contribuição, ainda que no mesmo percentual devido pelos servidores em atividade, apenas se permite para efeito de filiação ao Regime Geral de Previdência (RGPS).

(C) Cessa a licença-gestante, de pleno direito, no caso de natimorto. Se for o caso, mediante laudo de junta médica, ela será convertida em licença saúde.

(D) O direito de requerer e, assim, obter a pensão por morte prescreve em cinco anos, contados do óbito ou da sua ciência.

(E) É vedada a possibilidade de cumular a pensão por morte instituída pelo falecido cônjuge com nova pensão por morte, caso o atual cônjuge faleça.

A: incorreta. No caso mencionado, é suspenso o vínculo com o Regime Próprio de Previdência, nos termos do art. 183, §2º, da Lei 8.112/1990; **B:** incorreta. Tal direito é previsto no art. 183, §3º, da Lei 8.112/1990; **C:** incorreta. A licença-gestante, no caso de natimorto, é de 30 dias (art. 207, §3º, da Lei 8.112/1990); **D:** incorreta. A pensão pode ser requerida a qualquer tempo, prescrevendo somente as prestações devidas há mais de 5 anos (art. 219 da Lei 8.112/1990); **E:** correta, nos termos do art. 225 da Lei 8.112/1990.

Gabarito "E".

6. PREVIDÊNCIA PRIVADA COMPLEMENTAR

(Procurador do Município/Manaus – 2018 – CESPE) Lúcia, servidora da PGM/Manaus desde 1.º/1/1998, requereu a averbação dos períodos em que trabalhou em um escritório de advocacia – de 1.º/1/1992 a 31/12/1996 – e que exerceu a docência em rede de ensino privada — de 1.º/1/2002 a 31/12/2005 –, a fim de aumentar seu tempo de contribuição.

Considerando essa situação hipotética, julgue o item a seguir, relativo à contagem recíproca do tempo de contribuição.

(1) É possível que o requerimento de Lúcia seja indeferido por completo sob o fundamento de inadmissibilidade, nas condições narradas, de contagem recíproca.

1: incorreta. Será indeferida a averbação apenas do período entre 2002 e 2005, diante da vedação de contagem de períodos de trabalho concomitantes (art. 96, II, do PBPS). O período anterior, de 1992 a 1996, deve ser deferido, nos termos do art. 96, caput, do PBPS.

Gabarito 1E

(Procurador do Município/Manaus – 2018 – CESPE) Em relação aos regimes próprios de previdência dos servidores públicos e à previdência complementar, julgue os itens seguintes.

(1) Para a aposentadoria voluntária por idade de servidor, são exigidos idade mínima e tempo mínimo de efetivo exercício no serviço público e no cargo efetivo em que se dará a aposentadoria, hipótese em que os proventos serão proporcionais ao tempo de contribuição.

(2) Os entes federados possuem autorização constitucional para instituir regime de previdência complementar para seus respectivos servidores efetivos, por intermédio de entidades fechadas, de natureza pública, e mediante adesão facultativa.

1: correta, nos termos do art. 40, § 1º, III, "b", da CF, na redação anterior à EC 103/2019. Após tal emenda, a definição de idade mínima para aposentadoria dos servidores dos Estados, do Distrito Federal e dos Municípios deve ser estabelecida mediante emenda às respectivas Constituições e Leis Orgânicas. Já o tempo de contribuição e os demais requisitos para a concessão de aposentadoria devem ser estabelecidos em lei complementar do respectivo ente federativo; **2:** correta, nos termos do art. 40, §§ 14 e 16, da CF, na redação anterior à EC 103/2019. Da redação atual do §14º, do art. 40, da CF, se conclui que a instituição, pelos entes federados, de regime de previdência complementar para seus respectivos servidores efetivos é uma obrigação, um dever, e não mais uma possibilidade ou uma autorização.

Gabarito 1C, 2C

Veja a tabela seguinte, para estudo e memorização dos objetivos da assistência social:

Objetivos da Assistência Social – art. 203 da CF
– a proteção à família, à maternidade, à infância, à adolescência e à velhice – o amparo às crianças e adolescentes carentes – a promoção da integração ao mercado de trabalho – a habilitação e reabilitação das pessoas portadoras de deficiência e a promoção de sua integração à vida comunitária – a garantia de um salário-mínimo de benefício mensal à pessoa portadora de deficiência e ao idoso que comprovem não possuir meios de prover à própria manutenção ou de tê-la provida por sua família, conforme dispuser a lei – a redução da vulnerabilidade socioeconômica de famílias em situação de pobreza ou de extrema pobreza.

7. AÇÕES PREVIDENCIÁRIAS

Maria solicitou à previdência social auxílio-acidente, não decorrente de acidente de trabalho, mas seu pedido foi indeferido sob o fundamento de que ela não teria cumprido o tempo de carência legalmente estabelecido. Seis anos depois do pedido, ela ingressou com uma ação previdenciária para o recebimento do referido benefício.

(Procurador do Município - Boa Vista/RR - 2019 - CESPE/CEBRASPE) Considerando essa situação hipotética, à luz das normas vigentes acerca de direito previdenciário, julgue os próximos itens.

(1) Como a concessão de auxílio-acidente independe de tempo de carência, a decisão administrativa de indeferimento foi incorreta.

(2) O direito de ação perseguido por Maria ao ajuizar a ação previdenciária está prescrito, visto que se passaram mais de cinco anos desde a negativa administrativa do pedido de concessão do benefício.

1: correta, nos termos do art. 26, I, da Lei 8.213/1991; **2:** incorreta. O prazo decadencial para propositura da ação que vise a discutir o indeferimento de pedido de benefício é de 10 anos (art. 103 da Lei 8.213/1991). Ademais ao julgar a ADI 6.096 (DJe 26/11/2020), o STF concluiu que o 'núcleo essencial do direito fundamental à previdência social é imprescritível, irrenunciável e indisponível, motivo pelo qual não deve ser afetada pelos efeitos do tempo e da inércia de seu titular a pretensão relativa ao direito ao recebimento de benefício previdenciário. Este Supremo Tribunal Federal, no RE 626.489, de relatoria do i. Min. Roberto Barroso, admitiu a instituição de prazo decadencial para a revisão do ato concessório porque atingida tão somente a pretensão de rediscutir a graduação pecuniária do benefício, isto é, a forma de cálculo ou o valor final da prestação, já que, concedida a pretensão que visa ao recebimento do benefício, encontra-se preservado o próprio fundo do direito'.

Gabarito 1C, 2E

8. TEMAS COMBINADOS

(PROCURADOR FEDERAL – AGU – 2023 – CEBRASPE) Julgue os itens seguintes, relativos a acidente de trabalho, incapacidade por doença e aposentadoria por incapacidade no âmbito do RGPS.

I. Apenas é considerada acidente de trabalho a doença profissional incapacitante, produzida ou desencadeada pelo exercício do trabalho peculiar a determinada atividade, se constar da relação elaborada pelo Ministério do Trabalho e da Previdência Social.

II. Por força de emenda constitucional, o cálculo da aposentadoria por incapacidade permanente, seja ela comum ou acidentária, passou a corresponder a 60% do salário de benefício, com acréscimo de 2% para cada ano de tempo de contribuição que exceder o tempo de vinte anos de contribuição, no caso dos homens, e de quinze anos, no caso das mulheres.

III. Equipara-se ao acidente de trabalho o acidente sofrido por segurado empregado durante viagem financiada pela empresa empregadora com a finalidade de participação em curso de capacitação laboral.

IV. O nexo técnico epidemiológico previdenciário, por meio da associação entre a atividade desenvolvida pela empresa e a doença ensejadora da incapacidade, possibilita que se presuma a existência da doença profissional, sendo relativa a referida presunção, podendo a empresa requerer ao Instituto Nacional do Seguro Social (INSS) a não aplicação do nexo técnico epidemiológico ao caso concreto.

Estão certos apenas os itens

(A) I e II.
(B) I e IV.
(C) III e IV.
(D) I, II e III.
(E) II, III e IV.

I: Incorreta. Acidente do trabalho, diz o art. 19 do PBPS, é o que ocorre pelo exercício do trabalho e provoca lesão corporal ou perturbação funcional que cause a morte ou a perda ou redução, permanente ou temporária, da capacidade para o trabalho. O *caput* do art. 20 do PBPS define dois tipos de doença ocupacional, são eles a doença profissional e a doença do trabalho. O enunciado da questão corresponde parcialmente à definição legal de doença profissional. Mas é incorreto afirmar que "apenas" as doenças profissionais configuram acidente do trabalho. Este último conceito é um gênero do qual as doenças profissionais são uma das espécies; **II:** Incorreta, a rigor do § 2º, inciso III e do § 3º, inciso II, ambos do art. 26 da EC 103/2019. A aposentadoria por incapacidade permanente comum corresponderá à 60% do salário de benefício com acréscimo de 2% cada ano de contribuição que exceder o tempo de 20 anos, tanto para homens como para mulheres. Ademais, no caso de aposentadoria por incapacidade permanente decorrente de acidente de trabalho, de doença profissional ou de doença do trabalho, o valor do benefício de aposentadoria corresponderá a 100% do salário de benefício; **III:** Correta. Segundo o art. 21, IV, do PBPS, equipara-se ao acidente do trabalho o acidente sofrido pelo segurado ainda que fora do local e horário de trabalho: a) na execução de ordem ou na realização de serviço sob a autoridade da empresa; b) na prestação espontânea de qualquer serviço à empresa para lhe evitar prejuízo ou proporcionar proveito e; c) em viagem a serviço da empresa, inclusive para estudo quando financiada por esta dentro de seus planos para melhor capacitação da mão de obra, independentemente do meio de locomoção utilizado, inclusive veículo de propriedade do segurado; **IV:** Correta, nos termos do art. 21-A, *caput* e § 2º, do PBPS. Pertinente mencionar que o STF declarou a constitucionalidade de tais normas na Adin 3.931 (j. 20/04/2020).

Gabarito "C".

(Delegado de Polícia Federal – 2021 – CESPE) Luzia é segurada da previdência social na categoria empregada e é beneficiária de auxílio-acidente. No ano de 2015, ao atingir a idade mínima para a aposentadoria, ela requereu o benefício ao INSS e, em razão do indeferimento, ajuizou, nesse mesmo ano, ação previdenciária. Na instrução processual, ficou comprovado que alguns períodos de contribuição constantes no sistema do INSS eram falsos, tendo sido dolosamente inseridos no sistema, de forma indevida, para que Luzia obtivesse a vantagem de majoração do tempo de contribuição.

Tendo como referência essa situação hipotética, julgue os itens a seguir.

(1). Caso a aposentadoria de Luzia seja futuramente deferida, será possível a acumulação desse benefício com o auxílio-acidente.

(2). Se for comprovado o ilícito criminal, Luzia poderá responder pela prática do crime de apropriação indébita previdenciária.

(3). O crime configurado na situação narrada é crime próprio, de modo que Luzia só poderá ser penalizada na esfera criminal se ficar comprovada sua coautoria ou coparticipação no referido crime.

(4). O limite de prazo para que Luzia ajuizasse a ação contra o indeferimento administrativo era, de fato, o ano de 2015, já que, por exemplo, se ela tivesse postergado para o ano de 2021, haveria decadência do direito.

1: Errado. A Lei 9.528/1997 vedou a cumulação de auxílio-acidente com qualquer aposentadoria paga pelo RGPS, como se vê de seu art. 86, § 2º. A cumulação em tela será permitida apenas aos segurados que tenham adquirido tal direito antes da alteração promovida pela Lei 9.528/1997. Ou seja, a acumulação de auxílio-acidente com aposentadoria pressupõe que a lesão incapacitante e a aposentadoria sejam anteriores a 11/11/1997 (data da promulgação da Lei 9.528/1997), conforma a Súmula 507 do STJ. **2:** Errado. O Código Penal reserva o *nomen iuris* 'apropriação indébita previdenciária' à conduta prevista em seu art. 168-A, consistente em: "Deixar de repassar à previdência social as contribuições recolhidas dos contribuintes, no prazo e forma legal ou convencional". O § 1º de tal artigo prevê três figuras equiparadas. Duas delas dizem respeito a diferentes formas de omissão no recolhimento de contribuições previdenciárias e a terceira pune a omissão em pagar benefício ao segurado quando as respectivas cotas ou valores já tiverem sido reembolsados à empresa pela previdência social. A inserção indevida de períodos de contribuição no sistema não se amolda à conduta omissiva de deixar de repassar contribuições recolhidas de contribuintes ou a qualquer de suas figuras equiparadas. Os fatos descritos no enunciado melhor se amoldam ao tipo penal previsto no art. 313-A do Código Penal. Segundo tal dispositivo, é punível a conduta de: "*Inserir ou facilitar, o funcionário autorizado, a inserção de dados falsos, alterar ou excluir indevidamente dados corretos nos sistemas informatizados ou bancos de dados da Administração Pública com o fim de obter vantagem indevida para si ou para outrem ou para causar dano*". Trata-se de crime próprio do "funcionário autorizado". Mesmo assim, Luísa pode responder pelo crime em conjunto com o funcionário autorizado que praticou a ação se restar demonstrado que ela sabia de sua condição funcional (vide os arts. 30 e 31 do Código Penal, o AGAREsp 1.185.141, 6ª T., Rel. Min. Sebastião Reis Junior, DJe 05 abr. 2019 e o HC 90337000281581, 1ª T., Rel. Min. Carlos Britto, j. 19 jun. 2007). **3:** Anulada. Como visto, o tipo penal no qual a conduta descrita se adequa é aquele previsto no art. 313-A, do Código Penal. Trata-se de crime próprio, pois dentre as circunstâncias elementares de tal tipo penal está a condição de caráter pessoal consistente em ser o agente funcionário público autorizado. Inobstante, se admite o concurso de agentes entre funcionários públicos (ou equiparados, nos termos do art. 327, § 1º, do Código Penal) e terceiros, desde que esses últimos tenham ciência da condição pessoal daqueles, pois referida condição é elementar do crime em tela (artigo 30 do Código Penal (RHC 112.074, 5ª T., Rel. Min. Ribeiro Dantas, DJe 20 ago. 2019). Desta maneira, a assertiva estaria correta caso Luísa tivesse ciência da condição de funcionário público autorizado da pessoa que promoveu a inserção de dados falsos no sistema e tivesse concorrido para a realização da conduta. Todavia, a questão foi anulada porque: "*A situação hipotética não foi clara ao afirmar que os dados falsos foram inseridos por funcionário público autorizado, sendo possível, dessa forma, interpretar que poderia ter sido feito por terceiros que não fossem servidores públicos, o que, de fato, prejudica o julgamento objetivo do item.*"

4: Errado. Em matéria previdenciária, a partir da promulgação da Lei 9.528/1997 é de dez anos o prazo de decadência de todo e qualquer direito ou ação do segurado ou beneficiário para a revisão do ato de concessão de benefício, a contar do dia primeiro do mês seguinte ao do recebimento da primeira prestação ou, quando for o caso, do dia em que tomar conhecimento da decisão indeferitória definitiva no âmbito administrativo, nos termos do caput do art. 103 da Lei 8.213/91. A Lei 13.846/2019 deu nova redação ao art. 103 da Lei 8.213/91, sujeitando ao prazo decadencial tanto a revisão do ato de concessão, como o indeferimento, cancelamento ou cessação de benefício e o ato de deferimento, indeferimento ou não concessão de revisão de benefício. Porém, o STF declarou a inconstitucionalidade de tal alteração na ADIN 6.096, DJe 26 nov. 2020, pois "*(...) admitir a incidência do instituto para o caso de indeferimento, cancelamento ou cessação importa ofensa à Constituição da República e ao que assentou esta Corte em momento anterior, porquanto, não preservado o fundo de direito na hipótese em que negado o benefício, uma vez inviabilizada pelo decurso do tempo a rediscussão da negativa, é comprometido o exercício do direito material à sua obtenção.*" Por sua vez, a prescrição do direito previdenciário atinge apenas as parcelas vencidas antes do quinquênio anterior à propositura da ação, nos termos da Súmula 85 do STJ e do art. 103, parágrafo único, da Lei 8.213/91. Assim, caso Luísa ajuizasse ação previdenciária no ano de 2021, estariam prescritas apenas as parcelas vencidas anteriormente ao quinquênio que precedeu a propositura da demanda, não ocorrendo a decadência de seu direito.

Gabarito 1E, 2E, 3Anulada, 4E

Delegado de Polícia Federal – 2021 – CESPE) No que se refere ao financiamento da seguridade social, julgue os itens subsequentes.

(1). As contribuições sociais do empregador compõem o financiamento da seguridade social e são incidentes sobre a folha de salários, o faturamento e o lucro.

(2). Para a execução do orçamento da seguridade social, o tesouro nacional deve repassar mensalmente os recursos referentes às contribuições sociais incidentes sobre a receita de concursos de prognósticos.

1: Certo. Uma das principais funções da Constituição Federal no âmbito tributário é separar os múltiplos fatos passíveis de tributação e atribuir a competência para tributar cada um destes fatos à União, aos Estados ou aos Municípios e ao Distrito Federal. Nesse enfoque, o art. 195, inciso I, alíneas 'b' e 'c', da Constituição Federal, fixam a folha de salários, a receita ou o faturamento e, ainda, o lucro, como aspectos materiais passíveis de tributação no âmbito da Seguridade Social. A redação original da alínea 'b' do dispositivo constitucional acima mencionado previa apenas a possibilidade de incidência de contribuições sociais sobre o faturamento. Contudo, o *caput* do art. 3º, da Lei 9.718/98, o qual trata das contribuições para o PIS/PASEP e a COFINS, devidas pelas pessoas jurídicas de direito privado, definia faturamento como sendo a receita bruta da pessoa jurídica. Já seu § 1º conceituava receita bruta como sendo a totalidade das receitas auferidas, independentemente da atividade exercida pela pessoa jurídica e da classificação contábil das receitas. Logo após a promulgação da Lei 9.718/98, a Emenda Constitucional 20/98 alterou a redação do art. 195, inciso I, alínea 'b', da Constituição Federal, de modo a permitir a incidência de contribuições sociais sobre o faturamento ou sobre a receita. Todavia, o Supremo Tribunal Federal declarou inconstitucional o § 1º do art. 3º, da Lei 9.718/98 e assentou a impossibilidade de se reconhecer a figura da constitucionalidade superveniente em nosso ordenamento jurídico RExt 390.840-5, Rel. Min. Marco Aurélio, Pleno, DJ 15 ago. 2006. É dizer, a promulgação da emenda constitucional 20/98 não torna constitucional o disposto no art. 3º, § 1º, da Lei 9.718/98. O referido §1º foi revogado pela Lei 11.941/2009 e o *caput* do art. 3º teve sua redação alterada pela Lei 12.973/2014. Note, portanto, que a assertiva da questão seria incorreta caso mencionasse a receita e o faturamento. **2:** Certo. A Secretaria do Tesouro Nacional é o órgão central do Sistema de Administração Financeira Federal (Lei 10.180/2001). Todos os recursos que transitam pelo órgão central de administração financeira devem ser objeto de programação financeira. Daí o art. 19, da Lei 8.212/1991, afirmar que o Tesouro Nacional repassará mensalmente os recursos referentes às contribuições das empresas, incidentes sobre faturamento e lucro e os recursos aferidos por meio das contribuições incidentes sobre a receita de concursos de prognósticos, destinados à execução do Orçamento da Seguridade Social. O produto da arrecadação da contribuição social sobre a receita de concursos de prognósticos deve ser destinado ao financiamento da Seguridade Social, nos termos do art. 195, III, da Constituição Federal e do art. 26, § 4º, da Lei 8.212/1991.

Gabarito 1C, 2C

(Juiz – TRF 2ª Região – 2017) Marque a opção que está de acordo com a atual disciplina constitucional relativa ao Regime Geral de Previdência (RGPS):

(A) A gratificação natalina dos aposentados e pensionistas terá por base a média dos valores dos proventos ao longo do ano.

(B) Quando se trata de aposentadoria por tempo de contribuição, a Constituição confere tratamento diferenciado a homens e mulheres, mas os requisitos etários se igualam quando se trata de aposentadoria exclusivamente por idade.

(C) A Constituição confere benesse aos professores, inclusive aos do ensino médio e superior, deferindo-lhes redução de 5 (cinco anos) do tempo de contribuição.

(D) A par dos casos previstos na própria Constituição, é vedada a adoção de requisitos e critérios diferenciados para a concessão de aposentadoria aos beneficiários do regime geral de previdência social, ressalvados os casos de atividades exercidas sob condições especiais que prejudiquem a saúde ou a integridade física e quando se tratar de segurados portadores de deficiência, nos termos definidos em lei complementar.

(E) A falta de referência, na atual Constituição, à importância de o regime de previdência preservar o equilíbrio atuarial e financeiro é um dos principais fatores do que hoje se chama de falência do sistema.

A: incorreta. A base de cálculo da gratificação natalina dos aposentados e pensionistas do RGPS é o valor do benefício em dezembro do respectivo ano (art. 201, §6º, da CF); **B:** incorreta. Mesmo na aposentadoria por idade, os requisitos são diferentes: 65 anos para o homem e 60 para a mulher, reduzidos em cinco anos para os trabalhadores rurais (art. 201, §7º, II, da CF); **C:** incorreta. Aos professores do ensino superior não é conferida a redução no tempo de contribuição para aposentadoria (art. 201, §8º, da CF). Após a promulgação da EC 103/2019, os professores que comprovem tempo de efetivo exercício das funções de magistério na educação infantil e no ensino fundamental e médio, como fixado em lei complementar, terão o requisito 'idade' para aposentadoria voluntária pela regra geral reduzido em cinco anos (acerca das regras de transição aplicáveis, veja os artigos 15, § 3º, 16, § 2º, 19, § 1º, II e 20, § 1º, da EC 103/2019); **D:** correta, nos termos do art. 201, §1º, da CF; **E:** incorreta. O princípio da manutenção do equilíbrio atuarial e financeiro está previsto expressamente no art. 201, *caput*, da CF.

Gabarito "D".

(Juiz – TRF 2ª Região – 2017) Analise as assertivas e, ao final, marque a opção correta:

I. É permitida a filiação ao regime geral de previdência social, na qualidade de segurado facultativo, à pessoa participante de regime próprio de previdência.

II. Quando o óbito do segurado, casado há mais de 2 (dois) anos, ocorre depois de vertidas mais de 18 (dezoito) contribuições mensais, a pensão em favor da viúva, que conta 35 anos de idade, será devida por prazo indeterminado.

III. Nos pedidos de benefício de prestação continuada regulados pela Lei nº 8.742/93 (LOAS), para adequada valoração dos fatores ambientais, sociais, econômicos e pessoais que impactam a participação da pessoa com deficiência na sociedade é necessária a avaliação por assistente social ou outras providências aptas a revelar a efetiva condição vivida pelo requerente no meio social.

(A) Apenas as assertivas II e III estão corretas.
(B) Apenas a assertiva III está correta.
(C) Todas estão corretas.
(D) Apenas as assertivas I e II estão corretas.
(E) Apenas as assertivas I e III estão corretas.

I: incorreta. É proibida a filiação como facultativo nesse caso (art. 201, §5º, da CF); II: incorreta. Nesse caso, o benefício será pago por 15 anos (art. 77, §2º, V, c, item 4, da Lei n. 8.213/91); III: correta, nos termos do art. 20, §6º, da Lei 8.742/1993. HS

Gabarito "B".

13. Direito Eleitoral

Filipe Venturi Signorelli, Flávia Egido e Savio Chalita*

1. PRINCÍPIOS, DIREITOS POLÍTICOS, ELEGIBILIDADE E ALISTAMENTO ELEITORAL

(Juiz de Direito – TJ/SC – 2024 – FGV) Caio foi processado criminalmente, tendo sido condenado em sentença transitada em julgado. A pena privativa de liberdade foi substituída por pena restritiva de direitos.

Nos termos da legislação em vigor e conforme entendimento do Supremo Tribunal Federal, é correto afirmar que:

(A) na hipótese de substituição da pena privativa de liberdade por pena restritiva de direitos, não há suspensão de direitos políticos;
(B) a suspensão de direitos políticos ocorre desde a condenação, enquanto durarem seus efeitos;
(C) a condenação criminal, no caso de pena privativa de liberdade, importa na perda dos direitos políticos;
(D) a suspensão de direitos políticos decorrente de condenação criminal transitada em julgado cessa a partir da comprovação de reabilitação;
(E) a suspensão de direitos políticos aplica-se no caso de substituição da pena privativa de liberdade pela restritiva de direitos.

Resposta correta letra **E**. Assim, verifica-se que a suspensão de direitos políticos prevista no art. 15, III, da Constituição Federal será aplicada em casos de substituição de pena privativa de liberdade pela restritiva de direitos (Art. 15. É vedada a cassação de direitos políticos, cuja perda ou suspensão só se dará nos casos de: (...) III – condenação criminal transitada em julgado, enquanto durarem seus efeitos;). No mesmo sentido, observa-se o RE 601182/MG, Rel. Min. Marco Aurélio: PENAL E PROCESSO PENAL. SUSPENSÃO DOS DIREITOS POLÍTICOS. AUTOAPLICAÇÃO. CONSEQUÊNCIA IMEDIATA DA SENTENÇA PENAL CONDENATÓRIA TRANSITADA EM JULGADO. NATUREZA DA PENA IMPOSTA QUE NÃO INTERFERE NA APLICAÇÃO DA SUSPENSÃO. OPÇÃO DO LEGISLADOR CONSTITUINTE. RECURSO CONHECIDO E PROVIDO. 1. A regra de suspensão dos direitos políticos prevista no art. 15, III, é autoaplicável, pois trata-se de consequência imediata da sentença penal condenatória transitada em julgado. 2. A autoaplicação independe da natureza da pena imposta. 3. A opção do legislador constituinte foi no sentido de que os condenados criminalmente, com trânsito em julgado, enquanto durar os efeitos da sentença condenatória, não exerçam os seus direitos políticos. 4. No caso concreto, recurso extraordinário conhecido e provido (STF – RE: 601182 MG, Relator: MARCO AURÉLIO, Data de Julgamento: 08.05.2019, Tribunal Pleno, Data de Publicação: 02.10.2019). FVS

Gabarito "E".

(Juiz de Direito – TJ/SP – 2023 – VUNESP) Assinale a alternativa que NÃO constitui causa de inelegibilidade.

(A) Demissão do serviço público em decorrência de processo administrativo ou judicial, pelo prazo de 8 (oito) anos, contado da decisão.
(B) Aposentadoria compulsória por idade ou pedido de exoneração de magistrado ou membro do Ministério Público, pelo prazo de 3 (três) anos.
(C) A exclusão do exercício de profissão, por decisão sancionatória do órgão profissional competente, em decorrência de infração ético-disciplinar, pelo prazo de 8 (oito) anos.
(D) Condenação com trânsito em julgado ou proferida por órgão judicial colegiado, por desfazer ou simular o desfazimento de vínculo conjugal ou de união estável para evitar caracterização de inelegibilidade, pelo prazo de 8 (oito) anos, contado da decisão que reconhecer a fraude.

Resposta correta letra **B**. Todas as alternativas possuem base na Lei da Ficha Limpa (LC 64/1990), assim, tendo a resposta correta base no art. 1°, I, q: "São inelegíveis: I – para qualquer cargo: os magistrados e os membros do Ministério Público que forem aposentados compulsoriamente por decisão sancionatória, que tenham perdido o cargo por sentença ou que tenham pedido exoneração ou aposentadoria voluntária na pendência de processo administrativo disciplinar, pelo prazo de 8 (oito) anos". FVS

Gabarito "B".

(Juiz de Direito – TJ/SP – 2023 – VUNESP) Assinale a alternativa correta.

(A) À eleição suplementar, motivada pelo afastamento de prefeito pela Justiça Eleitoral, não são aplicáveis as hipóteses de inelegibilidades do § 7º do artigo 14 da Constituição Federal, bem como o prazo de 6 (seis) meses para desincompatibilização.
(B) O cidadão que já exerceu dois mandatos consecutivos de Chefe do Poder Executivo municipal (reeleito uma única vez) pode se candidatar para o mesmo cargo em município diverso.
(C) A condenação por abuso de poder econômico ou político em ação de investigação eleitoral transitada em julgado não constitui causa de inelegibilidade a ser aplicada por ocasião do processo de registro de candidatura.
(D) O Ministério Público Eleitoral tem legitimidade para recorrer de decisão que julga o pedido de registro de candidatura, mesmo que não o tenha impugnado anteriormente.

Resposta correta letra **D**. O Ministério Público Eleitoral possui legitimidade para recorrer de decisão que julga o pedido de registro de candidatura, ainda que não tenha impugnado em momento anterior, conforme entendimento do STF no ARE 728.188/RJ (RECURSO EXTRORDINÁRIO. MATÉRIA ELEITORAL. LEGITIMIDADE DO MINISTÉRIO PÚBLICO

---

* FV Filipe Venturi
FE Flávia Egido
SC Sávio Chalita
FVS Filipe Venturi Signorelli

PARA RECORRER DE DECISÃO QUE DEFERE REGISTRO DE CANDIDATURA, AINDA QUE NÃO HAJA APRESENTADO IMPUGNAÇÃO AO PEDIDO INICIAL. SEGURANÇA JURÍDICA. RECURSO A QUE SE NEGA PROVIMENTO. REPERCUSSÃO GERAL. FIXAÇÃO DA TESE A PARTIR DAS ELEIÇÕES DE 2014, INCLUSIVE. I - O Ministério Público Eleitoral possui legitimidade para recorrer de decisão que julga o pedido de registro de candidatura, mesmo que não haja apresentado impugnação anterior. II – Entendimento que deflui diretamente do disposto no art. 127 da Constituição Federal. III – Recurso extraordinário a que se nega provimento por razões de segurança jurídica. IV – Fixação da tese com repercussão geral a fim de assentar que a partir das eleições de 2014, inclusive, o Ministério Público Eleitoral tem legitimidade para recorrer da decisão que julga o pedido de registro de candidatura, ainda que não tenha apresentado impugnação.) (STF - ARE: 728188 RJ, Relator: RICARDO LEWANDOWSKI, Data de Julgamento: 18/12/2013, Tribunal Pleno, Data de Publicação: 12/08/2014) FVS

Gabarito "D".

(Delegado – PC/BA – 2018 – VUNESP) No que tange à justificação do não comparecimento à eleição, prevê a Justiça Eleitoral que será cancelada a inscrição do eleitor que se abstiver de votar em três eleições consecutivas,

(A) salvo se houver apresentado justificativa para a falta ou efetuado o pagamento da multa, ficando excluídos do cancelamento os eleitores que, por prerrogativa constitucional, não estejam obrigados ao exercício do voto e cuja idade não ultrapasse os oitenta anos.

(B) salvo se houver apresentado justificativa para a falta ou efetuado o pagamento da multa, ficando aqueles cuja idade ultrapasse os oitenta anos sujeitos à regra especial de prova de vida anual.

(C) salvo se houver apresentado justificativa para a falta ou efetuado o pagamento da multa, ficando excluídos do cancelamento os eleitores que, por prerrogativa constitucional, não estejam obrigados ao exercício do voto e cuja idade não ultrapasse os dezessete anos.

(D) salvo se houver apresentado justificativa para a falta, efetuado o pagamento da multa e comparecido perante a Zona Eleitoral em que está alistado para, pessoalmente, fazer o requerimento de reativação do alistamento eleitoral.

(E) salvo se houver apresentado justificativa para a falta ou efetuado o pagamento da multa, não ficando excluída, entretanto, a inscrição dos que não sejam obrigados ao exercício de voto, como, por exemplo, os maiores de setenta anos, de qualquer idade.

Ainda que com a revogação da resolução TSE 21.538/2003 pela nova resolução TSE 23.659/2021, apontamos a letra E como correta. Desta forma, destacamos a nova resolução em seu artigo 130: Art. 130. Será cancelada a inscrição do eleitor ou da eleitora que se abstiver de votar em três eleições consecutivas, salvo se houver apresentado justificativa para a falta ou efetuado o pagamento de multa. § 1º Para fins de contagem das três eleições consecutivas, considera-se como uma eleição cada um dos turnos do pleito. § 2º Não se aplica o disposto no caput deste artigo às pessoas para as quais: a) o exercício do voto seja facultativo; b) em razão de deficiência que torne impossível ou demasiadamente oneroso o exercício do voto, tenha sido lançado o comando a que se refere a alínea b do § 1º do art. 15 desta Resolução; ou c) em razão da suspensão de direitos políticos, o exercício do voto esteja impedido. FVS

Gabarito "E".

(Delegado – PC/BA – 2018 – VUNESP) É correto afirmar que a Resolução TSE no 21.538/2003 prevê que

(A) o número de inscrição do eleitor poderá contar com até 12 (doze) dígitos, sendo que os dígitos nas posições nove e dez corresponderão ao Estado da Federação de origem, sendo a Bahia representada pelo código 05.

(B) o eleitor poderá escolher local de votação pertencente a uma zona eleitoral diversa daquela em que tem domicílio, desde que fundamente seu pedido, com circunstâncias como residência de parentes na zona eleitoral em que pretende votar.

(C) o brasileiro nato que não se alistar até os 18 anos ou o naturalizado que não se alistar até um ano depois de adquirida a nacionalidade brasileira incorrerá em multa imposta pelo juiz eleitoral e cobrada no ato da inscrição.

(D) os homônimos consistem no agrupamento pelo batimento de duas ou mais inscrições ou registros que apresentem dados iguais ou semelhantes, segundo critérios previamente definidos pelo Tribunal Superior Eleitoral.

(E) para fins de alistamento, o certificado de quitação do serviço militar não é considerado documento hábil a comprovar a nacionalidade brasileira, sendo, todavia, aceita a carteira emitida pelos órgãos criados por lei federal, controladores do exercício profissional.

Importante: A resolução TSE n. 21.538/2003 foi revogada pela nova resolução TSE 23.659/2021, sendo assim, apontamos a importância da leitura integral da nova resolução, e no que ao número de inscrição do eleitor, referente a alternativa A indicada como correta na vigência da resolução anterior, destacamos o artigo 36 da nova resolução TSE 23.659/2023: Art. 36. A atribuição do número de inscrição à pessoa alistanda será feita de forma automática pelo sistema, observado o disposto neste artigo. Parágrafo único. O número de inscrição será composto por até 12 algarismos, assim discriminados: a) os oito primeiros algarismos serão sequenciados, desprezando-se, na emissão, os zeros à esquerda; b) os dois algarismos seguintes serão representativos da unidade da Federação de origem da inscrição, conforme códigos constantes da seguinte tabela: 01 - São Paulo 02 - Minas Gerais 03 - Rio de Janeiro 04 - Rio Grande do Sul 05 – Bahia 06 – Paraná 07 – Ceará 08 – Pernambuco 09 – Santa Catarina 10 – Goiás 11 – Maranhão 12 – Paraíba 13 – Pará 14 – Espírito Santo 15 – Piauí 16 - Rio Grande do Norte 17 – Alagoas 18 - Mato Grosso 19 - Mato Grosso do Sul 20 - Distrito Federal 21 – Sergipe 22 – Amazonas 23 – Rondônia 24 – Acre 25 – Amapá 26 – Roraima 27 – Tocantins 28 - Exterior (ZZ) c) os dois últimos algarismos constituirão dígitos verificadores, determinados com base no "Módulo 11", sendo o primeiro calculado sobre o número sequencial e o último sobre o código da unidade da Federação seguido do primeiro dígito verificador. FVS

Gabarito "A".

(Defensor Público Federal – DPU – 2017 – CESPE) Acerca dos princípios do direito eleitoral e dos direitos políticos, julgue os itens a seguir.

(1) Uma vez que o direito de ser votado integra o rol dos direitos e garantias individuais e que estes, por força constitucional, não podem ser abolidos, as condições de elegibilidade não podem ser objeto de proposta de emenda à CF.

(2) De acordo com a CF, a República Federativa do Brasil constitui-se em Estado democrático de direito, o que estabelece a prevalência inequívoca do princípio da constitucionalidade.

(3) No texto constitucional, os direitos políticos estão vinculados ao exercício da soberania popular, restritos, portanto, aos direitos de votar e de ser votado.

1: Incorreta. A CF/1988 adota o chamado sufrágio universal, ou seja, a consideração de requisitos mínimos a serem considerados como exigência ao exercício dos direitos políticos. As condições de elegibilidade são exemplos da ideia de requisitos mínimos, além do que vem trata no próprio texto constitucional dentre os direitos e garantias fundamentais; **2:** Correta, uma vez que o princípio da constitucionalidade relaciona-se com o dever do legislador de submeter-se ao texto constitucional. A afirmação de que o Brasil se constitui em estado democrático de direito ainda nos acena quanto às características do neoconstitucionalismo ("democrático"), colocando a Constituição no centro de todo o sistema e irradiando valores. **3:** Incorreta. O parágrafo único, art. 1º, CF, dispõe que "Todo o poder emana do povo, que o exerce por meio de representantes eleitos ou diretamente, nos termos desta Constituição". Por seu turno, o art. 14, incisos I a III, CF, complementa ao trazer formas de exercício direto dos direitos políticos: sufrágio universal, voto, referendo, plebiscito, iniciativa popular. Portanto, o conceito de exercício da soberania popular é mais amplo que tão somente votar e ser votado, abrangendo a participação do cidadão de maneira direta através dos mecanismos de consulta (plebiscito e referendo) e também atuando quanto a elaboração/contribuição/apoiamento às leis de iniciativa popular. FVS

Gabarito: 1E, 2C, 3E

(Defensor Público Federal – DPU – 2017 – CESPE) Julgue os seguintes itens, acerca das regras relativas ao processo eleitoral previstas na legislação competente.

(1) As sanções previstas na lei para o caso de condutas vedadas nas campanhas eleitorais atingem exclusivamente os agentes públicos responsáveis por elas.

(2) Para concorrer a determinada eleição, o candidato deve possuir domicílio eleitoral na respectiva circunscrição pelo prazo mínimo de seis meses antes da realização do pleito.

(3) Para a realização da prestação de contas pelo sistema simplificado, a legislação considera o critério do montante de recursos financeiros utilizados na campanha e, no caso das eleições para prefeitos e vereadores, a quantidade de eleitores do município.

1: Incorreta. Uma vez que as sanções podem ser aplicadas também a candidatos que venham a se beneficiar dessas condutas. Tal conclusão se faz pela leitura do art. 73, Lei das Eleições ("São proibidas aos agentes públicos, servidores ou não, as seguintes condutas tendentes a afetar a igualdade de oportunidades entre candidatos nos pleitos eleitorais (...)") e o correspondente § 4º, que assevera que " O descumprimento do disposto neste artigo acarretará a suspensão imediata da conduta vedada, quando for o caso, e sujeitará os responsáveis a multa no valor de cinco a cem mil UFIR.". Por complemento, o § 8º, "Aplicam-se as sanções do § 4º aos agentes públicos responsáveis pelas condutas vedadas e aos partidos, coligações e candidatos que delas se beneficiarem". **2:** Incorreta, originalmente essa questão teve como indicação de gabarito ERRADA. No entanto, em razão da Lei 13.488/2017, posterior a aplicação da prova em comento, verifica-se que atualmente tanto o prazo de domicílio eleitoral como de filiação deferida pelo partido político será de 6 meses anteriores ao pleito. **3:** Correta. De fato a legislação utiliza o critério relativo ao montante de recursos financeiros (valor máximo de R$20.000,00). Também correta quanto a afirmação envolvendo as eleições municipais, já que é exatamente o critério. Nas eleições municipais (prefeito e vereadores) o número de eleitores será o ponto analisado. Vejamos quanto ao que dispõe especificamente a Lei das Eleições (Lei 9.504/1997):
"Art. 28. A prestação de contas será feita:
(...)
§ 9º A Justiça Eleitoral **adotará sistema simplificado de prestação de contas para candidatos que apresentarem movimentação financeira correspondente a, no máximo, R$ 20.000,00 (vinte mil reais),** atualizados monetariamente, a cada eleição, pelo Índice Nacional de Preços ao Consumidor – INPC da Fundação Instituto Brasileiro de Geografia e Estatística – IBGE ou por índice que o substituir. (Incluído pela Lei n. 13.165, de 2015)
(...)
§ 11. **Nas eleições para Prefeito e Vereador de Municípios com menos de cinquenta mil eleitores,** a prestação de contas será feita sempre pelo sistema simplificado a que se referem os §§ 9º e 10." (Incluído pela Lei nº 13.165, de 2015). SC

Gabarito: 1E, 2E, 3C

(Procurador de Justiça – MPE/GO – 2016) Em relação aos direitos políticos, aponte a assertiva incorreta:

(A) A jurisprudência do TSE vem se firmando no sentido de que membro do Ministério Público que ingressou na Instituição depois da Constituição Federal de 1988, porém antes da Emenda Constitucional n. 45/2004 (que estendeu ao *parquet* as mesmas regras de inelegibilidade destinadas aos magistrados), possui direito adquirido à candidatura.

(B) Para aqueles que ingressaram na carreira do Ministério Público antes do advento da Constituição Federal de 1988, é permitida a candidatura a cargos eletivos, desde que tenham optado pelo regime anterior, sempre respeitados os prazos de desincompatibilização. A referida opção, quanto aos membros do Ministério Público dos Estados, pode ser feita a qualquer tempo.

(C) A suspensão dos direitos políticos decorrente de condenação criminal transitada em julgado continua válida mesmo que a pena privativa de liberdade seja substituída por uma pena restritiva de direitos, visto que não é o recolhimento ao cárcere o motivo dessa mesma suspensão, mas sim o juízo de reprovabilidade estampado na condenação.

(D) O término da suspensão dos direitos políticos decorrente de condenação criminal transitada em julgado Independe de reabilitação, ou seja, para cessar essa causa de suspensão, basta o cumprimento ou a extinção da pena.

A: Correta, "Só podem se candidatar os membros do MP que ingressaram antes da CF, respeitados os prazos de desincompatibilização. O membro que ingressou após a CF deverá abandonar definitivamente o cargo" (Ac. de 13.10.2011 na Cta 150889, rel. Min. Gilson Dipp; no mesmo sentido o Ac. de 21.9.2006 no RO 993, rel. Min. Cesar Asfor Rocha.); **B:** Incorreta, já que "A escolha pelo regime anterior, no caso no MP estadual, é formalizável a qualquer tempo (Ac. de 12.12.2006 no ARO 1.070)."; **C:** Incorreta, já que "a pena restritiva de direito e a prestação de serviços à comunidade não afastam a incidência do art. 15, III, da Constituição Federal, enquanto durarem os efeitos da condenação" (AgR-REspe 29.939/SC, PSESS em 13.10.2008, rel. Min. Joaquim Barbosa); no mesmo sentido: RE 601.182; **D:** Incorreta, conforme dispõe a Súmula TSE, 9: "A suspensão de direitos políticos decorrente de condenação criminal transitada em julgado cessa com o cumprimento ou a extinção da pena, independendo de reabilitação ou de prova de reparação de danos." SC

Gabarito: A

(Juiz – TJ-SC – FCC – 2017) Para concorrer às eleições, o candidato deverá possuir, entre outras condições,

(A) domicílio eleitoral na respectiva circunscrição pelo prazo de, pelo menos, um ano antes do pleito e estar com a filiação deferida pelo partido no mesmo prazo.

(B) domicílio eleitoral na respectiva circunscrição pelo prazo de, pelo menos, um ano antes do pleito, ressalvado o caso de transferência ou remoção de servidor público ou de membro de sua família.

(C) filiação deferida pelo partido no mínimo um ano antes da data da eleição, caso o estatuto partidário não estabeleça prazo inferior.

(D) domicílio eleitoral na respectiva circunscrição pelo prazo de, pelo menos, seis meses antes do pleito e estar com a filiação deferida pelo partido no mesmo prazo.

(E) domicílio eleitoral na respectiva circunscrição pelo prazo de, pelo menos, um ano antes do pleito, e estar com a filiação deferida pelo partido no mínimo seis meses antes da data da eleição.

A questão trata das condições de elegibilidade, assunto recorrente em todas as provas da magistratura, uma vez que caberá ao leitor, futuro magistrado, decidir sobre os pedidos de registro de candidatura (e também decidir sobre as Ações de Impugnação ao Registro de Candidatura) nas eleições municipais. Sobre o tema, leitura obrigatória do art. 14, § 3°, CF. Vejamos as alternativas pontualmente:
A: incorreta, já que a filiação partidária deverá ter uma anterioridade mínima de 6 meses anteriores ao pleito. Quanto ao domicílio eleitoral, a reforma de 2017 (Lei 13.488/2017), que alterou o conteúdo do art. 9°, Lei das Eleições, a dispor que "Para concorrer às eleições, o candidato deverá possuir domicílio eleitoral na respectiva circunscrição pelo prazo de seis meses e estar com a filiação deferida pelo partido no mesmo prazo"; **B:** incorreta. Como mencionado na alternativa anterior, a filiação e também o domicílio eleitoral deverão ser comprovado demonstrando uma anterioridade mínima de 6 meses anteriores ao pleito. Cabe destacar, também, que o art. 38 da Resolução TSE 23.659/2021 assim dispõe: Art. 38. A transferência só será admitida se satisfeitas as seguintes exigências: I - apresentação do requerimento perante a unidade de atendimento da Justiça Eleitoral do novo domicílio no prazo estabelecido pela legislação vigente; II - transcurso de, pelo menos, um ano do alistamento ou da última transferência; III - tempo mínimo de três meses de vínculo com o município, dentre aqueles aptos a configurar o domicílio eleitoral, nos termos do art. 23 desta Resolução, pelo tempo mínimo de três meses, declarado, sob as penas da lei, pela própria pessoa (Lei n° 6.996/1982, art. 8°); IV - regular cumprimento das obrigações de comparecimento às urnas e de atendimento a convocações para auxiliar nos trabalhos eleitorais. § 1° Os prazos previstos nos incisos II e III deste artigo não se aplicam à transferência eleitoral de: a) servidora ou servidor público civil e militar ou de membro de sua família, por motivo de remoção, transferência ou posse (Lei n° 6.996/1982, art. 8°, parágrafo único); e b) indígenas, quilombolas, pessoas com deficiência, trabalhadoras e trabalhadores rurais safristas e pessoas que tenham sido forçadas, em razão de tragédia ambiental, a mudar sua residência. **C:** incorreta, uma vez que o art. 20 da Lei dos Partidos Políticos autoriza que a agremiação crie prazo superior e jamais inferior ao estabelecido em lei. Ou seja, ao menos 6 meses deve ser considerado. Se o partido estabelecer 1 ano, estará dentro do que permite o já dito art. 20; **D:** incorreta, pelos mesmos fundamentos da assertiva A; **E:** Atenção! Alternativa que, originalmente, veio indicada como correta pela equipe no gabarito oficial. No entanto, em razão das alterações legislativas observadas no art. 9°, Lei das Eleições (reforma trazida pela Lei 13.488/2017) o prazo mínimo de filiação e domicílio eleitoral passam a ser de 6 meses da data do pleito. **FVS**

Gabarito original "E". Após atualização, "D".

(Delegado/MT – 2017 – CESPE) Desde quinze dias antes de uma eleição municipal, salvo em caso de flagrante delito, nenhuma autoridade poderá prender ou deter

(A) delegado de partido.
(B) fiscal de partido.
(C) candidato.
(D) eleitor.
(E) membro de mesa receptora.

A única assertiva que apresenta resposta correta está na letra C. Isto porque o art. 236, § 1°, Código Eleitoral, dispõe que "Nenhuma autoridade poderá, desde 5 (cinco) dias antes e até 48 (quarenta e oito) horas depois do encerramento da eleição, prender ou deter qualquer eleitor, salvo em flagrante delito ou em virtude de sentença criminal condenatória por crime inafiançável ou, ainda, por desrespeito a salvo-conduto. § 1° Os membros das Mesas Receptoras e os Fiscais de partido, durante o exercício de suas funções, não poderão ser detidos ou presos, salvo o caso de flagrante delito; da mesma garantia gozarão os candidatos desde 15 (quinze) dias antes da eleição. **SC**
Assim, podemos compilar:

> a) **delegado de partido e fiscal de partido** durante o exercício de suas funções, não poderão ser, detidos ou presos, salvo o caso de **flagrante delito**
> c) **candidatos** não poderão ser, detidos ou presos, salvo o caso de flagrante delito; os candidatos desde **15 (quinze) dias** antes da eleição.
> d) **eleitores** não poderão ser, detidos ou presos, desde **5 (cinco) dias antes e até 48 (quarenta e oito) horas depois** do encerramento da eleição
> e) **membro de mesa receptora**, durante o exercício de suas funções, não poderão ser, detidos ou presos, **salvo o caso de flagrante delito**.

Gabarito "C".

(Delegado/GO – 2017 – CESPE) Em ano eleitoral, na convenção estadual do partido Pdy, a direção apresentou proposta de coligação e relação de candidatos a deputado federal.

Com referência a essa situação hipotética, cada uma das próximas opções apresenta uma situação também hipotética, seguida de uma assertiva a ser julgada, de acordo com o que prescreve a Lei n. 9.504/1997, que estabelece normas para as eleições. Assinale a opção que apresenta a assertiva correta.

(A) A lista de candidatos a deputado federal do Pdy conta dois candidatos que enfrentam processos, ainda não concluídos, de expulsão do partido. Nessa situação, os nomes desses dois candidatos devem ser substituídos, pois a lei prevê o imediato cancelamento do registro de candidatos submetidos a processo de expulsão do partido a que pertençam.

(B) Dos componentes da lista de candidatos do Pdy, 50% deles são do sexo feminino. Nessa situação, de acordo com a lei em apreço, a lista deverá ser recomposta, de forma a conter, no máximo, 30% de candidatos desse sexo e 70%, no mínimo, de candidatos do sexo masculino.

(C) O Pdy estadual deliberou coligar-se com outros dois partidos, em afronta direta às diretrizes estatutárias do órgão de direção nacional do Pdy. Nessa situação, o diretório nacional do Pdy poderá, nos termos do estatuto do partido, anular a referida deliberação feita em convenção estadual e os atos dela decorrentes.

(D) Na convenção, ficou decidido que seriam apresentados vinte e um candidatos para concorrer às quatorze vagas de deputado federal reservadas para o estado. Nessa situação, o número de candidatos a ser apresentado pelo partido ou pela coligação deveria corresponder a 200% das respectivas vagas, ou seja, vinte e oito candidatos.

(E) A lista de candidatos a deputado federal do Pdy inclui um candidato que somente completará vinte e um anos de idade no dia seis de outubro, um dia após a data das eleições. Nessa situação, esse candidato terá de ser substituído por outro candidato que complete a idade mínima de vinte e um anos até a data do certame eleitoral.

Atenção! Questão desatualizada em razão da EC 97/17 que alterou o art. 17, CF. Não mais é permitida a coligação para eleições em que o sistema de apuração se dê pelo sistema proporcional, apenas no majoritário. Ainda assim, no caso das eleições majoritárias, não haverá obrigatoriedade de verticalização das coligações (ou seja, é possível que as coligações sejam diferentes em cada nível de eleição – presidencial, governo do estado/distrito e municipal). Por esta razão, não teríamos alternativa correta no presente caso. De qualquer forma, para fins de estudos, este autor optou por manter as fundamentações fins de esclarecimento e análise:
A: Incorreta. Uma vez que o art. 14, Lei das Eleições, dispõe que "estão sujeitos ao cancelamento do registro os candidatos que, **até a data da eleição, forem expulsos do partido,** em processo no qual seja assegurada ampla defesa e sejam observadas as normas estatutárias. Parágrafo único. O cancelamento do registro do candidato será decretado pela Justiça Eleitoral, após solicitação do partido". **B:** Incorreta. Pois a legislação eleitoral, art. 10, § 3º, Lei das Eleições, impõe que haja uma proporção entre 30% e 70% entre cada sexo (independentemente se 30% de homem ou mulher, e o mesmo aos 70%). Vejamos: "§ 3º Do número de vagas resultantes das regras previstas neste artigo, cada partido ou coligação preencherá o mínimo de 30% (trinta por cento) e o máximo de 70% (setenta por cento) para candidaturas de cada sexo. (Redação dada pela Lei n. 12.034, de 2009)". **C:** Correta, conforme autoriza o art. 7º, § 2º, Lei das Eleições. "§ 2º Se a convenção partidária de nível inferior se opuser, na deliberação sobre coligações, às diretrizes legitimamente estabelecidas pelo órgão de direção nacional, nos termos do respectivo estatuto, poderá esse órgão anular a deliberação e os atos dela decorrentes". **D:** Incorreta, vez que há estampada no art. 10, Lei das Eleições, em sentido contrário. Vejamos: "Art. 10. Cada partido poderá registrar candidatos para a Câmara dos Deputados, a Câmara Legislativa, as Assembleias Legislativas e as Câmaras Municipais no total de até 100% (cem por cento) do número de lugares a preencher mais 1 (um). (Redação dada pela Lei nº 14.211, de 2021).
E: Incorreta, já que o § 2º, art. 11, Lei das Eleições, estabelece que "a idade mínima constitucionalmente estabelecida como condição de elegibilidade é verificada tendo **por referência a data da posse, salvo quando fixada em dezoito anos, hipótese em que será aferida na data-limite para o pedido de registro**. (Redação dada pela Lei nº 13.165, de 2015)".

Para Lembrar:
As idades mínimas constitucionalmente previstas como condições de elegibilidade são (art. 14, § 3º, VI, CF):
a) 35 anos para Presidente e Vice-Presidente da República e Senador;
b) 30 anos para Governador e Vice-Governador de Estado e do Distrito Federal;
c) 21 anos para Deputado Federal, Deputado Estadual ou Distrital, Prefeito, Vice-Prefeito e juiz de paz;
d) 18 anos para Vereador.

Gabarito "C".

(Delegado/GO – 2017 – CESPE) A respeito de alistamento eleitoral, assinale a opção correta à luz da CF e da Lei n. 4.737/1965, que instituiu o Código Eleitoral.

(A) O eleitor que não votar e não se justificar estará sujeito ao pagamento de multa, ao impedimento de inscrever-se em concurso público e à prestação de serviços comunitários.

(B) Todos os militares são alistáveis.

(C) A CF recepcionou as disposições da Lei n. 4.737/1965 relativas à elegibilidade e ao alistamento eleitoral dos analfabetos.

(D) Uma das condições para o alistamento eleitoral é que o eleitor saiba se exprimir na língua nacional.

(E) Será cancelada a inscrição do eleitor que não votar em três eleições consecutivas, com ou sem justificativa.

A: Incorreta, já que pela redação do art. 7º, § 1º, do CE, dispõe que não contempla o impedimento de prestar serviço à comunidade. **B:** Incorreta, já que não são todos os militares alistáveis (não o são os conscritos). O art. 14, § 8º, CF, estabelece como o assunto deverá ser tratado quando na situação dos militares: I – se contar menos de dez anos de serviço, deverá afastar-se da atividade; II – se contar mais de dez anos de serviço, será agregado pela autoridade superior e, se eleito, passará automaticamente, no ato da diplomação, para a inatividade. **C:** Incorreta, já que a CF não recepcionou o dispositivo do Código Eleitoral relativo a considerar os analfabetos inalistáveis, vez que, pela CF/1988, os analfabetos serão alistáveis facultativos mas inelegíveis (art. 5º, I, CE e art. 14, § 1º, II, *a*, CF). **D:** Gabarito indica assertiva como CORRETA, conforme art. 5º, II, Código Eleitoral. No entanto, a banca anulou a questão sob o fundamento de que referido dispositivo não foi recepcionado pela CF/88. **E:** Incorreta, já que pela redação do § 3º, art. 7º, Código Eleitoral, havendo justificativa, não há cancelamento.

Gabarito Anulada

(Delegado/GO – 2017 – CESPE) Em cada uma das próximas opções, é apresentada uma situação hipotética, seguida de uma assertiva a ser julgada conforme a Lei n. 9.096/1995. Assinale a opção que apresenta a assertiva correta.

(A) Um grupo de eleitores encaminhou pedido de registro do estatuto do partido político Y (PY) ao Tribunal Superior Eleitoral (TSE). Nessa situação, o TSE somente poderá deferir o registro depois de publicadas as normas que regerão o PY, devido ao fato de os partidos políticos serem pessoas jurídicas de direito público sujeitas ao princípio da publicidade.

(B) O partido político W (PW) estabeleceu em seu estatuto que somente poderiam concorrer a cargos eletivos os candidatos que tivessem mais de dois anos de filiação partidária. Nessa situação, os filiados do PW deverão cumprir o estabelecido na referida determinação estatutária, uma vez que é facultado aos partidos estabelecer prazos de filiação superiores aos previstos em lei.

(C) O partido político Z (PZ) requereu o registro do seu estatuto no Tribunal Superior Eleitoral (TSE), tendo juntado ao pedido documentos comprobatórios de apoiamento de eleitores, todos filiados a partidos políticos e com representantes das diversas unidades da Federação, inclusive do DF. Nessa situação, o TSE deverá deferir o pedido de registro do estatuto do PZ em caráter nacional.

(D) Um deputado federal pretende desfiliar-se do partido político A, em razão da criação do partido político

B, ao qual ele pretende filiar-se. Nessa situação, é possível a troca de partido sem perda do cargo parlamentar, pois a criação de um novo partido político é justa causa para desfiliação partidária.

(E) Um eleitor, já filiado ao partido político X, filiou-se também a outro partido. Tal situação caracteriza dupla filiação, e ambas as filiações serão consideradas nulas para todos os efeitos legais.

A: Incorreta, pois o art. 1°, LOPP, assim dispõe: "Art. 1° O partido político, pessoa jurídica de **direito privado**, destina-se a assegurar, no interesse do regime democrático, a autenticidade do sistema representativo e a defender os direitos fundamentais definidos na Constituição Federal. Parágrafo único. O partido político não se equipara às entidades paraestatais". **B:** Correta, já que o art. 20, LOPP, dispõe que é facultado ao partido político estabelecer, em seu estatuto, prazos de filiação partidária superiores aos previstos nesta Lei, com vistas a candidatura a cargos eletivos. **C:** Incorreta, já que contraria a redação do art. 7°, § 1°, LOPP, ao dispor que "só é admitido o registro do estatuto de partido político que tenha caráter nacional, considerando-se como tal aquele que comprove, no período de dois anos, **o apoiamento de eleitores não filiados a partido político (também necessário)**, correspondente a, pelo menos, 0,5% (cinco décimos por cento) dos votos dados na última eleição geral para a Câmara dos Deputados, não computados os votos em branco e os nulos, distribuídos por um terço, ou mais, dos Estados, com um mínimo de 0,1% (um décimo por cento) do eleitorado que haja votado em cada um deles." **D:** Incorreta. Pois o art. 22-A, LOPP, alterado pela Lei 13.165/2015, estabelece as situações de justa causa para a desfiliação. Trata-se de rol taxativo. Vejamos: I – mudança substancial ou desvio reiterado do programa partidário; II – grave discriminação política pessoal; III – mudança de partido efetuada durante o período de trinta dias que antecede o prazo de filiação exigido em lei para concorrer à eleição, majoritária ou proporcional, ao término do mandato vigente. **E:** Incorreta, pois o parágrafo único do art. 22, LOPP, dispõe que havendo coexistência de filiações partidárias, **prevalecerá a mais recente**, devendo a Justiça Eleitoral determinar o cancelamento das demais. SC
Gabarito "B".

(Juiz de Direito/DF – 2016 – CESPE) Com relação a princípios e garantias do direito eleitoral, dos sistemas eleitorais, dos partidos políticos e dos direitos políticos, assinale a opção correta.

(A) O princípio da anualidade não é uma cláusula pétrea e pode ser suprimido por EC.

(B) A Cidadania e o Pluralismo Político são objetivos fundamentais da República Federativa do Brasil.

(C) O pluralismo político é expressão sinônima de diversidade partidária.

(D) São garantias que regem a disciplina dos partidos políticos: a liberdade partidária externa, a liberdade partidária interna, a subvenção pública e a intervenção estatal mínima.

(E) O sistema majoritário brasileiro é unívoco.

A: incorreta, uma vez que, por ocasião do julgamento do RE 633.703, rel. min. Gilmar Mendes (j. 23.03.2011, *DJe* de 18.11.2011), ficou decidido que "*o pleno exercício de direitos políticos por seus titulares (eleitores, candidatos e partidos) é assegurado pela Constituição por meio de um sistema de normas que conformam o que se poderia denominar de devido processo legal eleitoral. Na medida em que estabelecem as garantias fundamentais para a efetividade dos direitos políticos, essas regras também compõem o rol das normas denominadas cláusulas pétreas e, por isso, estão imunes a qualquer reforma que vise a aboli-las. O art. 16 da Constituição, ao submeter a alteração legal do processo eleitoral à regra da anualidade, constitui uma garantia fundamental para o pleno exercício de direitos políticos*"; **B:** incorreta, uma vez que são fundamentos (art. 1°, CF), e não objetivos (art. 3°, CF); **C:** incorreta, uma vez que a ideia de pluralismo político se atrela à liberdade de manifestação de pensamento, de expressão, de diversidade quanto a pontos de vista políticos e sociológicos. Diferente, portanto, do pluralismo partidário, que estabelece uma amplitude quanto à existência de partidos políticos; **D:** correta, pois se coaduna com o que estabelece o art. 17 da CF e arts. 1°, 2° e 3° da Lei dos Partidos Políticos; **E:** incorreta. Cabe, de início, esclarecer que "unívoco" está associado à ideia de "único sentido", "único significado". Com essa premissa, podemos afirmar que é uma assertiva equivocada, uma vez que observamos situações em que o sentido de majoritário está atrelado a uma maioria qualificada (necessidade de obtenção, pelo candidato ao cargo de Presidente ou Governador, de 50% + 1 dos votos válidos para que seja eleito em primeiro turno. O mesmo para o caso de municípios com mais de 200 mil eleitores. Fundamento no art. 2°, §1°, Lei das Eleições). SC
Gabarito "D".

(Analista – Judiciário – TRE/PI – 2016 – CESPE) À luz do disposto no CE, assinale a opção correta a respeito do registro de candidatos.

(A) Qualquer candidato pode solicitar o cancelamento do registro de seu nome, bastando comunicar verbalmente sua decisão na junta eleitoral.

(B) A escolha de candidatos deve ser concluída um ano antes das eleições e aprovada nas convenções partidárias a serem realizadas no mesmo período.

(C) É permitido o registro de um mesmo candidato para mais de um cargo na mesma circunscrição.

(D) O registro de candidatos a governador, vice-governador, prefeito, vice-prefeito, vereadores e juiz de paz é feito no tribunal regional eleitoral.

(E) Para se candidatar a cargo eletivo, o militar que tiver menos de cinco anos de serviço deverá ser excluído do serviço ativo.

A: incorreta, já que o parágrafo único do art. 14 estabelece que o cancelamento do registro do candidato será decretado pela Justiça Eleitoral, após solicitação do partido; **B:** incorreta, pois o art. 8° da Lei das Eleições estabelece que a escolha dos candidatos pelos partidos e a deliberação sobre coligações deverão ser feitas no período de 20 de julho a 5 de agosto do ano em que se realizarem as eleições, lavrando-se a respectiva ata em livro aberto, rubricado pela Justiça Eleitoral, publicada em vinte e quatro horas em qualquer meio de comunicação; **C:** incorreta, já que a candidatura, no Brasil, é para um único cargo. Durante o ano de 2015, juntamente com inúmeras outras alterações intituladas "reforma eleitoral", havia a possibilidade da candidatura para múltiplos cargos, permitindo, caso eleito para todos, optar por qual intentasse verdadeiramente assumir. A proposta não foi aprovada (dado apenas para constar como curiosidade); **D:** incorreta, uma vez que o registro de candidatura para o cargo de prefeito, vice-prefeito e vereadores é feito perante o juiz eleitoral da circunscrição eleitoral, conforme art. 89, III, Código Eleitoral; **E:** correta, com fundamento no art. 14, §8°, Constituição Federal. SC
Gabarito "E".

(Juiz de Direito/AM – 2016 – CESPE) Assinale a opção correta acerca dos impedimentos eleitorais previstos na legislação vigente.

(A) O pré-candidato que for sobrinho de governador de estado em exercício não poderá se candidatar a governador do mesmo estado no próximo pleito.

(B) Não poderá se candidatar a governador pré-candidato condenado em primeira instância por crime contra o patrimônio público e que o recurso por ele interposto não tenha sido apreciado judicialmente até a data da convenção.

(C) Pré-candidato a deputado federal filiado ao partido há apenas cinco meses antes da convenção não poderá se candidatar, ainda que tenha domicílio eleitoral no estado há mais de um ano.

(D) Não poderá se candidatar a deputado federal pré-candidato que possuir domicílio eleitoral no estado há menos de um ano, ainda que seja filiado ao partido há mais de um ano.

(E) Pré-candidato a deputado federal que não tiver completado vinte e um anos de idade até a data da convenção realizada pelo seu partido não poderá se candidatar: ele não atingiu a idade mínima exigida pela CF.

A: incorreta, uma vez que a relação de parentesco mantida entre o "sobrinho" e o "tio" é de terceiro grau. O §7º do art. 14 da CF, que trata das hipóteses constitucionais de inelegibilidade, indica que "*São inelegíveis, no território de jurisdição do titular, o cônjuge e os parentes consanguíneos ou afins*, até o segundo grau *ou por adoção, do Presidente da República, de Governador de Estado ou Território, do Distrito Federal, de Prefeito ou de quem os haja substituído dentro dos seis meses anteriores ao pleito, salvo se já titular de mandato eletivo e candidato à reeleição.*"; **B**: incorreta, uma vez que o art. 1°, I, e, LC 64/1990 dispõe que haverá necessidade de que tal condenação, a ponto de gerar a inelegibilidade, deverá ocorrer por sentença transitada em julgado ou por órgão colegiado. Assim, não estaria abrangida a condenação em primeira instância, a menos que transitada em julgado (o que não é o caso da questão); **C**: incorreta, pois o enunciado diz que a filiação se deu 5 meses antes da convenção (que, conforme o art. 8°, Lei das Eleições, deverá ser feita no período de 20 de julho a 5 de agosto do ano em que se realizarem as eleições). Assim, considerando que as eleições se dão no primeiro domingo de outubro, e que ao tempo delas o hipotético candidato já alcançaria pelo menos 7 meses de filiação, restam cumpridas as condições de elegibilidade quanto ao prazo de filiação (6 meses antes do pleito, não da convenção) e domicílio eleitoral (1 ano), conforme art. 9°, Lei das Eleições *Art. 9° Para concorrer às eleições, o candidato deverá possuir domicílio eleitoral na respectiva circunscrição pelo prazo de seis meses e estar com a filiação deferida pelo partido no mesmo prazo. (Redação dada pela Lei nº 13.488, de 2017) Parágrafo único. Havendo fusão ou incorporação de partidos após o prazo estipulado no caput, será considerada, para efeito de filiação partidária, a data de filiação do candidato ao partido de origem.* **D**: Atenção! Originalmente esta era a alternativa correta. No entanto, em razão das alterações trazidas pela Lei 13.488/17, modificando-se o conteúdo do art. 9, Lei das Eleições, o prazo mínimo a ser comprovado de domicílio eleitoral é de 6 meses.; **E**: incorreta. Cabe destacar que a reforma eleitoral de 2015, em especial a Lei 13.165/2015, alterou a redação do §2°, art. 11, Lei das Eleições, para dispor que "A idade mínima constitucionalmente estabelecida como condição de elegibilidade é verificada tendo por referência a data da posse, salvo quando fixada em dezoito anos, hipótese em que será aferida na data-limite para o pedido de registro". Ou seja, considerando a atual redação do art. 14, §3°, VI, d, Constituição Federal, apenas para o cargo de vereador é exigida a idade mínima de 18 anos. Assim, para o cargo de Deputado, com a exigência de 21 anos, temos a aferição de idade tendo-se em vista a data da posse e não a data limite de registro da candidatura. **FVS**

Gabarito "D". Atenção, questão desatualizada. Todas as alternativas estão incorretas

2. PARTIDOS POLÍTICOS, CANDIDATOS

(Procurador – AL/PR – 2024 – FGV) O Partido Político Alfa requereu o registro da candidatura de João para concorrer a determinado cargo eletivo pelo sistema proporcional. A candidatura, no entanto, veio a ser impugnada pelo Partido Político Beta sob o argumento de que João estava inelegível, sendo que o período de inelegibilidade somente se encerraria cinco dias antes da eleição.

À luz da sistemática vigente, é correto afirmar, em relação à narrativa que

(A) somente podem participar do processo eletivo, que principia com as convenções partidárias, aqueles que preencham os requisitos previstos na legislação eleitoral para concorrer ao cargo eletivo, o que não é o caso de João.

(B) a presença das condições de elegibilidade e a ausência de causas de inelegibilidade deve ser aferida por ocasião do registro da candidatura, logo, a impugnação apresentada por Beta deve ser acolhida.

(C) a presença ou a ausência de causas de inelegibilidade não deve ser aferida por ocasião do registro da candidatura, mas, sim, no curso do processo eletivo, logo, a impugnação de Beta não deve ser acolhida.

(D) as condições de elegibilidade e a ausência de causas de inelegibilidade devem ser aferidas no momento da diplomação pela Justiça eleitoral, logo, o registro de João pode ser deferido.

(E) o término do prazo de inelegibilidade que alcança João, da forma indicada na narrativa, constitui fato superveniente que afasta a inelegibilidade.

Alternativa correta letra **E**. A questão está respaldada na súmula 70 do TSE, que aduz: "**O encerramento do prazo de inelegibilidade antes do dia da eleição** constitui fato superveniente que afasta a inelegibilidade, nos termos do art. 11, § 10, da Lei nº 9.504/97". Assim, como aponta a súmula, observamos também o art. 11, § 10, da Lei das Eleições: "Art. 11. Os partidos e coligações solicitarão à Justiça Eleitoral o registro de seus candidatos até as dezenove horas do dia 15 de agosto do ano em que se realizarem as eleições. (...) § 10. As condições de elegibilidade e as causas de inelegibilidade devem ser aferidas no momento da formalização do pedido de registro da candidatura, ressalvadas as alterações, fáticas ou jurídicas, supervenientes ao registro que afastem a inelegibilidade". **FVS**

Gabarito "E".

(Procurador – AL/PR – 2024 – FGV) O Partido Político Alfa, ao fim da eleição municipal, teve três candidatos eleitos para a Câmara Municipal de Beta, que foram João, Pedro e Antônio. O Partido Político Delta, por sua vez, após tomar ciência do resultado da eleição, concluiu que Alfa não tinha atendido à cota de gênero, porque, apesar de ter cumprido as exigências da legislação em relação ao quantitativo de candidaturas femininas, não foram detectados gastos com essas candidaturas ou a efetiva realização de propaganda eleitoral.

À luz da sistemática vigente, é correto afirmar que

(A) a irregularidade identificada por Delta pode acarretar o ajuizamento de ação de investigação judicial eleitoral, que importará na cassação do diploma de João, Pedro e Antônio e na sanção de inelegibilidade.

(B) a situação descrita pode acarretar a responsabilização de Alfa em sede de ação de impugnação de mandato eletivo e, caso seja demonstrado o conhecimento de João, Pedro e Antônio, a cassação dos respectivos mandatos.

(C) pode ser ajuizado recurso contra a expedição de diploma, tendo como consequência a aplicação de multa a Alfa e a cassação do mandato de João, Pedro e Antônio.

(D) é cabível o ajuizamento de ação de impugnação de mandato eletivo, que terá como consequência a desconstituição dos mandatos de João, Pedro e Antônio.

(E) a referida cota é compreendida em uma perspectiva formal, logo, as ilações de Delta, ainda que comprovadas, não indicam qualquer ilicitude.

Alternativa correta letra **D**. Neste sentido, observamos sobre a fraude o CF, Art. 14, § 10, que aduz: "Art. 14. A soberania popular será exercida pelo sufrágio universal e pelo voto direto e secreto, com valor igual para todos, e, nos termos da lei, mediante: (...) § 10 O mandato eletivo poderá ser impugnado ante a Justiça Eleitoral no prazo de quinze dias contados da diplomação, instruída a ação com provas de abuso do poder econômico, corrupção ou fraude". E, desta maneira, o entendimento pacificado do TSE determina que se for caracterizada a fraude à cota de gênero, a consequência jurídica será a cassação dos candidatos vinculados à chapa. Vejamos: ELEIÇÕES 2020. AGRAVO EM RECURSO ESPECIAL. AÇÃO DE INVESTIGAÇÃO JUDICIAL ELEITORAL (AIJE). FRAUDE À COTA DE GÊNERO. PROVAS ROBUSTAS. COMPROVAÇÃO. PROVIMENTO. 1. A fraude à cota de gênero de candidaturas femininas representa afronta aos princípios da igualdade, da cidadania e do pluralismo político, na medida em que a *ratio* do art. 10, § 3º, da Lei 9.504/1997 é ampliar a participação das mulheres no processo político-eleitoral. 2. Pela moldura fática contida no Acórdão Regional, delineada a partir de conteúdo probatório contundente (documentos, oitiva de testemunhas e depoimento pessoal da Requerida), é incontroverso que: (i) a candidata obteve apenas um voto, mas não votou em si; (ii) não realizou nenhum gasto de campanha; (iii) a Comissão Provisória do Partido Social Democrático (PSD) de Leópolis/PR é composta, em sua maioria, por familiares da Investigada; (iv) a candidata ocupava o cargo de Secretária no Partido, do qual seu filho era o Presidente, e pelo qual seu esposo foi eleito; (v) o ingresso na chapa se deu somente após a desistência de uma das candidatas; (vi) os atos de campanha são incertos; (vii) na reta final, a Investigada teria desistido "informalmente" da candidatura. Registro de candidata fictícia reconhecida. 3. O PL lançou 11 (onze) candidaturas ao pleito de 2020, sendo 4 (quatro) mulheres, circunstância que atenderia, em tese, o preceito normativo. Entretanto, no presente caso, remanesceram como regulares apenas 2 (duas) mulheres, pois, entre elas, ficou constatada uma candidata fictícia e outra, cujo registro foi indeferido. Trata-se, portanto, de desobediência objetiva ao critério firmado pelo art. 10, § 3º da Lei 9.504/1997, diante do preenchimento de apenas 18,18% de representantes do gênero feminino. 4. Caracterizada a fraude, e, por conseguinte, comprometida a disputa, a consequência jurídica é: (i) a cassação dos candidatos vinculados ao Demonstrativo de Regularidade de Atos Partidários (Drap), independentemente de prova da participação, ciência ou anuência deles; (ii) a inelegibilidade daqueles que efetivamente praticaram ou anuíram com a conduta; (iii) a nulidade dos votos obtidos pela Coligação, com a recontagem do cálculo dos quocientes eleitoral e partidários, nos termos do art. 222 do Código Eleitoral. 5. Recurso Especial provido (TSE – REspEl: 06007225320206160026 LEÓPOLIS – PR 060072253, Relator: Min. Alexandre de Moraes, Data de Julgamento: 13/06/2023, Data de Publicação: DJE – Diário de Justiça Eletrônico, Tomo 147). FVS

(Juiz de Direito – TJ/SP – 2023 – VUNESP) A Constituição Federal estabelece no § 6º, do artigo 17: "Os Deputados Federais, os Deputados Estaduais, os Deputados Distritais e os Vereadores que se desligarem do partido pelo qual tenham sido eleitos perderão o mandato, salvo nos casos de anuência do partido ou de outras hipóteses de justa causa estabelecidas em lei, não computada, em qualquer caso, a migração de partido para fins de distribuição de recursos do fundo partidário ou de outros fundos públicos e de acesso gratuito ao rádio e à televisão." Assinale a alternativa que NÃO constitui justa causa para a desfiliação partidária.

(A) A mudança substancial ou desvio reiterado do programa partidário.

(B) A grave discriminação política pessoal.

(C) O desempenho eleitoral do partido político, embora atendida a cláusula de barreira.

(D) A mudança de partido efetuada durante o período de trinta dias que antecede o prazo de filiação exigido em lei para concorrer à eleição, majoritária ou proporcional, ao término do mandato vigente.

Resposta letra **C**. Assim, as alternativas corretas A, B e D encontram respaldo na Lei 9096/1995, em seu artigo 22-A, parágrafo único, I, II e III, nas exatas correspondências: Art. 22-A. Perderá o mandato o detentor de cargo eletivo que se desfiliar, sem justa causa, do partido pelo qual foi eleito. Parágrafo único. Consideram-se justa causa para a desfiliação partidária somente as seguintes hipóteses: I – mudança substancial ou desvio reiterado do programa partidário; II – grave discriminação política pessoal; e III – mudança de partido efetuada durante o período de trinta dias que antecede o prazo de filiação exigido em lei para concorrer a eleição, majoritária ou proporcional, ao término do mandato vigente. FVS

(Juiz de Direito – TJ/RS – 2018 – VUNESP) Com o advento da Emenda Constitucional nº 97/2017, a partir das eleições de 2020, a celebração de coligações será

(A) vedada nas eleições proporcionais, atingindo, assim, a proibição, os cargos de Vereador, Deputado Estadual, Deputado Federal e Deputado Distrital.

(B) permitida para as eleições majoritárias, ou seja, em relação aos cargos de Vereador, Deputado Estadual, Deputado Federal e Deputado Distrital.

(C) permitida para as eleições proporcionais, ou seja, em relação aos cargos de Prefeito, Governador, Senador e Presidente da República.

(D) vedada em qualquer hipótese, atingindo tanto as eleições majoritárias quanto as proporcionais.

(E) vedada nas eleições majoritárias, atingindo, assim, a proibição, os cargos de Prefeito, Governador, Senador e Presidente da República.

A única alternativa correta é apresentada pela letra A. Isto porque a EC 97/2017 trouxe disposição de que é assegurado aos partidos políticos autonomia para adotar os critérios de escolha e o regime de suas coligações nas eleições majoritárias, vedada a sua celebração nas eleições proporcionais, sem obrigatoriedade de vinculação entre as candidaturas em âmbito nacional, estadual, distrital ou municipal. O texto da EC 97/2017, em seu art. 2º, indica, de forma expressa, que a vedação de celebração de coligações nas eleições proporcionais apenas será aplicada a partir das eleições de 2020. Para esta questão, o candidato ainda deveria conhecer os cargos considerados "proporcionais" ou "majoritários". Na verdade as expressões são relacionadas ao sistema de apuração de votos, e não aos cargos propriamente. Explico melhor: temos em nosso ordenamento dois sistemas de apuração dos votos durante uma eleição. O primeiro, majoritário, será aplicado aos cargos de chefia do Executivo (Presidente e vice, Governador e vice, Prefeito e vice) e para o de Senador e suplente. Neste sistema, será considerado eleito aquele que obtiver maioria dos votos. Em municípios com menos de 200.000 eleitores e nas eleições para Senador, basta a maioria simples dos votos em único turno. Para municípios com mais de 200.000 eleitores ou nas eleições para Presidente ou Governador, somente se resolverá em primeiro turno caso o candidato obtenha mais de 50% dos votos válidos (ou seja, 50%+1). Não alcançando esta proporção, a eleição se resolverá em segundo turno. Nesta ocasião (do segundo turno), será eleito o candidato com maior votação (maioria simples). Por outro lado, temos o sistema de apuração proporcional, aplicável aos cargos do Legislativo, com exceção ao cargo de Senador. Ou seja: Deputados federais, distritais, estaduais e vereadores. Neste sistema, é analisado o quociente eleitoral e partidário para fins de se verificar a distribuição de vagas. SC

Gabarito "A".

(Juiz – TJ-SC – FCC – 2017) A incorporação de partido político:

(A) somente é cabível em relação a partidos políticos que tenham obtido registro definitivo do Tribunal Superior Eleitoral há, pelo menos, 5 (cinco) anos.

(B) exige que os órgãos nacionais de deliberação dos partidos políticos envolvidos na incorporação aprovem, em reunião conjunta, por maioria absoluta, novos estatutos e programas, bem como elejam novo órgão de direção nacional ao qual caberá promover o registro da incorporação.

(C) não implica eleição de novo órgão de direção nacional, mantendo-se o mandato e a composição do órgão de direção nacional da agremiação partidária incorporadora.

(D) condiciona a existência legal da nova agremiação partidária ao registro, no Ofício Civil competente da Capital Federal, dos novos estatutos e programas, cujo requerimento deve ser acompanhado das atas das decisões dos órgãos competentes.

(E) não autoriza a soma dos votos obtidos na última eleição geral para a Câmara dos Deputados pelos partidos incorporados, para efeito da distribuição dos recursos do Fundo Partidário e do acesso gratuito ao rádio e à televisão.

A: correta, com fundamento no §9º, art. 29, Lei dos Partidos Políticos, que, a partir da Lei 13.165/2015, passou a estabelecer que "somente será admitida a fusão ou incorporação de partidos políticos que hajam obtido o registro definitivo do Tribunal Superior Eleitoral há, pelo menos, 5 (cinco) anos". Assim, há uma vedação à criação de partidos políticos que nascem destinados à serem verdadeiramente "loteados" a outros; **B:** incorreta, já que o §2º, art. 29, Lei dos Partidos Políticos estabelece que " No caso de incorporação, observada a lei civil, caberá ao partido incorporando deliberar por maioria absoluta de votos, em seu órgão nacional de deliberação, sobre a adoção do estatuto e do programa de outra agremiação"; **C:** incorreta. O art. 29, §1°, II, Lei dos Partidos Políticos dispõe que "- os órgãos nacionais de deliberação dos partidos em processo de fusão votarão em reunião conjunta, por maioria absoluta, os projetos, e elegerão o órgão de direção nacional que promoverá o registro do novo partido."; **D:** incorreta, já que esta regra disposta na assertiva D diz respeito à situação a ser observado no caso de fusão. Trata-se de reprodução do quanto disposto no §4º, art. 29, Lei dos Partidos Políticos; **E:** incorreta, já que a autorização é expressa pelo §7º, art. 29, Lei dos Partidos Políticos. SC

Gabarito "A".

(Juiz – TJ-SC – FCC – 2017) Nos termos da Constituição Federal, a Câmara dos Deputados compõe-se de representantes do povo, eleitos, pelo sistema proporcional. Tal sistema eleitoral:

(A) determina, segundo o Código Eleitoral, que as vagas não preenchidas segundo o quociente partidário serão distribuídas aos partidos com o maior número de votos remanescentes, ou seja, aqueles que restaram em face do cálculo do quociente partidário.

(B) determina, segundo o Código Eleitoral, a eleição dos candidatos que tenham obtido votos em número igual ou superior a 10% (dez por cento) do quociente eleitoral, tantos quantos o respectivo quociente partidário indicar, na ordem da votação nominal que cada um tenha recebido.

(C) impede, segundo a legislação eleitoral, que o voto conferido a candidato de determinado partido seja considerado para a eleição de candidato de partido diverso, ainda que coligado.

(D) determina, segundo o Código Eleitoral, a eleição dos candidatos que tenham obtido votos em número igual ou superior ao quociente eleitoral, na ordem da votação nominal que cada um tenha recebido.

(E) descabe ser aplicado à eleição de Vereadores, em virtude de a Constituição Federal atualmente estabelecer limite máximo de Vereadores para cada Município em função do número de habitantes, afastando a proporcionalidade da representação que originalmente vigorava.

A: incorreta, uma vez que os arts. 109 e 110 do Código Eleitoral estabelecem tratativa diferente. Atenção especial deve ser dada a estes dispositivos (objetivamente o art. 109, CE), uma vez que sofreu alterações pela Lei 13.165/2015 (Reforma de 2015). Vejamos:
Art. 109. Os lugares não preenchidos com a aplicação dos quocientes partidários e em razão da exigência de votação nominal mínima a que se refere o art. 108 serão distribuídos de acordo com as seguintes regras:
I – dividir-se-á o número de votos válidos atribuídos a cada partido ou coligação pelo número de lugares definido para o partido pelo cálculo do quociente partidário do art. 107, mais um, cabendo ao partido ou coligação que apresentar a maior média um dos lugares a preencher, desde que tenha candidato que atenda à exigência de votação nominal mínima;
II – repetir-se-á a operação para cada um dos lugares a preencher;
III – quando não houver mais partidos ou coligações com candidatos que atendam às duas exigências do inciso I, as cadeiras serão distribuídas aos partidos que apresentem as maiores médias. § 1º O preenchimento dos lugares com que cada partido ou coligação for contemplado far-se-á segundo a ordem de votação recebida por seus candidatos.
§ 2º Poderão concorrer à distribuição dos lugares todos os partidos e coligações que participaram do pleito (Lei 13.488/2017)
Art. 110. Em caso de empate, haver-se-á por eleito o candidato mais idoso.
B: correta. Fundamento está no art. 108, CE. Destaca-se que esta disposição é também fruto de alterações inserida pela Lei 13.165/2015, portanto, deve o candidato possuir atenção redobrada. Importante mencionar, também, que esta quota de 10% (temos sustentado em sala a denominação "cláusula de barreira no Sistema proporcional") não será observada quando na situação de chamamento dos suplentes a ocuparem cargos vagos, mas tão somente para esta aferição de resultado das eleições; **C:** incorreta, isto porque o cálculo do quociente partidário inclui a consideração da unidade apresentada pela coligação. Ou seja, os partidos poderão (não há obrigatoriedade) coligar-se para uma eleição. Havendo coligação, toda a apuração será considerada tendo-se por base o partido político individualmente (quando não coligado) ou a própria

coligação (quando houver associação entre as agremiações). Art. 107, CE; **D:** incorreta, uma vez que é necessário observar o cumprimento de 10% do quociente eleitoral, conforme dito na assertiva B, relativamente à cláusula de barreira do Sistema eleitoral; **E:** incorreta, já que o sistema proporcional de apuração dos votos será utilizado para as eleições para cargos do legislativo, sendo a única exceção o cargo de senador, onde a apuração se dá pelo sistema majoritário. SC
"Gabarito "B".

(Promotor de Justiça – MPE/RS – 2017) Considerando a Lei 9.096/1995, que dispõe sobre partidos políticos, assinale a alternativa correta.

(A) Após registrar seu estatuto no Cartório competente do Registro Civil das Pessoas Jurídicas, na Capital Federal, o partido político está apto a participar do processo eleitoral, receber recursos do Fundo Partidário e ter acesso gratuito ao rádio e à televisão.

(B) É vedado ao partido político estabelecer, em seu estatuto, prazos de filiação partidária superiores aos previstos na Lei 9.096/1995, com vistas à candidatura a cargos eletivos.

(C) Quem se filia a outro partido deve fazer comunicação ao partido ao qual era originalmente filiado e ao juiz de sua respectiva Zona Eleitoral, para cancelar sua filiação anterior; se não o fizer no dia imediato ao da nova filiação, fica configurada dupla filiação, sendo ambas consideradas nulas para todos os efeitos.

(D) A perda dos direitos políticos não implica o cancelamento imediato da filiação partidária.

(E) A desaprovação da prestação anual de contas do partido não enseja sanção alguma que o impeça de participar do processo eleitoral.

A: Incorreta. A EC 97/17 criou a chamada cláusula de barreira (ou de desempenho) ao dispor que os partidos somente terão acesso aos recursos do Fundo Partidário e ao tempo de propaganda gratuita no rádio e na televisão se alcançarem algumas condições. São elas: I – obtiverem, nas eleições para a Câmara dos Deputados, no mínimo, 3% (três por cento) dos votos válidos, distribuídos em pelo menos um terço das unidades da Federação, com um mínimo de 2% (dois por cento) dos votos válidos em cada uma delas; ou II – tiverem elegido pelo menos quinze Deputados Federais distribuídos em pelo menos um terço das unidades da Federação. (art. 17, §3°, CF); **B:** Incorreta. O partido político pode criar prazo superior. A vedação, por via contrária, está para fixação de prazo inferior (art. 20, Lei dos Partidos Políticos); **C:** Incorreta. Após a entrada em vigor da Lei 12.891/2013, havendo coexistência de filiações partidárias, prevalecerá a mais recente, devendo a Justiça Eleitoral determinar o cancelamento das demais; **D:** Incorreta, uma vez que o art. 22, II, Lei dos Partidos Políticos estabelece ser uma das formas de cancelamento da filiação partidária; **E:** Correta, conforme § 5° do art. 32 da Lei dos Partidos Políticos. SC
Gabarito "E".

(Analista – Judiciário –TRE/PI – 2016 – CESPE) Com base no disposto na Lei n.° 9.504/1997, assinale a opção correta.

(A) Nas eleições proporcionais, são computados como válidos todos os votos registrados pelas mesas receptoras.

(B) As eleições para governador, vice-governador, prefeito, vice-prefeito e vereador realizam-se simultaneamente, no primeiro domingo de outubro do ano de eleições estaduais.

(C) Nas eleições proporcionais, consideram-se válidos os votos dados a candidatos regularmente inscritos e às legendas partidárias.

(D) Será considerado eleito o candidato a governador que obtiver a maioria absoluta de votos, computados os votos brancos e nulos.

(E) Caso candidato a prefeito desista de concorrer à eleição municipal antes do segundo turno, deverá o juiz eleitoral cancelar imediatamente o pleito, devendo convocar novas eleições para o ano seguinte.

A: incorreta, já que são computados tão somente os votos válidos, ou seja, todos os votos colhidos pelas mesas receptoras, exceto os nulos e brancos; **B:** incorreta, uma vez que as eleições para governador e vice ocorrerão juntamente com as de Presidente e Vice (da República), deputados e Senadores. As eleições municipais abrangerão tão somente a escolha de representantes para o cargo de prefeito municipal e vereadores; **C:** correta. Para que o voto seja "excluído" da contabilização, somente se for nulo ou em branco. O voto em legenda é válido; **D:** incorreta, pois, para a apuração do resultado das eleições, será necessária a adoção do paradigma dos votos válidos, ou seja, total de votos obtidos com exclusão dos nulos e brancos; **E:** incorreta, uma vez que o art. 2° da Lei das Eleições estabelece que se, antes de realizado o segundo turno, ocorrer morte, desistência ou impedimento legal de candidato, convocar-se-á, dentre os remanescentes, o de maior votação. FVS
Gabarito "C".

(Juiz de Direito/AM – 2016 – CESPE) De acordo com as normas que regulam o funcionamento dos partidos políticos no Brasil,

(A) não há restrições à fusão ou incorporação de partidos políticos que tenham obtido o registro definitivo do TSE.

(B) as mudanças de filiação partidária não são consideradas para efeito da distribuição dos recursos do fundo partidário entre os partidos políticos.

(C) o desvio reiterado do programa partidário, a grave discriminação política pessoal e a filiação a novo partido são considerados justas causas de desfiliação de detentores de mandato eletivo.

(D) o apoiamento de eleitores filiados a determinado partido político pode ser computado para fins de registro do estatuto de um novo partido político.

(E) o tempo de propaganda partidária gratuita no rádio e na televisão é distribuído entre os partidos proporcionalmente aos votos obtidos na eleição mais recente para deputado federal.

A: incorreta, uma vez que o §9° do art. 29 da Lei dos Partidos Políticos estabelece que somente será admitida a fusão ou incorporação de partidos políticos que hajam obtido o registro definitivo do Tribunal Superior Eleitoral há, pelo menos, 5 (cinco) anos; **B:** correta, com fundamento no parágrafo único do art. 41 da Lei dos Partidos Políticos, que estabelece que, para efeito do disposto no inciso II (divisão do fundo partidário), serão desconsideradas as mudanças de filiação partidária em quaisquer hipóteses; **C:** incorreta, uma vez que o parágrafo único do art. 22-A da Lei dos Partidos Políticos, inserido pela Lei 13.165/15, estabelece como JUSTA CAUSA: I – mudança substancial ou desvio reiterado do programa partidário; II – grave discriminação política pessoal; III – mudança de partido efetuada durante o período de trinta dias que antecede o prazo de filiação exigido em lei para concorrer à eleição, majoritária ou proporcional, ao término do mandato vigente. Ou seja, a mudança de partido pelo simples fato da criação de um novo partido não está mais contemplada como autorizativo legal à exceção da fidelidade partidária; **D:** incorreta, já que o §1° do art. 7° da Lei dos Partidos Políticos é claro ao estabelecer que o apoiamento deve ser realizado por cidadãos não filiados a outros partidos; **E:** A alternativa, anteriormente, teria por base a leitura do art. 49 da Lei dos Partidos Políticos, todavia, tal regramento passou a ser regido pela lei n°.

14.291/2022, que alterou a lei nº. 9.096/95 (Lei dos Partidos Políticos), passando então a dispor esta sobre a propaganda partidária gratuita no rádio e na televisão.

Gabarito "B".

3. PROPAGANDA ELEITORAL E RESTRIÇÕES NO PERÍODO ELEITORAL

(Juiz de Direito – TJ/SP – 2023 – VUNESP) A respeito da propaganda eleitoral, assinale a alternativa correta.

(A) Não se admite o pedido de apoio político e a divulgação de pré-candidatura por ocasião de divulgação de atos parlamentares e debates legislativos.

(B) É vedada a participação de filiados a partidos políticos ou de pré-candidatos em entrevistas no rádio, na televisão e na internet, inclusive para exposição de plataformas e projetos políticos, ainda que as emissoras de rádio e televisão confiram tratamento isonômico a outros partidos políticos ou pré-candidatos.

(C) Constitui propaganda eleitoral antecipada a divulgação de posicionamento pessoal sobre questões políticas, inclusive nas redes sociais.

(D) As prévias partidárias não podem ser transmitidas ao vivo por emissoras de rádio e de televisão, sendo permitida a cobertura jornalística pelos meios de comunicação social.

Encontramos respaldo sobre propaganda eleitoral para a questão na Lei nº 9.504/1997: **A:** incorreta. Art. 36-A, IV; **B:** incorreta. Art. 36-A, I; **C:** incorreta. Art. 36-A, V; **D:** correta. Art. 36-A, § 1º: "É vedada a transmissão ao vivo por emissoras de rádio e de televisão das prévias partidárias, sem prejuízo da cobertura dos meios de comunicação social".

Gabarito "D".

(Juiz de Direito – TJ/DFT – 2023 – CEBRASPE) A respeito da propaganda eleitoral, assinale a opção correta.

(A) Nenhuma forma de menção à candidatura antes de quinze de agosto dos anos eleitorais é lícita, porquanto caracteriza propaganda eleitoral antecipada.

(B) A lei eleitoral proíbe que se faça propaganda em bens públicos, os quais são considerados para fins eleitorais, conforme previsto no Código Civil.

(C) A lei eleitoral proíbe, em qualquer circunstância, o uso de trio elétrico para a realização de propaganda eleitoral.

(D) A contratação de apresentações artísticas em eventos de inauguração de obras públicas bem como a presença de candidatos nesses eventos, nos três meses anteriores ao pleito, são condutas vedadas aos agentes públicos.

(E) No caso de propaganda eleitoral ilícita em bem particular, a simples retirada da propaganda afasta a aplicabilidade das multas previstas na legislação.

A: errada. Art. 36-A, *caput*, da Lei das Eleições; **B:** errada. Art. 37, § 2º, I e II, da Lei das Eleições; **C:** errada. Art. 39, § 10, da Lei das Eleições; **D:** Correta. Art. 75, da Lei das Eleições: "Art. 75. Nos três meses que antecederem as eleições, na realização de inaugurações é vedada a contratação de shows artísticos pagos com recursos públicos. Parágrafo único. Nos casos de descumprimento do disposto neste artigo, sem prejuízo da suspensão imediata da conduta, o candidato beneficiado, agente público ou não, ficará sujeito à cassação do registro ou do diploma"; **E:** errada. Art. 37, § 1º, da Lei nº 9.504/1997.

Gabarito "D".

(Juiz de Direito – TJ/RS – 2018 – VUNESP) Acerca do uso da internet em campanhas eleitorais, disciplinado por modificações introduzidas na Lei Federal no 9.504/1997, é correto afirmar que

(A) a menção à pretensa candidatura, a exaltação das qualidades pessoais dos pré-candidatos e a divulgação de posicionamento pessoal sobre questões políticas, inclusive nas redes sociais, configuram propaganda eleitoral antecipada.

(B) o poder de polícia da Justiça Eleitoral se restringe às providências necessárias para inibir práticas ilegais, sendo, portanto, possível a censura prévia sobre o teor dos programas a serem exibidos na internet.

(C) o candidato poderá divulgar sua candidatura em sítios de pessoas jurídicas sem fins lucrativos, desde que o espaço seja fornecido gratuitamente.

(D) nenhuma pessoa jurídica de direito privado, com fins lucrativos, poderá doar ou ceder o cadastro eletrônico de seus clientes em favor de candidatos, partidos ou coligações.

(E) a propaganda eleitoral na internet é permitida quando se tratar, por exemplo, de menções em redes sociais, cujo conteúdo seja gerado por candidatos, partidos, coligações ou qualquer pessoa natural, sem contratação de impulsionamento de conteúdos.

A: incorreta. O art. 36-A, Lei 9.504/1997, com as alterações trazidas pela Lei 13.165/2015, dispõe exatamente o contrário da assertiva, informando que tais condutas descritas não configuram a propaganda antecipada; **B:** incorreta. O art. 41, § 2º, Lei 9.504/1997 disciplina exatamente que neste conceito de poder de polícia é vedada a censura prévia sobre o teor dos programas a serem exibidos na televisão, no rádio ou na internet; **C:** incorreta, já que o art. 57-C, § 1º, I, Lei 9.504/1997 dispõe expressamente acerca da vedação de propaganda, ainda que gratuita, em sites de pessoas jurídicas com ou sem fins lucrativos; **D:** incorreta. A assertiva faz menção ao disposto no art. 57-E, Lei 9.504/1997, que por sua vez, ao tratar das vedações, indica que estas serão direcionadas às pessoas relacionadas no art. 24, da mesma Lei. Neste último dispositivo, apenas consta a pessoa de direito privado "IV- Entidade de direito privado que receba, na condição de beneficiária, contribuição compulsória em virtude de disposição legal"; **E.** correta. No entanto esta questão pode causar grande dúvida no candidato pela possibilidade de interpretação variada. Perceba: O art. 57-B, Lei 9.504/1997, dispõe que propaganda eleitoral na internet poderá ser realizada, dentre outras formas, "IV- por meio de blogs, redes sociais, sítios de mensagens instantâneas e aplicações de internet assemelhadas cujo conteúdo seja gerado ou editado por: a) candidatos, partidos ou coligações; ou b) qualquer pessoa natural, desde que não contrate impulsionamento de conteúdos." A informação de que a contratação de impulsionamento é vedada deve ser aplicada tão somente a alínea "a", ou seja, às pessoas naturais. A assertiva E relaciona as hipóteses em texto contínuo, deixando dúvida sobre a vedação de impulsionamento ser aplicado a todas as pessoas relacionadas ou apenas às pessoas naturais. No entanto, considerando que há aqui uma reprodução do texto legal, o intento é destacar que apenas às pessoas naturais não se permitirá o impulsionamento. Na visão deste autor, abordagem extremamente desnecessária, por levar candidatos a erro, sem apurar, de fato, se conhece a norma.

Gabarito "E".

(Juiz de Direito – TJ/RJ – VUNESP – 2016) Assinale a alternativa que corretamente discorre sobre aspectos da propaganda eleitoral.

(A) A exaltação das realizações pessoais de determinada pessoa que já foi candidata a mandato eletivo, que se confunde com a ação política a ser desenvolvida e que traduz a ideia de que seja ela a pessoa mais apta para o exercício da função pública, é circunstância que não configura a prática de propaganda eleitoral, nem desvirtuamento do instituto.

(B) O candidato que exerce a profissão de cantor não pode permanecer exercendo-a em período eleitoral, mesmo que essa atividade não tenha como finalidade a animação de comício ou reunião eleitoral e que não haja nenhuma alusão à candidatura ou à campanha eleitoral, ainda que em caráter subliminar.

(C) A participação de filiados a partidos políticos ou de pré-candidatos em entrevistas, programas, encontros ou debates no rádio, na televisão e na internet, inclusive com a exposição de plataformas e projetos políticos, ainda que sem pedido explícito de voto, caracteriza propaganda eleitoral antecipada vedada.

(D) A realização de prévias partidárias e sua transmissão ao vivo por emissoras de rádio e de televisão, a divulgação dos nomes dos filiados que participarão da disputa e a realização de debates entre os pré-candidatos, não configuram propaganda eleitoral antecipada.

(E) Entende-se como ato de propaganda eleitoral aquele que leva ao conhecimento geral, ainda que de forma dissimulada, a candidatura, mesmo que apenas postulada, a ação política que se pretende desenvolver ou razões que induzam a concluir que o beneficiário é o mais apto ao exercício de função pública.

A: incorreta, "Eleições 2010. Desvirtuamento da propaganda partidária. Causa de pedir. Realização de propaganda eleitoral extemporânea. Pedido. Multa. Condenação. 4. Na espécie, tem-se que a exaltação das realizações pessoais da recorrente se confunde com a ação política a ser desenvolvida, o que traduz a ideia de que seja ela a pessoa mais apta para o exercício da função pública, circunstância que configura a prática de propaganda eleitoral. Precedentes". (Ac. de 12.5.2011 no R-Rp nº 222623, rel. Min. Nancy Andrighi)". **B:** incorreta, "Consulta. Candidato. Cantor. Exercício da profissão em período eleitoral. 1. O candidato que exerce a profissão de cantor pode permanecer exercendo-a em período eleitoral, desde que não tenha como finalidade a animação de comício ou reunião eleitoral e que não haja nenhuma alusão à candidatura ou à campanha eleitoral, ainda que em caráter subliminar. 2. Eventuais excessos podem ensejar a configuração de abuso do poder econômico, punível na forma do art. 22 da Lei Complementar 64/90, ou mesmo outras sanções cabíveis. [...]."(Res. 23.251, de 15.4.2010, rel. Min. Arnaldo Versiani). **C:** incorreta, em atenção a disciplina no art. 36-A Lei das eleições e jurisprudência: "Propaganda eleitoral antecipada. O TSE já firmou entendimento no sentido de que, nos termos do art. 36-A da Lei das Eleições, não caracteriza propaganda eleitoral extemporânea a participação de filiados a partidos políticos em entrevistas ou programas de rádio, inclusive com a exposição de plataformas e projetos políticos, desde que não haja pedido de votos, devendo a emissora conferir-lhes tratamento isonômico. Precedentes: R-Rp 1679-80, rel. Min. Joelson Dias, DJE de 17.2.2011; R-Rp 1655-52, relª. Minª. Nancy Andrighi, PSESS em 5.8.2010" (Ac. de 21.11.2013 no AgR-REspe 6083, Rel. Henrique Neves da Silva); **D:** incorreta, O artigo 36-A da Lei 9.504/1997 dispõe que "Não configuram propaganda eleitoral antecipada, desde que não envolvam pedido explícito de voto, a menção à pretensa candidatura, a exaltação das qualidades pessoais dos pré-candidatos e os seguintes atos, que poderão ter cobertura dos meios de comunicação social, inclusive via internet: III – a realização de prévias partidárias e a respectiva distribuição de material informativo, a divulgação dos nomes dos filiados que participarão da disputa e a realização de debates entre os pré-candidatos; § 1º. É vedada a transmissão ao vivo por emissoras de rádio e de televisão das prévias partidárias, sem prejuízo da cobertura dos meios de comunicação social"; **E:** correta, o fundamento está no art. 36-A ao estabelecer que todas as situações que não configurarão propaganda antecipada. Complementarmente a isto, cabe destacar posição jurisprudencial sobre o tema: "Propaganda eleitoral antecipada. Art. 36-A da Lei 9.504/97 [...] 1. O TSE já assentou o entendimento de que propaganda eleitoral é aquela que leva ao conhecimento geral, ainda que de forma dissimulada, a candidatura, mesmo que apenas postulada, a ação política que se pretende desenvolver ou razões que induzam a concluir que o beneficiário é o mais apto ao exercício de função pública. 2. Verifico que as premissas fáticas delineadas na instância a quo demonstram a ocorrência de propaganda eleitoral extemporânea, haja vista a alusão expressa feita em relação ao apoio à candidatura da beneficiária, não tendo havido, desse modo, violação ao artigo 36-A da Lei 9.504/97". (Ac. de 20.3.2014 no AgR-REspe 16734, Rel. Laurita Vaz)". Gabarito "E".

4. PRESTAÇÃO DE CONTAS, DESPESAS, ARRECADAÇÃO, FINANCIAMENTO DE CAMPANHA

(Juiz de Direito – TJ/RS – 2018 – VUNESP) Considere a seguinte situação hipotética:

Candidato X declara na prestação de contas de sua campanha um gasto com combustíveis e lubrificantes no valor de R$ 10.000,00, cuja receita, no entanto, não foi declarada. Verifica-se, também, a omissão de despesas relevantes para a divulgação e distribuição de material de campanha. É instaurada uma Representação por captação e gastos ilícitos eleitorais (Lei Federal no 9.504/1997), que será julgada procedente se

(A) comprovada a relevância jurídica dos atos praticados pelo candidato em face do pleito eleitoral, independente se o candidato agiu de boa ou má-fé ou se as fontes são lícitas ou ilícitas.

(B) comprovado que as fontes não declaradas são ilícitas e que o candidato agiu de má-fé na obtenção dos recursos.

(C) provada a potencialidade do dano causado em face do resultado eleitoral, ou seja, desde que comprovado que os ilícitos realmente poderiam desequilibrar o pleito eleitoral.

(D) provado que o candidato agiu de má-fé na obtenção dos recursos, não importando se as fontes não declaradas são lícitas ou ilícitas.

(E) comprovado o dando causado em face do resultado eleitoral, ou seja, desde que o candidato que praticou os ilícitos seja eleito.

A: correta. Nesta questão é necessário prévio conhecimento jurisprudencial e doutrinário sobre alguns temas e conceitos. O TSE entende que a representação do art. 30-A da Lei 9.504/1997 não dependerá necessariamente da potencialidade lesiva da conduta, mas, sim, é considerada a relevância jurídica. Por sua vez, tal situação está associada ao princípio da razoabilidade. Leitura indicada: TSE. RO 712.330/MT, rel. Min. Dias Toffoli, julgado em 11.04.2014; **B:** incorreta, já que não é exigida a ilicitude da origem, bastando que não sejam declaradas; **C:** incorreta, pelos mesmos fundamentos trazidos na assertiva A; **D:** incorreta, basta que haja a omissão, não importando análise quanto à má-fé na obtenção dos recursos; **E:** incorreta, pelos mesmos fundamentos trazidos nos comentários da assertiva A. Gabarito "A".

5. COMPETÊNCIA E ORGANIZAÇÃO DA JUSTIÇA ELEITORAL

(Juiz de Direito – TJ/DFT – 2023 – CEBRASPE) Em relação às ações eleitorais, assinale a opção correta.

(A) Por aplicação subsidiária do CPC, nas ações eleitorais, cabe à parte demandante indicar o valor da causa, ainda que precise estimá-lo.
(B) Conforme o novo CPC, a contagem de prazos no processo eleitoral, exceto no período próximo às eleições, considera os dias úteis.
(C) Na ação de impugnação de registro de candidatura (AIRC), caso haja questão relevante objeto de outro processo judicial, a regra é a de que a AIRC seja suspensa até que se decida o processo em andamento.
(D) Nos casos em que o valor da causa de ação eleitoral for inestimável, os ônus de sucumbência devem ser fixados em salários-mínimos.
(E) Conforme previsto na jurisprudência, em determinadas situações, é admitida a impetração de mandado de segurança como meio adequado para impugnar decisões judiciais eleitorais.

Resposta correta letra **E**. A alternativa possui base na Súmula 22 do TSE: Não cabe mandado de segurança contra decisão judicial recorrível, salvo situações de teratologia ou manifestamente ilegais. **FVS**
Gabarito "E".

(Juiz de Direito – TJ/RS – 2018 – VUNESP) A Justiça Eleitoral, diferentemente dos demais órgãos judiciais, pode exercer a função consultiva que

(A) ocorre de ofício ou mediante provocação por órgão nacional, estadual ou municipal de partido político, ou pelo Procurador Geral da República.
(B) se realiza por meio do Tribunal Superior Eleitoral, dos Tribunais Regionais Eleitorais e dos Juízes Eleitorais.
(C) consiste em preparar, organizar e administrar todo o processo eleitoral, desde a fase do alistamento até a diplomação dos eleitos.
(D) consiste em responder, fundamentadamente, mas sem força vinculante, a consultas em matéria eleitoral, por meio do Tribunal Superior Eleitoral e dos Tribunais Regionais Eleitorais.
(E) resulta na expedição de instruções para fiel execução da lei eleitoral, ouvidos, previamente, os delegados ou representantes dos partidos políticos.

A: incorreta. A função consultiva não traz a possibilidade de atuação de ofício pela justiça eleitoral; **B**: incorreta. Dentre os órgãos da Justiça Eleitoral relacionados na assertiva, não há competência consultiva aos juízes eleitorais; **C**: incorreta. A situação enquadra-se na função normativa da Justiça Eleitoral, que é justamente quanto à competência de editar resoluções para fiel execução das leis eleitorais (parágrafo único, art. 1º e art. 23, XI, ambos do Código Eleitoral); **D**: correta. A Justiça Eleitoral possui esta característica, distinguindo-se de outros órgãos do Poder Judiciário. À esta especializada cabem as funções de natureza jurisdicional, administrativa, normativa e consultiva. Quanto à última, temos que o art. 23, XII e art. 30, VIII, ambos do Código Eleitoral, dispõem respectivamente que caberá ao TSE e aos TREs responder, sobre matéria eleitoral, às consultas que lhe forem feitas em tese por autoridade com jurisdição, federal ou órgão nacional de partido político. No caso dos TREs, basta que sejam autoridades públicas ou partidos políticos (no TSE, devem tais legitimados ser de natureza federal ou nacional); **E**: incorreta. A assertiva trata da função normativa da Justiça Eleitoral, não a consultiva (art. 1º e 23, XI, Código Eleitoral). **FVS**
Gabarito "D".

(Delegado – PC/BA – 2018 – VUNESP) De acordo com o previsto na Lei Federal no 4.737/1965 (Código Eleitoral), as juntas eleitorais

(A) têm como atribuição apurar, no prazo de 2 (dois) dias, as eleições realizadas nas zonas eleitorais sob sua jurisdição.
(B) possuem, em sua composição, 2 (dois) ou 4 (quatro) cidadãos de notória idoneidade, sendo que tais cidadãos não poderão ser autoridades ou agentes policiais, nem funcionários no desempenho de cargos de confiança do Executivo.
(C) são competentes para expedir títulos eleitorais, conceder transferência de eleitores e determinar a inscrição ou exclusão de eleitores.
(D) serão sempre presididas por um juiz eleitoral, não podendo haver mais de uma junta por Zona Eleitoral.
(E) não mais são competentes para expedir os diplomas nas eleições municipais, desde o advento do voto eletrônico em substituição ao voto manual.

A: incorreta, uma vez que o prazo de apuração, trazido pelo art. 40, I, Código Eleitoral, é de 10 dias após as eleições; **B**: correta. O art. 36, § 3º, Código Eleitoral, estabelece as vedações para a composição da Junta Eleitoral (que de fato será formada por um juiz presidente e 2 ou 4 cidadãos de notória idoneidade). Dentre as vedações, está a contida no inciso III do referido dispositivo: "as autoridades e agentes policiais, bem como os funcionários no desempenho de cargos de confiança do Executivo"; **C**: incorreta, vez que essas são competências atribuídas aos juízes eleitorais (art. 35, VIII, IX, Código Eleitoral); **D**: incorreta. Já que não necessariamente será presidida por um juiz eleitoral. Atenção, sempre será juiz de direito, mas não se impõe que seja eleitoral (art. 36, *caput* e art. 37, ambos do Código Eleitoral). Por outro lado, a assertiva também é incorreta ao limitar uma junta eleitoral por zona, já que o número delas estará condicionada ao número de juízes de direito (que irão compor como presidente), por inteligência do já citado art. 37, Código Eleitoral; **E**: incorreta, já que há expedição de diplomas nas eleições municipais, conforme art. 40, IV, Código Eleitoral. **SC**
Gabarito "B".

(Juiz – TJ-SC – FCC – 2017) O Código Eleitoral impede de servir como juízes nos Tribunais Eleitorais, ou como juiz eleitoral, o cônjuge ou o parente consanguíneo ou afim, até o segundo grau, de candidato a cargo eletivo registrado na circunscrição. Esse impedimento alcança:

(A) do início da campanha eleitoral até a apuração final da eleição.
(B) apenas os feitos decorrentes do processo eleitoral em que seja interessado o respectivo candidato ou o partido político em que está filiado.
(C) do início da campanha eleitoral até a apuração final da eleição e os feitos decorrentes do processo eleitoral em que seja interessado o respectivo candidato.
(D) da homologação da respectiva convenção partidária até a diplomação e os feitos decorrentes do processo eleitoral.
(E) da homologação da respectiva convenção partidária até a apuração final da eleição.

A única alternativa correta vem apresentada na assertiva D. Isto porque o art. 14, §3º do Código Eleitoral assim dispõe:

Art. 14. Os Juízes dos Tribunais Eleitorais, salvo motivo justificado, servirão obrigatoriamente por dois anos, e nunca por mais de dois biênios consecutivos.

§ 3º Da homologação da respectiva convenção partidária até a diplomação e nos feitos decorrentes do processo eleitoral, não poderão servir como juízes nos Tribunais Eleitorais, ou como juiz eleitoral, o cônjuge ou o parente consanguíneo ou afim, até o segundo grau, de candidato a cargo eletivo registrado na circunscrição. (Redação dada pela Lei nº 13.165, de 2015) **FVS**

Gabarito "D".

(Analista – Judiciário –TRE/PI – 2016 – CESPE) Com base nas disposições do CE, assinale a opção correta.

(A) Os diplomados em escolas superiores, professores e serventuários da justiça não podem ser nomeados mesários na própria seção eleitoral.

(B) Cabe ao presidente do tribunal regional eleitoral ou da junta eleitoral entregar a cada candidato eleito o diploma assinado, assim como um diploma para cada suplente.

(C) Será considerada nula a votação de eleitor que comparecer a zona eleitoral portando identidade falsa e votar em lugar do eleitor chamado.

(D) O processo eleitoral realizado no estrangeiro subordina-se direta e exclusivamente ao Tribunal Superior Eleitoral.

(E) As seções eleitorais das capitais podem ter no máximo quinhentos eleitores, organizados pelos pedidos de inscrição.

A: incorreta, pois não há expressa vedação no rol apresentado pelo §1º do art. 120 do Código Eleitoral; **B:** correta, conforme art. 215 do Código Eleitoral; **C:** incorreta, pois se trata de hipótese de votação anulável (e não nula), conforme art. 221, III, c, Código Eleitoral; **D:** incorreta, uma vez que o art. 232 do Código Eleitoral estabelece que todo processo eleitoral realizado no estrangeiro fica diretamente subordinado ao Tribunal Regional do Distrito Federal; **E:** incorreta, já que o art. 117 do Código Eleitoral, ao tratar do tema, estabelece que as seções eleitorais não terão mais de 400 (quatrocentos) eleitores nas capitais e de 300 (trezentos) nas demais localidades, nem menos de 50 (cinquenta) eleitores. **SC**

Gabarito "B".

(Analista – Judiciário – TRE/PI – 2016 – CESPE) Com base no que dispõe o Código Eleitoral (CE), assinale a opção correta.

(A) As juntas eleitorais serão compostas por seis membros: um juiz de direito, um promotor de justiça, dois advogados, dois cidadãos de notória idoneidade.

(B) Agentes policiais e funcionários no desempenho de cargos de confiança do Executivo podem ser nomeados membros das juntas, escrutinadores ou auxiliares.

(C) O partido político pode indicar um membro de seu diretório para servir como escrivão eleitoral nas zonas eleitorais.

(D) Ocorrendo falta ou impedimento do escrivão eleitoral, o juiz, de ofício, determinará sua substituição pelo diretor da junta eleitoral.

(E) Cabe ao presidente do tribunal regional eleitoral aprovar e nomear, no prazo de sessenta dias antes das eleições, os membros das juntas eleitorais.

A: incorreta, uma vez que a composição da junta eleitoral é tratada no art. 36 do Código Eleitoral, estabelecendo que as juntas eleitorais serão compostas de um juiz de direito, que será o presidente, e de 2 (dois) ou 4 (quatro) cidadãos de notória idoneidade; **B:** incorreta, pois se encontram nos proibitivos de comporem a junta eleitoral, especificamente nos incisos do §3º do art. 36 do Código Eleitoral; **C:** incorreta, em razão da expressa vedação do art. 366 do Código Eleitoral, que estabelece que os funcionários de qualquer órgão da Justiça Eleitoral não poderão pertencer a diretório de partido político ou exercer qualquer atividade partidária, sob pena de demissão; **D:** incorreta, já que o §2º do art. 32 do Código Eleitoral dispõe que, nesses casos, o escrivão eleitoral será substituído na forma prevista pela lei de organização judiciária local, nada dispondo, o Código, quanto a regras específicas; **E:** correta, conforme §1º do art. 36 do Código Eleitoral. **SC**

Gabarito "E".

6. AÇÕES, RECURSOS, IMPUGNAÇÕES

(Procurador – AL/PR – 2024 – FGV) João, agente público, de acordo com o diretório do Partido Político Delta, seria o responsável pela suposta execução de ato abusivo em prol de Pedro, candidato a Deputado Federal. Tanto João como Pedro são filiados ao Partido Político Beta.

Considerando a sistemática vigente, é correto afirmar, em relação ao possível ajuizamento da ação de investigação judicial eleitoral, que

(A) a ação pode ser ajuizada apenas em face de Pedro.

(B) há litisconsórcio passivo necessário entre João e Pedro.

(C) há litisconsórcio passivo necessário entre João, Pedro e Beta.

(D) Pedro não pode figurar no polo passivo, pois não praticou a conduta ilícita.

(E) por se tratar de eleição proporcional, o polo passivo deve ser ocupado apenas por Beta.

Alternativa correta letra A. Assim, devemos observar que em relação ao possível ajuizamento da ação de investigação judicial eleitoral não há litisconsórcio passivo necessário, com exceção dos casos que envolvam os vices. Sendo assim, observamos o RO 0603030-63-DF: ELEIÇÕES 2018. RECURSO ORDINÁRIO. CARGO DE GOVERNADOR. ABUSO DO PODER POLÍTICO. COAÇÃO E EXONERAÇÃO DE SERVIDORES COMISSIONADOS. EXECUÇÃO SIMULADA DE PROGRAMA SOCIAL. LITISCONSÓRCIO PASSIVO NECESSÁRIO ENTRE CANDIDATO BENEFICIÁRIO E AUTOR DE ATO TIDO POR ABUSIVO. DESNECESSIDADE. HIPÓTESE NÃO ABRANGIDA PELO ART. 114 DO CPC/2015. AFASTAMENTO DA EXIGÊNCIA EM AIJE POR ABUSO DO PODER POLÍTICO. ALTERAÇÃO DE JURISPRUDÊNCIA. APLICAÇÃO PROSPECTIVA. SEGURANÇA JURÍDICA. NECESSIDADE DE PRODUÇÃO DE PROVAS PREVIAMENTE REQUERIDA. RETORNO DOS AUTOS DIGITAIS À ORIGEM. COAÇÃO DE SERVIDORES COMISSIONADOS PARA APOIO DE CANDIDATURA. PUBLICIDADE INSTITUCIONAL PARA PROMOÇÃO PESSOAL. AUSÊNCIA DE PROVAS. IMPROCEDÊNCIA. PARCIAL PROVIMENTO AO RECURSO ORDINÁRIO. 1. A jurisdição eleitoral, considerados os bens jurídicos que se presta a defender, não pode criar óbice à efetividade da norma eleitoral nem exigir a formação de litisconsórcio sem expressa previsão no ordenamento jurídico. 2. O art. 114 do CPC/2015 prevê a formação do litisconsórcio necessário em apenas duas hipóteses: (a) por disposição de lei; e (b) quando, pela natureza da relação jurídica controvertida, a eficácia da sentença depender da citação de todos que devam ser litisconsortes. 3. Não há, no ordenamento eleitoral, disposição legal que exija a formação de litisconsórcio no polo passivo da AIJE. 4. Inexiste relação jurídica controvertida entre o candidato beneficiado e o autor da conduta ilícita nas ações de investigação judicial por abuso do poder político. 5. Firma-se a tese no sentido de não ser exigido o litisconsórcio passivo necessário entre o candidato beneficiado e o autor da conduta ilícita em AIJE por abuso do poder político. 6. A fixação do novo entendimento tem aplicação prospectiva, para as eleições de 2018 e seguintes, por força do princípio da segurança jurídica. 7. Ausentes provas seguras que comprovem a utilização da máquina pública em favor dos recorridos e, por consequência, do abuso do poder político, a improcedência do pedido se impõe, conforme o entendimento desta Corte Superior. 8. Recurso ordinário provido, tão somente para afastar a necessidade de litisconsórcio passivo necessário entre o candidato beneficiário e os autores da conduta ilícita e determinar o retorno dos autos digitais ao TRE/DF a fim de retomar a instrução probatória relativa às condutas atingidas pelo indeferimento parcial da inicial. (TSE – RO-EI: 060303063 BRASÍLIA – DF, Relator: Min. Mauro Campbell Marques, Data de Julgamento: 10/06/2021, Data de Publicação: 03/08/2021). FVS

Gabarito "A".

(Juiz de Direito – TJ/RJ – VUNESP – 2016) Considere a seguinte situação hipotética. Candidato João obteve o segundo lugar na eleição para Prefeito no Município de Cantagalo e ajuizou Ação de Investigação Judicial Eleitoral em face dos vencedores do pleito, o candidato José, e Maria, que com ele compunha a chapa. Na ação, João alegou que os eleitos ofereceram empregos nas empresas de propriedade de terceiro, Antônio, irmão de Maria, eleita Vice-Prefeita, em troca de votos. A instrução processual comprovou os fatos, com robustas provas de que houve efetivamente a promessa de emprego em troca de votos. Diante desse caso, é correto afirmar que a Ação de Investigação Judicial Eleitoral

(A) deve ser julgada procedente, pois restou comprovada a promessa de emprego em troca de voto, o que caracteriza abuso de poder econômico na eleição municipal, com a consequente cassação do diploma do Prefeito José e da Vice-Prefeita Maria.

(B) deve ser extinta sem resolução de mérito, pois o candidato que foi eleito em segundo lugar não possui legitimidade para propor essa ação, que pode ser proposta somente por partido político, coligação, ou pelo Ministério Público Eleitoral.

(C) deve ser julgada improcedente, pois a oferta de emprego não pode ser considerada abuso de poder econômico, já que o pagamento eventualmente efetuado será uma contraprestação do trabalho, e, para caracterizar o abuso de poder econômico, é necessário que o valor ofertado esteja nas contas a serem prestadas pelo candidato.

(D) deve ser julgada improcedente, pois embora tenha sido comprovada a oferta de empregos em troca de votos, como a empresa pertence a Antônio, terceiro estranho ao pleito, que não é candidato, não se caracteriza abuso de poder econômico.

(E) pode ser julgada procedente, com a sanção de inelegibilidade para as eleições a se realizar nos 8 (oito) anos subsequentes à eleição em que se verificaram os fatos, não havendo, todavia, cassação dos diplomas de José e Maria, se já estiverem no exercício do mandato.

A: correta, vez que de fato a narrativa indica para situação considerada abuso de poder econômico em âmbito do que se tratou no enunciado. **B:** incorreta. Qualquer partido político, coligação, candidato ou Ministério Público Eleitoral poderá representar à Justiça Eleitoral, diretamente ao Corregedor-Geral ou Regional, relatando fatos e indicando provas, indícios e circunstâncias e pedir abertura de investigação judicial para apurar uso indevido, desvio ou abuso do poder econômico ou do poder de autoridade, ou utilização indevida de veículos ou meios de comunicação social, em benefício de candidato ou de partido político. Inteligência do art. 22, XIV – Lei Complementar 64/1990 (Art. 22. Qualquer partido político, coligação, candidato ou Ministério Público Eleitoral poderá representar à Justiça Eleitoral, diretamente ao Corregedor-Geral ou Regional, relatando fatos e indicando provas, indícios e circunstâncias e pedir abertura de investigação judicial para apurar uso indevido, desvio ou abuso do poder econômico ou do poder de autoridade, ou utilização indevida de veículos ou meios de comunicação social, em benefício de candidato ou de partido político, obedecido o seguinte rito: XIV – julgada procedente a representação, ainda que após a proclamação dos eleitos, o Tribunal declarará a inelegibilidade do representado e de quantos hajam contribuído para a prática do ato, cominando-lhes sanção de inelegibilidade para as eleições a se realizarem nos 8 (oito) anos subsequentes à eleição em que se verificou, além da cassação do registro ou diploma do candidato diretamente beneficiado pela interferência do poder econômico ou pelo desvio ou abuso do poder de autoridade ou dos meios de comunicação, determinando a remessa dos autos ao Ministério Público Eleitoral, para instauração de processo disciplinar, se for o caso, e de ação penal, ordenando quaisquer outras providências que a espécie comportar;) **C:** incorreta. O abuso de poder econômico irá se configurar na doação dos bens/vantagens aos eleitores, vez que desequilibrará o pleito eleitoral (interferindo diretamente no resultado). Assim, temos afetada a normalidade e legitimidade no pleito eleitoral. **D:** incorreta, uma vez que o abuso de poder também poderá ser comprovado caso um estranho ao pleito, mesmo não sendo candidato ou partido político, desde que comprovado que sua participação contribuiu ao fato considerado abusivo. **E:** incorreta. Qualquer partido político, coligação, candidato ou Ministério Público Eleitoral poderá representar à Justiça Eleitoral, diretamente ao Corregedor-Geral ou Regional, relatando fatos e indicando provas, indícios e circunstâncias e pedir abertura de investigação judicial para apurar uso indevido, desvio ou abuso do poder econômico ou do poder de autoridade, ou utilização indevida de veículos ou meios de comunicação social, em benefício de candidato ou de partido político, obedecido o seguinte rito: – julgada procedente a representação, ainda que após a proclamação dos eleitos, o Tribunal declarará a inelegibilidade do representado e de quantos hajam contribuído para a prática do ato, cominando-lhes sanção de inelegibilidade para as eleições a se realizarem nos 8 (oito) anos subsequentes à eleição em que se verificou, além da cassação do registro ou diploma do candidato diretamente beneficiado pela interferência do poder econômico ou pelo desvio ou abuso do poder de autoridade ou dos meios de comunicação (...) Art. 22, XIV – Lei Complementar 64/1990. FVS

Gabarito "A".

(Juiz de Direito/DF – 2016 – CESPE) A respeito do direito processual eleitoral, das ações eleitorais e dos respectivos recursos, assinale a opção correta.

(A) O ajuizamento de ação eleitoral para punir a doação acima do limite legal deve ocorrer até cento e vinte dias a partir da eleição, sob pena de prescrição.

(B) A LC que regulamenta a perda de cargo para os casos de troca de partido sem justa causa não se aplica às eleições majoritárias e a defesa de mérito pode apontar motivos diversos daqueles exemplificativamente estabelecidos na legislação de regência.

(C) Dentre as hipóteses de cabimento do recurso inominado, previstas no Código Eleitoral, tendo por destinatário o TRE, não se inserem os atos e as resoluções emanadas dos juízes e das juntas eleitorais em primeiro grau de jurisdição.

(D) É cabível recurso extraordinário de decisão do TRE proferida contra disposição expressa da CF.

(E) O tribunal formará sua convicção pela livre apreciação dos fatos públicos e notórios, dos indícios e presunções e da prova produzida, atentando para circunstâncias ou fatos, ainda que não indicados ou alegados pelas partes, mas que preservem o interesse público de lisura eleitoral.

A: incorreta, uma vez que o prazo é de 180 dias, conforme art. 32 da Lei das Eleições; B: incorreta, uma vez que não há LC tratando sobre o assunto, mas, sim, a Resolução TSE 22.610/07, que estabelece, em seu art. 13, que o procedimento ali previsto aplica-se tanto aos cargos majoritários como também aos proporcionais; C: incorreta, pois o art. 264 do Código Eleitoral estabelece que caberá para os Tribunais Regionais e para o Tribunal Superior, dentro de 3 (três) dias, recurso contra atos, resoluções ou despachos dos respectivos presidentes; D: incorreta, uma vez que caberá o Recurso Especial, com fundamento no art. 276, I, a, Código Eleitoral; E: correta, com base no expresso texto do art. 23, LC 64/90 (*Art. 23. O Tribunal formará sua convicção pela livre apreciação dos fatos públicos e notórios, dos indícios e presunções e prova produzida, atentando para circunstâncias ou fatos, ainda que não indicados ou alegados pelas partes, mas que preservem o interesse público de lisura eleitoral.*). FVS

Gabarito "E."

(Promotor de Justiça – MPE/RS – 2017) Relativamente à ação de investigação judicial eleitoral (AIJE), prevista no art. 22 da Lei Complementar 64/1990, assinale a alternativa correta.

(A) O diretório municipal de um partido político não possui legitimidade ativa para a representação visando à abertura da AIJE de candidato a prefeito, quando não está participando da eleição.

(B) Candidato a vereador possui legitimidade para ajuizar AIJE contra candidato a prefeito, desde que ambos pertençam à mesma circunscrição eleitoral.

(C) Pessoas jurídicas podem figurar no polo passivo da demanda, nos casos em que tiverem contribuído para a prática do ato.

(D) Na demanda em que se postula a cassação do registro ou diploma, não há litisconsórcio passivo necessário entre os integrantes da chapa majoritária, quando o ato ilícito foi praticado apenas pelo titular, sem a participação do candidato a vice.

(E) O prazo final para ajuizamento da AIJE é de 15 (quinze) dias contados da diplomação do eleito, conforme jurisprudência majoritária do Tribunal Superior Eleitoral.

A: Incorreta, uma vez que o *caput* do art. 22 não faz esta ressalva, bastando que o partido político esteja regularmente registrado junto ao cartório competente e TSE; B: Correta, pois está autorizado pelo *caput* do art. 22; C: Incorreta, "Ac.-TSE 373/2005, 782/2004 e 717/2003: ilegitimidade de pessoa jurídica para figurar no polo passivo da investigação judicial eleitoral.; D: Incorreta, Súmula TSE 38: "Nas ações que visem à cassação de registro, diploma ou mandato, há litisconsórcio passivo necessário entre o titular e o respectivo vice da chapa majoritária.";
E: Incorreta, "Ação de investigação judicial. Prazo para a propositura. Ação proposta após a diplomação do candidato eleito. Decadência consumada. Extinção do processo. A ação de investigação judicial do art. 22 da Lei Complementar 64/1990 pode ser ajuizada até a data da diplomação." (Acórdão 628, proferido nos autos da Representação 628, Relator o e. Ministro Sálvio de Figueiredo Teixeira, julgado em 17/12/02). FVS

Gabarito "B."

(Analista – Judiciário –TRE/PI – 2016 – CESPE) Assinale a opção correta de acordo com o disposto no CE.

(A) O recurso deverá ser interposto no quinto dia da publicação do ato, da resolução ou do despacho.

(B) Os embargos de declaração devem ser interpostos no prazo de três dias da data de publicação do acórdão, quando este gerar dúvida ou contradição.

(C) O eleitor que desejar impetrar o recurso contra expedição de diploma deverá estar ciente de que o único argumento aceito será o de falta de condição de elegibilidade.

(D) A propaganda eleitoral é de responsabilidade dos partidos e candidatos e por eles paga, sendo os excessos cometidos pelos candidatos de responsabilidade exclusiva dos partidos políticos, independentemente da legenda partidária.

(E) Os recursos eleitorais têm efeito suspensivo, podendo a execução de um acórdão ser feita imediatamente, mediante comunicação por escrito, em qualquer meio, a critério do presidente do tribunal regional eleitoral.

A: incorreta. Conforme §1° do art. 121 do Código Eleitoral, o prazo será de 3 dias; B: correta, com fundamento no §1° do art. 275 do Código Eleitoral, em petição dirigida ao juiz ou relator, com a indicação do ponto que lhes deu causa; C: incorreta, pois, conforme o art. 262 do Código Eleitoral, o recurso contra expedição de diploma caberá somente nos casos de inelegibilidade superveniente ou de natureza constitucional e de falta de condição de elegibilidade; D: incorreta, pois, pela inteligência do art. 241 e parágrafo único do Código Eleitoral, "Toda propaganda eleitoral será realizada sob a responsabilidade dos partidos e por eles paga, imputando-lhes solidariedade nos excessos praticados pelos seus candidatos e adeptos. Parágrafo único. A solidariedade prevista neste artigo é restrita aos candidatos e aos respectivos partidos, não alcançando outros partidos, mesmo quando integrantes de uma mesma coligação."; E: incorreta, pois o art. 257 do Código Eleitoral estabelece taxativamente que os recursos eleitorais não possuem efeito suspensivo. SC

Gabarito "B."

Veja a seguinte tabela resumida com as principais ações cíveis eleitorais e os recursos cabíveis:

Principais Ações Cíveis Eleitorais e Recursos		
	Cabimento – observações	Prazo
Ação de Impugnação de Registro de Candidatura – AIRC Art. 3º da Lei da Inelegibilidade – LI (LC 64/1990)	– Para impugnar registro de candidatura – Rito do próprio art. 3º e seguintes da Lei da Inelegibilidade – LI (LC 64/1990) – Súmula 11/TSE: no processo de registro de candidatos, o partido que não o impugnou não tem legitimidade para recorrer da sentença que o deferiu, salvo se se cuidar de matéria constitucional	5 dias da publicação do pedido de registro
Ação de Investigação Judicial Eleitoral – AIJE Art. 22 da LI	– Declaração de inelegibilidade por uso indevido, desvio ou abuso do poder econômico ou do poder de autoridade, ou utilização indevida de veículos ou meios de comunicação social, em benefício de candidato ou de partido político – Rito do próprio art. 22 da LI – A legitimidade ativa para a representação é de qualquer partido político, coligação, candidato ou Ministério Público Eleitoral – Se for julgada procedente antes das eleições, há cassação do registro do candidato diretamente beneficiado. Se for julgada procedente após as eleições, o MP poderá ajuizar AIME e/ou RCED	Entre o registro da candidatura e a diplomação
Ação de Impugnação de Mandato Eletivo – AIME Art. 14, § 10, da CF	– Casos de abuso do poder econômico, corrupção ou fraude – Rito da LI, mas a cassação de mandato tem efeito imediato (não se aplica o art. 15 da Lei de Inelegibilidade) – A AIME deve ser instruída com provas de abuso do poder econômico, corrupção ou fraude, mas o TSE tem entendimento de que não se trata de prova pré-constituída, sendo exigidos apenas indícios idôneos do cometimento desses ilícitos – ver RESPE 16.257/PE-TSE	Em até 15 dias da diplomação
Recurso contra a Expedição de Diploma – RCED Art. 262 do CE	– Casos de inelegibilidade ou incompatibilidade de candidato; errônea interpretação da Lei quanto à aplicação do sistema de representação proporcional; erro de direito ou de fato na apuração final, quanto à determinação do quociente eleitoral ou partidário, contagem de votos e classificação de candidato, ou a sua contemplação sob determinada legenda; concessão ou denegação do diploma em manifesta contradição com a prova dos autos, nas hipóteses do art. 222 do CE e do art. 41-A da LE – Não há requisito de prova pré-constituída – ver RCED 767/SP-TSE	3 dias contados da diplomação
Representação Arts. 30-A, 41-A, 73 a 77 da LE	Casos de: – ilícitos na arrecadação e nos gastos de campanha (art. 30-A da LE) – captação de sufrágio (compra de voto – art. 41-A da LE) – condutas vedadas a agentes públicos em campanhas (arts. 73 a 77 da LE) – Rito ordinário eleitoral (art. 22 da LI), ou rito sumário do art. 96 da LE para o caso das condutas vedadas – A demonstração da potencialidade lesiva é exigida apenas para a prova do abuso do poder econômico, mas não para a comprovação de captação ilícita de sufrágio (= compra de votos) – ver RCED 774/SP-TSE e RO 1.461/GO	– até 15 dias da diplomação, no caso de ilícitos na arrecadação e nos gastos de campanha – até a diplomação, no caso de captação ilícita de sufrágio – até a eleição, no caso das condutas vedadas – recursos contra a decisão em 3 dias
Ação Rescisória Eleitoral Art. 22, I, j, do CE	– Casos de inelegibilidade – Proposta no TSE – Possibilita-se o exercício do mandato eletivo até o seu trânsito em julgado	120 dias da decisão irrecorrível

Direito de resposta Art. 58 da LE	Casos de candidato, partido ou coligação atingidos, ainda que de forma indireta, por conceito, imagem ou afirmação caluniosa, difamatória, injuriosa ou sabidamente inverídica, difundidos por qualquer veículo de comunicação social	– 24 horas, horário eleitoral gratuito – 48 horas, programação normal de rádio e televisão – 72 horas, órgão de imprensa escrita – Recurso em 24 horas da publicação em cartório ou sessão
Recursos Inominados –Art. 96, § 4°, da LE –Art. 8° da LI –Arts. 29, II, e 265, c/c art. 169 do CE	Contra decisões de juízes e juízes auxiliares, atos e decisões das juntas eleitorais, e decisões em *habeas corpus* ou mandado de segurança	– 24 horas (art. 96, § 8°, da LE) da publicação em cartório ou sessão – 3 dias da publicação em cartório (art. 8° da LI)
Recurso Especial Art. 276, I, do CE	Contra decisões dos TREs proferidas contra expressa disposição de lei; ou quando ocorrer divergência na interpretação de Lei entre dois ou mais tribunais eleitorais.	3 dias da publicação da decisão
Recurso Extraordinário contra decisão do TSE Art. 281 do CE	Violação à Constituição Federal	3 dias – art. 12 da Lei 6.055/1974, ver AI 616.654 AgR/SP-STF.
Agravo de Instrumento Arts. 279 e 282 do CE	Denegação de Resp. ou de RE	3 dias para peticionar mais 3 dias para formar o instrumento
Recurso ordinário para o TSE ou para o STF Arts. 276, II, e 281 do CE	Julgamentos originários dos TREs (sobre expedição de diplomas nas eleições federais e estaduais ou relativos a HC ou MS) ou do TSE	3 dias da publicação da decisão ou da sessão da diplomação

(Procurador da República – 26.°) Assinale a ação eleitoral que pode ser ajuizada após a data da diplomação dos eleitos:

(A) ação de investigação judicial eleitoral por uso indevido dos meios de comunicação;

(B) ação por captação ou gasto ilícito de recurso para fins eleitorais;

(C) ação por captação ilícita de sufrágio;

(D) ação por conduta vedada a agentes públicos.

De fato a alternativa B é a única correta, pois se consubstancia ao que dispõe o art. 14, § § 10 e 11, da CF, por se tratar, as condutas descritas, como abuso do poder econômico pelo candidato. *Art. 14. A soberania popular será exercida pelo sufrágio universal e pelo voto direto e secreto, com valor igual para todos, e, nos termos da lei, mediante: [...] § 10 - O mandato eletivo poderá ser impugnado ante a Justiça Eleitoral no prazo de quinze dias contados da diplomação, instruída a ação com provas de abuso do poder econômico, corrupção ou fraude. § 11 - A ação de impugnação de mandato tramitará em segredo de justiça, respondendo o autor, na forma da lei, se temerária ou de manifesta má-fé.* FVS

Gabarito "B".

7. DAS CONDUTAS VEDADAS AOS AGENTES PÚBLICOS

(Juiz – TJ-SC – FCC – 2017) No ano em que se realizar eleição, fica proibida a distribuição gratuita de bens, valores ou benefícios por parte da Administração pública, EXCETO em casos de:

(A) estado de emergência, de intervenção federal ou de programas sociais autorizados em lei e já em execução orçamentária desde o primeiro semestre do ano eleitoral, mesmo que executados por entidade nominalmente vinculada a candidato ou por esse mantida.

(B) calamidade pública, de intervenção federal ou de programas sociais autorizados em lei e já em execução orçamentária desde o primeiro mês do ano eleitoral, vedada, no entanto, a execução de tais programas por entidade nominalmente vinculada a candidato ou por esse mantida.

(C) calamidade pública, de estado de emergência ou de programas sociais autorizados em lei e já em execução orçamentária no exercício anterior, vedada, no entanto, a execução de tais programas por entidade nominalmente vinculada a candidato ou por esse mantida.

(D) estado de emergência, de calamidade pública ou de programas sociais autorizados em lei e já em execução orçamentária desde o primeiro semestre do ano eleitoral, vedada, no entanto, a execução de tais programas por entidade nominalmente vinculada a candidato ou por esse mantida.

(E) calamidade pública, de intervenção federal ou de programas sociais autorizados em lei e já em execução orçamentária no exercício anterior, mesmo que executados por entidade nominalmente vinculada a candidato ou por esse mantida.

A única alternativa correta vem representada pela assertiva C, pois em plena consonância com o que estabelece o art. 73, §10, Lei das Eleições. O tema das condutas vedadas aos agentes públicos em campanhas eleitorais (art. 73 e seguintes da Lei das Eleições) é de extrema relevância para a carreira da magistratura, isto porque os colegas leitores (futuros magistrados!) que estiverem atuando nas comarcas com a cumulação de serviços eleitorais estarão diante de situações constantes ali descritas durante as eleições municipais. (Art. 73. São proibidas aos agentes públicos, servidores ou não, as seguintes condutas tendentes a afetar a igualdade de oportunidades entre candidatos nos pleitos eleitorais: [..] § 10. No ano em que se realizar eleição, fica proibida a distribuição gratuita de bens, valores ou benefícios por parte da Administração Pública, exceto nos casos de calamidade pública, de estado de emergência ou de programas sociais autorizados em lei e já em execução orçamentária no exercício anterior, casos em que o Ministério Público poderá promover o acompanhamento de sua execução financeira e administrativa.). **FVS**

Gabarito "C".

8. CRIMES ELEITORAIS

(Juiz de Direito – TJ/RJ – VUNESP – 2016) Considere a seguinte situação hipotética. Candidato a Deputado Estadual do Rio de Janeiro, Joaquim está fazendo sua campanha nas ruas da Capital e para diante de uma casa em obras, para abordar a pessoa que está lá trabalhando, para falar de suas propostas e pedir seu voto. Antônio, o proprietário do imóvel, que lá está trabalhando, diz para Joaquim que votaria nele, caso ele lhe fornecesse 5 (cinco) sacos de cimento. No dia seguinte, preposto de Joaquim entrega os sacos de cimento solicitados, sendo os fatos presenciados por vizinho de Antônio, que comunica o ocorrido ao juízo eleitoral, o que acarreta a instauração de inquérito. No curso do inquérito, apura-se que Antônio possui condenação criminal transitada em julgado e atualmente encontra-se em período de prova de *sursis*.

A respeito de tais fatos, é correto afirmar que

(A) o fato não pode ser considerado crime, pois a entrega foi realizada por pessoa outra que não Joaquim, o candidato, sendo que a corrupção ativa eleitoral não pode ser praticada por qualquer pessoa, ou seja, a conduta de entrega da vantagem não pode ser praticada por uma pessoa que possui interesses em ver um candidato ser eleito.

(B) se exige, para a configuração do ilícito penal, que o corruptor eleitoral passivo seja pessoa apta a votar e como Antônio está com os direitos políticos suspensos, em razão de condenação criminal transitada em julgado, não havendo que se falar em violação à liberdade do voto, motivo pelo qual a conduta de Joaquim é atípica.

(C) o tipo penal previsto no Código Eleitoral, conhecido como corrupção eleitoral, prevê como condutas típicas prometer ou oferecer, para outrem, dinheiro ou qualquer outra vantagem para obter voto, sendo, portanto, atípica a conduta de Joaquim, que apenas entregou o que foi solicitado por Antônio.

(D) Joaquim e Antônio cometeram o crime de corrupção eleitoral, que para sua tipificação necessita que estejam presentes as modalidades ativa e passiva, ou seja, de que haja oferta e a correspondente aceitação de vantagem econômica, com bilateralidade.

(E) a conduta de Joaquim configura ilícito penal, pois a corrupção eleitoral ativa independe da corrupção eleitoral passiva, bastando para a caracterização do crime a conduta típica de dar vantagem, independentemente até mesmo da aceitação da vantagem pelo sujeito passivo, no caso, Antônio.

Para análise das alternativas, importante destacar o conteúdo do art. 299, Código Eleitoral: Art. 299. Dar, oferecer, prometer, solicitar ou receber, para si ou para outrem, dinheiro, dádiva, ou qualquer outra vantagem, para obter ou dar voto e para conseguir ou prometer abstenção, ainda que a oferta não seja aceita: Pena – reclusão até quatro anos e pagamento de cinco a quinze dias-multa.

A: incorreta, uma vez que a justificativa encontra espaço na atipicidade da conduta de Antônio. O fato de uma Terceira pessoa realizar a entrega, não é o que afasta a tipicidade, mas sim o fato de Antônio estar com os direitos políticos suspensos. **B:** correta. A conduta descrita é atípica (crime impossível por absoluta impropriedade do objeto, vez que Antônio estava com seus direitos políticos suspensos na ocasião – condenação criminal transitada em julgado – art. 15, III, CF - *Art. 15. É vedada a cassação de direitos políticos, cuja perda ou suspensão só se dará nos casos de: [...] III - condenação criminal transitada em julgado, enquanto durarem seus efeitos;*). Cabe destacar que a *sursi* penal impõe verificar que há suspensão dos direitos políticos (há pena). Em outra situação, que muitos examinandos acabaram por confundir, a *sursi* processual, não existe pena (é concedida no curso do processo, e não ao final). **C:** incorreta. O art. 299 indica como primeiro verbo "dar", portanto, a conduta de Joaquim encontra perfeito enquadramento. **D:** incorreta, o crime previsto no art. 299, Código Eleitoral é crime formal, pouco importando o resultado. **E:** incorreta, uma vez que Antônio, pelo fato de estar com os direitos políticos suspensos, jamais poderia garantir voto ou abstenção em favor do interesse de Joaquim. Tal circunstância torna a conduta atípica, mesmo que desprezível quanto ao seu intento. **FVS**

Gabarito "B".

9. COMBINADAS E OUTRAS MATÉRIAS

(Juiz de Direito – TJ/SP – 2023 – VUNESP) Assinale a alternativa correta.

(A) O candidato que esteja com seu pedido de registro *sub judice* poderá efetuar todos os atos relativos à sua campanha eleitoral, inclusive utilizar o horário eleitoral gratuito no rádio e na televisão e ter seu nome mantido na urna eletrônica enquanto estiver sob essa condição.

(B) É admitida a propaganda eleitoral e a propaganda intrapartidária mediante *outdoors*, desde que eletrônicos, assim como a propaganda via *telemarketing* em horário comercial.

(C) Permite-se a veiculação de propaganda eleitoral na internet em sítios de pessoas jurídicas, com ou sem fins lucrativos.

(D) É vedada a propaganda eleitoral na internet por meio de mensagem eletrônica para endereços cadastrados, ainda que gratuitamente, pelo candidato, partido político, federação ou coligação.

As alternativas possuem como base a Lei das Eleições (Lei nº 9.504/1997): **A:** Correta. Art. 16-A. O candidato cujo registro esteja *sub judice* poderá efetuar todos os atos relativos à campanha eleitoral, inclusive utilizar o horário eleitoral gratuito no rádio e na televisão e ter seu nome mantido na urna eletrônica enquanto estiver sob essa condição, ficando a validade dos votos a ele atribuídos condicionada ao deferimento de seu registro por instância superior; **B:** Incorreta. Art. 39, § 8º "Art. 39. A realização de qualquer ato de propaganda partidária ou eleitoral, em recinto aberto ou fechado, não depende de licença da polícia. (...) § 8º É vedada a propaganda eleitoral mediante **outdoors**, inclusive eletrônicos, sujeitando-se a empresa responsável, os partidos, as coligações e os candidatos à imediata retirada da propaganda irregular e ao pagamento de multa no valor de R$ 5.000,00 (cinco mil reais) a R$ 15.000,00 (quinze mil reais); **C:** Incorreta. "Art. 57-C. É vedada a veiculação de qualquer tipo de propaganda eleitoral paga na internet, excetuado o impulsionamento de conteúdos, desde que identificado de forma inequívoca como tal e contratado exclusivamente por partidos, coligações e candidatos e seus representantes"; **D:** Incorreta. Art. 57-B. "A propaganda eleitoral na internet poderá ser realizada nas seguintes formas: (...) III – por meio de mensagem eletrônica para endereços cadastrados gratuitamente pelo candidato, partido ou coligação". **FVS**

Gabarito "A".

14. PROCESSO COLETIVO

Roberta Densa e Luiz Delore*

1. INTERESSES DIFUSOS, COLETIVOS E INDIVIDUAIS HOMOGÊNEOS E PRINCÍPIOS

(**Promotor de Justiça/GO – 2016 – MPE**) Em relação aos interesses transindividuais, assinale a opção correta:

(A) Considerando a titularidade, os interesses transindividuais se caracterizam por pertencerem a um grupo, classe ou categoria de pessoas que tenham entre si um vínculo de natureza jurídica ou de natureza fática.
(B) Entre os interesses transindividuais encontram-se os interesses coletivos em sentido estrito que são caracterizados pela indeterminabilidade do sujeito, ligação dos titulares por um vínculo fático e a divisibilidade do objeto.
(C) Os interesses individuais homogêneos são aqueles que têm origem comum, relação jurídica idêntica, e, ainda, indivisíveis e seus titulares são passíveis de determinação.
(D) A aquisição de um produto de série com o mesmo defeito e o interesse dos condôminos de edifício na troca de um elevador com defeito são exemplos clássicos de interesses individuais homogêneos.

A: correto. Os interesses transindividuais compreendem os direitos difusos, coletivos e individuais homogêneos. Os direitos coletivos pertencem a um grupo, classe ou categoria de pessoas que tenham entre si um vínculo de natureza jurídica. Os direitos difusos e individuais homogêneos se caracterizam, entre outras questões, pela ligação entre as pessoas ter natureza fática. **B:** incorreta. Os interesses coletivos em sentido estrito são caracterizados pela determinabilidade do sujeito, por serem ligados por uma relação jurídica base e por serem indivisíveis. **C:** incorreta. Os interesses individuais homogêneos são aqueles que têm origem comum, relação jurídica que não precisa ser idêntica, e, ainda, indivisíveis e seus titulares são passíveis de determinação. **D:** incorreta. A aquisição de produto em série com o mesmo defeito pode, de fato, configurar a existência de interesse individual homogêneo. No entanto, o interesse dos condôminos de edifício na troca de um elevador com defeito não pode ser classificado sequer como direito transindividual, posto que se tratar de relação jurídica de consumo entre os condôminos e a empresa prestadora de serviços, devendo ser resolvido no âmbito da tutela individual. Neste caso, pode o condomínio, por ser o contratante, ingressar com ação contra o prestador de serviços. RD
Gabarito "A".

(**Defensor Público – DPE/MT – 2016 – UFMT**) O reconhecimento progressivo dos direitos difusos e coletivos fez com que estes passassem a ter definição expressa pela legislação com a aprovação da Lei 8.078/1990, que instituiu o Código de Defesa do Consumidor e fez inclusões relacionadas na Lei 7.347/1985, que disciplina a Ação Civil Pública. Sobre a definição desses direitos, assinale a afirmativa correta.

(A) Direitos difusos são equiparados aos direitos coletivos, por ocasião de sua natureza coletiva, diferenciando-se no que se refere a sua indivisibilidade, que se manifesta apenas nos primeiros.
(B) Direitos difusos não são em hipótese alguma considerados direitos coletivos, tendo por semelhança a transindividualidade e a titularidade de pessoas determinadas por uma relação jurídica base.
(C) Direitos individuais homogêneos são considerados espécie de direitos coletivos, diferenciados essencialmente pela possibilidade de os primeiros serem divisíveis na liquidação de sentença que trate de seu reconhecimento e a respectiva violação.
(D) Direitos coletivos são transindividuais, tal qual os direitos difusos, de natureza divisível, tendo por titulares pessoas determinadas ou indeterminadas, ligadas entre si por uma circunstância de fato.
(E) Direitos difusos, coletivos e individuais homogêneos se confundem no que tange à sua titularidade, que é determinada e é definida por uma circunstância de fato.

A: incorreta. Os direitos difusos são essencialmente coletivos, o sujeito é indeterminado, indivisíveis, não há impossibilidade de apropriação e originados (liga as pessoas) por um fato jurídico. Os direitos coletivos são essencialmente coletivos, o sujeito é determinado ou determinável, há possibilidade de apropriação e são originados por uma relação jurídica base prévia. Portanto, os direitos difuso e coletivos são indivisíveis. **B:** incorreta. Os direitos difusos têm titularidade indeterminada, enquanto os direitos coletivos têm titularidade determinada ou determinável. **C:** correta. De fato, os direitos individuais homogêneos são direitos coletivos *lato sensu*, diferenciando-se das outras espécies exatamente em razão de serem divisíveis, o que o faz acidentalmente coletivo. A liquidação de sentença está regulamentada pelos art. 97 e 98 do CDC. **D:** incorreta. Nos direitos coletivos as pessoas estão ligadas entre si por uma relação jurídica base prévia. **E:** incorreta. Os direitos difusos têm titularidade indeterminada enquanto que os coletivos e individuais homogêneos a titularidade é determinada ou determinável. RD
Gabarito "C".

---

* RD Roberta Densa
  LD Luiz Delore

Confira quadro sobre a matéria em questão:

Interesses	Grupo	Objeto	Origem	Disposição	Exemplos
Difusos	indeterminável	Indivisível	situação de fato	Indisponível	Interesse das pessoas na despoluição de um rio
Coletivos	determinável	Indivisível	relação jurídica	disponível apenas pelo grupo	Interesse dos condôminos de edifício na troca de um elevador com problema
Individ. homog.	determinável	divisível	origem comum	disponível individualmente	interesse de vítimas de acidente rodoviário em receber indenização

2. LEGITIMAÇÃO, LEGITIMADOS, MINISTÉRIO PÚBLICO E LITISCONSÓRCIO

(Promotor de Justiça/CE – 2020 – CESPE/CEBRASPE) Em demanda na qual beneficiários individualizados pretendem o fornecimento público de medicamento necessário ao próprio tratamento de saúde, o Ministério Público é parte

(A) legítima para pleitear a entrega do medicamento, porque se trata de direitos individuais homogêneos indisponíveis.
(B) legítima para pleitear a entrega do medicamento, porque se trata de direitos coletivos *stricto sensu*.
(C) legítima para pleitear a entrega do medicamento, porque se trata de direitos difusos.
(D) ilegítima para pleitear a entrega do medicamento, porque se trata de direitos divisíveis.
(E) ilegítima para pleitear a entrega do medicamento, ainda que se trate de direitos individuais indisponíveis.

Trata-se de direito individual indisponível e direito individual homogêneo indisponível, justificando a legitimidade para Ação Civil Pública. O assunto foi abordado em sede de IRDR no STJ e resultou no Tema 766: "O Ministério Público é parte legítima para pleitear tratamento médico ou entrega de medicamentos nas demandas de saúde propostas contra os entes federativos, mesmo quando se tratar de feitos contendo beneficiários individualizados, porque se refere a direitos individuais indisponíveis, na forma do art. 1º da Lei n. 8.625/1993 (Lei Orgânica Nacional do Ministério Público)". RD
Gabarito "A".

(Promotor de Justiça/CE – 2020 – CESPE/CEBRASPE) A associação X, de proteção ao meio ambiente, ajuizou uma ação civil pública contra a indústria Y, fabricante de agrotóxicos, para impedi-la de realizar determinado processo químico que gerava fumaça tóxica causadora da mortandade de pássaros típicos da região. Na ação, a associação alegou que, em apenas seis meses, a atuação da indústria Y havia dizimado 30% desses pássaros na região. Como a associação X não pôde custear a perícia, a ação foi julgada improcedente por falta de provas e transitou em julgado. Considerando essa situação hipotética, assinale a opção correta.

(A) O Ministério Público poderá ajuizar nova ação civil pública, desde que fundada em novas provas, mas a associação X não poderá mais fazê-lo.
(B) Nenhum dos legitimados para propor ação civil pública poderá propor nova ação, já que, no caso, formou-se coisa julgada material.
(C) Todos os legitimados para a propositura de ação civil pública poderão ajuizar nova ação civil pública, até mesmo a associação X, desde que apresentem novas provas.
(D) A Defensoria Pública não poderá propor nova ação civil pública, mesmo que encontre novas provas, pois se trata de interesse difuso.
(E) A associação X, que ajuizou a primeira ação, poderá ajuizar nova ação civil pública, desde que fundada em novas provas, pois se trata de um direito coletivo *stricto sensu*.

Caso a Ação Civil Pública que envolva a discussão de direitos ou interesses difusos seja julgada improcedente por falta de provas, outra ação poderá ser proposta, por qualquer dos legitimados, mediante a apresentação de novas provas (art. 103, I, do CDC). RD
Gabarito "C".

(Promotor de Justiça/CE – 2020 – CESPE/CEBRASPE) Um grupo de moradores de um município fundou uma associação para propor ação civil pública com pedido de reparação de danos morais e materiais causados pela exposição a contaminação ambiental decorrente da exploração de jazida de chumbo no município. Lia, que faz parte da associação, pretende propor, ainda, uma ação individual, porque a contaminação lhe causara cegueira.

Considerando essa situação hipotética, assinale a opção correta.

(A) Lia não poderá pleitear a reparação dos danos a si em ação individual, pois a questão deverá ser decidida na ação civil pública coletiva.
(B) Lia poderá pleitear a reparação dos danos a si em ação individual e manter-se como uma das beneficiárias da ação civil pública proposta pela associação mesmo que não tome nenhuma medida processual.
(C) O pedido de reparação de danos morais e materiais formulado pela associação trata de direitos individuais homogêneos, ante a indivisibilidade de seu objeto.
(D) O pedido de reparação de danos morais e materiais formulado pela associação trata de direitos individuais homogêneos, o que ensejará uma sentença genérica.
(E) O pedido de reparação de danos morais e materiais formulado pela associação trata de direitos difusos, ante a divisibilidade do seu objeto.

A: incorreta. A propositura de ação coletiva não induz litispendência para as ações individuais (art. 104 do CDC), sendo perfeitamente possível a propositura de ação individual. B: incorreta. Embora Lia possa ingressar com ação individual, ela não se beneficiaria da ação coletiva, utilizando o *right opt out* (direito de não se valer da decisão coletiva). C: Incorreta.

Os direitos individuais homogêneos são considerados divisíveis, ou seja, são falsos coletivos, já que o juiz pode considerar, em sentença, efeitos diferentes para cada um dos afetados. **D: Correta.** O caso traz justamente as características de direitos individuais homogêneos, o que permitirá sentença genérica e liquidação de sentença de cada um dos afetados, demonstrando os danos sofridos (vide art. 95 do CDC). **E: incorreta.** Vide alternativas anteriores.

Gabarito "D".

(Promotor de Justiça/SP – 2019 – MPE/SP) A Associação "X", constituída em 1999 com a única finalidade de tutela coletiva dos direitos dos consumidores, ingressou com ação civil pública ambiental em face do Município "Y", pretendendo impedir a continuidade de obras de alargamento de um logradouro, sob alegação de que a ampliação poderia causar dano ao meio ambiente. O magistrado, embora reconhecendo o atendimento do requisito da pré-constituição, considerou ausente a pertinência temática para a propositura da demanda. Nesse caso, o processo deve ser extinto, sem resolução do mérito,

(A) por ausência de possibilidade jurídica do pedido.
(B) por falta de interesse processual.
(C) por ausência de legitimidade ativa.
(D) por ausência de pressuposto processual.
(E) por falta de capacidade jurídica.

A legitimidade das associações para a propositura de ação civil pública está prevista no art. 5º da LACP. No entanto, é exigência expressa da lei a pertinência temática da finalidade da associação com o tema da ação coletiva. A pertinência temática é a vinculação entre as finalidades institucionais da associação, previstas em seu estatuto, e a proteção ao meio ambiente, ao consumidor, à ordem econômica, à livre concorrência ou ao patrimônio artístico, estético, histórico, turístico e paisagístico (art. 5º, V, "b", da LACP). Sendo assim, não havendo pertinência temática da associação não há legitimidade ativa.

Gabarito "C".

(Defensor Público – DPE/SC – 2017 – FCC) No plano legislativo, o primeiro diploma a atribuir expressamente legitimidade à Defensoria Pública para a propositura de ação civil pública foi a

(A) Lei n. 11.448/2007.
(B) Lei n. 8.078/1990.
(C) Constituição Federal de 1988, a partir da Emenda Constitucional n. 45/2004.
(D) Lei Complementar n. 80/94, por meio da reforma promovida pela Lei Complementar n. 132/2009.
(E) Lei n. 7.347/1985, desde a sua edição original.

A: correta. A Lei 11.448/2007 alterou a Lei 7.347/1985, incluindo expressamente a Defensoria Pública como legitimada para propositura de ação civil pública (art. 5º). **B: incorreta.** O Código de Defesa do Consumidor (Lei 8.078/1990) não prevê a legitimidade da defensoria pública para as ações coletivas (vide art. 82). **C: incorreta.** A emenda constitucional 45/2004, denominada "reforma do Poder Judiciário" altera os legitimados para o controle concentrado de constitucionalidade, em nada afetando as ações coletivas. **D: incorreta.** De fato, a Lei Complementar 132/2009 altera o ocorr. 4º, inciso VII, da Lei Complementar 80/1994 trazendo, dentre as funções institucional da defensoria, a legitimidade promover ação civil pública e todas as espécies de ações capazes de propiciar a adequada tutela dos direitos difusos, coletivos ou individuais homogêneos. No entanto, não foi o primeiro diploma a trazer a legitimidade Vide justificativa da alternativa "A". **E: incorreta.** Vide justificativa da alternativa "A".

Gabarito "A".

(Promotor de Justiça/GO – 2016 – MPE) Assinale a alternativa correta:

(A) Os interesses difusos, coletivos e individuais homogêneos, quando de caráter indisponível, não poderão ser objeto de transação/composição judicial ou extrajudicial, sendo irrelevante juridicamente a disposição do responsável pelo dano de se adequar às exigências legais ou de reparar os prejuízos provocados por sua ação.
(B) Proposta por algum legitimado a ação coletiva, que objetiva a tutela de direitos individuais homogêneos, estará obstado o ajuizamento de ação de caráter individual pelo particular.
(C) O Ministério Público, caso não seja o autor da ação, haverá necessariamente de intervir nas causas, coletivas ou individuais, em que a contenda envolva relação de consumo.
(D) O Ministério Público detém legitimidade ampla no processo coletivo. Assim, no mesmo cenário fático e jurídico conflituoso, com violações simultâneas de direitos de mais de uma espécie, poderá o órgão buscar uma tutela híbrida, por meio de uma mesma ação civil pública.

A: incorreta. O termo de ajustamento de ajustamento de conduta pode versar qualquer obrigação de fazer ou não fazer, no zelo de quaisquer interesses difusos, coletivos ou individuais homogêneos (veja também RMS 31064/GO), nos termos do art. 5º, § 6º, da LACP, "os órgãos públicos legitimados poderão tomar dos interessados compromisso de ajustamento de sua conduta às exigências legais, mediante cominações, que terá eficácia de título executivo extrajudicial". Ademais, é absolutamente relevante a disposição do responsável para se adequar às exigências legais ou reparar os prejuízos. **B:** incorreta. A propositura da ação coletiva não inibe a propositura da ação individual (vide art. 104 do CDC e tese de Recuso Repetitivo 589 do STJ. **C:** incorreta. Nos termos do art. 5º, § 1º, da LACP, se o MP, se não intervier no processo como parte, atuará obrigatoriamente como fiscal da lei. No entanto, esse dever se refere apenas a tutela coletiva de direitos, não se aplicando nas causas individuais. **D:** correta. A legitimidade do MP está expressa no art. 5º da LACP. Caso haja violação de direitos ou interesses Difusos, Coletivos e Individuais Homogêneos, a mesma ação coletiva pode ser híbrida, significa dizer, é possível fazer mais de um pedido buscando a defesa dos interesses transindividuais. Veja: "Direito coletivo e direito do consumidor. Ação civil pública. Plano de saúde. Cláusula restritiva abusiva. Ação híbrida. Direitos individuais homogêneos, difusos e coletivos. Danos individuais. Condenação. Apuração em liquidação de sentença. Danos morais coletivos. Condenação. Possibilidade, em tese. No caso concreto danos morais coletivos inexistentes. **As tutelas pleiteadas em ações civis públicas não são necessariamente puras** e estanques. Não é preciso que se peça, de cada vez, uma tutela referente a direito individual homogêneo, em outra ação uma de direitos coletivos em sentido estrito e, em outra, uma de direitos difusos**, notadamente em se tratando de ação manejada pelo Ministério Público, que detém legitimidade ampla no processo coletivo. Isso porque **embora determinado direito não possa pertencer, a um só tempo, a mais de uma categoria, isso não implica dizer que, no mesmo cenário fático ou jurídico conflituoso, violações simultâneas de direitos de mais de uma espécie não possam ocorrer.** 3. No caso concreto, trata-se de **ação civil pública de tutela híbrida**. Percebe-se que: (a) há direitos individuais homogêneos referentes aos eventuais danos experimentados por aqueles contratantes que tiveram tratamento de saúde embaraçado por força da cláusula restritiva tida por ilegal; (b) há direitos coletivos resultantes da ilegalidade em abstrato da cláusula contratual em foco, a qual atinge igualmente e de forma indivisível o grupo de contratantes atuais do plano de saúde; (c) há direitos difusos, relacionados aos consumidores futuros do plano de saúde, coletividade essa formada por pessoas indeterminadas e indetermináveis. (STJ, REsp 1.293.606/MG).

Gabarito "D".

3. OBJETO

(Defensor Público – DPE/PR – 2017 – FCC) Considere:

I. Em termos de direitos individuais homogêneos, representa maior abrangência da tutela o sistema de exclusão (opt-out), em que os interessados são automaticamente atrelados à decisão coletiva, se não houver manifestação.

II. No Brasil, com a redemocratização e o fortalecimento dos órgãos judiciários, o legislador adotou medidas de cunho restritivo do direito de ação e previsão de mecanismos de autocomposição. Contudo, não se verificou a edição de nenhuma lei a tratar do processo coletivo, por se entender o processo individual mais célere.

III. Atualmente, com o recrudescimento das relações de massa, multiplicando-se as lesões sofridas pelas pessoas, as ações coletivas cumprem o papel de propiciar que a totalidade, ou, pelo menos, uma quantidade significativa da população, alcance seus direitos.

IV. Ainda hoje, no ordenamento jurídico brasileiro, as ações coletivas permanecem sendo tratadas apenas por leis extravagantes desprovidas de unidade orgânica.

Acerca da tutela coletiva, está correto o que se afirma APENAS em

(A) III e IV
(B) II e III.
(C) I e II.
(D) I e IV.
(E) I, III e IV.

I. correta. O direito de não ser afetado pela decisão nas ações que envolvem direitos individuais homogêneos (*opt-out*) está previsto no art. 104 do Código de Defesa do Consumidor. II. incorreta. De fato, o legislador brasileiro tem adotado medidas que aumentam os mecanismos de autocomposição, mas adotou medidas de cunho restritivo do direito de ação. Ademais, o legislador brasileiro criou um microssistema de processo coletivo para defesa dos Direitos Difusos e Coletivos. III. correta. A tutela coletiva tem por objetivo o acesso à justiça e a efetividade dos Direitos Difusos e Coletivos. IV. correta. O microssistema das ações coletivas é formado pelo denominado **núcleo duro** composto pela Lei de Ação Civil Pública e pelo Código de Defesa do Consumidor. Há muitas leis extravagantes e especiais, que tratam de temas afetos ao processo coletivos, dentre elas podemos citar a Lei de Improbidade Administrativa (Lei 8.429/1992), o Estatuto da Criança e do Adolescente, o Estatuto do Idoso, entre outras.

Gabarito "E".

4. COMPROMISSO DE AJUSTAMENTO

(Promotor de Justiça/PR – 2019 – MPE/PR) Sobre compromisso de ajustamento de conduta, assinale a alternativa *incorreta*, nos termos da Resolução n. 179/2017 do Conselho Nacional do Ministério Público:

(A) O compromisso de ajustamento de conduta possui natureza de negócio jurídico.

(B) O compromisso de ajustamento de conduta apresenta eficácia de título executivo extrajudicial a partir da sua publicação.

(C) É cabível o compromisso de ajustamento de conduta nas hipóteses configuradoras de improbidade administrativa, podendo ser tomado tanto na fase de investigação como no curso da ação judicial.

(D) O Ministério Público tem legitimidade para executar compromisso de ajustamento de conduta firmado por outro órgão público, no caso de sua omissão frente ao descumprimento das obrigações assumidas, sem prejuízo da adoção de outras providências de natureza civil ou criminal que se mostrarem pertinentes, inclusive em face da inércia do órgão público compromitente.

(E) O compromisso de ajustamento de conduta poderá ser firmado em conjunto por órgãos de ramos diversos do Ministério Público ou por este e outros órgãos públicos legitimados, bem como contar com a participação de associação civil, entes ou grupos representativos ou terceiros interessados.

A: Correta. "O compromisso de ajustamento de conduta é instrumento de garantia dos direitos e interesses difusos e coletivos, individuais homogêneos e outros direitos de cuja defesa está incumbido o Ministério Público, com natureza de negócio jurídico que tem por finalidade a adequação da conduta às exigências legais e constitucionais, com eficácia de título executivo extrajudicial a partir da celebração" (art. 1º da Resolução 176/2017). **B:** Incorreta. A eficácia é de título executivo extrajudicial a partir da sua celebração, e não de sua publicação (art. 1º da Resolução 176/2017). **C:** Correta. Nos termos do art. 1º, § 2º, da Resolução, "É cabível o compromisso de ajustamento de conduta nas hipóteses configuradoras de improbidade administrativa, sem prejuízo do ressarcimento ao erário e da aplicação de uma ou algumas das sanções previstas em lei, de acordo com a conduta ou o ato praticado". Além disso, o compromisso de ajustamento de conduta será tomado em qualquer fase da investigação, nos autos de inquérito civil ou procedimento correlato, ou no curso da ação judicial, devendo conter obrigações certas, líquidas e exigíveis, salvo peculiaridades do caso concreto, e ser assinado pelo órgão do Ministério Público e pelo compromissário (art. 3º). **D:** Correta. Nos termos do art. 12 da Resolução: "O Ministério Público tem legitimidade para executar compromisso de ajustamento de conduta firmado por outro órgão público, no caso de sua omissão frente ao descumprimento das obrigações assumidas, sem prejuízo da adoção de outras providências de natureza civil ou criminal que se mostrarem pertinentes, inclusive em face da inércia do órgão público compromitente". **E:** Correta. Nos termos do art. 3º, § 6º, da Resolução 179/2017.

Gabarito "B".

(Promotor de Justiça/PR – 2019 – MPE/PR) Assinale a alternativa *incorreta*:

(A) Conforme tem decidido o Superior Tribunal de Justiça, o ressarcimento do dano decorrente da prática de ato de improbidade administrativa não constitui sanção propriamente dita, mas consequência necessária do prejuízo causado.

(B) Havendo indícios fundados de malversação de bens ou recursos de origem pública no âmbito de determinada organização da sociedade civil de interesse público (OSCIP), por se tratar de entidade do terceiro setor, com regramento especial quanto à responsabilidade, não se aplicam as regras e as sanções da Lei n. 8.429/92 (Lei de Improbidade Administrativa).

(C) No ato de improbidade administrativa do qual resulta prejuízo ao erário, a responsabilidade pela reparação do dano dos agentes que atuam em concurso é solidária, segundo a jurisprudência do Superior Tribunal de Justiça.

(D) Dentre as espécies de fraudes em prejuízo ao patrimônio público, pode ser citado o superfaturamento (ou superestimação), que ocorre quando se cobra sobrepreço ilegal, de modo que a Administração Pública paga pela obra ou serviço mais do que realmente se revelava devido.

(E) O descumprimento de normas relativas à celebração, fiscalização e aprovação de contas de parcerias firmadas pela Administração Pública com entidades privadas está tipificado, expressamente, como ato de improbidade administrativa que atenta contra os princípios da administração pública.

A: Correta. O ressarcimento ao erário não constitui sanção propriamente dita, mas sim consequência necessária do prejuízo causado. Caracterizada a improbidade administrativa por dano ao erário, a devolução dos valores é imperiosa e deve vir acompanhada de pelo menos uma das sanções legais previstas no art. 12 da Lei n. 8.429/1992 (AgInt no REsp 1.616.365/PE, DJe 30/10/2018 e AgInt no REsp 1839345/MG, DJe 31/08/2020). **B:** Incorreta. A Lei de Improbidade Administrativa aplica-se às OSCIPs, conforme Lei 9.790/99, em seu art. 13: "sem prejuízo da medida a que se refere o art. 12 desta Lei, havendo indícios fundados de malversação de bens ou recursos de origem pública, os responsáveis pela fiscalização representarão ao Ministério Público, à Advocacia-Geral da União, para que requeiram ao juízo competente a decretação da indisponibilidade dos bens da entidade e o sequestro dos bens dos seus dirigentes, bem como de agente público ou terceiro, que possam ter enriquecido ilicitamente ou causado dano ao patrimônio público, além de outras medidas consubstanciadas na Lei 8.429, de 2 de junho de 1992, e na Lei Complementar 64, de 18 de maio de 1990. **C:** Correta. O STJ tem entendido que há solidariedade passiva na dívida decorrente dos danos causados ao erário (Veja: STJ, Resp 1747031/CE, DJ de 29.8.18; Ag 1305782, DJ de 14/12/2010). **D:** Correta. Assim dispõe o art. 10 da Lei 8.429/92: "Constitui ato de improbidade administrativa que causa lesão ao erário qualquer ação ou omissão, dolosa ou culposa, que enseje perda patrimonial, desvio, apropriação, malbaratamento ou dilapidação dos bens ou haveres das entidades referidas no art. 1º desta lei, e notadamente: V – permitir ou facilitar a aquisição, permuta ou locação de bem ou serviço por preço superior ao de mercado". **E:** Correta. Assim dispõe o art. 11 da Lei 8.429/92: "Constitui ato de improbidade administrativa que atenta contra os princípios da administração pública qualquer ação ou omissão que viole os deveres de honestidade, imparcialidade, legalidade, e lealdade às instituições, e notadamente: VIII –descumprir as normas relativas à celebração, fiscalização e aprovação de contas de parcerias firmadas pela administração pública com entidades privadas". Gabarito "B".

(Promotor de Justiça/PR – 2019 – MPE/PR) Nos termos da Lei n. 4.717/1965 (Lei da Ação Popular), assinale a alternativa *incorreta*:

(A) Ao Ministério Público é vedado, em qualquer hipótese, assumir a defesa do ato impugnado.

(B) Se o autor desistir da ação, serão publicados editais nos prazos e condições legais, sendo assegurado ao representante do Ministério Público, dentro do prazo de 90 (noventa) dias da última publicação feita, promover o prosseguimento da ação.

(C) O Ministério Público, bem como qualquer cidadão, poderá recorrer das sentenças e decisões proferidas contra o autor da ação e suscetíveis de recurso.

(D) Caso decorridos 60 (sessenta) dias da publicação da sentença condenatória de segunda instância, sem que o autor ou terceiro promova a respectiva execução, é facultado ao representante do Ministério Público promovê-la nos 30 (trinta) dias seguintes.

(E) Ao despachar a inicial, o juiz deverá ordenar a intimação do representante do Ministério Público.

A: Correta. Nos termos do art. 6º, § 4º, da LAP: "O Ministério Público acompanhará a ação, cabendo-lhe apressar a produção da prova e promover a responsabilidade, civil ou criminal, dos que nela incidirem, sendo-lhe vedado, em qualquer hipótese, assumir a defesa do ato impugnado ou dos seus autores". **B:** Correta. Nos exatos termos do art. 9º da LAP. **C:** Correta. Nos exatos termos do art. 19, § 2º, da LAP. **D:** Incorreta. Determina o art. 16 da LAP: "Caso decorridos 60 (sessenta) dias da publicação da sentença condenatória de segunda instância, sem que o autor ou terceiro promova a respectiva execução. O representante do Ministério Público a promoverá nos 30 (trinta) dias seguintes, sob pena de falta grave". **E:** Correta. Nos exatos termos do art. 7º, I, "a", da LAP. Gabarito "D".

(Defensor Público –DPE/MT – 2016 – UFMT) O termo de ajustamento de conduta é, atualmente, importante instrumento à disposição da Defensoria Pública para tutela dos direitos difusos e coletivos. Sobre o assunto, assinale a afirmativa correta.

(A) Não é função institucional da Defensoria Pública promover qualquer espécie de ação capaz de propiciar a tutela dos direitos difusos, coletivos e homogêneos, estando limitada à ação civil pública, aos remédios constitucionais e à legitimidade passiva hipossuficiente.

(B) O termo de ajustamento de conduta é tomado dos interessados para adequação às exigências legais, com as devidas cominações, que possuem eficácia de título executivo extrajudicial, podendo este ser executado pela Defensoria Pública.

(C) A lei que disciplina o termo de ajustamento de conduta garante a legitimidade ativa da Defensoria Pública para propô-lo à parte interessada, como meio excepcional de transação.

(D) Conforme a doutrina majoritária, o termo de ajustamento de conduta é meio de transação, porém não pode ser interpretado como na seara penal, onde é instrumento excepcional, diante da fragilidade dos direitos difusos e coletivos.

(E) Os termos de ajustamento de conduta podem ser considerados como forma de solução prévia de litígio, já que ensejam necessariamente a extinção do processo administrativo instaurado, quando firmado entre as partes.

A: incorreta. A Lei 11.448/2007 incluiu a Defensoria Pública no rol dos legitimados do art. 5º da LACP, restando, apenas, conforme interpretação doutrinária e jurisprudencial, a pertinência temática para ser analisada em cada caso concreto. **B:** correta. O art. 5º, § 6º, confere a alguns legitimados (órgãos públicos) a possibilidade de firmar termo de ajustamento de conduta: "Os órgãos públicos legitimados poderão tomar dos interessados compromisso de ajustamento de sua conduta às exigências legais, mediante cominações, que terá eficácia de título executivo extrajudicial". **C:** incorreta. Não é pacífico na doutrina e na jurisprudência que o termo de ajustamento de conduta não seja forma de transação. Para parte da doutrina, trata-se de verdadeira transação, ainda que tenha os limites bem definidos pela lei. Outra parte entende que se trata de espécie de reconhecimento e submissão do violador da conduta às exigências legais. **D:** incorreta. A doutrina diverge quanto ao termo e ajustamento de conduta ter ou não natureza de transação.

Ademais, o TAC somente pode ser utilizado na esfera cível, não sendo aplicável na esfera penal. **E:** incorreta. O processo administrativo instaurado não é afetado pelo Termo de Ajustamento de Conduta. Caso a infração administrativa seja verificada, caberá aplicação da respectiva sanção administrativa prevista em lei, independentemente do TAC.

Gabarito "B".

(Defensor Público –DPE/BA – 2016 – FCC) Na ação civil pública,

(A) o poder público possui legitimidade para propor a ação, habilitar-se como litisconsorte de qualquer das partes ou assumir a titularidade ativa em caso de desistência infundada ou abandono da ação por associação legitimada.

(B) o Ministério Público, com exclusividade, pode tomar dos interessados compromisso de ajustamento de sua conduta às exigências legais, que terá eficácia de título executivo judicial.

(C) poderá o juiz conceder mandado liminar, sempre com justificação prévia, em decisão não sujeita a recurso.

(D) a multa cominada liminarmente será exigível de imediato, devendo ser excutida em autos apartados, independentemente do trânsito em julgado.

(E) havendo condenação em dinheiro, a indenização será revertida ao Estado, que deverá aplicar os recursos na recomposição do dano.

A: correta. A legitimidade do poder público está expressamente prevista no art. 5º da LACP. O § 2º do mesmo artigo, por sua vez, permite expressamente o litisconsórcio facultativo do Poder Público e o § 3º determina expressamente que os legitimados poderão assumir a titularidade ativa em caso de desistência infundada ou abandono da causa. **B:** incorreta. O termo de ajustamento de conduta pode ser tomado, na forma do art. 5º, §, 6º, da LACP, pelos órgãos públicos legitimados. **C:** incorreta. A liminar prevista expressamente no art. 12 da LACP está sempre sujeita a recurso. **D:** incorreta. O § 2º do art. 12 da LACP prevê a possibilidade de cominação de multa em sede de liminar, que somente será exigível após o trânsito em julgado da decisão favorável ao autor, mas será devida desde o dia do descumprimento. **E:** incorreta. Nas ações coletivas, o valor da indenização deverá ser revertido ao fundo por conselhos, na forma do art. 13 da LACP: "Havendo condenação em dinheiro, a indenização pelo dano causado reverterá a um fundo gerido por um Conselho Federal ou por Conselhos Estaduais de que participarão necessariamente o Ministério Público e representantes da comunidade, sendo seus recursos destinados à reconstituição dos bens lesados".

Gabarito "A".

5. AÇÃO, PROCEDIMENTO, TUTELA ANTECIPADA, MULTA, SENTENÇA, COISA JULGADA, RECURSOS, CUSTAS E QUESTÕES MISTAS

(Promotor de Justiça/GO – 2016 – MPE) Assinale a alternativa incorreta:

(A) Em ação coletiva para defesa de direitos individuais homogêneos, julgado improcedente o pedido com resolução de mérito, os indivíduos, ainda que não tenham aderido à demanda, não poderão ajuizar demanda particular com o mesmo objeto.

(B) Reconhecida a responsabilidade genérica do réu pelos danos causados aos consumidores, os indivíduos atingidos pelo efeito *ultra partes* da decisão ou seus herdeiros poderão comparecer em juízo, para execução a título individual da sentença coletiva, provando o dano sofrido, o seu montante, e que se encontram na situação amparada na decisão.

(C) Na ação coletiva para proteção de direitos difusos, a sentença fará coisa julgada *erga omnes*. Todavia, se o pedido for julgado improcedente por insuficiência de provas, qualquer legitimado poderá renovar a ação, com idêntico fundamento.

(D) Estão elencados entre os direitos básicos do consumidor: liberdade de escolha, informação, transparência e boa-fé, proteção contratual, prevenção e reparação de danos (morais e materiais), acesso à justiça, inversão do ônus da prova.

A: incorreta. O art. 103, § 2º, do CDC, prevê para as ações que envolvam direitos individuais homogêneos, que, em caso de improcedência do pedido, os interessados que não tiverem intervindo no processo como litisconsortes poderão propor ação de indenização a título individual. **B:** correta. A liquidação e a execução de sentença poderão ser promovidas pela vítima e seus sucessores, assim como pelos legitimados de que trata o art. 82 (art. 97 do CDC) (Ver também Recurso Repetitivo teses 480 e 887). **C:** correta. Nas ações coletivas que envolvam Direitos Difusos, a sentença fará coisa julgada *erga omnes*, exceto se o pedido for julgado improcedente por insuficiência de provas, hipótese em que qualquer legitimado poderá intentar outra ação, com idêntico fundamento valendo-se de nova prova (art. 103, I, do CDC). **D:** correta. São direitos básicos do consumidor: a informação, transparência e boa-fé (art. 6º, III); proteção contratual (art. 6º, V); prevenção e reparação de danos (morais e materiais) (art. 6º, VI), acesso à justiça (art. 6º, VII), inversão do ônus da prova (art. 6º, VIII).

Gabarito "A".

(Defensor Público – DPE/MT – 2016 – UFMT) NÃO há efeito da coisa julgada nas relações de consumo:

(A) *Erga omnes*, se o pedido for julgado improcedente por insuficiência de provas, nas ações envolvendo direitos difusos.

(B) *Erga omnes*, nas ações envolvendo direitos individuais homogêneos.

(C) *Erga omnes*, nas ações envolvendo direitos difusos.

(D) *Ultra partes*, nas ações envolvendo direitos coletivos.

(E) *Ultra partes*, nas ações envolvendo direitos coletivos *stricto sensu*.

A: correta. Na forma do art. 103, I, do CDC, se ação for julgada improcedente por falta de provas, não há que se falar em efeito *erga omnes* da sentença, sendo possível um dos legitimados ingressar com nova ação coletiva. **B:** incorreta. Em direitos individuais homogêneos, haverá efeito *erga ommes*, ainda que a ação tenha sido julga improcedente por falta de provas, impossibilitando nova ação coletiva. **C:** incorreta. Veja justificativa da alternativa A. **D:** incorreta. Na ações que envolvam direitos coletivos, a sentença faz coisa julgada *ultra partes*, salvo na hipótese de ter sido julgada improcedente por falta de provas, cabendo nova ação coletiva. **E:** incorreta. Direitos coletivos e direitos coletivos *stricto sensu* são sinônimos. Diferencia-se dos direitos coletivos *lato sensu* já que esse se refere aos direitos difusos, coletivos e individuais homogêneos.

Gabarito "A".

(Defensor Público – DPE/ES – 2016 – FCC) No que diz respeito aos Direitos Difusos e Coletivos, a doutrina especializada criou uma nova terminologia, chamada coisa julgada *secundum eventum litis*, *erga omnes* ou *ultra partes*. Neste sentido, a sentença fará coisa julgada

(A) e seus efeitos indeferem do direito tratado, seja ele difuso, coletivo ou individual homogêneo.

(B) *ultra partes*, mas limitadamente ao grupo, categoria ou classe, salvo improcedência por insuficiência de provas quando se tratar de direitos difusos e coletivos.
(C) *erga omnes*, exceto se o pedido for julgado improcedente por insuficiência de provas, hipótese em que qualquer legitimado poderá intentar outra ação, com idêntico fundamento valendo-se de nova prova, no caso dos direitos difusos.
(D) *erga omnes*, em todos os casos em que houver análise de mérito.
(E) somente se os titulares dos direitos difusos forem individualmente chamados a compor a lide.

A: incorreta. Na forma do art. 103 do CDC, se julgada procedente a ação coletiva, a coisa julgada em direitos difusos será *erga omnes*; em direitos coletivos *ultra partes*; e em direitos individuais homogêneos será *erga omnes*. Há se se recordar, ainda, que o efeito da sentença dependerá, sempre, do resultado da lide. Se a ação for julgada improcedente por falta de provas em direitos difusos e coletivos, é possível ingressar com nova ação coletiva. Já para os direitos individuais homogêneos, caso a ação tenha sido julgada improcedente com provas ou falta de provas, não se permite o ingresso de nova ação coletiva. **B:** incorreta. Mesmo fundamento da alternativa anterior. **C:** correta. Em direitos difusos, o efeito da sentença será *erga omnes*, exceto se o pedido for julgado improcedente por insuficiência de provas, hipótese em que qualquer legitimado poderá intentar outra ação, com idêntico fundamento valendo-se de nova prova. **D:** incorreta. Mesmo fundamento da alternativa A. **E:** incorreta. Os titulares dos direitos difusos são indetermináveis e, mesmo nos direitos coletivos e individuais homogêneos, a coisa julgada não depende de participação dos indivíduos para se operar. Gabarito "C".

(Defensor Público – DPE/ES – 2016 – FCC) Dr. Carlos é magistrado na comarca de Vitória, no Espírito Santo. No desenvolvimento do seu trabalho percebe que inúmeros consumidores ingressam com ações individuais na busca de reparação de danos decorrentes de direitos individuais homogêneos. Dr. Carlos, decide acertadamente, com base no novo CPC
(A) encaminhar o caso aos centros de conciliação, na busca de uma solução direta para todos os casos, transformando a demanda individual em coletiva.
(B) suspender os casos individuais até a propositura de uma ação coletiva correspondente, com o intuito de evitar decisões contraditórias e permitir, assim, a melhor distribuição da justiça.
(C) oficiar o Ministério Público, já que a Defensoria não possui legitimidade para propor eventual ação por não restringir a demanda coletiva aos hipossuficientes.
(D) não oficiar a ninguém, sob pena de violar a inércia e a imparcialidade do magistrado.
(E) oficiar a Defensoria Pública para, se for o caso, promover a propositura da ação coletiva respectiva.

A: incorreta. A mediação e a conciliação são formas alternativas de solução de conflito. As ações, as mediações e conciliações não podem ser transformadas em coletivas; **B:** incorreta. A suspensão dos casos individuais se faz na forma do art. 104 do CDC, razão pela qual, sempre que houver ação coletiva em curso, poderá a parte que ingressou com ação individual exercer o direito de manter a ação individual ou suspendê-la. Vale lembrar que, o STJ já firmou entendimento em sede de Recurso Repetitivo, tese 589, que "ajuizada ação coletiva atinente a macrolide geradora de processo multitudinários, suspendem-se as ações individuais, no aguardo da ação coletiva". **C:** incorreta. Na forma do art. 139, X, do Código de Processo Civil, o "juiz dirigirá o processo conforme as disposições deste Código, incumbindo-lhe: X – quando se deparar com diversas demandas individuais repetitivas, oficiar o Ministério Público, a Defensoria Pública e, na medida do possível, outros legitimados a que se referem o art. 5º da Lei 7.347, de 24 de julho de 1985, e o art. 82 da Lei 8.078, de 11 de setembro de 1990, para, se for o caso, promover a propositura da ação coletiva respectiva". **D:** incorreta. Conforme argumentos expostos na alternativa C. **E:** correta. Conforme argumentos expostos na alternativa C. Gabarito "E".

6. AÇÃO POPULAR E IMPROBIDADE ADMINISTRATIVA

(Promotor de Justiça/PR – 2019 – MPE/PR) Nos termos da Lei n. 12.846/2013 (Lei Anticorrupção), assinale a alternativa *correta*:
(A) Uma vez aplicadas as sanções previstas pela Lei n. 12.846/2013, fica prejudicado o processo de responsabilização e o apenamento, pelo mesmo fato, decorrente de ato de improbidade administrativa.
(B) Em caso de descumprimento do acordo de leniência, a pessoa jurídica ficará impedida de celebrar novo acordo pelo prazo de 5 (cinco) anos contados do conhecimento pela Administração Pública do referido descumprimento.
(C) A celebração do acordo de leniência isentará a pessoa jurídica das seguintes sanções: publicação extraordinária da decisão condenatória; proibição de receber incentivos, subsídios, subvenções, doações ou empréstimos de órgãos ou entidades públicas e de instituições financeiras públicas ou controladas pelo poder público, pelo prazo mínimo de 1 (um) e máximo de 5 (cinco) anos; e reduzirá em até 2/3 (dois terços) o valor da multa aplicável.
(D) Prescrevem em 3 (três) anos as infrações previstas na Lei n. 12.846/2013, contados da data da ciência da infração ou, no caso de infração permanente ou continuada, do dia em que tiver cessado.
(E) Quanto à responsabilização judicial, pode ser aplicada à pessoa jurídica infratora a sanção, dentre outras, de suspensão ou interdição parcial ou total de suas atividades.

A: Incorreta. Na forma do art. 30 da Lei Anticorrupção, a aplicação das sanções nelas previstas não afeta os processos de responsabilização e aplicação de penalidades decorrentes de ato de improbidade administrativa e de atos ilícitos alcançados pela Lei de Licitações inclusive no tocante ao Regime Diferenciado de Contratações Públicas – RDC. **B:** Incorreta. Em caso de descumprimento do acordo de leniência, a pessoa jurídica ficará impedida de celebrar novo acordo pelo prazo de 3 (três) anos contados do conhecimento pela administração pública do referido descumprimento (art. 16, § 8º, da Lei 12.846/2013). **C:** correta. Na forma do artigo 16, § 2º, da referida Lei, a celebração do acordo de leniência isentará a pessoa jurídica das sanções previstas no inciso II do art. 6º (publicação extraordinária da decisão condenatória) e no inciso IV do art. 19 (proibição de receber incentivos, subsídios, subvenções, doações ou empréstimos de órgãos ou entidades públicas e de instituições financeiras públicas ou controladas pelo poder público, pelo prazo mínimo de 1 (um) e máximo de 5 (cinco) anos) e reduzirá em até 2/3 (dois terços) o valor da multa aplicável. **D:** Incorreta. O prazo prescricional das infrações previstas na Lei 12.846/2013 é de 5 (cinco) anos (art. 25). **E:** Incorreta. Quanto à responsabilização judicial, pode ser aplicada à pessoa jurídica infratora a sanção, dentre outras, de suspensão ou interdição **parcial** suas atividades (art. 19, II). RD

Gabarito "C".

(Promotor de Justiça/PR – 2019 – MPE/PR) Assinale a alternativa incorreta:

(A) A jurisprudência do Superior Tribunal de Justiça firmou-se no sentido de que não configura bis in idem a coexistência de acórdão condenatório do Tribunal de Contas ao ressarcimento do erário com sentença condenatória proferida em ação civil pública por improbidade administrativa.

(B) É pacífico no Superior Tribunal de Justiça o entendimento de que o conceito de agente público, estabelecido pela Lei n. 8.429/1992 (Lei de Improbidade Administrativa), abrange os agentes políticos, como prefeitos e vereadores, não havendo bis in idem nem incompatibilidade entre a responsabilização política e criminal estabelecida pelo Decreto-Lei 201/1967 e a responsabilização pela prática de ato de improbidade administrativa e respectivas sanções civis.

(C) O Superior Tribunal de Justiça firmou jurisprudência segundo a qual o juízo pode decretar, fundamentadamente, a indisponibilidade de bens do demandado, quando presentes indícios de responsabilidade pela prática de ato ímprobo que cause lesão ao patrimônio público ou importe enriquecimento ilícito, prescindindo da comprovação de dilapidação de patrimônio, ou sua iminência, restando dispensada, assim, a demonstração de periculum in mora.

(D) A posse e o exercício de agente público ficam condicionados à apresentação de declaração dos bens e valores que compõem o seu patrimônio privado, podendo a sua atualização anual ser substituída pela entrega de cópia da declaração de bens apresentada à Delegacia da Receita Federal na conformidade da legislação do Imposto sobre a Renda e proventos de qualquer natureza.

(E) Nos termos da Lei n. 8.429/92 (Lei de Improbidade Administrativa), na fixação das sanções por ela cominadas, o juiz levará em conta a extensão do dano causado, assim como os antecedentes do agente e o proveito patrimonial por este obtido.

A: Correta. Veja: STJ, REsp 1.413.674/SE, DJe 31/05/2016. **B:** Correta. Veja: STJ, REsp AIntAREsp 330846, 18/04/2017. **C:** Correta. Veja: STJ, 1.819.893/RN. **D:** Correta. Nos termos do art. 13 da Lei 8.429/92. **E:** Incorreta. Nos termos da Lei n. 8.429/92 (Lei de Improbidade Administrativa), na fixação das sanções por ela cominadas, o juiz levará em conta a extensão do dano causado, **assim como o proveito patrimonial obtido pelo agente**. RD

Gabarito "E".

(Promotor de Justiça/SP – 2019 – MPE/SP) Assinale a alternativa correta.

(A) São imprescritíveis as ações de ressarcimento ao erário fundadas na prática de ato descrito na Lei de Improbidade Administrativa, independentemente do elemento anímico.

(B) A data da prática do ato de improbidade constitui o marco inicial da fluência do prazo prescricional para as ações destinadas à aplicação das sanções previstas na Lei de Improbidade Administrativa a agentes públicos detentores de mandato.

(C) As ações de improbidade administrativa por atos praticados por agentes públicos no exercício de cargo efetivo prescrevem no prazo de cinco anos.

(D) O prazo prescricional para as sanções previstas na Lei de Improbidade Administrativa não pode ser determinado por legislação disciplinar dos entes federativos.

(E) São imprescritíveis as ações de ressarcimento ao erário fundadas na prática de ato doloso descrito na Lei de Improbidade Administrativa.

A: Incorreta. Conforme tese 897 da Repercussão Geral: "São imprescritíveis as ações de ressarcimento ao erário fundadas na prática de ato doloso tipificado na Lei de Improbidade Administrativa" (STF. Plenário. RE 852.475/SP, rel. Min. Alexandre de Moraes, j. 08.08.2018). Os atos culposos permanecem seguindo a regra geral do prazo quinquenal. **B:** Incorreta. O art. 23 da Lei 8.429/92 trata da prescrição e estabelece: "As ações destinadas a levar a efeitos as sanções previstas nesta lei podem ser propostas: I – até cinco anos após o término do exercício de mandato, de cargo em comissão ou de função de confiança; II – dentro do prazo prescricional previsto em lei específica para faltas disciplinares puníveis com demissão a bem do serviço público, nos casos de exercício de cargo efetivo ou emprego. III – até cinco anos da data da apresentação à administração pública da prestação de contas final pelas entidades referidas no parágrafo único do art. 1º desta Lei". **C:** Incorreta. Vide justificativa da alternativa A. **D:** Incorreta. Vide art. 23, II, da Lei 8.429/92. **E:** Correta. Vide justificativa da alternativa A. RD

Gabarito "E".

(Promotor de Justiça/SP – 2019 – MPE/SP) Assinale a alternativa correta.

(A) A aplicação da sanção de perda da função pública depende do trânsito em julgado da sentença condenatória.

(B) A aplicação das sanções previstas na Lei de Improbidade Administrava só pode ocorrer após o pronunciamento do Tribunal de Contas sobre o ato impugnado.

(C) A sanção de suspensão dos direitos políticos pode ser executada provisoriamente.

(D) A aplicação das sanções aos atos de improbidade administrativa depende da efetiva ocorrência de dano ao patrimônio público.

(E) O afastamento do agente público do exercício do cargo, emprego ou função, quando a medida se fizer necessária à instrução processual, impõe a suspensão da respectiva remuneração.

A: correta. Nos exatos termos do art. 20 da Lei 8.429/92. **B:** Incorreta. Nos termos do art. 21, II, da Lei 8.429/92 a aplicação das sanções previstas na lei independe da aprovação ou rejeição das contas pelo órgão de controle interno ou pelo Tribunal ou Conselho de Contas. **C:** Incorreta. Vide justificativa da alternativa "A". **D:** Incorreta. Nos termos do art. 21, I, da Lei 8.429/92, a aplicação das sanções previstas na lei independe da efetiva ocorrência de dano ao patrimônio público, salvo quanto à pena de ressarcimento. **E:** Incorreta. Nos termos do parágrafo único do art. 20, "A autoridade judicial ou administrativa competente poderá determinar o afastamento do agente público do exercício do cargo, emprego ou função, **sem prejuízo da remuneração**, quando a medida se fizer necessária à instrução processual" (grifo nosso). RD

Gabarito "A".

(Defensor Público –DPE/RN – 2016 – CESPE) A respeito do mandado de segurança coletivo e individual, assinale a opção correta.

(A) Para impetrarem mandado de segurança coletivo, as entidades de classe e os sindicatos devem estar em funcionamento há pelo menos um ano.

(B) O termo inicial para impetração de mandado de segurança para impugnar critérios de aprovação e classificação de concurso público conta-se da publicação do edital de abertura do certame, segundo entendimento recente do STF.
(C) No mandado de segurança coletivo, a liminar só poderá ser concedida após a audiência do representante judicial da pessoa jurídica de direito público, que deverá se pronunciar no prazo de setenta e duas horas.
(D) O Poder Judiciário não pode controlar a legalidade dos atos administrativos discricionários por meio de mandado de segurança.
(E) Não é cabível a impetração de mandado de segurança contra lei em tese, mesmo quando esta for de efeitos concretos.

A: incorreta. Na forma do art. 21 da Lei 12.016/2009, "O mandado de segurança coletivo pode ser impetrado por partido político com representação no Congresso Nacional, na defesa de seus interesses legítimos relativos a seus integrantes ou à finalidade partidária, ou por organização sindical, entidade de classe ou associação legalmente constituída e em funcionamento há, pelo menos, 1 (um) ano, em defesa de direitos líquidos e certos da totalidade, ou de parte, dos seus membros ou associados, na forma dos seus estatutos e desde que pertinentes às suas finalidades, dispensada, para tanto, autorização especial". **B:** incorreta. "O termo inicial para impetração de mandado de segurança a fim de impugnar critérios de aprovação e de classificação de concurso público conta-se do momento em que a cláusula do edital causar prejuízo ao candidato". RMS 23586/DF, rel. Min. Gilmar Mendes, 25.10.2011. (RMS-23586). **C:** correta, nos exatos termos do art. 22, § 2º, da Lei 12.016/2009. **D:** incorreta. A judicialização das políticas públicas tem sido admitida pela doutrina e jurisprudência. **E:** incorreta. Admite-se mandado de segurança contra lei em tese se o efeito for concreto.
Gabarito "C".

7. OUTROS TEMAS E TEMAS COMBINADOS

(Procurador Federal – AGU – 2023 – CEBRASPE) Conforme a jurisprudência dominante do Superior Tribunal de Justiça (STJ) acerca de ação civil pública, ação popular e mandado de segurança, julgue os seguintes itens.

I. Pelo princípio do amplo acesso à justiça, sindicato ou associação de servidores possui legitimidade para a impetração de mandado de segurança coletivo para salvaguarda do interesse de candidatos aprovados em concurso público que ainda não tenham tomado posse.
II. A migração de polo de pessoa jurídica de direito público que figure como ré em ação popular deve ser feita até o momento processual de sua resposta, sob pena de preclusão.
III. A legitimidade de autarquia federal para ajuizamento de ação civil pública depende da demonstração de pertinência temática entre suas finalidades institucionais e do interesse tutelado de forma coletiva.
Assinale a opção correta.
(A) Apenas o item I está certo.
(B) Apenas o item III está certo.
(C) Apenas os itens I e II estão certos.
(D) Apenas os itens II e III estão certos.
(E) Todos os itens estão certos.

I: incorreto, uma vez que há precedentes do STJ reconhecendo que as entidades sindicais não possuem legitimidade para impetrar MS em defesa de candidatos aprovados que ainda aguardam nomeação (nesse sentido: AgInt no REsp 1833766/RS); **II:** incorreto, pois o STJ reconhece que não há preclusão para o deslocamento de pessoa jurídica de Direito Público do polo passivo para o ativo da Ação Popular (nesse sentido: REsp 945238/SP); **III:** correto, sendo esse o entendimento do STJ: "Da mesma forma que as associações, as pessoas jurídicas da administração pública indireta, para que sejam consideradas parte legítima no ajuizamento de ação civil pública, devem demonstrar, dentre outros, o requisito da pertinência temática entre suas finalidades institucionais e o interesse tutelado na demanda coletiva" (REsp 1.978.138/SP, informativo nº 731).
Assim, deve ser assinalada a alternativa B.
Gabarito "B".

(Procurador Fazenda Nacional – AGU – 2023 – CEBRASPE) No que se refere às ações coletivas, julgue os itens subsequentes, à luz da jurisprudência dos tribunais superiores.

I. Em ação civil pública, os efeitos da sentença de procedência estão restritos aos limites da competência territorial do órgão prolator da decisão, exceto se a ação for proposta no foro nacional.
II. A legitimidade ativa das associações está condicionada à autorização expressa dos associados e à comprovação de filiação anterior, seja para a propositura de ação sob o rito ordinário, seja para a impetração de mandado de segurança coletivo em defesa dos interesses dos associados.
III. A legitimidade do sindicato para agir como substituto processual nas ações em que atua na defesa dos direitos e interesses coletivos ou individuais dos trabalhadores integrantes da categoria alcança a liquidação e a execução dos créditos reconhecidos aos seus integrantes.
Assinale a opção correta.
(A) Apenas o item I está certo.
(B) Apenas o item III está certo.
(C) Apenas os itens I e II estão certos.
(D) Apenas os itens II e III estão certos.
(E) Todos os itens estão certos.

I: incorreto, uma vez que a redação do art. 16 da Lei 7.347/1985, alterada pela Lei 9.494/1997 foi declarada inconstitucional pelo STF (Tema 1075): "I – É inconstitucional a redação do art. 16 da Lei 7.347/1985, alterada pela Lei 9.494/1997, sendo repristinada sua redação original", que é a seguinte: "A sentença civil fará coisa julgada *erga omnes*, exceto se a ação for julgada improcedente por deficiência de provas, hipótese em que qualquer legitimado poderá intentar outra ação com idêntico fundamento, valendo-se de nova prova"; **II:** incorreto, pois nos termos da Súmula 629 do STF, a "impetração de Mandado de Segurança coletivo por entidade de classe em favor dos associados independe da autorização destes"; **III:** correto, considerando o entendimento firmado pelo STF no Tema 823: "Os sindicatos possuem ampla legitimidade extraordinária para defender em juízo os direitos e interesses coletivos ou individuais dos integrantes da categoria que representam, *inclusive nas liquidações e execuções de sentença*, independentemente de autorização dos substituídos".
Assim, a alternativa "B" deve ser assinalada.
Gabarito "B".

(Promotor de Justiça/SP – 2019 – MPE/SP) Considerando que é obrigação da família, da comunidade, da sociedade e do Poder Público assegurar ao idoso, com absoluta prioridade, a efetivação do direito à vida, à saúde, à alimentação, à educação, à cultura, ao esporte, ao lazer, ao trabalho, à cidadania, à liberdade, à dignidade, ao respeito e à convivência familiar e comunitária, assinale a alternativa que **NÃO** compreende a garantia de prioridade.

(A) Preferência na formulação e na execução de políticas sociais públicas específicas.

(B) Estabelecimento de mecanismos que favoreçam a divulgação de informações de caráter educativo sobre os aspectos biopsicossociais de envelhecimento.

(C) Destinação privilegiada de recursos públicos nas áreas relacionadas com a proteção ao idoso.

(D) Prioridade no recebimento da restituição do Imposto de Renda.

(E) Priorização de atendimento asilar pelo Poder Público.

A: Correta. Nos exatos termos do art. 3º, § 1º, II, do Estatuto do Idoso. **B:** Correta. Conforme art. 3º, § 1º, VII, do EI. **C:** Correta. Nos termos do art. 3º, § 1º, III, do EI. **D:** Correta. Conforme art. 3º, § 1º, IX, do EI. **E:** Incorreta. O art. 3º, § 1º, inciso V, do EI, prevê a "priorização do atendimento do idoso por sua própria família, em detrimento do atendimento asilar, exceto dos que não a possuam ou careçam de condições de manutenção da própria sobrevivência". RD

Gabarito "E".

(Promotor de Justiça/SP – 2019 – MPE/SP) Considerando que é assegurada a atenção integral à saúde do idoso, objetivando a prevenção, promoção, proteção e recuperação da saúde, assinale a alternativa que **NÃO** integra o rol de direitos dos idosos.

(A) Recebimento gratuito de medicamentos, especialmente os de uso continuado, assim como próteses, órteses e outros recursos relativos ao tratamento, habilitação ou reabilitação.

(B) Maiores de oitenta anos terão preferência especial sobre os demais idosos, em todo e qualquer atendimento de saúde, inclusive em caso de emergência.

(C) Atendimento especializado para os idosos com deficiência ou com limitação incapacitante.

(D) Atendimento domiciliar ao idoso enfermo pela perícia médica do Instituto Nacional do Seguro Social – INSS pelo serviço público de saúde ou pelo serviço privado de saúde, contratado ou conveniado, que integre o Sistema Único de Saúde – SUS, para expedição do laudo de saúde necessário ao exercício de seus direitos sociais e de isenção tributária.

(E) Direito de acompanhante ao idoso internado ou em observação, devendo o órgão de saúde proporcionar as condições adequadas para a sua permanência em tempo integral, segundo o critério médico.

A: Correta. O direito recebimento gratuito de medicamentos, próteses, órteses e outros recursos relativos ao tratamento, habilitação ou reabilitação está expresso no art. 15, § 2º, do EI. **B:** Incorreta. Na forma do art. 15, § 7º, "Em todo atendimento de saúde, os maiores de oitenta anos terão preferência especial sobre os demais idosos, *exceto em caso de emergência*". **C:** Correta. Os idosos portadores de deficiência ou com limitação incapacitante terão atendimento especializado, nos termos da lei (art. 15, § 4º). **D:** Correta. Na forma do art. 15, § 6º, "É assegurado ao idoso enfermo o atendimento domiciliar pela perícia médica do Instituto Nacional do Seguro Social – INSS, pelo serviço público de saúde ou pelo serviço privado de saúde, contratado ou conveniado, que integre o Sistema Único de Saúde – SUS, para expedição do laudo de saúde necessário ao exercício de seus direitos sociais e de isenção tributária". **E:** Correta. Ao idoso internado ou em observação é assegurado o direito a acompanhante, devendo o órgão de saúde proporcionar as condições adequadas para a sua permanência em tempo integral, segundo o critério médico. Caberá, ainda, ao profissional de saúde responsável pelo tratamento conceder autorização para o acompanhamento do idoso ou, no caso de impossibilidade, justificá-la por escrito (art. 16 do EI). RD

Gabarito "B".

(Defensor Público – DPE/PR – 2017 – FCC) O Decreto n. 7.053/2009, que institui a Política Nacional para a População em Situação de Rua,

(A) pressupõe o acolhimento temporário de pessoas em situação de rua preferencialmente nas cidades ou nos centros urbanos.

(B) dispõe que não poderá o Comitê Intersetorial de Acompanhamento e Monitoramento da Política Nacional em Situação de Rua convidar pessoas em situação de rua a participar de suas atividades.

(C) tem como um dos objetivos garantir o retorno compulsório das pessoas em situação de rua ao mercado de trabalho.

(D) prevê o recolhimento de objetos que caracterizem estabelecimento permanente em local público, quando impedirem a livre circulação de pedestres e veículos.

(E) elenca como uma das características da população em situação de rua a utilização de logradouros públicos e áreas degradadas, sempre de forma permanente.

A: Correta. O Decreto prevê, em seu artigo 8º, que as unidades de acolhimento devem, preferencialmente, ser instaladas preferencialmente nas cidades ou centros urbanos. **B:** Incorreta. O Comitê Intersetorial de Acompanhamento e Monitoramento da Política Nacional para a População em Situação de Rua poderá convidar gestores, especialistas e representantes da população em situação de rua para participar de suas atividades (art. 11). **C:** Incorreta. Um dos objetivos da Política Nacional para a População em Situação de Rua é propiciar acesso ao mercado de trabalho, disponibilizando programas de qualificação profissional (art. 7º, inciso XIV). **D:** Incorreta. O mencionado decreto não prevê recolhimento de objetos que caracterizem estabelecimento permanente em local público. **E:** Incorreta. "Considera-se população de rua em situação de rua o grupo populacional heterogêneo que possui em comum a pobreza extrema, os vínculos familiares interrompidos ou fragilizados e a inexistência de moradia convencional regular, e que utiliza os logradouros públicos e as áreas degradadas como espaço de moradia e de sustento, de forma temporária ou permanente, bem como as unidades de acolhimento para pernoite temporário ou como moradia provisória" (art. 1º, parágrafo único). RD

Gabarito "A".

(Defensor Público – DPE/PR – 2017 – FCC) Sobre a tutela coletiva, é correto afirmar que:

(A) A gestão democrática da cidade pressupõe ampla participação do poder público e da sociedade civil na construção conjunta da política urbana. Isto ocorre, *verbi gratia*, por meio de órgãos colegiados, de debates e de audiências públicas. Neste sentido, representa mecanismo de tutela coletiva extrajudicial a participação da Defensoria Pública nestes instrumentos, cuja atividade se encontra inserida dentro de suas atribuições institucionais.

(B) Se determinada empresa de transporte interestadual não reservar duas vagas gratuitas por veículo para idosos com renda igual ou inferior a três salários-mínimos, estará infringindo o Estatuto do Idoso.

Entretanto, como se trata de conduta que atenta somente contra o interesse individual, a Defensoria Pública não ostenta legitimidade enquanto órgão para buscar a tutela jurisdicional.

(C) Segundo entendimento do STJ, após o trânsito em julgado de sentença que julga improcedente pedido deduzido em ação coletiva proposta em defesa de direitos individuais homogêneos, independentemente do motivo que tenha fundamentado a sua rejeição, é possível a propositura de nova demanda com o mesmo objeto por outro legitimado coletivo.

(D) O controle de tráfego viário de veículos pesados em perímetro urbano não se enquadra dentro do conceito de ordem urbanística e, por esta razão, é incabível o ajuizamento de ação civil pública. Além disto, é de competência exclusiva do Poder Público Municipal dispor a respeito do sistema viário, de maneira que a tutela jurisdicional representa violação à separação dos poderes.

(E) Quando houver manifesto interesse social, evidenciado pela dimensão ou característica do dano, ou pela relevância do bem jurídico a ser protegido, o juiz poderá dispensar o requisito temporal da pré--constituição da associação. Todavia, a análise da dispensa deste requisito deverá ser feita de modo prévio, antes da citação do réu, eis que inadmitida no curso da demanda.

A: correta. O Estatuto da Cidade (Lei n. 10.257/2001), em seu art. 2º, inciso II, diz que a política urbana tem por objetivo ordenar o desenvolvimento das funções sociais da cidade e da propriedade urbana, tendo como uma das diretrizes a gestão democrática por meio da participação popular e de associações representativas dos vários segmentos da comunidade na formulação, execução e acompanhamento de planos, programas e projetos de desenvolvimento urbano. As audiências públicas, por sua vez, estão previstas no art. 43, inciso II, do mesmo Estatuto. A Lei Complementar 80/1994 diz que entre as funções institucionais da Defensoria Pública está a de participar, quando tiver assento, dos conselhos federais, estaduais e municipais afetos às funções institucionais da Defensoria Pública (inciso XX do art. 4º). B: incorreta. Conforme art. 40 do Estatuto do Idoso, a reserva de duas vagas gratuitas em transporte coletivo interestadual deve ser destinada a idosos com renda igual ou inferior a dois salários-mínimos. C: incorreta. A ação coletiva que envolva pedido de Direito Individual Homogêneo fará coisa julgada *erga omnes* apenas no caso de procedência do pedido, para beneficiar todas as vítimas e seus sucessores, não cabendo nova ação coletiva para discussão do mesmo tema (art. 103 do CDC). D: incorreta. Veja entendimento do STJ a respeito do tema: "É cabível ação civil pública proposta por Ministério Público Estadual para pleitear que Município proíba máquinas agrícolas e veículos pesados de trafegarem em perímetro urbano deste e torne transitável o anel viário da região. (...) Ora, não é preciso maior reflexão para constatar que o ordenamento do trânsito de veículos no perímetro das cidades tem importância central nas sociedades modernas e repercute em inúmeros assuntos de interesse público. Ressalte-se que o inciso I do art. 1º da Lei n. 7.347/1985 e o *caput* do art. 3º do mesmo diploma são claros em dispor que a ação civil pública é meio processual adequado para discutir temas afetos à ordem urbanística e para a obtenção de provimento jurisdicional condenatório de obrigação de fazer. Sobre a adequação da ação civil pública para veicular tema afeto à segurança no trânsito, há ao menos um precedente do STJ que serve de apoio ao raciocínio exposto (STJ, REsp 1.294.451-GO, Rel. Min. Herman Benjamin, julgado em 1/9/2016, DJe 6/10/2016). E: incorreta. O juiz poderá fazer a análise da legitimidade após citação do réu, inclusive em razão de pedido da parte ré.

(Promotor de Justiça/GO – 2016 – MPE) Assinale a alternativa incorreta:

(A) A Teoria Dinâmica de Distribuição do Ônus da Prova afasta a rigidez das regras de distribuição do *onus probandi*, tornando-as mais flexíveis e adaptando-as ao caso concreto, valorando o juiz qual das partes dispõe das melhores condições de suportar o encargo respectivo.

(B) Os princípios da prevenção e da precaução exercem influência na aplicação de regras materiais do Direito Ambiental, mormente no campo da responsabilidade civil, uma vez que o enfoque jurídico nessa área deve ser o da prudência e da vigilância no tratamento a ser dado a atividades potencialmente poluidoras, diante do risco de dano irreversível ao meio ambiente.

(C) Cominada liminarmente pelo juiz no bojo de ação civil pública, a multa somente será exigível do réu após o trânsito em julgado da decisão favorável ao autor, mas será devida desde o dia quem se houver configurado o descumprimento.

(D) O princípio da reparação integral do dano ambiental determina a responsabilização do agente por todos os efeitos decorrentes da conduta lesiva, mas não permite a cumulação de pedidos para condenação nos deveres de recuperação *in natura* do bem degradado, de compensação ambiental e indenização em dinheiro, posto que o primeiro é excludente dos demais.

A: correta. A Teoria Dinâmica de Distribuição do Ônus da prova, prevista no art. 6º, VII, do CDC e no 373 do NCPC, flexibiliza a regra sobre o ônus da prova. B: correta. A prevenção e precaução são pilares do Direito Ambiental, e tem orientação sempre evitar os danos ambientais. C: correta. Na ação que tenha por objeto o cumprimento de obrigação de fazer ou não fazer, o juiz determinará o cumprimento da prestação da atividade devida ou a cessação da atividade nociva, sob pena de execução específica, ou de cominação de multa diária, se esta for suficiente ou compatível, independentemente de requerimento do autor. (art. 11 da LACP). A multa cominada liminarmente só será exigível do réu após o trânsito em julgado da decisão favorável ao autor, mas será devida desde o dia em que se houver configurado o descumprimento (art. 12, § 2º, da LACP). D: incorreta. Em Direito Ambiental, a regra é pela reparação dos danos *in natura*, que pode ser cumulada com indenização em dinheiro. Veja: Direito processual civil e ambiental. Cumulação das obrigações de recomposição do meio ambiente e de compensação por dano moral coletivo. Na hipótese de ação civil pública proposta em razão de dano ambiental, é possível que a sentença condenatória imponha ao responsável, cumulativamente, as obrigações de recompor o meio ambiente degradado e de pagar quantia em dinheiro a título de compensação por dano moral coletivo. Isso porque vigora em nosso sistema jurídico em **princípio da reparação integral do dano ambiental**, que, ao determinar a responsabilização do agente por todos os efeitos decorrentes da conduta lesiva, permite a cumulação de obrigações de fazer, de não fazer e de indenizar. Ademais, deve-se destacar que, embora o art. 3º da Lei 7.347/1985 disponha que "a ação civil poderá ter por objeto a condenação em dinheiro ou o cumprimento de obrigação de fazer ou não fazer", é certo que a conjunção "ou" – contida na citada norma, bem como nos arts. 4º, VII, e 14, § 1º, da Lei 6.938/1981 – opera com valor aditivo, não introduzindo, portanto, alternativa excludente. Em primeiro lugar, porque vedar a cumulação desses remédios limitaria, de forma indesejada, a Ação Civil Pública – importante instrumento de persecução da responsabilidade civil de danos causados ao meio ambiente –, inviabilizando, por exemplo, condenações em danos morais coletivos. Em segundo lugar, porque incumbe ao juiz, diante das normas de Direito Ambiental – **recheadas que são de conteúdo** ético intergeracional atrelado às presentes e futuras gerações –, levar em conta o comando do art. 5º da LINDB, segundo o qual, ao se aplicar a lei, deve-se atender "aos fins sociais a que ela se dirige e às exigências do bem comum", cujo corolário é a constatação de que, em caso de dúvida ou outra anomalia técnico-redacional, a norma ambiental demanda **interpretação e integração de acordo com o princípio hermenêutico** *in dubio pro natura*, haja vista que toda a legislação de amparo dos sujeitos vulneráveis e dos interesses difusos e coletivos há sempre de ser compreendida da maneira que lhes seja mais proveitosa e melhor possa viabilizar, na perspectiva dos resultados práticos, a prestação jurisdicional e a *ratio essendi* da norma. Por fim, a interpretação sistemática das normas e princípios ambientais leva à conclusão de que, se o bem ambiental lesado for imediata e completamente restaurado, isto é, restabelecido à condição original, não há falar, como regra, em indenização. Contudo, a possibilidade técnica, no futuro, de restauração *in natura* nem sempre se mostra suficiente para reverter ou recompor integralmente, no âmbito da responsabilidade civil, as várias dimensões do dano ambiental causado; por isso não exaure os deveres associados aos princípios do poluidor-pagador e da reparação integral do dano. Cumpre ressaltar que o dano ambiental é multifacetário (ética, temporal, ecológica e patrimonialmente falando, sensível ainda à diversidade do vasto universo de vítimas, que vão do indivíduo isolado à coletividade, às gerações futuras e aos processos ecológicos em si mesmos considerados). Em suma, equivoca-se, jurídica e metodologicamente, quem confunde prioridade da recuperação *in natura* do bem degradado com impossibilidade de cumulação simultânea dos deveres de repristinação natural (obrigação de fazer), compensação ambiental e indenização em dinheiro (obrigação de dar), e abstenção de uso e nova lesão (obrigação de não fazer). REsp 1.328.753-MG, Rel. Min. Herman Benjamin, julgado em 28/5/2013 (Informativo 0526)."

(Procurador do Estado/AM – 2016 – CESPE) Julgue os itens subsequentes, relativos a ação civil pública, mandado de segurança e ação de improbidade administrativa.

(1) Conforme o entendimento do STJ, é cabível mandado de segurança para convalidar a compensação tributária realizada, por conta própria, por um contribuinte.

(2) Caso receba provas contundentes da prática de ato de improbidade por agente público, o MP poderá requerer tutela provisória de natureza cautelar determinando o sequestro dos bens do referido agente.

(3) Situação hipotética: O estado do Amazonas, por intermédio de sua procuradoria, ajuizou ação civil pública na justiça estadual do Amazonas, com o objetivo de prevenir danos ao meio ambiente. Paralelamente, o MPF ingressou com ação idêntica na justiça federal, seção judiciária do Amazonas. Assertiva: Nesse caso, as respectivas ações deverão ser reunidas na justiça federal da seção judiciária do Amazonas.

1: errada. Nos termos da súmula 460 do STJ: "É incabível o mandado de segurança para convalidar a compensação tributária realizada pelo contribuinte". **2:** correta. A Lei de Improbidade Administrativa (Lei 8.429/1992) prevê três medidas cautelares específicas, são elas: a) a indisponibilidades de bens (art. 7º); b) o sequestro de bens (art. 16); c) afastamento provisório do agente público do exercício do cargo, emprego ou função (art. 20, parágrafo único). **3:** correta. Conforme Súmula 489 do STJ: "Reconhecida a continência, devem ser reunidas na Justiça Federal as ações civis públicas propostas nesta e na Justiça Estadual".

(Defensor Público – DPE/RN – 2016 – CESPE) Acerca da tutela coletiva do direito do consumidor e do direito à cidade e à moradia, assinale a opção correta.

(A) O consumidor tem direito à inversão do ônus da prova em ação consumerista por ele movida, prerrogativa que, conforme entendimento do STJ, não se aplica ao MP quando este figura como autor de ação dessa espécie.

(B) A prestação de serviços públicos de saneamento básico por entidade não integrante da administração pública pode ser disciplinada por convênio, termo de parceria ou outro instrumento de natureza precária.

(C) De acordo com a legislação de regência, os recursos do Fundo Nacional de Habitação de Interesse Social e dos fundos estaduais, do DF e dos municípios não podem ser associados a recursos onerosos, inclusive os do FGTS, bem como a linhas de crédito de outras fontes.

(D) Para o STJ, o direito à moradia está inserido no âmbito dos interesses individuais indisponíveis, razão pela qual não pode ser tutelado pelo MP.

(E) Segundo entendimento do STJ, deve ser considerada abusiva previsão feita em contrato de plano de saúde que exclua das responsabilidades da empresa o custeio de meios e materiais necessários a procedimento cirúrgico voltado à cura de uma doença coberta pelo plano.

A: incorreta. Conforme interpretação jurisprudencial e doutrinária, a inversão do ônus da prova, prevista no art. 6º, VIII, do CDC, é aplicável microssistema de tutela coletiva por força do disposto no artigo 21 da LACP. **B:** incorreta. Expressamente vedada pelo art. 10 da Lei 11.445/2007, in verbis: "A prestação de serviços públicos de saneamento básico por entidade que não integre a administração do titular depende da celebração de contrato, sendo vedada a sua disciplina mediante convênios, termos de parceria ou outros instrumentos de natureza precária". **C:** incorreta. A Lei 11.124/2005, que cria e estrutura o SNHIS, determina, em seu artigo 6º, que os recursos para a moradia serão: o Fundo de Amparo ao Trabalhador – FAT, o Fundo de Garantia do Tempo de Serviço – FGTS, o Fundo Nacional de Habitação de Interesse Social – FNHIS; e outros fundos ou programas que vierem a ser incorporados ao SNHIS. **D:** incorreta. O Ministério Público está legitimado para as ações coletivas, inclusive as que defendam Direitos Individuais Indisponíveis. **E:** correta. É nesse sentido o entendimento do STJ: "Recusa indevida, pela operadora de plano de saúde, da cobertura financeira do procedimento e do material cirúrgico do tratamento médico do beneficiário. Ainda que admitida a possibilidade de previsão de cláusulas limitativas dos direitos do consumidor (desde que escritas com destaque, permitindo imediata e fácil compreensão), revela-se abusivo o preceito do contrato de plano de saúde excludente do custeio dos meios e materiais necessários ao melhor desempenho do tratamento clínico ou do procedimento cirúrgico coberto ou de internação hospitalar. Precedentes" (STJ, REsp 1.533.684/SP, DJ 16/02/2017).

(Defensor Público – DPE/MT – 2016 – UFMT) Sobre o instituto do *amicus curiae* nas ações coletivas, assinale a afirmativa INCORRETA.

(A) Um exemplo de situação específica admitida pela doutrina como representativa da atuação do *amicus curiae* é a prevista na Lei 10.259/2001, que instituiu os Juizados Especiais no âmbito da Justiça Federal.

(B) O reconhecimento da importância do *amicus curiae* se dá pelo caráter fiscalizador sobre determinadas atividades cuja prática indiscriminada possui potencial lesivo à sociedade.

(C) Somente quanto à violação de norma constitucional é que deverá incidir o instituto do *amicus curiae*, já que se trata de instrumento garantidor da participação democrática em assuntos nacionalmente relevantes.

(D) O **amicus curiae** pode ser considerado como a própria sociedade representada, legitimada a defender os seus interesses em juízo, sempre que estes forem afetados pela decisão ali proferida, por meio de instituições especializadas no assunto.

(E) O *amicus curiae* é considerado um terceiro interveniente especial, ao qual deve ser dispensado um tratamento especial no âmbito de todo o direito processual, considerando a falta de regulamentação legal.

O *amicus curiae* é aquele que representa em juízo os interesses ou direitos de outrem e está previsto no art. 138 do Código de Processo Civil. Ele pode ser admitido, inclusive nas ações coletivas, de ofício ou a requerimento das partes. **RD**

Gabarito "C".

15. DIREITO DO CONSUMIDOR

Roberta Densa

1. CONCEITO DE CONSUMIDOR E RELAÇÃO DE CONSUMO

(Procurador/DF – CESPE – 2022) Considerando os conceitos de consumidor e fornecedor, a relação consumerista e a prestação de serviços públicos, julgue os itens que se seguem.

(1) Consumidor, para a teoria finalista, é aquele que retira o produto do mercado como destinatário final fático, ao passo que, para a teoria maximalista, é a pessoa que o faz na condição de destinatário final econômico.

(2) Diversamente dos produtos gratuitos classificáveis como amostra grátis, os serviços gratuitos, como os casos de transporte rodoviário coletivo gratuito para idosos, afastam a incidência do Código de Defesa do Consumidor, pois a contraprestação, nessas hipóteses, é requisito essencial.

(3) Aplica-se o Código de Defesa do Consumidor aos empreendimentos habitacionais promovidos pelas sociedades cooperativas.

(4) A interrupção de serviço público de água, telefonia ou energia, prestado diretamente pela administração pública ou sob regime de concessão, precedida da regular notificação prévia, é lícita em razão de inadimplemento do titular da unidade consumidora, ainda que o corte afete um estabelecimento da administração pública prestadora de serviço essencial.

(5) Nos casos de danos provocados por defeito do serviço, o Código de Defesa do Consumidor autoriza a ampliação do conceito de fornecedor para alcançar todos os envolvidos na prestação do serviço, possibilitando a responsabilização do terceiro que, embora não o tenha prestado diretamente, tenha integrado a cadeia de consumo.

1: Errada. Conforme a teoria finalista, consumidor é a pessoa que retira o produto ou serviço do mercado de consumo como destinatário final, apenas para uso próprio (sendo destinatário, portanto, fático e econômico), ao passo que, para a teoria maximalista, consumidor é aquele que retira o produto do mercado, independentemente da sua finalidade, admitindo-se o uso próprio ou profissional (destinatário fático). **2:** Errada. Os serviços gratuitos (não onerosos ao consumidor) não são considerados serviços nos termos do art. 3º, § 1º do CDC, não atraindo, portanto, a aplicação do CDC. Já os serviços com onerosidade indireta (aparentemente gratuitos), em que há uma vantagem financeira, ou que visa uma vantagem financeira para o fornecedor, tal como o exemplo trazido na questão, traz incidência do Código de Defesa do Consumidor. **3:** Correta. Vide Súmula 602 do STJ. **4:** Errada. Conforme REsp nº 654818/RJ, tratando-se de pessoa jurídica de direito público devedora, o corte de energia é possível, desde que não aconteça indiscriminadamente, preservando-se as unidades públicas essenciais, como hospitais, pronto-socorros, escolas e creches. **5:** Correta. Todos os envolvidos na cadeia produtiva são responsáveis pelos danos causados aos consumidores, tudo confirme arts. 7º, 25 e 14 do CDC.

(Juiz de Direito/SP – 2021 – Vunesp) Assinale a alternativa correta sobre a incidência do Código de Defesa do Consumidor às seguintes relações jurídicas, segundo entendimento dominante e atual do Superior Tribunal de Justiça.

(A) Aplica-se ao atendimento prestado por hospital da rede pública pelo Sistema Único de Saúde.

(B) Aplica-se às entidades abertas de previdência complementar, mas não aos contratos previdenciários celebrados com entidades fechadas.

(C) Aplica-se aos contratos de plano de saúde, inclusive os administrados por entidades de autogestão.

(D) Não se aplica aos empreendimentos habitacionais promovidos por sociedades cooperativas, porque fundadas no mutualismo.

A: Incorreta. Conforme entendimento do STJ, não se aplica o CDC ao atendimento prestado por hospital da rede pública do SUS uma vez que a "execução de atividades de saúde caracteriza-se como serviço público indivisível e universal (*uti universi*)" (Vide REsp 1.771.169/SC). **B:** Correta. Conforme Súmula 563 do STJ. **C:** Incorreta. Conforme entendimento da Súmula 608 do STJ: "O Código de Defesa do Consumidor é aplicável aos contratos de plano de saúde, salvo os administrados por entidades de autogestão". **D:** Incorreta. Conforme Súmula 602 do STJ: "o Código de Defesa do Consumidor é aplicável aos empreendimentos habitacionais promovidos pelas sociedades cooperativas".

2. PRINCÍPIOS E DIREITOS BÁSICOS

(Juiz de Direito – TJ/SP – 2023 – VUNESP) Considerando que a vulnerabilidade do consumidor objetiva o estabelecimento da igualdade formal-material nas relações de consumo, é correto afirmar que

(A) a vulnerabilidade técnica decorre da falta de conhecimento jurídico específico, ou da falta de conhecimento sobre contabilidade ou economia, e resguarda o consumidor não profissional e o consumidor pessoa natural.

(B) a vulnerabilidade fática ou socioeconômica é aquela em que o fornecedor, por sua posição de monopólio, fático ou jurídico, por seu poder econômico ou em face da essencialidade do serviço, impõe sua superioridade a todos que com ele contratam.

(C) a vulnerabilidade informacional está relacionada com a falta de conhecimentos específicos do consumidor sobre o produto ou serviço que está adquirindo, possibilitando que seja mais facilmente enganado quanto às características do bem ou quanto à sua utilidade.

(D) a vulnerabilidade jurídica ou científica deriva da propaganda ou publicidade sobre o produto ou serviço, envolvendo a apresentação de dados insuficientes capazes de influenciar no processo decisório de compra do consumidor.

A doutrina aponta a existência de, pelo menos, quatro espécies de vulnerabilidade do consumidor. De acordo com o STJ (REsp 1.195.642-RJ), podemos defini-las da seguinte forma: técnica (ausência de conhecimento específico acerca do produto ou serviço objeto de consumo), jurídica (falta de conhecimento jurídico, contábil ou econômico e de seus reflexos na relação de consumo), fática (situações em que a insuficiência econômica, física ou até mesmo psicológica do consumidor o coloca em pé de desigualdade frente ao fornecedor) e informacional (dados insuficientes sobre o produto ou serviço capazes de influenciar no processo decisório de compra). **A:** Incorreta. A vulnerabilidade técnica é presumida no caso de consumidor não profissional. Já em relação ao consumidor profissional, ela é reconhecida apenas nas hipóteses em que o serviço ou produto adquirido não tem nenhuma relação com a sua formação, competência ou área de atuação. **B:** Correta. Vide justificativa acima. **C:** Incorreta. Na verdade, a vulnerabilidade técnica (e não informacional, como menciona a alternativa) está relacionada com a falta de conhecimentos específicos do consumidor sobre o produto ou serviço que está adquirindo, possibilitando que seja mais facilmente enganado quanto às características do bem ou quanto a sua utilidade. **D:** Incorreta. A vulnerabilidade informacional (e não científica ou jurídica, como menciona a alternativa) deriva da propaganda ou publicidade sobre o produto ou serviço, envolvendo a apresentação de dados insuficientes capazes de influenciar no processo decisório de compra do consumidor.

Gabarito "B".

(Juiz de Direito/AP – 2022 – FGV) Osmar ingressou com ação judicial em face da fabricante do telefone celular, alegando que houve problemas ainda no período de vigência da garantia legal. No momento da contestação, a parte ré apresentou o laudo realizado pela assistência técnica autorizada da fabricante, indicando que o problema apresentado no aparelho celular se relaciona ao mau uso, documento esse acompanhado por fotografia que demonstra marcas compatíveis com choque físico no bem, ao passo que Osmar requereu a inversão do ônus da prova.
A respeito de tal situação, é correto afirmar que:

(A) deve ser aplicada a inversão do ônus da prova em razão da previsão *ope legis* ser direito básico do consumidor para a salvaguarda da facilitação da defesa de seus direitos;

(B) o laudo técnico confeccionado pela assistência técnica autorizada da ré não pode ser considerado imparcial e idôneo para ser utilizado, em detrimento das garantias asseguradas ao consumidor, devendo ser julgado procedente o pedido de Osmar se somente essa for a prova constituída nos autos;

(C) embora se trate de relação de consumo, com inversão do ônus da prova como um direito básico garantido ao consumidor, não está dispensado o dever da parte autora de fazer prova quanto ao fato constitutivo do seu direito;

(D) não pode ser afastada a responsabilidade da demandada por se tratar de garantia legal, que é obrigatória e inegociável, ainda que seja demonstrada a culpa exclusiva do consumidor, situação que somente excluiria responsabilidade em caso de fato do produto;

(E) deve ser julgado procedente o pedido de Osmar a partir de suas alegações, uma vez que a justificativa de suposto mau uso do produto por choque físico representa risco que razoavelmente se espera no manuseio de aparelhos celulares, não sendo capaz de afastar a garantia legal obrigatória.

Comentário: A: Incorreta. A inversão do ônus da prova estabelecida no art. 6º, VIII, do CDC depende de análise da autoridade judicial, e será determinada quando, a critério do juiz, a alegação for verossímil ou quando o consumidor por hipossuficiente. Sendo assim, a inversão do ônus da prova é *ope judice*. **B:** Incorreta. O laudo técnico confeccionado pela assistência técnica pode ser considerado parcial. **C:** Correta. A inversão do ônus da prova a favor do consumidor é direito básico definido no art. 6º, VIII, do CDC (vide justificativa da alternativa A). No entanto, conforme regra definida pelo art. 373 do CPC, aplicáveis nas relações de consumo, deve a parte autora fazer prova do fato constitutivo do seu direito. Somente haverá inversão do ônus após análise das alegações e provas apresentadas em juízo. **D:** Incorreta. As garantias estabelecidas no Código de Defesa do Consumidor estão relacionadas à funcionalidade do produto ou serviço inserido no mercado de consumo. O vício pode ser considerado o problema apresentado pelo produto ou serviço que lhe diminui o valor, causado prejuízos aos consumidores. O defeito é problema apresentado pelo produto ou serviço que atinge a saúde ou segurança dos consumidores. Não havendo vício ou defeito, não há que se falar em indenização. **E:** Incorreta. Vide justificativa da alternativa C.

Gabarito "C".

(Juiz de Direito/SP – 2021 – Vunesp) Assinale a alternativa correta sobre direitos básicos do consumidor, conforme entendimento dominante e atual do Superior Tribunal de Justiça.

(A) A revisão de cláusulas contratuais em razão de fatos supervenientes exige que a prestação se torne extremamente onerosa para uma das partes, com extrema vantagem para a outra, em virtude de acontecimentos extraordinários e imprevisíveis.

(B) A efetiva reparação dos danos patrimoniais e morais ao consumidor é compatível com a possibilidade de redução equitativa da indenização no caso de desproporção entre a gravidade da culpa e o dano, prevista no direito comum.

(C) A inversão do ônus da prova por determinação judicial (*ope judicis*) em casos de vício do produto deve ocorrer preferencialmente na fase de saneamento do processo ou, pelo menos, assegurando-se à parte a quem não incumbia inicialmente o encargo, a reabertura de oportunidade para apresentação de provas.

(D) Não se considera abusiva, por falha do dever geral de informação ao consumidor, cláusula de contrato de seguro limitativa da cobertura apenas a furto qualificado, que deixa de esclarecer o significado e o alcance do termo técnico-jurídico específico e a situação referente ao furto simples, pois são tipos previstos na lei penal, da qual não se pode alegar ignorância.

Comentário: A: Incorreta. O art. 6º, V, exige, para a revisão judicial do contrato, que haja fato superveniente que torne a prestação excessivamente onerosa. **B:** Incorreta. A reparação de danos materiais e morais na relação de consumo será sempre integral, não cabendo discutir grau de culpa, diferentemente da relação civil. Importante notar que a jurisprudência brasileira aceita a análise da compensação de culpas entre consumidor e fornecedor para medir o valor da indenização. **C:** Correta. A inversão do ônus da prova prevista no art. 6º, VIII, do Código de Defesa do Consumidor é regra de instrução e não regra de julgamento, motivo pelo qual a decisão judicial que a determina deve ocorrer antes da etapa instrutória ou, quando proferida em momento posterior, há que se garantir à parte a quem foi imposto o ônus a oportunidade de apresentar suas provas, sob pena de absoluto cerceamento de defesa. (STJ, Resp 1.286.273/SP). **D:** Incorreta. Conforme art. 54, § 4º, admite que haja cláusulas contratuais limitativas de direito dos consumidores, desde que não sejam abusivas e que estejam escritas em destaque. Assim, conforme já entendeu o STJ, "a cláusula securitária a qual garante a proteção do patrimônio do segurado apenas contra o furto qualificado, sem esclarecer o significado e o alcance do termo 'qualificado', bem como a situação concernente ao furto simples, está eivada de abusividade por falha no dever geral de informação da seguradora e por sonegar ao consumidor o conhecimento suficiente acerca do objeto contratado" (AgInt no AREsp 1.408.142/SP, DJe 25 jun. 2019) RD.

Gabarito "C".

(Promotor de Justiça/CE – 2020 – CESPE/CEBRASPE) No âmbito do direito do consumidor, a igualdade de condições entre consumidores no momento da contratação, especificamente, é garantida pelo princípio da

(A) função social do contrato.
(B) hipossuficiência do consumidor.
(C) boa-fé objetiva.
(D) equivalência negocial.
(E) vulnerabilidade do consumidor.

A: Incorreta. O princípio da função social do contrato prima, conforme a doutrina, pelo cumprimento do contrato e pelo impacto das contratações perante terceiros e perante o grupo de consumidores. **B:** Incorreta. A hipossuficiência do consumidor não pode ser confundida com a vulnerabilidade. Todo consumidor é vulnerável (art. 4º, I, do CDC) mas nem todo consumidor é hipossuficiente. A hipossuficiência será analisada nos termos do art. 6º, VIII, do CDC, para eventual inversão do ônus da prova. **C:** Incorreta. A boa-fé objetiva é princípio que rege as relações de consumo segundo o qual as partes devem agir com honestidade e lealdade em todas as fases da contratação. **D:** Correta. O princípio da equivalência negocial, estabelecido pelo art. 6º, inciso II do Código de Defesa do Consumidor, garante a igualdade de condições no momento da contratação ou do aperfeiçoamento da relação jurídica patrimonial, conferindo um tratamento isonômico aos consumidores. **E:** Incorreta. O princípio da vulnerabilidade do consumidor (art. 4º, I, do CDC) indica a assimetria existente entre o consumidor e o fornecedor e, por tal razão, justifica a presença do Estado para proteger o consumidor. RD

Gabarito "D".

3. RESPONSABILIDADE PELO FATO DO PRODUTO OU DO SERVIÇO E PRESCRIÇÃO

(Juiz de Direito – TJ/SC – 2024 – FGV) Arthur viajou para Orlando, nos Estados Unidos, em suas férias. Ao retornar a Florianópolis em 18/10/2018, constatou-se, em definitivo, que suas bagagens foram extraviadas. Em 19/10/2020, ajuizou demanda indenizatória por danos morais e materiais em face da companhia aérea. Nesse caso, é correto afirmar que a pretensão indenizatória:

(A) está integralmente prescrita, diante do prazo bienal;
(B) ainda não foi atingida pela prescrição, cujo prazo é de cinco anos;
(C) ainda não foi atingida pela prescrição, cujo prazo é de dez anos;
(D) por danos materiais está prescrita (prazo de dois anos), mas não a de reparação pelos danos morais (prazo de cinco anos);
(E) por danos materiais está prescrita (prazo de dois anos), mas não a de reparação pelos danos morais (prazo de dez anos).

Conforme entendimento do STF: "Nos termos do art. 178 da Constituição da República, as normas e os tratados internacionais limitadores da responsabilidade das transportadoras aéreas de passageiros, especialmente as Convenções de Varsóvia e Montreal, têm prevalência em relação ao Código de Defesa do Consumidor. O presente entendimento não se aplica às hipóteses de danos extrapatrimoniais" (Tese definida no RE 636.331, rel. min. Gilmar Mendes, voto da min. Rosa Weber, P, j. 25-5-2017, DJE 257 de 13-11-2017, Tema 210). Dessa forma, conforme o art. 29 da Convenção de Varsóvia, Arthur teria um prazo prescricional de dois anos para demandar o dano material sofrido. Entretanto, em relação aos danos morais, o STF estabeleceu que: "Não se aplicam as Convenções de Varsóvia e Montreal às hipóteses de danos extrapatrimoniais decorrentes de contrato de transporte aéreo internacional" (STF. Plenário. RE 1394401/SP, Rel. Min. Rosa Weber, julgado em 15/12/2022 – Repercussão Geral – Tema 1.240). Em relação ao dano moral sofrido por Artur, aplica-se o prazo prescricional de 5 anos estabelecido pelo art. 27 dos Códigos de Defesa do Consumidor. Conclui-se que a pretensão indenizatória por danos materiais está prescrita, mas não a de reparação pelos danos morais, conforme estabelecido pela alternativa D. RD

Gabarito "D".

(Juiz de Direito – TJ/DFT – 2023 – CEBRASPE) João, após ter consumido um leite da marca X — produzido na fazenda de Carlos e vendido somente no mercado de José — apresentou gastroenterite. Após investigação, constatou-se que a má conservação do produto, durante o transporte pelo produtor, e o acondicionamento no mercado contribuíram para a ocorrência do problema de João.

Com relação a essa situação hipotética, assinale a opção correta no que diz respeito à responsabilização no âmbito do CDC.

(A) A perecibilidade do produto impede o consumidor de exigir qualquer responsabilização pelos danos a ele ocasionados.
(B) A hipótese é de fato do produto e enseja a responsabilização do produtor Carlos e do comerciante José.
(C) A situação é de vício do produto e enseja a responsabilização apenas do produtor Carlos.
(D) A hipótese é de fato do produto e enseja a responsabilização apenas do produtor Carlos.
(E) A situação é de vício do produto e enseja a responsabilização do produtor Carlos e do comerciante José.

Inicialmente, cumpre distinguir fato do produto de vício do produto. O fato do produto está previsto no art. 12 do CDC e diz respeito a defeitos do produto (acidente de consumo) que atingem a saúde e a segurança do consumidor, causando-lhes danos. O vício do produto, por sua vez, disposto pelo art. 18 do CDC e se relaciona à quantidade e a qualidade do produto, o que demonstra a inadequação do produto para o consumo. Em regra, apenas o fabricante, o produtor, o construtor e o importador respondem por fato do produto, conforme disposição do art. 12 do CDC. Entretanto, o comerciante poderá ser responsabilizado pelas hipóteses previstas pelo art. 13, entre elas, quando este não conservar adequadamente os produtos perecíveis. Dessa forma, a questão trata de um fato do produto, ensejando a responsabilidade de Carlos (produtor) e José (comerciante). RD

Gabarito "B".

(Promotor de Justiça/PR – 2019 – MPE/PR) Analise as assertivas abaixo e assinale a alternativa correta:

(A) O produto é considerado defeituoso pelo fato de, no prazo de 30 (trinta) dias, outro de melhor qualidade ser colocado no mercado.

(B) A garantia legal de adequação do produto ou serviço depende de termo expresso, sendo possível a exoneração contratual do fornecedor, caso haja anuência do consumidor.

(C) O direito de o consumidor reclamar pelos vícios aparentes ou de fácil constatação de produtos duráveis, adquiridos pela internet, caduca em 07 (sete) dias.

(D) O ônus da prova da veracidade e correção da informação ou comunicação publicitária cabe a quem as patrocina.

(E) A garantia contratual complementar à legal consiste em ato de liberalidade do fornecedor e, portanto, não pode impor ônus ao consumidor.

A: Incorreta. De acordo com o art. 12, § 2º do CDC "o produto não é considerado defeituoso pelo fato de outro de melhor qualidade ter sido colocado no mercado". B: Incorreta. Na forma do art. 24 do CDC "a garantia legal de adequação do produto ou serviço independe de termo expresso, vedada a exoneração contratual do fornecedor". C: Incorreta. Conforme art. 49 do CDC, "o consumidor pode desistir do contrato, no prazo de 7 dias a contar de sua assinatura ou do ato de recebimento do produto ou serviço, sempre que a contratação de fornecimento de produtos e serviços ocorrer fora do estabelecimento comercial". Tal desistência não está atrelada a qualquer dos vícios tratados pelo art. 18 do mesmo dispositivo, ou seja, o consumidor sempre poderá desistir da compra realizada fora do estabelecimento comercial, ainda que não exista nenhum vício aparente ou oculto no produto ou serviço contratado. Além disso, o direito de reclamar pelos vícios aparentes ou de fácil constatação caduca em 90 dicas, a contar da data do recebimento do produto (art. 26 do CDC). D: Correta. Nos termos do art. 38 do CDC. E: Incorreta. A garantia contratual é complementar à legal e consiste em ato de liberdade do fornecedor, sendo conferida mediante termo escrito, que deixe claro ao consumidor os ônus por ele suportados, conforme art. 50 do CDC.
Gabarito "D".

(Promotor de Justiça/SP – 2019 – MPE/SP) A contagem do prazo para o exercício do direito de reclamar pelos vícios aparentes ou de fácil constatação inicia-se a partir

(A) do momento em que ficar evidenciado o defeito.

(B) da entrega efetiva do produto ou do término da execução dos serviços.

(C) da instauração de inquérito civil para apurar a responsabilidade pelos vícios aparentes ou de fácil constatação.

(D) da aquisição efetiva do produto ou da data da contratação dos serviços.

(E) do conhecimento do dano e de sua autoria.

A questão trata do prazo decadencial para reclamar dos vícios aparentes de fácil constatação. Conforme art. 26, § 1º, "Inicia-se a contagem do prazo decadencial a partir da entrega efetiva do produto ou do término da execução dos serviços".
Gabarito "B".

(Juiz de Direito – TJ/RS – 2018 – VUNESP) João comprou um pacote de biscoitos, e ao levar à boca um deles, percebeu algo estranho. Sem comer o biscoito, notou que havia pelos de ratos, o que ficou devidamente confirmado em laudo pericial particular. Isso fez com que João procurasse seus eventuais direitos em ação judicial. Em razão desse fato, assinale a alternativa correta.

(A) Há direito de abatimento proporcional do produto, pois apenas um biscoito estava contaminado, tendo direito à indenização moral, pela sensação de nojo provocada ao consumidor.

(B) Há direito de indenização material, pelo valor do pacote de biscoito, e moral, mesmo não tendo sido consumido o produto, pela exposição ao risco, o que torna *ipso facto* defeituoso o produto.

(C) Há direito de indenização material, pelo valor do pacote de biscoito, mas não de natureza moral, por não ter havido ingestão, podendo o consumidor optar pela substituição do produto por outro da mesma espécie.

(D) Não há direito a qualquer espécie de indenização, uma vez que o fato não foi comprovado por perícia submetida ao crivo do contraditório, o que exime o fabricante de qualquer responsabilidade.

(E) Tratando-se de vício aparente e de fácil constatação, bastava ao consumidor reclamar ao fabricante ou ao vendedor para que o produto fosse devidamente trocado, posto que não houve qualquer ingestão ou exposição a perigo.

A: incorreta. Sendo um defeito de produto (art. 12 do CDC), não um vício (art. 18 do CDC), não há que se falar em abatimento proporcional do preço. A indenização deve ser imediata e integral; B: correta. Neste caso, deve o fornecedor indenizar o consumidor pelos danos materiais e morais. O Superior Tribunal de Justiça já externou entendimento de que o simples fato de colocar o consumidor em risco em relação à saúde e segurança já configura defeito de produto, nos termos do art. 12 do CDC: "A aquisição de produto de gênero alimentício contendo em seu interior corpo estranho, expondo o consumidor à risco concreto de lesão à sua saúde e segurança, ainda que não ocorra a ingestão de seu conteúdo, dá direito à compensação por dano moral, dada a ofensa ao direito fundamental à alimentação adequada, corolário do princípio da dignidade da pessoa humana". (STJ, REsp 1424304/SP, 3 Turma, Rel. Min. Nancy Andrighi, DJe 19/05/2014); C: incorreta. O consumidor tem direito à indenização por danos materiais e morais; D: incorreta. Trata-se de responsabilidade civil objetiva, devendo o fornecedor, eventualmente, fazer prova das excludentes de responsabilidade nos termos do art. 12, § 3º, do CDC; E: incorreta. Trata-se de defeito de produto (vide resposta da alternativa B).
Gabarito "B".

(Juiz de Direito – TJ/RS – 2018 – VUNESP) Paciente com insuficiência renal grave faleceu em decorrência de ingerir, por orientação médica, um anti-inflamatório, cuja bula continha informações de possíveis reações adversas e a ocorrência de doenças graves renais. O laboratório, fornecedor do produto,

(A) não responde, pois o produto tem periculosidade inerente (medicamento), cujos riscos são normais à sua natureza e previsíveis.

(B) reponde objetivamente pela teoria do risco do empreendimento ou da atividade.

(C) responde objetivamente, por ser causador de um acidente de consumo.

(D) responde objetivamente pelos riscos do produto, pelo simples fato de tê-lo colocado no mercado.

(E) responde subjetivamente, pois se trata de produto defeituoso.

A: correta. O produto em si não pode ser considerado defeituoso em razão de a bula esclarecer aos pacientes e ao médico que poderia desenvolver doenças renais graves. Sendo assim, nos termos do art. 9º do CDC, não há que se falar em produto defeituoso e, por consequência, o laboratório não responde pelos danos; **B:** incorreta. A lei consumerista adota a teoria do risco proveito para toda a responsabilidade civil do fornecedor, admitindo as excludentes de responsabilidade na forma do art. 12, § 3º e art. 14, § 4º; **C:** incorreta. Não há nexo de causalidade entre o acidente de consumo e a ação do laboratório, já que as informações constavam da bula do medicamento; **D:** incorreta. Vide comentários da alternativa B; **E:** incorreta. A responsabilidade civil do fornecedor no mercado de consumo é objetiva, independe, portanto, da culpa do fornecedor (art. 12, *caput*, e art. 14, *caput*, do CDC). RD

Gabarito "A".

4. RESPONSABILIDADE POR VÍCIO DO PRODUTO OU DO SERVIÇO E DECADÊNCIA

(Juiz de Direito/GO – 2021 – FCC) Em relação à responsabilidade por vício do produto, o Código de Defesa do Consumidor prevê:

(A) Relativamente aos vícios de quantidade, o fornecedor imediato será responsável quando fizer a pesagem ou a medição e o instrumento utilizado não estiver aferido segundo os padrões oficiais, nesse caso afastando-se a responsabilidade da fabricante.

(B) A ampliação do prazo para sanar o vício, ou sua redução, podem ser convencionadas, salvo na hipótese de contrato de adesão.

(C) Na hipótese de fornecimento de produtos *in natura*, o único responsável perante o consumidor é o fornecedor imediato, ainda que identificado claramente o produtor, cabendo àquele voltar-se regressivamente contra este.

(D) Os prazos para reclamar o vício do produto, seja de qualidade ou de quantidade, são prescricionais, uma vez que as ações são de ressarcimento material e ou moral.

(E) A contagem do prazo para demandar o reconhecimento do vício inicia-se sempre a partir da aquisição do produto.

Comentário: **A:** Correta. Conforme art. 19, § 2º, do CDC. **B:** Incorreta. De acordo com o art. 18, § 2º, do CDC "poderão as partes convencionar a redução ou ampliação do prazo previsto no parágrafo anterior, não podendo ser inferior a sete nem superior a cento e oitenta dias. Nos contratos de adesão, a cláusula de prazo deverá ser convencionada em separado, por meio de manifestação expressa do consumidor". **C:** Incorreta. De acordo com o art. 18, § 5º, do CDC "no caso de fornecimento de produtos *in natura*, será responsável perante o consumidor o fornecedor imediato, exceto quando identificado claramente seu produtor". **D:** Incorreta. Os prazos para reclamar do vício do produto, seja de quantidade ou de qualidade, são decadenciais e tratados pelo art. 26 do CDC. Já os prazos estabelecidos relativos ao defeito de produto e serviço são prescricionais, na forma do art. 27 do CDC. **E:** Incorreta. A contagem do prazo decadencial inicia-se a partir da entrega efetiva do produto ou término da execução do serviço, conforme disposição do art. 26, § 1º. Entretanto, em se tratando de vício oculto, a contagem do prazo inicia-se no momento em que ficar evidenciado o defeito, conforme inteligência do art. 26, § 3º, do CDC. RD

Gabarito "A".

(Juiz de Direito – TJ/MS – 2020 – FCC) Mariana adquiriu numa loja uma geladeira nova, para utilizar em sua residência. Apenas dois dias depois da compra, o produto apresentou vício, deixando de refrigerar. Mariana então pleiteou a imediata restituição do preço, o que foi negado pelo fornecedor sob o fundamento de que o produto poderia ser consertado. Nesse caso, de acordo com o Código de Defesa do Consumidor, assiste razão

(A) à Mariana, por se tratar de produto essencial, circunstância que lhe garante exigir a imediata restituição do preço, ainda que o vício do produto possa ser sanado.

(B) à Mariana, em virtude de o vício ter se manifestado dentro do prazo de sete dias contado da compra, circunstância que lhe garante exigir a imediata restituição do preço, ainda que o vício do produto possa ser sanado.

(C) ao fornecedor, pois o consumidor só terá direito à restituição do preço se o vício do produto não for reparado no prazo legal de trinta dias, que pode ser aumentado ou diminuído por convenção das partes.

(D) ao fornecedor, pois o consumidor só terá direito à restituição do preço se o vício do produto não for reparado no prazo legal de trinta dias, que não pode ser aumentado nem diminuído por convenção das partes.

(E) ao fornecedor, pois o consumidor só terá direito à restituição do preço se o vício do produto não for reparado no prazo legal de trinta dias, que não pode ser aumentado, mas pode ser diminuído por convenção das partes.

A questão deve ser analisada sob o prisma do art. 18 do Código de Defesa do Consumidor. De fato, quando um produto apresenta um vício, pode o consumidor fazer a reclamação junto o fornecedor que, por sua vez, tem até 30 dias para realizar o conserto do produto. No entanto, conforme art. 18, § 3º, do CDC, caso o consumidor tenha adquirido um produto considerado essencial, pode exigir imediatamente, sem aguardar o prazo de 30 dias para conserto, qualquer das três alternativas: devolução do dinheiro, abatimento proporcional do preço ou troca do produto (art. 18, § 1º, do CDC). RD

Gabarito "A".

(Juiz de Direito – TJ/MS – 2020 – FCC) De acordo com o Código de Defesa do Consumidor, a garantia legal de adequação do produto

(A) sempre depende de termo expresso, podendo ser excluída ou atenuada contratualmente, mediante desconto do preço, desde que isso não coloque o consumidor em situação de exagerada desvantagem.

(B) depende de termo expresso apenas no caso de produtos duráveis, sendo vedada, em qualquer hipótese, a exoneração contratual do fornecedor.

(C) independe de termo expresso, podendo ser excluída ou atenuada contratualmente, mediante desconto do preço, desde que isso não coloque o consumidor em situação de exagerada desvantagem.

(D) independe de termo expresso, sendo vedada, em qualquer hipótese, a exoneração contratual do fornecedor.

(E) independe de termo expresso, mesmo que se trate de produtos duráveis, podendo ser excluída contratualmente, mediante desconto do preço, desde que isso não coloque o consumidor em situação de exagerada desvantagem.

Conforme art. 24 do Código de Defesa do Consumidor: "A garantia legal de adequação do produto ou serviço independe de termo expresso, vedada a exoneração contratual do fornecedor". RD

Gabarito "D".

(Juiz de Direito - TJ/AL - 2019 – FCC) No que concerne à qualidade de produtos e serviços, prevenção e reparação dos danos nas relações de consumo,

(A) o comerciante só será responsabilizado perante o consumidor se não conservar adequadamente os produtos perecíveis.
(B) os produtos e serviços colocados no mercado de consumo em nenhuma hipótese poderão acarretar riscos à saúde ou à segurança dos consumidores.
(C) o fabricante, o produtor, o construtor e o importador respondem objetivamente pela reparação dos danos causados aos consumidores, independentemente da existência de nexo de causalidade, na modalidade de risco integral.
(D) o fornecedor de produtos e serviços deverá higienizar os equipamentos e utensílios utilizados nesse fornecimento, ou colocados à disposição do consumidor, informando, de maneira ostensiva e adequada, quando for o caso, sobre o risco de contaminação.
(E) a responsabilidade pessoal dos profissionais liberais dar-se-á objetivamente, na modalidade do risco atividade.

A: incorreta. O art. 13 do CDC diz que o comerciante responderá por defeito de produto (art. 12), juntamente com o fabricante, construtor, produtor ou importador, sempre que: I – o fabricante, o construtor, o produtor ou o importador não puderem ser identificados; II – o produto for fornecido sem identificação clara do seu fabricante, produtor, construtor ou importador; III – não conservar adequadamente os produtos perecíveis. **B:** incorreta. Os produtos e serviços colocados no mercado de consumo não acarretarão riscos à saúde ou segurança dos consumidores, exceto os considerados normais e previsíveis em decorrência de sua natureza e fruição, obrigando-se os fornecedores, em qualquer hipótese, a dar as informações necessárias e adequadas a seu respeito (art. 8º do CDC). **C:** incorreta. A responsabilidade objetiva estampada no art. 12 do CDC por defeito de produto dispensa apenas a existência de culpa. O nexo de causalidade e o dano devem ser comprovados pelo consumidor (salvo o dano mora, que não exige comprovação, ou seja, ele ocorre *in re ipsa*). **D:** correta. Nos exatos termos do art. 8º, § 2º, "o fornecedor deverá higienizar os equipamentos e utensílios utilizados no fornecimento de produtos ou serviços, ou colocados à disposição do consumidor, e informar, de maneira ostensiva e adequada, quando for o caso, sobre o risco de contaminação". **E:** incorreta. A responsabilidade civil pessoal do profissional é subjetiva, devendo o consumidor fazer a comprovação da culpa, nexo de causalidade e danos para ter o direito a indenização. **Gabarito "D".**

5. DESCONSIDERAÇÃO DA PERSONALIDADE JURÍDICA. RESPONSABILIDADE EM CASO DE GRUPO DE EMPRESAS

(Juiz de Direito/AP – 2022 – FGV) A consumidora Samantha propôs incidente de desconsideração de personalidade jurídica em face de determinada loja de bijuterias construída na forma de sociedade limitada. Narra a autora que, na fase de cumprimento de sentença que condenou a empresa a pagar indenização à consumidora, não logrou êxito em localizar bens para satisfazer a execução, embora diversas tenham sido as tentativas para tanto. Samantha alega ainda que, na fase cognitiva, a fornecedora foi declarada revel e sequer compareceu às audiências designadas pelo Juízo.

A respeito disso, é correto afirmar que o pedido deve ser julgado:

(A) improcedente, pois a revelia e a ausência de participação no processo judicial não sugerem abuso da personalidade jurídica, requisito para o deferimento do requerido;
(B) improcedente, pois, para a desconsideração requerida, deverá restar efetivada falência, estado de insolvência, encerramento ou inatividade da pessoa jurídica provocados por má administração;
(C) procedente, ainda que o Código de Defesa do Consumidor não preveja a desconsideração da personalidade jurídica, quando caracterizado abuso da personalidade jurídica evidenciado no caso pleiteado por Samantha;
(D) procedente, à luz da aplicação da teoria menor da desconsideração da personalidade jurídica, prevista no Código de Defesa do Consumidor;
(E) improcedente, pois, ainda que prevista no Código de Defesa do Consumidor, a desconsideração requerida não pode ser aplicada de forma a implicar a perda da finalidade de responsabilidade limitada das sociedades, exceto no uso fraudulento da personalidade jurídica.

Comentário: O pedido deverá ser julgado procedente, à luz da aplicação da teoria menor da desconsideração da personalidade jurídica, conforme art. 28 do CDC, que dispõe sobre a possibilidade de desconsiderar a personalidade jurídica da sociedade, quando, em detrimento do consumidor, houver ato ilícito como no caso em tela. Ainda nesse sentido, o § 5º do mesmo dispositivo ressalta a possibilidade de desconsideração da pessoa jurídica quando sua personalidade for, de alguma forma, obstáculo ao ressarcimento de prejuízos causados aos consumidores. **Gabarito "D".**

(Juiz de Direito/GO – 2021 – FCC) No que tange às relações de consumo, a desconsideração da personalidade jurídica

(A) só se admite a desconsideração direta, não a desconsideração inversa da pessoa jurídica.
(B) poderá ocorrer sempre que a personalidade da pessoa jurídica for, de alguma forma, obstáculo ao ressarcimento de prejuízos causados aos consumidores, no que é doutrinariamente denominada a teoria menor do instituto.
(C) aplica-se também a sociedades consorciadas somente por culpa e subsidiariamente.
(D) regula-se apenas pelas normas do Código Civil, somente não se exigindo a caracterização de confusão patrimonial.
(E) só será aplicada se houver a falência da empresa em face da qual se operou a desconsideração.

Comentário: A: Incorreta. A desconsideração inversa da pessoa jurídica é cabível nas relações de consumo. **B:** Correta. Conforme art. 28 do CDC, o juiz poderá desconsiderar a personalidade jurídica da sociedade quando, em detrimento do consumidor, houver abuso de direito, excesso de poder, infração da lei, fato ou ato ilícito ou violação dos estatutos ou contrato social. Também é possível determinar a desconsideração quando houver falência, estado de insolvência, encerramento ou inatividade da pessoa jurídica provocados por má administração. Além desses casos, poderá ser desconsiderada a pessoa jurídica sempre que sua personalidade for, de alguma forma, obstáculo ao ressarcimento de prejuízos causados aos consumidores.

Adota-se, portanto, a teoria menor da desconsideração da personalidade jurídica, posto que mais ampla e mais benéfica ao consumidor, não sendo exigida prova da fraude ou abuso de direito. **C:** Incorreta. As sociedades consorciadas são solidariamente responsáveis pelas obrigações decorrentes do CDC (art. 28, § 3º). **D:** Incorreta. O Código Civil, em seu art. 50, trata da desconsideração da personalidade jurídica, adotando a teoria maior da desconsideração. Nesse caso, exige-se prova da caracterização de confusão patrimonial. **E:** Incorreta. Vide justificativa da alternativa B. RD

Gabarito "B".

(Juiz de Direito/SP – 2021 – Vunesp) Assinale a alternativa correta sobre desconsideração da personalidade jurídica e cobrança de dívidas no regime do Código de Defesa do Consumidor, conforme entendimento dominante e atual do Superior Tribunal de Justiça.

(A) Cabe ao órgão mantenedor do Cadastro de Proteção ao Crédito a notificação antes de proceder à inscrição, sendo indispensável o aviso de recebimento (AR) na carta de comunicação ao consumidor sobre a negativação de seu nome.

(B) A repetição em dobro, prevista no parágrafo único do art. 42 do CDC, é cabível quando a cobrança indevida consubstanciar conduta contrária à boa-fé subjetiva, ou seja, somente deve ocorrer se houver prova do elemento volitivo do fornecedor.

(C) É suficiente para a aplicação da teoria menor da desconsideração da personalidade jurídica a existência de obstáculo ao ressarcimento de prejuízos causados aos consumidores.

(D) A desconsideração da personalidade jurídica pode atingir administradores não sócios e membros do conselho fiscal, ainda que não haja prova de que estes contribuíram, ao menos culposamente e com desvio de função, para a prática do ato ilícito.

Comentário: **A:** Incorreta. Conforme Súmula 359 do STJ, "cabe ao órgão mantenedor do cadastro de proteção de ao crédito a notificação do devedor antes de proceder à inscrição". Em complemento, de acordo com a Súmula 404 do STJ, "é dispensável o aviso de recebimento (AR) na carta de comunicação ao consumidor sobre a negativação de seu nome em bancos de dados e cadastros". **B:** Incorreta. Atualmente o STJ oferece interpretação ao parágrafo único do art. 42 no sentido de que não se exige a comprovação da má-fé para a devolução em dobro dos valores pagos: "a restituição em dobro do indébito independe da natureza do elemento volitivo do fornecedor que cobrou o valor indevido, revelando-se cabível quando a cobrança indevida consubstanciar conduta contrária à boa-fé objetiva" (STJ, EAREsp 676.608/RS). **C:** Correta. Conforme art. 28, § 5º, do CDC e, também, conforme farta jurisprudência do STJ (Veja como exemplo o REsp 1.862.557/DF). **D:** Incorreta. Conforme entendimento do STJ, "a desconsideração da personalidade jurídica fundamentada no parágrafo 5º do artigo 28 do Código de Defesa do Consumidor não pode atingir o patrimônio pessoal de membros do conselho fiscal sem que haja indícios de que tenham participado da gestão e contribuído, ao menos de forma culposa, e com desvio de função, para a prática de atos de administração (REsp 1.766.093 SP). RD

Gabarito "C".

6. PRESCRIÇÃO E DECADÊNCIA

(Juiz de Direito – TJ/MS – 2020 – FCC) Em 10 de janeiro de 2019, Patrícia foi até uma loja onde adquiriu uma televisão, que ficou, desde então, guardada em sua residência. Quando Patrícia retirou o aparelho da caixa, em 20 de março de 2019, notou que a tela estava trincada. Em 19 de maio de 2019, formulou reclamação formal ao fornecedor da televisão. Em 22 de maio de 2019, o fornecedor respondeu à reclamação, negando-se a reparar o produto. Inconformada, Patrícia ajuizou ação contra o fornecedor, em 18 de junho de 2019, pleiteando a substituição do produto. Em contestação, o fornecedor arguiu a decadência do direito. Nesse caso, a arguição de decadência deve ser

(A) acolhida, pois o direito de reclamar pelo vício do produto caducou em fevereiro de 2019.

(B) acolhida, pois o direito de reclamar pelo vício do produto caducou em abril de 2019.

(C) acolhida, pois o direito de reclamar pelo vício do produto caducou em junho de 2019.

(D) rejeitada, pois a decadência foi obstada pela reclamação feita ao fornecedor.

(E) rejeitada, pois o direito de reclamar pelo vício do produto só caducaria em agosto de 2019.

De acordo com o art. 26, II do CDC, o direito de reclamar pelos vícios aparentes ou de fácil constatação, como aquele descrito no caso em tela, caduca em noventa dias, tratando-se de fornecimento de serviço ou produto durável. Ainda de acordo com o § 1º do referido dispositivo, a contagem do prazo decadencial inicia-se com a entrega efetiva do produto (ou do término da execução do serviço). Dessa forma, a partir do dia 10 de janeiro de 2019, Patrícia tinha 90 dias para reclamar pelo vício do produto e seu direito caducou em abril de 2019. RD

Gabarito "B".

(Juiz de Direito - TJ/AL - 2019 – FCC) Quanto à decadência e à prescrição nas relações de consumo,

(A) tratando-se de vício oculto, o prazo decadencial não está sujeito a caducidade.

(B) a contagem do prazo decadencial inicia-se sempre a partir da aquisição do produto.

(C) obsta a decadência a instauração de inquérito civil, com termo final no pedido inicial de diligências realizado pelo Ministério Público.

(D) o direito de reclamar pelos vícios aparentes ou de fácil constatação caduca em noventa dias, tratando-se de produtos ou serviços de qualquer natureza.

(E) prescreve em cinco anos a pretensão à reparação pelos danos causados por fato do produto ou do serviço, iniciando-se a contagem do prazo a partir do conhecimento do dano e de sua autoria.

A: incorreta. O prazo decadencial para reclamar de vício oculto é de 30 (produtos não duráveis) ou 90 (produtos duráveis) dias, iniciando-se a contagem do prazo decadencial do momento em que ficar evidenciado o vício (art. 26, § 3º). **B:** incorreta. A contagem do prazo decadencial inicia-se a partir da entrega efetiva do produto ou do término da execução dos serviços, ou, ainda, tratando-se de vício oculto, a partir do momento em que ficar evidenciado o vício (art. 26, §§ 1º e 3º). **C:** incorreta. Obsta a decadência a instauração de inquérito civil, até seu encerramento (art. 26, § 2º, III). **D:** incorreta. O direito de reclamar pelos vícios aparentes ou de fácil constatação caduca em 30 (trinta dias) tratando-se de produtos ou serviços não-duráveis e 90 (noventa dias), tratando-se de produtos ou serviços duráveis. **E:** correta. Nos termos do art. 27 do CDC. RD

Gabarito "E".

7. PRÁTICAS COMERCIAIS

(Juiz de Direito – TJ/SC – 2024 – FGV) De acordo com a Lei do Cadastro Positivo (Lei nº 12.414/2011), o gestor de banco de dados deve atender aos requisitos mínimos de funcionamento previstos na mesma Lei e em regulamentação complementar. Considerando-se a regulamentação complementar do Decreto nº 9.936/2019, em relação aos requisitos mínimos adotados no funcionamento dos gestores de banco de dados, é correto afirmar que:

(A) em relação aos aspectos econômico-financeiros, o gestor deve ter patrimônio líquido mínimo de R$ 250.000.000,00, comprovado por meio de demonstrações financeiras relativas aos dois últimos exercícios sociais e auditado por auditor independente registrado na Comissão de Valores Mobiliários;

(B) em relação aos aspectos de governança, o gestor deve disponibilizar mensalmente as informações relevantes relacionadas ao funcionamento no período, que atestem a plena operação do gestor de banco de dados, incluindo, dentre outros, o desempenho econômico-financeiro;

(C) em relação aos aspectos societários, o gestor deverá ser constituído como sociedade empresária do tipo limitada ou anônima, sendo a maioria absoluta dos membros da administração (diretores e membros do Conselho de Administração, se houver) composta de brasileiros natos ou naturalizados;

(D) em relação aos aspectos relacionais, o gestor deverá constituir e manter componente organizacional de ouvidoria, com a atribuição de atuar como canal de comunicação entre os gestores de bancos de dados e os cadastrados, exceto na mediação de conflitos;

(E) em relação aos aspectos técnico-operacionais, o gestor deverá possuir certificação técnica emitida por empresa qualificada independente, renovada, no mínimo, a cada cinco anos, e revisada anualmente, que, dentre outros elementos, ateste a disponibilidade de plataforma tecnológica apta a preservar a integridade e o sigilo dos dados armazenados.

A: Incorreta. De acordo com o art. 2º, I, do Decreto nº 9.936/2019, em relação aos aspectos econômico-financeiros, o gestor deve ter patrimônio líquido mínimo de R$ 100.000.000,00, detido pelo gestor de banco de dados, comprovado por meio de demonstração financeira relativa ao exercício mais recente auditada por auditor independente registrado na Comissão de Valores Mobiliários. **B:** Correta. De acordo com o art. 2º, inciso III, do mencionado Decreto **C:** Incorreta. Não há previsão sobre a constituição societária no Decreto nº 9.936/2019. **D:** Incorreta. Em relação aos aspectos relacionais, o gestor deverá constituir e manter componente organizacional de ouvidoria, com a atribuição de atuar como canal de comunicação entre os gestores de bancos de dados e os cadastrados, inclusive na mediação de conflitos (Conforme art. 2º, IV, c, do mencionado Decreto). **E:** Incorreta. Em relação aos aspectos técnico-operacionais, o gestor deverá possuir certificação técnica emitida por empresa qualificada independente, renovada, no mínimo, a cada três anos e revisada anualmente, que ateste a disponibilidade de plataforma tecnológica apta a preservar a integridade e o sigilo dos dados armazenados (Conforme art. 2º, II, a, 1, do mencionado Decreto). Gabarito "B".

(Juiz de Direito – TJ/DFT – 2023 – CEBRASPE) Tendo em vista as práticas comerciais disciplinadas pelo CDC e a jurisprudência do STJ, assinale a opção correta a respeito da cobrança de dívidas.

(A) O órgão mantenedor do cadastro de proteção ao crédito é o responsável pela exclusão do registro da dívida em nome do devedor no cadastro de inadimplentes, no prazo de cinco dias úteis, a partir do integral e efetivo pagamento do débito.

(B) Os bancos de dados relativos aos consumidores, incluindo-se os serviços de proteção ao crédito, são entidades de caráter privado, razão pela qual o acesso a informações desses bancos é restrito às pessoas interessadas.

(C) A discussão judicial da dívida é suficiente para obstaculizar a negativação do consumidor nos bancos de dados.

(D) O credor será responsabilizado em caso de omissão da comunicação prévia acerca da inscrição do devedor nos registros de proteção ao crédito.

(E) O aviso de recebimento na carta de comunicação ao consumidor, no que se refere à negativação de seu nome em bancos de dados e cadastros, é dispensável.

A: Incorreta. De acordo com a Súmula 548 do STJ, "incumbe ao credor a exclusão do registro da dívida em nome do devedor no cadastro de inadimplentes no prazo de cinco dias úteis, a partir do integral e efetivo pagamento do débito". **B:** Incorreta. De acordo com o art. 43, § 4º do CDC, os bancos de dados relativos aos consumidores, incluindo-se os serviços de proteção ao crédito, são entidades de caráter público e, conforme o *caput* do mesmo dispositivo, o consumidor terá acesso às informações existentes em cadastros, fichas, registros e dados pessoais e de consumo arquivados sobre ele, bem como sobre as suas respectivas fontes. **C:** Incorreta. conforme entendimento do STJ: "A simples discussão judicial da dívida não é suficiente para obstaculizar ou remover a negativação do devedor nos bancos de dados, a qual depende da presença concomitante dos seguintes requisitos: a) ação proposta pelo devedor contestando a existência integral ou parcial do débito; b) efetiva demonstração de que a pretensão se funda na aparência do bom direito; e c) depósito ou prestação de caução idônea do valor referente à parcela incontroversa, para o caso de a contestação ser apenas de parte do débito" (Tema 33 – IRDR). **D:** Incorreta. Conforme determina a Súmula 359 do STJ, cabe ao órgão mantenedor do Cadastro de Proteção ao Crédito a notificação do devedor antes de proceder à inscrição. **E:** Correta. Conforme disposto pela Súmula 404 do STJ. Gabarito "E".

(Juiz Federal – TRF/1 – 2023 – FGV) Jerônimo contratou financiamento imobiliário com a Instituição Financeira Dinheiro é Solução. Para ultimar o negócio, o banco lhe impôs a contratação de um seguro habitacional. Fez algumas indicações de seguradoras parceiras, mas Jerônimo preferiu contratar com uma de sua confiança, o que foi aceito.

Anos depois, quando já findo, inclusive, o financiamento, Jerônimo constatou que, embora o imóvel lhe tenha sido vendido considerando a metragem de 100 m², tinha, a rigor, apenas 90 m². Daí ter acionado judicialmente a construtora e a seguradora.

Considerando o caso descrito, é correto afirmar que:

(A) não houve, por parte da instituição financiadora, a prática de venda casada, nem direta nem "às avessas", vedada pelo Código de Defesa do Consumidor em seu Art. 39, I;

(B) é de noventa dias o prazo de que Jerônimo dispõe para reclamar do vício oculto, contados do dia em que o identificou, nos termos do Art. 26 do Código de Defesa do Consumidor;

(C) o vício identificado no caso concreto é aparente, razão pela qual o consumidor dispõe do prazo de cinco anos para reclamar sua correção, nos termos do Art. 27 do Código de Defesa do Consumidor;

(D) o seguro habitacional visa à proteção da família, em caso de morte ou invalidez do segurado, e à salvaguarda do imóvel que garante o respectivo financiamento imobiliário, resguardando, assim, os recursos públicos direcionados à manutenção do sistema, de modo que não tem por objeto os vícios construtivos próprios do imóvel;

(E) liquidado o financiamento e cessado o pagamento dos prêmios, a seguradora não deverá responder pelo vício construtivo, porque a vigência do seguro habitacional está marcadamente vinculada ao financiamento por ter a precípua função de resguardar os recursos públicos direcionados à aquisição do imóvel, realimentando suas fontes e possibilitando que novos financiamentos sejam contratados, em um evidente círculo virtuoso.

A: Correta. De acordo com a Súmula 473 do STJ, o mutuário do SFH não pode ser compelido a contratar o seguro habitacional obrigatório com a instituição financeira mutuante ou com a seguradora por ela indicada. Tal comportamento é considerado como uma prática comercial abusiva (venda casada) proibida pelo art. 39, I, do CDC. Entretanto, a instituição financeira do caso em tela não compeliu Jeronimo a contratar com nenhuma instituição parceira, apenas fez a indicação e, dessa forma, não há de se falar em venda casada. **B:** Incorreta. Conforme entendimento do STJ: "a entrega de bem imóvel em metragem diversa da contratada não pode ser considerada vício *oculto*, mas *aparente*, dada a possibilidade de ser verificada com a mera medição das dimensões do imóvel – o que, por precaução, o adquirente, inclusive, deve providenciar tão logo receba a unidade imobiliária (STJ, 2ª Seção, REsp nº 1819058 / SP, Rel. Min. Nancy Andrighi, julgado em 3/12/2019). **C:** Incorreta. De acordo com a referida decisão "à falta de prazo específico no CDC que regule a hipótese de reparação de danos decorrentes de vício do produto, entende-se que deve ser aplicado o prazo geral decenal do art. 205 do CC/02". **D:** Incorreta. De acordo com o STJ: "(...) Uma das justas expectativas do segurado, ao aderir ao seguro habitacional obrigatório para aquisição da casa própria pelo SFH, é a de receber o bem imóvel próprio e adequado ao uso a que se destina. E a essa expectativa legítima de garantia corresponde a de ser devidamente indenizado pelos prejuízos suportados em decorrência de danos originados na vigência do contrato e geradores dos riscos cobertos pela seguradora, segundo o previsto na apólice, como razoavelmente se pressupõe ocorrer com os vícios estruturais de construção" (STJ, 2ª Seção, REsp 1804965-SP, Rel. Min. Nancy Andrighi, julgado em 27/05/2020). **E:** Incorreta. Vide justificativa da alternativa anterior.

Gabarito "A".

(Procurador/PA – CESPE – 2022) Entre as práticas abusivas perpetradas nas relações de consumo, encontram-se aquelas que causam ao consumidor dano decorrente da perda de tempo útil. Nesse contexto está inserida a teoria do desvio produtivo. Acerca desse tema, assinale a opção correta.

(A) Embora já tenha referido, em alguns julgados, a teoria do desvio produtivo como algo que, em tese, pode ser utilizado para responsabilizar o fornecedor pelo dano causado ao consumidor, o Superior Tribunal de Justiça tem reformado todas as condenações em danos morais coletivos feitas por tribunais locais, sob o argumento de que a teoria, por carecer de amparo legal, não pode ser aplicada nas relações de consumo regidas pelo Código de Defesa do Consumidor.

(B) Ao submeter o consumidor a injustas e intoleráveis esperas para utilização de um serviço, o fornecedor viola princípios da política nacional de consumo, como a vulnerabilidade do consumidor.

(C) As alterações feitas no Código de Defesa do Consumidor em 2021 positivaram a teoria do desvio produtivo, haja vista a inserção, entre as práticas abusivas arroladas no art. 39, de dispositivo que expressamente veda a conduta de submeter o consumidor a esperas injustas e desproporcionais para ser atendido.

(D) A teoria do desvio produtivo pode ser invocada nas hipóteses em que o consumidor, para solucionar vício do produto ou do serviço, tenha dificuldades injustificáveis para localizar o fornecedor, ser atendido e efetivamente solucionar o problema, mas não pode ser utilizada em razão do tempo perdido em longas esperas de caixas eletrônicos em agências bancárias.

(E) O Superior Tribunal de Justiça firmou, em julgamento de recurso especial repetitivo, a tese de que é indenizável o dano provocado ao consumidor que tiver aguardado tempo não razoável para ser atendido, desde que a demora tenha sido desproporcional a ponto de ter retirado do consumidor parte de seu tempo útil de maneira injustificada.

A teoria do Desvio Produtivo do Consumidor está relacionada ao evento danoso que se consuma quando o consumidor, sentindo-se prejudicado em razão de falha em produto ou serviço, gasta o seu tempo de vida – um tipo de recurso produtivo – e se desvia de suas atividades cotidianas para resolver determinado problema. De acordo com o precursor da teoria, Marcos Dessaune, a atitude de o fornecedor se esquivar de sua responsabilidade causa o desvio produtivo do consumidor. A Teoria Aprofundada do Desvio Produtivo do Consumidor é admitida pela jurisprudência do STJ, e aplicada em alguns acórdãos desde meados de 2018[1].

A) Incorreta. A mencionada teoria é expressamente aplicada tanto pelos Tribunais de Justiça quanto pelo Superior Tribunal de Justiça. B) Correta. Todo o Código de Defesa do Consumidor é fundamentado na vulnerabilidade do consumidor e é essa a razão pela qual deve ser indenizado pelo seu desvio produtivo. Frise-se que o STJ não admite a aplicação da teoria do desvio produtivo em casos em que não se aplica o CDC. C) Incorreta. A teoria do desvio produtivo não é positivada no direito brasileiro. D) Incorreta. A teoria do desvio produtivo pode ser usada em todas as hipóteses em que o consumidor sofre danos relacionados ao tempo de vida útil solucionando qualquer problema advindo da relação consumerista. E) Incorreta. Apesar de a definição sobre a teoria estar correta, o tema não foi firmado em julgamento de recurso especial repetitivo, mas por meio do informativo 641 do STJ.

Gabarito "B".

(Procurador/PA – CESPE – 2022) Em conformidade com a Lei n.º 13.874/2019, a livre definição, em mercados não regulados, do preço de produtos e de serviços como consequência de alterações da oferta e da demanda

---

1. Informações obtidas no site do Supremo Tribunal Federal: https://www.stj.jus.br/sites/portalp/Paginas/Comunicacao/Noticias/26062022-A-teoria-do-desvio-produtivo-inovacao--na-jurisprudencia-do-STJ-em-respeito-ao-tempo-do-consu-midor.aspx

(A) viola o princípio do reconhecimento da vulnerabilidade do particular perante o Estado.
(B) é prática abusiva e infração aos preceitos da ordem econômica.
(C) é direito de toda pessoa, natural ou jurídica, essencial para o desenvolvimento e crescimento econômicos do país, observados os princípios constitucionais que regem a ordem econômica.
(D) será regulamentada em ato normativo infralegal, que estipulará os limites mínimos e máximos dos preços, conforme pesquisa mercadológica.
(E) somente é admitida nas atividades de baixo risco que prescindam de qualquer ato público de liberação.

A) Incorreta. A Lei 13.874/2019 (Lei da Liberdade Econômica), trata da proteção à livre iniciativa e ao livre exercício de atividades econômicas e, por meio dela, foi estabelecida a Declaração de Direitos de Liberdade Econômica, incluindo diversas garantias ao livre mercado, incluindo a livre definição de preços em mercados não regulados. **B)** Incorreta. Vide justificativa da alternativa "C". **C)** Alternativa correta, conforme art. 3º, III, *in verbis*: "Art. 3º - São direitos de toda pessoa, natural ou jurídica, essenciais para o desenvolvimento e o crescimento econômicos do País, observado o disposto no parágrafo único do art. 170 da Constituição Federal: (...) III - definir livremente, em mercados não regulados, o preço de produtos e de serviços como consequência de alterações da oferta e da demanda;. **D)** Incorreta. Vide justificativa da alternativa "C". **E)** Incorreta. A Lei. 13.847/2019 não traz nenhuma limitação de preços relacionada ao nível do risco envolvido na atividade econômica. RD

Gabarito "C"

(Juiz de Direito/AP – 2022 – FGV) Regina ingressou com ação judicial em face da montadora de automóveis (primeira ré) e da revendedora (segunda ré), alegando que sofreu prejuízo na compra de um veículo. A consumidora narra que, em outubro de 2020, adquiriu o veículo anunciado na mídia como sendo o lançamento do modelo na versão ano 2021, o que foi confirmado pelo vendedor que a atendeu na concessionária. No mês seguinte, a montadora lançou novamente aquele modelo denominando versão ano 2021, entretanto, contando com mais acessórios, o que impactou na desvalorização do carro de Regina.

Diante dessa situação, é correto afirmar que:

(A) há abusividade na prática comercial que induziu Regina a erro, ao frustrar sua legítima expectativa e quebrar a boa-fé objetiva; a responsabilidade solidária da montadora e da revendedora está caracterizada pelo vício decorrente da disparidade com indicações constantes na mensagem publicitária e informadas à consumidora;
(B) resta caracterizada a publicidade abusiva ao induzir a erro a consumidora no que dizia respeito às características, qualidade, bem como outros dados sobre o veículo; a segunda ré não possui legitimidade passiva, uma vez que é apenas a revendedora de automóveis, não tendo responsabilidade pela propaganda;
(C) o ato de não informar que seria lançada outra versão com acessórios diversos constitui omissão, o que não caracteriza propaganda enganosa que ocorre por ato comissivo; a responsabilidade pelo fato do produto decorrente da propaganda enganosa lançadas nas concessionárias é da montadora;
(D) há prática comercial abusiva e propaganda enganosa, violando os deveres de informações claras, ostensivas, precisas e corretas, frustrando a legítima expectativa da consumidora e violando os deveres de boa-fé objetiva; a responsabilidade do comerciante é subsidiária em caso de produto que se tornou defeituoso em razão da qualidade inferior que impactou na diminuição do valor;
(E) inexistiu publicidade enganosa ou defeito na prestação do serviço, uma vez que não se considera defeituoso o produto pelo fato de outro de melhor qualidade ter sido colocado no mercado; a responsabilidade subsidiária da revendedora em relação à montadora está caracterizada pelo vício decorrente da disparidade com indicações constantes na mensagem publicitária.

Comentário: "É enganosa qualquer modalidade de informação ou comunicação de caráter publicitário, inteira ou parcialmente falsa, ou, por qualquer outro modo, mesmo por omissão, capaz de induzir em erro o consumidor a respeito da natureza, características, qualidade, quantidade, propriedades, origem, preço e quaisquer outros dados sobre produtos e serviços" (art. 37, § 1º, do CDC). No caso, Regina foi claramente enganada pela publicidade feita pela montadora e pela concessionária. Trata-se de vício de produto, nos termos do art. 18, caput, do CDC, já que a publicidade está em disparidade com o produto vendido. Nesse caso, a responsabilidade civil é solidária entre o concessionário e montador. Ademais, o art. 39 do CDC, traz um rol exemplificativo de práticas abusivas, podendo ser conceituada como a prática que faz restringir a liberdade de escolha do consumidor, o que certamente se deu no caso em análise. RD

Gabarito "A"

(Juiz de Direito/GO – 2021 – FCC) Em relação às práticas comerciais e à publicidade nas relações consumeristas, o Código de Defesa do Consumidor estabelece:

(A) Tratando-se de produtos refrigerados oferecidos ao consumidor, suas informações gerais, legalmente previstas, serão gravadas de forma indelével.
(B) É proibida a publicidade de bens e serviços por telefone, ainda que a chamada seja gratuita ao consumidor, sem anuência prévia deste.
(C) O ônus da prova da veracidade e correção da informação ou comunicação publicitária cabe a quem alega sua falsidade ou incorreção.
(D) Os fabricantes e importadores deverão assegurar a oferta de componentes e peças de reposição por todo o período de vida útil do produto, limitado ao tempo que constar no manual de garantia respectiva.
(E) A publicidade pode ser veiculada como notícia, sem necessidade de ser identificada como propaganda, desde que se refira a aspectos técnicos do produto.

A: Correta. Conforme inteligência do art. 31, parágrafo único, do CDC. **B:** Incorreta. É proibida a publicidade de bens e serviços por telefone, quando a chamada for onerosa ao consumidor que a origina (art. 33, parágrafo único). **C:** Incorreta. O ônus da prova da veracidade e correção da informação ou comunicação publicitária cabe a quem as patrocina (art. 38). **D:** Incorreta. Os fabricantes e importadores deverão assegurar a oferta de componentes e peças de reposição enquanto não cessar a fabricação ou importação do produto (art. 32). **E:** Incorreta. Conforme inteligência do art. 36 do CDC, a publicidade deve ser veiculada de tal forma que o consumidor, fácil e imediatamente, a identifique como tal. RD

Gabarito "A"

(Promotor de Justiça/CE – 2020 – CESPE/CEBRASPE) De acordo com o CDC, a publicidade enganosa caracteriza-se por

I. – induzir, potencialmente, a erro o consumidor.
II. – ferir valores sociais básicos.
III. – ser antiética e ferir a vulnerabilidade do consumidor.

Assinale a opção correta.

(A) Apenas o item I está certo.
(B) Apenas o item II está certo.
(C) Apenas os itens I e III estão certos.
(D) Apenas os itens II e III estão certos.
(E) Todos os itens estão certos.

I: correta. O art. 37 do Código de Defesa do Consumidor proíbe a publicidade enganosa ou abusiva. De acordo com o § 1º do referido dispositivo legal, é considerada **enganosa** "qualquer modalidade de informação ou comunicação de caráter publicitário, inteira ou parcialmente falsa, ou, por qualquer outro modo, mesmo por omissão, capaz de induzir em erro o consumidor a respeito da natureza, características, qualidade, quantidade, propriedades, origem, preço e quaisquer outros dados sobre produtos e serviços". Assim, a publicidade é enganosa a publicidade que induz o consumidor a erro. II: Errada. Conforme o art. 37, § 2º, do CDC, considera abusiva dentre outras, "a publicidade discriminatória de qualquer natureza, a que incite à violência, explore o medo ou a superstição, se aproveite da deficiência de julgamento e experiência da criança, desrespeite valores ambientais, ou que seja capaz de induzir o consumidor a se comportar de forma prejudicial ou perigosa à sua saúde ou segurança". Note que o dispositivo apenas exemplifica os casos em que podemos considerar a publicidade abusiva. Sendo assim, a publicidade que "ferir valores sociais básicos" pode ser considerada abusiva, a depender do caso concreto. III: Errada. Vide justificativa da afirmativa anterior. RD
Gabarito "A".

(Promotor de Justiça/SP – 2019 – MPE/SP) A respeito da oferta de produtos ou serviços, é **INCORRETO** afirmar:

(A) Deve informar sobre os riscos que apresentam à saúde e segurança dos consumidores.
(B) Deve assegurar informações corretas, claras, precisas, ostensivas e em língua portuguesa sobre suas características, qualidades, quantidade, composição, preço, garantia, prazos de validade e origem.
(C) Deverá ser mantida por período razoável de tempo, quando cessadas a produção ou importação.
(D) As informações veiculadas não integram o contrato que vier a ser celebrado.
(E) O consumidor poderá exigir o cumprimento forçado da obrigação.

A: Correta. O dever de informar sobre os riscos que os produtos e serviços apresentam no mercado de consumo está expresso em vários dispositivos do CDC. B: Correta. Nos exatos termos do *caput* do art. 31 do CDC. C: Correta. O art. 32 do CDC exige que os fabricantes e importadores assegurem a oferta de componentes e peças de reposição enquanto não cessar a fabricação ou importação do produto. D: Incorreta. Trata-se do princípio da vinculação da oferta desenhado no art. 30 do CDC: "Toda informação ou publicidade, suficientemente precisa, veiculada por qualquer forma ou meio de comunicação com relação a produtos e serviços oferecidos ou apresentados, obriga o fornecedor que a fizer veicular ou dela se utilizar e integra o contrato que vier a ser celebrado". E: Correta. O cumprimento forçado da oferta está previsto no art. 35 do CDC: Art. 35. Se o fornecedor de produtos ou serviços recusar cumprimento à oferta, apresentação ou publicidade, o consumidor poderá, alternativamente e à sua livre escolha: I – exigir o cumprimento forçado da obrigação, nos termos da oferta, apresentação ou publicidade; II – aceitar outro produto ou prestação de serviço equivalente; III – rescindir o contrato, com direito à restituição de quantia eventualmente antecipada, monetariamente atualizada, e a perdas e danos". RD
Gabarito "D".

(Juiz de Direito - TJ/AL - 2019 – FCC) Quanto à oferta de produtos e serviços nas relações de consumo,

(A) se cessadas sua produção ou a importação o fornecimento de componentes e peças de reposição deverá ser mantido por até um ano.
(B) as informações nos produtos refrigerados oferecidos ao consumidor deverão constar de catálogo à parte ou obtidas por meio de serviço de relacionamento direto com o cliente.
(C) é defesa sua veiculação por telefone, quando a chamada for onerosa ao consumidor que a origina.
(D) a responsabilidade que decorre de sua vinculação contratual e veiculação é subjetiva ao fornecedor.
(E) o fornecedor do produto ou serviço é subsidiariamente responsável pelos atos de seus prepostos ou representantes autônomos.

A: incorreta. Os fabricantes e importadores deverão assegurar a oferta de componentes e peças de reposição enquanto não cessar a fabricação ou importação do produto e, cessadas a produção ou importação, a oferta deverá ser mantida por período razoável de tempo, na forma da lei (art. 32 do CDC). B: incorreta. as informações nos produtos refrigerados oferecidos ao consumidor deverão ser gravadas de forma indelével (art. 31 do CDC). C: correta. Nos termos do art. 33, parágrafo único, do CDC. D: incorreta. A responsabilidade é objetiva, nos termos dos arts. 12 a 15 do CDC. E: incorreta. O fornecedor do produto ou serviço é solidariamente responsável pelos atos de seus prepostos ou representantes autônomos (art. 34 do CDC). RD
Gabarito "C".

(Juiz de Direito - TJ/AL - 2019 – FCC) Considere os enunciados concernentes às relações de consumo:

I. Se o fornecedor de produtos ou serviços recusar cumprimento à oferta, apresentação ou publicidade, o consumidor poderá rescindir o contrato, com direito à restituição de quantia eventualmente antecipada, monetariamente atualizada, ou pleitear perdas e danos.
II. É vedado ao fornecedor de produtos ou serviços, dentre outras práticas abusivas, executar serviços sem a prévia elaboração de orçamento e autorização expressa do consumidor.
III. É prática abusiva permitir o ingresso em estabelecimentos comerciais ou de serviços de um número maior de consumidores que o fixado pela autoridade administrativa como máximo.
IV. O fornecedor de serviço será obrigado a entregar ao consumidor orçamento prévio discriminando o valor da mão de obra, dos materiais e equipamentos a serem empregados, as condições de pagamento, bem como as datas de início e término dos serviços; salvo previsão contrária, o valor orçado terá validade pelo prazo de dez dias, contado de seu recebimento pelo consumidor.
V. No caso de fornecimento de produtos ou de serviços sujeitos ao regime de controle ou de tabelamento de preços, os fornecedores deverão respeitar os limites oficiais sob pena de, não o fazendo, responderem

pela restituição da quantia recebida em excesso, monetariamente atualizada, podendo o consumidor exigir à sua escolha, o desfazimento do negócio, sem prejuízo de outras sanções cabíveis.

Está correto o que se afirma APENAS em

(A) II, III e V.
(B) I, II e IV.
(C) III, IV e V.
(D) I, II, III e IV.
(E) I, III, IV e V.

I: incorreta. Nos termos do art. 35 e seus incisos, se o fornecedor de produtos ou serviços recusar cumprimento à oferta, apresentação ou publicidade, o consumidor poderá, alternativamente e à sua livre escolha: i) exigir o cumprimento forçado da obrigação, nos termos da oferta, apresentação ou publicidade; ii) aceitar outro produto ou prestação de serviço equivalente; iii) rescindir o contrato, com direito à restituição de quantia eventualmente antecipada, monetariamente atualizada, e a perdas e danos. **II**: incorreta. De fato, constitui prática comercial abusiva executar serviços sem a prévia elaboração de orçamento e autorização expressa do consumidor. No entanto, admite-se ressalvas decorrentes de práticas anteriores entre as partes (art. 39, inciso VI). **III**: correta. Conforme art. 39, inciso XIV, do CDC. **IV**: correta. Conforme art. 40 do CDC. **V**: correta. Conforme art. 41 do CDC. **RD**

Gabarito "C".

(Juiz de Direito – TJ/MS – 2020 – FCC) De acordo com o Código de Defesa do Consumidor, a publicidade que explora a superstição dos consumidores é

(A) abusiva e enganosa.
(B) abusiva, apenas.
(C) enganosa, apenas.
(D) enganosa por omissão.
(E) permitida, desde que não seja contrária aos bons costumes.

De acordo com o art. 37, § 2º, do CDC é abusiva, dentre outras, a publicidade que explore o medo ou a superstição do consumidor. **RD**

Gabarito "B".

(Juiz de Direito – TJ/MS – 2020 – FCC) Renato, cliente de determinada operadora de telefonia, recebeu fatura cobrando valor muito superior ao contratado. Percebendo o equívoco, Renato deixou de pagar a fatura e contatou a operadora, requerendo o envio de outra, com o valor correto. No entanto, apesar de reconhecer a falha, a operadora enviou nova fatura cobrando o mesmo valor em excesso, razão pela qual Renato novamente se recusou a pagar. Nesse caso, de acordo com o Código de Defesa do Consumidor, Renato

(A) tem direito de receber o dobro do valor cobrado em excesso na primeira fatura, apenas.
(B) tem direito de receber o dobro do valor cobrado em excesso em cada uma das duas faturas.
(C) tem direito de receber o dobro do valor total da primeira fatura, apenas.
(D) tem direito de receber o dobro do valor total de cada uma das duas faturas.
(E) não tem direito de receber o dobro do valor cobrado em excesso ou do total de nenhuma das faturas.

De acordo com o art. 42 do CDC, "o consumidor cobrado em quantia indevida tem direito à repetição do indébito, por valor igual ao dobro do que pagou em excesso, acrescido de correção monetária e juros legais, salvo hipótese de engano justificável". Dessa forma, de acordo com a leitura do dispositivo e do enunciado em questão, Renato não pagou a quantia indevida, bem como o valor foi claramente cobrado de forma acidental por parte da telefonia, descartando a hipóteses da restituição em dobro dos valores mencionados. **RD**

Gabarito "E".

8. PROTEÇÃO CONTRATUAL

(Juiz de Direito – TJ/DFT – 2023 – CEBRASPE) Com relação à disciplina dos planos de saúde, à luz do direito consumerista e da jurisprudência dos tribunais superiores, assinale a opção correta.

(A) É obrigatório o custeio, por parte dos planos de saúde, de tratamento médico de fertilização *in vitro*, tendo em vista que o referido procedimento é regulamentado no âmbito da ANVISA.
(B) É válida cláusula prevista em contrato de seguro-saúde que limite o tempo de internação do segurado.
(C) É ilegítima a recusa da operadora de plano de saúde de custeio de medicamento indicado pelo médico responsável pelo beneficiário e cuja importação tenha sido autorizada pela ANVISA, mesmo não havendo registro do fármaco nessa agência reguladora.
(D) É abusiva a conduta do seguro-saúde em condicionar a conclusão do contrato do seguro-saúde à realização, pelo segurado, de exames médicos para a constatação de sua disposição física e psíquica.
(E) É dispensável previsão contratual, no que diz respeito à ocorrência de variação das contraprestações pecuniárias dos planos privados de assistência à saúde, em razão da idade do usuário.

A: Incorreta. O STJ estabeleceu, no Tema Repetitivo 1.067 que "salvo disposição contratual expressa, os planos de saúde não são obrigados a custear o tratamento médico de fertilização *in vitro*". **B**: Incorreta. Conforme previsão da Súmula nº 302 do STJ " É abusiva a cláusula contratual de plano de saúde que limita no tempo a internação hospitalar de segurado". **C**: Correta. Conforme jurisprudência do STJ (vide REsp 1.726.563/RS). **D**: Incorreta. O plano de saúde pode exigir exames de saúde para admissão do segurado em seus quadros. Ao contrário, o STJ tem definido que se não houver exames médicos prévios para a admissão do segurado/usuário do plano, a operadora não pode negar a atendimento sob a alegação de doença preexistente. Vide súmula 609 do STJ: "A recusa de cobertura securitária, sob a alegação de doença preexistente, é ilícita se não houve a exigência de exames médicos prévios à contratação ou à demonstração de má-fé do segurado". **E**: Incorreta. Conforme entendimento do STJ, a variação das contraprestações pecuniárias dos planos privados de saúde em relação à idade deve ser prevista em contrato, de forma clara e transparente, sob pena de não ser aplicada (AREsp 1191139/RS). **RD**

Gabarito "C".

(Juiz de Direito – TJ/DFT – 2023 – CEBRASPE) De acordo com o Código de Defesa do Consumidor (CDC), são nulas as cláusulas contratuais relativas ao fornecimento de produtos que

(A) proíbam a renúncia ao direito de indenização por benfeitorias necessárias.
(B) autorizem fornecedor e consumidor a cancelarem o contrato unilateralmente.
(C) prevejam como alternativa a utilização de meios adequados de resolução de conflitos.

(D) transfiram responsabilidades a terceiros.
(E) deem como opção o reembolso de quantia já paga pelo consumidor.

A questão versa sobre as cláusulas abusivas, tratadas no CDC pelo art. 51. Vejamos: **A:** Incorreta. Conforme art. 51, inciso XVI, são nulas as cláusulas que possibilitem a renúncia do direito de indenização por benfeitorias necessárias. **B:** Incorreta. Conforme art. 51, inciso XI, são nulas as cláusulas que autorizem o fornecedor a cancelar o contrato unilateralmente, sem que igual direito seja conferido ao consumidor. **C:** Incorreta. Conforme art. 51, inciso VII, são nulas as cláusulas que determinem a utilização compulsória de arbitragem. O CDC permite a utilização alternativa de meios adequados de resolução de conflitos em seu art. 4º, V. **D:** Correta. Nos mesmos termos do inciso III do art. 51. **E:** Incorreta. Conforme art. 51, inciso II, são nulas as cláusulas que subtraiam do consumidor a opção de reembolso de quantia já paga. RD
Gabarito "D".

(Juiz de Direito – TJ/SP – 2023 – VUNESP) A resolução de contrato de promessa de compra e venda de imóvel, submetido ao Código de Defesa do Consumidor, impõe a imediata restituição

(A) integral das parcelas pagas, caso o promitente comprador tenha dado causa ao desfazimento.
(B) parcial das parcelas pagas, de forma parcelada, se o desfazimento do contrato ocorreu por culpa exclusiva do promitente vendedor.
(C) parcial das parcelas pagas, caso o promitente comprador tenha dado causa ao desfazimento.
(D) parcial e proporcional das parcelas pagas, em caso de desfazimento do contrato por culpa recíproca dos contratantes.

O fundamento para a questão está na Súmula 543 do STJ: "Na hipótese de resolução de contrato de promessa de compra e venda de imóvel submetido ao Código de Defesa do Consumidor, deve ocorrer a imediata restituição das parcelas pagas pelo promitente comprador – integralmente, em caso de culpa exclusiva do promitente vendedor/construtor, ou parcialmente, caso tenha sido o comprador quem deu causa ao desfazimento". RD
Gabarito "C".

(Juiz de Direito/GO – 2021 – FCC) No que se refere à proteção contratual disciplinada pelo Código de Defesa do Consumidor, considere:

I. As declarações de vontade constantes de escritos particulares, recibos e pré-contratos relativos às relações de consumo vinculam o fornecedor, ensejando inclusive execução específica.
II. O consumidor pode desistir do contrato no prazo de 30 dias a contar de sua assinatura ou do ato de recebimento do produto ou serviço sempre que a contratação de fornecimento de produtos e serviços ocorrer fora do estabelecimento comercial.
III. Nos contratos de compra e venda de bens móveis ou imóveis mediante pagamento em prestações, bem como na alienação fiduciária em garantia deles, consideram-se nulas de pleno direito as cláusulas que estabeleçam a perda total das prestações pagas em benefício do credor que, em razão do inadimplemento, pleitear a resolução do contrato e a retomada do produto alienado.
IV. Nos contratos do sistema de consórcio de produtos duráveis, a compensação ou a restituição das parcelas quitadas, terá descontada, além da vantagem econômica auferida com a fruição, os prejuízos que o desistente ou inadimplente causar ao grupo.

Está correto o que se afirma APENAS em
(A) II e III.
(B) III e IV.
(C) I e II.
(D) I e IV.
(E) I, III e IV.

Comentário: **I:** Correta. Em conformidade com o art. 48 do CDC. **II:** Incorreta. De acordo com o art. 49 do CDC, o prazo para desistência de compra de produto ou serviço realizada fora do estabelecimento comercial é de 7 dias. **III:** Correta. Em conformidade com o art. 53 do CDC. **IV:** Correta. Em conformidade com o art. 53, § 2º, do CDC. RD
Gabarito "E".

(Juiz de Direito/GO – 2021 – FCC) De acordo com a definição do Código de Defesa do Consumidor, uma cláusula contratual em avença consumerista que estabeleça a ambas as partes a utilização compulsória de arbitragem será

(A) anulável, por se tratar de direitos disponíveis, havendo o consumidor que provar prejuízo.
(B) válida, pois a imposição foi bilateral.
(C) nula de pleno direito, sendo irrelevante que se imponha a ambas as partes a compulsoriedade.
(D) tida por inexistente, por ser contrária ao princípio constitucional da inafastabilidade da jurisdição.
(E) ineficaz, por caracterizar condição juridicamente impossível.

Comentário: De acordo com o art. 51, VII, do CDC "são nulas de pleno direito, entre outras, as cláusulas contratuais relativas ao fornecimento de produtos e serviços que determinem a utilização compulsória de arbitragem". RD
Gabarito "C".

(Juiz de Direito/SP – 2021 – Vunesp) Assinale a alternativa **incorreta** sobre abusividade de cláusulas contratuais, conforme entendimento dominante e atual do Superior Tribunal de Justiça.

(A) Nos contratos de locação de cofre particular, é abusiva a cláusula limitativa de valores e de objetos a serem armazenados, sobre os quais recairá a obrigação de guarda e de proteção do banco locador.
(B) É abusiva a cláusula contratual que restringe a responsabilidade de instituição financeira pelos danos decorrentes de roubo, furto ou extravio de bem entregue em garantia no âmbito de contrato de penhor civil.
(C) É válida a cláusula contratual que transfere ao promitente-comprador a obrigação de pagar a comissão de corretagem nos contratos de promessa de compra e venda de unidade autônoma em regime de incorporação imobiliária, desde que previamente informado o preço total da aquisição da unidade autônoma, com o destaque do valor da comissão de corretagem.
(D) A cláusula contratual de plano de saúde que prevê carência para utilização dos serviços de assistência médica nas situações de emergência ou de urgência é considerada abusiva, se ultrapassado o prazo máximo de 24 horas contado da data da contratação.

Comentário: **A:** Incorreta. O Superior Tribunal de Justiça entende como não abusiva a cláusula meramente limitativa do uso do cofre locado, visto ser possível restringir o objeto do contrato, delimitando a extensão da obrigação imposta na relação (EDcl no AREsp 1206017 SP). **B:** Correta. "É abusiva a cláusula contratual que restringe a responsabilidade de instituição financeira pelos danos decorrentes de roubo, furto ou extravio de bem entregue em garantia no âmbito de contrato de penhor civil". (Súmula 638 do STJ. **C:** Correta. Conforme Tese 938 do STJ (IRDR). **D:** Correta. Conforme Súmula 597 do STJ. RD

Gabarito "A".

(Juiz de Direito – TJ/MS – 2020 – FCC) De acordo com o Código de Defesa do Consumidor, o contrato de adesão

(A) não permite a supressão do direito do consumidor de discutir ou modificar substancialmente o conteúdo de cada uma das suas cláusulas.

(B) perde essa natureza mediante a inserção, no formulário, de cláusula nova, resultante de discussão com o consumidor.

(C) admite cláusula resolutória.

(D) deve ser redigido em termos claros e com caracteres de qualquer tamanho de fonte, desde que ostensivos e legíveis, de modo a facilitar sua compreensão pelo consumidor.

(E) não admite cláusulas que impliquem limitação de direito do consumidor.

A: Errada. Conforme art. 54, caput, do CDC, "contrato de adesão é aquele cujas cláusulas tenham sido aprovadas pela autoridade competente ou estabelecidas unilateralmente pelo fornecedor de produtos ou serviços, sem que o consumidor possa discutir ou modificar substancialmente seu conteúdo". **B:** errada. Conforme o art. 54, § 1º, do CDC, "a inserção de cláusula no formulário não desfigura a natureza de adesão do contrato". **C:** Correta. De acordo com o art. 54, § 2º, do CDC, "nos contratos de adesão admite-se cláusula resolutória, desde que a alternativa, cabendo a escolha ao consumidor, ressalvando-se o disposto no § 2º do artigo anterior". **D:** incorreta. Conforme o art. 54, § 3º, do CDC, "os contratos de adesão escritos serão redigidos em termos claros e com caracteres ostensivos e legíveis, cujo tamanho da fonte não será inferior ao corpo doze, de modo a facilitar sua compreensão pelo consumidor". **E:** incorreta. Conforme o art. 54, § 4º, do CDC "as cláusulas que implicarem limitação de direito do consumidor deverão ser redigidas com destaque, permitindo sua imediata e fácil compreensão". RD

Gabarito "C".

(Juiz de Direito – TJ/MS – 2020 – FCC) Acerca das cláusulas abusivas, considere:

I. São nulas de pleno direito as cláusulas que autorizem o fornecedor a cancelar o contrato unilateralmente, ainda que igual direito seja conferido ao consumidor.

II. As multas de mora decorrentes do inadimplemento de obrigações no seu termo poderão ser de, no máximo, quatro por cento do valor da prestação.

III. Desde que expressamente previsto no contrato, é assegurada ao consumidor a liquidação antecipada do débito, total ou parcialmente, mediante redução proporcional dos juros e demais acréscimos.

IV. Qualquer consumidor pode, individualmente, requerer ao Ministério Público que ajuíze a competente ação para ser declarada a nulidade de cláusula contratual que não assegure o justo equilíbrio entre direitos e obrigações das partes.

V. São válidas as cláusulas que obriguem o consumidor a ressarcir os custos de cobrança de sua obrigação se igual direito lhe for conferido contra o fornecedor.

De acordo com o Código de Defesa do Consumidor, está correto o que se afirma APENAS em

(A) I e II.
(B) I e III.
(C) II e IV.
(D) III e V.
(E) IV e V.

I: Falso. De acordo com o art. 51, XI, "são nulas de pleno direito as cláusulas contratuais que autorizem o fornecedor a cancelar o contrato unilateralmente, sem que igual direito seja conferido ao consumidor". **II:** Falso. De acordo com o art. 52, § 1º, do CDC, "as multas de mora decorrentes do inadimplemento de obrigações no seu termo não poderão ser superiores a dois por cento do valor da prestação". **III:** Falso. "É assegurado ao consumidor a liquidação antecipada do débito, total ou parcialmente, mediante redução proporcional dos juros e demais acréscimos" (art. 52, § 2º do CDC). Sendo assim, não há que se falar na necessidade de previsão contratual para tanto. **IV:** Verdadeiro. Conforme previsto no art. 51, § 4º, do CDC. **V:** Verdadeiro. Conforme previsto no 51, XII, do CDC. RD

Gabarito "E".

(Juiz de Direito – TJ/MS – 2020 – FCC) Laura compareceu a uma loja de departamentos, onde comprou um aparelho de som, que seria entregue na sua casa no prazo de dez dias. Ao chegar em casa, pesquisou o preço do produto na internet, vindo então a descobrir que o mesmo aparelho de som estava em promoção numa outra loja, sendo anunciado pela metade do preço que pagou. Então, no mesmo dia, voltou à loja onde havia feito a compra, pleiteando o desfazimento do negócio e a restituição integral do preço. Nesse caso, de acordo com o Código de Defesa do Consumidor, Laura

(A) tem direito ao desfazimento do negócio, pois o consumidor pode desistir do contrato no prazo de 7 (sete) dias contados da sua celebração.

(B) tem direito ao desfazimento do negócio, pois o consumidor pode desistir do contrato no prazo de 7 (sete) dias contados da data do recebimento do produto.

(C) tem direito ao desfazimento do negócio, pois se reputa prática abusiva a venda de produto por preço igual ou superior ao dobro do praticado por concorrente.

(D) tem direito ao desfazimento do negócio, mas somente se provar ter adquirido o produto anunciado pelo outro fornecedor.

(E) não tem direito ao desfazimento do negócio por mero arrependimento.

De acordo com o art. 49 do Código de Defesa Consumidor, o consumidor pode desistir do contrato, no prazo de 7 (sete) dias a contar de sua assinatura ou do ato de recebimento do produto ou serviço, sempre que a contratação de fornecimento de produtos e serviços ocorrer fora do estabelecimento comercial. Uma vez que Laura efetuou a compra em estabelecimento de forma presencial, a consumidora não poderá usufruir do direito de arrependimento estabelecido pelo dispositivo em comento. RD

Gabarito "E".

(Juiz de Direito – TJ/SC – 2019 – CESPE/CEBRASPE) No que se refere à relação entre seguradoras e consumidores, assinale a opção correta à luz do Código de Defesa do Consumidor e do entendimento do STJ.

(A) É abusiva a exclusão do seguro de acidentes pessoais em contrato de adesão para as hipóteses de intercorrências ou complicações consequentes da realização de exames, tratamentos clínicos ou cirúrgicos.

(B) A seguradora poderá se recusar a contratar seguro se a pessoa proponente tiver restrição financeira em órgãos de proteção ao crédito, mesmo que essa pessoa se disponha a pronto pagamento do prêmio.

(C) Inexiste relação de consumo entre pessoa jurídica e seguradora em contrato de seguro que vise à proteção do patrimônio dessa pessoa jurídica, em razão de tal contrato configurar consumo intermediário.

(D) O contrato de seguro de vida pode vedar a cobertura de sinistro decorrente de acidente de ato praticado pelo segurado em estado de embriaguez, mesmo quando ocorrido após os dois primeiros anos do contrato.

(E) As normas protetivas do Código de Defesa do Consumidor aplicam-se aos contratos de seguro facultativo e, subsidiariamente, ao seguro obrigatório DPVAT.

A: correta. Conforme entendimento do STJ, é abusiva a exclusão do seguro de acidentes pessoais em contrato de adesão para as hipóteses de: I) gravidez, parto ou aborto e suas consequências; II) perturbações e intoxicações alimentares de qualquer espécie; e III) todas as intercorrências ou complicações consequentes da realização de exames, tratamentos clínicos ou cirúrgicos. (REsp. 1635238/SP). **B:** incorreta. A seguradora não pode recusar a contratação de seguro a quem se disponha a pronto pagamento se a justificativa se basear unicamente na restrição financeira do consumidor junto a órgãos de proteção ao crédito. (STJ. 3ª Turma. REsp 1594024-SP, Rel. Min. Ricardo Villas Bôas Cueva, julgado em 27/11/2018 – Informativo 640). **C:** Conforme entendimento do STJ, há relação de consumo entre a seguradora e a concessionária de veículos que firmam seguro empresarial visando à proteção do patrimônio desta em razão da destinação pessoal, ainda que com o intuito de resguardar veículos utilizados em sua atividade comercial, desde que o seguro não integre os produtos ou serviços oferecidos por esta. (Veja REsp 733.560-RJ, e REsp 814.060-RJ). **D:** incorreta. Conforme a súmula 620 do STJ "A embriaguez do segurado não exime a seguradora do pagamento da indenização prevista em contrato de seguro de vida". **E:** incorreta. Conforme entendimento externado pelo STJ, as normas protetivas do Código de Defesa do Consumidor não se aplicam ao seguro obrigatório (DPVAT) (Veja REsp 1.635.398-PR).

Gabarito "A".

(Juiz de Direito – TJ/SC – 2019 – CESPE/CEBRASPE) Um cidadão ajuizou ação contra o Banco XY S.A. a respeito de contrato de arrendamento mercantil de veículo automotor firmado entre as partes em 2018.

Os itens a seguir apresentam as alegações feitas na referida ação.

I. Existência de abusividade da cláusula que prevê o ressarcimento pelo consumidor da despesa com o registro do pré-gravame.
II. Ocorrência de descaracterização da mora, em razão da abusividade de encargos acessórios do contrato.
III. Presença de abusividade da cláusula que prevê a obrigação do consumidor de contratar seguro com a instituição financeira ou com seguradora indicada pela instituição bancária.

Assinale a opção correta.

(A) Apenas o item I está certo.
(B) Apenas o item II está certo.
(C) Apenas os itens I e III estão certos.
(D) Apenas os itens II e III estão certos.
(E) Todos os itens estão certos.

Em sede de recurso repetitivo, o STJ fixou as seguintes teses (tema 972): "1. Abusividade da cláusula que prevê o ressarcimento pelo consumidor da despesa com o registro do pré-gravame, em contratos celebrados a partir de 25/02/2011, data de entrada em vigor da Res.--CMN 3.954/2011, sendo válida a cláusula pactuada no período anterior a essa resolução, ressalvado o controle da onerosidade excessiva. 2. Nos contratos bancários em geral, o consumidor não pode ser compelido a contratar seguro com a instituição financeira ou com seguradora por ela indicada. 3. A abusividade de encargos acessórios do contrato não descaracteriza a mora".

Gabarito "C".

Renê firmou contrato de seguro de assistência à saúde e, anos depois, quando ele completou sessenta anos de idade, a seguradora reajustou o valor do seu plano de assistência com base em uma cláusula abusiva. Por essa razão, Renê pretende ajuizar ação visando à declaração de nulidade da cláusula de reajuste e à condenação da contratada em repetição de indébito referente a valores pagos em excesso.

(Juiz de Direito - TJ/BA - 2019 - CESPE/CEBRASPE) De acordo com entendimento jurisprudencial do STJ, nessa situação hipotética, as parcelas vencidas e pagas em excesso estão sujeitas à

(A) prescrição de três anos, porque se trata de hipótese de enriquecimento sem causa da empresa contratada.
(B) prescrição de um ano, por se tratar de um contrato de seguro.
(C) prescrição de dois anos, porque, apesar de se tratar de um contrato de seguro, o requerente é idoso.
(D) prescrição de cinco anos, por envolver valores líquidos e certos.
(E) imprescritibilidade, por ser essa uma relação jurídica de trato sucessivo.

O entendimento do Superior Tribunal de Justiça segue no sentido de que a prescrição é de 3 (três) anos, nos termos do art. 206 do Código Civil, para o pedido de nulidade de cláusula e consequente repetição de indébito, posto de fundamentado no enriquecimento sem causa (Veja: REsp 1.800.456/SP).

Gabarito "A".

(Juiz de Direito – TJ/RS – 2018 – VUNESP) No contrato de promessa de compra e venda de imóvel em construção, além do período previsto para o término do empreendimento, há, comumente, cláusula de prorrogação excepcional do prazo de entrega da unidade ou de conclusão da obra, que varia entre 90 (noventa) e 180 (cento e oitenta) dias: a conhecida cláusula de tolerância. Considerando isso, assinale a alternativa correta.

(A) Trata-se de cláusula abusiva, por exigir do consumidor vantagem manifestamente excessiva a favor da construtora.
(B) Não se trata de cláusula abusiva, diante dos costumes do mercado imobiliário, que pode paralisar a obra se houver alguma necessidade financeira.
(C) Não se trata de cláusula abusiva, pois ameniza o risco da atividade advindo da dificuldade de se fixar data certa para o término de obra de grande magnitude sujeita a diversos obstáculos e situações imprevisíveis.

(D) Trata-se de cláusula abusiva, pois condiciona a entrega do produto sem justa causa ou limites quantitativos.

(E) Trata-se de cláusula abusiva, pois representa uma oferta enganosa do prazo de entrega do imóvel, que já estabelece condições para o construtor apurar eventual necessidade de atraso.

A jurisprudência do Superior Tribunal de Justiça segue no sentido de que não há abusividade na denominada "cláusula de tolerância" nos contratos de promessa de compra e venda de imóvel em construção. A cláusula de prorrogação excepcional do prazo de entrega da unidade ou de conclusão da obra varia entre 90 (noventa) e 180 (cento e oitenta) dias, "porque existem no mercado diversos fatores de imprevisibilidade que podem afetar negativamente a construção de edificações e onerar excessivamente seus atores, tais como intempéries, chuvas, escassez de insumos, greves, falta de mão de obra, crise no setor, entre outros contratempos. Assim, a complexidade do negócio justifica a adoção no instrumento contratual, desde que razoáveis, de condições e formas de eventual prorrogação do prazo de entrega da obra, o qual foi, na realidade, apenas estimado, tanto que a própria lei de regência disciplinou tal questão, conforme previsão do art. 48, § 2º, da Lei n. 4.591/1964. Logo, observa-se que a cláusula de tolerância para atraso de obra possui amparo legal, não constituindo abuso de direito (art. 187 do CC)". (STJ, REsp 1.582.318/RJ, Rel. Min. Ricardo Villas Bôas Cueva, por unanimidade, julgado em 12/9/2017, DJe 21/9/2017). Sendo assim, a única alternativa que pode ser considerada correta é a alternativa "C". **RD**

Gabarito "C".

9. SUPERENDIVIDAMENTO DO CONSUMIDOR

(Juiz de Direito – TJ/SC – 2024 – FGV) A consumidora Angelina, na condição de superendividada, requereu a instauração de processo de repactuação de dívidas. O juiz deferiu o pedido, sendo realizada audiência conciliatória com os credores.

Apresentado na audiência o plano de pagamento, elaborado de acordo com as disposições do Código de Defesa do Consumidor, houve conciliação com a maior parte dos credores, mas não houve êxito em relação ao crédito no valor de R$ 1.100,00 proveniente de compras feitas por Angelina no Armazém Lacerdópolis, estabelecimento mantido pela sociedade Passos, Mafra & Maia Ltda.

Considerados esses fatos e as disposições da Lei nº 8.078/1990, é correto afirmar que:

(A) o juiz, de ofício, instaurará processo por superendividamento para revisão e integração dos contratos e repactuação das dívidas remanescentes;

(B) o juiz determinará a um conciliador *ad hoc* que elabore um plano extrajudicial de pagamento compulsório para o crédito de Passos, Mafra & Maia Ltda.;

(C) instaurado o processo por superendividamento, o juiz determinará a citação de todos os credores cujos créditos tenham integrado o acordo porventura celebrado;

(D) o juiz poderá nomear administrador, desde que isso não onere as partes, o qual, no prazo de até trinta dias, após cumpridas as diligências eventualmente necessárias, apresentará plano de pagamento que contemple medidas de temporização ou de atenuação dos encargos;

(E) para o crédito de Passos, Mafra & Maia Ltda. será elaborado plano judicial compulsório que lhe assegure o valor do principal, corrigido monetariamente, e a liquidação total da dívida, em até cinco anos, sendo a primeira parcela devida em até trinta dias, contados de sua homologação.

A questão trata de procedimento estabelecido pela Lei 14.181, de 01 de julho de 2021, inserida no Código de Defesa do Consumidor (Capítulo VI-A). Vejamos: **A:** Incorreta. De acordo com o art. 104-A, o juiz só pode instaurar o processo por repactuação de dívidas mediante pedido do consumidor. **B:** Incorreta. Não existe previsão de nomeação de conciliador *ad hoc* no procedimento para o tratamento do superendividamento. **C:** Incorreta. Conforme art. 104-B do CDC, em caso de fracasso na conciliação em relação a quaisquer credores o juiz, a pedido do consumidor, instaurará processo por superendividamento para revisão e integração dos contratos e repactuação das dívidas remanescentes mediante plano judicial compulsório e procederá à citação de todos os credores cujos créditos não tenham integrado o acordo porventura celebrado. **D:** Correta. Conforme disposição do art. 104-B, § 3º, do CDC. **E:** Incorreta. Conforme disposto pelo art. 104-B, § 4º, o prazo para pagamento da primeira parcela pode ser paga em até 180 dias contados de sua homologação. **RD**

Gabarito "D".

(Procurador/PA – CESPE – 2022) Assinale a opção correta, acerca da prevenção e do tratamento do superendividamento.

(A) Em conformidade com a Lei n.º 14.181/2021, superendividamento é a impossibilidade manifesta de a pessoa natural ou jurídica, de boa-fé, pagar a totalidade de suas dívidas de consumo, exigíveis e vincendas, sem comprometer o mínimo existencial ou suas atividades empresariais.

(B) Na oferta de crédito, previamente à contratação, é prescindível que o fornecedor ou intermediário informe a identidade do agente financiador e entregue cópia do contrato de crédito ao consumidor, ao garante e a outros coobrigados.

(C) A instituição de núcleos de conciliação e mediação de conflitos oriundos de superendividamento é um dos instrumentos para a execução da Política Nacional das Relações de Consumo.

(D) A prevenção e o tratamento do superendividamento constituem direito básico do consumidor, de modo que é indiferente se as dívidas tenham sido contraídas de má-fé ou decorram da aquisição de produtos de luxo, de alto valor, bastando que o montante total da dívida comprometa o mínimo existencial da pessoa.

(E) Na oferta de crédito ao consumidor, publicitária ou não, é permitido condicionar o início de tratativas à renúncia de demandas judiciais e ao pagamento de honorários advocatícios.

A) Incorreta. De acordo com o Art. 54-A, superendividamento é a impossibilidade manifesta de o consumidor pessoa natural (apenas), de boa-fé, pagar a totalidade de suas dívidas de consumo, exigíveis e vincendas, sem comprometer seu mínimo existencial, nos termos da regulamentação. **B)** Incorreta. De acordo com o art. 54-D, III, do CDC, é imprescindível que o fornecedor ou intermediário informe a identidade do agente financiador e entregue cópia do contrato de crédito ao consumidor, ao garante e a outros cooabrigados. **C)** Correta. Vide art. 5, VII, do CDC. **D)** Incorreta. Conforme art. 54-A, § 3º, tal disposição não se aplica ao consumidor cujas dívidas tenham sido contraídas mediante fraude ou má-fé, sejam oriundas de contratos celebrados dolosamente com o propósito de não realizar o pagamento ou decorram da aquisição ou contratação de produtos e serviços de luxo de alto valor. **E)** Incorreta. Conforme art. 54-C, V, é vedado expressa ou implicitamente, na oferta de crédito ao consumidor, publicitária ou não, condicionar o atendimento de pretensões do consumidor ou o início de tratativas à renúncia ou à desistência de demandas judiciais, ao pagamento de honorários advocatícios ou a depósitos judiciais.

Gabarito "C".

(Delegado/RJ – 2022 – CESPE/CEBRASPE) Com base no Código de Defesa do Consumidor (Lei n.º 8.078/1990) e na Lei de Prevenção e Tratamento do Superendividamento (Lei n.º 14.181/2021), assinale a opção correta.

(A) Somente podem ser considerados consumidores as pessoas físicas ou naturais.
(B) A responsabilidade civil dos profissionais liberais independe de culpa.
(C) Superendividamento é a impossibilidade manifesta de o consumidor pessoa natural, de boa-fé, pagar a totalidade de suas dívidas de consumo, exigíveis e vincendas, sem comprometer seu mínimo existencial, nos termos da regulamentação.
(D) A pretensão à reparação pelos danos causados por fato do produto ou do serviço prescreve em três anos.
(E) O direito de reclamar pelos vícios aparentes ou de fácil constatação caduca em trinta dias, tratando-se de fornecimento de serviços ou produtos duráveis.

A) Incorreta. Nos termos do art. 2º do Código de Defesa do Consumidor, consumidor é toda pessoa física ou jurídica que adquire ou utiliza produto ou serviço como destinatário final. Vale lembrar que há, ainda, o conceito de consumidor por equiparação no parágrafo único do mesmo dispositivo. **B)** Incorreta. A responsabilidade civil dos profissionais liberais é subjetiva, devendo ficar comprovada a culpa, o nexo de causalidade e os danos causados ao consumidor (art. 14 do CDC). **C)** Correta. Nos exatos termos do art. 54-A, § 1º, do CDC. **D)** Incorreta. A pretensão à reparação pelos danos causados por fato do produto ou do serviço prescreve em 5 (cinco) anos (art. 27 do CDC). **E)** Incorreta. O direito de reclamar pelos vícios aparentes ou de fácil constatação caduca em trinta dias, tratando-se de produtos não duráveis e noventa dias tratando-se de fornecimento de serviços ou produtos duráveis (art. 26 do CDC).

Gabarito "C".

10. RESPONSABILIDADE ADMINISTRATIVA

(Juiz de Direito - TJ/AL - 2019 – FCC) Quanto às sanções administrativas previstas no CDC, considere os enunciados abaixo:

I. As penas de apreensão, de inutilização de produtos, de proibição de fabricação de produtos, de suspensão do fornecimento de produto ou serviço, de cassação do registro do produto e revogação da concessão ou permissão de uso serão aplicadas pela administração, mediante procedimento administrativo, assegurada ampla defesa, quando forem constatados vícios de quantidade ou de qualidade por inadequação ou insegurança do produto ou serviço.
II. As penas de cassação de alvará de licença, de interdição e de suspensão temporária da atividade, bem como a de intervenção administrativa, serão aplicadas mediante procedimento administrativo, assegurada ampla defesa, quando o fornecedor reincidir na prática das infrações de maior gravidade previstas no CDC e na legislação de consumo.
III. A pena de cassação da concessão será aplicada à concessionária de serviço público exclusivamente quando violar obrigação legal.
IV. A pena de intervenção administrativa será aplicada sempre que as circunstâncias de fato aconselharem a cassação de licença, a interdição ou a suspensão da atividade.
V. A imposição de contrapropaganda será cominada quando o fornecedor incorrer na prática de publicidade enganosa ou abusiva sempre às expensas do infrator; a contrapropaganda será divulgada pelo responsável da mesma forma, frequência e dimensão e, preferencialmente no mesmo veículo, local, espaço e horário, de forma capaz de desfazer o malefício da publicidade enganosa ou abusiva.

Está correto o que se afirma APENAS em

(A) I, III e IV.
(B) I, IV e V.
(C) I, II e V.
(D) III, IV e V.
(E) I, II e III.

I: correta. Nos termos do art. 58 do CDC. **II:** correta. Nos termos do art. 59 do CDC. **III:** incorreta. A pena de cassação da concessão será aplicada à concessionária de serviço público, quando violar obrigação legal ou contratual (art. 59, § 1º, do CDC). **IV:** incorreta. A pena de intervenção administrativa será aplicada sempre que as circunstâncias de fato desaconselharem a cassação de licença, a interdição ou suspensão da atividade (art. 59, § 2º, do CDC). **V:** correta. Nos termos do art. 60 do CDC.

Gabarito "C".

11. RESPONSABILIDADE CRIMINAL

(Promotor de Justiça/CE – 2020 – CESPE/CEBRASPE) A recusa à prestação de informações e o desrespeito às determinações e convocações do Programa Estadual de Proteção e Defesa do Consumidor (DECON) caracterizam crime de

(A) omissão de informação.
(B) prevaricação.
(C) desobediência.
(D) resistência.
(E) fraude processual.

Nos termos do art. 55, § 4º, do Código de Defesa do Consumidor "Os órgãos oficiais poderão expedir notificações aos fornecedores para que, **sob pena de desobediência**, prestem informações sobre questões de interesse do consumidor, resguardado o segredo industrial" (grifo nosso).

Gabarito "C".

12. DEFESA DO CONSUMIDOR EM JUÍZO

(Procurador/DF – CESPE – 2022) Julgue os seguintes itens, acerca dos interesses ou direitos difusos, coletivos e individuais homogêneos e da legitimidade ativa para a propositura de ações coletivas.

(1) Os interesses ou direitos individuais homogêneos caracterizam-se por serem divisíveis e determináveis, e por terem origem comum.
(2) A defesa coletiva dos interesses individuais homogêneos dos consumidores será exercida quando tais interesses forem ligados por circunstâncias de fato.

(3) Constitui interesse ou direito difuso a proteção dos direitos de participantes de determinado plano de saúde cujas mensalidades sejam elevadas abusivamente.

(4) A União, os estados, os municípios e o DF são legitimados, concorrentemente, para a defesa dos interesses ou direitos dos consumidores.

(5) As associações recém-constituídas que incluam, entre seus fins institucionais, a defesa dos interesses e direitos do consumidor são legitimadas para propor ações coletivas diante de manifesto interesse social ou relevância do bem jurídico a ser protegido, desde que o requisito legal de pré-constituição seja dispensado pelo juiz.

1) Correta. Vice art. 81, III do CDC. 2) Errada. Conforme art. 81, I, do CDC, a defesa coletiva dos interesses ou direito difusos dos consumidores será exercida quando tais interesses forem ligados por circunstâncias de fato. Os interesses individuais homogêneos exigem origem comum. 3) Errada. Os direitos mencionados na alternativa tratam de *direitos coletivos*, em que os titulares de direito são um grupo, categoria ou classe de pessoas ligadas entre si ou com a parte contrária por uma relação jurídica base (art. 81, II, do CDC); 4) Correta. Vide art. 82,II, do CDC. 5) Correta. Vide art. 82, IV, § 1º, do CDC. RD
Gabarito: 1C, 2E, 3E, 4C, 5C

(Juiz de Direito/GO – 2021 – FCC) No tocante à defesa do consumidor em juízo,

(A) para a defesa dos direitos e interesses protegidos pelo Código de Defesa do Consumidor admitem-se somente ações condenatórias e mandamentais, por serem demandas aptas a pleitear e conceder a tutela específica da obrigação.

(B) a indenização por perdas e danos poderá abranger danos materiais e morais e far-se-á com prejuízo de multa.

(C) nas ações coletivas não haverá adiantamento de despesas ou honorários periciais, mas incidirá como regra a condenação da associação autora em honorários de advogado, custas e despesas processuais, salvo se obtiver o benefício da gratuidade judiciária.

(D) em caso de litigância de má-fé, os diretores responsáveis pela propositura de ação coletiva serão diretamente condenados nos ônus sucumbenciais e eventuais perdas e danos, isentada a associação autora.

(E) para a tutela específica ou para a obtenção do resultado prático equivalente, poderá o juiz determinar as medidas necessárias, tais como busca e apreensão, remoção de coisas e pessoas, desfazimento de obra, impedimento de atividade nociva, além de requisição de força policial.

Comentário: **A:** Incorreta. Conforme estabelecido pelo art. 83 do CDC, são admissíveis todas as espécies de ações capazes de propiciar a adequada e efetiva tutela dos direitos e interesses protegidos pelo código. **B:** Incorreta. Diante do estabelecido pelo art. 84, § 2º, a indenização por perdas e danos ocorrerá sem prejuízo de multa. **C:** Incorreta. De acordo com o art. 87 do CDC, nas ações coletivas não haverá adiantamento de custas, emolumentos, honorários periciais e quaisquer outras despesas. Ressalta o dispositivo, ainda, que não haverá condenação da associação autora, salvo comprovada má-fé, em honorários de advogados, custas e despesas processuais. **D:** Incorreta. Conforme inteligência do art. 87, parágrafo único, em caso de litigância de má-fé, a associação autora e os diretores responsáveis pela propositura da ação serão solidariamente condenados em honorários advocatícios e ao décuplo das custas, sem prejuízo da responsabilidade por perdas e danos. **E:** Correta. Conforme art. 84, § 5º, do CDC. RD
Gabarito "E".

(Juiz de Direito/SP – 2021 – Vunesp) Assinale a alternativa incorreta sobre a defesa dos interesses coletivos dos consumidores e das vítimas em juízo.

(A) Interesses individuais homogêneos têm natureza divisível e seus titulares podem ser determinados, com origem comum fática ou jurídica.

(B) Interesses coletivos são os transindividuais de natureza indivisível de titularidade de grupos, categorias ou classe de pessoas determinadas ou determináveis ligadas entre si ou com a parte contrária por um vínculo jurídico ou uma relação jurídica base.

(C) Interesses difusos são os transindividuais de natureza indivisível de que sejam titulares um número indeterminado de pessoas ligadas pelas mesmas circunstâncias de fato.

(D) Não se admite, em única ação civil pública ajuizada pelo Ministério Público, relativa à ilegalidade de cláusula restritiva em contrato tipo e de adesão de plano de saúde, a formulação de pedidos cumulativos de tutelas referentes a interesses individuais homogêneos, interesses coletivos e interesses difusos.

Comentário: **A:** Correta. Conforme art. 81, III, do CDC. **B:** Correta. Conforme art. 81, II, do CDC. **C:** Correta. Conforme art. 81, I, do CDC. **D:** Incorreta. Em qualquer ação coletiva os pedidos podem comportar diferentes interesses. É incontroversa a legitimidade do Ministério Público para ingressar com Ação Civil Pública que envolva direitos difusos e coletivos. Já para discutir interesses individuais homogêneos, estes devem ser indisponível ou envolver interesse social, como é o caso da questão. RD
Gabarito "D".

(Juiz de Direito – TJ/RJ – 2019 – VUNESP) Em conformidade com o que disciplina o Código de Defesa do Consumidor sobre os interesses ou direitos individuais homogêneos, assinale a alternativa correta.

(A) O Ministério Público não é parte legítima para atuar em defesa dos interesses individuais homogêneos dos consumidores.

(B) A respectiva coisa julgada terá efeitos *ultra partes*, com a reparabilidade indireta do bem cuja titularidade é composta pelo grupo ou classe.

(C) A marca de seu objeto é a indivisibilidade e a indisponibilidade, ou seja, não comportam fracionamento e não podem ser disponibilizados por qualquer dos cotitulares.

(D) São interesses na sua essência coletivos, não podendo ser exercidos em juízo individualmente.

(E) A origem comum exigida para a configuração dos interesses individuais homogêneos pode ser tanto de fato como de direito.

A: Incorreta. De acordo com o art. 82, I do CDC e com o art. 5º da Lei de Ação Civil Pública, o Ministério Público é parte legítima para atuar em defesa dos interesses individuais homogêneos dos consumidores. **B:** Incorreta. Conforme previsão do art. 103, III e 81, parágrafo único, III, a coisa julgada terá efeito *erga omnes*, tratando-se de direitos ou interesses individuais. Nesse sentido, ressaltamos que caso a ação verse sobre interesses ou direitos coletivos, a coisa julgada surtirá efeito *ultra partes*, conforme disposição dos arts. 103, II e 81, parágrafo único, II, do CDC. **C:** Incorreta. Os direitos individuais homogêneos são, em sua natureza, divisíveis, podendo seus titulares serem individualizados. Nesse sentido, tais direitos são reconhecidos pela divisibilidade do objeto, determinabilidade dos titulares e sua origem comum. **D:** Incorreta. Os direitos difusos, coletivos ou individuais homogêneos podem ser levados à juízo através da tutela coletiva de direitos, mas não retira a opção de o titular de direitos participar de propor ação individual. Nesse sentido, assim determina o art. 104 do CDC: "As ações coletivas, previstas nos incisos I e II e do parágrafo único do art. 81, não induzem litispendência para as ações individuais, mas os efeitos da coisa julgada *erga omnes* ou *ultra partes* a que aludem os incisos II e III do artigo anterior não beneficiarão os autores das ações individuais, se não for requerida sua suspensão no prazo de trinta dias, a contar da ciência nos autos do ajuizamento da ação coletiva". **E:** Correta. O art. 81, parágrafo único, III, do CDC, define "*interesses ou direitos **individuais homogêneos**, assim entendidos os decorrentes de origem comum*". Assim, a origem comum pode ser tanto origem de fato como de direito.

Gabarito "E".

(Juiz de Direito - TJ/AL - 2019 – FCC) Na defesa do consumidor em juízo, na ação que tenha por objeto o cumprimento da obrigação de fazer ou não fazer,

(A) o Juiz concederá a tutela específica da obrigação ou determinará providências que assegurem o resultado prático equivalente ao do adimplemento, como, dentre outras, busca e apreensão, remoção de coisas e pessoas, desfazimento de obra e impedimento de atividade nociva, além da requisição de força policial.

(B) a conversão eventual da obrigação em perdas e danos só será admissível por decisão consensual das partes.

(C) a indenização por perdas e danos far-se-á abrangendo danos emergentes e lucros cessantes, mas sempre com prejuízo da multa processual.

(D) somente após justificação prévia poderá o Juiz conceder a tutela jurisdicional pleiteada, após citação do réu, em razão da natureza coletiva dos direitos discutidos na lide.

(E) é possível impor-se multa diária ao réu, na sentença, desde que requerida expressamente pelo autor e se suficiente ou compatível com a obrigação, fixado prazo razoável para cumprimento do preceito.

A: correta. Nos termos do art. 84, § 5º, do CDC. **B:** incorreta. A conversão da obrigação em perdas e danos somente será admissível se por elas optar o autor ou se impossível a tutela específica ou a obtenção do resultado prático correspondente (art. 84, § 1º). **C:** incorreta. A indenização por perdas e danos far-se-á abrangendo danos emergentes e lucros cessantes, sem prejuízo da multa processual. **D:** incorreta. Sendo relevante o fundamento da demanda e havendo justificado receio de ineficácia do provimento final, é lícito ao juiz conceder a tutela liminarmente ou após justificação prévia, citado o réu (art. 84, § 3º). **E:** incorreta. é possível impor-se multa diária ao réu, na sentença (ou liminarmente), independentemente de pedido do autor, se for suficiente ou compatível com a obrigação, fixando prazo razoável para o cumprimento do preceito (art. 84, § 4º).

Gabarito "A".

(Juiz de Direito – TJ/SC – 2019 – CESPE/CEBRASPE) A respeito da defesa do consumidor em juízo, assinale a opção correta.

(A) O Ministério Público possui legitimidade para pleitear, em demandas de saúde contra os entes federativos, tratamentos médicos, exceto quando se tratar de feitos que contenham beneficiários individualizados.

(B) A Defensoria Pública tem legitimidade para ajuizar ação civil pública em defesa de direitos individuais homogêneos de consumidores idosos, independentemente da comprovação de hipossuficiência econômica dos beneficiários.

(C) Associação com fins específicos de proteção ao consumidor possui legitimidade para o ajuizamento de ação civil pública com a finalidade de tutelar interesses coletivos de beneficiários do seguro DPVAT.

(D) Em caso de ação que tenha por objeto o cumprimento da obrigação de fazer ou não fazer, o juiz deverá dar prioridade à conversão da obrigação em perdas e danos.

(E) O comerciante que indenize, em juízo, o consumidor lesado não poderá exercer o direito de regresso contra os demais responsáveis pelo evento danoso nos mesmos autos nem requerer a denunciação da lide.

A: incorreta. Entende o STJ que "O Ministério Público é parte legítima para pleitear tratamento médico ou entrega de medicamentos nas demandas de saúde propostas contra os entes federativos, mesmo quando se tratar de feitos contendo beneficiários individualizados, porque se refere a direitos individuais indisponíveis, na forma do art. 1º da Lei n. 8.625/1993 (Lei Orgânica Nacional do Ministério Público)" (Tema 766). **B:** correta. O tema é sensível e amplamente discutível na doutrina e jurisprudência. A legitimidade da defensoria está expressamente prevista no art. 5º da LACP e se justifica pela hipossuficiência econômica, jurídica e organizacional dos beneficiários da ação. Veja o acórdão muito elucidativo: Embargos de divergência no recurso especial nos embargos infringentes. Processual civil. Legitimidade da defensoria pública para a propositura de ação civil pública em favor de idosos. Plano de saúde. Reajuste em razão da idade tido por abusivo. Tutela de interesses individuais homogêneos. Defesa de necessitados, não só os carentes de recursos econômicos, mas também os hipossuficientes jurídicos. Embargos de divergência acolhidos. (...) 2. A atuação primordial da Defensoria Pública, sem dúvida, é a assistência jurídica e a defesa dos necessitados econômicos, entretanto, também exerce suas atividades em auxílio a necessitados jurídicos, não necessariamente carentes de recursos econômicos, como é o caso, por exemplo, quando exerce a função do curador especial, previsto no art. 9º, inciso II, do Código de Processo Civil, e do defensor dativo no processo penal, conforme consta no art. 265 do Código de Processo Penal. 3. No caso, o direito fundamental tutelado está entre os mais importantes, qual seja, o direito à saúde. Ademais, o grupo de consumidores potencialmente lesado é formado por idosos, cuja condição de vulnerabilidade já é reconhecida na própria Constituição Federal, que dispõe no seu art. 230, sob o Capítulo VII do Título VIII ("Da Família, da Criança, do Adolescente, do Jovem e do Idoso"): "A família, a sociedade e o Estado têm o dever de amparar as pessoas idosas, assegurando sua participação na comunidade, defendendo sua dignidade e bem-estar e garantindo-lhes o direito à vida). 4. "A expressão 'necessitados' (art. 134, *caput*, da Constituição), que qualifica, orienta e enobrece a atuação da Defensoria Pública, deve ser entendida, no campo da Ação Civil Pública, em sentido amplo, de modo a incluir, ao lado dos estritamente carentes de recursos financeiros – os miseráveis e pobres –, os hipervulneráveis (isto é, os socialmente estigmatizados ou excluídos, as crianças, os idosos, as gerações futuras), enfim todos aqueles que, como indivíduo ou classe, por conta de sua real debilidade perante abusos ou arbítrio dos detentores de poder econômico ou político, 'necessitem' da mão benevolente e solidarista do Estado para sua proteção, mesmo que contra o próprio Estado. Vê-se, então, que a partir da ideia tradicional da instituição forma-se, no Welfare State, um novo e mais abrangente círculo de sujeitos salvaguardados processualmente, isto é, adota-se uma compreensão de *minus habentes* impregnada de significado social, organizacional e de dignificação da pessoa humana" (REsp 1.264.116/RS, Rel. Ministro Herman Benjamin, Segunda Turma, julgado em

18/10/2011, DJe 13/04/2012). **5.** O Supremo Tribunal Federal, a propósito, recentemente, ao julgar a ADI 3943/DF, em acórdão ainda pendente de publicação, concluiu que a Defensoria Pública tem legitimidade para propor ação civil pública, na defesa de interesses difusos, coletivos ou individuais homogêneos, julgando improcedente o pedido de declaração de inconstitucionalidade formulado contra o art. 5°, inciso II, da Lei 7.347/1985, alterada pela Lei 11.448/2007 ("Art. 5° Têm legitimidade para propor a ação principal e a ação cautelar: ... II – a Defensoria Pública"). **6.** Embargos de divergência acolhidos para, reformando o acórdão embargado, restabelecer o julgamento dos embargos infringentes prolatado pelo Terceiro Grupo Cível do Tribunal de Justiça do Estado do Rio Grande do Sul, que reconhecera a legitimidade da Defensoria Pública para ajuizar a ação civil pública em questão. (EREsp 1192577/RS, Rel. Ministra Laurita Vaz, Corte Especial, julgado em 21/10/2015, DJe 13/11/2015). **C:** incorreta. Entendeu o STJ que não está presente a relação de consumo entre a seguradora e o segurado do DPVAT. Por essa razão, a associação de defesa do consumidor não pode representar em juízo os segurados: "Ausente, sequer tangencialmente, relação de consumo, não se afigura correto atribuir a uma associação, com fins específicos de proteção ao consumidor, legitimidade para tutelar interesses diversos, como é o caso dos que se referem ao seguro DPVAT, sob pena de desvirtuar a exigência da representatividade adequada, própria das ações coletivas" (STJ, REsp 1.091.756 – MG). **D:** incorreta. Na forma do art. 84 do CDC a "ação que tenha por objeto o cumprimento da obrigação de fazer ou não fazer, o juiz concederá a tutela específica da obrigação ou determinará providências que assegurem o resultado prático equivalente ao do adimplemento". Só será convertida em perdas e danos se por elas optar o autor ou se impossível a tutela específica ou a obtenção do resultado prático correspondente (§ 1° do art. 84 do CDC). **E:** incorreta. Na hipótese de ação de regresso prevista no art. 13 do CDC, poderá, por força do art. 88 do mesmo diploma legal, ser ajuizada em processo autônomo, sendo facultada a possibilidade de prosseguir-se nos mesmos autos, sendo expressamente vedada a denunciação da lide. **RD**

Gabarito "B".

13. SNDC E CONVENÇÃO COLETIVA

(Promotor de Justiça/SP – 2019 – MPE/SP) A respeito da convenção coletiva de consumo, assinale a alternativa **INCORRETA**.

(A) Tornar-se-á obrigatória a partir da homologação pelo órgão do Ministério Público com atribuição.

(B) Pode regular as relações de consumo, envolvendo condições relativas ao preço, à qualidade, à quantidade, à garantia e características de produtos e serviços.

(C) Pode ser firmada entre as entidades civis de consumidores e as associações de fornecedores ou sindicatos de categoria econômica.

(D) Pode dispor sobre a forma de reclamação e de composição do conflito de consumo.

(E) Somente obrigará os filiados às entidades signatárias.

A: Incorreta. Não se faz necessária a homologação do Ministério Público para tornar a convenção coletiva de consumo obrigatória. O requisito para tornar obrigatória a convenção é o registro do documento no cartório de títulos e documentos (art. 107, § 1°, do CDC). **B:** Correta. Nos exatos termos do *caput* do art. 107 do CDC: "As entidades civis de consumidores e as associações de fornecedores ou sindicatos de categoria econômica podem regular, por convenção escrita, relações de consumo que tenham por objeto estabelecer condições relativas ao preço, à qualidade, à quantidade, à garantia e características de produtos e serviços, bem como à reclamação e composição do conflito de consumo. **C:** Correta. Os legitimados para a convenção coletiva de consumo são as entidades civis de consumidores e as associações de fornecedores ou sindicatos de categoria econômica (art. 107, *caput*, do CDC). **D:** Correta. Nos exatos termos da parte final do *caput* do art. 107 do CDC. **E:** Correta. Conforme o § 2° do art. 107 do CDC. **RD**

Gabarito "A".

14. TEMAS COMBINADOS

(Juiz de Direito – TJ/SC – 2024 – FGV) De acordo com o Código de Defesa do Consumidor, as concessionárias e permissionárias de serviço público são obrigadas a fornecer o serviço de forma adequada, eficiente, segura e, em se tratando de serviço essencial, contínua. No âmbito das obrigações das concessionárias e permissionárias de serviço público de distribuição de energia elétrica, a respeito da adequação e continuidade do serviço, a Resolução Normativa Aneel n° 1.000/2021 estabelece que:

I. A distribuidora é responsável pela prestação de serviço adequado ao consumidor e demais usuários, sendo considerado adequado o serviço que satisfaça as condições de regularidade, continuidade, eficiência, segurança, atualidade, generalidade, cortesia na sua prestação e rentabilidade para a distribuidora das tarifas.

II. Não se caracteriza como interrupção da continuidade do serviço a sua descontinuidade em situação emergencial, assim caracterizada como a deficiência técnica ou de segurança em instalações do consumidor e dos demais usuários que ofereçam risco iminente de danos a pessoas, bens ou ao funcionamento do sistema elétrico ou o caso fortuito ou motivo de força maior.

III. Também não se caracteriza como interrupção da continuidade do serviço a sua descontinuidade por razões de ordem técnica ou de segurança em instalações do consumidor e dos demais usuários; ou pelo inadimplemento, sempre após prévia notificação.

Está correto o que se afirma em:

(A) somente I;
(B) somente II;
(C) somente I e III;
(D) somente II e III;
(E) I, II e III.

I: Incorreto. O art. 6, § 1°, da Lei n° 8.987/95 consagra o princípio da modicidade (e não a rentabilidade como sugere o item). Dessa forma, de acordo com o dispositivo mencionado, "serviço adequado é o que satisfaz as condições de regularidade, continuidade, eficiência, segurança, atualidade, generalidade, cortesia na sua prestação e modicidade das tarifas". A mesma redação é repetida pela Resolução Normativa ANEEL n° 1.000/2021, em seu art. 4°, § 1°. **II:** Correto. O art. 6°, § 3° da Lei 8.987/95 estabelece que não se caracteriza como descontinuidade do serviço a sua interrupção em situação de emergência ou após prévio aviso, quando motivada por razões de ordem técnica ou de segurança das instalações e por inadimplemento do usuário, considerado o interesse da coletividade. De outra banda, a Resolução Normativa ANEEL n° 1.000/2021, em seu art. 4°, § 3°, assim dispõe: Não se caracteriza como descontinuidade do serviço a sua interrupção: I – em situação emergencial, assim caracterizada como a deficiência técnica ou de segurança em instalações do consumidor e demais usuários que ofereçam risco iminente de danos a pessoas, bens ou ao funcionamento do sistema elétrico ou o caso fortuito ou motivo de força maior; II – por razões de ordem técnica ou de segurança em instalações do consumidor e demais usuários; ou III – pelo inadimplemento, sempre após prévia notificação. **III:** Correto. Conforme dispositivos supramencionados. **RD**

Gabarito "D".

(Juiz de Direito – TJ/SP – 2023 – VUNESP) Assinale a alternativa correta.

(A) Nas relações de consumo entre fornecedor e consumidor pessoa jurídica, a indenização não poderá ser limitada, mesmo em situações justificáveis.
(B) O contrato de seguro por danos pessoais exclui os danos morais, salvo cláusula expressa em sentido contrário.
(C) No âmbito do Código de Defesa do Consumidor, é permitida a revisão das cláusulas contratuais, ante a mitigação do princípio da *pacta sunt servanda*.
(D) O Código de Defesa do Consumidor não é aplicável às entidades abertas de previdência complementar.

A: Incorreta. Conforme art. 51, I do CDC, que dispõe sobre cláusulas abusivas, "nas relações de consumo entre o fornecedor e o consumidor pessoa jurídica, a indenização poderá ser limitada, em situações justificáveis". **B:** Incorreta. Conforme Súmula 402 do STJ: "O contrato de seguro por danos pessoais compreende os danos morais, salvo cláusula expressa de exclusão". **C:** Correta. Conforme entendimento do STJ, sendo aplicável o Código de Defesa do Consumidor, é permitida a revisão das cláusulas contratuais pactuadas, tendo em conta que o princípio do *pacta sunt servanda* sofre mitigações, especialmente em relação aos princípios da boa-fé objetiva, da função social dos contratos e do dirigismo contratual (REsp 973.827/RS). **D:** Incorreta. Conforme Súmula 563 do STJ: "O Código de Defesa do Consumidor é aplicável às entidades abertas de previdência complementar, não incidindo nos contratos previdenciários celebrados com entidades fechadas". Gabarito "C."

(Juiz Federal – TRF/1 – 2023 – FGV) Em relação a serviços públicos, o Código de Defesa do Consumidor é:

(A) sempre inaplicável, considerando que a relação de consumo se desenvolve no âmbito de uma atividade lucrativa, escopo distinto dos serviços que são prestados pelo poder público;
(B) sempre aplicável, considerando que nele consta expressa previsão de que o fornecedor poderá ser pessoa jurídica de direito privado ou público;
(C) aplicável, considerando a expressa previsão de que o fornecedor pode ser pessoa jurídica de direito privado ou público, quando se tratar de serviços públicos *uti singuli* remunerados por tarifa, como, por exemplo, o serviço postal;
(D) aplicável, a despeito de inexistir expressa previsão de que o fornecedor pode ser pessoa jurídica de direito privado ou público, quando se tratar de serviços públicos *uti universi* remunerados por tarifa, como, por exemplo, o serviço da Caixa Econômica Federal;
(E) aplicável, considerando a expressa previsão de que o fornecedor pode ser pessoa jurídica de direito privado ou público, quando se tratar de serviços públicos *uti universi* remunerados por tarifa, como, por exemplo, o serviço de hospital privado conveniado ao SUS.

O art. 3º do CDC prevê expressamente a possibilidade de identificação de fornecedores como pessoas jurídicas de direito público. Entretanto, conforme entendimento do STJ, aplica-se o CDC somente aos serviços públicos impróprios ou *uti singuli* (de fruição individual), excluindo os serviços públicos *uti universi* (de fruição coletiva). Entre os serviços públicos com incidência do CDC podemos citar os serviços postais (EREsp 1.097.266/PB, Segunda Seção, julgado em 10/12/2014, DJe 24/02/2015) e os serviços de energia elétrica. Por conseguinte, exclui-se a aplicação do CDC aos serviços públicos de saúde, oferecidos de forma indivisível e universal (*uti universi*). Gabarito "C."

(Juiz de Direito – TJ/DFT – 2023 – CEBRASPE) Acerca das disposições do CDC e à luz da jurisprudência do STF, julgue os itens a seguir.

I. – Os tratados internacionais limitadores da responsabilidade das transportadoras aéreas de passageiros, formalizados ou atualizados após o CDC, ainda que menos favoráveis ao consumidor, têm prevalência em relação a esse diploma legal.
II. – É inconstitucional lei distrital que disponha sobre a vedação do corte do fornecimento de energia elétrica residencial, em situações de inadimplemento e parcelamento do débito, em razão da pandemia de covid-19, porquanto invade a competência da União de legislar sobre normas gerais atinentes à proteção do consumidor.
III. – É válida lei distrital que estabeleça novas restrições, com base no CDC, quanto aos débitos que não podem ser inscritos nos cadastros de proteção ao crédito, em razão do fato de ser concorrente a competência dos estados e do Distrito Federal para legislar sobre direito do consumidor.

Assinale a opção correta.

(A) Apenas o item I está certo.
(B) Apenas o item II está certo.
(C) Apenas os itens I e III estão certos.
(D) Apenas os itens II e III estão certos.
(E) Todos os itens estão certos.

I: Correto. Conforme entendimento do STF: "Nos termos do art. 178 da Constituição da República, as normas e os tratados internacionais limitadores da responsabilidade das transportadoras aéreas de passageiros, especialmente as Convenções de Varsóvia e Montreal, têm prevalência em relação ao Código de Defesa do Consumidor" (STF, Tema 2010, RE 636.331,rel. min. Gilmar Mendes, voto da min. Rosa Weber, P, julgado em 25-5-2017*)*. **II:** Incorreto. De acordo com entendimento do STF "São constitucionais as normas estaduais, editadas em razão da pandemia causada pelo novo coronavírus, pelas quais veiculados a proibição de suspensão do fornecimento do serviço de energia elétrica, o modo de cobrança, a forma de pagamentos dos débitos e a exigibilidade de multa e juros moratórios. As normas objetivam regulamentar a relação entre o usuário do serviço e a empresa concessionária, tratando-se, portanto, essencialmente de normas sobre defesa e proteção dos direitos do consumidor e da saúde pública" (STF - Info 1012 - STF, Plenário, ADI 6432/RR, Rel. Min. Cármen Lúcia, julgado em 7/4/2021). **III:** Incorreto. Conforme entendimento do STF " é inconstitucional lei estadual que vede a inscrição em cadastro de proteção ao crédito de usuário inadimplente dos serviços de abastecimento de água e esgotamento sanitário" (STF, Plenário, ADI 6668/MG, Rel. Min. Gilmar Mendes, julgado em 11/2/2022 – Info 1043). Gabarito "A."

(Juiz de Direito – TJ/SP – 2023 – VUNESP) É correto afirmar que

(A) o fornecedor não está obrigado a informar o valor aproximado correspondente à totalidade dos tributos incidentes sobre a venda ao consumidor de mercadorias ou serviços.
(B) o provedor de conteúdo de internet responde objetivamente pelo conteúdo inserido pelo usuário.
(C) a teoria do adimplemento substancial pode ser aplicada nos contratos de alienação fiduciária, regidos pelo Decreto-lei nº 911, de 1969.

(D) é lícito o uso de escore de crédito (*credit scoring*) para concessão de crédito ao consumidor.

A: Incorreta. O art. 6º do CDC elenca, entre os direitos básicos do consumidor "a informação adequada e clara sobre os diferentes produtos e serviços, com especificação correta de quantidade, características, composição, qualidade, tributos incidentes e preço, bem como sobre os riscos que apresentem". **B:** Incorreta. Conforme art. 21 da Lei nº 12.965/2014, o provedor responde subjetivamente pelo conteúdo inserido pelo usuário. **C:** Incorreta. Conforme entendimento do STJ: "Não se aplica a teoria do adimplemento substancial aos contratos de alienação fiduciária em garantia regidos pelo Decreto-Lei 911/69" (REsp 1622555-MG). **D:** Correta. Conforme entendimento do STJ: O "*credit scoring*" é considerado como prática comercial lícita, estando autorizada pelo art. 5º, IV, e pelo art. 7º, I, da Lei 12.414/2011 (Lei do Cadastro Positivo) (REsp 1.419.697-RS). No mesmo sentido, a Súmula 550 do STJ ainda estabeleceu que a utilização de escore de crédito dispensa o consentimento do consumidor, que terá o direito de solicitar esclarecimentos sobre as informações pessoais valoradas e as fontes dos dados considerados no respectivo cálculo. **RD**

Gabarito "D".

(Promotor de Justiça/PR – 2019 – MPE/PR) Analise as assertivas abaixo e assinale a alternativa incorreta:

(A) Nos contratos bancários é vedado ao julgador conhecer, de ofício, da abusividade das cláusulas.
(B) O Código de Defesa do Consumidor é aplicável aos empreendimentos habitacionais promovidos pelas sociedades cooperativas.
(C) O Código de Defesa do Consumidor é aplicável às entidades abertas de previdência complementar, não incidindo nos contratos previdenciários celebrados com entidades fechadas.
(D) Cabe ao mantenedor do Cadastro de Proteção ao Crédito a notificação do devedor antes de proceder à inscrição.
(E) O Ministério Público tem legitimidade ativa para atuar na defesa de direitos difusos coletivos e individuais homogêneos dos consumidores, exceto os decorrentes da prestação de serviço público.

A: Correta. Conforme a Súmula 381 do Superior Tribunal de Justiça. **B:** Correta. Conforme a Súmula 602 do STJ. **C:** Correta. Conforme a Súmula 563 do STJ. **D:** Correta. Conforme a Súmula 359 do STJ. **E:** Incorreta. Conforme a Súmula 601 do STJ "Ministério Público tem legitimidade ativa para atuar na defesa de direitos difusos e individuais homogêneos do consumidor, ainda que decorrente da prestação de serviço público". **RD**

Gabarito "E".

(Investigador – PC/BA – 2018 – VUNESP) No Título II do Código de Defesa do Consumidor (Lei nº 8.078/90), estão previstas algumas condutas que, se praticadas pelo fornecedor, serão consideradas crime, entre elas:

(A) fazer ou promover publicidade que sabe ou deveria saber ser enganosa ou abusiva.
(B) executar serviço de alto grau de periculosidade, mesmo em consonância com determinação de autoridade competente.
(C) empregar, na reparação de produtos, peça ou componentes de reposição ainda que novos, sem autorização do consumidor.
(D) comunicar à autoridade competente e aos consumidores a nocividade ou periculosidade de produtos ainda que o conhecimento seja posterior à sua colocação no mercado.
(E) empregar na reparação de produtos, peças ou componentes usados, mesmo que com a autorização do consumidor.

A: correta, nos exatos termos do art. 67 do CDC; **B:** incorreta. Executar serviço de alto grau de periculosidade, contrariando determinação de autoridade, é conduta típica estabelecida no art. 65 do CDC; **C:** incorreta. Nos termos do art. 70 do CDC, constitui crime "empregar na reparação de produtos, peça ou componentes de reposição usados, sem autorização do consumidor"; **D:** incorreta. Constitui crime do art. 64 **deixar** de comunicar à autoridade competente e aos consumidores sobre a nocividade ou periculosidade de produtos cujo conhecimento seja posterior à sua colocação no mercado; **E:** incorreta. Vide comentário da alternativa E. **RD**

Gabarito "A".

15. OUTROS TEMAS

(Juiz de Direito/GO – 2021 – FCC) De acordo com a jurisprudência do STJ, constante de súmula,

(A) nos contratos bancários, é possível ao julgador conhecer de ofício, da abusividade das cláusulas contratuais, por se tratar de hipótese de nulidade.
(B) o contrato de seguro por danos pessoais compreenderá sempre os danos morais.
(C) a embriaguez do segurado não exime a seguradora do pagamento de indenização prevista em contrato de seguro de vida.
(D) dada sua natureza, o Código de Defesa do Consumidor não se aplica aos empreendimentos habitacionais promovidos pelas sociedades cooperativas.
(E) o Código de Defesa do Consumidor é aplicável tanto às entidades abertas de previdência complementar como aos contratos celebrados com entidades previdenciárias fechadas.

Comentário: A: Incorreta. Conforme entendimento da Súmula 381 do STJ: "Nos contratos bancários, é vedado ao julgador conhecer, de ofício, da abusividade das cláusulas". **B:** Incorreta. Conforme disposição da Súmula 402-STJ: "O contrato de seguro por danos pessoais compreende os danos morais, salvo cláusula expressa de exclusão". **C:** Correta. Conforme Súmula 620 do STJ. **D:** Incorreta. De acordo com a Súmula 602 do STJ: "O Código de Defesa do Consumidor é aplicável aos empreendimentos habitacionais promovidos pelas sociedades cooperativas". **E:** Incorreta. De acordo com a Súmula 563 do STJ: "O CDC é aplicável às entidades abertas de previdência complementar, não incidindo nos contratos previdenciários celebrados com entidades fechadas". **RD**

Gabarito "C".

(Juiz de Direito/GO – 2021 – FCC) Cabe ao Departamento Nacional de Defesa do Consumidor, na qualidade de organismo de coordenação da política do Sistema Nacional de Defesa do Consumidor,

(A) levar ao conhecimento dos órgãos competentes crimes contra os interesses difusos e coletivos dos consumidores.
(B) fiscalizar, direta e exclusivamente, preços, abastecimento, quantidade e segurança de bens e serviços.
(C) receber, analisar, avaliar e julgar consultas, denúncias ou sugestões apresentadas por entidades representativas ou pessoas jurídicas de direito público ou privado.

(D) planejar, elaborar, propor, coordenar e executar a política nacional de proteção ao consumidor.
(E) informar, conscientizar e motivar o consumidor através de portarias, decretos e informativos.

Comentário: **A**: Incorreta. De acordo com o art. 106, VII, do CDC, o órgão é responsável por levar ao conhecimento dos órgãos competentes *as infrações de ordem administrativa* que violarem os interesses difusos, coletivos ou individuais dos consumidores. **B**: Conforme entendimento do art. 106, VIII, o órgão é responsável por *auxiliar* a fiscalização de preços, abastecimento, quantidade e segurança de bens de serviço, junto à outras entidades da União, Estados, Distrito Federal e Municípios. Ou seja, não se trata e competência *direta e exclusiva*. **C**: Incorreta. De acordo com o art. 106, II, do CDC, o órgão é responsável por receber, analisar, avaliar e *encaminhar* consultas, denúncias ou sugestões apresentadas por entidades representativas ou pessoas jurídicas de direito público ou privado. Ou seja, não é responsável por *julgar*. **D**: Correta. Conforme art. 106, I, do CDC. **E**: Incorreta. De acordo com o art. 106, IV, cabe ao órgão informar, conscientizar e motivar o consumidor através dos diferentes meios de comunicação. RD
Gabarito "D".

(Juiz de Direito – TJ/RJ – 2019 – VUNESP) Tendo em vista o entendimento sumular do Superior Tribunal de Justiça, é correto afirmar que

(A) o Código de Defesa do Consumidor não é aplicável aos empreendimentos habitacionais promovidos pelas sociedades cooperativas.
(B) é abusiva a cláusula contratual de plano de saúde que prevê a limitação do tempo de internação hospitalar do segurado.
(C) constitui prática abusiva a estipulação de juros remuneratórios superiores a 12% ao ano.
(D) incumbe ao credor a exclusão do registro da dívida em nome do devedor no cadastro de inadimplentes no prazo de cinco dias úteis, a partir do pagamento do débito ainda que parcial.
(E) constitui prática comercial abusiva o envio de cartão de crédito sem prévia e expressa solicitação do consumidor, não se sujeitando, no entanto, à aplicação de multa administrativa.

A: Incorreta. Conforme Súmula 602 do STJ "O Código de Defesa do Consumidor é aplicável aos empreendimentos habitacionais promovidos pelas sociedades cooperativas". **B**: Correta. Conforme literalidade da Súmula 302 do STJ: "É abusiva a cláusula contratual de plano de saúde que limita no tempo a internação hospitalar do segurado". **C**: Incorreta. De acordo com a Súmula 382 do STJ "A estipulação de juros remuneratórios superiores a 12% ao ano, por si só, não indica abusividade". **D**: Incorreta. Conforme entendimento da Súmula 548 do STJ "Incumbe ao credor a exclusão do registro da dívida em nome do devedor no cadastro de inadimplentes no prazo de cinco dias úteis, a partir do integral e efetivo pagamento do débito". **E**: Incorreta. De acordo com o enunciado da Súmula 532 do STJ "constitui prática comercial abusiva o envio de cartão de crédito sem prévia e expressa solicitação do consumidor, configurando-se ato ilícito indenizável e sujeito à aplicação de multa administrativa". RD
Gabarito "B".

(Juiz de Direito – TJ/RJ – 2019 – VUNESP) De acordo com o tratamento atribuído pelo regime consumerista aos institutos da decadência e da prescrição, assinale a alternativa correta.

(A) Em se tratando de vício oculto, o prazo de decadência tem início no momento em que se formalizar a reclamação do consumidor perante o fornecedor de produtos.
(B) Obsta o transcurso do prazo decadencial a reclamação formulada pelo consumidor perante o fornecedor de produtos até a resposta negativa correspondente ou o transcurso de prazo razoável sem a respectiva resposta.
(C) Prescreve em sessenta dias o direito de reclamar pelos vícios de fácil constatação, iniciando a contagem a partir da entrega efetiva do produto ou do término da execução dos serviços.
(D) A instauração de inquérito civil obsta a decadência, reiniciando a contagem do prazo decadencial no dia seguinte à referida instauração.
(E) Tem início o prazo de prescrição nos casos de responsabilidade pelo fato dos produtos ou serviços a partir da ciência do dano, bem como de sua autoria.

A: Incorreta. Conforme determina o art. 26, § 3º, do Código de Defesa do Consumidor, tratando-se de vício oculto, o prazo decadencial inicia-se no momento em que ficar evidenciado o vício. **B**: Incorreta. O mesmo art. 26, no seu § 2º, informa que "obsta a decadência a reclamação comprovadamente formulada pelo consumidor perante o fornecedor de produtos e serviços até a resposta negativa correspondente, que deve ser transmitida de forma inequívoca". **C**: Incorreta. O prazo previsto pelo Código de Defesa do Consumidor é decadencial, caducando o direito de o consumidor reclamar em trinta dias, tratando-se de fornecimento de serviço e de produtos não duráveis e noventa dias, tratando-se de fornecimento de serviço e de produtos duráveis (art. 26, I e II, do CDC) **D**: Incorreta. De acordo com o art. 26, § 2º, III, a instauração de inquérito civil obsta a decadência até seu encerramento; **E**: Correta. Conforme art. 27 do CDC: "Prescreve em cinco anos a pretensão à reparação pelos danos causados por fato do produto ou do serviço prevista na Seção II deste Capítulo, iniciando-se a contagem do prazo a partir do conhecimento do dano e de sua autoria". RD
Gabarito "E".

(Juiz de Direito – TJ/SC – 2019 – CESPE/CEBRASPE) No que tange à relação jurídica entre consumidor e incorporadora imobiliária, à comissão de corretagem e à taxa de assessoria técnico-imobiliária, julgue os itens a seguir à luz das disposições do Código de Defesa do Consumidor e do entendimento do STJ.

I. A incorporadora, na condição de promitente-vendedora, é parte ilegítima para figurar no polo passivo da ação que vise à restituição ao consumidor dos valores pagos a título de comissão de corretagem e de taxa de assessoria técnico-imobiliária.
II. É válida a cláusula que transfira ao promitente-comprador a obrigação de pagar a comissão de corretagem nos contratos de promessa de compra e venda de unidade autônoma em regime de incorporação imobiliária, desde que previamente informado o preço total da aquisição da unidade autônoma, com o destaque do valor da comissão de corretagem.
III. É abusiva a cobrança pelo promitente-vendedor do serviço de assessoria técnico-imobiliária, ou atividade congênere, vinculada à celebração de promessa de compra e venda de imóvel.

Assinale a opção correta.

(A) Apenas o item I está certo.
(B) Apenas o item II está certo.
(C) Apenas os itens I e III estão certos.

(D) Apenas os itens II e III estão certos.
(E) Todos os itens estão certos.

I: Falsa. Em sede de Recurso Repetitivo, (tema 939), o STJ firmou a seguinte tese: "Legitimidade passiva 'ad causam' da incorporadora, na condição de promitente-vendedora, para responder pela restituição ao consumidor dos valores pagos a título de comissão de corretagem e de taxa de assessoria técnico-imobiliária, nas demandas em que se alega prática abusiva na transferência desses encargos ao consumidor'. II: Verdadeira. Em sede de Recurso Repetitivo (Tema 938), o STJ firmou as seguintes teses: (I) Incidência da prescrição trienal sobre a pretensão de restituição dos valores pagos a título de comissão de corretagem ou de serviço de assistência técnico-imobiliária (SATI), ou atividade congênere (artigo 206, § 3º, IV, CC). (vide REsp n. 1.551.956/SP). (I) Validade da cláusula contratual que transfere ao promitente-comprador a obrigação de pagar a comissão de corretagem nos contratos de promessa de compra e venda de unidade autônoma em regime de incorporação imobiliária, desde que previamente informado o preço total da aquisição da unidade autônoma, com o destaque do valor da comissão de corretagem; (vide REsp n. 1.599.511/SP). (II, parte final) Abusividade da cobrança pelo promitente-vendedor do serviço de assessoria técnico-imobiliária (SATI), ou atividade congênere, vinculado à celebração de promessa de compra e venda de imóvel. (vide REsp n. 1.599.511/SP). III: Verdadeira. Conforme justificativa acima. **RD**
Gabarito "D".

(Juiz de Direito - TJ/BA - 2019 - CESPE/CEBRASPE) A respeito de cláusulas abusivas, prescrição, proteção contratual e relação entre consumidor e planos de saúde, assinale a opção correta, de acordo com o entendimento jurisprudencial do STJ.
(A) A operadora de plano de saúde pode estabelecer, no contrato, as doenças que terão cobertura, mas não pode limitar o tipo de tratamento a ser utilizado pelo paciente, exceto se tal tratamento não constar na lista de procedimentos da ANS.
(B) Uma das condições para que o reajuste de mensalidade de plano de saúde individual fundado na mudança de faixa etária do beneficiário seja válido é que os percentuais aplicados sejam razoáveis, baseados em estudos atuariais idôneos, e não onerem excessivamente o consumidor nem discriminem o idoso.
(C) Na vigência dos contratos de seguro de assistência à saúde, a pretensão condenatória decorrente da declaração de nulidade de cláusula de reajuste neles prevista prescreve em um ano.
(D) É abusiva a cláusula contratual de coparticipação na hipótese de internação superior a trinta dias em razão de transtornos psiquiátricos, por restringir obrigação fundamental inerente à natureza do contrato.
(E) A operadora de plano de saúde, em razão da sua autonomia, será isenta de responsabilidade por falha na prestação de serviço de hospital conveniado.

A: incorreta. A jurisprudência do STJ segue no sentido que é possível que o plano de saúde estabeleça as doenças que terão cobertura, mas não o tipo de tratamento utilizado, sendo abusiva a negativa de cobertura do procedimento, tratamento, medicamento ou material considerado essencial a realização de acordo com o proposto pelo profissional médico. Ademais, fato de eventual tratamento não constar do rol de procedimentos da ANS não significa que a sua prestação não possa ser exigida pelo segurado, uma vez que referido rol é exemplificativo. Veja AgRg no AREsp 708.082/DF, Rel. Ministro João Otávio de Noronha e AREsp 1515875 / RJ. **B:** correta. Já entendeu o STJ em sede de IRDE "O reajuste de mensalidade de plano de saúde individual ou familiar fundado na mudança de faixa etária do beneficiário é válido desde que (i) haja previsão contratual, (ii) sejam observadas as normas expedidas pelos órgãos governamentais reguladores e (iii) não sejam aplicados percentuais desarrazoados ou aleatórios que, concretamente e sem base atuarial idônea, onerem excessivamente o consumidor ou discriminem o idoso." (Tema 952). **C:** incorreta. A prescrição, conforme entendimento do STJ, é de 3 (três) anos para o pedido de nulidade de cláusula e consequente repetição de indébito, posto que fundamentada no enriquecimento sem causa (Veja: REsp 1.800.456/SP). **D:** incorreta. O STJ tem entendido que não é abusiva a cláusula de coparticipação expressamente contratada e informada ao consumidor para a hipótese de internação superior a 30 (trinta) dias decorrentes de transtornos psiquiátricos (Veja EAREsp 793.323-TJ). Observe que o tema está afetado aguardando julgamento em IRDR (tema 1032). **E:** incorreta. O STJ tem entendido que a responsabilidade civil é objetiva do hospital em razão da indicação do hospital (Veja, AgInt no AREsp 616058/RJ). **RD**
Gabarito "B".

(Juiz de Direito - TJ/BA - 2019 - CESPE/CEBRASPE) No que se refere aos direitos básicos do consumidor, à legitimidade ativa para a propositura de ações coletivas e aos bancos de dados e cadastros de consumidores, julgue os itens a seguir.

I. A responsabilidade subjetiva do médico não exclui a possibilidade de inversão do ônus da prova, se presentes os requisitos previstos no CDC, devendo o profissional demonstrar ter agido com respeito às orientações técnicas aplicáveis.
II. O MP terá legitimidade ativa para atuar na defesa de direitos difusos, coletivos e individuais homogêneos dos consumidores, exceto quando tais direitos decorrerem da prestação de serviço público.
III. A manutenção de inscrição negativa nos cadastros de proteção ao crédito deve respeitar a exigibilidade do débito inadimplido, tendo, para tanto, um limite de cinco anos, independentemente do prazo prescricional para a cobrança do crédito.

Assinale a opção correta.
(A) Apenas o item I está certo.
(B) Apenas o item II está certo.
(C) Apenas os itens I e III estão certos.
(D) Apenas os itens II e III estão certos.
(E) Todos os itens estão certos.

I: correta. A responsabilidade civil do médico é subjetiva, nos termos do art. 14, § 4º do CDC, devendo o consumidor, portanto, comprovar a culpa, nexo de causalidade e extensão de danos para requerer a sua indenização. No entanto, havendo hipossuficiência do consumidor ou se as alegações forem verossímeis, pode o consumidor pleitear a inversão do ônus da prova (art. 6º, VIII); **II:** incorreta. A legitimidade do MP para ação coletiva que envolva direitos difusos, coletivos, e individuais homogêneos está prevista nos arts. 82 e 91 do CDC, além do art. 5º da LACP, sem qualquer ressalva para os serviços públicos quando estes envolverem relação jurídica de consumo; **III:** incorreta. A manutenção dos dados negativos de consumidores em banco de dados deve obedecer a dois pressupostos: a dívida não pode estar prescrita (art. 43, § 5º) e o prazo máximo para manutenção de dados de cinco anos (art. 43, § 1º). O termo inicial para a contagem do prazo de 5 (cinco) anos é a data de vencimento da dívida: **"O termo inicial do prazo de permanência de registro de nome de consumidor em cadastro de proteção ao crédito (art. 43, § 1º, do CDC) inicia-se no dia subsequente ao vencimento da obrigação não paga, independentemente da data da inscrição no cadastro"** (Veja: REsp 1.316.117-SC e REsp 1.630.889/DF). **RD**
Gabarito "A".

15. DIREITO DO CONSUMIDOR

(Juiz de Direito - TJ/BA - 2019 - CESPE/CEBRASPE) A respeito de proteção contratual, responsabilidade por vício do serviço e legitimidade ativa para a propositura de ações coletivas, assinale a opção correta, com base no CDC e na jurisprudência do STJ.

(A) Admite-se a responsabilização de buscadores da Internet pelos resultados de busca apresentados para fazer cessar o vínculo criado, nos seus bancos de dados, entre dados pessoais e os resultados que não guardam relevância para o interesse público à informação, seja pelo conteúdo eminentemente privado, seja pelo decurso do tempo.

(B) Sob o argumento da reciprocidade, é válida a imposição, pelo juiz, de cláusula penal a fornecedor de bens móveis no caso de demora na restituição do valor pago quando do exercício do direito de arrependimento pelo consumidor, ante a premissa de que este é apenado com a obrigação de arcar com multa moratória quando atrasa o pagamento de suas faturas de cartão de crédito.

(C) Pela sua especificidade, as normas previstas no CDC têm prevalência em relação àquelas previstas nos tratados internacionais que limitam a responsabilidade das transportadoras aéreas de passageiros pelo desvio de bagagem, especialmente as Convenções de Varsóvia e de Montreal.

(D) O município não possui legitimidade ativa para ajuizar ação civil pública em defesa de servidores a ele vinculados, questionando a cobrança de tarifas bancárias de renovação de cadastro, uma vez que a proteção de direitos individuais homogêneos não está incluída em sua função constitucional.

(E) É válida a rescisão unilateral imotivada de plano de saúde coletivo empresarial pela operadora de plano de saúde em desfavor de microempresa com apenas dois beneficiários, em razão da inaplicabilidade das normas que regulam os contratos coletivos, justamente por faltar o elemento essencial de uma população de beneficiários.

A: Correta. Sobre o tema do direito ao esquecimento, já entendeu o STJ: "Quanto ao assunto, a jurisprudência desta Corte Superior tem entendimento reiterado no sentido de afastar a responsabilidade de buscadores da *internet* pelos resultados de busca apresentados, reconhecendo a impossibilidade de lhe atribuir a função de censor e impondo ao prejudicado o direcionamento de sua pretensão contra os provedores de conteúdo, responsáveis pela disponibilização do conteúdo indevido na *internet*. Há, todavia, circunstâncias excepcionalíssimas em que é necessária a intervenção pontual do Poder Judiciário para fazer cessar o vínculo criado, nos bancos de dados dos provedores de busca, entre dados pessoais e resultados da busca, **que não guardam relevância para interesse público à informação, seja pelo conteúdo eminentemente privado, seja pelo decurso do tempo**. Essa é a essência do direito ao esquecimento: não se trata de efetivamente apagar o passado, mas de permitir que a pessoa envolvida siga sua vida com razoável anonimato, não sendo o fato desabonador corriqueiramente rememorado e perenizado por sistemas automatizados de busca" (grifo nosso) (STJ, REsp 1.660.168-RJ). Em complemento, também já entendeu o tribunal superior que: "**O provedor de busca cientificado pelo consumidor sobre vínculo virtual equivocado entre o argumento de pesquisa (nome de consumidor) e o resultado de busca (sítio eletrônico) é obrigado a desfazer a referida indexação, ainda que esta não tenha nenhum potencial ofensivo**". (STJ, REsp 1.582.981-RJ). **B: Incorreta.** Nesse sentido, já se manifestou o STJ: "Em compras realizadas na internet, o fato de o consumidor ser penalizado com a obrigação de arcar com multa moratória, prevista no contrato com a financeira, quando atrasa o pagamento de suas faturas de cartão de crédito não autoriza a imposição, por sentença coletiva, de **cláusula penal** ao fornecedor de bens móveis, nos casos de atraso na entrega da mercadoria e na demora de restituição do valor pago quando do exercício do direito do arrependimento". (STJ. 4ª Turma. REsp 1412993-SP, Rel. Min. Luis Felipe Salomão, Rel. Acd. Min. Maria Isabel Gallotti, julgado em 08/05/2018). **C:** incorreta. Sobre a prevalência dos tratados internacionais entendeu o STF em sede de repercussão geral: "Nos termos do art. 178 da Constituição da República, as normas e os tratados internacionais limitadores da responsabilidade das transportadoras aéreas de passageiros, especialmente as Convenções de **Varsóvia** e Montreal, têm prevalência em relação ao Código de Defesa do Consumidor". (STF, Plenário, RE 636331/RJ, Rel. Min. Gilmar Mendes e ARE 766618/SP, Rel. Min. Roberto Barroso, julgados em 25/05/2017). **D:** incorreta. Sobre a legitimidade do município para propositura de ACP, já entendeu o STJ: "**Município** tem legitimidade *ad causam* para ajuizar ação civil pública em defesa de direitos consumeristas questionando a cobrança de tarifas bancárias. Em relação ao Ministério Público e aos entes políticos, que têm como finalidades institucionais a proteção de valores fundamentais, como a defesa coletiva dos consumidores, não se exige pertinência temática e representatividade adequada. (STJ. 3ª Turma. REsp 1509586-SC, Rel. Min. Nancy Andrighi, julgado em 15/05/2018). **E:** incorreta. Não é válida a **rescisão unilateral imotivada** de plano de saúde coletivo empresarial por parte da operadora em face de microempresa com apenas dois beneficiários. No caso concreto, havia um contrato coletivo atípico e que, portanto, merecia receber tratamento como se fosse um contrato de plano de saúde individual. Isso porque a pessoa jurídica contratante é uma microempresa e são apenas dois os beneficiários do contrato, sendo eles hipossuficientes frente à operadora do plano de saúde. No contrato de plano de saúde individual é vedada a rescisão unilateral, salvo por fraude ou não pagamento da mensalidade. (STJ, 3ª Turma, REsp 1701600-SP, Rel. Min. Nancy Andrighi, julgado em 06/03/2018)". Gabarito "A".

(Juiz de Direito - TJ/BA - 2019 - CESPE/CEBRASPE) No que se refere a responsabilidade por vício do serviço, legitimidade ativa para a propositura de ações coletivas, cláusulas abusivas, prescrição e decadência, assinale a opção correta, com base no CDC e na jurisprudência do STJ.

(A) Associação de defesa de interesses de consumidores possui legitimidade ativa para ajuizar ação civil pública contra seguradora operadora do seguro DPVAT, a fim de buscar a condenação de indenizar vítimas de danos pessoais ocorridos com veículos automotores.

(B) O furto de joias que sejam objetos de penhor constitui falha do serviço prestado pela instituição financeira, e não mero inadimplemento contratual, devendo incidir o prazo prescricional de cinco anos para o ajuizamento das competentes ações de indenização, conforme previsto no CDC.

(C) Desde que destacada, será válida cláusula contratual de prestação de serviços de cartão de crédito que autorize o banco contratante a compartilhar dados dos consumidores com outras entidades financeiras, ainda que não seja dada ao cliente opção de discordar desse compartilhamento.

(D) O saque indevido de numerário em conta-corrente mantida por correntista em determinado banco configura dano moral *in re ipsa* ao direito do correntista à segurança dos valores lá depositados ou aplicados.

(E) A reclamação obstativa da decadência feita verbalmente pelo consumidor para protestar vícios do produto não tem validade.

A: incorreta. Embora as associações de defesa do consumidor estejam no rol dos legitimados, é necessário que haja relação de consumo para justificar a presença em ação coletiva. Sendo assim, "uma associação que tenha fins específicos de proteção ao consumidor não possui legitimidade para o ajuizamento de ação civil pública com a finalidade de tutelar interesses coletivos de beneficiários do seguro DPVAT. Isso porque o seguro DPVAT não tem natureza consumerista, faltando, portanto, pertinência temática. (STJ, 2ª Seção, REsp 1.091.756-MG, Rel. Min. Marco Buzzi, Rel. Acd. Min. Marco Aurélio Bellizze, julgado em 13/12/2017)". **B:** correta. Nos termos do art. 14 do CDC, o caso narrado constitui defeito de serviço: "**O furto das joias, objeto do penhor, constitui falha do serviço prestado pela instituição financeira e não inadimplemento contratual, devendo incidir o prazo prescricional de 5 (cinco) anos para as ações de indenização, previsto no art. 27 do Código de Defesa do Consumidor**". (REsp 1369579/PR, Rel. Min. Luis Felipe Salomão, 4ª Turma, DJe 23/11/2017). **C:** incorreta. O caso foi julgado em 2017, antes da LGPD, e assim entendeu o STJ: "É abusiva e ilegal cláusula prevista em contrato de prestação de serviços de cartão de crédito, que autoriza o banco contratante a compartilhar dados dos consumidores com outras entidades financeiras, assim como com entidades mantenedoras de cadastros positivos e negativos de consumidores, **sem que seja dada opção de discordar daquele compartilhamento.**" (REsp 1348532/SP, Min. Luis Felipe Salomão, 4ª Turma, DJe 30/11/2017). **D:** incorreta. "O saque indevido de numerário em conta corrente **não** configura dano moral *in re ipsa* (presumido), podendo, contudo, observadas as particularidades do caso, ficar caracterizado o respectivo dano se demonstrada a ocorrência de violação significativa a algum direito da personalidade do correntista." (REsp 1573859/SP, Rel. Ministro Marco Aurélio Bellizze, 3ª Turma, DJe 13/11/2017). **E:** incorreta. O CDC, em seu artigo 26, reza que obsta a decadência a reclamação comprovadamente formulada pelo consumidor perante o fornecedor de produtos e serviços até a resposta negativa correspondente, que deve ser transmitida de forma inequívoca. Já entendeu o STJ que a reclamação verbal ou por telefone tem o condão de obstar o prazo decadencial: "A reclamação obstativa da decadência, prevista no art. 26, § 2º, I, do CDC, pode ser feita documentalmente – por meio físico ou eletrônico – **ou mesmo verbalmente** – pessoalmente ou por telefone – e, consequentemente, a sua comprovação pode dar-se por todos os meios admitidos em direito." (REsp 1442597/DF, Rel. Ministra Nancy Andrighi, 3ª Turma, DJe 30/10/2017). RD

Gabarito "B".

(**Promotor de Justiça/PR – 2019 – MPE/PR**) Analise as assertivas abaixo e assinale a alternativa correta:

Constituem infração a ordem econômica, conforme a Lei n. 12.529/11 (que estrutura o Sistema Brasileiro de Defesa da Concorrência e dispõe sobre prevenção e repressão às infrações contra a ordem econômica), independentemente de culpa, os atos sob qualquer forma manifestados, que tenham por objeto ou possam produzir os seguintes efeitos, ainda que não sejam alcançados:

I. – Limitar, falsear ou de qualquer forma prejudicar a livre concorrência ou a livre-iniciativa.
II. – Condicionar o fornecimento de produto ou de serviço ao fornecimento de outro produto ou serviço, bem como, sem justa causa, a limites quantitativos.
III. – Impedir o acesso de concorrente às fontes de insumo, matérias-primas, equipamentos ou tecnologia, bem como, aos canais de distribuição.
IV. – Colocar, no mercado de consumo, qualquer produto ou serviço em desacordo com as normas expedidas pelos órgãos oficiais competentes ou, se normas específicas não existirem, pela Associação Brasileira de Normas Técnicas ou outra entidade credenciada pelo Conselho Nacional de Metrologia, Normalização e Qualidade Industrial (CONMETRO).

(A) Somente as assertivas I e II estão corretas.
(B) Somente as assertivas I e III estão corretas.
(C) Somente as assertivas II e III estão corretas.
(D) Somente as assertivas III e IV estão corretas.
(E) Todas as assertivas estão corretas.

I: Correta. Nos termos do art. 36, I da Lei 12.529/11. **II:** Incorreta. A assertiva trata de prática abusiva expressa pelo art. 39, I do Código de Defesa do Consumidor. De forma diferente, a Lei 12.529/11, no art. 36, § 3º, XVIII, constitui infração à ordem econômica "subordinar a venda de um bem à aquisição de outro ou à utilização de um serviço, ou subordinar a prestação de um serviço à utilização de outro ou à aquisição de um bem", sem mencionar a venda de limites quantitativos, tal qual o art. 39, I, do CDC. **III:** Correta. conforme art. 36, § 3º, V, da Lei 12.529/11. **IV:** Incorreta. A assertiva trata de prática abusiva expressa pelo art. 39, VIII, do Código de Defesa do Consumido, não elencada pela Lei nº 12.529/11. RD

Gabarito "B".

16. DIREITO AMBIENTAL

Fabiano Melo, Fernanda Camargo Penteado e Rodrigo Bordalo*

1. HISTÓRICO E CONCEITOS BÁSICOS

(Juiz de Direito – TJ/BA – 2019 – CESPE/CEBRASPE) De acordo com a jurisprudência do STF, o conceito de meio ambiente inclui as noções de meio ambiente

(A) artificial, histórico, natural e do trabalho.
(B) cultural, artificial, natural e do trabalho.
(C) natural, histórico e biológico.
(D) natural, histórico, artificial e do trabalho.
(E) cultural, natural e biológico.

O meio ambiente constitui um gênero que apresenta diversas espécies (ou aspectos, como assinala José Afonso da Silva). São elas o meio ambiente natural (a ecologia), o artificial (espaço urbano), o cultural (patrimônio artístico, histórico, paisagístico etc.) e o meio ambiente do trabalho (relações laborais). Nesse sentido já decidiu o Supremo Tribunal Federal, para quem a "defesa do meio ambiente" (CF, art. 170, VI) "traduz conceito amplo e abrangente das noções de meio ambiente natural, de meio ambiente cultural, de meio ambiente artificial (espaço urbano) e de meio ambiente laboral." (ADI 3.540/MC, Pleno, Rel. Min. Celso de Mello, DJ 03/02/2006). Relevante considerar que os autores e a jurisprudência não elencam o meio ambiente histórico e biológico como espécies autônomas (alternativas **A**, **C**, **D** e **E** incorretas). RB

Gabarito "B".

(Procurador do Estado/SP – 2018 – VUNESP) Sobre a evolução da legislação ambiental no Brasil e os seus marcos históricos, assinale a alternativa correta.

(A) A Constituição Federal de 1988 consolidou a proteção ao meio ambiente, porém o regime jurídico de proteção ambiental foi primeiramente abordado e disciplinado de forma sistemática na Constituição de 1967, mantido pela Emenda Constitucional no 1/1969, o que deu espaço para edição da Lei nº 6.938/1981.
(B) Embora a Lei nº 7.347/1985 (Lei da Ação Civil Pública) seja um importante instrumento na proteção de direitos difusos e coletivos, não foi originalmente editada para tutelar o meio ambiente, tendo sido alterada somente na década de 1990 para passar a prever, em diversas disposições, a responsabilização por danos causados ao meio ambiente.
(C) Embora a Lei nº 6.938/1981, que instituiu a Política Nacional do Meio Ambiente, tenha inaugurado a proteção ambiental de forma sistemática e organizada no Brasil, somente com a Constituição Federal de 1988 os Estados e Municípios foram inseridos no sistema de proteção ambiental.
(D) Dois marcos da Lei nº 6.938/1981, que instituiu a Política Nacional do Meio Ambiente, são a descentralização administrativa, a partir da noção de um sistema de proteção ambiental, e a mudança no paradigma de proteção ambiental no Brasil.
(E) Até a edição da Constituição Federal de 1988 as normas de proteção ao meio ambiente eram fragmentadas e esparsas, sendo preocupação central a proteção de recursos naturais sob o viés econômico.

A: incorreta. a Constituição Federal de 1988 foi a primeira a tratar de forma sistematizada a respeito da proteção ao meio ambiente, trazendo um capítulo específico destinado a tal fim; anteriormente o tema era tratado de forma indireta pelas constituições brasileiras; **B:** incorreta. O texto original da Lei 7.347/1985 já tutelava o meio ambiente; **C:** incorreta. Conforme se observa da estrutura do SISNAMA definida pela Lei 6.938/1981, art. 6º, V e VI, os órgãos seccionais e os órgãos locais, são compostos respectivamente por órgãos ou entidades estaduais e órgãos ou entidades municipais. Desta forma, antes da vigência da CF/88, a Lei 6.938/1981 já havia inserido os Estados e Municípios no sistema de proteção ambiental; **D:** correta. Vide art. 6º, da Lei 6.938/1981; **E:** incorreta. Antes da vigência da CF/88, as Leis 6.938/1981, 7.347/1985 e até mesmo o revogado Código Florestal (Lei 4.771/1965) já traziam normas de proteção ambiental específicas. FM/FC

Gabarito "D".

2. DIREITO AMBIENTAL CONSTITUCIONAL

(Procurador – PGE/SP – 2024 – VUNESP) A discussão acerca da litigância climática tem crescido no mundo em conjunto com a preocupação com a responsabilidade ambiental e com a injustiça intergeracional ambiental. O Brasil também tem visto crescer o número de litígios dessa natureza, sobretudo na série de ações pautadas para julgamento pelo Supremo Tribunal Federal desde 2018, que ficou conhecida como "Pauta Verde".

Sobre a referida pauta, é correto afirmar:

(A) no julgamento da ADI 6808, o STF julgou o pedido improcedente para declarar constitucional a concessão automática de licença ambiental para funcionamento de empresas que exerçam atividades classificadas como de risco médio.
(B) a ADI 6148 foi julgada procedente declarando a inconstitucionalidade da Resolução CONAMA no 491/2018, que dispõe sobre os padrões de qualidade do ar.
(C) a decisão que julgou a ADO 59, que trata da implementação das prestações normativas e materiais da área da Amazônia Legal, especialmente aquelas relativas ao Fundo Amazônia, não reconheceu o estado de coisas inconstitucional na Amazônia Legal.
(D) foi julgada procedente a ADPF 735 que questionava a atuação das Forças Armadas na Garantia da Lei e da Ordem para ações subsidiárias, no período de 11 de maio a 10 de junho de 2020, na faixa de fronteira, nas terras indígenas, nas unidades federais de conservação ambiental e em outras áreas federais nos Estados

---
* FM Fabiano Melo
  FC Fernanda Camargo Penteado
  RB Rodrigo Bordalo

da Amazônia Legal, visando a realização de ações preventivas e repressivas contra delitos ambientais, direcionadas ao desmatamento ilegal e ao combate a focos de incêndio.

(E) com relação à ADPF 651, que trata do Fundo Nacional do Meio Ambiente, o STF, recebendo a arguição como Ação Direta de Inconstitucionalidade, julgou procedente a ação para declarar inconstitucional a norma do artigo 5º do Decreto nº 10.224/2020, pela qual se extinguiu a participação da sociedade civil no Conselho Deliberativo do Fundo Nacional do Meio Ambiente.

A: incorreta (no julgamento da ADI 6808, o STF afastou a constitucionalidade de concessão automática de licença ambiental, mesmo para atividades classificadas como de risco médio, com base no argumento de que deve ser assegurada a proteção ambiental adequada). **B:** incorreta (A ADI 6148 foi julgada improcedente, tendo sido reconhecida a constitucionalidade da Resolução CONAMA n. 491/2018, embora o STF tenha determinado ao CONAMA a edição de nova resolução sobre a matéria). **C:** incorreta (na ADO 59, o STF reconheceu que o quadro normativo e fático da Amazônia Legal traduz a realidade de um autêntico *estado de coisas inconstitucional* na Amazônia Legal, a revelar um cenário de tutela insuficiente e deficiente dos biomas patrimônios nacionais por parte do Estado brasileiro). **D:** incorreta (o STF julgou prejudicada a ADPF 735, haja vista a natureza transitória das normas impugnadas – período de 11 de maio a 10 de junho de 2020 – e o exaurimento dos respectivos efeitos). **E:** correta (segundo o STF no julgamento da ADPF 651, a exclusão da participação popular na composição dos órgãos ambientais frustra a opção constitucional pela presença da sociedade civil na formulação de políticas públicas ambientais, contrariando o princípio da participação popular direta em matéria ambiental). RB

Gabarito "E".

(Promotor de Justiça/CE – 2020 – CESPE/CEBRASPE) Com relação ao tratamento constitucional dado à questão ambiental, é correto afirmar que a Constituição Federal de 1988

(A) prevê a preservação do meio ambiente ecologicamente equilibrado como dever apenas de parte da coletividade e obrigação do poder público.

(B) confere juridicidade ao valor ético da alteridade, objetivando uma pretensão universal de solidariedade social, ao tratar das gerações futuras e dos animais como sujeitos de direito.

(C) estabelece que o meio ambiente ecologicamente equilibrado é não só um direito, mas também um dever de toda a coletividade e do poder público.

(D) reconhece o direito ao meio ambiente ecologicamente equilibrado, um direito fundamental de segunda geração, segundo a jurisprudência do STF.

(E) estabelece que o direito ao meio ambiente ecologicamente equilibrado corresponde ao princípio do desenvolvimento sustentável, com suas facetas cultural, social e econômica.

A: incorreta (impõe-se ao poder público e à coletividade como um todo o dever de defender e preservar o meio ambiente, cf. art. 225, "caput", CF). **B:** incorreta (os animas não são considerados sujeitos de direito, embora são protegidos pela CF, nos termos de seu art. 225, § 1º, VII). **C:** correta (art. 225, "caput", CF). **D:** incorreta (trata-se de direito fundamental de terceira geração). **E:** incorreta (o art. 225 da CF, que estabelece o direito ao meio ambiente ecologicamente equilibrado, não está associado à tutela cultural; convém frisar que alguns autores inserem a cultura como espécie da noção meio ambiente em sentido amplo; destaque-se também que a tutela cultural conta com previsão constitucional específica, nos termos dos arts. 215 e 216). RB

Gabarito "C".

(Juiz de Direito – TJ/AL – 2019 – FCC) A disciplina constitucionalmente estabelecida para a proteção do meio ambiente introduziu, como obrigação do poder público, a definição dos espaços territoriais a serem especialmente protegidos,

(A) definidos na própria Constituição Federal, podendo o constituinte estadual, por simetria, definir os espaços localizados no respectivo território passíveis do mesmo nível de proteção máxima.

(B) trazendo a necessidade de definição, por lei complementar federal, dos requisitos mínimos para que Estados e Municípios possam instituir as limitações e medidas protetivas próprias de tal instituto.

(C) conferindo à União, em caráter privativo, a prerrogativa de identificar, em cada unidade da federação, as áreas passíveis de receber esse grau máximo de proteção ambiental.

(D) impondo tal obrigação a todas as unidades da federação, sem, contudo, estabelecer um conceito único de espaço territorial especialmente protegido, podendo tal proteção alcançar áreas públicas ou privadas.

(E) os quais devem integrar o domínio público, impondo, assim, a necessidade de desapropriação quando a área que contemple os atributos passíveis de tal grau de proteção pertença a particular.

A: Incorreta, pois há uma previsão constitucional, sem contudo detalhar quais são os espaços ambientalmente protegidos. **B:** Incorreta, pois não há necessidade lei complementar federal para estabelecer esses espaços. :. Incorreta, pois esses espaços podem ser definidos por todos os entes federativos. **D:** Correta, pois trata-se de imposição aos entes federativos, mas sem definir especificamente quais são esses espaços em área públicas e privadas (como exemplos, unidades de conservação, áreas de preservação permanente, reserva legal etc.). **E:** Incorreta, pois podem abranger áreas públicas e privadas. FM

Gabarito "D".

3. PRINCÍPIOS DO DIREITO AMBIENTAL

Segue um resumo sobre Princípios do Direito Ambiental:

1. Princípio do desenvolvimento sustentado: determina a harmonização entre o desenvolvimento econômico e social e a garantia da perenidade dos recursos ambientais. Tem raízes na Carta de Estocolmo (1972) e foi consagrado na ECO-92.

2. Princípio do poluidor-pagador: impõe ao poluidor tanto o dever de prevenir a ocorrência de danos ambientais, como o de reparar integralmente eventuais danos que causar com sua conduta. O princípio não permite a poluição, conduta absolutamente vedada e passível de diversas e severas sanções. Ele apenas reafirma o dever de prevenção e de reparação integral por parte de quem pratica atividade que possa poluir. Esse princípio também impõe ao empreendedor a internalização das externalidades ambientais negativas das atividades potencialmente poluidoras, buscando evitar a socialização dos ônus (ou seja, que a sociedade pague pelos danos causados pelo empreendedor) e a privatização dos bônus (ou seja, que somente o empreendedor ganhe os bônus de gastar o meio ambiente).

3. **Princípio da obrigatoriedade da intervenção estatal:** impõe ao Estado o dever de garantir o meio ambiente ecologicamente equilibrado. O princípio impõe ao poder público a utilização de diversos instrumentos para proteger o meio ambiente, que serão vistos em capítulo próprio.

4. **Princípio da participação coletiva ou da cooperação de todos:** impõe à coletividade (além do Estado) *o dever de garantir e participar da proteção do meio ambiente*. O princípio cria deveres (preservar o meio ambiente) e direitos (participar de órgãos colegiados e audiências públicas, p. ex.) às pessoas em geral.

5. **Princípio da responsabilidade objetiva e da reparação integral:** impõe o dever de qualquer pessoa responder integralmente pelos danos que causar ao meio ambiente, independentemente de prova de culpa ou dolo. Perceba que a proteção é dupla. Em primeiro lugar, fixa-se que a responsabilidade é objetiva, o que impede que o causador do dano deixe de ter a obrigação de repará-lo sob o argumento de que não agiu com culpa ou dolo. Em segundo lugar, a obrigação de reparar o dano não se limita a pagar uma indenização, mas impõe que a reparação seja específica, isto é, deve-se buscar a restauração ou recuperação do bem ambiental lesado, procurando, assim, retornar à situação anterior.

6. **Princípio da prevenção:** impõe à coletividade e ao poder público a tomada de medidas prévias para garantir o meio ambiente ecologicamente equilibrado para as presentes e futuras gerações. A doutrina faz uma distinção entre este princípio e o princípio da precaução. O princípio da prevenção incide naquelas hipóteses em que se tem certeza de que dada conduta causará um dano ambiental. O princípio da prevenção atuará de forma a evitar que o dano seja causado, impondo licenciamentos, estudos de impacto ambiental, reformulações de projeto, sanções administrativas etc. A ideia aqui é eliminar os perigos já comprovados. Já o princípio da precaução incide naquelas hipóteses de incerteza científica sobre se dada conduta pode ou não causar um dano ao meio ambiente. O princípio da precaução atuará no sentido de que, na dúvida, deve-se ficar com o meio ambiente, tomando as medidas adequadas para que o suposto dano de fato não ocorra. A ideia aqui é eliminar que o próprio perigo possa se concretizar.

7. **Princípio da educação ambiental:** impõe ao poder público o dever de promover a educação ambiental em todos os níveis de ensino e a conscientização pública para a preservação do meio ambiente. Perceba que a educação ambiental deve estar presente em todos os níveis de ensino e, que, além do ensino, a educação ambiental deve acontecer em programas de conscientização pública.

8. **Princípio do direito humano fundamental:** garante que os seres humanos têm direito a uma vida saudável e produtiva, em harmonia com o meio ambiente. De acordo com o princípio, as pessoas têm direito ao meio ambiente ecologicamente equilibrado.

9. **Princípio da ubiquidade:** impõe que as questões ambientais devem ser consideradas em todas as atividades humanas. Ubiquidade quer dizer existência concomitantemente em todos os lugares. De fato, o meio ambiente está em todos os lugares, de modo que qualquer atividade deve ser feita com respeito à sua proteção e promoção.

10. **Princípio do usuário-pagador:** as pessoas que usam recursos naturais devem pagar por tal utilização. Esse princípio difere do princípio do poluidor-pagador, pois o segundo diz respeito a condutas ilícitas ambientalmente, ao passo que o primeiro a condutas lícitas ambientalmente. Assim, aquele que polui (conduta ilícita), deve reparar o dano, pelo princípio do poluidor-pagador. Já aquele que usa água (conduta lícita) deve pagar pelo seu uso, pelo princípio do usuário-pagador. A ideia é que o usuário pague com o objetivo de incentivar o uso racional dos recursos naturais, além de fazer justiça, pois há pessoas que usam mais e pessoas que usam menos dados recursos naturais.

11. **Princípio da informação e da transparência das informações e atos:** impõe que as pessoas têm direito de receber todas as informações relativas à proteção, preventiva e repressiva, do meio ambiente. Assim, pelo princípio, as pessoas têm direito de consultar os documentos de um licenciamento ambiental, assim como têm direito de participar de consultas e de audiências públicas em matéria de meio ambiente.

12. **Princípio da função socioambiental da propriedade:** a propriedade deve ser utilizada de modo sustentável, com vistas não só ao bem-estar do proprietário, mas também da coletividade como um todo.

13. **Princípio da equidade geracional:** é as presentes e futuras gerações têm os mesmos direitos quanto ao meio ambiente ecologicamente equilibrado. Assim, a utilização de recursos naturais para a satisfação das necessidades atuais não deverá comprometer a possibilidade das gerações futuras satisfazerem suas necessidades. O princípio impõe, também, equidade na distribuição de benefícios e custos entre gerações, quanto à preservação ambiental.

(Procurador – PGE/SP – 2024 – VUNESP) Sobre os princípios do Direito Ambiental, assinale a alternativa correta.

(A) Muito embora sejam amplamente utilizados pelo sistema jurídico ambiental brasileiro, os princípios da precaução e do usuário-pagador não se encontram positivados em nenhum instrumento normativo.

(B) O Princípio das Responsabilidades Comuns, mas Diferenciadas, norteia o Direito Climático, estabelecendo diretriz normativa para atribuição de carga maior de obrigações voltadas à adoção de medidas de redução na emissão de gases do efeito estufa às nações menos desenvolvidas.

(C) O princípio da proibição ao retrocesso ecológico, apesar de largamente difundido na América Latina, não encontra aplicação no Direito Ambiental Brasileiro.

(D) Como critério para solucionar antinomias no Direito Ambiental, destaca-se o princípio hermenêutico *in dubio pro natura*.

(E) A dimensão ecológica da dignidade humana traduz a ideia em torno de um bem-estar ambiental (qualidade, equilíbrio e segurança ambiental), que não significa, contudo, o reconhecimento de um direito-garantia ao mínimo existencial ecológico.

A: incorreta (o princípio da precaução se encontra positivado, por exemplo, no art. 3º, "caput", da Lei n. 12.187/2009 – Lei da Política Nacional sobre Mudança do Clima). **B:** incorreta (o Princípio das Responsabilidades Comuns, mas Diferenciadas atribui carga maior de obrigações visando à redução de emissão às nações *mais desenvolvidas*, já que são estas que poluem mais). **C:** incorreta (o princípio da proibição ao retrocesso ecológico encontra aplicação no Direito Ambiental Brasileiro, cf. já reconhecido pelo STF em vários julgamentos, como na ADPFs 747, 748 e 749). **D:** correta (o princípio hermenêutico *in dubio pro natura* impõe a norma mais bonéfica ao meio ambiente em caso de dúvida, obscuridade, lacuna ou incerteza jurídica). **E:** incorreta (a dimensão ecológica da dignidade humana implica o reconhecimento de um direito-garantia ao mínimo existencial ecológico). RB

Gabarito "D".

(Juiz de Direito – TJ/SP – 2023 – VUNESP) Assinale a alternativa correta.

(A) O princípio do desenvolvimento sustentável prioriza a satisfação das necessidades presentes, ainda que haja comprometimento da capacidade das gerações futuras em suprir suas próprias necessidades.

(B) O princípio da intervenção ou da defesa compulsória do meio ambiente consiste na discricionariedade atribuída ao Poder Público para atuar de modo a não causar danos ao meio ambiente.

(C) O princípio do protetor-recebedor contempla a imputação do custo do dano ambiental ao empreendedor, a fim de evitar o enriquecimento ilegítimo do usuário dos recursos naturais.

(D) O princípio do decrescimento sustentável envolve a adoção de políticas públicas que objetivem a redução e o redimensionamento do consumo, ampla informação ao consumidor sobre o impacto socioambiental de produtos e serviços, além de outras medidas, com o propósito de reconduzir o modo de vida da Humanidade a limites ambientalmente sustentáveis.

A: incorreta (o princípio do desenvolvimento sustentável baseia-se na compatibilização entre, de um lado, o desenvolvimento econômico e social e, de outro, a tutela do meio ambiente, em prol não apenas das gerações *presentes* mas também das gerações *futuras*, conforme prevê o art. 225, "caput", da CF). **B:** incorreta (o art. 225, "caput", da CF dispõe que cabe ao Poder Público defender e preservar o meio ambiente, razão pela qual *não há discricionariedade* de atuar na preservação ambiental, mas vinculação, ou seja, obrigação de protegê-lo; esse é o sentido do princípio da intervenção ou da defesa compulsória do meio ambiente). **C:** incorreta (pelo princípio do protetor-recebedor, aquele que protege o meio ambiente recebe um benefício por esse comportamento; a imputação do custo do dano ambiental ao empreendedor está associado ao princípio do poluidor-pagador). **D:** correta (o princípio do decrescimento sustentável, que implica em síntese uma diretriz de redução do consumo, vem sendo estudado mais recentemente no direito ambiental brasileiro). RB

Gabarito "D".

(Promotor de Justiça/CE – 2020 – CESPE/CEBRASPE) Ao avaliar um pedido de autorização do uso de determinado agrotóxico, o órgão ambiental competente, pautado em estudos científicos, autorizou o uso do produto. Para decidir, considerou que, no atual estágio do conhecimento científico, inexiste comprovação de efeitos nocivos à saúde humana decorrentes da exposição ao referido agrotóxico, conforme parâmetros propostos pela Organização Mundial de Saúde.

Considerando-se que, nessa situação hipotética, o risco de exposição ao agrotóxico possa ser mensurado, é correto afirmar, com base na jurisprudência do STF, que a decisão do órgão ambiental está pautada no princípio

(A) da precaução.
(B) da prevenção.
(C) do limite.
(D) da equidade.
(E) do usuário-pagador.

Os princípios da prevenção e o da precaução se diferem. A prevenção está associada "aos riscos conhecidos de determinada atividade. Existe uma certeza científica em relação aos danos que podem ser causados, o que permite o preciso reconhecimento das lesões que podem surgir e a tomada de medidas para preveni-las." (BORDALO, Rodrigo. *Manual completo de direito ambiental*, 2019, Foco, p. 26). Já o princípio da precaução "parte da premissa de que os riscos e os danos envolvidos em determinada atividade não são conhecidos, ou seja, não são precisamente identificáveis sob o prisma científico." (idem, p. 27). O enunciado elenca que o órgão ambiental considerou inexistir comprovação dos efeitos nocivos do agrotóxico, além de apontar que o risco de exposição pode ser mensurado. Nesse sentido, aplicável o princípio da prevenção. RB

Gabarito "B".

(Juiz de Direito/SP – 2021 – Vunesp) No que tange aos princípios em matéria ambiental, é correto afirmar que

(A) o princípio do desenvolvimento sustentável mereceu destaque na Constituição Cidadã.

(B) os princípios do poluidor pagador e do usuário pagador confundem-se.

(C) o princípio do ambiente ecologicamente equilibrado constitui extensão do direito à vida, cláusula pétrea e direito-dever fundamental.

(D) o princípio da equidade intergerencial decorre das competências compartilhadas entre os entes federativos, em matéria ambiental.

Comentário: **A:** incorreta (o princípio do desenvolvimento sustentável não detém previsão expressa na Constituição Federal). **B:** incorreta (os princípios do poluidor-pagador e do usuário-pagador não se confundem; enquanto o primeiro significa que o causador do dano ambiental deve suportar os custos decorrentes da degradação causada, o segundo quer dizer que aquele que se utiliza dos recursos naturais deve ser cobrado por isso). **C:** correta. **D:** incorreta (a alternativa faz alusão ao princípio da equidade "intergerencial", quando o correto seria o *princípio da equidade intergeracional*, ou da *solidariedade intergeracional*, pelo qual, de acordo com Rodrigo Bordalo, no Manual Completo de Direito Ambiental, "a sociedade atual está encarregada de tomar as medidas para a conservação ambiental, não apenas para o presente, mas para o futuro, de modo que as gerações que se sucederão à presente também possam viver em um planeta sustentável"). RB

Gabarito "C".

(Juiz de Direito – TJ/RJ – 2019 – VUNESP) A Política Nacional do Meio Ambiente possui instrumentos, dentre os quais os econômicos, que visam promover a equidade na distribuição de recursos e estimular o cumprimento das normas ambientais de comando-controle. Sobre os instrumentos econômicos, é correto afirmar que

(A) a externalidade negativa na seara ambiental é tradicionalmente computada no custo da produção e no preço do bem ou do serviço produzido.

(B) a valoração dos recursos naturais estimula os agentes econômicos à preservação dos bens ambientais e também conscientiza a sociedade a respeito daquilo que consome.

(C) o princípio do protetor-recebedor é típico do comando-controle.
(D) a lógica da compensação pela proteção ambiental está relacionada ao princípio do poluidor-pagador.
(E) internalizar as externalidades permite ressarcir ao usuário dos recursos naturais o financiamento dos custos que o uso gerou, para alcance da justiça social.

A: incorreta (a externalidade negativa deve ser suportada pelo empreendedor, de acordo com o princípio do poluidor-pagador); **B**: correta (a valoração dos recurso naturais está associada aos princípios do poluidor-pagador e do usuário-pagador); **C**: incorreta (o princípio do protetor-recebedor detém relação com o direito premial, não sendo típico da ideia de comando-controle, baseada na repressão); **D**: incorreta (de acordo com o STF, no âmbito da ADI 3.378, a compensação ambiental densifica o princípio do usuário-pagador); **E**: incorreta (a internalização dos custos ambientais externos apresenta relação com o princípio do poluidor-pagador, segundo o qual o degradador deve ressarcir, e não ser ressarcido, pelos danos ambientais que causou). Gabarito "B".

Uma associação de moradores de um bairro de determinado município da Federação propôs uma ação civil pública (ACP) em desfavor da concessionária de energia local, para que seja determinada a redução do campo eletromagnético em linhas de transmissão de energia elétrica localizadas nas proximidades das residências dos moradores do bairro, alegando eventuais efeitos nocivos à saúde humana em decorrência desse campo eletromagnético. Apesar de estudos desenvolvidos pela Organização Mundial da Saúde afirmarem a inexistência de evidências científicas convincentes que confirmem a relação entre a exposição humana a valores de campos eletromagnéticos acima dos limites estabelecidos e efeitos adversos à saúde, a entidade defende que há incertezas científicas sobre a possibilidade de esse serviço desequilibrar o meio ambiente ou atingir a saúde humana, o que exige análise dos riscos.

(Juiz de Direito – TJ/SC – 2019 – CESPE/CEBRASPE) Nessa situação hipotética, o pedido da associação feito na referida ACP se pauta no princípio ambiental

(A) da precaução.
(B) da proporcionalidade.
(C) da equidade.
(D) do poluidor-pagador.
(E) do desenvolvimento sustentável.

A situação hipotética faz referência à "inexistência de evidências científicas" sobre os impactos do campo eletromagnético em linhas de transmissão de energia elétrica. Essa característica está associada ao princípio da precaução, pelo qual a incerteza em relação aos impactos de determinada medida não afasta a necessidade de medidas contra eventuais efeitos nocivos (aplicação do brocardo "in dubio pro ambiente"). O princípio encontra previsão na Declaração do Rio sobre Meio Ambiente e Desenvolvimento. De acordo com o seu "princípio 15", o princípio da precaução deverá ser amplamente observado pelos Estados, de modo que, quando houver ameaça de danos graves ou irreversíveis, a ausência de certeza científica absoluta não será utilizada como razão para o adiamento de medidas economicamente viáveis para prevenir a degradação ambiental. Gabarito "A".

4. COMPETÊNCIA EM MATÉRIA AMBIENTAL

(Procurador – AL/PR – 2024 – FGV) O modelo federativo ecológico referente ao domínio e competência sobre os recursos hídricos apresenta um quadro normativo especializado e complexo, estabelecendo uma conexão intrínseca com a Constituição Federal e as legislações ambientais federais e estaduais.

Considerando as determinações constitucionais e legais, sobre a dominialidade e a competência das águas no Brasil, assinale a afirmativa correta.

(A) A competência privativa da União para legislar sobre águas, energia e recursos minerais impede que os Estados sejam autorizados a legislar sobre essas questões específicas.
(B) Incluem-se entre os bens do Estado as águas subterrâneas presentes em seu território, mesmo as que banhem mais de um estado.
(C) É de titularidade expressa dos Estados os lagos, na proporção correspondente à extensão presente em seus territórios.
(D) É de competência privativa da União registrar, acompanhar e fiscalizar as concessões de direitos de pesquisa e exploração de recursos hídricos e minerais em todo o território nacional.
(E) Os rios que atravessam mais de um estado são de propriedade dos estados pelos quais fluem, na proporção correspondente à extensão que percorrem em seus territórios.

A: incorreta (a competência privativa da União para legislar sobre águas, energia e recursos minerais – art. 22, IV, CF – *não* impede que os Estados sejam autorizados a legislar sobre essas questões específicas; assim já decidiu o STF na ADI 3.336: "Embora a União detenha a competência exclusiva (...) para legislar sobre águas (art. 22, IV, da CF/88), não se há de olvidar que aos estados-membros compete, de forma concorrente, legislar sobre proteção ao meio ambiente (art. 24, VI e VIII, CF), o que inclui, evidentemente, a proteção dos recursos hídricos"). **B**: correta (art. 26, I, CF). **C**: incorreta (pertencem à União os lagos que banhem mais de um Estado ou sirvam de limites com outros países, cf. art. 20, III, CF). **D**: incorreta (é competência comum da União, dos Estados, do Distrito Federal e dos Municípios registrar, acompanhar e fiscalizar as concessões de direitos de pesquisa e exploração de recursos hídricos e minerais em todo o território nacional, cf. art. 23, XI, CF). **E**: incorreta (os rios que atravessam mais de um Estado são de propriedade da União, cf. art. 20, III, CF). Gabarito "B".

(Juiz de Direito – TJ/SC – 2024 – FGV) O Estado Alfa editou lei estadual dispondo que a lavra de recursos minerais, sob qualquer regime de exploração e aproveitamento, respeitada a legislação federal pertinente e demais atos e normas específicos de atribuição da União, dependerá, observadas as demais disposições legais, de indenização monetária pelos danos causados ao meio ambiente, independentemente da obrigação de reparar o dano.

Em ação judicial ambiental em que litigam o empreendedor Beta e o Estado Alfa, o magistrado foi instado a declarar a inconstitucionalidade, *incidenter tantum*, da norma acima citada, que estabelece a obrigação de indenização monetária pelos danos causados ao meio ambiente em relação à exploração e ao aproveitamento de lavra de recursos minerais.

O juiz de direito, seguindo jurisprudência do Supremo Tribunal Federal, deve considerar a citada norma estadual:

(A) constitucional, porque a Carta Magna estabelece que as atividades minerais, independentemente de serem consideradas lesivas ao meio ambiente, sujeitarão os empreendedores, pessoas físicas ou jurídicas, a sanções administrativas, sem prejuízo da obrigação de reparar os danos causados;

(B) constitucional, porque a instituição de indenização monetária pelas atividades minerárias realizadas no Estado-membro é compatível com a Constituição, dentro de suas engrenagens e dos deveres fundamentais ambientais que revestem a tutela ecológica efetiva adequada e tempestiva;

(C) inconstitucional, porque o texto da Constituição Federal dispõe que constituem monopólio da União a pesquisa e a lavra das jazidas de minério, petróleo e gás natural e outros hidrocarbonetos fluidos, de acordo com o respectivo regulamento;

(D) inconstitucional, porque as jazidas, em lavra ou não, e demais recursos minerais e os potenciais de energia hidráulica constituem propriedade distinta da do solo, para efeito de exploração ou aproveitamento, e pertencem à União;

(E) inconstitucional, porque não pode o Estado Alfa legislar sobre bens minerais de propriedade da União, e a competência outorgada pela Constituição aos estados para legislar de forma concorrente sobre responsabilidade por dano ambiental não lhes autoriza a criar ou disciplinar aspectos civis ou criminais do dano ambiental.

O STF, no âmbito da ADI 4.031/PA, decidiu que é *constitucional* norma estadual que, independentemente da obrigação de reparar o dano, condicione a exploração de recursos minerais ao pagamento de indenização monetária pelos danos causados ao meio ambiente (Informativo STF n. 1.110). Assim, correta a alternativa **B**. Alternativa **A** incorreta: as atividades minerais *consideradas lesivas* sujeitarão os infratores às várias formas de responsabilidade ambiental (art. 225, §3º, CF). Incorretas as alternativas **C**, **D** e **E**, que apontam a inconstitucionalidade da norma estadual. RB

Gabarito "B".

(Juiz de Direito – TJ/DFT – 2023 – CEBRASPE) Conforme o entendimento do STF, se determinado estado da Federação, com fundamento em suas peculiaridades regionais e na preponderância de seu interesse, publicar lei que proíba a utilização de animais para desenvolvimento, experimentos e testes de produtos cosméticos, de higiene pessoal, perfumes e seus componentes, essa lei será

(A) inconstitucional, por ser competência privativa da União legislar sobre o assunto.

(B) inconstitucional, já que é competência exclusiva da União legislar sobre o assunto.

(C) constitucional, por ser competência concorrente da União, dos estados e do Distrito Federal legislar sobre o assunto.

(D) constitucional, por ser competência privativa dos estados legislar sobre o assunto.

(E) constitucional, por ser competência concorrente da União, dos estados e dos municípios legislar sobre o assunto.

O STF, no âmbito da ADI 5995, considerou constitucional lei estadual que proíbe a utilização de animais para desenvolvimento, experimentos e testes de produtos cosméticos, de higiene pessoal, perfumes e de limpeza. De acordo com a Corte Maior, as normas estaduais que vedam a utilização de animais são legítimas, pois somente estabelecem um patamar de proteção à fauna superior ao da União, mas dentro de suas competências constitucionais suplementares, já que a competência constitucional em matéria ambiental é, como regra, concorrente. Assim, correta a alternativa **C**. **A** e **B**: incorretas (a lei é constitucional). **D**: incorreta (a competência é concorrente). **E**: incorreta (a competência é concorrente da União, dos estados e do DF, cf. art. 24, VI, CF). RB

Gabarito "C".

(Juiz Federal – TRF/1 – 2023 – FGV) O Supremo Tribunal Federal, em importante julgado sobre Direito Ambiental, analisou a constitucionalidade de dispositivos da Lei Complementar nº 140/2011, que fixa normas para cooperação entre a União, os Estados, o Distrito Federal e os Municípios nas ações administrativas decorrentes do exercício da competência comum relativas à proteção das paisagens naturais notáveis, à proteção do meio ambiente, ao combate à poluição em qualquer de suas formas e à preservação das florestas, da fauna e da flora.

De acordo com o Supremo Tribunal Federal:

(A) é inconstitucional norma que prevê que, inexistindo órgão ambiental capacitado ou conselho de meio ambiente no Estado, a União deve desempenhar as ações administrativas estaduais até a sua criação;

(B) é inconstitucional norma que prevê a delegação de atribuições de um ente federativo a outro ou delegação da execução de ações administrativas de um ente federativo a outro, respeitados os requisitos previstos na citada lei complementar;

(C) é inconstitucional norma que prevê que, inexistindo órgão ambiental capacitado ou conselho de meio ambiente no Município, o Estado deve desempenhar as ações administrativas municipais até a sua criação;

(D) deve ser objeto de interpretação conforme a Constituição da República de 1988 a norma que prevê como ação administrativa da União aprovar o manejo e a supressão de vegetação, de florestas e formações sucessoras em: (i) florestas públicas federais, terras devolutas federais ou unidades de conservação instituídas pela União, de maneira a serem incluídas as APAs; (ii) atividades ou empreendimentos licenciados ambientalmente pela União, de maneira a excluir aqueles meramente autorizados pela União, que devem ficar a cargo do Estado ou Distrito Federal;

(E) deve ser objeto de interpretação conforme a Constituição da República de 1988 a norma que prevê que a renovação de licenças ambientais deve ser requerida com antecedência mínima de cento e vinte dias da expiração de seu prazo de validade, fixado na respectiva licença, ficando este automaticamente prorrogado até a manifestação definitiva do órgão ambiental competente, de maneira que a omissão ou mora administrativa imotivada e desproporcional na manifestação definitiva sobre os pedidos de renovação de licenças ambientais instaura a competência supletiva dos demais entes federados nas ações administrativas de licenciamento e na autorização ambiental, como previsto no Art. 15 da citada lei complementar.

O STF pronunciou-se sobre a Lei Complementar 140/2011 no âmbito da ADI 4757. **A**: incorreta (é constitucional a norma que prevê a atuação supletiva da União, nos termos do art. 15, I, da LC 140/2011). **B**: incorreta (é constitucional a norma que prevê a delegação de atribuições). **C**: incorreta (é constitucional a norma que prevê a atuação supletiva do Estado, nos termos do art. 15, II, da LC 140/2011). **D**: incorreta (é constitucional a norma que define a competência da União para aprovar o manejo e a supressão de vegetação, de florestas e formações sucessoras nos casos previstos no art. 7º, XV, "a" e "b", da LC 140/2011). **E**: correta (o STF deu interpretação conforme ao § 4º do art. 14 da LC 140/2011 para estabelecer que a omissão ou mora administrativa imotivada e desproporcional na manifestação definitiva sobre os pedidos de renovação de licenças ambientais instaura a competência supletiva dos demais entes federados nas ações administrativas de licenciamento e na autorização ambiental, como previsto no art. 15). Gabarito "E".

(**Procurador Município – Teresina/PI – FCC – 2022**) Lei municipal determinou, sem que houvesse particularidade local, que os zoológicos localizados no município permanecessem fechados por, no mínimo, dois dias por semana para permitir o descanso dos animais. A lei é

(A) inconstitucional, diante da absoluta impossibilidade de o Município legislar sobre fauna.

(B) inconstitucional, diante da ausência de particularidade local.

(C) constitucional, diante da possibilidade de o Município legislar sobre fauna.

(D) constitucional, desde que haja interpretação conforme para retirar a expressão "por no mínimo".

(E) constitucional, mas deve ser regulamentada para entrar em vigor.

A competência para legislar sobre o meio ambiente, o que inclui a fauna, é concorrente (art. 24, VI, CF). Assim, a União detém atribuição para expedir normas gerais, cabendo aos Estados e ao DF suplementá-los. Quanto aos Municípios, cabível legislar sobre o meio ambiente e a fauna, desde que em relação aos assuntos de interesse local (art. 30, I, CF). Assim, considerando que a lei não apresenta particularidade local, essa norma é inconstitucional. Correta a alternativa B. Gabarito "B".

(**Juiz de Direito/AP – 2022 – FGV**) Com o objetivo de incentivar o desenvolvimento econômico estadual, o governador do Estado X propõe projeto de lei de regulamentação de atividade garimpeira e de exploração mineral, simplificando o licenciamento ambiental, tornando-o de fase única.

Sobre o caso, é correto afirmar que a lei é inconstitucional:

(A) por vício de iniciativa, tendo em vista que a iniciativa de lei de licenciamento ambiental é de competência exclusiva da Câmara dos Deputados;

(B) por vício de competência, tendo em vista que compete privativamente à União legislar sobre jazidas, minas, outros recursos minerais e metalurgia;

(C) tendo em vista que atividade garimpeira e de exploração mineral exige licença prévia, licença de fixação, licença de instalação, licença de operação e licença de controle ambiental;

(D) tendo em vista que novas atividades garimpeiras e de exploração mineral são vedadas no Brasil, sendo permitidas apenas as já existentes;

(E) tendo em vista que apenas são permitidas atividades garimpeiras e de exploração mineral em território indígena, com prévia aprovação da Funai.

Comentário: A competência legislativa em matéria ambiental é, como regra, concorrente (art. 24, VI, CF). Assim, a União detém a atribuição para expedir normas gerais, podendo os Estados e o DF suplementá-las. No entanto, há competências para legislar que são *privativas da União*, nos termos do art. 22 da CF. Isso ocorre, entre outros, com o tema de "jazidas, minas, outros recursos minerais e metalurgia" (inciso XII do art. 22). Assim já decidiu o STF: "Compete privativamente à União legislar sobre jazidas, minas, outros recursos minerais e metalurgia (art. 22, XII, da CF), em razão do que incorre em inconstitucionalidade norma estadual que, a pretexto de regulamentar licenciamento ambiental, regulamenta aspectos da própria atividade de lavra garimpeira." (ADI 6.672/RR, Pleno, Rel. Min. Alexandre de Moraes, DJe 22.09.2021). Nesse sentido, correta a alternativa B. Gabarito "B".

(**Juiz de Direito/GO – 2021 – FCC**) Na gestão da fauna silvestre, compete aos estados

(A) exercer, de forma consorciada, o controle ambiental da pesca em âmbito regional.

(B) controlar a apanha de espécimes, ovos e larvas destinadas à implantação de criadouros e à pesquisa científica.

(C) elaborar lista de espécies existentes em cada município para fins comerciais.

(D) aprovar a liberação de exemplares de espécie exótica em ecossistemas naturais frágeis ou protegidos.

(E) proteger a fauna migratória.

Comentário: A questão explora as competências ambientais disciplinadas na Lei Complementar 140/2011, que dispõe sobre as ações administrativas da União (art. 7º), dos Estados (art. 8º) e dos Municípios (art. 9º). **A**: incorreta (compete à União exercer o controle ambiental da pesca em âmbito nacional ou regional, cf. art. 7º, XXII). **B**: correta (art. 8º, XVIII). Deve-se atentar que o art. 7º, XX, atribui à União a competência para controlar a apanha de espécimes da fauna silvestre, ovos e larvas. **C**: incorreta (não existe tal atribuição na LC 140/2011). **D**: incorreta (compete à União aprovar a liberação de exemplares de espécie exótica da fauna e da flora em ecossistemas naturais frágeis ou protegidos, cf. art. 7º, XVIII). **E**: incorreta (compete à União proteger a fauna migratória, cf. art. 7º, XXI). Gabarito "B".

(**Juiz de Direito/SP – 2021 – Vunesp**) No que tange às competências, em matéria ambiental, **não é correto** afirmar que

(A) além das normas contendo partilha de competências na Lei Complementar nº 140/2011, as atribuições administrativas estão mencionadas na Constituição, sendo as da União, enumeradas amplamente no artigo 21, as dos Estados, no artigo 25 e as dos Municípios, no artigo 30.

(B) o Município é competente para legislar sobre meio ambiente com a União e o Estado, no limite do interesse local e desde que tal regramento seja harmônico com a disciplina estabelecida pelos demais entes federados.

(C) a grande inovação é a incumbência dos Estados, em regra geral, para autorizar a gestão e a supressão de vegetação de florestas e formações sucessoras nos "imóveis rurais" e, portanto, nas áreas de preservação permanente e nas reservas legais. A União e os Municípios também terão a mesma atribuição em florestas públicas municipais e unidades de conservação instituídas pela União ou pelos Municípios, respectivamente.

(D) a atribuição administrativa da União para controlar a apanha de espécies da fauna silvestre tem limite na previsão da competência dos Estados quanto às pesquisas científicas.

Comentário: A afirmação contida na alternativa A está correta. A afirmação da alternativa B está correta. Já a afirmação veiculada pela alternativa C está errada, por diversas razões. O art. 8º, XVI, "b", da LC 140/2011 dispõe que compete aos Estados aprovar o manejo e a supressão de vegetação, de florestas e formações sucessoras em imóveis rurais, ressalvadas as atribuições da União contidas no art. 7º, XV. Ocorre que a vegetação localizada nos imóveis rurais não se restringe às áreas de preservação permanente e às reservas legais, como indica a alternativa C. Ademais, nas florestas públicas municipais, a atribuição para a intervenção na vegetação é do Município (cf. art. 9º, XV, "a"), ao contrário do que indicado na alternativa C ("A União e os Municípios..."). Outra incorreção da alternativa C é a ausência das exceções ("exceto em Áreas de Proteção Ambiental") contidas tanto no art. 7º, XVI, "a" e no art. 9º, XV, "a". Por fim, a alternativa D está correta (cf. art. 7º, XX, c.c. art. 8º, XVIII, ambos da LC 140/2011). RB

Gabarito "C."

(Juiz de Direito – TJ/MS – 2020 – FCC) O Conselho Estadual do Meio Ambiente (CONSEMA) deliberou que os licenciamentos ambientais conduzidos por Estudo de Impacto Ambiental e Respectivo Relatório (EIA-RIMA) serão estaduais e os demais, salvo aqueles de competência da União (Lei Complementar Federal 140, de 08 de dezembro de 2011), serão municipais. A presente deliberação

(A) é nula, pois o Conselho Estadual do Meio Ambiente não possui atribuição legal para fixar regras de competência para o licenciamento ambiental.

(B) é válida, pois compete ao Conselho Estadual do Meio Ambiente definir quais licenciamentos ambientais serão conduzidos pelo Município.

(C) depende de regulamentação dos Conselhos Municipais de Meio Ambiente para entrar em vigor.

(D) é nula, pois o critério selecionado está em desacordo com a normativa que rege o tema.

(E) depende de ratificação do Conselho Nacional do Meio Ambiente (CONAMA) para entrar em vigor.

A competência material ambiental é comum da União, Estados, Distrito Federal e Municípios (art. 23, inc. VI, CF). Já o parágrafo único do mesmo art. 23 dispõe que leis complementares fixarão normas para a cooperação entre a União e os Estados, o Distrito Federal e os Municípios, tendo em vista o equilíbrio do desenvolvimento e do bem-estar em âmbito nacional. Com base nesse preceito constitucional é que foi editada a Lei Complementar 140/11, que estabelece as competências ambientais da União (art. 7º), dos Estados (art. 8º) e dos Municípios (art. 9º). De acordo com a distribuição das atribuições estabelecida pela LC 140/11, inexiste relação entre a competência para o licenciamento e a exigência de EIA-RIMA. Nesse sentido, pode-se afirmar que a deliberação do CONSEMA, descrita na questão, é nula, pois o critério selecionado está em desacordo com a normativa que rege o tema. RB

Gabarito "D."

(Juiz de Direito – TJ/AL – 2019 – FCC) Considerando a competência dos órgãos dos diferentes entes federativos para licenciamento de empreendimentos potencialmente poluidores, tem-se que, a partir da edição da Lei Complementar n. 140/2011,

(A) na hipótese de o empreendimento demandar, adicionalmente, a supressão de vegetação nativa, a competência do Estado para o licenciamento é deslocada para a União, a quem cabe, privativamente, o estabelecimento das medidas de mitigação e compensação.

(B) restou expressamente vedada a delegação de atribuições fixadas pela lei para as diferentes esferas de governo, admitindo-se a atuação de órgão de outro ente federativo apenas em caráter supletivo para apoio técnico.

(C) admite-se a cooperação entre diferentes órgãos licenciadores, exclusivamente para fiscalização e aplicação de multas, cujo produto deverá reverter integralmente para o órgão incumbido da fiscalização direta.

(D) cada empreendimento ou atividade serão submetidos a licenciamento ambiental de um único ente federativo, o qual terá competência também para fiscalizar e lavrar autos de infração correlatos à atividade ou empreendimento licenciado.

(E) foram estabelecidas medidas para atuação coordenada dos entes federativos no exercício de suas competências para ações administrativas de proteção ao meio ambiente, atribuindo-se aos municípios apenas atuação subsidiária posto que não detêm competência originária para ações de tal natureza.

A: Incorreta, pois a supressão de vegetação decorrente de licenciamentos ambientais é autorizada pelo ente federativo licenciador (art. 13, § 2º, LC 140/2011). B: Incorreta, pois não é vedada a delegação de atribuições ou a execução de ações administrativas; ademais, a atuação pode ser supletiva ou subsidiária (arts. 15 e 16, LC 140/2011). C: Incorreta, pois a cooperação não se atém exclusivamente a esses aspectos e, além disso, a multa é, em última análise, do órgão ambiental licenciador. D: Correta, já que os empreendimentos e atividades são licenciados ou autorizados, ambientalmente, por um único ente federativo (art. 13, caput, LC 140/2011) que, ademais, competência também para fiscalizar e lavrar autos de infração correlatos à atividade ou empreendimento licenciado (art. 17, LC 140/2011). E. Incorreta, pois a competência é comum entre todos os entes federativos, com atribuições aos municípios FM.

Gabarito "D."

(Juiz de Direito – TJ/BA – 2019 – CESPE/CEBRASPE) Considerando que um cidadão brasileiro pretenda instalar um criadouro de pássaros silvestres típicos da região em que ele habita e que essas aves não correm o risco de extinção, assinale a opção correta, acerca da aprovação de funcionamento dessa atividade.

(A) A competência para aprovar o funcionamento dessa atividade é federal, pois se trata de criadouro de pássaros silvestres.

(B) A competência para aprovar o funcionamento dessa atividade é estadual, pois se trata de criadouro de pássaros pertencentes à fauna silvestre.

(C) A competência para aprovar o funcionamento dessa atividade é municipal, uma vez que a fauna em referência é típica da região do município em que o criadouro será instalado.

(D) A solicitação de autorização de funcionamento do criadouro pode ser feita a órgão federal ou estadual, pois se trata de competência concorrente.

(E) A aprovação para o exercício da atividade de criação de pássaros silvestres em território nacional, por cidadão brasileiro, é desnecessária.

As competências ambientais materiais estão disciplinadas na Lei Complementar 140/2011. As atribuições são distribuídas entre a União, os Estados, o Distrito Federal e os Municípios. Nos termos do art. 8º, inciso XIX, representa uma ação administrativa do Estado aprovar o funcionamento de criadouros da fauna silvestre. Observe-se que a União detém a competência para controlar a apanha de espécimes da fauna silvestre (art. 7º, inciso XX). RB

Gabarito "B".

(Procurador do Estado/SP – 2018 – VUNESP) A Polícia Militar Ambiental do Estado de São Paulo lavrou auto de infração ambiental em face de infrator, por suprimir vegetação sem autorização do órgão competente, em um imóvel rural particular não inserido em área qualificada como Unidade de Conservação. Ato contínuo, enquanto o infrator se preparava para sair do local, fiscais do Instituto Brasileiro do Meio Ambiente e dos Recursos Naturais Renováveis – IBAMA lavraram auto de infração em razão dos mesmos fatos. A sanção cominada, por ambos os entes, foi exclusivamente a de multa. Diante dessa situação, assinale a alternativa correta.

(A) Os dois autos de infração ambiental são inválidos, pois a competência para lavratura é municipal, tratando-se de vício sanável.

(B) Deve prevalecer o auto de infração ambiental lavrado pelo Estado.

(C) Os dois autos de infração devem ser mantidos, inclusive com as sanções daí decorrentes, que serão concorrentes e admitirão a futura cobrança das multas respectivas.

(D) Deve prevalecer o auto de infração ambiental lavrado pelo IBAMA.

(E) Os dois autos de infração ambiental são inválidos, pois a competência para lavratura é municipal, tratando-se de vício insanável.

A: incorreta, nos termos do art. 17, *caput* e § 3º, da Lei Complementar 140/2011, compete ao órgão responsável pelo licenciamento ou autorização, de um empreendimento ou atividade, lavrar auto de infração ambiental e instaurar processo administrativo para a apuração de infrações à legislação ambiental cometidas pelo empreendimento ou atividade licenciada ou autorizada, contudo, isso não impede o exercício pelos entes federativos da atribuição comum de fiscalização, prevalecendo o auto de infração ambiental lavrado por órgão que detenha a competência para a análise do licenciamento ou autorização; **B:** correta. Vide art. 17, § 3º cumulado com o art. 8º, XIV, ambos da Lei Complementar 140/2011; **C:** incorreta. A teor do art. 17, § 3º da Lei Complementar 140/2011, o auto de infração lavrado pelo IBAMA deverá ser arquivado, prevalecendo o autuado pela Polícia Militar do Estado de São Paulo; **D:** incorreta. Deverá prevalecer o auto de infração lavrado pela Polícia Militar do Estado de São Paulo (art. 17, §3º, da Lei Complementar 140/2011); **E:** incorreta, nos termos do art. 17, § 3º cumulado com o art. 8º, XIV, ambos da Lei Complementar 140/2011. FM/FC

Gabarito "B".

(Procurador do Estado/SP – 2018 – VUNESP) A respeito das competências para autorização de supressão e manejo de vegetação, assinale a alternativa correta.

(A) Compete aos Municípios, dentre outras atribuições, aprovar a supressão e o manejo de vegetação, de florestas e formações sucessoras em florestas públicas municipais e unidades de conservação instituídas pelo Município, exceto em Áreas de Proteção Ambiental.

(B) A aprovação da supressão de vegetação em unidade de conservação será sempre do ente instituidor da unidade, exceto para Áreas de Proteção Ambiental, Reservas Particulares do Patrimônio Natural e Reserva de Desenvolvimento Sustentável, cuja competência será da União.

(C) A Lei Complementar no 140/2011, buscando solucionar conflitos de competência, previu que as autorizações para supressão de vegetação serão sempre concedidas pelo ente federativo licenciador, vedando, em qualquer hipótese, o estabelecimento de regras próprias e diferenciadas para atribuições relativas à autorização de manejo e supressão de vegetação.

(D) A Lei nº 11.428/2006, que dispõe sobre a utilização e proteção da vegetação nativa do bioma mata atlântica, confere competência para concessão de autorização para supressão de vegetação no bioma mata atlântica indistintamente aos Estados, cabendo oitiva prévia do órgão municipal quando a vegetação estiver localizada em área urbana.

(E) A Lei Complementar no 140/2011, buscando solucionar conflitos de competência, previu que as autorizações para supressão de vegetação serão sempre concedidas pelo ente federativo licenciador, entretanto, previu exceção para supressão de vegetação em situações específicas, conforme ato do Conselho Nacional do Meio Ambiente, após oitiva da Comissão Tripartite Nacional.

A: correta, consoante o art. 9º, XV, "a", da Lei Complementar 140/2011; **B:** incorreta. Para fins de licenciamento ambiental de atividades ou empreendimentos utilizadores de recursos ambientais, efetiva ou potencialmente poluidores ou capazes, sob qualquer forma, de causar degradação ambiental, e para autorização de supressão e manejo de vegetação, o critério do ente federativo instituidor da unidade de conservação não será aplicado somente às Áreas de Proteção Ambiental (art. 12, da Lei Complementar 140/2011); **C:** incorreta, segundo o que dispõe o art. 11, da Lei Complementar 140/2011: "A lei poderá estabelecer regras próprias para atribuições relativas à autorização de manejo e supressão de vegetação [...]"; **D:** incorreta. A definição da competência para a supressão de vegetação no Bioma Mata Atlântica deve observar as prescrições do art. 14 da Lei do Bioma Mata Atlântica, com definições que incluem os órgãos estaduais e, quando o caso, em área urbana, para supressão de vegetação no estágio médio de regeneração, a autorização do órgão ambiental municipal competente, desde que o município possua conselho de meio ambiente, com caráter deliberativo e plano diretor, mediante anuência prévia do órgão ambiental estadual competente fundamentada em parecer técnico; **E:** incorreta, a teor do art. 13, § 2º, da Lei Complementar 140/2011. FM/FC

Gabarito "A".

5. LEI DE POLÍTICA NACIONAL DO MEIO AMBIENTE

(Procurador Federal – AGU – 2023 – CEBRASPE) Considerando-se as ações de cooperação previstas na Lei Complementar n.º 140/2011, é correto afirmar que as atividades localizadas no mar territorial e caracterizadas como efetiva ou potencialmente poluidoras ou capazes, sob qualquer forma, de causar degradação ambiental sujeitam-se ao controle ambiental mediante

(A) licenciamento pela entidade ambiental federal.

(B) licenciamento conjunto entre a entidade ambiental federal e, quando existente, o órgão da polícia estadual ambiental responsável pela fiscalização da zona costeira.

(C) licenciamento conjunto entre o órgão ambiental estadual e o órgão ambiental municipal.

(D) licenciamento pelo órgão ambiental estadual.

(E) licenciamento pela entidade ambiental federal e autorização vinculante pelos órgãos ambientais estadual e municipal.

Compete à *União* promover o licenciamento ambiental de empreendimentos e atividades localizados ou desenvolvidos no *mar territorial* (art. 7º, XIV, "b", da LC 140/2011). Assim, correta a alternativa A. RB
Gabarito "A".

(Juiz de Direito – TJ/MS – 2020 – FCC) Em ação civil pública ajuizada pelo Ministério Público, pretende-se a declaração de nulidade de processo de licitação para a concessão da área de uso público de um parque estadual. A ação será

(A) julgada procedente, tendo em vista a impossibilidade de concessão de unidade de conservação da natureza.

(B) extinta, sem resolução de mérito, por falta de interesse de agir diante da ausência do início efetivo do período de concessão de uso do bem público.

(C) julgada parcialmente procedente para condicionar o processo licitatório à concessão integral da unidade de conservação.

(D) extinta, sem resolução de mérito, por ilegitimidade de parte no polo ativo.

(E) julgada improcedente pela ausência de ilegalidade no modelo proposto.

O parque estadual (assim como o parque nacional e o municipal) representa uma categoria de unidade de conservação, disciplinada pela Lei 9.985/00. Trata-se de espaço ambiental cujo domínio é público. Nesse sentido, cabível a concessão da área de uso público, desde que precedida de licitação, motivo pelo qual a ação civil pública deve ser julgada improcedente, ante a ausência de ilegalidade do modelo proposto. RB
Gabarito "E".

(Juiz de Direito – TJ/AL – 2019 – FCC) Suponha que determinado proprietário rural deseje instituir servidão ambiental na área de sua propriedade, incidente sobre a parcela correspondente à reserva legal mínima imposta nos termos do Código Florestal (Lei n. 12.651/2012). Tal pretensão

(A) será viável se a reserva legal determinada para a região for inferior a vinte por cento da área, devendo a servidão estabelecer as mesmas limitações e restrições ao uso da área impostas por força da reserva legal.

(B) somente poderá ser acolhida se a servidão for instituída em caráter perpétuo e gratuito e devidamente averbada na matrícula do imóvel.

(C) poderá ser acolhida, a critério do órgão ambiental competente, desde que a propriedade não esteja localizada em área de proteção permanente.

(D) afigura-se inviável, eis que a instituição da servidão se dá exclusivamente por ato do poder público, para proibir ou restringir o uso de parcela da propriedade objetivando a preservação dos recursos naturais nela existentes.

(E) não encontra amparo legal, eis que a servidão ambiental constitui uma limitação voluntária instituída pelo proprietário da área que não substitui ou reduz as limitações impostas pela reserva legal mínima.

A servidão ambiental não se aplica às Áreas de Preservação Permanente e à Reserva Legal mínima exigida e, portanto, incabíveis de plano as alternativas A, B e C. Quanto à alternativa D, é preciso deixar claro que a servidão ambiental é instituída pelo proprietário do imóvel. Por fim, a letra E, correta, pois é inviável instituir servidão ambiental em reserva legal. FM
Gabarito "E".

(Juiz de Direito – TJ/SC – 2019 – CESPE/CEBRASPE) O Instituto do Meio Ambiente de Santa Catarina (IMA/SC) é o órgão ambiental da esfera estadual catarinense responsável pela execução de programas e projetos de proteção ambiental, bem como pelo controle e pela fiscalização de atividades potencialmente causadoras de degradação ambiental. De acordo com a Lei 6.938/1981, o IMA/SC compõe o Sistema Nacional do Meio Ambiente (SISNAMA) na qualidade de

(A) órgão superior.

(B) órgão supervisor.

(C) órgão local.

(D) órgão seccional.

(E) órgão consultivo e deliberativo.

O Sistema Nacional do Meio Ambiente (SISNAMA) é o conjunto de órgãos e entidades que atuam na área ambiental. A sua estrutura está prevista no art. 6º da Lei 6.938/81 (Lei da Política Nacional do Meio Ambiente), composta da seguinte forma: I – órgãos superior: Conselho de Governo; II – órgão consultivo e deliberativo: CONAMA; III – órgão central: Ministério do Meio Ambiente; IV – órgãos executores (federais): IBAMA e Instituto Chico Mendes (ICMBIO); V – órgãos seccionais: órgãos estaduais responsáveis pela tutela ambiental (como é o caso do Instituto do Meio Ambiente de Santa Catarina); VI – órgãos locais: órgãos municipais com competência de proteção ao meio ambiente. Nesse sentido, a IMA/SC constitui um órgão seccional. RB
Gabarito "D".

6. INSTRUMENTOS DE PROTEÇÃO DO MEIO AMBIENTE

6.1. Licenciamento ambiental e EIA/RIMA

Para resolver as questões sobre Licenciamento Ambiental e EIA/RIMA, segue um resumo da matéria:

O licenciamento ambiental pode ser conceituado como o procedimento administrativo destinado a licenciar atividades ou empreendimentos utilizadores de recursos ambientais, efetiva ou potencialmente poluidores ou capazes, sob qualquer forma, de causar degradação ambiental (art. 2º, I, da LC140/2011). Assim, toda vez que uma determinada atividade puder causar degradação ambiental, além das licenças administrativas pertinentes, o responsável pela atividade deve buscar a necessária licença ambiental também.

A regulamentação do licenciamento ambiental compete ao CONAMA, que expede normas e critérios para o licenciamento. A Resolução nº 237 do órgão traz as normas gerais de licenciamento ambiental. Há também sobre o tema o Decreto 99.274/1990. Há, também, agora, a LC 140/2011, que trata da cooperação dos entes políticos para o exercício da competência comum em matéria ambiental, e consagrou a maior parte das disposições da Resolução CONAMA 237, colocando pá de cal sobre qualquer dúvida que existisse sobre a competência do Município para o exercício do licenciamento ambiental em casos de impacto ambiental local.

Já a competência para executar o licenciamento ambiental é assim dividida:

a) **impacto nacional e regional:** é do IBAMA, com a colaboração de Estados e Municípios. O IBAMA poderá delegar sua competência aos Estados, se o dano for regional, por convênio ou lei. Assim, a competência para o licenciamento ambiental de uma obra do porte da transposição do Rio São Francisco é do IBAMA.

b) **impacto em dois ou mais municípios (impacto microrregional):** é dos estados-membros. Por exemplo, uma estrada que liga 6 municípios de um mesmo estado-membro.

c) **impacto local:** é do Município. Por exemplo, o licenciamento para a construção de um prédio de apartamentos. A LC 140/2011, em seu art. 9º, XIV, estabelece que o Município promoverá o licenciamento ambiental das atividades ou empreendimentos localizados em suas unidades de conservação e também das demais atividades e empreendimentos que causem ou possam causar impacto ambiental local, conforme tipologia definida pelos respectivos Conselhos Estaduais do Meio Ambiente, considerados os critérios de porte, potencial poluidor e natureza da atividade. A Resolução 237 permite que, por convênio ou lei, os Municípios recebam delegação dos estados para determinados licenciamentos, desde que tenha estrutura para tanto.

Há três espécies de licenciamento ambiental (art. 19, Decreto 99.274/1990):

a) **Licença Prévia (LP):** *é o ato que aprova a localização, a concepção do empreendimento e estabelece os requisitos básicos a serem atendidos nas próximas fases*; trata-se de licença ligada à fase preliminar de planejamento da atividade, já que traça diretrizes relacionadas à localização e instalação do empreendimento. Por exemplo, em se tratando do projeto de construir um empreendimento imobiliário na beira de uma praia, esta licença disporá se é possível o empreendimento no local e, em sendo, quais os limites e quais as medidas que deverão ser tomadas, como construção de estradas, instalação de tratamento de esgoto próprio etc. Essa licença tem validade de até 5 anos.

b) **Licença de Instalação (LI):** é o *ato que autoriza a implantação do empreendimento, de acordo com o projeto executivo aprovado*. Depende da demonstração de possibilidade de efetivação do empreendimento, analisando o projeto executivo e eventual estudo de impacto ambiental. Essa licença autoriza as intervenções no local. Permite que as obras se desenvolvam. Sua validade é de até 6 anos.

c) **Licença de Operação (LO):** *é o ato que autoriza o início da atividade e o funcionamento de seus equipamentos de controle de poluição, nos termos das licenças anteriores*. Aqui, o empreendimento já está pronto e pode funcionar. A licença de operação só é concedida se for constado o respeito às licenças anteriores, bem como se não houver perigo de dano ambiental, independentemente das licenças anteriores. Sua validade é de 4 a 10 anos.

É importante ressaltar que a licença ambiental, diferentemente da licença administrativa (por ex., licença para construir uma casa), apesar de normalmente envolver competência vinculada, tem prazo de validade definida e não gera direito adquirido para seu beneficiário. Assim, de tempos em tempos, a licença ambiental deve ser renovada. Além disso, mesmo que o empreendedor tenha cumprido os requisitos da licença, caso, ainda assim, tenha sido causado dano ao meio ambiente, a existência de licença em seu favor não o exime de reparar o dano e de tomar as medidas adequadas à recuperação do meio ambiente.

O licenciamento ambiental, como se viu, é obrigatório para todas as atividades que utilizam recursos ambientais, em que há possibilidade de se causar dano ao meio ambiente. Em processos de licenciamento ambiental é comum se proceder a Avaliações de Impacto Ambiental (AIA). Há, contudo, atividades que, potencialmente, podem causar danos *significativos* ao meio ambiente, ocasião em que, além do licenciamento, deve-se proceder a uma AIA mais rigorosa e detalhada, denominada Estudo de Impacto Ambiental (EIA), que será consubstanciado no Relatório de Impacto Ambiental (RIMA).

O EIA pode ser conceituado como o estudo prévio das prováveis consequências ambientais de obra ou atividade, que deve ser exigido pelo Poder Público, quando estas forem potencialmente causadoras de significativa degradação do meio ambiente (art. 225, § 1º, IV, CF).

Destina-se a averiguar as alterações nas propriedades do local e de que forma tais alterações podem afetar as pessoas e o meio ambiente, o que permitirá ter uma ideia acerca da viabilidade da obra ou atividade que se deseja realizar.

O Decreto 99.274/1990 conferiu ao CONAMA atribuição para traçar as regras de tal estudo. A Resolução 1/1986, desse órgão, traça tais diretrizes, estabelecendo, por exemplo, um rol exemplificativo de atividades que devem passar por um EIA, apontando-se, dentre outras, a implantação de estradas com duas ou mais faixas de rolamento, de ferrovias, de portos, de aterros sanitários, de usina de geração de eletricidade, de distritos industriais etc.

O EIA trará conclusões quanto à fauna, à flora, às comunidades locais, dentre outros aspectos, devendo ser realizado por equipe multidisciplinar, que, ao final, deverá redigir um relatório de impacto ambiental (RIMA), o qual trará os levantamentos e conclusões feitos, devendo o órgão público licenciador receber o relatório para análise das condições do empreendimento.

O empreendedor é quem escolhe os componentes da equipe e é quem arca com os custos respectivos. Os profissionais que farão o trabalho terão todo interesse em agir com correção, pois fazem seus relatórios sob as penas da lei. Como regra, o estudo de impacto ambiental e seu relatório são públicos, podendo o interessado solicitar sigilo industrial, fundamentando o pedido.

O EIA normalmente é exigido antes da licença prévia, mas é cabível sua exigência mesmo para empreendimentos já licenciados.

(Juiz de Direito – TJ/SP – 2023 – VUNESP) A compensação ambiental para licenciamento de empreendimento de significativo impacto ambiental, que corresponde à obrigação atribuída ao empreendedor para apoio à implantação e manutenção de unidade de conservação do Grupo de Proteção Integral, consistirá

(A) em valor a ser fixado pelo órgão ambiental competente, conforme o grau do impacto ambiental determinado a partir de EIA-RIMA, considerados os investimentos referentes aos planos, projetos e programas exigidos no procedimento de licenciamento ambiental para mitigação dos impactos.

(B) em valor a ser fixado pelo órgão ambiental competente, conforme o grau do impacto ambiental determinado a partir de EIA-RIMA, mediante exclusiva consideração dos impactos ambientais negativos sobre o meio ambiente.

(C) em valor a ser fixado pelo órgão ambiental competente, conforme o grau do impacto ambiental determinado a partir de EIA-RIMA, considerados os encargos e custos incidentes sobre o financiamento, inclusive os relativos às garantias, e os custos com apólices e prêmios de seguros pessoais e reais.

(D) em valor não inferior a meio por cento dos custos totais previstos para a implantação do empreendimento, sendo o percentual fixado pelo órgão ambiental licenciador, de acordo com o grau de impacto ambiental causado pelo empreendimento.

A compensação ambiental apontada na questão está prevista no art. 36 da Lei n. 9.985/2000 (Lei do Sistema Nacional das Unidades de Conservação). O STF, no âmbito da ADI n. 3378, definiu que compete ao órgão licenciador fixar o *quantum* da compensação, de acordo com a compostura do impacto ambiental a ser dimensionado no relatório – EIA/RIMA. Além disso, julgou inconstitucional a expressão "não pode ser inferior a meio por cento dos custos totais previstos para a implantação do empreendimento", contida no § 1º do art. 36. Isso porque o valor da compensação deve ser fixado *proporcionalmente ao impacto ambiental negativo*, após estudo em que se assegurem o contraditório e a ampla defesa. Portanto, *não* se mostra legítima para o cálculo da compensação a fixação de *percentual sobre os custos* do empreendimento. Nesse sentido, incorretas as alternativas **A** (valor com base nos investimentos), **C** (valor com base nos encargos e custos sobre o financiamento) e **D** (valor com base nos custos totais). Correta a alternativa **B** (valor com base nos impactos ambientais negativos sobre o meio ambiente). **Gabarito "B".**

(Juiz de Direito/SP – 2021 – Vunesp) A respeito da previsão de licenças ambientais, é possível afirmar que

(A) a criação de novos tipos ou novas licenças ambientais, por ato do executivo, legitimam-se com base nos princípios que regem a proteção ao meio ambiente.

(B) os valores ambientais contemplados nos artigos 170 e 225 da Constituição devem se sobrepor aos da liberdade de iniciativa econômica, de modo que não se pode restringir de qualquer forma a possibilidade de exigências, inclusive conforme a tipologia, ao licenciamento ambiental.

(C) na doutrina prevalece o entendimento de que as hipóteses de atividades estabelecidas pela Resolução no 001/1986 estão regidas pelo princípio da obrigatoriedade, ou seja, a Administração deve determinar a elaboração do EUA, presumindo-se a necessidade.

(D) o estabelecimento de tipologia pelo Poder Executivo para o licenciamento ambiental e a tipologia definida pelos Conselhos Estaduais do Meio Ambiente violam o artigo 170, parágrafo único da Constituição Federal, que estatui ser "assegurado a todos o livre exercício de qualquer atividade econômica, independente de autorização dos órgãos públicos, salvo nos casos previstos em lei".

Comentário: Essa questão foi mal elaborada pela banca do concurso, embora não tenha sido anulada. A alternativa A está correta, pois o regime das licenças ambientais, notadamente seus tipos, está disciplinado por normas infralegais (Decreto 99.274/1990 e Resolução CONAMA 237/1997). A alternativa B está errada, pois os valores ambientais previstos nos art. 170 e 225 não se sobrepõe aos da liberdade de iniciativa econômica. Esses valores devem ser compatibilizados, nos termos do princípio do desenvolvimento sustentável. A alternativa C está certa (de acordo com o gabarito oficial). Importante observar que a alternativa faz alusão a "EUA", quando o correto é "EIA" (Estudo Prévio de Impacto Ambiental"). Alternativa D incorreta, nos termos dos comentários feitos para a alternativa A. Assim, verifica-se que há duas alternativas corretas. **Gabarito "C".**

(Juiz de Direito – TJ/MS – 2020 – FCC) A audiência pública no processo de licenciamento ambiental

(A) é obrigatória, independentemente do grau de impacto do empreendimento ou da atividade licenciada.

(B) deve ser realizada no início do processo de licenciamento ambiental para colheita de críticas e sugestões e, ao final do processo, para a respectiva devolutiva.

(C) será realizada na sede do órgão ambiental responsável pelo licenciamento ambiental.

(D) não obriga o órgão responsável pelo licenciamento ambiental a acolher as contribuições dela decorrentes, desde que apresente justificativa.

(E) ocorre em momento anterior à elaboração do EIA-RIMA.

Conforme já apontado, "no âmbito do licenciamento e da elaboração do EIA, cabível a realização de audiências públicas, que representam importante mecanismo democrático, verdadeiro instrumento de implementação do princípio da participação." (BORDALO, Rodrigo. Manual de direito ambiental, 2019, p. 69). O regime da audiência pública encontra-se contemplado na Resolução CONAMA n. 9/1987. Nesse sentido, pode-se estabelecer que: alternativa A incorreta (a audiência não é obrigatória; sempre que julgar necessário, ou quando for solicitado por entidade civil, pelo Ministério Público, ou por cinquenta ou mais cidadãos, o órgão público ambiental promoverá a sua realização); alternativa B incorreta (não há previsão sobre a obrigatoriedade de realização de duas audiências públicas); alternativa C incorreta (a audiência pública deve ocorrer em local acessível aos interessados, e, não necessariamente na sede do órgão ambiental); alternativa D certa (as contribuições dadas em razão da audiência pública não vinculam a decisão administrativo relacionada ao licenciamento); alternativa E incorreta (de modo geral, a audiência pública ocorre em momento posterior à elaboração do EIA-RIMA). **Gabarito "D".**

(Juiz de Direito – TJ/MS – 2020 – FCC) O Ministério Público ajuizou uma ação civil pública visando à declaração de nulidade de licenciamento ambiental conduzido por estudo ambiental diverso do Estudo de Impacto Ambiental e Respectivo Relatório (EIA-RIMA). O Magistrado deverá

(A) julgar, de forma antecipada, a ação procedente, uma vez que o EIA-RIMA é obrigatório no licenciamento ambiental.

(B) julgar, de forma antecipada, a ação improcedente, diante da presunção de legalidade do ato administrativo.

(C) determinar a produção de prova pericial para aferir a necessidade de elaboração do EIA-RIMA no licenciamento ambiental.

(D) determinar a produção de prova testemunhal para aferir a necessidade de elaboração do EIA-RIMA.

(E) extinguir o processo, sem resolução de mérito, por verificar a ausência de interesse processual.

Não é qualquer licenciamento ambiental que exige a elaboração de EIA-RIMA, o qual representa instrumento obrigatório para empreendimentos e atividades consideradas causadoras de significativa degradação do meio ambiente (cf. art. 225, § 1º, inc. IV, CF). Diante disso, o Magistrado deverá determinar a produção de prova pericial, para avaliar, no caso concreto objeto da ação civil pública, se a atividade envolvida tem a aptidão para gerar degradação significativa. Caso positivo, o licenciamento apresenta um vício, sendo passível de anulação. **RB**

Gabarito "C".

(Juiz de Direito – TJ/RJ – 2019 – VUNESP) A audiência pública tem por fim expor aos interessados o conteúdo do projeto ou empreendimento em exame e do seu respectivo RIMA. Sobre essa temática, é correto afirmar que

(A) é realizada quando o órgão de meio ambiente licenciador julgar necessário ou quando solicitado por 40 ou mais cidadãos.

(B) o fator político não influi no processo de tomada de decisão.

(C) havendo sua solicitação e, na hipótese do órgão estadual não realizá-la, a licença concedida não terá validade.

(D) a participação popular é vinculante e condicionante da decisão administrativa.

(E) a ata da audiência pública vincula o parecer final do licenciador quanto à admissibilidade do exame do projeto.

A: incorreta, pois a audiência pública é realizada, entre outras situações, quando solicitado por 50 ou mais cidadãos (cf. art. 2º da Resolução CONAMA 9/1987); **B:** incorreta, porquanto o conteúdo do RIMA (Relatório de Impacto Ambiental) abrange os objetivos e justificativas do projeto, sua relação e compatibilidade com as políticas setoriais, planos e programas governamentais (art. 9º, inc. I, da Resolução CONAMA 1/1986); **C:** correta (art. 2º, § 2º, da Resolução CONAMA 9/1987); **D:** incorreta, pois as contribuições decorrentes da participação popular não vinculam a decisão administrativa, conforme sugere o art. 5º da Resolução CONAMA 9/1987, que assim dispõe: "a ata da(s) audiência(s) pública(s) e seus anexos, servirão de base, juntamente com o RIMA, para a análise e parecer final do licenciador quanto à aprovação ou não do projeto."; **E:** incorreta (cf. já apontado nos comentários da alternativa D). **RB**

Gabarito "C".

(Juiz de Direito – TJ/RS – 2018 – VUNESP) Quanto ao licenciamento ambiental, assinale a alternativa correta.

(A) O prazo de validade da Licença Prévia (LP) não pode ser superior a 3 (três) anos.

(B) A renovação da Licença de Operação (LO) de uma atividade ou empreendimento deverá ser requerida com antecedência mínima de 120 (cento e vinte) dias da expiração de seu prazo de validade, fixado na respectiva licença.

(C) Considera-se Impacto Ambiental Regional todo e qualquer impacto ambiental que afete diretamente (a área de influência direta do projeto), no todo ou em parte, o território de dois ou mais Municípios.

(D) O arquivamento do processo de licenciamento não impedirá a apresentação de novo requerimento de licença, ficando isento de novo pagamento de custo de análise.

(E) O prazo de validade da Licença de Instalação (LI) deverá ser o estabelecido pelo cronograma de instalação do empreendimento ou atividade, não podendo ser superior a 5 (cinco) anos.

A: incorreta. Nos termos do art. 18, I, da Resolução Conama 237/1997: "O prazo de validade da Licença Prévia (LP) deverá ser, no mínimo, o estabelecido pelo cronograma de elaboração dos planos, programas e projetos relativos ao empreendimento ou atividade, não podendo ser superior a 5 (cinco) anos" e não a 3 (três) anos como assevera a alternativa; **B:** correta, segundo o que dispõe o art. 18, § 4º, da Resolução Conama 237/1997; **C:** incorreta. Esclarece o art. 1º, IV, da Resolução Conama 237/1997, que impacto ambiental regional "é todo e qualquer impacto ambiental que afete diretamente (área de influência direta do projeto), no todo ou em parte, o território de dois ou mais Estados"; **D:** incorreta, a teor do art. 17, da Resolução Conama 237/1997: "O arquivamento do processo de licenciamento não impedirá a apresentação de novo requerimento de licença, que deverá obedecer aos procedimentos estabelecidos no artigo 10, mediante novo pagamento de custo de análise"; **E:** incorreta. "O prazo de validade da Licença de Instalação (LI) deverá ser, no mínimo, o estabelecido pelo cronograma de instalação do empreendimento ou atividade, não podendo ser superior a 6 (seis) anos" (art. 18, II, da Resolução Conama 237/97). **FM/FC**

Gabarito "B".

6.2. Unidades de Conservação

(Procurador – PGE/SP – 2024 – VUNESP) O Estado de São Paulo possui cerca de 120 Unidades de Conservação em seu território, regulamentadas a partir da Lei nº 9.985/2000 (SNUC). Tomando por base o referido diploma legal, assinale a alternativa correta.

(A) A visitação pública ao MoNa (Monumento Natural Estadual) da Pedra Grande está sujeita às condições e restrições estabelecidas pelos proprietários das áreas particulares incluídas em seus limites.

(B) Na Estação Ecológica Jureia-Itatins, unidade de conservação de proteção integral, são permitidas pesquisas científicas cujo impacto sobre o ambiente seja maior do que aquele causado pela simples observação ou pela coleta controlada de componentes dos ecossistemas, em uma área correspondente a no máximo três por cento da extensão total da unidade e até o limite de um mil e quinhentos hectares.

(C) No Parque Estadual da Serra do Mar, unidade de conservação de proteção integral instituída no Estado de São Paulo, é possível o consumo e coleta de recursos naturais.

(D) A Lei nº 9.985/2000 traz como conceito de conservação da natureza o conjunto de métodos, procedimentos e políticas que visem a proteção a longo prazo das espécies, habitats e ecossistemas, além da manutenção dos processos ecológicos, prevenindo a simplificação dos sistemas naturais.

(E) A Lei nº 9.985/2000 (SNUC) estabelece normas gerais sobre a proteção da vegetação, áreas de Preservação Permanente e áreas de Reserva Legal.

A: incorreta (a visitação pública ao MoNa está sujeita às condições e restrições estabelecidas no Plano de Manejo da unidade, às normas estabelecidas pelo órgão responsável por sua administração e àquelas previstas em regulamento, cf. 12, § 3º). **B:** correta (art. 9º, § 4º, IV). **C:** incorreta (nas unidades de proteção integral, categoria dentro da qual se encontra o Parque Estadual da Serra do Mar, é admitido apenas o *uso indireto* dos seus recursos naturais, de modo que são vedados o consumo, a coleta, o dano ou a destruição desses recursos; cf. art. 7º, § 1º c.c. art. 2º, IX). **D:** incorreta (cf. art. 2º, II, *conservação da natureza* é conceituada como "o manejo do uso humano da natureza, compreendendo a preservação, a manutenção, a utilização sustentável, a restauração e a recuperação do ambiente natural, para que possa produzir o maior benefício, em bases sustentáveis, às atuais gerações, mantendo seu potencial de satisfazer as necessidades e aspirações das gerações futuras, e garantindo a sobrevivência dos seres vivos em geral"; além disso, cf. art. 2º, V, *preservação* é conceituada como o "conjunto de métodos, procedimentos e políticas que visem a proteção a longo prazo das espécies, habitats e ecossistemas, além da manutenção dos processos ecológicos, prevenindo a simplificação dos sistemas naturais"). **E:** incorreta (a Lei n. 9.985/2000 dispõe sobre o regime das unidades de conservação; já as normas gerais sobre a proteção da vegetação, áreas de Preservação Permanente e áreas de Reserva Legal estão contidas na Lei n. 12.651/2012 – Código Florestal). RB

Gabarito "B".

(Juiz Federal – TRF/1 – 2023 – FGV) A União criou uma unidade de conservação Alfa (UC Alfa) do grupo das Unidades de Proteção Integral, que tem como objetivo a preservação da natureza e a realização de pesquisas científicas. Sabe-se que a UC Alfa é de posse e domínio públicos, sendo que as áreas particulares incluídas em seus limites serão desapropriadas, de acordo com o que dispõe a lei. Ademais, é proibida a visitação pública à UC Alfa, exceto quando com objetivo educacional, de acordo com o que dispuser o Plano de Manejo da unidade ou regulamento específico.

Diante da narrativa acima e consoante dispõe a Lei nº 9.985/2000, a UC Alfa é um(a):

(A) Estação Ecológica, e a pesquisa científica depende de autorização prévia do órgão responsável pela administração da unidade e está sujeita às condições e restrições por este estabelecidas, bem como àquelas previstas em regulamento;

(B) Reserva Biológica, e a pesquisa científica depende de autorização prévia do órgão responsável pela administração da unidade ou do Instituto Brasileiro do Meio Ambiente e dos Recursos Naturais Renováveis (Ibama);

(C) Parque Nacional, e a pesquisa científica depende de autorização prévia do órgão responsável pela administração da unidade ou do Instituto Chico Mendes de Conservação da Biodiversidade (ICMBio);

(D) Refúgio de Vida Silvestre, e a pesquisa científica depende de autorização prévia do órgão responsável pela administração da unidade ou do Instituto Chico Mendes de Conservação da Biodiversidade (ICMBio);

(E) Área de Relevante Interesse Ecológico, e a pesquisa científica depende de autorização prévia do órgão responsável pela administração da unidade e está sujeita às condições e restrições por este estabelecidas, bem como àquelas previstas em regulamento.

As unidades de conservação do grupo de Proteção Integral são compostas por cinco categorias (art. 8º da Lei 9.985/2000): (i) Estação Ecológica; (ii) Reserva Biológica; (iii) Parque Nacional; (iv) Monumento Natural; (v) Refúgio da Vida Silvestre. Os respectivos regimes e características estão dispostas nos artigos 9º (Estação Ecológica), 10 (Reserva Biológica), 11 (Parque Nacional), 12 (Monumento Natural) e 13 (Refúgio da Vida Silvestre) da mesma lei. A Estação Ecológica tem como objetivo a preservação da natureza e a realização de pesquisas científicas. A pesquisa científica depende de autorização prévia do órgão responsável pela administração da unidade e está sujeita às condições e restrições por este estabelecidas, bem como àquelas previstas em regulamento. É proibida a visitação pública, exceto quando com objetivo educacional, de acordo com o que dispuser o Plano de Manejo da unidade ou regulamento específico. Assim, a alternativa A está correta. **B:** incorreta (na Reserva Biológica, a pesquisa científica depende de autorização prévia do órgão responsável pela administração da unidade). **C:** incorreta (no Parque Nacional, a pesquisa científica depende de autorização prévia do órgão responsável pela administração da unidade). **D:** incorreta (no Refúgio da Vida Silvestre, a pesquisa científica depende de autorização prévia do órgão responsável pela administração da unidade). **E:** incorreto (a Área de Relevante Interesse Ecológico é unidade de conservação do grupo de Uso Sustentável, e não do grupo de Proteção Integral). RB

Gabarito "A".

(Juiz de Direito – TJ/SP – 2023 – VUNESP) Assinale a alternativa correta.

(A) O mosaico é constituído pela existência de um conjunto de unidades de conservação de categorias diferentes ou não, próximas, justapostas ou sobrepostas, e outras áreas protegidas públicas ou privadas, cuja gestão do conjunto deverá ser feita de forma integrada e participativa, considerando-se os seus distintos objetivos de conservação, de forma a compatibilizar a presença da biodiversidade, a valorização da sociodiversidade e o desenvolvimento sustentável no contexto regional.

(B) Os corredores ecológicos correspondem ao entorno de uma unidade de conservação, onde as atividades humanas estão sujeitas a restrições específicas, a fim de minimizar os impactos negativos sobre a unidade.

(C) As zonas de amortecimento são porções dos ecossistemas naturais ou seminaturais, ligando unidades de conservação, que possibilitam entre elas o fluxo de genes e o movimento da biota, facilitando a dispersão das espécies e a recolonização de áreas degradadas, bem como a manutenção de populações que demandam para sua sobrevivência áreas com extensão maior do que aquela das unidades individuais.

(D) O plano de manejo constitui o conjunto de métodos, procedimentos e políticas que visem à proteção a longo prazo das espécies, habitats e ecossistemas, além da manutenção dos processos ecológicos, prevenindo a simplificação dos sistemas naturais.

A: correta (o art. 26 da Lei n. 9.985/2000 dispõe sobre a definição e as características do mosaico). **B:** incorreta (cf. art. 2º, XIX, os corredores ecológicos são porções de ecossistemas naturais ou seminaturais, ligando unidades de conservação, que possibilitam entre eles o fluxo de genes e o movimento da biota, facilitando a dispersão de espécies e a recolonização de áreas degradadas, bem como a manutenção de populações que demandam para sua sobrevivência áreas com extensão maior do que aquela das unidades individuais). **C:** incorreta (cf. art. 2º, XVIII, as zonas de amortecimento correspondem ao entorno de uma unidade de conservação, onde as atividades humanas estão sujeitas a normas e restrições específicas, com o propósito de minimizar os impactos negativos sobre a unidade). **D:** incorreta (cf. art. 2º, XVII, plano de manejo representa documento técnico mediante o qual, com fundamento nos objetivos gerais de uma unidade de conservação, se estabelece o seu zoneamento e as normas que devem presidir o uso da área e o manejo dos recursos naturais, inclusive a implantação das estruturas físicas necessárias à gestão da unidade; por outro lado, de acordo com o art. 2º, V, preservação é o conjunto de métodos, procedimentos e políticas que visem a proteção a longo prazo das espécies, habitats e ecossistemas, além da manutenção dos processos ecológicos, prevenindo a simplificação dos sistemas naturais). RB

Gabarito "A".

(Juiz de Direito/AP – 2022 – FGV) Tendo em vista a grande especulação imobiliária do Município X, o prefeito decide reduzir a área de determinada Unidade de Conservação, para permitir a construção de novas unidades imobiliárias.

Sobre o caso, é correto afirmar que o prefeito:

(A) não pode mudar as dimensões da Unidade de Conservação por decreto, o que apenas pode ser feito por lei específica;

(B) pode reduzir as dimensões da Unidade de Conservação caso ela tenha sido criada por decreto do chefe do Poder Executivo municipal;

(C) apenas pode alterar as dimensões da Unidade de Conservação caso ela tenha sido criada após 05 de outubro de 1988;

(D) pode reduzir as dimensões da Unidade de Conservação caso não haja derrubada de vegetação nativa e não atinja área de proteção integral;

(E) não pode alterar a área da Unidade de Conservação, o que depende de estudo prévio de impacto ambiental e de licenciamento ambiental.

Comentário: a redução da área de uma Unidade de Conservação (UC) somente pode ser feita por *lei específica*, não se admitindo o decreto para tanto (mesmo que a UC tenha sido criada por decreto). É o que se extrai do art. 225, § 1º, III, CF e do art. 22, § 7º, da Lei 9.985/2000 (Lei do Sistema Nacional das Unidades de Conservação), que assim dispõe: "A desafetação ou redução dos limites de uma unidade de conservação só pode ser feita mediante lei específica." Nesse sentido já decidiu o STF: "a Constituição, portanto, permite a alteração e até mesmo a supressão de espaços territoriais especialmente protegidos, desde que por meio de lei formal, ainda que a referida proteção tenha sido conferida por ato infralegal. Trata-se de um mecanismo de reforço institucional da proteção ao meio ambiente, já que retira da discricionariedade do Poder Executivo a redução dos espaços ambientais protegidos, exigindo-se para tanto deliberação parlamentar, sujeita a maior controle social" (RE-AgR 519.778/RN, 1ª Turma, Rel. Min. Roberto Barroso, DJe 01.08.2014). Assim, correta a alternativa A. RB

Gabarito "A".

(Procurador Município – Teresina/PI – FCC – 2022) Para estabelecer a zona de amortecimento de um Parque Municipal, o Plano de Manejo considerou um fragmento de vegetação nativa relevante, mas que não possui relação com a unidade de conservação. A restrição ao direito de propriedade imposta é

(A) válida com base no princípio do poluidor pagador.

(B) ilegal, pois a zona de amortecimento deve ser estabelecida de forma a minimizar os impactos negativos sobre a unidade de conservação.

(C) ilegal, pois zona de amortecimento não pode estabelecer restrições ao direito de propriedade.

(D) válida, pois é função da zona de amortecimento proteger os atributos naturais da área delimitada, que não precisa guardar, necessariamente, relação com a unidade de conservação.

(E) válida pela relevância própria dos remanescentes de vegetação nativa.

Zona de amortecimento é definida como o entorno de uma unidade de conservação, onde as atividades humanas estão sujeitas a normas e restrições específicas, com o propósito de minimizar os impactos negativos sobre a unidade (art. 2º, XVIII, da Lei 9.985/2000). Desse modo, existe uma relação necessária entre zona de amortecimento e unidade de conservação, motivo pelo qual correta a alternativa B (a instituição da zona de amortecimento é ilegal, pois não possui relação com unidade de conservação). RB

Gabarito "B".

(Procurador/PA – CESPE – 2022) Desde 2015, Maria detinha a posse de uma área que mede 2.000 hectares, localizada na unidade de conservação denominada Floresta Nacional de Altamira, criada em 2/2/1998. Ao longo dos últimos anos, Maria fez muitas benfeitorias nessa área, explorando no local a pecuária bovina. Recentemente, um grupo de aproximadamente 50 pessoas, usando da força, invadiu a referida área, causando danos materiais. Maria, então, ajuizou ação de reintegração de posse no juízo da Vara Agrária de Altamira – PA.

Considerando o caso hipotético apresentado e as disposições da Lei n.º 9.985/2000, que instituiu o Sistema Nacional de Unidades de Conservação, julgue os itens a seguir.

I. As florestas nacionais, como áreas de coberturas florestais de espécies predominantemente nativas, são de posse e domínio públicos, devendo ser desapropriadas as áreas particulares nelas incluídas.

II. No caso apresentado, a liminar de reintegração de posse deve ser deferida, considerando-se a comprovada posse mansa e pacífica anterior ao esbulho.

III. Na demarcação de qualquer unidade de conservação, deve-se considerar o estabelecimento de corredores ecológicos e de zonas de amortecimento.

Assinale a opção correta.

(A) Apenas o item I está certo.
(B) Apenas o item II está certo.
(C) Apenas os itens I e III estão certos.
(D) Apenas os itens II e III estão certos.
(E) Todos os itens estão certos.

I: correto (art. 17, "caput" e § 1º, da Lei 9.985/2000). II: incorreto (considerando que a posse e o domínio devem ser necessariamente públicos, incabível a reintegração em favor de posse de caráter privado). III: incorreto (nem toda unidade de conservação deve possuir corredores ecológicos e zonas de amortecimento; de acordo com o art. 25 da Lei 9.985/2000, as unidades de conservação, exceto Área de Proteção Ambiental e Reserva Particular do Patrimônio Natural, devem possuir uma zona de amortecimento e, quando conveniente, corredores ecológicos). RB

Gabarito "A".

(Juiz de Direito – TJ/RS – 2018 – VUNESP) No que tange às unidades de conservação, assinale a alternativa correta.

(A) A Reserva Biológica tem como objetivo a preservação da natureza e a realização de pesquisas científicas.
(B) O Refúgio de Vida Silvestre tem como objetivo a preservação de ecossistemas naturais de grande relevância ecológica e beleza cênica.
(C) Na Estação Ecológica não podem ser permitidas alterações dos ecossistemas.
(D) O objetivo básico das Unidades de Uso Sustentável é preservar a natureza, sendo admitido apenas o uso indireto dos seus recursos naturais.
(E) A Floresta Nacional é uma área com cobertura florestal de espécies predominantemente nativas e tem como objetivo básico o uso múltiplo sustentável dos recursos florestais e a pesquisa científica.

A: incorreta. A Reserva Biológica tem como objetivo a preservação integral da biota e demais atributos naturais existentes em seus limites (art. 10, *caput*, da Lei 9.985/2000); **B:** incorreta, a saber: "o Refúgio de Vida Silvestre tem como objetivo proteger ambientes naturais onde se asseguram condições para a existência ou reprodução de espécies ou comunidades da flora local e da fauna residente ou migratória" (art. 13, *caput*, da Lei 9.985/1990); **C:** incorreta, o art. 9º, § 4º, I a IV, da Lei 9.985/1990, trazem possibilidades de alterações nos ecossistemas da Estação Ecológica; **D:** incorreta. "O objetivo básico das Unidades de Uso Sustentável é compatibilizar a conservação da natureza com o uso sustentável de parcela dos seus recursos naturais" (art. 7º, § 2º, da Lei 9.985/1990). **E:** correta. A assertiva trata-se de transcrição do art. 17, *caput*, da Lei 9.985/1990. **FM/FC**
Gabarito "E."

6.3. Zoneamento Ambiental

(Juiz de Direito – TJ/DFT – 2023 – CEBRASPE) Considere as seguintes definições, relativas ao zoneamento ambiental.

I. Zonas que se destinam, preferencialmente, à localização de estabelecimentos industriais cujos resíduos sólidos, líquidos e gasosos, ruídos, vibrações, emanações e radiações possam causar perigo à saúde, ao bem-estar e à segurança das populações, mesmo depois da aplicação de métodos adequados de controle e tratamento de efluentes, nos termos da legislação vigente.
II. Zonas que se destinam, preferencialmente, à instalação de indústrias cujos processos, submetidos a métodos adequados de controle e tratamento de efluentes, não causem incômodos sensíveis às demais atividades urbanas nem perturbem o repouso noturno das populações.

Os itens I e II conceituam, respectivamente, as zonas de

(A) uso diversificado e de uso predominantemente industrial.
(B) uso predominantemente industrial e de uso diversificado.
(C) uso diversificado e de uso estritamente industrial.
(D) uso estritamente industrial e de uso predominantemente industrial.
(E) uso predominantemente industrial e de uso estritamente industrial.

A Lei n. 6.803/1980 dispõe sobre as diretrizes básicas para o zoneamento industrial nas áreas críticas de poluição. As zonas são classificadas nas seguintes categorias (art. 1º, §1º): i) zonas de uso estritamente industrial; ii) zonas de uso predominantemente industrial; iii) zonas de uso diversificado. As zonas de uso estritamente industrial destinam-se, preferencialmente, à localização de estabelecimentos industriais cujos resíduos sólidos, líquidos e gasosos, ruídos, vibrações, emanações e radiações possam causar perigo à saúde, ao bem-estar e à segurança das populações, mesmo depois da aplicação de métodos adequados de controle e tratamento de efluentes, nos termos da legislação vigente (art. 2º, "caput"). Assim, o item I conceitua a zona de uso estritamente industrial. Já as zonas de uso predominantemente industrial destinam-se, preferencialmente, à instalação de indústrias cujos processos, submetidos a métodos adequados de controle e tratamento de efluentes, não causem incômodos sensíveis às demais atividades urbanas e nem perturbem o repouso noturno das populações (art. 3º, "caput"). Assim, o item II conceitua a zona de uso predominantemente industrial. Correta a alternativa D. **RB**
Gabarito "D."

(Juiz de Direito – TJ/MS – 2020 – FCC) O Zoneamento Ecológico-Econômico (ZEE) de determinado estado da federação foi produzido pela área técnica da Secretaria do Meio Ambiente e por renomados professores da respectiva universidade estadual, sendo, portanto,

(A) inválido, diante da ausência de ampla participação democrática.
(B) válido pela qualificada discussão presente na sua elaboração.
(C) válido como fundamento para a elaboração de planos diretores municipais.
(D) válido como fundamento para compensação de reserva legal.
(E) inválido, diante da ausência de participação de uma universidade federal presente no território do estado.

O Zoneamento Ecológico-Econômico (ZEE) encontra-se disciplinado pelo Decreto federal 4.297/02. O processo de sua elaboração e implementação deve contar com ampla participação democrática (art. 4º, inc. II). Nesse sentido, a produção do ZEE apresentada no enunciado da questão está revestida de invalidade, em razão da ausência de ampla participação democrática, motivo pelo qual está correta a alternativa A. **RB**
Gabarito "A."

Determinada empresa pretende instalar uma indústria cloroquímica no estado de Santa Catarina e está ciente de que as atividades dessa indústria gerarão resíduos sólidos, líquidos e gasosos perigosos à saúde, ao bem-estar e à segurança da população local, ainda que sejam adotados todos os métodos adequados de controle e tratamento de efluentes.

(Juiz de Direito – TJ/SC – 2019 – CESPE/CEBRASPE) Para compatibilizar as atividades da referida indústria cloroquímica com a proteção ambiental, a empresa deverá instalar esse empreendimento em

(A) zona de uso estritamente industrial aprovada e delimitada pelo governo do estado de Santa Catarina.
(B) zona de uso predominantemente industrial aprovada e delimitada pelo governo do estado de Santa Catarina.
(C) zona de uso diversificado aprovada e delimitada pelo governo do estado de Santa Catarina.
(D) zona de uso ambiental-industrial aprovada e delimitada pela União e pelo município interessado.

(E) zona de uso estritamente industrial aprovada e delimitada pela União, ouvidos os governos interessados, tanto do estado de Santa Catarina quanto do município.

A Lei federal 6.803/1980 dispõe sobre as diretrizes básicas para o zoneamento industrial nas áreas críticas de poluição. Entre as modalidades de zoneamento que estão previstas, citem as zonas de uso estritamente industrial, que se destinam à localização de estabelecimentos industriais cujos resíduos sólidos, líquidos e gasosos, ruídos, vibrações, emanações e radiações possam causar perigo à saúde, ao bem-estar e à segurança das populações, mesmo depois da aplicação de métodos adequados de controle e tratamento de efluentes (art. 2º, "caput"). Caberá exclusivamente à União, ouvidos os Governos Estadual e Municipal interessados, aprovar a delimitação e autorizar a implantação de zonas de uso estritamente industrial que se destinem à localização de polos cloroquímicos, entre outros (petroquímicos, carboquímicos e instalações nucleares). É o que estabelece o art. 10, § 2º. RB

Gabarito "E".

6.4. Pagamentos por Serviços Ambientais

(Procurador – AL/PR – 2024 – FGV) Na Política Nacional de Recursos Hídricos, a cobrança pelo uso da água foi estabelecida como um instrumento destinado, entre outras finalidades, a angariar recursos para o financiamento de projetos e obras que promovam, de maneira considerada benéfica à coletividade, melhorias na qualidade, quantidade e regime de vazão de corpos d'água.

O estado X não implementou a cobrança, mas desenvolveu o Pagamento por Serviços Ambientais (PSA), outro instrumento econômico capaz de viabilizar a preservação da bacia hidrográfica em termos de qualidade, quantidade e o regime de vazão da água.

Sobre o PSA, assinale a afirmativa correta.

(A) O pagador de serviços ambientais é a pessoa física ou jurídica, de direito público ou privado, ou grupo familiar ou comunitário que, preenchidos os critérios de elegibilidade, mantém, recupera ou melhora as condições ambientais dos ecossistemas.

(B) O provedor de serviços ambientais é o poder público, a organização da sociedade civil ou agente privado, pessoa física ou jurídica, de âmbito nacional ou internacional, que provê o pagamento dos serviços ambientais.

(C) Os serviços ecossistêmicos são atividades individuais ou coletivas que favoreçam a manutenção, a recuperação ou a melhoria dos serviços de provisão, suporte, regulação e culturais.

(D) São modalidades de pagamento por serviços ambientais, entre outras: a prestação de melhorias sociais a comunidades rurais e urbanas e a compensação vinculada a certificado de redução de emissões por desmatamento e degradação.

(E) Os serviços ambientais são benefícios relevantes para a sociedade gerados pelos ecossistemas, em termos de manutenção, recuperação ou melhoria das condições ambientais, sem influência da intervenção humana.

A Lei federal n. 14.119/2021 disciplina a Política Nacional de Pagamento por Serviços Ambientais. **A:** incorreta (o pagador de serviços ambientais é o poder público, organização da sociedade civil ou agente privado, pessoa física ou jurídica, de âmbito nacional ou internacional, que provê o pagamento dos serviços ambientais, cf. art. 2º, V). **B:** incorreta (o provedor de serviços ambientais é a pessoa física ou jurídica, de direito público ou privado, ou grupo familiar ou comunitário que, preenchidos os critérios de elegibilidade, mantém, recupera ou melhora as condições ambientais dos ecossistemas, cf. art. 2º, VI). Notar que os conceitos das alternativas A e B estão invertidos. **C:** incorreta (os serviços ecossistêmicos são benefícios relevantes para a sociedade gerados pelos ecossistemas, em termos de manutenção, recuperação ou melhoria das condições ambientais, cf. art. 2º, II). **D:** correta (art. 3º). **E:** incorreta (os serviços ambientais são atividades individuais ou coletivas que favoreçam a manutenção, a recuperação ou a melhoria dos serviços ecossistêmicos, cf. art. 2º, III). Notar que os conceitos das alternativas C e E estão invertidos. RB

Gabarito "D".

(Procurador – PGE/SP – 2024 – VUNESP) O Pagamento por Serviços Ambientais (PSA) foi instituído pela Política Estadual de Mudanças Climáticas (PEMC) em 2009 no Estado de São Paulo e, desde então, já foram desenvolvidos diversos projetos como o Projeto Conexão Mata Atlântica e, mais recentemente, o PSA Guardiões da Floresta e o PSA Mar sem Lixo. Sobre o instituto do pagamento por serviços ambientais, assinale a alternativa correta.

(A) A Política Nacional de Pagamento por Serviços Ambientais (PNPSA) estabelecida pela Lei nº 14.119/2021 tem como um de seus objetivos a adequação do imóvel rural e urbano à legislação ambiental.

(B) Os Projetos de Pagamento por Serviços Ambientais no âmbito do Estado de São Paulo não poderão adotar como modalidade de pagamento a retribuição monetária direta.

(C) Para os fins da Lei nº 14.119/2021, são considerados serviços ambientais aqueles que constituem benefícios não materiais providos pelos ecossistemas, por meio da recreação, do turismo, da identidade cultural, de experiências espirituais e estéticas e do desenvolvimento intelectual, entre outros.

(D) De acordo com o Decreto Estadual nº 66.549/2022, o Comitê Consultivo do Programa Estadual de Pagamento por Serviços Ambientais será composto por 9 (nove) membros titulares e seus respectivos suplentes, com representantes do Governo do Estado, do setor produtivo e da sociedade civil.

(E) As modalidades de pagamento por serviços ambientais são estabelecidas taxativamente pelo artigo 3º da Lei nº 14.119/2021.

A: incorreta (cf. art. 5º, IX, a adequação do imóvel rural e urbano à legislação ambiental constitui *diretriz* da PNPSA, e não seu *objetivo*). **B:** incorreta (os projetos de PSA podem adotar como modalidade o pagamento monetário direto, cf. art. 9º, I, do Decreto estadual n. 66.549/2022). **C:** incorreta (cf. art. 2º, III, *serviços ambientais* são as atividades individuais ou coletivas que favoreçam a manutenção, a recuperação ou a melhoria dos serviços ecossistêmicos; por sua vez, cf. art. 2º, II, "d", os *serviços ecossistêmicos culturais* são aqueles que constituem benefícios não materiais providos pelos ecossistemas, por meio da recreação, do turismo, da identidade cultural, de experiências espirituais e estéticas e do desenvolvimento intelectual, entre outros). **D:** correta (art. 6º do Decreto estadual 66.549/2022). **E:** incorreta (o rol do art. 3º da Lei 14.119/2021 é *exemplificativo*, e não taxativo). RB

Gabarito "D".

7. PROTEÇÃO DA FLORA. CÓDIGO FLORESTAL

(Procurador – PGE/SP – 2024 – VUNESP) A respeito das Áreas de Preservação Permanente, trazidas pela Lei nº 12.651/2012 (Código Florestal), é correto afirmar:

(A) a supressão indevida de vegetação em área de preservação permanente obriga apenas o proprietário do imóvel à época da supressão a promover a sua recomposição.

(B) a intervenção em área de preservação permanente para fins de interesse social ou utilidade pública prescinde da comprovação de existência de alternativa técnica e/ou locacional.

(C) o Superior Tribunal de Justiça decidiu, quando do julgamento do Tema 1.010, pela prevalência do Código Florestal (Lei nº 12.651/2012) sobre a Lei de Parcelamento Urbano do Solo (Lei nº 6.766/79).

(D) são áreas de preservação permanente apenas as áreas protegidas cobertas por vegetação nativa, com a função ambiental de preservar os recursos hídricos, a paisagem, a estabilidade geológica e a biodiversidade, facilitar o fluxo gênico de fauna e flora, proteger o solo e assegurar o bem-estar das populações humanas.

(E) o conceito de Amazônia Legal trazido pela Lei nº 12.651/2012 é geográfico, limitando-se aos Estados da Região Norte do Brasil.

A: incorreta (a obrigação de recompor a vegetação suprimida tem natureza real – *propter rem* –, sendo transmitida ao sucessor no caso de transferência de domínio ou posse, cf. art. 7º, § 2º; além disso, cf. a Súmula 623 do STJ: As obrigações ambientais possuem natureza *propter rem*, sendo admissível cobrá-las do proprietário ou possuidor atual e/ou dos anteriores, à escolha do credor). **B:** incorreta (a intervenção em área de preservação permanente para fins de interesse social ou utilidade pública *imprescinde* da comprovação de existência de alternativa técnica e/ou locacional, cf. entendimento do STF na ADC 42). **C:** correta (tese fixada pelo STJ – tema 1010: "Na vigência do novo Código Florestal (Lei n. 12.651/2012), a extensão não edificável nas Áreas de Preservação Permanente de qualquer curso d'água, perene ou intermitente, em trechos caracterizados como área urbana consolidada, deve respeitar o que disciplinado pelo seu art. 4º, *caput*, inciso I, alíneas a, b, c, d e e, a fim de assegurar a mais ampla garantia ambiental a esses espaços territoriais especialmente protegidos e, por conseguinte, à coletividade"). **D:** incorreta (áreas de preservação permanente são aquelas protegidas, cobertas *ou não* por vegetação nativa, cf. art. 3º, II). **E:** incorreta (a Amazônia Legal abrange Estados da Região Norte, Nordeste e Centro-Oeste; é o que se extrai de sua definição legal, cf. art. 3º, I: "Amazônia Legal: os Estados do Acre, Pará, Amazonas, Roraima, Rondônia, Amapá e Mato Grosso e as regiões situadas ao norte do paralelo 13º S, dos Estados de Tocantins e Goiás, e ao oeste do meridiano de 44º W, do Estado do Maranhão"). RB

Gabarito "C".

(Procurador Federal – AGU – 2023 – CEBRASPE) O Código Florestal protege as faixas marginais de qualquer curso d'água natural, perene e intermitente, e as áreas no entorno de lagos e lagoas naturais, sob o título de

(A) reserva legal.
(B) servidão ambiental.
(C) unidade de conservação de uso sustentável.
(D) unidade de conservação de proteção integral.
(E) área de preservação permanente.

A: incorreta (reserva legal representa uma área localizada no interior de uma propriedade ou posse rural, delimitada percentualmente nos termos do art. 12 do Código Florestal, com função de proteção ambiental). **B:** incorreta (servidão ambiental é a limitação do uso de uma propriedade para preservar, conservar ou recuperar os recursos ambientais existentes, cf. regime jurídico previsto nos arts. 9º-A a 9º-C da Lei 6.938/1981 – Lei da Política Nacional do Meio Ambiente). **C e D:** incorretas (unidades de conservação representam áreas territoriais especialmente protegidas previstas na Lei 9.985/2000 – Lei do Sistema Nacional das Unidades de Conservação; as unidades de conservação podem ser de uso sustentável ou de proteção integral). **E:** correta (considera-se área de preservação permanente, entre outras hipóteses, as faixas marginais de qualquer curso d'água natural, perene e intermitente, e as áreas no entorno de lagos e lagoas naturais, cf. previsto no art. 4º, I e II, do Código Florestal). RB

Gabarito "E".

(Procurador Federal – AGU – 2023 – CEBRASPE) Acerca do regime de proteção das áreas de preservação permanente (APP), assinale a opção correta.

(A) A supressão de vegetação nativa em APP, quando protetora de nascentes, dunas e restingas, poderá ser autorizada nos casos de utilidade pública ou interesse social.

(B) Uma vez ocorrida a supressão de vegetação em APP, o seu proprietário, possuidor ou ocupante a qualquer título é obrigado a promover a recomposição da vegetação, ressalvados os usos autorizados legalmente.

(C) A vegetação situada em APP deverá ser mantida pelo proprietário da área, possuidor ou ocupante a qualquer título, desde que ele seja pessoa física ou jurídica de direito privado, estando dispensado dessa obrigação o titular do imóvel que seja pessoa jurídica de direito público.

(D) Por ser de caráter pessoal, a obrigação de recomposição da APP cuja vegetação tenha sido suprimida não pode ser transmitida ao sucessor, no caso de transferência do domínio ou da posse do imóvel rural.

(E) O acesso de pessoas à APP para obtenção de água é permitido mediante autorização, a ser concedida em caráter de urgência pelo órgão ambiental competente.

A: incorreta (a supressão de vegetação nativa protetora de nascentes, dunas e restingas somente poderá ser autorizada em caso de utilidade pública, cf. art. 8º, § 1º, da Lei 12.651/2012 – Código Florestal). **B:** correta (cf. art. 7º, § 1º, da Lei 12.651/2012). **C:** incorreta (a vegetação situada em APP deverá ser mantida pelo proprietário da área, possuidor ou ocupante a qualquer título, pessoa física ou jurídica, de direito público ou privado, cf. art. 7º, "caput", da Lei 12.651/2021). **D:** incorreta (a obrigação de recomposição da APP tem caráter real e é transmitida ao sucessor no caso de transferência de domínio ou posse do imóvel rural, cf. art. 7º, § 2º, da Lei 12.651/2021). **E:** incorreta (é permitido o acesso de pessoas às APP's para obtenção de água, cf. art. 9º da Lei 12.651/2012; ademais, é dispensada a autorização do órgão ambiental competente para a execução, em caráter de urgência, de atividades de segurança nacional e obras de interesse da defesa civil destinadas à prevenção e mitigação de acidentes em áreas urbanas, cf. art. 8º, § 3º, da Lei 12.651/2012). RB

Gabarito "B".

(Juiz de Direito/SP – 2021 – Vunesp) Considerando, de um lado, a necessidade de garantia da melhor e mais eficaz preservação do meio ambiente natural e do meio ambiente artificial, e, de outro, a superveniência da Lei nº 13.913/2019, que suprimiu a expressão "... salvo maiores exigências da legislação específica", concluiu-se que

(A) pode ser dito que há conflito entre o direito de propriedade e a proteção jurídica do meio ambiente, atentando para a compreensão sistemática dos institutos, o que deve ser resolvido de modo a causar o mínimo prejuízo ao particular.

(B) o novo código florestal, ao prever medidas mínimas superiores para as faixas marginais de qualquer curso d'agua natural perene e intermitente, não pode reger a proteção das APPs ciliares ou ripárias em áreas urbanas consolidadas, espaços territoriais especialmente protegidos (artigo 225, III, da CF/1988), que não se condicionam a fronteiras entre os meios rural e o urbano.

(C) as alterações que importam diminuição da proteção dos ecossistemas abrangidos pelas unidades de conservação não implicam possibilidade de reconhecimento de retrocesso ambiental, pois não atingem o núcleo essencial do direito fundamental ao meio ambiente equilibrado.

(D) na vigência do novo código florestal, a extensão não edificável nas áreas de preservação permanente de qualquer curso d'agua, perene ou intermitente, em trechos caracterizados como área urbana consolidada, deve respeitar o disciplinado no seu artigo 4º, caput, inciso I, alíneas a, b, c, d e e, a fim de assegurar a mais ampla garantia ambiental a esses espaços territoriais especialmente protegidos e, consequentemente, a toda sociedade.

Comentário: **Atenção!** Essa questão está *desatualizada*, à luz das alterações promovidas pela Lei 14.285, de 29 de dezembro de 2021. O gabarito oficial da questão (alternativa "D") tomou como base Acórdão do STJ publicado em maio de 2021, em que foi apreciada a disciplina da extensão das faixas marginais de cursos d'água no meio urbano, sobretudo à luz da Lei 13.913/2019, que suprimiu a expressão "(...) salvo maiores exigências da legislação específica." do inciso III do art. 4º da Lei 6.766/1976 (Lei do Parcelamento do Solo Urbano). De acordo com o STJ, no âmbito do REsp 1.770.760/SC (1ª Seção, Rel. Min. Benedito Gonçalves, DJe 10.05.2021), a superveniência da Lei 13.913/2019 não afasta a aplicação do art. 4º, "caput", e I, da Lei n. 12.651/2012 (Código Florestal) às áreas urbanas de ocupação consolidada, pois, pelo critério da especialidade, esse normativo do novo Código Florestal é o que garante a mais ampla proteção ao meio ambiente, em áreas urbana e rural, e à coletividade. Nesse sentido é que foi expedida a seguinte tese (recurso repetitivo): "Na vigência do novo Código Florestal (Lei 12.651/2012), a extensão não edificável nas Áreas de Preservação Permanente de qualquer curso d'água, perene ou intermitente, em trechos caracterizados como área urbana consolidada, deve respeitar o que disciplinado pelo seu art. 4º, caput, inciso I, alíneas a, b, c, d e e, a fim de assegurar a mais ampla garantia ambiental a esses espaços territoriais especialmente protegidos e, por conseguinte, à coletividade." Ocorre que houve a superveniência da já referida Lei 14.285/2021, que, em síntese, estabeleceu o regime das faixas marginais dos cursos d'água em área urbana consolidada, cuja fixação foi atribuída aos entes federativos locais. A nova lei alterou o §10 do artigo 4º do Código Florestal, de modo a conferir competência aos Municípios (e ao Distrito Federal) na definição da metragem das Áreas de Preservação Permanente no entorno de cursos d'água em áreas urbanas consolidadas, *mesmo em metragens inferiores* àquelas estabelecidas no inciso I do "caput" do art. 4º do mesmo diploma de 2012. Consigne-se que há polêmica quanto à constitucionalidade da Lei 14.285/2021, motivo pelo qual tramita no STF a ADI 7.146, proposta em abril de 2022.

(gabarito desatualizado, à luz da Lei 14.285, de 29 de dezembro de 2021)

Gabarito "D".

(Juiz de Direito/GO – 2021 – FCC) O proprietário da Fazenda Santa Teresa, cuja área corresponde a três módulos fiscais, foi autuado pelo plantio de soja em área de preservação permanente localizada ao longo de um curso d'água que corta o imóvel rural. Em defesa, alegou e provou que o plantio ocorreu em data anterior a 22 de julho de 2008. A Fazenda não está inscrita no Cadastro Ambiental Rural (CAR). O auto de infração ambiental foi mantido. O proprietário ajuizou uma ação buscando a anulação do ato administrativo, que deverá ser julgada

(A) parcialmente procedente para determinar a continuidade da atividade agrícola com a recuperação de uma faixa de quinze metros ao longo do curso d'água.

(B) extinta, sem resolução de mérito, diante da presunção de veracidade dos atos administrativos.

(C) parcialmente procedente para manter a continuidade da atividade agrícola, mas sem possibilidade de alternância de cultura.

(D) procedente por se tratar da continuidade de atividade agrícola em área consolidada.

(E) improcedente pela impossibilidade de adesão ao Programa de Regularização Ambiental (PRA).

Comentário: O Código Florestal, nos termos do art. 61-A, autoriza a continuidade das atividades agrícolas em áreas de preservação permanente localizadas em áreas rurais consolidadas até 22 de junho 2008 (marco temporal estabelecido pela lei). Para tanto, é obrigatória a recomposição da faixa marginal de 15 metros ao longo do curso d'água. (art. 61-A, § 3º). Trata-se de medida que depende de adesão ao Programa de Regularização Ambiental (PRA), prevista no art. 59 da Lei 12.651/2012. Ocorre que a inscrição do imóvel no Cadastro Ambiental Rural (registro público eletrônico de âmbito nacional, cogente para todos os imóveis rurais) é obrigatória para adesão ao PRA (art. 59, § 2º). Considerando que, conforme apontado pelo enunciado da questão, que a Fazenda Santa Teresa não está inscrita no CAR, incabível a adesão do PRA. Assim, a demanda para anulação do ato administrativo deve ser julgada improcedente. Correta a alternativa E.

Gabarito "E".

(Juiz de Direito/GO – 2021 – FCC) O Ministério Público Estadual ajuizou uma ação civil pública em face dos atuais proprietários da Fazenda São Pedro requerendo a instituição da Reserva Legal. Em contestação, os réus alegaram que a supressão da vegetação nativa respeitou os percentuais de Reserva Legal previstos pela legislação vigente à época do fato. A narrativa trazida pela defesa restou comprovada por prova documental e pericial. A Fazenda não está inscrita no Cadastro Ambiental Rural (CAR). A ação deverá ser julgada

(A) improcedente por se tratar de obrigação dos proprietários que realizaram a supressão da vegetação nativa.

(B) procedente, diante da ausência de inscrição da Fazenda São Pedro no Cadastro Ambiental Rural (CAR).

(C) improcedente, uma vez que a supressão da vegetação nativa respeitou a legislação vigente à época do fato.

(D) procedente, uma vez que toda propriedade rural deve possuir uma Reserva Legal em percentual fixado pelo atual Código Florestal.

(E) procedente, visto que a supressão foi realizada pelos antigos proprietários, cabendo aos novos proprietários instituir uma Reserva Legal nos moldes estabelecidos pelo atual Código Florestal.

Comentário: O Código Florestal dispõe que os proprietários (ou possuidores) de imóveis rurais que realizaram supressão de vegetação nativa respeitando os percentuais de Reserva Legal previstos pela legislação em vigor à época em que ocorreu a supressão são dispensados de promover a recomposição, compensação ou regeneração para os percentuais exigidos na Lei 12.651/2012 (art. 68 do Código Florestal, dispositivo declarado constitucional pelo STF, porquanto a regra *tempus regit actum* está ajustada à preservação da segurança jurídica). A aplicação desse regime independe da inscrição da área no Cadastro Ambiental Rural (CAR). Deve-se alertar que a obrigação de reparar o dano ambiental decorrente da supressão da vegetação é "propter rem", ou seja, de natureza real (cf. Súmula 623 do STJ), de modo que os atuais proprietários podem ser cobrados para a reparação, mesmo que os antigos donos tenham praticado a degradação. RB

Gabarito "C".

(Juiz de Direito – TJ/BA – 2019 – CESPE/CEBRASPE) Em 2006, um imóvel rural localizado no bioma caatinga e fora da Amazônia Legal foi completamente desmatado por seu proprietário, que, em decorrência disso, foi autuado, no mesmo ano, pelo órgão ambiental federal competente e penalizado com multa.

Nessa situação hipotética, para eximir-se do pagamento da multa, basta ao proprietário

(A) aderir ao Programa de Regularização Ambiental e assinar termo de compromisso de reparação integral do dano.

(B) inscrever o imóvel no Cadastro Ambiental Rural, aderir ao Programa de Regularização Ambiental e adquirir cotas de reserva ambiental para reparar 80% do dano.

(C) inscrever o imóvel no Cadastro Ambiental Rural, aderir ao Programa de Regularização Ambiental, assinar termo de compromisso e reparar 50% do dano.

(D) inscrever o imóvel no Cadastro Ambiental Rural, aderir ao Programa de Regularização Ambiental, assinar termo de compromisso e reparar integralmente o dano.

(E) inscrever o imóvel no Cadastro Ambiental Rural, adquirir cotas de reserva ambiental e se comprometer a recuperar 50% da área degradada.

A Lei 12.651/12 (Código Florestal) instituiu o Programa de Regularização Ambiental-PRA (art. 59), destinado a adequar os imóveis rurais ao sistema de proteção às áreas ambientais especiais. Relevante destacar que as infrações cometidas antes de 22 de julho de 2008 submetem-se a um regime peculiar, considerado constitucional pelo Supremo Tribunal Federal (ADC 42 e outros). Esta data constitui o "marco zero na gestão ambiental do país", ou seja, um marco para a incidência das regras de intervenção em Área de Preservação Permanente ou de Reserva Legal. Nesse sentido, as multas aplicadas por infrações envolvendo áreas ambientais especiais praticadas antes de julho de 2008 podem ser anistiadas, desde que cumpridas determinadas condições (art. 59, §§2º a 5º): (a) aderir ao PRA; (b) inscrição do imóvel no Cadastro Ambiental Rural (registro público eletrônico de âmbito nacional, obrigatório para todos os imóveis rurais); (c) assinatura de termo de compromisso ambiental; e (d) reparação integral do dano. RB

Gabarito "D".

(Promotor de Justiça/PR – 2019 – MPE/PR) Assinale a alternativa **incorreta**. A Lei n. 12.651/2012 (Código Florestal) estabelece:

(A) Critérios para que os órgãos competentes autorizem o manejo sustentável para exploração florestal eventual, mesmo que sem propósito comercial e para consumo no próprio imóvel.

(B) Estudos e critérios que devem ser levados em consideração para localização de área de Reserva Legal em imóvel rural.

(C) Condições para o cômputo das Áreas de Preservação Permanente no cálculo do percentual da Reserva Legal do imóvel.

(D) Diretrizes e orientações para o manejo florestal sustentável da vegetação da Reserva Legal com propósito comercial.

(E) Situações em que se permite o uso de fogo na vegetação.

A: incorreta (o manejo sustentável para exploração florestal eventual sem propósito comercial, para consumo no próprio imóvel, independe de autorização dos órgãos competentes, cf. art. 23 da Lei 12.651/12-Código Florestal). **B**: correta (cf. art. 14 da Lei 12.651/12). **C**: correta (cf. art. 15 da Lei 12.651/12). **D**: correta (cf. art. 22 da Lei 12.651/12). **E**: correta (cf. art. 38 da Lei 12.651/12). RB

Gabarito "A".

(Procurador do Estado/SP – 2018 – VUNESP) Sobre a recomposição nas Áreas de Preservação Permanente (APPs), é correto afirmar:

(A) para os imóveis rurais com área de até 4 (quatro) módulos fiscais que possuam áreas consolidadas em Áreas de Preservação Permanente ao longo de cursos d'água naturais, é facultada a manutenção das atividades, independentemente de qualquer recomposição, desde que o proprietário invista na recuperação de outras áreas de relevante interesse ambiental, observados critérios e valores fixados pelo órgão ambiental competente, após o registro no Cadastro Ambiental Rural (CAR).

(B) o proprietário de áreas rurais consolidadas até 22 de julho de 2008, cuja área da propriedade seja inferior a 1 (um) módulo fiscal, foi anistiado pela Lei nº 12.651/2012 (Código Florestal), não sendo necessária a recomposição em nenhuma hipótese.

(C) no caso de pequena propriedade ou posse rural familiar, poderá ser realizado o plantio intercalado de espécies exóticas com nativas, em até um terço da área total a ser recomposta, admitida a utilização de árvores frutíferas, vedado o plantio de espécies lenhosas.

(D) para os imóveis rurais com área de até 1 (um) módulo fiscal que possuam áreas consolidadas em Áreas de Preservação Permanente ao longo de cursos d'água naturais, será obrigatória a recomposição das respectivas faixas marginais em 5 (cinco) metros, contados da borda da calha do leito regular, independentemente da largura do curso d'água.

(E) como método de recomposição é vedada a realização de plantio intercalado de espécies exóticas com nativas, devendo ser executado o plantio exclusivo de espécies nativas ou condução de regeneração natural de espécies nativas, independentemente do tamanho ou qualificação do imóvel rural.

A: incorreta, nos termos do art. 61-A, §3º, da Lei 12.651/2012: "Para os imóveis rurais com área superior a 2 (dois) módulos fiscais e de até 4 (quatro) módulos fiscais que possuam áreas consolidadas em

Áreas de Preservação Permanente ao longo de cursos d'água naturais, será obrigatória a recomposição das respectivas faixas marginais em 15 (quinze) metros, contados da borda da calha do leito regular, independentemente da largura do curso d'água"; **B:** incorreta, a saber: "Para os imóveis rurais com área de até 1 (um) módulo fiscal que possuam áreas consolidadas em Áreas de Preservação Permanente ao longo de cursos d'água naturais, será obrigatória a recomposição das respectivas faixas marginais em 5 (cinco) metros, contados da borda da calha do leito regular, independentemente da largura do curso d'água" (art. 61-A, §1º, da Lei 12.651/2012); **C:** incorreta, a teor do art. 4º, § 5º, da Lei 12.651/2012: "é admitido, para a pequena propriedade ou posse rural familiar, o plantio de culturas temporárias e sazonais de vazante de ciclo curto na faixa de terra que fica exposta no período de vazante dos rios ou lagos, desde que não implique supressão de novas áreas de vegetação nativa, seja conservada a qualidade da água e do solo e seja protegida a fauna silvestre"; **D:** correta. Vide art. 61, §1º, da Lei 12.651/2012; **E:** incorreta, conforme o art. 66, § 3º, da Lei 12.651/2012. FM/FC

Gabarito "D".

(Juiz de Direito – TJ/RS – 2018 –VUNESP) Considerando o disposto no Código Florestal – Lei no 12.651/2012, é correta a seguinte afirmação:

(A) poderá ser autorizada a supressão de vegetação nativa protetora de nascentes, dunas e restingas nas hipóteses de utilidade pública ou de interesse social.

(B) a responsabilidade por infração pelo uso irregular de fogo em terras públicas ou particulares independe de estabelecimento de nexo causal.

(C) é proibido o uso de fogo na vegetação em quaisquer circunstâncias.

(D) não haverá, em qualquer hipótese, direito à regularização de futuras intervenções ou supressões de vegetação nativa, além das previstas na Lei no 12.651/2012.

(E) ao tomar conhecimento do desmatamento em desacordo com a Lei, o órgão ambiental deverá embargar a obra ou atividade que deu causa ao uso alternativo do solo, como medida punitiva que alcança as demais atividades realizadas no imóvel, mesmo que não relacionadas com a infração.

A: incorreta, a saber: "a supressão de vegetação nativa protetora de nascentes, dunas e restingas somente poderá ser autorizada em caso de utilidade pública" (art. 8º, § 1º, da Lei 12.651/2012); **B:** incorreta, a teor do art. 38, § 2º, da Lei 12.651/2012: "na apuração da responsabilidade pelo uso irregular do fogo em terras públicas ou particulares, a autoridade competente para fiscalização e autuação deverá comprovar o nexo de causalidade entre a ação do proprietário ou qualquer preposto e o dano efetivamente causado"; **C:** incorreta, já que o art. 38, da Lei 12.651/2012, traz possibilidades em que é possível o uso de fogo na vegetação; **D:** correta. Vide art. 8º, § 4º, da Lei 12.651/2012; **E:** incorreta, segundo dispõe o art. 51, da Lei 12.651/2012: "o órgão ambiental competente, ao tomar conhecimento do desmatamento em desacordo com o disposto nesta Lei, deverá embargar a obra ou atividade que deu causa ao uso alternativo do solo, como medida administrativa voltada a impedir a continuidade do dano ambiental, propiciar a regeneração do meio ambiente e dar viabilidade à recuperação da área degradada". FM/FC

Gabarito "D".

(Delegado – PC/BA – 2018 –VUNESP) Nos termos do disposto na Lei nº 12.651/2012, assinale a alternativa correta.

(A) Não é permitido, em qualquer hipótese, o acesso de pessoas e animais às Áreas de Preservação Permanente.

(B) Não haverá, em qualquer hipótese, direito à regularização de futuras intervenções ou supressões de vegetação nativa, além das previstas nesta Lei, nas Áreas de Preservação Permanente.

(C) Não poderá ser autorizada, em qualquer hipótese, a supressão de vegetação nativa protetora de nascentes, dunas e restingas, nas Áreas de Preservação Permanente.

(D) Os empreendimentos de abastecimento público de água e tratamento de esgoto estão sujeitos à constituição de Reserva Legal.

(E) Será exigida Reserva Legal relativa às áreas adquiridas ou desapropriadas com o objetivo de implantação e ampliação de capacidade de rodovias e ferrovias.

A: incorreta. Dispõe o art. 9º, da Lei 12.651/2012: "É permitido o acesso de pessoas e animais às Áreas de Preservação Permanente para obtenção de água e para realização de atividades de baixo impacto ambiental"; **B:** correta, a teor do art. 8º, § 4º, da Lei 12.651/2012; **C:** incorreta. "A supressão de vegetação nativa protetora de nascentes, dunas e restingas somente poderá ser autorizada em caso de utilidade pública" (art. 8º, § 1º, da Lei 12.651/2012); **D:** incorreta. "Os empreendimentos de abastecimento público de água e tratamento de esgoto não estão sujeitos à constituição de Reserva Legal" (art. 12, § 6º, da Lei 12.651/2012); **E:** incorreta. "Não será exigido Reserva Legal relativa às áreas adquiridas ou desapropriadas com o objetivo de implantação e ampliação de capacidade de rodovias e ferrovias" (art. 12, § 8º, da Lei 12.651/2012). FM/FC

Gabarito "B".

8. BIOMA MATA ATLÂNTICA

(Procurador – PGE/SP – 2024 – VUNESP) Com relação à biodiversidade, os biomas originais encontrados no território paulista são Mata Atlântica e Cerrado. Estima-se que a área original da Mata Atlântica recobria aproximadamente 68% da área do Estado, com o restante sendo ocupado principalmente pelo Cerrado. Sobre a Lei da Mata Atlântica (Lei nº 11.428/2006), é correto afirmar:

(A) o STF, quando do julgamento da ADI 6446, acolheu o pedido inicial para declarar a nulidade parcial, sem redução de texto, dos artigos 61-A e 61-B da Lei nº 12.651/2012 (Código Florestal) e dos artigos 2º, parágrafo único, 5º e 17 da Lei nº 11.428/2006, de modo a excluir do ordenamento jurídico a interpretação que impeça a aplicação do regime ambiental de áreas consolidadas às áreas de preservação permanente inseridas no bioma da Mata Atlântica.

(B) é vedada, em qualquer hipótese, a supressão de vegetação primária ou secundária em estágio avançado do Bioma Mata Atlântica, para fins de loteamento ou edificação, nas regiões metropolitanas e áreas urbanas consideradas como tal em lei específica.

(C) a supressão de vegetação primária e secundária no estágio avançado de regeneração poderá ser autorizada nos casos de utilidade pública e interesse social, em todos os casos devidamente caracterizados e motivados em procedimento administrativo próprio.

(D) a conservação, em imóvel rural ou urbano, da vegetação primária ou da vegetação secundária em qualquer estágio de regeneração do Bioma Mata Atlântica cumpre função social e é de interesse público, podendo, a critério do proprietário, as áreas sujeitas à restrição de que trata esta Lei serem computadas para efeito da Reserva Legal e seu excedente utilizado para fins de compensação ambiental ou instituição de Cota de Reserva Ambiental – CRA, excetuadas as áreas de preservação permanente.

(E) o corte, a supressão e a exploração da vegetação do Bioma Mata Atlântica não terão qualquer distinção no que diz respeito ao tipo da vegetação (primária ou secundária), levando-se em conta apenas o estágio de regeneração.

A: incorreta (não houve julgamento de mérito da ADI 6446, pois o STF não conheceu a ação; não houve, portanto, o acolhimento do pedido inicial). **B:** incorreta (no caso de vegetação primária, a vedação é absoluta; já na hipótese de vegetação secundária em estágio avançado, a supressão é admitida na situação disposta no inciso I do art. 30 da Lei n. 11.428/2006). **C:** incorreta (a supressão de vegetação primária e secundária no estágio avançado de regeneração poderá ser autorizada somente em caso de utilidade pública, cf. art. 14, "caput", da Lei n. 11.428/2006). **D:** correta (art. 35 da Lei n. 11.428/2006). **E:** incorreta (o regime de intervenção na vegetação do Bioma Mata Atlântica sofre distinção no que diz respeito tanto ao tipo da vegetação – primária ou secundária – quanto ao estágio de regeneração, cf. arts. 20 e seguintes da Lei n. 11.428/2006).

Gabarito "D".

9. RESPONSABILIDADE CIVIL AMBIENTAL E PROTEÇÃO JUDICIAL DO MEIO AMBIENTE

Segue um resumo sobre a Responsabilidade Civil Ambiental:

1. Responsabilidade objetiva.

A responsabilidade objetiva pode ser conceituada como o dever de responder por danos ocasionados ao meio ambiente, independentemente de culpa ou dolo do agente responsável pelo evento danoso. Essa responsabilidade está prevista no § 3º do art. 225 da CF, bem como no § 1º do art. 14 da Lei 6.938/1981 e ainda no art. 3º da Lei 9.605/1998.

Quanto a seus requisitos, diferentemente do que ocorre com a responsabilidade objetiva no Direito Civil, onde são apontados três elementos para a configuração da responsabilidade (conduta, dano e nexo de causalidade), *no Direito Ambiental são necessários apenas dois*.

A doutrina aponta a necessidade de existir um dano (evento danoso), *mais o **nexo de causalidade, que o liga ao poluidor**.*

Aqui não se destaca muito a conduta como requisito para a responsabilidade ambiental, apesar de diversos autores entenderem haver três requisitos para sua configuração (conduta, dano e nexo de causalidade). *Isso porque é comum o dano ambiental ocorrer sem que se consiga identificar uma conduta específica e determinada causadora do evento.*

Quanto ao sujeito responsável pela reparação do dano, é o poluidor, que pode ser tanto pessoa física como jurídica, pública ou privada.

Quando o Poder Público não é o responsável pelo empreendimento, ou seja, não é o poluidor, sua responsabilidade é subjetiva, ou seja, depende de comprovação de culpa ou dolo do serviço de fiscalização, para se configurar. Assim, o Poder Público pode responder pelo dano ambiental por omissão no dever de fiscalizar. Nesse caso, haverá responsabilidade solidária do poluidor e do Poder Público. Mas lembre-se: se o Poder Público é quem promove o empreendimento, sua responsabilidade é objetiva.

Em se tratando de pessoa jurídica, a Lei 9.605/1998 estabelece que esta será responsável nos casos em que a infração for cometida por decisão de seu representante legal ou contratual, ou de seu órgão colegiado, no interesse ou benefício da sua entidade. Essa responsabilidade da pessoa jurídica não exclui a das pessoas físicas, autoras, coautoras ou partícipes do mesmo fato.

A Lei 9.605/1998 também estabelece uma cláusula geral que permite a desconsideração da personalidade jurídica da pessoa jurídica, em qualquer caso, desde que destinada ao ressarcimento dos prejuízos causados à qualidade do meio ambiente. Segundo o seu art. 4º, poderá ser desconsiderada a pessoa jurídica sempre que sua personalidade for obstáculo ao ressarcimento dos prejuízos causados à qualidade do meio ambiente. Adotou-se, como isso, a chamada teoria menor da desconsideração, para a qual basta a insolvência da pessoa jurídica, para que se possa atingir o patrimônio de seus membros. No direito civil, ao contrário, adotou-se a teoria maior da desconsideração, teoria que exige maiores requisitos, no caso, a existência de um desvio de finalidade ou de uma confusão patrimonial para que haja desconsideração.

2. Reparação integral dos danos.

A obrigação de reparar o dano não se limita a pagar uma indenização; ela vai além: a reparação deve ser específica, isto é, ela deve buscar a restauração ou recuperação do bem ambiental lesado, ou seja, o seu retorno à situação anterior. Assim, a responsabilidade pode envolver as seguintes obrigações:

a) ***de reparação natural ou in specie:*** é a reconstituição ou recuperação do meio ambiente agredido, cessando a atividade lesiva e revertendo-se a degradação ambiental. *É a primeira providência que deve ser tentada, ainda que mais onerosa que outras formas de reparação;*

b) ***de indenização em dinheiro:*** consiste no ressarcimento pelos danos causados e não passíveis de retorno à situação anterior. *Essa solução só será adotada quando não for viável fática ou tecnicamente a reconstituição. Trata-se de forma indireta de sanar a lesão.*

c) ***compensação ambiental:*** *consiste em forma alternativa à reparação específica do dano ambiental, e importa na adoção de uma medida de equivalente importância ecológica, mediante a observância de critérios técnicos especificados por órgãos públicos e aprovação prévia do órgão ambiental competente, admissível desde que seja impossível a reparação específica. Por exemplo, caso alguém tenha derrubado uma árvore, pode-se determinar que essa pessoa, como forma de* compensação ambiental, *replante duas árvores da mesma espécie.*

3. Dano ambiental.

Não é qualquer alteração adversa no meio ambiente causada pelo homem que pode ser considerada dano ambiental. Por exemplo, o simples fato de alguém inspirar oxigênio e expirar gás carbônico não é dano ambiental. O art. 3º, III, da Lei 6.938/1981 nos ajuda a desvendar quando se tem dano ambiental, ao dispor que a poluição é a degradação ambiental resultante de atividades que direta ou indiretamente:

a) prejudiquem a saúde, a segurança e o bem-estar da população; b) criem condições adversas às atividades sociais e econômicas; c) afetem desfavoravelmente a biota; d) afetem as condições estéticas ou sanitárias do meio ambiente; e) lancem matérias ou energia em desacordo com os padrões ambientais estabelecidos.

Quanto aos lesados pelo dano ambiental, este pode atingir pessoas indetermináveis e ligadas por circunstâncias de fato (ocasião em que será difuso), grupos de pessoas ligadas por relação jurídica base (ocasião em que será coletivo), vítimas de dano oriundo de conduta comum (ocasião em que será individual homogêneo) e vítima do dano (ocasião em que será individual puro).

De acordo com o pedido formulado na ação reparatória é que se saberá que tipo de interesse (difuso, coletivo, individual homogêneo ou individual) está sendo protegido naquela demanda.

Quanto à extensão do dano ambiental, a doutrina reconhece que este pode ser material (patrimonial) ou moral (extrapatrimonial). Será da segunda ordem quando afetar o bem-estar de pessoas, causando sofrimento e dor. Há de se considerar que existe decisão do STJ no sentido que não se pode falar em dano moral difuso, já que o dano deve estar relacionado a pessoas vítimas de sofrimento, e não a uma coletividade de pessoas. De acordo com essa decisão, pode haver dano moral ambiental a pessoa determinada, mas não pode haver dano moral ambiental a pessoas indetermináveis.

4. A proteção do meio ambiente em juízo.

A reparação do dano ambiental pode ser buscada extrajudicialmente, quando, por exemplo, é celebrado termo de compromisso de ajustamento de conduta com o Ministério Público, ou judicialmente, pela propositura da ação competente.

Há duas ações vocacionadas à defesa do meio ambiente. São elas: a ação civil pública (art. 129, III, da CF e Lei 7.347/1985) e a **ação popular** (art. 5º, LXXIII, CF e Lei 4.717/1965). A primeira pode ser promovida pelo Ministério Público, pela Defensoria Pública, por entes da Administração Pública ou por associações constituídas há pelo menos um ano, que tenham por objetivo a defesa do meio ambiente. Já a segunda é promovida pelo cidadão.

Também são cabíveis em matéria ambiental o mandado de segurança (art. 5º, LXIX e LXX, da CF e Lei 12.016/2009), individual ou coletivo, preenchidos os requisitos para tanto, tais como prova pré-constituída, e ato de autoridade ou de agente delegado de serviço público; o **mandado de injunção** (art. 5º, LXXI, da CF), quando a falta de norma regulamentadora torne inviável o exercício dos direitos e liberdades constitucionais e das prerrogativas inerentes à nacionalidade, à soberania e à cidadania; as **ações de inconstitucionalidade** (arts. 102 e 103 da CF e Leis 9.868/1999 e 9.882/1999); e a **ação civil de responsabilidade por ato de improbidade administrativa** em matéria ambiental (art. 37, § 4º, da CF, Lei 8.429/1992 e art. 52 da Lei 10.257/2001).

(Juiz de Direito – TJ/SC – 2024 – FGV) A sociedade empresária Delta, empreendedora do ramo de indústria de fertilizantes, deixou vazar para as águas do Rio X milhares de litros de amônia, o que resultou em dano ambiental, provocando a morte de peixes, crustáceos e moluscos, bem como a consequente quebra da cadeia alimentar do ecossistema fluvial local.

João, pescador profissional com o devido registro, que exerce há anos suas atividades laborativas no Rio X, ajuizou ação de indenização por danos morais e materiais em face da sociedade empresária Delta, pois ficou impedido de exercer a pesca por seis meses, em razão da poluição.

O processo judicial seguiu regularmente seu trâmite e está concluso para sentença. Observando a jurisprudência do Superior Tribunal de Justiça, o magistrado deve aplicar a responsabilidade civil ambiental objetiva, informada pela teoria do risco:

(A) social, sendo admitidas as excludentes de responsabilidade previstas na legislação, como o caso fortuito, a força maior, o fato de terceiro ou a culpa exclusiva da vítima, e o valor a ser arbitrado como dano moral deverá incluir o caráter pedagógico, punitivo, preventivo e reparatório;

(B) social, não sendo admitidas as excludentes de responsabilidade previstas na legislação, como o caso fortuito, a força maior, o fato de terceiro ou a culpa exclusiva da vítima, e o valor a ser arbitrado como dano moral não deverá incluir o caráter pedagógico, punitivo e compensatório;

(C) ambiental, sendo admitidas como excludentes de responsabilidade apenas o fato de terceiro e a culpa exclusiva da vítima, e o valor a ser arbitrado como dano moral deverá incluir o caráter pedagógico, punitivo, preventivo e reparatório;

(D) integral, não sendo admitidas as excludentes de responsabilidade previstas na legislação, como o caso fortuito, a força maior, o fato de terceiro ou a culpa exclusiva da vítima, mas o valor a ser arbitrado como dano moral ambiental não deverá incluir o caráter punitivo (*punitive damages*), pois a punição ambiental é função que incumbe ao direito penal e administrativo ambiental;

(E) integral, sendo admitidas as excludentes de responsabilidade previstas na legislação, como o caso fortuito, a força maior, o fato de terceiro ou a culpa exclusiva da vítima, e o valor a ser arbitrado como dano moral deverá incluir o caráter punitivo, em razão do sistema da tríplice responsabilidade adotado no ordenamento jurídico brasileiro.

O STJ fixou a tese jurídica segundo a qual a responsabilidade civil ambiental é objetiva, informada pela *teoria do risco integral*, sendo descabida a invocação de excludentes de responsabilidade civil (caso fortuito, força maior, fato de terceiro ou culpa exclusiva da vítima) caso para afastar a obrigação de indenizar (Tema Repetitivo 707). Além disso, no dano moral ambiental a função preventiva essencial da responsabilidade civil é a eliminação de fatores capazes de produzir riscos intoleráveis, visto que a função punitiva cabe ao direito penal e administrativo (REsp 1.354.536/SE, Rel. Min. Luís Felipe Salomão, julg. em 26/3/2014 – Informativa n. 538). Assim, correta a alternativa D.

(Juiz de Direito – TJ/SC – 2024 – FGV) Em matéria de responsabilidade por dano ambiental, analise as afirmativas a seguir.

I. Os danos ambientais definitivos apenas se verificam, e são indenizáveis em pecúnia, se a reparação integral da área degradada não for possível em tempo razoável, após o cumprimento das obrigações de fazer. Seu marco inicial é o término das ações de restauração do meio ambiente.

II. O marco inicial do dano ambiental intercorrente é a própria lesão ambiental. Seu marco final é o da reparação da área, seja por restauração *in natura*, seja por compensação indenizatória do dano residual, se a restauração não for viável.

III. O cumprimento da obrigação de reparar integralmente o dano ambiental (*in natura* ou pecuniariamente) afasta a obrigação de indenizar os danos ambientais interinos.

Considerando a jurisprudência do Superior Tribunal de Justiça, está correto o que se afirma em:

(A) somente II;
(B) somente III;
(C) somente I e II;
(D) somente II e III;
(E) I, II e III.

A questão explora o Acórdão do STJ prolatado no REsp 1.845.200/SC (2ª Turma, Rel. Min. Og Fernandes, DJe 6/09/2022). Seguem alguns trechos da ementa: "1. Os danos ambientais interinos (também ditos intercorrentes, transitórios, temporários, provisórios ou intermediários) não se confundem com os danos ambientais definitivos (residuais, perenes ou permanentes). 2. Os danos definitivos somente se verificam, e são indenizáveis em pecúnia, se a reparação integral da área degradada não for possível em tempo razoável, após o cumprimento das obrigações de fazer. Seu marco inicial, portanto, é o término das ações de restauração do meio ambiente. 3. O marco inicial do dano intercorrente, a seu turno, é a própria lesão ambiental. Seu marco final é o da reparação da área, seja por restauração *in natura*, seja por compensação indenizatória do dano residual, se a restauração não for viável. 4. O dano residual compensa a natureza pela impossibilidade de retorná-la ao estado anterior à lesão. O dano intercorrente compensa a natureza pelos prejuízos causados entre o ato degradante e sua reparação. 5. O poluidor deve não só devolver a natureza a seu estado anterior, mas reparar os prejuízos experimentados no interregno, pela indisponibilidade dos serviços e recursos ambientais nesse período." Assim, item I: correto (tópico 2 da ementa); item II: correto (tópico 3 da ementa); item III: incorreto (tópico 5 da ementa – a responsabilidade civil em relação aos danos ambientais interinos e definitivos é cumulativa). Ou seja, somente I e II estão corretos (alternativa C). Gabarito "C".

(Juiz de Direito – TJ/DFT – 2023 – CEBRASPE) Em determinado empreendimento imobiliário, a pessoa física responsável pelo imóvel causou danos ao meio ambiente, o que deu origem a processos administrativo e judicial.

Nessa situação hipotética, eventual aplicação de multa administrativa será

(A) imprescritível, sendo prescritível a reparação dos danos ambientais, podendo eventual condenação judicial de obrigação de fazer ser cumulada com a de indenizar.
(B) prescritível, aplicando-se a teoria do fato consumado, havendo prazo em dobro da prescrição para a reparação dos danos ambientais.
(C) prescritível, sendo imprescritível a reparação dos danos ambientais, podendo eventual condenação judicial de obrigação de fazer ser cumulada com a de indenizar.
(D) imprescritível, não se aplicando a teoria do fato consumado e não sendo cumulável eventual condenação judicial de obrigação de fazer e de indenizar.
(E) imprescritível, tal qual a reparação dos danos ambientais, não sendo cumulável eventual condenação judicial de obrigações de fazer e de indenizar.

A responsabilidade ambiental assume diversas naturezas, entre as quais a civil, a administrativa e a penal (art. 225, § 3º, CF). A responsabilidade administrativa é aquela envolvendo o poder de polícia e que justifica a imposição de sanções, como a multa administrativa. O seu regime é baseado na *prescritibilidade*, de modo que a passagem do tempo inviabiliza a aplicação de penalidades. Já a responsabilidade civil, considerada como a obrigação de reparação dos danos ambientais, é *imprescritível*, como já definiu o STF. Assim, correta a alternativa C. Além disso, convém observar que: 1º) não se aplica a teoria do fato consumado em matéria ambiental (Súmula 613 do STJ); 2º) eventual condenação judicial de obrigação de fazer pode ser cumulada com a de indenizar (Súmula 629 do STJ). Gabarito "C".

(Juiz de Direito – TJ/DFT – 2023 – CEBRASPE) Determinado órgão do MP propôs ação judicial em desfavor de certa pessoa física que supostamente havia causado degradação ambiental decorrente de atividades particulares realizadas em unidade de conservação ambiental. Na mesma ação, está sendo imputada responsabilidade civil à administração pública, pelos mesmos danos causados ao meio ambiente, em razão de sua omissão no dever de fiscalizar.

A respeito dessa situação hipotética, assinale a opção correta.

(A) A administração pública poderá ser responsabilizada civilmente pelos danos ambientais, de forma solidária, mas a execução será subsidiária.
(B) A administração pública poderá ser responsabilizada civilmente pelos danos ambientais, sendo a forma e a execução solidárias.
(C) A pessoa física poderá ser condenada pelos danos ambientais, mas a administração pública não poderá ser condenada por omissão no dever de fiscalizar.
(D) A pessoa física poderá ser condenada pelos danos ambientais, sem responsabilidade solidária com a administração pública, sendo admitida a inversão do ônus da prova em seu favor.
(E) A pessoa física poderá ser condenada pelos danos ambientais, de forma solidária com a administração pública, sendo inadmitida a inversão do ônus da prova em seu favor.

De acordo com a Súmula 652 do STJ, a responsabilidade civil da Administração Pública por danos ao meio ambiente, decorrente de sua omissão no dever de fiscalização, é de caráter solidário, mas de execução subsidiária. Assim, correta a alternativa A. Além disso, convém observar que a inversão do ônus da prova se aplica às ações de degradação ambiental (Súmula 618 do STJ). Gabarito "A".

(Juiz Federal – TRF/1 – 2023 – FGV) João praticou ato ilícito, causando severos danos ambientais no interior de determinada unidade de conservação de proteção integral federal. Não obstante ter ciência dos fatos, o órgão federal responsável pela fiscalização da área não tomou qualquer providência.

O Ministério Público Federal, então, ajuizou ação civil pública contra o particular e o poder público federal, em litisconsórcio passivo, pleiteando que ambos fossem condenados a reparar os danos ao meio ambiente.

Consoante jurisprudência do Superior Tribunal de Justiça, no caso em tela, a responsabilidade civil ambiental é:

(A) objetiva, de maneira que não é necessária a comprovação de terem agido João e o poder público com dolo ou culpa, bastando a comprovação do ato lícito ou ilícito que tenha causado dano ambiental no interior da unidade de conservação federal, com a demonstração do necessário nexo de causalidade, bem como subsidiária, não havendo que se falar em responsabilidade solidária;

(B) objetiva para o particular João e subjetiva para o poder público, bem como subsidiária, de maneira que o poder público somente pode ser chamado a arcar com a obrigação de reparação dos danos ambientais se restar comprovado o exaurimento patrimonial ou insolvência de João, degradador original, direto ou material (devedor principal);

(C) solidária, não havendo que se falar em execução subsidiária, que significa que ambos os réus devem ser chamados para reparar o dano ambiental o mais rápido possível, para reduzir os chamados danos ambientais residuais, mas o poder público, caso tenha qualquer despesa para a reparação do dano, deve acionar João, degradador original, direto ou material (devedor principal), em ação de regresso;

(D) solidária e de execução subsidiária, que significa que o poder público integra o título executivo sob a condição de, como devedor-reserva, só ser convocado a quitar a dívida se João, degradador original, direto ou material (devedor principal), não o fizer, seja por total ou parcial exaurimento patrimonial ou insolvência, seja por impossibilidade ou incapacidade, inclusive técnica, de cumprimento da prestação judicialmente imposta, assegurado o direito de regresso;

(E) objetiva para o particular João e subjetiva para o poder público, bem como solidária, pois o dever-poder de controle e fiscalização ambiental, além de inerente ao exercício do poder de polícia da União, provém diretamente do marco constitucional de garantia dos processos ecológicos essenciais, de maneira que a execução do futuro título judicial deve ser imediata em face de ambos os réus, de forma que a coletividade obtenha a reparação ambiental o mais rápido possível, para diminuir o tempo dos danos ambientais interinos.

De acordo com a Súmula 652 do STJ, a responsabilidade civil da Administração Pública por danos ao meio ambiente, decorrente de sua omissão no dever de fiscalização, é de caráter solidário, mas de execução subsidiária. A responsabilidade solidária e de execução subsidiária significa, segundo o STJ (REsp 1071741/SP), "que o Estado integra o título executivo sob a condição de, como devedor-reserva, só ser convocado a quitar a dívida se o degradador original, direto ou material (= devedor principal) não o fizer, seja por total ou parcial exaurimento patrimonial ou insolvência, seja por impossibilidade ou incapacidade, inclusive técnica, de cumprimento da prestação judicialmente imposta, assegurado, sempre, o direito de regresso (art. 934 do Código Civil)". Gabarito "D".

(Procurador Federal – AGU – 2023 – CEBRASPE) Segundo a jurisprudência do STJ, por eventuais danos ambientais decorrentes da omissão do dever de controlar e fiscalizar, a União, os estados, o Distrito Federal e os municípios terão responsabilidade

(A) subjetiva, subsidiária e de execução solidária.

(B) objetiva, não solidária e de execução subsidiária.

(C) objetiva, subsidiária e de execução solidária.

(D) subjetiva, solidária e de execução subsidiária.

(E) objetiva, solidária e de execução subsidiária.

De acordo com a Súmula 652 do STJ: "A responsabilidade civil da Administração Pública por danos ao meio ambiente, decorrente de sua omissão no dever de fiscalização, é de caráter *solidário*, mas de *execução subsidiária*". Vale ressaltar que o STJ, nos julgados que deram ensejo a tal súmula, apontou a responsabilidade *objetiva* da Administração por danos ambientais decorrentes da omissão do seu dever de controlar e fiscalizar (REsp 1.071.741/SP). Gabarito "E".

(Juiz de Direito/AP – 2022 – FGV) A sociedade Alfa Ltda., após obter licença ambiental para construção de estacionamento em área inserida em Estação Ecológica, é processada em ação civil pública, em razão do dano ambiental causado. O autor da ação comprova erro na concessão da licença, tendo em vista que é vedada a construção dentro da referida Unidade de Conservação.

Em defesa, a sociedade Alfa Ltda. alega que realizou a construção amparada em licença ambiental presumidamente válida.

Sobre o caso, é correto afirmar que a ação deve ser:

(A) rejeitada e a licença ambiental mantida, em respeito ao princípio da segurança jurídica e da proteção da confiança;

(B) rejeitada e a licença ambiental mantida, com a imputação de responsabilidade integral à autoridade que concedeu a licença indevidamente;

(C) acolhida em parte, para que a licença seja concedida, mas limitada temporalmente, até que o réu possa ser ressarcido dos investimentos efetivamente realizados;

(D) acolhida para a anulação da licença ambiental, mas não para a reparação da lesão ambiental, tendo em vista que o dano foi causado por fato de terceiro, no caso, a concessão da licença de forma errada;

(E) acolhida, tendo em vista que os danos ambientais são regidos pelo modelo da responsabilidade objetiva e pela teoria do risco integral.

Comentário: no âmbito da responsabilidade civil ambiental, vige a aplicação da responsabilidade *objetiva*, ou seja, independe da comprovação de dolo ou culpa (art. 14, § 1º, da Lei 6.938/1981). De modo específico, incide a *teoria do risco integral*, pela qual não são admitidas excludentes de responsabilidade (como o caso fortuito ou força maior e o fato exclusivo de terceiro). Nesse sentido o entendimento consolidado do STJ: "É firme a jurisprudência do STJ no sentido de que, nos danos ambientais, incide a teoria do risco integral, advindo daí o caráter objetivo da responsabilidade, com expressa previsão constitucional (art. 225, § 3º, da CF) e legal (art. 14, § 1º, da Lei n. 6.938/1981), sendo, por conseguinte, descabida a alegação de excludentes de responsabilidade, bastando, para tanto, a ocorrência de resultado prejudicial ao homem e ao ambiente advinda de uma ação ou omissão do responsável." Desse modo, a ação civil pública tratada no enunciado da questão deve ser acolhida, sendo irrelevante o fato de a licença ambiental concedida pela sociedade Alfa Ltda. ter sido expedida erroneamente. Alternativa E correta. **RB**

"Gabarito "E".

(Juiz de Direito — TJ/AL – 2019 – FCC) Considerando a natureza e as peculiaridades do dano ambiental, seu regime jurídico e o entendimento jurisprudencial e doutrinário acerca da sua apuração, reparabilidade e responsabilização, considere as assertivas abaixo:

I. A responsabilidade civil em caso de dano ambiental causado em decorrência do exercício de atividade com potencial de degradação ambiental é de natureza objetiva e independe, portanto, de comprovação de dolo ou culpa.
II. A reparação do dano ambiental deve ocorrer, preferencialmente, de forma indireta, com o pagamento de indenização e aplicação de sanções pecuniárias de cunho inibitório.
III. O dano ambiental é de caráter coletivo ou difuso, podendo, contudo, impactar também direitos individuais, materializando-se assim o denominado efeito ricochete na forma de dano reflexo.
IV. Inexiste a figura do dano moral ambiental, havendo a obrigação de reparar apenas danos patrimoniais, ainda que causados a bens imateriais (ou incorpóreos), como o equilíbrio ambiental e a qualidade de vida da população.

Está correto o que se afirma APENAS em

(A) I e IV.
(B) I e III.
(C) III e IV.
(D) I e II.
(E) II e IV.

Alternativa I: Correta, pois a responsabilidade civil ambiental é objetiva. Alternativa II: Incorreta, pois a reparação do dano ambiental deve ocorrer, preferencialmente, de forma direta, com a reparação específica e, na impossibilidade, a indenização pecuniária. Alternativa III. Correta, pois há a dupla face do dano ambiental (natureza e interesses humanos individualizáveis). Alternativa IV: Incorreta, pois os danos podem ser patrimoniais e extrapatrimoniais. **FM**

"Gabarito "B".

Uma associação de proteção ao patrimônio ambiental de Santa Catarina, constituída havia seis meses, ajuizou ACP requerendo a paralisação das obras de construção de um *resort* sobre dois sambaquis do estado — depósitos de conchas dos povos pré-históricos que habitaram as regiões litorâneas do estado. A entidade, cumprindo sua finalidade institucional de proteger o meio ambiente, pleiteou na ACP a condenação do proprietário do *resort* pelos danos até então causados ao patrimônio arqueológico.

(Juiz de Direito – TJ/SC – 2019 – CESPE/CEBRASPE) De acordo com a legislação que rege os meios processuais para a defesa ambiental, a referida associação

(A) não detém legitimidade para propor a ACP, em razão do seu tempo de pré-constituição, mas poderia propor ação popular com o mesmo fim.
(B) não detém legitimidade para propor a ACP, porque a defesa de patrimônio arqueológico extrapola as suas finalidades.
(C) detém legitimidade para propor a ACP, independentemente de ter sido constituída nos termos da lei civil, pois não se exige das associações o registro do seu estatuto em cartório.
(D) detém legitimidade para propor a ACP, pois o requisito de tempo de pré-constituição poderá ser dispensado pelo juiz, se verificado manifesto interesse social pela dimensão do dano.
(E) não detém legitimidade para propor a ACP, a menos que atue em litisconsórcio com o Ministério Público.

Existem diversos legitimados para o ajuizamento de ação civil pública (cf. art. 5º da Lei 7.347/85). Entre eles estão as associações, caso estejam constituídas há pelo menos um ano (requisito de pré-constituição) e incluam, entre suas finalidades institucionais, a proteção do interesse coletivo *lato sensu* objeto da ação. No entanto, esse requisito da pré-constituição poderá ser dispensado pelo juiz, quando haja manifesto interesse social evidenciado pela dimensão ou característica do dano, ou pela relevância do bem jurídico a ser protegido (cf. art. 5º, § 4º). **RB**

"Gabarito "D".

(Juiz de Direito – TJ/BA – 2019 – CESPE/CEBRASPE) Por equívoco de um de seus empregados, uma empresa alimentícia deixou vazar acidentalmente parte de seu insumo em um rio, o que causou a morte de 5 t de peixes.

Nessa situação hipotética, relativamente à responsabilidade civil ambiental, a empresa

(A) não responderá pelo dano ambiental, por ser uma pessoa jurídica.
(B) não responderá pelo dano, visto que não houve dolo na morte dos peixes.
(C) responderá pelo dano, uma vez que a responsabilidade civil ambiental é objetiva e pautada na teoria do risco administrativo, não sendo admitida a responsabilização do empregado para responder culposamente pelo dano.
(D) responderá pelo dano, porque a responsabilidade civil ambiental é objetiva e pautada na teoria do risco integral.
(E) responderá pelo dano, pois a responsabilidade civil ambiental é objetiva e pautada na teoria do risco administrativo, admitindo-se, ainda, a responsabilização do empregado para responder culposamente pelo dano.

A responsabilidade civil ambiental é objetiva (teoria do risco), o que dispensa a comprovação de dolo ou culpa do poluidor (alternativa B incorreta). É o que dispõe o art. 14, §1º, da Lei 6.938/81. A pessoa responsável (poluidor) pode ser pessoa física ou jurídica (alternativa A incorreta). Mais precisamente, aplicável a teoria do risco integral, e não a do risco administrativo (alternativas C e E incorretas). Pela teoria do risco integral, não se admitem excludentes de responsabilidade, de modo a reforçar a tutela ambiental. Trata-se de entendimento consagrado do Superior Tribunal de Justiça: "É firme a jurisprudência do STJ no sentido de que, nos danos ambientais, incide a teoria do risco integral, advindo daí o caráter objetivo da responsabilidade, com expressa previsão constitucional (art. 225, § 3º, da CF) e legal (art.14, § 1º, da Lei n. 6.938/1981), sendo, por conseguinte, descabida a alegação de excludentes de responsabilidade, bastando, para tanto, a ocorrência de resultado prejudicial ao homem e ao ambiente advinda de uma ação ou omissão do responsável." (REsp 1.374.342/MG, 4ª Turma, Relator Ministro Luis Felipe Salomão, DJe 25/09/2013). **RB**

"Gabarito "D".

(Juiz de Direito – TJ/BA – 2019 – CESPE/CEBRASPE) O MP de determinado estado da Federação propôs ação civil pública consistente em pedido liminar para obstar a construção de empreendimento às margens de um rio desse estado. No local escolhido, uma área de preservação permanente, a empresa empreendedora desmatou irregularmente 200 ha para instalar o empreendimento. A liminar incluiu, ainda, pedido para que a empresa fosse obrigada a iniciar imediatamente replantio na área desmatada.

Nessa situação hipotética, a ação civil pública proposta deverá discutir

(A) apenas a responsabilidade civil da empresa.
(B) as responsabilidades civil e criminal da empresa.
(C) as responsabilidades civil e administrativa da empresa.
(D) apenas a responsabilidade administrativa da empresa.
(E) as responsabilidades civil, administrativa e criminal da empresa.

A responsabilidade ambiental apresenta diversas formas de manifestação. O art. 225, § 3º, da CF, destaca a administrativa, a penal e a civil. Ocorre que existem instrumentos jurídicos próprios para a tutela de cada uma das espécies de responsabilização. A criminal está adstrita à respectiva ação penal, nos termos do regime previsto na Lei 9.605/98. A administrativa decorre do exercício do poder de polícia, que dispensa, como regra, o manuseio de ação judicial, em razão da autoexecutoriedade. Já a responsabilidade civil encontra na ação civil pública o instrumental de efetivação. Nos termos da Lei 7.347/85 (lei da ação civil pública), o objeto da demanda abarca a condenação em dinheiro e/ou o cumprimento de obrigação de fazer ou não fazer. **RB**
Gabarito "A".

(Juiz de Direito – TJ/RS – 2018 – VUNESP) Supondo-se que um grande navio com cargas explodiu em um porto brasileiro, despejando milhões de litros de óleo e metanol que causou a degradação do meio ambiente marinho, inviabilizando a pesca pelos moradores próximos ao local, pois o Poder Público estabeleceu uma proibição temporária da pesca em razão da poluição ambiental. Em razão disso, os pescadores prejudicados ingressaram com ação judicial, calcado em responsabilidade civil.

De acordo com a jurisprudência dominante do STJ, assinale a alternativa correta.

(A) Os proprietários do navio e as empresas adquirentes das cargas transportadas pelo navio que explodiu respondem solidariamente pelos danos morais e materiais suportados pelos pescadores prejudicados.
(B) Para demonstração da legitimidade para vindicar indenização por dano ambiental que resultou na redução da pesca na área atingida, basta que o autor tenha o registro de pescador profissional.
(C) A responsabilidade por dano ambiental é objetiva, informada pela teoria do risco integral, sendo o nexo de causalidade o fator aglutinante que permite que o risco se integre na unidade do ato, sendo descabida a invocação, pela empresa responsável pelo dano ambiental, de excludentes de responsabilidade civil para afastar sua obrigação de indenizar.
(D) Não será devida indenização aos pescadores se restar comprovada pela empresa responsável pela carga que o acidente foi decorrente de caso fortuito ou força maior.
(E) É devida a indenização por lucros cessantes ainda que o período de proibição da pesca em razão do acidente ambiental coincida com o período de "defeso", em que por lei seja vedada a atividade pesqueira.

A responsabilidade civil do poluidor é objetiva, nos termos do art. 14, § 1º, da Lei 6.938/1981: "[...] é o poluidor obrigado, independentemente da existência de culpa, a indenizar ou reparar os danos causados ao meio ambiente e a terceiros, afetados por sua atividade". Destarte, ao se prescindir da culpabilidade para o dever de indenizar será necessário somente a comprovação do nexo de causalidade entre a conduta e o dano, pelo que as empresas adquirentes das cargas transportadas pelo navio que explodiu não serão responsabilizadas [ausência do nexo de causalidade direta e imediata com os danos]. A doutrina e a jurisprudência majoritariamente aduzem ser a responsabilidade objetiva do poluidor fundamentada na teoria do risco integral. Desta forma, as clássicas excludentes de responsabilidade, dentre elas o caso fortuito e a força maior, não podem ser invocadas para elidir a obrigação de reparar os danos causados. Além disso, a licitude de uma atividade ou empreendimento não afasta ou atenua a responsabilidade do poluidor. **FM/FC**
Gabarito "C".

10. RESPONSABILIDADE ADMINISTRATIVA AMBIENTAL

(Juiz Federal – TRF/1 – 2023 – FGV) A sociedade empresária Alfa realizava transporte de substância perigosa na costa brasileira, quando bateu na estrutura base de um farol, causando poluição no mar pelo lançamento da substância que transportava e de óleo em águas sob jurisdição nacional. O Ibama autuou a sociedade empresária Alfa por infração administrativa, aplicando-lhe a correlata sanção, por ter deixado de adotar medidas para conter, mitigar e minorar o dano ambiental após o acidente, com base na Lei nº 9.605/1998. Por sua vez, a Capitania dos Portos multou a sociedade empresária, por ter lançado ao mar substâncias proibidas pela legislação que rege a matéria, com fulcro na Lei nº 9.966/2000.

Inconformada, a sociedade empresária Alfa ajuizou ação judicial pleiteando a nulidade de ambas as sanções, por ofensa ao princípio do *non bis in idem*.

De acordo com a jurisprudência do Superior Tribunal de Justiça e observando as leis acima citadas, o Juízo Federal deve julgar a pretensão:

(A) improcedente, porque a competência da Capitania dos Portos não exclui, mas complementa, a legitimidade fiscalizatória e sancionadora do Ibama, e o fundamento fático-jurídico das sanções aplicadas é diverso;
(B) parcialmente procedente, declarando a nulidade da última sanção administrativa aplicada, devendo eventual passivo ambiental ser objeto de composição ou ação judicial com base na responsabilidade civil ambiental;
(C) parcialmente procedente, declarando a nulidade da sanção administrativa aplicada pela Capitania dos Portos, haja vista que, em nível federal, o órgão competente para proceder à imposição de penalidade por infração administrativa é o Ibama;
(D) parcialmente procedente, declarando a nulidade da sanção administrativa aplicada pelo Ibama, haja vista que a Lei nº 9.966/2000 é expressa ao afirmar que a aplicação das penas previstas nesta lei, por serem mais

gravosas, prevalecem sobre as sanções administrativas da Lei nº 9.605/1998, sem prejuízo de eventual responsabilidade civil e criminal;

(E) procedente, porque a responsabilidade administrativa ambiental tem natureza subjetiva, ao contrário da responsabilidade civil ambiental, que é objetiva, de maneira que ambas as sanções devem ser invalidadas, sendo instaurado um novo e único processo administrativo, com observância do contraditório e da ampla defesa.

O STJ decidiu, no âmbito do AgInt no REsp 2.032.619/PR, que a multa aplicada pela Capitania dos Portos, em decorrência de derramamento de óleo, *não exclui* a possibilidade de aplicação de multa pelo IBAMA. Inexiste *bis in idem* nesse contexto, pois a atuação da Capitania dos Portos não exclui, mas complementa, a atuação de fiscalização e de repressão dos órgãos de proteção ambiental. Assim, correta a alternativa A.
Gabarito "A".

(Procurador/PA – CESPE – 2022) Determinado órgão ambiental, no exercício de sua atividade fiscalizatória, apreendeu veículos de pessoa jurídica de direito privado que supostamente estavam sendo utilizados em atividade que caracterizaria infração ambiental.

No que diz respeito a essa situação hipotética, assinale a opção correta, consoante o entendimento atual do Superior Tribunal de Justiça firmado em recurso especial repetitivo.

(A) A apreensão de bens é rechaçada pela jurisprudência do Superior Tribunal de Justiça, pois não se podem criar restrições patrimoniais como meio coercitivo para pagamento de multas ou cumprimento de outras sanções administrativas.

(B) O Superior Tribunal de Justiça admite a apreensão dos bens apenas para a lavratura do auto de infração, mas inadmite o perdimento dos bens, porque isso viola a proteção que o ordenamento jurídico confere à propriedade privada e à livre-iniciativa.

(C) É condição de licitude da apreensão que o bem apreendido seja utilizado, específica e unicamente, na atividade ilícita.

(D) Foi declarada a inconstitucionalidade incidental do § 4.º do art. 25 da Lei n.º 9.605/1998, para inadmitir que bens apreendidos sejam doados a instituições educacionais.

(E) A apreensão do instrumento utilizado na infração ambiental, fundada em dispositivo vigente da Lei n.º 9.605/1998, independe do seu uso específico, exclusivo ou habitual para a empreitada infracional.

O STJ, no âmbito do julgamento do REsp 1.814.945/CE sob o rito dos recursos repetitivos, fixou a seguinte tese: "A apreensão do instrumento utilizado na infração ambiental, fundada na atual redação do § 4º do art. 25 da Lei 9.605/1998, independe do uso específico, exclusivo ou habitual para a empreitada infracional" (Tema 1.036). Nesse sentido, correta a alternativa E.
Gabarito "E".

(Juiz de Direito – TJ/MS – 2020 – FCC) Em mandado de segurança impetrado contra ato de fiscal ambiental que apreendeu animal silvestre (papagaio-verdadeiro) adquirido irregularmente, o impetrante confessa a origem ilícita da ave, mas alega que a adquiriu para sua filha pequena há 01 (um) ano, sendo a ave um verdadeiro membro da família. Alega, por fim, que a menina sente muita falta do papagaio. A ordem deverá ser

(A) negada, diante da origem ilícita do animal silvestre.

(B) concedida, tendo em vista a adaptabilidade do animal ao convívio humano.

(C) concedida em parte para permitir visitas da família ao cativeiro do animal.

(D) concedida em parte para permitir a permanência do animal com a família por mais 02 (dois) anos.

(E) negada com fundamento no princípio da pessoalidade da sanção.

A aquisição irregular de animal silvestre constitui infração administrativa contra o meio ambiente (cf. art. 70, "caput", da Lei 9.605/98 c/c. art. 24 do Decreto 6.514/08). Nesse sentido, cabível a apreensão do espécime animal (papagaio-verdadeiro) pelo fiscal ambiental (art. 72, inc. IV, da Lei 9.605/98), razão pela qual o mandado de segurança impetrado deve ser negado.
Gabarito "A".

Roberto cometeu infração ambiental ao construir sua casa em área de mangue e, por isso, foi autuado, em janeiro de 2011, por fiscal ambiental estadual. Roberto deixou transcorrer todos os prazos, pois se negava a receber a notificação, mas, em 2015, foi surpreendido com uma ação de cobrança da infração, na qual constava a sua citação por edital em 2013.

(Promotor de Justiça/CE – 2020 – CESPE/CEBRASPE) Nessa situação hipotética, de acordo com a jurisprudência do STJ, Roberto está

(A) desobrigado do pagamento da multa, pois o crédito está prescrito, visto que não se admite no âmbito administrativo a citação por edital.

(B) desobrigado do pagamento da multa, pois, em se tratando de multa administrativa, a pres-crição da ação de cobrança somente tem início com a notificação, quando se torna inadimplente o administrado infrator.

(C) obrigado ao pagamento da multa, pois é de dez anos o prazo decadencial para se constituir o crédito decorrente de infração à legislação administrativa.

(D) obrigado ao pagamento da multa, pois o prazo decadencial para a constituição do crédito decorrente de infração à legislação administrativa foi suspenso com a citação de Roberto por meio de edital.

(E) obrigado ao pagamento da multa, pois o prazo decadencial para a constituição do crédito decorrente de infração à legislação administrativa foi interrompido com a citação de Roberto por meio de edital.

De acordo a Súmula 467 do STJ, prescreve em cinco anos, contados do término do processo ad-ministrativo, a pretensão da Administração Pública de promover a execução da multa por infração ambiental. Nesse sentido, considerando que a autuação deu-se em janeiro de 2011, e que a ação de cobrança foi ajuizada antes de abril de 2013, data em que se deu a citação por edital do infra-tor, conclui-se que não houve fluência do respectivo prazo prescricional. Além disso, pode-se re--conhecer a interrupção do prazo em razão da citação do envolvido. Correta a alternativa E.
Gabarito "E".

11. RESPONSABILIDADE PENAL AMBIENTAL

(Procurador/PA – CESPE – 2022) De acordo com o disposto na Lei n.º 9.605/1998 (Lei de Crimes Ambientais) acerca da responsabilidade penal de pessoa jurídica por dano ambiental, é correto afirmar que

(A) todas as espécies de penas descritas na legislação penal podem ser aplicadas a pessoa jurídica.
(B) somente a pena de multa pode ser aplicada a pessoa jurídica.
(C) a pena de multa e as penas restritivas de direitos e de prestação de serviços à comunidade podem ser aplicadas a pessoa jurídica.
(D) a pena de multa e penas restritivas de direitos, salvo a prestação de serviços à comunidade, podem ser aplicadas a pessoa jurídica.
(E) nenhuma pena restritiva de direitos pode ser aplicada a pessoa jurídica.

A: incorreta (as penas privativas de liberdade não podem ser aplicadas a pessoas jurídicas). **B:** incorreta (cf. art. 21, as penas aplicáveis às pessoas jurídicas são: multa, restritivas de direitos e prestação de serviços à comunidade). **C:** correta (cf. art. 21). **D:** incorreta (a prestação de serviços à comunidade pode ser aplicada à pessoa jurídica). **E:** incorreta (cf. art. 21, já referido). Gabarito "C".

(Juiz de Direito/GO – 2021 – FCC) José Bento, que cursou até a terceira série do ensino fundamental, foi denunciado por adentrar, sem autorização, um Refúgio da Vida Silvestre portando um facão. Confessou que sabia da ilegalidade da conduta, mas sua intenção era colher sementes para confecção de artesanato. A ação penal deverá ser julgada

(A) procedente com circunstância atenuante.
(B) procedente com aplicação do perdão judicial.
(C) improcedente pela atipicidade formal do fato.
(D) improcedente pela ausência de dolo.
(E) procedente com aplicação da pena dentro do balizamento trazido pelo tipo penal, sem circunstâncias agravantes ou atenuantes.

Comentário: O fato praticado por José Bento configura tipo penal previsto no art. 52 da Lei 9.605/1998 (Lei dos Crimes Ambientais): "Penetrar em Unidades de Conservação conduzindo substâncias ou instrumentos próprios para caça ou para exploração de produtos ou subprodutos florestais, sem licença da autoridade competente: Pena - detenção, de seis meses a um ano, e multa." De acordo com o enunciado, a autor do crime confessou que sabia da ilegalidade, o caracteriza a presença de dolo. Nesse sentido, ação penal deve ser julgada procedente. Ocorre que José Bento detém baixo grau de instrução ou escolaridade, o que configura circunstância que atenua a pena (art. 14, I, da Lei 9.605/1998). Assim, correta a alternativa A. Gabarito "A".

(Juiz de Direito – TJ/AL – 2019 – FCC) Suponha que tenha sido editada uma lei estadual capitulando como crime a caça e o abate de animais em todo o Estado, em áreas públicas ou privadas, inclusive em relação a espécies exóticas invasoras. A constitucionalidade do referido diploma foi contestada em face do seu potencial de dano ao meio ambiente, eis que espécies já reconhecidamente nocivas, como o javali, vêm se proliferando de forma desordenada e causando danos efetivos à biodiversidade, além de risco à segurança e saúde da população de áreas rurais.

Para a avaliação do apontado vício de inconstitucionalidade, cumpre considerar que

(A) a legislação estadual afigura-se compatível com as normas gerais editadas pela União sobre crimes ambientais (Lei federal n. 9.605/1998) que proíbem a caça para controle populacional, independentemente de tratar-se de espécie nociva, admitindo apenas medidas de mitigação como captura e esterilização dos animais.
(B) o Estado, no exercício da competência concorrente, possui ampla liberdade para definir e tipificar as condutas lesivas à sua fauna nativa, independentemente da tipificação da legislação federal, especialmente em relação às denominadas espécies exóticas, expressamente excluídas da proteção estabelecida pela Lei n. 9.605/1998.
(C) a legislação federal que tipifica os crimes contra o meio ambiente, editada ao amparo da competência da União para estabelecer normas gerais de proteção da fauna e do meio ambiente (Lei n. 9.605/1998), não considera crime a caça de animais nocivos, desde que assim caracterizados pelo órgão competente.
(D) o Estado não possui competência para legislar sobre a matéria, que é privativa da União, e já integralmente exercida nos termos da Lei federal n. 9.605/1998, que admite expressamente a caça e o abate do javali e de outras espécies nocivas elencadas em rol taxativo anexo ao referido diploma federal.
(E) a legislação federal que dispõe sobre sanções a condutas e atividades lesivas ao meio ambiente (Lei n. 9.605/1998) disciplinou, de forma exaustiva, as hipóteses de proibição da caça, vedando apenas a caça esportiva e aquela com finalidade meramente recreativa, não havendo, assim, espaço para os estados legislarem sobre o tema em caráter suplementar.

A: Incorreta, pois a Lei 9.605/98 admite que não é crime o abate de animal quando realizado por ser nocivo o animal, desde que assim caracterizado pelo órgão competente (art. 37, IV). **B:** Incorreta, pois na competência legislativa concorrente (art. 24/CF) cabe ao Estado suplementar a legislação federal e, ademais, é tipificado na Lei 9.605/98 a conduta de praticar ato de abuso, maus-tratos, ferir ou mutilar animais silvestres, domésticos ou domesticados, nativos ou exóticos (art. 32). **C:** Correta, pois o art. 37, Lei 9.605/98, dispõe que não é crime o abate de animal, quando realizado por ser nocivo o animal, desde que assim caracterizado pelo órgão competente. **D:** Incorreta, pois o Estado possui competência legislativa concorrente, conforme o art. 24, VI e § 2°, da CF. **E:** Incorreta, pois a Lei 9.605/98 não vedou somente a caça esportiva e aquela com finalidade meramente recreativa. Gabarito "C".

Joana, moradora de uma comunidade quilombola, tem baixo grau de instrução e trabalha na principal atividade de subsistência da sua comunidade, que é a pesca. Durante uma pescaria, feita sempre aos domingos, no período noturno, ela capturou dois filhotes de baleia-franca, espécie inserida na lista local de espécies ameaçadas de extinção. Depois desse dia, Joana passou a fazer da pesca dessa espécie animal uma atividade econômica, com a venda para o comércio da região. Somente após ter praticado reiteradamente a atividade criminosa, ela descobriu que essa espécie de baleia era ameaçada de extinção. Arrependida, Joana dirigiu-se a uma delegacia de polícia e informou, com antecedência, à autoridade policial todos os locais em que havia instalado armadilhas de pesca. Além disso, passou a trabalhar em um projeto social para reparar o dano causado e a colaborar com os agentes encarregados da vigilância e do controle ambiental.

(Juiz de Direito – TJ/SC – 2019 – CESPE/CEBRASPE) Conforme as disposições da Lei 9.605/1998, assinale a opção que indica circunstâncias atenuantes de eventual pena criminal que possa ser imputada a Joana.

(A) o baixo grau de instrução de Joana e o seu pertencimento a uma comunidade quilombola

(B) o arrependimento de Joana, sua pretensão de reparar o dano e a periodicidade das pescas (sempre aos domingos)

(C) a comunicação prévia de Joana do perigo iminente de degradação ambiental, em razão das armadilhas de pesca instaladas, e a periodicidade das pescas (sempre aos domingos)

(D) o baixo grau de instrução de Joana e sua colaboração com os agentes encarregados da vigilância e do controle ambiental

(E) o pertencimento de Joana a uma comunidade quilombola e a sua desistência voluntária

A Lei 9.605/98 disciplina a responsabilidade penal em matéria ambiental. O seu art. 14 elenca as circunstâncias que atenuam a pena, entre as quais o baixo grau de instrução ou escolaridade do agente (inciso I) e a colaboração com os agentes encarregados da vigilância e do controle ambiental (inciso IV). As demais circunstâncias são: o arrependimento do infrator, manifestado pela espontânea reparação do dano, ou limitação significativa da degradação ambiental causada (inciso II) e a comunicação prévia pelo agente do perigo iminente de degradação ambiental (inciso III). **RB**
Gabarito "D".

(Juiz de Direito – TJ/RS – 2018 – VUNESP) Nos termos da Lei nº 9.605/1998, assinale a alternativa correta.

(A) O abate de animal realizado para proteger lavouras, pomares e rebanhos da ação predatória ou destruidora de animais, ainda que sem autorização da autoridade competente, não é considerado crime.

(B) Não é possível a suspensão condicional da pena nos casos de condenação a pena privativa de liberdade superior a três anos, nos crimes previstos nesta Lei.

(C) Nos termos do artigo 89 da Lei nº 9.099/1995, esgotado o prazo máximo de prorrogação da suspensão do processo por não ter sido completa a reparação do dano ambiental, será automaticamente declarada a extinção da punibilidade.

(D) A pena de proibição de contratar com o Poder Público e dele obter subsídios subvenções ou doações aplicada a uma pessoa jurídica não poderá exceder o prazo de cinco anos.

(E) A pena de prestação de serviços à comunidade consiste na atribuição ao condenado de tarefas gratuitas ou com remuneração módica, se o condenado for hipossuficiente, prestado junto a parques, jardins públicos ou unidades de conservação.

A: incorreta. Não é crime o abate de animal realizado para proteger lavouras, pomares e rebanhos da ação predatória ou destruidora de animais, desde que legal e expressamente autorizado pela autoridade competente (art. 37, II, da Lei 9.605/1998); **B:** correta, nos termos do art. 16, da Lei. 9.605/1998: "Nos crimes previstos nesta Lei, a suspensão condicional da pena pode ser aplicada nos casos de condenação a pena privativa de liberdade não superior a três anos"; **C:** incorreta. Nos termos do art. 28, V, da Lei 9.605/1998, a declaração de extinção de punibilidade dependerá de laudo de constatação que comprove ter o acusado tomado as providências necessárias à reparação integral do dano; **D:** incorreta, a teor do art. 10, da Lei 9.605/1998: "As penas de interdição temporária de direito são a proibição de o condenado contratar com o Poder Público, de receber incentivos fiscais ou quaisquer outros benefícios, bem como de participar de licitações, pelo prazo de cinco anos, no caso de crimes dolosos, e de três anos, no de crimes culposo"; **E:** incorreta, nos termos do art. 9º, da Lei 9.605/1998: "A prestação de serviços à comunidade consiste na atribuição ao condenado de tarefas gratuitas junto a parques e jardins públicos e unidades de conservação, e, no caso de dano da coisa particular, pública ou tombada, na restauração desta, se possível". **FM/FC**
Gabarito "B".

(Procurador do Estado/SP – 2018 – VUNESP) A Constituição Federal de 1988, ao incorporar a questão ambiental de forma ampla e expressa, trouxe para o seio do Supremo Tribunal Federal uma "pauta verde". Assim, o destino de grandes temas ambientais também teve de ser enfrentado na Corte, como decorrência lógica da necessidade de concretização de seus comandos.

Nesse contexto, sobre a jurisprudência do Supremo Tribunal Federal em matéria ambiental, assinale a alternativa correta.

(A) O Supremo Tribunal Federal julgou procedente ação direta de inconstitucionalidade ajuizada contra a Lei Estadual no 12.684/2007 (Lei que proíbe o uso de produtos que contenham amianto), declarando inconstitucional dispositivo que proíbe o uso no Estado de São Paulo de produtos, materiais ou artefatos que contenham quaisquer tipos de amianto ou asbesto ou outros minerais que, acidentalmente, tenham fibras de amianto na sua composição.

(B) Segundo o Supremo Tribunal Federal, o artigo 225, § 3º, da Constituição Federal, não condiciona a responsabilização penal da pessoa jurídica por crimes ambientais à simultânea persecução penal da pessoa física em tese responsável no âmbito da empresa.

(C) A vedação da queima da palha da cana-de-açúcar por lei municipal, em Municípios paulistas, tem sido considerada constitucional, afastando-se a incidência da legislação estadual que prevê a eliminação progressiva da palha.

(D) O Supremo Tribunal Federal considerou constitucional a prefixação de um piso para a compensação ambiental devida pela implantação de empreendimento de significativo impacto ambiental, devendo os valores serem fixados proporcionalmente ao impacto ambiental, a partir do mínimo previsto na Lei nº 9.985/2000 (Lei do Sistema Nacional de Unidades de Conservação).

(E) Tendo em vista a natureza dos crimes ambientais e mesmo não sendo a proteção do meio ambiente um direito fundamental, o princípio da insignificância é inaplicável aos crimes previstos na Lei nº 9.605/1998 (Lei de Crimes Ambientais).

A: incorreta. Em verdade, o Plenário do Supremo Tribunal Federal julgou improcedente a Ação Direta de Inconstitucionalidade 3937, ajuizada pela Confederação Nacional dos Trabalhadores na Indústria (CNTI) contra a Lei 12.687/2007, do Estado de São Paulo, que proíbe o uso de produtos, materiais ou artefatos que contenham quaisquer tipos de amianto no território estadual; **B:** correta. A teoria da dupla imputação encontra-se superada, vigorando atualmente o entendimento de que o art. 225, § 3°, da Constituição Federal não condiciona a responsabilização penal da pessoa jurídica por crimes ambientais à simultânea persecução penal da pessoa física em tese responsável no âmbito da empresa (STF. RE 548181, Rel. Min. Rosa Weber, 1ª T, julgado em 06-08-2013. Publicado em: 30-10-2014); **C:** incorreta. Em pesquisa obtida junto ao Tribunal de Justiça do Estado de São Paulo, os resultados demonstraram que o posicionamento que tem se firmado é no sentido da impossibilidade de proibição da queimada da palha da cana de açúcar por lei municipal, por considerar que o município não possui competência para proibir aquilo que o Estado-membro permite; **D:** incorreta. Foi declarada a inconstitucionalidade da expressão "não pode ser inferior a meio por cento dos custos totais previstos para a implantação do empreendimento", prevista no § 1° do art. 36 da Lei 9.985/2000 (vide ADIN 33786, de 2008); **E:** incorreta. A proteção ao meio ambiente é um direito fundamental de 3ª dimensão/geração, e em decorrência do meio ambiente se tratar de um bem altamente significativo para a humanidade, não se aplica o princípio da insignificância aos crimes ambientais. FM/FC

Gabarito "B".

(Delegado – PC/BA – 2018 – VUNESP) Beltrano Benedito estava andando por uma estrada rural e encontrou um filhote de Jaguatirica ferido. Levou-o para casa e, após cuidar dos ferimentos, passou a criá-lo como se fosse seu animal doméstico. Em conformidade com o disposto na Lei n° 9.605/1998, é correta a seguinte afirmação:

(A) Como o animal iria morrer se não fosse socorrido, Beltrano pode ficar com ele sem necessidade de licença ou autorização da autoridade ambiental.
(B) Se Beltrano mantiver o animal sem licença ou autorização da autoridade ambiental, estará praticando crime contra o meio ambiente, considerado inafiançável.
(C) Por se tratar de filhote de espécime da fauna silvestre, se Beltrano ficar com o animal sem licença ou autorização, terá a pena por crime ambiental aumentada de um sexto a um terço.
(D) Beltrano deverá entregar o animal a uma autoridade ambiental, pois não é possível obter permissão, licença ou autorização para ficar com o animal.
(E) A ação de Beltrano se tipifica como crime contra a fauna, que o sujeita à pena de detenção e multa, mas o juiz, considerando as circunstâncias, poderá deixar de aplicar a pena.

Dispõe o art. 29, da Lei 9.605/1998: "Matar, perseguir, caçar, apanhar, utilizar espécimes da fauna silvestre, nativos ou em rota migratória, sem a devida permissão, licença ou autorização da autoridade competente, ou em desacordo com a obtida: Pena – detenção de seis meses a um ano, e multa". O § 2°, do artigo supramencionado, prescreve que: "No caso de guarda doméstica de espécie silvestre não considerada ameaçada de extinção, pode o juiz, considerando as circunstâncias, deixar de aplicar a pena". Desta forma, considerando que a Portaria 444/2014 do Ministério do Meio Ambiente, responsável por elencar quais são as espécies da fauna ameaçadas de extinção, não prevê em seu rol a jaguatirica, considera-se correta a afirmação contida na assertiva "E": "A ação de Beltrano se tipifica como crime contra a fauna, que o sujeita à pena de detenção e multa, mas o juiz, considerando as circunstâncias, poderá deixar de aplicar a pena". FM/FC

Gabarito "E".

---

12. BIOSSEGURANÇA E PROTEÇÃO DA SAÚDE HUMANA

(Juiz de Direito/AM – 2016 – CESPE) Acerca de biodiversidade, patrimônio genético e conhecimento tradicional associado, assinale a opção correta.

(A) A gestão do patrimônio genético e o acesso ao conhecimento tradicional associado competem aos municípios, por se tratar de assunto de interesse local.
(B) As ações que visem ao acesso ao conhecimento tradicional associado à biodiversidade podem transcorrer mesmo sem o consentimento prévio dos povos indígenas e de outras comunidades locais.
(C) O conhecimento tradicional associado ao patrimônio genético decorrente de práticas das comunidades indígenas nacionais integra o patrimônio cultural brasileiro.
(D) A divisão dos benefícios decorrentes de exploração econômica de produto desenvolvido a partir de conhecimento tradicional associado ocorrerá sob formas que permitam quantificação de valores, vedadas as contribuições na forma de capacitação de recursos humanos.
(E) A diversidade biológica será legalmente protegida se tiver potencial para uso humano.

A: incorreta. O acesso ao patrimônio genético existente no País ou ao conhecimento tradicional associado para fins de pesquisa ou desenvolvimento tecnológico e a exploração econômica de produto acabado ou material reprodutivo oriundo desse acesso somente serão realizados mediante cadastro, autorização ou notificação, e serão submetidos a fiscalização, restrições e repartição de benefícios nos termos e nas condições estabelecidos na Lei 13.123/2015 e regulamento. Além disso, é de competência da União a gestão, o controle e a fiscalização das atividades ora descritas, nos termos do disposto no inciso XXIII do *caput* do art. 7° da Lei Complementar 140/2011 (art. 3°, Lei 13.123/2015). Por fim, foi criado no âmbito do Ministério do Meio Ambiente o Conselho de Gestão do Patrimônio Genético (CGen), órgão colegiado de caráter deliberativo, normativo, consultivo e recursal, responsável por coordenar a elaboração e a implementação de políticas para a gestão do acesso ao patrimônio genético e ao conhecimento tradicional associado e da repartição de benefício; **B:** incorreta. Segundo o art. 8°, § 2°, da Lei 13.123/2015, "O Estado reconhece o direito de populações indígenas, de comunidades tradicionais e de agricultores tradicionais de participar da tomada de decisões, no âmbito nacional, sobre assuntos relacionados à conservação e ao uso sustentável de seus conhecimentos tradicionais associados ao patrimônio genético do País (...)"; **C:** correta. Segundo o art. 2°, II, da Lei 13123/2015, o "conhecimento tradicional associado – informação ou prática de população indígena, comunidade tradicional ou agricultor tradicional sobre as propriedades ou usos diretos ou indiretos associada ao patrimônio genético". Além disso, o art. 8°, § 2°, diz: "O conhecimento tradicional associado ao patrimônio genético de que trata esta Lei integra o patrimônio cultural brasileiro e poderá ser depositado em banco de dados (...); **D:** incorreta. A repartição de benefícios decorrente da exploração econômica de produto acabado ou material reprodutivo oriundo de acesso ao patrimônio genético ou ao conhecimento tradicional associado poderá constituir-se na modalidade não econômica e, dentre elas, a capacitação de recursos humanos em temas relacionados à conservação e uso sustentável do patrimônio genético ou do conhecimento tradicional associado (art. 19, II, e, Lei 13.123/2015). Ou seja, é possível a capacitação de recursos humanos; **E:** incorreta. A diversidade biológica possui valor intrínseco, isto é, independente do uso humano. RB

Gabarito "C".

13. RECURSOS MINERAIS

(Juiz – TRF 2ª Região – 2017) Quanto à relação entre mineração e direito ambiental é correto afirmar que:

(A) A autorização de pesquisa mineral pressupõe o licenciamento ambiental da outorga de lavra.
(B) A evidência de que a exploração de recursos minerais possa causar degradação ao meio ambiente não impede o licenciamento, por si, já que a própria Constituição Federal refere que, nesta atividade, o meio ambiente degradado será posteriormente recuperado, conforme a solução técnica exigida pelo órgão ambiental.
(C) Na competência do Estado para registrar as concessões de direitos de pesquisa e lavra não se inclui a fiscalização de tais atividades.
(D) A emissão da outorga de lavra gera direito do empreendedor à obtenção da licença ambiental, ainda que com condicionantes, exceto se a lavra se localizar em unidades de conservação.
(E) O licenciamento ambiental de uma lavra não autoriza a realização de atividades que causem impacto ambiental direto.

A: incorreta, pois a autorização de pesquisa se refere à definição da jazida, sua avaliação e a determinação da exequibilidade do seu aproveitamento econômico e depende de prévia outorga do Departamento Nacional de Produção Mineral (art. 14, "caput" e art. 15, "caput", ambos do Decreto-Lei 227/1967).Já a concessão da lavra, que consiste no aproveitamento industrial da jazida, isto é, extração e beneficiamento das substâncias minerais (art. 36, do Decreto-Lei 27/1967) e depende de ato do Ministério de Minas e Energia; **B:** correta (art. 225, §2º, da CF/88); **C:** incorreta, pois o art. 17, § 3º, da LC 140/2011, esclarece que não impede o exercício pelos entes federativos da atribuição comum de fiscalização da conformidade de empreendimentos e atividades efetiva ou potencialmente poluidores ou utilizadores de recursos naturais. Além disso, conforme a CF, é competência comum da União, dos Estados, do Distrito Federal e dos Municípios "registrar, acompanhar e fiscalizar as concessões de direitos de pesquisa e exploração de recursos hídricos e minerais em seus territórios" (art. 23, XI)"; **D:** incorreta, pois a emissão de outorga de lavra depende da obtenção da licença ambiental; **E:** incorreta, pois a degradação ambiental é condição *sine qua non* a exploração dos recursos minerais, ou seja, impossível explorar minérios sem comprometer a integridade do meio ambiente.Tanto é assim que o art. 225, § 2º, da CF/88, dispõe que: "Aquele que explorar recursos minerais fica obrigado a recuperar o meio ambiente degradado, de acordo com solução técnica exigida pelo órgão público competente, na forma da lei". FM/FCP

Gabarito "B".

14. RESÍDUOS SÓLIDOS

(Promotor de Justiça/PR – 2019 – MPE/PR) Assinale a alternativa **correta**, nos termos da Lei n. 12.305/2010 (Política Nacional de Resíduos Sólidos):

(A) Considera-se área contaminada o local cujos responsáveis pela disposição não sejam identificáveis ou individualizáveis.
(B) Considera-se logística reversa a produção e consumo de bens e serviços de forma a atender as necessidades das atuais gerações e permitir melhores condições de vida, sem comprometer a qualidade ambiental e o atendimento das necessidades das gerações futuras.
(C) Considera-se destinação final ambientalmente adequada a distribuição ordenada de rejeitos em aterros, observando normas operacionais específicas de modo a evitar danos ou riscos à saúde pública e à segurança e a minimizar os impactos ambientais adversos.
(D) Considera-se reutilização o processo de transformação dos resíduos sólidos que envolve a alteração de suas propriedades físicas, físico-químicas ou biológicas, com vistas à transformação em insumos ou novos produtos, observadas as condições e os padrões estabelecidos pelos órgãos competentes do Sisnama e, se couber, do SNVS e do Suasa.
(E) Consideram-se geradores de resíduos sólidos as pessoas físicas ou jurídicas, de direito público ou privado, que geram resíduos sólidos por meio de suas atividades, nelas incluído o consumo.

A: incorreta (a Lei 12.305/10 define área contaminada como o "local onde há contaminação causada pela disposição, regular ou irregular, de quaisquer substâncias ou resíduos", cf. art. 3º, inc. II; já área órfã contaminada constitui a "área contaminada cujos responsáveis pela disposição não sejam identificáveis ou individualizáveis", cf. art. 3º, inc. III). **B:** incorreta (a Lei 12.305/10 define logística reversa como o "instrumento de desenvolvimento econômico e social caracterizado por um conjunto de ações, procedimentos e meios destinados a viabilizar a coleta e a restituição dos resíduos sólidos ao setor empresarial, para reaproveitamento, em seu ciclo ou em outros ciclos produtivos, ou outra destinação final ambientalmente adequada", cf. art. 3º, inc. XII; já a noção de padrões sustentáveis de produção e consumo é definida como "produção e consumo de bens e serviços de forma a atender as necessidades das atuais gerações e permitir melhores condições de vida, sem comprometer a qualidade ambiental e o atendimento das necessidades das gerações futuras", cf. art. 3º, inc. XIII). **C:** incorreta (a Lei 12.305/10 define *destinação* final ambientalmente adequada como a "destinação de resíduos que inclui a reutilização, a reciclagem, a compostagem, a recuperação e o aproveitamento energético ou outras destinações admitidas pelos órgãos competentes", cf. art. 3º, inc. VII; já a *disposição* final ambientalmente adequada representa a "distribuição ordenada de rejeitos em aterros, observando normas operacionais específicas de modo a evitar danos ou riscos à saúde pública e à segurança e a minimizar os impactos ambientais adversos", cf. art. 3º, inc. VIII). **D:** incorreta (considera-se reutilização o "processo de aproveitamento dos resíduos sólidos sem sua transformação biológica, física ou físico-química, observadas as condições e os padrões estabelecidos pelos órgãos competentes", cf. art. 3º, inc. XVIII; já a reciclagem constitui o "processo de transformação dos resíduos sólidos que envolve a alteração de suas propriedades físicas, físico-químicas ou biológicas, com vistas à transformação em insumos ou novos produtos, observadas as condições e os padrões estabelecidos pelos órgãos competentes", cf. art. 3º, inc. XIV). **E:** correta (cf. definição do art. 3º, inc. IX, da Lei 12.305/10). RB

Gabarito "E".

(Procurador do Estado/SP – 2018 – VUNESP) Uma empresa privada, localizada no Estado de São Paulo, contratou outra empresa privada especializada para o transporte e a destinação adequada de resíduos sólidos tóxicos, decorrentes de processos produtivos da atividade industrial da primeira, que apresentavam significativo risco ao meio ambiente e assim foram qualificados em norma técnica. O transporte ocorreria dentro do Estado de São Paulo.

Tendo em vista essa situação, considere as seguintes afirmações, assinalando a correta.

(A) Em eventual acidente que acarrete dano ao meio ambiente, ocorrido durante o transporte, cuja culpa seja do transportador, estando ele regular perante os

órgãos ambientais, o gerador sempre será isento de responsabilidade.
(B) Compete ao Município de origem da carga exercer o controle ambiental do transporte deste material, estando dispensada tal atividade de licenciamento ambiental.
(C) Mesmo não integrando diretamente a relação, em caso de dano, cabe ao Poder Público atuar para minimizá-lo ou cessá-lo, solidariamente aos causadores, logo que tome conhecimento do evento.
(D) A inscrição do transportador do resíduo no Cadastro Nacional de Operadores de Resíduos Perigosos é obrigatória, dispensada a inscrição do gerador.
(E) Considerando a natureza do resíduo sólido, o órgão licenciador pode exigir a contratação de seguro de responsabilidade civil por danos causados ao meio ambiente ou à saúde pública para as empresas que operem com estes resíduos, observadas as regras sobre cobertura e os limites máximos de contratação fixados em regulamento.

A: incorreta. A responsabilidade civil por danos ambientais é objetiva e fundamentada na teoria do risco integral (art. 14, § 1º, da Lei 6.938/1981), desta forma prescinde do elemento culpa para restar caracterizada, bastando que a conduta (lícita ou ilícita) do agente cause danos à vítima; **B:** incorreta, nos termos do art. 8º, XXI, da Lei Complementar 140/2011: "São ações administrativas dos Estados: XXI - exercer o controle ambiental do transporte fluvial e terrestre de produtos perigosos [...]"; **C:** incorreta, a teor do art. 29, da Lei 12.305/2010: "Cabe ao poder público atuar, subsidiariamente, com vistas a minimizar ou cessar o dano, logo que tome conhecimento de evento lesivo ao meio ambiente ou à saúde pública relacionado ao gerenciamento de resíduos sólidos"; **D:** incorreta. A inscrição no Cadastro Nacional de Operadores de Resíduos Perigosos é obrigatória, para qualquer pessoa jurídica que opere com resíduos perigosos, em qualquer fase do seu gerenciamento (art. 38, da Lei 12.305/2010); **E:** correta. Nesse sentido dispõe o art. 40, da Lei 12.305/2010: "No licenciamento ambiental de empreendimentos ou atividades que operem com resíduos perigosos, o órgão licenciador do Sisnama pode exigir a contratação de seguro de responsabilidade civil por danos causados ao meio ambiente ou à saúde pública, observadas as regras sobre cobertura e os limites máximos de contratação fixados em regulamento". FM/FC

Gabarito "E".

15. RECURSOS HÍDRICOS

(Juiz Federal – TRF/1 – 2023 – FGV) A Lei nº 11.445/2007 estabelece as diretrizes nacionais para o saneamento básico, compreendido como o conjunto de serviços públicos, infraestruturas e instalações operacionais de abastecimento de água potável, esgotamento sanitário, limpeza urbana e manejo de resíduos sólidos, bem como drenagem e manejo das águas pluviais urbanas.

Nesse contexto, de acordo com o citado diploma legal, com redação dada pelo chamado novo marco legal do saneamento básico, em matéria do exercício da titularidade do serviço:

(A) a formalização de consórcios intermunicipais de saneamento básico, exclusivamente composto de Municípios que poderão prestar o serviço aos seus consorciados diretamente, pela instituição de sociedade de economia mista intermunicipal, é permitida, mediante prévia autorização do Conama;

(B) o titular dos serviços públicos de saneamento básico deverá definir a entidade responsável pela regulação e fiscalização desses serviços, somente quando se tratar de modalidade de sua prestação por pessoa jurídica de direito privado, mediante delegação do serviço;
(C) os chefes dos Poderes Executivos da União, dos Estados, do Distrito Federal e dos Municípios poderão formalizar a gestão associada para o exercício de funções relativas aos serviços públicos de saneamento básico, ficando dispensada, em caso de convênio de cooperação, a necessidade de autorização legal;
(D) a adesão dos titulares dos serviços públicos de saneamento de interesse local às estruturas das formas de prestação regionalizada é obrigatória, quando houver no Município em atividade vazadouros conhecidos como "lixões" não licenciados ambientalmente;
(E) no caso de prestação regionalizada dos serviços de saneamento, as responsabilidades administrativa, civil e penal não podem ser aplicadas aos titulares dos serviços públicos de saneamento, devendo incidir sobre a nova pessoa jurídica de direito público formalizada.

A: incorreta (os consórcios intermunicipais poderão prestar o serviço aos seus consorciados diretamente, pela instituição de *autarquia* intermunicipal, cf. art. 8º, § 1º, inciso I). **B:** incorreta (o titular dos serviços públicos de saneamento básico deverá definir a entidade responsável pela regulação e fiscalização desses serviços, *independentemente da modalidade de sua prestação*, cf. art. 8º, § 5º). **C:** correta (art. 8º, § 4º). **D:** incorreta (é *facultativa* a adesão dos titulares dos serviços públicos de saneamento de interesse local às estruturas das formas de prestação regionalizada, cf. art. 8º-A). **E:** incorreta (no caso de prestação regionalizada dos serviços de saneamento, as responsabilidades administrativa, civil e penal são exclusivamente aplicadas aos titulares dos serviços públicos de saneamento, cf. art. 8º-B). RB

Gabarito "C".

(Juiz de Direito/GO – 2021 – FCC) Diante de uma crise hídrica, o setor energético propõe uma gestão mais austera de seus reservatórios de água para garantir o abastecimento de energia elétrica. Nesse cenário,

(A) o uso do reservatório será compartilhado, de forma equânime e exclusiva, entre a produção energética e o consumo humano.
(B) deve ser garantido o uso múltiplo e igualitário dos reservatórios sem que haja qualquer grau de prioridade.
(C) deve ser assegurado o uso prioritário dos recursos hídricos para o consumo humano e para a dessedentação de animais.
(D) é obrigação do Poder Público buscar alternativas para o consumo humano diante da prioridade do setor energético no uso de seus reservatórios de água.
(E) a prioridade de uso dos reservatórios de água será do setor energético, que deverá, diante da ausência de alternativa viável, ceder até dez por cento do reservatório para consumo exclusivo humano.

Comentário: a Lei 9.433/1997 disciplina a Política Nacional de Recursos Hídricos. Entre os seus fundamentos está o uso prioritário dos recursos hídricos em situação de escassez, devendo ser utilizados ao consumo humano e à dessedentação de animais (art. 1º, III). Assim, correta a alternativa C. As demais alternativas estão erradas, pois tratam de modo desvinculado da lei a prioridade que se deve dar aos recursos hídricos. RB

Gabarito "C".

(Juiz de Direito/GO – 2021 – FCC) A titularidade do serviço público de saneamento básico será

(A) dos Estados em regiões metropolitanas.
(B) dos Estados em regiões metropolitanas e dos municípios nos demais casos.
(C) dos municípios e do Distrito Federal no caso de interesse local.
(D) dos Estados.
(E) da União.

Comentário: O serviço público de saneamento básico é disciplinado pela Lei 11.445/2007 (cf. relevantes alterações introduzidas pela Lei 14.026/2020). De acordo com o seu art. 8º, I, exercem a sua titularidade "os Municípios e o Distrito Federal, no caso de interesse local". Assim, correta a alternativa C. Deve-se apontar que o inciso II do art. 8º dispõe que, no caso de regiões metropolitanas, aglomerações urbanas e microrregiões, a titularidade é exercida pelo Estado, em conjunto com os Municípios que integram tais áreas, e desde que compartilham efetivamente instalações operacionais. **RB**
Gabarito "C".

(Juiz de Direito – TJ/AL – 2019 – FCC) A política nacional de recursos hídricos instituída pela Lei n. 9.433/1997, estabelece, como um de seus instrumentos,

(A) a possibilidade de cobrança pelo uso de recursos hídricos sujeitos a outorga, o que não se confunde com taxa ou tarifa cobrada pelo fornecimento domiciliar de água tratada e coleta de esgoto.
(B) a outorga onerosa dos direitos de uso dos recursos hídricos, conferida exclusivamente para geração de energia por pequenas centrais hidrelétricas, com potencial de geração de até 30 MW.
(C) os planos de recursos hídricos, elaborados de forma centralizada pela Agência Nacional de Águas (ANA) e de aplicação compulsória pelos Estados e Municípios que integrem a correspondente Bacia Hidrográfica.
(D) o sistema nacional de gerenciamento de recursos hídricos, órgão do Ministério de Minas e Energia responsável pelo licenciamento ambiental de hidrelétricas e outros empreendimentos que impactem de forma relevante as reservas hídricas disponíveis.
(E) a classificação indicativa de cursos de água, com o enquadramento dos rios e afluentes de todo o território nacional nas categorias "A", "B" ou "C", conforme a prioridade, respectivamente, para consumo humano, dessedentação de animais ou geração de energia elétrica.

A: Correta, pois a cobrança pelo uso de recursos hídricos na Lei 9.433/1997 está sujeita aos casos de outorga onerosa dos direitos de uso dos recursos hídricos (pelo uso de bem público), ao passo que que a taxa ou tarifa cobrada pelo fornecimento domiciliar de água tratada e coleta de esgoto está afeta ao saneamento básico (Lei 11.445/2007). **B:** Incorreta, pois a outorga onerosa está sujeita, entre outras hipóteses, ao aproveitamento dos potenciais hidrelétricos (art. 12, IV, Lei 9.433/97). **C:** Incorreta, pois os Planos de Recursos Hídricos serão elaborados por bacia hidrográfica, por Estado e para o País, portanto, não centralizados. **D:** Incorreta, pois o sistema nacional de gerenciamento de recursos hídricos não é um órgão do Ministério de Minas e Energia. **E:** Incorreta, pois esta classificação, nesses termos, é inexistente. **FM**
Gabarito "A".

(Juiz de Direito – TJ/RS – 2018 – VUNESP) No tocante às águas, nos termos da Constituição Federal e da Lei das Águas, assinale a alternativa correta.

(A) Toda outorga de direitos de uso de recursos hídricos far-se-á por prazo não inferior a vinte e cinco anos, renovável.
(B) Os planos de Recursos Hídricos são elaborados por bacia hidrográfica, por Município e por Estado.
(C) São bens da União todas as águas superficiais ou subterrâneas, fluentes, emergentes e em depósito.
(D) Os valores arrecadados com a cobrança pelo uso de recursos hídricos serão aplicados exclusivamente na bacia hidrográfica em que foram gerados.
(E) A União tem competência privativa para legislar sobre águas.

A: incorreta, a teor do art. 16, da Lei 9.433/1997: "Toda outorga de direitos de uso de recursos hídricos far-se-á por prazo não excedente a trinta e cinco anos, renovável"; **B:** incorreta, a saber: "Os Planos de Recursos Hídricos serão elaborados por bacia hidrográfica, por Estado e para o País" (art. 8º, da Lei 9.433/1997); **C:** incorreta. A teor do art. 26, I, da CF/88, são bens dos Estados todas as águas superficiais ou subterrâneas, fluentes, emergentes e em depósito, e não bens da União; **D:** incorreta, pois os valores arrecadados com a cobrança pelo uso de recursos hídricos serão aplicados prioritariamente na bacia hidrográfica em que foram gerados, e não exclusivamente conforme determina a assertiva (art. 22, caput, da Lei 9.433/1997); **E:** correta. Vide art. 22, IV, da CF/88. **FM/FC**
Gabarito "E".

16. DIREITO AMBIENTAL INTERNACIONAL

(Juiz de Direito – TJ/RJ – 2019 – VUNESP) No âmbito do Direito Internacional do Meio Ambiente, a preocupação universal sobre o uso saudável e sustentável do planeta e de seus recursos motivou a ONU a convocar, em 1972, a Conferência das Nações Unidas sobre o Ambiente Humano.

A respeito da referida Conferência, assinale a alternativa correta.

(A) Adotou a "Agenda 21", um diagrama para a proteção do nosso planeta e seu desenvolvimento sustentável.
(B) Adotou a "Declaração das Nações Unidas sobre o Meio Ambiente", que apresenta 26 princípios referentes à proteção do meio ambiente.
(C) Adotou os Objetivos para Desenvolvimento do Milênio (ODM).
(D) Gerou a Convenção da ONU sobre a Diversidade Biológica.
(E) Gerou o relatório "Nosso Futuro Comum", que traz o conceito de desenvolvimento sustentável para o discurso público.

A: incorreta (a "Agenda 21" foi produzida na Conferência ECO-92, também denominada RIO-92); **C:** incorreta (os "Objetivos para o Desenvolvimento do Milênio" – ODM foram expedidos na Cúpula do Milênio da ONU, realizada no ano de 2000); **D:** incorreta (a "Convenção da ONU sobre a Diversidade Biológica" foi produzida na Conferência ECO-92, também denominada RIO-92); **E:** incorreta (o relatório "Nosso Futuro Comum" também é conhecido como "Relatório Brundtland" e foi apresentado em 1987 pela Comissão Mundial sobre Meio Ambiente e Desenvolvimento). **RB**
Gabarito "B".

17. MEIO AMBIENTE URBANO

(Juiz de Direito – TJ/SP – 2023 – VUNESP) O município "X" se interessou pelo exercício do direito de preempção em relação à área de propriedade de "B", que estava sendo alienada a "C", objetivando a criação de unidade de conservação. O município deve

(A) manifestar por escrito seu interesse na preempção dentro do prazo de 5 (cinco) dias, contado do recebimento da notificação do proprietário quanto à intenção de alienar onerosamente o imóvel.

(B) comprometer-se a efetuar o pagamento ao proprietário do valor de mercado do imóvel, ainda que superior ao valor considerado para a base de cálculo do IPTU e ao valor indicado na proposta do interessado na aquisição.

(C) oferecer ao proprietário a possibilidade de transformação do valor do imóvel em crédito, a ser liquidado conforme regras próprias do sistema de precatório.

(D) comprovar a existência de lei específica, baseada no plano diretor, que delimite as áreas de incidência do direito de preempção e que fixe o prazo de vigência não superior a 5 (cinco) anos, a fim de que possa exercer sua preferência para aquisição do imóvel urbano objeto da alienação onerosa entre particulares.

O direito de preempção a ser exercido pelo Poder Público municipal está previsto no Estatuto da Cidade (Lei n. 10.257/2001), em seus artigos 25 a 27. **A:** incorreta (o prazo para o município se manifestar é de 30 dias, cf. art. 27, "caput"). **B:** incorreta (o município poderá adquirir o imóvel pelo valor da base de cálculo do IPTU ou pelo valor indicado na proposta apresentada, se este for inferior àquele, cf. art. 27, § 6º; assim, o limite máximo de aquisição do imóvel é o valor da base de cálculo do IPTU). **C:** incorreta (o Estatuto da Cidade não prevê a possibilidade de transformação do valor do imóvel em crédito). **D:** correta (art. 25, §1º). RB
Gabarito "D".

18. TEMAS COMBINADOS E OUTROS TEMAS

(Procurador – PGE/SP – 2024 – VUNESP) Sobre os instrumentos previstos pela Lei nº 6.938/1981, é correto afirmar:

(A) são exemplos de instrumentos coercitivos ou de comando e controle o licenciamento ambiental, a fiscalização e aplicação de penalidades administrativas aos infratores ambientais e o seguro ambiental.

(B) de acordo com o quanto decidido no bojo da ADI 4757, a prevalência do auto de infração lavrado pelo órgão originariamente competente para o licenciamento ou autorização ambiental não exclui a atuação supletiva de outro ente federado, desde que comprovada omissão ou insuficiência na tutela fiscalizatória.

(C) o instrumento ou termo de instituição da servidão ambiental deve incluir apenas os seguintes itens: memorial descritivo da área e prazo da servidão.

(D) cabe ao Estado mais populoso promover o licenciamento ambiental de empreendimentos e atividades localizados ou desenvolvidos em 2 (dois) ou mais Estados.

(E) o decurso do prazo de licenciamento sem a emissão de licença pelo órgão competente implica licenciamento tácito da atividade ou serviço, interpretando-se o silêncio administrativo como anuência.

A: incorreta (o seguro ambiental não é um instrumento coercitivo e sim um instrumento econômico). **B:** correta (o STF conferiu interpretação conforme à CF ao § 3º do art. 17 da LC 140/2011, esclarecendo que a prevalência do auto de infração lavrado pelo órgão originalmente competente para o licenciamento ou autorização ambiental não exclui a atuação supletiva de outro ente federado, desde que comprovada omissão ou insuficiência na tutela fiscalizatória). **C:** incorreta (cf. art. 9º-A, § 1º, da Lei 6.938/1981, o instrumento ou termo de instituição da servidão ambiental deve incluir, no mínimo, os seguintes itens: memorial descritivo da área, objeto da servidão, direitos e deveres do proprietário ou possuidor, e prazo da servidão). **D:** incorreta (cf. art. 7º, XIV, "e", da LC 140/2011, cabe à *União* promover o licenciamento ambiental de empreendimentos e atividades localizados ou desenvolvidos em 2 ou mais Estados). **E:** incorreta (cf. art. 14, § 3º, da LC 140/2011, o decurso dos prazos de licenciamento, sem a emissão da licença ambiental, não implica emissão tácita nem autoriza a prática de ato que dela dependa ou decorra). RB
Gabarito "B".

(Procurador – PGE/SP – 2024 – VUNESP) Apesar do forte protagonismo das discussões sobre mudanças climáticas no cenário brasileiro em 2023, o Brasil e o Estado de São Paulo já contavam com normativas relacionadas à Política sobre Mudança do Clima (Lei Federal nº 12.187/2012 e Lei Estadual nº 13.798/2009). Sobre o tema, considerando as normas internacionais, nacionais e estaduais, bem como a jurisprudência dos Tribunais Superiores, assinale a alternativa correta.

(A) O STF julgou procedente a ADPF 708 fixando a tese de que o Poder Executivo tem o dever constitucional de fazer funcionar e alocar anualmente os recursos do Fundo Clima, para fins de mitigação das mudanças climáticas, estando vedado seu contingenciamento.

(B) A Lei da Política Nacional sobre Mudança do Clima (Lei Federal nº 12.187/2012) conceitua como efeitos adversos da mudança do clima aqueles que possam ser direta ou indiretamente atribuídos à atividade humana que altere a composição da atmosfera mundial e que se some àquela provocada pela variabilidade climática natural observada ao longo de períodos comparáveis.

(C) O rol de medidas a serem fomentadas pelo Poder Público que privilegiem padrões sustentáveis de produção, comércio e consumo, de maneira a reduzir a demanda de insumos, utilizar materiais menos impactantes e gerar menos resíduos, previsto pela Lei Estadual nº 13.798/2009, é taxativo.

(D) Para fins da Lei da Política Nacional sobre Mudança do Clima (Lei Federal nº 12.187/2012), entende-se por mitigação as iniciativas e medidas para reduzir a vulnerabilidade dos sistemas naturais e humanos frente aos efeitos atuais e esperados da mudança do clima.

(E) A Comunicação Estadual, documento oficial do Governo do Estado de São Paulo sobre políticas e medidas abrangentes para a proteção do sistema climático global, será realizada com periodicidade bienal, em conformidade com os métodos aprovados pelo Painel Intergovernamental sobre Mudanças Climáticas (IPCC).

A: correta (O STF proibiu o contingenciamento das receitas do Fundo Clima e ordenou ao governo federal que adote medidas para seu funcionamento e destinação de recursos). **B:** incorreta (cf. art. 2º, II, da lei federal, *efeitos adversos da mudança do clima* são as "mudanças no meio físico ou biota resultantes da mudança do clima que tenham efeitos deletérios significativos sobre a composição, resiliência ou produtividade de ecossistemas naturais e manejados, sobre o funcionamento de sistemas socioeconômicos ou sobre a saúde e o bem-estar humanos"; já a *mudança do clima representa* a "mudança de clima que possa ser direta ou indiretamente atribuída à atividade humana que altere a composição da atmosfera mundial e que se some àquela provocada pela variabilidade climática natural observada ao longo de períodos comparáveis", cf. art. 2º, VIII). **C:** incorreta (o rol das medidas não é taxativo, e sim *exemplificativo*, cf. art. 11 c.c. art. 12 da lei estadual). **D:** incorreta (cf. art. 2º, VII, da lei federal, *mitigação* são as "mudanças e substituições tecnológicas que reduzam o uso de recursos e as emissões por unidade de produção, bem como a implementação de medidas que reduzam as emissões de gases de efeito estufa e aumentem os sumidouros"; já a *adaptação* são as "iniciativas e medidas para reduzir a vulnerabilidade dos sistemas naturais e humanos frente aos efeitos atuais e esperados da mudança do clima", cf. art. 2º, I). **E:** incorreta (a Comunicação Estadual será realizada com periodicidade *quinquenal*, cf. art. 7º, "caput", da lei estadual). RB

Gabarito "A".

(Procurador – PGE/SP – 2024 – VUNESP) Lavrado Auto de Infração Ambiental pela Polícia Militar Ambiental, impondo-se a penalidade de multa ao infrator em razão de supressão de vegetação em área protegida e não tendo sido interpostos recursos administrativos, a Secretaria de Meio Ambiente, Infraestrutura e Logística encaminhou o processo administrativo à Procuradoria Geral do Estado para a adoção das medidas judiciais cabíveis. Considerando a legislação e jurisprudência acerca da responsabilidade administrativa, civil e criminal do poluidor, assinale a alternativa correta.

(A) Constatada pelo Auto de Infração Ambiental lavrado a construção de edificação na área em que a vegetação foi indevidamente suprimida, caberá pedido de demolição na ação judicial a ser ajuizada, uma vez que não se aplica a teoria do fato consumado na seara ambiental.

(B) A pretensão de cobrança de eventual multa cominada em razão da infração ambiental cometida é imprescritível em razão da natureza de direito fundamental que ostenta o direito a um meio ambiente saudável.

(C) Apesar do princípio da reparação integral do dano ambiental, eventual ação a ser ajuizada não pode cumular os pedidos de reparação do dano *in natura*, do dano ambiental intermitente e do dano moral à coletividade.

(D) A aplicação de penalidades administrativas como decorrência da prática de infrações administrativas ambientais pelos poluidores é tarefa dos órgãos ambientais que integram o SISNAMA que, contudo, não detém o poder de polícia ambiental.

(E) O Procurador do Estado que receber o processo administrativo deverá ajuizar ação civil pública visando à reparação de dano ambiental apenas contra o proprietário da área à época da infração.

A: correta (cf. Súmula 613 do STJ: "Não se admite a aplicação da teoria do fato consumado em tema de Direito Ambiental"). **B:** incorreta (a pretensão de eventual multa ambiental aplicada, de natureza administrativa, é *prescritível*, no direito ambiental, somente a pretensão da reparação ambiental, de natureza civil, é imprescritível). **C:** incorreta (cf. Súmula 629 do STJ: "Quanto ao dano ambiental, é admitida a condenação do réu à obrigação de fazer ou à de não fazer cumulada com a de indenizar"; ainda segundo o STJ, essa cumulação abrange a reparação do dano *in natura*, do dano ambiental intermitente e do dano moral à coletividade, cf. REsp 1.940.030/SP). **D:** incorreta (a aplicação de penalidades administrativas como decorrência da prática de infrações administrativas ambientais representa uma das formas da manifestação do exercício – repressivo – do poder de polícia ambiental). **E:** incorreta (cf. Súmula 623 do STJ: As obrigações ambientais possuem natureza *propter rem*, sendo admissível cobrá-las do proprietário ou possuidor atual e/ou dos anteriores, à escolha do credor). RB

Gabarito "A".

(Procurador – PGE/SP – 2024 – VUNESP) Sobre as medidas de compensação ambiental previstas tanto pelo Código Florestal (Lei nº 12.651/2012) como pela Lei do SNUC (Lei nº 9.985/2000), assinale a alternativa correta.

(A) Conforme prevê o § 1º do artigo 36 da Lei do SNUC, que teve sua constitucionalidade confirmada pelo STF na ADI 3378/DF, o montante de recursos a ser destinado pelo empreendedor para compensação ambiental não pode ser inferior a 10% dos custos totais previstos para a implantação do empreendimento, sendo o percentual fixado pelo órgão ambiental licenciador, de acordo com o grau de impacto ambiental causado pelo empreendimento.

(B) A compensação de reserva legal prevista pelo Código Florestal prescinde da inscrição da propriedade no Cadastro Ambiental Rural (CAR) e pode ser feita somente mediante aquisição de Cota de Reserva Ambiental – CRA ou doação ao poder público de área localizada no interior de Unidade de Conservação de domínio público pendente de regularização fundiária.

(C) O proprietário ou possuidor de imóvel rural que detinha, em 22 de julho de 2008, área de Reserva Legal em extensão inferior ao estabelecido no artigo 12, do Código Florestal, poderá regularizar sua situação, desde que realize a adesão ao Programa de Regulação Ambiental (PRA), adotando as seguintes alternativas, isolada ou conjuntamente: recomposição da Reserva Legal, Regeneração natural na área de Reserva Legal e Compensação.

(D) O STF, quando do julgamento da ADC 42 e das ADIs 4937 e 4901, declarou constitucional o artigo 48, § 2º, do Código Florestal afastando o entendimento de que a compensação por meio de Cota de Reserva Ambiental (CRA) somente pode ser realizada entre áreas com identidade ecológica.

(E) A medida compensatória prevista pela Lei do SNUC para os casos de licenciamento ambiental de empreendimentos de significativo impacto ambiental que obriga o empreendedor a apoiar a implantação e manutenção de unidade de conservação do grupo de proteção integral representa a aplicação do princípio do poluidor-pagador e responsabilização do empreendedor pelo dano ambiental causado.

A: incorreta (o STF, no âmbito da ADI 3378, julgou inconstitucional a expressão "não pode ser inferior a meio por cento dos custos totais previstos para a implantação do empreendimento", contida no § 1º do art. 36 da Lei do SNUC. Isso porque o valor da compensação deve ser fixado proporcionalmente ao impacto ambiental negativo. Portanto, não se mostra legítima para o cálculo da compensação a fixação de percentual sobre os custos do empreendimento). **B:** incorreta (a compensação de reserva legal deve ser precedida pela inscrição da propriedade no CAR, cf. art. 66, § 5º. Além disso, essa compensação pode ser feita de várias formas: aquisição de Cota de Reserva Ambiental; arrendamento de área sob regime de servidão ambiental ou Reserva Legal; doação ao poder público de área localizada em Unidade de Conservação; cadastramento de outra área equivalente e excedente à Reserva Legal). **C:** incorreta (cf. art. 66, o proprietário ou possuidor de imóvel rural que detinha, em 22 de julho de 2008, área de Reserva Legal em extensão inferior ao estabelecido no art. 12, poderá regularizar sua situação, *independentemente da adesão ao PRA*, adotando as seguintes alternativas, isolada ou conjuntamente: recomposição da Reserva Legal, Regeneração natural na área de Reserva Legal e Compensação). **D:** incorreta (o STF, no âmbito da ADC 42 e das ADIs 4937 e 4901, adotou o entendimento de que a compensação por meio de Cota de Reserva Ambiental apenas pode ser realizada entre áreas com identidade ecológica). **E:** correta (cf. STF no âmbito da ADI 3378).

Gabarito "E".

(Procurador – AL/PR – 2024 – FGV) A Ação Climática é o décimo terceiro objetivo da lista de Objetivos de Desenvolvimento Sustentável (ODS), contidos na Agenda 2030. Isto significa que medidas urgentes para combater as alterações climáticas e os seus impactos devem ser adotadas até o ano de 2030. No âmbito do estado do Paraná, desde o ano de 2012, a Política Estadual de Mudanças Climáticas foi constituída com o objetivo de formalizar o compromisso do Estado do Paraná em se preparar para os desafios decorrentes das mudanças climáticas.

Sobre esta Política, assinale a afirmativa correta.

(A) O Fundo Estadual do Meio Ambiente (FEMA) e o Fundo Estadual de Recursos Hídricos (FRHI/PR) são instrumentos da Política Estadual de Mudanças Climáticas.

(B) A Comunicação Estadual sobre Mudança do Clima é composta pelo Inventário Estadual de emissões por fontes e setores de emissão e remoção de gases de efeito estufa e pelo Comitê Intersecretarial de Mudanças Climáticas.

(C) A Lei nº 17.133/2012 estabelece que o Plano Estadual sobre Mudança do Clima norteará a elaboração da Política Estadual sobre Mudança do Clima, bem como outros programas, projetos e ações relacionados, direta ou indiretamente, à mudança do clima.

(D) A Política Estadual de Mudanças Climáticas prevê expressamente o mecanismo de perdas e danos para que as regiões do estado que sofram danos humanos e materiais em decorrência das causas adversas do aquecimento global possam ser compensadas ou indenizadas pelos causadores da alteração climática.

(E) O Plano para Ações Emergenciais – PAE com avaliação de vulnerabilidades e necessidades de adaptação aos impactos adversos causados por eventos climáticos extremos deve ser publicado anualmente, conforme determina a Política Estadual de Mudanças Climáticas.

Trata-se de questão que explora legislação do Estado do Paraná (Lei n. 17.133/2012, que institui a Política Estadual de Mudanças Climáticas). **A:** correta (art. 6º, inciso II). **B:** incorreta (o conteúdo da Comunicação Estadual é o seguinte, nos termos do art. 14: Inventário Estadual de emissão e remoção de gases de efeito estufa; Plano para Ações Emergenciais e Planos de Ação Específicos). **C:** incorreta (a *Política* Estadual sobre Mudança do Clima norteará a elaboração do *Plano* Estadual sobre Mudança do Clima, cf. art. 1º, parágrafo único). **D:** incorreta (a Lei n. 17.133/2021 não prevê expressamente o mecanismo de perdas e danos). **E:** incorreta (o Plano para Ações Emergenciais integra o conteúdo da Comunicação Estadual, a qual deverá ser realizada de cinco em cinco anos, cf. art. 14).

Gabarito "A".

(Juiz Federal – TRF/1 – 2023 – FGV) De acordo com a jurisprudência do Superior Tribunal de Justiça, o direito de acesso à informação no Direito Ambiental brasileiro compreende, entre outros, o direito a requerer a produção de informação ambiental não disponível para a Administração Pública, que consiste na chamada transparência:

(A) ativa, caso em que se presume a obrigação do Estado em favor da transparência ambiental, sendo ônus da Administração justificar seu descumprimento, com base no enquadramento da informação nas razões legais e taxativas de sigilo, sempre sujeita a controle judicial;

(B) passiva, caso em que se presume a obrigação do Estado em favor da transparência ambiental, sendo ônus da Administração justificar seu descumprimento, com base na demonstração das razões administrativas adequadas para a opção de não publicar, sempre sujeita a controle judicial;

(C) reativa, caso em que se presume a obrigação do Estado em favor da transparência ambiental, sendo ônus da Administração justificar seu descumprimento, com base na irrazoabilidade da pretensão de produção da informação inexistente, sempre sujeita a controle judicial;

(D) ativa, caso em que há presunção relativa da obrigação do Estado em favor da transparência ambiental, sendo ônus do administrado demonstrar a relevância social ou ambiental de sua pretensão de produção da informação inexistente, sendo cabível recurso administrativo impróprio, sem prejuízo do controle judicial;

(E) progressiva, caso em que há presunção relativa da obrigação do Estado em favor da transparência ambiental, sendo ônus do administrado demonstrar a relevância social ou ambiental de sua pretensão de produção da informação inexistente, sendo cabível recurso administrativo próprio, sem prejuízo do controle judicial.

Segundo o STJ, no âmbito do REsp 1.857.098/MS (IAC 13), o "direito de acesso à informação no Direito Ambiental brasileiro compreende: i) o dever de publicação, na internet, dos documentos ambientais detidos pela Administração não sujeitos a sigilo (transparência ativa); ii) o direito de qualquer pessoa e entidade de requerer acesso a informações ambientais específicas não publicadas (transparência passiva); e iii) direito a requerer a produção de informação ambiental não disponível para a Administração (*transparência reativa*)". Além disso, ainda de acordo com o STJ, "presume-se a obrigação do Estado em favor da transparência ambiental, sendo ônus da administração justificar seu descumprimento, sempre sujeita a controle judicial, nos seguintes termos: i) na transparência ativa, demonstrando razões administrativas adequadas para a opção de não publicar; ii) na transparência passiva, de enquadramento da informação nas razões legais e taxativas de sigilo; e iii) na *transparência ambiental reativa*, da irrazoabilidade da pretensão de produção da informação inexistente". Desse modo, correta a alternativa C.

Gabarito "C".

(Juiz Federal – TRF/1 – 2023 – FGV) Tema atualmente muito debatido no Direito Ambiental são as mudanças climáticas, que consistem nas transformações de longo prazo nos padrões de temperatura e clima. As consequências socioambientais das mudanças no clima são diversas e afetam toda a população mundial, causando impactos como o aumento da temperatura global do planeta, o derretimento das geleiras polares, tempestades mais intensas e períodos de seca mais frequentes, além da possibilidade de aumento nos casos de doenças transmitidas por vetores e enfermidades infecciosas.

Atento à questão climática, o Brasil criou o Fundo Nacional sobre Mudança do Clima (FNMC), por meio da Lei nº 12.114/2009, que estabelece que:

(A) dotações consignadas na lei orçamentária anual da União e em seus créditos adicionais não constituem recursos do FNMC;

(B) até 10% dos recursos do FNMC podem ser aplicados anualmente no pagamento ao agente financeiro e em despesas relativas à administração do Fundo e à gestão e utilização dos recursos;

(C) cabe ao Ministério do Meio Ambiente definir, mensalmente, a proporção de recursos a serem aplicados em cada uma das modalidades de apoio financeiro com recursos financeiros do FNMC;

(D) a aplicação dos recursos não poderá ser destinada à atividade de sistemas agroflorestais que contribuam para a redução de desmatamento e a absorção de carbono por sumidouros e para geração de renda;

(E) os recursos do FNMC serão aplicados em apoio financeiro, não reembolsável, a projetos relativos à mitigação da mudança do clima ou à adaptação à mudança do clima e aos seus efeitos, aprovados pelo Comitê Gestor do FNMC, conforme diretrizes previamente estabelecidas pelo Comitê.

A: incorreta (dotações consignadas na lei orçamentária anual da União e em seus créditos adicionais constituem recursos do FNMC, cf. art. 3º, II). **B:** incorreta (cf. art. 5º, § 3º, até 2% dos recursos do FNMC podem ser aplicados anualmente no pagamento ao agente financeiro e em despesas relativas à administração do Fundo e à gestão e utilização dos recursos). **C:** incorreta (cabe ao Comitê Gestor do FNMC realizar tal definição, cf. art. 5º, § 1º). **D:** incorreta (cf. art. 5º, § 4º, XII, a aplicação dos recursos poderá ser destinada à atividade de sistemas agroflorestais que contribuam para a redução de desmatamento e a absorção de carbono por sumidouros e para geração de renda). **E:** correta (art. 5º, II). RB

Gabarito "E".

(Procurador/DF – CESPE – 2022) O Ministério Público do Distrito Federal e Territórios ajuizou ação civil pública ambiental contra empreendedor imobiliário, com o objetivo de compelir o réu a não fazer obras em continuidade às já existentes, na faixa de 30 m, em imóvel situado no entorno do Lago Paranoá, onde não teriam sido devidamente observadas as regras ambientais pertinentes, bem como a demolir as edificações feitas na referida área, com a obrigação de reparar os danos já causados, além de indenização por danos ambientais, com condenação ao pagamento de indenização ao Fundo de Defesa dos Direitos Difusos. O Tribunal de Justiça do Distrito Federal e Territórios (TJDFT), em grau recursal, manteve a sentença de procedência parcial do pedido, no sentido da demolição somente de algumas das edificações, oportunizando ao réu, no entanto, a recuperação do meio ambiente, além de ter mantido a inversão do ônus da prova determinada pelo juízo a quo quanto à mensuração da extensão do dano causado, com fulcro no princípio da precaução.

Acerca dessa situação hipotética e de aspectos a ela relacionados, julgue os próximos itens.

(1) São consideradas áreas de preservação permanente, entre outras, as áreas no entorno de lagos e lagoas naturais em faixa com largura mínima de 30 m, em zona urbana.

(2) Se ocorrer supressão de vegetação situada em área de preservação permanente, o proprietário da área, possuidor ou ocupante a qualquer título será obrigado a promover a recomposição da vegetação.

(3) Na situação apresentada, a teoria do fato consumado, aceita pelo STJ, endossa a decisão do TJDFT que permitiu ao réu manter algumas das edificações, oportunizando, no entanto, a recuperação do meio ambiente por meio de mecanismos compensatórios.

(4) Na hipótese em apreço, a decisão do TJDFT de manter a inversão do ônus da prova em ação civil pública que pede indenização por dano ambiental está em harmonia com a posição do STJ sobre o tema.

(5) Segundo o STJ, é vedada a cumulação de pedido de reparação do dano com indenização por danos ambientais, pois isso redundaria em apenar o infrator duas vezes pelo mesmo fato.

1: correto (art. 4º, II, "b", do Código Florestal). **2:** correto (art. 7º, § 1º). **3:** errado (de acordo com a Súmula 613 do STJ: "Não se admite a aplicação da teoria do fato consumado em tema de Direito Ambiental"). **4:** correto (de acordo com a Súmula 618 do STJ: "A inversão do ônus da prova aplica-se às ações de degradação ambiental"). **5:** errado (segundo a Súmula 629 do STJ: "Quanto ao dano ambiental, é admitida a condenação do réu à obrigação de fazer ou à de não fazer cumulada com a de indenizar"). RB

Gabarito 1C, 2C, 3E, 4C, 5E.

(Procurador/DF – CESPE – 2022) A respeito do Plano Distrital de Saneamento Básico (PDSB), da proteção da vegetação nativa, dos recursos florestais, da proteção ambiental e da desapropriação, julgue os itens que se seguem.

(1) O objetivo do PDSB, de acordo com a legislação pertinente, é garantir a universalização do acesso aos serviços de saneamento básico com eficiência econômica, observando-se o superávit primário.

(2) Inexiste direito de propriedade do particular sobre as florestas brasileiras, por estas serem bens de interesse comum de todos os habitantes do Brasil.

(3) Consideradas as recomendações técnicas dos órgãos oficiais competentes, é permitida a exploração ecologicamente sustentável nas planícies pantaneiras.

(4) Ainda que se considere a primazia do interesse público no atendimento ao direito ao transporte, é mantida, nas áreas adquiridas ou desapropriadas para este fim, a exigência da reserva legal.

(5) Terras indígenas são aquelas habitadas de forma permanente por grupos indígenas, importantes para suas atividades produtivas, imprescindíveis à preservação

dos recursos necessários ao seu bem-estar e necessárias à sua reprodução física e cultural.

1: errado (segundo o art. 2º da Lei 6.454/2019, o PDSB tem como objetivo principal dotar o Distrito Federal de instrumentos e mecanismos que permitam a implantação de ações articuladas, duradouras e eficientes, que possam garantir a universalização do acesso aos serviços de saneamento básico com qualidade, equidade e continuidade). **2**: errado (as florestas brasileiras podem ser de propriedade privada ou pública, já que não existe vedação à propriedade de particular sobre elas; assim, o fato de serem bens de interesse comum de todos os habitantes do Brasil não retira a possibilidade de serem objeto de propriedade privada). **3**: correto (art. 10 do Código Florestal). **4**: errado (não será exigida reserva legal relativa às áreas adquiridas ou desapropriadas com o objetivo de implantação e ampliação de capacidade de rodovias e ferrovias, cf. art. 12 § 8º, do Código Florestal). **5**: correto (art. 231, § 1º, CF). RB

Gabarito 1E, 2E, 3C, 4E, 5C

(Procurador/PA – CESPE – 2022) O saneamento básico exerce papel decisivo para a efetivação do direito ao meio ambiente ecologicamente equilibrado. Acerca do regime jurídico estabelecido para o saneamento básico na Lei n.º 11.445/2007, julgue os itens subsequentes.

I. Os princípios fundamentais dos serviços públicos de saneamento básico incluem a prestação regionalizada, incumbindo-se aos estados a escolha de um dos modelos de prestação regionalizada admitidos pela lei.

II. Entre os modelos de prestação regionalizada, as microrregiões são instituídas pelo estado por lei complementar e compostas de municípios limítrofes, caso em que a titularidade dos serviços públicos de saneamento básico é do estado em conjunto com os municípios que compartilham efetivamente instalações operacionais integrantes das microrregiões.

III. Entre os modelos de prestação regionalizada, as unidades regionais de saneamento básico devem ser instituídas pelo estado mediante lei ordinária, sendo compostas pelo agrupamento de municípios não necessariamente limítrofes.

IV. A União tem preferência para estabelecer blocos de referência para a prestação regionalizada dos serviços públicos de saneamento básico.

V. Os instrumentos de prestação regionalizada dos serviços de saneamento básico atualmente previstos na Lei n.º 11.445/2007 foram considerados legítimos pelo STF, uma vez que se prestam ao aumento da eficácia da prestação desses serviços e à sua universalização, reduzindo as desigualdades sociais e regionais.

Estão certos apenas os itens

(A) II e III.
(B) IV e V.
(C) I, II e IV.
(D) I, II, III e V.
(E) I, III, IV e V.

I: correto (art. 2º, XIV, da Lei 11.445/2007). **II**: correto (art. 3º, VI, "a"). **III**: correto (art. 3º, VI, "b"). **IV**: incorreto (a União estabelecerá, de forma subsidiária aos Estados, blocos de referência para a prestação regionalizada dos serviços públicos de saneamento básico, cf. art. 52, § 3º). **V**: correto (o STF declarou a constitucionalidade do Novo Marco Legal do Saneamento Básico no âmbito das ADIs 6492, 6356, 6583 e 6882). RB

Gabarito "D"

(Procurador/PA – CESPE – 2022) O órgão ambiental competente para editar normas que estabelecem parâmetros para o cumprimento da legislação ambiental meramente revogou, sem substituição ou atualização, ato normativo que disciplina, além do procedimento para licenciamento ambiental de determinada atividade potencialmente poluidora, parâmetros, definições e limites de áreas de preservação permanente.

Considerando essa situação hipotética, julgue os itens a seguir.

I. De acordo com entendimento atual do Supremo Tribunal Federal, o poder normativo de órgão ambiental competente para a edição de normas dessa natureza é amplo, logo ele detém plena autonomia para a revogação de atos normativos, sem necessidade de substituição ou atualização.

II. Enquanto não for editado ato normativo em substituição, a atividade que era objeto do ato revogado poderá ser livremente realizada, independentemente de licenciamento ambiental, e as áreas de preservação permanente antes delimitadas deixam de ser assim consideradas.

III. De acordo com o entendimento atual do Supremo Tribunal Federal, a mera revogação do ato normativo, sem substituição ou atualização, se resultar em anomia ou descontrole regulatório, viola o princípio da vedação ao retrocesso ambiental.

IV. A intervenção ou a supressão de vegetação nativa em área de preservação permanente somente poderá ocorrer nas hipóteses de utilidade pública, de interesse social ou de baixo impacto ambiental, previstas no Código Florestal.

Estão certos apenas os itens

(A) I e II.
(B) II e III.
(C) III e IV.
(D) I, II e IV.
(E) I, III e IV.

A questão explora o julgamento do STF na ADPF 749. **I**: incorreto (o exercício da competência normativa desses órgãos ambientais, a exemplo do CONAMA, vê os seus limites materiais condicionados aos parâmetros fixados pelo constituinte e pelo legislador). **II**: incorreto (vide comentário do item III). **III**: correto (de fato, de acordo com o STF, a mera revogação de normas operacionais fixadoras de parâmetros mensuráveis necessários ao cumprimento da legislação ambiental, sem sua substituição ou atualização, compromete a observância da Constituição, da legislação vigente e de compromissos internacionais, representando verdadeiro retrocesso ambiental). **IV**: correto (considerando que a Constituição e as leis ambientais representam o parâmetro principal para a disciplina ambiental, a intervenção ou a supressão de vegetação nativa em área de preservação permanente somente poderá ocorrer nas hipóteses previstas no Código Florestal: utilidade pública, interesse social ou baixo impacto ambiental). RB

Gabarito "C"

(Procurador Município – Teresina/PI – FCC – 2022) O Prefeito de Teresina editou decreto de tombamento de imóvel de propriedade de sua família sem estudo que comprove o seu valor histórico. O ato administrativo é

(A) ilegal diante da ausência de competência para o ato, que é exclusivo do Conselho Municipal do Patrimônio Cultural de Teresina.

(B) legítimo, pois o tombamento, independentemente de seu fundamento, traz proteção para o imóvel.
(C) lícito, desde que se comprove a ausência de prejuízo a terceiro de boa-fé.
(D) lícito, pois cabe ao Chefe do Poder Executivo Municipal, de forma discricionária, promover o tombamento do Patrimônio Municipal.
(E) ilegal diante do desvio de finalidade.

O tombamento é a restrição à propriedade imposta pelo Estado em razão do valor cultural *lato sensu* (histórico, artístico, arquitetônico, paisagístico etc.) do bem. Nesse sentido, a sua finalidade é a tutela do patrimônio cultural (art. 216 da CF). Considerando que o tombamento foi decretado pelo Prefeito de Teresina sem estudo comprobatório de seu valor histórico, verifica-se uma ilegalidade em razão do desvio de finalidade. Alternativa E correta. RB
Gabarito "E".

(Procurador/PA – CESPE – 2022) Julgue os itens subsequentes, relativos às políticas nacional e estadual de mudanças climáticas.

I. O Supremo Tribunal Federal decidiu que é dever do Poder Executivo dar pleno funcionamento ao Fundo Nacional sobre Mudança do Clima, instrumento da Política Nacional sobre Mudança do Clima, e alocar anualmente seus recursos com o intuito de mitigar as mudanças climáticas, sendo vedado o contingenciamento de suas receitas.
II. A Comunicação Nacional do Brasil à Convenção-Quadro das Nações Unidas sobre Mudança do Clima, de acordo com os critérios estabelecidos por essa convenção, é uma das diretrizes da Política Nacional sobre Mudança do Clima.
III. De acordo com a Lei estadual n.º 9.048/2020, a Polícia Militar do Estado do Pará integra o Sistema Estadual sobre Mudanças Climáticas e tem, como uma das suas atribuições no âmbito desse sistema, a coordenação e execução de ações de adaptação e medidas emergenciais em situações de eventos climáticos extremos.
IV. De acordo com a Lei estadual n.º 9.048/2020, compete aos fóruns municipais de mudanças climáticas promover a discussão e a difusão, no âmbito local, das questões relacionadas a mudanças climáticas globais, a fim de colher subsídios para formulação de políticas públicas, garantindo-se ampla participação popular.

Estão certos apenas os itens

(A) I e IV.
(B) II e IV.
(C) II e III.
(D) I, II e III.
(E) I, III e IV.

I: correto (cf. julgamento do STF na ADPF n. 708). II: incorreto (o art. 5º da Lei da Política Nacional de Mudanças do Clima prevê as respectivas *diretrizes*; já o art. 6º dispõe sobre os *instrumentos*, entre os quais está a Comunicação Nacional do Brasil à Convenção-Quadro das Nações Unidas sobre Mudança do Clima, de acordo com os critérios estabelecidos por essa convenção). III: incorreto (o art. 7º da Lei estadual 9.048/2020 prevê os órgãos que integram o Sistema Estadual sobre Mudanças Climáticas, no âmbito do qual *não* se encontra a Polícia Militar do Estado do Pará). IV: correto (art. 19, II, da Lei estadual 9.048/2020). RB
Gabarito "A".

(Juiz de Direito/SP – 2021 – Vunesp) No que se refere à reparação do dano ambiental, é reconhecido que

(A) não se autoriza a apreensão de instrumento utilizado para a prática de infração ambiental, salvo na hipótese de uso específico, exclusivo e habitual para a prática ilícita.
(B) as multas não podem ter sua exigibilidade suspensa pelo fato de o infrator se obrigar a realizar medidas para fazer cessar ou corrigir a degradação do meio ambiente.
(C) o dano moral coletivo se confunde com o somatório das lesões extrapatrimoniais singulares, por isso se submete ao princípio da reparação integral.
(D) a reparação ambiental deve ser feita da forma mais completa possível, de modo que a condenação a recuperar a área lesionada não exclui o dever de indenizar, sobretudo, pelo dano que permanece entre a ocorrência e o restabelecimento do meio ambiente lesado, bem como, quando o caso, pelo dano moral coletivo e pelo dano residual.

Comentário: A: incorreta (o STJ, no âmbito do REsp 1.814.944/RN, fixou a seguinte tese de recurso repetitivo: "A apreensão do instrumento utilizado na infração ambiental, fundada na atual redação do § 4º do art. 25 da Lei 9.605/1998, independe do uso específico, exclusivo ou habitual para a empreitada infracional"). **B:** incorreta (a assinatura do termo de compromisso suspende a exigibilidade da multa aplicada e implica renúncia ao direito de recorrer administrativamente, cf. art. 146, § 4º, do Decreto 6.514/2008). **C:** incorreta (de acordo com o STJ, no bojo do REsp 1.737.412/SE, "o dano moral coletivo não se confunde com o somatório das lesões extrapatrimoniais singulares, por isso não se submete ao princípio da reparação integral"). **D:** correta (cf. entendimento do STJ no âmbito do REsp 1.114.893/MG). RB
Gabarito "D".

(Juiz de Direito – TJ/MS – 2020 – FCC) A utilização da Área de Uso Restrito da planície inundável do Pantanal NÃO poderá comprometer as funções ambientais do território,

(A) que tem por finalidade principal garantir a geração de energia hidráulica.
(B) sendo admitida a presença extensiva do gado, caracterizada como de baixo impacto, em pastagens nativas nas áreas de preservação permanente dos rios, corixos e baías.
(C) e deverá respeitar as limitações estabelecidas no Zoneamento Ecológico-Econômico (ZEE) Pantanal – Planície Litorânea.
(D) e deverá respeitar as limitações estabelecidas no Zoneamento Ecológico-Econômico (ZEE) realizado pelo MERCOSUL.
(E) estando, ainda, condicionada à prévia autorização do Conselho Estadual do Meio Ambiente.

A questão explora o regime do Decreto estadual 14.273/2015, que dispõe sobre as Áreas de Uso Restrito da planície inundável do Pantanal no Estado de Mato Grosso do Sul. Alternativa A incorreta (referido decreto não prevê tal finalidade). Alternativa B correta (art. 4º, § 1º, do Decreto 14.273/15). Alternativa C incorreta (o decreto faz alusão à Zona Planície Pantaneira, cf. art. 2º, inc. I). Alternativa D incorreta (o decreto não faz referência ao MERCOSUL). Alternativa E incorreta (a competência pertence, como regra, ao Instituto de Meio Ambiente de Mato Grosso do Sul-IMASUL). RB
Gabarito "B".

(Juiz de Direito – TJ/RJ – 2019 – VUNESP) Acerca da responsabilidade em matéria ambiental, é correto afirmar que

(A) é inexistente a responsabilidade solidária entre o atual proprietário do imóvel e o antigo proprietário pelos danos ambientais causados na propriedade, independentemente de ter sido ele ou o dono anterior o causador dos danos.

(B) o dano não pode decorrer de atividade lícita, pois o empreendedor, ainda que em situação regular quanto ao licenciamento, por exemplo, não tem responsabilidade em caso de dano provocado por sua atividade.

(C) as sanções penais aplicáveis às pessoas jurídicas serão multa e prestação de serviços à comunidade.

(D) o STF reconhece a possibilidade de se processar penalmente a pessoa jurídica, mesmo não havendo ação penal em curso contra pessoa física com relação ao crime ambiental praticado.

(E) a ação penal para o caso de crimes contra o meio ambiente é pública incondicionada, não cabendo a aplicação das disposições do juizado especial criminal para os crimes ambientais caracterizados como de menor potencial ofensivo.

A: incorreta (nos termos da Súmula 623 do STJ: "As obrigações ambientais possuem natureza *propter rem*, sendo admissível cobrá-las do proprietário ou possuidor atual e/ou dos anteriores, à escolha do credor"; trata-se, logo, de responsabilidade solidária); **B**: incorreta, pois a "possibilidade da responsabilidade civil ambiental decorrer de um comportamento revestido de **licitude** resulta da aplicação da teoria objetiva. Por conta disso, a legalidade da atividade que acarreta a lesão ambiental não pode servir de fundamento para afastar a obrigação de ressarcimento" (BORDALO, Rodrigo. Manual completo de direito ambiental, editora Foco, 2019, p. 194). **C**: incorreta (as sanções penais aplicáveis às pessoas jurídicas estão previstas no art. 21 da Lei 9.605/1998 e incluem, além da multa e da prestação de serviços à comunidade, as penas restritivas de direito, como a interdição temporária da atividade exercida); **D**: correta (o entendimento do STF é no sentido da inaplicabilidade da teoria da dupla imputação, nos termos do julgado extraído do RE 548.181; assim, a ação penal pode transcorrer em face apenas da pessoa jurídica); **E**: incorreta (conforme art. 27 da Lei 9.605/98, a ação penal envolvendo os crimes ambientais de menor potencial ofensivo submetem-se à aplicação das disposições do juizado especial criminal). Gabarito "D".

Na propriedade de Roberto, localizada em um município do estado de Santa Catarina, existe um conjunto de cavidades naturais subterrâneas, sobre o qual Roberto pretende construir um empreendimento.

(Juiz de Direito – TJ/SC – 2019 – CESPE/CEBRASPE) De acordo com a Constituição Federal de 1988, a pretensão de Roberto é juridicamente inviável, porque essas cavidades são bens de titularidade

(A) do estado de Santa Catarina.
(B) do município de localização da propriedade.
(C) da União.
(D) comum da União, do estado de Santa Catarina e do município de localização da propriedade.
(E) concorrente da União, do estado de Santa Catarina e do município de localização da propriedade.

Cavidades naturais subterrâneas representam "todo e qualquer espaço subterrâneo acessível pelo ser humano, com ou sem abertura identificada" (MILARÉ, Edis. "Dicionário de Direito Ambiental", p. 173). São popularmente conhecidas como cavernas ou grutas. De acordo com a CF, constituem bens da União (art. 20, X). Gabarito "C".

Os municípios A e B pretendem criar, juntos, uma região metropolitana, com o intuito de compartilhar entre si a gestão de resíduos sólidos e, com isso, ter prioridade na obtenção de incentivos do governo federal previstos na Política Nacional de Resíduos Sólidos.

(Promotor de Justiça/CE – 2020 – CESPE/CEBRASPE) Considerando essa situação hipotética, assinale a opção correta.

(A) Para que seja viável a criação da região metropolitana, os municípios A e B não precisam ser limítrofes, mas devem estar a uma distância máxima de 100 km um do outro.

(B) Se a população do município A for de 10.000 habitantes, esse município deverá ter plano diretor para que seja viável a criação da região metropolitana.

(C) Para que seja viável a criação da região metropolitana, os municípios A e B precisam aprovar a iniciativa, em primeiro lugar, por lei municipal, para que a criação da região metropolitana ocorra, depois, por lei estadual, ante o respeito da autonomia federativa.

(D) Para receber os incentivos da Política Nacional de Resíduos Sólidos, os municípios A e B podem instituir uma microrregião com fundamento em funções públicas de interesse comum com características predominantemente urbanas.

(E) Para receber os incentivos da Política Nacional de Resíduos Sólidos, os municípios A e B podem celebrar consórcio como forma de cooperação para a gestão dos resíduos sólidos.

A: incorreta (a criação de região metropolitana exige que os municípios sejam limítrofes, cf. art. 25, § 3º, CF). **B**: incorreta (exige-se plano diretor para municípios com mais de 20.000 habitante, cf. art. 182, § 2º, da CF; além disso, o plano diretor não é condição para a criação de região metropolitana, embora seja obrigatório para municípios integrantes de regiões metropolitanas, cf. art. 41, inc. II, do Estatuto da Cidade – Lei 10.257/01). **C**: incorreta (a criação de região metropolitana depende de lei complementar estadual, cf. art. 25, § 3º, CF). **D**: incorreta (microrregião é instituída por lei complementar estadual, cf. art. 25, § 3º, CF). **E**: correta (cf. art. 18, § 1º, inc. I, da Lei 12.305/10 – Lei da Política Nacional dos Resíduos Sólidos). Gabarito "E".

(Promotor de Justiça/CE – 2020 – CESPE/CEBRASPE) Considerando que haja interesse do poder público em permitir uma atividade de recuperação de áreas contaminadas dentro da Estação Ecológica do Pecém, unidade de conservação do estado do Ceará localizada nos municípios de São Gonçalo do Amarante e Caucaia, assinale a opção correta.

(A) Eventual licenciamento ambiental deverá ser solicitado ao IBAMA, por se tratar de uma estação ecológica.

(B) A atividade de recuperação de áreas contaminadas está dispensada de licenciamento ambiental, segundo resolução do Conselho Nacional do Meio Ambiente.

(C) A estação ecológica é uma unidade de conservação com o objetivo de preservação da natureza e de visitação pública, de modo que a descontaminação da área possibilitará a cobrança de tarifa dos visitantes.

(D) A estação ecológica é uma espécie de unidade de conservação de proteção integral, sendo exigido licenciamento ambiental para a atividade de recuperação.

(E) A estação ecológica é uma área de preservação permanente, de uso restrito, por isso a atividade de recuperação dispensa licenciamento ambiental.

A: incorreta (considerando que se trata de unidade de conservação do Estado do Ceará, eventual licenciamento deverá ser solicitado ao Estado, e não ao IBAMA, que é uma autarquia federal; é o que estabelece o art. 8º, XV, da LC 140/11). **B:** incorreta (a atividade de recuperação de áreas contaminadas está submetida ao licenciamento ambiental, nos termos da Resolução CONAMA 237/97). **C:** incorreta (o regime da estação ecológica proíbe a visitação pública, exceto se o objetivo for educacional, cf. art. 9º, § 2º, da Lei 9.985/00). **D:** correta (cf. arts. 8º e 9º da Lei 9.985/00). **E:** incorreta (a estação ecológica não é uma das áreas de preservação permanente e sim uma unidade de conservação). RB
Gabarito "D".

(Promotor de Justiça/PR – 2019 – MPE/PR) Nos termos da Lei 9.433/1997 (Política Nacional de Recursos Hídricos), assinale a alternativa *incorreta*:

(A) A utilização racional e integrada dos recursos hídricos, incluindo o transporte aquaviário, com vistas ao desenvolvimento sustentável, é um dos objetivos da Política Nacional de Recursos Hídricos.

(B) A gestão dos recursos hídricos deve sempre proporcionar o uso múltiplo das águas.

(C) A derivação ou captação de parcela da água existente em um corpo de água para consumo final independe de outorga pelo Poder Público.

(D) A água é um recurso natural limitado, dotado de valor econômico.

(E) A articulação da gestão de recursos hídricos com a do uso do solo é uma das diretrizes gerais de ação para implementação da Política Nacional de Recursos Hídricos.

A: correta (cf. art. 2º, inc. II, da Lei 9.433/97). **B:** correta (cf. art. 1º, inc. IV). **C:** incorreta (a derivação ou captação de parcela da água existente em um corpo de água para consumo final depende de outorga pelo Poder Público, cf. art. 12, inc. I). **D:** correta (cf. art. 1º, inc. II). **E:** correta (cf. art. 3º, inc. V). RB
Gabarito "C".

(Promotor de Justiça/PR – 2019 – MPE/PR) Nos termos da Lei 11.428/2006 (Lei da Mata Atlântica), assinale a alternativa *correta:*

(A) O poder público, sem prejuízo das obrigações dos proprietários e posseiros estabelecidas na legislação ambiental, estimulará, com incentivos econômicos, a proteção e o uso sustentável do Bioma Mata Atlântica.

(B) O corte, a supressão e a exploração da vegetação do Bioma Mata Atlântica far-se-ão de maneira diferenciada, conforme se trate de vegetação primária ou secundária, independentemente do estágio de regeneração.

(C) Os novos empreendimentos que impliquem o corte ou a supressão de vegetação do Bioma Mata Atlântica deverão ser implantados obrigatoriamente em áreas já substancialmente alteradas ou degradadas.

(D) A supressão de vegetação primária do Bioma Mata Atlântica, para fins de loteamento ou edificação, nas regiões metropolitanas e áreas urbanas consideradas como tal em lei específica, deve ser autorizada pelo órgão estadual ou municipal competente.

(E) Prática preservacionista é a atividade técnica e cientificamente fundamentada que vise à recuperação da diversidade biológica em áreas de vegetação nativa, por meio da reintrodução de espécies nativas.

A: correta (cf. art. 33, "caput", da Lei 11.428/06-Lei da Mata Atlântica). **B:** incorreta (a intervenção na vegetação do Bioma Mata Atlântica far-se-á de maneira diferenciada, conforme se trate de vegetação primária ou secundária, nesta última levando-se em conta o estágio de regeneração, cf. art. 8º). **C:** incorreta (os novos empreendimentos que impliquem o corte ou a supressão de vegetação do Bioma Mata Atlântica deverão ser implantados *preferencialmente* em áreas já substancialmente alteradas ou degradadas, cf. art. 12). **D:** incorreta (é vedada a supressão de vegetação primária do Bioma Mata Atlântica, para fins de loteamento ou edificação, nas regiões metropolitanas e áreas urbanas consideradas como tal em lei específica, cf. art. 30, "caput"). **E:** incorreta (prática preservacionista é a "atividade técnica e cientificamente fundamentada, imprescindível à proteção da integridade da vegetação nativa, tal como controle de fogo, erosão, espécies exóticas e invasoras", cf. art. 3º, inc. IV; já o enriquecimento ecológico constitui a "atividade técnica e cientificamente fundamentada que vise à recuperação da diversidade biológica em áreas de vegetação nativa, por meio da reintrodução de espécies nativas", cf. art. 3º, inc. VI). RB
Gabarito "A".

(Promotor de Justiça/PR – 2019 – MPE/PR) Em relação às disposições contidas na Lei 10.257/2001 (Estatuto da Cidade), referentes ao usucapião especial de imóvel urbano, assinale a alternativa *incorreta:*

(A) Aquele que possuir como sua área ou edificação urbana de até duzentos e cinquenta metros quadrados, por cinco anos, ininterruptamente e sem oposição, utilizando-a para sua moradia ou de sua família, adquirir-lhe-á o domínio, desde que não seja proprietário de outro imóvel urbano ou rural.

(B) Os núcleos urbanos informais existentes sem oposição há mais de cinco anos e cuja área total dividida pelo número de possuidores seja inferior a duzentos e cinquenta metros quadrados por possuidor são suscetíveis de serem usucapidos coletivamente, desde que os possuidores não sejam proprietários de outro imóvel urbano ou rural.

(C) O autor terá os benefícios da justiça e da assistência judiciária gratuita, inclusive perante o cartório de registro de imóveis.

(D) A associação de moradores da comunidade, mesmo que sem personalidade jurídica, é parte legítima para a propositura da ação, desde que explicitamente autorizada pelos representados.

(E) Na ação de usucapião especial urbana é obrigatória a intervenção do Ministério Público.

A: correta (cf. art. 9º, "caput", da Lei 10.257/01-Estatuto da Cidade). **B:** correta (cf. art. 10, "caput"; trata-se do usucapião especial coletivo). **C:** correta (cf. art. 12, § 2º). **D:** incorreta (a associação de moradores da comunidade deve possuir personalidade jurídica para constituir parte legítima para a propositura da ação, cf. art. 12, inc. III). **E:** correta (cf. art. 12, § 1º). RB
Gabarito "D".

(Juiz de Direito – TJ/RJ – 2019 – VUNESP) Para evitar a poluição por Resíduos Sólidos, é correto afirmar:

(A) cabe ao titular dos serviços públicos de limpeza urbana e de manejo de resíduos sólidos, observado, se houver, o plano municipal de gestão integrada de resíduos sólidos, estabelecer sistema de coleta seletiva.

(B) sem prejuízo das obrigações estabelecidas no plano de gerenciamento de resíduos sólidos, os fabricantes, importadores, distribuidores e comerciantes não têm responsabilidade na divulgação de informações relativas às formas de evitar, reciclar e eliminar os resíduos sólidos associados a seus respectivos produtos.

(C) os comerciantes e distribuidores deverão dar destinação final ambientalmente adequada a produtos e embalagens reunidos ou devolvidos pelos consumidores do sistema de logística reversa.

(D) todos os participantes dos sistemas de logística reversa, sem exceção, manterão atualizadas e disponíveis, ao órgão municipal competente e a outras autoridades, informações completas sobre a realização das ações sob sua responsabilidade.

(E) os fabricantes, importadores, distribuidores e comerciantes de pilhas e baterias são obrigados a estruturar e implementar sistemas de logística reversa, mediante retorno dos produtos após o uso pelo consumidor, no caso de não haver o serviço público de limpeza urbana e de manejo dos resíduos sólidos.

A: correta (art. 36, inc. II, da Lei 12.305/2010-Lei da Política Nacional de Resíduos Sólidos); **B:** incorreta (em razão da responsabilidade compartilhada, os fabricantes, importadores, distribuidores e comerciantes têm responsabilidade na divulgação de informações relativas às formas de evitar, reciclar e eliminar os resíduos sólidos associados a seus respectivos produtos, cf. art. 31, inc. II, da Lei da PNRS); **C:** incorreta (nos termos do art. 33, § 5º, da Lei da PNRS, os comerciantes e distribuidores deverão efetuar a devolução aos fabricantes ou aos importadores dos produtos e embalagens reunidos ou devolvidos pelos consumidores; por sua vez, são os fabricantes e os importadores que devem dar destinação ambientalmente adequada a tais produtos e embalagens, *ex vi* do art. 33, § 6º, da mesma lei); **D:** incorreta (o art. 33, § 8º, da Lei da PNRS estabelece uma exceção: os consumidores); **E:** incorreta (cf. art. 33, "caput", da Lei PNRS, *independente* do serviço público de limpeza urbana e de manejo dos resíduos sólidos, os fabricantes, importadores, distribuidores e comerciantes de pilhas e baterias são obrigados a estruturar e implementar sistemas de logística reversa). Gabarito "A".

(Delegado – PC/BA – 2018 – VUNESP) Quanto às normas de segurança e mecanismos de fiscalização de atividades que envolvem organismos geneticamente modificados – OGM, é correta a seguinte assertiva:

(A) É permitida engenharia genética em célula germinal humana, zigoto humano e embrião humano.

(B) São permitidos a utilização, a comercialização, o registro, o patenteamento e o licenciamento de tecnologias genéticas de restrição do uso.

(C) É proibida a implementação de projeto relativo a OGM sem a manutenção de registro de seu acompanhamento individual.

(D) Derivado de OGM é todo produto obtido de OGM e que possua capacidade autônoma de replicação.

(E) É permitida, para fins de pesquisa e terapia, a utilização de células-tronco embrionárias obtidas de embriões humanos viáveis, produzidos por fertilização in vitro.

A: incorreta, nos moldes do art. 6º, III, da Lei 11.105/2005, "Fica proibido: engenharia genética em célula germinal humana, zigoto humano e embrião humano"; **B:** incorreta, nos termos do art. 6º, VII, da Lei 11.105/2005: "Fica proibido: a utilização, a comercialização, o registro, o patenteamento e o licenciamento de tecnologias genéticas de restrição do uso". **C:** correta, a teor do art. 6º, I, da Lei 11.105/2005; **D:** incorreta, segundo preceitua o art. 3º, VI, da Lei 11.105/2005: derivado de OGM, considera-se o produto obtido de OGM e que não possua capacidade autônoma de replicação ou que não contenha forma viável de OG; **E:** incorreta. É permitida, para fins de pesquisa e terapia, a utilização de células-tronco embrionárias obtidas de embriões humanos produzidos por fertilização *in vitro* e não utilizados no respectivo procedimento, desde que: sejam embriões inviáveis; ou, sejam embriões congelados há 3 (três) anos ou mais, na data da publicação da Lei 11.105/2005, ou que, já congelados na data da publicação da Lei 11.102/2005, depois de completarem 3 (três) anos, contados a partir da data de congelamento (art. 5º, da Lei 11.105/2005). Gabarito "C".

(Procurador do Estado/SP – 2018 – VUNESP) O Estado de São Paulo criou um Parque Estadual por meio de um Decreto-lei, antes da promulgação da Constituição Federal de 1988. Referido Parque possuía todos os atributos desta categoria de Unidade de Conservação previstos na Lei nº 9.985/2000 (lei que instituiu o Sistema Nacional de Unidades de Conservação). O Decreto-lei veio a ser revogado por lei estadual, em 2006, que se limitava a revogar diversos e antigos Decretos-leis paulistas, sendo que tal medida não constou do Plano de Manejo do Parque, não houve consulta pública e tampouco oitiva do Conselho do Parque e do Conselho Estadual do Meio Ambiente (CONSEMA). Diante disso, é correto afirmar que o Parque Estadual

(A) não pode ser considerado desafetado, pois a lei revogadora não é específica, além de não ter tal medida constado do Plano de Manejo, não ter havido consulta pública e tampouco oitiva do Conselho do Parque e do Conselho Estadual do Meio Ambiente (CONSEMA).

(B) não pode ser considerado desafetado, apenas porque a lei revogadora não é específica e porque inexistiu manifestação prévia do CONSEMA, independentemente do cumprimento de outros requisitos.

(C) não pode ser considerado desafetado, apenas porque a lei revogadora não é específica, independentemente do cumprimento de outros requisitos.

(D) pode ser considerado desafetado, pois criado antes da Lei nº 9.985/2000, não incidindo o respectivo regime jurídico protetivo.

(E) pode ser considerado desafetado, pois o ato foi concretizado por lei, independentemente do cumprimento de outros requisitos.

Nos termos do Decreto-lei 60.302/2014, do Estado de São Paulo, art. 13, I e II, "A desafetação de unidade de conservação somente poderá ser feita mediante lei específica, observado, ainda, que: I – a respectiva unidade tenha Plano de Manejo aprovado que recomende tal medida; e, II – haja consulta pública e oitiva do respectivo conselho e do CONSEMA. Desta forma, o parque não pode ser considerado desafetado, pois a lei revogadora não é específica, além de não ter tal medida constado do Plano de Manejo, não ter havido consulta pública e tampouco oitiva do Conselho do Parque e do Conselho Estadual do Meio Ambiente (CONSEMA)". **FM/FC**

Gabarito "A".

(Procurador do Estado/SP – 2018 – VUNESP) A Constituição estadual previu, de forma expressa, a criação por lei de um sistema de administração da qualidade ambiental, o que foi atendido pela Lei Estadual nº 9.509/1997. Sobre os órgãos e entidades integrantes do Sistema Estadual de Administração da Qualidade Ambiental, Proteção, Controle e Desenvolvimento do Meio Ambiente e Uso Adequado dos Recursos Naturais – SEAQUA, é possível afirmar corretamente:

(A) a Fundação para a Conservação e a Produção Florestal do Estado de São Paulo (Fundação Florestal) não é órgão integrante do SEAQUA, sendo apenas órgão central do Sistema Estadual de Florestas – SIEFLOR.

(B) o Conselho Estadual do Meio Ambiente – CONSEMA, criado contemporaneamente ao SEAQUA, é órgão consultivo, normativo e recursal do sistema ambiental paulista, tendo composição paritária entre órgãos e entidades governamentais e não governamentais do Estado, sendo seu presidente indicado pelo Governador dentre os representantes das entidades governamentais.

(C) a CETESB – Companhia Ambiental do Estado de São Paulo, sociedade por ações, tem como atribuição proceder ao licenciamento ambiental, sendo qualificada como órgão executor do SEAQUA.

(D) embora a Polícia Militar, mediante suas unidades especializadas, esteja incumbida da prevenção e repressão das infrações contra o meio ambiente, não integra o sistema de proteção e desenvolvimento do meio ambiente, vinculando-se apenas à estrutura da segurança pública.

(E) o Conselho Estadual do Meio Ambiente – CONSEMA é órgão colegiado, consultivo e central do SEAQUA, não possuindo atribuições normativas, enquanto a Secretaria de Estado do Meio Ambiente é órgão superior e normativo do mesmo sistema.

A: incorreta, nos termos do art. 3º, § 1º, item 1, "a", do Decreto do Estado de São Paulo 57.933/2012; B: incorreta, nos termos do art. 4º, *caput*, da Lei do Estado de São Paulo n. 13.507/09: "O CONSEMA será presidido pelo Secretário do Meio Ambiente ou por seu substituto legal"; C: correta, nos termos do art. 129, II, do Decreto do Estado de São Paulo 57.933/2012; D: incorreta, já que a Polícia Militar de São Paulo é órgão executor do SEAQUA (art. 2º, "c", Decreto 57.933/2012); E: incorreta, conforme preceitua o art. 106, do Decreto do Estado de São Paulo 57.933/2012. **FM/FC**

Gabarito "C".

(Procurador do Estado/SP – 2018 – VUNESP) Espécies exóticas, entendidas como aquelas não originárias de uma determinada área geográfica, podem muitas vezes proliferar sem controle, provocando danos ambientais e econômicos, além de ameaçarem a diversidade biológica. O Estado de São Paulo sofre problemas sensíveis nessa seara, por exemplo, por conta da presença do javali (Sus scrofa), cuja abundância já é identificada e com impactos ambientais e socioeconômicos bem descritos pela literatura.

Tendo em vista essas premissas, sobre espécies exóticas, é correto afirmar:

(A) a Lei nº 5.197/1967 (lei que dispõe sobre a proteção à fauna) admite a inserção de espécies exóticas em território nacional com parecer técnico oficial favorável e licença expedida na forma da lei, salvo para espécies ambientalmente relevantes, inseridas em cadastro do Ministério do Meio Ambiente, cuja inserção imporá apenas a comunicação posterior aos órgãos de controle.

(B) é proibida a introdução nas unidades de conservação de espécies não autóctones, exceto no tocante às Áreas de Proteção Ambiental, Florestas Nacionais, Reservas Extrativistas e Reservas de Desenvolvimento Sustentável, sendo admitidos, ainda, a inserção de animais e plantas necessários à administração e às atividades das demais categorias de unidades de conservação, de acordo com o que se dispuser em regulamento e no Plano de Manejo da unidade.

(C) no Estado de São Paulo, embora se permita e estimule o controle populacional de espécies exóticas invasoras, o abate e o manejo dos animais assim qualificados é vedado, por força de disposição expressa na Constituição Estadual.

(D) atividades de manejo de fauna exótica ou que envolvam introdução de espécies exóticas estão dispensadas do licenciamento ambiental, salvo se flagrante o risco de degradação ambiental.

(E) a introdução de espécime animal exótica no Brasil, sem parecer técnico oficial favorável e licença expedida por autoridade competente pode configurar infração administrativa ambiental, entretanto não se amolda aos tipos penais previstos na Lei no 9.605/1998 (Lei de Crimes Ambientais).

A: incorreta, a teor do art. 4º, da Lei 5.197/2067: "Nenhuma espécie poderá ser introduzida no País, sem parecer técnico oficial favorável e licença expedida na forma da Lei"; B: correta. Vide art. 31, § 1º, da Lei 9.985/2000; C: incorreta (art. 193, X, Constituição Estadual); D: incorreta, nos termos do Anexo I, da Resolução Conama 237/1997, além do controle da União nos termos do art. 7º, XVII, da LC 140/2011; E: incorreta. A teor do art. 31, da Lei 9.605/1998, considera-se crime introduzir espécime animal no País, sem parecer técnico oficial favorável e licença expedida por autoridade competente. **FM/FC**

Gabarito "B".

17. Direito da Criança e do Adolescente

Eduardo Dompieri e Roberta Densa*

1. CONCEITOS BÁSICOS E PRINCÍPIOS

(Juiz de Direito/SP – 2021 – Vunesp) Entre os direitos fundamentais previstos no Estatuto da Criança e do Adolescente, assinale quais se relacionam mais diretamente à importância do papel do núcleo familiar na formação e criação dos filhos menores.

(A) Princípio da responsabilidade parental e da prevalência da família.
(B) Princípio da prevalência da família e princípio da obrigatoriedade da informação.
(C) Princípio da obrigatoriedade da informação e princípio da responsabilidade parental.
(D) Princípio do interesse superior da criança e do adolescente e princípio da intervenção mínima.

O ECA erigiu a convivência familiar ao patamar de direito fundamental. Isso porque considera que crianças e adolescentes, na condição de pessoas em formação, precisam de valores morais e éticos para atingir a fase adulta com uma formação sólida, com a personalidade bem estruturada. Nessa esteira, a Lei Nacional de Adoção (Lei 12.010/2009) estabelece que se deve buscar, em primeiro lugar e com absoluta prioridade, a manutenção da criança ou do adolescente na sua família natural. Diante da imperiosa necessidade de se retirar a pessoa em desenvolvimento de sua família natural, será encaminhada para sua família extensa; não sendo isso possível, para programa de acolhimento familiar ou institucional, ou, ainda, para as modalidades de família substituta (guarda ou tutela). Se, neste ínterim, a família natural não se reestruturar, aí sim, a criança ou adolescente poderá ser encaminhado para adoção – art. 19, caput e § 3º do ECA, cuja redação foi alterada pela Lei 13.257/2016. A adoção, portanto, deve ser vista, no atual contexto, como o último recurso, a última alternativa. Nisso consiste o princípio da prevalência da família, que traduz, como acima já ponderado, a importância da família na formação das crianças e adolescentes. O princípio da responsabilidade parental, por sua vez, refere-se aos poderes/deveres atribuídos aos pais em relação aos filhos, tendo como propósito proporcionar a estes bem-estar material e moral. **ED**
Gabarito "A".

(Promotor de Justiça/CE – 2020 – CESPE/CEBRASPE) De acordo com as disposições do Estatuto da Criança e do Adolescente, a garantia da prioridade absoluta compreende

(A) a corresponsabilidade da família, do Estado e da sociedade em assegurar a efetivação dos direitos fundamentais a crianças e adolescentes.
(B) a primazia de receber proteção e socorro em quaisquer circunstâncias.
(C) a efetivação de direitos especiais em razão da condição peculiar de pessoa em desenvolvimento.
(D) o alcance dos direitos a todas as crianças e adolescentes, sem qualquer distinção.

---

* **ED** Eduardo Dompieri
  RD Roberta Densa

(E) a implementação de políticas públicas de forma descentralizada.

Conforme art. 4º do ECA, é dever da família, da comunidade, da sociedade em geral e do poder público assegurar, com absoluta prioridade, a efetivação dos direitos referentes à vida, à saúde, à alimentação, à educação, ao esporte, ao lazer, à profissionalização, à cultura, à dignidade, ao respeito, à liberdade e à convivência familiar e comunitária. Parágrafo único. A garantia de prioridade compreende: a) primazia de receber proteção e socorro em quaisquer circunstâncias; b) precedência de atendimento nos serviços públicos ou de relevância pública; c) preferência na formulação e na execução das políticas sociais públicas; d) destinação privilegiada de recursos públicos nas áreas relacionadas com a proteção à infância e à juventude. **RD**
Gabarito "B".

(Promotor de Justiça/PR – 2019 – MPE/PR) Entre as garantias de prioridade estabelecidas expressamente pelo Estatuto da Criança e do Adolescente (art. 4º, parágrafo único, da Lei n. 8.069/90), não há previsão de:

(A) Primazia de receber proteção e socorro em quaisquer circunstâncias.
(B) Precedência de atendimento nos serviços públicos ou de relevância pública.
(C) Destinação privilegiada de recursos públicos nas áreas relacionadas com a proteção à infância e à juventude.
(D) Viabilização prioritária de formas alternativas de participação, ocupação e convívio com as demais gerações.
(E) Preferência na formulação e na execução das políticas sociais públicas.

São garantias de prioridade elencadas pelo art. 4º do ECA: a) primazia de receber proteção e socorro em quaisquer circunstâncias; b) precedência de atendimento nos serviços públicos ou de relevância pública; c) preferência na formulação e na execução das políticas sociais públicas; d) destinação privilegiada de recursos públicos nas áreas relacionadas com a proteção à infância e à juventude. **RD**
Gabarito "D".

2. DIREITOS FUNDAMENTAIS

2.1. Direito à vida e à saúde

(Juiz de Direito – TJ/SC – 2024 – FGV) Bárbara tem a sua prisão preventiva decretada em razão da prática de crime de homicídio contra o ex-companheiro, que era genitor da criança Heitor, de 2 anos, filho da detenta. A defesa técnica de Bárbara requer a substituição da prisão preventiva pela domiciliar, alegando que Bárbara é genitora de Heitor e responsável pelos cuidados de seu filho.

Considerando o disposto na Lei nº 13.257/2016 (Marco Legal da Primeira Infância), é correto afirmar que:

(A) a substituição da prisão preventiva pela domiciliar somente é aplicável a gestantes, não se estendendo o benefício a mulheres que já tenham filhos;

(B) o juiz da Infância e da Juventude será competente para a concessão do benefício de substituição da pena, por se tratar de requerimento formulado com fulcro na Lei nº 13.257/2016 (Marco Legal da Primeira Infância);

(C) é requisito legal para a concessão do benefício a realização de estudo, pela equipe técnica do juízo, comprovando a existência de vínculos afetivos entre a detenta e o seu filho;

(D) a prisão domiciliar só será deferida a mulheres com filhos com deficiência e idade inferior a 12 anos;

(E) a substituição de pena requerida não é cabível, pois Bárbara praticou crime com violência ou grave ameaça à pessoa, não fazendo jus à prisão domiciliar.

Quanto ao tema *substituição da prisão preventiva pela domiciliar*, valem alguns esclarecimentos preliminares, dada a relevância do tema e sua recorrência em provas de concursos. A *prisão preventiva* poderá ser substituída pela *prisão domiciliar* nas hipóteses elencadas no art. 318 do CPP, a saber: agente maior de 80 anos (inciso I); agente extremamente debilitado por motivo de doença grave (inciso II); quando o agente for imprescindível aos cuidados de pessoa com menos de 6 (seis) anos ou com deficiência (inciso III); quando se tratar de gestante, pouco importando em que mês da gestação a gravidez se encontre (inciso IV – cuja redação foi alterada pela Lei 13.257/2016); quando se tratar de mulher com filho de até 12 anos de idade incompletos (inciso V – cuja redação foi determinada pela Lei 13.257/2016); homem, caso seja o único responsável pelos cuidados do filho de até 12 anos de idade incompletos (inciso VI – cuja redação foi determinada pela Lei 13.257/2016). A Lei 13.769/2018, que, entre outras alterações, inseriu no CPP o art. 318-A, estabelece a substituição da prisão preventiva por prisão domiciliar da mulher gestante, mãe ou responsável por crianças ou pessoas com deficiência. Como bem sabemos, a 2ª turma do STF, ao julgar o HC coletivo 143.641, assegurou a conversão da prisão preventiva em domiciliar a todas as presas provisórias do país que sejam gestantes, puérperas ou mães de crianças e deficientes sob sua guarda. Perceba, dessa forma, que o legislador, ao inserir o art. 318-A do CPP, nada mais fez do que contemplar, no texto legal, o entendimento consolidado no *habeas corpus* coletivo a que fizemos referência. Também em consonância com o que ficou decidido no julgamento do HC, o legislador impôs dois requisitos: que não tenha sido cometido crime com grave ameaça ou violência contra a pessoa (art. 318-A, I); que não tenha sido cometido contra o filho ou dependente (art. 318-A, II). Por tudo que foi dito, Bárbara, por ter contra si decretada prisão preventiva em razão da prática de crime com violência contra a pessoa (homicídio doloso em face de seu ex-companheiro), não poderá obter a substituição de sua custódia por prisão domiciliar. **ED**
.": Gabarito "E".

(Juiz de Direito – TJ/MS – 2020 – FCC) O acompanhamento domiciliar é previsto expressamente no Estatuto da Criança e do Adolescente

(A) para o atendimento das crianças na faixa etária da primeira infância com suspeita ou confirmação de violência de qualquer natureza, se necessário.

(B) nas hipóteses de desistência dos genitores da entrega de criança após o nascimento, pelo prazo de 180 dias.

(C) para crianças e adolescentes reintegrados à sua família natural ou extensa após a permanência em serviços de acolhimento institucional.

(D) às gestantes que apresentem gravidez de alto risco à saúde e ao desenvolvimento do nascituro.

(E) às crianças detectadas com sinais de risco para o desenvolvimento biopsicossocial por meios dos protocolos padronizados de avaliação.

A: Correta. Conforme previsto no art. 13, § 2º, do Estatuto da Criança e do Adolescente, o acompanhamento domiciliar deverá ser concedido, se necessário, àquelas crianças da primeira infância com suspeita ou confirmação de violência de qualquer natureza, nos seguintes termos: "Os serviços de saúde em suas diferentes portas de entrada, os serviços de assistência social em seu componente especializado, o Centro de Referência Especializado de Assistência Social (Creas) e os demais órgãos do Sistema de Garantia de Direitos da Criança e do Adolescente deverão conferir máxima prioridade ao atendimento das crianças na faixa etária da primeira infância com suspeita ou confirmação de violência de qualquer natureza, formulando projeto terapêutico singular que inclua intervenção em rede e, se necessário, acompanhamento domiciliar". **B:** incorreta. Conforme o art. 19-A, § 8º, "Na hipótese de desistência pelos genitores – manifestada em audiência ou perante a equipe interprofissional – da entrega da criança após o nascimento, a criança será mantida com os genitores, e será determinado pela Justiça da Infância e da Juventude o **acompanhamento familiar** pelo prazo de 180 (cento e oitenta) dias" (grifo nosso). **C:** incorreta. Não há previsão de acompanhamento domiciliar ou familiar nessa hipótese. **D:** incorreta. Os direitos da gestante estão especificados no art. 8º do ECA, sem qualquer menção ao atendimento domiciliar. **E:** incorreta. Conforme art. 11, § 3º, do ECA, "os profissionais que atuam no cuidado diário ou frequente de crianças na primeira infância receberão formação específica e permanente para a detecção de sinais de risco para o desenvolvimento psíquico, bem como para o acompanhamento que se fizer necessário". **RD**
Gabarito "A".

(Juiz de Direito – TJ/RJ – 2019 – VUNESP) Quanto ao direito à saúde e à vida da criança e do adolescente, à luz dos artigos 7º e seguintes do Estatuto da Criança e do Adolescente, é correto afirmar que

(A) a assistência odontológica, com o fito de garantir a saúde bucal de crianças e adolescentes, representa medida de respeito à integridade física da pessoa em desenvolvimento, e, por isso, não se aplica à gestante, que será inserida em programa específico voltado à saúde da mulher.

(B) o descumprimento das obrigações impostas pelo artigo 10 do Estatuto da Criança e do Adolescente configura ilícito de natureza administrativa, nos termos do artigo 228 do mesmo diploma legal.

(C) as gestantes ou mães que manifestem interesse em entregar seus filhos à adoção serão obrigatoriamente encaminhadas à Justiça da Infância e da Juventude.

(D) a obrigação de manter registro das atividades desenvolvidas, através de prontuários individuais, terá seu prazo de dezoito anos reduzido ou dispensado, se as entidades hospitalares fornecerem declaração de nascimento vivo, em que constem necessariamente as intercorrências do parto e do desenvolvimento do neonato.

(E) o fornecimento gratuito de medicamentos, próteses e outros recursos necessários ao tratamento, habilitação ou reabilitação de crianças e adolescentes constitui obrigação do Poder Público e a reserva do possível afasta interferência judicial no desempenho de políticas públicas na área da saúde, em caso de descumprimento.

A: incorreta. A saúde integral da gestante está expressa no art. 8º do ECA, nos seguintes termos: "É assegurado a todas as mulheres o acesso aos programas e às políticas de saúde da mulher e de planejamento reprodutivo e, às gestantes, nutrição adequada, atenção humanizada à gravidez, ao parto e ao puerpério e atendimento pré-natal, perinatal e pós-natal integral no âmbito do Sistema Único de Saúde". **B:** incorreta. Na hipótese de descumprimento das obrigações dispostas no art. 10 do ECA, é cabível a aplicação das sanções penais previstas nos artigos 228 e 229 do mesmo diploma legal. **C:** correta. Na forma do art. 19-A do ECA, não há obrigatoriedade do encaminhamento: "A gestante ou mãe que manifeste interesse em entregar seu filho para adoção, antes ou logo após o nascimento, será encaminhada à Justiça da Infância e da Juventude". **D:** incorreta. A obrigação estabelecida no art. 10, I, é de manter registro das atividades desenvolvidas, através de prontuários individuais, pelo prazo de dezoito anos. Por outro lado, já é obrigação da casa de saúde o fornecimento da declaração de nascido vivo, com todas as intercorrências do parto (art. 10, IV, do ECA). **E:** incorreta. O direito ao cuidado integral à saúde da criança e do adolescente não pode ser afastado com o argumento da reserva do possível. Entende o STF: "a questão da *reserva do possível*: reconhecimento de sua inaplicabilidade, sempre que a invocação dessa cláusula puder comprometer o núcleo básico que qualifica o mínimo existencial (rtj 200/191-197)". Vide ARE 745745 AgR. Rel. Min. Celso de Mello. RD

Gabarito "C".

(Juiz de Direito – TJ/RS – 2018 – VUNESP) No que diz respeito aos dispositivos previstos no Estatuto da Criança e do Adolescente relativos ao período de gestação até o final da amamentação, assinale a alternativa correta.

(A) Em virtude dos efeitos do estado gestacional ou puerperal, é vedado à gestante ou à mãe que manifeste interesse em entregar seu filho para adoção, antes ou logo após o nascimento.

(B) A gestante ou mãe que manifeste interesse em entregar seu filho para adoção, antes ou logo após o nascimento, será encaminhada à Justiça da Infância e da Juventude, sendo que após a formalização do interesse manifestado em audiência ou perante a equipe interprofissional, é vedada a desistência da entrega da criança, pela mãe, após o nascimento.

(C) O poder público, as instituições e os empregadores propiciarão condições adequadas ao aleitamento materno, inclusive aos filhos de mães submetidas a medida privativa de liberdade, à exceção daquelas incluídas em regime disciplinar diferenciado.

(D) Os estabelecimentos de atendimento à saúde, à exceção das unidades neonatais e de terapia intensiva, deverão proporcionar condições para a permanência em tempo integral de um dos pais ou responsável, nos casos de internação de criança ou adolescente.

(E) A gestante e a parturiente têm direito a 1 (um) acompanhante de sua preferência durante o período do pré-natal, do trabalho de parto e do pós-parto imediato.

A: incorreta. O art. 19-A do ECA trata expressamente da possibilidade de a gestante ou a mãe manifestar seu interesse em entregar seu filho para a adoção, devendo, nesse caso, ser encaminhada à Justiça da Infância e Juventude; **B:** incorreta. Nos termos do art. 166, § 1º, o consentimento para a entrega da criança para adoção é feito por meio de pedido formulado diretamente em cartório, sendo **retratável** até a audiência que será designada para a verificação da concordância com a adoção. O mesmo artigo, em seu § 5º, garante aos pais o direito de exercer o **arrependimento** em até 10 (dez) dias contados da data de prolação da sentença de extinção do poder familiar; **C:** incorreta. Nos termos do art. 9º do ECA, "o poder público, as instituições e os empregadores propiciarão condições adequadas ao aleitamento materno, inclusive aos filhos de mães submetidas a medida privativa de liberdade", não

podendo haver qualquer distinção em relação ao regime disciplinar em que a mãe esteja sujeita; **D:** incorreta. Os estabelecimentos de atendimento à saúde, inclusive as unidades neonatais, de terapia intensiva e de cuidados intermediários, deverão proporcionar condições para a permanência em tempo integral de um dos pais ou responsável, nos casos de internação de criança ou adolescente (art. 12 do ECA); **E:** correta. Nos exatos termos do art. 8º, § 6º. RD

Gabarito "E".

2.2. Direito à liberdade, ao respeito e à dignidade

(Juiz de Direito – TJ/AL – 2019 – FCC) Artur, com 8 anos, tem diagnóstico de Transtorno do Espectro Autista (TEA) e está matriculado no ensino fundamental em classe comum de ensino regular, no modelo de educação inclusiva. Insatisfeito com o atendimento que lhe é ofertado Artur, por seu representante legal, pode postular em face do poder público, comprovada a necessidade e porque expressamente previsto em lei federal e seu decreto regulamentador, que

(A) Artur seja atendido em escola especializada na educação de crianças com TEA ou, na sua ausência, em escola especial para pessoas com deficiência.

(B) a escola disponibilize para Artur acompanhante especializado no contexto escolar, apto a lhe oferecer apoio, entre outras, às atividades de comunicação e interação social.

(C) a classe comum onde Artur está matriculado não ultrapasse o limite máximo de vinte alunos.

(D) seja disponibilizado um professor auxiliar para ajudar o professor regente da classe comum de ensino regular onde Artur se encontra matriculado.

(E) a escola elabore e execute um plano individualizado de atendimento a Artur no contexto escolar que contemple simultaneamente suas demandas de natureza pedagógica e terapêutica.

São direitos da pessoa com transtorno do espectro autista, entre outros, o acesso à educação e ao ensino profissionalizante e, casos de comprovada necessidade, a pessoa com transtorno do espectro autista incluída nas classes comuns de ensino regular terá direito a acompanhante especializado (art. 3º, IV, parágrafo único, da Lei 12.764/2012). RD

Gabarito "B".

2.3. Direito à convivência familiar e comunitária

(Juiz de Direito – TJ/SC – 2024 – FGV) Fabrícia e Márcio são brasileiros e residem na cidade de Paris, na França, há quinze anos, realizando viagens ao Brasil ao final de cada ano, para visitar seus parentes no Natal. Após diversas tentativas não exitosas de filiação biológica, o casal decide se habilitar à adoção de criança brasileira, tendo em vista o forte vínculo existente com o Brasil, apesar de possuírem residência habitual na França. O casal protocoliza procedimento de habilitação à adoção na comarca onde residem os seus parentes no Brasil, tendo como objetivo adotar uma criança com até 10 anos de idade, sem comorbidades.

Considerando o disposto na Lei nº 8.069/1990 (ECA), é correto afirmar que a adoção pretendida por Fabrícia e Márcio é:

(A) nacional, pois o casal é brasileiro e viaja frequentemente ao país para as festas de final de ano;
(B) nacional, com preferência em relação a pessoas ou casais estrangeiros, nos casos de adoção de criança brasileira;
(C) internacional, pois o casal, apesar de ser detentor de nacionalidade brasileira, possui residência habitual na França;
(D) nacional, pois o critério definidor da natureza da adoção decorre da nacionalidade da criança pretendida, que é brasileira, no caso narrado;
(E) internacional, com preferência de Fabrícia e Márcio em relação aos adotantes habilitados residentes no Brasil com perfil compatível com a criança ou adolescente, após consulta ao Sistema Nacional de Adoção e Acolhimento (SNA).

A adoção pretendida pelo casal de brasileiros deve obedecer às regras estabelecidas para a adoção internacional (arts. 51 e 52 do ECA), assim entendida aquela *em que o pretendente tem residência habitual em país-parte da Convenção de Haia e deseja adotar criança em outro país-parte da mesma Convenção* (art. 51, *caput*, do ECA, cuja redação foi modificada por força da Lei 13.509/2017). Isso porque o critério empregado é o local de domicílio dos postulantes, e não a nacionalidade destes. Assim, brasileiros residentes no exterior, como é o caso aqui tratado, submetem-se às regras da adoção internacional, embora tenham primazia diante dos estrangeiros. Tratando-se, assim, de adoção internacional, impõe-se seja obedecido ao procedimento previsto no art. 52 do ECA.
Gabarito "C".

(Juiz de Direito – TJ/SC – 2024 – FGV) Em razão de violações de direitos causadas pelos genitores, o juiz da Infância e da Juventude aplica a Samantha, criança de 8 anos, medida protetiva de acolhimento familiar. Após a realização de estudos social e psicológico pela equipe do juízo e do serviço de acolhimento, as referidas equipes técnicas entendem que Samantha deve ser reintegrada a sua tia paterna, que se disponibiliza a exercer a guarda da sobrinha e com quem a criança mantém fortes vínculos afetivos. O magistrado determina a reintegração familiar e concede a guarda provisória de Samantha à tia, além de determinar a inclusão da criança em programa de apadrinhamento afetivo desenvolvido por organização da sociedade civil que presta atendimento a criança e adolescente existente no município.

Considerando o disposto na Lei nº 8.069/1990 (ECA), é correto afirmar que:

(A) é vedado a pessoas jurídicas o apadrinhamento de criança ou adolescente a fim de colaborar para o seu desenvolvimento;
(B) os programas ou serviços de apadrinhamento de crianças e adolescentes somente podem ser executados pelo Poder Judiciário;
(C) a criança não se adequa ao perfil prioritário de inserção em programa de apadrinhamento afetivo, em razão da reintegração à família extensa;
(D) pessoas maiores de 18 anos podem ser padrinhos ou madrinhas, desde que estejam inscritas nos cadastros de adoção e cumpram os requisitos exigidos pelo programa de apadrinhamento de que fazem parte;
(E) a criança e o adolescente que se encontram em serviço de acolhimento familiar não poderão participar de programa de apadrinhamento, em razão da incompatibilidade do apadrinhamento com essa modalidade de acolhimento.

O chamado *programa de apadrinhamento*, inovação introduzida por meio da Lei 13.509/2017, que inseriu no ECA o art. 19-B, consiste em proporcionar à criança e ao adolescente sob acolhimento institucional ou familiar a oportunidade de estabelecer vínculos externos à instituição para fins de convivência familiar e comunitária e colaboração com o seu desenvolvimento sob os aspectos social, moral, físico, cognitivo, educacional e financeiro (§ 1º). Podem figurar como padrinho tanto a pessoa física quanto a jurídica, tal como estabelece o art. 19-B, § 3º, do ECA. Terão prioridade para o apadrinhamento crianças e adolescentes com remota possibilidade de reinserção familiar ou colocação em família adotiva (art. 19-B, § 4º, do ECA). Por conta da reintegração de Samantha à sua família extensa, com a concessão de sua guarda à sua tia, inviável a sua inclusão em programa de apadrinhamento, que somente pode se dar se se tratar de criança ou adolescente sob acolhimento institucional ou familiar.
Gabarito "C".

(Juiz de Direito – TJ/SC – 2024 – FGV) Beatriz e Lauro são habilitados à adoção e iniciam a aproximação com duas crianças destituídas do poder familiar por sentença transitada em julgado que se encontram em acolhimento institucional, Kayla, de 5 anos, e Brayan, de 7 anos. O casal propõe ação de adoção, sendo exitoso o estágio de convivência. Nos estudos técnicos realizados pela equipe do juízo, Beatriz e Lauro reafirmam o desejo de adotar os irmãos, restando comprovado o forte vínculo afetivo estabelecido entre as crianças e os requerentes. O magistrado designa audiência de instrução e julgamento, sendo informado de que Lauro faleceu em razão de um infarto.

Considerando o disposto na Lei nº 8.069/1990 (ECA), é correto afirmar que:

(A) em razão do falecimento do requerente antes de prolatada a sentença, o pedido deverá ser julgado procedente apenas em relação à Beatriz;
(B) a alteração da situação fática decorrente do falecimento de Lauro exigirá a realização de novos estudos técnicos e a renovação da habilitação à adoção requerida por Beatriz;
(C) o falecimento do requerente tem como efeito prático o reinício do estágio de convivência, por expressa previsão legal e pelo prazo de até noventa dias;
(D) o pedido poderá ser julgado procedente em relação a ambos os requerentes, diante da inequívoca manifestação da vontade de Lauro de adotar as crianças;
(E) verifica-se a ocorrência da impossibilidade jurídica do pedido de adoção formulado por requerente que vem a falecer no curso do processo, sendo nula eventual sentença de procedência.

Cuida-se da chamada adoção *post mortem*, que é aquela em que o adotante, tendo manifestado de forma inequívoca sua vontade no sentido de adotar, vem a falecer no curso do processo, desde que ainda não prolatada a sentença – art. 42, § 6º, do ECA. Neste caso, a adoção será deferida.
Gabarito "D".

(Juiz de Direito – TJ/SP – 2023 – VUNESP) A adoção de criança ou adolescente residente no Brasil, realizada por brasileiro residente no exterior, deve

(A) ser considerada mista, dependendo de autorização da Autoridade Central Administrativa Federal – ACAF.
(B) ser considerada adoção nacional, devido à nacionalidade do adotante e residência do adotando em território nacional.
(C) ser considerada adoção internacional se o país de residência do adotante for signatário da Convenção da Haia, e nacional se o país de residência do adotante não for signatário da Convenção da Haia.
(D) ser considerada adoção internacional.

Com previsão legal nos arts. 51 e 52 do ECA, internacional é a adoção em que o pretendente tem residência habitual em país-parte da Convenção de Haia e deseja adotar criança em outro país-parte da mesma Convenção (art. 51, *caput*, do ECA, cuja redação foi modificada por força da Lei 13.509/2017). Assim, temos como consequências extraídas da definição: a) o critério empregado é o *local de domicílio dos postulantes*; b) a adoção realizada por estrangeiros, por si só, não se qualifica como internacional; c) brasileiros residentes no exterior submetem-se às regras da adoção internacional, embora tenham primazia diante dos estrangeiros. É este o caso narrado no enunciado, em que a adoção é realizada por brasileiro residente no exterior; d) estrangeiros residentes no Brasil submetem-se às regras da adoção nacional. No mais, vale fazer referência aos requisitos necessários à efetivação da adoção internacional (art. 51, § 1º, do ECA), a saber: a) que a colocação em família substituta revele ser a solução adequada ao caso concreto: a adoção internacional constitui medida subsidiária. Diante da impossibilidade de se manter a criança ou adolescente na sua família natural (princípio da prevalência da família), será este inserido em família substituta, na forma de guarda, tutela ou adoção, conferindo-se, sempre, primazia àquela constituída por parentes próximos (família extensa). Não sendo isso possível e em face da falta de pretendentes à adoção nacional, recorre-se, em último caso, à adoção internacional; b) que, em se tratando de adolescente, este tenha sido consultado, por meios adequados ao seu estágio de desenvolvimento, e que se encontre preparado para a medida; c) que tenha sido observada a preferência pela adoção por brasileiros residentes no exterior; d) cumprimento do estágio de convivência, que, a teor do art. 46, § 3º, do ECA (com a nova redação que lhe deu a Lei 13.509/2017), é, nas adoções internacionais, obrigatório e terá o prazo mínimo de trinta dias e máximo de 45 dias, devendo ser cumprido em território nacional. Gabarito "D".

(Juiz de Direito/AP – 2022 – FGV) Jennifer dá à luz uma criança do sexo masculino e, após o parto, ela e o seu companheiro informam à assistente social do Hospital das Clínicas que desejam entregar a criança em adoção. Gisele, enfermeira, se oferece para adotar a criança e a leva para a sua casa, com a anuência de Jennifer, do genitor e da família extensa. O caso é noticiado pelo hospital ao Conselho Tutelar e ao Ministério Público, que propõe ação com pedido cautelar de busca e apreensão da criança. O magistrado indefere o pedido, entendendo que é cabível a adoção consensual nessa hipótese.

Considerando o disposto na Lei nº 8.069/1990 (ECA), a decisão está:

(A) correta, pois a entrega da criança a Gisele conta com a anuência dos pais e da família extensa, havendo previsão legal no ECA para a realização da adoção consensual nessa hipótese;
(B) incorreta, pois a criança não se encontra disponível para adoção, sendo necessária a propositura de ação de destituição familiar em face dos pais;
(C) correta, pois o consentimento dos pais afasta a necessidade de consulta de habilitados no Sistema Nacional de Adoção e Acolhimento (SNA);
(D) incorreta, pois a hipótese narrada não se enquadra nas exceções à adoção por pessoa não cadastrada previamente no Sistema Nacional de Adoção e Acolhimento (SNA);
(E) correta, pois o Sistema Nacional de Adoção e Acolhimento (SNA) é cadastro de habilitados à adoção, não havendo obrigatoriedade legal de observância da ordem cronológica para deferimento do pedido de adoção.

Por força do que dispõe o art. 13, § 1º, do ECA, ante a manifestação de interesse da gestante ou mãe no sentido de entregar o filho para adoção, deverá ela ser obrigatoriamente encaminhada, sem constrangimento, à Justiça da Infância e Juventude, onde serão adotadas as providências cabíveis (art. 19-A, ECA). As hipóteses de exceção à adoção por pessoa não cadastrada previamente no Sistema Nacional de Adoção e Acolhimentos estão elencadas no art. 50, § 13, do ECA, entre as quais não está a narrada no enunciado. Conferir: *Somente poderá ser deferida adoção em favor de candidato domiciliado no Brasil não cadastrado previamente nos termos desta Lei quando: I – se tratar de pedido de adoção unilateral; II – for formulada por parente com o qual a criança ou adolescente mantenha vínculos de afinidade e afetividade; III – oriundo o pedido de quem detém a tutela ou guarda legal de criança maior de 3 (três) anos ou adolescente, desde que o lapso de tempo de convivência comprove a fixação de laços de afinidade e afetividade, e não seja constatada a ocorrência de má-fé ou qualquer das situações previstas nos arts. 237 ou 238 desta Lei.* Gabarito "D".

(Juiz de Direito/SP – 2021 – Vunesp) A respeito do instituto da guarda, é correto afirmar que

(A) o detentor da guarda tem o direito de opor-se a terceiros, exceção feita aos pais da criança ou do adolescente.
(B) o deferimento da guarda da criança ou do adolescente a terceiros obsta, em qualquer circunstância, o direito de visita dos pais.
(C) o deferimento da guarda da criança ou do adolescente a terceiros faz cessar o dever alimentar por parte dos genitores.
(D) o detentor da guarda tem o direito de opor-se a terceiros, inclusive aos pais da criança e do adolescente.

A: incorreta, na medida em que, por expressa previsão do art. 33, *caput*, do ECA, a guarda confere ao seu detentor o direito de oposição a terceiros, *inclusive* aos pais; **B:** incorreta. Isso porque o deferimento da guarda da criança ou do adolescente a terceiros não obsta o direito de visita dos pais, salvo se o magistrado, em decisão expressa e fundamentada, decidir de outra forma (art. 33, § 4º, do ECA); **C:** incorreta, já que, segundo estabelece o art. 33, § 4º, do ECA, o deferimento da guarda da criança ou do adolescente a terceiros não elide o dever alimentar por parte dos genitores; **D:** correta, conforme comentário à alternativa "A". Gabarito "D".

(Juiz de Direito/SP – 2021 – Vunesp) A respeito do instituto da adoção, é correto afirmar que

(A) a adoção pode ser feita por meio de procuração, quando os adotantes forem estrangeiros.
(B) será sempre precedida de estágio de convivência.

(C) o adotado só poderá ter acesso ao processo de adoção após completar 18 anos.
(D) os avós do adotando são impedidos de adotar.

A: incorreta. Por força do que dispõe o art. 39, § 2º, do ECA, é vedada a adoção por procuração, ainda que se trate de adotante estrangeiro; B: incorreta, na medida em que o estágio de convivência poderá ser dispensado na hipótese de o adotando já estar sob a guarda legal ou tutela do adotante durante tempo suficiente para se avaliar a conveniência da constituição do vínculo, conforme reza o art. 46, § 1º, do ECA. No que toca a este tema, valem algumas ponderações. A redação anterior do art. 46, "caput", do ECA estabelecia que o estágio de convivência teria o prazo que o juiz fixar, levando-se em conta as peculiaridades de cada caso. Pois bem, com o advento da Lei 13.509/2017, que promoveu diversas modificações no contexto da adoção com o propósito de agilizar o seu processo, adotou-se o prazo máximo de 90 dias. Ou seja, o juiz continua a estabelecer o prazo que entender mais conveniente em face das peculiaridades do caso (inclusive a idade da criança e do adolescente), mas, agora, o prazo fixado não pode ser superior a 90 dias. De ver-se que esse interregno, por força do que dispõe o art. 46, § 2º-A, do ECA, pode ser prorrogado por até igual período, mediante decisão fundamentada do magistrado. No que concerne à *adoção internacional*, o legislador fixava, conforme redação anterior do dispositivo, tão somente um prazo mínimo (30 dias, conforme art. 46, § 3º, do ECA). Atualmente, dada a modificação operada pela Lei 13.509/2017, o prazo mínimo do estágio de convivência, na adoção internacional, continua a ser de 30 dias, mas o legislador fixou um prazo máximo, que corresponde a 45 dias, prorrogável por igual período, uma única vez, mediante decisão fundamentada do juiz de direito; C: incorreta. O art. 48 do ECA, com a redação que lhe deu a Lei 12.010/2009, passa a conferir ao adotado, após completar 18 anos, o direito de conhecer sua origem biológica, bem como o de obter acesso irrestrito ao processo no qual a medida foi aplicada e seus eventuais incidentes. Agora, se ainda não atingiu os 18 anos, o acesso ao processo de adoção poderá, ainda assim, ser deferido ao adotado, a seu pedido, desde que lhe sejam asseguradas orientação e assistência jurídica e psicológica; D: correta. São impedidos de adotar os ascendentes e os irmãos do adotando (art. 42, § 1º, do ECA). Tios, portanto, podem adotar; avós, no entanto, em princípio, não podem. Cuidado: a 4ª Turma do STJ, alinhando-se à 3ª Turma desta Corte de Justiça, decidiu, por unanimidade, que, a despeito da vedação contida no art. 42, § 1º, do ECA, a adoção por avós é possível quando for justificada pelo melhor interesse do menor (REsp 1.587.477).
Gabarito "D".

(Juiz de Direito/GO – 2021 – FCC) A habilitação de pretendentes à adoção, segundo regra do Estatuto da Criança e do Adolescente,

(A) resulta na inclusão dos habilitados em cadastros gerenciados por técnicos responsáveis pela política municipal de garantia do direito à convivência familiar.
(B) inicia-se com a fase de inclusão no cadastro, seguida da etapa de aproximação e preparação para o estágio de convivência.
(C) faz-se por meio de processo judicial que deverá ser concluído no prazo máximo de 120 dias, prorrogável por igual período.
(D) deverá ser renovada, mediante avaliação por equipe interprofissional, no mínimo bienalmente ou sempre que houver recusa de criança indicada.
(E) é dispensada em relação ao pretendente localizado por meio de busca ativa para adoção de adolescentes ou crianças maiores.

A: incorreta, pois contraria o disposto no art. 50, § 9º, do ECA, que estabelece que *compete à Autoridade Central Estadual zelar pela manutenção e correta alimentação dos cadastros, com posterior comunicação à Autoridade Central Federal brasileira*; B: incorreta, tendo em vista o que estabelece o art. 197-A do ECA; C: correta, pois em conformidade com o que estabelece o art. 197-F do ECA, introduzido pela Lei 13.509/2017; D: incorreta, em face do que dispõe o art. 197-E, § 2º, do ECA, cuja redação foi alterada pela Lei 13.509/2017; E: incorreta. Trata-se de previsão não contida em lei.
Gabarito "C".

(Juiz de Direito/GO – 2021 – FCC) Célia deu à luz Pedro em estabelecimento de atenção à saúde da gestante, de modo que, segundo dispõe expressamente o Estatuto da Criança e do Adolescente,

(A) devem ser aplicados protocolos para rastreamento e diagnóstico de eventual depressão pós-parto em Célia, e, em caso de confirmação, com notificação compulsória à rede de proteção à criança do território da família.
(B) cometerá crime, ainda que de forma culposa, o dirigente do estabelecimento se deixar de fornecer a Célia, por ocasião da alta médica, declaração de nascimento onde constem as intercorrências do parto e do desenvolvimento de Pedro.
(C) na ausência de pais ou responsável legal, caso Célia seja adolescente, a liberação da alta hospitalar na companhia de Pedro está condicionada a prévia autorização judicial ou do Conselho Tutelar.
(D) incidirão em infração administrativa o enfermeiro ou dirigente de estabelecimento caso deixem de identificar corretamente Pedro por ocasião do parto mediante o registro de sua impressão plantar.
(E) se Célia manifestar interesse em entregar Pedro para adoção, deve o estabelecimento, ouvido o pai indicado, comunicar o fato, imediatamente, ao Ministério Público e aguardar determinação quanto ao destino da criança.

A: incorreta. Trata-se de previsão não contemplada no ECA; B: correta, uma vez que configura o crime capitulado no art. 228 do ECA: *Deixar o encarregado de serviço ou o dirigente de estabelecimento de atenção à saúde de gestante de manter registro das atividades desenvolvidas, na forma e prazo referidos no art. 10 desta Lei, bem como de fornecer à parturiente ou a seu responsável, por ocasião da alta médica, declaração de nascimento, onde constem as intercorrências do parto e do desenvolvimento do neonato*; C: incorreta: exigência não contida no ECA; D: incorreta, na medida em que a conduta descrita corresponde ao crime do art. 229 do ECA. Não se trata, pois, de infração administrativa; E: incorreta, uma vez que não reflete o disposto no art. 13, § 1º, do ECA, segundo o qual *as gestantes ou mães que manifestem interesse em entregar seus filhos para adoção serão obrigatoriamente encaminhadas, sem constrangimento, à Justiça da Infância e da Juventude*.
Gabarito "B".

(Juiz de Direito – TJ/MS – 2020 – FCC) Maria, não desejando ficar com seu filho João, que não tem pai registral, entrega-o a um casal de amigos, Marta e Vicente, os quais desejam adotá-lo. Segundo previsão expressa de lei,

(A) Maria, Marta e Vicente, estando de acordo, poderão requerer ao Cartório de Registro Civil o reconhecimento de Marta e Vicente como pais socioafetivos de João, com prejuízo da filiação registral originária.

(B) Marta e Vicente não poderão adotar João, exceto se já tiverem sido previamente habilitados a adotar e incluídos no cadastro de adoção.
(C) Maria pode perder, por decisão judicial, o poder familiar sobre o filho por tê-lo entregue de forma irregular a terceiros para fins de adoção.
(D) Marta e Vicente, ainda que não habilitados, têm prioridade para a adoção da criança porque foram indicados pela própria genitora de João como adotantes de sua preferência.
(E) sendo do interesse de João, sua adoção pode ser concedida a Marta e Vicente, os quais sujeitam-se, em tese, às penas do crime de burla de cadastro adotivo.

A: incorreta. A adoção à brasileira é expressamente proibida no direito brasileiro, conforme art. 242 do Código Penal: "'Dar parto alheio como próprio; registrar como seu o filho de outrem; ocultar recém-nascido ou substituí-lo, suprimindo ou alterando direito inerente ao estado civil". B: incorreta. Mesmo que Marta e João estivessem habilitados e na fila de adoção, não seria possível adotar João, posto que o Cadastro Nacional de Adoção (fila de adoção), estabelecido no art. 50 do ECA, deve ser sempre observado. Assim, João deveria ser entregue ao primeiro que aguarda na fila de cadastro. C: correta. De acordo com o art. 1.638, inciso V, do Código Civil, perderá por ato judicial o poder familiar o pai ou a mãe que entregar de forma irregular o filho a terceiros para fins de adoção. D: incorreta. Vide justificativas das alternativas "a" e "b". E: incorreta. A decisão sobre a pessoa a ser escolhida para receber a criança ou adolescente em adoção é da autoridade judicial, sempre observando os critérios legais. A criança e o adolescente podem ser ouvidos quanto à medida e o adolescente deve consentir com a colocação em família substituta, mas não são os infantes quem escolhem. Ademais, incorreriam Marta e Vicente no já mencionado crime do art. 242 do Código Penal. RD
Gabarito "C".

(Juiz de Direito – TJ/SC – 2019 – CESPE/CEBRASPE) A respeito de aspectos processuais da justiça da infância e da juventude, assinale a opção correta à luz das disposições do ECA e do entendimento do STJ.
(A) O juiz, caso entenda indispensável estudo psicossocial para a formação de sua convicção, poderá determinar a intervenção de equipe interprofissional no procedimento de habilitação de pretendentes à adoção.
(B) Decretar liminarmente o afastamento provisório de dirigente de entidade de atendimento de infantes sem a oitiva prévia é vedado ao juiz.
(C) Durante o curso da ação de destituição de poder familiar, é possível a modificação da competência em razão da alteração do domicílio dos menores, o que relativiza a regra da *perpetuatio jurisdictionis*, que impõe a estabilização da competência.
(D) No procedimento para aplicação de medida socioeducativa, havendo a confissão do adolescente, o juiz poderá homologar a desistência de produção de demais provas requeridas pelo MP ou pela defesa técnica.
(E) No caso de procedimentos previstos no ECA, o MP detém a prerrogativa processual de contagem em dobro dos prazos recursais.

A: incorreta. Nos termos do art. 197-C, *caput*, do ECA, a intervenção de equipe interdisciplinar é mandatória: "*Intervirá no feito, obrigatoriamente, equipe interprofissional a serviço da Justiça da Infância e da Juventude, que deverá elaborar estudo psicossocial, que conterá subsídios que permitam aferir a capacidade e o preparo dos postulantes para o exercício de uma paternidade ou maternidade responsável, à luz dos requisitos e princípios desta Lei*". B: incorreta. Nos termos do art. 191, parágrafo único, do ECA, "*Havendo motivo grave, poderá a autoridade judiciária, ouvido o Ministério Público, decretar liminarmente o afastamento provisório do dirigente da entidade, mediante decisão fundamentada*". C: correta. Conforme a Súmula 383, do STJ, "A competência para processar e julgar as ações conexas de interesse de menor é, em princípio, do foro do domicílio do detentor de sua guarda". A regra favorece a aplicação da proteção integral do menor que também justifica a relativização da regra da *perpetuatio jurisdictionis*. Sobre o assunto veja: STJ. CC 147.057/SP, rel. Min. Moura Ribeiro, j. 07.12.2016. D: incorreta. A desistência de outras provas diante da confissão do adolescente é considerada nula (Súmula 342 do STJ). E: incorreta. Os prazos estabelecidos no ECA são contados em dias corridos, excluído o dia do começo e incluído o do vencimento, sendo vedado o prazo em dobro para a Fazenda Pública e para o Ministério Público (art. 152, § 2°, do ECA). ED
Gabarito "C".

(Juiz de Direito – TJ/BA – 2019 – CESPE/CEBRASPE) A respeito da colocação de criança ou adolescente em família substituta, procedimento previsto no ECA, assinale a opção correta.
(A) Para decidir sobre a concessão de guarda provisória ou sobre o estágio de convivência, a autoridade judiciária deverá determinar a realização de estudo social ou, se possível, de perícia por equipe interprofissional.
(B) Nas hipóteses em que a perda ou a suspensão do poder familiar constituir pressuposto lógico da medida principal de colocação em família substituta, o interessado será cientificado do processo, porém não poderá apresentar defesa, devendo ajuizar demanda específica e adequada para buscar a sua pretensão.
(C) Na hipótese de os pais concordarem com o pedido de colocação da criança em família substituta, será dispensada a assistência por advogado ou defensor público nos procedimentos judiciais, desde que o aceite seja registrado em cartório.
(D) O consentimento dos titulares do poder familiar para a colocação da criança em família substituta é retratável até a data de publicação da sentença constitutiva da adoção.
(E) Em situações excepcionais nas quais se verifiquem reais benefícios à criança, é possível que o consentimento dos pais biológicos quanto à colocação da criança em família substituta seja dado antes do nascimento do infante.

A: correta. Dentre as regras sobre o procedimento para colocação em família substituta, reza o art. 167 do ECA: "a autoridade judiciária, de ofício ou a requerimento das partes ou do Ministério Público, determinará a realização de estudo social ou, se possível, perícia por equipe interprofissional, decidindo sobre a concessão de guarda provisória, bem como, no caso de adoção, sobre o estágio de convivência". B: incorreta. O procedimento para perda ou suspensão do poder familiar sempre obedecerá ao contraditório e ampla defesa. Nos termos do art. 158 do ECA, "o requerido será citado para, no prazo de dez dias, oferecer resposta escrita, indicando as provas a serem produzidas e oferecendo desde logo o rol de testemunhas e documentos". C: incorreta. Na hipótese de concordância dos pais, o juiz deverá, na presença do Ministério Público, ouvir as partes, devidamente assistidas por advogado ou defensor público, para verificar sua concordância com a adoção (art. 166, § 1°, I, do ECA). D: incorreta. Nos termos do art. 166, § 5°, o consentimento dos titulares do poder familiar para colocação da criança em família substituta pode ocorrer até a data da realização da audiência que tem por finalidade colher a oitiva dos pais. Após a audiência, os pais podem exercer o arrependimento no prazo de 10 (dez) dias, contado da data de prolação da sentença de extinção do poder familiar. **E:** incorreta. Ainda que haja consentimento dos pais para entrega da criança (art. 166, § 1º, do ECA), este somente pode se dar após o nascimento (art. 19-A, § 5º, do ECA). ED

Gabarito "A".

(Juiz de Direito – TJ/BA – 2019 – CESPE/CEBRASPE) Com referência a adoção, guarda, medidas pertinentes aos pais ou responsáveis e direitos fundamentais da criança e do adolescente, julgue os itens a seguir.

I. A princípio, para a constatação da adoção à brasileira, o estudo psicossocial da criança, do pai registral e da mãe biológica não se mostra imprescindível.

II. A omissão na lei previdenciária impede que os infantes recebam pensão por morte do guardião, uma vez que, pelo critério da especialidade, não basta a norma prevista no ECA que declara a condição de dependente de crianças e adolescentes, porque ela se afigura como meramente programática.

III. O descumprimento da obrigação de prestação material do pai que dispõe de recursos ao filho gera a responsabilização do genitor e o seu dever de pagamento de indenização por danos morais.

IV. Diante da efetiva comprovação de hipossuficiência financeira do genitor, o juiz deverá deixar de aplicar multa por descumprimento dos deveres inerentes ao poder familiar, tendo em vista o seu caráter exclusivamente preventivo e pedagógico.

Estão certos apenas os itens

(A) I e III.
(B) I e IV.
(C) II e IV.
(D) I, II e III.
(E) II, III e IV.

I: correta. A adoção à brasileira é proibida pelo ordenamento jurídico brasileiro e se configura quando alguém declara como seu filho de outrem (art. 242 do Código Penal). Para a configuração da adoção à brasileira e consequente perda do poder familiar não se faz necessário estudo psicossocial da criança, bastando a comprovação biológica da paternidade. Nesse sentido, em caso que julgou ação de destituição de poder familiar em razão de indícios da prática de adoção à brasileira, já julgou o STJ: (...) Para constatação da "adoção à brasileira", em princípio, o estudo psicossocial da criança, do pai registral e da mãe biológica não se mostra imprescindível. Contudo, como o reconhecimento de sua ocorrência ("adoção à brasileira") foi fator preponderante para a destituição do poder familiar, à época em que a entrega de forma irregular do filho para fins de adoção não era hipótese legal de destituição do poder familiar, a realização da perícia se mostra imprescindível para aferição da presença de causa para a excepcional medida de destituição e para constatação de existência de uma situação de risco para a infante, caracterizando cerceamento de defesa o seu indeferimento na origem". (REsp 1674207/PR, Rel. Min. Moura Ribeiro, 3ª turma, DJe 24/04/2018); **II:** incorreta. Em sede de IRDR, o STJ fixou a seguinte tese: "o menor sob guarda tem direito à concessão do benefício de pensão por morte do seu mantenedor, comprovada sua dependência econômica, nos termos do art. 33, § 3º, do Estatuto da Criança e do Adolescente, (...) Funda-se essa conclusão na qualidade de lei especial do Estatuto da Criança e do Adolescente (8.069/90), frente à legislação previdenciária". (Tema 732/STJ); **III:** correta. Nesse sentido, já entendeu o STJ: "**1.** O descumprimento da obrigação pelo pai, que, apesar de dispor de recursos, deixa de prestar assistência material ao filho, não

proporcionando a este condições dignas de sobrevivência e causando danos à sua integridade física, moral, intelectual e psicológica, configura ilícito civil, nos termos do art. 186 do Código Civil de 2002. **2.** Estabelecida a correlação entre a omissão voluntária e injustificada do pai quanto ao amparo material e os danos morais ao filho dali decorrentes, é possível a condenação ao pagamento de reparação por danos morais, com fulcro também no princípio constitucional da dignidade da pessoa humana. (REsp 1087561/RS, Rel. Min. Raul Araújo, 4ª Turma, DJe 18/08/2017); **IV:** incorreta. A sanção pecuniária pelo descumprimento dos deveres relativos ao exercício do poder familiar (art. 129 do ECA) está expressamente prevista no art. 249 do ECA. Sobre o tema, já decidiu o STJ que "a hipossuficiência financeira ou a vulnerabilidade familiar não é suficiente para afastar a multa pecuniária prevista no art. 249 do ECA". (REsp 1.658.508-RJ, Rel. Min. Nancy Andrighi, DJe 26/10/2018). ED

Gabarito "A".

(Juiz de Direito – TJ/RJ – 2019 – VUNESP) Quanto às diretrizes sobre a guarda, forma de colocação em família substituta, de acordo com os artigos 28 e seguintes do Estatuto da Criança e do Adolescente (Lei 8.069, de 13 de julho de 1990), é correto afirmar que

(A) a inclusão de crianças e adolescentes em programas de acolhimento, como forma de guarda, tem caráter temporário e excepcional, mas não prefere o acolhimento institucional.

(B) a guarda poderá ser revogada a qualquer tempo, mediante ato judicial fundamentado, ouvido o Ministério Público, porque destinada à regularização da posse de fato.

(C) a guarda obriga a prestação de assistência material, moral e educacional à criança ou adolescente, conferindo aos seus pais o direito de opor-se aos seus detentores e terceiros.

(D) a guarda confere à criança ou adolescente a condição de segurado, dos quais seus detentores poderão ser dependentes, se houver requerimento de benefício previdenciário, com expresso consentimento de seus pais.

(E) o maior de doze anos deverá comparecer, obrigatoriamente, em audiência judicial, mas por não se tratar de adoção, seu consentimento à guarda será avaliado de acordo com o laudo técnico apresentado pela equipe técnica judicial e as provas reunidas em instrução.

A: Incorreta. Nos termos do § 1º do art. 34 do ECA, "A inclusão da criança ou adolescente em programas de acolhimento familiar terá preferência a seu acolhimento institucional, observado, em qualquer caso, o caráter temporário e excepcional da medida". **B:** Correta. A guarda destina-se à regularização da posse de fato da criança ou adolescente (art. 33, § 1º, do ECA) e pode ser alterada a qualquer tempo, sendo ouvido o Ministério Público previamente (art. 35 do ECA). **C:** Incorreta. A guarda obriga a prestação de assistência material, moral e educacional à criança ou adolescente, conferindo a seu detentor o direito de opor-se a terceiros, inclusive aos pais (art. 33, *caput*, do ECA). **D:** Incorreta. A guarda confere à criança ou adolescente a condição de dependente, para todos os fins e efeitos de direito, inclusive previdenciários (art. 33, § 3º, do ECA). **E:** Incorreta. Na colocação de família substituta, a criança e o adolescente serão ouvidos por equipe interprofissional e terão a sua opinião devidamente considerada. No entanto, em relação ao adolescente, será necessário o seu consentimento colhido em audiência (art. 28, §§ 1º e 2º do ECA). RD

Gabarito "B".

(Promotor de Justiça/PR – 2019 – MPE/PR) Nos termos do Estatuto da Criança e do Adolescente (Lei n. 8.069/90), assinale a alternativa correta:

(A) A autoridade judiciária manterá, em cada comarca ou foro regional, um registro de crianças e adolescentes em condições de serem adotados e outro de pessoas interessadas na adoção.
(B) O vínculo da adoção constitui-se por inscrição no registro civil.
(C) A desistência do pretendente em relação à guarda para fins de adoção ou a devolução da criança ou do adolescente depois do trânsito em julgado da sentença de adoção importará na sua exclusão dos cadastros de adoção e na vedação de renovação da habilitação, de forma irreversível.
(D) A adoção deve ser deferida quando representar vantagens para o adotando, sendo despiciendo aquilatar-se a existência de motivos legítimos.
(E) Em observância ao princípio da proteção integral, a preferência das pessoas cronologicamente cadastradas para adotar determinada criança é absoluta.

A: Correta. Trata-se do cadastro nacional de adoção, conforme art. 50 do ECA. **B:** Incorreta. De acordo com o art. 47 do ECA, o vínculo da adoção constitui-se por sentença judicial, que será inscrita no registro civil mediante mandado do qual não se fornecerá certidão. **C:** Incorreta. Conforme art. 197-E, § 5º, "a desistência do pretendente em relação à guarda para fins de adoção ou a devolução da criança ou do adolescente depois do trânsito em julgado da sentença de adoção importará na sua exclusão dos cadastros de adoção e na vedação de renovação da habilitação, salvo decisão judicial fundamentada, sem prejuízo das demais sanções previstas na legislação vigente". **D:** Incorreta. De acordo com o art. 43 do ECA "a adoção será deferida quando apresentar reais vantagens para o adotando e fundar-se em motivos legítimos". **E:** Incorreta. O art. 50, § 12, do ECA termina ao MP a função de fiscalização relativa à alimentação do cadastro e a convocação criteriosa dos postulantes à adoção serão fiscalizadas pelo Ministério Público. Convocação criteriosa não se deve entender como absoluta, devendo, em função do princípio do melhor interesse e da proteção integral, entregar a criança para adoção ao candidato que melhor se adapta ao perfil do adotado. Ademais, o art. 50, § 15, assegura a "prioridade no cadastro a pessoas interessadas em adotar criança ou adolescente com deficiência, com doença crônica ou com necessidades específicas de saúde, além de grupo de irmãos". Vale notar que a respeito do tema, o STJ, já entendeu que a observância do cadastro de adotantes, vale dizer, a preferência das pessoas cronologicamente cadastradas para adotar determinada criança não é absoluta (vide REsp. 1172067, Rel. Min. Massami Uyeda, 18/03/2010). Gabarito "A".

(Promotor de Justiça/SP – 2019 – MPE/SP) Assinale a alternativa correta.

(A) A simples guarda de fato não autoriza, por si só, a dispensa da realização do estágio de convivência, que será de 45 dias, excepcionalmente prorrogado por igual período.
(B) A condenação criminal de pai ou mãe, por si só, não implicará em destituição do poder familiar, senão por qualquer crime doloso.
(C) O cadastro de adotantes não admite exceções de prioridade, senão para adoções de irmãos.
(D) A adolescente em acolhimento institucional terá garantida a convivência integral com seu filho, inclusive com acompanhamento multidisciplinar.
(E) A família extensa ou ampliada vai além da unidade formada pelos pais e seus filhos, podendo incluir parentes próximos sem vínculo de afinidade.

A: Incorreta. De acordo com o art. 46 do ECA, a adoção deve ser precedida de estágio de convivência com a criança ou adolescente pelo prazo máximo de 90 dias, podendo ser prorrogado por até igual período, mediante decisão fundamentada da autoridade judiciária. Vale notar que o § 1º do mesmo dispositivo autoriza a dispensa do estágio de convivência, quando o adotando já está sob tutela ou guarda legal do adotante. **B:** Incorreta. De fato, de acordo com o art. 23, § 2º, do ECA, a condenação criminal do pai ou da mãe não implicará na destituição do poder familiar. Porém, o crime doloso sujeito a reclusão cometido exclusivamente contra o titular do mesmo poder familiar, filho ou outro descendente pode acarretar destituição do poder familiar. **C:** Incorreta. De acordo com o art. 50, § 15, do ECA também é assegurada a prioridade no cadastro de adoção para criança ou adolescente com deficiência física, doença crônica ou com necessidades físicas, além dos irmãos. **D:** Correta. Conforme art. 19, §§ 5º e 6º do ECA. **E:** Incorreta. De acordo com o parágrafo único do art. 25 do ECA, a família extensa é formada por parentes com os quais a criança ou adolescente convive e mantém vínculos de afinidade e afetividade. Gabarito "D".

2.4. Direito à educação, à cultura, ao esporte e ao lazer

(Juiz de Direito/AP – 2022 – FGV) Stephany, criança de 9 anos, aparece na escola com hematomas pelo corpo e corrimento vaginal e revela para sua professora do ensino fundamental, Carolina, que sofreu abuso sexual praticado pelo seu padrasto, Ernesto. Após conversar com a mãe e o padrasto, que desmentem a criança, Carolina relata os fatos à diretora da escola, Margarida, que se abstém de noticiar a violação de direitos ao órgão com atribuição.

Considerando o disposto na Lei nº 8.069/1990 (ECA), é correto afirmar que a diretora:

(A) praticou crime previsto no ECA e deveria ter noticiado o fato ao juiz da Infância e Juventude, conforme previsão legal;
(B) praticou infração administrativa prevista no ECA e deveria ter noticiado o fato ao Conselho Tutelar, conforme previsão legal;
(C) praticou crime previsto no ECA e deveria ter noticiado o fato ao promotor de justiça, conforme previsão legal;
(D) praticou infração administrativa prevista no ECA e deveria ter noticiado o fato ao Conselho Municipal de Direitos da Criança e do Adolescente, conforme previsão legal;
(E) não praticou crime ou infração administrativa previstos no ECA, na medida em que, após a apuração dos fatos, não restou comprovado o abuso.

No caso narrado no enunciado, Margarida, na qualidade de diretora da escola e, portanto, responsável pelo estabelecimento de ensino no qual estuda Stephany, em face da forte suspeita de abuso por esta sofrido pelo seu padrasto (revelação feita pela criança, hematomas pelo corpo e corrimento vaginal), deveria levar o fato ao conhecimento do Conselho Tutelar, nos termos do art. 56, I, do ECA. Diante da sua omissão, visto que deixou de comunicar o fato que chegou ao seu conhecimento ao Conselho Tutelar, Margarida deverá ser responsabilizada pela infração administrativa definida no art. 245 do ECA, pelo que ficará sujeita à pena de multa de três a vinte salários de referência, que será aplicada em dobro em caso de reincidência: *deixar o médico, professor ou respon-*

sável por estabelecimento de atenção à saúde e de ensino fundamental, pré-escola ou creche, de comunicar à autoridade competente os casos de que tenha conhecimento, envolvendo suspeita ou confirmação de maus-tratos contra criança ou adolescente.

Gabarito "B".

(Juiz de Direito/GO – 2021 – FCC) No âmbito da proteção da população infanto-juvenil, considerando os termos expressos da normativa vigente, os conceitos de risco e vulnerabilidade, em suas diferentes modalidades, ganham relevância na medida em que

(A) a Lei do Sinase estabelece que o Plano Individual de Atendimento deverá prever atividades de integração social e medidas de redução da vulnerabilidade social do adolescente.

(B) o enfoque mais voltado à prevenção do risco social do que do risco pessoal é o que difere, segundo a Tipificação Nacional dos Serviços Socioassistenciais, os serviços de proteção social básica dos serviços de proteção social especial.

(C) a Lei Orgânica da Assistência Social dispõe que, na organização dos serviços da assistência social, serão criados programas de amparo às crianças e adolescentes em situação de risco pessoal e social.

(D) a situação de risco é utilizada no texto do Estatuto da Criança e do Adolescente como critério para fixação da competência da Justiça da Infância e Juventude em alguns casos.

(E) a Lei de Diretrizes e Bases da Educação Nacional estabelece a vulnerabilidade social como critério, entre outros, para inclusão em creche enquanto não alcançada a universalização do acesso.

A: incorreta, tendo em vista o que dispõe o art. 54 da Lei 12.594/2012 (Sinase); **B:** incorreta. Trata-se de previsão não contida na legislação pertinente; **C:** correta, uma vez que reflete o disposto no art. 23, § 2º, I, da Lei 8.742/1993 (Lei Orgânica da Assistência Social); **D:** incorreta (art. 147, ECA); **E:** incorreta. Previsão não contina em lei.

Gabarito "C".

(Juiz de Direito – TJ/SC – 2019 – CESPE/CEBRASPE) Com relação ao direito fundamental das crianças à educação, julgue os itens a seguir à luz do Estatuto da Criança e do Adolescente (ECA) e do entendimento dos tribunais superiores.

I. Direito social fundamental, a educação infantil constitui norma de natureza constitucional programática que orienta os gestores públicos dos entes federativos.

II. Em se tratando de questões que envolvam a educação infantil, poderá o juiz, ao julgá-las, sensibilizar-se diante da limitação da reserva do possível do Estado, especialmente da previsão orçamentária e da disponibilidade financeira.

III. O Poder Judiciário não pode impor à administração pública o fornecimento de vaga em creche para menor, sob pena de contaminação da separação das funções do Estado moderno.

Assinale a opção correta.

(A) Nenhum item está certo.
(B) Apenas o item I está certo.
(C) Apenas o item II está certo.
(D) Apenas os itens I e III estão certos.
(E) Apenas os itens II e III estão certos.

I: incorreta. O direito fundamental à educação está expressamente previsto no art. 208 e seguintes da Constituição Federal e não tem natureza programática (aplicação imediata nos termos do art. 5º, § 1º, da CF). **II:** incorreta. Sendo norma de aplicação imediata, não há que se falar em reserva do possível, devendo o poder público oferecer educação desde o nascimento da criança até o ensino médio. Nesse sentido, já entendeu o STF: "(...) o papel do poder judiciário na implementação de políticas públicas previstas na constituição e não efetivadas pelo poder público a fórmula da reserva do possível na perspectiva da teoria dos custos dos direitos: impossibilidade de sua invocação para legitimar o injusto inadimplemento de deveres estatais de prestação constitucionalmente impostos ao poder público. (CPC, art. 85, § 11)". (RE 1.101.106). Veja também: Recurso Extraordinário. Criança de até cinco anos de idade. Atendimento em creche. Educação infantil. Direito assegurado pelo próprio texto constitucional (CF, art. 208, IV, na redação dada pela EC 53/2006). Compreensão global do direito constitucional à educação – dever jurídico cuja execução se impõe ao poder público (CF, art. 211, § 2º)". (RE 1101106). **III:** incorreta. Tendo em vista o direito à educação ser norma de eficácia imediata, pode o Poder Judiciário impor à administração pública o dever de matricular o infante na rede pública de ensino. Ademais, é possível a atuação do Poder Judiciário na garantia de direitos sociais, não havendo violação a separação dos poderes (ADPF 45). Vide também comentários anteriores.

Gabarito "A".

(Promotor de Justiça/PR – 2019 – MPE/PR) Nos termos do que expressamente estabelece a Lei n. 8.069/90 (Estatuto da Criança e do Adolescente), assinale a alternativa incorreta:

(A) É direito dos pais ou responsáveis ter ciência do processo pedagógico, bem como participar da definição das propostas educacionais.

(B) É dever do Estado assegurar atendimento em creche e pré-escola às crianças de zero a cinco anos de idade.

(C) É assegurado às crianças e aos adolescentes o direito de contestar critérios avaliativos, podendo recorrer às instâncias escolares superiores.

(D) No processo educacional respeitar-se-ão os valores culturais, artísticos e históricos próprios do contexto social da criança e do adolescente, garantindo-se a estes a liberdade da criação e o acesso às fontes de cultura.

(E) Entende-se por trabalho educativo a atividade laboral em que prevaleçam as exigências pedagógicas relativas ao desenvolvimento profissional e produtivo do educando.

A: Correta. Conforme disposto no parágrafo único do art. 53 do ECA. **B:** Correta. Conforme disposto no art. 54, IV, do ECA. **C:** Correta. Conforme disposto no art. 53, III, do ECA **D:** Correta. Conforme disposto no art. 58 do ECA. **E:** Incorreta. De acordo com o art. 68, § 1º, do ECA "entende-se por trabalho educativo a atividade laboral em que as exigências pedagógicas relativas ao desenvolvimento pessoal e social do educando prevaleçam sobre o aspecto produtivo".

Gabarito "E".

3. MEDIDAS DE PROTEÇÃO

(Escrivão – PC/GO – AOCP – 2023) Carlota é babá de duas crianças residentes em um apartamento na zona residencial nobre de Goiânia-GO. Ao comparecer ao local de serviço, cruza pelo corredor do prédio e nota que outra criança do apartamento vizinho chora constantemente e possui marca de lesões corporais nos braços e nas pernas.

Em determinado dia, Carlota ouve a criança gritando e chorando e visualiza pela janela que ela sofre abusos físicos e psicológicos de sua madrasta. Considerando esse caso e o tema da violência doméstica e familiar contra crianças, assinale a alternativa correta.

(A) Para comunicar suas suspeitas às autoridades, Carlota precisa antes pedir autorização do pai da criança e natural responsável pela presença da madrasta no mesmo ambiente que seu filho.

(B) Recebido o expediente com o pedido em favor de criança e de adolescente em situação de violência doméstica e familiar, caberá ao juiz, no prazo de 48 (quarenta e oito) horas, agendar inspeção judicial sobre a vítima.

(C) Carlota tem o dever de comunicar sua suspeita aos órgãos públicos competentes para apurá-la e tomar providências, sob pena de incorrer no delito de deixar de comunicar à autoridade pública a prática de violência, de tratamento cruel ou degradante ou de formas violentas de educação, correção ou disciplina contra criança.

(D) A madrasta não poderá ser presa preventivamente antes de ser interrogada pela autoridade policial por não ser essa uma medida protetiva típica.

(E) Na hipótese de ocorrência de ação ou omissão que implique a ameaça ou a prática de violência doméstica e familiar contra a criança e o adolescente, a autoridade policial que tomar conhecimento da ocorrência deverá exigir da vítima representação para tomar providências.

A: Incorreta. Toda a legislação protetiva dos direitos da criança e do adolescente prevê a obrigatoriedade da participação da família, sociedade e Estado na proteção de crianças e adolescentes (em especial o art. 227 da Constituição Federal). Em relação à comunicação de violência, o artigo 13 do ECA informa: "Os casos de suspeita ou confirmação de castigo físico, de tratamento cruel ou degradante e de maus-tratos contra criança ou adolescente serão obrigatoriamente comunicados ao Conselho Tutelar da respectiva localidade, sem prejuízo de outras providências legais". Não há que se falar, portanto, em comunicação aos pais biológicos. **B:** Incorreta. Nos termos do art. 15 da Lei 14.344/2022 (Lei Henry Borel): Art. 15. Recebido o expediente com o pedido em favor de criança e de adolescente em situação de violência doméstica e familiar, caberá ao juiz, no prazo de 24 (vinte e quatro) horas: I – conhecer do expediente e do pedido e decidir sobre as medidas protetivas de urgência; II – determinar o encaminhamento do responsável pela criança ou pelo adolescente ao órgão de assistência judiciária, quando for o caso; III – comunicar ao Ministério Público para que adote as providências cabíveis; IV – determinar a apreensão imediata de arma de fogo sob a posse do agressor". **C:** Correta. Conforme art. 26 da Lei 14.344/2022 (Lei Henry Borel): "Deixar de comunicar à autoridade pública a prática de violência, de tratamento cruel ou degradante ou de formas violentas de educação, correção ou disciplina contra criança ou adolescente ou o abandono de incapaz: Pena: detenção, de 6 (seis) meses a 3 (três) anos. § 1º A pena é aumentada de metade, se da omissão resulta lesão corporal de natureza grave, e triplicada, se resulta morte. § 2º Aplica-se a pena em dobro se o crime é praticado por ascendente, parente consanguíneo até terceiro grau, responsável legal, tutor, guardião, padrasto ou madrasta da vítima". **D:** Incorreta. Conforme art. 17 da Lei 14.344/2022 (Lei Henry Borel): "Em qualquer fase do inquérito policial ou da instrução criminal, caberá a prisão preventiva do agressor, decretada pelo juiz, a requerimento do Ministério Público ou mediante representação da autoridade policial. Parágrafo único. O juiz poderá revogar a prisão preventiva se, no curso do processo, verificar a falta de motivo para que subsista, bem como decretá-la novamente, se sobrevierem razões que a justifiquem". **E:** Incorreta. Conforme art. 11 da Lei 14.344/2022 (Lei Henry Borel): "Na hipótese de ocorrência de ação ou omissão que implique a ameaça ou a prática de violência doméstica e familiar contra a criança e o adolescente, a autoridade policial que tomar conhecimento da ocorrência adotará, de imediato, as providências legais cabíveis. Parágrafo único. Aplica-se o disposto no *caput* deste artigo ao descumprimento de medida protetiva de urgência deferida". RD

Gabarito "C".

(Escrivão – PC/GO – AOCP – 2023) Constatada a prática de violência doméstica e familiar contra a criança e o adolescente, o juiz poderá determinar ao agressor, de imediato, em conjunto ou separadamente, a aplicação das seguintes medidas protetivas de urgência, EXCETO

(A) o afastamento do lar, do domicílio ou do local de convivência com a vítima, e a proibição de aproximação da vítima, de seus familiares, das testemunhas e de noticiantes ou denunciantes, com a fixação do limite mínimo de distância entre estes e o agressor.

(B) a prestação de alimentos provisionais ou provisórios.

(C) a monitoração eletrônica da criança ou do adolescente vítima das ofensas, a fim de controlar o perímetro do agressor.

(D) o comparecimento a programas de recuperação e reeducação.

(E) o acompanhamento psicossocial, por meio de atendimento individual e/ou em grupo de apoio.

Conforme art. 20 da Lei 14.344/2022 (Lei Henry Borel): Art. 20. Constatada a prática de violência doméstica e familiar contra a criança e o adolescente nos termos desta Lei, o juiz poderá determinar ao agressor, de imediato, em conjunto ou separadamente, a aplicação das seguintes medidas protetivas de urgência, entre outras: I – a suspensão da posse ou a restrição do porte de armas, com comunicação ao órgão competente, nos termos da Lei 10.826, de 22 de dezembro de 2003; II – o afastamento do lar, do domicílio ou do local de convivência com a vítima; III – a proibição de aproximação da vítima, de seus familiares, das testemunhas e de noticiantes ou denunciantes, com a fixação do limite mínimo de distância entre estes e o agressor; IV – a vedação de contato com a vítima, com seus familiares, com testemunhas e com noticiantes ou denunciantes, por qualquer meio de comunicação; V – a proibição de frequentação de determinados lugares a fim de preservar a integridade física e psicológica da criança ou do adolescente, respeitadas as disposições da Lei 8.069, de 13 de julho de 1990 (Estatuto da Criança e do Adolescente); VI – a restrição ou suspensão de visitas à criança ou ao adolescente; VII – a prestação de alimentos provisionais ou provisórios; VIII – o comparecimento a programas de recuperação e reeducação; IX – o acompanhamento psicossocial, por meio de atendimento individual e/ou em grupo de apoio. Sendo assim, a única alternativa incorreta é a letra C. RD

Gabarito "C".

(Juiz de Direito – TJ/RJ – 2019 – VUNESP) A Súmula 235 do TJRJ dispõe sobre a nomeação de Curador Especial a crianças e adolescentes em processos judiciais, emitindo seguinte diretriz jurisprudencial:

(A) o acolhimento familiar prescinde de nomeação de Curador Especial a crianças e adolescentes, obrigatória no institucional.

(B) em caso de nomeação de Curador Especial a crianças e adolescentes, o acesso aos autos respectivos estará condicionada à prévia ciência do Ministério Público, se registrado o segredo de justiça.

(C) a nomeação de Curador Especial a crianças e adolescentes garante ao Defensor Público acesso aos autos respectivos, não se constituindo mitigação ao princípio do contraditório e da ampla defesa, a concessão de tutela de urgência sem prévia oitiva, à vista do artigo 9º, inclso I, do CPC.

(D) nomeado Advogado, desde que cadastrado na unidade judicial, por período não inferior a cinco anos, como Curador Especial a crianças e adolescentes, ser-lhe-á garantido acesso aos autos respectivos, quando formulados pedidos baseados em discordância paterna ou materna, em relação ao exercício do poder familiar.

(E) caberá ao Juiz da Vara da Infância e Juventude a nomeação de Curador Especial a crianças e adolescentes, a ser exercida por Advogado, desde que cadastrado na unidade judicial, por período não inferior a cinco anos, ou Defensor Público.

Antes da análise das alternativas, vamos aos termos da Súmula nº 235, do TJRJ: "Caberá ao juiz da Vara da Infância e Juventude a nomeação de curador especial a ser exercida pelo defensor público a crianças e adolescentes, inclusive, nos casos de acolhimento institucional ou familiar, nos moldes do disposto nos artigos 142, parágrafo único, e 148, parágrafo único "f" do estatuto da criança e do adolescente c/c art. 9º, inciso i do CPC, garantindo acesso aos autos respectivos". **A:** incorreta. A nomeação de curador será deferida, nos termos do art. 142 do ECA: "Os menores de dezesseis anos serão representados e os maiores de dezesseis e menores de vinte e um anos assistidos por seus pais, tutores ou curadores, na forma da legislação civil ou processual. Parágrafo único. A autoridade judiciária dará curador especial à criança ou adolescente, sempre que os interesses destes colidirem com os de seus pais ou responsável, ou quando carecer de representação ou assistência legal ainda que eventual". Assim, será aplicável tanto para os casos de acolhimento institucional como para os casos de acolhimento familiar. **B:** incorreta. O acesso aos autos será sempre garantido ao curador, ainda que o processo tramite em segredo de justiça. **C:** correta, nos exatos termos da Súmula 235 do TJRJ. **D:** incorreta. O acesso aos autos é garantido ao curador, em qualquer circunstância. **E:** incorreta. Vide Súmula 235 do TJRJ. ED

Gabarito "C".

4. MEDIDAS SOCIOEDUCATIVAS E ATO INFRACIONAL – DIREITO MATERIAL

(Juiz de Direito – TJ/SC – 2024 – FGV) Jefferson, adolescente de 17 anos, pratica ato infracional análogo a furto, sendo-lhe aplicada a medida socioeducativa de prestação de serviços à comunidade pelo prazo de três meses, a ser cumprida em instituição de longa permanência para idosos. Jefferson recusa-se a desempenhar as atividades que lhe são delegadas na instituição, sendo o fato comunicado à Vara da Infância e da Juventude.

Considerando o disposto na Lei nº 8.069/1990 (ECA) e na Constituição Federal de 1988, é correto afirmar que:

(A) o magistrado deverá determinar que Jefferson retorne ao local e desempenhe as atividades de forma coercitiva, visando dar cumprimento à sentença;

(B) a medida socioeducativa de prestação de serviços à comunidade possui prazo mínimo de seis meses, razão pela qual a sentença mencionada é nula;

(C) considerando a vedação constitucional de trabalho forçado, poderá o magistrado substituir a medida socioeducativa aplicada por outra em meio aberto;

(D) a medida de prestação de serviços à comunidade possui natureza jurídica de medida em meio fechado, no caso mencionado, por ser cumprida em instituição asilar;

(E) o adolescente em cumprimento da medida de prestação de serviços à comunidade faz jus à remuneração financeira (bolsa), cuja finalidade é a sua profissionalização e inserção no mercado de trabalho.

A: incorreta, tendo em conta o teor do art. 43 da Lei 12.594/2012 (Sinase); **B:** incorreta. A prestação de serviços à comunidade (art. 112, III, do ECA) consiste na realização de tarefas gratuitas de interesse geral, por período não excedente a seis meses (aqui está o erro da assertiva), junto a entidades assistenciais, hospitais, escolas e outros estabelecimentos congêneres, bem como em programas comunitários e governamentais (art. 117, caput, do ECA). As tarefas serão atribuídas conforme as aptidões do adolescente, devendo ser cumpridas durante a jornada máxima de oito horas semanais, aos sábados, domingos e feriados ou em dias úteis, de modo a não prejudicar a frequência à escola ou à jornada normal de trabalho; **C:** correta, pois em conformidade com o art. 112, § 2º, do ECA: Em hipótese alguma e sob pretexto algum, será admitida a prestação de trabalho forçado (conforme art. 5º, XLVII, c, da CF); **D:** incorreta. Trata-se de medida socioeducativa em meio aberto; **E:** incorreta. A prestação de serviços à comunidade (art. 117 do ECA) consiste na realização de tarefas gratuitas de interesse geral. ED

Gabarito "C".

(Juiz de Direito – TJ/SP – 2023 – VUNESP) Qual a legislação que prioriza a prática que seja restaurativa?

(A) Lei do SINASE.

(B) Estatuto da Criança e do Adolescente.

(C) Lei Henry Borel.

(D) Lei da Palmada.

A solução desta questão deve ser extraída da Lei 12.594/2012, que instituiu o Sistema Nacional de Atendimento Socioeducativo (Sinase) e regulamentou a execução das medidas socioeducativas destinadas a adolescente que pratique ato infracional. Dispõe, em seu art. 35, III, que: "A execução das medidas socioeducativas reger-se-á pelos seguintes princípios: (...) **prioridade a práticas ou medidas que sejam restaurativas** e, sempre que possível, atendam às necessidades das vítimas." (destaque nosso). ED

Gabarito "A".

(Juiz de Direito – TJ/SP – 2023 – VUNESP) Na prestação de serviços comunitários, é garantido ao adolescente

(A) realizar tarefas gratuitas de interesse geral, por período não excedente a 12 (doze) meses.

(B) que as tarefas serão atribuídas conforme a sua aptidão, em jornada máxima de 10 (dez) horas semanais.

(C) realizar tarefas gratuitas de interesse geral.

(D) que as tarefas não poderão ser executadas em sábados, domingos e feriados, para não prejudicar a convivência do adolescente com sua família.

A prestação de serviços à comunidade (art. 112, III, do ECA) consiste na realização de tarefas gratuitas de interesse geral (o que torna correta a assertiva "C"), por período não excedente a seis meses (e não 12 meses, como consta da assertiva "A", que deve ser considerada, portanto, incorreta), junto a entidades assistenciais, hospitais, escolas e outros estabelecimentos congêneres, bem como em programas comunitários e governamentais (art. 117, caput, do ECA). As tarefas serão atribuídas conforme as aptidões do adolescente, devendo ser cumpridas durante a jornada máxima de oito horas semanais (e não 10 horas semanais, conforme consta da alternativa "B"), aos sábados, domingos e feriados

ou em dias úteis, de modo a não prejudicar a frequência à escola ou à jornada normal de trabalho (o que torna a assertiva "D" incorreta). **ED**
Gabarito "C".

(Juiz de Direito – TJ/SP – 2023 – VUNESP) Em relação à remissão,

(A) pode ser concedida antes ou depois de iniciado o processo de apuração do ato infracional.

(B) sua concessão é privativa do Ministério Público, como forma de exclusão do processo, atendendo às circunstâncias e consequências do fato.

(C) implica, necessariamente, no reconhecimento da responsabilidade pelo adolescente.

(D) pode ser incluída a aplicação de qualquer das medidas socioeducativas previstas em lei, a ser devidamente cumprida pelo adolescente.

Prevista nos arts. 126 a 128 do ECA, consiste no perdão concedido pelo MP ao adolescente autor de ato infracional. Neste caso, tem natureza administrativa e depende de homologação. Essa é a *remissão ministerial* (art. 126, *caput*, do ECA). Uma vez iniciado o procedimento, a remissão não mais poderá ser concedida pelo promotor de justiça, somente pela autoridade judiciária. Essa é a *remissão judicial*, que importa em suspensão ou extinção do processo (art. 126, parágrafo único, do ECA) e tem como propósito amenizar os efeitos da continuidade deste. Como se vê, pode ser concedida antes ou depois de iniciado o processo de apuração do ato infracional, o que torna correta a assertiva "A". Tendo em vista a importância deste tema, vale mencionar algumas observações quanto às duas espécies de remissão, ministerial e judicial: a) a remissão ministerial importa na exclusão do início do processo de conhecimento. Já a judicial, que é aquela em que o processo de conhecimento já teve início com a representação formulada pelo MP, implica a extinção ou suspensão do processo – em curso; b) a despeito de a lei nada ter dito a esse respeito, a remissão ministerial está condicionada ao consentimento expresso do adolescente e de seu representante legal. Motivo: na hipótese de o adolescente sustentar que não cometeu o ato infracional a ele imputado, terá a oportunidade, por meio do processo de conhecimento, de provar sua inocência. Com muito mais razão, quando se tratar de remissão cumulada com medida socioeducativa (STJ entende ser possível a cumulação); c) a remissão judicial prescinde de anuência do MP, que, no entanto, será ouvido, sob pena de nulidade. A esse respeito, conferir: STF, HC 96.659-MG, Rel. Min. Gilmar Mendes, j. 28.09.2010; d) ainda no âmbito da remissão judicial, o juiz da infância e da juventude poderá, neste caso, suspender (paralisar) ou ainda extinguir (pôr fim) o processo. Suspenderá na hipótese de o adolescente ser submetido a uma medida socioeducativa em que se faça necessário o seu acompanhamento, como, por exemplo, a prestação de serviços à comunidade. Ao término desta, o processo será extinto. Por fim, será extinto sempre que não for necessária a imposição de medida socioeducativa cumulada com a remissão ou mesmo no caso de ser aplicada medida que prescinda de acompanhamento. Ex.: advertência; e) a remissão não implica necessariamente o reconhecimento ou comprovação da responsabilidade, nem prevalece para efeito de antecedentes (art. 127 do ECA). É dizer, o fato de o adolescente e seu representante aquiescerem na aplicação da medida não quer dizer que aquele está admitindo culpa pelo ato infracional praticado; se assim preferir, poderá recusar a benesse e provar a sua inocência no curso do processo de conhecimento; f) a medida que eventualmente for aplicada junto com a remissão, que nunca poderá ser a de colocação em regime de semiliberdade e internação, poderá ser revista judicialmente a qualquer tempo, mediante pedido do adolescente ou de seu representante legal, ou do MP. **ED**
Gabarito "A".

(Juiz de Direito/AP – 2022 – FGV) Wesley, adolescente de 16 anos, pratica ato infracional análogo a crime de roubo com emprego de arma de fogo. Concluída a instrução processual, o juiz da Vara da Infância e Juventude profere sentença aplicando a medida socioeducativa de internação, pelo prazo de seis meses. Decorridos três meses do início de cumprimento da medida, a Direção do programa de atendimento requer a substituição por semiliberdade, com fulcro na avaliação contida no plano individual de atendimento, que noticia o adequado cumprimento da medida de internação pelo adolescente. O promotor de justiça manifesta-se contrariamente ao pedido, entendendo que a gravidade do ato infracional e os antecedentes do adolescente impedem a substituição da medida, antes do prazo de reavaliação obrigatória, independentemente do parecer favorável no plano individualizado de atendimento.

Considerando o disposto na Lei nº 12.594/2012, é correto afirmar que:

(A) a reavaliação da manutenção, da substituição ou da suspensão das medidas de privação da liberdade somente pode ser solicitada após o decurso do prazo de seis meses;

(B) a gravidade do ato infracional e os antecedentes são fatores que, por si só, impedem a substituição da medida por outra menos grave;

(C) a Direção do programa de atendimento não poderá solicitar a reavaliação da medida a qualquer tempo, sendo legitimados o defensor, o Ministério Público, ou o adolescente e seus pais ou responsável;

(D) o desempenho adequado do adolescente com base no seu plano individual de atendimento não justifica a reavaliação da medida antes do prazo mínimo de seis meses;

(E) a autoridade judiciária poderá indeferir o pedido de reavaliação da manutenção, da substituição ou da suspensão das medidas, se entender insuficiente a motivação.

A: incorreta, já que tal reavaliação pode ser solicitada a qualquer tempo, a pedido da direção do programa de atendimento, do defensor, do MP, do próprio adolescente bem como de seus pais ou responsável, nos termos do que estabelece o art. 43, *caput*, da Lei 12.594/2012 (Sinase); **B:** incorreta, pois não reflete o disposto no art. 42, § 2º, da Lei 12.594/2012, que assim dispõe: *A gravidade do ato infracional, os antecedentes e o tempo de duração da medida não são fatores que, por si, justifiquem a não substituição da medida por outra menos grave*; **C:** Vide comentário à alternativa "A"; **D:** incorreta, pois, a teor do art. 43, § 1º, I, da Lei 12.594/2012, o desempenho adequado do adolescente com base no seu plano individual de atendimento justifica, sim, a reavaliação da medida antes do prazo mínimo de seis meses; **E:** correta, pois em consonância com a regra presente no art. 43, § 2º, da Lei 12.594/2012. **ED**
Gabarito "E".

(Juiz de Direito/GO – 2021 – FCC) No procedimento de apuração de ato infracional, conforme determina a lei, a autoridade judiciária, ao proferir a sentença, convencida da existência de provas suficientes de autoria e materialidade da infração,

(A) determinará a realização de estudo psicossocial polidimensional para orientar a fixação da medida socioeducativa mais adequada.

(B) poderá aplicar remissão judicial se o adolescente for primário e não se tratar de fato passível de aplicação de medida de internação ou semiliberdade.

(C) fixará a medida socioeducativa mais adequada para o adolescente, individualizando, em qualquer caso, seu tempo de duração.

(D) levará em conta a capacidade de cumprimento do adolescente, entre outros critérios, ao aplicar-lhe a medida socioeducativa.

(E) decidirá o cabimento de medida socioeducativa de acordo com a idade e a maturidade do adolescente.

A: incorreta. Cuida-se de providência não prevista em lei (para este caso); **B:** incorreta, pois em desconformidade com os arts. 114 e 126 a 128 do ECA. Sobre a remissão, valem alguns esclarecimentos. Cuida-se do *perdão concedido pelo MP ao adolescente autor de ato infracional*. Neste caso, tem natureza administrativa e depende de homologação. Inexiste inconstitucionalidade nesta medida, já que está o Ministério Público credenciado a decidir pela aplicação da remissão ou pelo oferecimento da representação. Essa é a *remissão ministerial* (art. 126, *caput*, do ECA). Uma vez iniciado o procedimento, a remissão não mais poderá ser concedida pelo promotor de justiça, somente pela autoridade judiciária. Essa é a *remissão judicial*, que importa em suspensão ou extinção do processo (art. 126, parágrafo único, do ECA) e tem como propósito amenizar os efeitos da continuidade desse. Observações quanto às duas espécies de remissão: a) a remissão ministerial importa na exclusão do início do processo de conhecimento. Já a judicial, que é aquela em que o processo de conhecimento já teve início com a representação formulada pelo MP, implica a extinção ou suspensão do processo – em curso; b) a despeito de a lei nada ter dito a esse respeito, a remissão ministerial está condicionada ao consentimento expresso do adolescente e de seu representante legal. Motivo: na hipótese de o adolescente sustentar que não cometeu o ato infracional a ele imputado, terá a oportunidade, por meio do processo de conhecimento, de provar sua inocência. Com muito mais razão, quando se tratar de remissão cumulada com medida socioeducativa (STJ entende ser possível a cumulação); c) a remissão judicial prescinde de anuência do MP, que, no entanto, será ouvido, sob pena de nulidade. A esse respeito, conferir: STF, HC 96.659-MG, Rel. Min. Gilmar Mendes, j. 28.09.2010; d) ainda no âmbito da remissão judicial, o juiz da infância e da juventude poderá, neste caso, suspender (paralisar) ou ainda extinguir (pôr fim) o processo. Suspenderá na hipótese de o adolescente ser submetido a uma medida socioeducativa em que se faça necessário o seu acompanhamento, como, por exemplo, a prestação de serviços à comunidade. Ao término desta, o processo será extinto. Por fim, será extinto sempre que não for necessária a imposição de medida socioeducativa cumulada com a remissão ou mesmo no caso de ser aplicada medida que prescinda de acompanhamento. Ex.: advertência; e) a remissão não implica necessariamente o reconhecimento ou comprovação da responsabilidade, nem prevalece para efeito de antecedentes (art. 127 do ECA). É dizer, o fato de o adolescente e seu representante aquiescerem na aplicação da medida não quer dizer que aquele está admitindo culpa pelo ato infracional praticado; se assim preferir, poderá recusar a benesse e provar a sua inocência no curso do processo de conhecimento; f) a medida que eventualmente for aplicada junto com a remissão, que nunca poderá ser a de colocação em regime de semiliberdade e internação, poderá ser revista judicialmente a qualquer tempo, mediante pedido do adolescente ou de seu representante legal, ou do MP; **C:** incorreta. A internação, por exemplo, por força do que dispõe o art. 121, § 2º, do ECA, não comporta prazo determinado, devendo sua manutenção ser reavaliada, mediante decisão fundamentada, no máximo a cada seis meses. Seja como for, o período de internação não excederá a 3 anos (art. 121, § 3º, do ECA); **D:** correta, pois reflete o disposto no art. 112, § 1º, do ECA; **E:** incorreta. Trata-se de critérios não contemplados em lei. ED

Gabarito "D".

(Juiz de Direito/GO – 2021 – FCC) A autoridade judiciária tem expressa permissão legal para determinar a busca e apreensão

(A) de adolescente que se ausenta da audiência de apresentação no procedimento de apuração de ato infracional por não ter sido localizado e notificado para fins de comparecimento.

(B) de adolescente que, embora compromissado, não se apresenta ao Ministério Público após liberação aos pais pela autoridade policial em casos de flagrante de ato infracional.

(C) de crianças e adolescentes que, sem autorização judicial, se desliguem de comunidades terapêuticas onde foram internados compulsoriamente para tratamento contra drogadição.

(D) para viabilizar a apresentação de adolescente ao programa de liberdade assistida em caso de descumprimento reiterado e injustificado da medida, esgotados os recursos do orientador.

(E) de adolescentes que se evadam de serviços de acolhimento institucional para permanecer com parentes de cujo convívio foram anteriormente retirados em razão de grave conflito familiar.

A solução desta questão deve ser extraída do art. 184, § 3º, do ECA, que assim dispõe: *não sendo localizado o adolescente, a autoridade judiciária expedirá mandado de busca e apreensão, determinando o sobrestamento do feito, até a efetiva apresentação.* ED

Gabarito "A".

(Juiz de Direito/GO – 2021 – FCC) Sandro é dirigente de programa de atendimento socioeducativo em regime de internação, de modo que, de acordo com a legislação vigente,

(A) deve comprovar, para exercício da função, sem prejuízo de outros requisitos, formação em nível superior e experiência no trabalho com adolescentes de, no mínimo, dois anos.

(B) tem a atribuição de rever, a pedido do interessado, decisões das comissões internas responsáveis pela aplicação de sanção disciplinar ao adolescente em caso de falta grave ou média.

(C) pode, em processo judicial iniciado por auto de infração elaborado por servidor efetivo ou voluntário credenciado, ser afastado de suas funções no caso de irregularidade no programa de atendimento que dirige.

(D) pode suspender temporariamente as visitas aos adolescentes, inclusive de pais ou responsável, se existirem motivos sérios e fundados de sua prejudicialidade aos interesses do adolescente.

(E) cabe a ele, ou à direção que representa, solicitar à autoridade judiciária a liberação de visita íntima ao adolescente privado de liberdade que seja casado ou que viva, comprovadamente, em união estável.

A solução desta questão deve ser extraída do art. 17 da Lei 12.594/2012 (Sinase), que assim dispõe: *Para o exercício da função de dirigente de programa de atendimento em regime de semiliberdade ou de internação, além dos requisitos específicos previstos no respectivo programa de atendimento, é necessário: I – formação de nível superior compatível com a natureza da função; II – comprovada experiência no trabalho com adolescentes de, no mínimo, 2 (dois) anos; e III – reputação ilibada.* ED

Gabarito "A".

(Juiz de Direito/SP – 2021 – Vunesp) Acerca da superveniência da maioridade penal do adolescente (18 anos), enquanto submetido à medida socioeducativa, é correto afirmar que

(A) a medida socioeducativa poderá ser estendida apenas na hipótese de internação.

(B) a medida socioeducativa poderá ser estendida até que ele complete 21 anos.

(C) a medida socioeducativa deverá ser extinta na hipótese de liberdade assistida.

(D) ensejará a extinção do procedimento.

Apesar de o ECA ter sido concebido para disciplinar a situação de *crianças* e *adolescentes*, ele também incidirá, excepcionalmente, sobre pessoas com idade entre 18 e 21 anos (incompletos), no que concerne à aplicação e execução de medidas socioeducativas, cujo cumprimento deverá, necessariamente, findar até os 21 anos da pessoa, respeitado o período máximo de 3 anos. *Vide*, a esse respeito, Informativo STF 547. Neste caso, é imprescindível que o ato infracional tenha sido praticado antes de a pessoa tornar-se imputável, é dizer, completar 18 anos; caso contrário, está-se a falar de responsabilidade penal, em que a resposta estatal consiste em *pena* e *medida de segurança*. Assim, leva-se em conta a idade do adolescente na data do fato (conduta), ainda que a consumação do ato infracional tenha se operado quando ele já atingiu a maioridade. É o que estabelece o art. 104 do Estatuto. Nessa linha, confira o posicionamento pacífico do Supremo Tribunal Federal: *Medida Socioeducativa e Advento da Maioridade*. A Turma reafirmou jurisprudência da Corte no sentido de que o atingimento da maioridade não impede o cumprimento de medida socioeducativa de semiliberdade e indeferiu *habeas corpus* em que se pleiteava a extinção dessa medida aplicada ao paciente que, durante o seu curso, atingira a maioridade penal. Sustentava a impetração constrangimento ilegal, dado que, como o paciente completara a maioridade civil – 18 anos –, e, portanto, alcançara a plena imputabilidade penal, não teria mais legitimação para sofrer a imposição dessa medida socioeducativa. Asseverou-se, todavia, que, se eventualmente a medida socioeducativa superar o limite etário dos 18 anos, ela poderá ser executada até os 21 anos de idade, quando a liberação tornar-se-á compulsória. Alguns precedentes citados: HC 91441/RJ (*DJU* de 29.06.2007); HC 91490/RJ (*DJU* de 15.06.2007) e HC 94938/RJ (*DJE* de 03.10.2008). HC 96355/RJ, rel. Min. Celso de Mello, 19.05.2009. (HC-96355) (Inform. STF 547). Nessa mesma esteira, o STJ editou a Súmula 605, que assim dispõe: *a superveniência da maioridade penal não interfere na apuração de ato infracional nem na aplicabilidade de medida socioeducativa em curso, inclusive na liberdade assistida, enquanto não atingida a idade de 21 anos.*

(Juiz de Direito – TJ/MS – 2020 – FCC) Jorge tem 20 anos e completou 3 anos ininterruptos de cumprimento de medida de internação. Assim, de acordo com o que dispõe expressamente a lei, Jorge

(A) deverá ser imediatamente liberado, independentemente de prévia autorização judicial.

(B) poderá ser colocado em regime de semiliberdade, liberdade assistida ou prestação de serviços à comunidade.

(C) poderá ser encaminhado, excepcionalmente, a Hospital de Custódia e Tratamento Psiquiátrico caso persista a periculosidade e tenha sido decretada sua interdição.

(D) deverá ser encaminhado a uma residência inclusiva caso não disponha de local para morar.

(E) pode permanecer em medida de internação caso nova internação tenha sido aplicada por ato infracional praticado durante a execução.

A: incorreta. Conforme preceitua o art. 121, § 6º, do ECA, "em qualquer hipótese a desinternação será precedida de autorização judicial, ouvido o Ministério Público". **B:** incorreta. Conforme preceitua o art. 121, § 4º, do ECA, uma vez que houve o cumprimento do prazo de 3 anos da medida socioeducativa, o adolescente deverá ser liberado, colocado em regime de semiliberdade ou de liberdade assistida. **C:** incorreta. Caso o adolescente apresente indícios de transtorno mental, de deficiência mental, ou associadas, deverá ser avaliado e colocado em tratamento (vide art. 64 da Lei 12.594/2021). Vale notar que o Código Penal, em seu art. 41, de fato determina que o condenado deve ser recolhido a hospital de custódia e tratamento psiquiátrico ou, à falta, a outro estabelecimento adequado. **D:** incorreta. A residência inclusiva está prevista apenas no Estatuto da Pessoa com Deficiência (art. 3º, X, e art. 31). **E:** correta. Conforme estabelecido pelo art. 45 da Lei 12.594/2021 (SINASE): "Se, no transcurso da execução, sobrevier sentença de aplicação de nova medida, a autoridade judiciária procederá à unificação, ouvidos, previamente, o Ministério Público e o defensor, no prazo de 3 (três) dias sucessivos, decidindo-se em igual prazo. § 1º É vedado à autoridade judiciária determinar reinício de cumprimento de medida socioeducativa, ou deixar de considerar os prazos máximos, e de liberação compulsória previstos na Lei 8.069, de 13 de julho de 1990 (Estatuto da Criança e do Adolescente), excetuada a hipótese de medida aplicada por ato infracional praticado durante a execução".

(Juiz de Direito – TJ/MS – 2020 – FCC) A impugnação do Plano Individual de Atendimento, no âmbito da execução das medidas socioeducativas, conforme previsão expressa da Lei 12.594/2012 (Lei do Sinase),

(A) no que ultrapassa os aspectos meramente formais, deve ser fundamentada em laudo técnico.

(B) uma vez admitida, obriga a designação de audiência para oitiva do adolescente, seus pais e técnicos do programa.

(C) suspende o prazo de reavaliação obrigatória da medida socioeducativa até que seja decidido o mérito da impugnação.

(D) não suspenderá a execução do plano individual, salvo determinação judicial em contrário.

(E) precede a homologação da guia de execução nas medidas socioeducativas privativas de liberdade.

A: incorreta. Não há exigência de que a impugnação seja fundamentada em laudo técnico: "A impugnação ou complementação do plano individual, requerida pelo defensor ou pelo Ministério Público, deverá ser fundamentada, podendo a autoridade judiciária indeferi-la, se entender insuficiente a motivação" (art. 41, § 2º, da Lei do Sinase). **B:** incorreta. A audiência é facultativa: "Admitida a impugnação, ou se entender que o plano é inadequado, a autoridade judiciária designará, se necessário, audiência da qual cientificará o defensor, o Ministério Público, a direção do programa de atendimento, o adolescente e seus pais ou responsável" (art. 41, § 3º, da Lei do Sinase). **C:** incorreta. Não há suspensão da execução nem do prazo de reavaliação. Vide justificativa da próxima questão. **D:** correta. "A impugnação não suspenderá a execução do plano individual, salvo determinação judicial em contrário" (art. 41, § 4º, da Lei do Sinase). **E:** incorreta. "Findo o prazo sem impugnação, considerar-se-á o plano individual homologado" (art. 41, § 5º, da Lei do Sinase).

(Juiz de Direito – TJ/RJ – 2019 – VUNESP) Com relação à responsabilidade civil de crianças e adolescentes por danos causados a terceiros, assinale a alternativa correta.

(A) Ao adolescente que cometer ato infracional com reflexos patrimoniais, poderá ser determinada obrigação de reparar o dano, possibilitada a cumulação com outra medida socioeducativa.

(B) Violada a esfera patrimonial e extrapatrimonial de terceiro, por ato voluntário de crianças ou adolescentes, a autoridade competente poderá determinar às crianças e aos adolescentes a medida socioeducativa de reparar o dano.

(C) Em se tratando de ato infracional com reflexos patrimoniais, se impossível a restituição da coisa e o ressarcimento do dano, a medida socioeducativa será substituída pela realização de tarefas remuneradas de interesse geral, pelo adolescente, desde que maior de catorze anos e respeitadas as suas aptidões, e o valor apurado será usado no ressarcimento da vítima.

(D) Como ocorre com a advertência, a obrigação de reparar o dano exige prova de materialidade e indícios de autoria da infração, diante da possibilidade de ressarcimento de valores ao atingimento da maioridade civil, não só pela criança como pelo adolescente.

(E) Com a reparação do dano, extingue-se a obrigação, cabendo ao Poder Judiciário a fiscalização indireta da medida socioeducativa e restando a execução direta sob responsabilidade da entidade de atendimento.

A: correta. Trata-se da medida socioeducativa de reparação dos danos, prevista no art. 116 do ECA: "Em se tratando de ato infracional com reflexos patrimoniais, a autoridade poderá determinar, se for o caso, que o adolescente restitua a coisa, promova o ressarcimento do dano, ou, por outra forma, compense o prejuízo da vítima". A cumulação de medidas socioeducativas está prevista no art. 113 do ECA: "Aplica-se a este Capítulo o disposto nos arts. 99 e 100". E, por sua vez, o art. 99 assim dispõe: "As medidas previstas neste Capítulo poderão ser aplicadas isolada ou cumulativamente, bem como substituídas a qualquer tempo". **B:** incorreta. A aplicação de medidas socioeducativas é prevista apenas ao adolescente infrator. Em relação às crianças, são aplicáveis apenas medidas protetivas, nos termos do art. 105 do ECA: "Ao ato infracional praticado por criança corresponderão as medidas previstas no art. 101". **C:** incorreta. Nos termos do parágrafo único do art. 116, "Havendo manifesta impossibilidade, a medida poderá ser substituída por outra adequada". **D:** incorreta. Nos termos do art. 114 do ECA, a imposição de medida socioeducativa de advertência não exige a existência de provas suficientes de autoria e materialidade. Vale ainda notar que a reparação dos dados tem como função a educação e ressocialização do adolescente. O ressarcimento dos danos à vítima ou terceiros é mera consequência da medida socioeducativa, não a finalidade dela. **E:** incorreta. Em primeiro lugar, não é razoável que a medida socioeducativa per si declare extinta eventual indenização na esfera cível. Ademais, cabe ao Poder Judiciário (autoridade judicial), **diretamente**, a fiscalização do cumprimento da medida socioeducativa, que deve ser aplicada pela entidade de atendimento (vide art. 36 da Lei do Lei 12.594/2012 e art. 146 do ECA). **RD**

Gabarito "A".

(Juiz de Direito – TJ/AL – 2019 – FCC) Segundo disposição expressa da Lei n. 12.594/2012 (Lei do SINASE) e/ou Lei n. 8.069/1990 (Estatuto da Criança e do Adolescente), deve ser fundamentada em parecer técnico a decisão que

(A) substitui a medida socioeducativa mais branda por medida mais gravosa.

(B) declara extinta a medida socioeducativa pela realização de sua finalidade.

(C) autoriza as saídas externas de adolescentes em cumprimento de medida socioeducativa privativa de liberdade.

(D) impõe, em situações excepcionais, sanção disciplinar de isolamento a adolescente interno.

(E) aplica medida socioeducativa de liberdade assistida a adolescente a quem se atribui autoria de ato infracional.

A: correta. Conforme art. 43, § 4º, I e II, da Lei 12.594/2012, na hipótese de substituição de medida mais gravosa, após o devido processo legal, serão necessários o parecer técnico e audiência prévia. Essa regra é aplicável aos casos de internação-sanção (art. 122, III, do ECA). **B:** incorreta. O parecer técnico não é necessário para extinção da medida socioeducativa, basta a comprovação de qualquer das hipóteses do art. 46 da Lei do SINASE. **C:** incorreta. A saída para atividades externas independe de parecer técnico. Conforme art. 121, § 1º, do ECA, será permitida a realização de atividades externas, a critério da equipe técnica da entidade, salvo expressa determinação judicial em contrário. **D:** incorreta. É vedada a aplicação de sanção disciplinar de isolamento ao adolescente interno seja essa imprescindível para garantia da segurança de outros internos ou do próprio adolescente a quem seja imposta a sanção, sendo necessária ainda comunicação ao defensor, ao Ministério Público e à autoridade judiciária em até 24 (vinte e quatro) horas. **E:** incorreta. A aplicação de medida socioeducativa de liberdade assistida independe de parecer técnico. **RD**

Gabarito "A".

(Juiz de Direito – TJ/SC – 2019 – CESPE/CEBRASPE) Considerando o entendimento do STJ, assinale a opção correta acerca da Lei 12.594/2012, que institui o Sistema Nacional de Atendimento Socioeducativo (SINASE).

(A) É direito absoluto do adolescente ser incluído em programa de meio aberto quando inexistir vaga para o cumprimento de medida de privação da liberdade no domicílio de sua residência familiar.

(B) O juiz deverá ouvir a defesa técnica antes de decidir a respeito do pedido de regressão da medida socioeducativa, sendo dispensável, no entanto, a oitiva do adolescente.

(C) É garantido aos adolescentes em cumprimento de medida socioeducativa de internação o direito de receber visita de filhos, desde que maiores de dois anos de idade.

(D) Cabe ao diretor da entidade de atendimento socioeducativo designar socioeducando com bom comportamento para desempenhar função de apuração e aplicação de sanção disciplinar.

(E) É vedado ao juiz aplicar nova medida de internação, por ato infracional praticado anteriormente, a adolescente que já tenha concluído o cumprimento de medida socioeducativa dessa natureza.

A: incorreta. De acordo com o art. 49 da Lei 12.594/12 "São direitos do adolescente submetido ao cumprimento de medida socioeducativa, sem prejuízo de outros previstos em lei: (...) II – ser incluído em programa de meio aberto quando inexistir vaga para o cumprimento de medida de privação da liberdade, exceto nos casos de ato infracional cometido mediante grave ameaça ou violência à pessoa, quando o adolescente deverá ser internado em Unidade mais próxima de seu local de residência". **B:** incorreta. Conforme a Súmula 265, do STJ: "É necessária a oitiva do menor infrator antes de decretar-se a regressão da medida socioeducativa". **C:** incorreta. De acordo com o art. 69 da Lei 12.594/12 "É garantido aos adolescentes em cumprimento de medida socioeducativa de internação o direito de receber visita dos filhos, independentemente da idade desses". **D:** incorreta. De acordo com o art. 73 da Lei 12.594/12: "Nenhum socioeducando poderá desempenhar função ou tarefa de apuração disciplinar ou aplicação de sanção nas entidades de atendimento socioeducativo". **E:** correta. Nos termos do art. 45, § 2º, da Lei 12.594/12: "É vedado à autoridade judiciária aplicar nova medida de internação, por atos infracionais praticados anteriormente, a adolescente que já tenha concluído cumprimento de medida socioeducativa dessa natureza, ou que tenha sido transferido para cumprimento de medida menos rigorosa, sendo tais atos absorvidos por aqueles aos quais se impôs a medida socioeducativa extrema". ED

Gabarito "E".

(Juiz de Direito – TJ/BA – 2019 – CESPE/CEBRASPE) No que tange a atos infracionais e medidas socioeducativas, assinale a opção correta, com base no ECA e na jurisprudência do STJ.

(A) A superveniência da maioridade penal interfere na apuração de ato infracional cometido antes dos dezoito anos completos e na aplicabilidade de medida socioeducativa em curso.
(B) É ilegal a determinação de cumprimento da medida socioeducativa de liberdade assistida antes do trânsito em julgado da sentença condenatória.
(C) O ato infracional análogo ao tráfico de drogas autoriza, por si só, a imposição de medida socioeducativa de internação do adolescente em razão da gravidade da conduta delitiva.
(D) Por ser uma consequência natural do processo de ressocialização, a progressão da medida socioeducativa prescinde do juízo de convencimento do magistrado, que fica vinculado ao relatório multidisciplinar individual do adolescente.
(E) É possível a aplicação de medida socioeducativa de liberdade assistida no caso de ato infracional análogo a furto qualificado, porém essa medida deve atender à atualidade, observando-se a necessidade e a adequação.

A: incorreta. A aplicação de medida socioeducativa se dá até os 21 (vinte e um) anos (art. 2° do ECA). Nesse sentido é a Súmula 605, do STJ: "A superveniência da maioridade penal não interfere na apuração de ato infracional nem na aplicabilidade de medida socioeducativa em curso, inclusive na liberdade assistida, enquanto não atingida a idade de 21 anos.". **B: incorreta.** A liberdade assistida é medida que não restringe a liberdade do adolescente, podendo, inclusive, ser aplicada em conjunto com a remissão. Por tal razão, já entendeu o STJ: "Para efeito de condenação, a confissão não exclui a colheita de outras provas para confrontação dos elementos de confirmação ou para contraditar. Cabível, pois, a nulidade da sentença para nova instrução, concedendo-se ao menor a liberdade assistida até o desfecho do processo. (STJ, HC 39.829-RJ, Rel. Min. Nilson Naves, j. 31/5/2005). Precedentes: HC 38.551-RJ, DJ 6/12/2004; HC 36.238-RJ, DJ 11/10/2004, e HC 38.994-SP, DJ 9/2/2005. **C: incorreta.** Súmula 492 do STJ: "O ato infracional análogo ao tráfico de drogas, por si só, não conduz obrigatoriamente à imposição de medida socioeducativa de internação do adolescente". **D: incorreta.** Conforme art. 43 da Lei do Sinase (Lei 12.594/2012), a reavaliação da manutenção, substituição ou suspensão da medida pode ser requerida a qualquer tempo, cabendo a autoridade judiciária a análise e decisão sobre o caso concreto. Assim já decidiu o STJ: "(...) Nos termos do art. 121, § 2°, do ECA, o período máximo da internação não pode exceder a três anos e sua manutenção deve ser avaliada, mediante decisão fundamentada, no máximo a cada seis meses. O magistrado decidirá de acordo com seu livre convencimento e não está vinculado a relatório técnico, podendo adotar outros elementos de convicção para manter, extinguir ou progredir a medida (...)" (REsp 1610719/ES, Rel. Ministro Rogerio Schietti Cruz, 6ª Turma, DJe 01/09/2016). ED

Gabarito "E".

(Promotor de Justiça/SP – 2019 – MPE/SP) Assinale a alternativa INCORRETA.

(A) Como ato infracional grave, o tráfico de drogas, por si só, permite a aplicação de medida socioeducativa de internação.
(B) Em relação ao tempo do ato infracional, o Estatuto da criança e do adolescente adotou a Teoria da Ação.
(C) Segundo o STJ, os atos infracionais, mesmo gerando medidas chamadas de socioeducativas, são prescritíveis, na forma do Código Penal.
(D) A inimputabilidade penal do menor de 18 anos é absoluta e sua presunção decorre da lei, por meio do critério etário.
(E) Se o adolescente descumprir remissão imprópria, não poderá haver conversão para semiliberdade ou internação.

A: Incorreta. Conforme Súmula 492 do STJ: "O ato infracional análogo ao tráfico de drogas, por si só, não conduz obrigatoriamente à imposição de medida socioeducativa de internação do adolescente". **B: Correta.** Conforme art. 104, parágrafo único do ECA. **C: Correta.** Conforme Súmula 338 do STJ: "A prescrição penal é aplicável nas medidas socioeducativas". **D: Correta.** Conforme art. 228 da Constituição Federal e art. 104 do ECA. **E:** Alternativa correta conforme art. 127 do ECA: "A remissão não implica necessariamente o reconhecimento ou comprovação da responsabilidade, nem prevalece para efeito de antecedentes, podendo incluir eventualmente a aplicação de qualquer das medidas previstas em lei, exceto a colocação em regime de semiliberdade e a internação". Caso haja remissão própria, não haverá aplicação de medida socioeducativa. A remissão imprópria é aquela que vem acompanhada de medida socioeducativa. Sendo assim, caso tenha sido aplicada a remissão com suspensão do processo, deve haver o prosseguimento do feito para efetiva comprovação de autoria e materialidade do ato infracional e eventual aplicação das medidas socioeducativas de semiliberdade e internação. RD

Gabarito "A".

(Juiz de Direito – TJ/RS – 2018 – VUNESP) Assinale a alternativa correta no que se refere aos dispositivos previstos no Estatuto da Criança e Adolescente em relação ao Título destinado à prática de atos infracionais.

(A) A medida socioeducativa de advertência poderá ser aplicada ao adolescente desde que haja indícios suficientes da autoria.
(B) A remissão não implica necessariamente o reconhecimento ou comprovação da responsabilidade, nem prevalece para efeito de antecedentes, podendo incluir eventualmente a aplicação de qualquer das medidas previstas em lei, exceto a colocação em regime de semiliberdade e a internação.
(C) A medida socioeducativa, denominada liberdade assistida, será fixada pelo prazo mínimo de 01 (um) mês, podendo a qualquer tempo ser prorrogada, revogada ou substituída por outra medida, ouvido o orientador, o Ministério Público e o defensor.
(D) A medida de internação poderá ser aplicada na hipótese de reiteração no cometimento de outras infrações por parte do adolescente infrator.
(E) Verificada a prática de ato infracional, a autoridade competente poderá aplicar ao adolescente as medidas socioeducativas, sendo vedada a simples determinação de encaminhamento aos pais ou responsável, mediante termo de responsabilidade.

A: incorreta. Para a aplicação de medida socioeducativa de advertência basta que haja prova da materialidade e indícios suficientes de autoria (art. 114, parágrafo único); **B: correta,** nos exatos termos do art. 127 do ECA; **C: incorreta.** O prazo mínimo para cumprimento de medida socioeducativa de liberdade assistida é de 6 (seis) meses (art. 118, §

2º); **D:** incorreta. A medida de internação pode ser aplicada na hipótese de reiteração no cometimento de outras infrações **graves** (art. 122, II, do ECA); **E:** incorreta. Verificada a prática de ato infracional, a autoridade judiciária poderá aplicar medida socioeducativa (art. 112 do ECA) e medida de proteção (art. 101 do ECA). Nesse caso, a medida de encaminhamento aos pais ou responsável é medida de proteção prevista no art. 101, I, do ECA.
Gabarito "B".

(Investigador – PC/BA – 2018 – VUNESP) Ao ato infracional cometido por criança, poderá ser aplicada

(A) liberdade assistida.
(B) advertência.
(C) inserção em regime de semiliberdade.
(D) requisição de tratamento médico, psicológico ou psiquiátrico, em regime hospitalar ou ambulatorial.
(E) prestação de serviços à comunidade.

São medidas socioeducativas: advertência, reparação de danos, prestação de serviços à comunidade, liberdade assistida, semiliberdade e internação (art. 112 do ECA). As medidas socioeducativas só podem ser aplicadas pelo juiz ao adolescente (pessoa entre 12 anos completos e 18 anos) que pratica ato infracional. Na hipótese de prática de ato infracional pela criança, somente pode ser aplicada medida protetiva. Sendo assim, estão incorretas as alternativas A, B, C e E, pois todas representam medidas socioeducativas. A única alternativa que representa medida protetiva, na forma do art. 101 do ECA, é a alternativa D.
Gabarito "D".

(Investigador – PC/BA – 2018 – VUNESP) No que diz respeito à internação do adolescente infrator prevista no Estatuto da Criança e do Adolescente, é correto afirmar que, antes da sentença,

(A) a internação do adolescente infrator poderá ser determinada pelo juiz por prazo indeterminado.
(B) a internação do adolescente infrator poderá ser determinada pelo prazo máximo de 45 (quarenta e cinco) dias, desde que demonstrada a necessidade imperiosa da medida, sendo imprescindível a fundamentação da decisão com base em indícios suficientes de autoria e materialidade.
(C) a internação do adolescente infrator poderá ser determinada pelo prazo máximo de 45 (quarenta e cinco) dias, sendo prorrogável por mais 45 (quarenta e cinco) dias, desde que devidamente justificada a necessidade.
(D) não poderá ser determinada a internação do adolescente infrator pelo juiz.
(E) a internação do adolescente infrator poderá ser determinada pelo prazo máximo de 60 (sessenta) dias.

A: incorreta. A internação provisória do adolescente somente será permitida, nos termos do art. 183, do ECA pelo prazo máximo de 45 (quarenta e cinco) dias; **B:** correta. O prazo máximo e improrrogável para a conclusão do procedimento, estando o adolescente internado provisoriamente, será de quarenta e cinco dias (art. 183). Ademais, nos termos do art. 189 do ECA, a autoridade judiciária não poderá aplicar qualquer medida, desde que reconheça na sentença: i) estar provada a inexistência do fato; ii) não haver prova da existência do fato; iii) não constituir o fato ato infracional; iv) não existir prova de ter o adolescente concorrido para o ato infracional; **C:** incorreta. A medida não pode ser prorrogada por mais 45 dias (art. 183 do ECA); **D:** incorreta. A internação antes da sentença é permitida nos termos do art. 183 do ECA; **E:** incorreta. O prazo máximo para aplicação da internação provisória é de 45 dias.
Gabarito "B".

5. ATO INFRACIONAL – DIREITO PROCESSUAL

(Juiz de Direito – TJ/SP – 2023 – VUNESP) Quando apreendido o adolescente, o fato deve ser comunicado à autoridade judiciária competente e à família do adolescente

(A) imediatamente para a família e 24 (vinte e quatro) horas para a autoridade judiciária.
(B) imediatamente, pela autoridade policial.
(C) no prazo de 24 (vinte e quatro) horas pela autoridade judiciária à família do apreendido, após a comunicação incontinente da autoridade policial.
(D) no prazo de 24 (vinte e quatro) horas após a apresentação do adolescente ao Ministério Público, para oitiva informal.

Segundo dispõe o art. 107, *caput*, o ECA, a apreensão do adolescente e o local onde se encontra serão incontinenti comunicados ao Juiz da Infância e da Juventude e também à família do apreendido ou à pessoa que ele indicar. A autoridade policial que deixar de tomar tal providência incorrerá nas penas do crime do art. 231 do ECA; determina o parágrafo único do dispositivo que a autoridade judiciária, assim que tomar conhecimento da apreensão, examinará a possibilidade de liberação imediata, sob pena de responsabilidade. Se tomar conhecimento da apreensão ilegal e, sem justa causa, deixar de determinar a imediata liberação, cometerá o crime do art. 234 do ECA.
Gabarito "B".

(Juiz de Direito – TJ/SC – 2019 – CESPE/CEBRASPE) A Defensoria Pública (DP) apresentou defesa em processo no qual foi proferida, pelo juiz, sentença homologatória de remissão cumulada com medida socioeducativa de liberdade assistida, concedida a adolescente pelo Ministério Público (MP), na ocasião de oitiva informal, alegando o que se afirma nos itens a seguir.

I. Nulidade da oitiva informal do MP por ausência da defesa técnica.
II. Nulidade da sentença homologatória dos termos determinados pelo MP em razão da ausência da defesa técnica.
III. Impossibilidade de o MP conceder remissão cumulada com medida socioeducativa de liberdade assistida.

Considerando essa situação hipotética, assinale a opção correta acerca das alegações da DP.

(A) Apenas o item I está certo.
(B) Apenas o item II está certo.
(C) Apenas os itens I e III estão certos.
(D) Apenas os itens II e III estão certos.
(E) Todos os itens estão certos.

I: incorreta. A oitiva informal, prevista no art. 179 do ECA, não exige defesa técnica, posto que o Ministério Público não tem a função acusatória prevista expressamente no Código de Processo Penal. Assim, entende também o Superior Tribunal de Justiça que a oitiva informal *não está submetida aos princípios do contraditório e da ampla defesa* (HC 109.242/SP). **II:** correta. Apesar de válida a audiência informal sem defesa técnica, é inválida a sentença homologatória que impõe medida socioeducativa sem a presença de defensor. Nesse sentido: "Em que pese o Tribunal de origem não tenha debatido satisfatoriamente a questão, a liminar deve ser deferida, de ofício. Isto, porque, ainda que admita a jurisprudência a falta de defesa técnica na oitiva com o Ministério Público, a ausência do defensor na apresentação em Juízo e na sentença homologatória evidencia a ilegalidade, sendo violado o princípio da ampla defesa". No mesmo sentido: "*Habeas corpus*. ECA. Remissão concedida pelo Ministério Público ao paciente, como forma de exclusão dos procedimentos, cumulada com medida socioeducativa de prestação de serviços à comunidade. Cumprimento das medidas por precatória. Ausência de defesa técnica em juízo quando da homologação. Ilegalidade flagrante. Ofensa ao princípio da ampla defesa. Anulação do procedimento. Incompetência do tribunal *a quo* para revisar decisão proferida pelo juízo deprecante. Supressão de instância. Ordem concedida de ofício. (...)" HC 435.209/DF. **III**: incorreta. Nos termos do art. 126 do ECA, "Antes de iniciado o procedimento judicial para apuração de ato infracional, o representante do Ministério Público poderá conceder a remissão, como forma de exclusão do processo, atendendo às circunstâncias e consequências do fato, ao contexto social, bem como à personalidade do adolescente e sua maior ou menor participação no ato infracional". Assim, pode o Ministério Público conceder a remissão em conjunto com as medidas socioeducativas previstas no art. 112, incisos I a IV, desde que haja homologação da autoridade judicial (Súmula 108 do STJ: A aplicação de medidas socioeducativas ao adolescente, pela prática de ato infracional, é da competência exclusiva do juiz). ED

Gabarito "B".

6. CONSELHO TUTELAR

(Promotor de Justiça/SP – 2019 – MPE/SP) Assinale a alternativa correta.

(A) Os Conselhos Tutelares são órgãos permanentes, cujos membros cumprem mandato de quatro anos, permitida uma recondução.
(B) O Conselheiro Tutelar é agente público municipal, eleito dentre residentes desse município, maiores de 18 anos e com reconhecida idoneidade moral.
(C) Os Conselhos Tutelares são órgãos autônomos, com poder de requisição de serviços públicos previstos em lei, mas suscetíveis de revisão jurisdicional.
(D) Os Conselhos Tutelares, tais quais o Ministério Público e o Poder Judiciário, podem fiscalizar entidades governamentais e não governamentais responsáveis pela execução de programas de proteção destinados a crianças e adolescentes, mas não socioeducativas.
(E) Os acolhimentos de crianças e adolescentes realizados pelo Conselho Tutelar, nos limites do artigo 101 do Estatuto da Criança e do Adolescente, prescindem de guia específica.

A: Incorreta. Conforme art. 132 do ECA o conselheiro pode ser reconduzido sem qualquer limitação de mandato, desde que participe do processo de escolha que deverá ocorrer a cada quatro anos. **B**: Incorreta. São requisitos para a candidatura a membro do Conselho Tutelar: i) idoneidade moral; ii) idade superior a vinte um ano e iii) residir no município. **C**: Correta. O Conselheiro Tutelar é órgão autônomo (conforme art. 131 do ECA), com poder de requisição de serviços públicos previstos em lei (art. 136, III, *a*, do ECA), e suas decisões são suscetíveis de revisão jurisdicional (art. 137 do ECA). **D**: Incorreta. De acordo com o art. 95 do ECA, os Conselhos Tutelares podem fiscalizar entidades governamentais e não governamentais responsáveis pela execução de programas de programas de proteção destinados a crianças e adolescentes e socioeducativas. **E**: Incorreta. De acordo com o art. 101, § 3º, do ECA, crianças e adolescentes somente poderão ser encaminhados às instituições que executam programas de acolhimento institucional

por meio de uma Guia de Acolhimento, que deve observar diversos requisitos estabelecidos no mesmo dispositivo. RD

Gabarito "C".

7. MINISTÉRIO PÚBLICO

(Promotor de Justiça/CE – 2020 – CESPE/CEBRASPE) De acordo com as disposições do Estatuto da Criança e do Adolescente, promover e acompanhar ações de destituição do poder familiar é competência

(A) do conselho tutelar.
(B) da Defensoria Pública.
(C) do centro de referência especializado de assistência social.
(D) da vara da infância e da juventude.
(E) do Ministério Público.

De acordo com o art. 201, III, do ECA, compete ao Ministério Público "promover e acompanhar as ações de alimentos e os procedimentos de suspensão e destituição do pátrio poder familiar, nomeação e remoção de tutores, curadores e guardiães, bem como oficiar em todos os demais procedimentos da competência da Justiça da Infância e da Juventude". RD

Gabarito "E".

(Promotor de Justiça/SP – 2019 – MPE/SP) Leia as assertivas a seguir. Compete ao Ministério Público:

I. promover ações de alimentos em favor de criança ou adolescente economicamente pobre ou dada a precária ou inexistente assistência jurídica prestada pela Defensoria Pública local.
II. intervir, obrigatoriamente, nos processos e procedimentos da infância e juventude, dos quais não for parte, velando pela regularidade formal e suprindo alguma inatividade probatória.
III. a defesa de direitos individuais homogêneos, coletivos ou difusos, com rol meramente exemplificativo no art. 208 do ECA.
IV. propor mandado de segurança para cessar atos ilegais ou abusivos de autoridade pública ou agente de pessoa jurídica no exercício de atribuição do Poder Público, que lesem direito líquido e certo, previsto no ECA.

É correto o que se afirma em
(A) I e IV, apenas.
(B) I e II, apenas.
(C) II, III e IV, apenas.
(D) I, II, III e IV.
(E) II e III, apenas.

I: Correta. Conforme Súmula 594 do STJ. **II**: Correta. Conforme do art. 202 do ECA. **III**: Correta. Conforme disposto pelo art. 210 do ECA. **IV**: Correta. Conforme arts. 201, IX, e 212, § 2º, do ECA. RD

Gabarito "D".

8. ACESSO À JUSTIÇA

(Juiz de Direito – TJ/SC – 2024 – FGV) Laura, criança de 10 anos, é vítima de crime de estupro de vulnerável praticado pelo companheiro de sua avó, Jeremias. Durante audiência criminal para a coleta de seu depoimento especial, em rito cautelar de antecipação de prova, Laura demonstra grande temor ao ter ciência de que Jeremias encontra-se na sala de audiências, assistindo ao seu depoimento em tempo real, por transmissão de áudio e vídeo. Margareth, psicóloga do Tribunal de Justiça que se encontra na sala de depoimento especial com a criança, comunica ao juiz que se faz necessário o afastamento do imputado da sala de audiências, diante da reação da criança, contando tal manifestação da profissional especializada com a anuência do membro do Ministério Público. O advogado constituído por Jeremias se opõe ao pedido, invocando violação ao princípio do contraditório e da ampla defesa, caso seja autorizado o afastamento de seu cliente da sala de audiências.

Considerando o disposto na Lei n° 13.431/2017, é correto afirmar que:

(A) Margareth não pode se manifestar acerca do afastamento do imputado da sala de audiências, na medida em que não é parte processual, sendo a comunicação ao magistrado incabível;
(B) a previsão legal para o afastamento do imputado da sala de audiências inexiste, considerando que ele não se encontra no mesmo ambiente físico que Laura, in casu, a sala de depoimento especial;
(C) o depoimento especial de Laura é incabível pelo rito cautelar de antecipação de prova, na hipótese narrada, uma vez que a criança tem mais de 7 anos de idade;
(D) Jeremias poderá ser afastado da sala de audiências, na medida em que a sua presença pode prejudicar o depoimento especial da criança;
(E) o procedimento narrado consiste na escuta especializada, cujo escopo é a proteção social da criança e a produção de provas para a instrução criminal.

No caso narrado no enunciado, é de rigor que Margareth, psicóloga do Tribunal de Justiça que se encontra na sala de depoimento especial com Laura, leve o fato ao conhecimento do magistrado que preside a audiência, que determinará, se o caso, o afastamento do imputado da sala de audiências, conforme estabelece o art. 12, § 3°, da Lei 13.431/2017: "O profissional especializado comunicará ao juiz se verificar que a presença, na sala de audiência, do autor da violência pode prejudicar o depoimento especial ou colocar o depoente em situação de risco, caso em que, fazendo constar em termo, será autorizado o afastamento do imputado".
Gabarito "D".

(Juiz de Direito – TJ/DFT – 2023 – CEBRASPE) Tiago, que não está em situação de risco e cujo poder familiar é exercido regularmente pela sua mãe, ajuizou ação de alimentos em desfavor de seu genitor. A Defensoria Pública da comarca onde eles residem tende a ser eficiente nesse tipo de demanda.

Nessa situação hipotética, o Ministério Público

(A) tem legitimidade ativa para ajuizar a ação de alimentos, independentemente de quaisquer um dos elementos apresentados na situação em apreço.
(B) não tem legitimidade ativa para ajuizar a referida ação de alimentos, em razão do exercício regular do poder familiar pela mãe.
(C) não tem legitimidade ativa para ajuizar a ação de alimentos, em razão de Tiago não estar vivendo nenhuma situação de risco.
(D) não tem legitimidade ativa para ajuizar a ação de alimentos, já que existe órgão da Defensoria Pública eficiente no local onde a família reside, para atuar na demanda em questão.
(E) somente terá legitimidade ativa para ajuizar a ação de alimentos se a mãe de Tiago procurar a Defensoria Pública local, mas esta for ineficiente.

A legitimidade do Ministério Público para ajuizar e acompanhar ação de alimentos consta do art. 201, III, do ECA. Com relação a isso, o STJ editou a Súmula 594, nos seguintes termos: "O Ministério Público tem legitimidade ativa para ajuizar ação de alimentos em proveito de criança ou adolescente independentemente do exercício do poder familiar dos pais, ou do fato de o menor se encontrar nas situações de risco descritas no art. 98 do Estatuto da Criança e do Adolescente, ou de quaisquer outros questionamentos acerca da existência ou eficiência da Defensoria Pública na comarca."
Gabarito "A".

(Juiz de Direito – TJ/DFT – 2023 – CEBRASPE) De acordo com a Lei n.° 13.431/2017, assinale a opção correta acerca do depoimento especial de crianças e adolescentes vítimas ou testemunhas de violência.

(A) Em caso de quaisquer tipos de violência contra crianças e adolescentes, o depoimento especial seguirá o rito cautelar de antecipação de prova.
(B) O depoimento especial deverá ser tomado uma única vez, independentemente da necessidade, para evitar a potencialização de efeitos negativos na vítima.
(C) O depoimento especial deverá ocorrer diante da autoridade judiciária, uma vez que as vítimas são menores de idade, sendo vedada a sua tomada por autoridade policial.
(D) No curso do processo judicial, é vedada a transmissão do depoimento especial para a sala de audiência, em tempo real, em razão do sigilo.
(E) O depoimento especial deverá ser gravado em áudio e vídeo, podendo as perguntas ser adaptadas por profissional especializado, a fim de viabilizar a compreensão da criança ou do adolescente.

A: incorreta, pois não reflete o disposto no art. 11, § 1°, da Lei 13.431/2017; **B:** incorreta, pois não reflete o disposto no art. 11, § 2°, da Lei 13.431/2017; **C:** incorreta, pois não reflete o disposto no art. 8° da Lei 13.431/2017; **D:** incorreta, pois não reflete o disposto no art. 12, III, da Lei 13.431/2017; **E:** correta, nos termos do art. 12, V e VI, da Lei 13.431/2017.
Gabarito "E".

(Juiz de Direito/AP – 2022 – FGV) Joseane, adolescente de 12 anos, é vítima de estupro praticado por seu padrasto, Francisco. Após análise do inquérito policial, o Ministério Público oferece denúncia em face de Francisco, requerendo, em sede de produção antecipada de prova, o depoimento especial da adolescente. Na data da audiência, a profissional especializada que participa do ato processual na sala de depoimento especial lê a denúncia para a adolescente, questionando-a sobre a veracidade dos fatos. Joseane informa à profissional especializada que se sente intimidada ao saber que o padrasto está presente na sala de audiências e, em virtude disso, permanece calada. O magistrado suspende o ato processual e Joseane manifesta o desejo de prestar depoimento diretamente ao juiz, sem a presença do réu na sala de audiências.

Considerando os fatos narrados e o disposto na Lei nº 13.431/2017, é correto afirmar que:

(A) o depoimento especial seguirá o rito cautelar de antecipação de prova somente nos casos de crianças com idade inferior a 7 anos, não sendo aplicável à adolescente Joseane;

(B) a leitura da denúncia e de outras peças processuais para a adolescente pode ser autorizada pelo magistrado, ouvido o Ministério Público;

(C) a profissional especializada deverá comunicar ao juiz que a presença do réu pode prejudicar o depoimento especial, sendo possível que o magistrado o afaste;

(D) é vedado pela Lei nº 13.431/2017 que a adolescente preste depoimento diretamente ao magistrado, se assim entender, razão pela qual o requerimento deve ser indeferido;

(E) a Lei nº 13.431/2017 não autoriza o afastamento do réu da sala de audiências em qualquer hipótese, em observância aos princípios do contraditório e da ampla defesa.

A: incorreta, já que, segundo estabelece o art. 4º, § 1º, da Lei 13.431/2017, *a criança e o adolescente serão ouvidos sobre a situação de violência por meio de escuta especializada e depoimento especial*; B: incorreta. Por força do que dispõe o art. 12, I, da Lei 13.431/2017, é vedada a leitura da denúncia ou outras peças processuais no depoimento especial; C: correta, porquanto reflete o disposto no art. 12, § 3º, da Lei 13.431/2017, que autoriza o juiz, ante a comunicação do profissional especializado de que a presença do réu, na sala de audiência, pode prejudicar o depoimento especial, a determinar o afastamento deste; D: incorreta, pois não corresponde à regra presente no art. 12, § 1º, da Lei 13.431/2017, que confere à vítima ou testemunha o direito de prestar depoimento diretamente ao juiz; E: incorreta. Vide comentário à alternativa "C". ED

Gabarito "C".

(Juiz de Direito/GO – 2021 – FCC) A equipe interprofissional destinada a assessorar a Justiça da Infância e da Juventude, segundo disposição expressa do Estatuto da Criança e do Adolescente,

(A) compõe, ao lado do comissariado e dos agentes de proteção, os três serviços auxiliares da Justiça da Infância e da Juventude.

(B) terá, em caso de ausência de servidores públicos do Poder Judiciário, suas funções exercidas, por meio de requisição, por servidores do Poder Executivo local.

(C) será composta por psicólogos, assistentes sociais e pedagogos selecionados por concurso público de provas e títulos.

(D) tem como atribuição desenvolver trabalhos de aconselhamento, orientação, encaminhamento e outros, tudo sob a imediata subordinação à autoridade judiciária.

(E) tem assegurada a livre manifestação do ponto de vista técnico, observando, contudo, as abordagens teóricas e as práticas de intervenção decorrentes de lei ou decisão judicial.

A: incorreta, já que a assertiva não corresponde a disposição expressa do ECA; B: incorreta. Por força do que dispõe o art. 151, parágrafo único, do ECA, introduzido pela Lei 13.509/2017, em face da ausência ou insuficiência de servidores integrantes do Poder Judiciário, o magistrado procederá à nomeação de perito, tal como estabelece o art. 156 do CPC; C: incorreta. Cuida-se de previsão não contida no ECA; D: correta, pois reflete o disposto no art. 151, *caput*, do ECA; E: incorreta, já que o que se afirma na proposição não corresponde a norma do ECA. ED

Gabarito "D".

(Juiz de Direito/GO – 2021 – FCC) A Lei no 13.431, 04 de abril de 2017, ao instituir o sistema de garantia de direitos da criança e do adolescente vítima ou testemunha de violência, denomina e define

(A) a escuta especializada como a oitiva da criança vítima realizada em local separado, por profissional especializado, preservando a imagem e a intimidade da criança.

(B) a entrevista forense como o procedimento, orientado por protocolos, de inquirição de criança ou adolescente vítima ou testemunha de violência ou negligência.

(C) o depoimento sem dano como a oitiva de crianças e adolescentes vítimas de violência sexual com observância de procedimentos que preservem sua integridade psicológica e previnam a revitimização.

(D) a escuta protegida como o procedimento humanizado de inquirição de crianças vítimas de violência ou negligência, mediada por profissionais especializados, em âmbito judicial ou extrajudicial.

(E) o depoimento especial como o procedimento de oitiva de criança ou adolescente vítima ou testemunha de violência perante autoridade policial ou judiciária.

A: incorreta. Segundo o art. 7º da Lei 13.431/2017, a *escuta especializada* consiste no *procedimento de entrevista sobre situação de violência com criança ou adolescente perante órgão da rede de proteção, limitado o relato estritamente ao necessário para o cumprimento de sua finalidade*; B: incorreta. A Lei 13.431/2017 não contém a denominação *entrevista forense*; C: incorreta. O chamado *depoimento sem dano* (denominação não empregada pela Lei 13.431/2017) corresponde ao *depoimento especial*, este sim previsto no art. 8º da Lei 13.431/2017, que consiste no *procedimento de oitiva de criança ou adolescente vítima ou testemunha de violência perante autoridade policial ou judiciária*; D: incorreta. A Lei 13.431/2017 faz uso do termo *escuta especializada* (não faz referência à *escuta protegida*); E: correta. Vide comentário à alternativa "C". ED

Gabarito "E".

(Juiz de Direito/SP – 2021 – Vunesp) Tratando-se de recursos apresentados contra decisões proferidas em processos que digam respeito à proteção dos direitos das crianças e dos adolescentes, é correto afirmar que

(A) é dispensado o preparo.

(B) deverá ser observada a ordem cronológica de conclusão para julgamento, prevista no Código de Processo Civil.

(C) o prazo recursal será contado em dias úteis.

(D) o prazo recursal será de 15 dias, exceto para embargos de declaração.

A: correta, uma vez que o art. 198, I, do ECA dispõe que, nos procedimentos afetos à Justiça da Infância e Juventude, os recursos serão interpostos independentemente de preparo; B: incorreta, dado o que estabelece o art. 198, III, do ECA: *os recursos terão preferência de julgamento e dispensarão revisor*; C: incorreta, pois, segundo reza o art. 152, § 2º, do ECA, introduzido pela Lei 13.509/2017, *os prazos estabelecidos nesta Lei e aplicáveis aos seus procedimentos são contados em*

dias corridos, excluído o dia do começo e incluído o dia do vencimento, vedado o prazo em dobro para a Fazenda Pública e o Ministério Público; **D:** incorreta, pois contraria a norma presente no art. 198, II, do ECA: em todos os recursos, salvo nos embargos de declaração, o prazo para o Ministério Público e para a defesa será sempre de 10 (dez) dias.
Gabarito "A".

(Juiz de Direito - TJ/MS - 2020 - FCC) Ana tem 12 anos e foi vítima de violência sexual. Conforme previsão expressa da Lei 13.431/2017,

(A) a escuta de Ana, bem como das testemunhas do fato, seguirá o rito cautelar de antecipação de prova.

(B) a escuta especializada de Ana será gravada em áudio e vídeo.

(C) salvo para os fins de assistência à saúde e de persecução penal, é vedado o repasse a terceiros das declarações feitas por Ana.

(D) a escuta especializada de Ana reger-se-á por protocolos padronizados de inquirição a serem observados pelo Conselho Tutelar e pela autoridade policial.

(E) como parte de seu direito à informação, antes de ser colhido seu depoimento pessoal, será feita a leitura da denúncia para Ana.

De acordo com o a Lei 13.431/2017, **escuta especializada** é o procedimento de entrevista sobre situação de violência com criança ou adolescente perante a rede de atendimento de proteção a crianças e adolescentes, ficando limitado o relato estritamente ao necessário para o cumprimento de sua finalidade. Já o **depoimento especial** é o procedimento de oitiva de criança ou adolescente vítima ou testemunha de violência perante autoridade policial ou judiciária. **A:** incorreta. Conforme art. 11 da lei, o depoimento especial de Ana seguirá o rito cautelar de antecipação de provas, e não sua escuta especializada. **B:** incorreta. O depoimento especial de Ana será gravado em áudio e vídeo, conforme art. 12, VI, nada tratando a lei sobre a sua escuta especializada. **C:** correta. Conforme expressamente previsto no art. 5º, XIV, da Lei 13.431/2017: "A aplicação desta Lei, sem prejuízo dos princípios estabelecidos nas demais normas nacionais e internacionais de proteção dos direitos da criança e do adolescente, terá como base, entre outros, os direitos e garantias fundamentais da criança e do adolescente a: (...) XIV – ter as informações prestadas tratadas confidencialmente, sendo vedada a utilização ou o repasse a terceiro das declarações feitas pela criança e pelo adolescente vítima, salvo para os fins de assistência à saúde e de persecução penal". **D:** incorreta. Conforme distinção feita acima sobre escuta especializada e depoimento pessoal, a escuta especializada ocorrerá perante o órgão da rede de proteção (do qual o Conselho Tutelar faz parte) e o depoimento especial ocorrerá perante a autoridade policial ou judiciária. **E:** incorreta. O art. 12, I, da mencionada lei estabelece que os profissionais especializados esclarecerão à criança ou ao adolescente sobre a tomada do depoimento especial, informando-lhe os seus direitos e os procedimentos a serem adotados e planejando sua participação, sendo vedada a leitura da denúncia ou de outras peças processuais.
Gabarito "C".

(Juiz de Direito - TJ/AL - 2019 - FCC) O Estatuto da Criança e do Adolescente (ECA - Lei n. 8.069/1990) estabelece, expressamente, como regra geral referente aos procedimentos nele regulados, que

(A) os prazos estabelecidos no ECA aplicáveis aos seus procedimentos são contados em dias corridos, vedado o prazo em dobro para a Fazenda Pública e Defensoria Pública.

(B) se a medida judicial a ser adotada não corresponder a procedimento previsto no ECA, a autoridade judiciária poderá investigar os fatos e ordenar de ofício as providências necessárias.

(C) as ações judiciais da competência da Justiça da Infância e da Juventude são isentas de custas, emolumentos e honorários de sucumbência.

(D) o Ministério Público, nos processos em que for parte, será intimado para, no prazo máximo de dez dias, intervir como curador da infância e da juventude, podendo juntar documentos e requerer diligências, usando os recursos cabíveis.

(E) as normas procedimentais previstas no ECA permitem adequação ou flexibilização, sempre que assim exigir a tutela do melhor interesse da criança e do adolescente, demonstrada em decisão judicial fundamentada.

A: incorreta. Os prazos estabelecidos no ECA são contados em dias corridos, excluído o dia do começo e incluído o dia do vencimento, vedado o prazo em dobro para a Fazenda Pública e o Ministério Público (art. 152, § 2º). **B:** correta. Nos termos do art. 153 do ECA. **C:** incorreta. As ações judiciais da competência da Justiça da Infância e da Juventude são isentas de custas e emolumentos, ressalvada a hipótese de litigância de má-fé (art. 141, § 2º). **D:** incorreta. Nos processos e procedimentos em que não for parte, atuará obrigatoriamente o Ministério Público na defesa dos direitos e interesses da criança e do adolescente, hipótese em que terá vista dos autos depois das partes, podendo juntar documentos e requerer diligências, usando os recursos cabíveis (art. 202). Ademais, reza do art. 142, parágrafo único, que a autoridade judiciária designará curador especial à criança ou adolescente, sempre que os interesses destes colidirem com os de seus pais ou responsável, ou quando carecer de representação ou assistência legal ainda que eventual. A curadoria especial não cabe ao MP, nesses casos, o MP será apenas fiscal da lei, devendo o juiz designar um curador especial. **E:** Devem-se observar os procedimentos previstos no ECA justamente porque em todas as suas regras já se presumem a proteção integral e o melhor interesse da criança. Aos procedimentos especiais aplicam-se, subsidiariamente, as normas gerais previstas na legislação processual pertinente (art. 152, *caput*).
Gabarito "B".

(Juiz de Direito - TJ/BA - 2019 - CESPE/CEBRASPE) Com relação aos crimes contra a criança e o adolescente previstos na legislação pertinente, julgue os próximos itens.

I. O crime de corrupção de menores previsto no ECA é um delito material, razão porque, para a sua caracterização, é necessária a efetiva comprovação de que o menor foi corrompido.

II. O processamento e julgamento do crime de publicação de material pedófilo-pornográfico em sítios da Internet será da competência da justiça federal, quando for possível a identificação do atributo da internacionalidade do resultado obtido ou que se pretendia obter.

III. A mera simulação da participação de criança ou adolescente em cena pornográfica por meio da adulteração de fotografia é uma conduta atípica, haja vista a ausência de perigo concreto ao bem jurídico que poderia ser tutelado.

IV. O armazenamento de fotografias ou vídeos que contenham cena de sexo explícito envolvendo criança ou adolescente configura conduta atípica se o possuidor desse conteúdo o tiver recebido de forma involuntária.

Assinale a opção correta.

(A) Apenas o item I está certo.

(B) Apenas o item II está certo.
(C) Apenas o item III está certo.
(D) Apenas os itens II e IV estão certos.
(E) Apenas os itens I, III e IV estão certos.

I: incorreta. Conforme Súmula 500, do STJ, "a configuração do crime previsto no art. 244-B (corrupção de menores) do ECA independe da prova da efetiva corrupção do menor, por se tratar de delito formal"; II: correta. Conforme entendimento do STF em sede de Recurso Extraordinário com repercussão geral, "compete à Justiça Federal processar e julgar os crimes consistentes em disponibilizar ou adquirir material pornográfico envolvendo criança ou adolescente (arts. 241, 241-A e 241-B do ECA), quando praticados por meio da rede mundial de computadores (internet)". STF. Plenário. RE 628624/MG, Rel. Min. Marco Aurélio, j. 28 e 29/10/2015. Na mesma toada, STJ assim definiu: "Deliberando sobre o tema, o Plenário do Supremo Tribunal Federal, no julgamento do Recurso Extraordinário n. 628.624/MG, em sede de repercussão geral, assentou que a fixação da competência da Justiça Federal para o julgamento do delito do art. 241-A do Estatuto da Criança e do Adolescente (divulgação e publicação de conteúdo pedófilo-pornográfico) pressupõe a possibilidade de identificação do atributo da internacionalidade do resultado obtido ou que se pretendia obter" (STJ, RHC 85.605/RJ, 5ª Turma, DJe 02/10/2017); III: incorreta. Configura crime descrito no art. 241-C do ECA: "Simular a participação de criança ou adolescente em cena de sexo explícito ou pornográfica por meio de adulteração, montagem ou modificação de fotografia, vídeo ou qualquer outra forma de representação visual: Pena – reclusão, de 1 (um) a 3 (três) anos, e multa"; IV: incorreta. Configura crime descrito no art. 241-B do ECA: "Adquirir, possuir ou armazenar, por qualquer meio, fotografia, vídeo ou outra forma de registro que contenha cena de sexo explícito ou pornográfica envolvendo criança ou adolescente: Pena – reclusão, de 1 (um) a 4 (quatro) anos, e multa". ED

Gabarito "B".

(Juiz de Direito – TJ/BA – 2019 – CESPE/CEBRASPE) À luz do ECA e da jurisprudência do STJ, assinale a opção correta, quanto à defesa dos interesses individuais, coletivos e difusos, às atribuições do MP, ao instituto da remissão e a garantias e aspectos processuais.

(A) Ao exibir quadro que possa criar situações humilhantes a crianças e adolescentes, uma emissora de televisão poderá sofrer penalidades administrativas, mas não será responsabilizada por dano moral coletivo, visto ser inviável a individualização das vítimas da conduta.
(B) A legitimidade ativa do MP para ajuizar ação de alimentos em prol de criança ou adolescente tem caráter subsidiário, ou seja, surge somente quando ausente a atuação da DP no local.
(C) A competência para processar e julgar ação civil pública ajuizada contra um estado federado na busca da defesa de crianças e adolescentes é, em regra, absoluta das varas da fazenda pública, por previsão constitucional.
(D) Na oitiva de apresentação, o representante do MP pode conceder, sem a presença da defesa técnica, a remissão ao ato infracional. Contudo, na audiência ou no procedimento de homologação por sentença da remissão, para evitar nulidade absoluta, é obrigatória a presença de defensor.
(E) Antes de iniciado o processo para apuração de ato infracional, o MP poderá conceder a remissão como forma de exclusão do processo, podendo incluir qualquer medida socioeducativa, sendo a única exceção a internação.

A: incorreta. O tema foi objeto de Ação Civil Pública, julgada no Superior Tribunal de Justiça, tendo sido admitido o dano moral coletivo: "a análise da configuração do dano moral coletivo, na espécie, não reside na identificação de seus telespectadores, mas sim nos prejuízos causados a toda sociedade, em virtude da vulnerabilização de crianças e adolescentes, notadamente daqueles que tiveram sua origem biológica devassada e tratada de forma jocosa, de modo a, potencialmente, torná-los alvos de humilhações e chacotas pontuais ou, ainda, da execrável violência conhecida por *bullying*". (REsp 1.517.973-PE, Rel. Min. Luis Felipe Salomão). **B**: incorreta. O Ministério Público tem legitimidade para promover e acompanhas as ações de alimentos (art. 201, III, do ECA). Veja também a súmula 594 do STJ: "O Ministério Público tem legitimidade ativa para ajuizar ação de alimentos em proveito de criança ou adolescente independentemente do exercício do poder familiar dos pais, ou do fato de o menor se encontrar nas situações de risco descritas no artigo 98 do Estatuto da Criança e do Adolescente, ou de quaisquer outros questionamentos acerca da existência ou eficiência da Defensoria Pública na comarca". **C**: incorreta. A justiça da infância e juventude é competente para conhecer as ações civis fundadas em interesses individuais, difusos ou coletivos afetos à criança e ao adolescente (Art. 148, IV, do ECA). **D**: correta. A remissão sugerida pelo Ministério Público ocorre antes do oferecimento da representação, razão pela qual não há a exigência da presença da defesa (art. 179 do ECA). No entanto, na audiência de apresentação (art. 184 cc o art. 186 do ECA) ou homologação da remissão pelo juiz, requer-se a presença do advogado. Veja entendimento do STJ a respeito: "No caso, o Ministério Público estadual ofereceu remissão ao menor, em ato realizado sem defesa técnica. 2. Assim, ainda que a jurisprudência admita a falta de defesa técnica na oitiva com o Ministério Público, a ausência do defensor na apresentação em Juízo e na sentença homologatória evidencia a ilegalidade, sendo violado o princípio da ampla defesa. Precedentes. 3. Ordem concedida, confirmando-se a liminar anteriormente deferida, para anular a audiência realizada sem a defesa técnica do menor, bem como os demais atos praticados *a posteriori*." (HC 415.295/DF, Rel. Ministro Sebastião Reis Júnior, Sexta Turma, julgado em 14/08/2018, DJe 03/09/2018). **E**: incorreta. Nos termos do art. 127 do ECA, a remissão sugerida pelo Ministério Público pode vir acompanhada de aplicação de medida socioeducativa de advertência, reparação de danos, prestação de serviços à comunidade ou liberdade assistida, a ser aplicada pelo juiz (Súmula 108 do STJ). As medidas de semiliberdade e internação não podem ser aplicadas junto com a remissão. ED

Gabarito "D".

(Juiz de Direito – TJ/RS – 2018 – VUNESP) Em relação ao poder familiar, é correto afirmar:

(A) o consentimento dos pais, detentores do poder familiar, nos pedidos para colocação em família substituta, é retratável até a data da realização da audiência judicial, sendo vedado aos pais exercerem o arrependimento após a prolação da sentença de extinção do poder familiar.
(B) a condenação criminal do pai ou da mãe, por crime doloso praticado contra a vida, implicará na destituição do poder familiar.
(C) é atribuição do Conselho Tutelar representar ao Ministério Público para efeito das ações de perda ou suspensão do poder familiar, após esgotadas as possibilidades de manutenção da criança ou do adolescente junto à família natural.
(D) no procedimento para suspensão ou perda do poder familiar é obrigatória a oitiva dos pais sempre que eles forem identificados e estiverem em local conhecido,

ressalvados os casos de não comparecimento perante a Justiça quando devidamente citados ou estiverem privados de liberdade.

(E) a falta ou a carência de recursos materiais como motivo suficiente para a perda ou a suspensão do poder familiar deve ser comprovada mediante o devido processo legal perante a autoridade judiciária competente.

A: incorreta. Nos termos do art. 166, § 1º, o consentimento para a entrega da criança para adoção é feito por meio de pedido formulado diretamente em cartório, sendo **retratável** até a audiência que será designada para a verificação da concordância com a adoção. O mesmo artigo, em seu § 5º, garante aos pais o direito de exercer o **arrependimento** em até 10 (dez) dias contados da data de prolação da sentença de extinção do poder familiar; **B:** incorreta. A condenação criminal do pai ou da mãe não implicará a destituição do poder familiar, exceto na hipótese de condenação por crime doloso, sujeito à pena de reclusão, contra o próprio filho ou filha (art. 23, § 2º); **C:** correta. Nos exatos termos do art. 136, inciso XI, do ECA; **D:** incorreta. É obrigatória a oitiva dos pais sempre que forem identificados e estiverem em local conhecido, ressalvados os casos de não comparecimento perante a Justiça quando devidamente citados (art. 161, § 4º); no entanto, se o pai ou a mãe estiverem privados de liberdade, a autoridade judicial requisitará sua apresentação para a oitiva (art. 161, § 5º); **E:** incorreta. A falta ou a carência de recursos materiais não constitui motivo suficiente para a perda ou a suspensão do poder familiar (art. 23 do ECA). RD

Gabarito "C".

9. INFRAÇÕES ADMINISTRATIVAS

Um médico atendeu em seu consultório uma criança que apresentava fraturas e hematomas por todo o corpo e alegava maus-tratos. A criança estava acompanhada de seu responsável e, por isso, o médico decidiu não comunicar à autoridade competente os maus-tratos contra a criança.

(Promotor de Justiça/CE – 2020 – CESPE/CEBRASPE) Nesse caso, de acordo com o Estatuto da Criança e do Adolescente, a conduta do médico

(A) não constitui crime nem infração administrativa.
(B) constitui crime culposo com pena de detenção.
(C) constitui crime culposo com pena de multa.
(D) constitui infração administrativa com pena de multa.
(E) constitui infração administrativa com pena de cassação do registro profissional.

O ECA dispõe sobre a conduta acima descrita no capítulo II, infrações administrativas. Assim, de acordo com o art. 245, deixar o médico, professor ou responsável por estabelecimento de atenção à saúde e de ensino fundamental, pré-escola ou creche, de comunicar à autoridade competente os casos de que tenha conhecimento, envolvendo suspeita ou confirmação de maus-tratos contra criança ou adolescente, é infração administrativa repreendida com pena de multa de três a vinte salários de referência, aplicando-se o dobro em caso de reincidência. RD

Gabarito "D".

(Promotor de Justiça/SP – 2019 – MPE/SP) Em relação ao crime de corrupção de pessoa menor de 18 anos, assinale a alternativa correta.

(A) Se o agente maior de idade apenas induz o menor de 18 anos à prática de ato infracional, não há crime de corrupção de menor.

(B) O agente maior de idade que pratica tráfico de drogas junto de menor de 18 anos, responde por esse delito, em concurso formal com a corrupção.

(C) O agente maior de idade que pratica infração penal junto de dois menores de 18 anos não responde por duas corrupções.

(D) Segundo o STJ, o crime de corrupção de menores de 18 anos é material.

(E) O agente maior de idade que pratica infração penal junto de menor de 18 anos, o qual não registrava qualquer antecedente, responde por dois delitos, em concurso formal.

A: Incorreta. A conduta descrita no art. 244-B do ECA implica **corromper** ou **facilitar a corrupção** de menor de 18 anos, com ele praticando infração penal ou **induzindo-o** a praticá-la. **B:** Incorreta. Conforme entendimento do STJ, em virtude do Princípio da Especialidade, o agente que pratica delito de tráfico de drogas responde pelos crimes previstos pela Lei 11.343/2006. Na hipótese de o delito praticado pelo agente e pelo menor de 18 anos não estar previsto nos arts. 33 a 37 da Lei de Drogas, o réu poderá ser condenado pelo crime de corrupção de menores, porém, se a conduta estiver tipificada em um desses artigos (33 a 37), não será possível a condenação por aquele delito, mas apenas a majoração da sua pena com base no art. 40, VI, da Lei n. 11.343/2006. (STJ, REsp 1.622.781/MT, Rel. Min. Sebastião Reis Júnior, DJe 12/12/2016). Assim, o agente maior de idade que pratica tráfico de drogas junto de menor de 18 anos não responde pelo delito tipificado no art. 244-B do ECA, ficando incurso apenas no art. 40, VI, da Lei de Drogas. **C:** Incorreta. Conforme entendimento do STJ, "A prática de crimes em concurso com dois adolescentes dá ensejo à condenação por dois crimes de corrupção de menores". (6ª Turma. REsp 1.680.114-GO, Rel. Min. Sebastião Reis Júnior, julgado em 10/10/2017). **D:** Incorreta. Assim reza a súmula 500 do STJ: "A configuração do crime previsto no artigo 244-B do Estatuto da Criança e do Adolescente independe de prova da efetiva corrupção do menor, por se tratar de delito formal". **E:** Correta. Conforme entendimento do STJ, "deve ser reconhecido o concurso formal entre os delitos de roubo e corrupção de menores (art. 70, primeira parte, do CP) na hipótese em que, mediante uma única ação, o réu praticou ambos os delitos, tendo a corrupção de menores se dado em razão da prática do delito patrimonial". (HC n. 411.722/SP, Ministra Maria Thereza de Assis Moura, Sexta Turma, DJe 26/2/2018). RD

Gabarito "E".

10. DECLARAÇÕES E CONVENÇÕES

(Defensor Público – DPE/PR – 2017 – FCC) Dentre diversas novidades, o Estatuto da Criança e do Adolescente passou a prever a possibilidade de remissão ao adolescente que viesse a praticar ato infracional. Esta previsão decorreu de compromissos assumidos pelo Brasil no âmbito internacional, havendo a expressa recomendação para adoção da remissão

(A) no Pacto Internacional de Direitos Civis e Políticos.
(B) na Declaração dos Direitos da Criança – Assembleia das Nações Unidas, 1959.
(C) nas Regras Mínimas das Nações Unidas para a Administração da Justiça, da Infância e da Juventude – Regras de Beijing.
(D) nas Diretrizes das Nações Unidas para Prevenção da Delinquência Juvenil – Diretrizes de Riad.
(E) no Pacto de San José da Costa Rica

A: incorreta. O Pacto Internacional de Direitos Civis e Políticos (Decreto 592/1992) trata das liberdades civis e políticas, em conformidade com os princípios proclamados na Carta das Nações Unidas, reconhecendo que a dignidade inerente a todos os membros da família humana e de seus direitos iguais e inalienáveis constitui o fundamento da liberdade, da justiça e da paz no mundo. **B:** incorreta. A Declaração dos Direitos da Criança, fundamentada na proteção integral e no melhor interesse da criança, visa ao bem-estar físico, mental e intelectual da criança, para que possa gozar dos direitos e liberdades previstos na declaração. **C:** correta. As Regras Mínimas das Nações Unidas para a Administração da Justiça, da Infância e da Juventude – Regras de Beijing trata dos primeiros traços do Sistema de Justiça da Infância e Juventude para o julgamento de crianças e adolescentes autores de ilícitos penais, incluindo garantias para um julgamento justo, imparcial e conduzido por juízo especializado, sendo a remissão uma das suas orientações. **D:** incorreta. As Diretrizes das Nações Unidas para Prevenção da Delinquência Juvenil – Diretrizes de Riad, são voltadas para a **prevenção** da delinquência, não tratando de questões sobre a remissão. **E:** incorreta. O Pacto de San José da Costa Rica constitui diploma consolidador dos Direitos Humanos, não somente voltado ao adolescente infrator.

Gabarito "C".

11. TEMAS COMBINADOS E OUTROS TEMAS

(Juiz de Direito – TJ/DFT – 2023 – CEBRASPE) Ana, divorciada, tem três filhos: uma menina de dois anos de idade; uma menina de três anos de idade; e um adolescente de quinze anos de idade. Ana é a única provedora do lar, já que não recebe pensão alimentícia nem apoio do pai biológico das crianças ou de quaisquer outras pessoas. Ela e as crianças moram em uma região administrativa do Distrito Federal. Visando ter tempo para trabalhar, ela tem buscado vagas em creches e pré-escolas públicas para as filhas menores, porém, a única resposta que vem recebendo é a de que não é possível o atendimento às crianças. O filho mais velho de Ana informou à mãe que pretende ajudar financeiramente a família.

Na situação hipotética apresentada, em relação aos filhos de Ana, o Estado tem o dever constitucional de assegurar

(A) o atendimento às duas meninas em creche ou pré--escola, sendo vedado ao adolescente exercer qualquer atividade remunerada.

(B) o atendimento às duas meninas em creche, podendo o adolescente exercer atividade como aprendiz, assegurados a ele direitos trabalhistas e previdenciários.

(C) o atendimento à filha maior de Ana em pré-escola, mas não o atendimento à filha menor em uma creche, sendo vedado ao adolescente exercer qualquer atividade remunerada.

(D) o atendimento às duas meninas em pré-escola, podendo o adolescente exercer atividade como aprendiz, assegurados a ele somente direitos previdenciários.

(E) o atendimento às duas meninas em creche, podendo o adolescente exercer atividade como aprendiz, assegurados a ele somente direitos trabalhistas.

A solução desta questão, no que concerne às filhas de Ana, que contam com 2 e 3 anos de idade, deve ser extraída do art. 30, I, da Lei 9.394/1996 (Lei de Diretrizes e Bases da Educação Nacional), que a elas assegura que a educação infantil será oferecida em creches, ou entidades equivalentes, para crianças de até três anos de idade; quanto ao filho adolescente de Ana, que conta com 15 anos, poderá ele exercer atividade na condição de aprendiz, conforme estabelece o art. 60 do ECA, sendo-lhe assegurados direitos trabalhistas e previdenciários, nos termos do que dispõe o art. 65 do ECA.

Gabarito "B".

(Juiz de Direito/AP – 2022 – FGV) O promotor de justiça da Infância e Juventude de Macapá recebe denúncia anônima, através do serviço "Disque 100", noticiando que Josenildo, dirigente da entidade de acolhimento institucional do município, tem se apropriado indevidamente de itens alimentícios encaminhados pela Prefeitura para as crianças e adolescentes em acolhimento. Após a confirmação da ocorrência dos fatos, o promotor de justiça ajuíza representação para apuração de irregularidade em entidade de atendimento não governamental, em conformidade com o rito procedimental previsto na Lei nº 8.069/1990 para essa hipótese. Após regular citação, o dirigente continua a se apropriar dos alimentos, levando-os para a sua casa, e deixando os acolhidos sem proteína em sua alimentação diária. Em virtude disso, o promotor de justiça requer o afastamento provisório do dirigente da entidade de acolhimento.

Considerando o disposto na Lei nº 8.069/1990 (ECA), é correto afirmar que:

(A) em virtude do princípio da celeridade processual, o ECA não prevê a realização de audiência de instrução e julgamento para o procedimento de apuração de irregularidades em entidades;

(B) caso defira o pedido de afastamento provisório do dirigente, o magistrado deverá nomear diretamente interventor para gerir a entidade, dentre as pessoas de conduta ilibada na comarca;

(C) não há previsão legal para afastamento provisório do dirigente da entidade, antes de concluída a instrução do procedimento;

(D) antes de aplicar qualquer das medidas, a autoridade judiciária poderá fixar prazo para a remoção das irregularidades verificadas;

(E) caso julgado procedente o pedido, será aplicável ao dirigente da entidade a pena privativa de liberdade, a ser fixada em consonância com a gravidade de sua conduta, conforme previsão do ECA.

A: incorreta. Se entender necessário, poderá o juiz, no procedimento de apuração de irregularidade em entidade de atendimento, designar audiência de instrução e julgamento, do que as partes serão intimadas (art. 193, *caput*, do ECA); **B:** incorreta. Na hipótese de ser determinado o afastamento provisório do dirigente da entidade, deverá o magistrado oficiar à autoridade administrativa imediatamente superior ao afastado, marcando prazo para a substituição (art. 193, § 2º, do ECA); **C:** incorreta, pois não reflete o disposto no art. 191, parágrafo único, do ECA, que autoriza o juiz, na hipótese de o motivo ser grave, a decretar liminarmente o afastamento provisório do dirigente da entidade; **D:** correta (art. 193, § 3º, do ECA); **E:** incorreta, já que não há previsão de pena privativa de liberdade. Segundo o art. 193, § 4º, do ECA, *a multa e a advertência serão impostas ao dirigente da entidade ou programa de atendimento*.

Gabarito "D".

(Procurador Município – Santos/SP – VUNESP – 2021) Em relação à proteção judicial dos interesses metaindividuais, o Estatuto da Criança e do Adolescente prevê:

(A) os órgãos públicos legitimados para a sua defesa poderão tomar dos interessados compromisso de ajustamento de sua conduta às exigências legais, o qual terá eficácia de título executivo judicial.

(B) será cabível, como regra, o manejo de ação civil pública contra atos ilegais ou abusivos de autoridade pública ou agente de pessoa jurídica no exercício de atribuições do poder público, que lesem direito líquido e certo previsto no Estatuto.

(C) nas ações cíveis ajuizadas para a sua defesa, em caso de desistência ou abandono da ação por associação legitimada, o Ministério Público ou outro legitimado poderá assumir a titularidade ativa.

(D) os valores das multas aplicadas em processos judiciais reverterão ao fundo gerido pelo Conselho dos Direitos da Criança e do Adolescente do respectivo Estado.

(E) as demandas propostas visando à sua salvaguarda serão propostas no foro do local onde ocorreu ou deva ocorrer a ação ou omissão, cujo juízo terá competência relativa para processar a causa, ressalvadas a competência da Justiça Federal e a competência originária dos tribunais superiores.

A: incorreta, na medida em que, por força do que dispõe o art. 211 da Lei 8.069/1990 (Estatuto da Criança e do Adolescente), o compromisso de ajustamento de conduta, neste caso, terá eficácia de título executivo *extrajudicial* (e não judicial, como consta da assertiva); **B:** incorreta, uma vez que, contra atos ilegais ou abusivos de autoridade pública ou agente de pessoa jurídica no exercício de atribuições do poder público, que lesem direito líquido e certo previsto no ECA, caberá ação mandamental, que obedecerá às regras estabelecidas para o mandado de segurança. É o que dispõe o art. 212, § 2º, do ECA; **C:** correta, pois reflete o disposto no art. 210, § 2º, do ECA; **D:** incorreta, pois não corresponde ao que estabelece o art. 214, *caput*, do ECA, segundo o qual as multas reverterão ao fundo gerido pelo Conselho dos Direitos da Criança e do Adolescente do respectivo município (e não do Estado); **E:** incorreta, já que se trata de competência *absoluta* (art. 209, ECA). **ED**

Gabarito "C".

(Promotor de Justiça/CE – 2020 – CESPE/CEBRASPE) Nos termos da Lei 12.594/2012, a função de fiscalização do Sistema Nacional de Atendimento Socioeducativo é exercida

(A) pela justiça da infância e da juventude.

(B) pelo Conselho Nacional dos Direitos da Criança e do Adolescente.

(C) pelo Ministério Público.

(D) pela Secretaria de Direitos Humanos da Presidência da República.

(E) pelo conselho tutelar.

A: Incorreta. A competência da Vara de Infância e Juventude é definida pelo art. 146 do ECA e traz ao Poder Judiciário a competência para aplicação da medida socioeducativa. **B:** Correta. De acordo com o art. 3º, § 2º, da Lei 12.594/2012, ao Conselho Nacional dos Direitos da Criança e do Adolescente (Conanda) competem as funções normativa, deliberativa, de avaliação e de fiscalização do SINASE. **C:** Incorreta. As funções do Ministério Público estão definidas pelos arts. 200 a 205 do ECA. **D:** Incorreta. A Secretaria de Direitos Humanos da Presidência da República foi criada pela revogada Lei 10.683/2003 e não tem a função de fiscalização do SINASE. **E:** Incorreta. As funções do Conselho Tutelar estão definidas no art. 136 do ECA. **RD**

Gabarito "B".

(Promotor de Justiça/PR – 2019 – MPE/PR) Nos termos do que expressamente estabelece a Lei n. 8.069/90 (Estatuto da Criança e do Adolescente), assinale a alternativa incorreta. É medida aplicável aos pais ou responsáveis:

(A) Obrigação de encaminhar a criança ou adolescente a tratamento especializado.

(B) Comparecimento em juízo, no prazo e nas condições fixadas pelo juiz, para informar e justificar as atividades.

(C) Advertência.

(D) Perda da guarda.

(E) Destituição da tutela.

De acordo com o art. 129 do ECA, são medidas aplicáveis aos pais ou responsáveis: I – encaminhamento a serviços e programas oficiais ou comunitários de proteção, apoio e promoção da família; II – inclusão em programa oficial ou comunitário de auxílio, orientação e tratamento a alcoólatras e toxicômanos; III – encaminhamento a tratamento psicológico ou psiquiátrico; IV – encaminhamento a cursos ou programas de orientação; V – obrigação de matricular o filho ou pupilo e acompanhar sua frequência e aproveitamento escolar; VI – obrigação de encaminhar a criança ou adolescente a tratamento especializado; VII – advertência; VIII – perda da guarda; IX – destituição da tutela; X – suspensão ou destituição do pátrio poder familiar". **RD**

Gabarito "B".

(Promotor de Justiça/SP – 2019 – MPE/SP) Nos termos do Estatuto da Criança e do Adolescente (ECA), Lei 8.069/90, assinale a alternativa INCORRETA.

(A) Remissão judicial é a concedida pelo juiz, como forma de extinção ou suspensão do processo, e poderá ser aplicada em qualquer fase do procedimento, antes da sentença.

(B) O art. 42, § 6º, do ECA estabelece ser possível a adoção ao adotante que, após inequívoca manifestação de vontade, vier a falecer no curso do procedimento de adoção.

(C) Nos casos de adoção unilateral, conforme dispõe o § 1º, do artigo 41, se um dos cônjuges ou concubinos adota o filho do outro, cria-se novo vínculo de filiação e rompem-se os vínculos de filiação entre o adotado e o cônjuge ou o concubino do adotante e os respectivos parentes, atribuindo a condição de filho ao adotado, com os mesmos direitos e deveres, inclusive sucessórios.

(D) Na sentença, aplicada a medida socioeducativa de internação, é desnecessária a estipulação de prazo, porquanto se equipara à medida de segurança penal no sentido de que só uma avaliação prévia permite abreviar a internação.

(E) A medida socioeducativa de internação somente pode ser aplicada quando caracterizada uma das hipóteses previstas no art. 122 do ECA e caso não haja outra medida mais adequada e menos onerosa à liberdade do adolescente.

A: Correta. Conforme arts. 126 e 188 do ECA. **B:** Correta. Trata-se da adoção *post mortem*. **C:** Incorreta. Conforme referido art. 41, § 1º do ECA, na adoção unilateral, "se um dos cônjuges ou concubinos adota o filho do outro, mantém-se os vínculos de filiação entre o adotado e o cônjuge ou concubino do adotante e os respectivos parentes". **D:** Correta. Conforme art. 121, §§ 1º e 2º, do ECA. **E:** Correta. O rol do art. 122 é taxativo e só permite a aplicação da medida socioeducativa de internação nas hipóteses nele previstas. **RD**

Gabarito "C".

(Juiz de Direito – TJ/AL – 2019 – FCC) Em relação à publicidade direcionada a crianças e/ou adolescentes, é correto afirmar:

(A) O Supremo Tribunal Federal declarou inconstitucional a Resolução 163 do Conselho Nacional dos Direitos da Criança e do Adolescente (CONANDA) que dispõe sobre a abusividade do direcionamento de publicidade e de comunicação mercadológica à criança e ao adolescente.
(B) A jurisprudência do Superior Tribunal de Justiça consolidou o entendimento de que não se considera abusivo o *marketing* (publicidade ou promoção de venda) de alimentos dirigido, direta ou indiretamente, às crianças.
(C) Conforme disposição expressa do Estatuto da Criança e do Adolescente, as revistas e publicações destinadas ao público infanto-juvenil não poderão conter material publicitário que estimule o consumo de alimentos industrializados sem valor nutricional.
(D) O Código de Defesa do Consumidor descreve como enganosa a publicidade que promova consumo, por crianças e adolescentes, de quaisquer bens e serviços incompatíveis com sua condição.
(E) O Código Brasileiro de Autorregulamentação Publicitária dispõe que nenhum anúncio dirigirá apelo imperativo de consumo diretamente à criança.

A: incorreta. A Resolução Conanda 163/2014 não foi declarada inconstitucional pelo Supremo Tribunal Federal. **B:** incorreta. Há julgado do Superior Tribunal de Justiça considerando abusiva publicidade voltada para criança. PUBLICIDADE DE ALIMENTOS DIRIGIDA À CRIANÇA. ABUSIVIDADE. VENDA CASADA CARACTERIZADA. ARTS. 37, § 2º, E 39, I, DO CÓDIGO DE DEFESA DO CONSUMIDOR. (...) 2. A hipótese dos autos caracteriza publicidade duplamente abusiva. Primeiro, por se tratar de anúncio ou promoção de venda de alimentos direcionada, direta ou indiretamente, às crianças. Segundo, pela evidente "venda casada", ilícita em negócio jurídico entre adultos e, com maior razão, em contexto de *marketing* que utiliza ou manipula o universo lúdico infantil (art. 39, I, do CDC). 3. *In casu*, está configurada a venda casada, uma vez que, para adquirir/comprar o relógio, seria necessário que o consumidor comprasse também 5 (cinco) produtos da linha "Gulosos". Recurso especial improvido. (REsp 1558086/SP, Rel. Ministro Humberto Martins, Segunda Turma, julgado em 10/03/2016, DJe 15/04/2016). **C:** incorreta. O ECA traz regra expressa em relação às revistas e publicações destinadas ao público infanto-juvenil no sentido de proibir ilustrações, fotografias, legendas, crônicas ou anúncios de bebidas alcoólicas, tabaco, armas e munições (art. 79 do ECA), mas nada traz em relação à venda de alimentos. **D:** incorreta. É considerada abusiva que se aproveite da deficiência de julgamento e experiência da **criança** (art. 37, § 2º). **E:** correta. O art. 37 do Código Brasileiro de Autorregulamentação Publicitária, de fato, dispõe que nenhum anúncio dirigirá apelo imperativo de consumo diretamente à criança: "os esforços de pais, educadores, autoridades e da comunidade devem encontrar na publicidade fator coadjuvante na formação de cidadãos responsáveis e consumidores conscientes. Diante de tal perspectiva, nenhum anúncio dirigirá apelo imperativo de consumo diretamente à criança". Gabarito "E".

(Juiz de Direito – TJ/SC – 2019 – CESPE/CEBRASPE) Determinado sujeito, maior e imputável, adquiriu em sítio da Internet vídeos com cenas de pornografia que envolviam adolescentes e os armazenou em seu computador. Posteriormente, transmitiu esses vídeos, por meio de aplicativo de mensagem instantânea, a dois amigos adolescentes. Considerando essa situação hipotética, é correto afirmar, de acordo com as disposições do ECA e com o entendimento do STJ, que o sujeito praticou

(A) condutas consideradas atípicas.
(B) duas condutas típicas, porém, em aplicação ao princípio da consunção, a primeira restou absorvida pela segunda.
(C) condutas que caracterizam dois crimes em continuidade delitiva.
(D) condutas que caracterizam dois crimes em concurso material.
(E) condutas que caracterizam dois crimes em concurso formal.

As condutas descritas são típicas conforme art. 241-B do ECA, tratando-se, portanto, de crimes em concurso material:
Art. 241-B. Adquirir, possuir ou armazenar, por qualquer meio, fotografia, vídeo ou outra forma de registro que contenha cena de sexo explícito ou pornográfica envolvendo criança ou adolescente:
Pena – reclusão, de 1 (um) a 4 (quatro) anos, e multa.
§ 1º A pena é diminuída de 1 (um) a 2/3 (dois terços) se de pequena quantidade o material a que se refere o caput deste artigo.
§ 2º Não há crime se a posse ou o armazenamento tem a finalidade de comunicar às autoridades competentes a ocorrência das condutas descritas nos arts. 240, 241, 241-A e 241-C desta Lei, quando a comunicação for feita por:
I – agente público no exercício de suas funções;
II – membro de entidade, legalmente constituída, que inclua, entre suas finalidades institucionais, o recebimento, o processamento e o encaminhamento de notícia dos crimes referidos neste parágrafo;
III – representante legal e funcionários responsáveis de provedor de acesso ou serviço prestado por meio de rede de computadores, até o recebimento do material relativo à notícia feita à autoridade policial, ao Ministério Público ou ao Poder Judiciário.
§ 3º As pessoas referidas no § 2º deste artigo deverão manter sob sigilo o material ilícito referido. Gabarito "D".

(Juiz de Direito – TJ/RS – 2018 – VUNESP) Assinale a alternativa correta de acordo com o entendimento sumulado do Superior Tribunal de Justiça.

(A) A competência para processar e julgar as ações conexas de interesse de menor é, em princípio, do foro da sede da entidade ou do órgão responsável pela adoção das medidas de proteção ao menor.
(B) A confissão do adolescente no procedimento para aplicação de medida socioeducativa permite a desistência de outras provas e aplicação de medida mais adequada ao princípio da reeducação e da proteção integral.
(C) É dispensável a oitiva do menor infrator antes de decretar-se a regressão da medida socioeducativa.
(D) A configuração do crime do art. 244-B do ECA depende da prova da efetiva corrupção do menor, por se tratar de delito formal.
(E) O Ministério Público tem legitimidade ativa para ajuizar ação de alimentos em proveito de criança ou adolescente independentemente do exercício do poder familiar dos pais, ou do fato de o menor se encontrar nas situações de risco descritas no art. 98 do Estatuto da Criança e do Adolescente, ou de quaisquer outros questionamentos acerca da existência ou eficiência da Defensoria Pública na comarca.

A: incorreta. A competência da Justiça da Infância e Juventude é determinada i) pelo domicílio dos pais ou responsável e ii) pelo lugar onde se encontre a criança ou adolescente, à falta dos pais ou responsável (art. 147 do ECA). Vale lembrar que a súmula 383, do Superior Tribunal de Justiça, estabelece que a "competência para processar e julgar as ações conexas de interesse de menor é, em princípio, do foro do domicílio do detentor de sua guarda"; **B:** incorreta. Conforme súmula 342 do Superior Tribunal de Justiça, "no procedimento para aplicação de medida socioeducativa, é nula a desistência de outras provas em face da confissão do adolescente"; **C:** incorreta. Conforme súmula 265 do Superior Tribunal de Justiça "é necessária a oitiva do menor infrator antes de decretar-se a regressão da medida socioeducativa"; **D:** incorreta. Conforme súmula 500 do Superior Tribunal de Justiça, "a *configuração do crime previsto no artigo 244-B do* Estatuto da Criança e do Adolescente *independe da prova da efetiva corrupção do menor, por se tratar de delito formal*". **E:** correta. Conforme súmula 594 do Superior Tribunal de Justiça: "*O Ministério Público tem legitimidade ativa para ajuizar ação de alimentos em proveito de crianças e adolescentes independentemente do exercício do poder familiar dos pais ou do fato de o menor se encontrar nas situações de risco descritas no artigo 98 do ECA ou de quaisquer outros questionamentos acerca da existência ou eficiência da Defensoria Pública na comarca*". **RD**

Gabarito "E".

(Juiz de Direito – TJ/RS – 2018 – VUNESP) Em relação à jurisprudência, aos crimes e infrações administrativas previstas no Estatuto da Criança e dos Adolescentes, e à Organização Judiciária e demais peculiaridades e competências do Poder Judiciário do Rio Grande do Sul, é correto afirmar:

(A) o Conselho da Magistratura do Rio Grande do Sul pode, excepcionalmente, atribuir às varas da Infância e Juventude competência para processar e julgar o crime de estupro de vulnerável cuja vítima seja criança ou adolescente.

(B) a conduta consistente em auxiliar a efetivação de ato destinado ao envio de criança ou adolescente para o exterior com inobservância das formalidades legais sem o fito de obter lucro é penalmente atípica mas configura infração administrativa.

(C) aquele que adquire vídeo ou qualquer outra forma de representação visual que apenas simula a participação de criança ou adolescente em cena de sexo explícito ou pornográfica não pode ser responsabilizado penalmente nos termos do Estatuto da Criança e do Adolescente.

(D) hospedar criança ou adolescente desacompanhado dos pais ou responsável, ou sem autorização escrita desses ou da autoridade judiciária, em pensão é conduta caracterizada como crime nos termos do Estatuto da Criança e do Adolescente.

(E) a conduta do médico, enfermeiro ou dirigente de estabelecimento de atenção à saúde de gestante que deixa de efetuar imediato encaminhamento à autoridade judiciária de caso de que tenha conhecimento de mãe ou gestante interessada em entregar seu filho para adoção é caracterizada como crime nos termos do Estatuto da Criança e do Adolescente.

A: correta. Embora o art. 149 do ECA não insira entre as atribuições da Vara de Infância e Juventude a competência para julgar crimes contra a criança e o adolescente, a jurisprudência vem aceitando que a Lei de Organização Judiciária atribua essa competência; **B:** incorreta. Constitui crime do art. 239 do ECA: "Promover ou auxiliar a efetivação de ato destinado ao envio de criança ou adolescente para o exterior com inobservância das formalidades legais ou com o fito de obter lucro"; **C:** incorreta. Constitui crime do art. 241- C do ECA: "Simular a participação de criança ou adolescente em cena de sexo explícito ou pornográfica por meio de adulteração, montagem ou modificação de fotografia, vídeo ou qualquer outra forma de representação visual". Incorre nas mesmas penas quem vende, expõe à venda, disponibiliza, distribui, publica ou divulga por qualquer meio, adquire, possui ou armazena o material produzido na forma do *caput* deste artigo (art. 241-C, parágrafo único, do ECA); **D:** incorreta. Trata-se de infração administrativa prevista no art. 250 do ECA; **E:** incorreta. Constitui infração administrativa prevista no art. 258-B do ECA. **RD**

Gabarito "A".

(Defensor Público – DPE/SC – 2017 – FCC) Sobre as audiências concentradas nas Varas da Infância e Juventude, conforme disciplinadas no Provimento 32 da Corregedoria Nacional de Justiça, é correto afirmar que

(A) delas devem participar pais e/ou parentes da criança ou adolescente acolhido ou, na sua ausência, pretendentes à adoção desde que devidamente habilitados e cadastrados.

(B) visam concentrar, num único ato processual, as fases postulatória e instrutória do procedimento de afastamento da criança e do adolescente do convívio familiar.

(C) devem ser realizadas semestralmente para reavaliar a necessidade de manutenção de todos os casos de crianças e adolescentes privados de liberdade ou do convívio familiar e comunitário.

(D) são realizadas para reavaliação das medidas protetivas de acolhimento e tomada de medidas efetivas que visem abreviar o período de institucionalização.

(E) destinam-se à homologação judicial do plano individual de atendimento elaborado no curso da execução das medidas de acolhimento institucional, acolhimento familiar, internação e semiliberdade.

A: incorreta. As audiências concentradas devem contar com a presença dos atores do sistema de garantia dos direitos da criança e do adolescente. Por outro lado, nos termos do art. 1º, § 2º, inciso VI, do provimento, deverá haver a intimação prévia dos pais ou parentes (que mantenham vínculo de afinidade e afetividade) do acolhido, ou a sua condução no dia do ato. Os pretendentes à adoção, por outro lado, não devem estar nas audiências concentradas. **B:** incorreta. As audiências concentradas devem reavaliar as "medidas protetivas de acolhimento, diante de seu caráter excepcional e provisório, com a subsequente confecção de atas individualizadas para juntada em cada um dos processos" (art. 1º do Provimento). **C:** incorreta. Devem ser realizadas semestralmente, mas com finalidade de avaliação das medidas de proteção voltadas ao acolhimento da criança e do adolescente, e não dizem respeito às medidas socioeducativas. **D:** correta. A principal finalidade da audiência é fazer um balanço da situação da aplicação de medida de proteção e tomar medidas que visem abreviar o período de institucionalização (vide também justificativa da alternativa "B"). **E:** incorreta. Vide justificativas anteriores. **RD**

Gabarito "D".

(Defensor Público – DPE/PR – 2017 – FCC) Considere as assertivas a seguir sobre Direito da Criança e do Adolescente.

I. Cabe revisão criminal contra sentença que aplica medida socioeducativa.

II. Segundo a jurisprudência do Superior Tribunal de Justiça, o padrasto detém legitimidade ativa para propor ação de destituição de poder familiar de maneira preparatória à adoção unilateral.

III. Na hipótese de adolescente portador de transtornos mentais que pratica fato típico e antijurídico, ou seja, na hipótese de "dupla inimputabilidade" que prejudica a capacidade do adolescente para assimilar a medida socioeducativa aplicada, há precedente do Superior Tribunal de Justiça afastando a medida socioeducativa de internação e aplicando medida socioeducativa de liberdade assistida associada ao acompanhamento ambulatorial psiquiátrico.

IV. Segundo o Superior Tribunal de Justiça, é possível, no melhor interesse da criança, relativizar proibição do Estatuto da Criança e do Adolescente para permitir que dois irmãos adotem conjuntamente uma criança. No precedente, um casal de irmãos solteiros que viviam juntos passou a cuidar de criança órfã, com ela desenvolvendo relações de afeto. Nesse caso não se deve ficar restrito às fórmulas clássicas de família, reconhecendo-se outras configurações familiares estáveis.

Está correto o que se afirma em

(A) I, II, III e IV.
(B) II, III e IV, apenas.
(C) I, III e IV, apenas.
(D) I, II e IV, apenas.
(E) I, II e III, apenas.

I: correta. Os recursos cabíveis para as hipóteses em que se discute ato infracional são os previstos no CPC. No entanto, é admitida a revisão criminal (assim como o HC), pois a revisão não é recuso, mas ação autônoma de impugnação de decisões judiciais. II: correta. A ação de destituição de poder familiar pode ser proposta por quem tenha legítimo interesse. O padrasto é pessoa que detém esse legítimo interesse para a propositura da ação. Veja: "Direito civil. Família. Criança e adolescente. Adoção. Pedido preparatório de destituição do poder familiar formulado pelo padrasto em face do pai biológico. Legítimo interesse. Famílias recompostas. Melhor interesse da criança". (STJ, REsp 1.106.637/SP. Rel. Min. Nancy Andrighi). III: correta. Assim já decidiu o STJ a respeito do tema: "(...). Sendo assim, no caso concreto, como o adolescente apresenta distúrbios mentais, deve ser encaminhado a um atendimento individual e especializado compatível com sua limitação mental (§ 3º do mesmo artigo citado). Ante o exposto, a Turma concedeu a ordem para determinar que o paciente seja inserido na medida socioeducativa de liberdade assistida, associada ao acompanhamento ambulatorial psiquiátrico, psicopedagógico e familiar". (STJ, HC 88.043-SP, Rel. Min. Og Fernandes, julgado em 14/4/2009). IV: correta. Já decidiu o STJ pela possibilidade de um casal de irmãos solteiros que viviam juntos cuidar de criança órfã, com ela desenvolvendo relações de afeto. Nesse caso não se deve ficar restrito às fórmulas clássicas de família, reconhecendo-se outras configurações familiares estáveis. "In casu, segundo as instâncias ordinárias, verificou-se a ocorrência de inequívoca manifestação de vontade de adotar, por força de laço socioafetivo preexistente entre adotante e adotando, construído desde quando o infante (portador de necessidade especial) tinha quatro anos de idade. Consignou-se, ademais, que, na chamada família anaparental – sem a presença de um ascendente –, quando constatados os vínculos subjetivos que remetem à família, merece o reconhecimento e igual *status* daqueles grupos familiares descritos no art. 42, § 2º, do ECA. (STJ, REsp 1.217.415-RS, Rel. Min. Nancy Andrighi, julgado em 19/6/2012). Gabarito "A".

(Juiz – TJ/RJ – VUNESP – 2016) Com relação à Convenção sobre os Direitos da Criança da ONU, tratado internacional de proteção de direitos humanos, com início de vigência em 1990, é correto afirmar que

(A) se afastando da técnica de diferenciação utilizada pela legislação específica brasileira, define criança como todo ser humano que não atingir a maioridade civil e penal ou for declarado totalmente incapaz, desde que menor de 18 anos, nos termos da legislação aplicável.

(B) em respeito aos princípios da anterioridade e da legalidade, bem como ao garantismo processual, foram criados os Protocolos Facultativos adesivos, versando sobre a) Venda de Crianças, Prostituição Infantil e Pornografia Infantil e b) Envolvimento de Crianças em Conflitos Armados, para tipificação de delitos contra a dignidade sexual e de guerra envolvendo crianças.

(C) ao estabelecer a obrigação dos Estados de respeitar responsabilidades, direitos e obrigações dos pais, apropriados para o exercício, pela criança, dos direitos que contempla, adotou o princípio do *best interest of the child*, encampada pelo artigo 227, *caput*, da Constituição da República Federativa do Brasil.

(D) estabelece, em seu rol de direitos contemplados, a proteção de crianças estrangeiras, inclusive contra a migração interna forçada e utilização em experiências médicas e científicas, prevendo a entrega como instituto de cooperação internacional.

(E) visando a observação dos direitos das crianças, estabeleceu forma de monitoramento peculiar (*special force machinery*), via relatórios apresentados pelo Comitê sobre os Direitos da Criança aos Estados-Partes, para análise e acompanhamento.

A: incorreta. "Para efeitos da presente Convenção considera-se como criança todo ser humano com menos de dezoito anos de idade, a não ser que, em conformidade com a lei aplicável à criança, a maioridade seja alcançada antes" (art. 1º da Convenção sobre os Direitos da Criança). B: incorreta. Os protocolos facultativos não trazem previsão sobre o envolvimento de crianças em conflitos armados nem mesmo tipifica delitos contra a dignidade sexual e de guerra envolvendo crianças. C: correta. O art. 227 da Constituição Federal, inspirado na Convenção sobre os Direitos da Criança, adotou o princípio da proteção integral e do melhor interesse da criança, trazendo responsabilidade para a família, a sociedade e para o Estado no dever de proteger a criança e o adolescente. D: incorreta. Nos termos do art. 11 da Convenção sobre os Direitos da Criança, "os Estados-Partes adotarão medidas a fim de lutar contra a transferência ilegal de crianças para o exterior e a retenção ilícita das mesmas fora do país". E: incorreta. Na forma do art. 44 da Convenção, "os Estados-Partes se comprometem a apresentar ao comitê, por intermédio do Secretário-Geral das Nações Unidas, relatórios sobre as medidas que tenham adotado com vistas a tornar efetivos os direitos reconhecidos na convenção e sobre os progressos alcançados no desempenho desses direitos: a) num prazo de dois anos a partir da data em que entrou em vigor para cada Estado-Parte a presente convenção; b) a partir de então, a cada cinco anos". Gabarito "C".

(Juiz – TJ/RJ – VUNESP – 2016) A anencefalia, de acordo com entendimento jurisprudencial do Supremo Tribunal Federal, no julgamento da ADPF (arguição de descumprimento de preceito fundamental), ajuizada pela Confederação dos Trabalhadores na Saúde – CNTS, sob relatoria do Ministro Marco Aurélio de Mello:

(A) não dispensa autorização judicial prévia ou qualquer forma de autorização do Estado para a antecipação terapêutica do parto, implicando ajustamento dos envolvidos nas condutas típicas descritas pelos artigos

124, 126 e 128, I e II, do Código Penal, com vistas à proteção do direito à vida.

(B) estendeu a desnecessidade de autorização judicial prévia ou qualquer forma de autorização do Estado para a antecipação terapêutica do parto, no aborto sentimental ou humanitário, decorrente da gravidez em caso de estupro, em respeito aos princípios da moral razoável e da dignidade da pessoa humana.

(C) porque há vida a ser protegida, implica a subsunção da conduta dos envolvidos no procedimento de antecipação terapêutica do parto aos tipos de aborto previstos no Estatuto Repressivo, dependendo da qualidade do agente que o praticou ou permitiu a sua prática.

(D) permite a antecipação terapêutica do parto, com proteção à vida da mãe, a exemplo do aborto sentimental, que tem por finalidade preservar a higidez física e psíquica da mulher, conclusão que configura interpretação do Código Penal de acordo com a Constituição Federal, orientada pelos preceitos que garantem o Estado laico, a dignidade da pessoa humana, o direito à vida e a proteção à autonomia, da liberdade, da privacidade e da saúde.

(E) não qualifica direito da gestante de submeter-se à antecipação terapêutica de parto sob pena de o contrário implicar pronunciamento da inconstitucionalidade abstrata dos artigos 124, 126 e 128, I e II, do Código Penal, e, via de consequência, a descriminalização do aborto.

Conforme decisão na ADPF 54 que decidiu sobre a anencefalia: "Feto anencéfalo – Interrupção da gravidez – Mulher – Liberdade sexual e reprodutiva – Saúde – Dignidade – Autodeterminação – Direitos fundamentais – Crime – Inexistência. Mostra-se inconstitucional interpretação de a interrupção da gravidez de feto anencéfalo ser conduta tipificada nos artigos 124, 126 e 128, incisos I e II, do Código Penal". Mais ainda, conforme a decisão, para interromper a gravidez de feto anencéfalo não é necessária autorização judicial ou qualquer outra forma de permissão, basta a comprovação do diagnóstico da anencefalia do feto. Um dos principais fundamentos da ADPF é que não há conflito entre direitos fundamentais (conflito apenas aparente), já que o feto anencéfalo, mesmo que biologicamente vivo, porque feito de células e tecidos vivos, seria juridicamente morto, de maneira que não deteria proteção jurídica, principalmente a jurídico-penal. Sendo assim, por 8 votos a 2, os Ministros decidiram que não é crime interromper a gravidez de fetos anencéfalos. A conduta é considerada atípica. RD

Gabarito "D".

(Juiz – TJ/MS – VUNESP – 2015) Com relação à retrospectiva e evolução históricas do tratamento jurídico destinado à criança e ao adolescente no ordenamento pátrio, é correto afirmar que

(A) na fase da absoluta indiferença, não havia leis voltadas aos direitos e deveres de crianças e adolescentes.

(B) na fase da proteção integral, regida pelo Estatuto da Criança e do Adolescente, as leis se limitam ao reconhecimento de direitos e garantias de crianças e adolescentes, sem intersecção com o direito amplo à infância, porque direito social, amparado pelo artigo 6º da Constituição Federal.

(C) a fase da mera imputação criminal não se insere na evolução histórica do tratamento jurídico concedido à criança e ao adolescente no ordenamento jurídico pátrio porque extraída do direito comparado.

(D) na fase da mera imputação criminal, regida pelas Ordenações Afonsinas e Filipinas, pelo Código Criminal do Império, de 1830, e pelo Código Penal, de 1890, as leis se limitavam à responsabilização criminal de maiores de 16 (dezesseis) anos por prática de ato equiparado a crime.

(E) na fase tutelar, regida pelo Código Mello Mattos, de 1927, e Código de Menores, de 1979, as leis se limitavam à colocação de crianças e adolescentes, em situação de risco, em família substituta, pelo instituto da tutela.

Conforme Paulo Afonso Garrido de Paula,2 a evolução do tratamento da criança e do adolescente no ordenamento jurídico brasileiro pode ser resumida em quatro fases. A *fase da absoluta indiferença*; *fase da mera imputação criminal*; *fase tutelar* e *fase da proteção integral*. Na fase *absoluta indiferença*, não existiam normas relacionadas à criança e ao adolescente. A fase da *mera imputação criminal*, compreende as Ordenações Afonsinas e Filipinas (sancionada por Filipe I em 1.595), o Código Criminal do Império de 1830 e o Código Penal de 1890. Referidas leis tinham apenas o propósito de regular prática de ato infracional pelos menores. A *fase tutelar*, compreende o Código Mello Mattos de 1927 (o primeiro Código sistemático de menores, destacando-se pela preocupação com a assistência aos menores) e o Código de Menores de 1979 (regido pelo princípio do menor em situação irregular e que foi revogado pelo Estatuto da Criança e do Adolescente). Nessa fase, há preocupação com a integração social e familiar da criança, além da regulamentação da prática de atos infracionais. Na fase da *proteção integral*, que inspirou todo o Estatuto da Criança e do Adolescente, ficam reconhecidos os direitos e garantias às crianças e aos adolescentes, considerando-os como pessoa em desenvolvimento. **A:** correta. Conforme explicado acima. **B:** incorreta. Na fase da proteção integral, as leis não se limitam ao reconhecimento dos direitos da criança e do adolescente, devendo ser garantida a proteção integral para o pleno desenvolvimento da pessoa. Ademais, pressupõe a intercessão com o direito amplo à infância, que também é reconhecido como um direito social, na forma do art. 6º do Estatuto da Criança e do Adolescente. **C:** incorreta. A fase de mera imputação está inserida na nossa evolução histórica, que além de conter normas do Direito brasileiro (Código Criminal do Império de 1830 e o Código Penal de 1890). **D:** incorreta. Código Penal Brasileiro de 1830 fixou a idade de responsabilidade penal objetiva aos 14 anos e facultou ao juiz a possibilidade de, em caso de comprovado discernimento, mandá-la para a cadeia a partir dos 7 anos. Portanto, o Brasil adota critério biopsicológico entre 7 e 14 anos para afirmar que a partir dos 14 se é tratado como adulto. O Código Penal de 1890, o primeiro da República, estabeleceu a inimputabilidade absoluta apenas para os menores de nove anos. **E:** incorreta. A guarda, tutela e adoção estavam previstas no Código Civil de 1916. No entanto, foi o Código Mello Mattos, que, pela primeira vez, enunciou regras relacionadas com a assistência e proteção aos menores. O Código de Menores (1979) trazia regras sobre a adoção simples e adoção plena, que posteriormente é alterada pelo ECA para fazer constar tão somente a adoção plena. RD

Gabarito "A".

(Juiz – TJ/MS – VUNESP – 2015) Quanto ao Direito à Profissionalização e à Proteção no Trabalho, previsto no Capítulo V, do Título II do Estatuto da Criança e do Adolescente, nos artigos 60 e seguintes, a aprendizagem está definida como

(A) programa social que tenha por base o trabalho educativo, sob responsabilidade de entidade governamental ou não governamental, sem fins lucrativos.

---

2. *Direito da criança e do adolescente e tutela jurisdicional diferenciada*. Editora Revista dos Tribunais, 2002, 26.

(B) formação técnico-profissional ministrada segundo as diretrizes e bases da legislação de educação em vigor.
(C) contrato de trabalho especial, ajustado por escrito e por prazo determinado, pelo qual o empregador se compromete a assegurar ao maior de 14 (catorze) anos ingresso em programa de formação técnico-profissional.
(D) contrato de trabalho especial, sem forma específica e por prazo determinado, pelo qual o empregador se compromete a assegurar ao maior de 14 (catorze) anos, com anuência de seus pais ou responsável, ingresso em programa de formação técnico-profissional.
(E) contrato de trabalho especial, sem forma específica e por prazo determinado, pelo qual o empregador se compromete a assegurar ao maior de 14 (catorze) e menor de 24 (vinte e quatro) anos, com anuência de seus pais ou responsável, ingresso em programa social.

A: incorreta. O trabalho educativo, realizado através de programa social, sob responsabilidade de entidade governamental ou não governamental sem fins lucrativos, tem por base assegurar ao adolescente condições para a realização de atividade regular remunerada aliada a uma formação educacional e moral. Já a aprendizagem visa a formação técnico-profissional. **B: correta.** Considera-se aprendizagem a formação técnico-profissional ministrada segundo as diretrizes e bases da legislação de educação em vigor (art. 62 do ECA). **C: incorreta.** Conforme art. 428 da CLT, o contrato de aprendizagem é o contrato de trabalho especial, ajustado por escrito e por prazo determinado, em que o empregador se compromete a assegurar ao maior de 14 (quatorze) e menor de 24 (vinte e quatro) anos inscrito em programa de aprendizagem formação técnico-profissional metódica, compatível com o seu desenvolvimento físico, moral e psicológico, e o aprendiz, a executar com zelo e diligência as tarefas necessárias a essa formação. **D: incorreta.** Vide justificativa da alternativa "C". **E: incorreta.** Vide justificativa da alternativa "C". Gabarito "B".

(Promotor de Justiça – MPE/AM – FMP – 2015) Considere o sistema recursal previsto para os procedimentos que tramitam no Juizado da Infância e Juventude:

I. Tratando-se de adoção de criança e adolescente, a apelação será recebida exclusivamente no efeito devolutivo, salvo nos casos de adoção internacional ou se estiver presente perigo de dano irreparável ou de difícil reparação ao adotando.
II. O prazo para o Ministério Público e para a defesa, em todos os recursos referentes a ações que tramitam no Juizado da Infância e Juventude, salvo nos embargos de declaração, será sempre de 10 (dez) dias.
III. A sentença que destituir do poder familiar ambos ou qualquer dos pais estará sujeita à apelação, recebida apenas no efeito devolutivo.

Quais das assertivas acima estão corretas?

(A) Apenas a II.
(B) Apenas a I e III.
(C) Apenas a I e II.
(D) I, II e III.
(E) Apenas a II e III.

I: correta. Conforme art. 199-A, do ECA. Terá efeito apenas devolutivo a apelação nas hipóteses de adoção nacional, de perda de poder familiar ou nas hipóteses em que o juiz entender que há perigo de dano irreparável ou de difícil reparação. Nos demais casos, o efeito será devolutivo e suspensivo. II: correta. O art. 198, II, do ECA, determina que os prazos recursais são todos de 10 dias, exceto para os embargos de declaração, que tem prazo de 5 dias. III: correta. Vide comentário ao item I. Gabarito "D".

(Promotor de Justiça – MPE/AM – FMP – 2015) Considere as seguintes alternativas sobre as disposições previstas no Estatuto da Criança e do Adolescente:

I. A convivência da criança e do adolescente com mãe e pai privados de liberdade, por meio de visitas periódicas promovidas pelo responsável ou, nas hipóteses de acolhimento institucional, pela entidade responsável, deve ser antecedida de autorização judicial.
II. A competência territorial nas ações que tramitam no Juizado da Infância e Juventude será determinada pelo domicílio dos pais ou responsável ou, à falta dos pais ou responsável, pelo lugar onde se encontra a criança ou adolescente.
III. As entidades, públicas e privadas, que atuem com atividades de cultura, lazer, esportes, diversões, espetáculos e produtos e serviços, dentre outras, devem contar em seus quadros com pessoas capacitadas a reconhecer e comunicar ao Conselho Tutelar suspeitas ou casos de maus-tratos praticados contra crianças e adolescentes.

Quais das assertivas acima estão corretas?

(A) Apenas a I.
(B) Apenas a II.
(C) Apenas a I e II.
(D) I, II e III.
(E) Apenas a II e III.

I: incorreta. Independe de autorização judicial (art. 19, § 4º). II: correta. Nos exatos termos do art. 147 do ECA, que deve ser lido à luz da Súmula 383 do STJ: "A competência para processar e julgar as ações conexas de interesse de menor é, em princípio, do foro do domicílio do detentor de sua guarda". III: correta. Nos exatos termos do art. 70-B do ECA. Gabarito "E".

(Promotor de Justiça – MPE/AM – FMP – 2015) Segundo a Lei de Diretrizes e Bases da Educação (Lei 9.394, de 20/12/1996), é correto afirmar:

(A) Comprovada a negligência da autoridade competente em garantir o oferecimento do ensino obrigatório, considerado direito público subjetivo, poderá a referida autoridade ser imputada por crime de responsabilidade.
(B) É dever do Estado garantir à criança e ao adolescente, a partir dos 4 (quatro) anos, vaga na escola pública de educação infantil e de ensino fundamental em instituição de ensino localizada à distância não superior a 5 (cinco) km.
(C) O poder público, na esfera de sua competência federativa, deverá recensear semestralmente as crianças e os adolescentes em idade escolar, bem como os jovens e adultos que não concluíram a educação básica.
(D) Os estabelecimentos de ensino, respeitadas as normas comuns e as de seu sistema de ensino, têm a incumbência de notificar ao Conselho Tutelar, à autoridade judiciária e ao representante do Ministério Público, a relação dos alunos com infrequência superior a quarenta por cento do percentual permitido em lei.

(E) A educação infantil terá carga horária mínima anual de 800 (oitocentas) horas, distribuída por um mínimo de 300 (trezentos) dias de trabalho educacional.

A: correta. Nos exatos termos do art. 5º, § 4º, "comprovada a negligência da autoridade competente para garantir o oferecimento do ensino obrigatório, poderá ela ser imputada por crime de responsabilidade". B: incorreta. O dever do Estado com a educação escolar pública será efetivado (art. 4º) através da educação infantil gratuita às crianças de até 5 (cinco) anos de idade e da educação básica obrigatória e gratuita dos 4 (quatro) aos 17 (dezessete) anos de idade, divididas nas seguintes etapas: pré-escola; ensino fundamental e ensino médio. É ainda garantida a vaga na escola pública de educação infantil ou de ensino fundamental mais próxima de sua residência a toda criança a partir do dia em que completar 4 (quatro) anos de idade. C: incorreta. Nos termos do art. 5º, § 1º, é dever do poder público, na esfera de sua competência federativa, recensear anualmente as crianças e adolescentes em idade escolar, bem como os jovens e adultos que não concluíram a educação básica. D: incorreta. Os estabelecimentos de ensino devem notificar ao Conselho Tutelar do Município, ao juiz competente da Comarca e ao respectivo representante do Ministério Público a relação dos alunos que apresentem quantidade de faltas acima de cinquenta por cento do percentual permitido em lei (art. 12, VIII). E: incorreta. A carga horária mínima para a educação infantil anual de 800 (oitocentas) horas, distribuída por um mínimo de 200 (duzentos) dias de trabalho educacional (art. 31, II) RD
Gabarito "A".

(Promotor de Justiça – MPE/MS – FAPEC – 2015) Assinale a alternativa correta, referente ao Estatuto da Criança e do Adolescente (ECA – Lei 8.069/1990):

(A) A configuração do crime do art. 244-B do ECA (corromper ou facilitar a corrupção de menor de 18 (dezoito) anos, com ele praticando infração penal ou induzindo-o a praticá-la) independe da prova da efetiva corrupção do menor, por se tratar de delito formal.

(B) Na medida de internação aplicada sob o fundamento do "descumprimento reiterado e injustificável da medida anteriormente imposta", o seu prazo poderá ser superior a três meses, desde que devidamente justificado na decisão judicial.

(C) O Superior Tribunal de Justiça já firmou entendimento no sentido da impossibilidade de aplicação do princípio da bagatela às condutas regidas pelo Estatuto da Criança e do Adolescente, pois o referido diploma busca acima de tudo a proteção integral do adolescente infrator.

(D) De acordo com o STJ, o ato infracional análogo ao tráfico de drogas (por ser equiparado a hediondo) conduz obrigatoriamente à imposição de medida socioeducativa de internação do adolescente.

(E) Consoante pacífica jurisprudência do STJ, compete à Justiça Federal processar e julgar acusado da prática de conduta criminosa consistente na captação e armazenamento, em computadores de escolas municipais, de vídeos pornográficos oriundos da internet, envolvendo crianças e adolescentes.

A: correta. "A configuração do crime do art. 244-B do ECA independe da prova da efetiva corrupção do menor, por se tratar de delito formal" (Súmula 500 do STJ). B: incorreta. O prazo máximo para a internação-sanção é de 3 (três) meses (art. 122, § 1º, do ECA). C: incorreta. O STJ admite a aplicação do princípio da insignificância nos procedimentos que apuram a prática de ato infracional. Veja HC 243.950/PA. D: incorreta. "O ato infracional análogo ao tráfico de drogas, por si só, não conduz obrigatoriamente a imposição de medida socioeducativa de internação ao adolescente" (Súmula 492 do STJ). E: incorreta. Para o STJ, compete à Justiça Comum Estadual processar e acusado da prática de conduta criminosa consistente na captação e armazenamento, em computadores de escolas municipais, de vídeos pornográficos oriundos da internet, envolvendo crianças e adolescentes. Veja CC 103.011-PR, Rel. Min. Assusete Magalhães, DJe 13/3/2013. RD
Gabarito "A".

(Promotor de Justiça – MPE/MS – FAPEC – 2015) Sobre o direito da infância e juventude (ECA – Estatuto da Criança e do Adolescente – Lei 8.069/1990), assinale a alternativa incorreta:

(A) O ECA adotou a Teoria da Proteção Integral, na linha do que já estabelecia a Constituição Federal, no qual as crianças e adolescentes são considerados pessoas titulares de direitos fundamentais e esses direitos devem ser tutelados, abandonando-se a Teoria da Situação Irregular, pela qual o menor era considerado um objeto de proteção.

(B) O ECA considera criança a pessoa até doze anos de idade completos, e adolescente entre doze e dezoito anos de idade. Nos casos expressos no referido Estatuto, aplica-se excepcionalmente às pessoas entre dezoito e vinte e um anos de idade.

(C) De acordo com o entendimento do STJ, no procedimento para aplicação de medida socioeducativa, é nula a desistência de outras provas em face da confissão do adolescente.

(D) De acordo com o entendimento do STJ, a prescrição penal é aplicável nas medidas socioeducativas previstas no ECA.

(E) De acordo com o entendimento do STJ, é necessária a oitiva do menor infrator antes de decretar-se a regressão da medida socioeducativa.

A: correta. O ECA, com fundamento na Constituição Federal e na Convenção Internacional dos Direitos da Criança, adotou a teoria da Proteção Integral, em contraposição ao então vigente Código de Menores, que adotava a teoria da Situação Irregular. B: incorreta. Criança é a pessoa até doze anos incompletos. C: correta. Nos termos da Súmula 342 do STJ "no procedimento para aplicação da medida socioeducativa, é nula a desistência de outas provas em face da confissão do adolescente). D: correta. Nos termos da Súmula 338 do STJ "a prescrição penal é aplicável nas medidas socioeducativas". E: correta. Nos termos da Súmula 265 do STJ, "é necessária a oitiva do menor infrator antes de decretar-se a regressão da medida socioeducativa". RD
Gabarito "B".

(Defensor Público – DPE/ES – 2016 – FCC) São aspectos que, entre outros, o próprio Estatuto da Criança e do Adolescente – ECA expressamente determina sejam observados na interpretação de seus dispositivos:

(A) As exigências do bem comum e os princípios gerais e especiais do direito da infância.

(B) Os deveres individuais e a condição peculiar da criança e do adolescente como pessoas em desenvolvimento.

(C) Os direitos sociais e coletivos e o contexto socioeconômico e cultural em que se encontrem a criança ou adolescente e seus pais ou responsáveis.

(D) Os fins sociais a que se destina a lei e a flexibilidade e informalidade dos procedimentos.

(E) O superior interesse da criança e do adolescente e os usos e costumes locais.

A letra B está correta. Na forma do art. 6º do ECA: "na interpretação desta Lei levar-se-ão em conta os fins sociais a que ela se dirige, as exigências do bem comum, os direitos e deveres individuais e coletivos, e a condição peculiar da criança e do adolescente como pessoas em desenvolvimento". RD

Gabarito "B".

(Defensor Público – DPE/BA – 2016 – FCC) Em relação à posição das Defensorias Públicas no Sistema de Garantia dos Direitos da Criança e do Adolescente, como definido nas Resoluções 113 e 117 do Conselho Nacional dos Direitos da Criança e do Adolescente – Conanda, é correto afirmar que elas integram, ao lado

(A) de outros serviços de assessoramento jurídico e assistência judiciária, o eixo estratégico da defesa dos direitos humanos de crianças e adolescentes.
(B) dos órgãos da magistratura e público-ministeriais, o eixo estratégico judicial do Sistema de Garantias dos Direitos da Criança e do Adolescente.
(C) dos conselhos tutelares e dos conselhos de direito, os eixos estratégicos de promoção e de proteção dos direitos de crianças e adolescentes.
(D) do Ministério Público, dos serviços e programas das políticas públicas, e dos serviços de proteção social especial, o eixo estratégico de controle da efetivação dos direitos da criança e do adolescente.
(E) da advocacia pública e privada, o eixo estratégico de prevenção da violação dos direitos humanos da criança e do adolescente do Sistema de Garantia dos Direitos da Criança e do Adolescente.

O art. 7º da Resolução 113, determina que o eixo da defesa dos direitos humanos de crianças e adolescentes é composto pelos seguintes órgãos públicos: a) judiciais, especialmente as varas da infância e da juventude e suas equipes multiprofissionais, as varas criminais especializadas, os tribunais do júri, as comissões judiciais de adoção, os tribunais de justiça, as corregedorias gerais de Justiça; b) público-ministeriais, especialmente as promotorias de justiça, os centros de apoio operacional, as procuradorias de justiça, as procuradorias gerais de justiça, as corregedorias gerais do Ministério Público; **c) defensorias públicas, serviços de assessoramento jurídico e assistência judiciária; d) advocacia geral da união e as procuradorias gerais dos estados;** e) polícia civil judiciária, inclusive a polícia técnica; f) polícia militar; g) conselhos tutelares; f) ouvidorias e entidades sociais de defesa de direitos humanos, incumbidas de prestar proteção jurídico-social, nos termos do artigo 87, V do Estatuto da Criança e do Adolescente. Esse eixo é caracterizado pela garantia de acesso à justiça, ou seja, pelo recurso às instâncias públicas e mecanismos jurídicos de proteção legal dos direitos humanos, gerais e especiais, da infância e da adolescência, para assegurar a impositividade deles e sua exigibilidade, em concreto. RD

Gabarito "A".

(Defensor Público – DPE/BA – 2016 – FCC) Conforme prevê expressamente o Estatuto da Criança e do Adolescente – ECA, a emancipação

(A) pode ser deferida incidentalmente, a pedido do próprio adolescente, nos autos da ação de acolhimento institucional, como estratégia de preparação para autonomia.
(B) pressupõe, para sua concessão, prévia avaliação psicossocial que ateste a autonomia e maturidade do adolescente, além da concordância expressa de ambos os genitores.
(C) concede ao emancipado o direito de viajar desacompanhado pelo território nacional, vedada, contudo, sua saída do país sem expressa autorização dos genitores ou do juiz.
(D) não exclui a responsabilidade civil dos pais decorrente de ato ilícito praticado pelo filho emancipado, fazendo cessar, contudo, o dever dos genitores de prestar-lhe alimentos.
(E) pode ser concedida pelo Juiz da Infância e Juventude quando faltarem os pais e, preenchidos os requisitos da lei civil, se os direitos do requerente, previstos no ECA, forem ameaçados ou violados por ação ou omissão da sociedade ou do Estado, bem como por omissão ou abuso dos pais ou responsável ou em razão de sua conduta.

Antes de percorrer cada uma das alternativas, é importante lembrar que o ECA é lei protetiva do menor de 18 anos, pouco importando a sua condição de emancipação na forma do Código Civil. Caso o menor seja emancipado, a proteção da lei menorista continua a ser aplicada em todos os seus termos, exceto no que diz respeito ao exercício do poder familiar. **A:** incorreta. O art. 5º do Código Civil trata da emancipação do menor de 18 anos e maior de 16, nos seguintes termos: "cessará, para os menores, a incapacidade: I – pela concessão dos pais, ou de um deles na falta do outro, mediante instrumento público, independentemente de homologação judicial, ou por sentença do juiz, ouvido o tutor, se o menor tiver dezesseis anos completos; II – pelo casamento; III – pelo exercício de emprego público efetivo; IV – pela colação de grau em curso de ensino superior; V – pelo estabelecimento civil ou comercial, ou pela existência de relação de emprego, desde que, em função deles, o menor com dezesseis anos completos tenha economia própria". Não há que se falar em emancipação em razão de acolhimento institucional, o adolescente somente poderá ser emancipado nas condições acima previstas. **B:** incorreta. O Código Civil não exige estudo psicossocial para a emancipação. **C:** incorreta. O adolescente pode viajar para todo o território nacional desacompanhado na forma do art. 83 do ECA. Além disso, a viagem para o exterior deve sempre obedecer às regras do art. 84 do ECA, independentemente da emancipação do menor de 18 e maior de 16 anos. **D:** incorreta. O dever de alimentos é decorrente da relação de filiação e não depende do exercício de poder familiar (art. 229 da CF). **E:** correta. A Vara de Infância e Juventude será responsável pela emancipação do adolescente quanto este estiver em situação de risco (art. 98) e faltarem os pais (art. 148, alínea "e", do ECA). RD

Gabarito "E".

(Defensor Público – DPE/MT – 2016 – UFMT) Sobre a evolução histórica do direito da criança e do adolescente, assinale a afirmativa correta.

(A) Antes da doutrina da proteção integral, inexistia preocupação em manter vínculos familiares, até porque a família ou a falta dela era considerada a causa da situação regular.
(B) Na doutrina da proteção integral, descentralizou-se a atuação, materializando-a na esfera municipal pela participação direta da comunidade por meio do Conselho Municipal de Direitos e do Conselho Tutelar.
(C) A doutrina da situação irregular limitava-se basicamente ao tratamento jurídico dispensado ao menor carente, ao menor abandonado e às políticas públicas.
(D) Na vigência do Código de Menores, havia a distinção entre criança e adolescente, embora majoritariamente adotava-se apenas a denominação "menor".

(E) Além do judiciário, com a doutrina da proteção integral, novos atores entram em cena, como a comunidade local, a família e a Defensoria Pública como um grande agente garantidor de toda a rede, fiscalizando seu funcionamento, exigindo resultados, assegurando o respeito prioritário aos direitos fundamentais infantojuvenis.

A: incorreta. A doutrina do menor em situação irregular tinha como parâmetro do cuidado do menor órfão ou infrator. Nos termos do art. 2º do Código de Menores (Lei 6697/79), estava em situação irregular o menor: "I – privado de condições essenciais à sua subsistência, saúde e instrução obrigatória, ainda que eventualmente, em razão de: *a)* falta, ação ou omissão dos pais ou responsável; *b)* manifesta impossibilidade dos pais ou responsável para provê-las; II – vítima de maus-tratos ou castigos imoderados impostos pelos pais ou responsável; III – em perigo moral, devido a: *a)* encontrar-se, de modo habitual, em ambiente contrário aos bons costumes; *b)* exploração em atividade contrária aos bons costumes; IV – privado de representação ou assistência legal, pela falta eventual dos pais ou responsável; V – Com desvio de conduta, em virtude de grave inadaptação familiar ou comunitária; VI – autor de infração penal". **B:** correta. De fato, o Conselho Tutelar, formado por pessoas da sociedade para o efetivo cumprimento dos diretos da criança e do adolescente, e os Conselhos Municipais dos Direitos da Criança e do Adolescente, trouxeram grande descentralização no atendimento aos infantes, representando, também maior participação popular na proteção da infância. **C:** incorreta. O Código de Menores não estabelecia políticas públicas de proteção da infância. **D:** incorreta. O Código de Menores não fazia distinção entre crianças e adolescentes. **E:** incorreta. A família e o judiciário não são "novos atores" na proteção da infância. RD

Gabarito "B".

(Defensor Público – DPE/BA – 2016 – FCC) A pessoa com deficiência recebeu um novo estatuto que, dentro dos limites legais, destina-se a assegurar e a promover, em condições de igualdade, o exercício dos direitos e das liberdades fundamentais por pessoa com deficiência, visando à sua inclusão social e cidadania. Dentre as novidades introduzidas, destaca-se o entendimento que

(A) para emissão de documentos oficiais será exigida a situação de curatela da pessoa com deficiência.
(B) a pessoa com deficiência está obrigada à fruição de benefícios decorrentes de ação afirmativa.
(C) a pessoa com deficiência poderá ser obrigada a se submeter à intervenção clínica ou cirúrgica, a tratamento ou à institucionalização forçada, sempre com recomendação médica, independentemente de risco de morte ou emergência.
(D) a educação constitui direito da pessoa com deficiência, a ser exercido em escola especial e direcionada, em um local que não se conviva deficientes e não deficientes.
(E) a deficiência não afeta a plena capacidade civil da pessoa, inclusive para casar-se, constituir união estável e exercer direitos sexuais e reprodutivos.

A: incorreta. Na forma do artigo 86 do Estatuto da Pessoa com Deficiência, a emissão de documentos oficiais independe da situação de curatela. **B:** incorreta. Nos exatos termos do artigo 4º, § 2º, do Estatuto da Pessoa com Deficiência. **C:** incorreta. Conforme artigo 11 do Estatuto, a pessoa com deficiência não pode ser obrigada a se submeter à intervenção clínica ou cirúrgica, a tratamento ou à institucionalização forçada. **D:** incorreta. Reza o art. 27 que "a educação constitui direito da pessoa com deficiência, assegurados sistema **educacional inclusivo** em todos os níveis e aprendizado ao longo de toda a vida, de forma a alcançar o máximo desenvolvimento possível de seus talentos e habilidades físicas, sensoriais, intelectuais e sociais, segundo suas características, interesses e necessidades de aprendizagem" (grifo nosso). **E:** correta. A deficiência não afeta a plena capacidade civil da pessoa, inclusive para casar-se e constituir união estável; exercer direitos sexuais e reprodutivos; exercer o direito de decidir sobre o número de filhos e de ter acesso a informações adequadas sobre reprodução e planejamento familiar; conservar sua fertilidade, sendo vedada a esterilização compulsória; exercer o direito à família e à convivência familiar e comunitária; e exercer o direito à guarda, à tutela, à curatela e à adoção, como adotante ou adotando, em igualdade de oportunidades com as demais pessoas (art. 6º). RD

Gabarito "E".

(Defensor Público – DPE/MT – 2016 – UFMT) Considerando a atuação da Defensoria Pública na proteção dos direitos individuais e coletivos da criança e do adolescente, marque V para as afirmativas verdadeiras e F para as falsas.

( ) A assistência judiciária gratuita ao interesse de criança e adolescente será prestada aos que dela necessitarem, por Defensor Público ou advogado nomeado, sendo essas ações judiciais isentas de custas e emolumentos, salvo litigância de má-fé.
( ) A possibilidade de escolha da defesa técnica pela criança e pelo adolescente, que irá realizar a postulação em seu nome em juízo, será garantida pela admissão de advogado constituído ou por meio de nomeação de Defensor Público atuante no Juízo da Infância.
( ) Em razão da ausência de distinção expressa no Estatuto da Criança e do Adolescente (ECA), em favor da proteção integral, é vedada a diferença de tratamento entre a Defensoria Pública e os Advogados constituídos pela parte, que nada mais é do que a aplicação do Princípio constitucional da igualdade em sua vertente material.
( ) Em razão da celeridade da justiça da infância e juventude e do múnus público da defesa técnica do interesse da criança e do adolescente, os prazos para os Defensores Públicos atuantes são de contagem simples.
( ) A falta de defensor do adolescente infrator no dia e hora aprazados para a realização de audiência não implicará o adiamento do ato, devendo o juiz nomear algum outro profissional para representar o adolescente única e exclusivamente naquele ato.

Assinale a sequência correta.

(A) V, V, F, F, V
(B) V, F, F, V, V
(C) V, V, F, V, F
(D) F, F, V, F, V
(E) F, V, V, V, F

Verdadeira. Nos termos do art. 141 do ECA: "é garantido o acesso de toda criança ou adolescente à Defensoria Pública, ao Ministério Público e ao Poder Judiciário, por qualquer de seus órgãos. § 1º. A assistência judiciária gratuita será prestada aos que dela necessitarem, através de defensor público ou advogado nomeado. § 2º As ações judiciais da competência da Justiça da Infância e da Juventude são isentas de custas e emolumentos, ressalvada a hipótese de litigância de má-fé". **Verdadeira.** Nos termos do art. 206 do ECA: "a criança ou o adolescente, seus pais ou responsável, e qualquer pessoa que tenha legítimo interesse na solução da lide poderão intervir nos procedimentos de que trata esta Lei, através de advogado, o qual será intimado para todos os atos, pessoalmente ou por publicação oficial, respeitado o segredo de justiça. Parágrafo único. Será prestada assistência judiciária integral e gratuita àqueles que dela necessitarem". **Falsa.** A Defensoria e o Advogado são responsáveis, na forma do art. 206, pela defesa da criança e do adolescente. A igualdade de tratamento na defesa técnica decorre das funções institucionais da Defensoria Pública. **Falsa.** O artigo 186 do NCPC garante prazo em dobro para todas as manifestações processuais da Defensoria Pública. **Verdadeira.** Nos termos do art. 207 do ECA: "Nenhum adolescente a quem se atribua a prática de ato infracional, ainda que ausente ou foragido, será processado sem defensor. § 1º Se o adolescente não tiver defensor, ser-lhe-á nomeado pelo juiz, ressalvado o direito de, a todo tempo, constituir outro de sua preferência. § 2º A ausência do defensor não determinará o adiamento de nenhum ato do processo, devendo o juiz nomear substituto, ainda que provisoriamente, ou para o só efeito do ato. § 3º Será dispensada a outorga de mandato, quando se tratar de defensor nomeado ou, sido constituído, tiver sido indicado por ocasião de ato formal com a presença da autoridade judiciária". **Gabarito "A".**

(Defensor Público – DPE/RN – 2016 – CESPE) Assinale a opção correta a respeito do papel da DP no contexto do sistema de garantia e proteção dos direitos individuais e coletivos da criança e do adolescente.

(A) A presença da DP entre os órgãos que compõem a integração operacional prevista no ECA justifica-se quando se tratar de atendimento inicial a adolescente a quem se atribua a autoria de ato infracional, mas não no atendimento de adolescentes inseridos em programa de acolhimento familiar.

(B) É exclusiva da DP a legitimidade para ajuizar ação de alimentos em proveito de criança ou adolescente nas situações de risco descritas no ECA.

(C) Segundo o STJ, não é cabível a nomeação de curador especial em processo de acolhimento institucional no âmbito do qual a criança figure como mera destinatária da decisão judicial e não como parte.

(D) Conforme entendimento do STJ, o prazo para interposição de recurso pela DP começa a fluir na data da audiência em que for proferida a sentença, caso presente o DP, e não da remessa dos autos com vista ou com a entrada destes na instituição.

(E) De acordo com o STJ, é da competência da vara da fazenda pública o julgamento de ação ajuizada pela DP visando à obtenção de medicamentos a menor, quando este estiver devidamente representado pelos pais.

A: incorreta. Na forma do art. 70-A, inciso II, e art. 88, inciso VI do ECA, além da Resolução Conanda 113/2006, a Defensoria Pública é parte integrante dos órgãos de proteção e defesa da criança e do adolescente, em especial quanto ao programa de colocação em acolhimento institucional. **B:** incorreta. Na forma do art. 141 do ECA, "é garantido o acesso de toda criança ou adolescente à Defensoria Pública, ao Ministério Público e ao Poder Judiciário, por qualquer de seus órgãos". **C:** correta. Nesse sentido, já decidiu o STJ: "(...) Resguardados os interesses da criança e do adolescente, não se justifica a obrigatória e automática nomeação da Defensoria Pública como curadora especial em ação movida pelo Ministério Público, que já atua como substituto processual. A Defensoria Pública, no exercício da curadoria especial, desempenha apenas e tão somente uma função processual de representação em juízo do menor que não tiver representante legal ou se os seus interesses estiverem em conflito (arts. 9º do CPC e 142, parágrafo único, do ECA). Incabível a nomeação de curador especial em processo de acolhimento institucional no qual a criança nem é parte, mas mera destinatária da decisão judicial". (Vide REsp 1417782/RJ, DJe 07/10/2014). **D:** incorreta. Para o STJ, "a intimação da Defensoria Pública para interposição de recurso aperfeiçoa-se com a entrega dos autos com vista, independentemente do comparecimento do defensor à audiência". (STJ, HC 332772/SP, DJe 02/12/2015). **E:** incorreta. Estando em situação de risco, a competência é da Vara da Infância e Juventude. **Gabarito "C".**

(Defensor Público – DPE/RN – 2016 – CESPE) À luz da Lei 10.216/2001, que dispõe sobre a proteção e os direitos das crianças e adolescentes portadores de transtornos mentais, assinale a opção correta.

(A) Para a realização de pesquisas científicas para fins diagnósticos ou terapêuticos com a participação de criança portadora de distúrbio psiquiátrico, exige-se o consentimento expresso do representante legal da criança, o qual torna dispensável a comunicação aos conselhos profissionais competentes.

(B) Para a internação compulsória de adolescente, basta a autorização por médico devidamente registrado no CRM competente.

(C) A exigência legal de que sejam esgotados os recursos extra-hospitalares antes da internação não se aplica quando se trata de internação na modalidade voluntária.

(D) O adolescente que apresenta distúrbio psiquiátrico não pode, segundo o STJ, ser submetido a medida socioeducativa, uma vez que é inapto para cumpri-la.

(E) Caso uma criança seja internada involuntariamente em estabelecimento de saúde mental em razão de distúrbio psiquiátrico, o responsável técnico pelo estabelecimento deve comunicar o MP estadual do ocorrido, comunicação esta que é dispensada no momento da alta da criança.

A: incorreta. A pesquisa científica está regulamentada pelo art. 11 da referida Lei, que assim dispõe: "pesquisas científicas para fins diagnósticos ou terapêuticos não poderão ser realizadas sem o consentimento expresso do paciente, ou de seu representante legal, e sem a devida comunicação aos conselhos profissionais competentes e ao Conselho Nacional de Saúde". **B:** incorreta. A Lei 10.216/2001, em seu art. 9º, garante que a internação compulsória somente pode ser determinada pelo juiz competente, sempre levando em consideração as condições de segurança do estabelecimento, do paciente, dos demais internados e funcionários. **C:** incorreta. O art. 4º exige, em qualquer modalidade de internação, que os recursos extra-hospitalares sejam esgotados. **D:** correta. O art. 112, §, 3º, do ECA determina que "os adolescentes portadores de doença ou deficiência mental receberão tratamento individual e especializado, em local adequado às suas condições". Sendo assim, perfeitamente cabível a aplicação da medida socioeducativa. No entanto, já entendeu o STJ que a medida adequada para adolescente portador de distúrbio mental é a medida de proteção, uma vez que o adolescente não teria condições de assimilar a medida. Vejamos: "Adolescente. Condição especial. Liberdade assistida. O ato infracional cometido por adolescente equipara-se ao crime de homicídio qualificado (art. 121, § 2º, III e IV, do CP). A defesa, em *habeas corpus*, busca cessar definitivamente a medida socioeducativa de internação e a inclusão do paciente em medidas de proteção pertinentes porque, segundo o laudo técnico, ele é portador de distúrbios mentais. Ainda alega a defesa que o adolescente corre risco de morte diariamente por ser submetido a regime de ressocialização, o qual não tem capacidade de assimilar. Explica o Min. Relator que o § 1º do art. 12 do ECA, na imposição das medidas socioeducativas, leva em conta a capacidade de cumprimento

do adolescente. Sendo assim, no caso concreto, como o adolescente apresenta distúrbios mentais, deve ser encaminhado a um atendimento individual e especializado compatível com sua limitação mental (§ 3º do mesmo artigo citado). Ante o exposto, a Turma concedeu a ordem para determinar que o paciente seja inserido na medida socioeducativa de liberdade assistida, associada ao acompanhamento ambulatorial psiquiátrico, psicopedagógico e familiar". Informativo 300. Precedentes citados: HC 54.961-SP, DJ 22/5/2006, e HC 45.564-SP, DJ 6/2/2006. HC 88.043-SP, Rel. Min. Og Fernandes, julgado em 14/4/2009. **E**: incorreta. A internação voluntária ou involuntária somente será autorizada por médico devidamente registrado no Conselho Regional de Medicina do Estado onde se localize o estabelecimento, e deverá ser comunicada ao Ministério Público no momento do procedimento e da respectiva alta (art. 8º da Lei 10.216/2001). RD
Gabarito "D".

(Juiz de Direito/AM – 2016 – CESPE) Assinale a opção correta acerca das medidas socioeducativas, da alienação parental e das medidas pertinentes aos pais ou responsáveis.

(A) A prática de ato de alienação parental fere direito fundamental da criança ou do adolescente de convivência comunitária saudável, além de constituir abuso moral contra a criança ou o adolescente e descumprimento dos deveres inerentes à autoridade parental ou decorrentes de tutela ou guarda.
(B) A autoridade judiciária pode aplicar nova medida de internação, por ato infracional praticado anteriormente, a adolescente que já tenha concluído cumprimento de medida socioeducativa dessa natureza, salvo se o adolescente já tiver sido transferido para cumprimento de medida menos rigorosa.
(C) Um dos princípios que regem a execução das medidas socioeducativas é a prioridade a práticas restaurativas e que, sempre que possível, atendam às necessidades das vítimas. Por essa razão, a legislação pertinente prevê a participação de socioeducando na composição da comissão de apuração de faltas disciplinares.
(D) Considera-se ato de alienação parental a interferência na formação psicológica da criança ou do adolescente promovida ou induzida por um dos genitores, pelos avós ou pelos vizinhos para que repudie genitor, assim como a interferência que cause prejuízo ao estabelecimento ou à manutenção de vínculos com o genitor.
(E) Declarado indício de ato de alienação parental, o juiz pode determinar de ofício medidas provisórias necessárias à preservação da integridade psicológica da criança ou do adolescente, inclusive para assegurar convivência com genitor ou viabilizar a efetiva reaproximação entre ambos.

A: incorreta. A alienação parental atinge o direito fundamental da criança e do adolescente de convivência familiar. **B**: incorreta. O art. 45 da Lei 12.594/12 (Lei do SINASE) veda expressamente a aplicação de nova medida de internação, por ato infracional praticado anteriormente, a adolescente que já tenha concluído cumprimento de medida socioeducativa dessa natureza, salvo se o adolescente já tiver sido transferido para cumprimento de medida menos rigorosa. **C**: incorreta. De fato, na forma do art.35, III, da Lei do SINASE, as medidas socioeducativas devem priorizar medidas que sejam restaurativas e, sempre que possível, que atendam às necessidades das vítimas. No entanto, o art. 73 da mesma lei veda a participação do socioeducando na função ou tarefa de apuração disciplinar. **D**: incorreta. A alienação parental é "promovida ou induzida por um dos genitores, pelos avós ou pelos que tenham a criança ou adolescente sob a sua autoridade, guarda ou vigilância" (art. 2º da Lei 12.318/10). **E**: correta. Conforme art. 4º da Lei de Alienação Parental. RD
Gabarito "E".

(Juiz de Direito/AM – 2016 – CESPE) No que se refere aos estatutos do idoso e da criança e do adolescente, assinale a opção correta.

(A) A obrigação de prestar alimentos ao idoso é recíproca e conjunta em relação a todos os coobrigados.
(B) O princípio da proteção integral e a aplicação de medidas de proteção à criança e ao adolescente, previstas no ECA, justificam a imperatividade na obediência à ordem cronológica do registro de pessoas interessadas na adoção.
(C) A prática de ato infracional análogo ao delito de tráfico de entorpecentes permite a aplicação de medida de internação do adolescente infrator.
(D) A superveniência da maioridade civil é causa de extinção da medida socioeducativa imposta ao adolescente infrator.
(E) No âmbito dos direitos fundamentais da pessoa idosa, o respeito abrange a preservação do direito às ideias e crenças.

A: incorreta. Conforme art. 12 do EI, a obrigação alimentar é solidária, podendo o idoso optar entre os prestadores. **B**: O § 12 do art. 50 do ECA prevê a convocação criteriosa dos postulantes à adoção conforme o Cadastro Nacional de Adoção, com a fiscalização do Ministério Público. No entanto, o § 13 do mesmo artigo prevê a possiblidade de candidatos domiciliados no Brasil adotarem sem estar previamente cadastrados quando (i) se tratar de adoção unilateral, (ii) se for formulada pela família extensa ou (iii) se oriundo do pedido de quem detém a tutela ou guarda legal de criança maior de 3 (três) anos ou adolescente, comprovada a afinidade e afetividade, e não seja constatada a ocorrência de má-fé ou qualquer dos crimes previstos nos arts. 237 ou 238 da lei. **C**: incorreta. Conforme entendimento do STJ "O ato infracional análogo ao tráfico de drogas, por si só, não conduz obrigatoriamente à imposição de medida socioeducativa de internação do adolescente" (Súmula 492). Sobre o mesmo tema, o STJ tem entendido que não se faz necessário o cometimento de três atos infracionais considerados graves para justificar a internação, portanto, mesmo em casos de tráfico de drogas, "não se exige, para a configuração da reiteração, um número mínimo de infrações, devendo apenas serem graves, respeitadas as circunstâncias do caso concreto" (STJ, HC 37 1148/SP, Re. Felix Fischer, DJe 01/12/2016). **D**: incorreta. O ECA também é aplicável às pessoas que tenham entre 18 (dezoito) anos completos e 21 (vinte e um) incompletos para os fins de cumprimento de medida socioeducativa: "Nos casos expressos em lei, aplica-se excepcionalmente este Estatuto às pessoas que tenham entre dezoito e vinte e um anos de idade" (art. 2º, parágrafo único). Nesse sentido já decidiu o STJ: "Para a aplicação das medidas socioeducativas previstas no Estatuto da Criança e do Adolescente – ECA, leva-se em consideração apenas a idade do menor ao tempo do fato (ECA, art. 104, parágrafo único), sendo irrelevante a circunstância de atingir o adolescente a maioridade civil ou penal durante seu cumprimento, tendo em vista que a execução da respectiva medida pode ocorrer até que o autor do ato infracional complete 21 (vinte e um) anos de idade (ECA, art. 2º, parágrafo único, c/c os arts. 120, § 2º, e 121, § 5º)". (STJ, Rel. Min. Arnaldo Esteves Lima, MS 95.896/RJ, DJe 21/09/2009). **E**: correta. É o que garante o Estatuto do Idoso em seu art. 10, § 1º. RD
Gabarito "E".

18. DIREITO DA PESSOA IDOSA

Leni Mouzinho Soares e Paula Morishita*

1. DIREITOS FUNDAMENTAIS

(Promotor de Justiça/CE – 2020 – CESPE/CEBRASPE) De acordo com as disposições do Estatuto da Pessoa Idosa, a obrigação alimentar devida à Pessoa Idosa é

(A) dos seus descendentes e, subsidiariamente, do seu cônjuge ou companheiro, não podendo a pessoa idosa optar pelo prestador.
(B) do seu cônjuge ou companheiro e, subsidiariamente, dos seus descendentes, não podendo a pessoa idosa optar entre eles.
(C) dos seus descendentes ou do seu cônjuge ou companheiro, que serão designados em juízo.
(D) solidária, não podendo a pessoa idosa optar pelo prestador, que será designado em juízo.
(E) solidária, podendo a pessoa idosa optar pelo prestador.

Conforme previsão constante do art. 12 da Lei 10.741/2003 (Estatuto da Pessoa Idosa), a obrigação alimentar devida à pessoa idosa é solidária, podendo optar entre os prestadores. Portanto, a alternativa E deve ser assinalada. LM/PM
Gabarito "E".

(Promotor de Justiça/PR – 2019 – MPE/PR) Nos termos do que expressamente estabelece a Lei n. 10.741/2003 (Estatuto da Pessoa Idosa), assinale a alternativa *incorreta*. É princípio que deve ser adotado pelas entidades que desenvolvam programas de institucionalização de longa permanência:

(A) Preservação dos vínculos familiares.
(B) Manutenção da pessoa idosa na mesma instituição, salvo em caso de força maior.
(C) Participação da pessoa idosa nas atividades comunitárias, de caráter interno e externo.
(D) Atendimento personalizado e em pequenos grupos.
(E) Preparação gradativa para o desligamento.

A Lei 14.423/2022 alterou o art. 49 da Lei 10.741/2003 que passou a prever que os princípios a serem adotados pelas entidades referidas na questão são os seguintes: preservação dos vínculos familiares; atendimento personalizado e em pequenos grupos; manutenção da pessoa idosa na mesma instituição, salvo em caso de força maior; participação da pessoa idosa nas atividades comunitárias, de caráter interno e externo; observância dos direitos e garantias das pessoas idosas; preservação da identidade da pessoa idosa e oferecimento de ambiente de respeito e dignidade. É de se notar que apenas a preparação gradativa para o desligamento não está dentre os princípios a serem adotados, devendo ser assinalada a alternativa E. LM/PM
Gabarito "E".

(Promotor de Justiça – MPE/RS – 2017) Com base nas Leis 8.742/1993 (Loas) e 10.741/2003 (Estatuto da Pessoa Idosa), sobre o benefício de prestação continuada (BPC) em favor de pessoa idosa, assinale a alternativa correta.

(A) Para fins de acesso ao BPC, considera-se incapaz de prover a manutenção da pessoa idosa a família cuja renda mensal per capita seja inferior a meio salário-mínimo.
(B) O BPC já recebido por outra pessoa idosa da família e que vive sob o mesmo teto deve ser computado para os fins do cálculo da renda familiar mensal per capita a que se refere a Loas.
(C) É vedada a acumulação, pela pessoa idosa, do BPC com pensão especial de natureza indenizatória.
(D) O BPC deve ser revisto a cada 6 (seis) meses, para avaliação da continuidade das condições que lhe deram origem.
(E) Para efeitos de concessão do BPC, a legislação determina a aplicação do conceito de família assistencial, abrangendo o requerente, o cônjuge ou companheiro, os pais e, na ausência de um deles, a madrasta ou o padrasto, os irmãos solteiros, os filhos e enteados solteiros e os menores tutelados, desde que vivam sob o mesmo teto.

A: incorreta, pois considera-se incapaz de prover a manutenção da pessoa com deficiência ou idosa a família cuja renda familiar mensal per capita igual ou inferior a 1/4 (um quarto) do salário-mínimo (art. 20, § 3º da Lei 8.742/1993); **B:** incorreta, pois o benefício já concedido a qualquer membro da família *não será computado* para os fins do cálculo da renda familiar per capita a que se refere a Loas (art. 34, parágrafo único da Lei 10.741/2003); **C:** incorreta, pois o BPC pode ser cumulado com assistência médica e pensão especial de natureza indenizatória (art. 20, § 4º, da Lei 8.742/1993); **D:** incorreta, pois o BPC deve ser revisto a cada *2 (dois)* anos (art. 21 da Lei 8.742/1993); **E:** correta (art. 20, § 1º, da Lei 8.742/1993). LM/PM
Gabarito "E".

(Promotor de Justiça/GO – 2016 - MPE) Quanto à Lei Federal 10.741/2003 (Estatuto da Pessoa Idosa), assinale a alternativa incorreta:

(A) nos programas habitacionais, públicos ou subsidiados com recursos públicos, a pessoa idosa goza de prioridade na aquisição de imóvel para moradia própria, observada a reserva de pelo menos 3% (três por cento) das unidades habitacionais residenciais para atendimento aos idosos.
(B) Ainda que não haja legislação local, à pessoa idosa com 60 (sessenta) anos fica assegurada a gratuidade dos transportes coletivos públicos urbanos e semiurbanos.
(C) o acolhimento de pessoa idosas em situação de risco social, por adulto ou núcleo familiar, caracteriza a dependência econômica, para os efeitos legais.

---

* LM Leni Mouzinho Soares
  PM Paula Morishita

(D) as unidades residenciais reservadas para atendimento a pessoas idosas devem situar-se, preferencialmente, no pavimento térreo.

A: correta (art. 38, I, do Estatuto da Pessoa Idosa); **B:** incorreta (devendo ser assinalada), pois o referido direito é assegurado aos maiores de **65 (sessenta e cinco anos)**, conforme art. 39 do Estatuto da Pessoa Idosa; **C:** correta (art. 36 do Estatuto da Pessoa Idosa); **D:** correta (art. 38, parágrafo único, do Estatuto da Pessoa Idosa). LM/PM
Gabarito "B".

(Promotor de Justiça – MPE/MS – FAPEC – 2015) De acordo com o Direito das Pessoas Idosas, assinale a alternativa **correta**:

(A) A assistência social será prestada a quem dela necessitar, estando dentre seus objetivos, mediante prévia contribuição à seguridade social, a garantia de um salário-mínimo de benefício mensal à pessoa idosa que comprove não possuir meios de prover à própria manutenção ou de tê-la provida por sua família.

(B) De acordo com o Estatuto da Pessoa Idosa (Lei 10.741/2003), as transações relativas a alimentos não poderão ser celebradas perante o Promotor de Justiça.

(C) De acordo com o art. 230, § 2º, da Constituição Federal, aos maiores de sessenta anos é garantida a gratuidade dos transportes coletivos urbanos.

(D) Em atenção às disposições constitucionais, é correto afirmar que os programas de amparo aos idosos serão executados preferencialmente em unidades de saúde.

(E) A família, a sociedade e o Estado têm o dever de amparar as pessoas idosas, assegurando sua participação na comunidade, defendendo sua dignidade e bem-estar e garantindo-lhes o direito à vida.

A: incorreto, a assistência social independe de contribuição. **B:** incorreto, pois as transações relativas a alimentos *poderão* ser celebradas perante o Promotor de Justiça ou Defensor Público, que as referendará, e passarão a ter efeito de título executivo extrajudicial nos termos da lei processual civil (art. 13 do Estatuto da Pessoa Idosa); **C:** incorreto, o direito à gratuidade no transporte somente é concedido às pessoas idosas a partir de *65 (sessenta e cinco)* anos de idade e a gratuidade não é para qualquer transporte público: não terão gratuidade nos serviços seletivos e especiais, quando prestados paralelamente aos serviços regulares (arts. 230, § 2º, da CF e 39 do Estatuto da Pessoa Idosa); **D:** incorreto, pois os programas de amparo aos idosos serão executados preferencialmente em seus *lares* (art. 230, § 1º, da CF). Não obstante, o Estatuto da Pessoa Idosa prioriza o atendimento da pessoa idosa *por sua própria família*, em detrimento do atendimento asilar, exceto dos que não a possuam ou careçam de condições de manutenção da própria sobrevivência (art. 3º, §1º, V, da Lei 10.741/2003); **E:** correto (art. 230, *caput*, da CF). LM/PM
Gabarito "E".

(Defensor Público – DPE/ES – 2016 – FCC) A respeito das garantias e direitos assegurados pelo Estatuto da Pessoa Idosa – Lei 10.741/2003, podemos afirmar que há previsão expressa de que

(A) haverá, por parte do Poder Público, a criação e estímulo a programas de preparação à aposentadoria, com antecedência mínima de seis meses, esclarecendo direitos sociais e de cidadania aos idosos.

(B) à pessoa idosa, desde que com idade a partir de 65 anos, está assegurado o direito de prioridade para recebimento da restituição do imposto de renda.

(C) à pessoa idosa está assegurado o direito de realizar transação relativa a alimentos perante o Promotor de Justiça ou Defensor Público, que a referendará, passando a ter efeito de título executivo judicial.

(D) à pessoa idosa que não pode se locomover, é assegurado o atendimento domiciliar, desde que abrigado ou acolhido em instituição pública ou filantrópica, não alcançando instituições privadas.

(E) o Poder Público criará oportunidade de acesso da pessoa idosa em cursos especiais para sua integração à vida moderna, incluindo conteúdo relativo às técnicas de comunicação, computação e demais avanços tecnológicos.

A: incorreta, pois a antecedência é de **um** ano (art. 28, II, da Lei 10.741/2003); **B:** incorreta, pois o referido direito é assegurado aos idosos de **60 anos** (art. 3º, § 1º, IX, da Lei 10.741/2003); **C:** incorreta, pois trata-se de título executivo **extrajudicial** (art. 13 da Lei 10.741/2003); **D:** incorreta, pois abrange também instituições **sem fins lucrativos e eventualmente conveniadas com o Poder Público** (art. 15, § 1º, IV); **E:** correta (art. 21 da Lei 10.741/2003). LM/PM
Gabarito "E".

(Ministério Público/BA – 2015 – CEFET) A defesa das pessoas idosas é uma das atribuições do Ministério Público, competindo-lhe zelar pela efetivação da Política Nacional prevista na Lei 8.842/1994 e pelos direitos assegurados no Estatuto da categoria (Lei 10.741/2003) e nas demais normas vigentes. Nesta senda, examine as seguintes proposições:

I. O direito à saúde da pessoa idosa engloba atendimento domiciliar, incluindo a internação para os que dele necessitar e estejam impossibilitados de se locomover, inclusive para os abrigados e acolhidos por instituições públicas, filantrópicas ou sem fins lucrativos e eventualmente conveniadas com o Poder Público, tanto no meio urbano, quanto rural, incumbindo ao Poder Público fornecer, gratuitamente, medicamentos, especialmente os de uso continuado, assim como próteses, órteses e outros recursos relativos ao tratamento, habilitação ou reabilitação dos senis.

II. Os casos de suspeita ou confirmação de violência praticada contra idosos serão objeto de notificação compulsória pelos serviços de saúde públicos e privados à autoridade sanitária, bem como serão comunicados por eles a quaisquer dos seguintes órgãos: a) autoridade policial; b) Ministério Público; c) Conselho Municipal da pessoa idosa; d) Conselho Estadual da pessoa idosa; e e) Conselho Nacional da pessoa idosa.

III. A participação dos idosos em atividades culturais e de lazer será proporcionada mediante descontos de pelo menos cinquenta e 5% (cinco por cento) nos ingressos para eventos artísticos, culturais, esportivos e de lazer, bem como o acesso preferencial aos respectivos locais.

IV. Todas as entidades de longa permanência ou casa-lar são obrigadas a firmar contrato de prestação de serviços com a pessoa idosa abrigada e, para as de natureza filantrópica, é facultada a cobrança de participação da pessoa idosa no custeio da entidade. Contudo, o Conselho Municipal da pessoa idosa ou o Conselho Municipal da Assistência Social estabelecerá percentual que não poderá exceder a 70% (setenta por cento) de qualquer benefício previdenciário ou de assistência social percebido pela pessoa idosa.

V. No sistema de transporte coletivo interestadual, observar-se-ão, nos termos da legislação específica, para idosos com renda igual ou inferior a 2 (dois) salários mínimos, a reserva de 3 (três) vagas gratuitas por veículo e o desconto de 50% (cinquenta por cento), no mínimo, no valor das passagens, para os idosos que excederem as vagas gratuitas.

Estão corretas as seguintes assertivas:

(A) I – II – IV.
(B) III – IV – V.
(C) II – III – IV.
(D) II – IV – V.
(E) I – II – III.

I: correto (art. 15, IV e § 2º, do Estatuto da Pessoa Idosa); II: correto (art. 19 do Estatuto da Pessoa Idosa); III: incorreto, pois os descontos serão de pelo menos 50%, conforme art. 23 do Estatuto da Pessoa Idosa; IV: correto (art. 50, I e art. 35, § 2º); V: incorreto, pois reserva é de duas vagas gratuitas por veículo, consoante art. 40, I e II do Estatuto da Pessoa Idosa. **LM/PM**

Gabarito "A".

(DPE/PE – 2015 – CESPE) Julgue os itens subsecutivos, a respeito dos direitos da pessoa idosa.

(1) A carência de recursos financeiros próprios da pessoa idosa ou da família desta não é suficiente para justificar a internação dessa pessoa idosa na modalidade asilar.

(2) Em cada veículo, comboio ferroviário ou embarcação do serviço convencional de transporte interestadual de passageiros, serão reservadas duas vagas gratuitas, que poderão ser usadas por idosos, independentemente da condição financeira destes.

1: incorreto, pois a assistência integral na modalidade de entidade de longa permanência será prestada quando verificada inexistência de grupo familiar, casa-lar, abandono ou **carência de recursos financeiros próprios ou da família** (art. 37, § 1º do Estatuto da Pessoa Idosa); 2: incorreto, pois à pessoa idosa **com renda igual ou inferior a dois salários mínimos** serão reservadas duas vagas gratuitas em cada veículo, comboio ferroviário ou embarcação do serviço convencional de transporte interestadual de passageiros, conforme art. 39 do Decreto 9.921/2019; **LM/PM**

Gabarito 1E, 2E.

2. MEDIDAS DE PROTEÇÃO

(Procurador Município – Santos/SP – VUNESP – 2021) No que diz respeito à atuação do Ministério Público, na proteção judicial dos interesses difusos, coletivos e individuais indisponíveis ou homogêneos, a partir do regime jurídico constante no Estatuto da Pessoa Idosa, assinale a assertiva correta.

(A) Deverá instaurar sob sua presidência, contencioso administrativo para apuração de violação contra direito da pessoa idosa.

(B) Poderá requisitar informações de qualquer pessoa, quando necessário, a serem prestadas em 5(cinco) dias.

(C) Se esgotadas todas as diligências para apuração de infração a prerrogativa conferida à pessoa idosa, se convencer da inexistência de fundamento, poderá, ainda assim, ajuizar ação civil pública e, dependendo do teor da contestação, requerer a extinção do feito, sem julgamento de mérito.

(D) O servidor público poderá provocar a sua iniciativa, quando se deparar com ofensa a quaisquer garantias conferidas à pessoa idosa, prestando-lhe informações sobre os fatos que constituam objeto de ação civil e indicando-lhe os elementos de convicção.

(E) Admitir-se-á litisconsórcio facultativo entre os Ministérios Públicos da União e dos Estados na defesa dos interesses e direitos de que cuida o Estatuto do Idoso.

A: incorreta, pois não reflete o disposto no art. 92, *caput*, da Lei 10.741/2003 (Estatuto da Pessoa Idosa); **B:** incorreta, uma vez que o prazo não poderá ser inferior a 10 (dez) dias, conforme dispõe o art. 92, *caput*, da Lei 10.741/2003; **C:** incorreta. Na hipótese de o Ministério Público, após esgotadas todas as diligências, convencer-se da inexistência de fundamento à propositura da ação civil ou de outras peças de informação, promoverá o seu arquivamento, o que o fará de forma fundamentada, conforme impõe o art. art. 92, § 1º, da Lei 10.741/2003; **D:** incorreta. Segundo estabelece o art. 89 do Estatuto da Pessoa Idosa, o servidor público, sempre que se deparar com ofensa a quaisquer garantias conferidas à pessoa idosa, *deverá* provocar a iniciativa do MP, prestando-lhe informações sobre os fatos que constituam objeto de ação civil e indicando-lhe os elementos de convicção. Como se pode ver, cuida-se de obrigação imposta ao servidor. Já o particular tem a prerrogativa (poderá) de provocar a atuação do *parquet*; **E:** correta, pois reflete o disposto no art. 81, § 1º, do Estatuto da Pessoa Idosa. **LM**

Gabarito "E".

(Ministério Público/BA – 2015 – CEFET) Sobre a proteção dos idosos, analise as proposições abaixo registradas:

I. Aos maiores de 60 (sessenta) anos fica assegurada a gratuidade dos transportes coletivos públicos urbanos e semiurbanos, exceto nos serviços seletivos e especiais, quando prestados paralelamente aos serviços regulares, bastando a apresentação de qualquer documento pessoal que faça prova de suas idades.

II. Nos veículos de transporte coletivo serão reservados 15% (quinze por cento) dos assentos para os idosos, devidamente identificados com a placa de "reservado preferencialmente para idosos".

III. Nos programas habitacionais, públicos ou subsidiados com recursos públicos, a pessoa idosa goza de prioridade na aquisição de imóvel para moradia própria, observada reserva de pelo menos 3% (três por cento) das unidades habitacionais residenciais para atendimento desses cidadãos, implantando-se os equipamentos urbanos comunitários necessários, eliminando-se as barreiras arquitetônicas e urbanísticas, para a garantia da sua acessibilidade, e estabelecendo-se os critérios de financiamento compatíveis com os rendimentos de aposentadoria e pensão.

IV. As entidades governamentais de atendimento aos idosos serão fiscalizadas pelos Conselhos da Pessoa Idosa, Ministério Público, Vigilância Sanitária e outros previstos em lei, sendo que, havendo danos para os abrigados ou qualquer tipo de fraude em relação ao programa, caberá o afastamento provisório dos dirigentes ou a interdição da unidade e a suspensão do programa.

V. Na ocorrência de infração por entidade de atendimento, que coloque em risco os direitos dos idosos, será o fato comunicado ao Ministério Público, para as providências cabíveis, inclusive para promover a suspensão das atividades ou dissolução da entidade, com a proibição de atendimento a idosos a bem do interesse público, sem prejuízo das providências a serem tomadas pela Vigilância Sanitária.

A alternativa que contém a sequência correta, de cima para baixo, considerando V para verdadeiro e F para falso, é:

(A) FVFVV.
(B) VVFVV.
(C) FFVVV.
(D) VVFFV.
(E) VFVFF.

I: incorreto, pois é assegurado aos maiores de **65 (sessenta e cinco)**, conforme art. 39 do Estatuto da Pessoa Idosa; II: incorreto, pois serão reservados **10% (dez por cento)** dos assentos para as pessoas idosas, consoante art. 39, § 2º, do Estatuto da Pessoa Idosa; III: correto (art. 38, I a IV, do Estatuto da Pessoa Idosa); IV: correto (art. 52 c/c art. 55, § 1º, do Estatuto da Pessoa Idosa); V: correto (art. 55, § 3º, do Estatuto da Pessoa Idosa). **LM/PM**

Gabarito "C".

3. POLÍTICA DE ATENDIMENTO À PESSOA IDOSA

(Promotor de Justiça – MPE/AM – FMP – 2015) Em relação à atuação do Ministério Público na proteção dos idosos, considere as seguintes assertivas:

I. O Ministério Público tem legitimidade para a defesa dos interesses individuais disponíveis de pessoas idosas.
II. A legitimidade do Ministério Público é limitada aos interesses difusos ou coletivos das pessoas idosas.
III. A legitimidade ministerial abrange os interesses difusos, coletivos *stricto sensu* e individuais homogêneos das pessoas idosas, aplicando-se a Lei 7.347/1985.
IV. O Ministério Público tem legitimidade para o ingresso de ação civil pública referente às cláusulas abusivas dos planos de saúde de pessoas idosas.
V. Em caso de necessidade de internação para tratamento de saúde de pessoa idosa, o tempo de internação é determinado pelo respectivo plano de saúde e não pelo médico, segundo a jurisprudência do Superior Tribunal de Justiça, carecendo a ação civil pública do Ministério Público de interesse de agir.

Quais das assertivas acima estão corretas?

(A) Apenas a II e V.
(B) Apenas a III e IV.
(C) Apenas a I, III e IV.
(D) Apenas a II, IV e V.
(E) Apenas a II e IV.

I e II: incorretos, pois compete ao Ministério Público instaurar o inquérito civil e a ação civil pública para a proteção dos direitos e interesses *difusos* ou *coletivos*, individuais **indisponíveis** e **individuais homogêneos** da pessoa idosa (art. 74, I, do Estatuto da Pessoa Idosa); III e IV: corretos (art. 74, I, do Estatuto da Pessoa Idosa); V: incorreto, pois está consolidado na Súmula 302 o entendimento do STJ de que "é abusiva a cláusula contratual de plano de saúde que limita no tempo a internação hospitalar do segurado", tendo o MP legitimidade para propor ação civil pública. Nesse contexto, vale trazer à baila, julgamento do Resp 326.147 da Quarta Turma que decidiu que os planos de saúde não podem limitar o valor do tratamento e de internações de seus associados. Acompanhando o voto do Relator, Min. Aldir Passarinho Junior, a Turma concluiu que a limitação de valor é mais lesiva que a restrição do tempo de internação vetada pela Súmula 302 do Tribunal. **LM**

Gabarito "B".

4. ACESSO À JUSTIÇA

(Promotor de Justiça/PR – 2019 – MPE/PR) Nos termos do que expressamente estabelece a Lei n. 10.741/2003 (Estatuto da Pessoa Idosa), assinale a alternativa correta. Para as ações cíveis fundadas em interesses difusos, coletivos, individuais indisponíveis ou homogêneos, consideram-se legitimados, concorrentemente:

(A) O Ministério Público, a União, os Estados, o Distrito Federal e os Municípios, a Ordem dos Advogados do Brasil e as associações legalmente constituídas há pelo menos 1 (um) ano e que incluam entre os fins institucionais a defesa dos interesses e direitos da pessoa idosa, dispensada a autorização da assembleia, se houver prévia autorização estatutária.

(B) O Ministério Público, a Defensoria Pública, a União, os Estados, o Distrito Federal e os Municípios e as associações legalmente constituídas, independentemente do prazo de constituição e funcionamento.

(C) O Ministério Público, a União, os Estados, o Distrito Federal e os Municípios, a Defensoria Pública e as associações legalmente constituídas há pelo menos 1 (um) ano e que incluam entre os fins institucionais a defesa dos interesses e direitos da pessoa idosa, dispensada a autorização da assembleia, se houver prévia autorização estatutária.

(D) O Ministério Público, a Ordem dos Advogados do Brasil e as associações legalmente constituídas, independentemente do prazo de constituição e funcionamento.

(E) O Ministério Público, a Defensoria Pública e as associações legalmente constituídas há pelo menos 1 (um) ano e que incluam entre os fins institucionais a defesa dos interesses e direitos da pessoa idosa, dispensada a autorização da assembleia, se houver prévia autorização estatutária.

A: Correta – Art. 81 e seus incisos do Estatuto da Pessoa Idosa; B, C e E: Incorretas – A Defensoria Pública não está incluída entre os legitimados (art. 81); D: Incorreta – As associações admitidas devem ter sido constituídas há pelo menos um ano. **LM**

Gabarito "A".

5. TEMAS VARIADOS

(Investigador - PC/BA - 2018 - VUNESP) A respeito dos crimes previstos no Estatuto da pessoa idosa (Lei no 10.741/03), assinale a alternativa correta.

(A) Constitui crime negar acolhimento ou a permanência da pessoa idosa, como abrigado, por recusa deste em outorgar procuração à entidade de atendimento.

(B) Constitui crime deixar de prestar assistência à pessoa idosa em situação de iminente perigo, independentemente do risco pessoal.

(C) Constitui crime negar a alguém emprego ou trabalho por motivo de idade, salvo se houver justa causa.
(D) Constitui crime deixar de cumprir, retardar ou frustrar, mesmo com justo motivo, a execução de ordem judicial expedida na ação civil prevista na Lei no 10.741/03.
(E) Constitui crime lavrar ato notarial que envolva pessoa idosa com discernimento de seus atos.

A: correta, de acordo com o art. 103 do Estatuto da Pessoa Idosa; B: incorreta, pois o crime só existe se não houver risco pessoal (art. 97 do Estatuto da Pessoa Idosa); C: incorreta, pois o crime só existe se não houver justa causa; D: incorreta, pois não se configura crime se houver justo motivo; E: incorreta, constitui crime lavrar ato notarial que envolva pessoa idosa SEM discernimento (art. 108 do Estatuto da Pessoa Idosa).

Gabarito "A".

(Promotor de Justiça/GO – 2016 - MPE) De acordo com o Estatuto da Pessoa Idosa (Lei 10.471/2003):

(A) O Ministério Público tem legitimidade para a promoção da tutela coletiva dos direitos de pessoas com idade igual ou superior a sessenta anos, mas não poderá atuar na esfera individual de direitos dessa parcela da população, uma vez que a senilidade não induz incapacidade para os atos da vida civil.
(B) A pessoa idosa, que necessite de alimentos, deverá acionar simultaneamente os filhos, cobrando de cada qual, na medida de suas possibilidades.
(C) O Poder Judiciário, a requerimento do Ministério Público, poderá determinar medidas protetivas em favor da pessoa idosa em situação de risco, tais como: requisição de tratamento de saúde, em regime ambulatorial, hospitalar ou domiciliar; encaminhamento à família ou curador, mediante termo de responsabilidade; abrigamento em entidade.
(D) O Poder Público tem responsabilidade residual e, no âmbito da assistência social, estará obrigado a assegurar os direitos fundamentais de pessoa idosa, em caso de inexistência de parentes na linha reta ou colateral até o 3º grau.

A: incorreta, pois o MP pode instaurar o inquérito civil e a ação civil pública para a proteção dos direitos e interesses individuais indisponíveis, nos termos do art. 74, I, do Estatuto da Pessoa Idosa; B: incorreta, pois a obrigação alimentar é solidária, *podendo a pessoa idosa optar entre os prestadores* (art. 12 do Estatuto da Pessoa Idosa); C: correta (art. 45, III, I e V, do Estatuto da Pessoa Idosa); D: incorreta, pois no caso de a pessoa idosa ou seus familiares *não possuírem condições econômicas de prover o seu sustento*, impõe-se ao Poder Público esse provimento, no âmbito da assistência social (art. 14 do Estatuto da Pessoa Idosa).

Gabarito "C".

(Defensor Público –DPE/ES – 2016 – FCC) O Estatuto da Pessoa Idosa é um dos diplomas legais que busca robustecer a tutela coletiva dos direitos dos idosos, que conjugando-se com outros grupos vulneráveis, dispõe sobre os seguintes direitos, com EXCEÇÃO de:

(A) Nos programas habitacionais, públicos ou subsidiados com recursos públicos, a pessoa idosa goza de prioridade na aquisição de imóvel para moradia própria, observada a reserva de 8% das unidades habitacionais para o atendimento aos idosos ou de pessoas por ele indicadas.
(B) As instituições filantrópicas ou sem fins lucrativos prestadoras de serviço à pessoa idosa terão direito à assistência judiciária gratuita.
(C) Os alimentos serão prestados à pessoa idosa na forma da lei civil e as transações relativas a alimentos poderão ser celebradas perante o Promotor de Justiça ou Defensor Público, que as referendará, e passarão a ter efeito de título executivo extrajudicial nos termos da lei processual civil.
(D) Aos maiores de sessenta e cinco anos fica assegurada a gratuidade dos transportes coletivos públicos urbanos e semiurbanos, exceto nos serviços seletivos e especiais, quando prestados paralelamente aos serviços regulares.
(E) As entidades que desenvolvam programas de institucionalização de longa permanência adotarão como princípios norteadores a preservação dos vínculos familiares e a manutenção da pessoa idosa na mesma instituição, salvo em caso de força maior.

A: incorreta (devendo ser assinalada), pois a reserva é de **pelo menos 3% (três por cento)** das unidades habitacionais residenciais (art. 38, I, da Lei 10.741/2003); B: correta (art. 51 da Lei 10.741/2003); C: correta (arts. 11 e 13 da Lei 10.741/2003); D: correta (art. 39 da Lei 10.741/2003); E: correta (art. 49, I e III, da Lei 10.741/2003).

Gabarito "A".

19. Direito da Pessoa com Deficiência

Leni Mouzinho Soares e Paula Morishita

1. ESTATUTO DA PESSOA COM DEFICIÊNCIA

(Procurador Município – Santos/SP – VUNESP – 2021) O Estatuto da Pessoa com Deficiência assegura-lhe o direito ao exercício de sua capacidade legal, salientando-se que

(A) se faculta à pessoa portadora de deficiência fazer uso da curatela.
(B) se deve submeter à adoção de processo de tomada de decisão apoiada.
(C) quando lhe for definida curatela, esta durará o maior tempo possível.
(D) os curadores são obrigados a prestar, semestralmente, contas de sua administração ao juiz, apresentando o balanço do respectivo ano.
(E) a curatela afetará tão somente os atos relacionados aos direitos de natureza patrimonial e negocial.

A solução desta questão deve ser extraída dos arts. 84 e 85 da Lei 13.146/2015 (Estatuto da Pessoa com Deficiência): *Art. 84. A pessoa com deficiência tem assegurado o direito ao exercício de sua capacidade legal em igualdade de condições com as demais pessoas. § 1º Quando necessário, a pessoa com deficiência será submetida à curatela, conforme a lei. § 2º É facultado à pessoa com deficiência a adoção de processo de tomada de decisão apoiada. § 3º A definição de curatela de pessoa com deficiência constitui medida protetiva extraordinária, proporcional às necessidades e às circunstâncias de cada caso, e durará o menor tempo possível. § 4º Os curadores são obrigados a prestar, anualmente, contas de sua administração ao juiz, apresentando o balanço do respectivo ano. Art. 85. A curatela afetará tão somente os atos relacionados aos direitos de natureza patrimonial e negocial. § 1º A definição da curatela não alcança o direito ao próprio corpo, à sexualidade, ao matrimônio, à privacidade, à educação, à saúde, ao trabalho e ao voto. § 2º A curatela constitui medida extraordinária, devendo constar da sentença as razões e motivações de sua definição, preservados os interesses do curatelado. § 3º No caso de pessoa em situação de institucionalização, ao nomear curador, o juiz deve dar preferência a pessoa que tenha vínculo de natureza familiar, afetiva ou comunitária com o curatelado.* **LM**

Gabarito "E".

(Promotor de Justiça/CE – 2020 – CESPE/CEBRASPE) A concepção e a implantação de projetos de uso público ou coletivo, bem como de políticas públicas, devem atender aos princípios do desenho universal, a fim de garantir o direito à acessibilidade. De acordo com a Lei 13.146/2015 (Lei Brasileira de Inclusão da Pessoa com Deficiência), pode-se considerar desenho universal a concepção de

(A) produtos, ambientes, programas e serviços a serem usados por todas as pessoas, sem necessidade de adaptação ou projeto específico.
(B) produtos, ambientes e programas a serem usados somente por pessoas com deficiência ou com mobilidade reduzida, incluindo-se adaptações e projetos específicos.
(C) produtos, equipamentos, dispositivos, recursos e serviços que promovam a funcionalidade, relacionada exclusivamente à atividade e à participação da pessoa com deficiência ou com mobilidade reduzida, sem adaptações ou projetos específicos.
(D) produtos, equipamentos, dispositivos, recursos e serviços que promovam a funcionalidade, relacionada à atividade e à participação de todas as pessoas, sem adaptações ou projetos específicos.
(E) produtos, equipamentos, dispositivos, recursos e serviços que promovam a inclusão de pessoas com deficiência ou mobilidade reduzida, incluindo adaptações e projetos específicos.

A: Correta – Art. 3º, II, da Lei 13.146/2015; **B:** Incorreta – Os produtos, ambientes, programas e serviços são considerados desenho universal, podendo ser usados por todas as pessoas, sem necessidade de adaptação ou de projeto específico, incluindo os recursos de tecnologia assistiva (art. 3º, II, da Lei 13.146/2015); **C:** Incorreta – Conforme previsão constante do art. 3º, III, são considerados tecnologia assistiva ou ajuda técnica os produtos, equipamentos, dispositivos, recursos, metodologias, estratégias, práticas e serviços que objetivem promover a funcionalidade, relacionada à atividade e à participação da pessoa com deficiência ou com mobilidade reduzida, visando à sua autonomia, independência, qualidade de vida e inclusão social; **D e E:** Incorretas – vide comentário à assertiva C. **LM**

Gabarito "A".

(Promotor de Justiça/CE – 2020 – CESPE/CEBRASPE) De acordo com o disposto na Lei 13.146/2015, a curatela é medida protetiva extraordinária que alcança direitos relativos

(A) à educação.
(B) à privacidade.
(C) aos bens patrimoniais.
(D) ao voto.
(E) ao trabalho.

O art. 85 da Lei 13.146/2015 define que a curatela afetará tão somente os atos relacionados aos direitos de natureza patrimonial e negocial. Dessa forma, a alternativa C está correta. **LM**

Gabarito "C".

(Promotor de Justiça/PR – 2019 – MPE/PR) Nos termos da Lei n. 13.146/2015 (Estatuto da Pessoa com Deficiência), assinale a alternativa **correta**:

(A) Nos programas habitacionais, públicos ou subsidiados com recursos públicos, a pessoa com deficiência ou o seu responsável goza de prioridade na aquisição de imóvel para moradia própria. Referido direito à prioridade será reconhecido à pessoa com deficiência beneficiária apenas uma vez.
(B) O consentimento prévio, livre e esclarecido da pessoa com deficiência é indispensável para a realização de tratamento, procedimento e pesquisa científica e dispensável para a hospitalização.

(C) Considerando a livre escolha e autonomia dos contratantes, é possível a cobrança de valores diferenciados por planos e seguros privados de saúde em razão da condição de pessoa com deficiência, desde que não abusivos.

(D) É assegurado à pessoa com deficiência, independente de solicitação, o recebimento de contas, boletos, recibos, extratos e cobranças de tributos em formato acessível.

(E) Considera-se acompanhante aquele que acompanha a pessoa com deficiência desempenhando as funções de atendente pessoal.

A: Correta – Art. 32, § 1º, do Estatuto da Pessoa com Deficiência; **B:** incorreta. De acordo com previsão constante do art. 12, o consentimento prévio, livre e esclarecido da pessoa com deficiência é indispensável para a realização de tratamento, procedimento, hospitalização e pesquisa científica; **C:** Incorreta – O art. 23 estabelece que "são vedadas todas as formas de discriminação contra a pessoa com deficiência, inclusive por meio de cobrança de valores diferenciados por planos e seguros privados de saúde, em razão de sua condição"; **D:** Incorreta – O formato acessível é assegurado, mediante solicitação (art. 62); **E:** Incorreta – De acordo com o art. 3º, XIV, acompanhante é aquele que acompanha a pessoa com deficiência, podendo ou não desempenhar as funções de atendente pessoal. **LM**
Gabarito "A".

(Promotor de Justiça/PR – 2019 – MPE/PR) Nos termos da Lei n. 13.146/2015 (Estatuto da Pessoa com Deficiência), assinale a alternativa *incorreta*:

(A) Os hotéis, pousadas e similares devem ser construídos observando-se os princípios do desenho universal, além de adotar todos os meios de acessibilidade, conforme legislação em vigor. Os estabelecimentos já existentes deverão disponibilizar, pelo menos, 10% (dez por cento) de seus dormitórios acessíveis, garantida, no mínimo, 1 (uma) unidade acessível.

(B) Em todas as áreas de estacionamento aberto ao público, de uso público ou privado de uso coletivo e em vias públicas, devem ser reservadas vagas equivalente a 10% (dez por cento) do total, garantida, no mínimo, 1 (uma) vaga devidamente sinalizada e com as especificações de desenho e traçado de acordo com as normas técnicas vigentes de acessibilidade.

(C) As frotas de empresas de táxi devem reservar 10% (dez por cento) de seus veículos acessíveis à pessoa com deficiência.

(D) Na outorga de exploração de serviço de táxi, reservar-se-ão 10% (dez por cento) das vagas para condutores com deficiência.

(E) Telecentros comunitários que receberem recursos públicos federais para seu custeio ou sua instalação e *lan houses* devem possuir equipamentos e instalações acessíveis, devendo garantir, no mínimo, 10% (dez por cento) de seus computadores com recursos de acessibilidade para pessoa com deficiência visual, sendo assegurado pelo menos 1 (um) equipamento, quando o resultado percentual for inferior a 1 (um).

Atenção: a questão requer que seja assinalada a alternativa INCORRETA.
A: Correta, art. 45 e parágrafos do Estatuto da Pessoa com Deficiência, a Lei 14.978 de 2024 incluiu o § 3º ao art. 45 que prevê: Os meios de hospedagem já existentes que, por impossibilidade técnica decorrente de riscos estruturais da edificação, não possam cumprir o percentual estipulado no § 1º deste artigo, ficam dispensados dessa exigência mediante comprovação por laudo técnico estrutural, que deverá ser renovado a cada 5 (cinco) anos; **B:** Incorreta – Prevê o art. 47, *caput* e § 1º, do Estatuto que "em todas as áreas de estacionamento aberto ao público, de uso público ou privado de uso coletivo e em vias públicas, devem ser reservadas vagas próximas aos acessos de circulação de pedestres, devidamente sinalizadas, para veículos que transportem pessoa com deficiência com comprometimento de mobilidade, desde que devidamente identificados, devendo equivaler estas vagas a 2% (dois por cento) do total, garantida, no mínimo, 1 (uma) vaga devidamente sinalizada e com as especificações de desenho e traçado de acordo com as normas técnicas vigentes de acessibilidade; **C:** Correta – Art. 51 do Estatuto; **D:** Correta – Art. 119, que acresceu o art. 12-B à Lei 12.587, de 3 de janeiro de 2012; **E:** Correta – Art. 63, §§ 2º e 3º, do Estatuto. **LM/PM**
Gabarito "B".

(Promotor de Justiça – MPE/RS – 2017) Quanto aos direitos da pessoa com deficiência, assinale a alternativa correta.

(A) Terá direito ao auxílio-inclusão, nos termos da lei, a pessoa com deficiência moderada ou grave que receba o benefício da prestação continuada e que passe a exercer atividade remunerada que a enquadre como segurado obrigatório do Regime Geral de Previdência Social-RGPS.

(B) O Cadastro-Inclusão, criado pela Lei 13.146/2015, será administrado pelo Poder Executivo estadual, podendo esta administração, mediante convênio, ser delegada aos Municípios.

(C) Acompanhante, segundo o conceito trazido na Lei 13.146/2015, é a pessoa, membro ou não da família, que, com ou sem remuneração, assiste ou presta cuidados básicos e essenciais à pessoa com deficiência no exercício de suas atividades diárias, excluídas as técnicas ou os procedimentos identificados com profissões legalmente estabelecidas.

(D) No caso de pessoa com deficiência em situação de institucionalização, ao nomear curador, o juiz deve dar preferência ao representante da entidade em que se encontra abrigada a pessoa.

(E) Na tomada de decisão apoiada, é vedado ao terceiro, com quem a pessoa apoiada mantenha relação negocial, postular que os apoiadores contra-assinem o contrato ou acordo, tendo em conta que este instituto não restringe a plena capacidade da pessoa com deficiência.

A: correta (art. 94, I, do Estatuto da Pessoa com Deficiência); **B:** incorreta, pois o Cadastro-Inclusão será administrado pelo **Poder Executivo federal** e constituído por base de dados, instrumentos, procedimentos e sistemas eletrônicos, não havendo previsão para delegação (art. 92, § 1º, do Estatuto da Pessoa com Deficiência); **C:** incorreta, pois trata-se do *atendente pessoal*, nos termos do art. 3º, XII, do Estatuto da Pessoa com Deficiência; **D:** incorreta, pois o juiz deve dar preferência à pessoa que tenha vínculo de natureza familiar, afetiva ou comunitária com o curatelado, consoante art. 85, § 3º, do Estatuto da Pessoa com Deficiência; **E:** incorreta, pois é *permitido*, na tomada de decisão apoiada, ao terceiro com quem a pessoa apoiada mantenha relação negocial, solicitar que os apoiadores contra-assinem o contrato ou acordo, especificando, por escrito, sua função em relação ao apoiado, de acordo com o disposto no art. 1.783-A, § 5º, do Código Civil. **PM**
Gabarito "A".

Promotor de Justiça/GO – 2016 – MPE) A Tomada de Decisão Apoiada, modelo protecionista criado pela Lei 13.146/2015 (Estatuto da Pessoa com Deficiência):

(A) destina-se a proteção de pessoa vulnerável em virtude de circunstância pessoal, física, psíquica ou intelectual, restringindo-lhe temporariamente a capacidade, a fim de que receba auxílio para decisão sobre determinado ato da vida civil;

(B) configura novo instituto jurídico, ao lado da tutela e da curatela, vocacionado para a proteção de incapazes ou relativamente incapazes, devendo os apoiadores nomeados pelo juiz, após oitiva do Ministério Público, seguir fielmente o termo levado a juízo, considerando as necessidades e aspirações da pessoa apoiada;

(C) será determinada pelo juiz, em procedimento de jurisdição voluntária, a requerimento da pessoa com deficiência que indicará pelo menos duas pessoas idôneas, com as quais mantenha vínculo e que gozem de sua confiança, para fornecer-lhe apoio na tomada de decisão relativa a atos da vida civil;

(D) é um modelo protecionista criado em favor de pessoas interditadas, em razão de deficiência física, sensorial, psíquica ou intelectual, com objetivo de que o juiz, ouvido o Ministério Público, indique duas pessoas integrantes de equipe multidisciplinar para prestar apoio ao interdito na tomada de decisão relativa aos atos da vida civil.

A: incorreta – A tomada de decisão apoiada é o processo pelo qual a pessoa com deficiência elege pelo menos 2 (duas) pessoas idôneas, com as quais mantenha vínculos e que gozem de sua confiança, para prestar-lhe apoio na tomada de decisão sobre atos da vida civil, fornecendo-lhes os elementos e informações necessários para que possa exercer sua capacidade (Art. 1.783-A, *caput*, do Código Civil, com as alterações trazidas pelo art. 116 da Lei nº 13.146/2015), o objetivo do instituto é auxiliar, apoiar as decisões e não restringir a capacidade do deficiente; **B:** incorreta – A tomada de decisão apoiada destina-se à pessoa com deficiência, que, de acordo com o art. 2º, *caput*, da Lei nº 13.146/2015, é " aquela que tem impedimento de longo prazo de natureza física, mental, intelectual ou sensorial, o qual, em interação com uma ou mais barreiras, pode obstruir sua participação plena e efetiva na sociedade em igualdade de condições com as demais pessoas". Desta forma, a tomada de decisão apoiada deve ser direcionada aos deficientes e não aos incapazes ou aos relativamente incapazes; **C:** correta – Art. 1.783-A do Código Civil, com as alterações trazidas pelo Estatuto da Pessoa com Deficiência; **D:** incorreta – o instituto da tomada de decisão apoiada não é um modelo protecionista, afinal, visa conceder autonomia nas escolhas do deficiente. Notar que o correto é deficiente e não pessoas interditadas. LM/PM

Gabarito "C"

20. Direito do Trabalho

Hermes Cramacon

1. INTRODUÇÃO, FONTES E PRINCÍPIOS

(Procurador – PGE/SP – 2024 – VUNESP) A delimitação jurídica dos princípios protetor e da irrenunciabilidade dos direitos trabalhistas sofreu grande alteração com a promulgação da Reforma Trabalhista de 2017, bem como pelas recentes decisões do Supremo Tribunal Federal. Sobre essa realidade, é possível afirmar com correção que

(A) a demissão em massa de trabalhadores prescinde de intervenção sindical prévia.

(B) é possível a flexibilização das normas relativas à saúde, higiene e segurança do trabalho, por meio de instrumentos de negociação coletiva.

(C) o regime contratual de emprego prevalece sobre outras formas de organização do trabalho, sendo irregulares as prestações de serviços intermediadas por meio de pessoas jurídicas (pejotização).

(D) é considerado hipersuficiente o trabalhador que possua diploma de curso superior e receba salário igual ou superior a três vezes o teto de benefícios do RGPS, podendo pactuar as cláusulas do contrato de trabalho nos mesmos limites dos instrumentos de negociação coletiva.

(E) é inconstitucional a previsão legal que permite o trabalho da gestante ou lactante em ambiente insalubre.

A: incorreta, pois no julgamento do Recurso Extraordinário 999.435, o STF fixou a seguinte tese esculpida no Tema 638 de repercussão geral: "A intervenção sindical prévia é exigência procedimental imprescindível para dispensa em massa de trabalhadores que não se confunde com a autorização prévia por parte da entidade sindical ou celebração de convenção ou acordo coletivo". **B:** incorreta, pois nos termos do art. 611-B, XVII, da CLT, constitui objeto ilícito de convenção coletiva ou de acordo coletivo de trabalho, exclusivamente, a supressão ou a redução das normas relativas à saúde, higiene e segurança do trabalho. **C:** incorreta, pois embora o tema seja polêmico, o STF reconheceu no julgamento da reclamação constitucional (RCL) nº 57.917, a legalidade da contratação por meio de pessoa jurídica (pejotização). Tal decisão foi tomada com fundamento na decisão proferida no Tema 725 da terceirização de serviços. **D:** incorreta, pois nos termos do art. 444, parágrafo único, da CLT é considerado hipersuficiente o empregado portador de diploma de nível superior e que perceba salário mensal igual ou superior a duas vezes o limite máximo dos benefícios do Regime Geral de Previdência Social. **E:** correta, pois nos termos do art. 394-A da CLT e julgamento da ADI 5938 não é permitido o trabalho da gestante ou lactante em ambiente insalubre, devendo ela ser afastada desse trabalho. Gabarito "E".

(Analista – TRT/18 – 2023 – FCC) O princípio norteador do exercício do *jus variandi* pelo empregador, conforme disciplina a Consolidação das Leis do Trabalho é o

(A) do *in dubio pro operario*, desde que haja acordo mútuo entre empregado e empregador, sendo irrelevante o resultado de prejuízo ao trabalhador.

(B) da ausência de prejuízo ao empregado, independente de haver ou não mútuo consentimento.

(C) da primazia da realidade, não sendo relevante o resultado de prejuízo ao empregado.

(D) da condição mais benéfica ao trabalhador, não sendo condição essencial a concordância do empregado.

(E) do mútuo consentimento, aliado ao da ausência de prejuízo, quer direto, quer indireto ao empregado.

A: incorreta, pois pelo princípio do *in dubio pro operario*, havendo uma norma jurídica que admita diversas interpretações, deverá ser interpretada da maneira que mais favorecer o empregado. **B:** incorreta, pois deve haver mútuo consentimento, art. 468 CLT. **C:** incorreta, pois pelo princípio da primazia da realidade deve prevalecer a efetiva realidade dos fatos e não eventual forma construída em desacordo com a verdade. **D:** incorreta, pois o princípio da condição mais benéfica informa ao operador do direito que as vantagens adquiridas não podem ser retiradas, tampouco modificadas para pior. **E:** correta, pois previsto no art. 468 da CLT o *jus variandi* ensina que nos contratos individuais de trabalho só é lícita a alteração das respectivas condições por mútuo consentimento, e ainda assim desde que não resultem, direta ou indiretamente, prejuízos ao empregado, sob pena de nulidade da cláusula infringente desta garantia. Gabarito "E".

(Procurador Município – Teresina/PI – FCC – 2022) Considerando a autonomia do Direito do Trabalho, no contexto dos ramos e disciplinas componentes do universo do Direito, em relação a suas fontes e seus princípios:

(A) O princípio do contrato-realidade determina que o operador jurídico, no exame das declarações volitivas, deve atentar mais ao envoltório formal do que à intenção dos agentes, porque a prática habitual não pode alterar o contrato pactuado.

(B) O princípio da norma mais favorável adquiriu respaldo constitucional na medida em que o artigo 7º, caput da Constituição Federal utilizou a expressão "além de outros que visem à melhoria de sua condição" ao elencar o rol dos direitos dos trabalhadores urbanos e rurais.

(C) As fontes formais heterógenas do Direito do Trabalho, sob a perspectiva econômica, estão, regra geral, atadas à existência e evolução do sistema capitalista, advindo da Revolução Industrial, do século XVIII.

(D) Esse ramo jurídico especializado constitui-se das seguintes fontes materiais heterônomas: costumes; convenções coletivas de trabalho e acordos coletivos de trabalho.

(E) São consideradas fontes formais autônomas justrabalhistas os tratados e convenções internacionais favorecidos por ratificação e adesão internas e as sentenças normativas.

A: incorreta, pois por meio desse princípio, deve prevalecer a efetiva realidade dos fatos e não eventual forma construída em desacordo

com a verdade. Isso porque vigora no Direito do Trabalho o chamado "contrato-realidade", no qual se ignora a disposição contratual para se examinar o que ocorre efetivamente. B: correta, pois a proteção trazida pelo princípio da norma mais favorável vem estampada no art. 7º, caput, da CF. C: incorreta, pois fontes formais heterônomas decorrem da atividade normativa do Estado. D: incorreta, pois as fontes materiais constituem o momento pré-jurídico da norma, ou seja, a norma ainda não positivada. E: incorreta, pois as fontes formais autônomas se caracterizam por serem formadas com a participação imediata dos próprios destinatários da norma jurídica sem a interferência do Estado. HC
Gabarito "B".

(Procurador Município – Santos/SP – VUNESP – 2021) Assinale a alternativa contrária ao princípio do Direito do Trabalho.

(A) Alterabilidade contratual lesiva.
(B) In dubio pro operaria.
(C) Primazia da realidade.
(D) Intangibilidade salarial.
(E) Proteção.

A: No Direito do Trabalho vigora o princípio da inalterabilidade contratual lesiva que consiste na vedação de qualquer alteração contratual lesiva ao empregado, ainda que com seu consentimento. Veja art. 468 da CLT. B: o princípio in dubio pro operaria ensina que uma norma jurídica que admita diversas interpretações deverá ser interpretada da maneira que mais favorecer o empregado, ou seja, havendo dúvida quanto à interpretação da norma, deverá ser interpretada de maneira mais vantajosa para o trabalhador. C: O princípio da primazia da realidade ensina que deve prevalecer a efetiva realidade dos fatos e não eventual forma construída em desacordo com a verdade. Havendo desacordo entre o que na verdade acontece com o que consta dos documentos, deverá prevalecer a realidade dos fatos. D: O princípio da intangibilidade salarial vem estampado no art. 462 da CLT, que determina a proibição ao empregador de efetuar descontos no salário do empregado, o qual deve receber seu salário de forma integral. Apenas será permitido o desconto se resultar de adiantamento, de dispositivos de lei (Lei 10.820/2003) ou de contrato coletivo. E: O princípio da proteção tem por escopo atribuir uma proteção maior ao empregado, parte hipossuficiente da relação jurídica laboral. HC
Gabarito "A".

2. CONTRATO INDIVIDUAL DE TRABALHO E ESPÉCIES DE EMPREGADOS E TRABALHADORES

(Procurador/DF – CESPE – 2022) Julgue os itens a seguir, acerca de grupos econômicos e da sucessão de empregadores.

(1) Uma vez caracterizada a sucessão trabalhista, apenas a empresa sucessora responderá pelos débitos de natureza trabalhista, podendo-se acionar a empresa sucedida somente se for comprovada fraude na operação societária que tiver transferido as atividades e os contratos de trabalho.
(2) Para a justiça do trabalho, a mera identidade de sócios é suficiente para configurar a existência de grupo econômico.
(3) Configurado o grupo econômico, as empresas que o constituírem responderão subsidiariamente pelas obrigações decorrentes das relações de emprego.

1: correto, pois nos termos do art. 448-A, parágrafo único, CLT a empresa sucedida responderá solidariamente com a sucessora quando ficar comprovada fraude na transferência. 2: incorreta, pois nos termos do art. 2º, § 3º, CLT não caracteriza grupo econômico a mera identidade de sócios, sendo necessárias, para a configuração do grupo, a demonstração do interesse integrado, a efetiva comunhão de interesses e a atuação conjunta das empresas dele integrantes. 3: incorreto, pois nos termos do art. 2º, § 2º, da CLT a responsabilidade será solidária. HC
Gabarito 1C, 2E, 3E

(Procurador Município – Teresina/PI – FCC – 2022) Em relação às normas contidas na Consolidação das Leis do Trabalho relacionadas a identificação profissional e a Carteira de Trabalho e Previdência Social (CTPS),

(A) a CTPS terá como identificação única do empregado o número de inscrição no Cadastro de Pessoas Físicas (CPF), sendo que a comunicação pelo trabalhador do número de inscrição no CPF ao empregador equivale à apresentação da CTPS em meio digital, dispensado o empregador da emissão de recibo.
(B) é vedado ao empregador efetuar anotações desabonadoras à conduta do empregado em sua CTPS, salvo quanto ao motivo ensejador da dispensa por justa causa.
(C) nas localidades onde não for emitida a CTPS, poderá ser admitido, até 30 dias, o exercício de emprego por quem não a possua, ficando a empresa obrigada a permitir o comparecimento do empregado ao posto de emissão mais próximo.
(D) a CTPS será emitida pelas Delegacias Regionais do Trabalho ou, mediante convênio, pelos sindicatos para o mesmo fim.
(E) o empregador terá o prazo de 48 horas para anotar na CTPS, em relação aos trabalhadores que admitir, a data de admissão, a remuneração e as condições especiais, se houver.

A: correta, pois reflete a disposição do art. 16 da CLT em conjunto com o art. 29, § 6º, da CLT. B: incorreto, pois ainda que por justa causa nos termos do art. 29, § 4º, da CLT é vedado ao empregador efetuar anotações desabonadoras à conduta do empregado em sua Carteira de Trabalho e Previdência Social. C: incorreta, pois tal regra que era existente no § 3º do art. 13 da CLT foi revogado pela Lei 13.874/2019. D: incorreta, pois nos termos do art. 14, caput, da CLT a CTPS será emitida pelo Ministério da Economia (atual Ministério do Trabalho e Previdência) preferencialmente em meio eletrônico. Contudo, nos termos dos incisos II do mesmo artigo 14 poderá ser emitida, mediante convênio, por órgãos federais, estaduais e municipais da administração direta ou indireta ou, ainda, nos termos do inciso III do art. 14 da CLT mediante convênio com serviços notariais de registro, sem custos para a administração, garantidas as condições de segurança das informações. E: incorreto, pois o prazo será de 5 dias úteis, art. 29 da CLT. HC
Gabarito "A".

(Procurador do Município – S.J. Rio Preto/SP – 2019 – VUNESP) Com o intuito de contribuir para o aprendizado dos alunos de uma escola da rede pública municipal, Sherazade oferece, gratuitamente, seus serviços como "contadora de histórias para crianças". A Diretora da escola aceita a proposta, especificando os dias da semana em que o trabalho deverá ser desenvolvido, bem como algumas diretrizes a serem observadas pela ofertante. Depois de cinco anos atuando como "contadora de histórias" na escola municipal, Sherazade propõe reclamação trabalhista em face do Município, solicitando o reconhecimento de vínculo empregatício. O Procurador Municipal incumbido de elaborar a respectiva contestação deverá sustentar que a alegada relação de trabalho jamais existiu porque não caracterizados os seguintes elementos indispensáveis à configuração do vínculo empregatício:

(A) pessoalidade e não eventualidade.
(B) subordinação e pessoalidade.
(C) onerosidade e subordinação.
(D) não eventualidade e instrumento contratual.
(E) instrumento contratual e subordinação.

C" é a opção correta. Isso porque, os requisitos da relação de emprego que são: subordinação, onerosidade, pessoa física, pessoalidade e não habitualidade estão dispostos nos arts. 2º e 3º da CLT. No caso em análise estão ausentes os requisitos da onerosidade, tendo em vista que o trabalho era voluntário. O requisito da subordinação também está ausente, pois embora haja uma suposta ideia de subordinação no trabalho voluntariado, no que diz respeito ao que vai ou não ser feito ou dias que será realizado, não é capaz de caracterizar a subordinação prevista para reconhecimento de vínculo de emprego. No trabalho voluntário a subordinação se limita a orientações gerais e diretrizes. HC
Gabarito "C".

(Procurador do Estado/SP – 2018 – VUNESP) Em relação à nova disciplina legal da prestação de serviços a terceiros, é correto afirmar:

(A) considera-se prestação de serviços a terceiros a transferência feita pela contratante da execução de suas atividades a pessoa jurídica de direito privado, prestadora de serviços, que possua capacidade econômica compatível com a sua execução, sendo vedada, contudo, a transferência da execução da atividade principal da empresa contratante.
(B) a Lei n. 6.019, de 3 de janeiro de 1974, é omissa no estabelecimento de período de proibição ("quarentena") aplicável ao empregado demitido pela empresa contratante; por conseguinte, é permitido que esse trabalhador, imediatamente, volte a prestar serviços à mesma empresa, na qualidade de empregado de empresa prestadora de serviços.
(C) a empresa contratante é solidariamente responsável pelas obrigações trabalhistas referentes ao período em que ocorrer a prestação de serviços.
(D) aos empregados da empresa prestadora de serviços, são asseguradas as mesmas condições relativas à alimentação oferecida em refeitórios aos empregados da empresa contratante, quando e enquanto os serviços forem executados nas dependências da tomadora.
(E) a empresa prestadora de serviços contrata e remunera o trabalho realizado por seus trabalhadores; a direção do trabalho de tais empregados, entretanto, é realizada pela empresa contratante dos serviços.

A: opção incorreta, pois nos termos do art. 4º-A da Lei 6.019/1974, "considera-se prestação de serviços a terceiros a transferência feita pela contratante da execução de quaisquer de suas atividades, inclusive sua atividade principal, à pessoa jurídica de direito privado prestadora de serviços que possua capacidade econômica compatível com a sua execução". B: opção incorreta, pois nos termos do art. 5º D da Lei 6.019/1974, "o empregado que for demitido não poderá prestar serviços para esta mesma empresa na qualidade de empregado de empresa prestadora de serviços antes do decurso de prazo de dezoito meses, contados a partir da demissão do empregado". C: opção incorreta, pois nos termos do art. 5º-A, § 5º, da Lei 6.019/1974, "a empresa contratante é subsidiariamente responsável pelas obrigações trabalhistas referentes ao período em que ocorrer a prestação de serviços". D: opção correta, pois reflete a disposição contida no art. 4º-C, I, a, da Lei 6.019/1974. E: opção incorreta, pois nos termos do art. 4º-A, § 1º, da Lei 6.019/1974, a empresa prestadora de serviços contrata, remunera e dirige o trabalho realizado por seus trabalhadores, ou subcontrata outras empresas para realização desses serviços". HC
Gabarito "D".

3. CONTRATO DE TRABALHO COM PRAZO DETERMINADO

(Analista – TRT/18 – 2023 – FCC) Poliana está prestando serviços em teletrabalho para o Banco Mediterrâneo. O seu empregador pretende fazer a reversão do trabalho da empregada para a modalidade presencial. Para que a mesma se efetive, conforme prevê a Consolidação das Leis do Trabalho,

(A) deve haver a concordância da empregada, além de ser respeitado o prazo mínimo de transição de 10 dias.
(B) é necessária a observância do prazo mínimo de transição de 15 dias, podendo ser realizada por ato unilateral do empregador.
(C) é imprescindível a concordância da trabalhadora, além de ser respeitado o prazo mínimo de transição de 15 dias.
(D) é necessária a observância do prazo mínimo de transição de 10 dias, podendo ser realizada por ato unilateral do empregador.
(E) não há necessidade de prazo de transição, desde que haja concordância da empregada.

A: incorreta, pois não há necessidade de concordância da empregada e o prazo é de 15 dias. B: correta, pois nos termos do art. 75-C, § 2º, da CLT poderá ser realizada a alteração do regime de teletrabalho para o presencial por determinação do empregador, garantido prazo de transição mínimo de quinze dias, com correspondente registro em aditivo contratual. C: incorreta, pois não é necessário a concordância da empregada. D: incorreta, pois o prazo é de 15 dias. E: incorreta, pois há necessidade do prazo de transição de 15 dias e não há necessidade de concordância da empregada. HC
Gabarito "B".

(Procurador Município – Teresina/PI – FCC – 2022) Quanto ao aspecto do prazo nos contratos individuais de trabalho, com exceção do contrato de trabalho intermitente, conforme normas contidas na Consolidação das Leis do Trabalho,

(A) o contrato de experiência não poderá ultrapassar 60 dias, podendo ser estipulado por até 2 períodos de 30 dias cada um.
(B) a rescisão sem justa causa de forma antecipada para o contrato por prazo determinado não gera o pagamento de indenização por falta de previsão legal.
(C) o contrato por prazo determinado poderá ser firmado por mero ajuste de vontade das partes, independentemente de sua finalidade.
(D) os contratos por prazo determinado poderão ser firmados por no máximo 3 anos, sendo possíveis duas prorrogações dentro desse prazo.
(E) a determinação do prazo constituiu-se em exceção legal, válida apenas nas hipóteses legalmente previstas, em conformidade com o princípio da continuidade da relação de emprego.

A: incorreta, pois nos termos do art. 445, parágrafo único, CLT o contrato de experiência não poderá ultrapassar 90 dias. B: incorreto, pois nos termos do art. 479 da CLT nos contratos que tenham termo estipulado, o empregador que, sem justa causa, despedir o empregado será obrigado a pagar-lhe, a título de indenização, e por metade, a remuneração a que teria direito até o termo do contrato. Já se for o empregado que der causa à rescisão antecipada, o art. 480 da CLT ensina que será obrigado a indenizar o empregador dos prejuízos que desse fato lhe resultarem. C: incorreta, pois pela CLT os contratos com prazo determinado apenas poderão ser celebrados nas hipóteses previstas no art. 443, § 2º, da CLT. D: incorreto, pois nos termos do art. 445 da CLT o contrato de trabalho por prazo determinado não poderá ser estipulado por mais de 2 (dois) anos, podendo ser prorrogado uma única vez, na forma do art. 451 da CLT. E: correta, pois Princípio da continuidade da relação de emprego tem por objetivo preservar o contrato de trabalho, presumindo a contratação por prazo indeterminado, sendo a exceção o contrato com prazo determinado. HC

Gabarito "E".

4. TRABALHO DA MULHER, DO MENOR E NOTURNO

(Analista – TRT/18 – 2023 – FCC) Sócrates trabalha na empresa de segurança Alerta Máximo em jornada das 19 horas às 7 horas, exercendo as funções de vigilante ronda. Conforme previsão da Consolidação das Leis do Trabalho, o período laborado pelo empregado das

(A) 22 horas às 6 horas será considerado noturno, e a sua remuneração em relação à hora diurna deve ser no mínimo em 15% a mais.

(B) 21 horas às 5 horas será considerado noturno, e a sua remuneração em relação à hora diurna deve ser no mínimo em 20% a mais.

(C) 21 horas às 4 horas será considerado noturno, e a sua remuneração em relação à hora diurna deve ser no mínimo em 15% a mais.

(D) 22 horas às 6 horas será considerado noturno, e a sua remuneração em relação à hora diurna deve ser no mínimo em 10% a mais.

(E) 22 horas às 5 horas será considerado noturno, e a sua remuneração em relação à hora diurna deve ser no mínimo em 20% a mais.

Nos termos do art. 73, § 2º, da CLT no âmbito urbano considera-se noturno, o trabalho executado entre as 22 horas de um dia e as 5 horas do dia seguinte e para esse efeito, sua remuneração terá um acréscimo de 20 % (vinte por cento), pelo menos, sobre a hora diurna, na forma do caput do art. 73 da CLT. HC

Gabarito "E".

5. ALTERAÇÃO, INTERRUPÇÃO E SUSPENSÃO DO CONTRATO DE TRABALHO

(Procurador – AL/PR – 2024 – FGV) Iralton, Regina e Carla são amigos de infância, e coincidentemente trabalham na mesma empresa em Londrina/PR. Na trajetória acadêmica de cada um, Iralton deixou o colégio após o ensino médio, Regina finalizou uma graduação e Carla foi além, obtendo título num mestrado concluído com sucesso. Os amigos ocupam cargos diferentes na empresa, sendo que Carla recebe salário mensal de R$32.000,00.

É chegado o momento de fruir férias. Iralton, que é pai de uma estudante de 15 (quinze) anos, requereu em março o adiantamento da 1ª parcela do 13º salário para receber junto com suas férias; Regina, cujo esposo trabalha na mesma empresa mas em outro setor, requereu a conversão de 1/3 das férias em pecúnia dez dias antes do início delas; Carla não gozará férias porque ocupa um cargo estratégico, de grande relevância, e acertou em acordo particular com o empregador que aproveitará férias a cada 2 (dois) anos mas, em compensação, poderá escolher uma passagem aérea internacional de ida e volta, na classe executiva, que será paga pela empresa.

Considerando as situações desses empregados e a norma de regência das férias, assinale a afirmativa correta.

(A) O acerto feito por Carla é ilegal, Iralton terá o direito potestativo de aproveitar férias juntamente com as férias escolares de sua filha e Regina poderá ter o pedido de conversão das férias negado.

(B) É direito de Iralton receber a 1ª parcela do 13º salário juntamente com as férias, Regina terá o direito potestativo de converter parte das férias em dinheiro e o acerto de Carla é lícito por se tratar de alto empegado, sendo preservado o direito a receber 1/3 nos anos em que não aproveitar férias.

(C) O pedido de conversão de parte das férias em dinheiro deveria ser feito por Regina até 30 (trinta) dias antes do seu início, Iralton terá direito de receber as férias em dobro se o pagamento não ocorrer até 2 (dois) dias do início das férias e o acordo individual com Carla é lícito diante do salário por ela recebido e porque possui nível superior completo.

(D) Não existe previsão legal de adiantamento da 1ª parcela do 13º salário para quitação juntamente com as férias como desejado por Iralton, a negociação de Carla é válida porque o direito às férias não foi integralmente suprimido e Regina somente poderá fruir férias com o marido no caso delas serem coletivas.

(E) Regina poderá fruir férias na mesma oportunidade que o esposo se isso não causar prejuízo à empresa, Iralton poderá ter o pedido de adiantamento negado porque intempestivo e o acerto de Carla é irregular.

A: incorreta, pois Iralton não terá o direito potestativo de gozar as férias juntamente com as férias escolares de sua filha, pois nos termos do art. 136, § 2º, da CLT o empregado estudante, menor de 18 (dezoito) anos, terá direito a fazer coincidir suas férias com as férias escolares. B: incorreta, pois nos termos do art. 2º, §2º, da Lei 4.749/64 o adiantamento do 13º salário será pago ao ensejo das férias do empregado, sempre que este o requerer no mês de janeiro do correspondente ano. Regina não terá direito à conversão, pois para converter 1/3 das férias em pecúnia deveria ter sido feito até 15 (quinze) dias antes do término do período aquisitivo e não antes do início do período de férias. O acerto de Carla é ilegal, pois as férias devem ser gozadas no período de 12 (doze) meses subsequentes à data em que o empregado tiver adquirido o direito, independente de possuir nível superior. C: incorreta, pois Regina não terá direito à conversão, pois para converter 1/3 das férias em pecúnia deveria ter sido feito até 15 (quinze) dias antes do término do período aquisitivo e não antes do início do período de férias. Iralton não terá direito de receber as férias em dobro pelo fato de o pagamento não ocorrer até 2 (dois) dias do início das férias, pois a Súmula 450 do TST, que previa tal direito, foi declarada inconstitucional pelo STF no julgamento da ADPF 501. O acerto de Carla é ilegal. D: incorreta, pois há previsão do art. 2º, § 2º, da Lei 4.749/65 para o adiantamento do 13º salário será pago ao ensejo das férias do empregado, sempre que este o requerer no mês de janeiro do correspondente ano. O acerto de Carla é ilegal. Regina poderá gozar das férias juntamente com seu

esposo, na forma do art. 136, § 1º, da CLT. **E:** correta, pois nos termos do art. 136, § 1º, da CLT os membros de uma família, que trabalharem no mesmo estabelecimento ou empresa, terão direito a gozar férias no mesmo período, se assim o desejarem e se disto não resultar prejuízo para o serviço. O pedido de Iralton é intempestivo, pois deveria ter sido feito em janeiro, nos termos do art. 2º, § 2º, da Lei 4.749/64. O acerto de Carla é irregular, pois pois as férias devem ser gozadas no período de 12 (doze) meses subsequentes à data em que o empregado tiver adquirido o direito, independente de possuir nível superior, art. 134 da CLT.
Gabarito "E".

(Analista – TRT/18 – 2023 – FCC) Tibério, de 60 anos, é empregado na empresa metalúrgica Açoforte, e seu empregador, para organização interna da empresa, pretende fracionar as suas próximas férias em 4 períodos, sendo um período de 10 dias, dois períodos de 7 dias e um período de 6 dias. Conforme prevê a Consolidação das Leis do Trabalho, esse fracionamento é

(A) irregular, porque para os empregados menores de 18 e maiores de 50 anos, as férias só podem ser concedidas em no máximo dois períodos, sendo um deles de no mínimo 20 dias corridos.

(B) possível, eis que atendido o requisito de ter no mínimo um período de 10 dias, para empregados com mais de 55 anos de idade.

(C) possível, desde que haja a concordância do empregado, na medida em que as férias podem ser concedidas em até 4 períodos, sendo um deles de no mínimo 10 dias.

(D) irregular, eis que as férias, desde haja concordância do empregado, pode ter seu período fracionado em até 3 períodos, sendo um deles de no mínimo 14 dias corridos.

(E) irregular, porque para os empregados menores de 18 e maiores de 55 anos, as férias só podem ser concedidas em no máximo três períodos, sendo um deles de no mínimo 15 dias corridos.

Nos termos do art. 134, § 1º, da CLT desde que haja concordância do empregado, as férias poderão ser usufruídas em até três períodos, sendo que um deles não poderá ser inferior a quatorze dias corridos e os demais não poderão ser inferiores a cinco dias corridos, cada um. O art. 134, § 2º, da CLT que estabelecia que para os maiores de 50 anos as férias deveriam ser concedidas de uma única vez foi revogado pela Lei 13.467/2017.
Gabarito "D".

(Analista – TRT/18 – 2023 – FCC) Penélope e seu empregador, o Restaurante Cuccina, pretendem rescindir, por acordo mútuo, o vínculo empregatício que mantêm desde 10/10/2020. Sabe-se que Penélope possui saldo de R$ 3.000,00 na conta do Fundo de Garantia do Tempo de Serviço (FGTS). Nesses termos, com base no que prevê a Consolidação das Leis do Trabalho, com relação ao FGTS, poderá a empregada sacar

(A) o valor total de R$ 3.000,00 da conta vinculada, mas a indenização sobre o saldo do FGTS ficará limitada a R$ 960,00.

(B) até o valor de R$ 1.500,00 da conta vinculada, e a indenização sobre o saldo do FGTS ficará limitada a R$ 600,00.

(C) o valor total de R$ 3.000,00 da conta vinculada, mas a indenização sobre o saldo do FGTS ficará limitada a R$ 600,00.

(D) até o valor de R$ 2.400,00 da conta vinculada, e a indenização sobre o saldo do FGTS ficará limitada a R$ 600,00.

(E) o valor total de R$ 3.000,00 da conta vinculada, mas a indenização sobre o saldo do FGTS ficará limitada a R$ 720,00.

Nos termos do art. 484-A, § 1º, da CLT poderá ser movimentado 80% do valor dos depósitos, ou seja, R$ 2.400,00; já a indenização será de R$ 600,00, ou seja, a metade (equivalente a 20%) do saldo de FGTS.
Gabarito "D".

(Procurador do Município – S.J. Rio Preto/SP – 2019 – VUNESP) A respeito do denominado *jus variandi*, é correto afirmar que

(A) confere ao empregador o direito de transferir o empregado que exerce função de confiança para localidade diversa da que consta do contrato.

(B) decorre diretamente do princípio *pacta sunt servanda*, que rege os contratos de trabalho.

(C) garante ao empregado o direito de alterar a data fixada para suas férias.

(D) confere ao empregador o direito de alterar a jornada de trabalho dos empregados, desde que respeitado o direito adquirido à percepção de adicional noturno.

(E) não se aplica aos contratos de trabalho firmados pela Administração Pública.

A: correta, pois nos termos do art. 469, § 1º, da CLT a transferência pode ocorrer de forma unilateral pelo empregador, ou seja, sem o consentimento do obreiro, nos casos em que o empregado exerçam cargo de confiança, isto é, aqueles que exerçam amplos poderes de mando, de modo a representarem a empresa nos atos de sua administração. **B:** incorreta, pois o princípio *pacta sunt servanda*, aplicável aos contratos de trabalho de forma atenuada, estabelece que o contrato deve ser executado pelas partes nos termos ajustados, ou seja, os contratos devem ser rigorosamente observados e cumpridos, vez que fazem lei entre as partes. **C:** incorreta, pois de acordo com o art. 136 da CLT a época da concessão das férias será a que melhor consulte os interesses do empregador. **D:** incorreta, pois o adicional noturno (art. 73 CLT) será concedido somente enquanto o obreiro laborar no período noturno. Trata-se de modalidade conhecida de salário condição. Veja súmula 265 TST. **E:** incorreta, pois uma vez celebrado contrato de trabalho (normas celetistas) o *jus variandi* se aplica também à administração Pública.
Gabarito "A".

6. REMUNERAÇÃO E SALÁRIO

(Procurador Município – Teresina/PI – FCC – 2022) Saturno é empregado da empresa Olimpo S/A e recebe um valor fixo de salário no importe de R$ 10.000,00, além do fornecimento dos seguintes benefícios: tíquete-alimentação no valor mensal de R$ 1.000,00, seguro de vida e de acidentes pessoais no valor mensal de R$ 300,00, mensalidade de faculdade no valor de R$ 800,00, aluguel de imóvel no valor mensal de R$ 2.000,00. Nesse caso, o valor total a ser considerado como verba salarial para efeitos de recolhimento de FGTS e pagamento de verbas rescisórias será de

(A) R$ 12.800,00.

(B) R$ 14.100,00.

(C) R$ 10.000,00.

(D) R$ 12.000,00.

(E) R$ 11.000,00.

De acordo com o enunciado e nos termos do art. 457, § 2º, da CLT não integram a remuneração do empregado, não se incorporam ao contrato de trabalho e não constituem base de incidência de qualquer encargo trabalhista e previdenciário, os seguintes benefícios: tíquete-alimentação, ou seja, auxílio alimentação no valor de R$ 1.000,00; seguro de vida e acidentes pessoais no valor de R$ 300,00, art. 458, §2º, CLT; mensalidade da faculdade no valor de R$ 800,00, ou seja, valores relativos à mensalidade de educação, art. 458, § 2º, II, CLT. Somente será considerado salário o valor de R$ 2.000,00 relativos ao aluguel, pois nos termos do art. 458 da CLT além do pagamento em dinheiro, compreende-se no salário, para todos os efeitos legais a habitação que nos termos do § 3º do art. 458 da CLT não poderá exceder 25%. Por essa razão, como verba salarial para efeitos de recolhimento de FGTS e pagamento de verbas rescisórias será de R$ 12.000,00. HC

Gabarito "D".

7. JORNADA DE TRABALHO

(Procurador Município – Teresina/PI – FCC – 2022) Quanto à duração do trabalho, o capítulo inserido nas normas gerais de tutela do trabalho da Consolidação das Leis do Trabalho, estabelece:

(A) É facultado às partes, apenas mediante convenção coletiva ou acordo coletivo de trabalho, estabelecer horário de trabalho de 12 horas seguidas por 36 horas ininterruptas de descanso.

(B) Considera-se trabalho em regime de tempo parcial aquele cuja duração não exceda a 25 horas semanais, sendo que os empregados sob este regime não poderão prestar horas extras.

(C) Não serão descontadas, nem computadas como jornada extraordinária, as variações de horário no registro de ponto não excedentes de 10 minutos, observado o limite máximo de 15 minutos diários.

(D) O não atendimento das exigências legais para compensação de jornada, inclusive quando estabelecida mediante acordo tácito, não implica a repetição do pagamento das horas excedentes à jornada normal diária se não ultrapassada a duração máxima semanal, sendo devido apenas o respectivo adicional.

(E) A duração diária do trabalho poderá ser acrescida de horas extras, em número não excedente de duas por acordo individual, três por convenção coletiva ou cinco por acordo coletivo de trabalho.

A: incorreta, pois nos termos do art. 59-A da CLT é facultado às partes, mediante acordo individual escrito, convenção coletiva ou acordo coletivo de trabalho, estabelecer horário de trabalho de doze horas seguidas por trinta e seis horas ininterruptas de descanso, observados ou indenizados os intervalos para repouso e alimentação. B: incorreta, pois nos termos do art. 58-A da CLT considera-se trabalho em regime de tempo parcial aquele cuja duração não exceda a trinta horas semanais, sem a possibilidade de horas suplementares semanais, ou, ainda, aquele cuja duração não exceda a vinte e seis horas semanais, com a possibilidade de acréscimo de até seis horas suplementares semanais. C: incorreta, pois nos termos do art. 58, § 1º, CLT não serão descontadas nem computadas como jornada extraordinária as variações de horário no registro de ponto não excedentes de cinco minutos, observado o limite máximo de dez minutos diários. D: correta, pois reflete a disposição do art. 59-B da CLT. E: incorreta, pois nos termos do art. 59 da CLT a duração diária do trabalho poderá ser acrescida de horas extras, em número não excedente de duas, por acordo individual, convenção coletiva ou acordo coletivo de trabalho. HC

Gabarito "D".

(Procurador Município – Santos/SP – VUNESP – 2021) Assinale a alternativa que trata corretamente do intervalo intrajornada.

(A) Não poderá ser modificado por acordo ou contrato coletivo.

(B) Os intervalos serão computados na duração do trabalho.

(C) A concessão parcial do intervalo implica o pagamento, de natureza indenizatória, apenas do período suprimido, com acréscimo de 50% (cinquenta por cento) sobre o valor da remuneração da hora normal de trabalho.

(D) A concessão parcial do intervalo implica o pagamento, de natureza indenizatória, do período total e não somente do suprimido, com acréscimo de 50% (cinquenta por cento) sobre o valor da remuneração da hora normal de trabalho.

(E) O limite mínimo de uma hora para repouso ou refeição não poderá ser reduzido, nem mesmo por ato do Ministro do Trabalho, Indústria e Comércio.

A: incorreta, pois nos termos do art. 71 da CLT acordo ou convenção coletiva poderão modificar o período mínimo de 1 (uma) hora. Ademais, o art. 611-A, III, da CLT dispõe que convenção coletiva ou acordo coletivo de trabalho prevalecerão sobre a lei quando dispuserem sobre intervalo intrajornada, respeitado o limite mínimo de trinta minutos para jornadas superior a seis horas. B: incorreta, pois nos termos do art. 71, § 2º, da CLT os intervalos de descanso não serão computados na duração do trabalho. C: correta, pois reflete a disposição legal do art. 71, § 4º, da CLT. D: incorreta, pois nos termos do art. 71, § 4º, da CLT somente sobre o período suprimido. E: incorreta, pois nos termos do art. 71, §§ 3º e 5º, da CLT é possível a redução do intervalo intrajornada. Ademais, o art. 611-A, III, da CLT também admite a redução do intervalo por acordo ou convenção coletiva de trabalho. HC

Gabarito "C".

8. EXTINÇÃO DO CONTRATO DE TRABALHO

(Procurador – AL/PR – 2024 – FGV) Geovane trabalhava há 6 meses na empresa Soluções de Informática Ltda., localizada em Maringá/PR, quando recebeu aviso-prévio em 2023 para ser trabalhado em razão da drástica redução de clientes, exigindo a diminuição do quadro de empregados. Contudo, no 20º dia do aviso o empregador soube que vencera uma grande licitação, e em razão disso o trabalho de Geovane seria necessário, daí porque a empresa apresentou uma retratação do aviso-prévio. Geovane nada disse, mas continuou trabalhando na empresa. Três meses depois foi a vez de Geovane pedir demissão porque desejava estudar para um concurso público, informando que indenizaria o aviso-prévio. Dez dias depois Geovane foi à empresa e se disse arrependido da decisão, pedindo a retratação do seu aviso-prévio, que foi expressamente aceita pelo empregador. Dois meses depois, em razão de uma divergência pontual, as partes resolveram, de comum acordo, realizar o distrato do pacto laboral, com aviso-prévio trabalhado, que foi cumprido.

Considerando esses fatos e o que prevê a CLT, assinale a afirmativa correta.

(A) Pela Lei somente pode haver uma retratação por contrato de trabalho, e ela precisa ser expressa, não se admitindo a forma tácita.

(B) Em razão da natureza jurídica da extinção, Geovane receberá metade do aviso-prévio, indenização de 20% sobre o FGTS e não terá direito a seguro-desemprego.

(C) O ex-empregado poderá sacar até 80% do FGTS depositado e não haverá necessidade de homologação da ruptura contratual.

(D) Somente a 2ª retratação foi válida porque a 1ª não teve a aquiescência do empregado, havendo juridicamente a formalização de dois contratos de trabalho, sendo que na ruptura Geovane terá direito à metade dos proporcionais de 13° salário e férias.

(E) Geovane terá direito ao aviso-prévio integral e as verbas deverão ser pagas até cinco dias contados a partir do término do contrato, sob pena de multa.

A: incorreta, pois não há limitação de retratação de aviso- prévio, art. 489 da CLT. **B:** incorreta, pois tendo em vista que o aviso- prévio foi trabalhado, o pagamento deve ser integral. Somente em se tratando de aviso- prévio indenizado o pagamento seria pela metade, art. 484-A, I, a, da CLT. **C:** correta, pois reflete a disposição do art. 484-A, § 1°, da CLT. **D:** incorreta, pois nos termos do art. 489, parágrafo único, da CLT não há necessidade de aquiescência, pois continuando a prestação depois de expirado o prazo, o contrato continuará a vigorar, como se o aviso prévio não tivesse sido dado. **E:** incorreta, pois embora tenha direito ao aviso- prévio integral, as verbas devem ser pagas no prazo de 10 dias, art. 477, § 6°, da CLT.

Gabarito "C".

(Procurador Município – Santos/SP – VUNESP – 2021) Sobre as formas de extinção do contrato de trabalho, assinale a alternativa que está de acordo com a CLT.

(A) No caso de morte do empregador constituído em empresa individual, é obrigatório ao empregado rescindir o contrato de trabalho.

(B) Na cessação do contrato de trabalho, qualquer que seja a sua causa, será devida ao empregado a remuneração simples ou em dobro, conforme o caso, correspondente ao período de férias cujo direito tenha adquirido.

(C) A cessação do contrato de trabalho, dependendo da causa, será devida ao empregado a remuneração simples ou em dobro, conforme o caso, correspondente ao período de férias cujo direito não tenha adquirido.

(D) A extinção do contrato por acordo entre empregado e empregador autoriza o ingresso no Programa de Seguro-Desemprego.

(E) Constituem justa causa para rescisão do contrato de trabalho pelo empregador a perda da habilitação para o exercício da profissão, em decorrência de conduta culposa do empregado.

A: incorreta, pois nos termos do art. 483, § 2°, da CLT no caso de morte do empregador constituído em empresa individual, é facultado ao empregado rescindir o contrato de trabalho. **B:** correta, pois nos termos do art. 146 da CLT na cessação do contrato de trabalho, qualquer que seja a sua causa, será devida ao empregado a remuneração simples ou em dobro, conforme o caso, correspondente ao período de férias cujo direito tenha adquirido. **C:** incorreta, veja comentário letra "B". **D:** incorreta, pois nos termos do art. 484-A, § 2°, da CLT a extinção do contrato de trabalho por acordo entre as partes não autoriza o ingresso no Programa de Seguro-Desemprego. **E:** incorreta, pois nos termos do art. 482, m, da CLT constitui justa causa para rescisão do contrato de trabalho a perda da habilitação ou dos requisitos estabelecidos em lei para o exercício da profissão, em decorrência de conduta dolosa do empregado.

Gabarito "B".

(Procurador do Estado/SP – 2018 – VUNESP) Nos termos dos enunciados sumulares do Tribunal Superior do Trabalho, é correto afirmar a respeito do aviso prévio:

(A) o direito ao aviso prévio proporcional ao tempo de serviço somente é assegurado nas rescisões de contrato de trabalho ocorridas a partir da publicação da Lei n. 12.506, em 13 de outubro de 2011.

(B) não cabe aviso prévio nas rescisões antecipadas dos contratos de experiência.

(C) reconhecida a culpa recíproca na rescisão do contrato de trabalho (art. 484 da Consolidação das Leis do Trabalho), o empregado não tem direito a receber valores a título de aviso prévio.

(D) o pagamento relativo ao período de aviso prévio trabalhado não está sujeito à contribuição para o FGTS.

(E) no caso de concessão de auxílio-doença no curso do aviso prévio, concretizam-se os efeitos da dispensa depois de expirado o prazo do aviso prévio, independentemente da vigência do benefício previdenciário.

A: opção correta, pois reflete a disposição contida na súmula 441 do TST. **B:** opção incorreta, pois nos termos da súmula 163 do TST, "cabe aviso prévio nas rescisões antecipadas dos contratos de experiência, na forma do art. 481 da CLT" (cláusula assecuratória do direito recíproco de rescisão). **C:** opção incorreta, pois nos termos da súmula 14 do TST, "reconhecida a culpa recíproca na rescisão do contrato de trabalho (art. 484 da CLT), o empregado tem direito a 50% do valor do aviso prévio, do décimo terceiro salário e das férias proporcionais". **D:** opção incorreta, pois nos termos da súmula 305 do TST, "o pagamento relativo ao período de aviso prévio, trabalhado ou não, está sujeito a contribuição para o FGTS". **E:** opção incorreta, pois nos termos da súmula 371 do TST, "no caso de concessão de auxílio-doença no curso do aviso prévio, todavia, só se concretizam os efeitos da dispensa depois de expirado o benefício previdenciário".

Gabarito "A".

9. ESTABILIDADE

(Procurador – AL/PR – 2024 – FGV) Na sociedade empresária Construção Forte Ltda., que possui 150 empregados e está localizada em Cascavel/PR, a mestre de obras Cassiana foi eleita membro de conselho fiscal do sindicato de classe representativo da categoria dos empregados; já Ademar foi nomeado delegado sindical da mesma entidade e José foi eleito informalmente pelos colegas de trabalho como um dos integrantes de uma comissão de 2 empregados que tem por objetivo promover o entendimento direto com o empregador.

De acordo com a CLT e o entendimento consolidado do TST, assinale a afirmativa correta.

(A) Ademar, Cassiana e José poderão ser dispensados sem justa causa porque não possuem estabilidade ou qualquer garantia.

(B) Cassiana e Ademar somente poderão ser dispensados por justa causa, desde que apurado previamente em inquérito judicial.

(C) Cassiana e José não poderão ser dispensados da empresa sem justa causa, e se isso ocorrer poderão requerer a reintegração aos quadros da empresa.

(D) José, Ademar e Cassiana não poderão ser dispensados sem justa causa porque têm garantia no emprego enquanto estiverem no exercício do mandato ou delegação de poder.

(E) José não poderá sofrer despedida arbitrária, entendendo-se como tal a que não se fundar em motivo disciplinar, técnico, econômico ou financeiro.

A: correta, pois Cassiana que foi eleita membro do conselho fiscal do sindicato e Ademar que foi nomeado delegado sindical não possuem a garantia de emprego, nos termos das OJs 365 e 369 da SDI 1 do TST e, portanto, podem ser dis pensados sem justa causa. **B:** incorreta, pois por não possuírem garantia de emprego não necessitam de inquérito judicial para apuração de falta grave para serem dispensados. **C:** incorreta, pois José não possui garantia de emprego, na medida em que a comissão de representação dos empregados deve ser instituída nas empresas com mais de 200 empregados, art. 510-A da CLT. Ademais, a eleição não pode ser informal, devendo respeitar as regras impostas pelo art. 510-C e seus parágrafos, da CLT. **D:** incorreta, pois nenhum dos empregados possuem possuí garantia de emprego. **E:** incorreta, pois por não possuir garantia de emprego, José poderá ser dispensado arbitrariamente.

Gabarito "A".

(Analista – TRT/18 – 2023 – FCC) Temístocles foi indicado pelo seu empregador para exercer cargo de direção na Comissão Interna de Prevenção de Acidentes (CIPA). Com base no que prevê o ordenamento jurídico brasileiro vigente, referido empregado

(A) não possui garantia de emprego, pois esta é restrita a membros eleitos pelos empregados, desde o registro da candidatura até 1 ano após o término do mandato.

(B) é detentor de garantia de emprego, desde o início do mandato até 1 ano após seu término.

(C) goza de garantia no emprego, desde a sua indicação até 2 anos após o final de seu mandato.

(D) tem seu emprego garantido, desde sua aprovação no Conselho de Representantes da CIPA até 1 ano após o término do mandato.

(E) não possui garantia de emprego, pois esta é restrita a membros eleitos pelos empregados, desde o registro da candidatura até 2 anos após o término do mandato.

Nos termos do art. 10, II, a do ADCT, somente o empregado eleito para cargo de direção de comissões internas de prevenção de acidentes, possui garantia de empregado desde o registro de sua candidatura até um ano após o final de seu mandato. O empregado indicado pelo empregador não possui esse direito. HC

Gabarito "A".

10. FGTS

(Advogado – CEF – 2012 – CESGRANRIO) Considerando-se as hipóteses abaixo, qual delas NÃO dá ensejo à movimentação da conta vinculada do FGTS, nos termos da Lei nº 8.036/1990?

(A) Concessão de auxílio-doença pela Previdência Social.

(B) Concessão de aposentadoria pela Previdência Social.

(C) Extinção normal do contrato a termo, inclusive o dos trabalhadores temporários regidos pela Lei 6.019/1974.

(D) Quando o trabalhador tiver idade igual ou superior a setenta anos.

(E) Quando o trabalhador permanecer três anos ininterruptos, a partir de 1º de junho de 1990, fora do regime do FGTS.

A: opção correta, pois a concessão de auxílio-doença não dá ensejo à movimentação do FGTS. As hipóteses de movimentações do FGTS estão elencadas no art. 20 da Lei 8.036/1990; **B:** opção incorreta, pois nos termos do art. 20, III, da Lei 8.036/1990 a conta poderá ser movimentada; **C:** opção incorreta, pois nos termos do art. 20, IX, da Lei 8.036/1990 a conta poderá ser movimentada; **D:** opção incorreta, pois nos termos do art. 20, XV, da Lei 8.036/1990 a conta poderá ser movimentada; **E:** opção incorreta, pois nos termos do art. 20, VIII, da Lei 8.036/1990 a conta poderá ser movimentada.

Gabarito "A".

11. SEGURANÇA E MEDICINA DO TRABALHO

(Procurador do Estado/TO – 2018 – FCC) Conforme regras insculpidas no Título referente às normas gerais de tutela do trabalho contidas na Consolidação das Leis do Trabalho sobre segurança e medicina no trabalho,

(A) o adicional de periculosidade será de 10% para atividades que envolvam risco de roubos ou outras espécies de violência física, 20% para atividades com energia elétrica e 40% para serviços com uso de motocicleta, sempre calculados sobre o salário-base do trabalhador.

(B) as atividades insalubres são aquelas que, por sua natureza ou métodos de trabalho, impliquem o contato permanente com inflamáveis ou explosivos em condição de risco acentuado.

(C) o trabalho em condições insalubres, acima dos limites de tolerância estabelecidos por norma, assegura ao empregado o adicional de 30% sobre o salário contratual.

(D) é obrigatória a constituição de CIPA – Comissão Interna de Prevenção de Acidentes, conforme instruções do Ministério do Trabalho nos estabelecimentos nelas especificadas, sendo composta apenas por representantes dos empregados cujo mandato dos membros titulares será de um ano, sem direito a reeleição.

(E) o direito do empregado ao adicional de insalubridade ou de periculosidade cessará com a eliminação do risco à sua saúde ou integridade física, nos termos da CLT e das normas expedidas pelo Ministério do Trabalho.

A: incorreta, pois nos termos do art. 193, § 1º, da CLT, em qualquer das hipóteses indicadas no adicional será de 30% sobre o salário sem os acréscimos resultantes de gratificações, prêmios ou participações nos lucros da empresa. **B:** incorreta, pois nos termos do art. 189 da CLT serão consideradas atividades ou operações insalubres aquelas que, por sua natureza, condições ou métodos de trabalho, exponham os empregados a agentes nocivos à saúde, acima dos limites de tolerância fixados em razão da natureza e da intensidade do agente e do tempo de exposição aos seus efeitos. **C:** incorreta, pois nos termos do art. 192 da CLT o exercício de trabalho em condições insalubres, acima dos limites de tolerância, assegura a percepção de adicional de 40% grau máximo, 20% grau médio e 10% grau mínimo do salário-mínimo. **D:** incorreta, pois nos termos do art. 164 da CLT a CIPA será composta de representantes da empresa e dos empregados. **E:** correta, pois reflete a disposição do art. 194 da CLT. HC

Gabarito "E".

12. DIREITO COLETIVO DO TRABALHO

12.1. Sindicatos

(Procurador do Município – S.J. Rio Preto/SP – 2019 – VUNESP) De acordo com o artigo 8o da Constituição Federal, é livre a associação sindical, observado o seguinte:

(A) é obrigatória autorização do Estado para a fundação de sindicato, vedadas ao Poder Público a interferência e a intervenção na organização sindical.
(B) a criação de organização sindical, em qualquer grau, representativa de categoria profissional ou econômica se aperfeiçoará com o registro do respectivo ato constitutivo no Registro Civil das Pessoas Jurídicas.
(C) é obrigatória a filiação ao sindicato da respectiva categoria.
(D) é facultativa a participação dos sindicatos nas negociações coletivas de trabalho.
(E) ao sindicato cabe a defesa dos direitos e interesses coletivos ou individuais da categoria, inclusive em questões judiciais ou administrativas.

A: incorreta, pois o art. 8º, I, CF ensina que a lei não poderá exigir autorização do Estado para a fundação de sindicato, ressalvado o registro no órgão competente, vedadas ao Poder Público a interferência e a intervenção na organização sindical. **B:** incorreta, pois o sindicato adquire sua personalidade jurídica com o registro no Ministério do Trabalho), em conformidade com a Súmula 677 do STF, que assim dispõe: "Até que lei venha a dispor a respeito, incumbe ao Ministério do Trabalho proceder ao registro das entidades sindicais e zelar pela observância do princípio da unicidade". **C:** incorreta, a filiação é facultativa, pois nos termos do art. 8º, V, CF ninguém será obrigado a filiar-se ou a manter-se filiado a sindicato. **D:** incorreta, pois nos termos do art. 8º, VI, CF é obrigatória a participação dos sindicatos nas negociações coletivas de trabalho. **E:** correta, pois reflete a redação do art. 8º, III, CF. **HC**
Gabarito "E".

12.2. Convenção e Acordo Coletivo

(Procurador Fazenda Nacional – AGU – 2023 – CEBRASPE) Luiz mantinha vínculo formal de emprego, desde 5/1/2019, com a indústria Vinícola Ltda. Durante o contrato de trabalho de Luiz, vigorou convenção coletiva de trabalho (CCT) por dois anos, a partir de maio de 2019, a qual previa, entre outras cláusulas, a percepção de décimo quarto salário pelos empregados e a extensão da garantia provisória de emprego ao trabalhador vítima de acidente de trabalho — por mais doze meses além do prazo mínimo legal deferido após a cessação do auxílio por incapacidade acidentária em razão de alta médica. A CCT não foi renovada após o prazo de sua vigência. Em julho de 2021, Luiz sofreu acidente do trabalho e ficou afastado por 60 dias. Em dezembro de 2022, foi dispensado sem justa causa pela referida empresa. Em janeiro de 2023, Luiz ajuizou reclamação trabalhista, requerendo o reconhecimento do seu direito à garantia do emprego prevista naquela CCT, bem como o pagamento de décimo quarto salário relativo ao período de junho de 2021 a outubro de 2022.

A partir da situação hipotética precedente, assinale a opção correta.

(A) Luiz faz jus à percepção do décimo quarto salário e à garantia de emprego previstas na CCT, mesmo depois de cessada sua vigência, pela aplicação da regra da ultratividade das normas trabalhistas, positivada no ordenamento jurídico trabalhista brasileiro e autorizada por entendimento sumulado do Tribunal Superior do Trabalho (TST).
(B) Luiz não faz jus ao décimo quarto salário, porquanto seu pleito se refere a período superveniente à cessação da vigência da CCT, além de haver expressa vedação legal de ultratividade das normas coletivas trabalhistas, mas faz jus à garantia de emprego pleiteada, por se tratar de norma relacionada à saúde e à segurança do trabalho, à qual aderem, sem prazo determinado, todos os contratos de trabalho.
(C) Luiz faz jus à percepção do décimo quarto salário previsto na CCT, mesmo depois de cessada sua vigência, por se tratar de verba de natureza habitual, bem como pela aplicação da regra da ultratividade das normas trabalhistas, positivada no ordenamento jurídico trabalhista brasileiro, mas não tem direito à garantia de emprego prevista naquela CCT, por haver decorrido mais de doze meses da cessação da vigência da CCT.
(D) Luiz faz jus ao reconhecimento da garantia de emprego prevista na CCT, mesmo depois de cessada sua vigência, pela aplicação da regra da ultratividade das normas trabalhistas, positivada no ordenamento jurídico trabalhista brasileiro, mas não tem direito à percepção das verbas de décimo quarto salário pleiteadas, por ausência de habitualidade e de expressa previsão legal.
(E) Luiz não faz jus ao décimo quarto salário e à garantia de emprego previstos na CCT, porquanto ambos são relativos a período posterior à cessação da vigência da CCT em que se fundamentariam e a ultratividade das normas coletivas trabalhistas é expressamente vedada pelo ordenamento jurídico brasileiro, conforme ratificado pelo STF.

A opção **E** é a correta. Isso porque, nos termos do art. 614, § 3º, da CLT, não será permitido estipular duração de convenção coletiva ou acordo coletivo de trabalho superior a dois anos, sendo vedada a ultratividade. De acordo com o princípio da ultratividade, terminando o prazo de validade das cláusulas pactuadas, e sem que sejam reafirmadas em novo acordo coletivo, elas são incorporadas aos contratos individuais de trabalho vigentes ou novos, até que outra norma venha a decidir sobre o direito trabalhista.
Gabarito "E".

(Procurador – PGE/SP – 2024 – VUNESP) Sobre o regime normativo aplicável a acordos e convenções coletivas celebrados pelas pessoas jurídicas de direito público, é correto afirmar:

(A) são válidos os acordos e as convenções coletivas celebrados que estabeleçam cláusulas sociais despidas de impactos financeiros e orçamentário.
(B) resta legítima a concessão de aumento remuneratório aos empregados públicos por meio de negociação coletiva, desde que haja previsão orçamentária específica.
(C) podem ser objeto de negociação coletiva cláusulas assecuratórias de estabilidade no emprego público, tal como o impedimento da demissão arbitrária por conta de concessão de aposentadoria programada (idade ou tempo de contribuição).

(D) é juridicamente viável a implantação da jornada de 12 x 36 horas aos empregados públicos por meio de instrumento coletivo ou de ato regulamentar do ente público contratante.

(E) poderá ser criado, por meio de negociação coletiva, banco de horas para a compensação do labor em sobrejornada, desde que, no período máximo de 24 meses, as horas acumuladas não excedam à soma das jornadas laborais semanais de trabalho previstas nem ultrapassem o limite de 10 horas diárias.

A: correta, pois nos termos da OJ 5 da SDC do TST, em face de pessoa jurídica de direito público que mantenha empregados, cabe dissídio coletivo exclusivamente para apreciação de cláusulas de natureza social. **B:** incorreta, pois não é permitido aumento da remuneração de servidor público por meio de negociação coletiva. Nesse sentido entende a Súmula 679 do STF que: "A fixação de vencimentos dos servidores públicos não pode ser objeto de convenção coletiva." **C:** incorreta, pois é inválida negociação nesse sentido, tendo em vista que nos termos do art. 37, § 14 da CF, a aposentadoria concedida com a utilização de tempo de contribuição decorrente de cargo, emprego ou função pública, inclusive do Regime Geral de Previdência Social, acarretará o rompimento do vínculo que gerou o referido tempo de contribuição. **D:** incorreta, pois nos termos do art. 59-A da CLT, é facultado às partes, mediante acordo individual escrito, convenção coletiva ou acordo coletivo de trabalho (e não ato regulamentar do ente público contratante), estabelecer horário de trabalho de doze horas seguidas por trinta e seis horas ininterruptas de descanso, observados os indenizados os intervalos para repouso e alimentação. **E:** incorreta, pois nos termos do art. 59, § 2°, da CLT o banco de horas será no máximo fixado anualmente.
Gabarito "A".

(Procurador do Estado/SP – 2018 – VUNESP) Em relação ao Direito Coletivo do Trabalho decorrente da "reforma trabalhista", assinale a alternativa correta.

(A) É permitido estipular duração de convenção coletiva ou acordo coletivo de trabalho superior a dois anos, estando autorizada, também, a ultratividade.

(B) A convenção coletiva e o acordo coletivo de trabalho poderão dispor sobre a redução do valor dos depósitos mensais e da indenização rescisória do Fundo de Garantia do Tempo de Serviço (FGTS).

(C) O hipersuficiente (empregado portador de diploma de nível superior e que perceba salário mensal igual ou superior a duas vezes o limite máximo dos benefícios do Regime Geral de Previdência Social) poderá estipular livremente com o empregador a relação contratual. A estipulação resultante, contudo, não preponderará sobre os instrumentos coletivos.

(D) As condições estabelecidas em acordo coletivo de trabalho sempre prevalecerão sobre as estipuladas em convenção coletiva de trabalho.

(E) Constitui objeto ilícito de convenção coletiva ou de acordo coletivo de trabalho a previsão de regras a respeito do regime de sobreaviso.

A: opção incorreta, pois nos termos do art. 614, § 3°, da CLT, "não será permitido estipular duração de convenção coletiva ou acordo coletivo de trabalho superior a dois anos, sendo vedada a ultratividade". **B:** opção incorreta, pois nos termos do art. 611-B, III, da CLT é vedado. **C:** opção incorreta, pois nos termos do art. 444, parágrafo único, da CLT, a estipulação convencionada entre o empregador e o empregado hipersuficiente irá prevalecer sobre os instrumentos coletivos. **D:** opção correta, pois reflete a disposição do art. 620 da CLT. **E:** opção incorreta, pois nos termos do art. 611-A, VIII, da CLT constitui objeto lícito de acordo ou convenção coletiva. **HC**
Gabarito "D".

12.3. Greve

(Procurador – PGE/SP – 2024 – VUNESP) A categoria dos agentes socioeducativos estaduais, contratados sob o regime celetista, responsável pela segurança das unidades de acolhimento de menores infratores, entrou em processo de greve, com a interrupção parcial da prestação de serviço público. Foi ajuizado pelo sindicato da categoria profissional dissídio coletivo de natureza econômica, com a finalidade de fixação de reajuste do auxílio alimentação.

Sobre o caso hipotético narrado, é correto afirmar:

(A) a greve é legítima, desde que mantida a prestação de serviço por parte dos servidores em nível suficiente ao atendimento das necessidades inadiáveis da comunidade.

(B) a competência para julgamento do dissídio coletivo de greve, bem como da eventual abusividade do movimento paredista, é da Justiça do Trabalho.

(C) os agentes públicos que aderiram ao movimento de greve terão o contrato de trabalho suspenso, sendo vedado, contudo, o desconto de salários nesse período.

(D) é viável a propositura do dissídio coletivo de caráter econômico pelo sindicato da categoria profissional, independentemente da aquiescência do Poder Público, quando frustrada a negociação coletiva ou a arbitragem.

(E) a greve é irregular, considerando a proibição constitucional de paralisação dos agentes estatais da área de segurança pública.

A: incorreta, pois apesar de o Tribunal Regional do Trabalho da 2ª Região de São Paulo (TRT-2) reconhecer a greve de servidores da Fundação Casa como legal, aplicando reajuste de 6% à categoria, valor incidente sobre o vale-alimentação, vale-refeição, auxílio-creche e auxílio-funeral, há decisão do STF, no Recurso Extraordinário com Agravo 654432 entendendo que: I - – o exercício do direito de greve, sob qualquer forma ou modalidade, é vedado aos policiais civis e a todos os servidores públicos que atuem diretamente na área de segurança pública; II - – E obrigatória a participação do Poder Público em mediação instaurada pelos órgãos classistas das carreiras de segurança pública. **B:** incorreta, pois de acordo com Tema 544 de Repercussão Geral do STF, a justiça comum, federal ou estadual, é competente para julgar a abusividade de greve de servidores públicos celetistas da Administração pública direta, autarquias e fundações públicas. **C:** incorreta, pois de acordo com Tema 531 de Repercussão Geral do STF, a administração pública deve proceder ao desconto dos dias de paralisação decorrentes do exercício do direito de greve pelos servidores públicos, em virtude da suspensão do vínculo funcional que dela decorre, permitida a compensação em caso de acordo. O desconto será, contudo, incabível se ficar demonstrado que a greve foi provocada por conduta ilícita do Poder Público. **D:** incorreta, pois a instauração de Dissídio Econômico depende de concordância das partes. Isso porque, de acordo com art. 114, § 2°, da CF, recusando-se qualquer das partes à negociação coletiva ou à arbitragem, é facultado às mesmas, de comum acordo, ajuizar dissídio coletivo de natureza econômica, podendo a Justiça do Trabalho decidir o conflito, respeitadas as disposições mínimas legais de proteção ao trabalho, bem como as convencionadas anteriormente. **E:** considerada correta pela Banca examinadora. O STF no Recurso Extraordinário com Agravo 654432 entendeu que: I - – o exercício do direito de greve, sob qualquer forma ou modalidade, é vedado aos policiais civis e a todos os servidores públicos que atuem diretamente na área de segurança pública; II - - E obrigatória a participação do Poder Público em mediação instaurada pelos órgãos classistas das carreiras de segurança pública.

Gabarito "E".

(Procurador do Estado/SP – 2018 – VUNESP) É correto afirmar a respeito do direito de greve:

(A) predomina, na Seção Especializada em Dissídios Coletivos – SDC, do Tribunal Superior do Trabalho, a posição de que a greve realizada por explícita motivação política (isto é, para fins de protesto) não é abusiva.

(B) a Justiça Comum é competente para processar e julgar ação possessória ajuizada em decorrência do exercício do direito de greve pelos trabalhadores da iniciativa privada.

(C) em caso de greve em atividade essencial, com possibilidade de lesão do interesse público, o Ministério Público do Trabalho poderá ajuizar dissídio coletivo, competindo à Justiça do Trabalho decidir o conflito.

(D) observadas as condições previstas na Lei n. 7.783, de 28 de junho de 1989, a participação em greve não suspende o contrato de trabalho.

(E) é compatível com a declaração de abusividade de movimento grevista o estabelecimento de vantagens ou garantias a seus participantes.

A: opção incorreta, pois o entendimento majoritário do TST considera abusivas as greves com caráter político porque o empregador, embora diretamente afetado, não tem como negociar para pacificar o conflito. Veja RO-196-78.2017.5.17.0000. **B:** opção incorreta, pois nos termos da súmula vinculante 23 do STF, a Justiça do Trabalho é competente para processar e julgar ação possessória ajuizada em decorrência do exercício do direito de greve pelos trabalhadores da iniciativa privada. **C:** opção correta, pois reflete o disposto no art. 114, § 3°, da CF. **D:** opção incorreta, pois nos termos do art. 7° da Lei 7.783/1989 há suspensão do contrato de trabalho. **E:** opção incorreta, pois nos termos da OJ 10 da SDC do TST, "é incompatível com a declaração de abusividade de movimento grevista o estabelecimento de quaisquer vantagens ou garantias a seus partícipes, que assumiram os riscos inerentes à utilização do instrumento de pressão máximo". HC

Gabarito "C".

13. PRESCRIÇÃO

(Procurador Município – Santos/SP – VUNESP – 2021) Sobre prescrição trabalhista, assinale a alternativa correta nos termos da CLT.

(A) A interrupção da prescrição somente ocorrerá pelo ajuizamento de reclamação trabalhista, mesmo que em juízo incompetente, ainda que venha a ser extinta sem resolução do mérito, produzindo efeitos em relação a todos os direitos trabalhistas.

(B) A interrupção da prescrição somente ocorrerá pelo ajuizamento de reclamação trabalhista, exceto em caso de juízo incompetente, ainda que venha a ser extinta sem resolução do mérito, produzindo efeitos apenas em relação aos pedidos idênticos.

(C) Ocorre a prescrição intercorrente no processo do trabalho no prazo de cinco anos.

(D) A declaração da prescrição intercorrente pode ser requerida ou declarada de ofício em qualquer grau de jurisdição.

(E) A declaração da prescrição intercorrente não pode ser declarada de ofício.

A: incorreto, pois nos termos do art. 11, § 3°, CLT produz efeitos apenas em relação aos pedidos idênticos. **B:** incorreto, pois nos termos do art. 11, § 3°, CLT mesmo que a reclamação seja proposta em juízo incompetente ocorrerá a interrupção da prescrição. **C:** incorreto, pois nos termos do art. 11-A da CLT o prazo da prescrição intercorrente é de 2 anos. **D:** correta, pois nos termos do art. 11-A, § 2°, da CLT a prescrição intercorrente poderá ser requerida ou declarada de ofício em qualquer grau de jurisdição. **E:** incorreto, pois a prescrição intercorrente pode ser declarada de ofício, art. 11-A, § 2°, da CLT.

Gabarito "D".

(Procurador do Estado/TO – 2018 – FCC) Hermes pretende propor reclamação trabalhista em face de sua empregadora Empresa Alpha para postular indenização por danos morais em razão de humilhação sofrida por xingamentos proferidos por seu superior, além do pagamento de horas extraordinárias. Neste caso, o prazo prescricional será de

(A) dois anos contados da data em que ocorreu o fato que gerou o dano moral e cinco anos para as horas extras contados do encerramento do contrato.

(B) dois anos na vigência do contrato, até o limite de cinco anos após a extinção para ambos os pedidos.

(C) cinco anos na vigência do contrato, até o limite de dois anos após a extinção do contrato de trabalho para ambos os pedidos.

(D) dois anos para o dano moral e cinco anos para as horas extras, sempre contados da extinção do contrato de trabalho.

(E) cinco anos para o dano moral e dois anos para as horas extras, sempre contados após a extinção do contrato de trabalho.

A prescrição trabalhista vem disposta no art. 7°, XXIX, da CF e art. 11 da CLT. O TST se manifestou sobre a prescrição em sua súmula 308. No âmbito trabalhista, duas regras de prescrição devem ser observadas. A prescrição bienal refere-se ao direito de o trabalhador postular seus direitos após a extinção do contrato de trabalho. O reclamante deverá obedecer à prescrição bienal, ou seja, deverá ingressar com reclamação trabalhista no prazo de 2 (dois) anos contados do término do contrato de trabalho. Já a prescrição quinquenal se refere às lesões a direitos ocorridas durante a vigência do contrato. Nessa linha, uma vez extinto o contrato de trabalho, o obreiro terá prazo de 2 (dois) anos para pleitear seus direitos na Justiça do Trabalho. Todavia, poderá reclamar os 5 (cinco) anos que antecedem à propositura da reclamação trabalhista.

Gabarito "C".

14. TEMAS COMBINADOS

(Procurador – PGE/SP – 2024 – VUNESP) Segundo a jurisprudência do Tribunal Superior do Trabalho e do Supremo Tribunal Federal, assinale a alternativa que expressa o enunciado verdadeiro.

(A) É possível o pagamento cumulado do adicional de insalubridade e periculosidade, quando a mesma atividade sujeitar o empregado a exposição a agentes insalubres e situações perigosas previstas em lei, tendo em vista a previsão contida no artigo 7°o, XXIII, da Constituição Federal.

(B) O empregado público em comissão equipara-se, para fins de controle de jornada, ao contratado para cargo de gerência ou administração de empresas privadas.

(C) Viola as regras previstas na Consolidação das Leis do Trabalho a criação de plano de carreira que preveja a evolução profissional por critério exclusivo de merecimento, editado após a Lei Federal nºo 13.467/2017.

(D) O teto constitucional previsto no artigo 37, XI, da Constituição Federal aplica-se à remuneração principal dos empregados públicos das empresas estatais não dependentes, ressalvadas as distribuições de lucros/resultados e os abonos de produtividade.

(E) Aplicam-se aos empregados públicos os pisos salariais profissionais fixados por meio de lei de caráter nacional, admitido o seu estabelecimento em valor fixo, bem como em percentuais do salário-mínimo, anualmente reajustável.

A: incorreta, pois de acordo com o com Tema 17 de Recurso de Revista Repetitivo, o art. 193, § 2º, da CLT foi recepcionado pela Constituição Federal e veda a cumulação dos adicionais de insalubridade e de periculosidade, ainda que decorrentes de fatos geradores distintos e autônomos. B: correta, pois de acordo com o art. 37, V, da CF, os cargos em comissão destinam-se às atribuições de direção, chefia e assessoramento no âmbito da Administração Pública. Assim, para esses cargos aplica-se a previsão do art. 62, II, da CLT, porquanto o ocupante de cargo em comissão está em situação análoga à de gerente. C: incorreta, pois nos termos do art. 461, § 3º, da CLT, quando o empregador tiver pessoal organizado em quadro de carreira ou adotar, por meio de norma interna da empresa ou de negociação coletiva, plano de cargos e salários, as promoções poderão ser feitas por merecimento e por antiguidade, ou por apenas um destes critérios, dentro de cada categoria profissional. D: incorreta, pois de acordo com entendimento firmado pelo STF no julgamento da ADI 6584, o teto constitucional remuneratório não incide sobre os salários pagos por empresas públicas e sociedades de economia mista, e suas subsidiárias, que não recebam recursos da Fazenda Pública. E: incorreta, pois no julgamento da ADPF, o STF firmou tese para atribuir interpretação conforme a Constituição Federal ao art. 5º da Lei nº 4.950-A/1966, com o congelamento da base de cálculo prevista em tal dispositivo, de modo a inviabilizar posteriores reajustes automáticos com base na variação do salário-mínimo.

Gabarito "B".

(Procurador – PGE/SP – 2024 – VUNESP) Em janeiro de 2024, uma autarquia estadual paulista, responsável pela gestão de um hospital público, celebrou contrato de gestão com uma organização social, com a finalidade de prestação de serviços específicos na área de saúde. Referida entidade estatal também possui contrato de terceirização com empresa privada, celebrado na mesma época, a qual é responsável pelas atividades de segurança patrimonial e de limpeza da unidade hospitalar. O quadro de pessoal da autarquia estadual é regido pela Consolidação das Leis do Trabalho – CLT.
Tendo em vista o quadro hipotético narrado, é correto afirmar:

(A) admite-se a responsabilização subsidiária da autarquia estadual pelo pagamento dos encargos trabalhistas devidos aos empregados da empresa terceirizada, caso caracterizado o contrato de prestação de serviços contínuos com regime de dedicação exclusiva de mão de obra e a existência de falha na fiscalização do cumprimento das obrigações contratuais.

(B) os empregados públicos integrantes do quadro de pessoal da autarquia, contratados após 1988, sem concurso público, ao terem os seus contratos de trabalho invalidados, possuem direito ao recebimento de saldo de salário, depósitos fundiários, 13ºo salário e férias.

(C) a inconstitucionalidade da contratação de pessoal pela autarquia estadual sob o regime celetista, haja vista a previsão constitucional do regime jurídico único, permite a incidência transitória das regras do estatuto dos titulares de cargo efetivo, até a edição de ato legislativo específico para a cessação da mora legislativa.

(D) a celebração do contrato de gestão com a organização social permite a responsabilização solidária da autarquia estadual pela existência de grupo econômico.

(E) o contrato de gestão celebrado com a organização social é nulo, ao contrário da avença de prestação de serviços com a empresa privada, considerando que somente é legítima a terceirização das atividades-meio da entidade pública.

A: correta, pois nos termos do art. 121, § 2º, da Lei 14.133/2021 (Lei de licitações e contratos administrativos) a Administração responderá subsidiariamente pelos encargos trabalhistas se comprovada falha na fiscalização do cumprimento das obrigações do contratado. B: incorreta, pois nos termos da Súmula 363 do TST, a contratação de servidor público, após a CF/1988, sem prévia aprovação em concurso público, encontra óbice no respectivo art. 37, II e § 2º, somente lhe conferindo direito ao pagamento da contraprestação pactuada, em relação ao número de horas trabalhadas, respeitado o valor da hora do salário-mínimo, e dos valores referentes aos depósitos do FGTS. C: incorreta, pois de acordo com o julgamento da ADI 5615, que questionava a inconstitucionalidade do art. 39 da CF, o STF julgou improcedente a ADI para não reconhecer a constitucionalidade da norma, firmando o seguinte entendimento: "Compete a cada Ente federativo estipular, por meio de lei em sentido estrito, o regime jurídico de seus servidores, escolhendo entre o regime estatutário ou o regime celetista, sendo que a Constituição Federal não excluiu a possibilidade de ser adotado o regime de emprego público (celetista) para as autarquias. 2. Para que haja produção completa dos efeitos do art. 39 da CF, é indispensável que o Ente federativo edite norma específica instituindo o regime jurídico de seus servidores da Administração Direta, das autarquias e das fundações públicas. A ausência da lei instituidora de um único regime de servidores na Administração Direta, autárquica e fundacional, apesar de se mostrar como uma situação constitucionalmente indesejável, não possui o condão de censurar as normas que estipularem um ou outro regime enquanto perdurar essa situação de mora legislativa". D: incorreta, pois não há formação de grupo econômico, na medida em que as empresas envolvidas no problema não possuem finalidade lucrativa, requisito essencial para a existência de grupo econômico, de acordo com o art. 2º, §§ 2º e 3º, da CLT. E: incorreta, pois de acordo com o entendimento do STF firmado na ADI 1923, o contrato de gestão é válido.

Gabarito "A".

(Procurador/DF – CESPE – 2022) Acerca dos direitos dos trabalhadores, das leis e normas trabalhistas e do contrato de trabalho, julgue os itens seguintes.

(1) Após cada período de trabalho efetivo, ainda que dividido em dois turnos, será concedido ao empregado um intervalo intrajornada não inferior a 11 h.

(2) Todo contrato de trabalho deve ser acordado expressamente e firmado por escrito, não se admitindo a sua

realização tácita ou verbal, exceto para os contratos de prestação de trabalho intermitente.

(3) O contrato por prazo determinado é aquele cuja vigência depende de termo prefixado, da execução de serviços de caráter transitório ou de acontecimento suscetível de previsão aproximada, como, por exemplo, o contrato de experiência.

(4) O contrato de trabalho por prazo determinado não poderá ser estipulado por mais de um ano, sendo que o contrato de experiência não poderá exceder a sessenta dias.

1: incorreto, pois nos termos do art. 66 da CLT entre 2 (duas) jornadas de trabalho haverá um período mínimo de 11 (onze) horas consecutivas para descanso. 2: incorreto, pois nos termos do art. 443 da CLT o contrato individual de trabalho poderá ser acordado tácita ou expressamente, verbalmente ou por escrito, por prazo determinado ou indeterminado, ou para prestação de trabalho intermitente. Contudo, o contrato de trabalho intermitente deve ser celebrado por escrito, nos termos do art. 452-A, da CLT. 3: correto, pois nos termos do art. 443, § 1º, CLT considera-se como de prazo determinado o contrato de trabalho cuja vigência depende de termo prefixado ou da execução de serviços especificados ou ainda da realização de certo acontecimento suscetível de previsão aproximada. O contrato de experiência é uma modalidade de contrato com prazo determinado previsto no art. 443, § 2º, c, da CLT. 4: incorreto, pois nos termos do art. 445 da CLT o contrato de trabalho por prazo determinado não poderá ser estipulado por mais de 2 (dois) anos. Já o contrato de experiência, nos termos do parágrafo único do art. 445 da CLT o contrato de experiência não poderá exceder de 90 (noventa) dias.
Gabarito 1E, 2E, 3C, 4E

(Procurador/DF – CESPE – 2022) Julgue os próximos itens, relativos ao direito do trabalho.

(1) A CLT permite o ajuste tácito e individual para compensação de jornada, desde que a compensação ocorra no mesmo mês.

(2) Empregado acometido por enfermidade que gere seu afastamento do trabalho e por consequência lhe garanta o recebimento de auxílio-doença pelo período de cinco meses consecutivos perderá o direito a férias do período aquisitivo em que se der o afastamento.

(3) Nos termos da CLT, os valores recebidos pelo empregado a título de prêmio, abono, tíquete alimentação e ajuda de custo, ainda que habituais, não integram a remuneração, bem como não se incorporam ao contrato de trabalho.

(4) Para fins de equiparação salarial, a CLT determina que será de igual valor o trabalho feito com igual produtividade, mesma perfeição técnica e entre pessoas que trabalhem para o mesmo empregador, com diferença de tempo no serviço para esta empresa de até quatro anos. A diferença de tempo na função não poderá ser superior a dois anos. Tais regras não serão observadas quando o empregador tiver pessoal organizado em quadro de carreira, ainda que sem homologação ou registro em órgão público.

(5) Segundo entendimento pacificado na jurisprudência do TST, o pedido de pagamento de adicional de insalubridade por motivo diverso daquele existente e constatado em perícia judicial eximirá o empregador do pagamento do respectivo adicional pleiteado, em face da vinculação do direito ao pedido.

(6) Empregada gestante deve ser afastada da atividade insalubre sem prejuízo de sua remuneração e, caso não haja lugar salubre na empresa para o exercício de suas atividades, ela deverá ser afastada do trabalho, sendo essa hipótese considerada como gravidez de risco. Além disso, a gestante terá direito ao recebimento de salário-maternidade durante todo o período de afastamento.

1: correto, pois nos termos do art. 59, § 6º, CLT é lícito o regime de compensação de jornada estabelecido por acordo individual, tácito ou escrito, para a compensação no mesmo mês. 2: incorreto, pois nos termos do art. 133, IV, CLT perde o direito a férias o empregado que tiver percebido da Previdência Social prestações de acidente de trabalho ou de auxílio-doença por mais de 6 (seis) meses, ainda que descontínuos. 3: correto, pois reflete a disposição do art. 457, § 2º, CLT. 4: correto, pois reflete as disposições contidas no art. 461, §§ 1º e 2º, da CLT. 5: incorreto, pois nos termos da Súmula 293 do TST a verificação mediante perícia de prestação de serviços em condições nocivas, considerado agente insalubre diverso do apontado na inicial, não prejudica o pedido de adicional de insalubridade. 6: correta, pois reflete a disposição legal do art. 394-A, caput e § 3º, da CLT.
Gabarito 1C, 2E, 3C, 4C, 5E, 6C

(Procurador/PA – CESPE – 2022) Julgue os itens a seguir, acerca do Fundo de Garantia do Tempo de Serviço.

I. O salário in natura é considerado remuneração para efeito de incidência do Fundo de Garantia do Tempo de Serviço.

II. Segundo a jurisprudência do Supremo Tribunal Federal, nos contratos de trabalho firmados entre sujeitos de direito privado, o prazo prescricional aplicável à cobrança de valores não depositados no Fundo de Garantia do Tempo de Serviço é bienal, nos termos do art. 7.º, XXIX, da Constituição da República Federativa do Brasil.

III. Conforme entendimento firmado pelo Tribunal Superior do Trabalho, o ônus de comprovar a regularidade dos depósitos do Fundo de Garantia do Tempo de Serviço é do empregador.

IV. Em consonância com a Lei n.º 8.036/1990, o dever de recolher os valores referentes ao Fundo de Garantia do Tempo de Serviço na conta vinculada do empregado é obrigação de dar coisa certa.

Estão certos apenas os itens

(A) I e III.
(B) II e III.
(C) II e IV.
(D) I, II e IV.
(E) I, III e IV.

I: correto, pois nos termos do art. 458 da CLT as prestações in natura se incorporam ao salário. II: incorreto, pois de acordo com o tema 608 do STF o prazo prescricional aplicável à cobrança de valores não depositados no Fundo de Garantia por Tempo de Serviço (FGTS) é quinquenal, nos termos do art. 7º, XXIX, da Constituição Federal. III: correta, pois nos termos da Súmula 461 do TST É do empregador o ônus da prova em relação à regularidade dos depósitos do FGTS, pois o pagamento é fato extintivo do direito do autor. IV: incorreta, pois nos termos do enunciado 160 da Jornada de Direito Civil o dever de recolher valores referentes ao FGTS é uma obrigação de dar, obrigação pecuniária, não afetando a natureza da obrigação a circunstância de a disponibilidade do dinheiro depender da ocorrência de uma das hipóteses previstas no art. 20 da Lei n. 8.036/90. Trata-se de uma obrigação de dar coisa incerta, art. 243 do Código Civil.
Gabarito "A"

(Procurador do Município – Boa Vista/RR – 2019 – CESPE/CEBRASPE) À luz da jurisprudência do Tribunal Superior do Trabalho e do STF, julgue os itens a seguir, a respeito de FGTS e de relação de trabalho e de emprego.

(1) Caso um contrato de trabalho entabulado pela administração pública seja declarado nulo por ausência de prévia aprovação do contratado em concurso público, o trabalhador não terá direito ao depósito do FGTS, ainda que tenha direito ao salário relativo aos serviços prestados.

(2) Na hipótese de contratação irregular de trabalhador mediante empresa interposta, não é gerado vínculo de emprego com a administração pública direta, indireta ou fundacional.

(3) O prazo prescricional aplicável à cobrança de valores não depositados a título de FGTS é quinquenal.

1: incorreta, pois nos termos da súmula 363 do TST a contratação de servidor público, após a CF/1988, sem prévia aprovação em concurso público, encontra óbice no respectivo art. 37, II e § 2°, somente lhe conferindo direito ao pagamento da contraprestação pactuada, em relação ao número de horas trabalhadas, respeitado o valor da hora do salário mínimo, e dos valores referentes aos depósitos do FGTS. **2:** Correta, pois reflete a disposição contida na súmula 331, II, TST. **3:** correta, pois reflete a disposição da súmula 362 TST.

Gabarito: 1E, 2C, 3C

João, de dezoito anos de idade, foi contratado como frentista em um posto de gasolina localizado em Boa Vista – RR. O contrato de trabalho foi firmado em regime de tempo parcial para uma jornada de vinte e cinco horas semanais.

(Procurador do Município – Boa Vista/RR – 2019 – CESPE/CEBRASPE) Considerando essa situação hipotética, julgue os itens seguintes de acordo com a Constituição Federal de 1988 e a CLT.

(1) Como o contrato de trabalho de João foi firmado em regime de tempo parcial, é viável aumentar sua carga de trabalho em até seis horas suplementares semanais, mas, nessa hipótese, as horas suplementares deverão ser remuneradas com o acréscimo de trinta por cento sobre o salário-hora normal.

(2) É vedado a João converter um terço do período de férias a que tiver direito em abono pecuniário.

(3) A idade de João não constitui óbice ao exercício da atividade de frentista, uma vez que a Constituição Federal de 1988 admite o trabalho em condições de periculosidade aos maiores de dezoito anos de idade.

1: incorreta, pois embora nos termos do art. 58-A, §§ 3° e 4°, da CLT na hipótese de o contrato de trabalho em regime de tempo parcial ser estabelecido em número inferior a 26 horas semanais, as horas suplementares estão limitadas a 6 horas suplementares semanais, as horas suplementares serão pagas com o acréscimo de 50% sobre o salário-hora normal. **2.** Incorreto, pois nos termos do art. 58-A, § 6°, CLT é facultado ao empregado contratado sob regime de tempo parcial converter um terço do período de férias a que tiver direito em abono pecuniário. **3.** Correta, nos termos do art. 7°, XXXIII, CF.

Gabarito: 1E, 2E, 3C

(Procurador do Estado/SP – 2018 – VUNESP) Assinale a alternativa correta a respeito das relações de emprego mantidas pela Administração Pública.

(A) Segundo a posição consolidada no Tribunal Superior do Trabalho, cabe dissídio coletivo de natureza econômica contra pessoa jurídica de direito público que mantenha empregados.

(B) O limite constitucional remuneratório (também conhecido como teto remuneratório), previsto no inciso XI do art. 37 da Constituição da República, não se aplica às empresas públicas, às sociedades de economia mista e suas subsidiárias, independentemente de receberem ou não recursos da União, dos Estados, do Distrito Federal ou dos Municípios para pagamento de despesas de pessoal ou de custeio em geral.

(C) A declaração de nulidade de contrato de trabalho, com base no art. 37, inciso II e § 2°, da Constituição da República (indispensabilidade de prévia aprovação em concurso público para a admissão em emprego público), não prejudica os direitos à percepção dos salários referentes ao período trabalhado e aos depósitos na conta vinculada do trabalhador no Fundo de Garantia do Tempo de Serviço (FGTS).

(D) De acordo com o Supremo Tribunal Federal, compete, à Justiça do Trabalho, julgar a abusividade de greve de empregados da Administração Pública direta, autarquias e fundações públicas.

(E) É juridicamente possível a aplicação, pelo Poder Judiciário, do art. 461 da Consolidação das Leis do Trabalho para conceder equiparação salarial entre empregados públicos de autarquias.

A: opção incorreta, pois nos termos da OJ 5 da SDC do TST, "em face de pessoa jurídica de direito público que mantenha empregados, cabe dissídio coletivo exclusivamente para apreciação de cláusulas de natureza social. Inteligência da Convenção n. 151 da Organização Internacional do Trabalho, ratificada pelo Decreto Legislativo n. 206/2010. **B:** opção incorreta, pois nos termos do art. 37, XI, da CF, em regra, o teto remuneratório não alcança as sociedades de economia mista e as empresas públicas. Porém, nos termos do § 9° do art. 37 da CF, o teto remuneratório se aplica às empresas públicas e às sociedades de economia mista, e suas subsidiárias, que receberem recursos da União, dos Estados, do Distrito Federal ou dos Municípios para pagamento de despesas de pessoal ou de custeio em geral. **C:** opção correta, pois nos termos da súmula 363 do TST, "a contratação de servidor público, após a CF/1988, sem prévia aprovação em concurso público, encontra óbice no respectivo art. 37, II e § 2°, somente lhe conferindo direito ao pagamento da contraprestação pactuada, em relação ao número de horas trabalhadas, respeitado o valor da hora do salário mínimo, e dos valores referentes aos depósitos do FGTS". **D:** opção incorreta, pois no julgamento do RE 846854/SP com repercussão geral, o STF fixou entendimento que a justiça comum, federal ou estadual, é competente para julgar a abusividade de greve de servidores públicos celetistas da Administração pública direta, autarquias e fundações públicas. Veja informativo 871 STF. **E:** opção incorreta, pois nos termos da OJ 297 da SDI 1 do TST, "o art. 37, inciso XIII, da CF/1988, veda a equiparação de qualquer natureza para o efeito de remuneração do pessoal do serviço público, sendo juridicamente impossível a aplicação da norma infraconstitucional prevista no art. 461 da CLT quando se pleiteia equiparação salarial entre servidores públicos, independentemente de terem sido contratados pela CLT".

Gabarito "C".

21. Direito Processual do Trabalho

Hermes Cramacon

1. TEORIA GERAL E PRINCÍPIOS DO PROCESSO DO TRABALHO

(Procurador – PGE/SP – 2024 – VUNESP) Houve alteração significativa das incumbências da Justiça do Trabalho quando da promulgação da Emenda Constitucional nº 45/2004, com a constitucionalização de diversas situações novas e de hipóteses de atuação antes presentes somente na legislação ordinária. Desde então, o Supremo Tribunal Federal tem analisado com profundidade esse rol de competências, com o estabelecimento de algumas exceções e limitações. Sobre esses precedentes, é possível afirmar com correção que:

(A) compete excepcionalmente à Justiça do Trabalho o julgamento das ações penais relativas aos crimes de desobediência praticados no âmbito das ações trabalhistas.
(B) é da competência da Justiça do Trabalho o julgamento das causas em que se discute a legalidade de atos praticados na fase pré-contratual de concursos públicos.
(C) compete à Justiça do Trabalho o julgamento das lides propostas por empregados públicos em que se pleiteiam parcelas remuneratórias previstas na legislação administrativa e na CLT.
(D) é de atribuição da Justiça Comum estadual ou federal o julgamento das lides ajuizadas contra entidades privadas de previdência com o propósito de obter complementação de aposentadoria.
(E) compete à Justiça do Trabalho julgar as causas relativas aos servidores contratados para suprir necessidade temporária de excepcional interesse público.

A: incorreta, pois no julgamento da ADI 3684, foi afastada qualquer interpretação que confira competência da Justiça do Trabalho para processar e julgar ações penais. B: incorreta, pois o STF firmou entendimento no Tema 992, de repercussão geral que é da Justiça Comum (federal ou estadual) a competência para processar e julgar as demandas ajuizadas por candidatos e empregados públicos na fase pré-contratual, relativas a critérios para a seleção e a admissão de pessoal nos quadros de empresas públicas. A matéria foi discutida no Recurso Extraordinário (RE) 960429. C: incorreta, pois no julgamento da ADI 3395, a competência da Justiça do Trabalho não abrange causas ajuizadas para discussão de relação jurídico-estatutária entre o Poder Público dos Entes da Federação e seus Servidores. Ademais, no Tema 1143 de repercussão geral, o STF firmou entendimento que a Justiça Comum é competente para julgar ação ajuizada por servidor celetista contra o Poder Público, em que se pleiteia parcela de natureza administrativa. D: correta, pois de acordo com o tema 190 (RE 586453), compete à Justiça comum o processamento de demandas ajuizadas contra entidades privadas de previdência com o propósito de obter complementação de aposentadoria, mantendo-se na Justiça Federal do Trabalho, até o trânsito em julgado e correspondente execução. E: incorreta, pois no julgamento no julgamento da Rcl 4351 MC-AgR/PE, o STF firmou entendimento que compete à Justiça Comum Estadual e Federal conhecer de toda causa que verse sobre contratação temporária de servidor público.

Gabarito "D".

(Procurador/PA – CESPE – 2022) Determinado empregado ajuizou, no início do ano corrente, reclamação trabalhista, obteve os benefícios da justiça gratuita, mas deixou de comparecer à audiência de instrução, sem motivo legalmente justificável. A reclamação foi arquivada, e o reclamante, condenado ao pagamento das custas processuais. A partir dessa situação hipotética, assinale a opção correta.

(A) O reclamante não poderá propor nova demanda caso não recolha as custas decorrentes do arquivamento da reclamação.
(B) Conforme a Consolidação das Leis do Trabalho e a jurisprudência do Tribunal Superior do Trabalho, além das custas processuais, o reclamante deveria ter sido condenado também em honorários advocatícios não inferiores à razão de 10% sobre o valor da causa.
(C) A condenação do empregado ao pagamento da verba de sucumbência foi incorreta, pois o Supremo Tribunal Federal declarou inconstitucional a norma que estabelece a obrigação do reclamante beneficiário da justiça gratuita de arcar com as custas de reclamação trabalhista arquivada em razão do seu não comparecimento à audiência de instrução.
(D) A reclamação não poderia ter sido arquivada, e a instrução deveria ter ocorrido normalmente, mesmo à revelia do reclamante.
(E) A condenação em custas do beneficiário da justiça gratuita, nesse caso, viola a garantia constitucional do acesso à justiça e não encontra amparo na Consolidação das Leis do Trabalho.

A: correta, pois nos termos do art. 844, § 2º, CLT tendo em vista que a ausência na audiência ocorreu sem motivo legalmente justificável, o empregado será condenado ao pagamento das custas calculadas na forma do art. 789 da CLT, ainda que beneficiário da justiça gratuita. Importante notar que o § 3º do próprio art. 844 da CLT determina que esse pagamento de custas é condição para a propositura de nova demanda. Sobre o tema importante destacar que no julgamento da ADI 5766 o STF reconheceu a constitucionalidade do art. 844, § 2º, CLT. B: incorreta, pois nos termos do art. 791-A da CLT os honorários advocatícios sucumbenciais serão fixados entre o mínimo de 5% (cinco por cento) e o máximo de 15% (quinze por cento) sobre o valor que resultar da liquidação da sentença, do proveito econômico obtido ou, não sendo possível mensurá-lo, sobre o valor atualizado da causa. C: incorreta, pois a ADI 5766 foi julgada improcedente em relação ao art. 844, § 2º, CLT o que importa dizer que a norma é constitucional. D: incorreta, pois o art. 844 da CLT determina que em caso de não comparecimento do reclamante à audiência a reclamação trabalhista deverá ser arquivada. E: incorreta, pois no julgamento da ADI 5766 o STF entendeu não haver violação a tal princípio. Ademais, a condenação ao pagamento de custas encontra amparo legal no art. 844, § 2º, da CLT cuja constitucionalidade foi reconhecida pelo STF.

Gabarito "A".

(**Procurador Município – Teresina/PI – FCC – 2022**) Em relação à competência da Justiça do Trabalho, conforme normas insculpidas na Constituição Federal do Brasil e na Consolidação das Leis do Trabalho,

(A) as ações relativas às penalidades administrativas impostas aos empregadores pelos órgãos de fiscalização das relações de trabalho não estão abrangidas na competência da Justiça do Trabalho, mas sim da Justiça Federal por envolver agente da União.

(B) a servidora municipal Afrodite deve ajuizar ação para reivindicar direitos relativos ao vínculo estatutário na Vara do Trabalho do município em que reside.

(C) a empregada Iris deve propor reclamação trabalhista, em regra, na Vara do Trabalho do município em que prestou os serviços ao empregador, ainda que tenha sido contratada em outra localidade.

(D) a competência da Vara do Trabalho se dá pela localidade em que o empregador tenha sua sede, como regra geral, em razão do princípio da execução menos gravosa ao devedor.

(E) o empregado Thor, que é viajante comercial da empresa Delta e atua em todo Estado do Piauí, deverá propor reclamação trabalhista na Vara do Trabalho de Teresina, Capital do Estado do PI.

A: incorreta, pois nos termos do art. 114, VII, CF a competência será da Justiça do Trabalho. B: incorreta, pois de acordo com a decisão proferida no julgamento da ADI 3395 a relação do servidor público estatutário está excluída da competência da Justiça do Trabalho. C: correta, pois nos termos do art. 651 da CLT a competência da Vara do Trabalho é determinada pela localidade onde o empregado, reclamante ou reclamado, prestar serviços ao empregador, ainda que tenha sido contratado noutro local ou no estrangeiro. D: incorreta, pois a competência da Vara do Trabalho (territorial) é determinada pela localidade onde o empregado, reclamante ou reclamado, prestar serviços ao empregador, ainda que tenha sido contratado noutro local ou no estrangeiro. E: incorreta, pois nos termos do art. 651, § 1º, CLT quando for parte de dissídio agente ou viajante comercial, a competência será da Junta da localidade em que a empresa tenha agência ou filial e a esta o empregado esteja subordinado e, na falta, será competente a Junta da localização em que o empregado tenha domicílio ou a localidade mais próxima.
Gabarito "C".

(**Procurador/PA – CESPE – 2022**) Em relação à competência da justiça do trabalho, julgue os seguintes itens.

I. Após a Emenda Constitucional n.º 45/2004, que deu nova redação ao art. 113 da Constituição Federal de 1988, as competências em razão da função e do território dos órgãos da justiça do trabalho passaram a ser definidas pela própria Constituição Federal de 1988.

II. O Supremo Tribunal Federal consolidou o entendimento de que a competência para processar e julgar ações atinentes ao meio ambiente do trabalho de servidor público estatutário é da justiça do trabalho.

III. A justiça do trabalho é competente para processar e julgar interdito proibitório que tenha por objeto assegurar o livre acesso de trabalhadores ao local de trabalho que corre o risco de ser interditado em razão de movimento grevista de trabalhadores da iniciativa privada.

IV. Em conformidade com o entendimento atual do Supremo Tribunal Federal firmado em controle concentrado de constitucionalidade, a Constituição Federal de 1988 confere à justiça do trabalho jurisdição penal genérica, dada a interpretação sistemática dos incisos I, IV e IX do art. 114 do texto constitucional, alcançando, portanto, ações de caráter penal ou criminal.

Estão certos apenas os itens

(A) I e II.
(B) II e III.
(C) III e IV.
(D) I, II e IV.
(E) I, III e IV.

I: errado, pois a competência territorial é estabelecida pela CLT na forma do art. 651. II: certo, no julgamento da Reclamação (Rcl 52.816), reforçou o entendimento previsto na súmula 736 do STF compete à justiça do trabalho julgar as ações que tenham como causa de pedir o descumprimento de normas trabalhistas relativas à segurança, higiene e saúde dos trabalhadores. III: correto, pois reflete a disposição contida na súmula vinculante 23 do STF. IV: errado, pois O STF, na ADI 3684, decidiu, em definitivo, que a Justiça do Trabalho não tem competência para processar e julgar ações penais.
Gabarito "B".

(**Procurador Município – Santos/SP – VUNESP – 2021**) Conforme previsão expressa na CLT, assinale a alternativa que trata corretamente da audiência trabalhista.

(A) É facultado ao empregador fazer-se substituir por preposto que tenha conhecimento do fato, desde que este seja empregado da parte reclamada.

(B) Se por motivo poderoso, devidamente comprovado, não for possível ao empregado comparecer pessoalmente, poderá fazer-se representar por outro empregado que pertença à mesma profissão.

(C) É facultado ao empregador fazer-se substituir por preposto, sendo que este não precisa ser empregado da parte da reclamada e não precisa ter conhecimento dos fatos.

(D) Na hipótese de ausência do reclamante, este será condenado ao pagamento das custas, ainda que beneficiário da justiça gratuita, salvo se comprovar, no prazo de oito dias, que a ausência ocorreu por motivo legalmente justificável.

(E) Se ausente o reclamado, ainda que presente seu advogado na audiência, não poderão ser aceitos a contestação e os documentos.

A: incorreto, pois o preposto não precisa ser empregado da empresa reclamada, art. 843, § 3º, CLT. B: correto, pois nos termos do art. 843, § 2º, CLT Se por doença ou qualquer outro motivo poderoso, devidamente comprovado, não for possível ao empregado comparecer pessoalmente, poderá fazer-se representar por outro empregado que pertença à mesma profissão, ou pelo seu sindicato. C: incorreto, pois o preposto necessita ter conhecimentos dos fatos, art. 843, § 1º, CLT. D: incorreto, pois nos termos do art. 844, § 2º, da CLT o prazo é de 15 dias. E: incorreto, pois nos termos do art. 844, § 5º, da CLT Ainda que ausente o reclamado, presente o advogado na audiência, serão aceitos a contestação e os documentos eventualmente apresentados.
Gabarito "B".

(**Procurador do Município – Boa Vista/RR – 2019 – CESPE/CEBRASPE**) Considerando a reforma trabalhista e as súmulas do Tribunal Superior do Trabalho, julgue os itens a seguir, a respeito do princípio constitucional da indispensabilidade do advogado.

(1) Após a reforma trabalhista, o *jus postulandi* foi mitigado, limitando-se à primeira instância.
(2) O *jus postulandi* é aplicável a todos os recursos da seara trabalhista.
(3) O *jus postulandi* não é aplicável aos processos de jurisdição voluntária para homologação de acordo extrajudicial.

1. incorreto, pois nos termos da súmula 425 TST o *jus postulandi* limitasse às Varas do Trabalho e aos Tribunais Regionais do Trabalho.
2. Incorreto, pois nos termos da súmula 425 TST o *jus postulandi* não alcança os recursos de competência do Tribunal Superior do Trabalho.
3: Correto, pois nos termos do art. 855-B da CLT o processo de homologação de acordo extrajudicial terá início por petição conjunta, sendo obrigatória a representação das partes por advogado.
Gabarito: 1E, 2E, 3C

2. COMPETÊNCIA

(Analista Judiciário – TRT/8ª – 2016 – CESPE) Carlo, cidadão brasileiro domiciliado em Minas Gerais, veterinário e advogado, ex-empregado público de autarquia federal sediada unicamente em Brasília – DF, foi demitido sem justa causa em 27/1/2015, na capital federal, local onde os serviços foram prestados. Em 28/1/2016, Carlo propôs em juízo pedido de indenização no valor total de R$ 20.000, por entender que diversos de seus direitos trabalhistas haviam sido violados.

Nessa situação hipotética,

(A) ambas as partes estão imunes do pagamento de custas processuais.
(B) é obrigatória a adoção do rito processual sumaríssimo.
(C) a propositura da ação trabalhista foi extemporânea, em virtude do instituto da prescrição.
(D) caso não haja conciliação prévia, deve-se adotar a forma verbal para a reclamação trabalhista.
(E) o foro competente para apreciação da lide, em primeira instância, seria o Distrito Federal.

A: opção incorreta, pois a entidade autárquica está isenta do pagamento de custas, nos termos do art. 790-A, I, CLT. Já o reclamante Carlo não está isento do recolhimento de custas, se for o caso. A justiça gratuita será concedida à pessoa com insuficiência de recursos, nos termos do art. 790, §§ 3º e 4º, da CLT; **B:** opção incorreta, pois, nos termos do art. 852-A, parágrafo único, da CLT, estão excluídas do procedimento sumaríssimo as demandas em que é parte a Administração Pública direta, autárquica e fundacional; **C:** opção incorreta, pois o prazo prescricional de 2 anos disposto no art. 7º, XXIX, da CF e art. 11 da CLT foi respeitado; **D:** opção incorreta, pois a petição inicial poderá ser apresentada de forma escrita ou verbal, nos termos do art. 840 da CLT; **E:** opção correta, pois, nos termos do art. 651 da CLT, a competência para ajuizamento da reclamação trabalhista, em regra, é determinada pela localidade onde o empregado, reclamante ou reclamado prestar serviços ao empregador.
Gabarito "E".

3. NULIDADES

(Analista Judiciário – TRT/8ª – 2016 – CESPE) Acerca das nulidades e exceções aplicáveis ao processo do trabalho, assinale a opção correta.

(A) O pronunciamento da nulidade depende do consentimento da parte que lhe tiver dado causa.
(B) Pronunciada determinada nulidade, deverá ser declarada, consequentemente, a nulidade de todos os demais atos processuais.
(C) Na justiça do trabalho, admitem-se exceções apenas em matéria de defesa quanto ao mérito.
(D) O juiz da causa é obrigado a dar-se por suspeito nas situações em que o autor da ação for de sua íntima relação pessoal.
(E) A nulidade do processo judicial deve ser declarada em juízo de admissibilidade pela secretaria judicial à qual a ação trabalhista for distribuída.

A: opção incorreta, pois, nos termos do art. 795 da CLT, as nulidades não serão declaradas senão mediante provocação de quaisquer das partes, as quais deverão argui-las na primeira oportunidade em que tiverem de falar em audiência ou nos autos; **B:** opção incorreta, pois, nos termos do art. 281 do CPC/2015, anulado o ato, consideram-se de nenhum efeito todos os subsequentes que dele dependam, todavia, a nulidade de uma parte do ato não prejudicará as outras que dela sejam independentes. Nesse mesmo sentido, determina o art. 797 da CLT que o juiz ou Tribunal que pronunciar a nulidade declarará os atos a que ela se estende; **C:** opção incorreta, pois, nos termos do art. 799 da CLT, as exceções de incompetência territorial, suspeição e impedimento serão opostas com suspensão do feito; **D:** opção correta, pois reflete o disposto no art. 801, b, da CLT; **E:** opção incorreta, pois a nulidade será declarada por um juiz ou pelo Tribunal, nunca pela secretaria.
Gabarito "D".

4. PROVAS

(Analista Judiciário – TRT/8ª – 2016 – CESPE) Em relação às provas no processo do trabalho e à aplicação subsidiária do Código de Processo Civil (CPC), assinale a opção correta.

(A) É admissível o testemunho de surdo-mudo por meio de intérprete nomeado pela parte interessada no depoimento, ficando as custas do intérprete a cargo da justiça do trabalho.
(B) É permitido à testemunha recusar-se a depor.
(C) No processo do trabalho, admite-se o testemunho de pessoa na condição de simples informante, o que significa que ela não precisa prestar compromisso.
(D) Não se admite como testemunho o estrangeiro que residir no país, mas não falar a língua portuguesa.
(E) No processo do trabalho, em consequência da aplicação subsidiária do CPC, a regra geral é que a parte requerida detém o ônus da prova.

A: opção incorreta, pois, nos termos do art. 819, § 1º, da CLT, o intérprete será nomeado pelo juiz. As despesas correrão por conta da parte sucumbente, salvo se beneficiária de justiça gratuita, art. 819, § 2º, da CLT; **B:** opção incorreta, pois, nos termos do art. 448 do CPC/2015, a testemunha não é obrigada a depor sobre fatos que lhe acarretem grave dano, bem como ao seu cônjuge ou companheiro e aos seus parentes consanguíneos ou afins, em linha reta ou colateral, até o terceiro grau ou a cujo respeito, por estado ou profissão, deva guardar sigilo. Veja também o art. 463 do CPC, que ensina que o depoimento prestado pela testemunha em juízo é considerado serviço público; **C:** opção correta, pois, nos termos do art. 829 da CLT, a testemunha que for parente até o terceiro grau civil, amigo íntimo ou inimigo de qualquer das partes não prestará compromisso, e seu depoimento valerá como simples informação; **D:** opção incorreta, pois, nos termos do art. 819 da CLT, o depoimento das partes e testemunhas que não souberem falar a língua nacional será feito por meio de intérprete nomeado pelo juiz; **E:** opção incorreta, pois, nos termos do art. 818, I, da CLT, o ônus da prova

incumbe, ao reclamante, quanto ao fato constitutivo de seu direito. Já o inciso II determina que O ônus da prova incumbe ao reclamado, quanto à existência de fato impeditivo, modificativo ou extintivo do direito do reclamante; na mesma linha, o art. 373 do CPC/2015 ensina que o ônus da prova incumbe ao autor, quanto ao fato constitutivo de seu direito, e ao réu, quanto à existência de fato impeditivo, modificativo ou extintivo do direito do autor.
Gabarito "C".

5. PROCEDIMENTO (INCLUSIVE, ATOS PROCESSUAIS)

(Procurador – PGE/SP – 2024 – VUNESP) Sobre as disposições legais relativas ao Processo do Trabalho, é correto afirmar:

(A) nos processos de alçada, a sentença é irrecorrível, salvo violação da Constituição Federal ou da jurisprudência notória e iterativa do Tribunal Superior do Trabalho.
(B) ausente o reclamado na audiência inaugural, é possível o recebimento da contestação e dos documentos apresentados, se presente o advogado da causa.
(C) a exceção de incompetência territorial deve ser alegada como preliminar de contestação.
(D) a Fazenda Pública goza do prazo mínimo de 20 dias úteis de antecedência para a realização da audiência inaugural e apresentação de defesa, cujo termo inicial é a data da própria notificação, quando a ciência da existência do processo é realizada por intermédio de oficial de justiça ou por meio eletrônico.
(E) a concessão de tutela de urgência ou de evidência no corpo da sentença é combatível por meio da impetração de mandado de segurança dirigido ao Tribunal Regional do Trabalho competente.

A: incorreta, pois nos termos do art. 2º, § 4º, da Lei 5.584/70, nos dissídios de alçada (procedimento sumário) somente caberá recurso se versarem sobre matéria constitucional. **B:** correta, pois nos termos do art. 844, § 5º, da CLT, ainda que ausente o reclamado, presente o advogado na audiência, serão aceitos a contestação e os documentos eventualmente apresentados. **C:** incorreta, pois a exceção de incompetência territorial deverá ser apresentada em petição autônoma, seguindo o procedimento disposto no art. 800 e seus parágrafos, da CLT. **D:** incorreta, pois embora o prazo do art. 841 da CLT seja em quádruplo (art. 1º, II, do DL 779/69), o termo inicial se dá no primeiro dia útil após a intimação. **E:** incorreta, pois a tutela provisória concedida na sentença não comporta impugnação pela via do mandado de segurança, por ser impugnável mediante recurso ordinário, em conformidade com o entendimento disposto na Súmula 414, I, TST.
Gabarito "B".

(Analista – TRT/18 – 2023 – FCC) O juízo do trabalho de Aparecida de Goiânia publica uma sentença em 3 de janeiro, condenando a empresa Terra Plana a pagar verbas rescisórias da sua ex-empregada Vênus. Pretendendo recorrer da sentença, com base no que prevê a Consolidação das Leis do Trabalho, a empresa deverá fazê-lo no prazo legal, contando-se o prazo a partir de

(A) 7 de janeiro, quando voltam a fluir os prazos na Justiça do Trabalho, pois de 20 de dezembro a 6 de janeiro os prazos estão suspensos.
(B) 21 de janeiro, quando voltam a fluir os prazos na Justiça do Trabalho, pois de 20 de dezembro a 20 de janeiro, inclusive, os prazos estão suspensos.
(C) 7 de janeiro, quando voltam a fluir os prazos na Justiça do Trabalho, pois de 20 de dezembro a 6 de janeiro os prazos estão interrompidos.
(D) 20 de janeiro, quando voltam a fluir os prazos na Justiça do Trabalho, pois de 20 de dezembro a 20 de janeiro os prazos estão suspensos.
(E) 20 de janeiro, quando voltam a fluir os prazos na Justiça do Trabalho, pois de 20 de dezembro a 19 de janeiro os prazos estão interrompidos.

O prazo se iniciará no dia 21 de janeiro, tendo em vista que nos termos do art. 775-A da CLT suspende-se o curso do prazo processual nos dias compreendidos entre 20 de dezembro e 20 de janeiro, inclusive.
Gabarito "B".

(Analista – TRT/18 – 2023 – FCC) Cícero propôs ação trabalhista em face do seu ex-empregador, o Banco Poupe Aqui, perante a Vara do Trabalho da localidade em que reside, diante da facilidade e para ter o pleno acesso à Justiça. O réu pretende arguir exceção de incompetência territorial. Nessa situação, com base no que dispõe a Consolidação das Leis do Trabalho, deverá fazê-lo

(A) no prazo para a juntada de contestação, em peça apartada.
(B) por escrito, ou ainda de forma oral, em audiência.
(C) no prazo de 5 dias a contar da notificação, antes da audiência.
(D) como matéria preliminar de defesa, dentro de 10 dias após a notificação.
(E) apenas por escrito, em audiência, onde o juiz dará a palavra à parte contrária e decidirá em 48 horas.

Nos termos do art. 800 da CLT a exceção de incompetência territorial deverá ser apresentada no prazo de cinco dias a contar da notificação, antes da audiência e em peça que sinalize a existência desta exceção.
Gabarito "C".

(Analista – TRT/18 – 2023 – FCC) De acordo com a Consolidação das Leis do Trabalho, considere:

I. Perpétua é empregadora doméstica.
II. Circo Alegria é um empresa em recuperação judicial.
III. Banco Atual é uma sociedade de economia mista.
IV. Fundabem é uma Fundação Pública Estadual.
V. Bem Me Quer é uma Autarquia Municipal.

Podem ser réus de reclamatória trabalhista submetida ao procedimento sumaríssimo o que consta APENAS em

(A) I e III.
(B) II e V.
(C) I, II e III.
(D) IV e V.
(E) IV.

I: correta, pois a empregadora doméstica pode figurar como reclamada em reclamação pelo procedimento sumaríssimo. Veja art. 852-A, parágrafo único, CLT. **II:** correta, pois não há impedimento para empresas em recuperação judicial participarem como reclamada em reclamação pelo procedimento sumaríssimo, vide art. 852-A, parágrafo único, CLT. **III:** correta, pois as sociedades de economia mista podem ser reclamadas em ações pelo procedimento sumaríssimo, vide art. 852-A, parágrafo único, CLT. **IV:** incorreta, pois nos termos do art. 852-A, parágrafo único, CLT estão excluídas do procedimento sumaríssimo as demandas em que é parte a Administração Pública direta, autárquica e fundacional. **V:** incorreta, pois nos termos do art. 852-A, parágrafo único, CLT estão excluídas do procedimento sumaríssimo as demandas em que é parte a Administração Pública direta, autárquica e fundacional.

Gabarito "C".

6. EXECUÇÃO

(Procurador – PGE/SP – 2024 – VUNESP) Um empregado público estadual de certa autarquia obteve em ação judicial o direito à aplicação de reajustes remuneratórios conferidos por lei somente aos agentes estatais que laboram em órgão similar do ente federado, com base no princípio constitucional da isonomia, por ausência de plano de carreira próprio. Tempos depois, o Supremo Tribunal Federal julgou, em sede de recurso extraordinário com repercussão geral, que tal concessão de reajuste por meio de decisão judicial é inconstitucional.

Haja vista o quadro hipotético apresentado, resta correta a seguinte afirmação:

(A) a inexigibilidade do título judicial por inconstitucionalidade pode ser alegada a qualquer tempo da execução, mesmo após a sua extinção por sentença não mais passível de recurso.

(B) segundo a jurisprudência do Supremo Tribunal Federal, a decisão mostra-se inatacável por meio de ação rescisória, se o tema de fundo era de interpretação controvertida nos tribunais ao tempo da prolação da decisão.

(C) a superveniência de lei estadual que regule a carreira do empregado público cessa os efeitos da decisão transitada em julgado, desde que atendido o princípio da irredutibilidade salarial.

(D) é possível a rescisão desse julgado, ainda que tenha transitado no período de vigência do Código de Processo Civil de 1973, desde que a decisão em repercussão geral lhe seja posterior e seja ajuizada a ação rescisória no prazo de 2 anos, contados do encerramento definitivo do processo paradigma no STF.

(E) se a decisão judicial que conferiu o reajuste passou em julgado antes do encerramento definitivo do processo paradigma no STF, o prazo de ajuizamento da ação rescisória, fundada nesse precedente, conta-se do trânsito em julgado do processo no qual constituído o título tido por inconstitucional.

A: incorreta, pois nos termos do art. 535, § 7º, do CPC a decisão do Supremo Tribunal Federal deve ter sido proferida antes do trânsito em julgado da decisão exequenda. Ademais, se a decisão for proferida após o trânsito em julgado da decisão exequenda, caberá ação rescisória, cujo prazo será contado do trânsito em julgado da decisão proferida pelo Supremo Tribunal Federal, nos termos do art. 535, § 8º, do CPC. B: incorreta, pois no julgamento da ADI 2418 o STF entendeu constitucional a norma estabelecida no art. 535, § 5º, CPC. C: correta, pois nos termos do art. 535, § 5º, CPC considera-se também inexigível a obrigação reconhecida em título executivo judicial fundado em lei ou ato normativo considerado inconstitucional pelo Supremo Tribunal Federal, ou fundado em aplicação ou interpretação da lei ou do ato normativo tido pelo Supremo Tribunal Federal como incompatível com a Constituição Federal, em controle de constitucionalidade concentrado ou difuso. D: incorreta, pois nos termos do art. 538, § 8º, CPC o prazo será contado do trânsito em julgado da decisão proferida pelo Supremo Tribunal Federal. E: incorreta, pois nos termos do art. 538, § 8º, CPC o prazo será contado do trânsito em julgado da decisão proferida pelo Supremo Tribunal Federal.

Gabarito "C".

(Procurador/DF – CESPE – 2022) Julgue o item que se segue, acerca da execução no processo do trabalho.

(1) A execução poderá ser garantida pelo executado por seguro-garantia judicial no valor total do débito, sendo ainda equivalente a dinheiro para efeito da gradação dos bens penhoráveis.

1: Errado, pois nos termos do art. 899, § 11, da CLT embora o depósito recursal possa ser substituído por fiança bancária ou seguro garantia judicial, nos termos do art. 835, § 2º, do CPC para fins de substituição da penhora, equiparam-se a dinheiro a fiança bancária e o seguro garantia judicial, desde que em valor não inferior ao do débito constante da inicial, acrescido de 30%.

Gabarito "E".

(Procurador Município – Santos/SP – VUNESP – 2021) Nas execuções trabalhistas, é correto afirmar que

(A) será promovida exclusivamente pela parte credora.

(B) a liquidação não abrangerá o cálculo das contribuições previdenciárias.

(C) elaborada a conta e tornada líquida, o juízo deverá abrir as partes prazo comum de dez dias para abrir às partes impugnação.

(D) elaborada a conta e tornada líquida, o juízo deverá abrir às partes prazo sucessivo de oito dias para impugnação.

(E) elaborada a conta pela parte ou pelos órgãos auxiliares da Justiça do Trabalho, o juiz procederá à intimação da União para manifestação, no prazo de 10 (dez) dias, sob pena de preclusão.

A: incorreto, pois nos termos do art. 878 da CLT a execução será promovida pelas partes, permitida a execução de ofício pelo juiz ou pelo Presidente do Tribunal apenas nos casos em que as partes não estiverem representadas por advogado. B: incorreto, pois nos termos do art. 879, § 1º-A, da CLT a liquidação abrangerá, também, o cálculo das contribuições previdenciárias devidas. C: incorreto, pois nos termos do art. 879, § 2º, CLT da CLT o prazo será comum de 8 dias. D: incorreto, pois nos termos do art. 879, § 2º, CLT da CLT o prazo será comum e não sucessivo. E: correto, pois reflete a disposição do art. 879, § 3º, CLT da CLT.

Gabarito "E".

(Procurador Município – Teresina/PI – FCC – 2022) Em relação ao capítulo especial sobre a execução, no título que trata do Processo Judiciário do Trabalho, a Consolidação das Leis do Trabalho estabelece:

(A) A decisão judicial transitada em julgado somente poderá ser levada a protesto, gerar inscrição do nome do executado em órgãos de proteção ao crédito ou no Banco Nacional de Devedores Trabalhistas (BNDT), depois de transcorrido o prazo de 15 dias a contar da citação do executado.

(B) Garantida a execução ou penhorados os bens, terá o executado 5 dias para apresentar embargos, sendo que tal exigência de garantia ou penhora se aplica às empresas privadas, públicas, entidades filantrópicas e/ ou àqueles que compõem ou compuseram a diretoria dessas instituições.

(C) A execução será promovida pelas partes, permitida a execução de ofício pelo Juiz ou pelo Presidente do Tribunal ainda que as partes estiverem representadas por advogado.

(D) Elaborada a conta e tornada líquida, o Juiz poderá abrir às partes prazo sucessivo de 10 dias para impugnação fundamentada com a indicação dos itens e valores objeto da discordância, sob pena de preclusão.

(E) O executado que não pagar a importância reclamada poderá garantir a execução mediante depósito da quantia correspondente, atualizada e acrescida das despesas processuais, apresentação de seguro-garantia judicial ou nomeação de bens à penhora, observada a ordem preferencial estabelecida no art. 835 do Código de Processo Civil.

A: incorreta, pois nos termos do Art. 883-A da CLT a decisão judicial transitada em julgado somente poderá ser levada a protesto, gerar inscrição do nome do executado em órgãos de proteção ao crédito ou no Banco Nacional de Devedores Trabalhistas (BNDT), nos termos da lei, depois de transcorrido o prazo de 45 dias a contar da citação do executado, se não houver garantia do juízo. **B:** incorreta, pois nos termos do Art. 884, § 6º, da CLT a exigência da garantia ou penhora não se aplica às entidades filantrópicas e/ou àqueles que compõem ou compuseram a diretoria dessas instituições. **C:** incorreta, pois nos termos do Art. 878 da CLT a execução será promovida pelas partes, permitida a execução de ofício pelo juiz ou pelo Presidente do Tribunal apenas nos casos em que as partes não estiverem representadas por advogado. **D:** incorreta, pois nos termos do Art. 879, § 2º, da CLT elaborada a conta e tornada líquida, o juízo DEVERÁ abrir às partes prazo comum de 8 dias para impugnação fundamentada com a indicação dos itens e valores objeto da discordância, sob pena de preclusão. **E:** correta, pois reflete a disposição do Art. 882 da CLT.
Gabarito "E."

(Procurador do Estado/SP – 2018 – VUNESP) Assinale a alternativa correta a respeito da execução perante a Justiça do Trabalho.

(A) A inscrição do nome do executado no Banco Nacional de Devedores Trabalhistas (BNDT) poderá ocorrer imediatamente após o trânsito em julgado da decisão condenatória de pagamento de quantia certa.

(B) A execução será promovida pelas partes, permitida a execução de ofício pelo juiz ou pelo Presidente do Tribunal apenas nos casos em que as partes não estiverem representadas por advogado.

(C) De acordo com a Consolidação das Leis do Trabalho, cabe recurso ordinário da decisão proferida em embargos à execução.

(D) Compete à Justiça Federal executar, de ofício, as contribuições sociais previstas na alínea "a" do inciso I e no inciso II do *caput* do art. 195 da Constituição da República, e seus acréscimos legais, relativas ao objeto da condenação constante das sentenças proferidas pela Justiça do Trabalho e dos acordos por esta homologados.

(E) O Tribunal Superior do Trabalho entende que constitui indevido fracionamento do valor da execução (art. 100, § 8º, da Constituição da República) o pagamento individualizado do crédito devido pela Fazenda Pública, no caso de ação coletiva em que sindicato atua como substituto processual na defesa de direitos individuais homogêneos dos trabalhadores substituídos.

A: opção incorreta, pois nos termos do art. 883-A da CLT somente depois de transcorrido o prazo de 45 dias a contar da citação do executado, se não houver garantia do juízo, poderá haver a inscrição do nome do executado no Banco Nacional de Devedores Trabalhistas. **B:** opção correta, pois reflete a disposição contida no art. 878 da CLT. **C:** opção incorreta, pois nos termos do art. 897, *a*, da CLT, o recurso cabível na fase de execução é o agravo de petição. **D:** opção incorreta, pois a competência é da Justiça do Trabalho, art. 114, VIII, da CF. **E:** opção incorreta, pois o TST entende que, para se determinar a execução por precatório ou requisição de pequeno valor, deve-se aferir o crédito de cada reclamante, nos casos de reclamação plúrima. E, por isso, propôs que o mesmo entendimento deveria ser aplicado para o caso de substituição processual. Veja decisão: PROCESSO TST-E-ED-ED-RR-9091200-66.1991.5.04.0016. HC
Gabarito "B".

7. RECURSOS

(Procurador Federal – AGU – 2023 – CEBRASPE) Com relação à ação rescisória proposta na justiça do trabalho, assinale a opção correta.

(A) Não caberá sustentação oral em agravo interno interposto contra decisão monocrática do relator que julgar o mérito de uma ação rescisória.

(B) O termo final para ajuizamento da ação rescisória que recair em dia não útil prorroga-se para o primeiro dia útil subsequente.

(C) É dispensável a expressa indicação da norma jurídica manifestamente violada quando esta constituir a causa de pedir da ação rescisória, por ser aplicável o princípio *iura novit curia*.

(D) A prova nova em que se fundamenta a pretensão de uma ação rescisória pode ser produzida no seu procedimento instrutório.

(E) A propositura de uma ação rescisória por pessoa natural sem direito aos benefícios da gratuidade de justiça deve ser acompanhada do depósito de 5% sobre o valor da causa.

A: incorreta, pois nos termos do art. 7º, § 2º-B, inciso VI, da Lei 8.906/94, poderá haver sustentação oral. **B:** correta, pois reflete o disposto na Súmula 100, IX, do TST. **C:** incorreta, pois nos termos da parte final da Súmula 408 do TST, é indispensável expressa indicação, na petição inicial da ação rescisória, da norma jurídica manifestamente violada (dispositivo legal violado sob o CPC de 1973), por se tratar de causa de pedir da rescisória, não se aplicando, no caso, o princípio ""*iura novit curiacúria*"". **D:** incorreta, pois nos termos da Súmula 402, I, TST, para efeito de ação rescisória, considera-se prova nova a cronologicamente velha, já existente ao tempo do trânsito em julgado da decisão rescindenda, mas ignorada pelo interessado ou de impossível utilização, à época, no processo. **E:** incorreta, pois nos termos do art. 836 da CLT, o depósito prévio será de 20% do valor da causa.
Gabarito "B".

(Procurador Fazenda Nacional – AGU – 2023 – CEBRASPE) Em relação ao recurso de revista no processo do trabalho, assinale a opção correta.

(A) Caberá recurso de revista contra decisão proferida por tribunal regional do trabalho em execução de sentença, inclusive em processo incidente de embargos de devedor.

(B) A parte recorrente, sob pena de não conhecimento do recurso, tem o ônus de expor as razões do pedido de reforma, impugnando todos os fundamentos jurídicos da decisão recorrida, inclusive mediante demonstração analítica de cada dispositivo legal cuja contrariedade aponte.

(C) O recurso de revista terá efeito suspensivo e devolutivo, devendo ser interposto perante o presidente do tribunal regional do trabalho, que, por decisão fundamentada, poderá recebê-lo ou denegá-lo, submetendo a negativa do recurso a referendo do colegiado do tribunal.

(D) O desrespeito da instância recorrida à jurisprudência fixada em súmula ou orientação jurisprudencial do TST, ou em decisão com repercussão geral pautada para julgamento no STF, caracteriza indicador de transcendência política a ensejar a admissibilidade do recurso de revista.

(E) Nas causas sujeitas ao procedimento sumaríssimo, somente será admitido recurso de revista por contrariedade a súmula de jurisprudência uniforme do TST ou suas seções ou a súmula comum do STF.

A: incorreta, pois nos termos do art. 896, § 2º, da CLT, das decisões proferidas pelos Tribunais Regionais do Trabalho ou por suas Turmas, em execução de sentença, inclusive em processo incidente de embargos de terceiro, não caberá Recurso de Revista, salvo na hipótese de ofensa direta e literal de norma da Constituição Federal. **B:** correta, pois reflete a disposição do ar. 896, § 1º-A, III, da CLT. **C:** incorreta, pois nos termos do art. 896, § 1º, da CLT o recurso de revista, dotado de efeito apenas devolutivo, será interposto perante o Presidente do Tribunal Regional do Trabalho, que, por decisão fundamentada, poderá recebê-lo ou denegá-lo. **D:** incorreta, pois nos termos do art. 896-A, § 1º, II, da CLT é indicador de transcendência política, o desrespeito da instância recorrida à jurisprudência sumulada do Tribunal Superior do Trabalho ou do Supremo Tribunal Federal. **E:** incorreta, pois nos termos do art. 896, § 9º, da CLT, nas causas sujeitas ao procedimento sumaríssimo, somente será admitido recurso de revista por contrariedade a súmula de jurisprudência uniforme do Tribunal Superior do Trabalho ou a súmula vinculante do Supremo Tribunal Federal e por violação direta da Constituição Federal.

Gabarito "B".

(Procurador Federal – AGU – 2023 – CEBRASPE) Considerando o entendimento do TST e da Justiça do Trabalho, assinale a opção correta a respeito dos recursos e seus pressupostos no processo do trabalho.

(A) Cabe a interposição de embargos para a Subseção I da Seção Especializada em Dissídios Individuais do Tribunal Superior do Trabalho contra decisão de turma proferida em agravo de instrumento em recurso de revista.

(B) O agravo interno interposto por advogado cujo substabelecimento tenha sido outorgado por pessoa que não possuía poderes para tanto será tido como inexistente.

(C) A ausência de recolhimento das custas processuais quando da interposição do recurso ordinário em mandado de segurança não autoriza a abertura de prazo para regularização do preparo.

(D) Constitui erro grosseiro a oposição de embargos de declaração para suprir omissão quanto a um tema no juízo de admissibilidade do recurso de revista exercido pela presidência de tribunal regional do trabalho.

(E) É irrecorrível a decisão monocrática que considera ausente a transcendência da matéria em agravo de instrumento em recurso de revista.

A: incorreta, pois nos termos da Súmula 353, f, do TST, não cabem embargos para a Seção de Dissídios Individuais de decisão de Turma proferida em agravo contra decisão de Turma proferida em agravo em recurso de revista, nos termos do art. 894, II, da CLT. **B:** incorreta, pois o recurso não poderá ser declarado inexistente de plano. Isso porque, nos termos da Súmula 383, II, do TST, verificada a irregularidade de representação da parte em fase recursal, em procuração ou substabelecimento já constante dos autos, o relator ou o órgão competente para julgamento do recurso designará prazo de 5 (cinco) dias para que seja sanado o vício. Descumprida a determinação, o relator não conhecerá do recurso, se a providência couber ao recorrente, ou determinará o desentranhamento das contrarrazões, se a providência couber ao recorrido. **C:** correta, pois de acordo com a OJ 148 SDI 2 do TST é responsabilidade da parte, para interpor recurso ordinário em mandado de segurança, a comprovação do recolhimento das custas processuais no prazo recursal, sob pena de deserção. Ademais, o recolhimento das custas processuais constitui pressuposto extrínseco recursal e sua comprovação deve ocorrer dentro do prazo recursal, nos termos do art. 789, § 1º, da CLT. **D:** incorreta, pois não se constitui erro grosseiro, na medida em que o art. 1º, § 1º IN-40 TST ensina que se houver omissão no juízo de admissibilidade do recurso de revista quanto a um ou mais temas, é ônus da parte interpor embargos de declaração para órgão prolator da decisão embargada supri-la (CPC, art. 1.024, § 2º), sob pena de preclusão. **E:** incorreta, pois o art. 896-A, § 5º, da CLT que ensinava ser irrecorrível a decisão monocrática do relator que, em agravo de instrumento em recurso de revista, considerar ausente a transcendência da matéria, foi considerado inconstitucional pelo Tribunal Pleno do TST no julgamento da Arguição de Inconstitucionalidade — ArgInc-1000845-52.2016.5.02.0461.

Gabarito "C".

(Procurador – PGE/SP – 2024 – VUNESP) Acerca do regramento legal e jurisprudencial dos recursos na Justiça do Trabalho, é correto afirmar:

(A) compete à parte zelar pela completude do despacho denegatório de recurso de revista, devendo opor embargos de declaração para sanar eventual omissão em seu conteúdo, sob pena de preclusão da discussão da matéria não apreciada.

(B) verificada a nulidade da sentença por ausência de produção de prova pericial, é possível ao Tribunal julgar o mérito do recurso ordinário pela aplicação da teoria da causa madura.

(C) a decisão monocrática do relator que reconhece a ausência de transcendência do agravo de instrumento em recurso de revista não é passível de recurso.

(D) o agravo de petição exige, para fins de conhecimento, a delimitação dos valores impugnados, mesmo quando a discussão do mérito do recurso for eminentemente jurídica.

(E) a decisão que concede a segurança em writ impetrado junto ao Tribunal Regional do Trabalho somente é passível de reforma por meio da interposição de recurso de revista.

A: correta, pois nos termos do art. 1º, § 1º, da IN 40 TST se houver omissão no juízo de admissibilidade do recurso de revista quanto a um ou mais temas, é ônus da parte interpor embargos de declaração para o órgão prolator da decisão embargada supri-la (CPC, art. 1.024, § 2º), sob pena de preclusão. **B:** incorreta, pois tendo em vista que a prova pericial é obrigatória, art. 195 da CLT, a causa deve retornar à primeira instância para realização da prova pericial. **C:** incorreta, pois o art. 896-A, § 5º, da CLT que ensinava ser irrecorrível a decisão monocrática do relator que, em agravo de instrumento em recurso de revista, considerar ausente a transcendência da matéria, foi considerado inconstitucional pelo Tribunal Pleno do TST no julgamento da Arguição de Inconstitucionalidade - – ArgInc-1000845-52.2016.5.02.0461. Assim, o TST passou a entender que cabe recurso de agravo interno em face de tal decisão monocrática. **D**: incorreta, pois embora o art. 897, § 1º, da CLT exija, para fins de conhecimento do agravo de petição, a delimitação dos valores impugnados, quando a discussão do mérito do recurso for eminentemente jurídica, ou seja, quando a matéria for exclusivamente de direito, não há que se falar em delimitação de valores. Veja OJ-EX SE 13, DO TRT DA 9ª REGIÃO. **E**: incorreta, pois a decisão será impugnada via recurso ordinário, art. 895, II, da CLT.

Gabarito "A".

(Analista – TRT/18 – 2023 – FCC) O Tribunal Regional do Trabalho julgou improcedente um dissídio coletivo de greve, condenando o Sindicato autor a uma multa de R$ 100.000,00 por dia em caso de não restabelecimento das atividades consideradas essenciais. O autor pretende recorrer da decisão. Nessa hipótese, poderá interpor

(A) recurso ordinário ao Tribunal Superior do Trabalho no prazo de 8 dias.

(B) recurso de revista ao Tribunal Superior do Trabalho no prazo de 10 dias.

(C) agravo de petição ao Tribunal Superior do Trabalho no prazo de 8 dias.

(D) recurso ordinário ao Tribunal Superior do Trabalho no prazo de 10 dias.

(E) recurso de revista ao Tribunal Superior do Trabalho no prazo de 8 dias.

Por se tratar de uma ação de competência originária do TRT, nos termos do art. 895, II, da CLT será cabível recurso ordinário. **HC**

Gabarito "A".

(Procurador/PA – CESPE – 2022) Determinada empresa pública ingressou com ação rescisória, a fim de desconstituir decisão de mérito em dissídio individual transitada em julgado. O órgão colegiado competente do tribunal regional do trabalho julgou o processo sem resolução de mérito, sob o argumento de que a inicial não havia sido instruída com os documentos necessários ao exercício do juízo rescisório. Inconformada, a empresa pública interpôs recurso ao Tribunal Superior do Trabalho.

Considerando essa situação hipotética, assinale a opção correta.

(A) O recurso cabível na espécie é o recurso de revista.

(B) No julgamento do recurso interposto pela empresa pública, caso seja constatado que não lhe foi possibilitada a retificação do vício em momento oportuno, deverão ser anulados de ofício os atos processuais perpetrados após o ajuizamento da ação rescisória.

(C) Caso o documento não juntado à inicial fosse a prova do trânsito em julgado da decisão rescindenda, o correto seria o indeferimento liminar da inicial, sendo, nessa hipótese, desnecessário abrir prazo para que a parte autora suprisse o vício.

(D) Por se tratar de dissídio individual, a competência originária para processamento e julgamento da ação rescisória é de uma das varas do trabalho vinculada ao tribunal em que foi proferida a decisão transitada em julgado.

(E) Por integrar a administração pública indireta, a empresa pública está dispensada do depósito prévio de 20% do valor da causa a que se refere o caput do art. 836 da Consolidação das Leis do Trabalho.

A: incorreto, pois o recurso cabível é o recurso ordinário, com fulcro no art. 895, II, CLT. Veja, também, súmula 158 TST. B: correto, pois nos termos do art. 281 do CPC anulado o ato, consideram-se de nenhum efeito todos os subsequentes que dele dependam C: incorreto, pois nos termos da súmula 299, II, TST verificando o relator que a parte interessada não juntou à inicial o documento comprobatório, abrirá prazo de 15 (quinze) dias para que o faça (art. 321 do CPC de 2015), sob pena de indeferimento. D: incorreto, pois a competência funcional é do TRT, nos termos do art. 678, I, c, 2, da CLT. E: incorreta, pois nos termos do art. 968, § 1º, CPC não há dispensa para empresa pública.

Gabarito "B".

(Procurador/PA – CESPE – 2022) No que se refere aos recursos no processo do trabalho, julgue os itens que se seguem.

I. Conforme o princípio da concentração, a decisão que acolhe exceção de incompetência territorial é irrecorrível, podendo, no entanto, ser questionada por mandado de segurança dirigido ao tribunal regional do trabalho a que se vincula o juízo excepcionado.

II. Em conformidade com a Consolidação das Leis do Trabalho, contra a sentença de liquidação cabe agravo de petição.

III. Mesmo sem previsão na Consolidação das Leis do Trabalho, a interposição de recurso de revista adesivo é compatível com o processo do trabalho, segundo jurisprudência do Tribunal Superior do Trabalho, sendo desnecessário que a matéria nele vinculada esteja relacionada com a do recurso interposto pela parte contrária.

IV. Os embargos de divergência podem ser manejados no rito sumaríssimo, caso decisão de turma do Tribunal Superior do Trabalho contrarie súmula vinculante do Supremo Tribunal Federal.

Estão certos apenas os itens

(A) I e II.
(B) II e III.
(C) III e IV.
(D) I, II e IV.
(E) I, III e IV.

I: errado, pois nos termos da súmula 214, c, TST a decisão comporta interposição de recurso ordinário, desde que a remessa seja para TRT distinto ao juízo excepcionado. II: errado, pois a sentença de liquidação por possuir natureza jurídica de decisão interlocutória, não desafia a interposição de agravo de petição. III: correto, pois nos termos da súmula 283 do TST o recurso adesivo é compatível com o processo do trabalho e cabe, no prazo de 8 (oito) dias, nas hipóteses de interposição de recurso ordinário, de agravo de petição, de revista e de embargos, sendo desnecessário que a matéria nele veiculada esteja relacionada com a do recurso interposto pela parte contrária. IV: correta, pois reflete o entendimento disposto na súmula 458 do TST e art. 894, II, CLT.

Gabarito "C".

(Procurador Município – Santos/SP – VUNESP – 2021) Nos termos da CLT, da decisão interlocutória que acolher ou rejeitar o incidente de desconsideração da personalidade jurídica

(A) na fase de cognição, não cabe recurso de imediato.

(B) na fase de execução, não cabe recurso de imediato.

(C) cabe agravo de petição se proferida pelo relator em incidente instaurado originariamente no tribunal.

(D) na fase de cognição, cabe agravo de petição, independentemente de garantia do juízo.

(E) na fase de execução, cabe agravo de petição, se garantido o juízo.

A: correto, pois reflete a disposição legal do art. 855-A, § 1º, I, da CLT. B: incorreto, pois nos termos do art. 855-A, § 1º, II, da CLT na fase de execução, cabe agravo de petição, independentemente de garantia do juízo. C: incorreto, pois nos termos do art. 855-A, § 1º, III, da CLT caberá agravo interno se proferida pelo relator em incidente instaurado originariamente no tribunal. D: incorreto, pois na fase de cognição não caberá recurso, art. 855-A, § 1º, I, da CLT. E: incorreto, pois nos termos do art. 855-A, § 1º, II, da CLT na fase de execução, independentemente de garantia do juízo, caberá agravo de petição.
Gabarito "A".

(Procurador Município – Santos/SP – VUNESP – 2021) Assinale a alternativa que trata corretamente do sistema recursal trabalhista nos termos da CLT.

(A) No Tribunal Superior do Trabalho, o Ministro Relator denegará seguimento aos embargos se a decisão recorrida estiver em discordância com súmula da jurisprudência do Tribunal Superior do Trabalho ou do Supremo Tribunal Federal.

(B) No Tribunal Superior do Trabalho cabem embargos de decisão unânime de julgamento que conciliar, julgar ou homologar conciliação em dissídios coletivos que excedam a competência territorial dos Tribunais Regionais do Trabalho e estender ou rever as sentenças normativas do Tribunal Superior do Trabalho.

(C) Cabe Recurso de Revista para Turma do Tribunal Superior do Trabalho das decisões proferidas em grau de recurso ordinário, em dissídio individual, pelos Tribunais Regionais do Trabalho, quando proferidas com violação literal de disposição de lei federal ou afronta direta e literal à Constituição Federal.

(D) Das decisões proferidas pelos Tribunais Regionais do Trabalho ou por suas Turmas, em execução de sentença, exceto em processo incidente de embargos de terceiro, não caberá Recurso de Revista, salvo na hipótese de ofensa direta e literal de norma da Constituição Federal.

(E) A decisão firmada em recurso repetitivo será aplicada aos casos em que se demonstrar que a situação de fato ou de direito é distinta das presentes no processo julgado sob o rito dos recursos repetitivos.

A: incorreto, pois denegará seguimento se a decisão estiver em consonância e não discordância, art. 894, § 3º, CLT. B: incorreto, pois caberá recurso de decisão não unânime, art. 894, I, CLT. C: correto, pois reflete a disposição do art. 896, c, da CLT. D: incorreto, pois nos termos do art. 896, § 2º, da CLT, inclusive no incidente de embargos de terceiro caberá recurso de revista. E: incorreto, pois nos termos do art. 896-C, § 16, da CLT a decisão firmada em recurso repetitivo não será aplicada aos casos em que se demonstrar que a situação de fato ou de direito é distinta das presentes no processo julgado sob o rito dos recursos repetitivos.
Gabarito "C".

(Procurador do Estado/SP – 2018 – VUNESP) É correto afirmar a respeito do recurso de revista:

(A) nas execuções fiscais, não cabe recurso de revista por violação a lei federal.

(B) de acordo com a jurisprudência do Tribunal Superior do Trabalho, é cabível recurso de revista de ente público que não interpôs recurso ordinário voluntário da decisão de primeira instância, independentemente do agravamento, na segunda instância, da condenação imposta.

(C) é cabível recurso de revista interposto de acórdão regional prolatado em agravo de instrumento.

(D) o juízo de admissibilidade do recurso de revista exercido pela Presidência dos Tribunais Regionais do Trabalho abrange a análise do critério da transcendência das questões nele veiculadas.

(E) a admissibilidade do recurso de revista interposto de acórdão proferido em agravo de petição, na liquidação de sentença ou em processo incidente na execução, inclusive os embargos de terceiro, depende de demonstração inequívoca de violência direta à Constituição Federal.

A: opção incorreta, pois nos termos do art. 896, § 10, da CLT admite-se a interposição de recurso. B: opção incorreta, pois nos termos da OJ 334 da SDI 1 do TST, é "incabível recurso de revista de ente público que não interpôs recurso ordinário voluntário da decisão de primeira instância, ressalvada a hipótese de ter sido agravada, na segunda instância, a condenação imposta". C: opção incorreta, pois nos termos da súmula 218 do TST, é "incabível recurso de revista interposto de acórdão regional prolatado em agravo de instrumento". D: opção incorreta, pois nos termos do art. 896-A, § 6º, da CLT, "o juízo de admissibilidade do recurso de revista exercido pela Presidência dos Tribunais Regionais do Trabalho limita-se à análise dos pressupostos intrínsecos e extrínsecos do apelo, não abrangendo o critério da transcendência das questões nele veiculadas". E: opção correta, pois nos termos da súmula 266 do TST, a "admissibilidade do recurso de revista interposto de acórdão proferido em agravo de petição, na liquidação de sentença ou em processo incidente na execução, inclusive os embargos de terceiro, depende de demonstração inequívoca de violência direta à Constituição Federal".
Gabarito "E".

8. CUSTAS, EMOLUMENTOS E HONORÁRIOS

(Analista – TRT/18 – 2023 – FCC) Arquimedes, tendo contratado advogado particular, teve julgada procedente a sua ação trabalhista proposta em face da sua empregadora, a empresa de segurança Águia de Ouro, tendo a Fazenda Pública do Estado de Goiás como litisconsorte, por ser a tomadora de serviços. O juízo condenou a empresa prestadora e, de forma subsidiária, a Fazenda Pública ao pagamento, além das verbas devidas decorrentes do contrato de trabalho, também de honorários sucumbenciais no importe de 20% do valor que resultar da liquidação de sentença. Analisando a hipótese em tela, à luz do que prevê a Consolidação das Leis do Trabalho, a sentença está

(A) incorreta, na medida em que extrapola o limite máximo de 10%, nas hipóteses em que esteja presente a Fazenda Pública no polo passivo.

(B) incorreta, eis que no processo do trabalho não são devidos honorários sucumbenciais, ressalvada a situação de assistência judiciária pelo sindicato.

(C) incorreta, eis que o limite máximo de condenação em honorários sucumbenciais é de 15% do que resultar da liquidação de sentença.

(D) correta quanto ao limite máximo de 20% de honorários sucumbenciais, mas deve ser reformada a sentença quanto à Fazenda Pública, que não pode suportar tal condenação.

(E) correta, tanto em relação ao percentual, quanto em relação à Fazenda Pública, que também pode ser condenada em honorários sucumbenciais.

A sentença está incorreta, pois nos termos do art. 791-A da CLT ao advogado, ainda que atue em causa própria, serão devidos honorários de sucumbência, fixados entre o mínimo de 5% (cinco por cento) e o máximo de 15% (quinze por cento) sobre o valor que resultar da liquidação da sentença, do proveito econômico obtido ou, não sendo possível mensurá-lo, sobre o valor atualizado da causa. Importante frisar que nos termos do § 1º do art. 791-A da CLT Os honorários são devidos também nas ações contra a Fazenda Pública e nas ações em que a parte estiver assistida ou substituída pelo sindicato de sua categoria. HC
Gabarito "C".

9. DEMANDAS COLETIVAS (DISSÍDIO COLETIVO, AÇÃO CIVIL PÚBLICA, AÇÃO DE CUMPRIMENTO)

(Analista – TRT/18 – 2023 – FCC) Considere as assertivas abaixo a respeito da Ação Civil Pública:

I. A ação civil pública será distribuída no foro do local onde ocorrer o dano, cujo juízo terá competência funcional para processar e julgar a causa.
II. O Ministério Público, se não intervier no processo como parte, não atuará como fiscal da lei.
III. O único requisito para uma associação ser legitimada para propor ação civil pública é estar constituída há pelo menos 1 ano.
IV. Para instruir a inicial, o interessado poderá requerer às autoridades competentes as certidões e informações que julgar necessárias, a serem fornecidas no prazo de 15 dias.
V. A ação civil pública poderá ter por objeto a condenação em dinheiro ou o cumprimento de obrigação de fazer ou não fazer.

Com base na legislação federal que rege a matéria, está correto o que se afirma APENAS em

(A) II, III e V.
(B) I, IV e V.
(C) I, II e IV.
(D) II, III e IV.
(E) I, III e V.

I: correta, pois reflete a disposição do art. 2º da Lei 7.347/85; II: incorreta, pois nos termos do art. 5º, § 1º, da Lei 7.347/85 o Ministério Público, se não intervier no processo como parte, atuará obrigatoriamente como fiscal da lei. III: incorreta, pois nos termos do art. 5º, V, da Lei 7.347/85 a associação terá legitimidade desde que, concomitantemente: a) esteja constituída há pelo menos 1 (um) ano nos termos da lei civil e b) inclua, entre suas finalidades institucionais, a proteção ao patrimônio público e social, ao meio ambiente, ao consumidor, à ordem econômica, à livre concorrência, aos direitos de grupos raciais, étnicos ou religiosos ou ao patrimônio artístico, estético, histórico, turístico e paisagístico. **IV: correta**, pois reflete a disposição do art. 8º, da Lei 7.347/85; **V:** correta, pois reflete a disposição do art. 3º da Lei 7.347/85. HC
Gabarito "B".

10. QUESTÕES COMBINADAS

(Procurador/DF – CESPE – 2022) Com relação aos procedimentos nos dissídios individuais, julgue os itens que se seguem.

(1) De acordo com o entendimento do TST, o jus postulandi abrange a atuação nas varas do trabalho e nos TRT, inclusive no que se refere a mandados de segurança.
(2) Ao advogado, ainda que ele atue em causa própria, serão devidos honorários sucumbenciais, inclusive nas ações contra a fazenda pública.
(3) O direito de ação quanto aos créditos resultantes das relações de trabalho prescreve em cinco anos, até o limite de dois anos após a extinção do contrato de trabalho, para todos os trabalhadores, à exceção dos rurais.

1: errado, pois nos termos da súmula 425 do TST o jus postulandi da parte previsto no art. 791 da CLT não alcança o Mandado de Segurança. 2: correto, pois reflete o entendimento disposto no art. 791-A, caput, e seu § 1º, da CLT. 3: errado, pois nos termos do art. 7º, XXIX, CF e art. 11 da CLT o prazo prescricional se aplica a todos os trabalhadores, inclusive os rurais.
Gabarito 1E, 2C, 3E.

(Procurador/DF – CESPE – 2022) Julgue os itens a seguir, acerca do processo do trabalho.

(1) No processo do trabalho, a prescrição intercorrente ocorrerá no prazo de dois anos.
(2) Nas causas sujeitas ao procedimento sumaríssimo, somente será admitido recurso de revista por violação à CLT ou contrariedade a súmula de jurisprudência uniforme do TST.
(3) Conforme o entendimento do TST acerca da ação rescisória no processo do trabalho, o silêncio da parte vencedora a respeito de fatos a ela contrários não constitui dolo processual capaz de subsidiar ação rescisória

1: correto, pois nos termos do art. 11-A da CLT o prazo da prescrição intercorrente é de 2 anos, que se inicia quando o exequente deixa de cumprir determinação judicial no curso da execução, art. 11-A, § 1º, CLT. 2: errado, pois nos termos do art. 896, § 9º, da CLT nas causas sujeitas ao procedimento sumaríssimo, somente será admitido recurso de revista por contrariedade a súmula de jurisprudência uniforme do Tribunal Superior do Trabalho ou a súmula vinculante do Supremo Tribunal Federal e por violação direta da CF. 3: correto, pois nos termos da súmula 403, I, do TST não caracteriza dolo processual, previsto no art. 966, III, do CPC, o simples fato de a parte vencedora haver silenciado a respeito de fatos contrários a ela, porque o procedimento, por si só, não constitui ardil do qual resulte cerceamento de defesa e, em consequência, desvie o juiz de uma sentença não-condizente com a verdade.
Gabarito: 1C, 2E, 3C.

(Procurador/DF – CESPE – 2022) À luz da sistemática processual trabalhista, julgue os próximos itens.

(1) Na justiça do trabalho, a fazenda pública poderá ser condenada ao pagamento de honorários de sucumbência nas ações em que a parte estiver assistida ou substituída por sindicato de sua categoria.
(2) Se o reclamante beneficiário da justiça gratuita não comparecer à audiência, a reclamação deverá ser arquivada e este será condenado ao pagamento das custas, independentemente do motivo que o tiver levado a se ausentar.
(3) A jurisprudência trabalhista é pacífica ao afirmar que a prova pré-constituída nos autos pode ser levada em conta para confronto com a confissão ficta, entendimento esse que está em harmonia com o CPC.

(4) Ao interpor recurso de revista no TST, com preliminar de nulidade de julgado por negativa de prestação jurisdicional, o procurador deverá transcrever em sua peça recursal o trecho dos embargos declaratórios em que pediu o pronunciamento do tribunal sobre a questão suscitada no recurso ordinário e o trecho da decisão regional que rejeitou os embargos quanto ao pedido, sob pena de não conhecimento do recurso.

(5) O depósito recursal será feito na conta vinculada do empregado e corrigido pelo índice da poupança, salvo para os beneficiários da justiça gratuita, que são isentos dessa obrigação.

1: correto, pois reflete a disposição do art. 791-A, § 1º, CLT. 2: incorreto, pois não pagará se comprovar, no prazo de quinze dias, que a ausência ocorreu por motivo legalmente justificável, art. 844, § 2º, CLT. 3: correto, pois reflete a disposição da súmula 74, II, TST. 4: correto, pois reflete a disposição do art. 896, § 1º-A, IV, da CLT. 5: incorreto, pois com o julgamento do STF na ADI 6021, o depósito recursal será atualizado mediante incidência da taxa SELIC (art. 406 do Código Civil)

Gabarito 1C, 2E, 3C, 4C, 5E

(Procurador Município – Santos/SP – VUNESP – 2021) As reclamações trabalhistas poderão ser

(A) apresentadas somente pelos empregados ou por seus representantes.

(B) apresentadas somente pelos empregados, seus representantes, e pelos sindicatos de classe.

(C) exclusivamente na forma escrita.

(D) acumuladas em um só processo, se houver várias, independentemente de identidade de matérias, desde que se trate de empregados da mesma empresa ou estabelecimento.

(E) acumuladas em um só processo, se houver várias com identidade de matérias e se tratar de empregados da mesma empresa ou estabelecimento.

A: incorreto, pois nos termos do art. 839, alíneas a e b, CLT a reclamação trabalhista também poderá ser proposta pelos empregadores, pelos sindicatos de classe e por intermédio das Procuradorias Regionais da Justiça do Trabalho. B: incorreto, pois nos termos do art. 839, alíneas a e b, CLT a reclamação trabalhista também poderá ser proposta pelos empregadores e por intermédio das Procuradorias Regionais da Justiça do Trabalho. C: incorreto, pois a reclamação poderá ser escrita ou verbal, art. 840 da CLT. D: incorreto, pois nos termos do art. 842 da CLT deverá haver identidade de matérias. E: correto, pois nos termos do art. 842 da CLT sendo várias as reclamações e havendo identidade de matéria, poderão ser acumuladas num só processo, se se tratar de empregados da mesma empresa ou estabelecimento.

Gabarito "E".

Pedro ajuizou uma reclamação trabalhista em desfavor da empresa Alfa Ltda. Citada, a empresa reclamada fez-se representar por um ex-empregado que tinha conhecimento do fato, devidamente acompanhado por um advogado, que apresentou defesa e documentos; no entanto, por entender que a empresa reclamada não poderia ser representada por um ex-empregado, o juízo declarou a sua revelia e, assim, não recebeu a contestação e os documentos, tendo havido o registro de protesto pela reclamada. Sobreveio aos autos sentença que julgou procedentes os pedidos iniciais e, irresignada, a empresa reclamada interpôs recurso ordinário quinze dias úteis após a publicação da referida decisão.

(Procurador do Município – Boa Vista/RR – 2019 – CESPE/CEBRASPE) Considerando essa situação hipotética, julgue os itens que se seguem à luz da legislação aplicável.

(1) O juízo agiu corretamente ao decretar a revelia da parte reclamada, uma vez que o preposto deveria ser um empregado atual da empresa.

(2) Independentemente da revelia, a decisão do juízo de não receber a defesa e os documentos foi ilegal.

(3) O recurso ordinário interposto não deverá ser conhecido por ser inaplicável à espécie, visto que, em desfavor de decisões definitivas prolatadas pela primeira instância, deve ser interposto recurso de revista.

(4) A empresa reclamada observou o prazo legal para a interposição do recurso ordinário, razão pela qual o ato processual deverá ser considerado tempestivo.

1: Incorreto, pois nos termos do art. 843, § 3º, da CLT o preposto não precisa ser empregado da reclamada, basta ter conhecimento dos fatos, art. 843, § 1º, da CLT. 2: Correto, pois nos termos do § 5º do art. 844 da CLT ainda que ausente o reclamado, presente o advogado na audiência, serão aceitos a contestação e os documentos eventualmente apresentados. 3: Incorreto, pois nos termos do art. 896 da CLT cabe Recurso de Revista para Turma do Tribunal Superior do Trabalho das decisões proferidas em grau de recurso ordinário, em dissídio individual, pelos Tribunais Regionais do Trabalho. Embora o recurso ordinário seja o adequado para impugnar a decisão de 1º grau, art. 895, I, da CLT no caso em análise ele não será conhecido. 4: Incorreto, pois o prazo para interpor recurso ordinário é de 8 dias, art. 895, I, da CLT.

Gabarito 1E, 2C, 3E, 4E.

(Procurador do Estado/SP – 2018 – VUNESP) A respeito do pagamento de despesas processuais e de honorários, no processo judicial trabalhista, é correto afirmar:

(A) não existe previsão legal para o pagamento de honorários ao advogado que atuar em causa própria.

(B) é vedado ao juiz deferir o parcelamento de honorários periciais.

(C) a responsabilidade pelo pagamento dos honorários periciais será sempre do empregador, independentemente de sucumbência na pretensão objeto da perícia.

(D) na hipótese de procedência parcial, o juízo arbitrará honorários de sucumbência recíproca, vedada a compensação entre os honorários.

(E) o benefício da justiça gratuita não pode ser concedido de ofício pela autoridade judicial.

A: opção incorreta, pois há previsão para pagamento de honorários advocatícios no art. 791-A da CLT. B: opção incorreta, pois nos termos do art. 790-B, § 2º, da CLT, o juízo poderá deferir parcelamento dos honorários periciais. C: opção incorreta, pois nos termos do art. 790-B da CLT, a responsabilidade pelo pagamento dos honorários periciais é da parte sucumbente na pretensão objeto da perícia. D: opção correta, pois reflete a disposição do art. 791-A, § 3º, da CLT. E: opção incorreta, pois nos termos do art. 790, § 3º, da CLT é facultado aos juízes, órgãos julgadores e presidentes dos tribunais do trabalho de qualquer instância conceder, a requerimento ou de ofício, o benefício da justiça gratuita, inclusive quanto a traslados e instrumentos, àqueles que perceberem salário igual ou inferior a 40% (quarenta por cento) do limite máximo dos benefícios do Regime Geral de Previdência Social. HC

Gabarito "D".

22. DIREITO TRIBUTÁRIO

Felipe Pelegrini Bertelli Passos, Luciana Batista Santos e Robinson Barreirinhas*

1. COMPETÊNCIA TRIBUTÁRIA

(Procurador – PGE/SP – 2024 – VUNESP) Sobre o tema da competência tributária atribuída aos entes federados e suas características, assinale a alternativa correta.

(A) Se não exercida por um longo período, a competência para a instituição do tributo caduca, tendo em vista o princípio da segurança jurídica e o brocardo jurídico segundo o qual o direito não socorre aos que dormem.

(B) A despeito da competência para instituição do tributo ser facultativa, no sentido de que o ente político, em geral, não está obrigado a exercer a competência que lhe foi franqueada constitucionalmente, deixar de exercer essa competência não enseja a perda do poder de instituir o tributo.

(C) A privatividade ou exclusividade não se aplica aos tributos vinculados a uma atuação estatal, seja direta ou indiretamente, de modo que taxas e contribuições de melhoria podem ser instituídas por ente diverso daquele que, respectivamente, prestou o serviço ou realizou a obra pública.

(D) Embora o seu não exercício, ainda que por longo tempo, não implique a perda do poder de instituir o tributo, o ente competente pode renunciá-la, desde que o faça por meio de lei.

(E) Em razão da parafiscalidade, a competência para instituição do tributo pode ser delegada a outra pessoa jurídica que esteja devotada ao interesse público.

A: incorreta, pois a competência tributária não tem prazo para ser realizada, pois trata-se de competência legislativa (poder de legislar sobre tributos) que pode ser exercida a qualquer tempo, salvo se a própria Constituição Federal estabelecer limite temporal para a sua realização; **B:** correta, pois a competência tributária é incaducável, nos termos dos comentários ao item anterior; **C:** incorreta, pois taxas e contribuições de melhoria têm fato gerador vinculado à atividade estatal (art. 145, II e III, da CF/88). Assim, a competência para sua instituição pertence àquele ente que, administrativamente, tem a atribuição de prestar o serviço público, exercer o poder de polícia ou realizar a obra pública; **D:** incorreta, pois a competência tributária tem por característica ser irrenunciável, ou seja, o ente (União, Estados, DF ou Municípios) não podem, por lei própria, renunciar ao poder de legislar sobre tributos a eles conferido pela Constituição Federal; **E:** incorreta, pois a competência tributária (poder de legislar) é indelegável, não se confundindo com a possibilidade de delegação da capacidade ativa (atribuição das funções de arrecadar ou fiscalizar tributos, ou de executar leis, serviços, atos ou decisões administrativas em matéria tributária), nos termos do art. 7º, caput, do CTN. **LS**

Gabarito "B".

(Procurador - PGE/GO – 2024 – FCC) No que concerne à competência tributária dos Estados, a principal alteração da Reforma Tributária veiculada pela EC nº 132/2023 é a extinção do ICMS e a criação do Imposto sobre Bens e Serviços – IBS, de competência compartilhada entre Estados, Distrito Federal e Municípios. Nos termos da Constituição (e do Ato das Disposições Constitucionais Transitórias), com a redação dada pela EC nº 132/2023,

(A) o IBS não incidirá sobre a importação e a exportação de bens materiais ou imateriais, inclusive direitos, ou de serviços realizadas por pessoas físicas e jurídicas.

(B) uma vez que informado pelo princípio da neutralidade, o IBS terá legislação e alíquota únicas e uniformes em todo o território nacional.

(C) o IBS só passará a ser cobrado em 2033, ano em que o ICMS será definitivamente extinto.

(D) o IBS só passará a ser cobrado em 2027, à alíquota estadual de 0,05% e à alíquota municipal de 0,05%.

(E) os Estados, o Distrito Federal e os Municípios exercerão de forma integrada a competência administrativa de editar regulamento único para o IBS exclusivamente por meio do Comitê Gestor do imposto.

A Reforma Tributária, promulgada com a EC 132 em 20.12.2023, introduziu a primeira profunda alteração no sistema tributário nacional, após a Constituição Federal de 1988. O objetivo é promover a simplificação da cobrança de impostos sobre o consumo para incentivar o crescimento econômico, acabar com a guerra fiscal entre os entes federativos e dar mais transparência aos tributos pagos pelos consumidores

A principal alteração na competência tributária dos Estados, DF e Municípios será a substituição do ICMS e do ISSQN pelo Imposto sobre Bens e Serviços (IBS – art. 156-A, da CF/88). É prevista uma longa transição para que sejam implementadas tais inovações, que serão iniciadas em 2026 (com o início da incidência do IBS) e finalizadas somente em 2033 (com a extinção do ICMS e do ISSQN), nos termos dos artigos 125 e 127 a 129 do ADCT. Há ainda a previsão de instituição de uma Contribuição transitória sobre produtos primários e semielaborados, nos termos do art. 136 do ADCT. No âmbito federal, a Contribuição Sobre Bens e Serviços (*CBS – art. 195, V, da CF/88*), nos termos de lei complementar, irá, a partir de 2027, unificar e *substituir* os seguintes tributos da União sobre o consumo: PIS, COFINS e Contribuição do importador – art. 195, I, 'b' e IV, da CF/88, nos termos do art. 126, I, 'a' e II do ADCT. Será cobrado um Imposto Seletivo (art. 153, VIII, da CF/88), a partir de 2027, que incidirá sobre a produção, extração, comercialização ou importação de bens e serviços prejudiciais à saúde ou ao meio ambiente, nos termos de lei complementar (art. 126, I, 'b', do ADCT). Além disso, o IPI, a partir de 2027, terá suas alíquotas reduzidas a zero, exceto em relação aos produtos que tenham industrialização incentivada na Zona Franca de Manaus, conforme critérios estabelecidos em lei complementar (art. 126, III, do ADCT). Por fim, o IOF (imposto sobre operações de crédito, câmbio e seguro, ou relativas a títulos ou valores mobiliários) deixará de incidir nas operações de seguro a partir de 2027 (art. 3º c/c art. 23, I, da EC 132/2023). Os serviços financeiros não sujeitos ao IOF terão um regime específico de tributação, nos termos de lei complementar (art. 156-A, § 6º, II, da CF/88).

A: incorreta, pois de acordo com a CF/88 o IBS incidirá sobre a importação de bens materiais ou imateriais, inclusive direitos, ou de serviços realizada por pessoa física ou jurídica, ainda que não seja sujeito passivo habitual do imposto, qualquer que seja a sua finalidade (art. 156-A, § 1º, II) e não incidirá sobre as exportações (art. 156-A, §

---

* **FP** Felipe Pelegrini Bertelli Passos
  LS Luciana Batista Santos
  RB Robinson Barreirinhas

1º, III); **B:** incorreta, pois o IBS não terá alíquotas únicas e uniformes em todo o território nacional. A CF/88 prevê que cada ente federativo fixará sua alíquota própria por lei específica (art. 156-A, § 1º, V); **C:** incorreta, pois o IBS incidirá a partir de 2026 e será cobrado à alíquota estadual de 0,1% (um décimo por cento), conforme previsto no art. 125, *caput*, do ADCT; **D:** incorreta, pois o IBS será cobrado a partir de 2026, conforme comentário à alternativa C **E:** correta, de acordo com o art. 156-B, da CF que estabelece: *"Os Estados, o Distrito Federal e os Municípios exercerão de forma integrada, exclusivamente por meio do Comitê Gestor do Imposto sobre Bens e Serviços, nos termos e limites estabelecidos nesta Constituição e em lei complementar, as seguintes competências administrativas relativas ao imposto de que trata o art. 156-A: I – editar regulamento único e uniformizar a interpretação e a aplicação da legislação do imposto"*.

Gabarito "E".

(Procurador Fazenda Nacional – AGU – 2023 – CEBRASPE) Julgue os itens subsequentes, a respeito da competência tributária da União, com base no Código Tributário Nacional (CTN) e na jurisprudência do STF.

I. Apesar de a instituição do imposto sobre grandes fortunas competir à União, o não exercício da competência constitucional autoriza os estados, mediante convênio, a instituir o tributo a fim de concretizar os valores sociais da CF.
II. A concessão de incentivos, benefícios e isenções fiscais de impostos cuja arrecadação seja objeto de repartição constitucional depende de compensação aos entes menores.
III. A competência tributária é indelegável, salvo atribuição das funções de arrecadar ou fiscalizar tributos, ou de executar leis, serviços, atos ou decisões administrativas em matéria tributária, conferida por uma pessoa jurídica de direito público a outra.
IV. Em que pese a possibilidade de delegação da competência tributária, a delegação não compreende as garantias e os privilégios processuais que competem à pessoa jurídica de direito público que a conferir.

Assinale a opção correta.

(A) Apenas o item III está certo.
(B) Apenas o item IV está certo.
(C) Apenas os itens I e II estão certos.
(D) Apenas os itens I e III estão certos.
(E) Apenas os itens II e IV estão certos.

I: incorreta, pois o não exercício da competência tributária não a defere a pessoa jurídica de direito público diversa daquela a que a Constituição a tenha atribuído (art. 8º do CTN); **II:** incorreta, pois, segundo o CTN, os tributos cuja receita seja distribuída, no todo ou em parte, a outras pessoas jurídicas de direito público pertencerá à competência legislativa daquela a que tenham sido atribuídos (art. 6º, parágrafo único, do CTN); **III:** correta, pois a competência tributária (poder de legislar) é indelegável, não se confundindo com a possibilidade de atribuição da capacidade ativa (funções de arrecadar ou fiscalizar tributos, ou de executar leis, serviços, atos ou decisões administrativas em matéria tributária), nos termos do art. 7º, *caput*, do CTN; **IV:** incorreta, pois, segundo o CTN, a atribuição da capacidade ativa compreende as garantias e os privilégios processuais que competem à pessoa jurídica de direito público que a conferir (art. 7º, § 1º, do CTN).

Gabarito "A".

(Procurador – AGE/MG – 2022 – FGV) Servidor público do Estado de Santa Catarina ingressa com ação de repetição de indébito tributário, pedindo a restituição de valores que entende indevidamente retidos na fonte, referentes a Imposto sobre a Renda de Pessoa Física (IRPF). Diante desse cenário e à luz da jurisprudência dos Tribunais Superiores, é correto afirmar que:

(A) legitimados passivos nessa ação, em litisconsórcio passivo necessário, serão a União e o Estado de Santa Catarina;
(B) legitimados passivos nessa ação, em litisconsórcio passivo facultativo, poderão ser a União ou o Estado de Santa Catarina;
(C) legitimado passivo nessa ação será apenas a União;
(D) legitimado passivo nessa ação será apenas o Estado de Santa Catarina;
(E) legitimado passivo nessa ação será a União, que poderá denunciar a lide ao Estado de Santa Catarina.

O imposto sobre a renda e proventos de qualquer natureza pertence à competência tributária da União. Porém, a Constituição Federal reparte a receita do imposto sobre a renda com Estados, Distrito Federal e Municípios tendo por base o federalismo cooperativo entre os entes. Segundo a CF/88, pertencem aos Estados e ao Distrito Federal o produto da arrecadação do imposto da União sobre renda e proventos de qualquer natureza, incidente na fonte, sobre rendimentos pagos, a qualquer título, por eles, suas autarquias e pelas fundações que instituírem e mantiverem (art. 157, I, da CF/88). Por isso, segundo o STJ, os Estados e o Distrito Federal são partes legítimas na ação de restituição de imposto retido na fonte proposta por seus servidores (Súmula 447) porque possuem a capacidade ativa em relação ao citado imposto, ou seja, o poder de arrecadação. No mesmo sentido, o STF (Tema 364 da Repercussão Geral) "É dos Estados e Distrito Federal a titularidade do que arrecadado, considerado Imposto de Renda, incidente na fonte, sobre rendimentos pagos, a qualquer título, por si, autarquias e fundações que instituírem e mantiverem". Por fim, sendo as unidades federativas destinatárias do tributo retido, cumpre reconhecer-lhes a capacidade ativa para arrecadar o imposto. Por esse motivo, na linha de precedente da Corte, cabe à Justiça comum estadual julgar controvérsia envolvendo Imposto de Renda retido na fonte, na forma do art. 157, I, da CF, ante a ausência do interesse da União sobre ação de repetição de indébito relativa ao tributo (STF Tema 572 da Repercussão Geral). Por todo o exposto, correta a alternativa D e incorretas as demais. Completando o assunto, verificar também que, segundo o STF (Tema 1130) pertence ao Município, aos Estados e ao Distrito Federal a titularidade das receitas arrecadadas a título de imposto de renda retido na fonte incidente sobre valores pagos por eles, suas autarquias e fundações a pessoas físicas ou jurídicas contratadas para a prestação de bens ou serviços, conforme disposto nos arts. 158, I, e 157, I, da Constituição Federal. Finalizando, destaca-se tese fixada pelo STF sobre repetição do indébito (Tema 1262 da Repercussão Geral): Não se mostra admissível a restituição administrativa do indébito reconhecido na via judicial, sendo indispensável a observância do regime constitucional de precatórios, nos termos do art. 100 da Constituição Federal. Ainda sobre repetição do indébito e precatório, importante relembrar a Súmula 461 do STJ: o contribuinte pode optar por receber, por meio de precatório ou por compensação, o indébito tributário certificado por sentença declaratória transitada em julgado.

Gabarito "D".

(Advogado – Pref. São Roque/SP – 2020 – VUNESP) A respeito das contribuições em matéria tributária, é correto afirmar que

(A) os municípios não têm competência para a cobrança de tributos na forma de contribuições de qualquer natureza, que competem exclusivamente à União.
(B) as contribuições sociais incidirão também sobre a importação de produtos estrangeiros ou serviços.

(C) as contribuições de intervenção no domínio econômico não poderão ter alíquota específica, isto é, tendo por base a unidade de medida adotada para cobrança.

(D) as contribuições para custeio do regime próprio de previdência social não se submetem à chamada anterioridade nonagesimal.

(E) a instituição de contribuições se dá exclusivamente por meio de lei complementar do ente instituidor.

A: incorreta, pois os Municípios têm competência para instituir e cobrar as contribuições de melhoria (art. 145, III, da CF), as contribuições para custeio do regime previdenciário próprio de seus servidores titulares de cargo efetivo (art. 149, § 1º, da CF) e a contribuição prevista no art. 149-A da CF (custeio, a expansão e a melhoria do serviço de iluminação pública e de sistemas de monitoramento para segurança e preservação de logradouros públicos com a redação dada pela Reforma Tributária (EC 132/2023); **B**: correta – art. 149, § 2º, II, da CF; **C**: incorreta, pois isso é expressamente admitido pelo art. 149, § 2º, III, b, da CF; **D**: incorreta, pois sujeitam-se à anterioridade nonagesimal – art. 149 da CF c/c art. 195,§ 6º da CF. **E**: incorreta, já que não há exigência de lei complementar para a instituição das contribuições previstas no art. 149 da CF, com exceção de outras contribuições sociais destinadas ao custeio da seguridade social previstas no art. 195, § 4º, da CF. RB/LS

Gabarito "B".

(Juiz de Direito – TJ/AL – 2019 – FCC) A Constituição do Estado de Alagoas estabelece que os Municípios têm competência para instituir o imposto sobre vendas a varejo de combustíveis líquidos e gasosos, exceto sobre o óleo diesel, determina que esse imposto compete ao Município em que se completa sua venda a varejo e ainda estabelece que o referido imposto não exclui a incidência concomitante do ICMS sobre as mesmas operações. Por sua vez, a Lei Orgânica do Município de Maceió estabelece que compete ao Município instituir o imposto sobre vendas a varejo de combustíveis líquidos ou gasosos, exceto sobre o óleo diesel, quando o negócio se completar no território do Município de Maceió, que sua incidência não exclui a incidência do ICMS sobre a mesma operação e que suas alíquotas não poderão ultrapassar os limites superiores estabelecidos em lei complementar federal. De acordo com a Constituição Federal, os

(A) Municípios têm competência para instituir esse imposto em seus territórios, embora sua incidência esteja suspensa até que seja editada a lei complementar estabelecendo os limites máximos para as alíquotas aplicáveis.

(B) Estados têm competência suplementar para instituir esse imposto em seus territórios, caso os Municípios não o façam, podendo o valor efetivamente pago ser escriturado como crédito do ICMS, no mesmo período de apuração, quando a aquisição for feita por contribuinte desse imposto.

(C) Municípios têm competência para instituir esse imposto em seus territórios, o qual incidirá apenas uma vez sobre combustíveis derivados de petróleo adquiridos em operação interestadual.

(D) Municípios não têm competência para instituir esse imposto em seus territórios.

(E) Municípios têm competência para instituir esse imposto em seus territórios, que incidirá, inclusive, sobre vendas de óleo diesel.

A: incorreta, pois os Municípios não têm competência para instituir esse imposto, desde a EC 3/1993. A partir de então, os Municípios têm competência para instituir apenas 3 impostos: IPTU, ITBI e ISS, nos termos do art. 156 da CF. O ICMS, de competência dos Estados e do Distrito Federal (art. 155, II, da CF) passou a incidir sobre os combustíveis, incluídos no conceito de mercadoria, com as limitações impostas pelo Texto Constitucional (exemplo: art. 155, § 2º, X, 'b', da CF). Ressalte-se que, com a Reforma Tributária (EC 132/2023), haverá alteração na competência tributária dos Estados, DF e Municípios, pois o ICMS e o ISSQN serão substituídos pelo Imposto sobre Bens e Serviços (IBS – art. 156-A, da CF/88). É prevista uma longa transição para que sejam implementadas tais inovações, que serão iniciadas em 2026 (com o início da incidência do IBS) e finalizadas somente em 2033 (com a extinção do ICMS e do ISSQN), nos termos dos artigos 125 e 127 a 129 do ADCT ; **B**: incorreta, pois, assim como os Municípios e o Distrito Federal, os Estados têm competência restrita aos impostos expressamente previstos na Constituição Federal, não existindo competência residual ou suplementar (apenas a União pode criar outros impostos, nos termos do art. 154, I, da CF); **C**: incorreta, conforme comentário à primeira alternativa; **D**: correta, conforme comentário à primeira alternativa; **E**: incorreta, conforme comentário à primeira alternativa. RB/LS

Gabarito "D".

2. PRINCÍPIOS

A Reforma Tributária (EC 132/2023) passou a prever expressamente que o Sistema Tributário Nacional deve observar os princípios da simplicidade, da transparência, da justiça tributária, da cooperação e da defesa do meio ambiente. Além disso, as alterações na legislação tributária buscarão atenuar efeitos regressivos (art. 145, §§ 3º e 4º).

Considerando que um dos objetivos almejados pela Reforma Tributária é reduzir a complexidade do sistema, o princípio da simplicidade busca desburocratizar as relações entre Fisco e contribuinte para que as obrigações tributárias sejam satisfeitas e fiscalizadas da maneira mais prática possível.

O princípio da transparência já encontrava ressonância no art. 150, § 5º, da CF, ao predizer que os consumidores deveriam ser esclarecidos acerca dos impostos que incidem sobre mercadorias e serviços. A previsão expressa, a partir da EC 132/2023, tem por meta que tanto o sujeito passivo quanto o Fisco sejam transparentes na condução de suas atividades e que o sistema tributário se torne mais compreensível e claro para a população.

A justiça tributária é valor que já orienta o sistema a partir do art. 150, II, da CF e do art. 145, § 1º, da CF, tendo por escopo tributar cada um na medida da sua capacidade de pagar tributos sem comprometimento do custeio de suas necessidades básicas, a fim de garantir a dignidade da pessoa humana e o incentivo ao crescimento econômico. Portanto, a carga tributária deve ser distribuída de forma justa, conforme a real capacidade contributiva. Tal princípio também orienta a nova diretriz expressa no art. 145, § 5º, da CF no sentido de que as alterações na legislação tributária buscarão atenuar efeitos regressivos da tributação. Isso porque o sistema tributário nacional, delineado na redação original da Constituição Federal de 1988, concentra sua incidência sobre o consumo de bens e serviços, permitindo que o ônus tributário recaia sobre o consumidor final (tributação indireta). Assim, o sistema vigente acabava por onerar quem detém menor capacidade contributiva. A Reforma Tributária deseja atenuar tal efeito regressivo, promovendo justiça tributária.

A defesa do meio ambiente reforça o caráter extrafiscal que a tributação pode assumir para promover valores almejados pela Constituição Federal. Portanto, são legítimas, por exemplo, a instituição de um imposto federal sobre a produção, extração, comercialização ou importação de bens e serviços prejudiciais ao meio ambiente (art. 153, VIII, da CF) e as previsões constantes do art. 43, § 4º, da CF e art. 225, § 1º, VIII, da CF, ambos alterados pela EC 132/2023.

(Procurador – PGE/GO – 2024 – FCC) A Emenda Constitucional nº 132/2023 veiculou a primeira ampla reforma do Sistema Tributário Nacional realizada desde a promulgação da Constituição Federal de 1988, e seu eixo central é a simplificação da cobrança de impostos sobre o consumo, com vistas a incentivar o crescimento econômico. De acordo com dispositivo constitucional inserido por esta emenda, o Sistema Tributário Nacional deve observar os seguintes princípios:

(A) Simplicidade, transparência, justiça tributária, cooperação e defesa do meio ambiente.
(B) Simplicidade, transparência, segurança jurídica, busca do pleno emprego e defesa do meio ambiente.
(C) Simplicidade, transparência, legalidade, isonomia e anterioridade.
(D) Simplicidade, segurança jurídica, autossuficiência fiscal, isonomia e defesa do meio ambiente.
(E) Simplicidade, segurança jurídica, redução das desigualdades regionais e sociais, busca do pleno emprego e tratamento favorecido para as empresas de pequeno porte.

A: correta, pois a Reforma Tributária (EC 132/2023) passou a prever expressamente que o Sistema Tributário Nacional deve observar os princípios da simplicidade, da transparência, da justiça tributária, da cooperação e da defesa do meio ambiente. Além disso, as alterações na legislação tributária buscarão atenuar efeitos regressivos (art. 145, §§ 3º e 4º); **B**, **C**, **D** e **E**: incorretas, pois não descrevem os princípios inseridos pela EC nº 132/2023, conforme comentários à letra A.
Gabarito "A".

(Procurador – PGE/SP – 2024 – VUNESP) Sobre o princípio da anterioridade tributária, considerando que a anterioridade geral está prevista na alínea "b" do inciso III do artigo 150 da Constituição Federal e a anterioridade nonagesimal, na alínea "c" do mesmo dispositivo constitucional, assinale a alternativa correta.

(A) A majoração do imposto de importação submete-se apenas à anterioridade nonagesimal e não à geral.
(B) O empréstimo compulsório instituído para subsidiar investimento público de caráter urgente e de relevante interesse nacional não se submete aos princípios da anterioridade nonagesimal e geral.
(C) Os princípios da anterioridade geral e nonagesimal aplicam-se aos impostos sobre a propriedade territorial urbana e sobre a propriedade de veículos automotores em toda e qualquer situação, sem exceção.
(D) A lei que majora o Imposto sobre Produtos Industrializados submete-se aos princípios da anterioridade geral e nonagesimal.
(E) Uma lei que majora o Imposto de Renda, publicada em dezembro do ano de 2023, aplica-se aos fatos geradores ocorridos a partir de 01 de janeiro de 2024, uma vez que a ele se aplica apenas a anterioridade geral e não a nonagesimal.

A: incorreta, pois a majoração do imposto de importação (art. 153, I, da CF), de competência da União, não se submete ao princípio da anterioridade (geral e nonagesimal), enquadrando-se nas exceções descritas no art. 150, § 1º, da CF; **B:** incorreta, pois o empréstimo compulsório no caso de investimento público de caráter urgente e de relevante interesse nacional (art. 148, II, da CF), de competência da União, submete-se ao princípio da anterioridade (geral e nonagesimal), não se enquadrando nas exceções descritas no art. 150, §1º, da CF. Apenas o empréstimo compulsório em caso de despesas extraordinárias decorrentes de calamidade pública, de guerra externa ou sua iminência; (art. 148, I, da CF) é exceção ao princípio da anterioridade (geral e nonagesimal) enquadrando-se nas exceções descritas no art. 150, § 1º, da CF; **C:** incorreta, pois a fixação da base de cálculo do IPVA (art. 155, III, da CF), de competência dos Estados e do Distrito Federal, e do IPTU (art. 156, I, da CF), de competência dos Municípios e do Distrito Federal, não se submete ao princípio da anterioridade nonagesimal, conforme as exceções descritas no art. 150, § 1º, 2ª parte, da CF; **D:** incorreta, pois a majoração do imposto sobre produtos industrializados (art. 153, IV, da CF), de competência da União, não se submete ao princípio da anterioridade (geral e nonagesimal), enquadrando-se nas exceções descritas no art. 150, § 1º, da CF; **E:** correta, pois a majoração do imposto de renda (art. 153, III, da CF), de competência da União, não se submete ao princípio da anterioridade nonagesimal, enquadrando-se nas exceções descritas no art. 150, § 1º, 2ª parte, da CF;
Gabarito "E".

(Procurador – PGM/SP – 2023 – CESPE/CEBRASPE) Acerca dos princípios de direito tributário, à luz da Constituição Federal e da jurisprudência dos tribunais superiores, julgue os próximos itens.

I. Não viola a legalidade tributária a lei que determina um limite máximo para uma taxa e permite que um ato normativo infralegal estabeleça o valor da taxa de forma proporcional aos custos da atuação estatal, desde que esse valor não possa ser atualizado pelo próprio conselho de fiscalização em um percentual superior aos índices de correção monetária legalmente estabelecidos.
II. A revogação de um benefício fiscal por meio de um ato normativo não constitui um aumento indireto do tributo, portanto, não está sujeita ao princípio da anterioridade tributária.
III. A redução ou extinção de descontos para pagamento de tributos conforme condições estabelecidas em lei, como o pagamento antecipado em parcela única, é equiparada à majoração do tributo, sujeitando-se ao princípio da anterioridade tributária.

Assinale a opção correta.

(A) Apenas o item I está certo.
(B) Apenas o item II está certo.
(C) Apenas os itens I e III estão certos.
(D) Apenas os itens II e III estão certos.
(E) Todos os itens estão certos.

I: item correto. A taxa é tributo com fato gerador vinculado a atuação estatal (art. 145, II, da CF). Por isso, seu valor deve guardar relação de pertinência com o custo da atividade descrita no fato gerador (STF – ADI 6211). Segundo o STF (Repercussão Geral – Tema 829), *"não viola a legalidade tributária a lei que, prescrevendo o teto, possibilita o ato normativo infralegal fixar o valor de taxa em proporção razoável com os custos da atuação estatal, valor esse que não pode ser atualizado por ato do próprio conselho de fiscalização em percentual superior aos índices de correção monetária legalmente previstos"*. Sobre a fixação do valor de taxa por ato infralegal, verificar também Tema 1085 da Repercussão Geral no STF; **II:** item incorreto, pois, de acordo com o STF, a revogação do benefício fiscal provocaria uma majoração indireta do tributo, o qual, por essa razão, deveria ser submetido ao princípio da não surpresa, buscando, em especial, garantir a segurança jurídica ao contribuinte, para que este não fosse surpreendido com um aumento inesperado da carga tributária sem a concessão de prazo mínimo para adaptação da sua política fiscal. (RE 1.053.254/RS e RE 564225 AgR-EDv-AgR); **III:** item incorreto, pois, conforme o STF (ADI 4016), "a redução ou a extinção de desconto para pagamento de tributo sob determinadas condições previstas em lei, como o pagamento antecipado em parcela única, não pode ser equiparada à majoração do tributo". Por conseguinte, apenas o item I está correto e o gabarito é a letra A.

Gabarito "A".

(Procurador/PA – CESPE – 2022) Art. 150. Sem prejuízo de outras garantias asseguradas ao contribuinte, é vedado à União, aos Estados, ao Distrito Federal e aos Municípios:

[...]

II – instituir tratamento desigual entre contribuintes que se encontrem em situação equivalente, proibida qualquer distinção em razão de ocupação profissional ou função por eles exercida, independentemente da denominação jurídica dos rendimentos, títulos ou direitos;

Brasil. Constituição Federal de 1988.

Considerando o princípio da isonomia tributária, previsto no dispositivo constitucional reproduzido anteriormente, assinale a opção correta, acerca da constitucionalidade de dispositivos da Lei estadual n.º 6.017/1996 (Lei do Imposto sobre a Propriedade de Veículos Automotores do Estado do Pará).

(A) É inconstitucional a previsão da citada lei estadual que concede isenção do Imposto sobre a Propriedade de Veículos Automotores aos veículos de propriedade de pessoa com deficiência física, visual ou mental, severa ou profunda, ou de pessoa autista, incluídos os veículos cuja posse é detida em decorrência de contrato mercantil (*leasing*).

(B) É inconstitucional a previsão da citada lei estadual que concede imunidade do Imposto sobre a Propriedade de Veículos Automotores aos veículos pertencentes às instituições com finalidade filantrópica consideradas de utilidade pública.

(C) É constitucional a previsão da citada lei estadual que concede isenção do Imposto sobre a Propriedade de Veículos Automotores aos veículos de propriedade de entidades que tenham como objetivo o trabalho com pessoas com deficiência física, quando se tratar de veículos adaptados por exigência do órgão de trânsito, mesmo que sua posse seja detida em decorrência de contrato mercantil (*leasing*).

(D) É constitucional isenção do Imposto sobre a Propriedade de Veículos Automotores aos veículos de propriedade de quilombolas e indígenas, mesmo que sua posse seja detida em decorrência de contrato mercantil (*leasing*).

(E) É inconstitucional a previsão da citada lei estadual que concede isenção do Imposto sobre a Propriedade de Veículos Automotores aos veículos de propriedade de pessoa com deficiência física, visual ou mental, severa ou profunda, ou de pessoa autista, porque emprega tratamento desigual entre contribuintes.

O princípio da isonomia não implica tratar todos igualmente em qualquer situação, mas sim tratar desigualmente as pessoas em situações desiguais, na medida dessa desigualdade. No caso, é viável a isenção de caráter pessoal, nos termos do art. 145, § 1.º, da CF, ou seja, considerando peculiaridades de determinadas pessoas, com o intuito de observar o interesse público. A isenção de IPVA (e de outros impostos) em favor de pessoas com deficiência é usual e constitucional, ainda que o beneficiário seja possuidor do automóvel arrendado (o arrendatário é considerado contribuinte, nos termos da legislação estadual – ver por exemplo REsp 1.655.504/DF). Por essas razões, a alternativa "C" é a correta.

Gabarito "C".

(Procurador/PA – CESPE – 2022) A Lei Complementar n.º 192/2022 define os combustíveis sobre os quais incidirá uma única vez o ICMS. A seguir, estão reproduzidos o art. 9.º e respectivo parágrafo único desse diploma legal.

Art. 9.º As alíquotas da Contribuição para os Programas de Integração Social e de Formação do Patrimônio do Servidor Público (Contribuição para o PIS/Pasep) e da Contribuição para o Financiamento da Seguridade Social (Cofins) de que tratam os incisos II e III do *caput* do art. 4.º da Lei n.º 9.718, de 27 de novembro de 1998, o art. 2.º da Lei n.º 10.560, de 13 de novembro de 2002, os incisos II, III e IV do *caput* do art. 23 da Lei n.º 10.865, de 30 de abril de 2004, e os arts. 3.º e 4.º da Lei n.º 11.116, de 18 de maio de 2005, ficam reduzidas a 0 (zero) até 31 de dezembro de 2022, garantida às pessoas jurídicas da cadeia, incluído o adquirente final, a manutenção dos créditos vinculados.

Parágrafo único. As alíquotas da Contribuição para os Programas de Integração Social e de Formação do Patrimônio do Servidor Público incidente na Importação de Produtos Estrangeiros ou Serviços (Contribuição para o PIS/Pasep-Importação) e da Contribuição Social para o Financiamento da Seguridade Social devida pelo Importador de Bens Estrangeiros ou Serviços do Exterior (Cofins-Importação) incidentes na importação de óleo diesel e suas correntes, de biodiesel e de gás liquefeito de petróleo, derivado de petróleo e de gás natural, e de querosene de aviação de que tratam o § 8.º do art. 8.º da Lei n.º 10.865, de 30 de abril de 2004, e o art. 7.º da Lei n.º 11.116, de 18 de maio de 2005, ficam reduzidas a 0 (zero) no prazo estabelecido no *caput* deste artigo.

Tendo como referência o princípio da anterioridade, assinale a opção correta, referente ao dispositivo legal apresentado, que impõe aplicação imediata à regra que reduz a zero as alíquotas de contribuições sociais.

(A) A norma não se aplica imediatamente, porque deve observar a anterioridade contributiva estabelecida no § 6.º do art. 195 da Constituição Federal de 1988.

(B) A norma se aplica imediatamente, porque está de acordo com a noventena do § 1.º do art. 150 da Constituição Federal de 1988.

(C) A norma não se aplica imediatamente, porque deve observar a anterioridade plena estabelecida na alínea "b" do Inciso III do art. 150 da Constituição Federal de 1988.

(D) A norma não se aplica imediatamente, porque deve observar a anterioridade nonagesimal estabelecida no § 1.º do art. 150 da Constituição Federal de 1988, que exclui a anterioridade anual do ICMS-combustível.

(E) A norma se aplica imediatamente, porque sobre ela não incide a anterioridade, visto que se trata de norma que beneficia o contribuinte.

O princípio da anterioridade anual e nonagesimal, previsto no art. 150, III, "b" e "c", da CF, posterga o início da eficácia de norma que institui e majora tributos, apenas, não sendo aplicável àquelas que extinguem ou reduzem a tributação. Por essa razão, a alternativa "E" é a correta. RB
Gabarito "E".

(Procurador/PA – CESPE – 2022) O art. 18-A do Código Tributário Nacional, cuja redação foi acrescentada pela Lei Complementar n.º 194/2022, estabelece que "Para fins da incidência do imposto de que trata o inciso II do *caput* do art. 155 da Constituição Federal, os combustíveis, o gás natural, a energia elétrica, as comunicações e o transporte coletivo são considerados bens e serviços essenciais e indispensáveis, que não podem ser tratados como supérfluos.". A identificação dos bens e serviços como não supérfluos pela citada lei segue

(A) a capacidade contributiva, implementada pelo subprincípio da proporcionalidade tributária, o qual mantém a mesma alíquota para bases de cálculo diferentes.

(B) a proporcionalidade do tributo, que prevê a aplicação de uma mesma alíquota a bases de cálculo de valores diferentes, evidenciando-se a proporcionalidade tributária.

(C) a seletividade do tributo, que prevê a aplicação de alíquotas menores a bens menos essenciais à sobrevivência humana.

(D) a seletividade do tributo, que prevê a aplicação de alíquotas menores a bens mais essenciais à sobrevivência humana.

(E) a progressividade do tributo, que prevê a aplicação de alíquotas menores em razão de menores bases de cálculo.

A essencialidade das mercadorias e serviços, ou seja, a distinção entre os supérfluos e aqueles mais relevantes para as necessidades básicas das pessoas, é o critério para distinção das alíquotas do ICMS nos termos da seletividade prevista no art. 155, § 2º, III, da CF. Pela seletividade, a tributação deve ser menor para as operações com mercadorias e serviços com grau mais elevado de essencialidade, e deve ser maior para aqueles mais supérfluos. Por essas razões, a alternativa "D" é a correta. RB
Gabarito "D".

(Juiz de Direito/SP – 2021 – Vunesp) Quanto ao princípio da capacidade contributiva, é possível concluir:

(A) a possibilidade de graduação do tributo conforme a capacidade contributiva pressupõe que tenha como base de incidência situação efetivamente reveladora dessa capacidade, de modo que terá maior aplicação nos tributos com fato gerador não vinculado. A proibição do não confisco e a preservação do mínimo vital, como decorrência do princípio da capacidade contributiva, no entanto, são imposições para qualquer espécie tributária.

(B) diante da recomendação de que os impostos, sempre que possível, respeitarão a capacidade contributiva, há apenas uma autorização ao legislador ordinário e não norma de observância imperativa.

(C) o postulado da capacidade contributiva tem aplicação restrita às pessoas físicas.

(D) a incidência de custas e taxas judiciais com base no valor da causa ofende o princípio da capacidade contributiva, mesmo que estabelecidos limites mínimo e máximo.

A: correta, conforme art. 145, § 1º, e art. 150, IV, da CF; B: incorreta, pois trata-se de princípio fixado constitucionalmente – art. 145, § 1º, da CF; C: incorreta, pois a capacidade contributiva refere-se a todos os contribuintes, sem excluir pessoas jurídicas – art. 145, § 1º da CF; D: incorreta, conforme a tese fixada no julgamento da ADI 5751/SE pelo STF – ver também a Súmula 667/STF. RB
Gabarito "A".

(Juiz de Direito/SP – 2021 – Vunesp) No que tange ao princípio da anterioridade, podemos afirmar:

(A) é admissível invocar a supremacia do interesse público para justificar a exigência fiscal e postergar a repetição do indébito tributário.

(B) o princípio da anterioridade nonagesimal não é de observância obrigatória na hipótese de incidência de tributo por retirada de benefícios fiscais.

(C) não se sujeitam ao princípio da anterioridade o imposto sobre importação de produtos estrangeiros; o imposto sobre exportação, para o exterior, de produtos nacionais ou nacionalizados; o IPI; o imposto sobre operações de crédito, câmbio e seguro, ou relativos a títulos e valores mobiliários; os impostos lançados por motivo de guerra; os empréstimos compulsórios para atender despesas extraordinárias decorrentes de calamidade pública, de guerra externa ou sua iminência.

(D) considerada a redação dada ao artigo 150, § 1°, da CF pela EC 42/2003, tem respaldo jurídico a tese de que lei que vier a majorar o IR pode entrar em vigor no dia 31 de dezembro e ser aplicada aos fatos ocorridos a partir de 1° de janeiro do mesmo exercício financeiro, não configurando "retroatividade *in pejus*".

A: incorreta, pois os princípios constitucionais do art. 150 da CF, incluindo o da anterioridade, referem-se exatamente a limitações constitucionais ao poder de tributar, ou seja, não podem ser afastados pelo princípio geral da supremacia do interesse público. A repetição do indébito é garantida ao contribuinte, independente de prévio protesto, desde que observadas as condições e prazos previstos no CTN (artigos 165 a 169); B: incorreta, pois, segundo o STF, se aplica o princípio da anterioridade tributária, geral e nonagesimal, nas hipóteses de redução ou de supressão de benefícios ou de incentivos fiscais, haja vista que tais situações configuram majoração indireta de tributos (Pleno- AG.REG. nos EMB DIV. no A G REG. no RE 564.225); C: correta, conforme o art. 150, § 1º 1ª parte), da CF. Ressalte-se que o IPI submete-se ao princípio da anterioridade nonagesimal pois não está dentre as exceções previstas na parte final do art. 150, § 1º da CF; **D:** incorreta, pois não há falar em retroatividade "in pejus", pois a exceção ao princípio da anterioridade nonagesimal, aplicável ao IR, surgiu concomitantemente à criação desse princípio (não houve retroatividade). Quanto à anterioridade anual, a discussão não mudou, pois a EC 42/2003 não alterou nada em relação ao IR. Importante salientar que o STF cancelou a Súmula 584 (Ao imposto de renda calculado sobre os rendimentos do ano-base, aplica-se a lei vigente no exercício financeiro em que deve ser apresentada a declaração) RB/LS

Gabarito "C".

(Juiz de Direito – TJ/MS – 2020 – FCC) A respeito do princípio da anterioridade tributária, é correto afirmar:

(A) Medida provisória pode instituir ou majorar imposto e, neste caso, a obediência à anterioridade anual tributária pressupõe a sua conversão em lei até o último dia do exercício financeiro em que for editada, para que a nova norma possa ser aplicada no ano seguinte.

(B) A lei estadual que implique em postergação de novas hipóteses de creditamento relativo ao Imposto sobre Circulação de Mercadorias e Serviços (ICMS) sujeita-se à regra da anterioridade tributária.

(C) Há tributos que podem ser majorados sem precisar observar o princípio da anterioridade anual, todavia essas exceções se aplicam apenas a alguns impostos federais.

(D) O Senado Federal pode majorar alíquotas do Imposto sobre Circulação de Mercadorias e Serviços (ICMS) sem que seja aplicável o princípio da anterioridade anual.

(E) A majoração da base de cálculo do Imposto Sobre Propriedade Territorial Urbana (IPTU) deve respeitar o princípio da anterioridade nonagesimal.

A: correta, conforme o art. 62, § 2º, da CF; **B:** incorreta, pois não se trata de criação ou majoração de tributo – art. 150, III, *b* e *c*, da CF; **C:** incorreta, pois há exceções à anterioridade nonagesimal em relação à base de cálculo do IPVA e do IPTU (art. 150, § 1º, da CF), e à anterioridade anual em relação ao restabelecimento das alíquotas do ICMS sobre combustíveis e lubrificantes (art. 155, § 4º, IV, *c*, da CF); **D:** incorreta, pois a competência exclusiva para fixação das alíquotas do ICMS é dos Estados e do DF – art. 155, II, da CF. Ao Senado compete apenas fixar as alíquotas interestaduais e determinadas alíquotas mínimas e máximas para as operações internas – art. 155, § 2º, I e V, da CF; **E:** incorreta, conforme o art. 150, § 1º, da CF. RB

Gabarito "A".

(Juiz de Direito – TJ/AL – 2019 – FCC) A Constituição do Estado de Alagoas estabelece, expressamente, em seu texto, que

(A) é vedado ao Estado, inclusive a suas autarquias e fundações, cobrar tributos sem observância aos princípios da legalidade, irretroatividade, anterioridade nonagesimal (noventena) e anterioridade de exercício financeiro.

(B) os Municípios podem instituir taxas em razão do exercício do poder de polícia ou pela utilização, efetiva ou potencial, de serviços públicos específicos e divisíveis, prestados aos contribuintes ou postos à sua disposição, bem como contribuição de melhoria, decorrente de obra pública.

(C) a observância do princípio da legalidade não se aplica à fixação da base de cálculo do IPTU.

(D) é vedado ao Estado, ainda que com interesse público justificado, renunciar à Receita e conceder isenções e anistias fiscais.

(E) é vedado aos Estados exigir, aumentar, extinguir ou reduzir tributos, sem que lei o estabeleça, ficando excluídas desta vedação a exigência e cobrança de emolumentos por atos da Junta Comercial e de custas judiciais.

A: incorreta, pois o princípio da anterioridade nonagesimal não consta expressamente da Constituição Estadual – art. 166; **B:** correta – art. 162, II, da Constituição Estadual; **C:** incorreta, pois não há essa previsão na Constituição Estadual, nem poderia, já que o princípio da legalidade é imposto pela Constituição Federal, sem exceção em relação à base de cálculo do IPTU – art. 150, I, da CF; **D:** incorreta, pois, havendo interesse público justificado, isso é possível – art. 166, VII, da Constituição Estadual; **E:** incorreta, pois emolumentos e custas judiciais não são exceção ao princípio da legalidade – art. 166, I, da Constituição Estadual. Ressalte-se que deve ser sempre verificada a legislação em vigor, citada no edital, no momento do concurso a ser prestado. RB/LS

Gabarito "B".

(Juiz de Direito – TJ/SC – 2019 – CESPE/CEBRASPE) O § 1.º do art. 145 da Constituição Federal de 1988 dispõe que "Sempre que possível, os impostos terão caráter pessoal e serão graduados segundo a capacidade econômica do contribuinte, facultado à administração tributária, especialmente para conferir efetividade a esses objetivos, identificar, respeitados os direitos individuais e nos termos da lei, o patrimônio, os rendimentos e as atividades econômicas do contribuinte".

O princípio do direito tributário relacionado à norma constitucional transcrita anteriormente é o

(A) princípio da capacidade contributiva.
(B) princípio da igualdade tributária.
(C) princípio da irretroatividade tributária.
(D) princípio da não cumulatividade.
(E) princípio da benignidade.

A: correta, referindo-se adequadamente ao princípio da capacidade contributiva; **B:** incorreta, a isonomia é descrita no art. 150, II, da CF; **C:** incorreta, a retroatividade é referida no art. 150, III, *a*, da CF; **D:** incorreta, pois o princípio da não cumulatividade é previsto expressamente na Constituição em relação ao IPI, ao ICMS e a determinadas contribuições sociais, além do imposto da competência residual da União (arts. 153, § 3º, II, 154, I, 155, § 2º, I, 195, § 12, da CF); **E:** incorreta, pois não há previsão expressa desse princípio na Constituição. RB

Gabarito "A".

(Juiz de Direito – TJ/BA – 2019 – CESPE/CEBRASPE) De acordo com as limitações constitucionais ao poder de tributar, a fixação da base de cálculo do IPVA se submete à

(A) anterioridade nonagesimal, sem necessidade de observância da anterioridade anual.
(B) anterioridade anual, sem necessidade de observância da anterioridade nonagesimal.
(C) anualidade, sem necessidade de observância da anterioridade nonagesimal.
(D) anualidade e à anterioridade anual, sem necessidade de observância da anterioridade nonagesimal.
(E) anterioridade anual e à anterioridade nonagesimal, sem necessidade de observância da anualidade.

A: incorreta, pois a fixação da base de cálculo do IPVA é exceção à anterioridade nonagesimal – art. 150, § 1º, *in fine*, da CF; **B:** correta, conforme comentário anterior, sendo que o IPVA sujeita-se apenas à anterioridade anual; **C e D:** incorretas, até porque não há princípio da anualidade, na CF/88, mas sim anterioridade, no âmbito tributário. O princípio da anualidade tributária, previsto na Constituição Federal de 1946 e de 1967, estabelecia que sem a estimativa de receita do tributo na Lei Orçamentária Anual não se poderia efetuar a sua cobrança; **E:** incorreta, conforme comentários anteriores. Não existe princípio da anualidade, no âmbito tributário, e o IPVA sujeita-se apenas à anterioridade anual, não à nonagesimal. RB/LS

Gabarito "B".

(Procurador do Município – S.J. Rio Preto/SP – 2019 – VUNESP) Quando o tributo está relacionado com a descentralização da atividade pública, sendo instituído para o fim de dotar de recursos determinadas entidades, encarregadas pelo Estado de atender necessidades sociais específicas, referido tributo terá por característica a

(A) fiscalidade.
(B) extrafiscalidade.
(C) parafiscalidade.
(D) seletividade.
(E) essencialidade.

A: incorreta, pois fiscalicalidade se refere à função arrecadatória, característica da exigência e cobrança dos tributos pelo próprio ente político tributante (União, Estados, DF e Municípios); **B:** incorreta, pois extrafiscalidade se refere à função de intervenção ou interferência no mercado, como para regular o fluxo de mercadorias no comércio exterior por meio dos impostos aduaneiros (II e IE); **C:** correta, pois parafiscalidade se refere à delegação da atribuição de arrecadar tributos por essas entidades (por exemplo os Conselhos Profissionais), que utilizam os recursos para manter suas atividades essenciais; **D:** incorreta, pois seletividade é uma diretriz de determinados tributos (IPI deve ser seletivo; ICMS pode ser seletivo) cujas alíquotas variam conforme a essencialidade do bem ou serviço objeto da tributação. Em relação ao ICMS, atenção para o entendimento firmado pelo STF no **Tema 745** – Adotada pelo legislador estadual a técnica da seletividade em relação ao Imposto sobre Circulação de Mercadorias e Serviços (ICMS), discrepam do figurino constitucional alíquotas sobre as operações de energia elétrica e serviços de telecomunicação em patamar superior ao das operações em geral, considerada a essencialidade dos bens e serviços. Modulação: efeitos a partir do exercício financeiro de 2024, ficando ressalvadas as ações ajuizadas até 5/2/21; **E:** incorreta, pois essencialidade é um critério de classificação de bens e serviços para fins de tributação, conforme a seletividade, comentada anteriormente. RB/LS

Gabarito "C".

Veja a seguinte tabela, para memorização e estudo do princípio da legalidade e de suas exceções em matéria tributária:

Dependem de lei – art. 97 do CTN	Não dependem de lei
– a instituição de tributos, ou a sua extinção; – a majoração de tributos, ou sua redução (exceção: alteração das alíquotas do II, IE, IPI, IOF e da CIDE sobre combustíveis e restabelecimento das alíquotas do ICMS sobre combustíveis e lubrificantes (alteração por convênio entre Estados e DF – art. 155, § 4º, IV da CF). Equipara-se à majoração do tributo a modificação da sua base de cálculo, que importe em torná-lo mais oneroso. **Não constitui majoração de tributo a atualização do valor monetário da respectiva base de cálculo (art. 97, § 2º, do CTN). Ver Súmula 160 do STJ;** – a definição do fato gerador da obrigação tributária principal, e do seu sujeito passivo; – a fixação de alíquota do tributo e da sua base de cálculo, (ressalvadas as exceções quanto à alteração da alíquota expostas acima e no quadro ao lado); – a cominação de penalidades para as ações ou omissões contrárias a seus dispositivos, ou para outras infrações nela definidas; – as hipóteses de exclusão, suspensão e extinção de créditos tributários, ou de dispensa ou redução de penalidades.	– fixação da data para pagamento do tributo; – regulamentação das obrigações acessórias (forma de declaração, escrituração, recolhimento etc.). O art. 113, § 2º, do CTN faz referência à **legislação** tributária (expressão que inclui não apenas as leis, mas também os decretos, portarias etc.); – alteração das alíquotas do II, IE, IPI, IOF e da CIDE sobre combustíveis e restabelecimento das alíquotas do ICMS sobre combustíveis e lubrificantes (alteração por convênio entre Estados e DF – art. 155, § 4º, IV da CF). A Reforma Tributária prevê que o IPTU poderá ter sua base de cálculo atualizada pelo Poder Executivo, conforme critérios estabelecidos em lei municipal. (Incluído pela Emenda Constitucional nº 132, de 2023); Segundo o STF Repercussão Geral (Tema 829) – "Não viola a legalidade tributária a lei que, prescrevendo o teto, possibilita o ato normativo infralegal fixar o valor de taxa em proporção razoável com os custos da atuação estatal, valor esse que não pode ser atualizado por ato do próprio conselho de fiscalização em percentual superior aos índices de correção monetária legalmente previstos".

Veja a seguinte tabela, com as exceções aos princípios da anterioridade de exercício (anual) e nonagesimal, para estudo e memorização:

Exceções à anterioridade comum (art. 150, III, *b*, da CF)	Exceções à anterioridade nonagesimal (art. 150, III, *c*, da CF)
– empréstimo compulsório para atender a despesas extraordinárias decorrentes de calamidade pública ou de guerra externa ou sua iminência (art. 148, II, *in fine*, da CF, em sentido contrário); – imposto de importação (art. 150, § 1º, da CF); – imposto de exportação (art. 150, § 1º, da CF); – **IPI** (art. 150, § 1º, da CF); – IOF (art. 150, § 1º, da CF); – impostos extraordinários na iminência ou no caso de guerra externa (art. 150, § 1º, da CF); – restabelecimento das alíquotas do ICMS sobre combustíveis e lubrificantes (art. 155, § 4º, IV, *c*, da CF); – restabelecimento da alíquota da CIDE sobre combustíveis (art. 177, § 4º, I, *b*, da CF); – contribuições sociais destinadas ao custeio da seguridade social (art. 195, § 6º, da CF).	– empréstimo compulsório para atender a despesas extraordinárias decorrentes de calamidade pública ou de guerra externa ou sua iminência (art. 148, II, *in fine*, da CF, – imposto de importação (art. 150, § 1º, da CF); – imposto de exportação (art. 150, § 1º, da CF); – IR (art. 150, § 1º, da CF); – IOF (art. 150, § 1º, da CF); – impostos extraordinários na iminência ou no caso de guerra externa (art. 150, § 1º, da CF); – fixação da base de cálculo do IPVA (art. 150, § 1º, da CF); – fixação da base de cálculo do IPTU (art. 150, § 1º, da CF);

3. IMUNIDADES

(Analista – INPI – 2024 – CEBRASPE) Acerca das imunidades, julgue os próximos itens, conforme o disposto na Constituição Federal de 1988 (CF) e a jurisprudência do STF.

(1) O INPI não faz jus à imunidade tributária recíproca, uma vez que constitui autarquia federal com personalidade jurídica distinta da dos órgãos da administração direta da União.

(2) A imunidade tributária de livros, jornais, periódicos e do papel destinado à sua impressão não alcança os livros eletrônicos, em razão da regra hermenêutica que determina a interpretação restritiva de favores fiscais.

(3) A imunidade tributária recíproca não abrange todas as espécies tributárias, limitando-se aos impostos.

1: Errada. O INPI possui imunidade tributária recíproca, vez que há a extensão da imunidade dos Entes Políticos às autarquias e fundações públicas que são instituídas e mantidas pelo Poder Público, nos moldes do art. 150, § 2º, da CF.
2: Errada. A imunidade tributária objetiva e/ou denominada de cultural abarca os livros, jornais, periódicos e o papel destinado à sua impressão, inclusive os livros eletrônicos e suportes materiais utilizados para leitura destes. Vide RE 330.817/RJ e Súmula Vinculante nº 57 do STF.

Súmula Vinculante 57: "A imunidade tributária constante do art. 150, VI, d, da CF/88 aplica-se à importação e comercialização, no mercado interno, do livro eletrônico (e-book) e dos suportes exclusivamente utilizados para fixá-los, como leitores de livros eletrônicos (e-readers), ainda que possuam funcionalidades acessórias."
3: Certa. As imunidades genéricas – art. 150, VI, da CF, dentre as quais destaca-se a recíproca, recaem tão somente sobre a figura jurídica dos impostos (e não dos tributos). Eis, portanto, uma espécie (impostos) dentro do gênero tributo que está afastada de sua incidência.
Gabarito 1E, 2E, 3C

(Procurador – AL/PR – 2024 – FGV) Por preencher os requisitos legais, determinada entidade beneficente de assistência social, requereu à Receita Federal a declaração de imunidade da contribuição ao PIS, o que foi negado no âmbito do processo administrativo. Durante o curso do prazo recursal administrativo, a entidade ajuizou ação declaratória de imunidade.

Sobre a hipótese, considerando que os pressupostos processuais para o ajuizamento da ação e as condições da ação foram preenchidos, assinale a afirmativa correta.

(A) A ação não deve ser conhecida, pois não houve esgotamento da via administrativa.
(B) O pedido deve ser julgado improcedente, pois a imunidade constitucional abrange apenas os impostos, não se aplicando às contribuições sociais.
(C) O pedido deve ser julgado improcedente, pois as entidades beneficentes de assistência social não são beneficiárias da imunidade constitucional.
(D) O pedido deve ser julgado procedente para reconhecer a imunidade tributária, sendo que a decisão produz efeitos *ex nunc*.
(E) O pedido deve ser julgado procedente para reconhecer a imunidade tributária, sendo que a decisão produz efeitos *ex tunc*, retroagindo ao momento em que preenchidos os requisitos legais para a concessão do benefício.

E: correta. As entidades beneficentes de assistência social sem fins lucrativos podem gozar da imunidade relativa aos impostos (art. 150, VI, *c*, da CF) e às contribuições sociais destinadas ao custeio da seguridade social (art. 195, § 7º, da CF), como é o caso do PIS, desde que atendam aos requisitos legais, de modo que a alternativa "E" é a correta. A decisão produz efeitos *ex tunc*, nos termos da Súmula 612 do STJ: o certificado de entidade beneficente de assistência social (CEBAS), no prazo de sua validade, possui natureza declaratória para fins tributários, retroagindo seus efeitos à data em que demonstrado o cumprimento dos requisitos estabelecidos por lei complementar para a fruição da imunidade. **A:** incorreta, pois o esgotamento da via administrativa não é pré-requisito para o ajuizamento da ação declaratória de imunidade, no âmbito tributário, devido ao direito fundamental de acesso ao Poder Judiciário (art. 5º, XXXV, da CF); **B, C e D:** incorretas, conforme comentários à alternativa E.
Gabarito "E".

(Procurador – PGE/SP – 2024 – VUNESP) A Constituição Federal, no artigo 150, inciso VI, alínea "a", proíbe os entes federados de instituírem impostos sobre o patrimônio, a renda e os serviços uns dos outros. Trata-se da chamada imunidade recíproca. Os parágrafos 2º e 3º do mesmo dispositivo constitucional ampliam a aplicação dessa imunidade a entes componentes da administração indireta. Diante disso, considerando o decidido pelo E. Supremo Tribunal Federal nos *leading cases* dos temas 1.140 e 508 da Repercussão Geral, assinale a alternativa correta.

(A) A imunidade recíproca estende-se apenas às autarquias e fundações instituídas e mantidas pelo poder público prestadoras de serviços públicos essenciais, desde que não cobrem tarifas como contraprestação dos serviços prestados.
(B) Sociedade de economia mista com ações negociadas em bolsa e inequivocamente voltada à remuneração do capital de seus investidores públicos e privados tem direito à imunidade recíproca se prestar serviço público essencial.
(C) Sociedade de economia mista delegatária de serviço público essencial, desde que não distribua lucros a acionistas privados, tem direito ao gozo da imunidade recíproca, contanto que isso não implique risco ao equilíbrio concorrencial, ainda que haja cobrança de tarifas como contraprestação dos serviços.
(D) A imunidade recíproca estende-se apenas às autarquias e fundações instituídas e mantidas pelo poder público prestadoras de serviços públicos essenciais, ainda que cobrem tarifas como contraprestação dos serviços.
(E) As empresas públicas têm direito ao gozo de imunidade recíproca, ainda que não se dediquem à prestação de serviços públicos essenciais e cobrem tarifas dos usuários.

A: incorreta, pois a imunidade das autarquias e fundações instituídas e mantidas pelo poder público prestadoras de serviços públicos essenciais independe de cobrança de tarifa como contraprestação dos serviços prestados (art. 150, § 2°, da CF); **B:** incorreta, nos termos fixados pelo STF – Tema 508 da Repercussão Geral – Tese: sociedades de economia mista cuja participação acionária é negociada em Bolsas de Valores e que estejam voltadas à remuneração do capital de seus controladores ou acionistas não estão abrangidas pela regra de imunidade tributária recíproca; **C:** correta, nos termos fixados pelo STF – Tema 1140 da Repercussão Geral – Tese: as empresas públicas e as sociedades de economia mista delegatárias de serviços públicos essenciais, que não distribuam lucros a acionistas privados nem ofereçam risco ao equilíbrio concorrencial, são beneficiárias da imunidade tributária recíproca prevista no artigo 150, VI, a, da Constituição Federal, independentemente de cobrança de tarifa como contraprestação do serviço; **D e E:** incorretas, pois a imunidade também abrange as empresas públicas e as sociedades de economia mista, prestadoras de serviços públicos essenciais, nos termos fixados pelo STF no Tema 1140 citado anteriormente. Ademais, a Reforma Tributária (EC 132/2023) introduziu no texto constitucional a imunidade relativa à empresa pública prestadora de serviço postal no art. 150, § 2°, da CF. **LS**
Gabarito "C"

(Procurador Federal – AGU – 2023 – CEBRASPE) A prefeitura de determinado município inscreveu o Instituto Nacional do Seguro Social (INSS) na dívida ativa, em razão de dívidas de imposto sobre a propriedade predial e territorial urbana (IPTU) já vencidas e não pagas. O município alegou que os imóveis em questão, de propriedade da autarquia, estavam alugados a terceiros, pessoas físicas, as quais não haviam efetuado o pagamento, e que, por essa razão, a entidade deveria responder pelo débito, na qualidade de proprietária do imóvel.
Acerca da situação hipotética precedente, assinale a opção correta à luz da jurisprudência majoritária e atual do Supremo Tribunal Federal (STF).
(A) O INSS será beneficiado pela imunidade tributária, independentemente da destinação dada aos valores dos aluguéis, sendo suficiente o ingresso dos valores nos cofres públicos.
(B) O INSS será beneficiado pela imunidade tributária, porém tal benefício não se estenderá aos inquilinos dos seus imóveis, motivo por que o município deverá redirecionar a cobrança do crédito tributário aos locatários.
(C) O INSS será beneficiado pela imunidade tributária, desde que o valor dos aluguéis esteja sendo aplicado nas atividades para as quais a autarquia foi constituída.
(D) O INSS não faz jus ao benefício da imunidade tributária no caso, pois os imóveis estavam alugados para particulares.
(E) O INSS somente possui imunidade tributária em relação aos imóveis diretamente empregados na sua atividade fim ou nas atividades dela decorrentes, portanto, no caso de imóveis alugados a título de investimento, a entidade se submeterá às mesmas regras tributárias aplicáveis aos demais proprietários.

A, D e E: incorretas, pois a imunidade das autarquias e fundações instituídas e mantidas pelo poder público prestadoras de serviços públicos essenciais, expressa no art. 150, §§ 2° e 4°, da CF abrange seus imóveis alugados a terceiros, desde que a renda obtida com os aluguéis esteja vinculada aos seus fins essenciais, o que é presumido nos casos de tais entes. O STF aplica os mesmos fundamentos que deram origem à Súmula Vinculante 52: ainda quando alugado a terceiros, permanece imune ao IPTU o imóvel pertencente a qualquer das entidades referidas pelo art. 150, VI, "c", da Constituição Federal, desde que o valor dos aluguéis seja aplicado nas atividades para as quais tais entidades foram constituídas; **C:** correta, conforme comentário anterior baseado na Súmula Vinculante 52; **B:** o contribuinte do IPTU é o proprietário do imóvel (art. 34 do CTN) que, no caso, é imune por ser uma autarquia. Portanto, não ocorrerá o fato gerador do imposto municipal, sendo indevida qualquer cobrança em relação aos locatários do imóvel. **LS**
Gabarito "C"

(Procurador Fazenda Nacional – AGU – 2023 – CEBRASPE) No que diz respeito à imunidade tributária de contribuições para a seguridade social, prevista na CF, assinale a opção correta.
(A) No que se refere às contribuições para a seguridade social, o texto constitucional faz menção à imunidade, quando, na verdade, deveria mencionar isenção, uma vez que a matéria foi submetida a reserva legal pelo próprio constituinte.
(B) A imunidade de contribuições para a seguridade social prevista no art. 195 da CF tem o mesmo alcance subjetivo da imunidade de impostos, prevista no art. 150 da CF.
(C) Cumpridos os requisitos para fruição da imunidade, a entidade beneficente não a perde em razão de alteração legislativa superveniente, haja vista a garantia do direito adquirido.
(D) A lei complementar é forma exigível para a definição do modo beneficente de atuação das entidades de assistência social contempladas na CF, especialmente no que se refere à instituição de contrapartidas a serem por elas observadas.
(E) A imunidade de contribuições para a seguridade social abrange as contribuições devidas pelos empregados das entidades beneficentes de assistência social.

A: incorreta, pois apesar da expressão "isenção" utilizada na Constituição Federal, no art. 195, § 7º, o caso é de imunidade por se tratar de uma limitação constitucional ao poder de tributar, conforme já reconhecido pelo STF no RMS 22.192: a cláusula inscrita no art. 195, § 7º, da Carta Política – não obstante referir-se impropriamente à isenção de contribuição para a seguridade social –, contemplou as entidades beneficentes de assistência social, com o favor constitucional da imunidade tributária, desde que por elas preenchidos os requisitos fixados em lei. A jurisprudência constitucional do Supremo Tribunal Federal já identificou, na cláusula inscrita no art. 195, § 7º, da Constituição da República, a existência de uma típica garantia de imunidade (e não de simples isenção) estabelecida em favor das entidades beneficentes de assistência social; **B:** incorreta, pois somente as entidades beneficentes de assistência social sem fins lucrativos podem gozar da imunidade relativa às contribuições sociais destinadas ao custeio da seguridade social (art. 195, § 7º, da CF), enquanto a imunidade referente aos impostos (art. 150 da CF) alcança também várias outras entidades, tais como os partidos políticos, inclusive suas fundações, e as entidades sindicais dos trabalhadores, atendidos os requisitos da lei; **C:** incorreta, pois as entidades beneficentes de assistência social são imunes às contribuições para a seguridade social, desde que por elas preenchidos os requisitos fixados em lei. Portanto, se houver lei superveniente que altere os requisitos exigidos para o gozo da imunidade não há direito adquirido à manutenção da imunidade com base na lei revogada. A entidade poderá continuar usufruindo o benefício fiscal, desde que atenda aos requisitos previstos na nova lei; **D:** correta, pois, a regulamentação das imunidades deve ser feita por lei complementar federal, nos termos do art. 146, II, da CF. Tese de repercussão geral 32/STF: "Os requisitos para o gozo de imunidade hão de estar previstos em lei complementar"; **E:** incorreta, pois a imunidade beneficia a entidade e não seus empregados.
Gabarito "D".

(Procurador Fazenda Nacional – AGU – 2023 – CEBRASPE) Assinale a opção correta a respeito do regime tributário das autarquias, das empresas públicas e das sociedades de economia mista, à luz do entendimento jurisprudencial do Supremo Tribunal Federal (STF).

(A) A imunidade tributária recíproca prevista na Constituição Federal de 1988 (CF) pode ser suprimida ou alterada por emenda constitucional (EC), por não constituir cláusula pétrea, tal qual ocorreu com a edição da EC n.º 3/1993, que criou temporariamente o imposto sobre movimentação ou transmissão de valores e de créditos e direitos de natureza financeira (IPMF).

(B) A imunidade constitucional recíproca, prevista na Constituição Federal de 1988 (CF), tem por objeto apenas impostos, não alcançando as autarquias municipais, de modo que elas estão sujeitas ao pagamento do imposto sobre a renda das pessoas jurídicas e da contribuição social sobre o lucro líquido.

(C) As sociedades de economia mista com atuação exclusiva na prestação de ações e serviços de saúde cujo capital social seja majoritariamente estatal e que não tenham por finalidade a obtenção de lucro gozam da imunidade tributária prevista na Constituição Federal de 1988 (CF).

(D) As empresas públicas e as sociedades de economia mista delegatárias de serviços públicos essenciais que não distribuam lucros a acionistas privados nem ofereçam risco ao equilíbrio concorrencial são beneficiárias da imunidade tributária constitucionalmente recíproca, desde que não haja cobrança de tarifa como contraprestação do serviço.

(E) Quando imunes, as autarquias, as empresas públicas e as sociedades de economia mista ficam dispensadas da retenção de tributos, na condição de substitutas ou responsáveis tributárias.

A: incorreta, pois a imunidade recíproca é considerada pelo STF como cláusula pétrea porque diretamente relacionada à salvaguarda do princípio federativo. Nesse sentido, a ADI 939/STF que declarou inconstitucional a previsão da EC n.º 3/1993, que criou temporariamente o (IPMF), de incidência do tributo sobre a movimentação financeira dos Estados, DF e Municípios por ofensa ao princípio federativo; **B:** incorreta, pois a imunidade tributária recíproca (art. 150, VI, 'a', da CF) alcança as autarquias e as fundações instituídas e mantidas pelo poder público, nos termos do art. 150, §§ 2º e 4º, da CF. Cumpre ressaltar que a Reforma Tributária (EC 132/2023) introduziu no texto constitucional a imunidade relativa à empresa pública prestadora de serviço postal no art. 150, § 2º, da CF; **C:** correta, nos termos fixados pelo STF no RE 580264: a saúde é direito fundamental de todos e dever do Estado (arts. 6º e 196 da Constituição Federal). Dever que é cumprido por meio de ações e serviços que, em face de sua prestação pelo Estado mesmo, se definem como de natureza pública (art. 197 da Lei das leis). A prestação de ações e serviços de saúde por sociedades de economia mista corresponde à própria atuação do Estado, desde que a empresa estatal não tenha por finalidade a obtenção de lucro; **D:** incorreta, pois a imunidade, nesse caso, independe da cobrança de tarifa como contraprestação do serviço público, nos termos fixados pelo STF – Tema 1140 da Repercussão Geral – Tese: as empresas públicas e as sociedades de economia mista delegatárias de serviços públicos essenciais, que não distribuam lucros a acionistas privados nem ofereçam risco ao equilíbrio concorrencial, são beneficiárias da imunidade tributária recíproca prevista no artigo 150, VI, a, da Constituição Federal, independentemente de cobrança de tarifa como contraprestação do serviço; **E:** incorreta, pois a imunidade não exclui a atribuição, por lei, às entidades nele referidas, da condição de responsáveis pelos tributos que lhes caiba reter na fonte, (art. 9º, § 1º do CTN).
Gabarito "C".

(Procurador – PGM/SP – 2023 – CESPE/CEBRASPE) Com base na Constituição Federal de 1988 e na jurisprudência dos tribunais superiores, julgue os itens a seguir.

I. Uma sociedade de economia mista estadual, que atue como prestadora exclusiva do serviço público de abastecimento de água potável e coleta e tratamento de esgotos sanitários, possui o direito à imunidade tributária recíproca sobre impostos federais incidentes sobre seu patrimônio, renda e serviços, desde que haja a prestação de um serviço público, que não ocorra a distribuição de lucros aos acionistas e que essa sociedade não atue em regime concorrencial.

II. As entidades religiosas podem se qualificar como instituições de assistência social, para aproveitar os benefícios da imunidade tributária prevista na Constituição Federal de 1988, que abrange não apenas os impostos incidentes sobre o patrimônio, renda e serviços dessas entidades, mas também os impostos relacionados à importação de bens a serem utilizados na realização de seus objetivos estatutários.

III. A sociedade de economia mista, prestação de serviço público, cuja participação acionária é negociada em bolsas de valores, e que, inequivocamente, está voltada à remuneração do capital de seus controladores ou acionistas, está abrangida pela regra de imunidade tributária.

Assinale a opção correta.

(A) Apenas o item I está certo.

(B) Apenas o item III está certo.
(C) Apenas os itens I e II estão certos.
(D) Apenas os itens II e III estão certos.
(E) Todos os itens estão certos.

I: item correto. De acordo com a Constituição Federal (art. 150, § 3º c/c 173, § 2º) a imunidade em relação a impostos prevista no art. 150, VI, 'a' não se aplica ao patrimônio, à renda e aos serviços, relacionados com exploração de atividades econômicas regidas pelas normas aplicáveis a empreendimentos privados. Porém, o STF faz uma diferenciação entre empresas públicas e as sociedades de economia prestadoras de serviços públicos essenciais, de um lado, e, de outro, as estatais exploradoras de atividade econômica *stricto sensu*, garantindo às primeiras a imunidade tributária, nos seguintes termos (Tema 1140 da Repercussão Geral): Tese: as empresas públicas e as sociedades de economia mista delegatárias de serviços públicos essenciais, que não distribuam lucros a acionistas privados nem ofereçam risco ao equilíbrio concorrencial, são beneficiárias da imunidade tributária recíproca prevista no artigo 150, VI, *a*, da Constituição Federal, independentemente de cobrança de tarifa como contraprestação do serviço. No mesmo sentido, decisão do STF na ACO 3410/SE: *"Sociedade de economia mista estadual prestadora exclusiva do serviço público de abastecimento de água potável e coleta e tratamento de esgotos sanitários faz jus à imunidade tributária recíproca sobre impostos federais incidentes sobre patrimônio, renda e serviços. Prevalece na Corte o entendimento de que, para a extensão da imunidade tributária recíproca da Fazenda Pública a sociedades de economia mista e empresas públicas, é necessário preencher 3 (três) requisitos: (i) a prestação de um serviço público; (ii) a ausência do intuito de lucro e (iii) a atuação em regime de exclusividade, ou seja, sem concorrência."*; II: item correto nos termos da jurisprudência do STF (Repercussão Geral – Tema 336): As entidades religiosas podem se caracterizar como instituições de assistência social a fim de se beneficiarem da imunidade tributária prevista no art. 150, VI, c, da Constituição, que abrangerá não só os impostos sobre o seu patrimônio, renda e serviços, mas também os impostos sobre a importação de bens a serem utilizados na consecução de seus objetivos estatutários. III: item incorreto, pois se a sociedade de economia mista é voltada à remuneração do capital de seus controladores ou acionistas não há imunidade, conforme comentários ao item I e jurisprudência do STF (Repercussão Geral – Tema 508): *"Sociedade de economia mista, cuja participação acionária é negociada em Bolsas de Valores, e que, inequivocamente, está voltada à remuneração do capital de seus controladores ou acionistas, não está abrangida pela regra de imunidade tributária prevista no art. 150, VI, 'a', da Constituição, unicamente em razão das atividades desempenhadas"*.

Gabarito "C".

(Procurador – PGE/SC – 2022 – FGV) No mesmo dia, foram protocolizados junto à Secretaria da Fazenda do Estado Alfa dois requerimentos de reconhecimento de imunidade tributária de IPVA referentes a veículos licenciados no território estadual. O primeiro se referia a veículos de propriedade de uma entidade maçônica usados em suas atividades essenciais, por alegação de que configuraria entidade religiosa. O segundo se referia aos veículos de propriedade da Empresa Brasileira de Correios e Telégrafos (EBCT) também usados em suas atividades essenciais, por alegação de que configuraria empresa estatal beneficiária de imunidade tributária recíproca, ainda que exercesse algumas atividades com o intuito de lucro e em regime de livre concorrência.

Diante desse cenário e à luz da jurisprudência dos Tribunais Superiores, o Fisco estadual deve:

(A) reconhecer a imunidade tributária religiosa quanto aos veículos da entidade maçônica e a imunidade tributária recíproca quanto aos veículos da EBCT;
(B) negar reconhecimento à imunidade tributária religiosa quanto aos veículos da entidade maçônica, mas reconhecer a imunidade tributária recíproca quanto aos veículos da EBCT;
(C) reconhecer a imunidade tributária religiosa quanto aos veículos da entidade maçônica, mas negar reconhecimento à imunidade tributária recíproca quanto aos veículos da EBCT;
(D) reconhecer a imunidade tributária religiosa quanto aos veículos da entidade maçônica, mas apenas reconhecer a imunidade tributária recíproca quanto aos veículos da EBCT usados em atividades exclusivamente exercidas em regime de monopólio;
(E) negar reconhecimento tanto à imunidade tributária religiosa dos veículos da entidade maçônica como à imunidade tributária recíproca dos veículos da EBCT.

A Constituição Federal garante imunidade para as entidades religiosas e templos de qualquer culto, inclusive suas organizações assistenciais e beneficentes, em relação aos impostos sobre o patrimônio, a renda e os serviços, relacionados com as finalidades essenciais de tais entidades (art. 150, VI, 'b' c/c § 4º). Porém, segundo o STF, a entidade maçônica não se equipara a entidade religiosa para fins de imunidade tributária, pois a maçonaria seria uma ideologia de vida e não uma religião (RE 562351). Em relação à Empresa Brasileira de Correios e Telégrafos (EBCT), o STF entende pela sua imunidade ampla, devido aos relevantes serviços públicos prestados visando a garantir a efetivação do direito à comunicação e a integração do território nacional, nos seguintes termos (Repercussão Geral – Tema 235): *"Os serviços prestados pela Empresa Brasileira de Correios e Telégrafos – ECT, inclusive aqueles em que a empresa não age em regime de monopólio, estão abrangidos pela imunidade tributária recíproca (CF, art. 150, VI, 'a' e §§ 2º e 3º)"*. Especificamente em relação ao IPVA quanto aos veículos da EBCT, também já se manifestou o STF favoravelmente à imunidade (ACO 789). Cumpre salientar que a Reforma Tributária (EC 132/2023) passou a prever expressamente a imunidade da EBCT em relação aos impostos sobre o patrimônio, a renda e os serviços no art. 150, § 2º, da CF/88: A vedação do inciso VI, "a", é extensiva às autarquias e às fundações instituídas e mantidas pelo poder público e à empresa pública prestadora de serviço postal, no que se refere ao patrimônio, à renda e aos serviços vinculados a suas finalidades essenciais ou às delas decorrentes. Por todo o exposto, correta a alternativa B, que nega imunidade aos veículos da entidade maçônica e assegura a imunidade para os veículos da EBCT, e incorretas as demais. Ainda sobre a imunidade da EBCT, conferir as teses fixadas pelo STF nos temas 402 e 644 da Repercussão Geral.

Gabarito "B".

(Juiz de Direito/AP – 2022 – FGV) O Município X, situado no Estado Y, resolveu renovar a frota de automóveis que utiliza em sua fiscalização ambiental, adquirindo, para tanto, novos veículos mediante alienação fiduciária em garantia ao Banco Lucro 100 S/A. O Estado Y então pretende cobrar IPVA desses automóveis, invocando dispositivo expresso de sua legislação estadual de que, em se tratando de alienação fiduciária em garantia, o devedor fiduciário responde solidariamente com o proprietário pelo pagamento do IPVA.

À luz da Constituição da República de 1988 e do entendimento dominante do Supremo Tribunal Federal, o Estado Y:

(A) poderá cobrar tal IPVA tanto do Município X como do Banco Lucro 100 S/A;
(B) poderá cobrar tal IPVA do Município X, mas não do Banco Lucro 100 S/A;
(C) poderá cobrar tal IPVA conjuntamente e pró-rata do Município X e do Banco Lucro 100 S/A;
(D) não poderá cobrar tal IPVA do Município X, mas sim do Banco Lucro 100 S/A;
(E) não poderá cobrar IPVA nem do Município X nem do Banco Lucro 100 S/A.

O STF entende que a alienação fiduciária em garantia de veículo automotor adquirido por ente político não afasta a imunidade tributária recíproca – ver RE 727.851/MG (Repercussão Geral – Tema 685). Por essa razão, a alternativa "E" é a correta. RB/LS
Gabarito: "E".

(Juiz de Direito/SP – 2021 – Vunesp) No que diz respeito às imunidades, é possível afirmar:
(A) os requisitos para gozo de imunidade devem estar previstos em lei ordinária.
(B) lei complementar estadual que isenta os membros do Ministério Público do pagamento de custas judiciais, notariais, cartorárias e quaisquer taxas e emolumentos não fere o disposto no artigo 150, II, da Constituição Federal. A igualdade de tratamento entre os contribuintes permite tratamento desigual em situações admitidas por lei.
(C) encontram-se compreendidos pela imunidade prevista no artigo 150, VI, d, também os livros digitais. A imunidade tributária relativa a livros, jornais e periódicos é ampla, total, acompanhando produto, maquinário e insumos.
(D) a imunidade configura exceção constitucional à capacidade ativa tributária, mas a interpretação das normas deve ser ampla, de forma a conferir efetividade aos direitos correspondentes à exclusão do poder de tributar.

A: incorreta, pois a regulamentação das limitações constitucionais ao poder de tributar deve ser feita por lei complementar federal – art. 146, II, da CF – vide Tese de repercussão geral 32/STF; B: incorreta, conforme entendimento do STF – ver ADI 3260/RN; C: incorreta, na segunda parte. De fato, a imunidade dos livros abrange os digitais, conforme a Súmula Vinculante 57/STF. Entretanto, a imunidade não abrange maquinários e insumos – ver RE 739.085/SP; D: incorreta, pois a imunidade é norma negativa de competência tributária (capacidade legislativa relacionada à tributação), não de capacidade ativa tributária (capacidade de ocupar o polo ativo da obrigação tributária). RB/LS
Gabarito: Anulada

(Juiz de Direito – TJ/SC – 2019 – CESPE/CEBRASPE) A respeito de imunidade tributária e isenção tributária, é correto afirmar que
(A) a isenção está no campo infraconstitucional e corresponde a uma hipótese de não incidência da norma tributária.
(B) a imunidade está no plano constitucional e proíbe a própria instituição do tributo relativamente às situações e pessoas imunizadas.
(C) a isenção é criada diretamente pela Constituição Federal de 1988, sendo uma norma negativa de competência tributária.
(D) a imunidade pressupõe a incidência da norma tributária, sendo o crédito tributário excluído pelo legislador.
(E) a imunidade está no plano de aplicação da norma tributária, sendo equivalente ao estabelecimento de uma alíquota nula.

A: incorreta, pois a isenção é benefício fiscal fixado por lei que, nos termos do art. 175 do CTN, implica exclusão do crédito tributário (a norma incide e surge a obrigação, mas o crédito é excluído, dispensa-se o pagamento – o conceito é bastante criticado pela doutrina mais moderna); B: correta, já que a imunidade é norma constitucional que afasta a competência tributária, delimitando-a negativamente; C: incorreta, conforme comentários anteriores (a isenção é concedida por norma legal, pressupõe a competência tributária do ente que a concede); D: incorreta, pois a imunidade afasta a competência tributária, não há como legislar prevendo a incidência, muito menos haver essa incidência; E: incorreta, pois a imunidade está no plano da delimitação da competência tributária, no âmbito constitucional. RB
Gabarito: "B".

(Juiz de Direito – TJ/RS – 2018 – VUNESP) O governo estadual quer fomentar as áreas de lazer e turismo do Estado com a construção de um complexo multiuso com arena coberta que comporte a realização de shows e outros eventos de lazer, além de um aquário. Para tanto, pretende conceder à iniciativa privada a realização das obras de construção do complexo, que deverá ser levantado em área pública predefinida, e sua posterior exploração pelo prazo de 30 (trinta) anos. O concessionário será remunerado exclusivamente pelas receitas advindas da exploração econômica do novo equipamento, inclusive acessórias. Para que o projeto tenha viabilidade econômica, está prevista a possibilidade de construção de restaurantes, de um centro comercial, de pelo menos um hotel dentro da área do novo complexo, além da cobrança de ingresso para visitação do aquário e dos eventos e shows que vierem a ser realizados na nova arena. Há previsão de pagamento de outorga para o Estado em razão da concessão.

Em relação à cobrança do IPTU pelo município onde se situa a área do complexo, é correto afirmar que
(A) por se tratar de área pública estadual, o Município não poderá cobrar IPTU em nenhuma hipótese, em razão da imunidade recíproca, prevista no artigo 150, inciso VI, 'a' da Constituição Federal de 1988.
(B) a cobrança do IPTU é indevida porque o concessionário não exerce nenhum direito de propriedade sobre o imóvel, sendo mero detentor de posse precária e desdobrada, decorrente de direito pessoal, fundada em contrato de cessão de uso, não podendo ser considerado contribuinte do imposto.
(C) apesar de o imóvel ser de propriedade do Estado, o Município poderá cobrar IPTU se não restar comprovado que a outorga paga pelo concessionário ao Estado pela concessão foi integralmente revertida para a realização de atividades de caráter eminentemente público.
(D) apesar do imóvel ser de propriedade do Estado, o Município poderá cobrar IPTU porque a área foi cedida a pessoa jurídica de direito privado para a realização de atividades com fins lucrativos, sendo o concessionário o contribuinte do imposto.
(E) a cobrança do IPTU é indevida porque o imóvel é público, sendo irrelevante para a caracterização do fato gerador a finalidade que o Estado dá ao imóvel.

A: incorreta, pois o STF reconhece a incidência do IPTU quando há cessão da área para exploração de empreendimento privado – ver temas de repercussão geral 385 ("A imunidade recíproca, prevista no art. 150, VI, a, da Constituição não se estende a empresa privada arrendatária de imóvel público, quando seja ela exploradora de atividade econômica com fins lucrativos. Nessa hipótese é constitucional a cobrança do IPTU pelo Município") e 437 ("Incide o IPTU, considerado imóvel de pessoa jurídica de direito público cedido a pessoa jurídica de direito privado, devedora do tributo"); **B:** incorreta, conforme comentário anterior; **C:** incorreta, pois a cobrança depende apenas da exploração econômica com finalidade lucrativa, conforme comentário anterior; **D:** correta, conforme comentários anteriores; **E:** incorreta, conforme comentários anteriores. **RB**
Gabarito "D".

4. DEFINIÇÃO DE TRIBUTO E ESPÉCIES TRIBUTÁRIAS

(Analista – INPI – 2024 – CEBRASPE) Considerando o conceito e a classificação dos tributos, julgue os itens a seguir, de acordo com Código Tributário Nacional.

(1) A denominação adotada pelo legislador é relevante para a definição da natureza jurídica específica do tributo, dada a presunção de racionalidade do legislador.

(2) As taxas têm como fato gerador o exercício regular do poder de polícia, ou a utilização, efetiva ou potencial, de serviço público específico e divisível, prestado ao contribuinte ou posto à sua disposição.

(3) As multas decorrentes do poder de polícia administrativa configuram tributo, visto que constituem prestação pecuniária compulsória, instituída por lei e cobrada mediante atividade plenamente vinculada.

1: Errada. O artigo 4º, inciso I, do Código Tributário Nacional prevê que a denominação adotada pelo legislador é irrelevante para fins tributários, isto é a natureza jurídica do tributo é determinada pelo fato gerador da respectiva obrigação.
CTN, Art. 4º A natureza jurídica específica do tributo é determinada pelo fato gerador da respectiva obrigação, sendo irrelevantes para qualificá-la:
I – a denominação e demais características formais adotadas pela lei;
2: Certa. O artigo 77 do Código Tributário Nacional determina os fatos geradores das Taxas, podendo ser taxas de polícia ou taxas de serviço. Se taxas de polícia, seu fato gerador está ligado ao exercício regular de poder de polícia; se de serviço, congregam um fato gerador de serviço público específico e divisível (também chamado de *uti singuli*), prestado ao contribuinte ou posto à sua disposição.
CTN, Art. 77. As taxas cobradas pela União, pelos Estados, pelo Distrito Federal ou pelos Municípios, no âmbito de suas respectivas atribuições, têm como fato gerador o exercício regular do poder de polícia, ou a utilização, efetiva ou potencial, de serviço público específico e divisível, prestado ao contribuinte ou posto à sua disposição.
3: Errada. O art. 142 do Código Tributário Nacional disciplina o instituto do Lançamento Tributário, sendo certo que, em sua parte final, delimita: "propor a aplicação da penalidade cabível". Dessa maneira, a imposição de penalidade (multa) constitui uma obrigação tributária principal em perfeita sintonia ao conceito de tributo elencado no CTN no artigo 3º.
CTN, Art. 142. Compete privativamente à autoridade administrativa constituir o crédito tributário pelo lançamento, assim entendido o procedimento administrativo tendente a verificar a ocorrência do fato gerador da obrigação correspondente, determinar a matéria tributável, calcular o montante do tributo devido, identificar o sujeito passivo e, sendo caso, propor a aplicação da penalidade cabível.
CTN, Art. 3º Tributo é toda prestação pecuniária compulsória, em moeda ou cujo valor nela se possa exprimir, que não constitua sanção de ato ilícito, instituída em lei e cobrada mediante atividade administrativa plenamente vinculada. **FP**
Gabarito 1E, 2C, 3E

(Analista – INPI – 2024 – CEBRASPE) Em relação a taxas, julgue os seguintes itens, à luz da jurisprudência do STF.

(1) É constitucional a taxa de renovação de funcionamento e localização municipal, desde que efetivo o exercício do poder de polícia, demonstrado pela existência de órgão e estrutura competentes para o respectivo exercício.

(2) O serviço de iluminação pública não pode ser remunerado mediante taxa, uma vez que tem caráter inespecífico e indivisível.

1: Certa. Trata-se do Tema 217, apreciado no RE 588322, que delimita a constitucionalidade da taxa de renovação de funcionamento e localização municipal, desde que efetivo o exercício do poder de polícia, demonstrado pela existência de órgão e estrutura competentes para o respectivo exercício. Dessa maneira, em havendo órgão minimamente estruturado para o efetivo exercício do poder de polícia, a cobrança de taxa será absolutamente plausível.
2: Certa. O serviço de iluminação pública é considerado geral e indivisível (também chamado de *uti Universe*), de modo que deverá ser custeado mediante o pagamento de impostos ou de contribuição especial, e não de taxas. Para tanto, o STF editou a Súmula Vinculante nº 41: "o serviço de iluminação pública não pode ser remunerado mediante taxa". **FP**
Gabarito 1C, 2C

(Procurador Fazenda Nacional – AGU – 2023 – CEBRASPE) O Ministério da Fazenda, a fim de obter recursos para custear crescentes gastos com a manutenção do sistema informatizado de controle de importações, propôs a criação de tributo via medida provisória, em cuja minuta se lê o seguinte.

Art. 1.º Fica instituído encargo especial para utilização do sistema de registro de importação, administrado pela Receita Federal do Brasil (RFB).

§ 1.º A taxa a que se refere o artigo anterior será devida à razão de R$ 20,00 (vinte reais), no momento do registro da declaração de importação.

§ 2.º O produto da arrecadação será destinado integralmente para custear a manutenção do sistema a que se refere o *caput*.

A minuta em questão foi encaminhada para análise jurídica da Coordenação-Geral de Assuntos Tributários da Procuradoria-Geral da Fazenda Nacional (PGFN).

Na situação hipotética apresentada, considerando a disciplina legal e constitucional das espécies tributárias, o procurador da PGFN deverá sugerir, ao emitir seu parecer, a alteração da nomenclatura "encargo especial", no *caput* do artigo 1.º, para

(A) contribuição de melhoria.
(B) contribuição social alfandegária.
(C) contribuição de intervenção no domínio econômico.
(D) taxa.
(E) imposto.

A: incorreta, pois o fato gerador da contribuição de melhoria é a valorização imobiliária decorrente de obra pública, conforme art. 145, III, da CF c/c art. 81 do CTN; **B e C:** incorretas, pois as contribuições especiais são tributos que se caracterizam por terem a receita destinada às áreas previstas na Constituição Federal, nos artigos 149 (contribuições: sociais, de intervenção no domínio econômico e de interesse das categorias profissionais ou econômicas) e 149-A (custeio, a expansão e a melhoria do serviço de iluminação pública e de sistemas de monitoramento para segurança e preservação de logradouros públicos); **D**: correta, pois a taxa é tributo que visa remunerar atividade estatal, conforme artigo 145, II, da CF: exercício do poder de polícia ou utilização, efetiva ou potencial, de serviços públicos específicos e divisíveis, prestados ao contribuinte ou postos a sua disposição; e **E**: incorreta, pois imposto é tributo com fato gerador não vinculado a atividade estatal – vide art. 16 do CTN.

Gabarito "D".

(Procurador Fazenda Nacional – AGU – 2023 – CEBRASPE) O STF e o STJ reconhecem a validade da tributação de rendimentos provenientes de atos ilícitos, pois a interpretação legal do fato gerador é feita abstraindo-se a validade jurídica dos atos praticados, a natureza do objeto ou os efeitos desses atos. Trata-se da aplicação do princípio tributário

(A) da tipicidade.
(B) da legalidade.
(C) do *non lote*.
(D) da capacidade contributiva.
(E) da isonomia.

O art. 118 do CTN estabelece que a definição legal do fato gerador é interpretada abstraindo-se da validade jurídica dos atos efetivamente praticados pelos contribuintes, responsáveis, ou terceiros, bem como da natureza do seu objeto ou dos seus efeitos. Por isso, é válida a tributação de rendimentos provenientes de atos ilícitos (por ex., tributação da renda auferida com o tráfico de drogas– aplicação do brocardo *pecunia non olet*), conforme julgado do STF (HC 94240/SP) – "Non olet" e atividade ilícita. É possível a incidência de tributação sobre valores arrecadados em virtude de atividade ilícita, consoante o art. 118 do CTN. Assim, a assertiva correta é a letra C.

Gabarito "C".

(Procurador Fazenda Nacional – AGU – 2023 – CEBRASPE) No que se refere ao sistema tributário nacional e às normas gerais de direito tributário, julgue os itens a seguir.

I. Tributo é toda prestação pecuniária compulsória, em moeda ou cujo valor nela se possa exprimir, ainda que constitua sanção de ato ilícito, instituída em lei e cobrada mediante atividade administrativa plenamente vinculada.
II. Considerado o conceito legal de tributo, deve-se reconhecer a natureza tributária da taxa de ocupação dos terrenos de marinha.
III. Apesar do caráter compulsório do tributo, a legislação por vezes permite ao contribuinte a opção por regimes tributários alternativos, como o Simples Nacional, o que não descaracteriza a natureza tributária da obrigação.
IV. A destinação legal do produto da arrecadação é irrelevante para aferir a natureza jurídica específica do tributo.

Assinale a opção correta.

(A) Apenas os itens I e II estão certos.
(B) Apenas os itens I e IV estão certos.
(C) Apenas os itens II e III estão certos.
(D) Apenas os itens III e IV estão certos.
(E) Todos os itens estão certos.

I: incorreto, pois o tributo não é sanção de ato ilícito (art. 3º do CTN); **II**: incorreto, pois a taxa é tributo devido em razão do exercício do poder de polícia ou pela utilização, efetiva ou potencial, de serviços públicos específicos e divisíveis, prestados ao contribuinte ou postos a sua disposição (art. 145, II, da CF). Assim, o valor cobrado em razão do uso de bem público (ocupação dos terrenos de marinha) não tem natureza tributária, mas sim de preço público (natureza contratual); **III**: correto. A Constituição Federal de 1988, especialmente nos artigos 146, III, 'd' e 179 estabelece que o legislador infraconstitucional concederá tratamento jurídico diferenciado às "micro e pequenas empresas". Nesse sentido, a LC 123/2006 criou o **"Simples Nacional" que é um regime tributário voltado para as micro e pequenas empresas – incluindo os microempreendedores individuais (MEIs)**. Consiste em um sistema simplificado e unificado de recolhimento de alguns tributos, sendo opcional para o contribuinte (art. 146, § 1º, I, da CF). A opção pelo regime do Simples não descaracteriza a natureza tributária da obrigação nele prevista, ou seja, feita a opção pelo citado regime o contribuinte deve compulsoriamente recolher os tributos nele previstos nos valores e prazos previstos na lei. **IV**: correto, conforme a literalidade do art. 4º, II, do CTN. De fato, o destino da arrecadação é irrelevante para determinar a natureza jurídica dos impostos, taxas e contribuições de melhoria que são as espécies tributárias indicadas no art. 5º do CTN (teoria tripartite). Porém, para o empréstimo compulsório e as contribuições especiais, previstas na CF (artigos 148, 149 e 149-A), o destino da receita é aspecto relevante do seu regime jurídico (teoria pentapartida dos tributos).

Gabarito "D".

(Juiz de Direito/AP – 2022 – FGV) José recebeu carnê de pagamento de contribuição de melhoria do Município Alfa referente à obra pública municipal que valorizou seu imóvel rural. Verificou que, no carnê, havia também a discriminação de pequeno valor de cobrança de taxa relativa ao custo de expedição do carnê, nos termos de nova lei municipal criadora dessa taxa.

A respeito desse cenário e à luz do entendimento dominante do Supremo Tribunal Federal, é correto afirmar que:

(A) a expedição de carnê de pagamento de tal tributo não pode ser remunerada por taxa;
(B) a expedição de carnê de pagamento de tal tributo pode ser remunerada por taxa, em razão de configurar serviço público específico e divisível;
(C) a expedição de carnê de pagamento de tal tributo pode ser remunerada por taxa, em razão de configurar exercício do poder de polícia;
(D) o Município Alfa não detém competência tributária para instituir tal contribuição de melhoria;
(E) o Município Alfa não pode instituir tal contribuição de melhoria referente a imóvel localizado em área rural.

A: correta, pois taxas somente podem ser instituídas em relação a serviços públicos específicos e divisíveis, efetivos ou potenciais ou exercício de poder de polícia, nos termos no art. 145, II, da CF, sendo que emissão de carnê não se enquadra nessas hipóteses. Por isso, o STF reafirmou seu entendimento contrário à cobrança de taxas para emissão de carnês de recolhimento de tributos tendo em vista não existir contraprestação ao contribuinte que justifique tal exação – ver RE 789.218; **B** e **C**: incorretas, conforme comentário anterior; **D**: incorreta, pois o município tem competência para instituir contribuição de melhoria em relação às obras que realize, desde que impliquem valorização imobiliária – art. 145, III, da CF; **E**: incorreta, pois a contribuição de melhoria não tem limitação em relação à região urbana ou rural do município – art. 145, III, da CF.

Gabarito "A".

(Juiz de Direito/SP – 2021 – Vunesp) No que diz respeito a taxas, é correto afirmar:

(A) a simples disponibilização dos serviços, ainda que não de natureza compulsória, admite exigir a taxa de serviço.

(B) o simples exercício do poder de polícia não enseja a cobrança da taxa de polícia, mas sim o desempenho efetivo da atividade dirigida ao administrado. Assim, por exemplo, não é jurídico cobrar taxa de fiscalização se a pessoa política não mantém órgão fiscalizatório ou não desenvolve tal atividade.

(C) o caráter retributivo das taxas também está presente quando fixada e cobrada antecipadamente à disponibilização do serviço, como forma para sua viabilização.

(D) o princípio da capacidade contributiva também é de aplicação obrigatória na instituição das taxas.

A: incorreta, pois somente no caso de serviços de utilização compulsória (por exemplo, coleta domiciliar de lixo) é que permite a cobrança pela utilização potencial. Nos demais casos, somente os serviços utilizados efetivamente pelo contribuinte é que permitem a cobrança de taxa – art. 79, I, *b*, do CTN; **B:** correta. O STF considera suficiente para comprovação do efetivo exercício do poder de polícia e, portanto, validade da taxa correspondente, a existência de órgão e estrutura competente para a fiscalização – RE 588.322/RO. Seguindo esse entendimento, o STJ afastou a Súmula 157, admitindo taxa na renovação de licença; **C:** incorreta, pois a taxa somente pode ser cobrada quando o serviço é efetivamente prestado (a utilização é que pode ser potencial, nunca a prestação) – art. 77 do CTN; **D:** incorreta, pois as taxas são primordialmente retributivas – o art. 145, § 1º, da CF refere-se expressamente apenas aos impostos, ao tratar da capacidade contributiva. Porém, embora não seja a regra, não é vedada a aplicação do princípio da capacidade contributiva em relação a outras espécies tributárias, incluindo as taxas (Ex.: isenção de taxa judiciária para aquele que é pobre no sentido legal e não tem condição de arcar com as custas do processo). Ademais, o STF também já admitiu a aplicação do princípio da capacidade contributiva em relação a outras espécies tributárias (RE 573.675). RB/LS

Gabarito "B".

(Juiz de Direito – TJ/SC – 2019 – CESPE/CEBRASPE) A respeito dessa lei hipotética, considerando-se a jurisprudência do STF acerca do princípio da legalidade tributária, é correto afirmar que

(A) a delegação do ato infralegal para a fixação do valor da taxa ou determinação dos critérios para a sua correção é inconstitucional.

(B) os índices de correção monetária da taxa podem ser atualizados por ato do Poder Executivo, ainda que em percentual superior aos índices de correção monetária legalmente previstos.

(C) a fixação do valor da taxa por ato normativo infralegal, se em proporção razoável com os custos da atuação estatal, é permitida, devendo sua correção monetária ser atualizada em percentual não superior aos índices legalmente previstos.

(D) o Poder Executivo tem permissão legal para fixar discricionariamente o valor da correção monetária da referida taxa, independentemente de previsão legal de índice de correção.

(E) a fixação, em atos infralegais, de critérios para a correção monetária de taxas é inconstitucional, independentemente de observar expressa previsão legal.

A: incorreta, pois o STF admitiu essa possibilidade, conforme a tese de repercussão geral 829/STF "Não viola a legalidade tributária a lei que, prescrevendo o teto, possibilita o ato normativo infralegal fixar o valor de taxa em proporção razoável com os custos da atuação estatal, valor esse que não pode ser atualizado por ato do próprio conselho de fiscalização em percentual superior aos índices de correção monetária legalmente previstos"; **B:** incorreta, conforme comentário anterior; **C:** correta, conforme comentários anteriores; **D e E:** incorretas, conforme comentários anteriores. RB

Gabarito "C".

(Juiz de Direito – TJ/BA – 2019 – CESPE/CEBRASPE) Conforme a CF, as contribuições de intervenção no domínio econômico

(A) são de competência exclusiva da União.

(B) podem incidir sobre as receitas decorrentes de exportação.

(C) não podem incidir sobre a importação de serviços.

(D) devem ter alíquota somente *ad valorem*.

(E) podem instituir tratamento desigual entre contribuintes exclusivamente em razão de ocupação profissional.

A: correta, pois a competência para as legislar sobre contribuições de intervenção no domínio econômico e de interesse de categorias profissionais e econômicas é exclusiva da União, conforme art. 149 da CF. No campo das contribuições sociais, apesar de, em regra, a competência ser da União (art. 149, *caput*, da CF), é preciso relembrar que Estados, DF e Municípios têm competência para instituir contribuição social de custeio do regime de previdência de seus próprios servidores públicos titulares de cargo efetivo (art. 149, § 1º, da CF); **B:** incorreta, pois isso é afastado pelo art. 149, § 2º, I, da CF; **C:** incorreta, pois isso é permitido, nos termos do art. 149, § 2º, II, da CF; **D:** incorreta, pois as alíquotas poderão ser específicas, além de *ad valorem* – art. 149, § 2º, III, *b*, da CF; **E:** incorreta, pois isso é vedado expressamente pelo art. 150, II, da CF (princípio da isonomia). RB/LS

Gabarito "A".

(Juiz de Direito – TJ/RS – 2018 – VUNESP) O prefeito do Município X pretende instituir uma taxa para custear o serviço de coleta, remoção e destinação do lixo doméstico produzido no Município. A taxa será calculada em função da frequência da realização da coleta, remoção e destinação dos dejetos e da área construída do imóvel ou da testada do terreno.

Acerca dessa taxa, é correto afirmar que ela é

(A) ilegal, porque a coleta, remoção e destinação do lixo doméstico não podem ser considerados como serviço público específico e divisível.

(B) ilegal, porque sua base de cálculo utiliza elemento idêntico ao do IPTU, qual seja, a metragem da área construída ou a testada do imóvel.

(C) legal se houver equivalência razoável entre o valor cobrado do contribuinte e o custo individual do serviço que lhe é prestado.

(D) ilegal, porque não possui correspondência precisa com o valor despendido na prestação do serviço.

(E) legal, porque foi instituída em razão do exercício regular de poder de polícia, concernente à atividade da Administração Pública que regula ato de interesse público referente à higiene.

A: incorreta, pois o serviços é específico e divisível (= prestado *uti singuli*), o que permite a cobrança de taxa – ver Súmula Vinculante 19/STF; **B:** incorreta, pois a base de cálculo do IPTU é o valor do imóvel, não sua área, aplicando-se o entendimento consolidado na Súmula 29/

STF "É constitucional a adoção, no cálculo do valor de taxa, de um ou mais elementos da base de cálculo própria de determinado imposto, desde que não haja integral identidade entre uma base e outra"; **C:** correta, conforme comentários anteriores e o princípio pelo qual a taxa cobrada deve ter relação com o custo do serviço prestado; **D:** incorreta, pois essa correlação precisa não é exigida, até porque impossível, na prática; **E:** incorreta, pois a taxa descrita refere-se à prestação de serviço público específico e divisível, não ao exercício do poder de polícia. RB
Gabarito "C".

5. LEGISLAÇÃO TRIBUTÁRIA – FONTES

(Procurador Federal – AGU – 2023 – CEBRASPE) De acordo com o Código Tributário Nacional (CTN), para efeito de delimitação do conceito de legislação tributária, são exemplos de normas complementares, em seu sentido técnico,

(A) os decretos emitidos pelo Poder Executivo e as práticas reiteradamente observadas pelas autoridades administrativas.

(B) os tratados e as convenções internacionais e os convênios celebrados entre a União e os estados.

(C) os convênios celebrados entre a União e os estados e as práticas reiteradamente observadas pelas autoridades administrativas.

(D) as práticas reiteradamente observadas pelas autoridades administrativas e os tratados e as convenções internacionais.

(E) os tratados e as convenções internacionais e os decretos emitidos pelo Poder Executivo.

A e B: Incorretas, pois conforme o art. 100 do CTN, os tratados e as convenções internacionais e os decretos emitidos pelo Poder Executivo não são exemplos de normas complementares, em seu sentido técnico, embora estejam abarcados pela expressão "legislação tributária", prevista no art. 96 do CTN; **C:** correta, pois conforme o art. 100 do CTN, são normas complementares das leis, dos tratados e das convenções internacionais e dos decretos: I – os atos normativos expedidos pelas autoridades administrativas; II – as decisões dos órgãos singulares ou coletivos de jurisdição administrativa, a que a lei atribua eficácia normativa; III – as práticas reiteradamente observadas pelas autoridades administrativas; IV – os convênios que entre si celebrem a União, os Estados, o Distrito Federal e os Municípios; **D e E:** incorretas, conforme comentários anteriores – vide art. 100 do CTN. LS
Gabarito "C".

(Procurador Município – Santos/SP – VUNESP – 2021) Em relação aos Princípios Gerais da Tributação, determina a Constituição Federal:

(A) a lei complementar poderá estabelecer critérios especiais de tributação, com o objetivo de prevenir desequilíbrios da concorrência, sem prejuízo da competência de a União, no caso de relevância e urgência, através de ato do executivo, estabelecer normas de igual objetivo.

(B) cabe à lei complementar, dentre outras circunstâncias, estabelecer normas gerais em matéria de legislação tributária, especialmente sobre a definição de tratamento diferenciado e favorecido para as microempresas e para as empresas de pequeno porte, inclusive regimes especiais ou simplificados no caso do imposto de produtos industrializados, sendo vedada a instituição de um regime único de arrecadação.

(C) as contribuições sociais e de intervenção no domínio econômico incidirão também sobre a importação de produtos estrangeiros ou serviços e sobre as receitas decorrentes de exportação.

(D) cabe à lei complementar, dentre outras situações, dispor sobre conflitos de competência, em matéria tributária, entre a União, os Estados, o Distrito Federal e os Municípios e regular as limitações constitucionais ao poder de tributar.

(E) a União, os Estados, o Distrito Federal e os Municípios instituirão, por meio de lei complementar, contribuições para custeio de regime próprio de previdência social, cobradas dos servidores ativos, dos aposentados e dos pensionistas, que não poderão ter alíquotas progressivas.

A: incorreta, pois a competência da União é exercida por lei ordinária, independentemente de relevância ou urgência – art. 146-A da CF; **B:** incorreta, pois é possível regime único para impostos e contribuições dos entes federados (Simples Nacional), não apenas ao IPI – art. 146, § 1º, da CF; **C:** incorreta, pois as contribuições sociais e CIDE não incidirão sobre receitas decorrentes de exportação – art. 149, § 2º, I, da CF; **D:** correta, conforme o art. 146, I e II, da CF; **E:** incorreta, pois as contribuições para os regimes próprios de previdência poderão ter alíquotas progressivas, nos termos do art. 149, § 1º, da CF. RB
Gabarito "D".

(Juiz de Direito – TJ/RJ – 2019 – VUNESP) O Presidente da República Federativa do Brasil assina tratado internacional de comércio no qual se compromete a isentar os impostos federais, estaduais e municipais incidentes sobre os bens e serviços importados de país estrangeiro. Posteriormente, o referido tratado é ratificado pelo Poder Legislativo federal. Considerando o previsto na Constituição Federal e a jurisprudência do Supremo Tribunal Federal, é correto afirmar que

(A) não há restrição constitucional à previsão de isenção pela União de tributos da competência de estados e municípios, seja em âmbito de negociação internacional, seja em âmbito apenas nacional.

(B) embora se trate de caso de isenção heterônoma, a ratificação pelo Congresso Nacional do tratado tem por fim convalidar a inconstitucionalidade praticada pelo Presidente da República.

(C) não se aplica a vedação à concessão de isenções heterônomas pela União quando esta atua como representante da República Federativa do Brasil.

(D) para que a isenção relativa aos impostos estaduais tenha eficácia, a Constituição exige prévia aprovação pela maioria dos membros do Conselho de Política Fazendária – CONFAZ.

(E) as isenções relativas aos impostos estaduais e municipais na situação são consideradas isenções heterônomas e são vedadas pela Constituição.

O STF pacificou a discussão quanto à concessão de benefício fiscal relativo a tributo estadual ou municipal por meio de tratado internacional firmado pela União.
No julgamento do RE 229.096/RS, o STF fixou o entendimento de que os tratados, como atos do Estado Federal Brasileiro, pessoa jurídica de direito público internacional, não se confundem com os da União (ente federado, como os Estados, Distrito Federal e Municípios), sendo possível a concessão de benefícios fiscais relativos a tributos estaduais

e municipais. Não se trata, nessa hipótese, de isenção heterônoma vedada pelo art. 151, III, da CF.
A: incorreta, pois a isenção heterônoma é vedada pelo art. 151, III, da CF; **B:** incorreta, pois não se trata de isenção heterônoma, conforme entendimento do STF citado nos comentários iniciais; **C:** correta, conforme comentários iniciais; **D** e **E:** incorretas, conforme comentários iniciais. RB
Gabarito "C".

(Juiz de Direito – TJ/RS – 2018 – VUNESP) Assinale a alternativa correta em relação à legislação tributária.

(A) A atualização do valor monetário da base de cálculo do tributo somente pode ser estabelecida por lei, uma vez que implica na sua majoração.

(B) As práticas reiteradamente observadas pelas autoridades administrativas não são consideradas como normas complementares em matéria tributária, pois não possuem conteúdo normativo.

(C) A redução de tributo somente pode ser estabelecida por lei, já sua extinção poderá ser veiculada por decreto ou ato normativo expedido pela autoridade administrativa competente.

(D) Os tratados e as convenções internacionais são normas complementares das leis nacionais, não podendo revogar ou modificar a legislação tributária interna.

(E) As decisões dos órgãos singulares ou coletivos de jurisdição administrativa podem ter eficácia normativa, desde que lei lhes atribua tal efeito.

A: incorreta, pois a simples correção monetária não implica majoração real do tributo, de modo que dispensa lei – art. 97, § 2º, do CTN e Súmula 160/STJ. A Reforma Tributária, introduzida pela EC 132/2023, trouxe a previsão expressa de que o IPTU poderá ter sua base de cálculo atualizada pelo Poder Executivo, conforme critérios estabelecidos em lei municipal (art. 156, § 1º, III, da CF); **B:** incorreta, pois essas práticas reiteradas são consideradas normas complementares, nos termos do art. 100, III, do CTN; **C:** incorreta, pois a redução ou extinção do tributo segue o princípio da legalidade, exigindo veiculação por lei – art. 97, I e II, do CTN, salvo as exceções em relação à redução (exemplo: art. 153, §1º, da CF); **D:** incorreta, pois as convenções internacionais podem revogar e modificar a legislação tributária interna – art. 98 do CTN; **E:** correta, conforme art. 100, II, do CTN. RB/LS
Gabarito "E".

6. VIGÊNCIA, APLICAÇÃO, INTERPRETAÇÃO E INTEGRAÇÃO

(Procurador Fazenda Nacional – AGU – 2023 – CEBRASPE) Em sede de embargos à execução, o executado questionou o fundamento legal que havia embasado o lançamento do tributo e alegou haver dúvidas quanto às circunstâncias materiais do fato que havia dado origem à aplicação de uma penalidade em matéria tributária. Ao analisar o caso, o juiz competente concordou com a situação de dúvida em relação à penalidade.

Nessa situação hipotética, de acordo com o CTN, caberá ao juiz

(A) interpretar a legislação tributária literalmente quanto ao tributo e à multa.

(B) interpretar a legislação tributária de modo a admitir a aplicação da equidade apenas quanto ao tributo.

(C) interpretar a legislação tributária da forma mais favorável à União, para preservar o tributo.

(D) interpretar a legislação tributária restritivamente quanto à multa, mas não quanto ao tributo.

(E) interpretar a legislação tributária da forma mais favorável ao contribuinte apenas quanto à multa.

A, C e D: incorretas, pois conforme o art. 112 do CTN, a lei tributária que define infrações, ou lhe comina penalidades, interpreta-se da maneira mais favorável ao acusado, em caso de dúvida quanto: I – à capitulação legal do fato; II – à natureza ou às circunstâncias materiais do fato, ou à natureza ou extensão dos seus efeitos; III – à autoria, imputabilidade ou punibilidade; IV – à natureza da penalidade aplicável, ou à sua graduação; **B:** incorreta, pois o CTN estabelece que o emprego da equidade não poderá resultar na dispensa do pagamento de tributo devido (art. 108, § 2º, do CTN); **E:** correta, conforme art. 112 do CTN transcrito anteriormente. LS
Gabarito "E".

(Procurador Município – Teresina/PI – FCC – 2022) A respeito da vigência e aplicação da lei tributária, o Código Tributário Nacional (CTN) dispõe:

(A) O CTN refere-se aos efeitos do fato gerador, determinando que os negócios jurídicos condicionais reputam-se perfeitos e acabados desde o momento da prática de sua celebração, se a condição for suspensiva.

(B) A vigência, no espaço e no tempo, da legislação tributária rege-se somente pelas normas legais constantes no Código Tributário Nacional, Lei 5.112, de 25 de outubro de 1966.

(C) A legislação tributária aplica-se imediatamente somente aos fatos geradores futuros, não havendo possibilidade de ser aplicada aos fatos geradores pendentes.

(D) O CTN considera norma complementar os atos normativos expedidos pelas autoridades administrativas e determina que tais atos devem, sempre, entrar em vigor 30 dias após a data da sua publicação.

(E) A lei aplica-se a ato ou fato pretérito em qualquer caso, quando seja expressamente interpretativa, excluída a aplicação de penalidade à infração dos dispositivos interpretados.

A: incorreta, pois, no caso de condição suspensiva, os negócios jurídicos reputam-se perfeitos e acabados desde o momento do implemento dessa condição – art. 117, I, do CTN; **B:** incorreta, pois a vigência, no espaço e no tempo, da legislação tributária rege-se pelas disposições legais aplicáveis às normas jurídicas em geral, ressalvado o previsto no CTN – art. 101 do CTN; **C:** incorreta, pois a legislação tributária aplica-se imediatamente aos fatos geradores futuros e aos pendentes – art. 105 do CTN; **D:** incorreta, pois o art. 103, I, do CTN determina que, salvo disposição em contrário, tais atos normativos administrativos entram em vigor, na data da sua publicação; **E:** correta – art. 106, I, do CTN. RB/LS
Gabarito "E".

(Juiz de Direito/GO – 2021 – FCC) De acordo com o Código Tributário Nacional, a lei tributária que deve ser interpretada da maneira mais favorável ao acusado, em caso de dúvida quanto à capitulação legal do fato, e quanto a outras situações previstas, é aquela que

(A) tenha sido declarada parcialmente inconstitucional, sem redução de texto, em controle concentrado de constitucionalidade.

(B) define infrações ou que comina penalidades ao infrator.
(C) tem cunho expressamente interpretativo e que produz efeitos retroativos.
(D) estabelece os efeitos e o alcance da decadência e da prescrição tributárias.
(E) identifica, de modo impreciso, o contribuinte do tributo ou o respectivo responsável.

Nos termos do art. 112 do CTN, a lei tributária que define infrações, ou lhe comina penalidades, deve ser interpretada da maneira mais favorável ao acusado, em caso de dúvida quanto: (i) à capitulação legal do fato, (ii) à natureza ou às circunstâncias materiais do fato, ou à natureza ou extensão dos seus efeitos, (iii) à autoria, imputabilidade, ou punibilidade, e (iv) à natureza da penalidade aplicável, ou à sua graduação. Por essas razões, a alternativa "B" é a correta. RB

Gabarito "B".

(Procurador Município – Santos/SP – VUNESP – 2021) Em relação à vigência, aplicação, interpretação e integração da Legislação Tributária, estabelece o Código Tributário Nacional:

(A) salvo disposição em contrário, entram em vigor na data de sua publicação as decisões dos órgãos singulares ou coletivos de jurisdição administrativa, a que a lei atribua eficácia normativa.
(B) a lei aplica-se a ato ou fato pretérito, em qualquer caso, quando seja expressamente interpretativa, incluída a aplicação de penalidade à infração dos dispositivos interpretados, e, tratando-se de ato não definitivamente julgado, dentre outras situações, quando lhe comine penalidade mais severa que a prevista na lei vigente ao tempo da sua prática.
(C) interpreta-se literalmente a legislação tributária que disponha sobre a suspensão ou exclusão do crédito tributário, outorga de isenção e dispensa do cumprimento de obrigações tributárias acessórias.
(D) a lei tributária pode alterar a definição, o conteúdo e o alcance de institutos, conceitos e formas de direito público e privado, utilizados, expressa ou implicitamente, pela Constituição Federal, pelas Constituições dos Estados, ou pelas Leis Orgânicas do Distrito Federal ou dos Municípios, para definir ou limitar competências tributárias.
(E) na ausência de disposição expressa, a autoridade competente para aplicar a legislação tributária, dentre outros institutos, utilizará da analogia, cujo emprego poderá resultar na exigência de tributo não previsto em lei e ainda na dispensa do pagamento de tributo devido.

A: incorreta, pois, salvo disposição em contrário, essas decisões, quanto a seus efeitos normativos, entram em vigor 30 dias após sua publicação – art. 103, II, do CTN; **B:** incorreta, pois, o art. 106, I, do CTN estabelece, nesse caso de retroatividade de lei interpretativa que haverá a exclusão de penalidade à infração dos dispositivos interpretados e, ademais, são as normas com penalidade menos severa que podem retroagir – art. 106, I e II, "c"; **C:** correta, conforme o art. 111 do CTN; **D:** incorreta, pois essa possibilidade de alteração pela lei tributária não pode violar as normas de competência fixadas pela CF – art. 110 do CTN; **E:** incorreta, pois a analogia jamais poderá ser aplicada para exigência de tributo não previsto em lei – art. 108, § 1º, do CTN. RB/LS

Gabarito "C".

(Procurador do Município – Valinhos/SP – 2019 – VUNESP) Acerca da interpretação e integração da legislação tributária, conforme disciplinadas no Código Tributário Nacional, é correto afirmar que

(A) na ausência de disposição expressa, a autoridade competente para aplicar a legislação tributária utilizará, sucessivamente, na ordem indicada, a analogia, os princípios gerais de direito público, os princípios gerais de direito tributário e a equidade.
(B) os princípios gerais de direito privado utilizam-se para pesquisa da definição, do conteúdo e do alcance de seus institutos, conceitos e formas, e para definição dos respectivos efeitos tributários.
(C) a lei tributária que define infrações, ou lhe comina penalidades, interpreta-se sempre da maneira mais favorável ao acusado.
(D) do emprego da analogia não poderá resultar exigência de tributo não previsto em lei, mas do emprego da equidade poderá resultar dispensa do pagamento de tributo devido.
(E) interpreta-se literalmente a legislação tributária que disponha sobre suspensão ou exclusão do crédito tributário, outorga de isenção ou dispensa do cumprimento de obrigações tributárias acessórias.

A: incorreta, pois a ordem prevista no art. 108 do CTN é (1) analogia, (2) princípios gerais de direito tributário, (3) princípios gerais de direito público e (4) equidade; **B:** incorreta, pois não são utilizados para a definição dos efeitos tributários – art. 109, *in fine*, do CTN; **C:** incorreta, pois essa interpretação mais favorável aplica-se apenas em caso de dúvida em relação aos aspectos listados no art. 112 do CTN. No mais, a interpretação deve ser estrita, nos termos da lei; **D:** incorreta, pois o emprego da equidade tampouco pode resultar na dispensa de pagamento de tributo devido – art. 108, § 2º, do CTN; **E:** correta, nos termos do art. 111 do CTN. RB

Gabarito "E".

(Procurador do Estado/SP – 2018 – VUNESP) Após a ocorrência do fato gerador, inovação legislativa amplia os poderes de investigação da Administração Tributária. Nessa circunstância, de acordo com o Código Tributário Nacional, é correto afirmar:

(A) a autoridade poderá aplicar amplamente a lei nova, inclusive para alterar o lançamento, até a extinção do crédito tributário.
(B) a autoridade poderá aplicar os novos critérios de apuração exclusivamente em casos de lançamento por homologação.
(C) a lei nova apenas poderá ser aplicada pela autoridade se, e somente se, seus critérios resultarem em benefício para o contribuinte.
(D) a autoridade competente não poderá aplicar a lei nova ao fato gerador pretérito, ocorrido anteriormente à sua vigência.
(E) a lei nova será aplicada pela autoridade competente na apuração do crédito tributário respectivo até a finalização do lançamento.

A: incorreta, pois, embora a norma posterior que amplie os poderes de investigação aplique-se a fatos geradores pretéritos para fins de lançamento, não se admite a alteração do lançamento já efetuado – art. 144, § 1º, e 145 do CTN; **B:** incorreta, pois não há restrição em relação à modalidade de lançamento – art. 144, § 1º, do CTN; **C:** incorreta, pois não há essa limitação – art. 144, § 1º, do CTN; **D:** incorreta, conforme comentários anteriores; **E:** correta, conforme o art. 144, § 1º, do CTN. RB

Gabarito "E".

7. FATO GERADOR E OBRIGAÇÃO TRIBUTÁRIA

(Procurador Federal – AGU – 2023 – CEBRASPE) A obrigação que decorre da legislação tributária e que tem por objeto prestações, positivas ou negativas, previstas no interesse da arrecadação ou da fiscalização dos tributos é denominada obrigação tributária

(A) principal.
(B) subsidiária.
(C) ativa.
(D) passiva.
(E) acessória.

Conforme o art. 113, § 1º do CTN, a obrigação tributária principal tem por objeto prestação pecuniária (prestação de dar dinheiro ao Fisco a título de tributo ou multa), surge com o fato gerador e decorre de lei em sentido estrito. Já a obrigação acessória não tem por objeto uma prestação pecuniária, de cunho patrimonial, mas sim prestações, positivas ou negativas (fazer ou não fazer), previstas no interesse da arrecadação ou da fiscalização dos tributos (art. 113, § 2º, do CTN) e tem previsão na legislação tributária, conceito que também abarca atos infralegais (art. 96 do CTN). Portanto, a resposta correta é a assertiva E. LS

Gabarito "E".

(Procurador – AGE/MG – 2022 – FGV) O nosso ordenamento jurídico-tributário prevê que autoridade administrativa poderá desconsiderar atos ou negócios jurídicos praticados com a finalidade de dissimular a ocorrência do fato gerador do tributo ou a natureza dos elementos constitutivos da obrigação tributária. Sobre a norma, e de acordo com jurisprudência do STF, assinale a afirmativa correta.

Alternativas

(A) A norma viola os princípios constitucionais da legalidade, da estrita legalidade e da tipicidade.
(B) A norma é inconstitucional, pois combate o planejamento tributário lícito, ainda que as operações menos onerosas tenham sido realizadas dentro da lei.
(C) A desconsideração de negócios ou atos jurídicos é de competência exclusiva de um magistrado, em razão do princípio da reserva de jurisdição, o qual se destina a resguardar os direitos e garantias fundamentais dos cidadãos.
(D) A referida norma é autoaplicável, não dependendo de regulamentação por lei ordinária.
(E) A norma não viola a Constituição e está limitada aos atos ou negócios jurídicos praticados ilicitamente pelo contribuinte com intenção única de diminuir ou eliminar a obrigação tributária.

Conforme o art. 116, parágrafo único, do CTN: *A autoridade administrativa poderá desconsiderar atos ou negócios jurídicos praticados com a finalidade de dissimular a ocorrência do fato gerador do tributo ou a natureza dos elementos constitutivos da obrigação tributária, observados os procedimentos a serem estabelecidos em lei ordinária. (Incluído pela LC nº 104, de 2001).* Dissimular é ocultar a ocorrência do fato gerador. Caso haja dissimulação, a autoridade administrativa deve desconsiderar os atos ou negócios praticados com essa finalidade e cobrar o tributo devido. Portanto, a norma pretende combater a evasão fiscal, que é ilícita, e não a elisão fiscal ou planejamento tributário que busca reduzir a carga tributária por meios lícitos. O STF declarou a constitucionalidade do parágrafo único do art. 116 do CTN, incluído pela LC 104/2001, nos seguintes termos: *"Não viola o texto constitucional a previsão contida no parágrafo único do art. 116 do Código Tributário Nacional. Essa previsão legal não constitui ofensa aos princípios constitucionais da legalidade, da estrita legalidade e da tipicidade tributária, e da separação dos Poderes. Em verdade, ela confere máxima efetividade a esses preceitos, objetivando, primordialmente, combater a evasão fiscal, sem que isso represente permissão para a autoridade fiscal de cobrar tributo por analogia ou fora das hipóteses descritas em lei, mediante interpretação econômica"* (ADI 2446). Portanto, a resposta correta é a assertiva E. LS

Gabarito "E".

(Juiz de Direito – TJ/RS – 2018 – VUNESP) Sobre a disciplina do fato gerador trazida pelo Código Tributário Nacional, é correto afirmar que

(A) a autoridade administrativa não poderá desconsiderar atos ou negócios jurídicos praticados com a finalidade de dissimular a ocorrência do fato gerador do tributo ou a natureza dos elementos constitutivos da obrigação tributária, salvo nos casos expressos em lei.
(B) se tratando de situação de fato, salvo disposição de lei em contrário, considera-se ocorrido o fato gerador e existentes os seus efeitos desde o momento em que se verifiquem as circunstâncias materiais necessárias a que produza os efeitos que normalmente lhe são próprios.
(C) fato gerador da obrigação acessória é qualquer situação definida em lei como necessária e suficiente à sua ocorrência.
(D) a definição legal do fato gerador é interpretada considerando-se a validade jurídica dos atos efetivamente praticados pelos contribuintes, responsáveis ou terceiros, bem como da natureza do seu objeto ou dos seus efeitos.
(E) se tratando de atos ou negócios jurídicos sujeitos a condição suspensiva, considera-se ocorrido o fato gerador e existentes os seus efeitos desde o momento da prática do ato ou da celebração do negócio.

A: incorreta, pois a autoridade administrativa pode desconsiderar tais atos ou negócios jurídicos, conforme a norma antielisão do art. 116, parágrafo único, do CTN. O STF declarou a constitucionalidade do parágrafo único do art. 116 do CTN, incluído pela LC 104/2001, nos seguintes termos: "Não viola o texto constitucional a previsão contida no parágrafo único do art. 116 do Código Tributário Nacional. Essa previsão legal não constitui ofensa aos princípios constitucionais da legalidade, da estrita legalidade e da tipicidade tributária, e da separação dos Poderes. Em verdade, ela confere máxima efetividade a esses preceitos, objetivando, primordialmente, combater a evasão fiscal, sem que isso represente permissão para a autoridade fiscal de cobrar tributo por analogia ou fora das hipóteses descritas em lei, mediante interpretação econômica" (ADI 2446); **B:** correta, conforme art. 116, I, do CTN; **C:** incorreta, pois o art. 115 do CTN não se refere à lei, mas apenas à legislação tributária (abrange não apenas leis, mas também normas infralegais); **D:** incorreta, pois a validade jurídica dos atos, sua natureza, objeto ou seus efeitos são irrelevantes, nos termos do art. 118 do CTN; **E:** incorreta, pois, nesse caso, considera-se ocorrido o fato gerador desde o momento da ocorrência da condição suspensiva – art. 117, I, do CTN. RB/LS

Gabarito "B".

8. LANÇAMENTO E CRÉDITO TRIBUTÁRIO

(Analista – INPI – 2024 – CEBRASPE) Julgue os itens a seguir, relativos a garantias e privilégios do crédito tributário, com base na jurisprudência dos tribunais superiores.

(1) Nos termos da jurisprudência do Superior Tribunal de Justiça (STJ), a presunção de fraude à execução, em razão da alienação de bens pelo devedor após a inscrição do débito em dívida ativa, não alcança as alienações sucessivas, haja vista a boa-fé dos demais adquirentes.

(2) No concurso de preferências entre créditos de pessoas jurídicas de direito público, os créditos da União preferem aos dos estados, do Distrito Federal e dos territórios, e os créditos de todos estes preferem aos dos municípios.

1: Errada. Ao contrário, são consideradas fraudulentas as alienações de bens do devedor posteriores à inscrição do crédito tributário na dívida ativa, a menos que ele tenha reservado quantia suficiente para o pagamento total do débito. Logo, a presunção da fraude à execução em tais situações é absoluta, ainda que tenham ocorrido sucessivas alienações do bem. Para complemento do tema, temos o art. 185 do CTN: "Presume-se fraudulenta a alienação ou oneração de bens ou rendas, ou seu começo, por sujeito passivo em débito para com a Fazenda Pública, por crédito tributário regularmente inscrito como dívida ativa. Parágrafo único. O disposto neste artigo não se aplica na hipótese de terem sido reservados, pelo devedor, bens ou rendas suficientes ao total pagamento da dívida inscrita.
2: Errada. O art. 187, parágrafo único, do CTN, que previa o concurso de preferência entre pessoas jurídicas de direito público, foi declarado pelo STF não recepcionado pela Constituição Federal de 1988 (ADPF 357), juntamente com o art. 29, parágrafo único, da Lei 6.830/1980, gerando o cancelamento da Súmula 563 do STF e da Súmula 497 do STJ. **FP/LS**
Gabarito 1E, 2E

(Procurador Município – Santos/SP – VUNESP – 2021) Em relação ao lançamento tributário e suas modalidades é correto afirmar:

(A) O lançamento reporta-se à data do fato gerador da obrigação e rege-se pela lei então vigente, salvo se posteriormente modificada ou revogada.

(B) O lançamento regularmente notificado ao sujeito passivo só pode ser alterado em virtude de impugnação do sujeito passivo, recurso de ofício, iniciativa de ofício da autoridade administrativa em qualquer circunstância, ou, decisão judicial transitada em julgado.

(C) O lançamento é efetuado e revisto de ofício pela autoridade administrativa, dentre outras circunstâncias, quando se comprove ação ou omissão do sujeito passivo, ou de terceiro legalmente obrigado, que dê lugar à aplicação de penalidade pecuniária.

(D) A modificação introduzida, de ofício ou em consequência de decisão administrativa ou judicial, nos critérios jurídicos adotados pela autoridade administrativa no exercício do lançamento somente pode ser efetivada, em relação a um mesmo sujeito passivo, quanto a fato gerador ocorrido anteriormente à sua introdução.

(E) A retificação da declaração por iniciativa do próprio declarante, quando vise a reduzir ou a excluir tributo, é admissível em qualquer circunstância, e os erros contidos na declaração e apuráveis pelo seu exame serão retificados mediante recurso administrativo dirigido a autoridade administrativa a que competir a revisão daquela.

A: incorreta, pois a posterior modificação ou revogação não altera a regra de aplicação da norma, em, princípio, nos termos do art. 144 do CTN; **B:** incorreta, pois a iniciativa de ofício da autoridade administrativa pode referir-se à alteração do lançamento apenas nos casos definidos no art. 149 do CTN – art. 145 do CTN; **C:** correta – art. 149, VI, do CTN; **D:** incorreta, pois essa alteração é aplicável apenas a fatos geradores posteriores – art. 146 do CTN; **E:** incorreta, pois o próprio declarante pode realizar a retificação, mas, quando vise a reduzir ou a excluir tributo, só é admissível mediante comprovação do erro em que se funde, e antes de notificado o lançamento – art. 147, § 1°, do CTN. **RB**
Gabarito "C".

(Juiz de Direito/GO – 2021 – FCC) Para os efeitos do Código Tributário do Estado de Goiás, Lei estadual no 11.651, de 26 de dezembro de 1991, consideram-se crédito tributário os valores

(A) correspondentes aos saldos dos créditos acumulados do ICMS, decorrentes de aquisições de mercadorias, em operações internas, com alíquotas superiores às praticadas nas subsequentes operações interestaduais.

(B) correspondentes aos precatórios a serem pagos pela Fazenda Pública do Estado de Goiás.

(C) devidos a título de tributo, de multa, inclusive a de caráter moratório, acrescidos dos correspondentes juros de mora.

(D) correspondentes aos saldos credores eventualmente apurados pelo contribuinte do ICMS, ao final dos períodos de apuração do imposto.

(E) devidos a título de tributo, de multa, exceto a de caráter moratório, de atualização monetária, de juros de mora e de outras verbas, inclusive de verbas de sucumbência devidas à Procuradoria do Estado.

Crédito tributário é objeto da obrigação tributária, corresponde ao valor pecuniário que o que o fisco exige do sujeito passivo – art. 139 e seguintes do CTN. **A, B, D:** incorretas, pois não se referem ao crédito objeto da obrigação tributária, de titularidade do fisco; **C:** correta, conforme comentários iniciais e por exclusão das demais; **E:** incorreta, pois toda multa tributária compõe o crédito tributário, e porque verbas sucumbenciais não têm natureza tributária. Ressalte-se que deve ser sempre verificada a legislação em vigor, citada no edital, no momento do concurso a ser prestado. **RB**
Gabarito "C".

(Juiz de Direito – TJ/RS – 2018 – VUNESP) Acerca do lançamento tributário, é correto afirmar que

(A) a retificação da declaração por iniciativa do próprio declarante, quando vise a reduzir ou a excluir tributo, só é admissível mediante comprovação do erro em que se funde e antes de notificado o lançamento.

(B) salvo disposição de lei em contrário, quando o valor tributário esteja expresso em moeda estrangeira, no lançamento far-se-á sua conversão em moeda nacional ao câmbio do dia em que este ato for realizado.

(C) é vedado à autoridade administrativa responsável pela revisão da declaração retificar de ofício os erros nela contidos e apuráveis pelo seu exame.

(D) a modificação introduzida, de ofício ou em consequência de decisão administrativa ou judicial, nos critérios jurídicos adotados pela autoridade administrativa no exercício do lançamento, alcança os fatos geradores ocorridos anteriormente à sua introdução, desde que relacionados ao mesmo sujeito passivo.

(E) não se aplica ao lançamento a legislação que, posteriormente à ocorrência do fato gerador da obrigação, tenha ampliado os poderes de investigação das autoridades administrativas, ou outorgado ao crédito maiores garantias ou privilégios, exceto, neste último caso, para o efeito de atribuir responsabilidade tributária a terceiros.

A: correta, conforme o art. 147, § 1°, do CTN; B: incorreta, pois adota-se o câmbio da data de ocorrência do fato gerador – art. 143 do CTN; C: incorreta, pois é possível a correção de ofício, nesse caso – art. 147, § 2°, do CTN; D: incorreta, pois é inviável a retroatividade nesse caso – art. 146 do CTN; E: incorreta, pois essa legislação aplica-se a fatos pretéritos, com as limitações previstas no art. 144, § 1°, do CTN. RB
Gabarito "A".

(Delegado – PC/BA – 2018 – VUNESP) O artigo 144 do Código Tributário Nacional dispõe que o lançamento se reporta à data da ocorrência do fato gerador da obrigação, regendo-se pela lei então vigente, ainda que posteriormente modificada ou revogada. O Código Tributário Nacional excepciona essa regra, admitindo a aplicação da legislação tributária que, posteriormente à ocorrência do fato gerador da obrigação,

(A) interprete expressamente ato ou fato pretérito quanto à aplicação de penalidade à infração dos dispositivos interpretados.

(B) institua novos critérios de apuração ou processos de fiscalização, ampliando os poderes de investigação das autoridades administrativas.

(C) outorgue ao crédito maiores garantias ou privilégios para o efeito de atribuir responsabilidade tributária a terceiros.

(D) altere os critérios jurídicos adotados pela autoridade administrativa no exercício do lançamento.

(E) deixe de definir ato definitivamente julgado como infração.

A: incorreta, pois, embora a lei expressamente interpretativa aplique-se a ato ou fato pretérito, isso não ocorre para aplicação de penalidade por infração dos dispositivos interpretados – art. 106, I, do CTN; B: correta – art. 144, § 1°, do CTN; C: incorreta, pois a retroatividade é vedada nesse caso – art. 144, § 1°, do CTN; D: incorreta, pois a alteração dos critérios jurídicos somente se aplica a fatos posteriores – art. 146 do CTN Ver também o art. 23 da Lei de Introdução às Normas do Direito Brasileiro – LINDB; E: incorreta, pois o ato definitivamente julgado não pode ser modificado – art. 106, II, do CTN. RB
Gabarito "B".

9. SUJEIÇÃO PASSIVA, CAPACIDADE E DOMICÍLIO

(Procurador – AL/PR – 2024 – FGV) João alienou veículo a Maria, deixando, no entanto, de comunicar a venda do bem ao Departamento Estadual de Trânsito – DETRAN do Estado competente. A Fazenda Estadual, por sua vez, realizou a cobrança do Imposto sobre a Propriedade de Veículo Automotor – IPVA devido após a alienação do bem, em face do João e da Maria.

Sobre a hipótese, assinale a afirmativa correta.

(A) João é responsável solidário pelo pagamento do IPVA, conforme previsão do Código de Trânsito Brasileiro, pois a alienação do bem não foi comunicada, no prazo legal, ao órgão de trânsito.

(B) Somente pode ser imputado a João a responsabilidade solidária pelo pagamento do IPVA se houver previsão em lei específica estadual para disciplinar, no âmbito de suas competências, a sujeição passiva do IPVA e a solidariedade pelo pagamento do imposto.

(C) O Estado deve inicialmente cobrar de Maria o IPVA, pois João é responsável subsidiário pelo pagamento do imposto, conforme previsão do Código de Trânsito Brasileiro, já que a alienação do bem não foi comunicada, no prazo legal.

(D) A cobrança do IPVA somente pode ocorrer em face de Maria, que é a contribuinte do IPVA, independente de previsão em lei estadual que discipline de forma diversa a sujeição passiva do IPVA e a responsabilidade tributária pelo pagamento do imposto, conforme previsto no Código Tributário Nacional.

(E) O Estado deve inicialmente cobrar de Maria o IPVA, pois João é responsável pelo pagamento do imposto, conforme previsão do Código Civil Brasileiro, já que a alienação do bem não foi comunicada, a qualquer prazo.

A: incorreto, pois o Código de Trânsito Brasileiro (art. 134) prevê que, se o vendedor não fizer a comunicação ao DETRAN, poderá ser responsabilizado solidariamente pelas penalidades impostas e suas reincidências até a data da comunicação. Ou seja, a responsabilidade do antigo proprietário é em relação à penalidade (multa) e não ao tributo (IPVA). Nesse sentido, Súmula 585 do STJ: "A responsabilidade solidária do ex-proprietário, prevista no art. 134 do Código de Trânsito Brasileiro – CTB, não abrange o IPVA incidente sobre o veículo automotor, no que se refere ao período posterior à sua alienação"; B: correta, de acordo com tese fixada pelo STJ: Havendo previsão em lei estadual, admite-se a responsabilidade solidária de ex-proprietário de veículo automotor pelo pagamento do Imposto sobre a Propriedade de Veículos Automotores – IPVA, em razão de omissão na comunicação da alienação ao órgão de trânsito local, excepcionando-se o entendimento da Súmula n. 585/STJ (Tema Repetitivo 1118); C, D e E: incorretas, conforme comentários anteriores. LS
Gabarito "B".

(Procurador Federal – AGU – 2023 – CEBRASPE) Acerca da obrigação tributária, no que diz respeito aos sujeitos da relação tributária, assinale a opção correta.

(A) Pessoa física pode figurar tanto como sujeito ativo quanto como sujeito passivo de uma relação tributária.

(B) O sujeito passivo pode não ser o contribuinte do tributo objeto da relação.

(C) O responsável classifica-se em contribuinte e codevedor solidário, sendo certo que a obrigação do segundo decorre de expressa disposição legal.

(D) A responsabilidade solidária, em regra, comporta benefício de ordem.

(E) A capacidade para ser sujeito passivo de uma relação tributária depende diretamente da capacidade civil.

A: incorreto, pois, segundo o CTN, o sujeito ativo é a pessoa jurídica de direito público que possui a competência para exigir o cumprimento da obrigação tributária (art. 119 do CTN); B: correta, de acordo com o artigo 121, parágrafo único, II, do CTN que traz a figura do responsável tributário como sendo aquele que é sujeito passivo da obrigação tributária principal apesar de não ter realizado o fato gerador, ou seja, sem ser contribuinte. O dever do responsável decorre de disposição expressa de lei porque ele não tem relação pessoal e direta com o fato gerador, como ocorre com o contribuinte; **C:** incorreta, conforme comentário anterior porque o responsável não se confunde com o contribuinte, sendo ambos tipos de sujeito passivo da obrigação tributária principal (art. 121 do CTN); **D:** incorreta, pois a solidariedade não comporta benefício de ordem (art. 124, parágrafo único, do CTN); **E:** incorreta, pois a capacidade para ser sujeito passivo de uma relação tributária independe da capacidade civil das pessoas naturais, nos termos do art. 126, I, do CTN. Assim, o absolutamente incapaz (menor de 16 anos), nos termos do direito civil, pode ser sujeito passivo de obrigação tributária. Gabarito "B".

(Procurador Fazenda Nacional – AGU – 2023 – CEBRASPE) Proposta execução fiscal para a cobrança de débitos tributários, após a não localização da empresa X no endereço cadastrado atualizado perante o fisco e ausente qualquer comunicação do encerramento das atividades da referida empresa, a PGFN peticionou ao juízo, requerendo o redirecionamento do feito executivo em face de Caio, terceiro não sócio que exerce poder de gerência no momento em que o fisco não encontrou a empresa X no endereço informado.

Com base nessa situação hipotética, na legislação de regência e na jurisprudência dos tribunais superiores, assinale a opção correta a respeito dos aspectos atinentes à execução fiscal.

(A) É possível o redirecionamento da execução fiscal, porquanto a não localização da empresa X no endereço informado ao fisco gera presunção absoluta de dissolução irregular apta a alcançar Caio, visto que é suficiente o exercício do poder de gerência verificado no momento da diligência, quando a empresa não foi encontrada no endereço informado ao fisco.

(B) É possível o redirecionamento da execução fiscal, porquanto a não localização da empresa X no endereço informado ao fisco gera presunção absoluta de dissolução irregular apta a alcançar Caio, visto que o exercício do poder de gerência na data em que foi presumida a dissolução irregular, desde que também existente à época em que ocorreu o fato gerador do tributo cobrado, constitui motivo suficiente para atingir a pessoa do gerente.

(C) Não é possível o redirecionamento da execução fiscal, visto que, embora a não localização da empresa X no endereço informado ao fisco dê ensejo a presunção relativa de sua dissolução irregular, a execução não tem o condão de alcançar Caio, dada a sua condição de não sócio à época da diligência.

(D) É possível o redirecionamento da execução fiscal, porquanto a não localização da empresa X no endereço informado ao fisco gera presunção relativa de dissolução irregular das atividades apta a alcançar Caio, visto que o exercício do poder de gerência na data em que foi presumida a dissolução irregular da empresa constitui motivo suficiente para atingir a pessoa do gerente, ainda que o referido poder não tenha sido exercido à época em que ocorreu o fato gerador do tributo cobrado.

(E) É possível o redirecionamento da execução fiscal, porquanto a não localização da empresa X no endereço informado ao fisco gera presunção relativa de dissolução irregular apta a alcançar Caio, visto que o exercício do poder de gerência na data em que foi presumida a dissolução irregular, desde que também existente à época em que ocorreu o fato gerador do tributo cobrado, constitui motivo suficiente para atingir a pessoa do gerente.

De acordo com o STJ, ao interpretar o art. 135 do CTN, presume-se dissolvida irregularmente a empresa que deixar de funcionar no seu domicílio fiscal, sem comunicação aos órgãos competentes, legitimando o redirecionamento da execução fiscal para o sócio-gerente (Súmula 435). O ato de dissolução irregular atrai a responsabilidade para aquele (sócio ou não) que exerça poderes de administração no momento desse ato ilegal, ainda que o referido poder não tenha sido exercido à época em que ocorreu o fato gerador do tributo cobrado, conforme o STJ (Tema repetitivo 981). Portanto, correta a alternativa D, sendo incorretas as demais. Sobre o início do prazo de redirecionamento da Execução Fiscal, nos casos de aplicação do art. 135, III, do CTN, conferir tese fixada pelo STJ no Tema Repetitivo 444. Sobre o local onde deverá ser proposta a execução fiscal, importante tese foi fixada pelo STF (Tema 1204 da Repercussão Geral) ao interpretar o art. 46, § 5º, do Código de Processo Civil, que prevê a possibilidade de a execução fiscal ser proposta no foro de domicílio do réu, no de sua residência ou no do lugar onde for encontrado, nas hipóteses em que essa norma imponha o ajuizamento e processamento da ação executiva em outro Estado da Federação: "A aplicação do art. 46, § 5º, do CPC deve ficar restrita aos limites do território de cada ente subnacional ou ao local de ocorrência do fato gerador". Gabarito "D".

(Procurador Fazenda Nacional – AGU – 2023 – CEBRASPE) Determinada pessoa jurídica foi dissolvida irregularmente no curso de ação de execução fiscal ajuizada contra ela pela PGFN. João, sócio que não detinha poder de direção à época da dissolução irregular, exercia poderes de gerência quando da ocorrência do fato gerador do tributo cobrado na execução fiscal.

Considerando essa situação hipotética, julgue os itens a seguir, de acordo com a jurisprudência do Superior Tribunal de Justiça (STJ).

I. O fato de João ter atuado em cargo de direção no momento da ocorrência do fato gerador do tributo cobrado é motivo suficiente para que a execução fiscal possa ser redirecionada contra ele.

II. A execução fiscal não poderá ser redirecionada contra João se ficar demonstrado que ele não contribuiu para a dissolução irregular, não agiu com excesso de poder nem cometeu infração à lei ou ao contrato social.

III. A execução fiscal poderá ser redirecionada contra João se ficar provado que ele atuou com excesso de poder ou cometeu infração à lei, ainda que se tenha retirado do cargo de direção antes da dissolução irregular da empresa.

Assinale a opção correta.

(A) Apenas o item I está certo.
(B) Apenas o item III está certo.
(C) Apenas os itens I e II estão certos.
(D) Apenas os itens II e III estão certos.
(E) Todos os itens estão certos.

I: Incorreto, pois, de acordo com o STJ, ao interpretar o art. 135 do CTN, o ato de dissolução irregular atrai a responsabilidade para aquele (sócio ou não) que exerça poderes de administração no momento desse ato ilegal, ainda que o referido poder não tenha sido exercido à época em que ocorreu o fato gerador do tributo cobrado, conforme o STJ (Tema repetitivo 981); II: Correto, conforme tese fixada pelo STJ: O redirecionamento da execução fiscal, quando fundado na dissolução irregular da pessoa jurídica executada ou na presunção de sua ocorrência, não pode ser autorizado contra o sócio ou o terceiro não sócio que, embora exercesse poderes de gerência ao tempo do fato gerador, sem incorrer em prática de atos com excesso de poderes ou infração à lei, ao contrato social ou aos estatutos, dela regularmente se retirou e não deu causa à sua posterior dissolução irregular, conforme art. 135, III, do CTN (Tema repetitivo 962); III: Correto, conforme comentários anteriores sobre a interpretação do STJ a respeito do art. 135 do CTN. Assim, ainda que João tenha se retirado do cargo de direção antes da dissolução irregular, se ele tiver agido com excesso de poder ou cometido infração à lei, a execução fiscal poderá ser redirecionada para ele. Sobre o início do prazo de redirecionamento da Execução Fiscal, nos casos de aplicação do art. 135, III, do CTN, conferir tese fixada pelo STJ no Tema Repetitivo 444. Sobre o local onde deverá ser proposta a execução fiscal, importante tese foi fixada pelo STF (Tema 1204 da Repercussão Geral) ao interpretar o art. 46, § 5º, do Código de Processo Civil, que prevê a possibilidade de a execução fiscal ser proposta no foro de domicílio do réu, no de sua residência ou no do lugar onde for encontrado, nas hipóteses em que essa norma imponha o ajuizamento e processamento da ação executiva em outro Estado da Federação: "A aplicação do art. 46, § 5º, do CPC deve ficar restrita aos limites do território de cada ente subnacional ou ao local de ocorrência do fato gerador". LS

Gabarito "D".

(Procurador/PA – CESPE – 2022) Três irmãos maiores de idade receberam uma herança avaliada em três milhões de reais pela Secretaria de Estado da Fazenda do Pará, deixada pelos seus pais, falecidos em um acidente automobilístico. Todos os herdeiros são casados e têm filhos.

Expedida a guia de recolhimento do imposto de transmissão causa mortis e doação em nome do herdeiro mais velho, designado inventariante, ele procedeu ao recolhimento integral do imposto, após o qual foi lavrada a escritura pública de inventário, realizado extrajudicialmente em 2016.

Ao elaborarem as respectivas declarações de imposto de renda pessoa física em 2017, os herdeiros declararam seu quinhão exatamente como descrito na escritura pública.

Em posterior cruzamento de dados, a Secretaria de Estado da Fazenda do Pará identificou que apenas um dos três herdeiros havia recolhido o imposto de transmissão causa mortis e doação e, por isso, lavrou auto de infração contra os outros herdeiros, que haviam declarado seus quinhões, mas não tinham recolhido o imposto devido.

No prazo legal, ambos os herdeiros glosados impugnaram os autos de infração, argumentando que, além de o tributo ter sido pago pelo inventariante, seria inconstitucional o cruzamento de informações, por ferir o sigilo fiscal, princípio regulado pelo art. 198 do Código Tributário Nacional.

Julgada a impugnação, foi integralmente mantido o auto de infração, motivo pelo qual os contribuintes interpuseram recurso voluntário, na forma do art. 32 da Lei estadual n.º 6.182/1998, com fundamento nos mesmos argumentos mencionados anteriormente.

Nessa situação hipotética, o recurso voluntário deve ser

(A) provido, porque a Constituição Federal de 1988 e o Código Tributário Nacional vedam o compartilhamento de cadastros e informações fiscais.

(B) improvido, porque apenas um dos herdeiros arcou com o ônus integral do imposto, cabendo a cada um dos demais herdeiros pagar o imposto referente ao seu quinhão, não sendo possível repassar ao fisco o ônus do pagamento a maior feito pelo inventariante.

(C) improvido quanto à alegação de quebra do sigilo fiscal, porque o cruzamento de informações entre os entes exacionais é previsto tanto na Constituição Federal de 1988 quanto no Código Tributário Nacional, e provido quanto ao pagamento do tributo, pois, pelo art. 124 do Código Tributário Nacional, a situação envolve solidariedade passiva do tributo e não comporta benefício de ordem, nada mais havendo a ser cobrado pela Secretaria de Estado da Fazenda do Pará dos demais herdeiros.

(D) improvido, porque o inventariante pagou o imposto de forma errônea, embora tenha feito o recolhimento, razão pela qual contra ele não fora lavrado auto de infração; além disso, os demais herdeiros continuaram a dever o imposto, de forma que foi legítima a troca de informações entre os fiscos.

(E) improvido, porque o sigilo fiscal é direito fundamental do contribuinte, previsto na Constituição Federal de 1988 e regulamentado pela Lei n.º 13.709/2018, com redação dada pela Lei n.º 13.853/2019 (Lei Geral de Proteção de Dados Pessoais).

É possível a troca de informações entre os fiscos dos entes federados, nos termos do art. 37, XXII, da CF e art. 198, § 2º, do CTN, este último afastando dúvida quanto à inexistência de violação ao sigilo fiscal, desde que atendidas as condições ali fixadas. Ademais, o pagamento do tributo por quem quer que seja extingue a pretensão do fisco, mais especificamente, o pagamento feito por qualquer dos obrigados solidariamente aproveita aos demais – art. 125, I, do CTN. Por essas razões, a alternativa "C" é a correta. RB

Gabarito "C".

(Procurador/PA – CESPE – 2022) Em 15/3/2022, uma empresa recebeu uma comunicação sobre constatação de indício de irregularidade, da Secretaria de Estado da Fazenda do Pará. Pensando se tratar de um auto de infração, o representante legal da empresa compareceu ao escritório de advocacia que lhe prestava assessoria jurídica e ali obteve a informação de que o novo procedimento, inaugurado pela Secretaria de Estado da Fazenda do Pará com a promulgação da Lei estadual n.º 8.869/2019, que introduziu o art. 11-A na Lei estadual n.º 6.182/1998, visa à autorregularização.

A autorregularização, mencionada nessa situação hipotética, é um procedimento fiscal que

(A) não afasta a espontaneidade, de maneira que, se a empresa não providenciar a devida regularização, ela estará sujeita à abertura de procedimento administrativo e às penalidades previstas na legislação.

(B) afasta a espontaneidade, de maneira que, se a empresa não providenciar a devida regularização, será automaticamente lavrado auto de infração.

(C) não afasta a espontaneidade, mas, se não observado, importará em aquiescência da empresa com todos os seus termos, gerando-se, nessa hipótese, imputação de penalidade.

(D) afasta a espontaneidade e, caso não realizado, acarretará a imediata suspensão de todos os incentivos e benefícios fiscais concedidos sob condição de regularidade fiscal, até que se regularize a situação fiscal do sujeito passivo.

(E) afasta a espontaneidade e cuja comunicação pode ser respondida por meio de impugnação ou pela apresentação de documentos e pelo recolhimento dos tributos devidos apontados na comunicação.

A legislação tributária dos entes federados tem fortalecido a possibilidade de autorregularização, que, como indica o nome, se refere à providência iniciada pelo próprio contribuinte, independentemente do início de procedimento fiscalizatório. Por não se tratar de procedimento fiscalizatório, não se afasta a espontaneidade, para fins do art. 138, parágrafo único, do CTN, admitindo-se o pagamento do tributo sem aplicação de multas. Entretanto, caso não haja a regularização, o fisco poderá certamente auditar o contribuinte e, sendo o caso, lançar de ofício o tributo e aplicar a penalidade. Por essas razões, a alternativa "A" é a correta. RB

Gabarito "A".

(Advogado – Pref. São Roque/SP – 2020 – VUNESP) Fulano não possui residência conhecida. Contudo, sabe-se que atua profissionalmente, com habitualidade, prestando serviços no Município X. No curso de fiscalização, a Administração Tributária descobre que Fulano presta os referidos serviços no Município X, valendo-se formalmente do nome de sociedade limitada de sua propriedade, com sede no Município Y, que se encontra a cerca de 800 km de distância do Município X.

Com base na situação descrita e nas regras vigentes no país sobre o domicílio tributário, é correto afirmar que

(A) a ausência de residência conhecida do contribuinte permite fixar o seu domicílio em qualquer local da conveniência da Administração Tributária.

(B) como os serviços são prestados por meio de pessoa jurídica, o domicílio tributário será a sede da sociedade, ainda que a eleição da sede possa causar dificuldades à fiscalização.

(C) ainda que se comprove posteriormente a existência de domicílio tributário de eleição do contribuinte, a lei determina que o domicílio para fins tributários será o centro habitual de sua atividade, ou seja, o Município X.

(D) quando não houver domicílio de eleição e nem for possível a aplicação das regras gerais previstas no Código Tributário Nacional para definição do domicílio tributário, considerar-se-á este como o lugar da ocorrência dos atos ou fatos que deram origem à obrigação.

(E) independentemente da sede da sociedade, o domicílio tributário no caso de imposto incidente sobre serviços será sempre o do local do estabelecimento prestador dos serviços.

Em regra, o sujeito passivo escolhe seu domicílio tributário na forma da legislação. O CTN traz regras subsidiárias para a definição do domicílio somente para os casos em que não há essa opção expressa pelo sujeito passivo ou quando ela é recusada pelo Fisco, nos termos do art. 127. A: incorreta, pois o art. 127 do CTN dispõe sobre domicílio tributário nessas hipóteses, devendo ser observado pelo fisco; B: incorreta, conforme comentários iniciais; C: incorreta, pois as regras do art. 127 do CTN são subsidiárias, conforme comentários iniciais; D: correta, conforme o art. 127, § 1º, do CTN; E: incorreta, pois a regra é a eleição do domicílio pelo contribuinte, com as observações antes feitas e o disposto no art. 127 do CTN. A propósito do ISS, é interessante lembrar que seu fato gerador se dá e o imposto é devido, em regra, no município em que se encontra o estabelecimento prestador do serviço ou, na falta do estabelecimento, no local do domicílio do prestador, mas há diversas exceções nos incisos do art. 3º da LC 116/2003. RB

Gabarito "D".

(Juiz de Direito – TJ/MS – 2020 – FCC) O contribuinte João, percebendo que deixou de recolher certo valor ao Fisco, paga espontaneamente o tributo e os juros da mora. Considerando o fato descrito e a jurisprudência relativa ao Código Tributário Nacional (CTN), é correto afirmar:

(A) Caso o pagamento feito seja precedido de início de fiscalização a respeito do fato, o contribuinte João poderá se utilizar dos benefícios da denúncia espontânea.

(B) O contribuinte João poderá se beneficiar da denúncia espontânea, ainda que opte pelo pagamento parcelado do tributo e dos juros de mora.

(C) Caso já tenha declarado o tributo anteriormente e o equívoco diga respeito apenas à falha de recolhimento tempestivo, o contribuinte João não poderá se beneficiar da denúncia espontânea.

(D) Caso a denúncia espontânea se caracterize, o contribuinte João ficará desobrigado ao pagamento de multas punitivas, mas não da multa moratória.

(E) A declaração do tributo devido, com o seu parcelamento e quitação, excluem a incidência somente das multas punitivas, mas não das moratórias.

A: incorreta, pois, se houve início da fiscalização relativa ao tributo, fica afastado o benefício da denúncia espontânea – art. 138, parágrafo único, do CTN; B: incorreta, pois somente o pagamento integral à vista permite fruição do benefício da denúncia espontânea – art. 138 do CTN. Segundo o STJ (Recursos Especiais Repetitivos – TEMA 101): O instituto da denúncia espontânea (art. 138 do CTN) não se aplica nos casos de parcelamento de débito tributário (art. 155-A, § 1º, do CTN); C: correta, conforme a Súmula 360 do STJ: "o benefício da denúncia espontânea não se aplica aos tributos sujeitos a lançamento por homologação, regularmente declarados, mas pagos a destempo"; D e E: incorretas, pois a denúncia espontânea afasta qualquer espécie de multa – art. 138 do CTN. RB/LS

Gabarito "C".

(Juiz de Direito – TJ/MS – 2020 – FCC) A empresa Móveis Ltda., empresa de grande porte, em boa saúde financeira e com vários estabelecimentos, vende um de seus estabelecimentos para a empresa Sofás Ltda., em 10/01/2015. A atividade do estabelecimento é mantida, assim como a da empresa Móveis Ltda. No instrumento do trespasse, a empresa Móveis Ltda. se compromete a pagar todos os tributos referentes aos fatos geradores ocorridos até o dia 31/12/2014. Em janeiro de 2018, houve uma fiscalização na qual foi lançado tributo referente a fatos geradores de agosto de 2014 referentes ao estabelecimento em questão. Após o contencioso administrativo, o tributo é inscrito em dívida ativa. A respeito desses fatos, à luz do Código Tributário Nacional,

(A) ambas as empresas poderão ser cobradas em ação de execução fiscal, mas Sofás Ltda. somente subsidiariamente.

(B) somente a empresa Móveis Ltda. poderá ser cobrada em ação de execução fiscal, pois assim se comprometeu no trespasse.

(C) somente a empresa Sofás Ltda. poderá ser cobrada em ação de execução fiscal, pois era a empresa titular do estabelecimento no momento da fiscalização.

(D) somente a empresa Móveis Ltda. poderá ser cobrada em ação de execução fiscal, pois era a titular do estabelecimento no momento da ocorrência do fato gerador.

(E) somente a empresa Sofás Ltda. poderá ser cobrada em ação de execução fiscal, pois houve substituição tributária.

A: correta, pois há responsabilidade por sucessão, com subsidiariedade, conforme o art. 133, II, do CTN. Ademais, o acordo entre as partes não altera essa responsabilidade em relação aos débitos anteriores à alienação – art. 123 do CTN; **B, C, D e E:** incorretas, conforme comentários anteriores. **RB**

Gabarito "A".

(Juiz de Direito – TJ/MS – 2020 – FCC) À luz do Código Tributário Nacional e da jurisprudência atualmente sedimentada a respeito da responsabilidade dos sócios de empresas limitadas e desconsideração da personalidade jurídica,

(A) os sócios cotistas, sem poder de administração, também podem ser atingidos pelo redirecionamento de ação de execução fiscal, ainda que o capital social esteja integralizado.

(B) o ônus da prova de atos de excesso de poderes ou infração a lei, contrato social ou estatutos é do fisco, ainda que o nome do sócio conste na certidão de dívida ativa.

(C) a simples falta de pagamento do tributo configura fraude a lei para a responsabilização do sócio que seja administrador da pessoa jurídica.

(D) a pessoa jurídica tem interesse recursal para interpor medida contra decisão que determinou o redirecionamento da execução fiscal em face dos sócios.

(E) por ser matéria afeita a lei complementar, lei ordinária não pode criar hipótese de responsabilidade solidária relativa a sócio sem poder de gestão em empresa constituída na forma de sociedade limitada.

A: incorreta, pois somente os administradores da empresa podem ser responsáveis, nos termos do art. 135, III, do CTN; **B:** incorreta, pois, a inscrição em dívida ativa gera presunção de liquidez e certeza em relação à responsabilidade, cabendo ao interessado ilidi-la – art. 204 do CTN; **C:** incorreta, pois o simples inadimplemento não implica responsabilidade, nos termos do art. 135 do CTN – Súmula 430/STJ; **D:** incorreta, pois a pessoa jurídica não é atingida em sua esfera de direitos, nessa hipótese, inexistindo sucumbência e, portanto, interesse recursal. Porém, é preciso relembrar a situação específica de desconsideração da personalidade jurídica, segundo o STJ, poderia conferir legitimidade à pessoa jurídica: A pessoa jurídica tem legitimidade para interpor recurso contra decisão que desconsidera sua personalidade, a fim de defender direito próprio, relativo a sua autonomia em relação aos sócios e à regularidade de sua administração (AgInt no AREsp 1.001.293/RJ; **E:** correta. Porém, ao tratar de situação de responsabilidade tributária (outra forma de sujeição passiva tributária – art. 121 do CTN) de forma distinta do previsto no CTN, há contrariedade ao art. 146, III, 'b' da CF e ao art. 128 do CTN. Nesse sentido, decisão do STF: "6. O art. 13 da Lei 8.620/93 não se limitou a repetir ou detalhar a regra de responsabilidade constante do art. 135 do CTN, tampouco cuidou de uma nova hipótese específica e distinta. Ao vincular a simples condição de sócio a obrigação de responder solidariamente pelos débitos da sociedade limitada perante a Seguridade Social, tratou a mesma situação genérica regulada pelo art. 135, III, do CTN, mas de modo diverso, incorrendo em inconstitucionalidade por violação ao art. 146, III, da CF. (...) 8. Reconhecida a inconstitucionalidade do art. 13 da Lei 8.620/93 na parte em que determinou que os sócios das empresas por cotas de responsabilidade limitada responderiam solidariamente, com seus bens pessoais, pelos débitos junto à Seguridade Social. (...) (STF – RE 562276, Tribunal Pleno, Repercussão Geral). Importante relembrar que, em relação aos impostos, a CF é expressa em exigir a reserva a lei complementar federal para a definição dos contribuintes (art. 146, III, 'a', da CF). **RB/LS**

Gabarito "E".

(Juiz de Direito – TJ/BA – 2019 – CESPE/CEBRASPE) Por expressa previsão legal do CTN, entende-se como responsável tributário a pessoa que

(A) figure como sujeito ativo de uma obrigação tributária acessória em razão da solidariedade, substituição tributária ou sucessão.

(B) figure como sujeito ativo de uma obrigação tributária sem que tenha a obrigação de efetuar o pagamento do crédito tributário.

(C) tenha relação pessoal direta com a situação que constitua o respectivo fato gerador e seja obrigada ao pagamento de uma penalidade pecuniária.

(D) esteja obrigada ao pagamento de tributo ou penalidade pecuniária sem ter relação pessoal e direta com a situação que constitua o respectivo fato gerador.

(E) esteja obrigada a prestações que constituam o objeto de uma obrigação acessória.

A e B: incorretas, pois responsável tributário é sujeito passivo, devedor na relação jurídica obrigacional – art. 121, parágrafo único, II, do CTN; **C:** incorreta, pois o sujeito passivo que tem relação pessoal e direta como fato gerador é contribuinte, não responsável – art. 121, parágrafo único, I, do CTN; **D:** correta, conforme o art. 121, parágrafo único, II, do CTN; **E:** incorreta, pois qualquer sujeito passivo (contribuinte ou responsável) pode ser obrigado às obrigações acessórias – art. 122 do CTN. **RB**

Gabarito "D".

João arrematou um imóvel em hasta pública, tendo descoberto posteriormente que havia dívidas de IPTU relativas ao imóvel, constituídas antes da data da arrematação e que não haviam sido informadas no leilão.

(Promotor de Justiça/CE – 2020 – CESPE/CEBRASPE) Nessa situação hipotética, de acordo com o Código Tributário Nacional (CTN), a sub-rogação do crédito tributário ocorrerá sobre

(A) o patrimônio do arrematante, o qual passa a ser pessoalmente responsável pela dívida.

(B) o patrimônio do proprietário anterior, o qual deverá responder sozinho pela dívida tributária.

(C) o preço pago pelo arrematante, não devendo ser gerado qualquer gravame no imóvel.

(D) o imóvel, sobre o qual incidirá o gravame, até o limite do seu valor.

(E) o patrimônio tanto do proprietário anterior quanto do arrematante, sendo hipótese de responsabilidade solidária.

A aquisição em hasta pública é considerada aquisição originária, não havendo qualquer responsabilidade do adquirente em relação a tributos anteriores, relacionados ao bem adquirido. Nesse caso, a sub-rogação ocorre sobre o preço pago pelo arrematante, ou seja, esse valor será destinado prioritariamente à quitação do débito tributário – art. 130, parágrafo único, do CTN. **A:** incorreta, conforme comentários iniciais;

B: incorreta, pois o proprietário anterior não responde sozinho, já que o valor pago pelo arrematante será direcionado à quitação do débito; **C:** correta, conforme comentários iniciais; **D:** incorreta, conforme comentários iniciais; **E:** incorreta, pois não há responsabilidade do arrematante, conforme comentários iniciais. Nesse sentido, posição atual do STJ (Recurso Especial Repetitivo – Tema 1134): Diante do disposto no art. 130, parágrafo único, do Código Tributário Nacional, é inválida a previsão em edital de leilão atribuindo responsabilidade ao arrematante pelos débitos tributários que já incidiam sobre o imóvel na data de sua alienação. RB/LS

Gabarito "C".

(Juiz de Direito – TJ/RS – 2018 – VUNESP) De acordo com as disposições constantes do Código Tributário Nacional acerca da responsabilidade por infrações à legislação tributária, é correto afirmar que

(A) a denúncia espontânea pode ser apresentada após o início de qualquer procedimento administrativo ou medida de fiscalização, relacionados com a infração, desde que seja acompanhada pelo pagamento do tributo devido e dos juros de mora.

(B) a responsabilidade por infração à legislação tributária não é excluída pela denúncia espontânea da infração se esta for conceituada por lei como crime ou contravenção.

(C) os pais podem ser responsabilizados por infrações tributárias cometidas por seus filhos menores quando essas infrações forem conceituadas por lei como crimes ou contravenções.

(D) salvo disposição de lei em contrário, a responsabilidade por infrações da legislação tributária depende da intenção do agente ou do responsável e da efetividade, natureza e extensão dos efeitos do ato.

(E) a responsabilidade é pessoal dos diretores, gerentes ou representantes de pessoas jurídicas de direito privado quanto às infrações à legislação tributária praticadas pela empresa, quando decorram direta e exclusivamente de dolo específico contra a empresa.

A: incorreta, pois a denúncia espontânea deve ser anterior ao início de qualquer procedimento ou medida de fiscalização relacionado com a infração – art. 138, parágrafo único, do CTN; **B:** incorreta, pois não há essa limitação – art. 138, parágrafo único, do CTN; **C:** incorreta, pois a responsabilidade dos pais, nesse caso, restringe-se, no que se refere às penalidades, àquelas de caráter moratório – art. 134, parágrafo único, do CTN; **D:** incorreta, pois a responsabilidade por infração tributária não depende disso – art. 136 do CTN; **E:** correta – art. 137, III, c, do CTN. RB

Gabarito "E".

(Procurador do Estado/SP – 2018 – VUNESP) Assinale a alternativa correta sobre a sucessão tributária, conforme o Código Tributário Nacional.

(A) É excluída em casos de impostos que tenham por fato gerador a propriedade.

(B) É tipo de sanção por ato ilícito do sucessor.

(C) Não se aplica à pessoa jurídica resultante de fusão, pois esta é nova em relação às sociedades fundidas.

(D) É reponsabilidade que se aplica a fatos geradores ocorridos até a data do ato ou fato de que decorre a sucessão.

(E) É responsabilidade que se aplica exclusivamente aos créditos tributários definitivamente constituídos à data do ato ou fato de que decorre a sucessão.

A: incorreta, pois não há essa limitação. Pelo contrário, há norma específica para sucessão em relação a tributos imobiliários – art. 130 do CTN; **B:** incorreta, pois a responsabilidade é modalidade de sujeição passiva, não espécie de sanção. Embora em alguns casos (nem sempre) a responsabilidade surja por conta de descumprimento da lei pelo responsável (v.g. art. 135 do CTN), isso não é característica da responsabilidade por sucessão; **C:** incorreta, pois a empresa resultante da fusão é responsável por sucessão, em relação aos tributos das sociedades originais – art. 132 do CTN. Ressalte-se ainda a Súmula 554 do STJ: Na hipótese de sucessão empresarial, a responsabilidade da sucessora abrange não apenas os tributos devidos pela sucedida, mas também as multas moratórias ou punitivas referentes a fatos geradores ocorridos até a data da sucessão; **D:** correta – art. 129 do CTN; **E:** incorreta, pois a responsabilidade por sucessão, de acordo com o art. 129 do CTN, aplica-se por igual aos créditos tributários definitivamente constituídos ou em curso de constituição à data dos atos nela referidos, e aos constituídos posteriormente aos mesmos atos, desde que relativos a obrigações tributárias surgidas até a referida data. RB/LS

Gabarito "D".

(Delegado – PC/BA – 2018 – VUNESP) Havendo a incorporação de uma pessoa jurídica de direito privado por outra, os tributos e as multas devidos pela pessoa jurídica incorporada até o ato de incorporação são de responsabilidade

(A) da pessoa jurídica que resultar da incorporação, por sucessão.

(B) do alienante, por direito próprio.

(C) dos sócios da sociedade incorporada, por transferência.

(D) da pessoa jurídica incorporada, por direito próprio.

(E) dos sócios da pessoa jurídica que resultar da incorporação, por transferência.

Nos termos do art. 132 do CTN, a pessoa jurídica de direito privado que resultar de fusão, transformação ou incorporação de outra ou em outra é responsável pelos tributos devidos até a data do ato pelas pessoas jurídicas de direito privado fusionadas, transformadas ou incorporadas. Por essa razão, a alternativa "A" é a correta. RB

Gabarito "A".

10. SUSPENSÃO, EXTINÇÃO E EXCLUSÃO DO CRÉDITO

Veja a seguinte tabela para estudar e memorizar as causas de suspensão, extinção e exclusão do crédito tributário:

Suspensão	Extinção	Exclusão
– a moratória	– pagamento	– a isenção
– o depósito do seu montante integral	– a compensação	– a anistia
– as reclamações e os recursos, nos termos das leis reguladoras do processo tributário administrativo	– a transação	
– a concessão de medida liminar em mandado de segurança	– remissão	
– a concessão de medida liminar ou de tutela antecipada, em outras espécies de ação judicial	– a prescrição e a decadência	

– o parcelamento	– a conversão de depósito em renda
	– o pagamento antecipado e a homologação do lançamento nos termos do disposto no artigo 150 e seus §§ 1º e 4º
	– a consignação em pagamento, nos termos do disposto no § 2º do artigo 164
	– a decisão administrativa irreformável, assim entendida a definitiva na órbita administrativa, que não mais possa ser objeto de ação anulatória
	– a decisão judicial passada em julgado
	– a dação em pagamento em bens imóveis, na forma e condições estabelecidas em lei

(Procurador – AL/PR – 2024 – FGV) Em relação à compensação de débitos tributários, avalie se as afirmativas a seguir são verdadeiras (V) ou falsas (F).

( ) A vedação prevista no CTN da compensação mediante o aproveitamento de tributo, objeto de contestação judicial pelo sujeito passivo, antes do trânsito em julgado da respectiva decisão judicial, não se aplica às hipóteses de reconhecida inconstitucionalidade do tributo indevidamente recolhido.

( ) É incabível mandado de segurança para convalidar a compensação tributária realizada pelo contribuinte.

( ) A previsão legal de multa isolada incidente sobre a negativa de homologação de compensação tributária viola a Constituição Federal.

As afirmativas são, respectivamente,

(A) F – V – V.
(B) V – F – V.
(C) V – V – F.
(D) F – F – V.
(E) V – F – F.

1ª afirmativa: incorreta, conforme tese fixada pelo STJ (Tema Repetitivo 346): nos termos do art. 170-A do CTN, 'é vedada a compensação mediante o aproveitamento de tributo, objeto de contestação judicial pelo sujeito passivo, antes do trânsito em julgado da respectiva decisão judicial', vedação que se aplica inclusive às hipóteses de reconhecida inconstitucionalidade do tributo indevidamente recolhido. Ressalte-se, contudo, que, também segundo o STJ, tal vedação não se aplica a ações judiciais propostas em data anterior à vigência do art. 170-A do CTN, introduzido pela LC 104/2001 (Tema Repetitivo 345); **2ª afirmativa:** correta, de acordo com a Súmula 460 do STJ: É incabível o mandado de segurança para convalidar a compensação tributária realizada pelo contribuinte. Sobre mandado de segurança e compensação tributária, verificar teses fixadas pelo STJ no Tema Repetitivo 118; **3ª afirmativa:** correto, conforme tese fixada pelo STF (Tema 736): "É inconstitucional a multa isolada prevista em lei para incidir diante da mera negativa de homologação de compensação tributária por não consistir em ato ilícito com aptidão para propiciar automática penalidade pecuniária". Gabarito "A".

(Procurador – PGE/SP – 2024 – VUNESP) Considere a seguinte situação: o sujeito passivo de uma obrigação tributária ingressa com ação anulatória do débito fiscal, que é julgada procedente por sentença, que foi mantida pelo Tribunal de Justiça por ocasião do julgamento da apelação. O Estado interpõe recursos especial e extraordinário.

Diante desse quadro, assinale a alternativa correta.

(A) Deve o Procurador do Estado oficiante efetuar pedido de atribuição de efeito suspensivo ao recurso especial e, somente após a decisão acerca desse pedido, caso indeferido, requerer à Secretaria da Fazenda a anotação da extinção do crédito tributário em razão de sua anulação pelo Acórdão.
(B) Deve o Procurador do Estado oficiante efetuar pedido de atribuição de efeito suspensivo ao recurso extraordinário e, somente após a decisão acerca desse pedido, caso indeferido, requerer a anotação da extinção do crédito tributário em razão de sua anulação pelo Acórdão.
(C) Deve o Procurador do Estado oficiante solicitar a anotação da extinção do crédito tributário, tendo em vista que os recursos interpostos não são dotados de efeito suspensivo ope legis.
(D) Deve o Procurador do Estado oficiante efetuar pedido de atribuição de efeito suspensivo aos recursos especial e extraordinário e, somente após a decisão acerca desses pedidos, caso indeferidos, requerer a anotação da extinção do crédito tributário em razão de sua anulação pelo Acórdão.
(E) Considerando que não há decisão judicial transitada em julgado, a anotação da extinção do crédito tributário não deve ser solicitada pelo Procurador do Estado oficiante, o que somente deve ser feito após o julgamento definitivo dos recursos especial/extraordinário.

De acordo com o artigo 156, X, do CTN, extingue o crédito tributário a decisão judicial passada em julgado. Assim, apesar dos recursos interpostos não serem dotados de efeito suspensivo (art. 995 do CPC) eles impedem, durante seu trâmite, o trânsito em julgado da decisão exarada pelo Tribunal de Justiça por ocasião do julgamento da apelação. Correta a alternativa E e incorretas as demais. Gabarito "E".

(Procurador – PGE/SP – 2024 – VUNESP) O Código Tributário Nacional, no artigo 151, inciso II, prevê que o depósito do montante integral suspende a exigibilidade do crédito tributário. É cediço que, já há certo tempo, os contribuintes lançam mão do seguro garantia e da fiança bancária para garantia de créditos tributários, seja em ações anulatórias, seja em execuções fiscais. Sobre a eficácia destas modalidades de garantia do crédito tributário, assinale a alternativa correta, conforme entendimento firmado pelo Superior Tribunal de Justiça em sede representativa de controvérsia.

(A) Fiança bancária e seguro garantia equivalem a depósito integral para fins de suspensão da exigibilidade do crédito tributário, ainda que em montante que abranja exclusivamente o valor do crédito tributário, sem o acréscimo de 30% (trinta por cento).

(B) Fiança bancária e seguro garantia não equivalem a depósito integral para fins de suspensão da exigibilidade do crédito tributário; todavia, desde que apresentados como garantia em execução fiscal no valor integral atualizado do crédito, permitem a obtenção, pelo devedor, de Certidão de Regularidade Fiscal, na forma do artigo 206 do Código Tributário Nacional.

(C) Fiança bancária e seguro garantia não equivalem a depósito integral para fins de suspensão da exigibilidade do crédito tributário e não permitem a obtenção, pelo devedor, de Certidão de Regularidade Fiscal, na forma do artigo 206 do Código Tributário Nacional.

(D) Fiança bancária e seguro garantia equivalem a depósito integral para fins de suspensão da exigibilidade do crédito tributário, desde que em montante que abranja o valor do crédito tributário acrescido de 30% (trinta por cento).

(E) Fiança bancária e seguro garantia equivalem a depósito integral para fins de suspensão da exigibilidade do crédito tributário; somente quando apresentados em execução fiscal em substituição a depósito judicial e desde que em montante que abranja o valor do crédito tributário acrescido de 30% (trinta por cento).

O Código Tributário Nacional, lei complementar de normas gerais em matéria tributária (art. 146, III, da CF/88), prevê, em rol taxativo, as causas de suspensão da exigibilidade do crédito tributário, dentre elas o depósito do montante integral (art. 151, II). De cordo com o STJ, o depósito somente suspende a exigibilidade do crédito tributário se for integral e em dinheiro (Súmula 112). Portanto, fiança bancária e seguro garantia não equivalem a depósito integral para fins de suspensão da exigibilidade do crédito tributário (STJ c Tema Repetitivo 378) o que torna incorretas as alternativas **A**, **D** e **E**. Apesar de não serem equivalentes ao depósito em dinheiro, a fiança bancária e o seguro garantia são admitidos como formas de garantir a execução fiscal (art. 9º, II, da Lei 6830/80). Ressalte-se que a Lei 6.830/80 não exige, para tal fim, que a fiança bancária e o seguro garantia, quando apresentados em execução fiscal, devam abranger o valor do crédito tributário acrescido de 30% (trinta por cento). Porém, se a questão tratasse de garantia de crédito não tributário por fiança bancária e seguro garantia, seria válida a exigência do acréscimo de 30%, segundo o STJ, com base no art. 848, parágrafo único, do CPC (REsp 1.381.254-PR). Assim, se a execução fiscal estiver garantida pela fiança bancária ou pelo seguro garantia, no valor integral atualizado do crédito, será possível ao devedor obter a Certidão de Regularidade Fiscal (certidão positiva de débito com efeito de negativa – CPD-EN), na forma do artigo 205 c/c artigo 206 do Código Tributário Nacional. Finalizando, sobre o tema da expedição de CPD-EN, cumpre relembrar que, segundo o STJ (Tema Repetitivo 237), é possível ao contribuinte, após o vencimento da sua obrigação e antes da execução, garantir o juízo de forma antecipada, para o fim de obter certidão positiva com efeito de negativa. Portanto, correta a alternativa **B** e errada a **C**. Sobre o local onde deverá ser proposta a execução fiscal, importante tese foi fixada pelo STF (Tema 1204 da Repercussão Geral) ao interpretar o art. 46, § 5º, do Código de Processo Civil, que prevê a possibilidade de a execução fiscal ser proposta no foro de domicílio do réu, no de sua residência ou no do lugar onde for encontrado, nas hipóteses em que essa norma imponha o ajuizamento e processamento da ação executiva em outro Estado da Federação: "A aplicação do art.

46, § 5º, do CPC deve ficar restrita aos limites do território de cada ente subnacional ou ao local de ocorrência do fato gerador". **Gabarito "B".**

(Procurador – AGE/MG – 2022 – FGV) Em relação à suspensão da exigibilidade do crédito, analise as afirmativas a seguir.

I. O contribuinte pode substituir o depósito do montante integral do débito em fase de execução fiscal por fiança bancária para suspensão da exigibilidade do crédito tributário.

II. A adesão a programa de parcelamento tributário é hipótese de suspensão da exigibilidade do crédito, interrompendo o prazo prescricional, por constituir reconhecimento inequívoco do débito pelo contribuinte.

III. A concessão de medida liminar em ação anulatória ostenta o efeito de suspender a exigibilidade do crédito.

Está correto o que se afirma em

(A) I, apenas.

(B) II, apenas.

(C) I e III, apenas.

(D) II e III, apenas.

(E) I, II e III.

I: incorreta. O Código Tributário Nacional, lei complementar de normas gerais em matéria tributária (art. 146, III, da CF/88), prevê, em rol taxativo, as causas de suspensão da exigibilidade do crédito tributário, dentre elas o depósito do montante integral (art. 151, II). De cordo com o STJ, o depósito somente suspende a exigibilidade do crédito tributário se for integral e em dinheiro (Súmula 112). Portanto, fiança bancária e seguro garantia não equivalem a depósito integral para fins de suspensão da exigibilidade do crédito tributário (STJ – Tema Repetitivo 378). Apesar de não serem equivalentes ao depósito em dinheiro, a fiança bancária e o seguro garantia são admitidos como formas de garantir a execução fiscal (art. 9º, II, da Lei 6.830/80). Assim, se a execução fiscal estiver garantida pela fiança bancária ou pelo seguro garantia, no valor integral atualizado do crédito, será possível ao devedor obter a Certidão de Regularidade Fiscal (certidão positiva de débito com efeito de negativa), na forma do artigo 205 c/c artigo 206 do CTN; **II:** incorreta. O parcelamento é causa de suspensão da exigibilidade do crédito tributário (art. 151, VI, do CTN). Ademais, ao aderir ao programa de parcelamento ocorre a interrupção do prazo prescricional, pois há um ato inequívoco do devedor que importa em reconhecimento do débito (art. 174, parágrafo único, do CTN). Por isso, segundo o STJ, a adesão a programa de parcelamento tributário é causa de suspensão da exigibilidade do crédito (art. 151, VI, do CTN) e interrompe o prazo prescricional, por constituir reconhecimento inequívoco do débito, nos termos do art. 174, parágrafo único, IV, do CTN, voltando a correr o prazo, por inteiro, a partir do inadimplemento da última parcela pelo contribuinte (REsp n. 1.742.611/RJ); **III:** correta. Ressalte-se que, nos termos do CTN, a simples impetração de mandado de segurança ou o ajuizamento de ação ordinária *não* suspende a exigibilidade do crédito tributário. Para isso, é necessário que o juiz defira *liminar* ou conceda tutela provisória, segundo o CPC/2015 (o CTN fala em *antecipação da tutela, terminologia utilizada no CPC/1973*), que são modalidades de suspensão previstas no CTN (art. 151, V). Inclusive, segundo o STJ (Tema Repetitivo 264), a mera discussão judicial da dívida, sem garantia idônea ou suspensão da exigibilidade do crédito, nos termos do art. 151 do CTN, não obsta a inclusão do nome do devedor no CADIN. Por todo o exposto, estão corretas apenas as alternativas **II** e **III** e a resposta é a letra **D**. Sobre o local onde deverá ser proposta a execução fiscal, importante tese foi fixada pelo STF (Tema 1204 da Repercussão Geral) ao interpretar o art. 46, § 5º, do Código de Processo Civil, que prevê a possibilidade de a execução fiscal ser proposta no foro de domicílio do réu, no de sua residência ou no do lugar onde for encontrado, nas hipóteses em que essa norma imponha o ajuizamento e processamento da ação executiva em outro Estado da Federação: "A aplicação do art. 46, § 5º, do CPC deve ficar restrita aos limites do território de cada ente subnacional ou ao local de ocorrência do fato gerador". LS

Gabarito "D".

(Procurador Município – Teresina/PI – FCC – 2022) Por engano, José da Silva pagou duas vezes o IPTU (Imposto sobre Propriedade Predial e Territorial Urbano), uma vez ao Município de Teresina e outra vez ao município vizinho, relativamente ao exercício de 2010, efetuando esses pagamentos em dobro no dia 10 de janeiro de 2010. Um mês após o pagamento, José apresentou a uma das administrações tributárias um pedido de restituição do indébito, demonstrando que houve pagamento em dobro de um mesmo débito e que sua sede fica em Teresina. Entretanto, os julgadores de primeiro e segundo graus decidiram pelo indeferimento do pedido de restituição, em decisão final publicada no dia 05 de janeiro de 2017. Esgotada a fase administrativa, com impossibilidade de novo recurso, José procurou, no dia 20 de dezembro de 2018, um advogado para saber se podia ingressar com ação judicial, com objetivo de receber do município vizinho o que foi pago indevidamente. Com base no Código Tributário Nacional (CTN), o advogado respondeu:

(A) Após cinco anos do pagamento indevido, ou seja, após o dia 10 de janeiro de 2015, houve o decurso do prazo de decadência e, por esse motivo, o contribuinte José perdeu direito à restituição do pagamento indevido e não somente o direito de agir, de ingressar com ação judicial.

(B) Prescreve em dois anos a ação anulatória da decisão administrativa que denegar a restituição e, por esse motivo, José poderá ingressar em juízo com ação de repetição de indébito, no prazo de dois anos, a partir de 05 de janeiro de 2017, data da publicação da decisão citada.

(C) Se o pagamento indevido foi feito em 10 de janeiro de 2010, ocorreu a prescrição do direito de pedir a devolução deste pagamento cinco anos após tal data, ou seja, dia 11 de janeiro de 2015, fato que impossibilita qualquer ação judicial.

(D) Não cabem quaisquer ações judiciais, porque prevalece a decisão técnica da administração, tendo em vista que, com o esgotamento da esfera administrativa, o judiciário não pode julgar essa lide, e, além disso, a Constituição consagra o princípio da separação dos poderes.

(E) Cabe, apenas, ingressar em juízo com ação rescisória a fim de anular todo o processo administrativo, com fundamento nos princípios processuais constitucionais e nas regras do novo Código de Processo Civil.

O prazo para repetição de indébito é de 5 anos contado do pagamento indevido. Quando há pedido administrativo indeferido, o prazo se reabre e é de 2 anos para anulação da decisão administrativa – arts. 168 e 169 do CTN. Por essa razão, a alternativa "B" é a correta. RB

Gabarito "B".

(Procurador Município – Teresina/PI – FCC – 2022) O Código Tributário Nacional (CTN) dispõe que a denúncia espontânea é causa de exclusão da responsabilidade tributária e

I. ocorre quando se referir à infração de lei tributária e for acompanhada, se for o caso, do pagamento do tributo devido e dos juros de mora.
II. ocorre, também, quando for acompanhada do depósito da importância arbitrada pela autoridade administrativa, quando o montante do tributo dependa de apuração.
III. não pode se referir à infração, mas somente a tributo, e ocorre quando o sujeito passivo antecipa o pagamento do débito tributário sem prévio exame da autoridade administrativa, operando-se pelo ato em que a referida autoridade, tomando conhecimento da denúncia citada, expressamente a homologa.
IV. refere-se somente às infrações de natureza dolosa e deve observar as condições prevista no CTN, e, para ser espontânea, deve ser apresentada após o início de qualquer procedimento administrativo ou medida de fiscalização.

Está correto o que se afirma APENAS em

(A) III e IV.
(B) II.
(C) II e IV.
(D) I e II.
(E) II, III e IV.

I e II: corretas, nos termos do art. 138 do CTN; III: incorreta, pois a denúncia espontânea exclui apenas as penalidades, e a homologação pela autoridade fiscal não é elemento necessário para sua fruição; IV: incorreta, pois não há restrição quanto à natureza dolosa da infração, para fins da aplicação do art. 138 do CTN. Por essas razões, a alternativa "D" é a correta. RB

Gabarito "D".

(Procurador/PA – CESPE – 2022) A transação tributária embora seja um instituto previsto no Código Tributário Nacional desde a sua entrada em vigor, em 1966, apenas foi regulamentada pelo Estado do Pará pela Lei 9.260/2021. Assim, no âmbito do Estado do Pará, se aplica:

(A) nos termos do art. 171 do Código Tributário Nacional, aos créditos tributários sob a administração da Secretaria de Estado da Fazenda do Pará.
(B) nos termos da Lei 9.260/2021 do Estado do Pará, à dívida tributária dos municípios paraenses.
(C) nos termos da Lei 9.260/2021 do Estado do Pará, aos casos de geração de crédito para o devedor dos débitos transacionados.
(D) nos termos do art. 171 do Código Tributário Nacional, sem análise da proposta individual de iniciativa do devedor.
(E) nos termos da Lei 9.260/2021 do Estado do Pará, sem análise da proposta formalizada por autoridade competente.

A: correta, nos termos do art. 1º, § 3º, I, da Lei 9.260/2021 do Estado do Pará; B: incorreta, até porque a lei estadual não pode dispor sobre a tributação municipal, pois violaria a exclusividade no exercício da competência tributária; C: incorreta, pois a lei estadual veda expressamente essa possibilidade – art. 3º, II, da Lei 9.260/2021 do Estado do Pará; D e E: incorretas, pois é possível análise da proposta individual do devedor ou da autoridade competente – art. 2º, II, da Lei 9.260/2021 do Estado do Pará. Ressalte-se que deve ser sempre verificada a legislação em vigor, citada no edital, no momento do concurso a ser prestado. RB/LS

Gabarito "A".

(Procurador/DF – CESPE – 2022) A respeito de lançamento tributário, obrigação tributária e crédito tributário, observados o Código Tributário Nacional, a CF e a jurisprudência dos tribunais superiores, julgue os itens a seguir.

(1) No caso de entrega de declaração pelo contribuinte, por meio da qual este reconheça determinado débito fiscal, o prazo decadencial terá início no dia seguinte ao da entrega da declaração ou após a data de vencimento da obrigação, o que ocorrer por último.

(2) O responsável tributário é um terceiro, designado por lei, que não participa do binômio fisco-contribuinte, nada obstante esteja vinculado ao fato gerador por um liame indireto.

(3) A exclusão do crédito tributário desonera o contribuinte do cumprimento das obrigações acessórias dependentes da obrigação principal cujo crédito seja excluído.

(4) Lei concessiva de moratória poderá circunscrever expressamente a sua aplicabilidade a determinada classe ou categoria de sujeitos passivos.

1: incorreta, pois a entrega da declaração já constitui o crédito tributário, iniciando-se o prazo prescricional para cobrança – Súmula 436/STJ. Caso o fisco discorde e queira realizar lançamento de alguma diferença, o prazo decadencial é contado com referência à data em que poderia realizar o lançamento, nos termos do art. 150 ou do art. 173 do CTN, a depender da situação; 2: correta – art. 121, parágrafo único, II, do CTN; 3: incorreta, pois a obrigação acessória pode ser exigível independentemente da existência de obrigação principal (como é o caso de declarações a serem prestadas por entidades imunes, por exemplo) – arts. 113 e 115 do CTN; 4: correta, conforme o art. 152, parágrafo único, do CTN. **RB/LS**
Gabarito 1E, 2C, 3E, 4C

(Procurador/DF – CESPE – 2022) Julgue os itens a seguir em conformidade com a Lei da Transação Resolutiva de Litígio – Lei nº 13.988/2020.

(1). Em razão do princípio da transparência, quando realizar com um particular transação resolutiva de litígio, o poder público deverá divulgar em meio eletrônico todos os termos de transação celebrados, incluídas as informações legalmente protegidas por sigilo.

(2). É condição indispensável à operacionalização da transação resolutiva de conflito que os créditos da fazenda pública sejam objeto de ação de execução.

1: incorreta, pois as informações protegidas por sigilo devem ser resguardadas – art. 1º, § 2º, da Lei 13.988/2020; 2: incorreta, pois não se exige execução fiscal como pressuposto para a transação, sendo viável inclusive durante o contencioso administrativo – art. 17, § 3º, I, e art. 18 da Lei 13.988/2020. Ressalte-se que deve ser sempre verificada a legislação em vigor, citada no edital, no momento do concurso a ser prestado. **RB/LS**
Gabarito 1E, 2E

(Procurador Município – Santos/SP – VUNESP – 2021) Em relação à suspensão do crédito tributário, é correto afirmar:

(A) Salvo disposição de lei em contrário, a moratória somente abrange os créditos definitivamente constituídos à data da lei ou do despacho que a conceder, ou cujo lançamento já tenha sido iniciado àquela data por ato regularmente notificado ao sujeito passivo.

(B) A moratória somente pode ser concedida em caráter geral, por despacho da autoridade administrativa, desde que autorizada por lei.

(C) A lei concessiva de moratória não pode circunscrever sua aplicabilidade à determinada região do território da pessoa jurídica de direito público que a expedir, ou a determinada classe ou categoria de sujeitos passivos.

(D) A concessão da moratória em caráter geral ou individual gera direito adquirido e não poderá ser revogado de ofício, mesmo apurando-se que o beneficiado não satisfazia ou deixou de satisfazer as condições ou não cumprira ou deixou de cumprir os requisitos para a concessão do favor.

(E) O parcelamento será concedido na forma e condição estabelecidas em lei específica que disporá sobre as condições de parcelamento dos créditos tributários do devedor na falência, insolvência ou em recuperação judicial, devendo em tais situações excluir a incidência de juros e multas.

A: correta – art. 154 do CTN; **B:** incorreta, pois a moratória pode também ser concedida em caráter individual – art. 152, II, do CTN; **C:** incorreta, pois isso é possível – art. 152, parágrafo único, do CTN; **D:** incorreta, pois não há direito adquirido, nos termos do art. 155 do CTN; **E:** incorreta, pois as condições especiais para parcelamento referem-se à recuperação judicial – art. 155-A, § 3º, do CTN. **RB**
Gabarito "A".

(Procurador Município – Santos/SP – VUNESP – 2021) De conformidade com o Código Tributário Nacional, extinguem o Crédito Tributário:

(A) as reclamações e os recursos, nos termos das leis reguladoras do processo tributário administrativo.

(B) a concessão de medida liminar em mandado de segurança.

(C) a concessão de medida liminar ou de tutela antecipada, em outras espécies de ação judicial.

(D) a anistia.

(E) a remissão.

Típica questão de concurso, em que basta decorar as modalidades de suspensão, extinção e exclusão do crédito tributário. Reclamações e recursos, liminares e tutelas antecipadas são modalidades de suspensão do crédito (art. 151, III e IV do CTN). Anistia, ao lado da isenção, é modalidade de exclusão do crédito (art. 175 do CTN). A remissão é modalidade de extinção do crédito (art. 156 do CTN). Por essas razões, a alternativa "E" é a correta. **RB**
Gabarito "E".

(Procurador do Município – Valinhos/SP – 2019 – VUNESP) O Código Tributário Nacional elenca as causas que suspendem a exigibilidade do crédito tributário, dentre as quais a

(A) prescrição.
(B) moratória.
(C) remissão.
(D) anistia.
(E) transação.

Questão clássica de concursos, que exige apenas decorar as modalidades de suspensão, extinção e exclusão do crédito tributário, listadas respectivamente nos arts. 151, 156 e 175 do CTN. No caso, apenas a moratória é modalidade de suspensão do crédito, de modo que alternativa "B" é a correta. **RB**
Gabarito "B".

(Juiz de Direito – TJ/AL – 2019 – FCC) A Constituição do Estado de Alagoas estabelece, expressamente, em seu texto, que

(A) é vedado ao Estado, inclusive a suas autarquias e fundações, cobrar tributos sem observância aos princípios da legalidade, irretroatividade, anterioridade nonagesimal (noventena) e anterioridade de exercício financeiro.

(B) os Municípios podem instituir taxas em razão do exercício do poder de polícia ou pela utilização, efetiva ou potencial, de serviços públicos específicos e divisíveis, prestados aos contribuintes ou postos à sua disposição, bem como contribuição de melhoria, decorrente de obra pública.

(C) a observância do princípio da legalidade não se aplica à fixação da base de cálculo do IPTU.

(D) é vedado ao Estado, ainda que com interesse público justificado, renunciar à Receita e conceder isenções e anistias fiscais.

(E) é vedado aos Estados exigir, aumentar, extinguir ou reduzir tributos, sem que lei o estabeleça, ficando excluídas desta vedação a exigência e cobrança de emolumentos por atos da Junta Comercial e de custas judiciais.

A: incorreta, pois o princípio da anterioridade nonagesimal não consta expressamente da Constituição Estadual – art. 166; **B:** correta – art. 162, II, da Constituição Estadual; **C:** incorreta, pois não há essa previsão na Constituição Estadual, nem poderia, já que o princípio da legalidade é imposto pela Constituição Federal, sem exceção em relação à base de cálculo do IPTU – art. 150, I, da CF; **D:** incorreta, pois, havendo interesse público justificado, isso é possível – art. 166, VII, da Constituição Estadual; **E:** incorreta, pois emolumentos e custas judiciais não são exceção ao princípio da legalidade – art. 166, I, da Constituição Estadual. Ressalte-se que deve ser sempre verificada a legislação em vigor, citada no edital, no momento do concurso a ser prestado. RB/LS
"Gabarito B".

(Juiz de Direito – TJ/RJ – 2019 – VUNESP) Em 20 de janeiro de 2010, a empresa ABC Ltda. pratica o fato gerador do imposto municipal sobre serviços de qualquer natureza e emite a respectiva nota fiscal no valor de R$ 100.000,00, resultando em imposto a pagar de R$ 5.000,00. Em 10 de fevereiro de 2010, data de vencimento do referido imposto, por passar por problemas de caixa, a empresa recolhe apenas R$ 100,00, deixando R$ 4.900,00 sem pagamento. Em 31 de dezembro de 2014, a empresa recebe notificação de início de fiscalização por parte da administração tributária, que culmina com a apresentação, em 10 de fevereiro de 2015, de auto de infração relativo ao valor que deixou de ser pago, acrescido de juros e multa respectivos.

A respeito da situação hipotética, é correto afirmar, com base na legislação e jurisprudência, que

(A) o fato de ter emitido a nota fiscal e o de ter pagado parcialmente o débito são irrelevantes para a fixação do termo inicial da decadência do direito da administração tributária de lançar o imposto mediante auto de infração.

(B) caso decida voluntariamente fazer o pagamento do imposto devido após a notificação de início da fiscalização, mas antes da lavratura do auto de infração, a empresa poderá evitar o pagamento de juros e de multa.

(C) a notificação de início da ação fiscal interrompe o prazo decadencial, dando à administração novo quinquênio para finalização da fiscalização e correspondente lavratura do auto de infração.

(D) no caso em questão, operou-se a decadência tributária, pois se trata de lançamento por homologação e o auto de infração foi lavrado mais de cinco anos após a ocorrência do fato gerador.

(E) não chegou a se operar a decadência tributária no caso, pois o termo inicial do prazo decadencial coincide com o prazo final de vencimento do pagamento do imposto e não da ocorrência do fato gerador.

A: incorreta, pois quando há pagamento parcial do tributo lançado por homologação, sem dolo, fraude ou simulação (caso descrito), o prazo decadencial para que o fisco reveja o lançamento e constitua o crédito relativo a eventual diferença é contado a partir do fato gerador, nos termos do art. 150, § 4º, do CTN; **B:** incorreta, pois a denúncia espontânea não existe (e os benefícios dela portanto não são aplicáveis) após o início de qualquer procedimento administrativo ou medida de fiscalização, relacionados com a infração – art. 138, parágrafo único do CTN; **C:** incorreta, pois o prazo decadencial não é interrompido – art. 150 do CTN; **D:** correta, conforme comentários anteriores; **E:** incorreta, conforme comentários anteriores. RB
"Gabarito D".

(Juiz de Direito – TJ/RJ – 2019 – VUNESP) Com base na jurisprudência do Superior Tribunal de Justiça, é correto afirmar que

(A) a notificação do auto de infração faz cessar a contagem da decadência para a constituição do crédito tributário.

(B) o mandado de segurança não constitui ação adequada para a declaração do direito à compensação tributária.

(C) o benefício da denúncia espontânea se aplica aos tributos sujeitos a lançamento por homologação regularmente declarados, mas pagos a destempo.

(D) a decretação da indisponibilidade de bens e direitos, na forma do Código Tributário Nacional, dispensa o exaurimento das diligências na busca por bens penhoráveis.

(E) a compensação de créditos tributários pode ser deferida em ação cautelar ou por medida liminar cautelar ou antecipatória.

A: correta. A notificação do auto de infração faz cessar a contagem da decadência para a constituição do crédito tributário; exaurida a instância administrativa com o decurso do prazo para a impugnação ou com a notificação de seu julgamento definitivo e esgotado o prazo concedido pela Administração para o pagamento voluntário, inicia-se o prazo prescricional para a cobrança judicial – Súmula 622/STJ; **B:** incorreta, pois o STJ admite o MS para isso – Súmula 213/STJ; **C:** incorreta, pois é pacífico o entendimento em contrário – Súmula 360/STJ; **D:** incorreta, pois, nos termos da Súmula 560/STJ, a decretação da indisponibilidade de bens e direitos, na forma do art. 185-A do CTN, pressupõe o exaurimento das diligências na busca por bens penhoráveis, o qual fica caracterizado quando infrutíferos o pedido de constrição sobre ativos financeiros e a expedição de ofícios aos registros públicos do domicílio do executado, ao Denatran ou Detran; **E:** incorreta, pois isso é vedado, na forma do art. 170-A do CTN. RB/LS
"Gabarito A".

Uma autoridade tributária, respaldada por lei, emitiu despacho concedendo moratória em caráter individual para determinado contribuinte e, assim, suspendeu a exigibilidade do crédito tributário. Posteriormente, o benefício foi revogado de ofício pelo fisco, em razão de ter sido comprovado que o beneficiário dolosamente simulou as condições para a sua fruição. Com esse fundamento, houve a imposição de penalidade ao contribuinte e a sua exclusão formal do programa em questão.

(Juiz de Direito – TJ/SC – 2019 – CESPE/CEBRASPE) Nessa situação hipotética, de acordo com o Código Tributário Nacional,

(A) a concessão da moratória suspendeu o prazo decadencial para a cobrança do crédito, não sendo computado o tempo decorrido entre a concessão e a revogação do benefício.

(B) a concessão da moratória interrompeu o prazo prescricional para a cobrança do crédito, razão pela qual esse prazo somente recomeçou a correr após a revogação do benefício.

(C) o tempo decorrido entre a concessão do benefício e a sua revogação não é computado para efeito da prescrição do direito à cobrança do crédito.

(D) a revogação do benefício só terá validade se tiver ocorrido antes do término do prazo prescricional do direito à cobrança do crédito.

(E) a revogação do benefício só terá validade se tiver ocorrido antes do término do prazo decadencial relativo ao direito de constituição do crédito.

Nos termos do art. 155 do CTN, a concessão da moratória em caráter individual não gera direito adquirido e será revogado de ofício, sempre que se apure que o beneficiado não satisfazia ou deixou de satisfazer as condições ou não cumprira ou deixou de cumprir os requisitos para a concessão do favor. No caso de revogação, cobra-se o crédito acrescido de juros de mora: (i) com imposição da penalidade cabível, nos casos de dolo ou simulação do beneficiado, ou de terceiro em benefício daquele; ou (ii) sem imposição de penalidade, nos demais casos. Nesses casos de dolo ou simulação do beneficiado, ou de terceiro, o tempo decorrido entre a concessão da moratória e sua revogação não se computa para efeito da prescrição do direito à cobrança do crédito.
Por essas razões, a alternativa "C" é a correta.
Gabarito "C".

(Juiz de Direito – TJ/BA – 2019 – CESPE/CEBRASPE) De acordo com o CTN, o parcelamento é uma modalidade de

(A) suspensão da exigibilidade do crédito tributário.
(B) extinção da obrigação tributária.
(C) compensação de créditos e débitos tributários.
(D) exclusão do crédito tributário.
(E) remissão da obrigação tributária.

O parcelamento é uma das modalidades de suspensão do crédito tributário, nos termos do art. 151, VI, do CTN, de modo que a alternativa "A" é a correta.
Gabarito "A".

(Juiz de Direito – TJ/RS – 2018 –VUNESP) A Empresa X possui vultoso montante de débitos tributários de ICMS e necessita saneá-los para dar prosseguimento ao seu pedido de recuperação judicial. Não dispondo do montante integral para a quitação dos valores à vista, a empresa X pretende parcelar o montante devido à Fazenda Estadual.
Considerando as disposições do Código Tributário Nacional sobre o parcelamento, é correto afirmar que

(A) em razão da indisponibilidade do interesse público, não há possibilidade de se prever condições especiais de parcelamento para débitos tributários de empresas que estejam em processo de recuperação judicial.

(B) por se tratar de devedor em recuperação judicial, ele poderá se valer de condições especiais de parcelamento dos seus créditos tributários, na forma e condição estabelecida em lei complementar.

(C) o parcelamento para empresas que se encontram em processo de recuperação judicial abrange apenas os débitos inscritos em dívida ativa e deve observar a forma e condição estabelecidas em lei complementar.

(D) salvo disposição de lei em contrário, o parcelamento do crédito tributário do devedor em processo de recuperação judicial exclui a incidência de multas e juros.

(E) a inexistência da lei específica para empresas em recuperação judicial importa na aplicação das leis gerais de parcelamento do ente da Federação ao devedor que se encontre nessa situação, não podendo, nesse caso, ser o prazo de parcelamento inferior ao concedido pela lei federal específica.

A: incorreta, pois o art. 155-A, § 3º, do CTN, prevê expressamente que lei específica disporá sobre as condições de parcelamento dos créditos tributários do devedor em recuperação judicial; **B:** incorreta, pois não se exige lei complementar – art. 155-A, § 3º, do CTN; **C:** incorreta, pois não há limitação para dívidas inscritas e não se exige lei complementar – art. 155-A, § 3º, do CTN; **D:** incorreta, pois não há essa exclusão, salvo disposição de lei em contrário – art. 155-A, § 1º, do CTN; **E:** correta – art. 155-A, § 4º, do CTN.
Gabarito "E".

(Juiz de Direito – TJ/RS – 2018 – VUNESP) Considerando as disposições do Código Tributário Nacional acerca do pagamento, é correto afirmar que

(A) quando a legislação tributária não dispuser a respeito, o pagamento é efetuado no local indicado pelo sujeito ativo.

(B) a existência de consulta formulada pelo devedor, dentro do prazo legal para pagamento, não afasta a incidência de juros de mora e penalidades cabíveis nem a aplicação de quaisquer medidas de garantia previstas na legislação tributária caso o tributo não seja integralmente pago no seu vencimento.

(C) a importância de crédito tributário pode ser consignada judicialmente pelo sujeito passivo na hipótese de recusa de recebimento, ou subordinação deste ao pagamento de outro tributo ou de penalidade, ou ao cumprimento de obrigação acessória.

(D) o pagamento do tributo deve ser realizado em moeda corrente, podendo, nos casos expressamente previstos em lei, ser realizado por meio de cheque ou vale postal.

(E) quando a legislação tributária não fixar o tempo do pagamento, o vencimento do crédito ocorre quinze dias depois da data em que se considera o sujeito passivo notificado do lançamento.

A: incorreta, pois, nos termos do art. 159 do CTN, quando a legislação tributária não dispuser a respeito, o pagamento é efetuado na repartição competente do domicílio do sujeito passivo; **B:** incorreta, pois a consulta formulada dentro do prazo de pagamento afasta o cômputo de juros moratórios e penalidades – art. 161, § 2º, do CTN; **C:** correta – art. 164, I e II, do CTN; **D:** incorreta, pois o pagamento pode ser sempre realizado por moeda corrente, cheque ou vale postal, embora a extinção do crédito dependa do resgate do cheque pelo banco – art. 162, I e § 2º, do CTN; E: incorreta, pois, se a lei não previr prazo para pagamento, ele será de 30 dias após a notificação de lançamento – art. 160 do CTN.

Gabarito "C".

(Procurador do Estado/SP – 2018 – VUNESP) No que diz respeito à Isenção, conforme o Código Tributário Nacional, é correto afirmar:

(A) é causa excludente do crédito tributário, mas não dispensa o cumprimento das obrigações acessórias dependentes da obrigação principal cujo crédito tenha sido excluído.

(B) é causa extintiva do crédito tributário, sendo extensiva às taxas e contribuições que tenham por fato gerador o mesmo fato jurídico relevante do crédito tributário extinto.

(C) é causa excludente do crédito tributário e pode ser livremente suprimida, mesmo quando concedida sob condição onerosa.

(D) é causa extintiva do crédito tributário e depende, em qualquer hipótese, de despacho, genérico ou particular, de autoridade administrativa competente para a verificação.

(E) é causa excludente do crédito tributário e só pode ser concedida em caráter geral, nos termos da lei, pela isonomia tributária, mas deve sofrer, em qualquer caso, restrições temporais por meio de regulamento.

A: correta – art. 175, I e parágrafo único, do CTN; B e D: incorretas, pois a isenção é modalidade de exclusão do crédito tributário, não de extinção – art. 175, I, do CTN; C: incorreta, pois a isenção concedida por prazo certo e em função de determinadas condições não pode ser suprimida em prejuízo do contribuinte que preencheu os requisitos para sua fruição – art. 178 do CTN; E: incorreta, pois a isenção pode ser concedida em caráter específico – art. 179 do CTN.

Gabarito "A".

(Procurador do Estado/SP – 2018 – VUNESP) Lei estadual confere benefício fiscal previamente aprovado pelos Estados e pelo Distrito Federal, nos termos do art. 155, parágrafo 2o, XII, letra g, da Constituição Federal. O benefício é de redução de base de cálculo do ICMS para operações internas com produtos de limpeza, de forma que a carga final do imposto fica reduzida a 50% da incidência normal. A empresa Delta usufrui do benefício em todas as suas operações internas, pois comercializa exclusivamente produtos de limpeza. Não há, na legislação tributária, qualquer outra previsão de benefício que Delta possa usufruir. Todas as operações interestaduais de Delta sofrem tributação normal do imposto. Todos os seus fornecedores estão estabelecidos na mesma unidade da federação que Delta e nenhum deles goza de benefício fiscal.

Considerada essa situação hipotética, a empresa Delta

(A) não deve anular os créditos do imposto, relativamente às aquisições de produtos objeto de posteriores operações internas e interestaduais, pois goza de benefício fiscal.

(B) deve anular integralmente o crédito do imposto pago na aquisição de produtos destinados a operações internas, desde que, no mesmo período de apuração, tenha operações interestaduais, pois estas são integralmente tributadas.

(C) deve anular parcialmente os créditos do imposto incidente em todas as aquisições de produtos, desconsiderando a incidência de benefícios nas operações posteriores, por força do regime periódico de apuração a que se sujeita o ICMS.

(D) deve anular integralmente os créditos do imposto incidente em todas as aquisições de bens revendidos, independentemente de redução de base de cálculo, com fundamento na não cumulatividade do imposto.

(E) deve anular parcialmente o crédito do imposto, relativamente aos bens adquiridos para posteriores operações beneficiadas, na mesma proporção da redução da base de cálculo, pois tal benefício corresponde à isenção parcial.

Nos termos do tema 299 de repercussão geral do STF, a redução da base de cálculo de ICMS equivale à isenção parcial, o que acarreta a anulação proporcional de crédito relativo às operações anteriores, salvo disposição em lei estadual em sentido contrário. Por essa razão, a alternativa "E" é a correta.

Gabarito "E".

(Juiz de Direito/GO – 2021 – FCC) Relativamente aos impostos lançados de ofício, tal como ocorre com o IPTU, em diversos Municípios brasileiros, o Código Tributário Nacional estabelece que o direito de a Fazenda Pública constituir o crédito tributário extingue-se após cinco anos, contados

(A) do primeiro dia do exercício seguinte àquele em que o lançamento poderia ter sido efetuado, ou da data da ocorrência do fato gerador, de acordo com a maior ou menor proximidade com o momento da ocorrência do fato gerador, configurando-se, assim, a prescrição tributária.

(B) da data da ocorrência do fato gerador, desde que não tenha ocorrido dolo, fraude ou simulação do sujeito passivo, configurando-se, assim, a decadência tributária.

(C) do primeiro dia do exercício seguinte àquele em que o lançamento poderia ter sido efetuado, ou da data da ocorrência do fato gerador, de acordo com o que for mais favorável, em cada caso, ao sujeito passivo, configurando-se, assim, a decadência tributária.

(D) da data da ocorrência do fato gerador, configurando-se, assim, a prescrição tributária.

(E) do primeiro dia do exercício seguinte àquele em que o lançamento poderia ter sido efetuado, configurando-se, assim, a decadência tributária.

Nos termos do art. 173, I, do CTN, o direito de a Fazenda Pública constituir o crédito tributário extingue-se após 5 (cinco) anos, contados do primeiro dia do exercício seguinte àquele em que o lançamento poderia ter sido efetuado. Por essa razão, a alternativa "E" é a correta.

Gabarito "E".

(Juiz de Direito – TJ/MS – 2020 – FCC) A respeito do tema decadência e prescrição tributárias, é correto afirmar:

(A) Quando previsto em lei, é possível confessar e parcelar débito tributário. Nesse caso, o contribuinte não mais poderá discutir a ocorrência da decadência, em razão da novação da dívida.

(B) A Constituição Federal impõe que lei complementar trate de normas gerais de direito tributário. Assim, é constitucional lei ordinária que trate especificamente de prazos de decadência e prescrição de forma distinta do Código Tributário Nacional, dilatando estes prazos.

(C) Na hipótese de tributo sujeito a lançamento por homologação, se o contribuinte realizar o depósito judicial com vistas à suspensão da exigibilidade do crédito tributário, não se considera realizada a constituição do crédito tributário por homologação, cabendo ao Fisco realizar o lançamento por homologação, sob pena de ocorrer a decadência.

(D) Nos tributos lançados por homologação, a entrega de declaração pelo contribuinte reconhecendo débito fiscal constitui o crédito tributário, dispensada qualquer outra providência por parte do fisco. Assim, não pago o tributo em seu vencimento, passa a contar o prazo prescricional para a cobrança do débito tributário.

(E) Nos termos do Código Tributário Nacional, diferencia-se a prescrição da decadência, pois com a decadência ocorre a extinção do crédito tributário, já com a prescrição não se extingue o crédito tributário, mas o direito de ação da Fazenda pública.

A: incorreta, pois a decadência extingue o crédito tributário que seria parcelado, prejudicando-o – art. 173 do CTN. Ademais, o parcelamento não implica novação, apenas suspensão do crédito tributário – art. 151 do CTN; B: incorreta, pois decadência e prescrição em matéria tributária são matérias a serem veiculadas por norma geral nacional, especificamente por lei complementar federal – art. 146, III, b, da CF. Nesse sentido, ver Súmula Vinculante n.º 8; C: incorreta, pois o depósito, nesse caso, implica lançamento, afastando a fluência do prazo decadencial – ver EREsp 686.479/RJ-STJ; D: correta, conforme a Súmula 436/STJ; E: incorreta, pois o CTN descreve tanto a decadência como a prescrição como modalidades de extinção do crédito tributário – art. 156 do CTN. RB/LS

Gabarito "D".

(Juiz de Direito – TJ/MS – 2020 – FCC) A respeito das isenções tributárias, é correto afirmar:

(A) Nos termos do Código Tributário Nacional, a isenção é causa de extinção do crédito tributário.

(B) Nos termos da jurisprudência do Supremo Tribunal Federal, lei ordinária posterior não pode revogar isenção concedida por lei complementar.

(C) São inconstitucionais tratados internacionais que prevejam isenção de tributos estaduais, por serem firmados por órgãos da União.

(D) A concessão da isenção por despacho da autoridade administrativa dispensa também do cumprimento das obrigações acessórias.

(E) A isenção, quando condicionada e por prazo certo, não pode ser livremente revogada pelo ente tributante.

A: incorreta, pois o CTN descreve a isenção como modalidade de exclusão do crédito tributário, assim como a anistia – art. 175 do CTN; B: incorreta, pois o STF reconhece que lei complementar que veicula matéria de lei ordinária é considerada materialmente lei ordinária e, como tal, pode ser alterada ou revogada por lei ordinária posterior – ver Tese de Repercussão Geral 71; C: incorreta, pois STF decidiu que o disposto no art. 151, III, da CF não impede a concessão de isenções tributárias por meio de tratados internacionais, ou seja, é possível instituição de benefícios fiscais relativos a tributos estaduais ou municipais por meio de tratados internacionais (RE 543.943 AgR/PR); D: incorreta, pois a isenção não dispensa as obrigações acessórias – art. 175, parágrafo único, do CTN; E: correta – art. 178 do CTN. RB

Gabarito "E".

(Promotor de Justiça/CE – 2020 – CESPE/CEBRASPE) A exclusão do crédito tributário decorrente de infração à legislação tributária, concedida em caráter geral ou por despacho da autoridade administrativa, é chamada de

(A) isenção.
(B) anistia.
(C) remissão.
(D) moratória.
(E) compensação.

O CTN prevê apenas duas modalidades de exclusão do crédito tributário: isenção e anistia – art. 175 do CTN. A isenção se refere à exclusão do crédito relativo a fatos geradores posteriores. A anistia abrange infrações cometidas anteriormente à vigência da lei. Por essa razão, a assertiva se refere à anistia, de modo que a alternativa "B" é a correta. RB

Gabarito "B".

11. IMPOSTOS E CONTRIBUIÇÕES EM ESPÉCIE

11.1. ITR

(Procurador Municipal – Prefeitura/BH – CESPE – 2017) Em determinado município, uma associação de produtores rurais solicitou que o prefeito editasse lei afastando a incidência do ITR para os munícipes que tivessem idade igual ou superior a sessenta e cinco anos e fossem proprietários de pequenas glebas rurais, assim entendidas as propriedades de dimensão inferior a trezentos hectares. O prefeito, favorável ao pedido, decidiu consultar a procuradoria municipal acerca da viabilidade jurídica dessa norma.

Com relação a essa situação hipotética, assinale a opção correta de acordo com as normas constitucionais e a legislação tributária vigente.

(A) O ITR é um imposto da União e, por conseguinte, é vedado atribuir aos municípios, que não detêm competência para legislar sobre essa matéria, a responsabilidade por sua fiscalização.

(B) Cabe ao município a competência legislativa sobre o ITR, podendo ele instituir hipóteses de isenção e de não incidência.

(C) O ITR é um imposto de competência da União, não podendo o município reduzi-lo ou adotar qualquer renúncia fiscal.

(D) A CF prevê a imunidade fiscal para os proprietários de pequenas glebas rurais que tenham idade igual ou superior a sessenta e cinco anos.

A: incorreta, pois o ITR, apesar de ser tributo federal, admite peculiarmente a fiscalização e cobrança pelos municípios, nos termos do art. 153, § 4º, III, da CF; B: incorreta, pois a competência tributária, entendida como competência para legislar sobre o tributo, é indelegável e, no caso do ITR, de titularidade exclusiva da União – art. 153, VI, da CF; C: correta – art. 153, § 4º, III, *in fine*, da CF; D: incorreta, pois não há imunidade em relação à idade dos proprietários – art. 153, § 4º, II, da CF. RB

Gabarito "C".

11.2. ICMS

(Procurador – PGE/SP – 2024 –VUNESP) Considere o decidido pelo Supremo Tribunal Federal no julgamento da ADC 49: "O deslocamento de mercadorias entre estabelecimentos do mesmo titular não configura fato gerador da incidência de ICMS, ainda que se trate de circulação interestadual" e assinale a alternativa correta.

(A) Tendo em vista que essas remessas não consubstanciam operações de circulação de mercadorias, mas meras transferências de estoque, houve o reconhecimento de que não é devido ICMS nessas operações, sem qualquer modulação dos efeitos dessa decisão, de modo que está aberta a possibilidade de restituição do que foi cobrado nos exercícios anteriores por parte dos contribuintes.

(B) Uma vez decidida a inconstitucionalidade da incidência de ICMS na transferência de mercadorias entre estabelecimentos da mesma pessoa jurídica, presentes razões de segurança jurídica e interesse social, foram modulados os efeitos da decisão para que se aplique às operações de circulação de mercadorias ocorridas a partir de 01/01/2024, ressalvados os processos administrativos e judiciais pendentes de conclusão até a data da publicação da ata de julgamento da decisão de mérito da ADC 49.

(C) Em razão do disposto no inciso II do § 2º do artigo 155 da Constituição Federal, a operação, interna ou interestadual, não implicará crédito para compensação com o montante devido nas operações ou prestações seguintes e acarretará a anulação do crédito relativo às operações anteriores, uma vez que equivale a uma não incidência.

(D) Embora essas remessas não consubstanciem operações de circulação de mercadorias, mas meras transferências de estoque, restou decidido que se os Estados não disciplinarem a transferência dos créditos entre os estabelecimentos do mesmo titular, para evitar a guerra fiscal, eles (os créditos) serão anulados nas remessas interestaduais.

(E) Tendo em vista que estas remessas não consubstanciam operações de circulação de mercadorias, mas meras transferências de estoque, o crédito não é anulado e, desde logo, fixou o Supremo Tribunal Federal, vislumbrando a omissão legislativa, que eles (os créditos) devem ser assegurados integralmente pelas unidades federadas de origem e de destino na mesma proporção (metade para cada unidade federada), nas operações interestaduais, em aplicação do princípio da igualdade dos entes federativos.

A: incorreta, pois houve modulação dos efeitos da decisão na ADC 49: "presentes razões de segurança jurídica e interesse social (art. 27 da Lei 9868/1999) justificável a modulação dos efeitos temporais da decisão para o exercício financeiro de 2024 ressalvados os processos administrativos e judiciais pendentes de conclusão até a data da publicação da ata de julgamento da decisão de mérito (29/04/2021)"; **B:** correta, conforme comentário à alternativa A; **C:** incorreta, pois o STF decidiu que: "o reconhecimento da inconstitucionalidade da pretensão arrecadatória dos estados nas transferências de mercadorias entre estabelecimentos de uma mesma pessoa jurídica não corresponde a não incidência prevista no art. 155, § 2º, II, ao que mantido o direito de creditamento do contribuinte"; **D:** incorreta, pois o STF reconheceu o direito de transferência do crédito de ICMS, a ser regulamentado pelos Estados até 1º/01/2024. Exaurido o prazo sem que os Estados disciplinem a transferência de créditos de ICMS entre estabelecimentos de mesmo titular, fica reconhecido o direito dos sujeitos passivos de transferirem tais créditos; **E:** incorreto, pois foi concedido prazo para os Estados disciplinarem a transferência de créditos de ICMS entre estabelecimentos do mesmo titular, conforme comentário à alternativa D. **Gabarito "B".**

(Procurador – PGE/SP – 2024 – VUNESP) Considere a seguinte situação em relação à não cumulatividade do ICMS e aos institutos da prescrição e da decadência tributárias: um contribuinte de ICMS realizou operações de saídas de mercadorias no valor de R$ 20.000,00 (vinte mil reais) para um determinado mês de referência e, nesse mesmo mês, adquiriu mercadorias no valor de R$ 15.000,00 (quinze mil reais). Diante desse quadro, tendo ainda em vista que ele não detinha saldo credor de ICMS relativo às referências passadas para transferir, ele declarou, constituindo o crédito tributário mediante apresentação de Guia de Informação e Apuração de ICMS-GIA-ICMS, débito no valor de R$ 500,00 (quinhentos reais) e fez o pagamento integral desse montante dentro do prazo de vencimento. Considerando, hipoteticamente, que a alíquota do ICMS é de 20% (vinte por cento), analise as alternativas a seguir e assinale aquela que está correta.

(A) O contribuinte declarou ICMS em valor inferior ao devido, cabendo ao Fisco Estadual efetuar a cobrança do valor não declarado no prazo prescricional de 5 (cinco) anos, contados da data do vencimento, sendo desnecessária a realização de lançamento, nos moldes da Súmula 436 do Superior Tribunal de Justiça.

(B) O contribuinte declarou ICMS em valor inferior ao devido, cabendo ao Fisco Estadual efetuar o lançamento do valor não declarado dentro do prazo prescricional de 5 (cinco) anos, contados da data do vencimento.

(C) O contribuinte declarou ICMS em valor inferior ao devido, cabendo ao Fisco Estadual efetuar o lançamento do valor não declarado dentro do prazo decadencial de 5 (cinco) anos, contados da data do primeiro dia do exercício seguinte àquele em que o lançamento deveria ser efetuado, porquanto não se cogitou da ocorrência de dolo, fraude ou simulação.

(D) O contribuinte declarou ICMS em valor inferior ao devido, cabendo ao Fisco Estadual efetuar o lançamento do valor não declarado dentro do prazo decadencial de 5 (cinco) anos, contados da data da ocorrência do fato gerador.

(E) O contribuinte declarou o ICMS em valor inferior ao devido, mas como efetuou o pagamento antecipado do valor, o Fisco não pode efetuar o lançamento do valor remanescente.

Cálculo do ICMS devido:
Etapa 1: Débito de ICMS sobre as operações de saída: 20% de R$ 20.000,00 = R$ 4.000,00
Etapa 2: Crédito de ICMS sobre as operações de entrada: 20% de R$ 15.000,00 = R$ 3.000,00
Etapa 3: ICMS a pagar: R$ 4.000,00 – R$ 3.000,00 = R$ 1.000,00
Etapa 4: ICMS declarado e pago = R$ 500,00
Etapa 5: Débito de ICMS a ser lançado = R$ 500,00
A: incorreta. Considerando que o valor declarado e pago foi de apenas R$ 500,00, o Fisco deverá efetuar o lançamento da diferença apurada

(R$ 500,00) no prazo decadencial de 05 anos. É inaplicável ao caso a Súmula 436 do STJ pois o valor declarado não foi do total do débito (R$ 1.000,00), mas de apenas parte do valor (R$ 500,00) sendo necessário, portanto, o lançamento da diferença (R$ 500,00); **B**: incorreta, pois o prazo, no caso, não é para a cobrança (prescrição), mas sim para a constituição do crédito tributário por meio do lançamento (decadência); **C**: incorreta, pois o ICMS é, em regra, tributo sujeito ao lançamento por homologação. Assim, se houve declaração parcial do débito e pagamento de parte do valor devido, o prazo é contado do fato gerador, de acordo com o art. 150, § 4º, do CTN, e não segundo o art. 173 do CTN, conforme interpretação extraída da Súmula 555 do STJ. O prazo somente seria contado da data do primeiro dia do exercício seguinte àquele em que o lançamento deveria ser efetuado se não tivesse havido qualquer pagamento ou declaração do débito e em caso de dolo, fraude ou simulação (art. 173, I c/c art. 149, V e VII, do CTN); **D**: correta, conforme comentários à alternativa C; **E**: incorreta, pois o Fisco tem o poder dever de efetuar o lançamento (art. 142, parágrafo único, do CTN) do valor remanescente respeitado o prazo decadencial de 5 anos a partir do fato gerador, conforme comentários anteriores. Transcorrido tal prazo estará extinto o crédito tributário, sem possibilidade de ser reavivado por qualquer sistemática de lançamento ou autolançamento, seja ela via documento de confissão de dívida, declaração de débitos, parcelamento ou de outra espécie qualquer (DCTF, GIA, DCOMP, GFIP etc.), segundo tese fixada pelo STJ (Tema Repetitivo 604).

Gabarito "D".

(Procurador – PGE/SP – 2024 – VUNESP) Sobre o regime jurídico da isenção do Imposto sobre a Circulação de Mercadorias e Serviços de Transporte Interestadual e Intermunicipal e de Comunicações, assinale a alternativa correta.

(A) Apesar da autonomia dos Estados, decorrente do princípio federativo e do princípio da estrita legalidade tributária, é legítima a concessão de isenção de ICMS tão logo celebrado Convênio pelos Estados no âmbito do Conselho Nacional de Política Fazendária – CONFAZ, independentemente de sua ratificação, tácita ou expressa, pelo Poder Executivo do respectivo Estado Federado.

(B) Apesar da autonomia dos Estados, decorrente do princípio federativo e do princípio da estrita legalidade tributária, a isenção de ICMS prevista em Convênio celebrado no âmbito do Conselho Nacional de Política Fazendária – CONFAZ é legítima tão logo o Poder Executivo respectivo ratifique-o, mesmo que outros Estados tenham-no rejeitado.

(C) Apesar da autonomia dos Estados, decorrente do princípio federativo e do princípio da estrita legalidade tributária, a concessão de isenções de ICMS depende de autorização por intermédio de Convênio celebrado pelos Estados no âmbito do Conselho Nacional de Política Fazendária – CONFAZ, ratificado, tácita ou expressamente, pelo Poder Executivo de todos os entes federados, sem o que sua aplicação torna-se ilegítima.

(D) Em razão da autonomia dos Estados, decorrente do princípio federativo e do princípio da estrita legalidade tributária, é legítima a concessão de isenção de ICMS por meio de lei estadual, independentemente de autorização do Conselho Nacional de Política Fazendária – CONFAZ, tal qual exigido pela Lei Complementar nº 24/75.

(E) Em razão do princípio da autonomia dos entes federados e da proibição da concessão de isenções heterônomas, considerando que o CONFAZ é órgão federal, a Lei Complementar nº 24/75 não foi recepcionada pela Constituição Federal, cabendo exclusivamente aos Estados decidir acerca da isenção do ICMS em seus respectivos territórios.

Em relação ao ICMS, visando evitar guerra fiscal, a Constituição Federal exige a celebração de convênio pelos Estados/DF no âmbito do Conselho Nacional de Política Fazendária (CONFAZ) para a concessão de isenção, nos termos da parte final do art. 150, § 6º. Ainda segundo a CF/88, cabe à lei complementar regular a forma como, mediante deliberação dos Estados e do Distrito Federal, isenções, incentivos e benefícios fiscais serão concedidos e revogados (art. 155, § 2º, XII, g, da CF/88). A Lei Complementar 24/1975 disciplina a matéria nos seguintes termos: "Art. 1º As isenções do imposto sobre operações relativas à circulação de mercadorias serão concedidas ou revogadas nos termos de convênios celebrados e ratificados pelos Estados e pelo Distrito Federal, segundo esta Lei". "Art. 4º Dentro do prazo de 15 (quinze) dias contados da publicação dos convênios no Diário Oficial da União, e independentemente de qualquer outra comunicação, o Poder Executivo de cada Unidade da Federação publicará decreto ratificando ou não os convênios celebrados, considerando-se ratificação tácita dos convênios a falta de manifestação no prazo assinalado neste artigo". Cumpre ressaltar que, segundo o STF, a LC 24/75 foi recepcionada pela CF/88, conforme se extrai do seguinte julgado: "nos termos do artigo 155, § 2º, inciso XII, alínea "g, da Constituição Federal, compete a lei complementar regulamentar a forma como os Estados e o Distrito Federal deliberarão sobre a instituição de isenções, incentivos e benefícios fiscais relativos ao ICMS. A LC 24/1975 efetiva o mandamento constitucional e retrata o alcance dos convênios celebrados pelos Estados e Distrito Federal, formalizados pelo Conselho Nacional de Política Fazendária – CONFAZ". Por todo o exposto, correta a alternativa C e incorretas as demais.

Gabarito "C".

(Procurador Fazenda Nacional – AGU – 2023 – CEBRASPE) Em março de 2018, determinado contribuinte impetrou mandado de segurança no qual questionou a inclusão do imposto sobre operações relativas à circulação de mercadorias e prestação de serviço de transporte interestadual e intermunicipal e de comunicação (ICMS) nas bases de cálculo da contribuição feita ao Programa de Integração Social (PIS) e da contribuição ao financiamento da seguridade social (COFINS).

Considerando essa situação hipotética, assinale a opção correta à luz da legislação tributária vigente, da CF e da jurisprudência do STF.

(A) A pretensão é inviável, uma vez que o STF admitiu que a inclusão do ICMS nas bases de cálculo da contribuição ao PIS e da COFINS é compatível com o texto constitucional, independentemente da data de ajuizamento da ação.

(B) A pretensão deverá ser acolhida apenas no que tange à incidência das contribuições sobre o ICMS — apurado mensalmente — até a vigência da Lei n.º 12.973/2014, que alterou o conceito de receita bruta para contemplar os tributos sobre ela incidentes, conforme a modulação de efeitos proclamada pelo STF.

(C) A pretensão é viável em parte, uma vez que o ICMS — apurado mensalmente — pode compor a base de cálculo apenas da COFINS, aplicado esse cálculo apenas às ações ajuizadas até 15/3/2017, conforme a modulação de efeitos proclamada pelo STF.

(D) A pretensão deverá ser acolhida em relação aos cinco anos anteriores ao ajuizamento da ação, no tocante aos pagamentos das contribuições sobre o ICMS — apurado mensalmente —, aplicado esse cálculo às ações ajuizadas a partir de 15/3/2017, quando o STF fixou tese no sentido de que o referido imposto não compõe a base de cálculo das referidas contribuições.

(E) A pretensão deverá ser acolhida apenas no tocante à incidência das contribuições sobre o ICMS — destacado nas notas fiscais — cujos fatos geradores tenham ocorrido a partir de 15/3/2017, quando o STF modulou o tema e fixou tese no sentido de que o referido imposto não compõe a base de cálculo das contribuições em questão.

O PIS e a COFINS são contribuições de natureza tributária destinadas a custear a seguridade social incidentes sobre a receita ou o faturamento da empresa e da entidade a ela equiparada na forma da lei, de acordo com o art. 195, I, "b", da CF/88. Segundo o STF, o ICMS, por representar apenas um ingresso, não compõe a base de cálculo para a incidência das contribuições para o PIS e para a COFINS pois não compõe o faturamento da empresa. A tese, com repercussão geral (tema 69), fixada no julgamento do RE 574706 ("O ICMS não compõe a base de cálculo para fins de incidência do PIS e da Cofins") produz efeitos a partir de 15/3/2017 (data da sessão de julgamento), ressalvadas as ações judiciais e administrativas protocoladas até essa data (Embargos declaratórios julgados em 13/5/2021). Por todo o exposto, correta a alternativa E e incorretas as demais. LS

Gabarito "E".

(Procurador/PA – CESPE – 2022) Segundo o mais recente entendimento do Supremo Tribunal Federal em matéria tributária, é correto afirmar que

(A) é inconstitucional a inclusão do Imposto sobre Operações relativas à Circulação de Mercadorias e sobre Prestações de Serviços de Transporte Interestadual e Intermunicipal e de Comunicação (ICMS) na base de cálculo da contribuição previdenciária sobre a receita bruta.

(B) é inconstitucional a inclusão do ICMS, quando destacado, na base de cálculo do Programa de Integração Social e da Contribuição para o Financiamento da Seguridade Social.

(C) é constitucional que estados e o Distrito Federal instituam o imposto de transmissão *causa mortis* e doação nas hipóteses referidas no inciso III do § 1.º do art. 155 da Constituição Federal de 1988 (heranças e doações no exterior) sem a intervenção da lei complementar exigida pelo referido dispositivo constitucional.

(D) é inconstitucional que lei estadual ou distrital, com amparo em convênio do Conselho Nacional de Política Fazendária, conceda remissão de créditos de ICMS oriundos de benefícios fiscais anteriormente julgados inconstitucionais.

(E) é constitucional a instituição de alíquotas de ICMS sobre as operações de energia elétrica e os serviços de telecomunicação em patamar superior ao aplicado às operações em geral, não incidindo o princípio da seletividade.

A: incorreta, pois a decisão do STF foi pela exclusão do ICMS especificamente da base de cálculo da COFINS e da contribuição para o PIS – Tese de repercussão geral 69/STF; B: correta, conforme comentário anterior; C: incorreta, pois isso foi vedado, nos termos da Tese de repercussão geral 825/STF; Enquanto não editada a citada lei complementar, a Reforma Tributária (art. 16 da EC 132/2023) estabeleceu como deve se dar a sujeição ativa do ITCMD nas hipóteses referidas no inciso III do § 1.º do art. 155 da Constituição Federal de 1988 (heranças e doações no exterior); D: incorreta, pois isso é admitido, nos termos da Tese de repercussão geral 817/STF; E: incorreta, pois o entendimento do STF é pela inconstitucionalidade – Tese de repercussão geral 745/STF. RB/LS

Gabarito "B".

(Procurador/PA – CESPE – 2022) Em janeiro de 2022, foi publicada a Lei Complementar n.º 190, cuja função teleológica é encerrar as discussões sobre a cobrança do chamado diferencial de alíquota de ICMS – DIFAL para mercadorias vendidas a consumidor final não contribuinte do ICMS. Sobre as alterações constitucionais envolvendo essa matéria, relativamente à Emenda Constitucional 87 de 2015 é correto afirmar que

(A) o diferencial de alíquota de ICMS é cobrado em razão de operações ou prestações interestaduais destinadas a consumidor final, quando estes são contribuintes de ICMS, o fornecedor, após a EC 87/2015, passou a recolher o ICMS considerando apenas a alíquota interna para o estado de origem.

(B) o diferencial de alíquota de ICMS é cobrado em razão de operações ou prestações interestaduais destinadas a consumidor final, e quando estes são não contribuintes de ICMS, o fornecedor, após a EC 87/2015, passou a recolher o ICMS considerando apenas a alíquota interna para o estado de origem.

(C) o diferencial de alíquota de ICMS é cobrado em razão de operações ou prestações interestaduais destinadas a consumidor final, e quando estes são não contribuintes de ICMS, o fornecedor, antes da EC 87/2015, recolhia o ICMS considerando apenas a alíquota interna para o estado de origem.

(D) o diferencial de alíquota de ICMS é cobrado em razão de operações ou prestações interestaduais destinadas a consumidor final, e quando estes são não contribuintes de ICMS, o fornecedor, após a EC 87/2015, passou a recolher o ICMS considerando apenas o diferencial de alíquota ao estado de destino.

(E) o diferencial de alíquota de ICMS é cobrado em razão de operações ou prestações interestaduais destinadas a consumidor final, quando estes são contribuintes de ICMS, o fornecedor, após a EC 87/2015, mudou a sistemática, passando a recolher o ICMS considerando a alíquota interestadual do estado de origem e o diferencial de alíquota ao estado de destino.

A partir da Emenda Constitucional 87/2015, todas as operações interestaduais, inclusive para destinatário não contribuinte do ICMS, sujeitam-se à alíquota interestadual. Antes disso, somente a operação destinada a contribuinte sujeitava-se à alíquota interestadual menor. Essa modificação trazida pela EC 87/2015, em relação às vendas para não contribuintes localizados em outros Estados (ou DF), seria gradual, conforme o art. 99 do ADCT, a ser concluída apenas em 2019. Verificar artigo 155, § 2º, VII e VIII, da CF/88. Importante destacar a seguinte tese fixada pelo STF sobre o DIFAL (Tema 1.093 da repercussão geral): "A cobrança do diferencial de alíquota alusivo ao ICMS, conforme introduzido pela Emenda Constitucional nº 87/2015, pressupõe edição de lei complementar veiculando normas gerais". Ainda segundo o STF a LC 190, publicada em janeiro de 2022, observado, quanto à produção de efeitos, o prazo de 90 dias, ao regulamentar o DIFAL, não instituiu nem majorou tributo e, por isso mesmo, não atrai a incidência das regras relativas à anterioridade (ADI 7066). Por essas razões, a alternativa "C" é a correta. RB/LS

Gabarito "C".

(Procurador/DF – CESPE – 2022) Relativamente aos impostos do Sistema Tributário Nacional, observada a jurisprudência do STF, julgue os itens que se seguem.

(1). Consoante o STF, o imposto de renda retido na fonte por pagamentos efetuados por estados às empresas prestadoras de serviços configura receita do respectivo estado.

(2). Consoante o entendimento do STF, para a instituição do ITCMD sobre bens do *de cujus* situados no exterior, é indispensável que seja primeiramente aprovada lei complementar federal disciplinando normas gerais sobre a matéria.

(3). Em conformidade com a Constituição, o ICMS incidente sobre combustíveis será repartido entre o estado de origem e o de destino da operação de circulação.

(4). O Senado Federal tem prerrogativa de estabelecer alíquotas do ICMS sobre as operações interestaduais, ao passo que ao Congresso Nacional cabe estabelecer as alíquotas incidentes sobre exportações.

(5). Se uma empresa transportadora de cargas for extinta e, nessa oportunidade, um imóvel que era de sua propriedade passar a compor o patrimônio de um dos sócios, essa operação estará sujeita à incidência do ITBI.

1: correta, conforme o art. 157, I, da CF e tese fixada pelo STF (Tema 1130): Pertence ao Município, aos Estados e ao Distrito Federal a titularidade das receitas arrecadadas a título de imposto de renda retido na fonte incidente sobre valores pagos por eles, suas autarquias e fundações a pessoas físicas ou jurídicas contratadas para a prestação de bens ou serviços, conforme disposto nos arts. 158, I, e 157, I, da Constituição Federal; **2**: correta, conforme a Tese de repercussão geral 825/STF. Ressalte-se que, enquanto não editada a citada lei complementar, a EC 132/2023 (Reforma Tributária) estabeleceu no art. 16 as regras aplicáveis quanto à sujeição ativa do ITCMD nas hipóteses referidas no inciso III do § 1.º do art. 155 da Constituição Federal de 1988 (heranças e doações no exterior); **3**: discutível, pois a CF remete à lei complementar a incidência monofásica do ICMS sobre combustíveis, sem, a rigor, dispor expressamente sobre a destinação da arrecadação – art. 155, § 2º, XII, "h", da CF; **4**: incorreta, pois as exportações são imunes em relação ao ICMS – art. 155, § 2º, X, "a", da CF; **5**: incorreta, pois transmissões de bens por conta de alterações ou extinções societárias como essa são imunes em relação ao ITBI – art. 156, § 2º, I, da CF. RB/LS

Gabarito: 1C, 2C, 3Anulada, 4E, 5E

(Juiz de Direito/SP – 2021 – Vunesp) Quanto ao ICMS, é correto afirmar:

(A) descontos incondicionais nas bonificações não podem ser excluídos da base de cálculo do ICMS.

(B) o preço final a consumidor sugerido e divulgado pelo fabricante em revista especializada pode figurar como base de cálculo do ICMS a ser pago pelo contribuinte sujeito ao regime de substituição tributária progressiva nos termos do artigo 8o, § 3o, da LC no 87/96. Isso não se confunde com a cobrança de ICMS mediante pauta fiscal, vedada pela Súmula 431 do STJ.

(C) na compra e venda com financiamento, os encargos fazem parte do preço e devem ser considerados na base de cálculo do tributo.

(D) a Constituição admite tributação diferenciada de veículos importados.

A: incorreta, pois descontos incondicionais podem ser excluídos da base de cálculo do ICMS, conforme o art. 13, § 1º, II, *a*, da LC 87/1996; **B**: correta, conforme a jurisprudência do STJ – ver REsp 1.192.409/SE; **C**: incorreta. A jurisprudência distingue a "venda financiada", com intermediação de instituição financeira, e a "venda a prazo", em que há encargo cobrado pelo próprio vendedor. Incide ICMS sobre os encargos na "venda a prazo", mas não no caso do financiamento por meio de instituição financeira – ver REsp 1.106.462/SP – repetitivo; **D**: incorreta, conforme entendimento do STF – ver ADI 1.655/SP. RB

Gabarito: "B".

(Juiz de Direito/GO – 2021 – FCC) O imposto sobre operações relativas à circulação de mercadorias e sobre prestações de serviços de transporte interestadual e intermunicipal e de comunicação (ICMS) é da competência dos Estados e do Distrito Federal. De acordo com a Constituição Federal, esse imposto NÃO incidirá sobre

(A) os suportes materiais que contenham videofonogramas musicais produzidos no Brasil, com obras de autores nacionais ou estrangeiros e interpretadas por artistas brasileiros.

(B) as operações internas com combustíveis líquidos derivados de petróleo, nem sobre aquelas que destinem etanol, em estado de pureza absoluta, a outros Estados e ao Distrito Federal.

(C) as operações que destinem mercadorias para o exterior, vedada a manutenção e o aproveitamento do montante do imposto cobrado nas operações e prestações anteriores.

(D) o ouro, quando definido em lei como ativo financeiro ou instrumento cambial, nem sobre materiais de uso médico ou odontológico, em cuja elaboração ou confecção tenham sido utilizados ouro ou platina, em percentual superior a oitenta por cento.

(E) as prestações de serviço de comunicação, exclusivamente na modalidade de radiodifusão sonora, seja qual for o modo de recepção.

A: correta, conforme art. 150, VI, *e*, da CF; **B**: incorreta, pois a não incidência (imunidade, na verdade) nesse caso refere-se a operações que destinem a outros Estados petróleo, inclusive lubrificantes, combustíveis líquidos e gasosos dele derivados, e energia elétrica – art. 155, § 2º, X, *b*, da CF; **C**: incorreta, pois, no caso de exportação, não é vedada, pelo contrário, é assegurada a manutenção e o aproveitamento do montante do imposto cobrado nas operações e prestações anteriores – art. 155, § 2º, X, *a*, da CF. A propósito da imunidade de ICMS na exportação, vide a Súmula 699/STJ: Não incide ICMS sobre o serviço de transporte interestadual de mercadorias destinadas ao exterior; **D**: incorreta, pois a imunidade do ouro em relação ao ICMS restringe-se àquele definido em lei como ativo financeiro ou instrumento cambial, hipótese em que se sujeita exclusivamente ao IOF federal – art. 155, § 2º, X, *c*, da CF; **E**: incorreta, pois a imunidade nesse caso refere-se apenas às prestações de serviço de comunicação nas modalidades de radiodifusão sonora e de sons e imagens de recepção livre e gratuita – art. 155, § 2º, X, *d*, da CF. RB

Gabarito: "A".

(Juiz de Direito – TJ/AL – 2019 – FCC) De acordo com a Constituição Federal, o ICMS incide em operações que destinem

(A) combustíveis líquidos e lubrificantes derivados de petróleo a estabelecimento filial, localizado em outro Estado.

(B) gasolina a estabelecimento de empresa coligada, localizada em outro Estado, sem a finalidade de ser utilizada como combustível em veículos automotores terrestres, em aeronaves ou embarcações.

(C) lubrificantes derivados de petróleo a estabelecimento filial, localizado em outro Estado, salvo disposição de lei complementar em contrário.

(D) ao exterior lubrificante produzido integralmente com óleo de origem vegetal.

(E) óleo de origem vegetal a destinatário localizado em outro Estado, com o fim único e específico de ser utilizado como lubrificante.

A, B e C: incorretas. Nos termos do art. 155, § 2°, X, *b*, da CF, não incide ICMS sobre operações que destinem a outros Estados petróleo, inclusive lubrificantes, combustíveis líquidos e gasosos dele derivados, e energia elétrica; D: incorreta, pois qualquer exportação é imune em relação ao ICMS – art. 155, § 2°, X, *a*, da CF; **E:** correta, pois o óleo de origem vegetal não é abrangido pela imunidade prevista no art. 155, § 2°, X, *b*, da CF, ainda que seja combustível ou lubrificante. RB

Gabarito "E".

(Juiz de Direito – TJ/AL – 2019 – FCC) O art. 12 da Lei Complementar n. 87/1996 define os fatos geradores do ICMS e estabelece os momentos em que eles se consideram ocorridos. No tocante à Lei estadual n. 5.900, de 27 de dezembro de 1996, isso é feito no seu art. 2°.

Embora não estejam definidos na Lei Complementar n. 87/1996, a Lei estadual n. 5.900/1996 define o fato gerador e o momento de sua ocorrência relativamente

(A) à entrada no estabelecimento do contribuinte de mercadoria proveniente de outra unidade da Federação, destinada a integrar o respectivo ativo permanente ou a seu próprio uso ou consumo.

(B) à transmissão de propriedade de mercadoria, ou de título que a represente, quando a mercadoria não tiver transitado pelo estabelecimento transmitente.

(C) ao ato final do transporte iniciado no exterior.

(D) à da aquisição em licitação pública de mercadorias ou bens importados do exterior e apreendidos ou abandonados.

(E) à prestação onerosa de serviços de comunicação, feita por qualquer meio, inclusive a geração, a emissão, a recepção, a transmissão, a retransmissão, a repetição e a ampliação de comunicação de qualquer natureza.

A: correta, pois, de fato, o art. 12 da LC 87/1996 não descreve expressamente essa situação, o que é feito pelo art. 2°, V, da Lei Estadual 5.900/1996; **B:** incorreta, pois a situação é descrita no art. 12, IV, da LC 87/1996; **C:** incorreta, pois a situação é descrita no art. 12, VI, da LC 87/1996; **D:** incorreta, pois a situação é descrita no art. 12, XI, da LC 87/1996; **E:** incorreta, pois a situação é descrita no art. 12, VII, da LC 87/1996. Ressalte-se que deve ser sempre verificada a legislação em vigor, citada no edital, no momento do concurso a ser prestado. RB/LS

Gabarito "A".

(Promotor de Justiça/CE – 2020 – CESPE/CEBRASPE) Considerando as limitações constitucionais ao poder de tributar, assinale a opção correta.

(A) A fixação da base de cálculo do IPVA está sujeita à anterioridade anual, mas não à anterioridade nonagesimal.

(B) Livros e jornais gozam de isenção tributária.

(C) É vedado instituir tratamento desigual entre contribuintes que se encontrem em situação equivalente, salvo se a distinção se der em razão da sua ocupação profissional.

(D) A União não pode instituir tributos de nenhuma natureza sobre o patrimônio dos estados e municípios.

(E) A concessão de crédito presumido relativo a quaisquer impostos somente pode ser feita mediante lei complementar.

A: correta, conforme o art. 150, § 1°, da CF; **B:** incorreta, pois há imunidade tributária (afastamento da competência tributária por determinação constitucional) nesse caso – art. 150, VI, *d*, da CF; **C:** incorreta, pois a ocupação profissional não admite violação do princípio da isonomia, conforme expresso no art. 150, II, da CF; **D:** incorreta, pois somente a incidência da espécie tributária impostos é expressamente vedada pela imunidade recíproca – art. 150, VI, *a*, da CF; **E:** incorreta, pois não há reserva de lei complementar nesse caso – art. 146 da CF. RB/LS

Gabarito "A".

(Promotor de Justiça/PR – 2019 – MPE/PR) Sobre o ICMS, é *correto* afirmar:

(A) O ICMS incide sobre alienação de salvados de sinistro pelas seguradoras.

(B) O ICMS incide sobre a tarifa de assinatura básica mensal cobrada pelas prestadoras de serviço de telefonia, independentemente da franquia de minutos conferida ou não ao usuário.

(C) O fornecimento de água potável por empresas concessionárias desse serviço público é tributável por meio do ICMS.

(D) A aquisição de produtos intermediários, sujeitos ao regime de crédito físico, aplicados no processo produtivo que não integram fisicamente o produto final gera direito ao crédito de ICMS, em razão do princípio da não cumulatividade.

(E) A aplicação de correção monetária aos créditos escriturais do ICMS registrados tardiamente independe de lei autorizadora ou de prova quanto ao obstáculo injustamente posto pelas autoridades fiscais à pretensão do contribuinte, em razão da força normativa dos princípios da não cumulatividade e da isonomia.

A: incorreta, pois o STF afastou essa possibilidade de tributação – Súmula Vinculante 32/STF; **B:** correta – Tese de Repercussão Geral 827; **C:** incorreta, pois o STF afastou a incidência, conforme Tese de Repercussão Geral 326; **D:** incorreta, pois, se o produto intermediário não integra fisicamente o produto final, não há creditamento no regime de crédito físico – ver AgRg no RE 689.001/STF; **E:** incorreta, pois a correção monetária do crédito escritural somente pode ser feita em caso de autorização legal ou se houver obstáculo injustamente posto pela autoridade fiscal ao seu aproveitamento – RE 168.752/STF. RB

Gabarito "B".

(Procurador do Estado/SP – 2018 – VUNESP) Tendo em mente as disposições constitucionais sobre a fixação de alíquotas do ICMS, assinale a alternativa correta.

(A) A alíquota do ICMS aplicável às operações ou prestações interestaduais, que destinem a bens ou serviços a consumidor final, é aquela do Estado de origem.

(B) A alíquota do ICMS aplicável às operações ou prestações interestaduais é a do Estado de destino, somente no caso em que o adquirente for contribuinte do imposto.

(C) As alíquotas internas máximas do ICMS não podem ser fixadas pelo Senado Federal em hipótese alguma.

(D) O ICMS pode ter alíquotas mínimas para operações internas fixadas pelo Senado Federal.
(E) A alíquota do ICMS incidente em operações de exportação não pode ser fixada pelo Senado Federal.

A: incorreta, pois, após a EC 87/2015, mesmo as operações interestaduais destinadas ao consumidor final sujeitam-se à alíquota interestadual, cabendo ao Estado de destino a diferença entre a alíquota interestadual (menor) e a interna (maior), nos termos do art. 155, § 2º, VII, da CF. Antes disso, somente a operação destinada a contribuinte sujeitava-se à alíquota interestadual menor. Essa modificação trazida pela EC 87/2015, em relação às vendas para não contribuintes localizados em outros Estados (ou DF), seria gradual, conforme o art. 99 do ADCT, a ser concluída apenas em 2019. Verificar artigo 155, § 2º, VII e VIII, da CF/88. Importante destacar a seguinte tese fixada pelo STF sobre o DIFAL (Tema 1.093 da repercussão geral): "A cobrança do diferencial de alíquota alusivo ao ICMS, conforme introduzido pela Emenda Constitucional nº 87/2015, pressupõe edição de lei complementar veiculando normas gerais". Ainda segundo o STF a LC 190, publicada em janeiro de 2022, observado, quanto à produção de efeitos, o prazo de 90 dias, ao regulamentar o DIFAL, não instituiu nem majorou tributo e, por isso mesmo, não atrai a incidência das regras relativas à anterioridade (ADI 7066).; **B:** incorreta, pois a alíquota será sempre a interestadual – art. 155, § 2º, VII, da CF; **C:** incorreta, pois é facultado ao Senado fixar alíquotas internas máximas, para resolver conflito específico que envolva interesse de Estados, mediante resolução de iniciativa da maioria absoluta e aprovada por dois terços de seus membros – art. 155, § 2º, V, b, da CF; **D:** correta, nos termos do art. 155, § 2º, V, a, da CF; **E:** incorreta, pois embora seja prevista essa competência do Senado no art. 155, § 2º, IV, in fine, da CF, atualmente há imunidade em relação a todas as exportações, ou seja, não existe alíquota efetivamente aplicável de ICMS na exportação – art. 155, § 2º, X, a, da CF (redação dada pela EC 42/03). RB/LS
Gabarito "D".

11.3. ITCMD

(Juiz de Direito/AP – 2022 – FGV) Gustavo, com pais já falecidos, solteiro e sem filhos, lavrou, em agosto de 2021, escritura pública de doação de um de seus imóveis situado em Laranjal do Jari (AP) em favor de seu irmão Mário. Gustavo e Mário são domiciliados em Santarém (PA).

À luz da Constituição da República de 1988, da Lei estadual nº 400/1997 e do entendimento dominante do Superior Tribunal de Justiça, o Imposto sobre a Transmissão *Causa Mortis* e Doações (ITCD) incidente sobre tal doação é devido ao:

(A) Pará, com fato gerador na lavratura da escritura de doação, com alíquota inferior àquela incidente sobre a transmissão *causa mortis*;
(B) Pará, com fato gerador na lavratura da escritura de doação, com alíquota igual àquela incidente sobre a transmissão *causa mortis*;
(C) Pará, com fato gerador no registro da escritura, com alíquota igual àquela incidente sobre a transmissão *causa mortis*;
(D) Amapá, com fato gerador no registro da escritura, com alíquota inferior àquela incidente sobre a transmissão *causa mortis*;
(E) Amapá, com fato gerador na lavratura da escritura de doação, com alíquota igual àquela incidente sobre a transmissão *causa mortis*.

No caso de bens imóveis, o ITCMD será sempre devido ao Estado em que localizado o bem, no caso, ao Estado do Amapá – art. 155, § 1º, I, da CF. O fato gerador se dá na transcrição da doação no registro de imóveis, quando se dá efetivamente a transmissão (fato gerador do tributo), conforme a legislação cível. A alíquota aplicável é a prevista na lei estadual, no caso, inferior à da transmissão *causa mortis* – art. 78 da Lei 400/1997 do AP. Importante destacar que no caso de transmissão de bens móveis, títulos e créditos em virtude de sucessão causa mortis, o ITCMD será devido ao Estado (ou DF) onde era domiciliado o de cujus, conforme alteração promovida pela Reforma Tributária introduzida pela EC 132/2023 (art. 155, § 1º, II, da CF). A redação anterior previa que o ITCMD competia ao Estado ou ao DF onde se processasse o inventário ou arrolamento. A citada alteração promovida pela EC 132/2023 aplica-se às sucessões abertas a partir da data de sua publicação (20.12.2023). Ressalte-se ainda que deve ser sempre verificada a legislação local em vigor, citada no edital, no momento do concurso a ser prestado. RB/LS
Gabarito "D".

(Juiz de Direito/GO – 2021 – FCC) O imposto sobre transmissão *causa mortis* e doação, de quaisquer bens ou direitos (ITCD) é da competência dos Estados e do Distrito Federal. De acordo com a Constituição Federal,

(A) em nenhuma hipótese parte de sua arrecadação pertencerá aos Municípios.
(B) na doação de bem imóvel e da riquíssima mobília que nele se encontra, tudo localizado no território nacional, o ITCD incidirá, integral e necessariamente, a favor do Estado em que esse bem imóvel se encontrar localizado.
(C) no caso de permuta de bens imóveis localizados em diferentes Estados da federação, o ITCD incidente sobre a eventual diferença de valores venais entre os dois, ainda que haja torna, será de competência do Estado em que se localizar o imóvel de maior valor venal.
(D) as alíquotas máxima e mínima desse imposto serão fixadas por meio de lei complementar.
(E) a competência para instituição desse imposto será regulada por lei complementar, desde que se trate de transmissão por doação de direito relativo a bem imóvel situado no Brasil, e o donatário do bem seja domiciliado ou residente no exterior.

A: correta, pois não há repartição da receita tributária do ITCMD estadual – art. 157 e seguintes da CF; **B:** incorreta, pois o ITCMD incidente sobre doação de bem imóvel é devido ao Estado ou DF em que localizado o imóvel. Mas o imposto sobre a doação dos bens móveis é devido no domicílio do doador – art. 155, § 1º, I e II, da CF. Importante destacar que no caso de transmissão de bens móveis, títulos e créditos em virtude de sucessão causa mortis, o ITCMD será devido ao Estado (ou DF) onde era domiciliado o de cujus, conforme alteração promovida pela Reforma Tributária introduzida pela EC 132/2023 (art. 155, § 1º, II, da CF). A redação anterior previa que o ITCMD competia ao Estado ou ao DF onde se processasse o inventário ou arrolamento. A citada alteração promovida pela EC 132/2023 aplica-se às sucessões abertas a partir da data de sua publicação (20.12.2023); **C:** incorreta, pois a permuta de imóveis é transação onerosa *intervivos*, sujeita à incidência do ITBI municipal, não do ITCMD estadual – art. 156, II, da CF; **D:** incorreta, pois somente as alíquotas máximas são fixadas, e pelo Senado Federal, não por lei complementar – art. 155, § 1º, IV, da CF. Em relação às alíquotas do ITCMD, com a Reforma Tributária, introduzida pela EC 132/2023, houve a inclusão do inciso VI ao § 1º do art. 155 da CF prevendo expressamente que o citado imposto será progressivo em razão do valor do quinhão, do legado ou da doação; E: incorreta, pois a necessidade de regulamentação por lei complementar federal se dá apenas no caso de doador (não donatário) com residência ou domicílio no exterior – art. 155, § 1º, III, *a*, da CF. Segundo decisão do STF, para a instituição do ITCMD sobre bens do *de cujus* situados no exterior, é indispensável que seja primeiramente aprovada lei complementar federal disciplinando normas gerais sobre a matéria (Tese de repercussão geral 825/STF). Ressalte-se que, enquanto não editada a citada lei complementar, a EC 132/2023 (Reforma Tributária) estabeleceu no art. 16 as regras aplicáveis quanto à sujeição ativa do ITCMD nas hipóteses referidas no inciso III do § 1.º do art. 155 da Constituição Federal de 1988 (heranças e doações no exterior). RB/LS

Gabarito "A".

11.4. IPVA

(Procurador – PGE/SP – 2024 – VUNESP) Sobre as figuras do contribuinte e do responsável tributário no âmbito do Imposto sobre a Propriedade de Veículos Automotores, considere a seguinte situação hipotética:

O proprietário de um veículo automotor efetuou a sua venda para um terceiro no dia 30.03.2022 e tanto ele quanto o comprador não informaram a alienação ao Fisco Estadual, de modo que o veículo, no cadastro estadual, permaneceu em nome do antigo proprietário. No ano seguinte, o Fisco notificou o alienante do lançamento tributário do IPVA feito em seu nome, dando-lhe o prazo de 30 (trinta) dias para efetuar o pagamento do débito. O contribuinte, então, ingressou com ação para anular o crédito tributário, sob o argumento de que, com a tradição do automóvel ao comprador, ele deixou de manter qualquer vínculo com a situação que constitui o fato gerador – a propriedade do veículo – o que torna a cobrança ilegal, pois não poderia figurar como sujeito passivo da obrigação tributária, seja na qualidade de contribuinte, seja na de responsável. Considerando o teor da Súmula 585 do Superior Tribunal de Justiça e o decidido por este mesmo Tribunal Superior no julgamento do tema repetitivo 1.118, assinale a alternativa correta.

(A) A ação anulatória deve ser julgada improcedente, desde que haja expressa previsão legal dessa hipótese de responsabilidade tributária em lei estadual específica.

(B) A ação anulatória deve ser julgada improcedente, porque o contribuinte do imposto é quem figura nessa qualidade no cadastro do veículo junto ao Fisco Estadual, não tendo qualquer importância o fato de ele ter sido vendido antes da ocorrência do fato gerador.

(C) A ação anulatória deve ser julgada improcedente, pois a responsabilização do alienante do veículo é legítima, sendo despicienda a sua previsão em lei estadual, bastando para tanto a previsão na legislação de trânsito.

(D) A ação anulatória deve ser julgada procedente, pois fere o disposto no artigo 128 do Código Tributário Nacional a imposição de responsabilidade tributária ao alienante de veículos, dado que este, com a tradição, não mantém mais relação direta ou indireta com o fato gerador do IPVA.

(E) A ação anulatória deve ser julgada procedente, dado que a obrigação de informar a alienação do veículo compete exclusivamente ao comprador, sendo, portanto, ilegal punir o vendedor pelo descumprimento de um dever que não lhe compete.

A: correta, pois o Código de Trânsito Brasileiro (art. 134) prevê que, se o vendedor não fizer a comunicação ao DETRAN, poderá ser responsabilizado solidariamente pelas penalidades impostas e suas reincidências até a data da comunicação. Ou seja, a responsabilidade do antigo proprietário é em relação à penalidade (multa) e não ao tributo (IPVA). Nesse sentido, Súmula 585 do STJ: "A responsabilidade solidária do ex-proprietário, prevista no art. 134 do Código de Trânsito Brasileiro – CTB, não abrange o IPVA incidente sobre o veículo automotor, no que se refere ao período posterior à sua alienação". Porém, de acordo com tese fixada pelo STJ: Havendo previsão em lei estadual, admite-se a responsabilidade solidária de ex-proprietário de veículo automotor pelo pagamento do Imposto sobre a Propriedade de Veículos Automotores – IPVA, em razão de omissão na comunicação da alienação ao órgão de trânsito local, excepcionando-se o entendimento da Súmula n. 585/STJ (tema repetitivo 1118); **B**, **C**, **D** e **E**: incorretas, conforme comentário à alternativa A. LS

Gabarito "A".

(Procurador – PGE/GO – 2024 – FCC) Nos termos da Constituição Federal, após a EC nº 132, de 2023, e considerando a interpretação preconizada na jurisprudência vinculante do Supremo Tribunal Federal, o Imposto sobre a Propriedade de Veículos Automotores (IPVA)

(A) não pode ser cobrado por Estado diverso daquele em que o veículo automotor tenha sido licenciado.

(B) não se submete, quanto a nenhum de seus elementos, à anterioridade nonagesimal, mas apenas à anterioridade anual.

(C) incide também, como regra, sobre aeronaves, mas não incide sobre tratores e máquinas agrícolas.

(D) não incide sobre veículos de propriedade dos Municípios, mas incide sobre veículos adquiridos por estes entes mediante alienação fiduciária.

(E) terá suas alíquotas mínimas fixadas por resolução do Congresso Nacional.

A: incorreta, pois de acordo com tese fixada pelo STF (Repercussão Geral – Tema 708): A Constituição autoriza a cobrança do Imposto sobre a Propriedade de Veículos Automotores (IPVA) somente pelo Estado em que o contribuinte mantém sua sede ou domicílio tributário; **B**: incorreta, pois somente a fixação da base de cálculo do IPVA não se submete à anterioridade nonagesimal (art. 150, § 1º, parte final, da CF/88). Ou seja, se houver aumento da alíquota do IPVA o princípio da anterioridade nonagesimal deverá ser observado, além da anterioridade anual; **C**: correta. A Reforma Tributária (EC 132/2023) introduziu expressamente na CF/88 a possibilidade de o IPVA incidir sobre aeronaves e embarcações, excetuados os casos de imunidades nela previstos (art. 155, § 6º, III, da CF/88). Ademais, dentre as imunidades relativas a veículos terrestres, a citada EC 132/2023 vedou a incidência do IPVA sobre tratores e máquinas agrícolas (art. 155, § 6º, III, 'd', da CF/88). Imperioso relembrar que antes da alteração da CF, operada pela EC 132/2023, o STF entendia que o IPVA não poderia incidir sobre aeronaves e embarcações (RE 379.572 /RJ, RE 134.509/AM e RE 255.111/SP); **D**: incorreta, pois de acordo com tese fixada pelo STF (Repercussão Geral – Tema 685): Não incide IPVA sobre veículo automotor adquirido, mediante alienação fiduciária, por pessoa jurídica de direito público. **E**: incorreta, pois segundo a Constituição Federal (art. 155, § 6º, I) o IPVA *"terá alíquotas mínimas fixadas pelo Senado Federal"*. Complementando, ressalte-se que o IPVA poderá ter alíquotas diferenciadas em função do tipo e utilização do veículo automotor (Art. 155, § 6º, inciso II, da CF/88) e, com a redação dada pela EC 132/2023 (Reforma Tributária), também em função do valor e do impacto ambiental. LS

Gabarito "C".

(Procurador – PGE/SC – 2022 – FGV) Acerca do Imposto Estadual sobre a Propriedade de Veículos Automotores (IPVA) e à luz da jurisprudência dos Tribunais Superiores, analise as afirmativas a seguir, considerando V para a(s) verdadeira(s) e F para a(s) falsa(s).

( ) Os Estados exercem a competência legislativa plena acerca do IPVA até que sobrevenha lei federal contendo normas gerais sobre o IPVA.

( ) Pertence ao Município 50% do produto da arrecadação do IPVA de veículos licenciados em seu território.

( ) A cientificação do contribuinte para o recolhimento do IPVA não pode ser realizada pela publicação de calendário de pagamento com instruções para o seu recolhimento.

A sequência correta é:

(A) V, V e V;
(B) V, V e F;
(C) F, V e V;
(D) F, V e F;
(E) F, F e F.

Verdadeira a primeira afirmativa porque ainda não foi editada a lei complementar de normas gerais sobre IPVA disciplinando as matérias descritas no art. 146, III, a, da CF/88 (fato gerador, base de cálculo e contribuinte). Por conseguinte, os Estados têm exercido a competência legislativa plena acerca do IPVA até que sobrevenha lei federal contendo normas gerais sobre o IPVA, nos termos do art. 24, §§ 1º a 4º da CF/88. Verdadeira a segunda afirmativa porque, segundo a repartição de receitas tributárias estabelecida na Constituição Federal, pertencem aos Municípios 50% (cinquenta por cento) do produto da arrecadação do imposto do Estado sobre a propriedade de veículos automotores licenciados em seus territórios e, em relação a veículos aquáticos e aéreos, cujos proprietários sejam domiciliados em seus territórios (art. 158, III, da CF/88); Falsa a última afirmativa porque, segundo o STJ a cientificação do contribuinte para o recolhimento do IPVA pode ser realizada pela publicação de calendário de pagamento com instruções para o seu recolhimento (REsp 1320825/RJ). Por todo o exposto, a sequência correta é a prevista na Letra B (V, V e F). **Gabarito "B".**

(Juiz de Direito – TJ/AL – 2019 – FCC) Eliseu Rodolfo, empresário alagoano, domiciliado em Maceió/AL, coleciona veículos importados, de cor vermelha. No mês de maio de 2019, ele adquiriu quatro desses veículos para sua coleção.

O primeiro deles (Modelo 2019 – "0 Km") foi importado diretamente do exterior por ele.

O segundo (Modelo 2018) foi adquirido novo ("0 Km"), de empresa revendedora, localizada em Maceió, a qual promoveu sua importação.

O terceiro (Modelo 2017), licenciado no Estado de Alagoas, foi adquirido usado, do Consulado de Portugal, localizado em Maceió, até então proprietário do veículo e beneficiário de isenção de IPVA, nos termos do art. 6º, I, da Lei estadual n. 6.555/2004.

O quarto (Modelo 2016), já licenciado no Estado de Alagoas, foi adquirido usado, de empresa revendedora de veículos, localizada em Arapiraca/AL.

De acordo com a Lei estadual n. 6.555/2004, que dispõe sobre o tratamento tributário relativo ao Imposto sobre a Propriedade de Veículos Automotores – IPVA, o fato gerador deste imposto, relativamente ao exercício de 2019, no tocante ao MODELO

(A) 2017, só ocorrerá, pela primeira vez, em 1º de janeiro de 2020.

(B) 2019, ocorreu na data da nacionalização do veículo, que se deu com seu registro no órgão de trânsito estadual.

(C) 2016, ocorreu na data em que Eliseu Rodolfo adquiriu o veículo.

(D) 2017, ocorreu no décimo dia útil posterior à venda do veículo a Eliseu Rodolfo, pessoa que não faz jus a tratamento diplomático.

(E) 2018, ocorreu na data de sua aquisição por Eliseu Rodolfo.

A: discutível, pois o art. 3º da Lei Estadual 6.555/2004, que descreve o aspecto temporal do fato gerador do IPVA naquele Estado, não prevê regra específica para o caso de aquisição de veículo usado de entidade isenta (caso do consulado). Parece-nos defensável que, nesse caso, o IPVA incida apenas em primeiro de janeiro do exercício seguinte, nos termos do art. 3º, II, dessa Lei, já que o fato gerador deve estar expresso na lei (princípio da legalidade estrita), e não durante o exercício em que ocorreu a aquisição pelo contribuinte. Entretanto, a alternativa "E" é a melhor, por inexistir qualquer dúvida, como veremos; **B:** incorreta, pois no caso de importação direta, o fato gerador se dá no desembaraço aduaneiro – art. 3º, IV, a, da Lei AL 6.555/2004; **C:** incorreta, pois, no caso de veículo usado, o fato gerador se dá anualmente, em 1º de janeiro de cada exercício – art. 3º, II, da Lei AL 6.555/2004; **D:** incorreta, conforme comentário à primeira alternativa; **E:** correta, conforme o art. 3º, IV, b, da Lei Estadual 6.555/2004. Ressalte-se que deve ser sempre verificada a legislação local em vigor, citada no edital, no momento do concurso a ser prestado. **Gabarito "E".**

(Procurador do Estado/SP – 2018 – VUNESP) Consideradas as disposições da Constituição Federal e da Lei Paulista nº 13.296, de 2008, sobre o Imposto sobre a Propriedade de Veículos Automotores – IPVA, é correto afirmar:

(A) o adquirente de veículo usado, com IPVA inadimplido, é responsável, exclusivamente, pelo débito relativo ao exercício em que ocorrer a compra e venda.

(B) considera-se ocorrido o fato gerador do IPVA no dia 1º de janeiro de cada ano para veículos usados e na data da primeira aquisição pelo consumidor para veículos novos.

(C) a incorporação de veículo novo ao ativo permanente do fabricante do bem não é fato gerador do IPVA, por não implicar transferência de propriedade.

(D) o recolhimento do IPVA incidente na aquisição de veículo novo fica diferido para o dia 1º de janeiro subsequente à aquisição.

(E) a base de cálculo do IPVA é o valor de mercado do veículo, usado ou novo, conforme fixado por autoridade no lançamento.

A: incorreta, pois o adquirente do veículo é responsável por sucessão em relação aos débitos deixados pelo alienante – art. 131, I, do CTN; **B:** correta. Embora o candidato precise conhecer a lei estadual para ter certeza sobre o momento de incidência do IPVA (já que se trata de tributo com fato gerador continuado, que se renova a cada ano), o usual é a incidência na data da primeira aquisição por consumidor final e em 1º de janeiro dos exercícios subsequentes – art. 3º, I e II, da Lei SP 13.296/2008; **C:** incorreta, até porque a legislação estadual não prevê incidência em desfavor do fabricante antes da aquisição pelo consumidor final. Quando o veículo é incorporado ao ativo permanente do fabricante significa que não será vendido novo para consumidor final, de modo que incide o IPVA, na forma da legislação estadual (é como se o fabricante fosse o consumidor final, na qualidade de usuário do veículo) – art. 3º, IV, da Lei SP 13.296/2008; **D:** incorreta, pois o IPVA incide na data da primeira aquisição do veículo novo por consumidor final – art. 3º, II, da Lei SP 13.296/2008; **E:** Incorreta, pois, no caso do veículo novo vendido a consumidor final, por exemplo, a base de cálculo é o valor constante no documento fiscal – art. 7º, II, da Lei SP 13.296/2008. Consideradas as disposições da Constituição Federal. RB/LS

Gabarito "B".

11.5. ISS

(Juiz de Direito/GO – 2021 – FCC) O imposto sobre a prestação de serviços de qualquer natureza (ISSQN) é um tributo da competência municipal. De acordo com a Constituição Federal e com a Lei Complementar nº 116, de 31 de julho de 2003,

(A) o ISSQN incide sobre a prestação de serviços relativos à organização de festas e recepções (bufês), inclusive sobre a alimentação e as bebidas fornecidas, sempre que o prestador do serviço também for o fornecedor dos alimentos e bebidas.

(B) a base de cálculo do ISSQN, na prestação de serviços de transporte intermunicipal, é o preço do serviço.

(C) o fato gerador do ISSQN, na prestação onerosa de serviço de comunicação, feita por qualquer meio, ocorre no momento da prestação, ainda que o destinatário da comunicação não a receba ou se recuse a recebê-la.

(D) os serviços mencionados na lista anexa à referida Lei Complementar não ficam sujeitos ao ICMS, ainda que sua prestação envolva fornecimento de mercadorias, ressalvadas as exceções expressas na referida lista.

(E) o contribuinte do ISSQN, na prestação de serviços de transporte interestadual, é o prestador do serviço.

A: incorreta, pois incide ICMS sobre o fornecimento de alimentação e bebidas, nesse caso – item 17.11 da lista anexa à LC 116/2003; **B:** incorreta, pois não incide ISS, mas sim ICMS, no caso de transporte intermunicipal ou interestadual – art. 155, II, da CF; **C:** incorreta, pois incide ICMS nesse caso – art. 155, II, da CF; **D:** correta, conforme art. 1º, § 2º, da LC 116/2003. Ressalte-se que o ICMS incidirá sobre o valor total da operação, quando mercadorias forem fornecidas com serviços não compreendidos na competência tributária dos Municípios (art. 155, § 2º, IX, 'b', da CF); **E:** incorreta, pois não incide ISS, mas sim ICMS, no caso de transporte intermunicipal ou interestadual – art. 155, II, da CF. RB/LS

Gabarito "D".

(Procurador do Estado/SP – 2018 – VUNESP) Empresa Alfa, com estabelecimento único no Município de Diadema, contrata a empresa Beta, com estabelecimento único no Município de São Bernardo do Campo, para a demolição de edifício localizado no Município de São Caetano do Sul. Consideradas as regras sobre o aspecto espacial do Imposto Sobre Serviços de Qualquer Natureza – ISSQN, conforme a Lei Complementar Federal no 116, de 2003, é correto afirmar que o ISSQN será devido

(A) para o Município de São Caetano do Sul, local da prestação do serviço, se, e somente se, o prestador do serviço lá estiver inscrito.

(B) para o Município de Diadema, local do estabelecimento tomador do serviço, se, e somente se, houver previsão na lei municipal de responsabilização do tomador do serviço.

(C) para o Município de São Caetano do Sul, local da prestação do serviço.

(D) para o Município de Diadema, local do estabelecimento tomador do serviço.

(E) para o Município de São Bernardo do Campo, local do estabelecimento prestador do serviço.

No caso de demolição, o ISS é devido no local onde está a construção a ser demolida (= local da prestação do serviço), ou seja, no Município de São Caetano do Sul – art. 3º, IV, da LC 116/2003. Por essa razão, a alternativa "C" é a correta. RB

Gabarito "C".

11.6. IPTU

(Procurador Município – Teresina/PI – FCC – 2022) A empresa XYZ tem sua sede em rua localizada entre duas cidades vizinhas. Sem saber para qual município deveria recolher o Imposto sobre Propriedade Territorial Urbano (IPTU), a referida empresa pretende ingressar em juízo, demonstrando haver dois lançamentos sobre o mesmo imóvel. O diretor da empresa não conseguiu resolver tal questão, quando procurou os responsáveis pelos citados municípios. Inconformado com tal situação e entendendo que bastaria levar os dois lançamentos e o juiz, de imediato, cancelaria um deles, o diretor procurou um advogado, solicitando que resolvesse tal questão imediatamente. Após analisar tal problema, o advogado consultado, com base no Código Tributário Nacional (CTN), assim se expressou:

(A) Por se tratar de uma espécie de exclusão do crédito tributário, não é cabível ingressar com ação de consignação em pagamento para extinguir o crédito tributário, porque, não se tratando de extinção, deveria constar, expressamente, o pedido de exclusão do citado crédito, conforme dispõe o CTN, sob pena de indeferimento da inicial.

(B) O CTN dispõe, de forma expressa, que a ação consignação em pagamento é equiparada ao pagamento, quando for consignado o valor integral do crédito tributário, devendo o juiz excluir o contribuinte do feito, permanecendo, no caso em análise, apenas os dois municípios no processo.

(C) A ação de consignação em pagamento, cabível ao caso em análise, somente extingue o crédito tributário após a decisão judicial transitada em julgado e o valor consignado convertido em renda a favor de um dos municípios.

(D) Ao fazer referência ao crédito tributário, o citado CTN dispõe, de forma explícita, que a consignação em pagamento é uma das modalidades de extinção do crédito tributário, sem mencionar qualquer condição para tal extinção. Por isso, o crédito estará extinto, após o ingresso em juízo com a referida ação, bastando uma medida liminar favorável ao autor.

(E) Ao tratar do crédito tributário, o CTN relaciona, de forma clara e inequívoca, a consignação de pagamento como um dos casos de suspensão da exigência do crédito tributário, sendo, por esse motivo, incabível tal ação com objetivo de extinguir o crédito tributário.

O caso é de consignação em pagamento, nos termos do art. 164, III, do CTN. Neste caso, o julgamento pela procedência, com a conversão do depósito em renda do município titular do crédito, extingue-o (§ 2º do dispositivo). Por essa razão, a alternativa "C" é a correta. RB
Gabarito "C".

(Procurador Município – Teresina/PI – FCC – 2022) De acordo com o Código Tributário do Município de Teresina/PI (LC 4.974, de 26 de dezembro de 2016 e LC 5.093, de 28 de setembro de 2017), o lançamento do IPTU (Imposto sobre Propriedade Predial e Territorial Urbano) deve ser efetuado

(A) no nome do proprietário do imóvel, salvo se houver turbação ou esbulho possessório, sem qualquer exceção.
(B) em lotes individualizados, cujo projeto de loteamento tenha sido aprovado pelo Município de Teresina e registrado em Cartório de Registro de Imóveis, exceto se o loteamento é clandestino ou se houve vendas de lotes iniciadas antes do registro do loteamento no Cartório citado.
(C) somente no nome de legítimo proprietário do imóvel; nome este que deve constar no Cartório de Registro de Imóveis, e não em nome de compromissário comprador.
(D) no nome do compromissário comprador, sem prejuízo da responsabilidade solidária do promitente vendedor.
(E) no nome do legítimo proprietário, porque o nome do promitente comprador não pode ser incluído no Cadastro Imobiliário Fiscal, por expressa disposição legal.

A: incorreta, pois o IPTU será lançado em nome do proprietário do imóvel, independentemente de turbação ou esbulho possessório, ressalvada a sujeição passiva do possuidor, cuja posse esteja em processo de regularização fundiária – art. 43 do Código Tributário do Município de Teresina – CTMT; B: incorreta, pois o cadastramento e o lançamento do IPTU em lotes individualizados serão realizados para loteamentos clandestinos ou para aqueles em que forem iniciadas as vendas dos lotes antes do registro do loteamento no Cartório de Registro de Imóveis – art. 44, parágrafo único, do CTMT; C: incorreta, pois, nos imóveis sob promessa de compra e venda, desde que registrada ou for dado conhecimento à autoridade fazendária, o lançamento do IPTU deve ser efetuado em nome do compromissário comprador, sem prejuízo da responsabilidade solidária do promitente vendedor – art. 42 do CTMT; D: correta, conforme comentário anterior; E: incorreta, conforme comentários anteriores. Ressalte-se que deve ser sempre verificada a legislação local em vigor, citada no edital, no momento do concurso a ser prestado. RB/LS
Gabarito "D".

(Procurador do Município – Valinhos/SP – 2019 – VUNESP) De acordo com o teor de Súmula do STJ, a incidência do IPTU (Imposto sobre a Propriedade Predial e Territorial Urbana) sobre imóvel situado em área considerada pela lei local como urbanizável ou de expansão urbana

(A) condiciona-se ao requisito mínimo da existência de meio-fio, com canalização de águas pluviais, e abastecimento de água mantido pelo Poder Público.
(B) depende da existência de rede de iluminação pública e sistema de esgotos sanitários construídos e mantidos pelo Poder Público.
(C) não está condicionada à existência dos melhoramentos elencados pelo Código Tributário Nacional para fins do referido imposto.
(D) depende da existência de pelo menos dois melhoramentos construídos e mantidos pelo Poder Público, tais como escola primária ou posto de saúde a uma distância máxima de três quilômetros do imóvel considerado.
(E) condiciona-se à existência mínima de abastecimento de água e de sistema de esgotos sanitários, construídos e mantidos pelo Poder Público.

A Súmula 626/STJ dispõe que "a incidência do IPTU sobre imóvel situado em área considerada pela lei local como urbanizável ou de expansão urbana não está condicionada à existência dos melhoramentos elencados no art. 32, § 1º, do CTN." Por essa razão, a alternativa "C" é a correta. RB/LS
Gabarito "C".

(Juiz de Direito/AP – 2022 – FGV) João, em dezembro de 2021, possuidor com *animus domini* desde janeiro de 2018 de imóvel de propriedade de Maria, deseja dela comprar o referido bem. Ao emitir certidão de quitação de IPTU, percebe que há valores desse tributo, referentes aos anos de 2013 e 2014, que não foram pagos nem impugnados. Na escritura pública de compra e venda, Maria concede a João desconto no preço de aquisição, condicionado a que ele realize o pagamento da dívida de IPTU. João adere a parcelamento tributário da dívida e efetua o pagamento da 1ª parcela, levando a escritura pública a registro.

À luz da literalidade do Código Tributário Nacional e do entendimento dominante do Superior Tribunal de Justiça, é correto afirmar que:

(A) João, na condição de possuidor com *animus domini*, não pode ser contribuinte de IPTU;
(B) o desconto no valor da compra e venda concedido por Maria impede João de discutir judicialmente tal dívida de IPTU;
(C) é possível cobrar de João essa dívida de IPTU, por ser ele o adquirente do imóvel;
(D) a cláusula do contrato de compra e venda que transfere a responsabilidade pelo pagamento da dívida de IPTU a João é oponível ao Fisco;
(E) o pagamento parcelado do tributo foi indevido, pois a dívida já se encontrava prescrita.

A: incorreta pois o possuidor com *animus domini* ou *ad usucapionem* pode ser contribuinte do IPTU – art. 34 do CTN; B: incorreta, pois o acordo entre particulares não afeta a sujeição passiva, nem eventual direito a repetição tributária – art. 123 do CTN; C: correta, pois o adquirente do imóvel é responsável tributário em relação aos tributos incidentes sobre o imóvel anteriores à aquisição – art. 130 do CTN; D: incorreta, pois, salvo disposições de lei em contrário, as convenções particulares, relativas à responsabilidade pelo pagamento de tributos, não podem ser opostas à Fazenda Pública, para modificar a definição legal do sujeito passivo das obrigações tributárias correspondentes – art. 123 do CTN; E: correta, pois o prazo prescricional para cobrança de tributos lançados de ofício é de 5 anos contados da notificação do lançamento, sendo certo que a prescrição extingue o crédito tributário (não apenas o direito de o fisco cobrar) – art. 174 do CTN. Segundo o STJ (Súmula 397), o contribuinte do IPTU é notificado do lançamento pelo envio do carnê ao seu endereço. Vide também a Súmula 622/STJ: A notificação do auto de infração faz cessar a contagem da decadência para a constituição do crédito tributário; exaurida a instância administrativa com o decurso do prazo para a impugnação ou com a notificação de seu julgamento definitivo e esgotado o prazo concedido pela Administração para o pagamento voluntário, inicia-se o prazo prescricional para a cobrança judicial. RB/LS

Gabarito "E".

(Juiz de Direito/SP – 2021 – Vunesp) Diante de arguição de inconstitucionalidade contra lei complementar municipal por majoração de alíquota e criação de nova hipótese de incidência tributária, qual seja, "será lançado imposto predial urbano ou territorial urbano, considerando, dentre outras hipóteses, o remanescente de 5 vezes da área ocupada pelas edificações propriamente ditas e computada no lançamento do Imposto Predial, observado o disposto no inciso II do § 2o, exceto se a parte não edificada atender a função social da propriedade, pela sua essencialidade aos fins a que se destina o imóvel", é certo concluir:

(A) a instituição de alíquotas diferenciadas, em razão de estar o imóvel edificado ou não, não se confunde com o princípio da progressividade. São hipóteses diversas (válidas e independentes) de incidência de alíquotas. Enquanto, na progressividade sancionatória, o intuito do legislador é incentivar ou compelir o proprietário a promover o adequado aproveitamento do solo urbano, no critério da seletividade, de modo diverso, e por outro fundamento, o legislador impõe uma alíquota diferenciada e fixa, de acordo com localização, grau de importância e uso do imóvel.

(B) no presente caso, estamos diante de progressividade de alíquota, que implica ofensa ao artigo 182, § 4o, da CF.

(C) o preceito em questão cria alíquota e define sua majoração, no tempo e para o mesmo imóvel, por subutilização.

(D) o critério da seletividade é uma forma de aplicação da progressividade de alíquotas, sofrendo as mesmas restrições, inclusive o atendimento ao Plano Diretor.

A: correta, conforme entendimento fixado no Tema de Repercussão Geral 523/STF: "São constitucionais as leis municipais anteriores à Emenda Constitucional 29/2000, que instituíram alíquotas diferenciadas de IPTU para imóveis edificados e não edificados, residenciais e não residenciais."; B: incorreta, pois trata-se de diferenciação de alíquota do IPTU conforme o uso do imóvel, permitida nos termos do art. 156, § 1º, II, da CF; C: incorreta, pois não se trata da progressividade no tempo, prevista no art. 182, § 4º, II, da CF, mas sim diferenciação conforme o uso, como comentado anteriormente; D: incorreta, pois a seletividade refere-se a diferenciação conforme a essencialidade da mercadoria ou produto (aplicável ao ICMS e ao IPI, por exemplo), não se confundindo com progressividade, que se refere a alíquotas crescentes conforme determinado critério (conforme o valor da base de cálculo, o mais comum, ou conforme o tempo sem adequado aproveitamento, caso do IPTU progressivo no tempo previsto no art. 182, § 4º, II, da CF). RB

Gabarito "A".

(Juiz de Direito – TJ/AL – 2019 – FCC) Considere a seguinte situação fictícia.

A Municipalidade de Maceió, mediante cumprimento de todos os requisitos legais, contratou, em 2018, a Empresa de Engenharia "Obra Certa S/A", que possui apenas um estabelecimento, localizado no Município de Marechal Deodoro/AL, para realizar obra pública (obra de construção civil) na região central de Maceió.

A realização dessa obra pública, iniciada em maio e concluída em agosto de 2018, resultou em valorização do casarão de propriedade de Theodoro Silva, que havia cedido parte dele, gratuitamente, de 2015 a 2024, para a instalação e funcionamento de serviços públicos municipais.

Em 2017, Theodoro cedeu, também gratuitamente, a outra parte do imóvel para a instalação e funcionamento de serviços públicos estaduais, pelo prazo de cinco anos.

Tendo em conta as informações acima e o disposto no Código Tributário do Município de Maceió (Lei municipal n. 6.685, de 18 de agosto de 2017), relativamente ao exercício de 2018,

(A) o imóvel cedido para a instalação e funcionamento de serviço público municipal é isento do IPTU, relativamente às partes cedidas à Municipalidade.

(B) a valorização do imóvel, em decorrência da obra pública realizada, dará ensejo à revisão do lançamento do IPTU já efetuado no exercício, com base em cinquenta por cento da valorização comprovadamente obtida, excluída a incidência de encargos, inclusive moratórios.

(C) a cessão gratuita do imóvel, durante o período em que ocorreu sua valorização, impede que Theodoro Silva, seu proprietário, seja identificado como contribuinte da contribuição de melhoria, mas não do IPTU.

(D) é vedada a incidência cumulativa de contribuição de melhoria e de ISSQN, em favor da mesma pessoa jurídica de direito público interno, relativamente à mesma obra pública (obra de construção civil).

(E) a valorização do imóvel, em decorrência da obra pública realizada, dará ensejo à revisão do lançamento do IPTU já efetuado no exercício, com base em dez por cento do valor total arbitrado para o imóvel após a sua valorização, excluída a incidência de encargos, inclusive moratórios.

A: correta, nos termos do art. 152, I, da Lei Municipal 6.685/2017; B: incorreta, pois a lei de Maceió só prevê lançamento complementar do IPTU durante o exercício em caso de construção ou alteração da construção, conforme o art. 100, parágrafo único, da Lei Municipal 6.685/2017; C: incorreta, pois há isenção de IPTU, conforme comentário à primeira alternativa; D: incorreta, pois não há bitributação, no caso, já que se trata de fatos geradores absolutamente distintos (valorização imobiliária e prestação de serviço); E: incorreta, conforme comentário à alternativa "B". Ressalte-se que deve ser sempre verificada a legislação local em vigor, citada no edital, no momento do concurso a ser prestado. RB/LS

Gabarito "A".

11.7. ITBI

(Procurador Município – Teresina/PI – FCC – 2022) O Código Tributário Municipal de Teresina (LC 4.974, de 26 de dezembro de 2016) concede ISENÇÃO do imposto sobre transmissão *inter vivos* de bens imóveis e de direitos reais a eles relativos (ITBI), para as transmissões de habitações populares conforme definidas em regulamento, relativamente ao imóvel

(A) com área total da construção não superior a quarenta metros quadrados e área total do terreno não superior a duzentos metros quadrados.
(B) que não seja transferido para qualquer beneficiário de imóvel construído, referente ao Programa Habitacional Minha Casa, Minha Vida, porque a legislação impede benefício em duplicidade.
(C) com área total da construção não superior a cinquenta metros quadrados e área total do terreno não superior a quinhentos metros quadrados.
(D) localizado em bairros economicamente carentes, podendo o proprietário possuir, apenas, mais um imóvel no Município de Teresina.
(E) para beneficiário que disponha de renda familiar de 0 a 5 salários mínimos.

Nos termos do art. 80 do CTMT, são isentas do ITBI as transmissões de habitações populares conforme definidos em regulamento, atendidos, no mínimo, os seguintes requisitos: (i) área total da construção não superior a quarenta metros quadrados; (ii) área total do terreno não superior a duzentos metros quadrados; e (iii) localização em bairros economicamente carentes, e que o proprietário não possua imóvel no Município, na forma disciplinada em regulamento; mas não se aplica quando se tratar de edificação, em condomínio, de unidades autônomas. Por essas razões, a alternativa "A" é a correta. Ressalte-se que deve ser sempre verificada a legislação local em vigor, citada no edital, no momento do concurso a ser prestado. **RB/LS**

Gabarito "A".

12. TEMAS COMBINADOS DE IMPOSTOS E CONTRIBUIÇÕES

(Procurador Fazenda Nacional – AGU – 2023 – CEBRASPE) A contribuição devida pelo empregador em caso de desligamento de empregado sem justa causa, conforme previsão da Lei Complementar (LC) n.º 110/2001, possui natureza jurídica de

(A) contribuição para a seguridade social, tendo por finalidade exclusiva e já exaurida a recomposição do FGTS, considerada a decisão do STF que determinou a reposição do poder aquisitivo dos saldos das contas do FGTS.
(B) contribuição social geral, tendo por finalidade exclusiva e já exaurida a recomposição do FGTS, considerada a decisão do STF que determinou a reposição do poder aquisitivo dos saldos das contas do FGTS.
(C) contribuição para a seguridade social, tendo por finalidade não exclusiva, embora já exaurida, a recomposição do FGTS, considerada a decisão do STF que determinou a reposição do poder aquisitivo dos saldos das contas do FGTS.
(D) contribuição social para a seguridade social, tendo por finalidade exclusiva, ainda não exaurida, a recomposição do FGTS, considerada a decisão do STF que determinou a reposição do poder aquisitivo dos saldos das contas do FGTS.
(E) contribuição social geral, tendo por finalidade não exclusiva, embora já exaurida a recomposição do FGTS, considerada a decisão do STF que determinou a reposição do poder aquisitivo dos saldos das contas do FGTS.

As contribuições sociais são espécie tributária prevista na Constituição Federal (art. 149, *caput*, da CF/88) destinadas a custear direitos sociais. Há contribuições sociais destinadas a custear especificamente a seguridade social (saúde, assistência social e previdência social) e há contribuições cuja finalidade é custear outros direitos sociais, tais como educação, chamadas de contribuição social geral. Segundo o STF, a natureza jurídica da contribuição instituída pela LC 110/2001 (art. 1º) é de contribuição social geral (ADI 2556 e ADI 2558). Em relação à finalidade da citada contribuição, o STF assentou que se trata de contribuição social geral que tem por finalidade não exclusiva a recomposição do FGTS no julgamento do RE 878313 (Tema 846 – Repercussão Geral) "1. O tributo previsto no art. 1º da Lei Complementar 110/2001 é uma contribuição social geral, conforme já devidamente pacificado no julgamento das ADIs 2556 e 2558. (…) 3. O objetivo da contribuição estampada na Lei Complementar 110/2001 não é exclusivamente a recomposição financeira das perdas das contas do Fundo de Garantia do Tempo de Serviço – FGTS em face dos expurgos inflacionários decorrentes dos planos econômicos Verão e Collor." (julgado em 18/08/2020). Cumpre ressaltar que a Lei nº 13.932/2019 revogou a possibilidade de cobrança da contribuição prevista no art. 1º da LC 110/2001: Art. 12. A partir de 1º de janeiro de 2020, fica extinta a contribuição social instituída por meio do art. 1º da Lei Complementar nº 110, de 29 de junho de 2001. Por todo o exposto, a alternativa "E" é a correta. As alternativas A, C e D já apresentam incorreção ao indicarem que a contribuição seria destinada à seguridade social. A alternativa B está incorreta ao afirmar que a citada contribuição social geral teria por finalidade exclusiva e já exaurida a recomposição do FGTS, o que é contrário ao decidido pelo STF. **LS**

Gabarito "E".

(Juiz de Direito/SP – 2021 – Vunesp) No que tange aos impostos, podemos concluir, à luz dos dispositivos constitucionais e interpretação jurisprudencial:

(A) o simples deslocamento de mercadorias de um estabelecimento para outro gera a possibilidade de incidência do ICMS.
(B) o STF não admite a validade da progressividade do imposto sobre transmissão *causa mortis* e doação – ITCMD – a partir de critérios que traduzam o princípio da capacidade contributiva, como o valor da herança, mas sim outros como grau de parentesco e presunções de proximidade afetiva com o autor da herança.
(C) a Constituição Federal, diferentemente do que fez quanto ao ICMS, nada dispôs sobre incidência do IPI na importação. O CTN, assim, estabelece, em seu artigo 46, I, o que não se admite, por força das restrições da Carta Constitucional.
(D) também caracteriza a incidência do imposto sobre a transmissão de bens a título gratuito inter vivos (doação) a desigualdade nas partilhas realizadas em processos de separação, divórcio, inventário ou arrolamento.

A: incorreta, pois não há circulação econômica nesse caso, já que a mercadoria permanece com o mesmo contribuinte – Súmula 166/STJ e decisão do Supremo Tribunal Federal no julgamento da ADC 49: "O deslocamento de mercadorias entre estabelecimentos do mesmo titular não configura fato gerador da incidência de ICMS, ainda que se trate de circulação interestadual", cujos efeitos foram modulados nos seguintes termos: "presentes razões de segurança jurídica e interesse social (art. 27, da Lei 9.868/1999) justificável a modulação dos efeitos temporais da decisão para o exercício financeiro de 2024 ressalvados os processos administrativos e judiciais pendentes de conclusão até a data de publicação da ata de julgamento da decisão de mérito (29/04/2021)". O STF também decidiu que "o reconhecimento da inconstitucionalidade da pretensão arrecadatória dos estados nas transferências de mercadorias entre estabelecimentos de uma mesma pessoa jurídica não corresponde a não incidência prevista no art. 155, § 2º, II, ao que mantido o direito de creditamento do contribuinte". O citado Tribunal reconheceu o direito de transferência do crédito de ICMS, a ser regulamentado pelos Estados até 1º/01/2024. Exaurido o prazo sem que os Estados disciplinem a transferência de créditos de ICMS entre estabelecimentos de mesmo titular, fica reconhecido o direito dos sujeitos passivos de transferirem tais créditos; **B:** incorreta, pois o STF fixou o entendimento no sentido de que as alíquotas do ITCMD podem ser progressivas – RE 562.045, com repercussão geral – Tese 21/STF. Com a Reforma Tributária, introduzida pela EC 132/2023, houve a inclusão do inciso VI ao § 1º do art. 155 da CF prevendo expressamente que o citado imposto será progressivo em razão do valor do quinhão, do legado ou da doação **C:** incorreta, pois não existe limitação constitucional à tributação sobre importações de produtos industrializados – art. 153, IV, da CF: "Compete à União instituir impostos sobre produtos industrializados; **D:** correta – Súmulas 116 e 328/STF. RB/LS

Gabarito "D".

(Juiz de Direito/SP – 2021 – Vunesp) A respeito da incidência de ICMS ou ISS, consolidou-se o entendimento:

(A) na prestação de serviços de qualquer natureza, previstos na Lei Complementar 116/2003, excepcionalmente incidirá ICMS se forem empregados materiais na atividade. Os casos em que o ICMS incide sobre as mercadorias e o ISS sobre os serviços são expressos.

(B) o STF decidiu que a cobrança do Imposto Sobre Circulação de Mercadorias sobre a venda de *softwares* é constitucional, mudando o entendimento anterior para admitir a cobrança do imposto sobre o mercado de programas de computador.

(C) importações de serviços prestados no exterior ou por profissionais estrangeiros não admitem incidência de ISS.

(D) uma empresa não pode estar ao mesmo tempo sujeita a ICMS e ISS, conforme a etapa de venda ou manutenção do bem.

A: correta, conforme o art. 1º, § 2º, da LC 116/2003. Ressalte-se que o ICMS incidirá sobre o valor total da operação, quando mercadorias forem fornecidas com serviços não compreendidos na competência tributária dos Municípios (art. 155, § 2º, IX, 'b', da CF); **B:** incorreta, conforme a tese fixada pelo STF no julgamento a ADI 5576: "É inconstitucional a incidência do ICMS sobre o licenciamento ou cessão do direito de uso de programas de computador"; **C:** incorreta, pois isso é previsto expressamente no art. 1º, § 1º, da LC 116/2003; **D:** incorreta, pois uma empresa pode ser contribuinte do ICMS, ao vender a mercadoria, e do ISS, ao prestar serviço de manutenção em relação a essa mercadoria, por exemplo – art. 155, II, e art. 156, III, da CF. RB/LS

Gabarito "A".

(Juiz de Direito – TJ/MS – 2020 – FCC) A respeito dos impostos estaduais e municipais, é correto afirmar:

(A) O Imposto de Transmissão Inter Vivos de Bens Imóveis (ITBI) e o Imposto sobre Propriedade Territorial Urbana (IPTU), instituídos pelo município, podem, ambos, ser progressivos com base no valor venal do imóvel, em homenagem ao princípio da capacidade contributiva.

(B) O Estado Membro pode instituir Imposto sobre Transmissão Causa Mortis e Doação (ITCMD) progressivo, com base no valor da doação ou da sucessão causa morte.

(C) O Imposto sobre Circulação de Mercadorias e Serviços (ICMS) incide sobre a alienação de salvados de sinistro pelas seguradoras, pois tais exercem atividade empresarial.

(D) O Imposto sobre Circulação de Mercadorias e Serviços (ICMS) não incide sobre a importação de veículos do exterior por pessoas físicas que não exercem atividade empresarial, ainda que exista lei estadual com essa previsão.

(E) O Imposto sobre Serviços de Qualquer Natureza (ISS) incide sobre a operação exclusiva de locação de bens móveis.

A: incorreta, pois a CF prevê a progressividade apenas em relação ao IPTU – art. 156, § 1º, I, da CF. O STF vinha entendendo que outros impostos reais (além do IPTU pós EC 29/2000) não poderiam ter alíquotas progressivas em relação ao valor da base de cálculo, considerando inexistir expressa previsão constitucional (ver Súmula 656/STF). Ocorre que posteriormente a Suprema Corte reviu a questão, especificamente em relação ao ITCMD, reconhecendo que o imposto pode ser progressivo, atendendo assim o princípio da capacidade contributiva (RE 562.045/RS – Repercussão Geral). Com a Reforma Tributária, introduzida pela EC 132/2023, houve a inclusão do inciso VI ao § 1º do art. 155 da CF prevendo expressamente que o ITCMD será progressivo em razão do valor do quinhão, do legado ou da doação. Esse entendimento em relação ao ITCMD que vinha sendo adotado pelo STF pode ser posteriormente aplicado ao ITBI municipal, de modo que o estudante deve atentar para a evolução jurisprudencial; **B:** correta, conforme comentário anterior; **C:** incorreta, pois o STF afastou essa possibilidade de tributação – Súmula Vinculante 32/STF; **D:** incorreta, pois incide o ICMS sobre importações, ainda que o importador não exerça atividade empresarial em relação ao bem importado – art. 155, § 2º, IX, a, da CF e Súmula Vinculante 48; **E:** incorreta, pois essa incidência foi afastada pelo STF – Súmula Vinculante 31/STF. RB/LS

Gabarito "B".

(Procurador do Município – Valinhos/SP – 2019 – VUNESP) Assinale a assertiva que se encontra em consonância com Súmula Vinculante do Supremo Tribunal Federal em matéria tributária.

(A) É inconstitucional a adoção, no cálculo do valor de taxa, de um ou mais elementos da base de cálculo própria de determinado imposto, ainda que não haja integral identidade entre uma base e outra.

(B) É constitucional a incidência do Imposto sobre Serviços de Qualquer Natureza – ISS sobre operações de locação de bens móveis.

(C) O ICMS incide sobre alienação de salvados de sinistro pelas seguradoras.

(D) O serviço de iluminação pública pode ser remunerado mediante taxa.

(E) Norma legal que altera o prazo de recolhimento de obrigação tributária não se sujeita ao princípio da anterioridade.

A: incorreta, pois o STF admite a adoção, no cálculo do valor de taxa, de um ou mais elementos da base de cálculo própria de determinado imposto, desde que não haja integral identidade entre uma base e outra – Súmula Vinculante 29/STF; **B:** incorreta, pois o STF entende inconstitucional essa incidência – Súmula Vinculante 31/STF; **C:** incorreta, pois não há essa incidência – Súmula Vinculante 32/STF; **D:** incorreta, conforme a Súmula Vinculante 41/STF. Municípios e DF podem instituir contribuição para custear o serviço de iluminação pública desde a Emenda Constitucional 39/02 (art. 149-A da CF). Sobre o tema é importante destacar que a Reforma Tributária (EC 132/2023) ampliou a competência dos Municípios e do Distrito Federal para permitir que a citada contribuição também possa ser destinada a expansão e a melhoria do serviço de iluminação pública e de sistemas de monitoramento para segurança e preservação de logradouros públicos. Ressalte-se que o STF já entendia ser constitucional a aplicação dos recursos arrecadados por meio de contribuição para o custeio da iluminação pública na expansão e aprimoramento da rede (Tema 696 da Repercussão Geral); **E**: correta, correspondendo à Súmula Vinculante 50/STF. RB/LS

Gabarito "E".

(Procurador do Município – Valinhos/SP – 2019 – VUNESP) O imposto de competência da União que, nas condições previstas constitucionalmente, os Municípios podem optar por fiscalizar e cobrar é o que incide sobre

(A) operações de crédito, câmbio e seguro, ou relativas a títulos ou valores mobiliários.
(B) renda e proventos de qualquer natureza.
(C) produtos industrializados.
(D) propriedade territorial rural.
(E) grandes fortunas.

O único tributo federal que pode ser fiscalizado e cobrado pelos Municípios por disposição constitucional é o ITR, na forma e nas condições do art. 153, § 4º, III, da CF, de modo que a alternativa "D" é a correta. RB

Gabarito "D".

(Juiz de Direito – TJ/AL – 2019 – FCC) Apolo Celestino, pessoa natural domiciliada em Palmeira dos Índios/AL, importou do exterior, para seu uso pessoal, veículo automotor novo.

Com a finalidade de auxiliá-lo nos trâmites de importação, ele contratou os serviços de despacho aduaneiro da empresa "Importações Sergipe Ltda.", localizada em Aracajú/SE.

O desembaraço aduaneiro do veículo importado ocorreu no Porto do Recife, localizado no Município do Recife/PE. Relativamente à situação acima descrita, há

(A) ICMS devido ao Estado de Pernambuco, relativamente à importação do veículo, conforme estabelece a Lei Complementar n. 87/1996.
(B) IPVA devido ao Estado de Sergipe, porque o ICMS-IMPORTAÇÃO é devido àquele Estado e, na medida em que este ICMS integra a base de cálculo do IPVA incidente na importação de veículo do exterior, Sergipe acaba sendo o sujeito ativo de ambos os impostos, conforme estabelecem a Lei Complementar n. 87/1996 e a Constituição Federal.
(C) ISSQN devido ao Município de Aracaju, local em que se consideram prestados os serviços de despacho aduaneiro, conforme estabelece a Lei Complementar n. 116/2003.
(D) ICMS devido ao Estado de Sergipe, conforme estabelece a Lei Complementar n. 87/1996, em razão de o estabelecimento prestador do serviço de despacho aduaneiro se encontrar no Município de Aracaju.
(E) ISSQN devido ao Município de Palmeira dos Índios, pela prestação de serviço de despacho aduaneiro, conforme estabelece a Lei Complementar n. 116/2003, pois é lá que o tomador do serviço se encontra domiciliado.

A: incorreta, pois o ICMS é devido ao Estado do domicílio do importador (Alagoas), nos termos do art. 11, *e*, da LC 87/1996; **B**: incorreta, pois o IPVA será devido ao Estado do importador e proprietário do veículo, ou seja, a Alagoas; **C**: correta, pois o fato gerador do ISS pelos serviços do despachante aduaneiro dá-se por ocorrido no local do estabelecimento prestador – art. 3º, *caput*, da LC 116/2003; **D**: incorreta, conforme comentário à primeira alternativa; **E**: incorreta, conforme comentário à alternativa "C". RB

Gabarito "C".

13. GARANTIAS E PRIVILÉGIOS DO CRÉDITO

(Procurador Federal – AGU – 2023 – CEBRASPE) Uma empresa em débito com a Agência Nacional de Telecomunicações (ANATEL), em razão de taxas cobradas por tal agência reguladora, alienou parte significativa de seus bens.

Nessa situação hipotética, conforme o CTN, a referida alienação terá sido fraudulenta se

(A) o crédito tributário estiver regularmente inscrito na dívida ativa e o devedor não tiver reservado bens ou rendas suficientes ao pagamento do total da dívida inscrita.
(B) o devedor não tiver reservado bens ou rendas suficientes ao pagamento do total da dívida apurada e já tiver ocorrido o lançamento das taxas, ainda que não inscritas em dívida ativa.
(C) o devedor não tiver reservado patrimônio suficiente ao pagamento da dívida consolidada, somente podendo se presumir a fraude se a alienação tiver ocorrido após a citação válida da execução fiscal.
(D) o devedor, após inscrição em dívida ativa, não tiver feito o depósito judicial do débito, prestado seguro garantia ou apresentado carta de fiança bancária.
(E) o crédito tributário estiver regularmente inscrito na dívida ativa e o devedor, devidamente intimado deste ato, não tiver prestado caução em dinheiro ou garantia idônea no prazo de trinta dias.

A: correta, pois o Código Tributário Nacional estabelece: presume-se fraudulenta a alienação ou oneração de bens ou rendas, ou seu começo, por sujeito passivo em débito para com a Fazenda Pública, por crédito tributário regularmente inscrito como dívida ativa (art. 185 do CTN). Somente não se aplicará tal presunção na hipótese de terem sido reservados, pelo devedor, bens ou rendas suficientes ao total pagamento da dívida inscrita (artigo 185, parágrafo único do CTN); **B**: incorreta, pois é necessária a inscrição em dívida ativa, conforme comentário à letra A; **C**: incorreta, pois basta a inscrição em dívida ativa, não se exigindo a citação válida em execução fiscal, conforme comentário à letra A; **D** e **E**: incorretas, pois para afastar a presunção de fraude não são exigidos tais atos de garantia do débito, bastando que o devedor tenha reservado bens ou rendas suficientes ao total pagamento da dívida inscrita (artigo 185, parágrafo único do CTN). LS

Gabarito "A".

(Procurador/PA – CESPE – 2022) A respeito das garantias e dos privilégios do crédito tributário previstos no Código Tributário Nacional, assinale a opção correta.

(A) O rol das garantias atribuídas ao crédito tributário, previsto no Código Tributário Nacional, é taxativo, inadmitindo-se novas previsões sobre a matéria.
(B) Uma das garantias atribuídas ao crédito tributário no Código Tributário Nacional é a de que, na falência, o crédito tributário prefere aos créditos extraconcursais.
(C) Não são extraconcursais os créditos tributários decorrentes de fatos geradores ocorridos no curso do processo de falência.
(D) Na nova sistemática da recuperação judicial, os créditos tributários preferem a quaisquer outros, exceto

os derivados da legislação trabalhista, de acordo com o art. 83 da Lei n.º 11.101/2005, com redação dada pela Lei n.º 14.112/2020.

(E) O rol das garantias atribuídas ao crédito tributário no Código Tributário Nacional, por ser exemplificativo, possibilitou a criação da averbação pré-executória, nos termos do inciso II do § 3.º do art. 20-B da Lei n.º 10.522/2002.

A: incorreta, pois o art. 183 do CTN é expresso no sentido de que a enumeração das garantias atribuídas neste no CTN ao crédito tributário não exclui outras que sejam expressamente previstas em lei, em função da natureza ou das características do tributo a que se refiram; **B:** incorreta, pois o art. 186, parágrafo único, I, do CTN é expresso no sentido de que, na falência, o crédito tributário não prefere aos créditos extraconcursais ou às importâncias passíveis de restituição, nos termos da lei falimentar, nem aos créditos com garantia real, no limite do valor do bem gravado; **C:** incorreta, pois esses créditos tributários, como em geral aqueles referentes ao período do curso da falência, são extraconcursais – art. 188 do CTN; **D:** incorreta, conforme comentários anteriores e o art. 183 do CTN; **E:** correta, conforme o art. 183 do CTN. RB

Gabarito "E".

(Procurador/DF – CESPE – 2022) Com base na Lei Complementar Distrital n.º 968/2020 (Código de Defesa do Contribuinte do DF), julgue os itens que se seguem.

(1) Para efetivação das garantias constantes do código em apreço, não se consideram contribuintes as pessoas jurídicas, mas, sim, seus sócios e administradores.

(2) Consoante o código em questão, somente em casos excepcionais a administração fazendária poderá exigir do contribuinte certidão negativa expedida pelo governo do DF quando tal contribuinte se dirigir à repartição fazendária e administrativa competente para formular consultas e requerer a restituição de impostos.

1: incorreta, pois a pessoa jurídica também é contemplada, nos termos do art. 2º da Lei Complementar Distrital n.º 968/2020; **2:** incorreta, pois é vedada a exigência de certidão negativa nesses casos – art. 10 da Lei Complementar Distrital 968/2020. Ressalte-se que deve ser sempre verificada a legislação em vigor, citada no edital, no momento do concurso a ser prestado. RB/LS

Gabarito 1E, 2E.

(Procurador do Município – S.J. Rio Preto/SP – 2019 – VUNESP) De acordo com as disposições do Código Tributário Nacional, no que se refere às preferências do crédito tributário na falência, assinale a alternativa correta.

(A) O crédito tributário prefere aos créditos com garantia real, no limite do bem gravado.
(B) O crédito tributário prefere aos créditos extraconcursais.
(C) A multa tributária prefere apenas aos créditos subordinados.
(D) São concursais os créditos tributários decorrentes de fatos geradores ocorridos durante o processo de falência.
(E) O crédito tributário e a multa tributária são extraconcursais.

A: incorreta, pois o crédito com garantia real tem preferência, até o valor do bem gravado – art. 186, parágrafo único, I, do CTN; **B:** incorreta, pois os créditos extraconcursais, como diz o nome, não entram no concurso de credores, preferindo aos tributários anteriores à quebra – art. 186, parágrafo único, I, do CTN; **C:** correta, conforme o art. 186, parágrafo único, III, do CTN; **D:** incorreta, pois os créditos relativos ao período no curso do processo falimentar são extraconcursais – art. 188 do CTN; **E:** incorreta, em relação ao crédito tributário anterior à quebra. RB

Gabarito "C".

(Juiz de Direito/AP – 2022 – FGV) José, profissional liberal, enfrenta três execuções fiscais distintas por dívidas tributárias de Imposto de Renda de Pessoa Física, IPVA devido ao Estado X e ISS devido ao Município Y. Contudo, a parcela de seu patrimônio que pode responder pelas dívidas tributárias não é suficiente para solver todos os débitos.

Num concurso entre União, Estado X e Município Y na cobrança judicial de seus créditos tributários, à luz do entendimento dominante do Supremo Tribunal Federal:

(A) o crédito da União tem preferência sobre o crédito do Estado X e este, por sua vez, tem preferência sobre o crédito do Município Y;
(B) o crédito da União tem preferência sobre o crédito dos demais entes federados, mas não há preferência entre o crédito do Estado X e o crédito do Município Y;
(C) o crédito da União não tem preferência sobre o crédito do Estado X e este, por sua vez, não tem preferência sobre o crédito do Município Y;
(D) o crédito da União não tem preferência sobre o crédito do Estado X, mas este tem preferência sobre o crédito do Município Y;
(E) o crédito da União não tem preferência sobre o crédito do Município Y, mas este tem preferência sobre o crédito do Estado X.

A, B, D e E: incorretas, pois o STF entendeu que a ordem de preferência no caso de concurso de credores prevista no art. 187, parágrafo único, do CTN e no art. 29, parágrafo único, da Lei 6.830/1980, não foi recepcionada pela atual CF, revogando a Súmula 563/STF – ver ADPF 357; **C:** correta, conforme comentário anterior. RB

Gabarito "C".

(Juiz de Direito – TJ/RJ – 2019 – VUNESP) Sobre garantias, privilégios e preferências do crédito tributário, assinale a alternativa correta.

(A) Presume-se fraudulenta a alienação ou oneração de bens ou rendas, ou seu começo, por sujeito passivo em débito para com a Fazenda Pública, por crédito tributário regularmente inscrito como dívida ativa.
(B) Na hipótese de o devedor tributário, devidamente citado, não pagar no prazo legal, o juiz determinará a indisponibilidade de seus bens e direitos, ainda que haja indicação de bens penhoráveis de propriedade do devedor.
(C) Responde pelo pagamento do crédito tributário a totalidade dos bens e das rendas, de qualquer origem ou natureza, do sujeito passivo, seu espólio ou sua massa falida, exceto os gravados por ônus real ou cláusula de inalienabilidade ou impenhorabilidade.
(D) Exceto na falência, a lei poderá impor limites à preferência dos créditos de natureza trabalhista sobre os créditos tributários e aos créditos decorrentes de indenização por acidente de trabalho.
(E) São pagos preferencialmente a quaisquer créditos habilitados em inventário, os créditos tributários ven-

cidos a cargo do *de cujus*, não se aplicando a mesma regra aos créditos vincendos do espólio.

A: correta, conforme o art. 185 do CTN; **B**: incorreta, pois a decretação de indisponibilidade de bens, prevista no art. 185-A do CTN, não é possível caso sejam apresentados bens à penhora no prazo legal. Vide a Súmula 560/STJ: A decretação da indisponibilidade de bens e direitos, na forma do art. 185-A do CTN, pressupõe o exaurimento das diligências na busca por bens penhoráveis, o qual fica caracterizado quando infrutíferos o pedido de constrição sobre ativos financeiros e a expedição de ofícios aos registros públicos do domicílio do executado, ao Denatran ou Detran; **C**: incorreta, pois todos os bens e rendas do sujeito passivo respondem pelo pagamento do crédito tributário, inclusive os gravados por ônus real ou cláusula de inalienabilidade ou impenhorabilidade, excetuados unicamente os bens e rendas que a lei declare absolutamente impenhoráveis, nos termos do art. 184 do CTN; **D**: incorreta, pois os créditos trabalhistas e decorrentes de acidente de trabalho preferem aos tributários, inclusive na falência, conforme o art. 186, parágrafo único, do CTN, e nos limites da lei especial (art. 83 da Lei de Falência e Recuperação); **E**: incorreta, pois a preferência abrange os créditos vincendos – art. 189 do CTN. 🔲

Gabarito "A".

Veja a seguinte tabela com a ordem de classificação dos créditos na falência (art. 83 da LF):

Ordem de classificação dos créditos na falência (art. 83 da LF)
1º – os créditos derivados da legislação do trabalho, limitados a 150 (cento e cinquenta) salários-mínimos por credor, os decorrentes de acidentes de trabalho. Também os créditos equiparados a trabalhistas, como os relativos ao FGTS (art. 2º, § 3º, da Lei 8.844/1994) e os devidos ao representante comercial (art. 44 da Lei 4.886/1965)
2º – créditos com garantia real até o limite do valor do bem gravado (será considerado como valor do bem objeto de garantia real a importância efetivamente arrecadada com sua venda, ou, no caso de alienação em bloco, o valor de avaliação do bem individualmente considerado)
3º – créditos tributários, independentemente da sua natureza e tempo de constituição, excetuadas as multas tributárias
4º – créditos quirografários (= aqueles não previstos nos demais incisos do art. 83 da LF; os saldos dos créditos não cobertos pelo produto da alienação dos bens vinculados ao seu pagamento; e os saldos dos créditos derivados da legislação do trabalho que excederem o limite estabelecido no inciso I do *caput* do art. 83 da LF). Ademais, os créditos trabalhistas cedidos a terceiros serão considerados quirografários
5º – as multas contratuais e as penas pecuniárias por infração das leis penais ou administrativas, inclusive as multas tributárias
6º – créditos subordinados (= os assim previstos em lei ou em contrato; e os créditos dos sócios e dos administradores sem vínculo empregatício)
7º – os juros vencidos após a decretação da falência, conforme previsto no art. 124 da LF.
Lembre-se que os créditos extraconcursais (= basicamente os surgidos no curso do processo falimentar, que não entram no concurso de credores) são pagos com precedência sobre todos esses anteriormente mencionados, na ordem prevista no art. 84 da LF.

14. ADMINISTRAÇÃO TRIBUTÁRIA, FISCALIZAÇÃO

(Procurador Município – Teresina/PI – FCC – 2022) Acerca da fiscalização feita pela administração tributária, a Constituição Federal e o Código Tributário Nacional (CTN) estabelecem:

I. As administrações tributárias são atividades essenciais ao funcionamento do Estado, exercidas por servidores de carreiras específicas e terão recursos prioritários para a realização de suas atividades.

II. É vedada a divulgação, por parte da Fazenda Pública ou de seus servidores, de informação obtida em razão do ofício sobre a situação econômica ou financeira do sujeito passivo, sendo permitido prestar informações, tão somente, quando houver determinação, por escrito, da autoridade judicial.

III. Somente mediante autorização do Supremo Tribunal Federal, a Fazenda Pública da União poderá permutar informações com Estados estrangeiros no interesse da arrecadação e da fiscalização de tributos.

IV. As autoridades administrativas federais poderão requisitar o auxílio da força pública federal, estadual ou municipal, e reciprocamente, quando vítimas de embaraço ou desacato no exercício de suas funções, ou quando necessário à efetivação de medida prevista na legislação tributária, ainda que não se configure fato definido em lei como crime ou contravenção.

Está correto o que se afirma APENAS em:

(A) I e IV.
(B) II, III e IV.
(C) I e III.
(D) I, II e IV.
(E) II e III.

I: correta, nos termos do art. 37, XXII, da CF; **II**: incorreta, pois há diversas outras exceções ao sigilo fiscal, vide os arts. 198 e 199 do CTN; **III**: incorreta, pois é possível a permuta nos termos de tratados, acordos ou convênios – art. 199, parágrafo único, do CTN; **IV**: correta, nos termos do art. 200 do CTN. 🔲

Gabarito "A".

(Juiz de Direito/AP – 2022 – FGV) A empresa Modas 100% Ltda., sediada em Macapá (AP), foi autuada referente a débitos não declarados nem pagos de ICMS devido ao Estado do Amapá, em valor total (principal com multa) de R$ 50.000,00. A empresa impugnou administrativamente tal lançamento, mas não obteve êxito no julgamento de 1ª instância. Diante desse cenário e à luz da Lei estadual nº 400/1997, a empresa poderá interpor recurso voluntário:

(A) ao Conselho Estadual de Recursos Fiscais, com efeito suspensivo, dentro de 30 dias seguidos à ciência da decisão de 1ª instância;

(B) ao Conselho Estadual de Recursos Fiscais, com efeito suspensivo, dentro de 15 dias seguidos à ciência da decisão de 1ª instância;

(C) ao Conselho Estadual de Recursos Fiscais, sem efeito suspensivo, dentro de 15 dias seguidos à ciência da decisão de 1ª instância;

(D) à Junta de Julgamento do Processo Administrativo Fiscal, com efeito suspensivo, dentro de 30 dias seguidos à ciência da decisão de 1ª instância;

(E) à Junta de Julgamento do Processo Administrativo Fiscal, sem efeito suspensivo, dentro de 15 dias seguidos à ciência da decisão de 1ª instância.

Embora o prazo de recurso administrativo na esfera tributária, que tem sempre efeito suspensivo (art. 151, III, do CTN), seja usualmente de 30 dias, é essencial consultar a lei estadual ou municipal correspondente. No caso do Amapá, o prazo para recurso à segunda instância administrativa é realmente de 30 dias, com efeito suspensivo (não poderia deixar de ser, por imposição do CTN) – art. 205 da Lei 400/1997 do AP – e o órgão competente é denominado Conselho Estadual de Recursos Fiscais – arts. 197, II, e 208 da mesma Lei. Por essas razões, a alternativa "A" é a correta. Ressalte-se que deve ser sempre verificada a legislação em vigor, citada no edital, no momento do concurso a ser prestado. RB/LS
Gabarito "A".

(Procurador Município – Santos/SP – VUNESP – 2021) Em relação à fiscalização da administração tributária, dispõe o Código Tributário Nacional:

(A) os livros obrigatórios de escrituração comercial e fiscal e os comprovantes dos lançamentos neles efetuados serão conservados por dez anos ou até que ocorra a decadência relativa aos créditos tributários decorrentes das operações a que se refiram.

(B) a autoridade administrativa que proceder ou presidir a quaisquer diligências de fiscalização lavrará os termos necessários para que se documente o início do procedimento, na forma da legislação aplicável, que fixará prazo máximo para a conclusão daquelas.

(C) mediante intimação escrita, são obrigados a prestar à autoridade administrativa todas as informações de que disponham com relação aos bens, negócios, ou atividades de terceiros, dentre outros, tabeliães, advogados, contadores, bancos e seguradoras.

(D) a Fazenda Pública da União poderá permutar informações com Estados estrangeiros no interesse da arrecadação e da fiscalização de tributos, independentemente da realização de tratados, acordos ou convênios.

(E) para os efeitos da legislação tributária, serão aplicadas, a critério da Administração Pública, quaisquer disposições legais excludentes ou limitativas do direito de examinar mercadorias, livros, arquivos, documentos, papéis e efeitos comerciais ou fiscais, dos comerciantes industriais ou produtores, ou da obrigação destes de exibi-los.

A: incorreta, pois os livros devem ser conservados até o final do prazo prescricional para a cobrança dos respectivos tributos – art. 195, parágrafo único, do CTN; B: correta, nos termos do art. 196 do CTN; C: incorreta, pois o dever não se aplica a advogados e a outros profissionais a que a legislação indique sigilo – art. 197, parágrafo único, do CTN; D: incorreta, pois a Fazenda Pública da União depende de tratados, acordos ou convênios para permutar informações com Estados estrangeiros no interesse da arrecadação e da fiscalização de tributos – art. 199, parágrafo único, do CTN; E: incorreta, pois é o oposto, essas disposições legais são inaplicáveis contra o fisco, nos termos do art. 195 do CTN. RB/LS
Gabarito "B".

(Promotor de Justiça/CE – 2020 – CESPE/CEBRASPE) De acordo com a Lei Complementar 105/2001, as instituições financeiras devem conservar o sigilo de suas operações, sendo uma violação desse dever

(A) a revelação de informações sigilosas, ainda que com o consentimento expresso do interessado.

(B) a comunicação, às autoridades competentes, da prática de ilícitos penais ou administrativos, sem ordem judicial.

(C) a troca de informações entre instituições financeiras, para fins cadastrais, ainda que observadas as normas do Banco Central e do Conselho Monetário Nacional.

(D) o fornecimento, a gestores de bancos de dados, de informações financeiras relativas a operações de crédito adimplidas, para formação de histórico de crédito.

(E) a transferência, à autoridade tributária, de informações relativas a operações com cartão de crédito que permitam identificar a natureza dos gastos efetuados.

A: incorreta, pois, com o consentimento, não há violação do sigilo – art. 1º, § 3º, V, da LC 105/2001; B, C e D: incorretas, pois não há violação do sigilo tampouco nessas hipóteses – art. 1º, § 3º, IV, I e VII, respectivamente, da LC 105/2001; E: correta, pois a informação de elemento que permita a identificação da origem ou natureza dos gastos é vedada expressamente – art. 5º, § 2º, da LC 105/2001. A propósito, veja a Tese de Repercussão Geral 225/STF: O art. 6º da Lei Complementar 105/01 não ofende o direito ao sigilo bancário, pois realiza a igualdade em relação aos cidadãos, por meio do princípio da capacidade contributiva, bem como estabelece requisitos objetivos e o translado do dever de sigilo da esfera bancária para a fiscal. RB
Gabarito "E".

(Juiz de Direito – TJ/RS – 2018 – VUNESP) Um cidadão protocola pedido administrativo junto à Secretaria da Fazenda do Município X, pleiteando acesso à lista dos 50 maiores devedores do Município, considerando apenas os débitos inscritos em dívida ativa.

A autoridade competente da Secretaria da Fazenda, com base na legislação tributária vigente, deve

(A) deferir o pedido, porque não há vedação legal à divulgação de informações relativas às inscrições na Dívida Ativa da Fazenda Pública.

(B) indeferir o pedido, porque a divulgação desses dados somente é permitida quando houver solicitação de autoridade administrativa no interesse da Administração Pública, desde que comprovada a instauração regular de processo administrativo com o objetivo de investigar o sujeito passivo a que se refere a informação, por prática de infração administrativa.

(C) indeferir o pedido, porque essas informações foram obtidas pela Fazenda Pública em razão do ofício sobre a situação econômica ou financeira do sujeito passivo e sobre a natureza e o estado de seus negócios ou atividades.

(D) deferir o pedido, desde que a entrega das informações seja realizada pessoalmente ao solicitante, mediante recibo, que formalize a transferência dos dados solicitados e assegure a preservação do seu sigilo.

(E) indeferir o pedido, porque a divulgação de informações sobre inscrição de débito em dívida ativa da Fazenda Pública somente pode ser realizada ante a requisição de autoridade judiciária no interesse da justiça.

A: correta – art. 198, § 3º, II, do CTN; B, C e E: incorreta, pois não é vedada a divulgação de informações relativas a inscrições na dívida

ativa – art. 198, § 3º, II, do CTN; **D:** incorreta, pois não há essa restrição ou exigência, inexistindo óbice à divulgação, conforme comentário anterior. RB
Gabarito "A".

15. DÍVIDA ATIVA, INSCRIÇÃO, CERTIDÕES

(Procurador Fazenda Nacional – AGU – 2023 – CEBRASPE) A respeito da cobrança dos créditos tributários e não tributários, julgue os itens subsequentes.

I. A PGFN possui competência para inscrever em dívida ativa e cobrar os créditos tributários decorrentes do Simples Nacional, nada obstante o regime simplificado envolva tributos estaduais e municipais.
II. As contribuições devidas ao fundo de garantia do tempo de serviço (FGTS), que não possuem natureza tributária, não são passíveis de inscrição em dívida ativa, razão por que é inviável a sua cobrança por meio de execução fiscal.
III. Os créditos atinentes ao FGTS podem ser cobrados pela PGFN via protesto extrajudicial.

Assinale a opção correta.

(A) Apenas o item I está certo.
(B) Apenas o item II está certo.
(C) Apenas os itens I e III estão certos.
(D) Apenas os itens II e III estão certos.
(E) Todos os itens estão certos.

I: correto, conforme a LC 123/2006 que, ao disciplinar o Simples Nacional, estabelece que (art. 41, § 2º) <u>os créditos tributários oriundos da sua aplicação serão apurados, inscritos em Dívida Ativa da União e cobrados judicialmente pela Procuradoria-Geral da Fazenda Nacional, observadas exceções estabelecidas em lei</u>. Cumpre ressaltar que os Estados, Distrito Federal e Municípios prestarão auxílio à Procuradoria-Geral da Fazenda Nacional, em relação aos tributos de sua competência, na forma a ser disciplinada por ato do Comitê Gestor (art. 41, § 1º, da LC 123/2006); **II:** incorreto, pois, apesar das contribuições ao FGTS, previstas na Lei 8.036/1990, não possuírem natureza tributária, são passíveis de inscrição em dívida ativa, podendo ser cobrado por meio de execução fiscal. A contribuição ao FGTS não é tributo, visto que seu destinatário final não é o Estado, mas sim um determinado trabalhador titular da conta vinculada. De acordo com a Lei 8.844/1994 (Art. 2º): compete à Procuradoria-Geral da Fazenda Nacional a inscrição em Dívida Ativa dos débitos para com o Fundo de Garantia do Tempo de serviço – FGTS. Compete à Justiça Federal o julgamento das execuções fiscais de contribuições devidas pelo empregador ao FGTS (Súmula 349 do STJ); **III:** correto, pois a certidão de dívida ativa pode ser protestada, nos termos da Lei 9.492/1997 (art. 1º, parágrafo único): incluem-se entre os títulos sujeitos a protesto as certidões de dívida ativa da União, dos Estados, do Distrito Federal, dos Municípios e das respectivas autarquias e fundações públicas. Nesse sentido, ver tese fixada pelo STJ (Tema Repetitivo 777): A Fazenda Pública possui interesse e pode efetivar o protesto da CDA, documento de dívida, na forma do art. 1º, parágrafo único, da Lei 9.492/1997, com a redação dada pela Lei 12.767/2012. Ressalte-se que a Lei nº 12.767/2012 alterou a Lei nº 9.492/97 para incluir expressamente a CDA dentre os títulos protestáveis. Mas o protesto era possível antes mesmo dessa alteração, segundo o STJ. O STF também fixou entendimento sobre a matéria (ADI 5135): "O protesto das Certidões de Dívida Ativa constitui mecanismo constitucional e legítimo, por não restringir de forma desproporcional quaisquer direitos fundamentais garantidos aos contribuintes e, assim, não constituir sanção política". Ademais, todos os entes (Estados, Municípios e o DF) podem protestar com base na Lei Federal nº 9.492/97, ou seja, não se exige que cada ente edite lei autorizando o protesto da CDA. Pelo exposto, a resposta é a alternativa C, pois apenas os itens I e III estão corretos. Sobre o local onde deverá ser proposta a execução fiscal, importante tese foi fixada pelo STF (Tema 1204 da Repercussão Geral) ao interpretar o art. 46, § 5º, do Código de Processo Civil, que prevê a possibilidade de a execução fiscal ser proposta no foro de domicílio do réu, no de sua residência ou no do lugar onde for encontrado, nas hipóteses em que essa norma imponha o ajuizamento e processamento da ação executiva em outro Estado da Federação: "A aplicação do art. 46, § 5º, do CPC deve ficar restrita aos limites do território de cada ente subnacional ou ao local de ocorrência do fato gerador". LS
Gabarito "C".

(Juiz de Direito/AP – 2022 – FGV) A empresa 123 Camisetas Ltda., sediada no Amapá e atuante no ramo varejista de venda de camisetas, deixou de atualizar dentro do prazo exigido em Resolução do Secretário do Estado de Fazenda certos dados cadastrais referentes ao ICMS. A empresa possui também um débito tributário estadual em fase de execução fiscal, na qual realizou o depósito do montante integral em dinheiro.

Pendente ainda a atualização dos dados cadastrais, e à luz da Lei estadual nº 400/1997, poderá ser fornecida:

(A) Certidão Positiva de Tributos Estaduais em relação à empresa quanto à existência de tal débito tributário estadual;
(B) Certidão Negativa de Tributos Estaduais em relação à empresa quanto à existência de tal débito tributário estadual;
(C) Certidão Positiva com Efeitos de Negativa de Tributos Estaduais consistindo exclusivamente do demonstrativo das pendências da empresa relativas a irregularidades quanto à apresentação de dados cadastrais;
(D) Certidão Positiva de Tributos Estaduais consistindo exclusivamente do demonstrativo das pendências da empresa relativas a irregularidades quanto à apresentação de dados cadastrais;
(E) Certidão Negativa de Tributos Estaduais consistindo exclusivamente do demonstrativo das pendências da empresa relativas a irregularidades referentes à apresentação de dados cadastrais.

A, B e E: incorretas, pois a empresa tem direito a certidão positiva com efeito de negativa em relação aos tributos garantidos na execução, não a certidão negativa ou simplesmente positiva – art. 206 do CTN; **C:** incorreta, pois a empresa não está regular em relação à obrigação acessória de apresentação dos dados cadastrais, inexistindo a possibilidade de certidão positiva com efeito de negativa nesse caso; **D:** correta, conforme comentários anteriores. RB
Gabarito "D".

(Advogado – Pref. São Roque/SP – 2020 – VUNESP) O Município "X" exige, por meio de lei, a prova de quitação dos tributos municipais por parte das empresas interessadas em assinar contratos de fornecimento de bens ao Município, por meio da apresentação de certidão negativa. Em determinada contratação, a empresa "Y" apresentou certidão na qual constavam três débitos: um ainda não vencido; um em curso de cobrança executiva em foi efetivada a penhora; e outro incluído em parcelamento vigente.

A respeito da situação hipotética, é correto afirmar, com base no Código Tributário Nacional (CTN), que

(A) é inconstitucional a exigência de prova de quitação dos tributos municipais como condição para a contratação com o Poder Público, ainda que a exigência esteja prevista em lei.

(B) a certidão apresentada pela empresa não tem capacidade de suprir a prova de quitação dos tributos, uma vez que é exigível o crédito pendente de execução, mesmo diante da garantia da dívida.

(C) a apresentação da certidão com os débitos mencionados na situação deverá surtir os mesmos efeitos da certidão negativa de tributos municipais, uma vez que as situações dos créditos podem ser descritas como casos de exclusão do crédito tributário.

(D) a certidão apresentada pela empresa não tem capacidade de suprir a prova de quitação dos tributos, uma vez que a certidão aponta a existência de crédito vincendo ainda não pago, impugnado ou parcelado.

(E) a apresentação da certidão com os débitos mencionados na situação deverá surtir os mesmos efeitos da certidão negativa de tributos municipais, por expressa determinação do CTN.

A: incorreta, pois isso é admitido pelo art. 205 do CTN; **B:** incorreta, pois tem os mesmos efeitos da certidão negativa a certidão de que conste a existência de créditos não vencidos, em curso de cobrança executiva em que tenha sido efetivada a penhora, ou cuja exigibilidade esteja suspensa – art. 206 do CTN; **C:** incorreta, pois trata-se de suspensão dos créditos, não de exclusão – art. 206 do CTN; **D:** incorreta, conforme comentários anteriores; **E:** correta – art. 206 do CTN. RB

Gabarito "E".

(Procurador do Município – S.J. Rio Preto/SP – 2019 – VUNESP) Dispõe o Código Tributário Nacional que a lei poderá exigir que a prova da quitação de determinado tributo, quando exigível, seja feita por certidão negativa, expedida à vista de requerimento do interessado, que contenha todas as informações necessárias à identificação de sua pessoa, domicílio fiscal e ramo de negócio ou atividade e indique o período a que se refere o pedido.

Nesse sentido, é correto afirmar que

(A) tem efeito de negativa a certidão de que conste a existência de créditos em curso de cobrança executiva em que tenha sido efetivada a penhora.

(B) a certidão negativa expedida com dolo ou fraude, que contenha erro contra a Fazenda Pública, responsabiliza solidariamente o funcionário que a expedir, pelo crédito tributário e juros de mora acrescidos.

(C) ainda que se trate de prática de ato indispensável para evitar a caducidade de direito não será dispensada a prova de quitação de tributos.

(D) a certidão negativa será expedida a requerimento de qualquer interessado, devendo ser fornecida no prazo máximo de 15 dias úteis.

(E) a certidão de que conste a existência de créditos cuja exigibilidade esteja suspensa, não tem os mesmos efeitos de certidão negativa.

A: correta, conforme o art. 206 do CTN; **B:** incorreta, pois o art. 208 do CTN se refere a responsabilidade pessoal, não solidária; **C:** incorreta, pois a apresentação da certidão negativa é dispensada quando se trata de prática de ato indispensável para evitar a caducidade de direito – art. 207 do CTN; **D:** incorreta, pois o prazo previsto no CTN é de 10 dias – art. 205, parágrafo único; **E:** incorreta, pois trata-se de certidão positiva com efeito de negativa – art. 206 do CTN. RB

Gabarito "A".

16. REPARTIÇÃO DE RECEITAS

(Advogado – Pref. São Roque/SP – 2020 – VUNESP) As parcelas de receita pertencentes aos Municípios relativas à participação no imposto estadual sobre circulação de mercadorias e serviços serão creditadas conforme os seguintes critérios:

(A) três quartos, no mínimo, na proporção do valor adicionado nas operações relativas à circulação de mercadorias e nas prestações de serviços, realizadas em seus territórios, e até um quarto, de acordo com o que dispuser lei estadual, ou, no caso dos Territórios, lei federal.

(B) três quartos, no mínimo, na proporção do valor adicionado nas operações relativas à circulação de mercadorias e nas prestações de serviços, realizadas em seus territórios, e até um quarto, de acordo com a população residente em seus territórios.

(C) dois terços, na proporção do valor adicionado nas operações relativas à circulação de mercadorias e nas prestações de serviços, realizadas em seus territórios, e um terço, de acordo com o que dispuser lei estadual, ou, no caso dos Territórios, lei federal.

(D) um quarto, no mínimo, na proporção do valor adicionado nas operações relativas à circulação de mercadorias e nas prestações de serviços, realizadas em seus territórios, e três quartos, de acordo com a população residente em seus territórios.

(E) dois quartos, na proporção do valor adicionado nas operações relativas à circulação de mercadorias e nas prestações de serviços, realizadas em seus territórios, um quarto, de acordo com a população residente em seus territórios, e um quarto de acordo com o que dispuser lei estadual, ou, no caso dos Territórios, lei federal.

Atenção, o art. 158, parágrafo único, da CF foi alterado pela EC 108/2020 para fixar que a parcela da receita de ICMS distribuída aos Municípios segue os seguintes critérios: (a) 65% (sessenta e cinco por cento), no mínimo, na proporção do valor adicionado nas operações relativas à circulação de mercadorias e nas prestações de serviços, realizadas em seus territórios e (b) até 35% (trinta e cinco por cento), de acordo com o que dispuser lei estadual, observada, obrigatoriamente, a distribuição de, no mínimo, 10 (dez) pontos percentuais com base em indicadores de melhoria nos resultados de aprendizagem e de aumento da equidade, considerado o nível socioeconômico dos educandos.
Na época deste concurso, entretanto, a regra a ser a descrita na alternativa "A", correta, portanto, nos termos do citado art. 158, parágrafo único, da CF, na redação original. Ressalte-se, porém, que a Reforma Tributária (EC 132/2023) alterou o art. 158 da CF: a) o citado parágrafo único foi transformado em parágrafo 1º; b) foi introduzido o parágrafo 2º para prever a repartição com os Municípios de 25% do produto da arrecadação do imposto que será criado com base no art. 156-A (o imposto sobre bens e serviços) que serão creditados conforme critérios previstos nos incisos I a IV. RB/LS

Gabarito "A".

(Procurador do Município – Valinhos/SP – 2019 – VUNESP) Na repartição das receitas tributárias, do produto da arrecadação do imposto do Estado sobre operações relativas à circulação de mercadorias e sobre prestações de serviços de transporte interestadual e intermunicipal e de comunicação, pertencem aos Municípios o percentual de

(A) 27,5%.
(B) 25%.
(C) 22,5%.
(D) 21,5%.
(E) 20%.

Nos termos do art. 158, IV, da CF, 25% do produto da arrecadação do ICMS pertence aos municípios, de modo que a alternativa "B" é a correta. RB

Gabarito "B".

17. AÇÕES TRIBUTÁRIAS

(Procurador - PGE/GO – 2024 – FCC) Segundo o último relatório "justiça em números", publicado pelo Conselho Nacional de Justiça em maio de 2024, as execuções fiscais correspondiam, no final do ano de 2023, a 31% de todos os casos em andamento no poder judiciário brasileiro, o que corresponde, em números absolutos, a mais 26 milhões de processos. Acerca destes processos e de sua lei de regência (Lei nº 6.830/1980), não corresponde à tese vinculante fixada pelo Supremo Tribunal Federal ou pelo Superior Tribunal de Justiça:

(A) é ilegítima a extinção, pelo judiciário, de execução fiscal de baixo valor com fundamento na ausência de interesse de agir, cabendo a cada ente federativo definir, no exercício de sua autonomia administrativa e observadas as exigências legais, a melhor maneira de cobrar seu estoque de dívida ativa.
(B) o ajuizamento da execução fiscal dependerá da prévia adoção das seguintes providências: i) tentativa de conciliação ou adoção de solução administrativa; e ii) protesto do título, salvo por motivo de eficiência administrativa, comprovando-se a inadequação da medida.
(C) o prazo de 1 ano de suspensão do processo e do respectivo prazo prescricional, previsto no art. 40, §§ 1º e 2º da LEF, tem início automaticamente na data da ciência da Fazenda Pública a respeito da não localização do devedor ou da inexistência de bens penhoráveis no endereço fornecido.
(D) a exceção de pré-executividade é admissível na execução fiscal relativamente as matérias conhecíveis de ofício que não demandem dilação probatória.
(E) findo o prazo de 1 ano de suspensão de que trata o art. 40, §§ 1º e 2º da LEF, inicia-se automaticamente o prazo prescricional aplicável, havendo ou não petição da Fazenda Pública.

A: é a resposta porque a assertiva é contrária à tese fixada pelo STF (Tema 1184 da Repercussão Geral): É legítima a extinção de execução fiscal de baixo valor pela ausência de interesse de agir tendo em vista o princípio constitucional da eficiência administrativa, respeitada a competência constitucional de cada ente federado; **B:** assertiva de acordo com o afirmado pelo STF no citado Tema 1184 da Repercussão Geral; **C:** assertiva de acordo com o STJ que fixou tese nesse sentido no Tema 566 (Recursos Repetitivos); **D:** assertiva de acordo com a Súmula 393 do STJ; **E:** assertiva de acordo com o STJ que fixou tese nesse sentido no Tema 567 (Recursos Repetitivos). Segundo o STF, é constitucional o art. 40 da LEF (Tema 390 da Repercussão Geral): É constitucional o art. 40 da Lei 6.830/1980 (Lei de Execução Fiscal – LEF), tendo natureza processual o prazo de um ano de suspensão da execução fiscal. Após o decurso desse prazo, inicia-se automaticamente a contagem do prazo prescricional tributário de cinco anos. Sobre o local onde deverá ser proposta a execução fiscal, importante tese foi fixada pelo STF (Tema 1204 da Repercussão Geral) ao interpretar o art. 46, § 5º, do Código de Processo Civil, que prevê a possibilidade de a execução fiscal ser proposta no foro de domicílio do réu, no de sua residência ou no do lugar onde for encontrado, nas hipóteses em que essa norma imponha o ajuizamento e processamento da ação executiva em outro Estado da Federação: "A aplicação do art. 46, § 5º, do CPC deve ficar restrita aos limites do território de cada ente subnacional ou ao local de ocorrência do fato gerador". LS

Gabarito "A".

(Procurador/DF – CESPE – 2022) Julgue os itens que se seguem a respeito da Lei Complementar Distrital n.º 904/2015.

(1) O valor de alçada, para fins de ajuizamento da execução fiscal de débitos tributários inscritos em dívida ativa do DF, poderá variar em razão do tributo.
(2) Os créditos tributários inferiores ao valor de alçada podem ser objeto de execução fiscal, mediante juízo de conveniência da Procuradoria-Geral do DF.
(3) Quando da inscrição de crédito em dívida ativa, deve ser acrescentada quantia para atender às despesas com sua cobrança e honorários advocatícios.
(4) Os órgãos responsáveis pela cobrança da dívida ativa do DF podem realizar os atos que viabilizem a satisfação amigável de créditos inscritos, mediante câmaras de prevenção e resolução administrativa de conflitos envolvendo a administração pública, facultando-se, nesse caso, a efetivação do protesto da CDA e a inclusão dos contribuintes devedores no Serviço de Proteção ao Crédito.

1: correta, conforme o art. 1º da Lei Complementar Distrital n.º 904/2015; **2:** correta, conforme o art. 1º, § 5º, da Lei Complementar Distrital n.º 904/2015; **3:** correta, conforme o art. 42, § 1º, da Lei Complementar Distrital n.º 904/2015; **4:** correta, conforme o art. 3º da Lei Complementar Distrital n.º 904/2015. Ressalte-se que deve ser sempre verificada a legislação em vigor, citada no edital, no momento do concurso a ser prestado. RB/LS

Gabarito 1C, 2C, 3C, 4C.

(Procurador/DF – CESPE – 2022) Com base nas regras da lei de execução fiscal – Lei n.º 6.830/1980 – , julgue os itens que se seguem.

(1) Em execução fiscal contra uma empresa em processo de falência, caso, sem autorização judicial, aliene um imóvel da empresa antes de garantidos os créditos da fazenda pública, o liquidante responderá solidariamente pelo valor desse imóvel.
(2) Se a fazenda pública do DF ajuizar ação de execução fiscal contra um contribuinte e não pedir, na exordial, qualquer produção de provas, esta poderá ser requerida no curso da ação.

1: correta, conforme art. 4º, § 1º, da LEF; **2:** correta, conforme o art. 6º, § 3º, da LEF. RB

Gabarito 1C, 2C.

(Procurador/DF – CESPE – 2022) Julgue os itens seguintes à luz das regras da Lei da Cautelar Fiscal – Lei n.º 8.397/1992.

(1). Caso um contribuinte aliene um bem de sua propriedade sem proceder à devida comunicação ao órgão da fazenda pública competente, quando essa comunicação for exigível em virtude de lei, a fazenda pública poderá mover contra ele uma ação cautelar fiscal, mesmo antes de constituir o crédito tributário devido.

(2). Não está sujeito a sofrer medida cautelar fiscal o contribuinte que, tendo domicílio certo, tentar evadir-se para evitar o adimplemento de uma obrigação tributária.

1: correta, conforme o art. 1º, parágrafo único, c/c art. 2º, VII, da Lei 8.397/1992; **2:** incorreta, pois é possível a cautelar fiscal nesse caso – art. 2º, II, da Lei 8.397/1992. RB

Gabarito 1C, 2E

(Juiz de Direito/AP – 2022 – FGV) José teve o único imóvel de sua propriedade, em que reside, penhorado por ordem judicial, em execução fiscal ajuizada em 2021 referente a dívidas de IPTU incidentes sobre tal imóvel. Passados 60 dias da intimação da penhora, José encontra enfim os comprovantes de pagamento dos IPTUs referentes aos anos de 2018 e 2019 que estavam sendo cobrados, e deseja apresentá-los em juízo.

Diante desse cenário, José poderá apresentar:

(A) embargos à execução fiscal, em razão de a execução já estar garantida pela penhora;

(B) embargos à execução fiscal, por se tratar do único imóvel de sua propriedade, em que reside;

(C) exceção de pré-executividade, por se tratar do único imóvel de sua propriedade, em que reside;

(D) exceção de pré-executividade, pois o pagamento pode ser comprovado documentalmente de plano;

(E) agravo de instrumento, pela presença de *fumus boni iuris* e *periculum in mora*, por se tratar do único imóvel de sua propriedade, em que reside, e que está penhorado.

Embora já tenha transcorrido o prazo para apresentação dos embargos à execução fiscal (30 dias da intimação da penhora – art. 16, III, da Lei 6.830/1980), é sempre possível apresentar exceção de pré-executividade nos casos em que a alegação possa ser comprovada de plano (sem necessidade de dilação probatória) – Súmula 393/STJ. Por essa razão, a alternativa "D" é a correta. Importante também anotar que o imóvel do contribuinte poderia ter sido penhorado, apesar de ser bem de família, pois o IPTU é referente ao próprio imóvel – art. 1º c/c art. 3º, IV, da Lei 8.009/1990. RB/LS

Gabarito "D".

(Procurador Município – Santos/SP – VUNESP – 2021) Em relação à execução fiscal, é correto afirmar:

(A) A inscrição, que se constitui no ato de controle administrativo da legalidade, será feita pelo órgão competente para apurar a liquidez e certeza do crédito e suspenderá a prescrição, para todos os efeitos de direito, por 360 dias, ou até a distribuição da execução fiscal, se esta ocorrer antes de findo aquele prazo.

(B) A Dívida Ativa regularmente inscrita goza da presunção absoluta de certeza e liquidez, não podendo ser ilidida por terceiros interessados.

(C) O despacho do Juiz que deferir a inicial importa em ordem para: arresto se não for paga a dívida, nem garantida a execução, por meio de depósito, fiança ou seguro garantia, dispensada em tal circunstância a avaliação dos bens.

(D) O termo ou auto de penhora conterá, também, a avaliação dos bens penhorados, efetuada por quem o lavrar e, se não houver, na Comarca, avaliador oficial ou este não puder apresentar o laudo de avaliação no prazo de 30 (trinta) dias, será nomeada pessoa ou entidade habilitada a critério do Juiz.

(E) Na execução por carta, os embargos do executado serão oferecidos no Juízo deprecado, que os remeterá ao Juízo deprecante, para instrução e julgamento, e, quando os embargos tiverem por objeto vícios ou irregularidades de atos do próprio Juízo deprecado, caber-lhe-á unicamente o julgamento dessa matéria.

A: incorreta, pois o prazo de suspensão previsto no art. 2º, § 3º, da Lei de Execução Fiscal – LEF (Lei 6.830/1980) é por 180 dias, aplicável apenas a créditos não tributários (para créditos tributários, as modalidades de suspensão são as do CTN, já que é matéria de lei complementar – art. 146 da CF); **B:** incorreta, pois a presunção é relativa, podendo ser ilidida nos termos do art. 204, parágrafo único, do CTN, inclusive por terceiro a que aproveite; **C:** incorreta, pois, nos termos do art. 7º da LEF, o despacho do Juiz que deferir a inicial importa em ordem para (i) citação, pelas sucessivas modalidades previstas no artigo 8º; penhora, se não for paga a dívida, nem garantida a execução, por meio de depósito, fiança ou seguro garantia, (ii) arresto, se o executado não tiver domicílio ou dele se ocultar, (iii) registro da penhora ou do arresto, independentemente do pagamento de custas ou outras despesas e (iv) avaliação dos bens penhorados ou arrestados; **D:** incorreta, pois o prazo previsto no art. 13, § 2º, da LEF é de 15 dias; **E:** correta, conforme o art. 20 da LEF. RB

Gabarito "E".

(Juiz de Direito – TJ/MS – 2020 – FCC) A respeito do contencioso tributário no âmbito judicial, é correto afirmar:

(A) Os embargos à execução se constituem o único meio adequado para a defesa do devedor em execução fiscal, e para tanto é necessária a penhora ou o oferecimento de garantia do débito tributário em discussão.

(B) O contribuinte pode optar por receber o indébito tributário por compensação ou por precatório, quando o indébito tributário for reconhecido em sentença declaratória, independentemente de autorização legal do ente tributante.

(C) O mandado de segurança constitui ação adequada para declarar o direito à compensação tributária, mas não para convalidar compensação já realizada pelo contribuinte.

(D) É incompatível com a Constituição o artigo da Lei de Execução Fiscal que afirma incabível o recurso de apelação em casos de execução fiscal cujo valor seja inferior a 50 ORTN, por limitar ao contribuinte o acesso ao segundo grau de jurisdição.

(E) A citação em execução fiscal é causa de interrupção da prescrição.

A: incorreta, pois o executado pode, excepcionalmente, opor-se à execução sem garantia do juízo, por meio de exceção de pré-executividade, desde que alegue matérias cognoscíveis de ofício (ordem pública) que não demandem dilação probatória – Súmula 393/STJ. Ademais, o STJ tem relativizado a exigência de garantia integral do débito, para aceitar os embargos quando o devedor comprovar a insuficiência patrimonial para garantir o juízo, a fim de garantir o acesso ao Poder Judiciário e potencializar o contraditório e a ampla defesa (REsp 1.127.815/SP); **B:** incorreta, pois é preciso conjugar o teor da Súmula 461 do STJ (o contribuinte pode optar por receber, por meio de precatório ou por compensação, o indébito tributário certificado por sentença declaratória transitada em julgado) com a previsão de que a compensação tributária depende de autorização legal – art. 170 do CTN. Ou seja, é possível o contribuinte optar desde que exista lei autorizando a compensação no

âmbito do ente perante o qual ele foi considerado credor, conforme certificado por sentença declaratória transitada em julgado; **C:** correta, conforme a Súmula 213/STJ; **D:** incorreta, pois o STF reconhece a constitucionalidade do dispositivo, conforme a Tese de Repercussão Geral 408; **E:** incorreta, pois o despacho do juiz que ordena a citação é que interrompe a prescrição art. 174, parágrafo único, I, do CTN. RB/LS
Gabarito "C".

(Advogado – Pref. São Roque/SP – 2020 – VUNESP) A importância de crédito tributário pode ser consignada judicialmente pelo sujeito passivo, no caso de

(A) qualquer situação em que o sujeito passivo julgue mais conveniente o pagamento em juízo, em detrimento do pagamento na forma indicada pela Administração.

(B) conversão em renda de valores previamente depositados para garantia de execução fiscal movida pela Fazenda Pública.

(C) subordinação de recebimento do pagamento pela Administração ao cumprimento de obrigação acessória.

(D) exigência, por mais de uma pessoa jurídica de direito público, de tributos distintos sobre um mesmo fato gerador.

(E) subordinação, mediante lei, ao recebimento do pagamento em rede arrecadadora bancária ao invés do recebimento direto em dinheiro em repartição pública.

O sujeito passivo pode consignar judicialmente o valor do crédito tributário nos casos de (a) recusa de recebimento, ou subordinação ao pagamento de outro tributo ou de penalidade, ou ao cumprimento de obrigação acessória; (b) subordinação do recebimento ao cumprimento de exigências administrativas sem fundamento legal; (c) exigência, por mais de uma pessoa, de tributo idêntico sobre o mesmo fato gerador – art. 164 do CTN.
Por essa razão, a alternativa "C" é a única correta. RB
Gabarito "C".

(Procurador do Estado/SP – 2018 – VUNESP) Em execução fiscal, Antônio, sócio-gerente de empresa contribuinte encerrada de forma irregular, é responsabilizado, nos termos do art. 135, III, do Código Tributário Nacional, por crédito tributário, cujo fato gerador ocorrera quatro anos antes da citação pessoal de Antônio. Como defesa, Antônio aduz, em exceção de pré-executividade, que o inadimplemento do crédito tributário exequendo não decorreu de fato que lhe pudesse ser imputado.

Com base na jurisprudência do Superior Tribunal de Justiça, é correto afirmar que a exceção de pré-executividade

(A) é cabível para excluir o sócio, pois a execução fiscal fora ajuizada contra a empresa contribuinte, sendo inviável a responsabilização posterior ao ajuizamento.

(B) não é cabível, pois, em se tratando de matéria de defesa do sócio responsabilizado, pode ser aduzida somente por meio de recurso contra o despacho que o incluiu no polo passivo da execução.

(C) é cabível, pois, em se tratando de responsabilidade do sócio, todos os fundamentos do responsabilizado podem ser apreciados de ofício pelo juiz.

(D) é cabível, desde que o crédito exequendo tenha sido constituído de ofício, circunstância em que a ausência de culpa do responsável pode ser alegada por qualquer meio processual.

(E) não é cabível, pois tem por causa matéria de fato, insuscetível de conhecimento de ofício pelo juiz, demandando prova que não pode ser produzida pelo meio processual utilizado.

A: incorreta, pois a responsabilidade do gestor é possível, no caso de dissolução irregular da sociedade, que implica violação da lei – art. 135, III, do CTN, conforme Súmula 435/STJ; **B:** incorreta, pois é viável a apresentação de embargos à execução pelo sócio executado; **C:** incorreta, pois a exceção de pré-executividade é admissível na execução fiscal somente em relação às matérias conhecíveis de ofício que não demandem dilação probatória – Súmula 393/STJ; **D:** incorreta, conforme comentário anterior; **E:** correta, conforme Súmula 393/STJ. RB
Gabarito "E".

18. MICROEMPRESAS – ME E EMPRESAS DE PEQUENO PORTE – EPP

(Procurador Fazenda Nacional – AGU – 2023 – CEBRASPE) A respeito do Simples Nacional, observado o disposto na CF e na LC n.º 123/2006, bem como a jurisprudência dos tribunais superiores, julgue os itens a seguir.

I. A pessoa jurídica constituída sob a forma de sociedade por ações não se compatibiliza com o regime tributário do Simples Nacional.

II. É legítima a cumulação do regime tributário atinente ao Simples Nacional com o decorrente da tributação em separado de determinado tributado, ainda que contemplado pelo recolhimento simplificado quando a tributação por meio de regime híbrido se revelar mais vantajosa.

III. A regra de imunidade prevista no texto constitucional atinente às receitas decorrentes de exportação não alcança os contribuintes incluídos no regime tributário do Simples Nacional, porquanto é inviável decotar a receita adstrita apenas às exportações do recolhimento unificado, sob pena de desvirtuar a técnica da simplificação.

Assinale a opção correta.

(A) Apenas o item I está certo.
(B) Apenas o item II está certo.
(C) Apenas os itens I e III estão certos.
(D) Apenas os itens II e III estão certos.
(E) Todos os itens estão certos.

I: correto, conforme a LC 123/2006 que, ao disciplinar o Simples Nacional, estabelece que (art. 3º, § 4º, X) as sociedades por ações não podem se beneficiar do tratamento diferenciado objeto da LC; **II:** incorreto, pois, em regra, não é possível tal cumulação, criando um regime híbrido mais vantajoso. Porém, há exceções previstas na própria LC 123/2006 (art. 18, § 22-A); **III:** incorreto, pois a LC 123/2006 permite ao contribuinte segregar as receitas decorrentes de exportação (art. 18, § 4º-A, IV). Nesse sentido, tese fixada pelo STF (Tema 207): As imunidades previstas nos artigos 149, § 2º, I, e 153, § 3º, III, da Constituição Federal são aplicáveis às empresas optantes pelo Simples Nacional. Pelo exposto, a resposta é a alternativa A, pois apenas o item I está correto. LS
Gabarito "A".

(Juiz de Direito – TJ/BA – 2019 – CESPE/CEBRASPE) Observados os requisitos legais, o SIMPLES Nacional permite o recolhimento mensal, mediante documento único de arrecadação, entre outros,

(A) do imposto de importação, do ISSQN e do IOF.

(B) do IOF, da COFINS e do ITR.
(C) da CSLL, do ISSQN e do IRPJ.
(D) da COFINS, da CSLL e da contribuição para o FGTS.
(E) do ITR, da contribuição para o PIS/PASEP e da contribuição para o FGTS.

A: incorreta, pois II e IOF não estão abrangidos pelo Simples Nacional – art. 13, § 1º, I e II, da LC 123/2006; B: incorreta, pois IOF não está abrangido pelo Simples Nacional – art. 13, § 1º, I, da LC 123/2006; C: correta, conforme art. 13, I, III e VIII, da LC 123/2006; D e E: incorretas, pois ITR e contribuição ao FGTS não estão abrangidos pelo Simples Nacional – art. 13, § 1º, IV e VIII, da LC 123/2006. RB

Gabarito "C".

19. TEMAS COMBINADOS E OUTRAS MATÉRIAS

(Procurador – PGE/SP – 2024 – VUNESP) Sobre o direito à restituição do indébito tributário, assinale a alternativa correta, tendo em vista o disposto no Código Tributário Nacional, artigos 165 e 166, bem como o decidido pelo E. Superior Tribunal de Justiça nos Recursos Especiais representativos de controvérsia nºs 1.125.550, 903.394 e 1.299.303.

(A) O direito à restituição do indébito, nos tributos indiretos, é do contribuinte de direito, condicionado à demonstração de que arcou com o respectivo encargo financeiro ou à expressa autorização de quem efetivamente arcou com o referido encargo, cabendo tal direito ao contribuinte de fato apenas no caso em que o indébito decorra de ICMS sobre energia elétrica.

(B) O direito à restituição do indébito, nos tributos indiretos, é do contribuinte de direito, que pode exercê-lo independentemente da demonstração de que arcou com o respectivo encargo financeiro.

(C) O direito à restituição do indébito, nos tributos diretos, é do contribuinte de direito, condicionado à demonstração de que arcou com o respectivo encargo financeiro ou à expressa autorização de quem efetivamente arcou com o referido encargo.

(D) O direito à restituição do indébito tributário, nos tributos indiretos, é sempre do contribuinte de fato, uma vez que é ele quem arca com ônus financeiro do tributo indevido e, portanto, é quem sofre o dano patrimonial decorrente de sua cobrança.

(E) Não há direito à restituição do indébito tributário nos tributos indiretos, encontrando-se de acordo com a atual ordem constitucional o enunciado da Súmula 71 do STF – "Embora pago indevidamente, não cabe restituição de tributo indireto".

A regra, em relação à restituição de tributos indiretos, é a da legitimidade do contribuinte de direito (aquele previsto na lei como devedor perante o Fisco) e não do contribuinte de fato (quem suportou economicamente o tributo embutido no preço pago pela mercadoria ou serviço). Mas para pedir a restituição, o contribuinte de direito deve atender ao disposto no CTN: art. 166. A restituição de tributos que comportem, por sua natureza, transferência do respectivo encargo financeiro somente será feita a quem prove haver assumido o referido encargo, ou, no caso de tê-lo transferido a terceiro, estar por este expressamente autorizado a recebê-la. No mesmo sentido, a Súmula 546 do STF: Cabe a restituição do tributo pago indevidamente, quando reconhecido por decisão, que o contribuinte "de jure" não recuperou do contribuinte "de facto" o "quantum" respectivo. Ou seja, o direito à restituição do indébito, nos tributos indiretos, é do contribuinte de direito, condicionado à demonstração de que arcou com o respectivo encargo financeiro ou à expressa autorização de quem efetivamente arcou com o referido encargo. Porém, há uma exceção em relação ao fornecimento de energia elétrica, pois conforme decidiu o STJ no Tema Repetitivo 537: Diante do que dispõe a legislação que disciplina as concessões de serviço público e da peculiar relação envolvendo o Estado-concedente, a concessionária e o consumidor, esse último tem legitimidade para propor ação declaratória c/c repetição de indébito na qual se busca afastar, no tocante ao fornecimento de energia elétrica, a incidência do ICMS sobre a demanda contratada e não utilizada. Segundo o STJ (Tema Repetitivo 63), é indevida a incidência de ICMS sobre a parcela correspondente à demanda de potência elétrica contratada, mas não utilizada. Por todo o exposto, correta a afirmativa A e incorretas as demais. Ainda sobre o tema da repetição do indébito nos tributos indiretos, o STJ fixou a seguinte tese (Tema Repetitivo 1191): "Na sistemática da substituição tributária para frente, em que o contribuinte substituído revende a mercadoria por preço menor do que a base de cálculo presumida para o recolhimento do tributo, é inaplicável a condição prevista no art. 166 do CTN". LS

Gabarito "A".

(Procurador Federal – AGU – 2023 – CEBRASPE) Um procurador federal recebeu uma citação, em nome do Instituto Brasileiro do Meio Ambiente e dos Recursos Naturais Renováveis (IBAMA), para apresentar resposta a embargos à execução fiscal relativo a um crédito tributário cobrado judicialmente pela autarquia mencionada. Ao analisar a tese jurídica constante dos referidos embargos, o procurador federal verificou existir um parecer, aprovado pelo advogado-geral da União, que concluía no mesmo sentido do pleito do embargante. O procurador federal constatou, ainda, não haver qualquer controvérsia sobre a matéria fática ou outro fundamento relevante para a defesa.

Nessa situação hipotética, de acordo com a Lei n.º 10.522/2002, o procurador federal deverá

(A) contestar o pedido e solicitar a permissão do advogado-geral da União para desistir da execução fiscal.
(B) requisitar o não conhecimento dos embargos e pedir ao juízo da causa a desistência da execução fiscal.
(C) reconhecer a procedência do pedido e solicitar que não haja condenação em honorários.
(D) solicitar ao juízo da causa a instauração de uma câmara de conciliação.
(E) solicitar a suspensão do processo e apresentar uma consulta ao procurador-geral federal.

Conforme previsão expressa na Lei 10.522/2002 (Lei do CADIN): Art. 19. Fica a Procuradoria-Geral da Fazenda Nacional dispensada de contestar, de oferecer contrarrazões e de interpor recursos, e fica autorizada a desistir de recursos já interpostos, desde que inexista outro fundamento relevante, na hipótese em que a ação ou a decisão judicial ou administrativa versar sobre: IV – tema sobre o qual exista súmula ou parecer do Advogado-Geral da União que conclua no mesmo sentido do pleito do particular. A citada lei ainda estabelece que, nessa situação, o Procurador da Fazenda Nacional que atuar no feito deverá, expressamente: reconhecer a procedência do pedido, quando citado para apresentar resposta, inclusive em embargos à execução fiscal e exceções de pré-executividade, hipóteses em que não haverá condenação em honorários (art. 19, § 1º, I). Ressalte-se que o dispositivo não está adstrito à Procuradoria da Fazenda Nacional, aplicando-se também à procuradoria Federal, por força do art. 19-D da Lei 10.522/2002. Mas não se aplica ao âmbito estadual, conforme decisão do STJ: A norma contida no art. 19, § 1º, I, da Lei nº 10.522/2002, que dispensa o pagamento de honorários advocatícios na hipótese de o exequente reconhecer a procedência do pedido veiculado pelo devedor em embargos à execução fiscal ou em exceção de pré-executividade, é dirigida exclusivamente à Fazenda Nacional, não sendo aplicável no âmbito de execução fiscal ajuizada por Fazenda Pública estadual (REsp 2.037.693-GO, julgado em 7/3/2023. Por todo o exposto, a alternativa C é a correta. Sobre o local onde deverá ser proposta a execução fiscal, importante tese foi fixada pelo STF (Tema 1204 da Repercussão Geral) ao interpretar o art. 46, § 5º, do Código de Processo Civil, que prevê a possibilidade de a execução fiscal ser proposta no foro de domicílio do réu, no de sua residência ou no do lugar onde for encontrado, nas hipóteses em que essa norma imponha o ajuizamento e processamento da ação executiva em outro Estado da Federação: "A aplicação do art. 46, § 5º, do CPC deve ficar restrita aos limites do território de cada ente subnacional ou ao local de ocorrência do fato gerador". LS

Gabarito "C".

(Procurador/DF – CESPE – 2022) Julgue os próximos itens, relativos a aspectos pertinentes ao direito tributário, considerando a Lei Complementar n.º 123/2006, a Lei Complementar n.º 116/2003 e a Lei n.º 8.137/1990.

(1). Para enquadrar-se como micro ou pequena empresa, à luz da lei complementar pertinente, uma pessoa jurídica deverá apresentar determinado nível de receita bruta, conceito este em que se inserem o produto da venda de bens e serviços nas operações de conta própria, o preço dos serviços prestados e o resultado nas operações em conta alheia.

(2). À luz da lei complementar que dispõe sobre o ISSQN, se uma empresa presta serviços mediante a utilização de bens e serviços públicos explorados economicamente mediante concessão, com o pagamento de tarifa pelo usuário final do serviço, tais serviços estão isentos do pagamento do referido tributo.

(3). As penas previstas para o crime de fazer declaração falsa ou omitir declaração sobre rendas para eximir-se do pagamento integral do imposto de renda se diferenciam do caso em que o contribuinte procura deixar de pagar apenas parcialmente o referido imposto.

(4). Conforme o entendimento do STF, legislar sobre taxa de fiscalização, prevenção e extinção de incêndio e pânico destinada a financiar serviços prestados pelo Corpo de Bombeiros Militar do DF é competência exclusiva do DF.

1: correta, conforme o art. 3º, § 1º, da LC 123/2006; **2:** incorreta, pois não há isenção ou imunidade nesse caso – art. 150, § 3º, da CF e art. 1º, § 3º, da LC 116/2003; **3:** incorreta, pois não há essa distinção no art. 2º da Lei 8.137/1990; **4:** incorreta, pois o entendimento do STF é contrário à competência do Distrito Federal – vide RE 1.248.435 O STF declarou inconstitucional a cobrança de pois o serviço está inserido no campo da segurança pública, sendo, portanto, indivisível e devendo ser custeado por meio da receita de impostos (ADI 4411). RB/LS

Gabarito 1C, 2E, 3E, 4E

(Procurador/DF – CESPE – 2022) A respeito do processo administrativo fiscal, observados a Lei Distrital n.º 4.567/2011 e o Decreto Distrital n.º 33.269/2011, julgue os itens a seguir.

(1) O processo administrativo fiscal não se submete à rigidez formal exigida nos processos judiciais, devendo ser regido pelo princípio do informalismo.

(2) O crédito tributário decorrente de auto de infração será considerado contencioso a partir do esgotamento do prazo para pagamento ou impugnação sem que nenhum desses dois eventos tenha ocorrido.

(3) Para fins de denúncia espontânea, os atos administrativos de monitoramento excluem a espontaneidade do sujeito passivo da obrigação tributária.

(4) A competência para o julgamento administrativo do processo sujeito à jurisdição contenciosa, em primeira instância, é passível de delegação.

(5) Conforme o Código Tributário Nacional, a decisão proferida em processo de consulta, após o trânsito em julgado, terá eficácia normativa, constituindo-se em norma complementar, de modo a vincular os órgãos administrativos.

1: correta, pois o processo administrativo, diferente do judicial, é regido pelo princípio do informalismo, da preponderância da substância e da verdade real sobre a forma; **2:** incorreta, pois esse será considerado crédito tributário não contencioso – art. 50 do Decreto Distrital n.º 33.269/2011; **3:** incorreta, pois não se exclui a espontaneidade pelo monitoramento – art. 21, § 3º, do Decreto Distrital n.º 33.269/2011; **4:** correta, conforme o art. 43, § 1º, da Lei Distrital n.º 4.567/2011; **5:** Anulada. Não há essa disposição no CTN, embora não haja impedimento para que seja fixada por lei do ente tributante (como é o caso do art. 60 da Lei Distrital n.º 4.567/2011) – art. 161, § 2º, do CTN. Ressalte-se que deve ser sempre verificada a legislação em vigor, citada no edital, no momento do concurso a ser prestado. RB/LS

Gabarito 1C, 2E, 3E, 4C, 5Anulada

(Procurador do Município – Boa Vista/RR – 2019 – CESPE/CEBRASPE) De acordo com o Código Tributário do Município de Boa Vista, julgue os itens a seguir.

(1) O referido código impõe interpretação literal das disposições legais relativas a outorga de isenção.

(2) A aquisição de unidade produtiva isolada em processo de recuperação judicial implicará responsabilidade do sucessor adquirente.

(3) Em processo de falência, o valor da venda de filial poderá ser utilizado para o pagamento de créditos quirografários.

(4) Ainda que revogada, lei que regia lançamento deverá ser a ele aplicada caso o fato gerador do lançamento tenha ocorrido quando da vigência dessa lei.

A matéria tratada nessas assertivas é regulada pelo Código Tributário Nacional, sendo inviável alteração por lei municipal (são normas gerais). Assim, é possível resolver sem mesmo conhecer a norma local. **1:** correta – art. 111, II, do CTN; **2:** incorreta, pois não há responsabilidade, em regra, nesse caso – art. 133, § 1º, II, do CTN (exceções no § 2º); **3:** incorreta, pois, nos termos do art. 133, § 3º, do CTN, o produto da alienação judicial de empresa, filial ou unidade produtiva isolada permanecerá em conta de depósito à disposição do juízo de falência pelo prazo de 1 ano, contado da data de alienação, somente podendo ser utilizado para o pagamento de créditos extraconcursais ou de créditos que preferem ao tributário; **4:** correta, pois, nesse caso, se aplica a lei vigente à época do fato gerador – art. 144 do CTN. Verificar no art. 144, § 1º, do CTN hipóteses nas quais aplica-se ao lançamento legislação posterior ao fato gerador. RB/LS

Gabarito 1C, 2E, 3E, 4C

(Procurador do Município – Valinhos/SP – 2019 – VUNESP) No que respeita às disposições da Lei 12.153/2009, é correto afirmar que

(A) haverá prazo diferenciado para a prática de qualquer ato processual pelas pessoas jurídicas de direito público, inclusive para interposição de recursos, devendo a citação para a audiência de conciliação

ser efetuada com antecedência mínima de 30 (trinta) dias.
(B) os Estados, o Distrito Federal e os Municípios podem ser partes no Juizado Especial da Fazenda Pública, na qualidade de autores ou réus.
(C) para efetuar o exame técnico necessário à conciliação ou ao julgamento da causa, o juiz nomeará pessoa habilitada, que apresentará o laudo até 15 dias antes da audiência.
(D) as execuções fiscais não estão incluídas na competência do Juizado Especial da Fazenda Pública.
(E) nas causas sujeitas ao Juizado Especial da Fazenda Pública, nas quais a Fazenda Pública seja parte vencida, haverá reexame necessário.

A: incorreta, pois não há prazo diferenciado nos juizados especiais da fazenda pública – art. 7º da Lei 12.153/2009; **B:** incorreta, pois os entes políticos não podem ser autores, apenas réus, nos juizados especiais da fazenda pública – art. 5º da Lei 12.153/2009; **C:** incorreta, pois o prazo para apresentação do laudo é de 5 dias antes da audiência – art. 10 da Lei 12.153/2009; **D:** correta, art. 2º, § 1º, I, da Lei 12.153/2009; **E:** incorreta, pois não há reexame necessário nos processos no âmbito dos juizados especiais da fazenda pública (art. 11 da Lei 12.153/2009). RB/LS

Gabarito "D".

(Procurador do Município – Valinhos/SP – 2019 – VUNESP) Determina a lei que rege a medida cautelar fiscal que o seu procedimento poderá ser instaurado após a constituição do crédito, inclusive no curso da execução judicial da Dívida Ativa dos entes tributantes e respectivas autarquias. Contudo, o requerimento da medida cautelar independe da prévia constituição do crédito tributário quando o devedor

(A) aliena bens ou direitos sem proceder à devida comunicação ao órgão da Fazenda Pública competente, quando exigível em virtude de lei.
(B) possui débitos, inscritos ou não em Dívida Ativa, que somados ultrapassem trinta por cento do seu patrimônio conhecido.
(C) sem domicílio certo, intenta ausentar-se ou alienar bens que possui ou deixa de pagar a obrigação no prazo fixado.
(D) tem sua inscrição no cadastro de contribuintes declarada inapta, pelo órgão fazendário.
(E) tendo domicílio certo, ausenta-se ou tenta se ausentar, visando a elidir o adimplemento da obrigação.

As exceções à exigência de constituição do crédito tributário, para fins de cautelar fiscal, são quando o devedor (i) notificado pela Fazenda Pública para que proceda ao recolhimento do crédito fiscal põe ou tenta por seus bens em nome de terceiros e quando (ii) aliena bens ou direitos sem proceder à devida comunicação ao órgão da Fazenda Pública competente, quando exigível em virtude de lei – art. 1º, parágrafo único, c/c art. 2º, V, *b* e VII, da Lei 8.397/1992. Por essa razão, a alternativa "A" é a correta. RB

Gabarito "A".

(Procurador do Município – S.J. Rio Preto/SP – 2019 – VUNESP) Assinale a alternativa correta acerca da ação cautelar fiscal, conforme a disciplina que lhe é dada pela Lei 8.397/92 e suas alterações.

(A) O juiz concederá liminarmente a medida cautelar fiscal, mediante justificação prévia da Fazenda Pública.
(B) O requerido será citado para, no prazo de 5 dias, contestar o pedido, indicando as provas que pretenda produzir.
(C) Não sendo contestado o pedido, presumir-se-ão aceitos pelo requerido, como verdadeiros, os fatos alegados pela Fazenda Pública, caso em que o Juiz decidirá em 10 dias.
(D) Quando a medida cautelar fiscal for concedida em procedimento preparatório, deverá a Fazenda Pública propor a execução judicial da Dívida Ativa no prazo de 30 dias, contados da data em que a exigência se tornar irrecorrível na esfera administrativa.
(E) O indeferimento da medida cautelar fiscal obsta a que a Fazenda Pública intente a execução judicial da Dívida Ativa, ou influi no julgamento desta, salvo se o Juiz, no procedimento cautelar fiscal, acolher alegação de conversão do depósito em renda.

A: incorreta, pois é dispensada a justificação prévia e prestação de caução – art. 7º da Lei 8.397/1992; **B:** incorreta, pois o prazo de contestação é de 15 dias – art. 8º da Lei 8.397/1992; **C:** correta, nos termos do art. 9º da Lei 8.397/1992; **D:** incorreta, pois o prazo para propositura da execução fiscal é de 60 dias – art. 11 da Lei 8.397/1992; **E:** incorreta, pois o indeferimento da cautelar não obsta a execução, nem influi no julgamento desta, salvo se o juiz, no procedimento cautelar fiscal, acolher alegação de pagamento, de compensação, de transação, de remissão, de prescrição ou decadência, de conversão do depósito em renda, ou qualquer outra modalidade de extinção da pretensão deduzida – art. 15 da Lei 8.397/1992. RB

Gabarito "C".

(Procurador do Município – S.J. Rio Preto/SP – 2019 – VUNESP) Em sede de mandado de segurança, quando, a requerimento de pessoa jurídica de direito público interessada ou do Ministério Público e para evitar grave lesão à ordem, à saúde, à segurança e à economia públicas, o presidente do tribunal ao qual couber o conhecimento do respectivo recurso suspender, em decisão fundamentada, a execução da liminar e da sentença, dessa decisão caberá agravo, sem efeito suspensivo, no prazo de 5 dias, que será levado a julgamento na sessão seguinte à sua interposição.
A esse respeito, é correto afirmar que

(A) indeferido o pedido de suspensão ou provido o agravo, não caberá novo pedido de suspensão ao presidente do tribunal competente para conhecer de eventual recurso especial ou extraordinário.
(B) o presidente do tribunal poderá conferir ao pedido efeito suspensivo liminar se constatar, em juízo prévio, a plausibilidade do direito invocado e a urgência na concessão da medida.
(C) a interposição de agravo de instrumento contra liminar concedida nas ações movidas contra o poder público e seus agentes prejudica o julgamento do pedido de suspensão.
(D) as liminares cujo objeto seja idêntico poderão ser suspensas, mediante decisões distintas, podendo o presidente do tribunal estender os efeitos da suspensão a liminares supervenientes, somente instrumentalizadas por pedidos em separado, não sendo admitido aditamento do pedido original.
(E) não é cabível o pedido de suspensão quando negado provimento a agravo interposto contra a decisão liminar.

A: incorreta, pois cabe novo pedido de suspensão ao presidente do STJ ou do STF – art. 4º, § 4º, da Lei 8.437/1992; **B:** correta, nos termos do art. 4º, § 7º, da Lei 8.437/1992; **C:** incorreta, pois não há essa prejudicialidade – art. 4º, § 6º, da Lei 8.437/1992; **D:** incorreta. Uma única decisão pode suspender diversas liminares (não o contrário) com objeto idêntico – art. 4º, § 8º, da Lei 8.437/1992; **E:** incorreta, pois o indeferimento do agravo contra a liminar não prejudica ou condiciona o pedido de suspensão – art. 4º, § 6º, da Lei 8.437/1992. RB

Gabarito "B".

(Procurador do Município – S.J. Rio Preto/SP – 2019 – VUNESP) Ao teor do que dispõe o Código Tributário Nacional, caso ocorra a exigência, por mais de uma pessoa jurídica de direito público, de tributo idêntico sobre um mesmo fato gerador, o sujeito passivo poderá

(A) promover ação de repetição de indébito em face de ambas as pessoas jurídicas de direito público.

(B) promover ação declaratória de inexistência de relação jurídico-tributária.

(C) alegar que houve homologação tácita por parte de uma das pessoas jurídicas de direito público.

(D) consignar judicialmente a importância do crédito.

(E) promover ação anulatória de lançamento tributário em face de ambas as pessoas jurídicas de direito público.

A exigência, por mais de uma pessoa jurídica de direito público, de tributo idêntico sobre um mesmo fato gerador dá ensejo à consignação judicial do valor do crédito, nos termos do art. 164, III, do CTN. Assim, a alternativa "D" é a correta. RB

Gabarito "D".

(Procurador do Município – S.J. Rio Preto/SP – 2019 – VUNESP) No prazo de embargos, segundo a lei que disciplina a execução fiscal, o executado deverá alegar toda matéria útil à defesa, requerer provas e juntar aos autos os documentos e rol de testemunhas, até três, ou, a critério do juiz, até o dobro desse limite.

Acerca do tema, assinale a assertiva correta.

(A) Em sede de embargos é admitida a reconvenção, que será processada em autos apartados e julgada antes dos embargos.

(B) Em sede de embargos é admitida a compensação, que será arguida como matéria preliminar e será processada e julgada com os embargos.

(C) Recebidos os embargos o Juiz mandará intimar a Fazenda, para impugná-los no prazo de 15 dias, designando, em seguida, audiência de instrução e julgamento.

(D) Intimada a Fazenda para impugnar os embargos, não se realizará audiência de instrução e julgamento, se os embargos versarem sobre matéria de direito, ou, sendo de direito e de fato, a prova for exclusivamente documental, caso em que o Juiz proferirá a sentença em 10 dias.

(E) Na execução por carta, os embargos do executado serão oferecidos no Juízo deprecado, que os remeterá ao Juízo deprecante, para instrução e julgamento, contudo, quando os embargos tiverem por objeto vícios ou irregularidades de atos do próprio Juízo deprecado, caber-lhe-á unicamente o julgamento dessa matéria.

A: incorreta, pois não se admite reconvenção nos embargos à execução fiscal – art. 16, § 3º, da Lei 6.830/1980; **B:** incorreta, pois não se admite compensação nos embargos à execução fiscal – art. 16, § 3º, da Lei 6.830/1980; **C:** incorreta, pois o prazo para impugnação dos embargos é de 30 dias – art. 17 da Lei 6.830/1980; **D:** incorreta, pois o prazo para sentença, nesse caso, é de 30 dias – art. 17, parágrafo único, da Lei 6.830/1980; **E:** correta, conforme o art. 20 da Lei 6.830/1980. Sobre o local onde deverá ser proposta a execução fiscal, importante tese foi fixada pelo STF (Tema 1204 da Repercussão Geral) ao interpretar o art. 46, § 5º, do Código de Processo Civil, que prevê a possibilidade de a execução fiscal ser proposta no foro do domicílio do réu, no ou da sua residência ou no do lugar onde for encontrado, nas hipóteses em que essa norma imponha o ajuizamento e processamento da ação executiva em outro Estado da Federação: "A aplicação do art. 46, § 5º, do CPC deve ficar restrita aos limites do território de cada ente subnacional ou ao local de ocorrência do fato gerador". RB/LS

Gabarito "E".

(Procurador do Município – Boa Vista/RR – 2019 – CESPE/CEBRASPE) À luz da jurisprudência dos tribunais superiores, julgue os itens subsecutivos, acerca da ação anulatória de débito fiscal.

(1) Caso a fazenda pública municipal não conteste a ação no prazo legalmente previsto, deverá ser aplicado o efeito material da revelia.

(2) A suspensão da exigibilidade do crédito tributário discutido em ação dessa natureza dispensa o depósito do valor integral do tributo, qualquer que seja o autor da ação.

(3) Se for proposta ação anulatória de débito fiscal pela fazenda pública municipal, será cabível a expedição da certidão positiva de débitos com efeitos negativos, independentemente de garantia.

(4) A certidão da dívida ativa poderá ser anulada judicialmente caso não seja respeitado o devido processo legal administrativo que a originou.

1: incorreta, pois, por se tratar de direitos indisponíveis, não se aplica o efeito da revelia contra a fazenda pública – ver AgInt no AREsp 1171685/PR; **2:** incorreta, pois o simples ajuizamento de ação ordinária ou impetração de mandado de segurança não implica suspensão do crédito tributário, que depende de depósito integral em dinheiro, tutela de urgência ou liminar – art. 151 do CTN; **3:** correta, vide REsp 1123306/SP, Rel. Ministro LUIZ FUX, PRIMEIRA SEÇÃO, julgado em 09/12/2009, DJe 01/02/2010. **4:** correta, pois se trata de vício procedimental que prejudica o ato administrativo. RB

Gabarito 1E, 2E, 3C, 4C.

(Juiz de Direito/AP – 2022 – FGV) Em 2021, foi submetido à Assembleia Legislativa do Estado X um projeto de lei ordinária estadual, sem qualquer anexo, contando com apenas dois artigos. Tais artigos alteravam dispositivos da Lei Complementar estadual que institui o Imposto sobre a Propriedade de Veículos Automotores (IPVA). A primeira alteração concedia isenção de IPVA a pessoas com deficiências e a segunda alteração ampliava o prazo de recolhimento desse tributo.

Caso aprovada a proposta, o dispositivo da lei estadual que concede tal isenção será:

(A) inconstitucional, já que essa lei ordinária não poderia alterar uma lei complementar;

(B) inconstitucional, já que essa lei não está acompanhada da estimativa do seu impacto orçamentário e financeiro;

(C) inconstitucional, por não se tratar de uma lei específica que regule exclusivamente a isenção;

(D) constitucional, por ser lei específica que regula o IPVA;
(E) constitucional, já que tal isenção pode ser concedida mediante lei ordinária.

A: incorreta, pois a lei complementar que instituiu o tributo é apenas formalmente complementar, sendo materialmente lei ordinária (pois exige-se simples lei ordinária estadual para isso). Assim, essa lei materialmente ordinária pode ser alterada por lei ordinária estadual; B: correta, pois os projetos de lei que concedem benefícios fiscais, como isenção, devem estar acompanhados de estimativa do impacto orçamentário-financeiro no exercício em que deva iniciar sua vigência e nos dois seguintes – art. 14 da LRF; C: incorreta, pois a lei que concede benefício fiscal pode regular também o correspondente tributo, nos termos do art. 150, § 6º, da CF. O que não se admite é lei que trate de benefício fiscal e, ao mesmo tempo, matérias estranhas ao tributo correspondente; D e E: incorretas, conforme comentário à alternativa "B". RB
Gabarito "B".

(Delegado de Polícia Federal – 2021 – CESPE) Considerando os princípios e as normas do direito tributário, julgue os itens que se seguem.

(1) Para a instituição de novas taxas, deve-se observar tanto a anterioridade anual quanto a anterioridade nonagesimal.
(2) De acordo com o Código Tributário Nacional, a legislação tributária restringe-se a leis, tratados e convenções internacionais, sendo os decretos e demais atos normativos expedidos por autoridades administrativas considerados normas complementares.
(3) De acordo com o STF, a imunidade tributária aplicável aos livros, quanto ao imposto de importação, alcança os leitores de livros eletrônicos apenas se estes não possuírem funcionalidades acessórias.
(4) O parcelamento e a moratória são hipóteses de suspensão da exigibilidade do crédito tributário.
(5) No caso de o imposto de renda de pessoa jurídica ser tributado com base no lucro real, a apuração dos seus resultados deve ser trimestral.

1: Correto, pois os princípios da anterioridade anual e nonagesimal, previstos no art. 150, III, *b* e *c*, da CF, aplicam-se a todas as espécies tributárias (incluindo as taxas), com as exceções previstas na própria Constituição, em especial no § 1º desse mesmo artigo, além dos seguintes: art. 177, § 4º, I, "b", da CF/88, art. 155, § 4º, IV, "c", da CF/88 e art. 195, § 6º, da CF/88. 2: Incorreta, pois a terminologia do CTN se refere à expressão "legislação tributária" compreendendo "as leis, os tratados e as convenções internacionais, os decretos e as normas complementares" (art. 96). Ou seja, decretos não estão incluídos no conceito de "normas complementares", que se refere a (i) atos normativos expedidos pelas autoridades administrativas; (ii) as decisões dos órgãos singulares ou coletivos de jurisdição administrativa, a que a lei atribua eficácia normativa; (iii) as práticas reiteradamente observadas pelas autoridades administrativas; e (iv) os convênios que entre si celebrem a União, os Estados, o Distrito Federal e os Municípios (art. 100 do CTN). 3: Incorreta, pois o entendimento do STF pela imunidade de livros eletrônicos abrange aqueles que possuam funcionalidades acessórias. Vide a Súmula Vinculante 57/STF: "A imunidade tributária constante do art. 150, VI, d, da CF/88 aplica-se à importação e comercialização, no mercado interno, do livro eletrônico (e-book) e dos suportes exclusivamente utilizados para fixá-los, como leitores de livros eletrônicos (e-readers), ainda que possuam funcionalidades acessórias". 4: Correta. Durante o parcelamento, o crédito tributário relativo às parcelas a vencer (vincendas) fica suspenso até o respectivo vencimento. A moratória é a ampliação do prazo de pagamento, favor legal que adia a exigibilidade do tributo. Verificar as modalidades de suspensão do crédito tributário, listadas no art. 151 do CTN, assim como as modalidades de extinção e exclusão, respectivamente listadas nos arts. 156 e 175 do CTN. 5: Incorreta, pois a pessoa jurídica tributada pelo lucro real pode optar pela apuração trimestral ou anual do imposto de renda, nos termos dos arts. 217 e 218 do Regulamento do Imposto de Renda – RIR (Decreto 9.680/2018). RB/LS
Gabarito 1C, 2E, 3E, 4C, 5E

(Delegado de Polícia Federal – 2021 – CESPE) Com base no texto da CF e nos princípios e nas normas do direito financeiro, julgue os itens a seguir.

(1) A possibilidade de a emenda parlamentar impositiva alocar recursos a estados e municípios, por meio da transferência especial constitucional, a qual permite o repasse direto sem convênio, só é cabível no caso de emenda individual, e não de emenda de bancada.
(2) É permitida aos estados a vinculação de receitas próprias geradas pela cobrança do IPVA para a prestação de contragarantia à União.

1: Correto, pois a transferência especial é modalidade de emenda individual impositiva, prevista no art. 166-A, I, da CF (não de emenda de iniciativa de bancada), e dispensa celebração de convênio ou instrumento congênere, conforme o § 2º, I, desse mesmo artigo. 2: Correto, pois a vedação à vinculação de receitas de impostos a órgão, fundo ou despesa, prevista no art. 167, IV, da CF, não se aplica às exceções previstas nesse mesmo dispositivo e no seu § 4º, dentre elas a prestação de garantia ou contragarantia para pagamento de débitos com a União. RB
Gabarito 1C, 2C

(Juiz de Direito/SP – 2021 – Vunesp) É imperativo concluir, em matéria tributária:

(A) a concessão de isenção tributária configura ato discricionário do ente federativo competente para a instituição do tributo. Tendo a lei optado por critérios cumulativos e razoáveis à concessão do benefício tributário, quais sejam, inatividade e doença grave, ainda que contraída após a aposentadoria, não se autoriza que o Poder Judiciário atue como legislador positivo, com base no princípio da isonomia, para beneficiar servidores em atividade com as mesmas patologias.
(B) não incide imposto de renda sobre os valores percebidos a título de indenização por horas extras trabalhadas, pelo mesmo motivo que se afasta a incidência sobre indenização de férias por necessidade do serviço ou obtida em programa de incentivo à demissão voluntária.
(C) não incide, na importação de bens para uso próprio, o imposto sobre produtos industrializados, por se tratar de consumidor final.
(D) a transparência tributária não tem assento constitucional, o tema é objeto da Lei nº 12.741/2012, que tornou obrigatória a informação do valor aproximado correspondente à totalidade dos tributos federais, estaduais e municipais, cuja incidência influi na formação dos respectivos preços de venda.

A: correta, conforme jurisprudência do STF – ver ADI 6025/DF. A isenção deve ser interpretada literalmente, segundo o art. 111 do CTN; B: incorreta, pois o pagamento por hora extra tralhada é remuneração pelo trabalho, pelo acréscimo patrimonial, sujeitando-se ao IR – ver RE 18.331/SP; C: incorreta, pois incide o IPI nesse caso, conforme entendimento do STF – ver RE 723.651/PR; **D:** incorreta, pois a transparência tributária e as normas da lei federal citada decorrem de determinação expressa do art. 150, § 5º, da CF. Ademais, a Reforma Tributária (EC 132/2023) passou a prever expressamente que o Sistema Tributário Nacional deve observar os princípios da simplicidade, da transparência, da justiça tributária, da cooperação e da defesa do meio ambiente. Além disso, as alterações na legislação tributária buscarão atenuar efeitos regressivos (art. 145, §§ 3º e 4º, da CF). RB/LS

Gabarito "A".

(Juiz de Direito/SP – 2021 – Vunesp) No que tange aos tributos de competência do município, restou reconhecido:

(A) é inconstitucional lei municipal que estabelece impeditivos à submissão de sociedades profissionais de advogados ao regime de tributação fixa em bases anuais na forma estabelecida por lei nacional.

(B) a imunidade tributária prevista no artigo 150, VI, c, da Constituição Federal não se aplica aos bens imóveis temporariamente ociosos de propriedade das instituições de educação e de assistência social sem fins lucrativos.

(C) é compatível com a Constituição Federal disposição normativa que prevê a obrigatoriedade de cadastro em órgão da Administração Municipal de prestador de serviços não estabelecido no território do Município e imposição ao tomador residente de retenção do imposto sobre serviços.

(D) a inconstitucionalidade de majoração excessiva de taxa tributária fixada em ato infralegal a partir da delegação legislativa defeituosa conduz à invalidade do tributo e inviabiliza a correção direta com atualização dos valores de modo a compatibilizar com os índices oficiais de correção monetária.

A: correta, conforme Tese de Repercussão Geral 918/STF; **B:** incorreta, pois a imunidade se aplica a imóveis temporariamente ociosos, conforme Tese de Repercussão Geral 693/STF; **C:** incorreta, pois esse tipo de cadastro e a responsabilização do tomador nesse caso foram considerados inconstitucionais pelo STF – tese fixada no julgamento do RE 1.167.509/SP; **D:** incorreta, pois essa majoração excessiva não implica invalidade do tributo, nem impede que o Poder Executivo atualize os valores previamente fixados em lei de acordo com percentual não superior aos índices oficiais de correção monetária – Tese de Repercussão Geral 1085/STF. RB

Gabarito "A".

(Juiz de Direito – TJ/RJ – 2019 – VUNESP) Poderá recolher os impostos e contribuições na forma do Simples Nacional a microempresa ou empresa de pequeno porte

(A) de cujo capital participe entidade da administração pública indireta.

(B) que realize cessão ou locação de mão de obra.

(C) que exerça atividade de importação ou fabricação de automóveis e motocicletas.

(D) que possua sócio domiciliado no exterior.

(E) que se dedique ao serviço de vigilância, limpeza ou conservação.

A: incorreta, pois isso é vedado – art. 17, III, da LC 123/2006; **B:** incorreta, pois isso é vedado – art. 17, XII, da LC 123/2006; **C:** incorreta, pois isso é vedado – art. 17, VIII, da LC 123/2006; **D:** incorreta, pois isso é vedado – art. 17, II, da LC 123/2006; **E:** correta – art. 18, § 5º-C, VI, da LC 123/2006. RB

Gabarito "E".

(Promotor de Justiça/CE – 2020 – CESPE/CEBRASPE) Para os efeitos da Lei de Responsabilidade Fiscal, considera-se renúncia tributária a concessão de

(A) subsídio, parcelamento e ampliação da base de cálculo.

(B) parcelamento, alteração indiscriminada de alíquota e subsídio.

(C) isenção em caráter geral, alteração indiscriminada de alíquota e parcelamento.

(D) remissão, subsídio e outros benefícios que correspondam a tratamento diferenciado.

(E) remissão, isenção em caráter geral e outros subsídios que correspondam a tratamento diferenciado.

O art. 14, § 1º, da LRF, inclui no conceito de renúncia de receita: anistia, remissão, subsídio, crédito presumido, concessão de isenção em caráter não geral, alteração de alíquota ou modificação de base de cálculo que implique redução discriminada de tributos ou contribuições, e outros benefícios que correspondam a tratamento diferenciado. Por essa razão, a alternativa "D" é a correta. RB

Gabarito "D".

(Promotor de Justiça/PR – 2019 – MPE/PR) Assinale a alternativa *correta:*

(A) É inconstitucional a norma que disciplina juros moratórios aplicáveis a condenações da Fazenda Pública, ao fazer incidir sobre débitos oriundos de relação jurídico-tributária o índice de remuneração da caderneta de poupança, pois se devem observar os mesmos juros de mora pelos quais a Fazenda Pública remunera seu crédito.

(B) Por se referir a utilização efetiva de serviço público divisível, é constitucional a instituição e a cobrança de taxas por emissão ou remessa de carnês/guias de recolhimento de tributos.

(C) É constitucional norma municipal que estabelece hipótese de decadência, extinguindo o crédito tributário por transcurso de prazo para apreciação de recurso administrativo fiscal.

(D) Na hipótese de cumulação lícita de cargos públicos, a contribuição compulsória para o custeio dos serviços de saúde deve incidir sobre a remuneração de ambos os cargos exercidos pelo servidor.

(E) A atualização anual do valor venal dos imóveis para efeito da cobrança de IPTU não prescinde da edição de lei, em sentido formal, ainda que não exceda os índices inflacionários anuais de correção monetária.

A: correta, conforme Tese de Repercussão Geral 810 do STF; **B:** incorreta, pois isso foi considerado inconstitucional pelo STF – ver RE 789.218; **C:** incorreta, pois decadência e prescrição em matéria tributária são reservadas à lei complementar federal – art. 146, III, *b*, da CF. Nesse sentido, Súmula Vinculante nº 8; **D:** incorreta, pois deve incidir sobre apenas um dos cargos, conforme entendimento fixado pelo STF – ver AgRg no RE 669.573; **E:** incorreta, pois, se excede o índice inflacionário, não se trata de simples atualização do valor, não é simples correção monetária, mas sim majoração do tributo, o que exige lei – Súmula 160/STJ. Porém, com a Reforma Tributária (EC 132/2023), a Constituição Federal passou a admitir que o IPTU pode ter sua base de cálculo atualizada pelo Poder Executivo, conforme critérios estabelecidos em lei municipal (art. 156, § 1º, III, da CF). RB/LS

Gabarito "A".

(Delegado – PC/BA – 2018 – VUNESP) Os representantes legais de uma determinada empresa tiveram instaurado contra si inquérito policial para apurar a suposta prática dos crimes previstos nos artigos 1o, I e II, da Lei no 8.137/90, porque teriam omitido da folha de pagamento da empresa e de documento de informações previstos pela legislação previdenciária, segurados empregados e contribuintes individuais, não recolhendo as respectivas contribuições previdenciárias no período de 10/2014 a 1/2017. Houve a realização de lançamento de ofício pelos agentes fiscais. Inconformados, os representantes legais ajuizaram ação anulatória do lançamento tributário, realizando o depósito integral do montante exigido pelo Fisco. O depósito do montante integral do crédito tributário

(A) é causa de suspensão da exigibilidade do crédito tributário, que equivale ao pagamento do débito, extinguindo a punibilidade dos crimes.

(B) é causa de extinção do crédito tributário e, por conseguinte, de extinção da punibilidade dos crimes.

(C) é causa de exclusão do crédito tributário, que corresponde ao pagamento, extinguindo a punibilidade dos crimes tributários.

(D) é causa de suspensão da exigibilidade do crédito tributário, não sendo suficiente para extinguir a punibilidade dos crimes tributários, porque não equivale ao pagamento do débito.

(E) é causa de exclusão da exigibilidade do crédito tributário, não sendo suficiente para extinguir a punibilidade dos crimes tributários, por não produzir os mesmos efeitos da moratória.

A: incorreta, pois a suspensão da exigibilidade do crédito não se confunde com sua extinção (pagamento é modalidade de extinção do crédito) – arts. 151 e 156 do CTN; **B, C e E:** incorretas, pois o depósito integral em dinheiro é modalidade de suspensão do crédito tributário – art. 151, II, do CTN; **D:** correta, conforme comentários anteriores, já que somente o pagamento integral do débito extingue a punibilidade – art. 83, § 4º, da Lei 9.430/1996.

23. LEI GERAL DE PROTEÇÃO DE DADOS PESSOAIS

José Luiz de Moura Faleiros Júnior

(Procurador – AL/PR – 2024 – FGV) Determinada Assembleia Legislativa trata continuamente dados pessoais contidos em documentos relacionados ao processo legislativo, tais como atas de reunião, pareceres e projetos de lei. Os dados pessoais em questão se referem, entre outros, a parlamentares, servidores públicos, membros da sociedade civil e especialistas ouvidos em audiências públicas.

Acerca do tratamento de dados pessoais realizado, marque a alternativa correta, conforme a Lei Geral de Proteção de Dados Pessoais (LGPD – Lei nº 13.709/18).

(A) O tratamento dos dados pessoais é legítimo, na medida em que ocorre com respaldo no consentimento de todas as pessoas mencionadas no enunciado, diante da função e cargo que desempenham.

(B) O tratamento dos dados pessoais é legítimo, na medida em que diretamente vinculado ao cumprimento de obrigações e à execução de competências típicas do órgão legislativo, que decorrem de normas de organização previstas na Constituição Estadual, em conformidade com a base legal referente ao cumprimento de obrigação legal ou regulatória pelo controlador e ao disposto no Art. 23 da LGPD.

(C) O tratamento de dados em questão apenas será legítimo quando comprovado o legítimo interesse da controladora, no caso a Assembleia Legislativa, e dos terceiros na obtenção e tratamento das informações das pessoas mencionadas no enunciado.

(D) Caso a Assembleia Legislativa pretendesse lançar um canal de TV próprio, ela não poderia encaminhar diretamente os dados pessoais dos parlamentares e servidores responsáveis pela direção do canal ao órgão regulador, devendo obter previamente o consentimento de todos os envolvidos, como forma de prestigiar o princípio da autodeterminação informativa.

(E) O tratamento dos dados pessoais neste caso é legítimo, na medida em que há o consentimento expresso de todas as pessoas mencionadas no enunciado e será diretamente executado pela administração pública, para o tratamento e uso compartilhado de dados necessários à execução de políticas públicas voltadas às eleições.

A: Incorreta. O consentimento não é a única base legal para o tratamento de dados pessoais, especialmente no contexto de órgãos públicos. Na LGPD, há diversas bases legais para o tratamento de dados, e, no caso de órgãos legislativos, o consentimento não é o mais adequado. O tratamento de dados pode ser realizado com base no cumprimento de uma obrigação legal ou regulatória (art. 7º, II) ou para a execução de políticas públicas (art. 23), sem a necessidade de consentimento expresso em tais situações. **B:** Correta. O art. 23 da LGPD permite o tratamento de dados pessoais por órgãos públicos quando necessário para o cumprimento de obrigações legais, regulatórias ou para a execução de políticas públicas. No contexto da Assembleia Legislativa, o tratamento de dados relacionado ao processo legislativo está dentro dessas funções, sem a necessidade de consentimento das partes envolvidas. **C:** Incorreta. O legítimo interesse (art. 7º, IX) não é aplicável a órgãos públicos no exercício de suas funções legais ou regulamentares. Para esses casos, a base legal aplicável é o cumprimento de obrigação legal ou regulatória (art. 7º, II) ou a execução de políticas públicas (art. 23), como já mencionado. Além disso, o uso de legítimo interesse por órgãos públicos é bem mais restrito na LGPD. **D:** Incorreta. Quando o tratamento de dados é necessário para o cumprimento de uma obrigação legal ou regulatória ou para a execução de políticas públicas, como seria o caso de lançar um canal de TV institucional, o consentimento não é necessário. O envio dos dados pessoais para órgãos reguladores faz parte das obrigações administrativas e de regulação, sendo permitido sem a necessidade de consentimento (art. 7º, II e art. 23). **E:** Incorreta. Embora o tratamento de dados para políticas públicas voltadas às eleições possa ser legítimo, o consentimento expresso não é necessário quando o tratamento se dá no contexto de execução de políticas públicas ou cumprimento de obrigação legal ou regulatória (art. 23). Novamente, o consentimento não é a base legal apropriada nesse contexto.

Gabarito "B".

(Procurador – AL/PR – 2024 – FGV) A respeito da aplicação e incidência da Lei Geral de Proteção de Dados Pessoais (LGPD – Lei nº 13.709/18), assinale a afirmativa incorreta.

(A) Devem seguir as normas da LGPD microempresas, empresas de pequeno porte, startups, pessoas jurídicas de direito privado, inclusive sem fins lucrativos, nos termos da legislação vigente, bem como pessoas naturais.

(B) Entes privados despersonalizados que realizam tratamento de dados pessoais, assumindo obrigações típicas de controlador ou de operador, estão submetidos às normas e obrigações da LGPD.

(C) A Autoridade Nacional de Proteção de Dados pode dispor sobre flexibilização ou procedimento simplificado de comunicação de incidente de segurança para agentes de tratamento de pequeno porte, assim como determinar a não obrigatoriedade da indicação de um encarregado pelo tratamento de dados pessoais pelos agentes de tratamento de pequeno porte.

(D) A LGPD e todas as suas obrigações correspondentes são de observância obrigatória a todos os agentes públicos e privados, empreendedores, startups, empresas de pequeno porte, usuários de internet em usos particulares e entes despersonalizados.

(E) A LGPD não se aplica ao tratamento de dados pessoais realizado para fins exclusivamente jornalístico e artísticos; acadêmicos, aplicando-se a esta hipótese os artigos 7º e 11 desta Lei; e realizado para fins exclusivos de segurança pública.

A: Correto. A LGPD aplica-se a todas as pessoas naturais e jurídicas, de direito público ou privado, independentemente de fins lucrativos, quando realizam tratamento de dados pessoais (art. 1º). Isso inclui microempresas, empresas de pequeno porte, startups e outras entidades listadas. **B:** Correto. A LGPD aplica-se aos responsáveis pelo tratamento de dados pessoais, sejam pessoas jurídicas ou físicas,

Isso inclui entes despersonalizados que atuam como controladores ou operadores de dados pessoais (art. 5°, VI e VII). **C:** Correto. A ANPD possui competência para estabelecer normas diferenciadas para microempresas e empresas de pequeno porte, incluindo a dispensa de indicação do encarregado pelo tratamento de dados (art. 55-J, XVIII, e art. 41, § 3°). A flexibilização e o tratamento simplificado para esses agentes é previsto na LGPD, visando facilitar sua adaptação às obrigações legais. **D:** Incorreto. A LGPD não se aplica ao tratamento de dados realizado por pessoas naturais para fins exclusivamente particulares e não econômicos, como em situações de uso doméstico (art. 4°, II, "a"). Assim, usuários de internet em usos particulares não estão sujeitos às obrigações da LGPD, o que torna essa afirmativa incorreta. **E:** Correto. A LGPD exclui de sua aplicação o tratamento de dados realizado para fins jornalísticos, artísticos e acadêmicos, conforme o art. 4°, II, "b". Tratamentos realizados para segurança pública, defesa nacional e investigações também estão excluídos da aplicação da LGPD, sendo regulamentados por legislação específica (art. 4°, III).

Gabarito "D".

(Procurador – AL/PR – 2024 – FGV) Acerca da jurisprudência do Superior Tribunal de Justiça sobre o Marco Civil da Internet (Lei n° 12.965/14) e a proteção dos direitos da personalidade, assinale a afirmativa incorreta.

(A) A desindexação de conteúdos não se confunde com o direito ao esquecimento, pois não implica a exclusão de resultados, mas tão somente a desvinculação de determinados conteúdos obtidos por meio dos provedores de busca.

(B) Para o Marco Civil da Internet, a exposição pornográfica sem consentimento não se limita a nudez total, nem a atos sexuais que somente envolvam conjunção carnal, mas a conduta que possa gerar dano à personalidade da vítima.

(C) Na exposição pornográfica não consentida, o fato de o rosto da vítima não estar evidenciado nas fotos de maneira flagrante é irrelevante para a configuração dos danos morais.

(D) O direito ao esquecimento pode ser compreendido como o direito que uma pessoa natural possui de não permitir que um fato, ainda que verídico, ocorrido em determinado momento de sua vida, seja exposto ao público em geral, causando-lhe sofrimento ou transtornos

(E) A tese do direito ao esquecimento, entendido como a possibilidade de obstar, em razão da passagem do tempo, a divulgação de fatos ou dados verídicos e licitamente obtidos e publicados em meios de comunicação social, analógicos ou digitais, vem sendo confirmada nas relações pelos tribunais superiores no país.

A: Correta. A desindexação de conteúdos é uma medida aplicada para desvincular determinados resultados dos motores de busca, sem que haja necessariamente a exclusão desses conteúdos. Isso não implica no direito ao esquecimento, pois os conteúdos permanecem disponíveis em seus locais de origem, mas não são mais facilmente acessíveis por meio de pesquisas, conforme jurisprudência já consolidada pelo STJ e também em consonância com a LGPD no que diz respeito ao direito de informação e à proteção de dados. **B:** Correta. A exposição pornográfica não consentida, como definido no Marco Civil da Internet, vai além da nudez completa ou da conjunção carnal. A jurisprudência tem expandido a interpretação desse tipo de conteúdo como qualquer conduta que possa gerar dano à personalidade da vítima, reconhecendo os impactos graves sobre a dignidade e a privacidade, condutas que também encontram proteção na LGPD ao tratar do tratamento ilícito de dados pessoais sensíveis. **C:** Correta. O fato de a vítima não ter o rosto identificado em fotografias de caráter pornográfico ou íntimo não exclui a configuração de danos morais. A jurisprudência do STJ tem afirmado que a exposição não autorizada de qualquer conteúdo que comprometa a dignidade ou privacidade da vítima gera danos morais. Isso se alinha com os princípios da LGPD no que concerne à proteção dos direitos da personalidade e ao tratamento de dados pessoais sensíveis, onde a proteção independe da total identificação da pessoa. **D:** Correta. O conceito do direito ao esquecimento como o direito de impedir que um fato verídico e passado seja exposto, causando sofrimento, tem sido debatido em várias decisões judiciais. Contudo, conforme recente entendimento do STF, o direito ao esquecimento não foi recepcionado como um direito aplicável de forma ampla no Brasil, exceto em casos muito específicos. Isso está em linha com o princípio da autodeterminação informativa da LGPD, mas com limitações no contexto de divulgação de informações verídicas e de interesse público. **E:** Incorreta. O STF, em decisão recente, rejeitou a aplicação ampla do direito ao esquecimento, especialmente em relação à divulgação de fatos verídicos e licitamente obtidos. Portanto, a afirmação de que a tese vem sendo confirmada pelos tribunais superiores é incorreta. O direito ao esquecimento, conforme mencionado, não tem sido amplamente aceito, e sua aplicação encontra-se limitada, o que também reflete o equilíbrio que a LGPD busca entre a proteção de dados pessoais e o direito à liberdade de expressão e informação.

Gabarito "E".

(Procurador Federal – AGU – 2023 – CEBRASPE) Considerando as disposições da Lei n.° 10.973/2004 e da Lei n.° 13.243/2016, assinale a opção correta, referente ao marco legal da ciência, tecnologia e inovação no Brasil.

(A) A União, os estados, o Distrito Federal, os municípios e as respectivas agências de fomento poderão estimular e apoiar a constituição de alianças estratégicas e o desenvolvimento de projetos de cooperação envolvendo empresas e entidades privadas sem fins lucrativos.

(B) O apoio para o desenvolvimento de projetos de cooperação previsto na citada legislação restringe-se a projetos nacionais de pesquisa tecnológica e ações de empreendedorismo tecnológico e de criação de ambientes de inovação.

(C) As instituições científicas, tecnológicas e de inovação criadas pelos órgãos federados deverão estimular a constituição de alianças estratégicas e o desenvolvimento de projetos de cooperação envolvendo todas as entidades privadas do setor tecnológico.

(D) As instituições científicas, tecnológicas e de inovação têm como fim único a transferência e difusão de tecnologias.

(E) As agências de fomento poderão estimular e apoiar a constituição de alianças estratégicas e o desenvolvimento de projetos de cooperação exclusivamente com empresas nacionais.

(A) Correta. A Lei n° 10.973/2004 e a Lei n° 13.243/2016 preveem que a União, os estados, o Distrito Federal, os municípios e suas respectivas agências de fomento podem estimular e apoiar alianças estratégicas e projetos de cooperação envolvendo empresas e entidades privadas sem fins lucrativos, com o objetivo de fomentar a inovação e a transferência de tecnologia. Essas alianças estratégicas são fundamentais para o desenvolvimento de inovação tecnológica em âmbito nacional, e as leis não restringem esses projetos de cooperação ao setor público ou nacional, mas permitem que entidades privadas participem. **B:** Incorreta. A legislação citada não restringe o apoio apenas a projetos nacionais de pesquisa tecnológica e ações de empreendedorismo tecnológico. Ela abrange uma gama mais ampla de iniciativas, incluindo a internacionalização de pesquisas e parcerias com instituições estrangeiras. Além disso, o desenvolvimento de ambientes de inovação e a promoção de projetos de cooperação são incentivados sem limitação geográfica. **C: Incorreta.** Embora as instituições científicas, tecnológicas e de inovação (ICTs) devam estimular alianças estratégicas e o desenvolvimento de projetos de cooperação, não há obrigação de envolver todas as entidades privadas do setor tecnológico. A legislação permite a cooperação com diversos tipos de entidades, mas não impõe um caráter obrigatório de abrangência a todas as entidades do setor. **D: Incorreta.** As ICTs não têm como fim único a transferência e difusão de tecnologias. Elas também têm outros objetivos, como a promoção da pesquisa científica e tecnológica, o desenvolvimento da inovação, a formação de recursos humanos e a geração de conhecimento que possa ser transferido para o setor produtivo, entre outros fins previstos no marco legal. **E: Incorreta.** As agências de fomento não estão limitadas a estabelecer alianças estratégicas e projetos de cooperação apenas com empresas nacionais. A legislação permite parcerias com entidades estrangeiras, visando promover a internacionalização da inovação e a colaboração internacional em projetos de ciência e tecnologia.

Gabarito "A".

(Procurador Fazenda Nacional – AGU – 2023 – CEBRASPE) Determinada cidade do interior do estado do Rio Grande do Sul é mundialmente conhecida como a cidade dos gêmeos. Um órgão oficial realizou uma pesquisa para apurar a razão pela qual os nascimentos gemelares ocorrem em maior proporção naquela localidade. Na pesquisa, a população local respondeu a diversos questionamentos, inclusive referentes a raça e orientação sexual.

Em relação a essa situação hipotética, assinale a opção correta segundo a Lei n.º 13.709/2018 (Lei Geral de Proteção de Dados — LGPD).

(A) O órgão poderá realizar o tratamento dos dados fornecidos na pesquisa, desde que o respectivo titular forneça termo de consentimento por escrito, uma vez que estão em pauta dados pessoais sensíveis.

(B) O órgão não poderá realizar o tratamento de dados pessoais sensíveis, mas apenas o tratamento de dados pessoais, nos termos da LGPD.

(C) O órgão poderá realizar o tratamento de dados pessoais sensíveis, independentemente do consentimento do titular, garantida, sempre que possível, a sua anonimização.

(D) A pesquisa não envolve dados pessoais sensíveis, mas apenas dados pessoais, razão pela qual não há que se falar em impossibilidade de tratamento dos dados coletados.

(E) O órgão poderá realizar o tratamento de dados pessoais sensíveis, sendo obrigatória a anonimização dos titulares dos dados.

A: Incorreta. Essa alternativa faz referência ao tratamento de dados pessoais sensíveis com base no consentimento do titular, previsto no art. 11, inciso I, da LGPD. De fato, a LGPD exige consentimento explícito para o tratamento de dados sensíveis. No entanto, o consentimento não é o único fundamento que pode legitimar o tratamento de dados sensíveis. Existem outras bases legais, como o cumprimento de obrigações legais ou regulatórias, estudos por órgãos de pesquisa, e a execução de políticas públicas, conforme art. 11, inciso II. Portanto, essa alternativa está correta apenas em parte, pois não menciona outras possibilidades. **B: Incorreta.** Essa alternativa está incorreta. A LGPD permite o tratamento de dados pessoais sensíveis, desde que observadas as bases legais previstas, como o consentimento explícito ou a execução de políticas públicas (art. 11). Além disso, o tratamento de dados pessoais sensíveis está regulamentado de forma mais rígida, mas não proibido, quando necessário para fins legítimos, como a condução de pesquisas. **C: Correta.** Esta alternativa está correta, conforme o gabarito. A LGPD permite o tratamento de dados sensíveis sem consentimento nas situações previstas no art. 11, inciso II, alínea "c", quando necessário para a realização de estudos por órgão de pesquisa, garantindo-se a anonimização dos dados sempre que possível. Isso reflete o entendimento da lei de que o consentimento não é a única base legal para o tratamento de dados sensíveis, e a pesquisa conduzida por órgão oficial pode ser justificada por interesse público. **D: Incorreta.** Esta alternativa está incorreta. A questão menciona que a pesquisa envolve dados relativos à raça e orientação sexual, ambos considerados dados sensíveis conforme o art. 5º, II, da LGPD. Portanto, esses dados requerem maior proteção e tratamento com base nas disposições específicas da LGPD para dados sensíveis. **E: Incorreta.** Esta alternativa está incorreta. A anonimização dos dados não é uma exigência obrigatória em todas as situações de tratamento de dados sensíveis, embora seja recomendada sempre que possível. A LGPD permite o tratamento de dados pessoais sensíveis sem anonimização em algumas hipóteses, como estudos de órgãos de pesquisa, conforme art. 11, II, "c". No entanto, a anonimização não é uma exigência absoluta.

Gabarito "C".

ANOTAÇÕES